# 中国审计年鉴

(1994～1998)

《中国审计年鉴》编辑委员会　编

中国审计出版社

**图书在版编目(CIP)数据**

中国审计年鉴:1994～1998/李金华主编．－北京:中国审计出版社,1999.10
ISBN 7－80064－791－9

Ⅰ．中… Ⅱ．李… Ⅲ．审计－中国－年鉴－1994～1998 Ⅳ．F239.22－54

中国版本图书馆 CIP 数据核字(1999)第 21205 号

| | |
|---|---|
| 刊名 | 《中国审计年鉴》(1994～1998) |
| 编者 | 《中国审计年鉴》编辑委员会 |
| 出版发行 | 中国审计出版社<br>(北京市海淀区白石桥路甲 4 号) 邮编 100086 |
| 经销 | 全国各地新华书店 |
| 开本 | 787×1092 1/16 |
| 印张 | 50 印张 彩插:48 面 |
| 字数 | 1600 千字 |
| 版次 | 1999 年 12 月北京第一版 |
| 印次 | 1999 年 12 月北京第一次印刷 |
| 书号 | ISBN 7－80064－791－9/Z·11 |
| 广告许可证号 | 京工商广临字 99148 号 |
| 定价 | 98.00 元 |

ISBN 7-80064-791-9
9 787800 647918 >

中共中央总书记、国家主席江泽民亲切接见李金华审计长

1997年1月21日，中共中央政治局常委、国务院总理李鹏亲切接见审计工作者。

国务委员李贵鲜参加全国审计工作会议，并作重要讲话。

全国审计工作会议场景

国务委员王忠禹前来参加全国审计工作会议

全国审计工作会议表彰大会

全国审计工作会议小组讨论会一角

中共中央政治局常委、国务院总理朱镕基十分重视审计工作。

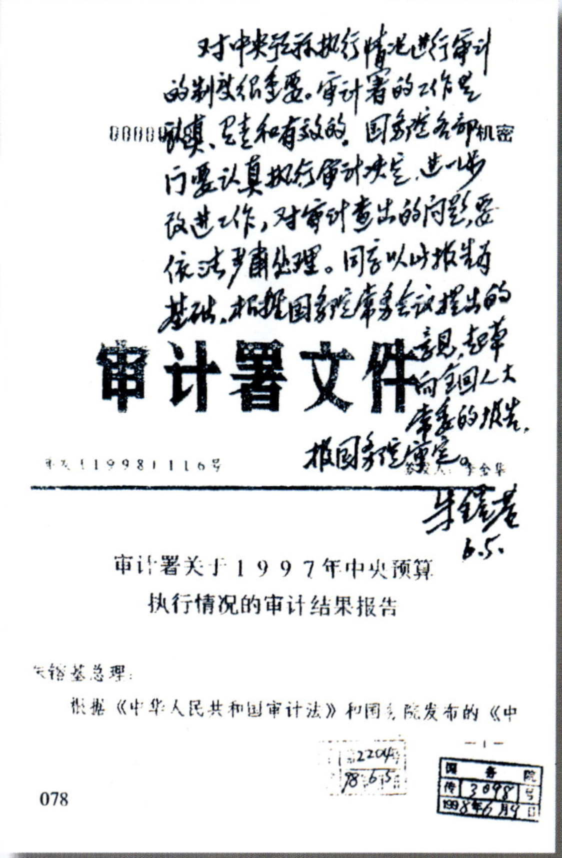

对于中央预算执行情况进行审计的制度很重要。审计署的工作是认真、尽责和有效的。国务院各部门要认真执行审计决定，进一步改进工作，对审计查出的问题要依法严肃处理。同意以此报告为基础，根据国务院常务会议提出的意见，起草向全国人大常委的报告。报国务院审定。

朱镕基
6.5.

机密

审计署文件

审发[1998]116号　　签发人：李金华

审计署关于1997年中央预算执行情况的审计结果报告

朱镕基总理：

根据《中华人民共和国审计法》和国务院发布的《中

—1—

078

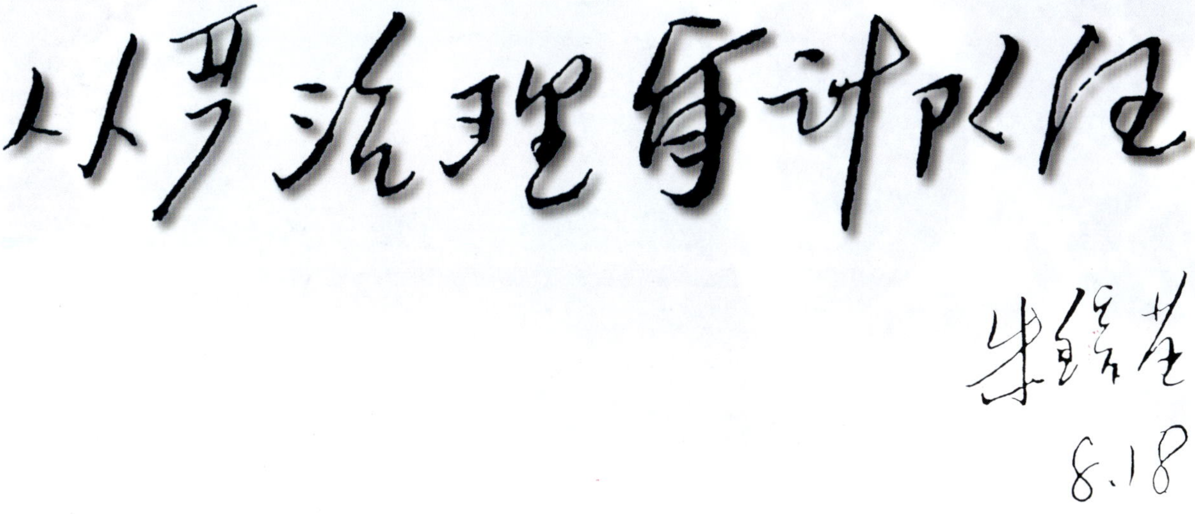



摘自朱镕基总理1998年8月18日批示

1997年12月22日，中共中央政治局常委、国务院总理李鹏与审计署领导合影

1997年12月，李鹏总理在人民大会堂会见全国审计系统劳模代表

1998年9月10日，四任审计长于明涛（右二）、吕培俭（右三）、郭振乾（右四）、李金华（右一）在参加审计署成立15周年庆祝活动时合影。

党组书记、审计长李金华

党组副书记、副审计长金基鹏

副审计长刘鹤章

党组成员、副审计长翟熙贵

党组成员、副审计长刘家义

党组成员、纪检组长吴定富

党组成员王道成

党组成员董大胜

1994年8月31日，第八届全国人大常委会第九次会议通过《中华人民共和国审计法》。

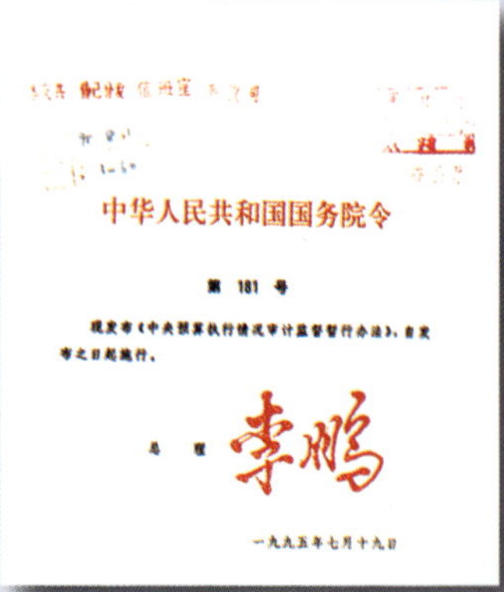
中华人民共和国国务院令

第 181 号

现发布《中央预算执行情况审计监督暂行办法》，自发布之日起施行。

总理 李鹏

一九九五年七月十九日

1995年7月19日，国务院第181号令颁布《中央预算执行情况审计监督暂行办法》。

1998年12月3日，在长富宫国务院新闻办公室记者招待会上，李金华审计长就全国审计工作答中外记者问。

河南省人民政府召开省本级财政预算执行情况审计动员大会，省人大、省政府领导参加大会。

李金华审计长参观江苏某家工厂

1998年12月，就《1999-2003年审计工作发展纲要》，李金华审计长接受《中国审计》记者专访，畅谈审计工作五年规划。

第二批特约审计员与审计署领导合影

最高审计机关亚洲组织第26次理事会在北京召开。

1996年5月,审计署在北京举办“公共工程项目审计”国际研讨会。这是审计署受最高审计机关亚洲组织委托，组织的第一次专题研讨会，来自23个国家和地区的30名代表参加了会议。

1998年1月，郭振乾审计长与美国会计总署代理主计长辛齐曼先生会面

巴西审计法院院长向到访的李金华审计长一行介绍审计法院诸位大法官

李金华审计长会见印度主计审计长宋如先生

李金华审计长会见菲律宾审计委员会主席甘根

审计署审计人员在香港对王宝森案件进行调查取证

1998年，全国5万多名审计人员协力开展粮食挂帐清查审计。

审计人员进入鸡西市某粮食审计现场

审计人员审计某粮食部门的帐本

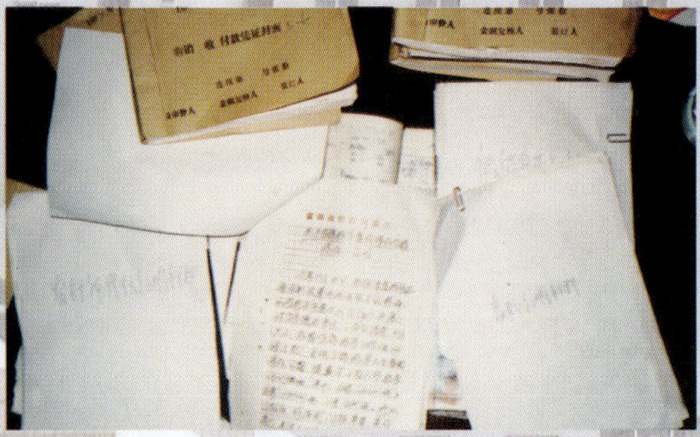

黑龙江富锦粮案查出的3000张假发票

审计署固定资产审计人员现场审计

北京市审计人员对三峡工程移民资金进行审计，有力地保证了移民资金及时、足额到位。

审计人员对秦皇岛港务局自筹资金2.4亿元技术改造项目进行现场勘察

1997年2月李金华审计长来哈尔滨特派办检查工作时，在全办职工大会上讲话。

狠抓人法技　开创新局面

审计署驻太原特派办审计人员审计太原南河湾油脂库

审计署驻昆明特派办审计组在红塔集团玉溪卷烟厂卷烟车间

1996年4月，上海特派办对上海远洋运输公司实施就地审计。

1998年7月，审计署人教司工作组到哈尔滨特派办考核领导班子。

1998年6月，上海特派办特派员率组在长春市国家粮食储备库审计工作现场，听取仓储管理情况介绍。

审计署驻昆明特派办审计组在南昆铁路现场

李金华审计长到宁夏视察审计工作，和宁夏自治区党委书记毛如柏亲切交谈。

海南省特约审计员聘请仪式

李金华审计长（中）在内蒙古自治区审计厅吴金亮（右二）和原厅长王国盛（左二）陪同下视察审计厅档案室，详细地听了汇报后，给予了“档案工作卓有成效”的高度赞扬 。

广西壮族自治区主席李兆焯看望审计厅干部

湖北省审计厅组织500多人，对全省4家银行县以上分支机构自办经济实体情况进行了专项审计。

1998年浙江省审计厅陈正兴厅长深入到杭州钢铁集团公司，调查研究深化企业审计问题。

香河县审计局财政金融审计组在金融系统审计

1、中国石化集团总公司李毅中与副审计长金基鹏交谈企业内部审计工作。

2、崔建民会长第（右）与亚太地区会计师联合会会长杰夫里先生（左）在“会计与审计专题研讨会”上认真听取与会代表的发言。

3、“百发一中”也是神枪手。审计人员审一百张发票，只要有一张不合要求，这一张一定也会被“审中”。河南省莲花味精集团有限公司审计处正在审计发票。

4、《注册会计师法实施条例草案》研讨会。

5、清理整顿注册会计师行业新闻发布会会场。

## 历届全国注册会计师考试情况比较表

| 年份 | 报考数 | 参考数 | 全科合格人数 | 合格率 | 单科合格人数 | 平均合格率 |
|---|---|---|---|---|---|---|
| 1991 | 23,512 | 10,375 | 43 | 4.60% | 7,089 | |
| 1993 | 57,242 | 29,426 | 3,754 | 25.87% | 43,608 | 50.20% |
| 1994 | 116,269 | 73,207 | 4,642 | 14.28% | 82,562 | 39.60% |
| 1995 | 214,190 | 135,080 | 72 | 2.20% | 55,694 | 13.23% |
| 1996 | 198,306 | 113,027 | 39 | 2.04% | 54,189 | 17.68% |
| 1997 | 259,300 | 154,.000 | 57 | 4.81% | 87,857 | 24.52% |
| 1998 | 372,233 | 228,398 | 18 | 1.24% | 61,409 | 11.91% |

李金华审计长视察南京审计学院

《中国审计报》已于1998年底正式出版

1998年1月9日，哈尔滨特派办部分同志参加全国审计系统计算机应用考试。

中国审计出版社新版图书及新出《中国审计》期刊

海南省商业银行审计培训

审计署驻上海特派员办事处国家公务员过渡培训开学典礼

1998 年 9 月 15 日，在中国革命历史博物馆举办了“全国审计系统首届职工书画展”

广西壮族自治区审计厅举办宣传审计法的电视文艺晚会《经济卫士之光》。

天津市审计局首届艺术节时装表演

# 迈向 21 世纪的审计人员

图一 专项审计调查项目情况（项）

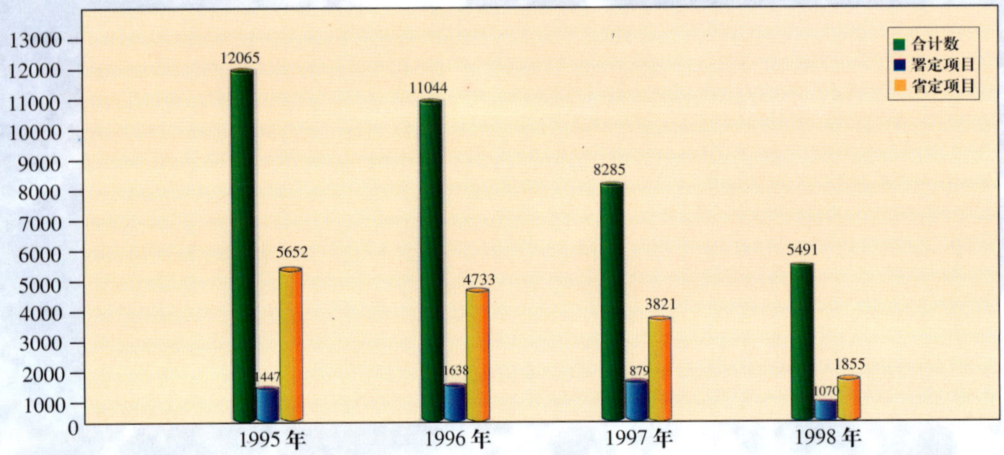


图二 专项审计调查单位数量情况（个）

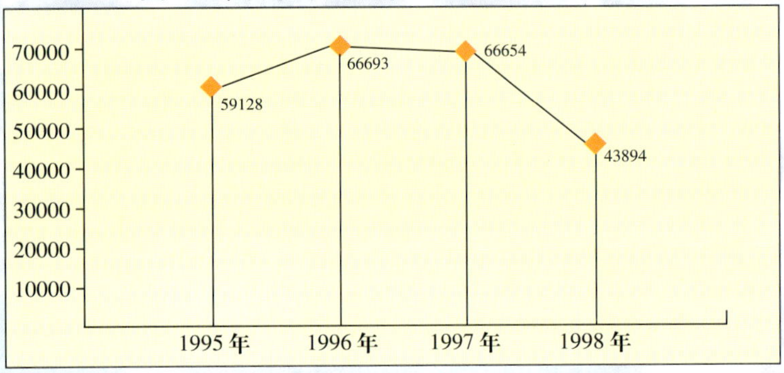


图四 专项审计建议纠正地方、部门不当规定情况（条）

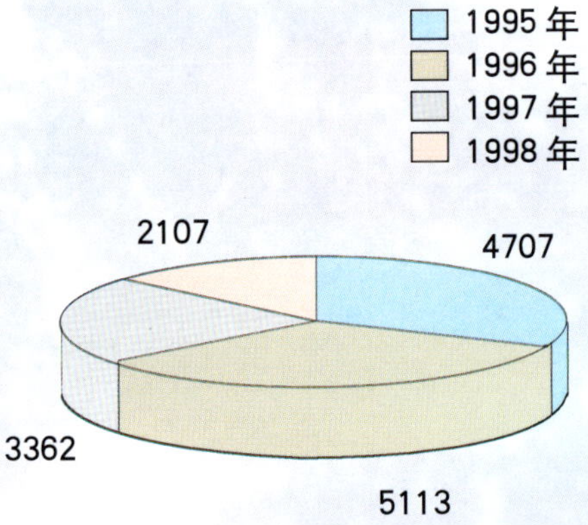


图三 提交专项审计调查报告数量及被采用数量情况（篇）

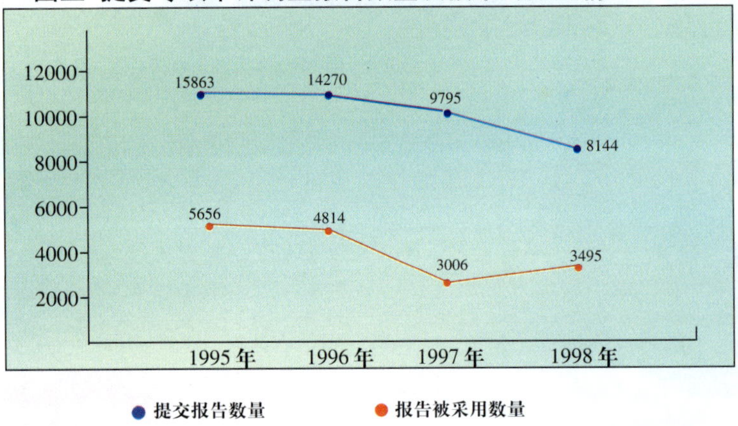


图五 专项审计促进地方部门制定完善规章情况（条）

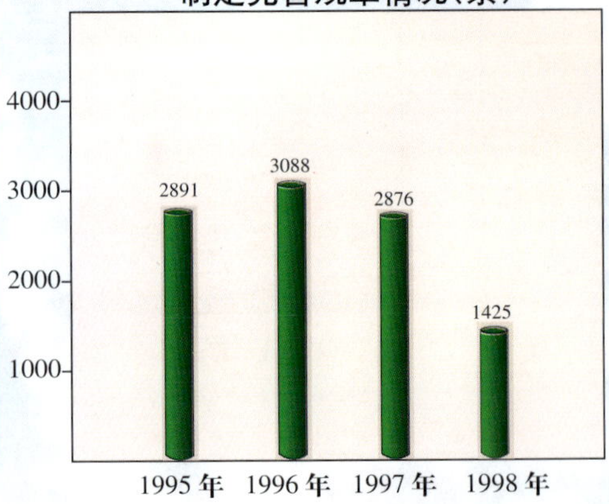


图注：1994 年专项审计统计项目及方法与以后各年不尽相同，故未选入。

# 《中国审计年鉴》编辑委员会名单



# 《中国审计年鉴》编写人员

# 编 辑 说 明

一、本年鉴是中华人民共和国审计署编纂的一部大型综合性、资料性、工具书，也是审计系统的第三部年鉴，起迄时间自 1994 年 1 月至 1998 年 12 月。

二、本年鉴编辑的指导思想：记录足迹、开拓视野、服务未来、推动全国审计事业不断发展。

三、本年鉴全面系统地记述了 5 年来中国审计工作的发展概况，主要工作成果和经验，力求做到全面、系统、真实、准确。

四、本年鉴采用的稿件除少数综述性文章由编辑部人员撰写外，绝大部分由国家审计机关、内部审计机构和社会审计组织提供，稿件经主管领导审阅后再由年鉴编辑委员会审定。

五、本年鉴所载的部分文章、审计论文，因篇幅有限，均由编辑部人员摘编后，刊载。少量的来稿，由于截稿时间关系，未及刊载。

六、本年鉴采用文章、条目、统计表格等体裁，分类编排法，分为十个部分，每部分下设分目和条目；部分、分目和条目在字号、字体和编排上都有明显的区分，以便读者检索。

七、台湾省的资料暂缺。

八、本年鉴在编辑过程中得到各级审计机关、内部审计机构、社会审计组织大力支持和协助，在此谨致谢忱。由于年鉴包容的时间跨度大，资料浩繁，以及我们编辑人员水平有限，缺点和错误在所难免，谨此一并向广大读者致歉并祈批评指正。

1999 年 12 月

# 目　录

## 特　载

## 审计工作统计



## 审计署工作概况

## 地方审计机关工作概况

## 解放军审计工作概况



## 内部审计

## 社会审计



## 教育、培训、出版、科研、学术团体



## 精神文明建设



## 审计工作大事记



## 企业之光

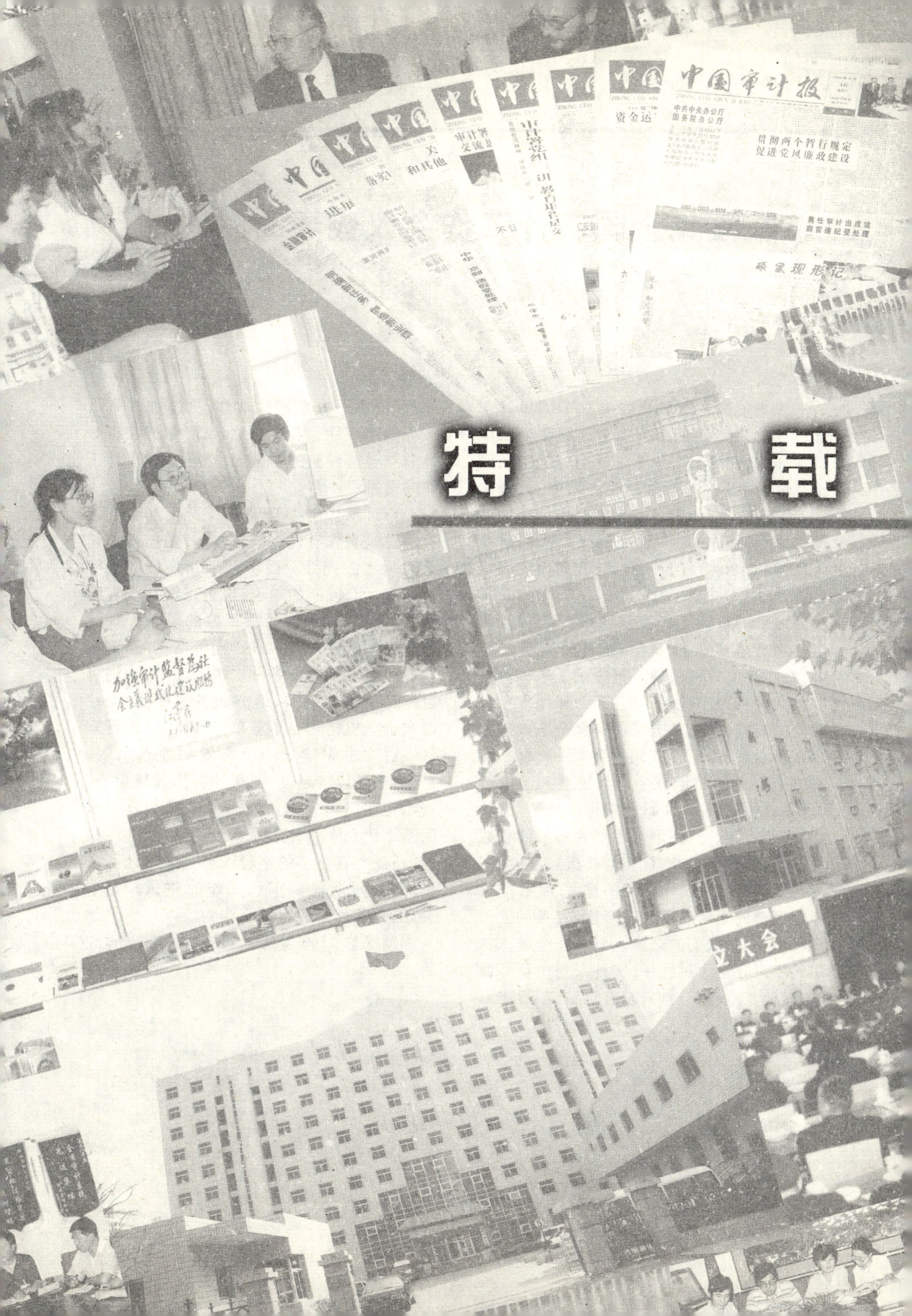


# 特　载

# 在接见全国审计工作会议代表时的讲话

（1994年12月29日）

李　鹏

今天很高兴有机会与参加全国审计工作会议的代表们见面。我首先感谢全国审计工作战线的同志，为建立社会主义市场经济体制，为维护国家财政经济秩序，为增加国家财政收入，做出了很大的努力。郭振乾同志告诉我，1994年通过审计为国家财政挽回损失100多亿元。对此，我向大家表示感谢。

我们的审计工作直属各级行政首长领导。在省里属省长领导，在县里属县长领导，在中央属总理领导。宪法赋予了审计机关很大的权力，对国务院各部门和地方各级政府的财政收支，对国家财政金融机构和企事业单位的财务收支，进行审计监督。从1995年1月1日起，《中华人民共和国审计法》正式生效施行，审计部门可以依照《审计法》进行审计。这就增加了审计监督的权威性，同时责任也更大了。大家都知道，我国现在正向社会主义市场经济过渡，社会主义市场经济的正常秩序在逐步建立，各种立法还很不完善，人们的观念也没有完全进入法制轨道。在这个过程中，一种人是由于不懂法，做错了事；另一种人是有意钻空子，牟取暴利，侵吞国家财产。这样，更增加了审计工作的重要性。我衷心地希望，你们在很好地总结过去经验的基础上，把明年的审计工作向前推进一步。

审计工作与办理案件有所不同。办理案件总是事先有什么线索，或者是出现了什么问题才去查处。而审计工作是根据法律可以审计有问题的单位，也可以审计没有问题、奉公守法、经营管理很好的单位。审计还是一种威慑力量。进行经济活动，总要有监督。当然现在有各种层次的监督，你们可以审计中央各部委、地方的各个厅局，国家财政金融机构和企事业单位，都可以进行审计。这样才能建立一个有效的监督机制。总之，市场经济越发达，审计工作就越重要。我希望我们审计队伍在多年来已初具规模的基础上，进一步提高，进一步积累工作经验，还需要有更多的年轻人充实到审计队伍里来，全面地提高审计工作的质量。党中央、国务院是重视审计工作的。

预祝你们的会议开得好，获得圆满成功。

# 在接见出席全国审计工作会议代表时的讲话

（1996年1月5日）

李　鹏

去年，全国各级审计机关工作人员做了大量工作，在推动我们国家经济的发展，支持改革开放，保持社会稳定，反对腐败等方面都取得了很大成绩。我首先向大家表示感谢，并致以新春的祝贺！

大家都知道，我们开了五中全会，又开了中央经济工作会议，大政方针和工作部署都已经确定。我们有一条内部的规定，就是党中央和国务院的领导同志，一般不再参加专业会议，为的是避免重复，避免形式主义。不过考虑再三，审计工作会议我还是得参加，因为按照《宪法》的规定，审计署直属总理领导，所以不参加就有点失职。但实际上这些年来，特别是近两年来，我主要是委托李贵鲜同志来管审计。关于对你们工作的要求和意见，请贵鲜同志讲，我今天只讲几点意见。

过去一年审计工作取得了很大成绩。《审计法》已经正式实施，进一步增加了审计监督的权威性。审计队伍的素质也不断提高，年龄结构、知识结构都有所改善，而且还积累了不少经验。全国建立了完整的审计系统，还建立了不少中介组织，也就是审计事务所，将来具体的查询工作还要更多转到这些中介机构。你们也可以委托会计事务所审计，这么一个公正的中介机构，是市场经济发展的必然产物。审计的意识也越来越为社会所接受。你们对本级预算执行情况审计进行积极探索，对金融、投资、企业、农业等主要领域进行严格审计，并且配合反腐败斗争，参与了陈希同问题的审查和王宝森案件的处理，以及无锡新兴实业总公司非法集资案的审计查证工作。审计部门依法审计，查证违纪金额600多亿元，为国家增收节支150多亿元，这是一个很大的贡献。这些事实都说明，审计监督在维护国家财政经济秩序，加强廉政建设，保障国民经济健康发展等方面，正在发挥着越来越重要的作用。

审计署是1983年建立的，已有13年的历史。现在，我们的审计工作已经进入一个新的发展时期。审计机关应该按照“九五”计划以及未来15年远景目标的要求进行工作。就是说，我们对审计工作提出了更高的要求，要求审计工作在监督国民经济健康运行、反腐败斗争、维护社会经济秩序方面发挥更大的作用。五中全会的决定提出“九五”和未来15年远景奋斗目标，其中最核心的一个问题就是要实现“两个转变”：一是从计划经济体制转到社会主义市场经济体制，二是经济增长方式从粗放型转向集约型。简单地说，就是由单一的追求数量的增长，转变到质量的增长、效益的增长。计划经济向市场经济转变，应该说已经提出很多年了，改革开放一开始实际上就在进行这个转变，到了十四大，在江泽民同志的主持下，正式提出社会主义市场经济这个概念，从而使我们的改革有了一个非常明确的目标。我们要搞的是什么，现在很明确，就是要搞社会主义市场经济，这是我们改革的目标。在十四届五中全会上，泽民同志有一篇讲话，讲的是正确处理好我们经济建设和社会发展中的十二个关系，第一个首要的关系就是正确处理改革、发展和稳定之间的关系。我们长期在这个问题上,也是在探索。有的时候强调发展,有的时候强调改革。讲过改革总揽一切,也讲过稳定压倒一切。现在辩证地来看待这个问题,三者之间应该是相辅相成的关系。学习五中全会文件,我看要特别注意抓住两个转变和正确处理这三者之间的关系,提纲挈领。只有这样,我们才可以在"九五"时期乃至更长一个时期,使国民经济继续保持良好的发展势头,这是许多国家都非常羡慕的。我们可以继续以8%,甚至下一个世纪也可以以7%的速度向前发展,这是一个比较快的速度。为什么我们能够在较长时期内保持良好的发展势头呢?概括起来主要有五个原因:第一,我们已经找到一条正确的道路,就是邓小平同志提出的建设有中国特色社会主义的道路。第二,我们已经建立起以江泽民同志为核心的党中央这样一个稳定的领导集体,我国政局可以保持长期的稳定。第三,纵观国际形势,虽然冷战结束以后世界趋向于和平,但世界仍不太平,民族冲突、地区冲突时有发生,战火不断。我们分析,世界正向多极化发展,若干谋求在经济上合作、政治上协调的地区或跨区域集团已经或正在产生。也就是说,世界不可能是一个国家主宰的世界。美国虽然想称霸世界,但它受到多极化发展趋势的制约。因此,我们有可能争取到一个比较长期的和平环境。小平同志当年把以阶级斗争为纲转为以经济建设为中心,一条主要的依据就是战争一时打不起来。这一条件现在仍然存在。第四,通过46年来的建设,特别是17年来的改革开放,我们的经济实力、综合国力有了很大增长,不仅具有完整的工业体系,大江大河的治理也初具规模,而且有了一支强大的科技队伍。第五,我们有广阔的市场。中国还是一个发展中国家,有两个市场:一个是消费市场,人民还需要不断提高物质文化生活水平。我们现在基本上解决了吃的问题、穿的问题、住的问题,但在住的方面,城乡居住条件还亟待改善。行的问题,现在小汽车基本上还没有进入家庭,究竟将来进不进家庭,还需要研究。如果要进入家庭的话,会造成交通拥挤、环境污染。另外还有一个大的市场,就是投资市场。我们的基础设施、基础行业都还远远不能满足国民经济发展的需要。有这五个大的要素,就确定了中国在可以预见的未来15年里,整个经济将处于一个发展的势头,保持较高的速度。但是另外一方面,我们也要看到,在未来的15年,我们社会主义市场经济,仍处在一个建立的过程,一个完善的过程。搞竞争,搞市场的原则,就不免要出现种种负面作用、负面影响,甚至包括一些丑恶的现象。经济领域的违法犯罪行为,现在是比较普遍的。比如说,偷税漏税、套汇、走私、造假账,以及不公平竞争、假冒伪劣产品。在财政、金融等部门,有一个预算内资金化为预算外资金,逃避国家监督的问题。这些从王宝森案件和陈希同事件可以看出问题相当严重。一方面是财政困难,该办的事情办不成,丧失了时机;另一方面存在大量的预算外资金,逃避了财政监督,逃避了审计监督。除了个人的挥霍浪费外,大部分搞了楼堂馆所,搞了"小金库",增加了消费基金的开支,增加了社会集团购买力。集团购买力不仅是政府行为,而且也是企业行为。在这个新形势下,我们要维护经济工作的正常秩序,保证经济的健康发展,审计工作的重要性就突出了,审计工作的任务将更加繁重。

根据《审计法》的规定,审计机关可以审计本级和下级政府的预算执行情况以及下级政府的决算,审计国有金融机构和国有企业的资产、负债、损益,审计国家建设项目,审计农业、教育、社会保障基金等。它的范围包括所有的国有资产,包括国家银行,也包括财政部门。凡是有国有资产的部门和单位,审计机关都有权对它进行审计,而且并不一定是发生案件才进行审计,它是一种经常性的工作。审计的结果可能证明你这个单位是执法很好的单位、信得过的单位,将受到表扬;审计的结果可能发现一些问题,但不到违法乱纪的程度,属于缺点、错误，可以及时予以纠正；也可能通过审计，发现有重大案件、违法乱纪行为；当然也可能是首先有了线索，再去进行审计。所以，一定要在全国树立起这样一个概念，审计是政府对经济的一种正常监督。审计署去审计是一件很正常的事情，不是使被审计单位感到很紧张，审计署来了，不知道出了什么大事，要转变这种观念。只要有国有资产的单位，都应该接受国家的审计监督。工作好的单位，也可以审计你。为什么《宪法》要规定审计机关直接归总理领导呢？无非就是要授予审计部门这样一个权力。当然，我们仍要按照《审计法》进行审计。但现在有一个问题还没有解决，就是合资企业审计不审计？外国独资企业当然不在审计范围之内，如果是合资企业，合资的一方往往是国有资产，现在绝大多数、特别是比较大的，多属于国有资产，应该说这部分国有资产也在审计之列。随着国民待遇政策的实现，随着外资企业的增多，对中外合资企业监督的趋势应该加强，促使这些企业健康发展。今后我们主要不是靠优惠的政策来吸引外资。而主要是为外商提供良好的投资市场、投资环境，提供比较廉价、素质比较好的劳动力。现在看来，外资企业主要有三个问题：一是依法经营还是违法经营，有些外资企业造假账、骗取出口退税，搞假冒伪劣。二是职工权益问题。有些外资企业职工工资是拿得高一点，但工作和生活条件确实很差；还有一些没有执行《劳动法》，任意延长工作时间，而且在职工福利、劳动保险方面一概不负责任。这是一种原始剥削。要依法保护职工的权益，这个问题现在越来越突出。最近深圳又出现了一个大的失火案，台商一家工厂烧了，几十人受伤、死亡，现在案件还没查清。我们一方面要有钱给他赚，取得合法的利润，否则他也不来；另一方面也要保护职工权益，这个问题已提到议事日程。三是国民待遇问题。要求它和中国企业一样的待遇。有些方面它超过了，优惠了，但也有些方面还有不同的待遇。比如，我们过去有些平价物资，现在除了农业生产资料方面还有一些平价的东西，其他就没有什么了。但是，我看有些收费还不是同等待遇的（李贵鲜：飞机票、火车票都差不多了）。国民待遇的问题中一个重要内容是合资企业的产品是否符合我们的产业政策。国民待遇应当是双向的。

各级审计部门要认真贯彻《审计法》，全面加强对财政、财务收支的审计监督。重点抓好对本级预算执行情况和预算外资金管理、使用情况的审计。审查本级财政预算执行情况是一项新的工作，难度比较大，各级政府主管审计工作的首长，就是省长、自治区主席、市长、州长、县长、区长，都要重视这项工作，切实加强领导。财政、税务、银行、海关等有关部门应当积极配合，自觉接受审计。老实说，没有他们的支持，审计工作根本审计不下去。特别是本级预算审计，还有“小金库”，如果没有市长、市委书记的支持，很难审计下去。为什么要搞财政预算审查，因为从王宝森案件来看，这方面的漏洞很大，这是很现实的问题。一方面我们财政收入占国民收入的比例很小；另一方面预算外资金比例很大。当然，预算外资金大部分还是用于经济建设，用于社会发展，但是有些预算外资金使用是很不规范的，相当一部分是搞了铺张浪费，甚至于违法乱纪。国务院准备尽快制定一个预算外资金管理条例，你们审计的时候，也有个依据。但是我看主要是靠自觉性。在这里，特别对各级行政一把手提出要求，要支持你们的工作。

审计部门要进一步加强法制建设。要抓紧起草与《审计法》配套的一系列行政法规、规章制度，使我们审计工作的程序规范化，不能搞随意性，尽快实现审计工作的法制化、制度化、规范化。要严格审计执法，加大执法力度。对严重违反财经法纪的问题一定要依法严肃处理，决不能不了了之。触犯党纪、政纪、国法的，要分别移送纪律检查、监察和司法机关进行处理，追究有关领导和当事人的责任。我们的工作方法，在正常情况下是进行独立的审计，审计后根据不同的情况进行处理。但在实际执法过程中，如果有大量举报的案件，还有联合进行调查这样一个方法，可以提高查案的效率。对有些重大案件，往往是几个部门同时参与，同时采取行动，这样处理比较及时，打击比较有力。你们还要加强对内部审计机构和社会审计组织指导和监督，促使他们在遵守财经法纪，改善经营管理，提高经济效益等方面发挥积极作用。

最近讨论过一个问题，现在地方政府要求对国税局进行审计。顾名思义，国家税务局是中央政府的机关，地方政府要求对国税局进行审查，合不合程序啊？但是地方提出这个问题，说现在国税局有25%的共享税，我要对它进行监督，也是可以理解的。我们那天讨论了，目前暂时先这么办，对地方的国税局的审计，仍然由审计署或者它的派出机构来组织，但可以吸收地方审计部门参加。某个国税局办事不公，损害地方利益，你们也可以提出来，提出来以后，审计署及它的派出机构应该认真听取他们的意见，组织审查。

搞好审计工作的关键是加强审计队伍建设。经过多年的努力，我们的审计队伍已经有了一个良好的基础，在社会上的形象是好的。反正审计部门就是清水衙门，愿意在这里搞审计工作的人，就得有点献身精神、奉献精神。有的人爱钱，有的人爱权，有的人爱名，有的人四大皆空。名利都是身外之物，生不带来，死不带走。在不同的岗位上，能够为中华民族做点贡献，就是最大的乐趣，这是世界观的问题。世界观的问题解决了，队伍就有精神的力量。当然反过来说，我们也要为审计部门创造必要的工作条件和生活条件，至少现在有个办公楼了。前几年是租了一个旅馆，国家审计署在相当长的时间内，在一个农民办的旅馆里办公。这也算是中国特色。现在情况有所改善，但是从根本上我们应该提倡奉献精神，在社会上树立一个比较公正、廉洁的形象。另一方面也要实事求是，秉公办事，不能把蚂蚁说成大象，那也经不起历史的考验。总之，实事求是，再加自身廉洁，才能始终保持审计队伍在社会上有一个好的形象。

我们有很多方面需要学习，首先要学习邓小平同志建设有中国特色社会主义的理论，学习市场经济知识。我现在考一考你们，什么叫社会主义市场经济？它的特点是什么，为什么要在市场经济前面加社会主义四个字呢？不一定都能答出来。象这些问题，基本的概念是要有的。现在看到社会上这么多腐败的现象、丑恶的现象，不公平竞争，收入差距扩大，于是有人就丧失了信心，就看不到光明的一面、前进的一面。象这样一些事情，在资本主义国家更多，特别是资本主义社会刚进入自由竞争的时期。现在的丑闻还少吗？前意大利总理和黑手党搞在一起，北约秘书长因受贿换了人，克林顿有“白水门事件”，韩国更不说了，两个前总统都抓起来了，一个就贪污几亿美元。所以要看到腐败是在社会发展过程中出现的一种社会现象，问题是当政者、治国者对这些问题是什么态度。在生产力发展水平还不高的阶段，我们允许多种经济成分共存，这有利于就业，有利于社会发展。这个阶段国有经济要占主体地位，但国有经济在市场经济的原则乃至对外开放的情况下，也会受到外界的各种腐蚀。但是不应该因此而对我们的国家丧失信心。以江泽民同志为核心的党中央是很清醒的。我们搞的社会主义，不仅要有物质的文明，而且要有精神的文明。要通过一部分人、一部分地区先富起来，达到共同富裕的目的。我们的审计工作人员面对社会上丑恶的现象、不公正的现象，也应有一个清醒的认识，不要由此而丧失信心。同时，我们还要努力提高业务水平，现在搞审计恐怕也得懂点计算机了。有了计算机，有了现代科学技术知识，再加上业务知识，审计的水平就会提高。在政治思想方面，要自觉地做到艰苦奋斗，廉洁奉公，关心群众，勤政为民。要正己才能正人。

你们提出审计署和省级审计机构要设立举报中心，建立举报制度。实践证明，高检、高法以及中央信访办的举报制度都起到了一定的作用。这个问题由贵鲜同志和振乾同志来研究，提个方案报国务院。总的原则是事情该办，但不要因此而增加很多人员，搞一套官僚机构，要短小精悍，讲求实效。你们还提到要加强对环保资金、养老和失业保险基金的审计。环保经费为环保工作提供了一笔资金，这个钱会越来越多，按规定这个钱要列入专项，专款专用，不能用于别的。这几年我看你们提出这个问题，可能是有一部分环保基金被挪用了，去盖楼堂馆所了，这是不应该的，应当加强监管和审计。保险基金将来数量会越来越大，失业保险、养老保险，还有其他的一些保险，不是属于商业性的保险，而是属于社会性的保险。它有一个保值的问题。其实最简单的办法，就是存在银行里。象美国一些资本主义福利国家，手里面钱最多的就是这些保险基金，如退伍军人保险基金，手里掌握大量财富，客观上需要保值，这就产生投机的心理，希望钱越滚越多。我们的保险基金有相当一部分用的不正当，要把这部分钱主要用于应该享受保险的那些人。但是现在养人太多，各种保险机构本身就把钱吃掉不少，当然也有挪用，等等。我们应该规定一个比例。关于审计这些基金的机构问题，也请你们同贵鲜同志商量一下。我现在没想好，因为养老保险基金究竟是属于国家财产，还是集体财产，很难说（李贵鲜：视同国有财产）。现在不是讲三个一点吗，国家一点，集体一点，个人一点，至少国家的一点是国有资产。

总之，希望你们在新的一年里，认真贯彻中央的方针政策，为严肃财经纪律，维护社会主义市场经济的正常秩序，保障改革和经济建设的顺利进行做出新贡献。

# 在接见全国审计工作会议代表时的讲话

（1997年1月21日）

李　鹏

审计署和各级审计机关自建立以来，积极开展审计工作，为国家做出了很大贡献。特别是1996年，你们对中央及各级预算执行情况进行了审计，同时审计了预算外资金，为国家增收节支280多亿元，成绩很大。我看问题不仅在于增收多少钱，重要的是通过审计，发现了一些执行国家财经纪律好的企业、好的单位，查出了一些违纪违法案件，对整顿经济秩序，加强宏观调控，产生了一种威慑力量，做出了很大贡献。我向你们表示感谢。

我们国家总的来讲形势是好的，经济在发展，物价涨幅在降低。现在已经制定了“九五”计划和今后十五年的规划，而且“九五”开局不错，大家充满了信心。对我们中国未来的发展，世界上也在看好。但是，由于我们现在正处在由计划经济向社会主义市场经济过渡时期，法制尚不健全，各种必要的规章制度也不尽完善，社会主义市场经济的秩序还没有完全建立起来，有一些人钻法律的空子，钻我们工作制度不健全的空子，出现了种种违法犯罪行为。因此，摆在我们审计部门和广大审计工作者面前的任务是艰巨的，你们要继续作出努力。审计的范围很广，所有的国有单位和国家所属的资产，包括经营性资产和非经营性资产，都在审计之列。审计应该是一种经常性的经济监督活动,既要审计那些奉公守法的,审计以后给予表扬;也要审计那些违法乱纪的,审计以后依法予以处罚。从而,使审计成为我们国家机构中的一个重要组成部分。

我们广大的审计工作人员要完成这样艰巨的任务,我看有两条很重要,一是要提高我们自己的政治素质,以对人民负责的满腔热情,来做这项工作,本身应该奉公守法;再一条,是要提高我们的业务素质,很重要的就是要增加审计的知识,学会运用审计的各种工具。因为现在各行各业都在不断地采用现代化手段,如果我们审计工作还以一种比较落后的方式进行,那一定不能满足工作的需要。

除了国家的审计部门,我国还有会计师事务所、审计事务所。要充分发挥社会中介力量的作用,以配合我们做好审计工作。

春节即将来临,我愿借此机会向大家拜个早年!

# 在中国注册会计师协会全国特别代表大会上的书面讲话

(1996年6月5日)

朱镕基

财政部、审计署隆重召开中国注册会计师协会全国特别代表大会,这是中国注册会计师协会和中国注册审计师协会实现联合后的第一次全国代表大会。我代表党中央、国务院,向大会表示热烈祝贺,并向辛勤工作的全国五百多万名注册会计师和十几万从业人员表示亲切的慰问!

大力发展注册会计师事业,对建立社会主义市场经济体制,保障正常的社会经济秩序,维护国家和企业的权益,都起着十分重要的作用。在此,我提出三点希望和要求。

第一,注册会计师、会计师事务所和审计事务所必须切实履行对经济工作的监督职责。凡是法律、法规规定应当进行独立审计的业务,必须依法进行审计。企业的年度会计报表,包括国有企业的年度会计报表,要逐步实行注册会计师审计制度。注册会计师和事务所必须坚持独立、客观、公正的原则,严格按照独立审计准则和其他执业标准的要求规范执业,严格依据国家有关法律、财务会计法规的规定,审查企业的经济活动和相关的会计纪录。对于被审计单位存在的各种违法行为以及财务会计信息的疏漏、虚假和错误,要依据独立审计准则的要求坚决予以揭露。违规执业或者通同作弊的,要依法追究责任。

第二,各级注册会计师协会应当在统一法律规范、统一执业标准、统一监督管理的基础上,切实履行对注册会计师、事务所的服务、监督、管理、协调的职能。要大力开展注册会计师培训,提高注册会计师的政治素质、业务能力和职业道德水准,努力培养一批具有国际水平的注册会计师。要积极创造条件,加快事务所的合并、联合,建立一批规模大、信誉好、水平高的事务所。要加强对注册会计师和事务所的业务监督检查,争取在较短时间内,注册会计师的执业质量有较大提高。对于违反国家法律、法规,不按照执业标准执行业务和出具报告的注册会计师、事务所,要严格检查、严肃处理。对知法犯法、明知故犯的,协会应取消其执业资格。

第三，财政、审计部门要积极为注册会计师、事务所规范执业创造条件，要提出具体措施，努力改善注册会计师的执业环境。严格禁止任何部门、单位和个人非法干预注册会计师正当执业，严格禁止对注册会计师揭露违法行为施加影响。财政、审计部门要依法对注册会计师协会进行监督、指导，加强注册会计师协会的建设，充分发挥行业协会的自律作用。按照法律规定，把对注册会计师、事务所的日常监督管理任务，交由注册会计师协会去完成。

# 在全国审计工作会议上的讲话

（1994年1月21日）

李贵鲜

这次全国审计工作会议开得是好的。根据党的十四届三中全会精神，进一步明确新形势下审计监督的任务，部署了今年的工作，同时还表彰了审计机关的先进集体和先进工作者。这将进一步调动广大审计工作者的积极性，推动审计工作更好地为加快改革开放和经济发展服务。我受李鹏总理的委托，代表国务院，向受到表彰的先进单位和个人表示热烈的祝贺，希望你们在今后的工作中取得更大的成绩，并借此机会向辛勤工作在审计战线上的全国的审计工作者致以亲切的慰问。

当前，我国正面临着加快改革开放和经济发展的历史性机遇。国际形势总的来说对我国是有利的。从国内形势看，在邓小平同志重要谈话和党的十四大精神指引下，我国改革开放、经济建设和其他各方面的工作都出现了新的局面。正如江泽民总书记在全国经济工作会议上概括的那样："经济发展，政治稳定，民族团结，社会进步"，总的形势是好的。对于经济快速发展中出现的突出矛盾和问题，党中央和国务院及时采取了宏观调控的措施，已经取得积极成效，整个经济运行继续向健康方向发展。广大审计工作者要正确认识和把握当前的形势，抓住机遇，进一步做好审计工作，为加快建立社会主义市场经济体制和现代化建设服务。

审计机关建立十年多来，广大审计工作者艰苦创业、积极开拓、勤勤恳恳、任劳任怨，做了大量工作，审计监督的社会影响日益扩大。1993年，审计部门围绕加快改革开放和经济发展，积极开展审计监督，工作重点开始向为宏观管理服务方面转移，为维护国家财经法纪和经济秩序，监督宏观调控措施的落实，促进经济效益的提高，发挥了积极作用。

下面，我就社会主义市场经济条件下审计工作的有关问题，讲几点意见：

**一、审计监督在社会主义现代化建设中占有十分重要的地位。**《宪法》规定，审计机关对财政财务收支进行审计监督，在国务院总理领导下，依照法律规定独立行使审计监督权，不受其他行政机关、社会团体和个人的干涉。党的十四大报告中指出，我国建立社会主义市场经济体制，要在进一步改革财经管理体制的同时，强化审计和经济监督，健全科学的宏观管理体制与方法。实践证明，发展社会主义市场经济，国家必须加强宏观调控。只有在国家正确有效的宏观调控下，充分发挥市场在资源配置中的基础性作用，才能保证国民经济持续、快速、健康发展。审计部门是综合性的财政经济监督部门，审计监督是高层次的监督，应当在加强宏观管理中充分发挥作用。李鹏总理曾说过，就审计部门来说，它本身并不制定宏观调控措施，但是这些宏观调控措施能否落到实处，要靠各级监督部门特别是审计部门来加以监督。审计部门要通过财政财务收支审计，监督经济管理部门、地方政府和国有企业事业组织执行国家宏观调控措施，并及时向政府反映执行中的问题，为加强和完善宏观调控发挥促进作用。

今年是加快改革的关键一年，要进行财税、金融、投资、外贸和国有企业等多项改革。改革涉及到各方面利益格局的调整，会遇到一些困难和阻力；一些大的改革还缺乏经验，执行中还会出现一些新的问题，需要解决。越是加快改革，越要强化审计监督，以保障改革的顺利进行。党的十四届三中全会《关于建立社会主义市场经济体制若干问题的决定》指出，社会主义市场经济体制的建立和完善，必须有完备的法制来规范和保障，要加强和改善司法、行政执法和执法监督。审计监督是社会主义法制建设的一个不可缺少的组成部分，审计部门是重要的执法监督部门。要依法加强对国务院各部门和地方各级政府的财政收支的审计监督，加强对国家的财政金融机构和企业事业组织的财务收支的审计监督，维护国家财经法纪，促进社会主义市场经济有秩序地发展。在《宪法》规定的审计范围内，审计部门都要依法履行审计监督职责，有关部门和单位应当支持，不得拒绝和干涉。

**二、审计监督要抓重点。**一是要加强对国家财政收支的审计监督。目前，我国财政还比较困难，但增收节支潜力很大。审计部门要通过审计国家财政收支，严肃查处不顾大局、弄虚作假、谋求部门和地区利益等违反财经法纪的问题，促进财政、税务、金融等部门管好用好国家资金。二是要加强对国有资产管理的审计监督。当前，一些国有企业经济效益不好，资产损益不实，国有资产流失等问题相当突出。审计部门要通过对国有企业和国有资产管理部门的审计监督，促进其加强管理，提高经济效益，保障国有资产保值增值，巩固和发展国有经济在国民经济中的主导地位。三是要加强对政府部门财政收支的审计监督。在发展社会主义市场经济中，必须始终注意反对腐败，加强廉政建设。这是关系改革事业成败、关系党和国家命运的大事。去年8月开展反腐败斗争以来，一些搞得好的地方和单位已经取得阶段性成果，但反对腐败、加强廉政建设是一项长期的任务，务必继续抓紧抓好。审计部门要按照十四届三中全会的要求，把反对腐败作为一项重要任务，在审计监督中注意查处这方面的问题。特别要加强对政府机关、执法、司法和经济管理等部门财政财务收支的审计，发现以权谋私、挥霍浪费国家资财、乱收费、乱摊派等行业不正之风，要依法严肃处理。对贪污、贿赂等问题，要移送监察、司法部门处理。审计部门的风气总的是比较好的，但你们是监督别人的，对自己更应严格要求，要带头搞好廉政建设，维护良好形象。

**三、关于1994年的审计工作，国务院听取了审计署的汇报，认为符合党的十四届三中全会的要求，原则上同意，请大家认真贯彻执行。**审计部门还要加强对社会审计组织的监督、指导和管理，推动部门、单位建立健全内部审计制度，充分发挥他们的作用。

在社会主义市场经济条件下，审计工作政策性强，任务重，难度大。希望地方各级政府加强领导，支持审计工作，帮助审计部门解决实际困难。广大审计工作者要认真学习邓小平同志建设有中国特色社会主义的理论，坚持党的基本路线，继续发扬艰苦奋斗的作风，积极履行审计监督职能，在新的一年里，为加快改革开放和保持国民经济持续、快速、健康发展作出更大的贡献。

# 在全国审计工作会议上的讲话

（1994 年 12 月 30 日）

李贵鲜

同志们：

这次全国审计工作会议，总结了今年的审计工作，结合贯彻《审计法》，部署了明年的审计工作，会议开得很好。郭振乾审计长做了很好的报告，李金华副审计长就财政审计问题讲了话，各地区、各部门回去要很好地贯彻。昨天，李鹏同志接见了与会代表，发表了重要讲话，总理的讲话对搞好明年的审计工作具有重要的指导意义，大家要认真领会，结合实际情况，全面贯彻落实。审计工作是由总理直接管理，我受总理委托，联系审计署，总理要我讲一讲。下面，我讲几点意见。

**一、正确认识当前形势，增强做好审计工作的紧迫感和责任感**

当前国际形势总体上对我们是有利的。世界多极化的发展趋势，可以为我们的改革开放和经济建设争取到较长时期的和平环境。国内形势总的来看也是好的。在邓小平同志建设有中国特色社会主义的理论和党的基本路线指引下，各地区、各部门认真贯彻党的十四届三中全会和四中全会精神，按照中央确定的“抓住机遇、深化改革、扩大开放、促进发展、保持稳定”的总方针，妥善处理改革、发展和稳定的关系，使我国的改革开放、经济建设和各项事业都取得了新的成绩。以建立社会主义市场经济体制为目标的几项重要改革陆续出台，进展比较顺利；国民经济继续保持良好的发展势头；城乡人民生活继续得到改善；在改革向前推进和经济快速发展中保持了社会稳定。对于前进中存在的困难和问题，如农业基础薄弱，部分国有企业生产经营困难，特别是物价涨幅过高等，党中央和国务院正在采取措施，认真解决，以实现国民经济持续、快速、健康发展。形势的发展，向我们提出了更高的要求，各级审计部门和广大审计工作者要正确认识和把握形势，明确新形势下审计监督的任务，进一步增强做好审计工作的紧迫感和责任感，围绕经济工作中心，努力做好审计工作，为改革开放和社会主义现代化建设服务。

今年审计工作的情况是好的。各级审计部门和广大审计工作者在党委和政府的领导下，加强审计监督，做了大量工作，取得了显著成绩。今年 1—11 月，全国共审计 14 万多个单位，查处违反财经法纪已上交财政金额 33 亿多元，决定追还被侵占挪用资金、减少财政拨款和补贴 57 亿元，节省基建投资 12 亿元，罚款金额 2 亿多元，共为国家增收节支 104 亿元，比去年同期增加 30%。审计监督在维护国家财经法纪、监督宏观调控措施落实、促进经济效益的提高、加强廉政建设等方面，发挥了重要作用。内部审计和社会审计也都做了大量工作，取得了新的进展。对此应给予充分肯定，同时希望同志们在今后的工作中作出更大的成绩。

**二、认真抓好明年的审计工作**

中央经济工作会议确定，明年经济工作的主要任务是：继续加强和改善宏观调控，抑制通货膨胀，保持国民经济发展的好势头；以深化国有企业改革为重点，推进各项配套改革，完善宏观管理体制；增加农业投入，确保农副产品供应，全面发展和繁荣农村经济；加大结构调整力度，强化管理和推动技术进步，提高经济的整体素质和效益。1995年的审计工作，应当认真贯彻中央经济工作会议精神，贯彻执行《审计法》，加强对国家财政收支和与国有资产有关的财务收支的审计监督，维护国家财经法纪和中央政令的统一，为加强和完善宏观调控服务，推动审计工作进一步发展。《审计法》从明年1月1日起施行，这是一件大事。它标志着审计工作进入了一个新的发展时期，审计监督进一步走上法制化、制度化、规范化的轨道，不仅审计部门，其他各个部门和被审计单位都要认真学习和贯彻，对《预算法》和其他有关法律法规也要认真学习。审计署对明年审计工作任务的安排，体现了这一要求，各级审计部门要结合实际情况，认真贯彻执行。

明年的审计工作任务相当繁重，一定要突出重点，求深度，上质量，出成果，在加强和完善宏观调控方面下功夫。

（一）要加强对国家财政收支和国有金融机构财务收支的审计监督。加强对国家财政收支的审计监督，是《审计法》的重点内容。目前，有些地方财政赤字增多，有的把预算内资金转到预算外，有的在预算外又搞“小金库”，违反财经制度，影响财政经济秩序，也为造成腐败现象提供了条件。因此，各级审计部门要继续加强对下级地方政府预算执行情况、决算和预算外资金的审计，同时要依法积极开展对本级预算执行情况的审计监督。通过审计财政收支，严肃查处违反财经法纪的问题，促进财经部门遵纪守法，改进管理，充分发挥其宏观经济调控手段的职能作用。对各种“小金库”如何审计，要抓紧研究，提出意见。

审计署根据《审计法》的规定提出，明年开始审计1995年中央预算执行情况，于1996年一季度末向总理提出审计结果报告，经国务院审定后，向全国人大常委会提出对中央预算执行和其他财政收支的审计工作报告。这是一项新的工作，这项工作总理已原则同意，一定要按照法定程序认真做好。各级审计机关要根据《审计法》的规定，认真做好对本级财政预算执行情况的审计，提出审计报告，并应接受本级人民政府委托向本级人大常委会作审计工作报告。

明年，审计署要统一组织对部分国家专业银行审计，即审计财务收支，又审计资产、负债、损益情况，以促进这些机构加强管理，贯彻落实国家金融政策和宏观调控措施。地方审计部门要对地方金融机构加强审计监督，维护金融秩序。

（二）要加强对国有资产的审计监督。明年经济体制改革的重点是国有企业改革。国有大中型企业是国民经济的主要支柱，是国家财政收入的主要来源。目前，有相当一批大中型企业办得是好的，但由于种种原因，也有不少企业缺乏活力，经济效益不好，国有资产流失，生产经营困难。审计部门要配合国有企业改革的进程，加强对国有企业的审计监督，促使其深化改革，搞好内部管理，提高经济效益，保障国有资产的保值增值。要防止企业改制过程中造成国有资产的流失，做好国有资产的重新估算工作。关于对国有资产占控股地位或主导地位企业的审计问题，在国务院颁布有关规定之前，各级审计部门要继续进行这项审计工作。关于审计外商投资企业的国有资产审计问题，因涉及的问题比较敏感，一定要依法办事，按照李鹏总理的指示精神先进行试点，请审计署制定试点办法，报国务院审定。对外商投资企业的审计，大量的工作要靠社会审计来做。

（三）要加强对重点建设项目和消费基金的审计监督。控制基建规模和消费基金的过快增长，是抑制通货膨胀的根本措施。现在的建设项目，大都超概算，一些地方和单位吃大项目的钱，浪费很大。审计部门近几年审计了200多个国家重点建设项目，对节约建设资金控制基建规模，起到了很好的作用。明年要与国家计委密切配合，继续加强这方面的审计检查。对世行、亚行援、贷款和外国政府援、贷款项目,从开始建设到竣工,要进行跟踪审计,以提高外资使用效益。要对项目执行情况和还款能力等进行评价,向政府和上级审计部门报告,为宏观决策提供依据。

今年以来,消费基金增长过快,一些单位盲目增加个人收入和社会集团消费的倾向比较突出。1—10月,仅通过银行支出的工资性现金就比上年同期增长41.3%。消费基金与通货膨胀是轮番上涨的,出现这种情况,受损失最大的是工薪阶层特别是离退休人员。审计部门要注意加强对消费基金的审计监督,制止以各种形式将国有资产转为个人收入的做法,严格控制社会集团消费,严肃查处任意挥霍国家资财的行为。

(四)要加强对农业资金的审计监督。农业是国民经济的基础,要坚持把农业放在首位,下大决心增加对农业的投入。这几年粮、棉生产增长不快,甚至出现新的徘徊,一个重要的原因是对农业的投入不足。要实现2000年粮食产量达到一万亿斤的目标,平均每年要增加200多亿斤,这就要求我们相应地增加投入。但近几年来,一些地方人口逐年增加,农业投入却越来越少,农业设施越来越老化。国家对农业的财政拨款和银行贷款是不是按规定用到了农业上,地方资金用到农业上的比重有多大,审计部门应当加强对这些情况的审计监督,还有教育经费、养老与失业保险等专项资金非常重要,一定要管好,不能流失,要认真搞好审计。

(五)要加强对政府部门的审计监督。反腐倡廉是政府各部门的共同任务,审计部门要同监察、司法等有关部门密切配合,通过对政府机关、行政执法部门、经济管理部门财政财务收支的审计监督,促进廉政建设。按照《审计法》的规定,凡查出政府工作人员有以权谋私、贪污受贿等问题的,要及时移交监察部门处理;触犯刑律的,要移交司法部门追究刑事责任。

(六)要加强社会审计和内部审计工作。搞社会主义市场经济,社会审计的作用越来越重要。根据党的十四届三中全会决定和《审计法》、《注册会计师法》以及国务院的有关规定,要加强"社会审计"的建设,一定要注重人员素质和工作质量的提高。要建立严格的约束机制,严格依法办事,一定要树立良好的信誉,决不允许收几个钱就出具虚假审计查证报告,甚至为企业做假账。如发现这样的问题,都必须严肃查处。

在政府机构改革和建立现代企业制度的过程中,各级政府部门、国有金融机构和企业事业单位,要建立健全内部审计制度,完善内部监督机制。这是建立社会主义市场经济体制和深化国有企业改革的要求。各地区、各部门、各单位的负责同志应当重视这个问题,认真抓好。内部审计机构要围绕深化改革、改进内部管理、提高经济效益开展工作,充分发挥应用的作用。

**三、进一步加强审计队伍建设**

贯彻落实《审计法》,推动审计工作进一步发展,最根本的是要建设一支政治思想过硬、业务素质较高的审计队伍。审计部门建立以来,对队伍建设和廉政建设一直是比较重视的,通过加强培训和实践锻炼,广大审计工作者的政治、业务素质有了很大提高,已经形成了一支能够胜任审计工作的骨干力量。审计部门对自己要求比较严格,廉政状况总的是好的。但按照建立社会主义市场经济体制和《审计法》的要求,审计人员的整体素质与审计工作的发展还不相适应;有些年轻同志不安心审计工作;有的审计单位也存在着不正之风,极少数人经不起考验,以权谋私,败坏了审计的严肃性,影响审计部门的权威和形象。这些问题,必须引起我们的高度重视,认真加以解决。

首先,要继续加强对审计干部的培训工作,不断提高他们的政治、业务素质。当前要认真贯彻党的十四届四中全会精神,坚持和健全民主集中制,加强和改善党的基层组织建设,做好培养和选拔干部的工作。要组织广大审计工作者,认真学习邓小平同志建设有中国特色社会主义的理论,在审计工作中自觉贯彻执行党的基本路线和方针政策，保证中央政令的畅通。要刻苦学习社会主义市场经济知识、宏观经济管理知识和国家法律法规，努力钻研审计业务，提高审计工作的水平。要深入研究改革开放和经济发展中出现的新情况、新问题，联系实际，改进审计工作。要发扬党的实事求是的优良传统，有喜报喜，有忧报忧，如实向政府和上级审计部门报告审计情况和查出的问题。

其次，要坚持两手抓、两手都要硬的方针，进一步加强廉政勤政建设，维护审计部门的良好形象。审计部门和审计工作者是监督别人的，对自己更应严格要求，做出榜样。对广大审计工作者要加强为人民服务宗旨的教育，加强价值观念、法纪观念的教育，增强抵制拜金主义、享乐主义和极端个人主义影响的能力，做到热爱审计工作，提倡奉献精神，安心审计工作，积极为审计事业作贡献。

同志们，明年是《审计法》施行的第一年，审计工作任务重，难度大，希望各地区、各部门切实加强对审计工作的领导，充分发挥审计部门的职能作用，帮助审计部门解决工作、生活中的实际困难，更好地发挥他们的积极性和创造性。广大审计工作者要艰苦奋斗，任劳任怨，开拓进取，努力做好本职工作，不断作出新的贡献，以不负国家和人民群众的重托！

# 在全国审计工作会议上的讲话

(1996 年 1 月 7 日)

李贵鲜

**一、认清当前经济形势，肯定审计工作成绩**

去年是我国“八五”计划的最后一年。“八五”期间，在邓小平同志建设有中国特色社会主义理论指引下，在以江泽民同志为核心的党中央的正确领导下，我国国民经济迅速发展，综合国力明显增强，经济体制改革取得了突破性进展，对外开放总体格局基本形成，科技、教育、文化和社会各项事业蓬勃发展，人民生活显著改善。“八五”时期国内生产总值年平均增长 11.7%，高于“七五”时期年平均增长 7.9%的水平。

去年经济形势总体上看是好的，基本达到了预定的宏观调控目标。经济增长率为 10%左右，国内生产总值达 55000 多亿元，按可比价值计算，提前五年实现比 1980 年翻两番的目标，物价指数控制在 15%左右。工业生产结构有所调整，国有工业增幅有所提高。中西部地区经济增长速度加快。主要农产品获得较好收成，粮食总产量达 9100 亿斤，棉花总产量达到 8800 万担，都比上年有所增加。固定资产投资增长幅度回落约 17 个百分点，投资结构继续改善。国家财政收入将超额完成，预算赤字可控制在计划目标之内。进出口总额全年超过 2600 亿美元。国家外汇储备可达 740 亿美元，比上年末增加 200 多亿美元。人民生活继续得到改善，城乡居民实际收入稳步增长，储蓄存款全年新增 8000 亿元左右。

但是，也应当看到，当前经济生活仍然存在不少困难和问题。经济运行和管理体制的一些深层次矛盾还没有解决，经济结构不合理还比较突出，物价总水平仍然较高，农业依然是国民经济最薄弱的环节，财政仍有赤字，部分国有企业生产经营困难。这些问题应该引起我们的高度重视。

同全国各部门一样，去年审计工作也取得了很大成绩。1—11月，全国共审计11.8万个单位，查出违纪金额635亿元，比上年同期增加一倍，已上缴财政46.2亿元，罚款金额3.6亿元，决定减少财政拨款和补贴3.9亿元，追还被侵占、挪用资金75.2亿元，节省基建投资24亿元，共为国家增收节支153亿元，比上年同期增加47%。全国审计工作者辛勤工作，坚持原则，依法办事。总理对全国审计工作者给予很高的评价和表扬，我在这里对同志们取得的成绩表示热烈祝贺，对同志们的艰苦努力表示深深感谢。审计署对今年任务安排得很好，只要各项任务都落到实处，我相信审计工作一定会取得更大成绩。

**二、认真贯彻五中全会精神，明确审计工作奋斗目标**

党的十四届五中全会审议通过的《中共中央关于制定国民经济和社会发展"九五"计划和2010年远景目标的建议》，以邓小平同志建设有中国特色社会主义理论和党的基本路线为指导，提出了今后5年和15年国民经济和社会发展的奋斗目标、指导方针、主要任务和重大政策措施，是我国社会主义现代化建设跨世纪的宏伟蓝图。审计部门要以《建议》的精神和中央经济工作会议精神为指导，结合审计工作的实际情况，确定自己的奋斗目标，为实现国民经济和社会发展"九五"计划和2010年远景目标作出贡献。审计部门的工作有特殊性，不太好制定具体规划，但奋斗目标是应该有的。这次会议提出"九五"时期审计工作的几项主要奋斗目标，我认为很好，是符合五中全会精神的，希望同志们努力工作，为之奋斗。这里，我强调几点。

第一，依法审计，保障审计工作顺利进行。全面贯彻落实《审计法》，逐步实现审计工作的法制化、制度化、规范化。《审计法》是我国关于审计监督工作的第一部法律。《审计法》施行一年来，各级审计部门做了大量工作，取得显著效果。对于增强人们的法律意识和法制观念，加强审计机关的基础建设，保障审计工作的顺利进行，提高审计工作的水平，都起到了重要作用。根据《宪法》和《审计法》的有关规定，审计署草拟了《中央预算执行情况审计监督暂行办法》，经国务院批准，以国务院第181号令颁布，引起各省、自治区、直辖市政府高度重视，都及时制定了相应的办法，为首次在全国范围内开展本级预算执行情况审计创造了良好条件。按照五中全会关于加快经济立法、建立和完善社会主义市场经济体制的要求，全面贯彻落实《审计法》是今后的我国审计工作的一项长期任务。要加快审计立法步伐，继续制定和完善与《审计法》相配套的法规和各项规章制度。《审计法实施条例(草案)》已于去年上报国务院。还要尽快制定审计准则和各项专业审计规范、审计管理规范、操作规程等，逐步建立起审计监督的法律体系。要加强审计执法监督检查，促进严格依法审计，保障审计工作在法制轨道上健康发展。要继续开展审计法的宣传教育，为进一步做好审计工作创造良好的法制环境。通过全面贯彻落实《审计法》，到2000年，要初步建立起与社会主义市场经济体制相适应的审计监督制度，基本实现审计工作的法制化、制度化、规范化。

第二，认真贯彻《预算法》，保障预算依法执行。严肃财经纪律，加强审计监督，是五中全会和中央经济工作会议对审计工作提出的要求，也是《审计法》赋予审计部门的重要职责。当前，存在着某些执行预算法律观念不强，预算依法约束不严格，财经纪律松弛，应当引起我们高度重视。去年审计查出的违纪金额比上年增加一倍，以及北京市王宝森案件和陈希同同志的问题，都反映出财政财务管理上还存在不少漏洞。由于违法违纪行为相当普遍，严重干扰了经济发展和改革的顺利进行，助长了腐败行为，败坏了社会风气，因此，整顿和加强财经纪律是当前一项十分紧迫的任务。中央已经决定，从今年开始要整治经济秩序，严肃财经纪律，规范市场行为。国务院将采取一系列措施，打击经济犯罪活动。各级审计部门要认真贯彻执行五中全会和中央经济工作会议精神，把“严肃财经纪律，加强审计监督”的要求落实到每一项具体的审计工作之中，要积极履行法定的职责，切实搞好本级预算执行情况审计和金融机构、国有企业、政府部门、固定资产投资、各种专项资金等审计，对查出的违纪问题严格依法进行处理，并分析产生问题的原因，提出加强管理，堵塞漏洞的建议，促进被审计部门和单位健全规章制度，减少损失浪费，提高资金使用效益，充分发挥审计监督在维护国家财政经济秩序、促进廉政建设、保障国民经济健康发展方面的作用。

加强党风廉政建设，开展反腐败斗争，是推进改革开放、促进经济发展、维护社会稳定的重要保证。在反腐败斗争中，审计部门与其他执法部门要互相协调，密切配合，各司其职。由于经济犯罪活动一般都会在财政、财务收支中反映出来，审计部门应当发挥自己的优势，及时发现案件线索，主动移送纪检、监察和有关部门处理。触犯刑律的，要移送司法机关进行处理。对各级党委、政府交办的重大案件的审计查证事项，一定要尽快查清，保质保量地完成任务。对群众来信来访举报违反财经法纪问题的，要严肃对待，认真办理，努力做到审计监督与群众监督相结合。

第三，坚持不懈地抓好审计队伍建设，进一步提高审计人员的政治和业务素质。审计干部肩负着党和政府的重托，这支队伍的素质如何，形象如何，直接影响着审计工作的质量和审计监督作用的发挥，审计部门成立以来，一直比较重视对审计人员的教育和培训，尤其是经过10多年来的实践锻炼，审计队伍的整体素质较高，廉政状况总的看也是好的。但随着形势的发展和《审计法》的颁布实施，审计工作面临着许多新的任务和要求，必须采取有力措施，进一步提高审计队伍的政治和业务素质。在社会不良风气的影响下，极少数审计人员经受不住考验，出现了贪污受贿、以权谋私等问题，干扰了正常的审计活动。因此，要切实抓好审计队伍的廉政建设，一方面要严明工作纪律，完善各项内部监督检查制度，另一方面要做好思想教育工作。监督别人，首先必须做到自身廉洁。审计部门虽然不是管钱管物的部门，但有审计监督别人的权力，如果意志薄弱，见利忘义，人民赋予我们的权力就有可能成为谋取私利的资本。在审计系统要提倡讲学习、讲政治、讲正气，坚持和完善培训制度。组织广大审计工作者，努力学习马列主义、毛泽东思想，特别是邓小平同志建设有中国特色社会主义的理论，吃透精神，领会实质，研究解决审计工作中出现的新情况、新问题，促进审计事业的发展。要把学习理论同改造世界观结合起来，牢固树立马克思主义的世界观、人生观，不断提高新形势下拒腐防变的能力。同时，还要学习社会主义市场经济和科学技术知识，学习政策和法律，学习审计、财会业务，提高政策水平和审计工作水平。要经过坚持不懈的努力，逐步建设一支政治思想好，业务素质高的审计队伍。

**三、努力完成今年审计工作任务**

中央经济工作会议确定，今年经济工作的总体要求是：坚持邓小平同志建设有中国特色社会主义的理论和党的基本路线，继续贯彻“抓住机遇、深化改革、扩大开放、促进发展、保持稳定”的基本方针，正确处理改革、发展、稳定的关系，积极推进经济体制和经济增长方式的转变，认真实施科教兴国战略，继续加强农业的基础地位，搞好国有企业改革和发展，加强和改善宏观调控，进一步降低物价上涨幅度，努力提高对外开放水平，促进国民经济持续、快速、健康发展和社会全面进步，为全面实现“九五”计划各项任务奠定良好的基础。按照这个总体要求，郭振乾同志的报告对今年审计工作任务作了具体的安排，我都同意。这里我再强调几点。

（一）认真搞好本级预算执行情况审计。今年是全面开展本级财政审计的第一年。这项工作很重要，意义重大，责任重大，国务院和地方各级政府都非常重视。各级审计部门要按照去年大连会议和这次会议的部署，依照本级预算执行情况审计监督暂行办法，加强领导，统一组织，切实将这项工作抓好。《审计法》规定，审计机关每年对预算执行情况审计后，应向本级政府提出审计结果报告，并受政府委托向本级人大提出审计工作报告。这是对本级预算执行情况实行审计监督的主要成果。按计划，今年5月审计署要向总理提出审计结果报告，6月份受国务院委托向全国人大常委会提出审计工作报告。在搞好本级预算执行情况审计工作的基础上，要抓紧研究，做好准备，写好这两个报告。要通过开展本级财政审计，促进政府和财政部门加强预算管理，提高财政管理水平。

（二）积极开展对预算外资金管理、使用情况的审计和调查。现在各地区各部门预算外资金数量很大，有的地方和单位管理不严，使用不当，影响了国家宏观调控，甚至为贪污犯罪活动提供了方便。国务院已经责成有关部门尽快制定预算外资金管理办法。《审计法》赋予审计部门对预算外资金进行审计监督的职责。审计部门有优势，也有手段，应该由审计部门检查预算外资金。审计署对此已作了重点部署，这项工作抓得好，很及时。预算外资金和“小金库”要严格区分，“小金库”属于不合法的账外资金，一经查出，要按有关规定严肃处理。各地审计机关要在审计署的统一部署和当地政府的直接领导下，积极开展对预算外资金的审计调查，为加强财政预算管理和防范腐败作出贡献。

（三）要重视和加强对养老保险基金和失业保险基金的审计监督。推进养老保险和失业保险制度改革，是党中央提出的“九五”期间建立健全我国社会保障体系的重点工作，也是确保在市场经济条件下深化企业改革、维护社会稳定的重要措施。目前，全国每年收缴基本养老保险基金已超过500亿元，参加失业保险的职工总数也已达9500多万人，占全国企业职工总数的80%。但“两金”的管理和使用存在不少问题，有的管理、使用不当；有的多头管理、体制不顺等。这些问题如不尽快解决，很可能影响今后经济发展和改革深化。养老保险基金和失业保险基金是老百姓的活命钱，不能乱花。要管得死死的，看得严严的，这个钱只能用来买国债，使其保值增值，不能用来搞有风险的投资和其他不正当使用。因此，审计部门必须对这两项基金的管理、使用情况加强审计监督，对挪用、乱花、用基金搞有风险的投资等问题，一定要严肃查处。

（四）加强对利用外资的审计。经过十多年的努力，我国对外开放格局已经形成，利用外资也达到相当规模。但是，目前在利用外资中存在一些值得重视的问题，如：超规模借用短期商业借款；借取外债的总成本超过国家外汇管理部门核定的标准；借取的外债资金未按规定汇入境内，长期滞留境外；部分用款项目效益差，还贷风险比较大等。我国对外借款水平已接近警戒线，现在进入了还贷高峰期，还款压力很大。审计部门要加强对外债的审计，围绕充分发挥外债资金的使用效益和外债规模要与国力相适应两个重点，对一些国际金融组织贷款项目进行审计，促进有关部门和用款单位提高外资使用效益，增强还款能力。

（五）严格对社会审计的管理和监督，加强对内部审计的指导。这几年，在各级审计部门的指导、推动下，社会审计发展较快，为社会主义市场经济服务，起了积极作用。但同时也存在不少问题，有些基层审计机关对审计事务所的资格认定不够严格，一部分审计事务所自律性的运行机制尚未建立和完善起来等。如果社会审计的信誉建立不起来，势必影响其长远发展。今后要把严格审计事务所的资格认定和促进其建立自我约束机制作为审计机关指导、监督的重点工作。审计署要制定几条标准或运作规则,事务所达不到这些标准,国家审计机关不予承认。审计事务所必须根据市场规则,公正地从事各项中介服务,独立行使职能,建立严格的内部规章制度,并承担相应的法律和经济责任。社会审计从一开始就要树立好的风气。要坚决打击利用中介活动进行欺骗、敲诈、做伪证等违法活动。要通过加强监督和指导,争取在几年内,建立起一批在社会上有较高信誉、在国际上有一定影响的审计事务所。对内部审计要加强指导,充分发挥其促进改善内部管理、提高经济效益等方面的作用,使之在建立现代企业制度的改革中不断得到巩固和发展。

同志们,今年的审计工作任务十分繁重。各级政府要进一步重视和支持审计工作,切实加强领导,帮助解决困难。审计部门和广大审计工作者要认真贯彻五中全会和中央经济工作会议精神,统一思想,齐心协力,把各项审计工作任务落到实处,使审计工作再上一个新台阶。

# 在全国审计工作会议上的讲话

(1997年1月23日)

李贵鲜

同志们:

这次全国审计工作会议开得很好。郭振乾同志对1996年的审计工作进行了全面总结,结合贯彻党的十四届六中全会和中央经济工作会议精神,对今年的审计工作做了总体安排,我都同意。国务院对这次会议很重视,李鹏总理接见了会议代表并做了重要讲话,充分肯定了审计部门取得的成绩,指出了今后工作的方向,总理的指示非常重要,大家要深刻领会,结合本地实际情况认真贯彻落实,争取今年的审计工作有新的发展。下面,就审计工作的有关问题讲几点意见。

**一、正确认识形势,增强做好审计工作的信心**

正确认识和把握形势,是统一思想、树立信心、明确方向、做好各项工作的基础。当前,国际形势继续趋向缓和,多极化趋势进一步发展。同时,动荡和不稳定因素也有所增加。强权政治和霸权主义遭到了越来越多国家的强烈抵制,西方国家之间在涉及自身利益问题上摩擦不断,难以协调。发展中国家虽然在经济上还存在一些困难,但总体实力和在国际、地区事务中的作用继续上升。近年来全球经济呈现好的发展势头,今年预期继续趋好。这种世界政治、经济形势,对于我国在国际事务中发挥积极作用,更好地发展对外贸易与经济合作,推进经济建设和社会发展是有利的。国内形势总的看是好的。在以江泽民同志为核心的党中央领导下,全国人民同心同德,积极推进经济体制改革,努力扩大对外开放,我国经济持续、快速、健康发展,物价上涨得到有效控制。“九五”计划第一年开了一个好头。国内生产总值达67800亿元,比上年增长9.7%;零售物价涨幅回落到6.1%,比上年涨幅降低8.7个百分点;农业战胜了部分地区严重的自然灾害,获得较好收成,粮食总产量超过9600亿斤,创造了历史最高水平;固定资产投资完成23800亿元,比上年增长18.9%,国家重点建设和技术改造得到加强;国内市场繁荣,全社会消费品零售总额为24614亿元,比上年增长19.4%;财政收入增长快于财政支出的增长,财政赤字有可能控制在计划目标之内;金融形势比较平稳,国家外汇储备突破1000亿美元;社会各项事业全面进步,人民生活进一步改善。

我国目前经济生活中存在的主要问题是:经济结构性矛盾愈益突出,"大而全,小而全"低水平重复建设问题严重,中央财政赤字较大,银行不良贷款继续增多,农业基础脆弱的情况没有根本改变,部分国有企业生产经营比较困难,社会生活中还存在不少消极腐败现象,一些地方社会治安和社会风气不好。对这些问题,党中央和国务院正在采取措施,认真解决。我们相信,只要全党、全国上下共同努力,这些前进中的困难和问题,一定能够逐步得到解决,国民经济一定能够持续、快速、健康发展。

过去的一年里,审计工作有了较大的发展。各级审计机关和广大审计工作者,在党中央、国务院和各级党委、政府的领导下,深入贯彻落实《审计法》,积极开展本级财政预算执行情况的审计和其他各项审计工作,努力加强审计工作的规范化建设和审计队伍的精神文明建设,取得了良好成绩。全年共审计17.8万个单位,查出违纪金额2038亿元,为国家增收节支286亿元,比上年增加40%。在促进经济体制和经济增长方式转变,维护财经法纪,整顿经济秩序,加强廉政建设等方面发挥了重要作用。

1996年,审计机关做了三项开拓性工作。一是审计署和各地审计机关按照《审计法》的规定,首次开展了本级预算执行审计,收到良好效果。实践证明,建立本级预算执行审计制度十分必要。二是审计工作规范化建设有了突破性进展,出台了38项审计工作规范,加快了审计工作法制化、制度化、规范化建设的进程。三是积极探索了对预算单位银行账户的审计方法,这对于深化本级预算执行审计,加强对财政性资金的审计监督,将起到重要的作用。社会审计工作得到进一步发展,会计师事务所、审计事务所逐步建立健全自律性规章制度,发挥了较好的社会监督作用。这些工作的开展并取得初步成功,对于完善我国审计监督制度和方法,提高审计工作质量和水平,推动我国审计事业的发展具有十分重要的意义。在这里,我代表国务院向辛勤工作在审计战线上的同志们表示亲切的慰问和衷心的感谢。

**二、认真贯彻中央经济工作会议精神,努力做好1997年的审计工作**

中央经济工作会议,在对经济形势进行全面、客观分析的基础上,确定我国今年经济工作的总体要求是:坚持以邓小平建设有中国特色社会主义理论为指导,全面贯彻党的基本路线和基本方针,落实十四届五中、六中全会精神,切实推进两个根本性转变,继续实行适度从紧的财政货币政策,降低物价上涨幅度,加强农业基础地位,加快改革特别是国有企业改革步伐,加大结构调整力度,培育新的经济增长点,积极开拓市场,提高对外开放水平,促进国民经济持续、快速、健康发展和社会全面进步。会议明确提出,继续保持良好的宏观经济环境,进一步规范和整顿经济秩序是今年改革和建设的一项重要任务。各级审计机关要深刻理解和正确把握全国经济工作的大局,紧紧围绕中央经济工作会议提出的总体要求,科学安排和合理组织好今年的各项审计工作。

(一)深化本级预算执行审计,加强对国家财政收支的审计监督

对本级预算执行情况进行审计监督,是《审计法》确定的一项必须长期坚持的重要法律制度,是对国家财政收支建立科学、有效的外部监督制约机制的重要环节。各级审计机关和广大审计工作者一定要从理论与实践的结合上,进一步加深对开展本级预算执行审计重要意义的认识,认真总结经验,采取有效措施,把今年的本级预算执行

审计工作引向深入。

郭振乾同志在工作报告中提出的“账户入手，下审一级”的审计方法，我看很好，这是深化本级预算执行审计的重要举措。预算单位银行账户是财政性资金运作的载体和出入口，从账户入手进行审计，能够从源头上查清被审计单位资金收支的基本情况，进而查证其财政收支、财务收支的真实性、合法性，能够保证审计决定和审计意见的全面性、准确性和可靠性。目前，我国经济生活中存在的隐瞒财政收入、偷漏税款、转移预算资金、私设“小金库”等问题，在一定程度上都与预算单位在银行多头开户有关。它不仅造成了国家财务的分散和分配秩序混乱，而且助长了不正之风和腐败现象的发生。所以，加强对预算单位银行账户的审计监督，应当成为本级预算执行审计和其他财政审计的重要内容和方法。各级审计机关要充分运用这一方法，对组织预算执行、参与预算分配、掌握预算资金调拨权和管理、使用大宗财政性资金的重点单位和重点部门进行审计监督。不仅要了解预算收入和支出的真实情况，还要了解有关的基金和收费项目是否按照规定纳入了国家预算管理，从而维护国家预算的严肃性和完整性。

本级预算执行审计结果报告和审计工作报告，是审计工作成果的综合反映。提高这两个报告的质量，是深化本级预算执行审计的重要环节。今年的本级预算执行审计中，要注意加强对审计情况的综合分析和深入研究，进一步写好这两个报告，揭示预算执行中存在的普遍性、倾向性问题，从完善政策、健全制度、实现预算管理科学化和规范化的角度提出切实可行的意见和建议。

(二)加强农业、国有企业、金融等方面的审计，全面履行审计监督职责

我国是一个有 12 多亿人口的大国，人多地少的基本国情决定了我们必须始终把增加农产品供给、解决吃饭问题当作头等大事。中央决定今年要继续加强农业的基础地位，深化农村改革，增加农业投入，全面发展农村经济。近几年来，审计署比较重视农业审计，通过对农业综合开发资金、扶贫资金、土地出让金等重点资金的审计，查出了违反财政、财务制度，截留、挪用农业专项资金和土地出让金流失等问题。这些问题严重影响和制约着农业持续稳定的增长。今年，各级审计机关要围绕提高农业综合生产能力这一根本目标，重点搞好财政预算内、以工代赈和银行贴息贷款等扶贫资金，农业综合开发资金，农田水利建设资金和三峡工程移民资金的审计，促进国家投入农业的各种专项资金的科学管理和合理使用。

当前，部分国有企业生产经营困难，经济效益不好，已成为我国经济生活中的一个突出问题，引起了社会各方面的广泛关注。解决这一问题的根本出路，在于扎扎实实地推进企业改革，加强管理和积极转变增长方式。江泽民同志强调指出：“加强科学管理，是企业固本治标的大计。”各级审计机关要选择一些关系国计民生、影响较大的重点行业和重点企业，加强审计监督。在纠正企业违反财经法纪问题的同时，重点帮助企业查找经营管理中存在的问题，有针对性地提出改革、改进建议，促进企业转变经营机制，建立科学的管理制度，提高经济效益，实现国有资产的保值增值。

目前，向企业乱伸手、随意收费和摊派问题又有所抬头，已经成为影响国有企业效益和活力的重要因素。中央决定今年要认真清理国有企业不合理负担，坚决制止向企业乱摊派和乱收费。各级审计机关要通过开展各项审计工作，对各种收费进行检查，纠正乱收费、乱摊派问题，切实减轻企业负担，为搞好国有企业创造有利的社会环境和条件。

依法规范和整顿金融秩序，提高金融资产质量，防范金融风险是今年一项重要经济工作任务。各级审计机关要以整顿金融秩序、严肃金融纪律为重点，强化金融部门审计的力度，维护金融形势的稳定。

**三、全面贯彻落实党的十四届六中全会**

精神，加强审计机关的精神文明建设

党的十四届六中全会作出了关于加强社会主义精神文明建设的决议，明确提出了精神文明建设的指导思想、工作目标和重大措施，对社会主义精神文明建设、特别是思想道德建设和文化建设作出了全面部署，是今后一个时期指导我国社会主义精神文明建设的纲领性文件。各级审计机关和广大审计人员要把认真学习和贯彻落实六中全会决议作为今年的一项重要工作来抓。

党的十三届四中全会以来，我们坚持党的基本理论和基本路线，多方面加强精神文明建设，取得了积极的进展和明显的效果，对促进改革、发展、稳定起到了重要作用。但是，我们必须清醒地看到，在一些地方和部门的领导工作中，忽视思想教育，忽视精神文明建设，"一手比较硬，一手比较软"的问题还没有解决，在精神文明建设方面存在不少问题，有的还相当严重。一些领域道德失范，拜金主义、享乐主义、个人主义滋长；腐败现象蔓延，党风、政风受到损害。对此我们必须高度重视，认真对待。审计监督的工作性质，决定了审计机关在精神文明建设方面担负着重要的职责。所以，各级审计机关和广大审计工作者要根据中央的统一部署，积极参与、支持、配合全社会的精神文明建设。审计机关要积极配合纪检、监察部门的办案工作。一方面，要认真履行经济监督职能，增强执法力度，严肃查处违反财经法纪问题，纠正部门和行业不正之风，真正发挥审计监督的威慑作用；另一方面，要通过不断改进审计方法，促进被审计单位增加法制观念，依法经营、依法管理，促进全社会精神文明建设的发展。

审计部门的精神文明建设总体上说是好的，外界反映也比较好。但也存在这样那样一些问题。郭振乾同志报告中列举了一些现象和事例，大家要从中吸取教训，进一步加强自身的精神文明建设。首先，要从完善制度建设的基础性工作入手，努力规范审计行为。现在，具体规范已经制定出来，今年要下功夫认真抓好落实，在实际工作中一定要坚持按规范要求办事，以保证各项审计工作依法进行。其次，要全面提高审计干部队伍的素质。建设一支政治强、业务精、作风正的审计干部队伍，是做好审计工作的根本保证，也是审计机关精神文明建设的重要内容。要加强思想建设，广大审计工作者要认真学习马列主义、毛泽东思想，特别是邓小平建设有中国特色社会主义理论，树立正确的世界观、人生观、价值观，增强坚持党的基本理论、基本路线、基本方针的自觉性。要加强道德建设，积极开展以为人民服务为核心内容的审计职业道德教育，增强广大审计工作者抵制拜金主义、享乐主义、个人主义思想侵蚀的自觉性，发扬奉献精神，全心全意为人民服务。要加强对审计干部的专业培训，提高审计工作者的业务素质，以适应审计工作发展的需要。第三，要加强廉政建设。审计机关作为行政执法部门，其廉政建设应该有更高的标准，更严的要求。要坚持不懈地对审计工作者进行反腐倡廉教育，大力提倡自重、自省、自警、自励，勤政务实、廉洁奉公的精神。严格执行审计工作有关法规和纪律，严肃查处各种违纪行为，保持审计干部队伍的良好形象。

社会审计工作是审计工作的重要组成部分，审计事务所、会计师事务所要严格依法办事，严格自律，树立良好形象和信誉，使社会审计工作得到切实有效的监督，形成一批在国内外享有信誉的社会审计单位。

同志们，今年在我国历史上是一个重要的年份，恢复对香港行使主权和召开党的第十五次全国代表大会，是我国政治生活中两件举世瞩目的大事。正确安排和积极做好今年的各项审计工作，具有非常重要的意义。各级政府要切实加强对审计工作的领导，支持审计工作的开展，关心和解决审计工作者的实际困难，充分调动他们的工作积极性。广大审计工作者要增强改革意识和创新精神，勤奋学习，努力工作，做出优异成绩，以实际行动迎接香港回归和党的十五大的胜利召开。

春节快要到了，在这里，我要向在座的同志们，并通过你们向全国审计战线广大干部职工及其家属拜个早年，祝同志们身体健康，合家欢乐。

# 在全国审计工作会议上的讲话

（1997年12月23日）

李贵鲜

同志们：

这次全国审计工作会议开得很好。郭振乾同志对1997年的审计工作进行了全面总结，并结合贯彻十五大和中央经济工作会议精神，对明年审计工作做出了部署，我都同意。昨天，李鹏同志亲切会见了与会代表，并作了重要指示，我们要深刻领会并认真贯彻落实总理的讲话精神，按照总理的要求，进一步做好审计工作，以不负党中央、国务院的重托。在前天召开的全国审计机关先进集体和先进工作者表彰大会上，人事部和审计署联合表彰了70个先进集体和39名先进工作者。我向受到表彰的先进集体和先进工作者表示衷心的祝贺，希望各级审计机关和全体审计干部，通过表彰先进，进一步振奋精神，努力工作，在维护国家财政经济秩序和促进廉政建设等方面为党和人民再立新功。根据《宪法》和《审计法》规定，审计署直接受总理领导。我受总理的委托，就当前形势和审计工作讲几点意见。

## 一、当前我国政治经济形势很好

1997年，是我国历史上非常重要而又极不平凡的一年。我们顺利地恢复了对香港行使主权，胜利地召开了党的十五大，圆满地完成了这两件大事。在邓小平理论伟大旗帜的指引下，在以江泽民同志为核心的党中央领导下，我们国家政治稳定，经济发展，民族团结，社会进步，国际地位和国际威望进一步提高，国际形势继续朝着对我有利的方向发展。

党的十五大是一次承前启后，继往开来的历史性会议。这次会议确立了邓小平理论为党的指导思想，总结了十一届三中全会以来特别是十四大以来的实践经验，制定了我国改革开放和社会主义现代化建设跨世纪的战略部署，选出了以江泽民同志为核心的新的党中央领导机构。十五大是我们党和国家历史上新的伟大里程碑，必将对我国今后的发展产生重大而深远的影响。

今年，我国的经济形势总体上是好的。改革开放和现代化建设继续推进，各项事业取得新的成就。国民经济实现了稳中求进的总体要求，经济适度快速增长，物价涨幅进一步回落，呈现出“高增长、低膨胀”的良好发展态势，预计全年国内生产总值增长9%，商品零售价格涨幅低于2%，居民消费价格涨幅低于4%，主要经济指标基本达到了国家宏观调控的预期目标；农业生产克服多种自然灾害和困难，再次获得好收成，预计全年粮食总产量比特大丰收的去年略有减少，棉花产量超过去年；企业改革继续深化，工业生产平稳增长，经济效益有所回升；结构调整开始出现一些新的积极变化；国民经济的市场化程度进一步提高，市场配置资源的基础性作用不断增强，主要生产资料和消费品的买方市场初步形成，我国经济基本摆脱了几十年来的短缺局面；财政收入增长较快，金融形势比较稳定；对外经济技术交流继续扩大，外贸出口大幅度回升，预计全年进出口总额超过3150亿美元，比去年增长9%左右，国家外汇储备大幅度增加，年底可超过1400亿美元；城乡居民收入增加，人民生活继续改善。

我们也要清醒地看到，我国国民经济运行中还存在着一些突出的矛盾和问题。主要是，一些国有企业生产经营困难；下岗待业人员增加，部分职工生活困难；金融机构不良资产比重高；农业基础脆弱的状况还没有根本改变等。党和政府对这些矛盾和问题高度重视，正在采取切实措施加以解决。刚刚闭幕的中央经济工作会议，总结了今年的经济工作，提出了明年经济工作的指导思想、总体要求和重要方针，对改革和发展作出了部署和安排。这次会议对夺取改革开放和社会主义现代化建设的新胜利，具有重要的意义。

正确认识当前形势，对于统一思想，凝聚力量非常重要。各级审计机关和广大审计干部肩负着维护国家财政经济秩序、促进国民经济健康发展的重任。因此，必须始终对形势有一个清醒的认识，从而更好地把握和服从大局，更加自觉地执行党的各项方针、政策，履行好《宪法》和《审计法》赋予的光荣职责。

**二、过去五年审计工作取得了显著成绩**

党的十四大以来的五年，我国改革开放和现代化建设事业进入了一个新阶段，在各个领域都取得了巨大成就。审计工作在各级党委、政府的领导下，在全国审计机关和广大审计人员的共同努力下，也取得了显著成绩。五年来，全国审计机关查处违反国家规定的财政财务收支金额中，上缴财政380多亿元，减少财政拨款近60亿元，追还被侵占挪用的资金总额470多亿元，累计为国家增收节支920多亿元；向司法机关移送经济案件1600多件，提出的审计建议有十几万条被各级党委、政府和有关部门采纳。审计监督在严肃财经纪律、促进两个转变、加强宏观调控和廉政建设等方面发挥了重要作用。

十四大以来，全国审计机关坚持以邓小平建设有中国特色社会主义理论为指导，把学习理论与贯彻执行党中央、国务院关于加强审计监督的一系列指示精神紧密结合起来，积极实践，勇于探索，使审计事业有了较大的发展。一是适应社会主义市场经济体制的要求，制定了《审计法》和《审计法实施条例》，使我国审计监督的法律法规体系基本建立起来。二是从审计工作的实际需要出发，制定、实施了38项审计规范，促进了审计质量和效率的提高。三是适应改革和发展的要求，不断深化农业、财政、金融、固定资产投资、企业等审计工作。四是总结和探索出了从账户入手审计这一基础方法，丰富和完善了审计监督的方法体系。全国各级审计机关认真贯彻落实《审计法》，依法开展本级预算执行审计和其他各项审计工作，取得了显著成绩。审计发现的大多数问题已经和正在得到纠正，提出的关于加强预算管理的许多意见得到认真落实，促进了财政预算管理，维护了预算的严肃性，各级政府和人大常委会对这项工作给予了充分肯定。今年初，审计署对中央预算单位银行账户开设情况进行了审计，总理办公会议专门听取了审计署的汇报。根据国务院的指示，审计署组织力量对110家信托投资公司进行了审计，针对信托投资公司存在的问题提出了处理意见，得到了国务院领导同志的肯定。各级审计机关还积极参与反腐败斗争，配合纪检、监察部门查办大案要案，完成了上千件各种经济案件的查证事项，特别是参加了有关重大案件的审计查证工作，为反腐败斗争的深入开展作出了贡献。经过全国审计机关的艰苦努力，审计工作已逐步走上了法制化、制度化、规范化的轨道，初步形成了具有中国特色的审计监督制度，逐步形成了一套比较规范、行之有效的审计监督方式方法，初步建立起一支政治素质和业务素质都比较好的干部队伍。所有这些，为今后审计事业的进一步发展打下了坚实的基础。国务院对审计工作是满意的。

**三、认真学习贯彻十五大和中央经济工作会议精神，扎扎实实地做好各项审计工作**

1998年，是全面贯彻落实十五大精神的第一年，也是实施“九五”计划的重要一年。中央提出明年经济工作的总体要求是：高举邓小平理论的伟大旗帜，全面贯彻落实党的十五大精神，继续推进经济体制和经济增长方式的根本转变，进一步加强农业基础地位，加快国有企业改革步伐，加大经济结构调整力度，加强和改善宏观调控，提高对外开放水平，安排好群众生活，实现国民经济持续快速健康发展和社会全面进步。根据这一总体要求，又确定了明年国民经济宏观调控的主要目标和经济工作的主要任务。各级审计机关要根据中央经济工作会议提出的“稳中求进”的精神，继续认真学习贯彻十五大精神，坚持用十五大精神统一思想，深刻理解和正确把握全国经济工作的大局，紧紧围绕十五大和中央经济工作会议提出的各项任务，科学安排和合理组织好明年的工作，不断研究解决审计工作中的新情况、新问题，扎扎实实地完成好各项审计任务。这里，我强调几点：

(一)紧密围绕经济工作中心，加强审计监督

要继续加强对财政资金管理和使用情况的监督检查。强化财政管理，严肃财经纪律，是加强和改善宏观调控的重要内容。强化财政管理，一是要把该收的钱都依法收上来；二是开支要有预算约束，要讲究效益。十五大和中央经济工作会议都强调要贯彻勤俭建国、勤俭办一切事业的方针，坚决制止挥霍奢侈之风。这次全国审计工作会议强调1998年审计工作要把分析资金状况，促进提高经济效益作为指导思想是正确的，也是十分必要的。要审计财政预算资金和预算外资金管理使用中不讲效益、损失浪费等问题。通过审计监督，促进规范财政收支秩序，提高财政资金使用效益，努力推进两个根本性转变。

要认真做好新形势下的企业审计工作，为国有企业走出困境和深化改革创造条件。党的十五大和中央经济工作会议对深化国有企业改革作出了具体部署，目标是用三年左右的时间，通过改革、改组、改造和加强管理，使大多数国有大中型亏损企业摆脱困境；力争到本世纪末使大多数国有大中型骨干企业初步建立现代企业制度。审计机关要适应这一新的形势，积极地支持国有企业深化改革，加强和改进企业审计工作。重点要抓好国有大中型企业、国有企业集团和国有资产占控股地位或主导地位企业的审计监督，促进深化改革，加强内部管理，防止国有资产流失。要监督检查一些部门向企业乱收费、乱摊派、乱集资等问题，帮助企业减轻负担。随着国有企业改革步伐的加快，大量国有中小型企业要通过改组、联合和股份合作制等形式实行资产重组。在这个过程中，审计部门要积极发挥作用，加强审计监督，防止国有资产在产权变动过程中流失。

要积极稳妥地搞好金融审计，促进金融改革和发展。党的十五大后，党中央、国务院把进一步深化金融改革和整顿金融秩序放在突出位置，作为经济工作的一项重要任务。前不久党中央和国务院召开了全国金融工作会议，对解决金融改革和发展中的重大问题作出了全面部署，会后下发了《中共中央国务院关于深化金融改革，整顿金融秩序，防范金融风险的通知》。这次中央经济工作会议又对贯彻落实全国金融工作会议精神进行了具体部署。各级审计机关要根据中央经济工作会议和全国金融工作会议精神，紧紧围绕金融改革，整顿金融秩序，防范和化解金融风险这一主题，积极稳妥地开展工作，依法维护金融秩序。

要努力提高外资审计工作质量，促进外资运用管理。改革开放以来，我国利用外资工作取得了很大成绩。其中国际金融组织和外国政府贷款已成为我国利用外资的重要形式之一，大部分项目取得了良好的经济效益和社会效益，对促进国民经济发展和对

外开放发挥了积极作用。但也有少数项目单位不认真履行合同，挪用贷款搞别的项目，有的管理混乱，损失浪费严重，造成了不良影响。这几年，各级审计机关在外资运用审计方面做了大量工作，促进有关部门和单位加强了外资运用管理。今后，要进一步加大对外资运用项目的审计监督力度，对审计发现的问题要严格依法处理。各级政府要支持审计机关依法独立地开展外资运用审计，同时要切实加强对外资运用项目的管理，维护我国的对外信誉。

农业、固定资产投资、养老保险和失业保险等社会保障基金以及企业领导干部离任经济责任等审计工作，要在巩固原有成果的基础上，总结经验，继续探索更为有效的审计监督新路子、新方法，在加强资金管理和廉政建设中发挥更大的作用。

(二)深入贯彻执行《审计法》和《审计法实施条例》，依法加强审计监督

《审计法》实施三年来，各级审计机关认真履行审计监督职责，严格依法审计，审计工作质量和水平有了明显提高，广大审计人员和被审计单位的法律意识和法制观念进一步增强。为了保证《审计法》的顺利实施，今年10月，国务院颁布了《中华人民共和国审计法实施条例》。这是继《审计法》颁布之后完善我国审计法律体系的又一重要举措。《审计法实施条例》在将《审计法》规定的审计工作基本原则具体化的同时，根据审计工作近几年发展的实际和强化审计监督的客观需要，增加了审计处理处罚等方面的权限。审计权限的进一步明确，有利于审计机关依法独立开展审计工作，但责任也相应加大了，要求我们的审计执法水平有一个新的提高。因此，各级审计机关要结合《审计法实施条例》的颁布，进一步学习并深刻领会《审计法》的各项具体规定，统一思想认识，严格审计执法，进一步加强对国家财政财务收支的审计监督。

(三)切实加强对内部审计和社会审计的指导与管理，促进内部审计和社会审计的健康发展

内部审计和社会审计是我国审计体系的重要组成部分，在社会主义市场经济中发挥着日益重要的作用，现在又都面临着很好的发展机遇。能否抓住机遇，加快发展，是对我们内部审计和社会审计自身素质的一种考验，也是对各级审计机关指导和管理工作的新挑战。内部审计和社会审计近几年有了很大的发展，但总的来说还处于发展的初级阶段，需要审计机关进行指导和管理。内部审计和社会审计发展起来了，反过来又会促进国家审计的发展。它们之间是相互促进、共同发展的关系。各级审计机关对发展内部审计和社会审计要有战略眼光和全局观念，加大对内部审计和社会审计的工作力度，要在制定政策法规、培训人员、总结推广经验等方面多下功夫，引导内部审计和社会审计工作健康发展。要通过建立和完善执业制度和质量检查制度，加强社会审计组织的职业道德建设，规范其执业行为，促进其公正执业、公平竞争，更好地为发展社会主义市场经济服务。

(四)进一步加强审计队伍建设，努力建设一支高素质的审计干部队伍

审计机关成立以来，审计队伍建设一直是抓得比较紧的。实践证明，审计队伍是一支清廉的、信得过的队伍。近几年，全国审计机关涌现出一大批坚持原则、无私奉献、秉公执法的先进集体和优秀审计干部。这次受表彰的70个先进集体和39名先进工作者就是其中的优秀代表。各级审计机关和全体审计干部要以他们为榜样，联系思想和工作实际，广泛、深入地开展学习先进的活动。

江泽民同志在十五大报告中提出，建设一支适应社会主义现代化建设需要的高素质干部队伍，是我们的事业不断取得成功的关键。在新的形势下，各级审计机关的领导同志要拿出相当的精力和时间，进一步加强队伍建设。这次全国审计工作会议提出明年将召开全国审计机关思想政治工作会议，

研究新时期加强审计机关思想作风建设的措施，我很赞成。加强审计队伍建设，首先要加强审计干部特别是领导干部的思想政治建设。要坚持正确的政治方向，高举邓小平理论的伟大旗帜，把握好党的基本理论、基本路线和基本方针。要增强遵守党的政治纪律的自觉性，在政治上同以江泽民同志为核心的党中央保持高度一致，维护中央的权威和国家利益，确保中央的政令畅通。同时要坚持解放思想、实事求是的思想路线，创造性地开展审计工作。其次，要加强廉政建设。要进一步加强审计干部的教育和管理，完善审计机关内部的监督制约机制，增强审计干部的自律意识和责任意识。对那些埋头苦干、廉洁奉公的好干部，要大力表彰；对那些违反廉政纪律，以权谋私的要严肃处理。广大审计干部要认真执行党中央、国务院关于加强党风廉政建设的各项规定，严格遵守审计纪律，保持谦虚谨慎的工作作风，进一步树立审计机关的良好形象。各级审计机关的领导干部要以身作则，模范地遵纪守法，自觉接受监督，做艰苦奋斗、廉洁奉公的表率。

**四、各级政府要进一步加强对审计工作的领导，关心、支持审计工作**

审计机关这几年取得的成绩，是与各级政府重视和支持审计工作分不开的。审计机关作为财政经济监督部门，在工作中要有所作为，除了自身努力以外，一靠法律法规，二靠党委和政府领导。这里我提出几点建议：一是根据《宪法》和《审计法》规定，审计工作要由政府行政首长分管。《审计法》规定，审计署和地方各级审计机关分别在国务院总理和地方各级政府行政首长领导下开展审计工作。据我了解，现在大部分地方审计机关是由政府首长分管的，但也有少数地方没有做到，希望这些地方的政府行政首长把审计工作管起来。二是要根据当前形势和各地经济工作的实际情况，加强对审计机关的指导，经常压担子、提要求、布置审计任务。三是要支持审计机关依法审计、依法处理问题。由于审计监督的对象主要是国有企业和政府部门，反映出来的问题许多属于企业法人行为或者政府部门行为。因此，审计机关履行法定职责有时会遇到各种阻力和困难，再加上审计机关自身手段和条件的局限性，有些工作需要政府和有关部门的支持和配合。因此，各级政府尤其是政府的主要领导，要旗帜鲜明地支持审计机关开展审计监督工作，为他们改善和创造工作条件，帮助解决工作中的各种困难和问题，排除来自各方面的阻力和干扰，保护和发挥他们的工作积极性。审计机关也要主动配合政府的中心工作，认真完成政府交办的每一项任务。这里要特别强调的是，审计机关按照《审计法》规定每年开展的本级预算执行审计，以及向各级政府提交的审计结果报告和向各级人大常委会作的审计工作报告，是加强预算管理和监督、规范财政预算行为的一项重要法律制度。各级政府要积极支持审计机关开展这项工作，对预算执行审计中发现的问题，要督促有关部门认真纠正，自觉接受人大常委会的监督；对审计部门提出的关于加强预算管理的审计意见和建议，要重视，及时研究，认真解决。四是要关心审计队伍建设，不断提高审计干部的政治、业务素质。我相信，在各级政府的重视和支持下，审计机关在维护国家财政经济秩序、加强宏观调控、促进廉政建设中，一定能发挥更大的作用。

同志们！明年审计工作的任务很繁重。全国审计部门的同志们要高举邓小平理论的伟大旗帜，在以江泽民同志为核心的党中央领导下，统一思想，齐心协力，扎扎实实做好明年各项审计工作，为改革开放和社会主义现代化建设事业做出新的贡献。

再过几天就是元旦了，我代表国务院，向你们并通过你们向辛勤工作在审计战线上的全体同志们表示亲切的慰问，祝同志们在新的一年中取得更大的成绩！

# 在全国审计工作会议上的讲话

（1998年12月23日）

王忠禹

这次全国审计工作会议是经国务院批准召开的。主要是总结今年，部署明年，提出今后五年审计工作的发展目标，对于贯彻落实党的十五大、十五届三中全会和中央经济工作会议精神有着重要意义。会议开得是好的。1998年，全国审计机关和广大审计人员在党中央、国务院和地方各级党委、政府的领导下，紧紧围绕政府工作中心，积极开展审计工作，为国家增收节支250多亿元，在维护经济秩序，加强廉政建设，促进改革和经济发展等方面发挥了重要作用。我受总理的委托，代表国务院向全国广大审计人员表示亲切的慰问。

（一）

审计工作是一项很重要的工作，国务院非常重视。今年以来，国务院给审计署交办了很多重要任务，如清查粮食企业亏损挂账、重点亏损企业审计以及重大经济案件的查证工作。同时，总理和国务院其他领导同志对审计署上报的一些审计报告和审计要情都及时作出了明确指示，还多次召开专门会议听取审计工作的汇报，对审计署查出的重大违法违纪案件批示公开曝光，树立了审计的权威，有效地发挥了审计部门的作用。地方各级党委和政府对审计工作也很重视，加强领导，支持审计部门依照法律规定，独立有效地开展审计工作，在实现政府工作目标中发挥了审计部门的积极作用。

（二）

12月15日，朱镕基总理听取了审计署的工作汇报，对审计工作给予了充分的肯定，并作了重要指示，为明年和今后一个时期审计工作的发展指明了方向。现在，我向大家传达总理的指示。

总理说，今年以来，审计署和地方各级审计机关做了大量工作，成绩明显，效果不错，应该充分肯定。在这里，向全国审计工作者表示亲切的问候。希望认真总结经验，把今后的工作做得更好。

总理指出，审计工作很重要，它对建立社会主义市场经济体制是非常必要的，因而审计机关肩负的任务也是十分光荣的。当前，我国经济领域中造假和犯罪的情况比较严重，从审计出的案件看，有些案例无法无天。如果这种状况得不到制止，社会主义市场经济难以建成。搞社会主义市场经济必须加强国家审计和会计监督，这是个历史的任务。这个事情不是讲得不够，还没有得到足够的重视。不仅要实行国家审计监督，还要发挥社会中介组织的监督作用。社会中介组织非常重要，资本主义国家的经济秩序很重要的是靠发挥会计师事务所和律师事务所等社会中介组织作用帮助国家监督。现在，我们有些社会中介组织帮助犯罪分子造假，这怎么行呢！审计工作任务很艰巨，任重道远。

对如何进一步做好审计工作，总理提出了五点要求：

第一，全面审计，突出重点。国家审计的对象应该是什么？凡使用国家财政拨款的，都在审计监督范围之内，都得审计，只要使用国家的钱，就不能逃脱审计监督，对所有花国家钱的，都要盯住，包括花地方财政的钱，地方财政也是国家的，不能放过任何一个。要对国家负责，对人民负责，全面进行审计。突出重点，就是要抓住问题最多、金额最大的。为了推动国民经济快速发展，目前，国家采取积极的财政政策，在基础设施建设方面特别是水利建设方面，投入了大量的财政资金。这些资金不是用银行的钱，银行监督不了。计委是管拨钱的，它也要监督，但是不容易监督。因此，要靠审计来监督，这是一个最大的重点，你们审计要跟上。你们对水利建设资金的审计，反映的问题很重要，请马凯同志帮助抓一下，把审计署的报告改写成一个通报，通报全国，登报公布。通报和登报，都不要泛泛地说挪用了水利建设资金多少亿，要点名是哪个省，什么项目，这样才会有威慑力量。宣传工作强调以正面宣传为主，这是没错的，但对违法违规问题进行舆论监督也是非常重要的。我们在政治上不能允许搞自由化，但在经济上应该是公开的、透明的，这样才有利于监督，犯罪分子才惧怕，这绝不存在给社会主义制度抹黑的问题。如果审计完了，通报一下挪用了多少钱，下次要注意，一句话了结了，不撤人、不抓人、不坐牢，有的人甚至照样易地做官，怎么能纠正呢！社会保障资金如养老保险基金的审计很重要。下岗职工的基本生活费，很大一部分也是国家财政拿的钱，这是保命的钱，挪用是绝对不行的。证券公司虽然不是国家财政的钱，但为了保护群众利益，维护社会稳定，审计部门也应该协助证监会进行监督。粮食企业，说是占用银行的贷款，实际上是财政的钱，数量很大，还要继续进行审计。国有企业审计，今后要同实行稽察特派员制度结合起来。国务院实行稽察特派员制度就是为了查账，也是一种审计。审计部门可以提供一些线索，参与一些重大案件的查处。对国有企业，从总体上审计部门是可以监督的，因为它是国有资产嘛，但不必管得太多，对重点企业可以采取抽查的方法，不必搞过去那种全面审计。稽察特派员制度刚建立，审计部门怎么同稽察特派员配合，现在还没有经验。审计部门可以根据举报，重点抽查几个企业，抽查以后把线索提供给稽察特派员，让他们去查。这样，你们的重点就比较明确了。就是要集中精力对有国家财政拨款的，特别是有大量拨款的项目进行审计。不要分散精力。单独去搞国有重点企业审计。中小企业面又很大，如果泛泛地审计，检查了半天也得不出结果，落实不了。概括起来说，我讲的“全面审计”，就是国家拨款的都要审计，但要“突出重点”，主要是国家基础设施建设资金，这是重点的重点。对国有大型企业审计，要有一定的分工，主要交给稽察特派员去搞。

第二，点面结合，突出大案。审计结果要有总体概念，但更重要的是要查出几个大案要案。只有查处几个大案，能够杀一些人，关一些人，才会起威慑作用。如果只是泛泛讲些概念，即使通报全国，也不会有多大威慑力，结果大事化小，小事化无。毛主席讲过，伤其十指不如断其一指，你审计了十个指头，对问题一个也不处理，不如抓住要害问题，严肃处理，砍他一个指头，审计都要采取这个办法。比如说粮食审计，查出挪用多少收购资金。这些数字也是必要的，但最主要的是查出几个大案要案，一查到底，在报纸上公开披露，引起震动。这样，审计工作才有成绩，审计署的牌子才硬，犯罪分子才会闻风丧胆。

第三，执法必严，违法必究。现在社会上讲情风、姑息、包庇现象非常严重。我们无论做什么工作，要想做出一些成绩，都要跳出人情网，站在国家利益的立场上，依法办事，这样，国家才有希望。你们什么人也不要怕，这是非常重要的一点，没有这点精神，那是绝对不行的。你们讲世行、亚行贷款项目审计受到干预，这一点不能让步，否则，要砸牌子的。你干你的，谁也不要怕。审计部门要站在国家和法律的立场上，如实对外公布和报告，谁干预就处理谁，不管是省长、书记，包括我在内，谁违法就得下台。

我经常讲,要长点骨头,少吃吃喝喝,少长点脂肪,审计部门更要有硬骨头。

地方审计部门在业务上要听审计署的。地方审计不真实、不合法的,审计署要纠正,对大案要案,审计署要直接介入,直接处理。

第四,加强机关内部建设。审计部门要把机关内部建设抓好,坚持讲学习、讲政治、讲正气,领导干部要公正廉明,审计人员要保持公正廉洁。东方锅炉集团的案件,涉及到很多部门的领导和干部,收了人家的股票。吃了人家的嘴短,拿了人家的手软,靠这些人去管,怎么能下得了手呢。要提倡公正廉洁,做到邪不压正。你们现在人比较少,这没有关系,关键是要提高素质,加强培训,不够学历的可以轮流去学习。同时要提高办事效率,少扯皮。

第五,加强对会计师事务所业务质量的监督。我对会计师事务所的工作是不满意的(当然也包括审计事务所),要下决心进行整顿。事务所不整顿,社会主义市场经济没希望。审计部门加强监督,我赞成。你们只管监督,不要参与管理,这很好,你们只管挑毛病。既要有经常性的监督,又可以去突击抽查,对造假账的要大胆地揭露,查出问题向国务院报告,吊销执照,永远不准他再从事事务所工作。我在想,如果有条件,要鼓励财政部、审计署机关懂业务、政治素质好、比较廉洁的年轻干部、司局长和一些副部长,吸收一些从国外回来的留学生,办一批真正有信用、比较公正、有一定知名度的事务所和会计公司。

在谈到计算机使用问题时,总理说,你们应该有一个规划。要吸收信息产业部、人民银行等其他部门懂计算机的专家进行认真设计和论证,到底要达到什么目的,解决什么问题,要搞一个规划,避免重复建设。要有一位副审计长牵头,认真搞个方案报给我,该花的钱还是要花的。

(三)

如何贯彻落实总理讲话精神,进一步搞好审计工作,我讲几点意见。

第一,认真学习,坚决落实。各级审计机关广大干部职工要认真学习和贯彻朱镕基同志讲话精神,落实这五点要求。朱镕基同志讲话中对审计工作给予充分肯定,也指出了审计工作的重要性,提出审计工作范围、重点和队伍建设问题,以及审计工作方法问题,要认真落实执行。

第二,突出重点,查好大案。审计工作要着力查好大案要案。当前,财政经济领域中的违法违规以及舞弊和腐败问题十分突出,严重影响了社会主义市场经济健康发展。因此,严肃财经纪律,维护财经秩序,是审计机关担负的光荣的历史任务。财政的钱是人民的血汗钱,不能胡花乱用,把住这一关,就是对人民负责。当前,审计部门要以财政投入较多、关系国计民生的项目审计为重点,审计中,不仅要揭露财务收支中的不真实、不合法和舞弊、腐败等问题,还要注意发现重大经济犯罪案件的线索,及时移交给有关部门立案查处。总之,各级审计机关要根据总理的指示,把审计工作的重点放在对财政资金管理和使用情况的监督上,这样,才能集中力量,抓出成效。

第三,严格执法,加大力度。审计部门要坚持执法必严,违法必究的根本方针。当前,社会上对违法乱纪行为讲情、姑息、包庇的现象十分严重,给审计部门严格执法带来了影响和干扰。审计部门要站在维护国家利益和法律尊严的立场上,顶住这股风,排除干扰,理直气壮地坚持依法审计,依法处理。对审计查出的问题,要严格依照法律的规定,该收的钱要收上来,该罚款的要罚款,该追究责任的要追究责任,对审计中发现的严重违法犯罪和舞弊、腐败的问题,要移交司法机关依法处理。决不能就事论事,搞下不为例。还要发挥社会舆论和群众监督的作用,对审计查出的重大违法犯罪问题,及时向社会公布,公开曝光,增强威慑力,使违法犯罪分子闻风丧胆。各级政府和有关部门都要支持和配合审计部门严格执法,为审计部门创造良好的执法环境。

第四，公正廉洁，抓好队伍。审计部门要公正廉洁，从严治理审计队伍。审计机关成立以来，重视加强廉政建设，审计人员遵守廉政纪律的情况总的是好的，在社会上树立了较好的形象。但也存在少数审计机关和审计人员执法不严，利用审计职权谋取小团体和个人私利的问题，必须引起重视。各级审计机关要认真贯彻朱镕基总理关于从严治理审计队伍的指示，建立健全各级领导干部和审计人员的廉政责任制，加强对执行廉政纪律情况的监督和检查，对违反廉政纪律的问题，要严肃查处，绝不姑息迁就，对以权谋私、造成严重影响的，要坚决从审计队伍中清除出去，要象保护自己的生命一样，维护审计部门的公正廉洁。

同志们，1999 年，在我们党和国家的历史上，将是具有特殊意义的一年，改革、发展和稳定的任务十分繁重。各级政府要加强对审计工作的领导，广大审计人员要在以江泽民同志为核心的党中央领导下，高举邓小平理论伟大旗帜，振奋精神，开拓进取，努力把明年的审计工作做得更好，以优异的成绩迎接建国五十周年。

# 关于 1995 年中央预算执行情况的审计工作报告(摘要)

——在第八届全国人民代表大会常务委员会第二十次会议上

1996 年 7 月 3 日

审计署审计长　郭振乾

委员长、各位副委员长、秘书长、各位委员：

我受国务院委托，向全国人大常委会报告关于 1995 年中央预算执行情况的审计工作，请予审议。

## 一、1995 年中央预算执行审计的基本情况

1995 年，全国各族人民在党中央关于“抓住机遇、深化改革、扩大开放、促进发展、保持稳定”方针的指引下，正确处理改革、发展、稳定的关系，国民经济和社会发展取得重大成就。在改革和经济发展的基础上，我国的财政状况进一步好转，财政收入的增长幅度多年来首次高于财政支出的增长幅度。

1995 年是实施《审计法》的第一年。《审计法》规定，审计机关应对本级预算执行情况和其他财政收支进行审计监督。这是改进财政管理，加强宏观调控，建立社会主义市场经济监督机制的一项重要措施。从去年 10 月至今年 4 月，审计署在国务院的领导下，对 1995 年中央预算执行情况进行了审计。主要审计了财政部具体组织执行中央预算情况，外经贸部等 43 个中央部门预算执行情况，国家税务总局 17 个省、自治区、直辖市国税局和海关总署 20 个直属海关税收征管情况，以及中央国库 14 个分库办理中央预算资金收纳拨付情况。

审计署对财政部重点审计了预算批复、中央预算收支、资金平衡、外债收支等；对中央其他部门重点审计了行政经费、财政专项资金的管理、拨付和使用，以及行业财务收支；对国税局重点审计了中央税、共享税的征收、减免和提退；对海关重点审计了关税

及进口环节税的征收、减免，保税货物监管，保证金的收入、管理以及计划完成；对中央国库重点审计了中央预算资金的收纳、划分、退付和支拨。

从审计情况看，1995年中央预算执行情况是比较好的。经过财税部门和各方面的共同努力，财税改革和财税工作取得很大成绩，完成了八届全国人大三次会议审查批准的中央预算任务，总收入完成了预算的101%，总支出完成了预算的100.8%，赤字没有突破预算确定的数额。在中央预算执行过程中，还存在一些问题，主要是：有些部门执行财政法规不够严格，收支列报不符合规定，部分财政资金投向不够合理，一些地方和部门违反规定减免税收，造成中央收入流失等。审计机关依照有关法律、法规，区别不同情况，对这些问题作出了处理，各有关部门采取了相应的整改措施。

**二、1995年中央预算执行情况的审计结果**

(一)对财政部的审计

财政部在具体组织执行中央预算过程中，认真贯彻中央确定的经济工作指导思想，根据八届全国人大三次会议关于1995年财政预算的决议，坚持执行适度从紧的财政政策，努力增加收入，从严控制支出，积极压缩财政赤字，为保证完成中央预算任务做了大量工作。对中央行政经费实行了定额考核办法，坚持统筹兼顾、保证重点的方针，增加了农林水和教科文卫事业费，支持国民经济和各项社会事业的发展。

由于财政体制正在改革、完善之中，《预算法》实施时间不长，一些计划经济体制下不适应新形势需要的理财观念和做法尚未完全改变，财政部在具体组织执行中央预算过程中还存在一些问题。这些问题及纠正情况如下：

——专项结转性资金按规定应列入下年预算安排，但财政部按过去的做法列入了当年决算，处理不够规范。如：1994年财税改革，将一部分直接减免税改为先征后退，一些先征后退的收入当年来不及核定未及时退出，仍挂在账上；1995年预算已安排的专项支出有些当年没有拨付，而是存在预算暂存账户。财政部之所以这样做，主要是为了不过多扩大下一年度的财政赤字。但是这样处理不够规范，不符合《总预算会计制度》规定的收付实现制原则。财政部应依法进行规范。上述结转性资金将由财政部分别列出1996年预算收入和冲减1996年预算支出处理。

——1995年由于汇率变动、结算时间差等原因，财政部实际举债数额与全国人大批准的数额有一些出入，实际举债1549.76亿元，超预算12.34亿元。

——1992年，根据当时证券市场的情况，财政部拨付预算资金1.5亿元，向几家证券公司参股投资。这是一个过去遗留的问题。财政部作为国家财政管理的职能部门，不宜参与证券经营。因此，财政部将按审计决定把股份转让出去，本金、红利及利息收回上缴国库。

——将国库资金1.69亿元借给几个部门和单位办公司，成为这些部门和单位办公司的资本金或者周转资金。财政部将按审计决定把借出款限期清理收回。

——用退库的办法解决一部分应由预算安排的支出。这种做法不利于加强预算管理和监督。财政部将对现行的退库项目进行清理，研究改进预算管理的办法。

——外汇收支管理方法不够规范。如：1984年财政部设立外汇账户，直接核算境外企事业单位上缴中央财政的利润等现汇收入，并用现汇支付一部分支出。到1995年底，仍有一部分余款。根据《总预算会计制度》和《国家金库管理条例》的规定，财政部应在中央总金库开设外汇国库账户，统一核算财政外汇收支，目前在有关银行的存款余额及利息收入，应于1996年缴回外汇国库账户。

——财政部1985年以来先后设立了支农、扶贫、文教、技改、社会保障等17项中央财政专项周转金，多数用于地方项目。这同现行的中央和地方政府事权划分，以及财政收支管理范围规定是不相适应的。财政部将对此进行清理整顿，规范财政收支行为。

——批复中央部门预算不及时、不完全。据统计，财政部在1995年4月以前及时批复预算的仅占45%，5、6月份批复的占50%，还有5%到下半年才批复。此外，财政部在年初批复预算时，未将预算全额批复给中央各部门，而是预留一些"待分配"支出指标。财政部应严格按照《预算法》的要求批复预算。

今年是第一次对财政部进行审计。财政部对审计署的处理意见十分重视，专门召开会议，研究制定改进措施。今后，财政部应按现行有关法规编报预算，完善规范预算收支行为的约束机制。

(二)对国家税务局系统的审计

1995年国税系统认真执行国家的税收法规和税制改革的各项政策，坚持以组织收入为中心，积极采取有效措施，加强税收征管，依法清理欠税，严肃查处违法案件，超额完成了税收计划，为平衡财政收支、促进经济发展做出了积极贡献。据对17个省、自治区、直辖市国税局审计，1995年组织中央级工商税收入1847.7亿元，比1994年增加249.25亿元，增长13.5%。

这次审计也发现，由于新税制实施时间较短，国税局分设时间不长，有的国税局的工作尚未完全步入正轨。加之一些地方、部门片面强调自身利益，造成税收征管工作中还存在着执法不严、征缴不力等问题，税收流失情况比较严重。审计查出影响中央税收收入30.95亿元。主要问题是：有些地方国税局违反规定减税、免税、缓税，擅自改变税率、变通税收征管办法，将中央税收缴入地方国库，造成中央税收流失。

上述问题，审计机关已依照有关规定作出处理：对于造成中央税收流失的，要求1996年补征入库或调整缴入中央国库；对由于地方政府干预而影响中央收入的，由财政部与地方结算时扣缴。国家税务总局对此非常重视，最近已决定在全国范围内开展国税大检查，采取有力措施，坚决遏制税收流失现象的蔓延。

(三)对海关系统的审计

各海关认真贯彻落实从严治关的方针，严格执行国家法规，强化关税征管，较好地完成了海关监管、征收和稽查等各项任务，20个海关1995年征收关税和进口环节税比1994年增加71.4亿元，增长17.2%，有力地保障了中央预算任务的完成。由于海关总署对1994年审计查出的问题认真进行纠正和整改，海关系统1995年同类违反财经纪律的问题明显减少。

这次审计查出海关违反税收制度问题金额共11.18亿元，其中影响中央税收10.57亿元。主要问题是：违反规定减免税收，征缴工作不力，后续监管不严等。审计机关对违反国家规定的减免税，已责成有关单位停止执行；对单位申报不实造成减免不当，且属追缴法定期限内的关税，以及因征缴不力造成的欠税，要求在1996年足额补征入库。

(四)对中央国库的审计

中央国库认真履行职责，加强国库监管，较好地完成了财政资金收纳、划分和支拨任务。这次审计查出违反国库管理制度金额9.95亿元。主要问题是：违反规定办理将中央库款退给地方，延解积压财政库款。这些问题，固然与税务、海关等收入征收机关执行国家法规不严，不能及时交库有关，但中央国库负有监管不力的责任。审计机关已作出决定，要求各级国库认真纠正上述问题，严格执行办理预算收入的收纳、划分、留解和退库等规定。

(五)对中央其他部门的审计

中央各部门采取增收节支措施，加强财务收支管理，节约开支，减少浪费，提高资金的使用效果，较好地完成了全年预算。外交部、国家科委、民政部、电力部、国家旅游局、国有资产管理局等部门的预算执行情况比较好。

这次审计中央43个部门，查出预算执行中违反财政制度的主要问题是：有的挪用预算资金用于补充机关行政经费，有的未缴应缴预算收入，有的超越预算级次核拨预算资金，有的虚列支出，转移财政资金等。

对中央部门预算执行中发现的问题，审计署已提出处理意见，要求有关单位追回被挪用、转移的资金，应缴未缴的预算收入要在1996年上缴中央财政。

**三、加强中央预算管理的几点意见**

加强财政管理，对于实现“九五”计划和2010年远景目标，具有重要意义。今年的中央预算安排已经八届全国人大四次会议批准。为了保证预算任务的完成，针对1995年中央预算执行情况审计发现的问题，提出加强预算管理的几点意见：

（一）加强对各级领导干部《预算法》、税法等财经法规的教育，严格依法办事。从审计的情况看，很多违反财政制度问题的产生，往往与一些地区、部门的领导人法制观念淡漠，有法不依、执法不严有很大关系。诸如虚列支出，转移资金，挪用各种专项资金，越权减免税，随意变通税收征管办法等问题，没有领导干部的支持或默许，一般是不容易发生的。为了加强国家预算约束，强化税收征管，提高财政资金的使用效益，必须加强对各级领导干部的法制教育，使他们增强法制观念，做遵纪守法的模范。要严肃财经纪律，对明知故犯、执法犯法、后果严重的，要予以纪律处分，直至追究法律责任。

（二）积极组织收入，严格控制支出，努力压缩财政赤字。近几年，虽然中央财政在围绕如何减少和压缩财政赤字方面做了许多工作，但财政赤字和债务规模仍然偏大。其中除有经济发展水平低、分配政策不合理等客观原因外，也有预算管理制度不健全，管理方法不够科学等因素。为了减少赤字，振兴财政，要继续深化改革，完善税制，扩大税源基础，取消税收减免，加强税收征管，控制举债规模。促进企业狠抓财务成本管理，降低消耗，提高效益，努力扭亏增盈。切实抓好出口退税工作，严格审核出口退税凭证，确保国家税收及时、足额入库。要发扬艰苦奋斗、勤俭节约的精神，在财政支出中贯彻有保有压的方针，并且合理界定中央与地方政府事权，从严控制地方补助，实行规范化的财政转移支付制度。

（三）加强预算外资金的管理。近年来，各级政府及有关部门自行设立的基金、行政事业收费等预算外资金不断增多。这部分资金虽然在支援经济建设、支持改革等方面发挥了一定的作用，但是由于管理分散，监督不力，有相当一部分的使用是很不规范的，甚至铺张浪费，违法乱纪。为了改变这种状况，国务院已组织有关部门，在全国范围内清理检查预算外资金管理、使用情况，并将尽快作出关于加强预算外资金管理的决定，把大部分预算外资金逐步纳入预算管理。

（四）强化对中央预算执行的管理和监督。在社会主义市场经济条件下，财政收支是国家进行宏观调控的重要手段，依法执行预算，对于保证国民经济持续、稳定、健康的发展，具有重要意义。《预算法》和《审计法》颁发后，财政预算的管理和监督有了明确的法律规定。但是，中央本级预算的管理制度和方法还需进一步完善，预算执行中的内部约束和外部监督需进一步加强。因此，国务院将研究制定关于中央预算管理的办法，加强中央预算的管理。针对审计中反映出的问题，今后中央预算特别要实行严格的收付实现制，以及确定数量合理，支付透明的预备费制度。同时，进一步搞好预算执行情况的审计，认真检查预算收支的真实、合法和效益，提出改进意见，促进各部门严格遵纪守法，搞好预算管理。

委员长、各位副委员长、秘书长、各位委员：

对中央预算执行情况进行审计监督，今年是第一次，我们还缺乏经验，有些工作还不够深入，有待进一步改进。希望全国人大常委会对我们的工作加强监督、指导。我们要继续以邓小平同志建设有中国特色社会主义理论和党的基本路线为指导，在以江泽民同志为核心的党中央正确领导下，齐心协力，奋发进取，为维护财经秩序，保障国民经济持续、快速、健康发展而努力奋斗！

# 关于1996年中央预算执行和其他财政收支情况的审计工作报告（摘要）

## ——在第八届全国人民代表大会常务委员会第二十六次会议上

1997年7月2日

审计署审计长　郭振乾

委员长、各位副委员长、秘书长、各位委员：

我受国务院委托，向全国人大常委会报告1996年中央预算执行和其他财政收支的审计情况，请予审议。

### 一、1996年中央预算执行和其他财政收支审计的基本情况

1996年，全国各族人民在以江泽民同志为核心的党中央领导下，高举邓小平建设有中国特色社会主义理论的伟大旗帜，团结奋斗，取得了改革开放和现代化建设的新成就。我国财政状况进一步好转，财政收入有较大增长，超过国内生产总值的增长幅度，遏制了十年来财政收入占国内生产总值比重不断下降的局面。

从去年10月至今年4月，审计署在国务院的领导下，对1996年中央预算执行和其他财政收支情况进行了审计。主要审计了财政部具体组织执行中央预算情况，18个省区市和计划单列市国税局税收征管情况，海关总署18个直属海关关税和进口环节税征管情况，中央国库18个分库办理中央预算资金的收纳拨付情况；审计了国家计委等国务院各部委预算执行情况。为了更全面地了解中央预算执行情况，审计署和地方审计机关还审计了国有土地使用权出让金、企业职工养老保险基金和失业保险基金、地方财政部门管理的预算外资金等其他财政收支情况。

从审计的情况看，1996年中央预算执行情况是好的。财政工作取得显著成绩，中央财政收入保持了较高的增长，财政支出总量有所控制，支出结构有所调整，较好地完成了八届全国人大四次会议审查批准的中央预算任务。中央财政总收入完成预算的102%，总支出完成预算的101.6%，收支相抵，赤字比预算确定的数额减少5.58亿元。中央预算执行过程中存在的主要问题是：有些部门执行国家财政制度不够严格，预算收支管理不够规范，预算收入征管不力，一些地方和部门违反规定减免税收，造成中央收入流失。审计署依照有关法律、法规，对这些问题分别作了处理，各有关部门采取了相应的整改措施。

### 二、1996年中央预算执行和其他财政收支情况的审计结果

（一）对财政部的审计

财政部在具体组织执行中央预算过程中，继续贯彻执行适度从紧的财政政策，在建立稳定的财政收入增长机制，增加收入，控制支出，规范中央预算管理，实现财政收

支平衡方面做了大量工作。财政部根据1995年中央预算执行情况的审计意见，制定了《规范中央预算管理若干问题的规定》，对审计查出的多数问题进行了纠正，少数目前还难以纠正的问题，也作了安排，落实了责任，并将审计意见的落实情况向国务院作了报告。财政部在具体组织执行1996年中央预算过程中还 有几个问题需要改进。

——将历年债务收入结余20.88亿元转入预算暂存。为了防止债务发行风险，弥补债务发行困难年度的资金差额，财政部将历年超预算发行的国债和赤字减少而增加的债务收入结余共20.88亿元，转入预算暂存，作为预算偿债基金。财政部现已把上述历年债务收入结余资金纳入1997年债务收入，并相应减少1997年国家债务发行额，以进一步规范债务收支管理。

——将当年拨付的税务经费2亿元列入上年财政决算。财政部在编制1995年财政决算(草案)时，预留税务经费2亿元转入预算暂存，于1996年7月通过冲减预算暂存款，直接拨付给国家税务总局，不符合收付实现制原则和预算法实施条例的有关规定。

——外债账户利息收入和基建专户收入6.75亿元未及时清理缴入国库，其中有6.49亿元用于垫付偿还外债本息，不符合预算法关于应当上缴的预算资金必须及时足额上缴国家金库的规定。以上资金由财政部在1997年清理缴入国库。

——为解决历史遗留问题，1996年6月，财政部决定将5亿元财政支农周转金，转作经营该项资金的公司的资本金。该公司的资本金应通过正常渠道解决。

——据对财政部17个驻地方财政监察专员办事处审计，中央非税收入尚有11.08亿元待催交补征。

(二)对国家税务局系统、海关系统和中央国库的审计

国家税务局系统认真执行国家税收政策，强化税收征管，取消了一些不规范的税收减免，保证了税收任务的完成。审计的18个省国税局系统，1996年中央级工商税收比上年增加305亿元，增长15.5%。税收征管中存在的主要问题是：有些国税局违规批准减免税，少征、漏征税款，对一些逃税行为没有及时制止，混淆税收征管范围和入库级次，将中央收入缴入地方金库，造成中央税收流失，共影响中央税收收入32.02亿元。上述问题，审计署已依照有关规定分别作了处理。凡属违反现行税制的，按国家统一规定予以纠正；违反规定减免税、缓税以及少征、漏征的税款15.52亿元，限期补征入库；混淆税收征管范围和入库级次，影响中央税收收入5.37亿元，限期调整缴入中央金库。

海关系统认真执行国家关税政策，加强关税征收，严厉打击走私和偷税、骗税等违法犯罪行为，严格审核出口退税，加强对加工贸易的税收管理，实施了加工贸易进口料件银行保证金台账监管制度，堵塞了漏洞，实现了关税收入的较大增长。审计的18个海关，1996年1月至10月关税及进口环节税比上年同期增收88.76亿元，增长23%，提前完成了全年税收任务。这次审计查出的主要问题是：有些海关关税征缴不力，违规减免税收，保税货物后续监管不严，违规担保放行等，影响中央税收6.82亿元。对这些问题，审计署已作处理，要求有关单位认真纠正，限期追缴应征未征税款6.59亿元。

中央国库认真履行监管职责，较好地完成预算资金的收纳、划分和支拨任务。这次审计中央国库18个分库，查出违反国库管理制度金额2.96亿元。主要问题是：有些分库收入级次审核不严，将部分中央收入划为地方收入；有些分库违反规定办理冲退国库库款；有些分库延解积压财政库款。审计署已要求有关单位认真纠正这些问题，严格执行办理预算收入的收纳、划分、留解和退库等规定。

(三)对国家计委和其他部委的审计

国家计委在参与中央预算分配和下达

投资计划中,认真执行国家的有关规定,确保重点建设项目,取得了较好的成绩。但是,也存在一些执行财政制度不够严格、不够规范的问题。

——将煤代油专用资金转作他用。1995年12月,国家计委用煤代油资金1亿元,作为经营该项资金的公司的注册资本金。同时,将3个项目的投资共7.19亿元作为该公司资本公积金。此外,还将煤代油专用资金借给与煤代油任务无关的项目和单位,1996年底贷款余额为1.03亿元。这些做法,违反了煤代油专用资金管理的规定。根据审计决定,国家计委将把转作他用的煤代油专用资金清理收回。

——收回的科技三项费用有偿使用本息1.46亿元,未上交中央财政和返还有关部门与地方,其中有6522万元用于组建推广科技成果的公司。国家计委将对未上交和未返还的资金按规定进行清理。

——截止到1996年底,国家计委管理的投资公司先后动用出口专项基本建设资金1.53亿元投资建设4万多平方米的综合楼,其中部分作为公司的办公用房。这种做法,违反了财政专项资金专款专用的原则,国家计委将按正常资金渠道解决所属单位办公用房问题。

这次审计国务院其他部委查出的主要问题是:有些部门挪用预算资金用于非生产性建设项目,有的预算收入应缴未缴。还有一些部委违反规定将财政性资金转作有息存款,有的将获得的利息转到预算外,有的因存入资信度不高的金融机构而造成损失。审计署已对这些问题作出处理,要求有关单位追回被挪用的资金,补交应上缴中央财政的预算收入。

(四)对其他财政收支的审计

1.审计农业专项资金和国有土地使用权出让金。为了贯彻中央关于加强农业的基础地位,促进农业持续稳定发展的方针,1996年,审计署组织对9个省区和4个市第二期农业综合开发资金、18个省区市331个粮棉大县近两年专项贷款进行了审计,查出违反财经法规金额8.9亿元,对挤占挪用农业专项资金等问题进行了纠正。还对261个市县近两年国有土地使用权出让金征收、管理和使用情况进行了审计。查出的主要问题是:土地管理部门减免、少征出让金占应征数的近三分之一;已征收的资金虽然大部分使用是正当的,但未按规定上交财政纳入预算。同时,还发现各地普遍存在越权批地、征而未用的现象。根据江泽民总书记和李鹏总理的指示,为了严格管理,审计署、财政部、监察部、国家土地管理局等部门联合发出通知,要求各地对近三年的土地出让金征收和管理情况进行检查。今年5月,中共中央、国务院发出《关于进一步加强土地管理切实保护耕地的通知》,要求严格控制征用耕地出让土地使用权,国有土地使用权出让等有关土地收益应全部纳入财政预算管理。

2.清理检查地方财政部门预算外资金。1996年5月至10月,审计署与中国人民银行、监察部组织对各级地方财政部门预算外资金进行了清查。清查结果表明,截止1995年底,地方财政部门预算外资金共556亿元;地方财政部门周转金本金总额1135亿元,占地方当年预算内可用财力的23.6%,比财政部规定的15%高出8.6个百分点。审计还查出,一些地方财政部门将98亿元预算资金转到预算外,将27亿元预算收入转作财政周转金。清查中,对一些严重违反财政制度的问题进行了纠正。

3.审计企业职工养老保险基金和失业保险基金。1996年,审计署组织对30个省区市和11个部门1995年度企业职工养老保险基金、失业保险基金进行了审计,查出违反财经法规金额92.2亿元,其中部分被挤占挪用。针对劳动、社会保障部门在统筹管理方面存在的问题,审计署提出了加强两项基金管理的意见和建议,有关部门制定了改进措施。

**三、加强中央预算管理的几点意见**

1997年是我国历史发展上十分重要的一年。我国政府已恢复对香港行使主权，党的十五大即将召开。在这样的形势下，组织和执行好八届全国人大五次会议批准的1997年中央预算，具有非常重要的意义。为此，针对去年中央预算执行中存在的主要问题，提出加强中央预算管理的几点意见。

（一）加大税收征管力度，堵塞税收流失漏洞。要加强税收法制教育，特别是要教育各级领导干部自觉维护税收政令的统一。大力加强税收征管，切实依法治税，严禁越权减免税收。纠正一些税务部门在完成当年税收任务后，对应征税收不征或缓征的错误做法。严格划清中央和地方税收征管范围及入库级次，防止将中央收入缴入地方金库。严厉打击偷税、逃税、走私等违法犯罪行为。加强税收稽核，开展税收执法检查，对违反税收法规的，要坚决纠正，严肃处理。各级审计机关要将税收执法情况列入审计的重要内容，加强对税收征管的审计监督。同时，还要加强对财政专项资金、土地使用权出让金、企业职工养老保险基金和失业保险基金，以及各项预算外资金使用和管理的审计监督。

（二）逐步规范中央财政对地方的专项拨款。1996年，中央财政安排的地方专项拨款总额已达488.8亿元，占当年中央总支出的10.05%。这些资金中，有些在目前确实是必要的，但也有不少属于地方性开支，不应列入中央财政拨款的范围。要按照分税制的改革方向，根据事权和财权相统一的原则，对目前中央财政对地方的专项拨款支出过多的问题进行清理规范。凡应由地方财政负担的支出，中央财政原则上不予承担；对新旧体制转换过程中相对固定的专项拨款，纳入对地方的体制补助基数；为扶持地方经济发展必须的专项拨款支出，逐步实现规范化的转移支付制度。

（三）严格管理中央基本建设预算内专项投资计划。这次审计发现，1996年国家计委管理的中央基本建设预算内专项投资的有些项目计划下达太晚，当年无法落实，资金不能及时发挥作用。今后要严格按照预算法的要求，提高计划的科学性，并及时安排投资，待安排资金比例不宜过高。

（四）完善掌握中央财政资金分配权的部门对本部门、本系统预算安排的审批制度。本着预算分配和资金使用相分离的原则，财政部、国家计委等部门今后在安排财政预算和投资计划时，对本部门、本系统的安排情况，应单独向国务院报告；执行中若需要追加资金，应报国务院审批，以利于管理和监督。

（五）规范预算单位银行开户。这次审计发现，一些部委账户开设过多过滥，很不规范。产生这些问题，主要是由于一些预算单位和银行为了获取自身的利益，违反现行账户管理的规定。同时，也与主管部门管理、监督不力有关。国务院对此已决定立即进行清理整顿。

开展中央预算执行情况审计监督，是改进财政管理，加强宏观调控，建立社会主义市场经济监督机制的一项重要措施。我们将继续认真做好中央预算执行审计工作，加强对财政资金的使用及其效果的审计监督。我们决心在以江泽民同志为核心的党中央领导下，再接再厉，开拓前进，为维护经济秩序，保障国民经济持续、快速、健康发展而努力奋斗！

# 关于1997年中央预算执行和其他财政收支情况的审计工作报告

(1998年6月25日)

审计署审计长　李金华

委员长、各位副委员长、秘书长、各位委员：

我受国务院委托，向全国人大常委会报告关于1997年中央预算执行和其他财政收支的审计情况，请予审议。

## 一、1997年中央预算执行和其他财政收支审计的基本情况

1997年，全国各族人民在党中央、国务院的正确领导下，齐心协力，团结奋斗，改革开放和现代化建设取得了新的成就，实现了稳中求进的总体要求和宏观调控的各项目标，既保持了经济的快速增长，又有效地抑制了通货膨胀。在此基础上，财政收入持续增长，财政支出的增长幅度低于财政收入的增长幅度，基本保证了国家重点支出的需要，促进了国民经济和社会发展。

根据《中华人民共和国审计法》和国务院发布的《中央预算执行情况审计监督暂行办法》规定，从去年10月到今年4月，审计署对1997年中央预算执行和其他财政收支情况进行了审计，主要审计了财政部具体组织执行中央预算情况，18个省(区、市)及计划单列市国税局税收征管情况，海关总署19个直属海关关税和进口环节税征管情况，中央国库18个分库办理中央预算资金的收纳拨付情况；审计了国务院40个部门预算执行情况。此外，审计署还对中央扶贫专项资金等其他财政收支情况进行了审计。

从审计情况看，1997年中央预算执行情况是好的，完成了八届全国人大五次会议审查批准的中央预算任务。中央财政总收入完成预算的101.6%，财政总支出完成预算的101.2%，赤字比预算确定的数额减少11.55亿元。1997年中央预算执行中存在的主要问题是：有些部门执行国家财税法规不够严格，预算收支管理不够规范，有的收支列报不实，有的预算收入征缴不力，一些地方和部门违反规定减免税收，造成中央收入流失等。对违反财经法规的问题，审计署依照有关法律法规分别作了处理，各有关部门和单位采取了相应的整改措施。

今年是审计署对中央预算执行审计的第三年。从前两年的审计情况看，国务院有关部门对中央预算执行审计意见的落实情况是好的。1997年，审计署对1996年中央预算执行情况审计后，根据八届全国人大常委会第二十六次会议的决议，国务院责成财政部等部门对审计查出的问题进行了纠正。财政部对外债账户利息收入和基建专户收入及时进行了清理，制定了中央非税收入的征管办法；国家税务局、海关和国库系统纠正违规行为，已补征税收收入33亿元；国家计委及国务院其他部门对应缴未缴预算收入等问题进行了纠正，已补缴预算收入19.60亿元。去年10月，国务院办公厅向全国人大财经委报告了审计查出问题的纠正落实情况。

## 二、1997年中央预算执行和其他财政收支情况的审计结果

(一)对财政部的审计

1997年，财政部继续坚持适度从紧的

财政政策，在加强预算管理，组织预算收入，优化支出结构等方面做了大量工作。但在具体组织执行1997年中央预算过程中还存在一些问题。

1．冲退上交利润和所得税收入解决应由预算安排的支出。1997年，财政部直接冲退上缴利润，作为政策性补贴；以集中企业留利形式冲退所得税，返还给一些行业的主管部门。按照预算法和财政总预算会计制度规定，预算收入应当统筹安排使用，不属于国家规定的退库项目，不得冲退预算收入。财政部要严格按照收支两线的原则，由收入退库改列支出。

2．建设性预算留有部分待分配资金。财政部在分配1997年基本建设支出预算时，由于国家计委年初下达的基本建设投资计划中部分项目未落实，基本建设支出预算相应留有部分项目未落实，基本建设支出预算相应留有部分待分配资金。这部分资金由国家计委在年度预算执行中用于追加基建支出。上述预留待分配资金过多的情况，使预算失去了严肃性。今后，国家发展计划委员会要严格按照确定的项目安排预算，并及时批复到各预算单位。对项目尚未落实需要留有待分配资金的，要从严控制。财政部要按照预算法的规定，加强管理和监督。

国家安排的支援不发达地区发展资金，按规定应由国务院扶贫开发领导小组确定项目，在6月底前分配到省。1997年，财政部在具体执行过程中预留了部分待分配资金。为了保证支援不发达地区发展资金及时拨付到位，今后财政部要严格按照有关规定，把资金一次分配到省。

3．未及时批复企业决算，造成企业拖欠应缴预算收入。按照预算法规定，中央决算草案经全国人大常委会批准后，应于20日内向中央各部门和直属单位批复决算。财政部对7户企业1994年度的财务决算和16户企业1995年度的财务决算，直到1997年才批复，造成上述企业拖欠应缴预算收入。今后，财政部要严格执行预算法，采取有效措施，保证在规定的期限内及时批复企业决算。

4．自行增加对地方的税收返还。预算法规定，中央对地方返还的具体办法由国务院 确定，报全国人大常委会备案。1997年，财政部在与地方办理1996年财政结算时，未经国务院批准，将税 收滞纳金和补税罚款收入以及地方清理以前年度烟酒专项收入，列为计算“两税”返还项目，增加对地方的税收返还。财政部要对上述返还项目进行清理，确需列为返还项目的，报国务院批准后执行。今后要严格按照预算法规定的权限，处理中央与地方财政的分配关系。

5．部分政府性基金收入未纳入预算管理。1997年，财政部对中央外贸发展基金、旅游发展基金、烟草专营利润等五项政府性基金收入，未清理纳入基金预算管理。财政部要严格按照预算法的要求，做好有关部门的工作，将上述基金纳入预算管理。

（二）对国家税务局、海关和中央国库系统的审计

1997年，国家税务局系统进一步深化税收征管改革，大力组织税收收入，税收增长幅度再次超过经济增长幅度。审计的18个省市国税系统，1997年度中央级工商税收比上年增长12.7%。但税收征管中也存在一些问题，这次审计查出违反税收法规金额39.35亿元，其中影响中央税收收入16.29亿元。主要是有的地方政府和国税部门违规批准减免税和缓税，一些国税部门少征、漏征税款，对违规避税行为制止不力，以及混淆征管范围和入库级次，人为调节税收收入等问题。上述问题审计署已作出处理，并依据《国务院关于违反财政法规处罚的暂行规定》，对责任单位予以警告。凡地方政府开政策口子的，限期予以改正；凡国税部门越权违规减免税和缓税以及少征、漏征税款的，必须按照国家规定，于1998年9月底前补征入库；凡混淆征管范围和入库级次影响中央税收收入的，限期调整缴入中央金库。各地区、各部门、各单位要严格执行

审计决定，国家税务总局要认真组织落实。

1997年，海关系统坚持依法行政，实行综合治税，关税收入超额完成任务。审计的19个海关，1997年1至10月关税及进口环节税比上年同期增长10.27%。但在关税征管中还存在征缴不力，后续监管不严，少征和漏征税款等问题。这次审计查出违反税收法规金额6.38亿元。审计署对这些问题已作出处理。对应征未征、缓征和越权违规减免税的，要限期于1998年上半年补征入库；对保税货物、减免税货物监管不严造成税收流失的，必须按照规定补征入库。海关总署要严格按照审计决定，认真组织落实。

1997年，中央国库系统加强国库监管，完成了预算资金的收纳、划解和支拨任务。但在监管中还存在收入级次审核不严，办理不符合规定的退库，延解积压财政库款等问题。这次审计中央国库18个分库，查出违反国库管理制度金额7.30亿元，其中影响中央收入4.04亿元。对这些问题审计署已作出处理。凡将中央收入转为地方收入的，必须于1998年上半年调整缴入中央金库，各级国库要严格按照国家规定，及时报解和划转财政库款，不得延解积压。中国人民银行要严格按照审计决定，认真组织落实。

（三）对国务院其他部门的审计

1997年，国务院各部门进一步贯彻执行预算法，加强财务管理，较好地完成了全年预算，保障了各项事业的发展。这次审计国务院40个部门，查出挤占挪用专项基金、应缴未缴预算收入和未及时拨付财政专项资金等117.94亿元。主要是一些部门挪用专项基金和事业费用于弥补行政经费和其它开支，有的部门未及时上缴预算收入，有的预算外收入未纳入财政专户管理，有的未及时拨付财政专项资金，还有个别单位私设小金库，大量挥霍公款等问题。审计署对上述问题已作出处理，国务院各部门、各单位要认真执行审计决定。凡挤占挪用专项基金和事业费的，要予以追还；应缴未缴中央预算收入的，限于1998年9月底前补缴入库；对私设小金库，挥霍公款的问题，国务院已责成监察部专案查处，追究有关责任人员的责任。

（四）对其他财政收支的审计

1．审计中央扶贫专项资金。为贯彻落实《中共中央国务院关于尽快解决农村贫困人口温饱问题的决定》精神，1997年，审计署组织对592个国定贫困县1994至1996年中央扶贫专项资金进行了审计，查出挤占挪用扶贫资金和违规发放贷款21.91亿元，部分地方配套资金不落实39.53亿元，部分贫困县扶贫贷款逾期没有收回11.31亿元，占应收回贷款的74%。按照《国家八七扶贫攻坚计划》要求，中央扶贫资金应全部用于国定贫困县；扶贫贷款应主要用于有助于直接解决群众温饱问题的种养业。1994至1996年中央共投入扶贫专项资金282亿元；但实际用到国定贫困县的是232亿元，扶贫贷款用于种养业的平均比例只有37%，有的地方仅有10%左右。上述问题，审计署已向国务院作了专题报告，并依法进行了处理。截至1997年底，已纠正违规贷款、追回被挤占挪用的资金8.10亿元，促进扶贫资金投入到位4.90亿元，并向司法机关移送贪污案件17件。

2．审计烟草行业财务收支。1997年，审计署对338户烟草企业1996年度财务收支情况进行了审计，查出53户工业企业转移利润，侵蚀消费税税基，少缴消费税20多亿元；338户烟草企业1996年底累计欠税171.71亿元；102户企业当年偷漏税收5.20亿元；资产负债损益不实30.20亿元。上述问题，审计署已向国务院作出专题报告，并向有关部门通报了情况。对烟草企业消费税避税的问题，国家税务总局将通过完善税收征管制度予以解决，偷漏的税收要补征入库。

3．审计国有企业不合理负担情况。1997年，审计署对冶金、机械、烟草和煤炭等行业58户国有大中型企业负担情况进行了审计调查。这些企业1996年度不合理负担共24.42亿元,其中省级以下地方政府擅自设立收费项目、向企业集资摊派等,造成的不合理负担15.40亿元;党政机关长期无偿占用企业资产,主管部门向企业集资和收取不合理费用,以及金融机构向企业发放高息贷款等,造成的不合理负担9.02亿元。上述问题,审计署已向国务院作了专题报告。这类问题带有普遍性,党中央、国务院已下发了《关于治理向企业乱收费、乱罚款和各种摊派等问题的决定》,在全国范围内进行清理、整治。

**三、加强中央预算管理的几点意见**

1998年是全面贯彻党的十五大精神的第一年。九届全国人大一次会议后,国务院提出了"一个确保,三个到位,五项改革"的目标,各项改革措施已从今年开始付诸实施。在这样的形势下,组织和执行好今年的中央预算,具有非常重要的意义。为此,针对中央预算执行中存在的问题,提出加强中央预算管理的几点意见。

(一)严格依法治税,加大对收入征管部门违法失职行为的处罚力度。这次审计发现,当前税收征管不严,违规减免税,少征、漏征税款,混淆收入级次的现象相当普遍,问题比较严重。这些问题的产生,既有一些地方政府乱开口子、干预中央收入征管的原因,也有征管部门执法不严,监管不力的原因。今后,国税、海关和国库等部门(单位)要依法履行职责,严格各项收入的征收和监管。有关部门要加强执法检查,对收入征管部门违法和失职行为,依照有关法规给予警告、通报,并给予有关责任人党纪政纪处分;对严重的违法渎职行为,依照刑法的有关规定,追究刑事责任。

(二)依法规范财政退库行为。财政部在具体组织执行1997年中央预算中,对部分应由预算安排的支出,采用直接冲退预算收入的办法解决,不能全面反映当年预算收支的情况,财政部要对现行的退库项目进行认真清理,严格按照预算收支管理的规定,对应由退库改列支出的,要纳入支出预算管理,对用暗抵办法冲退收入的,要在预算收入中单独列明,保证预算收支的全面真实。

(三)认真解决用事业费弥补行政经费问题,这次审计发现,国务院部门挪用事业费弥补行政经费的问题比较普遍,这不仅影响农业、科技、教育等各项事业的发展,而且使一些部门的行政经费开支失去控制,造成部门之间苦乐不均,也不利于廉政建设。今后,国务院各部门必须严格执行预算,专款专用,不得以任何理由挤占挪用事业费;要厉行节约,认真贯彻中央关于制止奢侈浪费的各项规定。审计署要加强审计监督,对挤占挪用事业费的,要追究有关领导人的责任。

(四)严格规范中央预算单位银行开户。针对中央预算执行审计中查出的国务院一些部门银行开户过多过滥的问题,1997年,国务院已责成财政部会同有关部门进行清理整顿。为了进一步规范银行账户的管理,今年国务院将出台中央预算单位银行开户的管理办法。国务院各部门要严格按照规定办理银行开户,未经批准,不得擅自设立账户。财政部要会同人民银行共同做好财政资金账户的开设和管理工作,及时制止和纠正违反规定设立账户的问题。审计署要进一步加强对预算单位银行开户的审计监督,严肃查处违反规定设立账户以及利用账户隐瞒转移收入,私设小金库等问题。

各位委员:

开展中央预算执行情况审计,是一项必须长期坚持的重要法律制度,为加强中央财政预算的管理和监督开辟了新的途径。我们要认真贯彻党的十五大和九届全国人大一次会议精神,围绕中心,突出重点,进一步做好中央预算执行情况审计和其他各项审计工作,为维护经济秩序,推进依法治国,保障国民经济持续、快速、健康发展而努力奋斗!

# 积极履行审计监督职能为深化改革和发展经济服务

## ——在全国审计工作会议上的讲话

(1994年1月18日)

吕培俭

这次全国审计工作会议是在我国加快改革和发展的形势下召开的。会前，李贵鲜国务委员受李鹏总理的委托，听取了审计署的工作汇报，并作了重要指示。这次会议的主要任务是，贯彻党的十四届三中全会和全国经济工作会议精神，进一步明确新形势下审计监督的任务，部署1994年的审计工作，为深化改革和发展经济服务。

**一、1993年的审计工作有了新的发展**

1993年，各级审计机关和广大审计人员在党委和政府的领导下，认真贯彻邓小平同志重要谈话和党的十四大精神，解放思想，实事求是，艰苦奋斗，努力探索，围绕加快改革开放和经济发展，积极开展审计监督，取得了明显成绩，使我国的审计事业继续向前发展。

(一)明确了审计监督在建立社会主义市场经济体制中的地位和职责。党的十四大报告指出，我国建立社会主义市场经济体制，要在进一步改革计划、投资、财政、金融等管理体制的同时，强化审计和经济监督，健全科学的宏观管理体制与方法。广大审计人员认真学习领会这一指示精神，对审计监督在社会主义市场经济宏观管理中的地位和作用有了明确的认识。在此基础上，认真贯彻执行前年年底审计署制定的关于强化审计监督的意见，积极探索符合我国国情的审计制度，使审计工作进入一个新的发展阶段。

(二)审计监督的重点进一步向财政、金融和重点建设项目等方面转移，监督宏观调控措施的落实。各级审计机关根据审计署的部署和政府的要求，认真贯彻中央6号文件精神，加强了对财政、金融和新开工建设项目资金来源的审计，对促进整顿财政、金融秩序，控制基建规模，起到积极作用。审计署组织驻地方派出机构审计了18个省级财政收支，查处违反财政制度问题，可增加国家财政收入10.1亿多元。对26个省级财政信用资金情况进行了审计调查，查明总规模逐步增加，其中有一部分违反规定用于商业性贷款，向国务院反映了情况，并提出建议。各地审计机关对部分地市县财政进行了审计，安徽、河北等省政府或人大，根据审计的情况作出了加强财政信用资金和预算外资金管理的决定。有些地方还对乡财政预算外资金管理情况进行了审计。吉林、辽宁、山西、云南等26个省市区和审计署驻地方派出机构，对国家金融机构清理违规拆借资金等情况进行了审计或调查，在银行自查清理的基础上，又查出一些违规拆借资金的问题。山东、四川、黑龙江、福建等20个省市区审计新开工建设项目1.09万多个，查出有些建设资金来源不合规、不落实等，落实审计意见后，可压缩投资规模160亿元。

(三)围绕改革和经济发展中的重要问题进行审计，在宏观管理方面发挥作用。各级审计机关根据国务院和地方政府的要求，对财政经济工作中的热点、难点和改革试点问题进行审计，反映情况，提出建议，为加强和改善宏观管理提供决策依据。粮食调整价格后，国务院要求制止粮食企业财务挂账增长，但有关部门对贯彻情况和存在问题认识不一。北京、湖北、湖南、河南等13个省市区，根据审计署的部署，对500个县的6200多户粮食企业进行了审计，查明了情况，对统一有关部门认识，改进管理，起到了促进作用。天津、江苏、浙江等10个省市，对43个大中城市的城镇土地使用权出让金收缴和管理情况进行了审计，查出有些管理部门收缴不力和有些资金已收未交财政等问题，已反映给国务院领导，供决策参考。湖北、内蒙古等17个省区对205个县1992年县财政投入农业资金的情况进行了审计，查出有些县没有按照中央的要求逐步增加，审计的情况已向政府作了反映。审计署驻烟草专卖局派出机构组织力量，对858个市、县烟草商业企业亏损挂账情况进行了审计调查，向驻在部门反映了因经营不善等原因造成累计挂账的问题，提出解决意见，引起了重视。上海、广东等地和审计署驻地方派出机构对股份制试点企业进行了审计，查出在国有资产评估等方面存在不少问题，已向有关领导和部门作了反映，并提出建议。

**(四)对国有企业的审计办法有了改进。**为贯彻落实《全民所有制工业企业转换经营机制条例》，审计署和国家体改委、国家经贸委联合下发了《全民所有制工业企业转换经营机制审计监督规定》。在这个规定中，强调审计监督要维护企业法定经营自主权；明确审计机关直接审计一部分企业，多数企业逐步改为由企业委托社会审计组织进行审计查证，审计机关在必要时进行抽审；审计的内容，重点是资产负债和损益的真实，监督财产保值增值。地方审计机关和审计署驻部门、地方派出机构结合实际情况认真贯彻，在审计中查出不少资产、损益不实和国有资产流失的问题，并提出解决的建议，对企业转换经营机制起到了促进作用。

(五)维护财经法纪，为国家增收节支。去年全国共审计18.2万多个单位，审计查处违反财经法纪已上缴财政金额33.92亿元，决定减少财政拨款和补贴6.1亿元，追还被侵占挪用的资金72.08亿元，节省基建投资7.4亿元，共增收节支119.5亿元。

(六)积极参加反腐败斗争，促进廉政建设。各级审计机关在党委、政府的统一安排下，认真贯彻中央关于开展反腐败斗争的部署，县处级以上干部按照廉洁自律的5条要求，认真进行自查，纠正违反规定的问题。同时，在审计中注意检查以权谋私、权钱交易等腐败问题。去年全国审计机关在审计中共查出贪污贿赂等案件263件，责任人员530人，已移送监察、司法机关处理。

(七)加强审计宣传工作。各地抓住纪念审计机关成立十周年的时机，总结经验，表彰先进，采取多种形式开展宣传，扩大了审计监督在社会上的影响。审计署编辑出版了《审计工作重要文件选编》，江泽民总书记、李鹏总理等党和国家领导人为这本书题了词，内容是加强审计监督，为发展社会主义市场经济和现代化建设服务，进一步明确了新形势下审计监督的任务，广大审计人员受到很大鼓舞。

在肯定审计工作成绩的同时，还要看到工作中存在的问题。主要是，不少重点项目审计深度不够，有些地方审计执法不严，审计人员的素质还不能适应工作的要求。这些问题，必须引起重视，认真解决，才能推动审计工作更快地发展。

**二、审计工作面临的形势和任务**

根据党的十四届三中全会的决定和全国经济工作会议的部署，1994年是深化改革和发展经济非常重要的一年，是十几年来改革措施出台最多的一年。改革涉及有关方面利益格局的调整，会遇到阻力；许多重大改革还缺乏经验，改革的措施需要逐步完善。实践证明，越是加快改革，越要强化审计监督。这也是发展审计事业的良好机遇。十四届三中全会的决定，确定了我国建立社会主义市场经济体制的总体设想和基本框架。为了实现这个目标，决定中指出，社会主义市场经济体制的建立和完善，必须有完备的法制来规范和保障；要加强和改善司法、行政执法和执法监督；为了维护社会稳定，保障经济发展，“各级政府都要依法行政，依法办事。坚决纠正经济活动以及其它活动中有法不依，执法不严，违法不究，滥用职权，以及为谋求部门和地区利益而违反法律等现象。”审计机关是执法监督部门，通过审计财政财务收支，监督政府部门执行宏观调控职责和国有企业事业组织执行国家的经济改革和宏观调控措施，这是国家法律赋予的职能。各级审计机关和审计人员一定要依法尽职尽责，切实加强审计监督，保障改革和经济的顺利发展。

为贯彻党的十四届三中全会和全国经济工作会议精神，1994 年的审计工作任务是：积极履行法定职责，大力加强对国家财政收支和国有资产的审计监督，严格审计执法，维护财经法纪和经济秩序，促进加强宏观管理和廉政建设，为深化改革和发展经济服务。在这一年里，要集中精力抓好以下几项审计工作。

（一）财政、税务审计。财政体制改革，从今年起，实行分税制，以 1993 年财政收支为基数。审计机关在审计地方财政决算中，要重点检查 1993 年的财政收支是否真实、合法，有无不顾大局，弄虚作假扩大基数，搞虚假赤字等问题。地方各级财政可能也有这样的问题，地方审计机关要根据政府的要求，加强这方面的审计监督。近几年政府部门管理的预算外资金和财政信用资金，数额继续增大，管理上也存在一些问题，要重点检查有无违反规定转移资金，使用中谋取部门利益和造成损失浪费等问题。还要审计海关的关税和代征其它税征管情况，重点检查有无违规退税和漏税等问题。通过审计，促进财政、税务、海关部门加强管理，堵塞漏洞，落实改革措施。

（二）金融审计。为适应金融体制改革，要加强对人民银行和政策性银行管理、经营国家资金等财务收支的审计，促进其按照国家政策和计划合理使用资金；对国家专业银行转变为商业银行过程中盈亏和国有资产的变化情况，要作为重点进行审计，防止国有资产的流失。近几年，许多地方建立了地方银行和投资公司等金融机构，地方审计机关要按照上述要求，对他们的财务收支加强审计监督。通过审计，促进金融机构认真执行“约法三章”，继续整顿金融秩序。

（三）重点建设项目投资审计。固定资产投资规模适当和效益提高，是经济发展的一个重要因素，审计机关应把这项审计作为重要任务。从今年起，对在建的国家重点建设项目，每年要审计三分之一左右，主要检查投资是否落实、资金使用是否合理等问题；对竣工项目，争取全部进行审计，主要检查和分析超概算的原因。通过审计，反映情况，揭露矛盾，促进加强和改进建设资金管理，控制基建规模总量，减少损失浪费，提高资金使用效益。对利用外资的建设项目，除按规定对外提供审计报告外，要按照上述要求进行审计。地方安排的建设项目，由各地审计机关参照对国家重点建设项目审计的要求，加强审计监督。

（四）企业审计。要继续推行新的对国有企业的审计监督规定，注意总结经验，逐步完善。当前国有企业的资产流失等问题相当突出，在审计中要着重检查资产、损益是否真实、合法，监督国有资产是否保值增值。对股份制试点企业、中外合资合作经营企业，重点检查国有资产评估有无问题，国家权益是否受到侵害。同时，要对主管部门管理国有资产的情况进行审计监督，促进履行职责，加强管理。国有企业委托社会审计组织进行审计查证的，审计机关要对审计查证质量进行抽审，发现严重失实的要依法处理。

（五）农业资金审计。增加对农业的投入，是加强农业在国民经济中基础地位的重要措施。今年要继续对农业开发、扶贫等资金进行审计，主要检查是否按照国家规定增加投入、及时到位，有无挤占挪用等问题，促进加强农业资金管理，落实加强农业的措施。

（六）政府部门财政收支审计。有些政府部门管理和使用国家资金数额较大，有的还有权收费、罚款，这些部门如有违法违纪行为，其影响和危害较大，今后要作为必审单位进行监督。根据中央关于反腐倡廉的精神，在审计中，要着重检查有无乱收费、截留挪用专项资金和罚没收入，以及奢侈浪费等违反财经法纪问题，促进发扬艰苦奋斗的优良传统，加强廉政建设。如发现有贪污、贿赂等问题，要及时移送纪检、监察或司法部门处理。

**三、严格审计执法**

审计机关成立以来，依法进行审计监督，为维护国家财经法纪做了大量工作。但近两年来，一些地方审计执法力度有所减弱。宪法规定，审计机关在总理领导下依照法律规定独立行使审计监督权，不受其他行政机关、社会团体和个人的干涉。《审计条例》规定，审计机关对违反财经法规的被审计单位，可给予警告、通报批评；责令退还或没收非法所得和按照有关法规的规定处以罚款等。今后审计机关一定要认真履行法定的审计监督职责，增强审计执法力度，严格依法办事。对那些违反财经法规，弄虚作假，为谋求部门、单位和地方利益而严重损害国家利益的问题，必须依法严肃处理，绝不能不了了之。对于情节严重应当追究有关人员行政或法律责任的，要移送监察、司法机关处理。

审计机关处理审计查出的问题，必须坚持有法规依据，并做到宽严适度，不能有随意性。处罚是为了促进被审计单位遵守国家财经法规，防止今后再发生违反法纪的行为。对改革中出现的新情况、新问题，要实事求是地作具体分析，凡没有法规依据的一般不作处理，重要的要向政府请示，并建议有关机关建立和健全法规。对审计机关依法处理违反财经法规问题，有关部门应按照《审计条例》的规定，协助执行。

**四、进一步发展社会审计和内部审计**

去年以来，各地审计事务所和注册审计师有了较快发展。全国已建立审计事务所3300多个，有从业人员3.6万多人，共接受委托承办审计查证、咨询服务等业务103万多项，对促进社会经济发展起到了积极作用。十四届三中全会决定指出，为适应建立社会主义市场经济体制的需要，当前要着重发展会计师、审计师和律师事务所，发挥其服务、沟通、公证、监督作用。审计机关和注册审计师协会，应适应社会主义市场经济的要求，对审计事务所给予支持、帮助，并加强监督、指导和管理，推动其进一步发展。

去年9月，审计署针对一些审计事务所存在的问题，发出了《关于检查整顿审计事务所和注册审计师的通知》，这项工作还没有完成的地方和单位，要抓紧做好。要在检查整顿的基础上制定改进措施，以求今后更好更快地发展。

八届全国人大常委会第四次会议通过的《注册会计师法》，对推动社会审计工作的发展有重要意义。其中的第四十三条，是根据我国目前会计师事务所、审计事务所并存和从事业务基本相同的情况制定的。这条规定，确认了审计事务所和注册审计师的法律地位，并明确了注册审计师确认具有注册会计师资格的问题，这有利于审计事务所的发展。审计署根据此规定已提出关于认定注册审计师具有注册会计师资格及有关问题的意见，待国务院批准发布后，各级审计机关要认真贯彻执行。

审计机关建立以来，许多国有企业事业单位和政府部门，根据国务院的有关规定设立了内部审计机构，积极开展内审工作。党的十三届七中全会提出改进企业内部审计制度的要求后，内部审计工作有了进一步发展。去年全国内审机构共查处违纪金额136亿元，查出损失浪费金额40亿元，促进提高经济效益35.7亿多元，在维护财经法纪、改善经营管理和提高经济效益等方面发挥了积极作用。

建立现代企业制度，企业健全自我约束机制，需要加强内部审计工作。近两年，在企业扩大经营自主权和转换经营机制过程中，许多企业进一步加强了内审工作，但也有少数单位由于领导重视不够等原因，撤并了内审机构。这是发展中出现的问题，但要认真研究，逐步解决。各级审计机关要继续贯彻去年11月召开的全国内部审计工作经验交流会的精神，总结、推广内审工作经验，加强宣传，分类指导，促进内审工作更好地发挥作用。目前，有些国有大中型企业的生产经营遇到困难，内审机构要围绕这个问题，深入调查研究，认真分析原因，特别是企业内部的原因，并提出改进建议，促进企业在内部多下功夫，转换经营机制，改进经营管理，挖掘内部潜力，摆脱困境。部门内审机构要围绕本部门的工作中心开展审计工作，为部门领导当好参谋和助手，同时要加强对本部门所属企业事业单位内审工作的指导，促进其发展。

**五、加强审计机关和审计队伍建设**

建立与社会主义市场经济体制相适应的审计监督制度，关键在于建设好审计机关和有一支政治思想强、业务素质高的审计队伍。经过10年多的建设，审计机关和审计队伍的状况是好的，得到党政领导的肯定和社会上的好评，但同审计事业的发展还不相适应，需要进一步加强。

各级审计机关和审计人员，一定要认真学习邓小平同志关于建设有中国特色社会主义的理论，坚持党的基本路线，在审计工作中自觉地贯彻执行。广大审计人员要增强事业心和责任感，为发展我国审计事业努力奋斗。

在社会主义市场经济条件下实行审计监督制度，是一项崭新的事情。广大审计人员要学习社会主义市场经济知识、宏观经济管理知识和有关的法规知识，努力掌握先进的审计技术方法，提高审计质量，出色地、创造性地完成工作任务。

做一个合格的审计人员，应当严于律己。从开展反腐败斗争以来的情况看，审计机关和审计人员中也发现有少数单位和个人存在一些问题。对此，一定要高度重视，认真纠正。要进一步严格执行审计工作纪律，自觉地遵守职业道德，反对享乐主义、拜金主义和极端个人主义，保持和发扬廉洁、公正、严格、奉献精神。

为落实以上要求，各级审计机关要坚持每年安排20天左右时间进行整训，提高审计人员政治、业务素质。要进一步加强培训工作，审计业务同培训在时间安排上如发生矛盾，宁可少审计一些项目，也要保证搞好培训。

要加强各级审计机关领导班子建设，不断培养、选拔德才兼备的优秀中青年干部充实领导干部队伍，这是审计工作发展的重要保证。审计机关的各级领导干部要改进作风，提高领导水平，切实做到江泽民同志要求的："多挤一点时间学习，少搞一点应酬；多做些调查研究，少一些主观主义；多干些实事，少说些空话。"审计工作政策性、专业性都比较强，选调干部，尤其是领导干部必须符合条件，不能搞照顾性安排。如遇有这种情况，要及时向党政领导和上级审计机关反映，妥善解决。

按照党中央、国务院的部署，地方政府正在实行机构改革。根据党的十四大和十四届三中全会关于加强审计工作的精神，审计机关应属于加强的部门，在确定机构、编制时，应同经济管理部门区别对待。不少地方在机构改革中贯彻了这一精神，有的增加了编制，有的保持原定编制不变。这些情况，各地可以向政府领导和有关部门反映，请他们在审定审计机关的机构、编制时考虑。

同志们，1994年是推进社会主义市场经济体制改革和发展经济的关键一年，各级审计机关和广大审计人员要认清形势，振奋精神，埋头苦干，扎实工作，为改革开放和现代化建设，做出新的贡献。

# 在全国审计工作会议结束时的讲话

（1994年1月21日）

郭振乾

全国审计工作会议今天结束。会议期间，同志们认真讨论了吕培俭同志在会议开始时的报告，表示赞成。同志们普遍认为，这次会议开得是好的，认真贯彻了党的十四届三中全会和全国经济工作会议精神，实事求是地总结了1993年的审计工作成绩，明确了在深化改革和发展经济新形势下1994年审计监督工作的任务，增强了紧迫感和责任感。会议期间，李鹏总理听取了培俭同志关于全国审计工作会议情况的汇报，作了重要指示。今天下午，李贵鲜国务委员到会作了重要讲话，使我们对审计监督在建立社会主义市场经济体制中的地位和作用，有了更加深刻的认识。认真贯彻这次会议精神，将有力推动审计工作的进一步发展。现在我就会议讨论中提出的一些问题讲几点意见。

**一、紧紧围绕深化改革和发展经济这个中心开展审计工作**

去年，各级审计机关包括署驻地方、部门派出机构，以及部门、企事业单位的内部审计机构和社会审计组织，都做了大量工作，取得明显成绩，审计工作有了新的发展。审计机关在维护国家财经法纪，监督宏观调控措施落实，促进加强和完善宏观管理，内部审计在促进改善经营管理和提高经济效益，社会审计在促进社会经济发展等方面，都发挥了积极作用，得到了各级党政和部门、单位领导的重视和支持，并在社会上进一步扩大了影响。分析取得成绩的原因，其中很关键的一点，就是紧紧围绕加快改革开放和经济发展，根据政府的要求，积极开展审计工作。我们安排的今年审计工作任务，体现了这一基本经验。各级审计机关要根据这次会议的精神和当地实际情况，进一步突出审计重点，提高审计质量，为深化改革和发展经济服务。

这次会议部署的六项审计工作任务是对全国而言的，各地审计机关可根据这一总的精神，结合政府的要求，制定出具体审计计划，报政府领导同意后执行，并报署备案。对署里统一组织的审计项目，如支农、扶贫资金审计，利用外资项目审计，国家重点建设项目审计等，一定要认真完成，并按要求向署报告审计结果。为完成好审计工作任务，当前要注意两点，一是审计工作要逐步深化。目前财经活动中违反法纪的问题屡禁不止，仅仅查处基层单位发生的问题难以治本，必须对审计中发现的问题，深入进行研究，分析产生的原因，特别是主管部门管理上存在的问题，进而提出有针对性的解决意见和建议，以求从根本上加以解决，更好地发挥审计监督在宏观管理中的作用。二是要下功夫提高审计报告的质量。审计报告是审计成果的反映，是发挥审计监督在宏观决策中作用的重要手段。一般地讲，在确定审计对象和内容时，就要明确审计后写出报告的目标和要求，然后根据要求进行审计和调查，取得所需要的材料；审计后，领导要认真研究，亲自动手写好重要的审计报告。

**二、积极探索与社会主义市场经济体制相适应的审计监督制度和方法**

党的十四届三中全会决定，从现在起到本世纪末，我国经济体制改革的目标是初步建立起社会主义市场经济体制。这说明，实现这一目标需要经过一个较长时期实践和探索的过程。到2000年初步建立起与这一体制相适应的审计监督制度和制定比较完善的审计方法，同样需要在实践中积极进行探索，逐步做到。今年的改革正向更深的层次、更广的范围推进，财税、金融、投资、外贸和国有企业等多项改革方案都陆续出台。在这些改革中，有许多内容是我们所不熟悉的，同时还会不断出现新的情况和问题，所以必须加强学习，力求学懂弄通。如何适应这些体制改革，相应搞好财税审计、金融审计、企业审计、固定资产投资审计等，对我们来说都是新的课题。需要边实践、边探索，不断总结经验，逐步形成一套比较科学的审计方法。在探索、实践过程中，要解放思想，从实际出发，不能墨守成规。原有的做法仍然可行的，要继续坚持；同变化了的新情况不相适应的，要认真改进。探索与社会主义市场经济体制相适应的审计监督制度与方法，是各级审计机关和广大审计人员的共同任务，我们要继续发扬勤奋学习，勇于实践，开拓创新的精神，上下共同努力，为完成这一光荣、艰巨的任务而奋斗。

**三、进一步贯彻统一领导、分级审计的原则**

根据《审计条例》的规定，我国的审计工作实行统一领导、分级审计的原则。这些年来的实践证明，坚持这一原则，有利于更好地发挥审计监督的作用。党的十四届三中全会决定指出，要合理划分中央与地方经济管理权限，发挥中央和地方两个积极性。为贯彻中央这一指示精神和适应分税制的财政体制，要逐步改进审计署对地方审计机关的领导，理顺关系。

审计署对全国审计工作的统一领导，主要体现在；研究草拟审计法律、法规，制定审计业务规章制度，确定审计工作的方针、政策和重点，组织某些行业、专项资金审计，处理地方被审计单位对省级审计机关审计决定的申诉，协同地方办理省级审计机关负责人的任免事项等几个方面。在审计方法上，总的原则是：中央的单位和省级财政收支，由审计署及其驻地方和部门的派出机构负责进行审计；对地方的单位，除少数行业和专项资金审计署统一组织进行审计外，均由地方审计机关根据审计署确定的方针和重点，按照政府的要求，结合实际情况自行安排。鉴于分布在各地的中央单位数量多，审计工作任务重，审计署及其派驻机构力量不足这一状况，对于设有审计中央企业机构的省级审计机关，仍采取临时或定期授权等方式，由他们审计一部分中央单位。原授权地方审计机关审计的中央单位，除1994年中央单位审计项目安排意见中调整的以外，其余的今年不作变动。

实行统一领导、分级审计的原则，要加强上下级审计机关之间的信息交流。审计署要及时向下通报审计工作的重要情况，总结、交流审计工作经验；省级审计机关要按照《审计条例》的规定，对审计的重要情况，在报送政府的同时，报送审计署。审计署在使用这些材料时，注意不给下级审计机关造成困难。

**四、采取措施推动审计事务所的发展**

根据党的十四届三中全会关于发展市场中介组织的指示精神，当前要大力发展审计事务所。各级审计机关和注册审计师协会要加强对他们的监督、指导和管理，促使积极开拓业务，提高服务质量，在发展社会主义市场经济中充分发挥作用。在审计事务所的发展中，要注意充实现有审计事务所的审计业务人员，有条件的地方，可以试办一些专业性的，或业务有所侧重的审计事务所。

为落实《注册会计师法》第四十三条的规定，审计署已向国务院报送了《关于认定注册审计师具有注册会计师资格及有关问题的意见》。我们根据国务院领导同志的指示，正在同有关部门积极进行协商，但看来需要有个过程。在国务院批准颁发审计署上报的《意见》之前，请各地审计机关根据中央关于发展审计事务所的精神和《注册会计师法》第四十三条的规定，主动进行工作，积极协商、协调，寻求可行办法，加快注册审计师和审计事务所的发展。

**五、用建设有中国特色社会主义的理论武装审计人员的思想**

邓小平同志关于建设有中国特色社会主义的理论，是我国社会主义建设，特别是改革开放15年来实践经验的科学总结，是毛泽东思想的继承和发展。我们的国家要繁荣富强，长治久安，关键在于用这一理论武装全党。各级审计机关和广大审计人员，一定要认真学习《邓小平文选》第三卷。小平同志的著作充满了唯物主义和辩证法，内容丰富，我们要全面、正确地理解其基本观点，牢牢掌握解放思想、实事求是这一精髓，融会贯通，用以指导审计工作的发展。

反对腐败，加强廉政建设，是关系党和国家命运的大事，是一项长期、艰巨的任务。各级审计机关要在各项审计中认真贯彻中央关于反腐败斗争的指示精神，加强监督检查，同时要按照党委、政府的要求，在审计机关内部进行这项工作，加强廉政建设。要根据前段反腐败斗争的情况，修改、完善审计工作纪律和廉政方面的规定，并对执行情况加强监督检查，发现问题及时解决。对个别违法乱纪的，一定要严肃处理，不能护短。遇有举报审计人员这方面的问题，要认真查处；对举报不实的问题，要在一定范围内予以澄清。

这次全国审计工作会议还结合召开了表彰大会，表彰了审计机关的先进集体和先进工作者。他们的先进事迹已经印发给大家，要组织广大审计人员进行学习，借以推动审计队伍建设和审计工作发展。

最后，讲一下关于会议精神的传达贯彻问题。李贵鲜国务委员的重要讲话，将正式印发；对培俭同志的报告(草稿)，大家提了不少好的修改意见，如要充实内审工作成绩等，会后我们要抓紧进行修改，以正式文件下达。请同志们回去以后，向政府和部门领导汇报，结合实际情况，采取适当方式传达贯彻。

# 认真贯彻执行《审计法》推动审计工作进一步发展

## ——在全国审计工作会议上的讲话

(1994年12月27日)

郭振乾

《审计法》经全国人大常委会审议通过，决定于明年1月1日起施行。这是审计工作的头等大事。认真贯彻执行《审计法》，将推动我国审计工作有一个大的发展。今年9月，党的十四届四中全会作出了《关于加强党的建设几个重大问题的决定》；不久前召开的中央经济工作会议研究确定了明年经济工作的指导思想、主要任务和政策措施，这对于保证、推进改革开放和经济建设的顺利进行，具有极为重要的意义。我们这次全国审计工作会议的主要任务是，讨论全面、正确贯彻执行《审计法》，根据四中全会和中央经济工作会议精神，安排1995年的审计工作任务。会前，李鹏总理对审计署请示的两个问题作了重要批示；李贵鲜国务委员听取了关于召开全国审计工作会议的汇报，作了指示，现在我代表审计署讲一些意见。

**一、当前我国经济形势**

最近召开的中央经济工作会议，总结了一年来的改革和经济发展工作，科学地、全面地、实事求是地分析了当前形势，认为各方面工作都取得了新的成绩，改革进展比较顺利，经济保持快速增长，社会稳定，总的形势是好的。

今年以来，按照建立社会主义市场经济体制的要求，出台了几项重大改革措施，进展比较顺利，取得了比较好的效果。在财税改革方面，分税制已经基本建立，以增值税为主体的新税制开始运行。1至11月，全国财政收入比上年同期增长18.9%。金融改革在加强中央银行职能，增强国家对货币信贷的宏观调控能力，组建政策性银行等方面取得了积极进展。外汇改革较为成功，汇率并轨顺利，人民币对美元汇价保持基本稳定。到11月末，我国外汇储备达450多亿美元，比年初增加1倍以上。价格改革与流通体制改革继续推进，进一步理顺了一些基础产品的比价关系。社会保障和住房制度改革也有进展。

国民经济在前两年快速增长基础上，预计今年增长11%左右。1至11月，全国乡及乡以上工业企业累计完成工业增加值14466亿元，比上年同期增长17.9%。在不少地方遭受比较严重水旱灾害的情况下，农业仍取得较好收成，全年粮食总产量达4450多亿公斤，棉花产量比去年增长两成，达8500至9000万担。全社会固定资产投资增长过快的势头有所控制，投资结构有所改善，国家重点建设项目进展情况较好。国内市场繁荣，对外开放进一步扩大。今年前11个月，外贸进出口总值达2002.8亿美元，同比增长22%。城乡居民生活继续改善，实际消费水平比去年提高5%左右。

当前经济发展中存在的突出问题是：农业基础相对薄弱，部分国有企业生产经营困难，一些地方社会治安状况不好，特别是物价涨幅过高，已经成为社会各方面关注的问题。

根据当前形势，中央经济工作会议确定，明年经济工作总的指导思想是：坚持邓小平同志建设有中国特色社会主义的理论和党的基本路线，全面贯彻党的十四大和十四届三中、四中全会精神，继续把握“抓住机遇、深化改革、扩大开放、促进发展、保持稳定”的全党全国工作大局，进一步处理好改革、发展、稳定的关系，加快建立社会主义市场经济体制，实现国民经济持续、快速、健康发展和社会全面进步。明年经济工作的主要任务是：继续加强和改善宏观调控，抑制通货膨胀，保持国民经济发展的好势头；以深化国有企业改革为重点，推进各项配套改革，完善宏观管理体制；增加农业投入，确保农副产品供应，全面发展和繁荣农村经济；加大结构调整力度，强化管理和推动技术进步，提高经济的整体素质和效益。

各级审计机关和广大审计人员要正确把握形势，明确任务，胸怀全局，立足本职，围绕经济工作中心，进一步做好审计工作。

**二、1994年审计工作进展情况**

今年以来，各级审计机关和广大审计人员在党委和政府的领导下，根据1月全国审计工作会议的部署，认真贯彻执行党的十四大和十四届三中、四中全会精神、围绕深化改革和发展经济，积极履行法定职责，加强审计监督，在维护财经法纪，监督宏观调控措施落实，促进提高经济效益，加强廉政建设，扩大审计宣传等方面，取得了显著成绩。

(一)严格审计执法，维护财政经济秩序。各级审计机关认真履行审计监督职责，审计执法力度明显增强。今年1—11月，全国共审计14.3万多个单位，查处违反财经法纪已上缴财政金额33.1亿多元，比上年同期增长122%；决定减少财政拨款和补贴8亿元，同比增长110%；决定追还被侵占挪用的资金48.8亿元；节省基建投资12亿元，同比增长62%；罚款金额2.4亿多元，同比增长118%。以上可为国家增收节支

104.3亿元，比去年同期增加30.3%。河南、广西、海南等省、自治区，在审计单位数减少的情况下，查处违纪已上缴财政金额，与去年同期相比都有较大增长。署驻国务院各部门审计机构，审计单位数减少7.5%，查出违纪应上缴财政金额比上年同期增加3%。

（二）突出审计重点，监督宏观调控措施落实。为适应财税、金融、投资体制改革，各级审计机关着重抓了对财税、金融和重点基本建设项目的审计。1至11月，全国审计财税部门、金融保险机构单位数，均比上年同期增加20%左右，审计署审计16个省、市、自治区1993年财政决算，查出违反财政法规造成财政收入流失金额52.7亿元；违反规定自行设立、征收各种基金62亿多元。国务院办公厅根据国务院领导同志的指示，印发了审计署《关于一些地方违反规定征收各种基金的情况报告》，要求财政部会同有关部门进行一次全面清理和整顿，凡属违反国家规定的，要坚决停止征收。审计署还组织力量对18个海关1993年关税征收情况进行审计；对18个省、市、自治区1994财政预算执行情况进行审计，查出截留中央收入、违反国家规定开政策口子、退库退税等金额63亿多元，其中影响中央财政收入13亿多元。各地审计机关对部分市县财政决算进行审计，共查出隐瞒财政收入、虚列财政支出，越权减免税等违反规定金额79.1亿元。审计后，对违反财经法规问题进行了处理和纠正，提出加强和改进管理的建议。

审计署组织驻地方派出机构，对中国人民银行20个省市分行和262个地（市）、县级分支机构进行了审计，查出不少截留转移收入、挪用信贷资金和违章拆借资金等问题。向国务院领导同志报告审计情况后，朱镕基副总理指示人民银行对违反“约法三章”的问题要认真检查，严肃处理。审计署对中国人民保险总公司1992、1993年财务收支进行审计，查处资产损益不实、挤占挪用保险营运资金等问题；还对人、工、农、建等几家总行和系统1993年度汇总会计决算，进行了审计。

审计署组织部分地方和驻地方派出机构，对74个国家重点建设项目进行审计，共查出多列概算、挪用建设资金、偷漏税金等金额54.4亿元，对违反规定问题进行处理，可为国家节约建设资金12亿元；对京九铁路重点建设项目进行审计，对查出的高估冒算，挪用、侵占建设资金等问题，依法进行了纠正。各地审计机关对2.3万多个地方重点建设项目进行审计，对促进加强建设资金管理，减少损失浪费，发挥了很好的作用。

（三）加强对国有企业、运用外资和农业等专项资金审计，促进提高经济效益。各级审计机关认真贯彻《全民所有制工业企业转换经营机制审计监督规定》，改进和完善企业审计方法，着重检查国有企业资产、负债、损益是否真实、合法，对促进国有资产保值增值起到了积极作用。今年1—11月，各级审计机关经过审计，向企业提出了改进管理的建议，促进提高经济效益10亿元。审计署组织派出机构，对铁路系统1991年至1993年铁路建设资金筹集、使用情况进行审计，查出了一些少转、欠交铁路建设资金，损失浪费等问题；对华能集团公司的51个单位进行审计，对资产、利润不实等问题进行了处理；对内贸部、外经贸部的120户国有商品流通企业进行审计，对少计国家财政收入和国家资本金等问题依法作了处理；对中农集团所属一些公司高价倒卖统配平价化肥问题进行审计，向上反映后，国务院领导同志指示有关部门严肃查处。通过审计，严肃了财经法纪，促进加强了管理。根据国务院领导指示，审计署会同有关部门对粮食财务挂账的情况进行了清理，提出了《关于粮食政策性财务挂账停息的报告》，国务院已批转各地各部门贯彻执行。署驻地方派出机构还对187户国有大中型企业国有资产流失情况进行了审计调查，发现国有资产流失总额达105亿元，向国务院反映了情况，提出了解决的建议。有些署驻部门派出机构，从本行业实际出发开展审计调查，发现带有普遍性、倾向性的问题，提出解决的建议，对加强行业管理起到了促进作用。

四川、天津、新疆等24个省、市、自治区对969户中外合资合作经营企业进行审计，查出累计亏损33.7亿元，潜亏4.1亿元，给国家造成投资损失18.4亿元；北京市审计局对174户中外合资合作经营企业的资金到位率、开工率、盈利率进行调查，发现142户开工企业中有90家亏损，占63%。审计后，对违反财经法规问题进行处理，提出了改进管理的建议。

全国共对162个世、亚行贷款和国外援助项目的2500多个执行单位进行了审计，对外提交审计报告219份、管理意见书113份，审计报告质量有了进一步提高。

黑龙江、吉林等8省、自治区，对2673个主管部门和用款单位第二期农业综合开发资金进行审计；山西、青海、贵州、云南、甘肃、宁夏、陕西、广东、内蒙古等16个省、自治区，对扶贫资金进行审计，共查处违纪违规金额2.6亿多元，促进加强资金管理，提高资金使用效益。江西、广西、湖南等省、自治区结合本地实际情况，对救灾款物进行审计。一些地方还对教育经费，计划生育经费，职工养老、待业保险和环保等专项资金进行审计，对加强这些资金的管理起到了促进作用。

（四）加强对政府机关、行政执法和经济管理部门的审计监督，促进廉政建设。各级审计机关认真贯彻党的十四届三中全会和中纪委三次全会精神，加强对政府部门的审计监督，积极参加反腐败斗争。1至9月，全国审计各级政府部门共查出违纪金额23亿元，比上年同期增长3倍。还查出一批贪污贿赂案件，有344人分别移送司法、监察部门处理。湖北省对全省公安、交警系统的规费收入、罚没款、预算外收入等进行审计，查处各种违纪违规金额5800多万元。浙江省审计局对部分旅行社和党政机关组团公费出国（境）情况进行审计，清退多发的各种费用600多万元。安徽省审计厅对30个省级党政部门和事业单位进行审计，查出账外资金3100多万元，省政府领导指示财政部门，要制定加强管理的具体办法。署驻国内贸易部、邮电部、民航总局、新闻出版署等审计局，根据领导指示参与查处大案要案，促进了廉政建设。

（五）积极完成党委和政府交办的审计事项，为当地改革和经济发展服务。今年以来，各地党委、政府直接向审计机关交办的审计事项大量增加，大都属于关系当地经济全局的重点问题、改革和经济发展中的难点问题和群众关注的热点问题。据对山东、河北、辽宁、上海、福建等11个省、市及部分地县的统计，今年1至10月，各级党政领导交办的审计事项达5400多件，比上年同期成倍增长。各地审计机关对此认真办理，及时反映情况，提出建议，为领导决策提供依据。上海市审计局根据市政府的指示，集中力量对全市17个重大工程建设项目进行审计调查，发现其中6个项目决策高估冒算额达2.7亿元，占原决算的10.8%。市政府领导批示，在大规模建设时期，必须高度重视和防止此类问题，要求审计机关对全市其他重大工程项目实施全过程跟踪审计。江苏省审计局根据省政府要求，组织11个省辖市审计机关，对“菜篮子”工程进行专项审计，发现乱占滥用菜地问题严重，面积比1990年减少15.8%。省政府责成有关部门采取措施，在今明两年内补足。

（六）积极宣传《审计法》，扩大审计监督的社会影响。在制定《审计法》过程中，各地审计机关做了大量工作；《审计法》颁布后，按照审计署的部署，开展了一次具有较大声势和规模的宣传活动，既轰轰烈烈又扎扎实实，形式丰富多样。审计署组织在中央级主要报刊上发表了评论员文章和署领导的署名文章，报道了审计工作成果，还举办了全国《审计法》知识竞赛、审计专题文艺晚会，印发了纪念信封。全国有20多个省、市、自治区的人大和政府召开了宣传贯彻《审计法》大会，人大和政府的领导到会讲话，要求加强审计监督，各部门、单位要支持审计工作。许多省级报纸和电视台发表了领导同志的署名文章和电视讲话。多数地方审计机关开展了“审计法宣传日”活动，有些政府领导走上街头参加宣传。许多审计机关还召开新闻发布会和有关单位领导、专家学者参加的座谈会，组织电视、广播讲座和《审计法》知识竞赛等。有些部门和单位也积极开展了宣传。这次宣传活动，在扩大审计影响，普及《审计法》知识等方面收到了良好效果。各级党政领导对审计监督工作更加重视；一些企事业单位进一步提高了对审计工作的认识，表示要依法接受审计监督，并加强本单位的内审工作；一些群众向审计机关反映本单位的问题，要求进行审计；广大审计人员依法进行审计监督的信心和责任感大大增强，为贯彻落实《审计法》创造了有利条件。

我们在肯定成绩的同时，应当看到，贯彻执行《审计法》，还需要做大量艰苦、细致的工作，同时在审计工作中还存在一些不足之处。主要是：对如何适应各项改革措施的出台，改进和完善审计工作方法，探索、研究还不够；有些审计工作的重要情况和审计查出的重大问题不能及时向上级审计机关报告；审计人员的素质与审计工作发展还不相适应等，应当认真加以解决。

**三、1995 年审计工作任务**

1995 年是《审计法》开始施行的第一年，是“八五”计划的最后一年。明年审计工作的主要任务是：贯彻四中全会决定和中央经济工作会议精神，认真、全面、正确地贯彻执行《审计法》，围绕改革、发展和稳定，强化对国家财政收支和与国有资产有关的财务收支的审计监督，维护国家财经法纪和中央政令的统一，为加强和完善宏观调控服务，推动审计工作进一步发展。

(一)强化对国家财政收支的审计监督。国家财政收支，是国家财政经济方针、政策的具体体现，也是国家实行宏观调控的重要手段。对国家财政收支实行审计监督，是世界各国审计机关的重要职责。根据《审计法》第四、第十六和第十七条的规定，各级审计机关要加强对国家财政收支的审计监督。既要坚持“上审下”，又要审计本级预算执行情况，二者并重，不可偏废。对本级预算执行情况进行审计，是一项新的工作，缺乏经验，工作有一定难度，各级审计机关必须严格执行《审计法》的有关规定，精心组织，切实做好。一定要在本级政府首脑和上一级审计机关的领导下进行这项审计，及时请示汇报，并注意处理好与各有关方面的关系。审计前要培训干部，调查研究，制定具体实施方案。审计时要抓重点，求深度，不要面面俱到。对本级预算执行中的重点资金，如农业资金、教育经费、建设资金的审计等，要按照统一部署和要求，积极做好。在审计基本结束时，要作为一个整体进行综合研究，提出审计结果报告。

明年，审计署审计部分省级 1994 年财政决算和预算外资金，部分税务部门和海关，重点检查财政收支是否真实、合法，有无挖挤中央收入、越权减免国家税收等问题，促进财税部门和海关加强管理，增收节支。同时要组织力量审计 1995 年中央预算和部分省级预算执行情况，重点检查预算执行是否符合《预算法》和国家财政管理的有关规定，审计后向总理提出审计结果报告。

各地审计机关可参照上述安排意见，按照政府首脑的要求，进行财政审计工作。关于审计 1994 年本级预算执行情况问题，可按当地政府和人大常委会的要求进行。

(二)加强对国有资产的审计监督。建立社会主义市场经济体制，在所有制结构上以公有制为主体，国有经济要占主导地位，国有企业是主要支柱，必须巩固和发展国有经济，保证国有资产保值增值。中央经济工作会议确定，国有企业改革是明年改革的重点。各级审计机关要按照《审计法》的要求和中央经济工作会议精神，围绕企业改革，加强对重点国有企业的审计监督，重点审计接受财政补贴较多和亏损数额较大企业。主要检查资产、负债、损益是否真实、合法,监督国有资产是否保值增值,促进企业转换经营机制,眼睛向内,改进管理,挖掘潜力,提高经济效益。对核算不实、损失和挂账数额巨大的企业进行审计,查清问题,分析原因,提出改善管理的建议。

审计署组织派出机构和部分地方审计机关,对邮电部及其部分下属单位的财务收支,邮电建设资金的筹集、管理和使用情况进行审计,重点检查有无违反国家规定乱收费,挤占挪用和损失浪费等问题。对部分农业生产资料流通企业的财务收支进行审计、重点检查财务收支和风险基金的管理使用是否合规、合法,以及有无乱涨价损害农民利益等问题,促进落实改革措施,加强行业管理,更好地发挥经营主渠道作用。省级审计机关和署驻部门、地方派出机构要结合企业审计,对实行现代企业制度试点情况和部分国有大中型企业潜亏、消费基金膨胀等,进行审计和调查,向上反映情况,提出建议。

随着扩大开放、深化改革和经济发展,有国有资产的股份制企业和中外合资合作企业越来越多。为了维护国家权益,防止国有资产流失,保障国有资产保值增值,各级审计机关要有计划、有重点地加强对国有资产占控股地位或主导地位企业的审计监督。对中外合资合作企业的审计,要在总结经验的基础上进行,审计面不要大。审计署要统一组织对一些中外合资合作企业进行审计,重点检查国有资产评估是否真实,国家权益是否受到侵害,投资效益如何等,促进国有资产保值增值。对境外中资企业,各地可按政府的要求进行审计。

(三)统一组织对国有金融机构的审计。加强国家金融保险机构财务收支审计,对维护金融秩序,促进金融体制改革,加强资金管理具有重要意义。根据《审计法》规定的原则,应明确审计管辖范围:人民银行和隶属中央的金融机构,由审计署进行审计监督;地方金融机构,由地方审计机关进行审计监督。考虑到金融审计的现状,明年由审计署统一组织驻地方派出机构和部分地方审计机关,分别对工商银行、中国银行、建设银行、交通银行及其部分分支机构进行审计,主要检查资产、负债、损益的真实、合法,有无弄虚作假损害国家利益等问题,促进其遵守财经法纪,改进管理,贯彻落实国家金融政策和宏观调控措施。同时,要对部分国有金融机构的亏损情况进行审计调查。各地审计机关要加强对地方金融机构财务收支的审计监督。

(四)继续抓好重点建设项目审计。近几年,国家和地方集中大量财力物力,进行大规模基本建设,其效果如何,对国民经济的发展具有重要影响。明年,各级审计机关要围绕控制固定资产投资规模,提高经济效益,加强对国家和地方重点建设项目预算执行情况和决算的审计监督。

主要审计基础性、公益性和对经济建设有较大影响的项目。对在建项目重点检查投资是否落实、资金使用是否合理,有无高估冒算和损失浪费等问题;对竣工项目重点检查有无超规模、超标准、超概算,财务收支是否合规,交付使用财产是否真实、完整,并分析超概算的原因,提出建议,促进加强管理,节约建设资金。审计署要组织力量,对1994年竣工的国家重点建设项目普遍进行审计,同时审计部分在建的电力、水利重点建设项目。各地审计机关要选择党政领导比较关注的重点建设项目进行审计,反映情况,揭露问题,提出建议。

(五)进一步搞好对农业、教育、养老与失业保险等专项资金审计。中央指出,要真正把加强农业放在经济工作的首位,下大决心增加农业的投入。管好用好农业资金,对于促进农业发展,实现小康和保持社会稳定关系极大。各级审计机关,特别是地县审计机关,要把农业和扶贫资金审计作为重点。主要检查财政部门拨款是否及时到位,配套资金是否足额配齐,有无挤占挪用、损失浪费等问题,促进增加投入,提高资金使用效益，为农业上新台阶服务。审计署要组织部分地方审计机关，对农业投入和农业综合开发资金进行审计；组织有关地方审计机关和驻地方派出机构，对三峡工程移民经费进行审计。

国家增加对教育的投入，是加强教育在经济和社会发展中战略地位的重要措施，各级审计机关必须加强对教育经费的审计监督。地方审计机关重点对普通教育经费进行审计，主要检查财政部门和教育主管部门是否按预算拨款、规定的用途使用资金，有无资金不到位，挤占、挪用和损失浪费等，促进管好用好教育经费。审计署组织派出机构审计部分重点高校教育经费的管理使用情况。各地还可根据实际情况，对计划生育、科研、环保经费和“希望工程”捐款等，进行审计或审计调查。

建立职工养老和失业保险等社会保障制度，关系到企业改革顺利进行和社会稳定。各级审计机关要继续加强对这两项基金的审计，重点检查有无不按规定缴纳基金，有无侵占、挪用、损失浪费和乱收管理费用等问题，提出建议，促进加强管理，保证基金的安全和增值。

（六）加强外资运用的审计监督。扩大开放，深化改革，我国引进外资的数量越来越大，要根据《审计法》的要求，加强对外资运用的审计监督。要继续抓好世行、亚行等国际金融组织援、贷款项目的审计，提高审计质量，促进提高外资使用效益，并严格按照国际公认的审计准则对外提供审计报告。审计署和各地审计机关要有重点地对外国政府援、贷款项目的财务收支进行审计，促进加强管理，提高资金使用效益。

（七）切实加强对政府部门的审计监督。党的十四届三中全会《决定》指出，反腐败斗争是长期的、艰巨的任务，要坚持不懈地进行。各级审计机关要继续加强对政府机关、行政执法部门、经济管理部门财政、财务收支的审计监督，促进廉政建设。着重检查有无乱收费、截留挪用专项资金和罚没收入，以及奢侈浪费等违反财经法纪问题，促进其保持和发扬清正廉洁的作风。发现贪污、贿赂等问题，要及时移送监察或司法部门处理。审计署要审计国务院所属部门的财政、财务收支，重点检查当年预算执行和预算外资金管理、使用情况。还要组织部分地方审计机关，对公、检、法部门办案收费情况进行审计，重点检查是否按规定标准收费，有无截留挪用，私设小金库，滥发钱物，扩大消费基金等问题，制止和纠正以权谋私，借办案之机索要钱物等不正之风。

在上述各项审计中，要加强对消费基金的审计监督，限制公款消费行为，控制社会集团购买力的不合理增长，制止以各种形式将国有资产转为个人收入的做法。

审计监督属于高层次的综合性财政经济监督，应当在宏观管理中充分发挥作用。对各项审计中发现的重要问题，要加强综合研究，分析原因，向党委和政府提出有针对性的建议，促进加强和完善宏观调控措施。

（八）抓紧制定与《审计法》配套的法规和各项规章。根据《审计法》规定的基本原则，结合审计工作的实际，把《审计法》的有关规定加以具体化，制定一系列与之相配套的审计法规和规章，是全面贯彻执行《审计法》的一项十分迫切的任务。要抓紧起草《审计法实施条例》，尽快报请国务院审议，争取早日出台。同时，要抓紧草拟对国有资产占控股地位或主导地位企业的审计监督规定，对社会审计机构指导、监督、管理的规定，对内部审计机构业务指导和监督的规定，报国务院审批后实施。还要抓紧制订或修改有关专业审计规章，如财政审计办法、金融审计办法、行政事业审计办法、对重点国有企业有计划地定期进行审计办法、固定资产投资审计办法、运用外资审计办法，以及注册审计师制度等。要按照《审计法》的要求，进一步确定审计管辖范围。在新的审计管辖范围规定出台之前，除这次会议明确的以外，暂按原定的执行。要按照《审计法》的要求，加快修订下发审计标准、统计报表、审计文书格式等规范性文件。在建立健全审计法规、规章的同时,各级审计机关要认真开展普法教育,进一步增强审计执法力度,严格依法办事,加强审计执法检查和审计项目质量检查,不断提高执法水平和审计工作质量。

**四、大力发展内部审计和社会审计**

内部审计和社会审计是审计组织体系的重要组成部分,《审计法》对其与国家审计机关之间的法律关系作出了明确规定。各级审计机关要进一步加强对内审的指导、监督和对社审的指导、监督、管理,促进其发展,为社会主义市场经济服务。

(一)加强指导和监督,巩固发展内部审计。今年以来,各部门和国有企业事业单位的内部审计机构和内审队伍基本稳定,一些经济发达地区和国有大中型企业的内审工作还有所加强。截止9月底,全国已建立内审机构7.8万个,配备专职内审人员10万人、兼职内审人员10.6万人。今年以来,共完成审计项目19万多个,纠正违纪金额57亿多元,查出损失浪费金额24.4亿元,促进增收节支22.9亿元,查出贪污贿赂案件移送司法机关和监察部门处理837人。大庆石油管理局审计处,对下属15个单位的财务制度执行情况进行评审,找出了在债权、债务清理和对外投资控制方面的薄弱环节,提出了整改建议,为企业提高经济效益3000多万元,受到领导的重视和好评。辽宁省邮电管理局审计处进行基建工程开工前审计和工程预决算审计,共减少工程价款3200多万元,维护了企业的经济权益。航天工业总公司一院审计室在审计中,追回一名业务人员侵占外资22万美元,并收回其挪用公款127万元购买的4套私人住宅的产权。内部审计在促进部门、单位改善经营管理,提高经济效益,加强廉政建设等方面,发挥着越来越重要的作用。

建立现代企业制度的重要内容之一是完善内部监督机制,以保证企业经营活动的规范和有效,其中内部审计占有十分重要的地位。各级审计机关要加强对内部审计工作的指导和监督,促进各级政府部门、国有金融机构和企业事业单位建立健全内部审计制度,充分发挥内部审计的作用。要深入国有大中型企业,对内审工作情况进行调查研究,取得指导内部审计的主动权。要认真总结、推广和宣传内审工作的新经验,热情帮助内审机构健全规章制度,搞好干部培训,提高审计质量,促进其健康发展。

当前,有些国有大中型企业处境比较困难,经营机制转换和产业结构调整缓慢,内部管理不善,经济效益不好,内部审计要围绕企业改革,发挥熟悉情况的优势,积极为企业改善经营管理献计献策,促进转换经营机制,提高经济效益。特别是亏损企业的内审机构,更要急企业之所急,通过审计,检查和分析出现亏损的内部原因,提出有针对性的建议,在促进扭亏增盈方面狠下功夫,做出成绩。部门内审机构要在认真搞好自身审计工作的同时,切实加强对所属企业事业单位内审工作的指导。

(二)加强指导、监督和管理,推动社会审计加快健康发展。今年以来,各级审计机关认真贯彻落实《注册会计师法》的有关规定和政府的要求,在加强对审计事务所的指导管理,注册审计师认定注册会计师资格等方面,做了大量工作,社会审计有了较快发展。截止9月底,全国共建立审计事务所3600多个,有从业人员4.3万人,分别比去年同期增加10%和33%;1994年1月1日前的注册审计师经审计署认定具注册会计师资格的有3万多人。广大社会审计人员振奋精神,努力工作,1—9月共完成委托审计查证等事项77万多项,核减基建高估冒算金额26亿元、虚假注册资金126亿元,为委托单位追回损失金额6亿多元,促进提高经济效益近10亿元。中国注册审计师协会制发了验资、财务收支审计等业务规则,规范了注册审计师的执业行为。

建立和完善社会主义市场经济体制,加快国民经济和社会发展,需要加强社会审计工作，发挥其服务、沟通、公证、监督作用。各级审计机关要进一步抓好《审计法》和《注册会计师法》有关规定的宣传、贯彻、落实工作，加深人们对社会审计的了解，取得党政领导和各界的支持。要按照规定的条件，继续做好审批和组建审计事务所的工作，充实社会审计力量，并为之创造公平竞争的环境。要指导和帮助审计事务所积极开拓业务，按照《全民所有制工业企业转换经营机制审计监督规定》，接受企业委托进行审计查证。业经审计署认定具有注册会计师资格的，应依法履行职责，开展包括对“三资”企业进行查账验证在内的各项业务。要坚持质量、信誉、服务第一的宗旨，靠质量和信誉求发展。要加强对审计事务所业务质量和职业道德的监督检查，发现徇私舞弊、贪污受贿等违法行为，一定要依法严肃查处。要指导审计事务所建立和完善各项内部管理制度，严格执行有关财务管理规定。审计机关和审计事务所不得一个机构两块牌子，干部不得互相兼职。注册审计师协会要加强对注册审计师的培训和年检工作，不断提高他们的政治、业务素质。审计事务所和注册审计师要逐步转为由注册审计师协会进行行业管理。

**五、按照四中全会精神和《审计法》的要求，加强审计机关基础建设**

加强审计机关基础建设，是贯彻执行《审计法》，推动审计工作进一步发展的根本保证。党的十四届四中全会通过的《中共中央关于加强党的建设几个重大问题的决定》，是建立社会主义市场经济体制条件下加强党的建设的纲领性文件；全国组织工作会议对加强党的组织建设作了重要部署；《审计法》对审计机关和审计人员的职责、权限、法律责任、职业道德等，都作了明确规定。各级审计机关必须在党委和政府的领导下，按照这些要求，进一步加强审计机关的建设。

（一）认真学习、贯彻四中全会《决定》和全国组织工作会议精神。各级审计机关要坚持和健全民主集中制，加强和改善党的基层组织建设，做好培养和选拔干部的工作。要牢固树立全局观念，坚决服从和维护全国的大局，强化审计监督，保证中央政令的畅通。要坚持集体领导和个人分工负责相结合的制度，加强领导班子的团结，提高整体素质。要严格党的组织生活制度，加强对党员的教育，充分发挥党支部的战斗堡垒作用和党员的先锋模范作用，增强党组织的战斗力和凝聚力。要做好经常性的思想政治工作，调动广大审计人员的积极性，保证各项工作任务的顺利完成。为加强署驻地方派出机构的领导班子建设，更好地发挥班子的整体功能，已开始实行特派员异地交流制度。各级审计机关要按照党委和政府的要求，本着相对稳定、适当交流的原则，有计划地进行内部领导干部交流工作。

各级审计机关要认真贯彻党中央的指示精神，做好聘请符合条件和有专门知识的民主党派成员、无党派人士担任特约审计员的工作，提高对这项工作重要意义的认识，健全制度，充分发挥特约审计员的作用。

（二）有计划地培训审计人员。发展审计工作，人才是关键。各级审计机关要组织广大审计人员，认真学习《邓小平文选》第一、二、三卷，掌握建设有中国特色社会主义的理论，学习和贯彻《审计法》，切实抓好干部培训工作，同时积极推行公务员培训制度，努力提高审计人员的政治业务素质。审计署要有计划地举办厅局干部研讨班和处级干部培训班，通过培训增强改革意识、宏观管理意识和法制观念，提高组织领导能力和审计工作水平。要结合制订贯彻《审计法》的各项专业审计规章和实施办法，举办财政、金融、企业、外资等各类审计业务研讨班和培训班。要加强师资培训工作，充分发挥培训基地的作用。为适应财务电算化迅速发展的要求，应大力加强运用计算机进行审计人才的培训。各地审计机关要根据政府的部署，结合机构“三定”工作，制定与公务员制度相配套的培训制度，认真搞好公务员初任和任职的培训。审计署要进一步加强对南京审计学院的指导管理，提高教学质量。

（三）加强审计信息调研工作。审计信息调研工作是审计工作的重要组成部分，应在反映审计成果，扩大审计影响，交流审计经验，特别为宏观经济管理服务方面发挥重要作用。各级审计机关特别是中心城市以上的审计机关，要把加强信息调研工作作为审计工作求深度、上层次的一项重要措施，象抓项目审计一样，抓好信息调研工作。研究、布置、检查和考核审计工作，都要把信息调研工作作为一项重要内容。要选调一些政策思想水平较高，审计业务较熟悉，文字能力较强的干部，充实信息调研队伍，改变目前力量薄弱的状况。要为他们提供有利的工作条件，创造学习提高的机会。要根据情况配置一些现代化设备，以提高报送审计信息的时效性。各地审计机关对审计工作的重要情况和审计查出的重要问题，一定要按照《审计法》的规定，在报告本级政府的同时，如实、及时地报告上级审计机关，上级审计机关要加强监督和检查。同时，各级审计机关要重视和加强计划、统计等综合工作。

（四）加强审计科研和宣传工作。审计科研应本着为审计现实工作和长期发展服务的原则，加强与经济体制改革相适应的审计理论和方法的研究，抓好科研成果的转化利用。要改进工作方法，加强同实际工作部门、高等院校、有关研究机构的联系，组织地方审计科研部门的力量开展合作研究，发挥群体优势。要结合《审计法》的实施和企业制度改革，重点研究与财政审计和企业审计有关的理论和实际问题，并注意借鉴外国的有益经验，形成适合我国国情的审计规范，从理论上推动和指导审计工作。

各级审计机关要继续抓好审计宣传工作，及时宣传审计工作的成果、经验和在宏观管理方面发挥的作用。要按照《审计法》的规定，向社会公布审计结果。公布审计结果要适时适度，依法保守国家秘密和商业秘密。要充分利用各种新闻媒介，采取多种形式进行审计宣传。要坚持正确的宣传方向，把握宣传重点，提高宣传效果，为审计监督创造良好的社会舆论环境。各级审计刊物要把宣传贯彻《审计法》放在重要地位，围绕审计工作重点，搞好宣传报道。图书编辑出版工作要提高质量，以审计类为主，组织好宣传贯彻《审计法》配套书籍的出版。

（五）加强审计队伍的廉政建设。“公生明、廉生威”。深入开展反腐败斗争，加强勤政廉政建设，是关系到审计监督权威、审计机关形象和审计队伍建设的重大问题。审计机关成立以来，广大审计人员发扬廉洁、公正、严格、奉献精神，积极完成审计监督任务，自觉抵制各种消极腐败现象，总的情况是好的，受到党政领导和社会各界的好评。但是，也确有少数人经不起改革开放和市场经济的考验，有的利用职权谋取私利，有的违反规定变相收取各种费用，有的贪污挪用公款、收受贿赂等。值得警惕的是，这些腐败现象与前几年相比有所发展。对此，各级审计机关决不可掉以轻心，任其蔓延。一定要把加强党风和廉政建设，作为贯彻落实四中全会《决定》和《审计法》的重要措施来抓。要组织广大审计人员，认真学习中央有关指示精神，加深对反腐倡廉重要性、长期性和艰巨性的理解，增强抵制拜金主义、享乐主义和极端个人主义的能力。各级领导干部要带头学习，带头执行廉洁自律的规定，带头遵守审计工作纪律。对廉洁奉公、模范遵守纪律的先进单位和审计人员，要大力进行表彰，以弘扬正气。对以权谋私、向被审计单位索要钱物、贪污受贿等违法违纪问题，一定要做到有一件查处一件，依法进行严肃处理，决不姑息迁就。要关心审计人员，在政策允许的范围内，尽可能帮助解决实际困难。要根据中央有关规定和审计工作的需要，抓紧修订《审计工作纪律》，进一步完善有关规章制度，并加强督促检查，抓好落实。

发展社会主义市场经济、贯彻实施《审计法》，对审计工作提出了新的、更高的要求。1995年审计工作任务繁重而艰巨，各级审计机关和广大审计人员一定要艰苦奋斗，精心探索，扎实工作，胜利完成党和国家赋予我们的任务。

# 在全国审计工作会议结束时的讲话

（1994年12月30日）

崔建民

全国审计工作会议今天结束。由于大家的共同努力，会议开得是好的，完成了预定任务，达到了预期目的。特别是昨天下午，李鹏总理等国务院领导同志，在百忙中接见了会议全体代表，总理对审计工作作了重要指示，大家感到深受鼓舞。刚才李贵鲜国务委员作了重要讲话，对审计工作和审计队伍建设等提出了明确要求，实际上已对会议作了总结。对李鹏总理和李贵鲜国务委员的指示，我们一定要认真学习、贯彻和落实。现在，我仅就会议讨论中提出的问题讲几点意见。

**一、会议的收获**

大家普遍反映这次会议开得及时、紧凑、求实，效果很好。一是认真讨论了郭振乾审计长 的报告。认为对1994年审计工作的总结比较全面，切合实际；对1995年工作的部署指导思想明确，重点突出，贯彻了党的十四届四中全会和中央经济工作会议精神，体现了《审计法》的要求。大家赞成这个报告，统一了思想认识。二是研究了贯彻执行《审计法》问题。同志们都认为，《审计法》于明年1月1日起施行，这是审计工作的头等大事。应当抓住这一时机，围绕改革、发展和稳定，强化对国家财政收支和与国有资产有关的财务收支的审计监督，维护国家财经法纪和中央政令的统一，为加强和完善宏观调控服务，推动审计工作进一步发展。三是讨论了李金华副审计长关于财政审计工作的讲话和《国家财政收支审计监督实施办法》。认为《审计法》规定，审计机关要审计本级预算执行情况，实行各级政府每年向人大常委会提出审计机关对预算执行和其他财政收支的审计工作报告制度，审计机关的法律地位提高了，责任也重了。同时这是一项新的工作，有一定的难度，缺乏经验。一定要严格执行《审计法》的有关规定，积极探索，精心组织，认真做好。四是讨论了加强审计机关基础建设的措施。认为这是贯彻《审计法》，完成明年审计工作任务的重要保证，要逐项落实，特别是要大力加强干部培训工作，努力建设一支政治思想强、业务素质高的审计队伍。

我们这次会议所以开得好，主要是：中央经济工作会议确定了明年全国经济工作的指导思想、主要任务和政策措施，为我们确定1995年审计工作的方针、任务和重点指明了方向；《审计法》的颁布施行，提高了审计监督的法律地位，为审计事业的发展创造了良好条件，鼓舞了士气，调动了广大审计人员的积极性；前不久，在厦门召开了财政审计工作座谈会，对《审计法》有关财政审计规定的实施问题，进行了认真讨论，为这次会议统一思想认识奠定了基础。

**二、全面正确认真地贯彻执行《审计法》**

贯彻执行《审计法》是一项长期的任务，

需要做大量艰苦细致的工作。各级审计机关要继续组织广大审计人员,反复深入地学习《审计法》,全面正确地理解和掌握其中的各项规定,联系实际,研究审计工作中与之不相适应的问题,提出改进措施和办法。要以学习贯彻《审计法》为重点内容,采取举办各类研讨班和培训班等方式,大力加强干部培训工作,不断提高审计队伍的素质,使之适应《审计法》的要求。要继续抓好《审计法》的宣传工作,各级审计机关可以利用《审计法》颁布施行一周年之机,集中一段时间进行宣传,结合宣传审计工作成果,以扩大审计影响,争取社会的理解和支持。以后每年都要这样做。各级审计机关要关心和支持审计学会的工作,充分发挥学会在审计理论研究和审计宣传方面的作用。要抓紧制定与《审计法》相配套的法规、规章和各项专业审计办法。财政审计的实施办法,将根据大家讨论提出的意见进行修改后下发。对重点国有企业有计划地定期进行审计办法、国有金融机构和国有企业资产负债、损益审计办法、内部审计的规定等,要尽快制定出台。代国务院起草的审计法实施条例,要抓紧征求意见和修改,争取早日上报。贯彻执行《审计法》,必须严格依法办理,增强审计执法力度,做到有法必依,执法必严,违法必究。要按照《审计法》的有关规定,规范审计人员的审计行为,进一步加强廉政勤政建设。平时要加强监督检查,发现问题及时纠正。对滥用职权、徇私舞弊、玩忽职守的,要根据情况,给予行政处分或追究刑事责任。

**三、努力完成1995年审计工作任务**

1995年的审计工作任务相当繁重,各级审计机关要根据这次会议的部署和政府的要求,结合实际情况,统筹考虑,分清主次,突出重点,作出具体工作计划,认真组织,全面完成。对审计署统一组织的审计事项,要妥善安排,保质保量,按时完成任务。在讨论中,大家对1995年审计署统一安排的审计项目计划中的有些项目安排,提出了很好的修改意见和建议,会后将进行适当调整,以正式文件下发。对政府和部门领导交办的审计事项,特别是有关改革和经济发展中的重点、难点和热点问题,一定要认真办好。根据这次会议精神和实际情况,部门、单位的内部审计机构要制定工作计划,努力提高工作质量和水平,多出成果;社会审计要加强管理,积极开拓业务,依法进行审计查证,提高人员素质,遵守职业道德,保证工作质量。

在各项审计中,要在抓质量、求深度、上层次方面狠下功夫,多出有分量的审计成果。要加强对微观审计情况的综合研究,及时向党委、政府和上级审计机关反映情况,为领导决策提供依据。对涉及宏观管理方面的重要问题,要深入分析原因,提出完善改革措施和政策法规的意见和建议,充分发挥审计监督在加强和完善宏观调控方面的作用。审计报告是审计成果的集中反映。各级审计机关要下功夫提高审计报告的质量。明年,审计署将选择一些好的审计报告,继续编辑出版《审计报告选编》。

**四、积极探索与改革相适应的审计方法**

我国经济体制改革总的目标是,到2000年,初步建立起社会主义市场经济体制。明年经济改革的重点是国有企业改革。在改革过程中,将会不断出现新的情况和问题;《审计法》赋予审计机关一些新的职责和工作内容,对审计工作提出了更高的要求,审计工作的现状有些还不相适应。因此,我们要进一步解放思想,实事求是,积极探索,总结经验,逐步形成一套与建立社会主义市场经济体制和《审计法》要求相适应的、科学的审计方法。这是广大审计人员的共同任务,需要上下结合,共同努力来完成。各地审计机关、署派出机构和部门内审机构要发挥主观能动性和创造性,结合本地本部门实际情况,边实践,边探索,边总结,及时向上反映好的意见和建议。审计署要积极收集各方面意见,集思广益,认真研究,提出相应的实施办法,并在实践中不断完善。

**五、依法向上级审计机关报告审计的重**

要情况和工作

《审计法》规定："地方各级审计机关对本级人民政府和上级审计机关负责并报告工作，审计业务以上级审计机关为主"，"地方各级审计机关分别在省长、自治区主席、市长、州长、县长、区长和上一级审计机关的领导下，对本预算执行情况进行审计监督，向本级人民政府和上一级审计机关，提出审计结果报告"；"审计机关有权对与国家财政收支有关的特定事项，向有关地方、部门、单位进行专项审计调查，并向本级人民政府和上一级审计机关报告审计调查结果"。因此，下级审计机关向上一级审计机关反映审计中发现的重要情况并报告工作，是贯彻落实《审计法》的一项重要内容。这对贯彻落实党的十四大要求审计监督在宏观管理方面发挥重要作用来讲，更具有特别重要的意义。各级审计机关一定要树立全局观念，严格按照《审计法》的规定，及时、如实地向本级政府和上级审计机关报告审计工作的重要情况和审计查出的重要问题，做到有喜报喜，有忧报忧。对审计署统一部署的审计任务，要按照要求报送审计报告。上级审计机关要制定具体办法，加强对下级审计机关报送情况的检查、考核，有些要定期进行通报。

六、关于会议的传达贯彻问题

这次会议之前和会议期间，李鹏总理对审计工作作了重要批示和指示，李贵鲜国务委员听取了汇报，作出重要讲话。在讨论中，大家对郭振乾审计长的报告和李金华副审计长的讲话，提出了一些很好的意见和建议，会后将尽快进行修改，以正式文件下达。大家回去以后，要将国务院领导同志的指示和这次会议的精神向政府和部门领导汇报，并结合实际情况，采取适当形式，认真传达学习和贯彻，安排好明年的审计工作。传达贯彻的情况和工作安排意见，请于明年2月底前报署。

# 统一思想认识　认真做好1995年财政审计工作

## ——在全国审计工作会议上的讲话

（1994年12月29日）

李金华

这次全国审计工作会议是贯彻落实《审计法》，推动审计工作进一步发展的一次重要会议。郭审计长在会议开始时作了重要讲话，我完全拥护。强化对国家财政收支的审计监督，是贯彻落实《审计法》的主要内容。为了搞好这项审计工作，依据《审计法》的有关规定，在征求各地审计机关意见的基础上，经过反复研究，审计署起草了《国家财政收支审计监督实施办法》（讨论稿）；后来，根据厦门会议上各地提出的意见作了修改，现将修改过的《实施办法》提交会议讨论。我就这个讨论稿和如何做好明年财政审计监督工作的有关问题，讲几点意见。

一、提高对财政审计工作重要意义的认识

颁布施行《审计法》，在财政审计监督方面有了重大突破。一是规定审计机关对本级预算执行情况进行审计监督；二是实行各级政府每年向本级人大常委会提出审计机关对预算执行和其他财政收支的审计工作报告制度。它从法律上,进一步强化了财政审计监督在我国财政经济运行中的重要地位。在社会主义市场经济条件下,政府管理经济的职能,主要是制定和执行宏观调控政策,创造良好的经济发展环境。进行宏观调控,主要运用财政政策和货币政策,引导和影响社会资源的配置。财政作为政府宏观经济调控的一个主要手段,充分发挥其职能作用,直接关系到政府宏观调控目标的实现和国民经济持续、快速、健康发展。审计监督作为较高层次的经济监督,它的主要任务应是保证和促进政府宏观政策的贯彻落实,为加强和完善宏观调控服务。因此,审计机关必须把财政收支审计作为十分重要的任务,有效地发挥法定职能作用,以适应建立社会主义市场经济体制的要求。认真做好财政收支审计工作,对提高审计机关的层次水平,树立审计机关的权威,也是非常重要的。从世界上实行市场经济的国家看,不论审计体制如何,审计机关的主要任务都是对政府财政收支进行审计监督,这已成为当今世界的普遍做法。

我国各级审计机关建立以来,在党委和政府的领导下,按照《宪法》的规定,认真贯彻党的路线、方针、政策,对地方各级政府财政收支实行审计监督,艰苦奋斗,积极探索,开创了财政审计工作的局面,取得了显著的成绩。全国各级审计机关对县以上地方政府的财政收支审计已初步形成制度,这些年来共审计查出违反财政制度金额 660 多亿元。财政审计对促进地方政府和财税部门整顿财税秩序,严格财税纪律,努力增收节支,深化财税体制改革,保障国民经济持续、快速、健康地发展,发挥了积极的作用。同时,积累了经验,锻炼了队伍,为今后财政审计工作的发展,奠定了良好的基础,但是应该看到,我们这些年进行的财政审计还是不够完整的,各地审计机关开展这项工作的情况也是很不平衡的。这除了我们的主观因素之外,各方面对一些法规的理解不尽一致,也是一个重要原因。现在,《审计法》对这项审计已作出明确和具体的规定,各级审计机关要依据这些规定和这次会议的要求,提高和统一思想认识,总结原有的经验,制定工作规划,明确要求,努力提高工作水平,逐步实现财政审计工作法制化、制度化、规范化。

**二、财政收支审计是一项涉及面比较广、综合性比较强的审计工作**

按照现行的财政预算管理体系,财政收支活动既包括财税部门对预算收支的组织和分配,也包括政府各部门、单位对预算资金的管理和使用。按照《审计法》的要求,审计机关对财政收支的审计,既要对财税部门具体组织预算执行情况进行审计,也要对政府各部门、各单位执行预算情况进行审计,还要对预算外资金的管理和使用情况,进行审计监督。只有对财政收支活动的全过程实行全面的审计监督,才能保证财政审计监督的完整性,使财政审计监督,即有一定的层次,也有一定的深度。财政审计结果,既要为本级政府加强财政管理提供有力的保障,又要符合本级人大常委会对政府预算执行情况实行监督的要求。从这个意义上讲,财政收支审计不仅仅是从事财政审计业务部门的任务,还涉及到行政事业、固定资产投资、农业、企业、外资运用等诸多方面的审计业务,它是审计机关各相关审计业务部门的共同任务。各级审计机关在具体组织财政收支审计工作中,应围绕年度财政预算和部门、单位预算,进行审计监督。这样,可以形成全面的、综合性的财政审计监督,充分发挥审计机关在本级政府财政管理监督中的职能作用。为适应这一要求,审计机关对财政审计的工作管理需要加以改进。要将审计机关对财税部门组织预算执行情况的审计,与各部门、各单位预算执行情况的审计,作为一个整体,统一规划,统一要求,精心组织。各级审计机关的主要负责同志,要对财政收支审计工作加强领导,直接组织好这项审计工作;要制定统一的计划,把有关财政收支审计的各项具体任务,落实到每个相关的审计业务部门。要明确审计范围和重点,统一时间和要求,统一统计口径。在审计实施过程中,会遇到各种困难和问题,审计机关要加强内部、外部各方面的协调,处理好各方面的关系。我们认为,只要各级审计机关切实做到加强领导,统一计划,搞好协调,财政收支审计工作就一定能够按照要求做好。

**三、贯彻《实施办法》要妥善处理好三个关系**

各地在研究讨论中,认为《实施办法》稿符合《宪法》和《审计法》有关规定的精神,总的是可行的,但在具体操作方法和实施步骤上,还有一些不同看法,集中反映在如何处理好以下三个方面的关系:

(一)"上审下"和"同级审"的关系

对财政收支进行审计监督,实行上级审计监督和同级审计监督相结合的制度,这是《宪法》赋予审计机关对国家财政收支审计监督的职责所决定的。对此,《审计法》第十六、十七条作出了明确规定。这一制度也适应我国实行"分税制"财政管理体制的要求。因此,必须坚持,不能动摇。实行这个制度的一个突出特点,就是对财政收支从不同层次、不同角度进行审计监督。这种意义上的"重复"是不可避免的。在具体操作中,上下级审计机关应密切配合,相互充分利用审计的成果,尽可能减少重复性的工作量。关于对省级财政收支的审计监督,我们初步考虑,在一般情况下,审计署对省级财政收支重点放在对上年财政决算的审计上,对当年预算执行的审计以省级同级审计为主。必要时,审计署可以结合对国家税务局分支机构税收征管情况的审计,对省级政府和财税部门组织预算执行情况进行有针对性的审计调查,同时尽量利用同级审计机关的审计资料。这样,在审计的内容和时间上,就可以减少不必要的重复。对此,各地审计机关可以结合各级财政管理体制情况,研究确定具体操作办法。

(二)对政府负责与受政府委托向人大常委会报告审计工作的关系

按照《审计法》的规定,各级审计机关对本级人民政府和上级审计机关负责并报告工作。各级人民政府每年要向人大常委会报告对预算执行和其他财政收支的审计工作情况。这就从法律上为构建与社会主义市场经济体制相适应的财政审计监督机制提供了保障。实行政府向人大常委会作预算执行和其他财政收支的审计工作报告制度,其目的是运用审计监督手段,加强人大对政府预算执行和其他财政收支情况的审查监督。这对保证和促进政府的各部门正确执行国家法律和党的路线、方针、政策,保证中央政令的畅通,增收节支,减少失误,防范腐败,从而保证社会主义现代化建设的顺利进行,具有重要意义。审计机关认真做好向本级政府的财政预算执行情况审计结果报告,受政府委托为政府准备好向人大常委会的审计工作报告,是处理好审计机关对本级政府负责和受政府委托向人大常委会报告工作关系的关键。我们认为,这两个报告是既有联系又有区别的。前者是审计机关作出的审计结果报告,重点应放在财政预算资金的管理上。报告应该对本级财政预算执行情况作出实事求是的评价,同时提出存在的主要问题,以及对这些问题的处理意见和建议,经政府同意,责成有关部门加以改进,使各部门存在的违反财政制度的问题及时得到制止和纠正,从而体现政府对各部门的制约作用。政府向人大常委会提出的是审计机关对预算执行和其他财政收支的审计工作报告,其内容除对财政预算执行作出评价外,还要报告在政府首长的领导下,通过审计监督,发现存在的问题和采取解决的措施,促进政府各部门加强对预算内、外资金的管理。这对政府各部门在下个年度严格执行预算,加强税收管理、监督和预算外资金的管理,可以起到制约和推动作用。这个报告不仅要客观评价财政预算执行情况,而且应该尽可能地反映审计机关在对本级预算执行情况和其他财政收支进行审计监督过程中，所做的主要工作，取得的主要成效。这对取得人大常委会对审计工作的关心和支持，提高审计机关的权威性，也是很重要的。在法定程序上，这两个报告也是有区别的，前者是由审计机关独立作出的，由审计机关对本级政府和上级审计机关负责；后者是政府向人大常委会提出的预算执行和其他财政收支的审计工作报告，在向人大常委会报告之前，是必须经过本级人民政府审查批准，由政府向本级人大常委会负责。

(三)对国税局的审计管辖问题

审计财政收支，《审计法》对审计署和地方审计机关各自的审计管辖范围，已作出明确的规定。在执行过程中加强协调，密切配合，避免不必要的重复，提高工作效率。

现在提出的问题是，一些地方审计机关对将国税局划为审计署的审计管辖范围提出异议，认为国税局征收的共享税和一部分地方税，同地方有利益连带，也应接受地方的审计监督；审计署的力量不可能在全国范围内对国税局直接进行审计监督。从地方审计同级财政收支的角度看，要求对参与地方预算收入征管的国税局进行相应的审计监督，不是没有一定道理。对此，署领导进行了认真研究，认为国家设立两套税务机构，设立国税局，是财税体制改革的重大举措，是实行分税制的组织保证。按财政隶属关系将国税局列为审计署的审计管辖范围，符合《审计法》的规定和中央有关决策精神。审计署对国税局的审计，主要目的是监督国税局全面、正确地执行国家的税收政策和法规，正确地处理好中央和地方的利益关系，以利于调动两个积极性，不能理解为仅仅是为了维护中央的利益。在审计过程中，审计署应注意听取地方审计机关的意见和要求，必要时可以向有关地方审计机关通报有关的审计情况。地方审计机关提出的有关国税局的问题，审计署在实施审计时应注意进行审计或调查。这项审计工作今年刚开始，我们还没有经验，可以先按照上面谈的做法进行，在实践中不断地总结和改进。

**四、努力做好1995年的财政审计工作**

郭审计长在工作报告中已对1995年的财政审计工作从总体上提出了要求，我们要认真组织落实，千方百计把这项工作做好。

审计署初步安排是，上半年组织派出机构对1994年部分省级财政收支的决算进行审计，同时抓紧培训人员，调查研究，制定方案，准备资料，从各个方面为审计1995年的财政预算执行情况作准备。下半年，组织有关审计业务司和派出机构集中力量对中央预算执行情况进行审计。审计的重点是：

国税系统对税收征收、减免和提退情况；海关系统负责征收的关税及代征税的征收、减免和保税货物监管情况；财政部负责征收的企业利润和其他收入的征收和管理情况；财政部对预算支出资金的分配、拨付和管理情况；基本建设支出、支援农村生产支出和各项农业事业支出、教育事业费支出、以及行政管理费支出的执行情况。此外，还要对财政部管理的预算外资金和各政府部门管理的专项基金的管理使用情况，进行审计调查，对省一级政府预算的执行情况和其他财政收支，进行有重点的审计和调查。署准备将1995年中央预算执行情况的审计工作安排印发各地，各地可参照这一安排意见，结合自己的实际，作出相应的部署。

1995年财政审计工作任务是非常繁重的，对本级政府的预算执行情况审计还是第一次，没有经验。因此，各地一定要从实际出发，突出重点，量力而行，尽力而为，妥善安排。上级审计机关要加强对下级审计机关的指导和帮助，上下要及时沟通情况，反馈信息，要严格按照规定向上级审计机关报告工作。

为了搞好1995年的财政审计工作，要切实加强财政审计队伍建设。有条件的地方要选调充实从事这项审计的业务骨干，对现有的审计干部要加强培训。审计署重点培训各省、市、自治区审计机关的业务骨干，各省、市、自治区应该抓好对地、市、县审计业务骨干的培训。可以相信,只要各级审计机关统一思想认识,切实做到统筹计划安排,认真组织实施,加强干部培训,及时总结经验,大胆探索前进,1995年的财政审计工作一定能达到预期的目的,出现一个新的局面。

# 振奋精神　扎实工作<br>努力开创审计事业的新局面

## ——在全国审计工作会议上的讲话

(1996年1月4日)

郭振乾

同志们:

党的十四届五中全会通过的《中共中央关于制定国民经济和社会发展"九五"计划和2010年远景目标的建议》,是今后5年和15年我国社会主义现代化建设的宏伟纲领。不久以前召开的中央经济工作会议提出了今年经济工作的总体要求和具体任务。我们这次会议主要是贯彻十四届五中全会和中央经济工作会议精神,总结1995年全国审计工作情况,部署1996年审计工作任务,制定进一步贯彻执行《审计法》的措施,努力开创审计工作的新局面。现在我讲几点意见,请大家讨论。

**一、1995年审计工作的回顾**

1995年,全国人民在以江泽民同志为核心的党中央领导下,高举邓小平同志建设有中国特色社会主义理论的伟大旗帜,认真贯彻"抓住机遇、深化改革、扩大开放、促进发展、保持稳定"的方针,在改革、开放和社会主义建设各方面都取得了巨大成就。特别是提前5年实现了国民生产总值翻两番的宏伟目标,创造了中外经济发展史上的奇迹。我们审计战线也取得了很大成绩。同志们团结协作,尽职尽责,按照《审计法》的要求和1994年底全国审计工作会议的部署,积极开展审计监督,在维护国家财经法纪,改善宏观调控,加强廉政建设,促进经济发展等方面做了许多工作。去年1—11月,全国共审计11.8万个单位,查出违纪金额635亿元,比上年同期增加1倍;已上缴财政46.2亿元,罚款金额3.6亿元,决定减少财政拨款和补贴3.9亿元,决定追还被侵占、挪用资金75.2亿元,节省基建投资24亿元,共为国家增收节支153亿元,比上年同期增长47%。现在审计战线的形势很好,主要标志是:审计工作的任务和重要性越来越被各级领导和广大群众所认识;社会各界对审计部门寄予的希望和提出的要求越来越高;审计队伍越来越稳定。当然,我们要清醒地看到自己的不足,看到形势对我们的要求,任重而道远。我们应该再接再厉,不断前进。

回顾1995年,我们主要做了以下几项工作:

(一)开展本级预算执行情况审计,强化对国家财政收支活动的监督

对本级预算执行情况进行审计是贯彻落实《审计法》的一项重要内容,也是审计机关的一项新的工作。对此,各级审计机关都给予高度的重视。年初,审计署集中力量对中央46个部门1994年度预算执行情况进行审计,审计预算内和预算外资金960多亿

元，查出挪用各种专项资金、拖欠或应缴未缴财政收入等违反财政制度金额138亿元。审计结果上报后，李鹏总理批示："看来问题不少，有的相当严重，应有一个切实可行的改革改进措施。"6月，我们在大连召开全国审计工作座谈会，对本级财政审计工作进行专门的研究部署。国务院第181号令《中央预算执行情况审计监督暂行办法》的颁布，引起了各级政府对本级财政审计工作的重视。江苏、湖北、贵州、河南、新疆、内蒙古等十几个省、自治区都以政府名义召开了专门的财政审计工作会议，政府主要领导同志亲自到会进行动员，落实组织领导，提出明确要求，有力地推动了本级财政审计工作的开展。

为了搞好本级财政审计，各级审计机关做了大量的准备工作。一是参照《中央预算执行情况审计监督暂行办法》，结合本地实际，制定了地方预算执行情况审计监督实施办法。到去年底，除西藏自治区情况特殊外，全国29个省、自治区，直辖市都制定了地方预算执行情况审计监督实施办法，把本级财政审计纳入了法制建设的轨道。二是制定工作方案。为保证本级财政审计工作有条不紊地进行，各级审计机关都制订了具体的工作方案，并报政府批转有关部门，将本级财政审计的组织领导、人员分工、审计重点等一一落到实处。三是进行人员培训。各级审计机关都认真抓了审前的干部培训工作，组织学习《审计法》、《预算法》、新财会制度、税收政策等。在进行了充分准备的基础上，从10月份开始，首次本级财政审计工作在全国范围内陆续展开。由于各地领导普遍比较重视这项工作，总的看，进展顺利，情况较好。

在重点抓好本级预算执行情况审计的同时，审计署组织驻地方派出机构对16个省、自治区、直辖市1994年中央税收的征缴、减免、提留情况进行了审计，查出违反税收制度金额17亿元；对16个省、市1994年度财政决算进行了审计，查出违反财政制度金额238亿元。

（二）组织开展重点行业审计，监督国有资产保值增值

各级审计机关按照《审计法》规定，以接受财政补贴较多，亏损数额较大的国有大中型企业为重点，对其资产、负债、损益的真实、合法、效益情况进行了审计。组织驻地方派出机构和部分地方审计机关，对邮电部及其所属280户企业财务收支进行审计，重点检查了国有资产流失情况和邮电建设资金的筹集、使用和管理情况，共查出各种违纪金额48.5亿元，已决定收缴财政3.3亿元；对中国农业生产资料集团公司及其直属分公司和11个省、市的1031户县级以上农资公司进行审计，查出截留、挪用财政专项补贴违纪金额43.8亿元，已决定收缴财政18亿元；此外，还对河南、河北等7省市部分粮食企业，对303户中外合资、合作企业进行了审计。

（三）加强对金融机构和固定资产投资的审计监督

根据《审计法》确定的审计管辖范围，审计署统一组织驻地方派出机构和地方审计机关，对工商银行、中国银行、建设银行、交通银行及其部分分支机构进行了审计，共查出违纪金额99亿元。

围绕控制固定资产投资规模，节约建设资金，提高经济效益，各级审计机关以基础性、公益性和对经济建设有较大影响的建设项目为重点，加强了对国家和地方固定资产投资项目预算执行情况和决算的审计监督。全年共审结国家重点建设项目70项，查出违纪金额47.26亿元。组织兰州、长沙等7个特派办和辽宁、甘肃、福建、广西、湖南、内蒙古等11个省级审计机关对20个国家重点电力建设项目进行了审计，查出超规模、超标准、多列概算、挤占挪用建设资金、偷漏税费等违纪金额13.81亿元。组织郑州、太原、济南、京津冀4个特派办和安徽、黑龙江、山西、广东等8个省级审计机关，审计了14个国家重点水利建设项目，查出转移挪

用建设资金、漏缴各种税费等违纪金额7.4亿元。建设项目按行业组织审计，得到建设单位和主管部门的重视。水利部、电力部分别召开党组会和汇报会，专门研究审计查出的问题，并根据审计建议，修订了计划、资金、概算审批和材料采购供应等措施，加强了行业管理。

（四）开展对农业、教育、外资运用等专项资金审计，促进政府执法和经济管理部门改进工作

为管好用好农业资金，促进农业发展，各级审计机关都把农业资金审计列为工作重点。对20个省的202个县1993—1994年农业投入资金进行了审计，审计资金总额46.73亿元，查出挤占挪用、损失浪费等违纪金额4.65亿元。组织内蒙古、海南、宁夏等8省、区和武汉市审计机关对第二批第二期农业综合开发资金进行了审计，审计资金总额27亿多元，查出违纪金额3.02亿元，财政配套资金和农业综合开发贷款不落实2亿元，对完善财政资金拨付管理和农业综合开发款管理制度提出了建议。

组织驻地方派出机构和驻部委审计局，对52所高等院校教育经费和集资办学资金管理使用情况进行了审计，查出挤占、挪用教育经费等违纪金额1.87亿元。四川省审计局积极开展对全省普教经费的审计，省委、省政府高度重视，拨给专项审计经费，成立"四川省教育经费审计领导小组"，抽调财政、教育、税务等部门人员参加，检查1万多个单位，审计金额67亿元，查出各种违纪金额9.6亿元。审计结果受到四川省各级政府的好评。

为促进加强管理，提高外资使用效益，组织驻地方派出机构和部分地方审计机关，对162项利用国际金融组织贷援款项目进行了审计，出具对外审计报告239份。与国家外汇管理局合作，对54个外债项目进行了审计，查出超规模借用短期商业借款、借取外债总成本超过国家核定标准、不按规定汇入境内、未经批准擅自出具对外借款担保等问题。全国共审计境外企业65户，并对34户境外企业进行了审计调查。

各级审计机关加大了对政府行政执法和经济管理部门财政、财务收支的审计监督力度，重点检查了乱收费乱罚款，截留挪用专项资金和罚没收入，公款消费、奢侈浪费等违法违纪问题。还加强了对预算外资金管理使用情况、私设小金库、滥发钱物等问题的审计。

（五）积极完成党委和政府交办的各项任务

去年，各级党委、政府和部门的领导对审计机关交办的事项普遍增多，内容也越来越广泛：不仅有对经济建设中难点、热点问题的审计调查，而且有经济案件的审计查证。各级审计机关积极组织力量，认真办理交办事项，及时向领导报告办理结果，在促进改革开放和经济发展，反腐败等方面发挥了重要作用。根据中央的指示，审计署派人参加了中央2.13专案组的工作，完成了对王宝森案件的审计查证。接着，又派人配合中纪委和最高人民检察院，对陈希同的问题进行了审计查证。查证结果对认定王宝森的犯罪事实、陈希同的问题起了重要作用。江苏省无锡市审计局根据中纪委的指示，派专人参加了轰动全国的无锡新兴实业总公司非法集资案的审计查证，圆满完成任务，受到中纪委的表扬，并被江苏省委、省政府授予集体一等功。

受国务院委托，审计署参与了代国务院起草《关于清理检查"小金库"的具体规定的通知》工作，并派人赴上海、江苏、浙江、福建四省市对小金库进行清理检查；与中国人民银行等金融机构，对吉林、黑龙江、新疆等省、自治区农副产品收购资金管理与运用情况，山东、河南两省货币投放和回笼情况，进行了检查；对中国银行山东省分行及6个实业公司买卖期货、期权业务和中国工商银行西安市分行截留利润等问题进行了专项审计查证。浙江省审计厅根据省人大的要求，对全省89个城建厅、委、局及541个直属单

位和全省78个卫生主管部门及339家医院、防疫站、药检所进行了审计调查，为人大正确评价城建、卫生系统领导干部的政绩提供了重要参考依据。

(六)开展审计定义研讨，加强审计科研和宣传工作

为了扩大审计宣传，让全社会都来关心、了解和支持审计工作，审计署在全国范围内组织开展了审计定义的理论研讨，理论界和实际工作部门的同志都热烈响应，积极撰写论文，围绕审计的本质、对象、作用等进行了广泛深入的讨论。共收到来稿二千多篇，已公开发表近百篇。10月，审计署在青岛召开了审计定义研讨会，邀请各方面的专家、学者和有关部门的领导，对审计定义进行一次集中的理论研讨。与会者基本达成共识，认为简明审计定义可表述为："审计是独立检查会计账目，监督财政、财务收支真实、合法、效益的行为。"

在开展各项业务审计的同时，各级审计机关在政治思想、人员培训、对外交流与合作等方面也都做了大量工作。1995年，审计战线有三位同志被国务院授予全国先进工作者荣誉称号，他们是：湖南省岳阳县审计局何忠民同志、河北省隆化县审计局林治先同志、山东省冠县审计局高福林同志。这三位同志是几十万不为名不为利、兢兢业业、埋头苦干的审计工作者的光荣代表，也是我们大家学习的榜样。审计署和一些地方审计机关还聘请了一些民主党派成员和无党派人士担任特约审计员。去年，我们的对外交流和国际合作也有很大进展，审计署先后组织249人次到国外考察、培训或参加国际会议，并且接待了26个外国团组92人来华访问。我们不但同最高审计机关国际组织和最高审计机关亚洲组织保持着良好的关系，而且同德国、英国、荷兰、法国等国签定了培训协议。

回顾1995年的工作，我们取得了许多成绩，但也存在不少问题和不足，主要是：《审计法》刚刚实施一年，许多配套法规还没有制定出来，审计工作距离规范化的要求还相差很远；审计干部队伍的知识结构，政治、业务素质还不能完全适应审计工作发展的需要；审计监督的执法力度不够强等。所有这些，都应在今后的工作中认真加以研究和解决。

**二、"九五"时期审计工作的奋斗目标和1996年审计工作的主要任务**

"九五"时期是我国社会主义现代化建设全面实现第二步战略目标，并开始向第三步战略目标迈出重大步伐的时期。党的十四届五中全会通过的《中共中央关于制定国民经济和社会发展"九五"计划和2010年远景目标的建议》，提出了"九五"时期和今后15年我国经济建设的主要奋斗目标，指出实现这一奋斗目标，关键是实行两个具有全局意义的根本性转变：一是经济体制从传统的计划经济体制向社会主义市场经济体制转变，二是经济增长方式从粗放型向集约型转变，并且提出了指导国民经济和社会发展的九条重要方针。这是我们党领导改革开放和现代化建设历史经验的科学总结，反映了建设有中国特色社会主义的客观要求；是正确把握世纪之交的国际国内形势，不失时机地让中国以经济持续发展、社会全面进步、充满生机与活力的姿态进入二十一世纪的英明决策。"九五"时期和今后15年，审计工作要认真贯彻执行这些指导方针，加强对财政、金融、计划等综合部门执行国家各项财经法规情况的审计监督，为保持宏观经济稳定提供保障；加强对生产、建设和流通等领域重点单位的审计监督，促使他们改进管理，合理有效地利用国家资金，努力提高经济效益。

根据党的十四届五中全会精神，"九五"时期审计工作的主要奋斗目标确定为：全面贯彻落实《审计法》，初步建立起与社会主义市场经济体制相适应的审计监督制度，基本实现审计工作的法制化、制度化、规范化；紧紧围绕转变经济体制和经济增长方式、提高经济质量和效益这一中心，搞好本级预算执

行情况审计和其他各项审计工作，严肃财经纪律，促进廉政建设，为宏观调控服务；大胆改革和创新，积极吸收和借鉴国外经验，逐步形成一套比较科学、系统、能够较好地指导审计实践的社会主义审计理论；努力提高审计人员的素质，建立一支政治思想过硬、作风好、业务精的审计干部队伍。

1996年是“九五”计划的第一年。做好今年的经济工作，对于巩固和发展“八五”时期取得的重大成果，保持改革、发展、稳定的良好势头，顺利完成“九五”时期各项任务，具有重要意义。中央经济工作会议指出，当前社会经济生活中的一个突出问题，是财经纪律松弛，经济秩序混乱，违法乱纪行为相当普遍，严重干扰了经济发展和改革的顺利进行，助长了腐败行为，引起广大干部群众的强烈不满，必须认真加以整顿。会议提出，1996年要整治经济秩序，严肃财经纪律，规范市场行为，严厉打击经济领域的犯罪行为，重点查处骗税、套汇、走私、造假账，以及划预算内为预算外、化大公为小公和化公为私的严重违法违纪案件。会议还要求1996年财政、税务、外经贸、海关、银行、外汇管理、审计和监察等部门，开展一次财经纪律全面检查。

中央经济工作会议精神，为我们今年的审计工作指出了具体方向，我们一定要认真研究如何完成中央交给的任务，如何在整顿经济秩序方面作出贡献。今年审计工作的主要任务是：全面贯彻十四届五中全会和中央经济工作会议精神，认真落实《审计法》，搞好本级财政审计和其他各项审计，严肃财经纪律，维护经济秩序，促进“两个转变”，同时，努力推进审计工作的规范化，提高审计工作水平。

（一）加强领导，搞好本级财政审计

开展本级预算执行情况审计是贯彻实施《审计法》的核心内容。国务院第181号令和大连会议已为搞好这项工作奠定了基础。今年，我们的任务就是要扎扎实实地开展这项工作，要重点检查有无隐瞒、挪用或转移预算内收入；有无挤占、挪用、浪费预算支出；有无违反规定扩大预算外资金等问题。通过加强审计监督，促进财政部门和各有关部门严格执行《预算法》，加强预算管理。各级审计机关要在当地政府统一领导和上级审计机关指导下，正确运用《审计法》赋予的权力，遵循“统一部署，加强协调，形成合力”的指导原则，集中力量抓紧抓好这项工作。同时，要边实践、边总结，立足于打好基础，积极推进本级预算执行情况审计工作的规范化。审计署将加强对这项工作的指导，今年适当时候要召开一次经验交流会，及时研究解决实施过程中出现的矛盾和问题，使这项新的工作在较短的时间内走上正轨。今年，中央一级预算单位审计面应达到30%—50%，预算资金额应达到70%—80%。审计署审计财政部、税务总局、海关总署和其他中央一级预算单位及在京的部分二、三级单位，驻地方派出机构审计京外的部分二、三级预算单位。各地审计机关可参照上述精神，根据地方政府的部署安排此项审计。

关于对国税局的审计问题，去年10月23日我们草拟了《关于地方审计机关参与国税审计监督工作的意见(讨论稿)》报请国务院审批。国务院法制局根据国务院领导同志的指示，就这个问题征求了国家税务总局、财政部、中国人民银行和全国人大常委会法工委的意见，并向国务院领导同志写了报告。12月22日总理办公会议讨论并原则同意了报告。报告的主要内容是：根据《审计法》关于审计管辖范围的规定，对国家税务局系统税收征管情况的审计监督，由审计署及其驻地方特派员办事处按照年度审计项目计划统一组织和实施，向国务院负责并报告工作。在审计署及其驻地方特派员办事处的统一组织下，地方审计机关根据实际情况可以派人参加对地方国家税务局税收征管情况的审计监督工作，也可以向审计署及其驻地方特派员办事处提出对地方国税局审计重点内容的建议。审计署及其驻地方特派员办事处依法作出的审计意见书和审计决定，应当抄送有关的地方人民政府和审计机关，等等。不久，国务院将颁发正式文件，我们要认真学习，统一认识，严格执行。

（二）加强金融、投资等各项审计

金融审计要适应金融事业迅速发展和金融体制改革不断深化的形势，抓住金融工作中影响宏观经济调控和国民经济发展的问题开展审计监督。今年，由审计署统一组织地方审计机关审计农业银行和中国银行系统，选审中国人民保险公司系统；组织驻地方派出机构审计建设银行系统和中国国际信托投资公司及其子公司，选审中国新技术创业投资公司及其子公司。审计资产、负债和损益，重点检查损益的真实性，负债的合理性和国有资产的保值增值情况。

固定资产投资是国家财政支出的重要组成部分，对产业结构调整、国民经济的均衡发展、物价水平的稳定有着直接和重要的影响。各级审计机关要围绕控制固定资产投资规模和提高经济效益，加强对新开工和“八五”开工结转到“九五”的国家和地方重点工程预算执行情况和决算的审计。审计署继续组织驻地方派出机构和地方审计机关审计全部1995—1996年竣工的国家重点建设项目和40个左右在建项目；三峡工程世界瞩目，投资大，工期长，从今年开始要进行经常性审计。主要检查项目建设资金是否足额、及时拨付到位，有无流失和重大损失浪费等问题，促进加强对投资的约束，确保中央提出的合理确定投资总规模、集中力量保重点方针的落实。

继续搞好国有企业审计，促进企业加强内部管理，努力提高经济效益。五中全会的《建议》提出，我国今后15年的奋斗目标是实现两个新的“翻番”，即2000年实现人均国民生产总值比1980年翻两番，2010年实现国民生产总值比2000年翻一翻。《建议》还指出，实现这些奋斗目标的关键是实行经济体制和经济增长方式两个方面的根本性转变。无论两个翻番，还是两个转变，在很大程度上都有赖于企业特别是国有大中型企业的经营管理状况，有赖于建立起现代企业制度。国务院已经确定，集中力量抓好全国1000户国有大型企业和企业集团的改革和发展。据统计，这些企业和企业集团，虽然只占全部国有企业总数的0.33%，但是资产达28000多亿元，占国有企业总资产的48%，销售收入的46%，利税总额的71%。这些大企业和企业集团搞好了，整个经济面貌也就大为改观。所以，在搞好搞活国有大中型企业这个事关全局的重大问题上，我们审计工作也要积极做出贡献。按照国务院集中抓好全国1000户国有大型企业和企业集团的精神，今年审计署将统一组织对其中的200户企业进行审计调查，重点调查了解国家择优扶强政策的落实情况，建立现代企业制度的成效、存在的问题及原因。同时研究、探索审计监督如何在新的经济体制下促进企业的改革和发展。今年还要选择交通部门进行行业审计，对部分农资企业进行审计。

切实重视对农业、教育、养老保险、失业保险等专项资金审计。农业是关系国民经济全局的基础产业，各级审计机关要按照五中全会提出的把加强农业放在发展国民经济首位的指导方针，切实重视和加强对农业专项资金的审计。这几年我们一直重视农业专项资金审计，工作是有成绩的。今年农业资金审计要着重做好两项工作：一是国家农业投入审计。审计署统一组织部分地方审计机关、驻地方派出机构审计国家第二期第三批1993—1995年度农业综合开发资金和1994—1995年度粮棉大县建设资金，重点检查计划执行和资金拨付、投放、管理、使用情况，对资金效益和管理情况等作出评价，提出意见和建议。二是审计国有土地使用权有偿出让收入，主要检查出让收入征缴和管理情况。

要加强对教育经费投入情况的审计监督。审计署统一组织地方审计机关审计普教经费的拨付、管理和使用情况，检查1996年教育投入是否增加，资金是否用于普教事业，有无截留挪用等问题。建立养老保险基金和失业保险基金是社会保障制度的主要内容，关系到人民群众的切身利益和社会的稳定。审计署将继续统一组织对这两项基金的征收、发放和管理情况的审计，重点检查有无不按规定缴纳基金，有无侵占、挪用、损失浪费和乱收管理费用等问题，促进加强管理，保证基金的安全和增值。各级审计机关要在现有条件下，增加人员，开展环境保护审计。

提高外资审计工作的质量和水平。促使合理有效地利用外资。要适应国家引进外资政策的调整和完善，及时地对现有利用外资的审计办法进行改进。国外援贷款项目审计要坚持对外公正和对内监督并重原则，既要有利于吸引外资，又要监督切实用好资金，为我国经济和社会发展服务。要重点抓好180多个世行、亚行贷款和国外援助项目的审计，继续开展中外合资合作企业审计和举借外债年度检查工作。有条件的审计机关可开展对世行、亚行项目后评估审计试点工作。

（三）开展对预算外资金的审计与调查

预算外资金是指国家机关、企事业单位依据国家法律、法规和具有法律效力的规章而收取、提取和安排使用的未纳入国家预算管理的各种资金。按照原来的规定，包括地方财政部门、行政事业单位和国有企业预算外资金三个部分。1993年企业财务会计制度改革后，国有企业折旧基金和税后留用资金不再作为预算外资金管理。近年来，各级政府及有关部门自行设立的基金、行政事业性收费不断增多，预算外资金每年以30%以上的速度急剧增长，远远高于预算内收入的增长幅度。据统计，1994年全国预算外资金已达2000亿元，比1993年约增40%。由于管理分散，监督不力，预算外资金收支存在许多问题。去年，审计署组织驻地方派出机构，对11个省、区、市预算外专项基金的来源、规模、投向和管理情况进行审计调查，发现未经批准由地方政府及有关部门设立的基金多达109项。某市43个政府职能部门，有39个征收或掌管基金。由于多头管理，预算外资金滥支挪用现象比较严重：有的搞计划外投资，有的乱拆借、炒股票，有的用于购车、建房、搞福利、发奖金。地方自行设立的预算外专项基金和各种行政事业性收费，使国家预算内收入大量转移到预算外。国务院1986年就已明文规定：预算外资金要实行“专户存储，计划管理，财政审批，银行监督”的管理办法。但目前存入财政专户的预算外资金的只占预算外资金总额的45%左右。大量的资金游离于财政管理与监督之外，弱化了国家宏观调控能力，成为投资和消费膨胀的一个重要原因，并在一定程度上助长了腐败现象。

李鹏总理在五中全会上作的《关于制定国民经济和社会发展“九五”计划和2010远景目标建议的说明》中指出：“现在各地区各部门预算外资金数量很大，管理不严，为贪污犯罪活动提供了方便。国务院将尽快制定预算外资金管理办法，以便于堵塞财政漏洞和防范腐败。”预算外资金管理的基本方向是把部分预算外资金纳入预算内管理，并要求预算外资金上缴财政专户，实行收支两条线管理。今年在开展财政审计的时候，要将预算外资金审计和审计调查列为重点，摸清全国30个省、自治区、直辖市预算外资金的规模和现状，搞清1995年是否有将预算内资金转入预算外资金的行为；是否有应当纳入预算内管理的资金还没有纳入；收费项目、基金设置是否经过有权批准部门审批，征收标准是否符合有关规定，收取的资金是否专户存储；管理是否符合现行财务会计制度要求，资金使用是否符合国家规定的开支范围。通过审计和审计调查，发现问题，提出建议，促进预算外资金管理的加强和使用效益的提高，真正发挥其应有的作用。

（四）加强内部审计、社会审计的指导和管理五中全会《建议》提出，要把提高经济效益作为经济工作的中心，逐步“形成有利于节约资源、降低消耗、增加效益的企业经营机制，有利于自主创新的技术进步机制，有利于市场公平竞争和资源优化配置的经济运行机制。向结构优化要效益，向规模经济要效益，向科技进步要效益，向科学管理要效益。”中央的这些要求，对我们审计工作特别是内审工作有很强的针对性、指导性。我们要为实现“两个转变”作贡献，要为提高经济效益作贡献，就要在这些方面努力。国有企事业单位如果都加强内部审计，加强内部管理，那么经济效益就十分可观。所以，内审工作是非常重要而又大有可为的，我们一定要重视和搞好这项工作。首先要认真贯彻落实《审计法》和《审计署关于内部审计工作的规定》，进一步建立健全内部审计制度。其次，要从加强企业管理入手，及时发现经营管理中出现的问题，提出切实可行的建议。要针对实行现代企业制度的企业规模比较大、内部层次较多的特点，深入开展调查研究，完善现代企业内部审计制度，使内部审计在加强企业科学管理，建立自我约束机制中发挥作用。

随着社会主义市场经济的发展，作为社会中介服务组织的审计事务所越来越重要。截止到去年9月，全国已建立3754个审计事务所，从业人员5.2万人，共完成客户委托77万多项审计项目。但由于社会审计在我国还处于初创阶段，我们要特别强调打好基础，建好制度，在社会上树立一个好形象，以求得到更大的发展。审计的信誉、权威和生命力都在于客观、公正、真实、合法。不要一开始就搞歪门邪道，弄得声名狼藉，砸了牌子。所以，审计事务所一定要在内部的规章制度建设上下功夫，要坚决按照国家的有关法律、法规和规章制度开展业务，决不能内外勾结、营私舞弊，索贿受贿，出具虚假证明。关于审计机关与审计事务所的经济财务关系，署党组经过研究，提出四点要求：(1)审计机关同事务所的经济、财务往来，应当按照国务院和地方政府的规定办理。(2)审计机关现职在岗位人员不得参与办理事务所业务项目。(3)审计机关内部机构及其工作人员不得向事务所索要、收取包括业务介绍费、信息费在内的任何费用。(4)审计机关不得以事务所名义向被审单位收费。

1995年6月审计署、财政部联合下发了《关于中国注册会计师协会、中国注册审计师协会实行联合的有关问题的通知》，确定注册审计师依据法定条件转为注册会计师，依法承办注册会计师的法定业务。两会联合后，审计署依法对中国注册会计师协会进行监督、指导，并会同财政部起草、制定或审批有关社会审计的法律、法规和重要的规章、规则。各级审计机关要积极贯彻两会联合的决定，与当地财政部门互相配合，做好联合后的各项工作。要按照国务院国阅(1994)94号文件精神，做好由审计署认定的6万余名注册审计师转为注册会计师的换发证书工作。

**三、加强基础建设，推进审计工作全面发展**

为了圆满完成1996年的审计工作任务，我们必须在政治思想、业务培训、制度建设等方面采取措施。

(一)把实现审计工作规范化提到重要议事日程

《审计法》为我国审计法律体系的建立构造了一个基本框架，它的颁布实施，标志着我国审计监督工作已步入法制运行的轨道。我们还需要继续制定和完善与《审计法》相配套的法规和各项规章，力争《审计法实施条例》早日出台，把《审计法》的有关规定加以具体化。

现在我们面临一个紧迫而艰巨的任务，是要逐步实现审计工作的规范化，使各项审计工作按照一定的标准，科学、有序、高效地运行。我国审计监督制度建立13年来，各级审计机关在实践中创造了许多内部工作控制的经验，在探讨审计操作程序和方法上下了不少功夫，形成了一些审计规范，对提高审计工作质量起到了很好的作用。但从总体上说,目前我国审计工作规范化的程度还不高,远不能满足审计工作实践的需要,主要表现在没有形成一套完整统一的审计工作规范体系;在相当一部分审计人员中,还没有形成按审计规范去进行审计的观念,凭经验办事的现象还大量存在。这样就难免存在审计质量问题,对审计作用的发挥和审计机关威信的树立都产生不利的影响。因此,当前我们要将实现审计工作的规范化当作工作重点,下大力气去抓。

实现审计工作的规范化,重点要抓好三件事:一是尽快制定审计准则。审计准则是最重要的审计规范,它从总体上规定了审计的基本原则,审计人员应具备的资格和条件,审计人员在审计的各个阶段应完成的工作及质量标准,审计结果的形式及提交方式等,是衡量审计工作质量高低的尺度。近几年,我们在审计准则的研究和草拟制定方面已经做了大量工作,待《审计法实施条例》公布后,审计署要尽快颁布中国审计准则。二是制定审计业务规范。它是对审计业务各方面、各环节的内容、程序、方法、技术和质量要求作出规范。包括审计方案规范、审计证据规范、审计工作底稿规范、审计报告规范、审计处理、处罚规范、审计法律文书格式规范和各类专业性审计业务规范等。三是制定审计管理规范。主要包括机构设置、人员配备、计划的编制和执行、审计档案、审计统计和审计质量控制等。在不断实践、总结和修改的基础上,完善各类审计业务和审计管理规范,力争在一到两年内,编撰出一部适合我国国情,与国际惯例接轨的、较为完善的中国审计手册。

各级审计机关和广大审计人员要提高对实现审计工作规范化的认识,切实做好这项工作。审计署已明确由法规司、科研所牵头,各审计业务部门和科研部门密切配合,统一制定审计工作规范化建设的规划和目标。要对现有的规章制度进行一次清理,严格按照《审计法》的要求,列出应该修订和重新建立的规范。要根据当前审计工作实践对各项规范的需要情况及其成熟程度,区分轻重缓急,把那些审计工作急需的并且已经基本成熟的规范逐个建立起来,先易后难,成熟一个,制定一个,执行一个。这项工作争取在1996年完成,1997年试行各项已建立的规范,再总结经验进行修订。这样,到2000年,基本实现我国审计工作的规范化。

(二)抓好教育培训工作

各级审计机关要认真贯彻执行党中央提出的"把经济建设转到依靠科技进步和提高劳动者素质的轨道上来"的方针,将审计教育培训工作作为一项战略措施来抓。要保证每年有一定的经费投入,使教育培训具备必要的物质条件。保证每个干部每年参加一定时间的培训,调整知识结构,更新知识内容。逐步建立健全培训、考核、使用一体化的教育培训制度,将培训成绩作为干部任职和晋升的必备条件之一,把人员培养和培训成果作为评定先进单位和先进个人的重要依据。不断完善培训基地建设,加强从事教育管理和教学人员的自身培训,改善办学条件,提高培训质量。审计署已制订了《审计干部教育培训"九五"规划》,提出"九五"期间重点抓好公务员的专业培训和更新知识培训,结合审计工作实际开展短期培训。通过继续教育和培训,使20%的人提高一个学历层次,80%的人熟悉掌握计算机操作技能,100%的干部参加一次不少于15天的轮训,逐步培养一支学历层次合理、知识结构优化、高素质的审计干部队伍。各地要结合实际制定出本地区教育培训中长期规划,加强对教育培训工作的领导。今年,审计署要以公务员培训为重点,积极开展多层次的干部培训工作,办好司局长研讨班、处级干部进修班等各类形式的培训18期,培训人数1000人左右。

(三)加强审计理论研究工作

这是搞好审计工作的重要前提之一。我们审计人员是做实际工作的,往往无暇思考理论问题,也往往容易忽视自己理论修养的提高。没有理论上的开拓和指导,就不会有事业上的突破和进步。无论单位和个人,都是这样。所以,同志们一定要重视理论问题,研究理论问题。各级领导要支持科研部门的工作,给他们出题目。科研部门要密切联系实际,集中力量研究和解决关系审计工作全局的重大问题。这里,我提出几个问题,请同志们研究:在社会主义市场经济条件下,应建立什么样的审计监督机制;如何发挥审计部门的职能作用;如何科学划分审计监督的范围;怎样处理各级政府划分事权与审计监督的关系;怎样确定审计工作的准则,如何实现审计工作的规范化和审计技术与方法的现代化。希望同志们各抒己见,深入研讨。

(四)加强社会主义精神文明建设和思想政治工作

党的十四届五中全会要求把社会主义精神文明和思想政治建设摆到更加突出的位置。各级审计机关要在党委和政府的领导下,紧密结合实际,采取有效措施,抓好精神文明建设和思想政治工作。要认真学习邓小平同志建设有中国特色社会主义理论和五中全会文件。加强正确的世界观、人生观、价值观的教育,坚持全心全意为人民服务的宗旨,大力倡导敬业精神,宣传审计战线上的先进人物和模范事迹。要加强和改进党的基层组织建设,提高党组织的凝聚力和战斗力,强化广大党员的党性观念和公仆意识,发挥党员的先锋模范作用。要做好经常性的思想政治工作,了解、关心干部职工的学习、工作和生活,在力所能及的范围内,改善审计人员的生活条件,动员和激励广大干部职工振奋精神,增强信心,以更加高昂的热情投入到审计工作中去。

廉政建设是社会主义精神文明建设的重要内容。一年来,全国审计机关认真执行党中央、国务院有关廉政建设的规定,总的情况是好的。但是,确有少数审计机关和审计人员违反规定,利用职权谋取私利。比如,一些机关办实体没有实行脱钩;利用职权强行指定企业选择事务所;机关业务处室向审计事务所介绍业务或提供信息,收取所谓"信息费";少数单位和个人见利忘义,接受贿赂,提供虚假验资证明,或在审计时避重就轻,大事化小;个别领导滥用权力,以"经过集体研究"为由推卸责任,等等,这些问题要引起我们的高度重视。

清正廉洁是对审计人员的基本要求,也是审计人员认真履行职责、正确行使审计监督权力的客观需要。各级审计机关领导要重视廉政建设,以身作则,率先垂范,发挥领导干部的表率作用,一把手要亲自抓这项工作,出现问题,要负主要责任。要经常组织干部、职工学习中央关于廉政建设的有关文件,加强职业道德和勤政教育,不断强化干部的廉政意识,弘扬正气,抵御拜金主义、个人主义和腐朽生活方式的侵蚀。要经常督促检查,发现苗头及时纠正,做到警钟长鸣,防微杜渐。各级审计机关对已办的实体,要按有关规定脱钩,脱不了钩的,要停办。对违法违纪案件必须严肃查处,不能大事化小,不了了之。要建立健全各项廉政制度,特别要建立审计执法行为规范,强化监督约束机制,把廉政建设贯穿于各项工作之中,研究解决新形势下廉政建设中出现的新情况、新问题,使我们这支队伍经受得起改革开放的考验。

(五)抓好领导班子建设

政治路线确定之后,干部就是决定的因素。各级审计机关的领导班子都要把自身的建设和下级领导班子的建设当作最重要的事情来抓。各级领导干部都要始终坚持正确的政治方向,讲学习、讲政治、讲正气,认真贯彻执行党的基本路线,在政治上、思想上、行动上同中央保持一致;都要密切联系群众,吃苦在前,享受在后,时刻以党章和《关于党内政治生活的若干准则》约束自己,做到自重、自省、自警、自励,不断增强抵御各种腐朽思想和生活方式侵蚀的能力;都要努力学习,钻研业务,加强团结,真抓实干,创造性地搞好本职工作。我们要特别注重对中青年干部的选拔和培养，建立健全人才竞争机制和激励机制，及时地、大胆地把优秀中青年干部提拔到重要领导岗位上来，同时注意发挥其他年龄层次干部的作用。要加强署驻地方派出机构和部门审计局的队伍建设，完善干部培养措施；抓好对驻地方派出机构“三定”方案的实施和验收；做好1997年全国审计机关先进集体、先进个人表彰会的准备工作。

同志们，今年是“九五”计划的第一年，审计工作十分繁重。让我们紧密地团结在以江泽民同志为核心的党中央周围，扎实工作，为完成今年的任务而努力奋斗！

# 在全国审计工作会议结束时的讲话

（1996年1月7日）

李金华

同志们：

全国审计工作会议就要结束了。这次会议开得很好、很成功。李鹏总理在百忙中接见了我们并作了重要指示。李贵鲜国务委员又亲自到会，作了重要讲话。郭振乾审计长对去年的工作作了全面总结，对今年的工作作了具体部署。同志们反映，这是一次鼓舞人心的会，是一次确定目标，明确任务，突出重点，落实措施的会。

这次会议完成了预定任务，达到了预期目的。大家一致认为，会议时间虽短，但内容丰富，收获很大。一是认真学习五中全会提出的“严肃财经纪律，加强审计监督”的精神，学习李鹏总理和李贵鲜国务委员对审计工作的重要指示，着重研究了审计工作如何更好地服务于全党全国工作的大局，为实现“两个转变”作出贡献；二是正确分析了当前审计工作的形势，充分肯定去年审计工作所取得的成绩，实事求是地指出了审计工作中存在的主要问题和不足，增强了搞好审计工作的信心和责任感；三是讨论通过了“九五”时期审计工作的主要奋斗目标，进一步明确了今后的努力方向；四是围绕深入贯彻《审计法》和中央经济工作会议精神，部署了今年的工作。

我们这次会议之所以开得好，令人振奋，主要是党的十四届五中全会和中央经济工作会议精神为我们确定“九五”时期和今年审计工作的方针、任务，指明了方向。同时，随着《审计法》的颁布实施，审计工作正在越来越受到各级政府和社会各界的重视，一个更加有利于审计工作发展的局面正在逐步形成。这次会议得到了国务院领导的关心和重视。会前，李鹏总理圈阅了我们关于召开这次会议的报告，5日上午又给大家作了重要指示。李贵鲜国务委员去年11月底到审计署听取了郭审计长的汇报并作了许多指示，今天又亲自到会，就搞好“九五”时期和今年的审计工作作了重要讲话。国务院领导这样重视和关心审计工作，使与会代表和全国审计战线的广大干部深受鼓舞和教育。

李鹏总理和李贵鲜国务委员的讲话，高屋建瓴，从国际国内形势和我国社会主义市场经济健康发展的高度，深刻阐述了世纪之交我国审计工作应该遵循的指导思想和面临的重要任务,对我们正确把握审计工作发展的方向,增强实现“九五”时期审计工作奋斗目标的信心,做好1996年的审计工作,都有着重要的指导意义。我们要结合审计工作的实际,认真学习国务院领导同志的讲话,着重从以下几个方面去加深理解:

**第一,要紧紧围绕实行“两个转变”和正确处理改革、发展、稳定的关系来开展审计工作。**实现我国经济体制从传统的计划经济体制向社会主义市场经济体制转变、经济增长方式从粗放型向集约型转变和正确处理改革、发展、稳定的关系,是我党领导改革开放和现代化建设历史经验的科学总结,反映了建设有中国特色社会主义的客观要求,不仅是当前也是今后一个时期全党全国工作必须遵循的指导方针。“九五”时期和今年的审计工作,要认真贯彻执行这些指导方针,按照党中央、国务院的要求,在维护经济秩序,反对腐败,保障国民经济健康运行方面发挥更大的作用。

**第二,审计工作要为整治经济秩序作出积极的贡献。**中央经济工作会议提出,今年我国经济工作的一项重要任务是整治经济秩序。这次会上,李鹏总理和李贵鲜国务委员都明确要求审计机关要在各地党政领导的支持下,依法对本级预算执行情况和预算外资金进行审计监督,促进堵塞财政漏洞和防范腐败。审计机关要为整治经济秩序,严肃财经纪律,规范市场行为,打击经济领域的犯罪行为作出应有的贡献。各级审计机关要认真贯彻中央经济工作会议和国务院领导的重要指示精神,正确履行《审计法》赋予的权力,切实搞好财政审计,同时要与财政、税务、银行、监察等部门一起,密切配合,积极开展财经纪律的全面检查,促进经济秩序的进一步好转,保障国民经济的健康发展。

**第三,要进一步加强审计法制建设。**李鹏总理特别强调,审计工作要尽快实现法制化、制度化、规范化,尤其是审计工作的程序必须规范,不能有随意性。审计机关要做执法守纪的模范,带头执行国家的方针、政策,维护中央政令的统一,对中央确定的改革措施,要不折不扣地贯彻执行。我们要认真、全面、准确地贯彻执行《审计法》,加快和完善审计法制建设,积极推进审计工作的法制化、制度化、规范化,从而保证审计工作质量,提高审计工作水平。

**第四,要切实加强队伍建设。**国务院领导同志充分肯定我们这支队伍是好的,是比较清廉的,在社会上有较好的形象。同时也对我们提出了更高的要求。我们不能因此而自满,要清醒地看到存在的问题和不足。各级审计机关和广大审计人员要坚决维护以江泽民同志为核心的党中央的权威,坚定不移地贯彻执行党的基本路线和基本方针。李鹏总理提出,“正己才能正人”,我们要继续加强廉政建设,真正做到廉洁从审,坚决杜绝以审谋私现象的发生,保持审计队伍良好的形象。广大审计人员要适应形势发展的要求,加强理论学习,加强对市场经济知识和科学技术知识的学习,不断提高政治思想水平和业务工作能力,为发展审计事业贡献自己的力量。

会议期间,同志们提出了很多好的意见和建议。对于这些意见和建议,我们都将认真进行研究。会后,我们还将在征得同意后,尽快把李鹏总理和李贵鲜国务委员的讲话,以正式文件发给大家,这次请大家先把未经审阅的记录稿带回去,供内部传达、汇报使用。其他文件也将根据大家提出的意见修改后发给大家。希望各位代表回去后,及时向政府和部门的领导汇报会议精神,认真学习、贯彻国务院领导同志的指示精神和振乾同志的报告,结合本地区、本部门的实际,制定具体措施,全面完成今年审计工作的各项任务。会议传达贯彻情况,请于2月底前报署。

最后祝大家新春愉快,身体健康!

# 认真履行审计监督职责 在两个文明建设中发挥更大作用

## ——在全国审计工作会议上的讲话

(1997年1月21日)

郭振乾

同志们:

这次全国审计工作会议的主要任务,是贯彻党的十四届五中、六中全会和中央经济工作会议精神,总结1996年审计工作,部署1997年工作任务,重点研究从预算单位银行开户入手进行审计和实施审计工作规范两大措施,把本级预算执行审计和整个审计工作提高到一个新水平。

### 一、1996年审计工作有了较大进展

1996年是我们党带领全国各族人民在实现跨世纪宏伟目标的进程中取得重大成就的一年。国民经济继续保持快速健康发展的良好势头,既保持了经济快速增长,又有效地抑制了通货膨胀。社会主义精神文明建设深入展开并作出新的部署。党的建设、民主法制建设得到进一步加强。反腐败斗争和"严打"斗争收到成效。我国实现了"九五"第一年开个好头的预期设想,为做好今年工作创造了有利条件。

1996年审计工作的形势也是好的。各级审计机关和广大审计人员在政府的领导下,团结一致,勤奋工作,认真开展首次本级预算执行审计和各项审计工作,在严肃财经纪律,维护经济秩序,促进"两个转变",加强廉政建设等方面发挥了重要作用。全国共审计17.8万个单位,查出违反财经法规金额2038亿元,比上年增加1倍多;已上缴财政119.9亿元,减少财政拨款和补贴22.8亿元,追还被侵占、挪用资金137.4亿元,罚款5.9亿元,共为国家增收节支286亿元,比1995年增加40%。我们主要做了以下几项审计工作:

(一)认真开展首次本级预算执行审计。

1996年是我们按照《审计法》的要求,开展本级预算执行审计的第一年。各级审计机关在政府首长的领导下,精心组织,认真实施,工作进展顺利,效果比预想的好。全国共有2662个审计机关对1995年本级预算执行情况进行了审计,占审计机关的89%。审计署对1995年中央预算执行情况审计后,向李鹏总理提交了审计结果报告,并且受国务院委托,向八届全国人民代表大会常务委员会第二十次会议作了审计工作报告。审计工作报告的主要内容在《人民日报》发表后,引起社会的广泛关注。各地审计机关也向政府和人大分别提交了审计结果报告和审计工作报告,普遍受到领导的好评,产生较大影响,收到良好效果。实践证明,本级预算执行审计,对于政府掌握预算内、外资金情况,监督和约束预算管理;对于人大审查财政决算,加强财政经济活动的监督;对于财政部门和行政事业单位加强内部管理,提高资金使用效果,搞好廉政建设,有着非常重要的意义。搞好本级预算执行审计,我们的审计工作才算真正"到位",我国的审计制度才算真正做到了与国际通行做法相衔接。

**(二)积极参加清理检查预算外资金工作。**根据国务院指示,1996年审计机关与财政、银行等部门互相配合,积极开展了清

理检查预算外资金工作。各级审计机关重点对财政部门管理的预算外资金进行了清查,共清查2145个财政部门,占财政部门总数的67%。在此基础上,审计署和省、地市审计机关对其中1066个财政部门进行了抽查,占地方财政部门总数的30%。据统计,1995年,地方财政部门管理的预算外资金为556亿元,财政周转金为1135亿元。通过审计,发现预算外资金和财政周转金管理中存在的主要问题是:部门自行设立预算外基金和收费项目;隐瞒、截留财政收入,转到预算外;财政周转金种类杂、渠道多、严重超过限制比例,有的地方将周转金用于投机性、风险性项目,或转作储蓄、补充本部门行政经费等。为了推动这项工作的深入进行,各级审计机关对财政部门预算外资金银行开户情况进行了清理。江苏、浙江、广东、天津等10个省区市审计机关,审计902个省、地、县财政部门,查出到1995年底共开设预算外资金和财政周转金账户1万多个,自下而上,逐级增加,有的省财政厅多达100多个。

(三)认真开展其他各项审计工作。

各级审计机关紧紧围绕经济工作中心,认真开展了农业、金融、固定资产投资等各项审计工作。广西、贵州、陕西等9省4市审计机关对第二期农业综合开发资金,内蒙古、湖南、湖北等18个省区市审计机关对扶持粮棉大县资金进行了审计,共查出违反财经法规金额8.9亿元。北京、河南、黑龙江等26个省区市审计机关和特派办,对部分国有土地使用权出让金的管理、使用情况进行了审计,查出“体外循环”、随意减免和挪用出让金等问题,金额达677亿元。审计北京市土地出让金的情况上报国务院后,李鹏总理批示财政部进行调查。财政部调查并报告中央后,江泽民总书记作了重要批示:“土地是国家所有,所有批租所得,按理应上缴各级财政管理。今后要严格管理。我还建议把全国情况认真摸一点底,以便做到心中有数。”李鹏总理、朱镕基副总理、罗干国务委员还对武汉特派办反映的武汉市土地出让金流失问题作了重要批示。国务院致函湖北省人民政府,要求加强出让金的管理。根据中央领导批示,财政部、审计署、监察部、国家土地管理局联合发出通知,要求各地对近三年的土地出让金征收和管理情况进行检查。各地审计机关、特派办和11个驻国务院部门审计局,对企业职工养老保险和失业保险基金的管理、使用情况进行了审计,共查出违反财经法规金额92.2亿元。审计报告上报国务院后,李贵鲜国务委员批示:“拟同意审计署的意见,财政、劳动部门加强监管,专户管理,把风险降到最低限度,对挪用‘两金’造成严重后果的要追究责任,保证‘两金’合理使用和保值、增值。”有关地方审计机关和特派办,对三峡工程库区移民经费拨付、使用情况进行了审计,查出挤占挪用等问题,金额4.6亿元。

1996年,审计署组织地方审计机关和特派办,对中国农业银行、中国银行、中国建设银行、中国国际信托投资公司及其所属机构1995年度资产、负债、损益情况进行了审计,查出违反财经法规金额70亿元。全国共审计81个国家重点建设项目,查出违反财经法规金额19.3亿元,超规模、超标准、多列概算金额30.3亿元。审计处理后,增加财政收入5.1亿元,核减基建投资18.3亿元。组织特派办对304户国家重点企业实行现代企业制度试点情况进行了审计调查。总的看,推行现代企业制度的工作取得了一定进展,但也存在一些矛盾和问题,主要是:企业内部管理不善,基础工作薄弱,综合配套改革滞后等。组织部分地方审计机关和特派办,对交通部、中国远洋运输集团及所属1149个单位进行行业审计,查出违反财经法规金额87亿元;对1300个县以上农资企业进行审计,查出化肥经营环节过多、执行价格政策不严,专项资金使用不当等问题;对20家中央内、外贸和医药企业进行审计,查出违反财经法规金额33.8亿元,引起主管部门的重视,采取了整改措施。全国对400多项世行、亚行和其他国际金融组织贷援款项目进行了审计，对外提交273份审计报告。同时，还对466个中外合资企业进行了审计。

（四）努力完成党委和政府交办的审计事项。

近年来，领导交办事项逐年增多，特别是一些地、县审计机关，完成交办事项已占全年工作量的三分之一以上。这说明，党委和政府领导越来越重视审计工作，审计监督在经济生活中的地位不断提高，作用日益明显。各级审计机关对这些交办事项，统一调配力量，认真组织实施，付出辛勤劳动，取得显著成绩。根据国务院领导指示，审计署完成了对部分外债项目偿债情况的审计调查，评估这些项目的还债能力，分析产生问题的原因，提出改进意见和建议，为领导决策提供了参考依据。根据国务院领导批示，完成了对某中外合资企业国有资产严重流失案件的审计查证、对海南中商期货市场的审计调查、对中国福利彩票发行及资金使用情况的审计工作。四川省审计机关接受交办事项810多项，到年底已完成742项。上海市审计局对7户接受财政补贴数额较大的政策性亏损企业进行审计，查出亏损不实金额4.08亿元，引起市府领导高度重视。安徽省审计厅根据省委、省政府指示，组织200人次，对省本级和9地市、16个县的财政支农周转金进行审计，查出违反财经法规金额5700多万元，得到省政府领导的好评。审计机关还完成了对中国扶贫基金会的专项审计等工作。

在肯定审计工作成绩的同时，还必须正视我们工作中的差距和不足。本级预算执行审计刚刚起步，工作的深度还不够，质量有待提高，特别是如何使预算执行审计与其它各项审计有机地结合起来，走出有中国特色的路子等，需要深入研究和探索；对预算单位银行开户审计，还要进一步统一认识，摸索经验；审计队伍的思想政治素质和业务素质还不能适应审计工作发展的需要等。这些都需要在今后的工作中认真加以研究和解决。

**二、1997年的主要审计任务**

1997年是我们国家历史发展上的重要一年。我国将恢复对香港行使主权，迈出和平统一祖国的重要一步；我们党将召开第十五次全国代表大会，把建设有中国特色社会主义伟大事业向新世纪全面推进。我们要坚持党的基本理论、基本路线和基本方针，正确处理改革、发展和稳定的关系，把握大局，再接再厉，同心同德，开拓前进，努力做好1997年的审计工作，迎接香港回归，向党的十五大献礼。

去年11月召开的中央经济工作会议，为我们安排和部署1997年经济工作指明了方向。会议确定了1997年经济工作的总体要求、宏观调控目标、主要任务和重要政策措施。会议强调指出，在充分看到总体经济形势好的同时，对当前经济生活中存在的问题不能低估。当前经济运行中的突出问题是：结构调整缓慢，部分国有企业经济效益下滑，亏损额上升，中央财政赤字较大，银行不良贷款继续增多。会议提出，今年总的宏观经济政策要保持连续性、稳定性和必要的灵活性，做到稳中求进。经济工作中，要注意把总量控制与结构调整、宏观调控与微观搞活、深化改革与促进发展、经济发展与社会发展更好地结合起来。会议指出，整顿和规范经济秩序这两年做了不少工作，取得一定成果。但总的看来，财经纪律松弛，经济秩序混乱的状况还没有根本改变。骗税骗汇、走私贩私、账外经营等违法违纪行为还较为普遍。因此，要继续整顿财经纪律。我们一定要认真学习和领会中央经济工作会议精神，正确认识当前形势，在全国经济工作的大局下研究和部署审计工作。

1997年审计工作的总体要求是：全面贯彻党的十四届五中、六中全会和中央经济工作会议精神，深入落实《审计法》，认真履行审计监督职责，从账户入手，下审一级，深化本级预算执行审计，进一步搞好其他各项审计，严肃财经法纪，维护经济秩序，促进“两个转变”，在社会主义物质文明和精神文明建设中发挥更大作用。今年的主要审计任务是：

(一)进一步做好本级预算执行情况和其他财政收支的审计工作。

各级审计机关对1995年本级预算执行情况的审计工作做得比较好，政府、人大和社会各界都比较满意。但是，我们必须清醒地看到，这既是对我们开创性工作的肯定，也是对我们今后进一步做好这项工作的鼓励和期望。我们一定要谦虚谨慎，再接再厉，深入研究，积极探索，努力提高本级预算执行审计的水平。

1996年本级预算执行审计总的要求是：账户入手，下审一级。具体要把握好五点：一是从对预算单位银行开户情况审计入手，弄清预算内、外资金的底数和总体运作情况，进而对相应账户内所反映的预算执行和其他财政收支情况进行审计监督；二是突出重点，在摸清家底和面上情况的基础之上，选择组织预算执行、参与预算执行、握有资金调拨权和管理、使用大宗财政性资金的重点部门和单位进行审计；三是为了更准确和更全面地了解有关部门的预算执行情况，可适当对与一级预算单位有直接和密切财务关系的重点二级单位进行审计；四是加强预算执行审计与其他专业审计的配合，前者为后者提供财政性资金下拨款项的总体情况和线索、预算外资金管理的范围和项目，使财务收支审计更具有针对性，后者为前者提供财政性资金管理和使用的具体情况及典型事例，从更深层次上发现预算管理中的问题，使预算执行审计再提高一步；五是要从宏观着眼，把着眼点放在揭示重要问题和倾向性问题上，促进加强财政性资金管理，规范和约束预算行为。要进一步提高审计结果报告和审计工作报告的质量，注重从制定政策、完善规章的角度提出建设性的意见和建议。

1996年中央预算执行和其他财政收支审计的主要内容是：财政部具体组织中央预算执行情况，国家税务局系统税收征管情况，海关系统关税及进口环节税的征收、减免和保税货物监管情况；中央国库办理中央预算资金收纳拨付情况，国家计委参与预算分配、拨付和管理建设资金情况，中央其他部门执行预算的情况。1997年4月底审计结束，5月底以前向国务院提交审计结果报告，6月初提交国务院向人大常委会作审计工作报告的代拟稿。各地审计机关要根据这次会议的总体要求，按照当地政府和人大的意见，对本级预算执行审计做出具体安排。审计结果报告和审计工作报告要在提交当地政府和人大的同时，上报审计署。各级审计机关还要继续开展对下级政府财政决算的审计。审计署今年审计17个省级政府1996年财政决算，各地“上审下”的覆盖面应当不低于30%。

(二)继续做好对农业资金和国有企业的审计。加强农业的基础地位，促进农业持续稳定增长，是今年经济工作的首要任务。各级审计机关要继续抓好农业资金的审计。今年，审计署统一组织开展三项审计：一是根据中央扶贫工作会议精神，组织26个省区市对财政预算内、以工代赈和扶贫贷款等扶贫资金进行审计；二是组织13个省区市对部分农业综合开发资金进行审计；三是对三峡工程库区移民经费继续进行审计。各项审计要重点检查项目计划执行，资金拨付、管理和使用，以及中央投入、地方配套资金到位情况，纠正擅自改变项目计划，截留、挪用、转移资金，以及损失浪费等问题。还要对资金使用效果进行分析和评价，提出改进意见，促进提高经济效益。

搞好国有企业的改革和发展，是巩固社会主义制度和实现现代化的重要保证。我们要以促进国有大中型企业加强内部管理、提高经济效益，监督国有资产保值增值为主要目标，重点选择几个系统进行行业审计和审计调查。今年，审计署组织对烟草系统进行行业审计，重点检查执行国家烟草生产经营政策和财经法规情况；对棉花、医药、卫生和粮油进出口系统部分企业1996年度资产、负债和损益情况进行审计，检查其执行国家价格政策和有关优惠政策情况，财政专项补贴和银行贴息贷款管理、使用情况，国有资产保值增值情况。要继续对部分中方控股的中外合资企业进行审计，重点检查会计核算是否合规，是否依法缴纳税费、平等互利经营，有无损害我方权益的问题，保护国家利益，促进提高引进外资的效果和水平。

(三)认真搞好金融、固定资产投资等项审计工作。保持金融形势的稳定，是抑制通货膨胀，巩固宏观调控成果的重要前提。当前金融运行中存在一些新的问题，主要是非法设立金融机构、高息吸收存款、各种形式的乱集资、金融机构账外经营等。金融审计工作要针对这些情况确定重点，安排项目，在整顿金融秩序中发挥应有的作用。今年上半年，审计署将组织对中央和地方国有、国有控股信托投资公司进行全面审计，主要是弄清情况，揭露问题，促进规范和加强管理。下半年组织对人民银行系统1996年度财务收支情况，农业银行系统1996年度资产、负债、损益的真实、合法和效益情况，进行审计。

前一阶段，股票市场出现暴涨和混乱。国务院已对这种不正常的现象采取了纠正措施。作为经济监督部门的审计机关，要坚决按照国务院的部署和要求，积极参与股票市场的整顿工作。要配合人民银行、中国证监会等单位，认真搞好检查。要切断银行贷款和拆借资金流入股市炒作，坚决打击各类机构和大户操纵股市，严禁证券经营机构向客户透支和超比例自营，从严处罚上市公司的内幕交易等违法乱纪行为。

要从加强固定资产投资管理，提高资金使用效益出发，抓好对支农、水利等方面国家重点建设项目的审计。审计署将组织对石化系统支农产品生产建设项目、三峡部分子工程项目结算，以及老工业基地部分电力、化工企业技术改造项目竣工决算，进行审计或审计调查；地方审计机关要对国家部分“安居工程”项目进行审计。

各级审计机关还要抓好对计划生育事业费及收费等行政事业项目的审计。继续对使用世行、亚行贷款和国外援款项目进行审计，重点检查外债的借用是否经过批准，使用是否合规、有效。要提高审计质量和对外审计报告的水平，维护我国审计机关的国际形象。继续完成好党委和政府交办的审计事项。对交办事项要区别轻重缓急，合理安排，能结合正常审计业务进行的项目尽量一道安排。

(四)对预算单位银行开户情况进行审计监督。

预算单位在银行多头开户，是当前预算内、外资金管理中的一个突出问题。去年上半年，各级审计机关在本级预算执行审计和清理检查预算外资金工作中，发现一些财政部门和行政事业单位在银行多头开户，造成大量财政性资金分散、流失。审计署对此作了认真研究，认为很有必要对预算单位银行开户情况进行审计监督。去年9月，审计署下发了《关于加强预算单位银行开户审计监督工作的通知》。10月，又与中国人民银行联合发出《关于清理检查财政部门预算外资金和清理规范其账户有关问题的通知》。各级审计机关对这项工作非常重视，积极组织实施，取得明显成效。为了进一步做好这项工作，11月13日我给李鹏总理和李贵鲜国务委员写信，报告开展这项工作问题。国务院领导很重视。11月14日贵鲜同志批示：“拟同意审计署、人民银行联合发文清理、规范账户。”16日朱镕基副总理批示：“非常支持这项工作，清理后要发一国务院文件，严格约束开户。”19日李鹏总理圈阅。1997年，我们要把审计预算单位银行开户情况作为重点工作认真抓好。

预算单位在银行开设的账户是财政性资金运作的载体。对其进行审计既是审计监督的重要内容，又是审计工作的基础方法，也可以说是一项制度。从预算单位银行开户入手进行审计，有利于从源头上弄清预算内、外资金的基本情况，从而全面检查财政、财务收支的真实性、合法性，有利于对账户开设是否符合国家规定进行监督，有利于审计内容和方法的进一步规范。做好这项工作，对于增强审计监督的力度，提高审计的质量、效率和效果，减少审计风险，都具有十分重要的意义。

当前，这项工作分三步实施。第一步，摸清预算单位银行开户的现状。审计署对包括自身在内的国务院41个组成部门的银行开户情况进行审计和调查，主要由各部门自报，结合运用审计手段查证，有疑点问题通过银行进行核对。各地审计机关也要对本地主要行政事业单位的银行开户情况进行审计和调查。第二步，分析账户设立中存在的问题，向政府报告，提出规范银行开户的意见和建议，促进有关部门加强管理。第三步，逐步将对预算单位银行开户的审计，融于本级预算执行等审计工作之中，形成制度。1997年要首先走好前两步。审计预算单位银行开户，目前只限于财政部门和行政事业单位，暂不涉及企业。

**三、进一步加强审计规范化建设和审计理论研究工作**

审计工作规范是正确贯彻执行《审计法》，约束审计行为，提高审计质量和效率的重要保证。1996年，我们把审计规范化建设作为一项重点工作来抓，制定了《审计工作规范化建设规划方案》和《审计工作规范化项目分工实施计划》，明确了审计工作规范化建设的指导思想、总体目标、实施办法和组织领导。这项工作得到各地审计机关和广大审计人员的大力支持，工作进展顺利。到去年9月底，各类审计工作规范草稿起草完毕，并在怀柔培训基地作了修改，然后下发各地征求意见。10月，署规范化办公室又邀请部分专家、教授在徐州召开论证会，对这些规范作了全面论证和进一步修改。这次会上，专家、教授普遍反映，这些规范既总结了我国审计工作13年的实践经验，又借鉴了国外审计的一些有益作法，具有较强的中国特色和较强的可操作性。他们就文件的进一步修改和完善提出了宝贵意见。11月，审计署召开审计工作规范审定小组会议，对43个规范逐个进行了讨论。经审定，《中华人民共和国国家审计基本准则》等38个审计工作规范比较成熟，决定向全国审计机关发布，自今年1月1日起施行。

审计工作规范是《审计法》及其他有关法律、法规的具体化，是审计署制定的部门行政规章，是我国审计法规的重要组成部分，具有较强的约束力。各级审计机关一定要认真贯彻执行。要组织广大审计人员认真学习各类规范，熟悉规范条文；教育审计人员增强法制观念，牢固树立依法行政、照章办事的意识，养成自觉执行准则和规定的习惯，克服工作中的随意性。要开展对审计规范执行情况的检查。在执行中如遇到问题，要及时反馈情况，提出修改意见，待今后修订时参考。我们相信，只要大家都朝着既定的目标努力，各类规范将会在实践中进一步完善和提高。到本世纪末，一定能够实现审计工作的法制化、制度化、规范化。

审计理论研究是审计工作的重要基础和组成部分，审计工作发展离不开科学的审计理论的指导。《审计法》颁布后，审计理论研究发展较快。全国审计机关积极开展关于审计定义，关于本级预算执行审计，关于在社会主义市场经济条件下建立什么样的审计监督机制，以及如何发挥审计机关的职能作用等方面的理论研究工作，取得了可喜的成果。但是，从总体上讲，审计理论研究与审计工作的发展相比，仍显得滞后和深度不够。特别是对新形势下审计工作中的新鲜经验，尚未作出高水平的理论总结和概括；对审计工作发展中可能出现的新情况、新问题，尚未做好预测和超前性研究；在借鉴和吸收外国审计经验方面，虽然介绍了不少国家的做法，但结合中国实际加以运用和创新不够。希望广大审计干部和审计理论工作者，充分认识新形势下加强理论研究的重要性，坚持以研究当前审计工作的重点、难点问题和总结、概括审计工作经验为主，做好审计理论研究工作。当前，要重点研究如何深化本级预算执行审计，搞好预算执行审计与其他专业审计的结合，如何加强对预算单位银行开户的审计监督等问题，力求在理论上有所突破，更好地指导审计工作实践。

随着《审计法》和一系列配套法规、规范的颁布实施，我国社会主义市场经济条件下审计体制的框架已经基本确立，本级预算执行审计等项新的工作已经付诸实践并初步总结了经验，13 年的审计实践也形成了不少行之有效的做法。所有这些，都需要从理论上加以概括、总结和系统化。因此，编写一本体现最新审计成果的《中国审计学》教材，就成为当前一项迫切而有益的工作。目前的审计学教材大都是《审计法》颁布以前出版的，在体系与内容上已落后于审计工作的发展，不能适应审计教育的需要。编写《中国审计学》教材，是一项带有全局意义和深远意义的基本建设。它不但对在职干部学习有帮助，更重要的是教育和培养青年学生，造就一批又一批较高素质的审计事业接班人。编写这本书，要做到理论性、实践性、继承性的有机结合，力求体系完整、结构缜密、观点准确、论述严谨。在高度概括和总结我国审计工作 13 年来实践经验的同时，要博采众长，大胆借鉴和吸收国内外审计理论的先进成果。这本书务必在 1997 年完成。

**四、继续加强对内部审计和社会审计的指导和管理**

随着我国社会主义市场经济体制的逐步建立，以转换经营机制、建立现代企业制度为目标的企业改革正在迅速推进，内部审计在现代企业制度中发挥着重要作用。各级政府、部门、单位的领导越来越重视和支持内部审计工作，全国广大内部审计人员充分发挥熟悉本单位经营管理的优势，紧紧围绕“两个转变”，不断拓宽审计领域，在促进企业加强管理，提高经济效益方面做出了显著成绩。总的看，内部审计机构稳中有增，工作不断发展。截至去年 10 月底，全国共设立内部审计机构 9.3 万个，与上年同期相比增加了 12%。去年 1 至 9 月份，全国内部审计机构共审计近 27 万个单位；纠正违纪金额 159 亿元，其中上缴 6 亿元；查出损失浪费金额 43 亿元；促进提高经济效益近 47 亿元。

加快国有企业的改革和发展，大力提高企业经济效益，是中央经济工作会议确定的搞好国有企业的重要举措。这既抓住了当前社会经济生活中的主要矛盾，突出了推进经济体制改革和转变经济增长方式的工作重点，同时也给内部审计工作提出了新的任务和更高的要求。各部门、各单位要更好地适应社会主义市场经济体制的需要，强化和完善内部审计工作。各级审计机关要认真领会中央经济工作会议精神，严格依照《审计法》和《审计署关于内部审计工作的规定》，进一步加强和改进对内部审计的指导和监督。要做到加强计划管理，强化宏观指导；区别不同情况，实行分类指导；重视基础建设，力争使内部审计工作上层次、上水平。要及时总结、推广内部审计的做法和经验，大力表彰和宣传先进。通过典型示范，引导和帮助部门、单位建立和健全内部审计机构，完善内部审计制度，紧密结合改革和企业经营管理的实际确定工作重点，积极开展内部审计工作，在促进企业建立、健全内控制度，增强自我约束能力，提高经营管理水平和经济效益，确保国有资产保值增值等方面发挥更大作用。审计署今年将组织召开一次全国内部审计工作会议，交流经验，表彰先进，推动内部审计工作的发展。《内部审计工作条例》已列入国务院的立法规则，要抓紧组织起草，力争今年内提出草案，报送国务院审定。

加强对社会审计机构的指导和监督，是

《审计法》赋予审计机关的一项重要职责。去年，各级审计机关认真贯彻审计署、财政部联合下发的《关于中国注册会计师协会、中国注册审计师协会实行联合的有关问题的通知》精神，积极开展工作，推进“两会”联合，有了明显进展。截至去年底，全国已有19个省区市发出“两会”联合的通知，其中10个省区市实现了“两会”联合。各地注册审计师转为注册会计师的证书换发工作正在进行中，不少地方已经完成。

“两会”联合，对于统一行业管理、规范执业行为，推动社会审计事业的健康发展，将起到积极的作用。审计机关要从发展社会审计的全局出发，进一步认识“两会”联合的重要意义。“两会”联合后，社会审计将实行“法律统一规范，政府监督指导，协会自我管理”的行业管理体制。审计机关要依照法律和有关规定，与财政部门一道履行好对社会审计机构的指导、监督职责。主要通过对注册会计师协会的指导和监督，促使社会审计机构坚定为社会主义市场经济服务的政治方向，树立良好职业道德，坚持“服务第一、质量第一、信誉第一”的宗旨，严格依法办事，提高执业水平和审计质量。同时，要帮助社会审计机构选配好人员、加强思想教育，建立、健全规章制度。审计署已经制定《审计机关指导监督社会审计机构的规定》，各级审计机关要认真贯彻执行。

**五、切实搞好审计队伍的精神文明建设**

党的十四届六中全会通过了《中共中央关于加强社会主义精神文明建设若干重要问题的决议》，明确提出精神文明建设的指导思想、目标任务、工作方针和重大措施，号召全党和全国人民，在牢牢把握经济建设中心，把物质文明建设搞得更好的同时，切实把精神文明建设提到更加突出的地位，开创世纪之交精神文明建设的新局面。审计机关是监督部门，肩负着维护财经法纪和中央政令统一、促进廉政建设的重要职责，应该在精神文明建设方面做出积极贡献。我们所从事的审计工作，与精神文明建设有着密切关系，有些重点工作实际上是从最基础环节解决不正之风和腐败问题。通过审计，规范和约束预算管理，监督部门和单位依法理财，可以起到促进被审计单位增强法制观念，加强廉政建设的作用，可以为净化社会风气，加强精神文明建设创造好的基础和环境。审计工作做好了，就是对精神文明建设的实实在在的贡献。我们一定要认真贯彻六中全会精神，紧密结合实际，采取有效措施，切实做好各项审计工作，在社会主义精神文明建设中发挥应有的作用。

审计机关成立以来，在认真履行审计监督职责的同时，自身的精神文明建设也取得了显著成绩。各级审计机关坚持用邓小平建设有中国特色社会主义理论武装广大审计干部的思想，坚持强有力的思想政治教育，坚持抓审计行为规范和廉政建设，坚持抓审计业务知识培训，涌现出大量思想好、作风硬、业务精的先进集体和个人，保证和促进了审计工作的发展。但应当看到，目前审计系统精神文明建设的状况与中央的要求相比还有较大差距。如有些单位存在着理论学习不够深入，思想政治工作比较薄弱，监督、管理不够严格，有些干部敬业和奉献精神较差等问题。还出现了少数干部利用职权谋取小团体或个人利益，甚至违法乱纪的现象。如重庆市某区审计局原副局长，利用职权贪污挪用公款、收受贿赂等共计60多万元；昆明特派办原特派员，挪用公款30万元作个人投资，均被依法判刑。开封、石家庄市等审计机关少数干部借审计之机，向被审计单位索要钱物、收取劳务费、大吃大喝，造成极坏影响，已受到严肃处理。因此，我们必须正确估价精神文明建设的形势，进一步提高对精神文明建设重要性和紧迫性的认识，认真解决存在的问题，切实把精神文明建设提到更加突出的地位。

要进一步加强政治理论学习。组织广大审计干部，深入学习马列主义、毛泽东思想，特别是邓小平建设有中国特色社会主义理论，学习党的方针、政策，在掌握理论的科学体系，运用马克思主义的立场、观点和方法，努力改造主观世界，指导审计工作实践，解决实际问题上下功夫。既要克服忙于事务，忽视理论学习的倾向；又要防止学用脱节、知行不一的现象。各级审计机关每年要安排一定的时间，集中组织政治理论学习。

要大力倡导勤政爱岗、积极奉献的敬业精神。审计工作能否搞好，在很大程度上取决于审计干部有无高度的事业心和责任感。审计机关相对来说比较清苦。“清”是收入不多，“苦”是工作紧张。能不能正确对待这种状况，做到淡泊名利，乐于奉献，是对我们每个同志为人民服务的思想和精神境界的考验。要采取多种方式加强世界观、人生观、价值观教育，革命传统教育，爱国主义和集体主义教育，引导广大审计干部、特别是青年同志牢固树立全心全意为人民服务的思想，继承和发扬艰苦奋斗的光荣传统，从本职岗位做起，从小事做起，埋头苦干，勤勉敬业。1997 年要做好全国审计机关先进集体和个人的评选和表彰工作，大力宣传和表彰那些忠于职守，安于清贫，努力工作，默默奉献，在两个文明建设中做出突出成绩的先进集体和先进个人。要开展创建文明机关、文明处室和做人民满意的公务员活动，逐步在审计系统形成比工作、比质量、比效率、比贡献的良好风气。

要坚持不懈地抓好审计队伍的廉政建设。审计干部能否做到清正廉洁，关系到审计机关的形象和审计监督的权威。各级审计机关要根据中央关于开展反腐败斗争的部署和要求，继续抓好纠正不正之风和干部的廉洁自律，推进反腐倡廉工作。要严格执行《审计机关审计人员职业道德准则》和审计工作纪律，加强监督和检查。如发现违法违纪案件，一定要及时进行严肃处理。

要加强教育、培训和审计业务学习。按照《中国教育改革与发展纲要》及审计署制订的《审计干部教育培训“九五”规划》的要求，各级审计机关要结合本地实际情况，采取不同方式，对审计人员进行有针对性的分层次教育，提高审计人员的业务素质，以适应审计工作发展的需要，培训要有计划、有目标，45 岁以下的审计人员经过二、三年的培训，要达到熟知财政、金融等宏观调控政策和财务会计知识，会一门外语，掌握计算机辅助审计技术；具有宏观意识、综合分析能力和文字表达能力，能够独立撰写较高质量的审计报告等目标。提倡审计人员岗位自学，根据自身情况，不断补充、更新和积累知识。

精神文明建设能否搞好，关键在领导。各级审计机关的领导干部要认真学习和领会江泽民同志在纪念中国共产党成立 75 周年座谈会上的讲话精神，努力提高自身的思想政治素质和业务素质。要讲政治、重学习、勤敬业、严律己，做精神文明建设和廉政建设的带头人。要一手抓审计工作，一手抓精神文明建设，使之互相促进，协调发展。要坚持原则，严格管理，敢于批评，树立正气。要深入群众，调查研究，了解群众的情绪，听取大家的意见。在政策允许和力所能及的条件下，要及时帮助干部职工解决工作和生活中的实际困难，增强审计机关的凝聚力，调动审计人员的积极性。

同志们，在新的一年里，我们既面临着繁重的任务，又面临着新的发展机遇。只要我们坚持邓小平建设有中国特色社会主义理论和党的基本路线，紧密团结在以江泽民同志为核心的党中央周围，振奋精神，扎实工作，就一定能够把审计事业继续推向前进，在社会主义物质文明和精神文明建设中做出优异的成绩。

# 在全国审计工作会议结束时的讲话

（1997 年 1 月 23 日）

金基鹏

同志们：

全国审计工作会议今天就要结束了。这次会议，在党的十四届五中、六中全会和中央经济工作会议精神的指引下，在国务院领导的重视和关怀下，经过全体与会同志的共同努力，取得了圆满成功。21 日，李鹏总理在百忙中接见与会代表，并作了重要指示。今天，李贵鲜国务委员亲自到会，就审计工作和审计队伍建设等问题，作了重要讲话，实际上已对会议作了总结。国务院领导同志的重要指示和讲话精神，对于我们开好这次会议，进一步搞好审计工作，是极大的鼓舞和鞭策。我们一定要认真学习，坚决贯彻执行。会议开幕时，郭振乾审计长作了题为《认真履行审计监督职责，在两个文明建设中发挥更大作用》的报告，全面总结了去年的工作，对今年的各项任务作了明确部署，对搞好审计机关精神文明建设提出了具体要求。讨论中，大家都表示赞同振乾同志的报告。代表们普遍反映，这次会议十分重要，开得很好，是一次鼓劲的会，务实的会。现在，我根据大家讨论的情况讲几点意见。

## 一、会议的收获

这次会上，同志们情绪饱满，讨论认真，发言积极，普遍认为收获很大。归纳起来，主要有以下几个方面：

（一）认真学习了李鹏总理接见全国审计工作会议代表时的重要指示。与会代表一致感到深受教育和鼓舞，进一步提高了对社会主义市场经济条件下审计工作重要性的认识，增强了事业心和责任感，表示要反复学习，加深理解，在工作中切实贯彻执行，推进审计事业的发展。

（二）在讨论中，大家结合各地、各单位实际，充分肯定去年审计工作取得的成绩，鼓舞了斗志，坚定了信心。特别是进一步总结、交流了去年首次全面开展本级预算执行审计的经验，如统一思想、加强领导、精心组织、各方配合等，达到了互相启发、开阔思路的目的，为今年深化本级预算执行审计打下了良好基础。

（三）通过讨论，大家明确了 1997 年审计工作的总体要求、主要任务和具体安排意见。同志们认为，审计机关作为综合经济监督部门，应当进一步加强对财政、财务收支的审计监督，在整顿财经纪律、规范经济秩序方面充分发挥作用，保障国民经济稳中求进，持续、快速、健康发展。

（四）大家对本级预算执行审计和审计规范化建设等问题进行了热烈讨论，认为账户入手、下审一级的审计方法和审计署发布的 38 个审计规范，既总结了我国审计工作的实践经验，又借鉴了国外的一些有益做法，具有中国特色，应当认真贯彻执行，提高审计工作的质量和水平。

（五）在对内审、社审工作的讨论中，大家认为，随着社会主义市场经济的发展和现代企业制度的建立，这两项工作越来越重要，应当按照审计署《关于内部审计工作的规定》和《审计机关指导监督社会审计机构的规定》，切实加强对内部审计、社会审计的指导和监督，使之发挥更大的作用。

（六）大家认真讨论了加强审计机关精神文明建设问题，进一步明确了指导思想，也提出了一些具体措施，表示要把精神文明建设提到更加突出的地位，保证审计工作的顺利进行，使精神文明建设和审计工作互相促进。

**二、全面完成今年的审计工作任务**

今年的审计工作任务相当繁重。各级审计机关要根据这次会议的部署和政府的要求，结合本单位实际情况，统筹考虑，分清轻重缓急，认真组织，扎实工作，全面完成各项审计工作任务。审计署统一组织的审计事项，是根据中央经济工作会议精神和国务院领导的指示，结合审计工作实际，经过认真研究作出安排的。完成好这些任务，能够比较充分地发挥审计监督的职能作用，为国家加强宏观调控和国民经济健康发展服务。因此，要求各级审计机关不仅要按时完成审计署统一部署的审计项目，而且要确保质量。今年，我们在安排审计项目时作了改进，一是把有些项目的完成时间推移到下半年，以避免上半年任务过于集中；二是要求署内各业务司一般不安排计划外任务，以保证各级审计机关有足够的时间和力量完成计划。在讨论中，大家对审计署统一安排的有些项目，提出了修改的意见和建议，会后将进行适当调整，以正式文件下发。在当前正处于经济体制过渡之中，经济秩序仍存在混乱的情况下，各级审计机关一定要突出重点，认真抓好本级预算执行审计，同时做好其他各项审计工作，揭露重要问题，促进加强管理。各省区市审计机关要在本级预算执行审计中认真检查政府部门银行开户的情况，并及时汇总、上报。去年，全国尚有11％的审计机关未能开展本级预算执行审计，其上级审计机关应当加强具体指导，帮助创造条件，今年把这项工作开展起来。对政府和部门领导交办的审计事项，一定要妥善安排，认真办好。对内部审计工作，各级审计机关应当加强调查研究，认真总结好的经验，为下半年召开全国内部审计工作会议作好准备，同时为审计署草拟内部审计工作条例提出意见和建议。对社会审计，要与财政部门一起，加强对注册会计师协会的指导和监督，努力发挥其自律管理的作用，使社会审计机构依法公正执业，健康发展。对挂靠审计机关的社会审计机构，一定要严格要求，严格管理，加强质量监督，使之树立信誉第一的意识，更好地为社会主义市场经济服务。

各级审计机关聘请的特约审计员去年做了不少工作，对审计工作提出了许多好的意见和建议，有些同志还直接参与了重要审计事项。我们要进一步提高对做好特约审计员工作重要性的认识，采取有效措施，更好地发挥民主党派成员、无党派人士参政议政的作用。

**三、积极研究与探索科学的审计方法**

我国经济体制改革总的目标是，到本世纪末，初步建立起社会主义市场经济体制。中央经济工作会议提出了今年经济工作的总体要求和方针任务。在改革和发展的过程中，新情况、新问题将会不断出现。我们对今年的审计工作也提出了一些新的要求。因此，各级审计机关要进一步解放思想，实事求是，积极探索，总结经验，逐步形成一套与建立社会主义市场经济体制相适应的科学的审计方法。如账户入手，下审一级，它既是审计的内容，又是审计的方法，也是今年审计工作的新要求。对于深化本级预算执行审计和其他审计工作，都具有重要意义。但是，要把这种方法真正运用到审计工作中去，并且运用得比较好，还需要大家在实践中进一步统一认识，积极探索。再如，怎样把本级预算执行审计与其他审计更好地结合起来，这既是个理论问题，更是个实践问题，需要各级审计机关共同努力，发挥主观能动性和创造性，结合本地实际情况，边实践、边探索、边总结，及时向上反映好的意见和建议。审计署要积极收集各方面的意见，集思广益，认真研究，以求尽早拿出办法来，并在实践中逐步完善。

**四、认真贯彻实施中国审计规范**

中国审计规范是为全面贯彻执行《审计

法》而制订的。它的发布施行，是我国审计工作中的一件大事。李贵鲜国务委员亲自题写了书名。各级审计机关必须严格按照审计规范的要求，加强审计机关内部的质量控制与管理，努力提高审计工作的水平。为保证中国审计规范的贯彻实施，今年各级审计机关应当做好以下几项工作：一是认真组织学习。中国审计规范是审计工作中的一项基础建设，其内容涉及审计工作的各个方面。各级审计机关和广大审计人员要集中一段时间进行学习，深刻认识制订和发布审计规范的重要性，领会和掌握审计规范的基本内容，把思想和工作统一到中国审计规范上来。二是全面贯彻执行。中国审计规范是审计署制订的具有约束力的行政规章，对审计监督工作提出了许多新的、更高的要求。各级审计机关要采取切实措施，保证审计规范的全面落实。要把审计规范执行情况作为审计执法检查和业务质量考核的重要标准。同时，在审计人员的培训、考试和审计教学中，也应将中国审计规范作为一项重要内容。广大审计人员要发扬开拓创新精神，牢固树立依法行政、照章办事的意识，严格执行审计规范，克服工作中的随意性。中国审计规范是在研究、总结全国审计工作经验的基础上制订的，具有普遍适用性，因此，各级审计机关不要再另搞规范。三是总结经验，不断完善。审计规范化建设是一个不断发展、逐步完善的过程。今年是审计机关全面执行审计规范的第一年，需要我们在执行中总结经验，逐步提高。各级审计机关要把执行中遇到的具体问题，及时反馈给审计署，以便为今后修改、完善审计规范打下基础。

**五、努力建设文明的审计机关**

这几年审计工作取得比较好的成绩，除了其他方面的因素外，与有一支政治、业务素质比较高的审计干部队伍是分不开的。但从审计干部队伍的现状看，还存在着与新形势、新任务不相适应的方面，其中有知识水平、业务水平不适应的问题，也有思想政治素质和道德素质不适应的问题。最近几年发生的几起审计干部以权谋私、违法乱纪，受到党纪国法惩处的案件，教训是十分深刻的，应当引起我们的高度重视。各级审计机关要进一步加强党风廉政建设，以党风廉政建设带动整个精神文明建设。首先要把本部门、本机关的精神文明建设抓上去，还要积极参与、支持和配合全社会的精神文明建设。审计工作与廉政建设、精神文明建设有着密切的关系，是一项政策性、原则性很强的工作。各级审计机关的领导干部一定要讲政治，不断提高政治敏锐性和政治鉴别力。要顾全大局，坚持原则，秉公执法，实事求是。要引导广大审计人员树立正确的人生观、世界观和价值观，发扬艰苦奋斗、无私奉献的精神，扎扎实实地做好本职工作。审计署按照中央国家机关工委的部署，今年将开展建立文明司局的活动。各级审计机关都要根据当地党委、政府的要求，积极开展创建文明机关活动，努力开创全国审计机关精神文明建设的新局面，使社会主义精神文明之花在全国审计机关盛开，并结出丰硕的成果。

希望大家回去以后，尽快将李鹏总理的重要指示、李贵鲜国务委员的重要讲话和这次会议的精神向政府和部门领导汇报，并结合实际情况，采取适当形式，认真传达、学习和贯彻，安排好今年的审计工作。传达贯彻的情况和工作安排意见，请于2月底前向审计署报告。

春节即将来临，我代表署党组向大家拜个早年。祝同志们在新的一年里身体健康，工作顺利。

# 认真贯彻十五大精神　把审计事业推向新的发展阶段

（1997年12月21日）

郭振乾

同志们：

举世瞩目的党的第十五次全国代表大会，为我国改革开放和社会主义现代化建设绘制了跨世纪的宏伟蓝图，也给审计事业的进一步发展指明了方向。我们这次会议主要是深入学习贯彻党的十五大和中央经济工作会议精神，总结1997年审计工作，部署1998年的审计任务，研究如何进一步贯彻落实审计法和审计法实施条例，全面审计财政财务收支的真实、合法、效益，重点检查和分析资金使用状况，努力促进提高经济效益，为实现两个根本转变做出贡献。

## 一、深入学习贯彻十五大精神

党的十五大是在我国改革开放和社会主义现代化建设事业承前启后、继往开来的重要时期召开的一次历史性会议。江泽民同志的报告全面系统地回答了世纪之交中国共产党人举什么旗帜，立什么纲领，走什么道路的问题，是我们党带领全国各族人民迈向新世纪的政治宣言和行动指南。十五大把邓小平理论确定为党的指导思想，写入党章，具有重要的理论意义和实践意义，反映了全党和全国人民的共同心愿。

十五大胜利闭幕后，全国审计机关都把学习贯彻十五大精神作为头等大事来抓。审计署组织全体干部集中时间、集中精力认真研读十五大文件，还组织了三期处级以上领导干部的学习班。各地审计机关普遍制定了学习计划，采取多种形式组织学习，收到了良好效果。学习贯彻十五大精神是一项长期的任务，各级审计机关要以高度的政治责任感，把学习贯彻十五大精神作为当前和今后一个时期第一位的任务抓紧抓好。

学习贯彻十五大精神，最重要的是高举邓小平理论的伟大旗帜，坚持用解放思想、实事求是的思想路线指导审计工作实践。回顾党的十四大以来的五年，我们从切身体验中认识到，坚持以邓小平建设有中国特色社会主义理论为指导，把学习理论与贯彻执行党中央、国务院关于加强审计监督的一系列指示精神紧密结合起来，从我国的实际出发，不断总结自己的经验，同时借鉴外国审计监督制度中的有益内容，积极实践，大胆探索，审计事业就能够不断前进。过去五年，在全国审计机关和广大审计干部的共同努力下，我国审计事业有了新的发展：审计法和审计法实施条例的颁布，标志着我国审计监督法律法规体系基本建立；本级预算执行审计的开展，表明我国审计监督已经到位，并与国际惯例相衔接；从账户入手审计这一基础审计方法的确立，丰富了审计理论与审计方法；38项审计规范的制定实施，促进了审计质量和审计效率的提高。总的说，我们已经初步建立起具有中国特色的审计监督制度的基本框架，审计工作开始走上法制化、制度化、规范化的轨道。所有这些，为今后审计事业的进一步发展打下了坚实的基础。十五大报告中关于加快国有企业改革、健全宏观调控体系、加强法制建设和廉政建设等内容，对审计工作提出了新的更高的要求。我们要高举邓小平理论的伟大旗帜，坚持从审计工作的实际出发，勇于开拓，积极探索，不断研究新情况，解决新问题，总结新经验，进一步发展和完善适应社会主义市场体制要求的审计监督制度，推动审计事业的更大发展。

学习贯彻十五大精神，必须认真落实审计法和审计法实施条例，全面履行审计监督职责。党的十五大的报告在深化经济体制改革等方面的新的理论突破，必然带来思想的大解放和经济的大发展。在这个过程中，维护财政经济秩序，防止国有资产流失，促进经济健康发展的任务不是减轻了，而是加重了，审计监督不是要削弱，而是要加强。我们一定要认真履行好法律赋予的职责，严格依法审计，更好地发挥审计监督的作用。对于法律法规中已经明确的审计事项，要增强审计力度，严肃查处违反国家财经法规的问题；对于经济活动中出现的新情况，要通过调查研究，探索解决问题的办法。

学习贯彻十五大精神，推进审计事业发展，必须进一步加强审计理论研究工作。近几年来，我国审计理论研究有了较大发展，取得了不少新的成果。今年，审计署组织几十位专家学者和实际工作者编写的《中国审计学》，以建立和发展中国审计监督制度为主线，概括和总结了我国审计工作十多年特别是审计法颁布以来审计理论与实践的最新成果，对于提高现有审计干部的素质和培养审计队伍的新生力量具有重要作用。现实告诉我们，在实践中不断提出新问题，总结新经验，概括新理论，对于做好审计工作非常重要。理论上清醒，工作就主动，事业就发展。我们一定要进一步加强审计理论研究工作，当前要重点研究如何在国有企业改制、改组、改造过程中加强审计监督；如何逐步做到按规范的账户开展本级预算执行审计；如何在审查财政财务收支真实合法的基础上，重点分析资金使用效益，从而深化各项审计工作等问题。

学习贯彻十五大精神，推进审计事业的发展，关键在于建设一支高素质的审计干部队伍。经过十多年的努力，我们已经初步培养和锻炼了一支政治坚定、纪律严明、业务比较过硬的审计干部队伍，涌现出一大批坚持原则、无私奉献、秉公执法的先进集体和优秀审计干部。这次全国审计机关表彰先进大会将要表彰的 70 个先进集体和 39 名先进工作者就是他们中的优秀代表。广大审计干部要学习他们忠于党、忠于人民、热爱审计事业的政治觉悟，学习他们坚持原则、秉公执法的优秀品质，学习他们清正廉洁、严于律己的优良作风，学习他们钻研业务、锐意进取的向上精神。为了进一步表彰和鼓励先进，除坚持每三年召开一次全国审计机关表彰先进大会外，最后，审计署还决定设立中国审计奖励基金，专门用于奖励对审计工作有突出贡献的集体和个人。

要大力加强思想政治工作。各级审计机关要紧密联系思想实际和审计工作实际，了解、掌握干部的思想状况，有针对性地开展深入细致的思想政治工作，着重解决理想、信念和思想作风方面存在的突出问题；要积极探索在新形势下做好思想政治工作的方式方法，总结新经验，增加思想政治工作的有效性；要把思想政治工作与推动审计机关精神文明建设有机结合起来，与领导班子建设和干部管理工作结合起来，与培养和选拔优秀年轻干部结合起来，使审计机关领导班子更加团结坚强，队伍更加朝气蓬勃，更有战斗力。明年适当时候，将召开一次全国审计机关思想政治工作会议，总结、交流思想政治工作的经验，研究新时期加强审计机关思想作风建设的措施。

要进一步加强廉政建设。各级审计机关要教育审计干部严格执行党风廉政建设的各项规定，按照廉洁自律的要求认真对照检查，增强廉政意识和遵纪守法的自觉性。审计机关的领导干部要以身作则，模范地遵纪守法，自觉接受监督，抵制腐朽思想的侵蚀，做艰苦奋斗、廉洁奉公的表率。

要继续搞好审计业务培训工作。各级审计机关要认真落实《审计干部教育培训“九五”规划》的要求，保证每年培训经费的投入都有一定比例的增长，使有限的经费发挥最大的效益。南京审计学院要巩固在迎接国家教委本科评价工作中所取得的成果，继续搞好整改，转变教育观念，开拓办学思路，进一步提高教学质量，真正办成审计教学、科研、培训的主要阵地，培养出更多的高素质的审计专业人才。我们相信，只要坚持不懈地抓好队伍建设，审计事业就一定能够在原有的基础上有一个新的大发展。

**二、1997年审计工作回顾**

1997年，全国审计机关在党中央、国务院和地方各级党委、政府的领导下，紧紧围绕经济建设这个中心，全面开展审计监督工作，在推进和深化改革，维护经济秩序，完善宏观调控，促进经济发展，加强廉政建设等方面发挥了积极作用。1—11月，全国共审计14.7万个单位，查处违反财经法规金额中，应上缴财政211.1亿元，减少财政拨款和补贴9.4亿元，追还被侵占挪用资金81.7亿元，罚款5亿元，共为国家增收节支307.2亿元。

（一）本级预算执行审计工作有所深化

总的看，今年的本级预算执行审计工作比去年深入了一步，有了新的进展。主要表现在四个方面：一是全国各级审计机关基本上都按照审计法的要求开展了本级预算执行审计工作，接近100%这一目标要求。二是审计范围更加广泛，重点更加突出，成果显著，两个报告提交后，普遍受到各级政府和人大的好评。李鹏总理对审计署报送的1996年中央预算执行情况的审计结果报告作了重要批示，并主持召开总理办公会议，要求国务院有关部门进一步严格执行国家有关规定，切实加强预算管理。全国人大常委会对1996年中央预算执行情况的审计工作报告给予肯定，认为审计署关于加强中央预算管理的几点意见是切合实际的，各有关部门应认真加以研究。国务院专门召集会议，责成有关部门归口落实审计意见，并将纠正落实情况，向人大财经委作出专题报告。山东省和上海市审计机关紧紧围绕预算执行开展工作，突出重点，选择重点资金和项目进行专项审计和调查，保证政府宏观调控措施的贯彻落实，审计结果受到政府和人大的一致好评。三是积极开展预算单位银行账户审计监督，提高了审计工作的质量和效率。各级审计机关运用“账户入手，下审一级”的方法，从源头上弄清了预算内外资金的基本情况，查出了当前财政预算管理中大量的隐性问题，深化了本级预算执行审计的内容，也为严格约束开户行为，规范银行账户管理奠定了基础。据审计，1996年国务院39个部委在各类银行开设财政性资金存款账户达1704个，平均每个部委近44个；全国31个省区市财政厅（局）共开设各类银行账户1702个，平均每个厅（局）54.9个。审计情况上报后，引起国务院和地方各级政府的高度重视。国务院召开总理办公会议，决定近期要对中央预算单位银行开户过多过滥的问题进行清理整顿，以严格开户的章程。湖北省政府决定对全省预算单位银行账户进行一次全面清理，并制定预算单位银行账户管理办法。四是更加注重本级预算执行审计与其他专业审计的有机结合，力求做到相互统一，相互促进。江苏、安徽等省从计划安排、审计实施，以及审计成果的利用上，采取省、市、县同步进行，上下联合的方法，加强了本级预算执行审计的组织力度，取得了较好的效果。

（二）金融、投资审计取得明显成绩

金融审计围绕我国当前金融工作中心和金融领域的突出矛盾，加强监督，取得了明显成绩。根据国务院指示，审计署组织特派办和地方审计机关，对全国110家信托投资公司进行了审计，查出资产负债损益不实，资产质量低、风险大，投资效益差，经营亏损等问题。审计署先后两次向国务院作了专题报告，针对信托投资公司存在的违反国家财经法规以及经营风险的问题，分别提出了处理意见，建议对信托投资公司进行全面清理整顿，尽快制定信托投资公司管理条例和证券管理条例，引起国务院领导的重视。李鹏总理和朱镕基副总理分别作了重要批示,并于10月8日专门听取了审计署的工作汇报。今年还对中国人民银行系统1996年度财务收支、中国农业银行系统1996年度资产负债损益情况进行了审计;完成了国务院领导交办的对上海、深圳股票市场的调查和广东恩平市金融风险专案审计;配合高检院、监察部、人民银行,对中农信公司违规经营造成巨大损失的情况进行了调查与核实。

固定资产投资审计紧紧围绕调整投资结构、提高投资效益这一中心任务开展工作。审计署组织11个特派办和11省市审计机关,对54个重点基本建设项目进行审计,查出建设单位挪用建设资金、截留收入等问题,引起国务院的重视,有些项目国务院正在研究予以停建。组织11个特派办和13个省市审计机关,对23个技术改造项目和辽宁、重庆、上海3个地区技术改造项目进行审计和调查,并向有关主管部门通报了审计调查情况和处理意见。还组织力量,对金融、保险、邮电、电力和烟草等中央单位近两年在地方建设的228个楼堂馆所项目,对电力部部分施工企业和部分城市“安居工程”建设情况,进行了审计和调查,向上反映了情况,提出了一些可行性建议。

(三)农业等其他各项审计工作有了新的进展

农业审计突出重点,主要抓了几项专项审计。根据全国扶贫工作会议精神,甘肃、内蒙古、湖南等27个省区市审计机关对全国592个国定贫困县1994至1996年度中央扶贫专项资金的投入、管理和使用情况进行了审计;浙江、吉林等14个省和3个特派办对农业综合开发资金的筹集、拨付、管理、使用情况进行了审计;湖北、重庆两地审计机关和武汉、成都特派办对1996年度三峡工程库区移民资金的分配,拨付、管理及使用情况进行了审计。上述几项专项审计的资金总额316.54亿元,共查出违规金额30.97亿元。从审计的情况看,农业专项资金在管理和使用中主要存在资金投放和配套资金不到位、擅自改变资金投向、挤占挪用甚至贪污等问题。扶贫资金和三峡库区移民资金的审计情况已向国务院作了专题报告,国务院领导同志作了重要批示,要求有关部门认真研究整改。此外,还完成了对四川省移民办公室1993至1996年使用、下拨、结存移民经费和购建固定资产情况等专项审计。

企业审计围绕促进两个转变,提高经济效益,建立现代企业制度等进行了有益探索。河南、广东等9个省市审计机关和5个特派办对中国粮油食品进出口总公司及其32个直属公司,以及22个省级和81个县级粮油食品进出口公司1996年度资金使用效益情况进行了审计,采取审计与专项审计调查、定性分析与定量分析相结合的方式,分析、评价资金的运动状况和合作效果,拓宽企业审计领域,探索企业审计新路子。山东诸城等一些基层审计机关在股份制企业审计方面,勇于探索,大胆实践,积累了经验。审计署组织29个省区市审计机关和16个特派办,对全国烟草行业338户工商企业1996年度财务收支情况进行审计,查出违反财经法规金额226.4亿元,主要是资产负债损益不实,侵蚀消费税税基,欠缴和偷漏国家税收等问题。审计结果已向国务院作了专题报告。组织15个特派办,对中央58户大中型企业1996年度不合理负担情况进行了审计调查,查出省级以下政府及有关部门不合理收费共计829项,金额15.4亿元,占58户企业当年实现利润的6.2%。12个省市审计机关对641个县以上棉麻公司、1524个基层棉花收购站和119个大中型棉纺企业1996年度财务收支情况进行审计,查出各类违规金额32亿元。19个省区市审计机关和7个特派办还对2008户医药生产经营单位1996年度财务收支进行审计,查出各类违规金额24亿元。

行政事业审计工作也有新的进展。审计署组织地方审计机关,对16个省1996年普教经费进行了审计,查出挤占挪用教育经费、乱收费、欠拨教育经费、欠征教育费附加等违规金额11.8亿元。15个省区市、10个特派办和驻部门审计局对全国1488所医院1996年度财务收支进行审计,查出乱收费、隐瞒收入和扩大开支范围等违规金额16.8亿元。21个省区市审计机关对1995、1996年计划生育经费的收支情况进行审计,查出乱收费、截留收入、扩大开支范围和挤占挪用等违规资金11.8亿元。部分署驻部门审计局和特派办对56家中央级出版社1996年度财务收支情况进行审计,查出成本不实、少计收入和漏交税金等问题。根据李鹏总理指示,从去年11月至今年10月,审计署组织对中募委和16个省募委办福利彩票进行专项审计,向国务院提交了专题报告,国务院领导同志作了重要批示。

外资审计工作从总体上来看是比较好的。全年共审计世行、亚行及其他国际金融组织贷援款项目单位5058个,查出一些单位存在挪用外资和配套资金、倒卖专项物资、虚报冒领款项等问题,对外提交审计报告278份,管理意见书137份。同时,加强了对借用外债、引进外资的主管部门、窗口单位和外资项目办等掌握外资较多的龙头单位的审计,促进了地方政府和上级主管部门进一步加强外资运用的管理,收到了良好的成效。

(四)认真学习贯彻审计规范

《中华人民共和国国家审计基本准则》等38项审计规范出台以后,审计署举办了审计规范培训班,对审计系统法制业务骨干进行专门培训,还派干部分赴各地宣传讲解审计规范,推动审计规范的贯彻落实。一年来,各级审计机关把认真学习和贯彻落实审计规范作为一项重要任务来抓,许多审计机关的主要领导亲自抓这项工作,积极采取措施,开展多种形式的学习与培训、总结推广推行审计规范的典型经验,使这项工作落在了实处。在实际工作中,许多地方的审计人员从审计方案的制定到实施审计和审计处理都力求严格执行规范,避免工作中的随意性。一些地方对于在执行规范中遇到的具体问题,还进行了一些分析研究,提出了解决办法。各地在开展审计工作和贯彻落实审计规范过程中,还加强审计执法检查和审计质量控制,收到较好效果。

1997年,各级审计机关加强了对特约审计员工作的领导,为特约审计员参与审计监督工作创造条件。聘请的特约审计员发挥其专业特长和职业优势,积极宣传审计,对加强和改进审计工作提出了许多中肯的意见和建议,有的还直接参与了重要审计事项,发挥了较好的作用。今后要进一步坚持和完善这项制度。宣传出版工作积极配合审计工作中心,提高审计刊物和图书出版工作质量,在扩大审计宣传方面发挥了积极作用。审计信息、教育培训、对外交流、计划统计、档案保密、办公自动化等项工作也都取得新的成绩。

总之,1997年全国各级审计机关和广大审计人员同心协力,积极进取,审计工作取得了很大成绩。但也存在着一些应引起重视的问题,如对审计工作面临的新情况和新问题调查研究得不够及时;上级审计机关对下级审计机关的业务指导不够有力;有些地方本级预算执行审计不够深入,两个报告质量不高;审计人员的思想建设和作风建设有待加强等。这些都需要我们在今后的工作中很好地加以研究和解决。

**三、全面完成1998年各项审计任务**

党的十五大对我国今后审计工作的进一步发展提出了新的更高的要求。刚刚结束的中央经济工作会议,确定了1998年经济工作的总体要求、工作重点和主要任务,为我们安排和部署1998年审计工作指明了方向。我们一定要认真学习、领会十五大和中央经济工作会议精神,认清当前形势,结合实际情况,研究和部署好明年的审计工作。

1998年审计工作的指导思想是:认真贯彻落实党的十五大和中央经济工作会议

精神，严格执行审计法和审计法实施条例，全面履行审计监督职责，继续从账户入手，深化本级预算执行审计和各项审计工作，认真检查和分析资金使用情况，在监督国有资产保值增值，促进改善经营管理，提高经济效益等方面发挥更大作用。

在审计财政财务收支真实、合法的基础上，重点检查、分析资金使用情况，促进提高资金使用效益，是1998年各项审计业务工作总的要求。要正确理解和处理好真实、合法与效益的关系。审计的基本职能是对国家财政财务收支的真实、合法、效益进行审计监督。真实、合法和效益三者之间是相辅相成的统一整体，真实、合法是效益的前提和基础，效益是真实、合法的最终表现。在各项审计业务中，我们决不能把三者割裂开来，甚至对立起来。当然，在某些特定情况下强调和突出其中的一个方面也是应该的。当前，经济工作的重点是调整经济结构，提高经济效益，实现两个转变。我们审计机关应当紧紧围绕国家经济工作的重点，及时调整自己的部署，为我国经济体制改革和经济发展做出应有的贡献。目前我国财政经济领域资金使用效益低的问题还没有从根本上解决，一些地区、部门和单位花钱不注意效益，讲排场、摆阔气，损失浪费的现象十分普遍。因此，我们强调1998年审计工作要把分析资金状况，促进提高经济效益作为指导思想和根本任务。

为了使这项工作落到实处，要具体情况具体分析。政府各部门的职责和任务不同，使用预算资金的方式、方法也不一样，有的具有经济管理和经营职能，有的主要是政策效应问题，完全用投入产出的观念去衡量和要求他们就很难行得通。因此我们在分析预算资金使用效益时，应该区别对待，而不能用一个标准。如何促进它们提高资金的使用效益，要研究出切实可行的办法。当前对政府部门和行政事业单位审计，应重点审查和揭露财政预算资金和预算外资金管理使用中不讲效益，损失浪费和奢侈等问题。对固定资产投资审计，要围绕调整投资结构这个中心，重点审查国家重点建设项目投资预决算的真实性和资金到位情况，以及有无盲目投资和违规兴建楼堂馆所、损失浪费等问题，促进提高投资的整体效益；对农业等各项专项资金审计，主要审查资金的管理和具体项目的资金使用中有无挤占挪用，或盲目立项造成损失浪费等问题；对工交、商贸企业的审计，要从产品是否适销对路，有无乱摊成本，各项管理制度是否科学、健全等方面进行检查分析；对金融、外资等审计，要从促进建立健全内部约束机制，加强管理，防范风险出发，分析和评价资金运营状况，促进改善经营管理，提高资金使用效益。

1998年审计工作的主要任务是：

（一）继续深化本级预算执行审计

对1997年本级预算执行情况的审计，要在坚持账户入手，下审一级的基础上，分析和监督财政资金的运动状况和趋势，规范财政收支秩序，加强财政收支管理，促进提高财政资金使用效益。主要抓好以下几方面的工作：一是要在前两次审计的基础上，继续运用账户入手，下审一级的审计方法，通过分析资金的运动状况和趋势，加强对预算资金使用情况的审计监督，促进提高财政资金的使用效益。要组织安排一些财政专项资金进行专题审计，重点揭露当前预算资金使用中的损失浪费和奢侈现象。要选择组织和参与预算执行、握有资金调拨权和管理、使用大宗财政性资金的部门和单位进行重点审计，并有针对性地延伸审计一批二、三级预算单位。二是要认真总结本级预算执行审计两个报告制度执行以来取得的成效和存在的主要问题，分析原因，提出措施，不断提高两个报告的质量和水平。当前存在的问题主要有：两个报告在反映问题的广度和深度上差异较大，有的反映问题比较平淡，重点不突出；编写和报送程序也不够规范，部分报告撰写质量较低，缺乏相应的高度等。各级审计机关要下功夫解决这些问题。三是要围绕当前国家宏观调控和集中财力振兴国家财政的目标要求，切实加强对各项税收和非税收入征收管理和审计监督，以维护国家分配秩序，提高“两个比重”，促进财政税收征收管理水平的不断提高。四是要按照国务院和地方各级政府的统一布置和安排，积极参与预算单位银行账户清理整顿工作，发挥审计部门的优势，协助财政、银行等有关部门清理整顿账户，严格约束开户，规范银行账户管理。财政部关于《中央预算单位银行账户管理暂行办法》即将出台，为了推进以预算单位银行账户为载体规范本级预算执行审计工作，明年审计署开展1997年中央预算执行审计时，要试行按账户审计的办法，为今后逐步做到按规范的银行账户开展本级预算执行审计积累经验，探索路子。

1997年中央预算执行审计主要审计财政部具体组织中央预算执行情况，并延伸审计17个驻地方财政监察专员办事处，国家税务局系统19个省级国税局的税收征管情况，海关总署19个直属分关的关税及进口环节税的征收、减免和保税货物监管情况，中央国库18个省级分库办理中央预算资金收纳拨付情况，国家计委等中央28个部门预算执行情况。地方各级审计机关要根据这次会议的总体要求以及当地政府和人大的意见，对1997年本级预算执行审计工作作出具体安排。各级审计机关要按照审计法的要求，继续搞好对下级政府财政决算的审计，在审计内容和重点的安排上要处理好与下级审计机关同级审的关系。审计署明年计划安排对18个省级政府1997年财政决算进行审计，各地也要结合本地实际情况作出安排。

(二)依法加强国有企业审计，积极探索股份制企业审计路子

国有企业是我国国民经济的支柱。搞好国有企业改革，对建立社会主义市场经济体制具有极其重要的意义。十五大报告中提出国有企业改革的方向是建立现代企业制度。股份制是现代企业的一种资本组织形式，是国有企业和集体企业探索公有制实现形式和建立现代企业制度的重要途径。当前企业审计要尽快适应十五大关于加快推进国有企业改革的新形势，紧紧围绕建立现代企业制度和加快股份制改造，认真履行审计监督职责，进一步加大审计监督力度，并根据各地的实际情况，大胆实践，积极研究和探索股份制企业审计的路子。重点要抓好以下几个方面的工作：一是严格按照审计法的规定，认真履行对国有企业以及国家资产占控股地位或主导地位企业的审计监督，防止国有资产流失。对重点亏损企业，要严格监督其资产负债损益的真实性，同时要从加强企业内部管理方面，查找问题，分析原因，为促进国有企业早日走出困境服务。二是突出重点，进一步抓好国有企业集团的审计监督。审计署和省级审计机关要进一步加大对在国民经济发展中起主导作用的跨地区、跨行业、跨所有制、跨国经营的大企业集团的审计监督力度，确保国家资本的有效运营和国有资产的保值增值，促进企业加强经营管理，提高经济效益。三是根据当地实际情况和有关部门的要求，积极开展股份制企业审计试点或者调查，认真研究和探索股份制企业审计的方法和路子。要在总结经验的基础上，尽快制定股份制企业审计监督暂行办法，逐步开展并规范股份制企业审计的内容、重点和方法。四是要注重对同等类型和规模企业的经济效益情况进行比较审计，通过审计，找出影响效益的主要原因，提出改善经营管理的建议。

1998年，审计署将组织地方审计机关和特派办，对石油——石化系统进行行业审计；对工交系统国有资产占控股地位或拥有实际控股权的股份制企业和企业集团进行审计或调查；对部分股份制商贸企业和外经贸系统上市公司进行审计或调查；对内贸部、外经贸部、国家旅游局和光大银行等部门所属企事业单位1997年度财务收支及有关经济活动进行审计；对粮食系统1997年度亏损和新增挂账情况进行审计调查。重

点审查国有资产的运行情况，揭露有无人为造成国家权益和国有资产流失等方面的问题，以确保国有资产的安全运行和保值增值，促进企业加强经营管理，提高资金使用效益。

(三)切实加强金融审计

党的十五大报告中明确指出，要“依法加强对金融机构和金融市场包括证券市场的监管，规范和维护金融秩序，有效防范和化解金融风险。”金融是现代经济的核心。随着我国社会主义市场结构的不断发展，金融活动日益广泛地渗透到社会生活的各个方面，金融在宏观调控中发挥着越来越大的作用。近年来，国际上由金融危机引发经济危机，继而造成社会动荡的事例已发生多起，必须引起我们的高度重视和关注。目前我国金融机构存在资产质量偏低，风险偏大，效益不高等问题。因此，依法加强对金融机构的监督和管理，防范和化解金融风险是当前我国经济工作的一项十分重要和紧迫的任务。最近，党中央和国务院召开的全国金融工作会议指出，进一步做好金融工作，保证金融安全、高效、稳健运行，是国民经济持续快速发展的基本条件，要依法治理金融，大力整章建制，严惩金融犯罪，把一切金融活动纳入规范化、法制化轨道。1998年金融审计要全面贯彻全国金融工作会议精神，紧紧围绕深化金融改革，整顿金融秩序，防范金融风险这一主题开展工作。要按照审计法的要求，重点加强对国有金融机构资产负债和盈亏真实性的审计监督。审计署将组织对华夏、国泰、南方、海通证券公司和地方性证券公司1997年度资产负债损益情况进行审计；组织对中保集团省及省以下分支机构1997年度资产负债损益情况进行审计。

(四)继续做好农业、行政事业、投资审计工作

十五大报告中强调要加强农业的基础地位，坚持把农业放在经济工作的首位。要稳定党在农村的基本政策，深化农村改革，确保农业和农村经济发展、农民收入增加。各级审计机关要以此作为我们当前和今后一个时期内开展农业审计的指导思想和根本目标，继续抓好农业资金的审计。1998年，审计署将统一组织开展三项审计：一是组织全国31个省区市审计机关和部分特派办，对1996、1997两年的水利专项资金和基金的分配、管理、使用和效益情况进行审计；二是组织部分省级审计机关和特派办，对农业部、林业部、水利部等部门承建的农业综合开发项目进行审计；三是组织湖北、重庆两地审计机关和武汉、成都特派办对1997年三峡移民资金分配、拨付、管理和部分项目的效益情况，部分工程项目决算情况进行审计。

1998年，审计署统一组织各级审计机关，对1996、1997年度住房资金进行专项审计，主要检查住房资金归集、管理和使用中存在的问题，促进加强管理，完善制度，保证住房资金的安全、有效；对1996、1997年度公安机关收费和罚没收入进行审计，促进执法部门规范收费行为，搞好廉政建设。

1998年，投资审计要围绕能源、交通、水利和非生产性建设项目，继续实行从银行账户入手的方法，从源头上检查、监督建设资金的来源和使用情况，促进加强投资预算约束，提高投资效益。审计署将组织对京九铁路及地方铁路、煤炭、电厂技术改造等能源、交通项目进行审计；继续对三峡工程部分子工程项目结算进行审计；对电力建设基金进行审计调查。主要检查建设资金有无被挤占、挪用以及资金流失和重大损失浪费等问题。各级审计机关还要对楼堂馆所建设项目开展审计或调查，特别是对中央13号文件下发以后新开工的楼堂馆所项目，要进行重点调查。

(五)加强外资运用审计，努力提高外资审计工作质量

从总体上讲，这几年我们的外资审计是比较好的，在促进对外开放，加强外资运用管理等方面发挥了积极作用。但应该看到，

当前外资审计确实存在审计质量不高、披露问题不够客观公正等问题，必须引起我们的高度重视。各级审计机关要认识到，外资审计质量直接关系中国审计机关在国际上的信誉，甚至会对吸引外资工作产生不利影响。因此，我们要增强紧迫感，切实加强对外资审计工作的领导和业务指导，努力提高外资审计工作水平和审计报告的质量。要加大外资运用项目的审计监督力度，对审计发现的问题要严格依法处理。同时要对贷款协议条款在实际执行中的可行性进行检查。要坚持客观公正，按照外资审计事项重要性和外资审计执业谨慎性原则，恰当地表述审计发现的问题。对审计质量不高，隐瞒问题不报的少数审计机关，停止其审计资格。外债审计要继续按照审计署与国家外汇管理局联合通知的精神开展。中外合资企业审计主要检查会计核算的合法合规性，是否依法上缴税费和平等互利经营，权益分配是否正当合理等。境外企业审计按当地政府的安排和要求进行。

(六)认真贯彻落实审计法实施条例和审计规范

《中华人民共和国审计法实施条例》已经国务院批准，于1997年10月21日发布实施。各级审计机关和广大审计人员要认真学习和贯彻执行条例的各项规定，切实加强审计监督工作。要依照条例的有关规定，认真总结本地区、本单位实施审计法的情况，找出存在问题，研究解决方法。同时要做好宣传解释工作，使被审计单位和有关部门进一步支持审计工作，自觉接受审计监督。

1998年，各级审计机关要继续抓好审计规范的贯彻落实。要进一步做好学习和培训工作，深化对审计规范的理解和认识，增强贯彻落实的自觉性，不要另搞一套；要加强调查研究和指导工作，深入了解当前贯彻执行审计规范中存在的问题。为了进一步增强审计人员的法制观念，促进提高审计业务素质和审计执法水平，明年审计署将开展“三五”普法阶段性检查活动。这次普法检查要把各地学习、贯彻审计规范作为重点之一，注意总结和推广各地执行审计规范的典型经验。

要扩大计算机应用的培训，加快审计机关办公自动化建设和计算机辅助审计步伐，尽快建立和完善审计信息系统，有重点有步骤地开发应用财政、金融、投资、企业和外资运用审计软件，不断提高审计工作效率和水平。

**四、加强对内部审计、社会审计的指导和管理**

今年以来，各级内部审计机构和广大内部审计人员根据年初全国审计工作会议的要求，紧紧围绕实现两个转变，充分发挥熟悉本单位经营管理情况的优势，不断拓展工作领域，深化审计内容，在促进部门、企业建立和完善自我约束机制，依法经营，加强管理，提高经济效益等方面取得很大成绩。总的看，当前我国内部审计工作形势较好。各级政府、部门、单位的领导比较重视和支持内部审计工作，各级审计机关加强了对内部审计业务的指导和监督，内审机构和人员有所增加，人员知识结构趋于合理，工作成果不断扩大，规范化水平逐步提高。

党的十五大明确提出要继续调整和完善所有制结构，加快推进以建立现代企业制度为目标的国有企业改革，建立有效的国有资产管理、监督机制，积极推进经济体制和经济增长方式的根本转变，这对内部审计工作提出了新的更高的要求。各部门、各企业的内部审计机构和广大内部审计人员要深入学习贯彻落实十五大精神，积极研究与探索国有企业实行规范化的公司制改革以及改组、改造、联合、兼并、租赁、承包经营、股份合作制等形式下，如何区别不同情况开展内部审计工作。要继续围绕实现两个转变和建立现代企业制度，以提高经济效益为中心，不断拓宽领域，提高工作质量。广大内部审计人员要努力学习政治理论和专业知识，提高自身素质，为本部门、本企业领导决策当好参谋和助手。各级审计机关要注意研究在社会主义市场经济条件下，指导和管理内部审计工作的有效方式和方法，不断加强内部审计工作。

今年，各级审计机关根据年初全国审计工作会议的要求，继续加快中国审计师协会和注册会计师协会联合的步伐。截至目前，全国31个省区市都已发出了“两会”联合的文件，其中22个省区市实现了“两会”联合，为发展和完善社会审计工作创造了条件。各级审计机关认真贯彻落实《审计机关指导监督社会审计机构的规定》，积极履行对注册会计师协会的指导监督职责，强化了对社会审计机构执业质量的监督力度，对发现的审计事务所、会计师事务所执业中存在的徇私舞弊、弄虚作假等问题，认真进行调查核实，做出严肃处理，从而促进了社会审计工作的健康发展。

党的十五大提出要大力培育和发展社会中介组织。各级审计机关要认真学习和贯彻落实十五大精神，把加强对社会审计机构的指导监督工作作为贯彻落实十五大精神的一项重要任务来抓。当前要尽快研究如何发挥社会审计在企业改革、改组过程中的作用，以及如何加强对社会审计机构的业务指导和监督，进一步强化质量检查工作，促进其公正执业、公平竞争。要加强对注册会计师协会的指导监督工作，促使其按照章程履行行业管理的职责。

同志们，党的十五大的胜利召开，对我国的审计工作提出了新的更高的要求，同时也为推进我国审计事业的全面发展提供了新的机遇。让我们高举邓小平理论的伟大旗帜，紧密团结在以江泽民同志为核心的党中央周围，抓住机遇，开拓进取，扎实工作，为把我国的审计事业推向一个新的发展阶段而努力奋斗！

# 团结一致　扎实工作
# 推动我国审计事业更好的发展

## ——在全国审计工作会议结束时的讲话

（1997年12月23日）

金基鹏

同志们：

全国审计工作会议今天就要结束了。在国务院领导的重视和关怀下，经过全体与会代表的共同努力，我们这次会议开得很成功，完成了预定任务，达到了预期目的。昨天下午，李鹏总理亲切接见了与会代表，并作了重要指示。今天，李贵鲜国务委员又亲自到会，就当前经济形势和加强审计工作等问题发表了重要讲话。国务院领导同志在讲话中充分肯定了我国审计工作取得的成绩，对进一步加强审计监督工作和审计队伍建设提出了新的要求。这对于我们开好这次会议，认真搞好今后的各项审计工作具有重要意义。我们一定要认真学习和贯彻落实国务院领导同志的重要指示，团结一致，扎实工作，推动我国审计事业更好的发展。会议开始时，郭振乾审计长全面总结了今年的各项审计工作，对明年的审计任务作出了具体部署，提出了继续从账户入手，深化本级预算执行审计，认真检查和分析资金使用状况，促进提高经济效益的审计工作指导思想。同志们一致反映，这次会议开得很好，对于各级审计机关进一步深入学习贯彻十五大精神，依法履行审计监督职责，全面完成明年各项审计任务具有重要的指导作用。现在，我就大家讨论的有关情况讲几点意见。

**一、这次会议的主要收获**

同志们以饱满的热情和严肃认真的态度参加这次会议。在讨论中，大家紧密联系审计工作实际，认真准备，踊跃发言，达到了统一思想，明确任务的要求。大家普遍认为，这次会议时间不长，但内容丰富，收获很大。

（一）认真学习了李鹏总理接见会议代表时的重要指示。李鹏总理在百忙中接见了会议代表，并发表重要指示，对审计工作和审计队伍建设给予了充分的肯定，同时也对今后的工作提出了殷切的希望和更高的要求。1993 年以来，李鹏总理每年都接见全国审计工作会议代表，并作重要指示，充分体现了总理领导审计、关心审计、支持审计工作。李贵鲜国务委员也连续几年参加全国审计工作会议，发表重要讲话。这表明了国务院领导对审计工作的关心和重视，使全体与会代表深受教育和鼓舞，增强了搞好审计工作的信心和责任感。大家表示一定要认真学习领会国务院领导同志的指示，在今后的审计工作中切实加以贯彻执行。

（二）认真学习十五大精神，增强了依法审计的自觉性。这次会议是在党的十五大和中央经济工作会议结束不久后召开的。十五大为我国改革开放和现代化建设的跨世纪发展作出了全面部署，也给审计事业的进一步发展指明了方向。中央经济工作会议对明年我国经济工作总体要求、工作重点和主要任务作了具体安排。这次全国审计工作会议对当前审计工作如何贯彻十五大和中央经济工作会议精神，坚持依法审计等提出了明确的要求。在讨论中，大家紧密联系审计工作实际，进一步认真学习十五大和中央经济工作会议精神，认识到深化经济体制改革、完善宏观调控、整顿经济秩序都需要进一步强化审计监督，从而增强了依法审计和自觉性。

（三）认真总结了今年的各项审计工作。郭审计长的工作报告不仅对今年各项审计工作进行了全面的总结，而且还对十四大以来特别是审计法颁布以来我国审计工作取得的新进展进行了总结和高度概括。大家认为，这个总结和概括是实事求是的，符合我国审计工作发展的实际情况。在讨论中，大家对今年各自开展审计工作的情况、体会和经验进行了交流。通过交流，大家相互启发，开阔思路，既肯定了我们取得的成绩和好的经验，也找出了存在的不足，达到鼓舞士气，坚定信心，明确方向的目的，为全面完成明年各项审计任务奠定了基础。

（四）统一了思想，增强了搞好明年审计工作的信心。大家对明年审计工作的指导思想和主要任务等进行了深入讨论。普遍认为，郭审计长提出的明年审计工作的指导思想和总体安排是切实可行的。当前审计业务工作在坚持真实、合法和效益三者统一的基础上，重点突出对资金使用效益的审计监督，其意义重大，非常必要。有了这样一个明确的指导思想，搞好明年各项审计工作就有了可靠的保证。大家表示，在明年的各项审计工作中一定要认真加以贯彻执行，不断提高审计工作的质量和水平，在促进加强管理，提高经济效益等方面做出成绩。

（五）通过表彰先进集体和先进工作者，增强了建设高素质审计干部队伍的信心。大家认为，审计机关自成立以来，已连续召开了 4 次全国审计机关表彰先进大会，这对加强审计机关思想政治工作和培养高素质的审计干部队伍发挥了积极的促进作用和示范作用。我们一定要借这次大会的东风，在全国审计机关掀起一个宣传先进、学习先进、争当先进的高潮，努力建设一支政治坚定、执法严明、清正廉洁、业务过硬的高素质审计干部队伍。

**二、进一步明确明年审计工作的指导思想,全面完成各项审计任务**

郭审计长在工作报告中指出,明年审计工作的指导思想是:认真贯彻落实党的十五大精神,严格执行审计法和审计法实施条例,全面履行审计监督职责,继续从账户入手,深化本级预算执行审计和各项审计工作,认真检查和分析资金使用状况,在监督国有资产保值增值,促进加强管理,提高经济效益等方面发挥更大作用。为了认真贯彻落实这一指导思想,全面完成好明年的各项审计工作,我在这里再强调以下几点:

(一)继续深入学习十五大精神,严格执行审计法和审计法实施条例。党的十五大确立了邓小平理论在全党的指导地位,并在深化经济体制改革和健全宏观调控等方面有了一系列新的理论突破,这对审计工作提出了更高的要求。因此,认真学习贯彻十五大精神,严格执行审计法和审计法实施条例,是当前各级审计机关和广大审计人员面临的一项重要任务。我们应当认识到,学习贯彻十五大精神是个长期任务。当前和今后相当长的一段时间内,大家要继续深入学习十五大文件,全面准确地理解文件精神,紧密联系审计工作的实际,坚持把学习十五大精神同认真贯彻落实审计法和审计法实施条例的各项规定结合起来。审计工作的大政方针,宪法和审计法都有了明确的规定,现在的主要问题是如何严格执行审计法和审计法实施条例,坚持依法审计。在各项审计工作中,我们一定要在审计法和审计法实施条例规定的范围内,严格依法办事。对工作中遇到的一些新情况新问题,要从社会主义初级阶段和社会主义市场经济体制出发,积极进行研究和思考,努力寻求有效的解决办法。我国建立审计监督制度十四年以来,审计工作有了很大的发展,初步建立了审计法律法规体系,积累了许多经验,打下了良好的基础,这是应该充分肯定的。但要看到我们还面临很多问题,如本级预算执行审计如何深化,金融审计和企业审计如何适应改革和发展的新形势等。最近国务院发布了审计法实施条例,表明我国的审计法制建设得到进一步完善。各级审计机关和广大审计人员要认真组织学习,大力做好宣传解释工作,增强被审计单位接受审计的自觉性。要认真对照和检查审计法的贯彻执行情况,切实把各项审计工作都统一到审计法和审计法实施条例的规定上来,保证审计法和实施条例能够得到有效地贯彻执行。

(二)正确处理好审计财政财务收支真实、合法与效益的关系。审计监督的基本职能是监督财政财务收支的真实、合法和效益,这三者是一致的,不存在相互矛盾的问题。只有在真实、合法的前提下,才能谈得上效益;离开真实、合法,效益也就无从谈起。因此,我们强调效益,并不排除真实、合法这个前提。在实际工作中不能把它们割裂开来。近几年来,特别是开展本级预算执行审计以来,我们主要强调运用"账户入手,下审一级"的方法,从总体上掌握财政财务收支的真实、合法情况。明年,在此基础上要通过检查和分析资金运动状况,促进加强管理,提高经济效益的指导思想不仅是必要的,而且也是可行的。这就要求各级审计机关和广大审计人员在各项审计工作中,不能就事论事,完成检查任务了事。要重视各项审计基础工作,不断积累被审计单位的有关资料,在摸清情况的基础上,要从加强管理和完善制度等方面找出问题,分析产生问题的原因,最终达到促进管理,提高经济效益的目标。

(三)全面完成好明年的审计工作。郭审计长在工作报告中对明年各项审计任务已经作了部署。这是审计署根据中央经济工作会议和国务院领导的指示精神,结合审计工作的实际情况作出的统一安排,属于必审项目。各级审计机关必须高度重视,组织力量不折不扣、保质保量地完成好。各级审计机关在保证完成这些必审项目的同时,还要根据各自的实际情况和党政领导的要求，安排一些自身的审计项目。有的地区和部门党政领导还有许多重大交办事项，我们也一定要积极认真地去完成。因此，明年的审计工作任务相当繁重。各级审计机关要根据这次会议的部署，统筹考虑，突出重点，制定切实可行的措施，全面完成好明年的各项审计工作任务。

郭审计长在报告中对明年企业审计已提出了明确的要求，大家要结合当地实际情况认真贯彻落实。有条件的地方要积极开展股份制企业审计和比较审计的试点，通过实践，积累经验，探索路子，在此基础上形成比较切合实际的规定或指导意见。同时，各级审计机关和内部审计机构要加强调查研究，努力寻求社会主义市场经济条件下指导和搞好内部审计的方法，为促进加强管理，推进两个根本性转变服务。社会审计工作除切实执行财政部、审计署财办字〔1995〕26号文件的规定，搞好对“两会”联合后注册会计师协会的指导和监督外，要加强对暂时挂靠审计部门的事务所的执业质量检查监督，认真搞好事务所的整顿工作，增强公正执业意识，遵守职业道德，健全审计质量内控制度，树立良好的形象。

（四）切实加强审计干部队伍建设。应当说，这些年我们在审计干部队伍建设方面取得了显著成绩。总体上讲，我们现在的这支队伍是好的，必须充分肯定。但是也要清醒地看到，审计干部队伍还不能很好地适应形势发展的需要，还不同程度地存在着这样或那样的问题。我们对取得的成绩不要估计太高，对存在的问题不要护短。这次表彰的先进集体和先进工作者，为我们各级审计机关和广大审计人员树立了学习的榜样。我们要大力开展学习先进的活动，倡导敬业爱岗和廉洁奉公的精神，进一步推进审计机关的精神文明建设。要按照十五大提出的要求，进一步加强廉政建设，从爱护干部的角度出发，严格要求，敢抓敢管，真正做到警钟长鸣，常抓不懈。

**三、认真传达和贯彻落实这次会议的精神**

这次会议期间，李鹏总理接见与会代表时作了重要指示。刚才，李贵鲜国务委员又发表了重要讲话。这对我们进一步搞好审计工作具有很强的针对性和指导意义。李鹏总理的指示，新华社已作了报道，李贵鲜国务委员的讲话稿正在排印。今天晚上，我们将把这两份文件送发大家。在分组讨论中，同志们还对郭审计长的工作报告提出了很多好的建议，我们尽快将修改后的报告发给大家。希望同志们回去以后，及时向政府和部门的领导汇报国务院领导同志的指示和这次会议的主要精神，并结合实际情况，采取适当方式，认真组织传达、学习和贯彻，切实安排好明年的各项审计工作。有关这次会议的传达贯彻情况和1998年审计工作安排意见，请于明年2月15日前报告审计署。

新年和春节快到了，借此机会，我代表署领导给大家拜个早年，祝同志们在新的一年里工作顺利，身体健康，合家欢乐！

# 统一思想　明确方向
# 为实现审计工作跨世纪发展目标努力奋斗
## ——在全国审计工作会议上的讲话

1998年12月20日

李金华

这次全国审计工作会议的主要任务是，深入贯彻党的十五大、十五届三中全会和中央经济工作会议精神，总结1998年审计工作，确定今后五年审计工作发展目标，部署1999年审计工作任务，研究改革内部审计工作，制定建设高素质审计干部队伍的主要措施。这次会议召开之前，朱镕基总理和王忠禹国务委员听取了审计署的工作汇报，对审计工作给予了充分肯定，并作了重要指示，为我们明年和今后一个时期的工作指明了方向。

**一、1998年审计工作的主要成果**

1998年，我国经受了亚洲金融危机和特大洪涝灾害的严峻考验，在极其困难的条件下，国民经济仍然保持了良好的发展势头，同时，经济体制改革迈出了重大步伐，国务院机构改革取得了重要成果。在这样的形势下，全国审计机关和广大审计人员在党中央、国务院和地方各级党委、政府的领导下，团结一致，艰苦奋斗，紧紧围绕政府工作中心，积极开展财政收支审计、证券保险审计、粮食清查审计和深化企业审计试点等项工作，在维护经济秩序，加强廉政建设保障各项改革措施和宏观调控目标落实，促进国民经济健康发展方面发挥了重要作用。1至11月，全国共审计12万多个单位，对违反财经法规问题依法进行了处理，已上缴财政107亿元，减少财政拨款和补贴18亿元，追还被侵占挪用资金133亿元，共为国家增收节支258亿元。

(一)财政收支审计取得新的进展

今年是开展本级预算执行审计的第三年，除个别少数民族地区外，全国各级审计机关基本上都按照审计法的规定开展了本级预算执行审计。从总体上看，今年预算执行审计的深度，审计处理的力度，以及审计工作的规范化程度等比前两年都有了新的进展，提出的加强预算管理的意见和建议更具有针对性，为各级政府和人大加强预算管理和监督发挥了重要作用。今年的中央预算执行审计工作，受到了国务院的肯定和全国人大常委会的好评。朱镕基总理主持召开国务院常务会议，研究讨论了中央预算执行审计结果报告，对审计署坚持依法审计，如实揭露和反映中央预算管理中的问题给予了支持，并在审计结果报告上批示："对中央预算执行情况进行审计的制度很重要。审计署的工作是认真、负责和有效的。国务院各部门要认真执行审计决定，进一步改进工作，对审计查出的问题，要依法严肃处理"。6月24日，我受国务院委托，向九届全国人大常委会第三次会议作了审计工作报告，委员们讨论热烈，对审计署敢于揭露和反映问题，积极提出加强中央预算管理的意见和建议表示满意，对进一步加强审计监督工作提出了要求。全国人大常委会要求国务院责成有关部门和地方政府认真纠正违法违规行为，在今年年底前向全国人大常委会作出报告。国务院办公厅下发了《关于认真落实1997年中央预算执行情况和其他财政收支审计处理决定的通知》,财政部、国家税务总局、海关总署、中国人民银行和审计署按照分工对审计决定进行了落实,目前,大部分问题得到了纠正。

审计署还组织各地审计机关开展了专项资金审计。组织对全国31个省区市的2130个地市县水利部门和长江、黄河6个流域水利委员会管理和使用的水利专项资金进行了审计,查出有19个省少征水利建设基金35.71亿元,占应计征数的69%,有12个省分文未征;查出挤占挪用水利建设基金用于平衡预算、弥补行政经费、建房、购车和办企业等达13.39亿元。对三峡移民资金的管理使用情况进行了审计,查出挤占挪用移民资金2.37亿元和移民安置不落实等问题。组织对22个省区市电电力建设基金和20个省区市三峡工程建设基金进行了审计,发现这些地区在国家规定的电价之外自行加价征收119.8亿元,越权减免、少征、漏征28.4亿元,挤占挪用30.93亿元。对16个省区市和铁路、煤炭、石油三个行业住房资金进行了审计,查出挤占挪用住房资金58.96亿元,以及住房公积金归集不到位、管理混乱等问题。对1360个公安局及其7026个基层单位行政性收费、罚没收入进行了审计,查出自立项目乱收费8.33亿元,隐瞒截留应上缴财政收入10.23亿元,挤占挪用3.33亿元。对救灾款物的分配使用情况正进行跟踪审计。对审计查出的问题,各级审计机关依照有关法规进行了处理,同时,提出了加强管理的意见和建议,对保证专项资金合理有效使用,促进各项事业发展发挥了重要作用。

(二)证券、保险审计取得明显成效

审计署根据国务院领导的指示精神,组织对国泰、南方、华夏、申银万国等88家证券公司及1218个分支机构的财务收支进行了审计。查出这些证券公司资产、负债、损益不实严重,资产总额中虚增虚减数额占8%,负债不实占7%,利润不实占45%;采取违规证券回购、发行债券、卖出代保管国债等方式累计融入资金1887.87亿元;有46家证券公司年底挪用客户保证金160.22亿元;有些证券公司违规经营,非法获利45.91亿元;32家证券公司有账外资产39.39亿元和利润17.97亿元。对这些问题,根据国务院领导的指示,正在会同有关部门进行处理。同时,还组织对中保集团财产保险有限公司25家分公司及1671家分支机构,人寿保险有限公司23家分公司及1247家分支机构的财务收支进行了审计,查出少计收入、多列支出、漏缴税金等违反财经法规金额48.54亿元。这次证券保险审计,对促进整顿证券和保险市场秩序,加强管理,规范经营发挥了作用。

今年,还组织对6124个国际组织贷款和援助项目单位进行了审计,查处挪用外资和配套资金、倒卖物资和虚报工作量等问题102.22亿元,出具对外审计报告289份,对促进合理有效利用外资发挥了积极作用。

(三)粮食清查审计取得重大成果

根据朱镕基总理的指示,今年5至10月,审计署会同财政部等八个部门,对粮食系统新增财务挂账和其他不合理占用贷款情况进行了清查审计。各级审计机关先后抽调5万多人,经过半年多时间,审计了30850个粮食企业和2499个农发行分支机构,同时还对2681个粮食主管部门和2594个财政部门进行了专项审计或审计调查。通过审计,基本查清了政策性粮食企业占用农发行粮油贷款情况,核实了新增财务挂账和其他不合理占用贷款数额,为解决粮食企业财务挂账和深化粮食流通体制改革提供了依据。经过审计核实,粮食企业新增财务挂账2025亿元中,非正常亏损挂账559亿元,占27.6%,其余1466亿元属于正常亏损挂账,其中应由中央财政贴息的为1100多亿元;粮食企业占用农发行收购贷款总额5383亿元中,粮食部门用于附营业务和兴建宾馆、办公楼以及其他部门挤占挪用等

642亿元；农发行将粮油贷款贷给非政策性收储企业和粮食系统以外的企业529亿元。审计中还查出各类严重挤占挪用收购资金、骗取国家补贴以及贪污公款等违法违纪案件1181件，已处理结案560件，166人受到党纪政纪处理，27人被追究刑事责任。

这次粮食清查审计是审计机关成立以来规模最大、参加人员最多的一次审计。广大审计人员在时间紧、任务重，部分地区遭受洪涝灾害的情况下，顾全大局，团结协作，忠于职守，严格执法，遵守纪律，廉洁自律，保证了审计任务的顺利完成，在社会上产生了一定的影响。同时，我们的审计队伍也经受了一次考验，涌现出许多先进人物和感人事迹。审计署决定，对这次粮食清查审计中表现突出的119名先进工作者予以通报表彰。

(四)深化企业审计试点取得一定经验

为了加强和改进企业审计，探索企业财务收支真实性审计的路子，审计署组织对23户国有大中型企业进行了审计。查出企业弄虚作假，资产、负债、损益不实的问题比较严重，资产不实数额占10.39%，负债不实占7.89%；企业财务报表反映利润总额38.87亿元，有36.92亿元是虚报，还有20.53亿元未在报表中反映；呆账、待处理财产损失和不良资产等形成的潜亏36.06亿元。通过这次审计，不仅摸清了企业家底，揭露了企业财务收支中弄虚作假，资产、负债、损益不真实的问题，同时，还初步探索了承诺制、统计抽样审计、测评内部控制制度和计算机辅助审计等方法，为今后加强和改进企业审计积累了经验。从企业审计试点情况看，当前，国有企业弄虚作假，会计核算不实的现象相当普遍，有的还十分严重，加强对企业财务收支真实性的审计是非常必要的。

根据国务院领导指示，今年还组织对162户国有重点亏损企业财务收支进行了审计，这些企业账面反映亏损24.28亿元，审计核实为48.26亿元，查出少报23.98亿元，相当于账面亏损的98.76%，此外，还有潜亏31.8亿元。对石油、石化行业56户企业财务收支进行了审计，查出石化企业多报利润59.1亿元，石油企业少报利润20.66亿元，部分石化企业从事境外原油套期保值业务损失14.77亿元。

在今年的企业和金融财务收支审计中，还发现了一些重大违法犯罪线索，如成都红光实业股份有限公司挪用募股资金炒作股票，东方锅炉厂向所组建的股份制企业转移利润，济南轻骑摩托车股份有限公司违规炒作股票、经营证券和存贷款业务等。根据国务院领导批示，有关部门对这些问题已进行查处。

(五)积极配合稽察特派员对企业进行审计并参与重大经济案件查证工作

今年以来，根据国务院领导批示，审计署抽调人员配合中纪委、监察部、公安部对6个专案进行查证；配合稽察特派员对天津渤海化工集团、长城铝业公司等进行专案检查；完成了领导交办的橡胶贷款使用情况、燕山集团私设小金库、中创公司清算、广东湛江走私案和海南财税部门税收提退等20多项专项审计。地方审计机关在查处重大经济案件和反腐败斗争中也做了大量工作，发挥了重要作用。

在做好各项审计工作的同时，今年6至9月，审计署根据国务院的统一部署，认真开展了以精简机构、压缩人员、定岗分流为主要内容的机构改革工作。审计署机关职能部门由14个减少到12个，派出机构由41个减少到25个，人员编制由889名减少到450名，精减49.4%。通过这次机构改革，理顺了审计署和有关部门的职能关系，调整了内部机构设置和职能划分，加强了审计业务部门，精干了综合管理部门，优化了人员结构，改进了机关作风。通过定岗定责，找差距，定目标，机关干部的精神面貌焕然一新，工作效率和质量明显提高。

## 二、今后五年审计工作的发展目标

今年是我国审计机关成立十五周年。

十五年来，全国审计机关和广大审计人员在党中央、国务院和地方各级党委、政府的领导下，艰苦奋斗，开拓进取，审计工作有了较大发展，初步建立了以宪法为根本、以审计法为核心的审计法律法规体系，培养和锻炼了一支基本适应工作需要的审计队伍，审计工作开始走上法制化、制度化、规范化的轨道，为审计事业的进一步发展打下了良好的基础。

今后五年，是我国实现跨世纪发展战略目标的重要五年，各项改革进入攻坚阶段，经济发展处于关键时期。新形势对审计工作提出了新的要求，审计监督的任务越来越重。但审计工作水平、审计人员素质和审计技术手段同新形势的要求还不相适应。进一步加强和改进审计工作，把审计事业推向新的发展阶段，是各级审计机关的一项十分重要而紧迫的任务。为了进一步统一思想，明确目标，准确把握今后五年审计工作发展方向，审计署在广泛征求意见的基础上，研究制定了《1999 年至 2003 年审计工作发展纲要》。纲要确定了今后五年审计工作发展的总体目标、主要任务和措施，提出了财政收支审计、企业财务收支审计和金融机构财务收支审计的具体目标和要求。

（一）全面落实审计法，推进依法治国是今后五年审计工作的总体目标

党的十五大提出依法治国的基本方略。全面落实审计法，推进依法治国，既是审计机关的根本任务，又是社会主义市场经济条件下发挥审计监督作用的重要体现。因此，今后五年，审计机关必须坚持把全面落实审计法，推进依法治国作为审计工作的出发点和落脚点。必须按照宪法和审计法的规定，坚定不移地的履行职责，卓有成效地、创造性地开展工作，维护审计机关的法律地位和权威。尽管当前社会上对审计监督的认识还有一定的差距，依法审计还存在一定的困难，今后还可能遇到一些新的情况和问题，但在全面落实审计法这一点上决不能动摇。必须从维护法律尊严的高度加强审计监督，促进被审计单位依法行政，依法经营，依法管理，促进有关部门完善制度，健全法制，把推进依法治国落到实处。必须依法规范审计行为，提高审计执法水平，推进审计工作的制度化、法制化和规范化。

基于以上思路，纲要提出了今后五年审计工作的总体目标是，高举邓小平理论伟大旗帜，贯彻党的十五大精神，全面落实审计法，推进依法治国，在整顿经济秩序，加强宏观调控，推进各项改革，促进经济发展，维护社会稳定等方面更好地发挥作用。

（二）以审计财政财务收支真实、合法为重点，打假治乱，维护经济秩序是今后五年审计工作的主要任务

我国审计监督制度是在改革过程中建立和发展起来的。在新旧体制转换过程中，财经领域的违法违规问题非常突出，在当时条件下，审计机关把查处违法违规问题作为审计工作的重点是非常必要的，为整顿经济秩序，维护财经纪律发挥了积极作用。当前，财经领域中的违法违规问题出现了一些新的情况，会计核算不真实，财政财务收支中的弄虚作假行为十分突出。既是经济秩序混乱的一种表现，也是造成经济秩序混乱的重要原因，不仅造成国家财力分散和国有资产流失，而且给国家宏观调控和决策带来误导。这些问题不解决，就不能全面揭露财政财务收支中的深层次问题，从根本上制止和纠正违法违规的问题，也会给有效实施审计监督带来困难。因此，把审计财政财务收支真实、合法作为审计工作的重点，既是现实的需要，也对加强和改进审计工作具有长远意义。西方发达国家经过了几十年、甚至上百年的财务审计，才基本达到会计核算的真实和规范，为全面开展效益审计创造了条件。我们要下大决心，花大气力，经过较长时间的努力，促进解决财政财务收支的不真实、不合法问题，逐步规范会计核算，为全面贯彻落实审计法创造良好的环境。因此，纲要提出今后五年审计工作的主要任务是，以审计财政财务收支的真实、合法为重点，加

强和改进财政收支审计、企业财务收支审计和金融机构财务收支审计，打假治乱，维护财经秩序，揭露和制止财政资金损失浪费、国有资产流失、舞弊和腐败等问题，促进各部门各单位建立和完善内部控制制度，加强廉政建设，提高资金使用效益。

今后几年，财政收支审计、企业财务收支审计和金融机构财务收支审计都必须把检查会计核算真实、合法作为重点。当前，重点揭露部门和单位隐瞒收入，虚列支出，挤占挪用专项资金，将预算内资金转作预算外，设立"小金库"，造成国家财政资金大量流失和损失浪费的问题；揭露国有企业资产、负债严重不实，虚盈实亏，虚报亏损，搞账外账，隐瞒收入，造成国有资产流失和大量潜亏的问题；揭露国有金融机构资产、负债和盈亏不实，掩盖账外经营和不良资产，造成金融风险隐患的问题；揭露一些部门和单位为了小团体或个人利益，弄虚作假，违法犯罪，给国家造成重大经济损失的问题。

(三)实行审计工作二十字方针，加强"人、法、技"三方面的建设是审计事业发展的基本保证

为了实现今后五年的目标和任务，审计工作实行"依法审计、服务大局、围绕中心、突出重点、求真务实"的方针，坚持全面审计，突出重点的原则，把财政投入较大和关系国计民生的项目作为审计重点；坚持点面结合，突出大案要案的原则，下大气力揭露严重违法违规及舞弊和腐败问题；坚持执法必严，违法必究的原则，加大审计处理、处罚力度。

各级审计机关必须把加强审计队伍建设、完善法制建设、实现审计工作手段和技术方法现代化作为推动审计事业发展的根本任务，认真抓好，切实抓出成效。纲要中提出，要坚持以人为本，大力培养优秀审计人才，从严治理审计队伍，建设一支结构合理、适应审计事业发展需要的高素质审计队伍；要加强和完善审计法制建设，在贯彻执行38个审计规范的基础上，认真总结经验，制定适应我国国情、操作性较强并体现国际公认审计原则的国家审计准则体系，开展普法教育，加强执法检查，约束和规范审计行为，提高审计执法水平；要推广运用现代审计方法，加快计算机网络系统和审计信息数据库建设，积极开展计算机辅助审计，不断提高审计工作质量和效率。

**三、努力完成1999年各项审计任务**

最近召开的中央经济工作会议，明确提出了明年经济工作的总体要求，对改革和建设的一系列重大问题做出了部署，要求明年把稳定和加强农业、深化国有企业改革、搞好金融工作作为三项重点工作，切实抓好。这次会议为我们确定明年审计工作重点指明了方向。我们要认真学习贯彻中央经济工作会议精神和朱总理的重要指示，围绕经济工作中心，安排好明年的审计工作。

1999年审计工作的总体要求是，高举邓小平理论伟大旗帜，认真贯彻党的十五大、十五届三中全会和中央经济工作会议精神，围绕政府工作中心和各项改革措施，以打假治乱为重点，揭露和反映财政财务收支中的不真实、不合法、不规范以及损失浪费、舞弊和腐败等问题，注意发现重大的违法犯罪线索，及时移交有关部门立案查处，在规范会计核算，维护经济秩序，促进实现经济发展和宏观调控目标方面发挥积极作用。主要任务是：

(一)深化财政收支审计

财政预算执行审计要认真贯彻中央经济工作会议关于实行积极财政政策的要求，强化收入征管审计，依法规范预算分配秩序和财政管理行为。对财政部门的审计，主要审查财政分配和资金管理使用中不真实、不规范的问题，促进严格执法，加强预算管理。对税收征管部门要加大审计监督力度，揭露有税不征、越权违规减免税、清理欠税不力以及保税货物监管不严、税源管理薄弱造成税款流失等问题，促进加强税收征管和税源管理。对国库系统的审计，重点揭露混淆入库级次、违规退库和拨付资金问题，促进依

法履行职责，保障国库资金的安全完整。对政府各部门的审计，重点揭露乱收费、乱罚款、隐瞒转移收入、挤占挪用、损失浪费和机构改革中国有资产流失等问题，促进加强廉政建设，合理有效使用财政资金。对下级政府财政决算审计，重点揭露乱开政策口子、擅自减免国家税收、挖挤上级收入和违规使用上级财政专项资金等问题，促进地方政府依法管理财政，维护国家政令统一。

专项资金审计要突出重点，围绕国家重大改革措施、宏观调控目标以及社会热点问题，加强对财政投入较大和关系国计民生项目的审计监督。审计署统一组织对592个国定贫困县扶贫资金、三峡移民资金和平垸还湖移民建镇资金的管理使用情况，要集中一定的力量，对中央财政投资的水利等部分基础设施建设项目进行审计，要对国有企业下岗职工基本生活费、再就业工程补助费和养老保险基金的管理使用情况，募集赈灾专项资金和分配使用救灾款物情况，法院和检察院系统行政收费和罚没收入管理情况，以及中央所属高等院校财务收支情况等进行审计，重点揭露截留、挤占挪用专项资金和损失浪费等违法违规问题，促进专项资金按计划及时足额拨付到位，专款专用，提高资金使用效果。地方审计机关除完成审计署统一组织的专项资金审计项目外，根据地方政府的要求和各地实际情况，适当安排科教经费、救灾款物等专项审计。

（二）改进企业财务收支审计

企业财务收支审计要在1998年试点的基础上，按照深化企业审计的要求，以审计企业会计核算真实性为基础，重点揭露企业资产、盈亏不实，侵犯所有者权益，国有资产流失，以及盲目投资造成损失浪费等问题，促进企业加强管理，规范会计核算，保障企业资本的安全运营和国有资产的保值增值。把国有重点企业审计与国务院实行的稽察特派员制度结合起来，积极探索方法和路子。审计署组织对中央20户国有有色金属企业和部分其他企业财务收支进行审计，同时，组织开展境外企业审计和审计调查。

（三）加强金融机构财务收支审计

金融审计以审计财务收支真实性为基础，打假治乱，重点揭露违规经营、盈亏不实、资产不实以及账外账等虚假行为和问题，促进规范管理，依法经营，改善金融资产质量。审计署统一组织对中国工商银行和中国建设银行系统资产、负债、损益情况进行审计，对890个国际金融组织贷款和国外援助项目单位进行审计，严肃查处违反财经法规问题，如实对外披露违反贷款协议行为。地方各级审计机关组织对地方商业银行等金融机构进行审计或审计调查。

**四、加强对内部审计指导和社会审计业务质量监督**

目前，我国内部审计工作有了一个好的基础，全国已建立内部审计机构10.2万个，配备内部审计人员27.6万人。内部审计机构积极开展财务收支审计、效益审计和经济责任审计，不断拓宽审计领域，深化审计内容，在维护财经法纪，促进所在部门和单位建立健全自我约束机制，依法经营，加强管理，提高经济效益等方面发挥了重要作用。审计署决定，对220个内部审计工作先进单位和248名内部审计工作先进个人予以表彰。

随着社会主义市场经济体制的建立和政府职能的转变，国有企业将按照现代企业制度的要求，逐步成为“自主经营，自负盈亏，自我约束，自我发展”的法人实体和市场竞争主体。建立健全内部审计机构，完善内部自我约束机制，促进部门和单位加强经营管理，保证会计核算真实、合法，已成为部门和单位提高经济效益的一种内在需要。内部审计应在所在部门和单位的领导下，按照市场经济规律的要求，自我发展，自我完善。国家审计机关要按照审计法的规定，切实履行对内部审计指导的职责，但在指导方式上要加以改进。国家审计机关主要通过制定内部审计的政策法规，加强对内部审计工作的指导。还要结合项目审计，检查内部审计工作质量，促进被审计单位建立健全内部审计制度，利用内部审计成果，支持内部审计机构开展工作。同时，还要成立内部审计协会，通过协会制定内部审计业务准则，总结交流经验，培训内部审计人员，加强对内部审计的专业管理。

对社会审计组织的监督，是审计法赋予国家审计机关的一项重要职责。国务院批准的审计署“三定”方案中明确规定，审计署对社会审计组织的业务质量进行监督。国家审计机关要采取重点抽查、结合审计业务检查和根据群众举报专案检查等方式，对本地区有一定影响的社会审计组织业务质量进行抽查，重点揭露出具虚假审计报告和验资报告等违法违规问题，依据有关法规严肃处理，促进社会审计组织公正执业，提高工作质量。

**五、进一步加强思想政治工作，努力建设高素质审计队伍**

坚持以人为本，加强审计队伍建设是我国审计事业发展的一条基本经验。实现审计工作跨世纪的发展目标，要靠高素质的审计队伍作保证。但是，目前审计队伍的现状还不能完全适应新形势的要求。主要表现在：一些干部事业心和责任感较差，机关作风不扎实，审计基础工作薄弱，审计人员宏观意识不强，结构不合理。在廉政建设方面也存在一些问题。因此，各级审计机关要从审计事业的长远发展出发，按照朱总理关于“从严治理审计队伍”的要求，把提高审计队伍的政治业务素质摆在更加突出的位置。不管在任何情况下都不能放松做人的工作，越是在审计任务繁重，审计工作困难多的时候，越是要重视提高人的素质。

(一)切实加强思想政治工作

要加强政治理论学习和思想教育，组织广大审计人员认真学习马列主义、毛泽东思想和邓小平理论，坚持用解放思想、实事求是的思想路线指导审计工作实践。要加强法制教育和审计职业道德教育，增强法律意识，树立爱岗敬业的良好风尚。要把思想政治工作贯穿于审计工作始终，统一认识，疏通思想，鼓舞士气。要加强精神文明建设，深入开展创建文明机关、做人民满意的公务员活动，树立争先创优、积极向上的良好风气。要加强机关作风建设，严格办事标准和程序，树立“落实、扎实、老实”的作风。

(二)大力培养优秀审计人才

制定考核标准及考核评审办法，加紧培养和选拔审计专家和业务骨干。继续组织好中级专业技术资格考试，实行以考试为主、考评结合的高级专业技术资格评审制度。有计划、分层次地对审计人员进行教育培训，选派审计人员到高等院校深造，或到国外培训。严格把好进人关，注意录用财政、金融、法律等宏观经济管理方面的人才。地方各级审计机关要结合机构改革，减少非审计专业人员，优化人员结构，改进机关作风。

(三)积极推进干部人事制度改革

建立竞争激励机制，积极推进和完善干部竞争上岗制度，促使干部真正做到能上能下。选拔干部要坚持德才兼备的原则，打破论资排辈的传统观念。实行干部轮岗和异地交流制度，署机关、派出审计局和特派办处级以上干部要定期轮岗和交流。各地审计机关要根据地方党委和政府的要求，积极试点，加大干部轮岗、交流的范围和力度。要积极创造条件，开展竞争上岗，公开招聘，发现和选拔优秀人才，特别是使年轻的优秀干部走上领导岗位。

(四)努力建设强有力的领导班子

深入开展以讲学习、讲政治、讲正气为主要内容的党性党风教育，提高领导干部的理论修养和政策水平，保持政治上的坚定性。坚持民主集中制原则，增强领导班子的凝聚力，班子成员要从党的事业出发，讲党性，讲原则，互相信任，互相支持，充分发挥班子的整体作用。建立和完善后备干部制度，高度重视培养和选拔优秀年轻干部进入领导班子，增强班子的活力。加强对领导干部的监督，定期对领导班子进行考核，完善领导干部民主评议制度。

一个班子的好坏关键在于一把手，各级审计机关领导班子的一把手对自己要有更高更严格的要求。这里，我强调四点：一是要在政治上同党中央保持高度一致，坚决贯彻执行中央的方针政策和上级的指示，把握正确的方向，始终把国家利益和人民利益放在第一位。二是要严于律己，言行一致，以身作则，不以权谋私。三是要胸怀宽阔，表里如一，光明磊落，倾听群众意见，虚心接受批评，办事公道，平等待人。四是要保持良好的精神状态，有强烈的事业心、责任感和饱满的工作热情，主动自我加压，不断提出新的目标。最近几年，一批中青年干部走上了一把手的岗位，希望这些同志不负重托，不辱使命，奋发图强，恪尽职守，为审计事业的发展贡献自己的全部力量。

（五）切实抓好廉政建设

严格执行廉政建设的各项规定，建立廉政责任制，把审计组作为审计机关廉政建设的重点，加强监督检查，严肃查处违反廉政纪律的行为，保持审计机关清正廉洁、客观公正的良好形象。

为了把思想政治工作和队伍建设落在实处，审计署制定了关于加强领导班子建设和队伍建设两个实施意见，这两个意见是针对审计署机关和派出机构制定的。地方各级审计机关可以参照这两个意见，按照当地党委和政府的部署，研究制定加强领导班子建设和队伍建设的具体办法。

同志们，今后五年我国审计工作既面临着挑战，又面临着新的发展机遇。我们一定要高举邓小平理论的伟大旗帜，在以江泽民同志为核心的党中央领导下，扎实工作，开拓进取，努力实现审计工作跨世纪发展目标，在建立和发展社会主义市场经济体制中更好地发挥审计监督的作用。

# 在全国审计工作会议结束时的讲话

（1998年12月23日）

金基鹏

同志们：

今天，全国审计工作会议就要结束了。这次会议在国务院领导的直接关怀下，经过全体与会代表的共同努力，圆满地完成了预定任务，会议开得是好的。刚才，王忠禹国务委员传达了朱镕基总理对审计工作的重要指示，并代表国务院作了重要的讲话，这充分体现了国务院领导对审计工作的重视和支持。忠禹同志的讲话已经对这次会议作了很好的总结。下面，我就学习贯彻国务院领导的指示和讨论中提出的有关部门讲几点意见。

**一、这次会议是把审计工作推向一个新的发展阶段的动员会**

朱镕基总理的指示和王忠禹国务委员的讲话，从建立和完善社会主义市场经济体制，推进依法治国的高度，为明年和今后一个时期审计工作的发展指明了方向。根据国务院领导的指示，我们在总结十五年审计工作经验的基础上，以全面贯彻落实审计法，推进依法治国为主线，制定了审计工作发展纲要，确定了今后五年审计工作的发展目标、主要任务和措施。会议期间,大家对金华同志的工作报告和审计工作发展纲要进行了认真讨论,一致认为,金华同志的工作报告和纲要实事求是地总结了十五年来审计工作的基本经验,深刻分析了今后一个时期审计工作面临的形势,提出的审计工作发展目标、任务和措施是正确的、可行的,符合我国审计工作的实际。特别是大家得知会前朱镕基总理和王忠禹国务委员听取了审计署的工作汇报,并作了重要指示,深受鼓舞,感到责任重大,任重道远。讨论中,大家对进一步修改和完善审计工作发展纲要提出了许多好的意见和建议。会议气氛热烈,大家情绪高涨,通过这次会议,统一了思想,明确了方向,振奋了精神,鼓舞了士气。大家表示,一定要按照国务院领导指示和这次会议精神,总结经验,找出差距,制定措施,努力把审计工作推向一个新的发展阶段。我们相信,贯彻落实好这次会议精神,对于今后审计工作的发展必将产生积极的影响。

**二、全面领会国务院领导的指示精神,正确把握审计工作发展方向**

朱镕基总理的指示和王忠禹国务委员的讲话,深刻地阐述了在社会主义市场经济条件下加强审计工作的重要性,并对审计工作的发展方向、指导原则,审计监督的重点,审计技术手段和方法的现代化,以及从严治理审计队伍等都做了非常明确的指示。各级审计机关和广大审计人员要认真学习和全面领会国务院领导的指示精神,重点把握好以下几点:

第一,全面审计,突出重点,注意发现大案要案的线索。审计机关要依照审计法的规定,全面履行审计监督职责,特别是要对国家财政拨款较多、关系国计民生的项目进行审计监督。当前,财经领域中造假和违法现象相当严重,一些部门和单位会计核算不真实,弄虚作假甚至舞弊和腐败等问题十分突出,这些违法犯罪行为在财政财务收支活动中都有不同程度地反映,审计机关虽然不是办案的部门,但通过财政财务收支审计,可以也应该发现一些重大的舞弊和腐败问题的线索。因此,国务院要求审计工作进一步突出重点,抓大案要案。这既是审计机关义不容辞的责任,也是审计监督工作的优势。各级审计机关和广大审计人员要牢固确立这一指导思想,在工作中集中力量,加强对国家财政拨款较多、关系国计民生项目的审计监督,对审计中查出的违法违规问题,要依法严肃处理。对审计发现的可能涉及经济犯罪的问题,要高度重视,一查到底。对发现的重大违法犯罪问题的线索,要及时移交有关部门立案查处。

第二,执法必严,违法必究是审计工作的根本方针。我国实行审计监督制度的最终目的是保障国民经济健康发展。审计机关实现这一目的,主要手段是通过对财政财务收支的审计监督,严肃财经纪律,维护经济秩序,为国民经济发展创造良好的法制环境。审计机关同违法犯罪行为作斗争是法律赋予的基本职责。因此,必须做到执法必严,违法必究。当前,各级审计机关执法情况总体是好的,但也存在对审计查出的问题依法定性处理不严格,随意变通法律法规,搞协商处理,对审计中发现的违法犯罪线索,检查不力,对该追究有关人员责任的不追究,对该移交有关部门立案查处的不及时移交,有的甚至拿原则作交易等等。这不仅是审计机关的严重失职行为,而且将给审计工作的发展带来后患。因此,各级审计机关要以对国家和人民高度负责的精神,站在维护国家利益和法律尊严的立场上,认真负责地依法审计,依法处理。要跳出人情网,敢于碰硬,不怕得罪人,树立铁面无私的形象。要建立健全审计执法监督机制,加强对审计定性、审计处理和审计查出问题纠正落实情况的监督检查,对执法不严,严重损害国家利益的要严肃处理,并追究责任。对重大的违法犯罪行为进行公开曝光,将审计监督与舆论监督和社会监督结合起来,增强审计监督的威慑力。

第三，顾全大局，上下协调配合是充分发挥审计机关整体作用的重要保证。按照审计法的规定，各级审计机关既对本级政府负责，也要对上级审计机关负责，审计业务要以上级审计机关的领导为主。这种领导体制有利于维护国家政令统一，是符合我国国情的。从这些年审计工作实践看，大多数审计机关在对本级政府负责的同时，能够按照上级审计机关的要求，认真完成统一组织的审计项目，如实报告审计工作情况和重要审计结果。比如今年粮食清查审计，全国审计机关在时间紧、任务重的情况下，顾全大局，团结协作，保证了审计任务的顺利完成，为深化粮食流通体制改革发挥了重要作用，在社会上产生了较大的影响。这说明，全国审计机关只有上下协调配合，把有限的审计资源统一组织起来，才能够干成大事。因此，各级审计机关要正确处理好对本级政府负责和对上级审计机关负责的关系，做到讲政治，顾大局，树立全国审计机关"一盘棋"的思想。对党中央、国务院交办的重大审计事项，上级审计机关统一组织的重要审计项目，要按照统一部署和要求，精心组织，认真实施，确保审计任务的完成。在向本级政府报告工作的同时，要如实向上级审计机关报告重要事项的审计结果，并自觉接受上级审计机关的监督检查。

**三、高度重视廉政建设，从严治理审计队伍**

加强审计机关的廉政建设，既是从严治理审计队伍的需要，更是审计机关公正执法，促进廉政建设，有效发挥审计职能作用的客观要求。当前审计机关廉政建设情况总的是好的。但随着审计地位的提高和审计影响的扩大，我们队伍中也出现了少数干部不能正确对待手中的权力，加上受社会上一些不良风气的影响，近几年来，违反廉政纪律的人和事也时有发生，如将国家审计项目转给审计事务所搞有偿审计，收取劳务费，擅自动用审计过渡专户本金、利息，向被审计单位索要钱物等。今年5月，朱镕基总理针对人民来信反映审计机关存在的问题，批示我们要汲取教训，从严治理审计队伍。最近，王忠禹国务委员也对群众反映少数审计人员在粮食审计中违反廉政纪律的问题，批示审计署要严肃查处。这次会前总理在听取审计署工作汇报时，对加强审计机关队伍建设又作了重要指示，充分体现了国务院领导对审计队伍的关怀和爱护。各级审计机关要深刻认识新形势下加强审计队伍建设的重要性，切实加强廉政建设，常抓不懈。要认真落实审计署关于从严治理审计队伍通知的要求，尽快完成审计机关与所办审计事务所脱钩的任务，加紧清理审计过渡专户，凡未经批准设立的专户，一律予以撤销，经批准设立的专户，也要严格管理，坚决防止挪用专户资金问题的发生。要严格执行廉政责任制，建立健全内部制约机制，加强监督检查，对违反廉政纪律的行为，决不护短，发现一个查处一个。

这次会议结束后，各地要把朱镕基总理指示和王忠禹国务委员的讲话，以及这次会议的精神及时向党委、政府汇报，并根据国务院领导指示和这次会议精神，结合各地审计工作的实际情况，提出今后几年审计工作的发展目标，认真安排好明年的工作。同时，各级审计机关要把加强对内部审计指导作为一项重要工作安排好，落实好。要根据这次会议的精神，积极探索新形势下加强对内部审计指导的路子，不断推动内部审计工作的发展，为建立现代企业制度，完善企业内部决策、执行和监督系统，健全部门和单位内部控制制度服务。

同志们，目前，审计机关面临着艰巨而繁重的任务，在前进的道路上还可能遇到这样或那样的一些困难，这同时也为审计工作提供了良好的发展机遇。我们要抓住这个历史的机遇，积极进取，扎实工作，推进审计事业的不断发展，以饱满的热情和崭新的姿态迈向二十一世纪。

# 中华人民共和国审计法

1994年8月31日第八届全国人民代表大会
常务委员会第九次会议通过

## 第一章 总 则

**第一条** 为了加强国家的审计监督，维护国家财政经济秩序，促进廉政建设，保障国民经济健康发展，根据宪法，制定本法。

**第二条** 国家实行审计监督制度。国务院和县级以上地方人民政府设立审计机关。

国务院各部门和地方各级人民政府及其各部门的财政收支，国有的金融机构和企业事业组织的财务收支，以及其他依照本法规定应当接受审计的财政收支、财务收支，依照本法规定接受审计监督。

审计机关对前款所列财政收支或者财务收支的真实、合法和效益，依法进行审计监督。

**第三条** 审计机关依照法律规定的职权和程序，进行审计监督。

**第四条** 国务院和县级以上地方人民政府应当每年向本级人民代表大会常务委员会提出审计机关对预算执行和其他财政收支的审计工作报告。

**第五条** 审计机关依照法律规定独立行使审计监督权，不受其他行政机关、社会团体和个人的干涉。

**第六条** 审计机关和审计人员办理审计事项，应当客观公正，实事求是，廉洁奉公，保守秘密。

## 第二章 审计机关和审计人员

**第七条** 国务院设立审计署，在国务院总理领导下，主管全国的审计工作。审计长是审计署的行政首长。

**第八条** 省、自治区、直辖市、设区的市、自治州、县、自治县、不设区的市、市辖区的人民政府的审计机关，分别在省长、自治区主席、市长、州长、县长、区长和上一级审计机关的领导下，负责本行政区域内的审计工作。

**第九条** 地方各级审计机关对本级人民政府和上一级审计机关负责并报告工作，审计业务以上级审计机关领导为主。

**第十条** 审计机关根据工作需要，可以在其审计管辖范围内派出审计特派员。

审计特派员根据审计机关的授权，依法进行审计工作。

**第十一条** 审计机关履行职责所必需的经费，应当列入财政预算，由本级人民政府予以保证。

**第十二条** 审计人员应当具备与其从事的审计工作相适应的专业知识和业务能力。

**第十三条** 审计人员办理审计事项，与被审计单位或者审计事项有利害关系的，应当回避。

**第十四条** 审计人员对其在执行职务中知悉的国家秘密和被审计单位的商业秘密，负有保密的义务。

**第十五条** 审计人员依法执行职务，受法律保护。

任何组织和个人不得拒绝、阻碍审计人员依法执行职务，不得打击报复审计人员。

审计机关负责人依照法定程序任免。审计机关负责人没有违法失职或者其他不符合任职条件的情况的，不得随意撤换。

## 第三章 审计机关职责

**第十六条** 审计机关对本级各部门(含直属单位)和下级政府预算的执行情况和决算，以及预算外资金的管理和使用情况，进行审计监督。

**第十七条** 审计署在国务院总理领导下，对中央预算执行情况进行审计监督，向国务院总理提出审计结果报告。

地方各级审计机关分别在省长、自治区主席、市长、州长、县长、区长和上一级审计机关的领导下，对本级预算执行情况进行审计监督，向本级人民政府和上一级审计机关提出审计结果报告。

**第十八条** 审计署对中央银行的财务收支，进行审计监督。

审计机关对国有金融机构的资产、负债、损益，进行审计监督。

**第十九条**　审计机关对国家的事业组织的财务收支,进行审计监督。

**第二十条**　审计机关对国有企业的资产、负债、损益,进行审计监督。

**第二十一条**　审计机关对与国计民生有重大关系的国有企业,接受财政补贴较多或者亏损数额较大的国有企业,以及国务院和本级地方人民政府指定的其他国有企业,应当有计划地定期进行审计。

**第二十二条**　对国有资产占控股地位或者主导地位的企业的审计监督,由国务院规定。

**第二十三条**　审计机关对国家建设项目预算的执行情况和决算,进行审计监督。

**第二十四条**　审计机关对政府部门管理的和社会团体受政府委托管理的社会保障基金、社会捐赠资金以及其他有关基金、资金的财务收支,进行审计监督。

**第二十五条**　审计机关对国际组织和外国政府援助、贷款项目的财务收支,进行审计监督。

**第二十六条**　除本法规定的审计事项外,审计机关对其他法律、行政法规规定应当由审计机关进行审计的事项,依照本法和有关法律、行政法规的规定进行审计监督。

**第二十七条**　审计机关有权对与国家财政收支有关的特定事项,向有关地方、部门、单位进行专项审计调查,并向本级人民政府和上一级审计机关报告审计调查结果。

**第二十八条**　审计机关根据被审计单位的财政、财务隶属关系或者国有资产监督管理关系,确定审计管辖范围。

审计机关之间对审计管辖范围有争议的,由其共同的上级审计机关确定。

上级审计机关可以将其审计管辖范围内的本法第十八条第二款至第二十五条规定的审计事项,授权下级审计机关进行审计;上级审计机关对下级审计机关审计管辖范围内的重大审计事项,可以直接进行审计,但是应当防止不必要的重复审计。

**第二十九条**　国务院各部门和地方人民政府各部门、国有的金融机构和企业事业组织,应当按照国家有关规定建立健全内部审计制度。各部门、国有的金融机构和企业事业组织的内部审计,应当接受审计机关的业务指导和监督。

**第三十条**　对依法独立进行社会审计的机构的指导、监督、管理,依照有关法律和国务院的规定执行。

## 第四章　审计机关权限

**第三十一条**　审计机关有权要求被审计单位按照规定报送预算或者财务收支计划、预算执行情况、决算、财务报告,社会审计机构出具的审计报告,以及其他与财政收支或者财务收支有关的资料,被审计单位不得拒绝、拖延、谎报。

**第三十二条**　审计机关进行审计时,有权检查被审计单位的会计凭证、会计账簿、会计报表以及其他与财政收支或者财务收支有关的资料和资产,被审计单位不得拒绝。

**第三十三条**　审计机关进行审计时,有权就审计事项的有关问题向有关单位和个人进行调查,并取得有关证明材料。有关单位和个人应当支持、协助审计机关工作,如实向审计机关反映情况,提供有关证明材料。

**第三十四条**　审计机关进行审计时,被审计单位不得转移、隐匿、篡改、毁弃会计凭证、会计账簿、会计报表以及其他与财政收支或者财务收支有关的资料,不得转移、隐匿所持有的违反国家规定取得的资产。

审计机关对被审计单位正在进行的违反国家规定的财政收支、财务收支行为,有权予以制止;制止无效的,经县级以上审计机关负责人批准,通知财政部门和有关主管部门暂停拨付与违反国家规定的财政收支、财务收支行为直接有关的款项,已经拨付的,暂停使用。采取该项措施不得影响被审计单位合法的业务活动和生产经营活动。

**第三十五条**　审计机关认为被审计单位所执行的上级主管部门有关财政收支、财务收支的规定与法律、行政法规相抵触的,应当建议有关主管部门纠正;有关主管部门不予纠正的,审计机关应当提请有权处理的机关依法处理。

**第三十六条**　审计机关可以向政府有关部门通报或者向社会公布审计结果。

审计机关通报或者公布审计结果,应当依法保守国家秘密和被审计单位的商业秘密,遵守国务院的有关规定。

## 第五章　审计程序

**第三十七条**　审计机关根据审计项目计划确定的审计事项组成审计组,并应当在实施审计三日前,向被审计单位送达审计通知书。

被审计单位应当配合审计机关的工作,并提供必要的工作条件。

**第三十八条** 审计人员通过审查会计凭证、会计账簿、会计报表，查阅与审计事项有关的文件、资料，检查现金、实物、有价证券，向有关单位和个人调查等方式进行审计，并取得证明材料。

审计人员向有关单位和个人进行调查时，应当出示审计人员的工作证件和审计通知书副本。

**第三十九条** 审计组对审计事项实施审计后，应当向审计机关提出审计报告。审计报告报送审计机关前，应当征求被审计单位的意见。被审计单位应当自接到审计报告之日起十日内，将其书面意见送交审计组或者审计机关。

**第四十条** 审计机关审定审计报告，对审计事项作出评价，出具审计意见书；对违反国家规定的财政收支、财务收支行为，需要依法给予处理、处罚的，在法定职权范围内作出审计决定或者向有关主管机关提出处理、处罚意见。

审计机关应当自收到审计报告之日起三十日内，将审计意见书和审计决定送达被审计单位和有关单位。

审计决定自送达之日起生效。

## 第六章 法律责任

**第四十一条** 被审计单位违反本法规定，拒绝或者拖延提供与审计事项有关的资料的，或者拒绝、阻碍检查的，审计机关责令改正，可以通报批评，给予警告；拒不改正的，依法追究责任。

**第四十二条** 审计机关发现被审计单位违反本法规定，转移、隐匿、篡改、毁弃会计凭证、会计账簿、会计报表以及其他与财政收支或者财务收支有关的资料的，有权予以制止。

被审计单位有前款所列行为，审计机关认为对负有直接责任的主管人员和其他直接责任人员依法应当给予行政处分的，应当提出给予行政处分的建议，被审计单位或者其上级机关、监察机关应当依法及时作出决定；构成犯罪的，由司法机关依法追究刑事责任。

**第四十三条** 被审计单位违反本法规定，转移、隐匿违法取得的资产的，审计机关、人民政府或者有关主管部门在法定职权范围内有权予以制止，或者申请法院采取保全措施。

被审计单位有前款所列行为，审计机关认为对负有直接责任的主管人员和其他直接责任人员依法应当给予行政处分的，应当提出给予行政处分的建议，被审计单位或者其上级机关、监察机关应当依法及时作出决定；构成犯罪的，由司法机关依法追究刑事责任。

**第四十四条** 对本级各部门(含直属单位)和下级政府违反预算的行为或者其他违反国家规定的财政收支行为，审计机关、人民政府或者有关主管部门在法定职权范围内，依照法律、行政法规的规定作出处理。

**第四十五条** 对被审计单位违反国家规定的财务收支行为，审计机关、人民政府或者有关主管部门在法定职权范围内，依照法律、行政法规的规定，责令限期缴纳应当上缴的收入，限期退还违法所得，限期退还被侵占的国有资产，以及采取其他纠正措施，并可依法给予处罚。

**第四十六条** 对被审计单位违反国家规定的财政收支、财务收支行为负有直接责任的主管人员和其他直接责任人员，审计机关认为依法应当给予行政处分的，应当提出给予行政处分的建议，被审计单位或者其上级机关、监察机关应当依法及时作出决定。

**第四十七条** 被审计单位的财政收支、财务收支违反法律、行政法规的规定，构成犯罪的，依法追究刑事责任。

**第四十八条** 报复陷害审计人员，构成犯罪的，依法追究刑事责任；不构成犯罪的，给予行政处分。

**第四十九条** 审计人员滥用职权、徇私舞弊、玩忽职守，构成犯罪的，依法追究刑事责任；不构成犯罪的，给予行政处分。

## 第七章 附 则

**第五十条** 中国人民解放军审计工作的规定，由中央军事委员会根据本法制定。

**第五十一条** 本法自 1995 年 1 月 1 日起施行。1988 年 11 月 30 日国务院发布的《中华人民共和国审计条例》同时废止。

# 中华人民共和国国务院令

第 231 号

现发布《中华人民共和国审计法实施条例》，自发布之日起施行。

总理　李鹏

一九九七年十月二十一日

# 中华人民共和国审计法实施条例

## 第一章　总　则

**第一条**　根据《中华人民共和国审计法》(以下简称审计法)的规定，制定本条例。

**第二条**　审计是审计机关依法独立检查被审计单位的会计凭证、会计账簿、会计报表以及其他与财政收支、财务收支有关的资料和资产，监督财政收支、财务收支真实、合法和效益的行为。

**第三条**　接受审计监督的财政收支，是指依照《中华人民共和国预算法》和国家其他有关规定，纳入预算管理的收入和支出，以及预算外资金的收入和支出。

接受审计监督的财务收支，是指国有的金融机构、企业事业单位以及国家规定应当接受审计监督的其他有关单位，按照国家有关财务会计制度的规定，办理会计事务、进行会计核算、实行会计监督的各种资金的收入和支出。

**第四条**　审计机关依照审计法和本条例以及其他有关法律、法规规定的职责、权限和程序进行审计监督。

审计机关以法律、法规和国家其他有关财政收支、财务收支的规定为审计评价和处理、处罚依据。

**第五条**　审计机关对预算执行情况进行审计监督的主要内容：

(一)各级人民政府财政部门按照本级人民代表大会批准的本级预算向本级各部门批复预算的情况、本级预算执行中调整情况和预算收支变化情况；

(二)预算收入征收部门依照法律、行政法规和国家其他有关规定征收预算收入情况；

(三)各级人民政府财政部门按照批准的年度预算和用款计划、预算级次和程序，拨付本级预算支出资金情况；

(四)国务院财政部门和县级以上地方各级人民政府财政部门依照法律、行政法规的规定和财政管理体制，拨付补助下级人民政府预算支出资金和办理结算情况；

(五)本级各部门执行年度支出预算和财政制度、财务制度以及相关的经济建设和事业发展情况，有预算收入上缴任务的部门和单位预算收入上缴情况；

(六)各级国库按照国家有关规定办理预算收入的收纳情况和预算支出的拨付情况；

(七)按照国家有关规定实行专项管理的预算资金收支情况；

(八)法律、法规规定的预算执行中的其他事项。

**第六条**　审计机关对其他财政收支情况进行审计监督的主要内容：

(一)各级人民政府财政部门依照法律、行政法规和国家其他有关规定，管理和使用预算外资金和财政有偿使用资金的情况；

(二)本级各部门依照法律、行政法规和国家其他有关规定，管理和使用预算外资金的情况；

(三)本级各部门决算和下级政府决算。

## 第二章　审计机关和审计人员

**第七条**　审计署在国务院总理领导下，主管全国的审计工作，履行审计法和国务院规定的职责。

地方各级审计机关在本级人民政府行政首长和上一级审计机关的领导下，负责本行政区域内的审计工作，履行法律、法规和本级人民政府规定的职责。

**第八条** 省、自治区人民政府设立的地区行政公署审计机关，对地区行政公署和省、自治区人民政府审计机关负责并报告工作，审计业务以省、自治区人民政府审计机关领导为主。

**第九条** 审计机关编制履行职责所必需的年度经费预算草案的依据：

(一)法律、法规；

(二)本级人民政府的决定和要求；

(三)审计机关的职责、任务和计划；

(四)定员定额标准；

(五)上一年度经费预算执行情况和本年度的变化因素。

审计机关履行职责所必需的经费预算，在本级预算中单独列项，由本级人民政府予以保证。

**第十条** 审计人员实行审计专业技术资格制度，具体办法按照国家有关规定执行。

审计机关根据工作需要，可以聘请具有与审计事项相关专业知识的人员参加审计工作。

**第十一条** 审计人员办理审计事项，遇有下列情形之一的，应当自行回避；被审计单位有权申请审计人员回避：

(一)与被审计单位负责人和有关主管人员之间有夫妻关系、直系血亲关系、三代以内旁系血亲以及近姻亲关系的；

(二)与被审计单位或者审计事项有经济利益关系的；

(三)与被审计单位或者审计事项有其他利害关系，可能影响公正执行公务的。

审计人员的回避，由审计机关负责人决定；审计机关负责人的回避，由本级人民政府或者上一级审计机关负责人决定。

**第十二条** 地方各级审计机关正职和副职负责人的任免，应当事先征求上一级审计机关的意见。

**第十三条** 审计机关负责人在任职期间没有下列情形之一的，不得随意撤换：

(一)因犯罪被追究刑事责任的；

(二)因严重违法失职受到行政处分，不适宜继续担任审计机关负责人的；

(三)因身体健康原因不能履行职责 1 年以上的；

(四)不符合国家规定的其他任职条件的。

## 第三章 审计机关职责

**第十四条** 审计机关对与本级人民政府财政部门直接发生预算缴款、拨款关系的国家机关、军队、政党组织和社会团体，依法进行审计监督；对与本级人民政府财政部门直接发生预算缴款、拨款关系的企业和事业单位，依法进行审计监督。

**第十五条** 接受审计监督的预算外资金，是指国家机关、事业单位和社会团体为履行或者代为履行政府职能，按照国家有关规定收取、提取和安排使用的未纳入预算管理的下列财政性资金：

(一)财政部门管理的未纳入预算的各项附加收入和筹集的其他资金、基金；

(二)行政机关和事业单位未纳入预算的各项行政收费和事业收费；

(三)政府有关主管部门从所属单位集中的上缴资金；

(四)未纳入预算管理的其他财政性资金、基金。

**第十六条** 审计机关应当在每一预算年度终了后，对预算执行情况和其他财政收支情况进行审计。必要时，审计机关可以对本预算年度或者以往预算年度财政收支中的有关事项进行审计、检查。

**第十七条** 审计机关对本级预算执行情况的审计结果报告，包括下列内容：

(一)财政部门具体组织本级预算执行的情况；

(二)本级预算收入征收部门组织预算收入的情况；

(三)本级国库办理预算收支业务的情况；

(四)审计机关对本级预算执行情况作出的审计评价；

(五)本级预算执行中存在的问题以及审计机关依法采取的措施；

(六)审计机关提出的处理意见和改进本级预算执行工作的建议；

(七)本级政府要求报告的其他情况。

**第十八条** 审计署对中央银行及其分支机构从事金融业务活动、履行金融监督管理职责所发生的各项财务收支，依法进行审计监督。

审计署向国务院总理提出的中央预算执行情况审计结果报告，应当包括中央银行的财务收支情况。

**第十九条** 审计机关对下列国有金融机构，依法进行审计监督：

(一)国家政策性银行；

(二)国有商业银行；

(三)国有非银行金融机构；

(四)国有资产占控股地位或者主导地位的银行或者非银行金融机构。

**第二十条**　审计机关对国有资产占控股地位或者主导地位的下列企业，依法进行审计监督：

(一)国有资本占企业资本总额的百分之五十以上的企业；

(二)国有资本占企业资本总额的比例不足百分之五十，但是国有资产投资者实质上拥有控制权的企业。

审计机关对前款所列企业的审计监督，除国务院另有规定外，比照审计法第二十条、第二十一条的规定执行。

**第二十一条**　接受审计监督的国家建设项目，是指以国有资产投资或者融资为主的基本建设项目和技术改造项目。

与国家建设项目直接有关的建设、设计、施工、采购等单位的财务收支，应当接受审计机关的审计监督。

**第二十二条**　审计机关应当对国家建设项目总预算或者概算的执行情况、年度预算的执行情况和年度决算、项目竣工决算，依法进行审计监督。

**第二十三条**　接受审计监督的社会保障基金，包括养老、医疗、工伤、失业、生育等社会保险基金，救济、救灾、扶贫等社会救济基金，以及发展社会福利事业的社会福利基金。

接受审计监督的社会捐赠资金，包括境内外企业、团体和个人捐赠用于社会公益事业的货币、有价证券和实物。

**第二十四条**　审计机关对国际组织和外国政府下列援助、贷款项目，依法进行审计监督：

(一)国际金融组织、外国政府及其机构向中国政府及其机构提供的贷款项目；

(二)国际组织、外国政府及其机构向中国企业事业单位提供的由中国政府及其机构担保的贷款项目；

(三)国际组织、外国政府及其机构向中国政府提供的援助和赠款项目；

(四)国际组织、外国政府及其机构向受中国政府委托管理有关基金、资金的社会团体提供的援助和赠款项目；

(五)利用国际组织和外国政府援助、贷款的其他项目。

**第二十五条**　审计机关进行专项审计调查时，应当向被调查的地方、部门、单位及有关人员出示专项审计调查的书面通知并说明有关情况；有关地方、部门、单位及有关人员应当接受调查，如实反映情况，提供有关资料。

**第二十六条**　审计机关根据被审计单位的财政、财务隶属关系，确定审计管辖范围；不能根据财政、财务隶属关系确定审计管辖范围的，根据国有资产监督管理关系，确定审计管辖范围。

两个或者两个以上国有资产投资主体投资的企业事业单位，由对主要投资主体有审计管辖权的审计机关进行审计监督。

**第二十七条**　各级审计机关应当按照确定的审计管辖范围进行审计监督和专项审计调查。

## 第四章　审计机关权限

**第二十八条**　审计机关依法进行审计监督时，被审计单位应当按照审计机关规定的期限和要求，向审计机关提供与财政收支或者财务收支有关的情况和资料。

被审计单位向审计机关提供的情况和资料，包括被审计单位在银行和非银行金融机构设立账户的情况、委托社会审计机构出具的审计报告、验资报告、资产评估报告以及办理企业、事业单位合并、分立、清算事宜出具的有关报告等。

**第二十九条**　各级人民政府财政部门、税务部门和其他部门应当向本级审计机关报送下列资料：

(一)本级人民代表大会批准的本级预算和本级人民政府财政部门向本级各部门批复的预算，预算收入征收部门的年度收入计划，以及本级各部门向所属各单位批复的预算；

(二)本级预算收支执行和预算收入征收部门的收入计划完成情况月报、年报和决算，以及预算外资金收支决算和财政有偿使用资金收支情况；

(三)综合性财政税务工作统计年报，情况简报，财政、预算、税务、财务和会计等规章制度；

(四)本级各部门汇总编制的本部门决算草案。

**第三十条**　审计机关有权检查被审计单位运用电子计算机管理财政收支、财务收支的财务会计核算系统。被审计单位应当向审计机关提供运用电子计算机储存、处理的财政收支、财务收支电子数据以及有关资料。

**第三十一条**　审计机关就审计事项的有关问题向有关单位和个人进行调查时，有权查询被审计单位在金融机构的各项存款，并取得证明材料；有关金融机构应当予以协助，并提供证明材料。

审计机关查询被审计单位在金融机构的存款

时，应当持县级以上审计机关负责人签发的查询通知书，并负有保密义务。

**第三十二条** 审计机关有根据认为被审计单位可能转移、隐匿、篡改、毁弃会计凭证、会计账簿、会计报表以及其他与财政收支或者财务收支有关的资料的，有权采取取证措施；必要时，经审计机关负责人批准，有权暂时封存被审计单位与违反国家规定的财政收支或者财务收支有关的账册资料。

**第三十三条** 审计机关依法进行审计监督时，被审计单位不得转移、隐匿所持有的下列违反国家规定取得的资产：

(一)弄虚作假骗取的财政拨款、银行贷款以及物资；

(二)违反国家规定享受国家补贴、补助、贴息、免息、减税、免税、退税等优惠政策取得的资产；

(三)违反国家规定向他人收取的款项、实物；

(四)违反国家规定处分国有资产取得的收益；

(五)违反国家规定取得的其他资产。

审计机关依照法定程序，可以通知对被审计单位资金拨付负有管理职责或者对其资金使用负有监督职责的部门，暂停拨付与违反国家规定的财政收支、财务收支行为直接有关的款项；已经拨付的，暂停使用。

**第三十四条** 审计机关依法进行审计监督时，发现被审计单位违反国家规定挪用、滥用或者非法使用贷款资金的，可以建议有关的国有金融机构采取保障贷款资金安全的相应措施。

**第三十五条** 审计机关可以就有关审计事项向政府有关部门通报审计结果，并可以就有关问题提出意见和建议。

审计机关可以向社会公布下列审计事项的审计结果：

(一)本级人民政府或者上级审计机关要求向社会公布的；

(二)社会公众关注的；

(三)法律、法规规定向社会公布的其他审计事项的审计结果。

## 第五章 审计程序

**第三十六条** 审计机关应当根据法律、法规和国家其他有关规定，按照本级人民政府和上级审计机关的要求，确定年度审计工作重点，编制年度审计项目计划。

**第三十七条** 审计机关依法实施审计时，可以直接送达审计文书，也可以邮寄送达审计文书。直接送达的，以被审计单位在回执上注明的签收日期为送达日期；邮寄送达的，以回执上注明的收件日期为送达日期。

**第三十八条** 审计人员实施审计时，应当按照以下规定办理：

(一)编制审计工作底稿，对审计中发现的问题，作出详细、准确的记录，并注明资料来源。

(二)搜集、取得能够证明审计事项的原始资料、有关文件和实物等；不能或者不宜取得原始资料、有关文件和实物的，可以采取复制、拍照等方法取得证明材料。

(三)对与审计事项有关的会议和谈话内容作出记录，或者根据审计工作需要，要求提供会议记录材料。

**第三十九条** 审计人员向有关单位和个人调查取得的证明材料，应当有提供者的签名或者盖章；不能取得提供者签名或者盖章的，审计人员应当注明原因。

**第四十条** 审计组向审计机关提出审计报告前，应当征求被审计单位意见。被审计单位应当自接到审计报告之日起10日内，提出书面意见；自接到审计报告10日内未提出书面意见的，视同无异议。

审计组应当审查被审计单位对审计报告的意见，进一步核实情况，根据所核实的情况对审计报告作必要修改，并将审计报告和被审计单位的书面意见一并报送审计机关。

**第四十一条** 审计组提出的审计报告，经审计机关专门机构或者人员复核后，由审计机关审定并按照以下规定办理：

(一)对没有违反国家规定的财政收支、财务收支行为的，应当对审计事项作出评价，出具审计意见书；对有违反国家规定的财政收支、财务收支行为，情节显著轻微的，应当予以指明并责令自行纠正，对审计事项作出评价，出具审计意见书。

(二)对有违反国家规定的财政收支、财务收支行为，需要依法给予处理、处罚的，除应当对审计事项作出评价，出具审计意见书外，还应当对违反国家规定的财政收支、财务收支行为，在法定职权范围内作出处理、处罚的审计决定。

(三)对违反国家规定的财政收支、财务收支行为，审计机关认为应当由有关主管机关处理、处罚的，应当作出审计建议书，向有关主管机关提出处理、处罚意见。

**第四十二条** 审计机关在审计中遇有损害国家利益和社会公共利益而处理、处罚依据不明确的事项，应当向本级人民政府和上级审计机关报告。

**第四十三条**　审计机关作出审计决定后，送达被审计单位执行；审计决定需要有关主管部门协助执行的，应当制发协助执行审计决定通知书。

**第四十四条**　被审计单位应当执行审计决定，并将应当缴纳的款项按照财政管理体制和国家有关规定缴入专门账户；依法没收的违法所得和罚款，全部缴入国库。

被审计单位或者协助执行的有关主管部门应当自审计决定生效之日起30日内，将审计决定的执行情况书面报告审计机关。

**第四十五条**　审计机关应当自审计决定生效之日起3个月内，检查审计决定的执行情况。被审计单位未按规定期限和要求执行审计决定的，审计机关应当责令执行；仍不执行的，申请人民法院强制执行。

**第四十六条**　对地方审计机关作出的审计决定不服的，应当先向上一级审计机关或者本级人民政府申请复议；对审计署作出的审计决定不服的，应当先向审计署申请复议。

审计机关应当自收到复议申请书之日起2个月内作出复议决定。遇有特殊情况的，作出复议决定的期限可以适当延长；但是，延长的期限最长不得超过2个月，并应当将延长的期限和理由及时通知复议申请人。

**第四十七条**　审计机关对办理的审计事项、审计调查事项、审计复议事项和审计应诉事项，应当按照国家有关规定建立、健全审计档案制度。

**第四十八条**　审计通知书、审计报告、审计意见书、审计决定等审计文书的内容和格式，由审计署规定。

## 第六章　法律责任

**第四十九条**　被审计单位违反审计法的规定，拒绝或者拖延提供与审计事项有关的资料的，或者拒绝、阻碍检查的，由审计机关责令改正，可以通报批评，给予警告；拒不改正的，按照下列规定追究责任：

（一）对被审计单位处以5万元以下的罚款；

（二）对被审计单位负有直接责任的主管人员和其他直接责任人员，审计机关认为应当给予行政处分或者纪律处分的，向有关部门、单位提出给予行政处分或者纪律处分的建议；

（三）构成犯罪的，依法追究刑事责任。

依照前款规定追究责任后，被审计单位仍须接受审计机关的审计监督。

**第五十条**　审计机关发现被审计单位转移、隐匿、篡改、毁弃会计凭证、会计账簿、会计报表以及其他与财政收支或者财务收支有关的资料的，有权予以制止，责令交出、改正或者采取措施予以补救，并采取本条例第三十二条规定的措施。

**第五十一条**　审计机关发现被审计单位转移、隐匿违法取得的资产的，有权予以制止，或者提请人民政府或者有关主管部门予以制止，或者依法申请人民法院采取财产保全措施。

**第五十二条**　对本级各部门（含直属单位）和下级政府违反预算的行为或者其他违反国家规定的财政收支行为，审计机关在法定的职权范围内，区别情况对违法取得的资产按照以下规定处理：

（一）责令限期缴纳、上缴应当缴纳或者上缴的财政收入；

（二）责令限期退还被侵占的国有资产；

（三）责令限期退还违法所得；

（四）责令冲转或者调整有关会计账目；

（五）采取其他纠正措施。

**第五十三条**　对被审计单位违反国家规定的财务收支行为，由审计机关在法定职权范围内责令改正，给予警告，通报批评，依照本条例第五十二条规定对违法取得的资产作出处理；有违法所得的，处以违法所得1倍以上5倍以下的罚款；没有违法所得的，处以5万元以下的罚款。对被审计单位负有直接责任的主管人员和其他直接责任人员，审计机关认为应当给予行政处分或者纪律处分的，向有关部门、单位提出给予行政处分或者纪律处分的建议。

法律、行政法规对被审计单位违反国家规定的财务收支行为另有处理、处罚规定的，从其规定。

**第五十四条**　审计机关提出的对被审计单位处理、处罚的建议或者对被审计单位负有直接责任的主管人员和其他直接责任人员给予行政处分或者纪律处分的建议，有关部门、单位应当依法及时作出决定，并将结果书面通知审计机关。

**第五十五条**　审计人员滥用职权、徇私舞弊、玩忽职守，构成犯罪的，依法追究刑事责任；尚不构成犯罪的，依法给予行政处分。

审计人员违法、违纪取得的财物，依法予以追缴、没收或者责令退赔。

## 第七章　附　则

**第五十六条**　本条例自发布之日起施行。

# 重要财经审计法规索引

**中华人民共和国预算法**

（1994年3月22日第八届全国人民代表大会第二次会议通过）

见1994年《财经审计法规》（合订本）上册265页。

**国内贸易部关于印发《国内贸易部系统内部审计工作规定》的通知**

（内贸审字[1994]第274号）

见1995年《财经审计法规》（合订本）上册271页。

**审计署关于国有金融机构审计管辖范围的通知**

（审综发[1995]2号）

见1995年《财经审计法规》（合订本）上册278页。

**审计署关于在全国实行统一审计文书格式的通知**

（审法发[1995]7号）

见1995年《财经审计法规》（合订本）上册279页。

**审计署办公厅关于对全国部分公检法机关办案收费、罚没款物等财务收支进行审计的实施方案**

（审办行发[1995]27号）

见1995年《财经审计法规》（合订本）上册307页。

**审计署办公厅关于印发高校财务收支审计方案的通知**

（审办行发[1995]29号）

见1995年《财经审计法规》（合订本）上册336页。

**对外经济贸易企业经理离任经济责任审计工作规定**

（中华人民共和国对外经济贸易合作部令[1995]第2号）

见1995年《财经审计法规》（合订本）上册346页。

**审计署关于印发全国统一的审计文书头纸标准的通知**

（审办发(1995)51号）

见1995年《财经审计法规》（合订本）上册361页。

**中央预算执行情况审计监督暂行办法**

（中华人民共和国国务院令第181号）

见1995年《财经审计法规》（合订本）上册390页。

**审计署关于内部审计工作的规定**

（中华人民共和国审计署令第1号）

见1995年《财经审计法规》（合订本）上册394页。

**国家教委关于印发《关于加强对教育经费审计监督的意见》的通知**

（教审厅[1995]6号）

见1995年《财经审计法规》（合订本）上册400页。

**审计署驻国家教育委员会审计局关于印发《国家教委直属高等学校科研经费决算审签办法》的通知**

（教审局[1995]24号）

见1995年《财经审计法规》（合订本）上册405页。

**审计署关于严格执行国税审计管辖范围的通知**

（审财发[1995]290号）

见1995年《财经审计法规》（合订本）上册409页。

**中华全国供销合作总社、审计署关于加强农资系统审计监督的通知**

（供销财联字[1995]第4号）

见1995年《财经审计法规》（合订本）上册411页。

**中华人民共和国预算实施条例**

（中华人民共和国国务院第186号）

见1996年《财经审计法规》（合订本）上册29页。

**审计署办公厅关于转发《国务院办公厅关于个别地方违反规定征收养老保险调剂基金问题的通报》的通报**

（审办办发[1995]110号）

见1996年《财经审计法规》（合订本）上册387页。

**审计署、共青团中央关于加强希望工程财务收支审计工作的通知**

（审行发[1995]318号）

见1996年《财经审计法规》（合订本）上册390页。

**劳动部、审计署关于发布《社会保险审计暂行规定》的通知**

（劳部发[1995]329号）

见1996年《财经审计法规》（合订本）上册394页。

**财政部关于印发第一批《中国注册会计师独立审计准则》的通知**

（财会协会〔1995〕48号）

见1996年《财经审计法规》(合订本)上册403页。

**国务院办公厅关于对国家税务局系统审计监督问题的通知**

(国办发[1995]59号)

见1996年《财经审计法规》(合订本)上册456页。

**审计署关于建立举报中心的通知**

(审办发〔1996〕47号)

见1996年《财经审计法规》(合订本)上册458页。

**审计署关于严禁审计机关在审计中向被审计单位收费的通知**

(审办发〔1996〕73号)

见1996年《财经审计法规》(合订本)上册471页。

**审计署关于贯彻执行《国务院关于坚决打击骗取出口退税严厉惩治金融和财税领域违法乱纪行为的规定》的通知**

(审办发[1996]57号)

见1996年《财经审计法规》(合订本)上册468页。

**审计署、财政部、劳动部、关于开展企业职工养老保险基金和失业保险基金审计有关事项的通知**

(审行发〔1996〕87号)

见1996年《财经审计法规》(合订本)上册501页。

**审计署、国家计委、财政部、国家经贸委、建设部、国家工商行政管理局关于印发《建设项目审计处理暂行规定》的通知**

(审投发[1996]105号)

见1996年《财经审计法规》(合订本)上册510页。

**林业系统内部审计工作规定**

(中华人民共和国林业部令第7号)

见1996年《财经审计法规》(合订本)上册516页。

**交通行业内部审计工作规定**

(中华人民共和国交通部令1996年第1号)

见1996年《财经审计法规》(合订本)上册558页。

**审计署关于加强预算单位银行开户审计监督工作的通知**

(审财发[1996]274号)

见1996年《财经审计法规》(合订本)上册574页。

**审计署、中国人民银行关于清理检查财政部门预算外资金和清理规范其账户有关问题的通知**

(审财发[1996]279号)

见1997年《财经审计法规》(合订本)上册505页。

**审计署、国家保密局关于印发《审计工作中国家秘密及密级具体范围的规定》的通知**

(审办发〔1996〕151号)

见1997年《财经审计法规》(合订本)上册510页。

**审计署办公厅关于执行《审计工作中国家秘密及密级具体范围的规定》有关事项的通知**

(审办办发〔1996〕83号)

见1997年《财经审计法规》(合订本)上册514页。

**旅游企业法定代表人离任经济责任审计规定**

(中华人民共和国国家旅游局令第6号)

见1997年《财经审计法规》(合订本)上册527页。

**审计署、中华全国供销合作总社关于加强供销合作社系统审计监督的通知**

(审商发[1997]81号)

见1997年《财经审计法规》(合订本)上册535页。

**审计署关于明确各特派员办事处审计分工范围的通知**

(审综发[1997]72号)

见1997年《财经审计法规》(合订本)上册537页。

**文化部关于印发《文化企事业法定代表人离任审计规定(试行)》的通知**

(文审发[1997]16号)

见1997年《财经审计法规》(合订本)上册539页。

**卫生系统内部审计工作规定**

(中华人民共和国卫生部令第51号)

见1997年《财经审计法规》(合订本)上册547页。

**审计署关于严格执行审计规范有关规定的通知**

(审综发[1997]93号)

见1997年《财经审计法规》(合订本)上册562页。

**对外经济贸易内部审计工作规定**

(中华人民共和国对外贸易经济合作部令1997年第1号)

见1997年《财经审计法规》(合订本)上册564页。

**建设部关于印发《建设部直属企业事业单位审计规定》的通知**

(建审[1997]76号)

见1997年《财经审计法规》(合订本)上册581页。

**冶金部关于颁发《冶金工业部直属企业事业单位法定代表人任期经济责任审计规定》的通知**

(冶审[1997]321号)

见1997年《财经审计法规》(合订本)上册604页。

**农业部关于发布《农业部直属企业经理离任审计工作暂行规定》的通知**

(农审发[1997]6号)

见1997年《财经审计法规》(合订本)上册608页。

**审计署关于印发《审计组廉正责任的若干规定》的通知**

(审办发〔1997〕178号)

见1997年《财经审计法规》(合订本)上册623页。

**审计署驻冶金部审计局关于印发《冶金部事业单位法定代表人任期经济责任审计操作规程(试行)》的通知**

(冶审局发[1997]25号)

见1997年《财经审计法规》(合订本)上册627页。

**交通部关于印发《交通企事业单位法定代表人经济责任审计规定》的通知**

(交审计发[1997]454号)

见1997年《财经审计法规》(合订本)上册635页。

**中国航空工业总公司关于颁发《中国航空工业总公司厂长(经理)任期经济责任审计规定》的通知**

(航空规[1997]73号)

见1997年《财经审计法规》(合订本)上册656页。

**违反注册会计师法处罚暂行办法**

(财法字[1998]1号)

见1998年《财经审计法规》(合订本)下册91页。

**新闻出版署关于印发《新闻出版企业法定代表人离任审计工作规定实施细则》的通知**

(新出审计[1998]84号1998年1月26号)

见1998年《财经审计法规》(增补本)145页。

**中国气象局关于印发《全国气象部门企事业单位负责人经济责任审计工作暂行规定》的通知**

(中气审发[1998]4号1998年2月19日)

见1998年《财经济审法规》(增补本)154页。

**广播电影电视系统内部审计工作规定**

(中华人民共和国广播电影电视部令第23号)

见1998年《财经审计法规》(合订本)上册313页。

**新华社办公厅关于印发《新华社关于实行领导干部离任审计的暂行规定》的通知**

(新发文[1998]厅字第37号)

见1998年《财经审计法规》(合订本)上册353页。

**煤炭工业部关于印发《煤炭企事业单位固定资产投资项目审计实施办法》的通知**

(煤审字[1998]第114号)

见1998年《财经审计法规》(合订本)上册357页。

**煤炭工业部关于发布《煤炭企事业单位财务审计实施办法》的通知**

(煤审字[1998]第116号)

见1998年《财经审计法规》(合订本)上册366页。

**审计署关于对证券公司审计处理问题的通知**

(审发[1998]186号)

见1998年《财经审计法规》(合订本)上册375页。

**审计署关于从严治理审计队伍有关问题的通知**

审发〔1998〕235号

见1998年《财经审计法规》(合订本)上册378页。

# 审计工作统计

中国审计报
中共中央办公厅
国务院办公厅
贯彻两个暂行规定
促进党风廉政建设
资金运
离任审计出成效
四官违纪受处理
硕鼠现形记
立大会

# 审计统计报表

## 审计系统分行业审计情况统计

### 1994—1998年度审计单位数量表

单位:个

| 年度<br>分类 | 1994年 | 1995年 | 1996年 | 1997年 | 1998年 | 合计 |
|---|---|---|---|---|---|---|
| 合计 | 185 077 | 159 156 | 178 778 | 189 618 | 161 341 | 873 970 |
| 财政 | 10 997 | 11 763 | 44 275 | 41 776 | 34 412 | 143 223 |
| 金融 | 9 557 | 6 669 | 8 650 | 6 669 | 9 379 | 40 924 |
| 固定资产投资 | 32 367 | 10 276 | 11 083 | 17 502 | 12 787 | 84 015 |
| 企业 | 54 896 | 46 282 | 42 878 | 40 435 | 31 244 | 215 735 |
| 行政事业 | 45 124 | 62 278 | 53 866 | 61 339 | 56 913 | 279 520 |
| 农业专项资金 | | 12 660 | 6 351 | 11 042 | 8 669 | 38 722 |
| 国外援款贷款 | 3 743 | 4 668 | 5 373 | 5 890 | 6 079 | 25 753 |
| 其他 | 28 393 | 4 560 | 6 302 | 4 965 | 1 858 | 46 078 |

### 1994—1998年度审计违规行为金额表

金额单位:万元

| 年度<br>分类 | 1994年 | 1995年 | 1996年 | 1997年 | 1998年 | 合计 |
|---|---|---|---|---|---|---|
| 合计 | 8 444 696 | 9 986 238 | 20 585 650 | 17 707 584 | 50 307 197 | 107 031 365 |
| 财政 | 1 982 826 | 2 252 836 | 8 392 287 | 7 060 318 | 17 975 492 | 37 663 759 |
| 金融 | 1 933 070 | 2 242 235 | 4 808 471 | 4 461 995 | 11 045 618 | 24 491 389 |
| 固定资产投资 | 554 209 | 639 337 | 779 574 | 1 045 771 | 3 822 074 | 6 840 965 |
| 企业 | 2 624 393 | 2 462 236 | 3 245 267 | 3 198 027 | 11 293 395 | 22 823 318 |
| 行政事业 | 775 218 | 2 010 973 | 2 321 243 | 1 384 029 | 4 358 255 | 10 849 718 |
| 农业专项资金 | | 191 202 | 741 020 | 236 069 | 683 114 | 1 851 405 |
| 国外援款贷款 | 76 772 | 145 450 | 256 963 | 264 693 | 1 075 128 | 1 819 006 |
| 其他 | 498 208 | 41 969 | 40 825 | 56 682 | 54 121 | 691 805 |

**1994－1998 年度审计应交财政金额表**　　金额单位:万元

| 分类＼年度 | 1994 年 | 1995 年 | 1996 年 | 1997 年 | 1998 年 | 合　计 |
|---|---|---|---|---|---|---|
| 合　计 | 1 723 014 | 1 418 176 | 2 730 340 | 2 411 231 | 2 246 741 | 10 529 502 |
| 财政 | 946 859 | 616 431 | 1 540 613 | 1 691 657 | 1 387 917 | 6 183 477 |
| 金融 | 82 456 | 94 587 | 175 486 | 115 361 | 96 662 | 564 552 |
| 固定资产投资 | 57 294 | 38 255 | 33 954 | 55 038 | 79 558 | 264 099 |
| 企业 | 363 519 | 335 941 | 486 316 | 399 700 | 328 064 | 1 913 540 |
| 行政事业 | 66 137 | 311 124 | 205 711 | 120 412 | 327 817 | 1 031 201 |
| 农业专项资金 | | 3 983 | 274 626 | 7 218 | 17 354 | 303 181 |
| 国外援款贷款 | 1 904 | 4 782 | 1 844 | 4 552 | 5 254 | 18 336 |
| 其他 | 204 845 | 13 073 | 11 790 | 17 293 | 4 115 | 251 116 |

**1994－1998 年度审计应减少财政拨款或补贴金额表**　　金额单位:万元

| 分类＼年度 | 1994 年 | 1995 年 | 1996 年 | 1997 年 | 1998 年 | 合　计 |
|---|---|---|---|---|---|---|
| 合　计 | 114 607 | 94 984 | 232 026 | 113 839 | 316 101 | 871 557 |
| 财政 | 35 772 | 36 334 | 105 251 | 68 336 | 103 588 | 313 509 |
| 金融 | 425 | 82 | 208 | 2 228 | 86 416 | 88 934 |
| 固定资产投资 | 25 017 | 27 035 | 80 173 | 31 601 | 66 049 | 204 858 |
| 企业 | 8 451 | 20 558 | 25 538 | 6 904 | 21 060 | 74 060 |
| 行政事业 | 44 137 | 10 085 | 8 127 | 4 247 | 38 824 | 61 283 |
| 农业专项资金 | | 129 | 27 | 353 | 164 | 673 |
| 国外援款贷款 | 20 | 425 | 12 650 | 143 | | 13 218 |
| 其他 | 785 | 336 | 52 | 27 | | 415 |

## 1994—1998年度审计应归还原渠道资金金额表

金额单位：万元

| 年度<br>分类 | 1994年 | 1995年 | 1996年 | 1997年 | 1998年 | 合计 |
|---|---|---|---|---|---|---|
| 合计 | 914 112 | 1 073 389 | 1 378 223 | 1 098 681 | 1 984 201 | 6 448 606 |
| 财政 | 48 352 | 104 226 | 217 600 | 271 310 | 430 702 | 1 023 838 |
| 金融 | 331 613 | 69 637 | 160 949 | 8 389 | 28 449 | 267 424 |
| 固定资产投资 | 99 433 | 215 608 | 159 965 | 169 941 | 217 719 | 763 233 |
| 企业 | 224 435 | 124 161 | 102 317 | 196 638 | 314 558 | 737 674 |
| 行政事业 | 97 350 | 464 971 | 551 484 | 329 887 | 741 809 | 2 088 151 |
| 农业专项资金 | | 59 027 | 150 922 | 99 508 | 173 932 | 483 389 |
| 国外援款贷款 | 31 230 | 31 023 | 32 822 | 19 254 | 69 330 | 152 429 |
| 其他 | 81 699 | 4 736 | 2 164 | 3 754 | 7 702 | 18 356 |

## 1994—1998年度审计促进增收节支金额表

金额单位：万元

| 年度<br>分类 | 1994年 | 1995年 | 1996年 | 1997年 | 1998年 | 合计 |
|---|---|---|---|---|---|---|
| 合计 | 181 356 | 280 343 | 502 946 | 440 138 | 416 199 | 1 820 982 |
| 财政 | 17 504 | 33 387 | 124 057 | 72 202 | 59 074 | 306 224 |
| 金融 | 7 081 | 17 818 | 49 611 | 6 615 | 10 452 | 91 577 |
| 固定资产投资 | 29 238 | 62 393 | 99 945 | 177 363 | 140 582 | 509 521 |
| 企业 | 105 776 | 137 685 | 136 473 | 132 641 | 144 095 | 656 670 |
| 行政事业 | 5 718 | 25 087 | 61 842 | 43 790 | 40 872 | 177 309 |
| 农业专项资金 | | 897 | 27651 | 3329 | 4 521 | 36 398 |
| 国外援款贷款 | 8 065 | 2 532 | 1 420 | 2 419 | 14 663 | 29 099 |
| 其他 | 7974 | 544 | 1 947 | 1 779 | 1 940 | 14 184 |

## 1994—1998年度审计向司法机关移送案件情况表

单位:件

| 分类＼年度 | 1994年 | 1995年 | 1996年 | 1997年 | 1998年 | 合计 |
|---|---|---|---|---|---|---|
| 合　　计 | 344 | 425 | 364 | 412 | 599 | 2 144 |
| 财政 | 27 | 31 | 34 | 14 | 40 | 119 |
| 金融 | 6 | 3 | 5 | 9 | 10 | 27 |
| 固定资产投资 | 1 | 16 | 7 | 36 | 30 | 89 |
| 企业 | 171 | 251 | 207 | 188 | 242 | 888 |
| 行政事业 | 105 | 111 | 98 | 143 | 214 | 566 |
| 农业专项资金 | | 5 | 8 | 8 | 11 | 32 |
| 国外援款贷款 | 3 | 2 | 1 | 1 | 3 | 7 |
| 其他 | 31 | 6 | 4 | 13 | 49 | 72 |

## 1994—1998年度审计建议给予行政处分人员数量表

单位:人

| 分类＼年度 | 1994年 | 1995年 | 1996年 | 1997年 | 1998年 | 合计 |
|---|---|---|---|---|---|---|
| 合　　计 | | 380 | 319 | 266 | 494 | 1 459 |
| 财政 | | 51 | 69 | 19 | 38 | 177 |
| 金融 | | 7 | 3 | 5 | 9 | 24 |
| 固定资产投资 | | 8 | 2 | 4 | 4 | 18 |
| 企业 | | 120 | 99 | 98 | 132 | 449 |
| 行政事业 | | 179 | 132 | 121 | 246 | 678 |
| 农业专项资金 | | 12 | | 9 | 8 | 29 |
| 国外援款贷款 | | 2 | 1 | | 1 | 4 |
| 其他 | | 1 | 13 | 10 | 56 | 80 |

*因1994年统计项目与方法与以后各年不尽相同,故未填入数字,下同。

# 审计系统分地区审计情况统计

## 1994－1998 年度分地区审计查出违纪金额表

单位:万元

| 地区＼年度 | 1994 年 | 1995 年 | 1996 年 | 1997 年 | 1998 年 | 合计 |
|---|---|---|---|---|---|---|
| 合计 | 4 164 110 | 5 450 832 | 9 953 082 | 9 405 038 | 28 587 871 | 57 560 933 |
| 北京市 | 205 658 | 267 037 | 485 141 | 144 972 | 947 234 | 2 050 042 |
| 天津市 | 67 253 | 60 376 | 189 592 | 179 504 | 1 078 091 | 1 574 816 |
| 河北省 | 261 774 | 278 607 | 424 272 | 351 935 | 978 192 | 2 294 780 |
| 山西省 | 131 411 | 206 374 | 395 402 | 287 328 | 889 021 | 1 909 536 |
| 内蒙古自治区 | 131 002 | 197 551 | 249 759 | 231 422 | 442 655 | 1 252 389 |
| 辽宁省 | 233 275 | 300 110 | 384 609 | 366 200 | 927 924 | 2 212 118 |
| 大连市 | (35 262) | (56 158) | (55 956) | (57 972) | (302 895) | (508 243) |
| 吉林省 | 60 586 | 118 757 | 539 441 | 306 881 | 1 040 316 | 2 065 981 |
| 黑龙江省 | 242 708 | 196 071 | 525 723 | 510 022 | 1 287 331 | 2 761 855 |
| 上海市 | 28 659 | 60 808 | 62 004 | 85 879 | 2 798 853 | 3 036 203 |
| 江苏省 | 134 744 | 326 154 | 372 241 | 465 591 | 1 084 872 | 2 383 602 |
| 浙江省 | 241 583 | 309 196 | 603 879 | 687 294 | 953 032 | 2 794 984 |
| 宁波市 | (16 444) | (72 883) | (33 899) | (32 405) | (121 040) | (276 671) |
| 安徽省 | 96 574 | 88 555 | 252 888 | 271 207 | 633 019 | 1 342 243 |
| 福建省 | 132 267 | 82 512 | 217 068 | 231 290 | 623 481 | 1 286 618 |
| 厦门市 | (8 296) | (3 077) | (3 687) | (10 242) | (87 903) | (113 205) |
| 江西省 | 59 423 | 60 825 | 152 065 | 319 882 | 353 881 | 946 076 |
| 山东省 | 272 869 | 251 328 | 667 427 | 732 865 | 3 429 877 | 5 354 366 |
| 青岛市 | (44 233) | (30 084) | (52 390) | (29 926) | (314 665) | (471 298) |
| 河南省 | 236 956 | 369 406 | 510 577 | 686 750 | 1 325 984 | 3 129 673 |
| 湖北省 | 292 249 | 558 485 | 843 331 | 844 091 | 1 649 050 | 4 187 206 |
| 湖南省 | 185 881 | 201 205 | 338 418 | 362 789 | 741 786 | 1 830 079 |
| 广东省 | 391 880 | 470 969 | 602 164 | 492 202 | 2 490 360 | 4 447 575 |
| 深圳市 | (74 987) | (35 984) | (106 495) | (64 445) | (171 852) | (453 763) |
| 广西自治区 | 79 809 | 100 223 | 406 242 | 233 950 | 513 228 | 133 3452 |
| 海南省 | 117 039 | 152 885 | 138 782 | 200 356 | 827 455 | 1 436 517 |
| 四川省 | 170 811 | 315 395 | 445 720 | 336 004 | 619 276 | 1 887 206 |
| 重庆市 | (34 881) | (91 679) | (134 152) | (113 323) | 444 095 | 557 418 |
| 云南省 | 70 665 | 68 337 | 351 171 | 209 203 | 297 098 | 996 474 |
| 贵州省 | 89 746 | 91 842 | 127 032 | 95 998 | 242 993 | 647 611 |
| 西藏自治区 | 1 600 | 34 588 | 28 388 | 6 747 | 57 767 | 129 090 |
| 陕西省 | 118 344 | 147 630 | 225 173 | 264 916 | 900 776 | 1 656 839 |
| 青海省 | 10 928 | 13 808 | 42 290 | 31 215 | 55 328 | 153 569 |
| 甘肃省 | 43 616 | 44 790 | 84 079 | 106 229 | 155 152 | 433 866 |
| 宁夏自治区 | 9 048 | 11 944 | 45 828 | 48 115 | 108 781 | 223 716 |
| 新疆自治区 | 45 752 | 65 064 | 242 376 | 200 878 | 583 586 | 1 137 656 |
| 新疆兵团 | | | | | 107 377 | 107 377 |

＊1994－1996 年重庆的统计数字包含在四川省内;1997 年重庆设立为直辖市,重庆的数字单独列入统计总数中。

# 审计署各特派办审计情况统计

## 1994－1998年度各特派办处理违规行为金额情况表

金额单位：万元

| 地区＼年度 | 1994年 | 1995年 | 1996年 | 1997年 | 1998年 | 合计 |
|---|---|---|---|---|---|---|
| 合　计 | 1 495 260 | 3 079 706 | 6 647 765 | 5 611 349 | 12 620 577 | 29 454 657 |
| 上海特派办 | 172 502 | 88 475 | 766 161 | 191 237 | 809 766 | 2 028 141 |
| 沈阳特派办 | 59 169 | 29 917 | 102 181 | 86 502 | 731 824 | 1 009 593 |
| 广州特派办 | 27 708 | 91 281 | 169 978 | 73 113 | 1 202 240 | 1 564 320 |
| 武汉特派办 | 67 293 | 295 499 | 1 082 573 | 939 087 | 3 392 260 | 5 776 712 |
| 济南特派办 | 368 717 | 412 936 | 495 493 | 570 824 | 831 569 | 2 679 539 |
| 郑州特派办 | 16 118 | 93 082 | 435 662 | 495 987 | 549 836 | 1 590 685 |
| 南京特派办 | 98 220 | 282 248 | 853 539 | 395 013 | 1 256 687 | 2 885 707 |
| 西安特派办 | 45 585 | 71 501 | 147 241 | 47 122 | 340 733 | 652 182 |
| 成都特派办 | 153 410 | 208 153 | 355 862 | 200 888 | 670 395 | 1 588 708 |
| 哈尔滨特派办 | 83 428 | 347 572 | 359 522 | 186 929 | 531 623 | 1 509 074 |
| 昆明特派办 | 77 639 | 170 528 | 203 433 | 208 357 | 213 285 | 873 242 |
| 长沙特派办 | 63 460 | 162 574 | 223 691 | 273 122 | 493 866 | 1 216 713 |
| 深圳特派办 | 122 384 | 182 953 | 562 806 | 26 163 | 226 216 | 1 120 522 |
| 兰州特派办 | 47 214 | 131 259 | 138 120 | 296 273 | 258 911 | 871 777 |
| 太原特派办 | 43 430 | 308 867 | 158 963 | 142 269 | 380 632 | 1 034 161 |
| 京津冀特派办 | 48 983 | 202 861 | 592 540 | 1 478 463 | 730 734 | 3 053 581 |

## 1994－1998年度各特派办审计单位数量表

单位：个

| 分类＼年度 | 1994年 | 1995年 | 1996年 | 1997年 | 1998年 | 合计 |
|---|---|---|---|---|---|---|
| 合　计 | 1 585 | 1 321 | 1 404 | 1 401 | 929 | 6 640 |
| 上海特派办 | 105 | 101 | 119 | 121 | 67 | 513 |
| 沈阳特派办 | 166 | 66 | 125 | 191 | 104 | 652 |
| 广州特派办 | 109 | 131 | 120 | 122 | 48 | 530 |
| 武汉特派办 | 98 | 114 | 78 | 71 | 67 | 428 |
| 济南特派办 | 33 | 59 | 50 | 48 | 45 | 235 |
| 郑州特派办 | 97 | 71 | 97 | 68 | 52 | 385 |
| 南京特派办 | 166 | 152 | 80 | 76 | 65 | 539 |
| 西安特派办 | 59 | 38 | 62 | 50 | 27 | 236 |
| 成都特派办 | 157 | 220 | 189 | 133 | 47 | 746 |
| 哈尔滨特派办 | 117 | 75 | 117 | 153 | 194 | 656 |
| 昆明特派办 | 48 | 41 | 41 | 37 | 19 | 186 |
| 长沙特派办 | 157 | 108 | 78 | 79 | 45 | 467 |
| 深圳特派办 | 28 | 20 | 29 | 20 | 24 | 121 |
| 兰州特派办 | 81 | 40 | 61 | 54 | 36 | 272 |
| 太原特派办 | 87 | 35 | 71 | 64 | 28 | 285 |
| 京津冀特派办 | 77 | 50 | 87 | 114 | 61 | 389 |

**1994—1998 年度各特派办金额审计应交财政金额表** 金额单位:万元

| 年度<br>分类 | 1994 年 | 1995 年 | 1996 年 | 1997 年 | 1998 年 | 合计 |
|---|---|---|---|---|---|---|
| 合计 | 387 009 | 455 143 | 1 123 068 | 684 440 | 749 332 | 3 398 992 |
| 上海特派办 | 171 936 | 56 982 | 224 345 | 122 449 | 258 519 | 834 231 |
| 沈阳特派办 | 9 754 | 6 183 | 61 213 | 23 106 | 128 926 | 229 182 |
| 广州特派办 | 1 968 | 7 057 | 24 050 | 17 871 | 47 952 | 98 898 |
| 武汉特派办 | 28 935 | 32 225 | 15 744 | 15 456 | 53 941 | 146 301 |
| 济南特派办 | 9 896 | 20 896 | 105 320 | 74 549 | 45 868 | 256 529 |
| 郑州特派办 | 5 986 | 9 371 | 19 801 | 28 270 | 2 774 | 66 202 |
| 南京特派办 | 20 338 | 30 656 | 21 867 | 84 923 | 59 463 | 217 247 |
| 西安特派办 | 2 562 | 11 312 | 4 887 | 24 383 | 9 708 | 52 852 |
| 成都特派办 | 8 005 | 42 810 | 194 561 | 101 327 | 25 352 | 372 055 |
| 哈尔滨特派办 | 20 126 | 4 530 | 13 305 | 12 494 | 14 929 | 65 384 |
| 昆明特派办 | 33 266 | 21 363 | 6 637 | 57 562 | 25 278 | 144 106 |
| 长沙特派办 | 3772 | 6 035 | 8 274 | 22 251 | 26 028 | 66 360 |
| 深圳特派办 | 52 522 | 138 519 | 88 985 | 944 | 8 317 | 289 287 |
| 兰州特派办 | 4 292 | 8 537 | 5 471 | 8 480 | 10 571 | 37 351 |
| 太原特派办 | 2 081 | 24 296 | 12 504 | 20 734 | 9 881 | 69 496 |
| 京津冀特派办 | 11 570 | 34 371 | 316 104 | 69 641 | 21 825 | 453 511 |

**1994—1998 年度各特派办审计应核减财政拨款或补贴金额表**

金额单位:万元

| 年度<br>分类 | 1994 年 | 1995 年 | 1996 年 | 1997 年 | 1998 年 | 合计 |
|---|---|---|---|---|---|---|
| 合计 | | 25 465 | 4 293 | 2 571 | 12 975 | 45 304 |
| 上海特派办 | | | 210 | | 3 062 | 3 272 |
| 沈阳特派办 | | | | | | |
| 广州特派办 | | | | | 4 075 | 4 075 |
| 武汉特派办 | | | | | | |
| 济南特派办 | | | | | 2 310 | 2 310 |
| 郑州特派办 | | 651 | | | | 651 |
| 南京特派办 | | | | | 3 528 | 3 528 |
| 西安特派办 | | 790 | 139 | | | 929 |
| 成都特派办 | | 5 967 | 1 594 | 278 | | 7 839 |
| 哈尔滨特派办 | | | 2 350 | | | 2 350 |
| 昆明特派办 | | | | 250 | | 250 |
| 长沙特派办 | | | | | | |
| 深圳特派办 | | | | | | |
| 兰州特派办 | | | | | | |
| 太原特派办 | | | | | | |
| 京津冀特派办 | | 18 057 | | 2 043 | | 20 100 |

**1994—1998 年度各特派办审计应归还原渠道资金金额表** 金额单位:万元

| 年度<br>分类 | 1994 年 | 1995 年 | 1996 年 | 1997 年 | 1998 年 | 合　计 |
|---|---|---|---|---|---|---|
| 合　计 | | 211 245 | 291 976 | 112 863 | 328 578 | 944 662 |
| 上海特派办 | | 128 | 30 662 | 2 307 | 107 | 33 204 |
| 沈阳特派办 | | 311 | 9 992 | 1 345 | 4 544 | 16 192 |
| 广州特派办 | | 3 782 | 17 | | | 3 799 |
| 武汉特派办 | | 3 052 | 30 985 | 5 779 | 6 239 | 46 055 |
| 济南特派办 | | 19 090 | 517 | 4 704 | 15 377 | 39 688 |
| 郑州特派办 | | 34 407 | 1 000 | | | 35 407 |
| 南京特派办 | | 16 138 | 8 849 | 26 257 | 8 504 | 59 748 |
| 西安特派办 | | 2 003 | 10 451 | 11 476 | 21 792 | 45 722 |
| 成都特派办 | | 24 263 | 25 960 | 19 793 | 115 235 | 185 251 |
| 哈尔滨特派办 | | 36 210 | 20 225 | 3 213 | 70 524 | 130 172 |
| 昆明特派办 | | 216 | 222 | 4 130 | 1 265 | 5 833 |
| 长沙特派办 | | 54 477 | 12 642 | 22 775 | 3 094 | 92 988 |
| 深圳特派办 | | | 4 545 | 555 | | 5 100 |
| 兰州特派办 | | | 8 400 | 4 772 | 30 640 | 43 812 |
| 太原特派办 | | 5 525 | 22 118 | 1 358 | 997 | 29 998 |
| 京津冀特派办 | | 11 643 | 105 391 | 4 399 | 50 260 | 171 693 |

**1994—1998 年各特派办促进增收节支金额表** 金额单位:万元

| 年度<br>分类 | 1994 年 | 1995 年 | 1996 年 | 1997 年 | 1998 年 | 合　计 |
|---|---|---|---|---|---|---|
| 合　计 | 27 432 | 75 849 | 120 676 | 41 345 | 61 266 | 326 568 |
| 上海特派办 | | | | | | |
| 沈阳特派办 | | | 2 898 | 10 544 | 2 522 | 15 964 |
| 广州特派办 | | | | | | |
| 武汉特派办 | 4 242 | | | | | 4 242 |
| 济南特派办 | 2 721 | 30 | | | | 2 751 |
| 郑州特派办 | 2 543 | 5 639 | 924 | 13 265 | 25 745 | 48 116 |
| 南京特派办 | 239 | 323 | | 368 | | 930 |
| 西安特派办 | | 10 345 | 1 518 | 426 | 4 432 | 16 721 |
| 成都特派办 | 14 385 | 12 936 | 2 339 | 1 316 | 16 996 | 47 972 |
| 哈尔滨特派办 | 635 | 1 010 | 1 268 | 457 | 10 795 | 14 165 |
| 昆明特派办 | | 3 | 230 | 3 300 | | 3 533 |
| 长沙特派办 | | 40 563 | 74 053 | | | 114 616 |
| 深圳特派办 | | | | | | |
| 兰州特派办 | | | | | | |
| 太原特派办 | 2 667 | | | | 776 | 3 443 |
| 京津冀特派办 | | 5 000 | 37 446 | 11 669 | | 54 115 |

**1994—1998年度各特派办向司法机关移送案件情况表** 单位:件

| 年度<br>分类 | 1994年 | 1995年 | 1996年 | 1997年 | 1998年 | 合计 |
|---|---|---|---|---|---|---|
| 合计 | | 2 | 3 | 3 | 8 | 16 |
| 上海特派办 | | | | 1 | | 1 |
| 沈阳特派办 | | | | | | |
| 广州特派办 | | | | | | |
| 武汉特派办 | | | | | | |
| 济南特派办 | | | | | | |
| 郑州特派办 | | | | 2 | | 2 |
| 南京特派办 | | 1 | 1 | | | 2 |
| 西安特派办 | | | | | | |
| 成都特派办 | | | 1 | | 1 | 2 |
| 哈尔滨特派办 | | | | | 2 | 2 |
| 昆明特派办 | | 1 | | | | 1 |
| 长沙特派办 | | | | | | |
| 深圳特派办 | | | | | | |
| 兰州特派办 | | | | | 2 | 2 |
| 太原特派办 | | | 1 | | | 1 |
| 京津冀特派办 | | | | | 3 | 3 |

**1994—1998年度各特派办建议给予行政处分情况表** 单位:人

| 年度<br>分类 | 1994年 | 1995年 | 1996年 | 1997年 | 1998年 | 合计 |
|---|---|---|---|---|---|---|
| 合计 | | | 1 | 4 | 25 | 30 |
| 上海特派办 | | | | 2 | | 2 |
| 沈阳特派办 | | | | | | |
| 广州特派办 | | | | | | |
| 武汉特派办 | | | | | | |
| 济南特派办 | | | | 1 | | 1 |
| 郑州特派办 | | | | | | |
| 南京特派办 | | | | | | |
| 西安特派办 | | | | | | |
| 成都特派办 | | | | | | |
| 哈尔滨特派办 | | | | | | |
| 昆明特派办 | | | 1 | 1 | | 2 |
| 长沙特派办 | | | | | | |
| 深圳特派办 | | | | | | |
| 兰州特派办 | | | | | | |
| 太原特派办 | | | | | 25 | 25 |
| 京津冀特派办 | | | | | | |

# 审计署工作概况

中国审计报
中共中央办公厅
国务院办公厅
贯彻两个暂行规定
促进党风廉政建设
离任审计出成效
四官违纪受处理
硕鼠现形记
立大会

# 审计长、副审计长、党组成员名单

(注:凡任期超过1998年12月31日者不注明任期届满时间)

**审计长:**

吕培俭 1985.3.19—1994.4.11

**副审计长:**

郭振乾 1993.7.1—1994.4.11

崔建民 1985.4.9—1995.4.17

金基鹏 1992.12.12—

罗进新 1985.4.9—1993.2.26

李金华 1985.8.30—1998.3.18

郑力(女) 1987.7.16—1996.9.27

刘鹤章 1990.9.26—

**党组书记:**

吕培俭 1985.3.19—1994.4.11

**审计长:**

郭振乾 1994.4.11—1998.3.18

**副审计长:**

崔建民 1985.1.30—1995.4.18

金基鹏 1992.12.12—

李金华 1985.9.7—1998.3.18

郑力(女) 1987.7.16—1996.9.27

刘鹤章 1990.9.26—

翟熙贵 1996.5.15—

刘家义 1996.9.27—

**纪检组长:**

吴定富 1995.10.13—1998.11.5

**党组书记:**

郭振乾 1994.4.11—1998.3.18

**党组副书记:**

李金华 1997.8.11—1998.3.18

**党组成员:**

王道成 1996.4.18—

**审计长:**

李金华 1998.3.18—

**副审计长:**

金基鹏 1992.12.12—

刘鹤章 1990.9.26—

翟熙贵 1996.5.15—

刘家义 1996.9.27—

**纪检组长:**

吴定富 1995.10.13—1998.11.5

**党组书记:**

李金华 1998.3.18—

**党组副书记:**

翟熙贵 1999.11.26—

**党组成员:**

王道成 1996.4.18—

董大胜 1998.11.12—

# 审计署部分司局工作简介

**【办公厅】** 1994年至1998年，办公厅共有人员编制74人，内设10个处室，即调研处、信息处、秘书处、档案处、办公室、值班室、行政处、财务处、房建处和保卫处。1998年9月，按照国务院机构改革方案，署机关进行了机构改革，办公厅内设处室作了调整，共设9个处室，人员44人。保留了原来的调研处、信息处、秘书处、档案处、办公室、文印室，值班室改为审计长办公室，增加了计划协调处、财务统计处。

1、负责对审计工作的方针、政策进行调查研究，提出建议；草拟、修改署领导交办的重要文稿；了解地方审计机关和署派出机构贯彻执行中央、国务院有关指示、决定和署重要工作安排的情况，研究地方审计机关和署派出机构报署的综合报告、请示，提出处理意见。2、负责归口管理审计信息工作，向国务院和有关方面反映审计工作情况，向下通报审计信息，承担署机关对外宣传和与新闻单位的联系，起草、审核重要宣传稿件；编印《审计要情》、《审计简报》及其增刊、《重要信息要目》、《审计工作通讯》等内部刊物；负责归口管理署所属单位公开发行刊物的对外联系工作。3、负责全国性审计工作会议、审计长会议、署审计业务会议、署务会议、署机关工作人员会议的会务工作；负责同国务院办公厅的工作联系，组织署机关的值班工作；负责署特约审计员的综合管理工作。4、负责署机关的文书处理、机要工作、印章的管理和署保密委员会的日常工作。5、负责署机关、派出机构、事业单位文件立卷归档的组织和档案管理，对全国审计专业文书、档案和保密工作进行业务指导。6、会同署内有关单位处理人民群众来信、来访、管理机关的图书室。

1998年9月机构改革后，办公厅增加了计划协调处和财务统计处。负责编制下达年度审计计划并检查执行情况，办理署机关、派出审计局和驻地方特派员办事处的审计管辖范围的划分和调整事项；负责管理审计事业经费，对署机关和所属单位的财务收支进行审计监督；汇编全国审计工作成果等。

**领导变动情况**

| |
|---|
| 一、1994年1月至1995年2月 |
| 刘达朱——办公厅副主任 |
| 谭绳喜——办公厅副主任 |
| 叶祥训——办公厅副主任 |
| 二、1995年2月至1998年4月 |
| 王大成——办公厅主任 |
| 谭绳喜——办公厅副主任 |
| 叶祥训——办公厅副主任(至1997年1月) |
| 刘英来——办公厅副主任(1997年3月任命) |
| 三、1998年4月至1998年12月 |
| 王道成——办公厅主任 |
| 谭绳喜——办公厅副主任 |
| 刘英来——办公厅副主任 |
| 王秀明——办公厅主任助理(1998年9月任命) |

**审计政策研究工作** 审计政策研究是分析、研究新形势下审计工作方针政策的执行情况及新情况、新问题，总结审计工作发展中成功的经验和做法并指导实践，促进审计工作为改革开放和经济建设服务的一项重要工作。近几年的审计政策研究工作，围绕署中心任务，努力提高起草文稿的质量和水平，做了大量工作。

第一，参与审计署一些重要审计工作和课题的研究。主要参与研究了社会主义市场经济与审计监督的关系问题、从银行账户入手审计问题、1999年至2003年审计工作发展纲要、审计技术基础建设五年工作规划、粮食清查审计、企业真实性审计等，并负责了解、组织交流各审计机关调研工作开展情况，研究过程中或提交论文或参与起草研究报告，较好地发挥了调查研究的职能作用。

第二，围绕审计署中心工作和署领导关心的问题，统一组织安排综合性的调查研究，或进行直接调查。主要对区级审计机关的现状、如何写好预算执行审计两个报告、股份有限公司审计理论与实践等问题进行了调查，在调查的基础上，进行深入的分析研究，写出调查报告，供领导参阅。组织16个特派员办事处对国有企业潜亏情况、消费基金的增长情况进行了调查，调查结果汇总后，以《审计简报》(增刊)的形式上报，分别被中办、国办采用，引起了有关部门的重视。

第三，起草了大量会议文件和审计业务文稿。各地审计机关贯彻落实党中央、国务院有关指示、决定，贯彻全国审计工作会议及署有关决定的情况；历年的全国审计工作会议和全国审计工作座谈会议文件；中央预算执行审计结果报告和工作报告；审计署上报国务院的部分专题报告和署领导在各种专业审计会议上的部分讲话稿；对署中心工作的一些重要信息进行分析、加工整理，形成成果报告，供领导决策参考；向新闻媒体提供宣传稿件。

**全面反映审计成果，积极上报审计信息** 近几年，审计范围和深度较以前相比都有所扩大和加深，审计成果也更加明显和突出，信息工作力争把各项审计成果全面准确地反映出来。1994年至1998年，共向总理直报《审计要情》32期，向中办、国办等上报《审计简报》181期，《审计简报》(增刊)45期，《重要信息要目》315期，合计573期。5年间，共向国务院有关部门和单位转送审计信息近千篇(次)。

在上报信息工作中,增强了信息的时效性、有效性,对重大违法违纪问题加强了综合研究,深入分析产生问题的原因,还增加了一些正面信息,上报信息的质量有了明显提高。如1998年上报的131篇信息中,被国务院领导批示,中办、国办采用90篇,采用率为68.7%。其中直报总理的20期《审计要情》中,朱镕基总理和其他国务院领导同志作重要批示的共14期,占70%。

办好审计系统内部交流刊物　《审计工作通讯》本着突出重点,兼顾全面的原则,增加了贯彻落实党中央、国务院重要指示,重大审计工作部署等方面的信息量。同时广泛交流信息和推广先进经验,宣传各级审计机关在实践中总结出的新成果。1994年至1998年,共编发审计工作通讯205期,信息量约为6000多条(次)。每月为《中国审计》、《审计理论与实践》等杂志提供信息,5年合计编写信息5000多条。

审计宣传工作　在宣传工作中,加强了与新闻单位的联系,突出重点,拓宽领域,加大了宣传力度。据不完全统计,1994年至1998年,中外媒体共采用审计署新闻稿件800多篇次,扩大了审计在社会上的影响。

一是做好重大审计活动的报道。对每年召开的全国审计工作会议和全国审计工作座谈会,重点宣传审计工作取得的成效和下一年工作安排等。对一些重大的审计活动进行集中宣传报道。如对1995年《审计法》实施,1998年审计署成立15周年等,开展了一系列宣传活动。在报刊上介绍15年来审计工作取得的成绩;《人民日报》刊登了现任审计长的署名文章、历任审计长联名文章;编写了《走向21世纪的中国审计》大型画册等。1998年底,与国务院新闻办公室密切配合,首次举办了中外记者招待会,署领导向中外记者介绍我国审计监督制度和审计工作情况。57家中外新闻单位的记者参加了招待会,国内重要媒体作了专题报道。

二是拓宽审计宣传领域,宣传审计工作的重要性。1998年3月审计署新一届领导班子成立后,通过中央电视台积极宣传新一届领导班子的工作思路和设想,提高了审计的知名度。1998年,对粮食清查审计中查出的大案要案及时披露,并连续在新华社《国内动态清样》上刊登,收到较好效果。

三是围绕审计工作中心,积极开展日常的审计宣传工作。对本级预算执行审计、金融、企业等专项审计工作,积极宣传审计成果,促进有关部门加强管理,同时也适当暴露一些问题,促进加强廉政建设。

四是重视对图书和报刊的管理工作。按照中宣部和新闻出版署的要求,对中国审计出版社和《中国审计》杂志以及其他署管报刊严格管理,定期检查出版质量,严格进行年度审核。

审计长秘书工作　几年来,审计长办公室积极为署领导服务,为保证署领导和署机关各项工作顺利进行做了大量工作。5年来,参加并完成了400多次署党组会议、审计长办公会议、署务会议等的会务、记录等工作;共起草有关文件、调查报告、分析文章等各种文稿700多篇;编写了《国务院领导对审计工作或审计信息的重要批示》、《会议纪要》、《值班简报》、《值班简报增刊》等500多期;整理1994年至1998年大事记,积累署领导重要工作活动等资料300多份。

加强和改进了署领导秘书工作　第一,根据署领导要求和"三定"工作确定的职责,署领导秘书工作在三个方面有了加强和改进。一是加强了催办工作。对中央、国务院领导同志和中办、国办批转审计署办理事项,署重要会议决定或部署事项及署领导批办事项落实情况进行跟踪催办。建立了催办制度,并加强了工作协调。近年来,尤其是1998年9月新机构运行以来,共完成催办事项200多项,保证了交办事项和署重大决策等事项的贯彻落实和及时办理。二是加强了对有关方面资料的收集与积累工作。重点加强了对国务院领导重要批示件、重要讲话稿,署领导批示件的留存与积累工作;领导外出或参加重要活动后,收集活动情况报告或音像资料等。三是努力为署领导处理日常政务提供有效服务。对报送署领导的材料把关检查,协助署领导了解署机关及审计系统工作情况,倾听和综合有关方面意见,掌握有关信息,为署领导工作决策和处理日常事务提供第一手资料和工作服务。

第二,加强和规范了署重要会议的会务工作。近年来加强了对署重要会议会务工作的规范化要求和管理,署党组会议等重要会议的准备工作初步规范化。如会前通知、发放材料、编写会议记录和《会议纪要》等。

第三,努力提高《值班简报》的编写质量,试办《值班简报增刊》。按照提高时效、完整准确的原则,5年来共编发400多期《值班简报》。为了及时沟通、交流重要情况,1998年,试办了只供有关审计机关领导参阅的刊物《值班简报增刊》,主要反映中央、国务院领导对审计工作及有关文件的批示精神和重要讲话等;署领导对有关工作的重要批示;重要审计信息、审计工作动态等，试办以来已编发了近50期。

此外，办公厅还保持了与特约审计员的工作联络，组织其开展工作，并进行督促和检查，对特约审计员反映的情况和问题进行认真调查和办理。

文秘、档案工作　审计机关公文是行使审计机关职责的重要手段。几年来，办公厅共收、发各类文件190多万件、份；办理文件895件。保证了审计机关公文的上呈下达和正常运转。

5年间，办公厅认真贯彻执行国务院发布的《国家行政机关公文处理办法》，结合审计工作的特点，不断探索，逐步形成比较适合审计工作需要的公文处理办法。1994年以来，先后制定了《审计机关公文处理规定》、《审计业务公文格式规范》等规章或规定；举办了审计公文处理培训班、研讨班，并组织对全国各地审计机关、特派员办事处的公文质量进行检查，使审计机关公文逐步实现了规范化、制度化。为掌握更先进的办公手段，提高效率，在加强纸质公文管理的同时，加快了办公自动化建设。1995年建立了远程通讯网络，全国实行了计算机联网，使公文传输基本做到了迅速、可靠、安全、保密。

1994年至1998年，审计档案工作按照《审计法》、《档案法》和《中央、国家机关档案机构主要职责范围和业务管理权限》的有关规定，署机关共立卷归档各类案卷2314卷，包括审计业务档案、文书档案和署领导参加重大活动的照片与声像资料等，其中项目审计案卷875卷。几年来，办公厅组织对全国地方审计机关和驻地方特派员办事处档案人员进行了业务培训。组织对机关直属事业单位、派出机构的档案工作进行了监督和指导；对地方审计机关档案工作进行业务指导，进一步提高了全国审计系统的档案工作水平。1996年3月，审计署机关被评为"中央、国家机关档案工作目标管理考评优秀单位"，受到国家档案局、中央档案馆的表彰。

信访、保密工作　1994年至1998年的信访举报工作分为两个阶段，1996年2月前由署办公厅下设的信访室负责处理群众来信和接待来访人员。1994年至1996年2月共处理转办来访信件1825件，接待来访人员98人次。随着审计事业的不断发展，信访举报事项逐渐增加，经国务院同意，审计署于1996年2月成立了举报中心，具体工作由办公厅负责。举报中心成立后，共处理举报信件5492件，受理举报电话1538次，接待来访352人次，为审计查处违法违规案件提供了大量线索。1998年粮食清查审计期间，审计署通过媒体向社会公布了举报中心地址、电话号码，全国各地来信和来电大增，日最高收信量124件，反映粮食系统有关问题的举报信达1502件，举报电话1000多次，为全国粮食清查审计提供了重要线索，发挥了积极作用。

5年来，审计署保密委员会认真贯彻落实党中央、国务院关于加强保密工作的方针、政策和国家保密局对保密工作的部署，紧密结合审计工作实际，积极组织开展各项保密工作，保障和促进了审计中心工作的顺利完成。一是坚持每年制订保密工作要点，对年度保密工作做出部署，印发全国审计机关。二是每年集中开展保密活动，每年4月份开展"保密教育、检查周"，10月份开展"保密教育、检查、评比月"活动。至1998年，署已连续9年开展了"保密月"活动。三是每年抓几项较大的保密工作。为贯彻中央文件精神，署党组转发了署保密委员会制订的10项措施；在反复研究和征求意见的基础上，审计署和国家保密局印发了《审计工作中国家秘密及其密级具体范围的规定》；组织了审计系统首次审计现场保密情况检查和部级干部保密情况自查；召开了审计机关保密工作会议暨保密培训班；按照规定查处了一些泄密问题。

**地址**　北京市西城区展览路北露园1号

**电话**　68301000

**邮编**　100830　　（王　倩）

**【法制司】**　1994年《审计法》颁布实施以来，随着我国社会主义民主和法制建设进程的加快，审计机关进一步加大审计工作法制化、制度化、规范化建设的力度。到目前为止，基本形成了以宪法为根本依据，以《审计法》为核心，以《审计法实施条例》和《中央预算执行情况审计监督暂行办法》以及《国家审计基本准则》等审计法规、规章为主要内容的审计法律规范体系；在全国审计机关，以审计复核、审计业务质量检查、审计行政复议、审计行政应诉、审计法制宣传教育为主要内容的审计法制工作体系已经逐步建立起来。全国有23个省级审计机关设立了审计法制机构，复核审计机关的审计报告、审计意见书和审计决定，对本单位和下级审计机关的审计业务质量进行监督检查，办理行政复议案件。各级审计法制机构还结合审计机关的实际，深入开展审计法制宣传教育，提高了广大审计人员的法律意识和审计执法水平。

公布施行《审计法》　1990年，审计署受国务院委托，开始《审计法》的草拟工作。1991年，全国人大将《审计法》正式列入国家立法"八五计划"后，审计署开展了大量的调研论证工作。1993年向国务院提交了《审计法》草案。1994年上半年，配合国务院法制局和全国人大法制工作委员会，对《审计法》草案进行了反复研究和修改。1994年6月，国务院常务会议原则通过《审计法》草案。同年8月，经第八届全国人民代表大会常务委员会第九次会议审议通过了《审计法》。

《审计法》的公布施行，是中国审计工作中的一件大事，也是中国财政经济活动和民主法制建设中的一件大事，对于强化审计监督，维护国家财政经济秩序，促进廉政建设，提高经济效益，保障国民经济健康发展，具有十分重要的意义。《审计法》公布施行后，各级审计机关和广大审计人员按照《审计法》的规定，将审计行为严格纳入法制轨道，积极履行审计监督职责，有力地推动了中国审计工作的开展。

发布施行《审计法实施条例》 审计署在《审计法》出台后，即抓紧研究草拟《审计法实施条例(草案)》，并于1995年6月15日提请国务院审定。1996年春，国务院法制局和审计署法规司又就该草案进行了联合调研和修改。1997年上半年，经再次修改后，报国务院审定。1997年10月21日，《审计法实施条例》正式发布施行。

发布施行《中央预算执行情况审计监督暂行办法》 为保证贯彻落实《审计法》第16条规定的"审计机关对本级各部门(含直属单位)和下级政府预算的执行情况和决算，以及预算外资金的管理和使用情况，进行审计监督"以及第17条第1款关于"审计署在国务院总理领导下，对中央预算执行情况进行审计监督，向国务院总理提出审计结果报告"的规定精神，审计署草拟了《中央预算执行情况审计监督暂行办法》草案。这个草案于1995年7月19日经国务院审议后发布施行。《中央预算执行情况审计监督暂行办法》明确了对中央预算执行情况进行审计监督的目的，即应当有利于国务院对中央财政收支的管理和全国人民代表大会常务委员会对中央预算执行和其他财政收支的监督，有利于促进国务院财税部门和中央其他部门依法有效地行使预算管理职权，有利于实现中央预算执行和其他财政收支审计监督工作的法制化；明确了对中央预算执行情况和中央其他财政收支进行审计监督的主要内容、时限和方式。此外，还对审计署在中央预算执行审计中的处理权作出了规定。这个办法不仅从立法上而且在实践上，使财政审计工作真正纳入了国家财政预算管理体系。办法发布施行后，各省、自治区、直辖市审计机关也参照制定了本行政区域内的地方预算执行情况审计监督实施办法，为全国推动对本级预算执行和其他财政收支的审计工作，为全国本级预算执行情况审计监督实施办法，提供了制度上的保障。目前，本级预算执行情况审计正在全面普遍开展。

发布施行38项审计规范 审计规范是审计机关及其工作人员的资格条件、职业要求以及执行审计业务应当遵守的行为规则。宪法确立审计监督制度以来，各级审计机关制定了许多审计作业规程以及检查、考核审计质量、评价审计责任的规定和办法，积累了许多经验。但在一些主要审计环节上，尚缺乏统一的审计规则，实践中做法不一，这对正确贯彻执行《审计法》，进一步开展审计工作带来了一定影响。1996年1月，审计署在全国审计工作会议上就加强审计规范化建设问题作了具体部署。经过近一年的努力，起草了《中华人民共和国国家审计基本准则》等38项审计规范，并予发布，自1997年1月1日开始施行。38项审计规范一是对编制审计方案、收集和使用审计证据、编写审计工作底稿、评价审计事项、审定审计报告、出具审计意见书和作出审计决定、反映审计结果等审计程序和方法作了具体的规定。二是根据财政、金融、企业、基本建设等不同专业审计的目标和特点，规定具体的审计内容、范围和方法等。三是对审计机关在行使审计监督权以及审计行政管理过程中有关事项，比如，审计项目计划管理和审计管辖范围划分、审计机关专业技术资格管理、审计复核、复议、应诉的管理等，规定得更加具体。从审计规范发布施行的情况看，它在规范审计行为，提高审计质量，明确审计责任，克服工作中的随意性等方面收到了很大成效，进一步增强了广大审计人员依法审计、照章办事的意识。38项审计规范的发布施行，标志着中国审计工作基本达到了规范化的要求。

开始构建审计准则体系 中国共产党第十五次全国代表大会之后，中国把"依法治国，建设社会主义法治国家"作为治国的基本方略明确规定下来。在这种形势下，审计署按照李金华审计长提出的"要从维护宪法和法律尊严的高度全面落实《审计法》，进一步推动审计工作的开展"的指示精神，在审计立法方面，开始着重加强审计规章制度建设，制定审计准则，以使《审计法》及其实施条例具体化。

1998年初，审计署在深化企业审计试点过程中，研究草拟《国有企业财务收支审计准则(试行)》草稿。

在起草过程中，审计署逐步认识到，社会各方面强烈要求审计机关要坚持依法审计的原则，客观公正、实事求是地揭露财经领域发生的弄虚作假、违法乱纪以及腐败现象，特别是要摸清国有资产的家底，为保障国有资产的保值增值，促进廉政建设发挥作用。这就要求审计署必须按照国内外一般公认审计原则要求，抓紧对1996年发布施行的38项审计规范进行修订、补充和完善，构建审计准则体系，提高审计规范的科学性和可操作性，以便进一步规范审计机关和审计人员的审计行为，提高审计质量，减少审计风险，实现审计工作法制化、制度化、规范化。为此，1998年11月，审计署下发了《加强规范化建设构建审计准则体系的意见》和《构建审计准则体系工作实施方案》，计划在2000年年底之前，基本构建一套适应社会主义市场经济要求、符合中国国情并充分体现国内外一般公认的审计原则的审计准则体系。意见和实施方案下发后，审计署成立了以李金华审计长为组长、金基鹏副审计长为副组长的审计准则体系构建工作领导小组，还聘请有关会计、审计专家组成了审计准则草案论证修改委员会。目前，该项立法工作已全面启动，一些通用审计准则草案也已经起草完毕，即将进入调研论证和修改阶段。

*积极参加领导干部任期经济责任审计暂行规定的草拟工作* 1998年审计署根据中央领导关于开展领导干部任期经济责任审计的批示精神，参加了中纪委、中组部、监察部、人事部、审计署五部委组成的领导干部任期经济责任审计联席会议，并认真研究、总结了近年来地方开展任期经济责任审计的意义、范围、内容、程序和方法，在此基础上草拟了《县级以下党政领导干部任期经济责任审计暂行规定》和《国有企业领导人员任期经济责任审计暂行规定》两个草稿。1998年3、4月间，与其他四部委的同志分赴山东、江苏、浙江、上海、甘肃，广泛征求意见，进行了修改，经署领导批准后，送请中纪委报中央领导审定，较为圆满地完成了任期经济责任审计暂行规定的草拟任务。

在审计署开展审计立法工作的同时，一些省、自治区、直辖市也立足实际开展审计立法工作，制定了一批地方性审计法规和规章，取得了丰硕的成果。例如，浙江省制定了《浙江省国有企业经理、厂长离任经济责任审计条例》，广东省制定了《关于广东省全民所有制企业厂长(经理)离任经济责任审计评议办法的修改决定》、《广东省地方预算执行情况审计监督实施办法》、《广东省股份有限公司审计规定》、《广东省农村合作经济审计办法》，山东省制定了《山东省审计条例》和《山东省机关事业单位及国有企业法定代表人离任审计条例》，黑龙江省制定了《黑龙江省审计条例》，重庆市制定了《重庆市国有企业法定代表人离任审计条例》、《重庆市内部审计工作办法》，深圳市制定了《深圳经济特区审计监督条例》。这些地方审计立法工作的开展，为审计法制建设的进一步加强奠定了坚实的基础。

*审计复核* 审计复核是审计机关内部复核机构或专职复核人员在审计机关审定审计报告、出具审计意见书和作出审计决定前，对审计报告、审计意见书、审计决定进行审查，并提出意见的行为。审计复核是审计执法监督保障机制的重要组成部分，是强化审计机关内部控制机制和管理机制的重要措施。1996年12月11日，审计署发布了《审计机关关于审计复核工作的规定》，对复核的范围、复核机构或专职复核人员的职责、复核的内容、复核意见的作出、复核期限等问题作出了规定。几年来，各级审计法制机构坚持以宪法和有关财政、财务收支的法律为依据，严格按照《审计法》及其实施条例和审计规范的要求，审核各类业务文书，为提高审计质量提供了优质服务。以审计署机关为例，1998年审计署法制司共复核署机关各司局的审计意见书和审计决定122份，涉及到审计事项85项，提出审计复核意见85条。其中大部分复核意见都引起了有关司局和审计署领导的重视，被及时采纳，较好地发挥了审计复核工作在提高审计质量中的作用，也为保证全年审计任务的完成贡献了力量。在进行复核工作的同时，审计署还于1998年10月15日发布施行了《审计署审计复核工作规则》，对专门复核机构的复核范围、审计业务会议、复核程序、复核的内容等作了具体的规定。规则的发布施行，进一步规范了审计复核行为，为逐步形成健全的审计复核程序，加强对审计项目质量控制奠定了坚实的基础。

*审计行政复议* 审计行政复议是审计执法过程的延续，是保障具体审计行政行为合法性和正确性的重要措施，同时也是为维护被审计单位合法权益而实行的一项重要法律制度。为了加强和完善对审计行政复议的指导工作，审计署于1996年12月16日发布了《审计机关审计行政复议的规定》。对可以向复议机关申请复议的范围、复议机关的管辖权、复议机构和复议人员的职责、复议的期限、申请复议应当符合的条件、复议的程序和方式等问题作出了明确规定。该规定发布施行之后，审计复议工作水平明显提高。1998年，审计署机关共办理3件复议案件。一件是受理

了中创新技术公司的复议申请，并于4月份作出了复议决定；第二件是受理了杭州海关的复议申请，后该海关撤销了复议申请；第三件是受理了水利部淮河水利委员会的复议申请，并作出了复议决定。通过办理这些复议案件，既提高了审计机关办理复议案件的能力，也在一定程度上促进了依法审计，保障了被审计单位的合法权益，避免了不必要行政诉讼的发生。

**审计行政应诉** 审计行政应诉，是指审计机关以被告身份参加行政诉讼活动。多年来，虽然审计机关出现的行政诉讼案件较少，但审计署并未因此放松应诉指导工作，而是努力钻研行政诉讼领域的知识，对基层审计机关有关诉讼问题的请示或者咨询，及时予以答复。为了加强审计行政应诉工作，1996年12月16日，审计署发布了《审计机关审计行政应诉管理的规定》。该规定对审计行政应诉代理机构的职责、办理应诉工作的程序和方式、诉讼期间行政行为的执行、结案报告的内容等问题作了具体的规定。规定的发布施行，有力地推动了《行政诉讼法》在审计机关的贯彻落实，提高了各级审计机关和广大审计人员依法行政、依法审计的自觉性。

**审计执法监督检查** 对审计执法情况进行监督检查，是保证依法审计的一项有力措施。执法监督检查的方式主要有四种：一是定期、不定期地开展专门的审计执法监督检查活动。主要是采取自查、互查、抽查等方式进行检查，开展审计质量评比活动等。二是结合普法检查、验收活动进行审计执法监督检查。三是通过审计复核、复议工作进行经常性的审计执法情况监督检查。四是在调查研究过程中检查、了解审计执法情况。审计监督检查的内容主要是：检查审计程序是否合法，检查有无超越职权或者滥用职权的情况，审计意见书和审计决定中所列事实是否清楚，证据是否确凿，适用法律法规是否准确，以及审计意见书和审计决定的执行情况如何。近年来，审计署一般每年进行一次审计执法监督检查或者审计质量检查，对检查中发现的问题及时予以处理，好的典型也适时予以表彰。特别是《审计法》颁布实施以来，审计署和地方各级审计机关结合普法过程中的检查、验收、总结工作，以检查《审计法》、《审计法实施条例》、38项审计规范的贯彻执行情况为突破口，有计划、有重点地对与审计法制工作直接相关的法律、法规、规章的实施情况进行监督检查，收到了较好的效果。

1998年国务院机构改革之后，审计署加强了对社会审计组织审计业务质量的监督检查。为了做好监督检查社会审计组织业务质量的准备工作，审计署从1998年9月开始着手草拟审计机关对社会审计组织审计业务质量监督检查的暂行规定和工作方案。这两个文件草拟完成之后，先后在天津、河南等地召开了座谈会，进行了调查研究，征求了审计署驻地方特派员办事处和地方审计机关的意见。为推动这项工作的顺利开展，还听取了财政部和中国证监会的意见，并进行了必要的协调。与此同时，审计署还向财政部提出了处理中华、京都会计师事务所等违规出具虚假审计报告问题的建议，并进行了通报，为开展审计质量检查工作做出了有益的探索。

在审计署开展审计执法检查工作的同时，一些省、自治区、直辖市审计机关也对机关本身和地、市、县审计机关贯彻落实《审计法》及其实施条例、38项审计规范和地方性审计法规、规章的情况进行了检查。对检查中发现的有代表性的问题，及时向人大、政府和审计机关领导作了汇报，并提出了有针对性的建议。对一些违反审计程序，处理、处罚不当的问题，及时作出了纠正，对责任人进行了追究。对执法工作较好的单位予以表彰。通过开展执法检查工作，促进了审计人员执法意识的增强，也发现了审计执法中存在的一些问题，有力地保证了各项审计工作的顺利完成。

**普法教育** 在"二五"普法期间，全国各级审计机关努力加强自身的学习和培训，共举办不同层次的培训班1710期，有7.8万人次接受培训，形成了一支训练有素的普法骨干队伍。5年来，审计机关98%的业务人员参加了普法学习，合格率占95%。

1996年是"三五"普法的第一年，审计署于8月28日印发了《审计署关于审计机关开展法制宣传教育的第三个五年规划》。规划以邓小平理论为指导，把"深入学习邓小平同志关于民主与法制建设的理论，系统掌握与审计工作相关的法律知识，努力提高审计干部，尤其是各级审计机关的领导干部的法学理论水平和法律意识，自觉运用这一理论指导审计工作实践"作为"三五"普法的主要任务。规划下发后，各级审计机关相继结合本地实际情况制定了具体的实施方案，并进一步健全了普法领导机构和办事机构，明确责任，落实到人，为"三五"普法的开展奠定了良好的基础。

1997年是实施38项审计规范的第一年，各级审计机关和广大审计人员把学习、培训和宣传38项审计规范纳入到普法工作中。上半年，审计署举办了审计规范培训班，为全国省级审计机关和地、市、县审计机关的业务骨干系统全面地讲授了38项审计规范。各级审计机关采取“培训骨干、以点带面”，“派出去、请进来”，“集中授课”，“集体讨论与个人自学相结合”，“举办知识竞赛”等多种形式认真学习贯彻审计规范，总结推广执行审计规范的典型经验。

为实现“三五”普法教育工作的目标，1998年，各级审计机关采取多种形式开展审计普法工作，并在增强审计普法教育的针对性，加大普法力度上下功夫。例如，天津市审计局开展普法宣传月活动，建立了普法学习日制度和学习注册卡制度。全年大多保证48小时左右的学习，完成了对《审计法》及其实施条例等6个法律、法规的学习。普法考试题也由过去的填空式改成理解应用式，提高了学习质量和普法兴趣，做到了管理考核落实。黑龙江省各级审计机关为扩大对外宣传，还利用开宣传车、发宣传单、设宣传板等形式上街进行宣传，通过报刊、杂志、广播、电视等新闻媒体进行宣传，以及编辑发行审计工作法规等形式进行宣传，在营造审计执法的外部环境方面作出了有益的尝试，收到了较好的效果。(庞云飞)

**【财政审计司】** 1994年财政审计司有5个处，人员33人。1998年9月，审计署机构改革后，设立4个处，确定财政司编制22人。一处具体负责中央预算执行和其他财政收支审计工作实施方案，负责汇总中央预算执行审计情况，起草审计结果报告，承担对财政部组织预算执行情况的审计，负责组织对中央国库办理中央预算资金收纳拨付情况的审计；二处负责组织对国家税务局系统税收征管情况的审计，对国家税务总局及其在京下属单位、中国注册会计师协会财务收支状况的审计；三处负责组织对海关关税和进出口环节税征管情况的审计，对海关总署及其在京下属单位财务收支状况的审计；四处负责组织对省级人民政府预算执行和决算的审计，对中国经济开发信托投资公司财务状况的审计，编制审计方案，核实审计情况，下达审计决定和审计意见，汇总审计结果。

司领导成员　1994年以来，财政司领导班子成员为王道成司长、张秋霞、赵耿、刘宝衡副司长。1996年1月，张秋霞副司长调任行政事业司主持工作。1998年5月，王道成司长调任办公厅主任，刘宝衡副司长主持工作。1998年8月，赵耿副司长调任教育审计局局长。

中央预算执行审计　1994年9月，财政审计司组织特派员办事处对安徽、北京等18个省、自治区、直辖市和计划单列市1994年1月至8月财政预算执行情况的审计，财政审计司直接审计了北京、宁波市预算执行情况。12月，对审计结果作了汇总，起草了审计要情，向国务院反映了当前税收征管中存在的随意开减免税政策口子，自行变通税收征管办法，越权违规减免缓退税等问题，为国务院及有关部门加强财政税收管理，发挥了监督作用。

1995年，《审计法》、《审计法实施条例》相继颁布实行后，4月份，财政司起草了《中央预算执行情况审计监督暂行办法》，6月份，审计署上报国务院，7月19日，国务院以181号令颁布实施。

1995年2月，审计署集中力量对中央46个部门1994年预算执行情况进行了审计，共审计了预算内和预算外资金960多亿元，查出挪用各种专项资金、拖欠或应缴未缴财政收入等违反财政制度金额138亿元。财政审计司负责对中央预算执行情况审计进行了汇总，起草审计结果报告，上报国务院。李鹏总理作了重要批示，要求对存在的问题要有一个切实可行的改进措施。

1995年7月，财政司起草了《关于中央部分部委1995年中央预算执行情况的工作要点》，明确提出预算执行审计重点内容。12月份，起草《中央部门1995年度预算执行情况审计的内容提要》。

1995年11月，财政司组织对财政部具体组织中央预算执行情况进行了审前调查。调查期间共与财政部12个业务司55个处进行座谈，对财政部各项非税性预算收入、预算支出的预算设计依据、中央预算的编报程序、预算分配及调整变化的工作程序、预算资金的拨付方式及核算办法、决算的编制办法、中央与地方年终结算的内容及结算办法、对中央企事业单位批复决算的内容及办法进行审计调查，完成预期目的，为中央预算执行审计打下良好的基础。

1996年4月，财政司根据审计署统一部署，具体组织了对财政部1995年具体组织执行中央预算情况的审计。制定了《关于1995年度财政部实施中央预算执行情况的审计工作方案》，并负责对国务院43个部门预算执行情况审计进行了汇总。审计结果表明，1995年中央预算执行情况是比较好的，经过财税部门和各方面的共同努力，财税改革和财税工作取得了很大成绩，完成了八届全国人大三次会议审查批准的中央预算任务。但是，中央预算执行过程中，还存在一些问题，如专项结转性资金按规定应列入下年预算安排，但财政部按过去的做法列入了当年决算，处理不够规范；财政部实际举债数额与全国人大批准的数额有一些出入，实际举债数额1549亿元，超预算12.34亿元；财政部向几家证券公司拨付预算资金1.5亿元，参股投资；将国库资金1.69亿元借给几个部门和单位办公司，成为这些部门和单位办公司的资本金或者周转金；用退库的办法解决一部分应由预算安排的支出；设立外汇账户，直接核算境外企事业上缴中央财政的利润等现汇收入，并用现汇支付一部分支出；财政部设立的支农、文教、扶贫、技改等17项中央财政专项周转金，多数用于地方项目；批复中央部门预算不及时、不完全等。并对所存在问题提出建议，加强对各级领导干部进行《预算法》、税法等财经法规教育，严格依法办事；积极组织收入，严格控制支出，努力压缩财政赤字；加强预算外资金管理；强化对中央预算执行的管理和监督。

1997年4月，财政司在审计署的统一部署下，对财政部具体组织1996年中央预算执行情况进行了审计，对国务院40个部门预算执行情况审计进行了汇总。审计结果是，1996年，财政部继续贯彻执行适度从紧的财政政策，在建立稳定的财政收入增长机制，增加收入，控制支出，规范中央预算管理，实现财政收支平衡方面做了大量工作，并制定了《规范中央预算管理若干问题的规定》，对上年度审计提出的意见进行落实。但在具体组织执行1996年中央预算过程中还存在一些问题，主要表现为：将历年债务收入结余资金转入预算暂存，作为预算偿债基金；将本年度拨付的税务经费列入上年财政决算；对基建专户收入和外债账户利息收入未缴入国库等。并就加强中央预算管理向财政部提出几点意见：加大税收征管力度，堵塞税收流失漏洞；逐步规范中央财政对地方的专项拨款；严格管理中央基本建设预算内专项投资计划；掌握中央财政有资金分配权的部门对本部门、本系统预算安排的审批制度；规范预算单位银行开户等。

1998年4月，财政司根据审计署统一部署，对财政部具体组织1997年中央预算执行情况进行了审计，对国务院40个部门预算执行情况审计进行了汇总。审计结果是，1997年，财政部继续坚持适度从紧的财政政策，在加强预算管理，组织预算收入，优化支出结构等方面做了大量工作。但在具体组织执行1997年中央预算过程中还存在一些问题，主要表现为：冲退上缴利润和所得税收入解决应由预算安排的支出；建设性预算预留部分待分配资金；未及时批复企业决算，造成企业拖欠应缴预算收入；自行增加对地方所得税税收返还；部分政府性基金收入未纳入预算管理等问题。并向财政部提出建议，严格依法治税，加大对收入征管部门违法失职行为处罚力度；依法规范财政退库行为；认真解决用事业费弥补行政经费问题；严格规范中央预算单位银行开户。

中央税收征管情况审计

1994年我国开始实行新的财税体制，国家建立国税和地税两个部门，国税系统负责中央财政收入的征收管理。审计署确定对国税部门进行审计，1995年2月，财政司组织特派员办事处对吉林、大连等16个省、自治区、计划单列市的国税进行审计。审计共查出违纪问题109个，违纪金额17.44亿元，影响税收收入金额17.08亿元，影响中央税收收入13.63亿元。

1995年10月，财政司组织特派员办事处对福建、辽宁、上海等17个省、自治区、直辖市国税部门税收征管情况进行了审计。财政审计司直接对福建省国税进行审计。审计的重点，一是审计税收政策执行情况，审查国税部门是否依照法律、行政法规的规定，及时、足额征收应征的税收；有无随意变通税收政策，开减免税口子，变相扩大减免税范围，增加减免税项目的问题；有无受不正当干预，改变法定税率和侵蚀税基，影响中央税收收入问题。二是审计税收征管情况。审查国税部门是否依照税收征管法严格税收征管；有无扭曲、变通征管办法，低率预征、以缓代免、变相包税，造成税收流失问题；有无违反财政体制的规定，变中央国有企业、军办国有企业、地方非银行金融机构所得税为地方税收问题；有无扩大增值税一般纳税人的认定范围，少征多开发票问题；增值税税款抵扣是否有审核不严、计算不准、税基不清、错用税率的问题；有无随意改变税种属性，混淆入库级次问题；税务、银行有无占压税款影响税收及时入库问题。三是审计税收收入计划完成情况。审计国税部门负责征收的中央级税收征收数、金库入库数、财政部门列报数以及企业主管部门决算汇总数是否真实一致，短收或超收的主要原因，有无隐瞒、截留或挪用税收收入。检查消费税、增值税和中央企业所得税等收入增长与构成主体税源的经济增长是否相适应，低于或高于经济增长的情况和主要原因。这次审计审查税收金额2097亿元，查出违纪问题199个，违反国家财税制度规定的问题金额49.05亿元，影响税收收入问题金额36.32亿元，影响中央税收收入30.95亿元。

1996年12月，财政司组织特派办对上海、广东等18个省、直辖市、自治区的国税进行了审计，并对219个地(市)、县的国税部门税收征管情况进行了审计调查,有15个地方审计机关参与了国税审计调查。财政司直接组织了对云南省国税部门审计,这次审计的重点,一是及时揭露和反映国税部门执行税收政策和税收征管中存在的有法不依、执法不严、违法不纠等违规、违纪导致中央税收收入流失的问题,二是揭露和反映当前新税制的各项税收政策和征管制度中存在的不合理、不完善的问题,主要包括:审计中央税收的征管范围和入库级次是否符合国家的统一规定,有无混淆征管范围和入库级次挤占中央财政收入问题;审计中央税收是否按税法规定及时足额征收入库,有无应征未征、少征、漏征和税收计划完成后不征或缓征税收等情况;审计税务部门是否严格税收征管,有无随意扭曲、变通税收征管办法,搞低率预征、定额征收、变相包税等问题;审计中央税收的提退情况,税务部门是否按国家规定办理各项"先征后退"的退税问题等。并对税务部门为本部门、本单位办理各项退税等问题进行专项审计调查。审计共查出各类违反税收征管制度的问题262个,违反税收制度金额75.61亿元,影响税收收入金额49.49亿元,影响中央税收收入32.02亿元。

1997年12月至1998年1月,财政司组织特派员办事处对辽宁、北京等18个省、区、市国税部门1997年中央税收收入征管情况进行审计,并延伸审计了102个地、市国税局和直征分局,财政司直接组织对福建国税部门进行了审计。这次审计的重点:一是检查国税部门有税不征、以欠代免、以缓代免的问题;二是审查国税部门越权减免税、包税等问题;三是审查当前普遍存在的侵蚀消费税基问题;四是审查有无挖挤中央税收收入问题。这次审计共查出违反税收制度金额39.35亿元,影响中央税收收入16.29亿元。其中:违规批准减免税14.4亿元,影响中央收入5.44亿元;少征、漏征税款8.4亿元,影响中央收入7.91亿元;混淆税收征管范围和入库级次3.8亿元,影响中央收入2.93亿元;随意变通税收征管办法,人为调节税收收入12.7亿元,其中超征9.83亿元,少征2.91亿元。

1998年12月,财政司组织特派员办事处对辽宁、上海等15个省国税系统1998年税收征管情况进行审计,财政司与京津冀、郑州特派员办事处联合对河南省国税部门进行试点审计,审计从省到县,覆盖面达到60%。这次审计共查出违反税收法规金额64.63亿元,影响中央税收收入35.03亿元。其中:少征、漏征税款的问题金额35.59亿元,影响中央税收收入32.41亿元;征收"过头税"24.62亿元,超征的有10.70亿元,虚征的有10.16亿元;混淆税收征管范围和入库级次,将中央地方共享税缴入地方金库4.02亿元,影响中央收入2.28亿元;违规提取或使用税款代征代扣手续费4067万元,影响中央税收收入1214.23万元。

*关税及进口环节税收征管情况审计* 1994年6月,财政审计司组织特派员办事处对北京、上海等18个直属海关的关税及进口环节税的征收、减免及保税货物监管等情况进行审计。财政审计司直接审计了北京、厦门海关。审计重点是抓征收和减免环节,特别是特定减免税方面存在的问题;抓保税货物的监管,特别是保税区对保税货物监管方面存在的问题。这次审计共查出违反有关财税制度的各类问题90个,违规金额达33.55亿元。11月,向海关总署通报了关税审计情况和处理意见。

1995年11月至1996年1月,财政司组织特派员办事处对海关总署20个直属海关1995年关税及进口环节税征管情况进行了审计。财政司直接组织对南宁海关的审计,并派出11人参加对九龙、拱北、江门海关审计。审计重点是,突出在担保放行、税收减免和加工贸易后续监管等专项审计内容,对直接影响国家收入或已造成国家税收流失隐患的问题进一步加大审计力度,以保证国家财政收入的完整性。这次审计共查出各种问题98个,违反财税制度金额11.18亿元,影响中央税收收入10.57亿元,

1996年11月至12月,财政司组织特派员办事处对18个直属海关1996年1月至10月关税及进口环节税征管情况进行了审计,财政司直接组织对厦门海关审计。主要审计海关税收征管、减免情况,进口货物的后期监管情况以及有关进口货物办理保证金的管理情况。这次审计共查出各类违反税收征管制度方面的问题138个,违反税收制度问题金额共11.18亿元,其中影响中央税收6.82亿元。

1997年11月,财政司组织特派员办事处对海关总署及其长春、天津等直属19个海关进行了审计,财政司直接组织对汕头、武汉海关的审计,审计的范围主要是1996年11月至1997年10月海关关税及进口环节税的征收、减免、保税货物监管、海关经费来源以及预算外收支情况。这次审计的重点是,关税审计中税收征管、减免、保税货物监管、海关自身财务管理,并将海关征收保证金作为专题进行审计调查。这次审计查出问题104个,金额15.88

亿元,影响中央税收收入6.38亿元。

1998年11月,审计署组织审计署驻地方特派员办事处对海关总署及其18个直属海关1997年11月至1998年10月关税及进口环节税征收和减免情况、保税货物监管情况进行了审计,财政司具体组织对北京海关的审计。这次共查出违规问题金额18.2亿元,其中影响国家税收收入7.24亿元。查出主要问题是,一是征缴不力,少征、漏征税收;二是越权违规减免税收;三是海关对加工贸易保税货物监管不严,对实行许可证管理的商品审核不严,造成一些企业擅自将免税进口的保税货物和加工制成产品内销,影响国家税收收入。

中央国库办理预算资金 1996年一季度,财政司组织特派员办事处对上海、广东等14个中央国库省(市)分库1995年办理中央预算资金的收纳、划解、退付和支拨情况进行了审计,并对所属中心支库、支库和国库经收处进行了重点延伸审计,共查出各种问题38个,查出违反国库管理制度金额10.86亿元,查出的主要问题是,延解积压财政库款;混淆入库级次,划中央收入为地方收入;违反有关原则,未经中央财政批准,办理地方冲退中央国库款。

1996年10月,财政司组织特派员办事处对吉林、天津等18个中央国库省(市)分库办理1996年1月至9月中央预算资金的收纳、划解、退付和支拨情况进行了审计,并重点延伸了39个中心支库、74个支库及78个经收处,财政司直接组织对北京分库的审计。共查出各种问题127个,查出违纪违规资金2.96亿元,其中影响中央财政收入1.86亿元。

1997年10月,财政司组织驻地方特派员办事处对中央总金库及辽宁、上海等18个省(市)分库办理1996年10月至1997年9月国家预算资金的收纳、划分、退付和支拨情况进行了审计,并重点延伸审计了59个中心支库、154个支库及56个经收处,财政司直接组织对安徽省分库的审计。这次审计共查出各类违反国家金库制度问题203个,金额7.30亿元,其中,影响中央财政收入4.04亿元。查出的主要问题包括:一是混淆收入级次,将中央收入缴入地方金库。二是违反库款支配权属于同级财政的原则,办理征收机关不符合规定的退库,办理不属于国家规定的退库项目的税务部门经费、奖励退库等;三是延解积压财政库款。国库或国库经收处报解不及时,延解财政库款。对征收机关设立过渡户监督不严,造成大量税款延压。

1998年,审计署组织地方特派办对国家金库广东、上海等18个省市分库1997年10月至1998年9月办理预算资金收纳拨付情况进行了审计,财政司具体组织对广东国库分库进行审计。这次审计共查出违反国库管理制度金额16.06亿元,其中影响中央财政收入2.88亿元。

省级财政决算审计 1994年4月,财政审计司根据审计署的工作计划,组织特派员办事处对辽宁、上海等16个省、直辖市、自治区1993年本级财政收支决算情况进行了审计,同时对1993年财政收入基数的真实情况进行审计核实,财政司分别参加了部分特派员办事处的审计。查出主要问题包括:一是财政收入流失严重,金额达52.77亿元,主要是地方将应缴中央财政收入缴入地方金库转作地方预算收入2.23亿元;擅自减免"能源交通建设资金和预算调节资金",影响中央收入7.14亿元;应纳未纳财政预算管理的财政收入27.63亿元。二是违规自行批准设立各种基金113项,1993年征收各种基金62.03亿元。三是人为抬高收入基数,总计77.93亿元。

1995年5月,财政司组织特派员办事处对黑龙江、上海等16个省、直辖市、自治区1994年财政决算进行了审计。同时,重点对财政决算赤字真实性、财政支农资金的筹集和使用,以及预算外专项基金的设立和使用情况进行了专项审计调查。审计查出的主要问题有161项,违反财政制度金额159.13亿元,其中影响中央收入13.16亿元。

1996年9月,财政司组织特派员办事处对广东、福建等18个省、自治区、直辖市和计划单列市1995年省级财政决算情况进行了审计,财政司直接组织对福建省财政决算的审计。这次审计的重点是对地方政府和财税部门执行国家统一政令和维护中央利益情况、中央补助资金的结算和使用情况、1995年至1996年8月地方借入中央财政专项周转金的使用和归还情况、地方财政部门掌管的预算外资金的使用和管理等情况,并对28个地、市、县财税部门和127个行政企事业单位进行了延伸审计。主要问题有:一是地方政府和财税部门违反税法规定,擅自开减免税政策口子,造成国家财政收入流失;二是地方政府和财税部门从局部利益出发,违反分税制财政体制规定,挤占、截留中央财政收入;三是虚报、挪用和未及时拨付中央财政补助资金;四是地方政府和财税部门挪用借入的中央专项周转金;五是自行设立预算外专项基金,未及时清理上报;六是地方财政预算管理不规范。这次审计查出各类违反财税制度问题167个,金额

141.55亿元,其中影响中央财政收入15.13亿元。

1997年,审计署根据国务院181号令精神,确定省级财政收支决算总的指导思想是,强化决算审计,搞好两个服务:一是把省级财政决算审计作为中央预算执行审计的组成部分,为深化中央预算执行审计服务;二是通过"上审下",支持和促进省级财政预算执行审计工作。

1997年9月,审计署组织地方特派员办事处对辽宁、北京等18个省、自治区、直辖市和计划单列市1996年省级财政决算进行了审计,财政司直接审计了黑龙江省1996年省级财政决算。审计的重点是,揭露和反映省级政府及其财税部门违背国家统一财税政策,挖挤中央收入,虚报冒领和转移挪用中央补助资金等方面的问题,维护国家政令统一和全局利益,规范财政管理,严肃财经秩序。这次共审计了59个地、市的财税部门和386个行政、企事业单位。审计查出各类违反财税制度问题254个,金额319亿元,其中影响中央财政收入22亿元。

1998年10月,审计署组织对广东、上海等18个省、直辖市、自治区、计划单列市1997年省级财政决算进行了审计,财政司具体审计了广东省级财政决算。这次审计共查出各类违反财税制度问题金额33.10亿元,其中影响中央财政收入4.46亿元。

**其他财政收支审计** 1995年,审计署组织地方特派办,结合财政收支决算审计,对部分省、自治区、直辖市预算外专项基金的来源、规模、投向和管理情况进行审计和审计调查,审计结果发现各地普遍存在着未经批准由地方政府及有关部门自行设立的基金多达113项,1993年征收的基金60.03亿元。1995年5月,财政司具体组织了特派员办事处对部分省市本级及地市"两项基金"的管理使用情况进行了专项检查。针对部分省市违反政策挤占挪用待业保险基金等突出问题,专门撰写报告向国家有关部门予以揭露和反映。审计署直接派人到四川、福建两省进行检查指导。这次检查共清查出"小金库"资金33.8亿元,并对19.6万户企业、行政和事业单位进行了重点抽查,同年,根据《国务院办公厅转发财政部、审计署、监察部对各种基金进行清理登记意见的通知》要求,与财政部、监察部共同组织对全国预算外专项基金的清理检查工作,并派人到上海、江苏、浙江、福建、辽宁、安徽、河北、吉林等8省市进行检查指导。还参加了在成都、泉州、北京召开的检查工作总结交流会。这次清理检查共查出预算外专项基金694项,最后确定拟保留的基金102项,应停止执行的基金81项,拟取消的基金423项,拟重新申报的基金88项。

1996年5月至10月,根据党中央、国务院关于整顿财经秩序和深入推进反腐败斗争的决定精神,审计署与财政部、国家计委、中国人民银行、监察部等五部门在全国范围内组织了清理检查预算外资金工作,并派人到河北、内蒙、山东、辽宁和大连进行检查。这次清理检查基本摸清了预算外资金征收金额。1995年全国征收预算外资金3843亿元(不含职工养老保险基金和待业保险基金),比1995年度决算报表统计数2392亿元增长60.66%。其中各项基金1799亿元,行政事业性收费1504亿元,附加收入235亿元,其他收入305亿元,发现和纠正了一批擅自设立基金、收费的行为。不少地区从省一级开始直至乡政府,都不同程度地存在越权擅自设立基金、收费、附加的行为,尤以电力建设和城市建设方面设立的基金、收费问题较为突出。这次清查共查出地方各级政府越权擅自设立的基金、附加项目905个和收费项目2569个,违规征收金额345亿元。经过清查,一部分越权擅自设立的基金、收费问题已经责令停止和予以纠正。这次清查进一步暴露出预算外资金管理和使用中秩序混乱、挪用滥支严重的现象。1995年全国挪用滥支预算外资金达102亿元,有470人因此而受到党纪政纪处分,149人被移交司法机关立案处理,并对违纪单位和个人处以罚款7亿元。

1996年,财政司组织特派员办事处对广东、上海等29个省、自治区、直辖市和计划单列市本级财政部门管理的预算外资金和财政周转金进行专项检查。清理检查出地方政府越权擅自设立预算外专项基金54项,应作未作财政预算收入或预算内转预算外资金41.8亿元。清理检查出省、市本级财政部门在财政部规定之外自行设立的财政专项周转金64种,有15个省、市本级财政周转金总额占当年预算内可用财力平均达到39.4%,有4个地区超过了50%。12月份,审计署向国务院提交了《关于财政部门预算外资金清理检查情况的报告》。

1997年,组织审计署驻地方特派员办事处结合财政决算审计,对北京、天津、江苏、山东等18个省、直辖市本级财政预算外资金整改情况进行了重点抽查。审计重点是,1996年清理检查出的违纪问题是否按组织清理检查机构下发的《处理决定》或国家规定予以纠正,即应当取消或停止执行的基金和收费项目是否已经取消或停止执行,有无继续设立基金和收费的问题。地方财政部门按国家规定收取的各项税费附加,从1996年起,是否已统一纳入地方财政预算,作为地方的固定收入;应当纳入财政预算管理的行政事业性收费和政府性基金是否按规定及时、足额缴入财政预算,有无游离于财政预算管理和监督之外的问题。财政部门管理的预算外资金专户是否建立,省级各部门和单位预算外资金是否已实行收支两条线,财政专户管理;财政部门本身的预算外资金是否已纳入财政专户管理等问题。

1997年3月至8月,为实现“深化清查工作,巩固清查成果,促进制度落实,纳入规范管理”的目标,审计署会同财政部、国家计委、中国人民银行、监察部等五部门联合发出了《关于1997年继续清理检查预算外资金工作的通知》,在1996年全面清查的基础上,着力促进查出问题的整改和保证国务院《关于加强预算外资金管理的决定》及其配套规定的贯彻落实。

组织完成署领导交办的其他工作　1994年3月,参加监察部组织的对广东、广西、海南等省财政信用资金使用情况检查工作;4月,参加国务院工作组对天津、四川等地固定资产投资规模情况的检查工作;9月,参加中纪委、监察部工作组对山东省财政厅、济南市委超标准建宿舍楼问题的检查工作,参加财政部、人民银行工作组对黑龙江、吉林、四川、湖南等省财政厅财政信用资金规模、使用等情况调查工作。

1995年4月至8月,根据中央的部署,对北京市原副市长王宝森一案进行检查,财政司按照署领导指示,组成专案审计组,参加了中纪委、监察部联合专案组,经专案人员努力,圆满完成了中央交给的光荣而艰巨的查案任务,受到中纪委表彰。1995年下半年,财政司部分人员分别到黑龙江、安徽、甘肃、宁夏等地,对地方审计机关财政审计人员进行财政审计业务培训,收到良好效果。

1996年,财政司根据署领导的指示,先后起草了《关于加强预算单位银行开户审计监督工作的通知》、《关于审计预算单位银行账户的实施意见》等文件,为推动预算执行情况发挥重要作用。8月,参加对海关总署、经贸委、纺织总会、轻工总会等单位的预算外资金清理检查工作。参加国家税务总局对广东省税务部门税收执法情况检查工作。

1997年7月,参加财政部等五部委组成的联合检查组,负责对青海、甘肃省预算外资金清理工作进行检查。参加国家税务总局组织的执法检查工作组,对山西、云南省税务部门税收执法情况进行检查。

1998年2月,根据国务院的要求,财政部、人民银行、国家计委、监察部共同组成“整顿财政信用工作小组”,财政司具体组织参加了对黑龙江、辽宁、河北、北京等地的财政信用资金检查工作,完成领导小组交办的检查工作。4月,根据国务院的通知和署领导统一部署,对财政部、国家税务总局、海关总署、国有资产管理局等单位的分房、卖房情况进行检查。5月,根据朱镕基总理关于审计署对海南财税部门税收提退问题进行查处的批示,李金华审计长指示财政司组成审计调查组,对海南省1997年税收提退和使用情况进行了专项审计调查。8月向国务院提交了专题报告,朱镕基总理批示,要求海南省对财税部门管理混乱问题进行严肃整顿。1998年5月至8月,参加了对山东等8个省粮食专项审计工作。7月,根据署领导指示,赴广东省对佛山市石湾区财政局原预算科长挪用、侵吞预算资金1.58亿元特大案件情况进行了调查。分析了案件发生的原因及审计工作应吸取的教训,编写了《从5.18案件谈防范审计风险》的专题报告。8月,根据李岚清副总理指示和李金华审计长批示,为加强对预算执行中教育科技经费安排情况的审计监督,起草了《审计署关于加强对预算执行中教育科技经费安排情况进行审计监督的通知》,下发全国审计机关,要求在1999年4月底前,各省、自治区、直辖市和计划单列市审计部门将审计结果及处理情况专题报告审计署。7月,根据国务院办公厅指示,财政司草拟审计署为国务院办公厅代拟稿《关于认真落实1997年中央预算执行情况和其他财政收支审计处理决定的通知》,8月18日,国务院办公厅以国办[1998]125号文下发,根据规定,11月份,分别与财政部等部门落实审计处理决定,报送国务院和全国人大。

举办财政审计研讨(座谈)会　1994年5月,在河南省郑州市召开财政审计研讨会,会议完成了对省级财政收支审计结论和决定的核实定案工作,进一步明确了国税和关税审计的目标、重点和方法,对在新的财税体制下如何发挥财政审计作用进行了研讨,审计署驻地方特派员办事处的特派员和财政审计处长参加了会议,李金华副审计长到会并作重要讲话。8月,在湖北省宜昌市召开全国关税审计研讨会,总结关税审计工作情况,对关税、进出口环节税、进口货物监管的审计情况进行了核实,确定了审计处理意见,审计署驻地方特派员办事处财政审计处处长参加了会议。10月,在福建省厦门市召开全国财政审计工作座谈会,会议认真学习了《审计法》有关强化财政审计监督的规定，讨论了《国家财政收支审计监督实施办法》和《审计署1995年财政工作要点》，明确了财政审计工作发展方向。各省市审计厅(局)长、财政审计处处长，审计署驻地方特派员和财政审计处处长参加了会议，郭振乾审计长等署领导参加了会议，并作了重要讲话，

1995年4月，财政司在北京召开财政审计工作座谈会，总结和交流1994年财政审计工作，研究部署省级财政决算审计工作，表彰1994年度财政审计工作质量好的单位。审计署驻地方特派员办事处特派员和财政处长参加了会议。李金华副审计长参加了会议并作了重要讲话。6月，财政司在广州举办财政审计业务培训班，讨论编写财政审计教材，研究关税、国税税收计划执行情况审计工作方案，核实、汇总财政决算审计情况、财政赤字情况审计调查、预算外资金审计调查、财政支农资金审计调查等工作情况。审计署驻地方特派办财政处长参加了培训班。

1996年8月，财政司在深圳市召开财政审计工作研讨会，主要研究部署1996年中央预算执行情况审计工作，总结表彰上年度审计工作质量较好的单位。审计署驻地方特派员办事处特派员和财政处处长参加了会议。1996年12月，财政司在海南省三亚市召开全国财政预算外资金审计研讨会，对各地开展的财政预算外资金审计情况进行了全面总结，进行了汇总工作，起草了专题审计报告，对全国各地存在的预算外资金问题进行全面分析，向有关部门提出了建议，为以后的预算外资金清理工作打下了基础。

1997年8月，财政司在青岛召开财政审计研讨会，对1997年中央预算执行审计工作作了具体部署，表彰了1996年度财政审计工作质量考评先进单位。9月，在山东省威海市召开财政审计研讨会，对《预算执行审计》教材编写工作进行了讨论，并对《预算执行审计》一书进行总撰，完成了预算执行审计指导性的第一部专业书籍起草阶段工作。

1998年9月，财政司在天津召开财政审计研讨会，审计署驻地方特派员办事处的特派员和财政处长参加了会议，会上对1998年中央预算执行审计工作作了具体部署，表彰了1997年度财政审计工作质量考评先进单位。李金华审计长、翟熙贵副审计长作了重要讲话。12月，在北京召开中央预算执行审计研讨会，审计署驻各部门派出局局长和负责预算执行审计的处长参加了会议。会议讨论了中央预算执行审计工作方案，部署了对中央各部门审计工作实施计划。李金华审计长、翟熙贵副审计长在会上作了重要讲话。

**【金融审计司】** 自国务院1993年12月25日发布关于金融体制改革的决定以来，我国金融体制经历了重大变革。我国金融体制改革的目标是要建立在国务院领导下，独立执行货币政策的中央银行宏观调控体系；建立政策性金融与商业性金融分离，以国有商业银行为主体、多种金融机构并存的金融组织体系；建立统一开放、有序竞争、严格管理的金融市场体系。与此相应，国家陆续颁布了《人民银行法》、《商业银行法》、《保险法》、《证券法》及其他金融法规。为促进金融体制改革，加强金融机构管理，根据《审计法》的规定和国务院领导的指示，金融审计司统一组织和各地审计机关和特派员办事处审计了中国人民银行财务收支和国有商业银行、信托投资公司、证券公司的资产、负债和损益情况；金融司负责拟订审计方案、进行业务培训和将审计结果汇总并上报国务院。为规范金融审计，保证工作质量，金融司下发了《关于调整金融审计范围的通知》、《中国人民银行财务审计实施办法》和《国有商业银行财务审计实施办法》。

*人员及机构* 1994年至1998年，金融司历任司长为肖远才、董大胜，历任副司长为丁国喜、范鹏、王炽曦。肖远才同志于1998年9月调出审计署，范鹏同志于1997年调任综合司副司长。王炽曦同志于1997年任副司长。

1994年，金融审计司设5个处，人员编制为32人。1998年9月机构改革时设4个处，人员编制为22人。一处是中央银行审计处，负责中国人民银行总行、国家外汇管理局及其在京下属单位的财务收支审计；负责政策性银行总行资产、负债、损益审计；负责具体组织署地方特派员办事处对上述单位所属分支机构审计；负责本司业务综合工作。二处是商业银行审计处，负责审计中国工商银行、农业银行、建设银行及交通银行、投资银行、光大银行、中信实业银行、华夏银行、招商银行等总行资产、负债、损益；具体组织地方特派员办事处对上述机构所属分支机构实施审计；指导地方审计机关对地方性商业银行审计。三处是证券及信托审计处，负责审计全国性信托投资公司、证券公司及中央控股的其他证券公司总公司资产、负债、损益；审计中国证监会及上海、深圳证券交易所财务收支；具体组织地方特派员办事处对上述机构所属分支机构实施审计；指导地方审计机关对地方性信托、证券公司实施审计。四处是保险审计处，负责审计保险监督管理委员会财务收支，审计全国性保险公

司总公司；具体组织地方特派员办事处对上述机构所属分支机构实施审计，指导地方审计机关对地方性保险公司审计。另外，各处在具体审计中，拟订实施方案、汇总审计结果、草拟审计处理处罚原则，完成司领导交办的其他事项。

中央银行审计　根据《审计法》和《审计法实施条例》的规定，中央银行财务收支审计作为中央预算执行情况审计的重要组成部分，由金融审计司组织各特派员办事处实施审计。

1994年组织驻地方特派员办事处对中国人民银行20个省、市分行和262个地(市)级分支机构及其所属部分外汇调剂中心、资金融通中心、证券公司等进行了审计。审计查处的主要问题：一是查出转移截留收入、挤占成本费用、虚列支出、挪用信贷资金、挪用国债兑付基金、账外资产、漏欠缴税金等财务收支违纪违规金额9.95亿元；二是违反“约法三章”，违章拆借资金擅自提高利率、与自办实体在人财物方面没有彻底脱钩。

1995年、1997年和1998年，组织驻地方特派员办事处审计了中国人民银行总行及16个省级分行、部分地市分行财务收支。查处的主要问题：一是违反预算法规超预算支出，任意调整预算支出科目；二是少计收入、虚列支出；三是占用信贷资金；四是账外资产；五是财务管理分散，银行账户开立过多。

通过审计，维护了国家预算的严肃性，促进人民银行规范财务管理，有效合理地使用资金，更好地发挥金融宏观调控作用。

国有商业银行审计　1994年，金融司对中国工商银行、中国银行、中国建设银行、中国农业银行1993年度财务收支、系统会计决算及新旧会计制度结转情况进行了审计。通过审计，发现并纠正了各行少提呆账准备金、挤占成本、虚增利润、执行新会计制度不正确等问题。

1995年，金融司对中国银行1994年度资产负债损益情况进行了审计。通过审计，发现并纠正了少计应收利息、投资收益，挤占成本、私设小金库、不执行国家利率政策等问题。同年，对中国工商银行1994年度预算执行情况进行了审计。

1996年，对中国建设银行、中信实业银行1995年度资产负债损益情况进行了审计，对交通银行、中国进出口银行、中国农业发展银行预算执行情况进行了审计。

信托投资公司审计　为充分了解我国信托投资行业的现状、面临的问题，为国家对整个信托行业进行清理整顿的宏观决策提供可靠的依据，根据国务院领导的指示，审计署和人民银行共同对全国非银行金融机构进行了一次全面审计清理。当年，金融审计司统一组织驻地方特派员办事处和地方审计机关，对全国110家信托投资公司进行了审计，其中中央部门所属11家，地方99家(省级34家，地市级65家)，截至1996年末，110家信托投资公司实收资本294.3亿元，其中中央部门所属信托公司115.87亿元，地方所属信托公司178.43亿元。审计过程中，审计机关对110家信托公司的388个独立核算单位，1137个投资单位(项目)和3954个贷款项目进行了延伸审计。经审计，发现的主要违规问题：一是资产负债账目不实。110家信托投资公司资产总额实际为3064.24亿元，而报表反映为3079.55亿元，多报15.31亿元；负债总额实际为2676.69亿元，报表反映为2673.84亿元，少报2.85亿元；所有者权益总额实际为387.55亿元，报表反映为405.71亿元，多报18.16亿元。二是资产质量低，投资效益差。截至1996年末，110家信托公司贷款余额为924.36亿元，不良贷款余额为372.69亿元，占贷款余额的40.32%，其中：3年以下的逾期贷款282.48亿元，逾期率30.56%；逾期3年以上的呆滞贷款80.67亿元，呆滞率8.73%；呆账贷款9.54亿元，呆账率1.03%。三是部分信托公司经营亏损，支付困难，有的甚至资不抵债。四是资产结构与负债结构配比不合理，信用风险集中，过度信贷问题普遍。五是大量资金流向房地产、股市和期货市场。六是有章不循，有法不依，违规经营严重。各类违规金额971.6亿元，其中：资产方面违规金额423.92亿元，负债方面违规金额319.68亿元，所有者权益方面违规金额131.9亿元，损益方面违规金额47.18亿元，其他违规金额48.92亿元。

证券公司审计　1998年，金融司统一组织对国泰、华夏等88家证券总公司及所属79家分公司，1218个证券交易营业部1997年度资产、负债、损益的真实、合法和效益情况进行了审计，并延伸审计了333个投资项目。经审计，至1997年末，88家证券公司报表反映资产总额2194.01亿元，虚增106.43亿元，虚减72.37亿元，审计调整为2159.95亿元；报表反映负债总额1877.33亿元，虚增78.46亿元，虚减62.24亿元，审计调整为1861.11亿元；报表反映所有者权益316.68亿元，虚增33.36亿元，虚减15.52亿元，审计调整为298.84亿元；报表反映利润总额91.43亿元，虚增13.70亿元，虚减27.62亿元，审计调整为105.29亿元。主要违规问题：

一是账外经营,隐瞒利润,化公为私,侵占国有资产。其中32家公司账外经营资产39.39亿元,负债20.20亿元,形成账外利润17.97亿元,账外亏损2.67亿元;收入支出挂账,损益不实18.53亿元;设置"小金库"转移收入5877.07万元。二是挤占挪用客户保证金,违规融资。有46家公司挪用客户保证金160.22亿元,占这46家公司客户保证金余额的24%,占88家公司的17%。主要用于自营证券、实业投资和购建固定资产等方面;另以各种名义违规融入资金累计1887.87亿元,年末余额431.83亿元。三是违规经营,无序竞争。有的以他人名义从事自营业务,或坐庄哄抬股市,扰乱市场秩序;有的违规向客户透支、融资,返还手续费;有的采取不正当的竞争手段,争揽股票承销业务;个别的公司违规逃汇、套汇;有的擅自非法设立经营机构和接受挂靠机构。四是上市公司和银行炒作股票。五是职工集资炒股,获取高额回报。

其他金融机构审计　除上述审计事项外,1994年以来,金融司还先后组织审计了中保财产保险公司(现中国人民保险公司)、中保人寿保险公司(现中国人寿保险公司)。

1994年,金融司对中国人民保险公司总公司本级及所属公司1992年至1993年度会计决算、执行"约法三章"的情况进行了审计。审计发现的主要问题:系统决算中一是资金运用超比例,1992年超比例运用资金16亿元,1993年超比例运用资金28亿元;二是应收及暂付款中有各类不合理挂账1.6亿元;三是1993年专用基金累计超支15亿元。公司本级中损益不实1000万元,资产不实1.1亿元,挤占挪用保险营运资金人民币2135万元、美元1733万元、港币5115万元,违规运用资金人民币2亿元、美元6500万元。

1998年,金融司组织各地方审计厅局审计了中保财产保险公司25个省级分公司,193个地市分公司和1478个县市级分支机构;审计了中保人寿保险公司18个省级分公司,336个地市级分公司和916个县市级分支机构。查出中保财产保险公司违纪金额197570万元,中保人寿保险公司违纪金额287865万元。查出主要的违规问题:违规贷款、违规投资、会计账目不真实、多计少计收入、多列少列赔款支出、多列少列费用、漏缴各项税金等问题。

**【行政事业审计司】**　1994年,行政事业审计司内设5个处,人员编制35人。1998年9月审计署机构改革,确定行政事业审计司人员编制16人;主要工作职责为:负责审计与中央财政有拨缴款关系的全国人大机关、全国政协机关、最高法院机关、最高检察院机关和武警、政党组织、社会团体的财政财务收支;负责审计国务院有关部门和直属事业单位及其在京下属单位的财务收支;组织地方审计机关对党政领导干部的任期经济责任审计;开展专项审计和审计调查;指导地方行政事业审计业务。下设三个处:行政经费审计处(一处)、事业经费审计处(二处)、事业单位和预算外资金审计处(三处)。

司领导成员　1994年至1996年,行政事业审计司司长樊廉忠,副司长金银康、倪元卫;1995年原办公厅副主任刘达朱调任行政事业审计司副司长,1996年调任审计管理司司长;1996年4月原财政司副司长张秋霞调任行政事业审计司副司长,1997年3月任行政事业审计司司长;1998年倪元卫副司长调任国务院稽查特派员公署特派员助理,1998年6月金银康副司长退休;1998年原署驻哈尔滨特派员办事处副特派员刘实调任行政事业审计司副司长,褚志德任司长助理。

财务收支审计　对行政事业单位的财务收支审计由过去的定期审计逐步转变为经常性审计,由报送审计转变为就地审计,由单一的以审计行政经费为主转变为对行政事业单位进行全面审计,由只审计中央部门本级转变为延伸审计二、三级单位。5年中在财务收支审计中共查出违纪金额250196.8万元,应缴财政1939.6万元。

1994年行政事业司审计了国家计生委、外交部、国家教委、文化部、国家计委、民政部、劳动部、中国人民大学、中国科学技术协会等单位。为了加大审计力度,1994年对部分中央部门所属的企事业单位进行了直接审计,重点审计了国务院侨务办公室所属中国中旅(集团)公司、民政部所属中国福利企业总公司、国管局所属首都宾馆、劳动部所属劳动部教育培训中心、国家计委所属海南国富实业开发总公司等,审计发现普遍存在资产不实、漏缴税金等问题。

1995年审计了国家外国专家局、光明日报社、国家体委、最高人民检察院等单位,并对一些专项资金进行了审计,1995年重点对最高人民法院办案收费情况进行了审计。第四届世界妇女大会召开期间,由于从筹备到会议结束期限较长,资金来源较复杂,为更好地监督其资金使用情况,避免损失浪费,对第四届世妇会中国组委会分阶段进行了跟踪审计。

1996年审计了人事部、国务院港澳办、中共中央直属机关事务管理局、中共中央宣传部、经济日报社、国务院军队转业干部安置工作小组办公室、中国人福新技术开发中心、中国残疾人福利基金会等单位,并继续对第四届世界妇女大会的资金使用情况进行审计。在社会保险“两项基金”行业审计中,行政事业司对邮电部、中国石油天然气总公司、有色总公司养老保险基金进行了直接审计。1996年还重点对公安部所属中国寰岛集团财务收支进行了审计,并延伸审计了中国寰岛(集团)公司、海口海甸岛房地产开发总公司、海南寰岛贸易公司、北京寰岛商社以及北京亚洲大酒店有限公司、海南寰岛泰得大酒店、深圳寰宸实业股份有限公司等三个控股公司。

1997年审计了新华通讯社、国家统计局、国家海洋局、中日友好医院、人民文学出版社、国务院宗教事务局、国务院发展研究中心、武警边防局和武警广东省边防总队等单位。并延伸审计了武警广东省边防总队所属一、二支队,深圳、珠海、汕头边防分局(支队)、深圳、珠海市财政局,汕头市海上缉私指挥部等8个单位缉私经费收支情况。

1998年审计了武警广西壮族自治区边防总队、中国寰岛(集团)公司驻香港资合实业有限公司及其所属海领财务有限公司、泰得国际酒店管理(集团)有限公司和北京办事处。在住房资金行业审计中,行政事业司直接审计了中直管理局和国管局管理的中央国家机关住房资金的收支情况。

**预算执行审计** 自1995年起,行政事业司主要承担了对中央国家机关部分行政事业单位的预算执行情况的审计,共查出违纪问题金额500118.9万元,应上缴财政8085万元。

1995年行政事业审计司组织了对外交部、文化部、公安部、国家科委、国家计委、新闻出版署、国家教委等7个单位的预算执行审计;1996年组织了对外交部、文化部、公安部、国家体委、国防科工委、武警总部、国家教委、国管局、卫生部、广电部、民政部、国家科委等12个单位的预算执行审计;1997年组织了对外交部、文化部、公安部、安全部、国家教委、国家民委、监察部、国家体改委、司法部、民政部、卫生部、人事部、国家计生委、国家科委、广电部、国防科工委、国家体委、劳动部等18个单位的预算执行审计,1998年组织了对外交部、文化部、公安部、劳动部、卫生部、国家教委、国防科工委、国家科委、广电部、安全部、国家体改委、司法部、人事部、国家计生委、新闻出版署、国家地震局、新华通讯社福建分社等17个单位的预算执行审计。

**行业和专项资金审计** 5年来,组织地方各级审计机关、各特派员办事处和驻国务院各部门审计局完成了15项行业和专项资金审计。通过审计,揭露了这些行业和专项资金管理中存在的问题,为国家宏观决策提供了许多有价值的参考意见和建议。

**高校审计** 1994年组织署驻上海、武汉等9个特派办和驻国家教委审计局分别对中国人民大学、华东理工大学等12所国家教委所属高等学校1993年的财务收支情况进行了审计。审计资金总额124804万元,查出违纪资金8643万元;1995年组织15个特派办和34个驻国务院部门审计局对52所中央所属高校(其中:国家教委所属高校8所,其他部委所属高校44所)1994、1995年度财务收支和预算执行情况进行了审计。审计资金总额328687万元,查出违纪资金33853万元;1996年,部分审计机关继续开展了对其中21所高校1995年度预算执行继续的审计;1997年,在对国家教委1996年度预算执行情况审计的同时,组织11个特派办和驻国家教委审计局对国家教委所属13所高校1996年度预算执行情况进行了审计。审计资金总额226196万元,查出违纪资金29543万元。

**公检法司机关办案收费、罚没款物和规费审计** 1995年,行政事业司组织21个省(自治区、直辖市)审计机关对3276个县级以上公检法司机关(其中:公安机关1222个,检察院708个,法院883个,司法机关463个)1994年办案收费、罚没款物、规费等财务收支进行了审计。审计总金额46.46亿元,查出各种违纪违规资金7.80亿元。

**社会保险“两项基金”审计** 根据国务院领导的指示,1996年行政事业司组织全国各级审计机关和署驻地方特派办、部分驻国务院部门审计局,对1995年度各省、自治区、直辖市管理的企业职工养老保险基金和失业保险基金(简称“两项基金”)以及实行系统统筹的铁道部、交通部、邮电部等11个部门(企业)的企业职工养老保险基金的财务收支及管理情况进行了审计,共查出违纪违规问题92.2亿元。主要问题:一是挤占挪用问题比较严重;二是各地普遍存在拖欠、少缴“两项基金”的问题;三是劳动、社保部门和系统统筹部门管理政策、制度不完善;四是“两项基金”未能有效地保值增值;五是部分地区和行业存在“两项基金”的支付风险。审计结果向李贵鲜国务委员作了专题报告。李鹏总理圈阅了审计报告,李贵鲜国务委员和国务院其他领导同志作了重要批示。

**计划生育经费审计** 1997年,行政事业司组织21个省(自治区、直辖市)的审计机关,对1451个县1995年和1996年的计划生育经费进行了审计,并延伸审计了12178个乡,抽查了14223个村。审计资金总额76.6亿元,查出违纪违规资金11.8亿元。

医院财务收支审计　1997年,行政事业司组织15个省(自治区、直辖市)审计机关和10个特派办、驻国务院部门审计局,分别对1488所医院(其中:卫生部所属医院1所,省属医院27所,地市属医院294所,区县属医院1149所,医科大学附属医院17所)1996年度财务收支及管理情况进行了审计或审计调查。审计资金总额247.8亿元,查出违纪违规金额16.8亿元。

中央级出版社财务收支审计　1997年,行政事业司组织11个驻地方特派员办事处和38个驻国务院部门审计局,对56个部委、大学所属出版社1996年度财务收支进行了审计。审计资金总额115126万元。查出违纪违规资金16619万元,还反映出当前出版行业管理体制和财务管理制度与客观要求不相适应的问题。

普教经费审计　1997年,行政事业司组织16个省开展了对1996年度普教经费的审计。从审计的情况看,上述地区1996年教育经费的投入比往年有所增加,有8个省(市)教育拨款的增长幅度高于当年财政收入增长幅度。各级教育部门不断完善教育经费的管理,促进了普教事业的发展。但是,审计也发现普教经费的筹集、拨付和使用方面还存在一些普遍性的问题:一是挤占挪用教育经费;二是违规乱收费;三是部分地区教育经费拨付不及时;四是欠征教育费附加。

住房资金审计　1998年,行政事业司组织地方审计机关和特派办对16个省的部分住房资金管理机构和铁路、煤矿、石油3个系统的部分单位,截止1997年底住房资金的归集、管理和使用情况进行了审计。审计资金总额1284亿元,查出挤占挪用住房资金、住房公积金制度覆盖率低、资金管理混乱等问题。

公安机关收费、罚没收入审计　1998年组织15个省(市、区)审计机关对1360个县以上公安局及7026个基层公安单位1996年、1997年度收费、罚没收入财务收支进行了审计。审计总金额178亿元,查出违纪违规资金31.66亿元。

救灾捐赠款物审计　自1998年7月下旬起,组织全国审计机关对防汛救灾款物的来源、分配、拨付、使用、管理情况进行了审计。根据李岚清副总理的指示精神和署领导的要求,还组织7个重灾省专门对救灾防病资金和药品器械进行审计。行政事业司还对民政部、中华慈善总会、中国红十字会总会、卫生部等单位进行了跟踪审计,分阶段对审计情况进行汇总,编发了多期《救灾审计情况简报》反映审计情况和动态。

科技经费审计　在1998年的预算执行审计中,按照署统一部署,行政事业司、工交司、农业司、科研所和12个派驻审计局分别对国家科委及与其有科技经费拨款关系的23个中央部门管理使用的科技经费进行了审计,并延伸审计了50个下级科研单位。行政事业司负责制定审计方案和综合汇总工作。这次审计查出挤占挪用、违规出借、虚列支出、转移资金等违纪问题总金额107219万元,审计结果以《审计简报(增刊)》的形式作了反映,引起了国家科委和有关部门的高度重视。

新华社审计　1998年组织15个特派办和新华社审计局对新华社17个国内分社1997年度预算执行和财务收支情况进行了审计。审计总金额30896万元,查出违纪违规问题11464万元。

武警边防总队缉私罚没收入审计　1998年组织特派办对广东等13个省(市、区)武警边防总队1996年至1997年的财务收支进行审计。发现地方财政截留应上缴中央财政缉私罚没收入,边防部队应缴未缴缉私罚没收入和边防检查收入,挤占挪用等问题。

领导交办事项　1994年,根据国务委员罗干批示,对中国老龄问题全国委员会所属《中华英才》画报社进行了审计调查,查出账外账,动用预收款与以个人名义购房、购车等问题。将审计结果上报国务院后,国务院领导建议主管部门认真查处。

根据国务院李鹏总理的批示,1997年行政事业司组织对中募委和16个省、自治区募捐委员会1993—1996年7月福利彩票发行和资金使用情况进行了审计,审计中抽查了93个地(州、市)、389个县级发行机构。

针对群众举报,人大常委会王丙乾副委员长批示,建议审计署对安徽省马鞍山市承办省“八运会”情况进行调查,1997年行政事业司与安徽省审计厅组成联合调查小组,对群众反映的有关问题进行了核实,并将调查和核实结果报告王丙乾副委员长。

根据朱镕基副总理批示,1997年与监察部联合对香港联想控股有限公司亏损问题进行了调查,调查结果上报国务院后,国务院领导做了重要批示。

根据罗干国务委员的批示,1998年对中国社会福利有奖募捐委员会1997年度福利彩票发行和资金管理使用情况进行了审计,查出私分公款、违规集资、私设“小金库”、违规拆借资金等问题,引起国务院领导的高度重视,责令有关部门对审计结论认真研究落实。

根据罗干国务委员的批示，1998年对中国医学科学院微循环研究所科研楼建设投资进行了审计。

根据国务院李鹏总理的指示精神，1998年配合监察部对卫生部所属卫生检疫局的有关问题进行了专项检查。

**【经贸审计司】** 经贸审计司是1998年国务院机构改革时，在原工交司和商贸司的基础上组建的业务司，国务院"三定"方案确定的主要职责是：负责审计国务院有关部门及其在京下属单位的财务收支；根据有关法律法规和国务院规定，配合稽查特派员对国有重点大型企业进行审计监督，组织对其他国有企业的审计监督；组织对内部审计的指导和监督；开展专项审计和审计调查；指导地方经贸审计业务。具体工作任务：一是按照署下达的年度计划，审计重点国有企业财务收支的真实性、合法性与效益性，主要包括：工业、交通、商业、贸易、医药、旅游等行业的国有大中型企业；组织署驻地方特派员办事处对上述范围的企业进行审计；二是根据有关法律法规和国务院规定，配合稽查特派员对国有重点大型企业进行审计监督；三是对内部审计进行指导和监督。贯彻落实国务院和署有关内审工作的指示和要求，主要通过制定有关法规和规章制度等工作，对内部审计加以指导和监督，促进内审工作的开展；四是开展行业审计与审计调查。根据国务院要求和署计划安排，组织驻地方特派办和地方审计机关，对粮食、棉花、农资、医药等关系国计民生和财政补贴较多行业进行专项审计或审计调查，为国家宏观决策服务；五是对地方经贸审计业务进行指导。主要是侧重审计的重点、内容和方法等，促进地方经贸审计工作进一步提高质量；六是负责办理署领导交办事项。

工作基本情况　1994年——1998年，原工交司、商贸司及在两司基础上组建的经贸司紧紧围绕党和国家的经济工作中心，在审计署的统一领导下，认真完成国务院有关部门的预算执行情况及其所属国有大中型企业财务收支审计，积极探索企业财务收支真实性审计的方式与方法，精心组织驻地方特派员办事处、驻部门审计局和各地审计机关开展行业审计(调查)，全力以赴完成上级交办的各项任务，较好地履行了审计监督职能。几年来，原工交司、商贸司对所管辖的国务院部门及所属企业定期进行了审计，有的连续进行了审计，查出违纪金额近1000亿元，减少了损失和财政补贴，为企业增加了收入，节省了支出；组织了粮食、棉花、邮电、石油、石化等10多个行业的审计(调查)，为国家宏观经济决策提供了大量有价值的参考资料；完成了几十项领导交办事项，为领导正确决策提供了依据；移送纪检、监察和司法机关立案数十起，为打击经济领域的犯罪活动和廉政建设作出了贡献。

机构及人员　经贸审计司是在原工交司和商贸司的基础上组建的业务司，编制24人，现有20人，下设5个处。一处负责综合、计划、协调、信息、文秘、档案、行政后勤及内部审计指导等工作；二处负责石化、冶金、电力、轻纺等系统的中央国有企业的审计；三处负责交通、军工、邮电系统等中央国有企业的审计；四处负责商业、粮食、供销等企业的审计；五处负责外贸、旅游、医药等企业的审计。

司领导变动情况

工交司领导变动情况

1994年—1995年3月　司长　赵连栋

1994年—1996年2月　副司长　朱立豪

1996年3月—1998年9月　司长　朱立豪

1995年4月—1998年9月　副司长　翁亦然

1997年2月—1998年9月　副司级审计员　侯玉珍

商贸司领导变动情况

1994年—1996年8月　司长　刘家义

1994年3月—1998年9月　副司长　喻政祥

1994年3月—1995年3月　副司长　翁亦然

1997年2月—1998年9月　副司长　张彦珍

1998年4月—1998年9月　副司长　范鹏(主持工作)

经贸司领导变动情况

1998年9月—1998年底　副司长　范鹏(主持工作)

1998年9月—1998年底　副司长　喻政祥

财务收支审计　1994年，原工交司对天津电力公司、广州南方铁路集团、中国北方公司、中国航天工业总公司、南方航空(集团)公司、铁道部、机械部、电子部等单位1993年度的财务收支进行了审计。原商贸司对中国纺织进出口总公司、中国对外贸易运输总公司、中国五金矿产进出口总公司等单位1993年度财务收支进行了审计。

1995年，原工交司对邮电部、冶金工业部、化工部、有色金属工业总公司、核工业总公司、电子进出口总公司等12个单位的财务收支进行了审计，共查出违纪金额11亿元，应上缴财政4000多万元；原商贸司对中国光大集团公司及部分直属企业1993年度、

1994年度财务收支和中国化工进出口总公司、中国对外贸易运输总公司、中国五金矿产进出口公司1994年度及内贸部所属深圳宏昌公司、中国有色金属总公司、中国华通集团公司、中国粮食贸易公司1994年度财务收支进行了审计。

1996年，原工交司对煤炭部、交通部、邮电部、国家建材局、轻工总会、华能集团公司、兵器工业公司、航天工业公司、原子能工业公司、中国远洋公司、吉林省交通厅、天津港务局等单位1995年财务收支进行了审计，共查出(含对电力部、机械部等9部门1995年预算执行情况审计)违纪金额60多亿元，应上缴财政2亿多元，应减少财政补贴6000多万元，应追还挪用资金1亿多元，罚款金额1亿多元；原商贸司对中国光大集团公司及部分直属企业1995年财务收支进行了审计，查出集团公司资产运营效益差，不良资产多，整个集团1995年亏损近2亿元，少计国家权益3.4亿元，少计国家税收9700万元及核算不规范、部分企业经营管理差等问题，并将有关情况向上作了反映。

1997年，原工交司对交通部、国家烟草专卖局等14家单位1996年的财务收支进行了审计，共查出(含对冶金工业部、电力部等9部门1996年度预算执行情况审计)违纪金额77亿元，应上缴财政1.5亿元。

预算执行情况审计　1994年，原商贸司对原国内贸易部、国家粮食储备局和外经贸部1993年度预算执行情况进行了试审。

1995年，原工交司对电子部、邮电部、国家建材局、中国民航总局、国家烟草专卖局、中国石油天然气总公司、中国船舶工业总公司、中国有色工业总公司等单位1994年度的预算执行情况进行了审计，共查出违纪金额15亿元，应上缴财政4080万元；原商贸司对内贸部、外经部、国家粮食储备局、国家医药管理局和中国轻工总会1994年度财政预算执行情况进行了审计，查出上述单位缴交中央收入、少计国家权益等违纪违规资金24.7亿元，应上缴财政收入达12.3亿元。

1996年，原工交司对电力部、机械部等9部门1995年预算执行情况进行了审计；原商贸司对国内贸易部、国家粮食储备局、外经贸部1995年度预算执行情况进行了审计。

1997年，原工交司对冶金工业部、电力部等9部门1996年预算执行情况进行了审计；原商贸司对国内贸易部、国家粮食储备局、外经贸部、经贸委1996年度预算执行情况进行了审计。1998年，原工交司、商贸司对国家经贸委、外经贸部、原地矿部、冶金工业部、内贸部和国家粮食储备局1997年度财政预算执行情况进行了审计，查出上述单位欠缴财政收入、少计国家收入等违纪金额9.5亿元。

财务收支真实性审计试点　1998年，根据署领导的指示，原工交司和商贸司开展了企业财务收支真实性审计的试点工作，共组织了23户企业进行审计，原工交司审计了中国长城计算机有限公司，原商贸司审计了中国技术进出口总公司。通过对企业财务收支的全面审计，摸清了企业家底，掌握了企业的全面情况，查出了企业资产、负债、损益严重不实，呆坏账多，不良资产数额大等问题，其中某公司影响核算真实性的金额竟达31.31亿元。

粮食行业审计(调查)　1994年，根据国务院领导同志指示精神，原商贸司会同财政部、中国人民银行、内贸部等部门，在1993年对500个县粮食财务挂账审计的基础上，组织力量开展了粮食财务挂账清理。在重点调查、掌握第一手材料的前提下，对全国粮食财务挂账进行了清理，提出了“从1994年10月到1999年12月31日，对1991粮食年度的政策性挂账实行挂账停息”等建议，并会同有关部门向国务院上报了《关于粮食财务挂账及其处理意见的报告》，国务院于当年正式批转全国执行。

1995年，为了解粮食企业政策执行情况和政策性经营过程中存在的问题，原商贸司组织了北京、天津、上海、河北、河南、湖北、福建等省市审计机关，对685户粮食企业贯彻落实国务院关于深化粮食购销体制改革的情况和1994年度粮食政策性经营及财政财务收支情况进行了审计与审计调查。审计查出了以下问题：一是粮食定购任务完成差，有的粮食企业以收取粮食定购价和市场价的价差抵顶定购任务，虚报完成定购任务，将差价用于基层政府和粮食企业费用支出。二是有的地方将本应按国家专储粮出库价格供应的粮食擅自转为议价销售，一面将差价挂账，另一方面用议价粮转为平价供应当地城镇居民，向财政申请补贴。三是部分粮食企业擅自动用国家专储粮。一些粮食企业利用储备粮食价格较低，市场价格不断上涨的时机，擅自动用国家专储粮做议价销售，以图牟利。由于市场价不断上涨而粮食企业无力补充库存，造成国家专储粮库存不实。四是一些粮食企业盈亏不实，隐瞒收入和差价严重。部分粮食企业，将以前年度结余的销售指标等转为议价销售，差价不用于消化老挂账或弥补亏损，而将其挂账或挪作办三产、搞基建等。此外，还发现财政部门和粮食主管部门截留、挪用大量财政补贴行为。对审计查出的问题，审计署以《粮食经营管理中的问题应引起重视》为题(《审计简报》[增刊]7期)向国务院作了反映，并提出了加强领导，保证粮食各项政策到位；建立和完善两条线运行机制，深化粮食企业改革；加强监督，增强约束机制等建议。李鹏总理对此作了批示："中央与地方，国库与地库分开"，朱镕基、李岚清副总理也分别作了重要批示，李贵鲜同志要求审计部门认真贯彻总理指示，对其他省市是否也存在这些问题，要扩大审计面，把情况搞准，做到心中有数。根据国务院领导的指示，在进一步审计调查的基础上，提出了《关于粮食政策执行和经营中几个问题的调查报告》，参加了全国第一届优秀调查报告评选，并获得了由全国优秀调查报告评选委员会颁发的优秀奖。

根据国务院领导同志的指示精神，审计署决定1996年继续开展粮食行业审计(调查)，共组织吉林、湖北、安徽、福建等10个省市审计机关，对粮食企业贯彻落实国务院关于深化粮食购销体制改革的情况和1995年粮食企业政策性经营及财政财务收支情况进行了审计和审计调查。审计(调查)结果表明，粮食企业在体制改革、执行国家粮食政策等方面都有了较大改进。

1998年初，为了配合全国粮食流通体制改革，根据署领导的指示和署统一安排，组织17个省市进行了粮食行业亏损审计调查，初步摸清了粮食企业亏损的构成及原因，揭示了粮食企业存在的主要问题，审计结果向国务院作了反映。同年5月，根据国务院关于进一步深化粮食流通体制改革的决定和朱镕基总理的指示，由审计署牵头，会同财政部、国家计委等8个部门，组织了5万多名审计人员，清查审计了农发行总行及2499个分支机构1997年和1998年前5个月的信贷来源及运用情况，30850个粮食收储企业1992年4月1日至1998年5月31日期间的新增财务挂账和其它不合理占用农发行贷款情况，同时对国家粮食储备局及2681个粮食主管部门、财政部及2594个财政部门管理和拨付政策性补贴情况进行了专项审计和审计调查，还对拟上划的237家地方粮库的资产负债损益情况进行了审计。经过审计，摸清了粮食企业的家底，核实并核减了粮食企业新增财务挂账，为消化粮食企业财务挂账和解决不合理占用农发行贷款问题提供了重要依据；揭露了粮食收储企业和有关部门管理中的大量问题，为落实粮改政策和加强管理提供了大量有价值的基础资料；查处了一批严重违纪违法的大案要案，为加强法制和廉政建设作出了贡献；提出了消化粮食财务挂账和进一步落实粮改措施的意见和建议，为促进粮食流通体制改革发挥了积极作用。审计结果受到国务院领导同志的肯定。

**棉花企业审计** 1997年，根据国务院关于对供销合作社系统政策性经营活动加强审计监督的指示精神，为促进供销社系统认真贯彻落实国务院关于深化棉花购销体制改革的决定，充分发挥棉花经营的主渠道作用，审计署组织了部分省市审计机关对全国供销合作总社、中华棉花总公司及江苏、湖北、河南、山东等11个省、自治区的575个县以上棉花公司和1524个基层棉花收购站进行了审计，同时还审计了119个大中型棉纺企业。通过对棉花行业政策性经营活动、国家特储资金、政策性收购资金、财政补贴及其它预算拨款和与之相关的财政财务收支的专项审计，揭示了棉花政策性收购、经营和储备中存在的问题，查处了棉麻企业截留、挪用棉花收购资金、棉花加价款，虚报冒领财政补贴等一系列违反财经法纪的行为，为加强和完善宏观调控，贯彻执行国家政策发挥了积极作用。

**农资企业审计** 1995年，为了促进农资企业更好地发挥主渠道作用和农资流通体制改革的顺利进行，原商贸司组织沈阳特派员办事处和部分省、区、市审计机关对中国农业生产资料集团公司及其直属分公司和北京、天津、山西、黑龙江等11个省市的1000多户县级以上农资公司1994年度财务收支进行了审计。审计发现，农资系统截留国家专项财政补贴，将大量资金投向第三产业，农资(化肥)流通渠道混乱等问题十分突出。查出违纪金额2.1亿元，审计调增1994年度利润6499万元，应上缴财政2274万元。其中中农集团总公司截留国家专项补贴达3亿多元，倒卖化肥非法获利5000多万元。审计后，上报审计要情和信息简报10多篇，受到领导的重视。朱镕基副总理等领导对《审计要情》(1号和3号)反映的中农集团公司的问题作了重要批示。随后，中纪委、监察部、全国供销合作总社和审计署组成联合工作组对上述问题进行了立案查处。同年，审计署同全国供销合作总社联合下发了《关于加强农资系统审计监督的通知》。

1996年，在1995年审计的基础上，原商贸司组织京津冀特派员办事处和部分地方审计机关对中农集团公司及其6个直属公司、16个省1300多个县以上农资公司1994年、1995年度化肥政策性经营和财务收支情况进行了审计，同时对化肥流通体制运行中存在的问题进行了审计调查。对审计发现的问题及时向党中央和国务院作了反映。

物资企业审计　1996年，原商贸司组织特派员办事处对中国黑色金属材料总公司、中国有色金属材料总公司和中国汽车贸易总公司所属的30户中央物资企业进行了审计调查。调查表明，至1996年上半年，上述企业历年亏损和潜亏达16亿元，占国拨资本金的53%。1995年，企业上报亏损1.21亿元，实际亏损8.65亿元，其中经营性亏损2.38亿元。为此，审计署向有关部门提出了加强企业资金管理、加大国有资产监督管理力度等建议。

铁路行业审计　1994年，原工交司组织特派办、地方审计机关和驻铁道部审计局对铁道部及其下属11个铁路局、21个铁路分局1991年——1993年铁路建设资金筹集、使用和管理情况的专项审计，发现该行业铁路建设资金不足、铁路临管线临管时间长导致收入流失、多种经营企业与主业相互侵占、地方政府通过铁路部门价外收费等问题。针对审计中发现的问题，提出了5条加强和改善铁路经营管理的意见和建议。

邮电行业审计　1995年，原工交司组织16个特派办、15个省级审计机关和驻邮电部审计局对邮电部及其下属280个邮电通信企业1994年度财务收支的审计，查出有问题金额48.5亿元，应上缴财政3.3亿元，主要是：资产、负债和损益不实，截留、挪用市话初装费、邮电附加费，违反规定乱收邮电附加费、乱集资，消费基金控制不严、兴办多种经营企业转让主业权益等问题。建议国家加强邮电附加费的管理，明确收费标准、收费范围和用途，严禁乱收费和截留、挪用；国家有关部门要进一步完善工效挂钩办法，认真落实“两个低于”原则；邮电部门要理顺主业与多种经营企业之间的各种经济关系。

交通行业审计　1996年，原工交司组织驻地方特派办、地方审计机关和驻交通部审计局对交通部及所属中国远洋运输集团16个企业、18个港口企业、23个省级交通厅(局)及1093个地县交通部门1995年度财务收支的审计，查出违反财经法规金额87亿元，决定收缴财政9.9亿元，主要是：资产、负债和损益不实，截留、挪用和漏征车购费、养路费、港建费以及部分投资项目效益差、工资管理不规范、银行账户设置过多过滥等问题。同时建议国务院及有关部门应加强车购费、养路费、港建费等专项基金的管理，进一步明确车购费、养路费、港建费的纳税规定及速遣费收入分配办法，防止国家税收流失和消费基金膨胀。

烟草行业审计　1997年，原工交司组织驻地方特派办、地方审计机关和驻烟草专卖局审计局对全国烟草行业338户工商企业1996年度财务收支情况的审计，查出违反财经法规金额226.4亿元，决定收缴财政7.4亿元，主要是：资产、负债和损益不实，工商利润转移、侵蚀消费税税基，欠缴和偷漏国家税收，违反专卖管理以及地方政府摊派、加重企业负担等问题，同时对违反专卖政策、超计划种植、收购烟叶价外加价、随意调剂工商利润、烟草商品场外交易等倾向性问题，提出了加强行业经营管理和宏观调控的意见和建议。

石油、石化行业审计　1998年，原工交司组织15个驻地方特派员办事处和河北、山东等13个地方审计机关，对原中国石油天然气总公司及所属16个石油企业、原中国石油化工总公司及所属34个企业和4个地方石油企业1997年度财务收支进行了审计，直接审计了两家总公司总部和镇海炼油化工股份有限公司。审计发现企业在执行有关政策和遵守财经法纪方面存在的问题，共查出各类违规行为金额170亿元，其中石油企业72亿元，石化企业98亿元。有些企业盈亏严重不实，原石化总公司所属14户企业，采取少提折旧、应摊未摊利息支出等方式，多计1997年利润59亿元，原石油天然气总公司所属12户企业少计1997年利润20.6亿元。审计还发现一些地方政府和部门向企业伸手，“三乱”行为屡禁不止，增加企业负担的问题。其中据对大庆油田、沧州炼油厂等10户企业统计，1997年各种集资、“捐赠”等不合理开支共10亿元。

医药行业审计　1996年，原商贸司抓住医药企业发挥主渠道作用的情况和药品价格及回扣问题，对医药公司等3家企业进行了审计。对查出的问题，以“药品价格管理亟待完善”和“药品回扣风愈演愈烈”为题向上作了反映，引起了有关部门的重视，国务委员彭佩云作了重要批示，促进了医药企业对药品回扣风的清理和整顿。

1997年，在总结1996年审计经验的基础上，继续组织浙江、内蒙古等19个省(市、区)和京、津冀、成都等9个特派员办事处对2008户医药单位1996年度执行国家医药政策、财务收支及其经济活动等情况进行了审计(调查)。通过审计，查出隐瞒收入利润2.6亿元，挤占成本费用3.8亿元，偷漏税金0.43亿元。针对审计查出的问题，提出了加强管理、促进改革等建议。

外贸企业审计　1994年,原商贸司组织驻地方特派员办事处、驻外经部审计局对70户中央外贸总公司及在各地的分公司1993年度和1994年上半年财务收支及国有资产保值增值情况进行了审计。审计发现,一些企业侵占国家利益,国有资产流失的问题较为严重:一是通过多列成本费用,隐瞒、转移收入等形式,少计少缴国家财政收入4.9亿元;二是借新旧会计制度转轨之机核销专用基金,将应转作企业公益金的职工福利金全额转入应付福利费,由此少转国家权益7.8亿元等。对审计查出的问题以《审计要情》向国务院领导作了反映,受到李鹏总理的重视。

内外贸企业"一条龙"审计　1994年,针对当时内外贸企业国有资产流失、国家权益受到严重侵犯等较为普遍和严重的现实,原商贸司组织审计署驻地方特派员办事处、驻部门审计局,以内贸部、外经贸部为"龙头",抓住重点企业及其所属子公司这条"龙身",分工有序地对120户重点企业进行了审计。商贸司直接审计了内贸部、外经贸部及所属23家总公司、34家子公司。审计发现,内贸部、外经贸部及其直属企业采取各种手段少计国家财政收入15亿元,少计少转国家资本金18亿元,国有资产流失1.6亿元,财务管理较混乱,账外资金巨大,大量"预算外"企业不纳入主办企业的财务报表,会计核算随意性或不合规性严重,投资、联营管理薄弱,效益不佳,一些国有企业发挥经营主渠道作用不够。通过审计,一是直接增加国家财政收入15亿元,减少财政支出4.2亿元;二是促进了国有资产的安全完整,增加了国家资本金18亿元;三是引起了内贸部、外经贸部领导及所属企业领导和有关部门的高度重视,并采取措施,予以整改。在审计中农集团及其所属公司时,发现部分农资公司在经营化肥等重要农资的过程中,发挥国有企业经营主渠道作用不够,存在倒卖平价化肥、挪用占压专项农资经营资金等问题,原商贸司及时将情况通报有关特派员办事处,对重要事项做了进一步调查落实后,向署上报了3个专题调查报告,署领导给予了充分肯定,并分别以审计要情、审计简报(增刊)上报国务院,邹家华副总理、陈俊生国务委员对此高度重视,批转有关部门"严肃查处"。

1996年,原商贸司又组织驻地方特派员办事处、驻部门审计局,以内贸部、外经贸部和国家医药总局为"龙头",对100户重点企业及其所属子公司进行了审计,商贸司直接审计了4家总公司和23家子公司。

专项(或专题)审计(调查)

1. 对162户国有亏损企业的审计　1998年,根据国务院领导的指示精神,原工交司组织河北、内蒙古等7省区审计机关对162户国有亏损企业1997年度财务收支的真实、合法和效益进行了审计。审计结果表明,162户企业资产、负债、损益严重不实,其中多反映资产18.3亿元,少反映负债9.01亿元,多反映权益87.82亿元,少计亏损23.98亿元,潜亏问题严重,实际潜亏达31.8亿元,比账面亏损高出30%以上;损失浪费现象严重,据对其中的112户企业统计,投资项目322个,投资总额8.49亿元,其中无效益项目211个,金额5.3亿元;违纪违规问题比较严重,虚列支出、偷漏税款、私设"小金库"等27.2亿元。审计后向吴邦国副总理报送了专题报告,如实反映了亏损企业存在的问题及其原因,并从宏观管理方面提出了建议。2. 对粮油进出口系统资金使用效益状况的审计　1997年,原商贸司针对国家大中型企业存在的资金存量不足、存量不活以及资金使用效益差等问题,组织吉林、河南等9个省市审计机关和上海、沈阳等5个特派员办事处对中国粮油食品进出口公司及其直属的京外32家二、三级子、分公司,22家省级和81家地县粮油食品进出口公司1996年度的资金使用效益进行了审计,这是原商贸司首次安排的审计项目,是对开展资金使用效益审计的探讨,积累了经验,取得了一定成效。通过审计,查清了企业资金运用上存在的投资规模大、效益差,应收账款、呆死账多,库存积压严重,潜亏大,经营损失浪费严重等问题及原因,共查出违纪金额40亿元,审计查出的有关问题向上作了反映。同时,将审计发现的问题向外经部作了通报,外经部对此高度重视,并要求进行整改。3. 对40户大型棉纺企业棉花供应情况的调查　1996年,原工交司组织部分审计机关对全国16个重点纺织城市的40户国有大型棉纺企业1994年至1995年上半年的棉花供应情况进行了审计调查。调查发现,原料棉调拨计划不到位,制约了企业的生产;各种名义的价外加价和价外收费现象严重;计划内变相涨价现象普遍;结算纪律、税收政策执行不力;棉花提价幅度大,企业难以消化等问题。对调查发现的问题向国务院提交了报告。国务院领导对此次调查给予了好评,非常重视,朱镕基、吴邦国副总理分别作了重要批示。4. 企业负担情况调查　1997年,原工交司组织15个特派员办事处对58家大中型企业1996年度各种不合理收费情况进行了调查。调查发现:一些地方政府及职能部门擅自设立收费项目,在国家设立的收费上硬性搭车收取费用，无偿占用企业资产，强制捐赠、资助和摊派，金融机构擅自提高利率，增加企业利息支出等。据统计，58户企业中，省级以下政府及有关职能部门设立的不合理收费共829项，金额达15亿多元，占这些企业当年实现利润的6.2%。5. 其他审计调查　1994年，原商贸司在审计署驻上海特派员办事处、上海市审计局的积极配合下，对部分期货交易所及经纪公司有关情况做了专题调查，重点调查了有关中央企业从事期货投资的盈亏情况。通过审计调查，初步了解了期货市场的一些积极作用，揭示了我国期货市场发展中存在的布点过快、管理失控、交易不规范、客户亏损等倾向，及时将审计调查结果综合报告给署领导，供领导参考。1996年，原工交司组织全国地方审计机关和驻地方特派员办事处对304户重点企业建立现代企业制度、择优扶强情况进行了调查。1998年，原工交司、商贸司均组织部分省、市、区审计机关和特派办开展了股份制企业审计(调查)。6. 专项审计　1994年——1996年，原商贸司完成了国务院领导交办"112专项"审计任务，对有关公司经营"112"专项盈亏及应缴国家的税收进行了核实。结果上报后，得到国务院有关领导的肯定。

1994年，原商贸司参加了由经贸委牵头组织的国务院化肥价格、消费基金及设立国家粮食储备库试点检查；参加由中纪委牵头的广西北海等地走私、炒卖地皮等严重违法违纪事件的查处工作。

1994年，原工交司参加了由中纪委、中组部等单位组成的"1029"专案、北京市王宝森、陈希同问题的审计查证工作。还参加了国务院组织的固定资产投资规模检查。原商贸司参加了北京市王宝森、陈希同问题的审计查证工作。

1994年，根据李鹏总理批示，原工交司对济南大易造纸有限公司资产流失案进行了查处；协助中纪委对国能公司倒卖煤运计划案件进行了查处。

1995年，原商贸司参加了国务院领导交办的对中农公司违反规定倒卖化肥赚取巨额收入问题的查处工作。

1997年，原商贸司完成了国务院领导交办的意大利依维柯项目审计和对天津国际经济合作技术公司有关情况进行核实的专项审计调查。

1998年，根据朱镕基总理的重要指示，原商贸司会同经贸委等6部门，组织沈阳特派办对国家物资储备局及所属北京、深圳华储公司、上海鸿升贸易发展公司和物资储备调节中心"118"专项和橡胶专项贷款的使用情况以及与贷款相关的收购销售情况进行了审计；原工交司、商贸司和经贸司还相继完成了对天津渤海化工集团、广东湛江走私集团案、尚国权集团走私案、长城铝业公司专案、大庆联谊石化股份有限公司专案、财政部粮食补贴资金、粮食储备局粮食专项补贴、内蒙古赤峰糖厂重大损失浪费和燕山石化私设"小金库"等专案的查证工作。

其他工作情况　1. 行业指导　1994年——1997年，工交司、商贸司每年均组织企业审计研讨会，交流经验，探讨企业审计中的问题及企业改革方面的新情况，以指导特派办和地方审计机关的企业审计工作。1995年，工交司、商贸司分别组织编缉出版了《工交财经审计法规汇编》、《商贸财经审计法规汇编》。2. 规范化建设　1994年，在审计署的统一部署下，工交司、商贸司分别起草制定了《审计机关对国有工业企业财务审计实施办法》、《商品流通行业财务审计实施办法》。1994年，工交司根据署有关规定，组织制定并下发了《工交审计考评办法》，以提高工交审计工作效率和质量，确保审计任务的完成，促进工交审计的发展。1998年，工交司编写了《企业财务审计操作指南》，与有关部门配合制定了《企业财务审计准则》、《内部控制测评准则》和《审计抽样准则》等规范文件。3. 其他　工交司和署计算机中心组织部分地方审计机关，经过几年的探索、实践，开发了《企业财会电算系统辅助审计软件》，并于1995年通过署鉴定。1997年，工交司参与了署组织的《破产企业经济责任审计暂行规定》的调查和起草工作；参与并完成了由郭振乾审计长主编的《中国审计学》的编写工作。1998年，原工交司、商贸司根据署统一部署，分别撰写了《二十一世纪的中国审计——工交审计》、《二十一世纪的中国审计——商贸审计》，总结了1993年至1997年工交、商贸审计的工作成绩和经验，分析了审计中存在的问题，提出了今后审计发展的构想。

**【农业与资源环保审计司】**

1994年3月，审计署撤销原农林文教审计司，成立专门的农业审计机构——农业审计司，编制18人，下设综合处(负责对林业部、中国气象局的财政财务收支审计，组织开展林业、气象行业专项资金审计或审计调查，承担全司综合计划和公文管理工作)，农业水利处(负责对农业部、水利部的财政财务收支审计，组织开展三峡移民资金审计或审计调查)，地方农业处(负责组织开展农业、水利行业专项资金审计或审计调查)。1998年5月,农业审计司改为农业与资源环保审计司,在原来农业审计工作的基础上,增加了组织开展资源环保审计工作的任务,编制16人,下设农业审计处(负责组织开展农业行业专项资金审计或审计调查),水利与国土资源审计处(负责组织开展水利、国土资源行业专项资金审计或审计调查),环保审计处(负责组织开展环境保护专项资金审计或审计调查,承担全司综合计划和公文管理工作)。

**司领导变动情况表**

| 时间 | 司长 | 副司长 |
|---|---|---|
| 1994年 | 崔道明 | 严晓华 |
| 1995年 | 崔道明 | 严晓华 |
| 1996年 | 严晓华 | 王智玉 |
| 1997年 | 严晓华 | 王智玉 |
| 1998年(精减后) | 刘达朱 | 王智玉 |

自1994年以来,各级地方审计机关农业审计机构建设也不断得到加强。至1998年底,全国有27个省级审计机关设立了农业审计机构,多数农业占有重要地位的地(市)、县(市)审计机关也设立了农业审计机构。

5年来,全国有15个农业审计机构和个人被省级以上领导机关授予先进集体和先进个人称号。1997年,农业审计司荣获国务院三峡工程建设委员会授予的三峡工程一期移民工作先进集体称号,农业审计司地方农业处被人事部、审计署授予全国审计系统先进集体称号。

**不断深化农业专项资金审计** 5年来,审计署统一组织审计农业专项资金1800多亿元,查出违纪违规金额130多亿元,追回被挤占挪用的资金20多亿元,促进资金投入到位10多亿元;农业审计司和一些地方农业审计机构共向各级党政领导机关编发、提供审计信息千余条,其中36条审计信息被中央办公厅和国务院办公厅采用,400多条被省、部级领导机关或报刊采用。党中央、国务院领导同志对16份有关农业资金审计报告、材料作了重要批示,省、自治区、直辖市领导同志对100多份有关农业审计的报告、材料作了重要批示。

**扶贫资金审计** 1994年,按照社会主义要消灭贫穷的基本宗旨,为进一步解决我国农村贫困人口温饱问题,国务院制定了《国家八七扶贫攻坚计划》,决定从1994年到2000年,力争用7年左右时间,基本解决全国农村8000万贫困人口的温饱问题。审计署于1997年组织27个省、区、市审计机关,对1994年至1996年中央扶贫专项资金和地方配套资金的投入、管理和使用情况进行了审计,并对1997年度中央扶贫专项资金上半年投入情况进行了审计调查,审计了国家确定的全部592个贫困县(简称国定贫困县),审计单位14000多个,审计总金额210多亿元。

审计结果表明,《国家八七扶贫攻坚计划》实施3年来,中央逐年增加扶贫专项资金投入,中央安排27个省、区、市的扶贫专项资金为282亿多元,国家制定的各项扶贫政策和扶贫资金的投入,极大地调动了贫困地区广大群众的生产建设积极性,对帮助贫困地区逐步解决温饱问题发挥了重要作用。3年来,在各级党委、政府的高度重视和有力领导下,扶贫攻坚取得阶段性成果。全国592个国定贫困县的贫困人口已由1993年底的7300多万减少到1996年底的4200多万。同时审计也发现,扶贫专项资金在投入、管理和使用方面还存在不少问题,主要是:一些地方财政部门、主管部门和用款单位挤占挪用扶贫资金21.9亿元;中央安排的扶贫资金没有按规定全部投放到国定贫困县,即有一部分投放到了省区确定的贫困县;一些地方没有按国家政策要求投入配套资金;部分扶贫资金投向偏离了扶贫目标;一些地方财政性扶贫资金投入实行有偿使用,并收取资金占用费,一定程度地影响了财政性资金用于基础设施建设;审计抽查4632个项目,有459个项目已经造成损失浪费13244万元,占投资的24%。对于这些问题,各地审计机关按规定进行了处理,共促进扶贫资金投入到位4.9亿多元,追还被挤占挪用的资金等8.1亿多元,移送司法机关查处的贪污案件共17件,涉及27人。

为进一步促进国家有关扶贫政策的落实、加强扶贫资金管理,审计署向国务院专题报告了这次审计情况,编发了5份《重要信息要目》、2份《审计简报》。党中央、国务院领对这些情况十分重视,国务院全文转发了其中2份《审计简报》,要求有关部门按照审计意见全面整改。另外,地方各级审计机关所揭示、反映的问题,也普遍引起了当地党政领导和有关部门的重视。所有这些,对于加大扶贫资金投入,加强扶贫资金管理,提高资金使用效益,都起到了积极作用。

**国有土地使用权出让金审计** 1986年《中华人民共和国土地管理法》的颁布,标志我国有关国有土地使用权有偿使用的法律建立起来。但国有土地使用权有偿使用毕竟是一件新生事物,各地在土地使用权出让审批、出让金收取和使用等方面暴露出不少问题。如:越权批地,非法出让、转让土地,乱占耕地,不按规定征收、管理、使用出让金等。特别是90年代初期,这些问题成为社会热点问题和党和政府十分关心的问题。为了弄清存在的问题,为政府宏观决策服务，1996年审计署组织26个省、区、市审计机关和12个特派员办事处对261个市、县1994年、1995年国有土地使用权出让金征收、管理、使用情况进行了审计。

这次审计取得了丰硕的成果。审计结果表明：土地使用制度的改革产生了巨大的经济效益和社会效益，有力地促进了城市基础设施建设和土地开发，同时存在的问题也不少。这次共审计土地出让、转让合同74645份，合同土地出让面积81万亩，合同出让金总额1182亿元，主要问题是：任意减免、欠征出让金298亿元；挪用出让金41.39亿元；非土地管理部门征收出让金29.16亿元；脱离财政监督的出让金金额647.7亿元；越权批地问题突出；土地闲置浪费问题严重。

审计署根据各地审计机关反映的情况，向国务院上报了4份《重要信息要目》，全部被中办、国办《值班简报》采用。其中李鹏总理对反映北京市出让金体外循环的《国土出让金脱离财政监督体外循环》信息作了重要批示，责成财政部核查。在财政部核查结果上报后，江泽民总书记作了重要批示："土地是国家所有，所有批租所得，按理应上缴各级财政管理。今后要严格管理。我还建议把全国情况认真摸一点底，以做到心中有数。"为此，审计署、财政部、监察部、国家土地管理局联合发出通知，要求各地对近3年的土地出让金征收和管理情况进行检查。检查结束后，四部委联合向中央提交了报告，在此报告的基础上，1997年5月中共中央、国务院发出《关于进一步加强土地管理切实保护耕地的通知》，要求各地加强土地宏观管理，进一步严格建设用地的审批管理，严格控制城市建设用地规模，加强农村集体土地的管理，加强对国有土地资产的管理，加强对土地管理工作的组织领导。

三峡移民资金审计　为促进三峡移民资金的安全、合理、有效使用，审计署决定自1995年起到三峡工程完工，作为署定项目对三峡移民资金开展定期审计，由审计署每年统一组织实施。1995年至1998年，审计署先后四次组织四川、湖北两省审计局和审计署驻成都、武汉特派员办事处对1993年至1997年投入的80多亿元三峡工程移民资金进行了审计，对至1997年底的库区一期移民和坝区移民任务完成情况进行了审计调查，共查出挤占挪用移民资金7.9亿元；抽审移民工程项目，核减工程投资3740万元。另外，审计和调查还发现：一期库区和坝区的部分农村移民生产安置未落实，部分已安置农村移民生活不稳定；一些搬迁企业投产后效益不好，部分应搬迁企业没有按期完成迁建；一些城镇在迁建中超标准征用土地、乱收乱用基础设施费问题突出；一些建设工程管理不严，层层转包，高估冒算，损失浪费。

对于这些问题，各地审计机关均依法进行了处理。同时，审计署也将审计情况综合汇总后向国务院作了反映，其中1998年审计署关于移民资金审计情况和一期移民完成情况调查报告，引起国务院的高度重视，朱镕基总理批请国务院三峡建设委员会、湖北省、重庆市领导同志查处；吴邦国副总理批示："生产安置不落实，挤占挪用移民资金，擅自扩大城镇迁建规模的问题，应引起高度重视。移民关系到三峡工程的成败，切不可等闲视之。有些问题到2003年水位达135米高度时，就会充分暴露出来。"这年的审计结果公布后，还引起国内外新闻媒体的关注。

水利资金审计　1998年审计署组织地方审计机关和部分特派员办事处对全国31个省、自治区、直辖市的322个地(市)、1808个县(市)和水利部长江水利委员会等6个流域机构及新疆生产建设兵团，黑龙江、海南两个农垦总局1996年至1997年预算内、预算外水利专项资金的筹集、管理和使用情况进行了审计，并延伸对部分水利工程项目进行了审计和审计调查。共审计12252个单位，审计资金额518.54亿元。

审计结果表明，大部分省区市1997年预算内水利专项资金投入比上年有所增长，水利资金投入取得了比较好的效果，新建和扩建了一批骨干水利工程，各地抗御水旱灾害的能力有了一定提高。同时审计也查出不少问题：一是一些地方没有贯彻落实国家关于建立水利建设基金的政策，有12个省区市未按国务院规定筹集水利建设基金，19个省区市筹集水利建设基金16亿多元，只占应筹集额的30%；二是挤占、挪用水利专项资金等45.8亿元，其中：用水利专项资金平衡预算、弥补经费58287万元；用水利专项资金建房、买车、出借、办企业等75709万元；虚列支出、隐瞒转移收入、资产不入账等123055万元；虚报冒领、擅自收费、挖取国家资金5005万元；滞留欠拨水利专项资金、地方欠拨配套资金196486万元；三是水利部直属流域机构擅自改变项目投资计划、违规实行有偿使用问题较普遍。如长江水利委员会1996年自行调减湖北荆江大堤工程投资1500万元，将其中的500万元用于本委宿舍建设；松辽、珠江、海河水利委员会未经国家有关部门批准，将中央下拨的水利基本建设投资2亿多元实行有偿使用；四是部分水利投资项目效益差。

对审计查出的问题，各级审计机关按规定进行了处理。其中审计期间促进资金投入到位7.7亿多元，促使调整账户、建立专账、纳入专户等进行规范管理的资金3.8亿多元，将挪用的水利专项资金归还原资金渠道11.1亿多元，将挤占挪用资金上缴财政1.5亿多元。另外，审计署将这次审计情况编发重要信息要目、审计简报、综合审计报告向国务院作了反映，其中2篇重要信息要目被国务院办公厅采用，国务院副总理温家宝对综合审计报告作了重要批示："建立水利建设基金，是国家重视和加强水利建设而采取的重大措施。对于水利资金筹集、管理、使用中存在的主要问题，必须严肃处理，特别要给予有力度的处罚，追究责任人员的行政责任和法律责任，以儆效尤。水利部首先要管好自己的机构，绝不允许将水利资金挪作它用。审计报告要通报全国。"之后，国务院办公厅向全国作了通报，各大新闻媒体相继报道，引起了全社会的广泛关注，有效地发挥了审计监督作用。

农业综合开发资金审计　为切实促进国家农业综合开发的顺利实施，审计署从1994年至1997年间连续4年组织开展了对全国27个省(市、区)和黑龙江农场总局、海南农垦局、新疆生产建设兵团的第二期、第三期农业综合开发资金的审计，审计资金总额150多亿元，查出各种违纪违规资金8.9亿多元，通过审计处理追回挤占挪用资金、促进资金投入到位4亿多元。对于审计情况，审计署向国务院和有关部门作了反映。其中1995年审计署关于《农业综合开发资金需进一步加强管理》的报告，国务委员陈俊生同志给予了高度重视，并作了重要批示，财政部发出了《关于纠正农业综合开发资金违纪违规问题的通知》，要求各地对农业综合开发资金实行统一规范化管理；按农业综合开发资金支出内容和使用范围，坚持专款专用，不得滞留、挤占、挪用农业综合开发资金；保证农业综合开发资金及时足额到位；坚决纠正资金安排使用过程中的违纪违规问题。所有这些，都有力地促进了各地项目计划的完成。1997年据对黑龙江等14个省(市、区)和3个垦区第三期农业综合开发资金审计情况统计，中央财政资金全部到位，地方财政配套计划完成93.7%，专项贷款计划完成72%，抽审635个县和3个垦区的43个团(场)的6951个项目，按期完工的6395个，达到92%，实际投资完成计划的104%；违纪违规率大幅下降，1996年审计机关对河北等10个省、区的第二期农业综合开发资金审计，查出违纪违规资金占审计资金总额的3.7%，比上年下降了7.4个百分点。

扶持粮棉大县发展经济专项贷款审计　为促进扶持粮棉大县发展经济专项贷款专款专用，充分发挥使用效益，1996年审计署组织18个省区市审计机关对331个县1994、1995两年扶持粮棉大县发展经济专项贷款进行了审计。这次审计受到各级地方政府的重视，得到了农业银行的支持和配合，共审计县级农业银行331个，用款单位2314个，审计专项贷款63亿元。审计结果表明，扶持粮棉大县发展经济贷款的投放，促进了粮棉大县粮棉生产的稳定增长，促进了农村社会化服务体系建设，增强了粮棉大县综合经济实力，取得了较好的效益。同时审计也查出各类违纪违规金额8亿多元，其中有5亿多元专项贷款未投放到位，1亿多元被挤占挪用，部分项目因管理不善造成损失浪费等。对于这些问题，各地审计机关依法进行了处理，并向农业银行和有关部门提出了改进意见。另外，审计署也汇总了各地的审计情况，以"扶持粮棉大县专项贷款执行情况良好，仍需国家进一步给予扶持"为题，编发《审计简报》向党中央、国务院反映了存在的问题，并建议有关部门要采取措施保证贷款足额到位，加强对专项贷款投放、管理和使用的监督，切实做好项目的立项、评估工作，避免损失浪费。对此，中共中央办公厅十分重视，并督促有关部门认真研究解决。中国农业银行专门到审计署听取审计情况和建议，感谢审计署的工作，同时采取措施对各地存在的问题进行了整改。

农业总体投入审计　1995年审计署组织地方审计机关对1993、1994两年农业投入情况进行了审计。这标志着审计署突破了以往只对某一项农业专项资金进行审计的思路，开始依照法律尝试对总体农业投入政策的执行情况进行审计监督。这次审计涉及全国20个省区的202个县。审计结果表明，《农业法》颁布实施后，一些地方贯彻落实了《农业法》关于增加农业投入的规定，但也有一些地方没有认真贯彻执行。主要问题是：县本级财政农业投入增长幅度小，低于财政总收入和总支出增长；生产性投入下降，1994年直接用于农业的生产性支出比1993年下降8.4个百分点，大部分县未安排农业科技推广和基本建设等方面的投资；县级财政机动财力用于农业的比重小，没有达到政策要求；一些地方未按政策规定建立农业发展基金，少征农业发展基金占应征数的39%，已征的农业发展基金用于非农业的比例占33%；一些部门和单位挤占、挪用农业专项资金4亿多元。

这次审计，普遍引起了地方党、政领导的高度重视，河北、四川、安徽、黑龙江、甘肃、山西等省政府领导对审计机关提交的审计报告作了重要批示，要求有关部门拿出整改意见，切实加强农业投入，有些省的省政府还全文转发了审计报告。这次审计，为政府的宏观决策提供了依据，对促进增加农业投入、促进地方农业和农村经济的发展起到了积极作用。

*"三北"防护林、生态林业建设专项资金审计调查*　为了掌握我国林业建设资金的投入、管理和使用情况，1997、1998年审计署组织开展了"三北年"防护林、生态林业建设专项资金审计调查。审计调查结果表明，"八五"期间，国家对林业的投入逐年增长，对缓解我国森林资源紧缺的矛盾起了很大作用，同时也还存在一些问题：中央对林业建设的投入不能满足实际需要，地方配套投入没有按政策要求落实，一些部门和单位截留、挤占、挪用林业建设资金的问题比较普遍，审计查出这方面资金达1亿多元。对于这些问题，各地审计机关依法进行了处理，并向本级政府作了反映，引起了地方政府和部门的重视。审计署也对审计调查的情况进行了综合汇总，向中央有关部门反映，引起了重视。同时农业审计司也对审计调查工作进行了认真总结，为今后进一步开展环境保护专项资金的审计积累了资料和经验。

*认真搞好预算执行审计和其他审计*　除农业专项资金审计外，各级审计机关农业审计机构还认真开展了对农口部门的预算执行审计和财政财务收支审计，承担了领导交办的其他审计工作。

1994年至1998年，农业审计司对农业部、林业部、水利部、国家土地管理局、中国气象局、国务院三峡建设委员会移民开发局等中央农口部门预算执行情况、财政财务收支进行了审计，对上述部门1994年至1997年度预算执行情况审计的资金总额为500多亿元，查出违纪违规资金3亿多元，纠正了这些部门用预算资金存定期存款、将预算内资金转移至预算外、将非经营性基建基金用于经营性项目、挪用预算资金和预算外专用资金、擅自将预算资金实行有偿使用、多头开设银行账户、欠缴应上缴中央财政预算收入等一些问题，引起了有关部门的高度重视。在开展预算执行审计的4年中，农业审计司揭示的有关部门的违纪违规问题，每年都作为典型事例在审计署给国务院的预算执行审计情况综合报告中采用。农业审计司对中央农口部门及下属单位的财政财务收支审计，也在总结以往工作经验的基础上，实行了"重点单位年年审，一般单位几年审一次、一次审几年"的办法，审计机关在审计的同时，还注意指导部门内审机构进行审计。

5年来，农业审计司还及时完成了多项中央领导交办任务，如对中国三峡经济发展总公司的审计调查，对中国扶贫基金会的专项审计，都取得了较好效果。各地审计机关在完成党政领导交办事项中也都做了大量工作，得到领导和有关部门的好评。

**【社会保障审计司】**　社会保障审计司是1998年9月审计署机构改革后新组建的审计业务司，根据审计署"三定"方案，其主要职责是：负责审计国务院有关部门及其在京下属单位的财务收支；负责审计由国务院主管部门管理和受国务院委托由社会团体管理的养老、医疗、工伤、失业等社会保险基金的财务收支以及各项社会福利、救灾救济、扶贫济困、优抚安置和社会捐赠资金的管理使用情况；负责审计省级人民政府管理的社会保障资金的筹集、管理、使用情况；开展专项审计和审计调查；指导地方社会保障审计业务。社会保障审计司组建当年，即对财政部、劳动和社会保障部、民政部等有关国务院主管部门进行走访，调查了解各项社会保障资金管理、使用概况及存在的突出问题，了解各部门的组织机构设置情况；派出审计调查组对山西省国有企业下岗职工基本生活保障和再就业资金的筹集、使用和管理情况进行了审计调查。

*机构和人员*　1998年9月社会保障审计司组建时，设立3个处，人员编制14人，定岗14人，人员分别来自原综合司、行政事业审计司、农业审计司和审计管理司。养老保险处(审计一处)主要负责审计中央和省级社会保险经办机构筹集、支付和管理的养老、失业保险基金及农村养老保险基金。按照署定审计项目计划，具体组织对养老、失业保险基金、国有企业下岗职工基本生活保障和再就业资金进行审计或审计调查。编制审计方案，指导工作进展，汇总审计结果，起草审计综合报告。医疗保险处(审计二处)主要负责审计中央和省级社会保险经办机构筹集、支付和管理的医疗、工伤、生育保险基金。按照署定审计项目计划，具体组织对上述基金进行审计或审计调查。编制审计方案，指导工作进展，汇总审计结果，起草审计综合报告。福利救济处(审计三处)主要负责审计中央和省级有关部门筹集、分配和管理的各项民政资金和社

会捐赠资金。按照署定审计项目计划，组织对社会福利、救灾救济、扶贫济困、优抚安置、城市最低生活保障等民政资金和社会捐赠资金进行审计和审计调查。编制审计方案，指导工作进展，汇总审计结果，起草审计综合报告。负责社会保障审计司综合、文秘等工作。

**司领导成员** 1998年9月，社会保障审计司成立时，领导班子成员为赵连栋司长、刘满堂副司长。

**1998年主要工作** 社会保障审计司组建当年，主要做了以下几方面的工作：第一，组建机构，明确分工，开展业务学习，打好基础。根据署"三定"方案确定的职能和任务，将所负责的工作落实到每一个处，并确定了每个人的工作责任。同时，在政治和业务学习方面采取多种形式，组织集体学习或组织自学，深刻领会我国建立社会保障制度、开展社会保障资金审计的重要意义，掌握各项社会保障法规，了解我国社会保障事业的发展方向及有关的方针政策，取得了良好效果。通过这些工作，全司同志在思想和业务方面都有很大提高，为下一步开展审计工作打下了一个良好基础。第二，对国务院有关部委进行走访、调查，了解掌握当前我国社会保障资金的组成及运作情况。社会保障审计司主要组织对财政部、劳动和社会保障部、民政部、人事部、卫生部、中国人民银行等国务院有关部委进行走访、调查，初步掌握了当前我国各项社会保障资金的组成概况，社会保障制度改革的趋势及资金的运作情况，为探索社会保障资金审计路子打下了基础。第三，派出审计调查小组，对山西省国有企业下岗职工基本生活保障和再就业资金进行审计调查。除对山西省劳动厅、财政厅及太原、大同两市的劳动、财政部门进行审计调查外，还对省级及两市的失业保险经办机构进行了审计调查，以了解失业保险基金对国有企业下岗再就业资金的担负能力，并抽样审计调查了1个省属企业、2个市属企业和2个中央企业的下岗职工再就业服务中心。审计调查结束后，审计调查组写出了审计调查报告，为1999年组织国有企业下岗职工基本生活保障和再就业资金的行业审计打下了良好基础，并为制定审计方案提供了可靠依据。第四，组织召开全国社会保障资金审计工作会议。会议具体部署了1999年社会保障资金审计项目工作计划，研究讨论了国有企业下岗职工基本生活保障和再就业资金审计方案，以及企业职工基本养老保险基金审计方案。第五，根据国务院领导同志指示，对中国红十字会1995年、1996年接受香港红十字会捐赠的救灾资金使用情况进行了专项审计。

**【固定资产投资审计司】** 5年来，固定资产投资审计司紧紧围绕国家经济建设中心开展审计工作，坚持为宏观调控和落实国家产业政策服务，各项工作取得了较好成绩。按行业组织对铁路等10多个行业的国家重点基建项目进行了审计；配合行业重点基建项目审计，组织了对部分中央施工企业资产、负债、损益审计；组织开展了专项审计调查；组织对汽车等行业的技术改造项目进行了审计；完成了大量上级交办和国家计委委托的建设项目审计任务；从1996年起，对国家计委等一级预算单位进行了预算执行审计；1998年，组织对电力建设基金与三峡工程建设基金进行了审计；参与制定了相关的法规；积极探索了信息技术在投资审计中的应用；成功组织了国际研讨和境外培训。

机构及人员变动情况

| 年度 | 司长 | 副司长 | 实有人数 | 处室 | 人员编制 |
|---|---|---|---|---|---|
| 1994年 | | 徐立平（主持工作）、陈钟 | 30 | 5 | 35 |
| 1995年 | | 陈钟（主持工作）、王述仁 | 29 | 5 | 35 |
| 1996年 | | 陈钟（主持工作）、王述仁 | 29 | 5 | 35 |
| 1997年—1998年 | 陈钟 | 王述仁 | 29 | 5 | 35 |
| 1998年 | | 席晟（主持工作）、潘小军 | 15 | 4 | 18 |

**基建项目审计** 1994年开始按照"统一组织、分工实施、统一处理"的要求，按行业组织基建项目审计。其主要特点表现在三个方面：第一、紧紧围绕经济工作中心，突出重点。第二、加强统一性、完整性和有效性，扩大了审计效果（统一性指按统一的审计方案进行审计，做到审计内容、审计进度、处理标准三统一；完整性指既对该行业的主要投资项目全面实施审计，又对该行业的投资政策和投资效益进行综合分析，拓宽了行业审计的涉及面；有效性指通过对一个行业基建项目审计，发现该行业管理中的共性问题，通过和主管部门共同研究加以纠正或改进，既保证了审计决定的有效执行，又促进主管部门改进管理）第三、强调促进项目管理，提高投资效益。5年间，组织各特派办和各省、自治区、直辖市审计厅（局）对铁路等10多个行业的国家重点基建项目进行了审计。

1994年，组织对74个基建项目进行了审计，项目已完成投资732.79亿元，审计发现有问题金额54.4亿元，审计处理15.66亿元。对京九铁路全线13段铁路的审计，为按行业组织国家重点基建项目审计积累了经验。通过审计，发现在投资管理等方面存在的问题,主要表现在:1.一些设计部门以变更设计等手段多计取设计费3598万元。2.一些路段工程多列概算投资41385万元。3.部分路段工程结算多验工程款4929万元。4.部分建设单位概算外项目支出1718万元。5.一些管理单位乱收费,"吃大户。6.个别单位侵占挪用建设资金。经审计机关和铁道部对上述问题处理,可追回建设资金12891万元,收缴违纪款项1801万元,为国家节约投资44983万元。通过审计分析,还指出了铁道部在工程造价管理、铁路系统基建管理等方面存在的问题。审计结果受到铁道部等有关单位重视。

1995年,组织对70个基建项目进行审计,项目已完成投资665.45亿元,审计发现有问题金额91.92亿元,审计处理13.99亿元。对电力行业20个国家重点基建项目进行审计,项目总投资528.51亿元,共查出各类有问题金额36.22亿元。这些问题表现在:1.建设投资不落实,在36.22亿元有问题金额中,有22.35亿元是由于投资不落实造成的。2.超规模、超标准建设,由此而造成概算外投资1.67亿元。3.概预算管理不够严格,部分项目概算多列2.58亿元,少列0.47亿元,工程结算不实2.39亿元。4.转移挪用建设资金1.6亿元,挤占工程成本0.57亿元,偷漏税金0.16亿元。审计机关对上述问题进行了处理,提出50多条加强工程管理的建议,受到电力部高度重视。对小浪底水利枢纽工程等12个水利建设项目进行审计,查出违纪违规资金8.7亿元,投资不落实及缺口资金236亿元。主要问题有:1.建设资金到位不够及时,项目资金缺口严重。项目总投资2465557万元,累计计划投资954921万元,不到位资金58979万元。2.多列概算及概算外投资27198万元。3.侵占、挪用水利工程建设资金17242万元。4.工程违规承发包问题较严重。5.工程损失浪费5230万元。国务院秘书长罗干同志对审计信息《小浪底水利枢纽工程建设中损失浪费严重》作了批示,国家计委会同水利部有关同志专程到小浪底和万家寨水利枢纽工程了解情况,就审计查出的问题提出处理意见。水利部召开党组会议研究审计反映的问题,并下发了《关于加强水利重点工程审计监督工作的通知》。

1996年,组织对81个国家重点基建项目进行了审计,审计投资总额927.1亿元,查出有问题金额144.36亿元,其中违纪资金19.32亿元,经审计处理,为国家节省建设资金19.51亿元。对28条国家高等级公路建设项目进行审计,查出有问题金额52.11亿元,其中违纪金额达14.55亿元。还发现建设项目中存在监理单位为非法人组织和监理把关不严的问题。对全国8条光缆建设项目进行竣工决算审计,项目总投资313978.66万元,审计时已完成投资269763.70万元,审计发现有问题金额40818.17万元,其中违纪金额6777.5万元。较典型的问题有:1.概算管理不严。2.工程结算以拨代支现象较为普遍。3.交付资产不实。4.引进器材数量超过实际需要量,造成浪费。邮电部认真组织了审计意见和审计决定的落实工作,提高了邮电通信行业的建设管理水平。

1997年,组织对171个基建项目进行审计,项目总投资1425.69亿元,已完成投资1182.68亿元,审计发现有问题金额165.66亿元,其中违纪金额38.09亿元,审计处理21.39亿元。对22个石油化工项目进行审计,项目总投资9128320.9万元,审计时已完成投资7925955.9万元。审计发现各种有问题金额605856.1万元。通过审计还发现,化工、石化建设项目的投资效益较差,主要有以下几个原因:1.投资超概算。2.负债比例高。3.产品不适应市场。4.管理水平差。为此提出了相应的审计建议,受到有关部门的重视。这次审计突出了国家建设项目的效益评审,深化了行业审计。

1998年,组织对71项基建项目进行审计,审计项目投资总额1069.7亿元,查出违规行为金额36亿元,查出建设资金不落实等各类有问题资金37.5亿元,应缴财政3652万元,核减工程结算9842亿元,归还原渠道资金7.3亿元。对京九铁路11个路段、广梅汕铁路、候月线实施了竣工决算审计,审计项目投资总额594.9亿元,查出违规行为金额1.9亿元,查出建设资金不落实等各类有问题金额2.4亿元。通过对京九铁路进行竣工决算审计,核实其实际完成投资468.32亿元,超出调整总概算68.49亿元,另外还发现地方承诺的投资不到位19.57亿元,部分引进设备在使用中存在质量问题。对18个煤炭建设项目审计,审计项目投资总额316.4亿元,查出违规行为金额21亿元,查出建设资金不落实等各类有问题金额21.2亿元,应缴财政1937万元,核减工程结算6039万元,归还原渠道资金3.9亿元。这次审计重点揭露了项目立项和管理中存在的问题,如重点建设项目新疆铁厂沟露天煤矿,由于管理混乱,损失浪费惊人,编写的《审计要情》受到国务院领导高度重视。

技术改造项目审计　1995年,组织对11个限额以上技改项目的审计,项目总投资111.99亿元，查出有问题金额13.198亿元，其中违纪金额31659万元，处理后可为国家节约资金6044.6万元。1996年，组织对11个技改项目审计，项目批复总投资83.13亿元，审计发现有问题金额13.05亿元，其中违纪资金4亿元。这次审计对技术改造项目的特有问题，如建设成本与生产成本混淆、利用技术改造项目调节成本利润等问题作了比较深入的分析，技改项目审计得到深化。

1997年，组织对23个重点限额以上技改项目进行了审计，概算总投资合计1200921万元，查出有问题金额384034万元，其中违纪金额95147万元。审计发现的问题主要有：项目资金缺口较大、不能按期竣工投产和经济效益低下等。国家经贸委领导对审计汇总报告专门作了批示，要求对问题进行进一步落实和改正。

1998年，组织对13项技改项目进行了审计，审计项目投资总额158.4亿元，查出违规行为金额13.1亿元，查出建设资金不落实等各类有问题金额13.9亿元，应缴财政1715万元，核减工程结算3803万元，归还原渠道资金3.4亿元。

*专项审计调查* 1994年，组织15个省、自治区、市审计机关对当地商品房开发建设情况及1700余户房地产开发公司进行审计调查，并对部分商品房开发项目进行了审计。发现的主要问题包括：1. 对开发公司的审批和监管不严。2. 虚报注册资本、抽逃注册资金、自有资金严重不足。3. 土地收益金流失严重。

为了贯彻党中央下发的13号文件，1997年组织对邮电、电力、烟草、金融、保险行业中央单位近两年来在部分地方建设楼堂馆所的情况进行审计与调查。共审计调查了1996年3000万元以上在建和竣工项目228个，批准总投资145.2亿元，建筑面积481.3万平方米。对其中77个项目进行了审计，查出各类违纪违规资金24.4亿元，经审计处理，归还原资金渠道2.26亿元。审计调查发现的问题包括：1. 立项审批监督不严，擅自扩大建设规模。2. 盲目追求高标准多功能建设。3. 建设资金东挪西借，影响企业正常经营效益。4. 固定资产投资方向调节税征管不力。同时向有关部门和单位提出了审计建议。

“安居工程”是为民造福的一项重要举措，为全国人民所关注。为此，1997年组织对20个城市的国家安居工程投资、建设、销售、管理情况进行了审计调查。调查涉及北京、上海等20个城市的国家安居工程共240个住宅小区(项目)。在调查的基础上，对其中144个住宅小区(项目)进行了审计，查出各类违纪违规金额18.93亿元，并进行了审计处理。针对审计发现的问题，提出如下审计建议：1. 落实安居工程建设资金。2. 强化安居工程建设管理。3. 解决好安居房销售问题。

*施工企业资产、负债、损益审计* 1996年，组织对中国铁路工程总公司等11家铁道部部属施工企业1995年度资产、负债、损益情况进行了审计，共查出违规违纪资金16.67亿元，收缴上交国家财政资金3954.73万元。审计结果引起铁道部等有关部门领导的重视。

1997年，组织对中国水利水电工程总公司等11家电力部部属施工企业1996年度资产、负债、损益情况进行了审计，共查出违规违纪资金7.68亿元，经审计处理，应上缴国家财政资金660.86万元。审计结果引起电力部及其他相关部门的重视。

1998年，组织对7个化学工程施工企业进行审计，查出违规行为金额20.5亿元，查出收入不实、虚减利润、损失浪费等各类有问题金额1.4亿元，已缴财政340万元。

*交办和委托的审计任务* 在完成正常审计工作的同时，完成了大量上级交办或国家计委委托的审计任务。

1994年，受国家计委委托对最高人民法院审判庭建设项目进行了审计，项目核定总建筑面积15482平方米，总投资4260万元。通过审计，核实投资实际发生增加额2131万元，还发现挤占工程成本16万元及项目管理中的损失浪费等问题。同年，受国家计委委托对全国妇女活动中心进行了审计。项目核定总建筑面积56000平方米，批复投资35000万元。通过审计，核实了实际超概算投资费用20122万元。

1998年，根据国务院第171次总理办公会议关于重庆川东化学工业公司川东天然气氯碱工程停建的决定和邹家华同志批示，组织成都特派办对该工程自筹建开工至1997年11月30日的财务收支情况进行了全面审查。经过审查账目和实物盘点，调整了52项反映不实的核算事项，调整金额29784万元。核实了群众举报的违法违纪问题线索。审计查出的主要问题包括：股本金不到位，未经人民银行批准自行集资，违规和高息拆借资金，违规超付工程款，挪用征地拆迁资金等。审计结果已移交项目清算工作小组，作为清算的参考依据，同时向国务院办公厅作了报告。同年，受国家计委委托，对宜昌铁合金厂硅钙项目进行了审计。通过审计，核实了该厂截止1997年底资产、负债账面总额，还发现未全部执行引进设备合同、多减免关税和增值税等问题。

**预算执行审计** 1996年至1998年，对国家计委、国家开发银行和国家开发投资公司等部门进行了预算执行审计，探索了国家建设项目审计与投资预算执行审计相结合的路子。

1996年，对国家开发银行和开发投资公司的预算执行情况审计表明，这两家单位存在"软贷款"配置率低、缺口部分用硬贷款抵顶、自身建设及运用投资预算资金程序管理不够严格、一部分投资预算指标长期落空等问题。两家单位对问题很快予以纠正，并完善制度，加强了内部管理。

1997年，由翟熙贵副审计长任审计组长，历时42天，对国家计委预算执行情况进行了全面的审计。审计结果表明，国家计委在投资预算的分配和管理过程中，存在超越预算级次下达计划、投资分配向本系统倾斜、部分投资预算安排过小过散、年初下达计划部分比例偏小等问题。同时提出了审计建议。这些审计发现和审计建议都被列为郭振乾审计长向国务院和全国人大报告的重要内容，受到全国人大和国务院领导的高度重视。

在实施中央投资预算执行情况审计过程中，组织有关特派办对有关地方政府部门和建设项目及接受和使用中央投资预算的单位进行延伸审计。发现一些地区的主管部门改变投资预算资金使用方向、滞留上级下拨款项，一些申请用款单位擅自改变资金用途或转移挪用，严重影响了中央投资预算的顺利执行。经审计后当地政府和有关单位基本上按审计要求和有关规定迅速进行整改。

**电力建设基金和三峡工程建设基金审计** 1998年，组织对1996年至1997年22个省、自治区和直辖市电力建设基金和三峡工程建设基金的征缴、管理及使用情况进行审计，审计结果表明，在电建基金和三峡基金的征缴、管理及使用上存在下列问题：一是加价收费现象严重，共加价征收了940787万元。二是越权减免随意性大，越权减免少征电建基金124935万元，少收三峡基金56493万元。三是用户欠缴和电业部门漏征垫缴较为普遍，共欠缴电建基金102592万元。四是大量资金被征管部门延压占用。通过审计，揭露了一批比较典型的违规违纪问题。例如，北京国际电力开发投资公司占用电力建设资金从事非电力项目投资达20772万元，用于对外借款和自身建设及非电力项目经营21375万元，挪用电建基金和银行专项贷款从事股票投资30000万元。

**法规建设** 5年来，是固定资产投资审计法规建设的重要时期，在学习、贯彻《审计法》及其实施条例的基础上，按照审计署的部署和要求，参与制定了一系列法规，为固定资产投资审计工作法制化奠定了基础。

1994年，审计署印发《加强和改进固定资产投资审计工作几点意见》，明确了在投资体制改革的形势下，固定资产投资审计的新任务，调整了项目审计范围和分工，要求改进审计方法、健全审计信息系统。1994年，审计署办公厅印发了《国家建设项目审计质量考评暂行办法》(于1998年修订)，实行了固定资产投资审计项目质量考评制度。1996年，审计署印发《国家建设项目概(预)算执行审计暂行办法》和《国家建设项目竣工决算审计暂行办法》，规范了审计程序和审计内容；同年，审计署与国家计委等六部委联合印发《建设项目审计处理规定》，规范了审计处理和审计处罚。在总结建设项目开工前审计经验教训的基础上，审计署于1998年印发了《关于不再开展建设项目开工前审计的通知》，决定固定资产投资审计司、各派出审计局和各特派办不再开展建设项目开工前审计。

**信息技术的应用** 1994年至1998年，积极探索信息技术在固定资产投资审计中的应用，取得了一定成效。1991年在审计署立项的"建筑安装项目造价审计系统"，于1994年和1996年两次版本升级，经多次试用后，于1997年通过审计署鉴定。为了促进软件在省、自治区和直辖市审计厅(局)及特派办的使用，投资司和系统开发单位联合举行5期培训班。

为了配合基建项目审计在效益评审方面的深化，1997年，"建设项目效益评审系统"项目在署计算机中心立项，项目由投资司、内蒙古审计厅和内蒙古工业大学联合开发，系统于1998年完成1.0版本，进入测试阶段。

**对外交流及培训** 在署有关部门协助配合下，组织或参与双边及多边公共工程(公共投资)国际研讨会议多次，组团出国考察投资审计工作5次，完成国际组织要求的公共工程投资审计专题研究论文4篇。通过对外交流，学习借鉴了国外先进经验，宣传了我国的固定资产投资审计成果。

1996年，审计署第一次承接了按国际标准主办的亚审组织国际研讨会，署领导决定将研讨主题定为"公共工程项目审计"。投资司克服了很多困难，收集整理了大量资料，从"公共工程政策执行审计"、"公共工程成本控制审计"和"公共工程电算化审计"三个方面，进行了认真准备，论文的质量和发言的水平得到了与会代表的好评。亚审组织秘书长对这次研讨会很满意，希望审计署今后继续主办类似的研讨会。

1998年，组织全国固定资产投资审计处长20余人赴美国进行为期4周的公共工程审计培训。培训团学习考察了联合国审计监督司、美国会计总署、康州审计署、纽约市审计局和洛杉矶市审计局。通过培训，开阔了眼界，启发了思路。

**【外资运用审计司】** 1995年，审计署机构设置方案对外资运用审计司的主要职能进行了界定，主要职责是：负责对世界银行、亚洲开发银行等国际金融组织、国际机构及外国政府贷（援）款项目进行审计监督，组织审计机关对全国中外合资合作企业、境外企业进行审计及审计业务归口管理，对铁路、邮电、农林、教育卫生、环保、金融等贷（援）款项目组织直接审计，提交对外审计报告；拟定全国的外资审计的方针、政策、措施和长远规划、年度审计工作计划及要求，并组织实施；制订全国的外资审计工作规范和审计标准，推进外资审计工作逐步与国际标准接轨；组织、领导、协调和指导全国的外资审计工作，掌握和汇总全国的外资审计情况，向署领导提交综合或专项审计报告，及时反映情况和问题；承办外资审计的复议事项，配合有关部门或直接组织全国外资审计人员的业务和外语培训；完成署领导交办事项。

1998年，署机关机构改革后，外资运用审计司的职责经调整进一步明确为：审计国际组织和外国政府贷款、援助和赠款项目的财务收支，提供世界银行、亚洲开发银行援助、贷款项目的审计公证报告，开展专项审计和审计调查，指导地方外资运用审计业务。具体工作任务是：负责全国外资审计的授权、委托、计划、统计、信息，以及规章制定、工作协调和人员培训；负责世界银行贷款、赠款项目直接审计及全国的归口管理；负责亚洲开发银行贷款、赠款项目直接审计及全国的归口管理；负责联合国等国际援助和农发基金会贷款项目直接审计及全国的归口管理；负责国外政府贷款、政府承担的商业贷款和其他外债项目的直接审计和全国的归口管理；负责中外合资、合作企业的直接审计和全国的归口管理；办理署领导交办事项。

**外资运用审计司人员、领导变动情况表**

（1994—1998）

| 时间 | 人数 | 司长 | 副司长 |
|---|---|---|---|
| 1994 | 24 | 徐玉棣 | 孙宝厚 |
| 1995 | 22 | 黄时强 | 孙宝厚 |
| 1996 | 21 | 黄时强 | 虞伟萍 |
| 1997 | 19 | 黄时强 | 虞伟萍 |
| 1998(精简后) | 13 | | 孙宝厚(主持工作) |

**国际金融组织贷款项目审计** 国际金融组织贷款项目审计主要包括对世界银行、亚洲开发银行和国际农发基金会等组织的贷款项目的审计。

截止1998年底，我国累计与世界银行签约贷款项目生效261个，协定贷款总额约286亿美元，累计提款187亿美元，是世界银行的最大贷款国。1994年至1998年，全国审计机关向世界银行提交审计报告740余份，管理意见书250多份。

截止1998年底，正在执行的涉及工业、交通、能源、电信、环境改善、农业发展和金融信贷的亚洲开发银行项目37个，项目协议贷款总额45.61亿美元，已累计提款23.82亿美元，占贷款总额的52%。1994年至1998年，全国审计机关共向亚行提交审计报告261份。

各级审计机关在审计中，依法查处了国际金融组织贷款项目投资不实、虚报项目支出、挤占挪用项目资金、变卖串换项目物资等违反财经法规和项目贷款协议问题，重点加强了对利用国外贷款较多的对外窗口单位、政府主管部门和项目办公室的审计，严肃查处了滞留、挪用、挤占项目资金和在项目财务收支和财务报表方面弄虚作假问题。针对审计发现的配套资金不足、注册资本不到位、设备采购质量不高、财务管理薄弱、项目效益不佳及外债偿还能力差等问题，各级外资审计机构认真分析原因，提出审计意见和建议，得到各级管理机构和政府部门的重视，有的问题正在逐步得到解决，为各级项目单位今后继续使用国外贷款提供了基础条件。

**国外援助项目审计** 国际组织和政府机构实施对中国的援助项目主要包括：联合国开发计划署、联合国儿童基金会、世界粮食计划署、联合国农发基金会、欧洲联盟、国际SOS儿童村协会、国际红十字会、蒙特利尔多边基金会和德国EZE组织等。据统计，目前正在执行的援助项目近170个。

1994年—1998年，各级审计机关对外出具援助项目审计报告172份，并在审计过程中不断努力拓宽审计领域，探索新的审计方法，借鉴和学习国外先进审计经验，认真查处援助资金使用过程中存在的违规和违反协议的问题，促进提高了项目单位的管理水平，加强了政府执行能力，维护了中国的国际声誉。

**外债年检审计** 1995年初，审计署与国家外汇管理局联合下发了《审计署、国家外汇管理局关于开展外债审计的通知》（审外资发[1995]第4号），要求各级外资审计机构逐步开展对直接向外借债或提供担保的金融机构、大中型企业、单位，境内机构提供担保项下的外商投资企业，借债需由国内总公司、相关机构提供担保且金额超过1000万美元以上的境外企业进行审计。为保证外债年检审计工作的顺利进行，更好地配合国家外债管理机关对外债借、用、还诸环节进行综合监督，经商国家外汇管理局，下发了《审计署关于印发[1994]年度外债年检审计工作方案]的通知》(审外资发[1995]8号)，对外债年检审计的对象、内容和步骤、报告编制与报送及审计结果的利用作出了具体的规定。根据国家对外债政策调整的新情况和审计机关1995年外债年检审计工作的经验，1996年，下发了《审计署办公厅关于1995年度外债年检审计工作的通知》(审办外资发[1996]53号)，适时调整了外债年检审计工作的重点，对原审计工作方案进行了修改。

由于各级政府的重视和外资审计人员的努力，外债年检审计工作富有成效。据统计，1995年、1996年，全国审计机关每年约审计外债项目500多个(包括直接借款单位和用款单位)，经审计的外债金额达200多亿美元(包括直接外债和转贷外债)。经过审计，发现外债使用中存在的一些问题，如外汇转贷质量和对外担保项目还债能力差、反担保和担保抵押措施不落实、增加金融机构垫付风险、政府部门为企业提供对外担保或反担保增加国有资产流失隐患、超规模超期限借用商业贷款等，反映这些问题的审计报告受到各级政府的高度重视，为制定和实施宏观调控政策提供了重要依据。

**国外贷款项目还本付息情况审计调查** 1996年，根据《审计署办公厅关于开展利用外资项目外债偿还情况审计调查的通知》(审办外资发[1996]7号)，外资运用审计司组织全国部分审计机关对21个进入还债期的外债项目进行了审计调查。调查结果表明，21个项目中只有2个项目靠自身效益偿还外债，其余19个项目外债偿还情况均不理想。偿还资金的来源中有17%是外债项目收益，13%是借用外债单位的非项目外债，2%是主管部门代垫，2%是借用外债的担保单位代垫，3%是借新债还旧债，而其余的63%均是由财政部门偿还或代为偿还。项目单位欠还外债的主要原因包括：汇率风险使项目单位对外负债的人民币债务额急剧增长；可行性预测与实际情况相差甚大；项目建设期拖延，不能按期投产发挥效益；项目建设不配套；产品销路不畅，企业经济效益差；以及部分单位领导还债意识差和缺乏对还债资金的管理等。针对这些问题，审计机关提出了强化外债管理，完善转贷手续，明确还贷责任，有效运用金融衍生工具防范汇率风险，减少汇兑损失以及要求财政、计划部门要积极研究承担繁重的还本付息重担的对策等建议。各地审计结果经审计署汇总成综合报告上报后，引起国务院有关领导的重视，李贵鲜国务委员指示由国办整理成简报分送国务院各主要领导和有关部委。

**世界银行贷款农业项目审计调查** 1998年下半年，外资运用审计司组织对山西、陕西、江西、浙江、湖南、安徽、江苏、河南、湖北、广东等10个省执行的世界银行贷款6个农业项目历年执行情况进行了审计调查。这些项目是黄土高原水土保持、红壤二期开发、加强灌溉、河南农业开发、长江水资源开发、广东农业开发等。各调查组调阅了历年审计档案，抽查了项目财务账簿，查看了项目实施现场。审计调查发现的主要问题：一是部分世行贷款资金被滞留、挪用，未用于项目；二是项目采购物资大部分不适用，有的质次价高，导致项目物资变卖或库存积压；三是部分项目转贷层层加码，贷款优惠未落实到基层；四是项目国内配套资金不落实，虚报冒领贷款，财务资料失真；五是审计机关执法独立性受到行政干预，审计报告不能真实反映情况，审计风险很大。为解决存在的问题，提出了加强项目执行管理、切实履行项目协议、严格执法和如实披露问题等意见。并在新华社《国内动态清样》反映了审计检查的情况。

**中外合资、合作企业审计**

中外合资、合作企业审计是外资运用审计司一项重要的指导性工作。1994年－1998年，外资运用审计司四次下达中外合资、合作企业审计实施方案，积极组织、指导各级审计机关开展这项工作；还多次召开中外合资、合作企业审计专题研讨会、培训会，加强业务交流，研究讨论新形势下如何进一步搞好中外合资、合作企业审计的问题。各级审计机关通过对中外合资、合作企业的审计，为维护财经法纪、保障国有资产的保值增值、保护投资各方的合法权益、促进加强管理、提高经济效益发挥了重要作用。同时，向政府和有关部门综合反映了中外合资、合作企业存在的普遍性和倾向性的问题，提出加强宏观管理的措施，促进各地积极合理有效地利用外资。

1994年，外资运用审计司组织24个地方审计机关对969户中外合资、合作企业的亏损原因进行专题审计调查。调查结果表明，由于中外合资、合作企业亏损，使中方注册资本损失约38%。亏损的主要原因是，项目决策失误；注册资本不到位；管理混乱；

引进设备质次价高，产品出口压级压价；财务核算不实；外部环境影响等。审计调查结束后，向国务院反映审计简报和重要信息要目8篇。各地也有一定数量的审计专题报告被采用。外资运用审计司同时还组织各特派办对30家中外合资、合作企业的盈亏问题进行了专题审计，并在有关特派办的配合下，直接审计了4家中外合资、合作企业，也取得较好效果。

1995年，外资运用审计司组织地方审计机关和特派办对311户中外合资、合作企业进行了审计和审计调查。并以审计简报和重要信息要目等形式积极向国务院及有关部门反映国有资产流失严重、国有收入流失和国有资产管理监督不规范等国有资产管理不善的问题。

1996年，24个省、市、自治区审计厅(局)和16个特派办对中方控股的692户中外合资、合作企业进行了审计。审计查出有问题资金55亿多元，为国家挽回经济损失3.27亿元。1997年，各级审计机关对829户中外合资、合作企业进行审计，审计发现有问题资金10.5亿多元，为国家挽回经济损失近2亿元。

1998年，各级审计机关对200户中外合资、合作企业进行了审计。

**外资审计基础建设** 1.重视制度建设，使工作纳入规范。外资运用审计司从外资审计实际出发，不断总结外资审计工作经验，制定并实施了计划管理制度、统计管理制度、信息管理制度、审计报告审核制度、公文审批制度、公文传阅制度等一系列外资审计管理制度。这些制度的初步建立和实施，有效地推动了外资审计工作的开展，从而保证各项工作顺利、有序、高效地进行。2.编写业务技术规范，提高外资审计质量。1994年，外资运用审计司利用亚洲开发银行专项赠款，聘请永道国际会计公司编写了《国际金融组织贷款项目审计手册》，使从事外资审计的人员有了一个高质量的审计标准和统一的审计工作方法可资遵循。1998年，外资运用审计司为加强和改进世行贷款项目审计工作，组织翻译出版了《世界银行贷款项目审计手册》，该手册系世界银行为适应东亚和太平洋地区的特殊需要编制的，对贷款项目的审计提出了许多新的要求。3.加强外资审计能力建设。针对外资审计硬件设备落后，缺乏必要的审计软件及数据存储处理和传递网络，所有现场审计、审计资料查询和审计分析工作只能手工操作，审计工作效率难以提高的情况，1998年开始，外资运用审计司利用世界银行赠款，委托开发"外资审计管理信息系统"应用软件。

**外资审计人员的培训** 随着我国利用外资的增加，外资利用的范围、涉及的方面与领域也日趋广泛。这就要求从事外资审计的人员不仅要熟知审计，精通财务会计，具有丰富的审计实践经验，而且还要具备市场经济理论、财政货币理论、投资经济理论；不仅要熟悉外资利用知识，具有较高的政策水平，全面掌握外资运用审计相关的法律、法规和国际上的一些准则，而且要具有一定的外语水平和计算机辅助审计操作技能。为了适应外资审计工作的发展需要，外资运用审计司投入大量精力加强审计人员的培训。一是每年组织召开一次全国性外资运用审计专业会议，用以会代训的形式，就外资审计业务中存在的问题进行专题研讨，并邀请有关专家讲解国际审计准则、对外审计报告写作、外债管理与审计、世行贷款财务管理等专题，通过培训，提高了外资审计人员的专业技能。二是组织外资审计业务骨干进行较高层次的培训。1994年，有4人分别赴香港、新加坡接受业务培训；1995年，组织全国外资审计系统业务骨干赴美考察；1996年，组织外资审计业务骨干赴澳大利亚进行为期3周的短期培训。三是在国内组织了1期外资审计人员英语培训班。四是组织多种形式的业务进修和业务学习。

5年来，各地方审计机关也多次举办了不同形式的外资审计培训班。通过各种形式的培训，外资审计人员的素质有了明显提高。

**外资审计领域的对外交往** 5年来，外资审计逐步扩大对外开放，积极开展外资领域的国际交往，扩大了我国在国际领域的影响，并吸取一些国外审计工作的经验，对促进我国开展外资审计起到了重要作用。外资运用审计司先后派团访问世界银行、亚洲开发银行，并陆续组团访问美国、澳大利亚、新加坡、香港等国家和地区，外资运用审计司还多次接待世界银行、亚洲开发银行、联合国开发计划署、国际红十字会等组织的来访，商讨有关项目的审计要求、审计报告编制等事宜，交换对项目检查或审计报告的意见。通过交流与沟通，了解国外会计、审计理论和实务，进一步开阔了视野，拓宽了思路，有效地促进了外资审计工作质量的提高。

**充分利用审计成果为宏观决策和项目管理服务** 充分利用审计成果，是审计部门参与宏观调控的重要方面，各级外资审计机构认真履行外资审计监督职责，通过对贷(援)款项目、中外合资企业和其他外债的审计和审计调查，进行分析研究，找出带有普遍性、倾向性的问题，采取综合报告、专题报告、审计简报、重要信息要目等多种形式，向各级政府和项目主管部门提出加强管理，健全有关法规，提高外资使用效益等方面的建议。在项目微观管理方面，认真履行对内审计监督职能，加大对内监督力度，依法查处项目单位违反财经法规和项目协议等各类问题，为促进项目顺利实施、改善项目管理、发挥项目效益服务。

**【外事司】** 外事司的主要职能是：归口管理审计署对外合作、交流及智力引进工作，组织开展审计领域的国际交流活动，监督和管理审计署机关和所属单位人员因公出国事项，管理我国审计机关与国际审计组织和国外审计机关的往来事务，拟定审计机关外事工作的制度和规定，管理署外事经费。

机构设置 双边合作处：主要负责审计署同其他国家审计机关的交往，负责双边来访、出访团组的有关业务等。国际组织处：主要负责审计署同最高审计机关国际组织、最高审计机关亚洲审计组织、国际内部审计师协会等国际和地区性审计组织的交往及有关业务，负责多边合作项目，国外审计资料的编译和对外宣传工作等；综合处，主要负责外事司综合统计、文秘、行政后勤工作，办理出国有关手续、管理护照等事务。

1998年中央国家机关机构改革，人员分流后，外事司撤消综合处，其工作由另外两个处分担。

**外事司人员、领导变动情况表**

**(1994—1998)**

| 时间 | 人数 | 司长 | 副司长 |
|---|---|---|---|
| 1994 | 16 | 武铁 | 陈华 |
| 1995 | 16 | | 陈华 |
| 1996 | 14 | | 陈华 |
| 1997 | 14 | | 陈华 |
| 1998 | 11 | | 陈华 罗美富 |

促进友好往来、建立业务交流与合作关系 一是开展广泛的考察调研，参考外国的审计体制和法规，吸收借鉴外国先进的审计技术、方法和经验，为建立适合我国国情的审计体制，起草制订我国的审计法规提供可资借鉴的经验教训。二是在平等互利、为我所用的基础上，积极开展同各国最高审计机关的业务交往与合作。三是本着加速培养审计人才的方针，采取多种形式培训业务领导干部和懂外语的青年审计骨干。四是加入最高审计机关国际组织、最高审计机关亚洲组织和国际内部审计师协会，积极发挥审计署在国际审计组织中的作用，扩大我国的影响。五是配合国家外交工作，扩大对外宣传。

到1998年底，审计署与60多个国家和地区的审计机关建立了关系，涉及六大洲，包括亚洲、欧洲、南美洲、北美洲的大部分国家，非洲和大洋洲的部分国家，其中关系比较密切的国家和地区有20多个。从筹建初期至1998年，审计署共派出访问考察团组203个，910人次，其中1994年至1998年113个，497人次；参加国际会议、研讨会138次，469人次，其中1994年至1998年62次，249人次；到国外学习培训1350人次(3个月以上96人次)，其中1994年至1998年1064人次(3个月以上42人次)；参加境外审计或审计调查42个团组，81人次，其中1994年至1998年12个，33人次。来我国访问考察和参加会议的外国审计团组223个，950人次，包括来自50个国家的118个副审计长以上级别的代表团，其中1994年至1998年49个。与16个国家签订合作协议或备忘录；利用国外援助约1500万美元；在我国举办国际或双边审计研讨会40多次，其中1994年至1998年21次。

1994年以后，审计署与亚洲、欧洲、非洲各国的关系又有新的发展，同美洲主要国家的关系有重大突破。

1996年，国务委员李贵鲜率中国审计监察代表团访问墨西哥、乌拉圭和秘鲁，受到热烈欢迎，开创了我国审计署同南美洲审计机关交流的新局面。

1996年和1997年摩洛哥审计法院和审计署领导人率团互访，双方签署了中摩审计合作协议。1998年1月，应美国会计总署代理主计长辛齐曼先生的邀请，郭振乾审计长率中国审计代表团访问了美国会计总署，双方就有关审计业务的问题深入坦诚地交换了意见，郭审计长向美国会计总署高级官员作了题为《中华人民共和国政府审计制度》的演讲，这次访问翻开了中美两国最高审计机关交往的新一页。

1998年11月，李金华审计长率团访问巴基斯坦、巴西，参加在乌拉圭召开的最高审计机关国际组织第十五届大会。中国审计代表团对两国的访问取得了圆满成功，进一步加深了与两国审计机关的相互了解和合作。代表团参加了最高审计机关国际组织第十五届大会的各项议程，参与起草了《乌拉圭宣言》，并积极宣传了中国的审计工作，扩大了中国审计署在国际审计领域的影响，为以后双边和多边的国际合作奠定了坚实的基础。

每年审计署均安排副部级以上的领导率团分别访问十几个国家发展友好关系，促进交流与合作。

争取技术援助，进行项目合作 为更好地吸收和借鉴国外先进的审计工作经验，加快我国审计工作现代化进程，审计署积极争取与审计工作开展较早、发展较好的国家进行业务合作，争取取得技术援助；积极申请利用世界银行、亚洲开发银行、联合国开发计划署等国际组织的技术援助项目开展国际交流与合作。

在与我国交往的发达国家中,德国、英国、法国、瑞典、加拿大、澳大利亚、日本等,都与审计署签订过技术援助性质的合作协议,在人员培训、专家培训、提供电教设备等方面给我国审计机关大力援助。特别是审计署与德国审计院签定的1990年至1999年三期审计干部培训合作协议,德方援助600万马克,内容包括每年派一个司局长培训团赴德学习,在南京审计学院举办一期审计培训班,就双方感兴趣的专题进行合作研究,选派干部赴德国进修,向南京审计学院援助部分电教设备。中德项目合作的效果是非常显著的。新的中德合作项目已签定协议,将于2000年开始执行。

申请澳大利亚政府援助项目,制定《中国国有企业审计指南》。目前该项目进展顺利。

申请使用世界银行特别信贷70万美元。审计署世界银行特别信贷审计分项目于1990年3月进入实施阶段,于1994年12月31日执行完备。

审计署还得到联合国开发计划署部分援助,从1996年至1998年执行的"促进市场经济发展培训项目",审计署共派出10个培训团组,培训审计干部260人,这些人员培训后,在审计实践中试行一些国外先进的科学方法,推广培训成果,扩大培训成果,取得了较好的效果。

申请亚洲开发银行援助项目,制定《中国审计准则》。目前该项目进展顺利。

走出去、请进来,学习借鉴外国先进审计经验　除了与外国审计机关合作和争取援助外,审计署每年都根据国家经济工作重点,组织审计业务人员到国外进行业务考察、研讨、培训等交流活动,选派优秀青年干部去国外进修学习,内容涉及审计工作的各个方面。这些人员经过国外培训后,大部分成为业务骨干,有的已担任司局级领导职务。

审计署派出考察和培训团组主要是去德国、荷兰、法国、美国、加拿大、澳大利亚、日本等发达国家。考察和培训的内容主要涉及:审计标准、企业内部审计、投资审计、审计管理、环境审计、计算机审计、社会保险审计、教育经费审计、财政审计、金融审计、外债审计等各个方面。

为了更好地与国外审计人员交流审计经验,进行更深层的探讨,审计署还多次在国内举办或出国参加各种双边和多边的审计研讨会。如:1992年至1998年中印联合举办了7次审计研讨会(4次在中国、3次在印度),1996年至1998年中英联合举办了4次审计研讨会(2次在中国、2次在英国)等,还有中巴、中荷、中日等审计研讨会,取得了很好的效果。

成功地举办国际性审计会议

中国审计署积极参加有关国际组织的各项活动,履行会员国的各项义务。作为最高审计机关亚洲组织现任理事国,审计署于1996年5月在北京主办了该组织公共工程项目审计研讨会。此次研讨会就对公共工程项目建设中执行法规情况的评价、公共工程项目成本控制与审计,计算机在公共工程项目审计中的应用三个分题进行了深入广泛的研讨,代表们普遍认为这三个分题的研讨成果对亚洲审计组织各成员国的公共工程项目审计都有直接或间接的指导意义,必将推动这一领域审计实践的发展。最高审计机关亚洲组织21个成员国的27名代表参加了这次会议。

经国务院批准,1998年9月,审计署在北京主办了最高审计机关亚洲组织第26次理事会会议,11个国家的审计长、43名代表参加会议,这是审计署第二次主办高层次的国际会议。会议的主要内容是:亚洲审计组织主席报告上次会议以来理事会的活动情况;秘书长报告上次会议以来秘书处的活动情况及财务报告;泰国举办2000年亚洲审计组织大会的筹备情况;1998年该组织的培训情况和第四、第五个科研项目情况;2001年在韩国举行的第17届最高审计机关国际组织大会的准备情况等。审计署对这次会议非常重视,进行了充分的准备工作,周密的组织、热情的接待,使代表们非常满意,会议开得很成功,显示了中国审计机关——审计署的工作效率和技术水平。

加强对外和对内宣传,在国际审计组织中积极发挥作用　审计外事宣传工作的方针是:宣传中国审计,了解世界审计,服务于我国审计工作。外事司通过发挥自身的职能工作,服务于审计外事宣传。几年来,审计署向世界宣传了中国审计工作取得的巨大成就,介绍了中国审计机关采用的技术方法及工作经验。以审计署领导或审计署的名义在国际审计刊物上已发表文章二十多篇,1997年亚洲审计组织杂志专栏介绍中国审计,英国的《管理审计》出版专刊,介绍1995年10月在上海召开的内部审计国际研讨会上发表的中国内部审计机构负责人和专家的论文。审计署外事司翻译出版了中国《审计法》中英文版本,编印了介绍我国审计工作的英文宣传册子,编辑录制了介绍中国审计的录象带(英文),翻译出版了《中国审计规范》和《中国审计学》英文版,组织撰写和翻译了历次国际研讨会和科研项目的中国论文。这些文章和资料介绍到国外后，一些成功的经验和做法已为其他国家所了解，甚至已被有的国家所借鉴。另外，审计署外事司及时编译报送了大量国外审计资料和审计信息，使外事工作更好地为审计工作服务。

**【人事教育司】** 1994年至1998年9月，人事教育司人员编制35名，内设办公室、干部一处、干部二处、地方干部管理处、工资福利处、职位职称处，司长王国志，副司长贾文英、邱玉山。1998年10月，署机关机构改革后，人员编制16名，内设办公室、机关干部处、地方干部处、职位职称处，司长王国志，司长助理苏乃民。各处室的职能也进行了调整：办公室主要负责业务综合、机构编制管理、人事档案管理、社团组织管理以及文秘等工作；机关干部处主要负责署机关、派出审计局以及在京事业单位人员的计划调配、考核录用、任免、奖惩、工资福利等工作；地方干部处主要负责驻地方特派办、南京审计学院人员的计划调配、考核、任免、工资福利等工作，协助地方党委组织部门管理省级审计机关负责人，负责全国审计机关评先进和表彰的组织工作；职位职称处主要负责署机关和事业单位专业技术职称管理、全国审计专业技术资格的考试及评定等工作。

5年中，人事教育司紧紧围绕审计工作中心按照署党组的部署开展工作，积极推进和落实国家公务员制度，逐步完善干部人事制度，圆满完成了署机关、派出审计机构的改革，建立了比较完善的审计专业技术资格考评制度，初步形成了以领导班子建设为中心、以审计专家队伍建设为龙头、以审计业务骨干队伍建设为重点的干部队伍建设思路，审计署干部队伍的政治业务素质明显提高，较好地保证了审计工作和其他工作的完成。

机构改革工作　根据国务院1993年机构改革精神，在1993年底完成署机关“三定”工作的基础上，于1995年组织完成了16个驻地方特派办的“三定”方案的批复工作；核定人员编制1960名，后于1997年和1998年又增加人员编制30名；审批职能处室154个。1998年国务院机构改革，署机关内设职能司(厅)12个和机关党委，人员编制260名，职能处级机构53个；审计署41个驻部门审计局撤销，向国务院各部门派出了25个审计局，人员编制190名，职能处级机构52个；署机关分流106名，其中参加国家统一组织的学习培训人员56名，自谋职业者3名。按照机关机构改革精神于1998年11月开始组织实施审计署在京事业单位的机构改革。

署机关干部队伍建设　1. 干部考核工作。为贯彻公务员暂行条例，围绕人事工作两个转变，1994年制定了署机关、直属事业单位工作人员年度考核办法，并具体组织实施。每年根据审计署中心工作和中央对干部考核工作的要求，对考核内容进行补充。首先根据机关工作性质增加了基本称职等次；之后，又针对司、处级领导干部工作特点制定了领导干部民主测评表，对领导干部考核标准“德、能、勤、绩”四方面进行了细化和量化，增加了自我评鉴环节，署领导每年听取司局长述职，并对司局长的考核材料进行审核。通过参加民主生活会和谈话，深入了解干部的思想状况和工作情况，充分听取群众对领导的批评意见，确定干部的考核等次。最终的考核结果作为对公务员进行奖励和晋升的依据。

2. 干部管理工作。为了加强对干部的管理和监督，根据中央精神，1994年以来先后制定转发了领导干部个人报告重大事项规定、出国(境)团组和人员管理的规定；机关公务员职位轮换实施办法；处级以上领导干部申报收入制度。1998年新一届领导班子上任以来，加大了干部制度的改革和干部管理工作的力度，制定了署机关、事业单位工作人员工作业绩写实办法；公务员调出辞职实施办法；公务员考勤管理规定；设立了年度出勤奖和考核奖励制度，下发了严格控制借调人员的通知；直属事业单位实行了处级及以下人员聘任聘用制。通过整顿机关工作作风、工作纪律，清理长期不上班人员，修改完善制度、落实制度和规范干部管理工作，使整个机关人员的精神面貌发生了较大变化，促进了干部队伍自身建设。

3. 干部任免工作。坚持干部“四化”标准和注重工作实绩、群众公认的原则。重新修订了审计署党组管理的干部职务名称表。选派优秀年轻干部到中央党校、行政学院、中央党校审计署党训班及南京审计学院学习，加大干部培养的力度，把培养、提拔、管理结合起来。制定了部级干部民主推荐办法，1995年5月、1998年12月两次在全系统的(局级)范围内公开推荐选拔署级后备干部。协助中组部考察署领导班子，中央根据考察情况和审计系统民主推荐情况提拔任命了3位署领导。1998年试行了司长助理制度，使这些局级后备干部的政治业务素质和组织协调能力得到了提高。实行处级干部挂职锻炼和交流制度，1994年至1998年，到特派办和基层县(市)挂职锻炼的处级干部共10名，交流干部157名。按照国务院有关规定，报人事部批准后制定了非领导职务设置办法，并组织实施。

4. 其他工作。根据中央的要求开展了扶贫支教工作。选派得力干部任主管，同时根据扶贫点的需要，确定政治素质好、外语精的学生到扶贫点锻炼，既能使他们的才智得到发挥，又能使他们在艰苦的环境中得到锻炼。在职工福利方面，制定了审计署机关职工休假暂行规定；为改善审计人员工作条件，稳定干部队伍，根据审计工作性质和特点，经多方面做工作，由财政部、人事部批准，调整了审计机关人员工作补贴。

5. 档案管理工作。根据中组部的要求，加强了人才档案材料的收集、归档、整理工作。1994 年以来，对干部信息微机数据库不断充实内容，1997 年对数据库进行了更新升级，扩充了内容。1998 年开始对人事档案进行整理，使人事档案管理工作达到了新的水平。

**驻地方派出机构的干部队伍建设** 1. 进一步完善和规范工作制度。围绕 1995 年和 1998 年的两次机构改革工作，先后制发 42 项针对驻地方派出机构的干部人事工作制度、政策和文件，有效健全了驻地方派出机构干部人事管理的规章制度。

2. 加强管理和监督，努力提高干部队伍素质。结合各特派办队伍实际和审计工作发展需要，从严把好"入口"关，重新制发了《关于驻地方特派员办事处录用和选调人员的通知》和《关于进一步加强地方特派员办事处选调人员工作规定的通知》，着重从"入口"把握好指标、条件、程序、质量、需要等环节，为提高干部队伍整体素质奠定了基础。

3. 进一步加强考核工作。重新修改完善了《关于对驻地方派出机构领导班子和领导干部考核办法》以及《审计署关于印发驻地方派出机构领导班子和领导干部考核工作的实施意见的通知》，提高了考核标准，增强了民主和透明度，强调了考核结果与加强领导班子建设、使用干部相结合。并先后对 16 个派出机构、南京审计学院的领导班子及近 70 名领导干部进行了 2－4 次全面考核。制发了《审计署人事教育司关于下达驻地方派出机构非领导职务职数的通知》。同时，加强了对派出机构干部人事工作的考评管理和监督工作，制发了《审计署驻地方特派员办事处人事工作考核评比试行办法》和《审计署人事教育司关于烟台和怀柔培训基地人事管理工作暂行办法》。

4. 严格"四化"标准，认真履行干部任免工作程序。根据《党政干部选拔任用工作暂行条例》，对各派出机构管理权限内的干部选拔任用工作不定期进行检查并制发了《审计署人事教育司关于检查干部选拔任用工作的通知》。

5. 其它工作：一是加大了干部挂职锻炼和交流力度，先后制发了《审计署驻地方特派员异地交流暂行办法》和《关于特派员异地交流后工资福利待遇等问题的通知》，共计在各派出机构交流任用 35 名司、处级干部；二是注意做好干部协管工作，先后 50 余次走访省、市、区地方党委组织部门协调工作和取得支持，办理厅局级干部任免 130 人次；三是完善规范计算机人事信息管理系统的使用工作，在各派出机构推广使用了"审计署人事信息管理系统"，完成了处、司、署计算机网络接口，建立完备了各派出机构达 1600 名的人才信息库，制发了《关于加强计算机人事信息管理工作的实施意见》及《干部统计工作考评暂行办法》；四是制发《审计署关于评选驻地方派出机构系统优秀审计人员的办法》并首次完成 6 名"优秀审计人员"的评选工作，还对 10 名人员进行通报表彰。

**职位职称工作** 1. 审计专业技术初、中级资格考试。审计专业技术初、中级资格考试 1994 年停考一年，调整了考试政策和报考条件，成立审计专业技术资格考试指导委员会，不再设专门的命题委员会。

审计署与人事部联合制发《审计专业技术资格考试暂行规定》、《审计专业技术资格考试暂行规定实施办法》(审人发(1995) 50 号)、《审计专业技术资格考试考务工作细则》和《审计专业技术资格考试工作规章》，指导并规范全国审计专业技术资格考试工作。

自 1995 年开始，用两年时间研制开发了"审计专业技术资格考试考务管理信息系统"，使用光电阅读器实现了计算机阅卷、标准化管理。1997 年 3 月在上海召开"全国审计专业技术资格考试考务工作会议"，全面推行标准化考试。

2. 高级审计师资格考评试点。按照人事部《关于在审计专业技术高级职务评审中试行考评结合方式有关问题的复函》(人函(1997)208 号)的要求，审计署、人事部共同组织了高级审计师资格考评(考试与评审相结合)试点。第一次试点在浙江省和审计署驻上海、郑州、兰州三个特派员办事处进行，有 750 人报名参加，考试合格 256 人，通过评审获得高级审计师资格的共有 59 人。

3. 企、事业单位高级审计师资格评审。1994 年 9 月 13 日，审计署、人事部联合签发《关于高级审计师资格委托评审问题的通知》(审电字(1994)44 号内部传真电报)，规定不组建(或没有条件组建)高级审计师资格评审委员会的地区和部门，其高级审计师评审工作委托审计署办理。已受理有关省(部门)委托评审362人,获得高级审计师资格的共134人。经人事部审定同意,于1995年制发了《高级审计师资格评审条件(试行)》(人职发(1995)84号),标志着全国经济系列高级资格第一个量化评审条件出台。

4.专家工作。按照人事部的统一部署,组织开展了"享受政府特殊津贴专家"的推荐选拔工作。共有7人名同志先后获准享受政府特殊津贴。

5.职位分类工作。组织完成了《审计署职位说明书》的修订、编写工作;对各特派办《职位说明书》进行了审核,提出《关于对地方特派员办事处职位说明书的审核意见》(审人职字(1997)2号),指导、规范特派办开展职位分类、撰写(修订)职位说明书的工作。

6.直属事业单位职称评聘工作。制定了《审计署直属事业单位职称管理暂行办法》(审计职字(1996)84号),指导、规范直属事业单位专业技术资格评审和职务聘任工作。

1994年5月7日提出《关于为南京审计学院申请核定专业技术职务职数的报告》(审人职字(1994)35号)并获人事部批准。首次明确了南京审计学院各专业技术职务职数和结构比例。

## 审计署驻地方特派员办事处工作简介

**【京津冀特派员办事处】** 1994年特派办设有机关党委、人事教育处、办公室、综合处、财政审计处、金融审计处、基建审计处、外资审计处、企业审计处、商贸企业审计处;1995年取消综合处,财政审计处调整为财政审计一处和财政审计二处,金融审计处调整为金融审计一处、金融审计二处,基建审计处、外资审计处规范名称为固定资产投资审计处、外资运用审计处,企业审计处调整为工交审计一处、工交审计二处,增设行政事业审计处;1996年增设机关服务处和临时机构基建办公室;1997至1998年,机构设置没有变化。

办领导成员

| 年份 | 特派员 | 副特派员 |
|---|---|---|
| 1994 | 徐良 | 陈殿杰　刘海宇 |
| 1995 | 徐良 | 陈殿杰　刘海宇 |
| 1996 | | 项俊波(主持工作)　陈殿杰 |
| 1997 | 项俊波 | 陈殿杰　罗美富 |
| 1998 | 项俊波 | 陈殿杰　罗美富 |

成果综述　1994年至1998年,京津冀特派办在审计署直接领导下,从"边组建,边工作"到"完善机构,壮大队伍,全面开展各专业审计,建立健全规章制度,实行目标管理考核",取得了明显成效,在审计署多项考核中进入16个特派办的前6名,并得到好评,为国家加强改进宏观调控发挥了积极作用。5年来共审计389个单位,查出违规金额305亿元,应上缴财政45.4亿元,减少财政拨款或补贴2亿元,追还侵占挪用资金13.1亿元,促进国家增收节支5亿元。

随着特派办的成长,审计质量逐年提高,5年间。共有25个审计项目被署评为优秀(表彰)项目;1996年商贸审计在署商贸司综合排名中列各办第一位,中央国库审计项目在署综合评比中列各办第五位;1997年,国税审计项目在各办中列第四名;1998年财政审计在署年度工作质量考评中,总分列第五名,其中财政监察专员办审计和国库单项分获第二名和第三名,取得了历史性突破;同年,证券审计获优秀组织奖,粮食审计获得审计署的好评。5年来,审计信息被中办、国办、审计署及新闻单位采用400余篇次,其中,1997、1998连续两年审计简报被审计署采用数量居16个特派办首位。

财政审计　共审计35个单位,查出违纪金额82.7亿元(不包含1998年北京财政审计),应上缴财政15.1亿元,已上缴财政3.8亿元,应追还侵占挪用资金7083万元,减少财政拨款或补贴1.8亿元。

5年来,财政审计积极拓宽思路,力图创新提高,围绕加强宏观调控和振兴国家财政的目标,坚持真实性原则,注重查处带有典型性和普遍性的问题,重点揭露财政分配和资金使用中的违纪问题,促进管理,提高资金使用效益。1995年,对天津市1994年财政决算的审计得到了常务副市长李盛霖的很高评价,称"你们的审计报告是花几十万元也买不来的"。

积极开展预算单位银行账户审计监督,提高审计工作质量和效率。运用"账户入手、下审一级"的方法,从源头上弄清了预算内资金的基本情况,深化了预算执行审计的内容,为严格约束开户行为,规范银行账户管理奠定了基础。

加大财政决算审计力度,使审计监督作用发挥得更为明显。如1998年对某省审查时,省教委、科委挪用科教经费2.06亿元用于放款、还贷、搞基建和购置小轿车;对某市财政决算审计中,查出有问题金额185亿元。

注重查处带有典型性和普遍性的问题,使提出的加强管理意见和建议更具有针对性和指导性。如审计查出首钢拖欠增值税和"两金"19亿元、国税部门随意提退库款影响中央收入、中央非税性收入征管薄弱等问题,都引起了有关部门的重视，及时采取措施加以解决或纠正。

努力把握审计重点，注重挖掘审计成果，积极探索审计内容与方法。仅1998年财政两处就在《中国审计》发表7篇理论文章，并有两篇科研论文被天津市审计学会评选为优秀论文。5年来，财政审计信息被中办、国办、审计署及新闻单位采用40余篇次，对促进国家及时采取措施、解决中央收入增长缓慢问题发挥了积极作用。

金融审计　5年来，共审计65个单位，查出违规金额154.1亿元（不含证券审计），应上缴财政1.4亿元，已上缴财政8522万元，减少财政拨款或补贴2043万元，应追还侵占挪用资金1400万元。有2个审计项目被署金融司评为优秀项目。

以“摸清家底，揭露问题，规范管理，防范风险”为指导思想，围绕深化体制改革和反腐败斗争的开展，查处典型性违纪违规问题，加大对证券行业的审计力度。1997年，在对某证券公司进行资金营运情况的专项审计调查中，根据其经营特点，以资金来源和运用为突破口，查出其违规融资、向股民透支和与大户联手搞新股申购等违反金融法规问题，累计金额800多亿元。审计情况得到审计署和国务院领导的高度重视，朱镕基总理亲自批示，责成证监会核实处理，并引发了全国性的证券市场清理整顿。1998年，对五大证券的28个分支机构的财务收支进行了审计，并延伸调查了17个投资单位，查出违规融资179.8亿元，违规资金运用158.4亿元和超范围经营等问题，对促进整顿证券市场，维护金融秩序、防范金融风险加强证券行业的管理、规范经营发挥了作用。

不断探索银行审计内容与方法，其思路与方法渐成体系。1998年，以某国有商业银行为试点，揭示了对其资产、负债和损益有重大影响的问题，引起该行高度重视，并根据我办提出的问题、原因分析和审计建议制定了一整套整改方案。办撰写的论文和近7万字的《国有商业银行审计操作指南》在1998年署金融审计培训班上被定为学习交流材料，会上还就试点成果作了专题讲座。通过这次试点，促进了银行规范经营、加强管理，初步探索出了一套较为完整的国有商业银行审计思路和方法，也为审计署1999年全面开展工行和建行审计提供了决策依据。

工业交通审计　5年来，共审计113个单位，查出违纪金额13.1亿元，应上缴财政1.8亿元，已上缴1.7亿元，应追还侵占挪用资金3441万元，促进国家增收节支5000万元。共有7个审计项目被署评为优秀（表彰）项目。

立足真实性审计，摸清企业家底。加强和改进企业审计，探索企业财务收支真实性审计的路子，是李金华审计长提出的更高要求。几年来，企业审计拓宽思路，创造性地开展工作，为深化企业改革、加强宏观调控提供了决策依据。由于我办企业真实性审计特点明显，1998年，审计署《企业审计信息系统》课题组专程了解了我办的具体做法，并在全国审计试点情况交流会上作重点汇报，同时我办还参加了署组织的真实性审计科研工作，为企业真实性审计作出了努力。

积极探索，勇于实践，在规范企业审计程序的同时，打破常规和传统审计观念，大胆尝试现代审计技术方法，取得了较好效果，得到了刘家义副审计长的肯定。企业审计转变传统思路，首先在制定方案、审前调查、程序设计、人力安排等方面作充分准备，然后根据被审计企业实际情况确定切入点，再结合重点把审计逐步引向深入。一是分别从掌握企业生产工艺流程、检查内部控制制度完善程度和账户入手，发现审计线索，确定审计重点。二是学习运用新知识，查出了以往易于忽视或难以发现的隐性问题。如运用上市公司和社会审计知识，查出并反映了注册会计师对上市公司披露信息出具失实审计报告问题，朱镕基总理作出批示，中注协两次派人来我办核实和征求意见，并对责任人和单位依法进行了处理。三是立足“审帮促”，加大查处和建议力度。如通过简报反映某大型企业私设4000余万元“小金库”问题，引起国务院高度重视，朱镕基总理和李岚清、吴邦国两位副总理先后4次批示，直接推动了全行业开展清理账外资金的整改活动；对国航某公司审计后，被审计单位积极采纳审计意见和建议，5名有关责任人员被解除职务，其中处级干部4人。四是注重协作配合，狠抓共性问题。

围绕宏观调控重点，积极提供决策参考信息。几年来，工交审计信息被上级部门及新闻单位采用近180余篇次，其中，被国务院总理、副总理批签或被中办、国办采用的审计简报达20余篇次，有力地推动了一些行业性问题的解决。1998年，探索了深化商品流通企业审计的新路子、新方法，在署召开的深化企业审计研讨会上作了专题汇报。

商贸审计　商贸企业审计处成立于1995年，几年来，共审计26个单位，查出违纪金额3.5亿元（不包含粮食审计），应上缴财政1亿元。1996年商贸审计在署商贸司综合排名中列各办第一位。

商贸审计从依法强化和深化审计起步，努力探索在新形势下促进流通体制改革的有效方法。1995年，把关系国计民生和占有国有资产较多、效益较差的农贸、汽贸等内外贸企业作为年度重点审计对象，精心设计审计方案，审计查出违纪金额1.6亿元，应上缴财政1982万元，提出加强内部管理、促进提高经济效益的建议20条，并多为被审单位采纳，其中2篇信息被国办采用。

在1997年医药行业和粮油企业审计中，拓宽思路，创造性地开展工作，重点审查了药品市场秩序、回扣、药价、医药储备资金管理和企业资金使用效益等热点问题。为探索新形势下股份制企业审计工作的路子，对某商贸公司进行了审计调查，据此撰写的论文作为重点发言材料在全国商贸审计研讨会上进行了交流。同时注意从微观入手、宏观着眼捕捉信息，上报的简报被中办、国办采用3篇次，并被国务委员彭佩云批签，得到署商贸司好评。

1998年粮食清查及抽查审计是我办成立以来规模最大、人员最多的一次审计。粮食清查审计，共查出违纪违规问题70项，金额4.16亿元，核实截止到1998年5月底企业新增财务挂账数为1.12亿元，比企业账面数核减7310.44万元，核减比例达64.78%；查出生产性固定资产等其他不合理占用农发行贷款1161.85万元，影响企业损益的违纪金额2.31亿元。其中，反映的粮食主管部门凭借职权侵害粮食企业权益问题，引起国务院重视，并在总理主持召开的全国粮食工作培训班上予以通报，问题很快有了解决办法。

参与重点抽查结果，江苏省财政部门实际安排粮油政策性补贴76亿元，比原清查数核减2.29亿元；累计少安排补贴4.4亿元，核增2.35亿元；新增财务挂账65亿元，比原清查数核减4.4亿元，其中我办核减1.87亿元。

固定资产投资审计　共审计54个单位，查出违纪金额4.2亿元，应上缴财政916万元，已上缴财政828万元，应追还侵占挪用资金1.6亿元，促进增收节支5823万元。共有12个审计项目被署评为全国优秀(表彰)项目。

施工企业审计积极探索真实性审计路子。根据施工企业的特点和近年来的现状，以审查会计核算的真实性为基础，确定以应收账款、长期投资、工程结算收入为重点，摸清企业财务状况和资金运营情况，揭示资产盈亏不实、侵害所有者权益、国有资产流失等问题，并向检察机关移送案件3件，为促进企业加强经营管理作出了贡献。

投资审计突出"实"与"新"。在对某邮电管理局在建工程审计等4个固定资产投资审计项目中，查出中央单位在地方投资立项、审批、监督和管理方面存在的诸多问题，石化、化工行业建设项目联合试运转和融资管理不规范等，违纪金额达2亿多元。审计中找准与财政预算执行审计的结合点，将问题按资金来源、比例和性质分别按中央和地方划分，为审计署汇总提供了方便，得到投资司的充分肯定。

强化基础性工作，狠抓项目质量。通过采取"精心安排、重点作战、在审计方案的指导性和审计工作底稿的规范化上下功夫"等措施，强化业务基础工作，保证了审计质量，得到了被审单位和署投资司的好评。5年来，有12个项目被署评为优秀(表彰)项目。

外资审计　5年间共审计单位71个。在对世行贷款项目的审计中，通过重点审查项目配套资金的到位情况，以及项目内部控制和会计核算情况，及时提出加强改进项目管理的意见和建议，受到被审计单位好评；同时积极以审计简报或在审计意见书中反映调查了解到的项目单位好的经验做法，以促进合理有效利用外资。如1995年对"环境技术援助"项目的审计，针对其子项目单位普遍存在的基础管理薄弱问题与其主管部门联系，敦促其以"倒计时"的速度完善项目管理，建立会计核算体系，并提出具体的管理措施建议。中科院对此十分重视，先后采取一系列办法落实审计建议，有力地推动了项目的顺利进行。由于几年来世行贷款项目审计的良好成效，我办已被署外资司确定为出具对外审计报告单位，标志着外资运用审计迈向一个新台阶。

行政事业审计　共审计单位25个，查出违规金额47.3亿元，应上缴财政26亿元，已上缴财政3.1亿元，应追还侵占挪用资金10.2亿元，促进增收节支4.3亿元，应归还原资金渠道4.5亿元。共有4个审计项目在审计署年度工作质量考评中被评为优秀(通报表扬)项目。其中，1996年反映国有土地有偿出让问题的信息被江泽民总书记作了重要批示，郭振乾审计长在全国审计工作会议上的讲话中将批示全文引用。近两年对高校及专项资金的审计，查出了大量违反国家财政预算管理规定的问题，通过依法处理和及时反映，促进了行政事业单位严肃财政纪律，规范财会秩序。

队伍建设　审计业务质量的提高，靠的是一支思想素质和业务水平都过硬的队伍。5年来，特派办加大"人、法、技"的建设力度，提倡一切以团结为重，以大局为重，号召全体干部职工识大体、讲正气、比奉献，狠抓政治思想工作和业务培训，在全办形成了“比学赶帮超”的良好局面。1995年至1998年，连续四年被评为天津市市级文明单位，并在1998年“双立功”活动中被评为先进单位。1998年署驻地方派出机构会议和全国审计系统思想政治工作会上，特派办作为审计署指定的经验交流单位，特派员两次作典型发言。

为实现特派办五年规划目标，培养跨世纪的审计骨干队伍，大力开展宏观经济、法律、业务技能、入办教育等多种内容的培训，并为规范教育培训工作，制定了《关于教育培训工作的有关规定》。1998年，制定了《审计专家评审实施办法》，力争在3到5年内，培养出一批符合时代要求，政治素质高，业务过硬，精通计算机、英语等多方面知识技能的复合型人才，从而带动全办整体审计业务水平的提高。

思想政治工作　思想政治工作紧贴业务工作，通过思想工作出团结，出战斗力，出凝聚力，坚持把思想工作做细做实。本着“抓好实事，办好实事”的原则，关心职工思想和生活，解除大家的后顾之忧。办领导和党委委员经常奔赴审计一线了解干部思想动态，走访困难家庭，对特困家庭给予一定的经济补助；机关党委主动与有关部门协调，帮助解决干部职工的子女入托、入学问题。审计人员出差期间，党委、工会、服务处等部门甘当“保姆”，把职工的事当成自己的事，力所能及地解决他们的生活困难。在福利待遇方面，虽承受资金紧张的巨大压力，仍千方百计在政策允许范围内尽可能加以改善。

廉政建设　严格按照中纪委、审计署监察局和地方党委要求，从严治理审计队伍，坚持“要求严、工作细、效果实”的原则，将反腐倡廉工作不断推向深入。通过召开专题民主生活会、坚持学习等形式抓好干部职工的廉洁自律，强化队伍的廉政建设。办领导在实际工作中以身作则，培养了全办职工的进取与奉献精神。从了解和掌握的情况看，无论是外出审计，还是执行其他公务，全办上下都能自觉执行纪律，上级部门对此是肯定的，审计署几次在下发的通报中都予以表扬，社会上的反映也比较好，在京津冀地区树立了良好的形象。

**审计案例之一**

### 北京证券有限公司资金运营及财务收支情况的专项审计调查

1996年12月17日至1997年1月19日，我办对北京证券有限公司资金运营及财务收支情况进行了专项审计调查。审计发现该公司1996年度违规融资、向股民透支和与大户联手搞新股申购等违反金融法规问题，累计金额达800多亿元。

通过审计调查，审计组认为，随着改革开放的日益深化，证券市场不断增容、扩容，发展迅猛，其潜在的利益和效益对股民和证券经营机构都具有相当大的诱惑力，一旦证券经营机构自身的中介和服务职能经不起冲击，必然会诱使部分机构无视国家有关金融政策采取违规经营方式追求这种潜在利益。而计算机技术等现代科技的被大量应用，加上监督管理上的薄弱，一定程度上给证券公司违规运作提供了可乘之机，致使其融资活动日趋活跃，吸引大量信贷资金进入证券市场，不仅对证券市场的健康发展造成危害，也扰乱了金融秩序。

1996年该公司融入的巨资大部分直接或间接来源于银行信贷资金，并用于一级市场新股申购。该公司所以敢动用如此大的款项开展新股申购，主要在于其收益较高，同时高新技术的采用又大大缩短了资金占用时间，只要操作得当，把握机会，并无太大的资金风险。据统计，该公司1996年仅自营申购新股收益就达1.29亿元。

造成上述问题的原因，除在利益驱使下证券经营机构缺乏自律、有法不依外，其内部管理不完善，缺乏制约机制，及外部检查监督不力也助长了这种违规经营。因此从严从快开展全行业清理整顿工作，建立完善较为系统的法律规范，采取措施促进证券经营机构加强、完善内部管理与控制，从而遏制其违规经营日趋严重的状况便成为当务之急。

此项专项审计调查报告得到了国务院领导的高度重视，朱镕基总理作了批示，责成证监会核实处理，并引发了全国性的证券市场清理整顿，对维护金融秩序、防范金融风险、促进证券行业的日趋规范起了积极作用。

**审计案例之二**

### 1996年北京国土审计

1996年，审计署组织驻各地特派办对全国14个重点省、直辖市、计划单列市的国有土地出让金进行行业审计，负责对北京市实施审计。围绕署定审计方案和工作重点，我办制定了“定量与定性分析、发现查处违纪违规问题、综合反映情况、全面促进完善宏观管理”的审计原则。经过系统调查，全面审计，查出该市严重违反国家法规，有118亿元出让金在财政预算外“体外循环”；部分远郊区县国有土地出让越权审批和变相扩大审批权限等问题。

审计发现,北京市自 1993 年正式进行国有土地出让以来,应收合同地价款 171.84 亿元,其中累计已上缴市财政局的出让金 53.4 亿元和市房屋土地管理局应收合同地价款中的 65 亿元,共计 118.4 亿元,始终未按国家规定纳入财政预算,致使巨额资金在预算外"体外循环"。

资料显示,3 年间,北京市各远郊区县出让土地共计 457 宗,出让面积 7028.6 亩。其中,顺义县、昌平县、怀柔县、通县、大兴县和房山区 6 区县共签订土地出让合同 407 份,出让土地面积 6096.72 亩。其中通过越权审批、化整为零变相扩大审批权限手段签订的土地出让合同 314 份,占总数的 77%,出让面积 5261.77 亩,占出让土地面积的 86.3%,个别区县甚至分别达到 94% 和 98%。由于该土地出让工作开展时间较短,管理尚不完备,上述 6 个区县土地管理部门在土地出让审批中,从"化整为零"这一表面合法的形式到明目张胆"直接越权审批"愈演愈烈。

土地使用制度的改革,是我国经济体制改革的重要内容。但由于这项改革尚处于起步阶段,因此虽然北京市政府及负责土地出让工作的有关部门做了大量的细致的工作,并取得了一定的成就,但在国有土地使用权出让审批及出让金的征收、使用、管理等环节,仍有许多不规范的地方,且许多问题在全国都具有普遍性。

通过这次审计,我办上报的审计信息引起党和国家领导人的高度重视,江泽民总书记、李鹏总理分别对此作出重要批示。李鹏总理的批示是:"北京预算外资金大多来源于土地乱批租,各地均有此类现象,除今后应严格管理外,由财政部、土地局明令管理,杜绝此类事件发生。"江泽民总书记的批示是:"土地是国家所有,所有批租所得按理应上交财政管理,同意李鹏同志所批,今后应严格管理,我还建议把全国情况认真摸一点底,以便做到心中有数"。同时责成国家 4 个部委在全国范围内进行全面调查,对于促进加强国家宏观经济管理起到了积极作用。

**审计案例之三**

### 北京燕山石油化工集团有限公司 1997 年度资产负债损益情况的审计

1998 年 4 月至 6 月,办对北京燕山石油化工集团有限公司 1997 年度资产、负债、损益的真实、合法、效益性进行了就地审计。燕山石化是直属中国石油化工集团公司的特大型企业,实行公司、厂(二级公司)、车间三级核算。审计组重点审查了集团公司财务部和所属炼油厂,对涉及有关审计内容的供销公司、联营公司、化工股份公司、燕化高新股份公司等单位进行了审计。审计查出该公司工资总额外发放奖金、炼油事业部长期私设小金库、收回往来款存放账外、费用挂账等共 3 大类 17 个问题。

自 1991 年 9 月起,炼油厂事业部先后设置 4 个账外存款户,累计收取货款、劳务费等 401.8 万元,收取"三产"上缴的利润、存款利息、处理废品等款项 1490.6 万元,收回已在"专用基金—生产发展基金"中核销的预付工程款 1000 万元,共计 2892.4 万元,累计支出 498.4 万元用于发放职工奖金、购电视、支付学校赞助费和会议费支出等。

另外,该部于 1992 年 12 月将 1988 年存的定期存款 2200 万元,连同该笔定期存款利息共 3066.4 万元,除 366.4 万元利息转入上述账外账户内,其余本息转入其他单位作为借款或投资,未进行任何账务处理,其中 500 万元利息形成账外资金。

1993 年 5 月 6 日至 18 日,该部分 7 次从"专用基金——生产发展基金"账户中直接核销预付给河北省定兴县建筑公司工程款 2000 万元,用于职工宿舍楼建设。新旧会计制度接轨后,该部未作相应调整,除 1996 年收回 1000 万元存入上述账外账户外,仍有 1000 万元未收回,存放账外。

审计组通过审查账户和往来款项,查出燕化集团所属炼油厂私设上述"小金库"4392 万元的问题,引起国务院高度重视,朱镕基总理和李岚清、吴邦国两位副总理先后 4 次批示,直接推动了中国石油石化集团公司在全行业开展清理账外资金的整改活动。

**审计案例之四**

### 京九铁路京衡段工程竣工决算审计

京九铁路京衡段工程由中国铁路工程发包公司负责建设,于 1992 年 11 月 18 日开工,1996 年 9 月 1 日开通投入运营,1997 年 11 月 3 日通过国家验收。1992 年 10 月 7 日铁道部批复的工程初步设计总概算为 322386 万元,后调整为 482081.5 万元,竣工决算报表反映京衡段工程实际完成投资 555995 万元。

1998 年 8 月 12 日至 31 日,我办对该工程进行了竣工决算审计。审计组在重点审计竣工决算报表真实性的基础上,对工程的概算执行、建设成本、交付使用资产、尾工工程、结余资金等方面进行了审计。

通过审计,发现建设单位多预提建设单位管理费,计入待摊投资,并纳入竣工决算;在无合法依据的情况下，以组固费用、技术总结费、审计评估费及其他费用名义，提取840万元计入工程成本；至审计期尚有设备尾款未纳入竣工决算；违规提取投资包干结余；未缴纳固定资产投资方向调节税；工程贷款利息和价汇差74514万元，既未纳入调整概算总投资，也未纳入京衡段工程的年度投资计划，造成批准设计外投资等11个问题，共查出违规金额77412.89万元。

这次审计核实了该工程的实际投资完成情况，揭示了工程建设中存在的主要问题，并依据国家有关规定和工程建设的实际情况作出了处理。此次审计被审计署评为“1998年度固定资产投资审计优秀项目”，其审计结果由审计署投资司汇总上报国务院后，有关领导作了签批。

**地址** 天津市河北区狮子林大街69号

**电话** 022—26214258

**邮编** 300010 （魏小题）

**【太原特派员办事处】** 1994年至1995年，设有办公室、财政审计处、金融审计处、基建审计处、企业审计一处、企业审计二处、人事教育处、机关党委、华晋审计事务所、服务中心；1996年增设综合处，基建审计处规范为固定资产投资审计处，企业审计一处规范为工业交通审计一处，企业审计二处规范为工业交通审计二处，服务中心规范为机关服务处；1997年增设行政事业审计处和商贸外资审计处；1998年，机构设置没有变化。

办领导成员

| 年份 | 特派员 | 副特派员 |
|---|---|---|
| 1994 | 张天才 | 王晓勇　王中信 |
| 1995 | | 王晓勇（主持工作）　王中信 |
| 1996 | 王晓勇 | 王中信 |
| 1997 | 王晓勇 | 王中信 |
| 1998 | 王晓勇 | 王中信　潘晓军 |

审计成果　5年间，共审计了328个单位，查出违纪金额103亿元，应上缴财政6.95亿元，应归还原渠道资金3.3亿元，促进增收节支10亿元。共向上级机关提交审计工作报告、信息799篇，采用240篇。5年中，共有14个审计项目被审计署评为优秀（表彰）项目。

财政审计　太原特派办财政审计承担山西省、内蒙古自治区财政预算执行情况和决算，以及预算外资金的管理和使用情况的审计任务。承担审计署财政司交办的财政审计的交叉审计任务。5年来，始终把审计重点放在检查有无隐瞒、挪用或转移预算内收入；有无挤占、挪用、浪费预算支出；有无违反规定扩大预算外资金等问题上。1994年至1998年，审计的单位包括：山西省、宁夏回族自治区财政部门；山西省、内蒙古自治区国税局及所属机构和基层国税局；山西省、宁夏回族自治区、内蒙古自治区金库及所属支库；太原、满洲里、南宁、拱北、广州等海关。5年的财政审计始终坚持全面审计、突出重点、打假治乱、从严执法。审计中积极研究和探索账户审计方法，纠正了部分财政、国税、海关等部门私设账户、资金管理分散的问题。还对加强财政资金管理、强化预算约束等提出审计建议和意见21条，被地方政府和审计单位采纳。对加强财政资金管理起到了积极的推动作用。同时，审计中注意强化审计查处大案要案线索的意识。1995年，完成了对内蒙古自治区国税局1994年中央税收收入预算执行情况的审计和某省1994年财政决算审计。对某省1994年财政决算审计，围绕财政赤字情况、预算外资金管理情况，特别是对财政支农资金安排使用情况进行了重点审计和调查，查出挤占挪用支农资金、拨款时效性差耽误农时和6亿多元支农资金体外循环的问题，人民日报社《情况汇编》连续报道3期，当时的朱镕基副总理作了重要批示，引起了国务院和省领导的高度重视。为加强省级预算内、外资金的管理，促使有关方面积极制订整改措施，促进财政管理体制改革方面发挥了作用。1996年，在对某市财政决算审计中，严格执法，认定事实，查证核实数据，进行充分分析反映。对该市财政违规套用开发区的优惠政策，多从中央取得结算收入599万元，予以坚决收缴，而且利用审计简报予以反映。同年在某海关审计中，审计组查出的“某海关动用巨额地方财政补助建设高标准职工住宅小区”和“某海关对798辆韩国走私车违规变价处理，致使中央收入大量流失”问题，专题向署领导作了反映并受到署领导关注。1997年，对财政部驻地方财政监察专员办事处的审计，既体现了审计工作的严肃性，也体现了审计工作从大局着眼，从宏观需要出发的工作态度和工作方法，树立了良好的审计形象，在审计署和财政部引起较大反响，获署财政司同类项目评比第1名。对山西财政决算审计项目，特派办围绕国家加强宏观调控的需要和地方经济发展以及审计工作需要，一改过去就财政论财政的传统方式，坚持以财政审计为龙头，将财政预算内行政事业单位列入财政执行审计和决算审计的体系中进行系统、连续、有重点的审计，如当年对组织、掌管、使用财政资金比较多的省计委、经贸委、交通厅、劳动厅等部门进行了同步审计。审计有广度、有深度，既查出了违纪违规问题，又帮助省里理了财，反响较好，得到了省委、省政府的好评。1998年，审计揭露发现某市检察院、国税局截留私分“金华县虚开增值税发票案”罚款65万元的问题，引起了中央领导和地方党政领导的高度重视，朱镕基总理、李岚清副总理和财政部部长、国家税务总局局长都作了批示，并进行了查处。李金华审计长在代表国务院向全国人大常委会所作的审计工作报告中引用了这一案例。

金融审计　金融处共完成审计项目20个审计调查项目2个，审计单位75个。金融审计紧紧围绕审计署制定的工作方案，确定“五对照，五落实”的工作思路：对照审计工作方案，落实具体实施办法；对照具体实施办法，落实审计工作责任；对照审计工作责任，落实审计工作底稿；对照审计工作底稿，落实撰写审计报告；对照廉政纪律，落实审计行为规范，采取从银行账户入手、立足摸清被审计单位家底和各小组内外上下结合、审计信息共享的审计方法，揭露了不少违法违纪问题。1994年，组织力量完成了对山西省运城、临汾两个地区清理整顿典当商行的情况和太原市部分未经人民银行批准擅自成立的非金融机构进行了专题调查；1995年，完成了对交通银行太原分行（含太平洋保险公司太原办事处）和工商银行山西省分行系统资产、负债、损益的审计和对金融企业消费基金和潜亏两个专项审计调查。1996年，针对山西省建行强行扣息问题，写出了“建行违规提前扣息挤占重点建设资金的问题应当引起重视”的简报，被中央办公厅批转，引起建设银行重视，并做了认真核实查对。1997年，在中保信托投资公司审计中，审计人员揭露出该公司决算报表失真，资产质量偏低，流动性差，风险比较集中的事实，查出中保信托投资公司违规高进高出，利用保险资金为所属期货经纪有限公司注入资金28600万元，用拆借资金发放固定资产贷款，搞固定资产投资，购买有价证券，以“代理购券并保管”为名，违规拆入长达2年以上的资金以及下属机构账外经营的问题，得到了审计署的高度评价，上报审计署的信息和专题报告大多数被采用。1998年，根据审计署的统一部署，组织力量完成了对海通证券公司所属上海总部和上海地区各营业部以及所属太原、呼和浩特23个营业部，国泰证券公司呼和浩特营业部、君安证券公司太原营业部、南方证券公司太原营业部共计36个单位的审计任务。通过审计调查，对存在的问题和清理整顿情况进行深入分析，提出加强管理和改革的建议，对维护金融秩序，严格管理程序，严肃金融纪律起了一定的促进作用，并为有关部门提供了决策依据。

企业审计　共审计及专题调查煤炭、铁路、电力、烟草、邮电、军工、粮食、石化、外贸等行业100多户企业。为国家提出针对性审计建议200余条，撰写审计简报信息400余篇，被朱镕基总理、尉建行书记、李岚清副总理等党和国家领导人批示30余篇次，向司法、纪检、监察机关移送案件30余件，有100余人受到法律制裁和党纪政纪处分，为促进国民经济的持续、快速、健康发展做出了一定的贡献。

在审计过程中，注重内控制度评审，积极开展决策审计，并运用定量与定性分析相结合、经验抽样与统计抽样相结合、系统分析与案例分析相结合、财务审计理论与现代市场经济理论相结合的审计方法，查出挤占成本费用、材料不实、投资损失、人为调整利润等问题。烟草行业审计查烟草专卖与财务收支相结合，获审计署烟草行业审计综合信息先进单位；粮食清查审计，查出山西太原南河湾油脂储备库、内蒙古头道桥粮食储备库粮食部门严重违法违纪问题，被审计署确定为全国跟踪十大案件，有3人受到法律制裁，20多人受到党纪政纪处分；山西电力实业集团公司审计查出“小金库”38个共计1822万元，移送纪检、监察部门19案18人；石化行业审计，查出“小金库”3000万元，移送纪检、监察部门7人；社保资金审计，查出内蒙古呼市政府、电子设备厂留守处、就业局局长挪用、克扣、挥霍社保资金500多万元的严重问题，朱镕基总理等国家领导人批示严肃追究责任，向内蒙古自治区纪检、监察部门移送2人；原煤炭部社保局隐匿、涉嫌贪污社保资金等违法问题，原社保局长等3人被依法追究刑事责任。李金华审计长在代表国务院向全国人大常委会所作的审计工作报告引用了这一案例。1998年，对大同矿务局1997年资产、负债、损益进行了真实、合法、效益三位一体的审计。审计中采用了“吃透一个面，查清六条线，剖析十个点”的审计方法，收到了好的效果。提交的审计报告受到山西省政府的好评，审计方法和审计出的问题在审计署举办的企业审计研讨班上作为经验进行了交流。

固定资产投资审计　1994年，投资审计完成霍州矿务局李雅庄项目、古交矿务局屯兰矿项目、太原二电厂四期扩建项目3个国家重点建设项目的审计，审计资金总额18.8亿元，查出有问题金额11675万元，上缴190万元；完成外资项目——中科院山西煤化所国家重点实验室的审计；完成开工前审计13项，审计总额11.3亿元；审计调查2项，即“七·五”以来电力、煤炭建设项目审计调查,十三冶建设公司经营状况审计调查,其中:屯兰项目获全国优秀项目。共发出审计简报、信息13篇,7篇被省级以上报刊单位转载。

1995年,审计内蒙古察尔森水库及灌区项目、大同云岗矿改扩建项目两个重点建设项目,审计金额5.9亿元,查出违纪金额5200万元;完成两个外资项目——中科院山西煤化所煤转化国家重点实验室、中辐院环境技术援助项目;合资企业山西长宏机械有限公司。其中:内蒙古察尔森水库及灌区项目评为全国优秀审计项目,大同云岗矿改扩建项目评为全国表彰项目。1996年,审计山西铝厂二期竣工项目、铁三局施工企业审计,审计资金总额38.7亿元,违规3.2亿元。以上两个项目均被评为全国固定资产投资表彰项目;完成三峡工程陈家冲变电站(22万千伏安)、旧楼改造项目的审计;完成两个世界银行贷款项目审计和十三冶建设公司的审计。

1997年,审计京太西光缆(山西段)、中条山有色金属公司冶炼厂技改项目、建设部十二工程局、铁道部十七工程局、晋城成庄矿项目。其中:中条山有色金属公司冶炼厂技改项目评为国家优秀项目。

1998年,奔波于山西11个地、市,深入细致地完成了山西电力基金、三峡基金征收管理使用管理情况的审计;完成化二建施工企业审计;集中精力,以最快速度成功完成候月铁路竣工决算重点建设项目的审计。涉及审计资金100多亿元,查出违纪违规金额19.5亿元,处理处罚金额19.5亿元,应上缴金额1428万元。

行政事业审计　行政事业审计处成立于1997年3月。两年间,共完成审计项目13个,撰写审计简报27篇,采用6篇,有2个审计项目被审计署评为优秀审计项目。审计中,注意紧紧围绕宏观大局,针对被审计单位的情况,突出工作重点,采取有效方法,注意上下结合,左右联动,取得了明显效果,为深化改革、加强廉政建设发挥了应有作用。

1997年完成审计项目10个,其中:科研院所3个,大专院校3个,地质勘察2个,地震局2个。共查出违纪金额5700万元,应上缴财政120万元。发出审计简报12篇,被山西省政府采用1篇。

1998年完成审计项目3个。包括:武警内蒙古边防部队缉私罚没审计,新华社山西分社审计,企业住房资金审计。共发出审计信息简报及情况反映15期,被审计署采用及批转3期,被山西省政府、山西省委各采用1期。朱镕基总理批示1期。武警内蒙边防部队、新华社山西分社两个项目被审计署评为1998年度优秀审计项目。

商贸外资审计　商贸外资审计5年中对3个世行贷款项目进行了逐年审计,同时累计完成了对30多个中外合资项目的审计监督,为有效利用外资、保障国民经济发展发挥了积极作用。

1997年度共计完成审计项目9个,其中外资企业4个,分别是中国冶金进出口山西分公司、中国冶金进出口内蒙古分公司、中国有色进出口山西分公司、中国包装进出口内蒙古分公司;内贸企业1个,即中国物资储运太原公司;外资运用项目2个,分别是中国辐射防护研究院世行贷款项目、中科院山西煤化所世行贷款项目;中外合资企业2个,分别是山西广通电话公司、山西兆阳玻璃制品有限公司。全年查出违纪问题1426万元,编发专题、综合报告和信息简报19篇,其中3篇信息简报被审计署和山西省政府采用。

1998年度共计完成审计项目5个,其中外贸企业1个,即中国出口商品基地山西公司;内贸企业1个,即山西储备物资管理局;外资运用项目3个,分别是中国辐射防护研究院世行贷款项目、内蒙古自治区托克托火电世行贷款项目。全年审计查出违纪金额2824万元,编发审计专题、综合报告和简报信息14篇,其中3篇简报信息被审计署采用。

队伍建设　5年来,太原特派办不断强化内部管理,完善各项制度,立足审计工作,注重"以人为本",加强基础建设、队伍建设和业务建设,在练好内功上狠下功夫,全办的整体建设不断迈向新的高度。全办结合自身的客观实际,着眼未来发展,制定了一系列切实可行的办法和措施。(1)以抓领导班子思想政治建设为核心。(2)突出抓好中层干部队伍建设。(3)全力抓好处室建设。(4)从严治政,强化管理。(5)结合实际,加强思想政治建设。通过以上措施,初步建立了一支廉洁、敬业、高效的审计队伍。

**地址**　太原市府东街南华门东二条三号

**电话**　0351—3274727

**邮编**　030001

(成安民)

**【沈阳特派员办事处】**　审计署驻沈阳特派办机构内设综合处、工业审计处、工交审计处、商贸审计处、外资行政事业审计处、投资审计处、财政审计处、金融审计处、人事教育处、办公室、服务处和机关党委。

办领导成员

| 年份 | 特派员 | 副特派员 |
|---|---|---|
| 1994 | 梁恩奇 | 朱德智　李业林 |
| 1995 | 梁恩奇 | 朱德智　李业林 |
| 1996 | 梁恩奇 | 朱德智　李业林 |
| 1997 | 梁恩奇 | 朱德智　李业林 |
| 1998 | 梁恩奇 | 朱德智　李业林 |

主要业务成果综述　共审计

645个单位，查出违规金额101亿元，应上缴财政23亿元，减少财政拨款或补贴2.1亿元，追还侵占挪用资金3.3亿元，促进为国家增收节支1.6亿元；提出审计意见或建议69条，促进有关单位加强管理，提高效益4.2亿元。

5年来，沈阳办共受表彰、奖励105项次，其中，受审计署及各司局奖励、表彰69项次，受辽宁省委、省政府及有关部门表彰、奖励36项次。

财政审计　5年来，财政审计以加强国家财政管理和加强宏观调控为目标，以账户入手、下审一级、延伸调查为基本方法，以预算外资金管理和两税征管为重点部位，以揭露财政分配和资金使用中违纪违规，促进管理，提高资金使用效益为内容，对辽宁省、大连市、沈阳市、深圳市等14个单位进行了审计，共查出违纪金额55亿元，应上缴财政16亿元，已上缴财政15.7亿元，应追还被侵占挪用资金220万元，减少财政拨款或补贴1.7亿元。这几年，沈阳办对财政审计与其他专业审计在预算执行审计中相结合问题进行重点研究、探索，在实践上有突破，在理论上提出了系统的建设性意见。

金融审计　先后对中国人民银行、建设银行、光大银行、交通银行、中信公司、中创公司和君安、海通、申银、万国、国泰五大证券公司等在辽宁及外埠84个金融机构进行了审计。5年来，共查出违纪违规金额2.8亿元，上缴财政1.3亿元。在金融审计中，一是针对金融领域中违规融资、违规拆借、高息揽储、账外经营、滥支滥用以及重大损失浪费等突出问题加大力度，坚决查处；二是抓住金融与社会经济生活，特别是与企业有千丝万缕联系的特点，全面反映与金融相关的问题与情况，在更大范围、更高层次上为宏观管理服务，以提高审计监督作用，维护正常的金融秩序和财经秩序。

企业审计　从三个方面深化企业审计：一是转变观念，提高认识，开阔思路，充分认识到沈阳办所辖审计对象——辽宁国企是全国国企改革的重点和龙头，企业审计也必须服务于这个大目标。因此，我们从传统财务收支转变为以真实性为基础全面的资产、负债、损益审计。二是强化审计力度，坚决查处严重违规违纪问题。三是针对国企改革和发展中面临的突出矛盾和问题，结合项目进行调研，在一定程度上和一定范围内促进问题的解决，促进国企改革的深化。5年来，共审计企业272个，查出违纪违规金额25.3亿元，提出审计建议29条，促进企业增加效益4760万元；提交企业审计调查报告和调研材料307篇，其中，有的被国务院领导作出重要批示，对促进企业改革与发展发挥了积极作用。

投资审计　投资审计是明显改进、提高、发展的5年。5年来，共对辽阳化纤公司二期工程等137个工程项目和建筑施工单位进行了审计，共查出违纪违规金额11亿元，提出审计建议23条，节约投资1.1亿元。5年来，固定资产投资审计根据新形势、新情况和署里的新要求，围绕审计深度和审计规范两个方面不断探索深化固定资产投资审计的新举措。1997年，制定了建设项目审计管理暂行办法，这个办法对项目开工前审计、项目预算执行情况审计和项目竣工决算审计进行了细化规定，是彻执行固定资产投资审计规范化的一个具体措施，同时，也较好地解决了当前投资审计中存在的一些矛盾和问题，有力地推动了投资审计工作。在建设项目审计中，按着这个办法，突出抓项目审计的深度和规范，明显地提高了项目审计的质量与效果，5年来，沈阳办先后有多个审计项目被署评为优秀项目。

行政事业外资审计　5年来，共审计行政事业单位97个、审计外资项目41个。在对世、亚行贷款等外资项目审计中，通过重点审查项目配套资金的到位情况，以及项目内部控制、管理、核算等情况，提出加强和改进项目管理的意见和建议，有力地推动了项目的顺利进行，促进合理有效利用外资，受到了署外资司、项目单位等各方面好评，外资审计达到了一个新水平。

专项审计　沈阳办承担了国有土地出让金、三峡电力建设基金、社会福利基金、粮食亏损挂账等多项重大专项审计任务。特别是1998年对辽宁、河南两省粮食清查审计中，沈阳办集中力量，精心组织，历时3个多月，查出辽宁地区15个粮库违反财会制度2.9亿元，查实占用农业发展银行贷款44.4亿元，新增财务挂账4.3亿元；对河南9个地区53家粮食主管部门、41家农业发展银行、39家财政局和503户粮食企业实施了全面抽查，抽查审减财务挂账3.3亿元，同时，还对9个专项案件进行查处，移送当地司法部门8件，并向审计署作了专题报告。

审计信息　5年来，共编发审计简报、调查报告等信息材料1108篇，被审计署、辽宁省委、省政府采用659篇次，被中办、国办采用49篇次，被朱镕基等国家领导人及省部委领导作出重要批示的有27篇。这些审计信息成果不仅扩大了审计影响，而且对加强宏观经济管理起到了明显的作用。自1995年以来，连续4年受到辽宁省政府表彰。

班子队伍建设　在队伍建设方面：一是从审计工作和审计事业发展的需要出发，大力开展业务培训和继续教育，改善了文化结构，提高了队伍素质，适应了审计工作需要；二是建立与完善了体现公平、公开、公正原则的干部管理机制，极大地激励和调动了审计队伍各方面的积极性；三是把锻炼、培育和任用优秀中青年干部放在突出位置，1994年，在审计系统首创处长助理制度，选送19人到东北财经大学等院校攻读硕士研究生。到1998年底，沈阳办实有人员124人，其中，具有研究生学历的有3人，大专以上学历的有102人；高中级职称人员53人；平均年龄48岁。沈阳办已成为一支政治业务素质较高，充满生机活力，特别能战斗的队伍。

政治思想工作与廉政建设　一是坚持政治理论学习和形势教育，使审计干部具有坚定的政治信念和政治鉴别力；二是把政治思想工作同加强队伍的思想作风结合起来，培育审计干部爱岗敬业、求真务实的工作作风；三是按严暖结合的原则，切实解决职工工作、学习、生活、家庭等一些实际问题。通过这些，使全办干部精神振奋，团结凝聚，士气激昂，精力集中地投入到工作中去。在廉政建设上，视廉正为审计工作的生命线，严格按中纪委、署党组和地方党委的规定和要求，坚持从严治理审计队伍；通过坚持不懈地抓教育、抓制度完善、抓检查和实行违反廉政纪律一票否决制，使廉政建设不断巩固、提高，因此，多次受到了署监察局、辽宁省纪委、辽宁省直机关工委及被审单位的充分肯定与高度好评。

基础技术建设　一是制定和完善了《工作任务目标考核管理办法》、《审计计划管理办法》等，进一步加强了审计工作的组织与管理水平。二是制定了《优秀审计项目奖评办法》、《单项贡献奖励评比办法》、《优秀人员奖励津贴办法》等，不仅对审计人员起到了促进和激励作用，也确保了全办工作高效、优质、全面地完成。三是以规范化为重点，规范审计作业行为，完善审计审理制度，提高审计项目质量，防范和化解审计风险。四是高度重视审计信息化建设，利用计算机建立了审计对象资料库和审计法规资料库，建立了办公自动化网络，计算机辅助审计也取得了实际进展。五是制定并严格执行财务、资产等制度，有效地保障了全办工作的需要。同时，沈阳办的公文、档案、保密等项工作也都取得了明显的进步与提高。

**地址**　沈阳市皇姑区庐山路13号
**电话**　024—86216577
**邮编**　110031　　　　　(郑广民)

**【哈尔滨特派员办事处】**　1994年特派办设有财政审计处、金融审计处、固定资产投资审计处、企业审计一处、企业审计二处、企业审计三处、办公室、人事教育处、机关党委办公室；1995年，机构设置没有变化；1996年，增设机关服务处，企业审计一、二、三处，分别改为工交审计一处、工交审计二处、工交审计三处；1997年至1998年，机构设置没有变化。

办领导成员

| 年份 | 特派员 | 副特派员 |
|---|---|---|
| 1994 | 范垂生 | 冯光　罗庆志 |
| 1995 | 范垂生 | 罗庆志 |
| 1996 | 范垂生 | 冯光　罗庆志　刘实 |
| 1997 | 范垂生 | 冯光　罗庆志　刘实 |
| 1998 | | 冯光(主持工作)　刘实 |

审计业务成果综述　5年来，共完成审计项目655项，查出违规行为金额158.62亿元，应上缴财政6.5亿元，已收缴1.85亿元，追还被侵占挪用金额2.3亿元，归还原资金渠道7亿元，提出审计建议688条，促进增收节支3.78亿元。查出百万元违规行为37个，查出重大违规行为问题32件。报送各类审计信息384份，其中被中央办公厅、国务院办公厅采用21份，被审计署及国务院各部门采用105份，被黑龙江省委、省政府、省政协采用8份。

财政审计　5年来，共查出违规金额31.9亿元，应上缴财政2.89亿元，已上缴财政0.59亿元。一是认真纠正地方政府的越权行为，制止了违纪行为，减少了国家财政收入流失，促进了财税管理，促进了财税体制改革的顺利进行。1994年，对黑龙江省财政收支和吉林省执行新税制情况进行了审计，延伸审计了部分企业和税务部门。根据审计署的统一部署，首次开展了哈尔滨海关以及部分口岸关税和代征税审计，取得了初步成效。二是认真执行《审计法》、《预算法》及《中央预算执行情况审计监督暂行办法》，坚持为财税体制改革服务思想，加强对宏观调控措施的监督。在审计吉林、黑龙江两省国税和黑龙江省财政中，延伸了13个市(地)、29个部门、15个县、77户企业，揭示出两省财政管理、资金投放、税收征管中存在的问题。三是认真运用“账户入手，下审一级”的方法，探索预算单位银行账户审计监督。1997年，完成了审计署上年度下达的天津市财政决算、吉林省国库、黑龙江省财政监察专员办、黑龙江省国库等项目审计，查出财税部门违反国家政策，越权减免税、缓税、混库、挖挤中央收入等违规行为问题。同年，在审计署组织的财税审计项目评比中，哈尔滨特派办财政决算审计项目被评为第5名。四是认真总结经验，进一步加强财政收支审计。1998年，在对贵州省

1997年度省本级财政决算审计中，认真遵循审计署提出的“规范和强化对省级财政决算真实性审计，防范审计风险”的指导思想，从贵州省经济发展状况和财政管理特点出发，有针对性地实施审计，把检查财政银行账户和全面核实预算收支账目作为审计的内容，强化了审计力度。在中国人民银行黑龙江省分行及12个下属单位1997年财务收支情况审计中，查出违规设立银行存款账户、以拨列支、挪用预算资金、应缴未缴税款9类24项违规行为问题，堵塞了管理上的漏洞。“中国人民银行预算执行中的实拨资金问题亟待解决”的《情况反映》由审计署转送中国人民银行。

金融审计　5年来，共查出违规行为金额93.99亿元，应收缴0.67亿元，已收缴0.45亿元。一是积极促进金融体制改革。1994年，对中国人民银行黑龙江省分行和吉林省分行政策管理、经营国家资金以及执行“约法三章”情况进行了审计，纠正了两省金融系统隐瞒利润、隐瞒外汇收入和违反“约法三章”等方面的问题。二是严格金融审计，维护国家的金融秩序。1996年，在中国建设银行黑龙江省分行系统审计中，针对损益不实、固定资产违规超标严重问题报送的《建设银行黑龙江省分行系统固定资产比率平均超标62个百分点》的信息，引起省分行及有关部门的重视，对维护国家的利益，规范其行为起到了积极作用。三是集中力量，搞好金融审计。1997年，为了完成好中国经济开发信托投资公司审计，以金融处为主，抽调部分骨干组成联合审计组，经过70余天的艰苦工作，取得了显著成果。审计署向国务院报送的审计工作报告中，采用了特派办提供的中国经济开发信托投资公司9.1亿元资本金来源不合理及证券部财务管理混乱问题；审计署受国务院委托向全国人大报送的财政审计报告中，采用了哈尔滨特派办提供的财政部以支农周转金拨付中国经济开发信托投资公司5亿元作为资本金问题；朱镕基副总理在审计署报送的审计工作报告上作了重要批示，对审计成果给予肯定。审计署金融司在给哈尔滨特派办的通报中指出：这次对信托投资公司的审计结果，为中央召开全国金融会议，研究下一步金融体制改革，防范化解金融风险，提供了重要的决策依据。1998年历时3个月，完成了华夏、南方、海通、国泰、君安等5个证券公司在黑龙江、吉林省境内11个营业部的审计任务，查清了资产、负债、损益情况，纠正了违规行为问题，堵塞了管理和经营中的漏洞，对促进整顿证券市场秩序，加强管理，规范经营发挥了作用。

固定资产投资审计　共审计了34项国家重点建设项目，审计总投资额335亿元，查出有问题资金41亿元，其中资金不到位30亿元，多列概算3569万元，少列概算7503万元，虚报投资完成1.3亿元，概算外投资2.9亿元，超规模超标准1.6亿元，多结算工程款3705万元，挤占建设成本2954万元，转移挪用建设资金8744万元，乱集资乱摊派8881万元，欠缴税金8078万元。

为了提高审计质量和效率，有效监督固定资产投资规模，促进调整产业结构及固定资产投资合理有效使用，减少国家资产的损失和浪费，1995年，应用自行开发的《工程预决算审计软件》，把工作重点放在提高审计力度、效果和质量上。在1995年审计署下达计划的国家建设项目审计质量评比中，有2个项目被评为优秀项目和表彰项目。1996年，根据国家经济发展的总体部署，严格监督固定资产投资规模，同时积极向国家反映产业结构不合理造成的经济效益低的问题。在审计署国家建设项目审计质量评比中，长春第一汽车制造厂的大众汽车年产15万辆轿车审计项目被评为优秀项目，京沈哈光缆黑龙江段审计项目被评为表彰项目。

工交审计　5年来，共查出违规行为金额46.19亿元，应收缴1.8亿元，已收缴1.58亿元。一是积极探索不同行业审计工作新途径。在1994年的审计中，工交审计一处针对新旧会计制度接轨的新特点，采取了既审又帮的方法，监督帮助企业正确接轨；工交审计二处在审计实践中尝试运用了统计抽样法，取得了较好的效果；工交审计三处根据审计署的部署，首次开展了股份制试点企业审计，摸索出了股份制企业的一些基本特征和适合股份制特点的审计方法和重点内容。二是强化企业审计，为深化企业改革服务。1995年，对光大集团所属单位、石油、石化、内外贸、有色金属、烟草、电力、煤炭、航运、森工、邮电和农垦等系统、行业的40户企业及128个二级单位进行了审计，提出合理化建议88条，促进增收节支1010万元，反馈信息48份，有20份分别被地方政府、有关部门、审计署和中央办公厅、国务院办公厅采用。大庆石油管理局欠税54亿的信息同时被中办和国办采用；黑龙江省大中企业拖欠电费严重，影响电力发展的信息，引起省政府和国务院的重视；在农业开发资金审计中，有效地监督了资金的合理使用，垦区把有限的农业开发资金用在刀刃上，加强了农田基本建设，促进了农业丰收，审计成果得到国务院领导的肯定。三是继续深化对重点企业审计。哈尔滨特派办报送的大庆石化总厂三废治理增效1.4亿元的信息被《法制日报》、《经济日报》采用；纠正黑龙江省电力行业擅自征收电力建设基金不缴税问题，引起省政府的重视，马国良副省长亲自召集有关部门研究解决办法。四是加强审计调查工作。1995年，结合审计工作开展了消费基金、企业潜亏、财政决算赤字真实性等29项审计调查，向审计署报送20份审计调查报告。1996年在企业改革情况的审计调查中，深入分析了企业改革中存在的主要问题和产生问题的主要原因，提出了分离出来的经济实体要逐步走上规模化经营路子等7条建议。1997年，在对企业负担过重的审计调查中，揭示了所调查的4户企业不合理负担4.9亿元，造成企业当年减少利润4.2亿元的问题。

外资运用审计　5年来，在世行、亚行贷款项目审计中，帮助贷款单位完善了管理制度，规范了会计核算，较好地解决了贷款项目设备到货期拖后，国内配套资金不落实等问题。在外债审计中，重点纠正了外债汇兑损失严重、部分贷款项目经济效益不理想等问题。1994年，分别对哈尔滨东振铝业有限公司和哈尔滨大生饲料有限公司进行了审计。对2户合资企业中存在的外方资金不到位，外方长期拖欠包销货款等问题提出了审计意见，对维护合资企业的合法权益，促进合资企业的健康发展起到了积极作用。1996年报送的《外债使用喜中有忧》等3篇信息被审计署采用，有效地促进了企业加强外资使用管理，提高了外资使用效益。1997年，完成了黑龙江农业现代化研究所世行贷款环境技援项目等7个项目审计。审计总投资47亿元，查出资金不到位、资产账实不符等有问题金额293万元；出具对外审计报告3份；报送的4份信息均被审计署采用。

此外，哈尔滨特派办还进行了专项审计。如1998年，为了确保国务院领导部署的粮食财务挂账清查审计任务的顺利实施，集中全办力量对黑龙江境内21户粮食储备库进行了清查审计。经核实，拟划转库占用贷款总额及未付利息38亿元，新增财务挂账6.2亿元。按可比口径计算，扣除政策性补贴未补挂账8499万元，拟划转库新增财务挂账5.4亿元，比企业账面总数调减34151万元，调减38.76%，比自报总数调减3.67亿元，调减40.5%；比省政府认定数调减1.4亿元，调减后新增财务挂账数4.8亿元，调减22.38%。查出的32件重大违规行为问题中，影响较大的问题经国务院工作组协调，省政府的严肃处理，均较好地得到了解决。根据审计署的统一安排，参加了河北省粮食清查审计抽查工作。经对石家庄、保定、唐山、承德、沧州等5市87县的抽查审计，共计核减新增财务挂账2.5亿元，平均核减8%，出色完成了抽查审计任务。

队伍建设　至1998年底，哈尔滨特派办有在职职工100人。其中，高级职称2人；中级职称68人；全办35周岁以下的34人；36至45周岁的26人；46至55周岁的33人；56周岁以上的7人，全办平均年龄为41.6岁。从学历情况看，全办有研究生2人；大学本科生25人；大专毕业生56人。5年来，全办人员的政治、业务素质得到了较大的提高。一是加强党的建设，注重抓好思想政治工作。二是注重对干部队伍的培养教育。三是加强廉政建设。四是搞好后勤服务工作。

**地址**　哈尔滨市南岗区花园街2号
**电话**　0451—2520163
**邮编**　150001
（刘铁军）

**【上海特派员办事处】**

**上海特派办机构设置、业务分工及人员分布一览表**

**（1998年12月）**

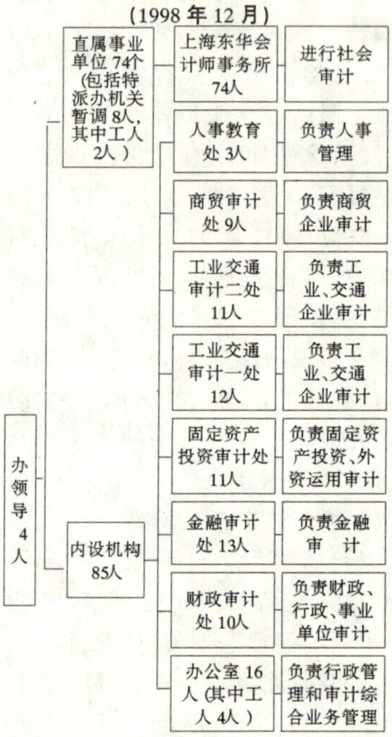


办领导成员

| 年份 | 特派员 | 副特派员 |
|---|---|---|
| 1994 | 崔雷平 | 陈遴　陶意纯　朱世荣 |
| 1995 | 崔雷平 | 陈遴　陶意纯　朱世荣 |
| 1996 | 崔雷平 | 陈遴　陶意纯　朱世荣 |
| 1997 | 崔雷平 | 陶意纯　朱世荣　周一芬 |
| 1998 | 崔雷平 | 陶意纯　朱世荣　周一芬 |

审计成果综述　全办共完成审计项目513个；查处违规行为金额202.81亿元，其中应上缴财政金额83.42亿元，应减少财政拨款或补贴金额3272万元，移交司法机关和纪检部门处理的经济案件4件，涉及违法违纪责任人员5人。同时，向审计署提交信息调研材料965篇，其中共有386篇被上级和其他有关部门采用。其中被中共中央办公厅采用的有13篇，被国务院办公厅采用的有20篇；被审计署采用的有258篇；被其他有关部门采用的有95篇。

财政审计　5年来，根据《审

计法》所赋予的职责,上海特派办在审计署的统一部署下,共完成中央预算执行审计项目 21 个。即 1994 年完成辽宁省本级财政收支、上海海关关税、浙江省财政预算执行情况的审计和调查;1995 年完成浙江省国税、上海市财政决算的审计;1996 年完成上海市国税、杭州海关和上海海关的关税、中央国库上海分库、中德合作项目上海市国税局增值税征管情况的审计;1997 年完成云南省财政决算、广州海关关税、中央国库浙江省分库、浙江省国税、财政部上海专员办、华东师范大学预算执行情况的审计;1998 年完成上海市财政决算、中央国库上海市分库、上海海关关税、财政部浙江省专员办、上海市国税的审计。5 年来,审计共查处违规行为金额 110.93 亿元,其中上缴财政金额 67.62 亿元。通过审计,查出部分省、市存在预算收入不纳入预算管理,预算内收入放在预算外,违规退库、越权减免国家税收,违规提取外汇风险基金,挤占水利建设资金等问题。

在中央预算执行和决算审计中,1995 年查出某市国有资产管理办公室未将收到的股份有限公司国家股红利和国有资产收益 5.79 亿元,上缴财政和纳入预算管理,其中已被支用 5.17 亿元。在国家税收征管情况审计中,1998 年查出某市国家税务局将中央企业、地方企业联合与外商合资的企业所得税全部征入地方国库,影响中央收入 5894.65 万元。在关税审计中,1994 年对某海关抽查了 13000 余份进口货单、5800 余份进口货单免税证明、700 余本保税业务登记手册,走访了 54 户生产经营企业,依法责成该海关补缴关税 6.69 亿元。在国库监管情况审计中,1996 年查出某市分库直属支库 20 个国库经收处延压预算收入 607 笔,金额达 1.04 亿元。

此外,配合中央预算执行情况审计,对人民银行执行中央关于整顿金融秩序的宏观调控措施和预算执行情况进行了审计监督。1998 年末,发现人民银行某分行下属外汇管理局,自 1995 年以来自行从年终收益中违规提取高比例的外汇清算风险基金,至 1998 年底累计提取的美金、港币,按 1998 年汇率折合人民币 3127 万元。

金融审计　上海特派办先后对沪、浙、甬地区的国有商业银行、信托、证券机构进行了审计,其中对上海地区的中央直属金融机构已全部轮审一次,有的已审计多次。5 年来,共完成金融审计项目 56 个。即 1994 年完成中国工商银行上海市分行等 5 家银行的审计;1995 年完成中国建设银行上海市分行、中国银行上海市分行等 9 家银行、中国太平洋保险公司上海、浙江等地 4 家分公司的审计;1996 年完成中国农业银行上海市分行、中信实业银行上海分行、上海中创国际投资服务公司、交通银行(总行)、中国太平洋保险公司上海分公司等 13 家金融机构的审计;1997 年完成全国八大信托投资公司在沪、浙两地下属信托公司,以及中国银行上海市分行、交通银行上海分行等 23 家金融机构的专项审计;1998 年完成中国人民银行浙江省分行和宁波市分行的审计。按照审计署下发的审计方案,金融审计重点从财务收支审计转向以检查信贷资产质量为主要内容的新领域,从审查企业资产、负债、损益入手,深入对金融企业进行审计监督,取得了很好的效果。5 年来,共查处违规行为金额 25 亿元,其中应上缴财政金额 7.08 亿元。通过审计,查出部分金融机构截留收入、虚增成本、随意调节利润、违反国家信贷政策多收或少收利息、漏缴税金、设置外账、高息揽存等违纪违规问题。

1995 年,审计发现中国银行某分行违反中央“约法三章”,向下属信托咨询公司透支外汇 5176 万美元;有 8 家银行少报“一逾二呆”贷款余额 114.36 亿元。1996 年,查出中国工商银行某市分行采用“借新还旧”贷款方式,掩盖风险贷款 73 亿元;查出中国建设银行下属信托投资公司某市办事处为了逃避人民银行的稽核,竟将证券回购量 4600 万元的银行收付凭证,从大账中抽出,设置表外账,使 2.19 亿元资金在账外循环,偷漏了营业税,并乱支用账外资金 256 万元。1997 年,对八大信托投资公司在沪、浙两地的信托公司审计中,重点揭示了一些金融机构急功近利,违规操作严重,隐藏着巨额金融风险的问题。1998 年,查出人民银行某分行违规拆借资金,造成 5 亿多元逾期拆借资金不能收回等问题。

此外,根据审计署的安排,1998 年,完成了对国泰、华夏、君安 3 家证券公司在上海的 31 家分部、营业部的审计。审计查出部分证券机构大量占用客户保证金搞自营业务、拆出资金难以收回、出借 D 字账户搞股票买卖等问题。

企业审计　5 年来,共完成工交、邮电、内贸、外贸、中外合资等企业审计项目 234 个,查处违规行为金额 34.18 亿元,其中应上缴财政金额 5.23 亿元。通过审计,查出部分企业偷漏国家税收、资产负债损益不实、国有资产流失、虚增利润、设置账外账等违规违纪问题。

1996 年,审计查出中国有色金属进出口总公司下属某公司个别干部化公为私,仅有 42 名职工的单位,竟然私设“小金库”达 185

万元，并用企业资金164万元为领导以个人名义购买产权房等，造成国有资产流失1.6亿元的问题。有关责任人员分别受到党纪、政纪处分，主要责任者已被逮捕法办。1997年，对内贸部在某市18家内贸企业进行经济效益专项审计，发现这些企业由于经营不当，累计亏损达12.3亿元的情况。1998年，查出某股份有限公司、某石油化工公司未经中国证监委批准，擅自委托中国国际石油化工联合公司代理进口原油套期保值（期货交易），截止1998年3月，共计亏损1335万美元，约合人民币1.1亿元的问题。

行政事业审计　5年来，审计行政事业单位43个，查处违规行为金额6.73亿元，其中应上缴财政金额0.59亿元。审计过程中，严肃查处违纪问题，并提出有效的审计建议，帮助被审计单位改进管理，取得了较好的效果。

1996年，查出中国科学院所属部分研究所下属经济实体违反国家现行财经法规的金额5175万元。1998年，发现5家单位少计收入7481万元，1家单位设账外账172万元，3家单位少计利润674万元，4家单位固定资产反映不实5984万元，3家单位偷漏税收120万元，3家单位违规拆借资金1100万元。

外资审计　5年来，共审计了105个国外援、贷款项目，查处违规行为金额8.48亿元。向审计署提供的简报信息，为国家宏观决策和改进有关部门的工作起到了较大的效果。

在外资项目审计过程中，严格执行审计程序，确保审计的客观公正。审计结果表明，学校、科研院所以及公益性项目还款能力差的问题已十分突出，有些项目单位存在违规问题。

1996年，审计发现世行贷款教材开发项目在沪3家子项目执行单位，在1994年和1995两年，有2家分别亏损32万元和40.5万元，1家微利5.5万元。按贷款协议要求每个子项目每年应偿还本金70万元人民币，显然无能为力。1998年，审计发现水利部某流域管理局将贷款转存的部分利息收入700万元挂在往来账；该局历年来挪用水利建设资金6100多万元自行出借，其中至1997年底尚有1614万元未能追回等问题。

国家资产投资审计　5年来，共审计国家重点建设项目51个。1994年，完成太湖防洪望虞河、太浦河工程2个流域性水利项目和34个开工前项目的资金情况的审计；1995年，完成华能石洞口第二电厂竣工决算、上海印钞厂引进印钞专用设备技改项目的审计；1996年，完成上海市政扩建电话网工程限额以上技改项目、福杭贵成干线光缆数字通信工程浙江段项目和福建段项目、宁杭光缆干线工程竣工决算项目的审计；1997年，完成上海市邮电管理局培训中心支撑用房及俱乐部改造工程、镇海炼油化工股份有限公司80万吨/年连续重整装置及系统配套工程和苯镏分馏系统、三峡左右岸一期供水管用工程、三峡杨家湾集装箱码头工程、上海石油化工股份有限公司30万吨/年乙烯改扩建工程等5个项目的审计；1998年，完成上海电力工业局闸北发电厂技改项目竣工决算、上海市1996—1997年度三峡基金征缴情况项目和电力建设基金征缴情况项目、天荒坪抽水蓄能电站项目概算（预算）执行情况的审计。通过审计，共查处违规行为金额13.74亿元，应上缴财政金额0.52亿元。

1996年，审计发现某石化企业将概算外属于其他项目的工程款3147万元，挤入该项目的工程成本。1997年，审计发现某企业俱乐部更新改造项目突破规模新增面积达7341平方米，超出原有面积的370%，大大突破了关于更新改造项目新增面积不得超过原有面积30%的规定。

5年来，共完成农业审计项目3个。1996年，按照审计署的统一部署，完成上海、宁波两市国有土地使用权出让金征收、管理、使用情况的审计；1998年，完成海南省农垦总局水利专项资金的审计项目。通过审计，共查处违规行为金额3.74亿元，应上缴财政金额2.37亿元。

商贸审计　1998年，先后完成对上海市4家、吉林省17家共21家拟上划中央的粮库（站）1997年度及1998年5月末资产、负债、损益的真实性、完整性以及新增财务挂账和其他不合理占用中国农业发展银行贷款情况的清查审计；对安徽省的粮食清查审计情况进行了抽查；会同太原办和湖南省审计厅对辽宁省的粮食清查审计情况进行了抽查，除派员对辽宁省财政厅、省粮食局、农发行省分行进行抽查复核外，还单独承担了对沈阳、锦州、朝阳、抚顺4市的抽查。

通过审计，查出沪、吉21家拟上划库1997年末累计亏损多报1.26亿元，偏差率25.37%；1998年5月末累计亏损多报2.21亿元，偏差率32.56%；核减吉林省17家拟上划库的新增财务挂账和其他不合理占用农发行贷款2.22亿元，核减率为36%。经对辽宁省沈阳、锦州、朝阳、抚顺四市粮食清查审计的抽查复核，核减新增财务挂账5.10亿元，核减财政部门少计收入、多计支出造成少报专项拨款结转款9041万元，核减粮食管理部门少报收入等1.53亿元。经对安徽省粮食清查审计的抽查复核，查出多计新增财务挂账、违规逆价销售人为造成新增挂账等问题金额 2560 万元。

1998 年，还根据人民来信的反映，对中国农业发展银行某分行粮油贷款业务情况进行了专项审计调查。审计查出农发行某分行发放给某粮油总公司粮油收购贷款中有 8000 余万元用于固定资产和房地产投资；该分行还向 6 家非粮食收购企业发放贷款 1.79 亿元等问题。

*特色工作* 借鉴国际通行做法，首创年度审计报告制度。审计机关建立年度审计报告制度是学习和借鉴国外审计先进经验，逐步与国际惯例接轨的一种尝试。通过这项制度的建立，系统地向政府报告全年的审计成果，向国务院有关部门提出加强和改进宏观管理的意见和建议，以进一步发挥审计在宏观调控中的作用。上海特派办于 1995 年在全国审计系统首创年度审计报告制度。通过 4 年的实践，已形成了一个相对规范的年度审计报告模式。

年度审计报告制度，是在原行业审计综合报告制度的基础上发展起来的。行业审计年度综合报告是年度审计报告的基础。年度审计报告的模式，由导言、审计依据、审计结果、审计评价、审计建议、总结等六大部分组成。在审计建议中，主要对国务院各部门和地方政府的管理工作分别提出意见和建议。如 1998 年的年度审计报告的建议，对国务院 19 个部委和上海市人民政府等有关部门分别提出了改进工作的意见和建议。

*探索中德合作审计，横向审计项目结出硕果* 根据中华人民共和国审计署与德国联邦审计院的审计技术合作协议，1994 年，确定将中国科学院上海分院 15 个院属研究所科研仪器设备管理制度的审计作为中德合作横向审计项目，中方由上海特派办具体实施。上海特派办根据审计署的要求，结合中国审计的特点，充分借鉴德国审计调查表的审计方式，设计了 81 个控制点的调查表和问讯表，作为横向审计的工作重点实施审计。1995 年 8 月，德国经济合作公司派出专家组到上海，对中德上述横向审计项目进行评估，德方专家高度评价了中德合作“横向审计项目”的审计成果。

1996 年，上海特派办和德国联邦审计院进行第二次合作，在上海的税收审计领域开展审计技术合作项目，取得了预期的效果。

德国联邦审计院的“横向审计”的原理和审计技术方法在审计署上海特派办的两次具体实践中获得成功。根据中德双方的愿望，及时编写了《德国横向审计在中国的运用》一书，于 1996 年 9 月由中国审计出版社出版。时任审计长郭振乾为该书作序，并将此书赠送给德国联邦审计院院长。

*政治素质和业务素质* 首先，坚持讲政治。经过几年的努力，收到比较明显的成效。比如分房、提拔干部、处室人员交流调整等，办事处平静如常，大家都能从大局出发看待问题。全办上下人人比学习、比工作，形成了一个团结和谐、积极向上的良好气氛。第二，着力于提高各个层次干部的素质。据统计，全办在册 97 人中，按照审计署规定应参加计算机达标考试的有 67 人，其中经考试达标的 47 人；参加各类提高学历层次教育人数为 19 人，其中参加硕士学位教育 13 人，参加本科学历教育 6 人。此外，鼓励大家搞审计科学研究，希望有人能够著书立说，并为其创造条件，提供方便。近年来，已明确一条进人原则，即从优秀的本科以上大学毕业生中间选拔优秀人才进办事处。5 年来，上海特派办共新进本科以上学历的大学毕业生 28 名，其中党员有 9 名，占 32%。

**上海特派办机关工作人员基本情况表**

**（1994 年—1998 年）**

| 年份 | | 1994 | 1995 | 1996 | 1997 | 1998 |
|---|---|---|---|---|---|---|
| 在册人数 | | 86 | 89 | 92 | 97 | 97 |
| 学历 | 本科以上 | 29 | 30 | 37 | 43 | 46 |
| | 大专 | 34 | 38 | 35 | 34 | 33 |
| 职称 | 高级 | 4 | 5 | 6 | 4 | 3 |
| | 中级 | 52 | 59 | 58 | 65 | 64 |
| 培训人次 | | 29 | 73 | 38 | 47 | 39 |

**上海特派办机关高、中级职称人员比例图（1994 年—1998 年）**

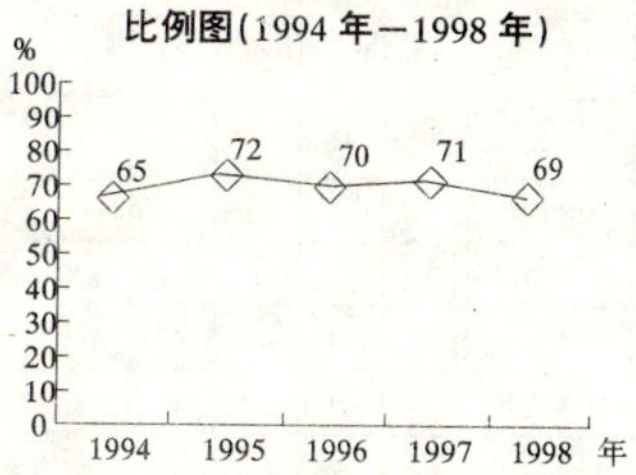


**上海特派办机关工作人员学历结构比例图（1994 年—1998 年）**

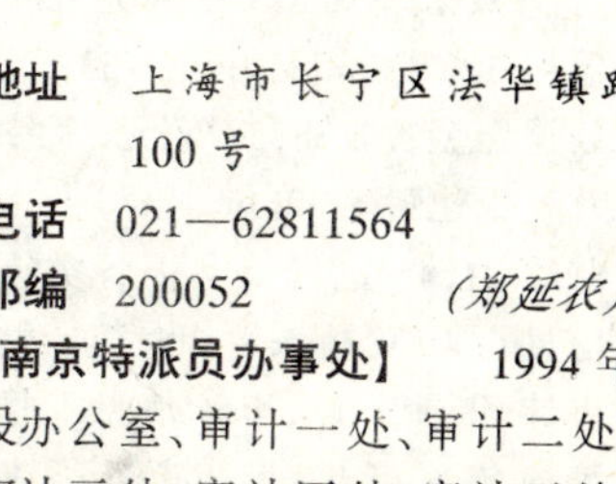


**地址** 上海市长宁区法华镇路 100 号
**电话** 021—62811564
**邮编** 200052 （郑延农）

**【南京特派员办事处】** 1994 年设办公室、审计一处、审计二处、审计三处、审计四处、审计五处、人事教育处、机关党总支、江苏金陵审计事务所和江苏钟山会计师事务所等机构。在册职工 95 人，其中 80% 具有大专以上学历，

60%具有中高级专业技术职称；1995年9月，根据审计署批准的南京特派办“三定方案”，审计一处调整为工业交通审计处，审计二处调整为金融审计处，审计三处调整为财政审计处，审计四处调整为固定资产投资审计处、审计五处调整为商贸审计处；1996年7月增设行政事业审计处；1997年2月成立机关党委；1998年2月增设机关服务处。到1998年底，在册职工102人，平均年龄37岁，大专以上学历达89%，具有中高级专业技术职称的达72%。

**历年人员变化情况表**

| 年度 | | 1994 | 1995 | 1996 | 1997 | 1998 |
|---|---|---|---|---|---|---|
| 专业职称 | 高级 | 8 | 6 | 7 | 7 | 6 |
| | 中级 | 49 | 55 | 58 | 59 | 56 |
| | 初级 | 17 | 11 | 7 | 7 | 7 |
| 学历层次 | 大学以上 | | | | 4 | 4 |
| | 大学 | 24 | 27 | 28 | 27 | 27 |
| | 大专 | 52 | 51 | 54 | 55 | 53 |
| | 大专以下 | 19 | 21 | 19 | 17 | 18 |
| 总人数 | | 95 | 99 | 101 | 103 | 102 |

办领导成员

| 年份 | 特派员 | 副特派员 |
|---|---|---|
| 1994 | 袁有江 | 杨德荣　李鹤云　徐荣 |
| 1995 | 袁有江 | 李鹤云　徐荣 |
| 1996 | 袁有江 | 徐荣　刘海彬 |
| 1997 | 袁有江 | 徐荣　刘海彬 |
| 1998 | 袁有江 | 徐荣　刘海彬 |

审计成果综述　5年共完成审计项目323个，审计单位453户，查处违纪金额288.57亿元，其中百万元以上违纪单位180户，上缴财政21.45亿元。上报各类审计信息664篇，被采用307篇。财政审计、审计统计、审计信息工作连续5年、4年、3年获审计署考评前6名。金融审计、固定资产投资审计、工交审计、商贸审计和外资审计均获得较高名次，审计工作质量受到审计署领导的重视和肯定。

财政审计　共审计38个单位，查出违纪金额103.2亿元，应上缴财政10.8亿元，已上缴财政4.96亿元，应追还被侵占挪用资金2369万元。

1995年，中央税收审计、江苏国税审计、江苏财政决算审计分别获审计署考评第2、4、5名；1996年，江苏国库审计、南京海关关税审计、财政审计分别获审计署考评第4、第5、第6名；1998年，浙江国税审计、大连海关关税及进口环节税审计分别获审计署考评第1、第3名，同时获得财政审计工作质量综合考评第三名。南京办财政审计工作已连续5年获审计署评比前6名。

此外，财政审计处狠抓信息调研工作，重视揭示当前财税工作中出现的新情况、新问题，为国家制定和完善财税政策提供依据。1994年—1998年共提交各类审计信息123篇，被有关部门批示采用74篇。

金融审计　金融审计处先后完成对江苏、安徽两省人行、建行、工行、交行、中信银行系统和太平洋保险公司的审计，参加了审计署组织的对中信等9家信托投资公司及对君安、国泰等4家证券公司的审计工作。5年来，共审计53个单位，查出违纪金融63亿元，上缴财政5389万元；另一方面对发现的违法违纪问题，加大处理力度，对查出的资产、负债、损益不实及资产质量不高、风险大、效益差和经营亏损等问题，及时向有关部门反映。上报各类审计信息91篇，被采用33篇，其中被党和国家领导人批示5篇。

1998年6月，金融审计处对君安证券有限责任公司实施专案审计，审计组采取外围入手、循资金走向、层层剥笋、政策攻心等灵活方式，以增资扩股为切入点，围绕股票自营、外汇业务、资产真实性等重点内容，“梳辫子”、“揪尾巴”、“找矛盾”，克服重重困难，经过3个多月的艰苦作战，最终查实该公司虚假注册空壳公司、虚假增资扩股，预谋将巨额国有资产私有化等一系列严重违法犯罪事实。移送司法部门处理后，数十名经济犯罪分子被送上了法庭，及时制止了巨额国有资产化为私有，为中央作出重大决策提供了第一手参考资料，同时促成国泰、君安两大券商合并，对于《证券法》的颁布实施，规范我国证券市场产生了重大影响。

国有企业审计　5年来，共审计扬子石油化工公司、江苏省电力公司、江苏省烟草公司等90家企业，查出违纪金额近65亿元，上缴财政近9亿元。上报信息147篇，被采用40多篇，其中简报《江苏省电力公司将1.8亿元电网服务费作为消费基金》被编入审计署《重要信息要目》上报，国务院领导作出重要批示，随即在全国范围内进行普查普纠，充分体现了审计信息高层次、远距离、全方位的经济监督功能。

固定资产投资审计　共审计扬子乙烯、仪征化纤、华能电厂等22个国家重点建设项目，审计总金额近30亿元，发现超规模、超标准、多列概算、高估冒算等有问题资金5.8亿元，查处违纪金额5.15亿元，核减工程预决算金额2092万元，完成新开工审计项目270个。上报各类审计信息72篇，被采用40多篇。

利港电厂一期竣工决算、南汽依维柯、南通醋酸纤维扩建、仪征化纤三期、江苏话网改造和楼堂馆所项目建设管理审计调查等项目分别获审计署1994、1995、1996、1997年表彰项目称号；1994年该处被评为审计署先进基建处，1996年该处蔡峰同志获审计署优秀审计人员通报表扬。

1997至1998年,固定资产投资审计处积极完成地方政府交办事项,配合做好中央单位建设项目执法监察,完成了对258个工程建设项目的专项治理,收缴各类违纪金额2956万元,促进了地方建筑市场治理整顿和廉政建设,受到地方政府的充分肯定和通报表扬。

商贸外资审计　共审计99个单位。上报各类信息79篇,被采用27篇,其中《20户商贸企业偷漏税收和应缴国家收入1.95亿元》、《挂靠经营关系不顺影响企业健康发展》、《国有企业股份制改造中要防止国有资产隐形流失》、《合资企业国有资产流失的一种形式——无形资产不评估作价》、《世行贷款项目公司制改造不规范》等审计简报被审计署全文或部分采用,转发至有关部委后引起高度重视。1995和1996年该处被评为审计署商贸审计先进单位。

1998年,根据审计署的统一部署,商贸审计处在其它业务处室的大力协助下,先后完成了对苏、赣及粤、皖、豫部分地区粮食亏损挂账清查及抽查任务。经审计核实,截止1998年5月底,江苏省南京集合村国家粮食储备库等10个拟划转粮库资产账面数总计14.6亿元,审计核增287万元,负债账面数总计12:75亿元,审计核减1992万元,所有者权益账面数总计1.85亿元,审计核增2279万元,查出生产性固定资产等其它不合理占用农发行贷款3521万元,违纪违规金额3986万元;江西省南昌横岗国家粮食储备库等9个拟划转粮库资产账面数总计13.6亿元,审计核减1470万元,负债账面数总计12.2亿元,审计核减266万元,所有权账面账面数总计1.37亿元,审计核减1204万元,查出生产性固定资产等其它不合理占用农发行贷款2239万元,违纪违规金额1766万元。

河南省粮食复查审计期间,南办审计组遇到被复查单位设置障碍等重重困难。例如开封县粮食局半坡店乡粮管所提供虚假账册、虚假说明,现场盘库时提供假保管台账、假计量工具(50米卷尺中蓄意分三处剪去3米),审计组团结一心,排除干扰,深挖细查查处典型案件8件,移送当地司法部门8件,司法、纪检部门撤销行政职务5人,党内处分3人,依法逮捕2人,其中郑州市中原国家粮食储备库套取国家粮食补贴一案,被中央电视台“焦点访谈”栏目曝光。上报反映的套取国家粮食补贴、占用粮油资金购建大楼、挪用公款等问题,引起了有关部门的高度重视。

行政事业单位审计　行政事业审计处1996年8月成立后,短短3年时间,完成了20个审计项目,查出违纪金额5.3亿元,上缴财政1676万元,并先后揭露在宁地区3所高校开设396个银行账户、非法从事金融业务,武警××省总队坐支边防缉私罚没收入等一系列违纪违规问题。1998年,该处水利专项资金审计、新华社江苏分社1997年度预算执行和财务收支审计、住房资金归集、管理和使用情况专项审计分获审计署特办序列评比第1、第2、第3名。

在依法查处违纪违规问题的同时,行政事业审计处在促进被审计单位加强财务管理、规范内控制度、增强法制观念等方面下了不少功夫。如针对某校弄虚作假、骗取奖金、实物的问题,行政事业审计处作出处理决定的同时,提出加强对纵横向科研资金的核算,规范财务制度的具体审计意见,责令校方整改,引起全校震动。该校以党委名义下发了《关于整顿会计秩序、加强财务管理的决定》。针对某科研所私设小金库的问题,审计组提出了具体建议,并对该所科以上干部及有关部门人员进行了业务培训,该研究所及主管部门领导十分重视,明确了5条整改措施,改进了该所的财务管理工作。

队伍建设情况　5年来,党建、团建、文书、信息、财会、档案等工作多次荣获主管部门的表彰或表扬。1994年,张润泽同志被评为江苏省省级机关工委优秀党员;1995年,南京办被评为江苏省“二五”普法先进单位,在审计署考核中特派员袁有江同志被评定为优秀等次;1996年起连续3年获得江苏省“省级机关青年文明号”荣誉称号。1996年,荣获江苏省省级机关党纪条规知识竞赛集体组织奖、审计署科研单位审计优秀奖;1997年,被评为江苏省省级机关“双学”先进单位;1998年,统计、信息、财务管理分别获审计署特办序列考核第1、第6、第6名。

内部制度建设　先后制定了审计统计、审计文书、审计计划、项目审理、档案管理、计算机管理、三级目标考核等14项业务基础规定和银行账户审计、计算机辅助审计、制度基础审计、企业事实性审计等操作规程;制定了4项廉政制度和职工医疗、办公楼管理、车辆管理等5项后勤管理制度。

从1994年,引入竞争机制,对处室一级实行工作目标考核;1995年,对业务处室、审计小组(或称审计项目)、审计人员实行以计分评优、获优奖励的三级目标考核。此后,三级目标考核办法逐年得到修改完善,考核功能日益增强。横向上,所有能量化的规章制度和工作任务全部纳入考核内容，包括精神文明建设、审计规范化建设、审计方法创新和审计业务成果四个方面。纵向上，对每一时期的工作重点，如1995年学习宣传《审计法》和加强审计信息工作，1997年贯彻中国审计规范和开展银行账户审计试点，1998年运用计算机辅助审计和开展真实性审计试点等，均作为考核重点，明显加大考核分值；在功能设置上，对同一目标既有加分又有减分，使考核具备激励、约束双重功能；在年末具体组织考核时，确保考核公平、公正、公开，拉开奖惩档次，确保考核不走过场。

重视开展各种形式的业务教育和培训。每年聘请经济学专家、计算机教授授课，邀请审计署法规司举办审计规范、审计法实施条例讲座；从审计署联系购买近万元的业务书籍发给职工自学；鼓励大家参加计算机学习、第二学历和在职研究生学习，还派人参加署组织的各类培训活动。在1998年底审计署组织的计算机应用水平考试中，特派办考试通过率高达95.5%。迄今为止，全办89%的职工具有大专以上学历，已有62名审计人员通过国家考试获得审计师、会计师及其以上职称任职资格，占全办职工人数的72%。

廉政建设　在廉政制度建设上，将廉政监督关口前移，1994年至1998年先后制定了《处室廉政监察员工作暂行规定》、《工作人员廉洁自律的补充规定》、《工作人员在国际交往中收受礼品的登记和处理方法》、《工作人员在执行审计公务中禁止饮白酒的暂行规定》等廉政制度。

还明确规定发送审计通知书的同时发送廉政监督函件，汇报审计情况时首先汇报廉政纪律执行情况。开展各项考核实行廉政一票否决制，廉政制度与业务制度相结合，形成对不廉洁行为的有效防范约束机制，既确保了审计质量，又促进了反腐倡廉。

## 审计案例之一

### 东南大学基建处团伙贪污

1996年南京特派办行政事业审计处在审计东南大学财务收支情况过程中，对该校基建处预算外资金往来户进行延伸调查，发现基建处会计未经批准，擅自将国家资金60万元存入其在南京市投资公司开设的结算户，随即挪作它用。此严重违纪行为有重大犯罪嫌疑，经特派员会议研究，决定移送南京市检察院立案查处。最终查实，此案涉及贪污、挪用公款金额高达670万元，两名主犯被判处无期徒刑，3名胁从犯分别被判处有期徒刑10年、5年和有期徒刑3年缓刑4年。这起建国以来高校罕见的特大经济犯罪案件，在南京地区引起了极大震动，各高校纷纷以此为戒，采取组织措施，加强建章立制，完善各项监督制约机制，收到了良好效果。

## 审计案例之二

### 苏州市"两局六行"联手延压税款

1996年4月，南京特派办在发现苏州市一家银行与税务部门联手占压税款的线索后，迅即从有关处室抽调人员组成调查组，由特派员亲自带队，对该市国税、地税和6家专业银行展开全面调查，仅用7天时间，便一举查清该市国税局所属5个分局在6家专业银行开设税收过渡账户13个，占压税款2亿多元，占压时间最长达89天以及收取利息345.5万元的问题，得到了审计署、人民银行江苏省分行的重视。据此撰写的专题调查报告被审计署办公厅全文编发审计简报，党和国家主要领导人作了重要批示，人总行和税总负责人也批示查处，在全国范围内开展了清理工作，为严肃国家财经纪律，整顿经济秩序起到了促进作用。

### 南京特派办审计论文

1．关于新会计制度下企业工效挂钩办法的几点思考

——杨庆　原载《财会审》1994年第7期

2．清查企业"小金库"措施有力成效显著

——赵国清、刘步龙、曹阿虎　原载1995年《审计工作通讯》

3．提高建设项目审计质量　深化固定资产投资审计

——审计四处　原载《中国审计》1995年第5期

4．廉政建设重点突出措施配套效果好

——赵国清　原载1995年《审计工作通讯》

5．对"小金库"的两种误解

——赵志刚　原载《财会审》1996年第5期

6．关于预算执行审计与专业审计相结合问题的探讨

——卢红柱(执笔)、刘步龙、陈跃、俞正、曹东、杨庆　1997年审计署科研所理论研讨会交流材料

7．初探加强预算单位银行账户审计的途径

——丁德明(执笔)、夏颖朝、王晓霞、黄维江、刘洪洁、赵志刚、刘军　1997年审计署科研所理论研讨会交流材料

8．围绕合力探新路

——周文英、卢红柱、夏颖朝　原载《中国审计》1997年第1期

9．瞄准"大综合"力创全办"一盘棋"

——办公室　1997年全国审计机关综合会议材料

10．探索审计方法研究工作

新方式

——卢红柱　原载 1997 年《审计工作通迅》

11. 国税系统银行开户情况审计的实践与思考

——王晓霞　原载《中国审计信息与方法》1997 年第 5 期

12. 围绕建立现代企业制度积极推进国有企业改革

——刘勋陶　原载《中国审计》1997 年第 8 期

13. 专项审计调查向审计转换程序的探讨

——赵国清、夏颖朝、胡霞　原载《中国审计》1997 年第 8 期

14. 财政审计工作形成合力的思考

——张润泽　原载《财会审》1997 年第 3 期

15. 谈账户审计的目标体系

——黄维江　原载《中国审计》1997 年第 11 期

16. 坚持“以人为本”建设“两个文明”

——袁有江　原载《中国审计》1998 年第 1 期

17. 新税制运行中存在的问题及对策

——周敦祥　原载《中国审计》1998 年第 1 期

18. 高校预算单位银行开户的审计方法

——盛更生　原载《中国审计》1998 年第 5 期

19. 深化企业审计方法探索

——工业交能审计处　原载《中国审计》1998 年第 8 期

**地址**　南京市高楼门 61 号

**电话**　025—3368663

**邮编**　210008　*(鞠仲敏)*

**【济南特派员办事处】**　1994 年设有办公室、财政审计处、金融审计处、基建审计处、企业审计一处、企业审计二处、企业审计三处(综合处)、人事教育处、机关党委；1995 年将基建审计处、企业审计一处、企业审计二处、企业审计三处分别更名为固定资产投资审计处、工交审计一处、工交审计二处和综合处，增设机关服务中心筹备处；1996 年增设行政事业审计处，将机关服务中心筹备处正式更名为服务处；1997 年至 1998 年，机构设置没有变化。

办领导成员

| 年份 | 特派员 | 副特派员 |
|---|---|---|
| 1994 | 翟熙贵 | 葛树林　孟令成　张为永 |
| 1995 | 翟熙贵 | 葛树林　张为永 |
| 1996 | 翟熙贵 | 张为永(6 月 24 日起主持工作)　葛树林　孟令成　陈成富　王永庆 |
| 1997 | | 张为永(主持工作)　孟令成　陈成富　王永庆 |
| 1998 | | 张为永(主持工作)　孟令成　陈成富　王永庆 |

审计工作成果综述　5 年中共完成审计项目 234 个，纠正违法违纪金额 268.9 亿元，应上缴财政 43.1 亿元，依法收缴财政 16.4 亿元，查处国有资产流失 1.2 亿元，追还被侵占挪用资金 2.1 亿元，促进被审计单位增收节支、提高经济效益 3.5 亿元，并向上级部门反映了大量有价值的信息，在服务宏观调控和维护经济秩序方面发挥了积极作用。

5 年间，共有 9 个审计项目被审计署评为优秀项目或质量考核总分第 1 名。计划统计、简报信息等工作在 16 个特派办中一直名列前茅。纪检、监察工作连年被审计署和山东省纪委评为先进单位或被通报表彰。1995 年机关工会被山东省政府机关工委评为成绩显著单位；“二五”普法工作被审计署评为全国审计系统先进单位，被中宣部和司法部评为全国法制教育先进单位。1997 年，济南办金融审计处被评为全国审计系统先进集体。

财税、海关审计成绩突出　5 年中，先后完成了对青岛市、山东省、上海市政府本级财政收支，山东省、江苏省国税系统国税征管、国库山东省分库收纳拨付、广东拱北海关关税征管等 16 个财政、海关审计项目，查出违纪违规金额 52.8 亿元，应上缴财政 16.7 亿元，已上缴财政 12.1 亿元。该办财政审计在 16 个特派办中连续 5 年列综合评分前 4 名。

在财政审计中，紧紧围绕署定审计工作要点和重点，认真分析国家经济体制改革和经贸政策调整在财税领域中的具体反映，熟悉被审地区经济发展战略和政策，并不断研究探索财政审计新思路，取得了较好成绩。通过审计，查出了一些影响中央财政收入和财税体制改革的深层次问题，为整顿经济秩序和加强宏观调控发挥了积极作用。一是严肃查处违法违纪，维护国家政令的统一。如在对某省财政收支审计中，发现该省自行设立预算外基金达 25 种，影响中央财政收入 2.5 亿元，及时要求该省进行了清理。二是不断增加审计深度，促进财税体制改革健康发展。如 1994 年对某市国税审计中，发现税务部门为保证完成上年基数，违背税收征管政策，“寅吃卯粮”问题严重，及时提出完善税收政策的建议，引起国家税务总局的重视。三是针对审计中发现的问题提出改进建议，促进加强财税管理。如 1995 年对山东省财政决算审计中，针对部分地、市存在的财政赤字问题，在认真分析原因的基础上，提出了“积极培植财源，消化基层财政赤字”的建议，引起省政府和财税部门的高度重视，及时研究制定了《关于坚持财政收支平衡，消灭历年赤字的意见》，确定在“九五”期间全省消灭赤字县。四是积极探索海关审计方法和路子，促进加强关税征管。1996 年在对某海关审计中，查出该海关未税放行机场进口物资偷

漏关税及进口环节税4.1亿元、违规减免关税及进口环节税1015万元等问题，被审计署作为中央预算执行情况的典型事例向国务院和全国人大汇报，为高层次决策提供了依据。

金融审计效果明显 1994年以来，先后对青岛市和山东省建行、工行、人行及其分支机构、中国兴业信托投资公司等33个银行和非银行金融机构进行了审计，查出违纪金额113.3亿元，应上缴财政1.1亿元，已上缴财政1.05亿元。1996年，济南办金融审计在署金融审计司组织的行业评比中，获16个特派办总分第一名；1997年，金融审计处被评为全国审计系统先进集体。

5年来，在金融审计中大胆实践，积极开拓，在促进整顿金融秩序，惩治金融领域中的违法乱纪，防范和化解金融风险等方面发挥了有效作用。如1997年对建行某市分行审计中，查出该分行乱拆借、乱集资问题严重，通过向审计署反映并被批转后，引起人民银行总行和建设银行总行的高度重视，在全国建行系统进行了通报。1998年在证券行业审计中，发现并反映某股份有限公司通过内幕交易违规炒买股票非法获利问题后，朱镕基总理、温家宝副总理先后批示国家证监会予以严肃查处，山东省、济南市政府立即作出了没收非法所得、罚款、通报批评等处理措施，并依法追究了公司领导和有关人员的责任。

固定资产投资审计稳步发展 5年中共对51个中央投资重点建设项目和利用外资项目进行了审计，其中在建项目9个，竣工决算项目13个，利用外资项目30个。通过查处应停未停、计划外项目以及与国家产业结构调整政策不符、资金不落实或不正当项目，纠正违法违纪金额7.6亿元，核减项目投资为国家节约资金1.3亿元，追回被侵占挪用项目资金0.93亿元，促使国家重点项目资金及时到位9.8亿元。在审计署投资司组织的行业评比中，有5个项目被评为优秀或表彰项目。1996年，山东省政府授予济南办“八五重点工程建设先进单位”称号，对济南办在维护建设经济秩序，促进经济发展等方面发挥的作用给予充分肯定和表彰。济南办的主要做法：一是围绕整顿建筑市场秩序，严肃查处深层次违纪问题。如1996年对铁道部某工程局审计时，发现该局所属一建安公司无营业执照违法经营、施工3年多，严重扰乱建筑市场秩序，及时向有关部门作了反映，工商管理部门进行了严肃处理。二是找准与财政审计的结合点，促进管好用好国家建设资金。如1994年对鲁南水泥厂审计时发现，该项目基建贷款贴息资金656万元由财政部划拨给企业主管部门后，被挪用于所属公司搞商业经营3年之久，严重影响了工程建设，对此，依法进行了严肃处理，帮助追回了被挪用的建设资金，保证了国家重点建设项目贷款贴息政策的落实。三是严肃查处乱收费，维护建设单位合法利益。如1995年和1997年在对京九铁路衡商段竣工决算及兖州矿务局济宁二号井在建工程等项目审计中，发现地方有关部门乱伸手、乱收费、乱拉项目建设资金问题严重，及时向有关部门进行反映，引起国家有关部委和山东省领导同志的重视，及时采取措施进行了清理纠正，维护了国家重点建设项目的合法权益和建设资金的安全完整。

企事业审计不断深化 几年来，着重对石油、石化、煤炭、电力、烟草、汽车、有色金属等对国民经济全局有较大影响的中央驻鲁重点企业、国外援贷款项目以及重点科研单位、高等院校等134个项目进行了审计，重点检查了资产、负债、损益的真实、合法和效益性，取得了明显成效。5年中共查出违纪违规金额95.2亿元，应上缴财政25.1亿元，已上缴财政13.3亿元，针对企业管理中存在的突出问题提出审计建议400多条，促进增收节支1.7亿元。主要做法：一是积极探索了企业财务收支真实性审计路子。如1998年组织精干力量，对某重型汽车公司进行了财务收支真实性审计试点，查出该公司1997年账面盈利2086万元，实际累计亏损达14.63亿元。问题揭露后，在被审计单位和有关主管部门引起很大震动。二是在严肃查处违法违纪问题的同时，从宏观着眼，以点纠面，努力在行业或宏观范围内发挥作用。如1996年对青岛远洋运输公司审计中，发现该公司船舶境外出租收入6.1亿元，由于纳税政策不明确，未缴纳营业税，为此及时向审计署作了反映，提出了尽快明确此项收入计征营业税办法等审计建议。审计署批转后，国家税务总局发出了《关于境内远洋运输企业将船舶租给境外单位使用缴纳营业税问题的通知》，明确要求全国各省、市执行。三是围绕促进企业加快转换经营机制，积极开展了向企业内控制度和经济效益两个方面的延伸审计，积极主动地帮助企业解决转轨改制中存在的困难和问题，促进企业加强管理，提高经济效益。如1996年对某大型煤矿审计时，发现该矿用基建贷款购置的两套价值6400万元的综采设备已闲置两年多，损失浪费严重，经审计揭露反映后，主管部门专门发函责成解决，对两套设备进行了调剂使用，避免了国有资产进一步流失。四是积极完成审计署安排的其它专项审计任务。1994年以来,济南特派办先后承担了对部分中央直属粮库、拟上划粮库清查审计和对河北省粮食审计抽查,对部分中央驻鲁企业职工养老保险基金、住房资金审计等十几项专项审计任务。如1998年济南特派办由领导挂帅,抽调41名同志组成审计组,完成了对国家粮食储备局德州直属库、山东省、北京市的16个拟上划粮库清查审计以及河北省粮食审计抽查任务。通过对中央直属库和拟上划粮库审计,共调整资产、负债、所有者权益、损益金额6.7亿元,查出截留收入、虚假销售、挪用粮食风险基金等违反财会制度问题2亿多元。在对北京市一个粮库审计中,查出虚增新增财务挂账2288万元,以及由于玩忽职守造成1.39亿斤专储粮不能食用和294万斤国储粮在代购代储中流失的问题,朱镕基、李岚清、温家宝、王忠禹等领导同志先后作了批示,国家发展计划委员会、国家粮食储备局进行了实地核实、处理。在对粮食抽查审计中,共核减新增财务挂账4.17亿元,核增不合理占用农发行贷款8575万元,查出粮食主管部门截留粮食补助用于自身经费开支、增加企业经营亏损1.18亿元,财政部门挪用粮食风险基金1.04亿元等问题。

信息调研发挥较大作用　共编发各类信息535篇,被中央和国务院办公厅、全国人大财经委、审计署、山东省委省政府、新华社等上级部门和新闻单位采用397篇(次),其中被中央和国务院办公厅采用42篇(次),有7篇被副总理以上党和国家领导同志批示,较好地发挥了在宏观管理中的监督作用。如1995年在企业潜亏调查中,发现枣庄矿务局潜亏额高达8.7亿元,占资产总额的32.76%,相当于国家资本金总额的2.3倍。在全面分析形成潜亏原因的基础上,有针对性地提出了解决的建议,引起了审计署、山东省委省政府和国家有关部委的高度重视,被财政部列为制定"九五"政策时的参考依据。

各项基础建设扎实有效　一是大力加强思想政治工作和队伍建设。围绕建设一支高素质的干部队伍,注重在加强思想政治工作和人员培训上狠下功夫,一方面始终坚持抓好政治理论学习,另一方面采取多形式、多层次、多渠道对审计人员进行培训。5年中,办内累计举办培训班30余期,培训人员250余人次,派出人员培训80多人次,有31人参加了学历教育,其中13人提高了一个学历档次。二是认真搞好制度建设。5年来先后制定完善了《审计项目复核工作办法》、《审计信息宣传工作管理办法》、《审计工作底稿编写要求及说明》、《接待管理规定》等50余项规章制度,为依法审计、依法行政、以法治办提供了制度保证。三是坚持不懈地抓好廉政建设。坚持以教育为主,不断增强审计人员廉政意识,提高廉洁自律的自觉性。结合本办实际,将各项廉政规定进一步细化,制定了《机关工作人员廉洁从政的若干规定》等具体规定,在办内实施了《禁酒令》,建立了特派员、处长、审计组长廉政责任制,坚持实行廉政反馈和回访检查制度,形成了思想育廉、制度律廉、领导带廉、自纠促廉的有效机制,维护了审计机关的良好形象。四是办公和生活条件得到较大改善。继迁入新的办公楼之后,又购建了一栋职工宿舍楼,基本解决了全办干部职工的住房问题。

**地址**　济南市正觉寺街108号
**电话**　0531—6938040
**邮编**　250011

**【郑州特派员办事处】**　1994年设有机关党委、人事教育处、办公室、审计一处、二处、三处、四处、五处、六处、机关服务中心;1995年审计一处改为能源交通审计处,审计二处改为固定资产投资审计处,审计三处改为金融审计处,审计四处改为工业商贸审计处,审计五处改为综合处,审计六处改为财政审计处,并增设计算机审计室。1996年机关服务中心改为机关服务处。1997年至1998年,机构设置没有变化。

办领导成员

| 年份 | 特派员 | 副特派员 |
|---|---|---|
| 1994 | 邢德祥 | 张振桐　曾凡焯 |
| 1995 | 邢德祥 | 曾凡焯　王炳国　宋彦升 |
| 1996 | 曾凡焯 | 王炳国　宋彦升　胡梦月 |
| 1997 | 曾凡焯 | 乔百芳　宋彦升　胡梦月 |
| 1998 | 曾凡焯 | 乔百芳　宋彦升　胡梦月 |

审计工作开展情况　共审计391个单位,查处违规违纪金额159.5亿元,应上缴财政6.7亿元,追还被侵占挪用资金1.6亿元,共为国家增收节支5.2亿元。5年来,上报的审计信息被中办、国办、审计署及新闻单位采用220余篇次。1996年,被中共河南省委、省人民政府命名为"省级文明单位";1997年,1名审计人员被审计署、人事部评为"全国审计系统先进工作者";1998年12月,被河南省档案局命名为"一级档案管理先进单位"。

财政审计　先后完成财政审计项目20个,查出违纪违规金额66.36亿元。在财政审计中查出的主要问题是:××省违规自行设立预算外基金20项,收入3.5亿元;××省利用财政间歇资金对外有偿借款10.56亿元。在国税审计中查出的主要问题是:××省国税局漏征中央企业所得税,影响中央收入1.25亿元,税收会计账目核算不实、少列欠税额

1.37亿元；××省国税局未按规定批准缓税1.57亿元。在国库审计中查出的主要问题是：××省国库延压中央预算收入9.87亿元；××省国库违规办理中央预算收入退库6643万元。在关税审计中查出的主要问题是：已开出缴款书未征缴入库税款、加工贸易进口货物到期未及时核销补税、关税及代征税未直接入库等问题。在审计署财政审计考评中，该办荣获1994年度财政审计第3名，1995年度国库审计第3名，1996年度财政审计第5名，1997年度财政监察专员办审计第3名和国库审计第4名，1998年国税审计第1名和财政决算审计第6名。

金融审计　先后完成银行、信托、证券等审计项目90个，查出违纪违规金额28.88亿元。查出的主要问题是：违规贷款16.3亿元，违规拆借40.97亿元，违规投资1.6亿元，超比例投资164.3亿元，虚列投资3.95亿元，虚增资产1.44亿元，违规吸收存款6.34亿元，挤占费用2亿元，虚增收入1.75亿元，少列费用12.68亿元，权益不实4.69亿元。审计中还发现3起涉嫌经济违法案件，已移送司法机关立案查处。对中国国际信托投资公司1996年度资产、负债、损益审计，被审计署评为1997年度优秀审计项目；1998年证券审计被审计署评为"证券审计优秀组织奖"，受到通报表扬。

固定资产投资审计　先后完成黄河小浪底水利枢纽工程、京九铁路商阜复线工程等53个在建、竣工决算或企业资产、负债、损益审计项目，共查出违纪违规金额7.44亿元。审计中，以控制投资、降低工程造价为主导思想，以概（预）算为龙头，以资金活动为主线，结合工程特点，针对项目建设存在的超概算、超规模、超标准、损失浪费等问题，进行了认真审计和严肃处理。其中：小浪底水利枢纽工程在建项目、京九铁路在建项目、铁道部第十五工程局施工企业审计项目、河南省金融系统楼堂馆所等5个审计项目被审计署评为"全国优秀审计项目"。

国有企业审计　先后完成对石油、石化、煤炭、电力、冶金、烟草、有色金属、黄金、机械、邮电等行业186家国有大中型企业的审计和审计调查，审计查出违纪违规金额32.91亿元。审计中，按照《审计法》的规定，从检查企业资产、负债、损益的真实性、合法性入手，重点监督国有资产的保值、增值。同时，注意发现与财政、税收有关的带有普遍性和行业性的重大违纪问题和企业内控制度方面的问题。如1996年在对电力行业审计时发现，××省有关部门出台政策，在电价测定中将超发电加班工资以电网开发基金名义核定在电价中，同时，在电价政策执行上受地方政府干预，从1992年开始，随电费征收地方性电力建设基金2.45亿元等问题。经审计指出该问题后，省政府领导十分重视，专门召集由财政、计划、物价、税收、电力等部门参加的会议进行研究，最终达成共识，促使该问题得到了纠正。另外，根据审计署部署，在深化企业审计的实践中，对几个国有大中型企业进行了真实性审计试点，取得了一定成绩，在审计署1997年度工交审计考评中，名列署驻地方特派办前四名，受到表彰。

行政事业审计　先后完成对邮电部设计院、新华社河南分社、郑州工业大学等行政事业、院校、科研单位的审计。共完成审计项目31个，查出违纪违规金额2500万元。在行政事业审计过程中，一是注意从会计制度变化入手，查找财务转轨过程中存在的主要问题；二是注意从经营体制变化入手，检查国有资产的流失问题。查出损益失实、资产反映不完整、管理粗放、费用控制不严和全民单位与集体单位资金占用划分不清，集体侵占全民权益等方面的问题。在院校审计中，查出超计划招收自费生学费收入不入账、隐瞒自费生学费不作收入、挪用教育经费经商、滥发奖金等问题。该办对上述问题均依法进行了处理，并有针对性地提出了加强管理的建议。

外资审计　先后完成郑州铁路局、小浪底水利枢纽工程及移民项目、偃师火电站郑州粮食学院、郑州工学院等世界银行及亚洲开发银行贷款项目以及中外合资企业等31个项目的审计。查出违纪违规金额5.94亿元，查出××利用外资项目已完工交付使用但未及时办理移交手续少转固定资产41亿元，××项目漏交固定资产投资方向调节税71.9万元，虚列待摊投资598万元以及利用外资建设项目国内配套资金不到位、影响工程进度，贷款延期使用造成经济损失；查出合资企业多列管理费，现金管理混乱，中方实物、土地出资未经评估，企业变更登记不合法，乱挤乱摊成本等问题。该办出具的1994年度偃师火电项目和1997年度小浪底水利枢纽项目对外审计报告均得到世界银行的充分肯定和高度评价。

计算机辅助审计　一是修改完善了包括计算机管理、计算机保密、计算机操作规程、机房管理、机房管理员职责等内容的计算机管理制度。二是积极开展基础建设，完成了办公决策服务系统局域网系统布线、设备购置、机房建设等项工作。三是有计划、分步骤地开展了计算机培训工作。先后举办了4期计算机技术知识培训班(其中:与高校联合举办封闭式培训班两次),经培训后所参加的审计署审计机关计算机应用技术考试,50岁以下的审计人员全部合格。四是积极开展了计算机应用和开发工作。如1996年,作为主要开发单位,承接了审计署人教司交办的"审计署派出机构人事信息管理系统"软件,已从1996年11月起在16个特派办正式使用。

审计署交办的其它审计工作　1998年承担对河南18家拟上划国家储备粮库和2国家直属粮库新增财务挂账及和不合理占用农发行贷款情况的审计任务。该18家拟上划国家储备粮库1997年末新增财务挂账账面数1.84亿元,核实数为1.28亿元,核减5659万元,核减率占原账面挂账的30.69%。查出1998年5月末新增财务挂账账面数2.92亿元,核实数1.73亿元。查出1998年5月末不合理占用农发行贷款1.85亿元。

1998年,与京津冀特派办、福建省审计厅等单位共同组成108人的抽查审计组,对江苏省粮食清查审计情况进行抽查。经清查核实,江苏省1997年末的新增财务挂账为42亿元,比原清查数核减3.12亿元;1998年5月末的新增财务挂账为65.5亿元,比原清查数核减4.5亿元。

1996年完成对河南省社会福利彩票发行中心1993年至1996年7月彩票发行及资金分配、使用和管理情况审计,审计总金额4.2亿元。对审计发现的溢价发行、挪用资金等问题进行了分析,提出了处理、改进、完善管理的意见和建议。

队伍建设　一是抓好班子的政治理论学习,不断增强领导班子成员政治思想素质;二是抓好办、处两级班子的团结,不断增强凝聚力和战斗力;三是抓好作风建设,坚持密切联系群众,增强班子的向心力;四是按照"德、能、勤、绩"四个方面的要求,有组织、有计划地从思想政治素质和审计业务技能等方面培训青年骨干,使其尽可能多地接触和熟悉各项审计业务,以利其于全面锻炼和提高。在廉政建设上,坚持常抓不懈,努力维护审计队伍形象。一是坚持思想教育,增强全体职工的廉政意识;二是狠抓制度建设,先后制订了《加强廉政建设纠正行业不正之风的实施意见》、《审计纪律监督卡》、《审计纪律执行情况鉴定表》以及实行"禁酒令"等规定,在各处室设置了廉政建设兼职监察员,并经常到被审计单位进行廉政情况回访,有效地促进了队伍建设。

**地址**　郑州市东明路北3号

**电话**　0371－6332621

**邮编**　450004(王德俊　何继敏)

**【武汉特派员办事处】**　1994、1995年设有办公室、人事教育处、机关党委、财政审计处、金融审计处、固定资产投资审计处、工交审计一处、工交审计二处、商贸审计处、事业综合审计处;1996年增设机关服务处和临时机构基建办公室;1997年增设三峡工程审计处,事业综合审计处改为行政事业审计处,事业综合审计处的综合职能交办公室;1998年增设外资运用审计处。

办领导成员

| 年份 | 特派员 | 副特派员 |
|---|---|---|
| 1994 | 余秉立 | 张任锅　唐自清　乔百芳 |
| 1995 | 余秉立 | 唐自清　乔百芳 |
| 1996 | 余秉立 | 唐自清　乔百芳 |
| 1997 | 余秉立 | 唐自清　吴焕亮 |
| 1998 | 余秉立 | 唐自清　吴焕亮 |

人员构成　截止1998年底,在职职工123人。其中,大专以上学历占90%,获得审计师以上任职资格的占83%。

成果综述　5年来,共完成审计项目398个,查出违纪违规金额577.7亿元,已上缴财政43.4亿元;追还被侵占挪用资金24.1亿元,减少财政拨款或补贴3.9亿元,促进国家增收节支3.3亿元。上报审计简报、调研材料358篇,被中办、国办、审计署及新闻单位采用286篇(条)。为维护财经法纪,促进宏观管理作出了积极贡献。

5年内共有32个审计项目被署评为优秀(表彰)项目:1994、1995两年,获得署财政司中央预算执行审计工作项目考核总分第一。1995年金融审计获评比总分第一。1996年在署财政司、办公厅中央预算执行审计工作质量6项考评中,5项获第一。1997年,国税和财政专员办审计项目被评为第1名和第5名;财政审计获5个项目总评第1名;三峡移民资金审计工作被署农业司评为先进。1998年武汉办协助中央有关部门查处了广东湛江市"9898"特大走私案,受到中央领导的高度赞扬。

财政审计成果突出　先后19次对湖北、福建、青海、江苏、内蒙古、山东、江西以及上海、武汉、深圳、宁波7省4市的财政预决算、国税、关税、国库等项目进行审计,强化了执法力度。5年来,查出违规金额96.2亿元,已上缴财政10.6亿元,向审计署提交审计报告、审计调查报告、专题检查报告和综合信息材料78份,被采用或被有关领导批示51份。

自1994年起,已编写出版了3本财政审计工作书籍,即《省级财税审计实践》、《海关业务知识及关税审计》、《中央预算执行及省级财政审计实践》,共110万字。此外还在各类报刊、杂志上发表文章40多篇，撰写国税、海关、财政决算等审计案例20多个。

通过认真总结近几年财政审计工作经验，依据《中央预算执行情况审计监督暂行办法》及《审计署关于贯彻执行审计规范的通知》要求，紧密联系派驻地方审计机构财政审计特点，制订了《财政收支审计基本规则》，从1998年10月1日起执行。此规则共分5章30条，包括总则、中央预算执行情况审计基本规则、省级财政决算审计基本规则、财政审计责任和附则。

金融审计不断创佳绩　5年来，共审计人行、工行、建行、交行、中创总公司及其所办经济实体和证券公司及其营业部174个单位，查出违纪金额374.2亿元，损益不实金额9.3亿元，负债（权益）不实金额10.6亿元。

在对人行分行和国有商业银行审计中，围绕国有资产的完整性，开展了固定资产账实是否相符的审计；围绕信贷资产的安全性，开展了信贷资产质量的审计调查；围绕损益的真实性，开展了财务收支审计；围绕抑制消费基金过快增长，开展了对账外资金和滥用现金的审计。1994年在对中国人民银行2个省级分行和1个计划单列市分行的审计中，查出1993年7月以后仍违章拆借的资金9.4亿元的问题，审计结论经署汇总上报后，朱镕基同志非常重视并责成人民银行总行派工作组处理。

针对金融系统近年来出现的账外经营、偷逃税收、无证擅自售汇、造假会计报表等问题，紧紧抓住账外固定资产、账外经营及“小金库”、资产负债损益真实性3条主线深挖细究。1996年，我办披露某国有商业银行系统挂“在建工程”和“递延资产”以及往来账的固定资产2.9亿元、以租代购固定资产2亿元、隐瞒存款34亿多元、超规模贷款13亿多元、损益不失2.9亿元等问题，为维护金融秩序、规范经营行为发挥了积极作用。

根据“提高金融资产质量，防范金融风险”的方针，1998年，对4家证券公司及其所属26个营业部和9个经济实体进行了审计，查出违纪违规金额300亿元；将一家证券营业部的3名主要负责人移送有关部门处理；向人行总行和中国证监会发出审计建议书40余份，促进了证券市场整顿和证券行业管理。该审计项目被审计署评为优秀。

工交审计迈上新台阶　5年共审计128个单位，查出违纪金额14.5亿元，已上缴财政2.9亿元，审计罚款1356万元。促进提高经济效益8400万元，共有9个审计项目被署工交司评为优秀（表彰）项目。摸清家底，促进国有资产保值增值。几年来，开展了对交通、内贸、外贸、电力、邮电、石化、烟草、水利等重点国有企业的审计，发挥主观能动性，找准审计突破口，抓住购销合同、设备利用效率、资金使用效率3个环节，查出资产流失、负债不实、偷漏骗税、化公为私等问题的违纪金额4.6亿元，提出了改变企业融资渠道的建议，受到普遍重视。同时，勇于探索，大胆运用现代审计技术方法。选择冶金、石化、军工等行业的部分大中型企业，探索了统计抽样法在资产、负债、损益真实合法性审计中的运用。实践证明，这种方法既节省了审计资源，缩短了审计时间，又达到了审计的目的，起到了事半功倍的效果。1998年，通过对某石化总厂试点审计，核增资产、负债、所有者权益、税前利润3.9亿元，查出企业潜亏、隐亏1.7亿元。其后的试点审计总结报告在全国深化企业审计研讨会上作了经验交流。

服务宏观，粮食审计见成效　按照审计署的统一部署，1998年对国家粮食储备局的1家直属库和12家拟上划粮库进行了清查审计，对4个地市的41家财政局、42家粮食局、4家农发行和464家国有粮食企业进行了抽查复核审计，共查清新增财务挂账72.9亿元，核减3.9亿元，不合理占用农行贷款3.3亿元。上报《拟上划国家粮食储备库利益受到侵害》的材料，被署《审计简报》采用。行业审计中还发现了企业存在的倾向性、普遍性问题，为宏观决策提供了可靠依据。此外，1996年在对某市国有土地出让金的审计中，查出违纪金额15.2亿元，揭露了国有土地使用权有偿出让金征收、管理和使用等方面存在的27个问题。审计反映的情况，引起了国家领导人的高度重视，李鹏、朱镕基、王汉斌、邹家华、罗干等领导同志分别作了批示。

固定资产投资审计迈出新步伐　5年共审计17个项目，查出违纪金额5.7亿元，上缴财政3317万元，追回挤占建设资金1055万元，调减投资概算6773万元，有11个审计项目被署经贸司评为全国优秀（表彰）项目。

重点突破，追根查源出成果。如1995年、1997年在对3个特大型投资项目审计时，共查出超规超标建设、多计多报概算、概算外投资、生产挤占成本、转移挪用建设资金等违纪违规金额4.3亿多元。

责任明确，项目审计质量高。1996年由年轻干部担任主审的2个重点工程审计项目，被署固定资产投资司评为审计优秀项目。

统筹规划，夯实基础工作。如对京九铁路阜九段的审计，集中人力，战高温，行千里，跨越4省16县市，查出了在设计概算、验工计价、财务收支、征地拆迁及费用划拨等方面有问题的资金4.4亿元。该项目被署固定资产投资司评为审计质量优等项目，武汉办固定资产投资审计处被评为先进集体。

三峡工程审计独具特色　三峡工程审计处是审计署为武汉特派办单独批准设立的机构。在审计处设立前的1994、1995、1996年，根据审计署的安排，就对库区移民资金进行了审计，查出了在移民计划执行和移民资金拨付、使用、管理、结存等方面的违纪金额7944万元，追还侵占挪用的移民资金4724万元。1997年设立专门审计处后，进一步加大了对三峡工程的审计监督力度，开展了对开发总公司及有关二级单位财务收支等方面的审计。1998年对西陵长江大桥工程和坝区接待中心工程进行了决算审计。

行政事业审计探索新方法　5年间共审计64个单位，其中包括16个高校和科研院所，查出违纪金额4624万元，改进了高校和科研院所的审计方法。确立了事业单位体制改革后的审计新思路：一是把审计的出发点放在促进教育改革和发展纲要的实施上；二是审计内容从账户入手，既摸清被审单位家底，又从中发现违纪问题；三是审计方法上实行审计与调查相结合，对现实困难和问题提出专题报告；四是在审计处理上注重帮和促，提出有针对性的改进意见，帮助解决实际问题。这种审计路子得到署领导的充分肯定。同时，注意总结实践经验，着力推广审计成果。1995年在审计华中理工大学时，突出预算执行审计这个重点，摸索出“四个对比分析”的经验，得到署行政事业司的肯定，予以全文转发，还先后在两个片会上进行了介绍。

外资运用审计年年有进步　5年共审计单位69个。1997年在审计中外合资长飞光纤光缆公司时，采用灵活方式解决外籍员工漏交个人所得税问题。及时上报审计信息，提出综合分析材料，1995年，在署外资司全国外资审计工作年终评比中获奖。1996年合资企业审计的基本做法得到郑力副审计长的表扬，并被署《审计工作通讯》转发。1998年还完成了世行贷款重点学科发展、环境技术援助和激光加工国家工程研究中心科技发展三个项目的审计，出具了我办自成立以来的第一份英文审计报告。1998年我办反映的《某中外合资汽车有限公司投产两年亏损13亿多元》的信息，被国办及新华社动态清样采用，得到了国务院有关部门的重视。

队伍建设　5年来，不断强化“人、法、技”建设，以人为本，从严治理审计队伍。争创“五好”领导班子，增强人员综合素质，规范审计工作程序，全面提高审计质量，形成了识大体、讲正气、比奉献的良好氛围和热爱审计事业、安心审计工作的良好风尚。1997、1998年连续被所在区评为文明单位，档案管理工作连续4年保持湖北省一级水平，被评为1998年度的先进单位；保密工作在湖北省1998年度的评比中也被评为先进集体。

培养人才着眼长远　1997年以来，实行了干部岗位交流制度，加快了人才的培养，保持了干部队伍的生机与活力，使一批政治素质高，业务过硬，熟悉计算机、英语等方面知识技能的复合型人才迅速成长起来，带动了审计业务水平的提高。为优化干部队伍结构，在干部调配上，注意在年龄、知识、学历各个方面形成梯次，把培养的重点放在年轻干部上。

为了贮备后备人才，按照公务员录用制度公开录用年轻干部，并组织了对录用人员在试用期的初任培训，保证了进人质量。为达到“九五”期间有20%以上人员提高一个学历层次的目标，修订了《干部在职学历教育规定》。1998年，85人通过了署组织的计算机水平考试，全办80%的人员基本掌握了计算机应用技能。

思想政治工作比较扎实　在教育中，注意贴近业务工作实际，把思想政治工作做实做细，关心职工思想和生活，想方设法解决实际困难，解除后顾之忧。党委、工会、办公室、服务处牢固树立服务意识，把办事处的关怀和温暖送到大家的心里。

廉政建设常抓不懈　认真落实中纪委、审计署和湖北省委关于廉政建设的一系列制度规定，班子成员率先垂范，以身作则，通过民主生活会、对照检查等方式，抓好自身和干部职工的廉洁自律。同时，制定了六项具体措施，严格执行了处以上干部收入登记制度和接受被审单位礼品、礼金登记制度，反腐倡廉深入人心。几年来，无论是外出审计还是执行其它公务，全办人员都能自觉地执行廉政纪律，在被审计单位树立了良好的形象，得到了较高评价。

**地址**　武昌付家坡梅苑小区120栋
**电话**　027—87276860
**邮编**　430070 *（张少明 朱燕华）*

**【长沙特派员办事处】**　到1998年底全办职工91人，其中，具有大专以上学历的82人，中级和中级以上专业技术职称任职资格的52人。

机构设置为10个处室。即：

办公室、机关党委办、人事教育处、机关服务中心、财政审计处、金融审计处、固定资产投资审计处、工交审计一处、工交审计二处、综合处。

办领导成员

| 年份 | 特派员 | 副特派员 |
|---|---|---|
| 1994 | 柳协春 | 傅德虎　卢恒华 |
| 1995 | 柳协春 | 傅德虎　卢恒华　罗凌 |
| 1996 | 傅德虎 | 卢恒华　罗凌 |
| 1997 | 傅德虎 | 卢恒华　罗凌 |
| 1998 | 傅德虎 | 罗凌 |

成果综述　共审计306个项目，查处违纪额中，应上缴财政6.6亿元，追还被侵占挪用资金9.3亿元，罚款1194万元。共为国家增收节支11亿元。

财政审计　5年来共对10个省级财政决算、预算执行和国税征管情况、6个海关关税及进口环节税进行了审计，查出违纪金额24亿元，已增加财政收入5.6亿元。

1994年至1996年，对上海市、江西省、湖南省和浙江省的财政决算、预算执行和国税征管情况，长沙、南昌和拱北海关关税进行了审计。

1997年，在财政决算及海关的审计过程中，开始贯彻"账户入手，下审一级"的精神，改进审计方法，结合对山东省国税、海南省中央预算执行和成都海关审计的实际，深入分析，突出重点，从"深化"上下功夫，取得了较好的效果，获审计署年度财政审计评比第一名的好成绩。同年，还首次对财政部驻广西、湖南财政监察专员办进行了审计。

1998年，对中央预算执行审计提出新的要求，注重提高审计工作质量，防范审计风险。在江苏省财政决算审计中和国库审计结合进行，查出将预算资金大量转存商业银行收取存款利息，预算资金脱离国库监督的问题。查出江苏省地税系统违规提退税收超收分成弥补基建经费不足和省地税局直属分局及部分市地方税务局改变征管范围，混淆入库级次，影响中央收入的问题。

金融审计　5年来，按照审计署的统一部署，对91家金融单位进行了审计，共查处违纪违规金额301197万元，收缴财政5425万元，清理违章拆借资金80224万元。

1994年至1996年，对湖南省和广西自治区的人民银行、工商银行和交通银行及太平洋保险公司进行了审计，审计的重点是整顿金融秩序、执行"约法三章"及资产、负债、盈亏真实性，同时，对信贷资产质量进行了调查，有力地促进了金融企业认真贯彻执行国家金融政策和财经法规，进一步完善了自我约束机制。

1997年和1998年，在对湖南省、广西自治区人民银行进行审计的同时，还对中国经济开发公司、中国新技术创业投资公司等7家信托投资公司、南方证券公司、国泰证券公司、华夏证券公司、君安证券公司等5家公司在湖南、江西省的24个分支机构进行了审计。发现5家证券公司普遍存在挪用客户保证金炒作股票，收入不入账，偷漏税金，利用买空卖空国债进行违规融资，违反信贷政策发放贷款等问题，已向审计署报告，并按有关规定进行了严肃处理。

固定资产投资审计　5年来，共对24个基建项目进行审计，其中国家重点建设项目20个，审计投资总额3024401万元，查出违纪违规金额257602万元，收缴金额1338万元。

1994年，在承担京九线南浔段的审计任务中，查出概算外列支和超概列支等问题1000余万元，并就江西省对京九铁路征地补偿费实行集资、引起个别施工地段补偿投资增大、征地拆迁受阻的情况写出调查报告，被《中国审计》杂志全文刊载，江西省京九铁路领导小组也专门发文采纳审计意见，提出改进措施，改善了投资环境。

1995年至1997年，对五强溪水电站建设项目、京汉广福杭贵渝江西、湖南段光缆项目和鹰山石化帘子布工程项目的审计，由于工作深入，查处问题突出，引起重视，分别在审计署当年投资项目质量评比中评为优秀审计项目。

1998年，在电力建设基金与三峡建设基金审计中查出湖南省部分地方政府搭车收费金额大，越权减免、漏交税费等问题，向湖南省政府写了《审计要情》，提出的审计意见被省政府采纳。

固定资产投资审计还对湘黔电气化二期工程、洞庭湖一期治理工程、长石铁路在建工程和京九铁路竣工决算等项目进行了审计，参加了三峡工程中下岸溪砂石工程竣工审计，也取得了较好的，效果。

企事业审计　5年来，先后对中央在湘的电力、烟草、石化、有色、纺织机械、煤炭、大专院校等行业134个单位进行了审计，共查出违纪违规金额148307万元，收缴财政3037万元。

1996年至1997年，在审计企业执行财经纪律情况的同时，对企业效益审计和内控制度测评进行了有益的尝试。一是对长岭炼油化工总厂进行效益审计，从影响效益的成本因素入手，抓住原油损耗这一"龙头"进行分析测算，提出有针对性的意见和建议，取得了较好的效果；二是根据署工交司的安排，"参照英国经验，结合中国实际"选择鹰山石油化工厂的己内酰胺工程项目，以英国效益审计的程序和标准进行了效益审计试点，撰写的审计调查报告在中英效益审计研讨会上交流，得到与会代表的肯定和好评。

1998 年，贯彻李金华审计长提出的“抓大、打假、扭亏、提高”的八字方针，转变企业审计观念，以真实性为基础，开展审计试点，并在试点取得经验的基础上，将其推广到粮食审计、证券审计和其他企事业项目审计中，收到明显的效果。粮食审计是当年审计工作的重点，6 月起，组成 8 个审计组对湖南、广西境内拟上划的 16 个国家粮食储备库新增财务挂账和其他不合理占用农发行贷款情况进行清查审计，核增总资产 11702 万元，核增负债 6560 万元，核增所有者权益 5142 万元，核减亏损挂账 630 万元。8 月，参加了署组织对吉林省粮食审计抽查工作。9 月，又派出 35 人的审计组，与武汉特派办、江西省审计厅共同对黑龙江省粮食清查审计工作进行了抽查，核减亏损挂账 37655 万元。当年，还先后有 13 人次被署机关抽调参加了长城铝业珠海、深圳分支机构、湛江走私案和广州海运(集团)有限公司等专案审计，为收集证据、打击刑事犯罪作出了贡献。

1994 年至 1997 年，还完成“三大检查”项目 139 个，上缴财政金额 145 万元。

外资审计　5 年来，审计外资利用及中外合资项目 22 个，主要完成了对中南工业大学国家重点学科实验室和科技发展技援项目、凌津滩水电站工程、中科院长沙农业现代化研究所、国家环保局长沙环保学校环境技援项目和株洲电力机车研究所科技发展项目等的审计。对这些项目的资金使用情况、配套资金的落实及项目执行当遇到的困难和问题如实进行了反映，出具了审计报告。其中 1996 年对凌津滩水电站项目审计，是长沙特派办第一次独立对外出具审计报告。

**地址**　长沙市车站北路 16 号

**电话**　0731—2281861

**邮编**　410001　*(唐跃进)*

**【广州特派员办事处】**　1994 年特派办设有办公室、人事教育处、财政审计处、金融审计处、基建审计处、企业审计一处、企业审计二处和企业审计三处；1995 年增设了机关党委；1996 年根据审计署有关规定，基建审计处、企业审计一处、企业审计二处分别规范名称为固定资产投资审计处、工业交通审计一处、工业交通审计二处，企业审计三处改为商贸审计处，增设了外资行政事业审计处和综合处；1998 年设立机关服务处。

办领导成员

| 年份 | 特派员 | 副特派员 |
|---|---|---|
| 1994 | 张敬贤 | 帅林淇　王善用 |
| 1995 | 帅林淇 | 王善用 |
| 1996 | 帅林淇 | 王善用　王淡浓 |
| 1997 | 帅林淇 | 王善用　王淡浓 |
| 1998 | 帅林淇 | 王善用　宋乡尘 |

审计业务成果综述　5 年来，共审计 526 个单位，查出违规金额 156 亿元，应上缴财政 9.8 亿元。撰写审计报告信息 568 篇，被中办、国办、审计署采用 65 篇。5 年间，共有 22 个审计项目被署评为优秀(表彰)项目，其中，1994 年、1995 年和 1997 年固定资产投资审计项目被评为优秀审计项目，1996 年和 1998 年固定资产投资的审计项目被评为表彰项目；1995 年和 1996 年财政审计在署年度工作质量考评中，总分列第 4 名；1997 年财政审计在署年度工作质量考评中，总分列第 2 名，其中国库和财政决算单项分获第 1 名和第 3 名；1998 年财政审计在署年度工作质量考评中，总分列第 5 名，其中对财政监察专员办的审计工作质量考评获单项第 1 名，财政决算获第 2 名，国库获第 3 名。

突出重点，强化财政审计　共审计 17 个单位，查出违纪金额 9.7 亿元，应上缴财政 5.3 亿元。

首先，建立财政审计项目责任制，一条龙跟踪管理，以明确要求落实责任。整个审计过程都明确由两人负责，充当主审角色。同时，在财政审计中，注意了突出重点。如在国库审计中，重点审查办理中央预算收入的收纳、退库是否及时，拨付手续是否完备，有无挤挖中央收入的问题；在财政决算审计中，重点审查中央专项补助支出、地方财政部门借入中央财政周转金的使用和归还情况、省级财政部门预算外资金的清查情况；在财政监察专员办审计中，则重点审查专员办监督和管理职能的执法情况，以及财务收支情况。

围绕宏观，深化金融审计　5 年来，共审计 65 个单位，查出违规金额 102 亿元，应上缴财政 1.7 亿元。对中央银行预算执行审计和证券审计，被署金融司分别作为全国推荐项目和三等奖项目。

鉴于我国经济改革中的许多矛盾都集中在金融工作中，审计人员注意把金融审计中发现的典型问题，归纳成几个带普遍性的问题，放在宏观经济中来认识它的地位、作用和影响，编报的审计信息、简报其中有 4 篇被中央办公厅、审计署、人总行、建总行采用。1998 年总结的《中央银行预算执行审计方法初探》，被署金融司采用，向全国金融审计系统推荐。

在审计署统一部署下，1998 年对五大证券公司在广东的 24 家营业部进行审计，查出违纪金额 96.8 亿元，应追补税款 7600 万元。其中账外收入和“小金库”1.8 亿元，挪用客户保证金 54.5

亿元，卖空国债5.2亿元，违规融资和拆借21.1亿元，为整顿证券市场、规范证券管理发挥了作用，在全国证券审计评比中，被评为三等奖。

*勇于探索的工交审计* 5年来，共审计260个单位，查出违纪金额13.2亿元，应上缴财政7493万元。

企业审计中，一是在财务收支审计的基础上，着重检查企业资产负债和损益的真实性、合法性，检查国有资产的保值增值情况；二是对不同类型的企业，确定不同的审查重点，采用不同的审计方法；三是根据实际需要，探索采用往来账款函证法、统计抽样审计法、内控制度测评法等开展审计；四是注重调查分析，帮助企业解决经营管理和财会管理上存在的问题。如在开展对广州铁路集团公司采取从检查真实性入手的审计试点中，由被审计单位承诺其财会会计资料的真实完整，从而减少审计风险。对纳入财务大账内进行检查的财务收支，采用了内部控制制度调查方法、符合性测试方式、实质性测试方法、抽样审计方法、函证方法和替代审计方法；对账外资产和预算外资金的审计则采用了从账户入手、突击查库和专项审计调查等方法，发现了该公司在香港有巨额投资未作反映。此外，1998年在对茂名石化下属乙烯工业公司30万吨乙烯工程项目审计时，发现该公司投产1年，实际潜亏高达18.5亿元，发出的简报引起了国务院领导的重视，并作出批示。

*从广度向深度发展的商贸审计* 商贸企业审计处成立于1996年（前身是企业审计三处），几年来共审计57个单位，查出违纪金额2.87亿元（不包含粮食审计），应上缴缴财政5560万元。

在安排审计项目上，一是注意覆盖面，中央在粤企业审计面达97%；二是注意抓重点，把与国计民生关系较大、占有国有资产较多的农资、机电设备、医药等企业作为重点审计对象。

1998年粮食清查及抽查审计是广州特派办成立以来规模最大、参加人员最多的一次审计，结合这次审计，在真实性审计上作了有益的尝试。通过对13户拟划转中央粮食库的审计，共查出资产不实3463万元、损益不实483万元，核实截止到1998年5月底企业新增财务挂账5178万元，查出其他不合理占用农发行贷款2015万元。

对安徽省粮食审计的重点抽查，共延伸抽查541户粮食企业，实际核查财务挂账金额61.72亿元，比原清查数核减3.4亿元。同时，还对21份人民来信和2个举报电话揭发的问题分别进行了调查核实，并向审计署作了专题报告。

*敢于创新的固定资产投资审计* 5年共审计67个单位，查出违纪金额6.7亿元，应上缴财政618万元。共有5个审计项目被评为全国优秀（表彰）项目。

几年来，一直坚持以投资活动为主线，重点从概算编制及概算执行、工程质量、资金来源及到位和财务收支等5个方面来审计检查。在具体做法上，经过多年的实践和反复的摸索，形成了“一条龙”的审计方法，按概算单项工程切块从头到尾包干到每位审计人员，做到职责明确，责任清楚，有广度，又有深度。这样，要求每位审计人员既要懂得工程审计的知识，又要懂得财务审计的方法，更好地完成专业审计任务。

*前进中的外资行政事业审计* 5年来，共审计60个单位，有力地促进了外资行政事业单位遵纪守法，规范管理。在对世行、亚行贷款项目的审计中，主要审查项目的财务管理及工程管理，特别是配套资金的到位情况以及投资完成情况，并提出加强改进项目管理的意见和建议，在肯定成绩的同时对暴露出的问题决不护短，及时予以披露，受到被审计单位的高度重视，促进了项目单位的财务管理及工程管理工作。如1998年度对第七个铁路审计中，针对该项目投资完成反映不实、世行资金进展缓慢等问题，在对外报告中予以披露，提出了具体建议，项目单位及铁道部对此十分重视，采取了有效的措施落实审计建议。从1998年开始，特派办已被署外资司确定为出具对外审计报告单位。

在行政事业的审计中，注意改进审计方法，拓宽审计思路，加大了审计力度。如在高校审计中采取“上下结合，摸清总量，突出中间，落实线索”的方法，使高校的审计工作上了一个新台阶。

*以人为本，大力加强人才培训工作* 几年来，广办一方面严格公务员录用制度，把好进人关，从重点高校中录用了8名品学兼优的学生，又与广东省人事厅一起公开招考录用了3名公务员；另一方面则积极做好在职人员的岗位培训工作，鼓励审计人员既要研究业务知识，又要尽快掌握计算机辅助审计技能。全办现有计算机68台，有76人参加署统一组织的计算机应用水平考试，目前全办大多数审计人员已能熟练运用计算机进行辅助审计，从而大大提高了工作效率。

*加强思想政治工作* 机关党委配合特派办的中心任务积极开展思想政治工作，为在机关内部树立良好的思想风气和精神面貌，稳定队伍，增强凝聚力、调动审计人员的积极性发挥重要作用。一方面确立“审计二线必须

为审计一线服务”的指导思想，配合有关部门努力搞好后勤服务工作，尽力解决干部职工的后顾之忧；另一方面，在干部职工中，特别是在党员中提倡爱岗敬业、无私奉献的精神，先后开展了树立正确的世界观、人生观、价值观教育活动，审计职业道德教育活动，将思想政治工作和审计业务工作有机结合起来，使思想政治工作落到了实处。

加强廉政建设工作　严格按照中纪委、审计署和地方党工委的要求，对党风廉政建设工作常抓不懈，从严治理审计队伍。结合实际先后制订了《审计署广州特派办机关工作人员廉洁自律若干规定》和《审计署广州特派办落实党风廉政建设责任制实施细则》等廉政制度，运用多种方式认真抓好廉政教育工作，强化审计人员的廉政意识，把党风廉政建设要求变为审计人员的自觉行动。办领导以身作则，自觉做到廉洁自律，全办干部职工都能自觉遵守廉政规定，在社会上和被审计单位中树立了良好的形象。

**地址**　广州市天河南一路18号
**电话**　020—85519858
**邮编**　510620　　　　（黄育强）

**【深圳特派员办事处】**　1994年深圳特派办设有办公室、综合处、审计一处、审计二处、审计三处；出资兴办有深圳南方审计事务所、深圳深信会计师事务所、深圳华正贸易有限公司。1996年审计一处改称工交审计处，审计二处改称金融审计处，审计三处改称财政审计处，增设商贸审计处；深圳南方审计事务所改称深圳南方会计师事务所，深圳华正贸易公司停业。1997年增设机关服务处，1998年增设人事教育处，并将办公室与综合处合并，深圳南方会计师事务所、深圳深信会计师事务所完成改制脱钩。

办领导成员

| 年份 | 特派员 | 副特派员 |
|---|---|---|
| 1994 | 孙更生 | 仲惠民　张任锅 |
| 1995 | 孙更生 | 张任锅　王淡浓 |
| 1996 | 孙更生 | 张任锅　宋乡尘 |
| 1997 | 孙更生 | 张任锅　宋乡尘 |
| 1998 | 孙更生 | 张任锅　王淡浓 |

主要审计业务综述　5年来共审计162个单位（项目），查出违规金额107亿元，应上缴财政25亿元，收缴罚没款1335万元，编发简报信息258篇，其中54篇被中央领导批示和中办、国办及审计署采用。5年来，深圳特派办有10个审计项目被署评为优秀项目或通报表彰，其中1998年度财政审计获署财政审计工作质量考评总分第1名、关税审计获署质量考评第1名；国库审计获署质量考评第1名；财政决算审计获署质量考评第四名；财政监察专员办事处审计获署质量考评第3名。

财政审计　共审计单位81个，查出违规金额538479万元，应上缴财政125241万元，已上缴财政49258万元。

1. 预算执行情况审计　运用“账户入手，下审一级”的方法，从对预算单位银行开户情况审计入手，重点审计财税部门，并适度延伸到部分涉及国家预算收支的企事业单位，揭露预算单位在预算分配、收支管理和执行国家宏观调控政策和措施等方面存在的问题。如1997年在对中央金库深圳分库办理中央预算资金收纳拨付审计中，通过账户审计，发现该库存在通过税款过渡户收纳划解、退付中央预算收入的情况，且数量、金额较大，审计及时纠正了这一错误做法。

2. 财政决算审计　重点审查地方政府本级和财税部门执行国家统一政令情况；中央专项补助资金的管理使用情况；省级和计划单列市本级财政预算外资金管理情况。1997年赴湖南省，对该省1996年财政决算进行了审计，查出违规金额9640万元及湖南省工商局违规处理缉私罚没款项、湖南省财政厅违规办理企业所得税退税等问题，提出了审计建议。

3. 关税审计重点　查处被审海关在办理关税及进口环节税征收和减免中的违规行为。几年来，主要完成了对深圳九龙海关、海口海关的审计。1996年在对深圳九龙海关办理1995年关税及进口环节税的征管情况进行审计中，查出该关1995年3月违规同意深圳某公司以易货贸易方式进口东欧等国汽车，并少征税款近100万元人民币以及该关在办理有关企业进口花生油、寻呼机、印刷材料等监管事项中，违规减免关税，少征关税及进口环节税110万元人民币；1998年对深圳海关关税及进口环节税征收和减免情况的审计，查出违规金额2.7亿元，并发现其下属海关在审批保税食用调和油等转关转仓中审核把关不严，致使某企业将保税植物油以转关名义逃避海关监管，造成关税流失1亿多元，企业涉嫌重大走私犯罪，该案引起中央有关领导的高度重视。

4. 国税审计　重点围绕被审计的省级和计划单列市国家税务局税收计划完成情况、税收政策执行情况以及税收征管、提退和使用情况进行。从1995年至1998年，主要对深圳市国税局、海南省国税局和广西自治区国税局进行了审计。1996年对海南省国家税务局1995年中央税收收入征管情况进行审计，发现海南省国税局对两家外商投资企业未执行“先征后退”的政策，而是按原工商统一税税负核定其应纳税款，少征税款7746万元的违规问题，同时审计发现1994、1995年度海南省9家中央企业将实现的所得税缴入地方金库，而海南省国税部门未予纠正，影响中央收入2800余万元等问题，引起海南省有关部门重视；1998年，对广西自治区国税局的审计，查出违规金额18亿元，揭露了该局在执行国家税收征管法律法规中少征电力企业增值税、应征未征企业税和部分地区征收过头税等问题，提出了依法治税、强化征管、规范操作的审计建议。

金融审计　累计审计银行及非银行金融单位（项目）49个，查出违规金额323951万元，应上缴财政76485万元，已上缴财政30670万元，有2个项目受到审计署金融司表彰。深圳是全国金融体制改革较早的地区，金融机构众多，银行及非银行金融机构门类齐全，金融业占地区经济比重较大，是深圳特区支柱性产业之一。几年来，根据特区金融业的特点，以防范和化解金融风险为目的，针对不同金融机构，采取不同措施，突出重点、热点问题，把查错纠弊与强化金融机构强化监管，规范经营，完善内控制度结合起来，为推进深圳地区金融体制改革和金融业的健康发展作出了应有贡献。

1. 强化宏观意识，增强审计监督为宏观调控服务的能动性　1995年完成了交通银行深圳分行、厦门分行、太平洋保险公司深圳公司、深圳海通证券公司、工行银行深圳分行、光大银行深圳分行及招商银行等7大金融机构首次资产负债损益审计，共计查出违规金额19095万元，其中应上缴财政1271万元。针对当时社会消费基金增长过快，社会分配成为热点问题的情况，分别对交通银行深圳分行系统和光大银行深圳分行系统消费基金增长情况作了专题调查，分别反映了两行个人消费和集团消费超高速增长的情况，并具体分析了原因，两个调查报告产生了一定影响。1998年，参与审计署统一组织对南方、国泰、华厦、海通等4大证券公司在深圳的33个分支机构、营业部和南方证券公司10个投资实体审计，对较普通存在的券商挪用客户保证金、违规透支及滥发钱物等现象作了深刻剖析，并以简报予以揭示，对规范深圳地区证券市场，遏制证券机构违规操作产生了积极影响，该办证券审计被审计署评为当年度先进单位。

2. 以真实性审计为主，摸清家底，防范风险，保证国有资产安全　5年来，金融审计从重点审计财务收支到资产负债损益，从重点查处金融机构违法违规经营和操作，到重点摸清金融机构家底，打假治乱，保证金融机构资产负债损益及会计资料的真实性，审计监督逐步深化，效果日渐显著。1996年审计建设银行深圳分行、中信实业银行深圳分行及平安保险公司等7家金融机构，查出违规金额168840万元，其中资产不实3000余万元，应上缴财政1700多万元。1996年审计中信深圳公司，发现该公司投资手续不全，财务监管不力，投资效益差，有针对性地提出了审计建议。1998年审计南方证券10个投资实体中，查出违规金额8918万元，以及南方证券投资收益反映不实等问题。

3. 探索了金融审计方法，积累了审计经验　1996年金融审计中，把账内审计与账外审计、银行本部审计与适当延伸审计贷款户相结合，收到了很好效果。如审计中信深圳公司时，通过账内账外审计，发现该公司一笔贷款年息高达25%，超出人民银行规定利率13%，而放贷单位以贷款为条件，除获取正常的贷款利息外，违规收取额外利息，扰乱了金融市场，加重了企业负担，审计结果引起了有关部门的重视。

工交商贸企业审计　5年来，根据审计署的部署，结合深圳特区经济社会形势发展特点，针对不同阶段企业改革的重点和热点问题开展审计监督。累计审计工交商贸企业（项目）32个，查出违规金额215391万元，应上缴财政金额50096万元，已上缴财政金额19703万元。

1. 不断拓宽企业审计领域　几年来，在全国较早开展了中外合资经营企业审计、股份制企业审计、企业集团审计、专业房地产公司审计、企业基本建设项目审计、基建项目开工前资金审计和驻港中资企业审计试点等。1994年以来先后审计了康佳、广深医联、中冠、中兴通讯等股份有限公司，1998年审计了中国南方开发集团公司，均取得了较好效果。

2. 工交企业审计拓宽了企业审计的思路　自1995年始，工交企业审计重点放在企业资产、负债、损益的真实性和经营活动的合规性上，把摸清企业家底，真实反映企业资产、负债、损益和会计资料的真实完整作为审计监督的重要目的，并作了有益的探索。1998年在审计深圳中兴通讯股份公司中，针对该公司改制上市不久，审计从公司资产、负债、所有者权益规模、结构，成本费用结构和损益形成及收益分配等方面入手，查出该公司侵犯国有股东权益，少分利润×千万元，追补税金×百万元，引起有关部门的重视。

3. 在商贸流通体制改革中发挥了作用　一是多年来对中央在深商贸企业突出重点，结合商贸企业体制改革适时安排审计。1996年对中国农业生产资料深圳公司的审计紧扣进口化肥专营权问题，对深圳地区进口化肥经营中存在的问题以及其他部分地区农资企业利用进口化肥购销配额在深圳口岸就地转手倒卖化肥等扰乱农资专营市场秩序的问题作了披露，引起中农资总公司重视；1997年对商贸企业股份制改革试点企业进行审计，探索了商贸流通领域企业改制的审计方法和企业多元化、集团化经营审计的路子。二是按照审计署统一部署，参与审计署统一组织的旨在配合商贸流通领域改革进程的商贸行业性审计，如1997年对国家物资储备局深圳办事处的审计，尤其是1998年参与国务院指定的粮食清查审计，直接影响了中央对粮食流通体制改革的决策。

1998年5月至10月，组织两个业务处室近20名审计干部分成3个审计组，对浙江省宁波市国储粮库、杭州南星桥国储粮库等5个拟上划中央的地方粮库新增财务挂账和其他不合理占用贷款情况进行了清查审计。基本查清了5个粮库占用农发行贷款情况，核定了新增财务挂账和其他不合理占用贷款数额，对原定拟上划粮库是否上划提出了审计建议，达到了预期目的。对5个粮食企业的清查审计，核实新增财务挂账7910万元，非正常亏损挂账6515万元，粮食企业占用农发行专项贷款用于附营业务和兴建楼堂馆所及其他挤占挪用11184万元。1998年10月，根据署领导批示，深圳办再次派出审计组对安徽巢湖地区粮食清查审计情况进行了抽查，共调整新增财务挂账98笔，净调减粮食新增财务挂账额4787万元。

**行政事业审计** 深圳办从1995年开始涉及行政事业单位审计，共计审计单位（项目）7个，查出违规金额17亿多。1996年，对深圳市国有土地使用权出让金审计，透过历史原因形成的深圳特区国土管理格局的复杂性，查出违规金额高达16亿元，并提出清欠80亿元逾期地价款建议，引起深圳市政府及土地管理部门的重视，对随后进行的国土出让金的催缴起了很好的促进作用。

1997年，根据深圳特区口岸体制改革的进程，对深圳市动植物检疫局、卫生检疫局和进出口商品检疫局财务收支进行了审计，查出违规金额5780万元。这次审计是国家审计首次对深圳进出口口岸三检机构进行的审计，审计力度较大，查出问题较多，对三检机构完善内控制度，加强财务管理，依法施检，严格把关，保障口岸管理体制改革的顺利进行作出了贡献。

**地址** 深圳市福田区北环路7003号中审大厦
**电话** 0755—3940100
**邮编** 518034

**【成都特派员办事处】** 组织沿革 1994年特派办设有机关党委、人事教育处、办公室、审计四处、财政审计处、金融审计处、基建审计处、审计一处、审计二处、审计三处。

1995年审计四处更名为综合处、审计一处更名为工业交通审计处、审计二处更名为商贸审计处、审计三处更名为外资行政事业审计处、基建审计处更名为固定资产投资审计处。

1997年增设机关服务处。

办领导成员

| 年份 | 特派员 | 副特派员 |
|---|---|---|
| 1994 | 张思武 | 文盛贵 任承彝 |
| 1995 | 张思武 | 文盛贵 任承彝 |
| 1996 | | 文盛贵（主持工作） 任承彝 刘照应 |
| 1997 | | 文盛贵（主持工作） 任承彝 刘照应 |
| 1998 | | 文盛贵（主持工作） 任承彝 刘照应 |

**审计业务成果综述** 5年来共审计1025个单位，查出百万元以上违纪单位300余个，违规金额194亿元，审计决定应上缴财政38亿元，减少财政拨款和补贴9039万元，追还侵占挪用资金20亿元，促进增收节支5亿元，发现并报送、移送重大违法线索15件。

5年间，不断拓展审计范围，深化审计内容，探索并改进工作方法，审计工作质量逐年提高，共有23个审计项目被审计署评为优秀（表彰）项目。其中，1997年关税及进口环节税审计单项评定第六名；1997年中央税收收入审计工作质量名列第六名；1998年度国税审计和国库审计单项评定第六名和第二名；1998年证券审计被评为优秀项目第二名；三峡移民资金审计历年被审计署评为优秀审计项目；川东氯碱工程项目1997年被评为优秀审计项目，1998年又被评为特别表彰项目；商贸审计1997年度在署商贸司综合考评中名列第五位；1997年度医药行业审计因成绩显著，审计署颁发奖状；1996年度商贸审计被审计署授予先进单位称号；1997年福利彩票项目审计被评为单项审计第六名；1998年度计划编报单项评定为第二名；1997年度综合工作名列特派办第三名；1997年度审计统计工作单项评定为第三名；1997年度综合处被署评为保密先进单位并授予奖状。5年来，审计信息被中办、国办、审计署及新闻单位采用300余篇次。

**财政审计** 5年来，财政审计共审计83个单位，查处违纪金额71.2亿元，应上缴财政15.9亿元，应追还被侵占挪用资金9848万元。1994年，先后对省级财政预算执行、国税、海关等新开项目进行了首轮审计，查出违纪金额11.7亿元。1995年，针对地方政府自设基金或扩大征收范围、标准的主要问题，在对某省财政决算审计中，查明该省违规设立各种预算外基金27种，收入达13.2亿元，影响上缴财政收入2.1亿元。1996年，注重查处带有普遍性、典型性的问题。如审计查出某市5个企业拖欠消费税和增值税7.1亿元；发现了财政、国税部门随意退库影响中央收入以及中央非税性收入征管薄弱等问题，引起了有关部门的重视。1997年，积极探索预算单位账户审计。运用“账户入手、下审一级”的方法，牵住了预算执行审计的“牛鼻子”，进而审查资金来源的合法性、资金运用的合规性、资金余额的准确性，全面掌握了审计线索，提高了工作效率。1998年切实转变观念，坚持“以真实性为基础，重点摸清家底”的工作思路，降低了审计风险，增强了审计的监督力度。

5年来，财政审计信息经历了从注重数量扩张到重视质量提高的转变过程，积极反映改革过程中存在的各种问题，其信息被国办、审计署、新闻单位采用39篇，仅199年就在《中国审计》等全国性刊物上发表研讨文章6篇，较好地发挥了审计为宏观调控服务的作用。

金融审计　5年间，金融审计先后对人民银行、工商银行、建设银行、交通银行、太平洋保险公司、信托投资公司、证券公司营业部等218个金融机构进行了审计。审计查出违纪金额28亿元，查出资产、负债和损益不实金额8亿元。1998年对5家国有证券公司在川、渝分公司、营业部的审计项目获审计署优秀审计项目二等奖。

1994年，对人民银行四川省分行、重庆市分行执行中央“约法三章”情况的审计报告经审计署报，送党中央政治局常委参阅，引起高度重视，朱镕基总理作了重要批示，责成中国人民银行总行和中共四川省委、省政府进行严肃查处，10名有关责任人员共10人受到行政处分。1998年在对某证券公司的审计中，查出红光电子股份有限公司严重违规操作股票的问题，经审计署《审计要情》报国务院后，朱镕基总理作了重要批示，并责成国务院证监会等部门依法对红光公司和有关的社会中介审计组织进行严肃处理，在全国范围内引起了较大反响，进一步规范了社会中介审计组织的行为，对治理整顿金融秩序，防范和化解金融风险发挥了重要作用。除重大案件已移送司法等部门立案查处外，针对查出的资产、负债、损益严重不实，资产质量不高、风险大、效益差等问题，提出了加强金融监控、防范和化解金融风险的审计建议和意见。

自金融审计处组建以来，由金融审计人员主编和参与编写的《新金融审计》、《金融稽核审计实务手册》、《’94中国税收制度及实务》等，受到金融审计系统和审计人员好评，《新金融审计》获四川省审计学会审计优秀科研成果三等奖，初步探索出一套较为完整的国家审计机关金融审计的思路和方法。

固定资产投资审计　5年来，共审计12个项目，查出违纪金额2.8亿元，核减工程预决算3421万元，共有4个审计项目被评为全国优秀（表彰）项目，1个特别表彰项目。

对川东氯碱工程项目的审计，首次完成了对拟“下马”在建项目的清算审计，工程中涉嫌违法的事项及人员已移送有关部门处理，对工程项目开工以来的10多亿元的资金（产）的来源、运用及结存情况进行了全面清理，审计结果得到了国务院领导及有关部门的充分肯定，为该项目的进一步决策提供了积极可靠的依据，为今后审计同类项目积累了宝贵经验。

三峡移民资金审计从1995年开始，连年进行，是成办承担的常规性审计任务。1995至1998年，共审计59个单位，查出违纪金额13.1亿元，应追还被侵占挪用资金6.1亿元，应减少财政拨款4402万元，促进增收节支2207万元。审计中所反映的问题受到了中央及地方各级领导的高度重视，为有关部门加强三峡专项资金的管理、提高使用效益起到了积极的推动作用。该项审计每年被评为署优秀审计项目。

工交审计　5年来，共审计68户企业，160个单位，查出违纪金额31.89亿元，应上缴财政2.48亿元，已上缴财政1.42亿元，应追还被侵占挪用资金89680万元，促进国家增收节支2452万元。反映的信息被上级部门及新闻单位采用26篇次，其中，被国务院总理、副总理批示或被中办、国办采用的审计简报21篇次，被新闻单位采用5篇次。

5年来工交审计围绕国有企业改革，不断探索企业审计的新路子，坚持以真实性为基础，开展对资产、负债、损益的全面审计，查出资产、负债、损益不实20亿元。对资产、负债、损益不实，对外投资效益差、亏损、浪费等严重违纪违规问题，分别以专题报告、简报或工作报告等形式向审计署作了报告。近年来围绕反腐倡廉，加大审计力度，重点查处侵吞国有资产的严重违法事项，重拳反腐。如审计中揭露的东方锅炉（集团）股份有限公司重大违纪违法案件线索，专题上报后，引起国务院朱镕基总理的高度重视，并批示专案查处。根据署领导指示，成办派出三名人员参加专案组工作，查清了该公司原两任董事长兼党委书记、总经理、副总经理4人贪污团伙，两人已被判死缓，两人已被判无期徒刑。

在开展企业真实性审计的同时，围绕国家经济工作的重心，完成了养老保险、企业负担、重点企业等三项审计调查，调查20个单位，发现并反映的问题被署采用。根据三个调查项目撰写的三篇理论研究文章分别被《中国改革》等全文刊用。

商贸审计　共审计73个项目，涉及农业生产资料、黑色和有色金属材料、汽车贸易、外贸生产和运输、烟草等行业。查出违纪金额2.76亿元(不含粮食审计)，上缴财政1904万元，查出国有资产流失1.46亿元，促进企业增收节支8960万元，报送各类审计信息被审计署采用27篇次，其中中央新闻单位采用3篇次，中央办公厅采用3篇次。1994年至1997年，连续被审计署评为商贸企业审计前6名，其中1994年为第2名。

对医药经营企业进行的专项审计，发现将药品经营“三证”(经营许可证、合格证、营业执照)变相出租给个人或集体单位经营，价格混乱及行业“回扣”不正之风盛行等情况，及时向有关部门作了反映，引起了国家医药管理局的高度重视，对“三证”变相出租行为，专门致函审计署，表示“已责成有关部门尽快予以核实，立即纠正，要求局直属企业以此为例，使类似问题不再发生”。

对物资企业资金使用投向开展专项审计调查，发现普遍存在借贷行为，在不到两年时间就以预付货款、联营、联销为名借出流动资金达6亿多元，大部分用于炒房地产和搞基本建设。1996年对中国农资成都公司审计时，查出会计人员贪污一案移交司法机关处理完结。

外资运用审计　每年平均审计外资运用项目14个，审计国外贷款援款金额182842万美元，项目涉及电力、铁路、邮电、石油、高等院校、科研院所及合资企业等行业和部门。查出违纪金额26亿元，应上缴财政2837万元，已上缴财政2837万元；对外出具审计报告共计22份，其中发表有保留意见2份；报送信息63份，被党中央国务院批示8份，审计署采用9份，新闻单位采用5份。

审计中坚持以项目审计为中心，突出工程预决算审计，保证了国家工程建设资金和外资运用的合规性和效益性，同时结合对项目执行单位财务收支审计，确保了对外公证的财务报表的真实性，提高了对外审计报告的质量。针对审计中查出的问题，在给予审计处理的同时，分别提出了相应的改进建议，帮助项目执行单位进一步规范管理行为。如帮助二滩水电站项目理顺管理体制，控制非生产性投资，落实资本金等，有效地促进了项目建设。

行政事业审计　共对69个行政事业单位进行了审计，查出违纪金额13亿元，向审计署上报专题报告及信息25份，被党中央国务院批示1份，审计署采用4份。审计中揭露的重大违纪问题移送司法部门立案查处1起。在行政事业审计中，以国家政策为脉络，以资金流向为主线，从账户入手，采取内控制度检查与违纪检查并重的方法，突出真实性审计。对查出的带有普遍性、倾向性问题，分别进行了剖析，提出了有效的改进措施。养老保险资金、福利彩票和住房资金审计分别被审计署评为优秀审计项目。

队伍建设　特派办始终坚持把“政治坚定、求实进取、团结协调、廉洁公正”作为干部思想作风建设的基本内容，要求干部做到：政治上强，任何情况下，都要始终同党中央保持一致；思想上过硬，要有艰苦创业、立志审计事业的无私奉献精神；业务要精，要能保质保量地完成各项任务，并有所作为；作风要正，要识大体、顾大局，团结协调，廉洁公正。目前全办形成了“讲学习、讲政治、讲正气、钻业务、比贡献”的良好局面。1997年特派办领导班子被四川省委授予开展“学习、团结、勤政、廉洁”活动四好领导班子。1998年特派办被评为四川省“省级文明单位”。在队伍建设、廉政建设方面多次在审计署有关会议上介绍经验。

为建设一支高素质的审计干部队伍，建办以来，特派办十分注重人才培养，加大干部培训力度，通过以老带新、脱产送培、自修自考、以会带训、定期整训和走出去、请进来等多种形式，加速知识更新，在提高人员政治业务素质上狠下功夫。坚持每年冬夏两季集中整训，重点学习邓小平理论和社会主义市场经济理论，进行世界观、人生观教育，坚持说老实话、办老实事、做老实人。为更新知识，重点举办财政、金融、税收、投资体制、微机和现代企业制度等专题培训，聘请财政、税务、金融、党校和大专院校等部门专家教授作辅导讲课，使全办人员的综合素质得到了普遍提高。

为进一步改善人员结构，鼓励全办干部参加在职学习和培训，从时间和经费上予以支持，为特派办的发展贮备人才，通过自学教育和录用，现已有硕士研究生12名，有9名在职读研究生，有3名在职读博士研究生，使特派办审计人员的知识结构日趋合理。

思想政治工作　5年来，自始至终把思想政治工作贯穿于各项工作之中，无论是执行重大审计任务，还是关心群众政治思想，都注意发挥党支部和党员的作用，发动工青妇群团组织的作用，围绕特派办的中心工作和中心任务，党政工青妇齐心协力，一道做好群众的思想政治工作。特派办一直坚持“一会三访”制度，即每周召开一次内勤人员会议；对出差时间较长的职工进行家访，重大节假日，对职工进行走访，职工生病住院进行探访。帮助解决职工的子女入托和上小学问题，尽力协助职工解决家属子女下岗就业困难，一时办不到的事，也把情况讲清楚，理顺情绪，做好工作。在福利待遇方面，在政策允许的范围内尽可能加以改善，坚持“严暖”结合，调动职工的积极性。

廉政建设　5年来，办领导认真开展廉政教育，弘扬正气，大力宣传先进典型，对不良风气和不廉洁的苗头，坚决予以制止和纠正，绝不姑息迁就。在一些重要时期的热点问题上，不追风、不赶浪，如在炒股票、从事第二职业以及经商办实体等问题上，牢牢把握住大方向，及时制定加强廉政建设的规定和措施，用制度来约束党员干部的行为。先后为117名党员、职工建立了廉政档案，坚持一年两次的廉政检查，按照上级要求，定期召开处以上党员干部以廉政建设为主题的专题民主生活会，较好地坚持了礼品上交制度、廉政汇报制度、重大事项报告制度，使整个职工队伍经受了考验，未发现重大的违法乱纪问题保持了队伍的纯洁性。据不完全统计，5年中，共拒收礼品礼金31.66万元。先后受到审计署、四川省委、省直工委的表彰和表扬，在审计署16个特派办廉政建设评比中，一直位于前列，1997、1998年连续荣获第1名。

**地址**　成都市抚琴西路89号
**电话**　028—7762487
**邮编**　610031

**【昆明特派员办事处】**　截止1998年底，昆办在职职工81人，其中具有大专以上学历的干部70人，占在职职工总人数的86.4%，具有中级以上技术职称的干部55人，占在职职工总人数的67.9%，人员结构较为合理。1994—1998年昆办机构设置和人员情况如下：

1994年，在职职工73人，下设办公室、人事教育处、财政审计处、金融审计处、固定资产投资审计处、工交审计处。

1995年，在职职工72人，机构设置同1994年。

1996年，在职职工78人，下设办公室、人事教育处、机关党委、机关服务处、综合处、财政审计处、金融审计处、固定资产投资审计处、工交审计处。

1997年，在职职工79人，较1996年增设商贸行政事业审计处。

1998年，在职职工81人，机构设置同1997年。

办领导成员

| 年份 | 特派员 | 副特派员 |
|---|---|---|
| 1994 | 傅有禄 | 白益兰　林泽忠 |
| 1995 | | 白益兰（主持工作）　张军科 |
| 1996 | | 白益兰（主持工作）　张军科 |
| 1997 | | 白益兰（主持工作）　张军科　王道平 |
| 1998 | | 白益兰（主持工作）　张军科　王道平 |

业务审计成果综述　5年来，昆办共完成审计项目218项，查出违纪违规金额873242万元，其中应上缴财政144106万元，已上缴财政142023万元，对被审计单位违纪违规问题处以罚款2702万元（以上及以下各项指标均不含财政、金融、粮食等由审计署统一统计审计成果的审计项目）；向审计署报送审计报告、审计信息537份，其中被党中央、国务院及审计署采用118份，为严肃财经纪律、维护经济秩序、监督国家宏观调控措施的落实发挥了积极作用。

财政审计　1994年贵州省财政决算审计、1996年贵州省财政监察专员办审计、1998年某省国税审计受到了审计署的通报表扬。在1998年某省国税审计中，发现了该省国税系统少抵扣税款20808万元，该省某市国税系统应征未征电力系统中央企业所得税34437万元的违纪问题。该问题因金额较大、性质严重而被审计署写进了当年中央预算执行情况审计报告中，引起了有关部门的高度重视。

5年来，财政审计共完成审计项目17项，查出违纪违规金额306165万元，其中应上缴和已上缴财政均为97379万元；向审计署报送审计报告和审计信息86份，其中有的被中办、国办和审计署办公厅采用，为加强财税管理、维护财税秩序、完善财税体制作出了积极贡献。

金融审计　1995年某银行审计发现的资金计划处处长谢某挪用公款903万元问题震动了整个银行系统。1996年在某省分行审计时，还发现了该行搞假委托贷款10000万元、占用信贷资金44473万元购建固定资产等21个方面的违纪问题，引起了该省分行的高度重视。1998年证券审计被审计署金融司评为优秀审计项目第二名。

5年来，金融审计共完成审计项目42项，查出违纪违规金额217939万元，其中应上缴和已上缴财政均为6786万元，对被审计单位违纪违规问题处以罚款613万元，追还被挤占挪用的资金536万元，制止国有资产流失7800万元，向审计署报送审计报告和审计信息42份，为维护金融秩序、防范金融风险、确保国有资产安全完整作出了积极努力。

固定资产投资审计　5年来，固定资产投资审计处始终抓住工程立项、项目报批、资金筹措、监督管理及建设、施工、监理相互衔接等重点环节进行审计，并注意从财务收支的真实性入手，深入剖析具体的单项工程，审计工作初见成效。1997年，水电第十四工程局资产负债损益审计项目被审计署投资司评为全国优秀审计项目，1998年，云南漫湾水电站竣工决算审计项目受到了审计署的通报表扬。与此同时，外资运用审计项目也取得了一定的成绩，向审计署报送的《中科院世界银行贷款“中国环境技术援助”项目的子项目应尽快明确并建立还贷准备金》、《中科院应进一步加强和完善对世行贷款项目执行管理》等信息简报被转送其它部委后，引起了中科院领导同志的重视，对规范世行贷款项目管理起到了积极的作用。

5年来，固定资产投资审计处共完成审计项目38项，查出违纪违规金额5628万元，其中应上缴财政85万元，追还被挤占挪用的建设资金223万元，核减工程投资630万元，减少财政拨款和补贴250万元，向审计署报送审计报告和审计信息71份，为规范投资秩序、提高投资效益、促使建设单位和施工单位加强投资管理、避免损失浪费发挥了一定的作用。

工交企业审计　1995年对某市电信审计发现私分国家资金426万元案，引起了国务院领导同志的重视；1996年玉溪红塔烟草(集团)有限公司审计因查出“小金库”10.47亿元，并为中纪委专案组提供了多条违法犯罪线索而受到了中纪委的肯定和审计署的通报表扬；1997年烟草行业审计被审计署工交司评为行业审计先进单位前四名；1998年发现的某厂资产负债损益严重不实的情况被《经济日报》公开曝光。

5年来，工交企业审计共完成审计项目66项，配合中纪委、省纪委查处大案要案2件；共查出违纪违规金额288673万元，其中应上缴财政38497万元，当年底已上缴财政38045万元，对被审计单位处以罚款1876万元，制止国有资产流失173607万元，追还被挤占挪用的资金431万元，促进被审计单位增收节支3530万元，向审计署报送审计报告和审计信息142份。

商贸行政事业审计　1997年，武警云南边防总队审计项目被审计署行政事业审计司评为优秀审计项目，1998年昆明国家粮食储备库审计发现该库挪用粮油贷款1.3亿元等问题被中央电视台、《人民日报》等新闻媒体曝光。1994—1998年，昆办商贸行政事业审计共完成审计项目21项，查出违纪违规金额54661万元，其中应上缴财政1359万元，已上交财政1249万元，对被审计单位违纪违规问题处以罚款204万元，制止国有资产流失9388万元，追还被挤占挪用的资金4450万元，向审计署报送审计报告和审计信息52份。

**地址**　昆明市马家营审计署驻昆明特派员办事处
**电话**　(0871)4577546
**邮编**　650228　*(谢新年)*

**【西安特派员办事处】**　1994年，西安特派办设立办公室、财政审计处、金融审计处、企业审计一处、企业审计二处、基建审计处、综合审计处、人事教育处，另内设机关党委、基建办公室(临时机构)共7处2室1委。

1995年，对业务处分工及职责做了调整，企业审计一处更名为工业交通审计一处，企业审计二处更名为工业交通审计二处，基建审计处更名为固定资产投资审计处，综合审计处更名为综合处，其余机构未变。

1996年，增设外资行政事业审计处，机关服务处、其余机构未变。共9处，2室，1委。

办领导成员

| 年份 | 特派员 | 副特派员 |
|---|---|---|
| 1994 | 韩文波 | 王炳国　刘宝衡　杨维耀　刘瑶 |
| 1995 | 韩文波 | 刘宝衡　杨维耀　刘瑶 |
| 1996 | 韩文波 | 王炳国　杨维耀　刘瑶　杜今元 |
| 1997 | 韩文波 | 王炳国　杨维耀　杜今元 |
| 1998 | 韩文波 | 王炳国　杨维耀　杜今元 |

工作实践及业绩　5年来，共审计218个单位和项目(不含开工前审计项目)，查出违纪资金65.21亿元，应收缴财政5.28亿元，已收缴入库5.13亿元，追还被侵占挪用资金4.9亿元，向被审计单位提出加强管理的意见和建议298条，促进增收节支1.63亿元。同时，针对经济发展中的热点问题和倾向性问题积极开展调研，共向审计署提交审计调查报告37份，编发审计《简报》621期，署采用180条，其中：中办国办10条、署《审计简报》22条，署《重要信息要目》16条、转送有关部委75条、《审计工作通讯》50条、《中国审计》动态7条。

5年来，共9个审计项目被审计署评为优秀或表彰项目，8人次被署或有关业务司局通报表彰或致函表扬。此外，因在廉政建设、工作作风，以及财务报表、保密、档案、专户管理、计划生育、扶贫、清房、卫生、治安、工会、书法和体育比赛等工作中成绩突出，获审计署、地方党政机关及其有关部门、被审计单位等授(赠)的锦旗、奖牌、奖状、证书等共计33个。

财政审计　共审计18个单位(项目)，查出违纪资金148509

万元，应收缴财政 38782 万元，已全部收缴入库。从 1994 年起，根据审计署授权，先后对陕西、宁夏、山东、河北省(区)财政预算执行和决算，陕西、宁夏国税征管，西安、昆明、海口、南宁海关关税及代征税征管，陕西国库管理，财政部驻陕西、宁夏财政监察专员办事处财务收支等展开了全面审计。对审计中查出的地方挖挤中央收入、违规退库、违规减免税、漏征税、欠税、混库等违纪违规问题依法进行了严肃处理，维护了中央利益和财政法规的严肃性，规范了各财政部门的财政行为，使审计监督从层次和力度上进一步到位。1996 年度关税及进口环节税审计获审计署考评第三名，1997 年度财政决算审计获审计署考评第五名，1998 年度财政专员办审计获审计署考评第六名。

金融保险审计　共审计 35 个单位(不含由署金融司统一归档的子项目)，查出违纪资金 87202 万元，应收缴财政 2047 万元，已收缴入库 1918 万元，追还被侵占挪用资金 15549 万元。根据审计署统一安排，先后对陕西、宁夏的人民银行、建设银行、工商银行、交通银行、太平洋保险公司分支机构的财务收支及资产负债损益进行了审计；并对中国信托投资公司、中国工业信托投资公司、中国金谷国际信托投资公司以及海通、华夏、南方、君安、国泰五大证券公司在陕西、宁夏、北京、海南、浙江的分支机构进行了审计。对审计查出的“以租代购”和挪用信贷资金搞自身固定资产购置、虚列支出、漏计收入、漏交税金、私设“小金库”等问题进行了依法处理；对部分单位资产负债损益不实、资产质量不高、潜在经营风险等问题以报告和信息的方式向署作了反映；同时，就加强金融监督、防范和化解金融风险等问题，向有关部门提出了审计建议和意见。在完成审计计划任务的同时，还参与了金融专案工作。1997 年中国金谷国际信托投资公司审计项目被审计署评为优秀审计项目。

固定资产投资审计　共审计 15 个单位(项目)，查出违纪资金 156496 万元，应收缴财政 330 万元，已收缴入库 313 万元，促进被审计单位增收节支 16925 万元。自 1994 年以来，先后对国家重点建设项目——黄陵煤矿、安康水电站、宝中铁路、三峡水利工程、京呼银兰光缆工程、西兰乌光缆工程的建设管理和工程决算，以及部分中央驻陕施工企业的财务收支进行了审计。查处了一批弄虚作假、高估冒算、挤占挪用建设资金、损失浪费等违纪违规问题；对基建工程概算中漏项或因价格变化等不可预见性原因而造成的概算不实问题，提出了审计意见和建议，有关方面非常重视，均做了相应调整、整改，保证了工程的顺利进展；对一些基建工程管理不善、内控制度不严、单项工程重复付款或多付价款问题，协助被审计单位进行了处理和整改；对投资环境方面存在的一些问题及时向有关部门作了反映，使问题得到了及时解决，受到被审计单位的好评。1995 年黄陵煤矿审计项目被署评为优秀审计项目，1996 年京呼银兰光缆宁夏工程段审计项目被署评为表彰项目，三峡水利建设部分工程峻工审计项目署投资司专门致函表扬，1997 年楼堂馆所审计项目被署评为优秀审计项目。

企业、行政事业审计　共审计 121 个单位(项目)，查出违纪资金 298970 万元，应收缴财政 15104 万元，已收缴入库 13586 万元，追还被侵占挪用资金 33017 万元，促进被审计单位增收节支 6035 万元。工交企业审计中，在不断深化资产负债损益审计的基础上，以摸清企业家底为主，积极探索真实性审计的路子；商贸企业审计中，在继续强化审计物资储运、汽贸等重点流通企业的同时，认真全面完成国务院交办的粮食清查及抽查审计工作；行政事业审计中，在围绕社会热点问题全面完成计划任务的前提下，积极展开审计调查，及时向有关部门提供相关信息。对审计中查出的私设“小金库”、隐瞒或截留收入、随意调节损益、滥发钱物、挪用专项资金、会计核算中弄虚作假等问题，依法进行了处理，严肃了财经法纪，增强了被审计单位遵纪守法的自觉性，1995 年西北工业大学和西安电信局审计项目分别受到署相关业务司的致函表扬。

外资审计　共审计 40 个单位(项目)，查出违纪违规和有问题资金 286 万元。一是对世行贷款项目配套资金到位情况、项目管理、会计核算进行监督；二是对部分中外合资企业的资产负债损益进行审计。审计中严格按外资审计的程序要求履行监督职责，每个项目均实事求是地提供符合标准要求的审计文书。对审计查出的国内配套资金到位率低而影响建设项目进度问题、因单位改制使世行贷款项目执行责任不落实问题、个别单位将课题费列入世行贷款项目问题、采购国外设备中存在的不合规问题、个别单位将国外捐赠款滞留账外问题、会计核算不规范问题、美国对我方进行技术封锁导致世行贷款建设项目受阻问题、个别单位还贷渠道不落实问题等，均依照有关规定进行了审计处理，同时以信息方式向有关部门作了反映，并提出了改进建议。这些建议引起有关部门高度重视并积极采纳予以整改，有力地促进了项目建设，受到被审计单位的好评。1996年西北工业大学无人驾驶飞机研究所赠送锦旗，称审计为“经济卫士”；1997年西安利达光电仪器有限公司赠送锦旗，称赞审计工作“客观公正、实事求是”。

审计调查和信息反映　为了使审计监督更好地为宏观经济管理和被审计单位服务，西安特派办坚持审计项目和审计调查相结合，围绕经济改革中的重点、热点、难点问题，开展了较大范围的、有一定力度和深度的审计调查和信息反映，取得了一定的成绩。通过对烟草加工企业生产经营情况的调查，揭示了烟草加工企业虚盈实亏及亏损大量挂账的问题；通过对金融企业工资内外收入分配情况调查，揭示了金融行业违规乱发钱物问题；通过对企业潜亏情况的调查，揭示了少数单位政策性亏损掩盖经营性亏损的问题，为宏观经济政策的制定和调整提供了依据。信息反映也取得了明显效果。如，在某铁路运输单位审计时发现一些部队和地方单位借用“军运”名义从事商运的问题比较严重，既影响了铁路部门正常的运输秩序，也损害了人民军队的形象。于是编发了题为“以军运商”问题应予重视的审计信息，受到中央军委有关领导的高度重视，迅即派员进行了调查和处理，并对西办给予军队工作的支持表示感谢。某研究所三期工程由于设计、研制、建设、施工等单位协调和衔接不够，致使工程拖延，影响了超高压输变电设备的研制和生产。此信息反映后，其主管部门专题进行研究，采取措施解决了问题，使工程进度明显加快，受到有关方面的好评。在对某煤田审计中，发现小煤窑影响煤矿的开发等问题，信息反映后，引起了中央领导的高度重视，并采取措施及时加以解决。此外，上报的金融企业私设“小金库”问题突出、高校财务管理亟待加强、电信行业消费基金增长过快、地方政府空头奖励金融系统职工且越权批准免税、某粮食企业倒卖储粮指标等信息均被中办、国办采用，有关部门及时采取措施，促使久拖不决的问题妥善得到了解决。

依法审计和处理，提高执法水平　5年来，对那些违反财经纪律和法规，弄虚作假，为谋求单位、部门、地方和个人利益而严重损害国家利益的问题，坚持严肃查处；发现贪污受贿的问题，坚决移送司法部门处理；对改革中出现的一些新问题，本着有法依法，无法依政策，无法规和政策依照“三个有利于”的原则标准，结合实际进行适度处理。绝大多数被审计单位反映，西安特派办的审计监督是客观公正的，执法是适度的，做出的审计决定均能顺利执行。

队伍建设　西安特派办自组建以来，始终把“求真务实、公正廉洁”作为基本办风来抓，把“以人为本、从严治办、循序渐进、教育疏导”作为基本原则，狠抓精神文明建设，长期坚持向干部进行政治理论、廉洁自律、勤政敬业、公正执法等方面的教育，取得了一定的成效。特别是1996年的开展的“学讲话、讲政治、内强素质、外塑形象”活动，1997年开展的精神文明六项建设活动，1998年开展的全员教育培训活动，对提高干部职工政治、业务素质，坚定共产主义信念，树立正确的世界观、人生观，起到了有力地促进作用。队伍建设的不断加强和干部素质的迅速提高，为特派办更好地履行审计监督职能提供了重要保障。

**地址**　西安市朱雀大街102号
**电话**　029—52275894　5261384
**邮编**　710068　　　　（赵田录）

**【兰州特派员办事处】**　1994年将原审计四处调整为财政审计处，审计五处调整为固定资产投资审计处，机构设置为办公室、人事教育处、财政审计处、金融审计处、固定资产投资审计处、企业审计一处、企业审计二处、机关党委办公室；1995年成立综合处和内设机构法规室；1996年成立行政事业审计处和机关服务处；1997年撤销机关服务处；1998年机构设置没有变化。

办领导成员

| 年份 | 特派员 | 副特派员 |
|---|---|---|
| 1994 | 刘国权 | 刘瑶 |
| 1995 | 刘国权 | 孟令成 |
| 1996 | 刘国权 | 孟令成　李占维 |
| 1997 | 刘国权 | 刘瑶　李占维 |
| 1998 | 刘国权 | 刘瑶　李占维 |

审计工作　1994年—1998年，兰州特派办在审计署的正确领导下，扎根兰州，立足西北，跑遍全国许多省市，锐意进取，奋发图强，全面贯彻落实《审计法》，认真履行审计监督职能，5年来共完成194个审计项目，查出各类违纪金额871778万元，其中应上缴财政37451万元，已上缴财政26472万元；追还侵占挪用金额44256万元。

财政审计　先后对甘肃省财政、甘肃省国税、四川省财政、国库四川分库、安徽国税、上海市财政、兰州海关等16个项目进行了审计，共查出违纪资金105913万元，应上缴财政20853万元。审计中发现有的财政机关用财政预算资金投资入股分红分利；有的违反规定私设各种基金；有的税收征收机关征管不严，造成税收大量流失；财政周转金规模大、沉淀多等问题，及时提出了改进建议。

1995年，在对甘肃财政审计

的基础上，针对当地财政困难的实际情况，组织力量完成了关于甘肃财政赤字的调查报告，从主、客观两方面分析了甘肃财政赤字的原因，提出了解决甘肃财政赤字的意见和建议，受到署有关领导好评和甘肃省政府主要领导的重视，并被署《审计工作通讯》转发，在署财政审计汇报会上也作了专题发言。我们还针对甘肃省在资金使用上“撒胡椒面”的问题，提出了集中财力，合理调度等建议。1998年，在上海财政决算审计中，针对查出的违纪问题，提出了加强财政税收管理若干条建议，受到上海常务副市长陈良宇的高度评价。从1995年到1998年，兰办财政审计项目在审计署组织的质量考评中每年都有项目进入前6名，1995年国税审计获第3名，中央税收审计获第4名，关税审计获第6名，1996年中央税收收入审计获第5名，1997年财政决算审计获第4名，1998年国库审计获第5名。

金融审计　兰州特派办不断改进金融审计的工作方法，在审计质量上下功夫，以规范管理，防范风险为目的，通过对金融系统的一系列审计，基本摸清了金融企业的家底，揭露了严重扰乱金融秩序的主要问题：一是违反规定。私设“小金库”。1995年中国建设银行甘肃省分行及所属部分中心支行“小金库”累计发生额146万余元。二是账外吸存放贷，截留隐瞒收入。建行兰州铁路专业支行违规吸存发放贷款，形成账外借款余额5505万元，并将利润450多万元放在账外，偷漏营业税80多万元。三是违章经营，偷漏国家税收。包括账外发放贷款，向实体投入资金，超范围吸收存款，超限期大额透支等。

围绕人民银行1992年和1993年财务收支及执行“约法三章”情况的审计，先后对甘、青、新三省区的77个独立核算单位进行了审计，共查出违纪违规资金22907万元。撰写的《中央企业财政驻厂员处批准人行青海分行扩大成本范围，使中央税收流失六百余万元》的情况反映，得到了审计署、财政部的重视，财政部专门派工作组对此作了相应处理。我们对中国建设银行甘肃省分行本级及所属20个中心支行的资产、负债、损益审计实施过程中，共查出违纪金额29748万元。1997年中国外贸信托投资公司审计获金融行业审计优秀项目。

企业审计　为保障国有资产安全完整和市场经济秩序，兰办在企业审计中主要体现以下特点：项目安排抓重点，重点项目抓关键，关键之中抓典型。在项目选择上，主要抓了关系国计民生的大型企业、接受财政补贴较多的企业，先后选择兰州铁路局、靖远矿务局、金川有色金属公司、玉门石油管理局、兰州炼油厂、兰州化学工业公司、兰州连城铝厂等大型企业，查出违纪金额368119万元，审计执法力度大大加强，较好地完成了审计任务。发现的主要问题是：第一，偷漏税现象十分普遍。在1995年审计3个国有大中型企业中，发现各税流失高达1.2亿元。第二，剥离改制不规范，造成资产和收益流失。第三，乱挤乱摊成本，造成损益不实。玉门石油管理局1996年度计算石油成本时人为多计7374万元。第四，负担种类多、数量大。兰办对在甘的5个大中型国有企业调查结果表明，政府、社会给5个企业造成不合理负担达4.2亿元，占利润的82%。

固定资产投资审计　先后完成了对白银公司厂坝铅锌矿二期建设项目、窑街矿务局、甘肃邮电管理局、乌鲁木齐矿务局、西兰乌光缆甘肃段、西北铅锌冶炼厂等在建竣工项目的审计，发现：一些建设单位以种种手段偷漏固定资产投资方向调节税，有的以技改名义搞基建，有的以“业务综合楼”、“培训中心”等名义建楼堂馆所，而申报税率为零税率或低税率。不按基建程序办事，投资可行性研究不够，建设资金来源不合规，挤占和挪用生产经营资金等固定资产投资管理上的问题也比较严重。

在对乌鲁木齐矿务局某露天煤矿投资6亿元在建项目审计中，发现该矿完全失败，6亿元投资打了水漂，而建设单位和主管部门的决策失误是该项目失败的根本原因。该审计结果引起国务院领导同志和全国人大、有关部委、新闻机构的高度重视。中央电视台派三位记者前来处进行专访。这个审计项目成为1998年全国评出的固定资产投资审计优秀项目之一。1996年西兰乌光缆甘肃段竣工项目和1997年西北铅锌冶炼厂项目也都被评为当年的优秀审计项目。

队伍建设　将队伍建设作为一项关系到事业兴衰成败的大事来抓，重视人才培养，从严治办，培养了一支作风硬、业务精、纪律严的审计队伍，为今后的工作上台阶奠定了坚实的基础。5年来，先后晋升了34名科级干部，提拔了19名处级干部。截止到1998年底，大学本科以上38人，大专学历40人，具有大专以上学历的人员占总人数的84%，队伍的整体素质有了很大提高。在队伍建设方面采取的主要措施：一是认真抓思想政治工作。用建设有中国特色社会主义理论和党的方针政策武装人的思想。二是开展道德品质教育。将加强道德教育和敬业精神教育作为思想政治工作的重点。三是狠抓廉政建设。制定廉政细则，强化制度约束，先后制定了《审计人员纪律》、《机关保持廉洁的规定》、《审计人员廉政细则》、细化中纪委“新老五条”等。贯彻落实中央关于制止奢侈浪费的八条规定和领导干部三项制度。实行审计组内部监控的“三监督”制度和请被审计单位监督制度。四是努力提高审计队伍的业务水平。

信息工作　兰办一直非常重视理论研究和信息调研工作。办领导经常鼓励和要求审计人员研究审计的高层监督问题，两个延伸问题，国有资产流失、国有企业转机建制问题等，鼓励全办同志积极探讨审计工作方法、规范审计制度等问题。在这方面兰办做到了突出“三结合”、把好“三关”。“三结合”就是：审计信息调研与审计项目结合，对审计中发现的热点、难点、重点问题和重情况，积极探索、深入调查，为决策、管理部门提供翔实可靠的第一手资料；与审计业务考核评比结合，审计信息调研工作完成情况作为评选优秀处室的一项重要考核内容；与物质奖励相结合，1994 年制定了《信息宣传、理论调研奖励办法》，调动全办人员搞好审计信息调研工作的积极性。把好“三关”就是除了在审计信息编发上从拟稿、处长审核，综合处、办公室复核，办领导签发上层层把关外，还在信息稿件的审核中，把好政策关、质量关、文字关。通过这一系列的措施，兰州办审计信息和理论文章逐年增加，质量水平逐步提高。1995 年完成省级的科研项目“国有企业转换经营机制问题研究”和 1996 年完成的郭振乾审计长亲自点题的《试论如何发挥审计监督的职能作用》一文，均受到有关专家的较高评价。5 年中，共编发《审计通讯》354 期，被审计署、国务院各部委采用、批转 68 篇，被新闻单位采用 12 篇，发表理论文章 100 余篇，提交审计调查报告 29 份。

**地址**　兰州市城关区鼓楼巷 56 号
**电话**　0931—8456228
**邮编**　730030

## 审计署驻部门审计局工作简述

**【围绕本部门的中心工作开展审计监督】**　4 年来，各驻部门审计局紧紧围绕驻在部门的中心工作和审计署的年度工作安排，制定审计和审计调查项目计划，确定重点，明确方法，在促进被审单位建立健全内部控制制度、遵守财经法纪、保护国有资产的安全、改善经营管理、提高经济效益等方面发挥审计监督作用。审计中既查问题，又找原因，向被审单位提出改进和加强管理的意见和建议，纠正了一些造成国有资产流失和损害国家利益等违法违纪行为；对一些带有普遍性和倾向性的问题，向驻在部门的领导和有关部门提出意见和建议，为宏观调控和领导决策服务。驻邮电部审计局在 1994 年上半年审计的 8 个单位中，就查出违纪金额 1027 万元，应上缴财政 55 万元(已全部上缴)，促进提高经济效益 536 万元。1995 年驻交通部审计局在海南水监局的离任经济责任审计中，对该局违反国有资产管理和核算规定，将国家无偿划拨的土地使用权转让收入 1445 万元，直接汇入兴办的三产“海达实业总公司”作实收资本，未纳入局财务核算的作法进行了严肃处理。1996 年驻冶金部审计局组织力量对天津冶金总公司和安阳钢铁公司生产经营情况进行专题调查，找出了影响企业经济效益的根本原因，向驻在部门领导提出了合理化建议，得到重视和采纳。1997 年驻煤炭部审计局为促进国有重点煤矿提前一年实现总体扭亏为盈开展审计工作，建立扭亏增盈审计责任制，制定了扭亏增盈审计目标，抓好内控系统的评审、经济责任审计、固定资产投资审计、“三条线”管理和多种经营贴息贷款使用情况调查。4 年来，一些驻部门审计局积极拓宽审计领域，在对被审单位进行财务收支审计的同时，还进行内部控制系统评审和经济效益审计，比较全面和真实地反映被审单位经营管理和经营成果的全貌，有针对性地提出意见和建议。

驻部门审计局审计成果一览表

金额单位：万元

| 时间 | 1994 | 1995 | 1996 | 1997 | 合计 |
|---|---|---|---|---|---|
| 审计单位(个) | 444 | 605 | 730 | 649 | 2428 |
| 违纪金额 | 119966 | 119662 | 301434 | 168782 | 709844 |
| 应缴财政金额 | 4163 | 9576 | 19182 | 7695 | 40616 |
| 追还挪用资金 | 50641 | 30550 | 31656 | 13958 | 126805 |
| 罚款金额(元) | 2757769 | 3868341 | 1844724 | 768457 | 9239291 |
| 已缴财政金额 | 2316 | 4563 | 1971 | 3703 | 12553 |
| 国有资产流失金额 | 20595 | 3540 | 18064 | 15593 | 57792 |
| 促进增收节支金额 | 2697 | 13877 | 22398 | 18961 | 57933 |
| 移送司法机关案件(件) | 1 | 2 | 3 |  | 6 |
| 建议给予行政处分(人) | 5 | 6 | 8 | 1 | 20 |
| 移送司法机关处理(人) | 4 | 2 | 4 |  | 10 |

加强对系统内部审计工作指导　4 年来，各驻部门审计局从实际出发，加强了对本系统内部审计工作的指导和监督，采取各种措施，推动内部审计工作的发展。

通过召开本系统审计工作会议，交流内部审计工作经验，提出内部审计工作要求，表彰内部审计工作中的先进集体和个人，研究内部审计在建立现代企业制度中的作用，请驻在部门领导到会强调内部审计工作的重要性和必要性，以促进内部审计发展；结合本系统的实际和工作需要，制定各项审计规章制度，扩大审计工作影响，提高所属单位对审计工作的认识，推动内部审计工作的开展；组成专门调查组或利用开会、审计等出差机会，深入企事业单位对内部审计工作进行调查研究，总结新形势下内部审计工作经验，查找存在的问题，为分类指导、监督内部审计工作提供依据；采取多种形式开展内部审计培训和理论研讨活动，提高内部审计人员的业务素质，促进内部审计工作水平的提高。

*加强各项基础建设　提高工作质量*　各驻部门审计局在顺利完成机构组建工作后，按照署的要求，逐步加强本局的各项基础建设，建立健全各项规章制度，加强审计计划管理，规范业务文书和审计档案，提高工作质量。驻外经贸部审计局完善局办公会议和审计档案管理制度，制定工作人员廉政建设若干规定。4年来，各驻部门审计局在审计工作中采取切实措施，严格执行审计程序，保证审计质量。同时，各驻部门审计局建立了各项学习制度，采取送出去请进来的方式进行审计业务培训，提高审计人员的政治业务素质。

*积极完成驻在部门交办的任务*　4年来，各驻部门审计局克服任务重、人员少的困难，根据驻在部门的安排，开展了对所属单位领导干部离任经济责任审计、与有关部门配合查处案件、清理“小金库”等项工作，发挥审计监督的特长，受到驻在部门领导的肯定。1995年，驻国家烟草专卖局审计局在局内有关单位的协同下，落实朱镕基副总理的批示，对云南等6个省的16家烟厂“挪用税金搞技术改造”问题进行检查，促进了烟草行业及时足额缴纳应缴税金。

1998年，在国务院机构中，审计署撤消了41个驻国务院部门审计局。

**电话**　68301861　*（曹志勇）*

## 审计署驻部门派出机构领导成员名单

**【驻外交部审计局】**

局　长

赵婴佑　1990.12.14—1995.3.14

杨　强　1995.3.14—1998.10.29

副局长

刘晓嵩　1989.5.22—1994.7.13

史锁林　1994.7.13—1998.10.29

**【驻国家计委审计局】**

局　长

曾昭运　1992.5.19—1998.10.29

副局长

温焕元　1990.10.22—1994.10.18

孙秀春　1993.3.20—1998.10.29

**【驻国家教委审计局】**

局　长

覃立垣　1993.10.9—1998.10.29

副局长

韩　存　1989.3.11—1994.4.13

吴连胜　1994.4.13—1998.10.29

**【驻国家科委审计局】**

局　长

李景春　1994.7.13—1998.10.29

副局长

刘福祥　1994.7.13—1998.10.29

**【驻国家民委审计局】**

副局长

梁玉华　1995.10.20—1998.10.29

**【驻民政部审计局】**

局　长

赵有长　1994.4.13—1998.10.29

**【驻司法部审计局】**

局　长

薛启谊　1998.3.30—1998.10.29

副局长

陈守达　1994.4.13—1995.5.4

薛启谊　1995.5.4—1998.3.30

**【驻地矿部审计局】**

局　长

马恩中　1991.8.12—1997.3.31

东堆朗杰　1997.3.31—1998.10.29

副局长

刘庆龙　1994.4.23—1998.10.29

**【驻建设部审计局】**

局　长

田世宇　1992.10.19—1996.4.3

副局长

张洪复　1992.8.12—1998.10.29

**【驻电力部审计局】**

局　长

王万纲　1994.7.13—1998.10.29

副局长

刘淑敏　1994.7.13—1998.10.29

**【驻煤炭部审计局】**

局　长

肖汝喜　1994.3.7—1995.2.22

曹景全

1995.2.22—1998.10.29

副局长

曹景全　1994.3.7—1995.2.22

崔之仪　1995.2.22—1998.10.29

**【驻机械部审计局】**

副局长

金孝杰　1994.9.30—1997.7.23

曹忠元　1994.9.30—1998.10.29

**【驻电子部审计局】**

局　长

林良友　1994.3.7—1995.10.20

于志富　1995.10.20—1998.10.29

副局长

李庭根　1994.3.7—1998.10.29

**【驻冶金部审计局】**

局　长

周明金　1994.10.6—1998.10.29

副局长

韩长林 1996.4.3—1998.10.29

【驻化工部审计局】

局 长

叶夏声 1995.5.24—1998.10.29

副局长

叶夏声 1988.8.23—1995.5.24

赵 磊 1991.11.18—1998.10.29

【驻铁道部审计局】

局 长

孟伟良 1991.11.12—1998.10.29

副局长

陈仁杉 1988.6.25—1997.2.28

王申庆 1989.11.23—1998.10.29

【驻交通部审计局】

局 长

张德容 1989.11.23—1995.10.20

蔡传炳 1995.10.20—1998.10.29

副局长

蔡传炳 1988.9.16—1995.10.20

【驻邮电部审计局】

局 长

王振声 1990.10.4—1997.6.26

王景江 1997.6.26—1998.10.29

副局长

刘际澄 1990.10.4—1998.10.29

【驻水利部审计局】

局 长

孙大鹏 1988.8.23—1997.5.5

韦树桐 1997.5.5—1998.10.29

副局长

刘 波 1998.8.23—1998.10.29

【驻农业部审计局】

局 长

赖瑞华 1990.12.14—1998.10.29

副局长

陈林圭 1988.8.23—1995.4.14

陈居华 1995.10.20—1998.10.29

【驻林业部审计局】

局 长

缪荣兴 1997.2.28—1998.10.29

副局长

史习斋 1988.8.23—1994.4.13

帅宗和 1992.6.17—1998.10.29

苏桂生 1992.6.17—1995.2.22

【驻内贸部审计局】

局 长

杨桂荣 1994.3.7—1998.10.29

副局长

汪秀平 1994.3.7—1997.1.13

黄晓虹 1995.5.16—1996.2.29

李宇清 1995.10.20—1998.10.29

【驻外经贸部审计局】

局 长

秦 健 1994.3.7—1995.5.24

杜琼尧 1995.5.24—1997.11.21

副局长

侯若伊 1989.2.3—1995.2.22

秦 健 1991.11.11—1994.3.7

杜琼尧 1994.3.7—1995.5.24

陈克勤 1996.7.2—1998.10.29

潘德源 1997.7.23—1998.10.29

【驻文化部审计局】

局 长

程天梁 1991.4.6—1998.10.29

副局长

孔繁涛 1989.5.22—1998.10.29

【驻广播影视部审计局】

局 长

吴达审 1994.4.13—1997.2.28

王保智 1997.2.28—1998.10.29

副局长：

王保智 1994.4.13—1997.2.28

李兰田 1997.2.28—1998.10.29

【驻卫生部审计局】

副局长

赵自林 1994.3.7—1998.10.29

【驻国家体委审计局】

局 长

曹 基 1994.7.13—1997.2.28

副局长

肖长年 1994.7.13—1998.10.29

【驻新闻出版署审计局】

局 长

宋灵恩 1994.4.13—1998.10.29

【驻海关总署审计局】

局 长

张鹤明 1991.9.25—1995.10.20

副局长

孙凤英 1992.5.3—1996.4.3

仉 珍 1995.10.20—1998.10.29

张阿玲 1995.10.20—1998.10.29

【驻国家旅游局审计局】

局 长

冯孝明 1994.6.14—1996.10.14

副局长

冯孝明 1989.2.3—1994.6.14

董培南 1993.3.15—1998.10.29

【驻中国民航总局审计局】

局 长

王兴珉 1994.7.13—1998.10.29

副局长

王向东 1994.7.13—1998.10.29

【驻轻工总会审计局】

局 长

凌晋良 1994.7.13—1997.2.28

李玉娟 1997.2.28—1998.10.29

副局长

刘自强 1995.2.22—1998.10.29

【驻纺织总会审计局】

局 长

韩锡贞 1989.11.23—1994.4.13

孙瑞强 1996.7.2—1998.10.29

副局长

孙瑞强 1994.4.13—1996.7.2

【驻新华社审计局】

局 长

章保华 1995.5.4—1998.3.30

副局长

章保华 1994.3.7—1995.5.4

臧公禹 1996.2.29—1998.10.29

【驻中科院审计局】

局 长

孙惠南 1988.9.16—1994.4.23

王 青 1994.7.13—1998.10.29

副局长

王 青 1989.3.11—1994.7.13

李晏婴 1991.11.12—1998.10.29

章南山 1995.2.22—1996.7.2

刘冬红 1996.7.2—1998.10.29

【驻社科院审计局】

局 长

王亚田 1996.7.2—1998.10.29

【驻中国气象局审计局】

局 长

龙云琴 1994.4.23—1995.9.14

副局长

李公顺 1995.9.14—1998.10.29

【驻国家建材局审计局】

局　长
向心如　1994.5.13—1998.10.29
副局长
冯丽茹　1996.2.29—1998.10.29

**【驻国家烟草局审计局】**
局　长
张　发　1994.11.17—1995.9.14
副局长
赵德明　1995.2.8—1997.1.13
宋春华　1997.1.13—1998.10.29

**【驻国家地震局审计局】**
局　长
孙连柱　1995.2.8—1996.2.29
杨文忠　1996.2.29—1998.10.29

**【驻国家海洋局审计局】**
局　长
王少元　1995.5.24—1996.6.6
副局长
田纪兰　1996.6.6—1998.10.29

## 审计署部分派出审计局简介

**【科学技术审计局】**　根据审计署[1998]294号文的规定，科学技术审计局人员编制7名，内设：一处、二处，处级领导职数2名。1998年8月组建以来，已有人员4人(含局级领导1名，处级领导2名)，均为大专以上学历，获得审计师或注册会计师资格的占75%。孔繁涛副局长主持全面工作。该局的监督对象包括科学技术部、知识产权局及两部门所属企事业单位。监督内容主要是部门年度预算执行情况、预算收入上缴、预算资金分配和预算外资金收支管理情况；企事业单位财务收支和经济效益情况。此外，还要对各部门管理系统的内部控制制度的建立、健全及执行情况进行监督检查，以推动内部审计工作的开展；根据审计署的统一安排和局工作需要，参加或组织审计调查。科学技术审计局的指导思想是，贯彻审计署党组确定的“依法审计，服务大局，围绕中心，突出重点，求真务实”的二十字方针，以真实性检查为基础，以合法性检查为重点，以效益性检查为目标，通过对真实、合法、效益进行审计监督，维护国家财经法纪的严肃性，促进各单位严格执行国家的各项法规，依法履行职责。

审计工作综述　首先，积极协调，规范管理，高效推进筹建工作。筹建工作包括三个方面：一是落实办公室和办公设备。在署派出审计局筹建协调小组的帮助下、在科学技术部的大力支持下，基本满足了办公用房要求，办公条件已基本具备。二是制定内部规章，使各项工作有章可循。根据署领导“工作上要严格要求”的指示精神，制定了工作暂行办法，明确了局和处室职责、工作守则、会议制度、公文运转、印鉴管理、保密、工作考勤、业务考核、离京外出和休假请示报告、计算机及办公设备和财务管理、学习、档案和工作报告大事记等12个方面的管理规定，做到了全体同志有章可循，各项工作一开始就建立在规范化的基础上。三是建立良好的工作环境，树立良好局风。要求每一位同志尽快实现由原岗位到新岗位的观念转变，真正从思想上来到派出审计局。局长在工作上身先士卒，起带头作用，凡是要求下属做到的，领导首先做到。用人上力求发挥每一位同志的特长，调动每个人的积极性，因人适用，形成了整体合力。

第二，加强宣传，正确处理审计与被审计的关系。1998年11月4日，召开了科技部、知识产权局33个直属企业事业单位近50名主管财务审计工作的领导和财务负责人参加的情况通报会，阐明了设立派出审计局的重要意义，介绍了科学技术审计局的职责、任务和权限，派出审计局与原派驻审计局的根本区别，被审计单位的义务和权利，为今后工作的开展打下了一个良好的基础。深入各单位进行调查，结合调查宣传《审计法》，宣传审计署、审计局和实行审计监督制度的历史必然性和现实必要性。此外，还通过科技部、知识产权局的内部刊物发布信息进行宣传，共发送信息近10条(次)。

第三，调查研究，摸清情况。首先通过各种方式了解科技部、知识产权局的组织结构、财务体制和管理规章，在此基础上，1998年11月16日至12月3日对科技部和知识产权局33个直属企业事业单位全部进行了摸底调查。调查采取发放调查表和深入各单位座谈了解相结合的方法，调查表包括1997年和1998年3季度资产、负债、收入、支出及其主要构成项目，座谈主要了解基本情况，规章制度建立健全及落实情况，财务收支、资金管理和使用情况，主要经验和存在问题。调查中，贯彻署领导提出的求真务实方针，表格设计严肃认真，报表审查严格细致，对不合要求的报表一律退回重填，对存在疑问的进一步核实。在科技部和知识产权局系统树立了良好的执业形象。调查结束后，分别向科技部、知识产权局领导通报了情况。为了今后能够充分利用调查结果，按单位分别建立了资料库，将各单位基本情况、存在问题和1997年、1998年财务资料输入了计算机。

**【资源环保审计局概况】**　该局组建于1998年9月，日常办公在国家环保总局，另在国土资源部有两间小办公室。目前有人员5人，其中局长1人，处长2人，科员2人，分别来自于国务院机构改革前的地质矿产部审计局、审计署、国家科学技术委员会审计局和民政部审计局。大学以上学历5人，获得高级工程师资格的1人，会计师或注册会计师资格的2人。下设两个处，分别为一处、二处，一处侧重国土资源部、国家测绘局及其在京下属单位的审计工作，同时负责局内的财务报账和后勤服务工作；二处侧重国家环保总局、国家海洋局及其在京下属单位的审计工作，同时兼管局内考勤、学习培训、文件档案、远程通讯和统计报表工作。共有3名党员，成立了资源环保审计局党支部。

**地址** 北京西直门内南小街115号
**电话** 010—66111460
010—66111461
**邮编** 100035 （局 长）

**【海关审计局】** 1998年9月机构改革以前，原海关总署审计局是审计署设立的派驻机构，编制是审计署的，局级干部由审计署任命，各种行政关系均在海关总署，实行审计署和海关总署双重领导体制，审计业务以审计署为主。1998年9月机构改革撤销了审计署派驻海关总署审计局，设立审计署派出审计局，即审计署海关审计局。

机构及人员 编制7人，1998年9月至12月，已有人员5人，其中大学生3人，硕士研究生和研究生结业各1人；局长1人。局内设两个处，一处负责对海关总署的审计，二处负责对国家进出境检查检疫局的审计。

主要任务 根据审计署确定的审计范围，对海关总署和国家进出境检验检疫局以及在京直属事业单位和下属单位的财政、财务收支的真实、合法和效益进行审计监督；参加审计署统一组织的专项审计和审计调查；监督、检查上述两部门对其管辖系统的内部控制制度情况；及时向审计署报告审计发现的重大问题；完成审计署交办的其他事项。

主要工作情况 自1998年9月至12月，完成海关审计局的组建工作，落实了办公和其他工作条件；抓好基础建设，制定出《审计署海关审计局内部管理工作若干规定》，明确了负责制度、会议制度、办公规范和程序、考勤制度以及档案管理制度；成立了海关审计局党支部，选举了党支部书记，并组织全局同志认真学习了党的十五届三中全会精神，紧密围绕审计工作中心，以基础建设、作风建设和组织建设为重点，切实加强党的思想、组织和作风建设；为做好预算执行审计，开展了审前调查工作，分别召开了两个部门财务司及相关司局的座谈会，以及其在京直属企事业单位财务处长和主管财务工作负责人会议，有针对性地选择了审计拟将进行延伸单位进行了专访；派出1名同志参加中纪委、审计署联合调查组，对原国家卫生检疫局进行专案审计；加强业务学习，积极探索派出局的工作方法，请熟悉海关业务的同志介绍、讲解海关审计情况，针对审计工作面临的新情况、新问题，组织局里同志学习、讨论，提高大家的业务水平和工作能力，为完成好审计任务打好基础。

**【经济执法审计局】** 经济执法审计局组建于1998年10月，编制了7人，现有人员5人，设立两个处，副局长李钦主持工作。

审计范围及职能 1.对国家工商行政管理局、国家质量技术监督局及其在京下属单位的财政财务收支的真实、合法和效益进行审计监督。2.监督、检查国家工商行政管理局、国家质量技术监督局对其管辖系统的内部控制制度情况，推动其内部审计监督工作的开展。3.参加审计署统一组织的专项审计和审计调查，完成审计署交办的事项。

审计项目及成果 经济执法审计局组建1年来，共完成了6个审计项目，其中署定项目3个：分别为国家工商行政管理局、国家质量技术监督局预算执行审计，中国计量学院财务收支审计；自定项目三个：分别为工商出版社、中国工商报社、中国计量科学研究院财务收支审计。并对浙江省工商行政管理局、山西省工商行政管理局进行了审计调查。查处违纪金额中上缴财政资金964.05万元，追还被挪用资金1741.83万元，预算内转入预算外资金100万元，追缴税金67.76万元。

经济执法审计局在1年的审计工作中，坚持贯彻朱镕基总理的“全面审计、突出重点、注意发现大案要案线索”的重要批示精神和李金华审计长的指示精神，加大审计执法力度，规范被审计单位的财政、财务收支行为，摸清每个被审计单位的家底。每个审计项目结束后，针对审计揭露出来的财政、财务收支中的问题，就强化被审计内部管理，规范财政、财务收支行为提出建议和意见，普遍受到被审计单位及其主管部门的重视和好评，被审计单位依据这些建议和意见做了纠正和改进。

**地址** 北京市西城区三里河东路8号
**电话** 68028427
**邮编** 100820 （赵 军）

## 审计署派出审计局主要领导成员名单

**【外交外事局】**
朱立豪 局长 98年10月

**【发展计划局】**
虞伟萍 副局长 98年10月

**【经济审计一局】**
张彦珍　副局长　98年10月

**【经济审计二局】**
王亲民　副局长　98年10月

**【贸易审计局】**
严晓华　局长　98年10月

**【国防工业局】**
侯玉珍　副局长　98年10月

**【教育审计局】**
赵　耿　局长　98年10月

**【科学技术局】**
孔繁涛　副局长　98年10月

**【政法审计局】**
薛启谊　局长　98年10月

**【民族宗教局】**
王述仁　副局长　98年10月

**【监察人事局】**
胡文博　副局长　98年10月

**【资源环保局】**
东堆朗杰　局长　98年10月

**【社会保障局】**
李建新　副局长　98年10月

**【建设建材局】**
翁亦然　副局长　98年10月

**【交通运输局】**
王申庆　局长　98年10月

**【信息邮政局】**
刘新兰　副局长　98年10月

**【农林水审计局】**
陈居华　副局长　98年10月

**【文化体育局】**
程天梁　局长　98年10月

**【卫生药品局】**
刘福祥　副局长　98年10月

**【海关审计局】**
肖长年　副局长　98年10月

**【经济执法局】**
李　钦　副局长　98年10月

**【新闻通讯局】**
贾文英　局长　98年10月

**【旅游侨务局】**
厉蓓明　副局长　98年10月

**【科学工程局】**
李季泽　副局长　98年10月

**【地震气象局】**
杨文忠　副局长　98年10月

# 企业之光

纪念《审计法》颁布实施五周年

# TCL集团公司

## —“为顾客创造价值，为员工创造机，为社会创造效益”

TCL集团公司总裁李东生

TCL集团有限公司创办于1981年，是一家从事电子、通讯、信息产品研发、生产及销售，集技工贸为一体的综合型国有控股企业。经过18年的发展，TCL集团现已形成了以王牌彩电为代表的家电、通讯、信息、电工四大产品系列。其中TCL王牌彩电产销量名列全国第三，TCL电话机产销量连续十年居全国第一，有“中国电话大王”称号。1998年，ＴＣＬ集团销售总额98亿元，实现利税8.3亿元。是全国电子5强企业，也是国家重点扶持的300家大型企业之一。

在18年的发展中，ＴＣＬ集团以超前的观念和行动，主动去认识和培育市场，创造了“有计划地市场推广”、“服务营销”等市场拓展新理念，系统形成了一种全新的经营理念和经营机制。ＴＣＬ集团以市场为先导，几年来致力于市场营销网络的建设，目前已建立起遍布全国各地的300多家营销网点和一支6000多人的营销队伍。ＴＣＬ集团成功地把产品经营和资产经营两者结合起来进行统筹经营，继把ＴＣＬ品牌从电话机扩展到以“ＴＣＬ王牌”彩电为代表的视听产品电工产品之后，1996年一举兼并了香港陆氏公司彩电项目，开创了国企兼并港资企业之先河，1997年又与河南美乐彩电实

TCL集团公司

# 争当维护经济秩序模范

# TCL集团公司

## —“为顾客创造价值，为员工创造机，为社会创造效益”

TCL集团是在改革开放过程中诞生和成长起来的新型国有控股企业。TCL集团秉承“为顾客创造价值、为员工创造机会、为社会创造效益”的宗旨，非常重视包括内部审计制度在内的内部控制制度建设，视内部审计为企业管理的内在需要，不是被动的“要我建，要我审”，而是主动的“我要建，我要审”，TCL集团现已建立内部审计机构4个，配备专(兼)职审计人员59名。他们引导内部审计把主要目标放在经济资源利用和开发的有效性及管理的效率和效果上，由财务审计向经营审计、绩效审计、遵循性审计拓展，在经济监督、评价和鉴证职能中提升评价职能，重在评价内部控制制度的健全性、合理性与有效性，评价资源利用的效率和效果，评价经济活动的效益状况。审计人员根据所在单位的具体情况有重点、有步骤地开展工作，提出审计建议已被采纳326条，促进增收、节支和节约使用流动资金2,536万元。由于TCL集团指导思想明确，积极为内部审计开展工作提供软硬环境，TCL集团内部审计正合着企业发展的节拍健康成长。

审计部研究审计工作

车　　间

法人代表：李东生
地　　址：广东省惠州市鹅岭南路大厦
邮　　编：516001
电　　挂：1562
电　　话：(86) 752—2265333
传　　真：(86) 752—2265428
E-mail:tcl@pub.Huizhou.gd.cn

# 前进中的

广东省水利厅办公楼

改革开放20年，也是广东水利大发展的重要历史时期，这
大中小型水库6435座，总库容389亿立方米；水闸5348座，机电
秒立方米；修建江海围堤总长1.59万公里；水电装机401.2万千瓦
灾、小雨小灾、无雨旱灾”的状况，为国民经济和社会发展提供
济和社会的快速、稳定、持续和协调发展发挥了积极作用。

广东省委、省政府根据党中央的指示精神，制定了广东在全
产业，不仅要实现现代化，而且要适当超前发展。据此预测2000
使用，既要继续贯彻落实“水利为社会，社会办水利”和水利建
又要进一步建立健全内部审计监督制度，以利水利建设健康发展

经济越发展，审计越重要，是广东水利厅党组的一条重要心

前有专兼
秉承“一
全省水利
效益审计
纳1055条
广东水利

厅领导研究、部署内审工作

厅审计处召开水利系统内审研讨会

# 东水利厅

刂投资总额是改革前30年的五倍。据统计，全省目前已建成：千瓦；引水工程54318处，引水工程54318处，引水流量1598等等。这些水利工程的建成和运作，改变广东过去“大雨大安全和水源保障，形成了良好的生产和投资环境，对广东经

授予全国内审先进单位称号

现现代化的奋斗目标，水利作为国民经济的基础设施和基础省水利建设资金需求量约为926亿元，要落实资金到位和有效措施，使水利投入与财政投入基础设施建设资金同步增长，

厅党组的重视、支持，全省水利内审工作逐步得到加强。目3人。自《审计法》颁布以来，广大水利内审人员勤奋学习，”的工作原则，努力工作，取得较好的成绩。据统计五年，成各类审计项目（包括财务收支审计、经济责任审计、经营及行业性、专题性审计调查等）1634项，提出意见建议被采作出了贡献。展望未来，广东要在全国率先基本实现现代化力，为水利事业的健康发展保驾护航。

获广东省内审工作“十桂先进集体

广东省飞来峡水利枢纽

# 广州市电信局属下
# 华联通信终端服务有限公司

## 信守承诺、质量第一、服务满意

### 业务经营范围：

❶、用户交换机安装、电话安装、迁移。

❷、小区楼宇管线工程施工，通信线路维护。

❸、各类通信终端设备的销售、安装、调测、代维。

❹、办公自动化设备维护。

❺、制冷设备、电梯维护。

### 电话机代维说明：

1、凡愿意参加话机代维的客户，只须到我公司属下各维修点签定代维协议即可。

2、签定协议后，客户可享受在各维修点免费修理电话机的服务。

3、在电话机修理期间，如遇不能及进修复，由各维修点临时提供一部备用话机供客户使用，直至原电话机修复为止。

4、客户要求代维的电话机，须是以邮电部审批允许进网使用的话机。

5、客户按规定输报装的电话副机在修理时不另收费。

6、代维客户的电话机将享受每年一次例行检测。

7、各维修点地址、联系电话详见下图。

公司地址：广州市恒福路13号
联系电话：83586095
E－MAIL: hlzdgs@ pubkic. guangzhou. gd. cn

### 各维修点地址及联系电话

| 区域 | 维修地点 | 联系电话 |
|---|---|---|
| 海珠 | 1、江南大道中140 | 84441818 |
| | 2、同福中龙福路1号地下 | 84390018 |
| | 3、工业大道中南泰路86号 | 84340018 |
| | 4、新港西路172号 | 84190018 |
| 荔湾 | 1、人民中路268号 | 81918018 |
| | 2、中山八路87号 | 81949018 |
| 沙河 | 1、沙太路马蹄岗75号 | 87708444 |
| | 2、竹料镇电信大楼 | 87442844 |
| 白云 | 1、环市西路196号电报大楼营业大厅二楼 | 86699018 |
| | 2、机场路口三元里街办事处对面 | 86360818 |
| | 3、江同路112号江村营业点 | 86611818 |
| | 4、广花四路293号新市营业点 | 86630818 |
| 黄埔 | 1、黄埔区海员路20号 | 82292078 |
| | 2、黄埔区长洲岛电信楼 | 82202078 |
| | 3、天河区东圃电信楼 | 82302078 |
| 越秀 | 1、恒福路13号地下 | 83570244 |
| | 2、北京路越秀书院街10号地下 | 83346168 |
| | 3、东风东路486号地下 | 83837788 |
| | 4、较场西路17号 | 83878926 |
| 东山 | 1、农林下路10号之一 | 87610018 |
| | 2、广州大道中五羊机楼 | 87360018 |
| | 3、天河路525号 | 87560018 |
| | 4、员村珠纸生活区 | 85530018 |
| 芳村 | 1、芳村大道154号之一 | 81891665 |
| | 2、芳地大道中、东教镇政府对面 | 81508844 |
| 开发区 | 1、开发区志诚大道 | 82220202 |
| | 2、南岗镇罗南公路东讯公司 | 82238028 |

# 广东联泰集团有限公司

GUANGDONG LIANTAI GROUP CO.,LTD.

广东联泰集团有限公司，前身为汕头联泰（集团）有限公司，成立于1993年12月，注册资本人民币10421万元，总资产20多亿元，是具有独立法人资格的综合性实业型企业，董事长黄振达先生。属下股东公司有汕头市达濠市政建设有限公司、汕头联泰房地产开发有限公司、汕头宏丰房地产开发有限公司、汕头联泰建筑安装工程有限公司、汕头联泰物业管理有限公司、汕头保税区达建有限公司、汕头联泰物资发展有限公司、深圳市濠信房地产有限公司等。经营市政建设、公路、桥梁、高速公路、隧道、机场跑道工程施工、水工程；工业与民用建筑、桩基础、软基础处理、园林建筑、土石方工程、水电安装工程施工；房地产开发、销售、出租及配套物业管理；建筑机械、建筑材料、金属材料的销售。

一九九六——一九九七年度
广东省地方税模范纳税户
广东省地方税务局
一九九八年七月

建筑业企业
资质证书
经审查 汕头市达濠市政建设有限公司 核定
为 市政建设工程施工 壹 级企业，特发此证书。
发证机关

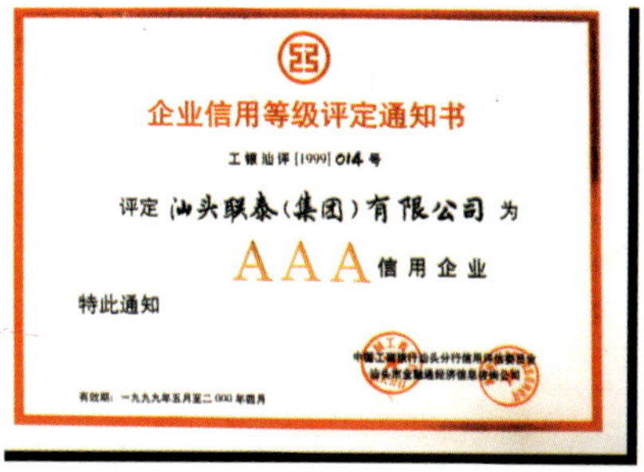
企业信用等级评定通知书
工银汕评[1999]014号
评定 汕头联泰(集团)有限公司 为
AAA信用企业
特此通知

汕头市达濠市政建设有限公司是广东联泰集团有限公司的龙头企业，1996年1月经国家建设部资质审核批准晋升为施工一级企业，1999年7月通过ISO9002质量保证体系认证。成立二十多年来承建完成工程30多项，年产值人民币10亿多元。工程分布于汕头、东莞、深圳、上海等地，工程竣工验收合格率100%，优良率98%。先后创出市政优质样板工程21项、省级优质样板工程13项、国家部优样板2项、中国市政"金杯奖"1项。连年来被各级政府、上级有关部门授予"先进企业"、"先进单位"、"重合同守信用单位"、"纳税光荣户"、"广东省重合同守信用企业"、"广东省地方税模范纳税人"、"广东省地方税模范纳税户"等光荣称号。

广东联泰集团有限公司属下各房地产开发公司开发的深圳、汕头房地产项目都以信誉好、质量优而成为当地的明星楼盘。最近投资人民币10亿元开发的占地400亩的锦泰花园，更是以崭新的住宅规划概念而得到社会的广泛好评。房地产开发公司更是多次被省、市评为房地产开发优秀企业。

广东联泰集团有限公司在取得社会经济效益的同时，也致力发展文化教育事业，为提高全民素质，投资创办汕头培英全日制寄宿学校。怀百年树人之心，育二十一世纪英才。开办六年来，育英众多，成绩卓著，得到社会各界的一致赞誉。

地址：汕头市金砂东路金讯大厦西三楼 电话：(Tel)0754—8166524 传真：(Fax)0754—8361891
邮编：(P.C.)515041 ADD: West Third Floor, Jinxun Building, Jinshadong Road, Shantou

# 深圳供电局

深圳供电局办公大楼

深圳供电局成立于１９７９年，是广东省电力工业局下属全民所有制大型二档企业。近几年来，以“安全供电、服务到位”为工作中心，狠抓班子建设和内部管理，根据三个有利于的原则，抓好两个文明建设，以一流的效益一流的管理、一流的服务、一流的电网争创国家一流供电企业。

接管供电中间层和农电“两改一同价”是深圳市的两项民心工程、德政工程。从九七年九月我局开始全面接管供电中间层以来，中间层接管和资产移交工作进展顺利，至今全市抄表到户数已达１２０万户。目前，农电“两改一同价”工作也取得了突破性进展，农电体制改革稳步进行，两改同价工作，不仅保证农民安全用电、减轻农民负担，而且推进了我市电力工业的快速发展。今年将投入三亿资金用于农网改造，年底可望完成，到时农村投资环境将大大得到改善。

今年上半年我局完成供电量６１.38亿千瓦时，与去年同期相比增长１０.46%，实现利润２０４４７.7万元。今年以保国庆５０周年、高交会和澳门回归安全用电为重点，实行了安全工作责任制，目前已实现四个“一百日安全无事故”记录，这次国庆和高交会保电成功充分显示了全体员工的强大凝聚力，是对我局各方面工作的一次大检阅。深圳供电局的物质文明和精神文明建设将继续努力，为改善深圳市的投资环境和经济的全面发展作出贡献。

调度室

# 深圳市公路局

深圳市公路局审计处，自1996年7月成立以来，在局党委和局领导的关心支持下，认真履行内审工作职能，充分发挥熟悉本单位经营管理情况的优势，不断拓展工作领域，深化审计内容。在促进公路建、管、养、征各项工作及加强公路管理队伍廉政建设等方面，发挥了重要的作用。

深圳市公路局审计处

地址：深圳市东门北路1006号
邮编：518003　电话：（0755）5413163
传真：（0755）5191188

# 广东中旅（集团）有限公司

广东中旅（集团）有限公司属下企业－广东省中国旅行社

广东中旅（集团）有限公司是在广东省中国旅行社的础上发展起来的，一九九六年十一月经省政府批准成立，成为全省第一批建立现代企业制度试点企业。广东中旅（团）是一个集旅游、饭店、汽车、贸易、免税商品、房地开发、酒店管理、科技信息开发、广告制作等旅、工、贸实业综合发展的大型旅游企业集团。目前拥有国有独资、作合资公司１４家（其中酒店、宾馆３家），并在香港、国设有分支机构。现有员工３３００多人。其综合实力连多年名列全省乃至全国旅游企业前列。

广东省中国旅行社是广东中旅（集团）有限公司属下业，成立于一九五六年，是国家旅游局批准特许经营中国民自费出国旅游业务的国际旅行社。主要经营国内游、港游和国外游等；代理出国定居、留学、探亲签证业务；代售国内外机、车、船票。在广东省首家拥有大型专业导游限公司，配备有精通多国语种和地方语种的翻译导游人员。旅游线路遍布全国各地。１９９７年１０月成功组织广州百人徒步穿越罗布泊荒漠探险旅行团，被本省新闻媒体列入中国９７十大新闻之一。１９９８年４月首家推出粤北大峡谷省内旅游新线，为促进广东省旅游业的发展作出了贡献。１９９８年１１月８日，首组“广州千人一日游”大型活动，成为“广东人游广东”的典范。广东省中国旅行社近年来的一系列“新、特、大”旅游项目的策划和推出，对广东省旅游行业产生了积极的影响，起到了引导国内游市场的作用。四十多年的奋斗，广东省中国旅行社创造了良好的经济效益和社会效益，在海内外享有良好的声誉，还连续十二年荣获全国中旅系统优质服务先进单位称号，名列全国百强旅行社前列。

广东中旅（集团）有限公司属下企业－华厦大酒店

# 广东移动通信有限责任公司
## 广州分公司简介

1999年1月28日，广东移动通信有限责任公司广州分公司正式成立，负责广州地区的移动通信网络建设、维护和运营管理。

1987年10月，广州开通了全国第一个模拟移动电话系统；1995年7月，“全球通”ＧＳＭ数字移动电话在广州推出，发展至今已拥有139、138、137、136、135等多个网号，与世界四十多个国家和地区开通了国际漫游业务，并开设了留言信箱等多项业务；1998年6月,广州在原有ＧＳＭ900兆的基础上增加了ＤＣＳ1800兆频段，为移动用户提供了多样化的选择和更便利的服务；1999年5月26日,广州地区的ＧＳＭ的移动通信用户突破了一百万，成为继北京后第二个ＧＳＭ用户超百万的城市。

紧紧围绕“树立优秀企业形象，建设优质移动网络”的企业目标,动通信有限责任公司广州分公司将致力于提高网络服务质量和完善客户服务，为广大用户提供优质、高效的移动通信服务。

我公司为答谢广大用户开展促销会的热闹场面

办公大楼

## 东莞市电信局石龙分局

石龙电信分局西湖大楼全景

热烈祝贺《中华人民共和国审计法》颁布实施五周年！

电话：（0769）6613610　　传真：（0769）6625444
邮编：523325　　地址：东莞市石龙镇西湖开发区

# 热烈祝贺

《中华人民共和国审计法》颁布实施五周年！

局长、经理：文有才

## 广深珠高速公路虎门大桥有限公司

### 通向未来的大道——虎门大桥

虎门大桥横跨东莞市虎门镇和广州番禺市南沙之间的珠江入海口，连接广深、广珠两条高速公路，是珠江三角洲的重要交通枢纽。大桥工程于1992年5月27日奠基，同年10月28日开工，1997年6月9日正式通车，1999年4月20日通过竣工验收。大桥总投资32亿元人民币，全长15.76公里，主桥长4.6公里，引道长11.16公里，桥面双向六车道，设计昼夜通车量为12万车次。大桥主跨为888米的钢箱梁悬索桥，跨径居国内目前第二位；大桥辅航道为270米连续刚结构，居同类桥型世界第一；主跨净空高度60米，桥下可通行10万吨级海轮。

虎门大桥是我国自行设计、自行施工、自行监理，高技术、高标准建成的一座具有世界一流水平的现代化特大桥梁，在设计布局、结构造型、计算机程序开发、施工建造工艺等方面为我国修建大跨度桥梁积累了丰富的经验，起了示范性作用。它展示了我国改革开放的辉煌成就，标志着我国公路桥梁建设进入了世界先进先列。大桥座落于150多年前鸦片战争的虎门古战场，是连接粤、港、澳经济发展的重要交通要道，有着重要的政治意义和经济意义。它的建成，把广深珠高速公路有机地联系起来，使东莞、深圳及粤东地区到珠海、中山和粤西地区的交通无须绕道广州，行车里程缩短了120多公里。这对发展广东东西两翼地区的经济及进一步促进港澳和珠江三角洲地区经济腾飞创造了有利的契机。

虎门大桥的建设得到了各级领导的关怀和支持，江泽民总书记亲自为大桥题写了桥名，李鹏、邹家华、杨尚昆等领导先后视察了虎门大桥。为迎接香港回归祖国，虎门大桥按照广东省政府的要求，已于1997年6月9日建成并正式通车，其现代化的交通工程设施，高标准的路容、路况和服务设施，为过往司机提供了一个安全快速、优质完善的运行环境，通车以来，车流量稳步上升，正为粤港澳的经济发展发挥着日益重要的作用。

广深珠高速公路虎门大桥有限公司

电话：（0769）5501186　　邮编：511761
地址：东莞市虎门镇威远虎门大桥管理中心

## 云浮电力工业局

### 云浮电力工业局概况

云浮电力工业局是一九九四年十月由广东省电力工业局批准成立的，九五年一月一日独立运作，担负着云浮市的电网规划、建设、运行、维护、安装、调试及电费回收等供用电生产经营的管理工作，以及对覆售县（市）：罗定市、郁南县、新兴县供电局实行行业管理。至98年拥有220千伏变电站1座，110千伏变电站9座、35千伏变电站2座，主变容量、51.37万千伏安，直属管辖220KV线路173.94KM，110KV线路173KM，35KV线路24.4KM，10KV配电线路547.8KM。98年完成供电量41419万千瓦时，售电量为39079万千瓦时，线路率为5.63%，供电可靠率为99.695%，电压合格率为93.885%，供电最高负荷15.50万千瓦。

自成立地级市以来，云浮电力工业得到长足的发展。“九五”以来，电源建设迅速发展，电网建设基本满足供电需要，摆脱了过去限电、拉闸限电的漏洞，四年来，云浮电力工业局在双文明建设中成绩喜人，我局被省局评为1996年度电力生产计划先进单位，城区供电站96年评为省“青年文明号”和97年被省工会女工委评为“南粤女职工文明岗”称号，97年我局被省电力工业局授予“安全文明生产达标企业”称号。局审计科自成立以来，在局领导的重视和支持下，在省局审计处和各级审计机关的业务监督指导下，认真贯彻执行上级有关方针政策，以邓小平理论为指导，以加强企业内部管理，提高经济效益为宗旨，按照“依法审计、服务大局、围绕中心、突出重点、求真务实”的方针，围绕以促进电力生产、基建和多种经营健康发展为中心任务，以资产管理、负债、损益为基础，以资金管理、内控制度为重点，积极开展内审工作，不断提高内审人员综合素质和内审工作质量，增创内审新优势，争创内审新局面，使内审工作能有计划、有步骤地开展完成。因此，局审计科在97年度被省审计厅、省内部审计学会评为广东省内部审计工作先进集体。现在，我局全体干部职工始终坚定不移地贯彻执行“安全第一、预防为主”的方针，以及国家电力总公司有关安全生产的法规和广东省电力工业局的有关规定，脚踏实地、一丝不苟地开展各项安全生产管理工作，实行全员、全方位、全过程的安全管理，夯实安全基础，不断完善和加强安全管理工作，为我局向一流企业迈进而奋斗。

我局局长冯雅同志（右四）陪同省电力局局长吴希荣同志（右二）深入农村检查“两改一同价”工作。

# 中国银行广东省分行

中国银行是中国历史最悠久、世界上最大的银行之一，中国银行的经营管理水平和发展业绩在中国金融业中一直处于领先地位。中国银行是港币和澳门元的发钞行，连续１０年位列《财富》“世界５００强”，先后７年被国际金融界权威杂志《欧洲货币》评为“中国最佳银行”，被国际盖洛普机构调查认定是中国知名度最高的品牌。

中国银行广东省分行，是中国银行系统国内业务量最大的一家分行，从事外汇业务８０多年，拥有一批经验丰富的专业及管理人士，是广东省内外汇资金实力最雄厚、外汇业务市场占有率最大的银行，也是全国金融系统电脑化规模最大、通存通兑和使用自动柜员机最早、应用范围最广的分行之一。

在审计工作方面，中国银行广东省分行拥有一支由多名国际注册内部审计师、注册会计师和众多高中级职称人员组成的内部审计队伍，连续多年评为广东省内部审计工作先进集体；近几年为实现稽核工作管理的电脑化、网络化，开发了稽核信息管理系统，提高了稽核工作的效益和质量，同时吸收国外先进经验，于国内同业中率先编写了《内部控制稽核程序和内部控制评价标准》，并在此基础上大力开展对银行内部控制的稽核检查，进一步完善了内部控制系统、强化了内部管理，为中国银行广东省分行高速、持续、稳定、有序的发展提供了保证。

电话：（０２０）８３３９４１３７
传真：（０２０）８３３３８０８０—３４１２
地址：广州市东风西路１９９号
邮编：５１０１３０

建设银行佛山市分行办公大楼

# 中国建设银行佛山市分行

中国建设银行佛山市分行成立以来，认真贯彻执行国家的金融方针政策，在上级行的正确领导、当地党政的支持和全行员工的共同努力下，强化内部管理，积极开拓发展业务，改善服务手段，资金实力不断增强，促进了两个文明建设。为佛山市的经济发展作出了贡献。

新世纪来临之际，我们将以崭新的面貌，一如既往地为社会各界提供更加全面、高效、优质的金融服务，与广大企业、客户携手共进、再创佳绩。

代收移动话费

地址：佛山市佛山大道南３２７号
邮编：５２８０００
电话：０７５７—２２６８８２８（总机）
传真：０７５７—２２６６８３５

# 广州铁路（集团）通信中心

广州铁路（集团）通信中心是广州铁路（集团）公司下属的一个专门从事铁路通信网络、信息业务、无线移动与寻呼业务经营的国有企业。广铁通信中心自1996年成立以来，为满足市场需求，充分发挥铁路通信专网的各种资源优势，以“一流的技术，一流的服务，一流的质量、合理的价格”积极参与电信市场竞争，为社会各界和广大人民群众提供各种电信服务。

广铁通信中心经过几年的快速发展，不仅拥有强大的通信网络资源优势，而且还拥有集通信设计、施工、维护为一体的强大技术队伍。广铁通信中心现在不仅可为各类用户提供覆盖全国的通信网络服务，还可为各企业集团用户自身的通信网络建设与维护提供全方位的技术支持。

广铁通信中心的宗旨：以一流的技术、一流的服务、一流的质量、合理的价格，竭诚为社会各界和广大人民群众提供通信网络与各种信息服务。

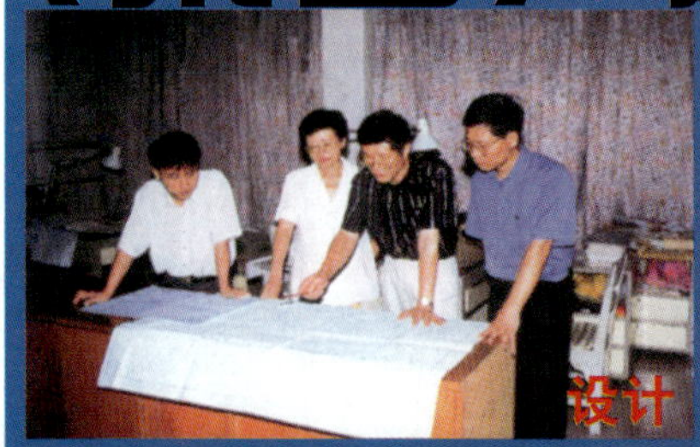


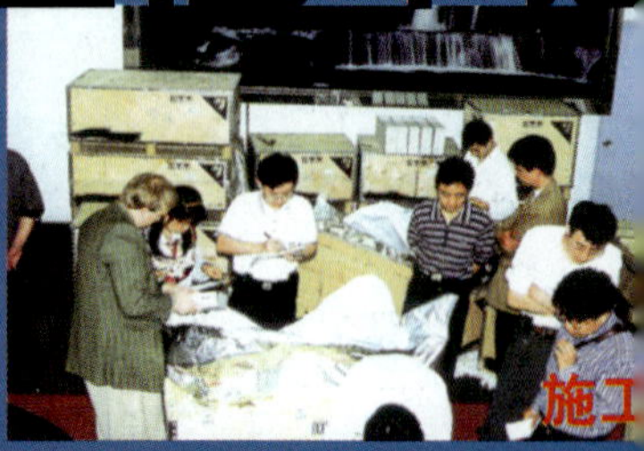


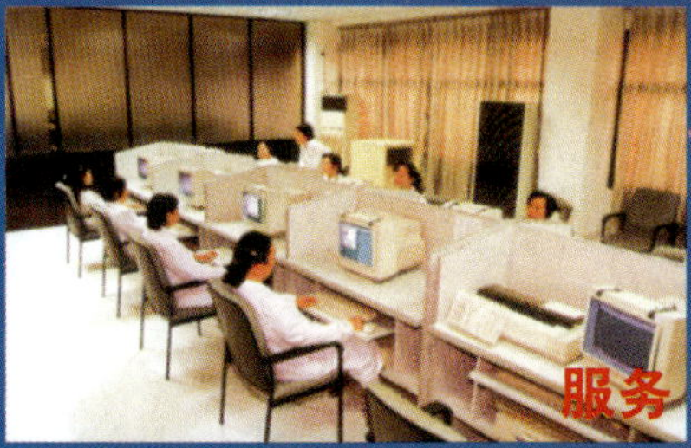

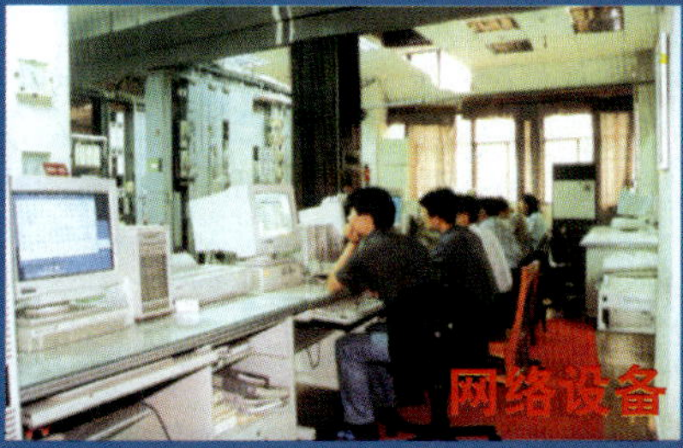


地址：广州市中山一路163号
邮编：510088
电话：(020)87126916 87126826
传真：(020)87126766
电子信箱：gzccmor@public.guanagzho

依靠技术进步，
提高自身素质，
改进内审工作，
为通信建设服务。

**东莞市电信局凤岗分局**

致 意

地址：东莞市凤岗镇塘沥东深路旁

坚决贯彻执行《审计法》和《审计法实施条例》，加强审计监督，提高经济效益，为我国证券市场的健康发展贡献力量！

**东莞证券有限责任公司**

致 意

地址：东莞市莞太路胜和商业大厦
邮编：523071
电话：(0769)2811890 传真：(0769)2412090

# 广州铁路（集团）公司

广州铁路（集团）公司成立于1993年2月8日，是经国务院经贸办批准，在原广州铁路局基础上组建而成的全国第一家铁路运输企业集团，下属有运输全资子公司4家，控股公司4家，参股公司2家和一批直属企业，现有职工216万多人，管辖湖南、广东、海南三省铁路7443.1延展公里。广州铁路（集团）公司现已成为经营铁路运输、工程勘测设计与施工、科技开发、工业加工、商贸、旅游、广告、房地产和外经外贸等多元化产业并具有雄厚实力的现代化大型企业集团。从1996年开始，广州铁路（集团）公司以产权制度改革为核心，实行"以集团公司为市场主体，以资本和运输调度为纽带，以建立现代企业制度为重点"的新体制,代表铁道部行使资产所有者权益，并承担资产保值增值责任，从而将建立现代企业制度的改革推向更深层次。

广州铁路（集团）公司领导高度重视内部审计工作，在（集团）公司及所属总公司（公司）建立和健全内部审计监督机制，全集团审计人员立足本能，充分发挥审计的职能作用，有力地促进了（集团）公司的改革和发展。1998年，广州铁路（集团）公司被评为全国内部审计先进单位。

1999年，广州铁路（集团）公司全面推行内部经营责任制，把经营责任层层传递落实，形成了科学可靠的保证体系。图为广州铁路（集团）公司董事长、总经理张正清，党委书记、副董事长江林洋与各公司签订生产（资产）经营责任书。

广州市国家
税务局局长

莫坤明

## 改革发展中的广州国税

广州市国家税务局自1996年正式分设以来，以组织税收收入为中心，在深入开展税收征管改革，坚持依法纳税，维护税法尊严，大力打击各种违反税法的犯罪活动，认真抓好税务干部的业务素质培养等方面取得了一定的成绩

1996年至1998年，广州市国税系统连年超额完成税收收入任务，共组织工商税收收入（含海关代征）590.6亿元，其中，“两税”收入378亿元，为国家积累了大量的财政资金。同时，为广州市外贸企业共办理出口退税79.8亿元；为“三资”企业办理超税负返还45.6亿元，有力地支持了广州市经济建设和外贸企业的发展。

近年来，广州市国家税务局还根据国家税务总局提出的“以纳税申报和优化服务为基础，以计算机网络为依托，集中征收，重点稽查”的税收征收管理改革要求，积极进行改革。实行征收管理、稽查稽核、行政领导三大系列的机构设置体系，取消了专管员固定管户制度，实现了传统模式向现代征管模式的转换，把税务专管员所要完成的事项按事设岗、按岗定人，实现了职能的转变，减少了办税环节，提高了办事效率；同时为方便纳税人，积极探求纳税申报的多元化路子,推行电子、邮寄、电话语音申报纳税方式，满足不同层次纳税人的需要，此外还搞好办税服务厅的各项建设，让纳税人在办税服务厅中可以办理大部分的纳税和购票事宜，为纳税人提供高效优质服务。

为培养一支高素质的队伍，几年来，广州市国家税务局重视加强对税务队伍的建设和管理，大力抓好精神文明建设和廉政建设，涌现出一批全国税务系统的先进集体和先进工作者、文明单位和青年文明号。同时，加强了对干部的业务培训，使我市国税干部的整体素质大大提高。目前，全市国税干部队伍大专以上学历占60%、100%会使用电脑和掌握岗位技能，造就出一批高素质的管理人才、征管能手、查帐能手和计算机人才。

茂名水利

图为1995年
建的市区名湖供
渡槽，全长4.2公
里，日供水量2
万吨。

茂名市地处粤西，地形以丘陵台地为主，土地总面积11459平方公里，总人口606万人。该市经过建国后50年的努力，已建成以高州水库（蓄水库容11.5亿立方米）骨干、蓄、引、提、排、供、防配套较完善的水利工程体系。九十年代以来，全市水利建设总投资26.9亿元，投入劳动工日2.1亿个，完成土石方1.3亿立方米，共已有10宗大中型水库达标或进行安全加固，江海堤围水闸和小型水库等工程的除险加固以及取得显著成绩，走在全省前列。水利基本建设的大发展，为全市国民经济建设提供了良好的防洪、用水保障和产业服务。

茂名市水利局局长张荣光

地址：茂名市迎宾路100号大院
电话：（0668）2288545
邮编：525000

李强副县长参加县审计工作1997年度总结大会

李强副县长（左起第三）参加1999年12月曲江县纪念《审计法》颁布实施五周年座谈会并作了重要讲话

# 曲江县财政局

热烈祝贺
《审计法》
颁布实施五周年！

曲江县财政局
致意

# 顺德市电信局

改革开放以来，顺德市电信事业不断地进行探索，靠高科技人才，世界一流的设备，精湛的工程技术，严格的质量管理体系，孜孜不倦地致力电信通信建设，迎来了电信事业发展的黄金时期。继１９８６年建成全国县级容量第一的全县城乡自动通信网后，又于１９８９年在全国县级局率先建成城乡程控电话交换网。１９９３年撤县建市，电信建设又再上新台阶，１９９４年１２月，全市长途区号改为三位数，电话号码升为七位，１９９５年６月，建立模拟移动电话交换局，１９９７年９月，建立数字移动电话交换局，扩大了移动电话的通信容量，提高了服务质量。第二长途交换局也即将建成，进一步适应地方经济发展需要。

电信综合大楼

地址：广东省顺德市大良镇南国东路２号

邮编：５２８３００

中国审计出版社

# 2000年新版图书

本社通信地址：北京市海淀区白石桥路甲4号
邮政编码：100086
联系电话：(010)62170276
税　　号：110108801890146
开户银行：北京市工商银行紫竹院分理处
户　　名：中国审计出版社北京图书发行部
账　　号：046070-69
传　　真：(010)62170276

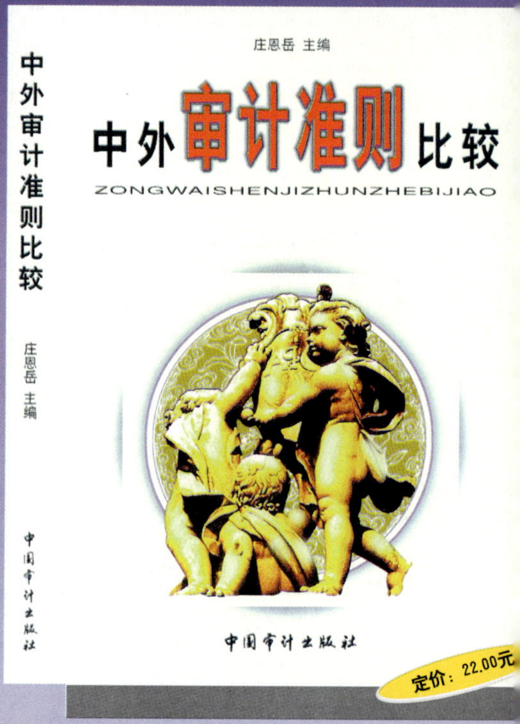

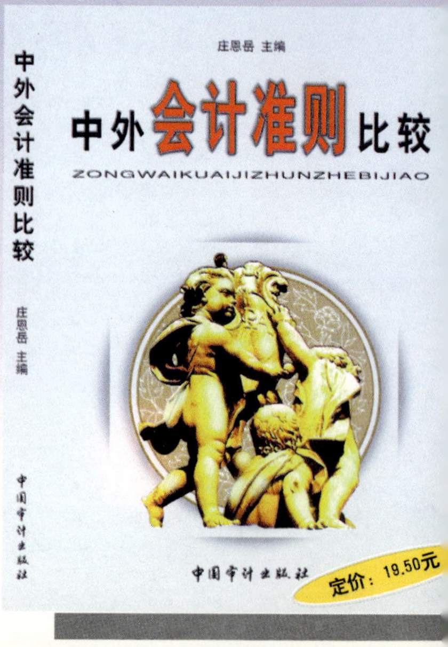

中国审计出版社

# 2000年新版图书

定价：18.00元

定价：18.00元

定价：10.00元

定价：22.00元

定价：19.00元

定价：18.00元

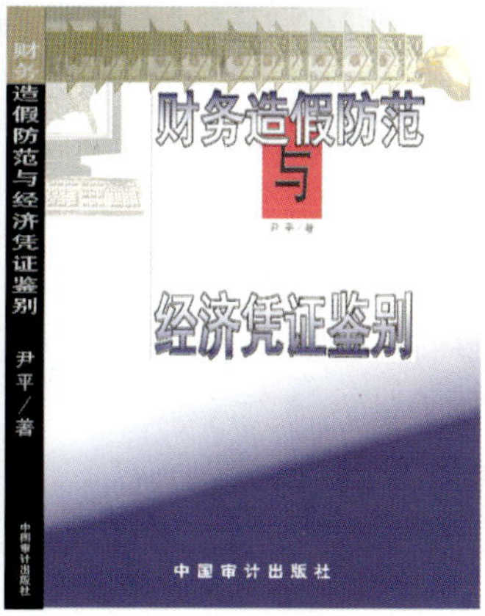


定价：18.00元

定价：17.00元

定价：18.00元

本社通信地址：北京市海淀区白石桥路甲4号　开户银行：北京市工商银行紫竹院分理处　户名：中国审计出版社北京图书发行部
邮政编码：100086　联系电话：(010)62170276　税号：110108801890146　账号：046070-69　传真:(010)62170276

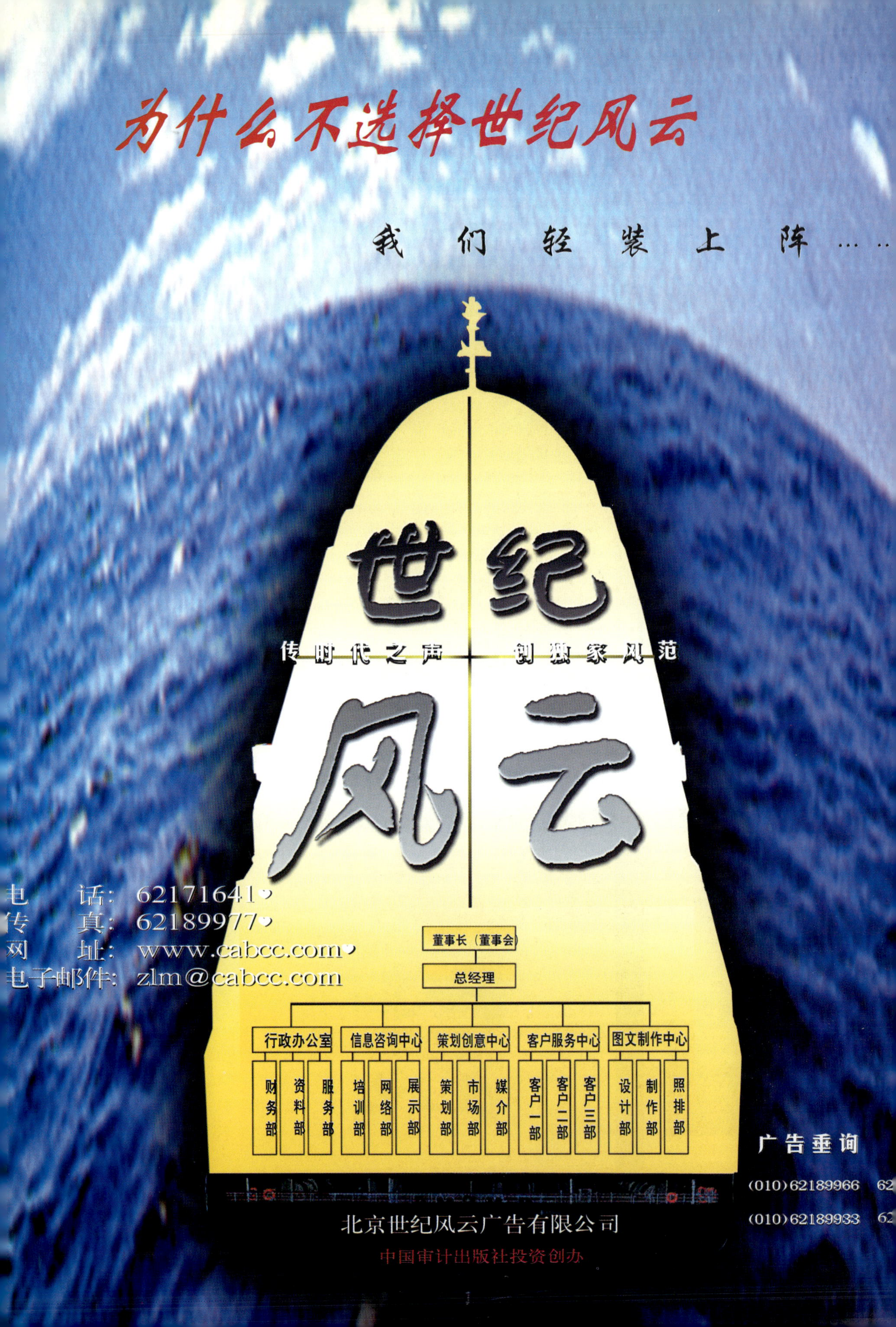
为什么不选择世纪风云
我们轻装上阵……
世纪
传时代之声
创独家风范
风云
电　　话：62171641
传　　真：62189977
网　　址：www.cabcc.com
电子邮件：zlm@cabcc.com
董事长（董事会）
总经理
行政办公室
财务部
资料部
服务部
信息咨询中心
培训部
网络部
展示部
策划创意中心
策划部
市场部
媒介部
客户服务中心
客户一部
客户二部
客户三部
图文制作中心
设计部
制作部
照排部
广告垂询
(010)62189966
(010)62189933
北京世纪风云广告有限公司
中国审计出版社投资创办

# 地方审计机关工作概况

中国审计报
中共中央办公厅
国务院办公厅
贯彻两个暂行规定
促进党风廉政建设
责任审计出成效
四官违纪受处理
立大会

## 北京市

**【北京市审计工作简述】** 截止至1998年底，北京市已有市、区(县)两级审计机关20个，人员1755人。其中大专以上学历占63.9%，获得审计师资格的占34.6%。共完成审计项目129项，审计单位6826户；审计调查51项，调查单位2933个。共查出违纪违规金额1356295万元，上缴财政419137万元，提交审计报告6826篇。

**【北京市审计局概况】** 北京市审计局按专业下设工业交通、商业、外资外贸、基本建设、行政事业5个审计分局，并设有审计科研培训中心等5个事业单位；到1998年共有人员571人，其中大专以上学历占全体人员的74.6%，获审计师资格的占全体人员的35.2%。

*局领导人员(以年底数为准)*

1994年 翟鸿祥 张剑平 钟维禄 尚天林 齐国生 沈志德 杨春萍

1995年 翟鸿祥 齐国生 钟维禄 沈志德 程显华 郝树森

1996年 齐国生 钟维禄 沈志德 程显华 郝树森

1997年 齐国生 沈志德 程显华 赵济堃 郝树森

1998年 齐国生 沈志德 程显华 赵济堃 郝树森

*法制建设* 1.为搞好本级财政预算审计，制定了《北京市预算执行情况审计监督暂行办法》，并以市政府1995年第29号令形式下发施行；为提高审计质量，制定了《本级预算执行和其他财政收支审计实施办法》、《专项资金审计实施办法》等39个审计规范；为加强审计执法监督，管理、落实审计执法责任，制定了《北京市行政处罚听证程序实施办法》、《北京市审计机关行政复议和行政诉讼规定》、《北京市审计机关行政赔偿办法》等三个程序方面的规范及相关性的公文格式。2.开展执法检查工作，共纠正执法错误7起，金额百万元；复核百万元以上大案要案48起。3.进行《行政处罚法》培训考核，1996年全局所有人员达到市政府法制办执法人员持证上岗的要求。4.编辑《审计法规选编》60期，共收入743个法律、法规、规章等规范性文件，方便了审计人员的工作。

*本级预算执行审计* 1995年至1998年4年预算执行审计面达到100%，其中审计重点资金、专项资金852.6亿元，延伸审计市级预算单位82户，年平均审计重点专项资金14项，年平均延伸审计企业事业单位357个，共查出违规金额116.6亿元，增加财政收入16.2亿元。审计结果大大促进了财税部门强化基础管理、规范财税工作，促进财政部门加强和完善了预算支出管理。对部分财政资金支出项目进行了重新核定，财政补贴总额连续3年下降；强化了对行政性收费预算管理和预算外资金纳入财政专户存储管理，1998年在全市范围清理预算外资金账户，核减预算外资金账户6900余个；促进财政部门加强对退库工作的管理，使退库审批权逐渐集中，建立了退库制约机制，使违规退库现象逐年减少；促进财政部门加快实行零基预算制度；促进税务部门强化税收征管、加强税源监控基础工作。1997年本级预算执行情况审计之后，市地方税务局在全市范围内对纳税户进行了重新登记，建立了市、区县及基层税务所三级重点税源监控体系，加强了税务稽查工作，当年查补税款7.74亿元。

北京市本级预算执行审计从1995年开始即力求纳入制度化、规范化、法制化轨道，制定了《北京市预算执行情况审计监督暂行办法》。5年中，北京市本级预算执行审计逐渐规范，审计指导思想逐年深化：第一年"摸清家底，侧重全面"，以利于审计机关全面掌握财政收支基本情况。第二年"突出重点，扩大范围"，在突出重点资金、重点项目审计时，增加对国有资产管理局、非银行金融机构单位的审计。第三年"确保重点，突出政策审计"，将重点项目、重点资金列为经常性审计内容，突出审计财税部门落实国家经济政策方面的收支情况。第四年进一步扩大审计基本面，增加对国库、政府担保的世行贷款项目审计。在审计过程中突出了预算管理、财政资金使用效益审计。市政府主要领导同志对北京市本级预算执行的审计工作给予了充分肯定。连续4年，局长受市政府委托向市人大常委会作了《北京市预算执行和其他财政收支审计工作报告》，受到了委员们的好评。

*金融审计* 根据审计署的安排与授权，完成了对中国银行北京分行、建设银行北京分行、农业银行北京分行、中保集团系统的资产负债损益审计共8项；根据地方审计计划完成对市属信托投资公司、太平洋保险公司、证券公司等的审计共9项；对招商银行北京分行的资产负债损益情况、北京市证券机构财务及经营情况、北京城市合作银行资金运用情况的调查等调查项目共11项；还接受地方政府和部门委托，完成了对北京市首次社会公众股股票发行财务决算的审计、以及对京华信托公司总经理任期经济责任的审计等共4项。直接审计的单位123个，查出各种违纪金额

283462万元。针对审计及调查中发现的问题，除收缴应上缴的收入，指明要求纠正外，还提出了建设性的意见，引起被审计单位的重视。

工业交通审计　共审计财政补贴资金50780万元，审计单位35个，延伸审计单位181个，审计中共查出挤占挪用财政补贴资金22578万元，应上缴国家各种税金1161万元，追还被侵占挪用的资金2029万元；对本市159家国有企业、企业集团资产、负债、损益真实性实施审计，审计中共查出资产、负债、损益不实金额12260万元，应上缴增值税、营业税、所得税7450万元，罚款10.9万元；围绕市政府关注的国有企业改革中的难点问题开展审计调查15项，其中2篇调查报告分别受到市长刘淇和副市长刘海燕批示。

商业粮食审计　1994年以来，开展了同级财政审计、商业企业财务收支审计、股份企业审计、粮油肉蛋菜财政补贴专项审计、农用化肥专项审计等审计项目和审计署、市政府交办的如粮食清查审计等临时性审计项目，并根据热点和难点问题，适时开展了对新旧会计制度对接、医药行业及粮价放开后市属粮食企业经营现状及商业网点开发基金情况等专项审计调查项目。特别是1998年对北京市粮食企业财务挂账的审计，共确认政策性粮食企业新增财务挂账19.1亿元，附营粮食企业亏损7.1亿元，为我市深入进行粮食流通体制改革提供了重要数字资料。到1998年共审计492个单位，查处违纪金额71302万元，其中：应上缴财政15960万元，减少财政拨款5488万元，追还被侵占挪用资金551万元，罚款374万元，移送纪检、司法机关处理的案件1件。此外，还完成市局临时交办的任务9项，向市政府和有关部门提出了许多有关改进商业企业管理、提高经济效益、完善改革措施等宏观方面的建议，较好地发挥了审计职能作用。

外资外贸审计　共完成世行贷款项目及亚行贷款项目279个执行单位的公证审计，完成合资、外贸、旅游企业审计共48户，财务税收物价大检查55户，财政同级审计10户。共查处违纪金额95911万元，应上缴财政3597万元，已上缴财政3603万元。在世行贷款、亚行贷款项目审计中，严格遵守审计职业规范和国际审计准则，正确处理外资审计中披露、揭露、处理三者之间的关系，对违反财经法规和贷款协议以及项目管理中存在的问题进行如实披露，严肃处理，做到客观公证，维护了审计机关的国际信誉。审计调查报告《北京合资企业中方福利基金提缴混乱》刊载在1998年第57期人民日报《情况汇编》上，朱镕基总理、刘仲黎、张左已部长作了重要批示。

基本建设审计　全市共审计建设项目95个，审计总金额469.9亿元。通过对项目的建设程序、概算编制、工程质量、建设资金的使用和竣工决算的审计，共查出超规模、超标准、多列概算、高估冒算等有问题资金21.37亿元，收缴入库3.88亿元，核减投资4.49亿元，追回被挪用的国家建设资金2.33亿元。从1994年起，北京市建设项目开工前审计工作逐步制度化、规范化，所有新开工项目必须办理开工前审计。5年来全市共实施建设项目开工前审计2867个，完成企业审计110户。其中房地产开发企业92户，共查出违纪金额16.91亿元，其中隐瞒收入10.64亿元，截留利润1.89亿元，漏交税费3.76亿元，应收缴入库金额3.87亿元。

行政事业、农业审计　全市共审计国家机关、事业单位、社会团体和农口企业1680家、审计的重点是政府各部门的预算执行情况，教育、科技、医疗卫生、农业、体育文化、环境卫生和环境保护、社会保险等专项资金，公安、法院、工商、民政等管理使用财政性资金较多的部门。审计资金总额为1917383万元，查出违纪违规总金额102975万元，并进行了纠正，按照有关法律法规处理处罚金额28723万元；并对严格执行预算，规范行政性收费和其他预算外资金管理，理顺各部门财务管理体制，加强对农业、水利投入的管理力度，集中使用农业资金，调整教育资金投入结构，适当增加经常性支出的投入，避免专项资金闲置，提高资金使用效果等问题，提出了审计建议和意见。

经济责任审计　截止到1998年，先后对北内集团总公司等9个国有企事业单位厂长（经理）进行了离任经济责任审计。在审计中客观地评价了离任者在任期间企业财务收支的真实、合法和效益状况以及经营目标的实现情况，对存在的违纪问题，分清了责任。

内部审计　到1998年共建立内审机构3789个，共有内审人员10798人，其中专职机构865个；专职人员2527人。共审计了96337个单位，查出违纪金额92721万元，应上缴财政5149万元；查出损失浪费金额85382万元，促进经济效益79349万元；查出贪污贿赂案件15件，受党纪处分54人，移交司法机关46人。

社会审计　截止到1996年北京市共有审计事务所78个，从业人员1399人。1998年北京市审计局与其主办的6个审计事务所实行脱钩改制。

**【北京市东城区审计局】** 到1998年底，在职人员共62人。其中：研究生2人，本科学历11人，大专学历32人；局长1人，副局长2人，纪检组长1长。设有办公室、综合法制科、内审指导科、人事监察科、工交基建审计科、商业外资审计科、行政事业审计科、财政金融审计科。

审计工作成果 共完成各类审计项目601个，查出违纪违规金额3.5亿元，应上缴财政7492万元，已上缴财政5913万元。

完成上级下达审计任务 5年来，共完成审计署及北京市审计局下达的审计项目64个。对养老保险金、失业保险金等5项社会保障基金的管理使用情况进行了审计和调查；对19个小型企业"国有民营"改革情况及部分外商投资企业国有土地有偿使用情况开展了审计调查；对驻区的金融机构、保险公司进行了资产负债审计；连续4年开展了本级预算执行及其他财政收支情况的审计监督。

完成区政府交办的任务 5年来，共完成交办的任务537项。1997年、1998年，共对5个商业公司及其所属企业的资产负债损益情况进行了全面审计。对区属14个商业公司的128个投资项目进行了调查，针对发现的问题，提出了加强投资管理，提高效益的建议。对有收费权、罚款权的区公安局、工商局、劳动局等20个单位的收费及罚款情况进行了检查，对于存在的收费无依据、超标准收费、罚款与单位和个人经济利益挂钩等问题进行了严肃的处理。对10个重点企业进行了清理党政机关及其工作人员无偿占用企业钱物的审计，制止了乱收费、乱摊派、乱集资行为。对区属各离任经理开展了经济责任审计。

**【北京市西城区审计局】** 到1998年底，在编66人。其中，党员31人，占全员的47%；61人具有各类专业技术职称，占全员的92%，中级以上职称44人，初级职称17人；49人具有大专以上学历，占全员的74%，其中本科以上学历16人。局长1人，副局长4人，副处级调研员2人。设有综合办公室、人事科、行政科、财政金融审计科、行政事业审计科、商贸审计科、工交审计科、基建审计科、内审指导科及审计事务所等机构。

审计工作成果 组织开展了区级预算执行审计、行政事业单位审计、企业审计等，共完成审计项目553个；完成审计调查47项；查处各类违纪违规行为金额49079万元，上缴财政金额10517万元；核减工程造价款1099.4万元；查处百万元以上违纪单位68个。

坚持开展基建项目审计 会同有关部门制定了《西城区关于加强基本建设项目审计的暂行规定》。共审计7个财政拨款的基建项目。

**【北京市崇文区审计局】** 到1998年底，共有在职人员49人，其中：大专学历以上36人；获高级职称1人，中级职称17人；局长1人，副局长2人。设有办公室、人事监察科、综合科、工交基建审计科、财政金融审计科、商粮审计科、行政事业审计科、内审指导科、审计事务所等机构。

审计工作成果 5年来，共完成审计项目305个。完成审计调查34项，调查单位118个。查出违纪违规金额10864万元。同区纪检、监察、信访等部门配合，查出各种经济案件16起，上缴财政金额1188万元，共提交审计报告339篇。

完成上级下达审计任务 5年来，共完成市审计机关下达的审计任务74项。1995年开始对区财政预算执行情况及其他财政收支进行审计，并向区政府和市审计局提出审计结果报告。1996年共审计和延伸审计了30个行政事业单位和企业。1998年共对57个单位进行审计和延伸审计。1998年完成了审计署及市政府下达的关于粮食企业新增财务挂账的审计工作。共审计20个单位，审减新增财务挂账和其他不合理占用贷款2000余万元。

完成区政府交办的任务 共完成交办的工作任务231项。1996年对崇外大街市政建设进行了审计，共审核概算资金10481.7万元，查出违规资金193.2万元，审减工程造价135.6万元。

**【北京市宣武区审计局】** 1998年底干部职工共有56人。其中：本科学历6人，大专学历25人；局长1人，副局长2人。内设综合办公室、人事监察科、行政管理科、内部审计指导科、财政金融审计科、行政事业审计科、基本建设审计科、企业审计科、合资企业审计指导科。下设宣武区审计事务所、宣武区审计局计算机中心2个事业单位。

审计工作成果 5年来，共完成审计项目44个，审计单位394户；完成审计调查26项，调查单位210个。共查出违纪违规金额29066万元，已上缴财政4031万元。对教育事业费的审计已连续进行了3年，在审计范围、审计重点及审计方法上有了新的突破，使1998年的教育事业费审计无论在查处违规行为、百万元处理处罚单位数量，还是在查出违规问题的类型上收到的效果都好于往年。

**【北京市朝阳区审计局】** 到1998年底，共有干部、职工63人。其中：本科学历9人、大专学历27

人;有中级职称的 25 人;局长兼党组书记 1 人、副局长 3 人。设财政金融审计科、行政事业审计科、离任经济责任审计科、基本建设审计科、企业审计科、内部审计指导科、综合科、办公室、人事科、总务科。

审计工作成果　5 年来,共审计(调查)1091 个单位,查出违纪违规金额 101859 万元,其中上缴财政金额 15971 万元,百万元以上违规大案要案 26 件。1994 年到 1998 年,共完成上级指令性任务 42 项。到 1998 年底,已对 28 名处级领导干部进行了离任审计。此外,区政府还根据审计结果和建议,下发《党政机关、事业单位领导干部调离原单位和离退职人员移交公配物品的规定》、《朝阳区外来人口管理费征管办法》等规章。审计机关还配合区中心工作,于 1995、1996 年对辖区近 70 个行政事业单位预算外资金进行了重点检查,并写出专题调研报告,得到国家审计署、北京市审计局和区委、区政府的肯定。1994 到 1997 年,积极参与国家税收、财务、物价大检查,共对驻区中央、市属 323 个单位进行了重点检查,查补税收 8192 万元。还对一些重点建设项目进行了跟踪审计,被区政府誉为"无名英雄"。

**【北京市海淀区审计局】**　到 1998 年底,在编人员有 53 人。其中:本科学历 12 人,大专学历 27 人,中专学历 6 人,党组成员 4 人;局长 1 人,副局长 2 人。设有办公室、综合科、商业审计科、工业审计科、行政审计科、基建审计科、财金审计科、内审指导科。

审计工作成果　5 年来,共完成审计项目 57 个,审计单位 661 户;完成审计调查 26 项,调查单位 167 户。共查出违纪违规金额 105897 万元,上缴市、区财政 7419 万元,共提交审计调查报告 26 篇,审计信息被市、区采用 289 篇次。

完成区委、区政府交办任务　共完成交办任务 77 件。包括领导干部离任审计 34 件,以及对海淀新技术开发试验区审计、人民来信的审计查办、对破产企业的资产评估、对企业主要经济指标完成情况的审计等。先后抽调 12 人次参加有关部门组织的预算外资金检查、劳动工资检查、工程执法检查。配合区纪检监察部门办案 6 件。受中纪委委托,对天外天产业开发总公司进行了审计,中纪委致函海淀区政府对我局的协作敬业精神给予表扬。

**【北京市丰台区审计局】**　到 1998 年底,在编人员已达到 83 人(其中事务所 23 人)。其中:本科学历 20 人,大专学历 43 人;局长 1 人,副局长 3 人。设有办公室、人事科、综合科、财政金融审计科、行政事业审计科、基建审计科、工商企业审计科、经济责任审计科、内审科、调研室、审计事务所。

审计工作成果　5 年来,共完成审计项目 386 个,审计单位 386 户;完成审计调查 41 项,调查单位 182 个;审计金额 695730 万元。共查出违纪违规金额 26411 万元。同区纪检、监察、信访等部门配合,查处各种经济案件 8 起,为社会稳定发挥了作用。上缴区财政 3512 万元,共提交审计报告 430 篇。

完成区政府交办任务　5 年来,共完成交办的工作任务 84 项,审计清理单位 419 个。为负责经济责任审计、摸清家底等专项审计工作,共抽调 24 人,审计涉及到全区 30 多处单位。截止到 1998 年底共完成工程决算审计 7 个,审减金额 425 万元。同时会同区计经委、城建委、财政局、监察局制定了《关于加强基本建设项目审计的暂行规定》。

完成上级下达审计任务　5 年来,共完成署、市审计机关下达的审计任务 90 项,审计单位 95 个,审计金额 667900 万元。

**【北京市石景山区审计局】**　到 1998 年干部,职工共 44 人。其中:本科学历 12 人,大专学历 25 人;局长 1 人、副局长 3 人。设有综合办公室、行政科、人教科、财政金融审计科、农林行政事业审计科、领导干部任期审计科、商粮贸审计科、工交基建审计科等机构。

审计工作成果　5 年来,共完成审计项目 363 项。其中单位审计 208 项;财务、税收、物价大检查 132 项;审计调查 23 项,调查单位 46 户。共查出违纪违规金额 6768 万元,上缴财政 2783 万元(其中审计项目上缴 6437.9 万元、大检查上缴 330.1 万元)。

完成署、市下达审计任务　5 年来,共完成署、市审计机关下达的审计任务 81 项。在审计工作中坚持把同级财政审计列为重点。

完成区政府交办任务　5 年来,共完成 39 项。与区纪检、监察等部门配合,查处各种经济案件 10 起。1997 年 4 月,进行了"减轻企业负担"和"治理三乱"调查。调查了 36 个有收费项目的行政事业单位,摸清了全区行政、事业性收费情况,并将调查中发现的问题及时向上级反馈,为领导决策和政府制订政策提供了科学依据。

**【北京市门头沟区审计局】**　到 1998 年底在职人员 43 人,其中:本科学历 1 人,大专学历 28 人;局长 1 人,副局长 3 人。设有办公室、综合科、人教科、财政金融科、行政事业科、工交基建外资企业科、商粮贸审计科、审计事务所等。

审计工作成果　5 年来,共完

成审计项目278个，审计单位418户；完成审计调查23项，调查单位180个；提交审计调查报告28篇。共查出违纪违规金额7272万元，应上缴财政1847万元，已上缴1647万元；其中百万元违纪单位7个，违纪金额2437万元；移送检察院案件3起；协助司法机关、纪检监察机关对部分重大经济案件进行了审计调查。

完成上级下达审计任务　5年来，共完成署、市机关下达的审计任务66项。1995年至1998年进行了财政预算执行审计，延伸审计单位344个，审计资金总额119558万元。

完成自定和区政府交办任务　5年来，共完成交办任务212项。1996年共对31个处级领导干部任期经济责任情况进行了审计。1997年为配合全区机构改革、企业改制，对19个单位进行了资产评估，资金总额13200万元。1998年对2个单位实施了届中审计。

**【北京市房山区审计局】**　到1998年底，在编人员有60人。其中：本科学历10人，大专学历24人；局长1人，副局长4人。设有办公室、人教科、综合科、指导科、财政金融审计科、行政文教审计科、农业资金审计科、工商基建审计科、审计事务所等机构。

审计工作成果　5年来，共完成审计项目439项(户)，查出违纪金额3814万元，上缴财政984万元，对严重违纪的13个单位和5名个人进行了处罚，罚款30余万元。

全力抓好财政审计工作　连续4年对区财政预算执行情况和其它财政收支进行了审计。区政府连续4年以文件的形式对财政审计结果报告进行专门批复，要求有关部门认真落实审计建议。

全面实施制度化审计　共开展经济责任审计63项(其中：领导干部经济责任审计45项，干部离任审计18项)，严肃查处了违法违纪行为，揭露了管理中的问题。

**【北京市房山区燕山审计分局】**　至1998年底，人员有26人，其中，本科学历7人，大专学历10人；局长1人、副局长2人。

审计工作成果　从1995年起，共完成审计项目57个，审计单位114户；完成审计调查13项，调查单位60个。共查出违纪违规金额8849万元，上缴财政608万元，减少财政拨款补贴166万元，归还原渠道资金117万元，审计处罚7万元。

完成本地政府交办任务　从1995年起，共完成燕山工委、办事处交办的任务9项，审计单位27个；其他审计项目7个，审计单位37个。截止到1998年底，共完成工程决算审计项目3个，审计金额1046万元，审减金额702万元，维护了国家利益。

完成上级下达审计任务　1995年到1998年，共完成市审计局下达的审计任务29项，审计单位51个。

**【北京市通州区审计局】**　1998年共有干部职工48人，其中本科学历15人，大专学历20人；中级职称20人，高级职称3人；局长1人，副局长3人。设有办公室、综合指导科、财政金融审计科、行政事业审计科、企业审计科、基本建设审计科、经济责任审计科、政工科等机构。

审计工作成果　5年来，共完成审计项目192项。查出违规违纪金额43013万元，收缴1466万元。配合纪检、监察部门查处经济案件、群众上访事件5起，受组织部门委托对11个处级领导干部的经济责任进行了审计，为地区经济发展提供审计调研报告51篇。连续5年被评为"首都文明建设先进单位"。

完成同级财政审计　审计了巨额财政资金体外循环、违规存储、违法使用、逃避监督的问题，包括2127万元"切块资金"未按规定纳入财政预算，违纪拿出583万元建"楼堂馆所"和经商倒卖活动，造成财政资金沉淀；7381万元土地出让金在代缴部门往来账上坐收坐支，有相当部分用在了非财政性支出上。审计了财政周转金管理不善问题：9758万元财政周转金借出9198万元，其中7800万元逾期不能收回，有5900万元在亏损严重或倒闭企业挂账。审计了财政收入收缴不到位问题：应收660万元外商投资企业土地使用费，实收172万元，欠收488万元；纳入预算管理的行政性收费涉及21个直属部门，36个项目，有6个部门未缴，8个部门欠缴。对农、林、水资金，教、科、文资金，社保、住房、救济资金进行了审计，查出了大量被挤占、挪用、虚列支出等问题。对问题均依法作出了处理和处罚，并提出了切实可行的建议和意见。

完成了全国粮食企业新增财务挂账审计　受市审计局委派，对平谷县粮食企业进行了异地审计，查实平谷县50个粮食企业新增财务挂账10105万元，查出违规资金5546万元。

**【北京市顺义区审计局】**　到1998年底，全局干部、职工在编人数为38人，其中：大专以上学历13人；取得初、中级技术资格的20人，局长1人，副局长3人；设有办公室、财政金融基建审计科、行政事业审计科、企业审计科、综合科、内部审计指导科、审计事务所(1998年脱钩)等机构。

审计工作成果　5年来，共完成审计项目100个，审计单位116户；完成审计调查项目16个，调查单位128户。审计中查出违纪违规金额20133万元，上缴财政261万元。审计基本建设项目投资总额3156万元，核减投资额97万元，向市审计局和区政府提交审计及审计调查报告60篇。同区纪检、监察、信访等部门配合，查处各种经济案件4起。

完成上级下达的审计任务 共完成市审计局下达的审计任务57项，审计单位78户。1998年在对本市某区粮食系统的清查审计中，审计该区粮食企业占用农发行粮油信贷资金总额24405万元，核减企业自查上报的新增财务挂账数额13779万元；查出粮食企业违纪违规金额336万元，虚增财务挂账216万元；还发现区财政及粮食主管部门欠拨企业各项补贴资金780万元，区农发行违规向粮食附营企业放贷5130万元，区粮食局从各项补贴中坐扣管理费342万元等方面的问题，均如实在提交市审计局的清查审计报告中作了反映。

完成区政府交办的任务 5年来，共完成50项，审计、清理及检查单位372户。

**【大兴县审计局】** 到1998年底，在编人员43人，有局长1人、副局长3人，其中，大专以上学历23人，具有高级职称4人、中级职称14人。

审计成果 5年来，共完成各类审计及调查项目327个，查出违纪违规金额8096万元，其中应上缴财政2371万元，已入库2568万元。1996年起，对本级预算执行情况实施审计。3年来，共发现违规行为金额3339万元，应缴预算收入1936万元，并有针对性地提出了加强财政收支管理的建议。开展了金融、基建、国有企业审计。在完成的11个重点建设项目审计中，共核减国家建设投资1066万元。在企业审计中，处理纠正了大量违规问题，同时坚持"一审二帮三促进"的原则，帮助企业搞好财务管理和会计核算。共完成县委、县政府交办审计及检查项目138项。上报调研报告、审计报告、审计信息等共1011篇，其中被市、县有关部门采用446篇。

**【平谷县审计局】** 到1998年底在编50人，其中：本科学历2人，大专学历19人；局长1人，副局长2人。

审计工作成果 5年来，共完成审计项目63项、审计单位406户，审计调查23项、调查单位104户，审计总金额539758万元。共查出违纪违规金额10045万元，上缴县财政484万元，归还原渠道资金454万元。配合县纪检、监察等部门查处各种经济案件21起，通过审计移交司法机关处理案件5起。共提交审计报告123篇，上报审计信息98篇，调研报告14篇。

完成上级下达审计项目 5年来，共完成上级下达审计项目59项，审计单位323户；审计调查项目23项，调查单位104户。预算执行审计从1995年开始，审计总户数达22户，纠正违纪金额9000多万元。提出改进意见20多条。1998年对密云县进行了粮食清查审计，共审计12户，审计总金额3亿元，核减挂账亏损3169万元。1994年开展企业审计调查11项，调查单位46户，提出了相应的审计建议和调查报告。

完成上级交办任务 5年来，完成交办的专户审计任务97户，其中离任审计78户。

**【昌平县审计局】** 1998年底在职人员为39人。其中：本科学历8人，大专学历16人，中专学历13人；党组成员5人；局长1人，党组副书记1人，副局长2人。

审计成果 5年来，共完成审计项目71个，审计单位307户；完成审计调查21项，调查单位124个；共查出违纪违规金额3905万元，上缴县财政1473万元。

完成上级下达任务 完成市局下达的任务58项，审计单位218个。对8个单位基建项目进行了审计，核减基建项目投资416万元。

完成县政府交办的任务 5年来，共完成县委、县政府交办的工作任务95项，涉及135个单位；配合纪检、监察、财政、物价局等有关部门完成专项检查及大案、要案查处15项，总工作量约占常年工作的50%；1997年到1998年完成县委交办的对45个乡、局级主要领导干部离任前的经济责任审计。

**【怀柔县审计局】** 1998年底在编50人（含审计事务所）。其中：大学本科学历5人，大专学历15人；局长1人，副局长2人。

审计工作成果 5年来，共计完成市审计局下达的指令性审计任务54项，审计调查5项；完成县委、县政府交办的审计任务28项，审计调查9项；自行安排的审计15项，调查3项，共计662户。查出违纪金额1745万元，上缴县财政835.2万元。

1995年开始对同级财政进行年度审计，每年向县政府提交审计结果报告，并受县政府委托向县人大提交同级财政审计工作报告。1997年开始，对公用设施和城市住宅建设进行开工前的审计工作，截止到1998年10月，共审计114户，保证了基本建设依法有序进行。另外，受县政府委托，对乡镇履行经济目标责任进行年度审计，对正处级领导干部进行离任审计；受市审计局的委托，对世行贷款的使用连续5年进行公正审计。1998年5月，按照市审计局的统一部署，派出审计组，历经3个多月完成了对延庆县粮食系统6年期间粮食经营亏损挂账和银行粮油购销贷款使用及财政补贴政策落实情况的审计调查。

**【密云县审计局】** 到1998年底共有干部、职工46人，其中大专以上学历26人；局长、书记各1人，副局长3人。

审计工作成果 共完成审计项目106个，审计单位703个；完成审计调查27项，调查单位159个；审计总金额358124万元。共查出违规行为金额4974万元，上缴县财政506万元。移送司法机关案件1件。

完成上级下达审计任务 5年来，共完成署、市审计部门下达的审计任务64项，审计单位235个，审计金额358124万元。

完成县委、县政府交办任务 共完成42项，审计清理单位464个。1995年7月对县办工业企业1994年度责任制指标完成结果进行重新核定，重点对原核定获得奖励的9个主管局、公司、60多个企业进行了审计，从中揭示了存在的问题，并提出了相应的审计建议。审计结果汇报后，县委、县政府领导决定奖惩兑现按审计结果办，并根据审计建议，充实调整了核算指标项目，完善了责任制考核指标体系。1996年成立干部离任审计科，截止到1998年底共完成领导干部任期经济责任审计项目5个。1996年对县工业开发区经理任职4年期间资产、负债、损益情况进行了审计，从中揭露出财务手续严重不合规，长达5年经营的资产负债状况未予正确核算和反映；未按规定计提缴纳税费；经营管理及决策存在明显失误等问题，为县委、县政府强化对开发区管理提供了依据。

**【延庆县审计局】** 到1998年底在编57人，其中本科学历3人，大专学历31人；局长1人，副局长3人。

审计工作成果 共完成审计项目79个，审计单位656户；审计调查14项，调查单位91个。共查出违纪违规金额11560万元，处理人民来信12件。上缴县财政1231万元，共提交审计报告73篇。

完成上级下达审计任务 共完成市审计机关下达的审计任务45项，审计单位303个。

完成县政府交办任务 共完成交办的工作任务20项，审计清理单位173个。1995年3月组成四个审计小组对县公安局、劳动局等22个单位的行政事业性收费及罚没款进行了审计，审计金额达2516万元。针对低标准收费以及9个单位15项行政性收费194.6万元未纳入预算管理，形成“体外循环”的现状，提出了建议，引起县领导的高度重视。还完成了对县煤炭交易市场债权、债务的清理审计。

自行安排审计任务 共完成14项，180户。1994年、1995年连续两年对县经济支柱产业——八达岭特区办事处进行了审计。查出原县委书记刘金生（现已判刑），利用职务之便，借引进项目之机，转移资金2700多万元。

## 天津市

**【天津市审计工作简述】** 截止到1998年底，全市审计系统已有审计机关20个，公务员和工勤人员1175名（市审计局公务员和工勤人员369名），其中，大专文化以上学历的858名，占其总数的73.02%（市审计局199名，占本机关人员总数的53.93%），具有审计师以上专业技术资格的490名，占公务员总数的41.7%（市审计局214名，占本机关人员总数的58%）。

基础建设 一是审计法制建设进一步加强。二是审计规范化工作得到加强。三是审计业务综合管理得到改进。四是科研、培训等工作取得新成绩。5年来，审计科研紧紧围绕审计实践，开展了17项审计科研课题的研讨，其研究成果已大部分通过《审计理论与实践》等审计专业期刊发表。审计培训共举办审计人员培训班73期，培训7982人次。《审计理论与实践》被评为全国会计类核心期刊。五是审计机关档案升级工作取得突破性进展。全市审计机关升市一级率1998年已超过50%。六是审计机关精神文明建设进一步加强。

**主要审计成果统计表**

| 项目＼年度 | 1994年 | 1995年 | 1996年 | 1997年 | 1998年 | 合　计 |
|---|---|---|---|---|---|---|
| 审计单位(个) | 1947 | 1628 | 1859 | 1884 | 1709 | 9027 |
| 违规行为金额(万元) | 67856 | 60376 | 189592 | 179504 | 1078091 | 1575419 |
| 应上缴金额(万元) | 19874 | 2191 | 29296 | 14345 | 20166 | 85872 |
| 已上缴金额(万元) | 6114 | 1528 | 10862 | 15655 | 13580 | 47739 |
| 罚款(万元) | 165 | 471 | 507 | 337 | 1093 | 2573 |
| 应追还侵占挪用金额(万元) | 300 | 8636 | 9237 | 10804 | 548 | 29525 |
| 应减少财政补贴金额(万元) | 2105 | 1171 | 197 | 1933 | 0 | 5406 |
| 促进增收节支金额(万元) | 3885 | 0 | 0 | 194 | 1667 | 5746 |
| 移送纪检司法机关处理(人) | 5 | 1 |  | 6 |  | 12 |
| 提交审计报告信息(篇) | 1465 | 1422 | 1547 | 1512 | 1414 | 7360 |
| 审计报告信息被采用批示(篇) | 542 | 512 | 601 | 659 | 683 | 2997 |

**【天津市审计局概况】** 1994年10月市审计局增设老干部处和监察室，人事教育处与老干部处为一套机构两个名称，监察室与党组纪检组为一套机构两个名称；

1998年9月撤销科研培训处，建立政研室。截止到1998年底，市审计局内设14个处(室)，还设有直属分局一个，审计科研培训中心、华夏会计师事务所、天津审计事务所三个事业单位。

局领导班子成员

| 年份 | 局长 | 副局长 | 总审计师 |
| --- | --- | --- | --- |
| 1994年 | 靳祥麟 | 姜新泉　王志铭　迟捷 | |
| 1995年 | 靳祥麟 | 姜新泉　王志铭　迟捷 | |
| 1996年 | 靳祥麟 | 姜新泉　王志铭　迟捷　石爱中 | |
| 1997年 | 王志铭 | 迟捷　王兴虎　石爱中 | |
| 1998年 | 王志铭 | 迟捷　王兴虎　石爱中　杜西平 | 李延敬 |

财政审计　市级及19个区县全部实行了本级预算执行情况的审计监督制度，每年预算执行审计资金额达到预算执行单位年度收支预算的60%以上，审计的主管预算单位占总数的30%以上，并重点延伸审计部分二级和基层预算单位。5年来，财政决算审计887个单位(包括乡财政)，本级预算执行审计1113个预算单位，共查出违规金额72亿元，应上缴财政金额2.7亿元，增加财政收入1.98亿元，为加强预算管理和财政收入稳定增长做出了积极的贡献。对重大、普遍存在或倾向性问题，通过918篇审计报告、要情、信息简报等形式向各级政府和有关部门做了反馈，受到好评。

金融审计　对国有商业银行系统94个单位、国有保险公司系统81个单位、5家地方金融机构进行了审计，共审计180个单位，查出违规金额9.45亿元，应上缴财政金额1628万元，已上缴财政618万元。对查出的资产负债损益不实、信贷资产质量不高、违规经营、账外经营、投资效益欠佳、私设“小金库”、漏欠税等问题，向市政府和审计署分别做了专题报告，同时对加强金融监控、防范和化解金融风险提出了审计建议和意见。

基建审计　共审计14个重点基建工程项目。审计总金额115亿元，查出概算外投资不落实，超规模、超标准、挤占工程成本等有问题金额共15.22亿元，核减工程投资1.66亿元。为控制固定资产投资规模，整顿建筑市场，维护财经纪律做出了贡献。五年共向市政府写出信息、简报、要情20篇，其中12篇被政府采纳。

行政事业审计　共对202户次的行政事业单位进行了审计，查出违规挪用预算资金、隐瞒转移预算收入、私设“小金库”等违纪违规问题7.43亿元，有23篇专题报告及简报、信息被市委、市政府采用或被市领导批示，对查出的严重违纪违规问题移交有关部门进行处理。

外资运用审计　根据审计署的授权，5年共对12个世界银行贷款项目、1个亚洲开发银行贷款项目、3个国际组织援助项目的28个项目执行单位进行了95户次审计，并对分项目单位或二级单位进行了170户次延伸审计。共向国际组织提交了43份公证审计报告，20份管理意见书，对项目执行单位做出了86份审计意见书和审计决定。查出配套资金不落实金额45138万元，挪用配套资金等违纪金额5480万元。对查出的违纪问题以及未履行或未完全履行国际金融组织贷款协议有关条款、项目管理不当、财务核算失误等问题及各年度项目执行情况，分别以政研材料、审计要情、专题报告、综合报告等形式向市政府、审计署作了反映和报告。同时就加强项目管理，合理、有效利用外资，纠正违纪违规等提出181条审计建议和意见。

企业审计　加强了对规模较大的、关系国计民生的重点企业和重点行业的定期审计和行业审计，涉及电力、冶金、机械、电子仪表、医药、烟草、粮食、化工、调料、出版等行业，5年共审计2442个单位，查出违纪金额188282万元。其间，还对企业职工养老待业保险、企业内部集资情况、股份制企业运作情况、“八五”技改投资情况、外贸企业对外投资项目回报情况、现代企业制度试点运作情况、企业集团组建和运作情况、企业清产核资后前清后挂问题等宏观经济的热点和企业改革的难点开展了31项审计调查，调查了838个单位。仅1997年就为企业解难题、办实事38件，帮助企业挽回经济损失近2000万元，维护企业合法权益9000多万元，帮助企业清理各类资产近5000万元。

获奖情况　市局机关被授予市直机关“十大文明机关”称号；“二五”普法被中宣部和司法部评为“先进单位”；统计、信息、教育、廉政等单项工作连续五年受到审计署、天津市人民政府、市委和市委综合经济管理工委表彰；13个区县局被评为市级和区级“文明机关”；全系统有459人受到过上级的表彰，其中27人(市局11人)分别被授予“市劳动模范”、“市优秀党员”、“八五立功奖章”获得者、“三八红旗手”和“审计标兵”称号；1997年国家人事部、审计署授予红桥区审计局、和平区审计局、宝坻县审计局全国审计机关先进集体称号，授予市审计局孙国栋同志全国审计机关先进工作者称号。

优秀论文获奖情况　1.《从战略高度认识并推进审计科培工作》，作者：迟捷，荣获全国审计科研优秀论文二等奖、中国审计学会优秀审计论文三等奖；2.《关于行政经济行为效果审计的探讨》，作者：张雁森，荣获全国审计科研优秀论文三等奖；3.《关于预算执行情况和技术决算审计若干问题的探讨》，作者：郭世谦，荣获全国审计科研优秀论文优秀奖；4.《关于审计机关开展服务企业工作的调研报告》，作者：王志铭、董俊通、袁东，荣获天津市优秀调研成果三等奖、中共天津市委综合经济管理工委优秀调研成果二等奖；5.《关于对天津市石油总公司系统的调研报告》，作者：于佳骥，荣获天津市优秀调研成果三等奖；6.《对我市部分中外合资合作经营企业亏损情况的调研分析》，作者：程玉兴、李兴斌、裘云，荣获天津市优秀调研成果三等奖；7.《关于对30户中外合营企业股份变动情况的调研报告》，作者：于忠凯、谢津秋、李毅，荣获天津市优秀调研成果三等奖；8.《思想政治工作如何为干部职工解放思想"换脑筋"服务》，作者：袁东，荣获中共天津市委计委系统优秀论文成果奖；9.《对财政预算执行及其他财政收支情况审计调研分析》，作者：唐庆光、施恩、贾培雄，荣获天津市委综合经济管理工委优秀论文奖。

**地址** 河西区琼州道97号
**电话** 022—23258100
**邮编** 300200

（袁　东）

**【天津市和平区审计局】** 1998年末，在职干部、职工计51人。现有文化程度状况是：研究生1人，大本毕业生9人，大专毕业生23人。设局长1人，副局长2人。下设有办公室、人事教育科、固定资产投资审计科、工业审计科、商贸审计科、行政事业审计科、综合法制科、内部审计指导科。现有人员中，获得审计师资格的17人，会计师资格的5人。

审计工作成果　共完成审计项目331项，审计单位418户；完成审计调查项目34项，调查单位323户。共查出违纪违规金额12652万元。应上缴财政金额1390.11万元，已上缴财政金额1026.04万元。共提交审计报告97篇，其中，被区领导批示41篇（45次）。共提交审计调查报告36篇，其中，被区领导批示14篇（16次）。共编报审计信息275期，其中，被市审计局采用75篇（78次），区长批示8篇（9次），区委、区政府采用91篇（108次），被市政府每日要闻采用1篇。

完成上级下达审计任务　共完成天津市审计局下达的审计项目39项，审计单位227户；审计调查项目6项，审计调查单位29户。

**【天津市河东区审计局】** 到1998年底干部职工66人，其中大本学历9人，大专49人；局长1人，副局长3人，副处调研员1人；正副科长21人。设有办公室、人事教育科、综合调研科、法制科、内审指导科、工业审计科、商业审计科、行政事业审计科、固定资产投资审计科。

审计工作成果　5年来，共完成审计项目246项、审计单位474户，审计调查项目43项、调查单位328个，审计金额97157万元。查出违规行为金额9927万元，上缴区财政金额768万元，提交审计报告531篇。

完成署、市定审计任务　共完成署、市下达审计任务40项，审计单位236户。

完成区政府交办任务　共完成266项，审计单位238户。

**【天津市河西区审计局】** 到1998年底，在编人员共有49人。其中：大学本科10人，大专生26人；局长1人，副局长2人。设有办公室、人事监察科、综合科（含：内审指导科）、工业审计科、商贸审计科、财政金融审计科、行政事业审计科、固定资产投资审计科、会计师事务所等机构。

审计工作成果　共完成审计项目90个，审计单位469户；审计调查项目16个，调查单位95个。会同纪检、监察、信访等部门查出各种经济案件27件，为社会稳定发挥了作用。5年累计共查出违纪违规金额11702万元，上缴财政1496万元，共提交审计报告65篇、信息262篇。根据工作重点，1998年在对亏损企业河西区房建工程公司的审计中，在纠正其违纪、违规的同时，帮助其建立健全了一整套财务管理及企业内控制度，并帮助其运行，收到良好效果。

完成区政府交办任务　共完成交办的审计任务26项，审计单位47户。1998年按照区政府要求，为帮助区建委搞好政企分开工作，抽调3名干部，历时6个月，对其所属5个单位近10年的财务账目进行了审计，清产核资审计金额2248.6万元。

完成上级审计机关下达审计任务　共完成天津市审计局下达的审计任务68项，审计单位194个。

**【天津市南开区审计局】** 1998年底在职职工63人。其中：大学生12人，大专生43人；局长1人，副局长3人。全局有注册会计师9人，审计师、会计师24人。设有办公室、人事教育科、综合科、内审指导科、商业审计科、行政事业审计科、基建审计科、财政金融审计科、东方审计事务所等机构。

审计工作成果　共完成审计项目69项，审计单位459户；审计调查26项，调查单位174个。共查出违纪金额5077万元。同区纪检、监察、信访等部门配合，查处各种经济案件4起。上缴区财政127.39万元，共提交审计报告676篇。

完成区政府交办任务　共完成25项。1998年区委、区政府相继下达了对南开区工业园两项建设项目审计和对19家处级领导干部离任审计。审计局集中人力、集中时间，很快就查清涉及南开区工业园的两家建设单位7年投资的收支情况，并通过延伸审计，就两个联建项目各应分摊的配套费、贷款利息等难点问题，提出了解决方案和15条审计建议，为区政府顺利解决多年来未解决的问题提供了决策依据，并圆满完成了对19家处级领导干部的离任审计。

完成市局下达审计任务　5年，共完成40项，审计单位260个。

信息工作　共上报审计信息329篇，被区政府、上级机关和新闻单位采用133篇。1998年被评为天津市审计系统和南开区委系统的"优秀信息单位"。

**【天津市河北区审计局】**　到1998年底，在职人员为56人。其中：大学本科8人，大专32人；有34人具有各级专业技术职称；局长1人，副局长2人。设有办公室、综合科、人事教育科、内审指导科、工业审计科、商贸审计科、行政事业审计科、基建审计科等机构。另设津北会计师事务所。

审计工作成果　共完成审计项目64项，审计单位403户；完成审计调查56项，调查单位449个；同财政、税务等部门配合，开展财务检查655户。共查出违纪违规金额17469万元。上缴区财政金额1156万元。共提交审计报告、信息406篇，被上级有关部门采用及领导批示427篇次。

完成区委、区政府交办任务　共完成11项，审计单位69户。1995年10月根据区政府要求对9个街道办事处及18个企业的经济责任进行审计，核实了各项经济指标情况，为区政府实施兑现奖励提供了依据。1997年参加区政府组织的预算外资金重点清查工作，完成了对城建、教育等21个单位的检查，检查资金1677万元，查出有问题资金774万元。

完成市局下达审计任务　共完成署、市审计机关下达的审计任务43项，审计单位277户。

**【天津市红桥区审计局】**　至1998年底共有干部27人。其中：研究生2人，大学本科15人，大专42人；具有中级技术职称资格13人；局长1人，副局长3人；党员21人，团员19人，民主党派2人。设有办公室、人事教育科、综合法制科、内审指导科、工业审计科、商业审计科、行政事业审计科、方正会计师事务所等机构。

审计工作成果　5年来，共对706个企事业单位实施了审计，共查出违纪违规金额7032万元，直接增加区财政收入788万元，提交各类综合性报告112篇，上报各种信息、简报318篇，被上级机关及新闻机构采纳248篇。

完成上级下达的审计任务　5年来，共完成市审计局及区委、区政府下达的审计任务315项。在工作中坚持以经济为中心，认真履行审计监督职能，在促进深化改革、服务宏观调控、增加区财政实力、推动廉政建设、维护经济秩序等方面发挥出积极的作用。

**【天津市塘沽区审计局】**　1998年末共有干部45人。其中：有研究生1人、大学生11人、大专生18人，占全部人员的67%。局长1人，副局长3人。局内设办公室、工业审计科、商业审计科、财政金融审计科、行政事业审计科、固定资产投资审计科、综合科、法规科、会计师事务所等机构。

审计工作成果　5年来，共审计单位347个，审计调查单位92个，查出违规行为金额40453万元，上缴财政2250.6万元，审计罚款金额90.2万元，提交审计报告354份。几年间，还先后配合区财检部门对座落在区内的80余个单位进行了财务物价税收大检查工作，审计出违规行为金额1165万元；协助区纪检、监察等部门查处了经济案件2起，为社会稳定发挥了作用。

加强法制建设，实施依法治局　1995年，贯彻区委、区人大、区政府的指示精神，结合贯彻执行《审计法》，制定了《天津市塘沽区审计执法责任制度》，并认真贯彻执行。

**【天津市汉沽区审计局】**　到1998年底，人员在职43人。其中：大学本科5人，大专19人；局长1人，副局长2人，局长助理1人。设有办公室、综合科、法规科、内审指导科、财政金融审计科、行政事业审计科、企业审计科、基本建设审计科。

审计工作成果　5年来，共完成审计项目65个，审计单位348户；完成审计调查7项，调查单位18个。共查出违纪违规金额3250万元，上缴区财政324万元，共提交审计报告65篇，上报审计信息392篇，被上级以及有关单位采用263篇。

**【天津市大港区审计局】**　到1998年底，在编人员52人。其中大学本科4人，大专18人；局长1人，副局长2人。设有办公室、行政事业审计科、财政金融审计科、商业审计科、工业审计科、基建审计科、乡镇审计科、内审指导科、综合法制科、审计事务所等机构。

审计工作成果　5年来，共完成审计项目114个，审计单位1395户；审计调查6项，调查单位58个。共查出违规行为金额12739万元，上缴区财政757万元。同区纪检、监察、信访等部门配合，查处各种经济案件2起；共提交审计报告1521篇。

完成区交办的审计任务　共完成交办的任务12项41户，完成委托审计任务29项78户。

完成上级下达的审计任务　共完成上级审计机关下达的审计任务37项,审计单位190个。

**【天津市东丽区审计局】**　到1998年在编人员增加到47人。其中:大学本科6人,大专39人;局长1人,副局长3人。设有办公室、行政、事业审计科、财政金融基建审计科、工业企业审计科、商业企业审计科、综合科、乡镇审计指导科,丽达审计事务所等机构。

审计工作成果　共完成审计及审计调查项目95个,审计、调查单位385户,共查出违纪违规金额7748万元,上缴财政412万元,促进增收节支181万元。提交审计及审计调查报告111篇。

完成区委区政府交办任务　共完成19项,审计单位41户。处级干部的离任审计逐步成为交办任务的重点,在已完成的任务中,离任审计分别占32%和56%。特别是1998年对18位领导干部进行了离任审计,为区委组织部门考核、评价、任用干部起到了积极的作用。

完成上级下达审计任务　共完成市审计机关下达的审计任务60项,审计单位221户。

**【天津市西青区审计局】**　到1998年底,在编人员有40人。其中:大学本科9人,大专17人;局长1人,副局长1人,助理调研员1人。设有办公室、财政金融审计科、行政事业审计科、企业审计科、综合科、乡镇企业指导科、审计事务所等机构。

审计工作成果　共完成审计项目99个,审计单位650户,共查出违纪违规金额1004.6万元,上缴区财政229.1万元,共提交审计信息111篇,被市审计局、区委、区政府及有关部门采用88篇次。

完成区政府交办任务　共完成交办的工作任务40项,审计单位357户。1995年根据区委、区政府的指示精神,重点对全区20个集团公司进行"核实资产,核实盈亏"审计工作,审计局抽调12名骨干,其他部门抽调9名人员,分成7个审计组,历时三个月时间,开展审计工作。区委、区政府根据审计建议,制定并下发了《西青区农村集体资产登记台账暂行规定》、《西青区农村集体资产审计制度》。对区物资总公司审计后,该公司根据审计建议,采取措施,减少了企业总数,辞退所有临时工,并经区委研究,对公司主要负责人进行了调整。另外在对全区行政机关兴办三产中,对存在的问题提出10条审计建议。

完成上级下达审计任务　5年来,共完成市审计机关下达的审计任务59项,审计单位293个。

**【天津市北辰区审计局】**　到1998年底,基本完成了机构改革,在编36人。其中:大专以上学历25人,具备中级以上专业技术资格24人;局长1人,副局长2人。设有办公室、财政审计科、行政事业审计科、工商企业审计科、基建财务审计科、综合科等机构。

审计工作成果　5年来,共查出各类违纪金额8146万元,上缴区财政329万元,向纪检监察部门和司法机关移送各种经济案件4起,涉案人员7人,向上级审计机关、本级人民政府及有关部门提交审计工作报告和审计信息185件,被批示采用62件,为维护本区社会稳定,促进经济发展和事业进步发挥了积极作用。

完成审计任务　共对275个(次)党政机关、企事业单位和金融机构实施了审计;完成区委、区政府交办审计事项20项,审计单位662个。从1996年开始,实行领导干部任期经济责任审计制度,3年来完成离任审计18项。

**【天津市津南区审计局】**　到1998年底,在职干部职工28人。其中:大学本科毕业5人,大专毕业10人;局长1人,副局长1人,局长助理1人。设办公室、综合科、财政金融审计科、行政事业审计科、商业审计科、工业基建审计科、内部审计指导科。另设一个会计师事务所。

审计工作成果　共审计单位677个;完成调查审计8项,调查单位477个。通过审计查出违规金额4581.2万元,入库486.7万元。五年间共提交审计报告和审计调查报告136篇。

完成区交办审计任务　共完成交办项目和自定审计项目60件,审计单位502个。1994、1995两年分别对全区38户产值在1000万元以上的乡镇企业资产、负债及损益情况开展了审计调查,基本摸清了乡镇企业家底,为政府决策提供了依据。1997年组织全局力量对全区教育系统99个学校和部门教育经费的筹集、管理和使用情况进行了审计,并对全区教育经费的需求情况进行了调查。

完成上级下达的审计任务　共完成署、市下达审计项目44项,审计单位155户。自1995年起开展了对本级财政预算执行审计;5年来坚持对全区10个乡镇政府的审计,审计覆盖面达100%。1998年抽调6名人员参加了全国粮食系统清查审计。

**【静海县审计局】**　到1998年底,在职人员达到34人。其中:大学生13人,大专生11人;局长1人,副局长3人。

审计工作成果　共完成审计项目83个,审计单位503户;完成审计调查14项,调查单位271个。共查出违纪违规金额10141万元,上缴县财政490万元,共提交审计报告387篇。同县纪检、监察、财政、税务等部门配合,查处各种经济案件5起，为社会稳定发挥了重要作用。

重要审计工作事项　单独承办县领导交办审计事项13次，涉及单位320个。1997年对全县政法系统102个单位1996～1997年度罚没收入的审计调查，针对执法主体、执法依据、执法票据与现行法规不符等突出性问题，向县政府提出了改进意见，县长给予了高度评价。1998年全国粮食审计中，抽调8人，审计全县33个单位，历时40天，为市、县两级领导宏观决策提供了可靠的依据。

机关精神文明建设　局机关连续12年保持了县"文明机关"称号。同时，局机关工作人员刻苦钻研业务，1994年到1998年，有6人次撰写的8篇文章被《审计理论与实践》刊登。

**【武清县审计局】**　到1998年底，在编35人。其中，大学本科7人，大专8人，局长1人，副局长2人。

审计工作成果　共完成审计项目89个，审计单位625户，查出违纪、违规金额8049万元，上缴财政金额508万元，提交审计报告信息265篇。会同县纪委、财政部门查处了一些经济案件、预算外资金收支两条线审计调查、公款吃喝玩乐审计调查等，为社会稳定和反腐败斗争发挥了积极作用。

完成县政府交办任务　5年来，共完成31项，审计275个单位。1998年，审计局还参与了全县的企业改革工作，共抽调了包括正、副局长在内的11名同志参加，这些同志在企业的资产评估、清产核资中发挥了重要的作用。

**【宁河县审计局】**　到1998年底，在职人员有42人。其中大学本科学历7人，大学专科14人；局长1人，副局长2人。

审计工作成果　共完成审计项目72项，审计单位442户；完成审计调查18项，调查单位239户；共查出违纪违规金额2992万元，上缴县财政811万元。同县纪检监察等部门配合，查出各种经济案件15起，为确保社会稳定发挥了作用，促进了党风廉政建设。共提交审计报告、信息191篇。

完成县政府交办任务　共完成18项，审计单位219个。1994年5月，对县建委、土地规划局及所属单位管理和使用的售房资金、城市维护费、配套费等的审计中，收回了应由县地方政府管理的资金1935万元。1996年6月对本县年销售收入500万元以上的73户重点工业企业的资产、负债及利润的真实性进行了审计调查，查出虚报收入、利润盈亏不实、财务管理混乱、应收销货款难以收回等问题。1997年在对县贸易开发区粮油公司专题审计中，共查出6个方面的违法违纪问题，及时移送了司法机关。1998年11月完成27位乡镇、局主要领导干部的离任经济责任审计，为县委在干部选拔任用上提供了决策依据。

完成上级下达审计任务　共完成市局下达的审计任务49项，审计单位235个。

**【宝坻县审计局】**　到1998年底，共有干部职工43人。其中：具有研究生学历1人，大本学历13人，大专学历9人；局长1人，副局长3人。

审计工作成果　共完成审计项目76项、审计单位743户；完成审计调查3项、调查单位10个，审计总金额381816万元。共查出违纪违规金额7366万元，上缴财政金额1039万元。向政府和上一级审计机关提交审计报告及专题报告494篇，报送审计信息184篇，被采纳110篇。

完成县政府交办任务　5年来，共完成较大的审计事项17个，审计单位118个。如1995年对三岔口乡经委副主任樊德成经济案件的审计，查出樊德成在任厂长期间，企业亏损1000万元，个人大量侵吞、挥霍国家和集体资产，贪污公款83万元的重大经济案件，在全县引起了强烈反响。1996年对县建筑公司的审计事项，查出私设"小金库"52万元，正副总经理私分11.5万元的违纪违法事实。

完成上级下达审计任务　完成市审计机关下达的审计任务59项，审计单位245个，审计金额261768万元。

**【蓟县审计局】**　到1998年底，人员39人。其中：大学本科学历10人，大专18人；局长1人，副局长1人。

审计工作成果　共完成审计项目36个，审计单位590户；完成审计调查15项，调查单位75个。共查出违纪违规金额12317万元。同县纪检、监察、信访等部门配合，查处各类经济案件42起，为社会稳定发挥了作用。上缴县财政927万元，共提交审计报告590篇。

完成县政府交办任务　共完成交办的工作任务72项。自1994年以来，先后开展了中昌路工程、渔阳宾馆工程、燕山西路、迎宾路和东北隅小学工程等重点基建工程审计，审减金额1279万元。1994年在中昌路工程审计中，共完成了28项闸、桥、涵、路等工程预算审计，核减高估冒算工程款463万元，为中昌路建设做出了突出贡献。1997年配合县组织部门对县属13个重点企业领导班子进行了考核；1998年10月对3家重点企业的厂长(经理)进行了离任经济责任审计，为全面公正评议、选拔、任用企业领导干部提供了依据。1995年5月对蓟县经济开发区总公司和蓟县建设开发公司自成立以来的资产负债及经济效益情况进行了审计，摸清了家底，为政府宏观决策提供了科学依据。

完成上级下达审计任务　共完成署、市定审计项目26项，审计单位340个，审计金额221560万元。

## 河北省

**【河北省审计工作简述】**　5年来，全省已有审计机关186个，在职工作人员共4230人，其中具有大专以上学历人员占46%，获得审计师或注册会计师资格的人员占54%。

审计工作情况　全省各级审计机关共完成审计项目和项目单位62991个，查出各种违纪违规金额204亿元，促进提高经济效益11亿元，揭露和向司法机关移送违纪案件95宗，移送纪检和司法机关处理的责任人员113人。此外，各级审计机关还向当地政府和上级机关提交各类审计报告、信息35428篇，其中被地方党政领导和上级审计机关批示采用20973篇，批示率达59.2%。

法制建设情况　1994年以来，省厅重新修订和制定了《河北省罚没收入审计暂行办法》、《河北省预算执行情况审计暂行办法》、《河北省建设项目审计暂行办法》等3个地方性法规和《河北省审计厅复核审理工作操作规程》等12个规章制度。

1998年省人大常委会在全省范围内开展了《审计法》执法检查活动。

**【河北省审计厅概况】**　全厅人员行政编制131名，实有121名。内设职能处室14个，分别是办公室、综合处(政策法规处)、审计管理处、人事教育处、财政审计处、金融处、工交处、行政事业处、商贸处、固定资产投资处、农业处、外资运用处、机关党委、监察室。1997年成立特派审计员办公室4个，分别是驻省科委特派员办公室、驻省教委特派员办公室、驻贸易厅特派员办公室、驻民政厅特派员办公室。设立事业单位4个。即审计干部培训中心、审计杂志社、审计厅招待所、审计师事务所。事业编制80名，实有54人。

厅级领导成员

厅长

陆　生　1993.9—1997.12

张成起　1997.12—

副厅长

邵积庆　1990.6—

陈金如　1993.12—

赵文雪　1995.8—

吴兵冲　1997.8—

纪检组长

肖孟君　1995.1—

审计成果综述　共审计62991个单位，查出违纪金额中，应上缴财政18.8亿元，减少财政拨款和补贴57503万元，追还被侵占挪用资金1.83亿元，罚款19853万元，共为国家增收节支45亿元。河北省审计厅1996年至1998年连续三年被省委、省政府评为“实绩突出单位”。

本级预算执行审计　1995年，《审计法》颁布实施后，全省审计机关全面开展了本级财政预算执行审计。审计方式由过去的“上审下”转变为“同级审”与“上审下”相结合，充分发挥了审计系统的整体优势，加大了审计监督的工作力度。5年来，全省共审计县以上财税部门6715个单位，查出违纪资金591618万元，其中应上缴财政106481万元。通过审计处理，纠正了一些地方截留转移财政收入、虚列支出、变预算内为预算外等违纪问题。减少财政拨款和补贴17855万元，罚款3620万元，共为国家增收节支127956万元，提交审计报告、信息1813篇。针对审计揭露出的问题，就强化预算约束力，加强资金管理共提出了2543条建议，受到政府和人大的重视和好评。

金融保险审计　共对6822个县级以上金融机构、保险公司单位进行了审计及审计调查，查出违规拆借、挪用信贷资金搞基建、隐瞒截留收入等违纪资金96331万元。对查出的资产负债损益不实，资金质量不高、风险大、效益差，经营亏损等问题，向省政府、审计署分别作了专题报告，同时，就存在的问题提出了审计建议和意见。此外，通过加强审计调研，及时向政府及有关部门反映了当前金融体制改革过程中存在的一些问题。

企业财务审计　全省共审计企业13209个，查出违纪违规资金3.2亿元。1998年省厅统一组织对我省22户国有大中型工交亏损企业进行了审计调查。审计核实后亏损数为55808.23万元，而企业报表反映亏损数为21277.62万元，仅为审计核实额的38.12%。上报政府后，引起了政府领导的高度重视，省委书记叶连松、省长纽茂生均作了重要批示。为积极探索现代企业审计的新路子，1998唐山钢铁股份有限公司进行了真实性审计的试点，创下了河北省工交审计的六个“第一次”：即首次实行“被审单位承诺制”、“内控制度测评”、“应收款项函证”、“计算机辅助审计”、“系统建立被审单位资料库”、“全省工交系统联合行动”。此次审计共收缴财政税款260万元。

农业资金审计　全省共审计单位1459个，查出违规违纪资金19589万元。通过对违纪问题的处理，共使58769万元被挤占挪用的资金归还原渠道。1998年对全省水利专项资金的投入管理使用进行了审计，共审计522个单位，审计资金总额为204059.68万元，查出资金未安排、违规挤占挪用、隐瞒转移收入、改变贷款投向等问题8940.13万元，审计处理后促进资金安排1513.99万元，归还原资金渠道3810.5万元，上缴财政421.26万元，提出合理化建议588条。

固定资产投资审计　全省共审计国家重点建设项目和地方建设项目4389个，查出施工单位高估冒算、投资超概算、超规模超标准、挤占挪用建设资金、投资损失浪费等违规违纪资金40亿元，核减工程预算金额17.48亿元。

外资运用审计　坚持围绕实施"两环开放带动战略"开展外资审计，全省各级审计机关共完成世行和亚行援贷款项目单位审计1799个，涉及资金32.7亿元，出具审计报告(包括对外公证报告)1057余篇。

行政事业单位财政收支审计　全省共审计单位11144个，查出各种违纪问题资金311864万元，审计处理后增加财政收入45861万元，同时减少财政拨款或补贴10630万元。

商贸审计　全省共对粮食、供销等8个商贸系统，计4584个单位进行了审计(调查)。其中，组织对棉麻、农资、医药、外贸、粮食等部门执行国家经营政策及财务收支情况进行了7次全省行业审计。对全省农资企业经营调控化肥农药情况、全省粮油食品进出口公司系统资金使用效益情况、全省商贸系统办"三产"情况等进行了6次行业性的审计调查。对全省国有粮食企业新增财务挂账和其他不合理占用农业发展银行贷款进行了清查审计，确定全省国有粮食企业新增财务挂账占用农发行贷款534733万元，其他不合理占用农发行贷款246791万元，并对重点商贸企业的资产负债损益情况进行审计。5年间共查出违纪金额17.4亿元，上缴财政920万元。其中：省厅商贸审计处直接审计(调查)96户，查处违纪金额4.4亿元，上缴财政71.54万元；配合其他部门查处专案15起，并向省政府、审计署提交审计(调查)综合报告22篇，批示采纳14编，落实审计建议和意见156条。

内部审计　到1998年，全省已设立内部审计机构4147个，配备人员10458人。广泛开展了财务收支、经济效益、任期经济责任审计。内审机构共审计6万多个单位，被审计单位采纳审计建议1万余条，促进提高经济效益2亿元。

社会审计　审计和会计事务所目前已发展到232个，从业人员4268人。5年来共完成财务收支、资产评估、验资年检、清查债权债务、经济案件鉴定等审计公证事项15万余件，核减虚假注册资金、基建预决算金额20亿元，为委托单位追回经济损失1亿元，促进提高经济效益1.5亿元。

**地址**　石家庄市友谊南大街195号
**电话**　0311—8606123
**邮编**　050051　　(*新新营*)

**【石家庄市审计局】**　到1998年底，在岗人员为80人；培训中心(事业单位)10人。其中：大本学历25人，大专学历30人，研究生和双学历各1人(隶属培训中心)；局长1人，副局长7人。设有办公室、人事处、综合处、审计管理处、财政审计处、金融审计处、行政事业审计处、商贸审计处、工交审计处、固定资产投资审计处、外资审计处、农业审计处、开发区审计分局、培训中心、温泉审计培训基地、审计事务所、第二审计事务所、第三审计事务所、平安审计事务所等机构。

审计工作成果　共完成审计项目96个，审计单位616户；审计调查16项，调查单位326个。共查出违纪违规金额62358万元，上缴财政13562万元。共提交审计报告616篇。

完成政府交办任务　共完成75项，审计单位78个。1997年底市政府安排，对享受政策性补贴的企事业单位进行审计监督，从全局抽调24名审计人员对市供水总公司、液化气总公司、公共交通总公司和肉类联合加工厂4个单位进行了全面审计。由此，市政府每年可减少财政补贴3100多万元。

完成上级下达审计任务　共完成省审计机关下达的审计任务86项，审计单位568个。

内部审计　到1998年底，内部审计机构207个，其中专职机构70个；内审人员548名，其中专职人员307名。

社会审计　共接受社会委托项目22598项；财务收支审计5863万元；注册资金验证30124万元；核减基建预决算68957万元。

受表彰情况　受省审计系统表彰12次，连续4年经市委、市政府考核，确定为"实绩突出领导班子"；共有20人次受到省审计系统表彰奖励；63人次受市审计和人事系统联合表彰或评为优秀公务员等。

**地址**　石家庄市中山东路216号
**电话**　0311—6689067
**邮编**　050011　　(*贾拴良*)

**【石家庄市长安区审计局】**
1998年底干部职工共13人。其中：大专学历9人；局长1人。

审计工作成果　共完成上级审计机关和当地党委政府交办的

审计项目168个，审计单位214户；审计调查11项，调查单位93个；审计金额17亿元。共查出违规违纪金额4500万元。配合纪检、监察部门查处各种经济案件13起。

完成上级下达任务　完成省、市审计机关下达的涉及财政、金融、行政企事业单位等各个行业和多种类型的审计项目87项，审计单位115个。完成了区委、区政府交办审计项目69个，审计金额6.34亿元，审减基建工程决算金额430多万元。

**【石家庄市桥西区审计局】**　至1998年底，实有人员10人。其中：大专双学历3人；审计师5人；局长1人，副局长2人。

审计工作成果　共完成审计项目(单位)207个，完成审计调查14项，调查单位105个。审计查出违纪资金2158.88万元。配合区纪检、监察查处经济案件6起，执法力度显著增强。上缴区财政372.66万元，共提交审计报告185篇。

完成上级下达的审计任务　共完成上级审计机关下达的审计任务86项，审计单位107个。

完成区政府交办任务　共完成121项。1998年遵照区委指示，对区属重点企业中山企业集团公司进行财务收支审计，查出私设小金库300万元，挤占、挪用公款、白条入账172万元等严重违法违纪问题，依法进行了严肃查处。1998年，向司法、纪检、监察部门移交审计案件5起。1996年，在区重点建设项目万方商厦、开源大酒店(部分)基建工程项目决算审计中，审减金额1440万元，审减率21%，维护了国家和集体的利益，产生了良好的反应。

**【石家庄市桥东区审计局】**　到1998年底有干部职工12人。其中：大学学历2人，大专7人；中级职称11人；局长1人，副局长2人。

审计工作成果　共完成对175个单位的审计；完成审计调查4项。共查处违纪违规金额1318万元，其中应上缴404万元，实际上缴122万元。接受市局授权审计项目17个。

干部经济责任审计　到1998年，共对区属49个单位领导干部进行任期经济责任审计，为区领导和组织部门选拔和使用干部提供了依据和参考。

基建审计　完成16个基建工程项目决算审计，审计总造价3900万元，净审减造价570万元，审减率14.6%。1997年对区政府高层住宅楼决算审计，仅对部分未招标项目审计，就审减139万元。

**【石家庄市新华区审计局】**　到1998年底，在职人员达到21人。其中大学本科2人，大专12人。

审计工作成果　共完成审计项目195个，完成审计调查6项，调查单位78个，共查出违纪行为资金11701万元，上缴市、区财政80万元；同区纪检、监察、信访、国有资产等部门配合，查处经济案件、解决经济纠纷共8起。

离任审计　完成离任审计任务54个，对53个行政事业单位行政一把手和一个主管经济的副职进行了审计，共查处违规行为资金1833万元。

基本建设项目审计　共完成基本建设审计项目21个，审减建设资金2500万元。其中，在对区布匹市场的审计中，核减资金390万元，占工程造价的30%。

**【石家庄市郊区审计局】**　1998年在岗12人。其中，大学生1人，大专生9人，局长1人，副局长2人。

审计工作成果　共完成审计项目164个，审计单位170个。共查出违纪违规金额1706万元，上缴区财政资金56.1万元，共出具审计报告164篇。完成审计调查35项，调查单位60个。抽调人员22人次配合区纪检、监察、信访等部门查处有关经济案件10起。

完成区政府交办任务　共完成50项，审计单位76个。

完成上级下达审计任务　共完成省、市审计机关下达的审计任务114项，审计单位120个，查出违纪违规金额1706万元。

**【石家庄市井陉矿区审计局】**　到1998年底工作人员共有12人。其中：大专文化程度10人；局长1人，副局长1人。

审计工作成果　共完成审计项目54个，审计单位86户；审计调查、调研项目8个，调查单位27个，审计总金额89412万元。共查出违纪、违规金额4292.7万元。同区委、区政府、纪检、监察、检察院等部门联合查处各种经济案件5起。上缴区财政21.7万元，共提交审计报告58篇。

完成区委、区政府交办任务　共完成17项，审计清理单位34个。

完成上级下达审计任务　共完成省、市机关下达的审计任务44个，审计单位54个，审计金额89412万元。

**【辛集市审计局】**　到1998年底，在职人员51人。其中，局机关31人、审计事务所20人；大学本科生4人，大专16人。局长1人，副局长3人。

审计工作成果　共完成审计项目650个，完成审计调查33项，审计金额95亿元；共查出违纪违规金额1.3亿元，直接增加财政收入500多元，为国家节约建设资金1500多万元，被省以上报刊采用信息稿件65篇。

主要工作业绩　1994年，在对市政府招待所的装修工程审计中，核减工程投资66.8万元，引起了市领导的高度重视。1997年7月，对本市1996年重点建设项目市委、市政府办公大楼迁建工程的决算情况进行了审计，审减资金544万元。

**【藁城市审计局】** 到1998年底，在职人员为35人，其中：大专生16人；局长1人、副局长3人。

审计工作成果 共完成审计项目507个。审计单位793户；完成审计调查16项，调查单位93个；审计金额558026万元。共查出违纪违规金额10255.3万元。同市纪检、监察、信访等部门配合，查处各种经济案件7起。上缴市财政600.2万元，共提交审计报告556篇。

完成市政府交办任务 共完成72项，审计清理单位38个。对19个单位、乡镇及市直部门的正职进行了离任经济责任审计。

完成上级下达审计任务 共完成省、市审计机构下达的审计任务219项，审计单位258个，审计金额241040万元。

**【晋州市审计局】** 到1998年底在编20人。其中：大学本科1人，大专8人；局长1人，副局长3人。

审计工作成果 共完成审计项目428个；完成审计调查16项，调查单位150个。共查出违纪违规金额3456万元。配合纪检、监察、财政、税务、物价等部门查处经济案件和税收、财务、物价检查32起(次)，共上缴财政121万元，提交审计报告154篇。

完成市委、政府交办任务 共完成166项，审计清理单位930个。1996年为配合全市机构改革和企业改制，参与企业清产核资13户。5年来完成市委交办的57个乡镇年度审计。

完成上级下达审计任务 共完成省、市审计机关下达的审计任务262项。

**【新乐市审计局】** 到1998年底有干部职工14人。其中：大学文化1人，大专文化5人；局长1人，副局长2人。

审计工作成果 共完成审计项目238个，审计单位229户；完成审计调查29项，调查单位36个，审计金额108382万元。共查出违纪金额13034万元，上缴市财政98万元，提出审计报告22篇，向纪检、司法部门移送案件3起。

完成上级下达审计任务 共完成省、市审计机关下达的审计任务159项，审计单位159个，审计金额98382万元。

完成市政府交办任务 共完成52项，审计单位62个。为加强财政管理、搞好廉政建设，连续5年抽调4人配合纪检监察机关进行清理预算外资金执法大检查，涉及45个单位。自1995年开始，为配合全市机构改革、企业改制，常年由一名副局长负责，先后对3家工商企业进行了清产核资，及时为市委、市政府的宏观决策提供了依据。自1996年底起，为配合干部考核，连续3年组织审计人员对全市所有行政机关、工商企业经济效益的完成情况进行审计。

**【鹿泉市审计局】** 到1998年在职人员已有40人。其中：大学生1人，大专生8人；局长1人，副局长2人。

审计工作成果 共完成审计项目352个，完成审计调查23项，调查单位195个；审计金额93794万元，共查出违纪违规金额8210万元，处罚106万元。同市纪检、监察、信访等部门配合，查处各种经济案件24起。上缴市财政477万元，共提交审计报告352篇。

完成市委、市政府交办任务 共完成72项，审计清理单位459个。1998年4月，为配合粮食流通体制改革，共抽调12人，历时50天，分别对市粮食局以及下属7个粮站进行了审计，查实了1992—1997年粮食行业亏损挂账情况。1996年成立基建审计科，截止到1998年底共完成工程决算审计项目12个，查出各类违纪资金2450万元，审减资金605万元。

完成上级下达审计任务 共完成省、市审计机关下达的审计任务197项，审计单位274个，审计金额54782万元。

**【平山县审计局】** 到1998年底，共有在职人员25人，其中：大专学历12人；局长1人，书记1人，副局长4人。

审计工作成果 共完成审计项目371个，审计单位445户，完成审计调查23项，调查单位120个，审计金额27389万元。共查出违纪违规金额5496万元。配合纪检监察等部门查出各种经济案件16起。上缴县财政182万元，共提交审计报告471篇。

完成县政府交办任务 共完成25项，其中厂长(经理)离任审计3项，为领导宏观决策提供了依据。共完成工程决算审计项目7个，审计金额3065万元，审减金额750万元。

完成上级下达审计任务 共完成省、市下达的审计任务143项，审计单位205个，审计金额16247万元。

**【井陉县审计局】** 1998年底在职21人。其中：局长1人，副局长2人；大本学历2人，大专学历7人；中级技术职称5人。

审计工作成果 共完成交办的审计任务350个项目(或单位)，审计资金总额17.99亿元。共查出违纪违规资金9332.7万元。上缴县财政751.7万元，对挤占挪用罚款12万元，减少企业亏损75.1

万元。共提交审计报告130篇。

1996年井陉县遭受特大洪灾，全县17个乡镇318个村，28.59万人受灾，其中重灾人口14.6万。全国捐赠款427.9万元，物折款411.9万元，共计839.8万元。审计局根据安排，对救灾款物进行了审计，使捐赠款物加强了管理，保证了灾区人民生活和生产。1996年12月建立基建审计股，至1998年底共审计37个基建项目，审计资金6915万元，核减资金812.8万元。

**【栾城县审计局】** 到1998年底共有干部职工18人，其中大专学历13人；局长1人，副局长1人，纪检组长1人。

审计成果 共完成审计项目220个，审计单位230个，完成审计调查项目16个，调查单位62个，审计金额38.6亿元。共查出违纪违规金额6759万元。同县纪检委、监察局、检察院、信访办等部门配合，查处经济案件23起。上缴财政资金235.5万元，共提交审计报告220篇。

完成县政府交办任务 共完成76项，审计清理单位520个。1998年审计局对全县因工作调动的30个科级单位的31位党政"一把手"全部进行离任审计。

完成上级下达审计任务 共完成省、市审计机关下达的审计任务220项，审计单位230个，审计金额38.6亿元。

**【正定县审计局】** 到1998年底有干部职工22人，其中大本3人，大专9人；局长1人，副局长3人。

审计工作成果 共完成审计项目290个，审计单位290户，完成审计调查12项，调查单位172个。共查出违纪违规金额6243万元。上缴县财政297万元。共提交审计报告290篇。

完成县政府交办任务 共完成交办任务26项。

1998年正定县曲阳桥乡邵同村群众集体到省、市上访，县委、县政府组成工作组进驻该村，审计局抽调5人参加了对该村1992—1998年财务会计账目的清查审计。解决了群众反映强烈的村财务不清问题。

完成上级下达审计任务 共完成省、市审计机关下达的审计任务226项，审计单位230个。

**【行唐县审计局】** 到1998年底，我局共有干部职工17人。其中：大本学历2人，大专4人；局长1人，副局长4人。

审计工作成果 共完成审计项目374个，审计出违纪违规资金5111万元。上缴财政68万元。完成审计调查94个单位。

完成县委、县政府交办事项 共完成179项。此外，还对19个固定资产投资项目和47个乡办企业主管干部进行了考核审计。

**【灵寿县审计局】** 到1998年底，在职人员35人。其中，大本学历1人．大专16人；局长1人，副局长4人。

审计工作成果 自1994年到1998年，共完成审计项目单位437个，审计金额250650万元。共查出违纪违规金额15355万元。同县纪检、监察、信访等部门配合，查处各种经济案件5起。上缴县财政110.6万元，共提交审计报告437篇。

完成县政府交办任务 共完成交办任务32项，审计清理单位231个。1997年、1998年共对84名厂长(经理)和乡局级领导干部进行了离职审计，依据审计结果，有关部门对其中3名撤职，1名被免职；2名被提拔任用。

**【高邑县审计局】** 到1998年底，在编人员19人。其中：大本学历1人，大专5人；局长1人，副局长2人，纪检组长1人。

审计工作成果 共完成审计项目284个，审计单位324户；审计调查33项，调查单位190个；审计金额325718.2万元。共查出违纪违规金额15647万元。同县纪检、监察、信访等部门配合，查处各种经济案件10起。上缴县财政251.3万元，共提交审计报告284篇。

完成县政府交办任务 共完成172项，审计清理单位247个。

完成上级下达审计任务 共完成省、市审计机关下达的审计任务165项，审计单位324个，审计金额325718.2万元。

**【赵县审计局】** 到1998年共有干部职工36人，其中大学本科2人，大学专科7人；经济师1人，会计师2人，审计师2人；局长1人，副局长2人。

审计工作成果 共完成审计项目623个，完成审计调查项目17个，同县纪委、监察、信访等部门配合查处各种经济案件7起，查出违纪违规资金5620万元。上缴财政116.2万元，提出审计报告623篇，对被审计单位提出建设性意见648条。

完成上级下达审计任务 共完成省、市审计机关下达的审计任务204项。

完成县政府交办任务 完成县委交办审计任务303项。1998年完成了县政府交办的大东平1万伏变电站及附属工程的预决算审计，该工程是一项农民集资办电工程，提交预算2909.65万元，审减516.1万元。

**【赞皇县审计局】** 到1998年底，在职人员40人。其中：大学生1人，大专生10人；局长1人，副局长3人。

审计工作成果 共完成审计项目338个，完成审计调查15项，调查单位135个；审计金额

110176万元。共要出违纪违规金额1488万元。上缴县财政55.6万元,共提交审计报告338篇。

完成县政府交办任务　共完成交办的工作任务38项。

1996年6月为配合全县机构改革、企业改制,参与并负责县工商企业清产核资小组。共抽调13人,审计涉及到全县80个单位,历时58天,摸清了企业家底。1996年成立行政事业基建审计科,截止1998年底共完成工程决算审计项目19个,审计金额2329万元,审减金额82万元。

完成上级下达审计任务　共完成省、市审计机关下达的审计任务275项,审计金额84626万元。

**【深泽县审计局】**　到1998年底,在职人员有31人,其中:大学本科1人,大专5人;局长1人,副局长2人。

审计工作成果　共完成审计项目216个,审计单位730户;审计调查65项,调查单位89个,审计资金总金额42563万元。共查出违纪违规金额21万元,上缴县财政资金391万元,提交审计报告54篇。

完成上级下达审计任务　共完成省、市审计机关下达的审计任务35项,审计单位35个,审计金额17997万元。

完成县政府交办任务　共完成交办的工作任务78项。1997年实施县棉麻公司财务收支审计中,审计组实事求是,依法审计,查出了以开具假凭证骗取财政拨款218万元的大案,为县财政追回了资金。

**【无极县审计局】**　到1998年底,在编20人。其中:大学本科1人,大专8人;局长1人,副局长3人。

审计工作成果　共完成审计项目543个,审计单位518户;完成审计调查13项,调查单位96个;审计金额129126万元。共查出违纪违规金额1317万元。同县纪检、监察、信访等部门配合,查处各种经济案件8起。上缴县财政89.8万元,共提交审计报告543篇。

完成县政府交办任务　共完成县委、县政府交办的工作任务26项,审计清理单位88个。1997年,张段固税务所和县委政府办公楼的基建审计、罗尚至大陈水泥路面工程预算审计以及西郎村变电站工程决算审计,共核减工程造价92.8万元。

完成上级下达审计任务　共完成省、市审计机关下达的审计任务427项,审计单位436个,审计金额118265万元。

**【元氏县审计局】**　到1998年底在职人员36人。其中:大学本科1人,大专11人;局长1人,副局长3人。

审计工作成果　共完成审计项目356个,审计单位337户;审计调查16个,调查单位109个,审计总金额486901万元。共查出违纪违规金额23345万元。同县纪检、监察、信访等部门配合,查处各种经济案件18起。上缴县财政264万元。共提交审计报告356篇。

完成县政府交办任务　共完成372项,审计清理单位543个。截止到1998年底,共完成工程决算审计项目15个,审计金额1716万元,审减金额156万元。

完成上级下达审计任务　共完成省、市机关下达的审计任务135项,审计单位315个,审计金额486901万元。

**【邯郸市审计局】**　截止到1998年底共有干部职工88人。其中:大学本科学历15人,大专50人;局长1人,副局长5人。设有办公室、人事教育处、综合处、法规处、行政事业审计处、财政金融审计处、农业审计处、商粮贸企业审计处、工交企业审计处、外资审计处、固定资产投资审计处、机关党委共12个处室。

审计工作成果　共完成审计项目165项,审计单位1574个;完成审计调查项目27项,调查单位2853个;查处违规行为金额45074万元,上缴财政金额3790万元;减少财政拨款或补贴950万元;归还原资金渠道金额1159万元;促进增收节支3507万元。共提交审计报告、信息、简报789篇,其中被各级党政部门、上级机关和新闻单位批转、采用449篇。

完成市政府交办任务　共完成交办任务27项,审计调查单位552个。1998年对支农资金审计,揭露了资金到位迟、挪用资金、部分项目效益低下等问题,市长张秋阳在审计报告上作了批示,市政府督查室和有关县(市)认真落实市长批示,使问题很快得到解决。省、市政府转发了审计结果,郭庚茂副省长上作了批示。

完成上级下达审计任务　共完成上级审计机关下达的审计任务105项,审计单位831个,提交综合审计报告57份。

内部审计　1994年全市共设立内部审计机构111个,从事内审工作人员431人。到1998年底内审机构发展到221个,专兼职内审人员546人。

社会审计　共接受社会委托项目2521项,核减虚假注册资金2745万元,为企业挽回经济损失980万元,促进增收节支1030万元,审减固定资产投资为国家节约建设资金2.03亿元。

受表彰情况　受省审计厅表彰2次,被市委、市政府授予市级文明单位1次,连续3年被市委、政府评为实绩比较突出单位,连续5年被市直工委授予文明单位。有16人次受市政府或市人事局记功奖励,130人次受省审计厅表彰奖励。

**地址** 邯郸市展览路11号

**电话** 0310—3119033

**邮编** 056002(*张顺亭 高云山*)

**【邯郸市丛台区审计局】** 到1998年底,在职人员为23人。其中:大本学历3人,大专8人;局长1人,副局长3人。

审计工作成果 共完成审计项目67个,审计单位150户,完成审计调查8项,调查单位89个;审计总金额124000万元,共查出违规行为金额320万元。同区纪检、监察、信访等部门配合,查处各种经济案件7起。上缴区财政42万元,共提交审计报告58篇。

完成区政府交办任务 共完成32项,审计清理单位123个。

完成上级下达任务 共完成上级审计机关下达的审计任务58项,审计单位76个,审计金额82000万元。

**【邯郸市复兴区审计局】** 到1998年底,在岗人员20人,其中:大专学历12人;局长1人,副局长2人。

审计工作成果 共完成审计项目164个,审计单位198个;完成审计调查18项,调查单位157户;审计总金额64000万元。共查处违纪违规金额1642万元。同区纪检、监察、检察、财政等部门配合,查处各种经济案件15起。上缴区财政98万元,共提交审计报告164篇。

完成区政府交办任务 共完成交办的工作任务50多项,涉及单位230多个。1994年受命抽调15人组成工作组,对区某企业亏损情况进行剖析并清产核资,查出错漏账目260多项,总金额40多万元,追回各种款物31万元,7名有严重经济问题的人员,移送有关部门进行了处理。

完成上级下达的审计任务 共完成省、市审计局下达的审计任务104项,审计单位128个,审计金额43202万元。

**【邯郸市邯山区审计局】** 到1998年底,在编8人。其中:本科学历2人,专科学历12人;局长1人。

审计工作成果 共完成审计项目118项,审计单位162户;完成审计调查7项,调查单位48个;审计金额16617万元。共查出违纪违规金额1651.70万元。同纪检、监察部门配合查处各种经济案件30起。上缴区财政59万元,追回侵占挪用资金292万元,提交审计报告95篇,提出各项合理化建议240余条。

完成区政府交办任务 共完成76项,审计单位106个,审计金额8817万元。五年来共完成工程决算审计项目56项,审计金额4717万元,审减金额564万元。其中政府住宅楼审减130万元,区重点项目红盾商厦审减180万元,。

完成上级下达审计任务 共完成省、市审计机关下达的审计任务42项,审计单位56个,审计金额7700万元。

**【邯郸市峰峰矿区审计局】** 到1998年底,在职人员达到17人。其中:大学生2人,大专生9人;局长1人,副局长1人。

审计工作成果 共完成审计项目72项,审计单位323户;完成审计调查16项,调查单位48个;审计金额256000万元。共查出违纪金额1314万元。同区纪检、监察等部门配合,查处各种经济案件4起。上缴区财政338万元。共提交审计报告、信息49篇。

完成区政府交办任务 共完成21项,审计清理单位111个。截止到1998年底,共完成工程决算审计项目93个,审计金额15000万元,审减金额1244万元。

完成上级下达审计任务 共完成省、市审计机关下达的审计任务51项,审计单位212个。

**【武安市审计局】** 到1998年底,共有干部职工53人。其中:大学生1人,大专生17人;局长1人,副局长2人。

审计工作成果 共审计单位419个;完成审计调查15项,调查单位135个;查处违纪违规金额14614万元。同市纪检、监察、信访等部门配合,查处各种经济案件17起。上缴市财政424万元,共提交审计报告408篇。

完成市政府交办任务 共完成43项,审计清理单位208个。1998年为配合全市企业改制,共抽调20人,参与并负责武安市工商企业清产核资小组。涉及54个单位,历时70天,审计资金4.9亿元。防止国有资产流失600多万元,帮助企业清理应收账款210多万元,为市委、市政府宏观决策提供了依据。5年来,还完成工程决算审计项目26个,审计金额13100万元,审减金额1571万元。

完成上级下达审计任务 共完成省、市审计部门下达的审计任务163项,审计单位266个,查处违纪资金11000万元。

**【邯郸县审计局】** 到1998年底,在编人员26人(包括审计事务所)。其中:大专以上学历10人;注册会计师7人;局长1人,副局长2人。

审计工作成果 共完成审计项目158个,审计单位293户;审计调查13项,调查单位36个;审计总金额2.3亿元。共查处违纪金额2512万元。与县纪检、监察、检察院等部门配合,查处各种经济案件8起,依法判刑和受党政纪处分或撤职处理的18人。上缴县财政236.3万元,提交审计报告32篇。

完成县政府交办事项　共完成交办任务26项，审计清理了14个县直单位和12个村级财务。截止到1998年底共完成工程预决算审计项目49项，审计金额9644万元，审减金额846万元。

完成上级下达审计任务　共完成省、市审计机关下达的审计任务132项，审计单位217个，审计金额1.7亿元。

**【永年县审计局】**　到1998年底人有员工33人。其中，大学本科1人，大专15人；局长1人，副局长2人。

审计工作成果　共完成406个单位的审计任务，完成审计调查项目11项，调查单位109个，共查出违规行为金额6727万元，处理处罚增加财政收入541万元，移交纪检、监察检察部门各类经济案件7起。

完成县政府交办任务　共完成交办任务148项。其中，自1997年开拓农村财务审计项目以来，截止到1998年底，通过对91个村级财务的审计，查出部分村干部虚报冒领、收入不记账资金30余万元，核实审增集体资产280万元，7人移交纪检、检察部门处理；29个村通过审计，平息了群众上访告状。完成41个单位的领导干部离任审计。1996年元月成立基建审计科，截止到1998年底共完成工程竣工决算审计项目68个，审计金额6000万元，审减节约建设资金968万元，审减率16.1%。

完成上级下达审计任务　共完成省、市审计机关下达的268个单位的审计任务，提交审计报告251篇。

**【曲周县审计局】**　到1998年底在编14人。其中：大专学历7人。局长1人，副局长3人。

审计工作成果　共完成审计项目124个，审计单位689个；审计总金额268526万元。共查出违纪违规资金11921万元。同县纪检、监察等部门配合，查处经济案件13起，涉案金额126.3万元，有6人被判刑，12人受到党政纪处分。上缴县财政310万元。共提交审计报告124篇。

完成县政府交办任务　共完成38项，审计单位479个。

完成上级下达审计任务　5年共完成省、市审计机关下达的审计任务86项，审计单位210个。

**【馆陶县审计局】**　1998年底有员工12人，其中大专学历7人；局长1人，副局长2人。

审计工作成果　共完成审计项目189个，审计单位196个；完成审计调查6项，调查单位95个；审计总金额81359万元。共查出违纪违规金额4383万元。同纪检、监察等部门配合，查处经济案件2起。上缴县财政97.3万元，提交专题和综合审计报告151篇。

完成县政府交办任务　共完成8项，审计及清理单位79个。1997年元月，对20家骨干企业经济责任制进行了审计考核，为政府合理兑现奖惩提供了依据；完成了4家厂（所）厂长（经理）离任审计。和两个村财务清理。1998年3月完成了13个部门领导干部离任审计。

完成上级下达审计任务　共完成省、市审计机关下达的审计计划150项，审计单位181个。

**【成安县审计局】**　1998年底共有干部、职工26人。其中：大本学历2人，大专学历14人；注册会计师3人，会计师2人，审计师7人；局长1人，副局长2人。

审计工作成果　共完成审计项目216个，审计调查项目62个，审计金额963248万元。共查出各种违纪违规金额423万元，追回挪用资金578万元，上缴财政收入284万元，处以罚款129万元。共提交审计报告216篇，提出审计建议728条，被采纳577条，上报审计信息119篇，被省、市采用16篇。

完成县政府交办任务　共完成169项，审计单位190个，查出违纪金额1628万元，上缴财政201万元。配合纪检、检察部门查处各种经济案件25起，移送司法机关依法查处8人。1998年6月先后派出5个工作组参加了14个“上访村”的财务清理，查出8名村干部贪污挪用公款33万元，2名犯罪嫌疑人被公开逮捕，8人受到党政纪处分，退赔公款13万元。1998年10月在对30个单位离任审计中，严格执法，敢于碰硬，一举查出3个单位私设“小金库”239万元，一次性上缴财政178万元，在社会上树立了审计形象和权威。

完成上级下达审计任务　共完成上给审计机关下达的审计任务147项，查出各种违纪金额2601万元。

**【大名县审计局】**　到1998年底，有干部职工16人。其中大学本科3人，大专9人；局长1人，副局长3人。

审计工作成果　共完成审计项目45个，审计单位295户；审计调查15项，调查单位130个；审计金额187695万元。共查出违纪违规金额3376万元。上缴县财政495万元，共提交审计报告425篇。

完成县政府交办任务　共完成50项，审计清理单位350个。1994年～1998年对县直和乡（镇）离任干部进行离任审计200多人（次）。

完成上级下达审计任务　共完成省、市下达的审计任务45项，审计单位295个，审计金额187695万元。

**【涉县审计局】** 到1998年底，实有人员15人。其中：大专学历6名；局长1名，书记1名，副局长1名。

审计工作成果　共审计单位412个，查出违纪违规金额24701万元，增加财政收入266万元，追还挪用资金507万元；同纪检、监察、信访等部门配合，查处各种经济案件8起；共提交审计报告236篇。

完成县政府交办任务　共完成46项，审计清理单位234个。截止到1998年完成基建工程决算项目72个，审计核减决算资金581万元。

**【鸡泽县审计局】** 到1998年底，在编人员20人，其中：大专学历5人；局长1人，副局长3人。

审计工作成果　共完成审计项目180个，审计单位224个；审计调查5项，调查单位120个；审计总金额31094万元。共查出违纪违规金额7035万元。同县纪检、监察、信访等部门配合，查处各种经济案件4起。上缴县财政36万元，共提交审计报告115篇。

完成县政府交办任务　共完成65项，审计清理单位110个。1996年成立建设审计科，截至1998年底共完成工程决算审计项目28个，审计金额2200万元，审减金额200万元。

完成上级下达审计任务　共完成省、市审计机关下达的审计任务115项，审计单位334个，审计金额15230万元。

**【邱县审计局】** 到1998年底，在职人员20人。其中大专以上学历6人；局长1人，副局长3人。

审计工作成果　共完成审计项目711个，审计单位730个，审计金额353000万元。共查出违规行为金额3275万元，上缴县财政172万元。共提交审计报告等600余篇。

完成上级下达审计任务　共完成省、市审计机关下达的审计任务165项，审计单位178个，上缴财政162万元，提交审计报告165篇。

完成县委县政府交办的事项　共完成交办的各种审计事项546项。

**【广平县审计局】** 到1998年底在职9人，其中：大专学历4人；局长1人，副局长2人。

审计工作成果　到1998年，共完成审计项目192个，审计单位237户；审计调查6项，调查单位45个，审计金额28700万元。共查出违规金额3757万元。同县纪检、监察、信访等部门配合，查处各种经济案件9起。上缴县财政48万元，共提交审计报告97篇。

完成县政府交办任务　共完成交办的工作任务84项，审计清理单位6个。完成工程预算审计项目18个，审计金额731万元，审减金额123万元。1997年在对县汽车站工程预算审计中，该工程总造价仅18万元，审计人员按程序，经过收集资料逐项核算，共审减工程预算金额97600元。

完成上级下达审计任务　共完成省、市审计机关下达的审计任务108个单位，审计金额11800万元。

**【肥乡县审计局】** 到1998年底人员已有员工到32人，其中：大专学历6人；局长1人，副局长3人。

审计成果　共审计项目195项，审计单位361户；完成审计调查16项，调查单位27个；审计金额10250万元。共查出违纪资金5445.9万元。配合县纪检、监察等部门，查处各类经济案件18起，对直接责任者6人移交司法机关，20人移交纪检、监督部门处理。共上缴财政337.6万元，为企业追回经济损失千余万元，共提交审计报告148篇。

完成县委、县政府交办任务　共完成交办任务45项，审计单位80个，查出违纪资金1500万元。1998年负责对全县社会“热点”——二轻系统亏损企业解剖审计，调查了全县几十家单位，将3名直接责任人移交司法机关，15人移交纪检、监督部门处理，并帮助该单位规范了财务制度。

完成上级下达的任务　共完成省、市审计机关下达的审计任务146项，审计单位324个，审计金额8750万元。

**【临漳县审计局】** 1998年底有干部职工14人。其中有大专学历的10人；具有审计师职称的6人；局长1人，副局长2人。

审计工作成果　共完成审计项目单位765个；审计调查13项，调查单位106个；查出违规行为金额9177万元，处理上缴财政收入542万元；提交审计工作报告105篇。配合县纪检、监察等部门查处经济案件7起，处分14人，判刑1人。

完成上级下达审计任务　共完成省、市审计机关下达的审计项目单位217个，提交审计工作报告105篇，查出违规金额3699万元，处理上缴财政收入222万元。

完成县委、县政府交办任务　共完成交办任务58项，审计单位58个。1998年完成26项，其中审计剖析了11家亏损企业，挖出企业蛀虫12人，其中1人贪污13万元，被判刑10年。

**【磁县审计局】** 到1998年底，局机关人员23人。其中，大学本科1人，大专8人；审计师、经济师8人；局长1人，副局长4人。

审计工作成果　共完成审计单位项目364个；审计调查18项，调查单位98个；审计金额259302

万元。共查出违纪违规金额6894万元，追还侵占挪用资金476万元，上缴财政711万元。共提交审计报告205篇。

完成县政府交办任务　共完成交办任务76项，审计清理单位291个。1997年根据县政府指示，对全县31个农村基金会1996年度财务收支情况进行了审计，查出了基金会中存在的巨大漏洞，并及时上报县委、县政府，为政府解决基金会问题提供了可靠依据。

完成上级下达审计任务　共完成上级审计机关下达的审计任务136项，审计单位216个，审计金额210432万元，查出违纪金额3605万元。

**【邢台市审计局】**　到1998年底，在职人员87人。其中：大学本科13人，大专41人；局长1人，副局长6人。设有办公室、财政金融审计科、行政事业审计科、商粮贸审计科、工业审计一科、工业审计二科、固定资产投资审计科、外资审计科、农业审计科、综合科、监察室、审计事务所等机构。

审计工作成果　共完成审计项目130个，审计单位769户；审计调查33项，调查单位302个；共查处违纪违规金额82183万元。与市纪检、监察等部门配合，查处各种经济案件29起。5年共上缴财政金额3268万元，提交审计报告348篇。

重大审计事项　1994年，按照市政府指令，全面开展计划生育超生收费审计，审计范围涉及全市19个县市区、362个乡镇办事处，共抽调审计人员40多人，查处该项收费在收支方面存在挪用资金、滥发奖金、滥列费用和公款私存等12类违纪事项，其审计范围之广，审计问题之彻底，尚为全市首例，促进了计划生育事业的发展。1995至1997年，对市直单位所有建设项目进行排审，突出了大型项目审计。其中市百货大楼二期工程审计，审减结算资金644万元；市区团结西和顺德北道路工程审计，审减决算额555.6万元；市体育中心赛练房工程审减决算额822万元。1998年，抽调103人，历经70天，开展了粮食企业亏损挂账审计，审计单位276户。将粮食企业6年的账目和库存进行清查，核清了家底，该项审计工作得到省、市领导的高度赞扬。

社会审计　2个审计事务所共接受委托项目707项。

内部审计　1994年全市共有内审机构276个，内审人员507名，由于机构改革和企业改制，到1998年，内审机构已变动为204个，内审人员442名。

受表彰情况　全市共有76人次受到上级审计机关表彰，70人次受市委、市政府记功、嘉奖奖励。其中1998年李淑芬同志获得“全国粮食审计先进工作者”称号，河北省首届“优秀青年卫士”和邢台市首届“十大杰出青年卫士”称号，并获得邢台市“五一”劳动奖章。

**地址**　邢台市团结路55号
**电话**　0319—2223669转3368
**邮编**　054000　　　　*（刘茂耕）*

**【邢台市桥东区审计局】**　到1998年底，在编人员18人，其中：大本学历2人，大专6人；局长1人，副局长2人。

审计工作成果　共完成审计项目135个，审计单位140户；审计调查5项，调查单位86个；审计金额55157万元。共查出违纪金额971.3万元。同纪检、监察、信访等部门密切配合，共查处各种违纪案件10起。上缴区财政29.26万元。共提交审计报告、调查报告155篇。

完成区政府交办任务　共完成交办的审计项目43个，临时性工作6项（涉及101个单位）。1998年5月、6月，中央电视台两次对邢台市乡镇企业基金会非法高息揽存进行了曝光，审计局全体人员与有关部门全力以赴对基金会家底进行了清理审计，为政府采取有力措施和决策提供了依据。

1998年7月，对市政府下放给桥东区的16家企业进行了资金清理审计，原16家企业上报资产总值1.5亿元，经审计，核减0.5亿元，为政府领导了解实情和下一步企业改制奠定了基础。

完成上级下达审计任务　共完成省、市审计部门下达的审计项目92项，审计单位98个，审计金额47588万元。

**【邢台市桥西区审计局】**　到1998年底，在编6人（局机关定编8人）。其中：大学本科1人，大专1人；局长1人，副局长1人。

审计工作成果　共完成审计项目162个，审计单位193户；完成审计调查4项，调查单位40个；审计金额11542万元。共查出违纪违规金额12719万元。上缴县财政9.3万元，提交审计报告39篇。

完成区政府交办任务　共完成26项，审计清理单位31个。

完成上级下达的审计任务　共完成省、市审计机关下达的审计任务88项，审计单位93个，审计金额11032万元。

**【南宫市审计局】**　到1998年底在编共有23人。其中大本学历2人，大专6人；局长1人，副局长2人。

审计工作成果　共完成审计项目317个，审计单位357户；完成审计调查15项，调查单位121个；审计金额89612万元。共查出违纪违规金额6484万元。同市纪检、监察、信访等部门配合，查出各种经济纠纷案件25起。上缴财政130.3万元,提交审计报告317篇。

完成市政府交办任务　共完成交办任务45项,审计清理单位405个。截止到1998年底共完成工程决算审计项目25个,审计金额3875万元,审减金额87万元,工程预算审减金额125万元,维护了国家的利益。

完成上级下达的审计任务　共完成省、市审计机关下达的审计任务135项,审计单位149个,审计金额17620万元。

**【沙河市审计局】**　到1998年底,在编26人。其中大学本科5人,大专7人;局长1人,副局长4人;审计师4人,会计师5人,注册审计师2人。

审计工作成果　共完成审计项目357个,审计单位385户;完成审计调查18项,调查单位183个;审计金额315800万元。共查出违纪金额5071万元。同市纪检、监察、信访等部门配合,查处各种经济案件48起。上缴地方财政230万元,提交审计报告357篇。

完成市委、政府交办任务　共完成154项,审计清理单位367个。1996年为配合全市机构改革、企业改制,参与并负责沙河市工商企业清产核资小组。共抽调56人次,历时86天,对全市13个单位进行了摸底。1996年成立了基建审计科,截止到1998年底共完成工程决算审计项目35个,审计金额3780万元,审减金额328万元。

完成上级下达的审计任务　共完成省、市审计机关下达的审计任务203项,审计单位385个,审计金额315800万元。

**【邢台县审计局】**　至1998年底共有干部职工24人。其中:大学本科1人、大专8人;具有中级职称的5人。局长1人,副局长2人。

审计工作成果　共完成审计检查项目387个,审计检查单位704个。完成审计调查15项,调查单位88个。共查出违纪违规金额6033万元。上缴财政违纪资金180万元。提交审计报告及检查结论483篇。

完成县政府交办任务　共完成交办任务47项,审计检查单位473个。1994年对全县90户工商企业进行了三年承包终结审计。1996年为配合全县机构改革,先后对35个乡镇、22个县直部门进行了改革前的资产清理。1997年对30家县属工商企业进行了改制前的清产核资。5年来先后对68名乡局级领导干部进行了任期经济责任审计。

完成上级下达的审计任务　共完成省、市审计机关下达的审计任务81项,审计单位166个,查出违纪违规资金2043万元。

**【柏乡县审计局】**　到1998年底,在编15人。其中:大专学历5人;局长1人,副局长2人。

审计工作成果　共完成审计项目300个,完成审计调查12次,共查出违纪违规资金6669.2万元,上缴县财政125.26万元,提交审计报告、审计调查报告312篇。在审计工作中注重经验的总结和交流,提交审计工作信息219篇。同县纪检、监察、检察等部门配合,查处各种经济案件11起。

完成县政府交办任务　共完成交办任务46项,审计清理单位82个。截至1998年底共完成工程决算审计项目16个,审计金额2752万元,审减金额102万元。

**【任县审计局】**　到1998年底在编23人。其中大专文化程度7人;局长1人,党组书记兼副局长1人,副局长5人。

审计工作成果　共完成审计项目151个,审计单位240个;审计调查17项,调查单位128个。共查出违纪违规金额2582万元。同县纪检监察、信访等部门配合查处经济纠纷案件19起,为社会稳定发挥了作用。上缴县财政47万元,提交审计报告151篇。

完成县政府交办任务　共完成59项,审计清理单位497个。1998年我局抽调3人参加了县企业破产领导小组,历时4个月,清查7个单位,为县政府提供可靠依据,使3个单位破产。1996年建立固定资产投资审计股,截止到1998年底共完成工程决算审计项目25个,报审金额1645.91万元,审减金额171万元。

完成上级下达的审计任务　共完成省、市审计机关下达的审计任务151项,审计单位240个,查出违纪违规资金2582万元。

**【清河县审计局】**　到1998年底,在职干部17人,其中:大学本科学历1人,大专7人;审计师10人;局长1人,副局长2人。

审计工作成果　共完成审计项目440个,审计调查19项,调查单位102个。共查出违纪违规金额10634万元,增加财政收入931.6万元。提交各类审计信息200多篇,被县委、县政府、上级审计机关、国家新闻单位采纳140多篇。

完成县政府交办任务　共完成交办的工作任务267项。1998年为了维护农村的安定、团结,平息、抑制群众集体上访事件,推进村务公开,紧紧抓住村务公开的重点是财务公开这一关键,完成34个村财务收支审计,审计结果达到了县乡两级领导和村干部、村民的满意。审计期间,针对农村财务会计业务素质低的现实,在有关部门的配合下,对全县400多名农村会计进行了集中培训。截至1998年底共完成工程决算审计项目49个,审计金额8639万元,审减金额823万元。

完成上级下达的审计任务　共完成省、市审计机关下达的审计任务173项。

**【宁晋县审计局】**　到1998年底,在编37人。其中:大学本科2人,大专12人,局长1人,副局长4人。

审计工作成果　共完成审计项目305个,审计528个单位;审计调查项目22个,调查单位65个,审计总金额230941万元。共查出各类违纪违规资金7527万元,追回侵占挪用资金370万元,上缴县财政171万元。

完成县政府交办任务　共完成62项,审计单位151个。截止到1998年共完成工程决算审计项目99个,审计金额13849万元,共审减资金723.7万元。

完成上级下达的审计任务　共完成省、市审计机关下达的审计任务86项,审计单位226个,审计金额230941万元。

**【威县审计局】**　到1998年底,在编34人。其中:大专学历5人;局长1人,副局长7人。

审计工作成果　共完成审计项目524个,完成审计调查52项,调查单位67个;审计金额20000万元。共查出违纪金额3844万元,上缴县财政87.2万元。

完成县政府交办任务　共完成211项,审计清理单位250个。截止到1998年底共完成工程决算审计项目34全,审计金额3434万元,审减金额383万元。

完成上级下达的审计任务　共完成省、市审计机关下达的审计任务194个,审计单位295个。

**【隆尧县审计局】**　到1998年底,共有干部职工20人。其中:大学本科1人,大专3人;局长1人、副局长4人。

审计工作成果　共完成审计项目153个,审计单位299户;完成审计调查10项,调查单位165个。共查出违纪违规金额1726万元。上缴县财政43.83万元,提交审计报告153篇。

完成县政府交办任务　共完成交办任务46项,审计清理单位51个。1997年5月,抽调6名人员,历时20多天,对隆尧宾馆主楼工程项目进行了竣工结算审计,报审结算金额793.8万元,审减183.5万元,审减率达23.13%;下半年对一中搬迁工程进行了竣工结算审计,审减129万元。

完成上级下达审计任务　共完成省、市审计机关下达的审计任务153项,审计单位299个。

**【临城县审计局】**　到1998年底,在职人员有31人。其中:大专学历10人;局长1人,副局长3人。

审计工作成果　共完成审计项目337个,审计单位396个;完成审计工作调查11项,调查单位85个。共查出违规金额36226万元。上缴县财政135万元,提交审计报告337篇。

完成政府交办任务　共完成167项。1998年配合县企业改制,参与56个企业清产核资,同年,开展了干部离任审计和县属企业经济效益年终审计。

完成上级下达的审计任务　共完成省、市下达的审计任务170项,审计单位246个,审计金额380245万元。

**【广宗县审计局】**　到1998年底,人员共有22人。其中:大专学历5人;局长1人,副局长2人。

审计工作成果　共完成审计项目260个。审计单位281户;审计调查20项,调查单位29个;审计金额16.60亿元。共查出违纪违规金额1254万元。上缴县财政68万元,提交审计报告260篇。

完成县政府交办任务　共完成交办任务20项,审计清理单位46个。1996年1月为配合合乡并镇工作,抽派六名人员,会同有关部门对各乡镇的财产进行了清理,摸清了乡镇家底,为合乡并镇工作奠定了基础。1997年以来,组织力量先后对5个乡镇党委书记离任经济责任进行了审计,为县委对他们的职务调整提供了决策依据。1998年组织人员对县粮食系统1992年4月以来企业新增财务挂账情况进行了调查审计,为粮食改革打下了基础。

完成上级下达的审计任务　共完成省、市审计机关下达的审计任务159项,审计单位175个,审计金额11.3亿元。

**【临西县审计局】**　截止到1998年底共有干部职工19人。其中大学本科4人,大专2人;局长1人,副局长4人。

审计工作成果　共完成审计项目223个,审计单位364户;审计调查25项,调查单位111个;审计资金总额245025万元。共查出违纪违规金额3204万元,上缴县财政101万元,提交审计报告223个。同纪检、监察等部门配合查处各种经济案件19起。

完成县政府交办任务　共完成72项。1995年对全县12户申报受奖企业进行了利税审核,审减利税18.17万元。

完成上级下达的审计任务　共完成省、市审计机关下达的审计任务101项,审计单位157个,审计总金额135122万元。

**【内邱县审计局】**　到1998年底,在编人员13人。其中:大学本科1人,大专3人;局长1人,副局长2人。

审计工作成果　共完成审计项目191个,审计单位485户;审计调查10项,调查单位43个;审计金额439000万元。共查出违纪违规金额5382万元。上缴县财政88万元,提交审计报告191篇。同县纪委、监察局等部门配合,查处经济案件16起。审计66个村级财务,平息上访事件16起,为社会稳定发挥了作用。

完成政府交办任务　共完成109项。共提出合理化建议60条。

完成上级下达的审计任务　共完成省、市审计机关下达的审计任务162项,审计单位410个,审计金额33亿元,查出违纪违规金额5849万元。

**【平乡县审计局】**　到1998年底在编人员21人。其中:大专8人;局长1人,副局长3人。

审计工作成果　共完成审计单位385个;完成审计调查14项,调查单位158个。共查出违纪资金2260.6万元。同县纪检、监察、信访等部门配合,查处各种经济案件7起。上缴县财政资金125.5万元,提交审计报告385篇。

完成县政府交办任务　共完成交办项目132个。1995年抽调骨干力量,对全县14个乡镇和县计生委计划外生育费进行审计,历时40天,澄清了计划外生育费应征、已征的具体数字和征收、使用中存在的问题,给县领导决策提供了可靠的依据。1996年为配合全县机构改革、并乡扩镇工作,组成7个审计小组,对全县14个乡镇全面开展了离任审计,收回大哥大3个,BP机5个,摩托车7辆,查出账外资金95.1万元。

完成上级下达的审计任务　共完成省、市审计机关下达审计任务253个。

**【巨鹿县审计局】**　到1998年底,在职人员为15人,其中大专学历6人;局长1人,副局长3人。

审计工作成果　共完成审计项目162个,审计单位230户;审计调查20项,调查单位56个;审计金额32952万元。共查出违纪违规金额1927万元。同县纪检、监察、信访等部门配合,查处各种经济案件2起。上缴财政金额55万元,提交审计报告229篇。

完成县政府交办任务　共完成交办任务44项,审计清理单位44个。截止到1998年底,共完成工程决算审计项目14个,审计金额2224万元,审减金额213.21万元。特别是1997年,审计一个棉纺厂的大门口工程,就审减12万元,受到各界好评。

完成上级下达的审计任务　共完成省、市审计机关下达的审计任务128项,审计单位128个,审计金额21800万元。

**【新河县审计局】**　到1998年底,在职人员有14人。其中:大学本科1人,大专3人;局长1人,副局长4人。

审计工作成果　共完成审计项目131个。审计单位176户;完成审计调查15项,调查单位65个;共查出违纪违规金额4492万元。上缴县财政23万元,提交审计报告191篇。

完成县政府交办任务　共完成交办任务67项,审计清理单位109个。1997年开展基建审计,截止到1998年底共完成工程决算审计项目4个,审减金额9万元。

完成上级下达的审计任务　共完成省、市审计机关下达的审计任务115项,审计单位176个。

**【南和县审计局】**　到1998年底,在编人员25人。其中:大学本科1人,大专4人;局长1人,副局长3人。

审计工作成果　共完成审计项目325个,审计单位350户;完成审计调查17项,调查单位176个;审计金额249412万元。共查出违纪违规金额2587万元。同县纪检、监察、信访等部门配合,查处各种经济案件10起。上缴县财政54万元,提交审计报告128篇。

完成县政府交办任务　共完成交办任务192项,涉及单位186个。1998年9月为配合全县机构改革、企业改制,共抽调10人,参与并负责南和县工商企业清产核资小组。工作涉及到全县20个单位,历时58天完成任务,为县委、县政府的宏观决策提供了依据。

完成上级下达的审计任务　5年共完成省、市审计机关下达的审计任务160项,审计单位255个,审计金额249412万元。

**【保定市审计局】**　到1998年底,实有干部、职工71人。其中大学本科18人,大专35人;局长1人,副局长6人。设有办公室、综合处、人教处、管理处、财政审计处、行政事业审计处、工业交通审计处、外资审计处、农业审计处、商贸审计处、机关党委、监察室等机构,另设三个审计事务所。

审计工作成果　共完成审计单位583户;完成审计调查20项,调查单位175个;完成自定审计项目43个。查出违纪资金61519万元。协助有关部门查处案件16件;移交司法机关处理5件;建议给予行政处分5人。共提交审计报告和信息2638篇。

完成市政府交办任务　共完成交办任务8项,其中1995年对河北港龙房地产有限公司资产负债和损益情况的审计,市长和主管副市长先后作了批示,肯定了审计结果。

完成上级下达审计任务　共完成省审计厅下达的审计项目任务87项,单位382个,审计金额51000万元。

内部审计　截止到1998年底,共有内审机构67个,内审人员 139 人。

社会审计　共接受社会委托财务审计 730 多个，基建项目审计 650 多个，节省项目投资近 40000 万元。

受表彰情况　受省审计系统表彰 3 次，受市委、市政府表彰 4 次，1998 年还被评为“优秀领导班子”荣誉称号；共有 12 人次受到省审计系统表彰奖励，53 人次受市审计系统表彰奖励，54 人次受市委、市政府记功、嘉奖等奖励。

**地址**　保定市新北街 129 号
**电话**　0312—5066946
**邮编**　071015　（付　英）

**【保定市新市区审计局】**　到 1998 年底，在编 11 人。其中：大专学历 6 人；局长 1 人，副局长 2 人。

审计成果　共完成审计项目 124 个，审计单位 226 户；审计调查 7 项，调查单位 69 个；审计金额 20673 万元。共查出违纪违规金额 228 万元。同区纪检委、司检法等部门配合，查处各种经济案件 4 起。上缴区财政 7 万元。共提交审计报告 177 篇。

完成区政府交办任务　共完成交办任务 34 项，审计清理单位 92 个。1995 年，对全区 54 个村的财务工作进行全面清理。1998 年，为配合全区企业转制，派出多个审计组，对区经贸局下属十二个企业进行全面、彻底的资产清查。

完成上级下达审计任务　共完成省、市审计机关下达的审计任务 90 项，审计单位 187 个，审计金额 15918 万元。

**【保定市南市区审计局】**　到 1998 实有工作人员 7 名，其中：大学本科 1 人，大专 2 人；局长 1 人，副局长 1 人。

审计工作成果　共完成审计项目 60 个，审计单位 105 户；审计调查 5 项，调查单位 58 个。共查出违纪违规金额 650 万元，上缴区财政 76 万元。提交审计报告信息 64 篇，被上级部门、本级政府及有关单位采纳 23 篇。协助纪检、监察、人大、信访等部门办案 5 起，参与市组织的“三大查”，完成 42 户的清查任务。

完成区政府交办任务　共完成交办任务 20 项。其中，帮助理顺账目、建账建制的有 8 户。

完成上级下达审计任务　共完成省、市审计机关下达的审计任务 45 项，审计单位 85 个，查出违纪违规资金 650 万元。

**【保定市北市区审计局】**　到 1998 年底，有干部、职工 11 人。其中：大学本科学历 1 人，大学专科学历 6 人。

审计工作成果　共完成审计项目 21 个；审计单位 86 户（其中区委、区政府交办单位 11 个）；完成审计调查五项，涉及调查单位 46 个；审计资金总额 12014.5 万元。查出违纪违规资金 717.9 万元，上缴区财政 6.2 万元。提交审计报告、调查报告、信息简报等 87 篇。配合区纪检委、监察局，查处各种经济案件 5 起。

**【涿州市审计局】**　到 1998 年底，共有干部、职工 15 人。其中：大学本科 1 人，大专 11 人；局长 1 人，副局长 1 人。

审计工作成果　共完成审计项目 266 个，审计单位 792 户；审计调查 23 项，调查单位 183 个；审计总金额 319886 万元。共查出违纪违规金额 19222 万元，上缴财政 327.3 万元。共提交审计报告 289 篇。

完成市委、市政府交办任务　共完成交办的工作任务 93 项。其中，离任审计 58 个，即：乡镇 37 个，市直 26 个，企事业单位 5 个，共查出违纪违规资金 10614.7 万元。共完成开工前审计和竣工决算审计项目 119 个，核减投资 3135.2 万元，综合核减率为 11.9%。

完成上级下达审计任务　共完成省、市审计机关下达的审计任务 266 项，审计单位 818 个，审计总金额 419835 万元，查出违纪违规金额 19221.5 万元。

**【定州市审计局】**　到 1998 年底，在职在编人员有 24 人。其中：大学本科 2 人，大专 6 人；局长 1 人，副局长 4 人。

完成上级下达审计任务　共完成省、市审计机关下达的审计任务 857 项，审计单位 898 个，审出各类违纪违规资金 11912 元，上缴各级财税部门金额 1584 万元，促进企业提高经济效益 2128 万元。查出万元以上贪污案 5 起，使 6 名有经济问题的人分别受到党政纪处分，将 11 名严重经济犯罪分子押上历史审判台。

完成市政府交办任务　共完成交办任务 294 项。1998 年仅干部离任审计就完成 53 个。1996 年成立固定资产投资审计科（股），截至 1998 年底，共完成工程决算审计项目 65 个，审计金额 8601.1 万元，审减金额 785 万元。1997 年根据市委、市政府领导的安排，对定州市 96—1 号工程：定州一中教学楼进行了竣工决算审计，审定金额 1856.6 万元，净核减 217.7 万元，核减率 10.5%。

**【安国市审计局】**　到 1998 年底，在职人员 35 人。其中：大专学历 6 人；局长 1 人，副局长 2 人。

审计工作成果　共完成 322 个审计项目或单位；审计调查 11 项，调查单位 78 个；审计金额 60100 万元。共查出违纪违规金额 6697 万元。同市纪检、监察、信访等部门配合，查处各种经济案件 8 起。上缴财政 324 万元，共提交审计报告 456 篇。

完成县政府交办任务　共完成交办任务 165 项，审计清理单位782个。1996年成立基建审计科,截止到1998年底共完成工程决算审计项目29个,审计金额18234万元,审减金额825万元。

完成上级下达审计任务　共完成省、市审计机关下达的审计任务322个项目或单位,审计金额60100万元。

**【高碑店市审计局】**　到1998年底,局定编制18人。其中:局长1人,副局长2人;大专学历10人。

审计成果　5年来,共完成省、市下达的工作项目131个,单位619个,完成市委、市政府交办的任务88个,查出违纪违规资金3518万元,应上缴财政134万元,已上缴134万元,调账1420万元,基建核减资金1705.7万元。提出合理化建议284条,企业采纳110条,增加经济效益255多万元。上报信息及综合调研材料190多篇,被上级各部门采纳90余篇。

**【满城县审计局】**　到1998年共有干部、职工17人。其中大专学历6人;局长1人,副局长2人。

审计工作成果　共完成审计项目87个,审计单位310个;审计调查14项,调查单位130个。共查出违纪金额6404.5万元。与县纪检、监察、信访等部门配合,查处各种经济案件17起。共提交审计报告250篇。

完成县政府交办任务　共完成交办任务61项,审计清理单位266个。1998年4月成立基建审计科,完成基本建设项目审计40项,审计单位20个,查出违纪违规金额180万元。

完成上级下达任务　共完成省、市审计机关下达审计任务107项,审计单位440个。

**【阜平县审计局】**　到1998年底在职职工20人,其中大专生14人;局长1人,副局长2人。

审计工作成果　共完成审计项目323项,审计单位516个;完成审计调查27项,调查单位72个;审计金额3.8亿元。共查出违规违纪金额6159.5万元。配合县纪检、财政、信访等部门开展工作78项。上缴县财政684.3万元,提交审计报告149篇。

完成县政府交办任务　共完成交办工作任务128项。

完成上级下达审计任务　共完成省、市机关下达任务195项,审计单位328个,审计金额2.8亿元。

**【定兴县审计局】**　到1998年底,在职人员有36人。其中:大专学历3人;局长1人,副局长3人。

审计工作成果　共完成审计项目144个,审计单位409户;审计调查15项,调查单位68个;审计金额162655万元。共查出违纪违规金额2989.8万元。同县纪检、监察、信访等部门配合,查处各种经济案件8起。上缴县财政129.1万元,共提交审计报告144篇。

完成县委、县政府交办任务　共完成63项,审计清理单位480个。自1996年起,首先对群众反映大、问题较突出的28个村的财务进行了清理,有12人受到了留党察看、党内警告、撤职等处分,1人被判刑,1人被移交检察机关,共退赔5万余元。

基建审计股组建后,到1998年底共完成工程决算审计项目58个,审计金额10463万元,审减金额309万元。

完成上级下达审计任务　共完成省、市审计机关下达的审计任务127项,审计单位409个。

**【唐县审计局】**　到1998年底,在职人员19人。其中:大专生7人;局长1人,副局长2人。

审计工作成果　共完成审计项目194项,审计单位263户;完成审计调查9项,调查单位56个;审计金额8031万元。共查出违纪违规金额2076万元。同县纪检、监察、信访等部门配合,查处各种经济案件2起。上缴县财政42万元,共提交审计报告142篇。

完成县政府交办任务　共完成交办任务56项,审计清理单位12个。截止到1998年底,共完成工程决算审计项目5个,审计金额643万元,审减金额63万元。

完成上级下达审计任务　共完成省、市审计机关下达的审计任务116项,审计单位172个,审计金额6095万元。

**【容城县审计局】**　到1998年在编35人,其中大学本科1人,大专9人;取得注册会计师资格6人;设有局长1人,副局长3人。

审计工作成果　共完成审计项目340个,审计单位379个;完成审计调查22项,调查单位71个,审计资金218703万元。查出违纪资金1567万元,提出合理化建议214条,并通过多种渠道促进财政增收节支630万元,并向县以上部门提交386余篇信息。

完成县政府交办任务　共完成交办任务136项,共完成工程预决算审计项目102个,审计金额20025万元,核减1362万元。

完成上级下达审计任务　共完成省、市审计机关下达的审计任务156项,审计单位278个,审计资金2686万元。

**【涞源县审计局】**　到1998年底,共有干部、职工16人。其中:大专学历6人;局长1人,副局长4人。

审计工作成果　共完成审计项目133个,审计单位369户;完成审计调查32项,调查单位121个;审计金额272336万元。共查出违纪金额5967万元。与县纪检、监察、信访等部门配合,查处各种经济案件28起。共提交审计报告287篇。

完成县政府交办任务　共完成交办任务98项,审计清理单位543个。1998年8月开始完成基本建设审计项目66项,审计单位41个,查出违纪违规资金4930969元。

完成上级下达任务　共完成省、市审计机关下达审计任务129项,审计单位297个,审计金额206839万元。1998年7月,按照保定市审计局对粮食系统新增挂账审计的安排,按期出色地完成了任务。

**【望都县审计局】**　到1998年底,在编人员20人。其中:大专学历8人;局长1人,副局长3人。

审计工作成果　共完成审计项目328个,审计单位305个;审计调查24项,调查单位305个。审计金额305602万元。共查出违纪违规金额4123元。同县纪检、监察、信访等部门配合,查处各种经济案件20起。上缴县财政291万元,共提交审计报告328篇。

完成县政府交办任务　共完成156项,审计清理单位235个。1998年,抽调7名业务骨干,对县里破产企业的应收账款和其他应收款进行了统计调查,查出债权总额高达4700多万元,未回收的周转金近2000万元。

完成上级下达审计任务　共完成省、市机关下达的审计任务265项,审计单位298个。

**【安新县审计局】**　到1998年底,在职人员16人。其中:大专学历4人;局长1人,副局长3人。

审计工作成果　共完成审计项目178个,审计单位243户;审计调查52项,调查单位94个;审计金额129320万元。共查出违纪金额35170万元。同县纪检、监察、信访等部门配合,查处各种经济案件9起。上缴县财政189万元,共提交审计报告264篇。

完成县政府交办任务　共完成交办任务41项,审计清理单位332个。几年来完成工程决算项目39个,审计金额12103万元,审减金额963万元。1996年在安新县重点工程——农业银行安新县支行营业楼工程竣工决算审计中,实事求是、依法审计,工程预算审减307.7万元。

完成上级下达审计任务　共完成省、市审计机关下达的审计任务242项,审计单位368个。

**【易县审计局】**　到1998年底,在职人员25人,其中:大专学历2人;局长1人,副局长4人。

审计工作成果　共完成审计项目79个,审计单位549户;审计调查19项,调查单位101个。共查出违纪资金22629万元,上缴县财政135万元,共提交审计报告549篇。

完成县政府交办任务　共完成43项,审计清理单位166个。1998年3月为响应县委、县政府提出的"工业集约化、农业产业化、旅游热线化"号召,对西陵文物保管处、狼牙山管理处、燕下都文物保管所、县文物保管所等单位进行了审计调查,提出了发展本县旅游事业的五项建议。

完成上级下达的审计任务　共完成省、市审计机关下达的审计任务62项,审计单位348个。

**【曲阳县审计局】**　到1998年底,实有人员14人。其中:大专学4人;局长1人,副局长2人。

审计工作成果　共完成审计项目253个,完成审计调查18项,调查单位66个;审计金额297116万元。查出违纪违规金额6029万元,上缴县财政251.1万元;提交审计报告、信息160篇。同县纪检、检察、信访部门配合,查处经济案件11起,清理审计农村集体经济财务收支45个。

完成县委、县政府交办任务　共完成交办任务51项,清理审计单位共232个,其中党政机关领导干部离任审计116人。

1996年10月至11月,县委对6个乡镇、37个县直部门58位领导干部进行了调整。审计局抽出12人组成3个审计组,历时1个多月,对上述离任干部的经济责任进行了审计。

**【蠡县审计局】**　到1998年底,在职人员有23人,其中:大专学历18人;局长1人,副局长2人。

审计工作成果　共完成审计项目113个,审计单位275个;审计调查9项,调查单位87个;审计金额13325万元。共查出违纪违规金额1926万元。同县纪检、监察、信访等部门配合,查处各种经济案件12起。上缴县财政334.77万元,共提交审计报告71篇。

完成县政府交办任务　共完成交办任务36项,审计清理单位487个。1996年开展基建审计业务,到1998年底,共完成工程决算审计项目15个,审计金额2156万元,审减金额380万元。1998年在蠡县市政工程审计工作中,实事求是、依法审计,审减金额85万元。

完成上级下达审计任务　共完成省、市审计机关下达的审计任务65项,审计单位243个,审计金额10213万元。

**【顺平县审计局】**　到1998年底,实有人数16人。其中:大专学历5人;局长1人,副局长2人。

审计工作成果　共完成审计项目235个,审计调查31项。共查出违纪违规金额5842.12万元。同县纪检、监察、信访等部门配合,查出各种经济案件3起。上缴财政239.79万元,共提交审计报告(信息)69篇。

完成县交办任务　共完成交办任务25项,审计清理单位37

个。从1995年开始，对县贫困村张家庄村进行帮扶，经过三年努力，到1997年该村人均收入从1994年的不足200元增加到1029元，按期实现脱贫任务。几年来，还完成工程决算审计项目34个，审计金额3428万元，核减金额386.6万元。

**【博野县审计局】** 到1998年底在职人员14人。其中：大专学历8人；局长1人，副局长2人。

审计工作成果 共完成审计项目105人个，审计单位182户；审计调查8项，调查单位54户；共查出违纪违规金额547万元。同县纪检、监察、信访等部门配合，查处信访案件9起。上缴县财政72.4万元，提交审计报告105篇。1996年，在对某行政执法单位审计中，查出各类违纪资金40多万元。

完成县政府交办任务 共完成交办任务45项，审计清理单位个45户。

**【雄县审计局】** 到1998年底，在职人员21人。其中：大学本科1人，大专3人；局长1人，副局长2人。

审计工作成果 共完成审计项目501个，审计单位445户；审计调查9项，调查单位56个，审计总金额60794万元。共查出违纪违规金额5285万元。同县纪检部门配合，查处经济案件1起。上缴县财政131万元，共提交审计报告501篇。

完成县政府交办任务 共完成交办任务55项，审计清理单位360个。完成工程决算审计项目56个，审计金额6480万元，审减金额486万元。

完成上级下达审计任务 共完成省、市审计机关下达的审计任务243项，审计单位256个，审计金额3300万元。

**【张家口市审计局】** 到1998年底，在职人员75人。其中：大学本科10人，大专生39人；局长1人，副局长6人。下设办公室、工交审计科（兼挂外资审计科牌子）、商贸审计科、固定资产投资审计科、行政事业审计科、农业资金审计科、财税审计科、金融审计科、综合科、人事教育科、老干部科；下属有张家口市审计事务所、张家口市第二审计事务所、张家口市宏业审计事务所。

审计成果 共完成审计项目108项，审计单位686个；审计调查32项，调查单位621个；审计总金额623.7亿元。共查出违纪违规金额23326万元。同市纪检、监察、信访等部门配合，查处各种经济案件54起，为社会稳定发挥了作用。上缴市财政761万元，共提交审计报告446篇。

完成市政府交办任务 共完成交办任务126项，审计清理单位584个。1994年配合廉政建设，对市中心血站审计，查处私设“小金库”47万元，引起了市政府和有关方面的重视。查处宣化县、桥西区劳动局共挪用职工退休养老金123.5万元购住宅楼问题，促进政府加强对社保资金管理，并在市县审计局设立了社会保险基金监督办公室。对281项国家、省重点工程进行竣工决算审计中，核减多计工程价款，为国家节省建设资金7467.9万元。积极参加行政事业单位收费的整顿工作，促进全市教育系统取消不合理收费20余项。按照市政府部署，配合全国粮食流通体制改革，对粮食164个库站、5个县区财政、16个粮食主管局、15家金融机构进行了全面清查审计，保障了粮改的稳步推进。

完成上级下达审计任务 共完成省下达的审计任务128项，审计单位961个，审计金额541.6亿元。

内部审计 1994年共设内部审计机构132个，内审人员360名；到1998年内部审计机构发展到135个，内审人员280名。

社会审计 共接受社会委托项目2823项，其中企业年检1080项，年检金额20149423万元；注册资金验证615户，验证资金957971万元；清产核资128项，清产核资金额2636298万元。

受表彰情况 受国家审计署表彰1次，受省审计厅表彰8次，受市委、市政府表彰12次。1人受到国家审计署表彰，25人（次）受到省审计厅表彰，82人（次）受市委、市政府记功嘉奖等奖励。

**地址** 张家口市东建街道15号
**电话** 0313—2017788
**邮编** 075000

*（白俊生、李登军、李丽芳）*

**【张家口市桥西区审计局】** 到1998年底，在职人员为8人。其中大专生4人；局长1人、副局长1人。

审计工作成果 共完成审计项目78项，审计单位201户；审计调查7项，调查单位125个；审计总金额计90750万元。共查出违纪违规金额4541万元。同区纪检、监察、财政等部门配合查处各种经济案件22起。上缴区财政107.4万元。提交审计报告55篇。

完成区政府交办任务 共完成交办任务33项，审计清理检查单位32个。

完成上级下达审计任务 共完成省、市审计机关下达的审计任务45项，审计单位169个，审计金额90750万元。

**【张家口市桥东区审计局】** 到1998年末，在编7人。其中：大专学历4人；局长1人，副局长1人。

完成上级机关下达审计任务 共完成上级下达的审计项目64项，审计单位221户；完成审计调查12项,调查单位30户;审计总金额达176159万元。共查出违纪违规金额198万元,上缴财政5.9万元。提交审计报告221篇。

完成区政府交办任务 每年都配合区财政部门进行财政、税收、物价大检查工作。1997年,配合区财政局等5个部门开展了预算外资金大检查工作,对全区八个部门24个单位进行了检查。1998年,配合全市三县粮食调查审计,分别对崇礼、尚义、张北3县粮食系统及下属企业1992～1998年亏损、报账情况进行了调查。

**【张家口市宣化区审计局】** 到1998年底在编人员共有14人。其中:大学本科1人,大专10人;局长1人,副局长2人。

审计工作成果 共完成审计项目92个,审计单位328户;审计调查30项,调查单位165个;审计总金额80亿元。共查出违纪违规金额2052万元。上缴区财政232万元,共提交审计报告325篇。

完成区政府交办任务 共完成交办任务18项。1995年我局抽调5人,历时52天对河子西乡朱家庄村1986年8月至1994年8月的账务进行了清查审计。

完成上级下达审计任务 共完成省、市审计机关下达的审计任务82项,审计单位246个,审计金额50亿元。

**【张家口市下花园区审计局】** 到1998年底共有干部职工6人。其中大专学历2人;局长1人,副局长1人。

审计工作成果 共完成审计项目165个,审计单位206户;审计调查25项,调查单位38个。配合纪检、监察和司法部门查处经济案件4起。上缴区财政11.2万元。提交审计报告和综合报告244篇,各类信息78篇,被市、区和新闻单位采用信息56篇。

完成区政府交办任务 共完成交办的工作任务32项。1997年对区教育局安居工程进行了决算审计,审减资金15万多元,审减率为12%。

完成上级下达审计任务 共完成省、市下达审计任务149项,审计单位196个,审计资金总额5.2亿元。

**【宣化县审计局】** 到1998年有干部职工21人。其中:大专以上学历8人;注册会计师7名,审计师3名。

审计项目成果 完成省、市、县下达审计项目256项,审计总金额26300万元。经过审计,处理处罚18.4万元,全部上缴县财政。提出审计建议和意见680多条,得到了被审计单位认可。

**【赤城县审计局】** 到1998年底,实有干部职工16人。其中:大专毕业生7人;中级职称4人;局长1人,副局长2人。

审计工作成果 共完成审计项目338个;审计调查18项,调查单位106个。查处违纪资金1669万元,上缴财政资金172万元,追还侵占挪用金额216万元。审计基建项目单位21个,审计建设资金4357.5万元,核减多计价、费资金573万元,审减率13.15%。提交审计报告338篇。

完成县政府交办任务 共完成交办任务162项,审计涉及单位414个。1996年为配合县乡镇体制改革,对全县26个乡镇的资产债权债务进行了审计清理。

完成上级下达审计任务 共完成省、市下达审计任务176个,审计单位267个,审计金额163867万元。

**【康保县审计局】** 到1998年底,在岗人员17人。其中:大专学历5人;局长1人,副局长2人。

审计工作成果 共完成审计项目120个,审计单位335户;审计调查21项,调查单位123个;审计总金额162066万元。共查出违纪违规金额1311万元,上缴县财政59.5万元。共提交审计报告125篇。

完成县政府交办任务 共完成交办任务35项。

完成上级下达审计任务 共完成省、市审计机关下达的审计任务85项,审计单位244个,审计金额140031万元。

**【阳原县审计局】** 到1998年底在职职工有15人。其中:大专学历8人;局长1人,副局长3人。

审计工作成果 共完成审计项目497个,审计单位415户;审计调查34项,调查单位64个。共查出违纪违规金额837万元,上缴县财政114万元。共提交审计报告497篇。

完成县政府交办任务 共完成交办任务58项,审计清理单位265个。1997年对阳原县重点建设项目——县二瓷建厂工程(土建及安装部分)进行决算审计,送审1260万元,审定1078万元,审减182万元,审减率14.5%,维护了国家利益,净化了投资环境。

完成上级下达审计任务 共完成省、市审计机关下达的审计任务161项,审计单位323个,审计金额123570万元。

**【沽源县审计局】** 到1998年底,在职职工有27人。其中:大学本科1人,大专3人;局长1人,副局长2人。

审计工作成果 共完成审计项目162个,审计单位347个;审计调查19项,调查单位105个。共查出违纪违规金额1729万元,上缴县财政20万元。共提交审计报告102篇。

完成县政府交办任务 共完成交办任务31项,审计清理单位72个。截止到1996年底共完成工程决算审计项目246个，审计金额1100的万元，审减金额1258万元。

完成上级下达审计任务　共完成省、市审计机关下达的审计任务131项，审计单位275个。

**【怀来县审计局】**　1998年底，共有干部、职工17人，其中：大学本科1人，大专11人；中级以上技术职称6人；局长1人，副局长2人。

审计工作成果　共完成审计项目304；审计调查项目26项，调查单位330个。共查出违纪违规金额2910万元，上缴县财政142万元。共提交审计报告265篇。

完成县政府交办任务　共完成交办任务29项，审计、清理单位118个。自1995年开展建设项目预决算审计以来，到1998年底共完成工程决算审计项目40个，审计金额9390万元，审减金额1230万元。

完成上级下达审计任务　完成省、市审计机关下达的审计任务275项，审计单位346个。

**【崇礼县审计局】**　到1998年底，在编人员有20人。其中：大学本科3人，大专11人；局长1人，副局长2人。

审计工作成果　共完成审计项目161个，审计单位211户；完成审计调查25项，调查单位110个；审计总金额198502万元。共查出违纪违规金额3040.2万元。上缴县财政45.2万元，共提交审计报告161篇。

完成县政府交办任务　共完成交办任务239项，审计清理单位366个。

完成上级下达审计任务　共完成省、市下达的审计任务119项，审计单位165个。

**【尚义县审计局】**　到1998年底，共有干部、职工19人。其中：大专学历13人；局长1人，副局长2人。

审计工作成果　共完成审计单位407个；审计调查26项，调查单位134个；审计总金额128347万元。共查出违纪违规金额4941万元。同县纪检、监察等部门配合，查处经济案件1起。上缴县财政81万元，共提交审计报告407篇。

完成县政府交办任务　共完成42项，审计单位149个。1997年在县教育局河南小学工程的审计工作中，实事求是，依法审计，审减工程决算23.6万元，审减率高达29%。

完成上级下达审计任务　共完成省、市审计机关下达的审计任务258个，审计金额76.429万元。

**【蔚县审计局】**　到1998年底，有干部职工29人。其中：大专学历10人；局长1人，副局长4人。

审计工作成果　共完成审计单位487；审计调查32项，调查单位85个；审计总金额137515万元。共查出违纪违规金额6449万元。共提交审计综合报告、信息218篇。

完成县政府交办任务　共完成24项，审计单位148个。1997年配合全县企业改革，派出审计组对11户县办集体企业进行了审计调查，提出企业改制的5项建议。

完成了上级下达审计任务　完成省、市审计机关下达的审计任务14项，审计单位29个，审计金额9436万元。

**【涿鹿县审计局】**　到1998年底，员工共有15人。其中：大专学历5人；局长1人，副局长2人。

审计工作成果　共完成审计项目55个，审计单位314个；审计调查28项，调查单位379个。共查出违纪违规金额2058万元，上缴县财政28.4万元。共提交审计报告53篇。

完成县政府交办任务　共完成交办任务35项。其中完成了15个企业、行政事业单位一把手离任审计。共完成工程决算审计项目9个，审计金额2098万元，审减金额62万元。

完成上级下达审计任务　共完成省、市审计机关下达的审计任务45项，审计单位255个。查出违纪和违规资金1895万元。

**【万全县审计局】**　到1998年底，共有干部职工30人。其中：大专学历9人；局长1人，副局长3人。

审计工作成果　共完成审计项目294个，审计单位294个；审计调查28项，调查单位31个；审计总金额197510万元。查出违纪违规金额1825万元。上缴财政93万元。提交审计报告21篇。

完成县政府交办任务　共完成交办任务60项，审计单位70个。1996年按照县委、县政府的指示配合县人武部，完成了对县人武部财产划转的清理审计工作，为人武部交接提供了翔实数据，确保了划转工作顺利进行。

完成上级下达任务　共完成省、市审计机关下达的审计任务202项，审计单位202个，审计金额197510万元。

**【承德市审计局】**　到1998年底，干部职工有67人。其中：大学本科6人，大专33人；局长1人，副局长5人。设有办公室、综合法规科、人教科、财政金融审计科、行政事业审计科、农业资金审计科、商贸审计科、工交审计科、外资审计科、固定资产投资审计科、审计事务所等机构。

审计工作成果　共完成审计项目4982个，审计单位5210户；完成审计调查334项，调查单位4300个。共查出违纪违规金额121340万元。同纪检、监察、信访等部门配合，查处各种经济案件112起。上缴市财政4331万元，共提交审计报告2029篇。

完成市政府交办任务　共完成交办任务25项，审计单位32个。

内部审计　到1998年，内部审计机构发展到362个，审计人员943人。

社会审计　共接受社会委托项目1610项，其中企业年检453项，注册资金验证585户，清产核资85项，接受其它委托项目487项。

受表彰情况　受省审计厅表彰5次，受市委市政府表彰10次，有24人受到省审计厅表彰奖励。

**地址**　河北省承德市双桥区

**电话**　0314—2050152

**邮编**　067000

**【承德市双桥区审计局】**　共有审计干部8人，其中：大专学历4人；局长1人，副局长2人。

审计工作成果　共完成审计项目50个，审计单位84户；审计调查35项，调查单位259个；审计总金额23978万元。共查出违纪违规金额3516万元。上缴区财政228.3万元，共提交审计报告56篇。同区纪检、监察、信访等部门配合，查处各种经济案件9起，解决群众上访事件8起。

完成区政府交办任务　5年来，共完成交办的审计事项6项，审计单位数31个。

**【承德市双滦区审计局】**　到1998年底，在职人员有11人。其中：大专学历3人；局长1人，副局长2人。

审计工作成果　共完成审计项目106个，审计单位226户；审计调查25项，调查单位415个。共查出违纪违规金额1115万元，上缴区财政97万元，共提交审计报告信息99篇。

完成区政府交办任务　共完成36项，审计调查考核单位119个。

完成上级下达审计任务　共完成省、市审计机关下达的审计任务71项，审计单位110个。

**【承德市鹰手营子矿区审计局】**

至1998年底，在职人员有10人。其中：大学本科1人，大专4人；局长1人，副局长1人。

审计工作成果　共完成审计项目111项，审计单位196户；审计调查9项，调查单位88户。共查出违纪违规金额661万元，上缴区财政50.8万元。共提交审计报告111篇。

完成区政府交办任务　共完成交办任务29项。

**【承德县审计局】**　到1998年底，在编人员30人。其中：大学本科1人，大专16人；局长1人，副局长2人。

审计工作成果　共完成审计项目162项，审计单位841户；审计调查21项，调查单位232个。共查出违纪违规金额3926万元，上缴财政1123万元。协同县纪检、监察、信访等部门，查处各类经济案件63起。

完成县政府交办任务　共完成交办任务76项，审计单位389个。

完成上级下达审计任务　共完成省、市审计机关下达的审计任务103项，审计单位434个。

**【兴隆县审计局】**　到1998年底在编人员达到22人，其中：大学本科1人，大专5人；具有中级技术职称的9人；局长1人，副局长2人。

审计工作成果　共完成审计项目199个，审计单位252户；审计调查22项，调查单位223个；审计总金额243440万元。共查出违纪违规金额5182万元，上缴县财政80.4万元，提交审计报告212篇。同县纪检、监察、信访等部门配合协作，查处各种经济案件18起。

完成县政府交办任务　共完成交办任务46项，审计清理单位159个。

完成上级下达的审计任务　共完成省、市审计机关下达的审计任务153项，审计单位252个，审计总金额243440万元。

**【隆化县审计局】**　到1998年底，在编21人。其中：大专毕业9人；局长1人，副局长2人。

审计工作成果　共完成审计项目373个，审计单位967户；审计调查23项，调查单位198个；审计金额204832.00万元。共查出违纪违规金额4053.00万元。同县纪检、监察、信访等部门配合，查处各种经济案件31起，为社会稳定发挥了作用。上缴县财政234.67万元。共提交审计报告373篇。

完成县政府交办任务　共完成交办任务184项，审计单位417个。其中，完成县直行政、事业单位主要领导，国有企业厂长、经理和乡镇党政"一把手"任期经济责任审计56项，审计单位75个。

完成上级下达审计任务　共完成省、市审计机关下达的审计任务189项，审计单位550个，审计金额10261.00万元。

**【平泉县审计局】**　到1998年底，在职人员有32人。其中：局长1人，副局长3人；审计师13人，会计师2人。

审计工作成果　共完成审计项目330个，审计单位2875户；审计调查24项，调查单位218个；审计总金额17.5亿元。共查出违纪违规资金7897万元。会同纪检、监察、信访等部门查处各种经济案件29起。累计上缴县财政263.6万元，追回挤占挪用专项资金1380万元，为县财政增收540万元，促进企业增收节支1200万元。提交综合审计报告和审计调查报告176篇,被各级采用的审计信息132篇。

完成上级下达审计任务　共完成省、市审计机关下达的审计任务256项,审计单位1690个,审计金额9.9亿元。

完成县政府交办任务　共完成交办任务74项,审计单位698个。

**【滦平县审计局】**　到1998年底,在岗人员14人。其中:大专学历6人;局长1人,党支部书记兼副局长1人,副局长1人。

审计工作成果　共完成审计项目115个,审计单位329户;审计调查23项,调查单位212个;审计总金额158762万元。共查出违纪违规金额4638万元。同县纪检、监察等部门配合,查处经济案件5起。上缴县财政151.70万元,共提交审计报告115篇,审计调查报告23篇。

完成县政府交办任务　共完成交办的工作任务55项。

1995年起开展工程决算审计,到1998年底共完成工程决算审计项目19个,审计金额513105万元,审减金额250.78万元。

完成上级下达审计任务　共完成省、市审计机关下达的审计任务96项,审计单位274个。

**【丰宁满族自治县审计局】**　到1998年底,在职人员有28人。其中:大学本科1人,大专6人;局长1人,副局长2人。

审计工作成果　共完成审计项目116个,审计单位389户;审计调查19项,调查单位226个;审计金额404626万元。共查出违纪违规金额2603万元,追还侵占挪用资金718万元,调账处理175万元,上缴财政151万元,处罚收缴12万元。移交检察机关查处经济案件1起。

完成县政府交办任务　共完成交办任务45项,审计单位316个。共完成工程预决算审计项目58个,审减金额278万元。

完成上级下达审计任务　共完成市以上审计机关下达的审计任务71项,审计单位213个,审计金额327651万元。

**【宽城满族自治县审计局】**　到1998年底,在职人员有16人。其中:大学本科2人,大专10人;局长1人,副局长3人。

审计工作成果　共完成审计项目236个,审计单位309户,审计调查23项,调查单位161户;审计总金额186935万元。查出违规违纪金额5925万元。共查处各种经济案件5起。上缴财政67万元。共提交审计报告246篇。

完成县政府交办任务　共完成46项,审计单位703个。

完成上级下达审计任务　共完成上级审计机关的审计任务109项,审计单位233个,审计金额48386万元。

**【唐山市审计局】**　到1998年底,干部职工129人,其中:大学本科12人,大专74人;局长1人,副局长4人。设有办公室、工业交通审计处、商贸审计处、固定资产投资审计处等12个办事机构。

审计工作成果　共审计572个单位;审计调查66项,调查单位1171个。共查出违纪违规金额164556万元,上缴市财政21341万元。提交审计报告1224篇,被上级采用713篇。

完成市委市政府交办任务　共完成68项,审计单位280户。1995年初根据市政府的指示,对市属78个工交企业经营成果实施兑现审计。共查出违纪违规、错弊金额6300万元,虚增利润3600万元,虚减利润420万元。固定资产投资审计完成市政府交办工程项目审计11项,审计金额1000270.34万元,净审减工程款26998.24万元,审减率为26.9%。

内部审计　到1998年,内部审计机构共有343个,内审人员816人。

社会审计　共接受社会委托项目1525项,其中:企业年检验资1354项,财务审计370项,资产评估377项,经济案件鉴证17项,基建项目审计254项。审减基建预决算3619万元,核减虚假注册95万元,促进提高经济效益826万元。

受表彰情况　受省审计系统表彰11次,受市政府表彰2次,共有16人次受到省审计系统表彰奖励,58人次受到市委市政府记功嘉奖等奖励。1997年被评为全国审计机关先进集体,受到国家人事部、审计署表彰。

**地址**　唐山市西道7号
**电话**　0315—2825110
**邮编**　063000

**【唐山市路北区审计局】**　到1998年底,在职人员为30人。其中:大学本科1人,大专11人;局长1人,副局长2人。

审计工作成果　共完成审计大项目47个,审计单位233个;审计调查20项,调查单位97个,审计总金额5亿元。共查出违纪违规金额251.71万元。上缴区财政28.1万元,并提交审计报告、信息115篇。

完成区委、区政府交办任务　共完成33个交办项目,涉及110个单位。1997年接受信访案件6起,先后派出11名得力人员,用了近700个工作日,圆满完成了每一项信访任务。1998年按照区委、区政府的部署,抽调12名人员,历时100多天对全区43家企业改制进行了审计调查,摸清了企业家底,完成了企业改制审计任务并写出了综合分析报告。

完成上级下达审计任务　共完成省、市审计机关下达的审计

任务60项,涉及144个单位,审计总金额4.3亿元。

**【唐山市路南区审计局】** 到1998年底,在编人员31人,其中大学本科2人,大专25人;局长1人,副局长3人。

审计工作成果 共完成审计项目165个,审计单位306户,审计调查14项,调查单位195户,共查出违纪违规金额1673.52万元;同区纪检、监察、信访等部门配合,查处各类经济案件10起;上缴区财政41.77万元,共提交审计报告165篇。

完成区政府交办项目 共完成交办的工作任务55项。还完成基建审计项目129项,审计金额18125.86万元,审减金额2819.27万元,1995年在对招商大厦审计时,历时3个月,使这个造价2490万元的大工程,审减了570余万元。

完成上级下达的审计任务 共完成省、市审计机关下达的审计任务54项,审计单位90个。

**【唐山市古冶区审计局】** 到1998年底,干部职工人数为17人。其中:大学本科1人,大专7人;局长1人,副局长2人。

审计工作成果 共完成审计项目115个,审计单位301户;完成审计调查15项,调查单位84个,审计总金额16.64亿元。共查出违纪违规金额1196.28万元。同区纪检、监察、信访等部门配合,查出各种经济案件16起。上缴区财政13.52万元。共提交审计工作报告信息277篇,被采用41篇。

完成区政府交办任务 共完成交办任务24项,审计单位106个。共完成工程决算审计项目17个,审减金额675.8万元。1996年我们在对区冀东铸造厂基建审计中,该工程上报决算金额168万元,审减65万元,占总投资的39%。这一审计成果得到委托单位的高度评价。

完成上级下达审计任务 共完成省、市审计机关下达审计任务63项,审计单位127户。

**【唐山市新区审计局】** 到1998年底,在职人员有17人,其中:有大专以上学历的6人;局长1名,副局长2名。

审计工作成果 共审计214个单位,查出违规违纪资金1651万多元,上缴财政资金67.08万元,追还被侵占挪用资金64.41万元,审减工程投资款3367.69万元。

**【唐山市开平区审计局】** 到1998年底,在编30人。其中:大学本科1人,大专15人;局长1人,副局长2人。

审计工作成果 共完成审计项目219个,审计单位407户;审计调查23项,调查单位107个;审计总金额483395万元。共查出违纪违规金额6360万元。上缴区财政484.22万元,共提交审计报告219篇。

完成区政府交办任务 共完成交办任务71项,审计清理单位124个。1997年10月为配合全区企业改制,抽调11人,参与并负责开平区工商企业清产核资办公室。共审计清查67个单位,摸清了企业家底。

完成上级下达审计任务 共完成省、市审计机关下达的审计任务125项,审计单位165个。

**【遵化市审计局】** 到1998年底在职21人。其中大本学历3人,大专5人;局长1人,副局长2人

审计工作成果 共完成审计项目146个,审计单位511户;审计调查53项,调查单位303个,审计总金额1026115万元。查出违纪违规金额9882万元,上缴财政250.83万元,共提交审计报告187篇。

完成市政府交办任务 共完成交办任务312项。完成工程决算审计项目97个,审计金额10697万元,审减金额1343万元。

完成上级下达审计任务 共完成省、市审计机关下达审计任务88项,审计单位382个,审计金额836002万元。

**【丰南市审计局】** 到1998年底,共有干部职工23人。其中:大学本科1人,大专9人;局长1人,副局长3人。

审计工作成果 共完成审计项目312个,审计单位518个;审计调查26项,调查单位96个。共查出违纪违规金额541.7万元。同市纪检、监察、信访等部门配合,查处各种经济案件24起。上缴市财政215万元,共提交审计报告248篇。

完成市政府交办任务 共完成交办的工作任务72项,审计清理单位295个。1996年对124家市办企业中77家实行公有制改造企业进行了资产核资、资金验证,对60家破产企业进行了清产核资等审计,取得较好的效果。1996、1997年,完成基建开工前审计项目60个,基建工程决算审计项目120个,审计工程投资总额4亿元,审减工程款4400万元。

完成上级下达审计任务 共完成省、市审计部门下达的审计任务256项,审计单位434个。

**【迁安市审计局】** 到1998年底,在职人员有40人。其中大学本科1人,大专14人;局长1人,书记1人,副局长2人。

审计工作成果 共完成审计项目98个,审计单位509户;完成审计调查19项,调查单位132个;审计总金额49亿元。共查出违纪违规金额5375万元。同市纪检、监察、信访等部门配合,查处各种经济案件28起。上缴市财

政475万元,审计罚没款45万元,提交审计报告265篇。

完成上级下达审计任务　共完成省、市审计机关下达的审计任务75项,审计单位371个,审计金额31亿元。

完成市委、市政府交办任务　共完成交办任务23项,审计单位138个。1997年,审计局牵头组成32人参加的6个矿山企业审计小组,对全市55家镇乡村办冶金矿山企业进行了审计。

**【迁西县审计局】**　到1998年底,在职人员有39人。其中:大学本科2人,大专17人;局长1人,副局长2人。

审计工作成果　共审计单位347个,查出违纪资金11614.3万元,上缴财政823.1万元,追还侵占挪用专项资金440.9万元,促进增收节支2003.5万元;提交审计报告、信息424篇,被批示(采用)292篇。

完成县政府交办任务　共完成交办任务92项,审计单位196个。1995年对17家利税大户企业经营成果进行求实审计,有8家企业因利税不实被取消受奖资格;1996年配合县乡机构改革,对撤并的14个乡镇进行全面审计,查出违纪资金2040万元,防止国有资产流失1845万元,县政府专门召开全县整顿财经纪律大会,落实审计处理决定。

**【滦南县审计局】**　到1998年底共有干部、职工27人。其中:大学本科2人,大专19人;局长1人,副局长3人。

审计工作成果　共完成审计项目340个,审计单位592户;审计调查22项,调查单位68个,审计金额达87.97亿元。共查出违纪违规金额10836万元。积极配合县委县政府中心工作,完成临时交办项目和信访案件71起。累计上缴县财政343.53万元,为国家增收节支达3074万元。共提交审计报告108篇。

完成县政府交办任务　共完成交办审计工作121项,审计238个单位。

完成上级下达审计任务　共完成省、市审计机关下达的审计任务219项,审计单位354个,审计金额62亿元。

**【丰润县审计局】**　1998年底共有干部职工27人。其中:大学生3人,大专生6人;局长1人,副局长6人。

审计工作成果　共完成审计项目271个,审计单位808户;审计调查31项,调查单位196个;审计总金额1169807万元。共查出违纪违规金额19535.15万元。同县纪检、监察、信访、检察院、法院等部门配合,查处各种经济案件37起。上缴县财政37.38万元,共提交审计报告293篇。

完成县政府交办任务　共完成交办任务133项,审计单位465个。5年来,共完成工程决算审计项目64个,审减工程造价1854.13万元。

完成上级下达审计任务　5年来,共完成省、市审计机关下达的审计任务138项,审计单位343个,审计总金额467422万元。

**【玉田县审计局】**　到1998年底,在岗人员共有36人。其中:大学本科2人,大专11人;局长1人,副局长3人。

审计工作成果　共完成审计项目256个,审计单位315户;审计调查29项,调查单位101个;审计资金总额350705万元。查出违纪违规金额14306万元。会同财政、纪检、监察、检察院、信访局、体改办等部门开展财税大检查、进行企业改制、解决信访案件、查处经济案件等39项。上缴县财政164万元;共提交审计报告、信息369篇。

完成县政府交办任务　共完成交办任务74项,审计清理单位179个。1998年按县政府安排,完成了县及20个乡镇的30多个基金会1989年以来至1997年末的资产负债损益情况的审计,审计总金额57520万元,摸清了全县基金会的家底,为解决基金会问题提供了可靠依据;同时,完成了17个单位领导干部离任的审计。1994年成立基建审计科,截止到1998年底共完成工程决策审计项目54个,审减资金2978.2万元。

完成上级下达审计任务　共完成省、市审计机关下达的审计任务182项,审计单位241个。

**【唐海县审计局】**　到1998年底,在职人员22人,其中:大专学历7人;局长1人,书记兼副局长1人,副局长2人。

审计工作成果　共完成审计项目228个,审计单位457户,审计总金额696757.5万元。共查出违纪违规金额5181.34万元。同县纪检、监察、信访等部门配合,查处各类经济案件3起。上缴县财政102.02万元,共提交审计报告215篇。

完成县政府交办任务　共完成41项,审计单位45个。截止到1998年底共完成工程决算审计项目63个,审计总金额11493万元,审减金额1513万元。

完成上级下达审计任务　共完成省、市审计机关下达的审计任务169项,审计单位173个。

**【乐亭县审计局】**　到1998年底共有40人。其中:大专以上学历23人;有15人具有中级以上技术职称,局长1人,副局长2人。

审计工作成果　共完成审计项目116个,审计单位565户;完成审计调查19项,调查单位183个。共查出违纪违规金额5878万元,同时还配合其他部门完成了一些审计工作。

完成县政府交办任务　共完成交办任务178项，审计清理单位446个，其中主要工作有：1994年对董庄黄湾砖场诈骗案的审计，依据审计报告有4人被逮捕；1995年在全县大规模查处建筑行业的偷漏税，为税务部门增加税收500万元；1998年对县原劳动局局长为首的3人贪污公款案的审计和对11家重点工业企业的清产核资，都引起了社会和各级领导的关注与好评。

完成上级下达审计任务　共完成上级审计机关下达的审计任务119个单位。

**【滦县审计局】**　到1998年底，在职人员有38人。其中：大学本学历2人，大专17人；局长1人，书记1人，副局长2人。

审计工作成果　共完成审计项目268项，审计单位933个；审计调查20项，调查单位92个，审计资金总额为906800万元。共查出违纪违规金额22527.52万元，上缴县财政251.78万元，共提交审计报告181篇。同检察院、法院等部门配合，查出各种经济案件5起。

完成县政府交办任务　共完成交办的工作任务125项，审计清理单位647个。

完成上级下达审计任务　共完成省、市审计机关下达的审计任务123项，审计单位194个，审计金额291396.88万元。

**【秦皇岛市审计局】**　1998年底，在职人数有159人。其中大专以上学历101人，占64%；具有审计师资格的63人，占40%。局机关下设办公室、综合科、财政科、金融科、投资科、工交科、商贸科、行政事业科、外资科。下辖9个县区级审计机关。

审计成果　全市审计机关共计审计了1762个单位，查出违纪金额62043万元，上缴财政4958万元，其中罚款301万元。移送纪检司法机关处理的责任人员7人。

完成审计任务情况　5年来对699个单位的预算执行和其他财政收支情况进行了审计，查出违纪资金20591万元，增加财政收入3857万元；对全市各专业银行及地方金融机构进行了审计，共审计了136个单位。查出违纪资金5893万元，上缴财政185万元，其中罚款109万元；共审计了104个重点建设工程项目，查出超规模超标准多列概算、高估冒算等有问题资金1613万元，核减工程决算金额308万元；共审计了354个工商企业，查出各类违纪资金27640万元，上缴财政494万元；审计行政事业单位487个，查出违纪资金6547万元，上缴财政260万元；对全市国外援贷款项目涉及的66个单位进行了审计，审计总金额4275万元，查出应归还原渠道资金7万元。

完成当地党委政府和上级交办任务　累计完成交办的审计任务486项。

内部审计　到1998年内部审计机构发展到147个，内审人员304名，查出违纪金额1856万元。

社会审计　1994年到1997年共接受社会委托项目7219个，注册资金验证5448户，核减虚假注册资金4268万元。

受表彰情况　连续2次被省审计系统评为精神文明先进单位，连年被市政府评为精神文明单位，受到市委、市政府和有关单位表彰32次。共有52人次受到省审计系统表彰奖励，24人次受到市委市政府等有关部门的记功、嘉奖等奖励。

**【秦皇岛市海港区审计局】**　1998年底，在职职工14人。其中：大专以上学历10人；中级职称5人；局长1人，副局长1人。

审计工作成果　直接审计165个单位，审计调查55个单位，查出违纪金额444.3万元，收缴财政18.3万元，为国家及有关部门增收节支1026.3万元。提交审计报告及信息156篇。对行政事业性收费的公安、卫生等13个部门进行定期审计。

**【秦皇岛市山海关区审计局】**　到1998年共有干部职工9人。其中：局长1人，副局长1人。

审计工作成果　共完成审计项目212项，涉及审计单位318个。其中：上级审计机关下达的审计任务158项，区委、区政府交办的审计任务54项。共查出违纪违规资金1,540.15万元，上缴区财政107.17万元，共提交审计报告212篇。

**【秦皇岛市北戴河区审计局】**　到1998年底，在职干部职工11人。其中：研究生学历1人，大学3人；具有中级职称的6人；局长1人，副局长1人。

审计工作成果　5年来，共完成审计项目535个，审计资金56945.79万元，审计单位710个。其中：财务收支审计24项，审计单位24个；财政收支审计7项，审计单位23个；专项审计8项，审计单位32个；离任审计13项；审计单位13个；审计调查8项，调查单位142个。共提交审计报告71篇，查出违纪违规金额5395.82万元，其中上缴财政24万元。

完成区委、区政府交办任务　共完成交办的工作任务10项，审计单位10个，审计出违纪违规资金71.9万元，追回2840.00元。

完成上级下达审计任务　共完成省、市审计机关下达审计任务47项，审计单位222个，审计金额55112.36万元。

**【秦皇岛市开发区审计局】**　到1998年底，在职人员发展到13

人。其中:大学本科2人,大专9人。设局长1人。

审计工作成果　5年来,共完成审计项目156项,审计调查32项,共查出违纪违规金额395.01万元,上缴财政2.2万元,罚款金额2.16万元,查出国有资产流失971.19万元,向司法机关移送案件1人,移送司法机关处理1人。

完成开发区工管委领导交办任务　共完成交办任务61项。1998年,外商独资企业利达公司因老板不辞而别宣布破产,作为破产小组成员,审计人员不分节假日,加班加点,对公司全部资产进行审计评估,为公司500多名工人补开了工资,稳定了职工情绪,防止了事态向不良方向发展。

完成上级下达审计任务　共完成省、市审计机关下达的审计任务44项,审计单位47个,上缴财政2.2万元,罚款2.61万元。

**【昌黎县审计局】**　到1998年底,在职人员有30人。其中:大学学历1人,大专学历20人;局长1人,副局长2人。

审计工作成果　5年来,共完成审计项目49个,审计单位200户;审计调查2项,调查单位102个;审计总金额196734万元。共查出违纪违规金额2328万元。同县纪检、监察等部门配合,查处各种经济案件7起,为社会稳定发挥了作用。上缴县财政26万元,共提交审计报告115篇。

完成县政府交办任务　共完成交办任务5项,审计清理单位17个。

完成上级下达审计任务　共完成省、市审计机关下达的任务40项,审计单位170个,审计金额171324万元。

**【卢龙县审计局】**　到1998年,在编人员有27人。其中:大学本科1人,大专9人;局长1人,副局长2人。

审计工作成果　共完成审计项目154项,审计单位368个;审计调查9项,调查单位186个,审计金额141485万元。共查出违纪违规金额1111.9万元,上缴财政53.6万元。共提交审计报告154份。

完成县政府交办任务　共完成交办的审计任务31项,审计清理单位115个。1998年完成县委、县政府交办项目8项,审计单位54个,结合乡镇企业改制,利用2个多月的时间,对6家较大乡镇企业进行了清产核资,帮助企业理顺了账目。

完成上级下达审计任务　共完成省、市审计机关下达的审计任务123项,审计单位253个,审计金额97087万元。

**【抚宁县审计局】**　到1998年底,在职人员有39人。其中:大学本科5人,大专13人。局长1人,副局长2人。

审计工作成果　共完成审计项目203个,审计单位230户;审计调查14项,调查单位108个,审计金额209,312万元。共查出违纪违规资金8810万元。同县纪检、监察、信访等部门配合、查处各种经济案件1起。上缴县财政275.6万元,共提交审计报告203篇。

完成县政府交办审计任务　共完成43项,审计清理单位450个。1997年为帮助县委、县政府解决部分群众上访问题,积极派出调查组,对石门寨镇南关村村办集体企业财务收支情况进行了审计清查,对牛头崖村民怀疑承包"万博城"工程财务收支不清问题进行了审计,均交给群众一副"明白账"。解决了上访人员心中的疑虑。

完成上级下达审计任务　共完成省、市审计机关下达的审计任务145项,审计单位265个,审计金额达209312万元。

**【青龙满族自治县审计局】**　到1998年底,在编人员26人。其中:大学本科1人,大专10人;局长1人,副局长3人。

审计工作成果　共完成审计项目205个,审计单位235个;审计调查10项,调查单位90个。共查出违规违纪金额2746万元,上缴县财政77万元。同县纪检监察、检察院、信访等部门配合,查处各种经济案件15起,为维护经济秩序、严肃财经纪律,发挥了积极作用。共提交审计报告205篇。

完成县委、县政府交办任务　共完成交办任务81项,审计单位116个。其中:厂长(经理)和部门领导干部离任审计42项,重大案件审计11项。经审计,6名领导干部被撤职或降职使用,5人得到提拔重用。在县委、县政府交办的经济案件审计中,查出小金库4个,违规违纪资金102万元;查出贪污受贿案一起,移送纪检监察、检察院等部门7人。

完成上级下达的审计任务　共完成省、市审计机关下达的审计任务124项,审计单位119个,查出违规违纪资金1846万元。

**【廊坊市审计局】**　到1998年底,在职人员有76人。其中:本科学历16人,大专学历35人;局长1人,副局长5人。机关设置办公室、人事科、财金科、行政事业科、商贸科、工交科、建设科、基建预决算审计中心和审计事务所等机构。

审计工作成果　共完成审计项目(单位)503个,开展审计调查30项,调查单位155个;共查出违纪违规金额25427万元。与市纪委、公安、监察、信访等部门配合,查处各类经济案件20起。共上缴市财政1748万元,向上级提交审计报告389篇。

完成市委、市政府交办项目

共完成交办审计项目138个。1995年5月,市局在对建委某单位审计中,发现该单位公款转存定期储蓄300余万元,私设小金库及挪用建设单位预交保证金达106万元。1996年,直接参与了市纪委组织的文安县大留镇乡小王东村300多村民集体进京上访案件清查,查清了该村废旧机床市场有关责任人贪污管理费7万余元的问题,判刑3人,为维护农村稳定发挥了作用。

完成上级下达审计任务　共完成省厅下达的审计任务482个,审计单位764个,共查出违纪违规金额23889万元。

内部审计　到1998年,内审机构有142个,内审人员323名。全年共审计928个项目,纠正违规行为金额2771万元。

社会审计　5年来共接受社会委托项目1276项,其中企业年检306项。

受表彰情况　受省审计系统表彰7次,受市委、市政府表彰5次。共有12人次受到省审计系统表彰奖励,40人次受市委、市政府记功、嘉奖等奖励。

**地址**　河北省廊坊市审计局
**电话**　0316—2012626
**邮编**　065000
(马永旺)

**【廊坊市安次区审计局】**　到1998年底,有干部、职工43人。其中:有大本学历的5人,大专学历的14人;局长1人,副局长3人。

完成审计任务　共完成审计及审计调查项目31个,审计单位506户,审计金额35.26亿元。共查出违纪违规资金5037万元。配合本级纪检、监察、信访及其他部门查处各种经济案件24起。

完成本级政府交办任务　1996年,为配合全区机构改革和撤乡并镇,共派出7个工作组、21人次对全区14个乡镇进行清产核资。1997年,完成了区政府交办的对"三创一上"活动中上报的受奖单位各项经济指标的审计核实任务。在审核中,共对30个单位的134项经济指标进行了审计核实。1998年,抽调13人,对区直76个单位的规费收入及预算外资金的收支和管理情况进行了审计调查,及时向区领导提交了审计调查报告。

**【霸州市审计局】**　到1998年底,在职人员有45人。其中:大专学历8人;局长1人,副局长3人。

审计工作成果　共完成审计项目439个,审计调查34项,调查单位152个;审计金额1039324.12万元。共查出违纪违规金额4655.98万元;提出合理化建议400余条。

完成市委、市政府交办任务　共完成交办任务101项。截止到1998年底共完成工程预决算审计项目102个,审计投资总额61703.1万元,审减2047.8万元,为国家挽回一定的经济损失。

完成上级下达任务　1994年到1998年,共完成省、市审计机关下达审计任务198项,审计单位279个,审计金额325947万元。

**【三河市审计局】**　到1998年底,在职人员有34人。其中:大学本科1人,大专学历12人;有审计师等中级职称的有25人;局长1人,副局长1人。

审计工作成果　共完成审计项目278个,审计单位750个;审计调查30项,单位243个。共查出违纪违规资金6898万元。同市纪检、监察、信访等部门配合,查处经济案件25起。罚款91.4万元,已全额上缴财政。进行离任审计30项。提交审计报告278篇。

完成市委、市政府交办任务　共完成交办任务98项,审计清理单位625个。完成重点工程审计项目32项。如对政府投资兴建的市一中工程投资额4095万元,审减423万元。

**【固安县审计局】**　到1998年底,在编人员有29人。其中:大专学历11人;局长1人,副局长4人。

审计工作成果　共完成审计项目221项,审计单位245户;审计调查29项,调查单位171个。共查出违纪资金2130.0万元。同县纪检、监察、信访等部门配合,查处各种经济案件18起,为社会稳定发挥了作用。上缴县财政178万元,共提交审计报告221篇。

完成县政府交办任务　共完成交办任务56项,审计清理单位326个。1997年初成立基本建设审计股,截止到1998年底,两年共核减工程款3000万元。1997年在建设股承接的第一个基建项目——固安县玻璃纤维省重点技改项目审计中,审计投资总额2400万元,审计结算书196份,最后核减工程款350万元,审减率达16.7%。

完成上级下达审计任务　共完成省、市审计机关下达的审计任务148项,审计单位245户,审计金额268791万元。

**【永清县审计局】**　到1998年底,在职人员为31人。其中:大学本科1人,大专5人;局长1人,副局长3人。

审计工作成果　共完成审计项目315个,审计单位388户;审计调查21项,调查单位173个。共查出违纪违规金额7687万元。同县纪检、监察、信访等部门配合,查处各类经济案件9起。上缴财政106万元,追回挪用资金300余万元,促进被审计单位增收节支735万元。共提交审计报告315篇。

完成县委、县政府交办项目　共完成交办审计任务33项。

完成上级下达审计任务　共完成省、市审计机关下达的审计任务161项,审计单位207个。

**【香河县审计局】**　到1998年底,共有干部、职工34人。其中:大学生1人,大专生10人;局长1人,副局长3人。

审计工作成果　共完成审计项目248个。审计单位225户;完成审计调查21项,调查单位179个;审计金额249412万元。共查出违纪违规金额12669万元。同县纪检、监察、信访等部门配合,查处各种经济案件24起。上缴县财政276.4万元,共提交审计报告248篇。

完成县政府交办任务　共完成交办的工作任务68项,审计清理单位591个。截止到1998年底共完成工程决算审计项目39个,审计金额25123万元,审减金额1348万元。1998年在香河县重点工程——"双安路"的审计工作中,工程预算审减金额391万元,维护了国家利益。

完成上级下达审计任务　共完成省、市审计部门下达的审计任务159项,审计单位255个,审计金额249412万元。

**【大城县审计局】**　到1998年底,在编人员36人。其中:大学本科1人,大专7人;局长1人,副局长4人。

审计工作成果　共完成审计项目410个,审计单位505户。共查出违纪金额1429.5万元,上缴财政319.7万元。共提交审计报告410篇。完成审计调查17项,调查单位121个;建议纠正地方部门不当规定120条,被审计单位采纳合理审计建议124条。协助纪检、监察信访等部门审计各类案件29起,参与税收、财物、物价大检查审计42项,共查出各种违纪资金105万元。

完成上级下达审计项目　共完成省、市审计机关下达审计项目219项,审计单位314个,共查出违纪资金1429.5元,上缴财政319.7万元。

完成县委、县政府交办任务　共完成交办审计项目191个。

**【文安县审计局】**　到1998年底,在编人员37人。其中:大学本科1人,大专4人;局长1人,副局长1人。

审计工作成果　共完成审计项目227个,审计单位218户;完成审计调查21项,调查单位186个,审计总金额235769元。共查出违纪违规金额12074元。同县纪检,监察、信访等部门配合,查处各种经济案件10起。上缴县财政214万元,共提交审计报告238篇。

完成县政府交办任务　共完成53项,审计清理单位457个。截止到1998年底共完成工程决算审计项目10个,审计金额1120万元,审减金额79万元。

完成上级下达任务　共完成省、市审计机关下达的审计任务136项,审计单位217个。

**【大厂回族自治县审计局】**　到1998年底,在职人员28人。其中:大专学历5人;局长1人,副局长3人。

审计工作成果　完成审计项目228个,审计单位221户;完成审计调查单位154个,审计金额249112万元。查出违纪违规金额12650万元。同县纪检、县监察、县信访办等部门配合查处各种经济案件19起。共上缴县财政174.8万元,共提交审计报告156篇。

完成县政府交办的任务　共完成交办任务66项,审计清理单位398个。

完成上级下达的审计任务　共完成省、市审计机关下达的审计任务168项,审计单位228个。

**【衡水市审计局】**　到1998年底,在职人员有33人。其中:大学本科3人,大专18人;局长1人,副局长5人。设有办公室、综合科、财金科、行政事业科、工交科、商贸科、固定资产投资科、外资科、农业科。

审计工作成果　共完成审计项目181个,审计单位629户;审计调查19项,调查单位969个。共查出违规资金27674万元,上缴财政1702.98万元。提交审计工作报告148篇,被批示采用89篇。同时协同纪检、监察部门,查处各种经济案件12起,为经济发展和社会稳定发挥了重要作用。

完成市委、市政府交办任务　共完成118项,涉及单位398个。1997年在对121户骨干企业进行审计时,针对商业、粮食、供销、物资、外资、医药六大系统明亏增加、潜亏大、负债率高的现实,分析了亏损增加的10条原因,提出了解决问题的8条建议。市委、市政府组织召开了本市历史上规模最大的商贸工作会议,出台了6个政策性文件,在全市范围内开始清欠月活动,共收回资金2.7亿元。1998年,对商贸城、24项市政工程和体育场前期工程进行审计,为市财政节支2494.24万元。

内部审计　1997年成立了由155名会员参加的市内审协会。到1998年底,内部审计机构发展到86个,内审人员246名。

社会审计　共接受3394个单位的委托审计项目。其中财务收支审计1380个,承包离任审计14个,国有企业审计查证625个,经济案件鉴定35个,验资年检1143个,资产评估28个,基建审计169个,核减基建预决算5067万元,为被审单位换回经济损失1641万元,核减注册资金2485万元，促进提高经济效益3258万元，平息群众上访6起。

受表彰情况　市局被省审计厅4次评为实绩突出单位，1997年被省政府命名为“百家文明执法先进集体”而受到通报表彰；连续5年被市委、市政府评为“实绩突出单位”、“先进党支部”、“文明单位”、“优秀领导班子”等。共有5人次受到省审计厅的表彰，1人次受到省政府的通报表彰，5人次受到市委、市政府的表彰。

**地址**　衡水市胜利中路48号
**电话**　0318—2024742
**邮编**　053000(葛培新　吴增山)

**【衡水市桃城区审计局】**　到1998年底，干部、职工共有30人。其中：大学文化程度2人，大专20人；中级职称14人；局长1人、副局长3人。

审计成果　共完成审计项目174个，审计单位752个，审计资金总额68亿元。查出违纪违规资金20367万元，增加财政收入1672万元，追还被侵占挪用资金1059万元，核减工程造价689万元，提合理化建议375条，促进增收节支1134万元。共上报信息和文章980篇，被各级新闻单位、各级党委政府内部信息刊物采纳760篇。

1994年，重点对全市72个单位，80个基建项目进行开工前资金来源审计和审批，共审计资金总额11.55亿元；完成竣工决算审计27项，审计投资总额2210万元，审减工程造价196万元。

1998年，重点实施了对粮食系统亏损挂账的审计调查，对桃城区粮食系统10个独立核算单位自1992年以来的亏损挂账情况进行了审计调查，审计资金总额8458万元，查出各类违纪资金138万元。

**【冀州市审计局】**　到1998年底，在职人员已有33人。其中：大学本科3人，大专9人；局长1人，副局长2人。

审计工作成果　共完成审计项目156个，审计单位725户；审计调查20项，调查单位179个；审计金额644000万元。共查出违纪违规资金22199万元。配合市纪检会、信访办等部门，查处各种经济案件48起，为社会稳定发挥了作用。上缴财政1113万元，共提交审计报告478篇。

完成市政府交办任务　共完成交办任务67项，审计清理单位435个。1998年为配合全市市办工业企业和乡镇企业改制，共抽调12人，参与并成立了3个资产评估小组，审计涉及到全市94个单位，盘活存量资产34500万元。1995年设立基建审计科，截止到1998年底共完成工程决算审计项目134个，审计金额20743万元，审减3223万元。

完成上级下达审计任务　共完成省、市审计机关下达的审计任务89项，审计单位290个，审计金额456700万元。

**【深州市审计局】**　到1998年底，人员已达30人。其中：大专学历13人；局长1人，副局长5人。

审计工作成果　共完成审计项目198个，审计单位1068户，其中：完成审计调查22项，调查单位124个。共查出违纪金额26351万元，上缴财政591万元；共提交审计报告201篇。

完成本市政府交办任务　共完成47项，审计单位368个。

完成上级下达审计任务　共完成上级审计机关下达的审计任务142项，审计单位700个，其中，调查项目22项，调查单位124个。共查出违纪资金26351万元。

**【饶阳县审计局】**　到1998年底，在职人员共为19人。其中：大专学历15人；局长1人，副局长3人。

审计工作成果　共完成审计项目189个，审计单位541户；审计调查14项，调查单位105个。共查出违纪违规金额19340万元，上缴财政611万元；共提交审计报告198篇。

完成县政府交办任务　共完成交办任务40项，审计单位142个次。1996年，对全县16个乡镇的资产、财务状况进行了审计，为各乡镇机构的撤并交接提供了真实、可靠的财务依据。1994年到1998年共完成竣工决算审计项目42个，审计金额4997万元，审减金额775万元，平均审减率15.5%。1997年在对正饶线、肃衡线、饶武线的公路路基土方工程审计中，审计人员多次亲临现场测量，审计原预算金额762万元，审减313万元，审减率达41%。

完成上级下达审计任务　共完成省、市审计机关下达的审计任务149项，审计单位399个。查出违纪违规金额17120万元。

**【枣强县审计局】**　到1998年底，干部、职工共为29人。其中：大专学历4人；局长1人，副局长4人。

审计工作成果　共完成审计项目195个，审计单位728户；审计调查11项，调查单位56个。共查出违纪资金8589万元，收缴县财政479万元。同县纪检、监察、信访等部门配合，查处各种经济案件和清理农村财务15起。共提交审计报告195篇。

完成县政府交办任务　共完成交办任务44项，审计清理单位145个。1996年成立基建审计股，到1998年底，共完成审计决算项目44个，审计金额4286万元，审减金额391万元。

完成上级下达审计任务　共完成省、市审计机关下达的审计

任务140项，审计单位527个，查出违纪金额6244万。

**【故城县审计局】** 到1998年底，在职人员共为21人。其中：大专学历11人；局长1人，副局长3人。

审计工作成果 共完成审计项目229个，审计单位628户；审计调查13项，调查单位107个；查出违纪违规金额8784万元。同县纪检、监察、信访、检察院、法院查处各种经济案件29件。上缴县财政180万元。共提交审计报告218篇，被采用160篇。

完成县委、县政府交办任务 共完成交办任务63项，审计单位267个。县长办公会研究审计事项15次，主管县长听取审计工作汇报25次，县委、政府领导批转签发审计报告20份。

完成上级下达审计任务 共完成上级审计机关下达的审计任务166项，审计单位361户。

**【阜城县审计局】** 到1998年底，在编人员共为52人。其中：大专学历8名；局长1人，副局长2人。

审计工作成果 共完成审计项目146个，审计单位627个；审计调查7项，调查单位61个；审计金额198987万元。共查出违纪违规金额23909万元。同县纪检、监察、信访等部门配合，查处各种经济案件6起。上缴县财政368万元，共提交审计报告483篇。

完成县政府交办任务 共完成交办的工作任务23项，审计清理单位223个。

1998年下半年，对县信用联社办公楼及附属工程进行了竣工决算审计通过认真核对工程量，和核实材料价格，审减工程款11万元，发现该单位漏交税费64万元，乱列营业费84万元。该项目被省厅评为1998年度投资审计优秀项目。

完成上级下达审计任务 共完成省、市审计部门下达的审计任务118项，审计单位404个，审计金额197453万元。

**【安平县审计局】** 到1998年底，在职人员共为40人。其中：大学本科1人，大专11人；局长1人，副局长3人。

审计工作成果 共完成审计项目140个，审计单位304个，审计调查15项，调查单位121个，审计金额64355万元。共查出违纪违规金额6371万元。同县纪检、监察、信访等部门配合，查处各类经济案件18起，为社会稳定发挥了重要作用。上缴县财政1320万元，提交审计报告292篇。

完成县政府交办任务 共完成交办任务131项，审计单位596个。1998年，由于部分农村财务管理混乱，干群矛盾激化，引起集体上访，审计局抽调精干力量，对18个村的财务进行了审计，缓解了干群矛盾，而且避免了越级上访所造成的被动局面，受到领导的肯定和表扬。

完成上级下达审计任务 共完成审计单位304个，审计金额64355万元。

**【武邑县审计局】** 到1998年底，在职人员共为40人。其中：大专学历9人；局长1人，副局长3人，纪检组长1人。

审计工作成果 共完成审计项目156个，审计单位638户；审计调查12项，调查单位138个；审计总金额159024万元。共查出违纪违规金额7820万元。同县纪检、监察、信访等部门配合，查处各种经济案件15起。上缴县财政198.6万元，共提交审计报告180篇。

完成县政府交办任务 共完成交办任务36项，审计清理单位412个。查出违纪金额2120万元，提出合理化建议829条，促进增收节支240万元，挽回经济损失118万元。

完成上级下达审计任务 共完成省、市审计机关下达的审计任务120项，审计单位226个，审计金额159024万元。查出违纪金额5700万元。

**【景县审计局】** 到1998年底，在职人员共为48人。其中：大专学历21人；局长1人，副局长3人。

审计工作成果 共完成审计项目229个，审计单位628户，审计调查13项，调查单位107个；共查出违纪违规金额9198万元。同县纪检、监察、信访、检察院、法院配合查处各种经济案件19件。上缴县财政965万元，共提交审计报告229篇。

完成县委、县政府交办任务 共完成交办任务63项，审计单位267个。其中如基建审计列入县政府工作日程，县长办公会研究基建审计事项15项，主管县长听取基建审计工作汇报23次，县委、政府领导批转签发审计报告47份。

完成上级下达审计任务 共完成上级审计机关下达的审计任务166项，审计单位361户。

**【武强县审计局】** 到1998年底，共有干部职工16人。其中：大学本科1人，大专4人；局长1人，副局长3人。

审计工作成果 共完成审计项目467个，审计单位658户；完成审计调查37项，调查单位55个；审计金额253200万元。共查出违纪违规金额13578万元。上缴县财政230万元，共提交审计报告467篇。

完成县委政府交办任务 共完成交办150项任务，审计单位170个。连续3年为配合县三级干部大会召开提供翔实数字资料，累计抽调审计人员50人次，审计单位70个，审计资金8000多万元。

1997年在对武强县重点建设项目——武强宾馆的审计过程中，审计人员不畏困难，顶着来自各方面的压力，历时60余天，共审减金额180万元。

完成上级下达审计任务　共完成省、市审计机关下达的审计任务156项，审计单位223个，审计金额223200元。

## 山西省

**【山西省审计工作简述】**　5年来，全省共有省、地（市）、县（区）审计机关125个，审计人员3669人。其中，大专以上学历占总人数的46.36%；获得中级以上专业技术资格的占总人数的73.32%。

审计成果　全省共审计46408个单位，查处违规行为金额190.95亿元，其中应上缴财政19.49亿元，应减少财政拨款和补贴1.47亿元，追还被侵占挪用资金18.06亿元，罚款1.55亿元，为国家增收节支2.68亿元；揭露和向司法机关移送经济案件55宗，移送纪检和司法机关处理的责任人员80人；提交审计工作报告、信息21221篇，其中被批示、采用7915篇；建议纠正地方、部门不当规定1462条。

**【山西省审计厅概况】**　5年来，共审计1082个单位，查处违纪金额62.61亿元。其中应上缴财政8.97亿元，应减少财政拨款和补贴3908万元，追还被侵占挪用资金1.78亿元，罚款793万元，共为国家增收节支2.02亿元。

厅领导成员

厅长

董福山（1993.5—1998.4）

魏德卿（1998.3—　　）

副厅长

郝志远（1997.11—　　）

马永清（1988.3—1994.11）

马儒冠（1983.8—　　）

辛　超（1990.11—1997.1）

芦振基（1991.8—1994.11）

石维景（1991.8—　　）

潘学林（1994.11—　　）

本级预算执行审计　省审计厅代省政府起草了《山西省地方各级预算执行情况审计监督实施办法》，1995年11月以省政府67号令颁布实施。省地县三级审计机关相继成立了本级预算执行审计协调领导组，具体组织、领导这项审计。

预算执行审计工作开展以来，全省审计覆盖面达到100%，重点审计的一级预算单位面达到预算执行机关的30%，延伸审计的二、三级预算单位数与重点审计的一级预算单位数持平。审计查出的主要问题有：预算分配管理不够规范，挤占挪用专项资金现象较为普遍，收入征管工作偏松，其他财政资金沉淀严重等。针对这些问题，本着"严格依法处理、重在规范管理"的原则进行了处理，维护了国家政令的统一性和严肃性，全省共查出违反财政制度的金额43.7亿元，可增加财政收入7.53亿元。

其他专业审计　1. 财政决算审计　全省累计对28个地市、212个县区进行了重点审计，审计内容主要围绕财政收支的真实性、合法性和效益性，共查出违反财政制度金额25.07亿元，可增加财政收入7.01亿元，处罚4302万元。2. 金融审计　全省一次对工商银行信托和证券公司，两次对农业银行、中国银行、建设银行、中保产险寿险公司和省信托投资公司系统的674个单位资产负债损益进行了审计，并对农行、中行、建行的758个单位新旧会计制度转轨过程中国有资产变化、减利亏损、消费基金增长、工资内外收入情况进行了审计调查，共查出违纪违规金额8.5亿元，经审计上缴财政9565万元，移送纪检监察和司法机关经济案件3起3人。3. 基本建设审计　全省共审计各类建设项目（单位）2172个，审计资金总额831.25亿元，查出各类有问题资金74.81亿元，其中违纪资金8.98亿元。国家和地方重点项目包括万家寨水利枢纽、万家寨引黄、神头二电厂等一批关系国计民生的重大建设项目，审计资金总额522.85亿元，查出有问题资金69.44亿元，其中违纪资金7.96亿元。通过审计，为国家节约建设资金5.64亿元，追回侵占、挪用、挤占的建设资金4.65亿元，追缴财政和"罚款专户"各类违纪资金和罚款1.34亿元。此外，还审计了各类小型建设项目339个，督促补交税金0.53亿元。审计新开工建设项目1631个，总投资248.76亿元，查出部分建设项目资金不落实，缺口达8.37亿元，责令停工项目133个，压缩投资规模6.5亿元，为我省压缩通货膨胀、控制投资规模发挥了较大作用。审计技术改造项目62个，总投资28.48亿元，查出违纪资金1.37亿元，发现大多数项目建设资金不落实，76%的项目有资金缺口，总额达4.72亿元，为政府规范技改项目管理提供了依据。审计国有房地产开发企业和国有施工企业64个，查出了注册资本不足、拖欠税金、经济效益低下、潜亏严重、商品房销售不畅等问题，引起政府和有关部门的高度重视。4. 工交企业审计　先后开展了重点国有企业财务收支审计、股份制企业审计、专项基金审计、厂长（经理）任期经济责任审计、治乱减负和审计调查等工作。重点国有企业财务收支审计，审计企业388户

(包括12户重点股份制企业),查出违纪资金35880万元,收缴资金2605万元。煤炭专项基金审计,审计煤运单位1389户,查出违纪资金106400万元,收缴资金21900万元,促缴资金106400万元。交通专项基金审计,审计交通单位341户,查出违纪资金17500万元,收缴资金699万元。电力专项基金审计,审计电力单位118户,查出违纪资金2056万元,收缴资金852万元。厂和(经理)任期经济责任审计共完成385项,查出违纪资金83851万元。经审计,46名厂长(经理)因政绩突出,被提拔重用,117名进行调整,8名因各种原因被免职。企业审计调查,共完成112户企业经济效益调查,8户企业建立现代企业制度情况调查,281户治乱减负情况调查,调查结果受到省政府和新闻媒体的重视和关注。5.商贸企业审计　先后组织了对全省盐业、农资、棉麻、石油、医药、粮食6大系统的11次行业审计,共审计单位3739户,审计总金额680亿元,查出各种违纪违规金额3.65亿元。1998年,全省统一组织了粮食清查审计,对全省123个粮食主管部门和1580个政策性粮食企业1992年4月1日至1998年5月末新增财务挂账和其他不合理占用贷款情况进行了清查审计。6.农业资金审计　先后对扶贫资金、林业建设基金、国土资金、农业投入资金、农业综合开发资金、商品粮棉基地资金、粮棉大县发展经济专项贷款、水资源费、水利资金等专项资金进行了审计,审计单位11246个,审计总金额87.07亿元,查出违纪违规金额6.26亿元。其中,违纪金额1.46亿元,促进资金落实到位4153.8万元,对各种违纪问题处以罚款655.6万元。7.国外贷援款项目审计　先后对全省24个国际金融组织援贷款项目进行了审计,涉及全省所有地市县的240多个项目执行单位,包括煤炭、电力、铁路、化工、金融、农业、教育、卫生、水利、林业等行业,审计总金额30多亿元,查出违法乱纪金额近5亿元。8.行政事业审计　,先后了对全省住房资金、养老保险和失业保险基金、计划生育各项经费、科研经费、普教经费、公安、交警、检察院、法院系统财务收支及省政府驻外办事处领导干部经济责任和离任审计等21项审计,审计单位14743个,资金总额142.68亿元。查出各类违纪违规金额20.07亿元,上缴财政资金1.35亿元,为主管部门催征、催收各类专项资金1.3亿元,促进有关单位提高经济效益33.2万元;查出一批涉嫌贪污、受贿等违法违纪案件,移送司法及纪检、监察部门24人。山西行政事业审计从1995年起连续4年荣获全国行政事业审计考核第一名,受到审计署通报、表扬和表彰。

审计法制建设　审计法制方面先后制定并实施了《山西省审计厅关于实施审计工作程序的有关规定》、《山西省审计厅关于复核审计报告的试行办法》、《山西省审计厅实施复审工作程序的有关规定》、《山西省审计厅关于我省各级审计机关使用收缴违纪款、罚没款、欠交款统一收据和款项解缴有关问题的通知》、《山西省审计厅关于审计执法检查制度》、《山西省审计厅关于审计报告复核制度》、《山西省审计厅关于县区审计局设置法规员的制度》等7项审计规章制度。

审计机关精神文明建设　一是做到创建活动有方案、有标准、有检查、有奖惩措施,使精神文明建设纳入具体化、经常化、制度化的轨道。二是组织经常性群众性创建活动。三是在个人生活并不富裕的情况下每年为贫困山区受灾群众捐款累计20余万元,捐衣物1万余件,为灾区和贫困人民渡过难关,重建家园献出了自己的一份爱心。四是先后有几名同志被评为优秀党、团员、"学理论先进个人",培养树立了一批精神文明先进典型。五是圆满完成扶贫任务,审计厅连续两年被评为全省先进工作队。六是把精神文明建设的落脚点放在建立一支有理想、有文化、有道德、有纪律的审计队伍上来,制定鼓励政策。全省有500多名同志通过学习取得各类资格证书或晋升了学历。1997、1998年厅机关连续两年被评为省直机关"精神文明"单位。

审计宣传　许多报告、信息受到中央领导和省委、省政府领导的关注,并作了重要批示,在社会上引起了强烈反响。《我省棉花储备库大量闲置,浪费严重》、《我省计划生育经费使用违纪问题严重》、《我省纺织企业拖欠棉麻系统资金严重》等审计信息编发后,被省政府转报国务院,引起国家有关部委的高度重视。对潞安矿务局常村煤矿外债偿还情况的综合调查报告和审计信息上报审计署、省委、省政府后,先后被审计署和有关部委采用,当年,国务院副总理朱镕基、国务委员李贵鲜分别作了重要批示,责成有关部门为潞安矿务局解决了300万吨的铁路运力,使该项目因铁路外运计划不落实每年亏损1.6亿元的问题基本得到解决,为企业实现了扭亏增盈,使企业尽早释放投资效益。

**地址**　太原市新建南路文源巷18号
**电话**　0351—4189001
**邮编**　030001
(王玉峰)

**【古交市审计局】**　1998年底,在职人员为18人。其中:大学本科1人,大专7人;局长1人。

审计工作成果 完成审计单位43户，查出违纪违规金额5493万元，上缴财政516万元。

重要工作简述 1994年，对全市144个单位公款占用情况进行了专项审计调查。1995年5月市人大财经委组织部分人大代表，深入到企事业单位视察《审计法》颁布以来贯彻落实情况，认为市政府落实《审计法》有成效，审计机关在积极履行职责、强化审计监督方面取得了显著成效。1996年9月，对治理汾河资金的审计报告受到市政府高度重视。

**【大同市审计局】** 到1998年底，在编人员为158人。其中：高级职称1人，中级职称101人；大本学历10人，大专学历73人；局长1人，副局长6人。设有办公室、财政审计科、金融审计科、行政事业审计科、工交审计科、商业审计科、投资审计科、农业审计科、外资审计科体系指导科、审计法规科、审计综合科、人事教育科、机关党委办公室、纪检监察室等机构。还有4个直属审计事务所。

审计工作成果 共完成审计项目(单位)1731个，查出违纪违规金额370375万元，上缴市财政5407万元，审计罚款金额145.9万元，查出百万元违纪单位25个，共提交审计报告信息797篇。1998年，完成对全市1996年至1997年水利专项资金审计，针对查出的问题及全市水资源缺乏的现状，建议政府尽快出台水利建设基金管理办法，后被采纳。

内部审计 1994年，共设立内部审计机构1259个，内部审计人员705人，到1998年内部审计机构发展到273个，内部审计人员未变。

社会审计 从业人员103人，其中：聘用人员76人。自1994年到1997年，主要开展了年检验资、基建预决算、经济案件鉴证、财务收支、承包离任、资产评估、破产清算等多项审计业务。共接受委托对3806个单位进行了审计。核减高估冒算基建资金1976万元，核减虚假注册资金2540万元。

受表彰情况 1997年3月由山西省审计厅授予1996年度目标责任考核三等奖。1998年4月由大同市考核委员会授予1997年度考核先进集体。

**地址** 大同市审计局
**电话** 037008
**邮编** 037008 (徐景秀)

**【大同市城区审计局】** 到1998年底，在职22人。其中，大学本科2人，大专4人；局长1人，副局长2人。

审计工作成果 共完成审计项目42个，审计单位780户；审计调查45项，调查单位739个，审计金额118500万元。发现违纪单位102个，共查出违纪违规2823万元。同区纪检、监察、反贪局等部门配合，查处各种经济案件23起。上缴财政71万元，共提交审计报告59篇。

完成区政府交办的任务 共完成交办任务20项，审计单位543个，审计金额65422.71万元。在基建审计中，到1998年，共核减工程款462万元。如帅府宾馆220万元主体工程就核减48万元，新建南路派出所260万元工程核减50万元。

完成上级下达的审计任务 共完成省、市审计机关下达的审计任务22项，审计单位390个，审计金额53077.29万元。

**【大同市矿区审计局】** 到1998年底，在编15人。其中：大专学历7人；局长1人，副局长3人。

审计工作成果 共完成审计项目80个，审计单位501户；审计资金总额257927万元。共查出违纪违规金额1657.58万元，查处移交经济案件3起，上缴区财政69.38万元，共提交审计报告83篇。

完成区政府交办任务 共完成交办任务55项，审计单位414个。截止到1998年底共完成工程决算审计项目3项，审减高估冒算金额64万元，为区财政挽回经济损失33万多元。1997年，对区华联建材公司进行财务收支审计时，帮助该公司追回多分配给中国建材总公司利润10.4万元。

完成上级下达审计任务 共完成省、市审计机关下达的审计任务25项，审计单位209个。

**【大同市南郊区审计局】** 到1998年底，共有干部职工13人。其中：大学本科1人，大专9人；局长1人，副局长2人。

审计工作成果 共完成审计项目101个，审计单位140户；审计调查6项，调查单位15个。审计共查出违纪违规金额713万元，上缴财政209万元。

完成区委区政府交办任务 共完成交办任务56项。1995年参与全区清房工作和清理整顿土地隐形市场工作、清理小金库工作，参与全区乡镇企业股份合作制改造和规范的工作等。1998年派出审计调查组对10户不同类型的煤炭生产企业纳税情况进行了审计调查，弄清了煤炭企业税收完成及税收负担情况。截至1998年底，共完成工程决算审计项目34个，审减金额228万元，为有关单位挽回了经济损失。

完成上级下达任务 共完成省、市审计机关下达的审计任务22项，审计单位80个，查出违纪金额208万元。

**【大同市新荣区审计局】** 到1998年底，共有在岗人员12人。其中：大学本科1人，大专7人；局长1人，副局长3人。

审计工作成果　共完成审计项目96个,审计单位167户。共查出违纪违规金额1583万元,上缴县财政29万元,共提交审计报告96篇。

**【大同县审计局】**　1998年底有员工22人,其中:大学本科1人,大专12人;中级职称5人;局长1人,副局长3人。

审计工作成果　共完成审计项目153项,审计单位474个,审计调查项目7项,审计金额110466万元。共计查出违纪违规金额1063万元,上缴县财政124万元。

完成县委县政府交办的审计任务　共完成交办任务112个,审计单位有362个次。

完成上级下达的审计任务　共完成省、市审计机关下达的审计任务41项,审计单位134个。向上级提供各种审计信息108条,被采纳62条,提出专项审计报告15篇,被采纳了10篇。

**【天镇县审计局】**　到1998年底,在编人员共为15人,其中:大专学历7人;局长1人、副局长3人。

审计成果　共完成审计项目68个,审计单位401衣,共查出违规金额5185万元。同县纪检、监察、法院、信访等部门配合,查处经济案件3起,为稳定社会发挥了作用。上缴县财政74.72万元,共提交审计报告196个。

完成县政府交办任务　共完成交办的任务23项,审计单位318个。基建审计股共完成工程决算审计项目32个,审计净核减金额334万元。

完成上级下达审计任务　共完成省、市审计部门下达的审计任务34项,审计单位207个,审计总金额673999万元。

**【灵丘县审计局】**　到1998年底,在编16人。其中:大学本科1人,大专5人;局长1人,副局长3人。

审计工作成果　共完成审计项目141个,审计单位308户;审计调查11项,调查单位13个;共查出违纪违规金额1003万元。同县纪检、监察部门配合,查处各种经济案件8起。上缴县财政87.5万元。共提交审计报告141篇。

完成县政府交办任务　共完成交办任务40项。1997年10月、1998年四季度,与公安局积极配合,抽出8人对全县范围内私营、集体、国营及改制企业开展了税收大检查,涉及32个单位,共查出漏税金额77万元。

完成上级下达审计任务　共完成省、市审计部门下达的审计任务45项,审计单位151个,查出违纪违规金额214万元。

**【广灵县审计局】**　到1998年底,干部、职工发展到21人。其中,大学本科1人,大专11人;具有中级技术职称的6人;局长1人,副局长2人。

审计工作成果　共完成审计项目480个,审计单位648个,审计调查7项,审计金额84856万元。共查出违纪违规金额1530万元,上缴县财政134.1万元。共提交审计报告、信息67篇。

完成上级下达审计任务　共完成省、市审计机关下达的审计任务49项,审计单位190个,审计余额38282.6万元。

完成县政府交办任务　共完成431项,审计单位452个。共完成工程竣工决算10个,审计金额10502万元,核减工程款723.9万元,为国家节省了大量资金。

**【阳泉市审计局】**　到1998年底,在职人员为63人。其中:研究生学历1人,大本4人,大专30人;局长1人,副局长3人。设有办公室、财政审计科、金融审计科、行政事业审计科、商贸审计科、工交审计科、固定资产投资审计科、审计管理科、法规管理科、人事监察科、审计事务所等机构。

审计工作成果　共完成审计项目167个,审计单位2616户;审计调查56项,调查单位605个;审计金额1217146万元。共查出违纪违规金额98323万元。同市纪检、监察、司法等部门配合,查处各种经济案件83起。上缴市财政5542万元,共提交审计报告1123篇。

完成市政府交办任务　共完成交办任务79项,审计单位1043个。1996年6月对市煤气热力总公司1994年至1996年6月资产、负债、损益情况进行专题审计,查出违纪违规金额达1774万元,原公司总经理受到了党纪处分和刑事处分。1997年9月在对全市城建资金审计时,查出违纪金额1.2亿元,可增加财政收入2396万元。

完成上级下达审计任务　共完成上级下达的审计任务328项,审计单位501个,审计金额328190万元。

内部审计　到1998年审计机构为146个,内审人员385名。

社会审计　共接受社会委托项目7517个。其中:企业年检4815个,年检金额126222万元;注册资金验证3335个,验证资金126593万元;基建预决算验证417个,核减基建预决算金额3563万元。

受表彰情况　受省审计系统表彰49项,受市委、政府表彰19次;共有3人次受到国家审计署表彰奖励,69人次受到省审计系统表彰奖励,32人次受到市委、市政府记功、嘉奖等奖励。

**电话**　0353—2034850

**【阳泉市城区审计局】**　到1998年底,在职人员为7人。其中:大学本科1人,大专生2人;局长1

人,副局长2人。

审计工作成果　共完成审计项目26个,审计单位108户;审计调查3项,调查单位46个。共查出违纪违规金额2373万元,上缴区财政342万元。

完成区政府交办任务　共完成交办任务11项,审计单位46个。

完成上级下达任务　共完成省、市审计机关下达的审计任务13项,审计单位59个。

**【阳泉市矿区审计局】**　到1998年底,共有干部职工11人,其中:大学本科4人,大专4人;局长1人,副局长2人。

审计工作成果　共完成审计项目25个,审计单位151个,审计金额36374万元。共查出违纪违规金额975.1万元。同县纪检、监察等部门积极配合,查处各种经济案件12起。上缴区财政203万元,共提交审计报告25篇。

完成区政府交办任务　共完成交办任务9项,审计单位46个。

完成上级下达审计任务　共完成省、市审计机关下达的审计任务21项,审计单位106个,审计金额19020万元。

**【阳泉市郊区审计局】**　1998年有干部职工24人。其中局长1人,副局长2人;大专以上学历10人。

审计工作成果　共完成审计项目74项,审计单位623个;审计调查项目12项,调查单位64个。共查出违规金额7619万元,上缴财政932万元,罚款86060元,核减财政拨款或补贴801万元,归还原渠道资金1355万元,移送经济案件4件。协同司法机关查处各种经济案件12起。提交各类审计报告86篇。

**【平定县审计局】**　到1998年底,干部、职工人数为19人。其中:大专学历9人;局长1人,副局长2人。

审计工作成果　共完成审计项目89个,审计单位823个;审计调查8项,调查单位8个;审计总金额339412万元。共查出违纪违规金额8943万元,上缴财政946万元。提交各种信息、情况反映、简报共167篇。共完成县委、县政府交办的任务9项。

**【盂县审计局】**　到1998年底,在职干部职工40人。其中:大专学历15人;局长1名、副局长2名。

审计工作成果　共完成审计项目131个,审计单位488户;审计调查33项,调查单位87个;审计金额237216万元。违纪违规金额9234万元,查出应上缴财政1144万元,已上缴财政金额1098万元,同时核减财政拨款286万元,核减基建投资469万元,提交审计报告170篇。

完成县委、县政府交办任务　共完成交办任务84项,审计单位150个。

完成上级下达审计任务　共完成省、市项目46个,审计单位159个,审计金额10250万元。

**【长治市审计局】**　到1998年有干部职工68人。其中:大学本科8人,大专30人;具有高级职称者1人,中级职称者49人;局长1人,副局长4人。设有财政、金融、投资、经贸、外资、农业、行政事业和办公室、综合科、法规科、人教科、管理科、纪检室、总支办和工会、团支部、妇委会等16个机构。

审计工作成果　全市审计机关共完成审计项目160个,其中指令性项目89个,地方交办项目79个,审计单位4239个,审计金额52亿元。完成审计调查16项,调查单位182个,调查金额6.4亿元。共查出违纪违规金额98696万元,增加省市地方财力13896万元。同纪检、监察和司法部门配合,查处各种经济案件10起。共提交审计报告630篇。

专项资金审计　对扶贫资金、煤炭资金、普教经费、水利资金和计生经费等15项专项资金开展了审计,审计单位1950个,审计资金总额35亿元。查出违纪金额4.8亿元,收缴财政8517万元。1995年在长治及赴太原开展的煤炭资金审计,共收缴煤炭资金3290万元。1997年开展的计生经费审计,查出了19个小金库和13起个人经济问题。

内部审计　1994年市直共有内审计机构215个,内审人员398名,到1998年底内审机构发展至235个,内审人员411名。

受表彰情况　长治市审计局先后跨入了全市最佳服务机关和市级文明单位行列,118次获得了国家和省市党政部门的表彰奖励。继1994年首次荣获国家人事部、审计署授予的"全国审计机关先进集体"荣誉称号后,1997年再度获此殊荣。

**【长治市城区审计局】**　到1998年底,在职人员10人。其中:大学1人,大专2人;局长1人,副局长2人。

审计工作成果　共完成审计项目26个,审计单位108户;审计调查3项,调查单位46个。共查出违纪违规金额2373万元,上缴区财政342万元。

完成区政府交办任务　共完成交办任务11项,审计单位46个。

**【潞城市审计局】**　到1998年底有干部职工27人。其中:大专学历13人;局长1人、副局长2人。

审计工作成果　共完成审计项目72个,审计单位394户;审计调查9项,调查单位40个;审计金额182900万元。共查出违纪违规金额10095万元。查处经济案件并移交检察部门处理两起3人,为惩治腐败和社会的稳定发挥了积极的作用。上缴财政金额170万元，提交审计报告、信息177篇。

完成市政府交办任务　5年共完成市委、市政府交办的工作任务16项，审计单位60个。1994年4月对1993年汛期本市四次遭受特大洪水袭击，接受的社会各界捐款、捐物分配使用情况进行了审计调查，共调查12个单位2个乡5个村，审计报告经市长签阅后，向市长办公会专题汇报，通过电视台公布于众，全市人民对救灾款物的分配使用情况感到非常满意。1995年成立基本建设审计股，到1998年底，共审计千万元以上投资项目2个，百万元以上投资项目3个，其中：办公楼4座、城市道路1条，总投资3708万元，其中工程决算2421万元，经审计核减工程价款302万元，占工程造价的13%，为国家挽回了大量的经济损失。

完成上级下达审计任务　共完成省、市审计机关下达的审计任务56项，审计单位334个，审计金额167252万元。

**【长子县审计局】**　1998年底，在编15人。其中：大学本科1人，大专4人；局长1人，副局长3人。

审计工作成果　共完成审计项目88个，审计单位189户，查出违纪违规金额9683万元，查处各种经济案件7起，上缴县财政497万元，共提交审计报告96篇。

完成县政府交办任务　共完成交办任务18项，审计清理单位23个。1998年成立固定资产投资审计股，截止到1998年底共完成工程决算审计项目5个，审减金额38万元。

完成上级下达审计任务　共完成省、市审计机关下达的审计任务70项，审计单位105个。

**【襄垣县审计局】**　到1998年底，有干部、职工22人，其中：大专学历14人；具有中级技术职称资格8人、注册会计师1人；局长1人、副局长2人。

审计工作成果　共完成审计项目108项，重点审计单位300户，审计资金总额12.5亿元。共查出违纪违规金额1609.7万元，上缴财政241.6万元。共提交各类审计报告400余篇，其中被采纳260篇(次)。

完成县政府交办任务　共完成交办任务42项，审计清理单位200余个。1996年对17户国有工交企业进行了资产负债损益审计，对13个乡镇的16名乡镇主要领导干部进行了离任审计，对县“411”工程中所办的十件实事，进行了跟踪审计。1998年参与企业改制审计，厂长(经理)离任审计，配合纪检和监察部门查处重大案件和群众上访“老大难”案件等30余项，为企业提出合理化建议28条，落实案件16起。

完成上级下达审计任务　共完成市审计局下达审计任务66项，审计单位231个，查出违纪违规金额1609.7万元，上缴财政241.6万元。

**【屯留县审计局】**　到1998年底，审计人员共为15人，其中：大学本科2人、大专5人；审计师5人，会计师1人；局长1人，副局长2人。

审计工作成果　共完成审计项目65个、审计单位143户，同时完成审计调查项目12个，审计调查单位24个，审计金额达9820万元。其中查出违纪违规金额628万元，上缴县财政49万元。另外我局配合县纪检、监察、信访、检察院等部门查处各种经济罪案件15起。共提交审计报告信息125篇，其中被审计署和国家级采纳5篇，省级采纳20篇，地市级采纳150篇。完成省、市审计机关1994年至1998年下达和委托的审计任务450万元。同时顺利完成县委县政府交办的审计任务18项，审计单位82个。1998年4月参与并负责屯留县企业清资，涉及到全县45个单位。1994年成立了工交建设审计股，到1998年底，共完成基建投资项目开工前和决算审计15个，审计金额达8460万元。

经济责任审计和案件查处状况　曾两次组织领导干部离任经济责任审计，单位58个，审计对象86个。

**【黎城县审计局】**　到1998年底，人员共有16人。其中：大专学历4人；局长1人，副局长3人。

审计工作成果　共完成审计项目113个，审计单位369个；共查出违纪违规金额3121.4万元，上缴县财政118.8万元；共提交审计报告113篇。

完成县政府交办任务　共完成交办任务57项，审计清理单位179个。1995年，在对中国工商银行黎城县支行营业办公楼及附属配套工程审计中，共查出邯郸第三建筑公司直属一处在工程决算中高估冒算、套取工程款100.36万元，占审计决算总额245.61万元的40.86%。

完成上级下达的审计任务　共完成省、市审计机关下达的审计任务56项，审计单位190个。

**【壶关县审计局】**　到1998年底，共有干部8人，职工1人。其中：大专学历4人；有局长1人，副局长2人。

审计工作成果　共完成审计项目92个，审计单位267户；审计调查11次，调查单位45户；共审计金额117918万元。查出违纪违规金额4628.85万元，上缴财政金额166.82万元；向纪检部门移交经济案件2起，共提交审计报告267篇。

完成县政府交办任务　共完成交办任务15项，审计调查单位76个。1996年到1998年，对全县20个乡镇政府党委，35个县直机关单位的领导任期经济责任情况进行了审计。

完成上级的审计任务　完成市审计机关指令审计任务77项，审计单位226个，共审计金额107918万元。

**【高平市审计局】**　到1998年底，在职人员有32人。其中：大学本科2人，大专14人，局长1人，副局长2人。

审计工作成果　共完成审计项目63个，审计单位236户；完成审计调查9项，调查单位49个；共查出违纪违规金额7008万元。同市纪检、监察、信访等部门配合，查处各种经济案件2起，为社会稳定发挥了作用。上缴市财政416万元，共提交审计报告102篇。

完成市政府交办任务　共完成交办任务18项，审计清理单位46个。1997年对我市15个单位进行了领导干部任期经济责任审计。

完成上级下达审计任务　共完成省、市审计机关下达的审计任务45项，审计单位190个。

**【泽州县审计局】**　现有干部职工21人，其中：具有大专以上文化程度12人，具有中级以上专业技术资格16人；局长1人，副局长1人。

审计工作成果　完成审计项目93项，审计调查单位293个，查处违纪违规资金23353万元，增加地方财政收入6682万元，追回挤占挪用资金1641万元，促进财政增收节支、帮助企业提高经济效益2875万元。查出经济违法案件3起，依法移交司法机关刑事处理4人，移交纪检、监察机关党纪政纪处分8人。特别是连续4年的煤炭资金审计，为市、县两级政府增加可用财力4600万元。

**【陵川县审计局】**　到1998年底，在职人员34人。其中：大专学历5人；局长1人，副局长1人。

审计工作成果　共完成审计项目81个，审计单位556个；完成审计调查15项，调查单位24个；审计金额156336万元。共查出违纪违规金额8167万元。同县纪检、检察等部门配合，查处各种经济案件10起。上缴县财政451万元，共提交审计报告395篇。

完成县政府交办任务　共完成交办的审计事项15件，审计调查9件，涉及审计单位218个。审计总额5012万元，查出违纪违规金额2548万元，上缴县财政7.5万元。

完成上级下达审计任务　共完成省、市审计机关下达的审计任务66项，审计调查6项，涉及审计（调查）单位362个，审计金额151324万元。查出违纪违规金额5619万元，上缴县财政443.5万元。

**【阳城县审计局】**　到1998年底，干部、职工共有19人。其中：大专文化程度15人；局长1人，副局长3人。

审计工作成果　共完成审计项目118个，审计单位886个，审计资金10.9亿元，查出违纪违规金额2.47亿元，上缴省、市、县资金2560万元，为企业增收1594万元，查处百万元以上违纪单位19个。提交审计综合报告、信息被上级部门和新闻媒体采用160余篇次。在对某执法单位1996年度预算执行情况审计中，一举查清了该局未经批准，擅自将代收的城市增容费384万元多数列支的严重问题，处以罚没款34.8万元。

**【沁水县审计局】**　到1998年底，在职人员共为33人。其中：大专学历10人；注册会计师5人，审计师10人；局长1人，副局长3人。

审计工作成果　共完成审计项目136项，其中：政府交办任务59项，上级下达任务77项，审计单位206个（次）。完成审计调查项目13项，调查单位42个。审计资金总额累计158.208万元。提交审计工作报告、审计信息46篇，促进增收节支784万元。

大要案件查处　共查处各类经济违法案件11起，移送有经济问题的个人23人，其中司法机关追究刑事责任11人，受到党纪政纪处分12人。1996年在对永红煤矿矿长进行离任审计时，查出该矿隐瞒截留收入、私设“小金库”等违纪金额800万元，万元以上贪污挪用公款案5件6人，查出有其他经济问题的个人7名，有6人被移送司法机关处理，5人（次）受到党纪政纪处分，并对19名违纪者和主要责任人处以没收非法所得和罚款24万元。1998年审计查出加丰发电厂厂长任职期间，虚报政绩、隐瞒亏损516万元，同时以权谋私，伙同本厂两名职工共同贪污公款3万余元，给国家造成损失15万元等问题，依法移送司法机关追究刑事责任，并使其受到双开除的处分。

**【朔州市审计局】**　到1998年底，共有人员34人。其中：大学本科12人，大专12人；局长1人，副局长3人；设有办公室、财政审计科、金融审计科、行政事业审计科、工商企业审计科、固定资产投资审计科、农业外资审计科、审计事务所等机构。

审计工作成果　共完成审计项目156项，审计单位485个；审计调查项目9项，调查单位19个。共查出违纪违规金额103628万元，上缴财政4302万元。提交审计报告和信息192篇。

完成市委、市政府交办任务　共完成交办任务63项，审计单位80个。其中50项是企事业单位厂长(经理)和党政机关领导的离任审计。

完成上级下达审计任务　共完成省审计厅下达的审计任务93项，审计单位405个。

内部审计　到1998年，内部审计机构有27个，内审人员110名。

社会审计　市审计事务所共接受社会委托项目765项，其中：财务收支审计309项，企业验资年检316项，基建项目竣工决算审计83项，核减工程预决算940万元。

受表彰情况　受山西省审计厅表彰15次，受市委、市政府表彰10次。共有35人次受到省审计厅的表彰奖励，30人次受市委、市政府表彰奖励。

**地址**　朔州市府街3号
**电话**　0349—2023794
**邮编**　036002

**【右玉县审计局】**　现有干部职工16人，其中：大专学历4人；局长1人，书记1人，副局长2人。

审计工作成果　共完成审计项目92个，审计单位250户，完成审计调查19项，调查单位136个，审计金额1.2亿元，共查出违纪违规金额1300万元，上缴县财政28.2万元，向上级审计机关提交审计报告66篇。

完成县委、县政府交办任务　共完成交办任务62项。1997年抽调本局审计干部12人，参与了全县机构改革、企业改制工作。审计涉及到全县30个单位。截止到1998年底，共完成工程决算审计项目25个，查出违纪金额252万元。

完成上级下达审计任务　共完成省、市审计部门下达的指令性审计任务52项，审计单位172个，审计金额1.2亿元。

**【忻州地区行署审计局】**　到1998年有干部46人，其中：大学本科7人，大专22人，审计师35人。局长1人，副局长3人。内设党支部、办公室、人事教育科、综合科、财政审计科、金融审计科、行政事业审计科、固定资产投资审计科、农业审计科、商贸企业审计科、工交企业审计科、外资运用审计科、法规科、管理科、监察室等科室。

审计工作成果综述　共审计1266个单位，查出违纪金额85034万元，应上缴财政1902万元，已上缴财政1483万元。查出应减少财政拨款和补贴58万元，应追还侵占挪用资金1323万元，百万元以上违纪单位14个，移送纪检和司法机关处理的责任人员2人。共提交审计信息简报354篇，被采用191篇(次)。

内部审计　到1998年，内审机构为42个，内审人员为96人。

社会审计　共完成862项委托事项，为委托单位挽回损失370万元，核减虚假注册资金848万元，核减基建预决算246万元。

受表彰情况　5年来在岗位目标责任制考核中被山西省审计厅排队在前三名，单项奖42次，优秀项目奖1次，获地委、行署表彰12次。局长樊章盛同志是1997年底受到人事部和审计署联合表彰的全国先进工作者。

**【五台县审计局】**　到1998年底，在编人员有20人。其中：大专以上学历14人；获得中级技术职务资格的12人；局长1人，副局长3人。

审计工作成果　共完成审计项目216个，审计单位400户；审计调查9项，调查单位58个。审计共查出违纪违规金额3917万元。同县纪检、监察、信访等部门配合，查处各种经济案件12起，为社会稳定发挥了作用。应上缴财政290万元，已上缴财政271万元，共提交审计报告216篇。应追还侵占挪用资金180万元，罚款229131元。提交审计工作简报、信息126篇，被各级批示采用44篇。

完成县政府交办任务　共完成交办任务42个，审计清理单位366个。

完成上级下达审计任务　共完成省、区审计部门下达的审计任务174项，审计单位400个，审计查出违纪金额3917万元。

**【河曲县审计局】**　到1998年底，在职人员共为18人。其中：大专学历2人；审计师3人，会计师2人，经济师1人；副局长3人。

审计工作成果　共完成审计项目219个，审计单位386个，审计调查18项，调查单位78个；共查出违纪违规金额1296万元，上缴县财政137万元。同时，配合县纪检、监察等部门查处案件12起。

完成县委、县政府交办任务　共完成交办任务173项，重点是在全区推行党政机关主管干部离任审计和参与全县财税、物价大检查工作。

**【定襄县审计局】**　1998年底，在编16人。其中：大专学历7人，局长1人，副局长2人。

审计工作成果　共完成审计项目124个，查处和纠正违纪金额4738万元，促进专项资金到位408万元，收缴罚没款147万元，代有关部门收缴款76万元。提交审计报告25篇，其中被批示、批转采纳8篇。

**【岢岚县审计局】**　到1998年底，在职人员共为16人。其中：大学本科1人，大专6人；局长1人，副局长3人。

审计工作成果　共完成审计项目206个，审计单位185户；调查26项，调查单位228个，审计总金额294742万元。共查出违纪违规金额796.8万元；同县纪检、监察、信访等部门配合，查处各种经济案件12起；上缴县财政85.9万元。共提交审计报告21篇。

完成县政府交办任务　共完成交办78项，审计清理单位176个。截止到1998年底共完成工程决算审计项目8项，审计金额927万元，审减金额2.3万元。

完成上级下达审计任务　共完成省、地审计机关下达的审计任务128项，审计单位142个，审计金额149412万元。

**【昔阳县审计局】**　到1998年，底在职人员为15人。其中大专学历5人；局长1人，副局长3人。

审计工作成果　共完成上级指令性审计项目72个，审计单位475个；审计调查5项，调查单位5个；共查出违纪违规金额9460万元。同县纪检、监察、信访等部门配合，查处经济案件3起。上缴县财政185万元，提交审计报告40篇。

完成县政府交办任务　共完成交办任务28项，审计单位132个。1996年8月为配合全县煤炭市场整顿，我局对80余座煤矿以及煤炭运销企业进行了清查审计，通过与其他部门配合为财政收缴回资金800多万元。1997年、1998年两年间共完成基建开工前审计27项，工程竣工决算项目审计31项，核减高套定额、高估冒算56.68万元，查出欠交投调税110万元。

**【灵石县审计局】**　到1998年，有大学本科2人，大专23人；审计〈会计〉师14人；局长1人，副局长2人。

审计工作成果　共完成审计事项293项，审计调查14项，审计单位507个〈次〉，审计金额132144万元，查出违纪金额1398万元；配合纪检、监察、信访部门查处各种经济案件28起；上缴财政798万元，共提交审计报告293篇。

完成县委、县政府交办事项　共完成交办任务54项，审计清理单位132个(次)，审计金额12440万元。

完成上级下达任务　共完成上级下达的审计任务203项，审计单位375个，审计金额119704万元。

**【祁县审计局】**　到1998年底，共有干部、职工20名，其中：大学本科2名、大专14名；局长1人，副局长3人。

审计工作成果　共查出违纪违规金额3818万元，上缴上级和县财政214.2万元。上报审计综合报告、调查报告、情况报告共64篇。

完成上级下达任务情况　共完成行署下达的县内审计项目55项，调查项目5项，涉及单位391个。出县交叉审计了6个项目，涉及审计单位159个，可处理收缴款额145万元。5年中，共完成县委县政府交办事项43项，涉及审计单位515个，围绕县里的中心开展了审计工作，发挥了审计的职能。1996年参加集体私营企业税收检查，收缴偷税金额32万元；1997年对全县85个加油站进行纳税调查；1998年完成了30个单位的离任审计任务。

**【左权县审计局】**　到1998年底，在职人员共有25人。其中：大学本科1人，大专生14人；局长1人，副局长2人。

审计工作成果　共完成审计项目97个，审计单位340户；审计调查项目3项，调查单位6个；审计总金额89580万元。共查出违纪违规金额3255万元，上缴县财政404万元，共提交审计报告97篇。

完成县政府交办任务　共完成交办任务23项，审计清理单位109个。

完成上级下达审计任务　共完成省、地审计机关下达的审计任务69项，审计单位340个，审计金额89580万元。

**【寿阳县审计局】**　到1998年底，有干部职工14人，其中：大专以上学历4人；局长1人，副局长3人。

审计工作成果　共完成审计项目83项，审计单位339个，调查单位69个。共查出违纪违规金额4249万元，罚款38.3万元，上缴财政168万元。共提交编发审计报告、调查报告和审计信息337篇。

企业审计　共审计单位81个，查出违纪违规金额1401万元，上缴财政18万元。

财政基建审计　自1995年成立了财政基建审计股，截至1998年，共审计单位71个，查出违纪违规金额514万元，上缴财政6万元。

行政事业审计　共审计单位187个，查出违纪违规金额2307万元，上缴财政144万元。

**【太谷县审计局】**　至1998年底，在职人员为24人，其中：大学本科2人，大专18人；局长1人，副局长2人。

审计工作成果　共完成审计项目93个，审计单位271户；审计调查项目7项，调查单位15个；审计总金额23142万元。共查出违纪违规金额137万元，上缴县财政54万元。

完成县政府交办任务　共完成交办任务57项，审计单位137个。配合财政部门进行财税物价大检查，共查出违纪金额27万元，已全额上缴县财政。

完成上级下达的审计任务　共完成省、地审计机关下达的审计任务67项，审计单位221个，审计金额18674万元。

【和顺县审计局】 到1998年底,在职人员为16人。其中:大专学历5人;局长1人,副局长3人。

审计工作成果 共完成审计项目90个,审计单位679户,审计金额128322万元。共查出违纪违规金额5992万元,上缴县财政262万元。共提交审计报告、信息409篇,其中被各级批示采纳141篇次。

完成县政府交办任务 共完成交办任务32项,审计单位441个。1994年对全县58户基建单位基建情况,进行了审计,使基建市场逐步规范。1995年对包括乡村煤矿在内的全县68个煤矿进行了审计,核实了情况并于1998年在全县煤矿企业推行了审计、企务两公开。1998年对全县21个党政机关负责人进行离任审计,对11个乡镇的67个核算单位进行了财务整顿,提出了加强财务管理的意见。

完成上级下达审计任务 共完成省、地审计机关下达的审计任务58项,审计单位467个,审计金额128332万元。

【孝义市审计局】 到1998年底,在岗人员为27人。其中:大学本科1人,大专14人;局长1人,副局长3人。

审计工作成果 共完成审计项目184项,审计单位298个;审计调查27项,调查单位169个。共查出违纪违规金额13449万元,会同市纪委查处各种经济案件10起,上缴市财政346万元,共提交审计报告184篇。

完成上级下达审计任务 共完成省、地审计机关下达的审计任务96项,审计单位143个,查出违规行为金额7640万元。

完成市政府交办任务 共完成交办的审计项目88项,审计单位155个。为市委、市政府的宏观决策提供了依据,为企业改制、机构改革工作打下了基础,为加强党风廉政建设发挥了重要作用。

【文水县审计局】 1998年底,在职31人。其中:大学本科1人,大专18人;局长1人,副局长3人;高级专业技术职称1人,中级专业技术职称17人。

审计工作成果 共完成审计项目64个,审计单位296户;审计调查12项,调查单位97个;审计总金额62635万元。共查出违纪违规金额8642万元。上缴县财政247万元,共提交审计报告217篇。

完成县政府交办任务 共完成交办任务10项,审计单位1008个。1994年到1996年连续三年,抽调精兵强将担负起全县税收财务检查重任,检查企业近千户,共查出偷漏税款5803万元,入库80%。

【兴县审计局】 到1998年底,在职人员有23人。其中:大专学历21人;注册会计师1人,审计师9人,经济师2人;局长1人,副局长3人。

审计工作成果 共完成审计项目76个,审计单位1772户,调查事项34项,调查单位86个,审计金额22.3亿元,共查出违纪违规金额4496万元。其中上缴县财政109.8万元,上缴各级税务部门33.2万元,追回专项资金151万元,提交审计报告及审计信息98篇,移送纪监委处理案件1起4人。同县纪检委、计生委等部门配合,查处各种经济案件2起。

完成县政府交办任务 共完成交办任务74项,审计清理单位158个。

【方山县审计局】 到1998年底,在编人员为27人。其中:大专学历5人;局长1人,副局长3人。

审计工作成果 5年来,共完成审计项目80个,审计单位392户;审计调查15项,调查单位23个;审计金额62030万元。共查出违纪违规金额9148万元。同纪检、监察、财政等部门配合进行执法检查、专项检查10次,上缴县财政罚款32.3万元,提出审计报告共120篇。

完成县政府交办任务 共完成交办任务17项。1997年10月为配合全县机构改革,企业改制,抽调5人,参与了工商企业清产核资工作。

完成上级下达审计任务 共完成省、地审计机关下达的审计任务48项,审计单位221个,审计金额52680万元。

【柳林县审计局】 到1998年底,在职35人,其中:大学16人;局长1人,副局长3人。

审计工作成果 共完成审计项目174个。审计单位176个,共查出违纪违规金额2622.96万元,上缴县财政177.97万元,共提交审计报告164篇。

完成县政府交办任务 共完成交办任务56项,审计清理单位125个。

完成上级下达审计任务 共完成省、地审计机关下达的审计任务120项,审计单位125个,审计金额135342万元。

【交口县审计局】 现有干部职工29人,其中:大专以上学历12人;具有高级职称的2人,中级职称15人;局长1人,副局长2人。

审计工作成果 共完成审计项目70个,审计单位403户;审计调查9项,调查单位140个。共审计资金额93281万元,查出各类违纪违规金额2744万元。配合纪检、监察、信访等部门查处各类经济案件25起,处罚16人。通过审计共上缴县财政501万元，累计为国家挽回经济损失2072万元。提交审计报告等150余篇。

*完成县政府交办任务* 5年来，先后开展了企业厂长、经理离任审计，行政事业单位定期审计等常规审计，共完成交办项目18项，审计单位126个，查出违纪金额1068万元。

*完成上级下达审计任务* 共完成省、地审计部门下达审计任务40项，审计单位152个，审计金额38029万元。

**【交城县审计局】** 到1998年底，人员发展到15人。其中：大专生4人，局长1人。

*审计工作成果* 共完成审计单位220户，审计金额95728万元。共查出违纪违规金额4321万元，上缴县财政289万元。共提交审计工作报告、信息194篇。

*完成县政府交办任务* 共完成交办任务20项。从1996年开始对全县集体、私营、个体股份制企业进行一年一度纳税审计，查出偷税497万元。

*完成上级下达审计任务* 共完成上级审计机关下达审计任务42项，审计单位220个，审计金额95728万元。

**【石楼县审计局】** 到1998年底，在编人员21人。其中：大学本科1人，大专6人；局长1人。

*审计工作成果* 共完成审计项目58个，审计单位407户；审计调查项目20个，调查单位48个；审计金额41530万元。共查出违纪违规金额1804万元。上缴县财政35.2万元。共提交审计信息87篇，被上级采用16篇。

*完成县政府交办任务* 共完成交办任务17项，审计单位62个。配合纪检、监察、检察院等部门，查处各种经济案件3起。1998年根据县政府安排，对全县14个乡(镇)和县直26个行政单位领导干部进行了离任审计。

**【临汾行署审计局】** 到1998年底，实有干部、职工61人。其中：大专以上学历32人；中级以上职称42人；局长1人，副局长4人。设有办公室、人教科、综合科、法制科财政审计科、行政事业审计科、投资审计科、金融审计科、外资审计科、农业审计科和工商企业审计科。

*审计工作创佳绩* 全区各级审计机关共审计单位5986个(其中，1997年至1998年审计单位933个)，完成项目计划的279.45%，年年超额完成了各项审计任务。1994年对全区100户工业企业“三乱”情况进行审计调查，从宏观上归结出乱摊派的五种形式及三条原因，行署领导责成监察局查处并提出整治意见。1995年全区农业投入审计发现，全区农业投入总量偏低、结构不尽合理、农业资金投入到位差，影响项目资金的发挥。1996年首次开展预算执行审计，审计单位406个，查处违规行为金额6140万元。其中截留收入1020万元，违规调整预算847万元。应增加财政收入1190万元，促进了预算管理，规范了分配秩序。1997年对大宁、浮山等8个县(市)扶贫资金审计，先后延伸审计部门和单位478个，抽审项目263个，调查村民300余户，查处挤占挪用扶贫资金578万元的问题，引起了省地领导的高度重视。在全区反腐败斗争公处大会上，对负有领导责任的4名副县级领导干部分别给予党纪、政纪处分。1998年粮食系统清查审计，会同财政、粮食、农发行等部门组成35个审计组200余人，对全区242户国有粮食企业占用农发行贷款和各项粮食补贴拨付情况进行了清查审计，查出挪用粮食补贴款对外借款901万元等违纪问题。

*执法力度创新高* 5年来，由于加大了审计执法力度，查处违规行为金额达98147万元(其中，署局1997年至1998年查处35880万元)，应缴财政16567万元(署局1997—1998年为8914万元)；已缴财政15601万元(署局1997—1998年为8651万元)。全区还不断探索加大审计执法的新路子。1994年实行了以追究制为核心的“六制”。1995年从力度、深度、强度这“三度”强化审计执法。1997年实行收缴违纪款目标管理。1998年地区本级预算执行审计实行送达审计方式，查处违纪行为金额7231万元，是上年同类就地审计的2.5倍；应增加财政收入1700万元，是上年的8.2倍；应收缴审计过渡户罚没款214万元，是上年的1.6倍。1997年至1998年对拒不执行审计决定的13个单位依法提请法院强制执行，收缴罚款130万余元。还收回13辆车，抵处罚款182万元。

*成果转化谱新章* 至全区各级审计机关提交审计报告、信息3376篇(其中，署局1997年—1998年为268篇)，被批示采纳1111篇(227篇)。

*辛勤耕耘结硕果* 受国家审计署表彰2次；省审计厅表彰45次；地委、行署表彰20余次。其中，王千良局长获全国粮食清查审计先进个人。商业科、财经科获山西省审计机关先进集体。

**地址** 临汾市解放东路58号
**电话** 3017402
**邮编** 041000

**【古县审计局】** 到1998年底，在职人员22人。其中：大专学历7人；审计师11人；局长1人，副局长2人。

*审计工作成果* 共完成审计项目65个，审计单位251个，审计资金额42438万元。共查出违纪违规金额2105万元，完成6项行

业交叉审计任务，上缴财政158.12万元，提交28篇审计(调查)报告。

完成县政府交办任务　共完成交办任务55项。1996年，对县汽车运输公司进行了审计调查。

**【隰县审计局】**　到1998年底，在职人员为25人。其中：大学本科1人，大专5人；局长1人，副局长3人。

审计工作成果　共完成审计项目60个，审计单位278户；审计调查18项，调查单位89个；审计金额42690.4万元。共查出违纪违规金额485万元。收缴催缴248万元。共提交审计报告180篇。

完成县政府交办任务　共完成交办任务15项，审计调查单位63个。

完成上级下达审计任务　共完成省、地审计机关下达的指令性任务65项，审计单位215个，审计金额42690.4万元。

**【襄汾县审计局】**　到1998年底，在编28人。其中：大学本科2人，大专10人；局长1人，副局长5人；审计师20人。

审计工作成果　共完成审计项目106个，审计单位497户；审计调查18项，调查单位124个；共查出违规违纪金额4167万元，为地、县收缴金额550万元。共提交审计信息、报告182篇，被上级审计机关及报刊杂志采用63篇。同县纪检、监察、信访等部门配合，查处各种经济案件8起。

完成县政府交办任务　共完成交办任务37项，审计清理单位262个。特别是1997年9月，对襄汾县曹家庄乡盘道村进行财务整顿，共清理查出有问题资金122046元。其中属账外收入和贪污性质的资金达51268元。

完成上级下达审计任务　共完成省、地审计机关下达的审计任务69项，审计单位235个，审计金额599611万元。

**【翼城县审计局】**　到1998年底，在职人员29人。其中：大专学历10人；其中局长1人，副局长2人。

审计工作成果　共完成审计项目96个，审计单位342个，审计总金额6.9亿元；共查出违纪违规金额6034万元，增加财政收入733万元，提合理化建议194条，共提交审计报告318篇。

完成县政府交办任务　共完成交办的工作任务96项。1997年，对16个乡镇28位乡镇责任人进行了审计。

**【永和县审计局】**　到1998年底，在职人员17人。其中：大专学历5人；审计师7人，注册会计师1人；局长1人，副局长3人。

审计工作成果　共完成审计项目62项，审计和审计调查单位343个，审计总金额31648万元。共查出违纪违规金额2287万元。移送检察机关经济案件3起，上缴县财政27.4万元，提交审计报告106篇。

完成县委、县政府交办的任务　共完成交办任务22项，审计单位210个。

**【乡宁县审计局】**　到1998年底，在编人员24人，其中：大专学历6人；局长1人，副局长1人。

审计工作成果　共完成审计项目90个，其中：省、地下达指令性任务65项，县政府交办任务25项，审计单位共328户；审计调查15项，调查单位30个；审计总金额16.8亿元，共查出违纪违规金额3583万元。同县纪检、监察等部门配合查处各种经济案件6起；上缴县财政252.42万元，共提交审计报告88篇。

**【洪洞县审计局】**　到1998年底，在职人员39人。其中：大学本科2人，大专10人；局长1人，副局长4人。

审计工作成果　共完成审计项目67个，审计单位226户；审计调查8项，调查单位25个，审计总金额8.6亿元。共查出违纪违规金额6936万元。同县纪检、监察、信访等部门配合，查处各种经济案件16起。上缴县财政172万元。共提交审计报告226篇。

完成县政府交办任务　共完成交办任务8项，审计单位85个。1996年到1998年底，共完成基本建设审计13项，审计金额6068万元，查出违纪违规金额1212万元，为国家挽回经济损失160万元。1998年行政事业审计中，共审计36个单位，查出违规行为金额505万元，上缴财政36万元。

完成上级下达审计任务　共完成省、地审计机关下达的审计任务62项，审计单位141个，审计金额8.6亿元。

**【运城市审计局】**　到1998年底，在编人员为35人。其中：大学本科3人，大专12人；局长1人，副局长4人。设有办公室、财政金融审计室、行政事业审计室、商业审计室、农业审计室、法制室、内部审计指导室、审计事务所等机构。

审计工作成果　共审计311个单位，查出违纪违规金额9538万元，上缴市财政166万元，提交审计报告、信息178篇。

内部审计　截止1998年底，运城市共有内审机构61个，其中专职机构14个；共有内审人员118人，其中专职人员30人。

社会审计　共接受社会委托项目2308项，其中审计211项，审计金额9.8亿元；验资923项，验资金额3.83亿元；年检904项，年检金额2.92亿元；评估270项，评估金额4.17亿元。

受表彰情况　连续5年荣获全区审计系统审计工作先进单位荣誉称号。1995年3月，市委、市政府授予市级“文明单位”荣誉称号。1997年曾分别被行署审计局授予“审计系统工作先进单位”、“审计信息工作先进单位”、“纪检监察工作先进单位”等荣誉称号。

**地址** 运城市市府街30号

**电话** 0359—2023891

**邮编** 044000

**【河津市审计局】** 至1998年底在职人员为56人，其中大学本科5人，大专16人；局长1人，副局长2人。

审计工作成果 共完成审计项目70个，审计单位594个，审计金额495028.42万元。共查出违纪违规金额39066.91万元，上缴财政、主管部门2339.09万元，催缴税款419.3万元。共提交审计报告、信息498篇，被批示、采纳323篇。

**【永济市审计局】** 到1998年底，在职人员为42人。其中：大学本科6人，大专20人；局长1人，副局长4人。

审计工作成果 共完成审计项目133个，审计单位374户；审计调查1项，调查单位45个，审计总金额659800万元。共查出违纪违规金额5500万元。同市纪检、监察、信访等部门配合，查处各种经济案件2起。上缴市财政190.80万元，提交审计报告374篇。

完成市政府交办任务 共完成交办任务15项，审计单位101个。

完成上级下达审计任务 共完成省、地审计机关下达审计任务133项，审计单位374个，审计金额659800万元。

**【新绛县审计局】** 到1998年底，共有干部、职工14人，其中：大专学历4人；局长1人，副局长3人。

审计工作成果 共完成审计项目60个，审计单位395户次；审计调查项目2个，调查单位5个。审计资金总额127.752万元，查出违纪违规金额14.047万元；上缴财政130万元。共提交审计报告60篇，审计调查报告2篇。

完成县委、县政府交办的任务 在对县直24个委、局主要领导干部任期经济责任审计中，依法查出违纪违规金额1485万元。

**【芮城县审计局】** 到1998年底，在编31人。其中：大学本科2人，大专15人；局长1人，副局长共4人。

审计工作成果 共完成审计项目105个，审计单位617户；审计调查11项，调查单位34个；审计金额26.1亿元，共查出违纪规金额6028万元。同县纪检、监察、检察等部门配合，查处各种经济案件14起，向执纪、执法部门移交案件8起。上缴县财政129万元，共提交审计报告105篇。

完成县政府交办任务 共完成交办任务17项，审计清理单位36个。

完成上级下达审计任务 共完成省、地审计机关下达的审计任务88项，审计单位581个，审计金额25.7亿元。

## 内蒙古自治区

**【内蒙古审计工作简述】** 到1998年末，全区审计人员2441人，其中事业编制177人，少数民族560人(其中蒙古族429人)，具有大专以上学历的1363人，有中级职称的1156人，有高级职称的16人。

审计工作成果 5年来，全区审计机关共审计单位(项目)38457个，查处违纪违规金额125亿元，上缴财政资金8.5亿元，减少财政拨款和补贴2亿元，追还被侵占挪用资金17.7亿元，共为国家增收节支35亿元，移送司法机关案件253起，向旗县以上党委政府和上级主管部门提交审计报告和信息25565篇，被批转采用15680篇。

**【内蒙古审计厅概况】** 到1998年有干部职工239人。其中事业编制56人，少数民族37人(其中蒙古族29人)，具有大专以上学历的占54%，有中级以上职称的占85%。

厅领导成员 1994年，厅长：王国盛，副厅长：孙占魁(蒙古族)、吴金亮；总审计师：王绍君(蒙古族)。1996年，赵慧容同志任副厅长，刘继龙同志任纪检组长。1998年，王国盛、孙占魁、王绍君同志离任，吴金亮同志任厅长；副厅长：赵慧容(女)，纪检组长：刘继龙。

1994年，自治区审计厅内设办公室、政治处、综合处、行政文教审计处、农牧审计处、财政税务审计处、金融外资审计处、基本建设审计处、商贸企业审计处、工交企业审计处等10个处室和驻赤峰、海拉尔两个驻外审计处，下设科研培训中心、内蒙古自治区审计事务所2个事业单位。1996年，内设处室由10个调整为11个，新增设了审计管理处，并将基本建设审计处改为固定资产投资审计处，政治处改为人事处，同时成立了机关事务服务中心。1997年成立了内蒙古自治区谂达审计事务所。

财政审计 全区114个审计机关全面开展了本级预算执行审计，覆盖面达到100%，标志着《审计法》规定的本级预算执行审计监督制度在内蒙古自治区得到全面贯彻执行。在实施三年的“同级审”中，共审计1371个单位，查出违纪违规金额10.3亿元，经审计处理增加财政收入1亿元。对审计查出的问题，各级审计机关本着讲实情、报实账、交实底的原则进行反映，为政府加强财政管理和人大审查财政预决算报告提供了依据。对下级政府财政决算，5年内共审计单位2384个，查出违纪违规金额15.2亿元，上缴财政资金1.7亿元。

金融外资审计　全区对2713家金融机构进行了审计，查出资产、负债、损益不实等违纪金额达14.2亿元。根据审计揭露出来的不良贷款比率高、违规高息巨额拆借资金、资本风险率高等诸多问题，审计机关提出了许多有针对性的意见和建议，受到金融部门和各级党委、政府的高度重视。如1998年在全区154家城市信用社和1001家农村信用社的审计中发现，有57%的城乡信用社资本金不足，有的弄虚作假，甚至把定期存款转作股金；审计的1155家信用社总不良贷款率达47%，高风险信用社达658家，其中有200多家已资不抵债，有的已不得不高息巨额拆资维持营业；管理不规范，体制不顺等等。

5年间，全区共对158个世界银行贷款、国外援款等外资项目进行了审计，发现了许多不容忽视的问题。

企业审计　全区对9085家企业进行了审计，查出违纪违规金额45亿元，其中负债不实6.6亿元，损益不实21.5亿元。在全面审计的基础上先后开展了股份制企业审计和审计调查、厂长(经理)经济责任审计、企业转机建制情况审计调查、重点亏损企业审计等等，效果都很明显。如1998年，全区选择21户重点亏损企业进行了审计，在摸清企业家底的同时，对企业亏损的原因进行了深刻剖析，共提出65条建议，引起了各方面的重视。尤其是通过审计，挖出一批企业"蛀虫"，共查出企业干部损公肥私、贪污侵占国家资财近3000万元，其中仅在原内蒙古查干诺尔化工厂的审计中，就查出并移送司法机关贪污、挪用公款案件38起，涉及36人，案值达1751万元。

1998年，自治区审计厅把包钢、包铝、内蒙电力总公司等7户区直大型骨干企业列入审计重点，仅其中的3户企业就查出资产不实10.7亿元，损益不实10.5亿元。同时，对企业经营管理中存在的诸多问题，尤其是企业效益下滑的原因进行了认真查找分析，引起企业领导班子和自治区领导的高度重视。几家企业的审计结果除自治区政府领导多次听取汇报外，自治区党委先后召开书记办公会和常委会专门听取汇报，审计结果直接成为自治区党委、政府确定企业改革方案的依据。

农牧业资金审计　全区三级审计机关先后对扶贫资金、以工代赈资金、农业综合开发资金、水利、国土、环保和林业生态建设等专项资金进行了审计和审计调查，共查出违纪违规金额5.8亿元，追还被侵占挪用资金2.4亿元，促进资金到位1亿元，共向司法机关移送处理案件33起。在扶贫资金审计中，从1997年开始，由区厅统一组织实行上审下或交叉审计的办法，取得明显效果，几年来的审计报告基本上都被自治区政府批转全区贯彻落实。在对1996和1997两年的水利资金审计中，查出违纪违规金额1.6亿元，追还被侵占挪用资金5060万元，尤其是对水利部门挤占挪用水利资金和资金使用浪费等问题的查处，引起各级政府的重视。审计报告被自治区政府批转全区，自治区党委办公厅还将有关问题编出特刊发给每位常委。

行政事业审计　全区共审计13674个单位，查出各类违纪违规金额15.8亿元。先后两次对全区养老和失业保险基金的征收、发放和管理情况进行了审计，查出被挤占、挪用、出借金额1.08亿元。对区直机关会议费情况连续进行审计调查，自治区党委政府针对审计查出的会议费超支等问题，专门召开会议，并下发文件，严控会议数量和费用。1998年，为配合企业职工下岗安置和城镇居民扶贫工作，对全区职工养老保险基金、城镇居民最低生活保障资金及企业特困职工基本生活费进行了审计，揭示出基金征集、管理和使用等存在的多方面问题，自治区党委、政府先后有4位领导在审计报告和信息上做了详细批示，要求有关部门制定切实措施，加强资金管理。

固定资产投资审计　全区共审计3539个基建工程项目，查出超标准多列概算、高估冒算等有问题金额共12.5亿元，核减工程预决算金额6.2亿元。尤其是区厅与内蒙古工业大学联合研制开发了《国家建设项目经济效益评审系统》软件，通过实际应用后，大大提高了工作效率和效果。如1996年在对内蒙古化肥厂建设项目审计中，通过运用计算机辅助审计手段，采取定性分析和定量分析的方法，对项目投资效益进行综合评审论证，收到了事半功倍的效果。《内蒙古化肥厂建设项目审计案例》被审计署选入高级审计师资格考试丛书。

内部审计　到1998年底，全区有内审机构2742个，其中专职内审机构1641个；从事内审工作人员7076人，其中专职内审人员4111人。共完成审计项目11280项，查出损失浪费金额1亿多元，促进提高经济效益7376万元，纠正违纪违规金额8.9亿元，向司法机关移送案件12起，审计建议被采纳6212条。

社会审计　1998年全区审计事务所及分支机构发展到132个，从业人员1639人，其中注册审计师615人。1998年3月，自治区注册审计师协会与注册会计师协会实现联合。5年间,共核减基建预决算金额6.5亿元,核减虚增验资15.6亿元,为委托单位挽回经济损失2亿元,促进提高经济效益8739万元。

基础建设　1994年,自治区审计厅下发了《关于加强法制建设工作的通知》,向全区审计机关提出了明确的法制工作目标和任务。1997年,自治区审计厅起草了《内蒙古自治区国有企业厂长(经理)离任审计条例》,经自治区第八届人大常委会第二十六次会议通过,并从当年5月31日起施行。当年10月,自治区审计厅起草的《内蒙古自治区扶贫资金审计办法》由自治区政府颁布实施。同年,审计厅与各盟市审计局联合开发出《审计法规信息检索系统》软件,收集了常用审计法规2000余件,分发到基层审计机关,为审计人员提供了便捷高效的法规检索方法。1998年,审计厅又代自治区纪检委起草了《内蒙古自治区行政机关、事业单位法定代表人离任经济责任审计办法》。

审计厅于1997年率先晋升自治区特级档案管理单位,成为全国审计机关和自治区党政机关的第一家。截止到1998年末,全区114家审计机关在全部晋升一级的基础上,有65家跨入特级。1998年,区厅与自治区档案局联合研制开发的审计档案管理软件《鼎星V1.0》系统受到国家档案局和审计署的充分肯定,并在全国审计系统推广使用。

5年来,在自治区党委、政府、国家审计署的考核评比中,审计信息工作成绩一直位居前列,有100多条信息被国家领导、自治区党委、政府领导批示、批转。

在规范汉语行文的基础上,注重蒙古语文的使用和翻译工作,凡发到盟市、旗县的重要文件都有蒙译文。区厅编写出版了9万多字的蒙文版《审计基础知识》,翻译出版了《中国审计规范》。

计算机运用取得明显成果。至1998年底,已形成覆盖全区90%盟市、旗县审计机关的远程通讯系统,极大地提高了公文、信息传递速度。

受表彰情况　审计厅从1996年至1998年连续3年在自治区党委领导干部实绩考核中获"实绩突出"单位,1997、1998年,全区12个盟市审计机关连续2年全部被当地党委评为"实绩突出"单位,旗县级审计机关有一半以上被评为"实绩突出"单位。厅机关党委连续5年被自治区直属机关党委评为"先进党组织"。1998年,自治区政府表彰的自推行国家公务员制度以来,全区15名优秀公务员中,有审计人员2名,46名记一等功的公务员中,审计人员占3名。5年间,自治区审计厅先后有扶贫资金审计、水利专项资金审计、生态林建设资金审计等29个审计项目被审计署评为优秀审计项目;统计工作、审计计划编报工作、计算机保密工作、公文处理等被审计署评为先进单位。连续5年被内蒙党委办公厅评为信息调研工作先进集体;1997、1998年连续2年被自治区党委办公厅评为督察工作先进集体;1997年被自治区直属机关工委评为民族团结先进集体。

**地址**　呼和浩特市新华大街1号
**电话**　0471—6945109
**邮编**　010055　(丹　军)

**【呼和浩特市审计工作简述】**　1998年底共有干部职工208人。其中具有大专以上学历120名,具有中级以上技术资格的96名,少数民族干部共43名,其中蒙古族31名。

**审计成果表(1994—1998年)**

| 指标<br>单位 | 审计单位(个) | 违规行为金额(万元) | 促进增收节支金额(万元) | 挽回国有资产流失金额(万元) | 上缴财政金额(万元) | 移送案件(件) | 审计报告、信息被采纳(篇) |
|---|---|---|---|---|---|---|---|
| 土左旗 | 335 | 3157 | 1754 | 156 | 186 | 4 | 295 |
| 托县 | 278 | 2934 | 928 | 92 | 379 | 1 | 209 |
| 郊区 | 183 | 1786 | 487 | 120 | 73 | | 166 |
| 和林 | 181 | 2182 | 613 | 50 | 71 | | 56 |
| 清水河 | 173 | 1878 | 408 | 105 | 34 | | 40 |
| 武川 | 142 | 4723 | 221 | 41 | 41 | | 65 |
| 新城区 | 106 | 1221 | 485 | 244 | 214 | 1 | 88 |
| 回民区 | 118 | 3109 | 386 | 82 | 38 | 2 | 58 |
| 玉泉区 | 119 | 1372 | 136 | 166 | 68 | | 40 |
| 市局 | 1065 | 40663 | 12186 | 4158 | 4351 | 2 | 524 |
| 合计 | 2700 | 63025 | 17604 | 5214 | 5455 | 10 | 1541 |

机关建设及受表彰情况　在干部实绩考核中,8个局领导班子连续2年以上被评为市级、旗县区级实绩突出领导班子;5年间先后受自治区审计厅表彰22次,受市委、政府和旗县区党政表彰64次,有45人次受市委、政府和旗县区党政表彰。

(燕　勇)

**【呼和浩特市审计局】**　1998年底有干部职工81人,其中具有大专以上学历59名;具有中级以上技术资格的49名;少数民族干部19名(其中蒙古族13名)。局内设局长1名,副局长3名。下设财税审计科、行政事业审计科、金融外资审计科、农牧林水审计科、固定资产投资审计科、工交审计科、商贸审计科、综合科、法规(审计管理)科、人教科、办公室等11个科(室)。

完成交办任务　5年间先后完成市委、政府交办的各类审计项目91项,涉及企业转制、党政领导干部离任、专项资金调查等内容。

完成指令性审计任务　5年间共完成上级审计机关下达的审计项目350个;查处违规行为金额30972万元;审计决定应上缴财政2561万元;审计建议被采纳159条。

完成自定审计任务　5年间共对624个单位开展了审计及审计调查，查处违规行为金额8722万元；审计决定上缴财政1701万元；审计建议被采纳328条。

**地址**　呼和浩特市新城区大学东路39号
**传真**　0471—4928995
**电话**　0471—4929339
**邮编**　010010　　（燕　勇）

**【呼和浩特市回民区审计局】**　到1998年底，共有干部职工8名，其中：大专以上学历的4名；具有中级以上技术资格的6名；少数民族干部5名（其中蒙古族1名）；局长1名，副局长1名。

审计工作简况　先后完成了交办的各类审计项目40个，其中5年来对35个单位的35名主要负责人进行了离任经济责任审计。共完成指令性审计项目51个，完成自定审计项目37个。

**【呼和浩特市玉泉区审计局】**　至1998年末，有干部3人。

审计工作简况　5年来，累计完成上级审计机关统一安排以及自定审计项目共计113项，查出违纪违规金额1328万元，上缴财政80万元，核减基建预决算24万元。

**【呼和浩特市新城区审计局】**　到1998年有干部7人，其中大专以上学历5人；全局成员均具有中级以上技术资格；少数民族干部1人。局内设局长1名，副局长1名。

完成交办任务　共完成交办的各类审计事项30项。自1997年开始对26个单位、部门的科级以上负责人进行了离任经济责任审计，扩大了审计工作的影响，为组织部门考核、任用和选拔干部提供了依据，离任审计已形成制度。

完成指令性审计任务　5年来，完成上级审计机关下达的审计任务13项，审计单位27个。查处违规行为金额607万元；审计决定上缴财政151万元；审计建议被采纳6条。

完成自定审计任务　共对49个单位进行了审计。查处违规行为金额509万元；上缴财政52万元；拓展了审计领域。

**【呼和浩特市郊区审计局】**　至1998年末，有干部职工17人。其中：大专以上学历7人；具有中级以上技术资格的6人；少数民族干部3人（蒙古族）。局内设局长1名，副局长2名。

完成指令性审计任务　5年间共完成183项，审计单位183个，审计金额14838万元，查处违规行为金额1786万元，审计决定上缴财政83.3万元，审计建议被采纳166条。

完成自定审计任务　对70个单位开展了审计及审计调查，审计金额4946万元，查出违规行为金额75万元。

**【托克托县审计局】**　到1998，年共有干部职工18人。其中：大专以上学历16人，具有中级以上技术资格的7人，少数民族干部1人（蒙古族）。局内设局长1名，副局长2名。

完成交办任务　完成交办的各类审计事项8项。1998年对5个单位、部门主要负责人进行了离任前经济责任审计。

完成指令性审计任务　完成上级审计机关下达的审计任务52项，审计单位247个，审计金额70358万元，查处违规行为金额2127万元，审计决定上缴财政312万元；审计建议被采纳107条。

完成自定审计任务　5年对15个单位开展了审计及审计调查。审计金额3136万元，查处违规行为金额416万元，上缴财政27万元。

**【清水河县审计局】**　1998年末，有干部职工有15人。其中：大专以上学历8人；具有中级以上技术资格的8人；局内设局长1名，副局长3名。

完成交办任务　完成交办的各类审计事项61项，涉及到企业转制、党政领导干部离任、专项资金管理等内容。对79个单位开展了审计及审计调查，查出违规行为金额730万元，上缴财政12万元，审计报告信息被采纳4篇。

完成指令性审计任务　完成上级审计机关下达的审计任务80项；审计单位210个，审计金额60879万元；查处违规行为金额1705万元，审计决定上缴财政55万元；审计建议被采纳37条。

**【武川县审计局】**　1998年，有干部职工21人，其中：大专以上学历8人；具有中级以上技术资格的7人；局内设局长1名，副局长3名。

完成交办任务　完成交办的各类审计事项120项，涉及到企业转制、党政领导干部离任、专项资金管理专项审计调查等内容。1998年对20个乡（镇）主要负责人进行了离任前经济责任审计。

完成指令性审计任务　完成上级审计机关下达的审计任务69项，审计单位84个。

**【和林格尔县审计局】**　1998年末，有干部职工19人。其中大专以上学历11人；具有中级以上技术资格的7人；少数民族干部2人（蒙古族）。局内设局长1名，副局长2名。

完成交办任务　完成交办的各类审计事项42项。1998年对8个单位、部门主要负责人进行了离任前经济责任审计。

完成指令性审计任务　完成上级审计机关下达的审计项目（单位）142个，查处违规行为金额1689万元，审计决定上缴财政49万元；审计建议被采纳51条。

完成自定审计任务　5年对

61个单位开展了审计及审计调查。查处违规行为金额748万元,上缴财政21万元。

**【土默特左旗审计局】** 1998年,有干部职工23人,其中:大专以上学历6人;具有中级以上技术资格的4人;少数民族干部6人(其中蒙古族5人)。局内设局长1名,副局长2名。

完成交办任务　先后完成交办的各类审计事项48项,涉及到企业转制、党政领导干部离任、专项资金管理,专案调查、上访事件审计调查等内容。1998年对15个单位、部门主要负责人进行离任前经济责任审计。

完成指令性审计任务　共完成上级审计机关下达的审计任务32项,审计单位115个,审计金额4303万元。查处违规行为金额1153万元。审计决定上缴财政49万元;审计建议被采纳20条。

完成自定审计任务　对220个单位开展了审计及审计调查,审计金额12240万元。查处违规行为金额2004万元,上缴财政151万元;挽回国有资产流失金额25万元。

**【包头市全辖区审计工作成果】**

| 指标／单位 | 审计单位(个) | 违规行为金额(万元) | 促进增收节支金额(万元) | 挽回国有资产流失(万元) | 已上缴财政金额(万元) | 移送案件(起) | 建议给予行政处分(人) | 审计报告信息被批示采纳(篇) |
|---|---|---|---|---|---|---|---|---|
| 合　计 | 3171 | 2157 | 30717 | 8853 | 16733 | 38 | 28 | 1881 |
| 昆区 | 220 | 4211 | 1179 | 593 | 535 | 2 | 2 | 213 |
| 青山区 | 226 | 3849 | 734 | 250 | 179 | | | 136 |
| 东河区 | 263 | 4857 | 964 | 292 | 381 | 1 | | 107 |
| 郊区 | 248 | 4642 | 1252 | 322 | 392 | 4 | 2 | 191 |
| 土右旗 | 266 | 5966 | 809 | 246 | 114 | 8 | 7 | 189 |
| 固阳县 | 266 | 3223 | 1088 | 270 | 95 | 5 | | 73 |
| 石拐区 | 153 | 1466 | 324 | 114 | 38 | | | 31 |
| 白云矿区 | 151 | 828 | 383 | 118 | 10 | | | 22 |
| 达茂旗 | 329 | 4063 | 857 | 151 | 433 | | 1 | 75 |
| 市局 | 1049 | 88466 | 23127 | 6497 | 14556 | 18 | 16 | 844 |

**【包头市审计局】** 到1998年末,在岗人数77人。其中:大专以上学历54人;具有中级以上技术资格的50人;少数民族干部6人(其中蒙古族4人)。局内设局长兼党组书记1名,副局长4名,机关内设办公室、人事培训科、综合科、审理科、监察室、行政事业审计科、工业交通审计科、财政金融审计科、商业贸易审计科、基本建设审计科等10个科室。

完成交办任务　先后完成市委、市政府交办的各类审计事项21项。其中1995年进行的稀土铁合金厂审计,核实该厂累计亏损2.66亿元,资不抵债2.39亿元,为自治区、包头市两级党委、政府解决该厂问题提供了决策依据。1997年组织250余人,历时一个半月,对158个市属企业进行了目标责任实绩考核审计,为市委、市政府考核企业经营者提供了翔实的依据。1994年至1998年根据审计结果,市委、市政府相继制定实施了5项全市性经济管理措施和办法。

完成指令性审计任务　共完成上级审计机关下达的审计任务85项,审计单位717个,查处违规行为金额42197万元,审计决定上缴财政金额13274万元,审计建议被采纳151条。

完成自定审计任务　对191个单位进行了审计。查处违规金额12089万元,上缴财政1004万元。

内部审计及社会审计　1998年末,全市建立内审机构271个,配备内审人员810人,较1994年分别增长29%、55%。1994年至1998年内部审计共查出违规金额22208万元。社会审计机构10个1998年末共有从业人员154人,1994年至1998年社会审计共接受社会各类委托项目4175个,实现业务收入1751万元。

受表彰情况　机关党组织连续5年被市直属机关工委授予优秀党组织;扶贫工作连续5年被市委、市政府授予先进单位;1996年初,被市委、市政府评为1995年度目标管理自身建设好的单位和目标管理优秀的单位;1997年被市委、市政府授予全市目标实绩考核优胜铜奖单位和市级文明单位;审计工作连续4年(1995—1998年)被自治区审计厅评为综合考评一等奖;1997年被国家审计署授予全国审计机关先进集体。有9人次受到自治区审计厅和包头市委、市政府的表彰。

**地址**　包头市钢铁大街50号(市人民政府大院西副楼)
**电话**　0472—5148355
**邮编**　014010

(刘镇义　刘　民　何文斌)

**【包头市昆都仑区审计局】** 1998年末,有干部职工11人。其中:大专以上学历10人,具有中级以上技术资格的8人,少数民族干部1人(蒙古族)。局内设局长1名,副局长1名。

完成交办任务　先后完成交办的各类审计事项10项。1998年对5个单位、部门主要负责人进行了离任前经济责任审计。

完成指令性审计任务　5年来,共完成上级审计机关下达的审计任务10项,审计单位42个,查出违规行为金额1334万元,审计决定应上缴财政244万元,审计建议被采纳28条。

完成自定审计任务　共对165个单位进行了审计,查出违规行为金额2612万元,上缴财政251万元。

**【包头市青山区审计局】** 1998年末有干部职工9名,其中:大专以上学历7人;具有中级以上技术资格的5人;局长1名,副局长1名。

完成交办任务　完成交办的各类审计事项4项19个单位的审计任务,涉及到党政领导干部离任、专项资金管理等内容。1998年对12个单位、部门主要负责人进行了离任审计。

完成指令性审计任务　完成上级审计机关下达的审计项目12项，审计单位31个，查出违规行为金额692万元，审计决定上缴财政金额29万元。

完成自定审计任务　5年来，对176个单位开展了审计，查出违规行为金额3068万元，上缴财政135万元。

**【包头市东河区审计局】**　1998年末有干部职工12人。其中：大专以上学历7人；具有中级以上技术资格的6人；少数民族干部3人（其中蒙古族1人）；局长1名，副局长1名。

完成交办任务　完成了交办的各类审计事项5项，涉及到企业转制、党政领导干部离任、专项资金管理审计调查等内容。

完成指令性审计任务　完成上级审计机关下达的审计任务15项，审计单位49个，查处违规行为金额802万元，应上缴财政239万元，审计建议被采纳18条。

完成自定审计任务　对209个单位开展了审计及审计调查。查出违规行为金额3844万元，上缴财政136万元。

**【包头市郊区审计局】**　到1998年末，有干部职工10人。其中：大专以上学历6人；具有中级以上技术资格的6人；少数民族1名（蒙古族）。局内设局长1名，副局长2名。

完成交办任务　完成交办的各类审计事项15项，涉及到企业转制38户，党政领导干部离任审计3项，专项资金审计调查4项，为区委、区政府领导在企业转制和任用领导干部等方面提供了真实有效的依据。

完成指令性审计任务　完成上级审计机关下达的审计项目31项，审计单位73个，查出违规行为金额1493万元，审计上缴财政金额252万元，审计建议被采纳32条。

完成自定审计任务　5年来，完成各类审计单位163个，涉及到乡镇企业抓管理、促效益审计31户；对44个国有企业和集体企业进行资产、负债、损益审计，为企业转制工作提供了真实依据。

**【包头市石拐矿区审计局】**　1998年末，有干部职工8人，其中：大专以上学历6人；少数民族干部1人（蒙古）。局内设局长1名，副局长1名。

完成交办任务　先后完成上级审计机关下达的审计事项17项，涉及到企业转制、基建项目、厂长经理离任等内容。

完成指令性审计任务　共完成上级审计机关下达审计项目15项，审计单位28个，查处违规行为金额74万元，审计决定上缴财政4.9万元，审计建议被采纳8条。

完成自定审计任务　对111个单位开展了审计及审计调查，查处违规行为金额1166.6万元，上缴财政20万元。

**【包头市白云鄂博矿区审计局】**　1998年末有干部职工5人。其中大专以上学历4人，少数民族干部1人（蒙古族）。局内设局长1名。

完成交办任务　先后完成交办的各类审计事项5项。

完成指令性审计任务　完成上级审计机关下达的审计任务13项，审计及审计调查单位72个，查出违规行为金额260万元，应上缴财政金额5万元。

完成自定审计任务　5年来，对79个单位开展了审计，查出违规行为金额568万元，应上缴财政金额9万元。

**【固阳县审计局】**　1998年仍保留原有17人编制。其中大专以上学历8人；有中级以上技术资格的3人；内设局长1名，副局长2名。

完成交办任务　先后完成交办的各类审计事项16项。根据审计结果，县委、县政府相继制定实施了2项全县性经济管理措施和办法，加快了经济管理规范化进程。

完成指令性审计任务　5年来，共完成上级审计机关下达的审计任务24项，审计单位110个，查出违规行为金额2124万元；审计决定上缴财政50万元，审计建议被采纳35条。

完成自定审计任务　对145个单位开展了审计及审计调查，查出违规行为金额797万元，上缴财政69万元。

**【土默特右旗审计局】**　1998年末，有干部职工14人。其中：大专以上学历9人；具有中级以上技术资格的5人；少数民族干部1人（蒙古族）；局长1名，副局长1名。

完成交办任务　先后完成交办的各类审计事项21项。根据审计结果，旗委、旗政府相继制定实施了5项全旗性管理措施和办法，加快了经济管理的规范化进程。

完成指令性审计任务　完成上级审计机关下达的审计项目54项，审计单位233个，查出违规行为金额3488.3万元，审计决定上缴财政108.6万元，审计建议被采纳28条。

完成自定审计任务　5年来，对27个单位开展了审计及审计调查，查处违规行为金额622.2万元，应上缴财政13.9万元。

**【达尔罕茂明安联合旗审计局】**　1998年末，有干部职工16人。其中：大专学历5人；具有中级以上技术资格的7人；少数民族干部6人（均为蒙古族）；局长1人，副局长1人。

完成交办任务　共完成交办的各类审计事项119项，涉及到企业破产、转制、专项资金管理、党政领导干部离任审计等内容,共对56人(次)进行了离任经济责任审计。

完成指令性审计任务　5年来,共完成上级审计机关下达的审计任务137项,审计单位186个,查处违规行为金额2662万元,审计决定上缴财政279万元,审计建议被采纳257条。

完成自定审计任务　1996年至1998年对24个单位开展了审计及审计调查,查出违规行为金额47万元,上缴财政1万元。

**【乌海市审计局】**　1998年末,有干部职工37人。其中:大专以上学历24人;具有中级以上技术资格的32人;少数民族干部4人(其中蒙古族2人);局长兼党组书记1名,副局长2名;下设办公室、财政金融审计科、行政事业审计科、工交企业审计科、基建审计科、商业审计科、等科室。

**审计工作成果表(1994至1998年)**

| 指标<br>单位 | 审计单位(个) | 违规行为金额(万元) | 促进增收节支金额(万元) | 挽回国有资产流失金额(万元) | 上缴财政金额(万元) | 移送案件起 | 审计报告、信息被采纳(篇) |
|---|---|---|---|---|---|---|---|
| 合计 | 963 | 24269 | 3640 | 4119 | 1059 | 28 | 1330 |
| 海勃湾区 | 109 | 2246 | 508 | 263 | 166 | 3 | 394 |
| 乌达区 | 159 | 1346 | 137 | 125 | 37 | 2 | 90 |
| 海南区 | 244 | 1742 | 630 | 230 | 82 | 5 | 135 |
| 市局 | 451 | 18935 | 2365 | 3501 | 774 | 18 | 711 |

内部审计及社会审计　1998年末全市建立内审机构34个,配备内审人员59人。开展财务收支、任期经济责任等审计381项,纠正违规行为金额2,536万元。社会审计1998年末共有从业人员81人,接受社会各类委托项目881项。

机关建设及受表彰情况　扶贫工作1997年被市委、市政府评为先进单位。在精神文明创建活动中由区级文明单位晋升为市级文明单位;信息调研、督促检查工作被市委、自治区审计厅评为先进集体;局机关党支部在1994—1998年连续被市直机关党工委评为先进党支部。5年间先后受自治区审计厅表彰8次,受市委、市政府表彰6次,有10人次受市委、市政府表彰。

**地址**　乌海市海拉北路37号
**传真**　0473—2033507
**电话**　0473—2033234
**邮编**　016000　(刘亚平)

**【乌海市海勃湾区审计局】**
1998年末,有干部职工14人。其中:大专以上学历8人;具有中级以上技术资格的8人;局长1名,副局长2名。

完成交办任务　先后完成交办的各类审计事项36项。1998年对12个单位、部门主要负责人进行了离任前经济责任审计。

完成指令性审计任务　共完成上级审计机关下达的审计任务31项,审计单位20个,审计金额164363万元;查处违规行为金额922万元,审计决定上缴财政161万元;审计建议被采纳65条。

完成自定审计任务　5年来,对42个单位开展了审计及审计调查,审计总金额84381万元。查处违规行为金额1147万元,上缴财政11万元。

**【乌海市乌达区审计局】**　至1998年末有干部职工12人。其中大专以上学历4人;具有中级技术资格5人;少数民族干部1人(蒙古族);局长1名,副局长1名。

完成交办任务　完成区政府交办的各类审计事项27项。1998年对5个单位、部门主要负责人进行了离任经济责任审计。

完成指令性审计任务　完成上级审计机关下达的审计任务32项,审计单位32个,审计金额50852万元,查出违规行为金额389万元,审计决定上缴财政24万元。

完成自定审计任务　对100个单位开展了审计及审计调查。审计金额11239万元,查出违规行为金额263万元,上缴财政12万元。

**【乌海市海南区审计局】**　1998年,有干部职工19人。其中:大专以上学历12人;具有中级以上技术资格的7人;少数民族1人(蒙古族);局长1名,副局长1名。

完成交办任务　完成海南区委、政府交办的各类审计事项。1998年对13个单位部门主要负责人进行了离任经济责任审计。

完成指令性审计任务　完成上级审计机关下达的审计任务21项,审计单位29个,审计金额2825万元,查处违规行为金额192万元,审计决定上缴财政18万元,审计建议被采纳280条。

完成自定审计任务　对215个单位开展了审计及审计调查,审计金额18936万元,查出违规行为金额1550万元,上缴财政64万元。

**【赤峰市审计局】**　到1998年,有干部职工268人。其中:大专以上学历168人;具有中级以上技术资格的156人;少数民族干部75人(其中蒙古族干部57人);局长1名,副局长3名。下设13个科室。

**审计工作成果表(1994年至1998年)**

| 指标<br>单位 | 审计单位(个) | 违规行为金额(万元) | 促进增收节支金额(万元) | 挽回国有资产流失金额(万元) | 上缴财政金额(万元) | 移送案件(起) | 审计报告、信息被采纳(篇) |
|---|---|---|---|---|---|---|---|
| 合计 | 4105 | 77947 | 30225 | 5844 | 8388 | 23 | 2123 |
| 阿鲁科尔沁旗 | 305 | 2671 | 1515 | 109 | 885 | 0 | 83 |
| 巴林左旗 | 291 | 2151 | 837 | 177 | 220 | 1 | 114 |
| 巴林右旗 | 273 | 2090 | 695 | 76 | 106 | 0 | 46 |
| 林西县 | 270 | 3808 | 740 | 130 | 127 | 2 | 41 |
| 克什克腾旗 | 272 | 1970 | 627 | 188 | 122 | 2 | 29 |
| 翁牛特旗 | 299 | 3756 | 2199 | 202 | 147 | 0 | 79 |
| 宁城县 | 361 | 3995 | 1289 | 143 | 959 | 0 | 248 |
| 敖汉旗 | 322 | 3712 | 1964 | 126 | 529 | 0 | 190 |

续表

| 指标<br>单位 | 审计单位(个) | 违规行为金额(万元) | 促进增收节支金额(万元) | 挽回国有资产流失金额(万元) | 上缴财政金额(万元) | 移送案件(起) | 审计报告、信息被采纳(篇) |
|---|---|---|---|---|---|---|---|
| 喀喇沁旗 | 274 | 3913 | 1141 | 257 | 118 | 3 | 36 |
| 元宝山区 | 378 | 5408 | 5593 | 119 | 1429 | 4 | 165 |
| 松山区 | 372 | 5062 | 2824 | 262 | 237 | 6 | 116 |
| 红山区 | 287 | 3726 | 1274 | 439 | 527 | 0 | 147 |
| 市局 | 401 | 35685 | 9554 | 3616 | 2982 | 5 | 829 |

内部审计及社会审计　1998年末全市建立内审机构294个，配备内审人员696人，较1994年分别增长22.8%、34.6%。此外，全市273个乡镇(苏木)均建立起内审站，在全区率先开展了农村、牧区内部审计工作，起到了示范、引导作用。社会审计1998年末共有从业人员219名，接受社会各类委托审计5421项。

完成交办任务　先后完成交办的各类审计事项218项。1998年对99个单位、部门主要负责人进行了离任前经济责任审计，为组织、人事部门考核、选拔、任用干部提供了有力依据，审计成果进入领导决策层。1994至1998年根据审计结果，市委、政府相继制定实施了18项全市性管理措施和办法，加快了经济管理的规范化进程。

完成指令性审计任务　共完成上级审计机关下达的审计任务65项，审计单位2567个，查处违规行为金额51024万元，审计决定上缴财政5164万元，审计建议被采纳1214条。

完成自定审计任务　5年来，市县两级审计机关结合本地实际先后对769个单位开展了审计及审计调查。查处违规行为金额16214万元；上缴财政2132万元。此外，元宝山区、宁城县、红山区农审局先后审计了786个乡镇企业和村民组财务，平息农民上访事件27起，协助查处经济案件64起。

受表彰情况　市局1997、1998年连续2年被市委、政府授予扶贫工作先进集体，有5个旗县区局连续2年被旗县党委政府授予先进集体；在干部实际考核中市局领导班子连续3年被市委评为优秀，12个旗县区局有8个连续两年被当地党委、政府评为优秀，市局及8个旗县区局被驻地党委、政府授予标兵文明单位。先后受审计署表彰1次，受自治区审计厅表彰30次，受市委、市政府表彰89次，受旗县表彰81次；有27人次受内蒙古自治区的表彰，229人次受市委、政府奖励，191人受旗县级奖励。

**地址**　赤峰市红山区长青街中段
**传真**　0476—8331167
**电话**　0476—8331196
**邮编**　024000

(张学山　朱永刚　贾洪榛)

**【赤峰市红山区审计局】**　1998年有干部职工19人。其中大专以上学历10人；具有中级以上技术资格的12人；少数民族干部2人(其中蒙古族1人)。局内设局长1名，副局长2名。

完成交办任务　先后完成交办的各类审计事项37项。5年来，根据村级财务审计结果，区委、区政府制定了《红山区城乡集体经济组织审计监督暂行规定》，为实施村级财务公开提供了理论依据。

完成指令性审计任务　共完成上级审计机关下达的审计任务98项，审计单位167个。查处违规行为金额2490万元，审计决定上缴财政468万元；审计建议被采纳262条。

完成自定审计任务　对45个单位开展了审计及审计调查。查处违规行为金额151万元，上缴财政11万元。

**【赤峰市元宝山区审计局】**　1998年有干部职工16人。其中大专以上学历11人；具有中级以上技术资格的8人；少数民族干部5人(蒙古族)。局内设局长1名，副局长2名。1993年7月元宝山区审计局成立农村经济审计处，至1998年末有干部职工9人。

完成交办任务　先后完成交办的各类审计事项62项。1998年对18个单位、部门主要责任人进行了离任前经济责任审计。根据审计结果，区委、政府相继制定实施了3项全区性管理措施和办法。

完成指令性审计任务　共完成上级审计机关下达的审计任务46项，审计单位141个，查出违规行为金额3500万元，审计决定上缴财政350万元，审计建议被采纳34条。

完成自定审计任务　对142个单位开展了审计及审计调查，查处违规行为金额850万元，上缴财政1042万元。

**【赤峰市松山区审计局】**　1998年有干部职工19人。其中：大专以上学历13人；具有中级以上技术资格的11人；少数民族干部10人(其中蒙古族7人)。局内设局长1名，副局长2名。

完成交办任务　先后完成交办的各类审计事项62项，涉及到企业转制、党政领导干部离任、专项资金管理等审计内容。1998年对6个单位、部门主要负责人进行了离任经济责任审计。

完成指令性审计任务　共完成上级审计机关下达的审计任务65项，审计单位186个。查处违规行为金额2240万元，审计决定上缴财政106万元；审计建议被采纳218条。

完成自定审计任务　对82个单位开展了审计及审计调查。查处违规行为金额2210万元，上缴财政56万元。

**【宁城县审计局】**　至1998年

末,有干部职工15人。其中:大专以上学历10人;具有中级以上技术资格的8人;少数民族干部4人(其中蒙古族2人)。局内设局长1名,副局长2名。

完成交办任务　先后完成交办的各类审计事项62项。1998年对26个单位、部门主要负责人进行了离任前经济责任审计。

完成指令性审计任务　共完成上级审计机关下达的审计任务60项,审计单位198个。查处违规行为金额2012万元,审计决定上缴财政503万元;审计建议被采纳89条。

完成自定审计任务　对106个单位开展了审计及审计调查。查处违规行为金额996万元,上缴财政350万元。此外,农村经济审计局先后审计了312个乡镇企业和村民组财务,清理了多年乱账,平息农民集体上访事件11起,协助有关部门查处经济案件21起。

**【林西县审计局】**　1998年末有干部职工22人。其中,大专以上学历11人;具有中级以上技术资格13人;少数民族干部2人。

完成交办任务　共完成县政府交办的审计事项64项。5年来,共审计64个单位,查处违规行为金额806万元,上缴财政42万元。

完成指令性任务　共完成上级审计机关下达的审计任务206项,查处违规行为金额3002万元,上缴财政85万元,审计建议被采纳101条。

**【喀喇沁旗审计局】**　1998年有干部职工19人。其中大专以上学历11人;具有中级以上技术资格的15人;少数民族干部13人(其中蒙古族12人)。局内设局长1名,副局长1名。

完成交办任务　先后完成交办的各类审计事项62项。1998年对16个单位、部门主要负责人进行了离任前经济责任审计。

完成指令性审计任务　共完成上级审计机关下达的审计任务23项;审计单位83个,查处违规行为金额1669万元;审计决定上缴财政76万元;审计建议被采纳112条。

完成自定审计任务　对105个单位开展了审计及审计调查。查处违规行为金额212万元,上缴财政11万元。

**【巴林左旗审计局】**　1998年,有干部职工17人。其中:大专以上学历10人;具有中级以上技术资格的6人;少数民族干部9人(其中蒙古族6人)。局内设局长1名,副局长2名。

完成交办任务　完成交办的各类审计事项40项。根据审计结果,旗委、旗政府相继制定实施了3项全旗性管理措施和办法。

完成指令性审计任务　共完成上级审计机关下达的审计任务56项,审计单位168个;查处违规行为金额1102万元,审计决定上缴财政176万元;审计建议被采纳62条。

完成自定审计任务　对59个单位开展了审计及审计调查。查处违规行为金额839万元,上缴财政23万元。

**【敖汉旗审计局】**　1998年有干部职工25人。其中:大专以上学历12人;具有中级以上技术资格的11人;少数民族干部5人(其中蒙古族2人)。局内设局长1名,副局长3名。

完成交办任务　完成市交办的各类审计事项104项。1998年对7个单位、部门主要负责人进行了离任前经济责任审计。

完成指令性审计任务　共完成上级审计机关下达审计任务69项,审计单位123个;查出违规行为金额2768万元,审计决定上缴财政365万元,审计建议被采纳95条。

完成自定审计任务　对89个单位开展了审计及审计调查。查出违规行为金额654万元,上缴财政104万元。

**【阿鲁科尔沁旗审计局】**　1998年有干部职工17人。其中:大专以上学历10人;具有中级以上技术资格的6人;少数民族干部6人(蒙古族)。局内设局长1名,副局长2名。

完成交办任务　完成交办的各类审计事项182项。1998年对15个单位、部门主要负责人进行了离任前经济责任审计。5年来,根据审计结果,旗委、旗政府相继制定实施了11项全旗性管理措施和办法。

完成指令性任务　共完成上级审计机关下达的的审计任务26项;审计单位47个;查处违规行为金额1126万元,审计决定上缴财政731万元;审计建议被采纳114条。

完成自定审计任务　对94个单位开展了审计及审计调查。查处违规行为金额972万元,上缴财政32万元。

**【翁牛特旗审计局】**　1998年末干部职工有14人。其中具有大专以上学历7人;具有中级以上技术职称的7人;少数民族干部2人(蒙古族)。局内设局长1名,副局长3名。

完成交办任务　共完成交办的各类审计事项48项。根据审计发现的普遍存在的问题,旗政府制定了2项全旗性管理办法。

完成指令性任务　共完成上级审计机关下达的审计任务49项,审计单位158个。审计发现违规行为金额2,766万元,审计决定上缴财政87万元;审计建议被采纳68条。

完成自定审计任务　对42

个单位的财政、财务收支情况进行了审计。审计查出违规行为金额406万元,上缴财政21万元。

**【克什克腾旗审计局】**　1998年末有干部职工14人。其中大专以上学历8人;具有中级以上技术资格的8人;少数民族干部5人(其中蒙古族2人)。局内设局长1名,副局长1名。

完成交办任务　先后完成市委、政府和旗委、旗政府交办的各类审计事项46项。1998年对2个单位、部门的一把手进行了离任经济责任审计。

完成指令性审计任务　完成上级审计机关下达的审计项目单位238个,审计金额64109万元,查处违规行为金额4404万元,审计决定上缴财政89万元。

**【巴林右旗审计局】**　1998年末有干部职工13人。其中大专以上学历9人;具有中级以上技术资格的6人;少数民族干部5人(蒙古族)。局内设局长1名,副局长2名。

完成交办任务　完成交办的各类审计事项69项,涉及到企业转制、党政领导干部离任、专项资金管理等内容。5年来根据审计结果,旗委、旗政府相继制定实施了5项全旗性管理措施和办法,加快了经济管理的规范化进程。

完成指令性审计任务　共完成上级审计机关下达的审计任务67项,审计单位139个。查处违规行为金额1103万元,审计决定上缴财政45万元;审计建议被采纳89条。

完成自定审计任务　对45个单位开展了审计及审计调查。查处违规行为金额65万元,上缴财政24万元。

**【乌兰察布盟审计工作简述】**

全盟共有12个审计机关,截止到1998年末有干部职工242人。其中:大专以上学历115人;具有中级以上技术资格的124人;少数民族干部16人(其中蒙古族15人)。

**审计工作成果表(1994年至1998年)**

| 指标<br>单位 | 审计单位(个) | 违规行为金额(万元) | 促进增收节支金额(万元) | 挽回国有资产流失(万元) | 上缴财政金额(万元) | 移送案件(起) | 审计报告、信息被采纳(篇) |
|---|---|---|---|---|---|---|---|
| 合计 | 3546 | 45560.1 | 7689 | 6052.2 | 2985.9 | 4 | 828 |
| 察右前旗 | 420 | 2379 | 875 | 418 | 166 | 3 | 94 |
| 察右后旗 | 242 | 2624 | 1107 | 173 | 84 | | 129 |
| 察右中旗 | 442 | 3971 | 752.2 | 1028 | 170.2 | | 81 |
| 四子王旗 | 300 | 1895 | 602 | 198 | 143 | | 26 |
| 卓资县 | 293 | 1847 | 288 | 52 | 148 | | 19 |
| 凉城县 | 247 | 1431.3 | 278.4 | 96.7 | 51.6 | | 53 |
| 化德县 | 295 | 2346 | 548 | 205 | 80 | | 28 |
| 商都县 | 430 | 1544.2 | 495 | 154.2 | 93.8 | | 43 |
| 兴和县 | 321 | 1693.6 | 344.4 | 269.3 | 47.3 | | 48 |
| 集宁市 | 276 | 2856 | 560 | 720 | 192 | | 130 |
| 丰镇市 | 758 | 6045 | 291 | 602 | 525 | | 20 |
| 盟局 | 522 | 16928 | 1548 | 2136 | 1285 | 1 | 157 |

**【乌兰察布盟审计局】**　1998年末有干部职工44人。其中:大专以上学历31人;具有中级以上技术资格的30人;少数民族干部2人(蒙古族);局长1名,副局长2名。下设人秘科、财政金融审计科、农牧审计科、行政事业审计科、企业审计科、固定资产投资审计科、综合科、审计科等8个科室及机关服务中心。

完成交办任务　完成交办的各类审计事项61项。1998年对34个单位、部门主要负责人进行了离任前经济责任审计。1994年至1998年根据审计结果,盟委、行署相继制定实施了5项全盟性管理措施和办法,加快了经济管理的规范化进程。

完成指令性审计任务　完成上级审计机关下达的审计任务51项,审计单位376个;查处违规行为金额10438万元,审计决定上缴财政1163万元,审计建议被采纳243条。

完成自定审计任务　对65个单位开展了审计及审计调查,审计金额47000万元;查处违规行为金额4700万元,上缴财政102万元。

内部审计及社会审计　1998年末,全盟建立内审机构487个,配备内审人员1356人,较1994年分别增长23%、31%。其中全盟213个乡镇(苏木)均建立起内审站,在全区率先开展了农村、牧区内部审计工作,起到了示范引导作用。社会审计,1998年末共有从业人员104名,接受社会各类委托项目371项。

机关建设及受表彰情况　扶贫工作1997年、1998年连续两年被盟委、行署授予先进单位;在干部实绩考核中,局领导班子连续3年被评为优秀;1994年至1998年期间先后受审计署表彰1次,受自治区审计厅表彰5次,受盟委行署表彰4次。有10人次受盟委行署表彰奖励。

**地址**　集宁市恩和路16号
**电话**　0474—8225182
**传真**　0474—8227655
**邮编**　012000　　(刘战生)

**【集宁市审计局】**　1998年末有干部职工20人。其中:大专以上学历14人;具有中级以上技术资格的13人;少数民族干部2人;局长1名,副局长2名。

完成交办任务　完成交办的各类审计事项112项。1998年对8个单位、部门主要负责人进行了离任前经济责任审计。

完成指令性审计任务　完成上级审计机关下达的审计任务60项,审计单位65个,审计金额1800万元;查处违规行为金额170万元,审计决定上缴财政20万元,审计建议被采纳140条。

完成自定审计任务　对150个单位开展了审计及审计调查。审计金额3200万元,查处违规行为金额210万元,上缴财政30万元。

**【丰镇市审计局】** 1998年末有干部职工26人。其中:大专以上学历11人;具有中级以上技术资格的13人;局长1名,副局长2名。

完成交办任务 完成交办的各类审计事项25项。

完成指令性审计任务 完成上级审计机关下达的指令性审计任务36项,审计单位310个,审计金额63900万元;查处违规行为金额3215万元,审计决定上缴财政251万元,审计建议被采纳11条。

完成自定审计任务 对197个单位开展了审计及审计调查,审计金额30056万元,查处违规行为金额1530万元,上缴财政160万元。特别是1998年先后对50个单位的预算外资金进行了审计,审计总金额1734万元,查出违规行为金额590万元,上缴财政金额86.64万元。

**【兴和县审计局】** 1998年末,共有干部职工12人。其中:大专以上学历4人;具有中级以上技术资格的4人;少数民族干部3人(蒙古族);局长1名,副局长2名。

完成交办任务 先后完成交办的各类审计事项32项。1998年对21个乡(镇)16个单位主要负责人进行了离任前经济责任审计。根据审计结果,县委、县政府相继制定实施了3项全县性管理措施和办法。

完成指令性审计任务 完成上级审计机关下达的指令性审计任务37项,审计单位251个,审计金额85100万元;查处违规行为金额1393.56万元,审计决定上缴财政37.33万元,审计建议被采纳80余条。

完成自定审计任务 对70个单位开展了审计及审计调查,审计金额10000万元,查处违规行为金额300万元,上缴财政10万元。

**【卓资县审计局】** 到1998年,共有干部11人。其中:大专以上学历3人;少数民族干部2人(蒙古族)。局内设局长1名,副局长1名。

完成交办任务 完成交办的各类审计事项3项,涉及到企业转制,行政、事业、企业领导干部离任审计,专项资金管理及专案调查等内容。1998年对6个单位、部门负责人进行了离任后经济责任审计。

完成指令性审计任务 完成上级审计机关下达的审计任务35项,审计单位252个。查出违规行为金额1294万元,审计决定上缴财政122万元,审计建议被采纳12条。

完成自定审计任务 对41个单位开展了审计及审计调查。查处违规行为金额553万元,上缴财政26万元,审计建议被采纳7条。

**【商都县审计局】** 1998年末,有干部职工14人。其中:大专以上学历7人;具有中级以上技术资格的4人;局内设局长1名,副局长3名。

完成交办任务 先后完成交办的各类审计事项5项。1998年对14个单位、部门主要负责人进行了离任前经济责任审计。5年来,根据审计结果,县委、县政府相继制定实施了4项全县性管理措施和办法。

完成指令性审计任务 完成上级审计机关下达的审计任务34项,审计单位400个;查处违规行为金额1500万元,审计决定上缴财政90万元,审计建议被采纳44条。

**【凉城县审计局】** 1998年末,有干部职工19人。其中:大专以上学历10人;具有中级技术资格4人;局长1名,副局长2名。

完成交办任务 完成交办的各项审计事项33项。1998年对列入转制范围的26户企业,进行清产核资,落实债权、债务。1994年至1998年根据审计结果,县委、县政府相继制订实施了两项全县性管理措施和办法,加快了经济管理的规范化进程。

完成指令性审计任务 完成上级审计机关下达的审计任务47项,审计单位209个;查出违规行为金额1401万元,审计决定上缴财政50.5万元,审计建议被采纳53条。

完成自定审计任务 对5个单位开展了审计及审计调查,查出违规行为金额30.3万元,上缴财政1.07万元。

**【化德县审计局】** 1998年有干部职工20人。其中:大专以上学历6人;具有中级以上技术资格的14人;局长1名,副局长2名。

完成交办任务 先后完成交办的各类审计事项95项,其中企业转制28个,党政领导干部离任55项,厂长离任12项。1998年对18个单位、部门主要负责人进行了离任前经济责任审计。

完成指令性任务 完成上级审计机关下达的审计任务70项,审计单位256个,审计金额59278万元;查处违规行为金额1469万元,审计决定上缴财政79万元,审计建议被采纳12条。

完成自定审计任务 对38个单位开展了审计及审计调查,审计金额6991万元,查处违规行为金额169万元,上缴财政8万元。

**【察哈尔右翼前旗审计局】** 1998年末有干部职工26人。其中:大专以上学历4人;具有中级以上技术资格的12人;少数民族干部1人(蒙古族)。局内设局长1名,副局长3名。

**完成交办任务** 先后完成交办的各类审计事项76项。

**完成指令性审计任务** 完成上级审计机关下达的审计任务37项，审计单位260个，审计金额48000万元；查处违规行为金额1700万元，审计决定上缴财政98万元，审计建议被采纳130条。

**完成自定审计任务** 对160个单位开展了审计及审计调查。查处违规行为金额579万元，上缴财政68万元。

**【察哈尔右翼中旗审计局】** 1998年有干部职工11人。其中，大专以上学历7人；具有中级技术资格的7人；少数民族1人。局内设局长1名，副局长2名。

**完成交办任务** 先后完成交办的各类审计事项11项，涉及到企业转制、党政领导干部离任、专项资金管理、专案调查等内容。

**完成指令性审计任务** 5年来，共完成上级审计机关下达的审计任务107个大项，审计单位312个，查处违规行为金额2978.3万元；审计决定上缴财政127.7万元，审计建议被采纳446条。

**完成自定项目审计任务** 5年来对130个单位开展了审计及审计调查，查处违规行为金额992.7万元，上缴财政42.5万元。

**【察哈尔右翼后旗审计局】** 1998年末有干部职工20人。其中大专以上学历6人；具有中级以上技术资格的8人；少数民族干部1人（蒙古族）。局内设局长1名，副局长4名。

**完成指令性审计任务** 共完成上级审计机关下达的审计任务89项，审计单位242个；查处违规行为金额2624万元，审计决定上缴财政84万元，审计建议被采纳率为40%。

**完成交办任务** 先后完成旗委、旗政府交办的各类审计事项34项。使审计成果为领导决策提供了有力依据。

**【四子王旗审计局】** 1998年末，有干部职工12人。其中：大专以上学历3人；具有中级以上技术资格的2人；少数民族干部3人。局内设局长1名，副局长2名，党支部书记1名。

**完成交办任务** 完成交办的各类审计事项53项。

**完成指令性审计任务** 完成上级审计机关下达的审计任务43项，审计单位275个，审计金额39473万元；查处违规行为金额1736万元，审计决定上缴财政136万元，审计建议被采纳47条。

**完成自定审计任务** 5年对19个单位开展了审计及审计调查，审计金额10,394万元；查处违规行为金额439万元，上缴财政19万元。

**【锡林郭勒盟审计局】** 至1998年末，有干部职工40人。其中：大专以上学历16人；具有中级以上技术资格的25人；少数民族干部11人（蒙古族）。局内设局长1名，副局长3名。下设办公室、综合科、财税审计科、金融外资审计科、企业审计科、基本建设审计科、行政事业审计科、农牧审计科。

**审计工作成果表（1994年至1998年）**

| 指标<br>单位 | 审计单位(个) | 违规行为金额(万元) | 促进增收节支金额(万元) | 挽回国有资产流失(万元) | 上缴财政金额(万元) | 移送案件(起) | 审计报告、信息被采纳(篇) |
|---|---|---|---|---|---|---|---|
| 合计 | 2881 | 40100 | 5518 | 6436 | 1264 | 4 | 481 |
| 锡林浩特市 | 176 | 2246 | | | 29 | | - |
| 二连浩特市 | 140 | 1285 | 200 | 55 | 44 | | 41 |
| 西苏旗 | 113 | 1323 | | | 106 | | |
| 东苏旗 | 117 | 1077 | 295 | 56 | 44 | | 2 |
| 阿巴嘎旗 | 218 | 913 | 245 | 58 | 32 | | 9 |
| 东乌旗 | 208 | 1528 | 363 | 4171 | 19 | | 14 |
| 西乌旗 | 257 | 629 | 492 | 70 | 49 | 1 | 6 |
| 镶黄旗 | 141 | 511 | 120 | 27 | 9 | | 36 |
| 白旗 | 135 | 1736 | 252 | 37 | 13 | | 5 |
| 太仆寺旗 | 422 | 1583 | 325 | 278 | 123 | | 16 |
| 正兰旗 | 218 | 974 | 406 | 114 | 42 | 1 | 4 |
| 多伦县 | 261 | 2006 | | | 134 | | 12 |
| 盟局 | 475 | 24289 | 2820 | 1570 | 620 | 2 | 336 |

**内部审计及社会审计** 1998年末全盟建立内审机构89个，配备内审人员176人；社会审计1998年末共有从业人员72名，接受社会各类委托项目313项。

**完成交办任务** 先后完成盟委、行署交办的各类审计事项46项。1998年对7个单位、部门主要负责人进行了离任前经济责任审计。1994年至1998年根据审计意见和建议，盟委、行署相继制定、批转实施了4项全盟性管理措施和办法，加快了经济管理的规范进程。

**完成指令性任务** 完成上级审计机关下达的审计任务435项，审计单位675个；查出违规行为金额23736.7万元，审计决定上缴财政575.36万元，审计建议被采纳175条。

**完成自定审计任务** 对40个单位开展了审计及审计调查。审计金额22760万元，查出违规行为金额552.4万元，上缴财政45.23万元。

**受表彰情况** 1996年局机关被评为市级文明单位。1997年档案管理工作被自治区评为先进单位，局机关被评为盟级文明单位。扶贫工作连续2年被盟委、行署授予先进单位，廉政建设连年受到表扬和表彰。在干部实绩考核中，局领导班子连续3年被评为优秀，局机关获实绩突出单位。1994至1998年受自治区审计厅表彰9次，受盟、委行署表彰8次，有8人次受到盟、委行署奖励。

**地址** 锡林浩特市中央大街1号

**电话** 0479—8220420—2524
**传真** 0479—8227624
**邮编** 026000 （刘国宾）

**【锡林浩特市审计局】** 1998年末有干部职工17人。其中：大专以上学历8人；具有中级以上技术资格的7人；少数民族干部7人（其中蒙古族1人）。局内设局长兼党支部书记1名，副局长2名。

完成交办任务 完成交办的各类审计事项196项。1998年对5个单位、部门主要负责人进行了离任前经济责任审计。

完成指令性审计任务 完成上级审计机关下达审计任务176项，查处违规行为金额2246万元，审计决定上缴财政29万元，审计建议被采纳40条。

完成自定审计任务 5年间对20个单位开展了审计及审计调查，审计金额1200万元。

**【二连浩特市审计局】** 5年间干部职工一直为12人。其中：大专以上学历5人；具有中级以上技术资格的4人；少数民族干部2人（蒙古族）。局内设局长1名。

完成交办任务 完成交办的各类审计事项5项。1997年、1998年对8个单位、部门主要负责人进行了离任前经济责任审计。

完成指令性审计任务 完成上级审计机关下达的审计任务22项，审计单位59个；查处违规行为金额1260万元，审计决定上缴财政38万元，审计建议被采纳38条。

完成自定审计任务 对43个单位开展了审计及审计调查，查出违规行为金额25万元，上缴财政6万元。

**【多伦县审计局】** 1998年有干部职工17人。其中：大专以上学历6人；具有中级以上技术资格的6人；少数民族干部7人（其中蒙古族1人）。局内设局长1名，副局长2名。

完成交办任务 完成交办的各类审计事项27项。1998年对6个单位、部门主要负责人进行了离任经济责任审计。1994年至1998年根据审计结果，县委、县政府相继制定实施了5项全县性管理措施和办法。

完成指令性任务 共完成上级审计机关下达的审计任务150项，审计单位234个；查处违规行为金额2006万元，上缴财政104万元，审计建议被采纳310条。

**【阿巴嘎旗审计局】** 1998年末，有干部职工11人。其中：大专以上学历4人；具有中级以上技术资格的2人；少数民族干部4人（蒙古族）。局内设局长1名，副局长2名。

完成交办任务 完成交办的各类审计事项45项。1998年对12个单位、部门主要负责人进行了离任前经济责任审计。

完成指令性审计任务 完成上级审计机关下达审计任务190项，审计单位218个；查处违规行为金额913万元，审计决定上缴财政32万元，审计建议被采纳66条。

完成自定审计任务 对10个单位开展了审计及审计调查。查出违规行为金额65万元，上缴财政11万元。

**【西乌珠穆沁旗审计局】** 1998年末，有干部职工12人。其中：大专以上学历4人；少数民族干部9人（其中蒙古族8人）。局内设局长1名，副局长3名。

完成交办任务 完成交办的各类审计事项10项。

完成指令性审计任务 完成上级审计机关下达审计任务156项，审计单位257个；查处违规行为金额439万元，上缴财政49万元。

完成自定审计任务 对16个单位开展了审计及审计调查，查出违规行为金额261万元，上缴财政4.2万元。

**【东乌珠穆沁旗审计局】** 到1998年，有干部职工8人。其中：大专以上学历4人；具有中级以上技术资格的2人；少数民族干部3人（蒙古族）。局内设局长1名，副局长3名。

完成交办任务 完成交办的各类审计事项17项。

完成指令性审计任务 完成上级审计机关下达审计任务118项，审计单位150个；查处违规行为金额1528万元，上缴财政18.9万元，审计报告审计建议被采纳28条。

完成自定审计任务 对41个单位开展了审计及审计调查，审计金额1258万元。

**【苏尼特左旗审计局】** 1998年末，有干部职工11人。其中：大专以上学历2人；具有中级以上技术资格的3人；少数民族干部4人（蒙古族）。局内设局长1名，副局长1名。

完成交办任务 完成交办的各类审计事项6项。1998年对2个单位、部门主要负责人进行了离任前经济责任审计。

完成指令性审计任务 完成上级审计机关下达审计任务4项，审计单位170个；查处违规行为金额1014万元，审计决定上缴财政44万元。

完成自定审计任务 对7个单位开展了审计及审计调查，查出违规行为金额53万元。

**【苏尼特右旗审计局】** 到1998年末，有干部职工23人。其中：大专以上学历5人；具有中级以上技术资格的5人；少数民族干部4人（其中蒙古族4人）。局内设局长1名，副局长3名。

完成交办任务 完成交办的各类审计事项22项。1998年对3

个单位、部门主要负责人进行了离任前经济责任审计。

完成指令性审计任务　完成上级审计机关下达审计任务62项,审计单位113个;查处违规行为金额1323万元,审计决定上缴财政106万元,审计决定审计建议被采纳26条。

完成自定审计任务　对40个单位开展了审计及审计调查。查出违规行为金额96万元,上缴财政21万元。

**【太仆寺旗审计局】**　1998年末,有干部职工27人。其中:大专以上学历9人;具有中级以上技术资格的5人;少数民族干部1人(蒙古族)。局内设局长1名,副局长1名。

完成交办任务　完成交办的各类审计事项86项。1998年对7个单位、部门主要负责人进行了离任前经济责任审计。

完成指令性审计任务　完成上级审计机关下达审计任务85项,审计单位327个;查处违规行为金额955万元,审计建议被采纳26条。

完成自定审计任务　对47个单位开展了审计及审计调查,查出违规行为金额628万元,上缴财政37万元。

**【正镶白旗审计局】**　到1998年,有干部职工8人。其中:大专以上学历3人;具有中级以上技术资格的2人;少数民族干部5人(蒙古族)。局长1名,副局长2名。

完成交办任务　完成交办的各类审计事项32项,涉及到企业转制、党政领导干部离任、专项资金审计等内容。

完成指令性审计任务　完成上级下达的审计机关审计任务68项,审计单位68个,查处违规行为金额1708万元。

完成自定审计任务　对12个单位开展了审计及审计调查,查出违规行为金额12.5万元。

**【正蓝旗审计局】**　到1998年,有干部职工11人。其中:大专以上学历2人;具有中级以上技术资格的4人;少数民族干部6人(蒙古族)。局内设局长1名,副局长1名。

完成交办任务　完成交办的各类审计事项50项。1998年对2个单位、部门主要负责人进行了离任前经济责任审计。

完成指令性审计任务　完成上级审计机关下达审计任务150项,查处违规行为金额774万元,审计建议被采纳50条。

完成自定审计任务　对10个单位开展了审计及审计调查,查出违规行为金额200万元,上缴财政12万元。

**【镶黄旗审计局】**　到1998年,有干部职工11人。其中:大专以上学历1人;具有中级以上技术资格的1人;少数民族干部6人(其中蒙古族5人)。局内设局长1名,副局长3名。

完成交办任务　完成旗委旗政府交办的各类审计事项48项,审计单位141个。

**【呼伦贝尔盟审计工作简述】**　到1998年末,有干部职工289人。其中:大专以上学历164人;具有中级以上技术资格的134人;少数民族干部89人(其中蒙古族50人)

审计工作成果　共审计3662个单位。查出违规行为金额88900万元,促进增收节支金额2919万元,挽回国有资产流失5911万元,上缴财政金额4863万元,移送案件13起;审计报告信息被批示采纳1260篇。

完成交办任务　先后完成交办的各类审计事项405项。1998年对30个单位、部门主要负责人进行了离任前经济责任审计。

完成指令性审计任务　共完成上级审计机关下达的审计任务72项,审计单位2202个;查出违规行为金额60986万元,审计决定上缴财政2797万元,审计建议被采纳585条。

完成自定审计任务　对1111个单位开展了审计及审计调查。查处违规行为金额12364万元,上缴财政1608万元。

(李凤鸣　刘娟娟)

**【呼伦贝尔盟审计局】**　1998年末有干部职工53人。其中大专以上学历37人;具有中级以上技术资格的38人;少数民族干部14人(其中蒙古族11人)。局内设局长1名,副局长2名。

审计工作成果　共审计了407个单位,挽回违规行为金额27793万元,促进增收节支690万元,查出国有资产流失2743万元,上缴财政1231万元,移送案件1起,审计报告信息被批示采纳554篇。

完成交办任务　共完成交办的各类审计事项38项。盟委、行署根据1994至1998年审计结果,先后制定了8项全盟性管理措施和办法。

完成指令性审计任务　5年来,完成上级审计机关下达的审计任务61项,审计单位271个;查出违规行为金额17796万元,审计决定上缴财政753万元,审计建议被采纳201条。

完成自定审计任务　1994年至1998年自行安排审计项目及审计调查152项,查处违规行为金额6324万元,上缴财政387万元。

机关建设及受表彰情况　盟局进入盟级文明单位,旗市局全部进入旗县级文明单位;在干部实绩考核中,盟局领导班子连续3年被评为“实绩突出”,盟局1998年被自治区审计厅授予先进单位，被盟委、行署授予抗洪救灾先进单位；有1人次受审计署表彰，有14人次受自治区审计厅表彰，有3人次受盟委、行署表彰。

**地址** 海拉尔市胜利三路64号

**电话** 0470—8221173

**传真** 0470—8223082

**邮编** 021008（李凤鸣 刘娟娟）

**【海拉尔市审计局】** 1998年末，有干部职工26人。大专以上学历22人；具有中级以上技术资格的12人；少数民族干部5人(其中：蒙古族2人)。局内设局长1名，副局长2名。

审计工作成果 共审计单位257个。查处违规行为金额9182万元，促进增收节支411万元，挽回国有资产流失110万元，上缴财政金额151万元，移送案件8起，审计报告信息被批示采纳29篇。

完成交办任务 1994至1998年先后完成交办的各类审计事项40项。1998年对2个单位、部门主要负责人进行了离任前经济责任审计。

完成指令性审计任务 完成上级审计机关下达的审计任务49项，审计单位189个，审计金额100,506万元；查处违规行为金额7,995万元，审计决定上缴财政111万元。

完成自定项目 共完成28个，查出违规行为金额628万元，上缴财政12万元。

**【满洲里市审计局】** 1998年，有干部职工19人。其中：大专以上学历9人；具有中级以上技术资格的10人；少数民族干部2人(其中蒙古族1人)。局内设局长1名、副局长1名。

审计工作成果 共完成审计单位214个。查处违规行为金额4091万元，促进增收节支50万元，挽回国有资产流失269万元，上缴财政金额377万元，审计报告信息被批示采纳63篇。

完成交办审计任务 共完成市委、市政府交办的审计任务6项，均为企事业主要负责人的离任经济责任审计。

完成指令性任务 共完成上级审计机关下达的审计任务50项，审计单位110个；查处违规行为金额2706万元，审计决定上缴财政60万元，审计建议被采纳8条。

完成自定审计任务 对98个单位开展了审计及审计调查。查处违规行为金额1185万元，上缴财政221万元。

**【牙克石市审计局】** 1998年有干部职工28人。其中：大专以上学历17名；具有中级以上技术资格的20人；少民族干部2人。局内设局长1名，副局长3名。

审计工作成果 共审计409个单位，查处违规行为金额12568万元，促进增收节支391万元，挽回国有资产流失金额782万元，上缴财政金额275万元，审计报告信息被批转篇数99篇。

完成交办任务 先后完成了交办的各类审计事项92项。1998年对2个单位、部门主要负责人进行了离任前经济责任审计。

完成指令性审计任务 共完成上级审计机关下达的审计任务48项，审计单位230个。查处违规行为金额8175万元，审计决定上缴财政162.6万元，审计建议被采纳126条。

完成自定项目任务 对87个单位开展了审计及审计调查，查处违规行为金额1908万元，上缴财政103.2万元。

**【扎兰屯市审计局】** 至1998年末，有干部职工23人。其中：大专以上学历14人；具有中级以上技术资格的12人；少数民族干部7人(其中蒙古族3人)。内设局长1名，副局长2名。

审计工作成果 共完成审计单位数386个，查出违规行为金额9137万元，促进增收节支357万元，挽回国有资产流失496万元，上缴财政金额859万元，审计报告信息被批示采纳88篇。

完成交办任务 先后完成市委、市政府交办的各类审计事项28项。1998年对2个单位、部门主要负责人进行了离任前经济责任审计。1994年至1998年根据审计结果，市政府相继制定实施了5项全市性管理措施和办法。

完成指令性审计任务 共完成上级审计机关下达的审计任务52项，审计单位217个，查处违规行为金额6474万元；审计决定上缴财政472万元。

完成自定审计任务 对141个单位开展了审计，查处违规行为金额1995万元；上缴财政294万元。

**【根河市审计局】** 1998年末，有干部职工17人。其中：大专以上学历9人；具有中级职称的5人，少数民族2人(蒙族)。局内设局长1名，副局长2名。

审计工作成果 共审计200个单位，查处违规行为金额2749万元，促进增收节支32万元，查出国有资产流失61万元，上缴财政101万元，审计报告信息被批示采纳39篇。

完成交办任务 先后完成交办的各类审计事项15项。

完成指令性审计任务 共计完成上级审计机关下达审计项目43项，审计单位103个；查出违规行为金额2789.1万元，已上缴财政90.9万元，审计建议被采纳84条。

完成自定审计任务 对82个单位开展的审计及审计调查，查处违规行为金额910万元，已上缴财政10万元。

**【额尔古纳市审计局】** 1998年

末,有干部职工20人。其中:大专以上学历12人;具有中级技术资格的9人;少数民族干部7人,其中蒙古族2人。内设:局长1名,副局长2名。

审计工作成果 完成审计单位221个,查出违规行为金额4213万元,促进增收节支123万元,挽回国有资产流失261万元,上缴财政金额169万元,审计信息及审计报告被采纳54篇。

市审计工作结合本地区特点,围绕市经济工作中心和百姓热点、难点问题开展各项审计。特别是1994—1996年,围绕市边贸企业经济呈现严重下滑趋势,开展了重点审计监督,并针对大量的事实,分析撰写了《强化对边贸企业的宏观调控与监督势在必行》一文,被当地政府采纳批转,同时荣获自治区审计厅、审计学会第一届论文评选三等奖。

完成交办任务 完成交办的各类审计事项34项,涉及到企业转制、党政领导干部离任、厂长、经理离任经济责任审计,“10大公司”破产清算审计及专项资金等内容。5年来根据审计结果,市政府出台了5项管理与调控措施和办法。

完成指令性审计任务 完成上级审计机关下达的审计任务44项,审计单位125个;查处违规行为金额1232万元,审计决定上缴财政19万元,审计建议被采纳36条。

完成自定审计任务 对62个单位开展了审计及审计调查,查处违规行为金额1983万元,上缴财政54万元。

**【陈巴尔虎旗审计局】** 1998年末,有干部职工14人。其中:大专以上学历6人;党员3名;少数民族干部13人(其中蒙古族12人,达斡尔族1人);局长1名,副局长1名。

审计工作成果 完成审计单位116个,查出违规行为金额995万元,促进增收节支23万元,挽回国有资产流失337万元,上缴财政58万元,审计报告信息被批示采纳18篇。

完成交办任务 完成旗委、旗政府交办的各类审计事项1项,涉及企业转制等内容。

完成指令性审计任务 完成上级审计机关下达的审计任务41项,审计单位85个;查出违规行为金额980万元;决定上缴财政59万元。

完成自定审计任务 对32个单位开展了审计及审计调查,查出违规行为金额15万元。

**【阿荣旗审计局】** 1998年末,有干部职工16人。其中:大专以上学历4人;具有中级以上技术资格的8人。局内设局长1名,副局长2名。

审计工作成果 共完成审计单位385个,查处违规行为金额5528万元,促进增收节支167万元,挽回国有资产流失271万元,上缴财政660万元,审计报告信息被采用115篇。

完成交办任务 完成交办的各类审计事项89项,涉及到企业转制、党政领导干部离任、专项资金管理、专案调查等内容。

完成指令性审计任务 共完成上级审计机关下达的审计任务50项,审计单位185个;查处违规行为金额2313万元,审计决定上缴财政267万元,审计报告信息被批示采纳共69篇。

完成自定审计任务 对111个单位开展了审计及审计调查,查处违规行为金额2215万元,上缴财政345万元,审计报告信息被批示采纳共30条。

**【新巴尔虎左旗审计局】** 至1998年末,共有干部职工13人。其中:大专学历5人;具有中级以上技术资格的4人;少数民族干部5人(其中蒙古族3人)。局内设局长1名,副局长2名。

审计工作成果 完成审计单位151个,查出违规行为金额3045万元,促进增收节支1万元,挽回国有资产流失56万元,上缴财政金额189万元,移送案件3起,审计报告信息被批转采纳40条。

完成交办审计任务 先后完成交办的各类审计事项13项。

完成指令性审计任务 共完成审计任务42项,审计单位106个;查出违规行为金额2845万元,审计决定上缴财政148万元。

完成自定审计 5年来完成自定、审计任务项目32个,查出违规行为金额185万元,上缴财政39万元。

**【新巴尔虎右旗审计局】** 1998年末,有干部职工13人。其中:大专学历7人;具有中级以上技术资格的2人;少数民族干部12人(其中蒙古族11人)。局内设局长1名,副局长1名。

审计工作成果 完成审计单位149个,查出违规行为金额751万元。挽回国有资产流失52万元,上缴财政金额90万元,审计信息被采纳33篇。

完成交办任务 完成交办的各类审计事项4项。

完成指令性审计任务 共完成上级审计机关下达的审计任务40项,106个单位;查出违规行为金额521万元,审计决定上缴财政54万元,审计建议被采纳48条。

完成自定项目 共完成自定项目39项,查出违规金额208万元,上缴财政25万元。

**【鄂伦春自治旗审计局】** 到1998年末,有干部职工17人。其中:大专以上学历11人;具有中级以上技术资格5人;少数民族干部4名。局内设局长1名,副局长1名。

审计成果　完成审计单位346个;查出违纪金额3099万元,促进增收节支88万元,挽回国有资产流失112万元,上缴财政387万元,移送案件1起,审计报告信息被采纳53篇。

完成交办的审计任务　完成交办的各项审计任务24项。1998年对7个单位的党政领导干部进行了离任审计。

完成指令性审计任务　共完成上级审计机关下达的审计任务43项,审计178个单位;查处违规行为金额2007万元,上缴财政247万元,审计建议被采纳24条。

完成自定审计项目　完成自定审计单位144个,查出违规行为金额569万元,上缴财政79.8万元。

**【莫力达瓦达斡尔族自治旗审计局】**　1998年末,有干部职工18人。其中:少数民族8人(蒙古族1人);大专以上学历5人;中级技术职称5人;局内设局长1名、副局长2名。

审计工作成果　共完成审计项目230项,查出违纪违规金额3230万元,促进增收节支348万元,挽回国有资产流失43万元,上缴财政229万元。审计报告、信息被批转采纳40篇。

完成交办任务　先后完成交办的各类审计事项48项。1998年对6个乡镇和部门的主要负责人进行了离任前经济责任审计。

完成指令性审计任务　共完成上级审计机关下达的审计任务47项,审计单位193个;查出违纪违规金额2800万元,审计决定上缴财政188万元;审计建议被采纳33条。

完成自定审计项目　对25个单位开展了审计和审计调查,查出违规金额305万元,上缴财政31万元。

**【鄂温克族自治旗审计局】**

1998年末,有干部职工12人。其中:大专以上学历6人;具有中级以上技术资格的4人;少数民族干部8人(其中蒙古族2人)。局内设局长1名,副局长2名。

审计工作成果　完成审计单位191个,查出违规行为金额2519万元,促进增收节支186万元,挽回国有资产流失280万元,上缴财政金额177万元,审计报告信息被批示采纳35篇。

完成交办任务　先后完成交办的各类审计事项9项。根据审计结果,旗委、旗政府相继制定实施了5项全旗性管理措施和办法,加快了经济管理的规范化进程。

完成指令性审计任务　共完成上级审计机关下达的审计任务41项,审计单位104个;查处违规行为金额2353万元,审计决定上缴财政167万元,审计建议被采纳25条。

完成自定项目　5年来完成自定项目78个,查出违规行为金额116万元,上缴财政8万元。

**【哲里木盟审计工作简述】**

1998年末全盟审计干部职工165人。其中:大专以上学历97人;具有中级以上技术资格的85人;少数民族干部68人(其中蒙古族59人)。

**审计工作成果(1994—1998年)**

| 指标／单位 | 审计单位(个) | 违规行为金额(万元) | 促进增收节支金额(万元) | 挽回国有资产流失(万元) | 上缴财政金额(万元) | 移送案件(起) | 审计报告、信息被采纳(篇) |
|---|---|---|---|---|---|---|---|
| 合　计 | 3939 | 66322 | 23689 | 4177 | 9182 | 21 | 2343 |
| 哲盟审计局 | 616 | 23096 | 11625 | 1231 | 5397 | 1 | 668 |
| 通辽市 | 509 | 7590 | 2073 | 596 | 522 | 2 | 120 |
| 开鲁县 | 369 | 6696 | 2060 | 203 | 648 | 2 | 215 |
| 库伦旗 | 461 | 3344 | 905 | 289 | 381 | 3 | 256 |
| 奈曼旗 | 421 | 6737 | 2120 | 494 | 309 | 5 | 323 |
| 扎鲁特旗 | 409 | 4055 | 937 | 237 | 476 | 3 | 178 |

续表

| 指标／单位 | 审计单位(个) | 违规行为金额(万元) | 促进增收节支金额(万元) | 挽回国有资产流失(万元) | 上缴财政金额(万元) | 移送案件(起) | 审计报告、信息被采纳(篇) |
|---|---|---|---|---|---|---|---|
| 科左中旗 | 437 | 5826 | 1350 | 245 | 367 | 2 | 144 |
| 科左后旗 | 519 | 6960 | 1873 | 436 | 892 | 1 | 246 |
| 霍林郭勒市 | 198 | 2018 | 746 | 446 | 190 | 2 | 193 |

**【哲里木盟审计局】**　1998年末有干部职工43人。其中大专以上学历20人;具有中级以上技术资格的36人;少数民族干部11人(其中蒙古族10人)。局内设局长兼党组书记1名,副局长3名,纪检组长1名。下设办公室、财政税务审计科、金融外资审计科、行政事业审计科、农牧林水审计科、商贸企业审计科、工交企业审计科、固定资产投资审计科、综合科、审计管理科和机关事务服务中心等11个科室。

完成交办任务　先后完成交办的各类审计事项109项,涉及到企业转制、专项资金管理、专案调查、企业剖亏等内容。审计成果进入领导决策层。1994年至1998年,根据审计结果盟行署相继制定实施了4项全盟性管理措施和办法。

完成指令性审计任务　共完成上级审计机关下达的审计任务78项,审计单位409个;查处违规行为金额19672万元,审计决定上缴财政4733万元,审计建议被采纳290条。

完成自定审计任务　1994年至1998年通过审计及审计调查,查处违规行为金额3785万元;上缴财政359万元。

内部审计及社会审计　至1998年末,全盟建立内审机构337个,有内审人员814人,较1994年分别增长39%、46%。其中科左中旗、开鲁县在1998年分别建立了农村经济审计局,在乡镇苏木建立了内审站。社会审计1998年末共有从业人员176名，接受社会各类委托项目1338项。

受表彰情况　扶贫、救灾工作1998年被盟委、盟行署评为先进单位；在干部实绩考核中，局领导班子从1995年至1997年连续3年被评为“实绩突出领导集体”(1998年评比结果还未公布)；局机关被驻地——通辽市评为三星级文明单位。1994年至1998年期间受审计署表彰1次，受自治区审计厅表彰3次，受盟委、行署表彰3人次，有1人次受自治区人民政府表彰，1人次受盟委、行署奖励。

**地址**　通辽市科尔沁区永清大街
**电话**　0475—8235598
**邮编**　028000　(齐德本)

**【通辽市审计局】**　1998年末，有干部职工25人。其中：大专以上学历15人；具有中级以上专业技术资格的19人；少数民族干部9人(其中蒙古族7人)。局内设局长1名，副局长3名，总审计师1名。

完成指令审计任务　共完成上级审计机关下达的审计任务374项，查出违规金额4880万元，审计决定上缴财政389万元，审计建议被采纳64条。

完成地方领导交办任务　5年间共审计68项目，涉及企业转制、党政领导干部离任、专项资金、专案审计等内容。

完成自定审计任务　共完成了审计项目136个，审计查出违规行为金额1650万元，上缴财政110万元。

**【霍林郭勒市审计局】**　1998年末，有干部职工11人。其中：大专以上学历10人；具有中级以上技术资格的3人；少数民族干部5人(其中：蒙古族4人)。局内设局长1名，副局长2名。

完成交办任务　先后完成交办的各类审计事项15项。1998年，对11个单位、部门主要负责人进行了离任前经济责任审计。1994年至1998年根据审计结果，市委、市政府相继制定实施了3项全市性管理措施和办法。

完成指令性审计任务　共完成上级审计机关下达的审计任务39项，审计单位147个；查处违规行为金额1750万元，审计决定上缴财政174万元，审计建议被采纳131条。

完成自定审计任务　对26个单位开展了审计及审计调查。查处违规行为金额111万元，上缴财政18万元。

**【开鲁县审计局】**　1998年末，有干部职工16人。其中：大专以上学历13人；具有中级以上技术资格的11人；党员14名；少数民族干部1人(蒙古族)。局内设局长1名，副局长2名。

完成交办任务　先后完成交办的各类审计事项53项。1998年对23个单位、部门主要负责人进行了离任前经济责任审计。1994年至1998年根据审计结果，县委政府相继制定实施了4项全县性管理措施和办法。

完成指令性审计任务　共完成上级审计机关下达的审计任务67项，审计单位297个；查处违规行为金额5433万元，审计决定上缴财政519万元，审计建议被采纳178条。

完成自定审计任务　5年来，对72个单位开展了审计及审计调查。查处违规行为金额1151万元；上缴财政125万元。

**【科尔沁左翼中旗审计局】**　至1998年末，有干部职工19人。其中：大专以上学历11人；具有中级技术职称3人；少数民族干部11人(蒙古族10人)。局内设局长1名，副局长2名。

完成交办任务　先后完成交办的各类审计事项12项。1998年对21个单位、部门主要负责人进行了离任前经济责任审计。

完成指令性任务　共完成上级审计机关下达的审计任务45项，审计单位437个；查处违规行为金额5826万元，审计决定上缴财政367万元，审计建议被采纳461条。

完成自定审计任务　对11个单位开展了审计及审计调查，查处违规行为金额22万元，上缴财政6万元。

**【科尔沁左翼后旗审计局】**　1998年，有干部职工15人。其中：大专以上学历11人；具有中级以上技术资格的7人；少数民族干部10人(蒙古族)。局内设局长1名，副局长2名。

完成交办任务　先后完成交办的各类审计事项29项。1998年对8个单位、部门主要负责人进行了离任前经济责任审计。1994年至1998年根据审计结果，旗委、旗政府相继制定实施了54项全旗性管理措施和办法。

完成指令性审计任务　共完成上级审计机关下达的审计任务67项，审计单位519个；查处违规行为金额6960万元，审计决定上缴财政892万元，审计建议被采纳246条。

完成自定审计任务　对16个单位开展了审计及审计调查。审计金额6720万元，查处违规行为金额610万元，上缴财政32万元。

**【库伦旗审计局】**　1998年末有干部职工12人。其中大专以上学历5人；具有中级以上技术资格的6人；少数民族干部7人(其中蒙古族5人)。局内设局长1名，副局长3名。

审计工作成果　完成上级审计机关统一安排的审计项目58项，查出违规行为金额2631万元，上缴财政266万元。同时，完成党政领导交办的审计项目135个，查出违规行为金额1127万元，上缴财政115万元。

**【奈曼旗审计局】** 1998年末实有干部职工16人，其中：具有大专以上学历5人；中专4人；具有中级以上技术职称的9人；少数民族干部7人。局内设局长1名，副局长1名。

审计工作成果　共完成上级审计机关下达的指令性任务和地方党政领导交办的审计单位（项目）421个，查出违规违纪金额6737万元，促进增收节支2120万元，挽回国有资产流失金额494万元，追还被挤占挪用资金1840万元，上缴财政309万元；移送案件5起，被纪检、监察部门追究党纪政绩处分的9人；审计报告信息被批转、采纳323篇次。

**【扎鲁特旗审计局】** 至1998年末，有干部职工17人。其中：大专以上学历9人；具有中级以上技术资格的5人；少数民族干部9人（蒙古族）。局内设局长1名，副局长2名。

完成交办任务　先后完成旗委、旗政府交办的各类审计事项29项。1998年对86个单位、部门主要负责人进行了经济责任审计。对全旗25个苏木乡镇所调任的党政一把手和旗民政局等部门的40名领导干部进行了离任前经济责任审计。

完成指令性审计任务　共完成上级审计机关下达的审计项目131个，审计单位357个；查处违规行为金额3742万元，审计决定上缴财政451万元，审计建议被采纳264条。

完成自定审计任务　对52个单位开展了审计及审计调查。查处违规行为金额314万元，上缴财政16万元。

**【伊克昭盟审计工作简述】** 1998年末有干部职工178人。其中：大专以上学历96人；具有中级以上技术资格的77人；少数民族干部27人（其中蒙古族26人）。

**审计成果表（1994—1998年）**

| 指标＼单位 | 审计单位（个） | 违规行为金额（万元） | 促进增收节支金额（万元） | 挽回国有资产流失（万元） | 上缴财政金额（万元） | 移送案件（起） | 审计报告、信息被采纳（篇） |
|---|---|---|---|---|---|---|---|
| 合计 | 3400 | 75046 | 10648 | 3056 | 3077 | 19 | 1011 |
| 盟局 | 735 | 38627 | 7654 | 1309 | 1670 | 9 | 324 |
| 达拉特旗 | 430 | 7084 | 427 | 359 | 306 | 8 | 153 |
| 鄂托克旗 | 395 | 5729 | 624 | 345 | 200 | | 114 |
| 鄂托克前旗 | 280 | 4348 | 281 | 178 | 112 | | 83 |
| 乌审旗 | 326 | 4321 | 146 | 167 | 72 | | 39 |
| 准格尔旗 | 336 | 2942 | 290 | 167 | 173 | 2 | 59 |
| 伊金霍洛旗 | 255 | 2844 | 349 | 120 | 72 | | 25 |
| 东胜市 | 313 | 2888 | 733 | 178 | 315 | | 97 |
| 杭锦旗 | 330 | 6263 | 144 | 233 | 157 | | 117 |

完成交办任务　先后完成盟委行署、各旗市党委政府交办的各类审计事项598项，涉及到企业转制、党政领导干部离任、专项资金管理、专案调查等内容。1998年对141个单位、部门主要负责人进行了离任前经济责任审计。5年来，根据审计结果，盟委、行署和旗市党委政府相继制定实施了31项管理措施和办法，促进了经济的健康发展。

完成指令性审计任务　完成上级审计机关下达的审计任务85项，审计单位1554个，审计金额2035176万元；查处违规行为金额51593万元，审计决定上缴财政1998万元，审计建议被采纳656条。

完成自定审计任务　5年间对1249个单位开展了审计及审计调查。审计金额841778万元；查处违规行为金额22244万元，上缴财政1058万元。

内部审计及社会审计　1998年末全盟建立内审机构142个，配备内审人员299人。社会审计1998年末共有从业人员143名，接受社会各类委托项目3451项。

（杨文亮）

**【伊克昭盟审计局】** 1998年末，有干部职工43人。其中：大专以上学历22人；具有中级以上技术资格的24人；少数民族干部7人（蒙古族）。局内设局长1名，副局长4名。

5年来，盟审计局共查处违规行为金额12520万元，审计决定上缴财政713万元；强化了固定资产投资审计，共审计133项工程预决算，审计投资额123901万元，核减工程预决算金额8597万元；农牧专项资金审计查处违规金额1862万元，促使1739万元挤占挪用的资金归位。

完成交办任务　完成交办的各类审计事项37项。5年来，根据审计结果，盟委、行署相继制定实施了5项全盟性管理措施和办法，加强了重要部门行业、重点资金的管理，规范了资金运行秩序。

完成指令性审计任务　共完成上级审计机关下达的审计任务85项，审计单位228个，审计金额1221501万元；查处违规行为金额25027万元，审计决定上缴财政1008万元；审计建议被采纳195条。

完成自定审计任务　对469个单位开展了审计及审计调查。查处违规行为金额12500万元，上缴财政650万元。

内部审计及社会审计　1998年末，盟直有内审机构36个，配备专兼职内审人员75人。到1998年末共有从业人员80名，接受社会各类委托项目615项。

受表彰情况　扶贫工作，1997年、1998年连续两年被盟委行署授予先进单位；在领导干部实绩考核中，局机关1997年、1998年连续两年被盟委行署评为“工作实绩突出单位”；精神文明建设方面，局机关1994年被盟委行署命名为盟级“文明单位”，1998年被市委政府评为“爱国卫生先进集体”，被盟直机关党委评为“良好形象机关”。1994年至1998年期间先后受自治区审计厅表彰7次，受盟委行署表彰5次，有6人次受到自治区审计厅表彰，3人次受盟委、行署表彰奖励。

**地址** 东胜市达拉特南路58号
**电话** 0477—8522261
**邮编** 017000 （杨文亮）

**【东胜市审计局】** 1998年末，有干部职工16人。其中：大专以上学历12人；具有中级以上技术资格的8人；局长1名，副局长2名。

完成交办任务 先后完成市交办的各类审计事项69项，涉及到企业转制、党政领导干部离任等内容。1998年对9个单位、部门主要负责人进行了离任前经济责任审计。

完成指令性审计任务 共完成上级审计机关下达的审计任务42项，审计单位193个；查出违规行为金额2001万元，审计决定上缴财政278万元，审计建议被采纳77条。

完成自定审计任务 对53个单位开展了审计及审计调查，查处违规行为金额805万元，上缴财政37万元。

**【准格尔旗审计局】** 1998年末，有干部职工20人。其中：大专以上学历9人；具有中级以上技术资格的6人；少数民族干部2人（蒙古族）。局内设局长1名，副局长2名。

完成交办任务 完成旗委、政府交办的各类审计事项97项。1998年对29个单位、部门主要负责人进行了离任前经济责任审计。

完成指令性审计任务 完成上级审计机关下达的审计任务48项，审计单位132个；查处违规行为金额2349万元，审计决定上缴财政121万元，审计建议被采纳39条。

完成自定审计任务 对107个单位开展了审计及审计调查，查处违规行为金额1400万元，上缴财政52万元。

**【乌审旗审计局】** 1998年末，有干部职工12人，其中：大专以上学历5人；具有中级以上技术资格的2人；少数民族干部2名（蒙古族）。局内设局长1名，副局长3名。

完成交办任务 共完成交办的各类审计事项69项。1998年对8个单位、部门主要负责人进行了离任前经济责任审计。

完成指令性审计任务 共完成上级审计机关下达的审计任务47项，审计单位140个，审计金额40237万元；查处违规行为金额2741万元，审计决定上缴财政41万元，审计建议被采纳23条。

完成自定审计任务 对117个单位开展了审计及审计调查，查处违规行为金额1280万元，上缴财政31万元。

**【伊金霍洛旗审计局】** 1998年末，有干部职工16人。其中：大专以上学历12人；具有中级以上技术资格的5人；少数民族干部4人（其中蒙古族3人）。局内设局长1名，副局长2名，党支部书记1名。

完成交办任务 先后完成交办的各类审计事项45项。1998年对12个单位、部门主要负责人进行了离任前经济责任审计。

完成指令性审计任务 完成上级审计机关下达的审计任务49项，审计单位200个；查处违规行为金额2651万元，审计决定上缴财政65万元，审计建议被采纳20条。

完成自定审计项目 对10个单位开展了审计及审计调查。查处违规行为金额200万元，上缴财政7万元。

**【鄂托克旗审计局】** 1998年，在职人员17人。其中：大专以上学历12人；具有中级以上技术资格的10人；少数民族干部4人（蒙古族）。局内设局长1名，副局长3名。

完成交办任务 先后完成旗委、旗政府交办的各类审计事项41项。1994年至1998年根据审计结果，旗委、旗政府相继制定实施了4项全旗性管理措施和办法，加快了经济管理的规范化进程。

完成指令性审计任务 共完成上级审计机关下达的审计任务48项，审计单位269个；查处违纪金额3728万元，审计决定上缴财政142万元，审计建议被采纳78条。

完成自定审计任务 对85个单位开展了审计或审计调查，查处违规行为金额1840万元，上缴财政58万元。

**【鄂托克前旗审计局】** 1998年末，有干部职工14人。其中：大专以上学历3人；具有中级以上技术资格的4人；少数民族干部7人（蒙古族）；局长1名，副局长2名。

完成交办任务 共完成交办的各类审计事项88项，涉及到企业转制和企业厂长经理离任审计、党政领导干部离任、专项资金管理等内容。1998年对14个单位、部门主要负责人进行了离任前经济责任审计。5年来，根据审计结果，旗委、旗政府相继制定实施了5项全旗性管理措施和办法，加快了经济管理的规范化进程。

完成指令性审计任务 完成上级审计机关下达的审计任务46项，审计单位102个，审计金额34867万元；查处违规行为金额

1811万元，审计决定上缴财政68万元，审计建议被采纳33条。

完成自定审计任务　对90个单位开展了审计及审计调查。查处违规行为金额1208万元，上缴财政43万元。

**【杭锦旗审计局】**　1998年末，有干部职工24名。其中：具有大专以上学历9人；具有中级以上技术资格的8人；局长兼党支部书记1名，副局长3名。

完成交办任务　先后完成旗委、旗政府交办的各类审计事项78项。1998年对23个单位、部门主要负责人进行了离任前经济责任审计。

完成指令性审计任务　共完成上级审计机关下达的审计任务47项，审计单位158个，查处违规行为金额4872万元，审计决定上缴财政115万元，审计建议被采纳81条。

完成自定审计任务　对94个单位开展了审计及审计调查，查处违规行为金额2169万元，上缴财政41万元；

**【达拉特旗审计局】**　1998年，有干部职工16人。其中：大专以上学历12人；具有中级以上技术资格的10人；少数民族干部1人（蒙古族）。局内设局长1名，副局长2名。

完成交办任务　先后完成交办的各类审计事项74项。

完成指令性任务　完成上级审计机关下达审计任务50项，审计单位132个；查处违规行为金额6413万元，审计决定上缴财政160万元，审计建议被采纳110条。

完成自定项目任务　对224个单位开展了审计及审计调查，审计金额74074万元；查处违规行为金额797万元，上缴财政139万元。

**【巴彦淖尔盟审计工作简述】**到1998年末，有干部职工221人。其中：大专以上学历101人；具有中级以上技术资格的94人；少数民族干部35人（其中蒙古族33人）。

审计工作成果表(1994—1998年)

| 指标 / 单位 | 审计单位(个) | 违规行为金额(万元) | 促进增收节支金额(万元) | 挽回国有资产流失(万元) | 上缴财政金额(万元) | 移送案件(起) | 审计报告、信息被采纳(篇) |
|---|---|---|---|---|---|---|---|
| 临河 | 808 | 13198 | 1826 | 402 | 516 | | 123 |
| 杭后 | 466 | 6212 | 1357 | 150 | 364 | | 122 |
| 五原 | 568 | 4337 | 1753 | 58 | 409 | 5 | 32 |
| 乌前旗 | 546 | 8198 | 2282 | 202 | 542 | 4 | 188 |
| 乌中旗 | 478 | 6866 | 1525 | 478 | 204 | 1 | 82 |
| 乌后旗 | 537 | 4032 | 814 | 103 | 181 | 6 | 368 |
| 磴口 | 471 | 4246 | 729 | 294 | 235 | 1 | 133 |
| 盟局 | 1223 | 35201 | 3160 | 1120 | 1467 | 10 | 456 |
| 合计 | 5097 | 82290 | 13446 | 2807 | 3918 | 27 | 1504 |

**【巴彦淖尔盟审计局】**　1998年有干部职工51人。其中大专以上学历36人；具有中级以上技术资格的37人；少数民族干部8人（其中蒙古族6人）。局内设局长1名，副局长2名。下设办公室、财政金融审计科、农牧审计科、行政事业审计科、商粮贸企业审计科、工交企业审计科、固定资产投资审计科、综合科、审计管理指导科等9个科室。

完成交办任务　先后完成盟委、行署交办的各类审计事项160项。1998年对15个单位、部门主要负责人进行了离任前经济责任审计。5年间，根据审计结果，盟委、行署相继制定实施了9项全盟性管理措施和办法。1998年对全盟122个乡镇苏木进行全面审计，盟委、行署制定实施了《关于加强乡镇苏木财政财务收支管理工作的意见》，进一步健全了基层财政收支管理制度。

完成指令性审计任务　共完成上级审计机关下达的审计任务98项，审计单位804个；查处违规行为金额27948万元，审计决定上缴财政1391万元，审计建议被采纳107条。

完成自定审计任务　对448个单位开展了审计及审计调查，查处违规行为金额11336万元，上缴财政579万元。

内部审计及社会审计　1998年末，全盟建立内审机构258个，配备内审人员693人，较1994年分别增长33.67%、66.98%。其中全盟122个乡镇（苏木）中有32个建立起内审站。社会审计，到1998年末共有从业人员101名，接受社会各类委托项目1940项。

受表彰情况　连续3年被自治区审计厅评为全区信息工作先进集体。1997年被自治区档案局评为档案管理先进集体和档案管理特级单位；1994、1995、1996、1998年巴盟审计局党支部被盟直属机关委员会评为先进党支部；1996至1998年连续3年被盟委行署评为实绩突出单位、实绩突出领导班子。5年来，先后受自治区审计厅表彰17人次，受盟委、行署表彰13次，有1人次受审计署表彰，9人次受盟委、行署奖励。

**地址**　内蒙古临河市巴盟审计局
**电话**　0478—8231377
**传真**　0478—8231377
**邮编**　015000　*（韩继伟）*

**【临河市审计局】**　1998年末有干部职工35人。其中大专以上学历12人；具有中级以上技术资格的15人；少数民族干部2人（蒙古族）。局内设局长1名，副局长3名。

完成交办任务　先后完成市委、市政府交办的各类审计事项215项，涉及到企业转制、党政领导干部离任、专项资金管理，专案调查等内容。

完成指令性审计任务　共完成上级审计机关下达的审计任务156项，审计单位593个；查处违规行为金额8063万元,审计决定上缴财政234万元;审计建议采纳105条。

**【五原县审计局】**　1998年末,有干部职工23人。其中:大专以上学历7人;具有中级以上技术资格的7人;少数民族干部3人(其中蒙古族3人)。局内设局长1名,副局长3名。

审计成果　5年来,全局共完成单位审计项目568个,审计查出违规行为金额4337万元,促进增收节支1753万元,核减固定资产投资额支出168万元,挽回国有资产损失58万元,促进提高经济效益100万元。

**【磴口县审计局】**　1998年末,有干部职工19人。其中:大专以上学历12人;具有中级以上技术资格的7人;少数民族干部2人(其中蒙古族1人)。局内设局长1名,副局长2名。

完成交办任务　先后完成县委、县政府交办的审计事项88项。

完成指令性任务　共完成上级审计机关下达的指令性审计任务275项,审计单位383个;查处各类违规行为金额3400万元,审计决定上缴财政190万元。

**【杭锦后旗审计局】**　1998年末,有干部职工21人。其中:大专以上学历11人;具有中级以上技术资格的8人;少数民族干部2人(其中蒙古族1人)。局内设局长1名,副局长3名。

完成交办任务　先后完成旗委、旗政府交办的各类审计事项153项。1998年对15个单位、部门主要负责人进行了离任前经济责任审计,为组织、人事部门考核、选拔、任用干部提供有力依据。

完成指令性审计任务　共完成上级审计机关下达的审计任务268项,查处多起违规行为金额,上缴财政298万元,审计建议被采纳278条。

完成自定审计任务　对45个单位开展了审计及审计调查,查处违规行为金额863万元,上缴财政39万元。

**【乌拉特中旗审计局】**　1998年末,有干部职工21人。其中:大专以上学历4人;具有中级以上技术资格的5人;少数民族干部8人(蒙古族)。局内设局长1名,副局长2名。

完成交办任务　先后完成交办的审计事项42项。1998年对17个单位、部门主要负责人进行了离任前经济责任审计。

完成指令性任务　共完成上级审计机关下达的审计任务18项,审计单位159个,审计金额60534万元;查处违规行为金额4395万元,审计决定上缴财政126万元,审计建议被采纳27条。

完成自定审计任务　对277个单位开展了审计及审计调查,查处违规行为金额2156万元,上缴财政69万元。

**【乌拉特前旗审计局】**　1998年末,有干部职工23人。其中:大中专以上学历17人;具有中级以上技术资格的15人;少数民族干部1人(蒙古族)。局内设局长1名,副局长2名。

完成交办任务　完成交办的各类审计事项116项。

完成指令性任务　共完成上级审计机关下达的审计任务325项,审计单位390个;查处违规行为金额3987万元,审计决定上缴财政329万元,审计建议被采纳133条。

完成自定任务　对86个单位开展了审计及审计调查。查处违规行为金额1328万元,上缴财政159万元。

**【乌拉特后旗审计局】**　1998年末,共有干部职工19人。其中:大专以上学历6人;具有中级以上技术资格的6人;少数民族干部10人。局内设局长1名,副局长2名,党支部书记1名。

完成交办任务　先后完成旗委、旗政府交办的各类审计事项113项。1998年对35个单位,部门主要负责人进行了离任前经济责任审计。

完成指令性审计任务　共完成上级审计机关下达的审计任务33项,审计单位106个;查出违规行为金额1576万元,审计决定上缴财政38万元,审计建议被采纳12条。

完成自定审计任务　对467个单位开展了审计及审计调查,查出违规行为金额2462万元,上缴财政141万元。

**【阿拉善盟审计局】**　1998年末,有干部职工24人。其中:大专以上学历17人;具有中级以上技术资格的12人;少数民族干部7人(蒙族)。局内设局长1名,副局长2名。下设办公室、综合审理科、财政金融科、农牧审计科、基础建设审计科、工交企业审计科、商贸审计科、行政文教审计科等8个科室。

**审计成果表(1994年至1998年)**

| 指标<br>单位 | 审计单位(个) | 违规行为金额(万元) | 促进增收节支金额(万元) | 挽回国有资产流失(万元) | 上缴财政金额(万元) | 移送案件(起) | 审计报告、信息被采纳(篇) |
|---|---|---|---|---|---|---|---|
| 合计 | 1382 | 26429 | 6819 | 1834 | 1178 | 18 | 129 |
| 盟审计局 | 817 | 18594 | 1637 | 1426 | 950 | 16 | 79 |
| 阿左旗 | 254 | 5961 | 503 | 323 | 142 | 2 | 28 |
| 阿右旗 | 144 | 1050 | 55 | 45 | 32 | 0 | 20 |
| 额济纳旗 | 167 | 924 | 124 | 40 | 54 | 0 | 2 |

完成交办任务　先后完成交办的各类事项25项。1998年对3个单位、部门主要负责人进行了离任前经济责任审计。

完成指令性审计任务　完成上级审计机关下达的审计任务213项,审计单位213个;查处违规行为金额 827 万元,审计决定上缴财政 34 万元,审计建议被采纳 149 条。

完成自定审计任务　对 14 个单位开展了审计及审计调查。查出违规行为金额 786 万元,上缴财政 262 万元。

内部审计及社会审计　1998 年末全盟建立内审机构 36 个,配备内审人员 99 人。社会审计 1998 年末共有从业人员 26 名,接受社会各类委托项目 686 项。

受表彰情况　在局领导班子考核中,连续三年被评为实绩突出单位;1994 年至 1998 年先后受自治区审计厅表彰 3 次,受盟委行署表彰 3 次;有 2 人受盟委行署表彰奖励。

**地址**　阿拉善盟巴彦浩特额鲁特路 2 号
**传真**　0483—8332848
**邮编**　750306　　(林　民)

**【阿拉善左旗审计局】**　1998 年末,有干部职工 26 人,其中:大专以上学历 16 人;具有中级以上技术资格的 11 人;少数民族干部 9 人(其中蒙古族 7 人)。局内设局长 1 名,副局长 2 名。

完成交办任务　先后完成交办的各类审计事项 14 项。

完成指令性审计任务　完成上级审计机关下达的审计任务 172 项,审计单位 226 个;查处违规行为金额 5324 万元,审计决定上缴财政 134 万元,审计建议被采纳 21 条。

完成自定审计任务　对 14 个单位开展了审计及审计调查,查出违规行为金额 637 万元,上缴财政 8 万元。

受表彰情况　在局领导班子考核中,连续三年被评为优秀;1994 年至 1998 年间先后受自治区审计厅表彰 1 次,受盟委行署表彰 4 次;有 3 人次受盟审计局和旗委旗政府表彰奖励。

**地址**　阿拉善盟巴彦浩特西花园路 19 号
**传真**　0483—8222715
**邮编**　750300　　(彭家雄)

**【阿拉善右旗审计局】**　1998 年末,有干部职工 13 人,其中:大专以上学历 3 人;具有中级以上技术资格的 3 人;少数民族干部 4 人(蒙古族)。局内设局长 1 名,副局长 2 名。

完成交办任务　先后完成交办的各类审计事项 26 项,涉及到行政事业、企业转制等方面内容。

完成指令性审计任务　完成上级审计机关下达的审计任务 79 项;审计单位 110 个;查处违规行为金额 852 万元,审计决定上缴财政 32 万元。

完成自定审计任务　对 39 个单位开展了审计及审计调查,查出违规行为金额 118 万元。

**【额济纳旗审计局】**　1998 年末有干部职工 15 人,其中:大专以上学历 10 人;具有中级以上技术资格的 4 人;少数民族干部 1 人。局内设局长 1 名,副局长 2 名,党支部书记 1 名。

完成交办任务　先后完交办的各类审计事项 60 项,查处违规行为金额 332 万元,审计决定上缴财政 30 万元。

完成指令性审计任务　完成上级审计机关下达的审计任务 54 项,审计单位 127 个;查处违规行为金额 638 万元,审计决定上缴财政 32 万元。

**【兴安盟审计工作简述】**　5 年来,共完成审计单位 1596 个,查处违规行为金额 38228 万元,审计决定上缴财政 2210 万元,审计建议被采纳 316 条。在全区每两年一次考核中,受到区厅奖励。

**审计工作成果表(1994—1998)**

| 单位＼指标 | 审计单位(个) | 违规行为金额(万元) | 促进增收节支金额(万元) | 挽回国有资产流失(万元) | 上缴财政金额(万元) | 移送案件(起) | 审计报告、信息被采纳(篇) |
|---|---|---|---|---|---|---|---|
| 合计 | 1596 | 37927 | 7857 | 3458 | 2210 | 20 | 1128 |
| 乌兰浩特市 | 259 | 5680 | 1193 | 336 | 178 | | 149 |
| 科右前旗 | 315 | 4784 | 1085 | 689 | 110 | 3 | 144 |
| 扎赉特旗 | 280 | 4696 | 815 | 168 | 124 | 4 | 145 |
| 科右中旗 | 198 | 2841 | 1820 | 104 | 38 | 3 | 77 |
| 突泉县 | 215 | 4495 | 786 | 251 | 95 | 2 | 153 |
| 阿尔山市 | 27 | | 301 | 37 | 4 | | 4 |
| 盟局 | 302 | 15431 | 1857 | 1873 | 1661 | 8 | 456 |

**【兴安盟审计局】**　1998 年末在编 37 人。其中:大专以上学历 19 人;具有中级以上技术资格的 23 人;少数民族干部 8 人(其中蒙古族 3 人)。局内设局长 1 名,副局长 3 名。下设办公室、综合科、审计管理科、财税审计科、金融外资审计科、行政事审计科、农牧审计科、工业企业审计科、商贸企业审计科、固定资产投资审计科、培训中心等 11 个科室。

完成指令性审计任务　共完成上级审计机关下达的审计任务 52 项,审计单位 302 个,审计金额 47995 万元;查处违规行为金额 15431 万元,审计决定上缴财政 1661 万元。

完成交办任务　完成盟委行署交办的企业转制、厂长经理离任、专项资金管理等各类审计事项 12 项。对 6 个单位主要负责人进行离任经济责任审计,为组织、人事部门任用干部提供了依据,审计成果进入领导决策层。被盟委、行署批转全盟执行的意见和管理办法 8 项。

内部审计与社会审计　1998 年末全盟建立内审机构 161 个,配备内审人员 339 人;1998 年末社会审计共有从业人员 84 名,接受各类委托项目 609 项。

机关建设及受表彰情况　5 年来,共查出的万元以上和 10 万元以上贪污案5件，受到自治区审计厅嘉奖；1998年扶贫工作、信息工作被盟委、行署授予先进单位；局党支部先后被盟委、直属机关党委授予先进基层党支部，保持了10年先进的荣誉。班子连续两年被授予实绩突出领导班子。5年来，1人受审计署表彰；1人受自治区政府优秀公务员表彰；5人次受自治区审计厅表彰；38人次受盟委行署表彰。

**地址** 乌兰浩特市兴安北路

**电话** 0482—8215843

**邮编** 137400 （闫淑珍）

**【乌兰浩特市审计局】** 1998年末，有干部职工17人。其中：大专以上学历8人；具有中级以上技术资格的3人；少数民族干部3人（其中蒙古族1人）。局内设局长1名，副局长2名。

完成指令性审计任务 完成上级审计机关下达的审计任务24项，审计单位75个；查处违规行为金额3316万元，审计决定上缴财政54万元，审计建议被采纳31条。

完成交办任务 完成交办的各类审计事项17项。1998年对5个单位、部门主要负责人进行离任前经济责任审计。

**【突泉县审计局】** 到1998年末，在岗14人，其中：大专以上学历10人；具有中级以上技术资格的4人；少数民族干部4人（其中蒙古族2人）。局内设局长1名，副局长3名。

完成指令性审计任务 共完成上级审计机关下达的审计任务56项，审计单位238个；查出违规行为金额4488万元，审计决定上缴财政94万元，审计建议被采纳102条。

完成交办任务 共完成交办的企业转制、厂长经理离任经济责任审计、专项审计调查等11项。

**【扎赉特旗审计局】** 到1998年，共有干部职工19人。其中：大专以上学历5人，具有中级以上技术资格3人，少数民族4人（蒙古族）；局内设正局长1名，副局长4名。

完成交办任务 先后完成交办的各类审计事项15项。1998年对11个单位、部门主要负责人进行了离任前经济责任审计。

完成指令性审计任务 共完成上级审计机关下达的审计任务42项，审计单位265个；查出违规行为金额4646万元，审计决定上缴财政101万元，审计建议被采纳38条。

**【科尔沁右翼前旗审计局】** 1998年末，有干部职工22人，其中：大专以上学历7人；具有中级以上技术资格的5人；少数民族干部5人（蒙古族3人）。局内设局长1名，副局长2名。

完成交办任务 先后完成交办的各类审计事项18项。1998年对2个单位主要负责人进行了离任前经济责任审计。5年来，根据审计结果，旗委、旗政府相继制定并实施了14项全旗性管理措施和办法，加快了经济管理的规范化进程。

完成指令性审计任务 共完成上级审计机关下达的审计任务52项，审计单位275个，审计金额197934万元；查处违规行为金额4696万元，审计决定上缴财政179万元，审计建议被采纳123条。

**【科尔沁右翼中旗审计局】** 1998年末，有干部职工14人。其中：大专以上学历4人；具有中级以上技术资格的3人；少数民族干部8人（蒙古族）。局内设局长1名，副局长2名。

完成指令性审计任务 共完成上级审计机关下达的审计任务27项，审计单位152个；查处违规金额2443万元，审计决定上缴财政21万元，审计建议被采纳22条。

完成交办任务 完成交办的审计任务9项，涉及到企业转制、重点亏损企业剖亏、机关工作人员涉嫌违纪等内容。

## 辽宁省

**【辽宁省审计工作简述】** 5年来，已有审计机关115个，人员3359个。其中，大专以上学历占71.2%。5年来，共审计37636个单位，查出违纪违规金额221.2亿元，促进增收节支5.9亿元，向司法机关移送案件82件，移送纪检司法机关处理的责任人员118人。

法制建设情况 1.制定地方性审计法规，积极推进审计工作法制化。1994年12月23日，制定了《辽宁省审计机关依法行政责任暂行规定》；1995年2月21日，制定了《辽宁省审计厅审理工作办法》；1996年9月28日，《辽宁省国有企业厂长（经理）离任审计条例》经省八届人民代表大会常务委员会23次会议通过，颁布实施。这是全国第一部关于厂长（经理）离任审计的地方性法规。2.认真开展执法检查，不断提高审计执法水平。1994年7月27日法规审理处下发了《关于对审计执法情况进行检查的通知》，范围是1993年全省审计执法工作。各市局、厅机关业务处从1994年8月1日至31日进行自查，9月1日至9月末省厅检查组对各市进行检查。1995年5月24日，本省制定《辽宁省审计机关执法检查监督暂行办法》，对审计监督的职责、内容、审计机关法制建设方面进行较为详细的具体规定。该办法于1995年5月24日执行。1995年度省厅开展了执法检查。

主要内容是：审计证据的真实、充分、定性准确、适用法律、法规情况。1997年省厅下发了《关于开展审计执法检查的通知》(辽审法发[1997]31号文件)。通过检查存在的问题：(1)审计方案表述不清楚；(2)审计证据缺乏相关性；(3)审计处理存在以罚代缴，偏宽问题。对这些问题及时进行了纠正。3. 审理工作不断步入正轨，审计机关内部监督机制不断健全。1994年6月省厅制定了《辽宁省审计厅审理工作办法》(辽审法[1995]25号)。3年来共审理91卷。1995年审理了21卷；1996年审理了39卷；1997年审理了31卷。通过审理，制约和规范了审计行为，对审理中发现的问题和不足进行纠正，把问题消灭在决定发出之前，避免涉诉案件发生。省厅审理工作的范围包括：(1)省领导交办的审计事项；(2)违纪金额在100万元以上或收缴金额在20万元以上的；(3)需要移送纪检、监察、司法机关立案查处的；(4)受理的复议事项；(5)厅领导交办的其他审理任务。

**【辽宁省审计厅概况】** 共设14个处(室)，行政编制202名。内设处(室)有：办公室、综合处、法规审理处、工业交通审计处、农林水利审计处、商贸审计处、行政文教审计处、财政审计处、金融审计处、固定资产投资审计处、外资运用审计处、审计管理处、人事教育处、老干部处。

厅领导成员　1994年，厅长傅万忠，副厅长闵春辉、王继维、梁恩奇，纪检组长潘殿源。

1995年，厅长傅万忠、副厅长闵春辉、王继维、孙成廉、王悦，纪检组长潘殿源。

1996年，厅长闵春辉、副厅长王继维、孙成廉、王悦，纪检组长潘殿源。

1997年，厅长闵春辉、副厅长王继维、孙成廉、王悦，纪检组长潘殿源。

1998年1至4月，厅长闵春辉；1998年4月至12月，厅长邸鸿亭；副厅长王继维、孙成廉、王悦，纪检组长潘殿源。

各专业审计　1. 金融审计　全省共审计了2017个单位，查出违纪违规金额28.8亿元。应交财政7754万元，已交财政5337万元。2. 基建审计　全省共审计2113项目和单位。查出超规模、超标准、多列概算、高估冒算等违纪违规金额20.7亿元，核减工程预决算金额5.28亿元。3. 企业审计　全省共审计11631个企业，查出违纪违规金额71.65亿元，促进企业增收节支9980万元。4. 农业资金审计　全省共审计各项农业资金236.8亿元，查出违纪违规金额7.5亿元，归还原渠道资金2.8亿元。5. 国外贷款援款审计　全省共审计国际贷款援款1080.2亿元，查出违纪违规金额8.4亿元。6. 行政事业审计　全省共审计13165个单位，查出违纪违规金额29.03亿元，促进增收节支1498万元。

本级预算执行审计　全省115个审计机关展开同级财政审计。1996年至1998年共审计3001个预算及预算执行单位，查出违纪违规金额32.59亿元，应交财政6.59亿元，已交财政5.07亿元。

**【沈阳市审计局】** 1998年底，有公务员150人，工勤人员14人，其中，中高级审计师任职资格101人。设有财政、行政事业、工交、商贸、投资、农业、外资、金融、综合、法规、审计管理、人事、办公室等15个处(室)。

履行职责，服务经济发展　全面开展了预算执行、"年薪制"试点企业、国有大中型企业定期轮审、粮食企业财务挂账、"一带四区"农业项目建设情况、"三四三"和"六二一"城建项目等审计工作。共审计完成1241个单位(项目)，查出违纪违规金额37.9亿元，上缴财政3.5亿元，决定归还被挤占挪用的专项资金2.4亿元。

大胆创新，拓宽审计路子　在全国第一个以地方立法形式开展了厂长(经理)进行了离任审计。1995年至1998年，全国共对1004户单位的厂长(经理)离任审计。通过审计，30人被提拔、115人被免职和撤职、30人辞职、3人被移送司法机关处理、5人被移送纪检等部门处理。

突出重点，服务宏观决策　共完成审计调查53项，呈报审计调查报告53篇。呈报审计信息367篇，被省委、省政府、市委、市政府采用149篇(次)，被上级审计机关采用134篇(次)。

内部审计　截止1998年底，沈阳市共设立内部审计机构481个，配备内审人员1450名。5年中，开展各类审计33370项，查出损失浪费1.3亿元，纠正违纪违规金额55.3亿元，促进增收节支1.5亿元。

社会审计　1998年，设立社审组织17个，接受社会委托，开展了企业年检、注册资本验证、清产核资、财务收支审计等各项业务。受表彰情况　1998年荣获全省审计工作先进单位称号。1998年晋升为"省特级"档案管理先进单位。

**地址**　沈阳市和平区文化路三巷5号
**电话**　024—23884357
**邮编**　110006　　　(余　宏)

**【大连市审计工作简述】** 1998年，已有审计机关12个，人员368人。其中：大专以上学历占76.4%，获得高级审计师、审计师(会计师)或注册会计师资格的占

56.5%。5年来，共审计4642个单位，纠正违纪金额50.8亿元，应上缴财政金额5.6亿元，减少财政拨款或补贴8686万元，追还被侵占挪用资金3.8亿元，已上缴财政4.8亿元，移送案件9件，发出审计报告、信息2633篇，被各级领导、有关部门及新闻单位批示、采用2529篇次。

法制建设情况　共制定了47个规章制度，其中包括：廉政建设规定、精神文明建设意见、审计工作目标考核标准、重大审计事项业务会议制度、审计质量控制暂行规定等。

**【大连市审计局】**　到1998年大连市审计局共有审计人员143人，其中：硕士研究生学历7人，大学本科学历54人，大专学历58人，具备中级专业技术资格67人，高级专业技术资格21人。共设置12个处室，即：办公室、人事教育处、综合业务处、工业交通审计处、固定资产投资审计处、商粮外贸审计处、农林水利审计处、行政事业审计处、财政审计处、金融审计处、外资运用审计处、法规审理处。

审计成果综述　共审计1281个单位，查处违纪金额44.9亿元，应上缴财政4.2亿元，减少财政拨款和补贴7136万元，追还被侵占挪用资金3.4亿元，已上缴财政3.4亿元。共对4330个单位进行了审计调查，提交各种调查报告407篇，其中：被领导批示193篇。

完成审计任务情况　全市12个审计机关全面开展了同级财政预算执行情况审计，审计覆盖面达到100%。4年来，共审计和延伸审计了401个预算单位，查处违规行为金额5.3亿元，应增加财政收入2.5亿元，已增加财政收入2.1亿元，提出审计意见和建议182条。

全市两级审计机关共完成各级领导及有关部门交办事项518件，1994年，全市审计机关组织48名审计干部接受政府委托，对大连洪翔实业发展有限公司非法集资3亿多元委托进行审计和调查，查清了该公司及所属56个企业的资产、负债和经营情况，为减少投资者的经济损失，维护社会安定做出了积极的贡献。

5年来，全市共对32家农业银行、24家建设银行、58家保险公司等221家金融机构进行了审计。查出负债不实金额14.9亿元，损益不实金额2.6亿元，违纪金额11.7亿元；两级审计机关通过对191个基本建设项目审计，查出超项目规模859万元，多列概算1.8亿元，高估冒算3367万元，挤占工程成本1.5亿元，归还挤占挪用资金768万元，核减工程造价2.3亿元；共对1676个国有及集体企业实施了审计，查处违纪金额3.23亿元，损失浪费资金3.22亿元；应上缴财政1.2亿元，已上缴财政9699万元；先后对119个单位的亚、世行援贷款项目进行了跟踪审计发现有2136万元配套资金不落实，有903万元的配套资金被挪用，并及时向政府及有关部门提出了审计意见和建议；共对379个行政单位、822个事业单位以及社会团体共计1309个单位进行了审计，查出挤占挪用资金4873万元，虚列转移资金5507万元，截留及应缴未缴财政收入2800万元，“小金库”资金378万元等违规行为金额共计2.86亿元，应上缴财政3659万元，已上缴财政3354万元；全市共对192个财政及税务部门进行了财政收支审计，通过审计，查出违纪资金6.9亿元，应增加财政收入1.3亿元；应减少财政支出6893万元，审计罚款105.9万元，已增加财政收入1.3亿元。对348个行政事业单位的专项资金实施了审计，查出挤占、挪用资金、虚列支出、截留应缴未缴等违纪资金1.4亿元，上缴财政667万元；对241个单位的预算内、外支农专项资金进行了审计，审计查出违纪资金9541万元，追还侵占挪用资金1140万元，应上缴财政569万元，已上缴财政473万元。

内部审计　到1998年已有内审机构684个，专职机构380个，内审人员1814人，其中专职人员726人。共对31125个单位进行了审计。

社会审计　1994年，全市共有社审机构21个，人员360人，1997年(注：1998年开始统归注册会计师协会管理)共有社审机构38个，从业人员541个。1994－1997年，共接受9179个单位或部门的委托，对25542个单位进行了审计，通过审计核减工程预决算4.8亿元，为委托单位挽回经济损失1.03亿元，核减虚假注册资金18.7亿元。

受表彰情况　大连市审计局受辽宁省审计厅表彰13次，受大连市委、市政府表彰8次；有一个处受国家审计署某部门表彰1次，共有10个处室先后受辽宁省审计厅及相关部门表彰14次，受大连市委、市政府及市各有关部门表彰30次；13人次受辽宁省审计厅及相关部门表彰，8人次受辽宁省有关部门表彰，213人次受大连市委、市政府及市有关部门表彰。

**地址**　大连市西岗区英华街55号
**电话**　0411—3638607
**邮编**　116011　　(于精珠)

**【大连市西岗区审计局】**　到1998年底，人员有15人；大学本科生4人，大学专科生7人。其中：有审计(会计)师职称13人；局长1人，副局长1人。

审计工作成果　5年中共完成审计项目149个,审计单位149个,完成审计调查10项,调查单位104户。共查出违纪违规行为金额1472万元,应上缴财政551万元,已上缴财政551万元,共提供各种调查报告、审计信息132篇。

完成上级及政府交办任务　共完成省、市审计机关下达的审计任务114项,审计单位114户,完成政府交办任务35件,为区政府决策提供依据。如1998年政府交办的天和玉大酒店的审计项目,该酒店关系到区政府几千万元投资的效益性和安全性,以及区政府所承担的连带经济责任,经审计深刻地分析了该酒店的运作前景及区政府的投资的风险性,为区政府决策提供了参考意见。

**【大连市中山区审计局】**　到1998年底,人员有13人;:大学本科生4人,大专生8人,其中:有审计(会计)师职称5人,局长1人,副局长2人。

审计工作成果　5年中,共完成99个审计项目,审计单位208户,完成审计调查14项,调查单位195户,审计资金总额160861万元,查出违纪违规金额2014万元,已上缴财政562万元。提交多种调查报告、审计信息82篇。

完成上级和政府交办任务　共完成省、市审计机关下达的审计任务10项。完成区委、区政府交办的审计任务81项,审计户数达102户。1998年3月,接受了区领导交办的有奖募捐福利资金的审计任务,审计人员追踪资金缺口,分别查出:违反募捐发行政策与个体户联营发行奖券,60%的发行收入设账外账核算,欠缴个人所得税等问题,金额达486万元。7月又接受了区领导交办的大岛养殖公司资产缺口的审计任务,两次对有争议的资产及往来款进行了深查,摸清情况,拿出第一手翔实材料,解决了经济纠纷。

**【大连市沙河口区审计局】**　到1998年底,编制15人,实有14人。其中:本科学历2人,大专学历9人,有高级审计师职称1人,审计(会计)师职称3人;局长1人,副局长2人。

审计工作成果　5年来中,共完成273户审计;专项资金审计28项;完成审计调查24项,调查单位256个;查出违纪单位54个,查出违纪金额3733万元,其中小金库62万元;应归还原渠道资金50万元,应上缴财政254万元,已上缴财政146万元;查出百万元违纪大户5户,移送案件1件;提交调查报告24篇,审计信息53篇,工作报告16篇。

完成上级和区政府交办审计任务　共完成署、省、市审计机关下达的审计任务159项,审计单位220个;完成区政府各部门交办的审计任务53户。1996年,对区属48所中小学的预算外收入进行了审计调查,基本上摸清了全区中小学预算外资金来源、金额、支出情况。

**【大连市甘井子区审计局】**　到1998年底,人员有20人。大学生3人,大专生8人;其中有审计(会计)师职称10人,局长1人,副局长2人。

审计工作成果　5年中共完成审计268户(项);完成审计调查19项,调查单位351个;共查出违纪违规金额3511万元,应上缴财政35万元,已上缴财政35万元,应减少财政补贴20万元,应追还侵占挪用资金817万元,罚款106055元,查出国有资产流失金额1621万元。特别是在甘井子区乡镇工业供销公司、大连蓝天商场和水产总公司等3户企业审计中,将4名犯罪嫌疑人移交检察机关查办,并被判刑。

完成政府交办任务　5年来,共完成省、市审计机关下达的审计任务17项,审计单位96个,查出违纪违规金额1206万元,追还侵占挪用资金537万元。

**【大连市旅顺口区审计局】**　到1998年底,人员有22人。其中:大学本科生1人,大专生18人;具有审计(会计)师职称10人;局长1人,副局长1名。

审计工作成果　5年来,共完成审计项目416个,审计单位535户;完成审计调查35项,调查单位280个;审计金额518000万元,共查出违纪违规金额12500万元,收缴入库1090万元,减少财政专项支出2650万元,发出审计调查报告和综合、专项报告60篇,发出审计信息280篇,提供经济案件线索2件。

完成上级审计机关、政府交办任务　共完成省市审计机关下达的审计任务65项,审计单位210个,审计金额95000万元。完成地方政府交办的审计事项180项。

**【大连市金州区审计局】**　到1998年底,人员有23人。其中:大学本科生4人,大专生9人。其中有审计(会计)师以上职称18人,局长1人,副局长1人。

审计工作成果　共完成审计项目312个,审计单位410户;共完成审计调查27项,调查单位225个,审计总金额664422万元,共查出违纪金额3831万元,其中:应上缴财政金额734万元,已上缴财政金额734万元。提交综合审计(调查)工作报告和信息206篇,被上级党政机关和新闻单位批示和采用127篇。

完成上级审计机关和地方政府交办任务　共完成省、市审计机关和地方政府下达和交办的审计任务98项,审计单位305户,审计金额125437万元。

**【大连市经济技术开发区监察审计局】** 到1998年底共有审计干部8人。其中:本科生7人,研究生1人;高级审计师1人,有会计师职称的2人,注册会计师资格的4人;局长1人,主管审计的副局长1人。

审计工作成果 共审计项目216个,审计单位288户,完成审计调查项目18个,调查单位46户,审计金额143260万元,共查出违纪违规行为金额6384.7万元,其中应上缴财政资金5698万元,已上缴财政5610万元。提交调查报告、审计信息46篇,被领导批示、采用32篇。

完成上级及政府交办任务 共完成省市审计机关下达审计项目12项,审计单位18户,审计金额2026830万元;1998年又完成了粮食专项审计,完成管委会下达8项任务22户,金额243630元。

**【瓦房店市审计局】** 到1998年底,人员有29人。其中:大学本科生3人,大专生19人,其中有审计(会计)师职称15人;局长1人,副局长4人。

审计工作成果 共完成审计项目464个,审计单位464户,完成审计调查43项,调查单位289个,共查出违纪违规行为金额5641万元,已上交财政金额647万元,应追还侵占挪用资金266万元,向司法机关移送案件2件,移送司法机关处理3人,提交审计工作报告、信息222篇,被批示、采用219篇次。

完成政府交办任务 共完成省、市审计机关下达的审计任务345项,审计单位345个。完成市政府交办的审计任务30项,审计单位30个。1994年,对农业银行营业大楼主体工程决算进行了审计,在原决算的基础上,削减工程决算额144万元。1995年,对市农业生产资料公司进行审计时,查出原西郊供应站经理挪用公款62万元,该人被判刑。

**【普兰店市审计局】** 到1998年底,人员有29人;大学生3人,大专生22人。其中:有审计(会计)师职称17人,高级审计师5人;正局级督导员3人,副局长3人。

审计工作成果 共完成审计项目319项,审计单位319个;完成审计调查21项,调查单位113个;共查出违纪违规金额3003万元,应上缴财政1400万元,已上缴财政1382万元。提交各种调查报告32篇,审计信息45篇。如对普兰店市1996年度财政预算执行情况审计中,查出财税部门及预算单位私设"小金库"等13个违纪问题,收缴财政494.4万元,并提出审计建议5条,促进了财政改善管理。

完成政府交办任务 共完成当地政府交办的审计任务49项,审计单位108个,审计金额4085万元。

**【庄河市审计局】** 到1998年底,人员有30人。其中:大学本科生3人,大专生12人,具有审计(会计)师职称高级5人,中级11人,局长1人,副局长2人。

审计工作成果 共完成审计项目59个,审计单位481户,完成审计调查28项,调查单位215个;审计金额62567万元,共查出违纪违规行为金额15287万元,审计罚款34万元,应上缴财政2951万元,已上缴财政2858万元,追还侵占挪用资金480万元,上缴促进增收节支1302万元,审计建议被采纳296条;共提交调查报告26篇,被政府领导批示转发20篇,提交审计信息143篇,被大连市审计局采用74篇,被大连市委、市政府采用34篇,被省审计厅和省委、省政府采用14篇,被首长批示4篇,被审计署采用3篇。

完成上级及政府交办任务 共完成省市审计机关下达的审计任务48项,完成市政府交办任务27项,审计单位484个,审计金额26613万元。1995年对大连绒织印染厂职工反响较大的集资住宅楼工程决算进行审计,净核减工程造价(减少职工支出)24万元(削减总造价10%),受到领导和群众的好评。

**【长海县审计局】** 到1998年底人员有21人。其中:大专生12人,有审计(会计)师职称7人,局长1人,副局长2人。

审计工作成果 共完成审计项目356个,审计单位410户;完成审计调查23项,调查单位36个;共查出违纪违规行为金额6136.7万元,应上交财政1137万元,已上缴财政704万元;提交审计调查报告23份,审计信息55份。

完成上级和政府交办任务 共完成政府交办的审计任务317项,审计单位368户。

**【鞍山市审计局】** 到1998年底,干部职工为124人。其中研究生4人,大学本科26人,大专72人。局长1人,副局长4人。设有办公室、机关党委、综合外资审计处、工交一处审计处、工交二处审计处、商业审计处、农业审计处、基建审计处、行政事业审计处、财政金融审计处、领导干部审计处、审计事务所等机构。

审计工作成果 已审计单位2847个(项),查出违纪金额72871万元,已上缴财政收入国库24533万元,追回侵占挪用款3035万元,减少财政补贴4944万元,完成审计调查报告193篇。

认真完成市委、市政府交办的任务　共完成各级党委、政府和纪检、监察部门交办的审计工作363项。

1998年对农发行鞍山分行5个支行，全地区4个财政和粮食主管部门，93户粮食企业粮油收购贷款和粮食挂账情况的审计，查出粮食企业新增财务挂账84917万元。在对市某证券公司的审计中，发现该公司发行债券达31.5亿元，每年将支付2亿元的利息，并承受巨额兑付的压力。向国家审计署等部门反映，并提供了可行的审计建议，受到国务院有关部门的重视，朱镕基总理亲自批示，要求有关部门认真调查解决。

内部审计　1994年共设立内部审计机构287个，内审专(兼)职人员1118人。到1998年，内部审计机构发展到302个，内审人员1148人。

社会审计　到1998年，审计中介机构发展到13个，从业人员266人。共接受社会委托项目22031(户)项，核减基建预决算金额4785万元，核减虚假注册资金3503万元，为委托单位追还侵占资金1163万元。

受表彰情况　1997年被国家人事部、国家审计署命名为全国先进集体。省委、省政府授予“文明机关”称号，受省人事厅、省审计厅表彰1次，3次被市委、市政府授予“十佳”机关。被省审计厅、市委、市政府评为思想政治工作先进单位。1人被省委、省政府授予“廉政标兵”和一等功公务员，被市委、市政府评为鞍山市“十佳”公仆。

**地址**　鞍山市铁东区前进路6号
**电话**　0412—2248515
**邮编**　114002　　　　*(刘红军)*

**【抚顺市审计局】**　到1998年底为109人。其中：研究生6人，大学生27人，大专生69人；局长1人，副局长4人。设有办公室、人事处、综合处、法规指导处、农林水审计处、工交审计处、商业审计处、基建审计处、财政审计处、金额审计处、行政事业审计处等机构。

审计工作成果　共完成审计项目1045户(项)；完成审计调查70项，调查单位1080个；共查出违纪违规金额170630万元。同市纪检、监察、信访等部门配合，查处经济大要案2起。上缴市财政2541万元，共提交审计报告136篇。

完成市政府交办任务　共完成交办的工作任务50余项。1996年，根据市政府的安排，市局对全市126名国营企业厂长(经理)任期经济责任进行审计。通过审计，企业法人代表被行政撤职、降职或解除合同的6人，提职的2人，正常离任的59人，被移送检察机关的3人。1998年，为了认真贯彻市委、市政府确定的解决经济困难的10项举措，帮助被审计单位增收节支达1518万元。1998年，先后对本市4家破产企业转制后的情况进行了调查研究，及时向上级反馈情况，该方面的审计信息分别被国家审计署和中共中央办公厅采用。

完成上级下达审计任务　共完成署、省审计机关下达的审计任务98项，审计单位411个。

内部审计　1994年共设立内审机构216个，内审人员476名。1998年全市内审机构仍有216个，内审人员达到526名。

社会审计　共接受社会委托项目6698项。其中：财务收支审计951项，经济案件鉴定238项，验资年检3480项，资产评估545项，咨询服务134户。

受表彰情况　受省审计系统表彰2次，受市委、市政府表彰3次。共有9人次受市委、市政府记功、嘉奖等奖励。

**地址**　抚顺市顺城区临江路东段
**电话**　0413—7500512
**邮编**　113006 *(高玉华　关克娇)*

**【清原满族自治县审计局】**　到1998年底有干部、职工21人，其中：大学学历4人，大专学历13人，局长1人，副局长1人；高级审计师3人，中级审计师14人。

审计工作成果　共完成审计283户；完成审计调查26项；调查单位89个；审计金额12314万元。同县纪检、监察、信访等部门配合，查处各种经济案件12起，上缴县财政402万元，提交审计报告276篇，审计信息43篇。

完成县委、县政府交办任务　共完成交办的各项工作任务47项，审计单位51个。截止1998年底共完成工程决算审计项目47个，审计金额9832万元，审减金额626万元，为县财政节省资金178万元。1997年在红河电站竣工决算审计中，审减金额376万元，维护了国家利益。

完成上级下达审计任务　共完成署、省、市审计机关下达的审计任务42项，审计单位46个，审计金额473万元。

**【新宾满族自治县审计局】**　到1998年底有干部职工28人。其中大学生5人、大专生17人；局长1人、副局长2人。

审计工作成果　共完成审计项目365个。审计单位354户；完成审计调查31项，调查单位28个，共查出违纪违规金额8.203万元，上缴县财政632万元。

完成县交办任务　共完成交办的工作任务65项，审计清理单位12个。

完成上级下达审计任务　共完成省、市审计机关下达的审计任务140项，审计单位134个，审计金额9.860万元。

**【本溪市审计局】** 到1998年有101人。其中：研究生学历1人，大学学历13人，大专学历80人；局长1人，副局长3人。1994年机构改革中增设综合指导处和外资运用审计处，此外还设有办公室、机关党委、财政金额审计处、文教行政审计处、商贸审计处、工交审计处、固定资产投资审计处、农林水审计处和培训中心等机构。

审计工作成果 共完成审计单位1894户；查出和纠正违纪违规金额144561万元；上缴罚没收入2505万元；促进被审计单位增收节支11827万元。

完成市政府交办任务 共完成交办的工作任务80余项。其中对市消防局平山消防站工程决算审计中，查清自行扩大建设规模，超计划200万元的问题。

完成上级下达审计任务 共完成署和省统一下达的审计任务50多项。在1998年全国范围的粮食行业财务挂账清查审计中，涉及审计单位48个，清理不合理占用贷款10852万元，出色地完成了任务。

内部审计 到1998年，有内审机构215个，内审人员766名。

社会审计 接受委托项目238项，注册资金验证396户，资产评估295项，工程预决算审计130户。

受表彰情况 连年获市级精神文明先进单位称号。特别是1998年目标管理工作进入市优胜行列；局机关党委获市直先进党委。

**地址** 本溪市平山区铁路街3号
**电话** 0414—2845688
**邮编** 117000 （丁金艳）

**【凤城市审计局】** 到1998年底，人员有24名，其中：大学生1人、大专生17人；局长1人，副局长3人。

审计工作成果 共审计单位314个，完成审计调查15项，查出违纪违规金额8045万元，上缴财政金额1261万元。与纪检、监察、信访等部门配合，查处各种经济案件54起。

完成上级下达审计任务 共完成署、省和市级审计机关下达的审计任务58项，审计单位165个。

完成市政府交办任务 完成交办的审计任务49项，其中1997年即完成11项。1995年初，根据市委、市政府的要求，全局出动，集中时间，对土地局等24个单位的国有资产和财务收支情况进行审计，审计总金额达1286万元，查处违纪金额84万元，为政府的机构改革和干部调整提供了依据。1998年，市审计局根据市委、市政府领导的指示，由主管局长带队，对某综合开发办进行审计，查清该单位漏缴营业税46万元、所得税103万元，“小金库”资金48万元。审计决定金额收缴，并移交纪检、监察机关对主要负责人给予党纪、政纪处分。

**【宽甸满族自治县审计局】** 1998年共有干部，职工24人。其中：大学生1人，大专生19人；局长1人，副局长4人。

审计工作成果 共完成审计项目264个；审计单位232户；完成审计调查17项，调查单位133个，审计金额261749万元，共查出违纪违规金额30625万元。上缴县财政301万元。共提交审计报告112篇。

完成县政府交办任务 共完成交办的工作任务62项，审计清理单位257个。截止1998年底共完成工程决算审计项目87个，审计金额14392万元，审减额2261万元。1998年对县财政投资的两项规模较大的基建工程进行复审，发现两项工程高估冒算103万元的重大违纪问题，分别向县人大和政府提交了审计报告。

完成上级下达审计任务 共完成省、市审计机关下达审计任务58项，审计单位56个，查出违纪2323万元。

**【锦州市审计局】** 到1998年底有人员59人。其中：大学生6人，大专生42人；局长1人，副局长4人。设有办公室、综合处、财政审计处、金融审计处、外资运用审计处（法规审理处）、商贸审计处、工业交通审计处、农林水利审计处、行政文教审计处、固定资产投资审计处、审计干部培训中心、锦州审计师事务所等机构。

审计成果 共完成审计项目478户（项），查出违纪金额2.54亿元，上缴市财政资金1401万元，应追还被侵占挪用专项资金898万元。完成市委、市政府交办的审计任务23项；提交审计报告、信息212篇，被市以上机关采用245篇次；配合纪检、监察、公安机关查处经济案件9起。

内部审计 1998年底，全市共有内审机构376个，有内审人员1320名。5年来，全市内审机构共开展审计8900多项，查出并纠正违纪金额1.2亿元，提合理化建议3200多条，促进增收节支5200多万元。

社会审计 全市社会审计组织共接受社会委托项目9125项，其中财务收支审计1055项，基建项目审计310项，验资7760项，核减虚假注册资金1800多万元。

受表彰情况 市局受省审计厅表彰10次，受市委、市政府表彰8次。有1人受省政府表彰，有3人受省审计厅、省人事厅表彰，有7人次受市委、市政府表彰、嘉奖。

**地址** 锦州市凌河区南宁路4段17号
**电话** 0416—3121956

**邮编** 121000

**【黑山县审计局】** 到1998年底共有干部、职工19人。其中：大学生1人，大专生10人；局长1人，副局长3人。

审计工作成果 共完成审计项目29个，审计单位217户；完成审计调查19项，调查单位151个；审计金额279846万元；共查出违纪违规金额5132万元；同县纪检、监察、信访等部门配合，查处各种经济案件17起；上缴县财政246万元，共提交审计报告24篇。

完成县委、县政府交办任务 共完成交办任务107项。

完成上级下达的指令性任务 共完成省市审计机关下达的审计任务182户(项)，审计单位230个。

**【大洼县审计局】** 到1998年底，人员有36人。其中：大学生1人，大专生17人；局长1人，副局长3人。

审计工作成果 共完成审计项目183项，审计单位216户；完成审计调查14项，调查单位17个；在完成的审计、调查项目中，共查出违纪违规金额2190万元，执行审计缴、罚款共计877万元，已上缴县财政入库392万元；完成审计科研课题8项，提交科研论文8篇；提交审计信息、报告76篇。

完成上级审计机关及县委、县政府临时交办的工作 共完成临时交办的工作任务60项，审计调(检)查、清理单位410个，其中：会同县纪检、监察、信访等部门查处各种经济案件21件，为社会稳定发挥了重要作用。1998年6月中旬开始，为配合全县产权制度改革，我局动用了全局的力量，历时半年，对参与产改的143户县乡企业进行了财务状况审计，并参与对5户工交企业的破产清算工作。

**【辽阳市审计局】** 到1998年底，人员有74名。其中：大学生15人，大专生47人。局长1人，副局长4人，设有办公室、综合科、法制科、审计管理科、财政审计科、金融审计科、行政文教审计科、工交审计科、商贸审计科、固定资产投资审计科、农业审计科、外资审计科等机构。

审计工作成果 共完成审计项目771个，完成审计调查49项；共查出违规行为金额85072万元，上缴财政金额1330万元，提交各类审计报告111篇，编发审计信息344期。

完成市政府交办的任务 共完成市政府交办的工作任务44项。

完成上级下达的审计任务 共完成国家审计署、省审计厅下达的审计任务116项。

受表彰情况 受省审计系统表彰5次，受市委、市政府表彰42次，共有14人次受到省审计系统表彰，140人次受到市委、市政府表彰。

**地址** 辽阳市白塔区劳动街33号

**电话** 0419—2126164

**邮编** 111000 (史长虹)

**【铁岭市昌图县审计局】** 到1998年底，人员为30人。其中：大学生7人，大专生11人；局长1人，副局长3人。

审计工作成果 共完成审计项目304项；审计单位353户；完成审计调查30项，调查单位239个；共查出违纪金额12373万元。应上缴县财政856万元，共提交审计报告96篇。

完成县交办任务 共完成交办的工作任务78项。

乡镇审计 共审计1817项，查出违纪违规金额1947万元，上缴乡镇财政374万元，查出损失浪费397万元，促进增收节支570万元。

**【朝阳市审计局】** 到1998年底共有干部职工57人。其中：大学毕业14人，大专毕业33人。局内共设办公室、综合科、法规指导科、培训科、财金审计科、工交审计科、基本建设审计科、商贸审计科、文教行政审计科、农林水审计科共10个科室，一个机关党总支委员会。

审计工作成果 全局共审计627个单位，查出违纪金额25264.5万元，追还被侵占挪用资金1133.5万元，上缴财政金额1984.9万元，查处经济大要案8件，移交司法机关处理6人，因此而受到党、政纪律处分27人。

内部审计 机构由1994年60个发展到1998年的77个，配备内部审计专兼职人员134人。

社会审计 共完成委托审计事项1360项。其中：审计查证110项、资产评估130项、注册资金验证1120项。

受表彰情况 全局共有17项审计工作被上级党委、政府和审计机关授予“先进单位”或“优秀审计项目”。其中：朝阳市审计局连续2次被辽宁省委、省政府授予“文明机关”称号；2次被辽宁省人事厅、审计厅评为“全省审计工作先进集体”称号；朝阳市审计局机关党支部被中共辽宁省委评为“先进党支部”称号。全局有2人次被评为辽宁省审计工作“先进工作者”称号，有7人次被评为全省审计单项工作先进个人或先进工作者。

**地址** 朝阳市双塔区朝阳大街二段十八号

**电话** 0421—2817139

**邮编** 122000 (赫明)

**【北票市审计局】** 到1998年底，共有干部、职工27人。其中：大学专科毕业生18人。局长1人，副局长2人。

审计工作成果　共完成审计事项271个。查出各类违纪资金2355万元,追还侵占挪用资金115万元;上缴市、乡两级财政372万元,查处百万元以上违纪单位2个。移交纪检监察部门处理4人,移送贪污贿赂案1件,移交司法机关处理1人。

受表彰情况　连年被市委、市政府授予和评为“红旗单位”、“先进党支部”。连年保持朝阳市“文明单位”称号。1996年被辽宁省委、省政府授予“文明单位”称号。1998年被辽宁省人事厅,辽宁省审计厅授予“辽宁省审计机关先进集体”称号。2人次受到省政府、省审计系统表彰奖励;2人次受到朝阳市审计系统表彰奖励;21人次受到北票市委、市政府记功、嘉奖等奖励。

**地址**　北票市市府路3号

**电话**　0421—5822678

**邮编**　122100　(邓永喜)

**【建平县审计局】**　到1998年底,人员有25人。其中:大学生1人,大专生8人,局长1人,副局长4人。

审计成果　共完成审计项目268个,审计单位682户,完成审计调查项目26项,调查单位185个,审计金额224216万元,违纪违规金额15224万元,同县纪检、监察、信访等部门配合查处各类经济案件28起。除了归还原资金渠道外,上缴财政246万元,共提交审计报告268篇。

完成县委、县政府交办任务　共完成交办的工作任务72项,审计清理单位483个。截止1998年底共完成工程决算审计项目25个,审计金额26754万元,审减金额538万元。

完成上级下达审计任务　共完成省、市审计机关下达的审计任务162项,审计单位285个,审计金额224.216万元。

**【喀左蒙古族自治县审计局】**

1998年底人员为29人,其中:大学文凭4人,大专16人,局长1人,副局长4人。

审计工作成果　共完成审计户数353个,完成审计调查16项,调查单位54个,共查出违纪金额3616万元,同纪检、监察、信访等部门配合,查处各种经济案件51起,上缴县财政189万元。

完成县政府交办任务　共完成交办的工作任务43项,帮助公检法纪检部门联合办案11起。

## 吉林省

**【吉林省审计工作情况简述】**

到1998年,吉林省审计系统共有县以上审计机关70个,其中有9个市州审计机关;审计人员2897人,其中,具有大专以上学历1900人,占总人数的66%,年龄在35岁以下的占41%;具有中级以上职称的444人,占15%。

全省审计工作成果　5年来,共审计22333个单位,查出违规行为金额260亿元,应上缴财政7.3亿元,减少财政拨款和补贴1.2亿元,追还被侵占挪用资金11.3亿元,共为国家增收节支9.3亿元。向纪检、监察部门和司法机关移送案件19件。

**【吉林省审计厅概况】**　到1998年共有行政编制审计人员123人,事业编制审计人员126人,具有中级以上职称的141人,其中,高级职称13人。省厅机关内设处室16个,直属单位6个。

厅领导成员

厅长

董立春(1995年9月免)

牛海军(1995年9月任)

副厅长

孙青山(1992年5月任)

李建实(1994年1月任)

孙永珍(女)(1997年5月—1998年8月)

张炳功(1997年5月5日任)

刘庆恒(1999年1月任)

纪检组长　马亚力(1997年12月任)

本级预算执行审计　其一,认真查处和纠正了违纪问题,增加了财政收入。通过预算执行审计,全省纳入本级收入的达2.7亿元,调账纠正处理的达11.1亿元,清理收回资金3.4亿元。其二,促进了财政预算管理,对财税部门和其他预算执行单位改进资金管理,发挥了很好的促进作用。其三,发挥参谋作用,得到了政府的支持和人大的好评。其四,扩大了审计的社会影响。1997年,王云坤省长对省厅提出的建议逐条给予肯定,并要求把这些审计建议作为加强全省预算管理的要求,以政府文件形式下发各地、各部门执行。对1998年省厅提出的关于加强税收征管和专项资金管理的审计建议,也引起了省政府的重视,要求在全省财政工作会议上进行通报。

粮食企业审计　1996年,全省审计机关对473户粮食企业资产负债损益进行了全面审计。一是基本查清了粮食企业的盈亏状况,为各级政府提供了真实情况;二是分析了亏损原因,提出了审计建议,促进粮食企业加强了经营管理;三是严肃处理了违纪问题,挖出了一些“蛀虫”,在粮食系统内引起很大震动;四是宏观成果突出。通过整顿,对审计移交的15起粮食企业严重的违法违纪案件处理情况在全省进行了通报,其中法办11人,党政纪处分4人。

1998年,根据省委、省政府的统一部署,以核实粮食企业亏损情况为主要目的,全省审计机关集中抽调600名专业审计人员,组成181个审计组,利用3个月的时间,对全省1326户粮食企业进行了全面审计检查。随后根据审计署的统一部署,以核实粮食企业新增财务挂账为主要目的,在前期审计检查的基础上,全省集中了近千人的审计队伍,也是利用3个月的时间,对清查审计范围内的966户粮食企业和54个粮食主管部门及农业发展银行吉林省各分支机构进行了全面清查审计,对财政等有关部门进行了审计调查。通过审计,一是基本摸清了粮食企业亏损的真实情况。截止1997年底,全省粮食系统政策性老挂账12亿元,决算反映亏损挂账128.6亿元,共计140.6亿元。经审计,实际亏损挂账1633585万元,审计查出的多进或者少进收入、成本、费用和应进未进损益等问题净增加亏损22.7亿元。经过第二阶段清查审计,省上报新增财务挂账181.9亿元。经过进一步复查和审计署抽查,最后确认,到1998年5月底,清查审计范围内的966户粮食企业实际新增财务挂账171亿元,剔除10个亿。二是深入分析了粮食企业亏损的构成和产生原因。如粮食补贴不到位、粮食积压、收储资材占款、税收政策调整、结算资金占款、生产性固定资产占款等政策性因素影响亏损112亿元,占亏损额的68.6%;企业自身非生产性固定资产占款、三产附营占款、违规经营房地产和期货占款、长期投资占款以及经营被骗、贷款担保、赊销、损失浪费、损益不实等经营管理因素影响亏损36.4亿元,占亏损额的22.3%;各级政府部门直接占用粮食资金、政府协调为其他单位借粮借资金、专储粮补库损失、收费、摊派、罚款等外部环境因素影响亏损14.9亿元,占亏损额的9.1%。三是促进了粮食流通体制改革。全省审计机关紧密结合审计实际,提出深化粮食流通体制改革、加强粮食企业管理等方面的审计建议350多条。四是查处了违法违纪问题,维护了粮食经济秩序。全省共查出违反财经法纪金额37亿元,移送公安、检察、监察部门处理的案件40件,移送粮食部门纠正处理的问题1837件。截止1998年10月末,已经逮捕3人,给予党纪政纪处分的16人,其他问题有关部门正在进一步深入调查和处理。五是坚持边审计、边清理、边整改,为粮食企业清理收回资金和直接挽回经济损失40692万元,其中追回粮食企业和粮食主管部门挤占挪用资金37571万元,其他部门挤占挪用资金1768万元,个人贪污、挪用资金798万元,查出小金库发生额555万元。

注重宏观,发挥审计的参谋作用　一是正确认识和处理部门与全局的关系。有的审计报告和信息,省领导多次进行批示,要求有关部门有针对性地加强和改进工作。二是正确认识和处理数量与质量的关系。对那些制约经济发展的关键问题,作为审计和审计调查的重点,做到少而精。并且注重调查深度和实际效果,通过后续审计、专项检查等办法,掌握情况,督促有关部门落实审计建议。三是正确认识和处理微观与宏观的关系。在完成审计项目计划的同时,用足用好微观审计成果,为领导决策、指导工作、加强管理提供依据。四是正确认识和处理局部与整体的关系。每年都统一安排几个重点审计调查项目,比较全面地反映全省经济发展中的突出问题。5年来,全省共提出审计工作报告和信息1.6万篇,被各级政府和有关部门批示采用1.2万篇。

积极探索,创造性地开展审计工作　一是积极探索经济责任审计。几年来,省厅共完成省委、省政府交办的经济责任审计工作任务50多户(项),先后审计了省直部分大公司、省直宾馆和省政府驻外办事处,为组织、人事部门使用管理干部提供了重要依据。

二是加强和改进专业审计。1997年,在企业资产负债损益真实性试点审计中,积极探索并初步总结了真实性审计的主要做法,深化和改进了企业审计。1998年对股份制企业进行了审计和审计调查,初步探索了股份制企业审计的新路子。1997年,探索和实施了“账户入手,下审一级”,深化了本级预算执行审计;1998年,在坚持“账户入手,下审一级”的基础上,研究和探索如何分析和监督财政资金的运动状况和趋势,规范财政收支秩序,加强财政收支管理,促进提高财政资金使用效益。全省统一开展的外贸粮油行业审计、农业综合开发资金审计和烟草行业审计,在全国审计系统评比中分别取得第一名、第二名和第六名,被审计署授予行业审计先进单位;省厅组织开展的吉化30万吨乙烯工程审计,被审计署评为优秀审计项目,松辽平原项目的对外审计报告受到世行好评。

三是在探索中加强了基础工作。首先,实现了审计对象指标数据的计算机管理,建立了审计对象名录和法规库。其次,加强了制度建设。第三,强化质量约束意识。组织开展了“审计规范年”、“审计质量年”活动,对重大审计案件进行听证,对被审计单位实行审计资料承诺书制度等。第四,推进了审计手段现代化。绝大多数审计机关都配备了计算机,建立了计算机网络管理系统。

四是积极探索提高审计事业发展水平的新路子。从1996年开始,我们连续3年对如何进一步提高审计事业发展水平进行了认真的研究和探索,总结出了一些好的经验和做法。

以人为本,坚持不懈地抓好审计队伍建设　一是加强思想政治工作,增强审计干部的事业心和责任感,树立对工作、对事业永不满足的进取精神。1998年召开了全省思想政治工作经验交流会,在全国交流了经验。二是积极推进以激励和监督约束机制为核心的干部人事制度改革。三是进一步加强领导班子建设。四是落实责任,加强教育和监督,严格防范和坚决查处执纪执法中以权谋私的问题,坚持不懈地抓好廉政建设。五是在审计队伍建设上,作为执法监督部门,要求更严、水平更高、作风更硬。

强化审计管理,优化服务水平　1994年以来,全省审计机关切实加强了对内部审计、乡镇审计和社会审计的管理工作。5年来,全省内审机构共审计5.8万个单位,查出损失浪费和促进提高经济效益共7.4亿元。乡镇审计共完成审计任务3247户,查出损失浪费金额721万元,促进增收节支1312万元。全省审计事务所共完成委托事项12.3万项,核减虚假注册资金和基建预决算,为委托单位挽回损失,促进提高经济效益共7.1亿元。

**地址**　长春市人民大街57号
**电话**　0431—2727904
**邮编**　130051　　(张海军)

**【长春市审计局】**　到1998年底,有人员102人。公务员中本科学历31人,专科学历57人。局长1人,副局长3人。设有机关党委、办公室、人事处、纪检组、案件审理处、审计管理处、法规处、财政金融审计处、固定资产投资审计处、工业审计一处、工业审计二处、商贸审计处、外资处、行政事业审计处、农业审计处和机关服务中心、审计学会及5个审计事务所。

审计成果　市本级共完成审计单位967户(项),完成专项审计调查68项,被调查单位529个,查出违纪金额241,829万元,为财政增加收入3,249万元.并提交了审计报告967篇,审计信息295篇。

完成政府交办的任务　较好地完成了企业破产、集资、纠正行业不正之风、承包经济责任审计、经济责任审计、领导干部业绩考核、财务大检查等各个方面的交办任务。从1996年起,已连续3年高质量地完成了本级预算执行情况审计。

完成上级下达审计任务　5年来,共完成署、省审计机关下达的审计任务442户(项)。其中,1996年受国家计委委托、国家审计署授权,对德国大众与一汽集团合资建设的一汽大众轿车生产线项目进行了竣工验收审计,审计资金总额89亿元。通过审计,为国家挽回直接经济损失492万元,理顺资金渠道6.1亿元,为国家节约投资401万元。该项目被评为1996年全国优秀审计项目。1998年,先后抽调74人,历时九个月赴松原市进行粮食行业交叉审计。通过对4县1区和松原市直所属211户粮食企业审计,查实了粮食企业新增财务挂账占用农发行贷款和私设"小金库"、扩大成本、虚假销售、漏缴税金等违法违纪问题。清理回收资金24,187万元,挽回经济损失451万元,已移交省厅案件8件。

内部审计　1998年,共设立市直内审机构163个,内审人员469人。其中专职机构66个,专职内审人员250人。

社会审计　共接受社会委托项目13202项,其中企业年检验资7170项,审验资金总额114040万元;资产评估1018项,评估金额62983万元;担任咨询顾问1520项。

受表彰情况　受省委、省政府表彰1次,受市委、市政府表彰7次,受省审计厅表彰7次,共7人次受到省审计厅表彰奖励,1人受审计署表彰奖励,65人次受市政府嘉奖。

**地址**　长春市建设街68－1号
**电话**　0431——8545343
**邮编**　130061　　(刘军宇)

**【长春市朝阳区审计局】**　到1998年底,人员为14人。其中:大学本科学历2人,专科学历10人;局长1人,副局长1人。

审计工作成果　共完成审计项目173个,审计单位158个,完成审计调查15项,调查单位46个。共查出违纪违规金额1042万元,上缴区财政48.5万元。提交审计工作报告、信息61篇,被上级审计机关、新闻单位采用38篇。

完成区政府交办的任务　共完成交办的工作23项,审计清理单位269个。先后进行了厂长(经理)离任审计;街道办事处、乡(镇)政府、政府有关部门及检法两院党政主要领导离任审计等。

完成上级下达审计任务　1995年完成了市审计局转来的某村农民上访土地安置费等问题的审计任务,派出审计人员,开展内查外调,查清了有关事实,为及时正确处理农民上访事件做出了贡献。1998年,选派素质好、业务能力强的审计人员,充实市局组织的审计组,参加全省粮食行业审计。

**【长春市宽城区审计局】**　至1998年底人员为30人,其中:大学生3人,大专生21人。局长1人、副局长2人。

工作成果　共完成审计项目

134 项，审计单位 134 户，完成审计调查 10 项，调查单位 25 个，审计金额 28440 万元，查出违纪金额 1877 万元。同区纪检、监察、信访等部门配合，查处各种经济案件 12 起，上缴区财政 193 万元，共提交审计报告 134 篇。

完成区政府交办的任务　共完成交办的工作任务 12 项。1997 年为配合全区机构改革、企业改制，完成了对全区 25 户企业的资产评估工作，评估值超亿元。

完成上级下达的审计任务　共完成省、市审计机关下达的审计任务 138 项。审计单位 147 个，审计金额 28440 万元。

**【长春市二道区审计局】**　1998 年底有干部、职工 20 人，其中：大学生 2 人，大专生 9 人，局长 1 人，副局长 1 人。

审计工作成果　共完成审计项目 258 个，审计单位 237 个，完成审计调查 19 项，调查单位 63 个，审计金额 3.25 亿，共查出违纪违规金额 8034 万元，同区纪检、监察、检察院等部门配合，查处各种经济案件 15 起，上缴区财政 224 万元，共提交审计报告 258 篇。

完成区政府交办的任务　共完成交办的工作任务 74 项，审计清理单位 396 个，1998 年为配合全区中小企业改制，对 5 户区属企业的厂长进行了经济责任审计，对 86 户企业进行了资产评估，为促进全区企业改制作了大量工作。

完成上级下达的审计任务　共完成省、市审计机关下达的审计任务 124 户(项)，审计单位 198 个。

**【长春市南关区审计局】**　到 1998 年底，人员为 15 人。其中：大学生 3 人，大专生 9 人；局长 1 人，副局长 2 人。

审计工作成果　共完成审计项目 105 个，审计单位 145 个；完成审计调查 8 项。调查单位 20 个，审计金额 99432 万元。共查处违纪违规金额 4972 万元。同区纪检、监察等部门配合，查处各种经济案件 11 起，上缴区财政局 197 万元，共提交审计报告 155 篇。

完成区政府交办的任务　共完成交办的工作任务 42 项，审计清理单位 35 个。

完成上级下达审计任务　共完成省、市审计机关下达的审计任务 155 项，审计单位 145 个，审计金额 99432 万元。

**【长春市绿园区审计局】**　到 1998 年底共有干部职工 12 人，其中：大专生 5 人；局长 1 人，副局长 2 人。

审计工作成果　共完成审计项目 175 个，审计单位 163 个，完成审计调查 12 项，审计总金额 54623 万元，共查出违纪金额 4268 万元，同纪检、监察、组织部等部门配合，查处各种经济案件 8 起，上缴区财政 252.8 万元。共提交审计报告 175 篇。

完成区委、区政府交办的任务　共完成交办的任务 6 项，审计清理单位 20 个。

完成上级下达的审计任务　共完成省、市审计机关下达的审计任务 175 项，审计单位 163 个，审计金额 54623 万元。

**【长春市双阳区审计局】**　到 1998 年底，人员有 45 人。其中：大学 3 人，大专生 22 人；局长 1 人，副局长 2 人。

审计工作成果　共完成审计项目 360 个，审计单位 360 户，完成审计调查 13 项，调查单位 20 个；审计金额 6 亿元，共查出违纪违规金额 9000 万元。同区纪检、监察等部门配合，查处各种经济案件 3 起，上缴区财政 150 万元，共提交审计报告 326 篇。

完成区政府交办任务　共完成交办的工作任务 16 项，审计清理单位 20 个。

完成上级下达的审计任务　共完成省、市审计机关下达的审计任务 85 项，审计单位 94 个，审计金额 1 亿元。

同级财政审计　1996 年到 1998 年，突出抓了同级财政审计。三年共审计涉及财政预算执行部门和单位 52 个，涉及资金额 1.98 亿元，占预算资金的 71%，共查出违纪违规问题 23 个，查出违纪金额 744.8 万元，为财政增加收入 215 万元。

**【九台市审计局】**　1998 年底有职工 24 人，其中：大学生 3 人，大专生 15 人，局长 1 人，副局长 3 人。

审计工作成果　共完成审计项目 401 个，完成审计调查 16 项，审计总金额 428117 万元，共查出违规违纪金额 24992 万元，应上缴 4012 万元，实际收缴 595.4 万元。共提交审计报告 401 篇。

完成政府交办任务　共完成市委市政府交办的工作任务 97 项，审计清理单位 629 个。1996 年以来，完成领导干部经济责任审计 81 项。

**【榆树市审计局】**　到 1988 年底人员发展到 26 人，其中：大学生 11 人，大专生 25 人。局长 1 人，副局长 3 人。

审计成果　共完成审计项目 396 个，审计单位 396 户，完成审计调查 17 项，调查单位 17 个，审计金额 341300 万元，共查出违纪金额 16065 万元。移交检察机关经济案件 1 起，上缴财政 706 万元。

完成市政府交办的任务　共完成市政府交办的工作任务 29 项，配合组织部门、纪检部门对 293 户领导干部离任进行审计。

完成上级下达的审计任务

共完成省、市审计机关下达的审计任务31项,审计单位31个,审计金额279121万元。

乡镇审计　1998年8月成立了5个乡镇审计所,负责全市36个乡镇、各站、办、所、学校的财务收支审计,同时对各乡、镇领导干部的离任进行审计,1998年下半年共审计36户,审计金额108万元,查出违纪金额16万元,上缴财政2万元。

**【德惠市审计局】**　到1998年底有干部、职工有23人,其中:大学生4人,大专生15人;局长1人,副局长3人。

审计工作成果　共完成审计项目325户,完成审计调查22项,查出违纪违规金额7751万元,上缴财政金额386万元,提交审计工作报告及信息28篇。

完成市政府交办的任务　共完成交办工作任务72项,其中:1995年5月为配合机构改革、企业改制工作,对15户企事业单位进行了专项审计,1996年4月抽调12人对全市企事业单位的税源情况进行了审计调查,共查出漏缴税及欠税达2000多万元,此审计结果引起了市委市政府领导的高度重视。1997年对80个建筑项目的城市配套费收缴情况进行了专项审计调查,查出漏缴配套费415万元,并会同有关部门进行了认真处理。1996年至1998年共完成市委组织部门交办的乡局级领导干部离任经济审计36人,为有关部门任用干部提供了依据。

**【农安县审计局】**　到1998年底,有人员22人,其中:大专5人;局长1人,副局长2人。

审计工作成果　共完成审计项目567个,审计单位617户。完成审计调查31个,调查单位278个,审计金额410000万元,共查出违纪金额25000万元。同纪检、财政、监察等部门配合,查出各种经济案件78起,上缴县财政758万元,共提交审计报告567篇。

完成县政府交办任务　共完成交办的工作任务178项。审计清理单位741个。1995年设立基本建设审计科,截止到1998年底共完成工程决算审计项目24个,审计金额48000万元,审减金额2132万元。1998年在农安县重点工程——“二水源”的审计工作中,审计人员依法审计,工程预算审减金额198万元,维护了国家利益。

完成上级下达审计任务　共完成省、市审计部门下达的审计任务467项,审计单位501个,审计金额360000万元。

**【吉林市审计局】**　到1998年有干部、职工92人。其中:大学生22人,大专生50人;局长1人,副局长3人,纪检员1人;设有办公室、人事教育处、综合处、案件审议处、审计管理处、财政金融审计处、工业交通审计处、行政事业审计处、商贸审计处、固定资产投资审计处、农业审计处和机关党委等12个内部机构。

审计工作成果　共完成审计项目(含审计调查)4044户(项),查出违规违纪金额80610万元,审计处理后,应上缴财政5084万元,已上缴财政2053万元,追回损失浪费2025万元,追还被侵占挪用资金2152万元。

受表彰情况　受省审计厅表彰3次,连续四年被市评为精神文明先进单位。有12名同志被评为优秀党员和优秀党务工作者。

**地址**　吉林市北京路91号
**电话**　0432—2022791
**邮编**　132011

**【吉林市船营区审计局】**　到1998年共有干部职工13人。其中:有大专学历的8人;局长1人,副局长1人。

审计工作成果　5年来共完成审计项目330项,完成审计调查14项,调查单位140户。审计总金额12.9亿元,共查出违纪违规金额2269万元,上缴区财政38.9万元。

完成区政府交办的各项任务　5年来共完成交办的工作任务159项。其中1996至1998年对区利税大户审计55户(项),1998年为配合区级企业改制,对改制企业资产清查审计68户。

完成上级下达审计任务　共完成省市审计机关下达的审计任务171项,审计总金额8.7亿元,查出违纪违规金额2269万元,已上缴区财政38.9万元。

**【吉林市昌邑区审计局】**　到1998年,有人员11人。其中:大学生1人,大专生8人,局长1人,副局长1人。

审计工作成果　5年来,共完成审计项目142项,审计单位193户;完成审计调查9项,调查单位25个;审计金额80976万元,查出违纪违规金额1314万元。配合区纪检、监察、信访等部门查处各种经济案件6起。上缴区财政20万元,共提交审计报告142篇。

完成区政府交办任务　共完成交办的工作任务19项。为配合全区机构改革和企业改制,组成清产核资小组,共查证了60个单位。

完成上级下达审计任务　共完成省、市审计机关下达的审计任务142项,审计单位193个,审计金额80976万元。

**【吉林市龙潭区审计局】**　到1998年底,共有干部8人。其中:大专生6人;局长1人,副局长1人。

审计工作成果　共完成审计项目223个,审计单位379户;完成审计调查11项;审计金额

19978万元，共查出违纪违规金额1438万元，上缴区财政11万元，共提交审计工作报告223篇。

完成区政府交办任务　共完成交办的临时工作任务25项，审计单位181个。

完成上级下达审计任务　共完成省、市审计机关下达的审计任务198项，审计金额9989万元。

**【吉林市丰满区审计局】**　到1998年底，人员按编制为11人，其中：大学生3人，大专生3人；局长1人，副局长1人。

审计工作成果　共完成审计项目333个，完成审计调查16项，调查单位117户，共查出各类违纪违规金额1,104万元，上缴区财政39万元，共提交审计报告333个。

完成区委区政府交办的任务　共完成交办的各项工作任务25项，审计查证158个单位，并从1996年至1998年抽专人进行全区国有企业、集体企业清资和改制工作，1995年对17个部门机构改革进行审计工作。1998年对17名企业家近3年企业经营状况进行审计查证，为其中14名符合国家政策的企业家提为国家正式干部，提供了真实的经济数据。

完成上级下达审计任务　共完成署、省、市审计机关下达的审计任务175项，审计单位241个。

**【舒兰市审计局】**　到1998年，有行政编制23人，工勤编制1人。其中大学文化4人，大专文化12人，局长1人，副局长2人。

审计工作成果　共审计了618户(项)次，审计金额31454万元，查处违法违纪金额2803万元，上缴财政780万元，核减财政支出900.4万元。

**【桦甸市审计局】**　到1998年底，局机关编制为20人，共有干部、职工21人。其中：本科6人，大专9人；局长1人，副局长1人。

审计工作成果　5年来，共完成审计项目388个，审计自筹资金基建项目152项，完成审计调查单位157个；审计总金额90913万元，共查出违纪违规金额6220万元。同市纪检、监察、信访等部门配合，查处各种经济案件32起，累计上缴市财政634万元。

完成市委、市政府交办的任务　共完成交办的工作任务213项。

**【蛟河市审计局概况】**　到1998年底，有干部职工22人，其中：大学生3人，大专生13人；局长1人，副局长2人。

审计成果　共完成审计项目404个，审计单位404户；完成审计调查33项，调查单位100个；审计金额11284.4万元。共查出违纪违规金额7178万元。上缴财政金额182.26万元。

完成市政府交办的任务　共完成交办的工作任务62项。1995年开展基本建设项目审计以来，共完成工程决算审计项目26个，审计资金总额6031万元，审减金额855万元。

**【磐石市审计局概况】**　现有干部职工21人，其中大学本科学历2人，大专学历14人，局长1人，副局长2人。

审计工作成果　共完成审计署、省、吉林市及本市的审计项目共422个，审计单位457；完成审计调查412项，调查单位117个，共查出违纪金额计6776万元，增加财政收入94万元。配合本市纪委、监察、信访等部门查处各类经济案件21起。向上级提供各类信息128条，采纳34条，提出审计报告422篇。

完成上级审计部门及市委、政府交办的工作任务　5年来共完成各级交办的审计任务38项、审计单位67个。1994年，审计局抽出6人分三个组，用一个月时间，对工业、商业、交通、物资等部门的22个单位的经济承包合同兑现情况进行了审计。1998年，审计局抽调审计人员15人，在吉林省区域内对粮食企业进行长达5个月的异地交叉审计，对32个单位从1992年4月至1998年5月的账、表、证、据进行了客观公正的审计。

**【永吉县审计局概况】**　到1998年底，人员为20人。其中大学本科学历1人，大专8人；局长1人，副局长3人。

审计工作成果　5年来，共完成审计项目454户(项)；完成审计调查23户(项)；共查出违纪违规金额2434万元。同县纪检、监察、组织等部门配合审计了11个部门，上缴财政112万元，共提交审计报告465篇。

完成县政府交办任务　共完成交办的工作任务16项。

完成上级下达的审计任务　共完成省、市审计机关下达的审计任务8项。

**【四平市审计局】**　到1998年底，人员为60人，其中：大学生21人，大专生32人；局长1人，副局长3人，纪检组长1人。设有办公室、综合科、人事教育科、案件审议科、财政审计科、金融审计科、行政文教审计科、工业审计科、农业审计科、固定资产投资审计科、外资运用审计科、交通物资审计科、商贸审计科、审计管理科、干训班、调研科等16个科室。

审计工作成果　5年来，四平市本级审计机关共完成审计项目600户(项)，其中：完成省以上下达审计任务325项；完成审计调查项目235项；审计总金额1431850万元。共查出违纪违规金额31850万元，增加财政收入1503万元，促进增收节支13545万元，同时，提交各类审计工作报告、信息2534篇(条)，其中被各级党委、政府上级审计机关和有关单位采用3152篇(条)。

完成上级交办任务　5年来,全市审计机关共完成交办任务67项,1995年,接受任务对四平市吉平宾馆基建工程实施审计,一次性就核减工程投资430万元。

内部审计　1994年共设立内部审计机构137个,配备内审人员380名,到1998年,内部审计机构发展到153个,配备内审人员415名。

社会审计　5年来共接受社会委托项目1276项目,其中企业年检155项,年检金额24123万元;注册资金验证921户,验证资金31164万元;清产核资22项,清产核资金额4369万元。

受表彰情况　2次被审计署人事部评为全国审计机关先进集体,受省审计系统表彰3次,连续5年被省委、省政府评为"文明单位"。

**地址**　四平市南湖大街63号楼
**电话**　0430—3225342
**邮编**　136000

**【四平市铁西区审计局】**　到1998年底,人员发展到17人。其中:大学生1人,大专生11人;局长1人,副局长1人,总审计师1人。

审计工作成果　共完成审计项目152个,审计单位173户;完成审计调查4项,调查单位4个;审计金额23180万元。共查出违纪违规金额242万元。同区纪检、监察等部门配合,查处各种经济案件4起。上缴区财政21万元,共提交审计报告193篇。

完成区委区政府交办任务　5年来,共完成区委区政府交办的工作20项,审计处理单位82户。

完成上级交办任务　共完成省、市审计机关下达的审计任务128项,审计单位173户,审计金额23180万元。

**【四平市铁东区审计局】**　到1998年底,有人员21人。其中、大学生2人,大专生11人;局长1人,副局长1人。

审计工作成果　共完成审计项目165项,审计单位226户;完成审计调查17项,提交审计调查报告33篇。共查出违纪违规金额2549.5万元。上缴区财政19.2万元,共提交合理化建议577条,促进增收节支68.3万元。

完成区政府交办任务　共完成交办的工作任务19项。

完成上级下达审计任务　5年来,共完成省、市审计部门下达的审计任务161项,查出违纪金额2,515.5万元。

**【公主岭市审计局】**　1998年有干部、职工33名。其中,大学学历5名,大专16名;局长1名,副局长3名,总审计师1名。

审计工作成果　共完成审计项目402个,审计单位480户;完成审计调查35项,调查单位68个;审计资金总额457327万元。共查出违纪违规金额15044万元,上缴财政金额494万元。提交审计工作报告和审计信息414篇。

完成市委、市政府交办的工作任务　28项。

完成上级审计机关下达的审计任务　45项,审计60个单位,审计金额378192万元。

在1998年开展的粮食行业审计中,共查出违纪金额2.6亿元,清理不合理占用资金487万元,为国家和企业挽回损失472万元。向有关部门移送案件1件,有3人被追究刑事责任,8人受到党纪、政纪处分。

**【双辽市审计局】**　至1998年末人员发展到24人。其中:大学学历4人,大专学历6人。局长1人,副局长3人。

审计工作成果　共完成审计项目324个,查出违纪金额2840万元,已上缴财政347.7万元,追回被侵占挪用资金346.5万元,控制不合理支出1321万元,为国家增收节支2164.5万元。查出经济犯罪案件1起,移交司法机关处理1人,提交审计调查报告23篇,报送审计信息138条。

完成市委、市政府交办任务　共完成交办的工作任务64项。1997年按照市委要求,抽出10名审计人员,用一个半月的时间对市18个乡镇的132个站所1994年至1996年的财政财务收支进行了审计,查出违纪资金734万元,摸清了情况,查处了违纪行为。

**【梨树县审计局】**　到1998年底,有干部、职工25人。其中,大学本科毕业生5人,大专毕业生16人;局长1人,副局长3人。

审计工作成果　共完成审计项目487个,审计单位590户;完成审计调查50项,调查单位367个;审计金额130315万元,查出违纪违规金额10135万元。增加财政收入868万元,促进增收节支1194万元,提交审计报告218篇。配合纪检、监察、信访等部门查处经济案件17起。

完成交办任务　共完成交办的工作任务57项。1994年末,按照县政府的安排,对全县25户重点工业企业1994年度经济跃上新台阶四项经济指标的完成情况进行了审计,查处13户企业利润不实问题。

完成上级下达审计任务　5年来,共完成省、市审计部门下达的审计任务443项,审计单位489个,审计金额111922万元。

**【伊通满族自治县审计局】**　到1998年底,人员发展到24人。其中:大学5人,大专8人;局长1人,副局长4人。

审计工作成果　共完成审计

项目536个，审计单位536户，完成审计调查项目58项，调查单位58个；审计总金额达324000万元；共查出违纪违规行为金额5668万元，上缴县财政190万元；挽回损失浪费金额15万元，促进增收节支723万元。提交上报审计调查报告、审计论文、审计信息296篇(条)，被上级机关或有关单位批转，采用187篇(条)。

完成当地党委、政府交办任务　共完成交办任务67项。其中1995年4月为配合全县机构改革，负责进行了县直17个撤并单位的资产清查工作，为机构改革的顺利实施奠定了基础；1996年3月至12月，按照县委部署，具体进行了86个县直单位的财务清查工作，为县委宏观决策提供了数据；1997年至1998的，参与并进行了5户国有工业企业改制的清产核资工作。

**【辽源市审计局】**　到1998年底，有干部职工44人。其中：大学生10人，大专生16人，局长1人，副局长2人，党支部书记兼纪检组长1人；设有办公室、综合审计科、案件审议科、审计管理科、行政事业审计科、商贸审计科、工交审计科、财金审计科、固定资产投资审计科、农林外资审计科、审计事务所等机构。

审计成果　共完成审计项目415个，审计单位439户；完成审计调查44项，调查单位168个；审计金额360900万元。共查出违纪违规金额25548万元。同市纪检、监察、信访等部门配合，查处各种经济案件3起，上缴市财政561万元，共提交审计报告415篇。

完成市委、市政府交办任务　共完成交办的工作任务35项，审计清理单位169个。

完成上级下达审计任务　共完成省审计厅下达的审计任务123项，审计单位139个，审计金额196737万元。

社会审计　5年来共接受社会委托项目403项，企业年检103项。

受表彰情况　5年来，受省审计系统表彰3次，受市委、市政府表彰5次。共有10次受到省审计系统表彰奖励，1人次受到审计署表彰奖励，5人次受到市委、市政府表彰、嘉奖。

**地址**　辽源市向阳大街15－17号
**电话**　0437—3516037
**邮编**　136200　(宋发林)

**【辽源市龙山区审计局】**　到1998年底人员总数为9人，其中：局长1人；副局长1人。

审计工作成果　共完成省、市下达的审计任务76项，审计单位208个，查出违规问题金额2768万元，追回被侵占、挪用资金195万元，上缴财政金额21万元，共提交审计报告76篇。

完成交办任务情况　共完成交办的审计事项19项，审计单位193户，其中：对区属利税大户企业利税真实性审查26户；对区属改制企业资产清查42户，资产评估11户；对区属部门主要领导和企业厂长(经理)离任审计8户；对区接管原市属企业的资产、负债及损益情况审计17户；对区属国有企业经营情况进行摸底调查33户；对区属单位预算外资金管理及使用情况审查52户；对乡村(社)农民上访反映问题的查证2项；对扶困、扶贫资金管理使用情况的审查2项等。

**【辽源市西安区审计局】**　到1998年底，人员为8人。其中：大专生6人；局长1人，副局长1人。

审计成果　共完成审计项目62个，审计单位59户；完成审计调查11项，调查单位15个；审计金额21849万元。共查出违纪违规金额996万元。同市纪检、监察、信访等部门配合，查处各种经济案件15起。上缴市财政21万元，共提交审计报告62篇。

完成区委、区政府交办任务　共完成交办的工作任务47项，审计清理单位127个。

完成上级下达审计任务　5年来，共完成省、市下达的审计任务59项，审计单位55个，审计金额21849万元。

**【东辽县审计局】**　到1998年底，有干部、职工17人。其中大学生1人，大专生13人；局长1人、副局长2人。

审计工作成果　共完成审计项目261个。审计单位213户；完成审计调查22项，调查单位45个；审计金额146369万元。共查出违纪违规金额11644万元。同县纪检、监察、信访、司法机关等有关部门的配合，查处各种经济案件3起。上缴县财政71万元，共提交审计报告261篇。

完成县政府交办任务　共完成交办的工作任务31项，审计清理单位59个。1998年先后抽调4个审计小组，配合县政府对全县8个重点部门行政领导干部进行了经济责任离任审计，为县管干部的任免、考核提供了重要依据。

完成上级下达审计任务　共完成署、省、市审计机关下达的审计任务26项，审计单位169个，审计金额3527万元。

**【东丰县审计局】**　到1998年底，人员发展到23人。其中：大学生2人，大专生13人，局长1人，副局长2人。

审计工作成果　共完成审计项目221个，审计单位221户；完成审计调查17项，调查单位103个；审计金额214531万元。共查出违纪金额52400万元。同县纪检、监察等部门配合，查处各种经济案件12起。上缴县财政220万元，共提交审计报告241篇。

完成县领导交办任务　共完成交办任务58项，审计检查了461个单位。1995年，针对本县基本建设市场价格居高不下、高估冒算现象比较普遍等现状，对12户基本建设项目竣工决算进行了审计调查，查出多计造价113万元，少计造价20万元，相抵后应削减工程造价93万元，削减额占总投资额的5.3%。

完成上级下达审计任务　共完成省、市审计机关下达的审计任务121项，审计单位143个，审计金额193210万元。

**【通化市审计局】**　到1998年共有干部职工53人。其中，大学生12人，大专17人；局长1人，副局长3人；设有办公室、人教科、综合科、案审科、内部审计指导科、财政金融科、行政事业审计科、农林水利审计科、审计师事务所。

审计工作成果　5年来共完成审计项目557户（项），审计调查249项，专项审计调查159项，共查出违纪金额15875万元，上缴财政728万元，促进增收节支487万元，提交审计调查报告129份，同市纪检、监察、信访部门配合查处各种经济案件42起。

完成市政府交办任务　共完成临时交办任务143项，仅1995年党委和政府临时交办承包兑现审计、厂长（经理）离任审计、专项投资审计、企业破产资产负债等审计38户（项），提合理化建议73条，挽回经济损失259万元。1998年根据审计署统一部署，对本市159户粮食企业进行审计检查。

受表彰情况　受国家审计署表彰2次，受审计署表彰1次，受省审计厅表彰8次，受市委、市政府表彰16次；1998年被市委命名为精神文明建设单位。

**地址**　通化市秀泉路6—12号
**电话**　0435—3213476
**邮编**　134001　（王善义）

**【通化市东昌区审计局】**　到1998年底共有职工10人。其中：大学生1人，大专生6人；局长1人，副局长1人。

审计工作成果　共完成审计项目105个。审计单位105户；完成审计调查13项，调查单位35个。共查出违纪违规金额1221万元。上缴区财政73万元，共提交审计报告105篇。

完成区政府交办任务　共完成交办工作任务32项。

完成上级下达审计任务　共完成省、市审计机关下达的审计任务51项，审计单位51个。

**【通化市二道江区审计局】**　到1998年底，人员为11人。其中：大专生9人；局长1人，副局长1人。

审计工作成果　5年来，共完成审计项目38个，审计单位36户；完成审计调查21项；审计金额46735万元，共查出违纪违规金额3468万元。同区纪检、监察、信访等部门配合，查出各种经济案件13起，上缴区财政135万元，共提交审计报告38篇。

完成区政府交办任务　共完成交办的工作任务27项，审计清理单位35个。

上级下达审计任务　共完成省、市下达的审计任务63项，审计单位79个，审计金额46735万元。

**【梅河口市审计局】**　到1998年底，人员有33人。其中：大学生1人，大专生12人。局长1人，副局长3人，局长助理1人。

审计工作成果　共完成审计项目340个，其中完成署和省定审计项目73个，审计单位416户；完成审计调查37项，调查单位194个。审计共查出各类违纪违规金额17,025万元，上缴市财政562万元。

完成市政府交办任务　共完成交办的工作任务105项。

**【集安市审计局】**　至1998年底，全员编制22人。其中：局长1人，副局长2人。

审计工作成果　共完成审计项目168户（项）。审计单位147户；完成审计调查28项，调查单位36个，查出违纪金额3051万元，追还侵占挪用资金398万元，应缴财政金额333万元，提交审计报告168篇。

完成市委、市政府交办任务　共完成交办的任务205项。其中：财税物价大检查170户项，利税鉴证17户，查证利润不实5.7万元，清产核资13户，核资金额5.6亿元。

完成上级下达审计任务　完成署、省、市审计机关下达的审计项目89项。其中：署授权审计项目4项，完成省、市审计项目85项。

**【通化县审计局】**　到1998年底人员为12人，其中大专生7人；局长1人，副局长3人。

审计工作成果　共完成审计项目450个。审计单位470户；完成审计调查项目30项，调查单位150个；审计资金总额404000万元，共审计违纪问题金额15000万元。配合纪检、监察部门查处经济案件5项。上缴县财政450万元，提交审计报告450篇。

**【辉南县审计局】**　到1998年底，人员有47人。其中：大学生5人，大专生19人；局长1人，副局长3人。

审计工作成果　共完成审计项目140个。审计单位140户；完成审计调查28项，调查单位45个。共查出违纪违规金额4,464万元。上缴县财政237万元，共提交审计报告140篇。

完成县政府交办任务　共完成交办的工作任务78项。

完成上级下达审计任务　共

完成省、市审计部门下达的审计任务85项，审计单位85个。

【柳河县审计局】　到1998年底人员为51人。其中大学3人、大专24人。局长1人、副局长2人。

审计工作成果　共完成审计项目380个，审计单位513户，完成审计调查47项，审计总金额253197万元。共查出违纪金额3401万元，上缴县财政151万元。共提交审计报告380篇，审计调查报告47篇。

完成上级下达审计任务　共完成省市审计机关下达的审计任务99项，审计152个单位，审计总金额122096万元。

完成县政府交办任务　共完成交办任务69项，审计178户。1994年对全县党政机关开办经济实体情况进行了专项审计调查，调查发现88个经济实体，有71户不符合法规、政策规定。其中39户企业被撤销或停业，对32户企业进行整顿。

1996年为配合全县企业转换经营机制，经4个多月的工作按期完成了55户企业破产审计。

【白山市审计局】　现有审计人员45人。其中：大学22人、大专6人；局长1人、副局长3人、总审计师1人。内设办公室、综合科、商粮贸审计科、行政事业审计科、工业交通审计科、外资金融审计科、财政审计科、农林水审计科、固定资产投资审计科、审计管理科、人事教育科等机构。1996年经市政府批准成立了厂长(经理)经济责任审计处，现有事业编制17人。

审计工作成果　共完成986个审计项目，查出违纪金额65167万元，上缴财政2003万元，追还被侵占挪用资金4363万元，促进增收节支2611万元。共提交审计调查报告94篇，被各级党政领导批示批转80篇，建议纠正地方、部门不当规定46条。促进制定完善规章制度4个；被各级党委、政府和审计机关采用审计信息2656条。

内部审计　1994年底，共有内审机构42个。到1998年底，共有内审机构31个，共有内审人员101人，其中专职人员43人。

社会审计工作　1998年底，白山市审计事务所共有从业人员26人，共完成323个单位委托事项817项。

受表彰情况　1996年被市委、市政府授予文明单位标兵；1997年被市委授予最佳文明单位；1998年被吉林省委授予全省精神文明建设先进单位；1997年1人被国家人事部、审计署授予全国审计机关先进工作者；1998年1人被市委、市政府授予劳动模范标兵。

**地址**　白山市浑江大街114号
**电话**　0439－3226732
**邮编**　134300　*(李万兴)*

【白山市八道江区审计局】　到1998年底，人员发展到13人。其中：大专生9人；局长1人，副局长2人。

审计工作成果　共完成审计项目586个，审计单位590户；完成审计调查25项，调查单位41个；审计金额9401万元。共查出违纪违规金额5935万元。上缴区财政1110万元，共提交审计报告7586篇。完成区政府交办任务5年来，共完成区委、区政府交办的工作任务32项。

完成上级下达审计任务共完成省、市审计机关下达的审计任务40项，审计单位45个，审计金额9401万元。

【临江市审计局】　到1998年底，人员发展到17人。其中：大专生15人；局长1人，副局长2人。

审计工作成果　共完成审计项目289个。审计单位237户；完成审计调查52项，调查单位156个；审计金额37250万元。共查出违纪违规金额7450万元。同市纪检、监察、信访等部门配合，查处各种经济案件19起。上缴市财政479.9万元，共提交审计报告265篇。

完成市政府交办任务　共完成交办的工作任务239项。1996年成立了固定资产投资审计科，截止1998年底共完成工程决算审计项目48个，审计金额86475万元，审减金额1410.8万元。

完成上级下达审计任务　共完成省、市审计机关下达的审计任务157项，审计单位269个，审计金额66023万元。

【靖宇县审计局】　到1998年末，共有人员31人，其中：本科学历7人，大专学历12人；2名副局长。

审计工作成果　共完成审计项目180户(项)，完成审计调查55项，撰写审计调查报告55篇，被采用49篇。查出违纪金额4688万元，同县纪检、监察、信访等部门配合，查处各种经济案件10起。上缴县财政289万元，共提交审计报告180篇，促进增收节支1629万元。

完成县政府交办任务　共接受领导交办任务64项。完成上级下达审计任务　5年来，共完成省、市审计机关下达审计任务115项，审计单位115个，违纪金额4600万元。

【抚松县审计局】　到1998底，人员是22人。其中，大学3人，大专7人；审计师、会计师6人。

审计工作成果　共审计275户(项)，查出违纪违规金额5838万元，上缴县财政350万元，完成审计调查64项，提交审计调查报告67篇。同时，在各种载体上刊登审计信息540篇。共审计调查了38个预算执行单位。

**【江源县审计局】** 到1998年底，人员有12人。其中：大专9人；局长1人，副局长3人

审计工作成果 共完成审计项目146个。审计单位16个；完成审计调查42项，调查单位442个；审计金额19716万元。共查出违纪金额2148万元。上缴县财政315万元，共提交审计报告116篇。

完成县政府交办的任务 共完成交办的工作105项，完成企业清产核资4项并完成领导干部离任审计21项。

完成上级下达的任务 共完成省、市审计机关下达的审计任务93项，审计单位93个，审计金额19716万元。

**【长白朝鲜族自治县审计局】** 到1998年底，人员是17人。其中：大学生2人，大专生8人；局长1人，副局长3人

审计工作成果 共完成审计项目340户；完成审计调查79项，调查单位98个；审计金额227363万元。共查出违纪违规金额6056万元。同县纪检、法院等部门配合，查处各种经济案件5起。上缴县财政323万元。共提交审计报告79篇，被县政府转发21篇，被县政府批示58篇，发表审计信息1071篇。

完成县委、县政府交办任务 共完成交办的工作任务72项；其中：58项领导在任、离任审计，清产核资12项。

**【松原市审计局】** 到1998年底有干部职工30名。其中：大学生6人，大专生15人，审计师17人。局长1人，副局长3人，调研员1人。内设办公室、综合科、财政金融审计科、行政事业审计科、工交审计科、商贸审计科、农林水审计科，下设两个事务所。

审计工作成果 共完成审计项目273个，完成审计调查33项，查出违纪违规金额17782万元，上缴财政942万元，提交审计报告85篇。5年来，完成财税审计77个单位，金融保险审计15个单位，完成企业审计68个单位。1996年开展了粮食企业审计，对粮食系统18户企业亏损大户进行了通报，引起了很大震动，1998年赴吉林市进行了粮食企业检查和清查工作。完成行政事业审计83个单位，有计划地对公安、交通、文教、医疗卫生部门的财务管理进行行业性整顿；完成农业资金审计13个单位。

内部审计和社会审计 到1998年末，市本级设有内审机构28个，内审人员65人；社会审计共接受委托事项315项。

受表彰情况 5年来共有41人次受到省厅和当地党委和政府嘉奖。

**地址** 吉林省松原市审计局4号
**电话** 0438—2125939
**邮编** 138000 （吕 龙）

**【松原市宁江区审计局】** 1996年成立，到1998年底共有干部、职工12人，其中：大学生6人，大专生5人；局长1人，副局长3人。

审计工作成果 自1996至1998年，共完成审计项目56项，审计单位80户。完成审计调查9项，调查单位24个；审计共查出违纪违规金额2124万元，上缴区财政28万元，共提交审计报告56篇。

完成区政府交办任务 从1996年到1998年底，共完成区委、区政府交办的工作任务12项，审计清理单位58个。

**【乾安县审计局】** 到1998年末共有干部职工20人，其中：大学生2人，大专6人；局长1人，副局长3人。

审计工作成果 共完成审计项目246个，审计单位292个；完成审计调查项目19项，调查单位163个；审计金额121962万元，查处违纪金额1649万元。上缴财政资金192.6万元，共提交审计报告246篇。

完成上级审计机关和政府交办任务 共完成交办任务64户（项），审计清理单位549个。共开展了干部经营责任审计和离任审计76户，对干部经营责任做出了客观公正的评价；共完成省、市审计机关下达的审计任务118户（项），审计单位236个，审计资金96000万元。

**【长岭县审计局】** 至1998年底，人员已有21人。其中：大学本科2人，专科13人，局长1人，副局长3人。

审计工作成果 共完成审计项目321个，审计单位534户，完成审计调查32项，调查单位101户，共查出各种违纪金额6882万元，同县纪检、监察、信访等部门配合、查处各种经济案件5起。上缴县财政414万元，共提交审计报告321篇，审计调查报告32篇。

完成县政府交办任务 共完成交办的审计工作任务107项，审计单位231户。1997年开展了基建决算审计，一年多来，共完成工程决算审计项目4项，审计金额1318.4万元，审定金额1206.6万元，审减金额111.8万元。1998年6月，参与企业改制工作，共完成审计事项80户。

完成上级下达审计任务 共完成省、市审计部门下达的审计任务164项，审计单位253户，审计违纪违规金额6762万元，上缴县财政399万元。

**【扶余县审计局】** 至1998年底共有干部、职工15人，其中：大学本科生3人，大专生8人。局长1人，副局长3人。

审计工作成果 1996至1998年底，共完成审计署、省厅、市局

和县局自选审计项目138户(项),完成政府和各级领导交办的审计项目21户(项),完成审计调查12项,查处违纪违规资金总额8752万元,收缴罚款上缴财政195万元,追还被侵占挪用的资金465万元,向纪检监察和检察机关移送案件2件。

完成县政府交办任务　共完成交办的审计查证任务21项,其中:领导批转的信访案件9件,配合纪检、监察部门完成减轻农民负担检查任务12项,为领导宏观决策提供了可靠依据。

完成上级下达审计任务　1996至1998年,共完成上级审计机关下达的审计任务96户(项)。审计单位185个。1997年11月对县公铁立交桥和客运大楼两个重点工程项目的基建收支和决算进行了审计,核减工程造价207万元,维护了国家利益。1998年3－8月份,完成了对永吉县粮食系统25个粮库的交叉审计任务,清理检查出该县粮食系统1996年以来新增财务挂账和不合理占用贷款2.7亿元。

**【前郭尔罗斯蒙古族自治县审计局】**　到1998年底,人员发展到41人。其中:大学生18人,大专生16人,局长1人,副局长4人。

审计工作成果　共完成审计项目278项;完成审计调查19项。共查出违纪违规金3,861万元,上缴财政387万元,共提交审计报告278篇。

完成县政府交办任务　共完成交办的工作任务86项,审计清查单位361个。1998年,全局共抽掉20人,历时98天,独立完成了省审计厅组织的全省粮食交叉审计,发现并查实上报了重大违纪问题4起,一般违纪问题7起。截止1998年底,共完成离任审计80项。

完成上级下达审计任务　共完成省、市审计机关下达的审计任务168项,审计单位281个。

**【白城市审计局】**　至1998年底,共有干部、职工45人。其中:局机关有干部42人。学历:大学10人、大专27人。审计师(会计师)29人,局长1人、副局长3人。局内下设办公室、总支办公室、综合科、财政审计科、金融审计科、行政事业审计科、商贸审计科、工交审计科、农林水审计科、外资审计科、审计管理科、固定资产投资审计科、经济责任审计所、审计学会等机构。

审计工作成果　5年来,审计单位229户;完成审计调查9项;共查出违纪违规金额16801万元,应缴财政1295万元,已缴财政990万元。提交各类审计工作报告(信息)113篇,被采纳74篇。同纪检、监察等部门配合,查处案件9起。

完成市委、市政府交办任务　共完成交办的重点工作任务26项。完成省以上审计任务项目152个。

受表彰情况　受国家审计署表彰1次,受省审计系统表彰6次,受市政府表彰2次。共有3人次受署、省表彰,7人次受省系统表彰,50人次受市委、市政府记功、嘉奖等奖励。

**地址**　白城市长庆北街2—2号
**电话**　0436—3325030
**邮编**　137000

**【白城市洮北区审计局】**　到1998年底,人员为21人,其中:大学2人,大专14人;局长1人;副局长3人

审计工作成果　5年来,共完成审计项目174户(项);完成审计调查11项,调查单位110个;审计金额36890万元。共查出违纪违规金额3588.6万元,上缴区财政166万元,共提交审计报告174篇。同区纪检、监察部门配合,查处各种经济案件8件。

完成区政府交办任务　共完成交办的任务15项,抽调人员37人。共完成省、市审计部门下达的审计任务34项,审计单位74个。

**【大安市审计局】**　至1998年底,人员有49人。其中:局机关有干部、职工24人,审计事务所有干部、职工25人。大学生3人、大专生31人;审计师(会计师)18人;局长1人、副局长3人。

审计工作成果　共完成审计598户(项);完成各级部署审计调查21项;审计金额313821万元,共查出违纪违规金额3500万元,上缴财政159万元,提交各类审计工作报告、审计调查报告598篇。与市纪委、监察部门配合,查处各种经济案件16起。

完成市委、市政府交办任务　共完成交办的工作任务173项。1997年,进行了35户企事业单位领导干部的任期经济责任审计和33户离任审计。1998年,市委、市政府又安排进行了16户任期经济责任审计和36户离任审计。

**【洮南市审计局】**　到1998年底,人员发展到29人。其中:大学2人,大专10人;局长1人,副局长3人。

审计工作成果　共完成审计项目254个。审计单位254户;完成审计调查43项,调查单位321个;查出违纪违规金额4392万元;上缴市财政142万元,提交审计报告241篇;配合市纪检、监察、信访等部门,查处各种经济案件21起。

完成市委、市政府交办任务　共完成交办的工作任务36项,审计清理单位49个。在全市机构改革和企业改制工作中,对23个撤并单位的资产进行了清理和监交,对16个单位的财务收支的

真实性、资产状况进行了审计。

完成上级下达审计任务　共完成省、市审计部门下达的审计任务93项，审计单位89个。

**【镇赉县审计局】**　至1998年底，拥有干部职工18人，其中：大学5人，大专6人，具有审计师资格10人；局长1人，副局长3人。

审计工作成果　共完成审计项目339个，审计单位270个；调查项目13项，调查单位85个；共查出违纪违规金额5633万元，上缴财政136万，共提交审计报告339篇。

完成县政府交办任务　5年来，共完成县委、县政府交办的工作任务38项，审计单位175个。

完成上级下达审计任务　共完成省、市审计机关下达审计任务112项，完成授权审计项目3项，审计金额28656万元。

**【通榆县审计局】**　到1998年底，人员有38人。其中：大学3人、大专21人，局长1人，副局长3人。

审计工作成果　共完成208户(项)审计任务，完成审计调查21户(项)，共查出违纪违规金额3173万元，上缴县财政161.6万元。

完成县政府交办任务　5年来，共完成县委、县政府交办的工作任务73项。

完成上级下达审计任务　共完成省、市审计机关下达的196户(项)的审计工作任务，特别是1998年圆满完成了全省统一组织的粮食企业审计工作，查出私设"小金库"11个，金额81万元。为企业挽回经济损失100万元，清理回收资金30万元，报送审计信息17篇，省厅采用7篇。

**【延边朝鲜族自治州审计局】**

学历和职称：硕士研究生1人，大学本科毕业生50人，大中专毕业生149人，具有中级以上职称人员77人。

审计工作成果　全州审计机关共完成3022个审计项目，查处违反财经法纪金额5.87亿元，已上缴财政5209万元，减少财政拨款和补贴2937万元，追还被侵占挪用资金2529万元。

内部审计　到目前，全州共建立了65个内部审计机构，有212名内部审计人员。

受表彰情况　其有1人曾被评为全国劳动模范。

**地址**　延吉市进学街5号

**电话**　0433—2515347

**传真**　0433—2510033

**邮编**　133000

**【延吉市审计局】**　1998年底，人员共有36人，其中大学生10人，大专人25人；局长1人，副局长2人；设有综合科、财政金融审计科、行政文教审计科、工交商贸审计科、固定资产投资审计科、乡镇审计科、案件审议科；等机构。

审计工作成果　共完成审计项目246个，完成审计调查51项，共查出违纪违规金额14，288万元。

完成市政府交办任务　截止1998年底，共完成6个工程决算审计项目，审计金额7259.8万元，审减金额195.9万元。1994年为配合机构改革，对66个部门的财务工作进行了清查。1998年起参与转制企业审计，先后审计了9户。从1994年起离任审计共完成45户。

完成上级下达审计任务　1998年历时6个月进行了粮食系统审计清查(互查)和农发行审计。

内部审计　1994年共设立18个内部审计机构，内审人员48名，到1998年内部审计机构为18个，内审人员18名。

社会审计　共接受社会委托项目1698项，注册资金验证1290项。

受表彰情况　受省审计系统表彰2次，受州审计系统表彰1次，受市委、市政府表彰5次。共有1人次受到省审计系统表彰奖励；8人次受州审计系统表彰，10人次受市委、市政府记功，嘉奖等奖励。

**地址**　延吉市审计局解放路91号

**邮编**　133000

**电话**　0433—2510687　*(朴红花)*

**【图们市审计局】**　到1998年底，有职工19人。其中大学生7人，大专生8人，局长1人，副局长1人，纪检组长1人。

审计工作成果　共完成审计项目293项，审计单位296户；完成审计调查23项，调查单位156个；审计金额129306万元，共查出违纪违规金额15662万元，同市纪检、监察、信访部门配合，查出各种经济案件10起，上缴市财政83万元，共提交审计报告102篇。

完成市政府交办任务　共完成交办的工作任务42项，审计清理单位16个。1996年成立审计调查小组，协助市公安局，对星海贸易商社非法集资一案进行了审计。

完成上级下达审计任务　共完成省州审计机关下达的审计任务29项，审计单位294个，审计金额304000万元。

**【敦化市审计局】**　1998年共有干部、职工28人。其中：大学生8人、大专生13人，取得审计师、会计师中级以上职称13人；局长1人，副局长3人。

审计工作成果　共完成审计项目435个。审计单位476户；完成审计调查65项，调查单位620个；审计金额39499万元。共查出违纪违规金额1785万元。同市纪检、监察等部门，查处各种经济案件35起，惩处21人；上缴市财政410万元，向市政府和上级审计机关提交审计报告155篇。

完成市政府交办任务　共完成交办的工作任务296项,审计单位354个。利税大户、模范乡镇审计是政府年年交办的重大审计项目,每年都及时优质完成30户以上,并实行了审计一票否决权,5年间,共完成法人代表离任经济责任审计78件,机构撤并、资产划转等资产负债审计181户,为企业改制出具审计报告181份。

完成上级下达审计任务　共完成省、州审计机关下达的审计任务62项,审计单位166个,审计金额12311万元。

**【龙井市审计局】**　到1998年底,实有人数20人。其中:大学4人,大专生10人,局长1人,副局长2人。

审计工作成果　5年来,共完成审计项目234个。审计单位401户;完成审计调查34项,调查单位212个;共查出违纪违规金额2429万元,上缴市财政162.8万元,共提交审计报告55篇,上报审计信息42篇。

完成市政府交办任务　共完成交办的工作任务52项,审计清理单位294个。1995年至1996年,配合全市机构改革、企业改制,抽调业务精干人员,对112家改制企业进行了清查;1997年至1998年,在重点部门和重点单位的审计调查中,对卫生系统的公费医疗情况和教育系统的教育基金的拨付和使用情况及教育收费情况进行1次全面的调查,并向政府提交报告,全面反映群众反映强烈的热点问题和难点问题;1998年,在全国性粮食审计中发挥作用,当年被评为全州粮食企业先进单位。

完成上级下达审计任务　5年来,共完成上级审计机关下达的审计任务94项,审计单位234个。

**【珲春市审计局】**　到1998年底,人员21人。其中本科10人、大专7人;局长1人、副局长3人。

审计工作成果　5年来,共完成审计项目191个。审计调查33项,共查出违纪金额5809万元。上缴财政369万元,共提交审计报告139篇。

完成市政府交办任务　共完成领导干部离任审计9人次。

完成上级下达审计任务　共完成省、州审计机关下达的审计任务106项。

**【和龙市审计局】**　1998年共有干部、职工15人。其中:具有大学学历5人,专科学历5人,局长1人、副局长3人。

审计成果　共审计完成户数418户;完成审计调查37项,共查出违纪违规金额6630万元,应上缴财政217万元。会同市纪检、监察等部门,查出各种经济案件12起。

完成市委、市政府交办任务　共完成交办的各项工作任务14项。1998年6月针对本市对乡镇干部实行"一推双考"和乡镇级改革工作,对11个乡镇39个单位财务收支情况和资产情况进行了审计,为乡镇改革做出了贡献。

完成上级下达的任务　共完成省、州级机关下达的审计任务156户,查出违纪金额3430万元。

**【安图县审计局】**　到1998年底有干部职工发展到27人。其中:大学生7人,大专生10人;局长1人,副局长2人。

审计工作成果　5年来,共完成审计项目323个,完成审计调查33项;审计共查出违纪违规金额2932万元。同县纪检、监察等部门配合对建筑市场和粮食企业进行检查和整顿,收缴金额达10万元。上缴县财政298元,共提交审计报告123篇。

完成县政府交办任务　共完成交办的工作任务43项,离任审计12户,1997年为配合全县机构改革、企业改制,参与并负责13户商业、物资企业进行产权制度改革前审计,摸清了企业家底。1997年成立固定资产投资审计科,截止1998年底共完成工程决算审计项目8个,审计核减金额22万元。

完成上级下达审计任务　共完成省、州审计机关下达的审计任务105项,审计单位164个。

乡镇审计　1998年成立乡镇审计所,共审计56户,发现违纪违规金额110万元,责令纠正金额23.98万元,提出合理化建议125条,基本被乡镇领导采纳。

**【汪清县审计局】**　截止1998年末,局机关共有干部、职工19人。其中:大学生3人,大专生15人;局长1人,副局长3人。

审计工作成果　共完成审计项目216个。其中省州重点审计项目74项。完成审计调查63项,调查单位163个;共查出违纪违规金额1936万元。上缴县财政146万元,共提交审计报告、信息107篇。

完成县政府交办任务　共完成交办的工作任务152项,审计单位152个。共开展离任审计77项,提出审计建议193条,为组织部门使用干部提供了依据。1997年以来,为了配合县委、县政府的招商引资工作,连续两年开展了招商引资资金到位情况审计,共审计单位30户,认定引资金额12750万元。

## 黑龙江省

**【黑龙江省审计工作简述】**　截至1998年底,全省已有审计机关131个,其中,行署、市审计局13个,县(市)审计局70个;区审计局

47个，审计人员3402人。其中，大专以上学历2443名，获得审计师或注册会计师资格的占43%。5年来，全省共审计36735单位，促进提高经济效益2.5亿元，揭露和向司法机关移送经济案件32宗，移送纪检和司法机关处理的责任人员48人。

法制建设情况　全省各级审计机关注意加强法制建设，省厅机关在1988年，成立了法制机构，部分地、市也成立了相应机构。1995年省厅审理处改名法制审理处。1995年6月制定了《黑龙江省审计局关于局机关审计工作程序的若干规定》，《黑龙江省审计局关于审计业务行为监督检查办法》，1996年，黑龙江省第八届人民代表大会常务委员会第24次会议审议通过了《黑龙江省国有企业法定代表人经济责任审计条例》。1996年6月黑龙江省人民政府第8号令发布实施了，《黑龙江省预算执行情况审计监督实施办法》，1996年6月制定了《黑龙江省审计统计工作质量考核办法》，1997年制定了《黑龙江省审计法制机构行政处罚监督职责》、《黑龙江省审计机关行政处罚决定实施办法》等。1998年12月12日，黑龙江省第九届人民代表大会常务委员会第六次会议通过了《黑龙江省审计条例》(简称《条例》)，省厅在全国第一个拥有地方审计基本法律，《条例》不仅使《中华人民共和国审计法》、《中华人民共和国审计法实施条例》的规定更加具体化，而且与其他法律、法规、规定相衔接，将我省的审计实践经验上升为法律、更便于操作。另外，普法宣传教育取得显著成绩。"二五普法"通过审计署验收、被审计署评为全国审计系统18个先进单位之一，同时，被中宣部、司法部评为全国"二五普法"宣传教育工作先进集体。

精神文明建设　全省审计机关紧紧围绕全省经济和社会发展总体思路，结合审计工作实际，开展了"争先创优竞赛"活动，即"建一流班子，带一流队伍，创一流业绩"，以党委、政府和上级审计机关的要求为依据，以抓重点工作和薄弱环节为突破口，坚持"两手抓，两手都要硬"，不断促进各项工作逐年上水平，优质高效地完成各项审计工作任务。开展"争先创优竞赛"活动，采取"统一领导，分级负责"的原则，年初统一部署，平时监督检查，年终进行考核评比，使"争先创优竞赛"活动收到了实效，进一步推进了审计工作发展。截至1998年底，全省有75个审计机关获得文明单位称号。省厅获得黑龙江省精神文明建设标兵单位称号。

**【黑龙江省审计厅概况】**　截至1998年底，省厅下设17个处(室)，6个直属单位。

厅领导成员

厅长

宋厚德(1993.3－1997.2)

陈　兴(1997.2－)

副厅长

卢儒生(1991.9－1997.12)

张成国(1992.12－1997.2)

李明光(1992.12－)

秦玉德(1997.2－)

杨维玲(1997.12－)

李希龙(1996.11－)

审计成果综述　5年来，黑龙江省审计机关共审计36735个单位，查出违纪金额2302835万元，查处违纪金额中，应上缴财政114300万元，减少财政拨款和补贴14800万元。追还被侵占挪用资金424109万元，罚款17807万元，移送纪检、司法机关处理的责任人员48人。

本级预算执行审计　全省118个审计机关对本级预算执行情况进行了审计。共审计1671个单位的预算执行情况，审计查出违纪违规金额42.9亿元。经过审计处理，已增加财政收入1.21亿元。在开展预算执行审计过程中，还积极探索本级预算执行审计的方法：一是以部门为主线，从财政税务部门审计延伸到政府各部门；二是以资金为主线，从审计预算资金的分配环节向预算资金的使用环节延伸；三是从专项审计，到全面的真实性审计。针对预算执行审计中揭示出的未能严格履行预算审批程序，滞留财政预算收入，虚列预算支出，挤占挪用专项资金和税务部门征管等方面存在的问题，依法进行处理，有针对性地提出了审计建议和意见，普遍受到了当地政府和人大的重视和好评。

金融审计　全省金融行业审计13次，对46家工行，28家农行、130家中行、155家建行37家信托投资公司、18家证券公司及1182家地方金融机构进行审计，共审计了1794个单位，审计查出负债(权益)不实金额54亿元，损益不实金额39亿元，违纪违规金额93亿元。上缴财政7000万元。促进增收节支1000万元，归还原渠道资金16.1亿元。建议纠正部门不当规定76条。撰写的审计报告、信息被政府领导批示、审计署和新华社动态清样采用289篇。审计揭露的2起重大金融案件已移送司法等部门立案查处。1994年，针对省33家专业银行信贷资金短缺的局面，统一组织对42家投资公司审计，查出吸收资金渠道不合规，导致银行信贷资金"失血"严重等5个方面有问题资金16.9亿元。撰写的综合报告被新华社动态清样采用，引起了国家领导人的高度重视。

固定资产投资审计　全省完成固定资产投资项目3633个，审计资金767.95亿元，审计查出超规模、超投资，挤占挪用建设资金，资金缺口，漏欠缴各种税费，高估冒算等有问题资金51.27亿元。各级审计机关提出审计报告413篇，围绕固定资产投资中的重点，热点和难点问题收集、分析、整理，编写审计信息704篇，被各级政府领导批示及有关部门和新闻单位采用和转发543篇，有针对性地提出审计可行建议2033条，已被各级政府和有关部门，单位采纳1349条。有3项固定资产投资审计项目，被审计署评为全国优秀审计项目。另外，还对全省重点技术改造项目，房改专项资金管理使用情况和环保专项资金征收管理使用情况以及城建资金管理使用情况开展审计调查。

企业审计　5年来，全省共审计1万余户次大中型企业、地方骨干企业，查出违纪资金30多亿元，促进企业增加效益2.5亿元。有60篇审计信息和审计报告分别被中央办公厅、审计署、省委、省政府采用，12篇审计报告和审计信息被省政府领导批示。5年来在开展企业审计中，突出4个重点：一是重点企业，二是亏损企业，三是行业审计，四是股份制企业审计，此外我们还有针对性地进行了诸如现代企业制度试点进行情况的审计调查，国有工业企业负担情况的审计调查等大量审计调查，向政府和有关部门提出一些有分量的审计建议，我们还建立了一整套完整的工交企业审计程序和方法。与省体改委联合下发了《黑龙江省全民所有制工业企业第二轮承包责任审计的意见》、《全省工交企业资产负债损益审计操作规范》、《黑龙江省全民所有制工业企业审计暂行办法》等。全省审计了3032户商贸企业。查出违纪违规资金14亿元。上缴财政3876万元。1998年全省对各级粮食主管部门和873户粮食企业进行清查审计，审计清查新增财务挂账1193776万元，不合理占用农发行贷款609881万元，查出粮食企业违反财经法规行为金额30936万元，挤占挪用农发行贷款25621万元。审计发现违法违纪案件32件，移交纪检监察部门13起，移交司法机关立案调查7起。

农业资金审计　全省共审计2716项(次)，审计金额108.6亿元；查出违纪资金6.6亿元；上缴财政资金5400万元；促进资金到位2600万元；归还原资金渠道35526万元。提交审计报告信息被省委、省政府采用54份，被审计署评为优秀审计项目5个，省级以上嘉奖8人次。在审计工作中采取省、地(市)、县(市)，统一项目方案、试点、政策、步伐、验收、汇总的方法，开展各项工作，取得较好效果。

国外贷援款审计　全省对17个世亚行项目529个项目单位1791459万元资金进行审计，查出挤占挪用项目资金3141万元；虚报冒领项目资金8843万元；配套资金不到位82206万元；其他有问题资金16880万元。实际收缴违纪资金26万元，追缴返还项目资金417万元，有效地促进项目单位遵守项目协议和财经法规，保证项目建设顺利实施和外资的合理使用。5年来，我们提出审计意见235条，提出审计管理建议215条。我们向政府提出审计报告6篇，其中3篇次被政府转发或领导批示。编发的信息简报被审计署、省委省政府采用42篇次。

行政事业审计　全省审计行政事业单位11201个，查出违纪资金216037万元，应上缴财政11305万元，已上缴财政5662万元，促进增收节支6350万元。向司法机关案件13起。审计提交审计报告信息4451篇，被地方党政领导采用602篇，审计建议纠正地方部门不当规定1521条。

经济责任审计　1997年至1998年，全省各级审计机关及部分内审机构对2205个国有企业法定代表人开展了经济责任审计，有239人提职，1343人平调或原职未动，96人降职式解聘，106人退休，25人受到行政处分，4人移送司法机关。

**地址**　黑龙江省审计厅办公室
**电话**　0451—2528451

(李晓峰)

**【哈尔滨市审计局】**　到1998年年末，人员发展到191人。其中：研究生2人，大学生59人，大专生116人；局长1人，副局长4人。设有办公室、人事教育处、机关党委、综合处、政策法规处、工业交通审计处、商贸审计处、基本建设审计处、城建资金审计处、财政审计处、金融审计处、农业审计处、外资运用审计处、行政事业审计处、审计培训中心等机构。

审计工作成果　共完成审计项目905个，其中：审计单位835个，审计调查项目70个，调查单位680个；共查出违纪违规金额130275万元，已上缴财政金额2333万元，共提交审计报告310篇。

内部审计　1994年，全市共设立内部审计机构305个，内审人员800人，到1998年内审机构发展为344个，内审人员为787人。

社会审计　共接受社会委托项目7794个，其中财政收支164个，承包离任审计220个，国企审计查证65个，经济案件鉴定20个，验资年检4108个，资产评估569个，基建项目审计169个，咨询建账清债518个，担任常年顾问1209个，其他756个。

受表彰情况　受审计署表彰

1次,受省审计系统表彰19次,受市委、市政府表彰9次。共有1人次受到省审计系统表彰奖励;148人次受到市政府记三等功、嘉奖等奖励;215人次受到市审计系统表彰奖励。

**地址** 哈尔滨市道里区霞曼街32号
**电话** 0451—4611935
**邮编** 150010 (韩宝田)

**【哈尔滨市道里区审计局】** 1998年底共有人员25人。其中:局长1名,副局长1名,大学本科学历10人,大专学历14人。

审计工作成果 道里区审计局共完成审计项目163项,审计单位1186个,完成审计调查15项,调查了186个单位。同区纪检委、信访办等部门配合查处各种涉及经济上访案件16起,为社会稳定发挥了作用,上缴区财政85万元,共提交审计报告49篇。

**【哈尔滨市平房区审计局】** 到1998年底人员调整为8人。其中大专生以上8人;中级职称5人;局长1人,副局长1人。

审计工作成果 共完成审计项目143项。审计单位156户次;完成审计调查6项,调查单位41户。共查出违纪资金2338万元。上缴区级财政34万元,提交审计报告30篇。配合区纪检、信访、检察院等部门查处各种经济案件13起。

完成区委、区政府交办任务 共完成交办的工作任务51项,共查处违纪资金509万元,为区委、区政府的宏观经济决策提供了依据。1997年,在完成区委、区政府交办的对区直属单位、部门领导人员离任经济责任审计中,共查出违纪资金284万元,收缴罚款9万元。

完成上级下达的审计任务 共完成省、市审计部门下达的审计任务34项,审计单位45户,查出违纪资金1078万元。

**【哈尔滨市太平区审计局】** 1996年机构改革后,全局共有干部职工18人。其中:大学生4人,大专生13人。局长1人,副局长1人。具有中级职称9人。

审计工作成果 共完成审计项目155个。查出违纪资金3595万元,受理人民群众来信来访案件5件,查出违纪资金518万元。完成审计调查20项,调查单位167个。应缴财政资金23万元,已全部上缴区财政。查出国有资产流失金额20万元,追还被侵占挪用的专项资金82万元,减少财政补贴150万元,应归还原渠道资金308万元,减少损失浪费资金12万元,促进企业提高经济效益40万元。提交审计报告155篇。

完成区党政机关交办任务 共完成交办的工作任务65项。其中:领导干部离任经济责任审计44项,查出违纪资金1280万元,提交审计意见书44份。完成上级审计机关下达审计任务 共完成省、市审计机关下达的审计任务20项。

**【哈尔滨市道外区审计局】** 到1998年底审计干部为17人、工人1人。其中:大学6人、大专8人;局长1人;副局长1人。

审计工作成果 全局共完成审计项目126项,其中:省、市确定项目72项,5年来,共查出违纪违规资金778万元,应入库金额257.2万元,已入库金额115.3万元,减少国有资产流失71万元,促进提高经济效益96万元,查出损失浪费94.3万元,追回侵占挪用资金83万元,应核减基本建设工程支出755万元,提交综合(专项)审计报告99篇,经各级领导批示42篇,发出的审计信息有关刊物、电台、报刊等部门采用48篇(次)。

**【宾县审计局】** 到1998年底,人员发展至23人。其中:大学生2人,大专生18人,局长1人,副局长3人。

审计工作成果 共完成审计项目88个。审计单位395户;完成审计调查18项,调查单位46个;审计金额78664325元。共查出违纪违规金额7400万元。同县纪检、监察等部门配合查处各种经济案件16起。上缴县财政360万元,共提交审计报告48篇。

完成县政府交办任务 共完成交办的工作任务45项,审计清理单位50个。1998年为配合全县商贸企业产权改革抽调3 人涉及到全县34个单位,历时270天,摸清了企业家底,为县、县政府的宏观决策提供了依据,为企业改制,机构改革工作打下了基础。1990年建立基建审计室,截止1998年底共完成了工程决算审计项目48个,审计金额48350369元,审减金额640万元。1995年在浸油厂的审计工作中,审计人员依法审计,工程预算审计核减金额240万元。

完成上级下达审计任务 共完成我省、市审计机关下达的审计任务30项,审计单位100个,审计金额3450万元。

**【依兰县审计局】** 至1998年,共有干部、职工20人,其中:大学生4人,大专生6人;局长1人,副局长2人。

审计工作成果 共完成审计项目184个,审计单位319户;完成审计调查7项,调查单位33个;审计金额169237万元,共查出违纪违规金额9708万元,上缴县财政106万元,共提交审计综合报告128篇;发出审计信息58篇,被领导批示和上级采用的报告、信息58篇,在省刊物上发表论文2篇。

完成县政府交办任务 共完

成交办的工作任务24项，审计和调查单位82个。1997年以来，县政府指定审计局参与县内一些重大经济事项的论证、把关工作，全过程进行监督，在国企改革中审计部门发挥了重要作用，10多户企业的破产工作顺利进行，50多户企业实现多种形式的产改目标，完成各单位招商引资的验收工作。

完成上级下达审计任务　共完成省、市审计部门下达的审计任务106项，审计单位241个，审计金额124613万元。

**【巴彦县审计局】**　至1998年底人员发展到20人。其中：大学本科生6人，大专生10人；有局长1人，副局长2人。

审计工作成果　巴彦县审计局共完成审计项目465个，完成审计单位1320个；完成审计调查22项，调查单位115个，审计总金额12.4亿元。共查出违纪资金1.5亿元，同纪检、监察、信访等部门配合，查处各种经济案件12起。上缴财政276万元，共提交审计报告556篇。

完成政府交办任务　共完成交办的审计工作任务109项。1998年6月为配合县直部门及乡镇领导干部调整，积极开展离任经济责任审计，集中人力，按要求完成审计工作任务。通过审计挽回经济损失36万元，揭示损失浪费金额60万元，查出账外资产1550万元。

完成上级下达审计任务　共完成省、市审计机关下达的审计任务195项，审计单位265个，审计金额8.5亿元，查出违纪资金1.01亿元。

**【通河县审计局】**　1998年末，该局共有职工、干部20人，其中：大专以上学历5人，中级以上职称6人；局长1人，副局长2人。

审计工作成果　共完成审计项目289个，审计单位289户；完成审计调查8项，调查单位34个；审计查出违纪违规金额3377万元，上缴县财政131万元；共提交审计报告232篇。

完成县政府交办任务　共完成交办的工作任务31项，审计检查单位333个，在对全县人民关注的联网供电价格等问题进行审计，审计总金额2800万元，在清理党政机关经济实体工作中，审计清理了76个单位，对有关单位办的经济实体的资产和负债进行了彻底清理，使这些单位与所办经济实体完全脱钩。5年来，对全县党政机关和企事业领导离任审计了98人次，为县委任用干部提供了真实可靠的依据。

**【木兰县审计局】**　到1998年底共有干部、职工20人。其中大学生1人，大专生8人。局长1人，副局长3人。

审计工作成果　共完成审计项目256个，审计单位320个，审计金额228310万元。共查出违规行为资金10586万元。上缴财政352.6万元。违纪资金收缴入库率达100%。查处经济案件4起，共提交审计报告、信息356篇，被有关部门采用52篇。从1994年到1998年，共完成县委、县人大、县政府交办的工作任务96项，审计清理单位481个，主要是完成了全县关于机构改革、清产核资等工作任务。

**【延寿县审计局】**　到1998年底发展到有职工27人。在职职工中具有中专以上文化程度的20人，具有专业技术职称的16人，有局长1人，副局长2人。

审计工作成果　共审计了463户企事业单位或项目，查出违纪金额4864万元。其中查出应减少财政拨款6万元，促进增收节支148万元，查出损失浪费104万元，查出挤占挪用专项资金667万元，应交违纪资金及罚款147万元，已全部上缴县财政。共写出论文、调查、信息、综合报告、经验文章110篇。查处大要案三起，移交司法机关处理5人。

**【齐齐哈尔市审计局】**　到1998年末共有人员107人。其中，具有本科学历的27人，专科学历70人；具有高级职称的1人，中级职称的60人。局长1人，副局长4人，纪检组长1人。设有办公室、综合处、人事教育科、县区审计管理科、行政事业审计处、财政审计处、固定资产投资审计处、企业审计处、文教事业审计科、金融审计科、农业审计科和城市建设审计科。

审计工作成果　共完成审计项目913项，查处违纪违规资金138233万元，其中追还被侵占挪用资金48684万元，上缴财政3036万元。共提出审计建议894条；向上级审计机关和本级政府提交审计报告197篇，被各级领导批示40篇；编发审计信息569篇，被各级党委、政府及各部门批示或采用368篇(次)。

完成市政府交办任务　共完成交办的审计事项48项，审计和调查单位1510个。1997年10月，对交由地方管理的两户制糖企业进行了审计，使两厂减少资金损失1100万元。

受表彰情况　1997年荣获“全国审计机关先进集体”，“全省审计系统先进集体”光荣称号，1997年和1998年连续两年被黑龙江省审计厅评为“争先创优”先进单位，1998年被市委、市政府授予“抗洪抢险先进集体”、“帮扶工作标兵单位”称号，1997年和1998年连续两年被市委授予“文明高效好机关”、1998年局领导班子被市委授予“思想政治建设好班子”称号，1996年至1998年连续3年被市政府评为“行政执法责任制先进单位”。从1994年至1998年，共有98人次受到市委、市政府记功、嘉奖等奖励。

**地址** 齐齐哈尔市永安大街53-2号

**电话** 0452-2473976

**邮编** 161005 （邹凌波）

**【克山县审计局】** 到1998年，有职工干部都20人。其中：大专9人；局长1人，副局长3人。

审计工作成果 共完成审计项目233个，审计单位254户；完成审计调查15项，调查单位97个。共查出违规行为资金14980万元，上缴县财政150万元。共提交审计报告92篇，发出审计信息39篇，其中：被市政府采用1篇，被上级审计机关采用12篇，被县政府采用和批示2篇，被新闻单位采用1篇。

完成县委、县政府交办任务 共完成交办的工作任务27项，其中：经济责任审计19项。1996年7月在对县公安局1995年至1996年上半年预算外资金重点检查时，共查出违纪行为资金133万元，其中：“小金库”63万元。

完成上级下达审计任务 共完成省、市审计机关下达的审计任务136项，审计单位152个，查出违规行为资金7208万元。1998年6月由14名同志组成讷河市粮食清查审计组，对15个经营政策性粮油企业进行了清查审计。

**【泰来县审计局】** 至1998年底，人员有23人。其中：大学学历2人，大专学历12人；局长1人，副局长2人。

审计工作成果 共完成审计项目79个，审计单位252户；完成审计调查8项，调查单位74个；共查出违纪违规资金3915万元，上缴县财政107万元。提交审计报告、信息107篇。

完成县政府交办任务 共完成交办的工作任务35项，审计单位127个。1998年泰来县遭受了百年未遇的特大洪水袭击，县审计局按照审计署和省审计厅的部署组成专项审计组，开展了救灾款物跟踪审计，并配合县纪检、监察等部门，对救灾款物的发放、管理工作进行了检查。

完成上级下达审计任务 共完成省市审计机关下达的审计任务52项，审计单位173个。

**【克东县审计局】** 到1998年底，共有人员33人。其中：大学生1人，大专生12人；审计师和注册会计师6人；局长1人，副局长3人。

审计工作成果 共完成审计项目149个、审计单位149户；完成审计调查10项，调查单位10个；审计金额16180万元，共查出违纪违规金额5127万元，上缴县财政79.1万元，共提交审计报告68篇。其中：共完成省、市审计机关下达的审计任务114项，审计单位114个，审计金额11686万元。完成县委、县政府交办任务18项，审计单位18个，审计金额1673万元。同县纪检委、监察局、大检查办等部门配合，审计清查单位3个，为县委、县政府宏观决策提供依据。

**【龙江县审计局】** 到1998年底，人员发展到33人。其中：大学生1人，大专生13人，局长1人，副局长2人。

审计工作成果 共完成审计项目375个。审计单位381户；完成审计调查3项，调查单位32个；审计金额79593万元。共查出违纪违规金额7179万元。同县纪检、监察、信访等部门配合，查处各种经济案件4起，上缴县财政191.2万元，共提交审计报告124篇。

完成县政府交办任务 共完成交办的工作任务56项，审计清理单位18个。截止1998年底共完成工程决算审计项目12个，审计金额3613万元，审减金额143万元。

完成上级下达审计任务 共完成省、市审计机关下达的审计任务133项，审计单位148个，审计金额28500万元。

**【鹤岗市审计局】** 到1998年底，人员为47人。其中：大学生4人，大专生31人；局长1人，副局长3人。下设金融审计科、农林水审计科、行政事业审计科、商贸审计科、工交审计科、固定资产投资审计科、外资审计科、办公室、综合科、法制审理科、人事教育科等机构。

审计工作成果 共完成审计项目239个，审计单位571户；完成审计调查17项，调查单位81个。共查出违纪违规金额20320万元。移交司法、纪检监察部门案件9起。其中1997年移交案件4起。上缴市财政203万元，共提交审计报告244篇。

完成市政府交办任务 共完成交办的工作任务66项，审计清理单位146个。为配合国有企业产权制度改革，1996年末和1997年初，完成全市35户企业审计工作，为我市企业产改奠定了基础；1998年在粮食清查审计中，完成了对下属两县15户粮食企业清查审计工作。

完成上级下达审计任务 共完成省审计机关下达的审计任务114项，审计单位305个，查处各种违纪违规资金10347万元。

内部审计 到1998年，内审机构发展到37个，内审人员81名。

社会审计 共接受社会委托项目2251项，其中注册资金验证1942户，验证资金161900万元；资产评估111户，评估资产总额27698万元；国有企业审计查证36户。

受表彰情况　受省审计系统表彰18次，受市委、市政府表彰19次，其他表彰6次。共有17人次受到省审计系统表彰奖励；25人次受市委、市政府记功、嘉奖等奖励。

**地址**　鹤岗市工农区工交路30号

**电话**　0454—3455281

**邮编**　154101

**【绥滨县审计局】**　到1998年底，有干部职工15人。其中大专文化8人；局长1人，副局长2人。

审计工作成果　共完成审计项目201项，其中：完成省市审计机关下达任务是109项，完成县委、县政府交办的工作任务92项；完成审计调查9项，调查单位9个；共查出违纪违规资金5418万元，应上缴县财政65万元，共提交审计报告201篇。

完成上级交办任务　1998年6月份，圆满完成省厅统一部署的新增粮食财务挂账和不合理占用贷款清查审计工作。

**【双鸭山市审计局】**　到1998年底，人员发展到52人。其中：大学生6人，大专生38人；局长1人，副局长2人，纪检组长1人。设有办公室、综合科、法制科、管理科、人教科、监察室、财政审计科、金融审计科、行政事业审计科、农林审计科、工交审计科、商贸审计科、投资审计科、外资审计科、经济责任审计科等15个科室。

审计工作成果　共完成审计项目163个，审计单位721个；共完成审计调查29项247个单位。共查出违纪、违规资金51609万元，为国家挽回经济损失10121万元，提出纠正不当规定建议96条，共为上级提交报告、信息522篇，同时协助纪检、监察、检察等部门办案39起。

内部审计　双鸭山市1994年共设立内部审计机构46个，内审人员112名；到1998年，内部审计机构发展到76个，内审人员167名。

受表彰情况　受省审计厅表彰2次，受市委、市政府表彰7次；共有17人次受到省审计厅表彰奖励；32人次受到市委、市政府记功、嘉奖等奖励。

**地址**　省双鸭山市文化路51号

**电话**　0454－4277454(综合科)

**邮编**　155100

**【宝清县审计局】**　1998年底共有干部职工44人，其中：大专生14人；审计师、会计师11人。局长1人，副局长2人。

审计工作成果　共完成审计户数358户，查出违反财经纪律资金4,646万元，为国家追回侵占挪用资金189万元，上缴县财政违纪资金和罚款224万元。配合县纪委、司法部门查处经济案件4起，向政府和部门提供审计建议183条，被省市级采用的审计调研材料8篇，审计信息15篇。

完成县政府交办的任务　共完成县委交办的工作任务6项，审计清理单位86个。

完成上级下达审计任务　共完成省市下达的审计任务250项，审计单位358个。

**【饶河县审计局】**　到1998年底，人员发展到20人。其中：大专生14人；局长1人，副局长1人。

审计工作成果　共完成审计项目126个，审计单位260户；完成审计调查项目5项，调查单位20户；审计金额24330万元。共查出违纪违规金额4068万元。同县纪检委、监察、财政等部门配合，查处各种经济案件12起。上缴县财政54.9万元，共提交审计报告126篇。

完成县政府交办的任务　共完成交办的工作任务28项，审计清理单位57个。

完成上级下达审计任务　共完成省、市审计机关下达的审计任务98项，审计单位203个，审计金额24330万元。

**【鸡西市审计局】**　到1998年底共有干部、职工34人，包括审计事务所、培训中心的事业编28人。其中：研究生5人，大学生17人，大专生56人；且有初、中、高级职称的65人。局长1人，副局长4人，纪检组长1人。

审计工作成果　共完成审计项目89项，审计单位809户；完成审计调查项目9项，调查单位45个；审计金额166716万元，共查出违纪违规资金47471万元；应归还原渠道资金6568万元，促进增收节支423万元，提交审计报告和审计信息573篇，被上级采用和领导批示162篇。

完成市委、市政府交办任务　共完成交办的工作任务11项，审计单位190户。1997年10月，根据市委部署，对全市115户副处级以上国有企业法定代表人实施了经济责任审计，对鸡图公司和方虎公路的立项、施工、竣工进行了审计，审计资金总额25919万元，发现违纪违规资金209万元，收缴115万元。在重点技改资金调查中，共审计资金51042万元，发现违纪资金3548万元，按国家政策规定进行了处理。

完成上级下达审计任务　共完成省审计厅下达的审计任务58项，审计单位320个。

受表彰情况　受国家人事部、审计署表彰“全国审计系统先进集体”1次，省级文明单位，市级文明单位标兵，省审计系统表彰11次，受市委、市政府表彰13次。共有6人次受省审计系统表彰奖励；11人次受市委、市政府表彰，受市直机关各种表彰奖励79人次。有1人被评为全市“十大杰出妇女”称号。

**地址** 鸡西市鸡冠区红旗路17号
**电话** 0453—2354226
**邮编** 158100 *(迟寅功)*

**【虎林市审计局】** 现有人员34员。在职的28名人员中本科生3名,大专生19名。

审计工作成果 几年来,完成392个审计项目单位。其中:市委组织部、市政府交办64个审计项目单位。查出违纪违规行为资金6762万元,应上缴财政资金523万元,已缴财政335万元,为企业挽回经济损失230万元,减轻企业税赋60万元,减少财政拨款175万元,促进企业增收节支230万元,提交审计报告、信息228篇,论文、调查报告12篇。被国家级刊物采用5篇,被省审计厅、市审计报告42篇,市本级采用63篇。

**【鸡东县审计局】** 到1998年底,人员发展到24人。其中:研究生班毕业生人,大本4人,大专17人,局长1人,副局长3人。

审计工作成果 共完成审计项目284年,审计单位312户。完成审计调查14项,调查单位17个;审计金额46478万元。共查出违纪违规金额1528万元。收缴违纪违规罚款332万元,上缴县财政297万元,共提交审计报告133篇。

完成县委、县政府交办的任务 共完成交办的工作任务63项。1998年4月为配合全市企业改制,抽调5人组成审计组,对鸡东煤矿及所属22个企业单位的资产、负债进行了审计。截止1998年底共完成工程决算审计项目12个,审计金额4690万元,审减金额519万元。

完成上级下达审计任务 共完成省市审计机关下达的审计任务234项,审计单位278个,审计金额38295万元。

**【大庆市审计局】** 到1998年底,共有干部、职工27人,其中大专以上26人;中级以上职称21人;1名局长,2名副局长。现有8个科室,财政审计科、固定资产投资审计科、工业交通审计科、农业审计科、行政事业审计科、金融审计科、商贸审计科、综合科。

审计工作成果 共审计项目83项;审计单位453个;查出违纪金额58367万元;应交7615万元;已交3346万元;提交信息245篇;批转52篇。

财政审计 1998年,全市财政审计选择了两项载体进行,一是预算单位,二是财政基建资金。共查出违规行为资金8997万元。收缴入库违纪资金507万元。审计结果报告被马晓林副市长批示,审计反映的问题得到了很好的落实,规范了财政收支行为,促进加强了财政管理,较好地发挥了财政审计的监督作用。

行政事业审计 有重点地开展了对执法部门、行政事业收费大户及罚没收入预算外资金大户如公安收费、罚没收入、广播电视收费、人防办、卫生防疫站、法院、司法局、民政局等的行业审计和专项审计。

金融审计 开展了对全市城乡信用社的审计,对此类单位进行审计,这在大庆市历年的金融审计中尚属首次,进行了创造性的探索。在中保财险、寿险两个保险公司的审计中,也取得了较好的成果,为规范我市金融秩序作出了贡献。

粮食审计 1998年6月,在黑龙江省审计厅的直接领导和参与下,大庆市、县审计机关联合作战,共同开展了粮食企业清查审计项目,工作近4个月,基本审清了全市不合理占款及挂账情况,受到了省审计厅领导的肯定。

队伍建设 全市审计系统共有11个单位和8名同志被授予省先进称号,一批单位和个人获市县先进称号。

**电话** 6363780
**邮编** 163002 *(孙继春)*

**【肇源县审计局】** 1998年共有干部、职工22人。其中:大专生16人;具有中级职称10人,局长1人,副局长2人。

审计工作成果 共完成审计项目280个,审计单位551户;完成审计调查27项,调查单位256个;审计金额293458万元,共查出违纪违规金额17081万元,上缴财政591万元;共提交审计报告280篇;发布审计信息142篇,被县转发38篇,市转发29篇,省转发15篇,专业刊物采用7篇。

完成县政府交办任务 共完成交办的工作任务55项,审计清理单位55个。5年来为配合全县机构改革、企业改制,参与并直接组织实施了工业企业改革工作。

完成上级下达审计任务 共完成省、市审计机关下达的审计任务178项,审计单位356户,审计金额261325万元。

**【伊春市伊春区审计局】** 到1998年底,人员总数为6人。其中,大专学历4人;局长1人,副局长1人。

审计工作成果 共完成审计项目128个,审计单位65户;完成审计调查8项,调查单位26个;审计金额3800万元。共查出违纪违规金额25万元。同区纪检、监察、检察等部门配合,查出各种经济案件4起,上缴区财政罚没收入4万元,共提交审计报告128篇。

完成交办任务 共完成交办的工作任务22项,调查、审计单位4个。1997年,按照区委的部署,我们开展了对亏损企业伊春区第一建筑公司经营状况的审计调查,对其亏损原因进行了剖析。

完成上级下达审计任务 共

完成上级下达审计任务106项，审计单位43个，审计金额3800万元。

**【伊春市五营区审计局】** 到1998年底，审计干部增加到10人。其中：大专学历的6人；中级技术职称的人员2人，局长1人，副局长2人。

审计工作成果　共完成审计项目173项，审计单位83户。完成审计调查3项，调查单位21个，审计金额36040万元。共查出违纪金额379万元。同区纪检、监察、检察院等部门配合，查处经济案件3起。共向区(局)、上级部门提供审计报告159篇。

完成区政府交办任务　共完成交办的工作任务14项，审计清理单位2个。

完成上级下达审计任务　共完成省、市审计机关下达的审计任务5项，审计单位11个，审计金额2.629万元。

**【铁力市审计局】** 到1998年底，人员有30人。其中：大学生1人，大专生16人，局长1人，副局长3人。

审计工作成果　共完成审计项目233个。审计单位285户；共查出违纪违规资金68540万元。上缴市财政171.64万元，共提交审计报告221篇。

完成市政府交办任务　共完成交办的工作任务73项，审计清理单位341个。

完成上级下达审计任务　共完成省、市审计机关下达的审计任务89项，审计单位269个，审计金额206659.7万元。

**【嘉荫县审计局】** 共有干部、职工14人。其中：大专生10人，有中级职称7人；局长1人，副局长1人。

审计工作成果　共完成审计项目182个。共查出违规行为资金2461万元，应收缴资金165万元，共提交审计报告136篇。

完成上级下达和县政府交办任务　共完成省、市审计机关下达的审计任务152项，完成县委、县政府交办的工作任务30项。

**【海林市审计局】** 到1998年末，人员发展到23人。其中：大学生2人，大专生11人；局长1人，副局长3人。

审计工作成果　共完成审计项目283个，审计单位338个，完成审计调查37项，调查单位45个；审计金额345628万元，共查出违纪违规金额11,535万元。经审计，向市纪检委、司法机关移交经济违纪案件2件。上缴市财政资金361万元，共提交审计报告、信息等调研材料378篇，被上级审计机关、党政领导机关采用78篇。促进企业增收节支655万元。

完成地方党政领导交办任务　共完成市委交办的审计工作任务143项，审计清理单位156个。1997年初，接受市委交办对海林市五环啤酒有限公司1991年至1996年的经营成果进行审计。经审计，三年实际利润为113.1万元，多报利润322.5万元，虚报利润74%。

**【牡丹江市阳明区审计局】** 到1998年，共有人员5人。其中：大学大专毕业3人，局长1人，副局长1人。

审计工作成果　共完成审计项目122个，提交审计报告122篇。审计单位146户，完成审计调查41项，调查单位66个，审计金额128125万元。共查出违纪违规金额6327万元，上缴区财政19万元。同区纪检、监察、检察院等部门配合查处各种经济案件6起。

完成区委、区政府交办任务　共完成区委、区政府交办的任务110项，其中，离任审计56项，参与机构改革、企业改制、清产核资、经济案件、专项审计等54项。

**【佳木斯市审计局】** 到1998年底共有干部职工82人。其中：大学生11人，大专生66人；有中级专业技术职称53人；局长1人、副局长3人。设有办公室、人事教育科、党总支、综合调研科、法制审理科、审计管理科、财政审计科、金融审计科、行政事业审计科、农业审计科、工交审计科、商贸审计科、固定资产投资审计科、外资运用审计科。

审计工作成果　共完成审计项目102个。审计单位4172户；完成审计调查25项，调查单位247个，同市纪检、监察、信访等部门配合，查处各种经济案件24起。上缴市财政2400万元，共提交审计报告1584篇。

完成市委、市政府交办任务　共完成交办工作任务88项、审计清理单位678个。

完成上级下达审计任务　共完成省、市审计机关审计任务67项，审计单位2009个，审计金额337813万元。

内部审计　1994年共设立内部审计机构68个，有内审人员132名，到1998年内部审计机构发展到161个，内审人员246名。

社会审计　共接受社会委托项目865项，其中：企业年检406项，年检金额968、768万元，清产核资186项，清产核资金额936、794万元。

受表彰情况　有18人次受到市委、市政府表彰奖励。42人次受到市审计系统表彰奖励。46人次受到市委、市政府记功、嘉奖等奖励。

**【富锦市审计局】** 1998年底，人员发展到42人。其中：大学生1人，大专生21人；局长1人，副局长3人。

审计工作成果　共完成审计

项目420个。审计单位508户;完成审计调查25项,调查单位120个;审计金额102804万元。共查出违纪违规金额5126万元。同纪检、监察等部门配合,查处各种经济案件3起,上缴市财政161万元,共提交审计报告142篇。

完成市委、市政府交办任务　共完成交办的工作任务95项,审计单位108个。

完成上级下达审计任务　共完成省、市审计机关下达的任务65项,审计单位240个,审计金额51743万元。

**【桦南县审计局】**　到1998年为37人。其中:大专生10人;局长1人,副局长4人。

审计工作成果　共完成审计项目96个,审计单位737户;完成审计调查34项;调查单位125个;审计总金额185490万元;共查出违纪违规金额3985万元,查处各种经济案件15起,上缴县财政149.1万元,共提交各类审计报告179篇。

完成县政府交办任务　共完成交办的各项审计工作任务25项(次),审计单位484个。几年来,局级党政领导干部离任经济责任审计达到100%,共审计115人(次)。

完成上级下达审计任务　共完成省、市审计机关下达的审计任务72项,审计单位285个,审计金额74196万元。

乡镇审计　全县设19个乡镇审计所,共完成审计项目22个,审计单位326个。

**【汤原县审计局】**　到1998年共有干部、职工18人。其中:大专生8人;局长1人,副局长2人。

审计工作成果　共完成审计项目72个。审计单位415户;完成审计调查13项,调查单位46个;审计金额43170万元。共查出违纪违规金额1250万元。上缴县财政50.9万元。共提交审计报告176篇。

完成县政府交办的任务　共完成交办的工作任务68项,审查清理单位32户。

完成上级下达的审计任务　共完成省、市审计机关下达的审计任务53项,审计单位352户,审计金额31397万元。

**【七台河市审计局】**　到1998年底共有职工33人。其中:大学本科6人,大学专科20人,具有中级以上职称的26人;局长1人,副局长3人。

审计工作成果　共完成审计项目125个,审计单位557个;审计总金额424720万元,查出各种违纪资金16671万元,应上缴违纪资金267万元;追还被侵占挪用资金417万元;减少财政拨款和补贴206万元;编发各类审计信息176篇,被政府等有关上级部门采用80篇。

完成交办任务　先后完成交办企业法定代表人离任审计51人次;部门主要领导离任经济责任审计61人次;参与国有企业领导班子考核会诊29户。

队伍建设　受表彰情况　次教育经费、结防病、人寿保险、公安规费等项目先后被评为优秀审计项目;财政审计科1998年被评为省财政审计工作先进集体;1997—1998年连续两年被评为市政府信息工作先进单位;1997年获为经济建设服务十佳单位称号。

**【黑河市爱辉区审计局】**　到1998年底,有干部、职工13人。其中:大专11人,具有中级职称6人,其中:审计师3人,注册会计师2人,会计师1人;局长1人,副局长2人。

审计成果　共完成审计项目97个,审计单位206户;完成审计调查6项,调查单位41个;共查出违纪违规金额1315万元,上缴区财政225万元;提交审计报告103篇。

完成区政府交办任务　共完成交办的工作任务9项,涉及审计单位31户。积极参与全区企业改制调查、企业厂长(经理)经济责任、政府部门主要领导离任审计、帮扶贫困乡解困、减轻农民负担调查、农村土地二轮承包等工作。

完成上级下达审计任务　共完成省、市审计机关下达的审计任务94项,审计单位216个。

**【逊克县审计局】**　到1998年底,实有人数13人,其中:大学生1人,大专生9人;局长1人,副局长2人。

审计工作成果　共完成审计项目163个。审计单位218户;完成审计调查8项,调查单位32个;审计总金额77848万元。共查出违纪违规金额2989万元,上缴县财政72.4万元,共提交审计报告128篇。

完成县政府交办任务　共完成交办的工作任务65项。1998年重点参与实施粮食清查审计工作,通过两个多月的工作,完成了对孙吴县粮食系统5个直属库及县粮食局粮食资金的清查。5年来,共完成工程决算审计项目28个,审计金额22420万元,审减金额1550万元,1998年在宝山电站工程决算审计中核减工程款1066万元,维护了国家的利益。

完成上级下达审计任务　共完成省、市审计机关下达的审计任务98项,审计单位128个,审计金额53748万元。

**【嫩江县审计局】**　到1998年底,有干部职工21。其中:大学生5人,大专生10人;具有审计师职称3人、会计师职称1人;局长1人、副局长2人。

审计工作成果　共完成审计

项目179个(不含两个事务所完成项目),审计单位243户;完成审计调查8项,调查单位22个;共查出违规违纪金额5106万元,上缴财政109万元;完成工程决算审计项目34个,审计金额11,429万元,审减金额2186万元;提交审计报告179份;发出审计信息61期,被省、市、县采用33期;与县纪检、监察、信访等部门配合,查处各种经济案件19起。

完成县政府交办任务　共完成交办的审计任务88项,审计单位103个。

**【绥化市审计局】**　现有人员49人,局长1人,副局长3人,具有大专以上学历47人。内设办公室、基建、农林、财政、金融、文行、非国有经济、经济责任、工交、商贸、审理11个股,下辖审计事务所机构。

审计工作成果　共完成审计项目210个,审计总金额305668万元,审计单位个数1283个,查出违纪违规资金11502万元,应上缴财政1598万元,已缴财政304万元,返给农民不合理负担280万元,促进增收节支371万元。

完成上级下达审计项目任务　共完成省、地审计机关下达的审计项目210项,审计单位1283个,审计总金额305668万元。

完成市政府交办任务　共完成交办的工作任务145项。1996年同市财政局、国有资产评估事务所一起组成13人调查组深入到绥化制药厂,对其截止1995年12月末的资产、负债、损益和基本建设挂账等进行全方位审计调查,对绥化市康达胶丸厂财务情况进行了审核鉴证,查出各类潜亏包袱548万元,为市政府将药厂划归医药局,由参美集团代理经营的决策提供了准确的信息和审计依据。

农村全方位审计　1996年从减轻农民负担出发,组织人力物力对全市27个乡镇242个村级经济组织进行全方位交叉审计。共查出违纪资金280万元,返给农民加价款150万元,解决了农电收费、学校收费、交通集资等农民负担过重的问题,有效制止了"三乱"。

社会审计与内部审计　社会审计1994－1998年共接受社会委托项目3,286项,其中企业年检2090项,年检金额58932.8万元,注册资金验证848户,验证资金22325.6万元;清产核资2项,清产核资金额35万元。内部审计截止1998年末,全市共建内审机构40多个。

受表彰情况　受省审计系统表彰5次,受地区审计系统表彰2次,受市委、市政府表彰4次。共有1人次受到国家审计署表彰奖励;4人受到省审计系统表彰奖励;3人次受到地区审计系统表彰奖励;20人次受市委、市政府记功、嘉奖等奖励。

**地址**　绥化市北二西路49号
**电话**　0458—8222894
**邮编**　152054　(张雅凡)

**【肇东市审计局】**　到1998年底,人员有50人。其中:大学生10人,大专生32人,局长1人,副局长3人。

审计工作成果　5年来,共完成审计项目346个。审计单位678户;完成审计调查19项,调查单位217个;审计金额634175万元,共查出违纪违规金额34987万元,与有关部门的配合,查处各种经济案件4起,上缴市财政1234万元,共提交审计报告379篇。

完成市政府交办任务　共完成交办的工作任务82项,审计清理单位127个。

完成上级下达审计任务　共完成省、地审计机关下达的审计任务176项,审计单位356个,审计金额476312万元。

**【海伦市审计局】**　到1998年底,人员有34人。其中:大专以上学历的11人;局长1人,副局长4人,副局级审计员2人。

审计工作成果　共完成269个审计项目,审计单位662个,审计总金额93.6亿元,查出违纪资金450万元,已上缴160万元;为被审计单位减少经济损失9537万元;为市委、市政府和上级主管部门提供审计报告178份,编发审计信息84篇,被采用75篇(次)。

完成市委、市政府交办的任务　共完成交办的审计项目49项。1995年完成了农业投入资金审计,避免600万元的经济损失;1996年开展了预算外资金的清查,使3400万元的预算外资金得到规范;1997年对全市119户国有企业的法定代表人的经济责任进行了审计,为市委组织部门出具了119份审计评价报告,自1995年开展工程决算审计以来,共审计工程总造价11800万元,为建设单位挽回经济损失1890万元。

**【绥棱县审计局】**　到1998年底,人员发展到22人。其中:大学生1人,大专生10人,局长1人,副局长1人。

审计工作成果　共完成审计项目495个。审计单位1348户;完成审计调查16项,调查单位102个;审计资金总额14.2亿元。共查出违纪金额8966万元。同纪检、监察、信访、财政、公安政法等部门配合,查处各种经济案件4起,为社会稳定发挥了作用。上缴财政217.7万元,共提交审计报告116篇。

完成县政府交办任务　共完成交办的工作任务107项,审计清理单位426个。1998年年初，对全县19个部门136个单位进行了审计核查，同年3年，对全县32个重点部门和部分事业单位的财政状况进行了审查。

完成上级下达审计任务情况　共完成省、地下达的审计任务388项，审计单位922个，审计资金总额14.2亿元。

**【青冈县审计局】**　到1998年底，人员发展到38人。其中：大学生4人，大专生14人；局长1人，副局长2人。

审计工作成果　共完成审计项目316个。审计单位508户；完成审计调查25项，调查单位59个；审计金额278616万元。共查出违纪违规金额5402万元。同县纪检、监察等部门配合，查处各种经济案件18起。上缴县财政86万元，共提交审计报告516篇。

完成县政府交办任务　共完成交办的工作任务62项，审计清理单位201个。截止1998年底共完成工程决算审计项目30个，审计金额18000万元，审减金额500万元。

完成上级下达审计任务　共完成省、地审计机关下达的审计任务268项，审计单位360个，审计金额266356万元。

**【大兴安岭行署审计局】**　1998年底，人员为30人。其中：大学本科3人，专科13人，局长1人，副局长2人。设有办公室、综合科、政工科、财政金融审计科、行政事业审计科、商贸审计科、工交审计科、固定资产投资审计科和农林审计科。

审计工作成果　共完成审计单位1425个，查出各类违纪资金29441万元，查处各类经济案件8起，移交纪检监察机关5起。上缴地方财政资金568万元，归还原渠道资金4317万元，促进增收节支534万元。上报审计报告、信息833篇，其中，被上级采用、领导批示150余篇(次)。

改革用人机制　1996年8月至10月，首次公开招考机关工作人员。录取了5名机关工作人员。同时在局机关内部进行公开选拔科级干部，通过自我述职、竞岗演讲和组织考核，有3人走上科级领导岗位。

**地址**　大兴安岭地区行署审计局
**电话**　0456—2125875
**邮编**　165000
（朱立成）

**【大兴安岭地区加格达奇区审计局】**　到1998年底实有人数10人。其中，局长1人、副局长1人，大专生7人。

审计工作成果　共完成审计项目81项；审计单位265户；审计总金额77294万元；查出违纪资金8582万元；上缴财政1149万元；提交审计结果报告81篇。完成审计调查9项；调查单位62个。

完成区委、区政府交办的任务　共完成交办的审计工作任务28项；审计单位47个；审计金额13340万元；查出违纪违规资金1445万元；收缴罚没款57.5万元。这28项任务中有19项为单位主管财务领导的任期经济责任审计，其余9项为企业、事业单位资产、负债财务收支等审计。

完成上级审计机关下达的审计任务　共完成省、地审计机关下达的审计任务53项；审计单位218个；审计总金额63954万元。

**【大兴安岭地区呼中区审计局】**　到1998年底，有人员13人；其中：大学生1人，大专生6人；局长(科长)1人，副局长(副科长)3人。

审计工作成果　共完成审计项目107个，审计单位259户，完成审计调查9项，调查单位21个，审计金额174294万元；共查出违纪资金53097917元，上缴地区财政31067653元，共提交报告107篇。

完成区政府交办任务　共完成交办的工作任务19项，审计清理单位65个。在1997年底抽调3人参加了财政、税收、物价联合大检查。

完成上级下达审计任务　1998年底共完成省、地审计机关下达的审计任务107项，审计单位295户，审计金额174294万元。

**【大兴安岭地区新林区审计局】**　到1998年底，人员为8人。其中：大学生2人，大专生2人，局长1人，副局长1人。

审计工作成果　共完成审计项目82个，审计单位424个，完成审计调查6项，调查单位32个，审计金额426215万元。共查出违纪金额5337万元。移送纪检委处理案件1件，上缴财政6.2万元，共提交审计报告82篇。

完成区政府交办任务　共完成交办的工作任务48项，审计清理单位238个。1998年完成了对技工学校和新华书店划归教科委前财务收支审计、医药公司归属医药管理局管理期间企业资产、负债、损益审计、完成了对林业局所属从事木材生产企业“小金库”清查审计以及配合政法委开展了公、检、法的罚没收入的调查工作。

完成上级下达审计任务　共完成省、地审计机关下达的审计任务35项，审计单位108个，审计金额4262万元。1998年6—8月份，按照省、地审计机关的安排，承担了对呼中区粮食资金审计和加区粮食清查复审，查出了碧水粮库出纳员短款22.2万元的违纪问题。

**【呼玛县审计局】**　到1998年底，实有在职人员13人。其中，大专生8人；局长1人，副局长2人。

审计工作成果　共完成审计项目69个，审计单位148户；完成审计调查8项,调查单位25个。共查出各类违纪违规资金1403万元,上缴县财政资金48万元。提交审计报告99篇。并同县纪检、监察等部门互相配合,进行专案调查4起,充分发挥了审计监督作用。

完成县政府交办的任务　共完成交办的党政领导干部离任经济责任审计29人次,自1994年以来为了配合全县机构改革、企业改制工作,参与了全县工商企业改制过程中的清产核资工作。

完成上级下达审计任务情况　完成省、地审计机关下达的审计任务68项,审计单位119个。查出各种违纪违规资金983万元,提交审计报告70篇。

**【塔河县审计局】**　到1998年底,共有人员21人。其中:大专生10人,局长1人,副局长1人。

审计工作成果　共完成审计项目52个,审计单位116户;完成审计调查4项,调查单位17个。查出违纪违规资金479.9万元,促进增收节支105.8万元,上缴县财政37万元,共提出审计报告84篇。

完成县政府交办任务　共完成交办的工作任务11项。

完成上级下达审计任务　共完成省、地审计机关下达的审计任务41项,审计单位110个。

**【漠河县审计局】**　到1998年共有7人,其中:大学文化1人,大专文化4人,局长1人,副局长1人。

审计工作成果　共完成审计项目48项,审计单位108户,完成审计调查5项,调查单位5个。审计金额101.524万元。共查出违纪违规金额3.272万元,上缴县财政117万元。共提交审计报告103篇。向司法机关移送案件5件。

完成县政府交办任务　共完成交办的工作任务2项(厂长、经理经济责任审计,组织发展事前审计),审计单位41个。

完成上级下达审计任务　共完成省、地审计部门下达的审计任务46项,审计单位67个,审计金额101.524万元。

## 上海市

**【上海市审计工作简述】**　至1998年底,上海已设立市审计局、15个区审计局、4个县审计局和浦东新区审计局等21个审计机关。1998年底共有人员1193人,具有中级以上专业技术职称占57.8%。1994年～1998年,全市审计机关共完成审计单位8120个,完成专项审计调查项目833个。通过审计,上缴财政16.64亿元,减少财政拨款和补贴7亿元,追还被侵占挪用资金5.85亿元,罚款2073万元,节省基建投资31.5亿元,共为国家增收节支61.2亿元。全市审计机关提交审计工作报告、审计信息5604篇,被批示、采用3011篇。至1998年底,全市已建立内部审计机构1910个,配备专、兼职内部审计人员7578名。1994年～1998年,全市内部审计机构共完成审计单位95375个,查出损失浪费金额35.61亿元。1997年4月,市社会审计协会与市注册会计师协会实现了两会联合。1994年～1997年,全市审计事务所共完成各类委托事项161295项,其中:完成基建审计项目15720项,核减基建预决算金额37.61亿元。

**【上海市审计局概况】**　至1998年底,上海市审计局共设13个处室和4个事业单位。现有人员385人,大专以上学历的有307人,占79.7%;35岁以下的中青年审计干部有165人,占42.8%。

局领导成员

局长

靳曾德　1993.5—

副局长

徐志中　1995.1—

程志强　1997.4—

郑健龄　1992.7—

葛爱玲　1997.10—

郁云龙　1989.1—1995.9

总会计师

於　榕　1992.7—

总经济师

赵洪元　1989.1—1994.9

审计成果　5年来,共完成审计单位1465个,完成专项审计调查项目70个。通过审计,上缴财政8.96亿元,减少财政拨款和补贴1.12亿元,追还被侵占挪用资金5.35亿元,罚款687万元,节省基建投资23.3亿元,共为国家增收节支38.8亿元。

财政审计　共完成财政审计单位525个。在抓好对下级政府财政决算审计的同时,1996年起,开展了本级预算执行和其他财政收支审计,累计实施审计60次。

金融审计　共完成金融审计单位136个,查出违纪违规金额142.96亿元,应上缴财政7884万元。

固定资产投资审计　共审计了938个国家建设项目,通过审计,核减工程结算,节省基建投资30.76亿元。1994年以来,市审计局对上海地铁一号线、沪宁高速公路上海段、南北高架道路、上海图书馆新馆、东方明珠电视塔等135个国家重点建设项目和市重大工程项目进行了全过程跟踪审计,并重点抓好在建工程审计和竣工决算审计。

企业审计　共审计企业4402家,查出违纪违规金额106.24亿元,应上缴财政9.22亿元。在企业审计中,重点抓好对国有大中型企业、大型企业集团、政策性亏损企业等重点企业的审计，并对国有企业清产核资情况、基础管理情况、现代企业制度试点情况等开展审计调查。1997年～1998年，还对61家市管企业、151家区县管企业实施了经济责任审计。

外资运用审计　累计审计国外贷款项目99个(次)，审计项目执行单位140个(次)。还对352家中外合资合作企业进行了审计和审计调查，维护了投资各方权益。

行政事业审计　共对1918户行政事业单位进行了审计。通过对有财政资金分配权和管理使用财政资金较多的90户(次)一级预算单位审计，促进了政府部门合理使用财政资金，有效履行职责。1997年～1998年，16个区县审计局对205名处级领导干部进行了离任经济责任审计。

商品期货市场审计　1994年～1996年，连续3年对上海商品期货市场规范运作情况进行审计和审计调查。审计和审计调查的对象涉及上海各商品期货交易所、数十家商品期货经纪公司，以及参与商品期货交易的部分客户单位。促进加强了商品期货市场监督。

股份制企业审计　1994年以来，对64家股份制上市公司进行了审计和审计调查，促进了上市公司规范运作，稳健经营，不断提高盈利能力和资本运作效率。

经济效益审计　1997年9月，市审计局与德国汉堡市审计署联合举办了中德经济效益审计研修班。1998年4月，探索开展了对上海第五毛纺织厂与上海元丰毛纺织厂等同类型单位的经济效益对比审计。1998年10月，又与来访的荷兰鹿特丹市审计代表团进行了经济效益审计专题交流。

环境审计　5年来，先后对环保专项资金、绿化建设资金以及合流污水工程、长江引水二期工程、上海环境项目等一批环保建设项目进行了审计，取得了良好效果。

审计风险控制研究　1995年以来，开展了以审计风险控制为主要内容的审计技术方法研究。1995年5月，市审计局特邀毕马威国际会计公司，在沪举办了现代审计理论与实务高级研修班。同年9月，与来访的荷兰鹿特丹市审计代表团联合举办了审计风险控制研讨会。1997年7月，又组团访问荷兰鹿特丹市审计局，进一步开展以审计风险控制研究为专题的业务交流。

审计机关信息化建设和计算机辅助审计　全市审计机关加大投入，强化培训，加快审计机关信息化建设和计算机辅助审计。利用三期日元贷款建设了局域网，研制完成《审计计算机管理信息系统研究》、《审计业务档案管理系统》、《抽样审计软件》等9个审计管理和计算机辅助审计软件，探索开展了6个计算机辅助审计项目，并实现了政务公开信息上网。此外，还举办各类计算机培训班，培训人数达2286人次，促进了审计手段现代化的建设。

审计法制建设　市审计局草拟并由市政府颁布了《上海市预算执行情况审计监督暂行办法》、《上海市社会保障基金审计监督规定》、《上海市企业内部审计制度规定》等一批地方性审计规章。同时，还会同有关部门联合制发了《上海市国有企业经济责任审计规定(试行)》等一批具有上海特点的审计规章制度。16个区县制定了处级领导干部离任经济责任审计规章制度。市审计局和14个区县审计局建立了特约审计员制度，从民主党派成员和无党派人士中聘任了特约审计员106名，注重发挥特约审计员在审计工作中的参政议政和民主监督作用。

审计业务培训　至1998年末，共举办公务员培训、审计专业技术资格考试培训、新进人员上岗培训、内部审计人员岗位培训等各类培训班230个(期)，参加培训人员达15562人次。

审计科研　市审计学会、市审计科研所共完成了审计重点科研课题15项，其中2项为中国审计学会下达的课题，13项为市审计学会或市审计科研所自行安排的课题。经全国审计科研论文评选，《现代企业审计理论与实践研究》、《注册会计师独立审计执法环境研究》两项重点课题荣获一等奖，《关于社会主义市场经济条件下审计基本理论问题的研究》、《注册会计师独立审计执业风险研究》、《内部审计在经济增长方式转变中的地位和作用》等4项重点课题荣获二等奖。

受表彰情况　南汇县审计局和市审计局外资审计处被评为全国审计机关先进集体，有3个区县审计局和市审计局2个处室被评为上海市审计机关先进集体，有14个区县审计局40余次被本级政府评为文明单位和先进集体。1997年，市审计局获1995年～1996年度上海市文明单位称号，市审计局靳曾德局长被评为市精神文明建设优秀组织者。此外，王永明、顾建华、唐世名等3名审计干部分别被评为上海市劳动模范或全国审计机关先进工作者，罗新、祁鸣、徐月琴等3名审计干部被评为上海市三八红旗手，有10名审计干部被评为上海市审计机关先进工作者。

**地址**　上海市陆家浜路1388号
**电话**　021—63787200
转2907、2908

邮编 200011

(林忠华 王秀珍 钱红喜)

**【上海市黄浦区审计局】** 到1998年底，在编人员34人。其中：大专以上学历29人；局长1人，副局长1人。下设办公室、综合业务科、审计体系指导科、固定资产投资审计科、财政金融审计科、行政事业审计科和企业审计科等机构。

审计工作成果 共完成审计项目423个，审计调查60个。共查出违纪违规金额30018.88万元，应上缴财政7001.11万元，减少财政拨款、补贴14112.81万元。

财政审计 1994年～1997年，对本区财政预算执行情况和其他财政收支进行了全面审计。对区政府25个部门预算执行和预算外资金使用管理情况进行了审计及审计调查。

固定资产投资审计 共完成审计项目95个，查出违规金额18455.81万元，节减财政拨款14109.81万元。

企业审计 5年来，先后对原商委系统和集管系统企业经济运行情况开展财务收支审计和审计调查，揭示影响企业经济运行质量和效益的主要症结，提出了审计建议。

**【上海市南市区审计局】** 到1998年底，人员数为33人。其中：大学生2人，大专生24人；具有中级专业技术职称23人；局长1人、副局长1人。设有办公室、综合业务科、财政金融审计科、行政事业审计科、企业审计科、基建审计科等机构。

审计工作成果 共完成审计调查项目477个。审计金额408亿元，查出违纪违规金额27922万元。已上缴财政3629万元，其中上缴区财政1567万元。共提交审计信息157篇。

完成各项审计任务 1998年，开展了对区属集团公司财务收支和经营情况进行真实性、合法性和收益性审计，并对集团33个子公司和136户独立核算企业进行抽审，审计资产额达79亿元、销售额62亿元、利润总额1.5亿元。在审计中发现和揭示了集团少计成本、少摊费用、应收账款坏账等原因造成潜亏、资产损益不实达5890万元的重大问题，引起了有关领导和部门的重视。1997年、1998年，对37户工业小企业开展了资产负债真实性审计，对企业潜亏和隐含风险以及部分企业资不抵债的严重问题予以揭示，截止1998年底，共完成基建审计项目42个，核减金额1747万元。1998年，对区教育局教学楼等工程项目竣工结算审计，共核减了531万元，为国家节约了建设资金。至1998年底，共完成25个单位处级领导干部离任责任审计。

**【上海市卢湾区审计局】** 1998年底为40人，其中：在职研究生文化程度6人，大学生6人，大专生22人；局长1人，副局长3人。设有办公室、综合业务科、行政事业审计科、工业审计科、商贸审计科、基建审计科等机构。

审计工作成果 共完成审计项目435个，审计单位378户；审计调查57项，调查单位140个；审计资金总额4405089万元。查出违纪违规金额8957万元，上缴财政3460万元。提交审计工作报告、信息160篇，被批示、采用60篇。

审计工作情况 1998年，对涉及全区59户行政机关、事业单位和其他单位的收费情况进行了调查，对29家行政、企业主要领导干部实施了离任审计。

**【上海市徐汇区审计局】** 到1998年底，共有干部、职工35人。其中：大学生1人，大专生31人；局长1人，局长助理1人。设有办公室、综合业务科、社审内审指导室、行政事业审计科、企业审计科、基建审计科、审计事务所等机构。

审计工作成果 共完成审计项目522个，审计单位470个；开展审计调查52项。共查出违纪违规金额9704.74万元，上缴财政金额9412.74万元，罚款金额163.13万元，节减建设资金4245万元。提交各类审计信息234篇，被上级部门采纳195篇、各类新闻媒体采纳13篇。

完成区政府交办的任务 先后开展了对区属企业集团公司的经济目标完成情况审计15次，开展了对区内处级单位主要行政负责人经济责任审计25项。1998年7月，为了配合企业改制试点工作顺利开展，组织5名青年审计干部，对区内工业、商业、卫生、教育等不同行业的18户企事业单位开展了股份合作制改制情况的审计调查，5年共完成工程审计项目15个，共核减基建工程支出4245万元，查缴各类税款232.21万元。

完成上级下达审计任务 共开展了同级财政审计、中外合资企业财务收支审计、区公安局罚没收入专项审计等全市同步审计项目27项。

**【上海市长宁区审计局】** 至1998年底，有干部、职工37人。其中：大学生3人，大专生28人；26人具有中级技术职称；局长1人，副局长2人。设有办公室、综合业务科、固定资产投资审计科、工业交通审计科、商粮贸外审计科、财政审计科、行政事业审计科、审计事务所等机构。

审计工作成果 共完成审计与调查项目363项，并开展财税大检查170项，审计资金总额376亿元。查出违纪违规金额2.50亿

元,已上缴财政和减少财政拨款1.02亿元,人均为国家增收275万元,

完成审计任务情况　连续4年开展了同级财政审计,开展了83个市政道路、城区改造、土地批租、公益设施等基本建设项目审计,查出挤占工程成本12140万元,核减工程决算4218万元;接受市、区委托对41户大中型中外合资企业审计,对34位处级干部进行了离任审计。

**【上海市静安区审计局】**　到1998年底,人员达到39人。其中:大学生2人,大专生25人;局长1人,副局长2人。设有办公室、纪检监察科、综合业务科、内审社审指导科、工业商业审计科、基本建设审计科、财政金融审计科、行政事业审计科、干部离任审计科等机构。

审计工作情况　共审计各类资金1707007万元,查出各类违纪违规资金18421万元,上缴国家财政2059万元,向被审计单位提出各类审计意见和建议685条。

**【上海市普陀区审计局】**　到1998年底,人员有36人。其中:大学生4人,大专生23人;局长1人,副局长2人。设有办公室、综合业务科、财政金融审计科、行政事业审计科、商贸审计科、工交审计科、基建审计科等机构。

审计工作成果　共完成审计项目338个。审计单位479户;完成审计调查35项,调查单位265个;审计金额574.39亿元。共查出违纪违规金额6042万元,上缴区财政4314万元。共提交审计报告204篇。

完成区政府交办任务　共完成区委、区政府交办的工作任务60项,审计单位141个。1997年至1998年,开展了对国有企业领导班子经济责任审计和对部门(处级)领导干部离任审计,涉及全区11个单位,1994年以来,开展了对本地区重点建设项目跟踪审计和竣工决算审计,累计审计项目1175个,审计金额18.93亿元,审减金额2.01亿元。

完成上级下达审计任务　共完成市审计机关下达审计任务53项,审计单位53个,审计金额1.4亿元。

**【上海市闸北区审计局】**　至1998年底,共有干部、职工32人。其中:大专以上学历占82%;中级技术职称占63%;局长1人,副局长2人。设有办公室、综合业务科、工业审计科、商粮贸审计科、行政事业审计科、基本建设审计科等机构。

审计工作成果　共完成审计项目217个,其中审计调查41项。审计单位434户,审计金额1930452万元。共查出违纪违规金额2930万元,已上缴区财政1022万元。共提交审计报告258篇。

完成区政府交办任务　共完成区政府交办的工作任务153项。其中包括对区属有关部门主要经济指标完成情况鉴证审计,对区重点资金审计(区茶文化节、举重竞赛委员会),对区重点项目审计,共完成审计项目7个,审计金额14353万元,节减金额2607万元;对区有关部门领导离任审计等内容。

完成上级下达审计任务　共完成市审计机关下达审计任务6项,审计单位20户。

**【上海市虹口区审计局】**　至1998年底,共有干部、职工30人。其中:大学生6人,大专生16人;局长1人,副局长2人。设有办公室、综合业务科、工业企业审计科、商业企业审计科、财政金融审计科、固定资产投资审计科。

审计工作成果　共完成审计项目321个;完成审计调查15项,调查单位504个。审计及调查资金总额253.75亿元。共查出违纪违规金额3.94亿元,上缴财政2143万元。共提交审计及调查报告365篇,审计信息175篇。

完成审计任务情况　1995年,在全市率先开展同级财政试审计,1996年,正式实施对区政府财政预算执行情况的同级财政审计,并结合财政审计对全区13个街道(镇)预算外资金使用管理作延伸审计。至1998年底,共审计节减财政资金10033.92万元。1998年,在全市审计系统中率先开展了对区政府协调举债资金审计及对区医疗救助资金审计。

**【上海市杨浦区审计局】**　1998年末,有干部、职工38人。其中:大学学历10人,大专学历19人;局长1人,副局长1人,局长助理1人。设有工业交通审计科、商粮贸外审计科、财政金融审计科、行政事业审计科、基本建设审计科、社审内审指导科、综合业务科、办公室等机构。

审计工作成果　共完成审计项目256个,审计单位275个;完成审计调查46项,被调查单位331个;审计金额290.09亿元,共查出违纪违规金额8463万元。上缴区财政3882万元,共提交审计报告261篇。

完成审计任务情况　1994年开始实施处级干部离任审计与企业领导班子经济责任审计,共审计了40个单位,对各单位的经营管理情况、执行财经纪律情况、对外投资情况、资产保值增值情况等作出客观公正的评价。5年共审计了78个企业(其中受上海市审计局授权审计了15个中外合资企业),审计了65个行政事业单位,对16项市重点工程和区重点建设项目进行了审计,核减了工程项目的不实费用。

**【上海市宝山区审计局】**　到

1998年底，共有干部、职工45人。其中：大学生4人，大专生34人；局长1人、副局长2人。下设办公室、综合业务科、内审社审指导科、财政行政审计科、企业审计科、基建审计科及审计事务所等机构。

审计工作成果 共完成审计项目1046项，审计资金总额167亿元；共查出违纪违规金额30384.25万元，直接上缴财政1504.07万元。提交各类审计报告、信息206篇。

同级财政审计 自1995年开始对区财政预算执行和其他财政收支进行同级审计。

处级单位领导经济责任审计 1998年完成区委、区政府交办的项目14项，审计资金总额101952万元，查出违纪违规金额12105万元。

审计调查 共完成大的审计调查25项，其中有建设项目招投标执行情况、土地批租、普教经费、农村养老金、过桥费征收等重点、热点项目。

重点建设项目跟踪审计 自1995年开始，先后对总投资为33350万元的区体育中心、成人教育中心、区府招待所等7个重大建设项目进行跟踪审计。

**【上海市闵行区审计局】** 到1998年底，实有人员36人。其中：大学学历4人，大专学历20人；局长1人，副局长3人。设有办公室、财政审计科、行政事业审计科、企业审计科、基建审计科、综合业务科等机构。

审计工作成果 共完成审计项目235项，审计总金额3708470万元，查出违纪违规金额25381万元，应上缴财政金额3593万元；完成审计调查项目61项，调查单位295个；同纪检、监察、信访等部门配合，查处各种经济案件20多起；编写审计信息164篇，其中被上级机关采用53篇。

本级财政预算执行审计 1997年，首次对本区财政收支情况进行审计，1997年～1998年两年财政"同级审"，通过财政审计查出各种违反财政、财务制度的资金19252.97万元，提出审计建议57条。

基本建设投资审计 5年来，审计的市、区18项重大工程，基建投资总额为10.9145亿元，核减了资金1.064亿元，提高了基建投资效益。

开展其他审计 1995年至1998年，对粮食、物资、教育、文化和公检法等系统进行了审计；同时，追踪社会经济生活热点，进行了大量的审计调查，如工程招投标、企业转制、小企业破产清算、土地批租、房地产开发和预算外资金清查等。

**【上海市嘉定区审计局】** 到1998年底，人员有45人。其中：大学生15人，大专生20人；局长1人，副局长2人。设有办公室、行政事业审计科、工交审计科、基本建设审计科、综合业务科、内审指导科、嘉申会计师事务所等机构。

审计工作成果 共完成审计项目319个。审计单位319户；完成审计调查21项，调查单位247个；审计金额5410890万元。共查出违纪违规金额52167万元。同区纪检、监察、司法、信访等部门配合，查处各种经济案件2起，为社会稳定发挥了作用。上缴区财政1797万元，共提交审计报告319篇。

完成审计任务情况 1996年，对6个一级预算单位及其所辖的33个单位进行了预算外资金收支和管理的审计调查。1997年，接受区政府交办，对区内10家企业集团实施了经济效益审计。从1995年到1998年，共对32名处级干部实施了任期经济责任审计。

**【上海市浦东新区审计局】** 到1998年底，全委（局）编制48人。其中审计处编制23人，现有人员18人，文化结构是：研究生1人，大学毕业11人，大专毕业6人。审计处下设综合业务组、财政行政事业审计组、企业审计组、基本建设审计组。

审计工作成果 共完成审计项目115个，完成审计调查13项。共查出违纪违规金额43524万元，其中应上缴财政2518万元，应减少财政拨款或补贴22698万元，应追还侵占挪用资金590万元。撰写审计工作报告或信息53篇。

完成审计任务情况 1995年组织开展了基金审计调查，调查资金总量达23亿元。5年共完成基本建设审计项目15个，审计资金总额163811万元，通过审计核减基建决算22648万元。

**【上海市金山区审计局】** 到1998年底，人员有36人。其中：硕士生1人，大学生5人，大专生19人；局长1人，副局长2人。设有办公室、综合业务科、财政金融审计科、行政事业审计科、企业审计科、基本建设审计科、内审指导科等机构。

审计工作成果 共完成审计项目216个；完成审计调查10项。审计金额960328万元。共查出违纪违规金额183948万元。同区（县）纪检、监察、信访等部门配合，查处各种经济案件11起，共上缴区（县）财政284万元，提交审计报告273篇。

完成区（县）政府交办任务 共完成区（县）委、区（县）政府交办的工作任务34项。特别是1997年下半年以来，对群众举报的原金山县工商局、公安局、司法局与原石化地区工商局、公安局、司法局1997年上半年度问题进行了认真查处。

完成上级下达审计任务　共完成市审计机关下达的审计任务273项，审计单位364个，审计金额653327万元。

**【上海市松江区审计局】**　至1998年底，共有干部、职工37名。其中：大学本科12人，大专14人；局长、党组书记1人，副局长2人。设有办公室、审计监察内审科、财政审计科、行政事业审计科、工交审计科、商粮贸审计科、综合业务科等内设机构。

审计工作成果　共完成审计及审计调查项目439个，共查出违纪违规金额53010.6万元，上缴区（县）财政4010.6万元。共提交审计报告（信息）164篇。

完成区政府交办任务 1998年5月，对15家区属公司（集团）的资产负债进行审计。经审计，调增净资产5家1018万元，调减净资产10家17132万元，12月份，根据区政府要求，对7个区管行政领导干部进行离任审计，同时对14个区属集团公司年度主要经济指标完成情况进行了考核审计。

粮食挂账审计　1998年6月，对农发行松江支行的粮油贷款和区粮油总公司16家粮油收储企业的新增财务挂账进行审计。查明我区粮食系统至1998年5月末合计占用农发行贷款及未付利息总额计30411.43万元，新增财务挂账20473.84万元。

**【南汇县审计局】**　到1998年底，人员为40人。其中：大学生7人，大专生17人；局长1人，副局长2人。

审计工作成果　共完成审计项目392个，审计单位635个，其中完成审计调查33项，调查单位164个；共查出违纪金额4045万元，上缴县财政4052万元，核减各类基建投入资金16370万元。共提交审计报告392篇。为社会稳定发挥了作用。

完成县政府交办任务　共完成43项任务。1994年，按照县政府对预算外资金审计要求，通过对43个委办局的审计调查后，作出收缴1803万元、限期上解479万元和收回出借资金（余额）3547万元的审计决定。1997年，对沪南公路延伸路段26.4公里工程的审计，核减了2733万元；对康桥东路4.5公里路段的审计，核减了1876万元。

完成上级下达审计任务　共完成9项。其中，1998年对县粮食企业的同步审计，查实新增财务挂账11266万元，经营亏损9709万元，不合理占用贷款1637万元。

**【青浦县审计局】**　至1998年底，机关人数34人。其中：本科6人，大专20人；局长1人，副局长2人。

审计工作成果　共完成审计（调查）项目268个，参加税收、财务、物价大检查222户；审计资金185.41亿元。共查出违纪违规金额20254万元，其中工程决算审计核减金额2873万元，平均核减率9.37%。查处经济案件3起，移送司法机关处理3人。共提交审计报告（信息）149篇，被上级及本级政府采纳42篇次。

开展离任审计　至1998年底，共对35个委、办、局、镇原正职领导离任进行了审计，促进了廉政建设。

完成上级领导交办审计调查任务　共完成审计以及审计调查任务37项，涉及审计单位76户。1996、1997年，开展了对全县农村收益分配前审计，重点检查单位914户，共核减利润4592.01万元。

**【奉贤县审计局】**　到1998年底，机关干部职工人数为39人。其中：本科生5人，大专生21人；局长1人，副局长3人。

审计工作成果　完成审计计划项目349个（其中包括财税大检查项目113个），审计单位318户；审计总金额1186763万元，共查出违纪违规金额8114万元，上缴财政金额956万元；完成审计调查项目32项，涉及调查单位74个；共提交各类审计工作报告和审计调查报告达385篇。

完成县委、县政府交办任务　完成交办的各类项目或工作任务12项，审计清理单位31个。期间，参与了企业改制、工商企业清产核资、党风廉政建设检查、空置商品房调查等工作；开展了对企业集团的经济责任审计，开展了对社会福利有奖募捐情况的审计，对由市计委立项、计划总投资达4.46亿元的奉浦大桥建设工程项目，实施了全过程跟踪审计与监督，使大桥建设的实际投资比计划投资节约5600多万元。

完成上级下达审计任务　完成全国及市同步审计项目14项，审计单位56个。其中：1998年对粮食系统新增财务挂账和其他不合理占用银行贷款的清查审计，经清查审计认定的政策性亏损补贴达1.8943亿元，并使2.74多亿元农发行贷款得到挂账停息。

**【崇明县审计局】**　至1998年底，共有干部、职工41人。其中：大学学历3人，大专学历28人；中级职称23人；局长1人，副局长2人。

审计工作成果　共完成审计项目238个；完成审计调查30项。审计金额465668万元。共查出违纪违规金额7083万元。其中，上缴财政金额1405万元，减少财政拨款补贴3117万元，追还侵占挪用资金446万元。向有关部门提交审计工作报告、信息182篇，被采纳95篇。

开展审计调查　先后两次开展联建房前期费贴款支出情况的审计调查，查证享受财政贴款的471户（545人），收回违规补贴83.43万元，收回公房11套。在对民政福利彩票、体育彩票审计中，收缴不当收入87.23万元；对公路养路经费审计中，查实一位退休返聘职工，采取虚开的购货发票，虚列支出，然后合伙侵占公款27.02万元，责任人已被移送司法部门处理。

固定资产投资审计　共审计91个建设项目，原决算为66836万元，经审计，核减造价3433万元。

开展经济责任审计　配合县委、县政府对干部的考核工作，对6户企业、1户行政单位进行了经济责任审计。

## 江苏省

**【江苏省审计工作简述】**　到1998年底，审计机关123个，人员5088人，其中：大专以上学历3322人，占65%。5年来，共审计3534个单位，查出违纪金额238.36亿元，提交审计报告24525篇，被批示、采用14039篇，批示采用率57%。

**【江苏省审计厅概况】**　1995年8月更名为江苏省审计厅。至1998年底，内设办公室、人事教育处、机关党委、监察室、综合处、审计管理处、法规处、财金审计处、行政事业审计处、工交审计处、商贸审计处、农业审计处、固定资产投资审计处、外资运用审计处、纪检组等15个处室，以及江苏省审计事务所、江苏省苏亚审计事务所、江苏省审计厅机关服务中心、江苏省审计科研所等4个直属事业单位。1994年，厅机关人员编制125人，实有111人。至1998年底，厅机关人员编制177人，实有165人。

厅领导成员　1994年，厅领导4人，厅长李松庆，副厅长余效明、包汉良、朱尧平。至1998年底，厅领导6人，厅长余效明，副厅长包汉良、朱尧平、薛蓓儿，纪检组长徐绍漪。

本级预算执行审计　至1998年底，共审计3225个单位，查出违纪金额84.98亿元，已增加财政收入17.49亿元，提出审计建议和意见814条。通过本级预算执行审计，省政府及其财政部门先后制定了《江苏省预算追加追减审批办法》、《财政支出预算管理和预备费机动财力报批办法》、《江苏省支出预算管理办法》、《江苏省预算外资金管理办法》、《企业所得税减免若干问题的通知》、《省政府关于严格税收管理禁止越权减免税的通知》等一系列政策法规和文件，有力地规范了财政收支和管理行为。审计机关每年向政府和人大报告工作后，评价很高，反响很好。

各专业审计　1.金融审计　5年来，全省共审计1218个单位，查出违纪金额15.52亿元，上缴财政2.02亿元，查出负债、损益不实23.05亿元。2.固定资产投资审计　共审计11842个单位，查出超规模、超标准、多列概算、高估冒算等有问题金额13.72亿元，核减工程预决算金额22.68亿元。3.企业审计　共审计7436个单位，查出违纪金额43.6亿元，促进增收节支7098万元，上缴财政6.9亿元。4.农业资金审计　共审计923个单位，查出违纪金额2.8亿元，促进到位资金4191万元。5.国外贷援款审计　共审计566个单位，查出挪用配套资金、倒卖进口物资设备等8155万元。6.行政事业审计　共审计6796个单位，查出挤占挪用、虚列转移、乱收费乱罚款、小金库等问题金额共17.12亿元，上缴财政6.28亿元，促进增收节支1587万元。

工程建设专项治理审计　1996年根据省委、省政府在全省工程建设领域开展以反腐败、反不正当竞争和规范建筑市场为主要内容的专项治理工作的决定，由全省审计机关牵头，组织国家审计、内部审计、社会审计共1026个审计组、3192名审计人员，开展了为期3年的专项治理审计工作。通过对12768个项目审计，净核减建设投资28.73亿元，同时，向纪检、监察等部门提供违法违纪疑点线索654件，一些涉案人员受到了党纪政纪处分或法律制裁。

专案审计　省审计机关协助纪检、检察等部门查处了一大批大案要案。先后协助查办了无锡新兴实业公司非法集资案、南京金中富国际期货公司诈骗案、江苏金城物资交易中心非法集资案，以及江苏省建材总公司、连云港经济联合开发公司、常州高新技术开发区、交通银行苏州分行、中农信江苏代表处等一批大案要案，挖出了一大批违法犯罪分子。这些大案要案的协查审计，得到了各级党委、政府和有关领导的充分肯定。

审计法制化、规范化建设　省政府颁布了《江苏省地方预算执行审计监督试行办法》、《江苏省内部审计规定》、《江苏省国家建设项目审计监督办法》。省厅制定了重大审计事项审定、审计复核、审计听证以及省以上项目考核等办法，开展了审计项目的复核工作。1997年开展了审计规范化促进年活动，举办了审计规范知识竞赛。

信息化建设　至1998年底，完成了计算机工作“两网两库”的建设。省、市、县(区)审计机关计算机远程通信网络全面开通;省厅机关局域网、“法规库”、“文件库”基本建成。

内部审计、社会审计　1994年设立内审机构3825个,从业人员13880人,到1998年,内审机构有5306个,从业人员15938人。1994年社会审计机构142个,从业人员2073人,至1997年社会审计机构有159个,从业人员3221人。1997年5月,根据财政部、审计署关于两会“联合”的通知精神,江苏召开了注册会计师特别代表大会,标志着江苏的社会审计事业走上了联合发展的道路。

**地址**　南京市江苏路178号

**电话**　025—3734335

**邮编**　210009　　(郑毅　邓彤)

**【南京市审计局】**　1998年底有201人,其中,大学生37人,大专生142人;局长1人,副局长3人,纪检书记1人。内设机构:党委办、办公室、人事教育处、综合处、法规处、管理处、财政审计处、金融审计处、工交审计一处、工交审计二处、商贸审计处、固定资产投资审计处、行政事业审计处、外资审计处、农业审计处,下设一个培训中心、三个审计事务所。

审计工作成果　共完成审计项目1182个,审计单位1182户,完成审计调查105项,调查单位1578个,提交审计报告72篇,审计金额3937391万元,共查出违纪违规金额292455万元,上缴财政15710万元。

完成市委市政府交办任务　共完成交办的任务和事项148项,主要是领导干部离任经济责任审计73项,配合纪检、监察、检察等部门查办各类经济案件30多起。

完成上级下达审计任务　共完成审计署、省审计机关下达的任务195项,审计单位337个,审计金额168327万元。

内部审计和社会审计　到1998年底,内部审计机构有343个,内审人员为1245名。社会审计共接受社会委托项目7784项。

受表彰情况　受审计署表彰1次,受省审计厅表彰15次,受市委、市政府表彰26次。共有7人次受到省审计系统表彰奖励,24人次受到市委、市政府表彰奖励。

**地址**　南京市北京东路18号

**电话**　025—7714481

**邮编**　210008　　(史慧明)

**【南京市玄武区审计局】**　到1998年底,人员11为人。其中:大学生2人,大专生8人;局长1人,副局长2人。

审计工作　共完成审计项目130个。审计单位160户;完成审计调查32项。共查出违纪违规金额10636万元。同区纪检、监察等部门配合,查处各种经济案件2起。上缴区财政670万元,共提交审计报告20篇。

完成区政府交办任务　共完成交办的工作任务30项。1997年,对政府机关的行政领导实施离任经济责任的审计,审计局代区政府起草了《玄武区区管行政正职领导离任审计实施意见》,并以玄委组字(1997)28号文件正式下发。通过对13个单位的离任,审计共查出违纪金额875.84万元,上缴财政14.74万元。1998年初,形成离任审计综合报告上报,提出4条切实可行建议,区领导对综合报告作了批示。1997年,区政府要求审计局对南京惠通公司进行全面审计。查阅该公司各类账薄32本,会计凭证131本及其他一些会计资料,核对银行账号,查明了该公司的资产、负债、损益情况。为该公司挽回了一定的损失,并查出了两人非法侵占公款、公物问题,已移送检察机关侦查。

完成上级下达审计任务　共完成省、市审计机关下达的审计任务22项。

**【南京市鼓楼区审计局】**　到1998年末,干部人数为9人,其中:大学生2人,大专生4人。局长1人,副局长1人。

审计工作成果　共完成审计项目111个,查出违纪违规金额5529万元,上缴财政341万元。完成审计调查20个,提交审计调查、工作、综合报告34篇。撰写审计信息131篇,被批示采用56篇。配合区纪委查处各种经济案件7起。

完成区政府交办任务　共完成交办的审计任务33项,涉及企业更换领导、变更主管部门、党政干部离任、摸清企业家底等等。1998年对交办的本区投资海南房地产企业进行全面审计。在审计的基础上组织专门的班子进行清产核资处置工作。

完成上级下达审计任务　共完成下达审计任务72项,涉及预算执行、重点企业、行政事业单位、工程项目决算、专项资金审计及专项审计调查等。1996年到1998年,根据全省工程建设专项治理工作要求,组织对全区1994年至1996年竣工的投资额在50万元以上的各项工程建设项目进行审计。三年共完成42个项目,审计项目原决算总额31121万元,审计核减912万元,核减率2.93%,查出偷漏税金274万元,核减工程款留给建设单位820.8万元。

**【南京市建邺区审计局】**　到1998年底,共有12人。其中:大学生1人,大专生7人;局长1人,副局长2人。

审计工作成果　共完成审计项目121个。审计单位162户;完成审计调查7项,调查单位21个;审计金额127200万元。共查出违纪违规金额 4348 万元。同区纪检、监察、信访等部门配合,查处各种经济案件 8 起,上缴区财政 2124 万元,共提交审计报告 121 篇。

完成区府交办任务　共完成交办的工作任务 36 项。1995 年审计局与区监察局、财政局、物价局密切配合,查出区卫生防疫站私设小金库 100 多万元,乱收费 37 万元,偷漏税金 6 万元．以及该站主要负责人以权谋私、吃空额、私开发票报销数万元等违纪违规问题．同时审计提出了目前执法部门实行承包不利于公正执法的看法。得到了区政府的采纳。1996 年对全区近 120 家单位的预算外资金进行了普查,重点检查了 9 家单位。在开工前审计方面,补办 1996 年以来新开工审计项目 9 项．在竣工审计方面,完成工程竣工决算 10 项,审计金额 4049.10 万元,降低工程造价 130.7 万元;查出超规模建设 719 平方米,超规模投资 57 万元。

完成上级下达审计任务　共完成省、市审计机关下达的审计任务 38 项,审计单位 67 个。

**【南京市白下区审计局】**　至 1998 年底,共有人员 11 人。其中:本科生 2 人、大专生 8 人;局长 1 人、副局长 3 人。

审计工作成果　共完成审计项目 199 项,查出违纪金额 14419.07 万元,应上缴财政 1617.03 万元,已上缴财政 1565.03 万元,向纪检部门移送案件 3 起。

领导干部经济责任审计　1994 年区管领导干部离任审计在全市率先运行,截至 1998 年底,共开展离任审计 31 项,审计违纪金额 1110.81 万元。在审计中亦注重审计查证的深度,较好地发挥了审计部门的监督职能。

企业剖亏及真实性审计　1995 年至 1998 年共开展亏损企业审计 19 家,查出企业资产不实 1543.3 万元,负债不实 574.5 万元及损益不实 2117.8 万元,使 5 家企业当年扭亏为盈。

固定资产投资审计　1995 年审计投资总额 1.37 亿元,净核减 135 万元;1996 年至 1998 年开展了工程建设专项治理审计,共完成 26 大项目,净核减 741.21 万元,核减率为 5.4%,查出偷漏税 39.53 万元,应收缴固定资产投资方向调节税 333.97 万元,核定减少财政拨款 165.08 万元,入库金额 34.15 万元。对审计中发现的虚假招标、高估冒算、偷漏税费、损失浪费等问题及时依法给予了处理。

完成重点交办审计任务　1997 年,开展了对全区 14 家房地产开发企业弄清家底、剖析盈亏、预测前景、提出建议为主要内容的审计调查。通过审计,除挽回经济损失 166.39 万元外,从审计角度提出建议 62 条。

**【南京市秦淮区审计局】**　至 1998 年底,共有 15 人。其中:具有大专以上学历 10 人;中级以上专业职称 11 人;局长 1 名,副局长 2 人。

审计工作成果　共完成审计项目 103 个,审计单位 133 个,共查处违纪违规金额 2388 万元。上缴区财政 277 万元,共提交审计报告、信息 123 篇,有效地维护了我区财政经济秩序,促进了廉政建设。

完成区政府交办任务　共完成交办的工作任务 18 项。1998 年上半年,根据区委、区政府要求对我区设在海南省海口市的海宁公司进行了审计,查处违纪金额 453 万元,协助有关部门破获了一起贪污、收受工程回扣款 42 万元的经济大要案。

完成上级下达审计任务　共完成省市审计机关下达的审计任务 33 项。

完成自定项目审计　对 68 个单位开展了审计及审计调查。

**【南京市下关区审计局】**　到 1998 年底,共有 10 人。其中:大学生 1 人,大专生 6 人;局长 1 人。

审计工作成果　共完成审计项目 174 个,其中:财务大检查项目 71 个。审计单位 211 户;完成审计调查 15 项,调查单位 120 个。共查出违纪违规金额 1781 万元。同区法院、检察院、纪检(监察)等部门配合,查处各种经济案件 6 起。上缴区财政 261 万元。

完成区委、区政府交办任务　共完成交办的工作任务 29 项,其中:离任审计 18 项。完成工程建设项目 38 个,其中:专项治理审计项目 29 项,审计固定资产投资总额 18255 万元,核减 788 万元。

完成上级下达审计任务　共完成省、市审计机关下达的审计任务 29 项,审计单位 34 个。

**【南京市雨花台区审计局】**　到 1998 年底,共有 11 人。其中:大学生 2 人,大专生 5 人;局长 1 人,副局长 2 人。

审计工作成果　共完成审计项目 224 个。审计单位 224 户;完成审计调查 8 项,调查单位 52 个;共查出违纪违规金额 7095 万元,上缴区财政 423 万元(含罚款 5 万元),共提交审计报告 224 篇。

完成区政府交办任务　共完成工作任务 153 项。1989 年以来先后对各乡镇及机关部门的 80 名主要领导开展了离任审计。

**【南京市浦口区审计局】**　到 1998 年底,人员为 6 人。其中:大学生 2 人,大专生 2 人;局长 1 人,副局长 1 人。

审计工作成果　共完成审计项目 109 个。完成审计调查 15 项,调查单位 78 个;共查出违纪违规金额1700万元。上缴区财政392万元,共提交审计报告109篇。

完成区政府交办任务 共完成交办的工作任务58项。截止1998年底共完成工程决算审计项目13个,审计金额2400万元,审减金额69万元。

完成上级下达审计任务 共完成省、市审计机关下达的审计任务45项。

**【南京市栖霞区审计局】** 到1998年底,共有9人。其中:大学生1人,大专生6人;局长1人,副局长1人。

审计工作成果 共完成审计项目134个,其中:财务大检查项目43个。审计单位91户;完成审计调查27项,调查单位158个。共查出违纪违规金额3216万元。同区法院、检察院、纪检(监察)等部门配合,查处各种经济案件2起。上缴区财政210万元。

完成区委、区政府交办任务 共完成交办的工作任务26项,其中:离任审计18项。完成工程建设项目192个,其中:专项治理审计项目119项,核减2789万元。

完成上级下达审计任务 共完成任务40项,审计单位92个。

**【南京市大厂区审计局】** 到1998年底,共有10人。其中:大学生3人,大专生6人;局长1人,副局长1人。

审计工作成果 共完成审计项目138个;完成审计调查18项,调查单位410个;完成区政府交办的干部离任经济责任审计36项;完成基建审计19项。共查出违纪违规金额2385万元,基建审计核减1854万元,上缴财政128万元。

完成区政府交办任务 共完成交办的工作任务51项。

完成税收财务物价大检查工作 1994年全国税收财务物价大检查工作开展后,具体负责了领导工作,与财政、税务、物价等部门共同努力配合,共查补入库306万元。

**【江宁县审计局】** 到1998年底,人员为22人。其中:大学生1人,大专生11人;局长1人,副局长3人。

审计工作成果 共完成审计项目600个。审计单位1047户;完成审计调查42项,调查单位257个;审计金额437922万元。共查出违纪违规金额25877万元。上缴县财政519万元,共提交审计报告199篇。

完成县政府交办任务 共完成交办的工作任务123项,审计清理单位359个。截至1998年底,共完成工程决算审计项目443个,审计金额118300万元,审减金额9876万元。

完成上级下达审计任务 共完成省、市审计机关下达的审计任务193项,审计单位640个,审计金额338396万元。

**【溧水县审计局】** 到1998年末有干部职工29人。其中:大学生2人,大专生8人;中级职称14人;局内设局长1人,副局长2人。

审计工作成果 共完成审计项目176个。完成审计调查10项。共审计出违纪违规金额10728万元。同县纪检、监察、专治办等部门配合,查处各种经济案件4起。上缴县财政收入1452万元,共提交审计报告176篇。向上级党政机关上报审计工作报告和信息277篇,被批示和采用228篇。

完成县政府交办任务 共完成交办的工作任务42项,涉及到企业改制,党政干部离任、专项资金管理、专案调查、专项工程治理等内容,1998年对45个企业,进行企业改制审计,分别对四个系统四个乡镇的45个企业进行改制审计。1996年至1998年对11个单位、部门主要党政负责人进行离任前经济责任审计。5年来,共完成工程决算审计项目102个,送审金额20700万元,核减金额2484万元,其中:减少财政拨款299.64万元。

完成上级下达审计任务 共完成省、市审计机关下达的审计任务134项,审计单位180个,审计出违纪违规金额10728万元。

**【高淳县审计局】** 到1998年共有干部、职工21人。其中:大学生5人,大专生12人;局长1人,副局长1人。

审计工作成果 共完成审计项目130个。审计单位170户;完成审计调查9项,调查单位40个;共查出违纪违规金额4668万元。上缴县财政402万元,共提交审计报告30篇。

完成上级下达审计任务 共完成省、市审计机关下达的审计任务92项,审计单位92个。

**【六合县审计局】** 到1998年底,人员20人。其中:大学生4人,大专生7人;局长1人,副局长2人;取得中级以上技术职称13人,其中:审计师9人,会计师2人,经济师1人,工程师1人。

审计工作成果 共完成审计项目219个(不包括粮食财务挂账审计)。完成审计调查43项,调查单位197个;共查出违纪违规金额11174.29万元,同县纪检、监察部门实施了六项"专案"审计,共查出各类违纪违规金额5403.29万元,查补各项税金及为财政增收节支共406.70万元,为纪检、监察部门提供了一批案件线索。

完成县政府交办的工作任务 共完成交办任务49项,1998年8月,根据县政府的交办,对县拆迁安置管理办公室1994年11月至1998年6月的财务收支进行审计，弄清了问题，同时为县财政增收节支70.77万元，上缴税金1.74万元，为政府及时了解情况，处理问题创造了条件。

完成上级下达的审计任务　共完成审计任务78项，出色地完成了上级审计机关下达的各项审计任务。

**【江浦县审计局】**　到1998年底，干部、职工人数为28人。其中：大学学历1人，大专学历18人；局长1人，副局长3人。

审计工作成果　共完成审计项目147个。其中：完成省、市审计机关下达的计划项目72个，县政府交办项目75个。查处违纪违规金额15937万元，追还侵占挪用资金765万元，上缴财政349万元。提供审计工作报告、信息71篇，被各级政府、部门采用34篇次。

粮食行业审计成绩突出　1998年，根据审计署和省政府部署，组织精干审计力量，两次赴淮安市进行粮食行业清理审计，核减1990年至1998年5月末新增财务挂账780万元，圆满完成审计任务。有两人获全省粮食行业审计先进个人。

建设工程专项治理　自1996年4月份在全县范围内开展建设工程专项治理审计工作，到1998年底，共审计工程项目83项，审计投资总额12791.94万元，核减高估冒算金额1848.2万元，平均核减率14%。

完成县委、县政府交办任务　共完成交办任务75项，审计单位169家。1996、1998两年，配合全县企业改制，承担了企业资产评估任务，组织力量、集中时间，圆满地完成了83家企业资产评估工作，使全县企业售股改制工作得以顺利进行。

**【徐州市审计局】**　到1998年底，有干部、职工135人。其中：大专以上学历123人；具有中级以上技术资格的80人；设局长1名，副局长3名，总审计师1名，纪检组长1名；党组书记1名；下设办公室、综合科、人事科、法规科、内审社审管理科、财政金融审计科、行政事业审计科、农业审计科、固定资产投资审计科、工业交通审计科、商贸审计科、外资审计科、科研培训处、审计事务所等机构。

审计工作成果　全市审计机关共完成审计项目2069个，查出违纪违规金额54297万元，增加财政收入22466万元，节约政府投资27008万元。组织审计调查132项，向政府提交调查报告，专题报告212篇，被政府批转，领导批示110篇。

完成交办任务　共完成交办各类审计事项189项。特别是对市重点工程项目火车站、观音机场的审计，分别审减工程造价7605万元和2315万元，达到了市政府控制投资目标的要求。

完成指令性审计任务　共完成审计署、省审计厅的审计任务147项；审计单位279个；审计查出违纪违规金额10983万元；审计决定上缴财政9783万元；审计建议被采纳356条。

完成自定项目审计任务　对2189个单位开展了审计及审计调查，审计查出违纪违规金额43314万元，上缴财政12683万元，核减基建工程支出27008万元。

内部审计　到1998年，全市建立内审机构436个，配备内部审计人员1214名。5年来，共对8712个单位进行了审计，查出损失浪费金额16959万元，促进提高经济效益8772万元，纠正违纪金额12883万元。

社会审计　共接受社会委托项目25927项，核减基建工程预决算34454万元。

受表彰情况　5年来，共有5人记三等功，3人被市政府奖励一级工资，8人被评为市级优秀共产党员。1997年，被国家审计署、人事部表彰为"全国审计系统先进集体"。

**地址**　徐州市彭城北路1号
**电话**　0516—3701711
**邮编**　221003　（马绪明）

**【徐州市云龙区审计局】**　到1998年底，有7人。其中：大学生3人，大专生4人；具有中级以上技术资格的5人；局长1人，副局长1人，纪检组长1人(兼)。

审计工作成果　共完成审计项目102个。审计单位142户；完成审计调查10项，调查单位50个；审计金额42000万元。共查出违纪违规金额4884万元。同区纪委、监察局等部门配合，查处各类经济案件10起，上缴区财政232.89万元，共提交审计报告102篇，上报审计信息140篇，提出合理化建议50条。

完成区政府交办任务　共完成交办的工作任务66项，其中涉及到企业转制、党政干部离任、专项资金管理等内容45个单位。

完成指令性审计任务　共完成审计任务52项，审计单位88个，审计金额33800万元。审计决定上缴财政232.89万元。审计建议被采纳40条。

**【徐州市鼓楼区审计局】**　到1998年底，共有13人。其中：研究生1人，本科生2人，大专生9人，有中级以上技术资格的10人；局内设局长1名，副局长1名。

审计工作成果　共完成审计项目217个，审计单位179户，完成审计调查7项，调查单位143个，共查出违纪违规金额10864万元，同纪检、监察等部门配合查出各种经济案件6起。上缴区财政697万元，共提交审计报告273篇。

完成区政府交办任务　共完

成交办的工作任务124项，审计清理单位159个。1997年成立建设审计股，截至1998年底，共完成工程竣工决算审计项目27个，审计金额6670万元，审减额18万元。

完成上级下达审计任务　共完成审计任务76项，审计单位136个。

**【徐州市九里区审计局】**　到1998年末，共有12人。其中：大专以上学历8人；具有中级以上技术资格的7人；局内设局长1名，副局长2名。

完成交办任务　先后完成审计立项事项65项，完成区安排审计项目50项，涉及到企业转制，党政干部离任、专项资金管理、专案调查等内容。1998年对22个单位、部门主要负责人进行了离任前经济责任审计，审计成果进入领导决策层。几年来，共查处违规行为金额2070万元，实际上缴财政200万元，审计建议被采纳140条。

**【徐州市贾汪区审计局】**　到1998年底，共有14人。其中：大专文化程度12人；局长1人，副局长2人。

审计成果　共完成审计项目86项，调查项目8项。查处违纪违规金额7252万元，增加财政收入963万元。核减财政拨款259万元。追还侵占挪用专项资金259万元。移交经济案件11起。逮捕3人。完成区政府交办的项目48项，上级审计机关下达的指令性项目23项。

**【徐州市泉山区审计局】**　到1998年底，共有8人，且全部为大专生，其中：局长1人，副局长1人；中级职称6人。

审计工作成果　共完成审计项目64个，完成审计调查项目10个，被审计和调查的单位128家。查出违纪违规金额593万元，上缴财政233万元。1996年在对区某企业进行经营成果审计时，一举查获了该企业下属单位的巨额小金库，并将余额134万元全部收缴入库，对责任者个人进行了罚款，取得了较好的审计效果。5年来向上级审计机关及本级政府提交审计报告及信息108篇，被领导批示采用77篇。

**【邳州市审计局】**　至1998年底，共有37人。其中：研究生1人，大学生5人，大专生15人；局长1人，副局长4人，纪检组长1人。

审计工作成果　共完成审计项目205个，审计单位220户；完成审计调查31项，调查单位248个；共查出违纪违规金额15504万元，核减基建工程决算支出1093万元，上缴市财政收入2237万元。向市纪检、监察等部门移送各种经济案件46起(件)；向市政府、上级审计机关提交审计报告、信息被采用142篇。

完成市政府交办任务　共完成交办的工作任务53项。1997年3月为配合市政府考核企业经营成果，对市属重点企业进行了审计，先后抽调15人，历时45天，核实了企业家底，为市委、市政府兑现奖惩提供了真实数据。1998年度先后抽调76人次，完成领导交办任务28项，查出违规违纪金额582万元，收缴财政301万元。根据审计结果报告，对有关责任人分别作出了处理。

完成上级下达审计任务　共完成审计任务170项，审计单位182个，查出违规违纪金额12856万元。

乡镇审计　共审计单位1414个，查出损失浪费金额11106万元，促进提高经济效益735万元，纠正违纪金额980万元，增加收入853万元。

**【新沂市审计局】**　到1998年底，共有31人。其中：大学本科学历3人，大专学历22人；中级职称21人；局长1人，副局长4人。

审计工作成果　共完成审计项目(不含地方政府交办项目)182项，完成审计调查项目29项，共查出违纪违规金额14719万元，增加财政收入1773万元，核减基建项目支出2095万元；审计信息被上级有关部门和地方政府采用170篇，其中，被国家级刊物采用11篇，被省级刊物采用14篇。

几年来，市委、市政府的安排已对50多个单位的法人进行了离任审计。

热点问题的审计　东辰集团是新沂市唯一的国家级集团企业。职工1年多未发工资，群众反映强烈。经审计，该集团累计亏损5630万元，企业资产负债率高达257.87%，实有资产不足4000万元。对此，审计提出了联营、兼并、拍卖、转让及申请破产等建议。审计结果先后两次向市委、市政府领导作专题汇报，引起领导的高度重视，最终采纳了审计局提出的破产建议。

乡镇审计　乡镇审计机构共25个。5年来，共审计703个单位，查处经济案件183起，查出违纪违规资金411万元，挽回经济损失304万元，追回贪污、挪用款26万元，处理有关人员84人。

**【铜山县审计局】**　到1998年底，人员为27人。其中：研究生2人，大学生5人，大专生15人。局长1人，副局长3人。

审计工作成果　共完成审计项目435个，完成审计调查23项，提交审计及调查报告458篇，查出违纪金额24911万元。会同纪检、监察、信访等部门，查处各种经济案件27起。

完成县政府交办任务　共完成交办的工作任务634项。共完成经济责任审计118项。1998年对全县拟提拔重用的18名干部进行了经济责任审计。经审计有11人因未过经济关而"落马"。

完成上级下达审计任务　共完成审计任务141项，审计单位260个，查出违纪金额21911万元。

**【睢宁县审计局】**　至1998年底，共有17人，其中：大专以上学历7人，有中级以上技术资格的15人；局长1长，副局长1人。

审计工作成果　共完成审计项目179项，查处违纪违规问题金额5833万元，可增加财政收入767万元。1996年8月在全市率先开展了对基建工程招投标标底的审计，将某标底由原来的286万元，核定为263万元，核减率达8.1%，受到县政府的好评。

乡镇审计　到1998年底，全县27个乡镇全部建立了审计所，配备专职人员87名。每年都对乡镇审计所下达必审项目，采取统一审计方案、统一质量控制、统一下达审计的方法文书，同步实施审计。

廉政建设　先后对局机关8名审计干部进行了岗位轮换，对16名乡镇审计助理和审计人员进行了异地交流。

**【沛县审计局】**　到1998年底，共有52人。其中：大学生15人，大专生13人，局长1人，副局长4人，纪检组长1人。

审计工作成果　共完成审计项目235个。审计单位426户；完成审计调查22项，调查单位181个；审计金额251416万元。共查出违纪违规金额13874万元。同县纪检、监察、信访等部门配合，查处各种经济案件24起。上缴县财政1138万元，共提交审计报告235篇。

完成县政府交办任务　共完成交办的工作任务63项，审计清理单位430个；共完成工程决算审计项目46个，审计金额153246万元，审减金额16086万元。

完成上级下达审计任务　共完成审计任务158项，审计单位230个，审计金额251416万元。

乡镇审计　到1998年，28个乡镇均设立了审计机构，审计人员为64人。

**【丰县审计局】**　1998年，共有21人。其中：大专以上学历人数14人，中级职称以上人数15人；局长1人，书记1人，副局长6人。

审计工作成果　共完成审计项目184个，审计涉及单位340户；完成审计调查27项，调查单位243个；审计金额3.24亿元。共查出违规行为金额1.47亿元，增加财政收入2015万元，为企事业单位节约开支减少损失1630万元，查出资产负债损益不实9740万元，追回被侵占挪用的专项资金820万元。移送司法纪检部门案件9起，处理7人，向县委、县政府及上级审计机关提交审计报告和审计信息246篇。

共完成省、市审计机关下达的指令性项目131项，有5项在系统内评审中被评为省、市优秀审计项目。共完成县委、县政府交办工作任务74项。

**【连云港市审计局】**　到1998年底，共有70人。其中：大学生23人，大专生31人；局长1人，副局长3人；设有办公室、财政金融审计科、商贸审计科、工业交通审计科、基本建设审计科、行政事业审计科、外资利用审计科、人教科、综合科、管理科、法规科、审计事务所、基本建设审计事务所等机构。

审计工作成果　共完成审计项目276个，审计单位543户；完成审计调查26项，调查单位147个；查出违纪违规金额4.88亿元，监督被审计单位上缴财政4669万元，提交审计报告1050篇，配合市纪检、监察、信访等部门查处各类经济案件16起。

完成政府交办任务　共完成交办的工作任务26项。1994至1995年，局长亲自带队，抽调精干审计人员全程参予了江苏省重点案件连云港经济联合开发公司的查处工作，经过一年十个月的艰苦工作，审计组通过对经联公司自身及其80多个关联公司的审计，共调整错、漏、重账和查补账外资金13.96亿元，排查核实债权债务单位262个，涉及资金19.32亿元，核减公司虚假盈利6415万元，提交审计报告等材料108篇，揭露犯罪疑点线索238条，涉及31人，审计工作为案件的突破发挥了积极的作用。1998年，市局组织30余人历时6个月对市连云港港务局和市交通局的法人代表进行了任期经济审计，审计涉及二级核算单位60余个，涉及资金总额50亿元，通过审计，查出各类违规行为金额2.6亿元，对原任法人代表任期内的财务状况和经营成果进行了准确的揭示和完整的反映。坚持对市重点建设工程进行全过程、全方位的审计监督，通过对投资总额7.18亿元的工程预、决算审计，审减工程造价7380万元，结合审减率达10.27%。

完成上级下达审计任务　共完成审计任务102项，审计单位216个，审计金额210027万元。

内部审计　到1998年，内部审计机构有131个，内审人员397名，完成审计事项1598个。

社会审计　共接受社会委托项目2572项，其中：企业年检109项，验资366项，资产评估230项，核减基建预决算1.09亿元。

受表彰情况　受省审计系统表彰6次，受市委、市政府表彰11次，市局连续3年被市政府评为"优秀服务单位"，共有4人次受省审计系统表彰奖励,17人次受市委、市政府记功、嘉奖等奖励。

**地址** 新浦海昌南路
**电话** 0518—5412150
**邮编** 222004 (刘利峰)

**【连云港市新浦区审计局】** 到1998年底,共有4人。其中,大专生2人;局长1人,副局长1人。

审计工作成果 共完成审计项目78个,审计单位83户;完成审计调查11项,调查单位27个;审计金额18998万元。共查出违纪违规金额1759万元,上缴区财政65万元,共提交审计报告85篇,审计信息被新闻单位、上级审计机关采用32篇。

完成区政府交办任务 共完成任务38项,审计清理单位49个。1996年到1998年底,共完成工程决算审计项目5个,审计金额1232.9万元,审减额92.9万元。

完成上级下达审计任务 共完成审计任务32项,审计单位39个,审计金额8323万元。

**【连云港市云台区审计局】** 到1998年底,共有7人,其中:大专毕业生5人;局长1人,副局长2人。

审计工作成果 共完成审计项目112个。审计单位96户;审计金额5.3亿元,查出违纪违规金额1518万元,促进增收节支234万元,挽回经济损失268万元,上缴财政金额89.55万元,移送案件2起,提交审计报告和信息142篇。

完成区政府交办的任务 共完成交办的各类审计事项64件;审计金额2.8亿元。1996年至1998年底,共完成基本建设专项治理审计25项,审计金额2510万元,审计核减230万元,查处偷漏国家税费110万元。

完成上级下达的审计任务 共完成审计任务48项,审计单位48个,审计金额2.5亿元。

**【连云港市连云区审计局】** 1998年底,在职干部、职工6人。其中:大专以上学历2名;局长1人,副局长2人。

审计工作成果 共完成审计项目123个。审计调查项目13个,查出违纪违规金额1596万元,收缴入库534万元,促进增收节支684万元,挽回经济损失388万元;向纪检、检察机关移送经济案件线索5条,有关人员受到党纪政纪和法律惩处。通过审计共向上级领导机关提交审计报告115篇,有81篇审计报告、审计信息被市以上领导机关和新闻媒体采用。

完成区政府交办任务 共完成交办任务72项。1996年—1998,年共对全区44项竣工决算进行审计,审减工程造价673万元,平均审减率为12.45%。自1998年起,对7个行政机关、事业单位、国有企业的主要领导干部离任实施了审计,查出隐瞒亏损1700多万元,财政成果不实240万元。

**【连云港市海州区审计局】** 到1998年底,人员4人。其中:大专生3人,中专生1人。局长1人,副局长1人。

审计工作成果 共完成审计项目66个。审计单位99户;完成审计调查11项,调查单位124个;审计金额22919万元。共查出违纪违规金额2846万元。同区纪检、监察等部门配合,查处各种经济案件6起。上缴区财政23万元。上报审计信息被采用62篇。

完成区政府交办任务 共完成交办的工作任务9项,审计清理单位141个。

完成上级下达审计任务 共完成审计任务26项,审计单位30个,审计金额9851万元。

**【连云港经济技术开发区审计局】**

至1998年,实有人数3人。其中:大学生1人,大专生2人;中级职称2人;副局长1人。

审计工作成果 共完成审计项目91个,其中:政府交办任务40个。审计单位81家;完成审计调查10项,调查单位76家,审计总金额59,110万元。共查出各类违纪违规金额679.20万元,上缴区财政8.20万元。配合区纪检、监察部门查处各类经济案件5起,提交审计报告91篇,审计信息39篇,信息被采用28篇。

**【东海县审计局】** 到1998年底,共有40人。其中:大学本科6人,大专生16人;局长1人,副局长3人。

审计成果 共完成审计项目427个,共查出违纪违规金额9916万元,同县纪检、监察、信访等部门配合,查出各种经济案件20起。上缴县财政993万元,共提交审计报告350篇。

完成县政府交办任务 共完成交办的工作任务17项。到1998年底,共完成工程决算审计项目86个,审计金额13092万元,审减金额735万元。

审计完成上级下达审计任务 共完成审计任务106项,审计单位205个。

**【灌云县审计局】** 到1998年底,共有在职干部、职工18人。其中:本科3人,大专9人,具有中级职称14人;局长1人,副局长3人。

审计成果 共完成审计项目364个;共查出违纪违规金额10154万元,上缴财政2407万元,同县纪检、监察等部门配合查处各种经济案件26起,核减工程决算基建投资1977万元,为社会稳定和经济发展发挥了积极作用,提交审计信息报告210篇,被省、市、县有关部门采用176篇。

完成县政府交办任务　共完成领导交办任务 61 项。

完成上级下达审计任务　共完成审计任务 159 项，审计单位 264 个。1996 年—1998 年共对全区 44 项竣工决算进行审计，审减工程造价 673 万元，平均审减率为 12.45%。自 1998 年起，共对 7 个行政机关、事业单位、国有企业的主要领导干部离任实施了审计，查出隐瞒亏损 1700 多万元，财政成果不实 240 万元。

**【赣榆县审计局】**　到 1998 年底，有干部 20 人，其中大专以上学历 8 人；具有中级以上技术资格的 13 人；设局长 1 名，副局长 3 名。

审计工作成果

| 年度 | 审计单位(个) | 审计金额(万元) | 违规行为金额(万元) | 促进增收节支(万元) | 上缴财政金额(万元) | 审计报告信息被批示采纳(篇) |
|---|---|---|---|---|---|---|
| 1994 | 52 | 23204 | 80 |  | 39 | 4 |
| 1995 | 28 | 49489 | 581 |  | 152 | 10 |
| 1996 | 72 | 169529 | 166 |  | 50 | 16 |
| 1997 | 66 | 109392 | 179 |  | 104 | 11 |
| 1998 | 52 | 109635 | 2359 | 269 | 180 | 16 |
| 合计 | 270 | 461249 | 3365 | 269 | 525 | 57 |

完成县委、县政府交办任务　先后完成交办的各类审计事项 22 项，涉及到企业转制、党政干部离任、专项资金管理等内容。

完成指令性审计任务　共完成审计署、省审计厅、市审计局下达的审计任务 73 项，审计单位 170 个，审计金额 430939.44 万元，查处违规行为金额 3498.44 万元，审计决定上缴财政 512.57 万元，审计建议被采纳 337 条。

完成自定项目审计任务　对 100 个单位开展了审计及审计调查，审计金额 30846.79 万元，查处违规行为金额 148.17 万元，上缴财政 13.69 万元。

**【灌南县审计局】**　到 1998 年底，共有 14 人。其中：大学生 2 人，大专生 8 人；中级专业技术资格 12 人；局长 1 人，副局长 2 人。

审计工作成果　共完成审计项目 198 个。审计单位 255 户；完成审计调查 14 项，调查单位 240 个；共查出违纪违规金额 8928 万元。上缴财政 879 万元，减少财政拨款、补贴 1676 万元。追还侵占挪用资金 1083 万元。罚款金额 23 万元。查出国有资产流失 1274 万元。共提交审计报告 198 篇，审计信息、新闻稿件等被采用 178 篇，审计意见、建议被采纳 400 条，促进增收节支金额 788 万元。

完成县政府交办任务　共完成交办的工作任务 51 项，审计单位 63 个。到 1998 年底，共完成工程决算审计项目 27 个，审计金额 4521 万元，审减金额 230 万元。1998 年 7 月，三级乡村公路“兴汤路”工程竣工决算审计中，依法审计，审计净核减 44 万元。“兴汤路”工程是由全县干部职工和沿线乡镇农民个人集资建设的“扶贫路”工程。

完成上级下达审计任务　共完成审计任务 45 项，审计单位 93 个，审计金额 3529 万元。

**【淮阴市审计局】**　到 1998 年底，共有 68 人。其中：大学生 29 人，大专生 24 人；局长 1 人，副局长 5 人。

审计工作成果　共完成审计项目 2805 个。完成审计调查 388 项，调查单位 3818 个；审计金额 128.88 万元。共查出违纪违规金额 16.6 亿元，应上缴市财政 10330 万元，已上缴市财政 8034 万元。促进增收节支 904 万元，向纪检、监察等移送案件线索 24 起，共提交审计报告和审计信息 1391 篇。

完成市政府交办任务　共完成交办的任务 368 项。1994 年以来，先后完成了对全市 12 户改革试点企业承包兑现审计，14 户重点企业年度资产经营责任审计。

受表彰情况　受省以上审计系统表彰 25 次，受市委、政府表彰 37 次。共有 68 人次受到省审计系统表彰奖励；88 人次受市委、市政府记功、嘉奖。

**地址**　淮阴市北京北路 68 号
**电话**　0517—3675603
**邮编**　223001 *(陈　涛　刘学庆)*

**【淮阴市清河区审计局】**　到 1998 年底，有干部、职工 7 人，其中：大学 1 人，大专 4 人，局长 1 人（区政协副主席），副局长 2 人。

审计工作成果　共完成审计项目 140 个。完成审计调查项目 9 个，调查单位 24 个；查出各类违纪违规金额 2247.9 万元，处理上缴财政 33.7 万元，提出可行性审计建议 231 条，移交有价值案件线索 8 条，配合纪检、监察、检察等部门查处各类经济案件 19 起。

完成区委、区政府交办任务　共完成交办项目 72 个。1996 年起，根据政府交办，开展了对 28 个区直机关事业单位负责人的离任审计工作。1998 年 2 月由对全区 33 个改制企业进行审计评估，并对两乡改制企业评估质量进行逐步检查监督。1996 年～1998 年连续三年陆续开展了对全区 4 个重点亏损企业剖亏审计，提交案件线索 8 条，已被立案查处 2 人。

完成计划审计任务　共完成审计计划 68 个。

**【淮阴市清浦区审计局】**　到 1998 年底，共有 6 人。其中：大学生 1 人，大专生 3 人；局长 1 人，副局长 2 人。

审计工作成果　共完成审计项目 112 个。完成审计调查 6 项，调查单位 13 个；审计金额 6037.88 万元。共查出违纪违规金额 1612.6 万元，应上缴市财政 216 万元，已上缴市财政 162 万元。促进增收节支 360 万元，共提交审计报告和审计信息 126 篇。

完成区政府交办任务　共完

成交办任务72项。1994年以来，先后完成了对全区六户改革试点企业承包兑现审计。

**【淮安市审计局】** 到1998年底，共有49人。其中：大学本科4人，大专生16人；局长1人，党组书记1人，副局长5人，局长助理1人。

审计工作成果 共完成审计项目388个。共查出违纪违规金额2912万元。上缴市财政317万元，向政府提交审计综合报告107篇，报送审计信息232余条，有185条被采用和批转。

完成市政府交办任务 共完成交办的任务94项，审计清理单位243个。1998年5、6、7三个月为全面了解乡镇财政状况，摸清乡镇实际家底，涉及全市29个乡镇，100多个单位，为市委、市政府的宏观决策和部署整改措施提供了依据。1996年成立基建审计股，截止1998年底共完成工程预决算审计项目24个，核减基建工程预决算182万元。

完成上级下达审计任务 共完成省、市审计机关下达的审计任务64项，审计单位134个。

**【淮阴县审计局】** 到1998年底，干部、职工为22人。其中：大学毕业3人，大专毕业10人；中级职称18人；党员21人；局长1人，副局长3人。

审计工作成果 共完成审计项目148个，审计单位229户；完成审计调查12项，调查单位120个。共查出违纪违规金额1548万元。同县纪检、监察等部门配合，查处各种经济案件18件。上缴县财政140万元，共提交审计报告、审计信息280篇，其中被县级以上采用130篇。

完成县政府交办任务 共完成交办的任务31项，审计清查单位95个。1996年至1998年底共完成工程决算审计项目27个，审计核减工程造价671万元；在对承德路和古黄河一、二经护坡等重点基础设施项目审计中，工程决算审减金额305万元。

完成上级下达任务 共完成审计任务95项，审计单位132个。查出违规行为金额1180万元。

**【涟水县审计局】** 到1998年底，共有干部、职工24人。其中：大学生3人，大专生15人；局长1人，副局长6人。

审计工作成果 共完成审计项目268个。审计单位245个；完成审计调查30项，调查单位194个；审计金额358963万元。共查出违纪违规金额15630万元。同县纪检、监察、公安、检察、法院等部门配合，查出各种经济案件15起。上缴县财政609万元，共提交审计报告268篇，编发审计信息178篇，采用126篇。

完成县政府交办任务 共完成交办的工作任务75项，审计单位720个。1997年7月在对县环城南路工程决算审计中，核减1702万元。1998年8月份，县政府交办对全县乡镇农经站财务收支和农民负担情况进行了审计调查。

**【洪泽县审计局】** 到1998年底，共有18人，其中大学生4人，大专生5人，局长1，副局长4人。

审计工作成果 共完成审计项目201个，审计单位215户，完成审计调查7项，调查单位42个，审计金额14490万元，共查出违纪违规金额1667万元。同县纪检、监察、检察、部门配合，查处各种经济案件5起，为社会稳定发挥了作用，上缴县财政481万元，共提交审计报告216份。

完成县政府交办任务 共完成交办的工作任务58项。

完成上级下达审计任务 共完成上级下达的审计任务25项，审计单位75个，审计金额9120万元。

**【金湖县审计局】** 到1998年有干部职工17人。其中：大学1人，大专10人；具有高级技术职称1人，中级技术职称11人；局长1人，副局长2人。

审计工作成果 共完成审计项目324个，审计单位373个，审计金额12.3亿元，共查出违纪违规金额2992万元，审计决定上缴入库324万元，追回挤占挪用款661万元；审计建议被采纳191条，共提交审计报告和信息98篇，被采用62篇；提供经济案件线索8起，被追究刑事责任2人，给予党纪政纪处分6人。

审计成果 开展建设工程专项治理审计，审计决算金额9032万元，核减金额424万元；对农业开发资金进行跟踪审计，5年累计追回挤占挪用资金527万元；完成县政府交办项目129个，为县委、县政府的宏观决策提供了依据。

**【盱眙县审计局】** 到1998年底，共有23人。其中：大学生6人，大专生6人；局长1人，副局长3人。

审计工作成果 共完成审计项目255个。审计单位339个；完成审计调查24项，调查单位101个；审计总金额17.8亿元。共查出违纪违规金额8375万元。汇同县纪检、监督等部门查处各类经济案件12起，为社会稳定发挥了重要作用，上缴财政资金2645万元，共提交审计报告268篇。

完成县委、县政府交办任务 共完成交办的工作任务77项，审计清理单位128个。1996年11月，参与了企业改制，帮助108个企业单位清产核资、审计评估总资产38280万元。1997年根据县政府安排，对江苏第一泉酒厂、江苏狼山水泥厂等25户县属重点骨干企业进行了资产经营责任审计。审计查出亏损1278万元；漏欠税费1216万元。为地方政府决策提供了可靠依据。1995年4月成立基本建设审计股，截止1998年底完成工程决算审计项目66个，审计总金额7424万元，审计核减额649万元，上缴财金134.39万元。在对千土王公司产权变更建设工程审计中，送审金额114万元，核减18万元。

完成上级下达审计任务 共完成审计任务48项，审计单位126个，审计金额9872万元。

**【宿迁市审计局】** 到1998年底，共有22人。其中：大专以上学历16人；具有中级以上技术资格的19人；局长1人，副局长1人。

审计工作成果

（1997年至1998年）

| 指标单位 | 审计单位(个) | 审计金额(万元) | 违规行为金额(万元) | 促进增收节支(万元) | 上缴财政金额(万元) | 移送案件(起) | 审计报告被批示采纳(篇) |
|---|---|---|---|---|---|---|---|
| 合计 | 841 | 698682 | 45634 | 3490 | 1131 | 195 | 199 |
| 市局 | 114 | 12680 | 15412 | 710 | 244 | 1 | 32 |
| 宿城区局 | 72 | 74320 | 1861 | 289 | 58 | 36 | 10 |
| 宿豫县局 | 221 | 112350 | 9336 | 580 | 71 | 94 | 59 |
| 沭阳县局 | 168 | 147967 | 8964 | 1243 | 127 | 32 | 35 |
| 泗阳县局 | 128 | 141482 | 6358 | 277 | 384 | 26 | 21 |
| 泗洪县局 | 138 | 95763 | 3703 | 391 | 247 | 6 | 42 |

完成地方政府交办任务 1997年至1998年，完成市委、市政府交办的各类审计事项179项。审计发现并配合纪检、检察等部门查处了2个经济大案。

完成上级下达审计任务 1997年至1998年，共完成审计署、省审计厅下达的指令性审计项目98个；审计单位236个，审计金额88678万元；查出违规行为金额18374万元；上缴财政469万元；审计建议被采纳308条。

完成自定审计项目 共完成426个，审计调查项目36个，审计金额38690万元，查出违规行为金额27260万元，上缴财政662万元。

受表彰情况 我局有4项工作受到省审计厅等部门表彰；1997年，我局被市委、市政府授予“目标考评先进单位”；先后有13人次受到省、市有关部门表彰、嘉奖。

**地址** 宿迁市财政大厦五楼
**电话** (0527)4363041 4363052
**邮编** 213800 （张建华）

**【宿迁市宿城区审计局】** 到1998年底，共有8人。其中：大专生5人，局长1人，副局长2人。

审计工作成果 2年来共完成审计项目45个，审计单位73户，完成审计调查5项，调查单位83个；审计总金额71793万元。共查出违纪违规金额1768万元。上缴区财政74万元，提交审计报告45篇。

完成区政府交办任务 共完成交办的工作任务30项，审计清理单位206个。从1997年下半年开始，对全区29个企业逐户进行了清产核资和资产评估。查出并纠正了无意漏报和故意少报资产500多万元。

完成上级下达审计任务 共完成审计任务12项，审计单位13个，审计金额28990万元。

**【宿豫县审计局】** 到1998年底，人员为14人，其中：大学生1人，大专生10人，局长1人，副局长3人。

审计工作成果 共完成审计项目110个，审计单位483户；完成审计调查6项，调查单位96个；审计金额15.1519亿元。共查出违纪违规金额1.615亿元。同县纪检、监察等部门配合，查处各种经济案件12起，为社会稳定发挥了作用，上缴县财政375万元，共提交审计报告106篇。

完成县政府交办任务 共完成交办的工作任务67项，审计清理单位101个。1996年区划调整后至1998年底，共完成工程决策审计项目36个，审计金额2.26亿元。共完成基建工程决算审计400多个单项工程宿新、宿泗、宿沭等10条道路，宿迁项里宾馆改建工程，市政府交办宿迁凤凰大酒店审计，核减金额2750万元，核减数占总投资的12.2%。

完成上级下达的审计任务 共完成审计任务38项，审计单位196多家，审计金额2.159亿元。

**【沭阳县审计局】** 到1998年底，共有51人。其中：大学生4人，大专生15人，局长一人，副局长4人。

审计工作成果 共完成审计项目330个，审计单位360个；完成调查审计10项，调查单位265个；审计共查出违纪违规金额11462万元。同县纪检、监察、信访等部门配合，查处各种经济案件16起。5年共上缴县财政445万元，共提交审计报告330篇。

完成县政府交办任务 共完成交办的任务125项。1997年，对全县38个粮管所和一个粮食大库进行了全面审计。1995年3月成立了固定资产投资审计股，截至1998年底，共完成工程决算审计项目125个，送审金额19517万元，审减1714万元。

完成上级下达审计任务 共完成审计任务154项，审计单位161个。

**【泗阳县审计局】** 至1998年底，共有22人，其中：大学生3人，大专生10人，高级职称1人，中级职称17人；局长1人，副局长3人。

审计工作成果 共完成审计项目231个，查出违纪违规金额7509万元，收缴入财政1018万元。协同纪检、监察机关查处各种经济案件22起，为社会稳定发挥了作用。5年共提交审计报告64篇,其中有17篇审计报告被县委、县政府领导批示。

完成县政府交办任务　共完成交办任务56项。

**【泗洪县审计局】**　到1998年底,共有25人。其中:大专以上学历12人;具有高级职称1人,中级职称10人;局长1人,副局长2人。

审计工作成果　共完成审计项目385个,审计单位412户,完成审计调查19项,调查单位156个,审计总金额264785万元,共查出违纪违规金额13856万元。同县纪检、监察、信访等部门配合,查处各种经济案件45起,为社会稳定发挥了作用。上缴财政450万元,共提交审计报告、信息385篇,分别被上级采用105篇,120条建议被当地政府部门采纳或发文转发各单位。

完成县政府交办任务　共完成交办的任务165项。1996年10月完成在县政府交办的怀洪新河影响工程审计中,组织了4个审计小组,共抽调8人,涉及到全县6个乡镇,105个单位,查清工程高估冒算158.4万元,并配合纪检监察部门对乡镇和水利站负责人虚报冒领工程款进行查处。1997年成立固定资产投资审计股,截止到1998年底,共完成工程决算审计60个,审计总金额15672万元,审减金额986万元。

完成上级下达审计任务　共完成审计任务项目135个,审计单位369个,审计总金额264785万元。

**【盐城市审计局】**　到1998年底,人员为68人,其中:大专以上学历56人;具有中级以上技术职称资格的56人;局内设局长1名、副局长4名、纪检组长1名。下设办公室、纪检监察室、综合科、财政金融审计科、工业交通审计科、行政事业审计科、固定资产投资审计科、农业审计科、外资运用审计科、商贸审计科、管理科(法制科)、组织人事科等12个科室。

审计工作成果

**1994—1998年全市审计工作成果**

| 项目单位 | 审计单位(个) | 纠正不当规定(条) | 违规行为金额(万元) | 促进增收节支(万元) | 挽回损失(万元) | 上缴财政(万元) | 移送案件(个) | 报告信息被批示、采用(篇) |
|---|---|---|---|---|---|---|---|---|
| 大丰 | 309 | 5 | 9892 | 2148 | 78 | 1126 | 8 | 354 |
| 东台 | 493 | 64 | 13670 | 583 | 1126 | 1884 | 18 | 234 |
| 射阳 | 261 | 111 | 12706 | 591 | 1047 | 2197 | 18 | 280 |
| 阜宁 | 423 | 5 | 9502 | 612 | 264 | 1622 | 14 | 309 |
| 滨海 | 371 | 64 | 6366 | 657 | 150 | 947 | 3 | 308 |
| 响水 | 530 | 25 | 10367 | 411 | 1420 | 709 | 13 | 284 |
| 建湖 | 256 | 11 | 3957 | 526 | 191 | 1457 | 12 | 545 |
| 盐都 | 211 | 4 | 15767 | 471 | 1718 | 404 | 7 | 446 |
| 城区 | 198 | 4 | 10103 | 498 | 423 | 455 | 5 | 151 |
| 市局 | 898 | 92 | 55004 | 921 | 4760 | 10303 | 9 | 676 |
| 合计 | 3950 | 385 | 147334 | 7418 | 11177 | 20104 | 105 | 3587 |

审计任务完成情况　共完成市以上领导交办的审计单位898个,审计查出违规行为金额55004万元,促进增收节支921万元,挽回经济损失4760万元,上缴财政金额10303万元,移送案件9个,上报的审计报告、审计信息被市以上党委政府和审计机关采用、领导批示676篇,审计建议纠正不当规定92条。

受表彰情况　被市委、市政府表彰22次,被省厅表彰52次,有52人次受市委、市政府奖励,9人次受省审计厅表彰,审计信息宣传工作连续5年在全省审计系统名列第一、在市委市政府获一等奖。1998年局机关支部被市委确定为"模范支部",局机关被评为创建文明机关先进单位。

内部审计及社会审计　1998年末全市建立内审机构662个,配备内审人员1909人,较1994年分别增长51.48%、3.3%。社会审计1998年末共有从业人员195名,完成社会各类委托项目44142项。

**地址**　盐城市迎宾北路236号
**电话**　0515—8307888
**邮编**　224001　(蔡青林)

**【盐城市城区审计局】**　到1998年底,人员为14人。其中:大学生1人、大专生5人、审(会)计师9人;局长1人、副局长2人。

审计工作成果　共完成审计项目115个、审计单位198户;完成审计调查18项,调查单位246个;查出违纪金额10103万元;上缴财政455万元;帮助企业挽回损失、节约支出921万元。完成工程建设专项治理审计154个,同区纪检、监察等部门配合,解剖亏损企业8户,查处经济案件14起。审计调查报告、调研文章、审计信息被采用204篇次。

完成上级下达审计任务　共完成审计任务41项。

完成政府交办任务　共完成工作任务47项,对区十强重点企业(含股份制企业、外资企业)进行审计调查,提出审计建议,为十强企业的改制,为领导的宏观决策提供依据。开展企业领导年度经济责任、离任经济责任审计,为组织、人事部门使用干部提供依据。自1996年到1998年,完成工程建设专项治理审计项目154个,审核工程总投资2.28亿元,净核减建设投资2126万元,核减额中留给建设单位1886万元,归还原渠道资金220万元,收缴入库20万元,决定补交税收248万元,处罚4.86万元;审计中发现并向有关部门移交违法违纪问题的线索8条。

**【东台市审计局】**　到1998年底,共有28人。其中:大专以上学历16人;具有中级以上技术资格的21人;局长1名,副局长1名。

审计工作成果　共完成审计项目167个;完成审计调查26项。审计单位493个,共查出违纪违规金额13670万元，上缴地方财政1884万元。向纪检、监察等部门移送各种经济案件18起，审计报告及信息被上级批示及采纳234篇次。

完成交办任务　共完成审计事项33项，对41个亏损企业审计后，有5人受到法律制裁；完成基建工程审计项目254个，审计总造价近4亿元，核减工程造价3237万元，在1998年开始的旧城改造工程审计中，加大基建监管力度，审计总金额8370万元，核减工程造价1600万元。

完成指令性审计任务　共完成审计任务57项、审计单位316个；查处违规行为金额5404万元；上缴财政813万元。1998年在粮食清查审计中，查处做假账，账外存款2255万元，3名责任人受到党纪政纪的处分。

完成自定项目审计任务　共对77个单位开展了审计及审计调查；查处违规行为金额6204万元；上缴财政711万元。

**【大丰市审计局】**　到1998年底，共有25人。其中：大学生2人，大专生13人，局长1人，副局长5人。

审计工作成果　共完成审计项目229个。审计单位309户；完成审计调查21项，调查单位179个。共查出违纪违规金额9892万元。同市纪检、监察、信访等部门配合，查处各种经济案件8起，为社会稳定发挥了作用。上缴市财政1126万元，促进增收节支2148万元，共提交审计报告229篇，被各级领导指示27篇，报送审计科研和信息稿件268篇，被国家级报刊杂志采用43篇，省级报刊杂志采用144篇。

完成市政府交办任务　共完成交办的任务86项。1996年成立固定资产投资审计股，截止1998年底共完成工程决算审计项目106个，审计金额36226万元，审减金额2019万元。

完成上级下达审计任务　共完成任务69项，涉及审计单位204个。

**【盐都县审计局】**　到1998年底，共有27人，其中；大学生5人，大专生9人，局长1人，副局长3人。

审计工作成果　共完成审计和调查项目194个，涉及单位596个，查出违纪违规金额15767万元，上缴财政404万元，追还被侵占挪用资金1718万元，提交审计报告、审计信息被批示采用446篇。

完成上级下达审计任务　共完成审计任务57项，审计单位82个，审计金额23248万元，审计决定上缴财政172万元。

完成县政府交办任务　共对345个项目计514个单位开展了审计和审计调查，查出各类违规行为金额9069万元，上缴财政240万元。1994年，对服装厂真实性审计，共核增亏损530万元，追回有问题资金10万元，协助有关部门清理出有经济问题5人，挖出“蛀虫”3人，提供有价值案件线索10条，审计成效得到了县领导的充分肯定。

**【建湖县审计局】**　到1998年，有干部、职工23人，其中：大学4人，大专6人，局长1人，副局长3人。

审计成果　共完成审计项目171个。审计单位256户；完成审计调查28项，调查单位492户；共查出违纪违规金额3957万元，上缴县财政1457万元。为社会稳定发挥了作用。同县纪检、监察等部门配合，查处各种经济案件12起，共提交审计报告203篇、审计信息661篇。

完成县委、县政府交办任务　共完成交办任务63项，审计单位692个。1998年组织人员对全县56个工程建设项目进行决算审计，送审金额8989.26万元，审计净核减额319.28万元，查出超标准规模投资518.32万元，偷漏税费12.15万元，挽回经济损失333.93万元。

完成指令性审计任务　共完成审计任务98项，审计单位185个。

**【响水县审计局】**　到1998年底，共有21人。其中：大学生3人，大专生6人，局长1人，副局长4人。

审计工作成果　共完成审计项目625个。审计单位1107户；完成审计调查27项，调查单位188个；共查出违纪违规金额10303万元。同县纪检、监察、信访等部门配合，查处各种经济案件13起，上缴县财政742万元，共提交审计报告、审计信息295篇，被上级审计机关和新闻单位采用266篇次。

完成县政府交办任务　共完成交办任务414项(含“三大检查”144项)。1996年成立农业基建审计股，截止1998年底共完成工程决算审计项目90个，审计金额11268万元，审减金额1005万元。

完成上级下达审计任务　共完成审计任务49项，审计单位134个。

**【阜宁县审计局】**　1998年底，在职人员21人；其中：大学生4人，大专生12人，局长1人，副局长4人。

审计工作成果　共完成审计项目146个。审计单位423户；完成审计调查31项，调查单位178个；完成县委、县政府交办任务19项，审计单位28个。共查出违纪违规金额9502万元。同县纪检、监察、信访等部门配合，查处各种经济案件14起，　为社会稳定发挥了作用。共上缴县财政1609.76

万元，违纪款收缴入库率均为100%；共提交审计报告152篇，其中有107篇被县政府以上领导签转。

**【射阳县审计局】** 1998年底有25人。其中：大专9人，高级职称2人，中级职称11人；局长1人，副局长3人。

审计工作成果 共完成审计项目220个、审计单位261户；完成审计调查23项，调查单位177个；审计金额300591万元。共查出违纪违规金额12706万元。同县纪检、监察、信访等部门配合，查处各种经济案件40起，上缴县财政2001万元，共提交审计报告277篇。

完成县政府交办任务 共完成交办的工作任务92项，审计单位947个。 1994年7月底，针对射阳县轧花企业棉花包装物“胀库”现象比较严重的问题，及时组织对全县5 个轧花企业进行审计调查，调查结果表明：5个轧花企业共库存金额高达1109.70万元，企业因此每年增支234万元。1998年成立固定资产投资审计股，当年共完成工程决算审计项目45个，审计金额9783万元，审减金额1125万元。在县巨龙纺织厂车间建设项目工程竣工决算审计中，在施工单位报送决算总价2690万元的基础上，净核减造价278.1万元。

**【滨海县审计局】** 到1998年底，共有26人，其中：大专以上文化11人，高级职称1人，中级职称18人；局长1人，副局长3人。

审计工作成果 共审计单位371个。共查出违纪违规金额7153万元，完成审计调查46项，调查单位428个，共提交审计报告118篇。

1997年县财政预算执行情况的审计，揭示了财税部门在组织财政收入和其他财政收支中存在的滞留预算收入、多开银行账户等方面的问题，1998年，根据省审计厅的统一部署，先后两次集中局精干力量，对睢宁县粮食企业盈亏、库存情况和粮食系统新增财务挂账及其他不合理占用贷款情况进行就地审计。共审计和调查该县粮食系统及其下属和财政、农发行等33个单位、56个仓室，共查出年度政策性粮油亏损总额4027万元，核减粮食企业新增挂账3580万元，审计结果得到了审计署复查组的肯定。

**【扬州市审计局】** 到1998年，有干部、职工61人。其中大专以上学历47人；具有中级以上技术职务任职资格的53人；局长1人，副局长3名，纪检组长1人；下设办公室、人教科、综合科、法制科、审计管理科、工交企业审计科、财政金融审计科、固定资产投资审计科、行政事业审计科、农林水利审计科、外资运用审计科、商贸审计科等12个科室。

审计工作成果 共审计单位437个，查出违纪违规金额66109万元，上缴财政9593万元，审计报告、信息被采纳批示63篇。

财政审计 共对所属县(市)、区上年度财政决算情况进行了14次审计，1996年起开展同级财政预算执行审计，制定了《本级预算执行及其他财政收支审计实施办法(试行)》；从账户审计入手，围绕重点、热点问题，纠正了违纪行为，逐步规范了财税管理，财政审计得到了人大、政府的好评。

金融审计 对市区商业银行及保险、信托业进行了多次轮审，检查了信贷政策的执行情况和信贷资产的运行质态，纠正了实收资本不实、虚假委存委贷、违规拆借资金等违纪问题，提出了改进管理、防范风险的意见与建议。

固定资产投资审计 1996年至1998年，积极开展全省性工程建设专项治理审计。通过审计，核减了工程决算水分，规范了建设市场秩序，发现了违法违纪案源线索。

企业审计 实现了从单纯查错纠弊向资产负债损益和资产真实性审计的转变；建立了重点国有企业定期审计制度，对部分窗口企业投资收益情况和国有企业创办三产情况开展了审计调查；坚持审帮促结合，参与企业资产评估稽核，积极为企业改制服务。外资运用审计：对世界银行贷款3个项目进行了跟踪审计，对发现的问题及时提出了整改建议，促进了贷款项目顺利实施；对外商投资企业资产负债损益以及维护中方职工合法权益情况进行了审计，促使有关企业加强了管理。

专项资金审计 对新菜地建设费、水利专项资金、农业综合开发资金、希望工程基金、市场物价调节基金、普教经费、住房基金、拆迁安置费、国有土地使用权出让金、企业职工保险基金等基(资)金进行了专项审计，对审计后发现的问题进行了原因剖析，向政府提出的审计报告多次受到政府的批示、批转。

党委政府交办任务 围绕党委、政府工作中心，积极参加预算外资金清理、治理“三乱”、清理党政机关办公司、农村财务整顿、财务税收物价大检查等多项工作；围绕反腐败斗争配合纪检部门开展了专案审计，围绕稳定大局配合政府部门开展了信访审计，为查处经济案件和政府领导决策提供了咨询服务，审计工作多次受到市委、市政府领导的好评。

**地址** 扬州市四望亭路2－4号
**电话** 0514—7365018
**传真** 0514—7365020
**邮编** 225002 (蔡守宇)

**【扬州市广陵区审计局】** 到

1998年底，共有18人。其中：大学生1人，大专生9人，具有中级以上技术职称资格的11人；局长1人，副局长1人。

审计工作成果　共完成审计项目250个，审计单位319户；审计金额252761万元，共查出违纪违规金额12583万元；同区纪检、监察等部门配合，查处各种经济案件18起，为社会稳定发挥了作用；上缴区财政253.51万元；共提交审计报告250篇。

完成政府交办任务　先后完成审计项目58项，涉及到企业改制、党政干部离任、专项资金管理等内容，尤其是对企业领导干部经济责任审计中，先后有12人被移送纪检、检察机关处理，受到刑事处分的6人，受到党纪政纪处分的12人次，严肃了财经纪律。1995年成立固定资产投资审计股，截止1998年底共完成工程决算审计项目136个，审计金额46499.28万元，净核减4437.52万元。

完成上级下达审计任务　共完成省、市审计机关下达的审计任务21项，审计金额54802万元，查出违规金额798万元。

**【扬州市郊区审计局】**　到1998年，有干部、职工15人。其中：大学生4人，大专生5人，局长1人，副局长1人。

审计工作成果　共完成审计项目96个，审计单位178个；完成审计调查16项，调查单位80个；查出违纪金额233万元，上缴区财政43万元；与纪检、监察等部门配合审计项目15个；完成区委、区政府交办工作任务24项。在1997年工程建设专项治理工作中，对区内近几年20个工程项目进行了专项审计，经审计将原总投资14468万元的工程款核减了2087.11万元，审计后减少了财政拨款1169.3万元，为建设单位减少投资917.81万元，并将在审计中发现的违法违纪疑点12处移交有关部门查处。五年中共完成省、市审计机关下达的审计任务49个，审计单位56个，向上级审计机关提交审计报告49篇。

**【高邮市审计局】**　到1998年底，人员有21人，其中：大学学历4人、大专9人，局长1人，副局长4人。

审计工作成果　共完成审计项目240项（其中署省市审计机关下达的审计任务141项），审计了302个单位：完成审计调查4项；共查出违纪违规金额6550万元；同市纪检、监察、信访等部门配合，查处各种经济案件6起，为社会稳定发挥了作用；作出处理决定上缴市财政602万元，共提交综合性审计报告及信息62篇。

完成市委、市委政府交办任务　共完成交办的工作任务89项。一是共对7个部门、乡镇及企业单位主要负责人进行了离任审计。二是1996年6月积极参加了企业产权制度改革工作，局机关抽调2/3的人员和审计事务所全体人员，深入到100多个基层单位和企业，认真搞好企业改制工作，较好地完成了任务。三是1996年至1997年，较好地完成了市委提出的“三引两帮一参与”的目标任务，为企业引进人才2名、引进资金120万元、引进项目2个，帮助3个企业、1个镇的3个村扭亏脱贫工作。四是1996年至1998年底，对61个单位工程决算项目进行了审计，审计总额12478.04万元，核减金额628.81万元。

**【江都市审计局】**　到1998年底，共有干部、职工25人，其中：大学生2人，大专生15人，局长1人，副局长4人。

审计工作成果　共完成审计项目209个，查出违规金额13977万元，向纪检、监察机关移交经济案件5件，提交审计综合报告、信息385篇，其中被领导批示和上级审计机关、新闻单位采用167篇。

重点项目审计　一是本级财政预算执行审计。1995～1998年，查出违规金额1138万元，促进政府出台了《有偿使用资金管理办法》、《行政事业单位预算外资金管理暂行办法》。二是专案审计。1996年7月，根据市委交办，对江都市砖桥春风皮鞋厂非法集资、弄虚作假等问题进行审计，查明该厂截止1996年6月，累计虚增利润1679万元，资不抵债1756万元（资产中尚有1056万元有问题资金），非法集资5223万元。为纪检、监察、检察机关提供3条案件线索。三是工程建设专项治理审计。完成工程建设专项治理审计171项，核减工程造价1938万元，移送案件线索2件。四是粮食清查审计。1998年2月～11月初，对通州市粮食商业企业盈亏和库存的真实性以及粮食财务挂账情况进行审计，确认该市清查范围内的企业违反财会制度处理财务增加账面亏损161元。

**【仪征市审计局】**　1998年底，有33人。其中：大专以上学历13人，具有中级以上技术资格的15人；局长1人，副局长3人。

审计工作成果　共完成审计项目135个，审计单位175个；完成审计调查3项。共查出违纪违规金额2836万元，上缴市财政77万元。提交审计报告138篇。

完成市政府交办任务　共完成交办的工作任务25项，涉及企业产权制度改革、预算外资金整治、专项资金管理、经济责任审计等内容。1996年，组成企业改制资产评估工作组，完成50家企业的资产评估工作。1998年6月，开始实施对乡镇和市直行政机关、事业单位领导干部的离任审计。完成了5项离任审计任务。

完成上级下达审计任务　共完成审计任务26项，审计单位66个。至1998年底，完成专项治理审计113项，审计金额21146.08万元，审减金额2022.11万元。

**【邗江县审计局】**　1998年底，共有干部、职工31人。其中：大学生5人，大专生12人，16人取得中级职称，局长1人，副局长3人。

审计工作成果　共完成审计项目155个(不包括工程预、决算审计项目)。共查出违纪违规金额16427万元，上缴县财政249万元，追还侵占挪用资金520万元，促进增收节支46万元，提交审计报告和信息162篇，被政府和有关部门采用61篇。

截至1998年底，共完成工程决算审计项目88个，审计金额33515万元，审减预决算金额3550万元。1997年在对县政府重点工程——县政府综合楼工程的基建决算审计工作中，审计人员克服困难、排除阻力，对报送的5879万元的决算，通过耐心细致审计，最后审减802万元。

完成县政府交办和上级下达的审计任务　共完成交办的审计项目34个，完成上级下达的审计项目36个。

**【宝应县审计局】**　到1998年底，共有28人。其中：大学2人、大专13人、局长1人、副局长3人。

审计工作成果　共完成审计项目187个；查出违纪违规金额6078万元，上缴县财政178万元；促进提高经济效益460万元；查出国有资产流失9459万元；共提交审计报告和信息443篇，各项工作取得了新进展。在工程建设专项治理中，对南园小区七幢商住楼的竣工决算审计，共核减高估冒算等251.86万元(工程造价1270.43万元，审定价1018.56万元)，核减率达19.82%。1998年起在全县开展了领导干部离任审计工作，当年共完成了13个乡镇和部门的主要负责人离任审计。

**【泰州市审计局】**　至1998年末，共有27人。其中：大专以上学历22人；具有中级以上技术资格的20人；局长1名，副局长1名。

审计工作成果

| 指标 | 审计单位(个) | 违规行为金额(万元) | 促进增收节支(万元) | 上缴财政金额 | 移送案件(起) |
|---|---|---|---|---|---|
| 合计 | 1817 | 59929 | 2326 | 3731 | 26 |
| 泰兴市 | 349 | 6699 | | 922 | |
| 靖江市 | 269 | 14040 | 801 | 435 | 8 |
| 姜堰市 | 483 | 4202 | 1267 | 400 | 11 |
| 兴化市 | 425 | 21596 | | 872 | 6 |
| 海陵区 | 206 | 8688 | | 577 | |
| 高港区 | 22 | 555 | | 34 | |
| 市局 | 63 | 4149 | 258 | 491 | 1 |

完成审计项目　至1998年末，完成项目11项，查出违规金额1024万元，收缴财政300万元，为加强宏观调控发挥了积极作用。1997年和1998年牵头负责对全市的工程建设项目进行了专项治理审计。1998年2月，按照省审计厅的部署，赴无锡市所辖5个市(县)和江都市进行粮食亏损和库存数量的真实性审计。

党委政府交办审计项目　1997年和1998年共完成交办项目11项，审计单位29个，其中：领导干部离任经济责任审计2项，涉及到群众关心的热点问题的审计3项，专案审计调查1项。

自定审计项目　1997年和1998年对52单位开展了审计和审计调查，查出违规金额3125万元，收缴财政191万元。

受表彰情况　受到省审计厅表彰6次，受市政府表彰1次，有3人次受到省审计厅的表彰和表扬，有5人次受到市委、市政府及有关部门的表彰。

**地址**　泰州市人民西路18号
**电话**　0523—6234503
**编码**　225300　(顾月琴)

**【泰州市海陵区审计局】**　到1998年底，人员为20人。其中：大专以上学历8人，局长1人，副局长2人。

审计工作成果　共完成审计项目206个，查出违纪违规金额8688万元，应上缴财政金额577万元，已上缴财政金额577万元。

重大审计事项　1994年审计发现并处理了上年原工商银行泰州市支行违章拆借资金7551万元、逾期贷款71万元、隐瞒截留收入29万元、以信息咨询费等名义收取额外利息等问题，对贯彻执行国家金融政策，维护金融秩序，发挥了审计较高层次的监督作用。1995年对土管局挪用征收费30万元经商办企业作出了处理。1996年纠正了财政部门虚列预算收支、欠交财政专项资金、收入未纳入预算资金管理等违纪金额1578万元，应增加财政收入248万元的违纪问题。1997年对某镇收取的教育费附加42.77万元、所属企事业单位上缴款126万元未作收入入账，借出周转金1100万元，其中逾期呆滞资金高达316.87万元的问题作出了实事求是的处理。1998年对寺巷镇计生办隐瞒收入、私设“小金库”、公款私存7.66万元的违纪问题，作出了全额上缴镇财政，同时罚款2万元的审计决定。截至9月底，全部完成了市、区专治办拉网检查后确定的31个工程建设专项治理审计项目。合计送审原决算金额6897.62万元，审定实际投资额6590.73万元，审计净核减306.89万元。

**【泰州市高港区审计局】**　到1998年底，共有人员6人。其中：

大专以上学历的5人；具有高级专业技术资格的1人，具有中级专业技术资格的5人；局长1人。

审计工作成果　1998年完成审计项目11个。审计单位22户，共查出违纪违规金额555万元，应上缴财政34万元，已上缴34万元。

完成交办任务　1998年完成了省政府交办的计划外生育费专项治理审计任务，查出违规金额325万元，向纪检监察部门移交违纪案件线索2条。先后完成了区委、区政府交办的工作任务3项，为领导决策提供了依据。在高港大酒店基建及装璜审计中，报审3336万元，审计净核减1293万元，核减率达38.76%，受到区委、区政府主要负责同志的充分肯定。

**【泰兴市审计局】**　至1998年底，人员为54人。其中：大专以上学历34人；局长1人，副局长4人。

审计工作成果　完成审计项目349个，查出各类违规金额6698.7万元，上缴市财政922万元，追还被侵占挪用资金47万元。

完成政府交办任务　1996年对三水厂26个项目、110个工程竣工决算、市政工程专项资金、鼓楼南路改造建设工程财务收支的审计，直接为政府增收节支3000万元。1998年，直接参与商业大厦、金花集团、五交化公司等12个政府交办的财务收支审计和经济案件查证，发现并移送了4条经济案件线索，平息了数起群众上访。

受表彰情况　连续5年获泰兴市委、市政府表彰，1994年至1996年获扬州审计局、1997年至1998年获泰州市审计局表彰为审计系统先进集体，1997年获省审计厅表彰为1994—1996年度全省审计系统先进集体，1998年获省审计厅表彰为工程建设项目专项治理审计工作、粮食审计工作先进集体；受省审计厅表彰4人次，受扬州市审计局、泰州市审计局表彰23人次，受泰兴市委、市政府表彰26人次。

**【姜堰市审计局】**　到1998年底，共有21人。其中大专以上学历15人；局长1人，副局长3人。

审计工作成果　共完成审计项目208个，审计单位483个；完成审计调查10项，调查单位34个；共查出违纪违规金额4202万元；促进增收节支1267万元。与纪检、监察、检察院等部门配合，查处各种经济案件11件，上缴市财政400万元。提交审计报告信息46篇，被批示采用27篇。

完成交办任务　共完成市委、市政府交办的工作任务44项，审计单位148个。1996年至1998年按照全省统一部署，开展工程专项治理审计工作，共完成48个项目工程决算审计，审计金额10666万元，净核减823万元，对68个项目进行了财务决算审计，查处漏缴税收164万元，同时向市纪委、监察部门移交了16条违法违纪案件线索，维护了国家和集体利益。1997年，对全市预算外资金进行了全面审计，审计102个单位，提交4份审计报告。1998年8月起开展领导干部离任审计，共完成12个离任审计项目，为市委、组织人事部门客观、公正评价和任用干部提供了依据。

**【靖江市审计局】**　到1998年底，共有31人。其中：大专以上学历22人；中级以上职称17人；局长1人，副局长3人。

审计工作成果　共审计269个单位，查出违规金额14040万元，上缴财政435万元，减少财政补贴136万元，追回被侵占挪用资金442万元，为国家增收节支801万元，并配合省、市纪检等部门查处各类大案要案8件，为经济健康发展和保障社会稳定发挥了重要作用。

完成交办任务　共完成交办的工作任务50余项。1996年，配合省纪委专案组查处案件，一批腐败分子被移送司法机关处理或受到党纪、政纪处分。1998年，对市府重点工程岳王庙一期进行审计。

完成上级下达审计任务　共完成省下达的审计任务46项。1996—1998年，对63个重点项目进行了专项治理审计，共核减投资额7142.04万元，为建设单位节约建设资金6194.52万元，被评为省工程建设专项治理工作先进集体。1998年，对江阴市粮食系统的审计中，审计人员实事求是、依法审计，按时保质完成了粮食审计任务。

**【兴化市审计局】**　到1998年底，人员为44人。其中：大专以上学历21人；具有中级以上职称22人；局长1人、副局长3人、局长助理1人。

审计工作成果　完成审计项目311个，审计单位425户；完成审计调查9项，调查单位56个。共查出违纪违规金额21596万元，上缴财政872万元。提交审计综合报告、信息68篇，被地方政府和上级审计机关采纳28篇。会同市纪监部门，对6个单位有关问题进行了查处。

完成政府交办任务　完成市干部离任审计、预算外资金清理、减轻农民负担调查、计划外生育费专项清理等任务72项。

完成上级下达审计任务　完成审计任务41项，审计单位116个。

**【南通市审计局】**　1998年底，共有干部职工79人，其中：大学本科15人、大专43人，高级职称3人、中级职称53人；局长1人、副局长4人、纪检组长1人。设有办公室、综合科、人教科、法制科、审计管理科、财政金融审计科、工交审计科、商贸审计科、行政事业审计科、外资运用审计科、农业水利审计科、固定资产投资审计科、审计事务所、建设工程审计事务所等机构。

审计工作成果　共完成审计项目856个(其中：指令性项目120个，自定项目684个)，完成审计调查30项，查出各类违纪金额3.8亿元，核定上缴财政7238万元。其中开展各类专项资金审计31项，审计资金总额达2.79亿元。向党委政府提交报告信息652篇。

1995年，在对电力建设资金的专项审计中，查实供电局隐留代征地方电建资金6138万元，以及用隐留的代收资金委托放贷所得利息70余万元私设“小金库”等问题，进行了严肃处理。

完成交办任务　共完成交办任务58项。其中，1996至1998年3年年共完成工程竣工决算审计325个，审计总金额16.5亿元，审计核减7660万元。其中1997至1998年，共实施经济责任审计30项。

内部审计　到1998年底，市区共建有内审机构156个，内审人员413人，5年中共完成审计项目6107个，纠正各类违纪金额8847万元，促进提高经济效益10734万元，审计网络的整体作用得到较好发挥。

社会审计　至1998年底，直属3个审计事务所共有从业人员35名，其中：注册会计师21人，注册评估师16人，房地产评估师3人。5年共接受社会委托项目5293项，其中：审核基建决算2674项，核减金额1.9亿元。

受表彰情况　市审计局于1997年被评为省审计系统先进集体，1995至1998年连续四年被南通市人民政府评为市级文明单位；有2人受省审计系统表彰奖励，2人获市优质服务标兵称号，10人次受记功奖励，59人次受嘉奖，另有35人次被评为其他各类市级先进个人。

**地址**　南通市青年西路39号
**电话**　0513—3549636
**邮编**　226006　　　　(徐劲松)

**【南通市崇川区审计局】**　到1998年底，共有5人。其中：大专生毕业5人(4人本科在读)；1人高级职称，3人中级职称，局长1人。

审计工作成果　共完成审计项目103个，审计单位135户；完成审计调查4项，调查单位11个；审计金额78787万元。共查出违纪违规金额3900万元。同区纪检、监察、信访等部门配合，查处各种经济案件4起。上缴区财政31万元，共提交审计报告别21篇。

完成区政府交办任务　共完成交办的工作任务15项，审计清理单位1个。

完成上级下达审计任务　共完成审计任务4项，审计单位10个，审计金额24000万元。

**【南通市港闸区审计局】**　到1998年底，共有干部、职工8人。其中：大专生7人，中专生1人；局长1人，副局长1人。

审计工作成果　共完成审计项目81项，其中财政审计13项、固定资产投资审计34项、企业审计8项、行政事业审计24项、其他2项，共查处违法、违纪、违规行为金额1207万元，收缴10万余元。协助纪律检查委员会、监察局、检察院办案7起，审计移送经济犯罪的疑点线索3起。

完成区政府交办任务　共完成区委、区政府交办的工作任务30项。

完成工程专项治理任务　1995年到1998年，共完成工程基本建设专项治理审计任务29项，审计单位58家，报审金额5709.41万元，审定金额5164.57万元，核减544.84万元，平均核减率为9.54%。

**【如皋市审计局】**　到1998年底，共有32人。其中：大学生5人，大专生20人，具有中级以上职称22人，副局长5人。

审计工作成果　共完成审计项目461个，其中：完成市委、市政府交办的任务69项，完成省、市审计机关下达的审计任务84项。完成审计调查20项，调查单位226个；审计金额417200万元。共查出违纪违规金额14769万元。同市检察院、纪检、监察等部门配合，查处各种经济案件15起。处理、调账增加财政收入2648万元，共提交专题审计报告69篇。

重大审计事项　1996年对某厂进行解剖亏损审计，两名经济犯罪被绳之理法。1997年，对某镇违规高息集资专项审计中，挖出了“蛀虫”，2人被判刑。1996年在工程建设专项治理审计中，发现一起窝案，涉及24人。审计机关成为犯罪分子的“克星”。

**【通州市审计局】**　到1998年底，共有29人。其中大学生2人，大专生20人；局长1人，副局长4人。

审计工作成果　共完成审计项目237个。审计单位673户；完成审计调查14项，调查单位148个；共查出违纪违规金额11856万元。上缴市财政644万元。共提交审计工作报告、审计信息207篇，被市委、市政府领导批示和被上级审计机关采用105篇。

完成市政府交办任务　共完成交办的工作40项。

完成上级下达审计任务　共完成审计任务36项。

**【海门市审计局】**　到1998年底，共有28人。其中：大学生1人，大专生18人；局长1人，副局长6人。

审计工作成果　共完成审计项目168个，审计单位836户；完成审计调查22项，调查单位148个；审计金额71628万元。共查出违纪违规金额12927万元。同市纪检、监察、检察、信访等部门配合，查处各种经济案件24起。上缴市财政474万元，共提交审计报告118篇。

完成市政府交办任务　共完成交办的工作任务104项，审计清理单位591个。1996年2月，为配合全市企业改制，共抽调19人，涉及到全市988个单位，历时158天，摸清了企业家底，并严格审计，堵住两亿多公有资产的流失。5年来，共完成工程决算审计项目369个，审计金额33900万元，审减金额3525万元。

完成上级下达审计任务　共完成审计任务118项，审计单位225个，审计金额24315万元。

乡镇审计　共完成审计项目1516个，查出和纠正违规违纪金额1267万元。

**【启东市审计局】**　到1998年，在职职工20人。其中，有大学学历1人，大专10人。中级职称14人。局长1人，副局长4人。

审计成果　共完成审计项目280个。审计单位841户，审计查处违纪金额5120万元，收缴入库654万元，核减基建投资12236万元，查处经济案件4起，涉案25人，追回贪污款36万元。

完成市政府交办任务　共完成交办项目45个。1998年市委决定由审计局牵头组织对全市37个乡镇正职领导1996年至1998年7月任期经济责任进行审计考察。为搞好这次审计，审计局组织了24名审计人员，组成6个审计小组，出色地完成了审计任务。

**【海安县审计局】**　到1998年底，共有39人，其中：大学生7人，大专生19人；局长1人，副局长3人。

审计工作成果　共完成审计项目204个；完成审计调查21项；审计总金额890732万元，查出违纪金额17097万元，收缴县财政1451万元。提交审计报告85篇，被县委县政府领导批示26篇，1996年同级财政审计工作报告被省审计厅评为一等奖。审计信息被上级审计机关和县委县政府录用82篇，其中：审计署办公厅录用1篇，省审计厅录用15篇，市审计局录用48篇，县委县政府录用18篇。

完成县政府交办任务　5年中，共完成交办任务47项。1995年，根据县政府安排，对全县工业和商贸企业全面推行资产负债损益审计，先后组成377个审计检查组，对873户企业进行推磨式检查。审计结果表明，县属国有集体资产流失严重，财务成果严重不实。针对存在问题，分析了7个方面的原因，提出了5条整改意见，随之，县政府出台了一系列相关的财务管理规定、措施。

完成上级下达任务　共完成审计任务157项。

**【如东县审计局】**　到1998年末，共有干部、职工23人。其中：大专以上学历15人；具有高级技术资格的2人，中级技术资格的15人，局长一名，副局长3名。

审计工作成果　共完成审计项目261个，完成审计调查25项。共查出违纪违规金额5737万元，上缴财政金额923.93万元；审计核减基建工程建设投资款2268.4万元；提交专题审计工作报告54篇，报送审计信息179篇，被县委、县政府和上级审计机关及新闻单位采用90篇。

完成政府交办任务　共完成交办的各类审计事项35个，1995年对12个撤并乡镇财务收支和财政决算进行了全面审计，为领导决策提供了依据。

完成指令性审计任务　共完成审计任务45项，审计单位216个，审计建议被采纳86条。1996至1998年，围绕全省工程建设专项治理审计目标和任务，完成工程竣工决算审计项目129个，审计工程建设款40640.88万元，净核减4989.28万元，平均核减率为12.28%，收缴入库238.61万元。

**【镇江市审计局】**　至1998年末，共有69人。其中：大专以上学历61人，具有中级以上技术资格的53人；局长1名，副局长5名，局长助理1名，设有办公室、综合处、人教处、管理处、财政金融审计处、固定资产投资审计处、外资审计处、农业审计处、行政事业审计处、工业交通审计处、商贸审计处、监察室等12个处室。

审计工作成果　共完成审计项目404个，查出违规金额32637万元，增加财政收入6174万元。提交各类审计工作报告和信息475篇，有291篇被批示和不同形式的采用。通过对丁卯桥路的工程决算审计，核减投资1185万元，并带出一起经济大案，在全市引起强烈反响。此外，工程建设专项治理审计、国有大中型企业定期审计、社会保障基金审计等，也为政府决策提供了翔实的资料。

内部审计及社会审计　1998年末全市共建立内审机构84个，配备内审人员273名。1998年末社会审计从业人员36名，5年中共接受社会委托的资产评估、财务收支、验资、基建审计等项目2863个。

受表彰情况　局机关受省审

计厅表彰18次,受市委、市政府表彰7次。并有1人次受到省审计厅表彰奖励,5人次受到市委、市政府表彰奖励。

**地址** 镇江市南门大街36号

**电话** 0511—4426167

**邮编** 212001 (张 乐)

**【镇江市京口区审计局】** 到1998年底,有干部、职工7人。其中:大学生2人,大专生5人;具有中级以上资格的6人;局长1人,副局长1人。

审计工作成果 共完成审计项目41个。审计单位50户。共查出违纪违规金额1558万元。同区纪检、监察等部门配合,查处各种经济案件2起。上缴区财政77万元,共提交审计报告41篇。

完成区政府交办任务 共完成交办的工程建设项目专项治理工作任务32项,完成审计项目投资额3353万元,已审项目原决算金额3135万元,审定实际投资金额2940万元,审计净核减额195万元,查出偷漏税金185万元,通过审计,不仅挽回了国家经济损失,还发现违法违纪疑点3件,有力地促进了建筑领域的廉政建设。1998年对6个单位、部门主要负责人进行了离任经济责任审计。

**【镇江市润州区审计局】** 到1998年底,人员为10人。其中:大专生8人;中高级职称7人;局长1人、副局长3人。

审计成果 共完成审计项目57个,涉及审计单位94家,审计总金额达481706万元;完成审计调查项,涉及审计调查单位63家,审计调查总金额达14604万元;5年来,共查出违纪违规金额1043万元,提交审计综合报告21篇,向被审计单位提出合理化建议107条,上缴财政70万元。共完成工程建设项目竣工决算审计40个,审计送审金额6909万元,核减工程造价249万元。

**【丹阳市审计局】** 到1998年底,共有30人。局长1人,副局长4人。

审计工作成果 共完成审计项目297个,审计单位252户;完成审计调查15项,调查单位152个;审计金额26.8亿元。共查出违纪违规金额15789万元。上缴县财政2876万元,共提交审计报告54篇。

完成市政府交办任务 共完成交办的任务88项,审计清理单位480个。共完成工程决算审计项目240个,审计核减工程造价4552.95万元,核减率为9.01%。

完成上级下达审计任务 共完成省、市审计机关下达的审计任务186项,审计单位221个,审计金额23.1亿元。

**【扬中市审计局】** 1998年共有干部、职工20人,其中:本科生6人,大专生9人,高级职称2人,中级职称12人,局长1人,副局长2人。

审计成果 共完成审计和调查项目170个,其中:上级审计机关下达必审项目37个,市政府交办项目40个,自定项目93个。共查处违纪违规金额8009万元,上缴财政1947万元,减少财政拨款或补贴金额1863万元,向纪检、监察、司法机关移送经济嫌疑案件线索6件,移送处理8人。参加市财务、税收、物价三大检查暨整顿会计秩序工作,重点抽查98个单位。向被审单位提出审计建议466条,被采纳70%以上;向市政府和上级审计机关提交各类审计情况报告99篇,被市领导批示31篇;撰写审计论文、信息、宣传等稿件442篇,被采用290篇。在工程建设专项治理工作中,开展基建决算审计项目103个,送审工程造价总额27593.61万元,核减虚报冒估金额2884.99万元,核减率达10.5%。

**【句容市审计局】** 到1998年底,共有46人,其中:大学生2人,大专生21人,具有中级以上技术职称的24人;局长1人,副局长3人。

审计工作成果 共完成审计项目142个,审计单位633户;完成审计调查27项,调查单位314个;审计金额266438万元。共查出违纪违规金额6289万元。上缴市财政582万元,提交审计工作报告、信息及审计论文295篇,为社会稳定发挥了作用,为经济建设做出了贡献。

完成市政府交办任务 共完成交办的任务69项。1994年对12家市属重点企业进行了审计,摸清了企业家底。完成工程建设专项治理竣工决算审计项目69个,投资总额10654.52万元,审计净核减604.81万元。还完成基建审计项目172个,审计资金总额19767.47万元,净核减2174.45万元,维护了国家利益。

**【丹徒县审计局】** 到1998年底,共有22人。其中:大学1人,大专16人,局长1人,副局长3人。

审计工作成果 共完成审计项目161个,审计单位222户,共查出违纪金额6007万元,上缴县财政668万元,共提交审计报告、信息及论文305篇,被县级以上党政部门、审计部门采用202篇次,被领导批示30篇次。

完成县政府交办任务 1997年抽调12人次参与39家企业资产重组评估,开展预算外资金检查,对4个事业单位撤并资产进行确认,完成30家"三大检查"任务,为企业改制、机构改革工作打下了基础。1997年成立了固定资产投资科,截止1998年底共完成工程决算审计项目92个,审计金额11504.01万元,核减金额

671.40万元。1998年对投资额在50万元以上的27个基建项目开展审计，总金额4425万元，净核减174万元，为建设单位节约资金161多万元。

完成上级下达审计任务　共完成审计任务34项，查出违纪金额4259万元。

**【常州市审计局】**　到1998年末，共有73人。其中大专以上学历55人；具有中级以上技术资格的61人；局长1名，副局长4名。下设办公室、人教处、综合处、法规处、财政审计处、金融审计处、行政事业审计处、农业水利审计处、工业交通审计处、商业贸易审计处、固定资产投资审计处、外资审计处、审计管理处等13个处室和审计事务所、基建审计事务所、破产清算审计事务所等机构。另设纪检组、监察室。

审计工作成果

(1994年至1998年)

| 指标<br>单位 | 审计单位(个) | 违规行为金额(万元) | 促进增收节支(万元) | 上缴财政金额(万元) | 移送案件(起) | 审计报告信息被批示采纳(篇) |
|---|---|---|---|---|---|---|
| 合　计 | 2452 | 129169 | 23076 | 36853 | 6 | 751 |
| 市　局 | 969 | 78984 | 14232 | 27828 | 3 | 390 |
| 武进市 | 386 | 7219 | 1888 | 1954 | | 85 |
| 金坛市 | 539 | 24561 | 2418 | 3014 | 3 | 87 |
| 溧阳市 | 258 | 5956 | 2352 | 1476 | | 109 |
| 郊　区 | 118 | 3501 | 1031 | 225 | | 30 |
| 钟楼区 | 31 | 569 | 434 | 12 | | 4 |
| 天宁区 | 47 | 3995 | 382 | 32 | | 9 |
| 戚野堰区 | 58 | 787 | 339 | 69 | | 37 |
| 新　区 | 46 | 3597 | | 2243 | | |

完成地方党政交办任务　共完成任务585项。1998年常州市召开查处7起大要案总结表彰大会，审计机关有4个专案审计组荣立集体三等功。1996年对市工程建设项目进行专项治理审计工作，共审计820个项目，总投资金额41.64亿元，核减高估冒算26904万元，核减挤占工程成本2819万元。在1998年全国粮食财务挂账清查审计中，核减粮食企业财务挂账10271万元，查出违纪问题7009万元，被评为省先进集体，1人受到审计署表彰。

审计科研成绩显著　5年中共撰写审计论文280篇，被省级以上采用64篇；有8篇获优秀论文奖。同时推出审计论文集5本；出版审计专著2本。

内部审计　到1998年，内部审计机构有309个，内审人员1314名。总结推广的价格审计在1998年全国内审研讨会上论文交流获一等奖。

社会审计　共接受社会委托项目22217项，其中财务收支1344项；验资、年检15736项，资产评估710项；基建预决算验证2735项；核减基建预决算金额43667万元。

机关建设和受表彰情况　局机关和机关党支部历年来均被评为市级文明单位和先进党支部；1996年市政府开展"公仆杯"竞赛，局机关两年获优胜奖，一年获铜杯奖；1998年被市政府授予目标管理服务奖；1994年至1998年期间先后受审计厅表彰23次，有1人次受审计署表彰，有4人次受省审计厅表彰，25人次受市委、市政府表彰奖励。

**地址**　常州市大观路10号
**电话**　0519—6619008
**传真**　0519—6619000
**邮编**　213003　(姚留庆)

**【常州市钟楼区审计局】**　1998年底，审计干部4人，文化程度全部达到大专。局长1名，副局长1名。

审计工作成果　共完成审计项目35个，查出违纪违规金额120万元，上缴同级财政13万元，提交审计报告8篇。协同纪检、监察部门查处经济案件3起。

按时完成工程建设项目专项治理工作　按照全省抽调专业人员6人，审计23个工程项目，审计资金总额19824万元，核减工程造价630万元，收缴违纪资金6万元，留给建设单位资金624万元。

对街道办事处的财务收支状况进行全面调查　1998年，完成了对全区8个街道办事处1997年度及1998年1至10月财务收支情况的审计调查，审计资金总额2800万元，清理出有问题资金700万元，向区政府提交审计调查报告1篇，受到了有关部门和领导的高度重视。

**【常州市天宁区审计局】**　到1998年，共有干部5人，其中：大学本科1人，大专生2人。局长1人，副局长1人。

审计工作成果　共完成审计项目62个。审计单位100个；完成审计调查1项，调查单位6个。共查出违纪违规金额3995万元，上缴区财政19万元，共提交审计报告50篇。

完成区政府交办任务　共完成交办的工作任务21项。

完成上级下达审计任务　共完成审计任务3项，审计单位5个。

**【常州市戚墅堰区审计局】**　到1998年底，人员有5人。其中：大专学历2人。设副局长2名。

审计工作成果　共完成审计项目47个，审计单位80户；完成审计调查19项，调查单位39个。共查出违规违纪金额646万元，上缴财政69万元。共提交审计报告47篇，调查报告17篇。

完成上级下达的审计任务　共完成审计任务16项。其中：从1997年到1998年，完成了专项治理审计任务15项，送审金额3670万元，核减金额293万元，核减率7.99%。

完成区政府交办项目　共完成区政府交办审计项目17项，审计单位39个。从1997年起，对由区财政拨款的列入区政府"为民办理实事”的工程项目全部进行工程预决算审计和工程财务收支审计。两年来,共完成审计项目5项,送审金额607万元,核减金额80万元,查出违规违纪金额12万元。从1997年开始,对区行政事业单位领导离任进行经济责任审计。到1998年底,共完成干部离任经济责任审计6项,查出违规违纪金额86万元。

**【常州市郊区审计局】** 到1998年底,共有8人,其中:大专生6人;局长1人。

审计工作成果 共完成审计项目121个,其中审计调查项目1个;基建竣工决算审计77个;财务收支审计30个;经济责任审计5个;专项审计2个;资产、负债和损益审计6个。审计总金额241400.71万元,查出违纪违规金额3775.97万元,上缴财政224.79万元。同时与区纪检、监察、法院等部门配合,查处经济案件2起,其中对某信用社的经济案件审计查证长达8月,审计组的出色工作被市委、市政府荣记“集体三等功”一次。几年来共完成区委、区政府交办项目12项。主要是企业、事业单位领导干部的离任经济责任审计。

**【常州市新区审计局】** 到1998年底,有干部3名。其中:大学本科1名,大学专科2名,具有中级以上技术资格的2名。

审计工作成果 截至1998年,共完成审计项目51个,查出违规金额3597万元,应上缴财政2247.4万元,积极完成新区政府交办的审计项目。

财政决算审计 1998年完成“上审下”审计项目2个。共查出违规金额2780万元,其中决定处理处罚557万元,指明要求纠正2223万元,应上缴财政2130万元,已上缴263万元。

行政事业单位审计 两年完成财务收支审计、资产负债损益审计、专案审计等项目22个,查出违规金额111万元,上缴财政90万元。

专项治理工程建设项目审计 两年完成工程建设专项治理审计40项,送审金额40456万元,审计核减金额706万元,纠正了一批工程建设中的违规违章问题。

固定资产投资审计 两年共完成固定资产投资开工前审计61项,使符合产业政策的项目能尽快开工。

**【金坛市审计局】** 到1998年底,共有21人。其中本科生1人,大专生15人;局长1人,副局长1人。

审计工作成果 共完成审计项目243个,其中审计调查2个,审计总金额141.69亿元,促进增收节支644.71万元,上缴市财政2100万元,共提交审计报告243篇。1997年—1998年提交审计工作报告、信息、论文共75篇,被批示、采用60篇。

完成市政府交办任务 共完成交办的工作任务98项。1996年,审计局和市专治办协作,对34个工程建设竣工项目(11个工程决算审计项目,23个专治基建财务项目)进行了专项治理审计,审计总金额5915.68万元。在社会中介组织和有关部门已审计核减3507.57万元的基础上,又审计核减了1019.25万元(其中:核减高估冒算392.76万元,核减挤占工程成本626.49万元),核减率达21.28%,个别项目核减率达36%。

1998年,完成了金坛市政府交办的34位党政、部门和单位主要领导干部任期内经济责任审计,向被审计单位、组织部门提交审计工作报告、意见书49篇,共审计单位461个,审计金额475358万元,调整资产负债7905万元,调整净资产22826万元,调整收入1674万元,调整支出7784万元;查出违规金额26379万元。查出主要问题:收入不实979万元,有账无实130万元,虚增利润3252万元,虚减利润382万元,潜盈348万元,潜亏16509万元。

完成上级下达审计任务 共完成审计任务148项,审计单位293个,审计金额1416948万元。

**【溧阳市审计局】** 到1998年底,共有26人。其中大学生5人,大专生13人;局长1人,副局长3人;具有高级职称1人,中级职称22人。

审计工作成果 共完成审计项目199项(按每年完成计划项目及开工前审计项目计算),其中完成上级下达项目26项,政府交办项目24个,查出违规金额1.8亿元(含邗江粮食审计),其中应上缴财政1438.7万元,参预经济案件查处工作9起。

完成市政府交办任务 共完成工作任务48项。如:预算外资金检查、减轻农民负担情况检查等。1998年1月,根据市委、政府要求,对8个乡镇的领导班子业绩进行了审计,为市委、市政府的干部任用提供了依据。从1995年开始,至1998年底,共完成工程决算审计项目55个,审计金额1.53亿元,审计核减2478.6万元。

**【武进市审计局】** 到1998年底,人员为24人,其中:大学生1人,大专生15人;局长1人,副局长3人。

审计工作成果 共完成审计项目521个、审计调查10项,审计总金额287672万元,共查出违规金额20760万元。同市纪检、监察、信访等部门配合,查处经济案件8起。上缴市财政2443万元,提交审计报告和信息204篇。

完成市政府交办任务 共完成任务159项。1996年3月,在对某企业解剖亏损原因的审计调查中，查出企业实际亏损64万元，及时将经济案件疑点线索移交纪委、检察等部门，揭穿了一个涉及违法违纪人员10余人、违纪金额40万元的案子。1998年对56家乡镇党委、政府和市级机关部门“一把手”进行了离任审计，给予客观公正的评价，有19名干部因任期内政绩突出被提拔使用或交流至重要岗位。1997—1998年，对53家重点镇办企业进行审计，查处违规行为金额130万元，促进了乡镇企业的健康发展。

完成上级下达审计任务　共完成审计任务297项，查出违规行为金额7001万元。

**【无锡市审计局】**　1998年，人员为76人。其中：研究生1人，本科生17人，大专生39人；高级职称6人，中级职称51人；局长1人，副局长2人。设有办公室、财政金融审计处、行政事业审计处、商贸审计处、工交审计处、固定资产投资审计处、外资审计处、人教处、综合处、审计管理处等处室。

审计工作成果　共完成审计项目828个，完成审计调查31项，审计327个单位；共查出各类违纪违规金额9.10亿元，增加财政收入1.05亿元，减少财政拨款和补贴6071万元，追缴被侵占挪用的专项资金3281万元；提交审计报告、审计信息533篇。1995年，省委、省政府记集体一等功；1996年无锡市第二届“金桥奖”金奖、1997年无锡市先进集体；1993—1996年，江苏省审计系统先进集体。

财政审计　共纠正隐瞒截留预算收入、虚列支出、预算内转预算外等违纪违规金额10784万元，增加财政收入4705万元。5年来，对教育资金、水利资金、城建资金、职工养老金、职工医疗保险基金、住房基金等37项(次)专项资金和社会公共资金进行了审计，审计资金总额达89.16亿元。

固定资产投资审计　共对398个基建项目进行了审计，审计基建投资总额33.32亿元，核减投资2.22亿元，同时加大了对政府投资项目的审计力度，对贡湖水厂、大会堂、重点路桥建设项目等实施了跟踪审计，为政府节约了大量建设资金。

企业审计　共对177家企业进行了审计，查出偷漏税收、虚盈实亏、做假账等各类违规金额9030万元元，增加财政收入1492万元，向企业提出各类建议千余条。1998年，市人大根据《审计法》制定的《无锡市国有企业领导人员离任审计条例》的实施，使企业审计进一步向纵深发展。

大案要案审计查证　几年来参与了新兴实业公司、金城交易中心无锡分公司、江阴长山石油公司等15个经济大案要案的审计，在专案审计中，审计人员通过极其艰苦的审计查证，为纪检司法部门提供了大量的重要经济案件线索和证据材料。在对新兴实业公司非法集资案的审计中，审计人员对12万张原始凭证逐步鉴别，从6万多笔业务中整理出48万多个数据，重建会计账本40多册，建立各类案卷981卷、5千余份审计工作底稿和上千份审计表式，并进行分析、汇集，终于查清了新兴公司非法集资32.15亿元，造成直接经济损失10.67亿元的事实。被江苏省委、省政府授予集体一等功，23人受省委、省政府记功、嘉奖奖励。

**地址**　无锡市复兴路125号
**电话**　0510—2726582
**邮编**　214001　　　　(高　布)

**【无锡市崇安区审计局】**　1998年末干部人数4人，其中：大专学历以上3人，具有高级职称的1人，中级职称的3人。正副局长各1人。

审计工作成果

(1994年至1998年)

| 年份 | 审计单位(个) | 审计余额(万元) | 违规行为金额(万元) | 挽回经济损失金额(万元) | 上缴财政金额(万元) | 审计报告及信息批示、采纳(篇) |
|---|---|---|---|---|---|---|
| 1994 | 4 | 682 | 7 | | | |
| 1995 | 4 | 3348 | 95 | | | |
| 1996 | 11 | 7334 | 20 | | 1 | |
| 1997 | 15 | 21130 | 855 | | 1.4 | |
| 1998 | 13 | 22072 | 1552 | 399.5 | 1.6 | 3 |
| 小计 | 47 | 54566 | 2529 | 399.5 | 4 | 3 |

完成区政府下达的审计任务　共完成了21个单位、部门的主要负责人的离任审计。完成工程建设专项治理审计项目6个，审计金额10748万元，审减金额399.5万元。区长曾说过这样一句话：我最信得过的是审计局提供的数据。

**【无锡市北塘区审计局】**　到1998年底，共有干部、职工5人，局长1名，副局长1名，大专以上学历3人，具有中级以上技术资格4人。

围绕重点、热点、难点开展审计　1994年10月，对无锡新兴实业公司的发源地北塘区惠山街道进行了全面审计，为最终查清无锡新兴实业公司非法集资特大经济案件作出了贡献。1997年，根据区委、区政府指示，对星晨实业总公司及下属4家单位实施审计，经过长达半年之久的查证工作，最后挖出了犯罪分子，为公司挽回了部分损失。

完成审计项目情况　完成交办的各类审计项目39项，查处违纪违规金额4261万元，增加区财政收入221万元，核减基本建设项目中高估冒算金额820万元。

**【无锡市南长区审计局】**　1997年，核定机关行政编制为6名，局长、副局长各1名。

审计成果　共完成审计项目63个，审计单位102户；审计调查

3项，审计调查单位7个；审计资金总额119389万元；共查出违规行为金额10265万元；上缴财政196万元；减少财政拨款193万元；促进增收节支160万元；提交审计信息31篇。会同纪检、检察等部门，查处各类经济案件5件。

完成区政府交办任务　共完成政府交办的审计项目22项，审计清理单位54个。共完成工程决算审计项目19个，审计投资总额4877万元，审减金额577万元。

完成上级下达的审计任务　共完成审计任务32项，审计单位33个，审计资金总额30837万元。

**【无锡市马山区审计局】**　至1998年，共有10人。其中：大专以上学历8人，具有中级以上技术资格6人。局长1名，副局长2名。

审计工作成果　共完成审计项目30个。审计单位35个，审计金额31472.56万元。共查出违纪金额4916.78万元。同区纪检、监察等部门配合，查处各种经济案件2起。上缴区财政34万元，共提交审计报告30篇。

完成区政府交办任务　共完成任务5项，审计清理单位5个。

完成上级下达审计任务　共完成审计任务252项，审计单位30个。

**【无锡市郊区审计局】**　1998年底，有干部3人。其中：大专文化程度2人；局长1人，副局长1人。

审计成果　共完成审计项目25个，审计单位147户。审计金额82966万元，共查出违纪违规金额3447万元。

完成政府交办任务　共完成交办的工作任务10项。1995年，参与查处新兴实业公司非法集资案，涉及几十个单位近亿元资金，为维护稳定作出了贡献；1995年完成区综合科技大楼的工程竣工决算审计，，审计核减工程款445.2万元，核减率为20.87%，1997年完成西郊影城的工程决算审计，为区政府节减投资1296.3万元。

完成上级下达审计任务　共完成审计任务15项，审计金额66170万元。

**【江阴市审计局】**　到1998年底，共有22人。其中：大学生4人，大专生9人，局长1人，副局长3人。

审计工作成果　共完成审计项目205个。审计单位450户；完成审计调查12项，调查单位85个；共查出违纪违规金额28845万元。同市纪检、监察、检察、公安等部门配合，查处各种经济案件16起，上缴市财政1248万元，共提交审计报告206篇。共完成市委、市政府交办的工作任务104项，审计单位155个。1996年到1998年为配合全市机构改革，企业改制，参与并负责江阴市工商企业清产核资小组，涉及到全市185个单位摸清了企业家底。同时，实施财政同级审，规范财政管理。

认真实施　审计局会同市三产办，抽审了43个市级机关办经济实体。

专案审计　无锡新兴公司投机倒把案是一个危害很大、涉及面很广、影响很深远的经济案件。江阴是"重灾区"。1994年8月市审计局由局长带领，对江阴市120个一级单位、210个二级单位非法集资12.62亿元的情况进行了认真的清理，数据核实达到百分之百准确，做到不错账、不漏账，为清退工作打下了基础。在清退工作中成绩出色，江阴市审计局被江苏省委、省政府命名为集体二等功，杨金龙同志荣立了三等功，朱吕园同志受到嘉奖。

1997年下半年，市审计局配合纪检、检察机关，对江阴市城西工业供销公司、港隆集团公司等4个企业的社会集资进行了清理。查清了上述企业非法集资2.15亿元及资产、盈亏情况，为社会集资清退、兑现提供了确切依据，并清查出多发奖金、多结算集资利息90多万元，减少了企业损失。有二名犯罪分子受到了法律的制裁。

粮食财务挂账审计　1998年5月，全局统一调度，集中组织了14名审计人员组成的审计小组，对武进市粮食局和56个乡镇粮管所，财政局、农业发展银行进行粮食财务挂账清查审计。审计查出武进农发行违规占用粮食贷款总额868万元，核减新增财务挂账564万元，粮食企业自行挤占挪用贷款总额527万元等问题，提出了合理化的审计建议，马锡树、于晓芳被江苏省审计厅评为粮食财务清查审计先进个人。

**【宜兴市审计局】**　到1998年底，共有27人。其中：大专生18人，在读本科生1人，在读研究生2人；局长1人，副局长2人；具有高级职称的1人，中级职称的19人。

审计工作成果　共完成审计项目240个，查出违纪违规金额14422万元。会同市纪检、监察等部门，查处各种经济案件16起。上缴财政3688万元。1996年成立基本建设审计科，几年来共完成基建审计项目150多个，审计总额9.5亿元，核减1.2亿元。

完成市政府交办任务　共完成交办项目97项。1998年开始对党政府领导干部实行经济责任审计，目前，已完成24个审计项目(16个乡镇，1个企业，7个机关部门)。

**【锡山市审计局】**　到1998年底，共有89人，其中：大学生7人，大专生50人；局长1人，副局长2人。

审计工作成果　共完成审计项目227个，审计单位602个，查出违规违纪金额26362万元，增加财政收入2117.79万元。在江苏省审计系统评比中，被评为"1995—1997年度省审计系统先进集体"。

完成市政府交办任务　共完成交办的工作任务92项。1995年，对市内12家行政事业单位所属80个经济实体的经营效益及资产负债情况进行了审计。1997年清理杨市钢铁厂债权债务，审计人员奔赴全国16个省市300多个单位，对全部往来款项进行清理核对，为司法部门办案提供了第一手资料。1998年配合企业转制，完成了大量企业资产负债真实性审计，促进了全市企业转制的进程；同年完成了18个市管领导干部的离任审计。

完成上级审计机关下达的任务　共完成省、市审计机关下达的审计任务63项。

队伍建设　1997年10月在全市六个片成立了审计所。作为市审计局的派出机构，审计所经费列入市财政预算，人员由市审计局统一调配，在乡镇开展审计工作。

**【苏州市审计局】**　到1998年末，实有人数80人。其中，大专以上学历63人；具有中级以上职称56人；设局长(党组书记)1名，副局长3名，总审计师1名。下设办公室、人事教育处、纪检监察室、综合处、法规处、审计管理处、财政审计处、金融审计处、行政事业审计处、工业交通审计处、商贸审计处、外资审计处、固定资产投资审计处、农业审计处14个处室。

企业审计　共对1412个单位实施审计，其中，涉及交办任务、指令性审计任务、自定项目审计任务单位数分别为351个、258个、803个。审计工作成果：(1994年至1998年)

| 年度 | 审计单位(个) | 违规行为金额(万元) | 上缴财政金额(万元) | 审计报告信息被批示采纳(篇次) |
|---|---|---|---|---|
| 1994 | 257 | 5126 | 2843 | |
| 1995 | 256 | 10301 | 3239 | 113 |
| 1996 | 319 | 11726 | 4335 | 119 |
| 1997 | 435 | 18927 | 4696 | 55 |
| 1998 | 136 | 53348 | 5084 | 127 |
| 合计 | 1412 | 99428 | 20197 | 405 |

内部审计及社会审计　1998年末苏州市建立内审机构73个，配备内审人员90人。社会审计1998年末共有从业人员142人，完成各类委托项目4776项。

受表彰情况　1995年到1996年被评为市级机关先进党支部；1997年到1998年苏州市委授予先进基层党组织；5年来，受审计署表彰2次，受审计厅表彰30多次，有1人次受审计署表彰，6人次受审计厅表彰。

**地址**　苏州市三香路180号
**电话**　0512—8610046
**传真**　0512—8610018
**邮编**　215004　　(陈鼎昌)

**【苏州市沧浪区审计局】**　至1998年底，实有在编干部4人，长期借用干部2人。其中：大专生4人；局长1人。

审计工作成果　共完成审计项目142个。完成审计调查24项；审计金额171600万元。共查出违纪违规金额290万元，上缴区财政181万元。同区纪检、监察、信访等部门配合，查处各种经济案件9起。共提交审计报告142篇。

完成区政府交办任务　共完成交办审计任务105项，审计参与清理党政机关经商办企业单位502个。5年来，借聘专业技术人才9人，对区属基建工程竣工决算730个项目进行审计，审计金额38483.97万元，审计核减金额4062.30万元。

完成上级下达审计任务　共完成审计任务37项，审计单位78个，审计金额65900万元。

**【苏州市金阊区审计局】**　到1998年底共有干部6人，其中：大专以上学历4人，具有中级以上技术职称的5人；局长1名，副局长1名。

审计成果　审计单位48个审计调查2项，调查单位2个，审计资金总额35651万元，其中查出违纪违规金额473万元；上缴财政170万元；配合区纪检、监察、检察院、法院等部门查处各种经济案件4起；完成区政府交办的各类审计任务16项，审计单位99个。审计各类基建工程项目309个，审计金额30901万元，核减金额4356.87万元。提供审计报告、信息70篇。

**【苏州市平江区审计局】**　到1998年底，共有6人，其中：本科生1人，大专生3人，局长1人。

审计工作成果　共完成审计项目57个，审计单位78户，共查出违纪违规金额431万元，上缴区财政133万元。会同区纪检、监察部门，查处经济案件2起。共提交审计信息47篇，被本级政府和上级机关采用15篇。

完成区政府交办任务　共完成交办任务25项，审计单位46户。1998年，因部分企业社会集资问题引起不安定。审计局对4个集资规模较大企业进行了审计，弄清了8500万元集资款总额和用途，并发现了一些违规线索，为领导决策提供了依据。

完成上级下达审计任务　共完成审计项目28个，审计单位32户。

**【苏州市郊区审计局】**　到1998年有干部、职工7人，其中研究生1人，大学、大专以上学历4人，具有中级以上技术职称5人；局长1人，副局长2人。

审计工作成果　共计完成审

计项目209项，审计单位286个；完成审计调查事项12项，调查单位28家；审计金额166200万元，审计查出违纪违规金额1294万元，经审计处理、处罚，上缴区财政208.6万元；提交各类审计报告234篇、信息65篇，被政府领导、上级审计机关采纳、批示36篇；配合区纪检、监察机关查处各类经济案件3起。

完成区委、区政府交办任务　共完成交办审计事项148个，占审计项目总数71%。共完成工程决算审计项目448个，审计金额43900万元，核减工程不实造价5214万元，平均核减率11.8%。

完成上级审计机关交办任务　共完成上级审计机关下达的审计任务61项，审计单位86家，审计金额34160万元，经审计查处，上缴区财政违纪金额198.6万元。

**【苏州新区审计局】**　到1998年，共有干部、职工28人。其中：大学本科生1人，大专生6人。

审计工作成果　自1995年到1998年，共完成审计项目85个，其中，政府交办项目36个，共查出违规违纪金额4244万元，上缴财政金额96万元，移交本级纪委案件1项。审计报告信息被上级领导批示采纳5篇。

**【常熟市审计局】**　到1998年底，共有29人。其中大学生6人，大专生18人；局长1人，副局长2人。

审计工作成果　共完成审计项目243个。审计单位632户；完成审计调查21项，调查单位78个；共查出违纪违规金额18202万元。同市纪检、监察、公安等部门配合，查处各种经济案件8起。上缴市财政6146万元，共提交审计报告30篇(只指审计调查)。

完成市政府交办任务　共完成交办的工作任务41项。1996年，根据市委、市政府部署，市审计局组成专案审计小组，以本市建国以来最大的两起非法集资案进行审计查证。两个专案的审计历时10个月，查明了“两案”非法集资的规模以及涉案人在非法集资和购销活动中所造成的损失的情况，为案件的侦查，结案和清算提供了翔实的事实依据。在1996年开展的对“110千伏”输变电工程审计和1998年实施的“北三环线工程”审计中，两项基建审计共核减国家建设投资3300多万元。

完成上级下达审计任务　共完成省、市审计机关下达的审计任务149项。

**【张家港市审计局】**　到1998年底，人员为24人。其中：大专以上学历19人；具有中级以上技术资格的19人；局长1人，副局长4人。

审计工作成果　共完成审计项目345个，审计单位725户。完成审计调查15个，调查单位155个。查出违纪违规金额18891万元，上缴财政2048.59万元。同市纪检、监察、公安、信访等部门配合，查处各种经济案件15起。共提交审计报告、审计信息250篇，被中办、国办、审计署和省市领导批示及内刊采用230余篇(次)。

完成市委、市政府交办任务　共完成交办任务145项。1995年，受市委、市政府委托，对总投资达3亿元的张杨公路进行财务收支和基建工程决算审计。审计局组织了局所30余位骨干力量，调集10多台动力设备，连续11天现场勘察、测算，反复审核分析，核减工程决算金额5990.26万元，核减率达30.5%。1996年，该局接受委托，对已由某中介机构审计过的梁丰高级中学进行复审，审计人员顶着重重压力，克服重重困难，在原审计结果的基础上又核减工程造价154万元，为国家节约了建设资金。市委充分肯定了审计成果，并在全市大会上明确要求，市政府批转有关文件：作出“凡50万元以上的基建项目都要到审计局审计”的规定，从而扩大了审计工作的社会影响。

镇级审计　至1998年底，全市26个镇全部建立了审计机构，审计人员38名。共对3790个项目进行了审计，查出损失浪费金额2618万元，促进增收节支金额4863万元；移送司法机关案件28件；提出审计建议意见被采纳1153条，在促进乡镇企业经营管理，提高经济效益，加强廉政建设等方面发挥了积极作用。

**【太仓市审计局】**　到1998年底，共有25人，其中：大学生7人、大专生15人；局长1人，副局长4人。

审计工作成果　共完成审计项目258项，其中：省、市审计机关下达的审计任务128项，审计调查15项，共查出违纪违规金额9840万元，直接增加财政收入2833万元，共提交审计报告63篇，审计信息125篇。配合市检察、纪检、监察、信访等部门，查处各种经济案件6起。

完成市政府交办任务　共完成审计项目49项，其中：企业法定代表人经济责任离任审计15项，为组织部门管理、考察、使用干部提供依据。

**【昆山市审计局】**　到1998年底，共有50人，其中：本科7人；大专26人；具有高级职称1人，中级职称23人。局长1人，副局长3人。

审计工作成果　共完成审计及审计调查项目371项，涉及被审计单位376家；查出违纪违规金额24983万元；收缴增加政府财政收入3440万元，提交各类审计报告及审计信息422篇，被各级刊物、新闻媒体采用的390篇(次)。

完成政府交办项目　共完成本级政府交办审计及审计调查项目220项。

完成上级下达审计任务　共完成上级下达审计项目151项。

**【吴江市审计局】**　到1998年底,共有24人。其中:大学生5人,大专生11人;局长1人,副局长4人。

审计工作成果　共完成审计项目227个。审计单位466户;完成审计调查17项,调查单位136个;共查出违纪违规金额5432万元。同市纪检、监察、检察等部门配合,查处各种经济案件12起。上缴市财政1753万元,共提交审计报告197篇。

完成市政府交办任务　共完成交办的工作任务54项。1998年,组织力量参与企业改制工作,对92户改制企业开展了资产评估,评估总资产4.45亿元,为企业改制工作的顺利开展打下了基础。

完成上级下达审计任务　共完成省、市审计机关下达的审计任务153项。审计单位386个。

**【吴县市审计局】**　到1998年底,实有人数27人。其中:大学生5人,大专生18人;局长1人,副局长4人。

审计工作成果　共完成审计项目344个。审计单位497户;完成审计调查12项,调查单位108个;共查出违纪违规金额8571万元,收缴入库2250万元,共提交综合审计报告与审计信息253篇。

完成市政府交办任务　共完成交办的工作任务102项,其中,完成对市属工业企业法人代表离任审计25项,通过离任审计,为市委、市政府和组织人事部门考核任用干部提供了依据。截止1998年底完成了对太湖大桥、环太湖公路、热电厂等市重点工程项目审计和抽审了118项社会中介机构审计的项目,审计金额27500万元,审减金额3840万元,严格规范了全市工程建设项目的审计制度。

完成上级下达审计任务　共完成上级审计机关下达的审计任务153项,审计单位292个。

## 浙江省

**【浙江省审计工作简述】**　5年来,全省95个审计机关,现有审计人员2140人,其中,厅本级159人;从整体看,全省审计系统注重综合素质的培养和提高,年龄结构日趋合理,文化程度普遍较高,具有大专以上学历的有1485人,占现有人数62%;整体素质良好,有党员1291人,有中级以上职称资格人员达1277人,分别占现有人数的54%和53%。

审计成果综述　5年来,全省共审计单位2.38万个,查出各类违纪金额279亿元,应上缴财政金额38亿元,应减少财政拨款或补贴及追回被侵占挪用资金21亿元,促进增收节支1亿元,对有关严重违纪单位处以罚款5621万元,合计增收节支60.56亿元。向司法机关移送案件130件,向各级党政领导部门提交审计工作报告或信息16278篇(次)。

**【浙江省审计厅概况】**　1995年机构改革后,浙江省审计局更名为浙江省审计厅。厅内设有办公室、综合处、法规处、财政审计处、金融审计处、农业审计处、行政事业审计处、工业交通审计处、商贸审计处、固定资产投资审计处、外资运用审计处、审计管理处、人事教育处等13个职能处室和机关党委、监察室。直属事业单位有审计科研所、审计事务所。

厅领导成员

厅(局)长

张升耀(1995年4月止)

陈正兴(1995年4月起)

副厅(局)长

陈正兴(1995年4月止)

邹兆学(1998年4月止)

盖有杰(1991年5月起)

姚世新(1995年9月起)

赵国明(1997年12月起)

唐锡表(1997年12月起)

孙永珍(1998年8月起)

纪检组长

盖有杰(1994年11月止)

施载春(1994年11月起)

总审计师　赵国明(1995年9月至1997年12月)

本级预算执行审计　1995年至1998年,全省财政同级审共审计单位3837个,审计总金额1326.49亿元;查出违规资金37.59亿元;通过审计处理,可增加财政收入8.32亿元;减少财政支出3959万元;减少财政拨款3341万元。每年及时向政府提交审计结果报告,并受本级政府委托向人大常委会提出审计工作报告。与此同时,加大财政决算审计的力度,还先后对全省预算外资金、财政周转金、财务开发公司等进行了全面而有重点的审计。特别是1998年,全省对617个乡镇的财政收支审计中发现乡镇财政隐性赤字严重的问题。引起了省政府的高度重视,省府办公厅专题向全省发出通报。

企业审计　结合全省企业审计的实施情况,1995年提出了“适应当前企业审计的三个变化,逐步对企业建立分类定期审计制度,突出处理好三个关系”的企业审计总体思路。在此基础上,1998年,全省各级审计机关开始逐步改变过去的“轻车熟路”查违纪的思维定势,积极参加审计署提出的开展企业财务收支真实性审计试点工作。基本做到了审一家，规范一家，成果巩固一家。5年来，先后对邮电、电力、烟草、交通、医药、石油、农资等行业的企业进行了重点审计，还对股份制企业进行了审计探索。特别是1996年开展全省经委系统国有工业企业负担状况的审计调查，审计成果被国务院治理企业“三乱”全国电视电话会议上所引用。全省商品流通领域企业从事期货交易情况的审计调查，查出期货交易净亏损5.2亿元的事实，被新华社《国内动态清样》采用，审计署据此加按语转发全国各省(市)审计机关，要求各地认真借鉴。1998年，全省组成千人审计大军，历时3个月，对粮食系统财务挂账进行了规模空前的清查审计，得到了审计署和省政府的充分肯定。

领导干部经济责任审计 1995年以来，全省各级审计机关陆续开始积极稳妥地探索对领导干部经济责任审计工作。通过审计，努力做到了客观公正、实事求是地反映领导干部的经济责任，协助党政领导部门对有关部门、单位主要负责人的德、能、勤、绩进行量化考核。1996年，省厅进一步加强了调研，总结了全省各级审计机关的成功经验，向省委、省政府提供详细资料和依据，省委、省政府及时出台了《浙江省领导干部经济责任审计办法(试行)》，使领导干部经济责任审计工作逐步走向规范化。1997年，全省各级审计机关进一步共同努力，以实践促规范，把该项开创性工作引向了深入。省人大常委会颁布了《浙江省国有企业经理、厂长离任经济责任审计条例》，从而使浙江省的领导干部经济责任审计制度日趋完善，促进了廉政建设。据不完全统计，1997年以来，全省对领导干部和国有企业厂长经理经济责任审计达2546项，其中，省厅对33名厅级领导干部进行了经济责任审计。

行业同步审计 5年来，金融审计已从单纯的财务收支审计拓展到资产、负债、损益的真实、合法和信贷资产质量等方面，根据审计署的统一安排，先后组织了对工商银行、中国银行、农业银行、中保财险和人寿保险公司的审计，还对全省的信托投资公司、证券公司、城市信用社进行了审计和审计调查。固定资产投资审计实施了基建项目的全过程审计，并开始向投资效益和投资管理方面延伸，先后组织了对杭甬高速公路、北仑电厂、嘉兴电厂、台州电厂、南排水利工程、安居工程、“四自”公路等大型重点建设项目的在建、竣工项目的审计。农业、行事审计突出了涉农资金、财政预算外资金和综合经济管理部门、执法监督部门的审计，先后组织对水利资金、农业综合开发资金、扶贫资金、造地改田资金、粮食风险基金、扶持粮棉大县发展经济专项贷款、养老、待业保险基金、住房专项资金、环保专项资金、土地出让金，以及城建、卫生、劳动、农业主管部门系统及医院系统的行业同步审计。外资审计坚持了对外公正和对内监督并重的原则，开始重视减少审计风险，及时保质保量地向外出具了审计报告。

同时，各地注重推进内部审计和社会审计工作，加强对其指导、监督与管理。成立了浙江省内部审计协会，促进了内部审计事业的发展；积极为全省审计事务所的扩大规模、提高质量、健康发展创造条件。内审工作的巩固和社会审计的发展，扩大了审计监督面。

队伍建设 5年来，积极进行以“爱祖国、爱审计、爱岗位”为主题的演出和巡回报告活动，组织了全省审计知识竞赛及卡拉OK文娱活动，促进广大审计干部发扬敬业爱岗精神，脚踏实地干好本职工作。结合机构改革，省厅和部分市、县审计局开展“双推双考”选拔领导干部和“双向选择、竞争上岗”等工作。引导广大审计干部学先进、赶先进活动；在全省审计系统开展评选先进集体、先进工作者等活动；各地深入开展党风廉政教育，省厅建立了签订《廉政责任书》的制度。几年来，狠抓了审计培训工作，不断更新审计队伍知识结构，积极开展了《审计法》及《中国审计规范》的全员岗位培训、财政同级审等专业审计培训、审计局长的审计管理培训、审计局长出国考察培训、审计计算机应用骨干培训等。1998年，审计署和人事部在浙江省进行了高级审计师考评试点。

**【杭州市审计局】** 到1998年底，实有人员89人。其中：本科学历25人，大专学历47人；具有高级职称的1人，中级职称52人；局长1人，副局长2人。内设：办公室、人事教育处、综合处、法制处、财政审计处、金融审计处、行政事业审计处、农业审计处、商贸企业审计处、工交企业审计处、固定资产投资审计处、外资运用审计处、审计管理处、监察室等14个机构。局下属事业单位2家：杭州市审计事务所、杭州申华会计师事务所。

审计工作成果 共审计单位684个(其中上级下达审计任务138个)，共查出各类违纪金额32.32亿元，其中应缴财政8.71亿元(已缴财政8.19亿元)，促进增收节支33万元。共提交审计工作报告、审计信息514篇，其中被批示采用的161篇。同时，配合省市纪检、监察等部门查处各类经济案件15起。

完成交办任务情况　共完成市委、市政府等有关部门交办任务156项。1998年,配合纪检部门对钱塘江(下沙段)标准堤塘“豆腐渣”工程责任事故的查处,对下沙江堤管理所及下属单位标准堤塘资金进行了审计;1997年,接受市政府交办,对五城区的预算外资金进行了审计调查;1996年,接受市政府交办对杭州盛时达公司等进行专案审计;1995年,接受省市监察部门紧急交办,对市社会福利有奖募捐委员会办公室福利彩票销售财务收支情况进行审计调查,受到有关领导好评。

领导干部经济责任审计　1997年起全面开展对领导干部的经济责任审计工作,至1998年,共对32位局级领导干部的经济责任进行了审计。审计后,并经纪检部门审查,有2名副厅级领导干部受到了党纪政纪处分。

社会审计　到1998年底发展至44人。5年中共完成委托事项8034项,核减基建预决算1778万元,为委托单位挽回经济损失6005万元。

内部审计　到1998年底,共有内审机构226个,内审人员898人(其中专职人员296人)。1994年至1998年,共纠正违规金额69.35亿元,查出损失浪费1.33亿元,促进增收节支2.31亿元。

受表彰情况　受审计署、人事部表彰1次(全国审计系统先进单位);受省审计厅、省人事厅表彰2次(全省审计系统先进单位、省集体二等功各一次);受市委、市政府表彰1次(1997年度工作成绩显著单位)。有2名同志被省审计厅、省人事厅授予全省审计系统先进工作者称号。

**地址**　杭州市延安路472号
**电话**　0571—5156765
**邮编**　310006

**【杭州市拱墅区审计局】**　到1998年底,人员为20人。其中:大学生3人,大专生10人;中级职称7人;局长1人,副局长1人。

审计工作成果　共完成审计项目215个。审计单位190户;完成审计调查25项,调查单位191个;审计金额667164万元。共查出违纪违规金额5665万元,上缴区财政1290万元,共提交审计报告215篇。

完成区政府交办任务　共完成交办的工作任务14项。

完成上级下达审计任务　共完成署、省、市审计机关下达的审计任务38项,审计单位158个,审计金额132346万元。

**【杭州市西湖区审计局】**　至1998年底,人员有19人。其中:大学生6人,大专生9人,;取得中级职称9人。

审计成果　共完成审计项目236个,查出违规金额5838万元,已上缴财政金额3193万元,入库率100%。5年来,围绕社会各界关注的热点问题和重点资金,如征地资金、教育资金、养老保险资金、福利彩票等开展专项审计调查,撰写调查报告20余篇。在配合纪委、监察部门查处大案要案方面也发挥了审计监督的作用,共有4起案件6人通过审计提供线索被移送纪委、监察部门处理。

**【杭州市上城区审计局】**　到1998年底,人员有20人。其中:本科5人,大专13人;局长1人,副局长1人。

审计工作成果　1994年到1998年,共完成审计项目262个。共查出违纪违规金额7977万元,应上缴财政962万元,已上缴财政959万元。共提交审计工作报告123篇,其中:被地方政府批示、采用28篇,被上级审计机关采用16篇,被新闻单位采用1篇。

完成区政府交办任务　共完成区委、区政府交办的工作任务247项。

完成上级下达审计任务　共完成省、市审计机关下达的审计任务15项。

**【杭州市下城区审计局】**　1998年底,共有干部、职工12人。其中:大学生2人,大专生6人;具有中级职称9人;局长1人,副局长1人。

审计工作成果　共完成审计项目215个,审计单位249户;完成审计调查15项,调查单位131个(调查项目审计金额136249.52万元);审计金额502130.94万元。共查出违纪违规金额2483.31万元,应上缴财政金额620万元,已上缴财政金额591万元。共提交审计调查报告15篇、审计简报67篇,其中:被上级审计机关和区级部门采用41篇次。配合区纪委查处经济案件6起。

完成区委、区府交办任务　共完成交办的事项193项。1996年,在南元百货大楼5月17日哄抢事件后,根据区委、区政府指示,派出以副局长等4人组成的审计调查及清账小组,负责南元百货大楼资产负债损益审计工作,历时半年多,分析了南元百货大楼亏损原因,核实1200多个债权人的债务金额合计4089万元,资产1359.22万元,亏损2850万元,并查证原法定代表人马文魁有关犯罪证据,为南元百货大楼破产工作顺利进行做了大量的基础性财务审计工作。

完成上级下达审计任务　共完成省、市审计机关下达的审计任务175项,审计单位310个,审计金额502130.94元。

**【杭州市江干区审计局】**　到1998年底,人员已有12人。其中:大学生1人,大专生8人;局长1人,副局长1人。

审计工作成果　共完成审计

项目176个。审计单位198户,完成审计调查12项,调查单位48个。共查出违纪违规金额6518万元,同区纪检、监察、信访等部门配合,查处各种经济案件2起,上缴区财政1336万元,共提交审计报告45篇。

完成区政府交办任务　共完成交办的工作任务29项。

**【杭州市滨江区审计局】**　1997年7月成立,到1998年,共有干部6人。其中本科生4人,大专生2人;副局长1人。

审计工作成果　1997年7月到1998年,共完成审计项目46个。审计单位46户,审计金额45127万元。共查出违纪违规金额2665万元,其中上缴财政金额151万元。同区纪检、监察等部门配合,查处经济案件6起。共提交审计报告54篇。

完成政府交办任务　从1997年7月到1998年,共完成区政府交办的村级财务审计任务29项,对每个村都进行了2至7年的村务收支审计,查出违纪违规问题210条。完成基建和装修审计项目10个,审计金额690万元,核减金额35万元。

**【萧山市审计局】**　到1998年底,干部、职工为43人。其中:大学生10人,大专生24人;局长1人,副局长2人。

审计工作成果　共完成审计项目552个,其中完成上级审计机关下达的审计任务88项,共查出违纪违规金额24576万元,上缴财政3402万元。完成地方政府交办任务43项,撰写审计信息简报和综合报告130篇。

财政预决算审计　从1996年起到1998年底,共查出违纪违规金额2449万元,增加财政收入1822万元。乡(镇)财政决算审计,从1994年到1998年,审计31个乡(镇),查出违纪违规金额1534万元,增加地方财政收入785万元,减少财政支出291万元。

任期经济责任审计　1996年8月,建立市管干部经济责任审计制度,到1998年底,共对65个镇乡、市级机关及主管部门的法人代表(主要负责人)开展了审计,查出违规金额5466万元,上缴财政69万元。

专项资(基)金审计　5年来共对27个有关养老保险、待业保险、农业综合开发、水利资金(基金)等项目实施了审计,审计金额149949万元,查出违规金额9069万元。同时开展重点基本建设项目审计,审计金额1606000万元,核减建设资金3498万元。

**【富阳市审计局】**　至1998年底,有公务员25人。其中:局长1人,副局长3人;大学生2人,大专生15人。

审计工作成果　共完成审计项目299个,审计资金总额54.7亿元。共查出各类违纪、违规金额4540万元,其中上缴财政金额1260万元,追回侵占挪用资金1267万元;完成年度税收财务大检查项目107个,共查处违纪金额321万元;完成市委、市政府交办审计工作任务25项。

领导干部经济责任审计　1994年9月,开始实施市管干部离任审计,是浙江省最早开展干部离任审计的县级审计机关之一。5年来,共完成领导干部经济责任审计项目49个,查出违纪违规金额125.4万元,上缴财政63.1万元,行政罚款5.3万元,追回损失浪费金额80万元。向市政府和组织纪检部门出具审计结果报告(审计报告)49份,提出审计意见书7份,作出审计决定7个。

**【余杭市审计局】**　1998年底,有干部职工56人。其中:大专以上学历40人;获中级以上职称44人(含高级会计师2人);局长1人,副局长2人。

审计任务完成情况　5年共完成审计项目371个。其中,署定项目21个、省定项目26个。共查出违纪违规金额2.16亿元。其中,应缴财政3842万元,应追还侵占挪用资金、应减少财政拨款或补贴及应归还源渠道2484万元,已上缴财政3506万元。共提交审计工作综合报告、信息等共92篇。同时,配合市纪检、监察、信访等部门查处各种经济案件15起。

基建审计和任期经济责任审计　5年共完成开工前审计项目30个,基本建设工程项目财务收支审计及预(决)算审计24个,共核减工程造价797.6万元。其中一项市重点工程建设项目核减造价296万元。

完成了11个行政机关、企业主管部门正局级领导干部及19位乡镇长离任(调任)经济责任审计。查实杭州天虹纺织集团公司实际亏损数大于账面数6084万元。

完成临时交办任务　5年共完成市政府临时交办任务21项。配合市纪委、监察局对余杭市党政机关及其工作人员占用钱物专项清理的核查工作,查出占用金额75.67万元。完成对市重点工业企业杭州临平工具总厂、杭州昌达工具有限公司的审计,查实临平工具总厂潜亏399.6万元,昌达工具有限公司潜亏2057.9万元及有关人员的严重违纪问题。

粮食财务挂账交叉清查审计　历时两个月,完成粮食财务挂账清查异地交叉审计任务,查出重大违纪问题。粮挂审计小组被评为全省粮食财务挂账清查审计先进集体。

**【临安市审计局】**　到1998年底,人员为20人。其中:大学生3

人,大专生9人;局长1人,副局长2人。

审计工作成果　共完成审计项目306个,审计单位267户,完成审计调查32项,调查单位213个。审计金额167213万元,共查出违纪违规金额5264万元。同市纪检、监察、信访等部门配合,查处各种经济案件27件。上缴市财政438万元,共提交审计报告306篇。

完成市政府交办任务　共完成交办的工作任务94项,其中经济责任审计76项。1997年7月,临安市委常委会专门听取并研究了对领导干部经济责任审计的情况报告,并由市委办公室编成会议纪要发送到全市各乡镇、各部门单位。

完成上级下达审计任务　共完成省、市审计机关下达的审计任务141项,审计单位253个,审计金额102764万元。

**【桐庐县审计局】**　到1998年底,人员为20人。其中:大学本科3人,大专5人;局长1人,副局长2人。

审计工作成果　共完成审计项目373个。审计单位483户;完成审计调查15项,调查单位175个;审计金额95.34亿元,共查出违纪违规金额3287.46万元。上缴县财政611.5万元,共提交审计综合报告(信息)301篇。

完成县政府交办任务　共完成交办的审计项目87个。同县纪检委、监察局、信访等部门配合,参与各种经济案件审计18件。

完成上级下达审计任务　共完成省、市审计机关下达的审计项目225个,占下达项目计划的100%。审计单位275户,审计金额55.37亿元。

**【淳安县审计局】**　到1998年底,人员已有26人。其中:大学生4人,大专生10人;局长1人,副局长2人。

审计工作成果　共完成审计项目412个,完成审计调查21项,调查单位233个;共查出违纪违规金额3057万元。同县纪检、监察、信访等部门配合,查处各种经济案件5起。上缴县财政624万元,共提交审计工作报告372篇,提交审计工作信息99篇,被上级审计机关和新闻单位采用的报告、信息62篇次。

完成县政府交办任务　共完成交办的工作任务145项。1998年在乡财政审计中发现有些乡(镇)的农业税减免款等涉农资金未按时发放到农户的问题,审计人员克服困难、排除阻力,走遍全县37个乡镇就这一问题进行了全面审计调查,调查结果报县政府后,引起了县领导的高度重视,受到一致好评。

完成上级下达审计任务　上级审计机关下达审计任务163项,完成163项。

**【宁波市审计工作简述】**　到1998年,全市共有审计机关12个,审计人员395人。其中,大专以上学历290名,占73%;获得审计师等中级以上职称178名,占45%。5年来,全市共审计2364个单位,查出违规金额276671万元,应缴财政48210万元,提高经济效益1619万元,向司法机关移送经济案件5起,移交纪检和司法机关处理的责任人员2人。

**【宁波市审计局概况】**　现有机关编制63人,内设办公室、综合处、财政审计处、金融审计处、行政事业审计处、工业交通审计处(商贸审计处)、基本建设审计处、外资运用审计处等8个职能处室。设正副局长4名。

审计工作成果　共审计585个单位,查出违规金额191598万元。其中,应上缴财政24486万元,减少财政拨款和补贴3264万元,追还被侵占挪用资金10546万元。为国家增收节支709万元。

本级预算执行审计　全市各级审计机关自1996年至1998年连续3年全面开展了同级财政审计,审计面达到100%。通过对312个一级预算单位的预算执行和其他财政收支情况审计,查出违规金额62169万元。应增加财政收入20746万元。提出了796条意见和建议,普遍受到各级政府、人大的重视和好评。

金融审计　共对126家银行和74家非银行金融机构进行了审计,查出国有资产流失4862万元,应补缴入库金额3532万元,处以罚款109万元。

基本建设审计　5年来,共审结建设工程项目250个,查出超规模、超标准、多列概算、高估冒算等有问题金额12191万元,核减工程预决算6450万元。

行政事业审计　查出违规金额58933万元,其中决定处理处罚金额10770万元。

外资运用审计　共完成114个世行、亚行、国外援助外资项目和中外合资企业项目审计,查出违纪违规金额13302万元,其中决定处理处罚金额353万元。

**地址**　宁波市解放北路91号
**电话**　0574—7279980
**邮编**　315010　(陆兆喜)

**【宁波市海曙区审计局】**　到1998年底,人员已有21人。其中:大学生6人,大专生13人;局长1人,副局长2人。

审计工作成果　5年来,共完成审计项目96个,查出违规金额4137万元,上缴区财政1143万元。同区纪检、监察等部门配合,查处经济案件8起,移交司法机关3人。

完成区政府交办任务　围绕政府工作中心,共完成区委、区政府交办的工作任务29项。为配合纪检监察部门工作,1998年对区防疫站进行财务收支审计,查实该站采用“投资收入不入账”办法,私设“小金库”35.6万元的严重违纪行为,并作了罚款处理。同时发现原站长有严重经济问题,将此案移交司法机关立案侦查。

完成上级下达审计任务 共完成署、省、市审计机关下达的同步审计项目13个,其中署定项目2个、省定8个、市定3个。

**【宁波市江东区审计局】** 到1998年底,人员已有26人。其中:大学生6人,大专生18人;局长1人,副局长1人。

审计工作成果 共完成审计项目69个。审计单位72户;完成审计调查8项,调查单位34个;审计金额74984万元。共查出违纪违规金额4401万元。上缴区财政310万元。共提交审计报告69篇。

完成区政府交办任务 共完成交办的工作任务6项,审计单位6个。1998年,在对区侨办和侨台企管办财务收支审计中,克服账务混乱、资料不全、当事人在逃等困难,在有关部门的配合下,共查出违规金额154万元,向区委、区政府提交了审计工作报告,并及时向区纪委、区监察局通报了当事人在统战部集资过程中挪用公款仍在逃的重大嫌疑,目前当事人已由区纪委立案侦查,较好地完成区委交办的任务。

完成上级下达审计任务 共完成省、市审计机关下达的审计任务59项,审计单位62个,审计金额72248万元。

**【宁波市江北区审计局】** 到1998年底,人员已有19人。其中:大专生13人;局长1人,副局长1人。

审计工作成果 共完成审计项目106个。审计单位95户;完成审计调查项目11项,调查单位76个;审计金额142592万元。共查出违纪违规金额3615万元。提出审计意见和建议280条。配合区指定的中心工作项目9项。上缴区财政1286万元。提交审计报告和信息155篇。举办4期内部审计人员业务培训班,受训人员210人。

完成区政府交办任务 共完成交办的工作任务33项,其中干部离任和在任经济责任审计8个,为区委、区政府制定经济政策和正确使用干部提供了真实的依据;基建项目8个,核减基建金额151.68万元。

**【宁波市镇海区审计局】** 到1998年底,人员已有34人。其中:大学生4人,大专生16人;局长1人,副局长1人。

审计工作成果 共完成审计项目166个。审计单位180户,其中:完成审计调查11项,调查单位39个;共查出违纪违规金额11532万元;上缴区财政1073万元;减少财政拨款或补贴金额230万元。共提交审计工作报告、信息114篇,同区纪检、监察、检察、信访等部门配合,查处各种经济案件15起。

完成区政府交办工作任务 共完成交办的任务55项。

完成上级下达审计任务 共完成署、省、市审计机关下达的审计任务50个。特别是连续几年对金融部门的审计,查处力度及影响面均较大,共计查出违规金额2423万元,维护了财政纪律和审计的权威。

**【宁波市北仑区审计局】** 到1998年底,人员已有14人。其中:大学生5人,大专生4人;局长1人,副局长1人。

审计工作成果 共完成审计项目120个,其中:上级审计机关下达审计任务36项。审计单位145个;完成审计调查18项,调查单位50个。查出违纪违规金额7406万元,上缴区财政590万元。提交审计报告和审计调查报告138篇。配合纪检、检察等部门,查处各种经济案件9起。

完成区政府交办的任务 共完成交办的工作任务34项,审计清理单位106个。其中:1997年至1998年,对26名领导干部实施了经济责任审计,提交审计结果报告26篇。

**【余姚市审计局】** 到1998年底,人员已有55人。其中:大学生2人,大专生32人;局长1人,副局长3人。

审计工作成果 共完成审计项目222项。审计单位234户;完成审计调查18项,调查单位176个,共查出违纪违规金额20514万元。同市纪检、监察等部门配合,查处各种经济案件17起,上缴市财政6358万元,追回侵占挪用资金878万元,共提交审计报告222篇。

完成市政府交办任务 共完成市委、市政府交办的审计调查及其他审计项目88项。1997年至1998年,开展了领导干部经济责任审计35项。

完成上级下达审计任务 共完成省、宁波市下达的审计任务44项,审计单位56个。

**【慈溪市审计局】** 到1998年底,人员已有46人。其中:大学生4人,大专生30人;局长1人,副局长2人。

审计工作成果 共完成审计项目226个。查出违纪违规金额21218万元,上缴市财政6219万元。被上级审计机关及党委、政府部门录用的审计综合报告、调查报告、信息等294篇。同市纪检、监察等部门配合,查处各种经济案件11起。1996年开始,全面开展本级预算执行情况审计工作，3年共查出违规金额1.15亿元，合计增加财政收入4692万元。

完成市政府交办任务　共完成交办的工作任务151项。截止1998年底共完成竣工决算审计项目81个，累计核减工程价款2509万元。

**【奉化市审计局】**　到1998年底，人员已有24人。其中：大学生2人，大专生10人；局长1人，副局长2人。

审计工作成果　共完成审计项目161个（单位），审计金额578054万元。共查出违纪违规金额4250万元，上缴市财政1004万元。

完成市政府交办任务　共完成交办的工作任务52项。1996年以来，开展对镇、乡、局级主要领导干部经济责任计，截止1998年底，已审27个单位。1998年，开展对市政府大楼工程决算审计，审减金额55.49万元。

完成上级下达审计任务　共完成署定和省、宁波市下达的审计任务37个（单位）。

**【鄞县审计局】**　到1998年底，人员已有37人。其中：大学生6人，大专生20人；局长1人，副局长3人。

审计工作成果　共审计单位216户，完成审计调查21项，查出违规金额7678万元，上缴县财政1483万元。

完成上级下达审计任务　共完成署、省等上级审计机关下达的审计任务38项，查出违规金额3839万元。

**【宁海县审计局】**　到1998年底，人员已有33人。其中：大学生4人，大专生21人；局长1人，副局长3人。

审计工作成果　共完成审计项目171个。共查出违纪违规金额7633万元，处理上缴财政844万元，减少财政支出30万元，追回侵占挪用资金373万元；查出私设小金库4人，金额214万元；向司法机关移送贪污案件2起。

完成县政府交办任务　共完成交办的62个重点审计单位（项目）的审计工作，共查出违纪金额1195万元，严肃了财政纪律，有力地加强和促进了政府机关的财政财务收支管理和廉政建设。

**【象山县审计局】**　到1998年底，共有干部、职工16人。其中：大学生1人，大专生14人；局长1人，副局长2人。

审计工作成果　共完成审计项目185个。审计单位163个；完成审计调查22项，调查单位112个。共查出违纪违规金额10855万元，上缴县财政2462万元，减少财政拨款或补助192万元，追还侵占、挪用调用资金3210万元。共提交审计报告185篇，提供信息被各级党政机关、新闻单位及上级审计机关录用81篇。

完成县政府交办任务　共完成交办的工作任务76项。

完成上级下达审计任务　共完成上级审计机关下达的审计任务52项。

**【温州市审计局】**　市局下辖11个县（市、区）审计局，全市审计系统干部职工1998年为263人。1998年底，市局在编人员65人，其中：大学生10人，大专生39人；高级职称1人，中级职称42人；局长1人，副局长2人。局内机构有办公室、人教处、综合处、法制处、财政金融审计处、工交审计处、商贸审计处、基建外资审计处、行政事业审计处。

审计工作成果　共完成审计项目2377个（其中市本级414个），共查出违纪违规金额108434万元（其中市本级52681万元），应上缴财政40085万元（其中市本级20860万元），减少财政拨款3406万元，追回被侵占挪用资金11891万元，处以罚款478.78万元，移送有关部门查处案件28起，被采用信息（新闻）1809篇（次）。

完成上级下达审计任务　共完成上级审计机关下达审计项目427个（市局本级111个），其中，署定项目176个，省定项目251个。完成当地党委、政府交办项目359个（其中领导干部经济责任审计254个）。根据市领导的批示，1997年6月，对混合经济型企业——温州华塑集团公司关闭前资产核实审计查出，该公司采取少摊费用、少提利息、少转成本及不反映投资损失等手段隐瞒亏损3769.15万元，潜亏298.9万元（不包括坏账、呆账损失），固定资产与在建工程经评估减值3814.71万元。同时，审计发现该公司经理张伟等人有重大犯罪嫌疑。经移送司法机关查处，张伟被判处有期徒刑3年，缓刑4年；其下属单位温州物资公司经理何青扬被判处有期徒刑9年。

开展审计调查　市局每年组织全市审计机关针对领导关注和群众关心的热点问题，开展同步审计调查，为领导加强宏观管理提供依据。5年来，共完成调查项目291个，调查单位达3010个。1997年10月，开展了对城市信用社资产、负债和损益情况审计调查，通过对95家信用社调查，有的放矢地提出4点整改意见，受到市政府及有关部门领导的充分重视。

内部审计　到1998年，内审机构157个（本级29个），内审人员516人（本级130人），完成审计单位1846个（本级1041个）。

社会审计　5年来，全市13家审计事务所共完成委托审计查证项目48009个，其中，财务收支审计2462个,验资年检42514个,基本建设工程预决算审计1157个,资产评估813个,经济案件鉴定121个,担任常年顾问364个;核减工程造价8168万元,核减虚假注册资金15054万元,为委托单位挽回损失5149万元。

受表彰情况　全市审计机关受到市级以上(不含市属部门)表彰有:集体8次,个人6人。市审计局继1996年被省审计厅、省人事厅授予"全省审计系统先进集体"之后,1997年又被人事部、审计署评为"全国审计机关先进集体"。市局机关党总支1998年度被市委评为"先进基层党组织"。

**地址**　温州市广场路184号

**电话**　0577—8249303　8227705

**邮编**　325000

**【温州市鹿城区审计局】**　1998年末,人员编制12人,实有干部、职工11人。其中大专生5人;正、副局长各1人;中级职称8人。

审计工作成果　共完成审计项目139个,查出违纪违规金额4679.20万元,上缴财政408.54万元,其中罚款131.35万元;同时完成基本建设立项审计81个。

**【温州市龙湾区审计局】**　1998年底人员为9人,其中:大专生2人;局长1人,副局长2人。

审计工作成果　共完成审计项目84个;完成审计调查192项,调查单位113个;审计金额14523万元。共查出违纪违规金额3393万元,上缴区财政625万元;提交审计报告84篇。

完成上级下达审计任务　完成署定项目5个、省定项目13个、市定项目16个,审计单位112个,审计金额155068万元。

**【温州市瓯海区审计局】**　到1998年底,人员已有22人。其中:大学生6人,大专生8人;局长1人,副局长2人。

审计工作成果　共完成审计项目137个;审计单位116户;完成审计调查24项,调查单位315个。共查出违纪违规金额4881万元,上缴财政1831.4万元(其中罚款121.34万元),应减少财政拨款或补贴102万元,应归还原渠道资金273.6万元。共提交审计报告137篇,被上级审计机关和有关部门、单位采用审计信息78篇,论文12篇。向司法机关移送案件2件,建议给予行政处分5人。

完成区政府交办任务　共完成交办的审计任务45项,其中绝大部分属领导干部任期内的经济责任审计。

完成上级下达审计任务　共完成上级审计机关下达的审计任务50项,其中审计署项目10项,省审计厅项目14项,市审计局项目26项。

**【瑞安市审计局】**　到1998年底,共有人员27人。其中:大学生3人,大专生17人;局长1人,副局长2人。

审计工作成果　共完成审计项目250个,审计金额973055万元。共查出违纪违规金额11791万元,减少财政拨款、补贴1144万元,追还侵占、挪用资金3418万元,罚款391.3万元,上缴市财政3527万元。查出重大经济犯罪嫌疑分子4人,移送司法机关处理;转纪委、监察机关处理2件,计有3人。

完成上级下达审计任务　1994年至1998年,完成署定项目11项,省定项目24项,市定项目28项。

完成政府交办任务　共完成市交办的审计工作任务42项。1994年,对市旧城办实施财务收支审计时,查获该办主任张某某在广场路、虹桥路改建工程中利用安排住房、分配店面之便收受贿赂12万多元的违法行为。1997年,审计查出原瑞安104国道拓宽工程和高架桥工程常务副指挥、交通局长张某某有经济犯罪嫌疑,移送有关部门立案查处。

**【乐清市审计局】**　到1998年底,正式在册人员26人。其中:本科生3人,大专生12人;中级技术职称15人,取得注册会计师资格8人;局长1人,副局长4人。

审计工作成果　共完成审计项目269项,审计单位463个,共查出违纪违规金额26539.2万元(其中百万元以上违纪单位11个),上缴财政4340.89万元,对有关违反财经法规的单位处以罚款103.17万元,追还侵占挪用资金1678.49万元。移送纪检监察部门案件1件,建议给予处理2人。共提交审计工作报告117篇。

**【永嘉县审计局】**　1998年底,干部职工有21人。其中:大学学历2人,大专学历8人;具有中级技术职称9人;领导班子成员由4人组成。

审计工作成果　共完成审计项目206个,查出违纪违规金额9850万元,减少财政拨款(核减工程款)410万元,上缴财政金额1005万元。查处案件8起,建议行政处分的有21人。县级以上刊物上发表信息(报告)112篇。

查处大要案　1996年,在财政同级审计过程中发现县交通局下属公路养护所陈××等3人虚报养护工程款1万元;上浮林渡口集体贪污轮渡收入3万元,虚报支出0.4万元。1997年,在审计永嘉县啤酒厂财务收支过程中,发现该厂采购员叶××在采购活动中私分回扣9707元;采购员戴××在采购啤酒生产设备和配件过程中,收受现金(回扣)62080元;财务科长李××挪用"小金库"现金30000元。以上违法违纪行为案件分别被移送司法、监察机关,当事人都得到了应有的处理。

完成政府交办任务　共完成交办的审计任务141项。

**【洞头县审计局】** 到1998年底,在编干部、职工13人。其中:局长1人,副局长1人,局长助理1人;大专生7人。

审计成果　共完成审计项目155个,其中:署定项目12个、省定项目17个、市定项目20个。共查出违纪违规金额1833万元,上缴财政或调账增加财政收入810万元(其中上缴财政收入477.6万元)。移送监察等有关部门处理案件3件。

1996年,抽审了18家预算外收入较多的行政事业单位。1997年开始把预算外资金审计的重点转到县、乡两级财政和教育系统上来。

1994年以来,对农业资金、扶贫资金、财政信贷资金、水利资金等专项资金以及一些专题开展了审计调查。

**【平阳县审计局】** 到1998年底,共有人员23人。其中:大学生2人,大专生10人;局长1人,副局长2人。

审计工作成果　共完成审计项目217个,查出各种违纪违规金额12917.57万元,应上缴财政2296.82万元,追还被侵占挪用资金和减少财政拨款1198.74万元。查出贪污案件4件,移送监察、司法机关处理8人。提交审计报告信息185篇,被上级有关单位采用226篇(次)。

完成县政府交办任务　共完成交办的审计任务20项。1998年根据县政府的交办,在对县综合房地产开发有限公司审计中,查出该公司经理郑光顺收贿索贿共4.9万元,经移送有关部门进一步查处,郑被法院判处有期徒刑3年,缓刑4年。

**【苍南县审计局】** 到1998年底,人员已有35人。其中:大学生2人,大专生18人;中级职称18人,注册会计师8人;局长1人,副局长2人。

审计工作成果　共完成审计项目303个,查出违纪违规金额8505.6万元,其中应上缴财政金额2405.9万元。共提交综合报告58篇、审计信息220篇,被上级审计机关和有关部门、单位采用审计信息112篇。共完成县委、县政府交办的经济责任审计项目162项。

完成上级下达审计任务　共完成上级审计机关下达的审计任务68项,其中署定项目10项,省定项目17项,市定项目41项。

查处大要案　共查出"小金库"24个计580万元,向检察机关移送案件5件11人,建议纪检、监察部门处理3件4人,配合纪检、监察、信访等部门查处经济案件10件。1994年,对县公安局财政财务收支审计,查出特警队民警蔡杰利用职务之便,贪污罚没款20.7万元及赌物金手链1条、金戒指2只的特大贪污案,经移送处理,蔡杰被判处有期徒刑15年。

**【文成县审计局】** 到1998年底有干部12人。其中:大专生6人;局长1人,副局长1人。

审计工作成果　共完成审计项目127个;完成审计调查19项,调查单位245个。审计金额155475万元,共查出违纪违规金额1816万元,上缴县财政406万元。共提交审计报告127篇。

完成县政府交办任务　共完成交办的工作任务25项。

1995年开始进行领导干部任期经济责任审计,共18项。经过审计,为县人大常委会、县委、县政府有关部门考评任用干部提供了依据,被审计领导干部平调38人,提升3人,撤职7人,建议给予行政处分3人。1994年,在对原溪路工程审计中,发现工程指挥部成员贪污私分、索贿受贿金额16万元,移送司法机关处理11人。

完成上级下达审计任务　共完成审计署、省厅、市局下达的审计任务71项,审计单位82个,审计金额86568万元。

**【泰顺县审计局】** 至1998年底,人员已有19人。其中:大学生1人,大专生10人;中级职称3人;局长1人,副局长2人。

审计工作成果　审计项目计划110个,实际完成审计项目171个,审计单位171户,其中完成审计调查25项,调查单位119个。共查出违纪违规金额3094万元,上缴县财政金额1493万元。配合纪检、监察部门查处经济案件3起。提交审计报告171篇、信息84篇。

完成上级交办任务　共完成交办的工作任务65项,审计内容包括领导干部经济责任审计和重点建设项目、希望工程、教育基金审计等。5年来,共完成上级审计机关下达审计任务66项,审计单位66个。

**【嘉兴市审计局】** 到1998年底,人员有57人。其中:大学生14人,大专生28人;局长1人,副局长3人。

审计工作成果　共完成审计项目441个。审计涉及单位738户;完成审计调查26项,调查单位246个。共查出违规金额101542万元。同市纪检、监察、信访等部门配合,查处各种经济案件4起,上缴财政3145万元,共提交审计信息、报告347篇。

完成市政府交办任务　共完成交办的工作任务38项,审计单位42个。1996年成立农业外资处、行政事业处,截止1998年底,共完成农业外资审计项目12个,行政事业审计项目168个；分别查出违规金额1536万元和25210万元。

完成上级下达审计任务　共完成审计署、省审计厅下达的审计任务340项。

内部审计　1994年有内部审计机构41个，专职内审人员221名；到1998年，内部审计机构有109个，专职内审人员640名。

社会审计　共接受社会委托项目5574项，其中报表年检891项，年检金额1345726万元；注册资金验证3432户，验证资金362041万元；清产核资22项，清产核资金额22733万元；基建审计602项，核减基建预决算11084万元。

受表彰情况　受省审计系统表彰4次，受市政府表彰5次。共有4人次受到省审计系统表彰奖励；3人次受市政府表彰奖励；4人次受县级政府记功、嘉奖等奖励。

**地址**　嘉兴市洪波路158号
**电话**　0573—2080840
**邮编**　314001

**【嘉兴市秀洲区审计局】**　到1998年底，人员有12人。其中，大学生2人，大专生5人；局长1人，副局长1人，局长助理1人。

审计工作成果　共完成审计项目101项，其中署定项目21项，省定项目14项。审计资金总额518271.26万元，共查出违规金额5283.13万元。其中百万元以上违纪单位10个，金额为3643.04万元。应上缴财政金额1479.55万元，已上缴财政金额1140.4万元，罚款金额244687元。

完成区政府交办任务　至1998年底，开展各项农业（水利）投入专项审计14项，审计资金总额为19127.91万元，为确保农业专项资金的合理使用发挥了积极作用。对36个镇乡财政进行了审计，审计总金额13268.85万元，违规违纪金额2839.69万元，应上缴财政金额1260.65万元，应追回侵占挪用资金38.12万元，已上缴财政金额1260.65万元。

完成上级下达审计任务　5年间，共完成上级下达审计任务42项。

**【海宁市审计局】**　到1998年底，人员已有41人。其中：大学生8人，大专生18人，中级技术职称19人；局长1人，副局长3人。

审计工作成果　共完成审计项目223项，完成审计调查28项（调查单位243个），审计总金额1780880万元。查证违纪金额5665.61万元，收缴财政368.97万元，减少财政拨款743.4万元，追还侵占挪用资金815.9万元，促进增收节支736.13万元。为被审计单位提出审计建议与意见383条，共提交审计综合报告与审计信息238篇。

完成市政府交办任务　共完成44项。1998年根据地方党委、政府工作安排，全年共接受并完成领导干部经济责任审计15项。

**【平湖市审计局】**　到1998年底，人员已有25人。其中：大学生4人，大专生10人；局长1人，副局长3人。

审计工作成果　共完成审计项目175个。审计总金额171.29亿元，查出违纪金额5258万元，增加财政收入1013万元。审计查出百万元以上违纪违规单位12个。提交审计报告、信息150多篇。

完成市政府交办任务　几年来完成交办项目及局自选项目106个。从1996年起，实施了对全市20个乡镇财政决算审计，开展了对46项市政府预算外资金和专项资金的审计调查，审计总金额8.26亿元，审计查出违规金额1083万元。完成了对26个重点建设项目资金来源、使用、财务管理的审计调查和4个项目的工程决算审计。1998年，在平湖宾馆改扩建工程决算审计中，核减决算金额206.63万元，核减率33.85%。1996年，在供电、物资企业审计中，查出违规金额586.34万元，上缴财政209.51万元；1998年，在市燃料公司经理离任审计中，查出了虚增利润400多万元的严重失实问题。1997、1998年，先后实施了对10名科（局）级领导干部离任经济责任审计。

完成上级下达审计项目　完成上级审计机关指定项目69个。

**【桐乡市审计局】**　到1998年底，人员已有27人。其中：大学生8人，大专生11人；局长1人，副局长2人。

审计工作成果　共完成审计项目245个，查出各种违纪违规金额3407万元，收缴财政508万元，提交采纳审计信息121篇。

完成市委、市政府交办任务　共完成交办的工作任务69项。自1996年10月起，受市委组织部委托，组织开展领导干部经济责任审计58项。

**【嘉善县审计局】**　1998年底，行政在编干部23人。其中：大专以上学历15人；局长1人，副局长2人。

审计工作成果　共实施审计项目159项，查出违规金额10050万元，收缴国库984.08万元，追回侵占挪用资金646万元，查出追回流失国有资产322万元，促进增收节支154万元，直接减少财政拨款35万元。

完成县政府交办任务　根据县政府历年交办任务的特色，1996年初，建立了专职的领导干部经济责任审计科室，首次对县属大通、枫南、西塘、大舜、丁栅、天凝等6个乡镇及农经委、水利农机局两个单位的领导干部任期内的经济责任进行了审计调查。这项工作在嘉兴市范围处领先地位。

完成上级下达审计任务　共完成署、省、市下达的审计任务72项，审计单位244个。

**【海盐县审计局】**　至1998年底，共有干部职工20人。其中：具有大学本科学历1名，大专学历11名；局长1人，副局长1人。

审计工作成果　5年来，共完成审计项目204个，共查出违纪违规金额19651.76元，上缴财政1220.20万元，减少财政拨款和补贴933.81万元，追还被挪用专项资金2618.68万元，节省基建投资款910.21万元，共为国家增收节支5682.9万元。同时加强综合分析，共向政府和有关部门提供综合调查报告和信息183篇。

完成县政府交办任务　加强和深化乡(镇)财政审计，缩短审计周期(3年轮审一遍)，对有关乡镇赤字严重、乡镇领导干部报酬居高不下及部分乡镇企业亏损巨大，法人代表却得到高额报酬问题，及时向书记办公会议汇报，引起县委、县政府高度重视，并出台了相应政策；1998年开始积极探索领导干部经济责任审计工作，当年根据县委组织部建议，立项14项，通过审计，有效促进了领导干部勤政务实、廉洁自律。

完成上级下达审计任务　完成上级审计机关下达计划项目数150个。

**【湖州市审计局】**　到1998年底，人员已有56人。其中：大专以上学历42人；中级以上职称41人，高级职称2人；局长1人，副局长3人。设有办公室、人事处、综合处、财政金融审计处、行政事业审计处、农业审计处、工交审计处、商贸审计处、外资基建审计处等职能机构。

审计工作成果　共完成审计项目306个。通过审计，共查出违纪违规金额51844万元，其中应上缴财政金额4504万元，已上缴财政金额2265万元，审计查出应追还被侵占挪用资金5085万元。共提交审计报告或信息229篇，其中7篇被省政府领导批示。

完成上级下达审计任务　5年中，共完成各类交办项目76个。对39个乡镇财政进行了审计调查，查明乡镇财政预算外资金管理存在较多问题，乡镇财政赤字严重，引起了政府领导的高度重视。1996年，开展对经委系统国有企业负担状况审计调查，根据审计意见，市政府常务会议专门就减轻企业负担问题进行了研究，并出台了减轻企业负担的措施。

内部审计　至1998年底，共设内审机构79个，内审人员292名，审计单位413个，已纠正违纪违规金额2412.5万元。

社会审计　共接受各类委托项目13606项，其中：财务收支审计528项，承包离任审计334项，验资年检8853项，基建预决算审计1834项，核减基建预决算资金22856万元。

**地址**　浙江省湖州市所前街4号
**电话**　0572—2024865
**邮编**　313000　　(崔正云)

**【长兴县审计】**　到1998年，底人员数仍保持19人。其中：大学生4人，大专生11人；局长1人，副局长2人。

审计工作成果　共完成审计项目191个，其中1994年进行基建项目开工前审计29个。共查出违纪违规金额5615万元，应上缴财政资金984万元，已上缴财政资金979万元。撰编《审计信息》61期，提交审计报告162篇。1998年，对审计发现某单位私设"小金库"、擅自销毁"小金库"账目给予通报批评后，县纪检监察部门进一步落实情况，对责任人进行了留党察看一年并撤销行政职务的处分；对某单位的审计处罚召开了有史以来第一次行政处罚听证会；派出5人审计小组去江山市参加全国粮挂交叉审计。

完成县政府交办任务　1994年，对列入流通领域前十名的企业，集中力量进行了初审，对获税利、销售收入排名奖、效益奖和跳跃式发展重奖的45户工业和流通企业进行审计核实。1995年，对二轻、工业、农业、外贸4家单位的领导实施了审计监督。1998年，完成县委、县府交办的县管领导干部离任经济责任审计11个。

完成上级下达审计任务　共完成署、省、市审计机关下达的审计任务144项。

**【德清县审计局】**　1998年底共有人员16人，其中：大学生2人，大专生8人；审计师1人，会计师8人；局长1人，副局长2人。

工作审计成果　5年中，共完成审计项目153个，审计单位153个，其中完成审计调查项目28个，调查单位87个。审计金额385018万元。查出违规金额3731万元，上缴县财政263万元，提交审计信息109篇。

完成上级下达审计任务　共完成署定审计项目17个，省定项目23个，审计金额181008万元，审计单位40个。

对常山县粮食财务挂账进行了审计，查实不合理占用农发行贷款915.29万元，违规金额106.44万元。

完成县委、县政府交办任务　5年来，共完成交办审计项目113项。1995年，接受县政府交办任务，对全县21个乡镇，7个主管系统企业资产的运营情况、盈亏情况、潜亏及挂账损失情况进行调查核实，写出了全县企业资产运营质量情况书面审计调查报告,为县领导摸清家底,宏观决策提供了第一手资料。

**【安吉县审计局】** 到1998年底,人员已有18人。其中:大学生2人,大专生7人;局长1人,副局长3人。

审计工作成果 共完成审计项目160个;完成审计调查11项,调查单位60个;审计金额124743万元。共查出违纪违规金额5132万元;移送贪污贿赂案2件。同县纪检、监察、法院等部门配合,查处经济案件1起。上缴县财政648万元,共提交专题审计报告58篇。

完成县委、县政府交办任务 共完成交办的工作任务12项。1997年至1998年两年间,为配合全县"农村双田制"改革、完善农村双层经营体制改革,减轻农民与企业负担、建筑市场和房地产市场清理整顿、土地延包等工作,共抽调11人次,涉及到全县39个单位,历时13个月,摸清了情况,为县委、县政府的宏观决策提供了依据。

完成上级下达审计任务 共完成上级下达审计任务83项。其中,完成署定、省定的审计任务52项,审计金额48474万元。

**【绍兴市审计局】** 到1998年底,共有干部职工56人。其中:大学本科生13人,大专生19人;具有高级职称2人,中级职称37人;局长1人,副局长3人。全局共设办公室、综合处、社审内审管理处、财政金融处、工交企业审计处、商贸审计处、投资审计处、文卫审计处、审计干部培训中心等机构。

审计工作成果 共完成审计项目446个,共查出违规金额4994万元。查出经济违纪案件线索3条,移交纪检司法部门。上缴财政8569万元,向上级领导部门提交审计报告65篇。

完成政府交办任务 共完成交办的任务48项,其中领导干部经济责任审计39项。1995年,市局接受市政府交办任务,对市物资局进行审计,查出该局因投资失误、炒股等亏损2亿多元,专案材料共涉及有关人员26人,其中涉案人员7人。1996年,市局出色完成两项基金审计和浙江涤纶厂6万吨聚酯切片工程审计,后一项目中,使3人涉案受到行政处分。1998年,市局在诸暨市八方水泥厂基建工程项目审计中,查出3条经济案件线索,使3人涉案受行政处罚。

完成上级下达任务 完成署定项目34个,完成省定项目44个。

内部审计 到1998年,内审机构达58个,内审人员增加到202个。

社会审计 社会审计机构2家。1998年共接受社会委托项目800项,其中企业年检357项,年检金额34.81万元;清产核资300项,金额14360万元;基建审计137项,核减基建投资45238万元。

**地址** 绍兴市胜利西路163号市
**电话** 0575—5120797
**传真** 0575—5134418
**邮编** 312000

**【诸暨市审计局】** 1998年底,共有干部、职工23人。其中:大学生6人,大专生9人;局长1人,副局长3人。

审计工作成果 共完成审计项目306个,完成审计调查18项,调查单位67个。共查出违纪违规金额14623万元,上缴财政740万元,提交各类审计工作报告362篇,向纪检、司法机关移送经济案件8起。

完成市政府交办任务 共完成交办的工作任务28项。1994年按市政府要求,开展基建工程预决算审计验证以来,共完成基建审计项目304个,审计总金额68900万元,净核减基建工程款8878万元,净核减率13%。

完成上级下达的审计任务 共完成署、省、市审计部门下达的审计任务89项。

**【上虞市审计局】** 到1998年底,人员有19人。其中:大学生4人,大专生7人;局长、副局长各1名;高级审计师1人,审计师或会计师7人。

审计工作成果 共完成审计项目169个,共查出违纪违规金额14207万元,归还原渠道资金847万元,上缴财政3403.99万元。共提交审计报告253篇。同市纪检、监察、信访等部门配合,查处各种经济案件17起。

完成市政府交办任务 共完成交办的工作任务22项,其中1998年年度完成市委、市政府临时交办的领导干部经济责任审计10项。1998年6月,抽调了6名精兵强将组成清查审计组,赴嘉兴平湖开展粮食挂账审计,认定不合理财务挂账1200万元,查证不合理占用贷款3400万元,1996年—1998年5月少计收入等500万元,移用专项资金740万元。

完成上级下达任务 共完成署、省、市审计部门下达的审计任务36项。

**【嵊州市审计局】** 1998年底,人员已有31名。其中:大学文化3名,大专文化18名;局长1名,副局长2名。

审计工作成果 5年间,共完成审计项目197个,查出违纪金额6241万元,增加财政收入2080万元。5年来,配合有关部门查处各类经济案件6起,使14人受到党纪国法的处分。

完成市政府交办任务 5年来,共完成交办的审计项目22

个,参加突出性中心工作17项。1994年,针对我市中外合资企业多的特点,开展了中外合资企业资产真实性的专项审计。1998年,开展对市电影公司的审计,查出该公司负责人的经济违法行为及单位损失浪费等造成亏损1700多万元以及非法集资等问题,追回资金80余万元,使5名人员受到了惩处。

完成上级下达任务 5年间,共完成署及省审计机关下达的审计任务48项。

**【绍兴县审计局】** 到1998年底,人员有44人。其中:硕士生1人,大学生2人,大专生27人;高级会计师2人,审计师(会计师、注册会计师、评估师、经济师、工程师)23人;局长1人,副局长2人。

审计成果 共完成审计项目265个,审计单位249个;完成审计调查23项,调查单位196个;审计金额1102313万元。共查出违纪违规金额21881万元。同县纪委、监察、信访等部门配合,共查处各种经济案件11起。上缴县财政4636万元,共提交审计报告249个。

完成县政府交办任务 共完成交办的工作任务69项,审计清理单位159个。截止1998年底共完成工程决算审计项目457个,审计资金250840万元,审减金额12542万元。

审计上级下达审计任务 共完成署、省、市审计部门下达的审计任务73项,审计单位98个,审计金额303656万元。

**【新昌县审计局】** 到1998年底,人员有18人。其中:大学生1人,大专生10人;审计(会计)师10人;局长1人,副局长2人。

审计工作成果 共完成审计项目194个,审计金额794745万元;共查出违纪违规金额4545万元。同县纪检、监察、司法等部门配合,查处各种经济案件10起。上缴县财政587万元,共提交审计报告194篇,审计信息、简报110篇。

完成县府交办任务 共完成交办的工作任务131项,审计清理单位150个。为配合全县农村工作、企业改制、清产核资等工作,共抽调20人,历时1300天,完成领导干部任期经济责任审计96个。

完成上级下达审计任务 共完成省市审计部门下达的审计任务74项。

**【金华市审计局】** 到1998年底,全市审计人员定编199人、实有人数184人。其中:研究生1人,大学毕业21人,大专毕业106人;具有中级职称的117人,局长(县处级)1人,副局长2人。

审计工作成果 共完成审计项目2509个,查出违规金额132980万元、应缴财政35514万元、应减少财政拨款补贴1747万元、应归还侵占挪用资金7975万元,已上缴财政32360万元,促进增收节支404万元。向司法机关移送案件18件。提交审计工作报告、信息2137篇(条),审计工作报告、信息被批示采用1615篇(条)。

审计工作 自1994年以来,加强审计工作法制化、制度化、规范化,着重抓好三项基础工作:一是制定审计程序操作规则。以《审计法》、《审计法实施条例》(草案)为依据,收集大量的参考资料,结合审计工作实际,制定出《金华市审计局审计程序操作暂行规则》,对审计程序规定了具体的详尽的行为规范;二是推行审计项目评优办法。以审计质量、审计执法、审计效益为内容,加以时空量化为标准、百分制考核的《金华市审计项目评优办法》建立,使全市审计机关的考评工作系统化、全面化,起到了激励多出优秀项目、提高审计质量、鞭策审计组及审计人员改进工作方式和提高行政执法水平的良好作用;三是重新梳理审计对象。集思广益,利用统计部门的电脑资料采样,设计编排了22个数据,将市本级十大门类1019个审计对象的基本情况,编制成册、建立索引、便于查找。金华市审计机关率先推行领导干部经济责任审计,早在1995年10月23日,金华市审计局与市纪委、组织部、监察局联合下发《金华市(本级)领导干部调、离任审计实施办法》(金纪发〔1995〕23号),1995年以来,全市共完成领导干部经济责任审计项目626项,涉及行政事业、乡镇街道、企业领导,查出违纪金额17880.63万元,应缴财政2892.14万元,罚没款147.33万元;审计后,领导干部被提拔的22人、担任原职务的185人、平调的345人、降职的11人、撤职的5人、解聘的7人、受到有关部门行政处分的6人、移送司法机关追究刑事责任的11人。

内部审计 全市有内审机构340个,其中专职机构109个;内审人员1184人,其中专职人员295人。1994年至1998年审计项目7761个。

社会审计 全市有审计事务所9个,从业人员219名,其中注册会计师82名。1994年至1998年受委托审计项目23992个,核减基建决算49726万元,为委托单位挽回损失2291万元、核减虚假注册资金25376万元、促进提高经济效益2654万元、培训人员581人。

受表彰情况 自1995年以来全省审计执法质量抽查名列第一,1994年至1998年期间,义乌市审计局被评为全省、全国先进单位,有5位同志评为省级先进个人,金华市审计局被市委、市府评为“文明单位”、“学抓创”先进单位。

**地址** 金华市双龙南路801号
**电话** 0579—2469681
**邮编** 321017

**【兰溪市审计局】** 到1998年底,人员有24人。其中:本科生3人,大专生19人;局长1人,副局长3人。

审计工作成果 5年来,共完成审计项目266个。审计单位266户;完成审计调查9项,调查单位52个;审计金额173926万元。共查出违纪违规金额16869万元。同市纪检(监察)、信访、检察(反贪)等部门配合,查处各种经济案件8起。上缴市财政1217万元,提交审计报告266篇,提交专题调查报告9篇。

完成市政府交办任务 5年来,共完成交办的工作任务71项,审计清理单位432个。共完成工程决算审计项目41个,审计金额84520万元,审计核减金额1164万元。共完成市委、市政府交办干部经济责任审计项目50项,查处违纪金额2173.1万元,上缴财政105万元,5人移交司法机关处理,其中1人撤职,4人被判刑。特别是1998年在对国家大型企业浙江铝业股份公司原经理的离任审计中,查实损失浪费金额达2.2亿元,该经理退赔奖金47.6万元;在对市计经委原主任的离任审计中,深挖细究,查实了该主任接受贿赂1万元,其下设科两名干部挪用公款44万元、贪污公款40万元的重大经济案件,该委原主任受到撤职及留党察看两年的处分,两名干部分别被判处有期徒刑13年。

完成上级下达审计任务 共完成省、市审计机关下达的审计任务23项,审计单位23个,审计金额1493万元。

**【义乌市审计局】** 至1998年底,共有审计干部20名。其中:大专以上学历17人;取得各种中级以上职称16人;行政职务局长1人,副局长2人。

审计工作成果 自1994年至1998年,共完成审计项目307个,共查出违纪金额8520万元,增加中央和地方财政收入5718万元,追回侵占挪用资金582万元。同时向党政领导和上级机关提交各类审计调查、综合报告和信息508篇,被批示和采用355篇。

**【东阳市审计局】** 1998年末,在职人员19人。其中:大学生1人,大专生9人;局长1人,副局长3人。

审计工作成果 共完成审计项目323个,其中署定37个,省定18个,金华市定9个。共查出违纪金额13352万元,其中应上缴财政1381万元;查出百万元以上违纪违规单位11个;移送纪检、监察、司法机关查处案件11件16人;共提交审计报告323个;向各级党政领导部门和上级审计机关提交审计工作报告、信息被采用171篇(次)。

完成市政府交办任务 共完成交办的工作任务68个,其中1997年6月至1998年,先后完成了32个市级机关部门和22个乡镇党政主要领导干部经济责任审计。查出违规金额1041万元,其中应上缴财政595万元,罚没款52万元。提出审计建议被采纳108条,提交审计信息(综合报告)被采用6篇。

完成上级下达审计任务 共完成署、省、金华市审计项目64项。

**【永康市审计】** 1998年底共有人员18人。其中:大学生4人,大专生8人;局长1人,副局长2人。

审计工作成果 共完成审计项目277个。审计单位274户;完成审计调查20项,调查单位107户;共审计各类资金483590万元。5年查出违规违纪金额3361万元。上缴财政金额679万元。发现并依法移送涉嫌经济违法犯罪案件3起,共有6人落入法网。提交各类审计报告277篇,提交各类审计信息及专题调查报告被批示共105篇(次)。

完成市政府交办任务 共完成交办的工作任务127项。其中,完成基建预决算项目8项,市级重点建设工程财务收支审计项目7项。审计(或调查)金额21008万元,核减金额2668万元。其中,对中国科技五金城精品市场审计基建资金7150万元,核减投资金额1427万元。5年共完成部门、乡镇党政主要领导任期经济责任审计81项。

完成上级下达审计任务 共完成省、市审计机关下达的审计任务150项,审计单位150个,审计金额268661万元。

**【金华县审计局】** 到1998年底,在编在岗干部15人。其中:大学以上学历4人,大专学历8人;具有中级技术职称11人;局长1人,副局长3人。

审计工作成果 共完成审计项目285项。审计单位277户;完成审计调查14项,调查单位35个;审计金额678224万元。共查出违纪违规金额3778万元。上缴财政340万元。共提交审计报告285篇。同县纪检、监察、信访等部门配合,查处各种经济要案3起。

完成县政府交办任务 共完成交办的工作任务111项。1998年,为配合对换届领导干部的业绩考核,局全体审计人员历时3个月,对56家部门、单位62个领导干部进行了离任审计,为县委、县政府考核、任用领导干部提供了依据。

**【武义县审计局】** 到1998年底，人员有15人。其中：大学1人，大专10人；局长1人，副局长2人。

审计工作成果 共完成审计项目206个。审计金额207982万元，查出违纪违规金额4472万元，应收缴财政金额705万元，已入库497.35万元，罚款金额44.81万元，查出国有资产流失1117万元，减少财政拨款123万元，查出企业资产不实845万元，审计挽回损失70万元，应追还侵占挪用资金486万元。查出贪污案件6起，分别被移送司法、监察部门处理的有10人。提交审计信息100余篇，被上级审计机关和当地政府采用98篇。

完成县政府交办的任务 共完成交办的项目79项，其中有两项是困扰县领导的上访难题。武义县大田乡工办所属县五建公司在转制过程中，由于资产评估不公，群众意见很大。另一项是武阳镇中南村中南商厦基建决算，虽经有关单位审核，但在村级财务清理时，村民对此仍有怀疑，反映强烈，各方争执不休。审计局在接受任务后，经审计核实，五建公司新兴路76号土地面积为4692.08m²，比原来核增土地面积572.08m²，核增地价35.15万元；武阳镇中南村中南商厦基建决算造价为200万元，经审计核实为159.27万元，核减40余万元。审计结果公布后，群体上访难题终于迎刃而解。

完成上级下达审计任务 共完成上级审计机关下达的审计任务65个，审计金额69327.4万元。

**【浦江县审计局】** 到1998年底，人员有27人。其中：局长1人，副局长1人；大专生16人。

审计工作成效 共完成审计项目209个，其中领导干部经济责任审计110项。审计总额73亿元，查出违纪金额7274万元，同县纪检、监察部门配合，查处经济案件3件，上缴县财政281万元，提出审计建议383条，采用信息284篇。

完成县政府交办的工作任务 共完成县委、县政府交办的工作任务78项，审计清理单位230个。1998年6月，县委针对当时乡镇情况，决定从审计机关抽调工作组，对乡镇财务进行了清理，查出了乡镇存在的12大问题，提出了6条审计建议。

完成上级下达审计任务 共完成市级以上审计机关下达的审计任务125项，审计金额43亿元。

**【磐安县审计局】** 至1998年底止，人员有14人。其中：大专生9人，具有中级职称9人；局长1人，副局长2人。

审计成果 共完成审计及审计调查项目243项。查出违纪金额3826万元，上缴财政704万元，防止国有资产流失351万元。移送司法监察机关处理案件11起，涉案人员15人。

1995年至1998年，共完成基建审计项目59项，送审总金额8669万元，核减工程造价1209万元。

完成县交办的任务 5年来积极参与县里组织的企业改制、纠风治乱、预算外资金清理等工作组，特别是企业改制审计，摸清了家底，为顺利改制提供了有力的依据。

**【衢州市审计局】** 衢州市所辖5县(市)1区，市、县审计机关6个，区审计办1个。到1998年有176人。其中：大学本科11人，专科82人；具有中级专业技术职称72人；局长6个，副局长11个。内设机构：办公室6个，综合科2个，行政事业科5个，财政金融科6个，工交企业科6个，商粮贸审计科3个，基建审计科4个，领导干部经济责任审计办1个，审计事务所6个。部门负责人39个。

审计工作主要成果 共完成审计项目1240个，审计单位1328个。其中完成署定项目189个、省定项目150个、专项审计调查61个。审计资金总额3379100万元，查出违规违纪金额90713万元，增加财政收入4876万元。完成党委、政府交办的重大审计事项582件，其中领导干部经济责任审计391例。协同纪检、监察、司法等部门查处涉嫌经济犯罪14起。

受表彰情况 全市审计机关被授予各级各类先进集体荣誉称号共47次。其中受省级表彰16次，市级表彰15次，县级表彰16次。获得各级各类先进工作者荣誉称号的达193人/次。其中受省级表彰的9人/次，市级表彰20人/次，县级表彰的有19人/次，局本级表彰的有145人/次。

社会审计和内部审计 共完成委托单位审计查证事项7872项，其中验资年检4567个，核减虚假注册资金9792万元；基建查证4567项，核减基建造价8921万元。促进增收节支2749万元，提高经济效益1248万元。

部门内审完成审计单位980个，其中财务收支282项，经济效益审计269个，经济责任审计199项，基建审计27项，其他203项。查出损失浪费1048万元，促进增收节支2756万元，采纳审计意见和建议1469条，纠正违纪金额3045万元，移送经济案件8起，建议行政处分13人。

宣传贯彻《审计法》、优化审计执法环境 1995年12月初，市审计局加大《审计法》宣传力度，在《衢州日报》开设宣传版面，分8个部分介绍审计工作和法律知识，上街设摊开展审计法律咨询科普活动，编发《衢州审计》信息

157期,并在市委机关刊物上发表了指导性文章,加大了审计对外宣传。

组织质量检查、提高审计执法水平　1994年至1998年,全市对审计质量进行了4次检查。检查考核结果表明:全市完成的1240个审计项目,全部符合法定程序,市、县两级在审计工作质量管理和执法水平等方面取得了长足进步。其中龙游县、开化县被评为'95审计工作质量优胜单位。

**【江山市审计局】**　到1998年,有30人(含审计事务所11人)。其中:大学生1人、大专生16人,具有中级专业技术职称17人,局长1人、副局长2人。

审计工作成果　共完成审计项目326个,审计单位338个。审计资金总额311512万元,共查出违纪金额19459万元,增加财政收入1071万元,为工程建设单位节约资金1640万元。提出审计报告351篇,提出审计建议和意见186条,编发审计简报18期,发送审计信息221篇,被采用146篇。其中被地市级采用41篇、省级采用34篇。完成审计调查11项,调查单位90个。配合纪检、监察等部门查处各种经济犯罪案件13起,为稳定社会发挥了作用。

完成政府交办任务　共完成交办的各项工作任务109次,其中审计事项69项。1995年底至1996年初和1997年底至1998年初,配合部门和乡镇换届,开展部门和乡镇及有关事业单位领导干部任期经济责任审计44项。

完成上级下达审计任务　共完成国家审计署和省、市审计机关下达的审计任务88个,按规定实施审计,及时上报审计结果。

**【衢县审计局】**　到1998年底,人员有26人。其中:局长1人,副局长1人;大专12人。

审计工作成果　共完成审计项目199个,审计单位185户。审计资金总额43839万元,共查出违纪金额1987万元,增加财政收入119万元。提供审计工作报告123篇,编发审计信息24期,帮助落实整改措施83条。协同纪检、监察、信访等部门查处各类经济案件4件。

比较突出的工作　自1994年到1998年共完成县管领导干部审计130个,审计对象涉及县机关、乡镇及有关企事业单位。共查出违纪金额930万元,向县纪委移送经济嫌疑案件3起。

**【龙游县审计局】**　到1998年底,人员有39人。其中:大学本科5人,大专14人;局长1人,副局长2人。

审计工作成果　共完成审计项目196个,审计单位370个。其中完成署定、省定项目70个,审计调查20项,调查单位179个。审计资金总额1129680万元。共查出违纪行为金额13899万元。配合纪检、监察、信访等部门查处经济案件3件。上缴财政1178万元,提交审计工作报告216篇。

完成县政府交办任务　共完成交办的工作任务34项。

**【常山县审计局】**　到1998年发展为9人。其中:大学生2人、大专生3人。

审计工作成果　共完成审计项目116个,审计单位116户,完成审计调查18项,调查单位34个。审计资金总额126750万元,共查出违纪违规金额4872万元,上缴财政665万元。共提出审计建议308条,审计报告116篇。

完成县政府交办任务　共完成交办工作25项,先后抽调40余人次,参加全县企业改制、破产清算、预算外资金清理、工业普查、个私经济税费负担调查、农村工作等。

**【开化县审计局】**　到1998年末有14人。其中:大专8人;局长1人,副局长2人。

审计工作成果　共完成审计项目164个,专项审计调查13项。其中完成署定项目31个,省定项目30个。审计资金总额14.4亿元,查出违纪金额3310万元,并协同政法部门查处重大经济犯罪嫌疑案件2起。同时完成县委、县政府交办任务35项。

**【舟山市审计局】**　舟山市审计局及县(区)审计机关1998年末有干部、职工86人。其中:大学生12人、大专生52人、中专生13人。市局现有党组成员5人,其中:局长1人、副局长2人。设有办公室、综合科、一科(财政金融审计科)、二科(工交投资审计科)、三科(商粮贸审计科)、定海工作科等6个内设机构。还有下属2个审计事务所。

审计工作成果　自1994年至1998年,共完成审计项目1003个(其中审计调查项目125个),查出违纪金额45958万元,挽回损失经费金额8362万元,上缴财政6267万元,促进增收节支175万元,减少财政补贴拨款1009万元。提交审计工作报告、信息764篇,其中:地方党政领导采用134篇,上级审计机关采用67篇,新闻单位采用52篇。

1995年8月,舟山市委批转了《舟山市领导干部经济责任审计试行办法》,在全省、市、地审计局中率先开展领导干部经济责任审计。至1998年底,先后对170个单位的174名领导干部任期内经济责任进行了审计,其中县处级领导干部25名,查出违纪行为金额5106万元。为各级领导和干部管理部门定量考核干部的政业绩提供了可靠依据,提高了干部评价、使用的科学性和合理性。

内部审计　到1998年,设置

内审机构135个,内审人员587名。审计了334个项目,提出175条意见,促进增收节支716万元,纠正违纪金额668万元。

社会审计　共接受社会委托项目5400个,其中企业验资年检2935项,资产评估257项,基建项目审计227项。核减基建预决算1701万元,为委托单位挽回损失553万元。

受表彰情况　1994年至1998年有12次受省审计系统表彰奖励,有15次受市委、市府表彰奖励。

**地址**　舟山市定海城西河路15号
**电话**　0580—2027316
**邮编**　316000

**【舟山市普陀区审计局】**　共有机关干部15人,其中:大学生1人,大专学历7人;中级职称10人。

审计工作成果　共完成审计项目191项;审计调查项目35项,调查单位212个。审计总金额879086万元,投入审计力量6174人日,共查出违纪违规金额6057万元。同区纪检、监察等部门配合,查处各种经济案件5起。上缴区财政2454万元,提交审计工作报告信息192篇,其中被地方党政领导采用21篇、上级审计机关采用22篇、新闻单位采用25篇。

完成区政府交办任务　共完成交办的工作任务106项。1997年10月至1998年4月,积极配合区委组织部做好换届前干部考察工作,完成干部任期经济责任审计项目61个,共查出违规违纪金额1057万元,上缴区财政65万元,财政入库率为100%。

完成上级下达审计任务　共完成上级审计机关下达的审计任务47项,其中:署定13项,省定19项,市定15项。审计单位99个,审计总金额287486万元。

**【岱山县审计局】**　到1998年底人员20人,其中大学生3人,大专生14人;局长1人,副局长1人。

审计工作成果　共完成审计项目186项,审计单位207个,完成审计调查15项,调查单位38个。共查出各种违纪违规金额5308万元,上缴县财政712万元,共提交审计工作报告186篇。

完成县政府交办任务　共完成交办的工作任务50项。

完成上级下达的审计任务　共完成省、市审计机关下达的审计任务36个,审计单位75个,审计金额达5647万元。

**【嵊泗县审计局】**　到1998年共有审计干部、职工15人。其中有会计师职称6人。

审计工作成果　共完成审计项目147个(其中审计调查项目45个)。查出违纪金额4545.12万元,追回被侵占挪用资金264.28万元,挽回损失浪费金额20万元,上缴财政759.06万元,追回国有资产损失563.43元。5年来,共增收节支2428.91万元,依法处以罚款12.66万元。查出经济案件1件,建议给予行政处分2人。提交审计报告147篇、各类信息48篇。

完成县委、县政府交办任务　共完成交办的工作任务37项,审理清查37个单位。1997年,对嵊泗县驻上海办事处第三招待所的财务收支进行了审计。查出违纪金额42.26万元,对其私设小金库、私分公款和挥霍公款现象,移交监察机关,作了相应的行政和经济处分,其中1人受到撤职处分。

基本建设审计　办理了35个基本建设审计(包括开工前审计)。送审值6229.26万元,定案值5437.12万元,核减投资额792.14万元。

**【台州市审计局】**　到1998年,有干部、职工31人。其中:大学生5人,大专生22人;中级职称22人;局长1人,副局长2人。

审计工作成果　5年来,共完成审计项目201个,其中署定项目33个,省定项目42个;财政审计21个,金融审计38个,行政事业审计67个,基本建设审计4个,企业审计38个,经济责任审计3个,复审1个,专项调查29项。查出违纪违规金额37452万元,应上缴财政3693万元、罚款867129元,已上缴财政3678万元。提交审计信息审计报告587篇,其中被上级审计机关和当地党政部门录用112篇。

完成审计工作任务　全面完成署、省定审计项目,组织赴外地开展粮食财务挂账审计,财政同级审受到了市人大“审计有深度、审计报告实事求是,对此表示满意”的好评,金融审计查出1起银行职员挪用670万元,贪污20万元的大案。配合市委、市纪委,审计浙江省四大案件之一的“杭州泰龙工贸有限公司原经理陶仙国集资诈骗案”,查明陶仙国于1994年、1995年以高利率为诱饵,骗取台州60家单位、200余人的资金经营所谓废报纸业务案件。完成市人大交办的对台州市人民政府机关用房建设指挥部(枫南小区)一期工程审计,审计资金总额18649万元,核减工程造价2000多万元。

内部审计　到1998年,内部审计机构是22个,其中专职11个;内审人员89名,其中专职61名。

社会审计　1994年到1998年,共接受社会审计委托项目799项,其中基建项目76项,财务收支审计127项,验资年检545项。

受表彰情况　自1994年至

1998年，受省审计系统表彰14人次，受市委、市政府表彰6人次。

**地址** 台州市行政大楼11楼

**电话** 0576—8510859

**邮编** 318000

**【台州市椒江区审计局】** 到1998年底，编制人数22名，实有人数20名。其中：大学毕业4人，大专毕业12人；具有中级职称的有13人；局长1人，副局长3人。

审计工作成果　共完成审计项目165个，审计单位165个；完成审计调查17项，调查单位81个。共查出违纪违规金额2243万元，应上缴财政716万元，已上缴财政716万元。提交审计报告28篇。移送纪检、监察机关处理的案件1起，移送司法机关处理的案件2起，出具审计建议书3份，建议行政处分2起。

完成区政府交办任务　共完成交办的工作任务44项。截止1998年底，共完成基本建设开工前审计206项，工程决算审计项目3个，审计金额17765.04万元。

完成上级下达审计任务　5年来，共完成法定审计项目3个，署定项目11个，省定项目18个，市定项目17个。1998年6月，为配合粮食流通体制改革，根据省审计厅的统一安排，抽调7名审计人员组成审计组，赴上虞市实施异地审计，按期完成粮食财务挂账清查审计工作。

**【台州市黄岩区审计局】** 到1998年底，在册人员总数18人，其中具有审计师、会计师等中级以上职称资格的14人。

审计成果　5年来，共完成审计项目560项，其中署、省定项目38项，区委、区政府交办81项，固定资产投资开工前审计项目334项。查处违规违纪金额3691万元，上缴财政1118万元。

1994年以来，开展对领导干部的经济责任审计，共查出违纪违规金额124万元，4人受到党政纪处分，1人追究刑事责任。为防止豆腐渣工程，加大了对旧城改造、重点建设工程的开工前审计、工程竣工决算审计、工程财务收支审计的力度，核减工程造价3180万元。深入开展专项资金的审计调查，共提交综合审计调查报告16篇，并督促有关部门管好用活专项资金。抽调人员积极参加异地粮挂审计、区体制改革工作队、涉农资金检查、涉企物价收费检查等突击性工作。

**【台州市路桥区审计局】** 1998年底，人员有11人。其中：大学生2人、大专生7人；具有中级职称10人，注册会计师3人；局长1人，副局长2人。

审计工作成果　1995年至1998年，共完成审计项目87个，查出违规违纪金额5826万元，上缴区财政639万元。经政府同意，将全区各信用社、金融服务社、农村合作基金会等非国有金融机构及其兴办的各类经济实体纳入审计范围，将年产值200万元以上、税利在20万元以上的重点乡镇企业纳入审计范围，将投资金额在40万元以上的基建(技改)项目的竣工决算纳入审计范围。会同区农村经济委员会提出了《关于加强农村集体经济组织资产评估及审计工作的意见》，对全区100个村的财务进行了审计，有力地促进了农村集体资产管理状况的改善。

**【临海市审计局】** 到1998年，干部职工底已有27人。其中大专生19人；会计师、审计师18人；局长1人，副局长2人。

审计工作成果　共完成审计项目207项，审计单位272个，其中审计调查34项，调查单位71个。共查明违纪违规金额6459万元，上缴财政金额445万元。移送司法机关案件2件，2人受到法律制裁。领导干部经济责任审计结果，受撤销职务的3人，降职使用7人，2位厂长、经理被免职。

完成市委、市政府交办的任务　共完成交办的工作任务24项，涉及单位67个。1994年，参加我市第一家国有企业破产清算工作；1996年至1998年，配合企业改制工作参加15家企业的清产核资工作。

**【温岭市审计局】** 至1998年干部、职工为22人。其中：大学生1人，大专生7人；局长1人，副局长3人。

审计工作成果　共完成审计项目266个，其中审计调查23个，调查单位175个；共查出各类违纪违规金额14720万元，审计处理后上缴财政2533万元。

完成县政府交办任务　5年来，台州市审计局下达的审计项目计划数共200项，均已完成。完成了市委、市政府等交办的审计任务44项，其中1998年的乡镇财政审计反映的乡镇财政赤字数额增大、赤字乡镇增多、压缩赤字难度加大等问题的信息，引起省政府领导的高度重视，省长柴松岳对此作出批示。

**【玉环县审计局】** 1998年底，共有干部职工16人。其中：大专生11人，具有中级以上职称15人；局长1人，副局长3人。

审计工作成果　5年间，共完成审计项目199个，查处违纪金额16904万元，作出审计决定后，上缴财政1514.96万元(包括罚款96.96万元)，减少财政拨款1184万元，归还侵占挪用资金633万元等，共为国家增收节支3331.96万元。查处违纪案件4件，均移送纪检部门处理。同时，还积极配合纪检、监察、检察部门查处案件。此外，完成审计调查项目26个，调查单位168个，提交专项报告26篇。

完成县政府交办任务　完成交办的各项审计任务58件,其中审计项目35个。共完成基建工程审计项目12个,审计金额30660万元,核减工程投资额1140万元。其中1997年在对玉环县重点工程——"玉环大酒店"基建工程的审计中,共核减工程投资额1068万元。

完成上级下达审计任务　5年来,共完成署、省、市级审计机关下达的审计任务48项。在1998年6月~8月的全国粮挂审计中,局里抽调9名业务骨干赴诸暨市参加全国粮挂审计,经审计共核减粮食亏损2009万元,同时查出了违规发放奖金、动用大量资金炒期货、对外出借巨额资金无法收回以及市农发行私设百万元的"小金库"等严重违纪问题,成效显著。

**【天台县审计局】**　1998年底,共有干部、职工16人。其中:大专以上学历11人;局长1人,副局长3人。

审计工作成果　共完成审计项目156项。累计查出违纪金额12163万元。其中:百万元以上违纪单位19个,违纪金额9991万元;上缴县财政329万元,追加被侵占挪用资金268万元,共提交审计调查和综合报告27篇。

完成县党政领导交办任务　共完成交办的工作任务44项。1998年5月,对始丰溪东段大堤工程进行审计,发现该工程在招投标过程中有严重的串通标违法行为,审计局会同县纪委一起深挖犯罪线索,牵出了一起涉案77人,涉案金额580万元的特大经济串案。查出违法违纪干部54人,其中县处级干部2人,副科级干部13人,一般党员31人,一般干部8人。10人移送司法机关追究刑事责任。在查处过程中,延伸审计了县水利水电局及技协、工会,县水利水电建筑公司等单位,审计查出违纪违规金额2126万元,应上缴县财政180万元。

完成上级下达审计任务　共完成署、省、市审计机关下达的审计任务47项。审计查出违纪违规金额2273万元,上缴财政金额119万元。

**【仙居县审计局】**　到1998年底,人员有32人。其中:本科生5人,大专生21人;局长1人,副局长2人。

审计工作成果　共完成审计项目203个,其中署、省、市定项目43项,审计总金额51.8亿元,共查出违纪违规金额1.61亿元,其中金额超百万的单位9个,上缴县财政443万元。完成审计专项调查15项,调查单位160个。同县纪检、监察、信访等部门配合,查处各类经济案件10余起。

完成县委、县政府交办的任务　共完成交办的工作任务68项,其中领导干部经济责任审计61人,58个单位。1998年,对全县18个镇换届前进行了专项审计。

**【三门县审计局】**　到1998年底,人员有20人。其中:局长1人,副局长1人;大学生1生,大专生10人;中级职称12人。

审计工作成果　上级审计机关下达审计项目计划共150项,实际完成审计项目184项,是计划数的123%。共查出违纪金额4698万元,应上缴财政571万元,已上缴财政424万元。固定资产投资审计科1995年成立以来,共审核工程项目29项,送审造价7381万元,核减工程造价693万元。提交审计信息稿件157篇,被地方政府部门采用29篇、上级审计机关采用49篇、新闻单位采用39篇。

**【丽水地区审计局】**　到1998年全区共有审计干部、职工757人。其中:大学生8人,大专生91人;局长1人,副局长2人。下设办公室、综合科、财政金融审计科、行政事业审计科、工交商贸审计科、基建外资审计科、审计事务所等机构。

审计成果　5年共审计单位1977个,其中署定项目205个,省定项目203个,地方党委、政府、组织部交办项目556个,查出违纪金额6.64亿元,应收缴财政1.46亿,对严重违纪单位处以罚款20件,向各级党政领导部门、新闻单位提交审计工作报告或信息1890篇(次)。

受表彰情况　受省审计系统表彰5次,受地委、行署表彰7次。共有36人次个审计项目受到省审计系统表彰奖励;6人次受到地委、行署表彰奖励。

**【丽水市审计局】**　1998年底,共有干部、职工14人。其中大专生1人、具有中级以上职称10人;局长1人、副局长1人。

审计工作成果　5年来,共完成审计项目249个,查出违纪违规金额7435万元,应上缴财政1252万元,追还侵占挪用资金484万元。完成市委、市政府交办的审计事项58个。1998年,积极配合市纪委、检察院对丽光村、灯塔村的大要案的查处工作,为查明问题,及时结案,发挥了积极作用。在对市统计局干部离任经济责任审计中,查处了原出纳贪污公款7.5万元。1996年,在对市棉纺厂财务收支审计中,查出该厂非法从河南商邱取得进项扣税凭证,偷漏税款153.46万元的大案。1998年,审计小组一行7人赴三门县参加"粮挂"审计历时56天,核减新增财务挂账102万元,核实其他不合理占用农发行贷款66万元。

**【龙泉市审计局】**　到1998年底,人员已有20人。其中:大学生

1人,大专生12人;局长1人,副局长1人。

审计工作成果 共完成审计项目272个,其中完成上级审计机关下达的任务64个。审计单位272个,完成审计调查27项,调查单位216个,审计金额315587万元。共查出违纪违规金额4039万元。向司法机关移送案件2起,移送司法机关处理2人。上缴财政636万元,并提交审计报告379篇。

完成市政府交办任务 完成交办的工作任务48项。

**【缙云县审计局】** 到1998年底,人员已有26人。其中:大学生3名,大专生15人;局长1人,副局长2人。

审计工作成果 共完成审计项目152个,查出违纪违规金额4460万元,上缴财政金额944万元,为维护财政秩序,促进当地经济发展发挥了作用。

完成县委、县政府交办任务 从1994年到1998年,共完成交办的工作任务34项。1998年,为配合换届选举,对20个乡镇、2个局机关和33位领导干部进行了经济责任审计,查出各类违纪违规金额281万元,上缴财政82万元。

**【青田县审计局】** 到1998年底,共有干部、职工27人(审计事务所12人)。其中:大学3人,大专12人;局长1人,副局长2人。

审计工作成果 几年来,共完成审计项目305个,查出违纪金额4911万元,发出决定应收缴款1125万元,罚款27万元,追还被侵占挪用资金392万元,核减工程预决算金额1055万元,减少财政拨款或补贴99万元,共为国家增收节支2698万元。向司法、纪检、监察机关移送案件17件。被各级党委、政府和上级审计机关采用、批示等审计综合报告及审计信息173篇。

完成政府交办任务 共完成领导干部经济责任审计119项。其中:1995年8月,对全县33个乡镇进行了换届前审计,发现8名干部因严重违纪问题,进行了移送处理。1998年,完成了47个单位的领导干部经济责任审计,为全县机关及乡镇领导换届工作作出了积极努力。

固定资产投资审计 共对170个开工项目资金来源实施了审计,核减乱拉资金7000多万元;竣工决审审计40个,核减高估冒算资金1055万元。

审计调查和专项审计 共开展审计调查和专项审计约40项,并及时提供了审计综合报告。

完成上级下达审计任务 共完成上级审计机关下达的审计任务130项,取得了较好的成绩。

**【云和县审计局】** 到1998年底,人员为20人(其中事务所8人)。大专毕业7人;局长1人,副局长2人。

审计工作成果 共完成审计项目144个,完成审计调查18项,调查单位67个。共查出违纪违规金额3486万元。与县纪委、监察信访等部门配合,查处各种违纪案件5起。上缴县财政1021万元,提交审计报告144篇。

完成县政府交办任务 共完成县委、县府交办的任务18项。

完成上级下达审计任务 共完成省定、地定审计项目18项。

**【遂昌县审计局】** 到1998年底,人员已有21人(其中事务所6人)。其中:大学生1人,大专生14人;中级职称16人;局长1人,副局长2人。

审计工作成果 共完成审计项目190个。完成审计调查20项,调查单位120个,金额66173万元。共查出违纪违规金额7061万元,上缴财政1042万元,共提交审计报告190篇。同县纪检、检察等部门配合,查处各种经济案件8起。

完成县政府交办任务 共完成县政府交办的工作任务74项。1998年,为配合乡镇换届选举和有关人事变动,组织审计组对全县21个乡镇和有关部门的财政财务收支及领导干部经济责任进行了审计,为县委、县政府考核、任用、调配领导干部提供有关依据。

完成上级下达审计任务 共完成署定项目22个,省定项目18个。

**【松阳县审计局】** 1998年共有干部、职工13人。大专以上学历10人;具有中级以上技术职称的11人;局长1人,副局长2人。

审计工作成果 共完成审计项目168个,完成审计调查14项,调查单位112个,审计金额171528万元。共查出违纪违规金额3869万元。上缴财政466.65万元。同县纪检、监察等部门配合,对有关经济案件进行查处。1998年6月,根据省审计厅的工作部署,派出粮挂审计清查组赴椒江区进行审计,清查审计或延伸审计(调查)了18个单位,审计抽查了23个粮仓,盘点粮油1489.6万公斤,清查审计核减粮食新增财务挂账437.64万元。

完成县政府交办任务 共完成交办的工作任务65项。

**【庆元县审计局】** 通过函授学习、职称考试取得大专以上文凭12人,中级以上职称5人,高级审计师职称1人。

完成审计项目 累计审计452个单位(次),查出违纪违规金额8301.21万元,其中收缴财政2573.4万元,追还挪用侵占资金1040.7万元,增收节支36.6万元,对有关单位和责任人罚款12.7万元。查出并移送司法机关处理贪污案件7起。

开拓审计领域　1994年探索性地开拓基建项目竣工决算审计。1996年对县本级预算执行情况进行"同级审"，引起党政主要领导的重视。

**【景宁县审计局】**　到1998年共有干部12人。其中：大专以上文凭7人；局长1人，副局长2人。

审计工作成果　共完成审计项目170个，共查出违纪违规金额6528万元，与县纪检、监察、检察院、信访等部门配合，查处各种经济案件25起，上缴县财政475万元，共提供审计报告、信息87篇。

完成县政府交办任务　共完成交办的任务44项，查出违纪金额663万元。共审计基建项目22个，审减金额230万元，维护了国家利益，节约了国家建设资金。

完成上级下达审计任务　共完成省、地下达的审计任务59项，查处金额2986万元。

## 安徽省

**【安徽省审计工作简述】**　至1998年，安徽省已有审计机关122个，人员2419人。其中：具有大专以上学历1777人，占70.5%，具有高级职称的562人，中级职称1215人，中级以上职称所占比例50.5%。5年来，全省审计机关共审计31381个单位，纠正违纪金额134.22亿元，上缴财政金额12.26亿元，移送纪检和司法机关处理人员110人，建议给予行政处理70人。

审计执法力度不断加大　5年来，安徽审计工作的法制化建设进程进一步加快，结合本地审计工作实际，制定了一系列地方审计法规和规章。特别是近两年，省审计厅加快了地方审计立法的步伐，草拟并由省政府转发了《安徽省地方金融机构财务审计暂行规定》、《关于加强基础设施项目审计监督的意见》及《关于加强社会审计组织审计质量监督的意见》、《安徽省企业内部审计暂行办法》等地方性法规。至此，初步建立起了以宪法为根本、以审计方法为核心的审计法律、法规体系，审计工作开始走上了法制化、制度化、规范化的轨道。全省审计机关的精神文明建设也取得了丰硕成果，树立了审计队伍良好的社会形象。省审计厅连续5年被省政府评为目标考核先进单位。

**【安徽省审计厅概况】**　到1998年，行政编制数150人，机关实有人数138人。设置14个处室，下辖6个二级事业单位。

厅领导成员

1994年底，厅长：朱成林，副厅长：祝德智、黄庆禄、汪元义，纪检组长：解长道。

1998年底，厅长：桂建平，副厅长：王兴如、黄庆禄、汪元义，纪检组长：解长道

审计成果综述　共审计32381个单位，查出违纪资金134.22亿元，应上缴财政12.26亿元，减少财政拨款和补贴1.26亿元，追还被侵占挪用资金19.68亿元，罚款0.68亿元，共为国家增收节支3.66亿元。移送纪检司法机关处理的人员110人。5年中，全省审计机关向各级党委、政府提交综合报告、信息16641篇，被批示、采用7471篇。

本级预算执行审计　全省122个审计机关紧紧围绕"抓规范、促质量，深化财政审计"这一主题，全面开展同级财政审计，审计覆盖面达100%。全省共审计了767个财政税务部门，2596个预算执行机构。各级审计机关提交的审计结果报告普遍引起各级人大政府及有关部门的重视。省审计厅自1995年开展首次同级财政审计，每年向政府提交的审计工作报告均得到了省政府的重视和肯定，历次受政府委托向省人大常委会所作的审计工作报告均得到了省人大领导和委员们的充分肯定和好评，省人大常委会每年都专门审议审计工作报告，并作出决议，充分肯定同级财政审计工作。其中1997年的同级财政审计工作报告得到了省政府主要领导的充分肯定，并强调指出，开展审计工作十分必要，审计本身就是对省政府管财、理财服务的，对地方经济和社会发展很有益，有利于规范财政收支，有利于人大监督，有利政府做好财政工作。与此同时，省各级审计机关积极探索同级财政审计的方法，从检查账户入手摸清家底的审计方法，得到了审计署领导的肯定和推广。通过1995年至1998年这4年间的同级财政审计，基本摸清了财政家底，增强了财税等被审计单位的法制观念，促进了财政财务管理水平的提高，拓宽了各级政府全面掌握财政真实情况的渠道，使政府能比较全面客观地了解财政管理和预算执行情况，强化了政府调控手段，有利于人大审批财政决算，加强财政经济活动的监督，提高了财政管理和审计监督的透明度。

专业审计　1．金融审计　以防范和化解金融风险为目标，不断拓宽审计领域。全省审计机关先后对90个农行机构、59个中行机构、中保财产保险公司、中保人寿保险公司等金融机构进行了审计。重点审计国有资产的保值增值情况，负债的合理性和损益的真实性，加强金融管理，维护金融秩序。5年中，金融审计共查出违纪资金14.93亿元。对一些事关国家金融政策的宏观性问题，审

计机关加强了综合分析，反映的问题得到各级领导的高度重视，促进了国家各项金融法规政策的贯彻落实。同时，切实加强了对地方金融机构的财务收支审计监督，促进了地方金融事业的健康发展。2. 投资审计 5年中，全省共审计了1645个重点基建工程项目，查出超规模、超标准、多列概算、高估冒算等有问题金额共7.72亿元，核减工程预算金额1.62亿元。对投资体制改革中出现的矛盾和问题，各级审计机关进行了深入的剖析和研究，分别向省政府、审计署作了专题报告。同时审计机关主动适应投资体制改革的新形势，积极探索符合实际的投资审计办法，进一步加大了审计查处力度，把审计重点放在促进优化投资结构，用好建设资金，提高资金使用效益上，有效地保障了建设资金的合理安全使用，促进了投资管理体制改革的进一步发展。3. 企业审计 全省审计机关紧扣国企改革和发展这个主题，进一步深化了企业审计。5年中，审计了6794个工商企业，查出违纪金额37.46亿元。并就企业资产、负债和损益的真实性、合法性和经营运作情况进行了专题调查和分析，提出许多了改进措施和建议。其中1995年省审计厅组织开展了对124户国有大中型企业及地方重点骨干企业的审计，查出累计亏损挂账达7.6亿元，负债率在100%以上，资不抵债的50户，国有资产流失达2.6亿元。省政府领导高度重视，专门召集省直有关部门负责人分析、研究审计报告反映的我省国有企业在扭亏中存在的困难、问题及解决对策，引起了较大的反响。企业审计为深化国企改革发挥了促进作用。4. 农业审计 全省审计机关根据安徽农业大省这一基本省情，始终坚持把强化农业审计，巩固农业的基础地位，为发展农村经济服务作为一项重要职责。5年中，全省重点围绕农业综合开发资金、扶贫资金、乡镇资金等重点农业资金开展专项审计，查出违纪金额5.48亿元，追还被侵占挪用资金1.84亿元，并针对农业审计中发现的问题，及时加以纠正和处理，维护了农民的合法权益，保障了中央和省委有关农业和农村工作的各项政策的贯彻落实。农业审计工作多次得到了省委、省政府领导的肯定。5. 国外援贷款审计 坚持服务改革开放大局，优化投资环境，是全省外资审计工作的基本原则。5年中，全省外资审计紧紧围绕“深、准、透、实”四个字狠下功夫，积极探索与国际接轨的审计方式、方法，外资审计的质量和功效不断得到提高。仅1998年就完成了18个国际金融组织和外国政府援助项目的审计，查出违纪资金5.4亿元，节省项目支出1.84亿元，追还被侵占挪用资金0.32亿元，并向世行、亚行出具了5份对外公证报告，为安徽省扩大开放，提高利用外资的规模和水平，发展地方经济作出了积极贡献。6. 行政事业审计 全省各级审计机关针对社会关注的热点问题，进一步加大了行政事业审计力度，仅1997年就对1169个教育单位资金筹措、投入、管理和使用情况进行了审计，查出乱收费、乱集资1701万元，截留、挪用教育经费2266万元。各级审计机关对各类违纪问题都认真作了处理，促进了我省教育事业的健康发展。全省共对138所县以上国有医院1996年度医疗收费、药品管理和财务收支情况进行了审计，查出违纪金额10259万元，主要是医疗收费超标准、重复收费、分解收费、自定标准乱收费情况普遍，药品市场管理不规范，内部控制制度不健全。针对存在的问题，审计机关分析了原因，提出了建议，得到了党委、政府的肯定，得到了有关部门的重视。通过对希望工程的审计，增强了社会各界对希望工程基金管理机构的信任，收到了较好的社会效果。继续坚持了对行政管理费或事业费支出大户、预算外资金较多、有经常性收入的行政事业单位的经常性审计，促进被审计单位加强管理，堵塞漏洞，完善内部约束机制，有力地推动了党政机关的廉政。

**地址** 合肥市长江路221号省政府南三楼

**电话** 0551—2601661

**邮编** 230001 （刘大群）

**【合肥市审计局】** 1998年底，全市审计机关共有在册人员174人。其中：硕士生2人，本科生24人，大专生79人。市局在册人员95人，局长1人，副局长3人。内设15个处室和部门（即：办公室、纪检组、监察室、机关党总支、组织人事处、综合处、管理处、财政审计处、金融审计处、农业审计处、行政事业审计处、固定资产投资审计处、商贸审计处、工交审计处、外资审计处）。下属3个事业单位（即：电大工作站、两个审计事务所）。

审计工作主要成果 共完成审计项目1812个，查出各类违纪违规金额12.41亿元，为财政增收节支1.43亿元。提交审计工作报告信息1062篇，被批示、采用512篇。开展审计调查121项，调查单位381个，为领导决策提供了依据。配合纪检监察等部门查处经济案件92起，促进了社会稳定。

完成地方党委、政府交办任务 共完成交办任务182项。1996年，市局对13户工业企业审计，13户企业报表反映亏损的只有2家，经审计核实实际亏损12

家。1998年，市局完成了对两位副厅级领导干部的任期经济责任审计工作。

内部审计　1998年底，全市已建内审机构175个，内审人员376人，1994年—1998年，共审计4212个单位(项目)，纠正违纪金额1.48亿元，提出的合理化建议被采纳的达3100条。

社会审计　全市审计事务所共完成委托14323项，其中，验资年检9930项，核减虚假注册资金2.41亿元，建设项目审计1199个，核减工程价款2.65亿元，财务收支审计1161项，国企审计查证495项，资产评估702项。

受表彰情况　市局连续3次被评为全省审计系统先进集体，1997年被评为全国审计机关先进集体，同时还多次被市委市政府评为党风廉政建设、机关思想作风建设先进单位、目标责任制优秀单位和先进机关党组织等。全市有15人被记三等功以上奖励。

**地址**　荣事达大道政通大厦C区
**电话**　0551—2628221
**邮编**　230001

**【淮南市审计局】**　到1998年底，人员为76人。其中：大专以上学历的有60人；高、中级职称59人；局长1人，副局长4人。设有办公室、综合科、管理科、监察室、财政金融审计科、行政事业审计科、商贸审计科、工业交通审计科、固定资产投资审计科、外资审计科、农林水审计科等机构。

审计工作成果　共审计单位2572个，查出违纪违规金额27832万元，应上缴财政3958万元，已入库3724万元，提交审计报告、信息1082篇，被批示、采用637篇(次)。

完成上级交办任务　共完成审计项目164项，特别是1998年6月至8月，为配合流通体制改革，组成80多人审计了蚌埠市及所辖3县粮食财务挂账及不合理占用农发行贷款情况，核减新增挂账1.39亿元，为上级领导加强宏观调控提供了依据。

内部审计　截止1998年，全市有内审机构158个，内审工作人员422人，累计开展审计项目3404个，查出损失浪费9908万元，促进提高经济效益6584万元，查出违规资金13084万元。

社会审计　截止1998年底，全市有审计事务所5个，从业人员79人(编制内34人)，有从业注册会计师33人。5年共接受社会委托项目约8000项。

受表彰情况　1995年、1996年连续2年被评为全省审计机关年度工作先进单位，1997年在全省审计机关年度评比中荣获二等奖，1998年被省审计厅授予全省粮食清查审计先进集体；被市政府授予市级行政执法责任制先进单位。

**地址**　淮南市朝阳东路
**电话**　0554—2671225
**邮编**　232007

**【淮北市审计局】**　到1998年底，人员有68人。其中：大学生20人，大专生34人；局长1人，副局长3人。设有办公室、人教科、综合科、法规科、审计管理科、财政审计科、商贸审计科、行政事业审计科、农业水利审计科、金融审计科、基建审计科、工交审计科、审计事务所等机构。

审计工作成果　共完成审计单位1121个，查出违纪违规金额28166万元，已上缴财政金额2267万元，促进增收节支2321万元。1998年，根据市委组织部安排，对34个市直部委办局和4家企业领导进行了离任审计，为组织和人事部门考核、任用干部起到了积极作用。

内部审计　1994年共设立内部审计机构32个，内部审计人员95名；到1998年，内部审计机构已有51个，内审人员164名。

社会审计　淮北市审计师事务所共接受工商年检验资4282项，验证资金350.87亿元，核减资金6.96亿元；资产评估156项，评估总金额33.96亿元。

受表彰情况　共受市委、市政府和省审计厅表彰35次，其中集体受表彰11次，个人受表彰24次。

**地址**　淮北市淮海路淮海大厦
**电话**　0561—3022547
**邮编**　235000

**【芜湖市审计局】**　到1998年，全市共有审计人员150人，有185个内审机构，677名内审人员。

审计工作成果　共审计1509个单位，完成审计调查112项。查出违规金额26282万元，上缴财政2861万元，查出侵占挪用资金2479万元，促进增收节支781万元。为市委、市政府和上级审计机关发送“审计情况反映”20篇，“审计简报”313期，“审计专报”6期，审计工作报告信息1146篇。

财政、金融审计　至1998年，全面开展了预算执行情况审计，审计面积100%，共审计及调查59个单位，查出违规金额3243万元，提交的审计结果报告和审计工作报告受到政府和人大的肯定。

国有企业资产负债损益审计　共对348个工业、交通、商贸、建发、中外合资等企业进行了审计，查出违纪金额8024万元，完成33户工交企业资产经营责任制审计、18户法定代表人年度经济责任审计和10户法定代表人离任审计。同时还开展了股份制企业审计调查，为领导决策提供了翔实的依据。

行政事业审计　一是在对全市公检法系统收费和罚没收入开展财务收支审计中查出小金库17万元，对当事人提出了处理建议，有力配合了我市公检法系统开展的教育整顿工作。二是围绕政府换届，开展行政事业单位负责人离任审计，共审计49个单位，审计总金额1.8亿元。三是配合纪检、监察部门和其他职能部门进行了审计查证。在社保资金的专项审计中，为全市解困资金的发放取得了30多家特困企业的第一手资料。1998年，审计机关会同市监察局、财政局等部门积极参与了对全市小汽车、无线移动电话、寻呼机及行政事业单位预算外资金清理工作。

固定资产投资审计　1998年，审计机关首次开展了财政预算基建投资执行情况的审计调查，同时根据扩大内需项目的建设需要，及时印发了《关于开展基础设施项目审计的通知》，对国家统一安排的所有基础设施建设项目都着手审计。

专项资金审计　一是开展农业综合开发资金审计，规范农业综合开发资金的管理和使用。二是开展乡镇资金审计。1997年，通过对全市12个乡镇的1996年度财政财务收支及其各项资金的分配、管理、使用情况、农民税费征收情况及107个部门、乡镇企业和行政部财务情况的审计及调查，较全面地掌握了乡镇资金的现状，进一步规范了乡镇资金的管理。三是开展专项资金审计，对科技三项费用、环保资金、城市维护费、房改资金、人防资金、希望工程、普教经费等专项资金使用情况进行审计，促进了专款专用，有效提高了资金使用效益。

审计法制建设　一是成立审计委员会，制定审计委员会议事规则，做到重大审计事项由集体研究决定。自审计委员会成立至1998年，共对53个审计项目的审计报告进行了审定。二是做好审计事项复核审理工作。1994年至1998年对500多个审计项目进行了审理，提出修改意见和建议400个，从而保证了审计质量，至今未发生一起审计复议和诉讼案件。三是抓好审计规范的贯彻落实。四是规范制度建设。

**【铜陵市审计局】**　到1998年底，人员有89人。其中：大学生20人，大专生43人；局长1人，副局长1人。设有办公室、综合科、财金科、基建科、行政事业科、监察室、指导科、人教科、审计事务所等机构。

审计工作成果　共完成审计项目395个，审计单位422个，审计调查100项，涉及214个单位。查出违纪金额30615万元，上缴市财政2167万元，减少财政拨款732万元，追还侵占挪用资金3756万元。提交信息、报告441篇。

完成交办任务　共完成交办的工作任务183项，其中完成领导干部离任审计44个单位。

完成上级下达审计任务　共完成国家、省审计机关下达的审计任务69项，审计单位364个。

内部审计　1994年共设内部审计机构66个，内审人员138人；到1998年内部审计机构有103个，内审人员239人。

社会审计　1994年到1998年，接受社会委托项目12130项，其中财务收支审计361项，承包离任审计162项，清理债权债务277项，经济案件鉴定11项，验资年检12438项，核减虚假注册资金135280万元，资产评估247项，基建预决算验证487项，核减预决算金额7864万元。

受表彰情况　受省审计系统表彰12次，受市委、市政府表彰5次。共有22人次受省审计系统表彰奖励，有6人次受市政府记功奖励。

**地址**　铜陵市北京东路
**电话**　0562—2832705
**邮编**　244000

**【蚌埠市审计局】**　到1998年底，人员有83人。其中：大学学历17人，大专学历50人；局长1人，副局长2人。设有办公室、人事教育科、内部审计社会审计指导管理科、综合科、监察室、机关党委、工业交通审计科、商贸审计科、农业水利审计科、固定资产投资审计科、财政审计科、金融审计科、行政事业审计科、外资审计科、审计师事务所等机构。

审计工作成果　共审计431个单位，查出违纪违规金额57986万元，应上缴财政收入3815万元，已上缴财政2947万元，查出应归还原渠道资金1691万元。开展各类审计调查87项。提交各类审计工作报告、审计信息530篇，其中被各级党、政领导机关、新闻媒介批示或采用260篇。

财政审计工作　从1996年到1998年，共开展了3年本级预算执行情况审计，结合本级预算执行情况审计，开展了对城市建设维护资金、水利资金、价格调节资金、科技三项费用等专项资金审计或调查，对全市1996年、1997年、1998年3年度税收实现与缴纳情况开展了审计调查。本级预算执行情况审计，全面反映了预算执行和其他财政收支的整体情况，揭示了财税管理的薄弱环节，提出了增收节支的建议。

受表彰情况　1996年，被评为安徽省审计系统先进单位，1998年，被安徽省审计厅评为全国粮食清理审计先进单位。

**地址**　蚌埠市体育路58号
**电话**　0552—2047691
**邮编**　233000

**【马鞍山市审计局】**　到1998年末，在职人员有48人。其中：取得中级以上技术职称33人；具有大专以上学历37人；局长1人，副局长3人。设有办公室、财金审计科、固定资产投资审计科、行政事业审计科、工交审计科、商贸审计科、外资运用审计科和综合科。

审计工作成果　审计单位510个，查出违纪违规金额24037万元，决定上缴财政1028万元，促进增收节支4396万元。提交审计工作报告和信息240篇，被采用246篇。

完成市委、市政府交办任务　共完成交办任务39项，审计和调查单位240个，派出282人次参加市委、市人大、市政府和纪检、监察等部门组织的调研督查等工作。

内部审计和社会审计　至1998年末，全市已建内部审计机构88个，配备人员294人。1994年至1998年，审计单位2659个，查出损失浪费1.6亿元；社会审计现有3家审计师事务所，从业人员59人。5年共完成委托项目8575个，核减虚假注册资金近2亿元，核减基建工程款近1亿元。

受表彰情况　有20人次获得市政府授予的“优秀公务员”称号，有40多项工作分别被省审计厅授予“优秀审计项目”和“全省先进集体”；在1998年度，市审计局分别被市委、市政府授予“市思想作风整顿工作先进集体”、“市普法宣传教育示范单位”、“市目标管理考核优秀单位”和“市全民健身运动先进集体”等光荣称号。

**地址**　安徽省马鞍山市
**电话**　0555—2471608
**邮编**　243000

**【黄山市审计局】**　到1998年底，定编人数为31人，其中：有本科学历8人，专科学历18人；有中级职称的人员15人。局长1人，副局长2人。内设7个科室，即办公室、综合管理科、财金审计科、行政事业审计科、工交审计科、商贸审计科、基本建设审计科，另有二个直属审计事务所，即审计事务所、基建审计事务所。

审计成果　截止至1998年底，全市累计完成审计项目1572个，开展专项审计调查83项。查出违纪金额3.0995亿元，已上缴财政1100万元，分期归还原渠道资金2122万元，促进增收节支926万元。提交审计工作报告、信息1036篇。协助有关部门查处各种经济案件25起，查出百万元以上违纪单位11个，移送司法机关处理3人(次)。

内部审计　全市1994年共设立内审机构48个，从业人员100人；至1998年，内审机构有65个，从业人员146人。

社会审计　全市共设立社审机构8个，从业人员96人，累计完成委托事项4701项，核减基建预决算金额6220万元，核减虚假注册资金5041万元，为委托单位追回损失资金664万元。

受奖励表彰情况　受省政府表彰的先进集体1个(屯溪区审计局)，受省审计系统表彰的先进集体1个(屯溪区审计局)，受省审计系统表彰的先进个人2人(次)。

**地址**　黄山市政府
**电话**　0559—251218
**邮编**　245000

**【滁州市审计局】**　到1998年底，人员有49人。其中：大学生9人，大专生36人；局长1人，副局长3人。设有办公室、监察室、综合科(审计管理科)、财政审计科、金融审计科、行政事业审计科、工交审计科、商贸审计科、农业审计科、固定资产投资审计科、审计师事务所等机构。

审计工作成果　共完成审计单位356个，审计调查单位88个，查出违规金额23000万元，上缴财政809万元；提供审计工作报告信息383篇，其中被各级采用226篇；协助有关部门查处经济案件22件。

1998年6月，滁州市审计局组织106名审计人员，组成12个审计组，分赴阜阳市开展粮食企业财务挂账清查审计，直接审计阜阳市所属8县3区和市直的14个粮食主管部门及22个粮油经营企业，延伸调查14个财政部门和1个人民银行，按要求提供了不合理占用农发行贷款和未消化粮食财务挂账等大量数据，受到上级表扬和当地政府称赞。

完成市委、市政府交办任务　共完成交办审计(调查)任务18项48个单位。共对138个单位进行领导干部离任经济责任审计。审计领导干部146人。

内部审计和社会审计　1994年，市直共有内审机构28个，内审人员66人；到1998年，内审机构有38个，内审人员79人。市审计事务所共审计委托单位1790个，完成委托项目1790项。

受表彰情况　滁州市审计局在审计项目、信息论文、机关工作、两个文明建设等诸方面，获国家级、省委省政府、市委市政府及其有关部门表彰奖励的荣誉共55项，曾连续3年被省厅评为“全省审计机关先进单位”，1998年获“市级文明单位标兵”称号。其中全省审计机关先进单位3次，优秀审计项目28个，党建工作先进单位3次，目标管理先进单位3次，档案管理一级单位1项，国家级优秀论文1篇，审计信息先进单位4次，审计统计先进单位2次，市、县级文明单位和市级文明单位标兵各1次，抗洪抢险先进单位1次，扶贫包村先进单位2次，文体活动获奖3次，省劳模1人。

**地址**　滁州市三里亭路2号
**电话**　0550—3035948
**邮编**　239000

**【宿州市审计局】**　至1998年

底,人员有 37 人。其中:大学生 20 人,大专生 10 人;局长 1 人,副局长 3 人。设有办公室、综合科、内社审指导科、财金审计科、基建审计科、行政事业审计科、商粮贸审计科、工交审计科等 8 个科室。

审计工作主要成果 共完成审计单位 254 个,共查出违纪违规金额 8173 万元,上缴财政金额 841 万元,追还侵占挪用资金 1703 万元,配合纪检、监察机关查处大案要案 8 起。同时,共提交审计报告、信息 155 篇,被各级领导批示采用 69 篇。

完成市委、市政府交办任务 共完成交办的工作任务 65 项。特别是一些基建项目,1994 年以来加大审计力度,共审计基建审计项目 186 个,审计总金额达 2.8 亿元,核减金额 2800 万元。

内部审计 1994 年共设立内部审计机构 21 个,内审人员 37 人到;1998 年,内审机构已有 30 个,内审人员增加到 46 人。

社会审计 共接受社会委托审计项目 849 项,人员从 9 人有 18 人,1994 年审计创收 30 万元,1998 年审计创收 80 万元。

受表彰情况 受省审计厅各类表彰 15 次。受市委、市政府表彰 18 次,27 个审计项目被省审计厅评为优秀审计项目。1 人受国家审计署表彰,13 人受省审计厅表彰。25 人受市委、市政府表彰。

**地址** 宿州市胜利路 292 号
**电话** 0557—3025333
**邮编** 234000 (张 挺)

**【亳州市审计局】** 到 1998 年底,人员有 75 人。其中:大学 8 人,大专 29 人;局长 1 人,副局长 5 人。

审计工作成果 共完成审计项目 83 个,审计单位 541 个,完成审计调查 48 项,调查单位 221 个,审计金额 930716 万元。共查出违纪金额 14476 万元,同纪检、监察、信访等部门配合,查处各种违纪案件 38 起,为社会稳定发挥了作用。上缴市财政 1704 万元,共提交审计报告 407 篇。

完成市政府交办任务 共完成交办任务 36 项,审计清理单位 187 个。例如,针对民政部门的赈灾专项募集的福利彩票的审计,及时发现其中存在的问题,维护了国家和人民利益,促进了福利彩票事业的健康发展。同时围绕市政府的工作中心,开展了大要案审计,及时查处了市酒厂等十多个单位存在的违法乱纪现象。在最近的党政干部离任审计中,市政府一次交办 42 个单位,审计局成了全市关注的焦点。

**【巢湖行署审计局】** 1998 年底共有干部、职工 28 人。其中:大学生 8 人,大专生 19 人;局长 1 人,副局长 2 人。设有办公室、综合科、财政金融审计科、行政事业审计科、商贸审计科、工交审计科、固定资产投资审计科、审计事务所等机构。

审计工作成果 共完成审计项目 207 个,完成审计调查 24 项,调查单位 31 个;审计金额 26.5 亿元,共查出违纪违规金额 1.96 亿元。配合纪检、监察、信访等部门,查处各种经济案件 11 起。上缴地区财政 753.59 万元。共提交审计报告 232 篇,被行署转发的法规性文件 5 份。

完成政府交办任务 共完成地委、行署交办的工作任务 76 项,审计清理单位 51 个。1996 年,对地直 24 户国有工商企业资产、负债和损益情况进行审计,查出 10 户企业资产不实金额 1150 万元,9 户企业负债不实金额 1105 万元,虚增利润 1854 万元,虚减利润 740 万元,国有资产流失金额 81 万元,违纪金额 584 万元等情况,摸清了企业家底,为产权制度改革提供了可靠依据。1997 年,配合企业改制派出 16 名业务骨干,对地直 21 个企业进行了审计和资产评估,审计评估金额 5.4 亿元。1998 年对 12 名党政领导干部进行了任期经济责任审计,其中县处级 11 人,审计总金额 6986.93 万元,查出违纪金额 434.07 万元。

完成上级下达审计任务 共完成省审计厅下达的审计任务 147 项,审计单位 260 个,审计金额 26.6 亿元。

内部审计 1994 年设立内部审计机构 28 个,内审人员 55 名。到 1998 年,内部审计机构有 38 个,内审人员 75 名。

社会审计 从业人员 21 人。其中具有中级以上职称人员 12 名(其中注册会计师 5 名)。5 年共接受社会委托项目 1565 项,其中验资年检 382 项,核减虚假注册资金 2142 万元,基建预决算项目 229 项,审减金额 2594 万元。

受表彰情况 受省审计系统表彰 4 次,受地委、行署表彰 4 次。共有 2 人次受到省审计系统表彰奖励;2 人次受到地区审计系统表彰奖励;4 人次受到地委、行署表彰,17 人次为优秀公务员。

**地址** 安徽省巢湖市卧牛路 5 号
**电话** 0565—2312762
**邮编** 238000 (胡荣镇)

**【巢湖市审计局】** 到 1998 年底,人员 21 人。其中:大专生 11 人;局长 1 人,副局长 3 人。

审计成果 共完成审计项目 146 个,审计单位 206 个;完成审计调查 13 项,调查单位 13 个;审计金额 427847 万元。共查出违纪违规金额 13235 万元。同市纪检、监察、检察、信访等部门配合,查处各种经济案件 15 起,为社会稳定发挥了作用。上缴市财政 516 万元,共提交审计报告 127 篇。

完成市政府交办任务 共完成交办的工作任务 14 项。1994

年到1997年,参与财务、税收、物价大检查工作,共查出违纪金额839万元,收缴财政259万元。

完成上级下达审计任务　共完成上级审计机关下达审计任务146项,审计单位206个,审计金额427847万元。

**【含山县审计局】**　现有干部职工19人,其中:本科生3人,大专生10人;局长1人,副局长2人。

审计工作成果　共完成审计单位236个,完成审计调查18个,共查出违纪违规金额7798.36万元,上缴县财政162.41万元,共提交审计报告66篇。完成县政府交办项目53个。向司法机关移送案件9起

完成领导交办任务　共完成领导交办的离任审计项目23个,来信来访审计15项,追回非法占用的资金20多万元,移交司法机关依法处理4人,受党纪政纪处理的3人。

**【无为县审计局】**　1998年底有44人,其中大学本科学历4人,大专学历15人;局长1人,副局长2人。

审计工作成果　共完成审计项目291个,审计单位317户;完成审计调查14项,调查单位40个;审计资金106688万元。共查出违纪金额5419万元,上缴县财政916万元。向纪检、司法机关移送经济案件5件。提供综合审计报告和审计信息160篇,其中被采用50篇。

完成上级下达审计任务　共完成省、地审计机关下达的审计任务190项,审计单位202个,审计金额73255万元。

完成县委、县政府交办任务　共完成交办的工作任务101项,审计单位115个,完成了全县企业改制、行政事业单位预算外资金核查、企业减负调查等多项中心工作。

**【庐江县审计局】**　到1998年底,人员有19人。其中:有大学学历的3人,大专学历的12人;全局1/3以上人员具有财经审计类中级职称;局长1人,副局长3人。

审计工作成果　共完成审计项目118个,审计单位231个;完成审计调查12项,调查单位74个,共查出违纪金额12813万元。应上缴财政1149万元,已上缴财政739万元,共提交审计报告或信息148篇。

完成县委、县政府交办任务　共完成交办的工作任务47项,审计(调查)单位169个。

**【和县审计局】**　到1998年底,有干部职工18人。其中:大学生2人,大专生7人;局长1人,副局长3人。

审计工作成果　共完成审计项目204个,审计单位198个;完成审计调查17项,调查单位16个,审计金额327924万元。共查出违纪违规金额6076万元。同县纪检、监察等部门配合查处各种经济案件13起,为社会稳定发挥了作用。上缴县财政393.6万元,提交审计报告134篇。

完成县政府交办任务　共完成交办的工作任务12项。

完成上级下达的审计任务　共完成省、地审计机关下达的审计任务2047项,审计单位180个,审计金额308286万元。

**【宣城行署审计局】**　到1998年底,共有干部、职工23人。其中:大学生9人,大专生5人;局长1人,副局长3人。内设办公室、综合科、财政农水审计科、金融外资审计科、行政事业审计科、企业审计科、固定资产投资审计科、审计师事务所等机构。下辖5县2市共7个县级审计局。

审计工作成果　共完成审计单位727个,共查出违纪金额16573万元,上缴财政952万元,促进增收节支3377万元。采编全区审计信息被各级政府、新闻单位采用764篇。其中党中央、国务院采用2篇,国务院各部门采用4篇。

领导干部任期经济责任审计　1994年向所属7个县、市审计局推广。最近3年间,全区已对417名县及县以下领导干部实施了任期经济责任审计,通过审计,有19人被提拔到更重要的领导岗位任职,有25人被降或免职,13人受到党纪国法的制裁。

内部审计　到1998年,内部审计机构已到27个,内审人员58名。

社会审计　接受社会委托项目616项。其中,企业年检70项,注册资金验证144户,企业清产核资152户,固定资产投资审计66项,核减造价980万元;担任顾问单位16家,发现经济案件5起。

受表彰情况　受省审计厅表彰3次,受地委、行署表彰3次,共有5人次受到省审计系统表彰奖励,其中有1人获得省审计系统先进工作者,1人次获省审计系统劳动模范。

**地址**　宣州市鳌峰路行署大院
**电话**　0563—3023769
**邮编**　252000

**【池州地区审计局】**　到1998年底,共有干部职工79人。其中:大学生3人,大专生19人;高级职称1人,中级职称20人。池州地区下辖池州行署审计局、东至县审计局、贵池市审计局、青阳县审计局、石台县审计局和九华山审计局。

审计工作成果　共完成审计项目784个,审计单位达1060个。查出违纪违规金额23620万元,上缴财政396万元,促进增收节支1201万元,追回侵占挪用资金1238万元。提交审计报告和审计信息307篇,为各级党委政府,上

级审计机关批示采用达49篇。

审计工作开展情况　各级审计机关开展了财政审计、农业审计、金融审计、企业审计、行政事业审计、外资运用审计等。财政预算执行审计和财政决算审计促进了财政工作的法制化和规范化。金融审计加强了信贷资产质量的管理，为防范和化解金融风险发挥了作用。企业审计摸清了企业家底，加强了企业自我约束机制。行政事业审计促进了机关事业单位的廉政建设，外资审计保证了外资运用的科学性、合理性和有效性。同时，积极完成地方党委、政府交办各项审计任务，如企业改制、扭亏增盈、预算外资金清理、农业林业水利专项资金、救灾扶贫等资金的专项审计，为领导的科学决策提供了依据。积极配合纪检、监察、信访等部门查处各种案件，为反腐倡廉和社会稳定发挥了作用。

内部审计、社会审计　内审机构由1994年的64个有1998年的95个，内审人员由1994年的113个有1998年的226人，健全了内部监督机制。社会审计5年来共接受社会委托项目达5261个。

受表彰情况　被地方党委政府评为精神文明建设先进单位5次，被评为先进党组织3次，共有4人次受到省审计厅表彰，4人次受到地委行署的表彰奖励，10人次受到县委县政府的表彰奖励。

**地址**　贵池市百牙路9号

**电话**　0566—2023467

**邮编**　247100

**【六安地区行署审计局】**　1998年底，共有干部、职工30人。其中：大专以上学历23人；局长1人，副局长2人。设办公室、综合科、行政事业审计科、工交审计科、商贸审计科、财政金融审计科、农水审计科、审计师事务所等机构。全地区辖六安市审计局、舒城县审计局、霍山县审计局、金寨县审计局、霍邱县审计局、寿县审计局、叶集试验区审计局，全区审计机关共有干部职工156人。

审计工作成果　共完成审计项目479个，审计单位2656户；完成审计调查165项，调查单位739个；审计金额23.6亿元。共查出违纪违规金额7.9亿元，上缴财政4155万元。共提交各类审计报告1246篇，配合纪检、监察等部门查处各类经济案件13件。

完成党委、政府交办任务　共完成交办任务135项，审计清理单位648个。1996年，为配合全区整顿建设市场管理，加强了对建设项目的审计检查。1997年，根据地委、行署要求，积极探索党政机关、事业单位领导干部任期经济责任审计工作，通过对136个单位审计经验的总结，配合地委组织部起草了《六安地区党政机关事业单位领导干部任期经济责任审计暂行办法》，由地委行署批转全区执行，使此项工作走在全省前列。此外，全区各级审计机关还根据党委、政府要求，加强对乡镇资金、预算外资金、扶贫资金等的审计检查，积极为党委、政府中心工作服务。

内部审计　全区1994年共设立内部审计机构86个，内审人员285个；到1998年，内审机构有135个，内审人员405个。

社会审计　共接受社会委托项目4875项，其中，企业年检905项，年检金额249433万元；注册资金验证315户，验证资金17961万元；基建工程预决算验证361项，核减工程投资4790万元。

受表彰情况　行署审计局被省审计厅评为"全省审计系统党风廉政建设先进单位"和"年度工作者考核先进单位"、被六安地区工委评为"先进党支部"、连续三年被行署评为"年度目标管理先进单位"。

**地址**　六安市人民路170号

**电话**　0564—3212317

**邮编**　237002

## 福建省

**【福建省审计工作简述】**　至1998年底止，福建省共有审计机关93个，人员2733人，其中，大专以上学历占58.84%，具有中级以上技术资格的占45.26%，1994年至1998年，全省共审计单位（项目）29302个，查出各类违纪金额128.66亿元，应上缴财政17.87亿元，减少财政拨款或补贴3.82亿元，追还被侵占挪用资金14.07亿元，共为国家增收节支35.76亿元。向司法机关移送经济案件119件，建议给予行政处分62人，移送司法机关处理95人。

本级预算执行审计情况　3年来全省共审计预算执行单位3635个（项），查出违纪违规金额26.9亿元，促进国家增收节支7.52亿元，向各级政府提供审计结果报告269篇，并受政府委托向本级人大常委会提交了审计工作报告，促进了有关经济主管部门规范预算管理行为。

各专业审计情况　1.企业审计　全省共对6297家国有企业开展了财务收支审计和资产负债损益审计，查出违纪违规金额37.86亿元。组织了对34家股份制企业的审计试点工作和6家企业真实性审计试点工作。2.财政决算审计　全省共审计2141个（项）单位，查出违规行为金额14.84亿元。3.金融审计　全省共对保险公司、信托投资公司、银行、证券公司等1013个单位进行了审计，查出违规金额7.15亿元。4.固定资产投资审计　全省审计机关依法开展了对建设项目的事前审计、在建审计以及竣工决算审计，共审计了3820个项目，查出超规模、超概算、高估冒算等违规金额11.89亿元，核减工程预算金额3.1亿元。5．*外资审计* 针对福建经济外向度高的特点，福建省审计机关加大外资审计力度。全省共审计799个项目(单位)，查出违纪金额6.54亿元。6．*农业资金审计* 全省共审计474个单位(项目)，查出违规行为金额1.78亿元。7．*行政事业审计* 全省共审计了10607个单位，查出应缴未缴预算收入、挤占挪用、三乱、私设"小金库"等违规金额21.4亿元。特别是1997年在全省范围内开展了对投资额在50万元以上的2111个建设项目的工程执法监察专项审计，对省九州集团、外贸中心集团的资产负债损益审计，对省中福公司、华闽公司法人代表任期经济责任审计等，均取得良好效果，得到省领导充分肯定。

*法制建设情况* 1995年《审计法》开始实施，为了贯彻落实好《审计法》赋予审计机关对本级预算执行情况进行审计监督的职责，省审计厅起草了《福建省预算执行情况审计监督试行办法(草案)》上报省政府，省政府以政府令的形式发布施行，并迅速在全省推开。1995年以来，省审计厅研究制定了《审计项目质量管理办法》、《财政审计办法》等7个专业审计规范，并先后制定或修改了《重大审计事项审理制度》、《审计工作考核办法》、《审计质量检查暂行办法》、《审计工作三级责任制》等，完善内部控制和管理制度。1995年12月，为纪念《审计法》颁布一周年，省审计厅与有关影视传播公司共同策划，联合摄制了大型电视专题片《话说审计》，展示了新形势下审计工作者的精神风貌，扩大了审计影响。1996年"三五"普法开始后，省厅作了周密部署与安排。1997年编辑出版了《审计普法必读》一书，结合该书的学习，在全省审计系统组织了一次普法知识测试。

*队伍建设情况* 据不完全统计，5年来全省各级审计机关共有3个单位、2人(次)被评为全国审计系统先进集体、 先进工作者；390个(次)单位、483人(次)被评为省地县各级先进集体和先进个人。有60个党组织、162名党员被各级党委评为先进党组织、优秀共产党员和优秀党务工作者。在加强廉政建设方面，省厅先后制定了《福建省各级审计机关廉政建设的规定》、《落实廉政工作的八条措施》等规章制度。各级审计机关也普遍坚持了《执行廉政纪律征询制度》、《审计组执行审计纪律情况自报制度》、《廉政回访制度》、《检查通报制度》等四项监督制约制度。

*内部审计* 至1998年底，全省共有内部审计机构1222个，内审人员3086人，共审计了17656个单位(项目)，查出损失浪费金额1.09亿元，促进增收节支1.14亿元。

*社会审计* 1994年底全省共有社会审计组织99个，从业人员1140人。到1997年底，全省共有社会审计组织110个，从业人员1860人。5年来，共完成委托事项202526项，业务总收入达2.25亿元。

**【福建省审计厅】** 至1998年底共有干部职工279人(机关142人，事业单位137人)。其中，大专以上学历占75.63%，具有中级以上技术资格的占50.89%；厅长1人，副厅长2人，纪检组长1人；内设办公室、人事教育处、法规体系管理处、综合审计处、财政审计处、金融审计处、行政事业审计处、工业交通审计处、农林水审计处、固定资产投资审计处、外经贸审计处、中央属单位审计处、机关党委、监察室等14个处室。下辖福建省审计科研所、福建省审计干部培训中心、福建省审计厅举报中心、福建省审计师事务所(福建省华审资产评估事务所)。

*厅(局)领导成员* 1994年，局长温海树；副局长陈丽群、庄表峰(1994年11月，福建省审计局更名为福建省审计厅)。1995年上半年领导班子成员为：厅长陈丽群；副厅长庄表峰(1996年10月调任厦门市审计局局长)、黄水秀(1998年2月到龄免职)、蔡松林、梁亦秋；纪检组长黄朝江。至1998年底，班子成员未变动。

*成果综述* 5年中，福建省审计厅共审计了1109个单位(项目)，查出各类违纪金额58亿元，应上缴财政5.76亿元，减少财政拨款或补贴1.4亿元，追还被侵占挪用资金8.7亿元，罚款1617万元，共为国家增收节支15.86亿元，向司法机关移送案件6起。

*本级预算执行审计及各专业审计情况*

| 专业审计类型 | 审计单位(个) | 查出违纪金额(亿元) |
| --- | --- | --- |
| 本级预算执行审计 | 57 | 10.00 |
| 财政决算审计 | 15 | 5.42 |
| 金融审计 | 43 | 3.19 |
| 固定资产投资审计 | 486 | 6.08 |
| 企业审计 | 202 | 2.86 |
| 行政事业审计 | 208 | 23.95 |
| 外资审计 | 65 | 5.70 |
| 农业资金审计 | 20 | 0.67 |

*受表彰情况* 5年来，省厅被省直党工委授予"第五届文明单位"和"第六届文明单位"称号。有4个处室被评为全省审计系统先进集体，有6人(次)被评为全省审计系统先进工作者；4个党组织、8名党员被省直党工委评为先进基层党组织、优秀共产党员和优秀党务工作者等。1997年，厅长陈丽群被授予"福建省三八红

旗手"称号。

**地址** 福州市华林路128号

**电话** 0591—7840036

**邮编** 350003 (李 雄)

**【福州市审计局】** 1998年底有干部职工108人。其中本科生16人,大专生79人;获得中级以上技术职称的65人;局长1人,副局长3人。设有办公室、行政事业审计处、基本建设审计处、工交审计处、财政金融审计处、商粮贸审计处、外经贸审计处、农林水审计处、人事教育处、法规审理处、综合审计处、监察室等12个处室和1个审计师事务所。

审计工作成果 5年来,共审计1180 个单位(项目),共查出违纪金额112150万元,上缴市财政18285万元。查出各种经济案件3起,完成审计调查119项,调查单位503个,提交调查报告119篇,信息710条。

完成审计任务情况 至1998年共审计138单位,查出违纪金额30701万元。每年审计结束后,针对存在的问题向市政府和有关部门提出加强财政资金管理的建议,受到市领导的重视和好评。

固定资产投资审计 共审计基建项目282个,查出违纪金额18883万元。在1997年审计福州长乐国际机场、福清市闽江调水工程和福州港二期工程3个重点工程中,查出挤占挪用资金等问题违纪金额12023万元。

内部审计 1994年福州市直属单位共设内部审计机构32个,配备专兼职审计人员109人。到1998年,内审机构仍为32个,专兼内审人员97人。

社会审计 1994年有审计人员52人,1998年为71人。5年共接受社会委托项目4254项,其中:审计查证888项,离任审计151项,经济案件61项,验资1772项,基建预决算审核1382项。

受表彰情况 受省审计系统表彰4次,有1人受省审计系统表彰奖励;8人受市政府和有关部门表彰奖励。

**地址** 福州市王庄新村四区综合楼

**电话** 0591—3660334

**邮编** 350011 (陈祖培)

**【福州市鼓楼区审计局】** 到1998年底,有干部职工9人。其中大专学历5人;局长1人,副局长2人。

审计工作成果 共完成审计项目161个,完成审计调查11项。查出违纪违规金额513万元,共上缴财政18万元,向纪检部门移送案件1起。共提交审计报告、信息225篇。被有关部门采纳102次。

完成党政交办任务 共完成区委、区政府交办的工作任务77项,其中离任审计59项,查出违纪违规金额191万元,清退公物101件,清退占用公款2000多元,处以罚款5053元,挽回经济损失100多万元,为干部任免提供参考。

完成上级下达任务 共完成省、市审计机关下达任务84项,查出违纪违规金额513万元,上缴财务18万元。

**【福州市台江区审计局】** 到1998年底,人员有8人。其中:大专生6人;局长1人,副局长1人。

审计工作成果 共完成审计单位93户,查出违规违纪金额1311万元,上缴财政360万元,减少财政补贴10万元,对违纪处以罚款8.4万元。提交专题报告、信息186篇。

完成区委区政府交办任务 共完成交办的工作任务78件。

完成上级下达审计任务 共完成省市审计机关下达的审计任务11项,审计单位76个,审计金额35310万元。

**【福州市仓山区审计局】** 到1998年底,有干部职工8人,其中:大专生7人;局长1人,副局长1人。

审计工作成果 共完成审计项目58个,审计调查项目7个。共查出违纪违规金额876万元,上缴区财政18.93万元。

完成区政府交办的任务 共完成区政府交办的工作任务15项,并抽调人员,参与区纪委、组织部、区政府等部门组织的清车、清房、财检、纠正不正之风等各项工作,为区委、区政府的宏观决算提供了依据。

**【福州市马尾区审计局】** 到1998年底人员有8人。其中:大专生2人;局长1人,副局长1人。

审计工作成果 共完成审计单位项目182个(项),完成审计调查12项,查出违纪违规金额2768万元,上缴财政1598万元,催缴土地出让金714万元,追还挪用专款671万元,核减基建决算金额209万元。同时完成党政领导交办的任务26项,其中:干部离任审计16项。

**【福州市晋安区审计局】** 到1998年底,有干部11人,其中:大学生1人,大专生7人;局长1人,副局长1人。

审计工作成果 5年共完成审计项目116个。完成审计调查19项,共查出违纪金额4189万元,应上缴区财政1591万元,应追还侵占挪用专项资金185万元。共提交审计信息54篇,审计综合报告34篇,报送论文10篇,移送经济案件1起,为社会稳定和经济发展发挥了作用。

完成区委、区府交办任务 共完成交办的工作任务52项。

完成上级下达审计任务 共完成省、市审计机关下达的审计任务69项。

**【福清市审计局】** 1998年底为25人。其中:大学生1人,大专生10人;局长1人,副局长2人。

审计工作成果 5年中,共审计366个(次)单位(项目),查出违纪违规金额15899万元,审计处理并已上缴财政金额5451万元;完成审计调查39项,调查单位157个;向纪检监察、司法机关移送案件3件。

完成市委、市政府交办任务 共完成交办的工作任务95项。1997年完成科级领导干部任期经济责任审计48项,审计金额375673万元,为市委考核、使用干部提供参考依据。5年共完成工程预决算审计项目43项,审计总金额53177万元,审计核减金额7162万元。1998年,在福清市一项公路建设重点工程审计工作中,审减金额2942万元,维护了国家利益。

完成上级下达审计任务 共完成署、省厅、福州市局定审计项目61项,审计单位111个。

**【长乐市审计局】** 1998年底为21人。其中:大专学历10人;局长1名,副局长3人。

审计工作成果 5年共完成审计单位(项目)309个,完成审计调查36项。共查出违纪违规金额9888万元,上缴财政收入2183万元,共提交审计工作报告(信息)132篇。

完成领导交办任务 共完成上级领导交办的工作任务41项。

**【闽侯县审计局】** 1998年底有24人。其中:大学学历2人,大专学历7人,局长1人、副局长2人。

审计工作成果 5年共完成审计项目200个,审计单位360户;完成审计调查34项,调查单位304个;审计金额155606万元。共查出违纪违规金额5361万元。其中指明纠正的金额3994万元,应归还原资金渠道的有949万元。共提交审计报告140篇。

完成县政府交办任务 5年中共完成交办的工作任务12项,为县委、县政府提供宏观决算参考。

**【连江县审计局】** 1998年底有24人。设局长1人,副局长2人。

审计工作成果 共审计304个单位,查出违纪违规金额3766万元,应上缴财政1800万元,已上缴财政1487万元,应减少财政拨补472万元,完成审计调查34项,向纪检监察机关移送案件5起,提交工作报告、信息261篇,被各级采纳134篇(次)。

完成县委县政府交办任务 共完成交办的工作任务80项。

完成上级下达审计任务 共完成署、省、市审计机关下达的审计任务77项,审计调查22项。

**【平潭县审计局】** 到1998年底有20人。其中:大专生8人,局长1人,副局长2人。

审计工作成果 共完成审计项目228个。完成审计调查27项;共查出违纪违规金额6580万元。上缴县财政308万元,共提交审计报告193篇。

完成县委县政府交办任务 共完成交办的工作任务47项,审计清理单位83个。

完成上级下达审计任务 共完成省、市审计部门下达的审计任务81项,审计单位113个。

**【永泰县审计局】** 到1998年底,人员有18人,其中:大专生8人,中级职称15人,局长1人,副局长2人。

审计工作成果 共完成审计项目196个,审计单位246户;完成审计调查19项,调查单位96个;审计金额58336万元。共查出违纪违规金额1760万元,应上缴财政212万元,已上缴财政144万元,罚款金额9.23万元, 促进增收节支350万元,追回被占专项资金134万元。配合县纪委、监察、检察等部门查处经济案件6起,还配合财政等部门开展专项清理检查等工作。共提交各类综合报告和审计信息144篇,被上级审计机关和县委县府采纳35篇,提交审计论文23篇。

完成交办任务 共完成县委、县府交办的审计项目26项,审计单位101个。

完成上级下达任务 共完成署、省、市审计机关下达的审计任务78项,审计单位128个,审计金额48325万元。

**【闽清县审计局】** 1998年底有18人,其中:大专生7人,局长1人,副局长1人。

审计工作成果 共完成审计项目(单位)304个。完成审计调查32项,共查出违纪违规金额3749万元,上缴县财政802万元;共提交审计报告、信息、论文216篇。

完成县政府交办任务 共完成交办的工作任务37项。

**【罗源县审计局】** 1998年底有18人。其中:大专以上学历6人,中级职称13人;局长1人,副局长2人。

审计工作成果 共完成审计项目166个,审计调查30项。共查出违纪违规金额3446万元,为国家增收节支248万元。向纪检、监察、司法机关移送案件2件。

完成县委、县政府交办任务 共完成交办的工作任务20项。1996年,对财政周转金进行全面的清理催收,收回历年沉淀的周转金1760多万元。

完成上级下达审计任务 共完成审计任务45项,审计单位60个。

**【厦门市审计工作简述】** 至1998年底,全市共有审计机关8个,人员130人。其中:大专以上学历101人,占78%;中级以上职称81人，占62%。5年来，全市共审计了1390个单位，查出违纪违规金额11.32亿元，应上缴财政1.06亿元，已上缴财政8739万元，应减少财政拨款或补贴4521万元，追还被侵占挪用资金3116万元，处以罚款165万元，向司法机关移送经济案件9件13人，移送纪检、监察部门处理3人，协助有关部门查处经济案件65件。共提交审计调查、综合报告和审计信息680篇，其中204篇(次)被地方党政领导和上级审计机关批示、采用。

**【厦门市审计局】** 至1998年底，人员编制为85人，实有审计干部职工78人，其中：大专以上文化程度64人，占84.6%；中级以上职称51人，占65.4%；局长1人，副局长3人。共设政治处、办公室、综合法规处、财政审计处、固定资产投资审计处、工交商审计处、外经贸审计处、金融审计处和行政事业审计处9个职能处室。

审计工作成果　共审计了848个单位(项目)，查出违纪违规金额9.8亿元，应上缴财政8555万元，已上缴财政6955万元，应减少财政拨款或补贴3958万元，追还被侵占挪用的资金2748万元，处以罚款114万元，向司法机关移送经济案件4件8人，移送纪检、监察部门处理1人，协助有关部门查处经济案件25件。共提交审计调查、综合报告和审计信息360多篇，其中1篇被国务院办公厅、省政府办公厅采用，110多篇被市委、市政府和上级审计机关批示、采用，有12篇在《厦门日报》等新闻机构发表。

本级预算执行审计　几年来，共审计了72个单位的预算执行和其他财政收支情况，查出违纪违规金额1.5亿元，应上缴财政3037万元。在对1995年市本级预算执行审计中发现，有些企业擅自改变企业挖潜改造资金用途，如厦门卷烟厂用于发放奖励金700万元，厦门华纶纺织有限公司用于棉花奖励金240万元；市属11家外经贸企业应缴未缴财政利润达7452.5万元；厦门市教育基金会用教育基金购买股票124.71万元，其中106.6万元将出现潜亏。1997年，市政府针对市本级预算执行审计中揭露的预算单位银行账户多、杂、乱的问题，多次召集市财政局等有关部门商量对策，最后决定从源头抓起，进行全市行政事业单位银行账户的重新确认工作，市财政局根据审计意见削减了58个银行账户，并两次修订了《厦门市财政周转金管理办法》，以市政府令形式发布了《厦门市预算外资金管理办法》及其《实施细则》，从制定上规范了财政周转金和预算外资金的管理。

审计调查　1995年对消费基金增长情况、教育基金、市外经贸企业亏损和潜亏问题等进行审计调查。其中，通过对52个单位1993—1994年的消费基金增长情况审计调查，发现市消费基金增长过快现象，集团消费支出1994年比1993年增长59.18%，个人消费性支出增长29.8%，审计局对消费基金增长过快的原因进行了分析，提出了对策，形成调查报告，引起有关部门的重视，该报告一些内容还被《厦门晚报》登载，取得了较好的效果。1998年开展对我市住房资金的归集、管理和使用情况的审计调查，发现市财政部门从住房资金中垫款5100万元用于重点建设工程，其中垫付厦门宾馆11号楼改造工程800万元，垫付厦门会堂基建款4300万元；审计后，市财政局已认识到挪用住房资金的严重违规行为，将垫付的款项予以收回。

完成党政领导交办任务　共完成市党政领导交办的审计任务58项，其中主要是厂长(经理)和领导干部任期经济责任审计和专案审计。1998年接受市委交办，对某五星级酒店进行专案审计，由局领导亲自挂帅，先后派出了12人次的强大审计阵容，发扬不怕苦、不畏难的精神，连续作战6个多月，攻克了一个个难关，解开了一个个疑团，最后终于查清了该酒店原总经理张××等人的严重经济犯罪问题，为国家挽回了大量的经济损失，大力支持和配合了纪检(监察)部门和检察机关的查案工作。

受表彰情况　有6次受到市委、市政府和上级审计机关表彰，4次在市级以上各种评比竞赛中获奖；有10人次被评为市级以上先进个人，15人次在市级以上各种评比竞赛中获奖。

**地址**　厦门市湖滨北路61号市政府东楼五楼
**电话**　0592—5073132
5054880
**邮编**　361012
(李如春)

**【厦门市开元区审计局】** 到1998年底共有干部9名。其中：局长1名；审计师5名。

审计工作成果　共完成审计项目75个，查出违纪违规金额501万元，应上缴财政金额133万元，向司法机关移送贪污、挪用公款的经济案件2件2人，协助纪检部门、检察机关查处经济案件8件，向政府和上级审计机关提交审计工作报告、信息51篇，

同级财政预算执行情况审计　1995年到1998年，审计单位20家，查出违纪违规金额232万元，上缴财政91万元。

完成区委、区政府交办任务　对区属8家拟兼并、合并企业的财务状况进行就地审计，对审计中发现的虚盈实亏、严重的账

外经营、账务混乱、资产流失等问题,及时向区政府领导反映。对科技三项经费使用过程中普遍存在的问题进行审计调查,向区政府提出合理化建议,审计调查7家,追回逾期科技三项经费19.35万元,占未审计时逾期总额58.04万元的33%,取得较好效果,引起区政府领导重视。加强财政信用资金管理使用情况的审计监督,审计调查8家重点企业的逾期财政信用资金2050万元,及时向区政府提交5篇详实的专项调查报告和1份综合报告,为区政府掌握情况、作出决策,提供了可靠依据。

**【厦门市思明区审计局】** 到1998年底,共有干部职工26人。其中:大专生5人;局长1人,副局长1人。

审计工作成果　共完成审计和调查项目72个,查出违纪违规金额1090万元,上缴财政218万元;配合区纪检、监察机关查处经济案件2件。共提交审计调查报告10篇,审计信息近30篇。

同级财政审计　3年中查出违纪违规金额1016万元,上缴财政178万元,同时分别就基本建设、企业挖革改、财政周转金、国有资产收益等方面存在的问题提出整改意见和建议,促使区财政收支不断规范。

完成上级下达行业审计任务　开展了教育、科技、医药、政法、社保等行业审计任务9项。其中,查处了区法院、区检察院、思明卫生院收入不入账和科技局、检察院擅自改变预算资金用途等问题,维护了财经纪律,促进了廉政建设。

**【厦门市鼓浪屿区审计局】** 到1998年底,在编3人,均为大专以上学历,中级以上职称。现由1名副局长主持工作。

审计工作成果　完成审计单位、项目36个,查出违纪违规金额579万元,上缴财政95万元,向司法机关移送案件2件,配合有关部门查处案件2起。被有关部门采用审计信息、综合报告13篇。

完成领导交办任务　共完成领导交办事项5件。1994年我局查出某公司私设"小金库"18万元、挪用公款45万元、损失浪费248万元,除收缴、罚未外,移送司法机关追究法律责任2件2人。

**【厦门市杏林区审计局】** 到1998年底,共有干部6人。其中:大专4人;中级职称3人;局长1人,副局长1人。

审计工作成果　共完成审计项目65个、审计调查项目9个,查出违纪违规金额1706万元,上缴财政424万元(含罚款15万元),减少财政拨款或补贴47万元,追回被侵占挪用的资金168万元,配合纪检、监察、检察等部门查处经济案件6起;提交审计综合报告24篇,审计信息被区委、区政府和上级审计机关采用15篇。

完成党政交办任务　共完成交办的工作任务22项。根据区委组织部的委托,先后对4个企业的经理、5个行政事业单位的领导干部进行了离任审计。据统计,9个项目的离任审计,共收缴了应缴财政款项208万元,处以罚款2.7万元,没收了5个单位领导人多领的奖金补贴1.83万元,有1人受到行政处分,有1人被依法追究刑事责任。

完成上级审计机关下达审计任务　共完成上级审计机关下达的审计任务34项,审计单位46个。每年任务都能按时按计划完成。

**【厦门市湖里区审计局】** 到1998年底,共有干部6人,均为大专以上学历;局长1人,副局长1人。

审计工作成果　共审计了79个单位(项目),查出违纪违规金额5151万元,上缴财政341万元,罚款14万元,核减财政拨款175万元,移送纪检、监察部门处理案件5件。共提交审计工作报告、调查报告及审计信息53篇,采纳27篇(次),领导批示件9件。另外,还配合区委组织部、检察院、纪检、监察等部门做了大量的工作。

财政审计　自1996年起已连续3年开展了对区财政预算执行情况及其他财政收支情况的审计工作。共查出违纪违规金额2023.35万元,上缴区财政157.25万元,追缴财政预算外专储873万元,追回借出资金220万元。

企业审计　在对某公司财务收支情况进行审计时,共查出违纪金额27万元。区检察院根据审计局作出的审计决定对该公司经理进行立案侦查,该公司经理因挪用公款81565.71元被判处有期徒刑三年。

**【厦门市集美区审计局】** 到1998年底,在编人员5人。其中:本科学历1人,大专学历3人。中级职称4人。

审计工作成果　共完成审计项目67个,查出违纪违规金额1116万元,其中应上缴财政227万元,已缴213万元,配合区纪委、检察院查处经济案件2起。

围绕中心开展审计工作　一是完成区委、区政府交办的工作任务10项,主要包括企业清产核资、领导干部任期经济责任审计、村级财务审计;二是积极参与预算外资金清理,逐步规范并帮助建立预算外资金管理制度,累计清理25个单位;三是积极为领导决策提供参考依据和建议,共报送呈阅件9件。

**【厦门市同安区审计局】** 到1998年底,共有干部、职工16人,其中:大学本科学历3人,大专学历7人;局长1人,副局长1人。

审计工作成果　共审计了157个单位(不包括年度审计项目计划外的基建审计项目),完成审计调查18项,调查单位90年;共查出违纪违规金额4002万元,应上缴财政金额669万元,已上缴财政金额669万元,减少财政拨款69万元,追回被侵占挪用资金12万元;配合纪检、监察等部门,查处各种经济案件8起;提交审计工作报告、信息78篇,被区委、区政府和上级审计机关批示、采用55篇。

强化对国有企业、金融、行政事业组织和基本建设项目的审计监督　5年来共审计了45家国有企业,7个金融机构,39个行政事业单位,13个基建投资项目和61个竣工决算项目;完成区党政领导交办的审计任务10项。

**【三明市审计局】**　三明市共有13个审计机关,其中县级审计机关12个。到1998年底,人员已有254人,其中:大学生17人,大专生117人,拥有高级职称4人,中级职称120人,三明市本级审计机关,至1998年底有48人,其中:大学本科生5人,大专生26人,拥有高级职称3人,中级职称30人,局长1人,副局长2人;设有办公室、人事科、法规综合科、财政金融科、工交审计科、商业审计科、行政事业审计科、农林水审计科、固定资产投资审计科,下属单位有建设项目审计中心。

审计工作成果　全市审计机关完成审计项目4442个,完成审计调查618项,涉及调查单位1544个,查出违纪违规金额81226万元。上缴财政9259万元,提交审计信息报告2637篇,移送纪检、监察和司法部门处理的各种经济案件9起,为惩治腐败,促进廉政建设发挥了积极作用。本级审计机关自1994年到1998年共审计581个,完成审计调查792项,调查单位227个,查出违纪违规金额42178万元,上缴财政3214万元。移送纪检、监察和司法机关处理案件2起。提交各类信息报告364篇。

完成当地政府交办任务　共完成当地党委、政府交办的重点国有企业厂长(经理)和行政部门领导的离任审计、重点工程项目决算和调查、财政财务收支真实性查证、案件鉴证、群众来信来访等临时审计任务986项。其中:市级审计机关共完成市委、市政府交办的工作任务96项。1996年三明市审计局根据市委、市政府交办的对县长、市级行政部门领导等36个离任审计任务,促进了地方领导换届的顺利进行和经济工作及时步入正轨。

完成上级下达的审计任务　全市审计机关,共完成署、省定和市定的审计任务1481项。其中:市局完成省厅下达的署、省定审计任务177项。1998年上半年,市审计局共抽调29名审计干部,赴外地区进行长达2个多月的粮食行业亏损挂账审计。对该地区的9个农发行机构、12个粮食主管局及142个粮油企业实施了粮食亏损挂账清查审计工作。核减了新增财务挂账375万元,查出不合理占用农行贷款3743万元,违规金额4111万元和违规贷款5500多万元。共有4位审计干部分别受到了审计署和省审计厅的表彰。

内部审计　全市1994年共设内部审计机构159个,内部审计人员415名。1998年内部审计机构为136个,内审人员373人。

社会审计　1994年到1998年全市社会审计机构共接受社会委托项目27292项。

受表彰情况受过审计署表彰的有3人,受过省地厅级表彰的有14人,受过县级处表彰的有124人。

**地址**　三明市梅列区梅岭新村63幢
**电话**　0598—8242243
**邮编**　365000

**【三明市梅列区审计局】**　1998年底共有干部、职工7人。其中:大专生4人。

审计工作成果　共完成审计项目146个,完成审计调查8项,调查单位30个,共查出违纪违规金额2409万元。同区纪检、监察等部门配合,查处各种经济案件2起,为社会稳定发挥了作用。上缴区财政38万元,共提交审计信息35篇,被采用26篇。

完成区政府交办任务　共完成交办的工作任务28项。共完成工程决算审计项目19个,审计金额3700万元,审减金额317万元。

**【三明市三元区审计局】**　1998年共有干部、职工12人。其中:大专生9人;局长1人,副局长2人。

审计工作成果共完成审计项目184个。审计单位195户;完成审计调查10项,调查单位32个;审计金额85478万元。共查出违纪违规金额1174万元,上缴区财政226万元。共提交审计报告184篇。

完成区政府交办任务　共完成交办的工作任务52项,审计单位80个。1998年在三元区重点工程—“先行工程”的审计工作中,审计人员对我区内5个路段,投资总额2.25亿元的先行工程进行认真审计,向有关部门提交翔实的审计报告。

完成上级下达审计任务　共完成署、省、市审计机关下达的审计任务93项,审计单位100个,审计金额63890万元。

**【永安市审计局】**　1998年底有

29人。其中：大学生2人，大专生15人；局长1人，副局长2人。

审计工作成果　完成审计项目367个，查出违纪金额3915万元。协同市纪委、监察局等部门配合查处各类经济案件6起，涉案人员14人。共提交审计报告信息335篇，被上级审计机关有各级党政部门采用82篇。

完成市委市府交办的任务　共完成市委市府交办工作任务59项；先后抽调120多人次参与全市预算外资金清理；配合监察部门对基建项目实施执法审计，查补固定资产方向调节税167万元；完成21个部门领导任期经济责任审计；清理小金库，查纠10个单位，涉及金额108万元；参与国有企业破产清算单位4家；配合纪检、监察部门查处经济案件6起，涉案单位10个。

**【明溪县审计局】**　到1999年底，人员为13人。其中：大学生1人，大专生5人；局长1人，副局长3人。

审计工作成果　共完成审计项目42个，审计单位301户；完成审计调查21项，调查单位64个；审计金额18680万元。共查出违纪违规金额735万元。上缴县财政70万元，共提交审计报告168篇。

完成交办任务情况　共完成县委、县政府交办的工作任务56项，其中仅1997年完成对县级以下领导干部离任审计22项，至1998年末，全局共完成基建项目审核28个，审核资金达2648万元，核减金额达256万元。

完成上级下达审计任务　共完成省、市审计机关下达的审计任务58项，审计单位86个，审计金额154690万元。

**【将乐县审计局】**　1998年共有干部、职工13人。其中：大专生3人；局长1人，副局长2人。

审计工作结果　共完成审计项目344个，完成审计调查20项，调查单位85个；共查出违纪违规金额3098万元，上缴县财政202万元，共提交审计报告、信息189篇。

完成县政府交办任务　共完成交办的领导干部离任审计等各项工作任务75次，审计涉及单位90个。1995年成立固定资产投资审计股，截止1998年底，共完成工程决算审计项目15个，审减金额40万元。

完成上级下达的审计任务共完成省、市审计机关下达的审计任务240项，审计单位290个。

**【大田县审计局】**　1998年底，在编干部职工14人。其中：大专生9人；具有中级专业技术职称9人；局长1人，副局长1人。

审计工作成果　共完成441个审计项目(单位)，查纠违纪违规金额10654万元，其中应缴财政金额543万元，已收缴403.4万元；追回被挤占挪用资金581万元；促增收节支1474万元；查补金费644万元；核减建设项目投资及财政补贴2372万元；提交各类审计报告、呈阅件、审计信息等490篇。

完成县党政领导交办任务　共完成交办审计任务178项；参与县统一组织的国有企业领导班子考核、财政财务大检查等大量的专项审计核查工作；1997年至1998年，对81个行政事业、企业单位的法人代表进行任期经济责任审计，为党委加强领导干部管理提供依据。1996年至1998年，对县重点工程项目和县委县政府为民办实事工程等16个项目的概(预)算、竣工决算及其执法程序进行了审计，送审金额20992万元，审计后净核减工程造价及财政补贴2372万元。

**【宁化县审计局】**　1998年，共有干部、职工16人。其中：大学生1人，大专生8人；局长1人，副局长2人。

审计工作成果　共完成审计项目306个，审计单位378户；完成审计调查80项，调查单位176个，审计金额13.95亿元，共查出违纪违规金额1852万元，上缴县财政279万元。共提交审计报告94篇，编发审计信息201条，被有关部门采用98条。配合纪检、监察等部门查处各种经济案件9起。

完成县委、县政府交办任务　共完成交办的工作任务52项，1996年以来完成县领导交办的领导干部经济责任审计32项。

完成上级下达审计任务　共完成署、省、市定下达的审计任务157项，审计单位196个，审计金额8.58亿元。

**【建宁县审计局】**　到1998年底，人员有15人。其中：大学生2人。

审计工作成果　共完成审计项目423个，审计单位440户；完成审计调查13项，调查单位41个；审计金额126652万元。共查出违纪违规金额1470万元。同县纪检、监察、信访等部门配合，查处各种经济案件23起，为社会稳定发挥了作用。上缴县财政173万元，审计报告125篇。

完成县政府交办任务　共完成交办的工作任务88项，其中干部经济责任审计81项，交办件7项。1997年成立固定资产投资审计股，截止1998年底共完成工程决算审计项目7个，审计金额512万元，审减金额32万元。

完成上级下达审计任务　共完成省、市审计机关下达的审计任务58项，审计单位89个，审计金额19648万元。

**【沙县审计局】**　1998年底，共有干部、职工16人。其中：本科生2人，大专生9人；局长1人，副局长2人。

审计工作成果　共完成审计项目178个，其中署省定项目53个；审计单位282个，审计调查26项；审计金额379190万元。查出违纪违规金额8349万元，减少财政拨款或补贴241万元，归还侵占挪用资金812万元，对被审计单位处以罚款39万元，上缴县财政1674万元。同县纪检、监察、信访等部门配合，查处各种经济案件26起，提交审计工作报告、信息284篇，其中被批示采用214篇。

完成地方党政机关交办任务　共完成县委县政府交办任务71项，其中行政事业单位领导干部和国有企业领导人员任期经济责任审计46项。

**【尤溪县审计局】**　1998年，共有干部、职工57人。其中：大学生2人，大专生22人；局长1人，副局长1人。

审计工作成果　中共完成审计项目840个，完成审计调查26项，调查单位127个。共查出违纪违规金额4663万元，上缴县财政455万元，追还被挪用侵占资金591万元，共提交审计报告840篇。

完成县政府交办任务　共完成交办的工作任务22项。1997年开展乡镇侵占县级木材特产税专项审计，涉及单26个，查出违纪违规金额90万元。共完成工程决算审计项目92个，审计金额9070万元，审减金额767万元。

完成上级下达审计任务　共完成省、市审计部门下达的审计任务97项。

**【清流县审计局】**　现有在职干部、职工17人，退休干部4人。其中：大学生2人，大专生7人，局长1人，副局长2人。

审计工作成果　共完成审计项目310个，审计调查15个，共查出违纪金额1,510万元，上缴财政61万元，归还原渠道资金360万元，提交审计工作报告、信息184篇，被批示采用57篇。

完成县委县政府交办任务　共完成交办的工作任务39项。

完成上级下达审计任务　共完成省、市审计机关下达的审计任务87项，审计单位146个，查出违纪金额460万元，认真及时提交项目审计报告和审计结果。

**【泰宁县审计局】**　到1998年底，实有人员12人。其中：大专生5人；局长1人，副局长2人。

审计工作成果　共完成审计项目295个，完成审计调查23项。共查出违纪违规金额2617万元，应上缴财政172万元，对违纪单位处以罚款19.63万元，已上缴财政191万元，追还侵占挪用资金193万元。提交审计工作报告、信息131篇。

完成审计计划项目　中共完成署省定、市定审计项目140个，自定项目127个。从1995年起，共审计了48个部门单位的预算执行和其他财政收支情况，并延伸审计了32个下属单位，查出违纪违规金额679万元，有计划地对全县11个乡镇财政决算进行轮审；共审计了33个乡镇财政决算，并从1997年起对当年未安排的其他乡镇进行预算收入级次划分情况专项检查，两年共查出挤挖县级收入63万元。

完成县委、县政府交办任务　共完成交办的审计任务28项。

**【莆田市审计局】**　到1998年底，共有干部职工31人。其中：大学生8人，大专生16人；局长1人，副局长4人；高级职称2人，中级职称16人。设有办公室、综合审计科、纪检监察室、财政金融审计科、行政事业审计科、工交企业审计科、外经商贸企业审计科、基建审计科、农林水审计科和审计师事务所。

审计工作成果　共完成审计项目和单位1180个。查出违纪金额39117万元(包括决定处理处罚和指明要求纠正两部分)，应上缴财政4626万元，应归还资金渠道金额2481万元。

完成市委、市政府交办任务　共完成交办审计事项12件。1998年，市审计局先后抽派5人次分成2个小组参加京莆精机机械公司、仙游糖厂破产清算工作，较好地完成了审计任务，保障了国有资产不流失。

受表彰情况　4年中，受省审计系统表彰先进集体1个，先进个人2人，受市审计系统表彰先进集体2个。先进个人10人，受市委、市政府表彰的1人。

**地址**　莆田市仓后路13号
**电话**　0594—2293755
**邮编**　351100

**【莆田市城厢区审计局】**　到1998年底，有干部8人。其中：本科1人，大专3人；局长1人，副局长1人。

审计工作成果　共完成审计项目105个，审计单位98户；完成审计调查16个，调查单位80个。审计总金额23910万元，共查出违纪违规金额200万元。同区纪检、监察、信访等部门配合，查处各种经济案件17起，为社会稳定发挥了积极作用。上缴区财务125万元，共提交审计报告105个。

完成区领导交办任务　共完成交办的工作任务30项，审计清理单位153个。基本建设审计截止到1998年底共完成工程决算审计项目52个，审计金额5149万元，审减金额784万元。1997年，在审计一家单位在施工人工挖孔桩基础时，按国家对建设项目的有关规定，决定予以节减24万元，维护了国家的利益。

完成上级下达的审计任务

共完成省、市审计部门下达的审计任务52项，审计单位87个，审计金额5494万元。

**【莆田市涵江区审计局】** 1998年有干部职工6人，其中：局长1人，副局长1人；大学生2人。

审计工作成果 完成审计项目136个；完成审计调查11项；查出各类违纪违规金额2697.54万元。依法移交纪检监察等机关处理经济案件16起。

完成区委、区政府交办任务 共完成交办的工作任务33项，审计清理单位213个。截止1998年，共完成基建工程决算审计项目26个，审计金额1亿多元，审计核减金额1000多万元，维护了国家的利益。

完成上级下达审计任务 共完成署、省和市审计机关下达的审计任务25项，其中：署下达9个，省、市下达16个。

**【莆田县审计局】** 1998年底，共有人员28人。其中：大学文化6人，大专文化11人，其中：高级职称1人，中级职称13人。局长1人，副局长3人。

审计工作成果 全县共审计了325个单位和项目，查出各种违纪金额8546元，处理上缴财政1152万元，处理罚款131万元，已上缴财政982万元。同时积极配合检察院、纪检、检察等部门查处经济违纪案件，为严肃财经纪律、维护国家财经法纪和经济秩序发挥审计监督作用。几年来共提交综合报告43篇，其中被县领导批示采纳14篇。

**【仙游县审计局】** 到1998年底，共有干部职工28人。其中：大学生2人，大专生13人；局长1人，副局长1人。

审计工作成果 共完成审计项目332个，审计单位369个；完成审计调查13项，调查单位145个。共查出违纪违规金额3593万元，应缴县财政1013万元。同县纪检、监察、信访等部门配合，查处各种经济案件13起，为社会稳定发挥了作用。上缴县财政885万元，减少县财政拨款120万元，共提交审计报告332篇。

完成县委、县政府交办的任务 共完成交办的工作任务26项，审计单位215个。1996年成立固定资产投资审计股，截止到1998年共完成工程决算审计项目18个，审计金额6514万元，审计核增96.5万元，审计核减590万元，净核减493.5万元，为国家节省基本建设投资493.5万元，防止国有资产流失。

完成上级下达审计任务 共完成省、市审计部门下达的审计任务165项，审计单位278个，审计金额48230万元。

**【泉州市审计局】** 到1998年底实有审计干部职工52人。其中：本科毕业8人；大专毕业37人。下设办公室、综合审计科、法规审理科、财政金融审计科、行政事业审计科、工交商企业审计科、固定资产投资审计科、外经贸审计科、审计师事务所。

审计工作成果 共审计（调查）477个项目（单位），查出违规金额45967万元，处理应上缴财政3461万元，应财政拨款或补贴10038万元，应归还侵占挪用资金49万元，核减工程造价14567万元，共为国家增收节支28115万元。提交审计报告和信息993篇，被采用593篇。

完成党政交办任务 共完成交办的重大建设项目审计、企业清算审计、领导干部任期经济责任审计等任务，较好地服务党政工作中心需要。仅1997－1998年，就认真负责地完成了市政府交办的工程项目的竣工决算审计，审计项目投资总额68146万元，核减工程13473万元，并反映了工程造价管理等方面存在的问题。

完成上级下达审计任务 共完成了188个署定、省定审计（调查）项目。1998年5—7月，按照省厅的工作部署，赴某市进行粮食系统财务挂账清查审计，共审计了166个单位，核减新增财务挂账5143万元，按时圆满地完成了任务，为国家粮食流通体制改革作出应有贡献。

内部审计 共有18个市直部门单位设立了内审机构，配备80名内审人员，指导其开展审计545项。

社会审计 在审计机关的指导和监督下，社审组织共完成社会委托项目6636项。

受表彰情况 5年中，单位受审计署办公厅省审计系统表彰7次，受泉州市委市政府表彰4次。个人受省审计系统和市委市政府表彰奖励的6人次。

**地址** 福建省泉州市审计局
**电话** 0595—2382457
**邮编** 362000

**【泉州市鲤城区审计】** 1998年底有13人。

审计工作成果 共完成审计项目239个，查出违规行为金额3119万元，应上缴财政371万元，减少财政拨款或补贴145万元，归还原渠道资金261万元，促进增收节支64万元。配合有关部门，查处经济案件1起。共提交审计工作报告、信息207篇，被采用、批示117篇。

**【泉州市丰泽区审计局】** 到1998年底，有干部职工7人。其中：大学生3人，大专生2人；局长1人，副局长1人。

审计工作成果 从1997年8月到1998年底，共完成审计项目5个，查出违违规金额65万元，配合区纪检、监察等部门查处经济案件3起，为社会稳定发挥了作用。上缴财政7万元,提供审计报告和审计信息17篇。

完成党政交办任务　从1997年至1998年底,完成区委、区政府交办的任务2项。其中一个工程决算审计项目,审计金额950万元,核减工程造价约20万元。

**【泉州市洛江区审计局】**　到1998年底,有9人,其中:大学生2人,大专生5人;局长1人,副局长1人。

审计工作成果　共完成审计项目37个,完成审计调查4项,调查单位13个。共查出违纪违规金额380万元、对违纪单位罚款8万元、审计核减固定资产投资1059万元、有效地维护了财经纪律。

完成党政交办任务　完成区委、区政府交办的审计任务15项,审计金额13650万元。1998年初,洛江区政府成立不久,即要求审计局对原鲤城区万安开发区的建设工程开展竣工决算审计,在短短的9个月,就完成工程项目审计11个,送审工程总造价3480万元,审计核减金额933万元,核减率达27%,规范了建设资金管理,维护了国家利益。

完成上级下达任务　1997至1998年,共完成省、市审计机关下达的审计任务7项,审计单位15个,审计金额10100万元。

**【石狮市审计局】**　1998年共有干部、职工12人。其中:大专生6人;局长1人,副局长2人。

审计工作成果　共完成审计项目241个。审计单位360个;完成审计调查42项,调查单位86个;审计金额2.3亿元。共查出违纪违规金额5433万元。上缴市财政1817万元,共提交审计报告216篇。

完成市政府交办任务　共完成市委、市政府交办的工作任务32项。

完成上级下达审计任务　共完成省、市审计机关下达的审计任务46项,审计单位83个,审计金额1.6亿元。

**【晋江市审计局】**　到1998年底,有干部、职工24人。其中:大学生1人,大专生5人,局长1人、副局长2人。

审计工作成果　共完成审计单位(项目)517个;完成审计调查62项,查出违纪违规金额10348万元。向司法、监察机关移送经济案件12件;上缴财政3451万元,提交审计报告579篇。

完成市委、市政府交办任务　共完成交办的工作任务35项。1996年组织实施泉州晋江机场竣工决算审计,根据泉州晋江机场建设指挥部提供的施工合同、图纸、设计修改通知、工程签证单及会议纪要等资料,按照泉州市建筑安装工程预算定额、费用定额及适用的价格指数等规定标准,遵循客观公正、实事求是的审计原则,经审计验证,工程造价审减229.8万元。

完成上级下达审计任务　共完成省、泉州市审计机关下达的审计任务68项。

**【南安市审计局】**　1998年有干部职工28人。其中大学生2人,大专生24人;中级职称18人;局长1人、副局长2人。

审计工作成果　共完成审计项目596个,其中审计调查62个项目,共查出违纪违规金额17264万元,上缴市财政1517万元,提供审计报告596个。同纪检、监察等部门配合,查处各种经济案件16起。

完成党政交办任务　共完成交办的任务64个,审计单位125个(次),突出抓好行业(专项)审计与审计调查。完成省市审计机关下达的审计任务52项,审计单位63个,审计金额231456万元。

**【惠安县审计局】**　至1998年底,全局干部、职工共26人,本科生2人,大专生6人;局长1人,副局长2人。

审计工作成果　共完成审计单位(项目)455个,查出违纪违规金额6977万元,应上缴财政3349万元,增加财政收入2953万元,查处违规金额在百万元以上的单位7个,被各级党政机关、新闻媒体采纳审计报告和信息420余篇。

完成县委、县政府交办任务　共完成交办的工作任务46项,审计清理单位248个。1997年,开展全县"两基"教育经费专项审计,对全县15个乡镇中的11个乡镇自筹资金投入教育数核减310万元,4个乡镇核增144万元,净核减达166万元,同时对县"两基"教育经费在管理、使用等方面存在的问题予以揭示,提出切实可行具有建设性的纠正意见,1998年,完成县府领导交办的对全县15个乡镇1997年至1998年7月土地清理拍卖收入的专项审计,共查出应缴财政金额798万元,欠缴金额达598万元,促使欠缴款项及时上缴。通过对惠泉啤酒股份有限公司主车间基建项目决算,净核减投资额176万元,减少国有资产的损失。

完成上级下达审计任务　共完成署、省、市审计机关下达的审计任务142项,审计单位236个。

**【永春县审计局】**　1998年共有干部、职工18人。其中:大学生1人,大专生10人;局长1人,副局长2人。

审计工作成果　共完成审计项目330个,审计单位270户;完成审计调查60项,调查单位289个。共查出违纪违规金额1008万元,上缴财政及有关部门495.40万元,提交审计报告60篇,同县纪检、监察等部门配合,积极查处各种经济案件5起,　为社会稳定发挥作用。

完成县委、县政府交办的各项任务　共完成交办的工作任务27项，审计清理单位57个。1994年抽调5人，对永春水泥厂年产15万吨普通硅酸盐水泥节能利废技改工程财务决算的专项审计，通过审计对整个技改工程财务决算数字进行核实，为该厂与外商合资经营提供准确的数据，维护了中方的利益，促进企业健康发展。1995年度，认真组织清理“小金库”，积极结合反腐倡廉活动，深入重点部门和单位，分析其资金来源，查出私设“小金库”25.50万元。

完成上级下达审计任务　共完成署、省市审计机关下达的审计任务86项，审计单位106个。

**【安溪县审计局】**　到1998年底，共有干部职工29人。其中：大学生1人，大专生7人；审计师、会计师17人；局长1人，副局长2人。

审计工作成果　共完成审计单位(项目)501个，其中上级审计机关下达的审计项目76个。共查出违规金额4740万元，上缴财政782万元，清理被侵占挪用的专项资金1667万元。向纪检、监察部门提供经济案件线索4起、9人，向检察机关提供经济案件线索6起、12人；共向党政领导机关、上级审计机关和新闻单位提交审计报告、审计信息293篇，被批示、采用的有183篇。

完成党委、政府交办任务　共完成交办任务86项。接受县委组织部委托，共对52名乡镇长和县直单位领导干部进行任期经济责任审计；共审计58个建设项目，核减工程款345万元；1997年至1998年，连续两年对全县24个乡镇的教育经费投入进行了专项审计，促进各乡镇的教育经费投入全面符合省级教育“两基”达标要求。

**【德化县审计局】**　1998年共有干部职工19人。其中：大学生2人，大专生14人；局长1人，副局长2人。

审计工作成果　共完成审计项目367个，查出违纪金额1798万元，应上缴财政294万元，并全部追缴入库，查处私设"小金库"资金达10万元以上的5个，责令退还的资金64万元，核减基建工程结算68万元，向司法、纪检、监察部门移送案件5起。

完成县委、县府交办任务　共完成交办的工作任务40项。完成对全县13家国有工业企业、二轻企业的改制、清算等审计工作，促进深化国有企业改革，调增企业利润115万元，其中76万元用于企业技改还贷。完成对18个乡镇历年来教育附加费征管用、乡镇自筹资金投入教育经费的专项审计，促使乡镇教育经费补投入30万元。完成对3个省定贫困乡1994年至1996年扶贫资金审计，促进农村脱贫致富奔小康。

完成上级下达审计任务　共完成省、市审计机关下达审计任务95项、审计单位225个。

**【漳州市审计局】**　到1998年底，共有干部职工54人。其中：大专以上学历42人；局长1人，副局长2人。下设人秘科、综合审计科、财金科、固定资产投资审计科、行政事业审计科、商粮贸审计科、工交审计科、政策法规审计科。

审计工作成果　全市两级审计机关共完成审计项目(单位)740个，查处各类违纪违规金额28310万元，上缴财政金额7225万元，向司法移送案件3件，提交各类审计综合报告、信息398篇，得到批示采纳20篇。

完成审计任务情况　全市完成各类固定资产投资49个，查处各类违纪违规金额1408万元。市局审计九龙江防洪提加固扩建工程等8个市直重点建设工程项目竣工决算，审计总金额近2亿元，查出各类违纪违规金额881.22万元，处理应上缴财政及核减工程结算38.08万元。1998年全市审计机关集中力量核实粮食行业亏损挂账，共审计92个国有企业，查处违纪违规金额5472万元。

内部审计　到1998年，内部审计机构发展到20个，内审人员46名。

社会审计　共接受社会委托4183项，业务收入925.01万元。

受表彰情况　自1994年至1998年，受省审计系统表彰2次，受政府表彰47人次。

**地址**　漳州市东岳新村6幢

**电话**　0596—2925005

**邮编**　363000

**【漳州市芗城区审计局概况】**　到1998年底干部13人，其中：大学生1人，大专生9人；局长1人，副局长2人。

审计工作成果　完成审计项目140项，完成审计调查23项，共查出违纪违规金额4564万元，上缴区财政649万元，提交审计报告及信息98篇。

完成区政府交办任务　共完成交办的工作任务17项。1996年10月，对芗城区24个行政事业单位预算外资金的收管用情况进行审计，查出违纪金额120万元，追缴入库32万元，促进区预算外资金管理的加强和使用效益的提高。1998年11月份，抽调全体审计人员参予芝山清产核资工作，对全镇20多个核算单位进行审计，基本摸清了家底，为区调整胜利实施提供保证。

完成上级下达审计任务　共完成上级审计机关下达的审计任

务21项。

**【漳州市龙文区审计局】** 1998年共有干部3人。其中：大学和大专毕业各1人，会计师、审计师各1人。局长1人，副局长1人。

审计工作成果 1998年共审计17个单位，审计金额4000多万元，查出违纪违规金额65.54万元，上缴区财政37.40万元。

完成区政府交办任务 1998年，完成交办的工作任务3项，审计单位7个。1998年11月对步文、郭坑两个粮站进行审计调查，进一步核实了区国有粮食企业的家底。为了配合教育两基的验收，对辖区内4个乡镇进行了教育经费专项审计，加强我区教育经费投入的审计监督。

完成上级下达审计任务 1998年，完成市审计机关下达任务1项，在开展区财政预算执行情况和其他财政收支审计过程中，共审计单位10个，查出违纪金额56.45万元。

**【龙海市审计局】** 到1998年底，实有干部20人。其中：大学生2人，大专生4人；局长1人，副局长2人。

审计成果 共完成审计项目301个，审计单位332户；完成审计调查32个，调查单位54个；共查出违纪违规金额3339.34万元，上缴财政709.44万元，提交审计报告301篇。

完成县政府交办任务 共完成交办的工作任务148项；共完成工程决算审计项目2个，工程财务收支审计项目2个，审计金额1953.46万元，核减金额88.5万元。

完成上级下达审计任务 共完成省、署定审计机关下达的审计任务68项，审计单位91个，审计金额240408万元。

**【平和县审计局】** 到1998年底人员为16人。其中：大学生1人，大专生7人；局长1人，副局长3人。

审计工作成果 共完成审计项目313项，审计单位412个；完成审计调查23项，调查单位180个；审计金额314.781万元。共查出违纪违规金额5396万元，上缴县财政348万元，共提交审计报告、信息272篇。配合县纪检、监察、信访等部门查处各种经济案件16起，为社会稳定发挥了积极作用。

完成县政府交办任务 共完成交办的工作任务66项，审计清理单位390个。1997年上半年受县政府委托完成5个主要领导离任和9个撤并、转行政事业单位财产、资金移交的审计。在查处违纪澄清家底的前提下，客观公正、实事求是地对有关单位领导任期政绩进行了评价。

完成上级下达审计任务 共完成省、市审计机关下达的审计任务62项，审计单位133个，审计金额99255万元。1997年开展"建设情况执法检查"专项审计，共追缴偷漏欠税款52.60万元，并处以罚款3万元，有效地促进建设工程规范管理。

**【南靖县审计局】** 1998年底有19人。其中：大学生1人，大专生7人；局长1人，副局长1人。

审计工作成果 共完成审计项目263个。审计单位380户，完成审计调查21项，调查单位198个；审计金额180000万元。共查出违纪违规金额1448万元。上缴县财政371万元，共提交审计报告71篇。

完成县委、县政府交办任务 共完成交办事项44件，审计单位109个。1996年5月和1999年6月两次乡镇领导换届，对10个乡镇领导班子经济责任进行了审计。

完成上级下达审计任务 共完成省、市审计机关下达的审计任务71项，审计单位276个，审计金额580000万元。

**【诏安县审计局】** 到1998年底。共有16人。其中：大学生1人，大专生3人；局长1人，副局长3人。

审计工作成果 共完成审计项目211个。审计单位253户，完成审计调查10项。共查出违纪违规金额3370万元，移送纪检监察，司法机关立案查处的各种经济案件9起，为反腐倡廉发挥了积极作用。上缴县财政925.05万元，共提交审计调查报告46篇。

完成党政交办任务 共完成县委、县政府交办的工作任务24项，审计单位共42个，1995年5月，在组织对岭下溪三级电站投资审计中，查出该单位某会计利用重复报销钢材款的手段，贪污现金13674元。

完成上级下达的审计任务 共完成署定，省定审计项目77个，审计单位108个，审计金额1010万元。

**【漳浦县审计局】** 到1998年底，有21人。其中，大学4人，大专7人；局长1人，副局长1人。

审计工作成果 共完成审计项目362个。审计单位389户；完成审计调查47项，调查单位189个；共查出违规违纪金额4986万元。向纪检、检察、司法机关移送案件、案源22起，上缴财政814万元，提交审计报告及信息285篇。

完成政府交办任务 共完成交办的26任务项，审计清理单位28个。其中，1998年3月，以审计局为主的县委清财小组进驻漳浦县啤酒厂，经过两个多月的艰苦奋战，除查清该厂账面资产15877万元，实际可变现资产仅8872万元，账面亏损1742万元，实际亏损9540万元及十大主要违纪违法问题外，还向检察机关移送案件4

起6人，查出该厂人员内外勾结侵吞国家资财203.30万元的重大犯罪事实。

完成上级下达审计任务　共完成省市审计机关下达的审计任务35项，审计单位65个。

**【华安县审计局】**　到1998年底，人员为16人。其中：局长1人；大学生1人，大专生5人。

审计工作成果　共完成审计项目(单位)191个；完成审计调查7项，调查单位58个；共查出违纪违规金额2420万元，指明要求纠正2198万元，应上缴财政222万元，已上缴财政220万元，移交各种经济案件5起，共提交审计报告61篇。

完成县政府交办的任务　共完成交办的工作任务8项。

完成上级下达审计任务　共完成省市审计机关下达审计任务142项。

**【东山县审计局】**　至1998年底，人员14人。其中：大学本科毕业1人，大专毕业5人；局长1人，副局长2人，具有审计师职称5人。

审计工作成果　共完成审计项目213个，审计调查10个，查出违纪金额1300.71万元，处理应上缴财政金额610.38万元，追回被侵占挪用资金36.50万元，移送司法机关案件1起，共提交审计综合报告及信息103篇。

完成县委、县政府交办任务　共完成交办的审计事项40个，及时为县委、县政府客观决策提供服务，取得了较好的效果。此外，还多次抽调人员积极配合当地党政部门搞好中心工作，5年来，先后抽调30人次参加清点、清理农村财务，减轻农民负担，教育两基验收，粮食挂亏审计，破产企业清查，预算外资金清理等工作，均取得了较好的社会效果。

**【长泰县审计局】**　至1998年底实有人员15人。其中：大专生12人，局长1人，副局长2人。

审计工作成果　共完成审计项目190个，审计单位206户，完成审计调查17项，调查单位21个。审计金额61200万元。共查出违纪违规金额670万元。同县纪检、监察等部门配合，先后进点52个单位进行3专项审计，上缴县财政71万元，共提交审计报告190篇。

完成县政府交办任务　共完成县委、县政府交办的工作任务6项。

完成上级下达审计任务　完成省、市审计机关下达的审计任务36项，审计单位36个，审计金额27200万元。

**【云霄县审计局】**　1998年底，人员为20人。其中：大专生9人；局长1人，副局长2人。

审计成果　共完成审计项目单位276个，查出违纪违规金额1596.26万元，处理处罚上缴县财政531.9万元，查出、移送经济案件2起，涉及人员2人。提交综合报告、信息120篇。

完成党政领导交办任务　完成交办工作任务69项。1997年，实施了对三个驻外办事处的审计，查出违纪资金289万元，其中应上缴财政38万元，补交税款19万元，同时查出渎职、受贿、贪污案件1起，并移交检察机关处理。自1994年起，共开展任期经济责任审计26个单位，积极为组织、人事部门选拔任用干部提供依据。

**【南平市审计局】**　1998年底人员为39人。其中：大学生9人，大专生17人；中级职称28人；局长1人，副局长3人。

审计工作成果　共完成审计单位(项目)248个，查出违纪违规金额53939万元。为国家增收节支近2亿元，移送经济案件8个；共向当地党政和上级审计机关报送审计报告和信息2387篇，被采用、批示990篇。

完成审计任务情况　突出财税审计，把财政预算执行情况审计和财政决算审计作为审计机关的中心工作之一，有效地促进财税部门依法理财、依法治税，增加财政收入。5年来，通过严格执法共上缴财政资金上亿元，促进增收节支、减少财政拨款数千万元，审计机关有计划地开展了先行工程资金、社保两项资金、菜蓝子工程资金、扶贫资金、支援农业生产资金、水利资金、赈灾资金等等重点资金、专项资金的审计或审计调查，全面了解了资金使用管理情况，纠正了存在的问题。

受表彰情况　受上级审计系统表彰17次，其中：1997年被评为全国、全省审计机关先进集体；受市委、市政府表彰19次。共有15人次受省审计系统表彰奖励，31人次受市委、市政府表彰奖励。

**地址**　南平市八一路310号

**电话**　0599—8831945

**邮编**　353000　(刘剑锋)

**【南平市延平区审计局】**　至1998年底，全局干部、职工25人，其中：大学生1人，大专生15人；局长1人，副局长2人。

审计工作成果　共完成审计项目361个，审计单位户361户，完成审计调查30项，调查单位114个，审计金额151685万元，共查出违纪违规金额6888万元，上缴区财政601万元，共提交审计报告361篇。

完成审计任务情况　共完成省、市审计部门下达的审计任务125项，审计单位361个，审计金额151685万元，1994年至1998年共完成区委、区政府交办的工作任务45项。

**【建瓯市审计局】**　1998年底，共有干部、职工18人。其中：大专毕业11人;局长1人,副局长2人。

审计工作成果 共完成审计单位项目435个,其中审计调查43个。完成市委、市政府交办的工作任务32项。共查出违纪违规金额4065万元。共上缴市财政353万元,提交审计报告、信息156条,其中71条被上级审计机关或当地党政领导采纳、批示。

主要审计情况 1995年针对社会反映较强烈的公安罚款、摊派这一热点,对全市公安系统所属23个分局、派出所,以及12个联防队的罚没款、脏款脏物、收费管理等8个方面开展了审计。1998年结合市政府中心工作开展对全市救灾款、物的管理发放情况的专项审计,审计组深入到村、到户调查落实,及时纠正了个别挤占、私分救灾款、物的现象。

【邵武市审计局】 1998年,共有干部职工31人。其中:大专生14人;局长1人,副局长2人。

审计工作成果 共完成审计项目单位546个,共查出违纪违规金额5332万元,查处10万元以上"小金库"3个,追还被侵占挪用资金478.5万元。

完成交办任务 共完成当地党政交办任务30项,222个单位的审计。其中主要有1994年对14个国有企业完成经济目标责任审计;1995年完成人大交办的群众反响强烈的越正大桥征费站收费与使用情况的审计;1996年完成对工商局、纺织品公司、外贸公司等群众举报的"小金库"等经济问题的审计;1997年完成对13个国有企业即将改制前的审计,1998年完成对20个企业领导班子的政绩考核,完成10个乡镇街道领导离任审计。

【武夷山市审计局】 到1998年底,有33人。其中:大学生1人,大专生1人,中专生16人;获审计师、会计师资格6人,局长1人,副局长2人。

审计工作成果 共完成审计项目350个(含常规审计、专项审计)审计单位331个,完成审计调查20个,查出违纪违规金额7812万元,同市纪检、监察等部门配合,查处各种经济案件2起,为社会稳定发挥了作用,上缴市财政549万元。

完成市委、市政府交办任务 共完成交办的工作任务103项,审计清理单位40个,1995年5月,对武夷山市某石材开发总公司及其投资的4个公司的财务收支进行审计,查出存在的经济问题,并移送司法机关处理。截止1998年共完成工程决算审计项目379个,审计金额16787万元,审减金额1717万元。

完成上级下达审计任务 共完成省、市审计机关下达的审计任务125项,审计单位164个。

【建阳市审计局】 到1998年底,共有干部职工19人,其中:大学本科2人,大专8人;局长1人,副局长2人。

审计工作成果 共完成审计项目单位324个,查出违纪金额2572万元,上缴国家财政244万元,提交审计工作报告信息176篇。

完成交办任务情况 共完成党政交办任务38项。其中:1997年完成人大交办的部、委、办领导述职评议审计单位6个,共抽调人员13人,组成6个审计小组,深入到全市30多个单位,为市人大合理、准确的评价干部业绩,提供了可靠的依据。

【松溪县审计局】 1998年共有干部、职工24人,其中:大专生9人;局长1人,副局长2人。

审计工作成果 共完成审计项目259个。审计单位268户;完成审计调查20次,调查单位96个;审计金额207856万元,共查出违纪违规金额926万元,上缴县财政61.7万元,提交审计报告259篇。

完成审计任务情况 共完成交办项目75项。1997年对12个单位开展领导干部任期经济责任审计,为县委县政府了解使用干部,掌握情况提供了有力依据。截止到1998年底,共完成工程决算审计项目102个,审计金额7822.4万元,核减金额716万元,减少了国家财政支出。

完成上级下达审计任务 共完成省、市审计机关下达的审计任务98次,审计单位139个,审计金额186315万元。

【光泽县审计局】 到1998年底,有18人,其中:大学生3人,大专生8人;局长1人,副局长2人。

审计工作成果 共完成审计单位项目277个;完成审计调查36项,调查单位85个;共查出违纪违规金额1108万元。同县纪检、监察部门配合查处经济案件8起,上缴县财政199万元,共提交审计信息报告157篇条。

完成党政交办任务 共完成县委、县政府交办的工作任务78项,其中:离任审计36项。

【顺昌县审计局】 1998年底,共有干部、职工16人。其中大学生2人,大专生8人;局长1人,副局长2人。

审计工作成果 共完成审计单位、项目387个,完成审计调查25项,调查单位181个。审计查出违纪违规金额4068万元,同县纪检监察、信访等部门配合,查处各种经济案件19起,为社会稳定发挥了作用,上缴县财政373万元,共提交审计报告249篇。

完成县政府交办任务 共完成交办的工作任务96项,开展离任审计81个。共完成工程决算审计项目106个,审计金额16874

万元,审减金额1815万元。

完成上级下达审计任务　共完成省、市审计机关下达的审计任务88项。

**【浦城县审计局】**　1998年底,共有干部职工15人。其中:大学专科生8人;中级职称7人;局长1人、副局长2人。

审计工作成果　共完成审计项目(单位)398个,开展审计调查166项;共查出各种违纪资金总额2401.41万元;移送案件2起涉案2人,配合纪检、监察部门协查事项3件;共提交审计报告398篇、报送审计信息、审计科研论文104篇,其中审计论文在省级刊物采用发表7篇,1995年—1998年审计工程项目竣工决算118个项目,审计单位投资总额7766.95万元,审定核减工程竣工决算净额478.50万元,为国家节约了建设资金。

完成党政交办任务　共完成交办的各项工作任务32项。1996—1998年对全县19个乡镇、23所中学、19个学区的教育"两基"工作进行跟踪审计检查,受检查单位210个(次);对全县19个乡(镇)、54个县直部门和单位进行了领导干部任期及离任经济责任审计。

**【政和县审计局】**　到1998年末编制15人,其中:大专以上学历11人;局长1人,副局长2人。

审计成果　来共完成审计项目216个;审计单位208户;完成审计调查11项;查出违纪金额1534万元;同县纪检、监察、检察等部门配合调查各种经济案件12起,为社会稳定发挥了作用,上缴县财政139万元,提交审计报告86篇。

完成审计任务情况　从1995年起共审计预算单位45个,查出违纪违规金额达400多万元;共完成离任审计24项,涉及到20个单位。

完成上级下达审计任务　共完成省市审计机关下达的审计任务116项,审计单位116个,审计金额199518万元。

**【龙岩市审计局】**　至1998年底有干部、职工42人。其中:大专以上学历33人,中级以上职称37人;局长1人、副局长1人。设办公室、监察室、举报中心、综合科、工交科、商贸科、行事科、财金科、基建科、农林水科、外经科等机构。下辖闽西审计师事务所、龙岩市审计学会。

审计机关工作成果　共完成审计单位519个,完成审计调查项目28项、调查单位214个,查出违规金额17788万元,罚款52万元,应缴财政4129万元,提交审计工作报告、信息717篇,被批示采用398篇。向司法机关移送案件10件、有6人受到刑事处罚,查处百万元以上违纪单位12个,建议纠正地方、部门不当规定25条,内部通报2件。

完成审计任务情况　先后开展了扶贫资金、"造福工程"资金、闽西公路建设基金、救灾款物、社保"两金"审计和亏损企业、小水泥企业、行政事业单位消费基金、国有企业对外联营投资、房地产开发审计调查,审计建议多数被当地党委、政府及有关部门采纳。

"先行工程"审计　1996年底开始,根据行署要求,对全区"先行工程"竣工决算实施全面审计。至1998年底,全市已审里程412.28公里,完成任务的62%;审计核减金额1.26亿元,核减率12%。

内部审计　1994年设内审机构11个、配备内审人员45人;1998年设内审机构14个、配备内审人员37人。

社会审计　共完成委托事项3851项。1998年业务收入突破100万元。

**【龙岩市新罗区审计局】**　到1998年底,有干部、职工29人。其中大专以上学历9人、局长1人、副局长2人。

审计工作成果　共完成审计项目561个,审计单位970个;完成审计调查27项,调查单位65个。共查出违纪违规金额4921万元,配合区纪委、监察、检察等部门查处各种经济案件8起,上缴区财政1374万元,共提交审计报告289篇。

完成区政府交办任务　共完成交办的工作任务123项,审计清理单位166个。1998年在完成了应审公路先行工程国道和省道路段35.45公里的审计中,送审总造价6573万元,审定总造价5554万元,核减工程造价1019万元,平均每公里核减28.75万元,维护了国家利益。

**【漳平市审计局】**　至1998年底,共有在职干部20人。其中:大学生1人、大专生9人;局长1人、副局长3人。

审计工作成果　共完成审计单位534个,查出违纪违规金额2753万元,应上缴财政418万元,罚款40万元,追回被侵占挪用资金151万元,提交审计工作报告、信息439篇,被批示、采用180篇。

完成市政府交办的任务　共完成交办的工作任务38项。1994年为配合国有企业改革,对市汽修厂、饲料厂等28家国有企业进行承包终结审计,发现国有企业资产流失现象严重,且带有普遍性,28家企业资产流失额达892.31万元,及时向市政府提交有关报告,为领导决策提供依据;1996—1998年开展先行工程决算审计,审计里程42.34公里,送审工程造价13547万元,审计净核减694万元,为本市先行工程节约了资金。

【长汀县审计局】 到1998年底,共有干部职工20人。其中:大专生8人、局长1人、副局长2人。

审计工作成果 共完成审计项目单位315个,完成审计调查23项、被调查单位59个,审计总金额239310万元,查出违纪金额1615万元,应上缴财政金额557万元,已上缴财政金额383万元,查出各类经济案件7起,提交专题审计报告31篇。

完成县领导交办的工作任务 共完成21项。1996年在对全县电力行业审计中查出私分公款和乱发奖金、实物等现象,还查出贪污案件2起,已移交司法机关处理;1994年成立基建审计股,截止1998年底共完成工程决算审计项目96个,审计总金额17680万元,核减工程款1320万元(其中"319"国道工程审计核减工程款901万元)。

【武平县审计局】 1998年,共有干部、职工17人。其中:本科2人,大专9人;局长1人,副局长2人。

审计工作成果 共完成审计单位(项目)435个,查出违纪金额3290万元,应上缴财政136万元,已上缴财政128万元,追还侵占、挪用资金55万元,提交审计信息报告382篇。建议纠正地方、部门不当规定24条。

完成审计任务情况 对林业系统、基建工程项目、专控商品进行专项审计,查出违纪处理金额139万元。

【上杭县审计局】 至1998年底,有干部职工19人。其中:大学1人,大专7人;局长1人,副局长2人。

审计工作成果 共完成审计项目289个,出具审计报告289篇,完成审计调查项目73个,出具审计调查报告63篇,查出违规资金3535万元(其中应缴财政1034万元),配合纪检、监察等有关部门查出各类经济案件15起27人。

审计成果 共完成交办审计事项76个。先后开展了救灾款物、先行工程资金、扶贫资金使用情况专项审计和省道围禾线、国道319线征地拆迁补偿情况审计调查,完成基建自筹资金审计和重点工程审计项目105个、审计金额15169万元、核减工程造价2078万元。

【永定县审计局】 至1998年底,本局干部、职工人数18人。其中:大专以上学历10人;局长1人,副局长3人。

审计工作成果 本局共完成审计单位项目292个,查出各类违规违纪金额5272万元,应增加财政收入887万元,罚款金额15.47万元。完成审计调查项目60项,调查单位182个,提交综合调查报告49篇,审计信息、工作报告被批示采用109篇。

完成领导交办任务 共完成县委、县府交办的工作任务32项,配合县纪检、监察、人大、财政等部门开展各项工作28项。1998年对国家重点建设项目棉花滩水电站第一期移民建设工程竣工决算审计,共审计移民工程116项,审计金额1550万元,核减102万元。为移民工程建设节省了投资。

【连城县审计局】 1998年共有干部职工24人。其中:大专生10人;局长1人,副局长2人。

审计工作成果 共完成审计项目311个,审计单位343个;完成审计调查20项,调查单位45个。共查出违规行为金额1410万元,上缴县财政383万元。提交审计报告311篇。

完成县委县府交办任务 共完成交办任务38项,审计单位48个。积极配合有关部门开展企业承包合同清算和破产清算,清理通讯工具、职工欠款、预算外资金、财政周转金等工作。1994年成立基建股,截止1998年共完成工程决算项目审计105个,审计资金5104万元,核减金额434万元,维护了国家利益。

【宁德地区审计局】 至1998年底,有干部职工31人。其中:大学生3人,大专生22人;局长1人,副局长2人;设有办公室、综合审计科、法规体系管理科、财政金融审计科、行政事业审计科、外经贸审计科、工交企业审计科、固定资产投资审计科、农林水审计科、监察室、审计师事务所、闽东基建审计事务所等机构。

审计工作成果 共完成审计项目293个。审计单位307户;完成审计调查126项,调查单位178个。共查出违纪违规金额8810万元。同地区纪检、监察、检察等部门配合,查处各种经济案件8起,为社会稳定发挥了作用。上缴地区财政795万元,共提交审计信息报告802篇。

完成地区行署交办任务 共完成地区行署交办的工作任务31项。

完成上级下达审计任务 共完成上级审计机关下达的审计任务103项,审计单位127个。

内部审计 1994年共设立内部审计机构7个,内审人员32名;到1998年,内部审计机构有12个,内审人员43名。

社会审计 共接受社会委托项目2457项,其中企业年检692项,年检金额335013万元;注册资金验证505户,验证资金423019万元;清产核资198项,清产核资金额423250万元。

受表彰情况 受国家审计署办公厅等表彰3次,省审计系统表彰12次，受地委行署表彰6次。共有5人次受到省审计系统表彰奖励。

**地址** 宁德市蕉城南路15号

**邮编** 352100

**电话** 0593—2822015

**【宁德市审计局】** 到1998年底，共有干部职工17人。其中：大学生1人，大专生5人；局长1人，副局长1人。

审计工作成果 共完成审计项目264个。其中署定29个，省定41个，地定27个。共查出违纪违规金额16820万元，其中应上缴财政744万元，共提交审计工作报告149篇。

完成市政府交办任务 共完成交办的工作任务14项，审计单位82个。1995年对外贸公司四年的资产、负债、损益进行审计，审计报告为市政府果断地作出公司破产的决定，提供了有力依据。1997年开展了三年教育经费的审计工作，先后深入各乡镇财政所、学区、中小学校和有关单位51个，按时保质地完成任务。

受表彰情况 受省、地审计系统表彰3次，地、市政府表彰2次。共有3人次受到省、地审计系统表彰奖励；4人次受到地、市政府表彰奖励。

**地址** 宁德市八一五中路11号

**电话** 0593—2822122

**邮编** 352100

**【福安市审计局】** 到1998年底，有人员其中：大学生2人，大专生6人；局长1人，副局长3人。

审计工作成果 共完成审计项目314个。审计单位314户；完成审计调查33项。共查出违纪违规金额2823万元。上缴市财政321万元，共提交审计报告314篇。

完成市政府交办任务 共完成交办的领导干部任期经济责任审计65项，为市委、政府加强对干部管理监督提供参考依据。

完成上级下达审计任务 共完成署、省、地机关下达审计任务130项。

**【福鼎市审计局】** 至1998年底，干部、职工有19人。其中：大学本科生1人，大专生6人；审计师6人，工程师1人；局长1人，副局长3人。

审计工作成果 共完成审计项目295个，完成审计调查46个项目，调查单位216个，查出违纪违规金额6821万元，应缴财政545万元，已缴财政442万元；查出百万元以上违纪单位5个；移送司法机关案件4件，移送纪检机关案件2件；并配合纪检、监察机关查处各种经济案件12起，为社会稳定发挥了积极作用。

完成市党政领导交办任务 共完成交办的审计任务38个项目，参与并负责全市工商企业清产核资工作，先后抽调12人次，涉及全市126个单位，为企业改制工作打下了基础。1998年开展科级政党领导和企业领导任期经济责任审计5项。从1995年起，对25个工程竣工决算和新开工建设项目进行审计。审计项目投资总额29788万元，有8个竣工项目审计核减决算金额709万元。

完成上级下达审计任务 共完成署、省、地审计机关下达的审计任务280项，审计单位325个。

**【寿宁县审计局】** 到1998年底，有23人。其中：大学生1人，大专生8人；局长1人，副局长2人。

审计工作成果 共完成审计项目255个，完成审计调查29项。查出违纪违规金额2002万元，上缴县财政22万元，提交审计报告98篇。

完成党政府领导交办任务共完成交办的领导干部任期经济责任审计任务58项，并配合有关部门对水利水电资金、老人会基金等进行了调查，还参与了破产企业的清算、资产评估等，为县委、县政府的宏观决策提供了依据。

完成上级下达审计任务 共完成署、省、地、部门下达的审计任务98项，审计单位105个，审计金额12546万元。

**【霞浦县审计局】** 1998年底，有干部、职工17人。其中：大专生11人；审计师13人；局长1人，副局长2人。

审计工作成果 共完成审计项目293个。审计单位326个；完成审计调查23项，调查单位62个；审计金额189453万元。共查出违纪违规金额9971万元，其中，查出百万元以上违纪单位6个，处理处罚上缴县财政421万元。追回侵占挪用专项资金68万元，减少财政补贴13万元，移送司法机关、纪检、监察部门查处案件4起，提交审计报告信息103篇。

完成县政府交办任务 共完成交办的审计任务51项，审计单位76个。1994年根据县委、政府部署，配合财政开展了财务大检查，审查46个行政企事业单位，追缴财政收入320万元。1995年围绕党和政府经济工作中心，先后就集资办学经费征集管理使用、消费基金增长、计划外生育费等7项专题开展审计调查，综合调查报告被县政府领导批示采纳4篇。1997～1998年，分别对县教育局、财政局、各乡镇财政所、中小学等36个单位开展审计，查出全县教育经费投入不足，缺口资金615.6万元，确保“两基”验收、年检顺利通过。

完成上级下达审计任务 共完成省、地审计机关下达的审计任务71项，审计单位98个，审计金额63151万元。

**【柘荣县审计局】** 到1998年底，

有14人。其中:大学生4人;局长1人,副局长1人。

审计工作成果　共完成审计项目295项,查出违纪违规金额1865万元,应上缴县财政100.50万元,追还被侵占挪用资金143万元,提交各类审计工作报告、审计信息105篇。

完成县委、县政府交办任务　共完成审计项目211个。1995个到1998年对县本级预算执行情况进行审计,审计单位有53个,查出违纪违规金额1332万元,通过审计追还被侵占挪用资金65万元。1997年,全局审计人员对全县29个单位1994年至1996年教育"两基"经费投入和使用情况进行专项审计。审计出应追补教育经费301.50万元,投入1500万元用于改善办学条件,筹集资金700万元兑现教育专款,确保教育"两基"实现,并追回被侵占挪用资金43.89万元。

完成上级下达审计任务　共完成省、地审计机关下达的审计任务84项,审计单位134个。

【屏南县审计局】　到1998年底,有干部职工17人。其中:大学生1人,大专生9人;具有审计师和会计师职称的10人;局长1人,副局长(主任科员)1人。

审计工作成果　共完成审计项目314个,查出违纪违规金额1775万元,应缴财政资金491万元,已上缴财政资金149万元,追回被侵占挪用资金100多万元,提交审计报告和审计信息216篇。查出违纪违规案件5起。

完成县政府交办任务共完成交办的任务100项。1997~1998年共组成3个审计小组,分别对11个乡镇等54个单位进行了历时5个月的审计和审计调查,写出27篇审计报告,为"两基"达标顺利通过验收打下了坚实基础。

完成上级下达审计任务　共完成省、地审计机关下达的审计任务84项,审计单位90个。

【古田县审计局】　1998年底有17人,其中:大学生1人,大专生7人,局长1人,副局长3人。

审计成果　共完成审计项目357个,查出违纪违规金额5214万元,上缴县财政518.5万元,追还被挪用专项资金2444　万元,提交审计报告信息160篇。

完成县政府交办任务　共完成交办的工作任务98项。1996年为配合乡镇换届选举、领导干部调整工作,参予并负责乡镇党政主要领导任期经济责任审计。1998年配合县教育"两基"验收工作,开展了教育经费专项审计监督,查出了应追补和返还教育经费达1709万元,确保了教育经费的足额投入和"两基"验收,促进了教育事业和发展。1996年开展基建决算审计工作,截止1998年底共完成工程决算审计项目63个,审计金额3517　万元,核减金额202万元。

完成上级下达审计任务　共完成省、地审计机关下达的审计任务259项,审计金额156968万元。

【周宁县审计局】　到1998年底共有审计干部18人,其中:大专生7人,局长1人,副局长2人。

审计工作成果　共完成审计项目225个,查出违纪违规金额10738万元,上缴财政金额142万元,查出贪污案1件,共提交审计报告信息103篇。

完成县政府交办任务　共完成交办的工作任务48项,审计单位96个。1998年根据县政府工作安排,对县财政局、教育局、税务局、征收办和乡镇财政所以及所属的中小学等单位1995年至1997年底的教育经费的投入、征收、管理、使用情况进行了认真细致的审计与审计调查。审计查出应追补和返还教育经费达725万元,确保了教育经费的足额投入,保证了教育事业的发展。

完成上级下达审计任务　共完成署、省、地审计机关下达的审计任务72项,审计单位86个。

## 江西省

【江西省审计工作简述】　截止1998年底,全省共有审计机关111个,审计人员3394人,其中具有大专以上学历的占53.7%,中级以上专业技术职称或资格的占28.8%。5年来,全省各级审计机关共审计58351个(次)单位,查出违纪金额94.6亿元,收缴财政金额8.73亿元,通过审计减少财政拨款和补贴4.26亿元,追还被侵占挪用资金11.7亿元,移交司法机关处理的案件87条。共提交审计工作报告、信息17948篇,其中被各级政府和新闻单位采用7436篇。有4个审计项目被审计署评为优秀和优等项目。在审计法制建设方面,相继出台了一些地方性审计法规、制度,省审计厅分别于1995年和1997年发布《关于进一步完善对厂长(经理)实行离任审计的通知》和《关于加强固定资产投资项目审计监督的通知》。

【江西省审计厅概况】　1998年末全厅实有人员196人,其中厅机关111人,厅直属事业单位85人,这其中4个事务所有48人。全厅人员中具有大专以上学历的占83%,具有中级以上专业技术职称的占10.4%。内部机构设置有办公室、机关党委(工会)、人事教育处、综合(法规)处、工业交通审计处、商粮贸审计处、财政金融审计处、行政文教审计处、固定资产投资审计处、中央企业单位审计处、农林水审计处、外资运用审计处共12个工作部门。厅直属事业单位有审计科研所、审计干部培训中心、庐山培训基地及4个审计(会计)师事务所。

厅(局)领导成员

厅长

池宝库(1991.4～1996.5)

李海泉(1996.6～　　)

副局长

陈志刚(1988.4～1994.5)

副厅长

谌模有(1991.9～1996.6)

李海泉(1995.3～1996.6)

余先仕(1996.2～　　)

何干成(1996.6～　　)

纪检组长

李永芳(1996.5～　　)

成果综述　江西省审计厅共审计2908个(次)单位,查出违纪金额39.3亿元,收缴财政金额2.39亿元,通过审计减少财政拨款和补贴3.49亿元,追还被侵占挪用资金6.26亿元,共为国家增收节支12.14亿元,提交审计工作报告、信息523篇,其中被有关单位采用165篇。有3个审计项目被审计署评为优秀审计项目,1个审计项目被审计署评为优秀项目一等奖,不少审计项目受到省政府领导的好评。

本级预算执行审计　1996年,全省首次开展财政预算执行审计。省厅在对全省进行组织、部署的同时,对省本级1995年度财政预算执行情况开展了认真的审计,除对省财政部门进行了审计外,并将审计延伸到73个省级预算执行单位及部分下属单位,共查出违纪金额10503万元。通过审计,提出了有关强化本级预算执行管理和监督的建议。在开展预算执行情况审计的同时,还继续以“上审下”方式对部分地市财政税收实施审计,5年间共审计了31个(次)单位,查出违纪金额13326万元,其中应增加财政收入1372万元,应减少财政支出171万元。

各专业审计　1.金融审计　5年来,省审计厅多次组织开展了全省性的各专业银行系统的审计,并审计了部分证券经营机构、信托投资公司及非银行金融机构,其中省厅直接审计了33个(次)单位,查出违纪金额13415万元,收缴财政金额1074万元。2.固定资产投资审计　全厅共审计281个(次)单位,查出违纪金额105638万元,收缴财政金额3743万元,核减工程投资90762万元。其中主要抓了国家和地方重点建设项目的审计,其中1994年京九铁路向吉段项目审计被审计署评为1994年度优等项目一等奖,1995年江西万安水电站竣工决算审计、1996年南昌至九江一级汽车专用公路和南昌大桥竣工决算审计、1997年德兴铜矿三期工程竣工决算审计分别被审计署评为当年的优秀审计项目。3.企业审计　全厅5年共审计971个(次)单位,查出违纪金额181917万元,收缴财政金额8752万元。在审计中,以国有大中型企业为重点,把企业资产、负债、损益的真实性和合法性作为重要审计内容,使企业审计逐步从合规性审计向真实性审计为重点过渡。1997年,对共青垦殖场等5户大型农垦企业资产、负债、损益的审计中,查出不少虚增资产、资产流失、负债及盈亏不实等问题,并从6个方面查明潜亏金额达7亿多元,受到省委、省政府领导的重视。1998年,为配合粮食流通体制改革开展的粮食行业清查审计,共动员了全省1500余名审计人员,对1703个单位进行了审计,共核减新增财务挂账金额29.5%。4.农业资金审计　5年来,省厅多次在全省范围内组织开展农业资金审计,其中包括各项农业资金、扶贫资金、林业水利资金和土管资金的审计,共审计1126个(次)单位,查出违纪金额9865万元,收缴财政金额280万元。5.外资运用审计　5年间,全省共审计了10多个世行、亚行贷援款项目的执行单位1562个(次)。其中省审计厅直接审计单位313个(次),查出的重要问题有挪用外资和配套资金、损失浪费、虚报工程量及财务管理薄弱等,查出违纪金额743万元。审计中不仅向国内有关部门和单位出具了大量的审计报告、审计意见书,而且直接向世界银行等国外机构提供了审计公证报告及项目管理意见书,其中1995年出具的对外公证繁式报告曾受到世界银行项目官员的好评,1997年红壤项目审计首次向世行出具了有保留意见的报告,维护了审计机关客观公正的声誉。6.行政事业审计　5年中,全厅直接审计行政事业单位946个(次),查出违纪金额23797万元,收缴财政金额8269万元。

**【南昌市审计局】**　1998年底共有干部、职工78人,其中大专以学历人员57人,具有审计师、会计师等中级以上技术职称人员53人;局长1人,副局长2人。设办公室、综合法规科、人事教育科、财政金融审计科、固定资产投资审计科、外资运用审计科、行政文教审计科、工业交通审计科、农林水审计科、商粮贸审计科和审计干部培训中心等。

成果综述　共审计单位1965个,查处违纪金额中应上缴财政15000万元,已缴12435万元,减少财政拨款和补贴721万元,追还被侵占挪用资金20109万元,为国家增收节支2268万元,移送纪检、司法机关处理责任人员6人,提交审计报告、信息556篇,被批示采用265篇。

主要审计工作情况　市审计局对本级财政预算执行情况、县区政府财政决算、金融保险单位资产、负债、损益进行了审计;还对具有收费项目、下属单位较多的重点行政单位、重点建筑工程项目、重点资金、重要企业等单位(项目)进行了重点审计。1997年根据市政府要求,对南昌市“民心”项目——“四湖整治”进行审计,审计金额2452万元;根据市委、市政府安排,先后对13家市直行政机关原主要负责人任期经济责任情况进行了审计。1998年根据省审计厅要求,对全市水利资金进行了专项审计。

内部审计和社会审计 至1998年,全市共有内审机构111个,从业人员307人。从1994年至1998年内审先后审计单位项目3603个,查出损失浪费10702万元,促进提高经济效益1647万元,提出合理化建议2515条。市直社会审计在规范中不断发展,从1994年至1998年共承担各种委托查证项目11546项,核减基建决算3514万元,为委托单位挽回经济损失3135万元。

受表彰情况 1994年、1997年2次被国家审计署、人事部表彰为全国审计机关先进集体;1995年被省人事厅、审计厅表彰为全省审计机关先进集体;连续5年被市直机关工委表彰为先进基层党组织;1998年被南昌市委、市政府表彰为市级文明单位。共有1人次被评为省审计系统先进个人,28人次受省审计厅表彰;同时先后16次受到市有关部门表彰。

**地址** 南昌市东湖区榕门路248号
**电话** 0791—6704240
**邮编** 330008 (彭艳云)

**【南昌市东湖区审计局】** 截止到1998年底,共有审计干部6人。其中大专生3人;有局长1人,副局长2人。

审计工作成果 共完成审计单位217个,查出违纪违规金额505.3万元,应上缴财政129.25万元,已上缴129.25万元,入库率100%。完成审计调查21项,调查单位340个,提出意见建议56条。

完成区政府交办任务 共完成交办的工作任务57项,审计单位112人。

完成上级下达审计任务 共完成省、市审计部门下达的审计任务16项,审计单位122个。

**【南昌市西湖区审计局】** 到1998年底,有人员5人。其中:局长1人;审计师资格2人;大学文化1人,大专文化4人。

审计工作成果 共完成审计项目34个,审计单位237户;完成审计调查7项,调查单位31个。共查出违纪金额1898.5万元,应上缴财政69.45万元,已上缴65.55万元。配合区纪委、监察、检察部门查处各种经济案件2起。共提交审计报告和信息63篇(条),被采用46篇(条)。

完成区政府交办任务 共完成交办的工作任务24项,审计单位121个。

完成上级下达审计任务 共完成省、市审计机关下达的审计任务10项,审计单位116个。

**【南昌市青云谱区审计局】** 到1998年底共有干部职工8人。其中:大学生1人,大专5人。

审计工作成果 共完成审计单位(项目)260个。查出违纪违规金额114万元,上缴财政114万元。配合区纪检、监察等部门查处各种经济违纪案件5起;共提交审计报告34篇。

完成区政府交办任务 共完成交办的工作任务85项,1997年参与并负责青云谱区工商企业的资产评估工作。

完成上级下达审计任务 共完成省、市审计机关下达的审计任务213个,审计单位230个。

**【南昌市湾里区审计局】** 到1998年底,人员有7人。其中:大学本科1人,大专3人;具有审(会)计师资格3人;局长1人,副局长2人。

审计工作成果 共完成各类审计项目216个,审计单位216户(含调查审计28项,调查单位89个)。查出违纪违规金额1,089.60万元,收缴入库67万元。移送和配合纪检、监察、司法部门查处经济案件8起。被区政府、上级审计机关、新闻部门采用的审计信息、文稿共79篇。

完成区政府交办任务 先后完成交办审计工作任务9项,审计单位68个。1996年,完成25个企业改制的资产、负债、权益审计,8个行政单位主要领导离任专项审计。1998年完成了6个专项资金项目审计任务,其中4万元以上项目1个。

完成上级下达审计任务 共完成省、市审计机关下达审计任务110项,审计单位216个,审计金额23,686万元。

**【南昌市郊区审计局】** 1998年底有人员7人。其中:大学生3人,大专生4人;会计师1人,审计师6人,注册会计师1人;局长1名,副局长2名。

审计工作成果 共完成审计项目488个,查出违纪违规金额1631.2万元,上缴财政533.5万元,专题审计调查报告41个,提交审计报告、论文、信息119篇,被批示、采用87篇。

**【新建县审计局】** 到1998年底,有干部职工20人。其中:本科3人、专科8人;局长1人、副局长2人。

审计工作成果 共完成审计项目539个,审计总金额20591万元,查出违纪金额1213.6万元,上缴县财政303.3万元。

完成县政府交办任务 共完成交办的工作48项。

完成上级下达任务　共完成省、市审计机关下达的审计任务89项,审计单位149个,审计金额10300万元。

**【南昌县审计局】**　到1998年底实有24人。其中:大学生2人,大专生20人;会计师5名,审计师5名,注册会计师6名;局长1名,副局长3名。

审计工作成果　共完成审计项目456个,查出违纪违规金额9500万元,上缴财政504.7万元。共提交审计报告、论文、信息186篇,被批示、采用127篇。

**【进贤县审计局】**　1998年底,有人员19人。其中:大学生3名,大专生4名;注册会计(审计)师3名,会计(审计)师5名;局长1人,副局长3人。

审计工作成果　共完成审计项目308个,涉及审计单位308户;完成审计调查20项,调查单位166个;共查出违纪金额3313万元,上缴县财政201万元。对被审单位提出审计意见、建议和措施214条,提交各类审计综合报告77篇。

完成县政府交办任务　共完成交办的工作任务49项,涉及领导干部离任、厂长经理离任、企业清产核资、群众举报案件、基建竣工决算、专项调查审计等。

完成上级下达审计任务　共完成署、省、市审计机关下达的审计任务103项,审计单位151个。认真开展了各项专项资金(基金)、外资、民政救灾、专项调查以及授权单位的财务收支审计。1998年,对粮食系统新增挂账亏损项目进行了审计。

**【安义县审计局】**　到1998年底,人员有19人。其中:局长1人,副局长3人;大专以上学历8人。

审计工作成果　共完成审计项目337个,审计调查项目12个。协助有关部门查处案件119件,共查出违规金额466万元,上缴县财政138.5万元,提交审计工作报告、信息135篇。

完成县委、县政府交办任务　共完成交办的工作任务45项。1994年到1997年,协同县财政局开展“财务、税收、物价”检查,审计单位84个;1998年对湾里区粮食系统1992年至1998年粮食亏损挂账情况进行了审计;

完成上级下达审计任务　共完成省、市审计机关下达的审计任务42项,审计单位84个,审计总金额8490万元。

**【景德镇市审计局】**　到1998年底,人员有34人。其中:大学生7人,大专生16人;局长1人,副局长3人。设有办公室、财政金融审计科、行政事业审计科、商贸审计科、工交审计科、基建审计科、农林水审计科、综合审计科、监察室、审计事务所等机构。

审计工作成果　共完成审计单位1017户;完成审计调查单位129个,写出调查报告70篇;审计金额383428万元,共查出违纪违规金额16002万元。应上缴财政金额856万元,已上缴财政787万元。同市纪检、监察、检察等部门,查处经济案件2起。

完成上级部门及市政府下达、交办的任务　5年中,对全市1992年4月9日至1998年5月31日止的新增财务挂账和其他不合理占用农发行贷款情况进行了审计,共核减虚增财务挂账2228.56万元,占当地总挂账7774.37万元的28.66%,并有针对性地提出审计意见,受到市政府及省审计厅的肯定。另外,还就减轻农民负担和全市卫生系统1996年—1997年的财务收支情况进行了审计调查。

内部审计、社会审计　1998年底共有内审机构33个,内审人员53人。社会审计从1994年至1998年共接受委托项目1755项,核减基建预决算84万元,核减虚假注册资金85万元。

受表彰情况　受省审计系统表彰3次,受市委市政府表彰3次。3人次受到省审计厅表彰奖励,5人次受省政府“三大”检查表彰奖励,7人次受市政府表彰奖励。

**【景德镇市珠山区审计局】**　到1998年底共有7人,其中:大学生1人,大专生3人;获审计师、会计师、经济师资格4人;局长兼党支部书记1人,副局长1人。

审计工作成果　共完成审计项目136个,其中:预算执行审计15个,专项资金审计19个,财务收支审计49人,离任审计35个,调查审计13个,主管部门委托审计5个。共查了违纪金额572.4万元。上缴区财政10.7万元。共提交审计报告136篇。

完成上级下达审计任务　共完成省、市审计机关下达审计任务58项,提交审计报告52篇。

**【乐平市审计局】**　1998年有干部职工40人,其中大专以上25人,取得审计、财会中级职称以上有7人。

审计工作成果　几年来,共查出各种违纪款6694.5万元,上缴地方财政351.59万元。1997年开展基建审计两年来,查出各种基建违纪款200余万元,上缴财政近40万元。1996年实施“年度岗位目标考核办法”以来,3年中共查出违纪款4831万元,上缴财政235.99万元。

**【浮梁县审计局】**

主要审计成果　几年中,共实施审计项目420余个,查出违纪金额1260.25万元(其中百万元以上重大违纪单位2个),向有关部门移交案件2个,应上缴本级财政185.8万元,已上缴财政

100.2万元，应减少财政补贴占63.61万元，促进增收节支200.42万元。

完成审计任务情况　5年中，连续跟踪实施了吉湖项目、造林项目、森林资源发展与保护、卫VI等外资(贷款)项目的审计；实施了社会保险基金、就业基金审计；连续5年实施减轻农民负担审计调查；接受上级审计机关授权，先后对本县境内金融机构进行了审计；逐步建立、加强基本建设、基础设施项目及工程竣工决算审计；组织力量，全力参与粮食亏损挂账清理审计，公检法财务收支审计；实施了县本级财政预算执行情况及乡(镇)财政决算审计，加大了财政预算执行二级单位财务收支审计；统筹安排了一定比例的重点企、事业单位资产、负债、损益情况审计调查和财务收支审计；连续3年对村级财务执行情况进行了审计调查。

**【萍乡市审计局】**　到1998年底，有人员61人。其中：大学生9人，大专生28人；局长1人，副局长3人。设有办公室、综合科、财贸审计科、行政文教审计科、工交审计科、投资审计科、农林水审计科、机关党总支、监察室、审计事务所等机构。

审计工作成果　共完成审计项目981个，审计单位1059户；完成审计调查26项，调查单位39个；审计金额669483万元。共查出违纪违规金额7639万元。同市纪检、监察、信访等部门配合，查处各种经济案件6起，为社会稳定发挥了作用。上缴市财政1366万元，共提交审计报告187篇。

完成市委、市政府交办任务　共完成交办的工作任务34项，审计清理单位59个。1996年10月，对市粮食系统1983年—1992年政策性亏损挂账实施专项审计，查出经营性亏损挂账726万元，为财政减少补给726万元。

完成上级下达审计任务　共完成审计署、省审计厅下达的审计任务266项，审计单位312个，审计金额314871万元。

内部审计　1994年，共设内部审计机构25个，内审人员46名。到1998年，内部审计机构为33个，内审人员68名。

社会审计　1994年到1998年共接受社会委托项目455项，其中企业年检226项，年检金额360万元；注册资金验证601户，验证资金660万元；基建竣工决算审计214项，核减工程造价16330万元。

受表彰情况　受省审计系统表彰10次(项)，受市委、市政府表彰5次。共有3人次受到省审计系统表彰奖励；2人次受到市委、市政府嘉奖等奖励。

**地址**　萍乡市公园路138号
**电话**　0799—6832431
**邮编**　337055

**【莲花县审计局】**　到1998年底，共有干部职工38人。其中：大专生12人；局长1人，副局长2人。

审计工作成果　共完成审计项目256个，审计单位231户；完成审计调查17项，调查单位168个；审计金额43613万元。共查出违纪违规金额1485万元。同县纪检、监察等部门配合，查处各种经济案件21起，为社会稳定发挥了积极作用。上缴县财政76.3万元，共提交审计报告256篇。

完成县政府交办任务　共完成交办的工作任务94项，审计清理单位328个。共抽调23人次参与全县17户企业清产核资工作，对22人任期经济责任进行了审计，客观评价任期内经济责任。

完成上级下达审计任务　共完成省、市审计机关下达的审计任务127项，审计单位214个，审计金额43613万元。

**【芦溪县审计局】**　到1998年底，有人员18人，其中：大专生14人；局长1人，副局长2人。

审计工作成果　共完成审计项目196个，审计单位183户，共查出违纪违规金额513万元，上缴县财政152万元，共提交审计报告196篇。

完成县政府交办任务　共完成交办的工作任务42项，审计清理单位309个。1997年，对本县重点工程站前路依法审计，审减工程预算金额138万元，查出了重大经济问题，有关人员受到党纪政纪处分，个别人被追究刑事责任；1998年，对全县12个乡镇进行了领导干部任期经济责任审计。

**【新余市审计局】**　到1998年底，共有36人，其中大学生8人，大专生21人；局长1人，副局长3人。设有人秘科、综合科、财政金融审计科、行政事业审计科、工交审计科、商贸审计科、基建审计科等7个职能科和1个纪检组。

审计工作成果综述　共完成审计项目506项，其中上级审计机关下达188项，市委、市政府交办73项，本局安排245项。审计单位660户，完成审计调查51项，调查单位255个，查出违纪违规金额12830万元，上缴财政619万元，提交各种审计报告170篇，为党政领导宏观决策提供了翔实的依据。

完成审计任务情况　共审计预算单位10个，查出违纪违规3532万元，上缴财政76万元；审计金融单位30个，查出违纪违规1299万元，上缴财政122万元；审计基建单位19个，查出违纪违规2166万元，上缴财政62万元；审计企业单位216个，查出违纪违规3763万元，上缴财政161万元；

审计行政事业单位 244 个，查出违纪违规 2064 万元，上缴财政 195 万元。

*内部审计*　1994 年到 1998 年，市直内审机构稳定，人员稳中有升，由 34 人发展到 41 人。

*社会审计*　1994 年，市直社会审计机构 2 个，1995 年合并为 1 个。到 1998 年底，从业人员 12 人。5 年来，共接受委托项目 1617 项，核减基建预决算 1458 万元。1996 年市审计事务所获“全省十强审计事务所”称号。

*受表彰情况*　受审计署系统表彰 3 次，受省审计系统表彰 29 次，受市委、市政府表彰 17 次，共有 11 人次受到省审计系统表彰，4 人次受到市委、市政府表彰。

**地址**　新余市城北东湖南路 2 号
**电话**　0790—6443002
**邮编**　338000　（肖明华）

**【新余市渝水区审计局】**　至 1998 年底，共有干部、职工 14 人。其中：大专生 5 人；局长 1 人，副局长 2 人。

*审计工作成果*　共完成审计项目(单位)610 个，完成审计调查 23 项，查出违纪违规金额 1779 万元，查处“小金库”43 个，上缴财政 102.4 万元。共提交审计报告 86 篇，被上级批转 8 篇。

*完成区政府交办任务*　共完成交办工作任务 223 项，其中离任审计 110 个，信访调查审计 34 个，配合纪检、监察部门查处经济案件 42 起，专项审计调查 16 项，清产核资 14 起，专项审计检查 7 起。

**【分宜县审计局】**　到 1998 年底，共有干部、职工 14 人，其中：大专生 7 人；局长 1 人，副局长 2 人。

*审计工作成果*　共完成审计项目和单位 314 个(项)。完成审计调查 38 项，调查单位 135 个；查出违纪违规金额 2779 万元，已上缴财政 106 万元；共提交审计报告 314 篇。与纪检、监察等部门配合，查处各种经济案件 5 起，为社会稳定发挥了作用。

*完成县政府交办任务*　共完成交办的工作任务 47 项。1998 年对 13 个农村电管站进行了审计，查出“小金库”9 个，违纪违规金额达 110 万元，已上缴财政 30 余万元，维护了国家利益。

*完成上级下达审计任务*　共完成省、市审计机关下达的审计任务 119 项，审计单位 216 个，审计金额 56478 万元。

**【九江市审计局】**　到 1998 年底，共有干部职工 73 人。其中：大学生 10 人，大专生 31 人；局长 1 人，副局长 3 人。设有办公室、综合科、财政金融审计科、行政事业审计科、工交审计科、农林水审计科、商粮贸审计科、固定资产投资审计科、外资运用审计科、审计干部培训中心、审计师事务所、会计师事务所等机构。

*审计工作成果*　共完成审计项目 786 个，审计调查 45 项，调查单位 211 户。共查出了违纪违规金额 9905 万元，上缴财政 967.9 万元。同纪检、监察、公安等部门配合，查处各种经济案件 3 起，提供审计工作报告 140 篇。

*完成领导交办的任务*　共完成市委、市政府等各级领导交办的主要工作任务 18 项。从 1995 年至 1996 年，完成了 5 项基础设施建设的预决算审计，审减预决算金额 5044.3 万元；对 250 多户单位预算外资金进行清理。1997 年参加全市企业改制指导、督促、验收工作，对 25 户国有大中型企业的经济效益考核。1998 年参与了救灾捐赠款物全过程的监督检查。

*完成上级下达的审计任务*　共完成署、省审计机关下达的审计任务 294 项。

*内部审计*　1994 年，共设立内部审计机构 99 个，内审人员 186 名；到 1998 年，内部审计机构有 85 个，内部审计人员 137 名。

*社会审计*　1994 年至 1997 年，共接受社会委托项目 3097 项，其中财务收支审计 34 项，承包离任审计 39 项，验资、年检 1764 项，资产评估 122 项，基建预决算验证 157 项。

*受表彰情况*　受省审计系统表彰 2 次，受市委、市政府表彰 9 次，3 次被评为市扶贫先进集体(部门)。有 3 人次受到省审计系统表彰奖励，6 人次受市委、市政府表彰。

**地址**　九江市十里大道六号
**电话**　(0792)　8222853
**邮编**　332000

**【九江市浔阳区审计局】**　至 1998 年底，共有干部职工 11 人，其中大学本科生 2 人，专科生 6 人；局长 1 人，副局长 2 人。

*审计工作成果*　计划审计项目 207 个，实际完成审计项目 295 个，完成审计调查 13 项，调查单位 44 个；共查出违纪金额 401 万元，上缴区财政 66 万元，共提交审计报告 295 篇。

*完成区政府交办任务*　共完成交办的工作任务 24 项，审计清理单位 51 个。1996 年，配合区财政局对全区预算外资金进行了全面清理。1998 年完成的市容工程决算审计，送审项目达 101 个，送审金额 784 万元，审计认定 671 万元，核减 113 万元。

*完成上级下达审计任务*　共完成省、市审计机关下达的审计任务 271 项。

**【九江市庐山区审计局】**　到 1998 年底，共有 26 人。其中：大学生 1 人，大专生 13 人；局长 1 人，副局长 4 人。

*审计工作成果*　共完成审计项目 255 个，审计单位 364 户；完

成审计调查9项,调查单位50个;审计金额5493万元。共查出违纪违规金额1996万元,上缴区财政139万元。与区纪检、监察、信访等部门配合,查出各种经济案件12起,共提交审计报告63篇。

完成区政府交办的任务　共完成交办的工作任务30项,审计清理单位135个。5年来,连续对救灾钱物进行了跟踪审计,对移民建镇工作负责资金跟踪审计,审计资金4000万元。

完成上级下达的审计任务　共完成省、市审计机关下达的审计任务205项,审计单位314个,审计金额4800万元。

**【驻庐山风景名胜区管理局审计处】**　现有干部、职工27人。其中大学文化1人,大专学历及相当水平6人。

审计工作成果　共完成审计项目(单位)196个,查出违纪违规金额338.5万元,完成调查审计及专项审计报告10篇。

**【瑞昌市审计局】**　到1998年底,有干部职工23人。其中:大学生10人;局长1人,副局长3人。

审计工作成果　共完成审计项目505个,查出违纪违规金额2447万元,其中应上缴财政582万元,已上缴525万元,促进增收节支金额84万元,对责任单位和人员处以罚款122497元;共向市政府和上级主管部门提供综合报告和审计调查报告63篇;配合市委、市政府搞好财务、物价、税收三大检查工作,自1994年以来,共对208个单位进行了检查,查出违纪金额96万元,应上缴违纪金额96万元。移送贪污贿赂案12起,移交司法机关处理8人。

完成市政府交办任务　共完成市委、市政府交办的工作任务45项。

完成上级下达审计任务　共完成省、市审计机关下达的审计任务167项,审计单位296个,查出违纪违规金额2447万元。

**【九江县审计局】**　到1998年底,有干部职工26人。其中:大专生10人;局长1人,副局长2人。

审计工作成果　共完成审计项目447个,审计单位399户;完成审计调查17项,调查单位40个;审计金额283569万元。共查出违纪违规金额2554万元,上缴县财政381万元。共提交审计报告58篇。

完成县政府交办任务　共完成交办的工作任务23项,审计清理单位41个。

完成上级下达的审计任务　共完成省、市审计机关下达的审计任务276项,审计单位385个,审计金额214376万元。

**【星子县审计局】**　到1998年底人员为11人。其中:大学生1人,大专生4人;局长1人,副局长2人。

审计工作成果　共完成审计项目291个,审计单位291户;完成审计调查24项,调查单位60个;审计金额39483万元。共查出违纪违规金额1883万元,上缴县财政191万元。共提交审计报告46篇。

完成县政府交办任务　共完成交办的工作任务20项,审计涉及单位165个。1996年11月对全县25家部门办公司情况进行了审计调查。

完成上级下达审计任务　共完成省、市审计机关下达的审计任务214项,审计单位214个,审计金额28291万元。

**【武宁县审计局】**　到1998年底,人员已发展23人。其中:大专生18人;局长1人,副局长3人。

审计工作成果　共完成审计项目152个,审计单位278户,完成审计调查29项,调查单位82个,审计金额29496万元,共查出违纪金额1463万元,同县纪委、检察、信访部门配合,查处多种经济案件11起,上缴县财政243万元,共提交审计报告42篇。

完成县政府交办任务　共完成交办的工作任务42项。审计清理单位281人。

完成上级下达审计任务　共完成省、市审计机关下达的审计任务45项,审计单位267个,审计金额29496万元。

**【彭泽县审计局】**　到1998年底,共有干部职工17人。其中:大专生2人;局长1人,副局长3人。

审计工作成果　共完成审计项目318个,审计单位415户;完成审计调查13项,调查单位13个;审计金额7763.672万元。共查出违纪违规金额3720万元,上缴县财政486.53万元。同县纪委、监察、信访等部门配合,查处各种经济案件6起,共提交审计报告428篇。

完成县政府交办任务　共完成交办的工作任务119项。截止1998年底,共完成工程决算审计项目15个,审计金额9,416,859万元,审减金额9,211,953万元。

完成上级下达审计任务　共完成省、市审计机关下达的审计任务318项,审计单位415个,审计金额7763.672万元。

**【永修县审计局】**　到1998年底有干部职工18人。其中:大专生5人;局长1人,副局长3人。

审计工作成果　共完成审计项目431个。其中:完成审计调查22项,调查单位79个,提交审计调查报告22篇。共查出违纪违规金额3109万元,应上缴县财政241万元,已上缴241万元。

完成县政府交办任务　共完成交办的工作任务38项。其中厂长(经理)离任经济责任审计 14 个,乡镇领导干部任期经济责任审计 8 个。1998 年 9 月,配合有关部门对各乡镇洪涝损失进行调查核实,为救灾工作提供了第一手资料。

完成上级下达审计任务　共完成省、市审计机关下达的审计任务 293 项。

**【修水县审计局】**　1998 年有 21 人,其中大学生 2 人,大专生 7 人;具有注册会计、审计师职称人员 12 人;局长 1 人,副局长 3 人。

审计工作成果　5 年共完成审计项目 392 个,审计单位 396 户,完成审计调查 18 项,调查单位 68 个,审计金额 349500 万元,共查出违纪违规金额 5581 万元,上缴县财政 440.8 万元。会同或移交纪检、监察等部门查处各种经济案件 8 起。

完成县委、县政府交办的任务　5 年间完成交办的任务 76 项,审计单位 105 个。1996 年,参与县里组织的预算外资金三大检查和会计秩序整顿工作,完成预算外资金清理 18 户,重点三大检查单位 15 户,会计秩序重点整顿单位 12 户。1998 年,对何市、上奉、黄沙等 11 个重点受灾乡镇救灾款物进行了跟踪审计。

**【湖口县审计局】**　到 1998 年底,有人员 26 人。其中:大专学历 8 人;局长 1 人,副局长 2 人。

审计工作成果　共完成审计项目 338 个,审计单位 346 个;完成审计调查 8 项,涉及单位 36 个;共查出违纪违规金额 1709 万元,上缴财政 103 万元;同县纪检、监察等部门配合,查处各种经济案件 19 起,为社会稳定和促进廉政建设发挥了积极作用;共提交审计报告 341 篇。

完成县政府交办任务　共完成交办的工作任务 13 项,审计清理单位 34 个。1996 年,完成了全县 18 个乡(镇、场)的财务清理工作,纠正和查处了一批财务运作中的违纪违规行为。

完成上级下达审计任务　共完成上级审计机关下达的审计项目 36 个,审计单位 47 个。

**【德安县审计局】**　到 1998 年底,在职在编人员 19 人。其中:大专生 15 人;局长 1 人,副局长 2 人。

审计工作成果　共完成审计项目 51 项,审计单位 358 户;完成审计调查 14 项,调查单位 36 个。共提交审计报告 56 篇。查出违纪违规金额 328.4 万元,上缴财政 106 万元。

完成县政府交办的任务　共完成交办的工作任务 6 大项,审计单位 44 个。1995 年,对县二水厂基建决算审计中,核减工程决算造价 69.1 万元,占决算报价的 16.3%,维护了国家利益。1997 年对全县 33 个有预算外收入的单位进行了预算外资金清理,共清理资金 169 万元。

完成上级下达的审计任务　共完成省、市审计机关下达的审计任务 38 项,审计单位 299 个。查处违纪违规金额 328.4 万元。

**【都昌县审计局】**　到 1998 年底,有干部职工 19 人。其中:大学生 1 人,大专生 9 人;具有会计师、审计师职称资格的 7 人;局长 1 人,副局长 4 人。

审计工作成果　共审计 338 个单位,查出违纪违规金额 3,433 万元,为财政增收 156 万元,追还被侵占挪用资金 95 万元,查出贪污、私分公款等经济案件 4 起,提交审计情况报告 84 篇。

**【鹰潭市审计局】**　到 1998 年底,有干部职工 24 人,其中具有大专以上学历 19 人;获中级技术职称 14 人;局长 1 人,副局长 4 人。局机关设有秘书科、综合法制科、固定资产投资审计科、企业审计科、财政金融审计科、行政文教审计科、监察室等机构。

审计工作成果　共完成审计项目 291 个,查出违规金额 16,391 万元,上缴市财政 312 万元,应归还原渠道资金 214 万元,促进增收节支 65 万元,提交审计工作报告及信息 120 篇。

内部审计　市直各部门(单位)共设立内部审计机构 23 个,专职内部审计人员 39 人。

社会审计　几年来,市审计师事务所接受社会委托审计项目 1283 项,其中:注册资金验证 500 户,委托审计 658 项,咨询服务 21 项,经济案件鉴定 2 项,基建竣工决算审计 27 项,资产评估 75 项。

受表彰情况　受省审计系统表彰 12 次。有 2 人次受省审计系统表彰或奖励;12 人次受市政府表彰或奖励。

**地址**　鹰潭市审计局
**电话**　0701—7441229
**邮编**　335001

**【鹰潭市月湖区审计局】**　1998 年底共有干部 8 人,其中:大专生 6 人;局长 1 人,副局长 2 人。

审计工作成果　共完成审计项目(单位)156 个,审计调查 10 项,党政领导临时交办事项 23 项;共查出违纪违规金额 465 万元,上缴区财政 41 万元,应减少财政拨款 6 万元,应增加财政收入 30 万元,应归还挤占挪用专项资金 3 万元;共提交审计工作报告 10 篇。

完成审计任务情况　共完成审计调查 10 项,审计调查单位 93 个。

**【贵溪市审计局】**　1998 年底,有干部职工 16 人。其中大学生 1 人;大专生 9 人;获中级技术职称的 6 人;局长 1 人,副局长 2 人。

审计工作成果　共完成审计项目 279 个,审计单位 387 户。查出违纪违规金额 764 万元,上缴财政197万元。提交审计工作报告及信息101篇。

完成上级下达的审计任务　共完成省、市审计机关下达的审计任务135项，审计单位230个。查出违纪违规金额653万元，上缴财政135万元。

完成单位选审项目任务　共完成单位选定报市政府批转的审计项目81个，审计项目单位94个。查出违纪违规金额107万元，上缴财政62万元。

完成市政府交办任务　共完成交办的审计工作任务73项。

**【余江县审计局】**　至1998年底，有人员16人。其中，大学生1人，大专生7人，具有中级职称5人；局长1人，副局长2人。

审计工作成果　共完成审计项目363个，审计单位347户，完成审计调查41起，调查单位81个，审计金额2300万元，查出违纪违规金额640万元，上缴县财政31万元，共提交审计报告24篇。

完成县政府交办任务　共完成交办的工作任务33项。

完成上级下达审计任务　共完成省、市审计机关下达的审计任务44项，审计单位69个，审计金额610万元。

**【赣州市审计局】**　到1998年底，共有干部职工58人。其中：大学生5人，大专生26人；局长1人，副局长3人。设有办公室、综合科、财政金融审计科、行政事业审计科、商贸审计科、工交审计科、投资审计科、农林水审计科、外资审计科、审计管理科、审计干部培训班、审计师事务所等机构。

审计工作成果　共完成审计单位1034户；查出违纪违规金额21378万元，应缴财政金额2042万元，已缴市财政2083万元；被政府批转(转发)审计综合报告47篇。

完成市委、市政府交办任务　共完成交办的县级干部离任经济责任审计项目11项。

内部审计　1994年共设立内部审计机构34个，内审人员69名。到1998年，内部审计机构为43个，内审人员80名。

社会审计　共接受社会委托项目3672项，其中企业年检200项，注册资金验证3234户；完成基建预决算审计238项，送审造价47326.31万元，核减工程预决算金额4434.76万元，核减率达9.37%。

受表彰情况　受省委表彰2次、省审计系统表彰2次，受市委、市政府表彰8次。有2人次受省委表彰奖励，1人次受审计署表彰奖励，2次受省审计系统表彰奖励，2人次受市委、市政府表彰奖励。

**地址**　赣州市西郊路133号

**电话**　0797—8224631

**邮编**　341000　　(钟庆椿)

**【瑞金市审计局】**　到1998年底，共有人员24人。其中有大专学历10人；局长1人，副局长3人。

审计工作成果　共完成审计项目176个，审计单位462户，完成审计调查32项，调查单位294个，审计金额67231万元。其中查出违纪违规金额2946万元，处理违纪金额1726万元，上缴市财政561万元。查处各种经济案件14起，移送纪检、监察处理6起，移送司法机关处理4起，为社会稳定发挥了作用。共提交审计报告196篇。

完成市委、市政府交办任务　共完成交办的审计工作39项，审计单位148个。1994年，针对乡企多年来投入效果差、发展缓慢的现状，开展了乡镇企业投入情况的审计调查，审计结果引起党政领导的高度重视。1998年11月，为配合乡镇换届，完成了19个乡镇主要领导的任职审计。

完成上级下达审计任务　共完成省、地审计部门下达的审计任务116项，审计单位217个，审计金额34265万元。

**【南康市审计局】**　至1998年底，人员有32人。其中：大学生4人，大专生6人；注册会计师3名，会计(审计)师7名；局长1人，副局长3人。设有办公室、财政金融审计科、行政文教审计科、工商贸审计科、农林水外资审计科、固定资产投资审计科、审计事务所等机构。

审计工作成果　共完成审计项目580个；查出违纪违规金额11830.46万元，上缴财政426.9万元；查处各种账外账、“小金库”25个，与市纪检、监察等部门配合，查处各种经济案件14起，向市委、市政府提交审计报告132份。

完成市委、市政府交办任务　共完成交办的工作任务89项，审计调查13项。

完成上级下达审计任务　共完成省、市审计机关下达的审计任务256项，审计及审计调查单位289个，审计金额8867.42万元。

**【石城县审计局】**　到1998年末，共有干部职工25人。其中：大学生1人，大专生14人。

审计工作成果　共完成审计项目(即审计单位)472个，完成审计调查99项，调查单位235个；审计资金总额52750万元。查出违纪违规金额827万元，上缴财政206.9万元，追还侵占挪用专项资金216万元，促进增收节支263.3万元，配合纪检、监察部门查处各种经济案件3起，提交反映宏观经济情况报告99篇，被批转、批示26篇。

完成县委、县政府交办任务

共完成交办的工作任务47项。1996年初，对县政府驻厦办财务进行了专项清理；1997年，对全县15个乡镇50多个烟草收购店烟叶购销价格及烟叶购调运情况进行了专项调查。1998年12月，对高田镇10个行政村财务专项清理，依法责令退回多收农户款5.9万元。

完成上级下达审计任务 共完成省、市审计机关下达的审计任务312项，审计单位312个，审计金额76160万元。

**【安远县审计局】** 到1998年底，有干部职工19人。其中：大专生3人；局长1人，副局长2人。

审计工作成果 共完成审计项目205个，审计单位1084户；完成审计调查26项，调查单位279个；查出违纪违规金额1134.9万元，上缴财政335.6万元，查处各种经济案件13起，提交审计报告和信息94篇。

完成县政府交办任务 共完成交办的各项工作任务45项，审计单位413个。1996年初，根据县领导的指示，对某乡两村农民负担和农村“三乱”情况进行了审计，走访农户近百家，查实了两村1995年擅自加码额外向村民收取集资建校粮折价款4.5万元，超过了《农民负担管理条例》5%的限额比例。1997年又对中小学校收费和民师工资管理、使用情况进行了专项审计。

完成上级下达的审计任务 共完成上级审计机关下达的审计任务134项，审计单位392个。

**【赣县审计局】** 到1998年底，人员为34人。其中：大学生3人，大专生15人；审计师2人，会计师5人，注册会计师8人，经济师1人；局长1人，副局长4人。

审计工作成果 共完成审计项目504个，审计单位745个。查出应缴财政违纪金额287万元，已入库259万元。提交审计报告、意见176篇，被批转采用16篇。

完成上级下达审计任务 完成省、地审计机关下达的审计任务295项，审计单位387个。1996年的养老、失业保险“两项基金”审计被省审计厅评为优胜单位。

完成县政府交办任务 完成交办的工作任务158项，审计清理单位293个。

**【宁都县审计局】** 至1998年底，共有干部职工22人，其中：大学生1人，大专15人；审计(会计)师8人；局长1人，副局长2人。

审计工作成果 共完成审计单位618个，查出各种违纪金额2050万元；查处经济案件7起；上缴县财政485万元；提交审计报告104篇，被批转、采用或领导批示35篇。

1994—1998年，每年对全县1/3的乡镇财政进行审计，并对这些乡镇的所属所站同时进行审计。1997年，对县城建设办和拆迁办成立以来吃喝耗资及违规发放钱物且开发经营效益不佳、亏损严重的情况向县委、县政府提交专题报告，得到县领导的好评。5年中共对215个基建项目进行了决算审计，共核减工程造价1012万元。1998年，对县重点项目——水口塔(古建筑)维修工程进行审计，该工程原结算造价187万元，审计后确定工程造价109万元，核减78万元，为国家挽回巨额经济损失。

**【寻乌县审计局】** 到1998年底，人员有21人，其中：大学生3人，大专生12人；局长1人，副局长1人。

审计工作成果 共完成审计单位(项目)599个，查出违纪金额1241万元，其中：应缴79万元，已缴财政金额77.15万元。向司法机关移送经济案件2起。提交综合报告、调查报告、信息共122篇，其中被批转或上级审计机关刊登29篇。

完成县委、县政府交办任务 共完成交办的工作任务82项。1996年，对10个撤并单位的财务收支进行了审计。1995年，对电气化办公室斗晏集资款专项资金进行了审计。1998年，进行了10个单位领导离任审计，19个乡(镇)党委书记、乡(镇)长任期内经济责任审计。

**【兴国县审计局】** 至1998年，有干部、职工19人。其中：大学生2人，大专生7人；具有中级以上职称人员8人；局长1人，副局长3人。

审计工作成果 共审计单位699个，完成审计调查31项，调查单位106个，提交审计调查报告33篇。查出违纪违规金额2029万元，上缴财政金额328万元，追还侵占挪用资金69万元，促进增收节支60万元。罚款金额75万元，提交审计综合报告、信息、论文299篇，被采用47篇。

完成县政府交办任务 共完成交办任务13项，审计单位114个。1998年，对全县44个单位的主要领导任期内经济责任进行了审计，查出违纪金额264万元，应缴财政金额62万元，应归还原资金渠道136万元。

完成上级下达审计任务 1994年至1998年，共完成省市审计机关下达审计任务277项。

**【定南县审计局】** 到1998年底，共有人员12人。其中：大专学历6人；局长1人，副局长2人。

审计工作成果 共完成审计项目119个，其中审计调查21项，审计单位477个，查出违纪违规金额1905万元，上缴财政169.2万元，追还侵占挪用资金275万元，移送检察院立案查处4起，提交审计综合报告107篇。

完成上级下达审计任务　共完成省、市审计机关下达的审计任务88项，其中调查审计10项，审计单位293个，审计金额117081万元。

完成县政府交办的审计任务　共完成交办的审计任务31项，审计单位184个，其中厂长(经理)离任审计12个，领导干部任期经济责任审计64个，财务收支审计78个，审计调查11个，基建审计6个，配合县财政、纪检等部门清理检查13个，为县委、县政府的宏观决策提供了依据。

**【上犹县审计局】**　到1998年底，有干部、职工23人。其中：大专生8人；局长1人，副局长2人。

审计工作成果　共完成审计单位460户；查出违纪违规金额1868万元；上缴县财政148万元；提交审计报告141篇。

完成县政府交办任务　连续5年开展了对全县企业承包经济责任的审计，1997年是县属企业全面转换经营机制的一年，为了搞好企业改革，根据县委、县政府的要求，审计局在有关部门的配合下，对县内46家企业开展资产评估，在评估中坚持原则，实事求是，帮助企业摸清了家底。

**【于都县审计局】**　到1998年底，人员有40人。其中：大学生1人，大专生10人；局长1人，副局长5人。

审计工作成果　共完成审计项目119个，审计单位597户；完成审计调查18项，调查单位85个；审计金额1673万元。共查出违纪违规金额1947万元，上缴县财政646万元，共提交审计报告144篇。

完成县政府交办任务　共完成交办的工作任务20项。基建审计工作截止1998年底，共完成工程决算审计项目125个，审计金额5456万元，审减金额620万元。对于都长征大桥的审计，在原包干造价基础上，反复调查取证，核减造价52余万元，得到了县领导的高度评价。

完成上级下达审计任务　共完成省、市审计机关下达的审计任务8项，审计单位418个，审计金额1298万元。

**【龙南县审计局】**　到1998年底，人员有22人。其中：大专学历10人；获得审计师或注册会计师资格的9人；局长1人，副局长2人。

审计工作成果　共完成审计项目331个，查出违纪金额661.7万元。移送纪检、监察、检察机关查处的各种经济案件8起，向上级审计机关和当地党政机关提供审计报告、信息212篇。

**【崇义县审计局】**　到1998年，共有人员19人。其中大专生8人；局长1人，副局长2人；审计师2人、会计师2人、注册审计(会计)师3人。

审计工作成果　共完成审计项目367个，审计单位535户；完成审计调查29项，调查单位156个；共查出违纪违规金额1952万元，上缴财政资金287万元，提交审计报告59篇。

完成县委、县政府交办任务　共完成交办的审计工作任务105项，审计涉及的单位490个。1995年5月，派出审计组对县农经委前5年的农业专项资金收支情况进行了就地审计，审计资金1165万元，查出违纪金额24万元。根据县领导的交办，开展了对乡镇、县直部门主要领导干部年度或离任经济责任审计工作。

完成上级下达任务　共完成省、市审计机关下达的审计任务319项，审计单位416个。

**【信丰县审计局】**　到1998年底，人员共有19人，其中：大专生14人(含省内承认的函授生8人)；局长1人，副局长2人。

审计工作成果　共完成审计项目(单位)767个；完成审计调查26项，调查单位162个；审计金额36238万元，查出违纪违规金额8976万元，收缴县财政658万元，为其他部门、单位增收或减少损失931万元；查出万元以上经济案件41起，涉嫌金额451万元，其中：移送纪检、监察和税务等主管部门处理的32起，金额151万元；移送司法机关查处的贪污侵占公款案件9起13人，金额307万元；提交审计报告201篇。

完成县政府交办或自选项目　共完成交办或自选项目(单位)489个。1994年至1998年，抵制或查处“三乱”行为262起，金额453万元。仅对金融部门审计，就为林业、供销系统追回银行多收的贷款利息140万元。1997年初，通过开展药品采购渠道审计调查，揭示出县医药市场存在的药品“回扣”等诸多问题。

完成上级下达审计任务　共完成上级审计机关下达的指令性审计任务132项，审计单位278个，审计金额23786万元。

**【全南县审计局】**　到1998年底，共有干部职工19人。其中大学生1人，大专生12人；局长1人，副局长2人。

审计工作成果　共完成审计项目105个，审计单位318户；完成审计调查5项，调查单位21个；审计金额29873万元。查出违纪违规金额984万元，上缴县财政340万元。查处经济案件2起，为社会稳定发挥了作用。共提交审计报告58篇。

完成县政府交办任务　共完成交办的工作任务15项，审计清理单位114个。截止1998年底，共完成工程决算审计项目7个，审计金额1023万元，审减金额102万元。1998年，对全县52个科级领导干部实施了离任审计，查出违纪违规金额86万元，实事求是地进行了处理，已上缴财政59万元，罚款1.2万元。

完成上级下达审计任务　共完成省、地审计机关下达的审计任务80项，审计单位223人，审计金额29873万元。

**【大余县审计局】**　到1998年，共有干部、职工18人，其中：大专生11人；获中级职称6人；局长1人，副局长2人。

审计工作成果　共完成审计项目和单位422个，查出违纪违规金额2824万元，应上缴财政259万元，提交审计工作报告、信息221篇，被批示、采用62篇，移送检察机关处理贪污案件2起。

完成上级下达审计任务　省、地审计机关下达的审计任务272项，实际审计项目和单位422个，占计划任务的155%。

完成县委、县政府交办任务　共完成交办的工作任务36个。在开展对领导干部经济责任离任审计中，查出私设“小金库”4个，涉及金额278万元，应上缴财政金额48万元。

遵照县人大的要求，对全县1995年至1997年农村教育事业费附加进行了审计调查，重点揭示了农村教育事业费附加大部分被乡镇截留挪用的普遍问题，提交的审计报告引起了县有关领导的重视。

**【会昌县审计局】**　到1998年底，共有干部职工19人。其中：本科学历2人，大专学历11人；具有审计师、会计师等中级专业技术职称资格的7人；局长1人，副局长3人。

审计工作成果　共审计444个单位，查出违纪违规金额1428万元，应上缴财政金额253万元，已上缴财政金额224万元；查出“小金库”20个，金额180万元；提交审计报告105篇。

完成县政府交办任务　共完成交办的工作任务44项。截止1998年底共完成工程决算审计项目98个，审计金额5160万元，核减工程造价433万元。

完成上级下达审计任务　共完成省、市审计机关审计任务330个(项)。

**【上饶地区审计局】**　到1998年底，共有人员35人，其中大学生10人；审计师9人，会计师4人；局长1人，副局长3人。下设机构有：人事秘书科、综合科、财政金融审计科、行政事业文化审计科、商粮贸审计科、工交企业审计科、固定资产投资审计科、审计师事务所、审计干部培训中心。

审计工作成果　共完成审计项目716个，查出违纪违规资金21173万元，应上缴财政2680万元，已上缴2416万元。协同纪检、监察等部门查处经济案件12起。提交审计报告、信息、科研论文256篇。

完成行署领导交办任务　共完成地委、行署交办的工作任务184项。1996年，对全区50户工交、商业企业的亏损情况进行了审计调查。

内部审计　1994年，地区地直机关设立内部审计32个，内审人员61人。到1998年，内部审计机构为45个，内审人员93名。

社会审计　共完成委托项目972项，其中财务收支审计294项，年检416项，基建预决算验证86项，经济案件鉴定3项，其他174项，核减基建预算金额1305万元，核减虚报注册资金384万元。

受表彰情况　受审计系统表彰8次，其中国家审计署表彰1次；受省政府表彰2次，受地委、行署表彰6次。受审计系统表彰奖励6人次，其中国家审计署表彰奖励1人次；受地委、行署表彰奖励2人次。

**地址**　上饶市中山路中山楼
**电话**　8224441
**邮编**　334000

**【上饶市审计局】**　到1998年底，有干部、职工21人，其中大专学历11人；工程师1人，审计师10人，会计师1人；局长1人，副局长3人。设有综合科、行政事业审计科、企业科、审计事务所等机构。

审计工作成果　共完成审计项目517个，审计单位508户；完成审计调查10项，调查审计单位88个，审计金额67500万元。共查出违纪违规金额2223万元，上缴市财政603万元。同市纪检委、监察、公安等部门配合，查处各种经济案件5起，为社会稳定发挥了作用。共提交审计报告517篇。

完成市政府交办任务　共完成交办的工作任务30项，审计清理单位298个。1996年，为配合全市企业改制，参与并负责上饶市工商企业清产核资小组。1996年上饶市华胜液化气公司法人经营4年亏损578.15万元，丢下989万元债务外逃，上饶市审计局受命对其进行了专项审计，明确了债权债务，追查了哈尔滨所欠的资金10万元，查出了私分公款和受贿有关人员。其中受贿金额10万元2名、5000元以下20余名，已受到有关部门的立案查处。

完成上级下达审计任务　共完成省、地审计机关下达的审计任务472项，审计单位510个，审计金额67500万元。

**【德兴市审计局】**　至1998年底，人员为14人。其中：大学专科11人；会计师2人，审计师5人，税务师1人；局长1人，副局长2人。

审计工作成果　共完成审计项目448人，查出违纪违规资金

2366.1万元，其中上缴财政618万元，查出移交经济案件4起，协同纪检、监察等部门查处经济案件19起，提交审计工作报告、信息、科研文章362篇。

完成审计任务情况　共完成上级部门交办的各项工作任务398项，特别是1998年参加全国统一布置的粮挂审计，按质按量完成了审计任务，受到了上级审计机关领导的称赞。

**【上饶县审计局】**　到1998年底，人员为18人。其中大专生5人；局长1人，副局长3人。

审计工作成果　共完成审计项目585个，审计单位603户；完成审计调查项目20个，调查单位160个；提供综合报告20篇。5年共查出违纪违规金额2221万元，应上缴579万元，已上缴财政466.5万元。与纪检、监察部门配合，查处各种经济案件3起。

完成县政府交办任务　共完成交办的工作任务81项，审计单位85个。1997年，按照县政府的统一部署，积极配合全县预算外资金和“三大”检查，派出业务骨干12人，检查单位29个，查出违纪金额198万元，应上缴17.8万元，已上缴财政金额17万元，入库率达95%。

完成上级下达审计任务　共完成省、地审计机关下达的审计任务504项，审计单位518户。1998年6月，在参加全国粮食清查审计中，查出不合理占用农发行贷款1867万元，核减新增财务挂账806万元，挖出了全省四大案件之一的“190万公斤虚假储备粮案”，查出了“金鸡山国家粮食储备库损失123万元”的严重违纪问题。

**【广丰县审计局】**　到1998年底，共有18人，其中：局长1名，副局长3名；大专生13人。

审计成果　共完成审计项目472个；完成审计调查32项，调查单位112个；审计金额135432万元，查出违纪违规金额1086万元，配合县经贸委、工商局、计生委等单位各种清理27起，配合纪检、监察部门查处案件2起；上缴县财政各种违纪金额313万元；共提交了审计报告、信息117篇，被采用54篇。

完成县委、县政府交办任务　共完成交办的工作任务51项，查出“小金库”5个。如对县交警队的审计中，查出了该单位自制罚没款收据，将收缴的罚没款建账外账，设立“小金库”，数额达170余万元，同时将公款85万元用于私分。提出36条建议，提交审计报告19篇，被县政府批转12篇。

**【波阳县审计局】**　到1998年底，人员共有33人。其中：大学生2人，大专生14人；局长1人，副局长3人。

审计工作成果　共完成审计项目219个，审计单位771个；完成审计调查20项，调查单位105个；审计金额165988万元，查出违纪违规金额2513万元，上缴县财政639万元。共提交审计报告219篇。

完成县政府交办任务　共完成交办的工作任务50项，审计清理单位282个。1995年对全县乡(镇)财务收支情况进行调查，揭露出乡(镇)财务管理上的问题。1998年配合全县农村电价整顿开展专项审计，涉及19家电管站，查出违纪资金360万元。

完成上级下达审计任务　共完成省、地审计机关下达的审计任务145项，审计单位356个，审计金额142115万元。1995年，根据省厅部署对赣东北供电局波阳分局电力“两金”审计调查，查出转移“两金”35万元，揭露出核算中的重大差错，省厅对此很满意。1997年5月再次对该单位电力“三金”进行专项审计，查出违规开具增值税发票致使国家税收流失90万元，审计收缴入库57万元。

**【婺源县审计局】**　到1998年底，人员共有21人。其中：大专生12人；局长1人，副局长2人。

审计工作成果　共完成审计项目625个；完成审计调查53项，调查单位280个；共查出违纪违规金额2448万元。完成群众信访审计13件，查出“小金库”37万元、贪污案2起，移送司法机关处理5人；查出国有资产流失617万元；上缴财政589万元；促进增收节支685万元，追还挤占挪用资金333万元，提交审计报告88篇。

完成县政府交办任务　共完成交办的重要工作任务25项，审计清理单位158个。1994年，对国有土地有偿使用情况和教育费附加资金的增收情况进行了审计，重点审计了34个单位，共查出违纪资金30万元，全额上缴财政。1995年，完成对22个单位的茶改费审计和8个乡河道管理费审计，同时完成2个乡的公路修复资金使用情况调查和5个群众举报项目，配合三检办、财政局完成全县行政事业单位预算外资金和罚没款的审计，共查出违纪资金76万元，全额上缴财政。1997年至1998年，完成了对30个县局、乡(镇)、场主要领导的离任审计，查处一起贪污2万元的经济案件移交司法机关。1998年，对5所中小学年度财务收支和春季学期的收费情况进行了审计调查，查出违纪资金21万元。

完成上级下达的审计任务　共完成省、地审计机关下达的审计任务575项，审计单位905个，查出违纪资金2315万元，上缴财政538万元。

**【铅山县审计局】**　到1998年

底,共有18人,其中:大学生1人,大专生12人;有中级职称人员7人;局长1人,副局长2人。

审计工作成果　共完成审计项目616个,查出违纪违规资金639万元,应上缴财政479万元,已上缴434万元。同纪检、监察等部门配合,查处各种经济案件5起。共提交审计专题报告、信息84篇。

【横峰县审计局】　到1998年底,人员有29人。其中:大专生7人;局长1人,副局长2人。

审计工作成果　共完成审计项目526个,查出违纪违规金额784万元,上缴县财政201万元。共提交审计工作报告、信息212篇,被批示、采用29篇。

完成县政府交办的任务　共完成交办的工作任务65项。1996年,就减轻农民负担进行了专项审计调查。1997年,重点完成了财政同级审计,采取了顺查、倒查和向其他预算单位延伸审计相结合的办法,查出了县财政本级超预算拨款8.3万元,地税部门多提代扣、代缴、代征手续费退库4.7万元。

完成上级下达审计任务　共完成省、地审计机关下达的审计任务35项。1996年,对本县2户工业企业(县酒厂、县机械厂)、1户商业企业(县副食品公司)、1户物资企业(县金属回收公司)的亏损情况进行了调查审计。1998年,到婺源进行了粮食系统新增财务挂账交叉审计。

【弋阳县审计局】　到1998年底,共有人员22人。其中:大专生12人;局长1人,副局长2人。

审计工作成果　共完成审计项目528个(审计调查46项);查出违纪违规资金995万元,审计决定收缴573万元,实际已经入库544万元;共提交审计报告81篇,其中40篇受到当地政府和上级机关重视或被批转采纳。

完成当地党政领导交办的任务　共完成交办的工作任务62项,审计清理单位上百家,提出了一些好的意见和建议,督促采取积极有效措施,强化内部管理,拓宽经营渠道,促进了企业扭亏增效。1998年对11个乡镇、12个县直一级单位领导离任就地实施了经济责任审计。

完成上级下达审计任务　共完成省、地审计部门下达的审计任务17项。1996年,对邮电附加费10年以来收取、上缴、管理、使用情况进行了专项审计;对弋县公、检、法财务收支实施专项审计。1998年,对弋县农发行贷款、粮食财务挂账实施审计。

【玉山县审计局】　到1998年底,人员共有19人,其中:大专生4人;局长1人,副局长3人。

审计成果　共完成审计项目725个审计调查23个,调查单位169个,查出违纪违规金额3757万元,上缴财政金额633万元,同县纪检、监察、信访等部门配合,查处各种案件10起,为社会稳定发挥了作用。共提交审计报告244篇。

完成县政府交办任务　共完成交办的工作任务25项。其中:1994年对县糖厂厂长离任审计,查出"小金库"4个,金额211.46万元,为企业挽回了损失。截止1998年底,共完成工程决算审计项目144个,审计金额8006万元,核减金额270万元。1999年,在对玉山县宾馆新大楼审计工作中,工程决算核减金额45.78万元。

【万年县审计局】　到1998年底,人员共有17人。其中:大专生5人;局长1人,副局长1人。

审计工作成果　共完成审计项目728个,查出违规金额2056万元,上缴财政663万元;完成审计调查20项,调查单位53个;提交审计工作报告728篇。

完成县政府交办任务　共完成交办的工作任务达56项,其中离任审计项目42项。

完成上级下达审计任务　共完成省、地审计机关下达的审计任务25项,审计单位62个。

【宜春地区审计局】　到1998年底,共有干部职工353人。其中大学生21人,大专生129人;局长1人,副局长3人,纪检组长1人。设有秘书科、综合科、财政金融审计科、行政事业审计科、商贸审计科、工交审计科、固定资产投资审计科、农林水审计科、审计事务所等机构。

审计工作成果　共完成审计单位8596个;完成审计调查354项,调查调查单位1568个。共查出违纪违规金额41676万元,上缴财政3875万元。同纪检、监察、信访等部门配合,查处各种经济案件11起,为社会稳定发挥了作用。共提交审计报告2725篇。

完成行署、县(市)政府交办任务　共完成交办的工作任务666项,审计单位1821个。1996年组织全区审计机关对30个乡镇上年度的农民负担情况开展了一次专项审计调查,并延伸审计了政府办、财政所、民政所、派出所、经管、土地、计生等单位。1997年,根据行署安排,抽调30多人,对地区外贸局下属公司进行了经济责任审计。

完成上级下达任务　共完成省审计厅下达的审计任务131项,审计单位1704个。

内部审计　全区1994年共设立内部审计机构507个,内审人员1303人。到1998年,因机构改革使内部审计机构减为403个,内审人员845人。

社会审计　1994年到1998年,共接受社会委托项目23529

项。其中验资年检17157项，核减基建预决算金额7532万元，核减虚假注册资金22677万元。

受表彰情况　全区审计机关共受审计署表彰8次、1人次，受省审计系统表彰43次，受地区审计系统表彰41次，受县委、县政府表彰107次，受地委、行署表彰24次。共有23人次受到省审计系统表彰奖励；57人次受到地区审计系统表彰奖励；236人次受县委、县政府表彰。丰城、万载审计局为省级文明单位，全区11个地、县(市)审计局有10个被命名为1996—1997年度地级文明单位，1个为县级文明单位。

**【宜春市审计局】**　至1998年底，在册人员31人。其中：大学本科生6人，大专生13人；局长1人，副局长3人。

审计工作成果　共完成审计项目1382个，查出违纪违规金额5420万元，应缴财政金额420万元，已缴383万元；查出各种经济案件17件，移交司法、纪检、监察机关处理17件；查出私设"小金库"39个；开展基建工程预决算审计共120项，审计金额15449万元，核减金额1227万元。提交专题报告167篇，被领导批示、批转39篇。

**【丰城市审计局】**　到1998年底，共有干部职工31人。其中大专生12人；已获注册会计师资格1人，审计师资格6人，会计师资格2人。

审计工作成果　共完成审计项目774个，完成审计调查166项，调查单位385个，审计金额46481万元，查出违纪资金2855.7万元，已上缴财政649.8万元，促进增收节支2117万元，提交审计报告192篇，向被审单位提出改进意见和建议1815条，同市检察、纪检、监察等部门配合，查处并移送司法机关各类经济案件28起。

完成市政府交办任务　共完成交办的工作任务128项。1997年，通过对全市房改资金专项审计，发现房产局将1993年应上缴财政的直管公房出售收入162.38万元，全部用于兴建房产大厦。1997年对60家工商企业单位经济效益进行了全面审计，1998年12月，对33个乡镇(街办)三年经济目标责任进行了审计。

完成上级下达的审计任务　共完成省、地审计机关下达的审计任务95项，审计金额15087万元。1998年对奉新县粮食系统新增财务挂账和其他不合理占用贷款问题进行了审计，剔除新增财务挂账资金1417万元，剔除其他弄虚作假行为金额780万元。

**【樟树市审计局】**　到1998年底，实有干部、职工24人。其中：大专生20人；注册会计师2人，会计师1人，审计师5人，经济师1人；局长1人，副局长4人。

审计工作成果　共完成审计单位(项目)943个，完成专项审计调查642项，调查单位512个；审计金额466835万元。共查出违纪违规金额4149万元，上缴财政金额485.6万元；调账增加单位收入2294万元；压缩基建投资1034万元；压缩会计经费12万元。配合市纪检、监察机关和司法机关查处各类经济案件27起。共提交综合审计报告75篇。

完成市委、市政府交办任务　共完成交办的审计工作任务86项，审计清理单位432个。1995年，完成了对10家国有企业资产的专项审计调查和债权、债务的专项清理，挽回经济损失792万元。1997年、1998年先后对市行政、企事业等32个单位主要负责人进行了离任审计。1998年，对市城区道路整修等16项市政工程建设的基建决算依法实施了审计监督，审计核减基建工程款69万元，核减率为12.7%，为国家节省了巨额投资。1998年，对全市各乡镇、街道办事处的违章建筑罚款、计划生育罚款、治安联防罚款、乡统筹费的征收、市财政周转金及其他财政财务收支和全市238个村级财务收支实施了专项审计调查，审计覆盖面100%。

完成上级下达审计任务　共完成省、地审计机关下达的审计任务367项，审计单位564个，审计金额224352万元。

**【高安市审计局】**　到1998年底，人员共有39人，其中：大学生2人，大专生24人；具有高级审计师职称1人，会计师或审计师等中级职称8人；局长1人，副局长3人。

审计工作成果　共完成审计项目617个，审计单位687个，完成审计调查17项，调查单位86个，审计金额289653万元，共查出违纪违规金额4494万元，应缴财政金额299万元，已缴296万元，追还侵占挪用资金687万元，促进增收节支资金91万元，查出贪污案2起，移送纪检、监察机关处理2人，提交有价值的综合审计报告126篇，被市政府批转、批示29篇，提出各种建设性意见1192条，被采纳1034条。

完成上级下达审计任务　共完成省、市审计机关下达的审计任务210项，审计单位286个，审计金额259876万元。

完成市委、市政府交办任务　共完成交办的工作任务47个，审计单位163户。1994年，对全市预算外收入、行政性收费和罚没收入进行了审计。1995年，对本市乡、村两级粮棉补差进行了审计，1996年，在对农民减负审计调查中，真实地揭示了粮棉定购加码、卡外负担等问题，其中9个乡镇"三乱"收费达694万元。

1998年奔赴宜丰县进行粮食系统新增财务挂账和不合理占用贷款审计，核减不合理亏损挂账3291万元。

**【铜鼓县审计局】** 到1998年底，有人员23人。其中：大学生1人，大专生9人；局长1人，副局长3人；有中级以上职称的15人。

审计工作成果　共完成审计项目350个，审计单位467个，完成审计调查85项，调查单位180个；审计金额4500万元，。共查出违纪违规金额815万元，上缴财政231万元。同纪检、监察、信访等部门配合，查处各种经济案件5起，为社会稳定发挥了作用。共提交审计报告181篇。

完成县政府交办任务　共完成交办的工作任务85项，审计清理单位142个。其中：对39个单位的领导离任经济责任情况进行了审计，对丰田等部分撤并乡镇的资产、债权、债务进行了清理；配合财政、物价、税务部门，积极开展了清查“小金库”和三大检查工作，共检查单位58个；根据人大代表的提案，完成人大评议单位15个；对部分企业欠税、农业专项资金使用、部分乡镇企业承包指标完成情况以及人武部改制情况等进行了审计专项调查；对铜鼓县“321”企业目标考核、各单位预算外资金收支情况、重点企业生产经营和税收实现完成情况等进行了审计或审计调查。

完成上级下达审计任务　共完成省、地审计机关下达的审计任务340项，审计单位420个，审计金额上亿元。

**【靖安县审计局】** 到1998年底，有人员22人。其中：大学生7人，大专生7人；局长1人，副局长3人。

审计工作成果　共完成审计项目266项，累计审计单位820户；完成审计调查25项，调查单位66个；审计金额122353万元。共查出违纪违规金额1551万元。同县纪检、监察、检察等部门配合，查处大案要案1起、各种经济案件8起，共上缴财政180万元，提交审计报告668篇，提交专题审计报告和综合报告29篇。

完成上级下达的审计任务　共完成省、地审计机关下达的审计任务249项。累计审计单位668个，审计金额105311万元。1998年，到铜鼓县开展粮食系统亏损挂账资金专项审计，核减不合理占用粮食专项资金1115万元。

完成县委、县政府交办的任务　共完成交办的各项工作任务17项，审计调查单位152个。如1994开展了经济效益审计、水电工程竣工决算审计、离任审计；1995年开展了计划生育罚款收支审计、商贸企业资产负债调查审计、养老保险金审计；1998开展了村财务收支审计、企业破产审计及救灾款发放审计。特别是近几年来的基建项目竣工决算审计，总金额达5330.9万元，核减金额700.9万元，查出违纪金额55.8万元，收缴55.8万元。

**【宜丰县审计局】** 到1998年底，有人员20人。其中：大专毕业12人；局长1人，副局长3人；审计师10人，会计师1人，注册审计师3人。

审计工作成果　共完成审计单位1026个，查出违纪违规金额3293万元，上缴县财政237.5万元，提交综合和专项审计报告共107篇。

完成县委、县政府交办任务　共完成交办的审计工作任务140项，审计单位206个。1994年，对全县17个承包企业在1991—1993年度第二轮承包期内各项承包经济指标的完成情况进行了全面审计。5年来，共对全县49个企业厂长、经理和行政事业单位主要领导进行了离任审计。

完成上级下达的审计任务　共完成省、地审计机关下达的审计任务502项，审计单位914个。

**【奉新县审计局】** 1998年底，共有干部、职工17人，其中：本科学历2人，大中专学历13人；具有中级职称的7人，获得注册会计师资格5人；局长1人，副局长2人。

审计工作成果　共完成审计项目860个，审计单位1107户；完成审计调查30项，调查单位76个；审计金额1058765万元，上缴财政312万元。共查出违纪违规金额1184万元。同县纪检、监察、信访等部门配合，查处各种经济案件15起，向纪委、司法部门移交案件12起，为社会稳定发挥了作用。共提交审计报告227篇。

完成县政府交办任务　共完成交办的工作任务53项，审计单位250个。1995年接受县委组织部委托，首次对全县14个行政事业单位主要负责人进行了离任审计。

完成上级下达的审计任务　共完成省、地审计机关下达的审计任务777项，审计单位781个，审计金额875421万元。

**【万载县审计局】** 到1998年底，有人员23人。其中：大学生3人，大专生12人；获中级职称17人；局长1人，副局长3人。

审计工作成果　共完成审计项目538个，审计单位735户；完成审计调查22项，调查单位98个。共查出违纪违规金额3599万元，上缴财政191万元。同纪检、监察等部门配合，查处各种经济案件3起，为社会稳定发挥了作用。共提交审计报告185篇。

完成县政府交办任务　共完成交办的工作任务42项，审计单位155个。

完成上级下达审计任务　完成省、地审计机关下达的审计任务258项,审计单位538个。

【上高县审计局】　到1998年底,共有干部、职工16人。其中大学本科生1人,大专生9人;局长1人,副局长3人。

审计工作成果　共完成审计项目119个,审计单位562户;完成审计调查21项,调查单位69个;共查出违纪违规金额1481万元,上缴县财政228万元;同县纪检、监察、检察等部门配合,查处各种经济案件5起,为社会稳定发挥了作用。共提交审计报告90篇。

完成县政府交办任务　共完成交办的工作任务52项,审计清理单位256个。其中完成企业厂长(经理)离任经济责任审计20人;配合有关部门进行农民减负调查,整顿村级财务75个。

完成上级下达审计任务　共完成省、地审计机关下达的审计任务35项,审计单位273个。

【抚州地区审计局】　截止1998年底,人员有31人。其中:大学生5人,大专生16人;局长1人,副局长3人。

审计工作成果　5年中,共完成审计项目5816个,审计单位8018户,完成审计调查885项,调查单位1675个;审计金额44544.5万元。共查出违纪违规金额6908.9万元。同地、县(市)纪检、监察、信访等部门配合,查处各种经济案件16起,上缴地、县(市)财政4586万元,共提交审计报告1385篇。

完成行署、县政府交办任务　共完成交办的工作任务764项,审计清理单位4776个。

完成上级下达审计任务　共完成署、省、地审计机关下达的审计任务3608项,审计单位5723个,审计金额68216.2万元。

受表彰情况　受审计署表彰1人,受省审计系统表彰12次,受地委、行署表彰3次,受县委、县政府表彰128次。共有56人受到省审计系统表彰奖励;86人次受地区审计机关表彰奖励;175人(次)受县委、县政府表彰奖励。

**地址**　临川市赣东大道141号

**电话**　0794—8222150

**邮编**　344000

【临川市审计局】　1998年底,共有干部、职工42人(不含审计事务所人员)。其中大专以上文化程度20人;局长1人,副局长2人。

审计工作成果　共完成审计单位617个,查出违纪违规资金4709万元,促进增收节支资金1234万元,上缴市财政收入金额438万元,向上级政府部门和审计机关提交审计综合报告59篇,提供审计信息和科研论文78篇。

完成市政府交办任务　共完成交办的工作任务54项,涉及审计单位640个,特别是1998年遵照市政府通知精神,对全市44个乡、镇、场、街道办事处进行了领导班子任期经济责任专项审计并提出5条建议。

【南丰县审计局】　到1998年底,人员共有18人。其中:大学生1人,大专生10人;局长1人,副局长2人。

审计工作成果　共完成审计单位461,完成审计调查9项,调查单位63个。共查出违纪违规金额8304万元,已上缴县财政170万元,追还侵占挪用资金130万元,共提交审计报告76篇。

完成县政府交办任务　共完成交办的工作任务16项,审计单位58个。1998年4月,对18个乡(镇、场)主要领导任期经济责任进行了审计。1998年在全县开展了救灾款物审计。

【乐安县审计局】　到1998年底,有人员20人,其中:大学生2人,大专生9人;局长1人,副局长3人。

审计工作成果　共完成审计项目439个(其中上级下达232个),审计单位430户;完成审计调查19项,调查单位120个,共查出违纪违规金额557万元,上缴县财政171万元,共提交审计报告(信息)83篇,有50篇被国家、省级、地级报刊杂志采用。

【金溪县审计局】　到1998年底,有人员19人。其中:大学生1人,大专生17人;局长1人,副局长4人。

审计工作成果　共完成审计项目276个,审计单位410户;完成审计调查47项,调查单位49个;审计金额39345万元。共查出违纪违规金额1239.4万元。同县纪检、监察、信访等部门配合,查处各种经济案件12起,为社会稳定发挥了作用。上缴县财政321.1万元,共提交审计报告410篇。

完成县政府交办任务　共完成交办的工作任务71项,审计清理单位95个。1994年,对县棉织厂、麦芽厂厂长进行了离任审计。1995年,对全县16个乡(场)镇、1993年至1995年资产、负债、财务收支、财经纪律执行等情况进行全面审计。1998年,按照县委、县政府的要求抽调骨干人员主动配合县有关部门对农民负担进行了检查,对村级财务进行了整顿和清理。

完成上级下达审计任务　共完成省、地审计机关下达的审计任务250项,审计单位320个,审计金额39345万元。

【南城县审计局】　到1998年底共有人员25人。其中大专生18人;局长1人,副局长3人。

审计工作成果　共完成审计项目731个,审计单位682户。完成审计调查49项，调查单位196个；审计金额263,125万元。共查出违纪违规金额955万元，上缴县财政235.4万元，共提交审计报告731篇。

完成县政府交办任务　共完成交办的工作任务34项，审计清理单位136个。其中1998年对全县11个县直单位，17个乡（镇），26个村、组当年度救灾资金、物资的来源、发放、使用情况进行了专项审计。

完成上级下达审计任务　共完成省厅、地区审计局下达的审计任务236项，审计单位731个，审计金额263,125万元。

**【东乡县审计局】**　到1998年底，共有人员19人。其中：大专生10人；局长1人，副局长3人。

审计工作成果　共完成审计单位364个，完成审计调查21项，调查单位162个。共查出违纪金额2338.7万元，上缴县财政347.1万元，提交审计报告62篇。

完成县政府交办任务　共完成交办的工作任务59项，审计清理单位485个。

完成上级下达审计任务　共完成省、地审计机关下达的审计任务228项，审计单位357个。

**【资溪县审计局】**　到1998年底，有干部职工17人。其中：大专生10人；局长1人，副局长2人。

审计工作成果　共完成审计项目44个，审计单位442户；完成审计调查9项，调查单位13个；审计金额1822万元。共查出违纪违规金额635.31万元。同县纪检、监察等部门配合，查处各种经济案件3起，上缴县财政133.5万元，共提交审计报告64篇。

完成县政府交办任务　共完成交办任务18项，审计单位87个。1998年8—9月对23个单位进行了换届审计。1997年、1998年共完成工程决算审计项目14个，审计金额1177万元，审减金额41.6万元。

完成上级下达审计任务　共完成省、地审计部门下达的审计任务38项，审计单位201个，审计金额114802万元。

**【宜黄县审计局】**　到1998年共有干部职工24人。其中：大学生2人，大专生15人；局长1人，副局长3人。

主要审计成果　共完成审计项目（单位）445个，完成审计调查7人，查出违纪违规金额920万元，上缴县财政180万元，归还原渠道资金41万元，提供审计报告103篇。

财政、财务审计　有计划、有重点地开展了财政、财务收支审计252个，资产、负债、损益审计109个，重点查处了一些单位偷漏税收、挪用专款、乱收费、私设“小金库”等违纪行为。尤其是近两年来，在深化本级预算执行情况审计的同时，重点抽审了农、林、水等10个局的预算和预算外资金，坚持轮审了8个乡镇的财政决算，查出违纪违规金额137万元，为其追回账外资金9.7万元，促其归还原渠道资金41万元。

完成上级下达的审计任务　一是每年对进行贷款的国家造林、森林资源发展和保护，卫生妇幼保健VI等项目资金进行了审计；二是对1995年以来的农业综合开发项目，1996年以来的水利专项资金及住房资金等进行了专项审计，对340万余元的挤占挪用资金作出了处理；三是按授权通知要求开展了金融保险审计，查出高套保费、高息揽储等违纪金额40万元；四是1998年抽调业务骨干5人赴广昌开展了粮食财务挂账清查工作，圆满完成了审计任务。

**【广昌县审计局】**　至1998年底，人员共有21人。其中：大专生12人；局长1人，副局长3人。

审计工作成果　共完成审计项目57个，审计单位338户；完成审计调查47项，调查单位70人；审计金额16900万元。共查出违纪违规金额488万元。同县纪检、监察、司法等部门配合，查处各种经济案件8起，为社会稳定发挥了作用。上缴县财政81万元，共提交审计报告66篇。

完成县政府交办任务　共完成交办的工作任务15项，审计管理单位90个。

完成上级下达审计任务　共完成省、地审计机关下达的审计任务56项，审计单位196个，审计金额9800万元。

**【黎川县审计局】**　1998年底，共有人员17人。其中：大学生1人，大专生7人；局长1人，副局长3人。

审计工作成果　共完成审计项目218个，审计单位289户，完成审计调查22项，调查单位86个，审计金额147825万元。共查出违纪违规金额343万元，上缴县财政53.5万元，提交审计报告62篇。

完成县政府交办任务　共完成交办的工作任务28项，审计清理单位74个。主要完成了乡镇领导班子县直单位主要领导离任经济责任审计和县属企业的财务清查。

完成上级下达审计任务　共完成省、地审计机关下达的审计任务212，审计单位248个，审计资金236712万元。

**【崇仁县审计局】**　到1998年年底，共有人员31人（含审计事务所12人），其中大学生2人，大专生17人；有注册会计师6人，注册审计师2人，审计师4人；局长1人，副局长4人。

审计工作成果　共完成审计

项目(单位)528个,其中省、地审计项目(单位)233个,审计资金总额223968万元,查出违纪违规金额344万元,上缴财政221万元,提交专题综合报告88份。

**【吉安地区审计局】** 到1998年底,共有人员46人。其中:大学生10人,大专生15人;局长1人,副局长2人。设有办公室、综合科、财政金融审计科、行政文教(农林水)审计科、工交审计科、商贸审计科、固定资产投资审计科、审计事务所等机构。

审计工作成果 共完成审计单位604个,查出违纪违规金额16973万元,审计决定上缴财政金融1503万元。向司法机关移交案件2件,共提出审计信息报告、信息稿件163篇,地委、行署和上级主管机关批示、采纳77篇。

完成审计任务情况 自1995年开始,为配合地委对地直企业领导班子考核,每两年一次对地直副县级企业进行资产、负债、损益审计,为地委考核企业领导班子提供决策依据。1997年,对地直34户副县级企业审计,地委、行署主要领导多次在全区性会议上给予赞扬,并以《吉安地区注重抓国有企业资产负债损益审计,为加强企业领导班子建设服务》为题,在省国企办、全国国企办简报上刊登。

受表彰情况 受省审计厅表彰2次,受地委、行署表彰6次。共有5人次受到省审计厅表彰奖励,6人次受到地委、行署表彰奖励。

**地址** 吉安地区行署办公楼九楼
**电话** 0796—8223240
**邮编** 343000 (陈谦昌)

**【吉安市审计局】** 到1998年底,实有人员28人。其中:大学生2人,大专生6人;局长1人,副局长3人。内设办公室、综合科、财贸审计科、行文审计科、工交审计科、固投审计科、监审科,审计事务所单列。

审计成果 共完成审计项目472个,查出违纪违规金额3118万元,上缴市财政735万元,共提交审计报告41篇。

完成市政府交办任务 完成交办的审计工作任务128项。5年中,完成基建工程决算项目40个,审计金额12054万元,审减工程决算资金1332万元。1997年在一次重点工程决算审计中,审减决算金额达509.75万元。

完成上级下达审计任务 共完成省、地审计机关下达的审计任务344项。

**【井冈山市审计局】** 1998年底共12人。其中,大专生8人;审计师3人、会计师2人、注册会计师3人;局长1人、副局长2人。

审计成果 共完成审计项目单位464个,查出违纪违规金额2452万元,违纪应缴财政、已缴财政328万元,入库率历年均达100%。

完成审计任务情况 1995年,对市林业系统13个单位的行业"一条龙"审计,历时50余天,效果明显。1996年,开始施行工程预决算审计。3年来,共审计项目84个,审核资金总额5718万元,净核减工程造价434万元,净核减率达8%(含50%以上原建行等部门已审核项目),为国家节约了大量的建设资金。

**【吉安县审计局】** 到1998年底,共有人员27人。其中:大专生9人;中级职称资格5人;局长1人,副局长1人。

审计工作成果 共完成审计项目单位384个,查出违纪违规金额3,919.19万元,提出收缴财政金额441.95万元,写出专题及综合报告64篇,其中9篇被当地政府批转。同县纪检、检察等部门配合,查处各种经济案件12起。

完成审计任务情况 从1995年起,每年安排一次对县财政上一年度预算的执行情况审计,并延伸审计预算执行大户,并每年安排9个乡镇财政决算审计,连续5年将审计情况写成综合报告。1996年到1998年共完成县委、县政府交办的领导干部任期经济责任审计18个。

**【永丰县审计局】** 到1998年度,实有人员26人。其中:大学生1人,大专生9人;局长1人,副局长3人。

审计工作成果 共完成审计项目326个,完成审计调查12项,共查出违纪违规金额2385万元,上缴县财政296万元,提交审计报告66篇。

完成县政府交办任务 共完成交办的工作任务72项,审计清理单位642个。1996年6月参予了永丰县清理检查预算外资金工作组,涉及到全县232个单位,查出违纪金额637.87万元,撤销不合理银行账号82个,并对发现的问题提出了整改意见。

完成上级下达审计任务 共完成省、地审计机关下达的审计任务243项,审计单位321个。

**【永新县审计局】** 到1998年底,有人员20人。其中:局长1人,副局长3人;大专(大学)学历6人。

审计工作成果 共完成审计项目368个,审计单位620个。查出违规违纪金额541万元,上缴县财政254万元,提交审计报告368篇。

完成县政府交办任务 共完成交办的工作任务52项,审计单位86个。1998年初,对全县1995年至1997年3个年度及11个单位和部门的财政专项资金进行了全面审计,共审计专项资金5901万元。截止1998年底,共完成工程决算审计项目25个，审计金额1697万元，核减金额132万元。

完成上级下达的审计任务 共完成省、地审计机关下达的审计任务270项，审计单位620个。

**【新干县审计局】** 到1998年底，共有人员23人。其中：大学1人、大专10人、注册会计师4人。

审计工作成果 共完成审计项目单位328个，查出违纪违规金额1410万元，上缴县财政252.7万元，追还侵占挪用资金75万元，提交审计报告49篇。

**【泰和县审计局】** 到1998年底，共有18人。其中大学本科毕业1人，专科毕业12人；局长1人，副局长2人。

审计工作成果 共完成审计项目单位1227个，查出违纪违规金额4535万元，上缴县财政656万元，提出审计报告210篇，被上级审计机关、政府部门批转22篇，移送司法部门处理案件1件，为县域经济的发展发挥了重要作用。

完成县政府交办的各项任务 先后完成了交办的企业年度经济效益考核审计，企业清产核资、股份制改造审计，计划生育经费乡收县管审计，乡镇教育经费审计等多项审计任务，1993年开始，在地区率先开展了行政事业单位主要领导离任经济责任审计。

**【峡江县审计局】** 到1998年底，共有人员14人。其中，大学生1人，大专生8人；局长1人，副局长3人。

审计工作成果 共完成审计项目285个，审计单位296户；完成审计调查25项，调查单位207个；审计金额132462万元。共查出违纪违规金额1077万元。同县检察院配合，查处经济案件2起，为社会稳定发挥了作用。上缴县财政289.9万元，共提交审计报告179篇。

完成县政府交办任务 共完成交办的工作任务76项，其中行政事业单位及企业领导干部离任经济责任审计67项。对县5套班子大楼的决算审计工作中，审减工程造价37万余元，受到县领导的好评。

完成上级下达审计任务 共完成省地审计机关下达的审计任务209项，审计单位218个，审计金额95793万元。

**【遂川县审计局】** 到1998年底，共有14人，其中大专生9人；局长1人，副局长3人。

审计工作成果 共完成审计项目65个，审计单位371户，完成审计调查7项，调查单位30个；审计总金额132,327万元。共查出违纪违规金额1479万元。同县纪检、监察、信访等部门配合，查处各种经济案件7起，为社会稳定发挥了作用。上缴县财政606.67万元，并提交审计报告32篇。

完成上级下达审计任务 共完成省、地审计机关下达的审计任务43项，审计单位250个，审计金额89004万元。

完成县委、县政府交办任务 共完成交办的工作任务22项，审计清理单位376个。截止1998年底，共完成工程决算审计项目3个，审计金额241万元，审减金额25万元。

**【安福县审计局】** 到1998年底有干部、职工16人。其中：大专生16人；局长1人，副局长2人。

审计工作成果 共完成审计项目428项，查出违纪违规金额1875.4万元，上缴县财政551.1万元，查出损失浪费金额265万元，促进增收节支金额212.2万元，为各级领导提供具有决策参考价值的报告54篇，在省、地审计报刊上刊登审计论文、信息报道63篇，完成研究课题8篇。

完成县政府交办任务 共完成交办的工作任务35项。1995年，对县属15个企业的资产、负债及损益情况进行了审计，共查出企业资产不实154万元，负债不实758万元，所有者权益不实48万元，摸清了企业家底。

完成上级下达审计任务 5年中共完成省、地审计机关下达的审计任务308项，审计单位344个。

**【吉水县审计局】** 至1998年底，人员有18人，其中：大学生1人，大专生5人；局长1人，副局长3人。

审计工作成果 共完成审计项目393个，查出违纪违规金额1775万元，其中：查处“小金库”66个，金额531万元。上缴财政610.6万元。共提交审计38篇。同县纪检、检察、监察等部门配合，查处各种经济案件13起。

完成县政府交办任务 共完成交办的工作任务74项，审计清理单位536个。1994年，对首例拍卖农机二厂进行清产核资和产权界定，使拍卖工作顺利进行。1994年、1995年，对亏损严重的县缫丝厂、县物资局等单位进行了资产、负债、经济效益审计。5年中，每一年度对本县20户重点企业进行目标管理考评审计，还认真完成了交办的乡镇书记、乡长和企业厂长、经理离任审计、重点单位的财务清理、专项审计和调查等。

完成上级下达审计任务 共完成省、地审计机关下达的审计任务286项，审计单位356个。

**【万安县审计局】** 到1998年底，共有人员13人。其中：大专生9人；局长1人，副局长2人；有注册审计师6人，审计师1人。

审计工作成果 共对368个

单位实施了审计，完成审计调查6项，调查单位10个，查出违纪违规金额993万元，上缴财政198万元，提交审计报告240篇。

完成县政府交办任务　共对48个单位实施了审计。其中：1995年对县经委口11个企业1994年盈亏情况进行了审计，核实了这些企业的各项真实性经济指标；1996年对县11家企业原任厂长（经理）任期内经济责任情况进行了审计；1997年，对全县24个县属企业1994年至1996年的资产负债损益情况进行了全面审计。1998年受县委、县政府委托对县百货公司、生资公司经济责任进行了审计。1997年至1998年共完成工程预决算审计10个，审计核定决算额为768.34万元，核减额为82.07元。

完成上级下达审计任务　圆满完成省地审计机关下达的各项审计任务，共对310个单位实施了审计。

## 山东省

【山东省审计工作简述】　至1998年底，全省共建有审计机关165个，人员3938人，其中大专以上学历占72%，获得审计师或注册会计师资格的占54%。5年来，全省共审计单位62444个，查处违纪违规金额669.94亿元，应上缴财政52.75亿元，已缴财政35.34亿元，减少财政拨款和补贴5.55亿元，追还被侵占挪用资金41.03亿元，罚款2.57亿元，移交纪检、司法机关处理的责任人员138人。

法制建设情况　一是加强法制宣传教育，增强广大审计人员的法制观念。二是加强地方性法规建设，规范审计行为。截止1998年底，各级人大或政府颁布现行有效的地方法规和规章及规范性文件245个，其中省人大、省政府共出台地方性法规、规章11个。三是完善内部制度，强化审计质量管理。共制定实施了审计复核、执法责任奖惩、审计质量检查等1039个制度办法，促进提高了审计质量。四是坚持依法审计，实事求是处理问题。

【山东省审计厅概况】　厅机关内设办公室、综合（法规）处、财政审计处、金融审计处、行政事业审计处、工业交通审计处、商贸审计处、固定资产投资审计处、农业审计处、外资运用审计处、审计管理处、人事教育处12个职能处室和机关党委、监察专员办公室，另外有厅机关服务中心、省审计科研所、山东审计杂志社、省审计干校、省审计学校、山东审计师事务所、山东光大审计师事务所7个事业单位。全厅编制385人，其中行政编制182人、事业编制203人；实有274人，其中厅机关147人、事业单位127人。大专以上学历230人，占83%；获得审计师或注册会计师资格的109人，占52%。

厅领导成员

厅长

方　向（1988.5—1996.12）

柏继民（1996.12—　）

副厅长

张玉忠（1990.3—　）

张兆喜（1990.3—　）

王谦华（1993.9—　）

纪检组长

韩荣祥（1993.1—　）

本级预算执行审计　自1996年以来，共审计7308个单位的预算执行和1214个单位的其他财政收支情况，查出违纪金额115.91亿元，经审计处理，增加财政收入11.06亿元。共提出强化预算约束，加强财政资金管理的建议11219条，普遍受到政府和人大的重视和好评。

金融审计　全省共审计单位1882个，查出违纪金额90.58亿元。根据审计署的授权，先后开展了对工商银行、中国银行、建设银行、农业银行的审计，重点查处违规发放贷款、变相拆借资金等问题，为整顿金融秩序，促进国家金融调控措施的落实起到了重要作用。另外还完成了对证券公司、信托投资公司、财产保险公司、人寿保险公司和地方金融机构的审计。

基建审计　共审计项目（单位）5612个，查出违纪违规金额64.65亿元，核减工程预决算10.56亿元。围绕控制基建规模，提高投资收益，对基础性、公益性和影响大的固定资产投资项目进行了审计，促进加强了项目管理，节约了建设资金，提高了投资效益。

企业审计　全省共审计企业22958户，查出违纪违规金额288.75亿元。并围绕省委省政府确定的工作重点，积极参与了“双增双节”活动，“管理效益年”活动等，仅1994年和1995年两年全省审计机关帮助减亏增盈10万元以上的企业1369户。许多地方以政府名义制发了加强股份制企业审计监督的规定和意见。1998年全省审计机关集中力量进行粮食财务挂账清查审计，基本摸清了粮食财务挂账的底数，查出严重违法违纪案件74起，移送处理58件，追回各种被侵占资金8095万元。

国外贷援款审计　全省共审计953个单位，查出违纪违规金额24.26亿元。通过审计，严肃查处各类违纪以及损失浪费和配套资金不落实等问题，有针对性地提出改进建议。出具的涉外审计公证报告得到了国外贷援款机构的好评，保证了贷援款的及时拨付。世界银行贷款种子商业化项目审计情况引起了省领导和有关部门的高度重视，省政府办公厅专门批转了审计情况报告。

行政事业审计　全省共审计16054个单位，查出违纪违规金额79.53亿元。其中，全省统一组织了对公安、工商、土管、环保、技术监督等系统收费和罚没收入的审计，重点查处乱收费、乱罚款、截留挪用专项资金以及奢侈浪费等违纪行为，促进了廉政建设和行业作风的改变。全省还统一组织了普教经费、计划生育经费、29所市地级医院收费以及新闻出版单位广告费收支管理情况的审计和调查，省卫生厅针对审计情况组织进行了全省医疗收费大检查。1997年全省统一组织的农民负担和企业负担审计调查，在全省治理“三乱”工作会议上，省政府要求审计厅通报了企业税外负担审计调查情况，引起了与会同志的强烈反响。围绕促进各项改革的深化，重点加强了对农业资金、扶贫资金、水利资金、科技资金、教育资金等重点专项资金的审计。揭露并严肃查处挤占挪用、虚列转移、损失浪费等问题。农业资金审计全省共审计764个单位，查出违纪违规金额7.29亿元。

领导干部经济责任审计　1997年菏泽地区审计局开展经济责任审计的经验引起中央领导同志的高度重视，批示要求在全国总结推广。1998年全省共完成事业单位法定代表人经济责任审计2208项，查出国有资产流失金额2015万元，损失浪费1.34亿元，虚增虚减利润12.28亿元。审计后，法定代表人晋升职务的188人，降免撤职的99人。

内部审计　截止1998年底，全省已建内审机构8951个，配备内审人员21057名。5年共完成审计项目(单位)324182个，查出损失浪费金额36.77亿元，纠正违纪金额111.26亿元，促进增收节支金额44.87亿元。

社会审计　截止1997年底，全省已建审计师事务所212个，从业人员4623人，完成审计项目、执业质量和业务收入持续增长。

**地址**　济南市省府前街1号
**电话**　(0531)6061760
**邮编**　250011*(王　华　张晓峰)*

**【济南市审计局】**　到1998年底，实有人数132人，其中，局长1人，副局长4人。内设办公室、组织人事处、综合处、法规处、金融审计处、行政事业审计处、工交审计处、商贸审计处、基本建设审计处、城建资金审计处、外资运用审计处、审计管理处等13个职能处室。

审计工作成果　5年来，济南审计机关共审计5070个单位，查处违纪金额中，应上缴财政10.14亿元，已上缴财政4.29亿元，减少财政拨款和补贴0.3亿元，追还被侵占挪用资金11.3亿元，罚款751万元，共为国家增收节支15.9亿元，移送纪检、司法机关处理的责任人员6人。

完成审计任务　共对674个部门和单位进行了本级财政预算执行审计，查出违纪金额10.87亿元，经审计处理，已增加财政收入1.06亿元。对工行、农行、建行、中行等济南支行及中保集团济南公司，济南商业银行、济南国际信托投资公司、重汽财务公司、济南金融市场等非银行金融机构等118个单位进行审计，查出违纪金额7470万元，已上缴财政1688万元，对违纪金额处以罚款46万元。对298个基建项目进行审计，查出违纪金额36109万元，应上缴财政5642万元，减少财政拨款968万元，追还被侵占挪用资金2143万元，为国家节省投资6037万元。对1642个(次)国有大中型企业的审计，查出违纪金额291694万元，已上缴财政16399万元，连续5年对全市10个利用国际援贷款项目的借、用、还、管情况进行了审计，查出违纪金额2623万元。共对31个外资企业进行了审计，审计查出违纪金额1502万元，收缴漏交税款220万元。对48个农林水项目进行了专项审计，查出违纪金额5169万元，对违纪款项处以罚款25万元；另外还对1868个(次)的行政事业单位进行审计，审计查出违纪金额153284万元，上缴财政11490万元，对促进党风廉政建设，提高资金效益发挥了应有作用。

**地址**　济南市纬九路23号
**电话**　0531—7913134
**邮编**　250021　*(张振江)*

**【济南市市中区审计局】**　1998年底，共有干部14人。其中：大学本科生1人，大专生11人；局长1人，副局长4人。

审计工作成果　共完成审计项目247项，查出违纪违规行为金额2697万元，上缴财政金额391万元，促进增收节支1532万元，提交审计报告及信息123篇。

完成区政府交办事项　共完成交办的审计任务43项。1998年全面开展了领导干部经济责任审计，为组织部门考察使用干部提供了依据。

完成上级下达审计任务　共完成省、市审计机关下达的审计任务164项；完成审计调查9项，调查单位56个；共查出违纪违规行为金额1678万元。

**【济南市历下区审计局】**　1998年底有干部、职工16人。其中：大学2人，大专11人；局长1人，副局长2人。

审计工作成果　共完成审计

项目233个，审计单位233户；完成审计调查3项，调查单位14个。共查出违纪违规金额990万元，上缴区财政654万元。同区纪检、监察、信访等部门配合，查处经济案件1起。共提交审计报告230篇。同时，还完成区委、区政府交办的工作任务34项。共完成上级审计机关下达的审计项目233项，审计单位233个，审计金额340275万元。

**【济南市天桥区审计局】** 1998年有干部、职工14人。其中：大学本科3人，专科6人；局长1人，副局长2人。

审计工作成果　共完成审计项目254个，完成审计调查10项，调查单位95个，查出违规行为金额6463万元，其中，应上缴财政993万元，已上缴财政809万元，促进增收节支1473万元，提交审计工作报告信息130篇。还完成各级领导交办审计任务共80项。

**【济南市槐荫区审计局】** 到1998年底，有干部职工20人。其中：大学生2人，大专生12人；局长1人，副局长2人。

审计工作成果　共完成审计项目229个，审计调查9项，共查出违纪违规金额5209万元，其中应上缴财政1,597万元，已上缴财政365万元，促进增收节支金额793万元，提交审计工作报告信息100篇。

完成区委区政府交办任务　共完成交办的审计任务154项。

完成上级下达审计任务　共完成省、市审计机关下达的审计任务75项。

**【济南市历城区审计局】** 1998年底共有干部、职工30人。其中：大学生6人，大专生8人；局长1人，副局长2人。

审计工作成果　共完成审计项目407项，审计单位517个；完成审计调查8项，调查单位40个。共查出违纪违规金额10,639万元；应上缴财政2058万元，已上缴财政1955万元，入库率95%，促进增收节支提高经济效益3455万元，提交报告209篇。

完成区委区政府交办任务　共完成交办事项53项，审计114个单位。

**【济南市高新技术产业开发区审计局】** 1998年底共有干部、职工4人。其中：大学生2人，大专生2人。

审计工作成果　共完成审计项目19个，审计单位65个；完成审计调查6项，调查单位53个。共查出违纪违规金额7317万元，已上缴财政金额130万元。

完成开发区管委会交办的任务　共完成交办的审计工作任务13项，审计单位24个。1998年对开发区投资的几个重点建设项目的决算进行了审计，共审增审减资金总额2155万元，为管委会减少支出1830万元。1994年至1998年完成离任审计项目6个。

**【章丘市审计局】** 1998年底，有职工、干部46人。其中：大学生7人，大专生39人；局长1人，副局长3人。

审计工作成果　共完成审计项目574项，完成审计调查19项，调查单位138个，。共查出违规违纪金额22052万元，上缴市财政3508万元，共提交审计报告、信息432篇。

完成上级与政府交办任务　共完成交办的工作任务25项，审计清理单位193个。1998年5月，对历城区进行粮食财务挂账审计。审计认定新增财务挂账3258万元，不合理占用农发行粮食贷款3825万元，查出违纪问题143万元。基建审计共完成开工前审计102项，决算审计66项，审减工程额1070万元。

**【长清县审计局】** 1998年底，有干部、职工29人。其中：大学生5人，大专生14人；局长1人，副局长3人。

审计工作成果　共完成审计项目321项。审计单位637户；完成审计调查19项，调查单位198个；共查出违纪违规金额12473万元。上缴县财政1298万元。同县纪检、监察、信访等部门配合，查处各种纪检案件13起。上缴县财政1298万元，共提交审计报告285篇。

完成县政府交办任务　共完成交办的诸如清产核资、企业破产清算、群众上访案件审计、领导干部离任审计等审计项目83项，审计单位369个。共完成工程决算审计项目43个，审减金额2450万元。

完成上级下达审计任务　共完成省、市审计机关下达的审计任务210项，审计单位265个。在1998年粮食审计工作中，审计局赴商河县审计，审减粮食挂亏额3581万元。

**【平阴县审计局】** 1998年底，共有干部、职工20人，其中：高级审计师1人，审计师8人；局长1人，副局长3人。

审计工作成果　共完成审计项目426个，完成审计调查项目16项，调查单位80个。共查出违纪违规金额13,693万元，上缴县财政1,015万元。同纪检、监察等部门配合，查处各种经济案件5起。共提交审计报告和信息280篇。

完成县政府交办的任务　共完成交办的工作任务184项。1996年1月对县属18个重点工商企业进行了考评。查出虚增利润3298万元，虚减利润980万元，资产、负债、损益不实的企业10户。1998年3月，对县直32个局级单位的法定代表人进行了经济责任审计。

完成上级下达的任务　共完成上级审计机关下达的审计任务242项。

【济阳县审计局】　到1998年，有干部、职工16人。其中：大本生4人，大专生9人；局长1人，副局长2人。

审计工作成果　共完成审计项目349个。共查出违纪违规金额15387万元，上缴县财政641万元，促进增收节支1774万元，帮助被审单位挽回经济损失943万元。共提交审计报告226篇。

完成县政府交办任务　共完成交办任务114项。1998年配合县政府有关部门完成了对全县"三机"的清理清查工作，收回资金52万元。完成村财务收支纠纷审计12期，平息群众上访案件9起。对27个粮食企业进行了延伸审计，查出违纪金额1580万元，对问题严重的15个问题中涉及到的9人移交纪检部门处理。

完成上级下达审计任务　共完成市审计机关下达的审计任务215项。

【商河县审计局】　1998年底，有干部、职工27人。其中：大学生5人，大专生6人；局长1人，副局长4人。

审计工作成果　共完成审计项目单位428个。审计调查18项，调查单位196个。共查出违纪违规金额2.58亿元，上缴财政320万元。同县纪检、监察、信访等部门配合，解决各种上访案件、经济纠纷10余起，为社会稳定发挥了作用。共提交审计报告428篇。

完成县政府交办任务　共完成交办的工作任务125项。其中完成离任审计达45项，为县领导地调整使用干部提供了的依据。

完成上级下达审计任务　共完成省、市审计机关下达的审计任务71项，审计单位108个。

【青岛市审计局】　至1998年底，全市审计机关13个，实有人数338人。其中，大专以上学历占73.7%；获得审计师或注册会计师资格的占47%。青岛市审计局内设财政审计处、金融审计处、行政事业审计处、外资审计处、基建审计处、商贸审计处、工业审计处、交通审计处、综合处、管理指导处、组织人事处、办公室及机关党委。行政定编119人。

审计工作成果　5年来，共审计4394个单位；查出违规行为金额471298万元；决定处理处罚109252万元；应缴财政57052万元；应核减财政拨款或补贴金额20704万元；应归还原渠道资金金额58176万元；已上缴财政34581万元；促进增收节支32326万元；向司法机关移送案件9件；建议给予行政处分12人；提交审计工作报告、信息2901篇。协助有关部门查处案件283件。

本级预算执行审计　5年来，共审计789个单位的预算执行和其它财政收支情况，查处违规行为金额76123万元，其中决定处理处罚金额11085万元，应缴财政21479万元，应核减财政拨款或补贴764万元，应归还原渠道资金2756万元，已缴财政18729万元。

完成审计任务情况　共对57个金融机构进行了审计，查出违规行为金额58631万元，决定处理处罚13092万元，应上缴财政8125万元，已缴财政1988万元；共对572个重点基建工程项目进行了审计，查出违规行为金额43670万元，决定处理处罚33919万元，应核减工程款19045万元，应归还原渠道资金32217万元，促进增收节支19773万元，1997、1998年对424个开工前项目审计中，查出投资不落实13亿元，对超规模建设项目按规定作了处罚等处理；共审计企业1823个，查出违规行为金额156311万元，决定处理处罚105545万元，应缴财政12007万元，已缴财政5258万元，促进增收节支8675万元。1996年对377户国有企业进行了审计，查出资产不实28户，14939万元；负债不实25户，12352万元；损益不实88户，其中虚增利润10576万元，虚减利润937万元。国有资产流失6364万元，账外资产4549万元；共审计行政事业单位895个，查出违规行为金额79777万元，决定处理处罚29187万元，应缴财政8381万元，应归还原渠道资金16570万元，已缴财政3385万元；共审计国外贷款援款项目(单位)68个，查出违规行为金额30444万元，决定处理处罚17097万元，指明要求纠正13365万元，应缴财政1067万元，应归还原渠道资金833万元，已缴财政110万元。

**地址**　青岛市市南区延安三路141号
**电话**　0532—3867397
**邮编**　266071　(韩国民)

【青岛市市南区审计局】　1998年底，共有人员11人。其中：大学生5人，大专生4人；局长1人，副局长1人。

审计工作成果　共完成审计项目217个，审计调查6项，调查单位53个。共查处违纪违规金额2687万元，上缴财政126万元。共提交审计报告217篇。

完成区委、区政府交办任务　共完成政府交办的工作任务154项。

完成上级下达审计任务　共完成市审计机关下达的审计任务63项，审计金额57096万元。

【青岛市市北区审计局】　至1998年底，共有干部19人。其中：本科学历8人，大专学历11人；局长1人，副局长2人。

审计工作成果　共完成区委、区政府及上级审计机关下达的审计项目319个。共查处违规行为金额17453万元，上缴财政金额619万元。向司法机关移送案件2件，处理2人，建议给予行政处分1人。共完成区委、区政府交办工作任务247项。1995年，参加了全区企业清产核资工作，历时5个月，对400个企业进行了检查核对，为摸清全区企业的家底作出了贡献。

完成上级下达审计任务　共完成省、市审计机关下达的审计任务72项，审计单位131个，查处违规行为金额10053万元。

**【青岛市城阳区审计局】**　到1998年年底共有23人。其中：大学生4人，大专生14人；局长1人，副局长2人。

审计工作成果　共完成审计项目330个，完成审计调查项目21项，调查单位179个。共查出违纪违规金额4539万元，查处应上缴财政金额1289万元，已上缴财政金额458万元，应追还挪用资金382万元。同区纪检、监察、信访等部门配合，查处各种经济案件6起。共提交审计报告、信息207篇。

完成区委、区政府交办任务　共完成交办的工作任务65项。1998年6月配合镇村企业改制，参与并负责城阳区镇村企业资产清产核资、资产评估工作，共审计了109家企业，评估资产总额4.45亿元，为企业改制工作提供了公允的资产价值依据。1998年全区领导班子调整，区委领导要求对全区领导干部离任进行经济责任审计，共查处违规行为金额748万元，对领导干部任期经济责任作出了公正的评价和鉴证，为促进完善领导干部管理机制等方面发挥了积极作用。

完成上级下达审计任务　共完成省、市审计机关下达的审计任务192项。

**【青岛市四方区审计局】**　到1998年底，有人员32人，其中，本科生4人，大专生23人；局长1人，副局长1人。

审计工作成果　共完成审计项目86个，审计单位272个；完成审计调查4个，调查单位26个。共查出违纪违规金额4119万元，上缴财政245万元。同监察、纪检等部门配合专案审计9起，查出违法违纪案件1件，移交司法机关处理3人。提交审计报告86篇。

完成区委、区政府交办任务　共完成交办的工作任务34项，审计单位192个。其中，截止1998年底共完成工程决算审计项目4个，审减金额189万元。

完成上级下达审计任务　共完成省、市审计机关下达的审计任务52项，审计单位80个。

**【青岛市李沧区审计局】**　1998年底，共有干部职工12人，其中：大学本科2人，大专8人；局长1人，副局长1人。

审计工作成果　共完成审计项目52个，审计单位198户；完成审计调查7项，调查单位22个。共查出违纪违规金额2727万元，已上缴财政36万元。共提交审计综合报告36篇。

完成区政府交办任务　共完成交办的工作任务10项，审计单位92个。94年5月，对区工业局所属18个企业进行划转审计。核实了企业家底，向区政府交了一份满意的答卷。

完成上级下达审计任务　共完成市局下达的审计任务50项，审计单位194个。

**【青岛市黄岛区审计局】**　到1998年底，有人员46人。其中：大学生19人，大专生22人；局长1人，副局长2人。

审计工作成果　共完成审计项目141个，审计单位189个，完成审计调查11项。共查出违纪违规金额4120万元，上缴财政702万元。同纪检、监察、检察等部门配合、查处各种经济案件21起。共提交审计报告186篇。

完成工委(区委)、管委(区政府)交办任务　共完成交办的工作任务57项，审计清理单位136个。1997年，对区公证处1993至1996年度财务收支情况进行了审计，查处了欠交各款等6个方面的问题，涉及违纪违规资金103.5万元。根据审计结果及建议，责成有关部门对10余名责任人进行了相应处理。1995年，对开发区日元贷款污水处理厂工程预算审计中，依法审减工程造价7600万元，审减率达64%。

完成上级下达审计任务　共完成市审计机关下达的审计任务75项，审计单位163个。

**【青岛市崂山区审计局】**　1998年底，有人员8人，其中：研究生1人，本科3人；局长1人，副局长1人。

审计工作成果　共完成审计项目(单位)170个，完成审计调查项目15个，。上缴财政1127万元。共查出违纪违规金额5437万元，同纪检、监察、政法等部门配合，查处各种经济案件13起，移交司法机关并受到刑事处罚1人，移交纪检监察部门并受到党纪政纪处理1人。共提交审计报告170篇。

完成区政府交办任务　完成交办的审计任务67项。其中，完成了对青啤集团托管崂山啤酒厂、广辰集团托管青岛东风造船厂的清产核资等项审计工作。

完成上级下达审计任务　1994年至1998年，完成市局下达审计任务55项，查出违规违纪金额3547万元。

【胶南市审计局】 1998年底，有干部职工51人。其中：大学生3人，大专生26人；局长1人，副局长2人。

审计工作成果 共完成审计项目626个，审计单位678户；完成审计调查21项，调查单位37个。共查出违纪违规行为金额13741万元。上缴市财政236万元。同市纪检、监察、信访等部门配合，查出各类经济案件63起。共提交审计报告374篇。

完成市政府交办任务 共完成交办的工作任务436项，审计清理单位1379个。自1997年先后对85名乡镇党委书记、市直部门主要负责人、市属企业厂长（经理）进行了经济责任审计，有3人被降职、免职。积极配合市纪检、监察、信访等部门，参与企业和村级财务清理48项，审计还了老百姓一本明白账，受到市委、市政府的高度评价。

完成上级下达审计任务 共完成省、市审计机关下达的审计任务116项，审计单位162个。对胶州市粮食系统1992年4月至1998年5月新增财务挂账和不合理利用农发行贷款情况进行了审计，共审减亏损额942万元。

【胶州市审计局】 1998年有干部、职工54人。其中：大学生9人，大专生16人；局长1人，副局长3人。

审计工作成果 共完成审计项目421个。审计单位497户；完成审计调查18项，调查单位125个。共查出违纪违规金额2246万元，上缴市财政502万元。查出经济犯罪案件2起。上缴市财政502万元，共提交审计报告421篇、提供审计信息177篇。

完成市委、市政府交办任务 共完成交办的工作任务278项，审计单位430个。1994年以来，开展了厂长（经理）离任审计，任期目标责任审计、股份制企业审计、破产企业清产核资等，1998年，出台了《胶州市领导干部离任审计工作意见》，并对5个部门、单位的领导干部开展了离任审计。

完成上级下达审计任务 共完成省、市审计机关下达的审计任务124项，审计单位180个。

【平度市审计局】 到1998年底共有干部职工64人。其中：大学生3人，大专生25人；局长1人，副局长4人。

审计工作成果 共完成审计项目238个，审计单位502个，其中完成省、市审计机关下达的审计任务145项，审计单位196个；完成调查项目21个，调查单位95个，共查出违规行为金额17385万元，上缴财政745万元。配合市纪检，监察等部门查处经济案件、来信来访等26起。

完成市委、市政府交办任务 共完成交办的任务83项，审计清理单位357个。1995年，完成了对全市45个乡镇的资产分割监交和关系理顺等工作。从1994年开始，先是对实行承包责任制，后是对实行年薪制的市属工商企业的厂长（经理）进行了兑现审计和年薪制考核。

【莱西市审计局】 到1998年底，共有干部职工47人。其中：大学本科3人，大专生34人；局长1人，副局长3人。

审计工作成果 共完成审计项目581个。审计单位944户；完成审计调查41项，调查单位56个。共查出违纪违规金额17090.9万元。上缴市财政603.2万元。共提交审计报告186篇。

完成市政府交办任务 共完成交办的工作任务207项，审计清理单位593个。1995年处理违纪责任人员8名，在全市通报了市五交化公司借改制之机采取乱列乱摊费用、多转销售成本、开具假发票等手段，人为制造虚假亏损、造成国有资产流失200.6万元的问题。

完成上级下达审计任务 共完成省、市审计机关下达的审计任务250项，审计单位414个。

【即墨市审计局】 到1998年底，共有干部、职工36人。其中：大学生5人，大专生23人；局长1人，副局长2人。

审计工作成果 共完成审计单位395个，完成审计调查22项，调查单位182个。共查出违规违纪金额45119万元，上缴财政355万元。同市纪检、监察、信访等部门配合，查出各种案件12起。提交综合性审计报告96篇。

完成市政府交办任务 共完成交办的工作任务205项，审计清理单位458个。1998年，为配合市委、市政府的换届工作，对85个党政领导干部任期经济责任进行了审计，对其中5个财政财务管理工作差、严重违反财经纪律的单位进行了通报批评，对3个单位向司法监察部门进行了移送处理。

完成上级下达审计任务 共完成省、市审计机关下达的审计任务154项，审计单位196个。

【淄博市审计局】 到1998年底，共有干部、职工96人。其中：大学生22人，大专生49人；局长1人，副局长2人。设有工业交通审计科、商粮外贸审计科、固定资产投资审计科、财政金融审计科、行政事业审计科、外资运用审计科、办公室、综合科、人事教育科、审计管理科、法规科。

审计工作成果 共完成审计单位1377个，查出违规行为金额17.33亿元，增加财政收入3.27亿元，促进被审计单位增收节支、提高经济效益4.11亿元。提交审计调查报告86项，调查单位1325

个。

完成市委、市政府交办任务　共完成交办的工作任务69项，审计单位162个。1995年对全市“焦化煤气”工程、“引黄供水”工程等5项重点工程进行了审计；1998年对市13户市属主管企业公司（局）资产负债情况进行审计，发现公司所办实体存在的一些资产负债损益不实、虚盈实亏等问题，向市委、市政府作了书面汇报，确保了市属主管公司（局）改制工作的顺利实施。

完成上级下达审计任务　共完成上级审计机关下达的审计任务812项，审计单位1183个。

社会审计　共接受社会委托项目13168项。核减基建预决算金额4.26亿元，为委托单位挽回损失9779万元。

受表彰情况　1995年至1998年连续4年被市委、市政府授予政绩考核先进单位和优秀领导班子；连续4次荣获全国审计机关先进集体的荣誉，被山东省精神文明委命名为全省精神文明机关示范点。

**地址**　淄博市张店区柳泉路北首
**电话**　0533—3582050
**邮编**　255000　（玉海　开诚）

**【淄博市张店区审计局】**　1998年底共有干部、职工34人。其中：大学生57人，大专生19人；局长1人，副局长3人。

审计工作成果　共完成审计项目374个，审计单位529个；完成审计调查96项，调查单位182个。共查出违纪违规金额24,322万元，上缴财政2,279万元。共提交审计报告432篇。

完成区政府交办任务　共完成交办的任务109项，审计清理单位243个。

完成上级下达任务　共完成省、市审计机关下达的审计任务157项，审计单位196个。

**【淄博市临淄区审计局】**1998年底有干部、职工20人。其中：大学生2人、大专生13人；局长1人，副局长2人。

审计工作成果　共完成审计项目412个，审计单位427户，完成审计调查38项，调查单位192个。共查出违纪违规金额26583万元，上缴财政1766万元，提交审计报告412篇。同区纪检监察信访等部门配合，查处各种经济案件38起。

完成区政府交办任务　共完成交办的工作任务42项，审计清理单位57个。1998年进行财经法纪审计4项，查出违纪金额170万元，向司法机关移送违反财经法纪人员9人，平息群众上访4起。

完成上级下达审计任务　共完成省、市审计机关下达的审计任务284项，审计单位296个。

**【淄博市淄川区审计局】**　到1998年底，共有干部职工55人。其中：大学生6人，大专生24人；局长1人，副局长4人。

审计工作成果　共完成审计项目463个，审计单位452户；完成审计调查32项，调查单位212个。共查出违纪违规金额15032万元，上缴区财政936.5万元。同区纪检、监察、信访等部门配合，查处各种经济案件12起。共提交审计报告463个。

完成区政府交办任务　共完成交办的工作任务92项。

完成上级下达审计任务　共完成省、市审计机关下达的审计任务128项，审计单位206个。

**【淄博市博山区审计局】**　到1998年有人员18人。其中：本科学历9人、大专学历8人；局长1人、副局长3人。

审计工作成果　共完成审计项目339项，完成审计调查74项。共查出违规违纪金额11875万元，上缴财政金额680万元。共提交审计信息198篇。同区纪检、监察、信访等部门配合查出各类经济案件16起。

完成区政府交办任务　共完成交办工作96项，其中干部任期经济责任审计74项。1997年共审计96户企业，摸清了企业家底，为区委区政府制定对区属企业改制方案提供了依据。1997年度对区政府自1992年以来投资开发建设的旅游项目进行了审计，共审计工程决算提报值1867.06万元，工程决算项目8个，审减金额562.3万元。

完成上级下达任务　共完成省、市审计机关下达的审计任务156项，审计单位257个。

**【淄博市周村区审计局】**　1998年底，共有干部职工30人。其中：研究生1人，大专生12人；局长1人、副局长3人。

审计任务完成情况　共完成审计项目425个，查出违纪违规金额8 679万元，应上缴财政金额1 886万元，已缴财政金额1 692万元，促进增收节支、提高经济效益4 759万元，完成审计调查35项，被调查单位1 225个。

完成区委、区政府交办任务　共完成交办任务（离任审计）56项，共查出违纪违规行为金额531万元。

**【淄博高新技术产业开发区审计局】**　1998年底，共有干部职工28人，均具有大专以上学历。

审计工作成果　共完成审计项目246项，查处各类违纪违规金额8721万元，为国家增加财政收入4142万元。

**【桓台县审计局】**　1998年底，有干部职工28人。其中：研究生1名，本科生3名，大专生9人；局长1人，副局长4人。

审计工作成果　共完成审计项目535个，共查出违纪违规金额18718万元，上缴财政1148万元，促进被审计单位增收节支、提高经济效益3822万元，提交审计情况综合报告62篇。

*完成县政府交办任务* 共完成交办审计任务73项，审计清理单位984个。1995年对全县341个行政村进行了审计，查出违纪金额711万元，为集体挽回经济损失1430万元。1996年对66家企、事业单位进行了奖励政策兑现审计，结果核减受奖单位19个，核减奖励金额184万元。

*完成上级下达审计任务* 共完成上级审计机关下达的审计任务105个，审计单位192个。

**【高青县审计局】** 1998年底，共有干部职工39人。其中：大学生6人，大专生22人；局长1人，副局长2人。

*审计工作成果* 共完成审计项目1016个，审计单位1420户，完成审计调查140项，共查处违纪违规金额16037万元。同纪检监察、信访等部门配合，查出各类经济案件4起。共提交审计报告4篇。

*完成交办任务* 共完成县委、县政府交办事项136项；其中：领导干部离任经济责任审计75个，经审计，有12人提职、有62人调整、有1人降职，为组织人事部门提拔任用干部提供了依据；审计破产、兼并单位清理8个。5年来共完成省、市审计机关下达的审计任务184项，审计单位257个。

**【沂源县审计局】** 1998年底，有干部职工38人，其中局长1人，副局长3人；大学生7人，大专生18人。

*审计工作成果* 共审计单位407个，完成审计调查30项，查出违纪金额13187万元，促进增加财政收入821万元，对违纪行为处罚186556元，促进归还原渠道资金1331万元。促进增收节支3174万元。提交审计信息151篇。同县纪委、监察局、检察等部门密切配合，查处各种经济案件16起。

*完成县委县政府交办任务* 共完成交办的工作106项。1998年3月，为配合政府换届，对29个政府部门的主要负责人进行到届审计，审计完成后，全县召开大会，公布了对各部门的审计结果，同时对一批企业亏损大户公布了财务情况。

*完成上级下达审计任务* 共完成省市审计机关下达的审计任务38项。

**【枣庄市审计局】** 1998年底共有干部、职工60人。其中：大学生15人，大专生34人；局长1人，副局长1人。设有办公室、人事科、监察室、党总支、财政金融审计科、行政事业审计科、商贸审计科、工交审计科、综合科、管理科、审计事务所。

*审计工作成果* 共完成审计(单位)项目522个，审计调查42项，查出违纪金额29669万元，收缴财政金额3594万元。

*完成审计任务情况* 共计对90个单位预算执行和14个单位的财政决算和其他财政收支情况进行审计，查出违纪金额6250万元，经审计处理，增加财政收入1687万元；对7个国有商业银行、2家保险以司等15个金融单位进行审计，共审计企业单位项目237个，查出违纪金额13268万元。

*内部审计* 到1998年，有内部审计机构到157个，内审人员346名。

*社会审计* 共接受社会委托项目5270项，为委托单位挽回经济损失金额2584万元，审计工程预决算45263万元，核减率为26.1%。

**地址** 枣庄市龙头中路31号
**电话** 0632—3311657
**邮编** 277102

(靳西德)

**【枣庄市市中区审计局】** 到1998年底，共有干部、职工27人。其中：大学生5人，大专生10人；局长1人，副局长2人。

*审计工作成果* 共完成审计项目337个。审计单位556户；完成审计调查11项，调查单位17个。共查出违纪违规金额11694万元。上缴财政633万无。同区纪检、监察等部门配合，查处各种经济案件8起。提交审计报告136篇。

*完成区政府交办任务* 5年间共完成交办的工作任务98项，审计单位126个。

*完成上级下达审计任务* 共完成省、市审计机关下达的审计任务12项。审计金额48562万元。

**【枣庄市山亭区审计局】** 1998年底，有干部职工33人。其中：大学1人，大专28人；局长1人，副局长4人。

*审计工作成果* 共完成审计项目276个，共查纠违规违纪金额19430万元，促进增收节支，提高经济效益10046万元。上报审计报告和信息251篇。配合区纪检、监察、信访等部门查处各种经济案件17起。

*完成区政府交办的任务* 共完成交办的工作任务18项，审查金额2700万元。

*完成上级下达审计任务* 共完成省、市下达的审计任务206项，审计单位213个。查处虚列支出、挤占挪用专项资金等违规违纪金额14300万元。取缔“小金库”26万元，促进增收节支9865万元。

**【枣庄市峄城区审计局】** 1998年底，共有干部、职工28人。其中大学生3人，大专生14人；局长1人，副局长2人。

审计工作成果　共完成审计项目282个，审计单位371户，完成审计调查12项，调查单位67个。共查出违纪违规金额6718万元，上缴财政623万元。同区纪检、监察、检察等部门配合，查处各种经济案件15起。提交审计报告316篇。

完成区政府交办任务　共完成交办审计项目75个，审计单位156个。

完成上级下达任务　1994年至1998年，共完成省、市审计机关下达审计任务207项，审计单位215个，审计金额269775万元。

**【枣庄市台儿庄区审计局】** 1998年底，共有干部、职工15人。其中大专生8人；局长1人，副局长4人。

审计工作成果　共审计项目266个。审计单位323户；完成审计调查78项，调查单位186个。共查出违纪违规金额10655万元，上缴财政1192万元。并配合区纪检、监察等部门，查处经济案件、实施反腐工程14起。共提交审计报告129篇。两次受区委、区政府的表彰奖励，8人次受到区委、区政府的记功、嘉奖。

完成区委、区政府交办任务　共完成交办的工作任务49项，审计清理单位141个。共完成工程决算审计项目190个，审减金额1708万元。

完成上级下达审计任务　共完成省、市审计机关下达的审计任务87项，审计单位274个，审计金额471964万元。

**【枣庄市薛城区审计局】** 1998年底，共有干部、职工36人。其中：大学生7人，大专生10人；局长1人，副局长2人。

审计工作成果　共完成审计项目350个，完成审计调查项目17个。共查出各类违规违纪金额28467万元，应上缴财政金额2827万元，提出审计建议762条，促进增收节支759万元，提交各类报告、信息等情况资料460篇。

完成区委、政府交办任务　共完成交办的工作任务46项，涉及被审计单位90多个。

**【滕州市审计局】** 1998年，有干部、职工27人。其中：大学生9人，大专生9人；局长1人，副局长3人。

审计工作成果　共完成审计项目366个，完成审计调查项目11个，调查单位59个，查出违纪违规金额20006万元，已上缴财政金额3318万元，实施罚款137万元，促进增收节支1963万元。移送贪污贿赂案件7起，移送监察部门处理19人，移送司法机关处理24人，通报批评单位8个。

完成审计任务情况　共审计企业177个单位（项目），查出违纪违规金额12461万元，促进增收节支893万元；共审计行政事业单位34人，查出违纪金额1088万元。

**【东营市审计局】** 1998年底，共有干部、职工47人。其中：大学生20人，大专生18人；局长1人，副局长3人。设有办公室、综合科、人教科、审计管理科、财金科、行政事业科、基建科、工交科、商贸科。

审计工作成果　共审计单位308个；完成审计调查34项，调查单位73个。共查出违纪违规金额45111万元，上缴市财政4925万元。共提交审计报告455篇。同市纪检、监察、信访等部门配合，查处各种经济案件7起。

完成市政府交办任务　共完成交办的工作30项、审计单位116个。在对市重点工程东营港通用泊位的审计中，查处各类违纪违规问题13项，竣工后的审计，查处违规金额共540万元，并对有关问题提出了处理意见和建议，受到市领导的高度评价。

完成上级下达审计任务　共完成上级审计机关下达的审计任务94项，审计单位192个。

内部审计　到1998年有内部审计机构204个，内审人员397名。

社会审计　共接受社会委托项目3170项。基建审计审减金额13704万元。

受表彰情况　受省审计系统表彰5次，受市委、市政府表彰9次。共有5人次受到省审计系统表彰奖励；3人次受市委、市政府记功、嘉奖等奖励。

**地址**　东营市府前街132号
**电话**　0546—8331158
**邮编**　257091

**【东营市东营区审计局】** 1998年底，共有干部、职工22人。其中：大学生11人，大专生7人；局长1人，副局长5人。

审计工作成果　共完成审计项目212个，审计单位302户；完成审计调查项目16项，调查单位138个。共查出违纪违规金额13133万元，已上缴财政1711万元。向司法机关移送经济案件1起。提交审计信息、审计报告被批示、采用329篇。

完成区政府交办任务　共完成交办的工作任务54项，审计清理单位523个。1998年对7个村、居委会的财务收支进行了清理审计，挽回和避免经济损失295.7万元。

**【东营市河口区审计局】** 1998年在职人数为14人。

审计工作成果　共完成审计单位130个（仅计划审计单位数），查处违纪行为资金852万元，其中：应上缴财政401万元，已上缴财政369万元，促收节支112万元。

1996年开始，共对31个离任领导干部进行了任期经济责任审计。1998年，进行对东营区粮食系统审计，共审计单位24个，查出违规行为金额2352万元。1997年，对地方金融机构实行每年审一次，在防范和化解金融风险上发挥了重要作用。

**【垦利县审计局】** 1998年底，共有干部、职工11人。其中：大学生1人，大专生7人，局长1人，副局长2人。

审计工作成果 共完成审计项目275个，完成审计调查18项，调查单位32个。共查出违纪金额6035万元。上缴县财政512万元。促进增收节支845万元，挽回经济损失608万元。同县纪委、监察、检察院等部门配合，查处各种经济案件14起。共提交审计报告229篇。

完成县政府交办任务 共完成交办的工作任务86项。

完成上级下达审计任务 共完成省、市审计机关下达的审计任务171项。

**【广饶县审计局】** 1998年底，有干部职工15人。其中大学生8人、大专4人；局长1人、副局长2人。

审计工作成果 共完成审计项目202个，审计单位198户，完成审计调查26项，调查单位166个。共查出违纪违规金额4670万元，上缴财政金额1065万元，共提交审计报告202篇。

完成县政府交办的任务 共完成交办的各项工作任务78项，审计清理单位137个。1995年8月，对县广胜水泥有限责任公司1992年技改项目进行审计，送审总投资4478万元，经审计确认基建总投资3382万元，净审减1096万元，受到了县政府及被审计单位的好评。1998年3月，对20个科级行政事业单位的正职进行了离任审计。

完成上级下达的审计任务 共完成省、市审计机关下达的审计任务202个。

**【利津县审计局】** 1998年底，共有干部职工25人。其中：大学生1人；大专生13人；局长1人；副局长3人。

审计工作成果 共完成审计项目32个，审计单位399户。共查出违纪违规金额12172万元。上缴县财政金额286.5万元；追还侵占挪用资金3120万元；罚款43.09万元；促进增收节支712万元。移交纪检、检察机关经济案件4起。

完成县政府交办任务 共完成交办的工作任务35项，220个单位。1997年4月对利津县石油化工厂自项目开工至竣工的基建、土建及安装进行全面审计。共审计决算资料250多份，资金2000多万元，审减169.16万元，审减率8.49%，为企业节约了基建投资，维护了甲、乙双方的合法权益。1998年2月，对撤并的9个乡镇和离任的5个乡镇进行了审计。。共核实债权、债务8475户；收回资金65万元。为4户矿产企业进行了审计鉴证。

**【潍坊市审计局】** 到1998年底，有干部职工55人。其中，具有中、高级职称的48人；局长1人，副局长2人。设有办公室、综合科、人教科、管理科、行政事业审计科、工交审计科、固定资产投资审计科、商贸审计科、财政审计科、外资运用审计科、金融审计科。

审计工作成果 共完成审计项目396个，查出违规违纪金额79000万元，促进增收节支13000万元，上缴财政7800万元。共提交审计工作报告(信息)620篇。会同纪检、监察、信访等部门查处各类经济案件18起，依法处理26人。

完成市委、市政府交办任务 共完成交办的审计单位109个。接受市委组织部委托，完成领导干部任期经济责任审计项目52个。按照市委、市政府安排，重点开展了对社会保障资金、农业资金、水利资金等项目的审计；严肃查处"三乱"，减轻企业负担等热点和难点问题，维护了正常的经济秩序和社会稳定。

内部审计 到1998年底，有内部审计机构550个，内审人员1380名。共完成审计项目(单位)12280个，查出违纪违规金额35760万元，促进增收节支97600万元。

社会审计 共接受社会委托项目17650项。查证总金额987.3亿元，核减工程结算金额171.15亿元，为委托单位挽回损失3.07亿元。

受表彰情况 市局机关被市委、市政府命名为文明单位，被市人大评为行政执法先进单位。

**地址** 潍坊市福寿东街228号
**电话** 0531—8786012
**邮编** 261031 (任学君)

**【潍坊市潍城区审计局】** 1998年底，共有干部、职工31人。其中：大学本科6人，大学专科15人；局长1人，副局长2人。

审计成果 共完成审计项目510个，审计单位576个；完成审计调查7项，调查单位42个。共查出违纪违规金额13615万元，上缴财政1011万元，追还被侵占挪用资金1652万元，促进增收节支276万元，核减财政拨款56万元，归还原渠道资金203万元。协同纪检、监察、信访等部门，查处各类经济案件10起。共提交审计报告和审计信息611篇。

完成区政府交办任务 共完成交办的工作任务146项。从1996年到1998年，连续3年牵头对10个镇(街办)40多个项目200多个单位的年度经济指标完成情况进行了审计;配合财税物价部门对1800户(次)企业进行财税物价大检查,共增加财政收入600万元。

完成上级下达审计任务　共完成省、市审计机关下达的审计任务364项,审计单位43个,审计金额352145万元。

**【潍坊市寒亭区审计局】**　到1998年底,共有干部职工16人。其中:具有中级职称9人;局长1人,副局长2人。

审计工作成果　共完成审计项目323项,查出违规违纪金额38950万元,上缴财政1600万元。促进提高经济效益9340万元,提出合理化建议并被企业采纳680条。会同区纪检、检察、信访等部门查处各类经济案件65起,依法处理140人。提报各类信息186篇。

完成区委、区政府交办任务　共完成交办任务230项。配合区里完成企业改制,清理"三乱",农民负担调查、清产核资等项工作。

**【潍坊市坊子区审计局】**　1998年底,共有干部、职工41人。其中:大学生12人,大专生14人;局长1人,副局长2人。

审计工作成果　共完成审计项目260个,审计单位511户;完成审计调查32项,调查单位41个。共查出违纪违规金额17.25亿元,上缴财政860万元,同区纪检、政法、信访等机关部门配合,查处各种经济案件21起。共提交审计报告260篇,发布重要审计信息70篇。

完成区政府交办任务　共完成交办的工作任务84项,审计清理单位624个。1998年底,共对60个部门单位的负责人进行了离任经济责任审计,审计金额36134万元,共查出违规违纪金额1348万元,为区委组织、人事部门考核干部、评价工作业绩提供了依据。

完成上级下达任务　共完成省、市审计机关下达的审计任务212项,审计单位325个。

**【潍坊市奎文区审计局】**　到1998年底,共有干部、职工15人。其中;大学学历2人,大专学历6人;局长1人,副局长2人。

审计工作成果　共完成审计项目334个。审计单位426户;完成审计调查13项,调查单位71个。共查出违纪违规金额21197万元,上缴财政922万元。同区纪检、监察、信访等部门配合,查处各种经济案件21起。共提交审计报告287篇。

完成区政府交办任务　共完成交办的工作任务112项,审计单位141个。1997年,对区政府宿舍楼工程竣工决算进行了审计,审减金额1000余万元。1998年,对23个单位26负责人进行了离任经济责任审计,为评价、使用干部提供了事实依据。

完成上级下达审计任务　共完成上级审计机关下达的审计任务87项,审计单位122个。

**【青州市审计局】**　到1998年底共有干部职工21人,其中;大本学历19人,大专学历1人;局长1人,副局长4人。

审计工作情况　共完成审计项目857项,查出违纪金额10688万元,应上缴财政4457万元,已上缴财政1163万元。5年来,一是积极完成上级下达的审计任务234项,查出违纪金额2918万元。二是积极完成市委、市政府交办的各项工作。如:5年中接受市委组织部委托开展任期经济责任审计67个,有6名厂长受奖励,6名免职,4名降职,4名移交司法机关被判刑。配合信访、纪检部门查处案件30多起,有5人移交司法机关处理,为2名领导正了名。三是共完成基建审计项目82个,为国家节约建设资金2400多万元。四是共提报审计科研成果和审计信息295篇,被市委、市政府以上采用、批转等217篇,采用率达73%。

**【诸城市审计局】**　1998年底,共有干部职工39人。其中:大学生8人,大专生21人;局长1人,副局长4人。

审计工作成果　共完成审计项目398个,审计单位460个;完成审计调查38项,调查单位120个。查处违纪违规金额8200多万元,增加国家财政收入2600多万元。提交各类审计报告546篇。同县纪检监察、信访等部门配合,查处各类经济案件10起。

**【寿光市审计局】**　1998年底,共有干部、职工88人。其中:本科生7人,大专生32人,局长1人,,副局长3人。

审计工作成果　共完成审计项目1043个,审计总金额151亿元,查处违纪金额14525万元,上缴财政2125万元,促进增收节支6791万元,提交审计报告1043篇。一是预算执行审计。审计了152个单位(次),查处违纪金额3002万元,增加财政收入850万元。二是乡镇财政决算审计。审计55个单位,查处违纪金额1131万元,增加财政收入125万元。三是金融机构审计。审计25个单位,查处违纪金额2061万元,上缴财政63万元。四是企业审计。共审计市属企业474个单位,查处违纪金额6185万元,上缴财政823万,促进增收节支6791万元。五是审计238个行政事业单位,查处违纪金额1711万元,上缴财政264万元。六是审计固定资产投资67个项目,查处违纪金额435万元。

**【安丘市审计局】**　至1998年共有干部、职工24人。其中:大学生10人,大专生13人;局长1人,副局长4人。

审计工作成果　共完成审计项目782个。审计单位764户;完成审计调查54项,调查单位260个。共查出违纪违规金额35216万元,上缴财政3157万元。同市纪检、监察、信访等部门配合,查处各种经济案件32起。共提交审计报告310篇。

完成市委市政府交办任务　共完成交办的工作任务128项,审计清理单位489个。1998年,对安丘市重点工程——"青云山民俗园"进行审计,使原报价1123万元的工程核减为859万元,一次就为市财政节约开支264万元。

完成上级下达审计任务　共完成省、市审计机关下达的审计任务172项,审计单位288个。

**【高密市审计局】**　1998年底,共有干部、职工58人,其中大学生4人,大专生25人,局长1人,副局长4人。

审计工作成果　共完成审计项目83个,审计单位284户;完成审计调查项目18项,调查单位58个;共查出违纪违规金额17208万元,其中决定上缴财政1883万元,已上缴1358万元。

完成市委市政府交办任务　共完成交办的工作任务8项,审计单位356个(次)。1996、1997年,参与并负责全市企业年度经营状况审计,审计企业167个,有16户企业因虚报盈利被取消奖励资格。5年来基建审计共审减工程决算2127万元,市委、市政府对审计结果给予了高度评价,并奖励人民币18万元用于购买电脑。

完成上级下达审计任务　共完成省、市审计机关下达的审计任务75项,审计单位126个。

**【昌邑市审计局】**　1998年底,共有干部、职工23人。其中:本科3人,大专17人;局长1人,副局长3人。

审计工作成果　共完成审计项目301个,审计单位527户;完成审计调查16项,调查单位146个。共查处各类违纪违规金额26779万元,上缴财政689.5万元。共提交审计报告284篇。

完成市政府交办任务　共完成交办的工作任务89项。对73名工厂(经理)进行了离任审计,为组织人事部门任用干部提供了依据。

完成上级下达审计　共完成省、市审计机关下达的审计任务169项,审计单位298个。

**【昌乐县审计局】**　1998年底,共有干部、职工25人。其中:具有大学本科学历的2人,大专学历的11人;局长1人,副局长3人。

审计工作成果　共完成审计项目422个。审计单位513户;完成审计调查18项,调查审计单位124个。共查出违纪违规金额15033万元,上缴县财政708万元。同县纪检、监察、信访等部门配合,查处各种经济案件16起。共提交审计报告187篇。

完成县委、县政府交办任务　共完成交办的工作任务56项,审计清理单位186个。

完成上级下达审计任务　共完成省、市审计机关下达的审计任务143项,审计单位169个。

**【临朐县审计局】**　到1998年底,共有干部职工48人。其中:具有大专以上文化程度的27人;局长1人,副局长4人。

审计成果　共完成行政事业单位、企业财务收支审计项目648个,经济效益审计项目156个,查处违纪违规金额15315万元,上缴财政3558万元,促进增收节支1260万元,提交审计报告804篇。共完成行政机关、企业、副科级以上事业单位主要负责人经济责任审计项目160个,查处违纪金额2231万元。同时,会同县纪检、监察、信访等部门,查处各类经济案件45起。

完成县委、县政府交办的任务　共完成交办的工作任务51项,审计单位179个。共完成基建决算审计项目502个,审减金额6530万元。

完成上级下达的审计任务　共完成省、市审计机关下达的审计项目138个,审计单位205个。

**【烟台市审计局】**　到1998年底,在职干部、职工67人,其中:本科学历48人,大专学历11人;局长1人,调研员1人,副局长3人。纪检组长1人,总审计师1人。设有办公室、人事教育科、综合科、审计管理科、行政事业审计科、商贸审计科、工交审计科、固定资产投资审计科、财政审计科、金融审计科和外资运用审计科。

审计工作成果　共完成审计项目185个,审计单位974个;完成审计调查项目66个,调查单位664个。查出违纪违规金额102379万元,上缴财政金额14713万元。单独和与司法、纪检等部门配合查处各类经济案件18起。提交审计报告信息1300多篇。

完成领导交办任务　共完成市委、市政府交办审计任务67项,审计单位149个。1996年对280户市属重点企业、1997年对市属185户中外合资合作企业的审计调查,得到了市委、市政府领导的充分肯定。

完成上级下达审计任务　共完成上级审计机关下达的审计任务97项,审计单位336个。

内部审计　到1998年,内审机构为166个,内审人员406人。共完成审计单位6601个,查处损失浪费金额10460万元,纠正违纪金额18753万元。

社会审计　1998年市属两个审计师事务所，从业人员94名。共完成委托项目8838个。

受表彰情况　连续荣获第二次、第三次全国审计机关先进集体称号，连续荣获第三次、第四次全省审计机关先进集体称号，共受到省审计系统表彰15次，获全市文明机关称号2次、市直机关岗位责任制先进单位5次；有1人受审计署表彰，24人次受省审计系统表彰、奖励，60人次受市委、市政府记功、嘉奖等奖励。

**地址**　烟台市毓璜顶西路17—2号

**电话**　0535—6244451转543

**邮编**　264000

（李春生）

**【烟台市芝罘区审计局】**　1998年底，共有干部、职工18人。其中，研究生1人，大学生11人，大专生3人；局长、副局长共5人。

审计工作成果　共完成审计项目、单位796个；审计调查19项，调查单位128个。查出违规行为金额20468万元，应缴财政2060万元，已缴财政988万元，促进增收节支3135万元。提交审计工作（调查）报告83篇。

完成区政府交办任务　共完成交办的工作任务63项，审计单位631个。

完成上级下达审计任务　共完成上级审计部门下达的各项审计任务35项，审计单位165个。

**【烟台市福山区审计局】**　到1998年底有干部职工12人。其中：大学7人，大专3人；局长1人，副局长2人。

审计工作成果　共完成审计单位1450个，查出违纪金额548082万元。应上缴财政2252万元，已上缴财政1741万元。促进增收节支1466万元。提交审计报告285篇。

完成政府交办任务　共完成交办的工作任务102项，审计单位238个。1994年，对区政府投资重点工程河滨西路的审计审减工程造价677万元，审减率达65%。

**【烟台市牟平区审计局】**　1998年底，共有干部职工18人。其中：大学本科学历的3人，大专学历的12人。局长1人，副局长3人。

审计工作成果　审计局机关共完成上级计划及当地党政领导交办审计任务413个，查出各类违纪违规金额21153万元，促进增收节支、提高经济效益2933万元。与纪检、监察机关的配合，查处各类经济案件11起。

完成区政府交办任务　共完成交办的工作任务137项，审计单位335个。

**【烟台市莱山区审计局】**　1998年底，共有干部职工7人，其中大学本科学历4人；局长1人，副局长兼纪检组长1人。

审计工作成果　共完成审计项目84项，完成审计调查项目及领导交办事项32项，审计及调查单位520个。共查出违规行为金额1600余万元，上缴财政金额1050万元，促进增收节支金额2000万元。共进交审计报告、信息190篇。

**【烟台市开发区审计局】**　1998年末有干部、职工13人，其中，研究生1人，大学生6人，大专生5人；局长1人，副局长1人。

审计工作成果　共完成审计项目67项，审计单位165个；完成审计调查11项，调查单位82个。共查出违纪违规资金9261万元，上缴财政资金673万元。配合纪检、监察、信访等部门查处各种经济案件9起。共提交审计报告67篇。

完成交办任务　共完成管委交办的任务28项，审计单位102个。1996年，通过对科技大厦遗留问题的清理，核减工程造价1244万元，解决了困绕管委多年的科技大厦投资"无底洞"问题。

完成上级下达审计任务　共完成省、市审计机关下达的审计项目39项，审计单位63个，审计资金18.6亿元。

**【龙口市审计局】**　到1998年底，有干部、职工24人，其中：大专以上22人；局长1人，副局长4人。

审计工作成果　共完成审计项目455个，审计调查20项，调查单位32个。共查出违纪违规金额28779万元，上缴财政2356万元。同市纪检、监察、信访等部门配合，查处各种经济案件8起。共提交审计报告284篇。

完成市政府交办任务　共完成交办的工作任务36项，审计单位40人。开展厂长经理离任审计15项，查出违规行为金额19140万元，虚增利润8303万元，账外资产126万元。1998年对全市62个部门行政事业性收费的收、管、用情况进行了审计，审计查出乱收费单位5个，金额745.1万元，私设小金库6个，金额58.2万元。隐匿漏交财政收入单位5个，金额198.3万元。对镇区主要领导干部经济责任的审计，查出挪用专项资金490万元，乱拉赞助乱收费229.9万元的情况，为镇区政府换届选择使用干部提供了依据。

完成上级下达审计任务　共完成省、市审计机关下达的审计任务125项，审计单位160个。

**【莱阳市审计局】**　到1998年共有干部、职工26人。其中：大学生2人，大专生16人；其中局长1人，副局长5人。

审计工作成果　共完成审计项目611个，完成审计调查项目26个，共查出违纪金额13128万元，其中：应上缴财政金额2875万元，已上缴财政金额1626万元。罚款金额86.3万元。共提交各类报告信息308篇。

完成市委、市政府交办任务 共完成交办的工作任务180项。1997年，对全市预算外资金进行了清理摸底，建议市政府及时出台了“莱阳市预算外资金管理暂行办法”和“莱阳市预算外资金管理办法施行细则”。1998年，共对17个市直部门和36个乡镇基层站所，进行了财务收支审计，促进了机关作风整顿工作。

完成上级下达审计任务 共完成上级审计机关下达的指令性审计任务66项。

**【莱州市审计局】** 到1998年有干部职工21人。其中：大专以上学历13人，局长1人，副局长3人。

审计工作成果 共完成审计单位635个，审计调查项目38个，调查单位257个。上缴财政3067万元。共查出违纪金额5460万元，同市纪委、监察、信访等部门配合，查处各种经济案件15起，移交司法机关处理3人。共提交审计报告409篇。

完成市委市政府交办任务 共完成交办任务98项，审计单位789个。

完成上级下达审计任务 共完成省、市审计机关下达的审计任务36项，审计单位162个，查出违纪金额800多万元。

**【招远市审计局】** 1998年底有干部、职工30人，其中大学生16人，大专生5人；局长1人，副局长3人。

审计工作成果 共完成审计项目和单位798个，查出违规行为金额11751万元，应上缴财政金额3130万元，促进增收节支4478万元，提交反映宏观经济情况的信息、调研和专题分析报告被各级党委、政府采纳166篇。

完成市政府交办任务 共完成交办的工作任务216项。其中离任审计项目78项，有6名领导干部未过审计关；承包兑现审计项目，单位62个；重大基础建设竣工决算审计项目5个，核减工程建设资金1455万元。

完成上级下达审计任务 共完成省、市审计机关下达的审计任务68项，审计单位126个。

**【蓬莱市审计局】** 到1998年底，共有干部、职工35人。其中：大学、本科生12人，大专生12人；局长1人，副局长3人。

审计工作成果 共完成审计项目412个。审计单位458个，完成审计调查28项，调查单位189个。共查出违纪违规金额22225万元，上缴财政1304万元。提交审计报告412篇。

完成市委、市政府交办任务 共完成交办的工作任务111项，调查项目185项，审计单位486个。1998年，对15个市直部门、单位主要负责人和7个乡镇主要负责人进行离任经济责任审计，查出违规违纪金额6169万元，查出“小金库”2个，计63万元。为市委、市府考核、使用干部提供了可靠的依据。

完成上级下达的审计任务 共完成省、市审计机关下达的审计任务212项，审计单位254户。

**【栖霞市审计局】** 到1998年底，共有干部职工21人。其中：大学生4人，大专生7人；局长1人，副局长2人。

审计工作成果 共完成审计项目503个，审计单位538户；完成审计调查30项，调查单位219个。共查出违纪违规金额42937万元。上缴财政907万元。同市纪检、监察、信访等部门配合；查处各种经济案件16起。共提交审计报告88篇。

完成市政府交办任务 共完成市交办的工作任务95项，审计清理单位129个。自1996年开始，对5个市重点投资项目进行跟踪审计，为全市节省资金2000多万元。

完成上级下达审计任务 共完成省、市审计机关下达的审计任务177项，审计单位204个。

**【海阳市审计局】** 1998年底，共有干部职工23人。其中：大学生7人，大专生5人；局长1人，副局长2人。

审计工作成果 共完成审计项目306个，审计单位570户；完成审计调查19项，调查单位82个。共查出违纪违规金额6246万元，上缴财政1248万元。同市纪检、监察、信访等部门配合，查处各种经济案件8起。共提交审计报告145篇。

完成市政府交办任务 共完成交办的工作任务42项，审计清理单位268个。1995年到1997年，先后连续三年对全市12个工业集团公司及下属企业进行了资产、负债和损益审计，为市委、市政府的宏观决策提供了依据。

完成上级下达的审计任务 共完成省、市审计机关下达的审计任务56项，审计单位109个。

**【长岛县审计局】** 1998年底，共有干部职工13人。其中：大学学历5人，大专学历3人；局长1人，副局长2人。

审计工作成果 共完成审计项目189个，审计单位229户；完成审计调查8项，调查单位120个。共查出违纪违规金额12725万元，上缴财政428万元。同县纪检、监察、信访等部门配合，查处各种经济案件4起。共提交审计报告77篇。

完成县政府交办的任务 完成交办的工作任务102项，审计清理单位142个。1998年，对县重点工程——“海关大楼”进行审计工程预算审减金额136万元,维护了国家利益,受到县领导的表扬。

完成上级下达审计任务　共完成省、市审计机关下达的审计任务87项,审计单位87个。

**【威海市审计局】**　1998年底,共有干部职工44人。其中:大学本科15人,大专生20人;局长1人,副局长4人。设有办公室、综合科、投资科、商贸科、财金科、外资科、工交科、行事科、审计事务所。

审计工作成果　共完成审计项目643个,审计单位952户;完成审计调查38项,调查单位178个。共查处违纪违规金额220743万元,上缴市财政5878万元。同市纪检、监察、检察院、法院等部门配合,查处各种经济案件13起。共提交审计报告、信息1000多篇。

完成市政府交办任务　共完成交办工作任务54项,审计清理单位244个。其中,对米威调水工程、机场、铁路、电厂、码头等94个大型投资项目进行了审计,审计金额765935万元。全市投资审计每年平均为国家和地方审减节约8000万元左右,被市领导和群众称为“不穿制服的经济警察”。

完成上级下达审计任务　共完成上级审计机关下达的审计项目589个。其中,包括连续年进行了本级财政预算执行情况审计;1998年成功进行了粮食财务挂账审计。

内部审计　到1998年,共设立内部审计机构104个,内审人员252名。

社会审计　共接受社会委托项目2723项。促进增收节支1.91亿元,审减工程决算金额14368万元,为委托单位挽回经济损失11781万元。

受表彰情况　受省审计厅表彰22次,受市委、市政府表彰36次,连续多年被市委、市政府授予市级机关先进单位称号,局党支部被市委授予全市先进基层党组织称号。共有30多人次受到省审计厅的表彰,25人次受到市委、市政府的记功、嘉奖奖励。

**地址**　威海市新威路1号
**电话**　0631—5204755
5231471
**邮编**　264200　(史怀宝)

**【威海市环翠区审计局】**　1998年底共有干部、职工45人。其中:大学生8人,大专生8人;局长1人,副局长4人。

审计工作成果　共完成审计项目198个,审计单位231户;完成审计调查16项,调查单位205个。共查出违纪违规金额45563万元上缴财政859万元。同纪检、监察、等部门配合,查处各种经济案件10起。共提交审计报告214篇。

完成区政府交办任务　共完成交办的工作任务83项,审计清查单位735个。到1998年底共完成离任经济责任审计43个,为组织人事部门考察干部提供了依据。

完成上级下达审计任务　完成省、市审计部门下达的审计任务115项,审计单位178个。

**【威海高技术开发区审计局】**　1998年底共有干部、职工22人。其中:大学本科学历14人,大专学历8人;局长1人,副局长1人。

审计工作成果　共完成审计项目138个,查出违规违纪金额10331万元,提交审计报告152篇。

完成区管委交办任务　共完成交办的工作任务82项。其中,1998年在对管委投资的二、三区基础设施审计中,审减工程造价2204万元,审减率达34%。

完成上级下达审计任务　共完成省、市审计机关下达的审计任务38项,审计单位58个。

**【威海经济技术开发区审计局】**　到1998年底,共有干部、职工36人。其中:大学生20人,大专生10人;局长1人,副局长2人。

审计工作成果　共完成审计项目405个,完成审计调查10项,调查单位73个。共查出违纪违规金额30834万元。上缴区财政1110万元,同纪检、监察、检察院等部门配合,查处各种经济案件9起,移交司法部门10人,其中有5人被判刑;收缴赃款413万元。共提交审计报告107篇。

完成区管委交办任务　共完成交办的工作任务54项,审计清理单位78个。

完成上级下达审计任务　共完成省、市审计机关下达的审计任务89项,审计单位298个。

**【乳山市审计局】**　1998年底,共有干部、职工41人。其中:大学本科学历6人,大学专科学历21人;局长1人,副局长4人。

完成市委、市政府交办任务　共完成交办的审计任务121项,审计单位630个。其中,共审计基本建设工程决算364项,审核工程总造价2565万元,审减工程款3098万元,审减率为12.08%,节减财政开支1196万元。

完成上级下达的审计任务　共完成省、市审计机关下达的审计任务113项,审计单位245个,查出违纪违规金额22606万元。

**【文登市审计局】**　1998年底有干部职工20人。其中,大学生5人,大专12人;局长1人,副局长4人。

审计工作成果　共完成审计项目739个,审计单位1067个,查出各类违纪金额5633万元,上缴财政收入1198万元,审减基建工程投资4133万元,促进增收节支、提高经济效益4100万元。与纪检、监察、信访等部门联合查处经济案件16起。提交审计报告294篇。

完成政府交办任务　共完成交办的各类审计任务618项。其中企业经济指标完成情况兑现审计498个；企业法人离任经济责任审计78项；对市政府投资的10项较大规模的基建工程进行了审计，审减工程投资3050万元。

完成上级下达审计任务　共完成上级审计机关下达的各类审计和调查项目任务121项，查处违纪金额4504万元，上缴财政收入1030万元；查设小金库24个，金额109万元；返还被挪用的专项资金507万元。

**【荣成市审计局】**　至1998年有干部、职工25人。其中：大学本科生15人，大专生10人；局长1人，副局长4人。

审计工作成果　完成审计单位466个，审计调查18项，调查单位124个。查出违规行为金额17795万元，上缴财政2239万元。查出经济案件3起，移送司法机关惩处犯罪分子2人。提交审计报告189篇。

完成市委、市政府交办任务　共完成交办工作任务93项，审计单位918个。共1998年对市直31个部门和单位招待费、会议费开支情况进行审计调查，查出违规开支招待费238.29万元，为市委、市政府整顿全市机关干部思想作风提供了第一手资料。

完成上级下达审计任务　完成省市审计机关下达审计任务112项，审计单位173个。

**【济宁市审计局】**　1998年底，共有干部职工65人。其中，研究生1人，大学生24人；局长1人，副局长3人。设有办公室、综合法规科、内审社审管理科、财政金融审计科、行政事业审计科、工业交通审计科、商贸审计科、固定资产投资审计科、农业审计科、外资运用审计科、监察室和审计师事务所。

审计工作成果　共完成审计项目442个，审计单位662户；完成审计调查27项，调查单位124个。共查处违纪违规金额66713万元，上缴财政2306万元，提交审计报告190篇。

完成市政府交办的任务　共完成交办的工作任务19项，审计清查单位43户。1997年对2户企业法定代表人进行了离任审计，发现了重大违纪违规问题，2户企业的法定代表人均被市纪检部门立案审查，其中1人被开除党籍、行政撤消职务；1人经纪检部门立案审查后移交司法机关，现已被逮捕。

完成上级下达审计任务　共完成审计署、省审计厅下达的审计任务92项，审计单位462户。5年来，对本市的世行贷款项目、德国政府粮援项目等进行了跟踪审计，严肃查处了项目执行中存在的挤占挪用专项资金问题，促进了项目管理。

内部审计　到1998年，有内部审计机构154个，内审人员407名。

社会审计　共接受企业年检、注册资金验证等社会委托审计项目3459项。

受表彰情况　受省审计系统表彰8次，共有18人(次)受到省审计系统表彰奖励；39人(次)受市委、市政府记功、嘉奖等奖励。

**地址**　山东省济宁市市中区红星中路19号
**电话**　0537—2328402
**邮编**　272000　(张显忠)

**【济宁市市中区审计局】**　1998年共有干部职工12人。其中：大学本科学历3人，大专8人；局长1人，副局长3人。

审计工作成果　共完成审计项目210个，审计单位230个；完成审计调查19项，调查单位71个。共查出违纪违规金额3100万元，上缴财政150万元。共提交审计报告210篇。

完成区委、区政府交办任务　共完成交办的工作任务71项，审计单位110个。

完成上级下达的审计任务　共完成省、市审计部门下达的审计任务139项，审计单位160个，审计金额110000万元。

**【济宁市任城区审计局】**　1998年底共有干部20人。设局长1人，副局长3人。

审计工作成果　共完成计划内项目201个，查出违纪金额1072.35万元，依法处理后，上缴财政170.19万元。

完成区委区政府交办任务　共完成84项，审计清查单位218个。

**【曲阜市审计局】**　1998年底，共有干部、职工46人。其中：大学生8人，大专生16人；局长1人，副局长3人。

审计工作成果　共完成审计项目282个。审计单位490户；完成审计调查37项，调查单位189个。共查出违纪违规金额7120万元，上缴财政396万元。同市纪检、监察、物价、财政、信访等部门配合，查出各种经济案件11起。共提交审计报告282篇。

完成市政府交办任务　共完成交办的工作任务165项，审计清理单位769个。在城市和乡镇企业经济目标责任审计中共审计上报受奖单位515家，确认达到受奖资格426家，起到了鼓励先进，制止虚假的积极作用。

完成上级下达审计任务　共完成省、市审计机关下达的审计任务137项，审计单位324个。

乡镇审计　1995年，先后在13个乡镇建立了审计所。至1998

年，共完成审计项目990个，查出违规违纪金额2995万元。

【兖州市审计局】 1998年底共有干部、职工14人。其中：局长1人，副局长3人；具有大专以上学历的有8人；具有中级以上职称的有7人。

审计工作成果 共审计215个单位，完成审计调查16项，调查单位70个。查出各类违纪违规金额24955万元，上缴财政6284万元，促进增收节支3215万元，移送贪污案件1起，移交纪检、监察机关处理7人。

完成市委、市政府交办任务 共完成交办的工作任务40项，审计单位45个。

【邹城市审计局】 1998年底，共有干部职工21人。其中大学以上学历4人，大专以上学历15人；局长1人，副局长4人。

审计工作成果 共完成审计单位346个，查出违纪违规金额15439万元，应上缴财政金额1422万元，已上缴财政金额1372万元，促进增收节支5300多万元。同市纪检、监察等部门配合，查处各种经济案件、农民上访案件15起。提交审计调研材料、信息被采用188篇。

完成审计任务情况 一是审计行政事业单位48个，查出违纪违规金额2430万元。上缴财政金额310.34万元，促进增收节支130万元。二是共完成企业审计124个，查出违纪违规金额4023万元，已上缴财政770.35万元，促进增收节支2700多万元。三是完成基建决算审计项目32个，审计核减金额2462万元。对其中市氮肥厂扩建工程审计中，核减工程总造价占原提报价35%。

【鱼台县审计局】 1998年底。共有干部、职工17人。其中：大学生4人，大专生8人；局长1人，副局长3人。

审计工作成果 共完成审计项目206个。审计单位226户；完成审计调查16项，调查单位27个。共查出违纪违规金额7496.1万元，上缴财政252.5万元。同县纪检、财政、税务等部门配合，查处各种经济案件19起。共提交审计报告206篇。

完成县政府交办的任务 共完成交办的工作任务56项，审计清理单位259个。1998年，对县纸厂、机械厂、棉纺织厂等5个单位进行了厂长（经理）离任审计，摸清了企业家底，划清了经济责任。先后对县一中教学大楼、县医院病房大楼、百货大楼等24个重点工程项目进行了决算审计，审减金额近500万元。

完成上级下达审计任务 共完成省、市审计机关下达的审计任务158项，审计单位196个。

【金乡县审计局】 1998年底共有干部、职工20人。其中：本科学历5人，大专学历12人；局长1人，副局长3人。

审计工作成果 共完成审计项目260个，审计单位326个；完成审计调查20项，调查单位180个。共查出违规行为金额18480万元，应上缴财政825万元；已上缴财政377万元，罚款55万元。同县纪检、监察等部门配合，查处各种经济案件8起；提交审计工作报告、信息296篇。

完成县委、县政府交办任务 共完成交办的工作任务45项，审计清理单位260个。

完成上级下达的审计任务 共完成省、市审计机关下达的审计任务211项，审计单位265个，审计资金总额197860万元。

【嘉祥县审计局】 1998年底，共有干部、职工25人。其中：大学生1人，大专生10人；局长1人，副局长3人。

审计工作成果 共完成审计项目252个，审计单位278个；完成审计调查28项，调查单位182个。共查出违纪违规金额7832万元，上缴财政720万元。同县纪委、监察、信访等部门配合，查处各种经济案件15起。共提交审计报告316篇。

完成县政府交办任务 共完成交办的工作任务83项，审计清理单位602个。其中，完成工程决算审计项目32个，审减金额3845万元。

完成上级下达审计任务 共完成省、市审计机关下达的审计任务172项，审计单位182个，审计金额87314万元。

【微山县审计局】 1998年底，共有干部、职工24人。其中：大学文化程度8人，大专文化程度7人；局长1人，副局长3人。

审计工作成果 共完成审计项目508个，查处违纪违规金额3570万元，增加财政收入1175万元，促进增收节支2494万元。同县纪检、监察、信访、财政、三大检查办等部门单位查处各类案件、综合检查共200余次。向县府领导及上级有关部门提交审计报告500余篇。

【汶上县审计局】 1998年底，共有干部、职工26人。其中：大学生3人，大专生12人；局长1人，副局长3人。

审计工作成果 共完成审计项目228个。审计单位250户；完成审计调查14项，调查单位67个。共查出违纪违规金额12613万元，上缴财政335万元，追回被侵占挪用资金243万元，共为国家增收节支156万元。同县纪检、监察等部门配合，查处经济案件2起，移送纪检、司法机关处理责任人员5人。共提交审计报告250篇。

完成县政府交办任务 共完成交办的工作任务16项。审计单位36个。

完成上级下达审计任务　共完成省、市审计机关下达的审计任务195项，审计单位250个。

**【泗水县审计局】**　1998年底共有干部、职工22人。其中：大学本科生2人，大专生13人；局长1人，副局长3人。

审计工作成果　共完成审计项目225个，审计调查18个。共查出违纪违规金额1.7亿元，上缴财政500万元，共提交审计报告225篇。

**【梁山县审计局】**　1998年底共有干部、职工24人。其中：大学3人，大专16人；局长1人，副局长4人。

审计工作成果　共完成审计项目417个，审计单位459户；完成审计调查15项，调查单位80个。共查出违纪违规金额5416万元，上缴财政285万元，追还被侵占挪用资金630万元，共提交审计报告337篇。协同有关部门查处经济案件12起。

完成县政府交办任务　共完成交办事项133项，审计单位532个。

完成上级下达审计任务　共完成省市审计机关下达的审计任务284项，审计单位326个。

**【泰安市审计局】**　1998年底，共有干部、职工69人。其中：具有大学本科以上学历15人，大专学历37人副局长3人，纪检组长1长；设有办公室、财政审计科、金融审计科、行政事业审计科、商贸审计科、工交审计科、基建投资审计科、审计管理科、农资外资审计科、培训中心、中专学校、审计师事务所。

审计工作成果　5年来，审计单位3065个，完成审计调查37项，调查单位380个；共查出违纪违规金额199971万元，上缴财政16191万元。促进增收节支，27110万元。同纪检、监察、信访等部门配合，查处各种经济案件8起。共提交审计报告1656篇。为社会稳定发挥了作用。

完成市委市政府交办任务　共完成府交办的工作任务292项，审计清理单位834个。其中，对全市校改资金使用情况的审计调查，共检查44个单位，查处有问题资金286万元，促进资金到位165万元。共完成经济责任离任审计152项。

完成上级下达审计任务　共完成署、省审计机关下达的审计单位253个，审计金额256300万元。

内部审计　到1998年，有内部审计机构609个，内审人员1135名。

社会审计　共接受社会委托项目20346项。

受表彰情况　受省审计系统表彰13次，受市委、市政府表彰6次。共有5人次受到省审计系统表彰奖励；62人次受市委、市政府记功、嘉奖等奖励。

**地址**　泰安市青年路100号
**电话**　0538—8222978
**邮编**　271000

**【泰安市泰山区审计局】**　1998年底，共有干部、职工18人。其中：具有大学本科以上学历1人，大专13人；局长1人，副局长3人。

审计工作成果　共审计单位353个，完成审计调查6项，调查单位70个。共查出违纪违规金额10262万元，上缴财政550万元，促进增收节支843万元。同纪委等部门配合，查处各种经济案件11起。共提交审计报告信息160篇。

完成区委、区政府交办任务　共完成交办的工作任务48项，审计单位192个。其中对151个党政机关事业单位主要负责人及企业厂长、经理进行离任审计，共查出私设小金库漏交税金，“三乱”等违纪违规金额3010万元。为全面考核和使用干部提供了可靠依据。

**【泰安市郊区审计局】**　1998年共有干部、职工19人。其中：具有大学本科以上学历3人，大专学历14人；局长1人，副局长5人。

审计工作成果　共审计单位413个；完成审计调查16项，调查单位42个；共查出违纪违规金额27484万元，上缴财政990万元。促进增收节支，4302万元。同纪检、监察、信访等部门配合，查出各种经济案件3起。共提交审计报告73篇。

完成区委区政府交办任务　共完成交办的工作任务71项，审计清理单位178个。其中，审计调查，共检查32个单位，查处有问题资金239万元。完成经济责任离任审计7项，通过审计，平调6人，受到司法机关追究责任1人，查处违规行为金额1391万元。

完成上级下达审计任务　共完成省、市审计机关下达的审计单位196个。

**【新泰市审计局】**　1998年底共有干部、职工19人。其中：大专学历12人；局长1人，副局长4人。

审计工作成果　共审计单位343个，查处违纪违规金额9480万元，上缴财政2270万元。促进被增收节支，提高经济效益2910万元。提出审计建议411条。

完成市委市政府交办任务　共完成交办的任务86项，审计检查单位165个。其中，完成经济责任离任审计46项。通过审计，提拔5人，平调36人，免职3人，受到司法机关追究刑事责任2人，查处财务不实金额4955万元。

**【肥城市审计局】**　1998年底，共有干部、职工28人。其中：具有大学本科以上学历5人，大专学历20人;局长1人,副局长5人。

审计工作成果　共审计单位316个,完成审计调查4项,调查单位42个。共查出违纪违规金额7694万元,上缴财政1069.8万元。促进增收节支,2251万元。同纪检、监察、信访等部门配合,查出各种经济案件9起。共提交审计报告316篇。

完成市委、市政府交办任务共完成交办的工作任务28项,审计清理单位94人。其中了对39个市属企业厂长(经理)实行年薪制和年终奖惩兑现进行审计,审减资产3600多万元,审增资产399万元,审减负债额78万元,审增负债额1085万元,审减利润3723万元,审增利润2172万元。通过审计,调整了受奖企业,取消了虚报政绩的两户企业的受奖资格。

完成上级下达审计任务　共完成省、市审计机关下达审计单位230个,审计金额6127万元。

**【宁阳县审计局】**　1998年底,共有干部、职工14人。其中:具有大学本科以上学历9人,大专学历5人;局长1人,副局长2人。

审计工作成果　审计单位312个;完成审计调查5项,调查单位18个;共查出违规违纪金额13286万元,上缴财政417万元。促进增收节支,2132万元。同纪检、监察、信访等部门配合,查出各种经济案件8起。共提交审计报告34篇。

完成县委县政府交办任务　共完成交办的工作任务8次,审计单位19个。其中,经济责任离任审计12项,其中通过审计,提拔3人,平调6人,免职3人。查处违规违纪金额3111万元。

完成上级下达审计任务　共完成上级审计机关下达的审计单位25个。

**【东平县审计局】**　1998年底,共有干部、职工28人。其中:具有大学本科学历的19人,大专学历的3人;局长1人,副局长3人。

审计工作成果　共审计单位(项目)332个,完成审计调查18项,调查单位198个。共查出违纪违规金额20907万元,上缴财政1291万元。促进增收节支、197万元。同纪检、监察、信访等部门配合,查处各类经济案件13起。共提交审计报告350篇。

完成县委县政府交办任务　共完成交办的工作任务79项,审计清理单位189个。其中,对全县城市建设资金使用情况的审计调查,共检查13个单位,审计金额2021万元,查处有问题资金433万元,促进资金到位109万元。

完成上级下达审计任务　共完成省市审计部门下达的审计任务193项,审计金额191500万元。

**【日照市审计局】**　到1998年底,人员为74人。其中:大专以上学历48人;局长1人,副局长2人。设有办公室、综合科、财政金融审计科、基建审计科、工交外资审计科、行政事业农业审计科、商贸审计科、企业审计办公室、审计事务所、投资鉴审咨询中心、培训中心。

审计工作主要成果　共审计单位429个(次),查处违规违纪问题5.4亿元,上缴财政2149万元,追还被侵占挪用资金1.01亿元,节省基建投资8958万元。共参与经济案件审查23起。共向纪检监察、司法机关移交案件5起。共提交综合报告和信息573篇。

完成交办任务　根据市委、市政府领导的指示,共对29户企业的厂长(经理)开展了离任审计;连续3年对市属中(二)以上企业实施了年度经济责任审计,共审计企业63个(次);共对9个行政机关、事业单位原负责人进行了离任审计,组织部门参照审计结果,有4名干部被提拔重用。

内部审计和社会审计　1998年底,有78个部门、单位建立了内审机构,配备内审人员198名。完成各类委托业务3894项。促进提高经济效益2000万元,核减虚假注册资金5581万元。

受表彰情况　有20项工作和26个项目分别被省审计厅评为先进集体和优秀,有21项工作被市委、市政府评为先进,受市委、市政府表彰2次。共有2人受省审计厅、省人事厅记功奖励,有23人次受市委、市政府记功、嘉奖奖励。

**地址**　日照市兴海路94号
**电话**　0633—8221246
**邮编**　276800　　(李兆勇)

**【东港区审计局】**　1998年底,共有干部职工32人。其中:大学本科9人,大专12人;局长1人,副局长3人。

审计工作成果　共完成审计项目172个,审计单位467个;完成审计调查项目22项,调查单位88个。共查出违规违纪金额8518万元,收缴财政金额320万元;提交审计报告49篇。

重点审计任务成果明显　完成1997、1998年度区级预算执行情况审计,共审计单位54个,查出违规违纪金额2253万元,收缴财政181万元。共完成乡镇财政决算审计30个,查出违规违纪金额3295万元,收缴财政37万元。

完成上级下达审计任务　共完成上级审计机关下达的审计任务150项,审计单位400个。

**【岚山办事处审计局】**　1998年共有干部、职工5人。其中大学生2人,大专生2人;局长1人,副局长1人。

审计工作成果　共完成审计项目109个,审计单位93户。共查出违纪金额3505万元。同纪工委、监察部门配合，查处各种经济案件4起，涉案人员9人。

完成工委办事处交办任务　年共完成交办的工作任务37项，审计单位28个。

完成上级下达的审计任务　共完成上级下达审计任务92项，查出违纪金额2752万元。

**【五莲县审计局】**　1998年底，共有干部职工25人。其中：大学本科8人，大学专科7人。

审计工作成果　共完成审计项目392个，审计单位367户，完成审计调查36项，调查单位207个。共查出各类违规违纪金额13916万元，其中：应上缴财政608万元，已上缴财政542万元。促进增收节支2399万元。同县纪检、监察、信访等部门配合，查处各种经济案件16起。共提交综合性审计调查报告32篇。

完成县政府交办任务　共完成交办的工作任务87项。对24个单位的主要负责人进行了离任审计，通过审计，有4人提拔，有18人平调，有2人退居二线。共完成基本建设决算审计项目56个，审减工程造价3716万元。

完成上级下达审计任务情况　共完成省、市审计机关下达的审计任务207项，审计单位273个。

**【莒县审计局】**　1998年底，共有干部、职工54人。其中：大学生12人，大专生27人，局长1人，副局长4人。

审计工作成果　共完成审计项目298个。审计单位356户；完成审计调查26项，调查单位122个。共查出违纪违规金额15152万元，上缴财政627万元。同县纪检、监察、信访等部门配合，查处各种经济案件36起。共提交审计报告176篇。

完成县政府交办任务　共完成交办的工作任务96项，审计清理单位441个。1998年在莒县电业大厦工程审计中，将投资决算额3100多万元的工程，净审减922万元，核减率达29.7%，县里领导非常满意。

完成上级下达审计任务　共完成省市审计机关下达的审计任务256项，审计单位310个。

**【莱芜市审计局】**　1998年底，共有干部、职工99人。其中：研究生学历12人，大学本科学历20人，大专学历50人；局长1人，副局长1人。设办公室、综合科、财政审计科、金融外资审计科、企业审计科、固定资产投资审计科、审计师事务所、第二审计师事务所、公平基建审计事务所、审计干部学校、审计咨询中心、审计培训中心。

审计工作成果　共审计单位670个，查出违规行为金额52030万元，应缴财政2030万元，已缴财政2008万元，促进增收节支11682万元，提交审计工作报告信息771篇。

内部审计　共建立内审机构170个，配备内审人员423名。共完成审计项目2096个，查出损失浪费金额3176万元，促进增收节支6304万元。

社会审计　5年来，全市社会审计组织共接受3161个单位的委托，核减基建预决算金额23858万元，为委托单位挽回损失7780万元，核减虚假注册资金1141万元，促进提高经济效益5621万元。

受表彰情况　先后有2人次受省审计厅记功表彰，有1人被评为全市"十佳公仆"，有10名同志被评为"五好"干部，局机关支部连续5年被评为市直机关先进党支部，有15人被评为市直机关优秀共产党员。

**地址**　莱芜市文化北路01号
**电话**　(0634)6213382
**邮编**　271100

**【莱芜市莱城区审计局】**　1998年底，共有干部、职工53人。其中：大学生5人，大专生15人；局长1人，副局长2人。

审计工作成果　共完成审计项目214个，审计单位202户；完成审计调查18项，调查单位132个。共查出违纪违规金额12712万元，上缴财政221万元。同区纪检、监察、信访等部门配合，查处各种经济案件18起。共提交审计报告214篇。

完成区政府交办事项　共完成政府交办的工作任务72项，审计清理单位524个。

完成上级下达的审计任务　共完成省、市审计机关下达的审计任务132项，审计单位142个。

**【莱芜市钢城区审计局】**　1998年底，共有干部职工25人。其中，大学生2人，大专生12人；局长1人，副局长1人。

审计工作成果　共完成审计项目128个，审计单位196户；完成审计调查15项。共查出违纪违规金额1953万元，上缴财政317万元。配合区纪检、监察、信访、法院等部门，查处各种经济及上访案件16起。提交审计报告、信息245篇。

完成区政府交办任务　共完成交办审计工作任务42项，审计单位87个。对重点建设项目实行全过程审计。仅区委、区政府办公楼、宿舍楼及配套工程，审减决算报价860万元，审减率达29%。

完成上级下达审计任务　共完成省、市审计机关下达审计任务17项。

**【德州市审计局】**　1998年底共有干部、职工107人。其中，硕士1人，双学士1人，大学27人，大专25人；局长1人，副局长4人。设办公室、综合科、人事教育科、财政金融审计科、工交审计科、商贸审计科、行政事业审计科、农业审计科、投资审计科、审计管理科、纪检监察室、机关服务中心和审计师事务所。

审计工作成果　共完成审计项目465个,审计单位678户;完成审计调查87项,调查单位297个。共查出违纪违规金额91143万元,上缴财政3597万元。同市纪检、监察、信访等部门配合,查处各类经济案件27起。共上缴市财政3597万元,提交审计报告347份。

完成上级下达审计任务　共完成上级审计下达的审计单位354个。1998年6月,对市直及10个县、市258个粮食企业的新增财务挂账和其他不合理占用情况进行了审计,并对34个财政、粮食主管部门及农业发展银行的粮食专项资金的拨付和信贷情况进行了审计及调查。共审查各类账目5668套,会计凭证81144本,财务报告27148套,投入工作量116998小时,折合工作日14624天,出色地完成了任务,受到审计署和省审计厅的表彰。

完成市委、市政府交办任务　共完成交办的工作任务18项,审计单位136个。其中,1995年完成基建审计31项,查出高估冒算904万元,转移挤占挪用基建资金429万元,核减工程预决算1138万元。

内部审计　到1998年有内审机构63个,内审人员171名。

社会审计　共接受企业年检、注册资金验证、资产评估等社会委托审计项目1256项。

受表彰情况　共有14人次分别受到审计署、省审计厅表彰13人。有16人次受到市委、市政府表彰。

**地址**　德州市湖滨北路60号
**电话**　0534—2325654
**邮编**　253020　　（王力同）

**【德州市德城区审计局】**　1998年底,共有干部、职工27人,其中:大学生7人,大专生16人;局长1人,副局长3人。

审计工作成果　共完成审计项目209个。审计单位436户;完成审计调查19项,调查单位191个。共查出违纪违规金额24283万元,上缴财政3196万元。同纪检、监察、信访等部门配合,查处各种经济案件19起。共提交审计报告217篇。

完成上级下达审计任务　共完成省、市审计机关下达的审计任务155项,审计单位217个。1998年,对德州友谊房地产开发公司亚细亚国际文化中心项目审计中,审计处理罚款629.3万元,上缴税金1427.4万元,欠税罚款1427.4万元,地维护了国家的利益。

**【乐陵市审计局】**　1998年底,共有干部、职工32人。其中:大学生1人,大专生10人;其中:局长1人,副局长2人。

审计工作成果　共计完成审计项目231,完成审计调查16个,调查单位44个。共查出各类违规行为金额9049万元,应上缴财政1138万元,已上缴财政1077万元,追还侵占挪用资金226万元,促进增收节支2230万元。

**【禹城市审计局】**　1998年底,共有干部、职工33人。其中:大学生1人,大专生16人;局长1人,副局长4人。

审计工作成果　共完成审计项目324个,审计单位365户,完成审计调查33项,调查单位108个。共查出违纪违规金额12362万元,上缴财政3623万元。配合纪检、监察、信访等部门查处各种经济案件32起。共提交审计报告324篇。

完成市政府交办任务　共完成交办的工作任务121项,审计清理单位801个。其中,完成工程决算审计项目225个,审计金额22099.3万元,审减金额3567万元。

完成上级下达审计任务　共完成省、德州市审计机关下达的审计任务239项,审计单位266个。

**【陵县审计局】**　1998年底,共有干部、职工31人。其中:大学生3人,大专生9人;局长1人,副局长3人。

审计工作成果　共完成审计项目262个,审计单位248户;完成审计调查12项,调查单位76个。共查出违纪违规金额14454万元。同县纪检、监察、信访等部门配合,查处各种经济案件11起。共提交审计报告262篇。

完成县政府交办任务　共完成交办的工作任务85项,审计清理单位117个。

**【宁津县审计局】**　1998年底,共有干部、职工27人,其中:大学学历4人,大专学历8人;局长1人,党组书记1人,副局长3人。

审计工作成果　共完成审计项目126个,审计单位141户;完成审计调查32项,调查单位82个。共查出违纪违规金额11206万元,上缴财政278万元。同县纪检、监察、信访等部门配合,查处各种经济案件16起。共提交审计报告166篇。

完成县政府交办任务　共完成交办的工作任务68项,审计清理单位314个。其中,1996年完成对12处县属企业股份制改造及资产评估,完成2户破产企业资产清算。

完成上级下达审计任务　共完成省、市审计机关下达的审计任务86项,审计单位112个。

**【齐河县审计局】**　1998年底,共有干部、职工18人。其中:大学生5人,大专生10人;局长1人,副局长4人。

审计工作成果　共完成审计项目363个。审计单位392户;完成审计调查67项,调查单位380个。查出违纪违规金额29511万元,共缴财政870万元。同县纪检委、监察局、信访局等部门配合,查处各类经济案件35起。共提交审计报告609篇。

完成县政府交办任务　共完成交办的工作任务360项,审计清理单位387个。其中,1994年对全县中小学收费和执法部门罚没由入情况进行检查,收缴超标收费280万元,有力地制止了"三乱"现象。1996年对全县水利、农业开发、环境治理、公路建设、民政、计划生育等专项资金进行检查,追回挤占挪用款项185万元,保证了专款专用。

完成上级下达审计任务　共完成省、市审计部门下达的审计任务315项,审计单位342个。

**【武城县审计局】**　1998年底共有干部职工22人,其中:大学生2人,大专15人;局长1人,副局长4人。

审计工作成果　共完成审计项目275个,审计单位375户;完成审计调查26项,调查单位102个。共查出各类违纪违规金额9786万元,审计罚款96万元,上缴财政526万元。共提交审计报告信息272篇。

完成县政府交办任务　共完成交办的工作任务22项,涉及审计单位116个。1998年对全县13个乡镇截止1997年底的财政财务收支情况进行了审计摸清了各乡镇财政家底,为规范乡镇财政法纪,发挥了重要作用。

完成上级下达审计任务　共完成省、市审计机关下达的审计任务253项,审计单位259个。

**【庆云县审计局】**　1998年底,共有干部、职工20人。其中:大学生4人,大专10人;局长1人,副局长2人。

审计工作成绩显著　共完成审计项目280个,审计单位574户;完成审计调查12项,调查单位36个。共查出违纪违规金额7924万元,上缴县财政1201万元。提交审计工作报告、信息271篇。

完成上级安排任务　共完成上级审计机关的审计任务243项,审计单位253个。

完成党政领导交办任务　共完成交办的工作任务37项,审计清理单位321个。

**【平原县审计局】**　1998年底,共有干部、职工33人。其中:大学生19人、大专生3人;局长1人,副局长3人。

审计工作成果　共完成审计项目357个,审计单位416户,完成审计调查事项15项,调查单位83个。共查出违纪金额25182万元,应追还被侵占挪用资金2226万元,上缴县财政1795万元。移交经济案件2起,其中2人被判刑。提交审计报告367篇。

党政领导交办任务　共完成交办事项18项,审计单位77个。其中,1996年,受托对县染织总厂建厂期间修建厂房及附属设施情况进行了审计,当时,施工单位上诉省高级人民法院,要求连本带利诉讼索赔210万元,经审计,审减工程造价74万元,最终以染织总厂偿还施工单位20万元结束了遗留十年之久的官司,在社会上引起强烈的反响。

完成上级下达审计任务　共完成上级下达审计任务339项,审计单位339个,审计调查事项15项。

**【夏津县审计局】**　1998年底,共有干部、职工45人。其中:大学生3人,大专生17人;局长1人,副局长3人。

审计工作成果　共完成审计项目152个,审计单位461户;完成审计调查10项,调查单位65个。共查出违纪违规金额34857万元,上缴县财政1006万元。共提交审计报告168篇。

完成县政府交办任务　共完成交办的工作任务41项,审计单位319个。1994年初对全县46户承包经营企业第二轮承包目标完成情况进行了审计。县政府依据审计结论对厂长(经理)实行了奖惩。受奖的企业8户,不奖不罚的企业15户;一次性处罚的企业23户。

完成上级下达审计任务　共完成省、市审计机关下达的审计任务87项,审计单位116个。

**【临邑县审计局】**　1998年底,共有干部、职工29人。其中:大学本科4人,大专14人;局长1人,副局长5人。

审计工作成果　共完成审计项目(单位)356个,审计调查15个,查出各类违纪金额2751万元,上缴财政889万元。共提交审计报告284篇。

完成县政府交办任务　共完成交办的工作任务213项,审计单位310个。1998年仅基建审计就减少财政支出530余万元。

完成上级下达审计任务　共完成审计机关下达的审计任务62项,审计单位142个,查出违纪金额787万元。

**【临沂市审计局】**　1998年底共干部、职工59人。其中大学毕业49人,大专9人;局长1人,副局长3人。设有办公室、人事教育科、综合科、财政金融审计科、行政事业审计科、工交审计科、商粮贸审计科、固定资产投资审计科、外资审计科、农业审计科、审计管理科、审计师事务所。

审计工作成果　共完成审计项目(单位)389个,完成审计调查

31项，调查单位152个。共查出违纪违规金额167971万元，上缴财政8919万元，促进增收节支9825万元，向司法机关移送大案要案26起。提交审计工作报告176篇。

完成党政领导交办事项　完成交办事项26件，审计清理单位216个。完成党政机关、企事业单位负责人离任审计58项，查出挥霍浪费金额4356万元。

完成上级下达的审计任务　共完成上级审计机关下达的审计项目381件，审计金额87123万元。

内部审计　到1998年度，有内部审计机构123个，内审人员476名。

社会审计　共接受社会委托项目2967项。

受表彰情况　5年来，审计工作多次受到市委、市政府和省审计厅的表扬、奖励；1998年粮食清审工作质量受到审计署的表彰。

**地址**　临沂市金雀山一路43号

**电话**　0539—8313945

**邮编**　276001

**【临沂市兰山区审计局】**　到1998年底共有人员34人。其中大学生5人，大专生21人；局长1人，副局长4人。

完成上级下达审计任务　共完成省市审计机关下达的审计项目单位259个，查出违规行为金额7662万元，上缴财政880万元。提交审计报告232篇。其中，1998年度完成审计项目单位89个，为区财政增加收入890万元（含期限上缴税金），查出损失浪费206万元，促进增收节支1280万元。

完成区委、区政府交办任务　共完成交办工作26项，审计清理单位420个。其中，1998年实施党政干部离任审计21人，会同区纪检、监察、财政、统计、建委、教委等部门参加各种审计调查34起，向区委、区政府、区人大出具综合报告26份。

**【临沂市罗庄区审计局】**　到1998年底，共有干部、职工13人。其中：大专生11人；局长1人，副局长2人。

审计工作成果　共完成审计项目79个，审计单位52户；完成审计调查8个，涉及调查单位48个。共查出违纪违规金额1577万元，上缴区财政170万元。配合区纪委、监察、信访等部门查处各类经济案件26起。共提交审计报告79篇。

完成区政府交办的任务　共完成交办的工作任务28项，审计清理单位310人。

完成上级下达审计任务　共完成省市审计机关下达的审计任务54项，审计单位63个。

**【临沂市河东区审计局】**　到1998年底，共有干部职工24人。其中：大学生4人，大专生11人；局长1长，副局长4人。

审计工作成果　共完成审计项目225个，共查出违纪违规金额21768万元，上缴财政939万元。与区纪委、监察、信访等部门配合，查处各种经济案件20起。共提交审计报告168篇。

完成区政府交办任务　共完成交办的工作任务58项，审计清理单位319个。其中，对9个乡镇和2个区直部门原主要负责人进行了离任审计，延伸审计所属部门140个，乡镇企业75个，共查出违规行为金额7038万元，损失浪费金额826万元，企业虚增利润1.2亿元。

完成上级下达审计任务　共完成上级审计部门下达的审计任务118项，审计单位152个。

**【沂南县审计局】**　到1998年底，共有干部职工40人。其中：大学生7人，大专生23人；局长1人，副局长3人。

审计工作成果　共完成审计项目264个。审计单位942户；完成审计调查16项，调查单位218个。共查出违纪违规金额22102万元。上缴财政1131万元。同县纪检、监察、信访等部门配合，查处各种经济案件51起。共提交审计报告264篇。

完成县政府交办任务　共完成交办的工作任务130项，审计清理单位71个。其中，1997年7月，对全县52家改制企业进行了资产评估，为县委、县政府的提供了决策依据。

完成上级下达审计任务　完成省、市审计部门下达的审计任务196项，审计单位627个。

**【郯城县审计局】**　1998年底，共有干部职工38人。其中：大学生5人，大专生20人；局长1人，副局长3人。

审计工作成果　共完成审计项目327个，审计单位386个。完成审计调查23项，调查单位132个。共查出违纪违规金额11356万元，上缴财政761万元。同县纪检、监察、信访等部门配合，查处各种经济案件36起。共提交审计报告208篇。

完成县政府交办任务　共完成交办的工作任务138项。

完成上级下达审计任务　共完成省、市审计机关下达的审计任务164项，审计单位193个。

**【沂水县审计局】**　至1998年底，共有干部职工22人。其中：大学本科1人，专科8人。

审计工作成果　自1995年开始，对县级财政预算执行情况进行了审计。审计资金总额51766万元，查出违纪违规金额8865万元。对县属19户工商企业离任的主要负责人，以及县直党政机关、事业单位和乡镇党委政府的主要负责人进行了离任审计。并对执法执纪部门和经济综合管理部门以及有罚没款和预算外收入项目的单位进行了审计，共查出“小金库”33个，涉及金额250余万元。

**【苍山县审计局】** 1998年底共有干部职工1人。其中大学学历2人，大专学历13人；局长1人，副局长3人。

审计工作成果　共完成审计项目289个，审计调查18项，调查单位79个。共查出违纪违规金额8606万元。上缴县财政629万元。共提交审计报告289篇。

完成县政府交办任务　共完成交办的工作任务151项，审计清理单位233个。完成交办的审计调查11项，调查单位46个。1998年，对全县28个乡镇换届单位进行了审计，共查出违纪金额3450万元，特别是预算资金管理混乱、招待费开支大手大脚的问题尤为突出。

完成上级下达审计任务　共完成省、市审计机关下达的审计任务176项，审计单位216个。

**【费县审计局】** 1998年底共有干部职工40人。其中：大学本科学历11人，大学专科学历15人；局长1人，副局长3人。

审计工作成果　共完成审计项目445个，共查出违纪违规金额11235万元，上缴财政651万元。同县纪检、司法部门配合，查出各种经济案件1起。

完成县委、县政府交办任务　共完成交办的工作任务114项。

完成上级业务机关下达的审计任务　共完成省、市审计机关下达的审计任务331项，查出违纪、违规金额10235万元。

**【平邑县审计局】** 1998年底共有干部职工22人。其中：本科以上1人，大专7人；局长1人，副局长4人。

审计工作成果　共完成各类审计390项。共查处各类违纪违规金额44059万元，上缴财政437万元，促进提高经济效益5546万元，查处各类案件15起，移送有关部门处理8人。

完成审计任务情况　共完成审计项目390项，其中县委、县政府交办的工作任务137项，审计单位1200多个。

**【莒南县审计局】** 1998年底，共有干部、职工43人。其中：大学生2人，大专生27人；局长1人；副局长5人。

审计工作成果　共完成审计项目和单位458个，审计调查11项，调查单位86个。共查出违纪违规金额18503万元，上缴县财政648万元。共提交审计报告87篇。

完成县政府交办任务　共完成交办的工作任务68项。1996年8月对县直18个行政事业单位主要负责人离任进行了审计，审计后有4人被免职务，有5人被降级降职务。1997年至1998年参与并负责县工商企业清产核资工作，对59个单位进行审计，为县委、县政府的决策提供了依据。

完成上级下达审计任务　共完成省、市审计机关下达的审计项目和单位151个。

**【蒙阴县审计局】** 1998年度，共有干部、职工22人。其中：大学生3人，大专生7人；局长1人，副局长3人。

审计工作成果　共完成审计项目281个。审计单位262户；完成审计调查19项，调查单位263个。共查出违纪违规金额8480万元，上缴财政494万元。共提交审计报告140篇。

完成县政府交办的任务　共完成交办的工作任务59项，审计清理单位252个。其中，1998年配合企业改制，完成54户县属企业资产评估工作，摸清了企业家底，促进了企业改制工作的顺利进行。对36名党政群机关、事业单位主要负责人进行了任期经济责任审计，为组织部门考核、管理、使用干部提供了依据。

完成上级下达的审计任务　共完成省、市审计机关下达的审计任务203项、审计单位215个。

**【临沭县审计局】** 到1998年底共有干部职工24人。其中大学本科学历6人，大学专科学历9人；局长1人，副局长3人。

审计工作成果　共完成审计项目316个，审计单位382个。查出违纪金额24409万元，上缴财政403万元；提交审计专题报告58篇。

完成县政府交办的任务　共完成交办的审计任务30项，审计清理单位66个，查出违纪金额3029万元。

完成上级下达的审计任务　共完成省、市下达的审计任务46项，审计单位306个，审计资金总额76215万元。

**【聊城市审计局】** 1998年底，人员为67人。其中：大学生15人，大专生30人；局长1人，副局长3人。设有办公室、人事教育科、综合科、管理科、财政金融审计科、行政事业审计科、农林审计科、商粮贸审计科、工交审计科、固定资产投资科、科研所、培训中心、工程造价中心、审计事务所。

审计工作成果　共完成审计项目(单位)538个，完成审计调查项目26个，调查单位148个。共查出违纪违规金额62091万元，上缴财政金额为7954万元，促进增收节支10055万元。提交审计报告、信息773篇。

完成市委、市政府交办任务　共完成交办的工作任务67项。其中，1998年的对18家重点企业集团资产、负债和损益方面的情况进行了审查，为推进我市企业改革，调整工业结构等方面，提供了真实依据。对东昌宾馆改扩建项目的审计时，审减投资1516万元，审减率为31.34%。

完成上级下达审计任务　共完成署、省审计机关下达的审计项目303个。1998年对聊城发电厂审计时，发现电厂将国有资产380多万元长期转入两个厂办三产企业，及时作出了调回资产的审计处理，避免了国有资产的流失。

内部审计　到1998年，有内审机构92个，内审人员201名。

社会审计　设有2个社会审计机构，到1998年有审计人员为51人。

受表彰情况　局机关受省政等部门表彰共2次，共有3人次受到省级部门表彰、记功奖励，有5人被市委、市政府记功奖励。

**地址**　聊城市益民胡同9号

**电话**　0635——8321055

**邮编**　252000　　　　(李红梅)

**【聊城东昌府区审计局】**　1998年底，共有干部、职工37人。其中：本科学历3人，专科学历21人；局长1人，副局长2人。

审计工作成果　共完成审计项目545个，共查处违规行为资金17287万元，上缴财政资金1162万元。完成离任经济责任审计37个，其中党政干部28人，企业法人代表9人，经审计后4人提拨，17人调职。共上报审计信息222篇。

**【临清市审计局】**　1998年底，共有干部、职工30人。其中：大学生2人，大专生25人；局长1人，副局长5人。

审计工作成果　共完成审计项目285个，审计单位364户；完成审计调查17项，调查单位68个。共查出违规行为金额11386万元，上缴财政421万元。同市纪检、监察、信访等部门配合，查处各种经济案件43起。共提交审计报告376篇。

完成市政府交办任务　共完成交办的工作任务73项，审计清理单位198个。1998年对20个行政事业单位主要负责人的离任审计，共查出违规行为资金1533万元，小金库3个，金额31万元，偷漏税45.7万元。为市委、市政府领导任用干部提供重要依据。

完成上级下达审计任务　共完成省、市审计机关下达的审计任务183项，审计单位358个。

**【高唐县审计局】**　1998年底，共有干部、职工23人，其中：大学生1人，大专生14人；局长1人，副局长4人。

审计工作成果　共完成审计项目(单位)373个，完成审计调查15项，调查单位83个，共查出违纪违规金额26170万元，收缴财政633万元，追还被侵占挪用资金1986万元，实施经济处罚250万元。

完成县委、县政府交办任务　共完成交办的工作任务68项，审计单位263个(次)。其中，1996年到1998年审计基建投资金额22195万元，审减工程款1397万元。

完成上级下达审计任务　共完成省、市审计机关下达的审计项目(单位)281个，审计金额75800万元。

**【阳谷县审计局】**　1998年底共有干部、职工24人。其中：本科生2人，大专生13人；局长1人，副局长3人。

审计工作成果　共完成审计项目373个，审计单位386户；完成审计调查37项，调查单位268个。共查出违纪违规金额7221万元，上缴财政408.3万元。同县纪检、监察、财政等部门配合，查处各种经济案件12起。共提交审计报告373篇。

完成领导交办任务　共完成交办的工作任务41项，审计清理单位727个。其中，1997年和1998年，参与县外贸公司等3户企业的破产清算；1998年，对县宾馆2号楼的决算审计，为县财政节省资金达585万元。

完成上级下达审计任务　共完成省、市审计部门下达的审计任务315项，审计单位346个。

**【茌平县审计局】**　1998年，共有干部、职工33人。其中：具有大学学历的8人，大专学历的17人；局长1人，副局长6人。

审计工作成果　共完成审计单位351个，审计调查11项，调查单位62个。共查出违纪违规金额14622万元，上缴财政545万元。共提交审计工作报告　信息161篇。

完成县委、县政府交办任务　共完成交办的工作任务56项，审计单位232个。其中，1996年，参与县属企业的出售改制工作，对6个试点企业进行了清产核资，摸清了每个企业家底，评估报告客观、公正、真实可靠，国资部门非常满意。1998年，对17个乡镇和15个县直部门主要负责人进行了离任审计。

完成上级下达审计任务　共完成省、市审计机关下达的审计任务249项，审计单位262个。

**【莘县审计局】**　1998年底，共有干部职工29人。其中：大学生9人、大专生13人；局长1人、副局长6人。

审计工作成果　共完成审计项目单位494个，查出违纪违规金额16562万元，审计处理后，已上缴财政810万元，促进增收节支1103万元。同县纪检、监察、信访等部门配合查处各种经济案件10起。共提交审计报告494篇。

完成县政府交办任务　共完成交办的工作任务89项，审计清理单位567个。1998年乡镇换届，完成了22个乡镇办事处的离任审计工作，为县委、政府评价和选拔任用干部提供了依据。

**【东阿县审计局】** 1998年底，有干部、职工25人。其中：大学生3人，大专生11人；局长1人，副局长2人。

审计成果 共完成审计项目271个，审计单位385个，完成审计调查16项，调查单位76个。共查出违规行为金额19357万元，已上缴财政405万元，减少财政拨款和补助103万元，促进增收节支789万元。提交审计工作(调查)报告33篇。

完成审计任务情况 共审计乡镇财政33个，对违纪违规行为进行了处理、处罚；共审计基建项目42个，审减资金349万元。

**【冠县审计局】** 1998年底，共有干部、职工28人。其中：大学生10人，大专生7人；局长1人，副局长5人。

审计工作成果 共完成审计项目426个，审计单位631户；完成审计调查13项，调查单位57个。共查出违纪违规金额10906万元，上缴财政1265万元，促进增收节支2919万元。上报信息和工作报告373篇。

完成县政府交办任务 共完成交办的工作任务13项，审计单位117个。

完成上级下达审计任务 共完成省、市审计机关下达的审计任务280项，审计单位478个。

**【滨州地区审计局】** 1998年底共有干部职工37人。其中：大学学历15人，大专学历19人；局长1人，副局长3人。设有办公室、综合科、人教科、财金审计科、工交审计科、商贸审计科、行事审计科、固定资产投资审计科、培训中心、工程造价验证中心、审计师事务所。

审计工作成果 共完成审计项目461个，查处违纪金额33，756万元，上缴财政1961万元。提交审计报告、信息1258篇。

完成地委、行署交办任务 共完成地交办的审计任务19项。其中，1998年对辖区内两个大型国有棉纺企业实行资产负债损益真实性审计，核实两企业隐瞒亏损1.6亿元，审计报告上报后，行署及时作出了停止组建纺织企业集团，对两企业分别施行引进外资，合作经营，剥离资产，实行兼并的决策，使企业摆脱了连年亏损的困境。对11个国有大中型企业、行政事业等单位的领导干部进行了离任审计。审计后，因政绩突出，被提拔的1人；因经营不善、经济问题被免职2人，辞退1人；辞职、调离7人。

完成上级下达审计任务 共完成上级下达审计任务442项，审计单位516个。1998年粮食行业审计中，共核查粮站193个，盘点粮食2.27亿公斤。共完成金融行业审计项目56个，通过审计，查处中央及地方金融行业部门转移收入192万元，隐瞒不良信贷资产856万元，违反国家利率政策高进高出160万元，挤占挪用合作基金365万元。针对问题提出可操作性建议9条，为防范金融风险履行应尽的职责。

内部审计 到1998年，有内审机构267个，内审人员527人，共完成审计项目3980个，通过审计避免经济损失860万元，促进增收节支1020万元。

社会审计 到1998年，有社会审计机构3个，从业人员76人。

受表彰情况 受省审计系统表彰4次，受地委、行署表彰10次。共有12人次受到省审计系统表彰奖励，18人次受到地委、行署记功、嘉奖等奖励。

**地址** 滨州市黄河5路西首488号
**电话** 0543—3275555
**邮编** 256602 (邢海东)

**【滨州市审计局】** 1998年共有干部、职工33人。其中：大学生7人，大专生17人；局长1人，副局长2人。

审计工作成果 共完成审计项目243个，审计单位312户；完成审计调查9项，调查单位11个。共查出违纪违规金额2666万元。应上缴财政745.3万元，已上缴财政656.2万元。

完成市政府交办的任务 完成交办审计项目85个，审计单位88个。

完成上级下达的审计任务 共完成上级下达的审计任务158项。1998年，上级审计机关要求审计局组成审计组，对惠民县粮油集团总公司及所属26个粮食企业和基层粮所1992年4月至1998年5月末粮食挂亏及经营情况进行了审计。

**【邹平县审计局】** 1998年底共有干部职工30人。其中：大学生1人，大专25人，局长1人，副局长3人。

审计工作成果 共完成审计项目302个。审计单位592个；完成审计调查15项；调查单位62个。共查处违纪金额22463万元。应上缴财政金额3997万元，已上缴3351万元。同时配合纪检、监察、信访等部门查处各类经济案件和专项审计项目16项，涉及审计单位168个。共提交审计报告302篇。

完成县政府交办的任务 共完成交办审计任务65项，审计单位266人。其中，共完成了33个村由集体上访引发的农村财务清理审计项目。审计查出15人有贪污行为，为稳定农村秩序，惩治腐败行为，促进农村经济发展作出了贡献。

**【沾化县审计局】** 到1998年

底,共有干部、职工18人。其中:大学生3人,大专生10人;局长1人,副局长2人。

审计工作成果　共完成审计项目218个,审计单位235户;完成审计调查11项,调查单位108个。共查出违纪违规金额4956万元,上缴财政179万元。同县纪检、检察、等部门配合,查处各种经济案件6起。

完成县政府交办任务　共完成交办工作任务43项,审计清理单位245个。其中,1998年8月,配合全县副科级以上单位领导班子调整,对全县副科级以上党政企事业单位领导班子进行了离任审计。1997年至1998年,对参加县"经济指标争名升位擂台赛"的60户企业进行了财务收支真实性审计,为县政府奖惩企业提供了真实依据。

完成上级下达审计任务　共完成省、地区审计机关下达的审计任务124项,审计单位161个。

**【惠民县审计局】**　到1998年底共有干部、职工31人。其中;大学生13人,大专生8人;局长1人,副局长2人。

审计工作成果　共完成审计项目386个,审计单位411个;完成审计调查19项,调查单位107个。共查出违纪违规金额22185万元,上缴财政289万元。共提交审计报告410篇。

完成县政府交办任务　共完成交办的工作任务69项,审计单位137个。1997年、1998年,配合全县企业改制,了对全县重点国有和集体企业进行审计。查出企业家底不实18635万元,为企业改制奠定了基础。自1995年以来,共参与了10起群众集体上访案件的审计,涉及5个自然村,15家企事业单位,实事求是地审计了涉财纠纷,从而有效地缓解了矛盾,解决了群众上访。

完成上级下达审计任务　共完成省、地审计机关下达的审计项目217个,审计单位274个。

**【博兴县审计局】**　到1998年底,共有干部职工47人,其中:本科17人,专科23人;局长1人,副局长4人。

审计工作成果　共完成审计项目289个,审计单位473个;完成审计调查15项,调查单位19个。共查出违纪违规金额8956万元,上缴财政金额606万元,提交审计报告289篇。

完成县委、县政府交办任务　共完成交办的任务58项,审计单位222个。其中,完成了15家重点企业法人离任审计。1996年至1998年连续3年对县委、县政府准备表彰的利税大户、重点企业和乡镇经济目标考核实现情况进行审核,经审核有5家企业报表数字和利润不实而被取消受表彰资格。

完成上级下达审计任务　共完成省、地审计机关下达的审计任务251项,审计单位257个,审计金额231100万元。

**【阳信县审计局】**　1998年底共有干部、职工25人。其中:大学生3人,大专生3人,局长1人,副局长3人。

审计工作成果　共完成审计项目178个,审计单位596个;完成审计调查10项,调查单位50个。共查出违纪违规金额9859万元,上缴财政114万元。同县纪检、监察、检察、信访等部门配合,查处各种经济案件3起。共提交审计报告178个。

完成县政府交办任务　共完成交办的工作任务14项,审计单位360个。共查出违纪违规金额5309万元。对82位领导干部进行了离任审计,其中:1人被免职,5人被组织部门重点谈话,5人辞职,22人被提拔重用。1998年6月,县康达工艺有限公司职工集体上访,受县委、县府委托,本局对该公司92年以来的财务收支进行审计,摸清了企业家底。

完成上级下达审计任务　共完成省地审计机关下达的审计任务144项,审计单位150个。

**【无棣县审计局】**　1998年底,共有干部、职工31人。其中:大学生3人,大专生20人;局长1人,副局长3人。

审计工作成果　共完成审计项目192项,审计单位524个;完成审计调查22项,调查单位48个。共查出违纪违规金额13916万元,上缴财政409万元。同县纪检、监察、信访、检察等部门配合,查出各种经济案件线索多起,使2名犯罪嫌疑有受到行政惩处。共提交审计报告82篇。

完成县领导机关交办任务　共完成交办任务132项,审计清理单位224个。独立承办企业清理28个(次),配合清理34个(次)。

完成上级下达的审计任务　共完成省、地审计机关下达的审计任务164项,审计单位267个。1998年,出色地完成了粮食挂账清理审计任务。

**【菏泽地区审计局】**　1998年共有干部、职工67人。其中:具有大学本科学历60人,大中专学历7人;局长1人,副局长3人。设有办公室、综合科、人事科、经济责任审计科、财政审计科、金融审计科、行政事业审计科、商贸审计科、工交审计科、农业审计科、投资审计科、外资审计科、审计执法室、管理科、审计事务所、审计培训中心等机构。

审计工作成果　共完成审计项目5128个。共查出违规违纪行为金额442007万元,应上缴财政17208万元,已缴11322万元。共向司法、纪检监察机关移送案件

34起。5年来,共完成审计调查项目97个,调查单位2268个(次)。地区审计局组织全区开展的2次共429户国有和县属以上集体企业资产家底审计调查、747个行政村家底审计调查、363户重点企业部分经济指标核实审计调查等形成的综合调查报告,都引起了领导的高度重视。

*完成审计任务情况*　全区共完成交办事项485件,涉及单位3896个(次)。其中,荷泽的干部任经济责任审计经验,受到中共中央政治局常委、国家副主席胡锦涛,中共中央政治局常委、书记处书记尉健行的批示,中纪委、中组部、人事部、监察部、审计署等五部委向全国推广了荷泽经验。

*受表彰情况*　地区审计局先后获得全省审计机关先进集体、全区双文明单位等68项(次)省地先进荣誉称号。有16人分别获得省地一、二、三等功奖励。

**地址**　山东省荷泽地区审计局
**电话**　0530—5310753
**邮编**　274020　(许　超)

**【荷泽市审计局】**　到1998年底,共有干部、职工107人。其中:大学毕业8人,大专毕业48人;局长1人,副局长6人。

*审计工作成果*　共完成审计项目583个。审计单位325户;完成审计调查28项,调查单位182个。共查出违纪违规金额22140万元,上缴财政761万元。同市纪检、监察等部门配合,查处各种经济案件8起。提交专题审计报告176篇。

*完成市委、人大、政府交办任务*　共完成对43个市直部门及乡镇办事处负责同志的离任审计;对全市改制企业进行清产核资;每年,对全市申报政府奖励企业主要经济指标完成情况进行审计核实。通过审计,取消了28家企业的受奖资格。

*完成上级下达审计任务*　共完成省、地审计机关下达的审计任务136项,审计单位228个。

**【菏泽开发区审计局】**　菏泽开发区审计局于成立1998年10月。现有干部、职工5人。其中:大学生3人,大专生2人;局长1人。

**【鄄城县审计局】**　1998年底,共有干部、职工25人。其中:大学生4人,大专生17人;局长1人,副局长4人。

*审计工作成果*　共完成审计项目311个,审计调查108项,共查出违纪违规金额45651万元,上缴财政483万元。同县纪检、监察等部门配合,查出各类经济案件16起。共提交审计报告信息183篇。

*完成县政府交办任务*　共完成交办的任务105项,审计清理单位498个。

*完成上级下达的审计任务*　共完成上级下达的审计项目206项,查出违纪违规金额36721万元。

**【单县审计局】**　1998年度,共有干部、职工53人,其中具有大学本科学历的13人,大学专科学历的22人;局长1人,副局长4人。

*审计工作成果*　共完成审计项目426个,完成审计调查项目25个,调查单位310个。共查出违纪违规金额24329万元,增加财政收入996万元,促进增收节支2471万元。编发各类审计信息、综合报告224篇。

*完成审计任务情况*　对223名党政机关、企事业单位主要负责人开展了任期经济责任审计,共出具审计报告223份,查出违纪违规金额13396万元。根据审计结果,有42人得到提拔重用,33人受到降职、免职、诫免等处理;有4人被移交有关部门处理。另外,还指导开展行政村主要负责人任期经济责任审计2860例。

**【郓城县审计局】**　1998年底,共有干部、职工31人。其中:大学本科5人,大专24人;局长1人,副局长5人。

*审计工作成果*　共完成审计项目(单位)534个,完成审计调查23项,调查单位214人。共查出违纪资金14237万元,上缴财政523万元。审减基建预决算资金193万元,促进企业提高经济效益1237万元。提交审计报告283篇。

*完成县政府交办任务*　共完成交办的工作任务52项,审计和调查单位437个。其中,开展了企业厂长(经理)和党政机关、事业单位主要负责人离任经济责任审计。通过审计,为组织部门考核使干部提供了重要依据,有67人被提升,84人平调,4人被免职,2人被诫免。

*完成上级下达的审计任务*　共完成上级审计机关下达的审计任务168项,审计和调查单位413个。

**【曹县审计局】**　1998年底共有干部、职工38人。其中:大学生1人,大专生12人;局长1人,副局长3人。

*审计工作成果*　共完成审计项目457个,审计单位1205户;完成审计调查16项,调查单位128个。共查出违纪违规金额25518万元,上缴财政606万元。同县纪检、监察、信访等部门配合,查处各种经济案件13起。共提交审计报告585篇。

*完成县政府交办任务*　共完成交办的工作任务128项,审计清理单位385个。1996年8月配合全县企业改制,参与并负责曹县工商企业清产核资,涉及到全县29个单位,历时50天,摸清了企业家底,为企业改制、机构改革工作打下了基础。

完成上级下达审计任务 共完成省、市审计机关下达的审计任务367项,审计单位895个。

【定陶县审计局】 1998年底,共有干部、职工22人,其中:大学生7人,大专生12人;局长1人,副局长5人。

审计成果 共完成审计项目349个,审计单位325户,完成审计调查36项。调查单位51个。共查出违纪违规金额1543万元,上缴财政179万元。同县纪检、监察、信访等部门配合,查处各种经济案件24起。共提交审计报告349篇。

完成县政府交办任务 共完成交办的工作任务63项,审计清理单位71个。

完成上级下达审计任务 共完成省、市审计机关下达的审计任务286项,审计单位290个。1998年,本局赴成武县进行粮食挂账审计,审计了该县18粮食所和4处粮食企业的政策性亏损挂账、自营性亏损的情况。

【巨野县审计局】 1998年底,共有干部、职工21。其中:大学生6名、大专生10人;局长1人、副局长3人。

审计工作成果 共完成审计项目420个。审计单位539个,完成审计调查26项。调查单位236个。共查出违纪违规金额123543万元,上缴财政430万元。同县纪检、监察、信访等部门配合,查处各种经济案件15起。共提交审计报告248篇。

完成审计任务 对全县23个企业的资产、负债、所有者权益进行了审计调查,核定和澄清了这些企业资产家底情况,有针对性提出了加强资产管理、促进提高效益的建议。在1998年5,对鄄城县粮食财务挂账进行了审计。核减财务挂账2321万元。

【东明县审计局】 1998年底,共有干部、职工32人。其中:大学生9人,大专生9人;局长1人,副局长6人。

审计工作成果 共完成审计项目361个,审计单位375户;完成审计调查8项,调查单位109个。共查出违规行为金额6亿元,上缴财政813万元。查处经济案件1起,移交检察机关处理1人。共提交审计报告398篇。

完成县政府交办任务 共完成交办的工作任务39项,审计清理单位109个。1998年,对26户企业进行了审计调查,共查阅会计账薄485册,凭证1201本,通过审计、调减资产2亿元,核增负债6707万元。

完成上级下达审计任务 共完成省、市审计机关下达的审计任务73项,审计单位107个,审计金额11亿元。

【成武县审计局】 1998年底,共有干部、职工32人。其中:大学生6人,大专生18人;局长1人,副局长3人。

审计工作成果 共完成审计项目331个。审计单位331户;完成审计调查87项,调查单位97个。共查出违纪违规金额7624万元。上缴县财政88万元。同县纪检、监察、信访等部门配合,查处各种经济案件15起。共提交审计报告331篇。

完成县政府交办任务 共完成交办的工作任务21项,审计清理单位82个。其中,通过审计,共查出偷漏税款、截留财政收入、私设“小金库”等各类违纪金额1591万元,决定追回挪用专项资金和减少财政拨款补贴137万元,促进增收节支和提高经济效益2396万元。

完成上级下达审计任务 共完成省、地审计机关下达的审计任务194项,审计单位360个。

## 河南省

【河南省审计工作简述】 至1998年底,全省有审计机关176个,行政事业人员5515人,其中,大专以上学历占49.55%;40.98%获得审计师或注册会计师资格。5年共审计41975个单位,查出违纪金额312.97亿元,应上缴财政32.47亿元,应减少财政拨款或补贴金额3.01亿元,应归还原渠道资金22.33亿元,促进增收节支8.5亿元。向司法机关移送案件289件,移送纪检和司法机关处理的责任人员275人。提交审计工作报告、信息28398篇,被采用16003篇。

法制建设 全省各级党委、人大、政府制定的有关审计工作的规范性文件168件,其中省政府发布的地方性法规2件。审计厅修订、拟定、制定审计规章制度18件。实行了审计执法责任、审计项目复核“五级把关”、聘请特约审计员等各种监督机制。1998年,4100多人获得了审计执法证书。

精神文明建设 1994年,全省审计机关全部被命名为文明单位。1997年,全省审计系统再次被省委、省政府命名为“省级文明单位建设先进系统”。1998年底,全省审计机关省级文明单位58个,占审计机关总数的33%,市地级文明单位91个,占审计机关总数的52%。被授予全国审计机关劳动模范的1人,受审计署表彰的先进集体7个、先进工作者7人。

【河南省审计厅概况】 到1998年,实有人员192人,其中,大专以上学历占86.97%;获得审计师资格或注册会计师资格的占64.6%。内设14个处室:办公室、综合处、人事教育处、财政审计处、金融审计处、行政事业审计处、工交审计处、商贸审计处、固定资产投资审计处、农业审计处、外资审计处、审计管理处、机关党委、监察室，人员编制 203 人。

厅领导成员

| 年份 | 厅长 | 副厅长 | 纪检组长 |
|---|---|---|---|
| 1994.1—1995.6 | 李成炎 | 冯义申　张祥沛　任永源 | 刘长秀 |
| 1995.6—1996.7 | 杨万书 | 冯义申　张祥沛　任永源 | 刘长秀 |
| 1996.7—1998.12 | 杨万书 | 冯义申　张祥沛　王小烈 | 刘长秀 |

审计成果综述　审计厅机关共审计 938 个单位，查出违纪金额 88.48 亿元，应缴财政 6.75 亿元，应减少财政拨款和补贴 2032 万元，归还原渠道资金 3.43 亿元，查出损失浪费金额 2.8 亿元，向司法机关移送案件 25 件，移送司法机关处理 8 人，建议给予行政处分 15 人。

财政审计　全省共审计 8594 个单位，查处违纪违规金额 99.42 亿元，应缴财政 16.71 亿元，应减少财政拨款和补贴 1.60 亿元，应归还原渠道资金 5.89 亿元，为国家增收节支 3.22 亿元。自 1996 年开始，全省 176 个审计机关全面开展了本级预算执行情况审计，审计面达 100%。

金融审计　全省共审计金融机构 2341 个，查出违纪金额 30.46 亿元，应缴财政 7272 万元，应核减财政拨款或补贴金额 4278 万元，应归还原渠道资金 4278 万元，提交审计工作报告、信息 827 篇，被有关部门采用 233 篇。

基建审计　全省共审计 2516 个重点基建工程单位，查出超规模、超标准、多列概算、高估冒算等违纪金额 22.99 亿元，应上缴财政 1.12 亿元，应核减工程结算 3.92 亿元，应归还原渠道资金 1.35 亿元，促进增收节支金额 9792 万元。提交审计工作报告、信息 827 篇。审计厅基建处共审计大中型基建项目 19 个，查出资金不到位、概算外投资等有问题资金 24.06 亿元，其中转移挪用建设资金、多列概算、欠缴税金等违纪资金 6.34 亿元。经审计，归还原渠道资金 5971 万元，核减工程决算 9926 万元。

工交审计　全省审计 4636 个单位，查出违纪金额 61.02 亿元，应上缴财政金额 5.94 亿元，查出损失浪费 7.05 亿元，促进企业增收节支 2.08 亿元。

商贸审计　全省共审计 4478 个单位，查出违纪金额 23.61 亿元，应缴财政 1.26 亿元，应归还原渠道资金 1.45 亿元，查出损失浪费 4.03 亿元，促进企业增收节支 8012 万元。1998 年，对全省农发行系统信贷资金运营情况和粮食系统从事政策性粮油业务的 2731 个企业的新增财务挂账和其他不合理占用农发行贷款情况进行了审计，使全省粮食企业新增财务挂账由 131.5 亿元，审减至 86.3 亿元，审减不合理挂账 45.2 亿元；为国家挽回经济损失 4535 万元；查出违纪案件 262 件。

农业审计　全省先后开展了对农业综合开发资金、扶贫资金、水利资金、粮棉大县资金、国有土地使用权出让金等专项资金的审计，共审计单位 1190 个，查出违纪违规金额 5.03 亿元，应上缴财政 1981 万元，归还原渠道资金 6394 万元。5 年来，审计厅农业处直接审计 71 个单位，查出违纪违规金额 10043 万元，应上缴财政 773 万元，归还原资金渠道 2979 万元。

国外贷款援款审计　全省对 91 个国外贷款援款项目进行了审计，共审计 1207 个项目执行单位，审计总金额 113.1 亿元。审计查出挤占、挪用项目资金、虚列工程支出等违纪金额 1032 亿元，其中应归还原渠道资金金额 1.95 亿元，促进增收节支金额 286 万元。共向世界银行、亚洲开发银行及其他国际组织出具公正性审计报告 45 份，其中有保留审计报告 4 份，并针对项目内部控制中存在的薄弱环节提交了 45 份管理意见书。

行政事业审计　全省共审计 14516 个单位，查出违纪金额 42.6 亿元，向司法机关移送案件 32 件，向省政府、审计署提交审计综合报告 592 篇。1995 年，对全省 236 所城镇中小学 1994 年度收费情况进行了审计；1997 年，对全省 87 所医院和全省 8 个市地、8 个县住房资金进行了审计；1998 年，对全省公安交警部门的收费、罚款情况和全省 40 个社会保险部门 1997 度养老失业保险基金以及全省 207 个民政单位的各项民政资金进行了审计。

内部审计　截止 1998 年全省设立内审机构 4892 个，内审人员 14128 人。共完成各类审计项目 144646 个，纠正违纪违规资金 71.69 亿元，减少损失浪费 106.6 亿元，促进提高经济效益 4.9 亿元，移送贪污贿赂案件 571 件，移送司法机关处理 380 人，移送监察部门处理 1180 人。

社会审计　截止 1997 年底，社会审计机构 212 个，从业人员 4913 人，接受委托单位 136039 个，完成财务收支审计、经济案件鉴定、资产评估、基建项目审计、验资年检等审计事项 441385 项，核减基建预决算 9.04 亿元，为委托单位挽回经济损失 22.87 亿元，促进提高经济效益 6.31 亿元。

基础建设　审计厅共办培训班 51 期，培训学员 2576 人次；1995 年，与南京审计学院联合举办函授审计大专班，培训学员 140 人。省厅科研所共完成 33 个重要审计科研课题及审计报告，其中，获全国审计科研一等奖2个、二等奖3个、三等奖2个；获省级审计科研一等奖3个、二等奖4个、三等奖2个；列入省级法规正式颁布执行1个；出版1部专著。《中州审计》发行量一直保持在4万份以上。全省审计机关计算机网络规模基本形成。各市地审计机关全部上网，县级审计机关部分上网，建成55个远程站点。

**【郑州市审计局】** 到1998年底共有干部、职工108人，其中：大学生32人，大专生59人；局长1人，副局长4人；设有办公室、综合处、人事教育处、行政事业审计处、财政审计处、金融审计处、工业交通审计处、商贸审计处、固定资产投资审计处、农业审计处、外资运用审计处、审计管理处、审计科研所、监察室等机构。

审计工作成果　共完成审计项目2974个，审计调查178项；查出违纪资金288796万元，上缴财政28641万元，促进增收节支31421万元，编发审计信息265期，被国家级采用43篇，省级采用103篇。

完成审计工作任务情况　1995年对全市人民关注的“四桥一路”的工程审计，查清了3亿多元建设资金的使用情况，审减预算资金4000余万元。1997年底1998年初，对全市39家市属国有大中型企业负责人经济责任进行了审计，查处违纪资金2.7亿元，挂账明亏、潜亏1.8亿元，帮助企业澄清了家底。

内部审计　到1998年，内部审计机构有497个，有内审人员1492名。

社会审计　到1998年底，全市共有审计师事务所17个，从业人员342名。5年完成委托事项31650个，核减虚假注册资金116893万元，核减基建投资金额9881万元，促进增收节支5158万元。

受表彰情况　受审计署表彰1次，受省审计系统表彰47次，受市委、市政府表彰35次，有1人受到审计署表彰，12人次受省审计系统表彰奖励；33人次受市委、市政府表彰奖励。1995年被省政府命名为省级文明单位，1996年到1998年连续三年荣获市政府“公仆杯”奖杯。

**地址**　郑州市嵩山北路10号

**电话**　0371—7442797、7449194

**邮编**　450052

**【郑州市中原区审计局】** 到1998年底，共有8人，其中：大学生2人，大专生3人；局长1人，副局长2人。

审计成果　共完成审计项目94个，审计单位105户。共查出违纪违规金额10921万元，上缴财政303万元。同纪检、监察、信访等部门配合，查处各种经济案件12起。共提交审计报告94篇。

完成上级下达审计任务　共完成审计任务10项，审计单位11个，查出违纪违规金额1212万元，上缴财政52万元。

完成区政府交办的任务　共完成交办的工作任务26项，审计清理单位43个。1998年对8个企业进行了资产评估，对12家企业进行了清产核资和审计鉴定。

**【郑州市金水区审计局】** 1998年底，实有人员8人。其中：具有大专以上文化程度7人；具有中级以上技术职称7人；局长1人，副局长1人。

审计工作成果　共完成审计项目109个，完成审计调查9项，调查单位148个。共查出违规违纪金额16117万元，上缴财政478万元。同区纪检、监察、信访等部门配合，查处各种经济案件12起。共提交审计报告109篇。

完成区政府交办任务　共完成交办任务49项，审计单位148个。1997年对15位科级干部离职进行审计，共查出违纪资金896万元，应上缴财政81万元。

完成上级下达审计任务　共完成省、市审计机关下达的审计任务60项，审计单位87个。

**【郑州市二七区审计局】** 到1998年底共有8人，其中：大专6人，局长1人，副局长1人。

审计工作成果　共审计72个单位(项目)，审计总金额80917万元，查出违纪金额1162万元，上缴财政金额184万元，追回被挪用专项资金6万元，减少损失7万元，共提交审计报告98篇。

完成交办的审计任务　共完成本级财政审计和乡级财政决算审计10项，审计总金额54278万元，共查出违纪金额256万元，应上缴入库182万元，已全部入库；应追还被挪用的专项资金4万元已归还原使用渠道。

**【郑州市管城回族区审计局】** 到1998年底，共有干部8人，其中专科以上学历6人，获中级以上职称者7人，注册会计师3人；局长1人，副局长2人。

审计工作成果　共完成审计项目96个，审计调查和专项审计16项，查出违纪金额5,445万元，上缴财政资金286万元，追还被侵占挪用资金437万元，为国家增收节支4,600多万元，提交审计报告及信息37篇。

完成区委区政府交办任务　共完成交办的审计任务36项。

完成上级机关交办任务　共完成省、市审计机关下达的审计任务75项。其中，1998年完成了市重点工程紫荆山路三个安置小区基本建设项目竣工决算审计任务，审计核减4,545万元。

**【郑州市上街区审计局】** 1998年底，共有干部、职工6人。其中：本科学历1人，大专学历3人。

审计工作成果　共完成审计项目90个，审计调查15项。共查出违规行为金额2632万元，应缴财政资金159万元，已全额入库。应归还原渠道资金金额431万元。提交审计报告90篇，审计调查报告19篇。

完成区政府交办任务　共完成交办的工作任务29项。1998年7月承担了14家企业财税审计调查工作。查出了隐瞒销售收入1800多万元，漏欠税102.6万元等问题。

**【郑州市邙山区审计局】**　到1998年底，有人员15人。其中：大专生9人；中级以上专业技术职称5人。局长1人，副局长2人。

审计工作成果　共完成审计项目89个，审计单位98户；完成审计调查4项，调查单位126个。共查出违纪违规金额2827万元，上缴财政249万元。同区纪检、监察、信访等部门配合，查处各种经济案件12起。共提交审计报告93篇。

完成区政府交办任务　共完成交办的工作任务36项。

完成上级下达审计任务　共完成省、市审计部门下达的审计任务78项，审计单位98个。

**【巩义市审计局】**　到1998年底，共有人员27人。其中：本科生1人，大专生12人；局长1人，副局长2人。

审计工作成果　共完成审计项目403个，审计调查30项；查出违规违纪金额5563万元，上缴财政896万元，促进增收节支2156万元。共提交各种审计信息和报告633篇，其中被国家级采用22篇。

完成市委、市政府交办的任务　共完成交办的工作任务48项，审计清理单位187个。其中，1994年10月，对全市投资7500万元的耐材总厂进行了全面审计。1998年，对荥阳粮食系统从事政策性粮油业务的企业及财政、农发行等23个单位进行了审计调查，查出不合理资金占用1788万元，审减新增业务挂账占用资金1004万元。

**【新郑市审计局】**　到1998年底共有人员41人。其中：大学生4人，大专生17人；局长1人，副局长2人。

审计工作成果　共完成审计项目256项，审计单位291个；完成审计调查24个。共查出违纪违规金额10698万元，应上缴财政1128万元，罚款72万元。提交审计报告83篇，

完成市政府交办任务　共完成交办的工作任务98项，审计单位240个。其中，1998年19个行政事业单位党政领导干部离任进行了审计。

**【新密市审计局】**　到1998年底人员67人。其中：大学生10人，大专生39人；局长1人，副局长4人。

审计工作成果　共完成审计项目(单位)437个，查出违纪违规金额13529万元。上缴财政2662万元。配合市纪检、监察、信访等部门，查处各种经济案件32起。共提交审计综合报告58篇

完成上级下达审计任务　共完成审计任务232个项目(单位)，

完成市政府交办任务　共完成2052个项目单位。其中，1998年对市政建设64个单项工程进行审计。共核减工程决算618万元。

**【登封市审计局】**　到1998年底，共有人员69人。其中：大学生3人，大专生26人；局长1人，党组书记1人，副局长2人。

审计成果　共完成审计项目436个，审计单位312户；审计调查30项，调查单位124个。共查出违纪违规金额12306.4万元，上缴财政504万元。与市纪检、监察、信访等部门配合，查出各种经济案件16起。共提交审计报告436篇。

完成市政府交办的任务　共完成交办的任务96项。其中，共完成工程决算审计项目36个，审计金额6940万元，审减金额944万元。

完成上级下达审计任务　共完成省、市审计机关下达的审计任务228项，审计单位255个。

**【荥阳市审计局】**　现有干部、职工39人。大中专以上学历38人，有中级职称13人。

审计工作成果　共完成审计项目326个，审计调查43个。共查处各类违规违纪金额3.1亿元，审计处理增加财政收入853万元，追回侵占挪用资金584万元，共为国家增收节支1437万元。撰写审计调查报告48篇。

完成审计任务情况　1997年，对全市计划生育事业费和收费情况进行了审计，取缔不合理收费9种，清理回收欠款40万元。1998年，对新郑市1992年4月1日至1998年5月31日新增财务挂账和不合理占用农发行贷款情况进行清查审计。

**【中牟县审计局】**　1998年有干部、职工26人。其中：大学生2人，大专生12人；局长1人，副局长2人。

审计工作成果　共完成审计单位(项目)241个，审计调查24项。共查出违规行为金额4881万元。上缴财政753万元。同县纪检、监察、信访等部门配合，查处经济案件23起。共提交审计报告和信息384篇。

完成县政府交办任务　完成交办任务120项。其中：完成乡级政府、县直行政事业单位主要领

导的任期经济责任审计106个。

完成上级下达审计任务　共完成省、市审计部门下达的审计任务239项。

**【开封市审计局】**　到1998年底,共有人员70人。其中:大学生11人,大专生44人;局长1人,副局长4人。设有办公室、综合科、人事教育科、财政金融审计科、行政事业审计科、商贸审计科、工交审计科、固定资产审计科、农业审计科、外资审计科、审计科研所。

审计工作成果　共完成审计单位398户,完成审计调查30项,调查单位352个。查出违纪违规金额30916万元,上缴财政2014万元,向纪检、监察和司法部门移交经济案件3起。共提交审计报告信息1553篇,其中被市委、市政府和省审计厅采用863篇,被省长、副省长批示2篇,被市委书记、市长、副市长批示8篇。

完成市委政府交办任务　共完成交办的工作任务48项。其中,配合企业改制,参予市印染厂、注射器厂清产核资小组。

完成上级下达审计任务　共完成省审计机关下达的审计任务191项,审计单位1934个。

内部审计　1998年,全市共设立内部审计机构99个,内审人员307名。

社会审计　有社会审计机构12个,从业人员216人。接受社会委托项目33139项。核减虚假注册资金10459万元,核减基建预决算金额2020万元。

受表彰情况　被省政府表彰1次,表彰1人;被市委、市政府表彰11次,表彰8人(次);受省审计系统表彰31次,表彰10人(次)。

**【开封市鼓楼区审计局】**　到1998年底,共有人员12人。其中:大专生10人;局长1人,副局长2人。

审计工作成果　共完成审计项目110个。审计单位78户;完成审计调查9项,调查单位23个。共查出违纪违规金额1282万元。共提交审计报告78篇。

完成政府交办任务　共完成交办的工作任务9项,审计单位11个。同区纪检、监察、财政等部门配合,共抽调5人,查处各项经济案件涉及单位达54个。

完成上级下达审计任务　共完成省、市审计部门下达的审计任务47项,审计单位47个。

**【开封市龙亭区审计局】**　1998年底,有人员3名。其中:大学生1人,大专生1人;局长1人。

审计工作成果　共完成审计项目49个,审计调查9项。查出违纪金额1152万元,应上缴财政44万元,已上缴财政27万元,罚款4万元。。

完成区政府交办任务　共完成交办的工作任务19项。1996年对区生物发酵厂进行清理核实,查证其资产不实292万元、负债不实421万元,为区政府决策提供了可靠依据。1998年对党的机关和事业单位领导干部进行离任审计。

完成上级下达审计任务　共完成上级审计机关下达的任务30项。

**【开封市顺河回族区审计局】**　到1998年底,共有干部5人,其中:大学生1人,大专生4人;局长1人,副局长1人。

审计工作成果　共完成审计项目41个,审计单位69户,完成审计调查5项,调查单位7个,共查出违纪违规资金435万元,上缴区财政27万元,提交审计工作报告69篇。

完成上级交办(下达)任务　共完成区委区政府交办工作任务28个。完成省市审计部门下达审计任务41项,审计单位69户。

**【开封市南关审计局】**　1998年底共有人员6人,其中:大专文化程度5人;局长1人,副局长1人。

审计工作成果　共完成审计项目58个。审计单位58户;完成审计调查8项,调查单位89个。共查出违纪违规金额317万元,上缴财政94万元。同区纪检、监察、信访等部门配合,查处各种经济案件2起。共提交审计报告8篇。

完成政府(上级)交办(下达)任务　共完成区委、区政府交办的任务6项,审计清理单位39个。完成省、市审计部门下达的审计任务50项,审计单位58个。

**【开封市郊区审计局】**　1998年底有干部职工15人。其中:大专以上学历8人;局长1人,副局长2人。

审计工作成果　共完成审计项目150个,审计单位142户,完成审计调查12个,调查单位122个。共查出违规违纪金额1442万元,上缴财政153万元。共提交审计报告150篇。

完成上级交办(下达)任务　共完成交办的工作任务15项,审计清理单位64个。共完成省、市审计部门下达的审计任务67项,审计单位78个。

**【开封县审计局】**　到1998年底,共有人员36人。其中,具有大学学历的2人,大专14人,局长1人,副局长2人。

审计工作成果　共完成审计项目203个,审计单位248户;完成审计调查21项。共查出违纪金额5603万元,上缴财政243万元。移送司法机关处理的经济案件2起。提交报告26篇。

完成县政府交办的任务　1994年2月,对全县申报受奖的27个工商企业的29个项目进行了审计验证。1998年3月,对全县深化企业产权制度改革工作,参加部分企业破产、兼并等实施工作。

完成上级下达审计任务　共完成省、市审计部门下达的审计任务121项。

**【尉氏县审计局】**　到1998年底,共有人员18人,其中:大学生1人,大专生9人;局长1人,副局长6人。

审计工作成果　共完成审计项目269个,审计单位243户;完成审计调查16项,调查单位130个。共查出违纪违规金额1920万元,上缴财政1409万元。同县纪检、监察、信访等部门配合,查处各种经济案件24起。共提交审计报告92篇。

完成县政府交办任务　共完成交办的工作任务72项,审计清理单位520个。

完成上级下达审计任务　共完成省、市审计机关下达的审计任务183项,审计单位190个。

**【兰考县审计局】**　到1998年底,共有人员48人。其中:大专生20人;局长1人,副局长3人。

审计工作成果　共完成审计单位和项目236个,审计单位(次)251户,完成审计调查项目8个,调查单位73个。共查出违纪资金3251万元。配合有关部门查出经济案件5起,提交司法机关案件1起。

完成县政府交办任务　共完成交办任务15项,审计单位21个。其中,负责4家企业的改制清仓核资工作。截止1998年低共完成基本建设竣工项目审计105个,审计资金7350万元审减金额882万元。

完成上级下达审计任务　共完成上级下达审计任务162项,审计单位251个。

**【杞县审计局】**　1998年底,共有人员42人。其中:大专生24人;局长1人,副局长3人。

审计工作情况　共完成财务收支审计项目208个,审计调查项目11个。审计金额3832万元;完成厂长(经理)离任审计5人,共查出各种违纪违规金额3304万元,上缴财政701万元。共提交审计报告、信息329篇。

**【通许县审计局】**　到1998年底,共有人员20人,其中:大学本科生2人,大学专科生8人;局长1人,副局长2人。

审计工作成果　共完成审计项目281个,审计单位302户;完成审计调查22项,调查单位110个。共查出违纪金额1220万元,收缴财政385万元。配合纪检、监察、信访等部门,查处各种经济案件21起。提出审计报告105篇。

完成县委、县政府交办工作任务　共完成交办的工作任务85项,审计清理单位556个。1998年,对县7个国有工业企业1995—1997年度各项经济指标完成的真实性、可靠性进行了审计。

完成上级下达任务　共完成省、市审计机关下达的审计任务179项,审计单位189个。

**【洛阳市审计局】**　1998年底,共有干部、职工76人。其中大学生10人,大专生44人;局长1人,副局长4人。设有办公室、综合科、人事科、监察室、管理科、党总支、财政审计科、金融审计科、商贸审计科、农业审计科、固定资产投资审计科、外资审计科、工交审计科、行政事业审计科、审计事务所、审计科研所。

审计工作成果　共完成审计项目402个,完成审计调查67项,调查单位261个。共查出违纪违规金额75904万元,上缴财政12252万元,促进增收节支4440万元。提交审计报告信息588篇,被上级有关部门和地方政府采用308篇。

完成市委、市政府交办任务　共完成交办的工作任务68项,审计涉及单位269个。1997年对13家破产企业清产审计,对7个县扶贫资金使用情况进行了审计,市委、市政府和有关部门对审计结果都很满意。1998年为治理“四乱”减轻企业负担,对12个执法机关共30个单位进行审计,为市委、市政府、市人大治理“四乱”提供了可靠依据。

内部审计　到1998年共有内部审计机构191个,内审人员568人。

社会审计　接受社会委托项目8678项。核减虚假注册资金109160万元,核减基建预决算3899万元,为委托单位挽回损失、提高经济效益2541万元。

受表彰情况　受省审计系统表彰6次。1人次受到省人民政府表彰;18人次受到省审计系统表彰奖励;6人次受市委、市政府表彰奖励。

**地址**　洛阳市人民政府4楼
**电话**　(0379)　3234273
**邮编**　471000　　*(王留军)*

**【洛阳市西工区审计局】**　1998年底共有干部、职工11人。其中:大专生7人;局长1人,副局长3人。

审计工作成果　共完成审计项目87个,审计单位96户;完成审计调查10项,调查单位15个。共查出违纪违规金额2086.00万元。

共完成区委区政府交办任务　共完成区委、区政府交办的工作任务11项。

**【洛阳市老城区审计局】**　到1998年底,共有人员7人,其中:大专6人;局长1人,副局长2人。

审计工作成果　共完成审计项目42个。审计单位75户,完成审计调查4项,调查单位6个。共查出违纪违规金额2915万元,上缴财政145万元，共提交审计报告18篇。

完成区政府交办任务　共完成交办的工作任务26项，审计单位31个。其中，完成工程预决算审计项目17项，审计金额3400万元，审减金额598万元。

【洛阳市涧西区审计局】　1998年底，有干部、职工8人。其中：大学生2人、大专生5人；局长1人、副局长2人。

审计工作成果　共完成审计项目54个，审计单位54户；完成审计调查9项，调查单位58个。共查出违纪违规金额1186万元，上缴财政11万元。同区纪检、监察等部门联合，查处各种经济案件3起。共提交审计报告54篇。

完成区政府交办任务　共完成交办工作任务17项，审计清理单位160个。

完成上级下达审计任务　共完成上级局下达的审计任务48项，审计金额3.85亿元。

【洛阳市瀍河回族区审计局】　1998年底，共有干部职工5人。其中，大学2人，大专2人；局长1人，副局长1人。

审计工作成果　共完成审计项目66个，审计单位66户，完成审计调查5项，调查单位35个。共查出违纪违规金额2297万元，上缴财政194.5万元。共提交审计报告66篇。

完成区政府交办任务　共完成交办的工作任务5项，审计清理单位33个。其中，共完成工程决算审计项目16个，审计金额5160万元，审减金额413万元。

完成上级下达审计任务　共完成省、市审计机关下达的审计任务66项，审计单位69个。

【洛阳市郊区审计局】　1994年至今，共有干部、职工14人。其中本科2人，大专6人；局长1人，副局长2人。

审计工作成果　共完成审计项目76个，完成审计专项调查10项。查出违纪违规金额9632万元，上缴财政717.76万元，追缴税金11.8万元，追还专用资金28万元。

完成区政府交办任务　完成区政府交办任务25项。

【洛阳市吉利区审计局】　1998年底，共有干部、职工10人。其中，大学生2人，大专生4人；局长，副局长1人。

审计工作成果　共完成审计项目72个，审计单位93户；完成审计调查7项；调查单位12个。共查出各类违纪违规金额1621万元。上缴区财政270万元。追还被侵占挪用资金36万元。提交审计报告89篇。

完成区委、区政府交办任务　共完成交办的工作任务8项，审计单位13个。

完成上级下达的审计任务　共完成省、市下达的审计任务38项，审计单位50个。

【偃师市审计局】　1998年底，共有干部、职工18人。其中：大专生9人；局长1人，副局长3人。

审计工作成果　共完成审计项目227个，审计调查16项。共查出违纪违规金额10792万元，上缴财政911万元。同市纪检、监察、信访等部门配合，查处各种经济案件4起。共提交审计报告、信息140篇。

完成市政府交办任务　共完成交办的工作任务21项。

【孟津县审计局】　共有干部、职工19人（含退休）。其中：大学本科1人，大专生7人；局长1人，副局长2人。

审计工作成果　共完成审计项目311个，审计调查30个。共查出违纪金额5494万元，应缴财政223万元。

完成县委、政府交办任务　1998年3月，先后组成9个审计组，对县27个单位、34位领导进行了离任审计。

完成上级下达审计任务　1998年6月初，组成审计组奔赴新安县对粮食挂账问题进行交叉审计，审计资金总额8732万元，审减新增财务挂账246万元，查出不合理占用贷款133万元。

【汝阳县审计局】　1998年底，共有干部职工41人。其中：大学生5人、大专生5人；局长1人，副局长3人。

审计工作成果　共完成审计项目254个，其中审计调查18项。共查出违规行为金额5950万元，上缴财政309万元。同县纪检、监察、信访等部门配合，查处各种经济案件8起，依法处理经济领域犯罪分子5人，共提交审计报告262篇。

完成县政府交办任务　共完成交办的工作任务95项。其中完成建设项目工程决算审计28项，审计金额21762万元，审减造价785万元。

完成上级下达审计任务　共完成省、市审计机关下达的审计任务162项，审计单位264个。

【伊川县审计局】　1998年底有干部职工17人。其中大专学历10人。

审计工作成果　共完成审计项目177个，审计调查项目20个，查出违纪违规金额10596万元，应上缴财政351万元，已缴财政338万元。向上级提交审计报告及信息156篇，被采用58篇。

完成交办任务　共完成县政府临时交办审计事项25项，检查审计单位85个。

【洛宁县审计局】　1998年底，共有干部职工38人。其中：大专生15人；局长1人，副局长3人。

审计工作成果　共完成审计项目216个，审计单位248户；完成审计调查22项，调查单位152个。共查处违纪违规金额10100万元，上缴财政183.4万元，为财政创收1297万元，追还侵占挪用资金322万元。同县纪检、监察、信访等部门配合，查处各种经济案件37起。共提交审计报告216篇。

完成县政府交办任务　共完成交办的任务54项，审计清理单位348个。

完成上级下达审计任务　共完成省、市审计机关下达的审计任务162项，审计单位194个，审计金额225700万元。

**【嵩县审计局】**　1998年共有干部职工20人，其中中专以上文化程度19人；局长1人，副局长2人。

审计工作成果　5年来共完成审计项目185个，审计单位210个；完成审计调查8项，调查单位65个。共查出违规违纪金额1340万元，上缴财政200万元，共提交审计报告168篇。

完成县政府交办的任务　共完成交办的工作任务40项，审计单位69个。

完成上级下达审计任务　共完成省市审计机关下达的审计任务78项，审计单位85个，审计金额32000万元。

**【宜阳县审计局】**　1998年底，共有干部、职工16人。其中：大学文化1人，大专文化8人；局长1人，副局长3人。

审计工作成果　共完成审计项目173个，查出违规行为金额2727万元，应缴财政389万元，已缴财政266万元，应归还原渠道资金433万元，促进增收节支234万元。共提交审计报告、信息34篇。

完成领导交办任务　共完成上级审计机关和县委、县政府交办审计查证任务38项，审计清理单位93个。

**【新安县审计局】**　1998年底实有干部、职工15人，其中：有大学本科学历1人，大专学历4人；局长1人，副局长2人

审计成果　共完成审计单位项目289个，查出违纪金额3800万元，上缴财政金额405万元。提交审计报告289篇，完成审计调查17项。

完成县委县政府交办任务　根据县委、县政府交办，完成行政、事业单位正职离任经济责任审计项目47项。

**【栾川县审计局】**　1998年底，共有干部、职工25人。其中：大学生2人，大专生10人；局长1人，副局长3人。

审计工作成果　共完成审计项目288个，审计单位255个；完成审计调查20项，调查单位162个。共查出违纪违规金额21350万元，上缴财政934万元。同县纪检、监察、检察院信访等部门配合，查处各种经济案件23起。共提交审计报告288篇。

完成县政府交办任务　共完成交办的工作任务98项，审计清理单位602个。其中，共完成工程决算审计项目30个，审计资金总额23125万元，审减金额450万元。

完成上级下达审计任务　共完成省、市审计机关下达的审计任务165项，审计单位261个。

**【平顶山市审计局】**　1998年底，实有人员79人。其中：本科学历25人，大专学历44人；局长1人，副局长5人。

审计工作成果　全市共完成审计和审计调查项目2675个，查出违纪违规资金153696万元，上缴财政7012万元，追还侵占挪用资金9573万元。提交审计报告、信息等共1683篇。

完成地方政府交办任务　市、县两级审计机关共完成政府交办的任务1175项，为党政府干部调整、厂长(经理)离任、中小企业改制、乡村财务审查、农村经济纠纷处理等事项提供了审计服务。

内审、社审工作　1998年底，全市内审计机构达到342个，内审人员932人，共审计项目(单位)8150个。全市11个审计师事务所共接受验资、年检、工程预决算等社会委托项目17310项，核减工程投资2310万元，核减虚假注册资金13326万元，促进提高经济效益3072万元，为委托单位挽回经济损失2306万元。

表彰奖励情况　受省审计厅综合及专项表彰15次，受市委、市政府及有关部门表彰18次。22人次受到省审计厅表彰奖励，26人次受到市委、市政府及有关部门表彰奖励。

**地址**　平顶山市建设西路南271号

**电话**　0375—4945862

**邮编**　467000(*刘现芳　魏长勇*)

**【平顶山市新华区审计局】**　1998年底，共有人员5人。其中：大专生4人；局长1人，副局长1人。

审计工作成果　共完成审计单位59个，审计调查3项。共查出违纪违规金额429万元，上缴财政198万元。同区纪检、监察等部门配合，查处各种经济案件4起。共提交审计报告6篇。

完成区政府交办任务　共完成交办的工作任务15项。其中，1995年对4个重点区属企业进行了审计。

**【平顶山市卫东区审计局】**　1998年底，有干部、职工17人。其中：大专生12人；局长1人，副局长1人。

审计工作成果　共完成审计项目119个，审计单位204户；完

成审计调查16项，调查单位24个。共查出违纪违规金额1349万元。向检察院移交经济案件1起，避免和挽回国有资产损失193万元。同财政、税务等部门联合，对137户企业进行了审查，查出欠税、漏税并收缴财政180万元。

完成区政府交办任务　共完成交办的工作任务33项，审计单位42个。1997年对9家改制企业的资产进行了评估，评估金额56704万元，为区属集体企业改制提供了依据。

完成上级下达的审计任务　共完成省、市审计机关下达的审计任务86个，审计单位162户。

【平顶山市湛河区审计局】　1998年底，共有干部、职工30人，其中：本科文化程度4人，大专文化程度11人。

审计工作成果　共完成审计项目171个，审计调查6项。共查出违规违纪金额6088万元，上缴财政113万元，减少损失和促进增收节支876万元。移送纪检、司法机关处理的责任人员8人。共提交审计报告171篇。

完成区委、区政府交办任务　共完成交办的工作任务82个，涉及领导干部离任审计和群众关心的热点、难点等问题。

【平顶山市石龙区审计局】　1998年底，共有干部、职工20。其中：研究生1人，本科2人，大专2人。

审计工作成果　共完成审计项目144个，审计单位135户；完成审计调查25项，调查单位68个。共查出违纪违规金额1870万元，上缴财政480万元。同区纪检、监察、信访等部门配合，查处各种经济案件16起。提交审计报告144篇。

完成政府交办任务　共完成交办的工作任务84项，审计清理单位95个。

【汝州市审计局】　1998年底人员有50人。大学本科3人，大专生26人；局长1人，副局长3人。

审计工作成果　共完成审计项目296个，审计单位230户，完成审计调查28项，调查单位82个。共查出违纪金额4579万元，上缴财政299万元，共提交审计报告306篇。

完成市委、政府交办任务　共完成62项。其中办理经济案件46项，移交司法机关处理的12人，受党纪政纪处分的15人。1998年6月对某县粮食挂账进行审计，审计核减2961万元，核减率达43%。

完成上级下达审计任务　共完成省、市审计机关下达的审计任务118项，审计单位176个。

【舞钢市审计局】　1998年底，共有干部，职工52人。其中：大专生26人；局长1人，副局长3人。

审计工作成果　共完成审计项目230个，审计调查项目85个。共查出违规违纪金额18000万元，上缴财政85万元，追缴税收340万元。配合纪检监察、信访等部门查出各类经济案件34起。共提交审计报告及信息325篇。

完成市政府交办任务　共完成交办的事项76项，审计清理清查单位620个。1997年3月参加25家企业改制的清产核资工作，核实总资产20016万元，实施资产评估18家，评估总资产7277万元。

【宝丰县审计局】　1998年底，共有干部职工57人。其中：大学生1人，大专生27人；局长1人，副局长6人。

审计工作成果　共完成审计项目292个，审计调查33项。共上缴财政184万元。同县纪检、监察、检察、信访等部门配合，查处各种经济案件18起。

完成县委、县政府交办任务　共完成交办的工作任务128项。其中：完成科级领导干部提拨调离审计124个。1997年对宝丰县委、县政府综合办公大楼的决算审计，审计总金额达1058万元，审减169万元。

完成上级下达审计任务　共完成省、市审计机关下达的审计任务164项，审计单位198个。

【叶县审计局】　1998年底，共有干部、职工47人。其中：大专学历13人；局长1人，副局长4人。

审计工作成果　共完成审计项目209个，审计调查项目22个。共查出违规违纪金额13441万元，上缴财政746万元，追回国有资产流失953万元，促进增收节支417万元。1998年受县委组织部委托完成离职审计28个，共查出违规违纪资金2847万元。

【郏县审计局】　1998年底，共有干部、职工29人。其中：本科2人，大专16人。

审计工作成果　共完成审计项目234个，查出违纪资金4935万元，增加财政收入448万元，提交各种审计报告、信息、建议196篇(条)。

完成县委、县政府交办任务　共完成56项，审计单位98个。1998年5月对全县即将改制的十余家大中型国有企业资产、负债、损益情况进行审计，审计资金9400万元。

完成上级审计机关下达审计任务　共完成16项，审计单位194个。1998年6月至8月，对鲁山县粮油财务挂账情况进行审计，共审计单位32个，查出违规违纪资金967万元。

【鲁山县审计局】　1998年底，共有干部、职工23人。其中：大学生1人，大专生11人；局长1人，副局长2人。

审计工作成果　共完成审计

项目236个。审计单位228户;完成审计调查25项,调查单位79个。共查出违纪违规金额3937万元,上缴财政221万元。同县纪检、监察、信访等部门配合,查处各种经济案件31起。提交审计报告236篇。

完成交办任务　共完成交办的工作任务103项。1998年,参予并负责汝州市粮食挂账清查审计。

完成上级下达审计任务　共完成省、市审计机关下达的审计任务133项,审计单位206个。

**【焦作市审计局】**　1998年底共有干部、职工66人,其中大学本科8人,大专生40人;局长1人,副局长4人。设有工业交通审计科、农林水审计科、行政事业审计科、商粮外贸审计科、基建审计科、财政金融审计科、综合科和办公室,下设审计事务所和基本建设工程预决算审计中心两个二级机构。

审计工作成果　审计521个单位和项目,查出违纪金额1138873万元,应上缴财政金额4599万元,已上缴财政3556万元。应减少财政拨款和补贴815万元,追还侵占挪用资金6597万元,罚款金额727万元。

主要审计任务完成情况　1998年审计本级预算执行情况,共增加财政收入、减少财政支出662万元。1995年针对中行和建行消费基金增长情况的审计调查,提出了建议,编发信息上报,被市委采用直报到中央办公厅,受到好评。市基建中心1998年完成决算审计项目19个,为国家和建设单位节约建设资金1482万元,审减率为15.5%,为国家和单位节约了大量的建设资金。1998年对"两金"等近10项专项资金进行审计,涉及单位31个,查出违规金额10434万元,追还侵占挪用资金1981万元。

内部审计　1998年底,全市有117个内审机构,412名内审人员。共完成审计项目1036个,纠正违纪金额34077万元,查出损失浪费金额525万元,促进增收节支、提高经济效益2010万元。向司法机关移送案件1起,建议给予行政处分18人。

受表彰情况　1998年12月被河南省委、省政府命名为省级精神文明单位。

**地址**　焦作市解放中路市政府院
**电话**　0391—2923567
**邮编**　454002　(任克毅)

**【焦作市山阳区审计局】**　1998年底,共有干部、职工6人。其中:大专生4人;局长1人,副局长1人。

审计工作成果　共完成审计项目63个,审计单位67个;完成审计调查11项,调查单位146个。共查出各类违纪违规金额3265万元,上缴区财政68万元,提交审计报告74篇。

完成区委、区政府交办的任务　共完成交办的工作27项。1996年对区直所有亏损企业,进行了审计调查,摸清了企业家底,为区委、区政府决策提供了依据。

完成上级下达审计任务　共完成省、市审计机关下达的审计任务69项,审计单位204个。

**【沁阳市审计局】**　到1998年底,共有干部、职工20人。其中:大学生2人、大专生10人;局长1人、副局长4人。

审计工作成果　共完成审计项目317个,完成审计调查19项。共查出违纪违规金额9125万元,上缴财政359万元。共提交审计报告317篇。

完成市委、政府交办任务　共完成交办的工作任务25项。完成工程决算审计项目67个,审计总金额22818万元,审减金额2178万元。

完成上级下达审计任务　共完成上级审计机关下达的审计任务119项,审计单位214个。

**【孟州市审计局】**　到1998年底,共有干部职工16人。其中大学生2人,大专生5人;局长1人,副局长3人。

孟州市审计局审计工作业绩

| 项目＼时间 | 1994年 | 1995年 | 1996年 | 1997年 | 1998年 | 合计 |
|---|---|---|---|---|---|---|
| 完成审计项目(个) | 70 | 36 | 41 | 54 | 43 | 244 |
| 审计单位(户) | 72 | 40 | 48 | 68 | 49 | 277 |
| 完成审计调查(项) | 7 | 4 | 6 | 6 | 4 | 27 |
| 调查单位(个) | 9 | 4 | 38 | 21 | 4 | 76 |
| 审计资金(万元) | 29729 | 14535 | 16328 | 18380 | 17840 | 96812 |
| 查出违纪违规金额(万元) | 215 | 235 | 250 | 857 | 1524 | 3081 |
| 提交审计报告(篇) | 70 | 36 | 41 | 54 | 43 | 244 |
| 上缴财政金额(万元) | 24 | 20 | 67 | 64 | 94 | 269 |
| 完成政府交办项目(项) | 30 | 4 | 4 | 13 | 3 | 64 |
| 完成上级审计机关下达任务(项) | 13 | 17 | 26 | 34 | 26 | 116 |
| 审计单位(个) | 14 | 21 | 31 | 39 | 26 | 131 |
| 审计金额(万元) | 9380 | 7354 | 1237 | 1238 | 9340 | 28549 |

**【修武县审计局】**　到1998年底,共有人员94人,其中:大学生8人,大专生29人;局长1人,副局长3人。

审计工作成果　共完成审计项目215个,审计调查项目25项。共查出违纪违规金额8360万元,上缴县财政532万元,追回挤占挪用资金350万元,查出并移交纪检、司法机关处理案件18起;共提交综合材料、审计信息259篇。

完成县政府交办任务　共完成交办的任务54项,审计清理单位139个。

完成上级下达审计任务　共完成省、市审计机关下达的审计任务135项，审计单位161个，审计金额2.97亿元。

**【温县审计局】**　到1998年底，实有干部职工17人。其中：大学生2人，大专生13人，局长1人，副局长2人。

审计工作成果　共完成审计项目234个，审计单位279户；完成审计调查项目19项，调查单位128项。共查出违规金额3948万元，上缴县财政274万元。共提交审计报告234篇。

完成县政府交办的工作任务　共完成交办的工作任务56项，审计清理单位168个。1998年，审计乡镇集体企业18个，查出有问题资金160万元。对全县29个行政事业单位领导进行离任审计，共查出违纪违规问题120多万元，小金库资金16万元，对两个单位原任领导提出了处理意见

**【鹤壁市审计局】**　1998年底，共有干部、职工43人。其中：大学生2人，大专生28人；局长1人，副局长3人。设有办公室、综合科、财政金融审计科、行政事业审计科、工交审计科、商贸审计科、固定资产投资审计科、农林水审计科、外资运用审计科、法规审理科、纪检监察室、审计事务所。

完成市委、市政府交办任务　共完成交办的工作任务232个，共审计单位982个。先后参与完成了厂长(经理)承包经营责任目标审计、中小型企业改制、减轻企业负担、清理检查“小金库”、粮棉油专项资金检查等项工作。1998年对全市49个部门和单位进行了清理和检查。共查出应缴未缴预算收入1016万元，清理“小金库”14个，共计273万元。

完成上级下达审计任务　共完成署、省审计部门下达的审计任务214项，审计单位1835个。

内部审计　到1998年，有内部审计机构125个，内审人员326名。

社会审计　至1998年，全市共有审计事务所4家，注册会计师26名。5年来，共接受社会委托项目6038项。

受表彰情况　受省审计系统表彰13次，连续5年被市委、市政府评为“目标管理综合考核优质单位”。共有26人次受到省审计厅表彰奖励；24人次受到市委、市政府的表彰奖励。

**地址**　河南省鹤壁市审计局
**电话**　0392—3318358
**邮编**　458000　(王海军)

**【鹤壁市山城区审计局】**　1998年底，共有干部职工3人。其中，大专生2人，局长1人，副局长1人。

审计成果　共完成审计项目24个，审计单位49户；完成审计调查2项，调查单位2个。共查出违纪违规金额304万元，上缴财政0.48万元，共提交审计报告60篇。

完成区政府交办任务　共完成交办的工作任务18项。

完成上级下达审计任务　共完成省、市审计机关下达的审计任务12项，审计单位22个。

**【鹤壁市鹤山区审计局】**　1998年底，共有干部5人。其中：大专生4人；局长1人。

审计工作成果　共完成审计项目84个，审计单位108户；完成审计调查7个，调查单位10个。共查出违纪违规金额5688万元，上缴财政1200万元。

完成区政府交办任务　共完成交办的工作任务38项，审计清理单位56个。其中1997年，对环保厂、门窗生产公司、助剂三厂、橡胶厂4个单位的财产、债权、债务进行了资产评估。

完成上级下达审计任务　共完成省、市审计部门下达的审计任务48项，审计单位7户。

**【鹤壁市郊区审计局】**　1998年底有干部职工9人，其中：大专生6人；局长1人，副局长2人。

审计工作成果　共完成审计项目48个，审计调查11项，调查单位62个。共查出违规违纪金额1678万元，上缴财政13.2万元，追还侵占挪用559.4万元。同纪检、监察、检察等部门配合，查出各种经济案件2起。

**【浚县审计局】**　1998年底，共有干部职工27人。其中：大学生7人；局长1人，副局长2人。。

审计工作成果　共完成审计项目241个，审计单位221户；完成审计调查22个。共查出违纪金额6058万元，上缴财政567万元。共提交审计报告241篇。

完成县政府交办任务　共完成交办的工作任务79项，审计清理单位79个。

完成上级下达任务　共完成省、市审计部门下达的审计任务107项，审计单位107个。其中：抽调8人到临颍参加全国粮食财务挂账审计。

**【淇县审计局】**　到1998年底，其中有干部职工23人。其中研究生1人，大学生1人，大专生15人；局长1人，副局长2人。

审计工作成果　共完成审计项目185项，审计单位252户；完成审计调查查处违规违纪金额23276万元，上缴财政581万元，责令追还专项资金7754万元。共提供专项调查报告、综合审计报告、信息共186篇(条)。

完成县政府交办任务　共完成交办的工作任务46项，审计清理单位123个。

**【新乡市审计局】**　到1998年底，共有人员64人。其中：大学生9人，大专生47人；局长1人，副

局长4人。设有办公室、人事科、综合科、管理科、审理科、财政金融审计科、行政事业审计科、商贸审计科、工交审计科、固定资产投资审计科、外资审计科、农业审计科。

审计工作成果　共完成审计项目(单位)2802个,审计调查86项,调查单位661个。共查出违纪违规金额9.88亿元,上缴财政2.71亿元。共提交审计报告2633篇。

内部审计　到1998年,有内部审计机构229个,内审人员603名。

社会审计　共接受社会委托项目35129项。核减基建预决算3852万元,核减虚假注册资金12625万元,为委托单位挽回损失1866万元。

受表彰情况　受审计署表彰2次,受省审计系统表彰23次,受市委、市政府表彰71次。共有2人次受到审计署表彰,14人次受到省审计系统表彰,48人次受到市委、市政府记功、嘉奖等奖励。

**地址**　新乡市人民路173号
**电话**　0373—2047929
**邮编**　453000　　(周士君)

**【新乡市新华区审计局】**　1998年底,共有干部职工14人。其中大学生2人,大专生4人;局长1人,副局长2人。

审计工作成果　共审计200个单位,审计资金总额4.5亿元,查处违规金额1035万元,决定收缴财政61.72万元,已缴区财政22.35万元,挽回企业经济损失300多万元。共提交审计报告200篇。

完成区委区政府交办的审计任务　共完成37项。对全区6家工商企业的股份制改造进行摸底和调查。配合财税部门对30多个行政事业单位、20多个乡村个体煤矿进行检查,催交税款350万元,处理违规资金120万元。对平顶山市华宝商城扩建和装饰工程决算进行审计,审减工程造价293万元。

完成上级下达审计任务　共完成市局下达的审计任务68项,审计单位72个。

**【新乡市红旗区审计局】**　1998年底有人员5人。其中:大专生3人;局长1人,副局长2人。

审计工作成果　共完成审计项目66人,审计调查4项,调查单位32个。共查出违纪违规资金1373万元,上缴财政147万元。共提交审计报告69篇。

完成区政府交办的审计任务　共完成交办的工作任务21项。

完成上级下达审计任务　共完成省、市审计部门下达的审计任务45项。

**【新乡市北站区审计局】**　到1998年底有干部6人,其中大专以上3人,设副局长3人。

审计工作成果　共完成审计项目48个,审计单位60户,完成审计调查4个。查出违纪违规金额719万元,同纪检、监察、检察等部门配合,查处各类经济案件12起(其中给予党纪、政纪处分4人)。

完成区政府交办任务　完成交办任务12项。在对区计生委的财务收支审计中,共查出违纪金额38万元,查出押金收入不入账,挪用计生专项经费等问题。

完成上级下达审计任务　共完成审计任务40项,审计单位60个,查出违纪金额719万元,增加财政收入172万元。

**【新乡市郊区审计局】**　到1998年底,有人员9人。其中大学生1人,大专生7人。局长1人,副局长2人。

审计工作成果　共完成审计项目72个,审计单位66户,完成审计调查6项,调查单位49个。共查出违纪违规金额711万元,上缴财政333万元。共提交审计报告72篇。

完成区政府交办任务　共完成交办的工作任务16项,审计清理单位25个。其中,完成工程决算审计项目280个,审计金额23000万元,审减金额6300万元。

完成上级下达审计任务　共完成省、市审计部门下达的审计任务50项,审计单位62个。

**【卫辉市审计局】**　1998年底,有人员36人。其中,大专生20人;局长1人,副局长3人。

审计工作成果　共完成审计项目165个,审计调查65项。共查出违纪金额2132万元,上缴财政335万元。协同市纪检、监察、信访等部门,查处各种经济案件30起。

完成市政府交办任务　共完成交办的工作任务65项。其中,共完成工程决算审计项目39个,审计核减金额229万元。1997年8月,对某单位职工集资兴建的住宅楼进行决算审计时,原工程造价169万元,审定工程造价138万元,核减资金30万元。

**【辉县市审计局】**　1998年共有干部、职工36人。其中:本科生7人,大专生20人;局长1人,副局长3人。

审计工作成果　共完成审计项目338个,审计单位312户;完成审计调查10项,调查单位76户。共查出违纪违规金额822万元,上缴市财政270万元。同市纪检、监察、信访等部门配合,查处各种经济案件28起。共提交审计报告338篇。

完成市政府交办任务　共完成交办的工作任务56项,审计清理单位132个。其中,共完成工程决算审计项目8个,审计金额25353万元,审减金额2800万元。

完成上级下达审计任务　共

完成省、市审计部门下达的审计任务114项，审计单位114个。

【新乡县审计局】 1998年共有干部、职工22人。其中大学本科2人，大专生15人，局长1人，副局长3人。

审计工作成果 共完成审计项目（单位）300户，审计调查18项，调查单位98个。共查出违纪违规金额3284万元，上缴县财政257万元。同县纪检、监察、信访等部门配合，查处各种经济案件25起。共提交审计报告300篇。

完成县政府交办任务 共完成交办的审计事项182个。1994年到1996年连续3年对县营预算内企业目标责任完成情况进行审计。1997年参与新乡县企业清产核资工作，帮助20余家企业完成了股份制改造。

完成上级下达任务 共完成上级审计部门下达的审计任务108个，审计单位109个。

【获嘉县审计局】 1998年底共有干部职工33人，其中大专文化10人；高级技术职称2人，中级职称21人；局长1人，副局长4人。

审计工作成果 共完成审计项目303个，审计调查22项。共查出违纪违规金额5580万元，上缴财政289.6万元，减少财政拨款和补贴39万元，查出损失浪费金额1250万元，追还被侵占挪用资金457万元。提交审计报告288篇。编写审计信息简报308期，其中被中央级采用12篇，被省级采用22篇，被市级采用45篇。

完成县政府交办任务 共完成交办的工作任务147项。其中从1996年开始，每年都要对16个工交企业进行一次目标责任考核审计。1997年以来共完成了12个工程预决算审计项目，审计金额5896万元，审减金额15.7万元。

完成上级下达审计任务 共完成省、市审计机关下达的审计任务156项，审计单位246个。

【原阳县审计局】 1998年共有干部、职工34人，其中：大学生1人，大专11人；局长1人，副局长2人。

审计工作成果 共完成审计项目73个，审计单位174户；完成审计调查17项，调查单位90个。共查出违纪金额2529万元，上缴财政356万元。配合执法执纪部门查处各类经济案件19起，移送司法部门处理2人。共提交审计报告160篇。

完成县政府交办任务 共完成交办的工作任务64项，审计单位75个。1994年对全县12户全民所有制企业进行盈亏核实，查出7户隐瞒亏损153万元，1户企业会计信息失真资产差错达2000余万元。1996年承办离任审计13个，1997年对5家亏损企业、9家行政事业单位财务收支进行审计。

配合上级完成任务 1997年配合省审计厅对全县11个乡的计划生育专款进行了审计，查出违纪资金431万元，立案查处14人；1998年在全国粮食挂账清查审计中，审计单位31个，核减亏损挂账1100多万元。

【长垣县审计局】 1998年共有干部、职工29人。其中：大学本科4人，大专9人；局长1人，副局长4人。

审计工作成果 共完成审计单位（项目）236个，审计调查项目14个，调查单位142个。共查出违纪违规金额4399万元，追还被挪用金额642万元，为财政增加收入233万元，促进单位增收节支891万元。

完成县政府交办任务 共完成交办的工作任务48项，审计清理检查单位160个。1996年以来相继参与了50多家企业的清产核资工作和企业厂长（经理）经济责任审计，摸清了企业家底，为县委、县政府的正确决策提供了翔实可靠的依据。

完成上级下达审计任务 共完成省、市审计部门下达的审计任务188项，审计单位259个，共查处违纪违规2274万元。

【封立县审计局】 1998年底，共有干部、职工21人。其中：本科1人，大专11人；局长1人，副局长3人。

审计工作成果 共完成审计项目136个，审计单位177户，完成审计调查13项，调查单位98个；共查出违纪违规金额3691万元，上缴财政106万元。配合县纪检、监察、信访等部门，查出各种经济案件13起。共提交审计报告136篇。

完成县政府交办任务 共完成交办的任务24项，审计清理单位128个。1998年配合有关部门完成了对农民负担检查、治理“三乱”、土地延包、计划生育收费乡收县管、企业改制及破产清产核资等工作。

完成上级下达的审计任务 共完成省、市审计部门下达的审计任务112项，审计单位156个。

【延津县审计局】 1998年底，有干部职工20人。其中大学生1人，大专生12人；局长1人，副局长3人。

审计工作成果 共完成审计单位（项目）289个，审计调查22项，调查单位42个。共查出违纪违规金额3519万元，上缴财政234万元。同县纪检、监察、信访等部门配合，查处各种经济案件10起。共提交审计报告234篇。

完成县政府交办任务 共完成交办的工作任务149项。其中，1996年，对县属24个工商企业、1个乡镇企业进行经济目标完成情况审计。

完成上级下达审计任务　共完成省、市审计部门下达的审计任务108项，审计单位289个。

【安阳市审计局】　1998年底，全局共有干部、职工64人。其中：大学生12人，大专生42人；局长1人，副局长3人；设有办公室、财政金融审计科、行政事业审计科、商贸审计科、工交审计科、固定资产投资审计科、农业审计科、综合科、人教科、社会审计指导科、审计事务所。

完成市委、市政府交办任务　共完成交办任务38项，审计单位150个。1995年对全市21户大中型企业厂长、经理进行了任期经济责任审计。从1996～1998年开展同级审以来，共揭露各类违纪违规金额2.2亿元，促进增加财政收入1.2亿元。共完成工程决算审计项目122个，审计金额78346万元，审减金额2063万元。1998年对5县(市)和郑州市直粮食系统进行了审计，查出经济案件线索3起，给予撤职、免职处理的直接责任人4人，共核减粮食系统亏损挂账金额3.14亿元。

完成上级下达审计任务　共完成国家审计署、省审计厅的审计任务62项，审计单位153个。

内部审计　到1998年底，有内部审计机构114个，内审人员398名。

社会审计　共接受社会委托项目2030个，其中企业年检110个，年检金额50000万元，注册资金验证620户，验证资金170000万元。

受表彰情况　受省审计系统表彰3次，受市委、市政府表彰10次。共有20人次受省审计系统表彰奖励。

【安阳市北关区审计局】　1998年底，有干部、职工18人，其中：高级会计师1人，注册会计师3人，审计师3人；局长1人，副局长2人。

审计工作成果　共完成审计项目89个，审计单位136户，完成审计调查12项，调查单位26个。共查出违纪违规金额534万元，上缴财政5万元。同区纪委、监察等部门配合，查处各种经济案件6起。共报交审计报告72篇。

完成区政府交办任务　共完成交办的任务32项。1998年4月，对全区17人二级事业单位财务收支情况进行了审计，对区属6个局委领导进行了离任审计。

完成上级下达审计任务　共完成省、市审计机关下达的审计任务32项，审计单位48个。

【安阳市文峰区审计局】　1998年底，共有干部8人。其中：大学生2人，大专生1人；局长1人，副局长2人。

审计工作成果　共完成交办的工作任务41项，审计清理单位83个。1996年，对区属企业助剂厂进行了厂长离任审计。

完成上级下达审计任务　共完成上级审计机关下达的审计任务36项，审计单位87个。

【安阳市郊区审计局】　1998年底，共有干部、职工35人。其中：大学生3人，大专生19人；局长1人，副局长3人。

审计工作成果　共完成审计项目67个，审计单位219个；完成审计调查4项，调查单位85个。共查出违纪违规金额147万元，上缴财政10.6万元，共提交审计报告67篇。

完成区政府交办任务　共完成交办的工作任务15项，审计单位64个。其中，1998年配合区财政、纪检等部门，完成了协税护税、减轻农民负担调查等工作。

完成上级下达审计任务　共完成省、市审计机关下达的审计任务43项，审计单位155个，审计金额34308万元。

【林州市审计局】　现有干部、职工32人，其中本科生6人，大专生14人，局长1人，副局长3人。

审计工作成果　共完成审计项目350个，审计总金额20亿元，查处各类违纪违规金额5000余万元，直接增加财政收入和节约支出1亿余元。

完成上级下达审计任务　共完成省、市下达的审计任务160项，审计单位260个。

【安阳县审计局】　1998年底，共有干部、职工34人，其中本科生2名，专科生22人；局长1人，副局长2人。

审计工作成果　共完成各项审计任务198项，审计调查16项。共查出有问题资金9439万元，增加财政收入2621万元，节约基建资金1000余元。

完成县政府交办任务　共完成交办工作任务42项。先后参加了财务税收大检查，农民负担调查，农村财务清查，整顿建筑市场秩序，农村“财务双代管”调查，经济案件查证，计划生育建账检查，预算外资金检查，小康村建设等中心工作。

【滑县审计局】　1998年底，共有干部职工32人，其中大学本科2人，大专生15人，局长1人，副局长2人。

审计工作成果　共完成审计项目139项，审计单位185个，完成调查项目29项，调查单位38个。共查出违纪金额7529万元，上缴财政486万元。同纪检、监察、信访等部门配合，查处各种经济案件19起。共提交审计报告157篇。

完成县政府交办任务　共完成交办的工作任务48项。1996年，在对物资局下属11个单位核实查证中，发现违纪、亏损金额近2000万元，部分企业资不抵债，其中机电设备公司违纪额高达400多万元。

完成上级下达的审计任务　共完成上级审计机关下达的任务119项。

**【内黄县审计局】**　1998年底，共有干部、职工20人，其中：本科1名，大专生10名，局长1人，副局长2人。

审计工作成果　共完成审计项目80个，审计单位145个，完成审计调查项目20个，审计调查单位33个，查出各类违纪违规金额4735万元，应上缴财政313万元，应追还侵占挪用资金240万元，移交监察、纪检部门机关和司法机关处理案件各1起。

完成县委、县政府交办的工作任务　共完成51项，审计单位482个。其中，1997年对全县23家重点企业单位开展清产核资、资产评估、目标管理等企业改制工作。

**【汤阴县审计局】**　1998年底，共有干部、职工24人。其中：大学生7人，大专生8人；局长1人，副局长3人。

审计工作成果　共完成审计项目104个，审计单位128户；完成审计调查25项，调查单位31个。共查出违纪违规金额6483万元，上缴财政268万元。同县纪检、监察、信访等部门配合，查处各种经济案件15起。共提交审计报告32篇。

完成县政府交办任务　共完成交办的工作任务108项，审计清理单位134个。其中，共完成工程预决算审计项目149个，审计金额3912万元，市核减金额850万元。

**【濮阳市审计局】**　1998年底，共有干部职工75人，其中：大学文化程度15人，大专文化程度39人；局长1人，副局长3人。设有办公室、综合审计科、财税金融审计科、行政事业审计科、外资农水审计科、基建投资审计科、商粮贸审计科、工业交通审计科、审计科研培训所、审计师事务所。

审计工作成果　共完成审计项目单位458个，完成审计调查29项，共查出违纪违规资金44419万元，上缴财政4030万元，追还被侵占挪用资金3769万元，移交司法机关经济案件2起，提交审计报告、信息等879篇。

完成市委、市政府交办任务　共完成交办的工作任务44项。1997、1998年连续两年配合市委组织部门开展了对市重点工业企业主要领导人经济离任审计等项考核工作中专业审计考核工作。

完成上级下达审计任务　共完成上级审计机关下达的审计任务143项，审计单位237个。

内部审计　到1998年，有内部审计机构29个，内审人员106名。

社会审计　共接受企业年检等社会委托审计项目1307次。

受表彰情况　2次被市委、市政府命名为市级文明系统，1996年被省委、省政府命名为省级文明单位，1998年被省委、省政府命名为全省粮食挂账审计工作先进集体，被省审计厅授予指导内部审计工作先进机关，被市直工委合命名为文明机关。

**【濮阳市市区审计局】**　1998年底，共有干部、职工13人，其中：大学生3人，大专生5人；局长1人，副局长1人。

审计工作成果　共完成审计项目110个，审计单位132户，共完成审计调查12项，调查单位89个。共查出违纪违规金额1203万元，上缴区财政183万元。同区纪检、监察、信访等部门配合，查出各种经济案件4起。共提交审计报告110篇。

完成区政府交办任务　共完成交办的工作任务41项，审计清理单位340个。在1997年，为配合全区机构改革、企业改制，参予并负责了全区清产核资小组，涉及100多个单位。

完成上级下达审计任务　共完成省、市审计机关下达的审计任务110项，审计单位132户。

**【濮阳县审计局】**　1998年底，共有干部、职工49人。到1998年底，人员共有49人。其中：大学生1人，大专生4人；局长1人，副局长4人。

审计工作成果　共完成审计项目256个，审计单位205户；完成审计调查24项，调查单位163个。共查出违纪违规金额32653万元，上缴财政280万元。同县纪检、监察、信访等部门配合，查处各种经济案件13起。共提交审计报告265篇。

完成县政府交办任务　共完成交办的工作任务141项，审计清理单位398个。

完成上级下达审计任务　共完成省、市审计机关下达的审计任务170项，审计单位281个。

**【南乐县审计局】**　1998年底，共有干部职工42人。其中：函授本科4人，大专生10人；局长1人，副局长3人。

审计工作成果　共完成审计项目236个。审计单位236户，完成审计调查23项，调查单位84个。共查出违纪违规金额6577万元，上缴财政281万元。共提交审计报告193篇。

完成县政府交办任务　共完成交办工作任务56项，审计清理单位278个。其中，1996年配合县纪委、财政局对全县的预算外资金进行了清查。1998年对11个县直单位的离任领导人进行了审计。

完成上级下达审计任务　共完成上级下达的审计任务127

项,审计单位163个。

**【台前县审计局】** 1998年底共有干部职工31人,其中本科学历2人,专科学历7人;局长1人,副局长2人。

审计工作成果 共完成审计项目202个,审计调查8项,查出违纪金额2286万元,上缴财政93万元。配合县纪委、监察部门查处违控购买小汽车案等。

完成县委、县政府交办的任务 1994年、1995年对县重点工业企业造纸厂、中台油脂厂、电缆厂、恒兴酒厂承包指标进行了测算;1996、1997年对县八乡一镇进行了财务收支审计,减轻农民负担100余万元;1997年对县直8个单位进行了正科级领导离任审计。

**【清丰县审计局】** 1998年底,共有干部、职工64人。其中:大专以上文化程度32人;具有中级技术职称13人;局长1人,副局长3人。

审计工作成果 共完成283个审计单位和项目,完成审计调查27项,调查单位136个。共查出各类违纪违规金额3778万元,上缴财政146万元。共提交审计报告152篇。

完成县政府交办任务 共完成交办的工作任务98项。其中,对63个正科级干部进行了离任审计和10个国有企业领导班子的党建工作进行了专业考核,截止到1998年底共完成工程决算审计项目72人,审计金额3400万元,审减资金510万元。

**【范县审计局】** 到1998年底共有干部、职工34人,其中:本科5人,专科14人;局长1人,副局长3人。

审计工作成果 共完成审计项目141人,审计单位208个,完成审计调查21项,调查单位148个,共查处违纪违规金额1314万元,上缴财政88万元。同县纪检、监察、信访等部门配合,查处各种经济案件14起。共提交审计报告141篇。

完成县政府交办任务 共完成交办的工作任务60项,审计单位136个。其中,共完成离任审计15个,连续两年来参与并配合全县工商企业的改制和建设,负责清产核资工作。

完成上级下达审计任务 共完成省、市审计机关下达的审计任务76项,审计单位139个。

**【许昌市审计局】** 1998年底共有干部、职工51人。其中:大学毕业7人,大专毕业30人;局党组书记兼局长1人,副局长3人。内设办公室、法制综合科、人事教育科、纪检监察室、财政金融审计科、行政事业审计科、商粮贸审计科、工交审计科、固定资产投资审计科、农林水审计科、外资审计科、审计科研所、审计师务所。

审计工作成果 共完成审计项目2055个,审计调查55项。共查出违纪违规金额143850万元,其中,应上缴财政11551万元,已上缴9287万元。提交审计报告和信息560篇(条)。

完成审计任务情况 5年来,分别对金融、工业、商业、基本建设、农林水和行政事业等领域开展专项审计调研,为领导提供了决策依据。1996年,对市直9户国有企业进行审计调查,结果表明,9户企业已资不抵债,资产负债率最高的达405%,最低的也超过了140%,9户企业累计经营亏损4004万元,潜在亏损2325万元。

受表彰情况 连续5年被市政府评为目标管理一等奖;连续5年被市委评为"好班子";机关党支部连续5年被市委和市直工委命名为先进党组织;1994年被省委省政府命名为"文明单位",同时被市委市政府命名为"双文明建设标兵单位";1997年被国家人事部、审计署命名为"先进单位"称号。

**【许昌市魏都区审计局】** 1998年底,共有干部、职工20人。其中:大学生4人,大专生8人;局长1人,副局长2人。

审计工作成果 共完成审计项目277个,审计单位229户;完成审计调查22项,调查单位32个。共查出违纪违规金额2084万元。上缴区财政359万元。共提交审计报告277篇。

完成区政府交办任务 共完成交办的工作任务27项,审计清理单位256个。

完成上级下达审计任务 共完成省、市审计部门下达的审计任务89项,审计单位164个。

**【禹州市审计局】** 1998年底,共有干部、职工25人。其中:大学文化1人,大专13人;局长1人,副局长4人。

审计工作成果 共完成审计项目286个,审计单位268户;完成审计调查26项,调查单位216个。共查出违纪金额65896万元,上缴财政1080万元。同市纪检、检察、监察、信访等部门配合,查处各种经济案件36起。共提交审计报告286篇。

完成市委、政府交办任务 共完成交办的工作任务98项,审计单位145个。其中,完成工程决算项目16个,审计金额2564万元,审减金额427万元。

完成上级下达审计任务 共完成省、市审计机关下达的审计任务232项,审计单位261个。

**【长葛市审计局】** 1998年底,共有干部、职工70人。其中:大学生5人、大专生45人;局长1人,副局长3人。

审计工作成果 共完成审计单位项目613个,审计调查65项。

查出违纪违规资金2.3亿元，增加财政收入1116万元，追还被侵占挪用资金1877万元。提供审计信息221条。

完成审计任务情况　先后开展了乡镇企业经济实力调查、村级财务收支审计、农民负担状况调查、预算外资金清理、建筑市场整顿、国有企业领导班子集中建设考核审计、清理整顿城市信用社不良贷款等工作。

**【许昌县审计局】**　1998年底，共有干部职工27人。其中：大专以上文化12人，中级职称8人；局长1人，副局长3人。

审计工作成果　共完成审计项目234个，审计调查项目28个。共查出违纪违规金额8798万元，上缴财政288万元。共提交审计报告234篇。

完成交办的审计任务　共完成交办的工作任务59项。1996年7月对县重点企业许昌传动轴总厂的资产、负债进行审计核实，查清了该厂虚增利润及因损失浪费严重而造成巨大亏损的事实。1997年、1998年两年相继开展了对物资总公司下属企业的破产清算，整顿村级财务，企业改制，社会保险基金的审计等中心工作。

**【鄢陵县审计局】**　1998年底，共有干部、职工28人。其中：大专14人；中级以上职称12人；局长1人，副局长3人。

审计工作成果　共完成审计项目194个，审计调查25项。共查出违纪金额3864万元，上缴财政金额1128万元。

**【襄城县审计局】**　1998年共有干部职工33人，其中大学生1人，大专生16人；局长1人，副局长3人。

审计工作成果　共完成审计项目203个，审计单位195户；完成审计调查26项，调查单位187个。查出违纪违规金额9696万元，上缴财政1268万元。共提交审计报告203篇。

完成县委县政府交办任务　共完成交办任务57项。其中领导干部离任审计46项。1994年，参加了县大检办组织的财税物价大检查，审查单位31个，查处违纪金额1236万元。

完成上级审计部门下达审计任务　共完成112项，审计单位176个。

**【漯河市审计局】**　1998年底，共有干部职工48人。其中：大学生7人，大专30人；局长1人，副局长4人；设有办公室、法制综合科、财政金融审计股、工交审计科、商粮贸审计科、外资审计科、固定资产投资审计科、纪检监察室、审计事务所。

审计工作成果　共完成审计项目及(单位)1695个，审计调查134项，调查单位615个。共查出违纪违规金额9.4亿元，上缴财政10232万元，追还挪用资金5576万元，为国家挽回经济损失、促进提高经济效益7445万元。配合纪检、监察等部门查处经济案件10起，移交司法机关处理16人。

完成市委、政府交办任务　共完成交办工作149项，审计单位312个。其中，1996年，对市四大班子财务收支进行了审计；1997、1998年，对市属三个开发区建设情况进行了审计或调查。

完成上级下达审计任务　共完成省下达我市审计任务116项，审计单位185个。

内部审计　至1998年，全市共设立内审机构170个，配备内审人员371人。5年来共审计单位(项目)5234个，纠正有问题资金16139万元，促进增收节支6186万元。

社会审计　至1998年，全市设立6个审计师事务所，从业人员116名，其中在编人员72名，具有中级以上职称38人。5年共完成审计项目6346个。

受表彰情况　先后获得省级文明单位、卫生先进单位，全省审计系统先进集体，市政府目标考评先进单位，依法治理优胜单位，优秀党组织等荣誉称号。有14人受到省审计厅表彰奖励，有8人受到市政府表彰，其中1人被市政府记三等功一次。

**地址**　漯河市黄河路519号
**电话**　0395—3133615
**邮编**　462000

**【漯河市源汇区审计局】**　1998年底，共有干部、职工34人。其中：本科生2人，大专生20人；局长1人，副局长2人。

审计工作成果　共完成审计项目174个。审计单位156户；完成审计调查15项，调查单位112个。共查出违纪违规金额8459万元，上缴财政412.2万元。同区纪检、监察、信访等部门配合查处各种经济案件12起。共提交审计报告174篇。

完成区政府交办任务　共完成交办的工作任务32项，审计清理单位214个。其中，共完成工程决算审计项目8个，审计金额980万元，审减金额86万元。

完成上级下达审计任务　共完成省市审计部门下达的审计任务69项，审计单位156个，审计金额97850万元。

**【郾城县审计局】**　1998年底，共有干部、职工57人。其中：本科学历的4人，大专学历27人；局长1人，副局长3人。

审计工作成果　共完成审计项目412个，其中上级审计部门下达的审计任务243项，审计单位513户；完成审计调查48项，调查单位197个。共查出违规违纪金额14329万元，上缴财政375万元。会同纪检、监察部门查处各种经济案件21起,配合县有关职能部门查证处理各类集体上访事件17起,提交审计报告412篇。

积极完成县委、县政府交办任务　共完成交办任务102项,审计调查单位326个。其中,1998年对64个行政村进行了审计,查出有问题资金243.4万元,为集体挽回经济损失40多万元,移交司法机关处理15人。对全县工商企业进行摸底调查,从中发现潜亏1982万元。

**【临颍县审计局】**　1998年底,共有干部、职工43人。其中:大专生15人;局长1人,副局长3人。

审计工作成果　共完成审计项目376个,审计单位352户;完成审计调查32项,调查单位176个。共查出违纪违规金额4700万元,上缴县财政1546万元。同县纪检、监察、信访等部门配合,查处各种经济案件1起。共提交审计报告396篇。

完成县政府交办任务　共完成交办的工作任务65项。

完成上级下达审计任务　共完成省、市部门下达的审计任务321项,审计单位287个,审计金额30500万元。

**【舞阳县审计局】**　1998年底,共有干部、职工22人。其中:本科1人,大专14人;局长1人,副局长4人。

审计工作成果　共完成审计项目160个,审计单位278个,完成审计调查25项,调查单位125个。共查出违规行为资金13290万元,收缴财政150万元。配合纪检、监察、信访等部门,调查处理信访等案件15起。提交审计报告、信息150篇。

完成县委、县政府交办任务　共完成交办的工作任务20余项,内容涉及经济、信访等案件查证,机构撤并财务清查、查处"三乱"、县重点专项资金审计与调查等。

完成上级下达任务　共完成上级审计部门下达的审计任务160项,审计单位278个。

**【三门峡市审计局】**　1998年底共有干部、职工47人。其中:大学生6人,大专生35人;局长1人,副局长2人,纪检组长、总审计师各1人。设有办公室、综合科、监察室、工交审计科、财政金融审计科、固定资产投资审计科、商贸审计科、行政事业审计科。

审计工作成果　全市共完成审计单位(项目)1207个,查处违纪金额79411万元,上缴财政4438万元,减少财政拨款或补贴3612万元,归还原资金渠道3896万元,促进增收节支820万元。向司法机关移送案件6起,建议给予行政处分6人。审计财政决算189个,查处违纪金额18616万元。自1996年以来,全市开展了预算执行审计,共查处违纪金额17024万元;审计金融单位76个;审计基建和审计查证单位201个,核减建设资金1.3亿元,在对三门峡黄河公路大桥竣工决算审计中,核减1865万元。

内部审计　1998年共设立内审机构258个,有内审人员423名,审计单位5025个。

社会审计　共接受委托开展审计查证9286个。核减基建预决算金额11064万元,核减虚假注册资金39023万元,促进提高经济效益3157万元。

受表彰情况　受省委、省政府表彰2次,受省审计厅表彰20多次,受市委、政府表彰10多次。受省委、政府表彰6人次,受省审计厅、市委和政府表彰30多人次。其中,1998年获市政府"目标管理先进单位",有1人次被市委、政府通令嘉奖。

**【三门峡市湖滨区审计局】**　1998年共有干部、职工6人,其中:大专4人;局长1人,副局长1人。

审计工作成果　共完成审计单位(项目)71个,审计调查单位9个。共查出违纪违规金额316万元,上缴财政24万元。配合财政、监察、纪检等部门,查处各种经济案件21起。

完成区委、区政府任务　共完成交办的工作任务16项,其中:干部任期经济责任审计12项,企业审计4项。其中,1998年对区重点工程果汁厂基建工程进行审计,在原决算造价1003万元基础上审减272万元。

完成上级下达审计任务　共完成省、市审计机关下达的审计任务25项,审计单位25项。

**【义马市审计局】**　到1998年底,共有人员15人。其中:大学生1人,大专生10人;局长1人,副局长2人。

审计工作成果　共完成审计项目182个(其中领导离职审计29个,财政、金融、行政事业、企业共90个,基建审计63个),查处各类违纪资金8555万元。追回被侵占挪用的资金169万元,上缴财政47万元。审计基本建设资金116580万元,审减资金9454万元。移交司法部门案件5起,被追究刑事责任6人,移交纪检、监察部门案件6起,建议给予责任人行政处分8人。

**【灵宝市审计局】**　到1998年底,有干部职工20人。其中:大专生10人;具有中级职称10人;局长1人,副局长3人。

审计工作成果　共完成审计单位和项目385个,完成审计调查单位和项目133个。查出违纪违规金额10295万元,上缴财政845万元。追还被侵占挪用资金1048万元,核减基建造价4574万元。

市委、市政府交办审计　共完成交办审计317个。1996年开始对本级预算执行情况进行审计,3年来,共审增预算收入1623万元,审减预算支出1299万元。共完成基建审计项目127个,核减基建造价4574万元。

**【渑池县审计局】**　到1998年底,共有人员30人。其中:大学生2人,大专生8人;局长1人,副局长3人。

审计工作成果　共完成审计项目158个,审计单位138户,完成审计调查19项,调查单位128个。共查出违规违纪金额2600万元,上缴财政金额96万元。同县纪检监察、信访等部门配合,查处各种经济案件35起,为单位挽回经济损失1200万元。提交审计报告158篇。

完成交办任务情况　共完成县委、县政府交办任务462项,完成清理单位489个。1998年,完成工程决算审计项目5个,审计金额319万元,审减金额76万元。

完成上级下达审计任务　共完成省、市审计机关下达的审计任务136项,审计单位129个。

**【卢氏县审计局】**　1998年底,共有干部职工14人。其中:大专生5人;局长1人,副局长3人。

审计工作成果　共完成审计项目150个,审计单位163个;审计调查35项,调查单位72个。查出违纪违规金额10065万元,上缴财政518万元。移交纪检、监察及司法部门经济案件5起,提交审计报告186篇。

完成县政府交办任务　共完成交办的工作任务28项。1996年8月,对县亏损大户地毯厂1992年至1996年7月资产、负债及损益情况进行了审计,查处了该厂厂长朱某渎职给企业造成严重经济损失及其他3人违法违纪行为,并移交检察机关处理。

完成上级下达审计任务　共完成省、市审计机关下达的审计任务126项,审计单位139个。

**【陕县审计局】**　到1998年底,共有人员31人,其中:大学生2人,大专生11人;局长1人,副局长1人。

审计工作成果　共完成审计单位(项目)170个,审计调查12项,调查单位28个。共查出违纪违规金额2642.9万元,上缴财政386.9万元。提供综合报告或重要信息14份。

完成县委、政府交办任务　共完成交办的工作任务108项。其中,对改制厂进行资产负债审计和评估工作,涉及到全县4个单位,经审计共核减资产1411万元,核增负债1160万元,评估总值4600万元。

完成上级下达审计任务　共完成省、市审计机关下达的审计任务(项目)79个。

**【南阳市审计局】**　1998年底,共有干部、职工94人。其中本科生17人;具有中级职称的35人;局长1人,副局长4人。设有办公室、综合科、人事监察科、法制科、财政金融科、行政事业科、农林水科、工交科、固定资产投资科、外资科、商贸科、体系指导科、科研所、培训中心。

审计工作成果　共完成审计项目189个,审计单位423个,共查出违纪违规金额61818万元,其中上缴财政11475万元,应归还原渠道资金12947万元,应核减财政拨款或补贴1567万元。提交审计情况报告、信息432篇。

完成重点审计任务　从1995年起,全面开展了对本级财政预算执行审计。1994年、1997年两次组织开展对市、县、区及304个乡镇单位的计生经费审计。从1994年起,加强了对农业资金总体投入等专项资金审计。1998年完成了粮食清查审计,共审计253个单位,核减粮食企业新增财务挂账41368万元,审减率33%,审定粮食企业不合理占用农发行贷款24272万元,核减农发行违规占用信贷资金本息5280万元。

内部审计　1998年底,共建立内审机构475个,配备内审人员2036。

社会审计　共接受社会委托项目21898个,核减虚假注册资金37800万元,核减基建预决算金额14768万元,为委托单位追回经济损失19729万元。

受表彰情况　连续4次被评为全国审计机关先进集体,一直保持全省审计工作先进单位和省级文明单位称号,1995年被省政府授予职业道德教育先进单位,1998年3月被市政府通令嘉奖,1998年被首批命名为市直"四优机关"。

**地址**　南阳市文化宫街32号
**电话**　0377—3136847
**邮编**　473068　(孙明秀)

**【南阳市卧龙区审计局】**　1998年底,共有干部职工37人。其中:大学生5人,大专生19人;局长1人,副局长3人。

审计工作成果　共完成审计及调查项目357个,其中上级下达审计项目115个,区委、政府下达审计项目232个。共查出违规违纪金额5457万元,上缴财政239万元。会同区纪检、监察、信访、财政等部门,查处各种经济案件8起。共提交审计报告25篇。

**【南阳市宛城区审计局】**　1998年共有干部、职工18人,其中,大学生2人,大专生8人;局长1人,副局长3人。

审计工作成果　共完成审计单位183个,审计调查26项,调查单位26个。共查出违规行为金额5823万元,上缴财政金额596万元。同区纪检、监察、信访等部门配合，查处各种经济案件38起，提交审计报告388篇。

完成交办的审计任务　共完成85项，审计单位97个。1996—1998年对区化肥厂、电石厂等25个单位进行了清产核资。

**【邓州市审计局】**　1998年共有干部、职工19人。其中：大专11人；局长1人，副局长3人。

审计成果　共完成审计项目152个，审计单位382个；完成审计调查31项，调查单位67个。共查出违纪违规金额13751万元，其中上缴财政590万元。配合市纪检、监察、信访等部门，查处各种经济案件6起。提交审计报告120篇。

完成市委、政府交办任务　共完成交办的工作任务34项，审计清理单位46个。1997年，对8个乡11个村级财务进行清理整顿，共审计资金493万元，纠正违纪金额86万元，解决因财务问题引发的信访案件20余起。帮助建立账目100余册，完善制度68项。

完成上级下达审计任务　共完成省、市审计机关下达的审计任务121项，审计单位136个。

**【桐柏县审计局】**　到1998年底，共有人员15人。其中：本科2人，专科5人；局长1人，副局长2人。

审计工作成果　共完成审计项目140个，审计单位153户；完成审计调查19项，调查单位159个。共查出违纪违规金额2898万元，上缴财政439万元。同县纪检、监察、信访等部门配合，查处各种经济案件31起。共提交审计报告147篇。

完成县政府交办任务　共完成交办的工作任务72项，审计清理单位616个。1995年以来参予全县工商企业清产核资、资产评估工作，涉及到全县69个单位，摸清了企业家底。对65名乡（局）级干部进行了离任审计。1996年对县重点工程——金都宾馆基建审计中，审减工程预算金额590万元。

**【方城县审计局】**　1998年底，共有干部、职工27人。其中：大学生4人，大专生18人；局长1人，副局长2人。

审计工作成果　共完成审计项目358个，审计单位358户；完成审计调查25项。共查出违纪违规行为金额11315万元，增加财税收入2011万元。共提交报告、信息395篇。

完成县里交办任务　共完成交办的工作任务80项，审计清理单位210个。其中，配合县财政局进行预算外资金大检查4次，涉及全县40个单位。1995年在对县重点工程——县宾馆的决算审计中，审减180万元。

完成上级交办任务　共完成省、市审计机关下达的审计任务79项，审计单位114个。

**【淅川县审计局】**　1998年底，共有干部职工33人。其中，本科生2人，大专生23人；局长1人，副局长3人。

审计工作成果　共完成审计项目234个，审计单位326户；完成审计调查28项，调查单位69户。共查出违纪资金19974万元，上缴县财政1398万元，促进增收节支11927万元。配合县纪检、监察、信访等部门查出经济案件28起，依法追究刑事、经济责任的达9人次，为国家和企业挽回直接经济损失341万元。共提交审计报告93篇。

完成县政府交办任务　共完成59项。1995年至1998年对县本级预算执行审计中查出违纪金额9451万元，收缴县财政424万元。

**【镇平县审计局】**　1998年底，共有干部、职工73人。其中：大学生1人，大专生36人；局长1人，副局长2人。

审计工作成果　共完成审计项目144个，审计单位253户；完成审计调查32项，调查单位116个。共查出违纪违规金额9395万元，上缴财政1336万元。同县纪检、监察、信访等部门配合，查处各种经济案件16起。共提交审计报告179篇。

完成县政府交办任务　共完成交办的工作任务88项，审计清理单位185个。其中，完成工程决算审计项目33个，审计金额9038万元，审减金额1138万元。1998年对县重点工程——热电公司工程预算执行情况进行审计，仅材料一项审减693万元，审出漏交税金60万元，为全县减少支出、增加收入700多万元。

完成上级下达审计任务　共完成省、市审计机关下达的审计任务103项，审计单位184个。

**【唐河县审计局】**　1998年底，共有人员45人。其中：大学生5人，大专生18人；局长1人，副局长3人。

审计工作成果　共完成审计项目147个，审计单位354户；完成审计调查13项，调查单位18个。共查出违纪违规金额10661万元，上缴财政887万元。同县纪检、监察信访等部门配合，查出经济案件30起。共提交审计报告218篇。

完成县委、县政府交办的工作任务　共完成90项，审计清理单位195个。1997年上半年，对60个县行政事业单位财务收支情况进行审计，共查出违规行为金额157万元，处理处罚收缴财政17.6万元。共完成工程决算审计项目8个，审计金额5620万元，审减金额98万元。

完成上级机关下达任务　共

完成省、市审计机关下达的审计任务107项，审计单位134个。

**【南召县审计局】** 1998年，共有人员18人，其中本科4人，大专9人；局长1人，副局长3人。

审计工作成果 共完成审计项目113个、单位220个；完成审计调查20项，调查单位75个。共查出违纪违规金额1768万元，上缴财政533万元，追还侵占挪用资金1222万元，促进提高经济效益1258万元。同县纪检、监察、信访等部门配合，查处经济案件8起，撰写审计信息、报告176篇。

完成县政府交办任务 共完成交办任务27项。其中1998年对全县投资最大的催化剂厂苯酐项目进行了竣工决算审计，总报价1355.18万元，净审减总额336.83万元。

完成上级下达审计任务 共完成省、市下达103个审计项目，审计单位205个。

**【内乡县审计局】** 1998年底，共有人员25人。其中：大学生2人，大专生10人；局长1人，副局长3人。

审计工作成果 共完成审计项目259个，审计单位307个，完成审计调查24项，调查单位144个。共查出违纪金额20375万元，收缴财政815万元，其中：罚款97万元。共查出经济案件线索31个，特别是1995年查出了一个合伙贪污公款24.8万元的大案，有8人被判有期徒刑。同时配合信访纪检等部门协查经济案件25起。共提交审计报告信息410篇。

完成县政府交办任务 共完成交办任务127项，审计单位617个。其中，对行政机关银行账户进行全面清理，查出小金库21个，收缴财政187万元；1997年对农民负担和企业负担进行专项检查，直接减轻农民负担1050万元，减轻企业负担540万元。共完成工程决算审计65个，开工前审计67个，审减工程造价1688万元。

完成上级下达审计任务 共完成省厅、市局下达审计任务95项、审计单位178个。

**【新野县审计局】** 1998年底，共有干部、职工17人。其中：大学生3人，大专生12人；局长1人，副局长3人。

审计工作成果 共完成审计项目105项，审计单位168户；完成审计调查35项。共查处违纪违规金额20437万元，上缴财政573万元。同县纪检、监察、信访等部门配合，查处各种经济案件25起。共提交审计报告188篇。

完成县政府交办任务 共完成交办的工作任务69项，审计清理单位454个。1998年，对全县38家企业进行了资产、负债、损益审计，摸清了家底，盘活存量资产1.6亿元，化解历史包袱3330万元。

完成上级下达审计任务 共完成省、市审计机关下达的审计任务125项，审计单位161个。

**【社旗县审计局】** 1998年底共有干部职工60人（其中事务所38人），其中：大学生1人，大专生30人；局长1人，副局长2人。

审计成果 共完成审计项目167个，审计单位175个，完成审计调查23项，调查单位32个。共查出违反财经法规金额9344万元，上缴财政415万元。同县纪检、监察、信访等部门配合，查处各种案件12起。提交审计报告167篇。

完成县政府交办任务 共完成交办的工作任务67项，审计清理单位132个。

**【西峡县审计局】** 1998年底，共有人员24人，其中：大学生1人，大专生11人；局长1人，副局长1人。

审计工作成果 共完成审计项目235个，审计单位238个；完成审计调查34项，调查单位122个。共查出违纪违规金额5744万元，上缴财政376万元。配合县纪检、监察、信访等部门，查处各种经济案件9起。提交审计报告235篇。

完成县政府交办的工作任务 共完成交办任务52项。其中：科级领导干部经济责任离任审计45项。

**【商丘市审计局】** 1998年底，共有人员47人，其中大学生9人，大专生33人；局长1人，副局长3人。设有办公室、综合科、监察室、科研培训中心、财政审计科、金融审计科、行政事业审计科、工交审计科、商贸审计科、基建投资审计科、农水外资审计科、审计学会、社审协会、内审协会和审计事务所。

审计成果 共完成审计项目1286个，审计单位2886，完成审计调查826项，调查单位1742个。共查出违纪违规金额131435万元，上缴财政8834万元。同市（地）纪检、监察、信访等部门配合，查处各种经济案件11起。共提交审计报告496篇。

完成审计任务情况共审计74个单位的预算执行和280个单位的其他财政收支情况，查出违纪金额38145万元，经处理已增加财政收入3379万元。1998年，全市开展了粮食挂账审计，核实新增财务挂账为9.8亿元，审减3.2亿元，实减率25%。1998年水利资金审计被省审计厅评为一等审计项目。

完成当地政府交办的任务 共完成交办的工作任务432项。1997年底，负责对42个上划单位的清产核资工作，对42单位法人进行经济责任审计。

**内部审计** 到1998年有内部审计机构496个，内审人员增加到1600名。

**社会审计** 商丘市审计事务所接受社会委托项目80个。

**受表彰情况** 受省委、省政府表彰2次，共有8人次受到省审计厅和省人事厅，总工会，表彰和奖励。

**地址** 商丘市凯旋中路518号
**电话** 0370—2214449
**邮编** 476000 （倪传启）

**【商丘市梁园区审计局】** 到1998年底，共有人员27人。其中：大学学历3人，大专学历16人；局长1人，副局长2人。

**审计工作成果** 共完成审计项目171个，审计单位188户，完成审计调查项目33项，调查单位320个。共查出违纪违规金额10711万元，上缴财政314万元。配合区纪检、监察、信访等部门，查处各种经济案件25起。共提交审计报告121篇。

**完成政府交办任务** 完成交办的工作任务31项，审计清理单位220个。其中，共完成工程预决算审计项目3个，审计金额1249万元，审减资金77万元。

**完成上级下达审计任务** 共完成省、市审计机关下达审计任务113项，审计单位188个。

**【商丘市睢阳区审计局】** 1998年底，共有人员71人。其中：大学生3人，大专生41人；局长1人，副局长3人。

**审计工作成果** 共完成审计项目392个，审计单位244个，完成审计调查项目26个，调查单位211个。共查出违纪违规金额7159万元，上缴财政377万元。同区纪检、检察、信访等部门配合，查处各项经济案件16起。共提交审计报告392篇。

**完成区政府交办任务** 完成交办的工作任务260项，审计清理单位310个。完成工程决算审计项目45个，审减金额3500万元。

**【永城市审计局】** 1998年底，共有干部、职工52人，其中：大学本科2人，大学专科8人；局长1人、副局长5人。

**审计工作成果** 共完成审计项目403个，审计单位468个；完成审计调查15项。共查出违纪违规金额201000万元，上缴财政1061万元，移交各种经济案件36起，提交审计工作报告、信息267篇。

**完成市政府交办任务** 完成交办任务117项。共完成工程项目决算审计208个，审计总金额31600万元，审减金额3780万元。其中，1998年对永城市重点工程“欧亚大道”决算审计中，审减工程预算440万元。

**完成上级下达任务** 共完成署、省、地下达项目207个。

**【虞城县审计局】** 1998年底，共有人员56人。其中：大学生4人，大专生25人；局长1人，副局长3人。

**审计工作成果** 共完成审计项目238个，审计单位276个，完成审计调查20项，调查单位136个。共查出违纪资金13558万元，上缴财政323万元。同县纪检、监察、信访等部门配合，查处各种经济案件32起。提交审计报告238篇。

**完成县政府交办任务** 共完成交办任务57项，审计清理单位426个。

**完成上级下达审计任务** 共完成下达的审计任务152项，审计单位276个。

**【民权县审计局】** 到1998年底，共有人员59人。其中：大学生8人，大专生29人；局长1人，副局长4人。

**审计工作成果** 共完成审计项目332个，审计单位273户；完成审计调查37项，调查单位93个。共查出违纪金额12734万元，上缴财政437万元。同县纪检，监察，信访等部门配合，查处各种经济案件19起，

**完成县政府交办任务** 共完成交办的工作任务97项。

**完成上级下达审计任务** 完成省、市审计机关下达审计任务183项，审计单位308个。

**【夏邑县审计局】** 到1998年底，有人员52人。其中：本科生2人，大专生25人；局长1人，副局长3。

**审计工作成果** 共完成审计项目195个，审计单位415户；完成审计调查42项，调查单位76个。共查出违纪违规金额6960万元，上缴财政548万元，追回被侵占挪用资金1152万元。同县纪检、监察、信访等部门配合查处各类经济案件63起，往纪检监察部门移交8起，往司法机关移送5人次，共提交审计报告268篇。

**完成县政府交办任务** 共完成交办的任务43项，审计清理单位106个。

**完成上级下达审计任务** 完成省市审计部门下达的审计任务129项，审计单位309个。1998年6月，县局抽调12人组成审计组进驻睢县开展粮食清查工作。

**【柘成县审计局】** 1998年底，共有人员63个。其中：大学生3人，大专生26人；局长1人，副局长4人。

**审计工作成果** 共完成审计项目275个，审计单位252户；完成审计调查23项，调查单位135个。共查出违纪违规金额8683万元，上缴财政660万元。同县纪检、监察、信访等部门配合，查处各种经济案件45起。提交审计报告275篇。

**完成县政府交办任务** 共完

成交办的任务160项，审计清理单位369个。

完成上级下达审计任务　共完成省、市审计机关下达的审计任务130项，审计单位252个。

【睢县审计局】　1998年底，共有人员34人，其中：大学生2人，大专生14人；局长1人，副局长4人。

审计工作成果　共完成审计项目156个，审计单位247个，完成审计调查12项，调查单位76个。查出违纪金额7142万元，上缴财政174万元。同纪检、监察，信访等部门配合，查处各种经济案件20起。共提交宏观报告15篇。

完成政府交办任务　共完成交办任务48个，审计清理单位138个。1997年，对县属三个重点工业企业的资产、负债及损益情况进行了清理核实。1998年对全县22个乡镇，34个局委的一把手进行了任职期间经济责任审计。1994年至1998年共完成上级审计机关下达审计项目108个，审计单位247个。

【信阳市审计局】　1998年底，共有干部、职工43人。其中：大学生36人。大专生5人；局长1人，副局长2人。设有办公室、综合科、财政金融审计科、行政事业审计科、工商企业审计科、外资运用审计科、固定资产投资审计科、审计管理科、审计科研所。

审计工作成果　共完成审计项目514项，其中：上级审计机关下达审计任务316项，市政府交办任务29项；共审计单位652个。查出违纪违规金额57882万元，上缴财政4097万元。共提交审计报告、信息351篇。1998年6月，对1992年至1998年4月粮食财务挂账情况进行了交叉审计，涉及周口地区22个单位。

内部审计　到1998年底，共设内部审计机构26个，内审人员121名。

社会审计　共接受验资年检、国有企业审计查证等社会委托审计项目1282项。为委托单位担任常年顾问222个，促进提高效益270万元。

受表彰情况　受省审计系统表彰46次，受市委、市政府表彰16次；有1人次受省政府表彰，12人次受省审计系统表彰，14人次受市委、市政府表彰。

【信阳市狮河区审计局】　1998年底，共有干部、职工19人。其中：大学生人，大专生10人；局长1人，副局长3人。

审计工作成果　共完成审计项目273个。审计单位248户；完成审计调查252项，调查单位165个。配合区纪检、监察、信访等部门，查处各种经济案件15起。共提交审计报告、信息334篇。

完成区政府交办任务　共完成交办的工作任务40项，审计清理单位368个。1998年4月，对中保、人寿保险有限公司进行了交叉审计，6月，对商城县进行了全国粮食财务挂账审计。

完成上级下达审计任务　共完成上级审计机关下达的审计任务85项，审计单位250个。

【信阳市平桥区审计局】　1998年底，共有干部、职工24人。其中：大学生2人，大专生10人；局长1人，副局长3人。

审计成果　共完成审计项目278个，完成审计调查26项。调查单位34个。查出违纪违规金额7361万元，上缴财政215万元。同区纪检、监察、信访等部门配合，查处各种经济案件21起。共提交审计报告278篇。

完成区政府交办任务　共完成交办的审计任务52项。

完成上级下达审计任务　完成省、市审计机关下达的审计任务167项，审计单位248个。

【潢川县审计局】　1998年底，共有干部职工20人。其中具有本科学历的1人，大专学历的9人；局长1人，副局长2人。

审计工作成果　共完成审计项目529个，审计调查31项，共查出违纪违规金额12994万元，其中上缴财政780万元，追还被侵占挪用专项资金468万元，为国家和企业节约基建投资510万元。

完成县委政府交办审计任务　共完成交办的工作任务85项。

【淮滨县审计局】　1998年底，共有干部职工20人。其中，大学生3人，大专生9人；局长1人，副局长3人。

审计工作成果　共完成审计项目217个。审计单位321户；完成审计调查17项，调查单位128个。共查出违纪违规金额7242万元，上缴财政321.4万元。移交纪检、监察、检察机关案件12起。同纪检、监察、信访等部门配合，查处各种经济案件9起。共提交审计报告信息共278篇。

完成县政府交办任务　完成交办的工作任务93项，审计单位123个。1997年，对县乡公路北循环路项目的审计，依法审减120.4万元。

完成上级下达审计任务　共完成省、市审计机关下达的审计任务124项，审计单位198个。

【息县审计局】　1998年底，共有干部、职工23人。其中，大学文化程度3人，大专文化程度6人；局长1人，副局长3人。

审计工作成果　共完成审计项目236个，审计单位371户；完成审计调查172项，调查单位223个。共查出违纪违规金额9638万元，上缴财政468.3万元。同县纪检、监察、信访等部门配合，查处各种经济案件28起。共提交审计报告236篇。

完成县政府交办任务　共完成交办的工作任务112项，审计清理单位397个。1998年对县交警队重点工程审计中，审减工程造价127万元。

完成上级下达的审计任务　共完成市审计局下达的审计任务223项，审计单位319个。

**【新县审计局】**　1998年底，共有干部、职工20人。其中大学生2人，大专生9人；局长1人，副局长2人。

审计工作成果　共完成审计项目207个，审计单位226户；完成审计调查18项，调查单位18个。共查出违纪违规金额3944万元。上缴财政197万元。查出各种经济案件13起，提交审计报告207篇。

完成县政府交办任务　共完成交办工作任务135项，审计清理单位450个。1997年，进行了教育费附加征收、管理情况的审计调查。

完成上级下达审计任务　共完成省、市审计机关下达的审计任务117项，审计单位136个，审计金额8596万元。

**【商城县审计局】**　1998年共有干部、职工30人。其中：注册会计师7人，会计师4人，审计师6人，资产评估师1人；局长1人，副局长4人。

审计工作成果　共完成审计项目258个，审计单位580个；完成审计调查15项，调查单位64个。清查出违纪违规资金3851万元，上缴县财政172万元；提交审计工作信息、审计报告153篇。

完成县委、县政府交办任务　共完成交办的工作任务56项，审计清理单位115个。1998年底共完成工程决算审计项目71个，审减工程造价583万元。

**【固始县审计局】**　1998年底共有干部职工58人。其中：大学生4人、大专生26人、局长1人、副局长2。

审计工作成果　共完成审计项目293个，审计调查17项，调查单位152个。共查出违纪违规金额12908万元，上缴财政208万元。同县纪检监察、信访等部门配合，查处各种经济案件20起。共提交审计报告283篇。

完成县政府交办任务　共完成交办的工作任务52项，审计清理单位473个。1996年底对县水利局水利专项资金进行审计，发现该局采取虚报工程项目支出等手段，将资金转移和设小金库金额达291万元。

完成上级下达审计任务　共完成省市审计机关下达的审计任务132项，审计单位189个。

**【罗山县审计局】**　1998年底，共有干部职工59人。其中；具有大专以上学历34人；局长1人，副局长3人。

审计工作成果　共完成审计项目584个，查出违纪违规金额4441万元，上缴财政772万元，追还被侵占挪用资金590万元，向司法纪检部门移送案件8起。被政府及上级审计机关采纳的审计报告、信息共76篇(条)。

完成交办任务　共完成交办的工作任务83项。

**【光山县审计局】**　1998年底，共有干部、职工22人。其中：大学生3人，大专生6人；局长1人，副局长5人。

审计工作成果　共完成审计项目332个，审计单位586个；完成审计调查31项，调查单位75个。查出违纪金额6962万元，上缴财政351万元。同县纪检、监察、信访等部门配合，查处各种经济案件4起。共提交审计报告54篇。

完成县委、县政府交办任务　共完成交办任务56项，涉及审计单位162个。

完成上级下达审计任务　共完成审计任务276项，审计单位482个。

**【济源市审计局】**　1998年底，共有人员27人。其中：大学生1人，大专生19人；局长1人，副局长3人。

审计工作成果　共完成审计项目180个，审计单位203户；完成审计调查20项，调查单位167个。共查出违纪违规金额1.4亿元，上缴财政1280万元。同县纪检监察、信访等部门配合，查处各种经济案件2起。共提交审计报告165篇。

完成市政府交办任务　共完成交办的工作任务52项，审计清理单位68个。其中，完成了对原鸿源造酒实业公司、巨康陶瓷公司等15家企业改制财产清查审计工作，避免国有资产流失460余万元。1998年6月，赴漯河进行粮食审计，漯河市原上报财务挂账36385万元基础上，核减挂账14019万元，查出粮食企业各种违反财务制度方面的违纪金额2568万元。

完成上级下达审计任务　共完成省、市审计机关下达的审计任务43项，审计单位81个。

**【周口地区审计局】**　到1998年底，共有人员58人。其中：大学生8人，大专生40人；局长1人，副局长3人。设有办公室、综合审计股、财政金融科、行政事业审计科、商贸审计科、工交审计科、外资审计科、监察室和审计科研所。

审计工作成果　共完成审计项目326个。审计单位3898户；完成审计调查53项，调查单位1879个。共查出违纪违规金额61244万元，上缴财政6814万元。同纪检、监察、信访等部门配合，查处各种经济案件89起。共提交审计报告2115篇。

内部审计　到1998年，共有内部审计机构489个，内审人员1284名。

社会审计　共接受社会委托项目18139项，核减虚假注册资金8987万元，核减基建工程决算3048万元，为委托单位追回经济损失1057万元。

受表彰情况　受省政府表彰1次，受省审计系统表彰5次，受地委、行署表彰6次。共有38人次分别受到省、地区审计系统表彰奖励；10人次受到地委、行署表彰。

**地址**　河南省周口市七一路中段

**电话**　0394—8223225

**邮编**　466000　(季　庆)

**【周口市审计局】**　到1998年底实有27人。其中大学生1人，大专生18人；局长1人，副局长3人。

审计工作成果　共完成审计项目252个，审计单位231个。共查出违纪违规资金13200万元，上缴入库1136万元。参与查处经济、信访案件中16起。

完成市政府交办任务　共完成交办的工作任务57项，审计清理单位352个。多次参加市热点企业的破产审计，实行厂长、经理离任审计及其他专项审计。

完成上级下达审计任务　共完成上级下达的审计任务154项，查出违纪资金9893万元。1998年完成对西华县粮食系统的财务挂账清查审计。

**【项城市审计局】**　到1998年底，共有人员40人。其中：大学生7人，大专生23人；局长1人，副局长3人。

审计工作成果　共完成审计项目178个，审计单位252个；完成审计调查15项，调查单位58个；完成市委、市政府交办的工作任务35项，审计清理单位158个。共查出违纪违规金额8759万元，上缴财政653万元。共完成工程决算审计项目52个，审计金额7926万元，审减金额1508万元。同市纪检、监察、信访等部门配合，查处各种经济案件24起。提交审计报告203篇。

**【商水县审计局】**　1998年底，共有人员15人。其中：大学文化的2人，大专文化的8人；局长1人，副局长3人。

审计工作成果　共完成审计项目207个，审计单位334个；完成审计调查35项，调查单位49个。共查出违纪违规金额3319万元，上缴财政453万元。同县纪检、监察、信访等部门配合，查处各种经济案件36起。

完成县政府交办任务　先后参加了县委、县政府组织的粮食“三查”、清理整顿“小金库”、企业年度目标责任审计、厂长离任审计、企业改制审计，以及财税物价大检查、预算外资金大检查等工作，共完成交办任务103项，审计单位164个。

完成上级下达任务　共完成上级审计部门下达的任务116项，审计单位137个。

**【淮阳县审计局】**　到1998年底，共有人员36人，其中：大专生19人；局长1人，副局长3人。

审计工作成果　共完成审计项目233个，审计单位333户；完成审计调查33项，调查单位202个。查出违纪违规金额1.617亿元，上缴财政收入678万元。提交审计报告42篇。

完成县政府交办任务　共完成交办的工作任务22项，审计清理单位168个。1997年以来，对县棉纺织厂等10家国有企业的资产、负债、损益情况进行了审计；1998年，对乡镇主要领导任职期间的经济责任进行审计。

**【太康县审计局】**　到1998年底，共有人员23人，其中本科学历1人，大专学历9人；局长1人，副局长2人。

审计工作成果　共完成审计项目253个，审计单位238个，完成审计调查20项，调查单位175个。共查出违规行为金额10954万元，审计处理上缴财政1087万元。同县纪检、监察、信访等部门配合，查处各种经济案件21起。共提交审计报告253篇，

完成县政府交办的任务　共完成交办的工作任务63项。1996年，对酒厂、制药厂、化肥厂、棉麻公司、医药公司等工商企业进行审计。

完成上级下达审计任务　共完成省、地审计机关下达的审计任务94项，审计单位150个。

**【鹿邑县审计局】**　1898年底，共有人员44人。其中：大学生3人，大专生12人；局长1人，副局长3人。

审计工作成果　共完成审计项目295个，审计单位389个；完成审计调查41项，调查单位162个。共查出违规违纪金额6383万元，上缴财政788万元。同县纪检、监察、信访等部门密切配合，查处各种经济案件16起。提交审计报告285篇。

完成县政府交办任务　共完成交办的工作任务72项，审计清理单位486个。其中1997年5月，对河南省宋河酒厂的资产、负债、损益进行了审计。另外，还参与了全县工商企业的改制工作，涉及到160个单位。

完成上级下达审计任务　共完成省、地区审计部门下达的审计任务126项，审计单位395个。

**【西华县审计局】**　到1998年底，共有人员26人。共中：大学生1人，大专生11人；局长1人，副局长3人。

审计工作成果　共完成审计项目126个。审计单位988户；完

成审计调查21项，调查单位159个。共查出违纪违规金额2962万元，上缴财政522万元，减少财政支出156万元，追回挪用专项资金894万元。同县纪检、监察、信访等部门配合、查处各种经济案件34起。共提高审计报告126篇。

完成县政府交办任务　共完成交办的工作任务59项，审计清理单位159个。1998年6月至8月，完成了粮食清查审计工作。共审减财务挂账88000万元，审减率达55%，追回截留粮食补贴820万元。

完成上级下达任务　共完成省、地审计部门下达的审计任务88项，审计单位155个。

**【扶沟县审计局】**　1998年底，共有人员25人。其中，本科生5人，大专生5人；局长1人，副局长3人。

审计工作成果　共审计单位和项目253个，审计调查20项，审计金额208075万元。共查出违规违纪金额3700万元，上缴财政1600万元。同县纪检、监察、信访等部门配合，查处各种经济案件25起。共提交审计报告253篇。

完成县政府交办任务　共完成交办的工作任务115项，审计清理单位13个。

完成上级下达审计任务　共完成省、地审计部门下达的审计任务125项，审计单位120个。

**【沈丘县审计局】**　1998年底，共有人员31人。其中：大学生3人，大专生13人；局长1人，副局长3人。

审计工作成果　共完成审计项目(单位)559个。查出各种违纪违规金额17103万元，上缴财政2044万元。同县纪检、监察、信访等部门配合，查处各种经济案件32起。共提交审计报告75篇。

完成县政府交办任务　共完成交办的工作任务51项。在全省第一家开展了厂长、经理离任审计，先后对县煤建公司、植保公司、县机械厂等单位厂长、经理实施了离任审计。

**【郸城县审计局】**　到1998年底共有职工干部23人。其中：大专生12人；局长1人，副局长3人。

审计工作成果　共完成审计项目344个。审计单位213户，完成审计调查47项，调查单位74个。共查出违纪违规金额23741万元，上缴财政413万元。同财政、监察等部门配合，查处经济案件4起。共提交审计报告344篇。

完成县政府交办任务　共完成交办的任务34次，审计清理单位104个。

完成上级下达的审计任务　共完成上级审计部门下达的审计任务204项，审计单位141个。

**【驻马店地区审计局】**　到1998年底，局机关(包括审计科研所)共有47人，其中大学生11人，大专生25人；局长1人，副局长4人。设有办公室、财税金融审计科、行政事业审计科、工交基建审计科、农林水审计科、商粮贸审计科、法制综合科、监察室及审计科研所。

审计工作成果　共完成审计项目102个，审计单位385户，完成审计调查26项，调查单位51个。共查出违纪违规金额25596万元，上缴财政1424万元。会同纪检监察、检察等部门，查处各类经济案件9起。共提交审计报告240篇。

完成地委、行署交办任务　共完成交办的工作任务36项，审计清理单位513个。

完成上级下达的审计任务　共完成上级审计机关下达的审计任务91项，审计单位285个。

内部审计　到1998年，有内部审计机构36个，内审人员91名。

社会审计　共接受社会委托审计查证274项，基建工程预决算137项，资产评估14项，验资281项，经济案件鉴定6项，咨询服务193项。

受表彰情况　有3人受到省政府表彰，5人次受省审计系统表彰，11人次受地委、行署表彰。地区审计局在1998年粮食审计工作中受省政府和地委行署表彰。

**地址**　河南省驻马店市解放路行署综合楼
**电话**　0396—2813546　2813496
**邮编**　463000

**【驻马店市审计局】**　1998年底，共有干部、职工19人。其中：大学生2人，大专生15人；局长1人，副局长3人。

审计工作成果　共完成审计项目163个，审计单位253户，完成审计调查9项，调查单位45个。共查出违纪违规金额8728万元，上缴财政180万元。共提交审计报告163篇。

完成市政府交办任务　共完成交办的工作任务42项，审计清理单位365个。1996年，对全市39个行政村的财务收支进行了审计，共帮助15个行政村理顺了会计账目。

完成上级下达审计任务　共完成上级审计机关下达的审计任务52项，审计单位156个。

**【确山县审计局】**　1998年底，共有干部、职工21人。其中：大学生1人，大专生13人；局长1人，副局长2人。

审计工作成果　共完成审计项目115个。审计单位170户；完成审计调查11项，调查单位81个，共查出违纪违规金额9549万元。上缴财政127万元。同县纪检、监察、信访等部门配合，查处各种经济案件9起。共提交审计报告49篇。

完成县政府交办任务　共完成交办的工作任务42项，审计清理单位217个。

完成上级下达审计任务　共完成省、地审计机关下达的审计任务78项，审计单位289个。

**【新蔡县审计局】**　1998年底，共有干部、职工22人。其中：大学生1人，大专生6人；局长1人，副局长3人。

审计工作成果　共完成审计项目214个，审计单位244户；完成审计调查18项；调查单位197个。共查出违纪违规金额3812万元。上缴县财政140万元。共提交审计报告224篇。

完成县政府交办任务　共完成交办的工作任务47项，审计清理单位471个。

完成上级下达审计任务　共完成省、地审计机关下达的审计任务113项，审计单位206个，审计金额164238万元。

**【上蔡县审计局】**　1998年底，共有干部、职工61人。其中：大学本科生8人，大专生30人；局长1人，副局长1人。

审计工作成果　共完成审计项目366个，审计调查13项，调查单位146个。共查出违纪违规金额14910万元，已收缴财政372万元。提交综合审计报告和审计信息130篇。

完成县政府交办任务　共完成交办的工作任务59项，审计单位225个。其中，平息群众上访案件36起；为集体挽回经济损失785万元；移交司法机关处理案件6起；建议给予党政纪处分9人。

完成上级下达审计任务　共完成省、地审计机关下达的审计任务68项。

**【西平县审计局】**　1998年底，共有干部、职工19人。其中：大学生1人，大专生9人；局长1人，副局长4人。

审计工作成果　共完成审计项目238个。审计单位269户，完成审计调查26项，调查单位156个。共查出违纪违规金额10896万元，上缴财政225万元。同县纪检、监察、信访等部门配合，查处各种经济案件20起。共提交审计报告238篇。

完成县政府交办任务　共完成交办的工作任务66项，审计清理单位266个。包括：参与全县140个企业的清产核资，6个企业的破产清算，对10个重点骨干企业厂长、经理任期经济责任审计，对26个村委和村办企业的财务收支情况进行审计。

完成上级下达审计任务　共完成省、地审计机关下达的审计任务146项，审计单位216个。

**【泌阳县审计局】**　1998年底，共有干部、职工31人。其中：大学生1人，大专生11人；局长1人，副局长4人。

审计工作成果　共完成审计项目197个，审计单位361户，完成审计调查96项。共查出违纪违规金额1.2亿元，上缴财政200万元。移交司法机关案件5件，配合纪检、监察、公安等部门查处各种经济案件7起。共提交审计报告190篇。

完成县委、县政府交办任务　共完成交办的任务25项，审计清理单位64个。其中，完成13个厂长(经理)离任审计。

完成上级下达审计任务　共完成省、地审计机关下达的任务75项，审计调查单位230个。

**【平舆县审计局】**　1998年共有干部、职工19。其中大学生2人，大专生10人；局长1人，副局长3人。

审计工作成果　共完成审计项目234个，共查出违纪违规金额132223万元，上缴财政298.2万元。追回被侵占挪用资金308万元，促进增收节支47万元。配合县纪检、监察、信访等部门，查出各种经济案件21起，移送案件1起，建议有关部门给予党政纪处分的5人。提供审计报告234篇。

完成县政府交办任务　共完成交办的工作任务52项，审计单位362个。1995年6月，对全县18个行政机关、33个事业单位和32个企业等单位进行了“私设小金库”问题清查，共查出小金库资金128万余万。收缴县财政7.5万元。

完成上级下达审计任务　共完成上级审计机关下达的审计任务182项，审计单位268个。

**【汝南县审计局】**　1998年底，共有干部、职工27人。其中：大学生2人，大专生12人；局长1人，副局长4人。

审计工作成果　共完成审计项目(单位)231个，审计调查17项，调查单位84个。共查出违纪金额20204万元，上缴财政218万元。同县纪检、检察机关等部门配合，查处各种经济案件16起。共提交审计报告231篇。

完成上级下达审计任务　共完成省、地审计机关下达的审计任务102项，审计单位157个。

完成县政府交办任务　共完成交办的工作任务74项，审计单位86个。其中，完成了预算外资金清理、财税大检查等项任务。

**【遂平县审计局】**　1998年底，共有干部、职工24人。其中：大学文化2人，大专11人；局长1人，副局长5人。

审计工作成果　共完成审计项目190个，审计单位220户；完成审计调查10项，调查单位13个。共查出各种违规违纪金额1648万元，上缴财政88万元，罚款67万元。提交审计报告190篇。

完成县政府交办的任务　共完成交办的工作任务109项，审计清理单位152个。其中，完成工程决算审计项目79个，工程总造价5430万元，审减金额846万元。

完成上级下达审计任务　共完成省、地审计部门下达的审计任务82个，审计单位120个。1998年对上蔡县粮食财务挂账和其他不合理占用农发行贷款进行了清查审计，共查出不合理占用农发行贷款3070万元，审减新增财务挂账4373万元。

**【正阳县审计局】**　1998年底，共有干部、职工27人。其中：大学1人，大专16人；局长1人，副局长3人。

审计工作成果　共完成审计单位351个，审计调查282个。共查出违纪违规金额1.8亿元，上缴财政364万元。追回被挪用的专项资金154万元，促进企业提高经济效益122万元。

完成县政府交办任务　完成交办的工作任务有，对村级财务公开、教育附加费情况的检查、国有企业改革调查、农民负担调查等18项，处理信访件11起，移交纪检监察部门立案查处6起，帮助60个行政村建账立制。

完成上级下达审计任务　共完成上级审计机关下达的审计任务62个，审计调查单位8个。

## 湖北省

**【湖北省审计工作综述】**　1994年至1998年，全省共有审计机关114个(另设有荆门市掇刀经济开发区审计局)，人员4383人。其中，大专以上学历占54%，获得审计师或注册会计师资格的占60%。5年来，全省各级审计机关共审计单位42553个，查出违纪金额418.72亿元，其中处理上缴财政14.42亿元，减少财政拨款和补贴6.73亿元，追还被侵占挪用资金30.50亿元，促进增收节支9.4亿元。移送贪污受贿案件243件，移送纪检、监察和司法机关处理337人。全省共向各级党委、政府和上级审计机关报送审计情况和审计信息32566篇(次)，被批示采用18826篇(次)，其中国务院、省委省政府和审计署批示采用860篇(次)。

法制建设情况　5年来，审计法制建设进一步加强，执法监督检查力度进一步加大。省政府先后发布或批转了《湖北省财政预算执行情况审计监督暂行办法》、《湖北省社会保险审计实施办法》、《湖北省农村集体经济审计办法》等规章。陆续制定了审计项目复核、审计处罚听证、审计人员执法责任追究、行政复议诉讼案件备案统计、重大审计处理处罚备案、审计执法和执法监督检查证件管理暂行办法等内控制度。

经济责任审计　全省17个市、州、直管市和90%以上的县(市、区)开展了经济责任审计，共对1309名党政机关和企事业单位领导人所在单位财务收支进行了审计，查出领导个人应负直接责任的违纪资金1.39亿元，其中贪污受贿、侵占资产、挥霍浪费等1231.6万元，严重失职造成损失1.05亿元。经审计的1309名领导干部中，1135名作了调整使用。其中提拔使用123人，免职107人，降职、撤职56人，平调769人；另外移送纪检监察和司法机关处理185人。

内部审计　1998年底，全省已建立内审机构6507个，配备内审人员15101人。1994年以来，共审计了142375个单位，查出损失浪费16.4亿元，纠正违纪金额124亿元，促进增收节支16.5亿元，揭露移送经济案件568宗，移送监察部门和司法机关处理的1518人。

社会审计　1998年底，全省已有审计事务所150余家，从业人员2700余人。1994年至1997年，全省共完成审计咨询、审计验证、审计评估等各类委托事项111151项，为湖北省改革开放和经济建设作出了积极贡献。

精神文明建设　5年来，全省审计机关始终坚持"两手抓，两手硬"的方针，使全省审计系统精神文明建设和审计业务工作取得双丰收。全省审计机关，有110个审计机关成为各级文明单位。其中，省级文明单位38个；省级最佳文明单位8个。湖北省审计系统继1996年后，1998年再度被省委、省政府授予省级文明系统；省厅机关继1994年被省委、省政府授予省级文明单位；1996年被授予省级最佳文明单位后，1998年再次被省委、省政府授予省级最佳文明单位称号。

**【湖北省审计厅概况】**　至1998年底厅机关内设机构：办公室、综合处、财政审计处、金融审计处、行政事业审计处、工业交通审计处、商贸审计处、固定资产投资审计处、农林水利审计处、外资审计处、审计体系指导处、经济责任审计处、人事教育处、机关党委(包括工会)。另设有派驻纪检组、监察室。定编人员158人，在编人员142人。至1998年底，设直属事业单位：省厅后勤服务中心、湖北省审计科研所、湖北省审计干部学校、湖北省审计事务所、湖北省楚天审计事务所、湖北省中南审计事务所。定编人员156人，在编人员139人。

厅领导成员

厅长

吴定富　1991—1995

梁正明　1995—1998

副厅长

梁正明　1986—1995

高　林（主持工作）　1998—

高　林　1993—1998

彭世泽　1993—

黄道国　1996—

张永祥　1997—

徐成义　1992—1995

纪检组长

何秋元　1994—

成果综述　5年来，省厅共审计730个单位，查出违纪金额84.64亿元，处理上缴财政1.66亿元，追还被侵占挪用专项资金8.5亿元，促进增收节支4.47亿元。审计发现的138起严重违法违纪问题及大案要案线索，移交纪检、监察和司法机关处理210人。报送重要审计情况和信息728份，被批示、采用484份（次）。

财政审计　截止1998年底，全省共审计6832个部门和单位，查出各类违纪违规金额81亿元，直接增加财政收入6.5亿元，促进增收节支9394万元，共提交各类审计工作报告、信息共计2786份。

金融审计　5年来，共审计12家银行单位，3家保险公司、2家证券公司，3家地方性非银行金融机构，共查出资产不实33亿元，负债不实5.2亿元，损益不实2.7亿元，违纪金额共计47.5亿元。审计中揭露了非正常挪用客户保证金和信贷资金炒股私分等金融案件，已移交司法等部门立案查处。对查出的资产负债损益不实，资产质量不高、风险大、效益差，经营亏损等问题，向省政府、审计署分别作了专题报告。

固定资产投资审计　5年来，全省共审计4531个建设项目，审计项目投资总额1052亿元，其中已完成投资额622亿元。查出违纪金额44亿元，促进增收节支1854万元。查出超规模、超标准14亿元；资金不落实46亿元；多列概算1.6亿元；少列概算1.7亿元；高估冒算3069万元；挤占工程成本2.9亿元；转移挤占挪用资金3.2亿元；损失浪费3170万元；截留基建收入2.4亿元；偷漏税金1.9亿元；概算外投资2.6亿元；投资完成额不实3亿元；多结工程款123万元；其他违纪1.8亿元。经审计处理核减工程款2.7亿元；追还侵占、挪用资金1.9亿元；减少财政拨款和补贴43万元；减少项目投资2566万元；归还原渠道资金3.9亿元。应上缴财政8314万元，已上缴财政7140万元；罚款1987万元。针对审计揭露出来的问题，提出审计建议415条，同时提交审计工作报告、信息1274篇。

企业审计　5年共审计工交企业8527个，查出违纪违规金额75.61亿元，上缴财政1.37亿元，并针对国有企业改革和发展中存在的问题，先后提出了加强管理，深化改革的意见和建议25581条，向各级政府反映国有企业改革重要情况和问题的信息材料455篇，促进了国有企业改革的深入发展。共对商业、粮食、物资等内贸行业216个单位、16个外贸公司进行了审计和清查审计，查出违纪违规金额2.28亿元，国有资产流失金额3919万元，损失浪费金额1102万元。应上缴财政金额1158万元，已上缴财政金额1158万元，追还侵占挪用资金186万元，罚款金额189.75万元。审计揭露出贪污挪用国有资产、重大国有资产损失等违法案件132起，已移交司法部门立案查处。1995年至1996年的农资价格政策执行情况反映，1997年棉花审计情况反映、1998年粮食清查审计专报等引起了省委、省政府和审计署的高度重视，为政府和有关部门决策提供了信息。

农业资金审计　5年来，全省对水利资金、扶贫资金、国土资金、三峡移民资金、农业综合开发资金、移民建镇资金等农业专项资金以及农口行政事业企业单位的财政财务收支进行了审计，共审计5820个单位，审计总金额135.7亿元，查出资金未拨付、挤占挪用、虚列转移、损失浪费等问题17.8亿元，督促有关部门和单位安排和拨付资金2.6亿元，归还挤占挪用资金2.1亿元，修订规章制度562条。1998年11月23日，受省政府委托，省厅领导在湖北省第九届人民代表大会常务委员会第六次会议上作了《关于1996至1997年水利资金的审计工作报告》，省人大常委会对该报告给予了高度评价和充分肯定。这是湖北省审计机关成立15年来，省人大常委会第一次听取和审议农业专项资金审计工作报告。

国外贷款援款审计　5年来，全省共审计国外贷援款项目1892个，审计总金额98.82亿元，查出挤占挪用项目资金、虚列工程支出、变卖串换贷款物资等问题金额6.59亿元。1998年提交的《关于加强外资审计的报告》，省政府向全省转发，使全省外资审计工作进入了一个新的阶段。

行政事业审计　全省先后开展社会保险基金、希望工程基金、住房资金、救灾款物、罚没收入等专项资金（基金）审计，教育、科研、计生、民政、卫生等重点事业经费审计，其他行政事业单位财政、财务收支审计，上级交办的专案审计，领导干部任期经济责任审计及专项审计调查。共审计13515个单位，查出违纪金额42.48亿元。经审计，追还被侵占挪用资金9.89亿元，上缴财政7484万元，罚款3746万元，披露和向司法机关移送经济案件19宗，提交审计工作报告、信息5200余条。

**地址** 武汉市武昌区洪山路5号

**电话** (027)87824963

**邮编** 430071 (王佑河、肖作标)

**【武汉市审计局】** 1998年底，共有干部职工220人，其中：研究生1人，大学本科生53人，大专生122人；局长1人，正局级巡视员1人，副局长3人，纪检组长1人。设有办公室、综合处、财政审计处、金融审计处、行政事业审计处、工业交通审计一处、工业交通审计二处、商贸审计处、固定资产投资审计处、农业审计处、外资运用审计处、政策法规处、审计管理处、人事教育处、机关党委、纪检监察室及5个审计事务所。

审计工作成果　全市审计机关共完成审计项目3988个，审计单位5320户，完成审计调查385项，调查单位1052个，共查出违纪违规金额1089452万元。同纪检、监察、检察院等部门配合，查处各种经济案件71起，上缴财政58565万元，共提交审计报告3074篇。

完成本级政府交办任务　1997年，对防汛救灾捐赠款物等专项资金进行了审计，清理和督促下拨救灾结余款物508.04万元，并与有关部门联合制发了《武汉市防汛救灾捐赠款物发放管理暂行办法》。对部分企业开展了厂长(经理)任期经济责任审计。

完成上级下达审计任务　1998年，对全市223个粮食企业和基层粮食单位进行了清查审计，审计核实，全市粮食企业新增财务亏损挂账11.82亿元；不合理占用农发行贷款10.07亿元，占贷款总额的24.21%。

内部审计　到1998年，内部审计机构为825个，内审人员2344名。

社会审计　1998年底，全市共有社会审计机构37个，从业人员599人。共接受社会委托项目43823项，核减虚假注册资金32554万元。

受表彰情况　1998年底，全市有13个审计机关被评为各级文明单位。1994年至1998年，市局受到省审计厅表彰4次，受省委、省政府和市委市政府表彰4次，20人次受到省审计厅表彰奖励，22人次受到市委市政府记功、嘉奖等奖励。

**地址** 武汉市汉口胜利街263号

**电话** 027—82816674<br>—82831308

**邮编** 430014

**【武汉市江岸区审计局】** 到1998年底实有干部职工26人。其中：研究生1人，大学生8人，大专生13人；局长1人，副局长1人。

审计工作成果　5年来，共完成审计项目223个，查出各类违纪违规金额3484万元，处理处罚上缴财政116万元，提交综合报告、审计信息133篇，移交司法、纪检部门案件3件。

完成区政府和上级下达的审计任务　共对64户企业进行了清产核资、产权界定工作。1997年首创对街乡财政收入进行审核，三年共核减街乡挤占区级收入748.69万元。1998年在对市无线电变压器厂真实性审计中，查出该单位出纳员贪污公款41.58万元，司法机关依法判处有期徒刑12年。

**【武汉市武昌区审计局】** 1998年底，共有干部职工33人，其中大专以上学历27人；局长1人，副局长2人。

审计工作成果　共完成审计项目220项，审计共查出违纪金额3956万元，上缴财政146万元；查出经济案件数起，移送纪检、司法机关处理8人。

**【武汉市江汉区审计局】** 到1998年底，共有干部、职工22人。其中，大学生2人，大专生15人；局长1人，副局长2人。

审计工作成果　5年来，共完成审计(调查)项目192个，共查出违纪违规金额14294.67万元，上缴区财政155.72万元，移交纪检、监察和司法部门处理11人，提交审计报告和信息材料242份。

完成区政府和上级下达的审计任务　1998年12月对6条街道财政决算审计，共核减街道挖挤、虚增、估列区级税收329.81万元，为财政节约支出120余万元。1997年通过银行账户审计，撤销账户69个，共集中资金2800万元，收回被挪用的专项资金146.36万元，取消账外账21个；公款转储64.45万元也全部收回入账。1998年6月，对武汉油脂集团进行了清查审计，查出了该企业擅自动用地方储备油，形成空库7333吨和挤占挪用农发行贷款7800万元搞长期投资损失严重的问题，移送司法机关处理4人。5年来，对全区55名行政事业单位领导人和法定代表人进行了任期经济责任审计，查出各种违纪问题金额7773.12万元。

**【武汉市硚口区审计局】** 到1998年底，共有干部、职工25人，其中大专以上16人；局长1人，副局长3人。

审计工作成果　共完成审计项目132个，审计单位331户，完成计调查16项。共查出违纪违规金额6826万元，上缴财政1928万元，共提交审计报告154篇。

完成区委、区政府交办任务　从1994年至1998年，共完成区委、区政府交办的工作任务22项。

完成上级下达审计任务　共完成省、市审计机关下达的审计

任务21项。

**【武汉市汉阳区审计局】** 1998年底共有干部、职工15人。其中，高级技术职称1人，中级技术职称7人；局长1人，副局长2人。

审计工作成果　共完成审计项目259个，查出违纪违规金额1577.17万元，审计收缴财政税费和罚款124.59万元。提交审计报告259篇，编报审计信息107篇，其中：被省厅、市局采用47篇，新闻单位采用9篇，区领导批示10篇。

完成上级下达的审计任务　对粮食财务挂账情况进行了清查审计，该项目被评为全市优秀审计项目。

经济责任审计　对30个单位行政领导进行了离任经济责任审计，共查处违纪金额1253.98万元。有3名因涉嫌贪污、受贿、单位财务管理混乱、私设"小金库"被撤职并移送检察机关依法查处。

**【武汉市青山区审计局】** 共有干部、职工25人，其中：大学生7人、大专生15人；局长1人、副局长2人。

审计工作成果　共完成各类审计项目158个，查出违纪金额3882万元。移交司法部门的经济案件2起，挽回经济损失上千万元，为社会稳定发挥了作用。上缴财政罚没收入14.8万元，提交各类审计报告158篇。

**【武汉市洪山区审计局】** 1998年底，共有干部、职工24人。其中：大学生1人，大专生17人；局长1人，副局长2人。

审计工作成果　共完成审计项目209个。审计单位291户；完成审计调查19项，调查单位168个；审计金额93178万元。共查出违纪违规金额5390万元。上缴区财政730万元，共提交审计报告209篇。

完成区政府交办任务　共完成交办的工作任务48项。

完成上级下达审计任务　完成省、市审计机关下达的审计任务74项，审计单位207个。

**【武汉市东西湖区审计局】** 1998年底共有干部职工26人。其中：大学本科生2人，大专生14人；局长1人、副局长2人。

审计工作成果　共完成审计项目158项，审计单位172户，完成审计调查37项、调查单位306户，审计金额288592万元，查出违纪违规金额21208万元，上缴财政206万元，提交审计报告158篇。

完成区委、区政府交办任务　共完成59项，审计清理单位126户。1996年至1998年配合区纠风办对全区干部拖欠公款进行审计调查。截止1998年完成工程决算审计项目10个，审减金额865.4万元。

**【武汉市汉南区审计局】** 1998年底，共有干部、职工19人其中：大学生1人、大专生11人；局长1人、副局长2人。

审计工作成果　共完成审计项目125个。审计资金总额20.5亿元，共查出违纪违规金额3900万元。增加财政收入140万元。同区纪检、监察、信访等部门配合，查处各种经济案件4起。共提交审计报告等文字材料200余篇。

**【武汉市蔡甸区审计局】** 1998年底，共有干部、职工27人，其中：大学生5人，大专生9人；副局长4人。

审计工作成果　共完成审计项目216个，审计单位295户；完成审计调查20项，调查单位26个；共查出违纪违规金额11504万元。上缴财政金额1005万元。向司法机关移送经济案件7起，移送司法机关处理5人。

严格审计执法　1995年审计区民政部门管理的农村养老保险基金时，查出区保险公司副经理余某贪污挪用541万元用于炒股和房地产的犯罪事实。1996年对区锻压机床总厂代某进行离任审计，查出公款不入账，大额资金多处储蓄，财务科长李某趁机贪污利息7.8万元的犯罪事实，及时移送司法机关处理。

**【武汉市江夏区审计局】** 1998年底，共有干部、职工39人。其中：高级职称人员1名，中级10名；局长1名，副局长2名。

审计工作成果　共完成审计和审计调查项目274个，审计单位378户。共查出违纪违规金额13564万元，追还侵占挪用资金2779万元，上缴区财政92.86万元。

完成区政府交办任务　共完成交办工作任务58项，审计清理单位371个。

完成上级下达审计任务　完成省、市审计机关下达的审计任务78项，审计单位251个。

**【武汉市黄陂区审计局】** 1998年底，有干部、职工32人。其中：大学本科生3人，大专生23人；高中级职称15人。局长1人，副局长3人。

审计工作成果　，共完成审计及审计调查项目200项，审计及审计调查单位491户。共查出违纪违规金额16610万元。应上缴财政金额448万元，已上缴财政金额378万元，归还原渠道资金961万元，促进增收节支金额882万元。同县纪检、监察、检察院等部门配合，查出各种经济案件2起，建议给予政纪处分3人，移交司法机关处理3人。

完成县委、县政府交办任务　共完成交办的审计工作任务8项。

完成上级审计机关下达审计

任务　共完成省、市审计机关下达的审计任务192项，审计单位423个。

**【武汉市新洲区审计局】**　1998年底，共有干部、职工64人。其中：大学生5人，大专生38人；局长1人，副局长2人。

审计工作成果　共完成审计项目349个。审计单位1023户。完成审计调查33项，调查单位50个。共查出违纪违规金额15232万元，上缴区财政565.2万元，同区纪检监察等部门配合，查处各种经济案件23起。

完成政府交办的审计任务　共完成审计任务59项，审计单位126个。

完成上级下达审计任务　共完成省、市审计机关下达的审计任务290项，审计单位971个。

**【黄石市审计局】**　1998年未，有干部、职工81人。其中具有中级以上技术资格的68人；局长1名，副局长4名。下设办公室、综合科、政工科、指导科、财政金融审计科、农林水审计科、行政事业审计科、工交审计科、商贸审计科、投资审计科、外资审计科等11个科室和1个审计事务所。

审计工作成果　5年来，全市审计机关共审计单位1844户，共查出违规行为金额144952万元，上缴财政5762万元，应归还原资金渠道4686万元，促进增收节支973万元，向司法机关移送案件15起，协助纪检、监察等部门查处各种经济案件63起，提交审计工作报告、信息1090篇。

完成市政府交办任务　共完成交办的工作任务210项，审计清理单位600个。1996年对市麻纺厂原法人代表的离任审计，原法人代表和两名副厂长分别被市中级人民法院以贪污罪、侵占财产罪等罪名判处无期徒刑和有期徒刑。

完成上级下达审计任务　共完成上级审计机关下达的审计任务198项，审计单位220个。

内部审计　1994年共设立内部审计机构112个，内审人员191人；到1998年，内部审计机构214个，内审人员486人，审计单位达534个。

社会审计　共接受社会委托项目2766项，核减基建预决算5975万元，核实虚假注册资金20145万元。

受表彰情况　受市委、市政府表彰32次，76人次受市委、市政府表彰奖励。

**地址**　黄石市胜阳港16号楼
**电话**　0714—6223122
**传真**　6228504
**邮编**　435000　　*（翁世成）*

**【黄石市黄石港区审计局】**　1998年底，有干部5人。其中：大专生4人；局长1人，副局长1人。

审计工作成果　共完成审计项目103个，审计单位141户；完成审计调查12项，调查单位25个。共查出违纪违规金额935万元，上缴财政71万元。同区纪检、监察等部门配合查处各种经济案件9起。

完成区政府交办任务　共完成交办的工作任务26项，审计清理单位69个。

完成上级下达审计任务　共完成省、市审计机关下达审计任务10项，审计单位10个。

**【黄石市石灰窑区审计局】**　1998年，有人员5名，其中：大学生1人，大专生4人；局长1人，副局长2人。

审计工作成果　共完成审计项目157个，审计单位148户，完成审计调查4项，调查单位45户。共查出违纪违规金额974万元。与纪委、检察、公安等部门配合，共查处经济案件3起，移送司法处理3人，建议追究行政责任8人。

完成区政府交办任务　共完成区委、区政府交办的任务18项，审计清理单位82个。1998年7月，对区18户行政事业单位负责人离任经济责任进行审计，共查出违纪违规金额67万元，对负有直接责任的人员8人进行了罚款，并建议有关部门追究行政责任。

完成上级下达审计任务　共完成省、市审计机关下达审计任务18项，审计单位68个。

**【黄石市下陆区审计局】**　到1998年底，共有干部职工10名。其中：大学本科生3人，大专生2人；局长1人，副局长2人。

审计工作成果　共完成审计项目375项，审计单位300家。完成审计调查项目8项，调查单位50家。共查出违纪违规金额7856万元，上缴区财政金额41万元。与区检察院、法院、纪检、监察等部门配合，查处各种经济案件5起。

完成区政府交办的任务　共完成交办的审计项目26个，审计单位65家。先后对18名离任干部的经济责任进行了审计。

完成上级下达的审计任务　共完成上级审计机关下达的审计任务6项，审计单位10家。

**【黄石市铁山区审计局】**　1998年有审计干部5人，其中：大专以上文化4人；局长、副局长各1人。

审计工作成果　共完成审计项目164个，审计单位183户(次)完成审计调查项目16个，调查单位57个(次)。共查出违纪违规金额270万元。配合纪检、监察查处各类经济案件4起。

完成区委、区政府交办任务　共完成交办的工作任务98项。

完成上级下达审计任务　共完成省、市审计机关下达的审计任务82项，涉及的被审计单位90

个(次)。

**【大冶市审计局】** 1998年底，共有干部、职工61人。其中：大学生3人，大专生17人；局长1人，副局长2人。

审计成果 共完成审计项目269个，审计单位384户，完成审计调查项目11项，调查单位23个。共查出违规行为金额28885万元，上缴财政444万元。

完成上级下达任务及市委、市政府交办任务 共完成上级审计机关下达的审计任务79项，审计单位109个，完成市委、市政府交办的工作任务38项，审计单位78个。1998年对大冶市委、市政府办公楼建设工程进行决算审计，审减工程报告价的20%。

**【阳新县审计局】** 1998年底，共有干部、职工69人(含离岗休养4人，退休3人)。其中：高级职称1人，中级职称24人；局长1人，副局长4人。

审计工作成果 共完成审计项目404个，审计单位(项目)398个，完成审计调查项目43个。查出违纪违规金额10143万元，上缴县财政411.8万元。同县纪检、监察、司法机关等部门配合，查出各种案件36起。

完成县委、县政府交办任务 共完成交办的各项任务104项，审计清理单位321个。1998年9月，对全县29个乡镇进行了农村财务清理，为县委、县政府对农村集体资产管理混乱问题的整改提供了依据。

完成上级下达审计任务 共完成省、地、市审计机关下达的审计任务108项，审计单位289个。

**【襄樊市审计局】** 1998年设有13个科室和直属办、开发办2个办事处，现有干部134人，局机关在职56人；直属办、开发办在职58人；高中级以上职称107名。现有局党组成员9人(其中党组书记1名，局长1名)。

审计工作成果 共完成审计项目98个，审计单位3852户；完成审计调查项目56项，调查单位2426个。共查出违纪违规金额22.6亿元，为财政增收15415万元。同省厅、市纪检、监察、信访等部门配合，查处各类经济案件98起。共提交审计报告4832篇。

完成市政府交办任务 共完成交办的工作任务34项，审计清理单位2765个。1996年，对全市105户重点大中型企业进行审计调查，查出违纪金额7785万元，发现94户企业资产不实，为财政增收1251万元。开展了普教经费、减轻农民负担、制止乱收费等专项审计调查，查处“三乱”案件44件。对汉江二桥工程决算复审结果，审减投资870万元。

完成上级下达审计任务 共完成审计署、省厅下达的审计任务121项，审计单位4220个，审计金额3415亿元，查出违纪资金22.6亿元。1998年粮食挂账清查审计，全市共核减“水分”12个亿，查处了襄阳、枣阳、老河口粮食中转库等性质严重、数额巨大的违纪单位和个人，朱镕基总理、李岚清副总理、省委书记贾志杰、省长蒋祝平等先后专门作出重要批示。

内部审计 全市有790个内审机构，共开展各类经济效益审计2131项，纠正违纪违规资金87889万元，促进提高经济效益5956万元。

社会审计 接受社会委托项目项中基建预决算验证234项，审减投资1.4亿元。

受表彰情况 受市委、市政府表彰96人次。共荣获县级以上荣誉128项，其中省级以上荣誉29项，市以上35项。

**地址** 襄樊市襄城区冯家巷5号
**电话** 0710—3511936
**邮编** 441021 (郑双银)

**【襄樊市襄城区审计局】** 到1998年未有干部、职工9人。其中大专以上学历6人；局长、副局长3名。

审计工作成果 共完成审计项目67个，审计单位177户，审计金额22103万元；共查出违纪违规金额1059万元，上缴财政78万元。

完成交办任务 共完成交办的各类审计事项147项，涉及到企业改制、党政干部离任、专项资金管理及专案调查等内容。

完成上级下达审计任务 共完成审计署、省审计厅的审计任务32项，审计单位71个，查处违规行为金额514万元；审计决定上缴财政64万元。

完成自定项目审计任务 对56个单位开展了审计及审计调查。

**【襄樊市樊城区审计局】** 1998年底，有干部职工24人。其中：大学本科生2人，大专生11人；局长1人，副局长1人；

审计工作成果 共完成审计项目46个，审计单位105户，审计金额4300万元；完成审计调查1项，调查单位2个。共查出违纪违规金额4377万元，收缴财政23万元。

完成省、市、区交办任务 全区共抽调48人次到24个单位开展了本级预算执行审计，查出违纪违规金额460万元，为财政增收160万元，调减财政支出92万元。

**【老河口市审计局】** 1998年底，共有干部、职工150人。其中：大专生以上49人；局长1人，副局长4人。

审计工作成果 共完成审计项目205个，审计单位727户，共查处违纪违规金额24471万元。同纪检、监察、信访、司法等部门配合,查处各种经济案件36起。共提交审计报告205篇。

完成市委、市政府交办任务　共完成交办的工作任务76项,审计清理单位631个。至1998年底,共对34名法人代表进行了年度经济责任审计,查处单位违纪违规金额3029万元,个人违纪金额11.3万元。

完成上级下达审计任务　共完成省、市审计机关下达的审计任务122项。

【枣阳市审计局】　1998年底,有干部、职工34人。其中:大专以上文化程度23人;局长1人,副局长3人。

审计工作成果　共完成审计项目279个,审计单位567户;完成审计调查37项;查出违纪违规金额23226万元,上缴财政2382万元,为国家增收节支1278万元。共提交审计报告279篇。

完成市委市政府交办任务　共完成交办的工作任务67项。1996年,对市生资公司审计中,发现该公司经理私销农资商品100万元,挪用资金67万元。随后,由审计部门牵头与主管部门组成联合专案组,及时追回了被侵占挪用的168万元资金。

完成上级下达审计任务　共完成等上级审计机关下达的审计任务184项。

【宜城市审计局】　1998年底,共有干部、职工31人。其中:大专生10人;局长1人,副局长5人。

审计工作成果　共完成审计项目181个,审计单位412户;完成审计调查18项,调查单位52个。共查出违纪违规金额10860万元,上缴市财政396万元。同纪检、监察、信访、司法等部门配合,查处各种经济案件18起。

完成市政府交办任务　共完成交办的工作任务65项,审计调查单位520个。1998年,对市兴宜大酒店建设8年的项目进行竣工决算审计,审减工程决算267万元。

完成上级下达审计任务　共完成上级审计机关局下达的审计任务101项。审计单位272个,审计金额141106万元。

【襄阳县审计局】　1998年底,共有干部、职工149人。其中:大学生3人,大专生41人;局长1人,副局长6人。

审计工作成果　共完成省厅、市局下达的任务127项,县党政部门交办的任务104项,共审计和审计调查单位1167个(次),查出违纪违规资金27572万元,促进增收节支2544万元,上缴县财政492万元。

【南漳县审计局】　1998年底,共有干部、职工53人。其中:大专生20人;局长1人,副局长3人。

审计工作成果　共完成审计项目216个,审计单位412户;完成审计调查8项,调查单位37个。共查出违纪违规金额9742万元,上缴县财政301万元。同县纪委、检察等部门配合,查处各种经济案件6起。

完成县委县政府交办任务　共完成交办的工作任务81项,审计清理单位13个。

完成上级下达审计任务　共完成省、市审计机关下达的审计任务182项。审计单位510个(次)。

【谷城县审计局】　1998年底,有干部职工63人。其中:大学生1人,大专生23人;局长1人,副局长4人。

审计工作成果　共完成审计项目312个,审计单位454户;完成审计调查项目18项,调查单位44个。共查出违纪违规金额12570万元,上缴县财政487万元。同县纪检、监察、信访等部门配合,查处各类经济案件8起。共提交审计报告312篇。

完成县政府交办任务　共完成交办的工作任务104项,审计清理单位153个。

完成上级下达审计任务　共完成省、市审计机关下达的审计任务208项,,审计单位301个。

【保康县审计局】　1998年底,有干部职工39人。其中:大专生25人;局长1人,副局长1人。

审计工作成果　共完成审计项目172个,审计单位352户。共查出违纪违规金额5672万元,上缴财政288.3万元。同县纪检、监察,信访等查处各种经济案件2起,行政处分24人,党纪处分68人。

完成县政府交办任务　共完成交办的工作任务20项,审计单位27个。

完成上级下达的审计任务　共完成省、市、审计机关下达的审计项目任务159项,审计单位325个。

【十堰市审计局】　1998年底共有干部职工72人,其中:大学生14人,大专生40人;局长1人,副局长6人。设有人事教育科、办公室、综合科、财政审计科、金融审计科、行政事业审计科、商贸审计科、工交审计科、基建投资审计科、农林水审计科、外资审计科、审计体系指导科、纪检监察室和审计事务所。

审计工作成果　共完成审计项目(单位)949个,查出违纪违规资金78908万元,应上缴财政882万元,已上缴财政838万元,经过审计罚款521.69万元,追还侵占挪用资金1283万元,促进增收节支6020万元,向上级审计机关和党委、政府报送重要审计报告、信息1282篇(条)。

完成市政府交办任务　共完

成交办的审计任务1329项，审计单位2204个。1996年汉江隔江相望的两家水泥厂一盈一亏相差500万元的审计报告引起了市委、政府的重视。1998年十堰市汽车附件厂的离任审计，共立案调查13人，逮捕6人，依法没收赃款折合人民币86.2万元，挽回经济损失156万元，被列为全省大案要案。

完成上级下达审计任务　共完成省审计厅下达的审计任务648项。

内部审计　到1998年有内部审计机构279个，内审人员443名。

社会审计　共接受社会委托项目7420项。核减基建预决算金额17677万元，为委托单位挽回经济损失10767万元。

受表彰情况　单位受省委、省政府表彰奖励6次；共有2人次受到省委、省政府表彰、奖励。

**地址**　十堰市人民路滨河新村7号

**电话**　0719—867040

**邮编**　442000　（王重庆）

**【十堰市张湾区审计局】**　1998年底，共有干部、职工14人。其中：大专生6人；局长1人，副局长2人。

审计工作成果　共完成审计项目75个，完成审计调查7项，调查单位17个。共查出违纪违规金额2418万元，上缴区财政39.48万元，共提交审计报告75篇。

完成区政府交办任务　共完成交办的工作任务17项，审计清理单位148个。

完成上级下达审计任务　共完成省、市审计机关下达的审计任务22项，审计单位89个。

**【十堰市茅箭区审计局】**　1998年底，共有干部14人。其中：大专生8人；局长1人，副局长2人。

审计工作成果　共完成审计项目（单位）130个，查出违纪违规资金1401万元，经处理收缴财政15万元，追回被侵占挪用的各项资金150万元，促进增收节支291万元。

完成区委、区政府交办任务　共完成交办的工作任务72项，审计清理单位30个。对42名领导干部任职期间经济责任进行了审计，经审计，有11人得到提拔使用，8人被降职或免职，其中，有4人被追究经济责任，受到党纪、政纪处分和司法机关的处理。

完成上级下达审计任务　共完成省、市审计机关下达的审计项目32项，审计单位46个。

**【丹江口市审计局】**　到1998年底，共有干部、职工28人。其中：大专生19人；局长1人，副局长3人。

审计工作成果　共完成审计项目单位307个；完成审计调查项目28个，调查单位46个；共查出违纪违规金额11,131万元，上缴市财政361万元。对本市粮食行业1997年度资产、负债、损益情况和国家粮食政策执行情况进行审计，查出盲目赊销、放飞资金造成重大经济损失97万元，账外资金74万元，个人贪污1万元。

**【郧县审计局】**　1998年底，共有干部、职工35人。其中：大学生2人，大专生16人；局长1人，副局长3人。

审计工作成果　共完成审计项目（单位）401个。共查出违纪违规金额26876.74万元，追回侵占挪用资金1628万元。同县纪委、监察、信访等部门配合，查处各种经济案件2起，向纪检监察部门移送案件3起。

完成县政府交办任务　共完成交办的任务60项，审计清理单位150个。截止1998年底完成审计项目80个，其中工程决算项目35个，决算审减金额688.7万元。

完成上级下达审计任务　完成省、市审计机关下达的审计任务55项，审计单位102个。

**【竹山县审计局】**　到1998年底共有干部、职工24人。其中：大专生6人；局长1人，副局长3人。

审计工作成果　共完成审计项目343个（项目）单位，审计调查25项136个单位。查出违纪金额10758万元。经处理收缴财政166.7万元，共提交审计报告343个。

完成县委、县政府交办的任务　共完成离任审计任务50项，以及县委、县政府交办的其他审计事项。

完成上级下达审计任务　共完成省市审计机关下达的审计任务62项。

**【房县审计局】**　1998年底，共有干部职工24人。其中：大学本科生1人，大专生13人；局长1人，副局长3人。

审计工作成果　共完成各级下达交办的审计项目（单位）及审计调查493个，查处违纪金额3.14亿元，上缴县财政440.6万元。

**【郧西县审计局】**　1998年底，有干部、职工28人，其中：大专生18人；局长1人，副局长3人。

审计工作成果　共完成审计项目（单位）310个，完成审计调查项目10个，调查单位23个。审计查处违纪违规行为金额5956万元，收缴财政103万元，归还原资金渠道696万元，促进增收节支302万元，减少财政拨款或补贴19万元。

完成上级下达任务　共完成署、省、市审计机关和县政府下达的审计任务310项，审计单位321个。

**【竹溪县审计局】**　到1998年底共有干部、职工21人。其中：大专生2人;局长1人,副局长3人。

审计工作成果　共完成审计项目356个审计单位435户,完成审计调查5项,调查单位23个。共查出违纪违规金额3795万元,上缴财政162万元,共提交审计报告165篇。

完成县政府交办任务　完成交办的工作任务252项,审计清理单位297个。

完成上级下达审计任务　共完成省、市审计机关下达的审计任务83项,审计单位121个。

【荆州市审计局】　1998年底,共有干部、职工82人。其中:大学生14人,大专生43人;局长1人,副局长5人。设办公室、政工科、综合科、监察室、体系指导科、农林水审计科、基建审计科、财政金融审计科、工交审计科、外资审计科、行政事业审计科、商贸审计科、审计事务所。

审计工作成果　共完成审计项目(单位)507个,查出违纪违规金额5.79亿元,追还侵占挪用资金6522万元,减少财政拨款和补贴5010万元,直接增加财政收入4954万元;移送司法机关处理1人。提交审计综合报告和审计信息材料596篇。

完成市委、市政府交办任务　共完成交办的工作任务44项。在1998年抗洪抢险的后期,按照市委、市政府的要求,及时全面地开展了救灾款物跟踪审计,并将审计的情况综合整理了审计信息,国办、省政府、省审计厅、市政府、《中国青年报》、《科技日报》、《报刊文摘》等都予以采用,中央电视台也进行了现场报道。

内部审计　到1998年,荆州市有内部审计机构186个,内审人员307名。

社会审计　共接受社会委托项目1940项,核减基建预决算金额1421万元。

受表彰情况　受当地市委、市政府表彰5次,有1人受到市委、市政府表彰。

**地址**　荆州市沙市区碧波路38号

**电话**　0716—8235037

**邮编**　434000

【荆州市沙市区审计局】　1998年底,共有干部10人。其中:大专生9人;局长1人,副局长3人。

审计工作成果　共审计结案130个单位(项目),查出违纪违规金额2238万元,处理增加财政收入79万元。

【荆州市荆州区审计局】　1998年底,共有干部职工39人,其中:大专以上文化程度27人;局长1人,副局长5人。

审计工作成果　共完成审计项目290个,审计单位459户。共查出违纪违规金额25942万元,配合纪检、监察、信访等部门查处各种经济案件12起。

完成区委、区政府交办任务　共完成交办的工作任务34项,审计清理单位215个。1995年,对原县名城建设办公室名城建设专项资金进行了审计,查出该单位违纪挪用专款62.8万元用于修建宿舍楼。区委决定,没收其在建的宿舍楼对有关责任人给予党纪政纪处分。

完成上级下达审计任务　共完成省、市审计机关下达的审计任务68项,审计单位236个,审计违纪违规金额18762万元。

【洪湖市审计局】　1998年底,人员已为共有干部、职工33人。其中:大学生3人,大专生15人;局长1人,副局长4人。

审计工作成果　共完成审计项目258个。审计单位252户;完成审计调查24项,调查单位210个。共查出违纪违规金额18769万元,共上缴市财政294万元。同市纪检、监察、信访等部门配合,查处各种经济案件12起。共提交审计报告278篇。

完成市政府交办的任务　共完成交办的工作任务58项,审计清理单位580个。1998年,配合市纪委对洪沙线新螺路段油路改造工程的全部财务收支及经济损失情况进行了审计,审计查明破损面已达到42%,直接经济损失达99.6万元。

完成上级下达审计任务　共完成省、市审计机关下达的审计任务179项,审计单位185个。

【石首市审计局】　1998年底,共有干部、职工24人。其中:大学生2人,大专生14人;局长1人,副局长3人。

审计工作成果　共完成审计项目275个。审计单位286户;完成审计调查17项,调查单位142个。共查出违纪违规金额8,146万元,上缴市财政206万元。同市纪检、监察、信访等部门配合,查处各种经济案件12起。共提交审计报告186篇。

完成市政府交办任务　共完成交办的工作任务21项,审计清理单位96个。

完成上级下达审计任务　共完成省、市审计机关下达的审计任务75项,审计单位120个。

【松滋市审计局】　1998年底,共有干部、职工68人。局长1人,副局长4人。

审计工作成果　共完成审计项目697个,共查出违纪违规金额34829万元,上缴财政406万元。

完成市委市政府交办任务　共完成交办工作任务32项,完成省、市审计机关下达的审计任务共48项。

【监利县审计局】　1998年底,有干部职工44人。其中:大学生2人,大专生23人;局长1人,副局长4人。

审计工作成果　共完成审计项目155个。审计单位568户;完成审计调查42项,调查单位212个。审共查出违纪违规金额8775万元,上缴县财政460万元,共提交审计报告195篇。

完成县政府交办任务　共完成交办的工作任务93项,审计清理单位686个。1997年4月,对全县24个乡镇1996年度的财政、财务收支情况进行了审计,共审计单位366个。

完成上级下达审计任务　共完成省、市审计机关下达的审计任务62项,审计单位248个。

**【公安县审计局】**　1998年底,共有干部、职工63人。其中:大学生3人、大专生3人;局长1人,副局长6人。

审计工作成果　共完成审计项目304个。审计单位368户;完成审计调查31项,调查单位189个。共查出违纪违规金额24679万元,上缴县财政240多万元。同县纪检、监察等部门配合,查处各种经济案件9起。共提交审计报告304篇。

完成县政府交办任务　共完成交办的工作任务89项,审计单位123户。1998年公安县遭受溃口型特大洪灾,审计局抽调20人,组成5个审计组,深入灾区开展救灾款物跟踪审计,确保救灾款物落到实处,为20万灾民渡过难关,重建家园发挥了重大作用。

完成上级下达审计任务　共完成省、市审计机关下达的审计任务215项,审计单位245个。

**【江陵县审计局】**　1998年底,有干部职工9人。其中大学生2人,大专生4人;局长1名,副局长1名。

审计工作成果　共完成审计项目115个,审计单位167个,完成审计调查8项,调查单位76个。审计总额93768万元,查出违纪违规金额3864万元。

完成县政府和上级下达审计任务　共完成交办项目21个,审计清理单位35个。

**【宜昌市审计局】**　1998年底,共有干部职工73人。其中:研究生1人,大学4人,大专42人;局长1人,副局长4人,纪检组长1人,总审计师1人。设办公室、政工科、综合科、法制科、财政审计科、金融审计科、工交审计科、商贸审计科、行政事业审计科、农林水审计科、固定资产投资审计科、外资审计科。

审计工作成果　5年来,共审计单位3626个,查出各种违纪违规资金344956万元,处理违纪上缴财政10371万元,决定归还原渠道资金11148万元。向各级司法机关移送案件14件,向上级审计机关和各级党政部门提交审计报告和信息4342篇(条)。据统计,全市审计部门共对208个单位开展了经济责任审计,查出各种违纪金额5996.50万元,调整任用干部137人,其中,移送纪检、监察和司法机关处理55人。

完成地方政府交办任务　全市审计机关共完成各级地方党委、政府交办任务260多项,内容涉及工业、农业、专案、移民等方面。

内部审计　1998年全市设立内审机构334个,内审人员908人。

社会审计　1994年至1997年,13家审计事务所累计完成委托审计事项11370项,通过审计,核减基建预决算资金13127万元,核减虚假注册资金42441万元,为委托单位挽回经济损失2890万元,促进委托单位提高经济效益1461万元。

受表彰情况　5年来,被市委、市政府表彰10次。1996年市审计局被湖北省委、省政府命名为"省级文明单位",1997年被宜昌市委、市政府命名为"宜昌市文明系统",1998年又被省委、省政府命名为省级"最佳文明单位";50多人次受到省市有关部门表彰。

**地址**　宜昌市红星路12号

**电话**　0717—6221903

**邮编**　443000　(侯　军)

**【宜昌市西陵区审计局】**　1998年底,共有干部、职工5人,其中:大学本科生2人,大专生2人;局长1人,副局长2人。

审计工作成果　共审计单位(含调查)207家次,审计资金总额约5亿元,查出违纪违规金额4558万元。提交审计专题报告和综合报告48篇。

完成区政府交办任务　共完成交办审计任务50项,完成区直行政事业单位定期审计76(户),完成区属企业经营承包审计58户以及其他交办审计事项。

完成上级下达任务　共完成省、市审计机关下达的审计任务12项,审计(含调查)单位64个。

**【宜昌市伍家岗区审计局】**　1998年底,有干部4人。其中:大学生1人,大专生3人;局长1人,副局长1人。

审计工作成果　共完成审计项目130个,审计单位50户;完成审计清查10项,调查单位10个,共查出违纪违规金额3325万元。同区纪检、监察等部门配合,查出各种经济案件4起。

完成区委、区政府交办的审计任务　共完成交办的工作任务30多项,审计清理单位20多个。

**【宜昌市点军区审计局】**　1998年底,共有干部、职工10人。其中:大专生6人;局长1人,副局长1人。

审计工作成果　共完成审计项目54个,审计单位54户,延伸审计33户(次),完成审计调查8

项,调查单位36个。共查出违纪违规金额1200多万元,追还被挤占挪用的专项资金200多万元。同区纪检、监察、信访、检察院、法院等部门配合,查处各种经济案件5起。

完成区政府交办的任务　共完成交办的工作任务40项,查出违纪违规金额400多万元。完成审计调查7项,调查单位36个。

完成上级下达审计任务　共完成省、市审计机关下达的审计任务14项,审计单位14个,延伸审计33户(次),查出违纪违规金额800多万元。

**【宜昌市猇亭区审计局】**　1998年底,有干部职工11人。其中大学生1人,大专生7人;副局长1人。

审计工作成果　共完成审计项目42个。审计单位58户;完成审计调查1项,调查单位42个。共查出违纪违规资金2199.9万元,处理应上缴财政资金79.16万元,提交审计报告42篇。,与纪检、监察等部门配合,查处经济案件2起。

完成区政府交办任务　共完成交办的工作任务10项。其中,1998年受区委组织部委托,对区内6个行政事业单位原主要负责人进行了离任经济责任审计。组织部门根据审计结果调整任用干部6人。

完成上级下达审计任务　共完成省、市审计机关下达的审计任务32项,审计单位52个。

**【宜都市审计局】**　到1998年底有干部职工19人。其中:大专生7人;局长1人,副局长3人。

审计成果　共完成审计项目438个。审计单位379户;完成审计调查27项,调查单位123个;审计金额212846万元。共查出违纪违规金额14252万元,上缴市财政469万元。协同市检察机关、纪委、监察机关办案查处各种经济案件18起。共提交审计报告438篇。

完成市委、政府交办任务　共完成交办的工作任务62项。

完成上级下达审计任务　共完成省市审计机关下达的审计任务89项,审计单位194个。

**【当阳市审计局】**　1998年底,共有干部职工21人。其中:大专生7人;局长1人,副局长2人。

审计工作不断发展　共完成审计和审计调查项目217个,涉及439个单位,查出各种违纪违规资金14417万元,处理违纪后,增加财政收入598万元。移交和协助有关部门查获经济案件5起。先后开展了农民负担、企业负担、粮食政策执行、棉花政策执行、农业生产资料政策执行、固定资产投资等近20项专题审计调查。

**【枝江市审计局】**　1998年底,共有干部职工23人。其中:大专以上文化程度14人,审计师职称以上12人;局长1人,副局长3人。

审计工作成果　共完成审计项目220个。审计单位662户;完成审计调查事项37项。共查出各种违纪违规金额3.45亿元。其中:处于收缴、罚款1502万元;审计中查出个人有经济问题并移交纪检监察部门处理的有11人,移交司法部门处理的有5人,被撤职、免职的正局级领导干部2人。

完成市政府交办任务　共完成交办的审计任务57项,审计清理单位619个。1998年,对全市26个单位的主要领导进行了经济责任审计。通过审计,为3名领导干部澄清了是非,有2名干部被组织上提拔任用,16名干部平调或继续任用,2人受到党纪政纪处分,2名被撤销和罢免党政职务,1人被移交司法机关受到刑事处理。

完成上级下达审计任务　共完成上级审计机关下达的审计任务165项,审计单位278个。

**【宜昌县审计局】**　1998年底,共有干部、职工33人。其中:大专生12人;局长1人,副局长2人。

审计工作成果　共完成审计项目101个。审计单位230户;完成审计调查10项,调查单位43个。共查出违纪违规金额6465万元。同县纪检、监察、信访等部门配合,查处各种经济案件9起。

完成县政府交办任务　共完成交办的工作任务30项,审计和清理单位46个;完成厂长(经理)离任审计16家。

完成上级下达审计任务　共完成省、市审计机关下达的审计任务71项,审计单位190个。1998年6至8月,赴当阳市开展了粮食挂账清查审计。通过对14家粮油收储企业、11家加工运输企业和多种经营单位的清查审计,核实新增财务挂账7345万元,比该市上报数核减17735万元,核减率达70.7%。审计结果,国务院、省、市政府领导均作出了重要批示。该项目荣获全省优秀审计项目。

**【秭归县审计局】**　1998年底,共有干部、职工36人。其中:大学生2人,大专生9人;局长1人,副局长2人。

审计工作成果　共完成审计项目189个,涉及被审单位246个,审计金额205403万元。共查处违纪违规金额12407万元,收缴入库资金276万元。追还挤占挪用资金1181万元。移送纪检、监察机关处理6人,移送司法和纪检监察机关处理案件5起。

完成县政府交办任务　共完成交办的审计项目110项。

完成上级下达审计任务　共

完成省、市审计机关下达的审计任务 79 个，占审计项目总数的 42%。秭归县是三峡工程坝上库首第一县，移民补偿包干经费达 21 亿多元。近 5 年来重点对移民资金进行审计。共查处各种违纪金额 1414 万元，追还挤占挪用资金 600 多万元。共立项审计基本建设投资近 100 项，审减投资 3000 多万元。

**【远安县审计局】** 1998 年底，共有干部职工 30 人。其中：大专生 14 人；局长 1 人，副局长 3 人。纪检组长 1 人。

审计工作成果　共完成审计项目 234 个，审计单位 234 户，查出违纪违规金额 8517 万元，上缴财政 30 万元。

完成县委、政府交办任务　共完成交办工作任务 97 项，审计清理单位 97 个。对全县 52 个单位领导进行离任审计，审计资金总额 8753.35 万元，查出违纪违规金额 1862.97 万元，收缴罚款 35.5 万元，移送有关部门处理 6 人。

完成上级下达审计任务　共完成省、市审计机关下达的审计任务 54 项，审计单位 54 个。

**【兴山县审计局】** 1998 年末，在职人员 16 人。其中大学生 1 人，大专生 3 人；局长 1 人，副局长 2 人。

审计工作成果　共完成审计项目 187 个（其中审计调查项目 16 个），被审（调查）单位 496 个。共查出违纪违规金额 7151 万元，上缴县财政 141.1 万元。提交审计报告 187 篇。配合县检察、纪检、监察等机关，查处各种经济案件 5 起。

完成上级下达审计任务　共完成省、市审计机关下达的审计任务 85 项，涉及被审单位 302 个。

完成县政府交办任务　共完成交办审计任务 102 项，涉及被审单位 194 个。

**【五峰土家族自治县审计局】** 1998 年底，共有干部职工 15 人。其中大专以上学历 11 人；局长 1 人、副局长 2 人。

审计工作成果　共完成审计项目 77 项；审计单位 286 个；查出违纪违规金额 9956 万元，上缴财政 47 万元。

**【长阳土家族自治县审计局】** 1998 年底，共有干部、职工 21 人。其中，大学生 1 人，大专生 10 人；局长 1 人，副局长 3 人。

审计工作成果　共完成上级下达计划项目 48 项、189 个审计单位；同时完成地方政府交办项目 59 项，209 个审计单位。共查出违纪违规金额 22744 万元，处理上缴财政 542 万元。

**【荆门市审计局】** 1998 年底，共有干部、职工 50 人。其中：大学生 8 人，大专生 35 人；局长 1 人，副局长 3 人。设办公室、综合科、财政审计科、金融审计科、行政事业审计科、商贸审计科、工交审计科、投资审计科、农林水审计科、人教科、纪检监察室、机关总支、审计事务所。

审计工作成果　共审计单位（项目）5350 个。查出违纪违规金额 153938 万元，增加财政收入 6100 万元，促进增收节支 3180 万元，减少损失浪费 7510 万元，追回专款 2700 万元。

完成市委、市政府交办任务　共完成交办的工作任务 3300 项。

完成上级下达审计任务　共完成省厅下达审计任务 2050 项。1998 年上半年，对全市 80 多个粮食收储企业 6 年的亏损挂账情况进行了审计核实。审计核减全市粮食亏损挂账 85219 万元，审减率达 45%，查处了一批大案要案，挖出了一批“粮耗子”。

内部审计　现有 412 个，内审人员 625 名。

社会审计　共接受社会委托项目 8692 项，核减基建预决算资金 8750 万元，核减虚假注册资金 21675 万元。

**【东宝区东宝区审计局】** 1998 年底，有干部、职工 29 人。其中：大学本科生 1 人，大专生 6 人；局长 1 人，副局长 2 人。

审计工作　共审计单位 258 人，审计调查单位 64 人，审计金额 46000 万元，查出违纪违规金额 3000 多万元，追还被挤占挪用资金 700 多万元。向司法机关移送经济案件 6 起，配合区纪检、监察和司法机关查出各类经济案件 18 起。

完成交办工作任务　共完成 46 项，审计单位 76 个，完成审计调查项目 16 个，调查单位 24 个。共完成省、市审计机关下达的审计任务 62 项，审计单位 116 个，审计金额 28012 万元。

**【钟祥市审计局】** 1998 年底，有干部职工 39 人，其中：大学生 2 人，大专生 23 人；局长 1 人，副局长 4 人。

审计工作成果　共完成审计项目 468 个，审计单位 693 个，完成审计调查 23 项，调查单位 184 个。共查出违纪违规金额 28367 万元。同市纪检、监察、信访等部门配合，查出各种经济案件 17 起。

完成市政府交办任务　共完成交办的工作任务 72 项，审计清理单位 112 个。

完成上级下达审计任务　共完成省、市审计机关下达的审计任务 163 项，审计单位 293 个。

**【京山县审计局】** 1998 年底，有干部职工 104 人。其中：大学生 2 人，大专生 34 人；局长 1 人，副局长 5 人。

审计工作成果　共完成审计项目 168 个，审计单位 323 户。完成审计调查 10 项，调查单位 30

个。共查出违纪违规金额 18236 万元，上缴县财政 248 万元，共提交审计报告 260 篇。

完成县政府交办任务　共完成交办的工作任务 18 项，审计清理单位 21 个。

完成上级下达的审计任务　共完成省市审计机关下达的审计任务 109 项，审计单位 151 个。

**【沙洋县审计局】**　1998 年底，有干部职工 12 人。其中：大学生 1 人，大专生 3 人；局长 1 人，副局长 2 人。

审计工作成果　共完成审计项目 156 个，审计单位 624 个，完成审计调查 18 项，调查单位 179 个。共查出违纪违规金额 5940 万元，上缴县财政 145 万元。查处贪污案件 12 起，移交监察司法机关处理 8 起。

完成县委县政府交办任务　共完成交办的工作任务 57 个，审计清理单位 238 个。

**【鄂州市审计局】**　1998 年底有干部、职工 54 人。其中：大专以上学历 37 人；局长 1 名，副局长 3 名，总审计师 1 名。设办公室、财政金融审计科、农林水利审计科、行政事业审计科、工交企业审计科、商贸企业审计科、固定资产投资审计科、政工科、监察科。

**审计工作成果**

**(1994 至 1998 年)**

| 单位＼指标 | 合计 | 鄂州市审计局 | 鄂城区审计局 | 华容区审计局 | 梁子湖区审计局 |
|---|---|---|---|---|---|
| 审计单位(个) | 650 | 396 | 104 | 85 | 65 |
| 审计金额(万元)仅为1994年数据 | 186112 | 181563 | 3775 | 534 | 240 |
| 违规行为金额(万元) | 169459 | 158637 | 5493 | 3869 | 1460 |
| 促进增收节支(万元) | 710 | 710 | | | |
| 上缴财政金额(万元) | 1126 | 854 | 153 | 102 | 17 |
| 移送案件(起) | | | | | |
| 审计信息被批示(篇) | 535 | 388 | 87 | 43 | 17 |

完成交办任务　共完成市委、市政府交办的各类审计事项 38 项。

完成上级审计机关下达审计任务　共完成审计署、省审计厅的审计任务 161 项，审计单位 403 个；查处违规行为金额 144873 万元；审计决定上缴财政 904 万元。完成自定项目审计单位 247 个。查处违规行为金额 24586 万元；上缴财政 222 万元。

内部审计及社会审计　1998 年末，全市内审机构有 138 个，内审人员 285 人。社会审计共有从业人员 109 名，接受社会各类委托项目 534 项。市、区两级社会审计机构在北京、上海、深圳、武汉等城市设立了 11 个社会审计服务点。

受表彰情况　1995 年和 1997 年连续两届被市委、市政府命名为最佳文明单位；1994 年被省委、省政府命名为省级文明单位，1996 年又被命名为省级最佳文明单位；1997 年 2 月，鄂州市审计系统被市委、市政府命名为文明系统，1998 年，再次被省委、省政府授予"省级最佳文明单位"称号。

**地址**　鄂州市明塘东路 94 号
**电话**　0711—3223014
**传真**　0711—3223014

(王小杰)

**邮编**　436000

**【孝感市审计局】**　现有干部、职工 48 人。设有财政、金融、投资、行政事业、农林水、工交、商贸、综合、体管、人教、办公室、纪检监察等科室。

【政府专项资金审计】　全市审计机关从先后组织对劳动保险金、扶贫资金等 10 余项资金进行了审计。查出各类违规行为金额 1.4 亿元，保证了专款专用，促进了各项事业的健康发展。

全市粮食财务挂账清理　对全市新增粮食财务挂账进行了审计清查，审计单位 154 个，盘库 1332 个，共查出违纪资金 2.08 亿元，审减新增财务挂账 8.18 亿元，向纪检部门移交案件 16 起，建议对 22 人进行处理。提交了 2147 篇审计报告和信息材料，被批示采用 1703 篇，有效服务了宏观决策。

内审派驻机构　1996 年 6 月 26 日，经市政府批准，在市直教育、外贸、粮食、卫生、交通、农业、民政等 16 个部门设立审计派驻机构，指导管理该系统内部审计工作。

文明创建结硕果　1995 年，全市审计系统首次被孝感市委、市政府命名为"文明系统"，孝感市审计局被中共湖北省委、省人民政府授予"文明单位"。1997 年，全市审计系统再次被市委市政府授予"文明系统"，1998 年，孝感市审计局、应城市审计局被中共湖北省委、省政府授予"最佳省级文明单位"。

**【孝感市孝南区审计局】**　1998 年，有干部、职工 45 人。其中：大学生 3 人，大专生 12 人；局长 1 人，副局长 3 人。

审计工作成果　共完成审计项目(单位)389 个，共查出违纪违规金额 11051 万元，促进增收节支 1647.9 万元。

完成区政府交办任务　共完成交办的工作任务 81 项。

**【广水市审计局】**　1998 年底，有干部、职工 43 人。其中：大学生 3 人，大专生 17 人；局长 1 人，副局长 4 人。

审计工作成果　共完成审计项目 213 个。审计单位 228 户；完成审计调查 18 项，调查单位 117 个；审计金额 13421 万元。共查出违纪违规金额 1845.41 万元。同市纪检、监察、公安等部门配合，查处各种经济案件 35 起。

完成市政府交办任务　共完成了农民负担调查、招商引资验证、乡镇责任目标考核、农村合作基金会清理等 111 项市委、市政府交办的工作任务，审计清理单位192个。1998年，对全市招商引资项目进行了审计验证，共审减虚报项目132个，审减虚报引资1400万元。

**【应城市审计局】** 1998年底，有干部、职工48人。其中：大学生1人，大专生27人；局长1人，副局长4人。

审计工作成果 对1014个单位进行了审计，共完成审计、审计调查项目214个，查出各类违纪违规金额13656万元，处理上缴财政488.27万元。同市纪检、监察、检察院等部门配合，查处各种经济案件10起，挽回直接经济损失近100万元。

完成市政府交办任务 共完成交办的工作任务35项，审计清理单位85个。

**【安陆市审计局】** 1998年底，有干部职工20人。其中：大学生2人，大专生8人；局长1人，副局长4人。

审计工作成果 共完成项目181个。审计单位319户；完成审计调查46项，调查单位46个。共查出违纪违规资金5380万元。上缴市财政460万元。同市纪检、监察、减负办等部门配合，查处经济案件10起。

完成市政府交办的任务 共完成交办的工作48项，审计清理单位57个。

完成上级下达的任务 共完成省、孝感市审计部门下达的审计任务181项，审计单位319户，审计查出违纪违规金额5380万元。

**【汉川市审计局】** 1998年末，有干部、职工25人，其中：大专以上学历10人；具有中级以上技术资格17人；局长1名，副局长3名。

审计工作成果 共完成审计项目209个，审计单位515个，审计金额14.96亿元，共查出违纪违规金额3.94亿元，上缴财政394万元，促进增收节支2171万元，移送案件3起。

完成交办任务 共完成市委、市政府交办的各类审计事项73项，涉及到企业改制、领导干部经济责任离任审计等内容。

**【云梦县审计局】** 1998年底，有干部职工32人，其中：大专生以上9人；局长1人，副局长3人。

审计工作成果 共完成审计项目245个，审计单位608个次；完成审计调查18项，调查单位132个。共查出违纪违规金额15333万元，上缴县财政276.4。同县纪检、监察、信访等部门配合，查处各种经济案件13起。

完成县政府交办任务 共完成交办的工作任务98项。共完成上级审计机关下达的审计任务73项，审计单位309个，审计金额96634万元。

**【大悟县审计局】** 1998年底，有干部、职工29人。其中：大学生4人，大专生12人；局长1人，副局长3人。

审计任务完成情况 共完成省、市审计机关和县政府交办的审计任务173项，涉及单位426个(次)，审计总金额8.8亿元，查出违纪违规金额13739.6万元，追回侵占挪用资金836万元，为国家挽回经济损失209万元，促进增收节支698万元，收缴入财政金额162万元。

**【孝昌县审计局】** 1998年底，有干部、职工15人。其中：大专生9人；局长1人，副局长1人。

审计工作成果 共完成审计项目109个。审计单位266户；完成审计调查9项，调查单位15个；审计金额24867万元。共查出违规行为金额13699万元。同县纪检、监察等部门配合，查处各种经济案件5起。

完成县政府交办任务 共完成交办的工作任务30项，审计清理单位46个。

完成上级下达审计任务 共完成省、市审计机关下达的审计任务70项，审计单位137个。

**【黄冈市审计局】** 1998年底，有干部、职工43人。其中：大学生4人，大专生16人；局长1人，副局长4人。设办公室、财政审计科、金融审计科、工业交通审计科、外资审计科、固定资产投资审计科、农林水审计科、商贸审计科、行政事业审计科、审计体系指导科、政工科以及一个审计事务所。

审计工作成果 共完成审计项目198个，审计单位405户次；完成审计调查项目7项，调查单位16个。共查处违纪违规金额58.7亿元。同市纪检、监察等部门配合，查处各种经济案件7起。

完成市委、市政府交办任务 共完成交办工作任务91项，审计清理单位174个次。

完成上级下达审计任务 共完成省审计厅下达的审计任务107项，审计单位231个。1998年8月，对全市粮食系统1992年以来粮食财务亏损挂账情况进行清查审计，共核减政策性亏损15.17亿元，占粮食部门上报数的49.6%。

受表彰情况 受市委、市政府表彰19次，记功1次。共有23人次受到市委、市政府表彰，1人记功。

**地址** 黄冈市黄州大道31号
**电话** 0713—8357037
**邮编** 438000 (曹安洲)

**【黄冈市黄州区审计局】** 1998年底，共有干部职工27人。其中：大专生11人；局长1人，副局长1人。

审计工作成果 共完成审计项目172项。审计单位858户。

共查出违纪违规金额53888万元。上缴区财政330万元。

完成区政府交办任务　共完成交办工作任务78项，审计单位532个。1997年与纪委监察部门配合，办理黄州私营经济园专案，一举查获17人的贪污私分窝案，将7人送交纪检、司法机关处理。

完成上级下达审计任务　共完成省市审计机关下达的审计任务94项，审计单位326个。

**【麻城市审计局】**　1998年底，有干部、职工37人。其中：大学生7人，大专生17人；局长1人，副局长3人。

审计工作成果　共完成审计项目308个，审计单位715户。查出违纪违规金额15139万元。

完成市政府交办任务　共完成交办的工作任务105项。

完成上级下达审计任务　共完成省市审计机关下达的审计任务198项。共对10110万元的农业资金进行了审计，查出违纪金额575.7万元。

**【武穴市审计局】**　1998年底，有干部职工55人。其中：大学本科生2人、大专生21人；局长1人、副局长4人、总审计师1人。

审计工作成果　共完成审计项目117个。审计单位518户；完成审计调查24项，调查单位297个。共查出违纪违规金额238769万元。上缴市财政465万元。

积极完成上级下达审计任务　共完成交办的工作任务89项，审计清理单位127个。

**【红安县审计局】**　1998年底，有干部职工68人。其中大专以上32人；局长1人，副局长5人。

审计工作成果　共完成审计项目317个，审计单位513个，完成审计调查44项，调查单位156个。共查出违纪违规资金18449万元，上缴财政897万元，促进增收节支3527万元，配合有关部门查处经济案件6起。

完成上级任务　共完成署、省、市下达的审计任务217项，审计单位328个。其中对扶贫资金、水利专项资金等专用资金连续3年开展跟踪审计，为上级政府制定专项资金管理办法提供了依据。

完成县政府交办任务　共完成交办的任务87项，审计单位381个。

**【罗田县审计局】**　1998年底，共有干部职工44人（含审计事务所17人）。其中：大专以上学历10人；局长1人，副局长2人。

审计工作成果　共完成审计项目630个。审计单位710户，完成审计调查88项，调查单位197个。共查出违纪违规金额2.87亿元，上缴财政资金365万元。与有关部门配合，查处各种经济案件13起。

完成交办的工作任务　先后完成县委、县政府交办的工作任务87项，审计清理单位489个。

完成上级下达审计任务　共完成上级审计机关下达的审计任务175项，审计单位355个，审计总金额21亿元，处理违纪资金1.2亿元，收缴资金入库180万元。

**【浠水县审计局】**　1998年底，有干部、职工40人，其中：大学生2人，大专生29人；局长1人，副局长3人。

审计工作成果　共完成审计项目158个。审计单位271户；完成审计调查24项，调查单位103个。共查出违纪违规金额161034万元，依法处罚上缴财政656.3万元，追补税款1900万元。查出万元以上经济案件5起，移送司法机关处理3人。

完成县领导交办的任务　共完成交办的工作任务49项，审计清理单位394个（次）。

完成上级下达的的任务　共完成省、市审计机关下达的审计任务104项，审计单位181个。

**【蕲春县审计局】**　1998年底，有干部职工52人。其中：高级审计师2人，审计师（会计师、经济师）31人。局长（兼党总支书记）1人，副局长3人。

审计工作成果　完成审计项目576个，审计单位901个。审计调查项目17项，调查单位75个。查出违纪违规金额19121万元，查处各种经济案件48起。

完成县政府交办任务　对18个行政执法部门和49个收费单位开展专项审计，查出“三乱”金额780万元，责令有关部门向企业和群众退还不合理收费184.4万元。1997年，选择27户工交商贸企业和部分金融机构开展资产负债损益审计，查出资产账实不符金额5000余万元，查明资产毁损、丢失、浪费造成的损失4527万元，查出虚增利润，隐瞒亏损等核算不实的金额2848万元。

完成上级下达审计任务　共完成省、市审计机关下达的审计任务112项，审计单位357个。

**【黄梅县审计局】**　1998年底，共有干部职工64人，其中：大专生16人；局长1人，副局长4人。

审计成果　共完成审计项目449个，审计单位449个，审计查出违纪违规资金29423万元，上缴财政资金315.7万元。

完成上级下达的审计任务　共完成省、市审计机关下达的审计任务91项。

完成县政府交办的审计事项　共完成交办的审计事项达44项。1998年，共完成经济责任审计12项，查处有问题资金4500万元，追还被侵占挪用资金176万元；其中3人被提拔，4人被免职或降职，1人诫勉留任，6人职调出或离任。

**【英山县审计局】** 1998年底，有干部职工40人。其中：高级职称3人，中级职称27人；局长1正2副。

审计工作成果 共完成审计项目309个，审计单位628户；完成审计调查8项，调查单位62个；审计金额83,580万元，共查出各类违纪问题金额9,865万元，收缴入库金额325万元。

**【团风县审计局】** 1998年底，有干部职工14人，其中：大专以上文化程度7人；局长1人，副局长2人。

审计工作成果 共完成审计项目68项，审计单位387户，共查出违纪违规金额5196万元，上缴县财政360万元。

完成县政府交办任务 共完成交办审计工作任务31项，审计单位117户。

完成上级下达审计任务 共完成省、市审计机关下达的审计任务37项，审计单位270户，查处违纪违规金额4660万元。

**【咸宁市审计局】** 1998年底，有干部职工90人。其中大专以上学历44人；局长11人，副局长4人。设有办公室、财政审计科、金融审计科、固定资产投资审计科、农林水审计科、工业交通审计科、商贸审计科、综合科、人事教育科、审计体系指导科、纪检监察室、工会、审计事务所。

审计工作成果 共完成审计项目单位2422个，调查项目229个，查出违纪违规金额111693万元，处理上缴财政1948万元，减少财政拨款和补贴2269万元，追回被挤占挪用资金17356万元，促进企业提高经济效益3937万元。查出各种经济案件26件，移交司法机关处理18人。

内部审计 全市已建立内审机构245个，内审人员537人。共查处纠正违纪金额8526万元，促进增收节支4959万元，查出经济案件19件，有16人移交司法机关处理。

社会审计 到1998年底，全市共建立审计事务所9家，共163人。共承办各种审计查证事项5326项，为委托单位挽回经济损失3712万元；核减基建预决算金额6875万元，核减虚假注册资金6488万元。

表彰情况 1994年市局被当地党委政府和省审计厅分别授予系统文明建设创建先进单位，1996年被授予市级文明单位称号，1998年被省委省政府授予省级文明单位和省级文明系统先进单位，1995年至1997年三年局机关党总支被市机关工委授予先进党组织，1996年、1997年局机关被市委、市政府评为全市先进单位，1996、1997、1998年连续三年被市委、市政府评为支农扶贫工作先进单位。

**地址** 咸宁市淦河大道33号
**电话** 0715—8256859
**邮编** 437100 （余日继）

**【咸宁市咸安区审计局】** 1998年底，有干部职工66人。其中，大学本科生5人，大专生26人；局长1人，副局长3人。

审计工作成果 共完成审计项目397个，审计单位468户；完成审计调查29项，调查单位189个。共查出违纪违规金额12955万元。同区纪检、监察和司法机关配合，查处各种经济案件46起。

完成区委、区政府交办任务 共完成交办的工作任务76项，审计清理单位294个。

完成上级下达审计任务 共完成省、市审计机关下达的审计项目任务149个，审计单位267个。

**【赤壁市审计局】** 1998年底，有干部职工37人。其中：高级职称12人，中级职称20人；局长1人，副局长4人。

审计工作成果 共完成审计项目318个，审计单位559户；完成审计调查24项，调查单位56个。查出违纪违规金额18331万元，处理上缴财政859万元，减少财政拨款466万元，追还被侵占挪用金额1224万元，查处各种经济案件10起。

完成交办任务 共完成省、地审计部门下达的审计任务103项，完成市政府交办审计项目97项。完成工程决算审计项目93项，审计工程投资总额12679万元，净核减工程造价1353万元。

**【嘉鱼县审计局】** 1998年底，有干部、职工31人。其中大学生1人，大专生8人；局长1人，副局长4人。

审计工作成果 共完成审计项目210个。审计单位215户；完成审计调查9项，调查单位167个；审计金额217412万元。共查出违纪违规金额11619万元。同县纪检、监察等部门配合，查处各种经济案件12起。

完成上级下达审计任务 共完成省、市审计机关下达的审计任务148项，审计单位212个，审计金额217412万元。

**【通山县审计局】** 1998年底，有干部、职工56人。其中：高级职称2人；中级职称18人；局长1人，副局长3人。

审计工作成果 共完成审计项目185个，审计单位520户（次），审计金额9.5亿元。共查出违纪违规金额1670万元，处理上缴财政266万元。同县纪检、监察、信访等部门配合，查处各种经济案件19起。

完成县委、县政府交办任务 共完成交办的工作任务50项，审计单位462个。共对10个单位进行了离任审计，被审计对象提拔26人，平调68人，免职或撤职7人。

【崇阳县审计局】 1998年底，有干部、职工66人，其中：大学生2人，大专生26人；局长1人、副局长2人。

审计工作成果 共完成审计项目218个。审计单位398户；完成审计调查8项，调查单位80。共查出违纪违规金额1.2亿元，同县检察、纪检监察等部门配合，查处各种经济案件8起。

完成县政府交办任务 共完成交办的工作任务58项，审计单位458个。

【通城县审计局】 1998年底，共有干部、职工43人。其中：大学生1人，大专生18人；局长1人，副局长4人。

审计成果 共完成审计项目499个，审计金额208950万元，共查出违纪违规金额1145万元，上缴县财政187万元，财政减少对预算单位经费拨款210万元，为被审计单位挽回直接经济损失2358万元。查出各种经济案件13起，移交司法机关23人，受到党纪政纪处分8人。

完成县政府交办任务 共完成交办的工作任务68项，审计单位89个。

完成上级下达审计任务 共完成省、市审计机关下达的审计任务128项，审计单位296个。

【随州市审计局】 1998年底，有干部、职工30人。其中：大学本科生2人，大专生18人；局长1人，副局长4人。

审计工作成果 共完成审计项目426个。审计单位485户；完成审计调查23项，调查单位185个；审计金额339586万元。共查出违纪违规金额2156万元。配合市纪检、监察、信访等部门，查处各种经济案件9起。

完成市政府交办任务 共完成交办的工作任务91项，审计清理单位148个。

完成上级下达审计任务 共完成省审计厅下达的审计任务75项，审计单位146个。

【仙桃市审计局】 1998年未有干部职工29人。其中大专以上学历18人；局长1名，副局长4名。

审计工作成果 共完成审计项目325个，审计单位505个。查出违纪违规金额25892万元，促进增收节支9630万元，减少损失浪费8360万元，上缴财政1069万元。

完成交办任务 共完成交办的各类审计事项78项。1998年共对本市党政机关、企事业单位的18名法人代表实行了离任经济责任审计。查出各种违纪问题金额4658万元，收缴违纪资金52万元。

完成上级下达的审计任务 共完成审计署、省审计厅的审计任务112项，审计单位256个。

【天门市审计局】 1998年底，有干部、职工31人。其中：大学本科生3人，大专生9人；局长1人，副局长5人。

审计成果 共完成审计项目251个；完成审计调查项目21个；共查出违纪违规资金3.1亿元，上缴市财政438万元。配合纪委、监察、信访等部门查处各种经济案件21起。

完成上级下达审计任务 共完成省审计厅下达的审计任务172项，审计单位301个，查出各类违纪违规行为资金2.5亿元。

完成市委、市政府交办任务 共完成交办的工作任务100项。

【潜江市审计局】 1998年底，有干部、职工76人。其中：大学本科生2人，大专生42人；局长1人，副局长3人。

审计工作成果 共完成审计项目868个，审计单位825户，完成审计调查99个，调查单位95个，审计金额268034万元。共查出违纪违规金额19778万元。同市纪检、监察、信访等部门配合查处各种经济案件25起。

完成市政府交办任务 共完成交办的工作任务95项，审计清理550个。

完成上级下达审计任务 共完成省审计厅下达的审计任务150项，审计单位183个。

【神农架林区审计局】 1998年底，有干部职工17人。其中，大专生2人；局长1人，总审计师1人。

审计工作成果 共完成省审计厅安排的审计项目51个，审计单位99个；审计调查项目7个，调查单位54个。共完成林区人民政府交办的审计事项55个，审计单位(人次)55个。共查出违纪违规资金5383万元，上缴财政34万元。

【恩施州审计局】 1998年底，有干部、职工40人。其中：大学生2人，大专生22人；局长1人，副局长2人。设有政工科、综合科、财政金融审计科、工交商贸审计科、行政事业审计科、农林水审计科、固定资产投资外资审计科和审计事务所。

【恩施市审计局】 1998年底，共有人员19人。其中：大学生1人，大专生7人；局长1人，副局长2人。

【利川市审计局】 1998年底，共有干部、职工16人。其中：大专生4人；局长1人，副局长3人。

【建始县审计局】 1998年底，有干部、职工17人。其中：大专生8人；局长1人，副局长2人。

审计工作成果 共完成审计项目805个。(审计单位2533户，完成审计调查18项，调查单位114个)。共查出违纪违规金额

116711万元。同州、县(市)纪检、监察等部门配合,查出各种经济案件14件。

完成州县市政府交办任务 共完成交办的工作任务167项,审计清理单位248个,追回国家资金239万元,处以罚款43万元。移送法、监察部门处理案件7起11人。

完成上级下达审计任务 共完成省、州审计机关下达的审计任务972项,审计单位2781个,查出违纪违规金额11.69亿元。

**【来凤县审计局】** 1998年底,共有干部、职工22人。其中:大学生1人,大专生8人;局长1人,副局长3人。

**【巴东县审计局】** 1998年底,有干部、职工16人。其中:大专生6人;局长1人,副局长2人。

**【鹤峰县审计局】** 1998年底,有干部、职工14人。其中:大学本科生1人;局长1人,副局长2人。

**【宣恩县审计局】** 1998年底,有干部、职工14人。其中:大专生10人;局长1人,副局长2人。

**【咸丰县审计局】** 1998年底,有干部、职工21人。其中:大专生12人;局长1人,副局长2人,总会计师1人。

## 湖南省

**【湖南省审计工作简述】** 5年来,已有审计机关137个,人员3287人,其中,大专以上学历2039人,占62%;获得审计师或注册会计师资格的1518人,占46%(高级审计师84人)。5年来,全省审计机关共审计37588个单位,纠正违规金额183亿元,国家财政增收节支38.62亿元。和纪检、监察部门配合,向司法机关移送经济案件16宗,移送纪检、监察、司法机关处理的责任人员206人。全省审计机关向上级和政府提交审计综合报告、调查、信息17582篇,被采用和批示的10311篇。

法制建设情况 1、审计立法工作取得实质性进展,出台了一系列地方性审计法规和规章。1995年12月21日,省人民政府以第57号令发布了《湖南省预算执行情况审计监督实施办法》。1997年4月21日,省政府颁发了《湖南省人民政府关于进一步强化审计监督的通知》(湘政发[1997]9号)。1995年1月制发了《关于在国有企业中建立健全内部审计制度的若干规定》。2、审计工作规范化取得新的成效。一是进一步规范了全省审计文书。省审计厅制发了《关于审计文书规范的补充和修改意见》(湘审法[1994]107号)。二是制定了一系列审计业务规范。如省审计厅与省劳动厅联合制发了《社会保险审计暂行规定的实施办法》(湘劳[1996]265号),省审计厅与省计委等五部门联合制发了《湖南省建设项目审计监督暂行办法》,进一步规范了审计业务行为。三是全面推行了审计复核制度。1995年2月,省审计厅制发了《湖南省审计复核办法(试行)》(湘审法[1995]42号),省、市、县三级审计机关普遍设立了专门的法规审理机构,配备了专职复核人员,对所有审计项目实行全面审计复核。3、有针对性地组织审计执法大检查。4、开展了声势浩大的审计宣传活动。

**【湖南省审计厅概况】**

机构及人员 湖南省审计厅原名湖南省审计局,1994年4月25日更名为湖南省审计厅。1994年,厅机关共有干部、职工151人,到1998年底,人员已为161人。其中,大专以上学历102人,有中级以上专业技术职称的21人,高级审计师、高级会计师44人。设有15个职能处室所:办公室、综合处、法规处、财政审计处、金融审计处、行政事业审计处、工交审计处、商贸审计处、固定资产投资审计处、农业审计处、外资运用审计处、人事教育处、机关党委、纪检组(监察室)、审计科研培训所。

厅领导成员 1994年,湖南省审计厅领导班子成员4人,厅长张连华,副厅长杨鹨、刘林玉。1994年至1998年间,厅领导班子成员有所调整。到1998年底,厅领导班子增至7人:厅长张连华,副厅长刘林玉、王利明、胡吉祥、唐会忠,纪检组长奉继松,总审计师袁家兴。

成果综述 共审计37588个单位,查处违纪金额中,应上缴财政15.27亿元,减少财政拨款和补贴4.96亿元,追还被侵占挪用资金15.34亿元,罚款0.83亿元,共为国家增收节支38.62亿元,移送纪检、司法机关处理的责任人员206人。

本级预算执行审计 从1995年审计法颁布实施开始,全省137个审计机关全部开展了每年一次的同级财政预算执行情况审计,达到100%审计的目标要求。到1998年止,全省审计机关共审计预算执行单位2615个,查出违规金额38.15亿元。通过审计处理,增加财政收入5.15亿元,减少财政拨款或支出1.97亿元。1998年省本级预算执行情况审计中,查出省移民局违规批借移民资金修建培训中心的问题,在省人大常委会的督查下,处理有关责任人6名,在社会上引起了强烈反响。

各专业审计 1、财政决算审计 5年共完成财政决算审计项目3554个,查出违纪违规金额16.77亿元,审计处理应增加财政收入3.58亿元，应减少财政支出1.43亿元。2、金融审计　5年共审计金融保险企业2024家，查出违规金额26.88亿元，已上缴财政5536万元，调账处理7748万元。3、固定资产投资审计　5年来，共审计4322个基建工程项目。查出资金不落实、多列概算、挪用侵占建设资金、挤占工程成本、高估冒算等问题金额18.05亿元，上缴财政8243万元，应归还原资金渠道13107万元，审计核减工程预决算金额35347万元。各级审计机关对全省范围内国家和集体投资建设规模在50万元以上未经审计的1237个建设项目实施了全面审计，对全省151个路桥工程开展了专项审计。这两大专项审计，共查出违规金额13.94亿元，向纪检、监察部门移送案件线索116起，移送司法机关处理89人，推动了全省反腐败斗争的深入。4、企业审计　主要对交通、粮食、棉、石油、烟草、农业生产资料、粮油进出口、邮电、新华书店等行业7937家企业实行了审计，促使提高整个行业依法经营水平和经济效益。经审计查出违规金额36.13亿元。省审计厅对省级28家外贸公司及其270户二级企业的资产负债损益审计，受到省政府很高的评价，并责成省外经贸系统认真进行整改。全省审计机关对25家股份有限公司和4家上市公司的审计，共查出违规金额3300万元。5、农业专项资金审计　1994年以来关先后对32个库区县移民资金、31个国家省定贫困县扶贫资金、47个市县湘南第二期农业综合开发资金、96个市县第三期农业综合开发资金、22个县扶持粮棉大县专项贷款、20个市县国土资金、48个县的林业"一金两费"、135个市县的水利资金以及洞庭湖防洪排涝设施建设以工代赈资金开展了审计监督，审计资金总额106.44亿元，查出违规金额5.87亿元。国务委员陈俊生、国务院扶贫主任高鸿宾对湖南扶贫资金审计信息作了重要批示。省委、省政府主要领导在农业资金审计报告、信息上批示10余次。6、国外贷援款审计　根据审计署授权，对全省18个世界银行贷款、亚洲开发银行贷款、国外援助项目进行了审计。审计项目执行单位1705个，查出违背贷款协议和违反财经法纪金额1.85亿元。同时，对全省40余户中外合资、合作经营企业进行了审计。7、行政事业审计　5年来，相继在全省范围内对公安、法院、检察院、司法等4个执法部门实施了行业审计，审计单位1289个，严肃查处了"三乱"、收入不入账、私设"小金库"、截留坐支挪用应缴财政收入等问题。连续5年对全省救灾募捐款物开展了全程跟踪审计，及时向省委、省政府反馈审计情况，向社会公布审计结果。5年来，共审计行政事业单位13415个，查出违规金额40.481亿元，应上缴财政2.43亿元，追还侵占挪用资金5.69亿元。

**地址**　长沙市朝阳路297号
**电话**　0731—4137707
**邮编**　410001　　(尹秀兰)

**【长沙市审计局】**　至1998年底，人员已为98人。其中：研究生1人，大学生14人，大专生53人；局长1人，党组书记1人，副局长3人。设有办公室、人教科、综合科、体系法规科、财政审计科、固定资产投资审计科、商贸审计科、农业审计科及审计师事务所、社会审计中心、高新审计师事务所等机构。

审计工作成果　共完成审计项目2469个，共查出违纪违规金额139472万元。同市纪检、监察、信访等部门配合，查处各种经济案件26起。上缴财政8827万元，共提交审计报告718篇。

完成市委、市政府交办任务　共完成交办的工作任务72项，审计调查单位204个。1996年，根据市政府的安排，对长沙市10个工交企业亏损大户进行了审计。经过审计核实，这10户亏损企业1995年亏损15891万元，占全市工交企业亏损总额33363万元的47.63%，1995年末累计亏损38171万元，挂账亏损12737万元，潜在亏损2659万元，亏损总额为53567万元。

完成上级下达审计任务　共完成审计任务267项，审计单位319个，审计金额28917万元。

内部审计　到1998年底，内部审计机构为174个，内审人员达到673人。

社会审计　共接受社会委托项目2405项，其中：注册资产验证1708项，验证资金65127万元；其他为697项。

受表彰情况　受省审计系统表彰32次，受市委、市政府表彰63次；共有18人次受省审计系统表彰奖励，15人次受市委、市政府记功、嘉奖等奖励。

**地址**　长沙市藩正街4号
**电话**　0731—4441922
**邮编**　410005(汤建尧　肖国松)

**【长沙市岳麓区审计局】**　到1998年底，干部、职工增加到10人。其中：本科学历2人，大专学历8人，中级职称7人；局长1人，副局长3人。

审计工作成果　共完成计划项目72个，查出违规违纪金额985.64万元，上缴财政423.04万元，提交审计综合报告26篇，向司法机关移送案件7件。

完成区政府交办任务　完成交办业务32项。1997年底，对区属4个开发公司进行审计，审计人员历时近3个月，查处了私设

“小金库”等违规违纪行为，向区委、区政府提出了清理整顿4个开发公司的建议，并得到了重视和采纳。

完成上级下达审计任务　共完成审计署、省审计厅、市审计局交办任务29个，审计单位146个。

**【长沙市芙蓉区审计局】**　至1998年底，人员已为10人。均是大专以上文化程度；局长1人，副局长2人。

审计工作成果　共完成审计项目104个，共查出违纪违规金额2519.95万元，上缴财政215.91万元。配合纪检、监察、检察等部门查处各种经济案件9起。

**【长沙市天心区审计局】**　到1998年底共有干部9人。其中：大学生2人，大专生5人；局长1人，副局长2人。

审计工作成果　共完成审计项目89个，审计单位95户，查出违纪违规金额2591万元，完成审计调查4项，移送纪检、监察处理4人，同公安和政府有关部门配合查处非法集资案1起。上缴区财政153.59万元，共提交审计报告89篇。

完成区政府交办任务　共完成交办的审计工作任务61项。其中对22个单位的主要负责人进行了领导干部离任审计，此项工作为区委、区政府使用干部提供了依据，得到了区委、区政府的肯定。在对61个单位财务收支和领导干部离任审计中，查出违纪违规金额上百万元的单位2个。

完成上级下达审计任务　共完成审计任务28项，审计单位34个。其中完成建设工程竣工项目审计7个，审计投资金额4229万元，审计核减金额463万元，审计查处了群众反映强烈的超面积建房和利用公款装修等问题，对未进行开工前审计和私设“小金库”等问题都作了罚款和收缴财政的处理。

**【长沙市开福区审计局】**　到1998年底，人员已为13人。其中：大学生2人，大专生10人，有中级以上技术职称的9人；局长1人，书记1人，副局长2人。

审计工作成果　共完成审计项目151个，审计单位180户；完成审计调查16项，调查单位23个。共查出违纪违规金额6223.65万元；收缴财政304.18万元。

完成区政府交办任务　完成交办的工作任务97项，审计单位128个，审计金额24亿元。1994年到1995年，对亏损企业开展资产负债损益审计，审计亏损企业10余个，审计资金1亿元，分析了亏损原因，为区政府的企业改革决策提供了翔实的资料。1998年，在重点项目——长沙经济开发区审计中，克服困难，排除阻力，实事求是，依法审计，核减建设资金2000多万元。

完成上级下达审计任务　共完成审计任务58项，审计单位80余个，审计金额近17亿元。

**【长沙市雨花区审计局】**　1998年底，共有干部、职工11人，其中：大专生8人，获审计师资格的6人；局长1人。

审计工作成果　共完成审计项目134个，共查出违纪违规金额2437.4万元，查处经济案件3起，上缴区财政827.3万元，共提交审计报告、信息22篇。1995年至1998年底，共完成基建工程决算审计项目36个，审计投资额14407万元，核减资金1280万元。1996年在实施1995年度本级财政预算执行情况审计中，查获区国债服务部原会计朱某采用转账套现、截留变卖国库券等手段，贪污挪用公款207万元炒股票的特大经济案件，案件移送检察院后，追回脏款脏物132万元。

完成区政府交办任务　共完成交办的工作任务26项。

热血贯长虹　1995年6月5日，洞井乡党委副书记谢启光带领乡审计站人员前往金井村砖厂进行审计，该厂原会计邹海斌拒不交账，并丧心病狂地向谢启光开枪后自杀，谢启光不幸以身殉职。6月14日，《湖南日报》以《热血贯长虹》为题予以报道。

**【浏阳市审计局】**　到1998年底，人员已为44人。其中：大学生3人，大专生26人，审计师和注册会计师16人；党组书记1人，局长1人，副局长2人，纪检组长1人。设有办公室、财金审计科、行财审计科、企财审计科、农财审计科、基建审计科、综合法规科、内审指导站、审计事务所等机构。

审计工作成果　共完成审计项目264个，审计单位396户；完成审计调查22项，调查单位110个。审计金额358913万元，共查出违纪违规金额18168万元。上缴市财政1539万元。共提交审计报告78篇。

完成市政府交办任务　共完成交办的工作任务56项，审计清理单位465个。1998年，受市政府委托对企业改制资金进行审计，共抽调20人，涉及到全市40个乡镇，查出挪用企改资金1500多万元。通过审计，归还的企改资金全部用于发展重点企业。

**【长沙县审计局】**　1998年末共有干部、职工19人。其中：大专以上文化程度11人，中级技术职称的11人；局长1人，副局长2人。

审计工作成果　共完成审计项目298个，查出违纪违规资金14036万元，应上缴财政625.97万元，罚款38.97万元，追回被挪用的专项资金255.49万元，挽回经济损失、促进提高经济效益

523.64万元，提出建议266条，移送纪检、监察等部门处理9案30人，提交审计调查报告和审计信息47篇。

**【望城县审计局】** 至1998年末，实有干部、职工21人。其中：大学生1人，大专生12人；局长1人，局党组书记兼副局长1人，副局长2人。

审计工作成果　共完成审计项目212个，开展专项审计调查24项。查出违纪违规金额9662万元，为财政增收1210万元，为企业增收节支1469万元，核减建设项目工程投资3269.4万元。提交审计报告、信息被采用91篇。查处各类经济案件15起，移送处理7人。

完成县政府交办任务　共完成交办的工作任务49项，审计清理单位427个。1995年，为推动全县撤区、并乡工作，参与区、乡镇政府资产清理22个；1998年5月，为摸清全县乡镇财政家底，对全县18个乡镇的财政负债、赤字进行了审计调查；1998年8月，对全县9个万亩以上堤垸的水利资金进行了审计调查，为县委、县政府提出治水强农、整治水患的正确决策提供了依据。

完成上级下达审计任务　共完成审计任务86项，审计单位210个。

**【宁乡县审计局】** 到1998年底，人员已为29人。其中：大学生3人，大专生9人；局长1人，书记1人，副局长2人。

审计工作成果　共完成审计项目385个，审计单位554户；完成审计调查12项，调查单位147个；共查出违纪违规金额6584万元；同县检察、纪检、监察等部门配合查处各种经济案件16起。上缴县财政898万元；共提交审计报告12篇。

完成县政府交办任务　共完成交办的工作任务228项，审计清理单位324个。1998年8月，为配合全县乡(镇)领导干部调整工作，共抽调15人，涉及全县34个单位，对全县乡(镇)财政进行了全面审计。

完成上级下达审计任务　共完成审计任务43项。

**【株洲市审计局】** 到1998年底人员为76人，其中：大学本科以上学历19人，大专生42人；局长1人，副局长3人。设有办公室、综合科、法制科、政工科、内部审计社会审计管理科、财政金融审计科、行政事业审计科、商粮贸审计科、工业交通审计科、基建外资审计科、农林水审计科共11个科室。

审计工作成果　共完成审计项目2312个，其中市审计局562个；查出违纪违规金额109351万元，其中市局69287万元；应上缴财政7994万元，其中市局4712万元；已上缴财政6910万元，其中市局4196万元，促进提高经济效益639万元。提交审计报告和审计信息1317篇，被上级审计机关和各级政府采用709篇。

1997年，对99个建设工程竣工项目进行了审计，查出违纪资金1.79亿元，处理上缴财政323万元，核减工程决算金额4118万元，查出并移送检察、监察机关处理重大经济案件线索8起，涉嫌贪污受贿金额10.69万元。

改革用人制度实行竞争上岗　1998年底，市审计局大胆改革人事制度，对全局中层干部实行竞争上岗，全局人员实行双向选择。通过双向选择，全局80%以上的干部轮换了岗位。这一做法得到了省审计厅和市委、市政府领导的肯定。

内部审计　共完成审计项目13295个，查出并纠正违纪违规金额23181万元，查出损失浪费金额3235万元，促进提高经济效益14065万元，查处贪污贿赂案件90项，移送监察、司法机关处理49人。

社会审计　全市10个审计师事务所共完成委托项目37221个。

受表彰情况　株洲市审计局被湖南省委、省政府评为省文明建设先进单位，受省审计系统表彰11次，受到株洲市委、市政府表彰12次，有34人次受到市委、市政府和省审计厅的表彰。

**地址**　株洲市文化路32号
**电话**　0733—101838
**邮编**　412008　(刘田春)

**【株洲市天元区审计局】** 到1998年底，干部、职工13人。其中：大学生3人，大专生4人；局长1人，副局长2人。

审计工作成果　共完成审计项目183个，审计单位205户；完成审计调查27项，调查单位39个。审计金额37105万元，共查出违纪违规金额693.8万元。配合纪检、监察等部门查处各种经济案件11起。上缴区财政215.6万元；共提交审计报告128篇。

完成区政府交办任务　1996年配合全区机构改革，共抽调5人，历时95天，对全区109个区属企业及乡镇进行了清理。

完成上级下达审计任务　共完成审计任务108项，审计单位153个，审计金额32763万元。共完成工程(预)决算审计项目19个，审计金额18410万元，核减建安工程造价1366万元，纠正违纪违规金额310万元。

**【株洲市荷塘区审计局】** 到1998年底，有干部8人，其中：具有中级以上职称的7人；局长1人，副局长2人。

审计工作成果　共完成审计项目110个，查出违纪金额464.60万元，处理上缴财政15.67

万元，追还被侵占挪用资金43万元。同时参加“三大检查”90多个单位，查出违纪金额1161.87万元，上缴财政178.20万元。1994年至1998年，共审计50个基建预决算项目，核减工程造价700万元，核减率为12.09%。

完成政府交办任务　共完成区政府交办任务35项。

**【株州市芦淞区审计局】**　到1998年，人员为6人。其中：大学生4人，大专生1人；局长1人，副局长3人。

审计工作成果　共完成审计项目63个，查出违纪金额530余万元，处理上缴财政10多万元，核减基建决算金额200多万元。提交审计信息和报告63篇。配合纪检、监察等部门查处经济案件7件。

完成区政府交办任务　共完成工作任务13项，主要是领导干部任期经济责任审计。针对全区个体私营经济比重大的特点，加强了对“三乱”行为的审计监督，与有关部门配合，先后对全区各大市场经营者的负担情况、个体私营经济的“税外费”情况进行了检查，共清退乱收费金额近百万元，促进了全区个体私营经济的健康发展。

**【株州市石峰区审计局】**　到1998年底，有干部14人，其中大学生1人，大专生9人；局长1人，副局长3人。

审计工作成果　共完成审计项目102个，查出违纪金额854万元，处理上缴财政227.90万元，减少财政拨款205万元，追回被侵占挪用资金854万元。从1996年至1998年，连续3年的同级审计中，查出违纪金额280.46万元，对区财政局处以罚款26万元，为财政增加收入43.73万元。

完成区政府交办任务　共完成政府交办任务68项，查出违纪金额1311万元，处理上缴财政195.6万元。

**【醴陵市审计局】**　到1998年底，人员增到33人。其中：大学生3人，大专生14人；局长1人，副局长3人。

审计工作成果　共完成审计项目315个，审计单位356个；完成审计调查27项，调查单位198个；审计金额256423万元，共查出违纪违规金额13046万元，上缴财政343万元；提交审计报告315篇。

完成上级下达审计任务　共完成审计任务255项，审计单位298个，审计金额213168万元。1998年房改专项资金审计，查出挤占挪用专项资金1382.1万元，收缴将住房资金“空转存贷”和“支改贷”所获利差18.84万元，及私设“小金库”9万多元。

**【株洲县审计局】**　到1998年底有干部、职工15人。其中：大学生3人。

审计工作成果　共完成审计项目191个，审计单位231户；完成审计调查19项，调查单位162个。审计总金额318420万元，共查出各违纪违规资金401379万元，处理上缴财政643.57万元。共提交审计报告203篇。配合纪检、监察、检察等部门，查处各类经济案件26起。

**【炎陵县审计局】**　到1998年底，有干部、职工23人。其中：大学生11人，获中级专业技术职称以上的14人；局长1人，副局长3人。

审计工作成果　共完成审计项目21个，完成审计调查18项，调查单位96个，审计金额126912.30万元，查出违纪违规金额2185.83万元。同县纪检、监察、检察等部门配合，查处各种经济案件14起，移送案件5件。上缴县财政301.15万元；共提交审计报告237篇。

完成上级下达审计任务　共完成审计任务142项，审计金额85410万元。在1998年的全省粮食财务亏损挂账审计中，查出攸县新市粮库与县农发行共同作弊案，追回被骗取于体外循环的粮食收购资金1000万元，被骗取的补贴收入72万元，核减不实挂账962万元，受到省、市审计机关的好评。

完成县政府交办任务　共完成交办的工作任务69项，审计金额41502万元。

**【茶陵县审计局】**　1998年底，人员为18人。其中：大学生1人，大专生9人，中专生8人；党组成员5人，局长1人，副局长3人

审计工作成果　共完成审计项目260个，审计单位292个；完成审计调查10项，调查单位24个。查出违纪金额4000万元，处理上缴财政560万元，追回被侵占挪作资金210万元，挽回经济损失110万元，移送纪检、监察、司法部门案件8起12人。提出审计建议500余条，提交审计信息、审计报告和审计论文240多篇。

完成县政府交办任务　共完成交办工作任务135项。

完成上级下达审计任务情况　共完成审计任务260项，审计单位292个。

**【攸县审计局】**　1998年底，人员为32人。其中：大专生22人；局长1人，副局长3人。

审计工作成果　共完成审计项目433个，共查出违纪违规金额7197.7万元，处理上缴财政581.4万元，归还原资金渠道613万元，责成补交税款384.7万元。向司法、纪检、监察部门移送案件7起，为社会稳定发挥了作用。

完成县政府交办任务　共完成交办的工作任务70项。

完成上级下达审计任务　根

据全省统一部署，完成基建投资审计项目 17 个，总投资金额 4172.8 万元，查出违纪违规金额 1951 万元，处理收缴财政 101 万元，罚款 30 万元。实施工程造价审计项目 36 个，向纪检、监察部门移送 1 案 1 人。

**【湘潭市审计局】** 到 1998 年底，人员为 63 人。其中：大学生 7 人，大专生 41 人；局长 1 人，副局长 4 人（其中民主党派副局长 1 人），总审计师 1 人。设有办公室、综合科、人教科、法规科、管理科、财金审计科、固定资产投资审计科、行政事业审计科、工交审计科、农业审计科、商粮贸审计科、外资审计科等机构。

审计工作成果　共完成审计项目 468 个，查出违纪金额 72981 万元，同检察、纪检、监察等部门配合，查处各类经济案件 82 件，上缴市财政 2946.2 万元，提交审计报告、信息 749 篇。

完成市政府交办任务　共完成交办的工作任务 83 项，审计单位 328 个。1997 年 2 月至 6 月，根据市人大、市政府安排，与市检察院税检局联合组成 10 个检查组，共查出财税领域转引税款 1100 多万元，混淆级次 950 万元，改变税种 450 多万元等重大违法违纪问题。通过审计，税务部门行政立案查处 7 人，调岗处理 20 人，判刑 3 人。市政府根据审计结果，连续出台了 5 个规范财税行为的文件。

完成上级下达审计任务　共完成下达审计任务 64 项，审计单位 376 个。

内部审计　到 1998 年底，内审机构为 182 个，内审人员 358 个。

社会审计　1994 年至 1998 年，共接受社会委托的项目 4955 项。

受表彰情况　1997 年元月，被省审计厅、省人事厅联合授予全省审计系统先进集体；1997 年 12 月，被审计署、人事部联合授予全国审计机关先进集体；1998 年被市政府评为政绩突出的先进单位。5 年来市委、市政府表彰局集体 7 次，个人 32 人次；省审计厅表彰局集体 11 次，个人 4 人次；受市政府记功、嘉奖表彰 52 人次。

**地址**　湘潭市广新巷 33 号
**电话**　0732—8222831
**邮编**　411100　（刘光明）

**【湘潭市雨湖区审计局】** 到 1998 年底，人员减少到 15 人，其中：大专生 9 人；局长 1 人，副局长 3 人。

审计工作成果　共完成审计项目 336 个，审计单位 123 户；完成审计调查 20 项，调查单位 30 个。审计金额 3.4 亿元，共查出违纪违规金额 3009 万元。上缴区财政 592 万元；共提交审计报告 127 篇。

完成区政府交办任务　共完成交办的工作任务 98 项。1995 年配合区财政、纪委对全区 40 多家行政事业单位的预算外资金进行了审计检查，共上缴财政 8 万元，罚款 2 万元。1997 年与 1998 年，为配合区直领导班子调整，对区属 31 个行政事业单位主要行政负责人任期经济责任进行了审计，有 2 名局长被撤职，1 名局长移送检察机关处理。

完成上级下达的审计任务　共完成审计任务 88 项，审计单位 88 个，审计金额 1.2 亿元。

**【湘潭市岳塘区审计局】** 到 1998 年底，有干部、职工人 7 名，其中：局长 1 名，副局长 2 名；有中级职称的 6 人。

审计工作成果　共完成审计项目 184 个，审计单位 164 户，查出违纪违规金额 4860 万元，上缴财政 240 万元，为国家增收节支 320 万元。同区纪检、监察等部门配合，查处各种经济案件 3 起。

完成区政府交办任务　共完成交办的工作任务 58 项，审计清理检查单位 285 个。1998 年，由区委安排对部分村级财务进行了清理检查，挖出了侵占村集体财产的两条“蛀虫”，为集体挽回损失 30 余万元。1996 年开展了对区内基本建设项目特别是学校基建项目的审计，核减工程款 86 万元。

完成上级下达审计任务　共完成审计任务 34 项，审计单位 42 个。1998 年参加了审计署安排的粮食企业亏损挂账审计，核减亏损挂账 1800 万元。

**【韶山市审计局】** 到 1998 年底，人员已增加到 14 人。其中：大专生 10 人，有中级职称的 6 人；局长 1 人，副局长 1 人，党组书记 1 人。

审计工作成果　共完成审计项目 109 个，共查出违纪违规金额 7450 万元，上缴市财政 170 余万元。共在审计刊物等报刊发表文章 13 篇。

完成上级下达审计任务　共完成审计任务 98 项，审计单位 142 个，审计金额 49512 万元。

**【湘乡市审计局】** 1998 年底在职干部 22 人，其中：大学生 3 人，大专生 10 人，审计师、会计师 9 人；局长 1 人，副局长 3 人。

审计工作成果　共完成审计项目 203 个，审计单位 287 户；完成审计调查 16 项，调查单位 168 个；审计金额 875943 万元，共查出违纪违规金额 9695 万元。同市纪检、监察和检察等部门配合，查处各种经济案件 15 起。上缴市财政 712 万元；共提交审计报告 219 篇。

完成市政府交办任务　共完成市委、市政府交办的工作任务 111 项。1995 年 4 月为配合全市撤区并乡建镇工作，共抽调 18 人，对 9 个乡镇的财政财务进行了全面清理，澄清了家底。1997

年、1998年乡级财政审计，共查出违纪违金额589万元，收缴财政253万元，促进增收节支1030万元，提出建议32条。

完成上级下达审计任务　共完成省、市机关下达的审计任务108项，审计单位212个，审计金额近3亿元。

**【湘潭县审计局】**　到1998年，共有干部、职工17人。其中：大学生1人，大专生10人；局长1人，党组书记1人，副局长2人。

审计工作成果　共完成审计项目320个，查处违纪违规金额6954万元，上缴县财政486万元。提交审计报告141篇、审计信息48条。同县纪委、监察、财政等部门配合，查处各种经济案件6起。

完成县政府交办的任务　完成了每年的农村建整扶贫工作。1996年，完成了县政府交办的对5家破产企业的清算审计。

**【衡阳市审计局】**　到1998年底，人员为89人。其中：大学生19人，大专生44人；局长1人，党组书记1人，副局长3人。设有办公室、人教科、综合科、社审内审指导科、法规科、工交审计科、商贸审计科、财政金融审计科、农业审计科、行政事业审计科、固定资产投资审计科、外资运用审计科、经济责任审计科、机关工会、审计师事务所等机构。

审计工作成果　共完成审计项目785个，审计单位896个；完成审计调查47项，调查单位184个；审计金额432102万元，共查出违纪违规金额21005万元。与市纪检、监察、检察等部门配合，查处各种经济案件87起，上缴市财政3321万元；共提交审计报告785篇。

完成市政府交办任务　共完成交办的工作任务98项，审计清理单位324个。

完成上级下达审计任务　共完成审计任务268项，审计单位348个，审计金额321602万元。

内部审计　到1998年，内部审计机构为324个，内审人员686名。

社会审计　5年来共接受社会委托项目968项。

受表彰情况　受省审计系统表彰12次，受市委、市政府表彰11次。共有25人次受到省审计系统表彰奖励，80人次受市委、市政府表彰奖励，16人次被市委、市政府记功、嘉奖等奖励。

**地址**　衡阳市解放西路28号
**电话**　0734—8222674
**邮编**　421001　　　　　（蒋七元）

**【衡阳市城南区审计局】**　到1998年底，人员已为9人。其中：大专生6人；局长1人，副局长2人。

审计工作成果　共完成审计项目86个，审计金额10262万元。共查出违纪违规金额378万元。上缴市、区财政66万元。共提交审计报告90篇。

完成政府交办任务　完成交办的工作任务10项，审计清理单位10个。

完成上级下达审计任务　共完成审计任务20项，审计单位28个，审计金额1800万元。

**【衡阳市江东区审计局】**　到1998年底，实有在职人员4人。其中：大学生1人，大专生3人；局长1人，副局长2人

审计工作成果　共完成审计项目146个，审计单位83户；完成审计调查5项，调查单位13个；审计金额79322万元。共查出违纪违规金额1942万元。查出大案要案1件，移送司法机关处理1人。上缴区财政96万元，共提交审计报告146篇。

完成区政府交办任务　共完成交办的工作任务26项。

完成上级下达的审计任务　共完成审计任务54项，审计单位72个，审计金额46347万元，查出违纪违规金额1042万元。

**【衡阳市城北区审计局】**　到1998年共有干部6人，其中：大学生1人，大专生5人；局长1人，副局长2人。设有办公室、查证股等机构。

审计工作成果　共完成审计项目96个，完成审计调查2项。共查出违纪违规金额2218万元，为被审计单位挽回经济损失466万元，追回被侵占挪用资金34万元。上缴财政200万元，提交审计报告96篇。

完成区政府交办任务　1994年到1998年，共完成区委、区政府交办的工作任务30项。

完成上级下达审计任务　共完成审计任务75项，审计单位91个。

**【衡阳市郊区审计局】**　到1998年底，人员增到10人。其中：研究生1人，大专生5人；局长1人，副局长3人。

审计工作成果　共完成审计项目86项，审计单位95个；完成审计调查5项，调查单位106个；共查出违纪违规金额1645万元。同纪检、检察等部门配合，查处各种经济案件3件。上缴区财政89万元，共提交审计报告91篇。。

完成区政府交办任务　共完成交办的工作任务21项，审计单位23个。到1998年底，共完成基建工程项目审计5个，审计金额521万元，核减建设投资69万元，查处违纪金额91万元。

完成上级下达的审计任务　共完成署、省、市审计机关下达的审计任务48项，审计单位53个。

**【衡阳市南岳区审计局】**　至1998年底，人员有12人。其中：具有注册会计师资格的4人，具有会计师资格的4人；党组书记1人，局长1人，副局长1人。

审计工作成果　共完成审计

项目125个，提交审计报告125份，审计总金额为24930万元，查出违纪违规金额2738万元，收缴财政297万元。配合纪检、监察、检察机关查处经济案件3起。

**【耒阳市审计局】** 到1998年底，人员为37人。其中：大专生19人；局长1人，副局长3人。

审计工作成果 共完成审计项目265个。完成审计调查24项，调查单位156个。共查出违纪违规金额11180万元。上缴市财政542万元，共提交审计报告265篇。

完成市政府交办任务 共完成交办的工作任务56项，审计清理单位430个。1995年为配合全市的撤区、并乡工作，抽调10人组成3个小组，对29个区、乡、镇的财务、财产进行了审计清理，共查出违纪金额88万元，上缴财政19万元。

完成上级下达审计任务 共完成审计任务138项，审计单位203个，审计金额20860万元。

**【常宁县审计局】** 到1998年底，人员已为36人。其中：大专生9人；局长1人，副局长5人。

审计工作成果 共完成审计项目304个，审计单位352户；完成审计调查21项，调查单位58个；审计资金总额142387万元。共查出各种违纪金额2340万元，处理上缴财政420万元。同市纪检、监察部门配合，查处各种经济案件10起。

完成市政府交办任务 共完成交办的工作任务72项，审计清理单位205个。

完成上级下达审计任务 共完成审计任务169项，审计单位205个，审计资金总额24395万元，上缴财政108万元。

**【衡阳县审计局】** 到1998年底，已有干部、职工33人。其中：大学生8人，大专生12人；局长1人，党组书记1人，副局长4人。

审计工作成果 共完成审计项目249个，查出各类违纪金额7200余万元，其中：审计处理应缴财政740万元，追回被侵占挤占专项资金560万元，减少财政拨款或补贴280万元，促进增收节支2000余万元，协税护税、查增税收600万元。提交审计报告、信息450余篇，被采用310篇。

完成县政府交办任务 共完成交办的工作任务48个，“三大查”项目300个。如1995年为配合撤区并乡工作，县局抽调业务人员20人，对全县90多个区、镇、乡进行了全面审计，历时2个多月，共查处违纪违规金额572万元，其中收入不入账，设账外资金134万元，隐瞒截留财政收入131万元，乱收费、乱罚款、各种摊派资金239万元，乱发滥补79万元。

**【衡东县审计局】** 到1998年底，人员已为18人。其中：大学生2人，大专生4人；局长1人，副局长3人。

审计工作成果 共完成审计项目294个，审计单位341户；完成审计调查14项，调查单位179个；审计金额268495万元。共查出违纪违规金额5091万元。同县纪检、监察等部门配合，查处各种经济案件5件，上缴县财政707万元；共提交审计报告信息281篇。

完成上级下达任务 共完成审计任务203项，审计单位217个，审计金额213450万元。1994年为摸清全县教育经费征管用情况，组织审计人员，历时30天，对全县54个单位进行专项审计调查，查出乡镇截留挤占挪用农村教育经费109.5万元，依法收缴财政33.5万元，追还被侵占挪用资金75万元。

完成县政府交办任务 共完成交办的工作任务91项，审计单位124户。1998年6月，配合检察机关查处新塘经济开发区管委会有关人员涉嫌经济犯罪一案，查出违纪金额214万元，依法收缴财政145万元。

**【衡山县审计局】** 到1998年底，人员已为22人。其中：大专生10人，注册会计师3人；局长1人，副局长3人。

审计工作成果 共完成审计项目255个，审计单位623户；完成审计调查8项，调查单位34个；审计金额80668万元。共查出违规金额4660万元。会同县纪检、监察等部门，查处各类经济案件5起。1996年查处县房地产局把国有资产变为集体资产，造成国有资产流失、漏缴欠缴国家税费等问题，依法收缴财政190万元。共收缴财政600万元，提交审计报告17篇，被采用信息、论文158篇。

完成县政府交办的任务 共完成交办的工作任务21项，审计清理单位334个。

完成上级下达的审计任务 共完成审计任务173项，审计单位206个，审计金额62140万元。

**【衡南县审计局】** 到1998年底，人员已为25人。其中：大专生18人；局长1人，副局长6人。

审计工作成果 共完成审计项目298个，审计单位396户，完成审计调查32项，调查单位85个，审计金额298100万元，查出违纪违规金额12409万元。同县检察院等部门配合，查处各种经济案件24起，为社会稳定发挥了作用。上缴县财政530万元，共提交审计报告298篇。

完成县政府交办任务 共完成交办的工作任务48项，审计清理单位38个。

完成上级下达任务 共完成审计任务85项，审计单位108个，审计金额25.8亿元。

**【祁东县审计局】** 到1998年底,人员已为23人。其中:大学生6人,大专生6人;局长1人,副局长4人

审计工作成果 共完成审计项目256个,审计单位326户;完成审计调查11项,调查单位56个;审计金额82460万元。共查出违纪违规金额3607万元。同县纪检、监察、信访等部门配合,查处经济案件3起。上缴县财政663万元;共提交审计报告256篇,被各级报刊杂志采用论文、信息共203篇。

完成县政府交办任务 共完成交办的工作任务135项,审计清理单位1134个。

完成上级下达任务 共完成审计任务126项,审计单位189个,审计金额63570万元。

**【邵阳市审计局】** 至1998年共有干部、职工62人。其中:局长1人,副局长3人,纪检组长1人。设有办公室、法规科、政工科、行政事业审计科、财政金融审计科、基建外资审计科、工交审计科、农业审计科、内审社审指导科、监察室、事务所等机构。

审计工作成果 共完成审计单位(项目)4077个,审计金额1138276万元,查出违纪违规金额117948万元,上缴各级财政6333万元,提交审计报告3326篇。完成审计调查159项,调查单位845个。同市纪检、监察、检察等部门配合,查处各类经济案件3起;同县(市、区)纪检、监察、检察等部门配合,查处各类经济案件99起。

完成政府交办任务 共完成交办的任务66项,完成市(县、区)委、市政府交办的工作任务796项,审计清理单位2607个。1998年在基建工程预决算审计中,审计项目投资总额76920万元,查出违纪金额2638万元,核减工程造价733万元,收缴财政193万元。

完成上级下达审计任务 共完成上级审计机关下达的审计任务1454项,审计单位1978个,审计金额863108万元。

内部审计 1994年共设立内部审计机构130个,内审人员331名。到1998年底,内部审计机构为243个,内审人员742名。

社会审计 全市共接受社会委托项目9753项。

受表彰情况 受审计署表彰3次,受省审计系统表彰38次,受市委、市政府表彰16次。共有21人次受省审计系统表彰奖励,115人次受市审计系统表彰奖励,27人次受市委、市政府记功、嘉奖等奖励。

**地址** 邵阳市民族路44号
**电话** 0739—5323318
**邮编** 422000

**【邵阳市双清区审计局】** 到1998年底,人员已为6人。其中:大学生1人,大专4人;局长1人,副局长2人。

审计工作成果 共完成审计项目69个,审计单位92户,审计总金额19837.69万元,查出违纪违规金额776.66万元,上缴区财政74.54万元,共提交审计报告69篇。

完成区政府交办任务 共完成交办的工作任务17项,审计清理单位31个。

完成上级下达的审计任务 共完成审计任务60项,审计单位88个,审计金额19037万元。

**【邵阳市大祥区审计局审计】** 到1998年底,人员为6人,其中:大专生2人,中专生1人;局长1人,副局长2人。

审计工作成果 共完成审计项目85个,审计单位99户;完成审计调查8项,调查单位25个;审计金额5798万元,共查出违纪违规金额639万元。与区纪检、监察、信访等部门配合,查处各种经济案件3起,共上缴财政49万元,归还原渠道资金266万元,共提交审计报告85篇。

完成区政府交办任务 共完成交办的工作任务21项,审计清理单位52个。1998年2月受区政府委托,用3个月的时间,全面完成对所辖6个乡(镇)的财政决算审计,查出赤字283万元,查出违纪违规金额257.8万元,收缴财政8.2万元,归还专项资金81万元,4人受到经济处罚和纪律处分。

完成上级下达审计任务 共完成审计任务64项,审计单位78个,审计金额4663万元,查出违纪违规金额307万元。

**【邵阳市北塔区审计局】** 到1998年底,有干部、职工6人,其中:大专生4人;局长1人,副局长2人。

审计工作成果 共完成审计项目117个,审计单位133户;完成审计调查4项,调查单位15个。审计金额11656万元,共查出违纪违规金额2418万元,上缴财政99.5万元,共提交审计报告119篇。

完成区政府交办的任务 共完成交办的任务38项,审计单位78个。

完成上级下达的审计任务 共完成审计任务59项,审计单位59个,审计金额6856万元,查出违纪违规金额1895万元,收缴财政75万元,归还原渠道资金1820万元,提出审计意见建议54条,被采用35条。

**【武冈市审计局】** 到1998年底,人员已为23人。其中:大学生1人,大专生10人,中专生6人;局长1人,副局长4人。

审计工作成果 共完成审计项目467个,审计单位467户;完

成审计调查15项，调查单位124户；审计金额117824万元。查出违纪违规金额11015万元，上缴财政676万元；同市纪检、监察、信访等部门配合，查处各种经济案件12起，向司法机关移送案件6起，移送监察等部门处理的5人；共提交审计报告467篇，提交信息125条，被上级审计机关和有关单位采用的66条。

完成市政府交办任务　共完成交办的预算统筹检查清理、撤区并乡财务清理、党政领导干部离任审计、企业改制等工作任务109项，共查出违纪违规金额2780.5万元，收缴财政243.1万元，移送司法机关案件2起，移送司法机关处理1人，移送纪检、监察机关处理的2人，立案查处的6人。1994年到1998年，共完成决算审计项目309个，审计金额22600万元，审计核减金额3695万元。

完成上级下达审计任务　共完成审计任务177个，审计单位177户，审计金额58536万元。

**【邵东县审计局】**　到1998年底，人员已为22人，其中：大学生1人，大专生11人；局长1人，党组书记1人，副局长2人。

审计工作成果　共完成审计项目381个，查出违纪违规金额2949万元，收缴财政1220万元。完成审计调查12项，调查单位48个，共提交审计报告381篇，审计信息86条，审计建议26条。同县纪检、监察等部门配合，查处经济案件6起。1998年重点对国土资金进行了审计，查出违纪金额1120万元，收缴财政518万元，有效地制止了乱占耕地的现象。

**【洞口县审计局】**　有干部、职工18人，其中：大专生13人；局长1人，副局长2人。

审计工作成果　共完成审计项目385个，审计单位385户；完成审计调查34项，调查单位168个。审计金额6.7亿元，共查出违纪违规金额7227万元。同县纪检、监察、信访等部门配合，查处各种经济案件35起。

完成县政府交办任务　共完成交办的工作任务247项，审计清理单位268个。1998年，完成审计项目87个，为年计划的2.56倍，查出违纪违规金额2714万元，收缴入库133.7万元，查出“小金库”8个，金额140多万元。

完成上级下达的审计任务　共完成审计任务138项，审计单位213个，审计金额3.5亿元。

**【新邵县审计局】**　到1998年底，人员已为23人。其中：大学生4人，大专生10人，审计师等中级职称16人；局长1人，副局长2人。

审计工作成果　共完成审计项目268个，审计单位222户；完成审计调查20项，调查单位151个；审计金额208465万元。查出违纪违规金额6748万元，收缴县财政267万元，减少财政拨款和补贴125万元，追还被侵占挪用资金556万元，促进增收节支132万元。与县纪检、监察、检察等部门配合，查处经济案件14起。共提交审计报告、信息381篇。

完成县政府交办任务　共完成县委、县政府交办的工作任务63项，审计清理单位588个。完成“三查”项目85个，收缴财政16万元。开展领导干部离任经济责任审计23个。1997年，对县氮肥厂原厂长离任审计，查出其受贿14万余元的大案，该厂长被判刑12年。1997年和1998年共审计基建决算项目22个，原造价5595万元，审计核减金额83万元。

完成上级下达审计任务　1994年至1998年，共完成审计任务161项，审计单位235个，审计金额208465万元。

**【绥宁县审计局】**　到1998年底，人员已为25人。其中：大学生1人，大专生15人；局长1人，副局长3人。

审计工作成果　共完成审计项目492个，审计单位492户；完成审计调查15项，调查单位15个；审计金额56208万多元。共查出违纪违规金额9871万元。同县纪检、监察、信访等部门配合，查处各种经济案件5起。上缴县财政497万元，共提交审计报告、信息126篇。

完成县政府交办任务　共完成交办的工作任务28项，审计清理单位28个。1995年，对县重点工程枫木团电站进行了审计，审计人员重新整理账务，查出一起10多万元的贪污案。

完成上级下达审计任务　共完成审计任务161项，审计单位161个，审计金额24150万元。

**【新宁县审计局】**　到1998年底，人员已为18人，其中：大学生1人，大专生10人；局长1人，副局长2人。

审计工作成果　共完成审计项目(单位)320个；完成审计调查26项，调查单位136个；审计金额33256万元，共查出违纪违规金额3576万元。同县纪检、监察等部门配合，查处各种经济案件6起，为社会稳定发挥了作用。上缴财政554万元，共提交审计报告320篇。

完成县政府交办任务　共完成交办的任务48项，审计清理单位269个。

完成上级下达的审计任务　共完成审计任务162项，审计单位276个，审计金额32456万元。

**【邵阳县审计局】**　到1998年底，人员已为28人。其中：大学生4人，大专生14人，中专生9人；局长1人，党组书记1人，副局长4人。

审计工作成果　共完成审计项目430个，审计单位413户；完成审计调查25项，调查单位163个；审计金额91670万元，共查出违纪违规金额7474万元。配合县纪检、监察、检察等部门，查处经济案件12起，上缴县财政459万元，共提交审计报告430篇。

完成县政府交办任务　共完成交办的工作任务108项，审计清理单位892个。1998年底，参加了由审计、纪检、监察、检察等部门组成的全县乡镇财务清理整顿工作组，共对28个单位和项目近两年来的财务收支情况进行了清理，查出违纪金额103万元，移送检察机关涉嫌贪污案6起，涉嫌贪污金额20余万元，因经济犯罪已被刑事拘留的4人；查出私设"小金库"6个，总金额32万元。挽回经济损失56万元。5年来，共完成基建工程决算审计项目79个，审计金额10867万元，审减金额2576万元。

完成上级下达审计任务　共完成审计任务143个，审计单位237个，审计金额56343万元。

**【隆回县审计局】**　到1998年底，人员增加到22人。其中：大学生2人，大专生13人；局领导成员5名，局长1人，副局长3人。

审计工作成果　完成审计项目393个，审计金额278145万元，共查出违纪违规金额14032万元。收缴财政648.4万元，归还原资金渠道4850多万元，减少财政拨款260多万元，压缩基本建设投资1080万元。共提交审计报告393篇，审计信息178条，被批示采用130条。

完成县委、县政府交办任务　共完成交办的任务81项，审计检查单位144个。1996年上半年为配合全县企业改制，共抽调12人分成4个审计小组历时44天，对县属16家亏损企业进行了审计，核实资产负债总额18928万元；核实往来账项798笔，金额1729万元，确认符合破产条件的企业7家，比原有关部门申报破产的10家企业减少3家。出具审计意见书16份，提出扭亏增盈措施8条。

完成上级下达审计任务　共完成审计任务165项，审计单位189个，审计总额169186万元，查出违纪违规金额8562万元。

**【城步苗族自治县审计局】**　到1998年底，共有人员13人。其中：大学本科生1人，大专生10人，中专生2人；局长1人，副局长3人。

审计工作成果　共完成审计项目224个，审计单位216户。完成审计调查16项，调查单位36个。审计金额248416万元。共查出违纪违规金额5812万元。上缴县财政281万元，共提交审计报告170篇。

完成县政府交办任务　共完成交办的工作任务36项，审计清理单位148个。自1995年到1998年底，共完成工程决算审计项目24个，审计金额9568万元，核减金额624万元。

完成上级下达审计任务　共完成审计任务164项，审计单位265个，审计金额248416万元。

**【岳阳市审计局】**　到1998年底已为75人，其中：有中级职称的37人。内设11个科室，下辖经济技术开发区审计分局和岳阳市审计事务所。

审计工作成果　共完成审计项目1933个，审计单位2864个，查出违纪违规金额84558万元，追回被挤占专项资金3243万元，审计处理应上缴财政4241万元，为国家、集体挽回经济损失1亿多元；移送经济案件线索9起，有15人受到纪检、监察和司法机关处理；提交审计报告、信息348篇，被新闻单位和政府部门及上级审计机关采用300余篇。

完成市政府交办任务　从1995年起，重点开展了本级财政预算执行情况的审计，审计单位300多个，先后查出违纪金额1.5亿元，提出审计建议100多条。同时，还开展了20个(次)县区财政决算审计。5年来，共审计企业551个，查出违纪金额1.2亿元；连续对粮食亏损挂账情况和企业亏损大户开展了审计，参与了企业破产清查。共完成基建审计项目216个，审计投资总额近3亿元，查出违纪金额8000多万元；开展工程决算审计项目1700多个，核减"高估冒算"等不合理决算金额9000多万元。共完成行政事业单位及专项资金审计项目318个，查出违纪金额1.5亿金元。

内部审计和社会审计　全市共建内审机构329个，配备内审人员796人，共审计单位5800多个(次)，查出各类违纪金额13.6亿元，查出损失浪费金额2亿多元，促进增收节支9230多万元；移送贪污贿赂案件26件，移送纪检监察部门和司法机关处理54人。全市共建审计事务所11个，从业人员280人，其中注册会计师55人。共完成审计项目6900多个。

受表彰情况　5年来，市局党组4次被市委、市政府及市财贸工委授予"三强领导班子"称号，共有4人次受到省审计厅表彰奖励，7人次受市委、市政府记功奖励。

**地址**　湖南省岳阳市青年路
**电话**　0730—8221543
**邮编**　414000　*(李孝勤　毛朝晖)*

**【岳阳市岳阳楼区审计局】**　至1998年底，共有在编人员17人，中级以上职称的9人。内设5个股室，下辖2个审计事务所。

审计工作成果　共完成审计项目137个，审计单位155个；查出违纪金额5439万元，其中应收缴402.5万元。同区纪委、监察、检察等部门配合，查处各种经济案件15起。完成了政府交办的各项任务。1997年审计档案管理工作上升为省二级档案室。”

**【岳阳市君山区审计局】** 1997年3月成立，到1998年底，已有干部、职工15人。其中：大专以上学历14人。

审计工作成果　到1998年底，共完成审计项目54个，审计单位70个；完成审计调查5项，调查单位30个。审计金额3.5亿元，共查出违规金额2143万元。配合纪检、监察等部门查处经济案件9起，提交审计信息54篇。

完成区政府交办任务　1997年底完成组建任务并开始试审计。1998年底，首次对区本级财政1997年度预算执行情况进行了审计，对乡、镇财政进行了决算审计，共查出违规金额800万元。开展了对农业资金、水利资金、基建投资、行政事业单位的审计。审计26个项目，共查出违规金额1343万元。完成区委、区政府交办的工作任务28项，参与了粮食财务挂账、救灾款物跟踪审计。

**【岳阳市云溪区审计局】** 1996年4月，岳阳市北区更名为岳阳市云溪区，审计局亦更名为岳阳市云溪区审计局。1998年底，共有干部、职工14人，其中：大专以上文化10人。

审计工作成果　共完成审计项目122个，完成审计调查16项，调查单位119个，共查出违纪金额4200万元，追还被侵占挪用资金3000多万元。会同纪检、监察、检察等部门查处各种经济案件13起。

完成区政府交办任务　共完成交办的审计任务34项。1995年4月，受理群众来信举报，对区松阳湖中学实施重点审计，会同其主管部门作出了审计处理，受到学生家长和人民群众的好评。截止1998年底，完成领导干部经济责任审计18个，使离任审计逐步制度化。

**【临湘市审计局】** 1998年底，实有人员45人。其中：局党组成员7人；大专以上21人。

审计工作成果　共完成审计项目315个，查出违纪金额12500万元，上缴财政350万元，追回被挤占挪用资金240万元，帮助企业挽回损失1200万元，提出审计建议875条，被各级采用审计报告和信息200多篇。

完成市政府交办任务　共完成交办的工作任务48项，审计清理单位206个。从1994年起，为了配合企业改革，共审计国有企业86个，查出违纪金额3000多万元，处理上缴财政116.5万元，查出企业资产、负债、损益不实，潜亏面大，国有资产流失等问题，为国家挽回经济损失125万元。5年来，根据市政府指示，先后开展了对执纪执法单位及救灾款物等专项审计，配合纪检、监察部门查处了一批大要案件。

**【汨罗市审计局】** 到1998年底，人员为44人。其中：大专以上文化的23人，有中级职称的9人。

审计工作成果　共完成审计项目234个，审计单位330个，共查出违纪违规金额9342万元，上缴市财政334.41万元，提交审计报告223篇，会同市纪检、监察、信访、检察等部门查处各种经济案件26起。

完成市政府交办任务　共完成交办任务107项，审计清理单位391个。1996年为贯彻《破产法》，配合机构改革，协同有关部门开展破产审计61项，审核查实总资产4998.2万元，负债总额1.3亿元，资不抵债8433.8万元。1994年，在对市氮肥厂持续8年之久的技改项目清理审计中，查出技改土建工程承包人高估冒算及漏交工程水电费和材料款等122.6万元，造成国家资产严重流失的问题；配合司法部门查清了原正副厂长等6人贪污受贿25万元的问题，使之受到了刑事和行政处理，为国家挽回经济损失167.49万元。此外，还完成了署、省、市审计机关下达的审计任务201项，审计单位272个。

**【岳阳县审计局】** 到1998年底，人员为33人。其中：有中级职称的4人，大专以上的13人。内设6个股室，下辖一个审计师事务所。

审计工作成果　共完成审计项目288个，审计单位352个，审计金额25亿多元，查出违规金额4357万元，上缴财政392万元，并同纪检、监察、信访等部门配合，查处各种经济案件12起。

完成县政府交办任务　5年来，帮助清理整顿规范了42个村级财务，查出违纪违规金额258万元，并及时帮助整改。另外，先后完成了10多家企业的经济效益审计任务，完成了10多家企业破产审计任务。

**【湘阴县审计局】** 现有24人，其中大专以上14人，有中级职称的6人。

审计工作成果　共完成审计项目948个，审计单位986个，完成审计调查21项，调查单位302万元，查出损失浪费金额178万元，促进增收节支1825万元，上缴县财政804万元，共提交审计报告和信息234篇，被上级审计机关和当地党政机关采纳58篇。

完成县政府交办的任务　共完成交办的工作任务28项，审计单位191个。1998年8月受县政府委托对县城路桥工程款进行审计，经过一个月多的艰苦工作，查清了集资款的来龙去脉，给了人民群众一个满意的答复。另外，完成省市审计机关下达的审计任务18项，审计单位24个，审计金额2321万元。

**【平江县审计局】** 到1998年底，共有干部、职工39人。其中大专以上的20人。

审计工作成果 共完成审计项目311个，审计单位425个，审计调查9项，调查单位32个，审计总金额8.57亿元，共查出违规行为金额9154万元，上缴县财政301万元。同时，配合县纪检、监察等部门，查处经济案件10起，挽回经济损失100多万元。

完成县政府交办任务 共完成工作任务110项，审计单位172个。1997年到1998年，分别对两户群众反映强烈的重点国有企业进行了审计，查出贪污案件2起，涉嫌人员9人；挪用公款一起，金额26万多元；查出小金库5个，金额27万多元，为促进经济发展发挥了积极作用。此外，共完成省审计机关下达的审计任务210项，审计单位285个。

**【华容县审计局】** 到1998年底，共有干部、职工39人，其中：大专以上22人，审计师11人。

审计工作成果 共完成审计项目315个，查出违纪金额6450万元，配合查处各类经济案件9起，为国家挽回经济损失760万元。

完成县政府交办任务 从1995年起，开展了连续3年的乡镇财政审计。对全县7个乡镇进行了重点抽查，查出违纪金额778.2万元，并就如何搞活乡镇财政提出了5条建议。近几年，"三乱"问题比较突出，便组织力量对县大桥集资、电力集资、程控电话集资等9个项目进行了审计，查出摊派金额931.94万元，超收68.43万元。还先后完成了县氮肥厂等10多家企业的经济效益审计任务。

**【常德市审计局】** 1998年底已为60人，其中：具有大专以上学历的38人，具有中级以上专业技术职称的43人；局长1人，副局长5人，纪检组长1人。设有办公室、综合科、人教科、法规科、财政金融审计科、行政事业审计科、工交审计科、商粮贸审计科、固定资产投资审计科、农林水审计科。

审计工作成果 共完成上级下达、当地党委和政府交办及自行安排的审计项目4215个，共查出违纪违规金额78611万元，处理上缴财政5957万元，追还侵占挪用专项资金5025万元，查出国有资产流失金额4305万元，促进增收节支金额3083万元，向党政领导和各级部门提交审计报告893篇。

完成市政府交办任务 共完成工作任务922项，审计涉及单位3170个，其中完成离任经济责任审计项目362个。1996年至1998年共完成预决算审计项目341个，审计总金额128695万元，查出违纪违规金额5848万元，核减工程款4502万元。1997年，根据市政府要求，对常德飞机场和市体育活动中心基建工程投资审计，分别核减工程款683.3万元和463.8万元。1998年，全市根据市重建办要求，组织对汉寿、鼎城、桃源、临澧平垸行洪、移民建镇资金进行专项审计调查，督促被挤占挪用资金1155.97万元归还原资金渠道。

完成上级下达审计任务 共完成各级审计机关下达审计任务2300个，审计单位3359个，审计金额945677万元。

内部审计 到1998年，内审机构为502个，内审人员2068人。共完成审计项目14174个，查出损失浪费金额12789万元，促进增收节支10104万元，查纠违规金额18977万元，查处贪污案98件，移送纪检、监察部门处理160人，移送司法机关处理48人。

社会审计 市县两级10家审计师事务所，从业人员为146人，具有中级以上专业技术职称的42人。1994年至1997年累计完成委托审计查证项目6962个，为1143个单位担任常年顾问。

受表彰情况 受到市级以上表彰和奖励的有58人次，其中记功5人次，嘉奖31人次，被评为市级双文明单位或先进集体24次。1994年常德市审计局被市委、市政府评为全市目标管理先进单位。

**地址** 湖南省常德市武陵北路
**电话** 0736—7801907
**邮编** 415000 （鲁建文）

**【常德市武陵区审计局】** 到1998年，干部、职工为14人，其中：大学生1人，大专生5人；局长1人。

审计工作成果 共完成审计项目205个，审计单位205个；完成审计调查7项，调查单位46个；审计金额98760万元。共查出违纪违规金额1763万元，上缴财政251.80万元，共提交审计报告212篇。

完成区政府交办任务 共完成交办的工作任务37项，审计清理单位87个。从1995年到1998年底，共完成基建工程决算审计项目30个，审计投资总额6367万元，审减金额767万元，平均审减率达12%。

完成上级下达审计任务 共完成审计任务169项，审计单位293个，审计金额71520万元。

**【常德市鼎城区审计局】** 到1998年底，人员已为35人。其中：大学生2人，大专生14人，高级审计师1人，审计师11人；局长1人，党组书记1人，副局长4人。

审计工作成果 共完成审计

项目402个,审计单位392户;完成审计调查27项,调查单位216个;共查出违纪违规金额5974万元。收缴财政金额590万元,协同区纪检、监察部门和司法机关查处案件17起。提交审计报告402篇,审计信息被采用67篇。

完成区政府交办任务　共完成交办的审计事项85项。1995年,为配合全区机构改革,参与对全区45个乡镇进行撤区并乡前的清产核资工作。1995年至1998年底,共完成工程决算审计项目49个,工程招投标审计项目13个,审计总投资2.35亿元,审减2820万元。

完成上级下达审计任务　共完成审计任务219项,审计单位383个。

**【津市市审计局】**　到1998年底,人员为20人。其中:大学生3人,大专生11人,高级审计师1人,审计(会计)师14人;局长1人,党组书记1人,副局长2人,专职党组副书记(兼纪检组长)1人。

审计工作成果　共完成审计项目296个,审计单位327个;完成专项审计调查16项。共查出违纪违规金额2449万元,收缴财政219.4万元。

完成市政府交办任务　共完成交办的工作任务123项。完成了对61个单位的财务大检查工作,查出违纪违规金额74万余元;为配合搞好企业改制工作,对全市23家企业进行了清产核资;接受市委组织部委托完成对21个重点单位的法定代表人经济责任审计。

**【澧县审计局】**　1994年有干部、职工27人,1998年为43人。其中:大专以上学历31人,中级以上技术职称15人。

审计工作成果　共完成审计项目605个,查出违纪违规金额9011万元,上缴县财政526万元。1996年审计澧州大道下水道工程,为县财政核减支出161万元。

完成县政府交办任务　共完成工作任务13项,审计清理单位358个。1995年,对全县6个区和37个乡镇进行了清产核资,保证了当年"撤区并乡"工作顺利进行。共对104个单位进行了财政、税务、物价检查,共查缴财政金额45万元。

完成上级下达审计任务　共完成审计任务188项,审计单位290个,审计金额101051万元。

领导干部离任经济责任审计　1995年起,共对70个乡镇党委书记和县直副科级以上单位法定代表人进行了离任审计。

**【临澧县审计局】**到1998年底,人员已为40人。其中:大学生4人,大专生15人;局长1人,党组书记1人,副局长2人。

审计工作成果　共完成审计项目291个,查出违纪违规金额5224.8万元。上缴县财政267万元,共提交审计报告28篇。

完成县政府交办任务　共完成交办的工作任务42项,审计清理单位55个。

完成上级下达审计任务　共完成审计任务168项,审计单位208个,审计金额4105万元。

**【桃源县审计局】**　到1998年底,人员已为33人,其中:研究生1人,大学生4人,大专生9人,局长1人,副局长4人。

审计工作成果　共完成审计项目396个,查出违纪违规金额11423万元,追还被侵占挪用资金1024万元,促进增收节支5537万元,上缴财政365万元。

完成县政府交办任务　共完成交办的工作任务167项,审计清理单位321个。为配合县城扩改,1998年成立了固定资产投资审计股,当年审计基建项目13个,核减投资2300多万元,保证了县城扩建任务的顺利完成。

完成上级下达审计任务　共完成审计任务229项,审计单位210个,审计金额89143万元。

**【汉寿县审计局】**　到1998年底,人员已为36人。其中:大学生4人,大专生9人。

审计工作成果　共完成审计项目582个,审计单位607户,完成审计调查34项,调查单位233户;审计金额96733万元,共查出违纪违规金额3039万元。同县纪检、监察、信访等部门配合,查处各种经济案件18起,上缴县财政362万元。共提交审计报告253篇。

完成县政府交办任务　共完成交办的工作任务215项,审计清理单位443个。共开展离任审计67人,县委、县政府根据审计结果,8名法定代表人升职,43人平调或继任,7人降职,2名受到党纪处分,1名受到法律制裁。

完成上级下达审计任务　共完成审计任务357项,审计单位485个,审计金额96733万元。

**【安乡县审计局】**　到1998年底,人员有39人,其中:大学生1人,大专生9人;局长1人,副局长4人,纪检组长1人。

审计工作成果　共完成审计项目352个,查出违纪金额5635万元,处理收缴和罚款369.3万元,辅导各单位内审机构共完成审计项目775个。纠正违纪金额达1548.2万元,及时挽回各类损失791.1万元。

完成县政府交办任务　共完成交办的工作任务57项;审计清理单位168个。

完成上级下达审计任务　共完成审计任务315项,审计单位343个,审计金额51721万元。

**【石门县审计局】**　到1998年底,人员已为23人。其中:大学生3人,大专生11人;局长1人,书记1人,副局长1人。

审计工作成果 共完成审计项目478个。完成审计调查项目22个,调查单位210个;审计总金额260998万元。共查出违纪金额8000多万元,配合纪检、监察等部门查处多起经济案件,移送纪委处理10余件。上缴县财政金额500万元,追还侵占挪用资金1450万元,提交审计工作报告和信息150多篇。

完成县政府交办任务 共完成交办的各项工作任务40项,审计清理单位600个。

完成上级下达审计任务 共完成审计任务125项,审计单位150个,审计金额92860万元。

**【张家界市审计局】** 到1998年底,人员已为23人。其中:大学生6人,大专生15人;局长1人,副局长1人。

审计工作成果 共完成审计项目891个,审计单位1019个;完成审计调查33项,调查单位170个;审计总金额712640万元,共查出违纪金额42793万元;上缴财政1774万元,追还被挤占挪用专项资金3087万元;核减基建投资2714.8万元。配合纪检、监察等部门查处各种经济案件17起。

完成市政府交办任务 共完成任务133项。

完成上级下达审计任务 共完成审计任务391项,审计单位587个,审计总金额131710万元,查出违纪金额30171万元。

内部审计 到1998年底共建立内部审计机构97个,内部审计人员233人。

社会审计 1994年到1998年共接受委托项目2017项。

受表彰情况 受省审计系统表彰4次,受党委政府表彰2次;2人次受到省审计系统表彰奖励,9人被评为年度先进工作者,受到党委政府表彰奖励。

**地址** 张家界市永定区南庄坪办事处

**电话** 0744—8227250

**邮编** 427000 (吴仲初)

**【张家界市永定区审计局】** 到1998年底,人员有20人。其中:大专以上学历8人;局长1人,副局长3人。

审计工作成果 共完成审计项目236个,审计单位213户;完成审计调查17项,调查单位84个;审计总金额46021万元。共查出违纪金额6969万元,配合纪检、监察、司法机关查处各类经济案件4起,决定收缴财政203万元,追还被侵占挪用资金477万元,促进增收节支212万元,共提交综合审计报告34篇。

完成区政府交办任务 共完成交办的工作任务39项,审计清理单位107个。

完成上级下达审计任务 共完成审计任务83项,审计单位134个,审计金额12638万元,为财政增收节支102万元。

**【武陵源区审计局】** 到1998年底,实有人员6人。其中:大学生1人,大专生4人;支部成员3人。

审计工作成果 共完成审计项目68个,审计单位91户;完成审计调查5项,调查单位25个;审计金额67360万元。共查出违纪违规金额4165万元。其中百万元以上违纪单位8个,会同其他部门查处各类经济案件9起,移送检察、监察、司法部门立案查处11人。上缴财政金额174万元,减少财政拨款或补贴金额37万元,归还原资金渠道金额561万元。共提交审计信息、报告149篇,其中被采用、批示42篇。

完成区政府交办任务 1994年到1998年共接受交办的工作任务26项,审计清理单位92个。

完成上级下达审计任务 共完成审计任务26项,审计单位41个,审计金额34251万元。

**【慈利县审计局】** 1994年共有干部、职工22人。到1998年底,人员已为25人。其中:大学生3人,大专生4人;局长1人,副局长2人。

审计工作成果 共完成审计项目345个,查出违纪违规金额11456万元,追还被侵占挪用的资金1295万元,促进增收节支330万元。移送监察、纪检、司法机关处理的经济案件15起,建议处理违纪人员42人,上缴县财政315万元,共提交审计报告345篇。

完成县政府交办任务 共完成交办的工作任务65项,审计清理单位387个。

完成上级下达审计任务 共完成审计任务58项,审计单位84个,审计金额81152万元。

**【桑植县审计局】** 到1998年底,人员为18人。其中:大学生1人,大专生10人;局长1人,副局长4人。

审计工作成果 共完成审计、审计调查单位项目324个,审计资金总额14.8亿元,查出违规金额18684万元。向司法机关移送案件6起,建议给予行政处分8人,为社会稳定发挥了作用。收缴财政金额289万元,提交审计报告324篇。

完成县政府交办任务 共完成交办的工作任务42项。查出违规金额1202万元,收缴财政金额23万元。

完成上级下达审计任务 共完成审计任务159项,审计单位187个,审计金额87769万元。

**【郴州市审计局】** 1998年底,全市有审计机关12个,共有干部、职工256人。其中:大学生21人。市本级1998年有干部职工39人,其中:大学生11人,大专生13人;局长1人,副局长3人。设有办公室、政工科、纪检监察室、法规指导科、财政金融审计科、行政事业审计科、商贸审计科、工交审计科、基建外资审计科、审计事务所等机构。

审计工作成果　1994年至1998年，共完成审计项目3725个；完成审计调查96项，调查单位390个。审计查出违规金额97639万元；查出百万元以上违纪案61件，违纪金额12952万元。审计处理共上缴财政9691万元，提交审计报告1896篇。

完成政府交办任务　共完成交办的工作任务232项，审计单位576个。1998年，根据上级审计机关的安排，全市组织11个审计组125人对154个涉及粮食亏损挂账的单位进行了审计。通过审计，核减挂亏额8000余万元，核实了1992年4月1日至1998年5月31日的粮食损亏情况。完成对11个县(市、区)53个重点乡镇农村合作基金的审计。

完成上级下达审计任务　共完成审计项目单位855个，审计查出各类违纪金额3000余万元。

内部审计　到1998年底，内部审计机构为264个，内审人员711名。1998年，共完成各类审计项目298个，查出损失浪费923万元，促进增收节支523万元。

社会审计　全市12家审计事务所，共有223人。共接受审计委托单位5202个。

受表彰情况　全市受省级以上审计机关表彰7个集体6人次，其中受到审计署表彰的先进个人1人，省审计系统表彰5人次；受市审计系统表彰31次，受县级以上党委政府表彰79次，受市审计系统表彰81人次；受县级以上党委政府表彰156人次。

**地址**　郴州市白麓新村
**电话**　0735—2885806
**邮编**　423000　(何忠文)

**【郴州市北湖区审计局】**　至1998年，共有干部、职工21人。其中：本科生1人，大专生12人；局长1人，副局长3人。

审计工作成果　共完成审计项目327个，审计单位226户；完成审计调查项目31项，调查单位68户；共查出违规金额3968.4万元，上缴财政676.3万元；提交审计报告358篇。移送司法机关处理5人。

完成区政府交办任务　从1994年至1998年共完成区委、区政府交办的工作任务48项。1997年，抽调3人参加了区属8家企业的破产清算和改制工作。

**【郴州市苏仙区审计局】**　到1998年底，人员有21人。具有大专以上文化程度的13人，审计师7人；局长1人，党组书记1人，副局长4人；纪检组长1人，总审计师1人。设有办公室、工交审计股、商贸审计股、行政事业审计股、基建外资审计股、审计技术服务站、审计师事务所等机构。

审计工作成果　共完成审计项目198项，提交审计报告198篇，查出违规金额3540万元，上缴区财政357万元。

完成区政府交办任务　共完成46个交办项目(单位)的审计。

**【资兴市审计局】**　至1998年底，实有干部、职工19人。大学生2人，大专生10人，中级职称11人；党组书记1人，局长1人，副局长2人。

审计工作成果　共完成审计项目249个，审计单位301个；完成审计调查17项，调查单位78个；提交审计报告249份，审计调查报告17份；审计总金额27.46亿元，共查出违纪违规金额9390万元。上缴财政金额316万元，为国家挽回经济损失831万元，移送纪检、司法部门处理的3人。

完成上级下达审计任务　共完成审计任务151个，审计单位173个，审计总金额18.2亿元。

完成市政府交办任务　共完成工作任务98项，审计调查项目13个。1996年开展固定资产投资审计，审计基建项目67个，审计投资额1.14亿元，核减工程投资728万元。

**【宜章县审计局】**　到1998年底，人员已为33人。其中：大专生13人；局长1人，副局长2人。

审计工作成果　共完成审计项目202个，审计单位206户；完成审计调查11项，调查单位36个；审计金额270349万元，共查出违纪违规金额4170万元。审计核减基建投资324.76万元。上缴县财政219.6万元，共提交审计报告219篇。

完成县政府交办任务　共完成交办的工作任务26项，审计清理单位38个。

完成上级下达审计任务　共完成审计任务148项，审计单位150个，审计金额234214万元。

**【汝城县审计局】**　到1998年底，人员已为22人。其中：大学生2人，大专生8人；局长1人，副局长3人。

审计工作成果　共完成审计项目270个，为上级下达任务的168.3%，审计单位312户；完成审计调查27项，调查单位33个；审计总金额232789万元。共查出违规金额4726万元。同县纪检、监察等部门联合查处各种经济案件18起。上缴县财政557.3万元，共提交宏观调查报告55篇。共完成基建审计项目48个，查出违规金额1771.2万元，核减工程造价672.5万元，促使归还原渠道资金878.8万元，收缴财政177.5万元。1994年在审计满天星水电站重点工程项目时，查出违规金额162.9万元，核减工程造价73.7万元，收缴“小金库”金额21.2万元。

【安仁县审计局】 到1998年底,人员已为29人。其中,大学生3人,大专生14人,具有中级以上职称16人;局长1人,副局长3人。

审计工作成果 共完成审计项目223个,审计单位294个;完成审计调查29项,调查单位243个;审计金额179313万元。共查出违纪违规金额18678万元,上缴财政272.92万元,减少财政拨款或补贴106万元,退还被侵占挪用资金274万元,促进增收节支金额532.6万元,提交审计报告43篇,被批转采用20篇。

完成县政府交办任务 共完成交办的工作任务342项,审计清理单位236个。

完成上级下达审计任务 共完成审计任务122项,审计单位217个,审计金额达103468万元。1996年至1998年,完成基建投资审计56个,审计金额8635万元,审减工程造价1295万元。

【嘉禾县审计局】 到1998年底,人员有27人。其中:大学生1人,大专生14人;局长1人,副局长3人。

审计工作成果 共完成审计项目196个,审计单位352户;完成审计调查12项,调查单位44个。审计金额90558万元。共查出违纪违规金额4640万元。同县纪检、监察、信访等部门配合,查处各种经济案件7起。上缴县财政532万元;共提交审计报告196篇。

完成县政府交办任务 共完成工作任务50项,审计清理单位120个。共完成工程决算审计项目186个,审计金额11730万元,审减金额41万元。

完成上级下达审计任务 共完成审计任务105项,审计单位145个,审计金额60425万元。

【临武县审计局】 到1998年底,干部、职工为22人。其中大学生2人,大专生8人;局长1人,副局长3人。

审计工作成果 共完成审计项目259个,审计单位232户。审计调查项目16个。审计总金额13027.264万元,共查出违纪金额2831万元,上缴县财政金额414万元,追回被挤占挪用资金1679万元,促进增收节支4217万元。会同纪检、监察部门查处各类经济案件5起。参加三大检查项目97个,收缴违纪金额112万元。办理建设项目开工前审计、审计鉴证、验资、案件公证及工程预决算审查364个,核减固定资产投资6715万元。

完成县政府交办任务 共完成交办的工作任务76项。1997年至1998年,在全县大力推行领导干部任期经济责任审计,共对49个单位56位领导干部进行了审计。组织部门依据审计结果,有4人被提拔,10人平调,2人被就地免职,1人移交司法机关处理。

完成上级下达审计任务 共完成审计任务121项。1998年对桂阳县15个乡镇18家粮食企业新增财务挂账情况进行了审计,核减新增财务挂账1600多万元。

【桂东县审计局】 到1998年底,人员增加到19人。其中:大专生以上学历12人,审计师10人;局长1人,副局长2人。

审计工作成果 先后对县内184个项目的342个单位进行了审计,共查出违规违纪金额2437万元,应收缴财政240万元,已收缴财政237万元,追还被侵占挪用资金110万元,提交审计工作报告、信息68篇,移送经济案件1起。

【永兴县审计局】 1998年在职人员18人,其中:大学生1人,大专生6人,中级职称的12人;局长1人,副局长3人。

审计工作成果 共完成审计项目226个,审计单位261户。完成审计调查9项,调查单位72户。审计资金总额59387万元,共查出违纪金额5806万元,收缴财政金额528.87万元,核减财政拨款补贴23.2万元;追还被侵占挪用资金264万元,为企业挽回损失92.6万元。提交审计报告226篇。

完成县政府交办和上级下达审计任务 5年来,两次对25个乡镇财政决算进行审计,共查出隐瞒转移收入等违纪金额217.7万元。根据上级审计机关的安排,加强了对公检法司等执法部门的审计。向县纪委移送案件1起,向司法机关移送案件1起。

按照上级审计机关的部署,加大了对大案要案的查处力度,共查出违纪金额在50万元以上案件6起。1996年对城镇居民粮食供应情况审计,查出粮食部门弄虚作假,巧立名目套取平转议粮2338250.5公斤,获粮差款94.70万元。1998年对县粮食局、粮油贸易公司1997年度财务收支审计,挖出“小金库”金额82.9万元,平转议粮差款94.8万元。

【桂阳县审计局】 到1998年底,人员有22人。其中:大专以上文化11人,中级技术职称11人;局长1人,副局长2人。

审计工作成果 共完成审计项目296个。完成审计调查11项,调查单位115个。审计金额370149万元,共查出违纪违金额11638万元,收缴财政金额2332万元,追回被侵占挪用资金779万元,核减基建投资1015万元,查出个人违纪35人次,金额41万元,移送纪检、司法机关处理7人。共提交审计报告217篇。

完成县政府交办任务 共完

成工作任务141项。1994年至1998年，共完成基建工程决算审计项目28个，验证项目22个，审计金额10801万元，审计核减金额1015万元，平均核减率9.4%。

完成上级下达审计任务　共完成审计任务166项。自1996年到1998年，每年组织对县本级财政预算执行情况进行审计，审计金额7.8亿元，查出违纪违规金额5284万元，查增财政收入1111万元，追回被有关单位截留、挤占、挪用的资金422万元。

**【益阳市审计局】**　到1998年底，有干部、职工55人，其中：具有大专以上文化的42人，具有中级职称的34人；局长1人，副局长3人，纪检组长1人，总会计师1人。设有办公室、法规科、人事教育科、离任审计科、财政金融审计科、行政事业审计科、工业交通审计科、商粮贸审计科、固定资产投资审计科、农业审计科10个科室。

审计工作成果　共完成审计项目2331个，查出违纪违规金额84547万元，应上缴财政5855万元，已上缴财政5207.36万元，追还被挤占挪用资金4033万元，促进企业增收节支1918万元。1998年，根据审计署的安排，全市审计机关抽调52名审计人员，分8个审计小组，对常德市8个区、县(市)1992年至1998年的粮食财务挂账情况进行了为期3个月的全面审计，共核减亏损挂账3.1亿元。5年来共提交专题材料、调查报告和审计信息1371条，采用1018条，政府领导批示或批转99条。

内部审计　到1998年，内审机构为536个，内审人员1115人。全市内审机构共完成审计项目2699个，纠正违纪金额7152万元，查出损失浪费3182万元，促进提高经济效益2400万元，完成离任审计项目38个，向纪检、监察部门建议给予行政处分的35人，移送司法机关的5人。

社会审计　共接受社会委托项目8383项，为建设单位核减基建预决算金额6871万元，为委托单位挽回经济损失2913万元，核减虚假注册资金30908万元，促进提高经济效益1148万元。

受表彰情况　1次被评为全省审计系统先进集体，5次评为全省专项资金审计优胜单位，3次被评为全省审计系统综合信息工作和统计工作先进单位，2次被评为全省组织审计专业技术资格考试先进单位；3次被评为全市行政执法先进单位，2次被评为全市建整扶贫先进单位，2次被评为全市赈灾救灾和市直抗洪救灾先进单位。2人被评为全省审计系统先进个人。14人次记功，36人次受奖，7人被评为优秀党员。

**地址**　益阳市人民政府院内
**电话**　0737—240367
**邮编**　413000　*(李建钢　李坚)*

**【益阳市赫山区审计局】**　至1998年底，人员有23人。其中：局长1人，副局长2人，纪检组长1人；大专生9人。设有局长室、办公室、财金审计股、商贸审计股、工交审计股、固定资产投资审计股、行政事业审计股、经济责任审计股、审计师事务所等机构。

审计成果　共完成审计项目396个，审计单位396户；完成审计调查11项，调查单位90个。共查出违纪违规金额8877万元。同区纪检、监察、信访等部门配合，查处各种经济案件6起，上缴区财政963万元，共提交审计报告261篇。

完成区政府交办任务　共完成工作任务132项，审计清理单位203个。

完成上级下达审计任务　共完成审计任务150项，审计单位150个，审计金额6315万元。

**【资阳区审计局】**　到1998年为26人，其中：大学生2人，大专生15人；有审计师12人，会计师4人，经济师1人；局长1人，副局长4人，纪检组长1人。

审计工作成果　共完成审计项目231个，审计单位206户，完成审计调查31项，调查单位208个，审计金额356836万元，共查出违纪违规金额5876.62万元。同区纪检、监察、信访等部门配合，查处各种经济案件18起。上缴区财政231.78万元，共提交审计报告231篇。

完成区政府交办任务　共完成交办的工作任务86项。完成城乡信用社审计36个，查出违纪违规金额1860万元，增加财政收入68万元，提出建议38条，对促进金融秩序的好转起了积极作用。1997年以来，完成科局级干部离任审计46个，向纪检、监察部门移送6人，为区委及组织部门任用干部提供了参考。

完成上级下达审计任务　共完成审计项目136个，审计单位186个，审计金额186856万元。

**【沅江市审计局】**　到1998年底，人员已为26人。其中：大学生2人、大专生12人；局长1人，副局长4人。

审计工作成果　共完成审计项目300个，审计单位412个；完成审计调查32项，调查单位95个。审计金额174451万元，查出违纪违规金额8879万元。同市纪检、监察等部门配合，查处各种经济案件18起。上缴市财政577万元，提交审计报告300篇。

完成市政府交办任务　共完成工作任务121项，审计清理单位175个，实行了乡镇财政年度审计制度。1998年在沅江市工商局长离任审计中，一举查出260多万元的“小金库”。案件移送后，朱镕基总理批示严办，端掉了一个“腐败团伙”。

完成上级下达审计任务　共完成审计任务139项，审计单位197个，审计金额98647万元。

**【桃江县审计局】**　到1998年底，人员已为38人。其中：大学生1人，大专生21人；局长1人，副局长4人。

审计工作成果　共完成审计项目440个，审计单位435户；完成审计调查18项，调查单位180个；审计金额229815万元，共查出违纪违规金额11466万元。同县纪检、监察、信访等部门配合，查处各类经济案件35起，上缴县财政348.3万元，共提交审计报告440篇。

完成县政府交办任务　共完成工作任务258项，审计清理单位602个。1995年至1998年底，共完成工程决算审计项目53个，审计总金额30462万元，审减工程造价568万元。

完成上级下达审计任务　共完成审计任务164项，审计单位234个，审计金额109463万元。

**【南县审计局】**　至1998年底，人员已为24人，其中：大学生2人，大专生15人；局长1人，副局长5人。

审计工作成果　共完成审计项目242项，审计单位315个；完成审计调查30项，调查单位145个。审计金额179784万元，共查出违纪违规金额11066万元，挽回经济损失1015万元，查处各种经济案件5起。上缴县财政269万元，共提交审计报告242篇。

完成县政府交办任务　共完成交办的工作任务132项，审计清理单位253个。1996年至1998年，抓了农水专项资金审计，督促配套资金到位11900多万元，纠正被挤占挪用380多万元，确保了专项资金专款专用。

完成上级下达任务　共完成署、省、市审计机关下达的审计任务140项，审计单位207个，审计金额179784万元。

**【安化县审计局】**　到1998年底，人员已为46人。其中：大学生1人，大专生25人；局长1人，副局长3人。

审计成果　共完成审计项目621个，审计单位678户；完成审计调查42项，调查单位64个。审计金额94327万元，共查出违纪违规金额6218万元。同县纪检、监察、信访等部门配合，查处各种经济案件36起，上缴县财政567万元，并提交审计报告682篇。

完成县政府交办任务　共完成工作任务51项，审计清理单位163个。

完成上级下达审计任务　共完成审计任务176项，审计单位218个，审计金额63675万元。

**【永州市审计局】**　到1998年底，人员仍为43人。其中：大学生5人，大专生26人；局长1人，副局长4人，纪检组长1人，总审计师1人。设有办公室、综合科、人事教育科、法制科、财政金融审计科、行政事业审计科、商粮贸审计科、工业交通审计科、基建审计科、农业外资审计科、纪检组、审计事务所等机构。

审计工作成果　共完成审计项目2063个，审计单位2260户；完成审计调查325项，调查单位1050个；审计金额160亿元，共查出违纪违规金额6.39亿元。同纪检、监察等部门配合，查处各种经济案件80起，上缴财政4989万元，共提交审计报告960篇。

完成政府交办任务　从1994年到1998年，共完成工作任务780项，审计清理单位2100项。

完成上级下达审计任务　1994年至1998年，共完成审计任务1348项，审计单位1600个，审计金额120亿元。

内部审计　到1998年，内部审计机构为324个，内部审计人员792名。

社会审计　共接受社会委托项目5758项。

受表彰情况　全市受省审计系统表彰50次，受市审计系统表彰120次，受市、县(区)委、政府表彰130次。共有30人次受到省审计系统表彰奖励；150人次受市审计系统表彰奖励；170人次受到市、县(区)委、政府记功、嘉奖等奖励。

**地址**　永州市冷水滩区沿江东路194号

**电话**　0746—8322685、8322661

**邮编**　425002　(王平波)

**【永州市芝山区审计局】**　到1998年底，人员已为27人。其中：大学生4人，大专生15人；局长1人，副局长2人。

审计工作成果　共完成审计项目116个，审计单位119户；完成审计调查22项，调查单位47个；审计金额74000万元。共查出违纪违规金额8235万元，上缴区财政362万元，共提交审计报告215篇。同纪检、监察部门配合，查处各种经济案件15起。

完成区政府交办任务　共完成工作任务35项，审计清理单位5个。共完成工程决算审计项目16个，审计金额2600.5万元，审减金额149万元。

完成上级下达审计任务　共完成审计任务138项，审计单位138个，审计金额74000万元。

**【永州市冷水滩区审计局】**　到1998年度，人员已为28人。其中：大学生1人，大专生16人；局长1人，副局长3人。

审计工作成果　共完成审计项目222个，查出违纪违规金额2801万元，上缴财政364万元，促进增收节支68万元，追还被侵占挪用资金 54 万元，被审计单位采纳意见和建议 127 条，提交审计工作报告和信息 129 篇。

完成区政府交办任务　共完成交办的工作任务 48 项，审计清理单位 32 个。

**【祁阳县审计局】**　至 1998 年底，人员已为 35 人。其中：大学生 1 人，大专生 17 人；局长 1 人，副局长 3 人，纪检监察员 1 人。

审计工作成果　共完成审计项目 329 个；审计调查项目 27 项，调查单位 216 个。查出各类违规金额 8600 万元，收缴财政 350.13 万元，核减财政拨款和补贴 96 万元，追还侵占挪用的专项资金 841 万元，查出损失浪费金额 210 万元，查出贪污案 3 起，移送有关部门给予党纪、政纪处分的 4 人，移送司法机关处理的 4 人，提交审计报告 248 篇。

完成县政府交办任务　共开展领导干部离任审计 40 人，查出各类违规金额 1080.71 万元，收缴财政 106 万元，提出审计建议 112 条。1994 年至 1997 年，共完成财政、税收、物价大检查单位 48 个，查出违纪金额 437 万元，收缴违纪金额 49 万元。

**【蓝山县审计局】**　1998 年底，共有干部、职工 18 人，其中：大专生 6 人；局长 1 人，副局长 2 人，纪检组长 1 人。设有办公室、财政金融商贸审计股、行政事业审计股、工交基建审计股、审计师事务所等机构。

审计工作成果　共完成审计项目 167 个，审计单位 207 个；完成审计调查项目 23 个，调查单位 33 个。审计金额 35625 万元，共查出违纪现金额 1379 万元。配合纪检、监察、检察等部门共查处各种经济案件 9 起。上缴县财政 119 万元，共提交审计报告 167 篇。

完成县政府交办任务　共完成交办的工作任务 51 项，审计清理单位 38 个。

完成上级下达审计任务　共完成审计任务 117 项，审计单位 137 个，审计金额 31208 万元。

**【宁远县审计局】**　1998 年底，人员为 17 人。其中：局长 1 人，副局长 2 人；大学生 1 人，大专生 11 人。

审计工作成果　共完成审计项目 144 个，审计单位 144 户；完成审计调查 30 项，调查单位 103 个；共查出违纪违规金额 3072 万元。同县纪检、监察、信访等部门配合，查处各种经济案件 11 起。上缴县财政 180 万元，共提交审计报告 144 篇。

完成县政府交办任务　共完成交办的工作任务 65 项，审计清理单位 158 个。

完成上级下达审计任务　共完成审计机关下达的审计任务 120 项，审计单位 120 个；调查项目 21 个，调查单位 84 个。

**【新田县审计局】**　到 1998 年底，人员已为 19 人。其中：大专生 14 人，审计师 10 人，会计师 1 人；局长 1 人，副局长 2 人。

审计工作成果　共完成审计项目 158 个，审计单位 126 户；完成审计调查 24 项，调查单位 85 个。共查出违纪违规金额 1662 万元。同县纪检、监察等部门配合，查处各种经济案件 14 起。上缴县财政 558.7 万元，提出审计信息和调研报告 197 篇。

完成县政府交办任务　共完成交办的工作任务 63 项。1997 年，会同县纪委、监察等部门，共审计建设项目 15 个，审计工程投资 1854.5 万元，核减工程造价 36.4 万元，查出各种违规资金 239.1 万元，移送纪检、监察部门查处案件 2 件。

完成上级下达审计任务　共完成审计任务 125 项，审计单位 181 个，审计金额 108321 万元。

**【东安县审计局】**　到 1998 年底，人员已为 27 人，其中：大学生 1 人，大专生 14 人；局长 1 人，副局长 3 人。

审计工作成果　共完成审计项目 138 个，审计单位 150 个；完成审计调查 30 项，调查单位 80 个。审计金额 185900 万元，共查出违纪违规金额 1459 万元。追还被侵占挪用资金 318 万元，上缴县财政 197.4 万元，共提交审计报告 138 篇。

完成县政府交办任务　共完成交办的工作任务 42 项，审计清理单位 315 个。共完成工程决算审计项目 30 个，审计投资总额 4280 万元，查出违纪违规金额 387.7 万元，收缴县财政 67.4 万元，追回被侵占的建设资金 119.3 万元，移交案件线索 5 起。

完成上级下达审计任务　自 1994 年到 1998 年，共完成审计任务 115 项，审计单位 125 个。

**【江永县审计局】**　到 1998 年底，人员已展到 17 人。其中：大学生 1 人，大专生 10 人；局长 1 人，副局长 3 人。

审计工作成果　共完成审计项目 137 个，审计单位 207 户；完成审计调查 15 项，调查单位 65 个。审计金额 61400 万元，共查出违纪违规金额 2100 万元。同纪检、监察、检察、信访等部门配合，查出各种经济案件 12 起。上缴财政 271 万元，共提交审计报告 301 篇。

完成县政府交办任务　共完成交办的工作任务 128 项，审计清理单位 966 个。从 1995 年到 1998 年底，共完成工程决算审计项目 26 个，审计金额 3594 万元，审减金额 709 万元。

完成上级下达审计任务　共完成审计任务 112 项，审计单位 189 个，审计金额 32650 万元。

**【道县审计局】** 1998年底共有干部、职工17人,其中:大专生10人;局长1人,副局长3人;高级职称1人,中级职称8人。

审计工作成果 共完成审计项目170个,审计单位170个;完成"三查"及预算外资金清理项目78个,清理单位78个;完成审计调查项目26项,调查单位197个。共查出违纪违规金额1507万元,上缴县财政219.6万元,共提交审计报告170篇,提交审计调查报告及论文信息321篇,被采用162篇。

完成县政府交办任务 共完成交办的工作任务59项,审计清理单位197个。

**【双牌县审计局】** 到1998年底,人员已为20人。其中:大学生4人,大专生10人,中级职称9人;局长1人,副局长3人。

审计工作成果 共完成审计项目153项,审计单位205户;完成审计调查25项,调查单位89个。共查出违纪违规金额2749万元。移送纪检、监察、检察机关案件3起。上缴县财政330万元,归还原资金渠道599万元;共提交审计工作报告227篇,撰写学术论文18篇。

完成县政府交办任务 共完成交办的审计工作任务40项,审计清理单位84个。

完成上级下达审计任务 共完成审计任务113项。

**【江华瑶族自治县审计局】** 到1998年底,人员已为18人。其中:大专生10人,中级职称8人;局长1人,副局长2人。

审计工作成果 上级审计机关下达审计项目111个,实际完成195个,审计调查项目25个,共查出违纪违规金额4431万元,依法收缴财政740.04万元,处以罚款52.61万元,合计792.65万元,移交纪检、监察、司法机关查处案件9件。1997年对11个重点工程,1998年对码三公路进行了审计,查处高估冒算、偷漏税费、行贿受贿等违法行为,共立案5起,涉案16人。

**【怀化市审计】** 1996年定员定编43人,设有综合科、办公室、人教科、法规科、财政金融审计科、工业交通审计科、行政事业审计科、农业审计科、商粮贸供审计科、固定资产投资审计科、工会、审计师事务所等机构。1998年5月,随着撤地改市,原怀化地区审计局易名为怀化市审计局,机构设置和人员编制不变。

审计工作成果 市审计局共完成审计项目245个。全市审计机关共审计2742项目,查出违纪违规金额8.19亿元,上缴财政8611万元。

完成市政府交办任务 共完成交办的工作任务48项。

完成上级下达审计任务 共完成审计任务700项,审计单位1221个,审计金额8.19亿元。

内部审计 到1998年底,设立内审机构27个,内审人员68人。

社会审计 全市共有186人取得注册审计师资格证,33人取得注册审计师执业证。

**地址** 怀化市锦溪北路186号
**电话** 0745—2716310
**邮编** 418000 (王心安)

**【怀化市鹤城区审计】** 1998年2月,原怀化市审计局分为鹤城区审计局和中方县审计局。到1998年底,在职干部、职工21人,其中:大学1人,大专9人,具有审计师职称的13人;局长1人,党组书记1人,副局长3人。

审计工作成果 共完成审计项目153个,完成审计调查18项,查出违纪违规金额8503.4万元。上缴财政收入470.1万元,提交审计报告信息110篇。

完成区政府交办任务 共完成交办的审计工作项目15项。

完成上级下达审计任务 共完成审计任务105项,审计单位135个,审计金额5840万元。

**【洪江市审计】** 到1998年底,人员已为49人。其中:大专生25人;局长1人,副局长4人。

审计工作成果 共完成审计项目215个,完成审计调查16项,调查单位96个;共查出违纪违规金额8097.4万元。同市纪检、监察等部门配合,查处各种经济案件8起。上缴市财政351.1万元,共提交审计报告215篇。

完成政府交办任务 共完成交办的工作任务52项,审计清理单位75个。1994年,对黔城经济开发区投资244.8万元多年开发不见成效的热点问题进行审计,共查出违纪金额200余万元,追究了有关责任人的责任。

完成上级下达审计任务 共完成审计任务115项,审计单位215个,审计金额20198.5万元。

**【会同县审计】** 共有干部、职工16人,其中助理审计师4人,经济师1人,会计师1人,大专生4人。

审计工作成果 共完成审计项目118个,查出违纪金额5812.5万元,上缴财政84.5万元,提出建议被审计单位接受采纳216条,被采用信息20篇。

完成县政府交办任务 共完成交办任务20项。

完成上级下达审计任务 共完成审计任务118项,审计单位150个,审计金额5812万元。

**【沅陵县审计】** 到1998年共有干部、职工19人。其中:大专生8人;局长1人,副局长2人,纪检组长1人。设有办公室、财政贸易审计股、工业交通审计股、行政事业审计股、基建外资审计股、农业审计股和审计师事务所等机构。

审计工作成果　共完成审计项目208个，完成专项审计调查14项，查出违规金额3650.5万元，收缴县财政228.4万元，促进增收节支288万元，促使归还被侵占挪用资金212.6万元，向纪检、检察部门移交经济案件1件。

完成上级下达审计任务　共完成审计任务103项。1997年，对本县13个移民乡的移民资金管理使用情况进行专项审计，共发现6个方面的问题，查出2起贪污挪用公款案。

完成县政府交办任务　近年来，共审核开工项目1048个，完成决算审计192个，核减工程造价1847万元。

**【辰溪县审计局】**　到1998年底，人员已为19人，其中：大学生1人，大专生13人；局长1人，党组书记1人，副局长3人。

审计工作成果　共完成审计项目253个，审计单位246户；完成审计调查24项，调查单位198个。审计金额21.7亿，共查出违纪违规金额3028万元，同县纪检、监察、信访等部门配合，查处各种案件13起，上缴县财政217万元，共提交审计报告253篇。

工商企业审计　5年来，共对工商企业单位的审计126个次，查出违纪金额302万元，处理应上缴财政41万元。1995年对县五一煤矿亏损230万元进行了审计，核实亏损160万元，减亏70万元；对县煤炭公司审计时发现煤炭公司报亏42万元，实亏21万元，经审计核减亏损21万元。

**【溆浦县审计】**　到1998年底，已有人员19人。其中：大学生1人，大专生14人；局长1人，副局长4人，纪检组长1人。

审计工作成果　共审计了262个审计单位（项目），查出截留收入、偷税、挤占、挪用资金等违规金额1126万元，应收缴财政金额390万元，已上缴财政390万元，应减少财政补贴或增加专项资金24万元，共查出50万元以上违规单位18个，10万元以上损失浪费单位15个，受党纪政纪处分的8人，移交司法部门处理案件7起。

完成县政府交办任务　共完成交办的任务35项，审计清理单位20个。5年来，共完成工程决算审计项目42个，审计金额2112万元，审减金额482万元。

完成上级下达审计任务　共完成审计任务103项，审计单位288个，审计金额8900万元。

**【中方县审计】**　由原怀化市（县级）审计局分设中方县审计局，于1998年2月正式办公，共有干部、职工8人。其中：大学生1人，大专生2人，审计（会计）师5人；局长1人，副局长2人。

审计工作成果　共完成审计项目13个，审计调查4项，调查单位17个，查出违纪违法规金额228.5万元，上缴财政6.4万元。

完成县政府交办任务　共完成交办的工作任务4项，审计调查单位17个。

完成上级下达的审计任务　共完成下达的审计项目13项，查出违纪违规金额228.5万元，上缴财政6.4万元。

**【新晃县审计】**　到1998年底，人员已为26人。其中：大专生12人，具有中级以上技术职称9人；局长1人，党支部书记1人，副局长2人。

审计工作成果　共完成审计项目122个，审计单位112户，完成审计调查10项。共查出违规金额5315.8万元，查增财政收入122.41万元，追还被侵占挪用资金23.09万元，为企业挽回损失59.53万元。被省、市刊物采用信息材料、论文24篇。

完成县政府交办任务　1994年到1998年，共完成交办的工作任务8项。

完成上级下达审计任务　共完成审计项目108项。

**【芷江县审计】**　到1998年底，人员已为23人。其中：大专10人；局长1人，副局长3人。

审计工作成果　共完成审计项目210个，审计单位218户；完成审计调查14项，调查单位141个；审计金额180312万元，查出违纪违规金额10452万元。同县纪检、监察、信访等部门配合，查处各种经济案件8起，上缴县财政235.2万元，共提交审计报告228篇。

完成县政府交办任务　共完成工作任务50项，共计清理单位499个。

完成上级下达审计任务　共完成审计任务135项，审计单位140个，审计金额174516万元。

**【通道县审计】**　到1998年底，人员增加到15人，其中：大学生1人，大专生4人；局长1人，副局长2人。

审计工作成果　共完成审计项目161个，完成审计调查8项，查出违纪违规金额2813.11万元，上缴县财政96.5万元；共提交审计调查报告10篇。

完成县政府交办任务　完成工作任务16项，审计清理单位25个。

完成上级下达审计任务　1994年到1998年，共完成上级审计机关下达的审计项目97个，审计金额24887万元。

**【靖州县审计】**　1998年度共有干部、职工17人，其中：大专生8人；审计师6人；局长1人，副局长3人。

审计工作成果　共完成审计项目195个，查出违纪金额4927万元，上缴县财政278万元，提交审计工作报告、信息44篇。

完成县政府交办审计任务 1995年对县粮食局的审计中查出违纪金额117万元，收缴财政12万元，责令调整账务105万元。1998年重点对全县31个行政事业单位的预算外资金进行清理，查出违规资金470万元，收缴财政18万元。

完成上级下达审计任务 共完成审计任务106项，审计单位15个，审计金额4927万元。

**【麻阳苗族自治县审计】** 1998年底增至18人，其中：大专生12人，中专生2人；局长1人，副局长3人，党组书记1人，纪检组长1人。

审计工作成果 共完成审计项目301个，查出各类违纪金额4585万元，上缴财政218万元，基建审计为国家和建设单位挽回经济损失380万元。

完成县政府交办任务 共完成交办的工作任务107项。

完成上级下达审计任务 共完成审计任务97项，审计单位106个，审计金额9620万元。

**【娄底地区审计局】** 到1998年底为52人。其中：大学生7人，大专生28人；局长1人，副局长4人。设有办公室、综合科、人事教育审计科、监察室、财政金融审计科、行政事业审计科、商粮贸审计科、工交审计科、投资外资审计科、农林水审计科、检察、法院联络处、审计事业所等。

审计工作成果 5年来，共完成审计单位(项目)2015个，查出各类违规行为金额89053万元，上缴财政金额8340万元，减少财政拨款和补贴165万元，追还被侵占挪用资金7015万元，共为国家增收节支1.55亿元，查出百万元以上违纪单位45个，移送司法机关处理37人；同时，开展审计专题调查78个，上报调查报告84篇，被各级领导机关采纳或批示71篇；还提交审计报告、信息1998篇，被各级采用1790篇。

完成地区行署交办的任务 共完成交办的任务360个。1997年地区审计局查出了全区重点企业"湖南八一集团公司"的重大经济问题，在"破庙"中挖出了"富方丈"。

完成上级下达任务 共完成审计任务336项。

内部审计 到1998年底，全区共设立内部审计机构34个，内审人员68人。5年来共完成审计项目759个，纠正违规行为金额1036万元，促进增收节支2036万元。

社会审计 到1998年底，全区6个审计事务所，共从业人员131人。共接受社会委托项目5194个。

受表彰情况 1996年被省人事厅、审计厅授予"湖南省审计系统先进集体"，1998年5月被省委、省政府授予"文明机关"光荣称号。

**地址** 娄底市湘阳街26号
**电话** 0738—8214648
**邮编** 417000 *(孙新林)*

**【娄底市审计局】** 到1998年底，为22人，其中：大学生2人，大专生10人；局长1人，副局长3人，纪检组长1人。设有办公室、综合法规股、行政事业审计股、财政金融审计股、工交基建审计股、审计事务所等机构。

审计工作成果 共完成审计项目223个，审计单位223户；完成审计调查18项，调查单位168个；审计金额231723万元。共查出违纪违规金额13232万元，追还被侵占挪用资金659万元，上缴市财政614万元，促进提高经济效益607万元，共提交审计报告223篇。移交纪检、检察部门处理11人，同市纪检、检察机关等部门配合，查处各种经济案件16起。

完成政府交办任务 5年来，共完成交办的工作任务73项，审计清理单位562个。1998年2月，对市住房、"希望工程"、水利、移民、国土、乡镇自理户口资金及救灾款物的跟踪审计，查出违纪违规金额1172万元，提出建议38条。市政府对住房资金管理颁发了《娄底市住房资金管理办法》。1998年，对11个市属科级、副科级单位主要负责人进行任期经济责任审计。经审计，有3人被移交司法机关处理，4人提拔重用，为市委组织部门使用干部提供了参考依据。

完成上级下达审计任务 共完成审计任务168项，审计单位228个，审计金额228713万元。

内部审计 到1998年共设立内部审计机构8个，内审人员10人，完成审计项目45个，纠正违纪金额43万元，促进增收节支46万元。

社会审计 1994年到1998年，共接受社会委托项目889项，注册资金验证252户，清产核资20项。

受表彰情况 5年来，受省审计系统表彰2次，地区审计系统表彰奖励15次，市委、市政府表彰奖励7次。共有3人次受地区审计系统表彰奖励；26人次受市委、市政府记功、嘉奖等奖励。

**地址** 湖南省娄底市审计局
**电话** 0738—8312678
**邮编** 417000 *(黄惠良)*

**【冷水江市审计局】** 到1998年底有27人，其中：大学生1人，大专生24人；局长1人，副局长3人。

审计工作成果 共完成审计项目332个，审计金额222540万元，查出违纪违规金额8347万元，上缴市财政453.3万元，移交司法机关查处案件11起，审计报告、信息被采用117篇。

完成市政府交办任务 共完成交办的工作任务137项，其中，竣工决算审计项目46项，送审造价7072.28万元，核减1575.49万元。

完成上级下达审计任务 共完成上级下达的审计任务163项，审计单位248个，审计金额122578万元。

领导干部经济责任审计 自1997年底开展这项工作，共32个项目，查出违规违纪资金878.46万元，其中有“小金库”33个，金额436.3万元。24人受到经济处罚，3人受到党内严重警告和行政撤职降级处分，9人因涉嫌贪污、受贿或渎职犯罪被移送纪检、监察和检察机关处理。

**【涟源市审计局】** 到1998年底，已增加到34人。其中：大学生3人，大专生21人；局长1人，副局长3人。

审计工作成果 共完成审计项目256个，审计单位249个；完成审计调查19项，调查单位180个；审计总金额312000万元，共查出违法违规金额186000万元，收缴财政563万元，处罚款102万元，有效地维护了全市财政经济秩序；与检察机关联合，查处各种经济案件20起，使10人受到党纪政纪处分，移送司法机关处理的21人。

完成市政府交办任务 共完成交办的工作任务48项，清理检查单位512个。

完成上级下达任务 共完成审计任务155个，审计单位155个，审计金额25600万元。

**【新化县审计局】** 到1998年底，人员已为22人。其中：大学生6人，大专生5人，具有中级技术职称的13人；局长1人，副局长4人。

审计工作成果 共完成审计项目258个；完成审计调查16项，调查单位112个；审计金额155200万元。共查出违纪违规金额6442万元，收缴县财政369万元，提交审计报告258篇。

完成县政府交办任务 共完成交办工作任务32项，审计清理单位146个。1997年8月，组成3个审计组，对移民经费进行审计。

完成上级下达审计任务 共完成审计任务180项。

**【双峰县审计局】** 到1998年底，人员已为37人。其中：大学生1人，大专生12人；局长1人，党组书记1人，副局长2人。

审计工作成果 共完成审计项目336项，审计单位378户；完成审计调查项目15个，调查单位22个。审计金额284976万元，共查出违纪违规金额13708万元。同县纪委、监察、反贪局等部门配合，查处各种经济案件4起。共上缴县财政金额319万元，提交审计工作报告13篇。

完成上级下达审计任务 共完成审计项目185项，审计单位208个，审计金额175862万元。

完成县政府交办任务 共完成交办的工作任务151项，审计清理单位31个。

**【土家族湘西自治州审计局】** 到1998年底，人员已为43人，其中：大学生4人，大专生18人；局长1人，副局长3人，纪检组长1人。内设政工科、办公室、综合科、法规审理科、商贸审计科、工交审计科、农业审计科、财政金融审计科、行政事业审计科、基建外资审计科、审计师事务所等机构。

审计工作成果 全州审计机关共完成审计项目1304个，审计单位1508户；完成审计调查144项，调查单位192个；审计金额304680万元，共查出违纪违规行为金额56464万元。同纪检、监察等部门配合，查处各种经济案件24起，为社会稳定发挥了作用。上缴财政2204万元。共提交审计报告1304篇。

完成州、县（市）政府交办任务 共完成交办任务286项。1994年，对全州8县市1992年6月至1994年底的招商户口、蓝印户口的收支情况进行了审计调查。审查总金额9647万元，查出违纪违规金额1040万元，并提出了处理及改进建议。1995年，对全州1992年至1995年7月的“希望工程”专项资金进行了审计，查出的问题引起了州党政领导的高度重视，州委专门召开常务会议，及时研究改进措施，强化了对专项资金的使用管理。

完成上级下达审计任务 共完成审计审计任务545项，审计单位741个，审计金额126080万元。

受表彰情况 受省审计系统表彰14次，受州、县（市）委、政府表彰73次。8人受到省审计系统表彰；225人次受到州、县（市）委政府记功、嘉奖等奖励。

**地址** 湖南省吉首市南吉新路8号

**电话** 0743—8221430

**邮编** 416000 （阙剑平）

**【吉首市审计局】** 到1998年底，人员增至21人。其中：大学生2人，大专生10人；局长1人，副局长2人。设有办公室、财政金融审计股、行政事业审计股、工商企业审计股、基建投资审计股和审计事务所等机构。

审计工作成果 共完成审计项目174个，完成审计调查7项，调查单位83个，共查出违纪违规金额4439万元，向司法机关移送案件1起，上缴市财政228万元。共提交审计报告174篇。

完成市政府交办任务 共完成交办的工作任务27项。截止1998年底，共完成基建审计项目

14个,查出超计划投资336万元,少列概算19万元,挤占挪用建设资金51万元,偷漏税费44万元,漏交劳保基金35万元。经审计,核减工程造价4万元。

完成上级下达审计任务　共完成审计任务119个,审计单位150个。

内部审计　到1998年,内部审计机构为5个,内审人员10名。

社会审计　5年来,共接受社会委托项目414项。其中,注册资金验证188户,核减虚假注册资金114万元;基建决算审计20项,净核减基建决算金额185万元。

受表彰情况　受省审计系统表彰1次,受州审计系统表彰3次,受市委、市政府表彰3次。共有3人次受到州审计系统表彰奖励;17人次受到市委、市政府记功和嘉奖等奖励。

**地址**　吉首市南吉新路2号
**电话**　0743—8223905
**邮编**　416000　(田义平)

**【古丈县审计局】**　至1998年底,人员已为14人。其中:大专生8人,中级职称7人;局长1人。纪检组长1人。

审计工作成果　共完成审计项目118个,审计单位101个;完成审计调查8项,调查单位76个;审计金额58412万元,共查出违规金额1896万元。同县纪检、监察、检察等部门配合,查出违纪违法案件8起,移送有关部门处理14人。上缴县财政202万元,共提交审计报告118篇。

完成县政府交办任务　共完成交办的工作任务21项。1995年,针对农民普遍反映强烈的种子收购价格低,销售价格高等问题进行了审计,查清了种子购销部门自行提高销售价格和变相压低收购价格的坑农行为和其他财务管理方面的严重违纪问题,州、县领导在审计报告上作了批示,促进了问题的解决。截止1998年底,结合企业改制,开展厂长(经理)离任审计,审计单位13个,查出违规金额485万元,违法案件2起,摸清了企业家底。

完成上级下达审计任务　共完成审计任务105项,审计单位108个,审计金额51326万元。

**【龙山县审计局】**　1998年底,共有干部、职工17人,其中:大专生9人,中级技术职称7人;局长1人,副局长3人。

审计工作成果　共完成审计项目197个,审计单位208个,审计总额19.43亿元,查出违纪违规金额3602.57万元,同时还对111个单位的财务、物价、税收和预算外资金的管理使用情况进行了检查,上缴县财政373.65万元。共提交审计信息89篇,被采用52篇。

完成县政府交办任务　共完成交办的工作任务64项,审计清理单位143个。1997年7月,对群众关注的“三元大桥”工程进行了审计,发现该项工程损失浪费十分严重,原来整个工程预算只有83万元,而两个桥墩就已经花了近70万元,迫使整个工程停工达半年之久。经过审计,该项工程损失浪费近40万元,后该项目负责人受到撤职降级处分,在全县反响强烈。截止1998年底,共完成工程决算审计项目14项,审计金额8467万元,审计核减金额346万元。

完成上级下达审计任务　共完成审计任务138项,审计单位142个,审计金额12.23亿元。

**【永顺县审计局】**　1998年为17人,其中:大学生1人,大专生12人;局长1人,副局长2人。

审计工作成果　共完成审计项目138个,审计单位194个;完成审计调查16个,调查单位92个,审计金额345695万元。共查出违纪违规金额10211万元,上缴县财政199.5万元。共提交审计报告138篇。

完成县政府交办任务　共完成交办工作任务28项,审计单位86个。1998年会同财政局、监察局等单位组成8人审计组,对县烟厂进行了审计。通过审计,该厂总资产由审计前的14745万元,核定为6013万元,负债总计由审计前的22407万元核定为25773万元,资产负债率由审计前的152%核定为426%,客观公正地评价了该厂经营的真实性,为领导对该企业正确决策提供了可靠依据。

完成上级下达审计任务　共完成审计任务61项,审计单位145个,审计金额11035万元。

**【凤凰县审计局】**　到1998年底,人员已为19人。其中:大专生12人;局长1人,副局长2人。

审计工作成果　共完成审计项目156个,审计单位143个;完成审计调查13项,调查单位93个;审计金额187265万元,共查出违纪违规金额2756万元。上缴县财政165万元,提交审计报告156篇。

完成县政府交办任务　共完成交办的工作任务52项,审计清理单位521个。截止1998年底,共完成工程决算审计项目31个,审计核减金额1085万元。

完成上级下达审计任务　共完成审计任务94项,审计单位125个,审计金额187265万元。

**【泸溪县审计局】**　到1998年底,人员已为15人。其中:具有中级技术职称6人;局长1人,副局长2人。

审计工作成果　共完成审计项目135个,审计单位115个,审计总金额149637万元。共查出违纪违规金额2434.8万元,应收缴财政119.56万元，已入库96.63万元。向纪检部门移交案件1起，给予政纪、党纪处分2人。对27个单位开展财务、物价、税收大检查，查出违规违纪金额66.7万元，已入库7.46万元。

完成县政府交办任务 共完成交办的工作任务20项，审计清查单位38个。针对本县处于移民搬迁地区的特点，加强了对移民资金的审计，并向群众公布审计结果。

完成上级下达审计任务 1994年到1998年，共完成审计任务135项，审计单位115个，审计金额149637万元。

**【保靖县审计局】** 到1998年底实有干部、职工11人，其中：大专生5人，具有会计师、审计师职称的7人；局长1人，副局长1人。

审计工作成果 共完成审计项目129个，审计单位152户；完成审计调查11项。审计总金额58779万元，共查出违纪违规金额3892万元，收缴财政120万元；共提交审计报告129篇。

完成县政府交办任务 共完成交办的工作任务32项，审计清理单位49个。1996年在全州率先建立了领导干部离任经济责任审计制度，共完成离任审计项目29个。1998年底对某医院院长实施的审计，查出其高息集资、管理混乱等问题，违规金额达170余万元，移交检察院立案查处2人，稳定了该院职工的情绪。5年来针对私设小金库、滥发钱物、乱收费等现象开展了重点审计，处理了种子公司、防疫站等28个单位。

完成上级下达审计任务 共完成审计任务91项，审计单位102个，审计金额42503万元。

**【花垣县审计局】** 到1998年底，有干部、职工19人，其中：大学生1人，大专生3人；局长1人，副局长3人。

审计工作成果 共完成审计项目106个，审计单位268个，审计金额76865万元，查出违纪违规金额1311万元，上缴财政99万元。

完成县政府交办任务 共完成交办的工作任务21项，审计清理单位120个，提交审计报告21篇。

完成上级下达审计任务 共完成上级部门下达审计任务105项，审计单位106个，查出违纪违规金额1311万元，上缴财政99万元。其中：财政金融审计项目21个，查出违纪违规金额405万元，上缴财政28万元；工商企业审计项目19个，查出违纪违规金额231万元，上缴财政25万元；行政事业单位审计项目48个，查出违纪违规金额382万元，上缴财政24万元；固定资产投资审计项目10个，查出违纪违规金额198万元，上缴财政15万元；其他审计项目8个，查出违纪违规金额95万元，上缴财政7万元。

## 广东省

**【广东省审计工作简述】** 1998年止，全省县级以上地方政府设立审计机关143个，在职干部职工5054人。其中大专以上学历占61.5%，占70.7%获得专业技术职称的人员中，有高级职称56人，中级职称1754人，初级职称1765人。5年来，共审计33638个单位，对违反财经法规问题依法作了处理，已上缴财政35.67亿元，减少财政拨款和补贴2.5亿元，返还被侵占挪用资金24.08亿元，共为国家增收节支62.25亿元。向上级和当地党政领导、有关部门提交审计工作报告信息7524篇，其中被采用2503篇。揭露和向司法机关移送经济案103件，建议有关部门给予行政处分71人。

内部审计 至1998年止，全省有内审机构6913个，内审人员19164人中，有专职人员6551人。5年来，共审计106608个单位，查出损失浪费27.15亿元，促进增收节支17.41亿元，已纠正违纪金额60.76亿元。向司法机关移送案件196件，移送司法机关处理152人，建议给予行政处分301人。

社会审计 到1997年止，全省审计机关管理的审计（会计）事务所202家，从业人员2796人。1994——1997年，共接受273363个单位的委托，完成验资年检、承包离任审计、资产评估等业务285826项，核减基建预决算和虚假注册资金90.78亿元，为委托单位挽回损失1.67亿元，促进提高经济效益1.24亿元。1996年11月，经广东省财政厅、审计厅研究并报省人民政府同意，召开广东省注册会计师协会特别代表大会，实现了省"两会"的联合，1997年，全省21个地级市相继实现"两会"的联合。

**【广东省审计厅概况】** 1994年，广东省编制委员会批准省审计厅"三定"方案，内设机构：办公室、政策法规处、指导管理处、财政审计处、金融审计处、外资审计处、基本建设审计处、工交审计处、商粮贸审计处、农林水审计处、行政事业审计处、人事处、厅机关党委办公室（与纪检组、监察室合署）；派出机构：驻深圳特派员办事处；直属行政单位：直属分局；直属事业单位：机关服务中心、干部培训中心、广东省审计科学研究所、广东审计师事务所、广东华粤会计师事务所。1995年，增设监察室（与纪检组合署）。1996年，设立广东宏建审计师事务所。经厅党组研究：1996年3

月成立财政预算执行审计办公室，同年5月成立举报中心（办公室兼管），为厅职能办事机构。均不在省编委批复的编制内，人员由厅统一调配。1998年全厅实有干部职工420人，其中大专以上学历312人；有初级专业职称人员56人，中级专业职称219人，高级专业职称14人。

厅领导成员

厅长

孙平波 1991.5—1995.1

方振慰 1995.1—1998.3

曾寿喜 1998.3—

副厅长

黄造华 1987.2—1994.7

方振慰 1992.4—1995.1

刘伯龙 1993.5—

魏纪元 1993.8—1998.1

吴清泉 1995.6—

陈小川 1998.1—1998.6

纪检组长

方振慰（兼） 1993.3—1997.12

郭俊山 1997.12—

主要审计成果　5年来，省厅共审计1076个单位，查处违纪金额中，已上缴财政7.5亿元，减少财政拨款和补贴800万元，追还被侵占挪用资金10.63亿元，共为国家增收节支10.63亿元。向司法机关移送经济案4件。

法制建设　为适应审计业务的需要，出台了一批由省审计厅起草、提请省领导机关批准的地方审计法规：1.《广东省地方预算执行情况审计监督实施办法》（省政府1995年10月19日粤府[1995]88号）；2.《关于广东省全民所有制企业厂长（经理）离任经济责任审计评议办法的修改决定》（省政府1998年1月18日第35号令）；3.《广东省股份有限公司审计规定》（省政府1998年6月29日第42号令）。另外，省审计厅、省政府农业办公室于1998年1月10日联文下发了《关于印发广东省农村合作经济审计办法的通知》。

本级预算执行审计　全省审计机关分别对1995、1996、1997年本级预算执行进行审计。省厅共审计94个（次）省直部门和单位，查出各种违规行为金额共达10.83亿元，可增加财政收入共计2.61亿元。1997年7月，广东省人大常委会听取并审议了《关于1996年省本级预算执行和其他财政收支的审计工作报告》后，作出了《关于加强省本级预算执行和其他财政收支的审计监督的决议》。省政府针对审计中发现各地普遍存在混淆预算级次、侵占省级收入问题，于1998年10月颁布了《关于严格预算级次组织收入入库的通知》，保证省级收入及时足额入库。

财政决算审计　5年来，省厅对20个地级市（未含深圳市）财政决算实行轮审，其中进行过2次以上审计的7个市。查出隐瞒转移财政收入、虚列财政支出、混淆入库级次等违规行为金额共10.82亿元。审计处理后，应缴财政金额2.22亿元，应减少财政支出金额800万元。1998年省厅审计珠海市财政决算时，发现该市部分企业以物业形式，归还财政借款和上缴利润金额共达4亿多元，在物业评估等方面存在很大漏洞。审计结果受到省政府领导的关注，并作了重要批示。

金融审计　5年来，全省对人行、工行、农行、建行、中行、交行及其他金融保险系统的1964个单位进行审计，查出违纪金额共112.89亿元。审计决定，应缴财政2.56亿元，罚款3683万元。1994年配合整顿金融秩序，审计了农业银行等6家企业的395个单位的信贷资金。查出超规模放贷、逾期贷款、呆账损失、违章拆借等金额共达128.8亿元。对人行等9家企业的415个单位的财务收支审计中，查出挤占挪用流动资金贷款用于自身购建楼房、宿舍等方面的违纪金额3.58亿元。1995—1997年，对农行、中行及地方金融机构等系统的1173个单位的审计中，查出由于贷款投资损失等造成国有资产流失金额3.54亿元，负债（权益）不实金额24.94亿元，损益不实金额16.82亿元。1998年，根据省政府指示，对全省26家信托投资公司进行审计调查，发现广东国投内部管理混乱、财务状况恶劣、资不抵债严重等问题。省政府对审计调查结果高度重视，为政府清理整顿公司提供了决策依据。1998年，对广东证券、广发证券两家省级和9家市级证券公司1997年财务收支进行审计，查出挤占成本费用等违纪金额共2.96亿元。此外，还对全省中保集团73家财产保险有限公司分支机构和86家人寿保险有限公司分支机构的1997年财务收支进行审计，查出少计收入、多列支出、漏缴税金等违纪金额共5.55亿元。

企业审计　1994年，全省对143家重点企业的资产、负债、损益进行审计，其中查出32户工交企业的违纪金额近2亿元，国有资产流失14015万元，潜亏11479万元。1995年，在上年审计调查的基础上，继续贯彻省政府领导提出的“审计要及早介入股份制企业”的要求，紧跟广东国有企业改革的步伐，进一步探索审计股份制企业的路子，在全国率先对73家股份制企业进行审计，发现股份制改造存在着募股不规范、股本资金不到位、股权转让不按规定以及损害国有股权权益等问题。审计结果向省政府作了专题报告，并提出了有针对性的意见和建议。同年，对广东天龙集团公司的审计中，查出该公司一系列重大违纪问题，金额共达1.44亿元人民币、1330万元港币和120万元美元。发现该公司总经理谢鹤亭的重大经济犯罪嫌疑线索，及时向省委、省政府作了报告。省领导采取果断措施，免去谢的党内外职务，同时责成有关部门组成工作组对该公司进行整顿，监察机关依法对谢立案侦查。1996年，对省定250家建立现代化企业制度的试点企业实行跟踪审计。对其中三分之一的企业审计中，发现一些企业借转制之机，未经严格资产评估，降价转让，造成资产流失等问题，向审计署、省政府报送了综合报告。这一年，配合整顿化肥等农业生产资料流通秩序，全省对116家农资公司和260个基层供销社执行国家化肥政策和财务收支情况进行审计。对查出的违纪违规金额8382万元依法作了审计处理，并向省政府作了专题报告。1998年，全省对1455家企业审计中，重点揭露和查处会计资料失真和弄虚作假等违法违规问题。查出违规金额75.6亿元，应处理上缴财政4.01亿元，已缴财政3.63亿元。应省经委、省体改委的要求，完成了对省第一批70家重点大型企业集团年度经济指标审核及第二批24家申报大型企业集团试点企业的资格考核工作。全省各地普遍加大了企业厂长(经理)任期经济责任审计的力度。1998年，对全省1992年4月1日至1998年5月31日粮食新增财务挂账进行清查审计，共审计各级农业发展银行分支机构78个、粮食部门128个、政策性粮食企业1894个，审计调查各级财政部门123个。审计资金总额513亿元。审计核实全省粮食新增财务挂账23.48亿元，其他不合理占用贷款16.72亿元。查出各类违规违纪金额10.67亿元。还发现粮食系统个人贪污挪用公款案件17宗，涉案金额3627万元。如：珠海市粮食局财务科副科长熊振光挪用粮食专项补贴款251万元；台山市田头粮所会计蓝建欢贪污公款26.75万元；省厅对珠海市粮食储备分局虚报冒领军粮差价款1613万元等问题进行了审计调查。调查结果引起国务院和省委、省政府领导的高度关注。这一年，对21家省属工交、商贸及其他企业财务收支进行审计，发现收入不实金额13021万元，成本不实644万元，账外资产2742万元，利润不实3772万元。17户漏交税金1316万元，有5户企业用高息、拆借等手段进行违规集资，涉及金额达12949万元，目前仍欠债权人5244万元，其中无力偿还金额2406万元。有7户企业账外设账金额共3597万元、港币1492万元。对此，依法分别作出审计处理，其中没收"小金库"资金、补交税金等上缴财政金额1919万元。

固定资产投资审计　5年来，全省共审计3190个基建项目(单位)，审计投资总额2713亿元，核减投资15.26亿元，查出违纪金额33.43亿元，应上缴财政及罚款8924万元，已入库7201万元。1994年对京九铁路广东常平至龙川段基建工程的审计，其审计质量受到审计署表彰；对沙角电厂(A厂)二期工程项目的审计，追缴税费和"两金"473.79万元。1995、1996年省厅对广东飞来峡水利枢纽工程审计时，发现某市市政府挪用移民经费1600万元用于建宿舍的严重违纪问题，及时追回了挪占资金。并为省政府制定《广东省飞来峡水利工程移民安置办法》提供了重要依据。该项目审计受到审计署表彰。1996年8月至1997年5月应省纪委要求，对揭阳市委、市政府综合办公楼进行了竣工决算审计，查明了该市政府挪用公安罚没收入等资金共3852万元以及乱收费500万元用于建楼的重大违纪行为，并核减项目工程造价达1132万元。同年，对"虎门大桥"项目进行审计，发现和纠正了项目股东私分注资违约金2900万元、施工单位欠缴税金1166万元等问题。1998年，省厅对广梅汕铁路项目竣工决算审计中，发现该项目投资规模过大、巨额举债(占投资总额90%)、利息负担重(每年达5000万元)，严重影响经营效益和正常运作，已欠税7000多万元，欠工程及设备款2.30亿多元以及项目管理和财务核算等方面的问题；经审计的部分工程共核减工程造价2200万元，引起了有关部门和建设单位的重视。该项目审计被审计署评为优秀项目。

农业资金审计　5年来，共审计2324个单位，审计资金总额398.83亿元。1995年，对全省农业投入资金进行审计，共审计227个单位，查出违纪违规金额1.02亿元。1996年，对全省213个单位国有土地使用权出让金进行审计，共查出出让金收入未纳入财政专户管理金额22.3亿元。其中被挪用于建房、购车、经商办企业和拆借等资金达4800多万元；应征未征出让金8.45亿元，以及有的违规随意减免出让金和擅自立项收费等问题。对省扶贫办及陆河等8个贫困县扶贫资金进行审计，查出省财政拨给的扶贫贷款贴息257万元，闲置3年未投入使用；项目投资贷款回收率仅达23.3%；被挤占挪用的资金共214万元等问题。1997年，还对全省100个乡镇及其200个管理区的农村集体资产情况进行审计调查。调查中发现的农村集体经济普遍存在家底不清、产权不明，以及集体资产(资金)大量流失，甚至被私分、贪污等突出问题，向省政府作了专题报告。5年来，先后3次对全省水利资金进行审计，查出违纪违规金额8.97亿元。其中滞留欠拨资金1.14亿元，挤占挪用资金1.31亿元。省政府领导对审计结果作了批示，水利厅认真进行了整改，审计决定较好地得到执行，效果明显。

外资审计 5年来，共审计168个单位，查出违纪违规金额24.87亿元，其中应上缴财政9204万元。1.国际金融组织贷援款项目审计：共审计世行、亚行及其他国际金融组织贷援款项目23个，直接对外出具公证审计报告39份。对提高广东利用外资信誉等方面起到了积极作用。1995年10月获署外资司颁发的当年度外资审计优秀奖。世行贷款广东公路项目1996年度对外公证审计报告受到世行的高度评价。2.外国政府贷款项目审计和商业外债年检审计：从1994年起开展外国政府贷款项目审计调查和审计工作，涉及90个单位共114个项目。审计查出省移动通信局转移利润2.26亿元，漏缴所得税4058万元。3.中外合资合作企业审计：对8家中外合资合作企业进行审计，查出外方以合营公司名义，骗取国内资金，侵犯合营公司和中方权益；违规出资或抽走资本；注册资本占实际投资总额过低，资产、负债、损益不实以及普遍存在偷漏税等问题。省厅关于中外合作白天鹅宾馆投入资本及94—95年度中方投资权益情况的专项审计调查报告，受到全国政协副主席霍英东的关注。4.境外企业审计和审计调查：对省属6家境外窗口公司进行了8次审计或审计调查。查出境外财政收支未纳入财政预算管理，有的将大量省财政资金化为部门资金或企业资金等问题。审计结果为省政府和有关部门治理整顿境外企业提供了依据。

行政事业单位审计 5年来，全省共审计10201个部门和单位，查出违纪违规金额71.39亿元，移交纪检部门案件27宗。一是配合反腐败斗争，促进党风廉政建设。1995年，省厅审计12个单位，查出6个单位有账外资金共11035万元。1996年，对省教育厅审计时，发现该厅预算外资金管理混乱。有10个处室(部门)设小金库累计金额达7298万元，巧立名目滥发钱物1589万元，挪用教育事业费79.8万元等重大违纪问题。1997年，对省残联进行审计，查出该单位挤占、拆借残疾人专项资金3129万元，所属二个公司偷漏税费400多万元，私设小金库金额465万元等问题。二是围绕重点热点问题，开展行业审计。如：1998年对全省(不含深圳市)140个安公机关及其1234个基层单位1996、1997年度收费和罚没收入进行审计。共查出自立收费和罚款项目以及隐瞒、截留收入等方面的违纪违规金额4.97亿元。审计中还查出2起贪污公款等重大案件线索，移送给有关部门立案查处。

其他专项基(资)金审计 1.路桥收费审计。1996年，对全省173个核算单位的309个路桥收费站进行审计。为省政府整顿路桥收费以及理顺各种经济关系提供了决策依据。2.1997年对东江水系水质保护经费进行审计。发现项目资金拨付不及时、资金缺口大，以及工程项目大多由环保部门属下公司承建，既是建设单位又是工程承包商等问题。省政府领导对审计结果作了重要批示，责成有关部门限期整改，确保治理资金的及时到位和使用效益。3.住房基金和住房公积金(下称“两金”)审计。1996年，省厅对省级的“两金”进行了审计。1997年，又组织各市(未含深圳市)审计机关对管辖范围内的“两金”进行审计和调查。截至1997年3月止，20个市筹集的住房基金、住房公积金分别为54.73亿元和21.28亿元。审计中发现的主要问题，一是用于商业性房地产开发和商业性流动资金贷款，占“两金”17%，其中超过两年以上的逾期贷款达5.92亿元。二是据对广州、湛江、清远、惠州、汕头、佛山、珠海、云浮8市的审计统计，挤占挪用“两金”金额共计1.06亿元，其中用于炒股票648万元，购车140万元，购办公、宿舍用房175万元，拆借等9643万元。三是用于微利和解困住房的贷款少，大笔资金未能在房改中合理流动，发挥其应有的社会效益。卢瑞华省长、王岐山副省长分别对审计报告作了重要批示。4.医药医疗单位审计。1997年，全省对209个医药生产、流通企业和133所医院1996年度财务收支及其经济活动情况进行了审计和调查，向有关领导和部门作了专题报告，为整顿医药市场秩序和医疗作风提供决策依据。5.排污费专项资金审计。1995至1998年，全省由环保部门和财政部门共同从征收入库的排污费中安排支出10.14亿元，其中用于补充行政经费39692万元，建办公楼和宿舍、购买交通工具、通信工具等13538万元，这两项支出共占52.4%，大笔资金未直接用于环境治理保护上。根据审计情况，审计部门提出了有关改进排污费的管理、合理有效使用资金的意见，受到环保、财政等有关部门的重视，按照审计意见认真进行整改落实中。6.电力专项基金审计。1998年，对全省的电力基金进行审计。审计中发现的问题：一是全省有8个市的地方燃料附加费共85822

万元没有按规定用于平抑电价，而是挪作他用。二是违反规定增设收费项目。对上述问题，已由审计机关督促进行整改，有的问题已得到纠正。

**地址** 广州市天河区广和路226号

**电话** 020—85597060(总机)

**邮编** 510620 (张福田)

**【广州市审计局】** 1998年底，共有干部、职工279人。其中：研究生4人，大学生42人，大专生171人；局长1人，副局长3人。设有办公室、财政金融审计处、行政事业审计处、商粮贸审计处、工业交通审计处、基建审计处、会计、审计师事务所等机构。

审计工作成果 5年来，共完成审计项目185个，审计单位706户；完成审计调查43项，调查单位151个。共查出违规违纪金额596242万元。上缴市财政75540万元，共提交审计工作报告信息350篇。

完成各项审计任务 1．财政金融审计。 自1995年开展对本级预算执行情况审计以来，至1998年底共审计了21个财税部门和预算执行单位，揭露了预算内、外资金的各种问题，促进各部门严格执行财政制度；对国有商业银行、信托投资公司、保险公司和证券公司等30户金融机构进行了审计，为防范和化解金融风险服务。2．重点建设项目审计。完成项目审计11个，审计金额955.67亿元，保证了重点建设资金使用的合理和效益。3．专项审计。对政府和群众关注的各种社会保险、福利、捐赠基金、城建、教育、农业及国际金融组织、外国援贷款等100多个专项基金、资金加强了审计监督，查处了挪用专项资金、不按国家规定方向安排使用资金等违纪违规行为，促进加强专项资金的管理。4．对一批重点企业进行了审计。其中，1997年至1998年为配合市政府优化资本结构试点工作，对全市30个困难企业进行了审计，为企业享受政策、增强活力提供了良好服务。

内部审计 1998年止，有内审机构955个，内审人员3139人。

社会审计 至1997年，广州市社会审计协会所管辖的审计事务所共接受社会委托项目426952项。1997年5月，两会实行联合。1998年广州注册会计师协会所管辖的会计师(审计)事务所从业人员2552人，业务收入21273万元。

受党政部门表彰情况 5年来，受市委、市政府表彰8次，6人次受市委、市政府表彰奖励。

**地址** 广东省广州市环市东路336号

**电话** 020—83844603

**邮编** 510060 (刘萍)

**【广州市芳村区审计局】** 1998年底，实有干部、职工16人。

完成审计任务 5年来，共完成审计项目111个，审计调查11个，其中完成上级审计机关下达的审计项目55个，完成本级政府交办的审计项目67个；共查出违纪金额2860万元；协助其它部门完成各种检查10多项；处罚并已上缴财政收入85万元，向检察院移交经济案件1宗，提交审计报告、审计信息70篇。

**【花都市审计局】** 1998年，在职干部职工20人。其中：大学毕业3人、大专毕业6人；局长1人。

完成上级下达审计任务 5年来，共审计单位306户，完成审计调查15项，调查单位58个。共查出违纪违规金额8271万元，上缴市财政495万元，退还资金原渠道142万元，罚款5万元。1998年，对粮食财务挂账进行了清查审计，确认了纳入消化范围的粮食企业新增财务挂账1424万元，其他不合理占用政策性贷款1999万元；查处违规金额271万元，虚增粮食亏损挂账122万元。

完成市政府交办任务 5年来，共完成市委市政府交办的审计任务34项。参与企业转制的清算工作，与财政局共同出具审核意见书33份。还与市纪检、监察等部门配合，查处各种经济案件(纠纷)5起。

**【番禺市审计局】** 1998年共有干部、职工29人。其中：高级审计师1人，中级审计师(会计师)13人；局长1人，副局长2人。

审计工作成果 5年来，共完成审计单位191户，完成审计调查14项，调查单位50个。共查出违纪违规金额10859万元，上缴财政111万元。共提交审计报告、信息56篇。

**【增城市审计局】** 1998年共有干部、职工38人。其中：大学生3人，大专生18人；局长1人，副局长2人。

审计工作成果 5年来，共完成审计项目49项，审计单位230户；完成审计调查13项，调查单位20户。查处违纪违规金额中，上缴财政627万元。提交审计工作报告信息25篇，向被审计单位提出建议和措施250条。

完成市政府交办任务 5年来，共完成市委、市政府交办的工作任务19项，审计查核单位141户。1997、1998年，对36位行政事业单位主要领导人任职期间的经济责任进行了审计，查出有问题资金10086万元，分别依法作了处理和纠正，并写出审计评议专题报告。1995至1998年，连续对22户市直正局级企业年度盈亏情况进行审计核实，共核增亏损额12050万元，为市政府考核企业经营成果、评议企业领导人和制订宏观决策提供了依据。

完成上级下达审计任务 5

年来，共完成上级审计机关下达的审计任务20项，审计单位44户。

**【深圳市审计局】** 至1998年，全市有审计机关7个，人员185人。其中：大专以上学历占81%，获得审计师或注册会计师资格以上的占56%。5年来，共审计2975个单位，纠正违纪金额45.34亿元，揭露和向司法机关移送经济案件24宗，移送纪检和司法机关处理的责任人员7人。

机构及人员 市审计局内设：办公室、综合处、财金审计处、工交审计处、基建审计处、商业审计处、行政事业审计处、涉外审计处。实有人数79名，其中，大专以上学历72人，具有中、高级技术职称的52人，占66%。

审计工作成果 全市共审计了2975个单位，查处违纪金额中，应上缴财政4.97亿元，减少财政拨款和补贴5946万元，追还被侵占挪用资金8.28亿元，罚款1061万元。共为国家增收节支13.95亿元，移送纪检、司法机关处理的责任人员7人。

本级预算执行审计 市、区审计机关共审计了160个单位的预算执行和其他财政收支情况，查出违纪金额5.70亿元，经审计处理，已增加财政收入1.67亿元。市局在对深圳市1997年度预算执行情况进行审计，依法查处了财税部门违规在银行开设账户过多等问题。市政府召集有关部门针对审计查出的问题专题研究，要求市有关部门认真进行整改。

各专业审计 1.金融审计 全市对37家农业银行、1家信托投资公司、11家证券公司以及23家地方金融机构等进行了审计，共审计了132个单位，查出负债（权益）不实金额4.45亿元。于1998年5月，8月期间，组织力量对在深圳注册的长城、联合等8大证券公司本部及其下属共147个交易营业部实施审计。查处了部分证券公司挪用客户保证金等问题。2.基建审计 全市共审计了152个基建工程项目。查出超规模、超标准、多列概算、高估冒算等有问题金额共10.64亿元，核减工程预决算金额13.76亿元。市局于1998年组织审计力量对社会关注的北环快速干道的竣工决算实施了审计，审定北环快速干道工程实际总投资为246703万元，在经华伦投资咨询公司审核后的造价和城建开发处的账面造价的基础上再审减了16782万元。3.企业审计 全市共审计企业单位1332个，查出违纪违规资金156202万元，其中应上缴财政金额16757万元，已上缴财政6586万元。1996年，市局对深圳市锦兴实业公司进行审计，发现该公司存在着做假账、4288万元的对外投资去向不明等国有资产大量流失的严重问题。向市政府作了报告，受到高度重视。4.农业资金审计 全市共审计了8个单位，查出违纪违规金额1083万元，查出损失浪费金额908万元。5.国外贷款援款审计 市局共完成国外贷款援款项目85个。经审计，查处违纪违规行为金额28791万元。对中外合资合作企业审计中，1997年，市局审计了深圳市南油物业发展股份有限公司1996年度财务收。发现该公司自1993－1996年共漏交企业所得税、个人所得税791万元，依法对其作出补交全部税款的审计决定。境外企业审计方面，市局于1997年对恒力纺织（集团）有限公司1996年度财务收支审计时，发现该企业严重资不抵债，偿债能力差，历史坏账、投资损失及存货损失金额大。将审计结果以《审计要情》的方式向市领导作了专题报告，引起了高度重视。6.行政事业审计 全市共审计了938个单位，查处违纪违规资金142782万元，应上缴财政资金11399万元，已上缴财政金额6203万元，此外还审计了各类专项资金总额达1239673万元。

**地址** 广东省深圳市深南中路统建大楼东1栋12楼
**电话** 0755—3257506
**邮编** 518031

（曾思党）

**【深圳市福田区审计局】** 1998年底，有干部职工14人。其中研究生2人、大学生1人、大专生10人；局长1人，副局长2人。

审计工作成果 共完成审计项目245个。审计单位349户；完成审计调查120项。共查出违纪违规金额18078万元，上缴财政1672万元，追还侵占挪用资金5690万元，挽回经济损失40000万元。移交经济案件5起，配合区纪检部门查处经济案件8起。提交审计报告245篇。

完成区政府交办的任务 共完成区委区政府交办的工作任务62项。根据区领导的指示，我局对区属房地产等十一家企业进行股份制改造情况进行了跟踪调查，发现有的企业不按现值估价土地、固定资产不按现值作价、流动资产不进行评估，造成国有资产流失等突出问题。我局针对这些问题撰写了调查报告。区政府按审计意见进行了处理。取得了较好的经济效益和社会效益。

完成上级下达的审计任务 1994年到1998年，共完成省市审计机关下达的审计任务180项，审计单位260个。

**【深圳市罗湖区审计局】** 1998年底，共有干部、职工21人。其中：研究生文化程度4人，大学文化程度7人，大专文化程度7人；设局长1人，副局长2人。

审计工作成果 共完成审计

项目243个,审计单位261个;完成审计调查7项,调查单位76个。查出违纪违规金额24603万元,上缴财政874万元。与区纪检、监察、检察等部门配合,查处各种经济案件15起。截止1998年底,审计基建决算项目24项,送审造价3.90亿元,审定造价3.36亿元,平均核减率14%。其中财政投资项目19项,送审造价1.68亿元,审定造价1.48亿元,核减金额0.20亿元,平均核减率12%;企业投资项目5项,送审造价2.22亿元,审定造价1.88亿元,核减金额0.34亿元,平均核减率15%。

**【深圳市南山区审计局】** 1998年年底,有干部、职工19人。其中:大学生9人,大专生7人;局长1人,副局长1人。

审计工作成果 共完成审计项目233上。审计单位283户;完成审计调查6项,查出各种违纪金额11161万元。其中:应缴财政6343万元;已缴5566万元;追回挪用专项资金1611万元;纠正预算内转预算外资金2161万元;基建审计核减财政基建支出款1639万元。通过审计查出国有资产流失6754万元,挽回经济损失1204万元;向检查机关提供犯罪、嫌疑线索2起。

完成区政府交办任务 共完成区政府交办的工作任务75项。

完成上级下达审计任务 共完成省、市审计机关下达的审计任务158项。

**【深圳市宝安区审计局】** 1998年底,共有干部、职工21人。其中:大学生7人,大专生5人;局长1人,副局长1人。

审计工作成果 共完成审计单位696个,完成审计调查10项。共查出违纪违规金额39530万元,应上缴财政资金9379万元,已上缴财政6273万元,查出损失浪费金额7604万元,追还侵占挪用资金7162万元。与区检察、纪检等部门配合,查处各种经济案件17起。

完成区政府交办任务 共完成交办的工作任务72项,审计清理单位725个。1994年对全区八个镇和新安街道办、建设开发部等271个单位的建设项目进行了拉网式的专项审计,共查出违纪金额超十亿元,查出应缴税款9000万元,当时追缴入库6000多万元。1998年初,在经过建设单位、评审部门审核的基础上,对基建投资实施审计再监督,当年完成基建审计项目10个,核减金额515万元。1997、1998年对上市股份公司的审计,促进了上市公司的健康发展,为进一步摸索股份制企业审计奠定了基础。

完成上级下达审计任务 1994年到1998年,共完成署、省、市审计机关下达的审计任务30项,审计单位75个。

**【珠海市审计局】** 1998年共有干部、职工53人。其中:研究生2人,大学生17人,大专生28人;局长1人,副局长1人。设有工交科、商贸科、财政金融科、基建科、外资科、行政事业科、综合科和办公室等机构。

审计工作成果 5年来,共完成审计项目1149个,审计单位1046户;完成审计调查54项,调查单位247个。共查出违纪违规金额240495万元,上缴市财政21671万元。配合纪检、监察、司法等部门查处各种经济案件9起。共提交审计信息、报告316篇。

完成市政府交办任务 共完成市委、市政府交办的工作任务79项。1996年,为配合我市企业改制,对29家大中型商贸企业清产核资情况进行审计调查,摸清了我市国有企业家底,掌握了这些企业国有资产的存量、分布、结构及国有资产的经营效益状况。同年,配合市政府妥善处理集资问题,对全市43户集资企业分红派息的情况进行了审计调查。自1997年以来,分别对第一届、第二届珠海国际航展项目进行审计。发现和纠正了航展举办过程中在经营管理和资金运用等方面所存在的问题,提出了完善各项内控制度,加强经营管理建议。1998年,对市社会保险局部门分局等5个单位,挤占挪用各项社会保险基金的问题进行了专项审计调查,并向市政府专题报告。几年来,共完成工程竣工决算审计项目56个,核减工程投资7917万元。

完成上级下达审计任务 共完成署定、省定审计任务230项,审计单位230个。

内部审计 到1998年有内部审计机构125个,内审人员454名。共审计3686个单位,查处损失浪费金额8286万元,促进提高增收节支2909万元。

社会审计 全市审计机关和各管理区审计办(科)属下的8家社会审计组织,共接受社会委托项目12435项。

受党政部门表彰情况 受市委、市政府表彰6次。5人次受市委、市政府记功奖励。

**【珠海市香州区审计局】** 1998年底在职人员11人,其中:大学毕业5人,大专毕业4人;局长1人,副局长2人。

审计工作成果 共完成审计项目187个,审计单位189户;完成审计调查15项,调查单位18个,共查出违纪违规金额16273万元,上缴区财政950万元。同区纪检、监察等部门配合,查处经济案件3起,涉案处理4人。共提交审计报告202篇。

完成区委、区政府交办任务

共完成区委、区政府交办的各项工作任务46项，审计单位46个。1997年上半年，对新洲置业股份公司、澳门海华新兴贸易公司等10个企业负责人进行经济责任审计，发现新洲公司财务管理混乱，公款私存、私设账外账数额巨大等问题，及时将有违反财经法律行为的人，移送司法机关立案查处。

完成上级下达审计任务　共完成上级审计机关下达的审计任务49项，审计单位49个。

**【斗门县审计局】**　1998年止共有干部、职工22人。其中：大学生2人，大专生11人；局长1人，副局长2人。

审计工作成果　共完成审计项目185个，审计单位185户，审计金额1783786万元。共查出违规违纪金额15052万元，上缴县财政1368.6万元。

完成县府交办任务　共完成县委、县府交办的工作任务25项，审计26个单位。

完成上级下达任务　共完成上级审计机关下达的审计任务47项，审计单位93个。

**【汕头市审计局】**　1998年止共有干部、职工60人。其中：大学以上文化程度5人，大专文化程度36人；局长1人，副局长4人(其中1人兼任纪检组长)；设有办公室、综合科、工交审计科、商贸审计科、基本建设审计科、行政事业审计科、财政金融审计科、外资审计科、指导管理科等机构。

审计工作成果　5年来，全市共完成审计单位1762个，查出违规违纪金额271241万元，处理上缴财政24324万元，应减少财政拨款和补贴810万元，追还侵占挪用资金6718万元，纠正国有资产流失12688万元，促进增收节支708万元，向司法机关移送案件7件。提交审计信息、报告370篇。

完成党政交办任务　1998年，市局对汕头市潮汕路扩建工程建设项目的审计，重点审核了5个施工单位合同造价的真实性，核减工程造价1051万元。

完成上级下达审计任务　共完成署、省下达的审计任务500项。1998年，我市审计机关对水利资金和渔港建设资金等进行了审计，发现有的专项资金没有专款专用、个别工程项目超概算和部分周转金占用费、银行存款利息收入用于基建和弥补办公经费等问题，依法进行了处理。市局还针对长期未能理顺的水利工程水费问题开展审计调查，发现市自来水公司没有足额提取水利工程水费，而提取部分又未能及时交水利部门的问题，向市政府提出了建议。

内部审计　到1998年底，全市共有内审机构188个，内审人员554人。

社会审计　1998年止，全市独立核算的社会审计组织17个，分所、办事处5个，从业人员331人，其中注册会计师133人。5年来，共接受注册资金验证和年检等社会委托审计项目39436项。担任常年审计、会计顾问668户。

受党政部门表彰情况　1994年以来，被市委、市政府授予“汕头市先进单位”、“汕头市保密先进单位”等光荣称号；局机关党支部多次被评为“市直机关先进党支部”，局长被市委组织部评为“优秀领导干部”，局领导班子在市委组织部届终被评为“实绩较突出”的领导班子。

**地址**　汕头市跃进路129号
**电话**　0754—8287044
**邮编**　515031

**【汕头市金园区审计局】**　1998年底，共有干部、职工17人。其中：大学生3人、大专生6人；局长1人，副局长2人。

审计工作成果　共完成审计项目137个，审计单位142户；完成审计调查8项，调查单位34个。共查出违纪违规金额8184万元。上缴区财政255万元。共提交审计报告142篇。

完成区政府交办任务　共完成区委、区政府交办的工作任务28项。1998年完成工程决算审计项目7个，审计金额4825万元，核减金额295万元。对“热点”问题岐山教师宿舍工程项目的审计，核减工程造价114万元，核减率达18.7%。

完成上级下达审计任务　共完成上级审计机关下达的审计任务43个项目(单位)。

**【汕头市龙湖区审计局】**　到1998年底，共有干部、职工26人。其中：大学生1人，大专18人；具备中级专业技术职称17人。局长1人，副局长2人。

审计工作成果　共完成审计项目321项，查出违纪违规金额18500万元，决定处理处罚745万元。提交审计报告321篇。

完成区政府交办任务　共完成区委、区政府交办工作任务85项。审计单位85个，移送检察机关查处案件1起。1996年至1998年，配合国有企业改革，对51家区直属企业进行了审计，共查出违纪金额2004万元，纠正资产不实3009万元，负债不实2482万元。对区直属企业的38家总公司及其所属35家全资子公司投资情况进行了调查，基本上摸清了企业投资结构和投资效益等情况，为区委、区政府加强投资管理提供参考依据。

完成上级下达审计任务　共完成上级审计机关下达的审计项目41项。

**【汕头市升平区审计局】**　到1998年底，共有干部、职工15人。

其中:大学生2人,大专文化6人;局长1人,副局长2人。

审计工作成果　共完成审计项目136个(其中审计调查5个),查出违纪违规金额1715.7万元,上缴区财政698.2万元。共提交审计报告136篇。

完成区委、区政府交办任务　共完成区委、区政府交办的审计任务100个。

完成上级下达审计任务　共完成上级审计机关下达的审计任务36个。

**【汕头市达濠区审计局】**　到1998年底,共有干部、职工14人。其中:大专生以上学历9人;局长1人,副局长2人。

审计工作成果　共完成审计项目65个,审计单位53户;完成审计调查8项。共查出违纪违规金额922万元,处理上缴区财政122万元。同纪检、监察等部门配合协助查出各种经济案件8起。

完成区政府交办任务　共完成区委、区政府交办的工作任务44项。1996年以来,共完成工程决算审计项目8个,核减金额189万元。1998年对区老干部活动中心的工程结算审计中,核减工程造价67万多元,占施工单位编报总造价的31.1%。

完成上级下达审计任务　共完成上级审计机关下达的审计任务22项,审计单位39个。

**【汕头市河浦区审计局】**　1998年底,实有干部4人,均系大专文化程度。局长1人,副局长1人。共完成审计项目26个,审计单位31户,审计金额11402万元,共查出违纪金额732万元,上缴区财政26万元。共完成区委、区政府交办的工作任务15项,审计单位17个。

**【澄海市审计局】**　1998年共有干部职工18人。其中:大学生2人,大专生11人;局长1人,副局长2人。

工作成果　共完成审计项目239项,查处违纪违规金额6373万元,处理上缴财政994万元,向市政府提供各类专项报告和信息24篇;配合纪检监察、检察部门查处各类经济案件4起。

完成市政府交办任务　共完成市委、市政府交办的审计项目9项,审计调查5项;受人大委托完成行政单位领导述职前审计8项。

完成上级下达的审计任务　共完成上级审计机关下达的审计任务118项,审计单位156个。

**【潮阳市审计局】**　1998年止共有干部、职工24人。其中:大专20人;局长1人,副局长3人。

审计工作成果　共完成审计项目347个,审计单位375户,完成审计调查37项,调查单位156个。共查出违纪违规金额14540万元,处理上缴市财政4932万元。提交审计报告347篇。

完成市政府交办任务　共完成市委、市政府交办项目11项,调查项目7项,调查单位20个。

完成上级下达审计任务　共完成上级审计机关下达的审计任务85项,审计单位112个,调查项目25项,调查单位50个;移送政法机关处理案件1宗。

**【南澳县审计局】**　1998年共有干部、职工11人。其中大专毕业8人;审计(会计)师2人;局长1人,副局长1人。

审计工作成果　共完成审计项目(单位)112个,查出违纪违规金额567万元,处理上缴财政218万元。提出审计报告25篇。

完成上级性审计任务　共完成上级审计机关审计任务87个项目(单位),查出违纪违规金额255.8万元,处理上缴财政120.8万元。

完成县党政交办工作任务　共完成当地党政交办审计工作任务25个项目,审计单位36户,查出违纪违规金额311万元,处理上缴97万元。

**【韶关市审计局】**　1998年底共有干部职工37人,其中:大学生6人,大专生25人;局长1人,副局长2人。设有办公室、财政金融审计科、基建外资审计科、行政事业审计科、工业交通审计科、商贸审计科、农林水审计科、政策法规科、指导管理科。

审计工作成果　共完成审计项目369个,审计单位345户。共查出违纪违规金额13915万元,上缴市财政5331万元。共提交审计报告、信息425篇。

完成市委、市政府交办任务　共完成市委、市政府交办的工作任务59项,完成清理单位103个,审计总金额达62亿多元。先后完成对广东韶能股份有限公司等企业的资产、负债、损益审计,以及对粤北开发区等重大经济事项的审计。

完成上级下达审计任务　共完成上级审计机关下达的审计任务286项,审计单位310个。

内部审计　到1998年,设有内部审计机构241个,内审人员565名。

社会审计　共接受企业年检等社会委托审计项目2167项。

受党政部门表彰情况　受市委市政府表彰3次。12人(次)受到市委、市政府表彰。

**地址**　广东省省韶关市风度北路市政府大院

**电话**　0751—8884359

**邮编**　512002　(陈大川)

**【韶关市浈江区审计局】**　到1998年底,共有干部4人。其中:大学生1人,大专生3人;局长1人。

审计工作成果　共完成审计项目84个,审计单位83户。共查出违纪违规金额1850万元。同区纪检、监察、检察院等部门配合,查处各种经济案件6起。共提交审计报告84篇。

完成政府交办任务 共完成区委、区政府交办的工作任务25项,审计清理单位30个。

完成上级下达审计任务 共完成上级审计机关下达的审计任务64项,审计单位64个。

**【南雄市审计局】** 1998年底,共有干部、职工20人。其中:大专生14人;局长1人,副局长2人。

审计工作成果 共完成审计项目221个。审计单位226户;完成调查45项,调查单位48个。共查处违纪违规金额2587万元。应缴财政206万元,已缴财政206万元;罚款金额4.3万元,追还挪用资金465万元。同纪检、监察、检察等部门配合,查处各种经济案件14起。

完成市委、市政府交办任务 共完成市委、市政府交办的工作任务58项,审计清理单位58个。1998年,对全市24个镇的校办及中小学进行审计调查,揭露出有些学校任意提高收费标准,乱摊派、乱收费的问题。为市委、市政府及时制止和纠正学校乱收费行为提供了决策依据。

完成上级下达审计任务 共完成上级审计机关下达的审计任务203项,审计单位246个。

**【始兴县审计局】** 到1998年底共有干部、职工17人。其中:大专生10人;局长1人,副局长2人。

审计工作成果 共完成审计项目211个,审计单位211户;完成审计调查42项,调查单位99个。共查出违纪违规金额1063万元。移送检察机关贪污案件1件;上缴县财政302万元,共提交审计报告、综合报告及审计信息317篇。

完成政府交办任务 共完成县委、县政府交办的工作任务43项。

完成上级下达审计任务 共完成上级审计机关下达的审计任务205项。

**【河源市审计局】** 1998年底,共有干部职工34人。其中:局长1人、副局长1人。内设办公室、综合指导科、财政金融审计科、行政事业农林水审计科、工交审计科、外资基建科、商粮贸审计科、执法监督科。

审计成果综述 市局共审计(审计调查)2084个单位,查处违纪违规金融中,应上缴财政0.30亿元,减少财政拨款和补贴0.54万元,追还被侵占挪用资金0.20亿元,罚款1410万元。移送纪检、司法机关处理的责任人员2人。5年来,全市审计机关共审计199个单位的预算执行和56个单位的其他财政收支情况,查出违纪违规金额0.56亿元,经审计处理,已增加财政收入960万元。对12家银行、14家保险公司、1家信托投资公司、1家证券公司以及3家地方金融机构等进行审计,共审计42个单位,查出负债(权益)不实金额1.91亿元,损益不实金额0.11亿元,违纪违规金额0.70亿元。共审计14个重点基建工程项目,查出超规模、超标准、多列概算、高估冒算等有问题金额共0.15亿元,核减工程预决算金额0.46亿元。共审计424个企业单位,查出违纪违规金额1.06亿元。共审计516个行政事业单位,查出违纪违规金额0.82亿元,追还被侵占资金0.20亿元。

**地址** 河源市沿江路市政府大院内

**电话** 0762—3333417

**邮编** 517000 (潘国平)

**【河源市源城区审计局】** 1998年底,共有干部职工12人。其中:大专学历以上7人,局长1人,副局长2人。

审计成果 共完成审计项目148项,审计单位171个;完成审计调查8项,调查单位44个。共查出违纪违规金融1949万元,上缴区财政40.7万元。共提交审计报告148篇。协助纪检、监察、信访等部门开展信访调查和经济案件查处19起。1998年,完成了粮食清查审计任务。审减区粮食新增财务挂账375万元。完成区委区政府交办的审计任务110项,审计单位114个。1996年,参予并负责对河源开关厂、农机厂、二轻电器厂、商业局下属公司等改革试点企业的清产核资工作,为试点企业的顺利改制和区委、区政府的宏观决策提供了依据。先后对区重点工程——在建的七礤三级水电站和群众意见较大的区物资局、园艺场等财务管理问题进行审计调查,查证了有关问题,分清了责任,受到了区领导的好评。

**【龙川县审计局】** 1998年底,共有干部、职工13人。其中:大专生5人;局长1人、副局长2人。

审计工作成果 共完成审计项目288个,审计单位348户;完成审计调查6项,调查单位32个。共查出违纪违规金额3426万元。同县纪检、监察、检察等部门配合,查处各种经济案件4起。共提交审计报告288篇。

完成县政府交办任务 共完成县委、县政府交办的工作任务17项。

完成上级下达审计任务 共完成上级审计机关下达的审计任务105项,审计单位105个。

**【东源县审计局】** 1998年止,共有干部职工13人。其中:大学生1人,大专生9人;局长1人,副局长2人。

审计工作成果　共完成审计项目254个，查出违纪违规金额1060.25万元，已上缴县财政金额227.63万元，追还侵占挪用资金305.35万元。协助纪检监察部门经济案件查处6宗。

完成县政府交办任务　共完成县委、县政府交办的工作任务54项。

完成上级下达审计任务　共完成上级审计机关下达的审计任务187项，审计金额324796.30万元。

**【梅州市审计局】**　1998年底，有干部职工36人。其中：大学生4人，大专15人；局长1人，副局长2人。设有办公室、财政金融审计科、行政事业审计科、商粮贸审计科、工交审计科、综合科。

审计工作成果　共完成审计项目(单位)1943个；完成审计调查项目(单位)162个；共查出违规金额58548万元。与纪检、监察等部门配合，查处各种经济案件11宗。共提交审计报告信息213篇。

完成政府交办任务　共完成市委、市政府交办的工作任务42项。如对市和4县(市、区)70个单位"菜蓝子工程"的资金投放和使用效果进行审计调查，发现生产资金缺口大，未能及时到位，养猪户和猪存栏数下降等问题，及时向市政府反映。市政府采取了措施，使"菜蓝子工程"顺利发展。

内部审计　到1998年，全市内部审计机构8个，内审人员26名。

社会审计　共接受社会委托审计项目2229项。

受党政部门表彰情况　受市委市政府表彰3次，4人次受市委市政府表彰奖励。

**地址**　广东省梅州市江南新中路市府综合大楼四楼

**电话**　0753—2251450

**邮编**　514023

**【梅州市梅江区审计局】**　1998年底共有干部、职工14人。其中：大学生1人，大专生9人；局长1人，副局长1人。

审计工作成果　共完成审计项目138个。审计单位108户；完成审计调查13项，调查单位68个，审计金额128693万元。共查出违纪违规金额709万元，上缴区财政26万元。共提交审计报告138篇。

完成区政府交办事项　共完成区委、区政府交办的工作任务18项，审计清理62个单位。1998年冬，仅二个月时间就完成离任审计8宗，受到区委、区政府的好评。

完成上级下达审计任务　共完成上级审计机关下达的审计任务78项，审计单位97个。

**【兴宁市审计局】**　1998年底，有干部职工30人。其中本科生1人，大专生14人；局长1人，副局长3人。

审计工作成果　共完成审计单位(项目)300个，查出违规金额4862.6万元，应上缴财政293.10万元，可减少财政支出225万元，追回侵占挪用资金52万元。

完成市政府交办任务　共完成市政府交办的工作任务17项。1997年，对市重点工程兴南大道进行审计，共核减工程造价458万元，协助追缴税金99.5万元。

**【梅县审计局】**　1998年底，共有干部职工18人。其中：大学生1人，大专生6人，局长1人，副局长2人。

审计工作成果　共完成审计项目172个，审计单位250户；完成审计调查单位17个；审计金额1191578万元。共查出违纪违规金额3636.2万元。同县纪检、监察、信访等部门配合，查处各种经济案件2起。共提交审计报告29篇。

完成县政府交办任务　共完成县委、县府交办的工作6项，审计单位19个。如1997年10月对十二个副科以上的国有企业公司的厂长(经理)离任和领导班子进行经济责任审计，为县组织部门选人用人提供了依据。

完成上级下达审计任务　共完成上级审计机关下达的审计任务167项，审计单位231个。

**【大埔县审计局】**　1998年底，有干部、职工25人。其中，大专毕业11人；局长1人，副局长2人。

审计工作成果　共完成审计单位和项目352个。查出违纪违规金额4332.5万元，上缴财政202万元，增加县财政收入1323万元。查出挪用公款15万元案件1宗1人，并移送有关部门处理。

完成县政府交办任务　共完成县委、县府交办的工作任务51项。1998年，县决定撤消驻北京、珠海、惠州、龙岩、厦门办事处，我局对五个办事处1993年1月至1998年8月财务收支进行审计。清理了资产、债权和债务，挽回经济损失13万元。同年，完成了金利华公司修建"金江大桥"有关财务的审计查证工作，为县领导更改三河坝通往火车站路线方案和筹建开发区提供了决策依据。

**【丰顺县审计局】**　1998年底有干部、职工16人。其中大专9人；局长1人，副局长2人。

审计工作成果　共完成审计项目(单位)261个，查出违规金额8600万元，处理罚款金额222万元，没收金额112.6万元，追回被占用挪用资金156万元，挽回国有资产流失金额1291万元，上缴县财政资金1618.6万元。

完成县委、县政府交办任务　共完成县政府交办的工作任务173项。1998年，县委、县政府交办11个局领导经济责任的离任审计,查出被审单位违规行为金额1623.9万元。

完成上级下达审计任务　共完成上级审计机关下达审计任务88项、审计调查31个。

**【五华县审计局】**　到1998年底,有干部职工24人。其中:大学毕业4人,大专毕业11人;局长1人,副局长2人。

审计工作成果　共完成审计单位371个,完成审计调查6项,审计金额58.65亿元。共查出违纪违规金额8290万元,上缴县财政571.62万元。移送纪检部门违纪案件2宗。

完成县政府交办任务　共完成县委、县政府交办的领导干部经济责任审计24个。

完成上级下达任务　共完成上级下达任务92个。

**【惠州市审计局】**　1998年底,有干部、职工38人。其中:大学生9人,大专生23人;局长1人,副局长2人。设有办公室、财政金融审计科、行政事业审计科、企业审计科、基建审计科、复核指导科、审计事务所等机构。

审计工作成果　共完成审计项目305个,审计单位287户;完成审计调查18项,调查单位41个。共查出违纪违规金额27407万元,其中应上缴财政5847万元,已上缴市财政4057万元;减少财政拨款、补贴4321万元;追还被侵占、挪用资金567万元。提交各类综合报告、信息151篇。同市纪检、监察、检察等部门配合,查处各种经济案件7起。

完成市委市政府交办任务　共完成交办的工作任务98项。如对鹅岭立交桥、市文化中心、市行政中心等项目的预、决算审计,核减工程款均在15%以上。

内部审计　到1998年,全市设内审机构44个,内审人员142名。

社会审计　共接受社会委托审计项目3184项。

受党政部门表彰情况　受市委、市政府表彰1次,共有7人次受市委、市政府表彰等奖励。

**地址**　广东省惠州市云山西路3号江北行政中心4号楼8楼

**电话**　0752—2809413

**邮编**　516003　　(*黄忠武*)

**【惠州市惠城区审计局】**　1998年底有干部职工16人。其中大学本科生6人,大专生4人;局长1人、副局长2人。

审计工作成果　共完成审计项目149个,审计单位189户;审计调查项目19个,调查单位197个。共查出违纪违规金额2798万元,配合区纪检、监察等部门查处各种经济案件21起。提交审计工作报告63篇。

完成区政府交办任务　共完成区委区政府交办的任务95项。较大的项目有:28个农村基层经济组织的财务收支及土地征用款的使用、分配等情况审计;16家企业法人代表的离任审计和城市信用社、农村信用社等单位的资产负债损益等审计。

**【惠阳市审计局】**　1998年底有干部职工29人,其中大学生2人,大专生5人;局长1人,副局长3人。

审计工作成果　共完成审计项目66个,审计单位226个。查出违纪金额7663万元。同市纪检、监察、信访等部门配合,查处各种经济案件3起。

完成市政府交办任务　共完成市委、市政府交办的工作任务14项。查出违纪金额240万元。1998年9月对国土单位进行审计,查出应缴未交款179万元。

**【惠东县审计局】**　1998年底,有干部职工23人。其中:大学生2人,大专生12人;局长1人,副局长2人。

审计工作成果　共完成审计项目206个,审计单位219户;完成审计调查14项,调查单位75个;审计金额75007万元。共查出违纪违规金额8763万元。同县纪检、监察、检察等部门配合,查处各种经济案件7起。上缴县财政102万元。共提交审计报告206篇。

完成县政府交办任务　共完成县委、县政府交办的工作任务25项,审计清理单位31个。

完成上级下达审计任务　共完成上级审计机关下达的审计任务60项,审计单位81个。

**【博罗县审计局】**　1998年底有干部、职工30人。其中:大学生3人,大专生14人;局长1人、副局长3人。

审计工作成果　共完成审计项目235个,审计单位155户;完成审计调查38项,调查单位71个。共查出违纪违规金额4718万元。同县纪检、监察、信访等部门配合,查处各种经济案件8起。共提交审计报告235篇。

完成县政府交办任务　共完成县委、县政府交办任务48项、审计清理单位48个。

完成上级下达审计任务　共完成上级审计机关下达的审计任务145项,审计单位155个。

**【龙门县审计局】**　1998年底共有干部、职工24人。其中:大学生1人,大专生5人;局长1人,副局长2人。

审计工作成果　共完成审计项目108个,审计单位183个;完成审计调查项目19项。共查出违纪违规金额2015.85万元,已上缴县财政金额572.76万元。共提交审计报告108篇。配合县纪检监察、检察院等部门,查处各种经济案件12起。

完成县政府交办任务　共完

成县委、县政府交办的工作任务26项。1997年8月，县交办对某有限责任公司进行审计，查出违纪违规金额159.6万元，以及账账不符，明细账比总账少856.99万元等问题。

完成上级下达审计任务　共完成省、市审计机关下达的审计任务59项，审计单位92个。

**【惠州大亚湾审计局】**　1998年底，全局共有干部、职工9人，其中：大学生1人，大专生3人；局长、副局长各1人。

审计工作成果　共完成审计项目30个，审计单位39个；完成审计调查项目4个，调查单位12个。共查出违纪违规金额9803万元，应上缴财政金额490万元，已上缴财政金额351万元。共提交审计工作报告信息8篇。

完成当地党委、政府交办任务　共完成当地党委、管委会交办的工作任务8项，清理检查单位45个。

完成上级下达审计任务　共完成省、市审计机关下达的审计任务20项，审计单位22个。

**【汕尾市审计局】**　1998年底，共有干部、职工41人。其中：大专以上学历24人。内设办公室、综合科、指导管理科、财政金融科、工交基建科、行政事业科、农林文教科和商贸外资科。

审计工作成果　共完成审计项目251个，查出违规行为金额23006万元，上缴财政金额801万元，罚款114万元，追还被挤占挪用资金79万元，促进增收节支535万元。

受党政部门表彰情况　受市委、市政府表彰8次，共有10人次受市委、市政府表彰奖励。

**地址**　广东省汕尾市人民政府办公大楼523室

**电话**　0660—3365473

**邮编**　516600

**【汕尾市城区审计局】**　1998年底，共有干部职工15人。其中：本科生3人，大专生8人；局长1人，副局长2人。

审计工作成果　共完成审计项目239个，查出违纪违规金额12904万元，上缴财政1144万元，追回被侵占、挪用资金110万元。还与区纪检、监察、检察等部门配合，清查审计各类案件13宗。

完成上级下达审计任务　共完成上级审计机关下达的审计任务172个。

完成区委、区政府交办的工作任务　共完成区委、区政府交办的审计任务67个。

**【海丰县审计局】**　1998年底，共有干部、职工28人。其中：获得助理以上专业技术职称17人(高级职称1人、中级职称13人)。

审计工作成果　共完成审计项目309个。审计调查52项，调查单位83户。共查出违纪违规金额11323万元。其中：上缴财政1233万元，减少财政拨款(补贴)219万元，追回被侵占挪用资金792万元。提交综合及专题审计报告或调查报告64篇。1995年，县委、县政府根据我局《关于县供电局、海城供电公司购建宿舍楼及资金来源的情况报告》，责成县纪委、监察、审计三部门组成专案组，对该局进行立案查处。

**【东莞市审计局】**　1998年底，干部职工38人。其中：获中级职称16人；局长1人、副局长2人。设有办公室、财金审计科、行政事业审计科、基建审计科、粮商贸审计科、工交审计科。

审计工作成果　共完成审计或审计调查单位(项目)421个，查出违纪违规金额37830万元，应上缴财政16898万元，已上缴财政16880万元，减少财政拨款或补贴439万元，核减基建工程款6387万元。

内部审计　1998年底，全市建立内审机构1018个，内审人员2495人。共完成审计单位(项目)9006个，已纠正违纪违规金额50938万元，查出损失浪费2163万元，促进增收节支9374万元。

社会审计　共完成委托事项14624项，核减基建预决算553万元，为委托单位挽回损失841万元，核减虚假注册资金21809万元，促进提高经济效益1324万元，培训人员2261人次。

受党政部门表彰情况　受市委市政府表彰3次。

**地址**　东莞市城区万寿路36号

**电话**　0769—2222282

**邮编**　523003

**【中山市审计局】**　1998年底有干部、职工28人。其中：大学生6人，大专生10人；局长1人，副局长2人。设有办公室、法规科、财政审计科、金融审计科、行政事业审计科、企业审计科、基建审计科、外资审计科。

审计工作成果　共完成审计项目224个，审计单位327户；完成审计调查27项，调查单位50个。共查出违纪违规金额33322万元。同市纪检、监察、信访等部门配合，查处各种经济案件2起。共提交审计报告130篇。

完成市政府交办任务　共完成市委、市政府交办的工作任务127项，审计及审计调查单位228个。1995年对市重点工程—紫马岭公园工程项目进行审计，送审工程金额被核减1261万元，核减率9.26%。

完成上级下达审计任务　共完成上级审计机关下达的审计任务101项，审计和调查单位125个。

内部审计　1998年止，设有内审机构655个，内审人员2060名。共完成审计事项5120项。

社会审计　共接受社会委托

审计项目 7470 项。

受党政部门表彰情况　受市委、政府表彰 3 次。共有 11 人次受市委、市政府表彰奖励。

**地址**　广东省中山市松苑路 1 号

**电话**　0760—8314290

**邮编**　528403　*(巫颖洁)*

**【江门市审计局】**　1998 年底,共有干部、职工 37 人。其中:大学生 6 人,大专生 17 人;局长 1 人,副局长 2 人。设有办公室、综合指导管理科、行财审计科、商粮贸审计科、工交审计科、外资审计科、金融审计科。

审计工作成果　共完成审计项目 448 个,审计单位 481 户;完成审计调查 18 项,调查单位 71 个。共查出违纪违规金额 97085 万元,上缴市财政 8482 万元。共提交审计报告 448 篇。

完成市政府交办任务　共完成市委、市政府交办的工作任务 38 项,审计单位 38 个。

完成上级下达审计任务　共完成上级审计机关下达的审计任务 101 项,审计单位 146 个。省每年安排的财政预算执行情况审计,市局列为重点,切实抓好。总体上,市政府和市人大对财政同级审工作较为满意。1997 年,江门市人大常委会一位副主任在接受《广州日报》记者采访时说:"关于对 1996 年度市本级预算执行情况的审计工作报告,对人大检查监督十分有利,符合依法治市的要求。"1998 年,我市对开平、蓬江、江海等三市区 1997 年度财政决算进行审计,覆盖面达 43%,并延伸审查了三十多个部门和预算执行单位,纠正处理了违规金额 1318 万元。

内部审计　到 1998 年,有内审机构 33 个,内审人员 63 名。

社会审计　共接受社会委托审计项目 7025 项。

**地址**　广东江门市建设路 88 号

**电话**　0750—3302006

**邮编**　529000

**【江门市江海区审计局】**　到 1998 年底,共有干部、职工 10 人。其中:大学生 2 人,大专生 3 人;局长 1 人,副局长 1 人。

审计工作成果　共完成审计项目 139 个。审计单位 131 户;完成审计调查 22 项,调查单位 28 人共查出违纪违规金额 2197.46 万元。同区纪检、监察、信访等部门配合,查处各种经济案件 5 起。共提交审计报告 139 篇。

完成区政府交办任务　共完成区委、区政府交办的工作任务 114 项。

完成上级下达审计任务　共完成上级审计机关下达的审计任务 45 项,审计单位 66 个。

**【台山市审计局】**　1998 年底,共有人员 24 人。其中大学本科生 5 人,大专生 5 人;局长 1 人,副局长 6 人。

审计工作成果　共完成审计项目 299 个,审计单位 328 户;完成审计调查 22 项,调查单位 128 个;完成专项审计 13 项。共查出违纪违规金额 11863 万元,追回侵占挪用金额 1268 万元,上缴市财政 786 万元。共提交审计报告 299 篇。查处并移交有关部门经济案件 1 宗 1 人。

完成市政府交办任务　共完成市委、市政府交办及部门委托任务 65 项。

完成上级下达审计任务　共完成上级审计机关下达任务 137 项,审计和审计调查 323 个单位。

**【新会市审计局】**　1998 年底,共有干部、职工 40 人。其中:大学生 5 人,大专生 17 人;局长 1 人,副局长 4 人。

审计工作成果　共完成审计项目(单位)452 个,查出违纪违规金额 149790 万元,追还挪用专项资金 31094 万元,上缴市财政 1522 万元。会同纪检、监察、政法等部门查处各类经济案件及参与市政府组织的专项审计(调查)17 起。

完成市委、市政府交办任务　共完成市委、市政府交办的审计任务 57 项。1994 年,根据政府指示对市规划局、土地五统一办公室历年市政建设规划、"五统一"收费的管理使用情况进行专项审计,市政府根据审计情况决定对两单位实行收支两条线的管理,并将两单位结余的专项资金 4360 万元收归财政。1998 年,市府紧急交办对水、电、路、财务公司等 6 个单位的集资款情况进行审计。按时向市政府提交了审计报告,市领导采纳了审计提出的关于加强对集资本息兑付的四项建议。

**【开平市审计局】**　1998 年底,有干部、职工 17 人。其中:大专生 11 人;局长 1 人,副局长 1 人。

审计工作成果　共完成审计项目 150 项,审计调查事项 52 项,审计或审计调查单位 440 个。共查违纪违规金额 12574 万元,其中上缴财政 703 万元。移交有关部门的经济案件 14 宗 17 人。

完成上级下达审计任务　共完成市委、市政府交办的工作任务 81 项,审计或审计调查单位 104 个。1995 年 2 月,对开平市 1983 至 1994 年电力附加费的征收、上缴、使用情况和市发电厂经营情况进行审计。市政府根据审计调查报告提供的情况和意见,制订了《关于 1995 年向市发电厂拨付电力附加费的办法》和对附加费实行收支两条线管理,有效地加强了我市电力附加费的管理。

**【鹤山市审计局】**　1998 年底,共有干部 21 人。其中:大专生 11 人;局长 1 人,副局长 2 人。

审计工作成果　共完成审计

(或调查)单位269个,共完成省、市审计机关下达的审计任务132项。共查出违规违纪金额10,360万元,上缴市财政859.5万元,追还挪用专用资金34万元。

完成市政府交办任务　共完成市政府交办的领导离任审计13个,财务大检查单位20个,审计调查10项。

**【恩平市审计局】**　1998年底,有干部职工24人。其中:大专生9人;局工1人,副局长2人。

审计工作成果　共完成审计项目286个,审计单位286个;完成审计调查14项,调查单位143个。共查出违规行为金额367,537万元。同市纪检、监察部门配合,查处各种经济案件3起。共提交审计报告6篇。

完成政府交办任务　共完成市委市府交办的工作任务24项,审计单位24个。1997年4月为化解恩平金融风险案,集中审计人员,配合上级部门对全市17个镇政府抽调企业资金的去向进行审计;对全市17个镇信用社、1个信用联社和市农业银行1993—1996年度资产负债及损益进行审计。

完成上级下达审计任务　共完成审计机关下达的审计任务134项,审计单位168个。

**【佛山市审计局】**　1998年底,共有人员40人。其中:局长1人,副局长3人。设有办公室、财政审计科、金融审计科、工交企业审计科、商贸企业审计科、基建审计科、行政事业审计科和指导管理科。

主要审计成果　5年来,全市共审计1580个单位,查出违纪金额23422万元,已上缴财政金额9691万元。1995年起全市审计机关实施本级财政预算执行审计,审计财政、税务、金库等单位共174个,查出违纪金额11496万元。对中国银行等88家金融机构进行了审计,查出违纪金额1916万元。对550个企业进行了审计,查出违纪金额6501万元。对381个行政事业单位进行了审计,审计的重点主要是有行政性收费和罚没收入的部门和单位,以及使用财政资金较多的行政事业单位,共查出违纪金额3487万元,促进了行政事业单位实行收支两条线管理。市局对佛山文庆大桥项目的竣工决算审计,核减1300多万元,占送审计造价45.38%。对此,市委书记林浩坤在审计报告上批示:"各级各部门必须十分注意发挥审计部门的职能作用。"

**地址**　广东佛山市大福路14号
**电话**　0757—3324900
**邮编**　528000

(温美球)

**【佛山市城区审计局】**　1998年底,共有干部8人。其中:大学生1人,大专生6人;局长1人,副局长1人。

审计工作成果　共完成审计项目104个,审计单位104户,完成审计调查2项,调查单位2户。共查出违纪违规金额1028.5万元,上缴财政金额218万元。

完成区政府交办任务　共完成区委、区政府交办的工作任务91项。1997、1998年,对区属十七个严重亏损、资不抵债企业的资产、负债、损益进行了审计,核定呆账损失(银行借款本息)1.7亿元,为有关部门提供了决策依据。

完成上级下达审计任务　共完成省上级审计机关下达的审计任务30项,审计单位30个。

**【南海市审计局】**　1998年底在职干部20人,其中:具有审计师(会计师)专业资格7人;局长1人,副局长2人。

审计工作成果　共完成审计项目263个,专项审计调查14项,调查单位88个。共查出违纪违规金额13988万元,上缴财政金额583万元,向司法机关移送案件3件。5年来共完成指令性任务123项,完成市政府交办的任务154项。

**【顺德市审计局】**　1998年底有干部25人。其中有中级专业职称人员12人;局长1人、副局长2人。

审计工作成果　共审计了313个项目,其中:完成上级下达审计任务124项、完成市政府交办任务149项,审计单位326个共查出违纪、违规金额1.7亿元,促进增收节支9000万元。提交审计报告(信息)261篇。

**【三水市审计局】**　1998年底,在职人员13人。其中:副局长2人。

审计工作成果　共完成各项审计项目203项,延伸审计单位92个。查处违纪金额1916万元,上缴财政354万元,提出改进意见和建议75条。

**【阳江市审计局】**　1998年底,有干部职工29人,其中大专以上学历21人;局长1人,副局长2人。设有办公室、复核监察室、金融外资审计科、行政副业财政审计科、企业审计科、基建审计科、综合审计科。下属单位:阳江市基建审计中心。

审计工作成果　全市共完成审计项目(单位)1088个,查出违纪违规金额67251万元,其中应上缴财政11358万元,已上缴财政3997万元,应减少财政拨款或补贴2103万元,应归还原渠道资金2151万元。

完成地方党委、政府交办任务　全市共完成党委、政府交办的审计项目116个,其中离任和经济案件审计106宗。

内部审计　到1998年,全市有内部审计机构39个,内审人员142人。共审计399个项目(单位)，查出违规金额597万元，促进增收节支714万元，向司法机关移送案件2宗。

社会审计　全市共完成委托审计事项5364项。核减基建工程高估冒算368万元，为委托单位挽回损失424万元。

受党政部门表彰情况　我市各级审计机关受省、市、县(市、区)党委、政府和系统表彰的先进集体15个(次)，先进个人51人(次)。

**地址**　广东阳江市东风一路14号

**电话**　0662—3222949

**邮编**　529500

**【阳春市审计局】**　到1998年底在职干部、职工24人。其中：大学生1人，大专生9人；局长1人，副局长3人。

审计工作成果　共完成审计项目301个，审计单位325个，查出违纪违规金额3948万元。同纪检、监察、信访等部门配合，查出经济案件7起。

完成市政府交办任务　共完成市委、市政府交办的工作任务32项，审计单位65个。

完成上级下达审计任务　共完成上级审计机关下达的审计任务68项，审计单位150个。

**【湛江市审计局】**　1998年底，有干部职工61人。其中：研究生3人，大学生6人，大专生29人；正副局长5人。设有办公室、综合指导科、工交审计科、商粮贸审计科、基建审计科、财金审计科、外资审计科、行政事业审计科及机关服务中心。

审计工作成果　共完成审计项目538个，审计单位556户；完成审计调查56项，调查单位97个。共查出违纪金额161702万元，处理应上缴财政金额2195.2万元，应减少财政拨款和补贴1313万元，责成应追还被侵占挪用资金2868万元。促进增收节支，提高经济效益1709万元。向司法机关移送案件13宗。

完成党委政府及上级机关交办任务　共完成市委、市政府及上级审计机关交办的审计工作任务108项。1998年，对粮食企业新增财务挂账和其他不合理占用农发行贷款进行审计调查。审计核减亏损3609万元，查出挤占挪用粮食收购资金及财政补贴资金等重大案件2宗。

完成上级下达审计任务　共完成上级下达的审计任务420项。

内部审计　到1998年，设内审机构229个，内审人员722名。

社会审计　共接受社会委托审计项目3639项。

受党政部门表彰情况　受市委、市政府表彰6次，12人次受到市委、市政府表彰奖励。

**地址**　湛江市霞山区海昌路9号

**电话**　0759—2263059

**邮编**　524005

**【廉江市审计局】**　1998年底，共有干部、职工21人。其中本科生1人，大专生11人；局长1人，副局长4人。

审计工作成果　共完成审计项目258个。审计单位498户，完成审计调查33项，调查单位33个。共查出违纪违规金额6249万元。同市经检、监察、信访等部门配合，查出各种经济案件18起。共提交审计报告258篇。

完成市政府交办的任务　共完成市委、市政府交办的工作任务43项，审计清理单位43个。

完成上级下达审计任务　共完成审计机关下达的审计任务215项，审计单位355个。

**【遂溪县审计局】**　1998年底有干部职工21人。其中：大学本科2人，大专15人；局长1人，副局长2人。

审计成果　共完成审计273个单位(项目)，查出违纪违规金额21039万元，应缴财政987万元，已缴财政673万元，罚款42万元，应减少财政补贴或拨款486万元。配合县政府、纪检监察等部门查处各种经济案件8件，移交检查机关处理的案件2宗。共提交审计报告93篇。

完成县委县政府交办任务　共完成县委县政府交办的工作任务59项，审计清查单位257个。1994年对全县五间国营糖厂厂长离任经济责任进行审计。

完成上级下达的任务　共完成上级审计机关下达的审计任务132个单位(项目)，查出违纪违规金额15137万元，应缴财政643万元，已缴财政428万元。

**【茂名市审计局】**　1998年底共有干部、职工48人。其中：大学生4人，大专生42人；局长1人，副局长3人。设有办公室、综合科、财政金融审计科、行政事业审计科、商粮贸审计科、工交审计科、基建审计科，属下有审计师事务所。

审计工作成果　共完成审计项目425个。审计单位425户；完成审计调查51项，调查单位51个。共查出违纪违规金额80.559万元，上缴市财政6426万元。共提交审计报告143篇。

完成市委、市政府交办任务　共完成市委、市政府交办的审计任务213项。其中，完成领导干部离任审计68个。

完成上级下达审计任务　共完成上级审计机关下达的审计任务63项，审计单位63个。

内部审计　到1998年有内审机构46个，内审人员220名。审计项目743个，查出违纪违规金额69404万元，促增收节支5789万元。

社会审计　共接受社会委托审计项目3556项。

**地址** 茂名市油城六路政府大院3号楼二楼
**电话** (0668) 2288417
**邮编** 525000

**【茂名市茂南区审计局】** 1998年底,共有干部、职工16人,其中:大专生7人;局长1人,副局长1人。

审计工作成果 共完成审计项目234个,审计单位234户;完成审计调查27项。共查出违纪违规金额2381万元,调查单位27个;应上缴财政488万元,应追还侵占挪用资金480万元。移送纪检、监察、案件3个,称送检察院经济案件4起,共提交审计报告234篇。

完成区政府交办任务 共完成区委、区政府交办的工作任务60项,审计清理单位20个。1998年审计茂南区宇电工业总公司时,发现经理有贪污和挪用公款的嫌疑,及时移交了区检察院处理。

完成上级下达审计任务 共完成上级审计机关下达的审计任务207项,审计单位207个。

**【高州市审计局】** 1998年底共有干部、职工19人。其中:大学本科生2人,大专生11人;局长1人,副局长2人。

审计工作成果 共完成审计项目273个,完成审计调查28项,共查出违纪违规金额7960多万元,上缴市财政297万元,挽回损失560万元,同市纪检、监察、信访等部门配合,查处各种经济案件16起。共提交审计报告、综合报告312篇。

完成市委、市政府交办任务 共完成市委、市政府交办任务81项,其中,科级以上领导干部离任经济责任审计68项。

完成上级下达的审计任务 共完成上级审计机关下达的审计任务172项,审计单位257个。

**【化州市审计局】** 1998年底,共有干部职工19人。其中:大学生3人,大专生10人;局长1人,副局长2人。

审计工作成果 共完成审计项目294项,审计单位305户;完成审计调查23项。共查出违纪违规金额9749万元,上缴财政264万元。

完成本级政府交办任务 1996年,配合财政对有关单位预算外资金进行清理检查,处理违纪金额60万元。1997至1998年,对38个行政事业、企业单位主职领导离任前经济责任进行审计,共查出违纪违规金额3430万元。

**【电白县审计局】** 1998年底共有干部职工33人。其中:本科生7人,大专生12人;局长1人,副局长5人。

审计工作成果 共完成审计项目238项,其中有自选的基建资金来源审计45项,审计单位276户。共查出违纪违规金额5,624万元,上缴县财政120多万,挽回经济损失430多万元。提交审计报告195篇。

完成县委县政府交办的任务 共完成县委县政府交办的工作任务39项,其中对党政机关和企事业单位的主要负责人离任进行经济责任审计22项。

完成上级下达的任务 共完成上级审计机关下达的审计任务156项。

**【肇庆市审计局】** 1998年底,共有干部、职工35人。其中:大学本科学历3人,大学专科学历19人;局长1人,副局长2人。设有人事秘书科、综合科以及5个审计业务科。

审计工作成果 共完成审计项目148个,审计单位205户;完成审计调查13项,调查单位31个。共查出违纪违规金额4633亿元,上缴市财政1360万元。共提交审计综合报告65篇。

完成市政府交办和自定任务 共完成市政府交办和自定的工作任务35项,审计单位40个。1994年—1997年间,对开通改造端州路、建设四路以及一批重点的建设项目进行了审计,审计资金总额1.2亿元,核减资金20多万元。

完成上级下达审计任务 共完成上级审计机关下达的审计任务113项,审计单位170人。

内部审计 到1998年,有内部审计机构31个,内审人员71名。共审计单位519个。

社会审计 共接受社会委托审计项目2355项。

**地址** 肇庆市城中路49号市府大院内
**电话** 0758—2231894
**邮编** 526040

**【肇庆市端州区审计局】** 1998年底,共有干部、职工24人。

审计工作成果 共完成审计项目90个,审计单位120户;完成审计调查13项,调查单位21个。共查出违纪违规金额3772万元,上缴财政624万元。

审计任务完成情况 共完成区委、区政府交办的工作任务12项;完成省、市审计机关下达的审计任务78项,审计单位108个。

**【高要市审计局】** 1998年底,共有干部职工18人。其中:大学本科2人,大学专科9人;局长1人,副局长2人。

审计工作成果 共完成审计项目155个,审计单位203个;完成审计调查24项,调查单位40个。共查出违纪违规金额243.6万元,上缴财政金额40.3万元。同市纪检、监察、信访等部门配合,查和各种经济案件6起。共提交审计报告155篇。

完成市政府交办任务 共完

成市委、市政府交办的工作任务37项,审计清理单位61个。

完成上级下达审计任务 共完成上级审计机关下达的审计任务92项,审计单位126个。

**【四会市审计局】** 1998年底,共有干部、职工16人。其中:大专生11人;局长1人,副局长2人。

审计工作成果 共完成审计项目(单位)122个。查出违纪违规金额1,965.58万元。上缴财政532.30万元。移交反贪局、纪检、监察查处的案件2宗(5人)。共提交审计报告122篇。

完成市政府交办任务 共完成市委、市政府交办的工作任务29项。1996年,对四会市回力拍卖行进行审计,揭露出该拍卖行以月息2‰、3‰并按季发息为饵,骗取了418户集资户非法集资1,286万元。发现该单位经理、出纳、仓管员3人,涉嫌贪污公款公物436.80万元,及时移送了市反贪局处理。

**【广宁县审计局】** 1998年底,共有干部、职工16人。其中:大专生7人;局长1人,副局长2人。

审计工作成果 共完成审计项目194个。审计单位210户;完成审计调查8个。共查出违纪违规金额2404万元,上缴财政336万元。同县纪检、监察等部门配合、查处各种经济案件一起。共提交审计报告194篇。

完成县政府交办任务 共完成县委、县府交办的工作任务63项。

完成上级下达审计任务 共完成上级审计机关下达的审计任务15项,审计单位23个。

**【德庆县审计局】** 1998年底共有干部、职工14人。其中:大学本科2人,大专10人;局长1人,副局长2人。

审计工作成果 共完成审计项目124个,其中完成上级审计机关下达的审计任务99项,审计调查4项。查出违纪行为金额3163万元,其中决定处理处罚上缴财政金额56万元。共提交审计报告及信息140篇。

完成县政府交办任务 共完成县委、县政府交办的审计任务25项。

**【封开县审计局】** 1998年底,共有干部、职工15人。其中:大专生12人;局长1人,副局长2人。

审计工作成果 共完成审计项目97个。审计单位104户;完成审计调查6项,调查单位10个。共查出违纪违规金额364.4万元,罚款7万元,上缴财政57万元。移交县纪检监察立案查处经济案件2起。

完成上级下达审计任务 共完成上级审计机关项目67个。1998年6月对粮食系统财务挂账清查审计,核减国有粮食企业新增财务挂账1213.42万元,占原挂账数46%。

完成县政府交办任务 共完成县委、县政府交办的工作项目30个,其中离任审计11个。1995年对封开县口岸经济发展总公司的审计和1997年对封开县第三建筑公司原经理的离任审计,发现有重大违纪违规问题,及时移交了县纪检监察立案查处。

**【云浮市审计局】** 到1998年底,全市审计人员85人。其中市局本身21人中,有本科生1人,大专生12人;局长1人,副局长2人。设办公室、综合科、法规科、财政行政审计科、金融农林水审计科、商粮贸审计科、工交审计科、基建外资审计科、审计师事务所。

审计工作成果 全市共完成审计项目565个,审计单位782户;完成审计调查168项,调查单位197户。共查出违纪违规金额2578万元,应上缴财政金额2598万元,已上缴财政2048万元,罚款金额108万元,应追还侵占挪用资金672万元,应减少财政拨款及补贴662万元。共提交审计报告565篇。

完成政府交办的任务 共完成交办的工作任务86项,审计清理单位102个。

完成上级下达审计任务 共完成上级审计机关下达的审计任务479项,审计单位680个。

内部审计 到1998年,有内部审计机构144个,内审人员444人。

社会审计 共接受社会委托审计项目1094项。

受党政部门表彰情况 受市委、市政府表彰8次,共有12人次受市委、市政府嘉奖及表彰奖励。

**地址** 广东云浮市行政中心南楼
**电话** 0766—8988283
**邮编** 527300

**【云浮市云城区审计局】** 1998年有干部、职工12人。其中:注册会计师1人,审计师1人;局长1人,副局长2人。

审计工作成果 共完成审计项目120个,审计单位205户;完成审计调查10项,调查单位30个。共查出违纪违规金额3875万元,上缴财政72万元,提交审计报告201篇。并配合纪检、监察、检察等部门查处各种经济案件11起。

完成党委、政府交办任务 共完成交办的工作任务36项,审计单位73个。

完成上级下达审计任务 共完成上级审计机关下达的审计任务86项,审计单位130个。

**【罗定市审计局】** 1998年底,共有干部、职工15人,其中:大专生12人;局长1人,副局长2人。

审计工作成果 共完成审计

项目 173 个，审计单位 155 户；完成审计调查 4 项，调查单位 4 个。共查出违纪违规金额 1599 万元，上缴市财政 348 万元。共提交审计报告 173 篇。

完成市政府交办任务　共完成交办的工作任务 54 项，审计清理单位 54 个。

完成上级下达审计任务　共完成上级审计机关下达的审计任务 46 项，审计单位 128 个。

**【云安县审计局】**　1998 年底，共有人员 10 人。其中：大专生 3 人；局长 1 人，副局长 1 人。

审计工作成果　共完成审计项目 35 项，审计单位 66 户；完成审计调查 3 项，调查单位 5 个。共查出违纪违规金额 3777 万元，上缴财政 68 万元。同县纪检、监察、信访等部门配合，查处各种经济案件 5 起。共提交审计报告 58 篇。

完成县政府交办任务　共完成县委、县政府交办的工作任务 15 项，审计清理单位 29 个。

完成上级下达审计任务　共完成上级审计机关下达的审计任务 35 项，审计单位 66 个。

**【新兴县审计局】**　1998 年底，共有干部、职工 17 人。其中：大专生 8 人；局长 1 人，副局长 2 人。

审计工作成果　共完成审计项目 134 个，审计调查 22 项。共查出违规行为金额 2940 万元，上缴县财政金额 262 万元。协助纪检、监察部门提供了解社会收费情况 1 起。共提交审计报告 134 篇。

完成县政府交办任务　共完成交办的工作任务 15 项。

完成上级下达审计任务　共完成上级审计机关下达的审计任务 129 项，查出违规行为金额 2869 万元。

**【郁南县审计局】**　1998 年底，共有干部、职工 15 人。其中：本科生 1 人，大专生 7 人；副局长 2 人。

审计工作成果　共完成上级下达的审计及审计调查项目 158 个，查出各类违规违纪金额 1131 万元，查处上缴财政金额 135 万元，追缴侵占被挪用资金 36 万元，促进增收节支 250 万元。

完成地方党政府交办的审计任务　按照县委、县政府的要求，连续 5 年对县里 15 个主管部门 93 个企业的经营目标完成情况及资产负债损益情况进行审计及检查，每年为政府提交格式化审计报告 93 份，文字审计报告 15 份。

**【清远市审计局】**　1998 年底，共有干部、职工 38 人。其中具有中级技术职称 10 人；局长 1 人，副局长 3 人。设办公室、人事科、指导管理科、商粮贸审计科、工交审计科、基建审计科、行政事业审计科、财政金融审计科和飞来峡审计分局。

审计工作成果　全市审计机关共完成审计单位 2259 个，其中市局完成审计单位 312 个，完成审计调查 10 个。共查出违规行为金额 45591 万元，其中应上缴财政金额 6131 万元，已上缴财政金额 4484 万元。

完成市委、市政府交办任务　共完成交办的工作任务 167 项。

完成上级下达任务　市局共完成署、省下达的审计任务 96 项。

内部审计　到 1998 年，全市内部审计机构 195 个。共审计单位 3028 个。

社会审计　共接受社会委托审计项目 1302 个。

受党政表彰情况　受市委、市政府表彰 2 次。

**地址**　清远市新城北江二路
**电话**　0763—3363538
**邮编**　511515

**【清远市清城区审计局】**　1998 年底，共有干部职工 11 人。其中：大专毕业 6 人，局长 1 人，副局长 1 人。

审计工作成果　共完成上级审计机关下达的审计任务 165 项，完成审计调查 15 项，调查单位 23 个。共查出违纪违规金额 9300 万元，配合纪检、监察等部门，查处各种经济案件 8 宗，移送纪检、司法机关处理的责任人员 3 人。

完成区委、区政府交办任务　共完成交办的领导干部离任经济责任审计任务 43 项，查出违纪违规金额 1711 万元。

**【英德市审计局】**　1998 年底，共有干部、职工 25 人。其中：大学生 3 人，大专生 15 人；局长 1 人，副局长 2 人。

审计工作成果　共完成审计项目 218 个，审计单位 362 户；完成审计调查 28 项，调查单位 57 个。共查出违纪违规金额 5746 万元。应上缴市财政 1220.5 万元。同市纪检、监察、信访等部门配合，查处各种经济案件 2 起。共提交审计报告 11 篇。

完成市政府交办任务　共完成交办的工作任务 37 项，审计清理单位 54 个。1997 年查出英伟鞋业有限公司应上缴财政资金（应缴未交 1996 年企业所得税）142 万元。

完成上级下达审计任务　共完成上级审计机关下达的审计任务 134 项，审计单位 227 个。

完成自定任务　共完成自定审计任务 47 项，审计单位 81 个。

**【连州市审计局】**　1998 年底，共有干部职工 17 人。其中：大学生 1 人，大专生 8 人；局长 1 人，副局长 2 人。

审计工作成果　共完成审计项目 217 个，审计调查 182 个单位，提交审计报告 217 篇，共查出违纪金额 1064 万元，已上缴财政

259万元。

完成市政府交办任务　共完成交办的工作任务49项。1998年,对市重点工程项目——红楼宾馆审计中,核减工程决算金额133万元。

完成上级下达审计任务　共完成上级审计机关下达的审计任务101项,审计单位113个。

**【佛冈县审计局】**　1998年底在职干部职工15人。其中有审计师职称3人;正副局长各1人。

审计工作成果　共完成审计项目(单位)198个,审计调查15项,调查单位96个。共查出违纪违规金额1914万元,应缴财政274.60万元,已缴财政269.60万元,追缴被挪用专项资金268万元。同县纪检监察、信访等部门配合,查处各种经济案件5起。

完成县政府交办任务　共完成交办的工作任务37项,自定审计任务78项。1996年4月,对县属6个土地开发部门进行审计,查清其欠交县财政资金达1043万元(此款大部分被挪用于购小车、建商品房、吃喝消费),县委县政府据此作出了三条决定,有效地治理了土地开发管理混乱局面。

完成上级下达审计任务　共完成上级审计机关下达的审计任务47项,审计单位75个。

**【清新县审计局】**　共完成审计项目196项,审计单位334个,完成审计调查27项。共查出违纪违规金额4236万元,应上缴财政金额581万元,已上缴财政金额430万元,查出应归还原渠道资金金额100万元,应减少财政拨款或补贴金额51万元。

完成县政府交办任务　共完成交办的工作任务57项,其中领导干部经济责任离任审计35项。

完成上级下达审计任务　共完成上级审计机关下达的审计任务105项。

**【潮州市审计局】**　到1998年底,共有干部、职工31人。其中:大学生2人,大专生18人;局长1人,副局长3人。设办公室、财政金融审计科、行政事业审计科、商粮贸审计科、工业交通审计科、基本建设审计科、综合指导科。下属单位审计师事务所。

审计工作成果　共完成审计项目771个,审计调查23项,调查单位147个。共查出违纪违规金额12479万元,上缴财政3094万元。同市纪检、监察、信访等部门配合,查处各种经济案件14起。共提交审计报告64篇。

完成市政府交办任务　共完成市委、市政府交办的工作任务194项。

内部审计　到1998年,有内部审计机构33个,内审人员291人。

社会审计　共接受社会委托单位4910个,完成委托事项6705项。

受党政部门表彰情况　有1人次受市委、市政府记功、嘉奖等奖励。

**【揭阳市审计局】**　1998年底,共有干部、职工41人。其中:大学生6人,大专生26人;局长1人,副局长3人。设人事秘书科、综合科、财政金融(外资)审计科、行政事业审计科、商贸审计科、工业交通审计科、基本建设审计科。

审计工作成果　共完成审计项目282个,(其中上级下达审计任务52项),审计调查项目11个;共查出违纪违规资金31793万元,处理应上缴财政3166万元,应减少财政拨款108万元,应归还原渠道资金725万元。共提交审计工作报告130篇。至1998年底,共完成对73位行政事业单位领导干部或企业领导人员的任期经济责任审计。

内部审计　到1998年有内审机构33个,内审人员120名。

社会审计　共接受社会委托审计项目3073个。

受党政部门表彰情况　有2人获得市政府记功、奖励。

**地址**　广东省揭阳市东山区沿江路市政府办公大楼西附楼二楼

**电话**　0663—8768342

**邮编**　522031

**【揭东县审计局】**　1998年底,共有干部、职工21人。其中:大学生2人,大专生11人;局长1人,副局长4人。

审计工作成果　共完成审计项目153个,审计单位153户;完成审计调查26项,调查单位26个。共查出违纪金额2348万元,上缴财政340万元。提交审计报告195篇。

完成县政府交办任务　共完成县委县政府交办的领导干部离任经济责任审计27项。

完成上级下达任务　共完成上级审计机关下达的审计任务135项,审计单位135个。

**【揭西县审计局】**　1998年底,共有干部、职工16人。其中:大专文化7人;局长1人,副局长2人。

审计工作成果　共完成审计项目215个,其中审计调查项目6个。共查出违纪违规金额4087万元,处理上缴县财政365万元,减少财政拨款或补贴583万元,归还原渠道资金231万元,促进增收节支437万元。共提交审计报告215篇。至1998年底,对18个单位领导实施了离任经济责任审计,共查出违纪违规金额458万元,处理上缴财政58万元,追回挪用资金46万元,建议暂缓离任1人。

# 广西壮族自治区

**【广西壮族自治区审计工作简述】**

1994年至1998年，全区共建立审计机关117个，人员2118人。其中，大专以上学历占53%，具有中高级职称的占50%。5年来，共审计11407个单位，累计查出各种违规金额1333544万元，揭露和向司法机关移送经济案件40宗，移送纪检和司法机关处理的责任人员22人。

*法制建设情况* 1、全面贯彻落实审计法律法规 1998年自治区政府第6号令发布了《广西地方预算执行情况审计办法》，各级审计机关内部依据《审计法》建立了严谨的审计事项复核管理制度，保证了审计质量。2、实行审计执法责任制，开展审计执法检查活动 为提高依法审计水平，提高执法质量和效率，审计厅连年开展全区审计执法检查制度，各级审计机关也加强了执法检查。通过执法检查，促进了审计法律规范的落实和审计水平的提高。针对一些被审计单位法律意识淡薄，阻碍检查，提供虚假会计资料，拖延执行审计处理决定等情况，审计机关逐步推行了被审计单位承诺制，要求对其所提供的会计资料的真实性、完整性进行书面承诺。3、广泛深入学习宣传《审计法》 全区各级审计机关十分重视《审计法》的学习宣传，通过新闻媒介，以文艺汇演、知识讲座、有奖竞赛等形式，向社会大力宣传《审计法》，取得了良好的效果。

**【广西壮族自治区审计厅概况】**

*机构及人员* 自治区审计厅内设机构有：办公室、人事教育处、综合处、法规处、审计管理处、财政审计处、中央单位审计处、行政事业审计处、工业交通审计处、商贸审计处、固定资产投资审计处、农业审计处、外资运用审计处、自治区直属公司审计处、机关党委、纪检监察室。此外，1996年经自治区编委批准，自治区审计厅在29个区直部门设置派驻机构，行政编制101名，事业编制20名。派驻机构有：驻区发展计划委员会审计处；驻区教育厅审计处；驻区科学技术厅审计处；驻区地质矿产厅审计处；驻区建设厅审计处；驻区煤炭工业厅审计处；驻区机械工业厅审计处；驻区冶金工业厅审计处；驻区石油化学工业厅审计处；驻区交通厅审计处；驻区水利电力厅审计处；驻区农业厅审计处；驻区林业厅审计处；驻区贸易厅审计处；驻区对外贸易厅审计处；驻区广播电视总局审计处；驻区卫生厅审计处；驻区劳动厅审计处；驻区粮食局审计处；驻区扶贫开发审计处；驻区土地管理局审计处；驻区工商行政管理局审计处；驻区公安厅审计处；驻区司法厅审计处；驻区新闻出版局审计处；驻区旅游事业局审计处；驻区轻工总会审计处；驻区纺织总会审计处。

**自治区审计厅负责人名单**

| 年度 | 厅长 | 在任时间 | 副厅长 | 在任时间 |
|---|---|---|---|---|
| 1994 | 叶学明 | | 赖俊 | |
| | | | 张绍荣 | |
| 1995 | 叶学明 | 11月离任 | 赖俊 | 1月离任 |
| | 雷熹平 | 11月任职 | 张绍荣 | |
| | | | 黄志武 | 1月任职 |
| | | | 黄晓虹 | 1月任职 |
| 1996 | 雷熹平 | | 张绍荣 | |
| | | | 黄志武 | |
| | | | 黄晓虹 | 3月离任 |
| | | | 邝满维 | 8月任职 |
| 1997 | 雷熹平 | | 张绍荣 | |
| | | | 黄志武 | |
| | | | 邝满维 | 8月任职 |
| 1998 | 雷熹平 | 1月离任 | 张绍荣 | |
| | 唐松庆 | 5月任职 | 黄志武 | 5月离任 |
| | | | 邝满维 | |
| | | | 聂江武 | 9月任职 |

**自治区审计厅人员基本情况表**

| 项目/年度 | 职工总数 | 干部人数 | 工勤人数 | 党员人数 | 团员人数 | 厅领导数 | 处级干部 | 大专以上 |
|---|---|---|---|---|---|---|---|---|
| 1994 | 136 | 120 | 16 | 55 | 11 | 4 | 40 | 73 |
| 1995 | 129 | 112 | 17 | 52 | 12 | 6 | 41 | 74 |
| 1996 | 138 | 120 | 18 | 61 | 15 | 6 | 39 | 80 |
| 1997 | 138 | 118 | 20 | 60 | 15 | 5 | 40 | 88 |
| 1998 | 134 | 114 | 20 | 56 | 13 | 6 | 47 | 81 |

*成果综述* 广西壮族自治区各级审计机关共审计11407个单位，累计查出各种违规行为金额1333544万元，应上缴财政161456万元，应减少财政拨款和补贴13331万元，应归还原渠道资金128921万元，已上缴财政53464万元，罚款4225万元，促进增收节支53464万元，向司法机关移送案件40起，移送纪检和司法机关处理的责任人员22人。

*财政审计* 1、本级预算执行审计 几年来，累计审计了478个预算执行单位，查出隐瞒、截留预算收入、违规退库、虚列预算支出、挪用专项资金等各种违纪金额16.2亿元，通过审计处理，应增加财政收入4.45亿元。2、财政决算审计 5年来，对地、市、县、乡财政决算审计共完成751个，查出隐瞒、截留、转移财政收入、预算内转预算外、虚列财政收支、越权减免税收等违规金额共139853万元，其中应增加财政收入56840万元，应减少财政支出9176万元。

*金融审计* 共审计了537个单位，重点检查负债损益真实性、负债的合理性和国有资产的保值增值情况，查出国有资产流失158624万元，负债（权益）不实15948万元，损益不实64191万元，转移截留收入、挤占成本费用、虚列支出等违规金额370039万元。1997年自治区审计厅和有关市审计局还分别对7个信托投资公司进行了审计。1998年全区审计机关第一次对证券公司进行审计。

固定资产投资审计　共审计323个单位(项目),审计投资总额400亿元,查出高估冒算、转移挤占挪用、多列概算等违纪金额59494万元,审计决定应归还原资金渠道17834万元,核减工程预决算14667万元。

企业审计　共审计企业3014户,查出违规金额251476万元,决定应上缴财政24177万元,应追还被侵占挪用资金4686万元,促进企业增收节支904万元。1995年对全区年亏损额在100万元以上的99户财政预算内工业企业进行审计调查,1996年对64个农业资料生产公司和列入全国1000户重点联系的13户大中型工业企业进行审计调查,1997年调查了53户国有大中型工业企业不合理负担情况,1998年审计了130户地方电力企业和12户股份制商业企业。

粮食审计　于1998年6月,对全区粮食系统财务挂账和其他不合理占用贷款情况进行清查审计,审计了1500多个粮食企业和农发行分支机构。经审计核实,全区1992年4月1日至1998年5月31日新增粮食财务挂账和其他不合理占用贷款296507万元,其中,纳入中央财政和地方政府贴息范围的新增粮食财务挂账和其他不合理占用贷款184937万元,中央财政不予贴息的新增粮食财务挂账和其他不合理占用贷款112646万元。通过审计还发现了9起违法犯罪案件线索,并提出了促进粮食流通体制改革的建议。

国外贷援款审计　5年来,全区审计机关认真开展对世界银行、亚洲银行及国际贷款、援款项目和项目执行单位的审计,并对部分非银行金融机构进行了外债年检,按时提交了对外审计报告和管理意见书,查出和纠正了一些项目资金的不正当使用行为。

行政事业审计　全区共审计了4650个单位,其中机关1710个,查出违纪金额299084万元。1996年对全区职工养老保险和失业保险"两金"的审计,查出被挤占挪用金额达31744万元;1997年对计划生育经费审计查出违纪金额6696.6万元,涉嫌贪污案4起;对全区45家医院审计,查出提高开支标准、私设小金库等金额12258万元。

农业资金审计　主要开展了对财政预算内安排的农业综合开发资金和扶贫资金、银行专项扶贫贷款、以工代赈资金的审计监督。共审计单位537个,查出违纪金额19994万元。

内部审计　至1998年底,全区共有专职内审机构665个,配备审计人员1843人。5年来,内审机构共审计20642个单位,纠正违纪金额57841万元,查出损失浪费10628万元,促进提高经济效益19757万元,取得了较好的成绩。1998年,全区共评出60个先进集体、84名先进个人,其中先进集体5个、先进个人4名荣获审计署表彰。

社会审计　至1998年底,全区已有审计事务所114个,从业人员1371人,其中注册审计师359人。共完成各种委托事项108061项,核减基建预决算40331万元,核减虚假注册资金20364万元,为委托单位挽回损失10253万元,促进提高经济效益6223万元。

**地址**　南宁市星湖路35号
**电话**　5869049
**邮编**　530022　　(赵卫东)

**【南宁市审计局】**　到1998年底,共有干部、职工66人。其中:研究生1人,大学本科生12人,大专生37人;局长1人,副局长4人,纪检组长1人。设有办公室、人事教育科、综合调研科、审计管理科、财政金融审计科、行政事业审计科、工交审计科、商贸审计科、农业审计科、投资审计科、外资审计科、审计师事务所等机构。

审计工作成果　共完成审计项目351个,完成审计调查42项,调查单位257个。共查出违纪违规金额6.57亿元,应上缴财政金额7704万元,已上缴财政金额6461万元,减少财政拨款及追回被侵占挪用资金7346万元,核减市政工程建设项目结算金额1.04亿元,通过审计共为国家增收节支2.54亿元。提交审计工作报告和审计信息263篇,得到批示和采用39篇。仅1997年,就配合组织部门对151家国有企业领导班子进行审计及评价,为各级干部管理部门考核干部提供了依据。

内部审计　1994年,共设立内部审计机构13个,审计人员23人。到1998年,内部审计机构有28个,审计人员103人。

社会审计　共接受社会委托项目17842项,其中企业审计907项,验资15410项,经济案件鉴定24项,清产核资、清理债权债务31项,资产评估215项,基建工程项目预决算审计1255项。

受表彰情况　评为全国审计机关先进集体1次,受自治区政府表彰1次,受自治区审计系统表彰2次,受市委、市政府表彰8次。共有2　人次受自治区审计系统表彰奖励,8人次评为市先进生产工作者。

**地址**　南宁市东葛路46号
**电话**　0771—5860113
0771—5856906
**邮编**　530022　　(李璐璐)

**【柳州市审计局】**　到1998年底,人员为88人。其中:大学本科以上毕业11人,大专毕业58人;局长1人。副局长2人,纪检组长1人;设有办公室、综合科、管理科、行政事业审计科、固定资产投资审计科、工业交通企业审计科、财政金融审计科、商粮贸审计科、外资运用审计科、人事教育科、总审计师室、市审计师事务所等机构。

审计工作成果　共完成审计项目 685 项，审计调查单位 447 个，查出违纪违规金额 167214 万元，上缴市财政 2203 万元，查出国有资产流失 608 万元，为被审计单位挽回经济损失 1 亿多元。

完成审计任务情况　完成企业审计 384 项，查处违纪违规金额 24827 万元。在审计市土产公司时，发现其银行存款账有造假和失真的问题，查出该公司某财会人员多年来采取多种造假手段，贪污巨款达 27.7 万元，移送司法机关查处，有效地保护了国家财产。完成金融审计 54 项，查出违纪违规金额 8508 万元。完成其他项目 43 项，查处违纪违规金额 2025 万元。

内部审计　1994 年共设内部审计机构 58 个，内审人员 152 名；到 1998 年，内部审计机构 49 个，内审人员 110 名。

社会审计　共接受社会委托项目 2392 项，其中企业年检 47 项；注册资金验证 1137 户，验证资金 3233 万元；清产核资 16 项。

受表彰情况　受全国审计系统表彰 1 次，受自治区审计系统表彰 1 次，受市委、市政府表彰 3 次。共有 7 人次受到自治区审计系统表彰，3 人受市委、市政府表彰。

**地址**　广西柳州市

**电话**　0772—2823702　2815064

**邮编**　545001　　　　(杨靖云)

**【柳城县审计局】**　到 1998 年底，人员为 18 人。其中：大学生 1 人，大专生 8 人；局长 1 人、副局长 2 人。

审计工作成果　共完成审计项目 104 个，占完成项目 76 个的 136.84%，审计金额 241369 万元，共查出违纪金额 1306.6 万元。同县纪检、检察、监察、信访等部门配合，查处各种经济案件 4 起，为社会稳定发挥了积极的作用。上缴县财政 394 万元，共提交审计报告 104 篇。

完成县政府交办任务　共完成交办的工作任务 86 个，查出违纪金额 445.63 万元，为财政增加收入 379.94 万元。审核基建工程款 1128.6 万元，核减率为 23.24%。

完成上级下达审计任务　共完成审计任务 76 项，审计单位 104 个，审计金额 241369 万元。

**【桂林地区审计局】**　到 1998 年底为 32 人。其中：大学生 4 人，大专生 17 人，有高级职称 2 人，中级职称 21 人；局长(党组书记)1 人，副局长 2 人。

审计工作成果　共完成审计项目 109 个，查出违规违纪金额 12577 万元，已上缴财政 160 万元。共提交审计报告 109 篇。1998 年在对桂黄公路兴安段竣工决算审计中，根据该工程投资大等情况，重点查出了多列概算 177 万元，要求核减工程概算 177 万元。对桂林联合收割机总厂实验楼竣工决算审计中，发现该工程超规模、超标准 262 万元，对其处以 12 万元的罚款。

完成行署交办任务　共完成行署交办的审计任务 30 项。1997 年，完成了对中外合资桂林中纤板厂的财务收支审计查证，查出了 14.5 万元利息不入账、挪用公款等问题，减少了不应有的损误。

完成上级下达审计任务　共完成自治区审计厅下达的审计任务 92 项。

受表彰情况　1994 年度，行政事业审计科被自治区审计厅评为先进科室，同时，该科科长扶兴荣被评为 1994 年度自治区审计系统先进个人。

**地址**　桂林市文明路 72 号

**电话**　0773—2859972

**邮编**　541002　　　　(王　杨)

**【桂林市审计局】**　到 1998 年，人员为 100 人。其中：大学生 16 人，大专生 61 人；有高级职称 3 人，中级职称 61 人；局长 2 人，副局长 2 人。

审计工作成果　共完成审计项目 283 个，完成审计调查 29 项。共查出违纪违规金额 22534 万元，应上缴财政金额 4223 万元，已上缴财政金额 2757 万元，罚款金额 109.4 万元。

完成市政府交办任务　共完成交办的工作任务 29 项。1995 年对已进行现代企业制度改革的 9 家试点企业进行审计调查，发现存在行政干预、国有资产流失等共性问题，写出的综合报告受到自治区审计厅及市政府的重视。对南门桥竣工决算审计，不但查清了工程的资金来源和使用情况，还查出项目概算投资外的工程建筑面积 2013 平方米，投资支出 145 万元，概算外支出 19 万元，应收回回建款 55 万元等问题。在对机场路审计中，针对该工程投资大等情况，重点查处了多列预算 1213 万元和挪用建设资金 2609 万元的问题，该项目被评为自治区优秀审计项目。

内部审计　1994 年共成立内审机构 33 个，内审人员 97 人；到 1998 年，内审机构为 48 个，内审人员 160 人。

社会审计　共接受社会委托项目 7320 项，其中验资年检 4454 项。

受表彰情况　受区审计厅表彰 3 次，受市委、市政府表彰 2 次，黄增新被评为 1994 年市优秀党务工作者，张建青被评为 1994 年至 1996 年市保密先进工作者，单位被评为市保密工作先进集体。

**地址** 桂林市文明路72号

**电话** 0773—2859972

**邮编** 541002 (黎 新)

**【阳朔县审计局】** 至1998年底有10人，其中大专文化5人。

审计工作成果 共完成审计项目78个，审计单位147个，完成审计调查8项，调查单位41个。审计总金额136814万元，查出违纪违规金额2141.7万元。为企业纠正错账29笔，提出财务管理、内控制度建议118条，为企业增收节支347.54万元。

完成县委、县政府交办的任务 共完成交办工作任务19项，审计单位68个。完成了县商贸大楼、实验小学教学大楼等35个项目的工程结算审计，审计金额2714.5万元，核减工程造价331.5万元，占结算金额的12.2%，为建设单位节约资金331.5万元，维护了国家利益。

完成上级下达审计任务 共计59项，审计单位79个，审计金额78631.38万元。

**【临桂县审计局】** 到1998年底，在职人数12人。其中：大学生1人，大专生6人；局长1人，副局长2人。

审计工作成果 共完成审计项目126个，完成审计调查11项。审计总金额26328万元，共查出违纪违规金额2445万元，上缴县财政132万元，提交审计报告126篇。同县纪检、监察、信访、司法等部门配合，查处各种经济案件12起。

完成县政府交办任务 共完成交办的工作任务30项，审计清理单位185个。截止1998年底，完成基建工程决(结)算审计项目37项，审计金额5127万元，审减金额426万元。

完成上级下达审计任务 共完成审计任务85项，审计总金额26328万元。

**【灵川县审计局】** 到1998年底，人员为11人，其中：大学2人，大专7人；局长1人，副局长3人。

审计工作成果 共完成审计项目99个，审计单位141户；完成审计调查5项，调查单位18个；审计金额146927万元，共查出违纪违规金额6167.54万元，会同县纪检、监察等部门查处各种经济案件5起。上缴县财政587万元，并提供审计报告7篇。

完成县政府交办任务 共完成县政府交办任务17项，审计清理单位48个。

完成了上级下达审计任务 共完成审计任务48项，审计单位51个，审计金额80454万元，查出违纪违规金额1734万元。会同财政、物价等部门对全县行政事业性收费单位进行年审，5年来共审计单位736个，年审总额13500万元，查出违纪违规金额252万元，上缴县财政250万元。

**【全州县审计局】** 到1998年底，人员为35人。其中：大学生5人，大专生15人；局长1人，书记1人，副局长3人。

审计工作成果 共完成审计项目254个，完成审计调查20项，调查单位160个，查出违纪违规金额2042万元，应上缴财政208万元，共提交审计报告254篇，同县纪检、监察等部门配合，查处各种经济案件10起。

完成县委、县政府交办的任务 共完成交办的工作任务80项。1996年，受县委、县政府临时委托，对9个单位主要领导干部经济责任离任审计，摸清了单位的资产底数，澄清了经济责任。

完成上级下达审计任务 共完成审计任务123项，审计单位150个。

**【平乐县审计局】** 1998年底共有在职干部、职工15人。其中：审计师4人，经济师、政工师各1人；局长1人，副局长3人。

审计工作成果 共完成审计项目110个，审计资金143636万元，查出违纪金额1356.81万元。应缴财政金额155.21万元，已缴财政153万元。配合检察、法院、纪检、监察、物价等部门查处各种经济案件10次，为地方的反腐倡廉作出了努力，促进了社会经济稳定协调发展。

完成县委、县政府交办任务 共完成交办的工作任务25项。1998年，对县老干部局1995—1997年三年度的财务收支情况进行了审计，出具了审计报告和审计意见，为县委、县政府的宏观决策提供了依据。

完成上级下达任务 完成审计任务48项，其中：区级必审项目37项，市级必审项目11项。

**【兴安县审计局】** 到1998年底，人员有23人，其中：大专生8人；局长1人，副局长3人。

审计工作成果 共完成上级审计机关下达的审计项目255个，完成县政府指定的审计项目99个，合计完成审计项目354个，审计单位323个，完成调查项目25个，调查单位201个。审计金额96794万元，共查出违纪金额4203.08万元，应上缴财政金额995.42万元，已上缴财政金额777.73万元；共提交审计报告354篇。同县纪检、监察、检察等部门配合，查出各种经济案件22起。

完成县委、县政府交办任务 共完成交办的清理预算外资金、清理社团组织财务、清理工会经费、企业改制清产核资等工作73项，清理单位610个。到1998年底，共完成工程决算审计项目10个，审计金额1202万元，审计核减金额65万。1998年在审计县农资公司综合楼工程决算时，在原来建行对该工程项目决算核减了14万元的基础上,又审计核减了12万元。

**【灌阳县审计局】** 到1998年有干部、职工13人,其中:大专生5人;局长1人,副局长2人。

审计工作成果 共完成审计项目80个,审计单位62户;完成审计调查5项,调查单位16个;审计金额52275万元,共查出违纪违规金额1828万元。同县纪检、监察、检察等部门配合,查处各种经济案件6起,为社会稳定发挥了作用。上缴县财政335.1万元,共提交审计报告80篇。

完成县政府交办任务 共完成交办的工作任务42项,审计清理单位96个。1997年开展基建预决算审计,到1998年底共完成工程预决算审计项目21个,审计金额1107万元,审减金额34.1万元。1997年,审计红旗粮所金穗大厦工程决算,审减金额19.48万元,占工程决算资金总额的16%,维护了国家的利益。

完成上级下达审计任务 共完成审计任务21项,审计单位37个,审计金额31265万元。

**【荔浦县审计局】** 到1998年底,有干部、职工24人。其中:大专生7人;注册会计师5人(非职业3人),审计师4人,会计师4人;局长1人,副局长3人。

审计工作成果 共完成审计项目138个,审计单位112户;完成审计调查12项,调查单位68个;审计金额123760万元,共查出违纪违规金额4532万元。同县纪检、监察、检察等部门配合,查处各种经济案件16起,为社会稳定发挥了作用。上缴县财政187万元,共提交审计报告138篇。

完成县政府交办任务 共完成交办的工作任务107项,审计清理单位229个,审计金额76120万元。截止1998年底,共完成工程决算项目7个,审计金额3328万元,审减金额331万元。

完成上级下达审计任务 1994年到1998年,共完成审计任务35项,审计单位48个,审计金额47640万元。

**【资源县审计局】** 到1998年底,有干部、职工13人。其中:大学生1人,大专生7人;局长1人,副局长3人。

完成县委、县政府交办的任务 共完成交办的工作43项,审计清理单位185个。1995年根据县委、县政府安排,对本县行政事业性收费进行了专项清理,共清理68个单位,清理资金53.4万元,上缴县财政17.9万元。1996年配合全县机构改革,负责本县工商企业清产核资,涉及到全县110个单位,,查出6个企业隐瞒利润120万元,1个单位虚盈实亏10万元,通过审计清理,摸清了企业家底。1996年还开展了厂长(经理)离任经济责任审计。

**【永福县审计局】** 1998年底有干部、职工13人。其中:大学生1人,大专生8人;局长1人,副局长2人;中级职称4人。

审计工作成果 共完成审计项目168个,提交审计报告168篇。审计金额34216万元,查出违纪违规金额2002.93万元,上缴县财政367.59万元。配合纪检、检察等部门查处各种经济案件8起,为社会稳定发挥了作用。

完成县政府交办任务 完成交办任务123项,审计清理单位202个。1997年抽出1名副局长参与县建筑行业整顿工作;1998年抽出1名副局长参加全县企业体制改革工作,历时1年,摸清了县制药厂等企业家底,为县领导宏观决策提供了依据。

完成上级下达审计任务 共完成审计项目48项,审计单位65个,审计金额1289万元。

**【龙胜各族自治县审计局】** 到1998年底,有干部、职工14人。其中:大专生4人;局长1人,副局长2人。

审计工作成果 共完成审计单位(项目)113个,审计总金额97983万元,查出违纪违规金额4042万元,对违纪违规单位处以罚款44万元,应缴财政违纪金额190万元,已全部收缴国库,应追回侵占挪用资金492万元,应减少财政拨款和补贴94万元。

完成上级下达审计任务 1994年到1998年,共完成审计任务113项,审计单位156个,审计总金额97983万元。

**【恭城瑶族自治县审计局】** 到1998年底,共有干部、职工12人,其中:大学学历5人,大专学历4人;局长1人,副局长2人。

审计工作成果 共完成审计项目102个,审计总金额99232万元,查出违纪违规金额1251.6万元,应上缴财政395.91万元,已上缴财政372.21万元,促进增收节支855.7万元,提供审计报告129篇。

完成县委、县政府交办任务 先后完成了全县计生经费审计、预算外资金清理、岛坪矿与冶炼厂合并后债权债务清理、城中西路城建资金审计等交办的工作任务56项,审计和调查单位146个。

**【梧州市审计局】** 到1998年底,共有干部、职工48人,其中:大学本科毕业生9人,大专毕业生26人;高级职称1人,中级职称26人。设办公室、综合科、财政金融审计科、行政事业审计科、工交企业审计科、商粮贸企业审计科、基建审计科、农林水审计科、外资企业审计科。

审计工作成果 共完成审计项目333个,查出违规金额54028万元,应上缴财政1021万元,罚款49万元,向当地政府和上级审计机关提交审计报告及信息73篇。

完成当地党政领导交办事项　共完成交办任务48项，涉及单位126个，查出违规金额3.81亿元。自1995年起加强对政府部门、企事业单位领导任期内经济责任情况审计，先后对9名领导干部开展了离任审计。1996年至1998年，对15个由市政府直接任命的国有企业厂长(经理)进行年度经济责任审计评议，既综合评价企业领导的工作业绩，又为企业以后的经营决策和发展方向提供参考意见。1996年对某对外经济贸易总公司非法集资案进行了审计，查明了该公司1993年至1995年集资借款达3.48亿元人民币、150万美元，集资涉及公司内部347人、社会上63个单位，所得款项用于炒股、炒汇，造成极大损失，欠还集资、借款1.19亿元人民币及150万美元，为市委、市政府和有关部门制订清理集资决策提供依据。

完成上级审计机关下达的审计任务　完成审计任务207项，查出违规金额1.59亿元，应上缴财政1019万元。

内部审计　1998年全市共有内审机构15个，内审人员28人。

社会审计　共接受查证委托事项7247项，其中财务收支审计867项，验资年检6215项，基建项目审计73项，资产评估51项，经济案件鉴证24项，担任17个单位的常年顾问。

受表彰情况　受市委、市政府表彰6次，其中局机关获1996－1998年梧州市“双文明建设”文明单位奖，局工交企业审计科获1997年“双文明建设”先进集体奖。共有8人次受市委、市政府表彰奖励。

**【岑溪市审计局】**　到1998年底，人员为34人(局机关22人，审计师事务所12人)。其中：大学文化1人，大专文化5人；局长1人，副局长4人。

审计工作成果　共完成审计项目238个，审计单位258户；完成审计调查25项，调查单位38个，共审计查出违纪违规金额1390.14万元，处理上缴财政420.81万元，追还侵占挪用专项资金473.16万元。

完成市政府交办的任务　共完成工作任务121项，其中领导干部任期经济责任审计77项。

完成上级下达审计任务　共完成审计任务117项，审计单位137个，审计金额158301.16万元。1998年6月15日至7月30日对苍梧县粮食系统新增财务挂账和其他不合理占用贷款情况进行了审计。

**【苍梧县审计局】**　到1998年底，有干部、职工16人，其中：大学生2人，大专生6人；具有审计师职称5人；局长1人，副局长2人。

审计工作成果　共完成审计项目285个，完成审计调查11项，调查单位157个，审计金额20958万元，共查出违纪违规金额2361万元，上缴财政669万元，移交司法机关案件1起，给予2个违纪单位和4位领导人员经济处罚。

完成县政府交办的审计任务　共完成交办的审计任务72项，组织清理全县预算外资金120多个单位，查清全县有预算外资金近7000万元，为新一届政府摸清了家底。对县对外贸易公司在没有销售商品情况下，向区外多家公司开出增值税专用发票并按开出的不含税价款约5%向对方收取手续费的问题进行专项审计，查清了该公司共开出增值税票27张，价款合计4558万多元，税额合计775万多元，审计决定没收其非法所得手续费223万多元，并处以公司和领导人的经济处罚，同时将案件移交检察院立案查处。

**【广西藤县审计局】**　到1998年底，有职干部、职工16人。其中：大专文化4人；审计师(会计师)8人，工程师1人；局长1人，副局长1人。

审计工作成果　共完成审计项目235个，审计单位303户；完成审计调查9项，调查单位27个；审计金额218400万元。共查出违纪违规金额8219万元，上缴县财政金额984万元，查出经济案件并移送检察机关立案侦查2件。共提交审计报告235篇。

完成县政府交办的任务　共完成交办的工作任务118项，审计单位157个。1996年5月，县政府为了掌握全县计划生育费收支、管理情况，组织对20个乡(镇)计生站进行了审计。1997年3月为了配合企业改制，对全县19家工业企业资产、负债及损益进行审计。从1997年到1998年，参与并负责对4家工业企业进行破产清算。截止1998年底，共完成工程决算审计46项，审计投资金额7627万元，核减投资金额593万元。

完成上级审计机关下达的审计任务　共完成审计任务108项，审计单位146个，审计金额156400万元。

**【蒙山县审计局】**　到1998年底，人员有12人。其中：大专生2人；局长1人，副局长2人。

审计工作成果　共完成审计项目82个，审计单位115户；完成审计调查15项，调查单位39个；审计金额48658万元，共审出违纪违规金额1246万元。同县纪检、监察、检察等部门配合，查处各种经济案件5起，为社会稳定发挥了作用。上缴县财政111.59万元，共提交审计报告82篇。

完成县政府交办任务　共完

成交办的工作任务28项，审计清理单位35个。从1995年起到现在长期抽出1名业务骨干担任县破产清理小组组长工作，为县工业企业改革作出应有的贡献。1996年开始对建设工程项目决算进行审计，审计项目18个，审计金额2070万元，审减金额93万元，维护了国家利益。

完成上级下达任务　共完成审计任务61项，审计单位85个，审计金额48658万元。

**【北海市审计局】**　至1998年底，有干部、职工74人。其中：大学生5人，大专生33人；局长1人，副局长3人。设有办公室、综合调查研究科、金融财政审计科、行政事业审计科、涉外审计科、监察室等内部机构。

审计工作成果　共完成审计项目228个，审计调查项目56个，查出违纪金额58415万元，其中应上缴财政5142万元，追还被侵占挪用专项资金16041万元，罚款144万元，已上缴财政1307万元，提交审计建议、信息、论文152篇。

完成交办的审计事项　共完成交办的审计事项70多个，主要是对本市经济建设中的热点、难点问题和领导干部离任审计。

重点项目和行业审计　共完成重点项目和行业审计项目80多个。重点项目审计，审计了农业、水利、扶贫、防洪、救灾、福利、社会保障等专项资金或基金，以及世行贷款和重点建设项目。行业审计，审计了保险、证券、信托、公安等系统。审计后认真组织进行综合分析研究，为加强专项资金管理和行业宏观管理提出了切实可行的意见和建议。

内部审计　从1994年的6个机构、22个审计人员，有1998年的13个机构、39个审计人员。

社会审计　有社会审计组织4个，从业人员127人，完成委托事项共4833项。

**地址**　北海市深圳路6号

**电话**　0779—2054524

**邮编**　536000　　*（黄启富）*

**【合浦县审计局】**　到1998年末，有干部、职工18人。其中：大专毕业9人；局长1人，副局长2人。

审计工作主要成果　共完成审计项目126项。其中，上级审计机关下达的审计项目57项，占审计项目总数的45.2%。共查出有违纪金额3056.86万元，作应收缴财政处理455.7万元（收缴217.1万元），作追回专项资金处理554.86万元，作调整账目处理2046.3万元，另作罚款处理3.4万元。

**【防城港市审计局】**　到1998年底，人员增加到15人。其中：大专以上11人；中级职称10人。内设秘书科、综合科、财政审计科、行政事业单位审计科、中央单位审计科、企业审计科、固定资产投资审计科等7个科室。

审计工作成果　共完成审计项目224个，完成审计调查15项，查出违纪金额54241万元。其中应上缴财政17105万元，已上缴3186万元；应归还原渠道资金3506万元。移送司法机关案件3起，协助纪检、监察部门查处各种经济案件12起。

完成审计任务情况　共完成审计项目28个，查出违纪违规金额7834万元。其中应上缴财政75万元，核增财政收入360万元，核减预算支出376万元，罚款18万元。共完成审计调查项目35个，查出资产不实10家，负债不实1家，损益不实12家，国有资产流失1206万元。审计决定应上缴财政2117万元，应归还被侵占挪用资金167万元。行政、事业单位审计共完成项目69个，查出违纪金额10981万元。其中应归还原渠道资金1273万元。应上缴财政887万元，罚款8万元。

内部审计　全市共设立内审机构36个，专兼职内审人员100人。

社会审计　共接受社会委托项目919项，核减虚假注册资金639万元；核减基建投资12841万元。为委托单位挽回损失2678万元。

受表彰情况　得到省级表彰4次，市级表彰5次。1人次受到国家审计署表彰，5人次受到区审计厅表彰，8人次受到市审计机关表彰。

**地址**　防城港市港口区邮电大道

**电话**　0770—2822276

**邮编**　538001 *（吴格飞　陈玉娟）*

**【东兴市审计局】**　到1998年底在册人数为6人，其中大专生2人；局长1人。

审计工作成果　共完成审计项目32个，审计单位48户，完成审计调查10项，调查单位23个，共查出违记违规金额143万元。配合市纪检、监察等部门查处各种经济案件5起，为国家挽回经济损失240万元。会同财政等有关部门追回借款314万元；共提交审计报告32篇。

完成市委、市政府交办任务　共完成交办的工作任务24项，审计清理单位36个。截止1998年底，共完成工程决算审计项目42个，审减金额365万元，维护了国家利益。

完成上级下达审计任务　共完成审计任务18项，审计单位25个，并配合防城港市审计局完成项目3个。

**【上思县审计局】**　到1998年底编制13人，实有干部、职工12人。其中：大专毕业5人；中级职称2；局长1人，副局长1人。

审计工作成果　共完成审计

项目69个,审计单位116户;完成审计调查3项,调查单位68个;审计金额125700万元,共查出违纪金额1757万元。同县纪检、监察、物价、财政等部门配合,查处各种经济案件8起。共上缴县财政151万元,提交审计报告80篇。

完成县委、县政府交办任务 共完成交办的工作任务13项,审计清理单位48个。按照防城港市审计局的安排,上思县审计局派出10名审计人员交叉到防城区对15个基层粮所、1个直属粮库、2个粮食企业和防城区粮食局等19个单位进行审计,历时60天,查出违纪违规金额279万元。

完成上级下达审计任务 共完成审计任务40项,审计单位68个,审计金额125700万元。

**【钦州市审计局】** 到1998年底,有干部33人。其中:大学生5人,大专生11人;中级职称20人;局长1人,副局长2人。设有办公室、综合科、纪检监察室、财政税务审计科、工交企业审计科、固定资产投资审计科、商粮贸审计科、中央企业审计科、外资运用审计科、行政事业审计科、审计师事务所等机构。

审计工作成果 共完成审计项目207个,完成审计调查59个,调查单位313个;共提交审计报告207篇,调查报告59篇;共查出违纪违规金额30062万元,应上缴财政4147万元,已上缴财政2365万元。其中查出100万元违纪违规单位31个。

完成市委、市政府交办任务 共完成交办的工作任务73项。1997年3月,对钦州市物资工贸集团总公司及其下属20多个公司的资产、负债和损益情况进行审计查证,为市委、市政府全面了解市物资工贸集团总公司的经济状况,顺利完成市物资工贸集团总公司总经理的公开招聘工作提供了依据。共完成工程决算审计项目89项,审计金额46616.6万元,审减金额4675万元,平均核减率为10%左右。其中对那彭糖厂扩建工程决算的审计,核减工程费用1007.1万元,核减率为10%;对钦江二桥前期工程项目结算的审计,核减工程款234.08万元,核减率达到29.8%;对板岭东路工程项目竣工决算审计,核减金额294万元,核减率达到44.3%。

内部审计 1994年共设有内部审计机构9个,内审人员25名。到1998年底,内部审计机构有19个,内审人员41名。

社会审计 1994年到1998年共接受社会委托项目1319项,其中企业年检757项,年检金额125261万元;注册资金验证562户,验证资金69193万元。

受表彰情况 受国家人事部、审计署表彰1次,受自治区有关部门表彰5次,受自治区审计厅表彰8次,受市有关部门表彰7次,受市有关部门表彰38人,受市审计系统表彰21人。

**地址** 钦州市新兴路20号
**电话** 2810859
**邮编** 535000

**【钦州市钦南区审计局】** 到1998年底,共有干部、职工11人。其中:大专生8人;取得中级职称4人;局长1人,副局长2人。

审计工作成果 共完成审计项目59个,审计单位46户,审计金额206552万元,共查出违纪违规金额3874万元,上缴财政112万元。完成审计调查8项,调查单位55个。共提交审计报告59篇,调查报告9篇。配合检察院等部门查处经济案件2起。连续4年派干部参加人大牵头的预算外资金执法检查,其中1996年、1998年共查出违纪违规金额4037万元,追回一批资金,加强了预算外资金的管理和监督。

完成区委、区政府交办的任务 共完成交办的工作任务19项,审计单位38个。根据区领导的指示,对14个区属的机关、企业单位领导进行了离任审计,为组织使用干部提供了决策依据。1996年11月至1997年4月,对某镇和某企业财务收支进行了审计,经过内查外调,查出账外资金927万元、偷漏税金104.3万元,区领导对这一成果非常满意。

完成上级下达审计任务 共完成审计任务25项,审计了51个单位,审计金额79052万元。

**【钦州市钦北区审计局】** 至1998年有干部、职工10人。其中:大专生3人;局长1人,副局长1人。

审计工作成果 共完成审计单位61个,其中完成上级下达任务30个;完成审计调查11项,调查单位134个。共提交审计报告61篇,调查报告11篇;审计金额70561.7万元。共查出违纪违规金额19215.51万元。其中100万元以上违纪违规单位4个,“小金库”3个,金额290万元;涉嫌贪污8人,金额71.94万元。应上缴财政257.19万元,已上缴财政86.22万元,移交司法部门立案侦察案件2个。同区纪检、监察、信访部门配合,查处各种经济案件14起。

完成区委、区政府交办任务 累计完成区委、区政府交办项目16项,审计清理单位167个。参与并负责对平吉糖厂、大寺糖厂等国营企业的清产核资和预算外资金执法检查工作,涉及全区70个单位。仅1998年度查出违纪违规金额2103.44万元;未按规定存入国库和财政专户的预算外资金856.9万元;行政性收费410.7万元;罚没收入73.1万元。

**【灵山县审计局】** 到1998年

底,有干部、职工17人。其中:大专文化12人;局长1人,副局长3人。

审计工作成果　共完成审计项目128个,审计单位125个;完成审计调查12项,调查单位78个;审计金额189858万元。共查出违纪违规金额3805万元,其中:查处包工头偷漏建筑税120万元。会同市县纪检、监察、司法部门,查处各种经济案件6起。上缴县财政280万元,提交审计报告206篇。

完成县政府交办任务　共完成交办的工作任务28项,审计清理单位381个。1997年以来,对行政、企事业单位领导干部实行离任审计,分清了经济责任并作出了评价。在对县第二房产开发公司等5个单位的工程项目进行审计中,工程结算核减金额312万元,维护了国家利益。

完成上级下达审计任务　共完成审计任务105项,审计单位98个,审计金额138265万元。

**【浦北县审计局】**　至1998年底,有干部、职工24人。其中:大专生14人;局长1人,副局长3人。

审计工作成果　共完成审计项目197个,审计单位197户;完成审计调查项目5项,调查单位61个;共查出违纪金额9804万元,上缴县财政338万元。1996年至1998年,共审计基建项目105个,核减金额440多万元,减少了国家资金流失。提供线索和移交县纪检、监察、政法部门处理的案件8起。

完成县政府交办任务　共完成交办的工作任务7项,审计清理单位206个。1997年3月,为配合全县工业企业改制,组织审计组对全县14家国有工业企业进行了审计调查。1998年为配合全县预算外资金清理工作,共抽调6人,清理单位154个,清查金额3600万元,查出违纪违规金额1108万元,上缴县财政50多万元。

完成上级下达审计任务　共完成审计任务22项,审计单位25个。

**【贵港市审计局】**　到1998年底,有干部、职工16人。其中:本科生3人,大专生2人;局长1人,副局长2人。

审计工作成果　共完成审计项目169个,审计调查3项,调查单位53个。共查出违纪违规金额4003万元,上缴市财政156万元。共提交审计报告164篇。

完成市政府交办任务　共完成交办的工作任务45项。1998年,参与组织并实施全市教育经费投入、教育基建债务和教师队伍编制三项核查工作,共查出截止1998年全市教育基建欠债3.26亿元,提出了确保教育投入,加强教育经费管理的措施与办法。

**地址**　贵港市中山路
**电话**　0775—4215096
**邮编**　537100(*林有松　郑桂文*)

**【桂平市审计局】**　到1998年底,有干部、职工。其中:大学生1人,大专生9人;局长1人,副局长2人。

审计工作成果　共完成审计项目231个,审计单位282户;完成审计调查13项,调查单位65个;审计金额221245万元,共查出违纪违规金额3509万元。会同纪检、监察等部门查处各种经济案件29起,为社会稳定发挥了作用。上缴市财政1159万元,共提交审计报告231篇。

完成市政府交办任务　共完成交办的工作任务97项,审计清理单位172个。1995年5月为配合全市企业改制,抽调19人,审计涉及全市58个国有企业,摸清了企业家底。1997年到1998年,完成市委、市政府交办26个领导干部离任经济责任审计。1998年3月,对全市27个乡镇农村合作基金会进行清查,历时60天,又派出6人组成3个组对3个农金会进行专项清查审计,查出2起经济案件并移送司法机关立案查处。

完成上级下达审计任务　共完成审计任务134项,审计单位165个,审计金额131360万元。

**【平南县审计局】**　到1998年底,有干部、职工35人。其中:大专21人;局长1人,副局长2人;中级职称10人。

审计工作成果　共完成各类审计项目106个,完成审计调查20项,调查单位56个;审计金额262051万元;共查出违纪违规金额2505万元,应入库上缴财政金额276万元,已入库253万元。对被审计单位提出建设性建议185条,被审计单位采纳168条。

完成县政府交办任务　共完成交办的工作任务148项,审计单位148个,查出违纪违规金额1504万元,应上缴财政金额259万元,已上缴财政金额259万元。共检查单位78个,查出违纪金额177万元,应上缴财政金额113万元,已上缴财政金额113万元。

完成上级下达审计任务　共完成审计任务67项,审计单位67个,审计金额202814万元。

**【玉林市审计局】**　到1998年底有26人。其中:大学生1人,大专生11人,具有中、高级审计、会计职称17人;局长1人,副局长2人。设有办公室、审计监督综合科、财政税务审计科、行政事业审计科、中企外资审计科、商粮贸企业审计科、工交企业审计科、基本建设审计科等机构。

审计工作成果　共完成审计或审计调查项目200个。查出各种违纪违规资金11938万元,上缴财政7309万元,追还被侵占挪用资金397万元,配合纪检、监察、司法机关查处经济案件3起。

完成市委、市政府交办任务　共完成交办的工作任务59项。在1997年"撤地设市"期间,对原县级玉林市上划的22个单位进行财务交接审计,摸清上划单位的财务真实状况,查出违纪资金6153万元,增加财政收入5554万元。

完成上级下达的审计任务　共完成审计任务88项,组织和领导各县(市、区)开展行业审计工作,特别是粮食挂账清查、公路收费审计调查、公安交警专项审计等项目成效明显,为各级党委、政府的宏观决策提供了依据。

内部审计　全市1994年设内审机构52个,人员274人。至1998年底,内审机构为24个,内审人员53人。

社会审计　共接受社会委托项目441项,其中企业年检15项,年检金额5756万元;注册资金验证188户,验证资金83210万元。

受表彰情况　受自治区审计厅表彰6次,受市委、市政府表彰2次;1人次受国家审计署表彰奖励,1人次受自治区审计厅表彰奖励,5人次受市委、市政府表彰奖励。

**地址**　玉林市东门路274号
**电话**　0775—2832807
**邮编**　537000　*(徐家雄)*

**【容县审计局】**　至1998年底,人员共有14人。其中:注册会计师1人,会计师、审计师5人,经济师1人;局长1人,副局长3人。

审计工作成果　共完成审计项目120个,审计调查12项,调查单位72个,共查出违纪金额1213万元,配合县纪检、监察部门查处各种经济案件8件,追回被侵占挪用专款214万元,上缴县财政278万元,共提交审计报告120篇。

完成县委、县政府交办任务　共完成交办审计任务18项,审计清理单位218个。1994到1997年,参加县组织的税收、财务、物价三大检查。从1995年开始进行了干部离任审计。

完成上级下达审计任务　1994至1998年,共完成审计任务74项,审计单位148个。

**【博白县审计局】**　到1998年底有干部、职工19人。其中:大专11人;局长1人,副局长5人。

审计工作成果　共完成审计项目134个,审计单位624户;完成审计调查10项,调查单位30个;审计资金总额49.28亿元。共查出违纪违规金额21828.47万元,上缴县财政金额872.62万元,减少财政拨款1451.08万元,追还侵占挪用资金226.51万元,退回多收费乱收费129.54万元,挽回经济损失1281.49万元,提出审计建议134条,提交审计报告138篇。同县纪委、公安、法院、纪检、监察、检察等部门配合,查处各种经济案件23起,为社会稳定发挥了作用。

完成县委、县政府交办任务　共完成交办的审计工作任务47项,审计清理单位1127个。其中1998年10月至12月由审计局牵头,共审计县乡镇单位956个,查出违纪违规金额5358万元,其中违纪金额和处理上缴财政金额1662.3万元。1995年成立基建股,截止1998年底共完成工程决算审计项目96个,审计金额23700万元,审减金额700.21万元。

完成上级下达审计任务　共完成审计任务87项,审计单位250个,审计资金总额25000万元。

**【兴业县审计局】**　到1998年12月,共有干部11人。其中:大中专生10人。

审计成果　共开展审计项目19个,审计金额2195万元,涉及到每一个系统。共查出违规金额287万元,应缴财政69万元,已缴69万元,追回被侵占挪用资金16万元,有效地维护了全县财经秩序。

完成政府交办任务　1998年对15个乡镇的"七所八站"进行了财务专项检查审计,共发现违规单位138个,查出违规金额2302万元,查处并上缴财政1014万元。1998年7月至9月,对粮食系统的亏损挂账进行全面审计(异地交叉审计),在审计某县粮食系统的工作中,共审计金额5亿多元,落实挂账7000多万元,为玉林市顺利进行"粮改"作出了贡献。

**【南宁地区审计局】**　到1998年底,人员已有34人。其中:局长1人,副局长2人,纪检组长1人;有高级技术职称1人,中级技术职称12人。内设机构有办公室、综合科、财政金融审计科、工业交通企业审计科、商业粮食外贸企业审计科、行政事业审计科、固定资产投资审计科。

审计工作成果　共完成审计项目92个,完成审计调查报告24篇,查出违纪违规金额13810万元,上缴财政4287万元,移交司法机关处理2起。

审计工作成果　1997年为配合企业改制工作,对南宁地区冶金化工厂进行审计,查出该厂违规金额542万元,并把审计后发现的问题及时向行署领导作了专题汇报,为政府领导决策提供了可靠依据。1998年,对全地区各县(市)粮食系统1992年4月1日到1998年5月31日新增财务挂账和其他不合理占用农发行贷款情况进行清查审计,核实新增财务挂账共15653万元。依照有关法规对经营收入不按规定纳入损益、虚列成本费用开支扩大亏损、私设“小金库”等违规行为共计1534.78万元进行了处理。

内部审计　1994年共设立内部审计机构6个，内审计人员39名。到1998年，内部审计机构已有45个，配备专(兼)职内审人员93人。

社会审计　为企业年检3616项，年检金额34万元；注册资金验证683户，验证资金50万元；完成基建审计382项，核减高估冒算基建工程款6148万元。

**地址**　南宁市明秀东路38号

**编码**　530001

**电话**　3112473

**【马山县审计局】**　到1998年底，人员保持11人，其中：大专3人；局长1人，副局长2人。

审计工作成果　共完成审计项目66个，审计单位75户；完成审计调查5项，调查单位5个；审计金额54871.55万元，共查出违纪违规金额3791万元。上缴县财政201万元，共提交审计报告66篇。

完成县政府交办任务　共完成交办的工作任务11项，审计清理单位11个。1997年成立固定资产投资审计股，截止1998年底共完成工程决算审计项目21个，审计金额1064万元，审减金额51.52万元，审增金额0.78万元。

完成上级下达审计任务　共完成上级审计任务49项，审计单位52个，审计金额4891万元。

**【扶绥县审计局】**　至1998年底，人员发展到12人。其中：大学生1人，大专生3人；局长1人，副局长1人。

审计工作成果　共完成审计项目125个，审计单位118户；完成审计调查30项，调查单位192个；审计金额204933万元，共查出违纪违规金额7871万元。同县纪检、监察、司法等部门配合，查处各种经济案件6起，。上缴县财政100.4万元，共提交审计报告125篇。

完成县政府交办任务　共完成交办的工作任务80项，审计清理单位475个。1996年成立固定资产投资审计股，截止1998年底共完成工程决算审计项目37个，审计金额4800万元，审减金额560万元。

完成上级下达审计任务　共完成审计任务77项，审计单位169个，审计金额204933万元。

**【大新县审计局】**　至1998年底，人员为11人。其中：大专1人；局长1人，副局长2人。

审计工作成果　共完成审计项目37个，审计单位37户，完成审计调查22项，调查单位58户，审计金额63763万元，共查出违纪违规金额1177万元，上缴财政资金183万元。同纪检、监察等部门配合，查处经济案件6起；提交审计报告41篇。

完成县政府交办任务　共完成交办的审计工作任务4项。通过对县医药公司进行财务收支审计，查出违纪违规金额23.66万元。对县酒厂1993年度至1996年度的财务收支情况进行审计，查清了该厂1993年至1995年累计亏损479.14万元的主要原因。1996年上半年，由审计局牵头，组织人力对县内的预算外资金进行审计调查，查实在预算外收入1387万元中，有392万元收费不使用财政统一印制的票据；全县有预算外资金收入208个单位，存入财政专户的仅有64个单位，占30.7%，存入财政专户的资金338万元，仅占收入的24.9%。

**【上林县审计局】**　1998年有干部、职工10人。其中：局长1人，副局长2人。

审计工作成果　共完成审计项目51个，审计单位65户；完成审计调查7项，调查单位7个；审计金额109834.12万元。查出违纪违规金额1541.09万元，应上缴县财政152.89万元，实际上缴140.61万元；共提交审计报告65篇。

**【天等县审计局】**　到1998年底，人员仍是10人。其中：大专生4人；局长1人，副局长2人。

审计工作成果　完成审计项目79个，审计资金104148.16万元，查出违纪违规金额2544.63万元，处理处罚应上缴财政金额289.31万元，共提交审计报告79篇。

完成县政府交办任务　共完成交办的工作任务5项。1995年，对县公安局至县府街道工程和县招待所旧楼装修工程进行了审计。

完成上级下达审计任务　共完成审计机关下达的审计任务56项，审计金额90444.41万元。

**【宁明县审计局】**　至1998年底，在职人数14人。其中：大专学历6人；高级职称职1人，中级职称4人；局长1人，副局长2人。

审计工作成果　共完成审计项目76个，审计单位92户，审计资金总额291554万元，查出违纪违规金额3491万元，上缴县财政153.5万元，对违规单位处以罚款61845元；派员参加县纪委、物价等部门协查87人次；向上级部门提交调查报告18篇。

完成县委、县政府交办任务　共完成交办的工作任务33项，审计单位35个。1995年完成了全县计生经费项目16个，共提交审计报告16篇，审计金额1933万元，查出违纪违规金额233.37万元。

完成上级下达审计任务　1994年至1998年，共完成审计任务44项，其中引用外资项目13项，共核实外资投资额2652万元。

**【龙州县审计局】** 至1998年底，人员为8人。其中：大专4人；中级职称2人；局长1人，副局长2人。

审计工作成果 共完成审计项目50个，审计单位133户；完成审计调查4项，调查单位21个；审计金额70184.62万元，共查出违纪违规金额1468.84万元，上缴县财政126.31万元；共提交审计报告54篇。同纪检、监察等部门配合，查处经济案件1起，为社会稳定发挥了作用。

完成县政府交办任务 共完成交办的工作任务11项，审计清理单位57个。1997年在对龙州糖厂水源泵房及输管道安装工程审计中，核减77.28万元，核减率达52.75%，维护了国家利益。

完成上级下达审计任务 共完成下达的审计任务43项，审计单位126个，审计金额67916.51万元。

**【柳州地区审计局】** 1998年末有干部、职工33人。其中：大专生19人；局长1人，副局长2人。内设办公室、财政金融审计科、行政事业审计科、商贸审计科、工交审计科、综合科。

审计工作成果 共完成审计事项134个，查出违纪金额15376万元，上缴财政1331万元，归还被侵占挪用资金1827万元，促进增收节支358万元，建议纠正地方部门不当规定59条。提交审计工作报告、信息33篇，被采用5篇。

完成地委、行署交办任务 共完成工作任务59项。1996年通过审计综合调查报告的形式，为3个少数民族贫困县财政摸清家底，实事求是地向上级政府反映灾后困难状况，为3个贫困县争取到财政转移支付补助400多万元，得到当地党委、政府领导的好评。

完成上级下达审计任务 共完成审计任务67项，审计金额106508万元。1996年民政资金专项审计项目，劳动失业保险、养老保险“两金”审计项目被评为全区优秀审计项目。

受表彰情况 受区审计系统、人事部门表彰1次；1996年至1997年连续2年被地委、行署评为“双文明”建设目标管理责任制特等奖；连续5年被地直党委评为先进党支部；共有3人受区审计系统、人事部门表彰奖励，2人次受地区审计系统、人事部门表彰奖励。

**地址** 广西柳州市弯塘路26号
**电话** 0772—2823395
**邮编** 545001

**【合山市审计局】** 1998年末有干部、职工14人，其中：大专文化9人；具有中级职称人员4人；局长1名，副局长1名。

审计工作成果 共完成审计项目60个，提出交审计报告60篇，审计单位85个；完成审计调查6项，调查单位21个；审计金额157204万元，共查出违纪金额684万元。其中上缴财政资金366万元，追还被侵占挪用资金292万元。配合市纪检、监察、检察等部门，查处各种经济案件3起。

完成市委、市政府交办任务 共完成交办的工作任务12项，审计清理单位12个。

完成上级下达审计任务 共完成审计任务38项，审计单位63个，审计金额124694万元，查出违纪金额391万元。

**【融安县审计局】** 到1998年底有12人。其中：大专生4人；局长(党组书记)1人，副局长3人。

审计工作成果 共完成上级下达审计项目90个，完成审计调查22项；审计金额149750万元。共查出违纪违规金额1769万元，责令追回被侵占挪用资金730万元，应上缴县财政406万元，已上缴124万元。提交审计调查报告7篇。

完成县委、县政府交办任务 共完成交办的审计工作任务20项。

**【象州县审计局】** 到1998年底，人员已发展到11人。其中：大专生2人；局长1人，副局长2人。

审计工作成果 共完成审计项目66个，审计单位71户；完成审计调查6项，调查单位8个；审计金额45848万元，共查出违纪违规金额710万元。上缴县财政130万元；共提交审计报告72篇。

完成县政府交办任务 共完成交办的工作任务11项，审计清理单位11个。截止1998年底，共完成工程决算审计项目57个，审计金额4330万元，审计核减金额360万元。

完成上级下达审计任务 共完成审计任务55项，审计单位57个，审计金额43277万元。

**【来宾县审计局】** 到1998年底，在职人员17人，其中：大专生13人；局长1人，副局长2人。

审计工作成果 共完成审计项目170个，审计单位164户；完成审计调查7项，调查单位7个；审计金额128846万元，共查出违纪违规金额1575万元。上缴县财政203万元，提交审计报告7篇。

完成县政府交办任务 共完成交办的工作任务19项。1997年，根据县委、县政府领导的指示，对县供销社、县人民医院、县农业综合开发办公室等3个单位进行审计，核实了3个单位的资产、债权和债务，审计查出违规金额1331.4万元。

完成上级下达审计任务

共完成审计任务151项，审计单位145个，审计金额127514.6万元。

**【武宣县审计局】** 1998年底共有干部、职工13人。其中：大学生1人，大专生4人；局长1人。

审计成果 共完成审计项目100个，审计金额251106万元，查出违纪金额4654万元，其中应上缴财政461万元，已上缴财政412万元。

**【忻城县审计局】** 到1998年底，实有人员13人。其中：大专生5人；局长1人，副局长1人。

审计工作成果 实际完成111项，超额完成17项，审计金额达174399万元，共查出违纪金额921万元，应上缴财政207万元，已上缴财政142万元。同县纪委、监察局等部门配合，查处经济案件2起。共提交审计调查报告10篇。

完成县委、县政府交办任务 共完成交办的工作任务69项。

**【金秀瑶族自治县审计局】** 1998年末有8人。其中：大专生5人；正副局长各1人。

审计工作成果 共完成审计项目77个，审计单位77户，审计调查6项，审计单位6户；审计金额10014万元，查出违纪金额313万元，应上缴财政107万元，减少财政拨款和补贴64万元，追还被侵占、挪用资金103万元，已上缴财政45万元。协助县检察院、法院等单位查处经济案件4起。

完成县委、县政府交办的工作任务 1994年6—7月间，对某乡进行干部离任审计，查出了该乡私设“小金库”34万元，该乡乡长在任职期间坐收坐支公款18万元，挪用公款11万元私借他人(已由有关部门另案处理)，伪造原始凭证，贪污公款0.3万元。

完成上级下达审计任务 共完成审计项目35项，审计金额14725万元。在1998年6月，查出违纪金额369万元，提出了3条针对性的建议，较好地完成了工作任务。

**【三江侗族自治县审计局】** 至1998年底，共有干部、职工10人。其中：大学生1人，大专生4人；局长1人，副局长2人。

审计工作成果 共完成审计项目73个，审计单位73户；完成审计调查5项，调查单位5个；审计金额5393万元。共查出违纪违规金额1215万元。上缴县财政54.1万元，共提交审计报告73篇。

完成县政府交办任务 共完成交办的工作任务7项，审计清查单位7个。1996年至1998年离任审计6个单位，实事求是地对6个单位领导任职期内的经济责任实施了审计。查出违纪金额31万元，上缴县财政14万元。

完成上级下达审计任务 共完成审计任务51项，审计单位51个，审计金额4271万元。

**【贺州地区审计局】** 1998年底，有干部职工25人，其中大学本科生3人，大专生7人；局长1人，副局长2人；设有办公室、财政金融审计科、行政事业单位审计科、商粮贸企业审计科、工交企业审计科、固定资产投资审计科，以及审计事务所。

审计结果 共完成审计项目150个，审计单位180户；完成审计项目调查108项；共查出违纪违规金额22478万元，上缴财政729万元，共提交审计报告210篇；同地区纪检、监察等部门配合查处经济案件5起。

完成当地政府交办任务 共完成交办的工作任务78项，审计清理单位98个。截止1998年底共完成工程结算审计项目48个，审计金额9898万元，核减工程投资结算486万元。1998年在地区重点工程－银河大酒店装修及水电安装工程结算的审计工作中，核减工程结算107万元。

完成上级下达的审计任务 共完成审计任务116项，审计单位138个，审计金额259838万元。

受表彰情况 受自治区审计表彰7次，有2人受到表彰奖励；受地委、行署表彰8次，有7人受嘉奖或奖励。

**【贺州市审计局】** 到1998年底，有干部职工25人。其中：大学1人，大专10人；局长1人、副局长3人。

审计工作成果 共完成审计项目290个。审计单位330户；审计调查25项，调查单位193个；审计总金额257823万元。共查出违纪违规金额9297万元。上缴财政237.62万元。共提供审计报告290篇。

完成市委、市政府交办的任务 共完成交办的工作任务98项。截止1998年底，共完成工程决算审计项目103个，审计总金额9985万元，审减金额784万元。1998年审计市政府新办公楼时，审减金额204万元，轰动了全市。

完成上级下达审计任务 共完成区、地区审计机关下达的审计任务195项，审计单位280个，审计金额257823万元。

受表彰情况 受自治区审计厅表彰2次，受地区审计局表彰5次，受市委、市政府表彰6次，莱有2人次受区厅表彰奖励；16人次受地区表彰奖励；30人次受市委、市政府记功、表彰等奖励。

**地址** 贺州市建设中路129—1号

**电话** 0774—5285696

**邮编** 542800

**【钟山县审计局】** 1998年底共有干部、职工15人。其中：大专生8人；局长1人，副局长2人。

审计工作成果 共完成审计

项目118个,完成审计调查8项,调查单位81个,审计金额99836万元。共查出违纪金额715.35万元,上缴县财政71.2万元。配合县纪检、监察等部门查处各种经济案件7起。

完成县政府交办任务　共完成交办的审计工作39项,清理单位78个。1996年起实行领导干部离任经济责任审计制度,对即将离任的领导干部在任职期间的经济责任作出客观公正的评价。1998年成立基建投资审计股,审计基础投资额1800万元,核减工程预决算80万元。

完成上级下达的任务　共完成审计任务79项,审计金额99836万元。

**【昭平县审计局】**　1998年底在职干部、职工11人,其中:大专生6人;局长1人,副局长2人。

审计工作成果　实际完成审计项目80项,审计单位130个,审计金额108037.46万元,共查出违纪违规金额801.95万元,其中,应缴财政73.86万元。另外,完成县政府交办的清理乱收费、两基教育经费审计、乡镇领导离任审计等审计、调查任务60项,审计单位163个。

完成审计任务情况　1996年重点开展全县16个乡镇领导换届离任审计,并向县委、县政府提交了关于加强乡镇财务管理的综合报告。1997年最主要的审计项目是"两基教育经费审计",摸清了县教育经费的收、管、用情况,针对存在问题提出了整改意见和建议。1997年成立基建审计股,当年完成基建竣工决算审计项目7个,送审金额981万元,核减155万元。1998年除抽调大部分力量参加粮食新增财务挂账审计工作外,主要完成了对全县电力系统所属18个单位财务审计,摸清了家底。

**【富川瑶族自治县审计局】**　至1998年底,有人员14人。其中:大专生7人;局长1人,副局长2人。

审计工作成果　共完成审计项目106个,审计单位95户;完成审计调查12项,调查单位81个。审计金额165119万元,共查出违纪违规金额1427万元;追还被挤占挪用的粮食收购专项资金700万元,上缴财政25.5万元;共提交审计报告106篇。

完成上级下达审计任务　共完成上级下达审计任务60项,审计单位72个,审计金额165119万元。

完成县政府交办任务　共完成交办的工作任务108项,审计检查单位85个。1997年富川县大部分行政事业单位法定代表人变更,完成县委、县政府交办离任审计项目36项,客观公正地反映了经济责任人任职期间的经济责任情况。1997年设立固定资产投资审计股,截止1998年底共完成工程决算审计项目6项,审核金额950万元,核减金额76万元。

**【百色市审计局】**　到1998年底,人员为25人。其中:大专生5人;局长1人,副局长2人。设有办公室、财政金融审计股、商粮贸审计股、工业交通审计股、固定资产投资股、审计事务所等机构。

审计工作成果　共完成审计项目88个,审计单位79户;完成审计调查4项,调查单位4个;共查出违纪金额4036.64万元。同纪检、监察、信访等部门配合,查处各种经济案件3起,上缴市财政628.10万元,共提交审计报告88篇。

完成市政府交办任务　共完成交办的工作任务34项,审计清理单位34个。共完成工程决算审计项目127个。1998年对市工商行政管理局职工住宅楼和办公楼的审计工作中,工程预算审减金额148.79万元。

完成上级下达审计任务　共完成下达任务54项,审计单位78个。

内部审计　1994年共设立内部审计机构11个,内审人员13名;到1998年,内部审计机构有17个,内审人员17名。

社会审计　共接受社会委托项目1453项,其中企业年检424户,年检金额37932万元;注册资金验证902户,验证资金74999.93万元。

受表彰情况　受自治区审计系统表彰3次,受地区审计系统表彰4次,受市委、市政府表彰5次,共有1人次受到自治区审计系统表彰奖励;5人次受地区审计系统表彰奖励;15人次受市委、市政府表彰奖励。

**地址**　广西百色市新兴路
**电话**　0776—2824039
**邮编**　53000　　(何　华)

**【德保县审计局】**　至1998年底,人员为14人。其中具有大专文化3人,会计师、审计师5人;局长1人,副局长2人。

工作成果　共完成上级下达审计任务79个项目,审计总金额87347万元;查出违纪金额1011万元,上缴财政金额112万元;罚款35万元,应追还挪用国家资金511万元。1995年成立基本建设审计股,截止1998年底共完成基建预决算审计项目118个,审计投资金额5380万元,核减工程投资189万元。

**【田东县审计局】**　到1998年有13人。其中:局长1人,副局长1人;大专文化4人,有中级职称7人。

审计工作成果　实际完成78项,占任务的120%。共查出违纪违规金额2581万元,查出百万元以上违纪单位1个,应缴财政

162.44万元，已上缴财政63.45万元，罚款2万元，追还被侵占资金126.5万元；开展审计调查6项，向上级部门提交审计信息7篇，配合纪检、监察等部门查处各种经济案件12起。

完成县委、县政府交办任务　共完成交办的工作任务21项。其中国有企业查证1家，咨询有关单位建账清债8家，审计调查6项，配合有关部门开展了清理"小金库"、农村清产核资、蔗区公路资金、"三大检查"、"普九"经费审计等各项工作。

**【河池地区审计局】**　到1998年底，有干部、职工32人。其中，大专文化17人；局长1人，副局长3人。内设秘书科、财政金融审计科、农业审计科、行政事业审计科、商粮贸审计科、工交审计科、固定资产投资审计科、审计事务所等机构。

审计成果　共完成审计项目188个，查出违纪违规金额17564万元，上缴财政1821万元，归还原资金渠道2290万元。同纪检、监察部门配合，查处各种经济案件3起。共对15个县(市)120个单位进行了扶贫资金审计，审计资金总额35961万元，查出违纪违规金额2155万元，归还原资金渠道1115万元。尤其是1998年组织完成了全地区10个乡镇772个村、屯的家庭水柜建设资金的审计和审计调查，促进了全地区扶贫工作的开展和完成。

内部审计　1994年共设内审机构15个，内审人员28人。到1998年，内部审计机构有24个，内审人员45人。

社会审计　共完成社会委托项目934项，其中财务收支审计93项，离任审计7项，验资验证777项，资产评估9项，基建决算审计22项。

**地址**　河池市拥政路95号
**电话**　0778—2286584
**邮编**　547000

**【河池市审计局】**　到1998年底，有干部、职工18人。其中：大专生7人，具有会计师、审计师中级职称5人；局长1人，副局长2人。

审计工作成果　共完成审计项目119项，审计单位121户；完成审计调查8项。共查出违纪违规资金3513.68万元，上缴财政303.95万元，追回侵占挪用资金128.25万元，责令退回虚报冒领的财政资金10.49万元。提交审计报告119篇。与市三查办、纪检、监察等部门配合，查处经济案件5起。

完成市政府交办的任务　共完成交办工作任务71项。1995年，抽调2人参加地区清理粮食财务挂账、粮食经济案件及"小金库"等；1996年，按照市政府要求，抽调3人对武装部的资产交接进行监督，对乡镇温饱工作项目监督检查；1997年，按要求完成了市有奖募捐资金及计生经费的专项审计，处理"小金库"资金41万元，为国家挽回损失51万元。

完成上级下达的审计任务　共完成审计任务52项，审计单位55个，审计金额5660万元。

受表彰情况　连续被评为"地区审计系统先进单位"并予表彰。荣获"审计宣传先进单位"、"审计统计先进单位"。被市委评为"红旗党支部"四次；荣获"文明榜样机关单位"、"文明单位"、"农村基层组织建设先进单位"、等称号。

**地址**　河池市南新西路618号
**电话**　0778—2282736
**邮编**　547000　(韦文元)

**【宜州市审计局】**　至1998年底，有干部、职工16人。其中：大专生8人；局长1人，副局长2人。

审计工作成果　共完成审计项目111个，审计单位136个。完成审计调查2项，调查单位22个；共查出违纪违规金额2107.35万元。同市纪委、检察院、信访办等部门配合，查处各种经济案件8起。上缴市财政559.76万元。

完成市委、市政府交办任务　共完成交办各项工作124项。1995年成立企业基建审计股，到1998年底完成工程决算审计项目44个，审计金额6826万元，核减造价647万元，维护了国家利益。

完成上级审计机关下达审计任务　共完成59个，审计金额2.7亿元。

**【天峨县审计局】**　1998年底，有干部、职工11人。其中：大专生3人，大专在读1人；局长1人，副局长3人。

审计工作成果　共完成审计项目71个，完成审计调查4项，调查单位8个；审计金额69314万元，共查出违纪违规金额632.41万元。同纪检、监察、检察等部门配合，查处经济案件3起，上缴县财政67万元，共提交审计报告71篇。

完成县政府交办任务　共完成交办的工作任务12项，审计清理单位12个。

完成上级下达审计任务　共完成审计任务38项，审计单位42个，审计金额33310.3万元。

**【都安县审计局】**　到1998年底，有干部、职工18人。其中：具有大专文凭12人；局长1人，副局长1人。

审计工作成果　共完成审计项目100个(其中完成上级审计机关下达审计项目52个)，审计单位100户；完成审计调查5项，调查单位7户；共查出违纪违规金额3245万元，上缴县财政126.78万元；基建项目审计审减金额124.47万元，提交审计报告100篇。

完成县政府交办任务 共完成交办的工作任务32项，审计单位32个。1996年和1997年，为配合全县乡镇党政换届选举和政府机构改革、企业改制等，先后抽调48人次，实施离任审计8项，企业审计8项，为县委、县政府选拔人才提供了真实可靠依据。

**【罗城仫佬族自治县审计局】** 到1998年底，人员为24人。其中：大专生9人；局长1人，副局长1人。

审计工作成果 共完成审计项目94个，审计单位94个；完成审计调查6项，调查单位6个；审计金额92006.28万元，共查出违纪金额2467.25万元。上缴县财政112.28万元，提交审计报告100篇。

完成县政府交办任务 共完成交办的工作任务35项。完成工程决算审计项目23个， 审计金额达1613.40万元，审减金额111.90万元。

完成上级下达审计任务 共完成审计任务82个，审计单位94个，审计金额92006.28万元。

**【巴马瑶族自治县审计局】** 到1998年底，实有人数8人。其中：大专生1人；局长1人，副局长2人。

审计成果 共完成审计项目63个，审计单位77户；完成审计调查3项，调查单位14个；审计总金额19583.41万元，共查出违纪违规金额448.04万元。会同县检察、纪检、监察部门查处各种经济案件5起，上缴县财政金额29.47万元，共提交审计报告66篇。

完成县政府交办任务 共完成交办的审计任务14项。

完成上级下达审计任务 共完成审计任务49项，审计单位70个。1998年6、7月份还负责对东兰县1992年4月至1998年5月的粮食财务挂账审计工作任务。

**【环江毛南族自治县审计局】** 到1998年底，共有干部、职工12人。其中：大专5人；局长1人，副局长2人。

审计成果 共完成审计项目113个，审计资金总额128470万元，查出违纪违规资金2340万元，已收缴县财政资金91万元。

完成县政府交办任务 每年都全面完成了县政府交办的农业生产、计划生育、扶贫攻坚等中心工作任务，为农业生产、扶贫攻坚捐款、赞助、筹措资金近5万元。

完成上级下达审计任务 共完成审计任务51项，审计资金总额70898万元，查出违纪违规资金602万元，上缴财政资金21万元。

## 海南省

**【海南省审计工作综述】** 1994年至1998年，已有审计机关23个，人员503人。其中，大专以上学历占68.4%，获得中级职称以上的占33.2%。5年来，共审计2674个单位，查出违规金额143.6亿元，向司法机关移送经济案件27宗，移送纪检和司法机关处理的责任人员53人。

本级预算执行审计 全省23个审计机关全面开展了同级财政审计，达到100%审计的目标要求。5年来，共审计138个预算执行单位的财政财务收支情况，查出违纪、违规行为金额35.9亿元。经审计处理，已增加财政收入2.6亿元。各级审计机关在审计过程中，运用“账户入手，下审一级”的方法，深化审计内容，基本摸清了财政家底。审计结束后，针对审计揭露出来的预算内、外资金收支中的问题，就强化预算约束力，加强财政资金管理提出了合理的建议和意见，普遍受到政府和人大的重视和好评。

各专业审计 1.金融审计 全省共对29家建设银行、45家农业银行、16家信托投资公司、8家证券公司以及48家地方金融机构等进行审计，共审计146个单位，共查出违纪、违规金额39.7亿元。审计中揭露的重大金融案件已移送司法等部门立案查处。对查出的资产负债损益不实，资产质量不高、风险大、效益差，经营亏损等问题，向省政府、审计署分别作了专题报告，同时对加强金融监控、防范和化解金融风险提出了审计建议和意见。2.基建审计 全省共审计67个重点基建工程项目。查出超规模、多列概算、高估冒算等有问题金额共1.8亿元，核减工程决算金额6445万元。3.企业审计 全省共对735家企业进行了审计，共查出违纪、违规金额38.9万元。在企业审计过程中开展了真实性审计的探索。通过审计，查出了一些企业存在少计收入，挤占成本费用，未计提应付股利，核算主体错位和违规并账，股本金不到位等问题。4.公众基金、资金审计 对公众基金、专项资金审计逐步形成经常性审计制度。全省对社会保障基金（包括：养老保险基金、医疗保险基金、失业保险基金、工伤保险基金）、燃油附加费、电力基金、扶贫资金、水利资金等进行了审计。通过连续几年的经常性审计，形成了一种有效的监督约束机制，资金管理逐步得以规范，违纪违规行为逐年减少。省本级社保基金的审计结果1998年首次向社会公告，引起了较大的反响，探索了审计监督与舆论监督相结合的途径。有关专项资金审计情况向省政府报告后，引起了领导的高度重视，对存在的问题及时要求有关部门单位进行改正或整改。5.世、亚行贷款审计 全省共对85个世、亚行贷款项目进行了审计，查出不合规行为金额5287万元。坚持客观公正的立场，向外实事求是地披露审计结果，提出的审计报告得到世、亚行组织的肯定。6. 行政事业审计 全省共对1180个行政单位进行了审计，查出违纪、违规金额14.1亿元。查处了应缴未缴预算收入、挤占挪用专项资金、私设“小金库”等问题。在开展行政单位审计过程中注意结合本级预算执行审计工作，将两者有机地联系起来，充分发挥了财政审计的整体效能。7. 经济责任审计 全省逐步建立起了经济责任审计制度，特别是随着《海南经济特区企业法定代表人离任审计规定》和《海南省市、县各级党政领导干部任期经济责任审计暂行规定》的颁布实施，这项工作日趋规范化、制度化，并已得初步成效。仅1998年，全省19个市县中有17个市县开展了离任审计，已对162个行政机关、企业事业单位的领导干部进行了离任审计；查出违纪、违规金额1.2亿元，其中应上缴财政7905万元；有7名政绩突出、清正廉洁、群众公认的干部得到了重用；有18名工作平庸、铺张浪费、弄虚作假、虚报政绩、侵吞公款、管理混乱、亏损严重甚至决策失误造成重大经济损失的干部受到诫勉、降免职处分或移送司法机关、纪检监察部门处理。

审计信息反馈 省审计机关重视并加强了审计资料和情况的综合分析，相继创办了《审计情况简报》、《审计工作通讯》等信息载体。5年内共提交综合报告、专题报告、调查报告、各类审计信息等1153篇，其中被批示和采用556篇。

法制建设情况 海南省审计机关成立以来，一直致力于构建特区审计制度的框架，重点加强了审计法制建设，并取得进一步突破。先后以海南省人民政府第93号令、94号令和116号令，颁布了《海南经济特区企业审计规定》、《海南省各级预算执行情况审计监督办法》和《海南经济特区企业法定代表人离任审计规定》。随后又会同海南省纪律检查委员会、中共海南省委组织部等部门联合印发了《海南省市、县各级党政领导干部任期经济责任审计暂行规定》。

**【海南省审计厅】** 1998年底共有干部、职工95人，其中：大专以上学历84人，占总人数的88.4%；党组成员4人，其中厅长1人，副厅长3人；共设11个处室，由7个业务处、审理室、办公室、从事监察处和综合处组成；下设一个直属事业单位——海南省审计培训科研所。

**厅领导成员情况表**

| 年份 | 厅长 | 副厅长 | 纪检组长 | 备注 |
|---|---|---|---|---|
| 1994 | 杨辉 | 田相其 郭长春 刘远晋 | 阮冠之 | 称谓海南省审计局 |
| 1995 | 杨辉 | 田相其 郭长春 刘远晋 | 阮冠之 | 称谓审计局改为审计厅 |
| 1996 | 杨辉 | 郭长春 刘远晋 陈如军 | 阮冠之 | |
| 1997 | 杨辉 | 郭长春 刘远晋 陈如军 | 陈人雄 | 陈人雄为副厅长 |
| 1998 | 翟培基 | 郭长春 陈如军 陈人雄 | 陈太辉 | 郭长春于8月份调走，陈太辉为副厅长 |

审计工作成果 省审计厅共完成审计单位(项目)357个。查出违规行为金额127.2亿元，其中应上缴财政6.3亿元，已上缴财政4.4亿元；减少财政拨款和补贴2437万元，追还被侵占挪用资金5.8亿元，罚款961.8万元。共为国家增收节支10.5亿元。向司法机关移送经济案件10宗，移送纪检监督部门处理的责任人员4人。

财政审计 5年内，省审计厅始终把财政审计列作工作重点，特别是随着《审计法》的颁布实施，财政审计更是每年审计工作的龙头，开展的省本级财政预算执行情况和对市县财政决算的审计均取得了巨大成绩。5年共查出违规行为金额32.6亿元。省本级预算执行情况审计连年取得了成功。每年，省审计厅厅长代省政府向省人大常委会作省本级财政预算执行审计工作报告时，都得到了各委员们的一致好评，在社会上引起了较大反响，促进政府加大了对财政行为的监管力度，规范其财政行为。

股份制企业审计 1994年开始了股份制公司审计的探索，审计的内容涵盖了股份公司的设立、财务收支和经营管理情况。5年来，审计解决了一些党政领导关心、群众关注的热点问题，挤掉了股份公司经营中的泡沫成分，在社会上产生了较大的影响，取得了明显的成效。据1994年对27家股份公司审计情况的统计，共查出虚增利润，扩大成本费用和开支范围，偷、漏、欠税款等违规行为金额3.9亿元，其中应上缴财政金额1.3亿元。

基本建设项目审计 省审计厅共审计基建项目(单位)14个，核减工程造价4018万元。1997年尝试进行了单项结算工程审计，取得了成效，积累了经验。通过对海南聚酯切片厂2个单项工程和海南天然气化肥厂6个单项工程的决算审计，核减工程造价800万元。

涉外审计和调查 全省共对85个世、亚行贷款项目进行了审计，查出不合规行为金额5287万元。坚持客观公正的立场，向外实事求是地披露审计结果，提出的审计报告得到世、亚行组织的肯定。开展了对境外企业产权和国有资产保值增值情况的审计调查。1995年，省审计厅对驻港33家境外企业国有资产产权的审计调查发现：企业效益不理想，抽查的25家企业中有13家累计亏损或持平；产权交易不规范，造成国有资产流失；投资关系未理顺，企业产权不明晰；产权登记、转移手续不完备。1996年对省驻境外企业国有资产保值增值情况进行了调查，向有关部门提出了审计建议。

行业审计　5年内，省审计厅按审计署部署或全省的统一安排开展了金融系统、粮食系统、交通系统、国土资金、社保基金等行业审计。省审计厅负责了我省行业审计的组织、协调、业务指导和综合情况汇总、反馈工作，具体承担了省本级行业审计工作，并取得了显著成绩。1998年开展的粮食新增财务挂账清查审计，查清查实了351家国有粮食企业未消化的老挂账43499万元，新增财务挂账98230万元，不合理占用农发行贷款30211万元。向检察机关和监察部门移送了15宗违法违纪案件。对公路专项资金、四项社保基金实行了定期审计制度，1998年省本级社保基金的审计结果首次向社会公告，引起了较大反响。

党政领导交办项目审计　5年内，接受省委、省政府领导交办审计的项目比较多。对交办项目，省审计厅都投入了精干人员，基本查清了事实，如实反映了情况。1994年，省审计厅对交办项目海南国际统一期货有限公司的审计，促进省政府及时采取措施，整顿了期货市场。1996年，省审计厅按省领导指示和省长办公会议决定，先后派出12个审计组，对海南物业股份公司以及21个分公司自1993年成立以来的资产、负债、损益情况进行了全面审计，查出该公司实际亏损18530万元，涉及经济问题的人员10多人，涉及金额近千万元。审计后，该公司进行了整改。

内部审计　省审计厅重视对内部审计的指导工作，探索了新形势下内部审计工作的指导方法，1995年率先成立了内审行业性社会团体——海南省内部审计协会，建立起内审联系点制度。至1998年底，全省共设立内审机构489个，配备专兼职内审人员1153人。内审机构在开展审计中纠正违规行为金额3.2亿元，可促进增收节支4.1亿元。

**地址**　海口市海府路59号

**电话**　0898—5367265

**邮编**　570204（廖红星　林　霞）

**【海口市审计局】**　海口市有市、区两级审计机关4个，干部、职工69人。其中，硕士研究生1人，大学生14人，大专生42人。大专以上学历人员占干部职工总数82.6%，获得审计师或注册会计师资格的占43%。局长1人，副局长3人。设有办公室、综合科、审理科、行政事业审计科、财贸审计科、工交审计科、基建审计科共7个机构。

审计工作成果　5年来共完成审计项目346个，审计调查27项。查出违规行为金额36655万元，百万元以上违纪单位44个，向司法机关移送经济案件2宗，移送纪检和司法机关处理的责任人员2人。经审计处理，违规行为金额已上缴市财政17466万元。审计机关提交审计报告、信息185篇，被地方党政领导、部门，上级审计机关，新闻媒体采用或批示95篇次。

完成地方党政交办任务　共完成交办审计事项44个，交办各项工作任务106项。1995年负责对全市党政机关及其工作人员无偿占用企业钱物情况进行清理，涉及单位222个，共清理占用钱物金额174万元；1997年，市局牵头在全市开展清理公费安装住宅电话和购买使用移动电话工作，清理单位356个，清理出违反规定公费安装住宅电话704部，资金230万元。完成上级下达审计任务1994年到1998年，共完成上级审计机关下达的审计项目70个，审计单位112个。

内部审计　到1998年有内部审计机构26个，内审人员46人。机构共完成审计项目1559个，查出损失浪费金额4653万元，促进增收节支金额13422万元，提出审计建设被采纳682条，已纠正违纪金额27357万元。向司法机关移送案件3宗，移送司法机关处理的责任人员5人，建议给予行政处分2人。

社会审计　到1997年，海口市、区两级审计机关所属审计师事务所4个；人员50人。1994年到1997年，共接受社会委托项目3932项，其中企业验资年检3424项，财务收支审计253项，资产评估18项，基建项目预决算审计71项，共核减建设资金2122万元。

受表彰情况　受省审计系统（单项）表彰10次；1997年被评为海口市"转变工作作风，提高工作效率，提高服务质量"工作先进单位，1998年获海口市"现代文明机关"称号。受市委、市政府表彰5次。

**地址**　海口市龙昆北路19号

**电话**　0898—6797672

**传真**　0898—6797672

**邮编**　570145

**【三亚市审计局】**　到1998年底，编制47人，人员47人。其中：大学生10人，大专生23人，局长1人，副局长3人，设有办公室、综合科、财政金融审计科、行政事业审计科、商贸审计科、工交审计科、建设审计科、外资外贸审计科、审理科等机构。

审计成果　共完成审计项目182个，审计单位230户；完成审计调查35项，调查单位126个。

共查出违纪违规金额25000万元,应上缴财政1030万元,减少财政补贴525万元,追还被侵占挪用资金870万元。上缴市财政1500万元。共提交审计工作综合报告38篇,审计信息156篇。8个重点审计项目获评为全省优秀项目。同市纪委、监察等部门配合,查处经济案件10起,移送市检察院、市纪委经济案件线索6起。

完成市委市政府交办任务 共完成任务45项,审计清理单位130个。1996年3月牵头与市财政、市城建等部门联合负责对全市政府债权债务进行专项清理,清理资金近8亿元,核减虚拟政府债务4700万元。1994年至1998年,经市政府授权,负责对全市54项重点市政工程决算进行审核,审核总金额14亿元,核减工程结算造价11000万元,共为市政府节约基本建设资金1.3亿元。1995年5月,负责对三亚市天涯海角风景区管理处、三亚市鹿回头风景区管理处进行清产核资,为市委、市政府联合组建三亚市旅游投资有限公司的宏观决策提供了依据。1997年5月,在全市范围内开展领导干部、企事业单位法定代表人离任经济责任审计,为全省提供了借鉴经验。

完成上级下达审计任务 共完成任务50项,审计单位120个,审计金额3亿元。

内部审计 三亚市1994年共设立内部审计机构6个,内审人员20名,到1998年,内部审计机构有12个,内审人员35名。

社会审计 共有两家审计师事务所,主要业务为接受委托进行企业年检、注册资金验证、清产核资和基建工程项目造价审核。1998年4月,两家审计事务所与市审计机关脱钩,改制为合伙制会计事务所。

受表彰情况 受省审计系统表彰4次,受市委、市政府表彰10次。获授予全国审计机关先进集体、海南省审计系统精神文明建设先进集体、海南省文明单位、海南省社会治安综合治理先进单位等荣誉称号;6人受省审计系统表彰奖励;15人次受市委、市政府表彰、奖励。

**地址** 海南省三亚市河东一路23号

**电话** 0899—8272234

**邮编** 572000 (徐日霖)

**【琼海市审计局】** 到1998年底,人员减少到12人。其中:大专生4人,局长1人,副局长2人,设有办公室、商贸审计股、工交审计股、综合审计股等机构。

审计工作成果 共完成审计项目117个。审计单位146户;完成审计调查13项,调查单位13个;审计金额14.8万元。共查出违纪违规金额4649万元。同市纪检、监察、信访等部门配合,查处各类经济案件13起。上缴市财政712.5万元。共提交审计报告117篇。

完成市委市政府交办任务 共完成交办的工作任务43项,审计清理单位43个。

完成上级下达审计任务 完成任务74项,审计金额5.5亿元。

**【文昌市审计局】** 到1998年底,编制19人,实有13人。其中:研究生1人,大学生1人,大专生7人,局长1名,副局长2名。

审计工作成果 5年间,共完成审计项目68个,完成审计调查项目5个。共查出违纪违规金额4316万元,应上缴财政531万元,已上缴财政214万元,应追还侵占挪用专项资金706万元,应减少财政拨款和补贴939万元,查处百万元以上违纪项目9个,提交审计报告28篇。

完成审计任务情况 共完成企业审计审计项目12个,查出违纪违规金额2059万元。1998年,按照审计署的统一部署,对定安县17个单位的粮食财务挂账及不合理占用贷款进行清查审计。

5年来,共完成行政事业单位审计项目37个,查出违纪违规金额1116万元,并对全市金融企业进行审计。

**【东方市审计局】** 到1998年底,人员为20人。其中:大学生1人,大专生6人,获得中级职称4人,局长1人,副局长3人。内设行政秘书股、审计业务管理股等机构。

审计工作成果 共完成审计项目107个,共查出违纪违规金额3507万元,处理上缴财政金额151万元,提交审计报告107篇。同市纪检、监察、信访等部门配合,查处各种经济案件6起。

完成市委市政府交办任务 共完成交办的工作任务4项,审计清理单位29个。

**【定安县审计局】** 1998年共有干部、职工15人,其中:大学生1人,大专生7人,局长1人,副局长3人。

审计工作成果 共完成审计项目104个;共查出违纪违规金额3438万元,其中:应上缴财政金额970万元,已上缴财政金额670万元,应追还侵占挪用资金645万元;建议县纪检监察部门作出党纪政纪处分5人,通报批评2人。共提交审计综合报告24篇,审计信息稿件76篇,其中:被省级刊物采用26篇,县领导批示5篇,县新闻媒体采用28篇。

完成上级下达审计任务 共完成审计项目66个,审计查出违纪违规金额1884万元。1998年,在清查审计琼海市农业发展银行和粮食系统有关问题的工作时,发现该市国有粮食企业不合理占用农发行贷款2691万元,查出该市财政局安排资金消化粮食老挂账方面和市农发行违规占用信贷资金等方面的问题。

完成县政府交办的任务　共完成交办的审计任务38项，审计清查单位102个。仅1998年就完成本级党政交办的党政领导干部任期经济责任审计项目21个。几年来，还先后派出60人次参加县的清产核资、财务税收大检查等其他工作。

**【临高县审计局】**　到1998年底干部、职工16人。其中：大学生1人，大专生8人，审计师2人，局长1，副局长2人。

审计工作成果　共完成审计项目85个，审计单位85户，共提交审计报告85篇。其中完成省审计厅下达的审计任务77个，审计单位77户。审计金额102824万元。共查出违纪违规金额6750万元，已上缴财政148万元，已追回被侵占挪用资金了286万元。同县纪检、监察、司法等部门，查处各种经济案件7起。

完成县委、县政府交办任务　共完成交办的工作任务14项，审计清理单位125个。1995年9月，对全县开展清理党政机关无偿占用企业钱物，查出占用企业单位的钱财达93笔资金25万元。1996年7月，对五个经济开发区的财务收支和开发建设情况进行了审计调查。

**【白沙黎族自治县审计局】**　1998年底，人员共有22人，其中：大学生3人，大专11人，局长1人，副局长2人。

审计工作成果　共完成审计项目88个。审计单位118户；其中：署定项目11人，省定项目14个，党政交办项目6个，自定项目57个；完成审计调查5项，调查单位42个，共查出违纪违规金额3220万元；上缴县财政89万元，共提交审计报告88篇，提交审计信息15篇，党政领导采纳2篇，上级机关采纳4篇。同纪检、监察等司法部门配合，查处经济案件2起，为白沙县的经济发展发挥了作用。

完成县委县政府交办任务　共完成交办的工作任务6项，审计调查单位18个。1997年12月对粮油贸易公司550万元粮食贷款情况进行了审计调查，核实该公司共挤占挪用粮食贷款资金351万元并基本查清了县粮油贸易公司经理挪用粮食贷款的犯罪事实，使该公司经理得以绳之以法。粮食系统新增财务挂账清查审计　1998年6月对昌江黎族自治县财税局、农业发展银行和粮食系统自1992年4月1日至1998年5月31日止安排粮食政策性补贴及拨付情况，信贷资金运营情况和粮食新增财务挂账及其不合理占用贷款进行清查审计和审计调查，共审计单位15个，核实昌江黎族自治县粮食新增财务挂账占用农发行贷款1649万元；移交经济案件4宗，按时保质保量完成了上级机关交办的任务。

**【昌江县审计局】**　到1998年共有公务员11人。其中大学生2人，大专生8人，局长1人，副局长2人。

审计工作成果　共完成审计项目89个，审计单位175个；完成审计调查12项，调查单位12个；审计金额86985万元。共查出违规违纪金额3942万元。查处各种经济案件9起。上缴县财政289万元，共提交审计报告89篇。

完成县委县政府交办任务　共完成交办的工作任务38项，审计清理单位197个。1997年至1998年对县两个支柱工业企业和一个其他企业进行了财务收支和经济效益审计。1998年对两个行政事业单位和一个企业主管部门进行了离任审计。

完成上级下达审计任务　共完成省厅下达的审计任务两项，审计单位246个，审计金额9900万元。

**【陵水黎族自治县审计局】**　到1998年底，人员为14人。其中：大专生7人，局长1人，副局长4人。

审计工作成果　共完成审计项目103个，审计单位95户；完成审计调查15项，调查38个单位；共提交审计报告103篇，审计调查报告15篇，审计金额46157万元。共查出违纪违规金额3649万元，经审计处理，应上缴财税部门金额96万元，已上缴财税部门金额51万元，应追还侵占挪用资金346万元，移交纪检监察部门查处案件5宗。同县纪检、监察、检察等部门配合，查处各类经济案件7起。

完成县委县政府交办任务　共完成交办的工作21项，审计清理单位32个。1997年为配合全县机构改革、企业改制，对全县有行政事业性收费的单位的收费项目、标准、金额进行了清查，同时参与县工商企业清产核资。

完成上级下达审计任务　共完成省审计厅下达的审计任务78项，审计103个单位，审计金额46157万元。

**【保亭黎族苗族自治县审计局】**　到1998年底，有审计人员15人。其中大学生2人，大专生8人，具有中级专业技术职务的审计人员5人，局长1人，副局长2人。

审计工作成果　共完成审计项目101个，审计单位123户；完成审计调查23项，调查单位50个；审计金额118,124万元。共查出违纪违规金额23,927万元。上缴县财政211万元，同县纪检、监察、检察等部门配合，查处各处经济案件16起，为社会稳定发挥了作用。共提交审计报告101篇。

完成县委县政府交办任务　共完成交办的工作任务65项，审计清理单位220个。截止1998年底对全县39个行政机关、企业事业单位的领导干部进行离任审计。通过审计，查出违规行为金额1361万元。其中应上缴财政135.5万元，已上缴财政17.4万元，防止国有资产流失93万元，应追还侵占挪用资金249万元，查出百万元以上违纪单位3个。

完成上级下达审计任务　共完成省审计机关下达的审计任务61项，审计单位91个，审计金额31,797万元。

**【琼中黎族苗族自治县审计局】**

截止1998年有公务员12人，工勤2人。其中：大学2人；大专生9人，中级职称3人，少数民族审计干部7人。局长1人，副局长2人。

审计工作成果　共完成审计项目128个，审计单位92户，审计总金额176,718万元。共查出违纪违规金额4,022万元，上缴财政111万元，减少财政补贴1,213万元。同县纪检、监察及司法机关配合，查处各种经济案件11起。共提交审计报告135篇。

完成地方党政交办任务　完成交办法人任期经济现任审计项目49人，查出4个挪用，占用专项基金为他用等案件4起，移交纪检监察部门进行查处，3人受到党纪、政纪处分；查出5个单位私设"小金库"合计33.6万元，其中：10万元以上有2个单位均没收上缴国库，对直接责任人进行经济处罚，同时，还查出100万元以上违纪户4个。

完成上级下达的审计任务　上级下达我县审计项目75个，实际完成126个，审计金额176,718万元，完成审计调查32项。同时，还对通什市粮食系统、农发行、财政部门进行了审计清查，查出了该市在粮食财务挂账中各类违纪违规金额679.21万元。

## 重庆市

**【重庆市审计局】**　共有审计机关45个，人员1013人。其中，大专以上学历占61.9%，获得审计师或注册会计师资格的占86.61%。5年来，共审计6930个单位，查出违纪金额818,135万元，移送纪检、司法机关处理的责任人员54人。

局领导成员　1994年，局长李昌伦，副局长向世金、胡耀华、余敏；1995年至1996年，局长李昌伦，副局长向世金、胡耀华、余敏；1997年，局长余敏，至1998年底，局长余敏，副局长吴德珍、杨春林，

法制建设情况　至1998年，重庆市审计局起草了《重庆市国有企业承包经营审计办法》、《重庆市内部审计办法》、《重庆市国有企业法定代表人离任审计条例》、《中共重庆市委办公厅、重庆市人民政府关于审计机关办理领导机关交办审计事项有关问题的通知》(已发布实施)、《重庆市人民政府关于加强预算执行和其他财政收支情况审计监督的通知》、《重庆市人民政府批转市审计局加强全市固定资产投资建设项目决算审计请示的通知》、《重庆市人民政府关于对城市农村信用社等地方金融机构进行审计监督的批复》、《重庆市审计机关行政处罚听证规则》、《重庆市审计局关于审计工作规范化表式》、《重庆市审计局审计报告、审计意见书、审计决定的审查、复核、审定办法》等规范性文件，对认真贯彻《审计法》、《审计法实施条例》、《中国审计规范》，提高审计质量起到了重要作用。

**【重庆市审计局概况】**　重庆市审计局设有办公室、人事教育处、综合处、法规处、审计管理处、财政审计处、金融审计处、固定资产投资审计处、行政事业审计处、农业审计处、工业交通审计处、商贸审计处、外资运用审计处、机关党委办公室(含监察室)及编制、人员、经费均由市审计局管理的驻经委审计处、驻农办审计处、驻商委审计处、驻建委审计处、驻教委审计处、驻交通局审计处，并设有直属事业单位审计科研培训中心。到1998年底，局机关人员146人，科研培训中心20人。。其中：研究生3人，本科生47人，大专生56人。获得中级以上专业技术资格117人。局长1人，副局长2人。

成果综述　共审计6930个单位，查处违纪金额中，应上缴财政32701万元，减少财政拨款和补贴5751万元，追回被侵占挪用资金45563万元，为国家增收节支15042万元，移送纪检、司法机关处理的责任人员54人。

内部审计　到1998年，内审机构有1540个，内审人员4666名。1994年至1998年，共完成审计项目87375个，查出损失浪费金额37178万元，纠正违纪金额56778万元，提出建议被采纳11791条，促进增收节支43584万元。

财政审计　审计单位1441个，其中：预算部门或预算执行单位938个，决算单位502个。查出违纪金额114760万元，经审计处理，应缴财政16411万元，已缴财政16100万元，应减少财政支出金额506万元。

金融审计　审计单位485个，其中，主要有农业银行106户、建设银行34户、中国银行45户、保险公司97户、信托投资公司6户、证券公司7户、地方金融机构

139户。查出违纪金额301797万元,经审计处理,应缴财政4111万元,已缴3431万元。查出的负债(权益)不实金额81744万元,损益不实金额38844万元。

固定资产投资审计　审计单位462个,查出违纪金额39106万元,经审计处理应缴财政715万元,已上缴财政579万元,应归还原渠道资金5843万元,应核减工程结算14927万元。查出超规模超标准5461万元,多列概算1472万元,挪用侵占建设资金6088万元,挤占工程成本11640万元。

企业审计　审计单位975个。查出违纪金额211996万元,经审计处理,应缴财政2886万元,已缴财政1661万元,应归还侵占挪用资金1633万元。

农业资金审计　审计单位435个,其中:农业综合开发资金132个、扶贫资金115个、三峡移民资金45个、水利资金75个。查出违纪金额35335万元,经审计处理,应缴财政221万元,已缴财政115万元,应归还侵占挪用资金7350万元。

国外贷款援款审计　审计单位359个(次)。查出违纪金额7959万元,经审计处理,应归还侵占挪用资金745万元。

行政事业单位审计　审计单位2269个,其中:行政单位684个,事业单位488个,社会团体12个,专项审计1085个。查出违纪金额105136万元,经审计处理,应缴财政8150万元,已缴财政6060万元,应归还侵占挪用资金15780万元,减少财政拨款和补贴239万元。

**地址**　重庆市渝中区中山三路188号
**电话**　023—63850808
**邮编**　400015　　(邹　玮)

**【重庆市渝中区审计局】**　1998年底,共有干部、职工25人。其中:大学生8人,大专生13人,中专生2人,党组成员4人;局长1人,副局长2人。设有秘书科、综合科、财政金融审计科、行政事业审计科、企业审计科、审计事务所等机构。

审计工作成果　共完成审计项目151个。审计单位146户;完成审计调查4项,调查单位18户;审计查出违纪违规金额7163万元。上缴区财政485万元,共提交审计报告151篇。

完成区政府交办任务　共完成交办的工作任务48项。根据区政府指示,抽调审计人员参加对非金融机构1993年至1997年集资和借款情况的清理工作。

完成上级下达审计任务　1994年到1998年,共完成市审计机关下达的审计任务103项,审计单位59户,审计金额281400万元。

**【重庆市大渡口区审计局】**　到1998年底,人员5人。其中:大专学历3人;局长1人,高级职称1人,中级职称3人。设有综合科、行政事业审计科、企业审计科、审计事务所等机构。

审计工作成果　共完成上级下达审计项目57个,审计单位64户,完成审计调查4项,调查单位22个,审计金额达28857万元。共查出违纪违规金额1171万元。上缴区财政138万元,减少财政支出21万元,归还原渠道33万元,调账处理48万元。提交审计报告64篇。

**【重庆市江北区审计局】**　到1998年,有干部、职工17人。其中:大专生9人,中专生5人;党组成员3人;副局长2人。设有办公室、财政金融审计科、行政事业审计科、企业审计科、基建审计科和审计师事务所。

审计工作成果　5年中,共完成审计项目125个。审计单位148户;完成审计调查15项,调查单位15个;共查出违纪违规金额3056万元。上缴区财政520万元,共提交审计报告125篇。

**【重庆市沙坪坝区审计局】**　到1998年底,共有干部17人。其中:大学生4人,大专生10人,中专生3人;局长1人,副局长1人。设有秘书科、行政事业审计科、企业审计科、综合审计科。

审计工作成果　5年,共完成审计项目151个。审计单位158户;完成审计调查28项,调查单位33个;审计金额1127000万元;同区纪检、监察、信访部门配合查处各种经济案件10起,为社会稳定发挥了作用。

完成区政府交办任务　5年,共完成区委、区政府交办的审计任务13项,特别是1997年~1998年对人民群众关注的经济运行中的热、难、重点问题进行审计,为区委、区政府宏观决策提供了翔实可靠的依据。

完成上级下达的审计任务　从1994年至1998年,共完成市审计机关下达的任务112项,审计金额1076000万元。

**【重庆市九龙坡区审计局】**　到1998年底,共有人员22人。其中:大学生5人,大专生16人。建有党支部1个,支委3人。局长1人,副局长2人。设办公室、综合科、行卫科、商粮贸科、财经科、工交基建科、审计事务所等机构。

审计工作成果　自1994年至1998年,共完成审计项目178个,审计单位258户,完成审计调查16项,调查单位76个,共查出违纪金额3523万元,上缴财政381万元。

完成区政府交办任务　5年共完成区政府交办的审计任务19项。审计单位30个,提交审计报告19篇。其中,对区技术监督局检测中心大楼竣工决算审计,审减金额111万元。

完成上级下达审计任务　5年共完成市审计局下达的审计任务79项。

**【重庆市南岸区审计局】**　到1998年底，干部、职工人数21人。其中：大学生2人，大专生11人；局长1人，副局长3人。设有办公室、财政审计科、行政事业审计科、企业审计科、综合科、审计事务所等机构。

审计工作成果　5年来，共完成审计项目216个，审计单位210户，完成审计调查19项，调查单位26个。共查出违纪违规金额10709万元，上缴区财政192.30万元，节减支出554.56万元。促进增收节支746.86万元。

完成区委、区政府交办任务　5年中，共完成交办任务69项，审计单位147个。1997年对渝黔高速公路南岸段农村拆迁补偿进行了审监，如期完成了对384户农户、28个合作社、31户企业的补偿审监工作，节减补偿费125万元。同年，还对长生片区公路改造经费进行了审计，及时查清了该项工程的财务收支情况。1994年到1998年以来，对区政府办公楼搬迁建设项目进行了审计，审减工程造价和三材差价194万元，同时审减钢材25.9吨、水泥1197.5吨、原木37.7立方米，为政府节省了大量资金。

完成上级下达审计任务　共完成上级审计下达的审计任务147项，审计单位147个。

**【重庆市北碚区审计局】**　到1998年底，有人员22人。其中：大学生13人，大专生5人；局长1人，副局长1人。内设有行政秘书科，行政事业审计科，财政金融基建审计科，工交商审计科，审计事务所等机构。

审计工作成果　5年共完成审计项目141个，审计单位161个，完成审计调查17项，调查单位105个。共查出违纪违规金额3126万元，汇同区纪委、监察局、检察院等部门查处各种经济案件5起，为社会稳定发挥了积极作用。上缴区财政1009万元，共提交审计报告109篇。

完成区政府交办工作任务　共完成76项，其中：为配合全区镇、乡换届选举工作，参与镇乡法人代表离任审计17项；抽调108人次参加区的企业改制、清产核资及清理整顿金融秩序等工作，为区政府宏观决策提供了依据。

**【重庆市万盛区审计局】**　到1998年底为11人。其中：大专生5人；局长1人，副局长1人。设办公室、行政财政科、金融基建审计科、企业外资审计科、审计事务所等机构。

审计工作成果　共计完成审计项目128个，完成审计调查10项，调查单位52个；共计查出违纪违规金额2931万元。其中：审计审减基建项目35个，查出违纪违规金额217万元；上缴区财政、增加财政收入169万元。

完成区政府交办任务　共完成区政府交办的工作任务16项，其中：1996年根据区政府的安排，对我区8个乡镇的预算外资金进行了全面的清理检查，共检查乡镇下属单位98个，清理预算外收入1626万元，支出1486万元，查出违纪违规金额42万元，收缴财政13万元。

完成上级下达审计任务　完成市审计机关交办审计任务2项，其中，有1995年对江津市教育经费的审计；1998年抽调5人参加对重庆市粮食企业的交叉审计。

**【重庆市双桥区审计局】**　到1998年底，人员8人。其中：大专生3人；局长1人。设有办公室、行政事业审计科、企业基建审计科、财政金融审计科等机构。

审计工作成果　5年中，共完成审计项目138个，审计单位150多户，完成审计调查5项，调查单位9个，共查出违纪违规金额1792.29万元。上缴区财政128.6万元，节约基建资金406万元，挽回经济损失200万元左右。提交审计报告59篇。同区纪检、监察、信访等部门配合，查处各种经济案件4起，为社会稳定发挥了积极作用。

完成上级下达和区政府交办任务　共完成上级下达和交办的工作任务110项，审计清理单位100多个。1996年，对壁山县财政局预算外资金审计和区22户企事业单位进行了税收、财务、物价大检查，在规定时间内圆满完成了任务，查出违纪金额331万元，上缴财政24.74万元。1998年，对区教育局系统、城乡委系统、区公安分局、区烟草专卖局、酒类专卖局的财务收支真实性、合法性、效益性进行了审计，重点查处了截留收入、乱收费等问题，查出违纪金额180万元，收缴财政33.76万元。

**【重庆市渝北区审计局】**　现有人员19人，呈下降趋势。其中：大学2人，大专9人；具有高级职称1人，中级职称8人；局长1人，副局长2人，纪检组长1人。设有办公室、一科（财政、金融、行政事业）、二科（商、粮贸）、三科（工交企业）、审计师事务所等机构。

审计工作成果　共完成审计项目186个，完成审计调查22项，调查单位132个，提交专题报告43篇。查出违纪违规金额6639万元，审计查处收缴被侵占的财政收入1013万元，减少财政拨款和补贴27.3万元，追回被侵占挪用的资金616万元，为企(事)业单位节省基建开支244.8万元。

完成区政府交办任务　共完

成交办的工作任务99项,审计清理单位175个。1995年8月,配合企业改制,对原江北棉纺厂的亏损情况进行了审计,查实亏损额1418万元,查出贪污、盗窃犯罪人员2人,分别被判处10年、1年有期徒刑;查出违纪人员2人,收缴非法所得1.85万元。

完成上级下达审计任务　共完成审计项目186个,为市下达任务的155%。

**【重庆市巴南区审计局】**　1994年共有干部、职工24人,到1998年底,人员有26人。其中:大专以上学历18人,中专生6人;党组成员3人;局长1人,副局长2人,纪检组长1人。设有办公室、财政金融审计科、企业审计科、行政事业审计科、综合法制科、审计事务所等机构。

审计工作成果　自1994年至1998年,共完成审计项目212个,审计单位310个,其中上级审计机关下达审计项目62个,审计单位98个,完成审计调查11项,调查单位76个。共查出违纪违规金额5930万元,上缴财政673万元,追还被侵占挪用资金1030万元,促进增收节支1232万元,共提交审计工作报告176篇。同纪检、监察、信访等部门配合,查处各类经济案件11起,为维护财经秩序,促进党风廉政建设,保障经济健康发展做出了积极贡献。

**【重庆市万州移民开发区审计局】**　1994年共有干部、职工37人,到1998年有干部、职工35人。其中:大学生6人,中专生12人;获中级以上技术职称16人;党组成员5人,专职党组书记1人,局长1人,副局长2人,纪检组长1人。设有办公室、综合法规科、审计管理科、财政金融审计科、工交审计科、商贸审计科、行政事业审计科、移民资金审计科、外资运用和固定资产投资审计科等。

审计工作成果　自1994年到1998年,共完成审计项目316个,完成审计调查33项,调查单位49个。配合纪检、监察等部门,查处各类经济案件28起,查出违纪违规金额6261万元,上缴财政1212万元,追还侵占挪用资金709万元,处以罚款31.6万元。

完成区政府交办任务　共完成区委、区政府交办任务54项。1994年,对各级移民局(办)1993年度管理、拨付和使用的移民资金进行了审计,并重点抽审了69个基层单位和项目建设单位,对1985年至1992年移民试点经费的有关问题,进行了追踪审计,为进一步加强移民资金管理,提高使用效益打下了基础,受到政府的好评;1996年,对三峡物资产业(集团)股份有限公司法人代表进行了离任审计,帮助企业摸清了家底,分清了责任;1998年,对川东氯碱工程项目停建资金进行了审计,受到政府领导和上级审计机关的表扬。

**【重庆市天城区审计局】**　1998年底共有干部职工17人。其中:大学生1人,大专生10人;局长1人,副局长2人。有办公室、财政金融审计科、行政事业审计科、商贸企业审计科、工交企业审计科、外资基建审计科和审计事务所等机构。

审计工作成果　共完成审计项目226个,审计单位235户,完成审计调查29项,调查单位60个,共查出违纪违规金额1.5亿元。会同纪检、监察、财政、税务等部门查处各种经济案件6起,收缴本级财政509万元。

完成区政府交办任务　共完成交办的工作任务25项,完成自定审计项目120项,审计单位137户。对辖区内19个乡镇财政所及乡镇各部门的财务收支进行了轮审,查出违纪违规金额1374万元,收缴本级财政424万元。1994年到1998年,共开展固定资产投资项目审计77项,削减工程投资额390万元,仅新城区移民基础设施天城东路工程的审计,就削减101万元,占投资总额的10%。

完成上级下达任务　共完成上级下达的审计任务81项,审计单位128个,查出违纪违规金额6500万元,收缴财政120万元,归还专款1200万元,提出审计建议150余条,为被审计单位增加收入1600万元。1998年,对黔江县粮食系统亏损挂账进行了审计,共核减亏损挂账1834万元,挤占挪用粮食收购资金1985万元,受到市审计局和当地政府的好评。

**【重庆市黔江开发区审计局】**　1994年共有干部、职工21人,到1998年底有23人。设有办公室、财政金融审计科、行政事业审计科、基建外资审计科、企业审计科、法规科。

审计工作成果　自1994年到1998年,共完成审计项目176个,审计单位198户,完成审计调查16项,调查单位85个,审计金额110688万元。共查出违纪违规金额3224万元,上缴财政420万元,共提交审计报告192篇。

完成政府交办任务　从1994年到1998年,共完成开发区党工委、管委会交办任务79项,审计清理单位93个。近两年,完成政府交办的离任审计达30多项,为政府提拔、使用干部提供了资料。

完成上级下达任务　1994年到1998年,共完成上级下达审计任务82项,审计单位90个,审计金额78720万元。

**【永川市审计局】**　到1998年底,共有干部、职工20人。其中:大学生4人,大专生12人;局长1人,副局长3人。

审计工作成果　共完成审计项目149个。完成审计调查10

项，调查单位85个。共查出违纪违规金额4986万元。同市纪检、监察、信访等部门配合，查处各种经济案件26起，为社会稳定发挥了作用。上缴市财政112万元，共提交审计报告149篇。

完成市政府交办任务　共完成交办的工作任务41项。1996年成立基建审计科，截止1998年底共完成工程结算审计项目101个，审计金额41440万元，审减金额2000万元。永川市审计局对某大楼工程的竣工决算报审额203万元，审减金额34万元，占工程送审投资额203万元的16.7%，帮助追回多年投资未收效益资金2万元，漏交税费1680元，给国家挽回损失36万元，维护了国家利益。

**【合川市审计局】**　到1998年底有干部、职工26人。其中：大学生2人，大专生16人；中级以上职称16人；局长1人，副局长2人。

审计工作成果　共完成审计项目129个，审计单位294户，完成审计调查5项，调查单位97个；审计金额达27.3亿元，查出违纪违规金额15727万元，依法处理上缴财政资金1032万元，追回侵占挪用资金963万元，并揭露贪污、受贿大案要案4件，涉嫌犯罪达18人，移交司法机关处理。

完成市政府交办任务　共完成交办任务51项，审计清理单位105个。1996年，对64个乡、镇、办事处及有关部门单位预算外资金的收、管、用情况进行了全面清理检查，历时两个多月，为政府决策提供了依据。

**【江津市审计局】**　到1998年底，有干部、职工24人。其中：大专以上文化19人；局长1人，副局长2人。

审计工作成果　共完成审计项目286个，审计金额174590万元，共查出违纪违规金额12195万元，上缴财政1226万元，减少财政拨款75万元，追还侵占挪用资金317万元，促进增收节支542万元；共提交审计报告、信息215篇。

**【长寿县审计局】**　到1998年底，共有干部、职工14人。其中：大学生1人，大专生10人；局长1人，副局长1人。

审计工作成果　共完成上级审计机关下达的审计项目123个。

完成县政府交办任务　共完成交办的工作任务78项，涉及217个单位。

**【綦江县审计局】**　到1998年底，共有人员22人。其中：大学生5人，大专生8人；局长1人，副局长3人。

审计工作成果　共完成审计项目153个，审计单位529个，完成审计调查18项，调查单位33个。查出违纪金额9009万元，依法处理收缴财政249.4万元，清理上缴财政预算外资金112.8万元，核减基建拨款63.1万元，审减粮食企业亏损补贴131.3万元，决定由被审单位直接上缴国税、地税和主管部门收入76.3万元，实现增收节支632.9万元，提交审计报告171篇，较好地发挥了审计监督的职能作用，促进了经济发展。

完成县政府交办任务　共完成交办的工作任务29项。1995年，对全县14个机关的预算外资金进行了审计，审计金额1752.9万元，查出违纪违规金额596.2万元，处理上缴财政集中管理112.8万元。1996年，重点抽查了10个乡镇的预算外资金收支、管理、使用情况，共审查收入1266.3万元，支出1329.7万元，查出违纪违规金额156.8万元，摸清了家底，查清了问题，为领导机关提供了决策依据。

完成上级下达审计任务　共完成重庆市审计局下达的审计任务125项。1998年，参加全市粮食行业审计、复查工作，共审计和抽查了32个单位，查出违规金额2074万元，审减粮食亏损补贴131.3万元。

**【潼南县审计局】**　1994年共有干部、职工17人，到1998年底，人员已减少到16人。

审计工作成果　自1994年至1998年，共完成审计项目271个，审计单位321户；完成审计调查9项，调查单位14个；审计金额26619万元。共查出违纪违规金额2686万元。同县纪检、监察等部门配合，查处各种经济案件2起，上缴县财政245万元，共提交审计报告99篇。

完成县政府交办任务　5年共完成县委、县政府交办的工作任务8项，审计清理单位70个。1997年，为配合全县机构改革、企业改制，参与负责潼南县工商企业清产核资小组。共抽调8人，涉及到全县3个单位，为县委、政府的宏观决策提供了依据。

**【荣昌县审计局】**　到1998年共有干部、职工19人。其中：大学生4人，大专生12人；局长1人，副局长2人。

审计工作成果　共完成审计项目128个。审计单位215户；完成审计调查9项，调查单位55个。共查出违纪违规金额2459万元，上缴财政117万元，共提交审计报告、信息85篇。

完成县委、县政府交办任务　共完成交办的工作任务12项，审计清理单位48个。

完成上级下达审计任务　1994年到1998年，共完成重庆市审计局下达的审计任务102项，审计单位215个。

**【璧山县审计局】**　到1998年

底,共有人员12人。其中:大学生1人,大专生7人;局长1人,副局长2人。

审计工作成果　共完成审计项目103个,审计单位173个,共查出违纪违规金额2350万元;上缴财政144万元,罚款7.34万元。共提交审计工作报告、信息58篇,建议纠正地方部门不当规定36条。在三大检查中,共对61个单位进行了重点检查,查出违纪金额304.8万元。

完成县政府交办任务　共完成交办的工作任务24项,审计清理单位65个。从1996年至1998年,为配合全县机构改革、企业改制,抽调人员参加县工商企业清产核资,共230人次,共清理44个单位,为宏观决策提供了依据。1998年,在对县公安局1996年~1997年收费罚没收入财务收支的审计中,查出违纪违规金额185万元,促进公安局规范收费行为,建立健全内控制度,从而推动其加强廉政建设。

完成上级下达审计任务　共完成上级下达的审计任务100项,审计单位172个。

**【大足县审计局】**　到1998年底,共有干部、职工25人。其中:大学生3人,大专生10人;局长1人,副局长3人。

审计工作成果　共完成审计项目342个,审计单位345户;完成审计调查88项,调查单位88个;审计金额124632万元。共查出违纪违规金额3426万元。同县纪检、监察、信访等部门配合,查处各种经济案件3起。上缴县财政556万元,共提交审计报告85篇。

完成县政府交办任务　共完成交办的工作任务130项,审计清理单位16个。

完成上级下达审计任务　1994年到1998年,共完成上级审计机关下达的审计任务212项,审计单位212个,审计金额7968万元。

**【铜梁县审计局】**　到1998年共有干部、职工19人。其中:大学生2人,大专生9人;有高级职称的1人,有中级职称的10人;局长1人,副局长3人。

审计工作成果　5年共完成审计项目208个,审计单位250户;完成审计调查项目10个,调查单位167个;审计金额26亿元。共查出违纪违规金额5590万元。上缴县财政134万元,追回归垫资金470万元,为被审计单位挽回损失235万元,提交审计信息55篇。

完成县政府交办任务　共完成交办的工作任务55项,审计或审计调查单位122个。1997年至1998年共审计工程项目141个,核减工程价款650多万元。在对铜梁宾馆在建工程项目审计中,业主自报投资2400多万元,经审计确认1420万元,审减投资900多万元,为政府决策提供了依据。

完成上级下达审计任务　5年共完成重庆市审计机关下达的审计任务75项,审计单位86个,审计金额18亿元。

**【梁平县审计局】**　到1998年底,共有干部、职工17人。其中:大学生2人,大专生6人;局长1人,副局长1人。

审计工作成果　共完成审计项目139个,涉及被审计单位541户;完成审计调查15项,调查单位150个;审计金额251600万元。共查出违纪违规金额4474万元。同县纪检、监察、信访等部门配合,查处各种经济案件4起。上缴县财政585万元,共提交审计报告37篇。

完成县政府交办任务　共完成交办的工作任务40项,审计清理单位240个。

完成上级下达审计任务　共完成省、市审计机关下达的审计任务77项,涉及被审计单位382个,审计金额139375万元。

**【城口县审计局】**　到1994年底;共有干部、职工18人。其中:大学生1,大专生4人;局长1人,副局长2人。

审计工作成果　共完成审计项目81个,审计单位234户;审计金额80704万元,共查出违纪违规金额1245万元,上缴县财政36万元,共提交审计报告、信息81篇。

**【垫江县审计局】**　到1998年,共有干部、职工28人。其中:大学生5人,大专生9人;局长1人,副局长3人。

审计工作成果　共完成审计项目250个。审计单位250户,完成审计调查36项,调查单位193个,审计金额359368万元。共查出违纪违规金额15668万元。同县纪检、监察、财政等部门配合,查出各种经济案件35起,为社会稳定发挥了积极作用。上缴县财政360.5万元,共提交审计报告、信息等325篇。

完成县政府交办任务　共完成交办的工作任务139项,审计清理单位637个。截止1998年底,共完成工程决算审计项目2个,审计金额9613万元,审减金额513万元。1998年,开展了对县级各部门和乡(镇)党政领导干部任期经济责任审计,以及企业领导任期经济责任审计,共完成审计项目73个,查出违纪违规金额3753万元,上缴县财政83.3万元。

完成上级下达审计任务　5年共完成上级审计机关下达的审计任务135项,审计单位196个,审计金额59863万元。

**【武隆县审计局】**　到1998年底,共有干部、职工19人;局长1人,副局长3人。

审计工作成果　共完成审计项目139个,审计调查项目22个,查出违纪违规金额1448万元,上缴财政138万元;同时,完成上级审计机关统一部署的交叉审计任务4项。

**【丰都县审计局】**　到1998年底,共有干部、职工18人。其中:大学生1人,大专生11人;局长1人,副局长3人。

审计工作成果　共完成审计项目189个,审计单位366户;完成审计调查11项,调查单位90个;审计金额122490万元。

完成县政府交办任务　共完成交办的工作任务30项,审计清理单位210个。到1998年底,共完成工程决算审计项目15个,审计金额2.3亿元,竣工决算审减金额791.5万元,维护了国家利益。

**【奉节县审计局】**　1998年共有干部、职工16人。局长1人,副局长2人。

审计工作成果　共完成审计项目115个,审计单位246户;完成审计调查11项,调查单位65个。共查出违纪违规金额7167万元,上缴县财政256万元,共提交审计报告115篇;同县纪检、检察、监察、信访等部门配合,查处各种经济案件18起,为反腐倡廉、维护社会稳定发挥了积极作用。

完成县政府交办任务　共完成交办的工作任务26项,审计清理单位215个。

完成上级下达审计任务　共完成上级下达审计任务95项,审计单位211个,查出违纪违规金额6782万元。

**【开县审计局】**　到1998年,共有干部、职工21人。其中:大学本科3人,大学专科6人;局长1人,副局长2人。

审计工作成果　共完成审计项目225个,审计了382个单位。共查出违纪违规金额4185万元,收缴财政454万元,追还被侵占挪用资金1370万元。

完成审计任务情况　1997年,首次开展了县本级财政预算执行审计;1998年对15个主管局的领导干部进行了离任经济责任审计。1997年1月,根据《审计法》规定,首次开展了县本级财政预算执行审计,分别向县政府、万州移民开发区审计局提交了财政预算执行审计结果的报告,向县人大常委提交了财政预算执行审计工作报告,受到县人大好评。同时改进政府部门的审计,将全县行政事业单位排队,两年审一次,一次审两年,由过去送达定期审计改为轮审,加大了审计监督力度。1998年6月,根据县委、县府安排,对换届中离任的15个主管局的主要领导干部进行了离任经济责任审计,对促进领导干部廉洁自律,健全单位内部管理制度发挥了重要作用,同时为组织、人事部门考查干部提供了依据。

**【忠县审计局】**　到1998年底,共有干部、职工16人。其中:大专生9人;局长1人,副局长3人。

审计工作成果　共完成审计项目282个,审计单位267个,完成审计调查36个。审计查出违纪违规金额7448万元,处理收缴各级财政440万元,追回被挤占挪用资金754万元,查补税金84万元,减少财政支出84万元,查出损失浪费111万元,挽回国有资产损失79万元,提出审计建议220条,向上级党政机关和有关部门提供调查报告36篇,被采用17篇。

完成县政府交办任务　共完成县委、县政府交办的工作任务31项。1991年,受县领导指派对县工商银行、农业银行进行了专项审计,查出县工商银行对某企业1991年一次性专项削价处理商品损失挂账贷款,没有按国家规定实行"利息减半,先收后退"的办法,多收利息84380.54元,经审计后,县工商银行将多收利息退还企业,使这个争论较大的问题得到圆满解决,银企双方都感到满意。

完成上级下达审计任务　共完成四川省、重庆市审计机关下达的审计任务86个,审计单位115个,审计查出违纪违规金额2150万元。

**【巫溪县审计局】**　到1998年,共有干部、职工16人。其中:大学生6人,大专生2人;局长1人,副局长2人。

审计工作成果　共完成审计项目299个,查出违纪违规金额5141万元,上缴财政80万元,减少财政补贴52万元,提交审计报告58篇,移送经济案件5件。

完成县政府交办任务　共完成交办的工作任务75项。

完成上级下达任务　1996年根据四川省审计厅下达任务,对五桥区预算外资金进行了审计;1998年,根据重庆市审计局下达任务,对梁平县粮食企业亏损挂账进行了审计。

**【巫山县审计局】**　到1998年底,有干部、职工16人。其中:大学生1人,大专生9人;局长1人,副局长2人。

审计工作成果　共完成审计项目151个,审计单位223户,完成审计调查6项,调查单位14个,审计金额59700万元。共查出违纪违规金额1642万元,上缴县财政241万元,共提交审计报告151篇。

完成县政府交办任务　共完成交办的工作任务18项。1995年成立了专案小组,对全县反映强烈的县风景管理处财务收支进行了审计,并延伸调查了相关单位,查清了由多人共同参与的贪污案,贪污金额高达数十万元,并移交检查院,维护了国家的利益。

完成上级下达任务　共完成上级审计机关下达的审计任务92项,审计单位143个,审计金额48700万元。

**【石柱县审计局】**　到1998年,共有干部、职工16人。其中:大学生2人,大专生3人;局长1人,副局长2人。

审计工作成果　共完成审计项目139个,审计单位290户,完成审计调查26项,调查单位314个,审计金额234935万元。共查出违纪违规金额6,544万元,上缴县财政112万元,共提交审计报告89篇。同县纪检、监察、信访等部门配合,查处各种经济案件15起。

完成县政府交办任务　共完成交办的工作任务31项,审计清理单位47个。截止1998年,对全县32个基本建设重点工程的预、决算项目进行了审计,审计金额33859万元,审减金额308万元。1995年,对县供销系统总投资412万元的4个工程进行了审计,审减工程金额131万元;1997年,对县车站综合楼工程进行了审计,审减工程资金40万元。

完成上级下达审计任务　共完成上级审计机关下达的审计任务108项,审计单位172个,审计金额182520万元。

**【秀山县审计局】**　到1998年底,共有干部、职工18人。其中:大学生3名,大专生2人;局长1人,副局长2人。

审计工作成果　5年共完成审计项目128个,审计单位355个。完成审计调查28项,调查单位43个,审计金额47451万元,共查出违纪违规金额7549万元。同纪检、监察等部门配合,查处各种经济案件12起。上缴县财政720万元,共提交审计报告128篇。

完成县政府交办任务　共完成交办工作任务28项,审计清理单位83个。

完成上级下达审计任务　共完成上级下达的审计任务101项,审计单位109个,审计金额36212万元。

**【黔江县审计局】**　到1998年底,共有干部、职工21人。其中:大学生2人,大专生4人;局长1人,副局长2人。

审计工作成果　共完成审计项目175个,审计金额47499万元,查出违纪违规金额1814万元,已收缴县财政132万元,移交检查机关处理的经济案件4件。

完成政府交办任务　共完成交办任务25项。

完成上级下达审计任务　共完成上级下达审计任务43项。

**【彭水县审计局】**　到1998年底有16人。其中:大学生2人,大专生4人;局长1人,副局长3人。

审计成果　共完成审计项目120个,审计单位473户,完成审计调查29项,调查单位159户,审计金额48129万元。共查出违纪金额16797万元,上缴财政105万元,共提交审计报告信息229篇。同县纪委、监察等部门配合,共查处各种经济案件34起;受行政处分12人,收缴违纪金额15.6万元。

完成县政府交办任务　共完成县委、县政府交办审计工作任务48项,审计清理单位458个。至1998年底,共完成重点工程319公路改造工程决算审计项目40个,审计金额34216万元,审计核减金额784万元。1997年底,对彭水县重点工程红麻全杆造纸的审计中,核减上级资金20万元,维护了国家利益。

完成上级下达审计任务　共完成上级审计机关下达审计任务120项,审计单位547个,审计金额48129万元。

## 四川省

**【四川省审计工作简述】**　截止1998年末,全省县以上各级政府已设立审计机关205个,有审计工作人员3628人。大专以上学历占48.4%,专业审计师等中级以上技术职称的占32.7%,5年共审计49923个单位,查出违纪违规金额188.7亿元,促进增节支3.98亿元,揭露和向司法机关移送经济案件98宗,移送纪检和司法机关处理责任人员152人。

四川省审计厅概况　四川省审计局内设机构有:办公室、工交审计处、财金审计处、行政事业审计处、商贸审计处、基本建设审计处、外资审计处、政策法规处、内部审计社会审计指导处、综合处、人事处、机关党办、共有人员176名。四川省审计局于1996年1月更名为四川省审计厅。内设机构有:办公室、综合处、政策法规处、财政审计处、金融审计处、行政事业审计处、工业交通审计处、商贸审计处、固定资产投资审计处、农业审计处、外资审计处、审计管理处、人事处、监察处、机关党委。至1998年12月底,有人员编制195名,其中事业编制14名,有在职人员174名。厅直属事业单位3个:四川省审计科研所、四川省审计干部培训中心、四川省审计事务所,共有事业编制73名,实有事业编制人员43人。

厅领导成员

| 姓名 | 职务 | 任免时间及原因 |
|---|---|---|
| 甘道明 | 厅长、党组书记<br>局长、党组书记 | 1996.1－1998.2(升迁)<br>1993.8－1996.1 |
| 唐　宁 | 党组书记<br>厅长 | 1998.2－今<br>1998.4－今 |

续表

| 姓名 | 职务 | 任免时间及原因 |
|---|---|---|
| 董玉良 | 副局长、党组副书记<br>巡视员(正厅级) | 1992.5－1996.9<br>1996.9－今 |
| 詹君美 | 副局长、党组成员 | 1989.4－1994.9(调离) |
| 陈光汉 | 总审计师<br>党组成员 | 1999.6－今<br>1994.6－今 |
| 李高伟 | 副厅长、党组副书记<br>副厅长、党组成员<br>副局长、党组成员 | 1998.2－今<br>1996.1－1998.2<br>1994.1－1996.1 |
| 黄万辉 | 副厅长、党组成员<br>副局长、党组成员<br>党组成员 | 1996.1－今<br>1995.12－1996.1<br>1994.9－1996.1 |
| 黄锦生 | 副厅长、党组成员<br>副局长、党组成员 | 1996.1－今<br>1995.12－1996.1 |
| 柴文成 | 机关党委书记、党组成员 | 1994.5－今 |
| 侯中平 | 纪检组长、党组成员 | 1995.11－今 |
| 熊　珩 | 副厅长 | 1997.5－今 |

成果综述　四川省审计机关共审计49923个单位，查出违纪金额中，应上缴财政20.1亿元，已缴财政16.6亿元，罚款1.13亿元，减少财政拨款和补贴3.4亿元，归还原渠道资金26.2亿元，促进增收节支3.98亿元，揭露和向司法机关移送经济案件98宗，移送检察、纪检和司法机关处理责任人员152人，建议纠正地方、部门不当规定5401条。

1994年10月，省委书记谢世杰为省审计厅题词："强化审计监督，服务四川经济"；1997年2月，李鹏总理为省审计厅题词："加强审计监督，维护经济秩序"。省审计厅在连续三年获省政府办公厅目标管理先进单位的基础上，1998年4月被四川省人民政府授予"目标管理先进单位"称号，厅党组在连续三年获省直工委表彰创"四好"成效显著的基础上，1997年6月被中共四川省委命名为"四好领导班子"。1998年12月11日，中共四川省委、四川省人民政府发出《关于加强和改进全省审计工作的意见》(川委发[1998]40号)，有力地促进了全省审计工作向更高更新的目标发展。

本级预算执行审计　5年来，共审计3477个单位的预算执行情况，累计查出应缴未缴预算收入、虚列支出、违规办理财政决算，延解占压财政库款、违规减免财政收入，挪用财政专项资金等违纪违规资金42.2亿多元。经审计处理，已上缴财政4.73亿元。

各专业审计　1. 金融审计　5年来，对农行、中行、建行等银行系统、中保集团财险、寿险公司和信托投资公司、证券公司等地方非银行金融单位2917个进行了审计，查出隐瞒截留收入、挤占成本、偷漏税费、违规挪用、拆借等违纪违规金额31.54亿元，已收缴财政1.28亿元，审计揭露的重大金融案件已移送司法等部门立案查处，对查出的资产负债损益不实、资金质量不高、风险大、效益差、经营亏损等问题，向省政府、审计署分别作了专题报告，提出了审计建议和意见。2. 基建审计　全省共审计了5868个重点基建工程项目，查出超规模、超标准、多列概算、高估冒算等有问题金额15.8亿元，核减工程预决算金额4.35亿元。1998年，审计厅加大对投资审计的工作力度，审计投资总额逾95亿元，其中属于能源、农业等基础设施的项目占30%以上，查出违规金额3亿元，上缴财政0.13亿元，通过审计，为国家节约基建投资1.05亿元。3. 企业审计　5年来，共审计各类各行业国有企业9762个，查出违纪违规金额38.67亿元，已上缴财政2.43亿元，应减少财政拨款或补贴0.42亿元，归还原渠道资金1.65亿元，促进企业增收节支0.41亿元。如1994年和1998年两次开展全省粮食行业财务亏损挂账审计，核实了挂账金额，挤出了水分，为全省粮食流通体制改革奠定了基础。1998年开展的对全省亏损额1000万元以上的40户国有企业审计，在审计署、省委、省政府和社会各界人士中产生了强烈反响。对39户股份制企业改制运作的情况进行了审计。4. 农业资金审计　5年来，全省审计机关先后对三峡工程库区移民资金、扶贫资金、农业综合开发资金、专项发展资金、国家专项扶贫资金、国有土地出让资金、水利专项资金、以电养电资金等大的项目开展了审计，共涉及2270个单位，审计资金总额144.3亿元，查出违纪违规金额6.9亿元。如1995年对重庆市、涪陵地区及所辖石柱县1993年至1994年的三峡工程库区移民资金的审计中，审计金额达2.2亿多元，查出违纪违规金额6300多万元，追回被侵占的资金2400多万元，有3个县的移民项目负责人因贪污、受贿或渎职罪被司法机关法办。1996年，在对12个市地和53个县区国土出让金的全面审计中，查处欠征出让金3.2亿元，欠缴省、市财政收入1500多万元，以及国土出让金未纳入财政预算管理、非土地管理部门收取出让金、挤占挪用出让金等违纪违规行为。1997年，分别对14个市地州、63个贫困县1994年至1996年扶贫资金以及1998年对全省1996年至1998年度水利资金的管理使用情况进行了审计，查出违纪违规金额3.5亿元。对擅自调整计划、把扶贫资金挪作他用、擅自在以工代赈资金中提取、列支管理费、违规提高扶贫贷款利率、个人挪用贪污400万元等问题作了严肃处理。5. 国外贷援款审计　5年来，共审计外资项目25个，涉及文教、卫生、农业、能源、交通、工业、金融、环保等行业，项目执行单位2000多个，出具对外审计公证报告34份，管理意见书21份；对近90户中外合资合作企业进行了审计或审计调查，严肃查处了挪用项目资金、倒卖进口物资设备、虚报工作量和损失浪费等问题。如成渝高速公路、攀钢二期技改、泸天化节能技改、川黔铁路电气化改造工程等项目审计，监督项目单位执行国家财政财务法规和贷款、信贷协议，严肃处理项目建设中存在的问题，给省委、省政府提供利用外资的决策依据，对外出具审计公证报告，保证了项目资金的顺利到位。6. 行政事业审计　全省审计机关先后开展了对教育经费、计划生育经费、文化系统经费、公安系统办案经费和罚没款资金审计、住房资金审计等行业审计工作，5 年来，共审计 1791 个单位，审计资金总额达 364.7 亿元，查出违纪违规金额 33.2 亿元，应上缴财政 3.34 亿元，罚款 2785 万元，应归还原渠道资金 6.35 亿元。如 1995 年对教育经费进行的全面交叉审计，全省共抽调了 2800 多人参加，审计涉及财政、税务、教委、建委等部门，其中学校、宾馆和各乡镇财政所、农经站等单位抽审面达 30%，共检查了 9000 多个单位，不仅查处了侵占挪用、虚列截留转移教育经费和乱收费、乱罚款等违纪问题金额 6600 万元，收缴财政 1024 万元，还为省政府出台管理用好教育经费，发展教育事业，实现“普九”目标的宏观决策提供了参考依据，同时，克服查处难度大的困难，对公安等机关的罚没款和办案收费进行了专项审计，共审计 389 个单位，查出乱收费、乱罚款、截留、挪用应缴财政的规费收入和罚没收入、私设“小金库”等违纪金额 3987 多万元，依法作出处理，促进了公安系统的廉政建设。1997 年对全省计划生育事业费及收费审计，查出挤占、截留、挪用及乱收费等违纪违规金额 1.41 亿元，移送司法机关处理 15 人，归还原资金渠道 5757 万元，收缴财政 1927 万元。

教育培训及审计科研情况　5 年来，先后制定了全省《审计人员教育培训“九五”规划》、《四川省审计厅关于公务员培训教育实施意见的通知》、《审计机关计算机应用培训规划》等文件，不断规范和完善培训工作。5 年来，省厅共举办培训班 61 期，培训审计人员 2000 多人次。在加强人员教育的同时，注重加强培训基地建设。1995 年，改建了四川省审计干部培训中心，目前正在筹建外培基地，使培训设施进一步扩大，功能更加完善。5 年来，全省共完成各类审计科研成果 13 项，正式出版审计学术专著 2 本，在省级以上学术刊物发表审计学术论文 25 篇，获国家、部、省级优秀科研成果奖 8 项，组织各种类型学术研讨会 10 次，开展全省科研成果评奖活动 3 次，编辑出版《现代审计》30 期，发行 20 多万册。

法制建设情况　省审计厅先后制定了《廉政责任制度》、《审计工作计划管理办法》、《审计工作质量考核办法》、《审计工作目标责任考核办法》、《审计法承诺制度》等规章制度，并率先在全省推行了《审计机关行政执法责任制》，制定了与之配套的 15 项审计行政执法制度，同时规范了审计法律文书和审计业务用纸的标准格式。

1998 年，省委、省人民政府发布《关于加强和改进全省审计工作的意见》后，四川省审计厅一方面清理修订和完善了审计机关内部管理制度，另一方面加大了地方性法规的调研和立法工作力度，向省政府和省人大上报了《四川省国家建设项目审计暂行办法》、《四川省财政审计条例》，前者已经省政府颁布执行。

**地址**　成都市永兴巷 15 号
**电话**　028—6522355　6522366
**邮编**　610012
（高书美）

**【攀枝花市审计局】**　攀枝花市辖 2 县 2 区，1994 年至 1998 年，已建立国家审计机关 6 个，职工总数 128 人，其中：大学 14 人，大专 67 人；具有中级职称 28 人。

审计工作成果　全市完成审计项目 899 个，查出违纪违规金额 20368 万元，增加财政收入 5456 万元，追回被侵占挪用资金 2507 万元，促进增收节支 1379 万元。完成审计调查 112 项，撰写审计信息 715 篇，提出审计建议 1067 条。审计揭露经济犯罪案件 2 起，有关责任人分别被依法追究刑事责任。

审计队伍建设　1994 年，攀枝花市审计局设 8 科 1 室；1996 年，根据全市党政机构改革方案设 9 处 1 室，增设监察处；1997 年，因审计工作需要增设专项审计处，负责县级领导干部任期经济责任审计；1998 年，增设全额事业单位审计科研所。2 县 3 区审计机关的内部机构和人员也得到进一步加强和充实。1997 年，审计局按照公开、平等、竞争、择优的原则，采取“双向选择与组织安排相结合、竞争上岗与岗位轮换相结合”的办法，对局机关处长及以下公务员实施聘任制，调动了审计队伍的积极性、激发了工作热情，促进了审计工作发展。

审计业务建设　狠抓业务培训，从 1996 年起，每年 1 月作为职工培训月，共举办各类培训班 30 多期，参训人员上千人次，1998 年有 1 名职工经选拔合格参加 ACCA 国际会计师培训。狠抓审计工作“法制化、制度化、规范化”，建立健全审计工作、业务管理、目标责任等方面的内部控制制度 10 多个。狠抓审计工作质量，防范审计风险，全市共发生 1 起行政复议和1起审计行政诉讼案件,复议诉讼结果都是维持原审计决定。

重点审计项目　1994年,重点选择地方大中型国有企业的盈亏大户等59个单位,由财务收支向资产、负债、损益审计深化,检查企业新旧会计制度对接的实施情况,查出违纪金额738万元,应上缴财政268万元,提高经济效益243万元。1995年,除对2个县级财政、13个乡级财政进行决算审计外,首次对5个县区财政、1个市级财政预算执行情况进行了"同级审",查出违纪金额1050万元,应上缴财政792万元。接受市政府的安排,对市级8个单位进行了"小金库"资金重点清查,查出"违规资金"202万元。1996年,重点完成基建项目开工前审计71个,审计投资总额14800万元。1998年,对15个县级领导干部离任进行了经济责任审计,查出违规金额1027.66万元,"小金库"8个,揭露了一起虚开增值税专用发票上亿元,造成国家税款损失近460万元的涉税犯罪案件。1998年,按照审计署统一部署,全市抽调50人组成12个粮食挂账清查审计小组,依法审计,严把审计质量关,对交叉审计单位的粮食财务挂账核减6844万元,核减28%。对本市28个粮食企业的审计,核减财务挂账1086万元,核减12%。

内部审计　1994年,全市设专职内审机构59个,专职内审人员106人,到1998年,全市建有内审机构135个,内审人员316人,审计单位226个。

社会审计　1994年,全市建有审计事务所4个,分所7个,从业人员86人,首次受托办理了二滩联营体涉外审计咨询项目。到1998年,全市建有审计事务所4个,注册审计师38人,完成委托事项1136项,完成业务收入157.1万元。

获得的荣誉　连续5年保持"省级文明单位",5个县区审计局也先后建成"市级文明单位标兵"和"市级文明单位"。攀枝花市审计局连续5年保持"市政府经济责任目标考核先进单位一等奖","公务员目标管理一等奖","政府法制工作先进单位";3次被四川省审计厅评为"审计业务工作优秀单位";各项审计业务先后20多次被上级审计机关表彰。

**【攀枝花市东区审计局】**　截止1998年底,全局共有职工11人。其中:大学2人,大专3人;注册会计师3人,经济师1人;局长1人,副局长1人。

审计成果　共完成审计项目103个,审计调查7项;审计专项资金3003万元。查出违纪违规金额623万元,上缴区财政141万元,共提交审计报告、信息29篇,提出审计建议131条。

重点审计项目　1997年,开展领导干部离任审计和基本建设工程决算审计,截止1998年底共完成离任审计11个;完成工程竣工决算审计3个,审计金额850万元。开展农业综合开发资金和银江镇小城镇建设资金审计,审计金额952万元。对区属10户国有企业进行了改制前审计,摸清了企业家底,为区委、区政府宏观决策提供了依据。1997、1998年在同级财政预算执行情况审计工作中,查出错划税收级次130万元。审计意见和审计决定的落实、执行率达100%。

审计机制建设　制定了25项内部管理、审计业务控制制度,对审计项目立项、审计程序、调查取证、审计案例分析、审计终结、审计复议、错案责任追究、审计归档等作了明确规定。没有发生审计复议和审计行政诉讼。

**【攀枝花市西区审计局】**　截止1998年底,共有干部、职工7人。其中:大专生4人,局长1人。

审计工作成果　累计完成审计项目74个(含完成区政府交办任务9个)。审计单位71个;完成审计调查3项,调查单位49个;审计金额42094万元。共查出违纪违规金额602万元,其中应上缴财政40万元。累计提供审计信息22篇,提出审计建议157条。

完成上级下达审计任务　共完成市审计部门下达的审计任务2项,审计单位15个。

**【米易县审计局】**　到1998年底,人员为16人。其中:大学生3人,大专生5人;局长1人,副局长1人。

审计工作成果　共完成审计项目137个,审计核算单位185个;完成审计调查5项,调查单位43个。共查出违纪违规金额3082.90万元,应上缴县财政79.29万元,追回被侵占挪用资金427.38万元。共提交审计报告137篇。

完成县委、县政府交办任务　共完成交办的工作任务7项,审计清理检查单位81个。

完成上级下达审计任务　共完成省、市审计部门下达的审计任务80项,审计单位173个。

**【泸州市审计局】**　1998年底,人员为57人。其中:大学生4人,大专生29人;局长1人,副局长3人。设有:办公室、综合科、管理科、财政审计科、金融审计科、行政事业审计科、农业外资审计科、基建审计科、工业交通审计科、商贸审计科、审计事务所等机构。

审计工作成果　共完成审计项目(单位)255个;完成审计调查24项,调查单位169个;审计金额122.61亿元;共查出违纪违规金额1.83亿元。同市纪检、监察等部门配合,查处各种经济案件25

起，为社会稳定发挥积极作用。共上缴市财政2322万元，共提交审计报告279篇。

完成地方党政交办任务　共完成交办的工作任务62项；审计清理单位270个。1997年底到1998年初，领导干部离任审计工作，仅市委、市政府交办市审计局县级领导干部离任审计就达32个。

完成计划任务　共完成审计255项，审计金额122.61亿元。

内部审计　1994年共设内部审计机构35个，内部审人员98名，到1998年，内部审计机构有40个，内审计人员增加到59名。

社会审计　5年来，审计师事务所接受社会委托项目2372项，其中企业年检351项，年检金额3.37亿元；注册资金验证515项，验证资金3.63亿元；清产核资168项，清产核资金额4.68亿元。

受表彰情况　泸州市审计局连续四年被评为全省审计系统先进单位，在此期间专项审计、行业审计多次受到省厅表彰奖励。

**地址**　泸州市江阳西路18号
**电话**　0830—3100275
**邮编**　646000　　（袁　毅）

**【泸州市江阳区审计局】**　到1998年底为13人。其中：局长1人，副局长1人；大专学历5人。

审计工作成果　共完成审计项目135项，审计单位212个；完成审计调查12项，调查单位48个。共查出违规金额1692万元，上缴区财政249万元，减少财政补贴855万元；共提交审计报告92篇。

完成上级审计机关下达任务　共完成省、市下达的审计任务120项，审计单位197个，查出违规金额1630万元，上缴财政226万元，减少财政补贴855万元。

完成区政府交办任务　共完成交办审计事项15项，查出违规金额62万元，上缴财政23万元。此外，1994年至1996年，参加全区财务税收物价大检查，检查单位67个，增加财政收入504万元。

**【泸州市纳溪区审计局】**　1998年底，有职工13人。其中：大专学历6人，有6人通过了国家审计师资格考试；局长1人，副局长1人。

审计工作成果　共完成审计项目123个，查出违纪金额1112万元，应缴财政金额166.46万元，已全部收缴入库，提出审计建议意见200余条；向党政领导和上级审计机关报送审计信息60余篇。

**【泸州市龙马潭区审计局】**　1996年7月1日成立。1998年底，在职干部、职工9人。其中：局长1人，副局长1人；大专学历7人。

审计工作成果　1996年7月至1998年，共完成审计项目58个，审计单位83个，共查出违纪违规金额738.96万元，上缴区财政24万元，减少财政拨款527.76万元。其中：1998年参加全市粮食系统财务挂账清查审计，审计了叙永县13个单位，核减多挂亏损522.36万元。

完成区委、区政府交办任务　1996年，对泸州市刺绣厂1990年—1996年的资产负债情况进行了审计，理清了7年的账务，对区委、区政府处理刺绣厂的问题提供了依据；1996年至1998年，参加全区财务税收物价大检查；1997年至1998年，受区人大委托对区检察院、区法院进行了财务收支审计，同时还参与了对农村合作基金会的清理整顿。

**【泸县审计局】**　1998年底，人员有15人。其中：大学生1人，大专生4人；局长1人，副局长1人。

审计工作成果　共完成审计项目159项，审计单位210户；完成审计调查44项。查出违纪违规金额2396万元，收缴财政320万元，提交审计报告159篇，审计调查报告44篇，向被审单位提出建议298条。移送司法机关查处2件，由司法机关追究刑事责任2人，免予起诉1人。

完成县政府交办任务　完成交办任务9项，审计单位60个，提交综合审计报告9篇，提出审计建议58条。

**【合江县审计局】**　到1998年底共有17人。其中：本科毕业5人，大专毕业8人，注册会计师5人，审计（会计）师5人；局长1人，副局长3人。

审计工作成果　共完成审计项目233个，审计单位283户，完成审计调查18个，调查单位145个。查出违纪违规金额6795万元。同县纪检、监察等部门配合，查处各种经济案件4起，上缴县财政收入349万元，共提交审计报告233篇。

完成县委、县政府交办任务　共完成交办的工作116项，审计清理单位134个。截止1998年底，共完成工程竣工决算审计项目45个，审计金额7761.8万元，审减金额458万元。

完成上级下达审计任务　共完成审计任务128项，审计单位233个。

**【叙永县审计局】**　到1998年底，有干部、职工17人。其中：大学生3人，大专生6人；审计师5人。

审计工作成果　共完成审计项目213个，审计单位233个；完成审计调查19项，调查单位150个；审计金额194500万元。共查出违规金额5145万元。同县纪检、监察等部门配合，查处各种经济案件10起，上缴县财政308万元，共提交审计报告234篇。

完成县政府交办任务　共完

成交办的工作任务 77 项。

完成上级下达审计任务　共完成省、市审计机关下达审计任务 136 项，审计单位 156 个，审计金额 149600 万元。

**【古蔺县审计局】**　截止到 1998 年底，共有干部、职工 19 人。其中：大学生 1 人，大专生 7 人；局长 1 人，副局长 2 人。

审计工作成果　共完成审计项目 158 个，完成审计调查 8 项，调查单位 106 个，审计金额 10.3 亿元。共查出违纪违规金额 1834 万元，上缴县财政 169 万元，共提交审计报告 158 篇。

完成县政府交办任务　共完成交办的工作任务 22 项，审计单位 27 个。1998 年 4 月，对涉及全县的非法集资 800 余万元的情况，进行了认真清理。

完成上级下达审计任务　共完成审计机关下达的审计任务 154 个。

**【德阳市审计局】**　到 1998 年底，审计工作人员有 53 人。其中：大学生 13 人，大专生 14 人；局长 1 人，副局长 2 人。设有办公室、财政金融审计科、行政事业审计科、商贸审计科、工交审计科、固定资产投资外资审计科、指导管理科、审计事务所等机构。

审计工作成果　共完成审计项目 283 个。完成审计调查 18 项，调查单位 101 个。共查出违纪违规金额 13054 万元，处理收缴市级财政 3056 万元。共提交审计报告 283 篇。移送司法案件 5 件。

完成市委、市政府交办任务　共完成交办的工作任务 57 项，已审计单位 80 个。1996 年，抽调 8 名审计人员配合有关单位出色完成市政通公司破产清算工作。1997 年至 1998 年，先后对部分行政事业单位的预算外资金征管用情况、部分信用社、农村合作基金会和市经协机关及其所属的 23 个单位的资产、负债、损益情况进行了审计。

完成上级下达任务　共完成署、省审计机关下达的审计任务 226 项。

内部审计　1994 年共设立内部审计机构 52 个，内审人员 123 人，到 1998 年内部审计机构有 60 个，内审人员 147 人。

社会审计　1994 年到 1998 年共接受社会委托项目 772 项，其中年检 362 项。

受表彰情况　受省审计系统表彰 15 余次，受市委、市政府表彰 20 余次。共有 12 人次受到省审计系统表彰奖励；60 余人次受市审计系统表彰奖励；20 余人次受市委、市政府嘉奖等奖励。

**地址**　德阳市龙泉山路

**电话**　0838—2509067

**邮编**　618000 *（唐承学　余锡贵）*

**【广汉市审计局】**　到 1998 年底，人员为 29 人。其中：大专生 14 人；局长 1 人，副局长 2 人。设有办公室、行政事业审计科、企业审计科、综合法规科、金融固定资产投资审计科、审计事务所等机构。

审计工作成果　共完成审计项目 159 个，审计单位 320 多个；完成审计调查 2 项，调查单位 10 个；共查出违纪违规金额 7609 万元。同市纪检、监察、信访等部门配合，查处各类经济案件 4 起，为社会稳定发挥了作用。上缴市财政 544.45 万元，共提交审计报告 159 篇。

完成市政府交办任务　共完成工作任务 73 项；审计清理单位 100 余个。1998 年，为了配合市供销联社所属单位社员股金的清理，抽调部分业务骨干对市供销联社下属的 22 个单位的财务收支进行了审计。

完成上级下达审计任务　共完成审计任务 86 项，审计单位 153 个。

**【绵竹市审计局】**　到 1998 年底，人员为 16 人。其中：本科生 2 人，大专生 5 人；局长 1 人，副局长 2 人。

审计工作成果　共完成省、市审计机关下达审计任务 156 项，审计单位 228 个，完成审计调查 17 项，调查单位 36 个。查出违纪违规金额 3266 万元，应上缴财政 337 万元，已上缴 308 万元。提交审计报告和审计信息 282 篇。

完成市政府交办任务　共完成交办的工作任务 20 个，对村、镇、乡企事业单位的财务收支、资产、负债、损益、干部离任进行了清理审计。

**【罗江县审计局】**　由于 1996 年 12 月行政区划调整罗江建县，1997 年 3 月建立罗江县审计局。到 1998 年 12 月，人员 4 人。其中：大专生 3 人；局长 1 人，副局长 1 人。

审计工作成果　自 1997 年至 1998 年，共完成审计项目 49 个。审计单位 55 户，完成审计调查 1 项，调查单位 4 个，审计金额 1000 万元。共查出违纪违规金额 700 万元。移送监察机关查处的涉嫌经济案 1 件。上缴县财政 40 万元，共提交审计报告 27 篇。

完成县政府交办任务　从 1997 年至 1998 年共完成交办的工作任务 23 项。首先对 18 个市下划企业家底进行审计核实，共抽调 10 人，历时 180 天，摸清了企业家底，为县委、县政府的宏观决策提供了依据。其次，完成离任审计 7 个项目，将离任人的财经法规执行情况向县委领导和组织部门如实作了汇报，为领导正确评价使用干部发挥了积极作用。

完成上级下达审计任务　共完成审计任务 25 项，审计单位 31 个，审计金额 700 万元。

【中江县审计局】 到1998年底,共有干部、职工17人。其中:大学生1人,大专生9人;取得会计、审计中级职称资格的6人;局长1人,副局长1人。

审计工作成果 共完成审计项目112个,完成审计调查11项,调查单位27个。共查出违纪违规金额7159万元,追回挪用资金1959万元,减少财政拨款76万元,上缴财政325万元;完成基本建设项目竣工决算审计项目35个,审减项目投资为国家、集体挽回资金流失857万元;向被审计单位提出审计建设意见162条,为县委、县府及上级审计机关提出审计综合报告32条,提供审计信息111篇。

完成县政府交办任务 共完成县委、县政府交办的审计事项61项,审计清理单位215个,审计涉及的这些问题大多属于领导、群体及社会关注的热点和难点问题。如针对全县计划生育费管理体制不顺,其经费收、管、用不规范,举报反映问题很多的情况,1996年,经县政府领导交办,由县审计局对其进行审计,共查出截留、坐支、筹集等,违纪金额1308万元,处理收缴535万元。

【绵阳市审计局】 1998年末,全市市、县两级审计机关11个,审计干部、职工217人。其中:大学生28人,大专生110人;市审计局党组成员7人。其中:局长1人,副局长3人,纪检组长1人,局机关党委书记1人,总审计师1人。设有办公室、人事监察科、财政审计科、金融审计科、行政事业审计科、工业交通审计科、商粮外贸审计科、固定资产投资审计科、外资运用审计科、基金审计科、审计综合科共11个科室。

审计成果 5年来,共完成审计项目2048项,完成审计调查项目117项。查出违法违规金额117621万元,应缴上缴财政11466万元,已上缴10790万元,应减少财政拨款或补贴11865万元,应追还被侵占挪用资金9104万元,促进增收节支11032万元,向司法机关移送案件26件。

财政金融审计 共完成财政审计项目536项,查出违法违规金额42054万元。处理应缴财政6914万元,已缴财政6674万元,应增加财政收入1456万元,应减少财政支出119万元,应核减财政拨款或补贴416万元,应追还被侵占挪用资金2514万元,归还原渠道资金799万元。共完成金融审计项目168项,查出违法违规金额11220万元,处理应缴财政356万元,已缴财政356万元,应追还被侵占挪用资金324万元,处以罚款76万元。

重点企业审计 5年来,全市共完成重点企业审计项目236项,查出违法违规金额25413万元,资产不实65210万元,负债不实20380万元,损益不实66155万元,国有资产流失1037万元。处理应缴财政1296万元,已缴财政1277万元,处以罚款20万元。

重点投资项目审计 自1996年起,全市建立了国家投资项目必审制度。5年来,共完成重点投资项目审计378项,查出违法违规金额17111万元。处理上缴财政148万元,应核减财政拨款或补贴2791万元,核减工程预决算7369万元,应归还原渠道资金457万元,促进增收节支1820万元,应追回侵占挪用资金222万元。

重点专项资金审计 自1996年专设基金审计科。5年来,先后对农业综合开发资金、水利建设资金、以电养电资金、林业生态建设资金、捐赠资金、商业网点建设费、住房公积金、养老保险基金、就业失业保险基金、环保基金、财政周转金、土地出让金、乡镇企业发展基金、村社集体经济扶持基金、教育经费等重点专项资金进行了审计。共完成重点专项资金审计项目449项,查出违法违规金额19566万元。处理应缴财政718万元,应核减财政拨款或补贴138万元,应追回被侵占挪用资金4648万元,应归还原渠道资金1783万元。

内部审计 至1997年末,全市共有内部审计机构187个,内部审计人员809人,其中专职人员207人。自1994年至1998年,全市共完成审计项目3259项,查出损失浪费金额49866万元,促进提高经济效益2723万元,纠正违纪金额75552万元,向司法机关移送案件16件。

社会审计 至1997年末,全市共有审计事务所17个,从业人员230人,其中注册审计师101人。自1994年至1998年,全市共接受委托完成审计事项5946项,核减基建预决算14882万元,为委托单位挽回损失8202万元,核减虚假注册资金17790万元,促进提高经济效益451万元。

受表彰情况 受省审计厅表彰13项,受市委、市府、省级有关部门表彰20次。共有55人次受到市委、市府、上级审计机关的表彰和奖励。

**地址** 四川省绵阳市红星街107号
**电话** 0816—2220774
**邮编** 621000 (王福锐)

【绵阳市涪城区审计局】 1998年底,有干部、职工15人。其中:大学生5人,大专生5人;局长1人,副局长3人。

审计工作成果 5年来,共完成审计项目152个。审计单位180户;完成审计调查15项,调查单位230个;审计金额329660万元。共查出违纪违规金额9509万元;上缴财政1019万元,减少财政拨款123万元，追还被侵占、挪用资金133万元，共为国家增收节支1275万元；移送纪检、监察、检察机关处理案件2件2人。共提交审计报告152篇、审计信息125篇。

完成区政府交办任务　共完成工作任务24项，审计清理单位310个。从1997年起，加强基建审计，审计成果引起了区委、区人大和区政府的高度重视，区政府于1998年5月制定了《绵阳市涪城区加强基本建设投资财政审计监督的实施办法》，使基建投资审计监督纳入了法制化的轨道。截止1998年底，共完成工程决算审计项目53个，审计金额13493万元，审减金额2106万元。

完成上级下达审计任务　共完成审计任务81项，审计单位157个，审计金额288766万元。

**【安县审计局】**　到1998年底，在职干部、职工21人。其中：大学本科3人，大学专科14人；局长1人，副局长2人。

审计工作成果　共完成国家审计项目121个。查出违纪违规金额5497万元，上缴财政374万元，其中：审计罚款36万元；提交审计报告33篇，编印审计简报、信息61篇，提出审计建议意见386条；完成工程决算审计项目60个，送审金额12480万元，审减金额1040万元。1998年，用40天时间对县粮食系统17个单位粮食亏损挂账进行了审计。

完成上级交办任务　完成交办审计项目20个，审计清理单位101个。1998年对全县12个县级部门和17个乡镇党政一把手进行了离任经济责任审计。

**【广元市审计局】**　到1998年底，审计人员190人。市局机构设财税、金融、行政事业、农业、固定资产投资、外资、商粮贸、工交等8个审计业务科和人事、综合科及办公室。

审计工作成果　5年来，共完成上级下达的审计计划和当地党政交办任务项目1807个，查出违纪金额4.07亿元，已收缴财政2944万元。以财政税收审计为重点，5年来，审计项目368个，查出违纪金额1.5亿元；积极稳妥地开展了金融审计，4年来，共审计258个项目，查出违纪金额4851万元；企业审计，是审计机关开展最早的项目，先后开展了财务收支审计，承包经营责任审计，厂长(经理)离任经济责任审计，资产负债损益审计，重点企业、亏损企业审计及调查以及全国性的粮食审计等等。全市近5年来共审计企业159个项目，查出违纪金额4180万元。其中：基建投资审计35个项目，总投资7.88亿元，查出违纪2138万元，高估冒算241万元，偷漏税收94万元。

内部审计与社会审计　到1998年底，内部审计机构有176个，工作人员408人，5年来，共审计项目1641个，查出并纠正违纪金额6059万元，查出损失浪费1960万元，促进增收节支1190万元。到1998年底，全市已有社会审计组织9个，从业人员156人，5年来，共完成审计项目3810个，核减虚假注册资金1150万元，为国家和企业挽回经济损失3070万元，核减基建投资6800万元。

**【青川县审计局】**　到1998年底，人员为15人。其中：大专3人；局长1人，副局长2人。

审计工作成果　共完成审计项目76个，审计单位184户；完成审计调查16项，调查单位61个。查出违纪违规金额204.2万元，追回被侵占挪用资金，促进增收节支352万元。同县纪检、检察、法院等部门配合，查处各种经济案件3起，为社会稳定发挥了作用。上缴县财政382万元，共提交审计报告184篇。

完成县政府交办任务　共完成交办的工作任务14项，审计清理单位80个，到1998年底，共完成工程决算造价审计项目32个，审计投资金额2500万元，审计核减金额276万元。

完成上级下达审计任务　共完成审计任务65项，审计单位158个。

**【旺苍县审计局】**　到1998年底，人员增加到22人。其中：大学生1人，大专生8人；局长1人，副局长4人。

审计工作成果　自1994年到1998年，共完成审计项目186个，审计单位198户；完成审计调查13项，调查单位24个；共查出违纪金额2253万元，上缴财政185万元，共提交审计信息122篇。

完成县政府交办任务　共完成交办的工作任务35个，审计单位43户。先后对县希望工程、城区防洪工程、县委、县政府办公大楼工程等十几个项目进行了审计。同时，还先后完成县委组织部门交办的领导干部任期的经济责任审计单位17个。

完成上级下达审计任务　共完成审计任务68项，被审计单位124个。

**【遂宁市中区审计局】**　全局共有干部职工13人，其中：大学2人，大专5人；局长1人，副局长2人。

审计工作成果　共完成审计项目48个(审计单位200个)；完成审计调查24项(调查单位168个)。审计金额68537万元，共查出违纪违规金额1398万元。同区纪检、监察、信访等部门配合，查处各种经济案件11件，为社会稳定发挥了作用。上缴区财政163.67万元，共提交审计报告48篇。

完成区政府交办任务　共完成交办的工作任务54项，审计清理单位121个。

完成上级下达审计任务　共完成任务42项，审计单位170个。1995年，对射洪县教育经费的投入、征收等方面进行审计检查。1996年，局内抽调6个审计干部历时半月，对蓬溪县财政1995年预算外资金、各种周转金及附加进行现场审计，对规范预算外资金的管理起到了积极作用。1998年，对蓬溪县粮食系统（10个企业，1个主管部门）1992年9月至1998年5月31日的新增财务挂账和其他不合理占用农发行贷款情况进行了现场清查审计，查出违纪违规金额达1180万元及其他不合理占用农发行贷款2630万元。

受表彰情况　受省审计系统表彰2次，受市审计系统表彰5次，受区委、区府表彰6次；共有3个人受省审计系统表彰奖励，10人次受市审计系统表彰奖励，18人次受区委、区府嘉奖。

**地址**　遂宁市市中区北辰街45号

**电话**　0825—2225608

**邮编**　629000

**【射洪县审计局】**　到1998年末，干部、职工25人。其中：大学生4人，大专生8人；局长1人，副局长2人。

审计工作成果　5年来，共完成审计项目147项，审计单位319户，完成审计调查14项，调查单位252个，审计总额725580万元。共查出各类违纪违规金额27403万元，上缴县财政212.19万元，处以罚款0.7万元，追回被侵占国家资产270万元。与县纪检、监察、物价、信访等部门配合，查处各类经济案件11件。

完成上级下达审计任务　共完成审计任务102项，审计单位193户，审计总额571873万元。

完成地方党政交办任务　5年来，工作任务78项，审计调查检查单位217户。

**【蓬溪县审计局】**　1998年底，共有干部、职工18人。其中：大学生2人，大专生3人；局长1人，副局长2人。

审计工作成果　共完成审计项目152个，审计单位154户；完成审计调查10项，调查单位18个；审计金额385423万元。共查出违纪违规金额2810万元，收缴财政224万元。共提交审计报告39篇。

完成县交办任务　共完成交办的工作任务45项，审计清理单位78个。1996年成立基建审计组，1998年成立外资基建审计股，共完成工程决算审计项目218个，审计投资总金额21521万元，审减金额1081万元。

完成上级下达审计任务　共完成审计任务107项，审计单位196个，审计金额234184万元。

**【大英县审计局】**　1998年底，人员为22人。其中：大学生2人，大专生14人；局长1人，副局长2人。

审计工作成果　共完成国家审计项目7个，涉及25个单位；完成部门商定审计项目4个，涉及8个单位；完成审计调查4项，调查单位55个；审计金额24569.68万元。共查出违纪违规金额1709.62万元，归还原渠道资金1386万元，纠正调账318.52万元，收缴财政5.1万元。同县纪委、监察、信访、物价、财政等部门配合，查处各种经济案件2起，建议纠正部门不当规定10条，纠正违纪违制事项50余项，共提交审计报告39个。

完成县政府交办任务　共完成交办的工作任务10项，审计清理单位14个。1998年4月成立基本建设审计股，当年完成基本建设工程决算审计25个，审计金额9156万元，审减金额548万元。1998年在大英县重点工程——蓬乐路的审计工作中，工程预算审减金额370万元。

完成上级下达审计任务　1998年共完成交办审计任务7项，审计单位25个，审计金额21567.36万元。

**【资中县审计局】**　到1998年底，共有27人。其中：大学生2人、大专生13人；审计师9人、注册审计师4人、注册会计师1人、经济师1人；局长1人、副局长3人。

审计成果　共审计检查项目（单位）406个，查出违纪违规金额4524万元，应上缴财政资金953万元，减少财政补贴和拨款150万元，核减财务挂账640万元，追还侵占挪用资金804万元，共为国家增收节支2547万元。

**【隆昌县审计局】**　1998年共有干部、职工17人。其中：本科生11人，大专生3人；局长1人，副局长2人。

审计工作成果　5年来，共完成审计项目254个，审计单位200个；完成审计调查20项，调查单位140个；审计查出违纪违规金额3328万元，决定收缴财政551万元，作调账处理2777万元，共提交审计报告254篇，并向被审计单位提出建设性意见和建议520条。截止1998年底，共完成工程决算的审计项目4个，审计金额3990万元，审减投资额488万元。

**【乐山市审计局】**　到1998年底，有干部、职工53人。其中：大专以上学历36人；局长1人，副局长3人。

审计工作成果　共完成审计项目520个；完成审计调查21项，调查单位77个；共查出违规金额24864万元，上缴财政3853万元。

共提交审计综合报告和审计信息170篇。

完成市委、市政府交办任务　共完成交办事项66项。其中：党政领导干部任期经济责任审计28项；国有企业法人代表离任审计17项，参与企业破产、转制、清产核资9项。

完成上级下达审计任务　共完成审计项目454项，审计单位454个，查出违规金额24864万元。1994年，市县两级审计机关投入审计力量150余人，对177个独立核算的粮食平价企业1992年末累计财务挂账进行审计核实。1998年，全市审计机关抽调70%的骨干力量，对粮食系统1992年4月至1998年5月粮食系统新增财务挂账和其他不合理占用贷款进行了审计。

内部审计　1994年共设立内部审计机构37个，内审人员84名。到1998年，内部审计机构减少到33人，内审人员53名。

社会审计　1994年到1998年底，有审计事务所1个，共接受社会委托3915项，其中：企业年检3586项，财务收支审计186项，经济案件鉴定8项，资产评估108项，工程审计27项。

受表彰情况　受省审计系统表彰12次。共有31人次受省审计系统和市级相关部门表彰奖励。

**地址**　乐山市中区嘉定北路52号

**电话**　0833—2434067

**邮编**　614000

**【乐山市五通桥区审计局】**　到1998年底，人员为8人。其中：大专生5人，中专生2人，高中生1人；局长1人，副局长2人。

审计工作成果　共完成审计项目118个。审计单位115户，审计金额30000万元。共查出违纪违规金额850万元。上缴区财政65.40万元。共提交审计报告118篇。

完成区党政交办任务　共完成工作任务31个。其中：16个部门、7个镇(乡)领导换届经济责任审计。通过审计，促进了党政机关的廉政建设，为领导决策提供了可靠的依据。

完成上级下达审计任务　共完成审计任务87项，审计总金额25000万元。

**【乐山市金口河区审计局】**　到1998年底，共有干部、职工10人。其中：大学生1人，大专生4个；局长1人，副局长2人。

审计成果　共完成审计项目65个，审计单位124个。其中：财税审计17个，金融审计2个，企业审计7个，专项资金审计8个，行政事业审计18个，政府交办13个，审计调查1项，提交审计报告66篇。共查出违纪违规金额224.70万元，减少基建投资22.28万元，增加财政收入50.12万元，追回被挪用的专项资金62.3万元，减少财政拨款6万元，纳入财政专户储存管理69万元。

从1995年起，区审计局每年都对区财政预算执行情况和其他财政收支情况进行审计，审计了解区财政部门贯彻执行《中华人民共和国预算法》的情况，并如实向区人大常委会报告，增强了民主理财、民主监督的透明度，确保每年度财政收支情况良好，为全区经济的正常运转保驾护航，充分发挥了审计的监督作用。另外，还根据上级业务部门的安排部署，赶赴乐山市沙湾区进行粮食财务挂账审计，对乐山市峨边彝族自治县教育经费征收、管理、使用情况进行审计，圆满完成主管部门交办的审计任务。

**【夹江县审计局】**　到1998年底，有干部、职工10人。其中：大专生4人；局长1人，副局长2人。

审计工作成果　共完成审计项目(单位)87个；完成审计调查5项，调查单位6个；审计金额35235万元。共查出违纪违规金额1581万元。同县纪检、监察部门配合，查处经济案件3起，上缴县财政135万元，共提交审计信息、报告39篇。

**【井研县审计局】**　到1998年底，有干部、职工15人。其中：大学生3人，大专7人；取得中级职称7人；局长1人，副局长2人。

审计工作成果　共完成上级审计机关下达的审计项目82个，审计调查项目11项，审计单位325个(次)，审计金额18.02亿元。共查出违纪金额1714.5万元，上缴财政89.2万元，减少财政拨款229万元，追还被侵占挪用资金238.5万元。

完成地方政府交办任务　共完成审计项目58个，审计单位103个(次)，审计金额达5.6亿元。移交纪委、监察部门处理10人，移送司法机关立案处理2人。同县纪检、监察、财政等部门配合，查处各类经济案件10余起。1996年以来，对全县国营、集体、乡镇企业25个单位进行了清产核资。对全县26个乡镇政府领导任期内的经济责任进行了审计。198年，为维护全县的经济秩序，受政府委托对全县3个非金融机构开展金融活动的情况进行了审计。查出损失金额157万元，追缴偷漏税金12.6万元。

**【犍为县审计局】**　到1998年底，有干部、职工10人。其中：大学生1人，大专生6人；局长1人，副局长2。

审计工作成果　共完成审计项目101个，审计单位150个。完成审计调查4项，调查单位75个。共查出违纪违规金额1927万元，上缴财政119.6万元。同纪检、监察、信访等部门配合，查处各种经济案件 9 起。共提交审计报告、审计信息 65 篇。

完成上级交办任务　共完成工作任务 38 项。1995 年,加强对重点国有企业的审计监督,审计资金总额达 4294.9 万元,向被审计单位提出意见建议 15 条,促进了企业经营机制的转换和经济效益的提高。

**【沐川县审计局】**　1998 年末,有人员 10 名。其中:大学本科 1 名,大专 4 名;会计(审计)师 10 名;局长、副局长各 1 名。

主要工作业绩　完成上级下达的审计项目 113 个,审计单位 212 个,审计金额 5.4 亿多元,平均完成计划任务百分率为 154%。查出违纪违规金额 2768 万元,收缴财政 63.5 万元,追还被侵占挪用专项资金 947 万元,追回流失国有资产 78 万元,核减高估冒算基建投资 317 万元,促进增收节支 38 万元,对各类违纪违规行为共处罚金 26.7 万元,提交各类审计综合报告和信息 96 篇(条),被采用 55 篇条。

**【马边彝族自治县审计局】**　到 1998 年底,有干部、职工 10 人。其中:大学生 2 人,大专生 3 人;局长 1 人,副局长 1 人。

审计工作成果　共完成审计项目 87 个,审计单位 121 户;完成审计调查 4 项,调查单位 15 个;审计金额 28735 万元,共查出违纪违规金额 653 万元。上缴县财政 47.5 万元,共提交审计报告 121 篇。

完成县政府交办任务　共完成交办的工作任务 17 项,审计清理单位 52 个。

完成上级下达审计任务　根据省、市审计机关下达的审计任务,共审计单位 91 个,审计金额 20117 万元。

**【南充市审计局】**　到 1998 年底,公务员 40 人,工人 4 人。其中:大学文化程度 11 人,大专文化程度 25 人;具有审计师、会计师资格 32 人,助理审计师、助理会计师资格 6 人;局长 1 人,副局长 2 人;党组成员 3 人。设有办公室、综合科、人教科、法规科、财税审计科、金融外资审计科、行政事业审计科、工交审计科、商贸审计科、固定资产投资审计科、南充市审计学会以及南充市审计师事务所和南充立信审计事务所等机构。

审计工作成果　5 年来,共完成审计项目 367 个,审计调查 27 项,查出违规金额 22637 万元,审计处理上缴市财政 1835 万元,查处各种经济案件 16 件,共提交审计综合报告信息等 830 篇,被国家、国务院部门、省、市刊物采用和国务院、省、市领导批示共计 719 篇(次)。

完成市委、市政府交办任务　共完成审计任务 53 项。1994 年 5、6 月,对市属食品行业进行审计,向市委、市府提交了《国有商业竞争无力,主渠道何日再展雄风》的审计报告,揭露了企业亏损的主要原因与难堪现状,提出了三大建议,引起了市、省领导的高度重视。1995 年,根据市政府的要求对南充美亚集团公司资金营运与经营管理情况进行了审计,发现企业接受银行等外部资金一年比一年多,而企业资金运转困难的根本原因是企业管理严重混乱,下属企业呆账上千万元,管理失控,制度失灵,人心涣散。市委、市政府领导在听取审计汇报后,经慎重研究,对原领导班子进行了调整,撤换了一把手,使企业运转恢复了正常。1998 年,根据市委指示,对全市农业综合开发资金进行了全面审计,历时 40 天,揭露了农业综合开发资金管理使用中截留、挪用严重,配套资金严重不足,工程质量差等问题,审计报告引起了市委书记、副书记的高度重视,当即责成主管领导和主管部门根据审计建议整改,采取有效措施,堵塞了漏洞,促进了全市农业综合开发资金的良好运转。

完成上级下达审计任务　共完成审计任务 341 个,审计单位 547 个,审计金额达 254361 万元。

内部审计　南充市级机关单位 1994 年共设立内审机构 41 个,内审人员 130 名。到 1998 年,内审机构有 46 人,内审人员 132 名。5 年来,共完成审计项目 405 个,查出损失浪费 526.5 万元,纠正违规金额 1046 万元,提出审计建议 235 条。

社会审计　5 年来,完成社会委托项目 1906 个。其中:验资、年检 975 个,资产评估 57 个,基建工程竣工决算审计 373 个。核减虚假注册资金 9761 万元,审计核减基建工程造价 6256 万元。

受表彰情况　5 年来,共获得各种奖励表彰 57 次,其中:国家审计署表彰 1 次,省人事厅省审计厅表彰 1 次,省审计厅表彰 19 次,市委、市政府表彰 36 次,有 13 人次受到省审计厅表彰,有 34 人次受到市委、市政府表彰奖励。

**地址**　四川省南充市涪江路 161 号

**电话**　0817—2800351

**邮编**　637000　(周仕勋)

**【南充市顺庆区审计局】**　到 1998 年底,人员有 28 人。其中:大专以上学历 21 人;具有审计师职称的 7 人,注册会计师资格的 10 人;局长 1 人,副局长 2 人。

审计工作成果　共完成审计项目 218 个,审计单位 266 户;完成审计调查 16 项,调查单位 108 个;审计金额 328567 万元。共查出违纪违规金额 3872 万元。同区纪检、监察等部门配合,查处各种经济案件 15 起,为社会稳定发挥了作用。上缴区财政416万元，共提交审计报告218篇。撰写各类信息文稿256篇，其中被国家级报刊采用12篇(次)，省级报刊采用14篇(次)。

完成区政府交办任务　共完成交办的工作任务42项，审计清理单位53个，审计金额12142万元。

完成上级下达任务　完成审计任务176项，审计单位213个，审计金额316425万元。

**【南充市高坪区审计局】**　到1998年底，共有干部、职工31人。其中：大学生4人，大专生10人；局长1人，副局长4人，纪检组长1人。

审计工作成果　5年来，共完成审计项目253个，审计单位269户；完成审计调查8项，调查单位26个；审计金额269413万元。共查出违纪违规金额11616万元。与区纪检、监察、信访、财政等部门配合，查处各种经济案件23起，移交检察机关案件2起，上缴区财政348.1万元，共提交审计报告243篇。

完成区政府交办任务　共完成工作任务72项，审计清理单位461个。1997年4—7月参与全区企业产权制度改革工作，并负责清产核资小组工作，对区金珠实业有限公司、区冷冻厂、区五金公司3家亏损大户的资产、负债、损益进行了审计。共抽调8人，涉及到区内、外30多个单位，历时63天，审计核实了区金珠实业有限公司因做真、假两套账，报假数，自欺欺人，形成累计亏损1087.29万元，少报亏损1022.19万元，资不抵债726.89万元，漏计销项税款155.6万元，为区委、区政府深化企业产权制度改革提供了可靠依据。1997年8月成立了金融基建外资审计股，截止1998年底，共完成工程决算审计36个，审计金额21325万元，审计核减金额891万元。1998年，在对南充市自来水公司职工宿舍楼审计工作中，将工程决算金额584万元审计核减69万元。

完成上级下达审计任务　5年来，共完成审计任务146项，审计单位198个，审计金额213414万元。

**【南充市嘉陵区审计局】**　到1998年底，有干部、职工13人。其中：大学文化2人，大专文化6人；局长1人，副局长3人。

审计工作成果　共完成审计项目89个，审计单位239户，完成审计调查9项，调查单位25个，审计金额128356万元。共查出违纪违规资金3064万元，同纪检、监察、信访等部门配合，查处经济案件2起，为社会稳定发挥了作用。上缴财政资金95万元，共提交审计报告51篇。

完成区委、区府交办任务　共完成任务25项，审计清理单位31个。1997、1998年，为配合区级机关、乡镇领导班子调整，完成正科级实职领导干部离任审计25名，分清了被调整正科级实职领导干部任职期内的经济责任。

完成上级下达的审计任务　共完成审计任务72项，审计单位198个，审计金额95357万元。

**【阆中市审计局】**　到1998年底，人员有22人。其中：大学本科生3人，专科生10人；局长1人，副局长3人。设有办公室、行政事业审计科、财税金融审计科、企业审计科、基建投资审计科。

审计工作成果　共完成上级下达的审计任务项目(单位)365个；完成审计调查项目(单位)41个；共查出违纪违规金额16379万元，同市纪检、监察等部门配合，查处各种经济案件6起，为维护经济秩序和社会稳定发挥了作用。上缴市财政金额446.9万元，共提交综合审计报告133篇。

完成市政府交办任务　5年来，共完成工作任务项目(单位)216个。1995年，审计核实西充县财政欠拨教育经费663万元，向学生不合理收费17种，金额达109万元，为西充县教育经费的征集、使用、管理摸清了家底，为地方办好教育事业，落实“一纲两法”提供了决策依据，经省审计厅考核，名列全省第二名。

1996年，对市氮肥厂厂长谭周福任职期生产经营及效益情况进行离任审计，核实出该厂亏损1695万元，资不抵债1957万元，而这期间率队10余人以南下海南投资、北上考察为名，用公款19.6万元购买作废的法国马克，另有365万元不知去向，给企业造成严重损失，此人已判死缓，震动省内外。

**【蓬安县审计局】**　到1998年底，共有人员28人。其中：大学生2人，大专生12人；局长1人，党组书记1人，副局长3人。

审计工作成果　5年来，共完成审计项目589个，查出各种违纪违规金额5691万元，处理收缴财政393万元，核减财政拨款和补贴126万元，追还被侵占挪用资金1267万元，核减基建工程成本1250万元，查处个人违法违纪案件7件，移送纪检、监察和司法机关处理6件，提交审计工作报告176篇，提交各种信息、简报124篇。

履行职责　积极完成党政交办事项，5年共完成68项，处理群众来信、来访案件12件。1995年4月，派出3个审计组对28户企业年薪情况进行了审计考核，揭露个别企业虚增利润，骗取年薪等问题，引起书记、县长高度重视，冒雨到局听汇报、作指示。同年，借鉴厂长(经理)离任审计经验，率先对行政事业单位责任人离任实施经济责任审计，为组织、人事部门考察干部提供了依据。认真完成上级安排的审计工作任务，完成率每年均为100%。1996年8月，组织12名审计干部，对嘉陵区财政和本县17户乡镇财政的预算外资金进行了审计，为规范预算外资金管理发挥了重要作用。1998年，抽调审计人员15名，历时3个月，对顺庆区粮食系统财务挂账进行了审计核实，摸清了企业家底，服务了粮食流通体制改革。

1996年设立基本建设审计股，对辖区内固定资产投资项目实行全过程审计。

**【仪陇县审计局】** 1998年底，干部、职工有17人。其中：大专生6人，中专生5人；党组成员2人；局长1人，副局长1人，纪检组长1人。

审计工作成果 5年来，共完成审计项目999个，查出违纪违规金额1.16亿元，收缴财政1011万元，调账增收358万元，追还被挤占挪用资金1772.7万元，审计核减基建竣工决算金额367.2万元，共提交审计报告、信息219篇，为上级审计机关和县级党政机关采用152篇。

**【南部县审计局】** 到1998年底，人员为21人。其中：大学本科生3人，大专生12人；局长1人，副局长3人。

审计工作成果 共完成审计项目269个，审计单位258户；完成审计调查22项，调查单位52个，共查出违纪违规金额12814万元。上缴县财政200万元，共提交审计报告68篇。

完成县政府交办任务 共完成工作任务123项，审计清理单位917个。自1996年起，为考核企业的资产、负债、损益情况，对企业及其法人代表进行年度考核、实施奖惩，每年1月底前对全县40余户重点企业进行年度审计，摸清了企业家底。1993年成立基建审计股，截止1998年底，完成工程决算审计项目216个，送审金额3.3481亿元，审减金额3152.41万元。1998年，县印刷厂—装饰工程，决算总造价为68万元，引起群众强烈不满，纷纷上访。根据县领导指示，及时进行了审计，审减金额35万元，占送审金额的51%，很快平息了风波。同时在对县财政投资修建的国道212线收费站工程审计中，审计人员克服困难，排除干扰，审减金额34.2万元，审减额占送审额的43%。

完成上级下达审计任务 共完成审计任务76项，审计单位154个。

**【西充县审计局】** 到1998年底，共有干部、职工13人。其中：大学本科2人，专科5人；局长1人，副局长1人。

审计成果 5年来，共完成审计项目71个，审计单位511户；完成审计调查15项，调查单位36个。审计总金额216973万元，查出违纪违规金额5698万元，收缴财政金额512万元。查处经济大要案5件，移送纪检、司法机关处理7人；共提交审计报告45篇，上报论文、审计信息要情132篇，被省、市、县党政机关采用12篇，省市审计系统采用审计信息41篇，《现代审计》和其他报刊采用15篇。

完成县委、县政府交办任务 共完成任务15项，审计检查单位45个。1995年3月到1996年，分别抽调审计人员35人(次)历时120余天，参与全县53个区、乡、镇财务清理整顿，25户工商企业清产核资，5户破产企业国有资产和财务清算工作。1998年对全县22个乡、镇财务收支审计，发现所属财税所、农经站等部门的业务费、租车费开支存在严重问题，以要情报送县委、县政府主要领导，县委书记王华敬高度重视，责成有关部门采取措施加以制止，县委、县政府两办发出《关于加强对区、乡、镇接待费、租车费管理的通知》，规定了全县各乡镇业务、租车费开支限额，为维护经济秩序，严肃财经纪律，起到了积极作用。

**【宜宾市审计局】** 到1998年底，全市审计机关人员实有182人。其中：大专以上学历112人；局长1人，副局长3人。设有办公室、财政审计科、金融审计科、基建外资审计科、行政事业审计科、商贸审计科、工交审计科、社会审计指导科、审计事务所等机构。

审计工作成果 共审计单位2245户；完成审计调查120件，调查单位510个；共查出违纪违规金额58788万元。同纪检、监察、信访等部门配合，查处各种经济案件13起，为社会稳定发挥了作用。上缴各级财政4597万元，追回被侵占挪用资金9019万元，共提交审计报告、信息618篇。

审计执法 先后制定了《资产、负债、损益审计操作规范》、《四种常用审计文书和审计事项证明材料的必备要件、格式内容的暂行规定》、《案件审理制度》、《部门执法责任制》、《执法过错责任追究暂行办法》、《审计业务考核暂行办法》等内部规章制度。

内部审计 1994年有内部审计机构129个，内审人员335名，到1998年内部审计机构有143个，内审人员399名。

**地址** 宜宾市古楼巷5号
**电话** 0831—8221623
**邮编** 644000 （解 颖）

**【岳池县审计局】** 现有干部、职工21人。其中：大学5人，大专8人；具有中级以上专业技术职称6人；局长1人，副局长3人。

审计工作成果　共完成审计项目324个，审计单位296户；完成审计调查24项，调查单位135个；审计金额185216万元。共查出违纪违规金额8045万元，收缴县财政金额652万元，追还被侵占挪用资金96万元，促进增收节支104万元，提交审计报告信息454篇(条)，向被审计单位提出合理化建议732条。同县纪检、监察等部门配合，查处各种经济案件8起。

完成交办审计工作任务　共完成审计任务168项，审计单位263个；完成县委、政府领导交办任务65项；共审计金额104325万元。

**【达川地区审计局】**　到1998年底，全局有干部、职工46人。其中：大学生13人，大专生21人；具有中级以上技术职称的21人；局长1人，副局长4人。设有办公室、综合科、政工科、财政金融审计科、行政事业审计科、工交审计科、商贸审计科、基建外资审计科。

审计工作成果　共完成审计单位555个，完成审计调查20项，调查单位93个。查出违纪违规金额19181万元，决定上缴财政1209.5万元，罚款330.3万元，通过审计减少财政拨款或补贴572万元，追还被侵占挪用资金4931万元，核减固定资产投资486万元，促进增收节支619万元，5年来，共为国家增收8147.8万元。

完成行署交办任务　共完成审计任务46项。1995年，由审计机关牵头，全区抽调64名审计人员对全区教育经费进行了全面交叉审计检查，检查单位194个，查出各种违纪违规资金6459万元，审计后对有关问题作了处理。1996年，组织对全区县级财政1995年至1996年6月末预算外资金、财政周转金进行了交叉审计检查，共查出违纪违规资金2752.78万元，处理1516.70万元，摸清了我区财政预算外资金、财政周转金的基本情况。1997年、1998年组织200名审计人员对全区粮食财务挂账进行了两次清查审计核实，分别核减粮食亏损挂账3434万、6459万元，并移送有关部门处理4人。

完成上级下达审计任务　共完成审计任务125项，审计单位508个。

受表彰情况　受省审计厅表彰40次，地委、行署表彰16次，其中：1994年至1998年，连续5年被省审计厅评为全省审计业务考核先进集体，被地委、地直工委评为“先进基层党组织”，连续两次被地委评为“四好领导班子”；地区审计局局长李本维1995年被四川省人民政府授予四川省先进工作者。

**地址**　达川市文华街62号
**电话**　0818—2124613
**邮编**　635000

**【达川市审计局】**　到1998年底，人员为34人。其中：大学生2人，大专生16人；有中级技术职称的20人；局长1人，副局长2人。

审计工作成果　共完成审计项目311个，审计单位652户；完成审计调查29项，调查单位76个；共查出违纪违规金额7626.71万元，上缴市财政953.76万元，核减工程造价1372.87万元；共提交审计报告138篇，审计信息102篇，被采用185篇(次)。

完成市政府交办任务　共完成交办的工作任务25项，审计单位36个。1995年，配合全市企业改制，抽调人员对市百货公司、兰森日化公司等企业的资产、负债及损益情况进行了审计，为企业改制打下了坚实基础。1996年，对市建筑陶瓷厂产品成本及利税进行专项审计调查、预测，写出了专题报告，为市政府对该厂的投资决策提供了可靠的参考依据。

完成上级下达审计任务　共完成审计任务184项，审计单位248个，查出违纪违规金额6186.88万元。

**【万源市审计局】**　到1998年底，有干部、职工20人。其中.大学生1人，大专生12人；局长1人，副局长2人。

审计成果　共完成审计项目310个，审计单位511个，查出违纪违规金额3443万元，收缴财政358万元，追还被挤占挪用的专项资金582万元；完成调查11项，调查单位135个；提出审计建议334条，提交审计报告310篇；编发审计信息、调研文章67期，被采用245篇(次)。

完成市政府交办任务　共完成交办的工作任务56项，审计单位167个。1997年至1998年，为配合全市减轻农民负担、治理“三乱”工作，共完成工程决算审计项目50个，审计资金4528万元，核减投资326万元，维护了国家和投资者的利益。

**【达县审计局】**　至1998年底，有干部、职工19人。其中：大学生1人，大专生14人；有中级技术职称的12人；局长1人，副局长3人。

审计工作成果　共完成审计项目834个，查出违纪违规金额12615万元，收缴县财政453万元；追还被挪用资金736万元，促进增收节支850万元；移交纪检、检察部门处理案件6起。1997年，在计划生育经费审计中查出违纪违规金额171万元，收缴财政52万元，受到审计署表彰。共提交审计报告、信息225篇，被采用76篇(次)。

完成县政府交办任务　共完成交办的工作任务79项。1996

年,对全县48个乡的计划外生育费进行了全面清理,查清了计划外生育费征、管、用方面的账务。

**【渠县审计局】**　到1998年底,人员为30人。其中:研究生2人,大专以上学历21人;审计师13人;局长1人,副局长2人。

审计工作成果　共完成审计项目321个,查出违纪违规金额5464万元,处理收缴财政594.8万元;成立基建外资审计股5年,审计工程项目160个,审计资金约3.5亿元,核减投资2000万元;配合有关部门查处经济案件3起;提交审计报告321篇,报告、信息被采用、批示380篇(次),其中:新华通讯社、《内参选编》、《中国审计》采用15篇(次)。

完成县政府交办任务　共完成交办的工作任务23项,审计检查单位29个。1998年8月,三汇镇麻编厂和水上缴通系统职工因失业保险金得不到落实,多次上访要求查清资金去向,县审计局局长带队现场办公一个星期,查清了资金流向,为解决下岗职工生活、维护社会稳定发挥了作用。

完成上级下达任务　共完成审计任务298项,审计资金5亿多元。

**【宣汉县审计局】**　到1998年底,有干部、职工20人。其中:大专文化以上的16人,有中级技术职称的11人;局长1人,副局长3人。

审计工作成果　共完成审计项目181个,查出违纪金额2422万元,收缴财政231.7万元;减少财政补贴459万元;追还被挤占挪用资金729万元;提交工作报告、信息118篇,被批示、采用60篇(次)。

完成县政府交办任务　共完成交办的工作任务19项,其中1998年完成交办任务7项。为配合全县抓稳定工作,对五宝乡乡政府集资建校资金的收支情况进行审计,对宣汉县城板桥待农贸市场审计后,核减投资总额200余万元。

**【开江县审计局】**　到1998年底,共有干部、职工14人。其中:大学生1人,大专生6人;有中级技术职称3人;局长1人,副局长4人。

审计工作成果　共完成审计项目206项,审计单位221个;完成审计调查15项,调查单位35个;审计金额172511万元。共查出违纪违规金额4139万元,移送纪检、检察部门处理3件4人,应收缴财政150.4万元,已上缴财政67.4万元,提交审计报告62篇。

完成县政府交办任务　共完成交办工作任务36项,审计单位43个,审计金额59253万元。

完成上级下达审计任务　共完成审计任务155项,审计单位215个,审计金额106755万元。

**【大竹县审计局】**　到1998年底,有干部、职工15人。其中:大学生11人;有中级技术职称的7人;局长1人,副局长2人。

审计工作成果　共完成审计项目251项,审计单位435个;完成审计调查16项,调查单位136个;审计金额212643万元。共查出违纪违规金额3319万元,上缴县财政375万元,提交审计报告251篇。

完成县政府交办任务　共完成交办的工作任务73项,审计清理单位133个。1997年,为配合全县抓财政收入,对县电力公司的财务收支进行清理核实,核实漏缴电力费附加269.87万元,并及时催收入库。1998年,为配合县政府抓稳定工作,对全县农村合作基金会的营运状况进行了审计调查并提交了报告。

完成上级下达审计任务　共完成任务162项,审计单位302个,审计金额173184万元。

**【巴中地区审计局】**　到1998年底,人员为22人。其中:大学生6人,大专生8人;局长1人,副局长2人,纪检组长1人。设有办公室、综合(法规)科、政工人事监察科、财政金融审计科、行政事业(农业)审计科、工交审计科、商贸审计科、基建外资审计科等机构。

审计工作成果　共完成审计项目201个,完成审计调查14项,调查单位68个。共查出违纪违规金额6496万元,收缴应当上缴的财政收入745万元(含处罚款),追回被侵占挪用资金2075万元,提交审计综合报告、信息509篇,被批示、采用299篇。

重大审计项目实施情况　1994年抽调58人,历时4个月对全区53个粮食企业财务挂账进行审计核实;1995年抽调99人历时100余天完成对广安地区大交叉组和区内4县市教育经费的审计检查;1996年完成对遂宁市预算外资金交叉审计任务;1998年抽调76人,完成了对广元市本级及区内共73个单位粮食财务挂账的清查审计。

完成党政交办任务　共完成工作任务28项,审计清理单位156个。1997年5月,为配合企业改制,参与了对地委招待所的全面审计,摸清了企业家底,并参与制订了该所对外租赁标的的测算工作,为地委行署决策提供了依据。1997年至1998年,为配合地级机关房改工作正常开展,先后组织完成对61个工程的竣工决算审计,审减金额2632万元,1996年在对区内5个重点交通建设项目审计中,审减金额1600余万元,维护了国家利益。

内部审计　1994年共设立内部审计机构14个,内审人员37名。到1998年,内部审计机构有

43个,内审人员108名。

社会审计　共接受社会委托547项,其中承包离任审计5项,国有企业审计查证52户,经济案件鉴定8项,验资年检295项,核减虚假注册资本2487万元,基建项目审计59项,核减基建预决算金额1074万元。

受表彰情况　受省审计厅表彰30次,受地委、行署表彰20次。共有1人次受到国家审计署表彰奖励,12人次受到省审计厅表彰奖励,17人次受到地委、行署表彰奖励。

**地址**　四川省巴中市江北小区29号

**电话**　0827—5260155

**邮编**　636000　　*(易旭东)*

**【南江县审计局】**　到1998年底,有干部、职工21人。在职干部中有大学文凭的2人,大专文凭的7人;局长1人,副局长3人。

审计工作成果　完成了审计项目152个,其中地方党政交办项目35个,完成审计调查项目10个,审计(含延伸及审计调查)单位累计844户;审计总金额近10亿元。查出违规金额4100万元,处理处罚366万元;配合检察、纪检等部门查处经济案件8件,移送司法或监察部门处理5人;提交审计报告197篇,提出审计建议432条。

**【平昌县审计局】**　1994年共有干部、职工17人。到1998年底,人员达到22人。其中:大专16人;局长1人,副局长2人。

审计工作成果　共完成审计项目376个,审计单位388户,完成审计调查31项,调查单位99个;审计金额23456万元。共查出违纪违规金额5446.30万元。同县纪检、监察、信访等部门配合,查处各种经济案件23起,为社会稳定发挥了作用。上缴县财政250余万元,为企业提高经济效益70万元,促进增收节支减少损失浪费92万元,共提交审计报告418篇,提出可操作性建议意见395条。

完成县政府交办任务　共完成交办任务69项,审计清理单位580个。截止1998年度,共完成工程决算审计48个,审计金额18285万元,审减金额1388万元,1998年在"达巴路"和"平通路"工程审计中,审减工程预算623万元。

完成上级下达审计任务　共完成审计任务168项,审计单位175个,审计金额9880万元。

**【通江县审计局】**　到1998年底,人员为18人。其中:大专以上文化8人;局长1人,副局长3人。

审计成果　共完成审计项目219个,审计单位190户;完成审计调查15项,调查单位160个;审计资金总额154549万元。共查出违纪违规金额5495万元。上缴县财政金额169.14万元,提交审计报告219篇。

完成县委、县政府交办任务　共完成交办的工作任务40项,审计清理单位390个。

完成上级下达审计任务　共完成审计任务130项,审计单位160个,审计金额154594万元。

**【雅安地区审计局】**　到1998年底,有在职干部、职工41人。其中:大学本科生11人、大专生19人;局长1人、副局长2人。设有办公室、人事教育科、综合科、财政审计科、金融审计科、行政事业审计科、农业审计科、商贸企业审计科、工交企业审计科、固定资产投资、外资审计科、审计事务所等机构。

审计工作成果　共完成审计项目727个,审计单位1165户;完成审计调查53项,调查单位124个;审计总金额1299885万元。共查出违纪违规金额18392万元。向司法机关移送经济案件8起。上缴财政1917万元,处以各项罚款129.8万元,追还被侵占挪用资金1951万元,防止国有资产流失774万元,促进增收节支221万元减少财政拨款及补贴36万元。5年中共提交审计报告727篇。

完成行署交办任务　5年来,共完成工作任务21项,审计清理单位98个。1995年起,为配合地区改制,参与并负责地区工商企业清产核资小组,共抽调40人次,涉及地区18个单位,历时1000余天,摸清了企业家底。共完成工程决算审计项目20个,审计投资金额30946万元,审减金额187万元。

完成上级下达审计任务　共完成审计任务26项,审计金额286341万元,审计单位121个。

内部审计　1994年地属单位共设立内部审计机构12个,内审人员28名。到1998年,内部审计机构有22个,内部审计人员66人。

社会审计　5年来,审计事务所共接受社会委托项目2883项,其中:基建项目审计61项、核减基建决算投资487万元,注册资金验证2084户、核减虚假注册资金1837万元,国企财务收支审计查证225户、为企业挽回损失277万元,促进提高经济效益337万元,资产评估34项、评估金额48600万元,经济案件鉴定78项、鉴定金额210万元,培训财务审计人员61人。

受表彰情况　受省审计系统表彰29次,受地委行署表彰10次。共有12人次受到省审计系统表彰奖励,17人次受到地委、行署表彰奖励。

**地址**　四川省雅安市西门北路42号

**电话**　0835—2623427

**邮编** 625001

**【眉山地区审计局】** 1998年底,共有干部、职工15人。其中:大学3人,大专11人;获得审计师职称和注册会计师资格的5;局长1人,副局长1人。设有办公室、综合科、财政金融审计科、行政事业审计科、企业审计科、基建审计科。

审计成果 1998年,完成审计项目20个,查出违纪违规金额6145万元,上缴财政192万元,应归还被侵占挪用资金1246万元;提交审计工作报告信息35篇,其中,被采用20篇;协助纪检、监察部门查处经济案件4件;审计建议纠正地方部门不当规定3条。

完成县交办审计任务情况 1998年,组织全区对所辖6县粮食企业财务挂账和不合理占用贷款进行交叉审计,查出有问题资金11464万元,核减亏损金额5992万元,占新增财务挂账的12.83%。1998年,开展对洪雅县槽渔滩电站配套工程和景区工程的竣工决算审计,审计金额1.98亿元,查出高估冒算金额253万元;漏缴税费1634万元;多付工程款258万元;超计划投资4052万元。审计核减工程投资594万元。

完成上级交办任务 1998年,完成任务5项。

受表彰情况 1998年,基建审计获省审计厅评比优胜奖3项;川中农业开发审计项目被省审计厅评为优秀项目。有3人受到省审计厅表彰奖励;3人受到地委、行署的表彰。

**地址** 眉山县东坡镇成乐路北段138号

**电话** 0833—8112228

**邮编** 612160

**【眉山县审计局】** 到1998年底,有干部、职工18人。其中:大学生2人,大专生5人;局长1人,副局长2人。

完成县政府交办任务 共完成工作任务61项,审计清理单位93人。1998年,开展了对转制企业的厂长(经理)任期经济责任审计,对企业的资产、负债、损益进行了逐一确认。1998年,还开展了对28个行政事业单位领导干部离任经济责任的审计,查出违规金额268万元,分别给予了处理处罚。

完成上级下达审计任务 共完成审计任务120项,审计单位144个。

**【仁寿县审计局】** 到1998年末为16人。其中:大学生4人,大专生7人;局长1人,副局长2人。

审计工作成果 共完成审计项目201个,审计单位654个;审计调查23项,调查单位181个。审计金额456100万元,共查出违纪违规金额9384万元。审计决定上缴县财政596万元,限期归垫被挤占挪用的专用资金478万元,调账处理666万元,由被审计单位进行向有关单位缴款149万元。提交审计报告201篇,提出有价值的审计建议619条,撰写审计信息88篇。

完成县政府交办任务 共完成交办的审计任务84项,审计单位265个。截止1998年,共完成工程决算审计项目49个,审计金额29000万元,审计核减金额585万元。

完成上级下达审计任务 共完成省、市、地审计机关下达的审计任务120项,审计单位443个,审计金额316000万元。

**【彭山县审计局】** 到1998年底,人员为12人。其中:大学生1人,大专生7人;局长1人,副局长2人。

审计工作成果 共完成审计项目102项,审计单位122户;完成审计调查10项,调查单位23个。共查出违纪违规金额1740万元。上缴县财政107万元。

完成党政交办任务 共完成交办的工作任务36项。

**【洪雅县审计局】** 到1998年底,实有人员14人。其中:大专生7人;局长1人,副局长2人。

审计工作成果 共完成审计项目338个;审计单位307户,完成审计调查17项,调查单位207个;审计金额94807万元,共查出违纪违规金额735万元,上缴财政125.5万元。共提交审计报告338篇。同县纪检、监察、信访等部门配合,查处各种经济案件37起。

完成县政府交办任务 共完成工作任务89项,参与企业转制解困、资产评估20个企业。

完成上级下达审计任务 共完成审计任务249项,审计单位307个,审计金额94807万元。

**【青神县审计局】** 到1998年底,人员为12人。其中:大专以上学历7人;局长1人,副局长2人。

审计工作成果 共完成审计项目130个。审计单位130户,审计金额189700万元。共查出违纪违规金额752.5万元。上缴县财政48.1万元,提交审计报告130篇,提出建议201条。

完成县政府交办任务 1998年11月,对16个乡(镇)、24个县级部门的50名正职领导干部任期经济责任实施审计。

完成上级下达审计任务 完成审计任务66项。在1998年对粮食新增财务挂账和不合理占用农发行贷款进行了审计。

**【阿坝州审计局】** 到1998年底,人员为27人。其中:大学生2人,大专生9人;局长1人,副局长2人。设有办公室、综合科、财政金融审计科、行政事业审计科、工交商贸审计科、固定资产投资审计科、审计事务所等机构。

审计工作成果　共完成审计项目193个，审单位193户；完成审计调查项目8项，调查单位40个。共查出违规金额37106万元，其中：收缴州级财政1179万元，减少财政拨款和补贴160万元，归还原渠道资金574万元。共提交审计报告、信息325篇。

完成州政府交办任务　共完成交办的工作任务48项。

完成上级下达审计任务　共完成审计任务145项，审计单位145个。1998年6月，对55个单位实施了清查审计和审计调查，核实了全州粮食挂账总额，并对全州粮食财务挂账中企业自有资金，未列入清查审计统计表以及粮食企业陈化粮占库存比例大等问题，作为重要且特殊的情况向上级作了如实反映。

内部审计　1994年州级有关部门共设内审机构22个，内审人员47名，其中：专职机构13个，人员30人；到1998年，内审机构有28个，内审人员53名，其中：专职机构13个，人员39名。

社会审计　5年来，共接受社会委托项目108项，其中：注册资金验证5户，验证资金1900万元。

受表彰情况　自1994年至1998年，受省审计系统表彰7次；有5人次受到省人事厅、省审计厅的表彰。

**地址**　四川省马尔康县达尔玛街
**电话**　0837—2822210
**传真**　0837—2821460
**邮编**　624000　　　*（李豫成）*

**【马尔康县审计局】**　到1998年底，人员8人。其中：大专生2人；局长1人，副局长1人。

审计工作成果　共完成审计项目55个，审计单位78户；完成审计调查10项，调查单位49个。共查出违纪违规金额389.96万元，上缴县财政9.41万元。共提交审计报告55篇。

完成县政府交办任务　共完成交办的工作任务9项，审计和审计调查单位9个。

完成上级下达审计任务　共完成审计任务46项，审计单位69个，查出违纪违规金额334万元。

**【九寨沟县审计局】**　到1998年底，在职人员16人。其中：大专6人；局长1人，副局长2人。

审计成果　共完成审计项目104个，审计单位114户；完成审计调查14项，调查单位14个；审计查出违纪违规金额730.6万元，上缴财政95.7万元，提交审计报告90篇。

完成县委、县政府交办任务　共完成交办的离任审计项目19个。对县农业银行和建设银行的资产、负债、损益及信贷资产质量情况进行了审计。

自定审计项目　完成自定审计项目14个。

完成上级下达审计任务　共完成审计任务71项，审计单位81个。

**【红原县审计局】**　到1998年底，共有人员11人。其中：大专生1人；局长1人，副局长1人；中级职称2人。

审计工作成果　共完成87个，审计项目，审计单位87个，提交审计报告87篇；完成7个审计调查，调查单位7个，提交7个调查报告。共查出违纪违规金额59783万元，上缴县财政62.35万元。

完成县政府交办任务　完成交办任务37项。涉及企业清理和整顿会计秩序以及企业清产核资、三大检查等工作。

完成上级下达审计任务　共完成审计任务50项，审计调查7个。

**【汶川县审计局】**　到1998年底，有人员15人。其中：局长1人，副局长2人；大专生3人。

审计工作成果　共完成审计项目277个，审计单位281户；完成审计调查25项，调查单位27个，审计金额205636万元。共查出违纪违规金额1007万元。同县信访、纪检、监察、检察院、法院等部门配合，查处各种经济案件6起。

完成县政府交办任务　共完成交办的工作任务43项，审计清理单位46个。抽调15人，从1987年到1998年底，共完成工程决算审计项目48个，审计金额6400万元，审减金额40万元。

完成上级下达审计任务　共完成审计任务225项，审计单位252个。

**【阿坝县审计局】**　到1998年底，有干部、职工10人。其中：局长1人，副局长1人。

审计工作成果　共完成审计项目62个，审计单位89户；完成审计调查项目10人，调查单位10人；审计金额27719655万元，共查出违纪违规金额1183.06万元；上缴县财政45.15万元，共提交审计报告信息63篇。

完成上级下达审计任务　共完成审计任务46项，审计单位73个。

完成县政府交办任务　共完成审计任务13项，审计单位13个。1994年5月—12月，为配合县政府商业、供销企业体制改革，抽调人员参与县体改委进行清产核资工作。为县委、县政府的宏观决策提供依据，为企业体制改革工作顺利进行打下了基础。共抽调7人完成县政府交办的定乡帮村、扶贫工作和爱国主义教育等项中心工作。

完成自定项目　共完成县审计局每年自定项目3个，审计单位3个。

**【理县审计局】**　到1998年底，有人员10人。其中：大专生3人；

局长1人,副局长1人。

审计工作成果 共完成审计项目121个,审计总金额13520万元;完成审计调查9项;查出各类违纪违规金额470.10万元,收缴财政54.4万元,追还挪用专项资金79.2万元,促进增收节支64.2万元。提交审计报告、审计信息62篇,被领导批示、采用11篇,国家省级杂志刊物采用3篇。

完成县政府交办事项 共完成交办工作任务13项。

完成上级下达审计任务 共完成审计任务121项,审计单位120个,审计总金额13520万元。

**【若尔盖县审计局】** 1998年底,人员有10人。其中:大专生2人;取得中级职称1人;局长1人,副局长1人。

审计工作成果 共完成审计项目77个,审计单位131户;完成审计调查7项,调查单位27个;审计金额24270万元。共查出违纪违规金额3374万元,上缴县财政111.6万元,共提交审计报告77篇。

完成县政府交办任务 共完成交办的工作任务17项,审计单位27个。对全县33个新开项目的资金来源进行了审计。

完成上级下达审计任务 共完成审计任务60项,审计单位104个。

**【小金县审计局】** 到1998年底,人员有9人。其中:大专生6人;局长1人,副局长1人。

审计工作成果 共完成审计项目93个,审计单位107户;完成审计调查29个,调查单位43户。共查出违纪违规金额1735.84万元,上缴县财政37.8万元。同县纪检、监察等部门配合,查处经济案件2起。共提交审计报告113篇。

完成县政府交办任务 共完成交办的工作任务14项,审计清理单位23个。1998年,为配合全县企业改制,参与了县企业改组改制领导小组。同时,派专人参加了全县定点帮乡、扶贫包产工作。

完成上级下达审计任务 共完成审计任务79项,审计单位93个。1998年6—8月完成了对阿坝县粮食企业财务挂账情况的审计项目。

**【黑水县审计局】** 到1998年底,有人员9人。其中:局长1人,副局长2人。

审计工作成果 共完成审计项目67个,审计单位67户;完成审计调查事项6项,调查单位6个;共查出违纪违规金额75.53万元,上缴县级财政8.15万元,共提交审计报告67篇。

完成县政府交办任务 共完成交办的审计任务12项。

完成上级下达审计任务 共完成审计任务55项,审计单位55个。

**【金川县审计局】** 到1998年底,共有人员13人。其中:大专文化程度5人;局长1人、副局长1人。

审计工作成果 完成审计项目106项,审计单位106个;完成审计调查12项,调查单位17个;审计金额80711.47万元。共查出违纪金额724.85万元。同县纪检、监察等部门配合,查处各种经济案件6起;累计上缴县财政70.44万元,共提交审计报告128篇。

完成县政府交办任务 共完成交办的工作任务17项,审计清理单位17个,清理金额2345.18万元。

**【松潘县审计局】** 到1998年底,人员为8人。其中:局长1人、副局长1人。

审计工作成果 共完成审计项目218个,审计单位246户;完成审计调查11项,调查单位21个;审计金额24453万元,查出违纪违规金额1710万元,上缴县财政234万元,共提交审计报告218篇。

完成县政府交办任务 共完成交办的工作任务36项,审计清理单位42个。1997年成立了固定资产投资审计股,截止1998年底,共完成开工前资金来源审计项目248个,审计金额21476万元。

完成上级下达审计任务 共完成审计任务186项,审计单位216个,审计金额21461万元。

**【壤塘县审计局】** 1998年底,有干部、职工8人。其中:局长1人,副局长2人。

审计工作成果 共完成审计项目73个,审计资金总额19735.86万元,查出违纪违规金额512.62万元,共提交审计报告73篇。

完成县委、县政府交办任务 共完成21项,审计总金额1800万元,查出违纪违规资金28650万元。1995年,对红原肉联厂壤塘分厂基本建设竣工决算审计中审减基建投资金额12.93万元。1997年,对冰水饮料厂的资产、负债、损益进行了审计。

完成上级下达审计任务 共完成下达的审计任务52项,审计总金额17935.86万元,查出违纪违规资金484.12万元。

**【茂县审计局】** 到1998年底,有干部、职工9人。其中:大专生3人;局长1人,副局长2人。

审计工作成果 共完成审计项目91个,查出违纪违规金额1185.36万元,上缴县财政19.36万元,促进增收节支58万元,追还被侵占挪用资金79万元,查出国有资产流失87万元。向上级部门提交简报、信息100余篇。

完成县政府交办任务 共完

成交办的工作任务7项,审计清理单位123个。1998年4月,对全县116个行政事业的一、二级预算单位进行了调查审计。

## 贵州省

**【贵州省审计工作简述】** 5年来,全省已建立97个审计机构,其中地州市审计局9个,县(市、市辖区、特区)审计局87个。全省已配备审计人员1739人,其中地州市审计局371人,县(市、市辖区、特区)审计局1219人;大专以上文化程度的1007人,占总人数的57.9%;中级以上技术职称的487人,占总人数的28%。

5年来,全省各级审计机关紧紧围绕经济工作中心,共审计单位15288个,纠正违规资金73.1亿元,应上缴财政4.22亿元,已上缴财政3.6亿元,减少财政拨款或补贴4294万元,追还被侵占挪用资金13.73亿元,罚款2012万元,共为国家增收节支17.96亿元。向司法机关移送经济案件40件,移送监察、纪检部门处理28人,移送司法机关处理36人。

**【贵州省审计厅概况】** 省审计厅下设16个处、室、中心和2个事业单位。配备干部131人,其中大专以上文化程度的108人,占总人数的82.4%;中级以上技术职称的72人,占总人数的54.9%;年龄在35岁以下的42人,占总人数的32%。

厅领导成员

厅长

马三民 1990.9—1996.11

樊丙礼 1996.11—

副厅长

樊丙礼 1994.10—1996.11

陈仕斌 1985.10—

张安利 1987.2—1995.10

杨明容 1990.9—1995.10

张光寿 1995.8—

总审计师

徐德扬 1992.8—1999.7

副总审计师

魏金台 1995.8—

审计工作成果 共审计590个单位,查出违规资金33.33亿元,应上缴财政1.97亿元,已上缴财政1.63亿元,减少财政拨款或补贴825万元,追还被侵占挪用资金3.84亿元,罚款140万元,共为国家增收节支5.56亿元。

本级预算执行审计 共审计1673个单位预算执行和801个单位的其他财政收支情况,查出违规资金12.8亿元,经审计处理,增加财政收入1.85亿元。

金融审计 全省对118家农业银行、95家保险公司、5家信托投资公司等金融机构进行审计。共审计575个单位,查出负债(权益)不实金额10.18亿元,损益不实金额1.26亿元,违纪金额13.71亿元。1997年,对省国际信托投资公司审计后,省政府派工作组对该公司进行整顿,加强了领导班子,采取有效措施,严格监督管理。1998年,对省证券公司的审计,对查出的违规经营、资产负债损益不实、风险大、效益差等问题,向省政府、审计署分别作了报告,对促进整顿证券秩序,加强金融监管,防范金融风险,规范经营发挥了积极作用。

固定资产投资审计 共审计1085个重点基建工程项目,查出超规模、超标准、多列概算、高估冒算等有问题金额9.24亿元,核减工程预决算金额9826万元。1996年,开展以贵遵公路为重点的8条公路建设项目行业审计,针对存在的问题,提出4条建议。1997年,对从1980至1996年地方投入电力工业的各项资金进行清理,共清理各种建设项目3649项,各级地方投入电力工业建设资金50.59亿元,为省政府决策提供了依据。

农业资金审计 5年来,全省共审计1707个单位,查出挤占挪用、虚列转移、资金未拨付等违规行为资金8.07亿元,应上缴财政834万元,应归还侵占挪用资金1.28亿元,促进资金到位1739万元。1994年对全省第二期农业综合开发资金和对16个县的扶贫资金审计,审计厅提交的综合报告,省政府办公厅以情况通报印发全省。1996年对全省1993至1994两年各级财政和银行的农业投入情况进行审计,审计面达33%,审计金额23.26亿元,占两年农业资金投入的86.82%,通过审计揭示农业资金在投入、管理、使用中存在的问题。1997年对全省48个贫困县扶贫资金进行专项审计。吴亦侠省长对审计厅提交的综合报告作了重要批示。1998年,全省61个审计机关开展水利资金审计,审计单位154个,查出挤占挪用、虚列支出、以拨作支等违规行为金额5039万元。省政府向全省各地转发了水利资金审计调查报告。

企业审计 5年来,先后对交通、邮电、农资、烟草、医药、粮食等行业进行审计。共审计了2859个单位,查出违规行为金额19.25亿元,国有资产流失和损失浪费1.19亿元,应上缴财政9601万元,应追回侵占挪用资金8828万元,促进企业提高经济效益1781万元。1996年对交通行业审计,查出漏征汽车养路费和交通发展基金2.28亿元,审计后,被审单位积极采纳审计建议,专门下文加强对征收工作的管理。在农资行业审计中,查出进口议价化肥未按规定作价,多收价款等问题,审计后,将违纪资金109万元退还灾区人民。1997年对全省17个医药公司的审计,查出少列收入、多列成本、漏交税金及私设“小金库”，在损益中计提回扣等问题。审计提出了对医药流通体制改革的建议。1998年，全省开展粮食财务挂账清查审计，审计了199个单位，涉及基层粮食企业单位925个基本查清了政策性粮食企业占用农发行粮油贷款情况，核实了新增财务挂账和其他不合理占用贷款数额，查出违规行为资金2.95亿元。经审计认定，全省粮食系统1998年5月末新增财务挂账为143828万元，审计净调减12077万元。这次审计涌现出了许多先进人物和感人事迹，全省共表彰了42名先进个人，有3人受到审计署的表彰。

国外贷款援款审计　全省完成外资审计1119项，查出挪用外资、配套资金不落实、倒卖进口物资等违规行为资金4.44亿元，向世界银行、亚州开发银行、世界粮食计划署等提交对外公证报告和管理意见书21份，向有关部门和项目单位提交66份审计总体报告。1994年，对《3356》项目和《1871》项目的审计，世界银行信贷专家布莱恩．阿盖尔先生给予了高度评价。1995年，对利用日本政府“黑字流”贷款和“海外协力基金”贷款项目进行专项审计，省政府对审计厅提交的审计报告作了重要批示，批转有关部门落实审计建议。审计署外资司对贵州外资工作给予表彰。1996年，审计厅向省政府提交的对世界银行贷款项目审计的综合报告，省政府召开专题会议，采取有效措施，研究落实了审计建议。

行政事业审计　共审计3633个单位，查出侵占挪用、截留应缴财政收入、乱收费、乱罚款、私设“小金库”等违规行为资金7.79亿元，应上缴财政4619万元，应归还侵占挪用资金2.62亿元，促进增收节支1136万元。1998年对公安机关收费和罚没收入的审计，省政府领导对省审计厅提交的综合报告进行批示，责成省审计厅和省公安厅联合行文下发。该项目被审计署评为优秀项目。

积极完成党委、政府交办任务　1994年，省审计厅根据省委、省政府的要求，对以原省外协办主任金鉴明任总经理的北海贵州宏宇国际集团总公司的审计，查实该公司主要负责人以权谋私、严重失职、管理失控，造成国家投资1000万元资产流失以及私设“小金库”，私分公款等严重问题，已移送监察、司法机关处理4人(其中正厅级1人，处级3人)。近几年来，审计机关积极配合中纪委、审计署等有关部门，对全国重大的政治经济诈骗案犯周叶在贵州开办公司的资金活动进行审计、对中国农资公司、贵州农资公司倒卖平价化肥牟取暴利案件进行审计、对万邦房地产开发有限公司进行审计等，揭示有关领导人严重违纪问题，较好地发挥了审计监督在反腐倡廉和促进地方经济发展等方面的重要作用。

法制建设　一抓规范化建设。各级审计机关认真抓了《中国审计规范》的学习和培训，全省进行了审计规范知识竞赛闭卷考试，审计工作行为规范得到进一步提高。二抓严格依法审计。通过开展“二五”、“三五”普法教育和组织审计人员学习审计法及审计法实施条例，审计人员的法制观念明显增强，严格依法行政，审计质量，执法水平不断提高。三抓审计执法检查。省审计厅制定了《审计项目质量检查实施办法》，把审计质量考核纳入审计目标考核的重要内容，有力地推动审计执法水平的提高。

干部培训　5年来，共举办各种培训班44期，培训人员2295人次。特别是近两年来对计算机知识的培训进行了普及，省审计厅及部分地区审计干部都取得了计算机上岗培训合格证。全省所有地州市及37个县开通了远程通讯。

精神文明建设和队伍建设　1996年，召开了全省审计机关第四次思想政治工作会议，总结了审计机关在新形势下思想政治工作的经验，结合审计机关实际明确了思想政治工作的思路和任务。表彰了在审计工作中作出突出贡献的41个先进集体和97名先进工作者。近几年来，审计机关向社会公开招考一批审计人员，选派一批年青干部到基层锻炼。贵阳市、毕节地区、黔南州等审计局在当地组织部门的统一布置下，向社会公开招考副局级领导干部。各级审计机关还开展群众评议，推荐领导干部工作，经过组织部门的考查、考核，有一大批中青年骨干走上了领导岗位。

全省审计机关大力加强廉政建设，做到“四抓、四到位”。即抓廉政，领导重视到位；抓教育，学习贯彻到位；抓防范，制度保障到位；抓系统，督促指导到位。

内部审计　1994年，全省有内审机构1488个，人员3032人。到1998年，内审机构为1613个，人员3664人。5年来，共审计了7290个单位，纠正各类违规行为资金2.48亿元，查出损失浪费资金1.72亿元，促进增收节支9634万元，向司法机关移送案件69件，移送监察纪检处理40人，移送司法机关处理64人。1998年，全省对47个先进集体、46名先进个人进行了表彰。有3个内审机构和3名内审人员受到审计署的表彰。

社会审计　到1998年，审计事务所有63个，注册审计师411人。1994年到1997年，完成委托审计事项49094项，为委托单位挽回经济损失 8391 万元，核减基建预决算 11324 万元，核减虚假注册资金 19243 万元，提高经济效益 4958 万元。1996 年开展了“10 强审计事务所”评选活动。同年，发表了贵州省注册审计师协会和社会审计协会实行联合的公告，并实现合署办公。

**地址** 贵阳市市北路 78 号
**电话** 0851—6826994
**邮编** 550004 （程新期）

**【贵阳市审计局】** 到 1998 年底有审计人员 245 人，其中贵阳市审计局 121 人，区县审计局 124 人。市局 121 人中有大学生 20 人，大专生 69 人；局长 1 人，副局长 4 人。设有办公室、政工处、综合处、审计管理处、财政审计处、金融审计处、行政事业审计处、外资审计处、农林水审计处、固定资产投资审计处、工交审计处、商贸审计外等 12 个处室和审计师事务所。

审计工作成果 共完成审计项目 2024 个，完成审计调查 123 项；共查出违纪违规金额 102236 万元，其中应上缴财政 1925 万元，上缴财政 1152 万元；减少财政拨款和补贴 508 万元，追回被侵占挪用资金 3675 万元，罚款 161.04 万元。基建审计重点抓了路桥审计、安居工程审计、住房资金审计等 1997 年工程预算核减高估冒算 223 万元，为财政节约投资 209.8 万元，开工前审计 161 项，查出不落实资金 5347 万元。1998 年工程预决算审计核减投资 441 万元，组织中介机构审计核减投资 4213.4 万元

完成各级党委、政府交办任务 仅 1998 年就完成交办任务 158 项，重点审计了区、乡(街道办事处)主要负责人离任经济责任审计；市政府驻各地办事处负责人经济责任审计；环卫经费审计等。

内部审计和社会审计 1994 年全市建立内审机构 30 个，内审人员 41 人。到 1998 年建立内审机构 42 人，内审人员 93 人。

到 1998 年，全市建立审计师事务所 9 家，从业人员 149 人，其中注册会计师 60 人，注册评估师 19 人。共接受社会委托项目 22385 项，业务收入 2002.39 万元。

受表彰情况 受省审计系统表彰 1 次，受市委、市政府、市直机关工委表彰 5 次；6 人受省审计厅、市委、市政府和市直机关工委表彰奖励。

**地址** 贵阳市兴关路 7 号
**电话** 0851—5822180
**邮编** 550002

**【贵阳市南明区审计局】** 到 1998 年，共有干部、职工 14 人。其中：大学文化 7 人，大专文化 2 人；审计师 7 人，注册审计师 2 人，会计师 1 人；局长 1 人，副局长 2 人。

审计工作成果 共完成审计项目 129 个、审计单位 137 个；完成审计调查 14 项，调查单位 52 个；审计总金额 130566.84 万元，共查出违纪违规金额 594.35 万元，上缴区财政 440.53 万元，共提交审计报告 129 篇。

完成区委、区政府交办任务 共完成交办的工作任务 41 项。

完成上级下达审计任务 共完成省、市审计机关下达的审计任务 88 项，审计单位 96 个。

**【贵阳市云岩区审计局】** 到 1998 年底，人员有 15 人，其中：大学生 2 人，大专生 7 人；局长 1 人，副局长 2 人。

审计工作成果 共完成审计项目 197 个。审计金额 125309.54 万元，共查出违纪违规金额 476.5 万元，为社会稳定发挥了积极作用，上缴区财政 19.1 万元。

完成区政府交办任务 共完成交办的工作任务 103 个。1998 年为配合区委、区政府的工作，完成干部离任审计 17 项。截止 1998 年底共完成工程决算审计项目 49 个，审计金额 8702.7 万元，审减金额 951.8 万元。

完成上级下达审计任务 共完成市审计局下达的审计任务 94 项。

**【贵阳市花溪区审计局】** 到 1998 年底，在职人员为 13 人。其中：大学生 2 人，大专生 10 人；局长 1 人（兼支部书、党组书记）副局长 1 人(兼纪检组长)。

审计工作成果 共完成审计项目 91 项，被审计单位 174 户；完成审计调查 23 项，调查单位 52 个；审计金额 98185 万元，查出违纪违规金额 204 万元，上缴区财政 64 万元，共提交审计报告 91 篇。共完成基建项目开工前审计 65 项，提交审计信息 112 期，被上级业务部门采用 34 期(次)。配合区纪检、监察等部门查处各种经济案件 9 起，为社会稳定发挥了作用。

完成区委、区政府交办任务 共完成交办的审计任务 41 项。1996 年到 1998 年，在无基建专业审计人员情况下，完成区政府交办工程决算审计项目 3 个，审计金额 497 万元，审减金额 11 万元。

**【清镇市审计局】** 到 1998 年，共有干部职工 14 人，其中：大专生 6 人；局长 1 人，副局长 2 人。

审计工作成果 共完成审计项目 84 个。审计单位 104 个，完成审计调查 5 项，调查单位 5 个；共查出违纪违规金额 2177.83 万元。上缴市财政 470.82 万元，提交审计报告 89 篇。

完成上级下达审计任务 共完成省、地区、市审计机关下达的审计任务 82 项，审计单位 82 个。

完成市委、市政府交办任务 共完成交办的审计任务 7 项，

审计清理审计7个。

**【开阳县审计局】** 到1998年，在职干部、职工17人，其中大专学历5人。

审计工作成果 完成常规审计项目163个，审计金额178134万元，查出违纪违规资金6321万元，挽回经济损失543.7万元，归还被侵占挪用资金406.9万元，保全国有资产355.4万元，收缴财政216.6万元，移交司法机关处理5人，移交纪检监察机关处理5人。完成审计调查项目14项。完成县委、县政府清理、检查、专项审计项目36个。完成建设项目开工前审计21项，审计金额1524万元

**【修文县审计局】** 到1998年，共有干部、职工12人。其中：大学本科1人，大专4人；局长1人，副局长1人。

审计工作成果 共完成审计项目95个。审计单位81户（其中：完成审计调查5项），审计金额20941万元。共查出违纪违规金额545.4万元，上缴县财政64.4万元，共提交审计报告90篇。

完成政府交办任务 共完成交办的工作任务36项。完成领导干部离任审计14项，审计追回被转移的救灾款48万元；1名领导干部经审计涉嫌经济问题，已移交司法机关。

完成上级审计机关下达审计任务 共完成地区、市审计机关下达的审计任务56项，审计单位68个。

**【息烽县审计局】** 到1998年，共有干部、职工10人。其中：大专生2人，审计师3人；局长1人，副局长1人。

审计工作成果 共完成审计项目84个，审计单位107户；完成审计调查7项，调查单位35个；审计金额14110万元。共查出违纪违规金额960万元。上缴县财政36万元。

完成县政府交办任务 共完成交办的工作任务24项，协助县有关部门审计清理单位483个，参与企业班子考核，企业资产清理评估，预算外资金检查等。

**【六盘水市审计局】** 至1998年12月，共有干部、职工103人。其中：大学生10人，大专生42人；局长1人，副局长3人。下设办公室、综合科、财政金融审计科、行政事业审计科、农林水审计科、工业交通审计科、商粮贸审计科、基本建设审计科、审计师事务所等机构。

审计工作成果 共完成审计项目520个，审计单位1052户；完成审计调查22项，调查单位116个。共查出违纪违规金额17052万元，同纪检、监察等部门配合，查处各种经济案件等14起，为社会稳定发挥了作用。上缴同级财政1091万元，共提交审计报告524篇。

完成各级政府交办任务 共完成交办的工作任务72项。1994年以来，对13家工商企业开展了资产、负债、损益的真实、合法、效益情况审计，1996年11月，在对六盘水市人民政府驻贵阳办事处综合用房基建竣工决策的审计工作中，审减金额40万元。

完成上级下达审计任务 共完成省审计厅下达的审计任务187项，审计单位496个。

内部审计 到1998年底内部审计机构为42个，内审人员76名。

社会审计 共接受社会委托项目828项，其中注册资金验证527户，验证资金271775万元；资产评估51项，评估金额57418万元；基建预决算审计43项，审减金额960万元。

受表彰情况 受审计署表彰4次，受省审计系统表彰8次，受市、县党委、政府表彰23次。共有4人次受到审计署表彰奖励，共有7人次受到省审计系统表彰奖励；49人次受到市、县党委、政府表彰奖励。

**地址** 贵州省六盘水市审计局
**电话** 0858—8231834
**邮编** 553001 （邓贵成）

**【六盘水市钟山区审计局】** 到1998年，共有干部、职工11人。其中：大学3人，大专3人；局长1人，副局长2人。

审计工作成果 共完成审计项目49个。审计单位127户；完成审计调查14项，调查单位66个；审计金额9598.40万元。共查出违纪违规金额1738.97万元。上缴区财政47.40万元。共提交审计报告49篇。

完成区政府交办任务 共完成交办的工作任务17项，审计清理单位62个。

完成上级下达审计任务 共完成省、市审计机关下达的审计任务32项，审计单位62个，审计金额9598.40万元。

**【水城县审计局】** 到1998年，共有干部、职工16人。其中：大专生7人；局长1人，副局长1人。

审计工作成果 共完成审计项目114个，审计单位122户；完成审计调查12项，调查单位24个；审计金额48034万元。共查出违纪违规金额887万元。上缴县财政13.27万元，促进增收节支100.78万元

完成县政府交办任务 共完成交办的工作任务29项，审计清理单位124个，共完成工程决算审计项目10个，审计金额1532.25万元，审减金额53.96万元。

完成上级下达审计任务 共完成省、市审计机关下达的审计任务73项，审计单位89个，审计

金额48034万元。特别是在1998年,开展了对六枝特区粮食局1992年4月1日至1998年5月31日国有粮食企业新增财务挂账和其他不合理占用农发行贷款问题的清查审计工作,完成了各项清查审计任务,核实新增财务挂账1990万元,其他不合理占用贷款638.10万元,核减违规金额85.10万元,为消化财务挂账和解决不合理占用贷款提供了确凿的依据。

**【盘县特区审计局】** 到1998年,共有干部、职工19人,其中:具有大专以上文凭8人;取得审计师资格4人;局长1人、副局长3人。

审计工作成果 共完成审计项目100余个,审计单位284户;共查出违纪违规1875.70万元,上缴财政675.23万元,提交审计报告、信息46篇。

完成县政府交办任务 共完成审计任务10项,对121户行政事业企业单位进行了审计清理。

**【六枝特区审计局】** 1998年共有干部、职工18人。其中:大学生1人,大专生6人;局长1人,副局长1人。

审计工作成果 共完成审计项目73个,审计单位181户;完成审计调查2项,调查单位53个;共查出违纪违规金额3,080.97万元。向司法机关移交案件2件,上缴特区财政34.82万元,共提交审计报告98篇。

**【遵义市审计局】** 到1998年底,有在职职工28人,其中大学本科8人,大专15人;具有中级以上专业技术职称17;局长1人,副局长2人。内设有办公室、综合科、纪检监察室、财政金融审计科、行政事业审计科、商粮贸审计科、工交审计科、固定资产投资审计科。

审计工作成果 遵义市县两级审计机关共完成审计项目(含专项审计调查)1492(133)项(括号中数据为遵义市审计局本级数,以下同),审计单位2606(244)个;查出违纪违规金额34444(8353)万元,上缴财政4239(641)万元,全市审计机关5年来共为国家增收节支11340万元,全市审计干部人均为国家增收节支43万元。

完成政府交办任务 对影响地方经济发展的全市服务性行业进行审计,达18个共220项。

社会审计 全市社会审计机构共完成委托事项7611项,核减基建预算3229万元,核减虚假注册资金9663万元,促进委托单位提高经济效益1202万元。

内部审计 到1998年底,全市共有内审机构184个,内审人员459人。

受表彰情况 遵义市审计局连续5年在省审计厅对全省审计厅对全省地州市局综合考评中获一等奖,其中在1994年至1996年3年一次的总考评中被省人事厅和省审计厅授予"先进集体"光荣称号;在遵义市市直机关岗位目标考评中,每年都被评为一等奖单位;局党支部连续5年被评为市直机关先进党支部,1996年被授予市直机关十佳党支部的光荣称号。

**地址** 遵义市解放路27号
**电话** 0852—8223713
**邮编** 563000

**【遵义市红花岗区审计局】** 到1998年底,共有干部、职工32人。其中:大学4人,大专21人;中级以上职称28人;局长1人,副局长2人。

审计工作成果 共完成审计项目84个,审计单位227户;完成审计调查24项,调查单位119个,提交审计报告和审计调查报告108个,共计查出违纪违规金额11736万元,上缴财政215万元,直接减少财政(审计单位)支出1186.8万元。配合纪检、监察、财政、司法等部门查处经济案件或开展专项检查4起。

完成区政府交办任务 共完成交办工作任务66项。例如,1995年,审计人员在遵义市百货大楼工程决算审计工作中,审减金额558.6万元,占工程送审金额的20.66%。1996年遵义市财政局办公大楼工程审减202万元,占工程送审金额的28.92%。

**【仁怀市审计局】** 到1998年底,共有干部、职工38人。其中:大学生8人,大专生9人;局长1人、副局长1人。

审计工作成果 共完成审计项目321个,审计单位334个,完成审计调查29个,调查单位218个,查出违纪资金2491万元,会同市纪委、监察局等部门查处经济案件13起。上缴市财政806万元,提供审计信息144期,被市以上机关重复采用223期,采用率达154%。

完成主要任务 共完成交办项目142项。1998年,会同市教委、财政局对12个乡镇的教育经费进行审计,查出违纪资金307万元。农业资金审计科5年来仅农业开发项目就审计32个,查出违纪资金218万元;几年来的同级财政审计,共查出违纪资金2310万元,基建审计科5年间共完成竣工决算审计140个,核减基建工程款1083.75万元。

**【遵义县审计局】** 到1998年底,共有干部、职工28人。其中:大学生4人,大专生17人;局长1人,副局长3人。

审计工作成果 共完成审计项目166个,审计调查17项。查出违纪违规行为金额3799万元,已上缴财政299万元。固定资产投资审计审减金额253万元,为国家节约了财政资金。撰写审计信息122篇,其中被采用100篇(次)。

*完成县政府交办任务* 完成交办审计项目73项。1996年开始开展厂长(经理)任期经济责任审计,完成项目8个。

*完成上级下达审计(调查)任务* 共完成上级审计机关下达审计任务102项,其中审计调查17项,提交调查报告17篇。

**【绥阳县审计局】** 到1998年底,共有干部、职工10人。其中:大学生1人,大专生9人;局长1人,副局长2人。

*审计工作成果* 共完成审计项目102项,涉及审计单位145个,审计总金额达55229.9万元,查出违纪资金2589万元,收缴违纪资金163.8万元(其中罚款10.39万元),减少财政拨款和补贴4万元,核减基建投资48万元,减少损失浪费100多万元。提交审计报告48篇,撰写《审计信息》75篇。

*完成县政府交办任务* 共完成交办的工作任务47项。

**【桐梓县审计局】** 到1998年底,共有干部、职工15人。其中:大专学历10人;注册会计师2人,审计师2人,经济师1人;局长1人,副局长3人。

*审计工作成果* 共完成审计项目123项,审计单位137户,提交审计报告123篇,审计金额85346.11万元;完成审计调查17项,调查单位65个。共查出违纪违规金额1691.07万元,应上缴财政300.42万元,应追还侵占挪用资金505.55万元,已上缴财政300.42万元。配合纪检、监察、信访等部门查处各种经济案件6件,为社会稳定发挥了作用。

*完成县政府交办任务* 完成交办任务36项。

*完成上级下达审计任务* 共完成87项,审计单位101个,审计金额85346.11万元;审计调查17项,调查单位65个。

**【习水县审计局】** 到1998年底,共有干部职工20人,其中:大专生11人;获得审计师资格的2人,注册审计师3人;局长1人,副局长2人。

*审计工作成果* 共完成审计项目117个,审计单位202个;完成审计调查项目15项,审计调查单位125个;共查出违纪金额1134万元,上缴县财政19万元,共提交审计报告135篇,撰写信息46篇,被省厅采用10篇。

*完成交办任务* 共完成交办的工作任务24项,审计单位56个。共完成省、市审计机关下达的审计任务67项,审计单位105个。

**【凤冈县审计局】** 到1998年底,共有干部13人,职工1人。其中:大专生12人;局长1人,副局长1人。

*审计工作成果* 共完成审计项目75个。审计单位111户;完成审计调查21项,调查单位47个;共查出违纪违规金额2243万元;上缴县财政26万元;共提交审计信息报告87篇。

*完成县政府交办任务* 共完成交办的工作任务12项,审计清查单位36个。1998年对全县14个乡镇教育费附加进行全面的清查,为县政府提供了准确的数据,并对下一步清收工作提供了依据。

*完成上级下达审计任务* 共完成省、市审计部门下达的审计任务72项,审计单位111个,审计查出违纪违规资金2243万元。

**【正安县审计局】** 1998年底有干部、职工15人。其中:大学生1人,大专生7人;局长1人,副局长1人。

*审计工作成果* 共完成审计项目81个,审计单位323户;完成审计调查22项,调查单位132个;审计总金额119593万元,共查出违纪金额958万元。查出经济案件1起,涉及2人,已移县检察机关查处。上缴财政194万元,提交综合、专项审计报告22篇。

*完成县政府交办任务* 共完成交办的工作任务11项,审计清理单位158个。

*完成上级下达审计任务* 共完成省、市审计部门下达的审计任务70项,审计单位165个,审计金额102781万元。

**【铜仁地区审计局】** 1998年全区共有干部职工160人。其中:大学生8人,大、中专生132人;中、初级职称52人。1998年底地区局共有干部职工30人。其中:局长1人,副局长3人。设有办公室、综合科、财政金融审计科、行政事业审计科、企业审计科、固定资产投资审计科、领导干部离任经济责任审计室等机构。

*审计工作成果* 共完成审计项目1323个,审计单位1507户;完成审计调查项目160个。共查出违规行为金额27746万元。上缴财政981万元,促进增收节支170万元;向司法机关称送案件3件,建议给予行政处分7人;共提交审计工作报告、信息756篇。

*完成政府交办工作* 共完成地县政府交办任务173项。地局1995年完成的行署驻贵阳办事处的基建及财务收支审计,移送检查机关处理1人,建议纪委调查处理1人。1998年铜仁市局出色地完成了行署领导交办的市辖区内机动车辆税费负担专项审计调查任务。

*完成上级下达的审计任务* 全面完成省厅下达的审计任务925项。1995年地区局、印江、思南两县“同级审”被评为全省一等奖;1997年思南县局计生经费审

计被审计署评为优秀审计项目；1998年全区组织110名审计人员苦战三个月，圆满完成了粮食平价企业亏损挂账清查任务，净调减亏损挂账1215万元，查出其不合理占贷金额3106万元。

内部审计　全区内审机构从1994年的136个增至156个，内审人员从223人增至288人。

社会审计　1994年至1997年共完成社会委托事项2607项，完成委托单位1946个。其中，财务收支审计81项，国企审计查证145项，经济案件鉴定12件，验资年检1573项，资产评估119项，基建项目审计175项，核减基建预决算1012万元，核减虚假注册资本金1067万元，为委托单位挽回损失107万元。

受表彰情况　受省审计厅表彰13次，受地委、行署表彰10次；共有85人次分别受到省、地县各级政府的表彰和奖励。

**地址**　铜仁市花果路38号

**电话**　0856—5223806

**邮编**　554300

**【铜仁市审计局】**　至1998年有干部、职工20人。其中：大学学历1人，大专学历7人；局长1人，副局长1人。

审计工作成果　共完成审计项目114个，审计单位171户，完成审计调查5项，调查单位13个，共查出违纪违规金额3,109万元，上缴市财政69万元。共提交审计报告114篇。

完成上级下达审计任务　共完成省、地审计机关下达审计任务49项，审计单位100人。

完成市政府交办任务　共完成交办的工作任务27项，审计单位27个。

受表彰情况　1998年被地区审计局授予年度目标考核、统计工作、信息工作先进单位，被市委、市政府授予文明单位，被市综合治理委员会授予社会治安综合治理平安工程红旗单位，共有3人次受到省审计系统表彰奖励，9人次受地区审计系统表彰奖励，2人次受市委、市政府表彰奖励。

**地址**　铜仁市环西路93号(市政府大院)

**电话**　0858—5222749

**邮编**　554300　(杨秀驰)

**【德江县审计局】**　1998年，共有干部、职工15人，其中：大专文化程度11人；局长1人，副局长3人。

审计工作成果　共完成审计项目62个，审计单位105户；完成审计调查14项，调查单位41个；审计金额87631万元。共查出违纪违规金额6573.89万元；应上缴财政金额47.76万元，已上缴县财政40.11万元；应追还侵占挪用资金740.32万元；向纪检部门移送案件2件，配合县纪检、监察、信访及司法部门查处有关经济案件6起；累计提交累计报告28篇。

完成地方交办任务　完成地方交办的工作任务21项，审计清理单位28个。连续4年承担并完成扶贫帮乡(村)任务，为帮扶乡(村)筹集3万余元资金解决公路修建、致富项目等现实困难。1995～1996年对县天麻酒厂资产、负债及损益情况审计和负责对该厂破产清算工作中，查证了该厂资产、负债及损益不实的原因，摸清了企业近几年中造成一千多万元巨额亏损(潜亏)的症结所在，为政府领导和有关部门真实掌握酒厂情况并及时采取相应的决策措施提供了依据。

完成上级下达审计任务　共完成上级审计机关计划安排及临时追加审计任务41项，审计单位89个，审计金额87631万元。

**【江口县审计局】**　到1998年底，有12人，其中：大学文化1人，大专文化6人；中级职称2人；局长1人，副局长2人。

审计工作成果　共完成审计项目71个，审计单位177户；完成审计调查8项，调查单位21个；审计金额39505万元，共查出违纪违规金额1077.54万元。同县纪委、监察、检察院等部门配合，查处各种经济案件7起，为社会稳定发挥了作用。上缴县财政7.75万元，共提交审计工作报告信息83篇。

完成县政府交办任务　共完成交办的工作任务15项。

完成上级下达审计任务　共完成省、地审计机关下达的审计任务48项，审计单位95个，审计金额23575万元。

**【思南县审计局】**　1998年，共有干部、职工16人。其中：大学生1人，大专生11人；局长1人，副局长2人。

审计工作成果　共完成审计项目83个。审计单位79户。共查出违纪违规金额571.44万元。上缴县财政41.24万元，共提交审计报告83篇。

完成上级下达审计任务　共完成省、地审计机关下达的审计任务45项，审计单位45个，29,285万元。

**【石阡县审计局】**　到1998年底，实有职工12人，其中：大专3人；局长1人。

审计工作成果　共完成审计项目54个，审计单位69个，审计总金额69985.90万元。共查出违纪资金182.66万元，其中：应上缴县财政2.52万元，已全部上缴。并针对被审计单位存在的问题和管理上的薄弱环节，提出审计建议186条，向上级审计机关和县政府提交审计综合报告和信息36篇。

**【万山特区审计局】**　至1998年共有干部9人，其中：大中专以上学历6人;获得审计师或经济师资格的3人;局长1人,副局长2人。

审计工作成果　共完成审计项目及调查项目70项,审计单位105个,共查出违纪违规资金481.41万元,处理应上缴财政15.38万元,追还侵占挪用资金8.32万元,收缴入库15.18万元,称送纪检机关处理的责任人员1人。共提交审计报告和信息47篇,被当地党政机关和上级审计机关采纳16篇。

完成上级审计机关指令性任务情况　共完成上级审计机关下达的审计任务45项,审计单位62个,查出违纪违规金额372.46万元。

**【玉屏侗族自治县审计局】** 1998年共有干部、职工10人。其中:大专学历7人;局长1人,副局长2人。

审计工作成果　共完成审计项目97项,审计单位98个;完成审计调查6项,调查单位6个;共查出违纪违规金额797.64万元,上缴县财政4.59万元,提交审计报告97篇。

完成上级交办任务　5年共完成交办的工作任务42项。

完成上级下达审计任务　共完成上级审计机关下达的审计项目任务41项,审计单位41个。1998年,对8户粮食收储基层单位、特区工商行、特区财政局等部门进行了审计和调查,共查出各种违规金额82.67万元,净调增亏损挂账4.56万元。

完成自定审计项目任务　共完成自定审计项目8项,审计单位8个。

**【松桃苗族自治县审计局】** 到1998年末,在职15人。其中:大专学历7人;审计师2人。

审计工作成果　完成审计项目69项,审计单位141个。完成审计调查8项,调查单位28个。共查出违纪违规金额3235.98万元,追回被侵占挪用资金1453.42万元,编发审计信息52期,被上级和新闻单位采用37期。此外,移送、配合纪检、司法机关查处经济案件8起;配合清查预算外资金1600万元,收缴处罚123.7万元,督促纳入专户储存287万元。

完成上级下达的审计任务　1998年对公安机关审计,揭露了松桃公安机关财务管理依然混乱,管钱管账由1996年审计调查时的8人增加到22人,截留坐支预算收入和预算外收入183.55万元,擅自收费7万元以及收费、罚款未使用规范票据等问题,省公安厅派员督促纠正,促进了公安机关教育整顿。1998年进行了粮食清查审计,审计了15个独立核算单位,查出违规金额357.71万元,调减亏损挂账287.54万元,追回被挤占资金334.19万元。

完成县委、县政府交办的审计任务　共完成交办任务28项,审计单位66个。1996年审计县法院,查出违法违规资金62.78万元,坐支预算收入24.67万元,"小金库"563万元,挪用公款4万元。移送司法处理1件。

**【印江土家族苗族自治县审计局】** 到1998年底,共有干部、职工13人。其中大专4人;局长1人、副局长1人。

审计工作成果　共完成审计项目73个,审计单位196户;完成审计调查8项,调查单位15个;审计专项资金25516.8万元。共查出违纪违规金额3409.45万元。上缴县财政46.63万元,共提交审计报告73篇。

完成县政府交办任务　共完成交办审计任务33项,审计单位54个。

**【沿河土家族自治县审计局】** 1998年共有干部、职工14人,其中:大专生8人;局长1人,副局长2人。

审计工作成果　共完成审计项目54个,审计单位115户;完成审计调查3项,调查单位18个。审计金额47,806万元。共查出违纪违规金额1.408万元,上缴县财政121万元,共提交审计报告54篇。

完成县政府交办任务　共完成交办的工作任务11项,审计清理单位16个。

完成上级下达审计任务　共完成省、地审计机关下达的审计任务40项,审计单位81个,审计金额47,806万元(不含1998年年度粮食清查审计)。

**【毕节市审计局】** 到1998年底,实有干部职工16人。其中:大学生1人,大专生5人;局长1人,副局长2人。

审计工作成果　共完成审计项目49个,审计单位49户。完成审计调查1项,调查单位1个。审计金额40017万元,共查出违纪违规金额4751万元,上缴市财政1518万元。共提交信息20篇。

受表彰情况　受地区审计系统表彰4次,受市委、政府表彰10次。共有6人次受到省审计系统表彰奖励;11人次受地区审计系统表彰奖励;13人次受记功、嘉奖等奖励。

**地址**　毕节市解放路63号
**电话**　0857—8222360
**邮编**　551700

**【黔西县审计局】** 到1998年底有干部13人。其中局长1人,副局长2人;大专文化1人。

审计工作成果　共完成审计项目52个,审计单位95户;完成审计调查项目6个,调查单位87户;审计金额106196万元,共查出违纪违规金额2808万元。提交审计报告52篇。

完成县政府交办任务　共完

成交办任务16项。

【大方县审计局】 到1998年末在职干部职工有13人。其中:大专生7人;获得审计师资格1人;局长1人,副局长2人。

审计工作成果 共完成审计项目42项,审计单位51个;完成审计调查4项,调查单位106个;共查出违纪违规资金4127.56万元,会同县纪检、监察、信访等部门调查核实各类案件10余起,为稳定社会发挥了极其重要的作用。上缴财政金额385.34万元,提交审计工作报告信息57篇。

完成县委、政府交办的任务 共完成交办的工作任务7项,审计调查单位10余个。

【织金县审计局】 到1998年底有15人。其中:大学生1人,大专生6人;局长1人,副局长1人。

审计工作成果 共完成审计项目70个,审计单位70户;完成审计调查项目4个,调查单位23户;审计金额144,021.85万元,查出违纪违规金额2,220.31万元,上缴财政金额186.34万元;共提交审计报告70篇,审计调查报告4篇,审计信息32篇。

完成县政府交任务 共完成交办的审计工作任务20个,审计金额7,125.03万元,查出违纪违规金额703.51万元,上缴财政金额104.24万元。

完成上级下达的审计任务 共完成上级审计机关下达审计任务54个,审计金额136,896.82万元,查出违纪违规金额1,516.80万元,上缴财政金额82.10万元。

【金沙县审计局】 到1998年底,在编人员有11人。有局长1人,副局长1人。

审计成果 共完成审计项目106个,审计单位125个,完成审计调查8项,调查单位8个;审计金额80902万元,共查出违纪违规金额4893万元,协同县纪委、检察院等部门查处经济案件3起。5年中上缴县财政违纪资金304.02万元,共提交审计报告125篇,提出审计建议371条。

完成县政府交办任务,共完成交办的工作任务47项,审计查处违纪资金717.3万元。

完成上级下达的审计任务 共完成省地审计机关下达的审计任务59项,审计单位49个,审计金额59374万元。

【赫章县审计局】 1998年共有干部职工18人。其中大专生2人;局长1人,副局长3人。

审计工作成果 共审计项目168个(其中基建审计87个,完成审计调查18项,调查单位42个;审计金额47230.4万元,共查出违纪违规金额5868.5万元。上缴县财政208.8万元,共提交审计报告44篇。

完成县政府交办任务 共完成交办的工作任务37项。

完成上级下达审计任务 共完成省、地审计机关下达的审计任务44项,审计单位76个,审计金额4230.4万元。

【纳雍县审计局】 1998年共有干部职工16人。其中:大专生7人;局长1人,副局长1人。

审计工作成果 共完成审计项目68个,审计单位65户;完成审计调查项目72项,调查单位50个;审计金额399.212万元。共查出违纪资金1756万元,上缴县财政60.48万元,共提供审计报告75篇。

完成县政府交办任务 共完成交办的任务22项,审计单位29个。

完成上级下达审计任务 共完成省、地下达的审计任务46项,审计单位43户,审计金额201.387万元。

【威宁彝族回族苗族自治县审计局】 1998年共有干部、职工17人。其中:大专生5人。

审计工作成果 共完成审计项目186个,审计单位235户;完成审计调查25项,调查单位32个;审计金额26452万元。共查出违纪违规金额1340万元。同县纪检、检察院、财政等部门配合,查处各种经济案件5起。上缴县财政105万元,共提交审计报告186篇。

完成县政府交办任务 共完成交办工作任务45项,审计清理单位102个。1996年以来配合全县机构改革、企业改制,参予并负责了威宁县清产核资小组,共抽调15人次,对威宁毛制品厂、酒精厂的破产提供了依据。

完成上级下达审计任务 共完成省、地审计机关下达的审计任务158项,审计单位210个,审计金额368410万元。

【普定县审计局】 1998年共有干部、职工15人,其中:大学生1人,大专生3人;局长1人,副局长3人。

审计工作成果 共完成审计项目100个,审计单位103户;完成审计调查5项,调查单位17户;审计金额100,420万元,共查出违纪违规金额1546万元。同县纪检、监察等部门配合,查处各种经济案件3起,为社会稳定发挥了作用。上缴县财政51万元。共提交审计报告100篇。

完成县政府交办任务 共完成交办的工作任务42项,审计清理单位42户,审计金额87,869万元。

完成上级下达审计任务 共完成省、地审计机关下达的审计任务79项,审计单位82户,审计金额73,926万元。

【黔西南布依族苗族自治州审计局】 1998年底有107人(州局27人,注:以下括号内为州本级数)。从文化程度上看:全州大学本科3人(2人),大专31人(10人);局长1人,副局长1人。内设办公室、综合法规科、财政金融审计科、行政事业审计科、基本建设审计科、企业审计科。

审计工作成果　全州审计机关共审计891个单位(114个),完成审计调查51项,调查单位234个,审计资金总额为25.3亿元。共查出违纪违规金额15167万元,查出应追还侵占挪用资金1276万元,应上缴地方财政1177万元,已上缴财政1055万元,查出国有资金流失1491万元。共提交审计调查报告、信息378篇。

完成上级审计机关下达任务情况　5年来,全州审计机关共完成上级下达的审计任务285项。

1994年,全州在对45个财税单位的审计中,审计总金额19982万元,查出部分财税部门隐瞒、截留、转移财政资金等违纪问题483万元。1995年,全州审计机关在对农业专项资金的审计中,查出违纪金额205万元,其中挤占挪用专用资金200万元,另在对65个行政事业单位的审计中,查出侵占、挪用、截留财政收入382万元。1996年,全州审计机关对8个重点企业进行了审计,通过审计发现部分企业资金负债严重不实,金额达2830万元,同时发现因经营管理不善、投资损失等原因造成国有资产流失达723万元的问题,追回了侵占挪用资金51万元。1997年,州审计局在对某医疗单位的审计中,发现该单位1996年度挪用专用基金以业余服务费提成的名义发放劳务费80万元,审计机关给予了14.4万元的处罚;

1998年,全州共审计了92个独立粮食部门单位,核减财务挂账1156.85万元。

完成地方政府交办任务　5年来,全州审计机关共完成地方党委政府交办的审计任务456项。如:1997年8月,对国家重点工程天生桥电站黔西南州库区移民经费从启动到1997年7月底止的移民经费进行了专项审计,查出了各类违纪问题35个,并根据查出的问题,向州委、州政府提出了17条审计意见。

内部审计　1994年共设立内部审计机构95个,1998年有119个,其中专职机构68个,内部审计人员173人,其中:专职人员112人。

社会审计　1994年全州社会审计机构共有9人,从业人员46人,其中注册审计师17人。1998年,根据中注协和省注协的要求,全州进一步对社会审计机构进行了清理整顿,现共存两个社会审计机构,即:黔西南州盘江会计师事务所、兴义市恒昌会计师事务所。

**电话**　(0859)3223471 *(沈浩霆)*

**【兴义市审计局】**　到1998年底,人员有17人。其中大专3人;有4人获审计师或注册会计师资格;局长1人,副局长2人。

审计工作成果　共完成审计项目150个(其中上级审计机关下达项目73个,市政府交办项目77个),审计单位150户。完成审计调查3项,调查单位130个。共查出违纪违规金额1214万元。上缴市财政92万元,共提交审计报告150篇。

完成交办任务　4年来,共查出违纪违规资金404万元;对本级公安机关1996年至1997年收费罚没收入进行财务收支审计,共收缴违纪资金20多万元;对兴仁县粮食系统1993年7月至1998年5月末粮食进行了清查审计;

受表彰情况　1996年评为全州审计系统"先进集体",有1人被评为全省审计系统先进工作者,有3人被评为全州审计系统先进工作者;1997年被州委、州政府和市委、市政府同时授予"文明单位"称号,1998年有1人被评为全州粮食审计先进个人。

**地址**　贵州省兴义市市府路1号

**电话**　(0859)3222518

**邮编**　562400

**【望谟县审计局】**　1998年共有干部9人。其中:大学生1人,大专生2人;副局长(正局级)1人。

审计工作成果　共完成审计项目60个,审计单位77户;完成审计调查8项,调查单位36个;审计金额4.67亿元。共查出违纪违规金额1344万元。上缴县财政115万元,共提交审计报告73篇。

完成县政府交办任务　共完成交办的工作任务10项,审计清理单位15个,审计金额3109万元。

完成上级下达审计任务　共完成省、州审计机关下达的任务58项,审计单位98个,审计金额4.35亿元。

**【兴仁县审计局】**　1998年有在职人员8人,其中:大专生3人;局长1人,副局长2人。

审计工作成果　共完成审计项目92个,审计单位92户,审计总金额80628.22万元。共查出违纪违规金额778.69万元,责成调整账务资金773714万元,上缴县财政4.976万元,共提交审计报告90篇,审计调查报告2篇。

完成县政府交办任务　共完成交办任务6项。

**【普安县审计局】**　至1998年底,共有职工11人。其中:大专3人;局长1人,副局长2。

审计成果　共完成审计项目122个,审计单位122个,完成调查项目50个,调查单位29个等。审计总金额3563.80万元,查出违纪违规总金额4098.8万元,上缴财政34万元。

**【册亨县审计局】** 1998年共有干部职工6人。其中:大专文化3人;局长1人,副局长2人。

审计工作成果 共完成审计项目86个,审计总金额49409万元。查出违纪违规金额1914万元。收缴违纪资金上缴财政15.6万元。完成审计调查任务7项23个单位,出具审计报告和调查报告共计103篇,向州局提供审计工作信息15篇。同县检察院、纪委等部门配合查处经济案件8起。

完成县政府交办任务 截至1998年,共完成交办审计任务23个,审计金额8195万元,查出违纪违规金额831万元,收缴违纪资金2万元。

完成上级下达审计任务 共完成省、州审计机关下达审计任务63个,审计金额41214万元,查出违纪违规金额1083万元,收缴违纪金额13.6万元,完成审计调查任务7个22项。

**【贞丰县审计局】** 1998年有6人,其中:大专3人;局长1人,副局长2人。

审计工作成果 共完成审计项目74项,其中:上级下达的指令性审计项目45个,县委、县政府交办的审计项目29个,审计总金额43695.91万元。共查出违纪违规资金567.7万元,决定收缴财政的资金58.34万元,已收缴财政32.5万元。共提交审计报告74篇。

**【黔东南苗族侗族自治州审计局】**

到1998年底,共有干部、职工33人。其中:大学生4人,大专生6人;局长1人,副局长2人;审计师13人,经济师1人。

审计工作成果 全州各级审计机关共完成审计项目2368个,共查出违纪违规金额18142万元,移送司法机关处理案件5起,上缴财政2320万元,共提交审计报告信息746篇。

完成交办任务 共完成财政审计385项,查出各种违纪违规资金4611万元,收缴违纪资金245万元,完成金融保险审计111项,查出违纪资金1676万元,收缴违纪资金123万元。完成固定资产投资审计258项,核减工程投资689万元。开展企业资产、负债、损益审计444项,查出违纪违规资金4717万元,收缴财政1025万元,促进了企业加强财务管理。完成农业专项资金审计231项,查出违纪违规资金2018万元,收缴财政344万元。

受表彰情况 1998年度被贵州省审计厅评为先进单位,被州委、州政府评为目标考核先进单位,被省委、省政府命名为"省级文明单位"。有8人被审计厅评为先进人个,有1人被审计署评为"粮食审计先进个人"。

**地址** 凯里市永乐路18号
**电话** 0855—8223595
**邮编** 556000 (杨秀实)

**【施秉县审计局】** 1998年底干部、职工数为16人,其中,设副局长2人。

审计工作成果 共完成审计项目94个;审计单位105个。完成审计调查12项,调查单位16个,审计金额76134.95万元。共查出违纪金额248.38万元,上缴县财政8.11万元,共提交审计报告94篇。

完成县委、县政府交办任务 共完成交办的工作任务16项,审计清理单位38个。共完成基本建设审计36项,审计金额为643万元,核减金额为16.51万元,处以罚款1.64万元。

完成上级下达的审计任务 共完成省、州审计机关下达的审计任务35项,审计单位118个,审计金额76134.95万元。

**【从江县审计局】** 1998年底,全局有11人。其中:大专生5人;中级职称3人(经济师、审计师)。

审计工作成果 共完成审计项目124个(含全国性粮食审计)。审计单位125户;完成审计调查7个,调查单位7个;审计金额89319.51万元。共查出违纪违规金额2462.49万元。共上缴财政111万元,提交审计报告124篇,审计信息41篇。并同县纪委、监察、检察配合,查处各种经济案件6起,为社会稳定和促进经济建设发挥了审计监督作用。

完成上级下达审计任务 共完成省州审计机关下达的审计任务59项;审计单位60个;审计金额78930万元。

完成县委政府交办任务 共完成交办任务8项,审计清理单位8个。

完成建筑工程审计项目 共完成交办任务26项,审计金额1077万元,审计核减金额92.6万元。

**【镇远县审计局】** 到1998年底,有干部、职工11人,其中:大学生1人,大专生6人;局长1人,副局长1人。

审计工作成果 共完成审计项目102个,审计单位138户;完成审计调查8项,调查单位21个;审计金额41136万元。共查出违纪违规金额2041万元。同县纪检、监察、信访等部门配合,查处各种经济案件3起,共上缴县财政81万元。

完成县政府交办任务 共完成交办的工作任务42项,审计清理单位60个。

完成上级下达审计任务 共完成省、州审计机关下达的审计任务60项,审计单位94个,审计金额23499万元。

**【麻江县审计局】** 1998年共有干部、职工13人,其中:大专生4人;局长1人,副局长2人。

审计工作成果　共完成审计项目71项，审计单位71户，审计金额36005.62万元。共查出违纪违规金额120.24万元，并同县有关部门配合，查处了一些违法违纪案件。上缴县财政10.774万元，共提交审计报告71篇。

完成县政府交办的任务　共完成交办的任务3项，审计清查单位3个。截止1998年共完成项目开工前基建审计8项，竣工决算审计1项，审计金额22.06万元，审计核减资金4.87万元。

完成上级下达的审计任务　共完成州审计机关下达的审计任务42项，审计单位42个。

**【台江县审计局】**　到1998年底有干部、职工17人，其中：大专生5人；局长1人，副局长2人。

审计工作成果　共完成审计项目169个，审计单位252户，完成审计调查2次，调查单位2人。共查出违纪违规金额859万元，为社会稳定发挥了作用。上缴县财政48万元，共提交审计报告39篇。

完成县政府交办和本局计划任务　共完成交办的工作任务15项，完成本局安排任务72项。

完成上级下达审计任务　共完成省、州审计机关下达的审计任务51项。完成工程决算审计项目51个，工程预算审计核减72万元，维护了国家利益。

**【榕江县审计局】**　到1998年底，共有干部16人；其中：大专生6人；局长1人，副局长3人。

审计工作成果　共完成审计项目137个，平均每年超计划11.8%；审计单位137户，共提交审计报告137篇；完成审计调查5项，调查单位14个；审计金额达30000万元，共查出违纪违规金额593.67万元，上缴县财政84.62万元。协助检察机关办理经济案件2起。

完成县政府交办任务及自立项目　共完成交办的工作任务及自立项目75项，预算外资金清理单位12个，“三查”单位26个。截止1998年底共完成工程结算审计项目5个，审计金额464.58万元，审减金额32.85万元。

完成上级下达审计任务　共完成省、州审计机关下达的审计任务62项，审计单位62个。1998年6—8月，对施秉县粮食清理进行交叉审计，核减新增财务挂账32.36万元。

**【剑河县审计局】**　到1998年底，有干部、职工18人。其中：大专生7人；会计师1人，局长1人，副局长2人。

审计工作成果　共完成审计项目113个。审计和审计调查单位318户；审计金额55475万元。共查出违纪违规金额699万元。上缴县财政206万元，共提交审计报告113篇。

完成县政府交办任务　共完成交办的工作任务11项，审计清理单位12个。共完成工程决算审计项目31个，审计金额1142万元，审减金额58万元。

完成上级下达的任务　共完成省、州审计部门下达任务49项，审计和审计调查单位181个，审计金额40345万元。

**【三穗县审计局】**　1998年共有干部职工10人。其中：大专生5人；局长1人，副局长1人。

审计工作成果　共完成各类审计项目95个，审计单位95户，审计金额33204万元。查出违纪违规行为金额1242万元，上缴财政26万元，追回被侵占挪用的资金98万元，促进企业增收节支56万元。共提交审计报告95篇。

完成上级下达的审计任务　共完成省、州审计机关下达的审计任务44项，审计单位44户，审计金额21075万元。

完成县委、县政府交办的审计事项　共完成交办的审计事项51个，审计清理单位51户，审计金额12129万元。

**【黎平县审计局】**　1998年共有干部、职工21人，其中：大专生7人；局长1人，副局长2人。

审计工作成果　共完成审计项目196项，审计单位233个，完成县委、县政府交办的工作任务6项，审计清理单位22个。共查出违纪违规行为金额1698万元，应上缴财政398万元，已上缴财政359万元，入库率90.2%。移送司法、纪检部门经济案件2件，追究刑事责任2人。共提交审计工作报告和信息95篇。

**【丹寨县审计局】**　1998年共有干部、职工13人。其中：大专生6人；局长1人、副局长1人。

审计工作成果　共完成审计项目142个，共审计资金48063.86万元。共查出违规违纪资金1790.83万元。协同纪检、监察、检察机关查出各种案件5起。上缴财政212.60万元，核减财政拨款3.4万元，核减基本建设投资25.73万元。共提交审计报告184篇。

完成政府交办任务　共完成交办的各项审计任务95项。

完成上级下达审计任务情况　共完成省、州审计机关下达的审计任务47项，审计单位84个，审计资金17996.05万元。

**【黔南布依族苗族自治州审计局】**　到1998年底，有人员34人。其中：大学生5人，大专生25人；局长1人；注册会计师3人，具有审计师、会计师、资产评估师等中级职称12人。设有办公室、财政审计科、行政事业审计科、金融审计科、企业审计科、固定资产投资审计科、综合复审科等机构。

审计工作成果　共完成审计项目126项，完成审计调查12项。

共查出违纪违规金额3011万元。上缴州财政274万元。

完成州政府交办的任务　共完成交办的工作任务6项，审计清理单位6个。1997年，州局按照州委、州政府的安排，对黔出州锻压机床厂1996年风险抵押经营承包进行审计，查出违规资金73.76万元，并作了相应的审计处理决定。

完成上级下达的审计任务　共完成审计署、省审计厅下达的审计任务87项，审计单位93个。

内部审计　1994年共设立内部审计机构18个，内审人员43名。到1998年，内审计机构有24个，内审人员54名。

社会审计　1994年到1997年(1998年后划归省注协管理数字未统计，下同)共接受社会委托项目515项，其中接受委托财务收支审计85项，承包离任审计7项，企业审计查证26项，经济案件鉴定7项，企业验资年检275项，资产评估39项，基建审计59项，核减基建预决算款421万元，核减虚假注册资金265万元。

受表彰情况　获"全国审计机关先进集体"称号，受审计署、人事部表彰1次；获全省审计机关"先进集体"称号，受省审计厅、省人事厅表彰1次；获全省审计系统年度工作目标考核"先进单位"，受省审计厅表彰4次(其中2次为一等奖)；获省审计系统审计信息，审计统计工作先进单位7次；获全州档案管理先进单位1次，获先进基层党组织1次；获提案办理先进单位1次；

**地址**　都匀市文化路117号

**电话**　0854—8223887

**邮编**　558000

**【都匀市审计局】**　1998年共有干部、职工22人，其中：大学5人、大专12人；审计师4人，注册会计师2人，房地产估价师1人；局长1人，副局长1人。

审计工作成果　共完成审计项目142项，完成审计调查5项，共审计查出违法违规金额2,195.19万元，其中应缴财政金额421.95万元，应缴罚款10.3万元，已上缴财政373.03万元，追还侵占挪用资金130.84万元，促进增收节支268.6万元。已收缴罚款5.9万元。基建审计核减工程造价869.45万元。

完成市委、市政府交办任务　共完成交办的工作任务62项。1994年为配合全市机构改革，对本市29个行政事业单位的资金财产及1993年度财务收支进行审计。审计总金额3,414.17万元，审计查出的违纪金额143.38万元，其中应上缴财政金额63.02万元，已上缴财政27.7万元。1995年，率先在全市建立领导干部离任审计制度。1996年，配合审计师事务所进行31家国有企业1995年度财务会计报表审计查证，首次对严重亏损、资不抵债国有企业实行破产清算审计。

完成上级下达审计任务　共完成省、州审计机关下达的审计任务61项，审计单位95个。

内部审计　加强对内部审计工作的管理和指导。1996年底，举办内审培训班，共培训内审人员四十多人，建立了四十多个单位的内审机构，向经过培训考核的内审人员颁发了审计证。1997年整理收集了3个行政、企、事业单位内审工作突出的先进经验和个人先进事迹材料。

社会审计　1994年到1998年共接受社会委托项目697项。1995年为法院处理纠纷案件作资产评估价值13项，为检察院鉴定一项贪污14万元、挪用2万元的重大贪污案件。1996年都匀市审计师事务所跻身全省十强事务所行列

受表彰情况　自1994年到1998年，受省审计系统表彰2次，受州委表彰1次，受州审计系统表彰7次，受市委、市政府表彰2次，有2人次受省审计系统表彰奖励，7人次受州审计系统表彰奖励，8人次受市委、市政府嘉奖。

**地址**　贵州省都匀市审计局

**电话**　0854—8223057

**邮编**　558000　(赵争鸣)

**【福泉市审计局】**　1998年共有干部职工17人。其中：大学生1人，大专生9人；局长1人，副局长2人。

审计工作成果　共完成审计项目107项，审计单位98个；完成审计调查7项，调查单位28个；审计金额87.866万元。共查出违纪资金1,500万元，上缴市财政156万元，共提交审计报告107篇。

完成市政府交办任务　共完成交办的工作任务46项，审计清理单位168个。1996年，与贵州省瓮福矿肥基地联合查证联营企业黔福公司多年来利用结账和多列经营费用等方式转移企业利润294万元，为投资双方增加收益198万元。

完成上级下达审计任务　共完成省、州审计机关下达的审计任务54项，审计单位97个，审计金额87,866万元。

**【贵定县审计局】**　到1998年底，实有人员13人，其中大学生2人，大专生5人；审计师4人；局长1人，副局长2人。

审计工作成果　共完成审计项目74个，审计调查4项，审计单位101户，审计调查单位38个；审计金额123319.1万元，共查出违纪违规金额802.76万元，上缴县财政76.14万元，归还原渠道24万元，增收节支.9万元。同县纪检、监察、信访等部门配合，查处经济案件2起。共提交审计报告74篇。

完成县政府交办任务　共完成交办的工作任务23项,其中及时完成了县人武部资产和10年的财务收支审计,为县人武部的移交工作打下了基础;近两年来,在对县城中山路改造、地税局综合楼等基建工程的审计中,总计审减基建工程金额151万元,维护了国家利益。

完成上级下达审计任务　共完成上级审计机关下达的审计任务51项,审计单位78户,审计金额120319.1万元。

**【惠水县审计局】**　到1998年底,有14人。其中:大专生3人;局长1人,副局长2人。

审计工作成果　共完成审计项目99个,共查出违纪行为金额6946万元,收缴县财政190万元;提交审计工作报告和审计信息33篇。

**【罗甸县审计局】**　1998年底,人员有10人。其中:本科生1人,大专生3人;局长1人,副局长1人。

审计工作成果　共完成审计项目99项,审计单位107户;完成审计调查7项。共查出违纪违规金额1067.81万元,上缴县财政52.37万元,提交审计信息报告50篇。同县纪检、监察等部门配合,查处经济案件5起,为维护社会稳定发挥了作用。

完成上级下达审计任务　共完成省州审计机关下达的审计任务53项,审计单位62户。

完成县政府交办任务　共完成交办的工作任务45项,审计单位45户。在对单位领导干部进行的经济责任审计中,查出违规违纪金额322.16万元,上缴财政20.39万元。

**【瓮安县审计局】**　1998年有17人。其中:大专以上文化14人;中级职称以上4人;局长1人,副局长3人。

审计成果　共完成审计项目146个,审计单位257个次,完成专项审计调查12项,调查103个次,审计总金额72.277万元。共查出违纪违规金额1,132万元,追缴财政资金48万元,提交审计信息、报告216篇,省审计信息期刊采用率67%。

完成县政府交办任务　完成县领导交办任务87项,审计单位153个次。1994年3月对全县15个撤并单位的财政财务收支情况进行了审计,审计总金额1,824万元,查出违纪违规资金14万元,防止了国有资产流失。

完成上级下达审计任务　共完成上级审计机关下达任务59项,审计单位104个次,审计总金额48,637万元。

**【荔波县审计局】**　1998年,有干部职工16人。其中:大专生4人;局长1人,副局长1人。

审计工作成果　共完成审计项目120个,查出违纪违规金额708.37万元,上缴财政60622万元,处罚9.32万元,共提交审计报告120篇。

完成党委、政府交办任务　共完成县委、县政府交办的工作任务45项。

**【龙里县审计局】**　到1998年底人员为11人。其中大专生7人;中级职称1人;局长1人、副局长1人。

审计工作成果　共完成审计项目89个,完成审计调查5项。共查出违纪资金485.4万元。同县纪检、监察、信访等部门配合,查处经济案件1起,为社会稳定发挥了作用。上缴县财政41.79万元,追还挪用专项资金14.75万元,查出贪污案件4起,提交行政处理3人。提交审计报告99篇。共编发审计信息22篇,被省审计信息采用7篇。

**【平塘县计局】**　1998年底,实有干部、职工12人。其中:大专生3人;局长1人,副局长1人。

审计工作成果　共完成审计项目99项,审计单位99个;完成审计调查6项,调查单位6个。共查出违纪违规金额1756万元。上缴财政资金59.5万元。共提交审计报告104篇。共撰写审计信息31篇,其中:上级审计机关采用10篇,县人大、政协采用2篇。

完成县政府交办任务　共完成交办的审计工作任务55项,其中:乡(镇)领导干部、企业法人代表离任经济责任审计7项,涉及8人。截止1998年底共完成建设投资项目开工前审计56项,基建立项资金审计64项,完成基建工程决算审计2项,查出超计划投资35.7万元,超规模面积648.4平方米。

完成上级审计机关下达审计任务　共计完成省、州审计机关下达的审计任务44项,审计单位44个。

**【长顺县审计局】**　到1998年底,在职职工有9人。其中:大专5人;局长1人,副局长2人。

审计工作成果　共完成审计项目104个,审计单位115户;完成审计调查2项,调查单位2个,审计总金额30669万元,共查出违规金额1050万元,收回被侵占挪用资金归还原资金渠道51万元,减少财政补贴8万元,促进增收节支78万元。查出贪污案1起,移送司法部门查处1人,配合反贪局查出集体贪污案1起,配合纪检监察查处经济案件2起。上缴财政57万元,提交审计报告信息98篇。

完成县委、县政府交办任务　共完成交办的工作任务24项,审计清理单位18个,其中,完成企业法人离任审计任务7项。

完成上级下达审计任务　共完成上级审计机关下达的审计任

务47项，审计金额25897万元。

**【独山县审计局】** 到1998年底实有干部16人。其中：大专生4人；审计师6人；局长1人，副局长1人。

审计成果 共完成审计项目99个，完成审计调查4项。共查出违纪违规金额1899.71万元，上缴(应缴)财政627.80万元；其中：罚款73.85万元。追还侵占挪用资金11.53万元，促进增收节支913.29万元。配合纪检、监察等部门查处各种经济案件15起。1996年至1998年，对县有7个部门、单位的领导干部进行了离任审计，共查出违纪资金637.6万元，促进增收节支660.29万元。收缴财政233.99万元，提交审计意见23条，同时揭露万元以上贪污5人。

**【三都水族自治县审计局】** 1998年末共有审计干部、职工15人。其中：局长1人，副局长2人；大专文化1人。

审计工作成果 共完成审计项目81项，审计单位98户，完成审计调查项目7个，调查单位62个，审计总金额58579万元，共查出违纪违规金额2372.8万元，追还被侵占挪用资金1312.2万元，上缴县财政资金52.7万元，为国家增收节支金额1364.9万元。同县检察院、纪检、监察等部门配合查处各种经济案件6起，对被审计单位提出建立共计252条，已被采纳的建议共118条，提交审计报告81篇，专项审计调查报告7篇，提出审计意见书76篇，作出审计决定25篇。

完成县政府交办任务 5年来，共完成交办的工作任务36项：一是对深圳市给三都县人民捐赠修建21所“希望学校”的工程资金1300万元进行审计；二是对深圳市为三都县失辍学儿童捐助300万元教育发展基金进行审计；三是参加县政府组织的税收、财务、物价大检查4次，抽调审计人员24人次，清查单位28个；四是清理预算外资金6次，先后派出审计人员35人次，清理对象28户，查出预算外资金368.2万元。

完成上级下达的审计任务 共完成省、州审计机关下达的审计任务54项，审计单位89个，审计金额58579万元。

## 云南省

**【云南省审计厅】** 至1998年底，全省已有地、州、市级审计机关17个，县级审计机关127个，全省审计机关共145个。全省审计机关在编职工2443人，其中：具有中专以上学历的占83%，有专业技术职称(资格)的占47.4%。

厅领导成员

1994年—1998年

厅长：程映萱；副厅长：冯毅、向可辉、祝培礼、杨宁生、杨宁生。1997年4月由省政府任命，祝培礼于1998年3月调离。

程映萱同志于1998年1月任云南省副省长。

审计成果综述 5年来，全省各级审计机关共审计16830个单位，查出违纪违规金额996474万元，应上缴财政113447万元，已上缴财政80551万元，减少财政拨款或补贴3252万元，追还被侵占挪用资金64515万元，罚款2109万元；共为国家增收节支150427万元。在审计中揭露了各类经济违法犯罪案件和经济责任问题，向司法机关移送案件107件、165人，建议给予行政处分106人。审计机关还对经济运行中的一些重大问题和社会关注的热点问题开展行业审计或审计调查，重点监督国家改革措施和宏观调控政策的贯彻落实情况，向政府和有关部门反映情况，提出建议，共提交审计调查报告、综合报告、重要情况反映等9229篇，被批示、采纳3295篇，建议纠正地方、部门不当规定4000余条。

财政审计 从1996年开始，按照审计法和《云南省地方预算执行情况审计监督暂行办法》的要求，全省145个审计机关全面开展了本级预算执行情况及其他财政收支审计。共审计本级预算执行情况和下一级政府财政决算3562个(次)，查出违纪违规资金528332万元，应增加财政收入73044万元，应减少财政支出1380万元，应归还原渠道资金20018万元，促进增收节支29992万元，已增加财政收入48033万元。一是145个审计机关全部按照审计法的要求，开展了本级预算执行审计工作，向政府提交了审计结果报告，大部分审计机关受政府委托向人大作了审计工作报告，基本形成了符合宪法和审计法要求的对本级财政预算执行情况实施审计监督的机制；二是通过本级预算执行审计，为各级政府掌握家底加强预算管理提供了较为全面、客观的依据，为人大监督预算，审批决算，实现从程序性审查向实质性审查转变发挥了积极的作用；三是财政预算编制和财政资金的分配得到了进一步规范。

金融审计 按照审计署的部署和授权，开展对建设银行、中国银行、工商银行、农业银行及其分支机构的资产、负债、损益审计和消费基金支出情况的审计调查，信贷资金拆借情况的审计调查；按照省政府的要求，组织了政策性住房金融业务的行业审计；针对农副产品收购出现的“打白条”现象，连续三年开展农副产品收购资金到位与使用情况的专项审计等。5年共审计金融单位899个，查出违规行为金额79459万元,其中应上缴财政 4509 万元,应归还原渠道资金 157 万元,罚款 661 万元,金融审计在金融工作影响宏观经济调控和社会关注的热点问题,监督金融单位贯彻执行国家金融宏观调控政策方面发挥了积极的作用。

固定资产投资审计　5 年中,各级审计机关共审计建设项目 978 个,其中包括了昆曲公路、楚大公路、丽江机场、引洱入宾工程、渔洞水库等大、中型重点建设项目。审计查出违纪违规资金 17.22 亿元。其中,资金不落实 92001 万元,多列概算 4522 万元,损失浪费 865 万元,挤占工程成本 4925 万元,截留基建收入 356 万元,超标准、超规模 29871 万元,漏交税金 2337 万元,施工单位高估冒算 7879 万元,挪用建设资金 19252 万元。经审计处理,上缴财政 2544 万元,核减工程结算 9561 万元,归还原渠道资金 12265 万元。

1995 年、1996 年,孟连“7.12”、武定“10.24”、丽江“2.3”地震后,灾区各级审计机关,一方面振奋精神,开展自救,一方面克服困难开展对恢复重建资金和项目的审计。共审计和审计调查了 1302 个单位和项目,审计资金总额 14.78 亿元,查出违纪违规资金 8763.2 万元。其中,挪用资金 428 万元,超计划投资 7342.4 万元,施工单位高估冒算 125 万元。通过审计,处理了挤占工程成本、决算造价不实、挪用建设资金等违反财经纪律的问题,制止了损失浪费行为。

国有企业审计　配合国有企业改革的进程,开展了财务收支审计、承包经营责任、厂长(经理)离任审计,资产、负债、损益审计。针对国有企业转换经营机制,建立现代企业制度中的共性问题开展关于企业潜亏问题、三角债问题、国有资产流失问题等审计或审计调查。1998 年,按照省政府的要求,组织全省开展了对 98 户亏损大户和财政补贴大户的行业审计,查出违规行为金额 17635.39 万元;审计客观反映了亏损大户资产、负债、损益的情况,核实了亏损额,揭示了这些企业生产经营中存在的主要问题,有针对性地提出了扭亏增盈和深化企业改革的对策和建议。

粮食财务挂账清查审计　根据国务院决定和审计署等八部委通知,省审计厅组织 1800 余名审计干部和有关部门业务骨干,于 1998 年 6 月—8 月,在全省范围深入开展了粮食财务挂账清查审计。共清查审计和调查了 1671 个单位,其中粮食企业 1256 户,粮食主管部门 144 个,农业发展银行 71 户,代理业务行 56 户,查出粮食企业违规行为金额 18545 万元,核减亏损挂账 15463 万元;查出粮食企业不合理占用农业发展银行贷款 65530 万元。同时,按照省政府的要求,在清查审计中还专题对全省 1682 个粮食单位的资产、负债、人员结构分布、经营状况进行了审计调查,基本摸清了云南省粮食系统的家底,为全省的粮食流通体制改革提供了依据。

农业资金审计　全省先后组织了农业综合开发资金、以工代赈资金、农业投入、林业资金、土地出让金、扶贫资金、水利资金、农业商品基地建设资金等专项审计,共审计筹集分配管理使用农业专项资金的主管部门 544 个,使用农业专项资金的部门、单位和项目 2433 个,审计资金总额 1232081 万元,查出违纪资金 21623 万元,查出违规资金 100629 万元,通过审计,共追还被挤占挪用的农业专项资金 6282 万元,促进分配拨付使用农业专项资金 27135 万元,促进投入到位农业专项资金 43567 万元,促进落实配套资金 2199 万元,上缴财政 2472 万元。对审计查出的的违纪违规问题,向省政府、审计署分别作了专题报告,同时对加强各项农业专项资金管理、提高资金使用效益提出了审计建议和意见。

行政事业审计　结合本级预算执行审计,重点开展了企业养老、失业保险基金征集、管理、使用情况审计,普教经费预算执行和预算外集资办学资金审计,计划生育经费审计,住房资金审计,公安交警系统罚没收入和经费收支审计等。5 年共审计 4135 个(次)单位,查出违规行为金额 75885 万元,应上缴财政金额 7526 万元,应归还原渠道资金 16529 万元,向司法机关移送案件 30 件,移送司法机关处理 33 人,建议给予行政处分 73 人。1995 年以来,省厅连续 4 年对省级希望工程捐款、捐物及助学基金管理进行审计,并召开新闻发布会,向社会公布审计结果,规范了助学基金的管理,赢得了海内外人士的赞许,鼓舞了社会各界捐资助学的热情。

外资审计　云南各级审计机关对利用外资项目开展了连续跟踪审计,5 年共审计外资项目(单位)841 个(次),出具对内审计意见书、审计决定 841 份;对外出具公正报告(中、英文本)43 份,管理意见书 10 份。审计查出违规违纪金额累计 9537 万元,其中应上缴财政 349 万元,已上缴财政 228 万元。针对审计中发现的问题,及时地提出了处理意见和改进工作的建议,受到外资项目执行单位、外资运用管理部门和各级政府的重视;出具的对外公正报告、管理意见书得到世界银行官员和审计署的肯定和好评,1995 年云南省外资审计工作评为全国外资审计先进单位。

队伍建设　坚持用邓小平理论武装审计干部头脑，用解放思想、实事求是的思想路线指导审计工作。1998年召开了全省审计机关学习邓小平理论暨思想政治工作会议。按照云南省委的要求，在全省审计机关中开展“领导当楷模、机关作表率、基层树形象”活动，审计队伍的思想建设、作风建设取得显著成效。5年中，全省有438个(次)审计机关被授予先进单位、文明单位、先进党支部等光荣称号，有1535人(次)被评为先进工作者或劳动模范，263人(次)被评为优秀共产党员，179名审计干部先后走上了各级领导岗位。还涌现了全省特级劳模和小雷、全国人大代表李向阳这样的先进典型。在做好思想政治工作的同时，采取多种形式开展业务培训，不断更新业务知识，改善审计队伍的知识结构，全省50%以上的审计人员取得审计及相关专业的技术资格。

法制建设　云南各级审计机关始终坚持把推进审计工作的法制化、制度化、规范化作为重要工作来抓。审计法颁布后，利用电视、广播、报纸等媒体，采取多种形式向社会作广泛宣传；对内始终抓好学习培训，重点培训内容是：《审计法》、《预算法》、《行政处罚法》、新会计制度等法律、法规、规章，5年共举办了60余期法制培训班，培训审计人员6000多人(次)。为保证审计法制工作顺利开展，在机构调整和压缩编制的情况下，17个地、州、市都保留或增设了法制科，县审计局均明确了负责法制工作的人员。38个审计规范发布实施后，省厅组织审计人员认真学习贯彻，并结合云南实际，研究制定了《审计工作底稿规范化格式》。审计法制工作得到了上级的充分肯定，省审计厅被评为“二．五”普法先进单位，法规处长荣获中宣部、司法部的“‘二．五’普法先进个人”光荣称号。

内部审计和社会审计　至1998年底有内审机构2396个，内审人员4809人。5年共审计单位25726个(次)，查出损失浪费金额13397万元，促进提高经济效益33308万元，已纠正违规行为金额124329万元，提出意见建议被采纳8969条，移送司法机关案件177件，建议给予行政处分175人。1994年，在省级机关机构改革“三定”中。明确29个厅(局、委)保留98个审计专编，保证了重要部门、重点单位内审工作的健康发展。社会审计机构经历了起步—发展—调整的过程，至1997年有社审机构132个，从业人员928人。从1994年至1997年，完成委托审计金额63993万元，为委托单位挽回损失8543万元，促进提高经济效益8705万元。1998年，按照财政部和审计署的要求，完成了“两会”合并及与审计机关脱钩的工作。

对外交流　5年来，在审计署和省政府的统一组织下，审计机关积极参加对外交流与国际合作，先后成功地组织了与泰国最高审计机关的交流互访，组织了两个赴美考察团，对美国的国家审计、内部审计和民间审计进行了考察，还先后派员对美、德、瑞典、荷兰、新加坡、印尼、印度等国考察学习和参加国际学术会议，对云南省审计工作的发展起了积极的作用。

**地址**　昆明市五华山云南省审计厅

**电话**　3633386

**邮编**　650021　　(董自明)

**【昆明市审计局】**　至1998年底，实有人员92人。其中：大学生5人，大专生57人；局长1人，副局长3人。设有办公室、综合处、人事教育处、法规处、科研处、审计事务管理办公室、金融审计处、固定资产投资审计处、农业审计处、外资审计处、商粮贸审计处、财政审计处、行政事业审计处、工交审计处、党总支、审计培训中心及审计事务所等机构。

审计工作成果　共完成审计项目1101个。完成审计调查357项。共查出违纪违规金额105774万元，其中应上缴财政20450万元，已上缴财政18448万元，促进增收节支838万元。同纪检、监察等部门配合，查出各种经济案件45起，为社会稳定发挥了作用。

完成市委、市政府交办任务　共完成交办的工作任务546项。1995年昆明市审计局配合财政等有关部门对五华、盘龙、官渡、西山等区，以及昆明高新技术产业开发区等三个开发区的国有土地使用权有偿出让金的收取、管理和使用情况进行了审计调查，基本摸清了情况。1997年，昆明市审计局调查并查处了昆明市某单位利用“竣工档案保证金”的收取与退还的时间差，挪用5440万元建盖办公楼、职工宿舍、酒店和购置办公设备等问题。调查报告上报后，市政府领导作了批示。所提建议得到采纳，挪用的资金已责成有关部门限期追回。1998年，又配合有关部门对昆明市农校财务收支、昆禄公路资金拨付、昆明市预算外资金、盘龙达业房地产公司经济案件等进行了调查。

内部审计　昆明市1994年共设立内部审计机构284个，内审人员593名，至1998年，内部审计机构271个，内审人员781名。1994年至1998年内部审计机构共审计了1519个单位，已纠正违规行为金额5817万元，查出损失浪费金额1492万元，移交司法机关处理3人,建议给予行政处分5人。

社会审计　1994年至1998年共接受社会委托项目14,773项,其中财务收支审计286项;承包离任审计71项;验资12122项;国有企业审计85项;经济鉴定18项;资产评估329项,基建审计261项,担任顾问30项。

受表彰情况　受省审计系统表彰1次,1人次受到国家人事部、审计署表彰,1人次受到省审计系统表彰,114人次受市审计系统表彰奖励。

**地址**　云南省昆明市东风东路19号(市政府大院内)

**电话**　(0871)3131240

**邮编**　650011　*(苏爱华)*

**【昆明市官渡区审计局】**　到1998年底,人员共有25人。其中:大学生2人,大专生16人;注册会计师4人,审计师7人;局长1人,副局长2人。

审计工作成果　共完成审计项目66个,审计调查8个,其中省市安排审计计划项目36个,政府安排审计项目16个,共查处违纪金额3714万元,应上缴财政278万元,已缴财政278万元,共提交审计报告74篇,审计结果报告5篇,共抽调65人次参加了区委、区政府组织的农村社会稳定工作组,对17乡镇办事处、村级财务收支进行审计查证,出具17个查证报告,为我区农村社会稳定做了大量工作。对自筹资金基建项目开工前审批101项,审批资金28408万元。

**【安宁市审计局】**　到1998年底,共有干部、职工10人;其中:本科生2人,大专生2人;局长1人,副局长1人(暂缺)。

审计成果　完成审计项目96个,其中完成省、昆明市下达项目48个。完成审计调查项目9个。查出违纪违规金额971万元,上缴财政56.8万元。

**【昆明市东川区审计局】**　到1998年底人员有21人。其中:大学生4人,大专生8人;局长1人,副局长1人。取得中级职称11人。

审计工作成果　共完成审计项目450个,完成审计调查8项。共查出违纪违规资金11836万元。上缴市财政739万元。提交审计报告450篇。上报审计信息115篇,被采用34篇。

围绕市委、市政府中心工作开展审计　完成市委、市政府交办的审计项目8项。为配合全市税收清缴、国企改制、清理通讯工具、药品回扣检查、公、检、法停办企业清理、粮食清查、三大检查等中心工作共抽调37人次。

完成上级下达审计任务　共完成审计任务50项。协助省审计厅及省会计师事务所完成审计事项2项。

**【富民县审计局】**　到1998年底 人员有12人。其中:有大学生1人,大专生4人;有专业技术职称的8人;局长1人。

审计工作成果　共完成审计项目109项。完成审计调查4项。共查出违纪违规金额1009万元,上缴县财政299万元。同县纪检、监察等部门配合,查出各种经济案件2起,为维护全县社会经济秩序的健康发展发挥了积极作用。

完成县政府交办任务　共完成交办的工作任务73项。

完成上级下达审计任务　共完成审计任务36项。

**【呈贡县审计局】**　到1998年底,人员为14人。其中:大专生11人;局长1人,副局长3人;审计师2人,经济师1人。

完成上级下达审计任务　共完成省市下达审计项目69个,审计单位69户;完成审计调查4项,调查单位29个;审计总金额142.045万元。共查处违纪违规金额1528万元。其中:收缴43万元,上缴县财政43万元,共提交审计报告69篇。

完成县政府交办任务　共完成工作任务36项,同县纪检、监察、司法、信访等部门配合,查处各种经济案件9起。

**【晋宁县审计局】**　到1998年底,有干部职工10人。其中:大专生8人;局长1人,副局长1人。

审计工作成果　共完成审计项目98个,审计单位100个;完成审计调查9项,调查单位12个;审计金额115809万元。共查出违规违纪金额1819万元,上缴财政404万元,追回侵占或挪用资金90万元,为有关单位促进增收节支110万元。审计后共提出审计报告98篇,审计调查报告9篇。

完成县委、县政府交办任务　共完成工作任务48项,其中:基本建设工程竣工决算审计1项,三大检查24项,企业改制审计2项,预算外资金清理检查15项,农村财务收支审计6项,通过这些工作的开展,为全县财政、经济的健康发展作出了应有的贡献。特别是1998年度的农村财务收支审计工作,审计机关先后共抽调人员6人,累计历时4个月共120天,分别对全县的中和乡太史三社、田心一社、古城镇的汉营二社、新街乡的大西二社以及昆阳镇等乡镇群众上访案件进行了专项审计和审计调查,查出违纪金额26.4万元,对构成犯罪的有关责任人员3人,分别移送司法机关作了处理。

**【禄劝彝族苗族自治县审计局】**　到1998年底,人员有15人。其中:大学生3人,大专生5人。审计师2人;局长1人,副局长2人。

审计工作成果　共完成审计项目73个,审计单位73户;完成审计调查6项，调查单位7户。审计资金总额138228万元，共查出违规违纪金额2362万元，核减财政补贴9.02万元，督促被审计单位归还原渠道资金5210万元，上缴财政239万元，提交审计工作报告73篇、审计信息32篇、审计论文8篇。

完成县政府交办任务　共完成审计事项14项。配合全县机构改革和企业改制，对撤并机构进行财务收支审计，参与企业改制的清产核资工作。同县财政局和物价局对全县预算外资金进行清理。抽调4人参加县委的农村基层组织建设工作，较好地完成了县政府安排的扶贫工作。

完成上级下达的审计任务　共完成审计任务59项，审计单位59个，审计金额130176万元。

**【石林彝族自治县审计局】**　到1998年底，人员有14人。其中：大专生7人；局长1人，副局长1人。

审计工作成果　共完成审计项目72个，审计单位72户；完成审计调查7项，调查单位215个。共查出违纪违规金额2126.5万元。上缴县财政251.9万元，共提交审计报告72篇。

完成县政府交办任务　共完成工作任务15项。

完成上级下达审计任务　共完成审计任务51项，审计单位93个。

**【宣威市审计局】**　到1998年底，人员有34人。其中：大学生1人，大专生5人；局长1人，副局长2人。

审计工作成果　共完成审计项目155项，审计单位213个；完成审计调查20项，被调查单位136个。共查出违纪违规金额3712万元，上缴财政685.43万元，上缴主管部门252万元，追回侵占挪用资金743万元，促进增收节支135万元。查处严重经济违纪违规责任人29人。其中：移送司法机关18人，建议纪检、监察机关和上级主管部门给予党、政纪处分11人。共撰写审计报告和审计调查报告、论文176篇。提供审计信息24篇。

完成市人民政府交办任务　共完成工作任务20项，审计清理单位28个。1994年对仅有10名职工的杨柳乡烟叶站生产扶持费的审计，查出违纪违规金额达133.38万元，涉及责任人43人，收缴个人贪污、受贿、私分公款、虚报冒领等非法所得55.76万元，12人被移送司法机关追究刑事责任，7人建议有关部门给予党、政纪处分；同年对杨柳乡烂坝煤矿的审计调查，查出该矿矿长等4人，采取伪造凭证、收入不入账等手法，贪污、私分、挪用公款27.36万元。截留、转移收入到矿销售组“小金库”资金达415.13万元，用于少数人私分乱发。审计结果，矿长、会计被免职并移送检察机关立案查处。1995年对市人民政府关心重视的市属国有工交企业亏损情况进行了全面调查，客观如实地分析了企业的生产经营状况及面临的困难，为市人民政府深化企业改革提供了可靠的决策依据。对市重点工程项目的事前、事后审计，查出违纪违规金额115万元，帮助企业挽回损失114.5万元，为政府和主管部门解决社会反映强烈的热点问题提供了翔实的事实依据。

完成上级下达任务　共完成审计项目任务116项，审计单位165个。

**【陆良县审计局】**　到1998年底，人员有19人。其中：具有大学本科学历1人，大专学历1人；局长1人，副局长1人。

审计工作成果　共完成审计项目184个；完成审计调查10个；共查出违纪金额1969万元，配合县纪检、监察、检察等部门，查出各种经济案件12起，为社会稳定发挥了作用。上缴财政395万元，应追还侵占挪用资金90万元，应减少财政拨款和补贴240万元，查出陆良有史以来最大挪用公款大案，涉及金额121万元。共向司法机关移送案件8件；共提交审计信息115篇，被采用73篇。

完成上级下达审计任务　共完成审计任务81项，审计单位145个。

完成领导交办任务　共完成交办的工作任务107项。1998年8月在对板桥镇查地村自1989年至1998年10年账务审计中，审计人员加班加点、克服困难、内查外调，查清了领导重视、群众关心、社会影响较大的村委会财务问题，移送司法机关立案查处3人，村委会办公楼决算不实、高估冒算20.8万元（实际决算造价58万元），核减36%。1998年在对县工商局下属市场服务中心审计中，查出该中心主任、会计、出纳一人兼，挪用公款121万元用于外借他人、本人房屋装饰和其他挥霍，是陆良县有史以来最大的挪用公款大案，社会反响十分强烈。

**【会泽县审计局】**　1998年，人员有19人。其中：局长1人，副局长2人；大专生7人。

审计工作成果　完成审计项目118个，审计单位195个，完成审计调查9个，调查单位29个，审计资金总额424518万元，共查出违规违纪金额1189万元，上缴财政金额368万元，对违纪单位和责任人罚款5.9万元，每人每年为财政创收4.15万元。应追还侵占挪用资金168万元，应减少财政补贴1万元。

完成县委、县政府交办任务　共完成工作任务38项，审计单位61个，审计资金总额36704万元。1994年县政府交办对食品公司者海食品站1994年4月底前的资产、负债、损益进行审计，摸清了家底，向政府提出合理化的建议5条。

完成上级下达审计任务　共完成审计项目任务80项，审计单位134个，审计资金总额387814万元。

**【富源县审计局】**　1998年底人员有13人。其中：大学生1人，大专生6人；局长1人，副局长1人。

审计工作成果　共完成审计项目149个，审计单位149户；完成审计调查18项，调查单位56个。共查出违纪违规金额3950万元，查处各种经济案件13起，上缴县财政999万元，提交审计报告、综合报告、论文、信息简报250篇。

完成县政府交办任务　共完成工作任务45项。1994年抽调48人组成12个审计组，深入13个计生办、服务站、56个村(办)，对计划生育规费、超生费、罚款、保险金的征收、上缴及管理使用情况进行审计，查出违纪金额294万元，涉嫌经济问题的151人，移送司法机关处理5人，是全省第一个县级审计机关对县乡计划生育费用审计，促进了廉政建设、规范了基层财务管理。1998年5月为配合全国粮食流通体制改革，开展了对粮食流通企业的审计，历时50天，彻底摸清了家底，查出违纪金额800万元，贪污、挪用19件24人，涉及金额79万余元，移送司法机关3件3人，建议有关部门处理16件21人。

完成上级下达审计任务　共完成审计任务144项，违规行为金额2836万元。

**【罗平县审计局】**　到1998年底20人。其中：大专生7人；局长1人，副局长2人。

审计成果　共完成审计项目160项。其中，完成省、市审计机关下达审计任务85项。共查出违纪违规金额1710万元，应上缴财政673万元，提交审计报告288篇。移送司法、纪检监察等部门案件共7件16人。

完成县委、政府交办任务　共完成审计项目72项。1995年对涉及机构改革撤并的15个单位和1998年对换届涉及的12个单位分别进行了离任审计。共查出违纪违规金额543.9万元，应缴财政65.4万元，追回挤占资金190万元。

**【沾益县审计局】**　1998年，有干部、职工12人，其中：大学生2人，大专生5人；局长1人，副局长1人。

审计工作成果　完成审计项目25项，审计调查项目2个，查出违纪违法金额226.93万元，上缴财政20万元，减少财政支出55.93万元，增收节支75.93万元。撰写审计信息10篇，被批采用8篇。

**【玉溪市审计局】**　1998年底实有干部、职工32人，其中：大学生6人，大专生14人；审计师(会计师)15人；局长1人，副局长2人。设有办公室、综合法规科、财政金融审计科、行政事业科、固定资产投资审计科、工业交通审计科、商粮外贸审计科。

审计工作情况　共审计单位149个，审计调查27项。共查出各种违纪金额8441万元，应上缴财政925万元，已上缴财政858万元；应减少财政拨款或补贴142万元，应追还侵占挪用资金858万元。向司法机关移送案件4件5人。提交审计综合报告27篇，发送信息196篇。

内部审计　1998年底，共有内审机构19个，专兼职内审人员39人。

社会审计　设有审计师事务所1个，固定从业人员15人。共接受社会委托项目999项，核减基建预算决算资金3292万元，核减虚假注册资金830万元。

受表彰情况　1998年，市审计局被评为全省审计机关先进集体，有7人受到省审计系统的表彰奖励，19人受到市委、市政府的表彰奖励。

**地址**　云南省玉溪市审计局
**电话**　0877—2022519
**邮编**　653100　(王　宇)

**【玉溪市红塔区审计局】**　1998年有干部、职工19人，其中：大专以上学历8人；中级职称(审计师、会计师)10人；局长1人，副局长2人。

审计工作成果　共计完成审计项目144项，审计资金总额60.77亿元，查出各种违纪违规金额3473.87万元，收缴应上缴财政资金160.21万元，减少财政支出489.98万元，追回侵占资金43.49万元，促进增收节支26.41万元。上报审计工作信息被上级机关采用共计85篇。

**【澄江县审计局】**　到1998年底，人员有8人，其中：审计师3人；局长1人，副局长1人。

审计工作成果　共完成审计项目34个，审计单位34户；完成审计调查1项，调查单位1个。共查出违纪违规金额996万元，上缴县财政或审计专户12万元，共提出审计报告15篇。

完成交办任务情况　共完成工作任务1项，审计清理单位1个。1998年7月1日至7月27日，对华宁县粮食系统1992年4月至1998年5月粮食财务挂账和其他不合理占用贷款进行了就地审计，查出华宁粮食企业亏损挂账总额累计566万元，违规违纪金额17万元。

完成上级下达的审计任务　共完成审计任务29项，审计单位

29个,审计金额468万元。

【易门县审计局】 到1998年底,人员有12人。其中:大学生1人,大专生6人;局长1人,副局长2人;审计师2人。。

审计工作成果 共完成审计项目45个,审计单位42户;完成审计调查3项,调查单位3个;审计共查出违规违纪金额1300万元。共提交审计报告14篇、审计信息32篇,被省厅及行署采用5篇、被市局及县政府采用18篇。

完成县政府交办任务 共完成交办的审计工作任务3项。

完成上级下达审计任务 共完成审计任务42项,审计单位42个。

【江川县审计局】 到1998年底,有干部、职工11人,其中:大专生4人;局长1人,副局长1人。

审计工作成果 共完成审计项目49项。查出违纪违规金额118.52万元,其中:乱挤乱摊成本费用2.35万元,虚增利润1.44万元,追还侵占挪用资金31.14万元,决定处理处罚金额18.45万元,指明要求纠正金额67.89万元,收缴财政18.33万元,已全部收缴入库。

完成县政府交办任务 共完成工作任务20项。1995年10月审计了县水泥厂1994年1月—1995年6月期间的产品销售情况,查实该厂供销科违反厂规,擅自调低售价造成135.87万元的损失等问题。1996年5月对县物资公司1995年资产、负债、损益情况暨下属经营部1994年8月—1995年承包期内上缴公司款项情况进行了审计,审计后为公司收回承包款28.76万元及多发的工资奖金2.37万元。1997年8月,对县凤凰山水泥厂收款员服毒自杀一案进行审计调查,通过大量深入细致的调查证实:该厂收款员在1995年4月29日—1997年7月26日期间,利用工作之便挪用公款14.14万元,现金短款30.61万元。1998年4月,为配合全县的国企改制转轨顺利展开,全局出动,历时一个多月,先后对17户国有企业进行整体资产评估,为改制企业提供了可靠的数据。

【昭通市审计局】 1998年共有干部、职工23人。其中:大专15人,审计师5人;局长1人,副局长1人。

审计工作成果 共完成审计项目146个,审计调查18项。共查出违规违纪金额1999.8万元,上缴财政19.6万元。完成基建自筹资金来源事前审计200项,审计出资金不落实金额4142万元。配合纪检、监察等部门查处各种经济案件4起,促进了昭通经济建设的发展。

完成市委、市政府交办任务 共完成任务13项。在独立完成地方党政交办任务期间,配合政府及有关部门对企业进行清产核资,参与了1996年市水泥一厂、水泥二厂合并,组建昭通市建筑建材集团总公司和1997年市火柴厂依法解散的工作。

【永善县审计局】 到1998年底有干部、职工10人。其中:大专文化5人;审计师4人;局长1名,副局长2名。

审计工作成果 共完成审计项目150个(其中:农业资金等涉及的单位45个),占计划数的333%;查出违纪金额2508万元,上缴财政59万元;罚款2.5万元;挽回损失62万元;追回挪用资金105万元;促进增收节支155万元;移交处理的责任人1人;完成审计调查10项;写出信息32篇,分别被省地、县采纳的20篇;自筹基建投资事前审计170个。

积极承办县委、政府交办任务 1997年和1998年,根据县委、政府的安排,对8名副科级以上的领导干部实施了离任审计,按照审计程序,对离任干部工作业绩、经济责任,作出了客观公正、实事求是的评价。

【绥江县审计局】 到1998年底,人员有13人。其中:大专生5人;局长1人,副局长1人。

审计工作成果 共完成审计项目86项、审计单位104个;完成审计调查8项、调查单位18个;审计总金额58.389万元,共查出违规违纪金额228.8万元,上缴财政15.1万元,共提交审计报告86篇。

完成县政府交办事项: 共完成审计任务23项,1997年,为了配合全县的国有企业改制和农村扶贫攻坚,审计局根据县委、县政府的安排,挂钩联系县石油公司的改制和田坝镇绍廷办事处三角、白甲两个自然村25户贫困户、3户特困户的扶贫攻坚工作并顺利完成,得到县委、县政府的好评和奖励。

完成上级下达任务 共完成审计任务30项,审计单位36个,审计金额34168万元。

【镇雄县审计局】 到1998年末,人员有15人。其中:大专生7人,局长1人,副局长2人。

审计工作成果 共完成审计项目254个。审计单位230户;完成审计调查15项,调查单位87个,审计金额160953.45万元。共查出违纪违规金额4655.96万元,移送纪检监察机关处理的经济案件3起。上缴县财政306.52万元,共提交审计报告254篇。完成基本建设项目审计87项,审核资金10521.55万元;完成工程决算审计6项,审计金额4600万元,审计核减金额180万元。

完成县政府交办任务 共完成审计项目任务15项。这些项目大多是关系地方经济全局、县领导感到棘手的重点问题，也是经济发展中的难点问题和群众关注的热点问题。1996年对外经济贸易公司经理1993年5月至1996年5月任职期间的经济责任进行离任审计，并就经营现状出现巨额亏损的事实进行了实质性审查，查明亏损额769.39万元，资不低债金额达609万元，查处有问题金额124.54万元，作出建议该公司申请破产的审计意见，对公司经理任职期间涉及的经济涉嫌问题向有关部门提出了严肃查处的审计建议，将有关资料移送司法机关查处。1997年，抽派业务骨干5人分别参加了县矿业公司破产清算工作和百货公司改制工作。1998年抽出4名业务骨干对换届期间离任的30多名乡镇主要领导干部经济责任进行了离任审计。

完成上级下达审计任务　共完成审计任务69项，审计单位117个。

**【大关县审计局】**　1998年底为8人。其中：大专生3人；正副局长各1人。

审计工作成果　5年来共完成审计项目246项；审计单位92户；审计金额69140万元；查出违规违纪金额1072万元；作出审计决定上缴财政款150万元；查增收入及利润143万元；指明要求纠正642万元；完成项目数是各级下达任务数的3.2倍。

完成县委、政府交办任务　完成任务32项，如清理检查小金额，拖欠国家欠款，减轻农民负担，清理整顿公司等，涉及清理审计单位104户。在减轻农民负担清理中对查出一村公所干部公款私存，拖欠农民农田基础建设行为及时纠正，并督促兑现了所欠农户资金，在一定程度上减轻了当地农民的负担，进一步树立了政府在农民中的威信。在参与清理整顿公司中查出一金融部门，将农用周转金100万元挪作办第三产业行为给予了处理，追回了被挪用款项，并针对清理审计中发现的问题，向政府写出了“新办企业财务管理亟待加强”的报告，为政府加强清理整顿公司工作提供了强有力的依据。

**【盐津县审计局】**　到1998年底，人员有11人。其中：大专生6人；局长1名，副局长1名。

审计成果　共完成审计项目66个，审计单位58户，完成审计调查6项，调查单位20个。共查出违纪金额1201万元。同县检察院、纪委、监察等部门配合查出各类经济案件15起，为社会稳定发挥了积极作用。上缴财政32.6万元，移交司法机关2件、2人，共提交审计报告12篇。

完成县政府交办任务　共完成办任务6项，查出违纪金额57.53万元，收缴财政10.2万元。

完成上级下达审计任务　共完成审计任务43项，审计单位65个，审计金额9805万元。

**【巧家县审计局】**　到1998年底共有干部职工12人。其中大专生5人；有审计师3人；局长1人，副局长2人。

审计工作成果　共完成审计项目64个，审计单位205户，审计金额143238万元。查出违纪违规金额1578万元，上缴财政126万元。共提交审计报告68篇。完成审计调查2项，调查单位12户。完成基建自筹资金来源事前审计127项。与县纪检、监察、检察等部门配合，查处经济案件3起。

完成上级下达审计任务　共完成审计任务40项，审计单位78户，审计金额143238万元。

完成县委、县政府交办任务　共完成任务24项。

**【彝良县审计局】**　到1998年底，人员为14人。其中：局长1人，副局长2人；大专以上文化程度7人；取得审计师、助理审计师资格5人。

审计工作成果　共完成上级机关下达审计项目和县政府交办审计105项，完成审计调查6项。查出违纪违规金额2300万元，决定处理处罚并上缴财政329万元。向上级审计机关提交审计报告、综合报告116篇；提交审计信息、简报、新闻报道59篇，被《审计理论与实践》、《云南审计》、《昭通审计》等刊物采用31篇。

**【水富县审计局】**　到1998年底，人员有9人。其中：大专生5人；局长1人，副局长1人。

审计工作成果　共完成审计项目38个。审计单位46户；完成审计调查5项，调查单位13个；共查出违纪违规金额701.03万元。同县纪检、监察、检察院等部门配合，查处各种经济案件6起。上缴县财政79.2万元，共提交审计报告38篇。

完成县政府交办任务　共完成交办的工作任务11项，审计清理单位11个。

完成上级下达审计任务　共完成审计任务27项，审计单位35个。

**【鲁甸县审计局】**　到1998年底，人员有8人，其中大学3人；大专3人；局长1人，副局长1人。

审计工作成果　共完成审计项目74个。审计单位61个户；完成审计调查6项，调查单位15个；仅1994年审计金额达5170多万元。共查出各种违纪违规金额375.4万元，为社会经济发展发挥了作用。上缴财政126.7万元，其中罚款8.42万元。追还挪用资金69.2万元，共提交审计报告74篇。

完成县政府交办任务　共完成工作53项，累计抽调110多人次参与政府的中心工作，1996年先后抽调31人参加第一期至第三期“村建”工作队，清理建筑市场，扶贫挂钩，预算外资金清理，全县烤烟收购等工作，1998年又抽调20多人次参加国有企业改革，第二轮房改，扶贫资金清查，基本建设项目招投标及县委，政府领导交办的对两个乡财政收支审计等多项工作，并圆满完成工作任务，受到了有关领导的充分肯定和好评。

完成上级下达审计任务　1998年在粮食清查专项审计中，抽调9人，对大关县14个独立核算单位的粮食财务挂账进行了就地交叉审计，形成14个项目审计报告和1个综合报告，清查审计面达100%，按质按量按时完成任务，在地区表彰会上，荣获三等奖荣誉。

**【思茅地区审计工作概况】**　到1998年底人员为157人，其中：大学生9人，大专生82人，有审计师29人，助理审计师37人。地区审计局局机关到1999年底，有干部、职工37人，其中：大学生4人；大专生14人；局长1人，副局长2人。设有办公室、财政金融审计科、企业审计科、行政审计科、农业审计科、固定资产投资审计科、行政事业审计科，综合科、法规科。

审计工作成果　全区共完成审计项目989项；完成审计调查72项，出具审计综合报告、工作报告及信息192篇，完成自筹基建资金来源事前审计901项。共查出违纪违规金额33946万元，应上缴财政5474万元，应追还侵占挪用资金5529万元；已上缴财政4037万元，入库率达73%，查处百万元以上违纪单位23件，向司法部门、监察部门移送案件6件6人。

完成上级下达审计任务　共完成审计任务336项，审计调查项目21项，提出综合报告15篇。

完成政府交办任务　共完成工作305项，此外积极参与机构改革、企业改制和财税大检查工作、预算外资金清理检查等工作，为政府部门宏观决策提供依据。

受表彰情况　受省政府表彰2次，省审计系统表彰7次，受地委行署表彰3次，受地区审计系统表彰13次，受各县(市)委、政府表彰10次。共有2人次受省政府表彰奖励；2人次受省审计系统表彰奖励；12人次受地委行署表彰；34人次受地区审计系统表彰奖励；27人次各县(市)委、政府表彰。

**地址**　云南省思茅地区审计局
**电话**　0879—2122555
**邮编**　665000　*(段　萍)*

**【思茅市审计局】**　到1998年底人员为16人。其中：大学生3人，大专生8人；局长1人，副局长1人。

审计工作成果　共完成审计项目98项，完成审计调查9项。共查出违纪违规金额17372.52万元。配合纪检、监察部门查处各种经济案件8起，为维护社会稳定发挥了作用。上缴市财政71.06万元，共提交审计报告93篇。

完成市政府交办任务　完成工作任务26项。

完成上级下达审计任务　完成省、地审计部门下达审计任务72项。

**【普洱哈尼族彝族自治县审计局】**

到1998年底，有干部职工14人。其中：大学本科1人，大专生7人；局长1人，副局长1人。

审计工作成果　共完成项目86个。审计单位86户；完成审计调查5项，调查单位10个；审计金额9545.61万元。共查出违纪违规金额275.91万元。上缴县财政77.56万元。

完成上级下达审计任务　共完成审计任务32项，审计单位32个。

**【镇沅彝族哈尼族拉祜族自治县审计局】**　1998年共有干部、职工9人，其中：大专3人；局长1人。

审计工作成果　共完成审计项日58个，审计单位58户。完成审计调查4项，调查单位4个。共查出违规金额2088.44万元。配合县公安、纪检、监察等部门查处各种经济案件3起，上缴县财政金额260万元，提交审计报告48篇。

完成县政府交办任务　共完成工作任务6项，审计单位6个。离任审计3项，截止1998年底自筹基建开工前审计75项，配合县机构改革、企业改制参与工商企业清产核资小组共抽调3人，历时2个多月。

完成上级下达审计任务　共完成审计任务33项，审计单位33个。

**【景谷傣族彝族自治县审计局】**

到1998年底，人员为18人，其中：大专生6人；局长1人、副局长2人。

审计成果　共完成审计项目89项，审计单位98户，完成审计调查8项，调查单位8个，共查出违纪金额1114.62万元，上缴财政190.27万元，共提交审计报告98篇。

完成县委政府交办任务　共完成工作任务20项。

完成上级下达审计任务　共完成审计任务69项、审计单位75个，审计调查8项。

**【临沧县审计局】**　1998年底共有12人。其中大专2人，其中：缺副局长1人。现有局长兼支部书记1人，副局长1人。

审计工作成果　共完成审计项目84个，审计单位84户，提交审计报告84份，出具审计结论和决定、审计意见书110份。共查出违纪违规金额1959.58万元，应收缴财政金额371.44万元，已上缴财政278.52万元。审出贪污挪用金额28.9万元。其中移送司法纪检处理7人，金额23.79万元，为单位挽回损失24.78万元，为维护经济秩序发挥了作用。提供审计调查信息65篇，被采用31篇。

完成交办任务　共完成任务59项。共下派任期一年的乡(镇)长助理3人，抽调2人参加县委农村基层组织建设工作队，1996年抽1人参与企业破产清算，1997年1998年抽股长1人任县深化企业改革资产评估组组长，完成25户企业资产评估。1998年抽副局长1人任临沧县不良资产清理组组长，主办汽车修配厂的不良资产清理，清出涉嫌贪污挪用3人，金额32.66万元，提交检察院审理。1998年抽8人为期45天完成双江县粮食交叉审计。

**【镇康县审计局】**　到1998年底，有干部、职工12人，其中：大学生1人，大专生5人，局长1人，副局长1人。

审计工作成果　共完成审计项目74项，审计总金额100056万元。共查出违规违纪金额2058.41万元，同纪检、监察、财政等部门配合共查处各种经济案件3起，上缴财政124.67万元，共提交审计报告74篇。

完成县委、政府交办任务情况　共完成交办的工作任务49项。

**【云县审计局】**　到1998年底，有干部、职工10人。其中：大专生7人；局长1人，副局长1人。

审计工作成果　共完成审计项目85个，审计单位62户，完成审计调查7项，调查单位7个，审计金额56137万元。同县纪委、监察、信访部门配合，查处各种经济案件6起，向检察机关移送6人，为社会稳定发挥了作用。上缴县财政资金417万元。共提交审计报告85篇，查处百万元以上违纪单位4个。

完成县委、政府交办的任务　共完成工作任务31项，1995年在大朝山对外公路重点工程建设投资审计中，查处违纪资金940万元，上缴财政96万元；1997年首次对云县幸福糖厂技改投资3849万元项目工程决算审计，共审减投资100.9万元，维护了国家、企业利润；1998年2月配合县企业改制，参与并负责云县国有企业清产核资工作，评估资产22户，评估总资产19471.8万元，为国家挽回直接经济损失44.37万元，摸清了国有企业家底，为企业改制工作打下了基础。

完成上级下达审计任务　共完成审计任务58项，审计单位64个，审计金额42785万元。

**【沧源佤族自治县审计局】**　到1998年底，共有干部、职工14人，其中：大学1人，大专9人；局长1人，副局长人。

审计工作成果　共完成审计项目83个，审计单位135个。审计金额74933.52万元，共查出违纪违规金额1508.19万元。应上缴财政197.87万元，已上缴县财政197.87万元，罚款5.82万元。

完成县政府交办的任务　5年来，共完成工作任务15项，审计单位35个1997年为配合全县企业改制，共抽调8人，涉及10个单位，历时半年，1998年为配合全国粮食流通体制改革工作，由审计局牵头，会同有关部门组成清查审计小组，我局共抽调10人，涉及13个单位，历时48天，深入被审计单位及各粮库、所、认真进行清查核实，按时、按质、按量的完成了清查审计工作，通过审计，核实认定1992年4月1日至1998年5月31日全县粮食企业新增财务挂账577.83万元，财政应补未补账数109.40万元，两项合计共687.33万元，追回不合理占用农发行信贷资金370万元。揭示了农发行贷款管理及粮食企业存在的问题，分清了性质，明确了责任，为强化财务挂账和解决不合理占用贷款问题提供了依据，受到了政府、县委及上级审计机关的好评。

完成上级下达审计任务　5年来，共完成审计任务75项，审计单位100个，审计金额74933.50万元，应上缴财政172.99万元，已上缴财政172.99万元。

**【耿马傣族佤族自治县审计局】**

到1998年底，人员有15人。其中：大专生5人；局长1人，副局长2人。

审计工作成果　共完成审计项目76项。查出违纪违规金额1800.28万元，上缴同级财政金额271.95万元(其中罚款18.83万元)，追还被侵占挪用资金272.41万元，减少财政拨款17.82万元，移送司法部门处理案件4件4人，移送其他部门处理案件4件4人。

**【保山地区行署审计局】**　到1998年底，全区审计机关共有95人(定编108人)，其中：大学生6人，大专生18人；中级职称10人；下设办公室、政策法规综合科、行政金融审计科、行政事业审计科、企业审计科。社会审计组织有保山市信审计事务所、施甸县审计事务所、龙陵县审计事务所和昌宁县审计事务所。

审计工作成果　全区审计机关共完成755个单位审计，查出违纪金额12128.56万元，上缴财政800.82万元，追回侵占挪用资金380.22万元，基建事前审计686项，采编审计信息、简报76篇(条)，其中被采用30篇(条)。内审机构完成1071项审计，查出并纠正违纪金额11840万元，查出损失浪费3765万元，促进提高经济效益253万元。

财政审计　1996年，全区审计机关首次开展对财政预算执行、财政决算情况及其他财政收支情况进行了审计，3年来，查出违纪金额2115.24万元，收缴财政81万元，追回侵占挪用资金21万元，查实银行账户198个，取消多开滥开账户28个。

粮食财务挂账清查审计　1998年，开展对全区粮食系统清查审计工作，核实资产64464万元、负债63961万元，所有者权益503万元。查清老挂账915万元，查实财务挂账8299万元，核减413万元，查出违纪金额397万元。

受表彰情况　受省审计系统表彰9次，地区行署表彰2次。共有4人次受到省审计系统表彰。

**地址**　保山市上巷街62号

**电话**　0875—2122549

**邮编**　678000　　（杨国寿）

**【保山市审计局】**　1998年共有干部、职工22人。其中：大学本科2人，大学专科3人，局长1人，副局长1人。

审计工作成果　共完成审计项目248年，共查出违规违纪行为金额5327.61万元，上缴财政金额199.81万元。追还被侵占挪用资金166.99万元，移交司法机关处理1人，移送监察机关处理1人。

配合有关部门工作　共抽出37人次，配合地局、市委、政府和参加村建、烤烟工作队及配合纪检、监察、检察、财政、税务、企业改制等工作，受到了他们的好评。

受表彰情况　受省人事厅、省审计厅表彰1次，受地委、行署表彰1次，受地区审计系统表彰1次，受地区利用世行贷款管委会表彰1次，受市委、市政府表彰3次，受市廉政领导小组表彰1次，从1992年到1998年，持续保持地委行署，市委政府“文明单位”称号。受地委农村基层建设领导小组表彰奖励1人，受市委、政府表彰奖励7人次。

**【施甸县审计局】**　到1998年底，人员为11人，其中：大专生2人；局长1人，副局长2人。

审计工作成果　共完成审计项目103项，审计单位134户；完成审计调查2项；调查单位16个；审计金额117025万元。共查出违纪违规金额497万元。上缴县财政71万元，共提交审计报告106篇。

完成县政府交办任务　共完成审计任务23项，审计清理单位23个，共查出违纪违规金额71万元，1995年3月为配合全县机构改革，抽调4人参加财政等部门撤、并、转单位临时清查账审计小组，涉及全县撤、并、转单位31个，为县委、县政府的宏观决策提供了依据。

完成上级审计任务　共完成审计任务41项，审计单位69个，审计金额88902万元。

**【昌宁县审计局】**　至1998年底，有干部职工13人。其中：大学生1人，大专生2人；局长1人，副局长2人。

审计工作成果　共完成审计项目109个（包括省定项目和自定项目），审计单位184户，完成审计调查2项，调查单位22个；审计金额320102万元，共查出违纪金额1529万元，上缴财政301万元，共提交审计报告109篇，审计工作报告4篇，审计调查报告2篇，与县纪检、监察等部门配合，查处各种经济案件4起。

完成县政府交办任务　共完成交办的工作任务36项，审计清查单位135个。

完成上级下达专项审计任务　共完成专项审计任务2项，审计单位36户。1998年6月，对该县粮食系统亏损挂账情况进行了全面审计，查清了该县粮食系统14个核算单位6年间的全部账务。

**【腾冲县审计局】**　到1998年底，人员为16人。其中：大专生2人；获得审计师资格1人；局长1人，副局长2人。

审计工作成果　共完成审计项目118个，审计单位118户，完成审计调查7项，审计金额44730万元，共查出违纪违规金额2267万元，上缴财政146万元，会同有关部门进行清产核资21个单位，发现线索协助检察院查出贪污公款案件1件，共提交审计报告118篇，工作报告、信息14篇。

完成县委、政府交办任务　共完成任务126项（户）。1995年为配合做好政府机构改革，推行国家公务员制度，对全县21个撤转并单位财务、资产进行清查审计，共查出违纪金额25万元，增加国有资产28.5万元，并发现线索协助检察院查处贪污公款事件1件，提出整改意见6条；1996年1月配合县国有企业扭亏增盈领导小组，对严重亏损企业进行清理整改工作。审计资产2786万元，查出违规金额64.5万元，资不低债721万元；6月参与县的清理预算外资金工作，共对全县102个有预算外资金的单位进行清理，共清理全县预算外资金2632万元。1997年2月依照《审计法》，对县本级财政预算进行审计，查出财政历年委托建设银行发放贷款320万元，经查实后，由政府决定把已形成多年呆账的320万元财政资金盘活。1998年6月通过对保山市粮食系统24个核算单位进行清查审计，共查出违纪金额122万元。

完成上级下达审计任务　共完成审计任务共47项，审计单位94个，查出违纪违规金额1362.2万元。

**【华坪县审计局】**　到1998年底，实有10人，其中大专3人；局长1人，副局长2人。

审计工作成果　共完成审计项目67个，审计调查12项，调查单位39个。审计查出违纪违规金额609.84万元，查出损失浪费金额104.923万元，罚款有收缴财政金额22.13万元。

**【宁蒗彝族自治县审计局】**　到1998年底有12人，其中：大专生5人；局长1人，副局长2人。

审计工作成果　共完成审计项目85个，完成审计调查9项，调查单位38个，审计金额66675.66万元，查出违纪违规金额2485.87万元，应交财政10.14万元，同时，配合纪检、监察等部门，查出各种经济案件15起。

完成县政府交办的任务　到1998年，共完成工程预决算审计项目137个，审计金额5008.11万元，审计核减金额106.91万元，为被审单位节约资金106.91万元，特别是96年“2.3”大地震和98年“11.19”大地震后，全县恢复重建工作特别多，工程预、决算审计也越来越多，县政府根据审计局目前工程技术人员少的实际情况，近二年，给审计局增补33个工程技术人员，这样，宁蒗县审计局基建这块，不论是人员方面，还是工程预、决算审计都走在全区的前列。1998年，在对宁蒗县宁仙水泥厂进行审计中，审计人员加班加点，克服了各种困难，核减了工程决算资金20.43万元，为被审计单位节约了20.43万元的资金，维护了国家的利益。

完成上级下达的任务　共完成审计项目41项，审计单位101个，审计金额52125.12万元。

**【麻栗坡县审计局】**　到1998年底，人员为13人。其中：大学生1人，大专生5人；局长1人，副局长2人。

审计工作成果　共完成审计项目101个。审计单位91个；完成审计调查10项，调查单位62个；审计金额45709.2万元。共查出违纪违规金额1342.62万元。同县纪检、监察等部门配合，查处各种经济案件5起，为社会稳定发挥了作用。上缴县财政108.06万元，共提交审计报告101篇。

完成县政府交办任务　共完成工作任务8项，审计清理单位10个。

完成上级下达审计任务　共完成审计任务82项，审计单位82个，审计金额41，188.5万元。1995年开展财政同级审计，查出县财政局违纪金额283万元，收缴30万元，追减预算数30万元。查处县财政局原局长戴朝媛、麻栗镇原镇长冉祥香贪污挪用财政资金45.5万元大案。此案是麻栗坡县解放以来的贪污挪用公款第一大案，已移送司法机关处理。

**【广南县审计局】**　到1998年末实有干部、职工16人，其中经济师和会计师各1人；大专以上文化7人；局长1人，副局长2人。

审计成果　对重点企业、行政事业单位、执法部门、扶贫专项资金、战区恢复建设资金等进行审计监督，连续3年开展了本级财政预算执行审计。并就商品粮基地资金、计划外生育费、统配内外尿素供应及销售价格执行情况、扶贫资金、扶贫贴息贷款投放和使用情况、国有企业盈亏情况等进行了专项审计调查，5年累计完成审计项目144项，审计调查项目8项，共查出违规行为金额1493.53万元，审计决定收缴县财政299.29万元，实际已缴252.59万元，共提交审计调查综合报告信息51篇，被批示采用13篇。

**【马关县审计局】**　1998年底，全局有干部职工17人。其中：大学生1人，大专生3人；局长1人，副局长2人。

审计工作成果　共完成审计（调查）项目200个。其中：完成上级下达任务97个。完成县委、政府交办任务和自定项目103个。共查出违纪违规金额1392.86万元。上缴财政313.95万元（含罚款），人均为国家增收18.47万元。追回被侵占挪用资金200万元。对20个违纪单位和28个违纪责任人员进行处罚15.59万元。查处贪污挪用公款2件2人，移送司法机关1件1人。查处账外设账、私设“小金库”28个，金额417.62万元。共提交审计报告200篇，提交审计信息77篇，被县委、政府以及新闻单位采用39篇（次）

**【富宁县审计局】**　到1998年底，人员为14人，其中：大专生4人；局长1人，副局长1人。

审计工作成果　共完成审计项目134个。审计单位134户；完成审计调查10项，调查单位87个，审计资金总额97054.83万元，查出违纪违规金额968.22万元。查出各种经济案件1起，上缴县财政119.53万元，共提交审计报告144篇。

完成县政府交办任务　共完成工作任务5项，审计清理单位1个。如：1996年对县宏通工业总公司的审计，分析了存在问题的原因，将会计贪污公款移送司法机关处理和对公司主要领导及会计分别处以三个月、二个月基本工资的罚款，向县政府提出了切实可行的整改措施，得到了县政府的采纳。

完成上级下达审计任务　共完成审计任务86项，审计单位86个，审计资金总额62288.92万

**【西畴县审计局】** 至1998年底有干部、职工14人,其中:大专6人;审计师1人;局长1人、局长助理1人。

审计工作成果 共完成审计项目111项,审计单位128个,完成审计调查6项,查出违纪金额409.99万元,上缴财政146.89万元,查处经济案件1起,移送司法机关1人,提交审计报告111篇。

完成县委政府交办任务 共完成17项,审计单位62个,查处经济案件1起,移送司法机关1人。

**【邱北县审计局】** 到1998年底,人员为17人,其中:大专学历3人;局长1人,副局长1人。

审计工作成果共完成审计项目101个,审计单位101个,完成审计调查6项,调查单位32个,共查出违纪违规金额1653.99万元,上缴县财政98.46万元,提交审计报告101篇。同县纪检、监察等部门配合、查处经济案件2起,为社会稳定、减少国家资金流失发挥了积极作用。

完成县政府交办任务 共完成任务15项,审计单位15个。1997年成立固定资产投资审计股,截至1998年底,共完成工程预决算审计项目4个,审减金额640万元。

完成上级下达审计任务 共完成审计任务85项,审计单位116个。

**【红河哈尼族彝族自治州审计局】** 至1998年底,共有干部、职工216人。其中:大学生3人,大专生69人,局长1人,副局长3人。局内设置办公室、财政金融审计科、综合法制科、行政事业审计科、企业审计科、固定资产投资审计科、经济责任审计科。下辖十三个县(市)审计局,由州人民政府州长白成亮直管审计工作。

审计工作成果 全州审计机关共审计单位1321个,查出各类违反国家财经纪律的金额26392万元,其中应收缴财政3050万元,追还侵占挪用资金1723万元;对违纪单位及个人处以罚款60万元,促进增收节支988万元,查出百万元以上违纪单位12个,金额3850万元;移送司法、监察等部门处理69人;提交审计调查综合工作报告信息792篇。

完成审计任务情况 红河州审计机关,共对238个财税部门、乡镇财税及财政预算执行部门及单位进行了"同级审"及"上审下"。查处各类违纪违规金额3591万元,增加财政收入630万元;全州共对129个金融企业和世行贷援款项目进行了审计,查处违纪金额1552万元,收缴财政163万元;查出项目配套资金不落实944万元;在固定资产投资审计中,仅1998年对18个建设施工单位审计中,就查处施工单位高估冒算、虚列工程成本等违规行为金额3823万元,审减工程造价款1376万元;5年中,共对369户烟草、医药、粮食等企业进行审计,查出违反财经法规金额7443万元,收缴财政346万元。特别是1998年,对177个粮食企业92年4月至98年5月资产、经营、人员情况和不合理占用农发行贷款情况进行了专项审计调查和清查审计。查实粮食企业财务亏损挂账15,011万元,比审计前减少1807万元;查出不合理占用农发行贷款9103万元;查出违反国家财经法规金额2866万元,为粮食流通体制改革提供了翔实的依据。

交办事项审计 仅1998年,州审计局接受州委、州政府交办审计事项12项,查处各种违纪款项就达1500多万元。在对昆明红河宾馆的审计中,查处2人贪污公款27万元,审减工程造价款204万元,查处私设"小金库"10万元,漏税74万元以及其它诸多违规违纪问题。此外,1998年在对绿春县黄连山隧洞工程专项审计中,查处多支付工程款112万元,白条付款310万元,挤占挪用工程款96万元。

专项资金、行政事业单位审计 红河州审计机关相继对农业、扶贫、财政、民政、计生、教育、水电、林业等部门的资金管理和使用情况进行了审计和审计调查。共审计了456个单位,查出各类违反国家财经法规金额6230万元,收缴财政70万元。

经济责任审计 近两年,红河州审计机关对10个原离任经理、矿长、局长、校长的经济责任进行离任审计,查出违规违纪行为金额1435万元。

内部审计 1998年共审计285个单位,纠正违纪金额329万元。全州共设内审机构217个,配备内审人员444人。

社会审计 1994年红河州审计事务所建所9家,从业人员38人。至1998年,红河州审计师事务所为12家。

**地址** 云南省红河州审计局
**电话** (0873)2123026 (马洁明)

**【个旧市审计局】** 到1998年底,人员有24人。其中:大学1人,大专15人;局长1人,副局长1人。

审计工作成果 共完成审计项目111个,审计单位111户;完成审计调查8项,调查单位13个;审计金额277952万元,共查出违规违纪金额5839万元,上缴财政512.9万元,共提交审计报告111篇,提供资料、配合纪委监察、反贪局查出各种案件9件。

完成市政府交办事项 共完成任务13项。1997年为推进全市"优化资本结构"的顺利进行,盘活资产存量,减员增效,增强国有企业活力，对全市凡列入兼并改制的国有企业，组成5个审计组对9户企业的损益的真实性进行了审计，为“优化资本结构”的顺利开展打下了基础。

完成上级下达审计任务　共完成审计任务82项，审计单位111个，审计金额277952万元。

**【开远市审计局】**　到1998年底有18人。其中大专生9人；取得审计师资格的8人；局长1人，副局长1人。

审计工作成果　共完成审计项目632项，审计单位632个；完成审计调查16项，调查单位261个；提交审计报告648篇，审计总金额665313、92万元，查出违规金额1978.55万元，上缴财政156.31万元；完成固定资产投资审计3项，审计总金额2027.65万元，审减金额37.72万元。配合纪检、监察、信访等部门，查处经济案件1起，为全市经济发展及反腐倡廉作出了应有的贡献。

完成市委、市政府交办任务　共完成项目39项，同时多次抽调审计干部参加有关部门各项审计查证、审计调查工作。

完成上级下达审计任务　共完成任务73项。

**【弥勒县审计局】**　截止到1998年底，有干部、职工22人，其中：大专生10人；审计师5人；局长1人，副局长2人。

审计工作成果　共完成审计项目144项，审计单位130户；完成审计调查14项，调查单位14个；审计金额522,358万元。共查出违规违纪金额2422万元，同县纪检、监察、信访等部门配合，查处各种经济案件3起，为社会稳定发挥了作用。上缴财政金额73.33万元，共提交审计意见、决定书165篇，配合有关部门完成自筹基建审计164项。完成工程竣工决算审计64项　审计金额2641万元，审减金额364.8万元。

完成下达审计任务　共完成审计任务144项，审计单位130个，审计金额522,358万元

**【绿春县审计局】**　到1998年底，共有干部、职工10人，其中：大专生5人；局长1人、副局长1人；经济师、审计师各1人。

审计成果　共完成审计项目69个，完成审计调查4项，调查单位4个。查出违纪违规金额706.17万元，上缴财政78.85万元，追回侵占挪用资金288.15万元，共提交审计报告69篇。

完成县政府交办任务　共完成任务16项。1998年7月积极配合县人民法院依法进行对绿春县边贸总公司破产清算工作，全局抽调人员任破产清算组组长，历时5个月，完成了清算工作。1998年10～12月，积极配合财政等部门，对县橡胶场、畜牧场、木材站进行企业资产评估工作，1996年扶贫挂钩工作开展以来，至1998年底，共向挂钩点帮助、解决、协调资金和物资5.34万元。

**【蒙自县审计局】**　到1998年底，人员有15人，其中：大学生1人，大专生5人；局长1人，副局长1人；审计师3人，会计师1人。

审计成果　完成审计项目173项，审计单位209户；完成审计调查7项，调查单位33户；审计金额98304.52万元。查出违纪违规金额1132.12万元，应缴已缴财政金额146.88万元。同县纪委、监察、信访等部门配合，查处各种经济案件11起，提交审计报告173篇。

完成县委、政府交办任务　共完成任务41个。1996年，配合县上企业体制改革对两个公司的合并情况进行了审计，1997年，对县新城区供水工程资金使用情况进行审计，并向县政府领导提供了专题报告；1998年，对草坝农机服务站和农机管理站进行审计，对涉及贪污嫌凝的1人移送了当地纪检部门；在1997年至1998年两次对电力服务队的审计中，查出了该队偷漏税金和挪用专用资金等问题，并对该队作出了实事求是的评价。

完成上级下达审计任务　完成审计项目59项，审计单位209户，完成审计调查7项，调查单位33户。查出了个旧市粮食局虚构虚销粮食，虚列费用，挤占挪用等问题，调减亏损736.11万元。

**【泸西县审计局】**　到1998年底，人员有12人。其中：大学生2人，大专生7人；局长1人，副局长2人。

审计工作成果　共完成审计项目71个，审计单位85户。其中：完成省州审计机关下达的审计任务58页，审计单位72户。审计专项资金总额32601.41万元；共查出违规违纪金额1115.83万元；上缴县财政205.43万元；追回侵占挪用资金51.02万元；促进被审计单位增收节支159.91万元。向司法机关移送案件5件，处理5人。核减基建工程造价123.51万元。共提交审计工作调查报告及信息51篇，被各级领导及新闻单位采用24篇。

完成县委、政府交办任务　1996年设立基建投资审计股开展业务以来，3年共核减基建工程造价123.51万元，为贫困县有效的建设资金发挥更大的经济效益作出了贡献。

**【元阳县审计局】**　到1998年底，人员有12人。其中：大专生4人；局长1人，副局长1人。

审计工作成果　共完成审计项目110个。审计单位110户；完成审计调查4项，调查单位4个；共查出违纪违规金额801.58万元。同县纪检、监察、信访等部门

配合,查处各种经济案件2起,为社会稳定发挥了作用。上缴县财政44.03万元,共提交审计报告73篇。

完成县政府交办任务　共完成任务75项。1998年8月为配合全县机构改革,企业改制、参与并负责元阳县工商企业清产核资小组,共抽调5人,涉及到全县4个单位,历时25天。

完成上级下达审计任务　共完成的审计任务35项,审计单位35个,查出违纪金额444.88万元,上缴财政23.75万元。

**【河口瑶族自治县审计局】**　到1998年底,已有干部、职工10人。其中:大专生6人;设有局长1人,副局长1人。获得专业职称3人,其中:注册审计师1人;审计师1人。

审计工作成果　共完成审计项目49个。审计单位49户;完成专项审计2项,审计单位2个,审计金额148万元;完成审计调查3项,调查单位3个;共查出违纪金额549万元,处理上缴财政73万元,共提交审计报告49篇。

完成县政府交办任务　共完成任务11项。如针对县磷酸盐厂不景气,年亏损额大,群众意见强烈的实际,1998年县政府交办审计局对其生产经营、效益等情况进行审计,在接到审计任务后,即成立了精悍的审计小组进行就地审计,经过审计,共核减亏损额33万元。1998年为配合全县企业改制,在人员紧缺的情况下,抽人参加了由财政牵头的企业清产核资小组,历时1个半月。

完成上级下达审计任务　共完成审计任务38项,审计单位38个。

自筹基建事前审计　为了严格控制固定资产投资规模,防止擅自新上或扩大项目,审计局与县建行、财政、计委密切配合,严格把关,有效控制了自筹基建规模。审计局主要对基建单位的资金来源渠道是否合法合规,是否及时到位进行审查。共对64个单位的基建资金进行了审计。

**【屏边苗族自治县审计局】**　到1998年为11人。其中:大专生5人;局长1人,副局长1人。

审计工作成果　共完成审计项目68个,审计资金总额213645.57万元;完成审计调查5项;完成自筹基建资金来源事前审计119项,审计资金总额7,889.08万元。查出违规违纪金额616.8万元。上缴财政79.29万元。共提交审计报告、信息70篇。配合有关部门查处经济案件1件、3人,涉案金额7.35万元。

完成县委、政府交办的事项　共完成交办的任务15项,为县委、政府宏观决策提供科学依据。

完成上级下达的审计任务　共完成上级审计机关下达的审计项目53项。

完成自筹基建资金来源审计　共完成自筹基建资金来源事前审计119项,为有关部门审批投资计划把关。

**【西双版纳傣族自治州审计局】**　到1998年底,人员为51人(州局18人)。其中:大学本科生2人,大专生19人;局长1人,副局长1人。州局设有办公室、行政事业科、企业科、投资科。州、县(市)均有审计事务所,从业人员26人,其中:中级职称8人。

审计工作成果　共完成审计项目285项(其中州局83项);完成审计调查20项(其中州局6项),查出违纪违规金额11756万元(其中州局4756.58万元),应收缴财政1457万元,已收缴财政1310万元(其中州局371.05万元),同州、县(市)纪检、监察、司法等部门配合,查出经济案件5起,为廉政建设和边疆经济健康发展发挥了作用。共提交审计工作报告285篇。

完成交办任务　参与了制止向企业乱摊派、乱收费、乱罚款调查以及加强了对行政事业性收费实行"收支两条线"的审计监督,开展了对领导干部经济责任的离任审计,为州旅游行业的清理整顿进行了审计年检.企业破产改制等审计。参与对粮食行业亏损挂账的审计调查,1998年6至7月,在中央和省统一部署下,抽调业务骨干33人,审计了全州57个粮食企业,查出不合理占用银行信贷资金3283万元,虚报亏损挂账1364万元。州局企业科1997年11月对州林业局下属州木材公司与个体工商户联营审计过程中,为该企业挽回直接经济损失80万元。

内部审计　1994年共设立内部审计机构58个,内审人员85人(其中专职47人);至1998年,内审机构为55个,内审人员为84人(其中专职40人)。5年来共完成审计项目518个,纠正违纪金额26522万元,促进企事业单位增收节支214万元,内审人员共提出的1371条合理化建议被部门领导采纳。

社会审计　共接受社会委托审计事项3245项,为受托客户核减施工单位高估冒算等工程投资1855万元,核减企业虚报注册资金703万元。

受表彰情况　景洪市审计局、勐腊县审计局被省厅评为先进集体各1次,受省厅表彰奖励个人有1人次,受州委政府表彰奖励有4人次,勐海县审计局1998年度被县委、政府评为文明单位。

**地址**　西双版纳州景洪东路6号
**电话**　0691—2122791
**邮码**　666100

**【勐海县审计局】**　到1998年

底,有审计干部11人。其中:大专生5人;局长1人,副局长1人。

审计工作成果　共完成审计项目67项,审计单位133户。查出违规违纪金额2295.64万元,收缴县财政431.73万元;促进增收节支696.88万元;追还被侵占挪用的资金255.67万元;移送贪污案件1起1人。完成审计调查8项,提交综合报告信息29篇。

完成县委、政府交办任务　共完成项目10项,清理检查单位112个,其中:进行"三大检查"35户,查出违规违纪金额130万元,收缴财政109.98万元;清理检查"预算外资金"60户,查出违规、违纪金额79.22万元,收缴财政60.59万元;清理检查"小金库"17户。5年中,除完成计划项目、交办项目外,还积极配合有关部门进行民政扶贫资金检查,医药卫生市场清理,勐遮八角亭黑古陶厂资产清理等工作,累计抽出62人次,历时1092天。

**【勐腊县审计局】**　到1998年底,人员有11人。其中:大学生2人,大专生6人;审计师3人,会计师1人;局长1人,副局长1人。

审计工作成果　共完成审计项目58个,审计单位93户;完成审计专项调查9项;共查出违纪违规金额2168.67万元,上缴县财政资金278.69万元,促进增收节支131.66万元。同县纪检、监察等部门配合,查出百万元违纪单位2个,移交司法机关处理1人。共提交审计报告58篇,审计工作报告信息20篇。

完成县政府交办任务　共完成工作任务20项,审计清理单位128个。1994、1996年的"税收、财务、物价检查",共查16个单位,查出违纪金额214.26万元,应收缴财政55.59万元,追回挪用专项资金28万元。

**【楚雄彝族自治州审计局】**　到1998年底,有干部职工39人。其中:大学生3人,大专生20人,有审计师和会计师13人;局长1人,副局长2人;设有办公室、综合法规科、财政金融审计科、行政事业审计科、固定资产投资审计科、企业科、农业资金审计科、审计事务所等机构。

审计工作成果　共完成审计项目250项,审计单位305个;完成审计调查48项、调查单位438个,出审计调查报告及综合报告60篇,被州人民政府及上级审计机关采用18篇;完成政府交办事项27项,这些项目中有些是全州经济建设中的重点项目,如老虎山电站、全州电视微波网建设、楚大公路征地拆迁经费的审计。在对楚雄至大理一级公路楚雄段的征地拆迁经费预算审计中查出违规金额806.94万元,应上缴财政555.85万元。

社会审计　5年中共接受完成资产评估、基建预决算、承包经营、经济案件鉴证项目1918项,核减预决算资金225万元;核减虚假注册资金5005万元,为委托单位追回损失资金79万元。

受表彰情况　集体受省审计系统表彰3次,受州人民政府、州直机关党委表彰4次,共有4人受到省审计系统表彰奖励,8人次受州政府表彰奖励,2人次受州直机关表彰奖励。

**地址**　楚雄州鹿城南路州审计局
**电话**　3129005
**邮编**　675000　(唐永胜)

**【楚雄市审计局】**　到1998年底有17人,其中:大学本科2人,大专7人;局长1人,副局长1人。

审计工作成果　共完成审计项目134个,基建自筹事前审计项目536项;审计单位118户;完成审计调查23项,调查单位31个。共查出违纪违规金额5478.88万元。同市纪检、监察、信访等部门配合,查处各种经济案件4起,为社会稳定发挥了作用。上缴市财政632.5万元,共提交审计报告134篇,完成审计信息、简报52篇。

完成市委市政府交办任务　共完成任务54项,审计清理单位85个。1994年至1998年参加"村建"等农村工作队8人次;参加企业改革、改制和破产清算10人次;参加市重点工程项目抽调人员3人次;参加三大检查等清理工作11人次。5年来共收缴罚款16.4万元,促进提高经济效益14.3万元,落实应减少财政拨款和补贴28.3万元,应追还侵占挪用资金367.51万元。1998年接受委托,完成领导干部离任审计10项,为党委政府决策提供了依据。

完成上级下达审计任务　共完成审计任务80项,超计划完成54项。

**【元谋县审计局】**　到1998年底,人员有16人,其中:大专生4人;有局长1人,副局长2人。

审计工作成果　共完成审计项目69项;完成审计调查项目8项。共查出违规金额1066万元,其中:应上缴财政89万元,应追还侵占挪用资金378万元,对违纪违规问题处予罚款4.6万元,已上缴财政89万元。为维护经济秩序和促进廉政建设发挥了积极的作用。共提交审计报告、信息等42篇,被批示、采用13篇。向被审计单位提出合理化建议、意见93条。

完成县政府交办任务　共完成任务23项,完成基建资金来源审计147项。1995对元谋县民政局1986年至1994年3个核算单位的财务进行了清理,完成了相当于一个会计24年的工作量。1996年至1998年对元谋县的救灾资金、农业资金、水利资金进行了审计，确保了项目资金专款专用。

完成上级下达审计任务　共完成审计任务54项，完成计划任务的100%。

**【南华县审计局】**　到1998年底，人员有11人。其中：大学生1人；局长1人，副局长2人。

审计工作成果　共完成审计项目84项，审计单位102个；完成审计调查33项，调查单位33个；审计金额64337.6万元。共查出违纪违规金融1544.1万元。上缴县财政89.4万元，提交审计报告84篇。

完成县政府交办任务　共完成任务33项，审计单位39个，1997年至1998年配合全县企业改革，对10户纳入改制的重点企业进行审计，1997年9月，对社会追踪热点—县第一中学60周年校庆接受社会捐资情况进行审计，派出2个小组到省、州调查，历时2个多月，审计资金126万元，审计增加金额2.3万元，查实了群众反映的有关问题。

完成上级下达审计任务　完成州审计局下达的审计任务51项，审计单位59个，审计金额56186.9万元，查出违纪违规金额797.9万元，上缴财政66.3万元。1998年7月，在本级预算执行审计中，查出某行政执法部门未认真落实"收支两条线"规定，截留应缴预算收入，主要是200多万元罚没收入及国有土地使用权有偿出让收入未缴财政；几十万元预算外资金未纳入"财政专户"管理。

**【牟定县审计局】**　到1998年底，有干部职工18人。其中：大专生4人；局长1人，副局长2人。

审计工作成果　共完成审计项目138项，完成专项审计调查14项。共查出违规违纪金额967万元，上缴财政66.39万元，对被审计单位罚款79679.38元，提交审计综合报告9篇。

完成县政府交办任务　共完成交办的工作任务60项(其中：审计、审计调查项目29项)。

完成上级下达审计任务　共完成审计任务123项。

**【大姚县审计局】**　到1998年底，人员有16人。其中：大专生8人；局长1人，副局长1人。

审计工作成果　共完成县委、县政府交办的工作任务40项，审计清理单位71个，审计金额27671.68万元。1998年共抽调8名审计人员，历时一个多月，最终反映出禄丰县纳入清理范围的粮食企业账面累计亏损993.45万元，经审计核实后，累计亏损挂账674万元，比清理前核减亏损319.45万元，由于成绩显著，受到了省审计厅的表彰。

完成上级下达审计任务　共完成审计任务65项，审计单位75个，审计金额147137.34万元。

**【双柏县审计局】**　截止到1998年底，有干部职工11人。其中：大专生6人；局长1人，副局长1人。

审计成果　共完成审计项目92个，审计单位128户；完成审计调查项目7项，调查单位42个；审计金额75744万元，共查出违纪违规金额419.9万元，上县财政24.2万元，共提交审计报告35篇。

完成县委、县政府交办的工作任务　共完成46项，交办内容包括年度"三大检查"，清理预算外资金，清理"小金库"，清理专项资金，工商企业清产核资和县人大政协提案等。

**【禄丰县审计局】**　到1998年底，有在职在编人员24人。其中：大学1人，大专6人；审计师4人；局长1人，副局长1人。

审计工作成果　共完成审计项目141项，查实违纪违规金额2762.1万元。其中：处理处罚1508.63万元，指明纠正1253.47万元。收缴财政423.06万元。追回被侵占挪用的资金393.09万元，应减少财政拨款21.1万元，促进企业提高经济效益27.6万元，核减项目预决算1.9万元，共提交审计报告141篇。

审计调查　5年来，围绕经济运行中的热点、难点问题开展审计调查，完成审计调查任务8项，走访单位86个，提出了改进措施建议29条。

完成县政府交办任务　共完成24项，查出违纪金额464.64万元，收缴财政35.74万元。1994年，对县商业局罗次贸易公司的破产进行了审计，指明了破产原因是公司不认真落实经济责任制，管理混乱，给公司造成各项资产损失61万元。1995年，完成县缸套厂的厂长离任审计，审计年限12年，经审计后处理增加利润47.02万元，核定实际亏损12.77万元。

**【永仁县审计局】**　到1998年底，人员为14人，具体为审计局8人，审计事务所6人。其中：大专生4人；局长1人，副局长1人。

审计工作成果　共完成审计项目56个。审计单位56户；完成审计调查3项，调查单位16个；审计金额37310万元。共查出违纪违规金额850万元，收缴县财政12万元，指明要求纠正838万元；共提交审计报告56篇。

完成县政府交办任务　共完成工作任务13项。1998年3月为配合全县企业改制、改困工作，配合县财政局对全县35家企业进行了清产核资。1998年7月根据国务院朱总理的安排，要求对1992年以来粮食企业亏损挂账情况进行审计，审计组一行6人加班加点20天内拿出了审计综合结果报告及全套报表，受到了当地粮食企业的高度称赞和上级审计机关的表扬。

完成上级下达审计任务　共完成审计任务43项，审计单位43个，审计金额20650万元。

**【大理白族自治州审计局】**　到1998年底有45人。其中大学生9人，大专生15人；局长1人，副局长1人。

审计工作成果　共完成审计项目2529个，查出违纪违规资金23827万元，审计处理后，共收缴财政资金3394万元。共完成审计调查项目55项，提交审计调查报告282篇。查处和移送贪污挪用案件8件，贪污挪用金额51万元。

查处大案要案　5年来，查处了烟草、城建、房地产开发、公安等行业的一批百万元违纪案件，在联合查处大理州外贸局原任局长贪污案、大理州洱海管理局原任局长受贿案等重大经济案件中起了重要作用。

**【大理市审计局】**　现有干部职工中，有大学学历3人，大专学历4人；局长1人，副局长2人。

审计工作成果　审计机关共完成审计项目288个，审计单位354户；完成审计调查30项，调查单位50个；共查出违纪违规金额2974万元，同市纪委、监察等部门配合，查处各种经济案件2起。上缴市财政232万元。共提交审计信息、报告75篇。

完成市政府交办任务　共完成任务199项，审计单位207个。1996年，根据市委、市政府把大理市建成滇西商贸旅游中心的思路，开展了对蝴蝶泉公园、洱海公园、三塔公园等的审计和调查，针对公园景点内部设施薄弱，自然景观，未有充分发挥效应，提出了加强基础设施区潜力的建议，引起政府和有关部门的高度重视，为以后全市旅游业的发展提供了依据。

完成上级下达审计任务　共完成审计任务89项，审计单位118个，受到上级审计机关的肯定和表彰。

**【剑川县审计局】**　1998年底实有干部职工12人，其中：大学2人，大专7人；局长1人，副局长2人。

审计工作成果　共完成审计项目143项，其中：省、州下达任务49项，审计单位143户；查出违纪违规金额1,231万元，查出侵占挪用资金4起4人并移送有关部门处理。上缴财政331万元，提交审计报告143篇。

完成县委、县政府交办任务

共完成工作任务28项，1998年6月至9月抽调1人参加全县预算外资金清理工作，共清理出应缴财政专户32万元。

**【弥渡县审计局】**　到1998年底，人员有19人，其中大学生1人，大专生17人；局长1人，副局长1人。

审计工作成果　共完成审计项目1038项，审计单位1478户；审计金额1.86亿元。共查出违规违纪金额2086.92万元。决定处理处罚上缴财政679.98万元。查出贪污挪用案6件10人，金额达79.54万元，小金库11个，金额10.34万元，移送司法机关处理6人；核减虚假注册资金658万元，核减工程造价301万元；为被审单位挽回经济损失678.6万元。

狠抓大案要案的查处工作

1995年对弥渡县房地产经营开发公司进行财务收支审计中，查出该公司应缴未缴财政预算收入61315.43元，“小金库”10767.65元，原经理、出纳贪污公款8.6万元，挪用公款28.9万元，违法违纪金额高达44.85万元。1998年对县广播电视事业局6年的财务收支及全乡11个广播电视站自建站以来的财务收支和税收缴纳情况进行审计。共查出漏税178.56万元。1998年，分别对县九顶山铜矿筹建处，县文化馆，县农机培训站进行审计，共查出违规违纪资金230万元。

**【鹤庆县审计局】**　到1998年底，共有人员14人。其中：大专生3人；局长1人，副局长2人。

审计工作成果　共完成审计项目148个。审计单位159户；完成审计调查9项。共查出违纪违规金额598万元。同县纪检、监察等部门配合，查处各种经济案件8起，为社会稳定发挥了作用。上缴县财政207万元，共提交审计报告161篇。

完成县政府交办任务　共完成交办任务13项，审计清理单位14个。1996年4月起为配合全县“2.3”地震恢复重建、旧城改造异地拆迁、企业改革、改制，共抽调5人积极配合参与。这些工作涉及面广，工作难度大，为全县“2.3”地震恢复重建异地搬迁和全县企业改革、改制打下了良好的基础。

完成上级下达的审计任务

共完成任务76项，审计单位80个。

**【祥云县审计局】**　到1998年底，有干部、职工17人(不含下属事务所4人)。其中：大专7人；审计师7人、注册审计师、经济师、会计师各1人；局长、副局长各1人。

审计工作成果　共完成审计项目170个，其中：省交办项目41个、州交办项目24个、县政府交办105个；审计单位800多个次，审计资金总额15亿多元，查出违纪违规资金2229万元，应缴并已全额收缴财政517万元，限令归还原资金渠道及调账等处理1712万元。5年内，每年都协助、参与纪检、监察、检察院、反贪局等部门查处各种经济案件5起，对查处大案要案，维护社会稳定发挥了保证和促进作用。

**【宾川县审计局】** 到1998年底，全局实有人员15人，其中：大学生1人，大专生9人；局长1人，副局长1人；

审计工作成果 共完成审计项目263个。审计单位243户；完成审计调查37项，调查单位37个。共查出违纪违规金额3482万元。同县纪检、监察、信访等部门配合，查处各种经济案件5起，涉及金额12万元，为社会稳定发挥了作用。上缴县财政317万元，共提交审计报告263篇。1994年6月对宾川县石油公司审计工作中，查出私设“小金库”30万元，少报利润27万元。1997年10月对农业银行宾川县支行的审计工作中，查出私设“小金库”15万元，违纪资金70万元。

完成县政府交办任务 共完成工作任务71项。共完成工程决策审计项目42个，审计金额26500万元，审计核减金额126万元。1998年在宾川县人民医院重点工程的审计工作中，核减金额43万元，维护了国家利益。

完成上级下达审计任务 共完成审计任务80项，审计单位80个，完成省、州下达项目的100%。

**【永平县审计局】** 现有干部职工10人。其中：大专以上5人；局长1人，副局长1人；

审计工作成果 共完成审计项目314个，审计单位304户；完成审计调查36项，调查单位156个；审计金额8900多万元。共查出违纪违规金额2084.4万元。同县纪检、监察等部门配合，查处各种经济案件46起，为社会稳定发挥了作用。上缴县财政322.8万元，共提交审计报告320篇。

完成县政府交办任务 共完成任务75项，审计清理单位231个。1997年3月至1998年6月积极配合县国有企业、供销企业、乡镇企业改革，主要承担改制企业资产评估和财务收支审计工作。共抽调12人，涉及到全县110户改制企业。

完成上级下达审计任务 共完成审计任务130项，审计单位270个，审计金额4500多万元。

**【漾濞彝族自治县审计局】** 到1998年底，人员为12人。其中：大学生1人，大专生1人；局长1人，副局长1人。

审计工作成果 共完成审计项目92个，审计单位110户，完成审计调查11项，调查单位236个。共查出违纪违规金额186万元，上缴县财政30万元，共提交审计报告117篇。

完成县委政府交办任务 共完成任务11项，审计清理单位120个。1994年6月为澄清基本建设投资规模，减少财政支付压力，县长亲自交办对全县1992年1月至1994年6月基本建设投资进行全面审计调查，接到交办后，审计局立即组织审计组对全县50项基本建设投资项目进行了审计调查，历时4个月，清缴漏欠投资方向调节税15.11万元，对计划外投资及违规建筑进行了处理。

完成上级下达任务 共完成下达的审计任务58项，审计单位65个。

**【南涧彝族自治县审计局】** 到1998年有干部职工12人其中：大专及其以上学历者4人；局长1人、副局长2人。

审计工作成果 共完成审计项目159个，其中完成省州下达项目64项；完成审计调查13个。共查出违规资金1116万元，其中应收缴财政209万元、追还侵占挪用资金269万元、指明要求纠正638万元，已收缴财政170万元；共提交综合报告、调查报告、信息、简报累计53篇，被上级机关、新闻单位、刊物采用33篇。

完成县委、政府交办任务 共完成任务35项。1996年到1998年，配合全县企业改制，参与负责南涧县商贸、粮食、供销、乡镇企业清产核资工作，共抽调19人次，涉及到全县60多个部门、单位。

切实搞好本级财政预算执行审计 1996年至1998年，依法开展本级财政预算执行审计，共完成25个项目，查出违规资金431万元，其中隐瞒预算收入33万元，应缴未缴预算收入210万元，其他违规188万元。严肃了财经纪律、维护了国家利益。

**【潞西市审计局】** 到1998年底，人员有13人，其中：大专生8人；局长1人、副局长2人；审计师2人。

审计工作成果 共完成审计项目109个，审计单位109户，完成审计调查2项，调查单位2个，审计金额141112万元，共查出违纪违规金额1902万元，上缴市财政160.85万元，调查案件共2件。

完成上级审计机关交办任务 共完成省定的审计任务42项，审计单位42个，审计金额92489.8万元，违纪金额1309.5万元。

完成市政府交办审计任务 共完成任务65项，审计金额48622.22万元，违纪金额592.51万元。

**【瑞丽市畹町经济开发区审计局（原畹町市审计局）】** 到1998年底，人员有11人。其中：大专生3人；局长1人，副局长2人。

审计工作成果 共完成审计项目45个。审计单位48户，完成审计调查1项，调查单位1个；接受委托审计1项；审计金额8326.73万元。共查出违纪违规金额1469.1万元。上缴市财政

58.72万元,共提交审计报告45篇。

完成市政府交办任务　共完成工作任务4项,审计清理单位4个。1997年为配合德宏州财税大检查,共抽调10人,涉及到全市4个单位,历时41天,使财税大检查工作顺利开展。

完成上级下达审计任务　共完成审计任务45项,审计单位48个,审计金额8326.73万元。

**【瑞丽市审计局】**　到1998年底,人员为14人。其中:大专1人;局长1人,副局长1人。

审计工作成果　共完成审计项目59个,审计单位90个,审计金额14亿元。共查出违纪违规金额1681万元;审计处理金额718万元,其中:应收缴财政175万元,调账处理543万元,已收缴入库125万元。

积极配合部门之间的工作　5年中,配合项目有:法院对企业的破产清算及经济鉴证;纪委、监察局对账外资金小金库的清理;财政、计经委对各项基金及预算外资金的清理。另外,还积极参加市政府每年布置的"三大检查"工作,5年中投入这些中心工作的力量已达近千个工日。

**【盈江县审计局】**　到1998年底,实有在职人员12人,其中:大学生1人,大专生4人;局长1人、副局长1人。

审计工作成果　共完成审计项目78个,审计单位102户;共查出违纪违规金额9380万元,上缴县财政519.4万元,共提交审计报告78篇。

完成县政府交办任务　共完成任务34项,审计清理单位62个。1996年11月为配合全县机构改革,参与并负责盈江县行政事业单位财务、固定资产清理领导小组,共抽调5人,涉及全县29个单位,历时32天,共审计清理预算资金1033.38万元、预算外资金358.66万元、固定资产530.38万元,清理后增加固定资产166.14万元,并纠正和处理了部分单位在财务、财产管理中存在的问题,为全县机构改革工作的顺利进行打下了基础。1997年到1998年,为配合国有企业改制工作,在编内人员不足,审计工作任务繁重情况下,顾全大局,克服困难,依法审计,共完成工商企业审计项目22项,审计单位33个。

完成上级下达审计任务　共完成任务62项,审计单位86个,共查出违纪违规金额9130.23万元。

**【梁河县审计局】**　到1998年底人员共有11人。其中:大学生1人、大专生3人;局长1人、副局长1人;

审计工作成果　共完成审计项目155项,审计单位187户,审计总金额49,422万元,共查出违纪违规金额1125万元,上缴财政102.8万元,移交纪检机关处理2件。

完成县政府交办任务　5年来,共完成交办的工作任务95项,审计单位115户。1997年为配合全县行政事业单位机构改革和企业改革试点,对21户单位的资产进行清理,为撤、并工作和推动企业改革奠定了基础,使之顺利完成。1998年对全县领导干部离任审计14项,明确了领导干部离任经济责任。

**【陇川县审计局】**　到1998年底,有干部、职工15人,其中:大专生4人;局长1人,副局长2人。

审计工作成果　共完成审计项目45个,审计单位65户;完成审计调查1项,调查单位1个;审计总金额116286万元,共查出违纪违规金额2763万元,上缴县财政71万元,共提交审计报告45篇。

完成县政府交办任务　共完成交办的工作任务4项,审计清理单位2个。1996年至1998年,对陇川县重点工程——章遮公路指挥部及我县章风口岸经济开发区建设管理委员会等进行了审计及土地清理。

完成上级机关下达的审计任务　共完成审计任务39项,审计单位58个,审计金额11240万元。

**【兰坪白族普米族自治县审计局】**　到1998年底,人员为30人。设有局长1人,副局长2人。

审计成果　共完成审计项目125个,审计单位105户。查出各种违纪违规金额2776万元,收缴上缴财政228万元。完成审计调查6项,调查11个单位。其中1995年国有企业亏损情况调查报告被州人民政府转发至全州各县。

完成交办任务　完成交办事项12项,其中领导干部离任审计8项,企业改制审计4项。在国有企业改制中,审计局派出精干人员,配合经贸委、财政局、国资局等部门组成的联合工作组,深入各企业调查摸底,提高了翔实的审计报告。

**【迪庆藏族自治州审计局】**　到1998年底,人员为22人。其中:大学生1人,大专生6人;局长1人,副局长2人;设有办公室,综合法规科,财政金融审计科、行政事业审计科、企业审计科、固定资产投资审计科,审计事务所等机构。

审计工作成果　共完成审计项目86个,审计单位105户,完成审计调查19篇,调查单位78个,共查出违纪违规金额2693万元,同州纪检,监察信访等部门配合,查处各种经济案件3起,为社会稳定发挥了作用。上缴州财政663万元,共提交审计报告105篇。

*完成州政府交办任务* 共完成任务12项，审计清理单位15个。1997年为配合全州机构改革，企业改制，参与并负责迪庆州电力公司清产核资小组。共抽调5人，涉及公司二厂四所，历时20天，1995年成立固定资产投资审计科，截至1998年底共完成工程决算审计项目12个，审计金额29858万元，审减金额18万元，1998年在州医院“门珍楼”基建工程项目的决算审计中，审计人员克服困难，精算细查，实事求是，依法审计，查出超计划投资191万元，引起了有关部门的高度重视，受到了州政府领导的好评。

*完成上级下达审计任务* 共完成任务51项，审计单位69个，审计金额14707万元。

*内部审计* 1994年共设立内部审计机构20个，内审人员23名，到1998年，内部审计机构有23个，内审人员27名。

*社会审计* 1997年到1998年，共接受委托项目20项，其中企业验资年检5项，年检金额1725万元，核减注册资金50万元。资产评估4项，评估金额6672万元，基建项目审计3项，审计金额2313万元，离任审计2项，财务收支审计6项，审计金额9346万元。

*受表彰情况* 受省审计系统表彰3次，受全州审计系统表彰2次，受州委、州政府表彰5次，共有4人受到省审计系统表彰奖励，5人次受到全州审计系统表彰奖励，5人受州委、州政府的表彰奖励。

**地址** 云南省迪庆藏族自治州审计局
**电话** 0887—8224814
**邮编** 674400 （白 玛）

**【中甸县审计局】** 到1998年底共有人员11人。其中：大专生2人，局长1人，副局长1人。

*审计工作成果* 共完成审计项目68项，审计单位75户；完成审计调查8项，调查单位42个；共查出违规违纪金额2816万元。同县纪检、监察等部门配合查处经济案件2起，为社会稳定发挥了积极的作用。上缴县财政31.65万元，共提交审计报告68篇。

*完成县政府交办任务* 共完成任务12项。1997年底为配合全县国有企业改制，参与并负责中甸县林业联营公司清产核资小组，共抽调3人，涉及到全县5个单位，历时60多天摸清了企业家底。

*完成了上级下达的审计任务* 共完成审计任务61项，审计单位68个。1994年在对县林业育林基金审计中，不仅对育林基金征收及使用进行了审计，并帮助县林业局对十二个乡镇的林管所及乡政府进行了清理，清理出历年欠缴育林基金51.7万元。对县教育局1993年度财务收支审计中，查出违纪金额129.3万元，收缴财政18.95万元，为严肃财经纪律，对管理不善造成严重亏损的电冶厂及严重违反财经法规的县教育局在全县范围内进行通报批评。1998年粮食交叉审计中，审计局负责协调对维西县粮食企业新增财务挂账和其他不合理占用农发行贷款清查审计，通过精心组织，合理安排，查实维西县粮食局摊销不合理费用18.24万元，其他不合理占用农发行贷款118万元，新增财政挂账占用农发行贷款527.91万元，其中：包括政策性补贴不到位105.35万元，经营亏损422.56万元。出色地完成了任务，为维西县委、县政府提供了科学依据。在全州粮食审计总评中，荣获先进单位，受到省厅表彰。

**【德钦县审计局】** 到1998年底有职工10人。其中包括离退体2人，大专生3人，局长1人，副局长1人，经济师1人，审计师1人。

*审计成果* 共完成审计项目82个，审计单位82个；完成审计调查8项，调查单位8个；审计资金总额7亿元。共查出违纪违规金额1425.15万元，上缴财政97万元，应减少财政拨款160万元，应归还侵占挪用资金388万元，促进增收节支156万元，提出有效建议58条，共提交审计报告82篇。

*本级预算执行审计* 95年开始审计机关全面开展同级财政审计，标志着《审计法》规定的本级预算执行审计监督制度已全面贯彻实施。5年来审计金额为2亿元，查出违纪违规金额527万元，挤占挪用财政有偿使用资金236万元，自行增设预算外专项资金60万元；1997年财税部门减免税收34万元，财税部门侵占挪用财政资金230万元。个人擅自借款6.38万元，处理1人。经过审计应增加财政收入26万元。为县委、政府宏观经济决策提供了数字保障。

*加强干部离任审计制度* 1998年共进行了10项离任审计，共查出违纪金额523.84万元，其中：挤占挪用70万元，应缴未交预算收入23.8万元，虚列转移1.4万元，乱收费等0.4万元，贪污私分(重复分配红利)5.2万元，偷税漏税37.3万元，对单位罚款两起共计2万元，处理1人。为组织部门，县委选拔重用领导干部提供了客观、公正的依据。基建审计，共完成工程预算决算审计8项，事前审计调查4项，审计金额4123.14万元，查出违纪金额37.97万元，其中：减少审计金额1.48万元。

**【维西傈僳族自治县审计局】**

到1998年底,人员为15人,其中:大学生1人,大专生3人,局长1人,副局长1人。

审计工作成果　共完成审计项目及调查项目105项,审计单位200户,其中完成审计调查11项,调查单位54户;审计金额107004.19万元,共查出违纪违规金额1416.08万元,追还被侵占挪用资金769.27万元。罚款0.22万元,已缴县财政105.09万元。同县纪检、监察、信访等部门配合,查处各种经济案件2起;移送案件2件2人,为社会稳定发挥了作用,共提交审计报告和调查112篇。

完成县政府交办任务　从1994年到1998年,共完成县委、县政府交办的工作任务45项。审计与经委联合清理党政机关及其工作人员无偿占用企业钱物单位8个,个人9人,共占用资金79.95万元。

完成上级下达审计任务　共完成审计任务49项,审计单位146户,审计金额107004.19万元。

## 西藏自治区

**【西藏自治区审计工作简述】**

西藏自治区已建立审计机关24个,其中:自治区和地、市审计机关8个,为应建数的100%;县(市、区)审计机关16个,为应建数的21.9%。全区共有审计人员243人,其中:大专以上学历57人,占23.46%,获得审计师和其他中级以上职称24人,占9.88%。5年来,全区共审计741个单位,开展审计调查11项,审计调查单位109个。查出违纪违规金额162147万元,指明要求纠正122848万元,决定处理处罚39299万元,其中:应上缴财政8420万元,减少财政拨款或补贴6407万元,追还侵占挪用资金8600万元,处以罚款455万元,已上缴财政3760万元,为国家实现增收节支18767万元。向司法机关移送经济案件5起,建议给予党纪政纪处分6人。

**【西藏自治区审计厅概况】**　自治区审计厅前身为自治区审计局。1994年—1995年11月为副厅级建制,内设办公室、综合处、财政金融审计处、企业基建审计处、行政事业审计处,定编40人。截至1995年底,实有51人。1995年12月升格为正厅级建制,并更名为自治区审计厅,内设办公室、综合处、财政金融审计处、企业审计处、行政事业审计处、法规处、审计事务所(事务所为事业建制,与审计培训中心一套机构),定编65人,其中行政编制50人,事业编制15人。截至1998年底,实有55人(不包括4名退休人员)。

厅(局)领导成员

自治区审计局

局长

顾锦华　1992.1—1995.11

副局长

赵建设　1992.9—1995.11

吉米加措　1993.3—1995.11

自治区审计厅

厅长

顾锦华　1995.12—1996.12

仁松　1998.7—

副厅长

于枫　1995.12—

赵建设　1995.12—

仁松　1996.7—1998.7

党组书记(正厅级)

于枫　1995.12—

财政审计　1.本级预算执行情况审计　自1997年开始本级预算执行情况审计,到1998年,有4个审计机关开展了这项工作。两年共对21个单位的预算执行和其他财政收支情况进行了审计,查出违纪违规金额60383万元,其中:应增加财政收入5400万元,应减少财政支出2568万元,应增加财政结余8066万元。经审计处理,已增加财政收入1817万元。审计当中,各级审计机关运用“账户入手,下审一级”的方法,查出预算组织执行单位违规在金融机构开设账户50多个。针对审计中发现的问题,审计机关依法下达了审计意见和审计决定,及时向政府提交了审计结果报告,并就强化预算约束、加强财政资金管理、合理分配和调度财政资金等提出了60多条意见和建议,受到了各级政府以及有关部门的重视和好评。2.财政决算审计　全区共审计财政税收部门51个,查出违纪违规金额5691万元。经审计处理,应增加财政收入2031万元,减少财政支出2381万元,已增加财政收入1738万元,累计实现增收节支4119万元。审计查出的问题,引起了地(市)、县政府的高度重视,及时采取措施,认真进行了纠正,从而进一步规范了财政收支行为。

金融审计　全区对12家金融、保险和地方信托投资公司等机构进行了审计,查出资产不实金额6814万元,负债(权益)不实金额18201万元,损益不实金额19540万元,违纪违规金额51479万元。通过审计,应上缴财政138万元,处以罚款147万元,已上缴财政285万元。对审计查出的问题,在依法进行了处理的同时,及时向自治区党委、政府和上级审计机关提交了专题或综合审计报告,并对加强金融监控、防范和化解金融风险、改善金融企业管理、提高经济效益等提出了意见和建议。

企业和基本建设审计　全区共审计了16个国家和自治区重点工程,审计资金总额53148万元,查出各种有问题资金 1778 万元,其中指明要求纠正 1330 万元,予以处理处罚 448 万元。5 年来,全区共审计各类国有企业 278 个,查出资产不实 5293 万元,负债(权益)不实 1485 万元,损益不实 5538 万元,违纪金额 25715 万元。经审计,指明要求纠正金额 19369 万元,予以处理处罚 6346 万元,其中:应上缴财政 1613 万元,应减少财政拨款或补贴 2125 万元,罚款 128.4 万元,已上缴财政 902 万元。同时,对国有企业存在的资产流失、盈亏不实、潜亏严重以及改善企业经营内外部环境等问题向政府和有关部门提出了意见和建议。1998 年,根据审计署的统一部署,区审计厅组织全区审计机关,在财政、银行等 7 个部门的配合下,对全区粮食系统新增财务挂账和其他不合理占用贷款情况进行了清查审计,基本查清了全区政策性粮食企业占用农发行粮油贷款情况,核实了新增财务挂账情况。经审计清查,核减了新增亏损挂账 862 万元,并对粮食企业存在的其他违规问题 1330 万元进行了处理,为解决全区粮食企业财务挂账和深化粮食流通体制改革提供了依据。

行政事业审计　全区对 312 个行政事业单位财政财务收支以及掌管的专项资金(基金)进行了审计。查出违纪违规金额 15642 万元,指明要求纠正金额 8202 万元,决定处理处罚 7440 万元,其中:应上缴财政 622 万元,减少财政拨款或补贴 415 万元,追还侵占挪用资金 5620 万元,处以罚款 117.4 万元,已上缴财政 474.2 万元。审计中,各级审计机关还查处国有资产流失金额 811 万元,为国家挽回了经济损失。累计为国家实现增收节支 7320.2 万元。在促进党政机关和事业单位加强廉政建设,制止损失浪费和奢侈行为,严格执行会计法、预算法及其他有关法律法规等方面发挥了积极的作用。

农业资金审计　全区审计农业资金 54702 万元,查出违纪违规金额 2892 万元,其中:挤占挪用金额 2277 万元,虚列转移金额 193 万元。审计机关依法进行了处理:归还原渠道资金 1836 万元,处以罚款 30 万元,收缴财政 47 万元。针对农业资金管理、分配、使用中存在的问题,提出了意见和建议,为政府和有关部门加强和改善农业资金管理提供了决策依据。5 年来,全区审计机关还开展了运用外资审计,积极配合有关部门开展中心工作以及查办经济案件等项工作。

审计工作主要成果

| 年份 | | 1994 | 1995 | 1996 | 1997 | 1998 | 合计 |
|---|---|---|---|---|---|---|---|
| 审计单位(个) | | 66 | 124 | 165 | 191 | 195 | 741 |
| 违纪违规金额(万元) | 合计 | 3396 | 35140 | 28388 | 37456 | 57767 | 162147 |
| | 指明要求纠正 | 2533 | 31776 | 23416 | 32016 | 33107 | 122848 |
| | 决定处理处罚 | 836 | 3364 | 4972 | 5440 | 24660 | 39299 |
| 应上缴财政(万元) | | 406 | 508 | 558 | 1376 | 5572 | 8420 |
| 应减少财政拨款和补贴(万元) | | | 1791 | 550 | 687 | 3379 | 6407 |
| 追还侵占挪用资金(万元) | | 34 | 487 | 1624 | 1693 | 4762 | 8600 |
| 罚款(万元) | | 21.1 | 18.9 | 173.9 | 62.1 | 179 | 455 |
| 已上缴财政(万元) | | 244 | 392 | 415 | 926 | 1783 | 3760 |
| 移送司法机关案件(起) | | | | 1 | 2 | 2 | 5 |
| 建议给予党纪政纪处分(人) | | | | | 3 | 3 | 6 |

队伍建设和精神文明建设　几年来,审计队伍有了较大发展,审计人员由 1993 年末的 97 人有 1998 年末的 243 人,增加了 151%。区审计厅在认真贯彻落实审计法,组织全区审计机关积极开展审计工作的同时,大力加强审计队伍建设和精神文明建设。几年来,采取多种方法对审计人员进行了专业理论知识和岗位技能培训,其中送内地相关院校学习、深造和参加长、短期培训班培训 93 人(次),整个审计队伍的业务素质有了较大提高。同时,区审计厅还在全区审计机关深入开展了反分裂斗争教育和遵守审计纪律、审计职业道德教育,尤其是开展了以"反腐倡廉、客观公正、严格审计执法"为中心的廉政、勤政建设,努力在西藏建设一支政治思想过硬、作风优良、业务精通、具有奉献精神的审计队伍。全区审计机关基本没有发生较大的违法违纪现象,涌现了一批先进集体和先进个人,其中有 2 个单位、4 名个人受到了审计署的表彰。

内部审计和社会审计　1996 年,在中央驻藏单位已建立内部审计机构的基础上,自治区 20 多个部门建立了内部审计机构(与计划、财务部门合署办公),并积极开展了内部审计工作。目前,全区从事内部审计工作的人员近 200 人。

为适应建立社会主义市场经济体制的需要,经过积极筹备,1998 年 5 月成立了自治区审计事务所,到 1998 年底,审计查证验资 20 多个项目(单位),审计查证和验资金额 15297 万元,取得了较好的经济效益。

**地址**　拉萨产北京西路 246 号
**电话**　0891—6832349
**邮编**　850001

**【拉萨市审计局】**　到 1998 年底,共有干部职工 22 人,其中大专生 8 人;局长 1 人,副局长 2 人。设有办公室、财政金融审计科、行政事业审计科、企业审计科、综合科、会计师事务所等机构。

审计工作成果　共完成审计项目 77 个,审计单位 135 个,查出违纪违规金额 11615 万元,上缴市财政 196 万元,抵减财政拨款 210 万元,追回侵占挪用资金 86 万元。

完成市政府交办任务　共完成交办的工作任务27项。1995年,为全面了解和掌握1993年、1994年两年免费医疗经费使用情况,对市属13个单位免费医疗经费的预算安排、资金拨付、使用情况进行了检查审核。1997年,为配合全市的寺庙爱国主义教育,审计局派出审计人员帮助小昭寺、甘丹寺建立了财务会计账簿。

完成上级下达审计任务　共完成审计厅下达任务13项,审计单位30个。

社会审计　1998年8月成立拉萨市会计师事务所,到1998年底,共接受社会委托项目13个,其中基本建设项目审计5项,审计金额9842万元,中期会计报表审计5项,审计金额16.888万元,变更验资3项,验资金额3516万元。

**地址**　拉萨市江苏路32号

**电话**　0891—6323988

**邮编**　850000

**【堆龙德庆县审计局】**　到1998年,人员共为6人,其中:大专学历2人;局长1人,副局长1人。

审计工作成果　5年来,对县属18个行政企事业单位及乡(镇)进行了审计,查出违纪金额75万元,其中,上缴财政0.67万元;追还公款30万元,罚款0.17万元,已全部上缴财政。

完成县政府交办的任务　共完成交办的工作任务13项,审计金额1247万元。为配合全县机构改革、企业改制,1998年协助乡镇企业局对全县各乡镇企业进行清产核资金额达5297万元,进一步落实了产权明晰、权责明确、政企分开、科学管理的原则。

完成上级下达的审计任务　共完成市审计机关下达的审计任务6项,审计单位6个,审计金额1090万元。

**【那曲地区审计局】**　到1998年底,人员共为35人(包括辽宁省审计厅援藏干部1人)。其中:大学本科1人,大学专科7人;局长1人,副局长3人。1994年设有办公室、财政金融审计科、行政事业审计科、企业基建审计科,1996年12月增设综合科、审计事务所(未建立)等机构。各县(区)未设立审计机构。

审计工作成果　共完成审计项目80个,审计单位77个;完成审计专项调查6项,调查单位24个。共查出各类违纪违规金额1723万元。配合地区财务大检查,查处各种经济案件8起,为维护经济秩序、社会稳定发挥了重要作用。上缴国库资金63.5万元,追还侵占挪用资金93万元,查出损失浪费金额76.5万元。共提交审计报告77篇。

完成地委、行署交办任务　共完成交办的工作任务32项。

完成上级下达审计任务　共完成自治区审计厅下达的审计任务45项,审计单位77个。

内部审计　1994年那曲地区设立内部审计机构1个,内审人员1名,1998年内部审计机构有4个,内审人员6名。

受表彰奖励情况　受自治区审计系统表彰奖励的先进个人共有2人;受地委、行署表彰奖励的先进个人共有10人。

**地址**　那曲镇色尼西路15号

**电话**　0896—3823167

**邮编**　852000

**【昌都地区审计局】**　到1998年底,共有干部、职工24人,其中:大专生4人;局长1人,副局长1人。设有办公室、财政审计科、行政事业审计科、企业审计科。

审计工作成果　共完成审计项目37个,审计单位119户;审计调查4项,调查单位19个。审计金额14.9亿元。共查出违纪金额3721.4万元,上缴财政433.1万元,执行罚款21.6万元,追还被侵占、挪用资金549.3万元,查处经济案件2起,移交司法机关进一步核证查处2人,挽回经济损失188.1万元,共提交审计报告41篇。

完成地委、行署交办任务　共完成交办的工作任务24项,审计单位55个。1997年在对类乌齐县文教局教育经费的收支管理进行专项审计中,查出被个人侵占、挪用教育资金82310.35元,经审计追缴66165.25元,并将有关人员移交司法机关进一步查处,从而严肃了财经纪律,规范了教育资金管理。1997年,配合纪检部门、检察机关对昌都地区物资公司驻四川眉山转运站一违纪案件进行了查处工作,审计查实该站隐瞒、截留收入、利润3024960.12元,为地区财政增收1815233.68元。1998年,首次开展领导干部离任审计工作,共对5名行政、事业和企业单位主要领导的任期经济责任进行了审计,审计查出违纪违规金额50.6万元,因领导干部决策失误造成资产流失180万元,并对有关单位和个人作出了相应处理处罚。数年来,昌都审计机关认真高效地完成了地委、行署交办的各项任务,为维护财政纪律、规范经济秩序作出了应有贡献。

完成上级下达的审计任务　共完成自治区审计厅下达的审计任务13项,审计单位60个,审计金额6亿元。主要是:育林基金和保险基金审计、粮食系统亏损挂账清查审计等,并于1998年首次开展了同级财政审计。

受表彰情况　1997年,荣获全国审计机关先进集体称号。

**地址**　西藏昌都县西路24号

**电话**　0895—4821976

**邮编**　854000

**【山南地区审计局】** 1998年底，人员有24人（含离退休人员），其中大学本科学历1人，大专学历10人；局长1人，副局长4人。内设办公室、行政事业财务审计科、企业财务审计科、基本建设财务审计科。

审计工作成果 5年来，山南地区审计局坚持依法从审、实事求是、客观公正的审计工作方针，积极开展审计监督，共审计了96个单位，查出各种违纪违规金额6038万元。经审计处理，应上缴财政688万元，已上缴财政299.5万元，减少财政拨款119.7万元。

财政决算审计 5年来，共审计3个地、县财政部门，查出违纪违规金额41万元，其中应收缴0.8万元，已缴0.8万元。对查出的问题，按照有关规定进行了处理。

基本建设项目审计 根据上级和地委、行署的要求，对1个重点项目进行了审计，查出违纪违规金额42万元。

行政文教审计 共审计了44个单位，查出违纪违规金额87万元。通过审计，对行政机关中违反控购管理、乱收费和乱罚款等问题作了纠正处理，对财务管理、固定资产管理等方面的薄弱环节提出了整改意见，促进了行政机关的管理工作。对地区土地局、工商局等经济执法和管理部门规费收入、罚没款上缴，代征税费上缴等方面存在的问题，依法进行了处理。对全地区3个教育部门进行了审计，查出挤占挪用，乱列支出、乱发补贴等违纪金额52万元。

企业经营情况审计 共审计了39户企业，查出违纪违规金额4609万元，促进增收节支841万元，对于促进企业严格遵守国家法律法规等起到了积极作用。

农业水利审计 5年来，山南地区审计局始终把农业、水利资金审计作为重点，先后6次对农业发展基金、农机、农资资金、扶贫开发资金、育林基金和水利资金等10多项专项资金进行了审计，审计总金额10562万元，查出违纪违规资金81万元，其中挪用专项资金28.5万元。针对审计中发现的问题，提出了进一步加强和改进农业等专项资金管理的意见和建议。

受表彰情况 受国家审计署表彰1人次，受山南地委、行署表彰奖励1人次。

**地址** 西藏自治区山南地区审计局

**电话** 0893—7820577

**邮编** 856000

**【日喀则地区审计局】** 到1998年底，人员有26人。其中：大学生1人，大专生6人；局长1人，副局长3人。现设财政金融审计科、行政事业审计科、综合审计科、办公室等4个科室。

审计工作成果 共完成审计项目55个，审计单位117个，审计金额151492.89万元，共查出违纪违规金额3518.01万元，追还被侵占挪用资金373.5万元，上缴财政220.12万元，共提交审计报告63篇。

完成行署交办任务 共完成地委、行署交办的工作任务11项。1994年到1997年，以审计为主要力量，会同地区有关部门，开展了地区税收、财务、物价大检查、清理检查预算外资金等工作。1995年，对定日县长所农业综合开发专项资金进行了审计，查出了大量违纪违规问题，根据审计的结果，地区纪检委、监察局对涉及违纪问题的直接责任人作了处理，给定日县3名县级领导和1名农牧局长分别给予党纪、政纪处分，并向全地区作了通报。1996年参加地委、行署联合调查组，承担了对谢通门县徐州珠峰装饰玻璃厂和谢通门县驻拉萨供销公司的查账任务，查清了这两个企业资产损益和经营的真实情况以及存在的主要问题；同年还对岗巴县曲登尼玛矿泉水公司进行了审计，查出违纪违规金额632.88万元。1997年，按照地委、行署的指示，对日喀则国际旅行社1990年—1997年度财务收支及资产负债损益进行了审计，查出违纪资金412.56万元。以上这些工作为地委、行署调整有关企业领导班子等决策提供了重要依据，受到了地委、行署的肯定和好评。

完成上级下达审计务 共完成自治区审计厅下达的审计任务15项。

内部审计 驻日喀则地区中直机关都设有内审机构，地直机关在1997年机构改革中有8个单位设立了财务审计科，承担内审任务。

受表彰情况 1994年，被评为全国审计机关先进集体；1997年，综合科科长被评为全国审计机关先进工作者。

**地址** 西藏日喀则地区北京2号

**电话** 0892—8821374

**邮编** 857000

**【阿里地区审计局】** 到1998年底，人员共有7人。其中：大专学历1人；县级干部3人。设有综合业务科、办公室、审计事务所。

审计工作成果 共审计单位29个，查出违纪金额3,505.9万元，已上缴国库38.2万元，提交审计报告29篇。

开展离任经济责任审计 根据地委、行署的指示，5年来，对企业厂长（经理）进行了离任审计，共审计单位12个，查出违纪金额1012万元，审减亏损金额236万元，应上缴财政210万元。针对存在的问题，提出了改进意见和建议，受到了地委、行署的高度重视和好评。

*开展财务收支审计* 主要以1996年、1997年度财务决算的真实性、合法性及会计资料的完整性为基础，检查了阿里地区各县财政预(决)算执行情况。查出违纪金额352万元。

*组织开展对专项资金的审计工作* 对扶贫资金、以工代赈资金、水利专项资金、计划生育事业费进行了全面清理，共审计单位6个，分别去札达、改则两县调查了75个村庄，审计金额5655万元，其中：扶贫资金、以工代赈资金5461万元，水利专项资金179万元，计划生育经费15万元。

*积极开展委托事项审计业务* 对阿里地区重点工程建设项目地区银行办公大楼进行了审计。审计金额1655万元，同时受措勤县政府委托，对措勤县4区12乡36个村示范工程进行审计，审计金额700万元。

*受表彰情况* 受地委、行署表彰一次。

**地址** 西藏噶尔县狮泉河镇北京路

**电话** 0897—2821282

**邮编** 859000

**【林芝地区审计局】** 到1988年底，人员有19人。其中：具有大专以上学历4人，取得专业技术资格职称的10人(高级审计师1人，注册会计师2人，审计师2人)；局长1人，副局长3人。设有办公室、财政金融审计科、行政事业审计科、企业基建审计科、综合科、审计事务所等机构。

*审计工作成果* 共完成审计项目98个，查出违纪金额3934万元，其中：上缴财政169万元，追还侵占挪用的资金238万元，处以罚款43万元，累计为国家增收节支450万元。查处贪污、挪用公款案件2起，移送司法机关处理2人，对严肃财经纪律，维护正常的经济秩序发挥了重要作用。共提交审计报告、审计信息55篇。

*受表彰情况* 受地委、行署表彰3次，共有8人次受地委、行署表彰奖励；5人次受上级审计系统表彰奖励。

**地址** 林芝地区审计局

**电话** (0894)5824586

**邮编** 860000

## 陕西省

**【陕西省审计工作简述】** 陕西省有审计机关118个，其中，省审计机关1个。地市审计机关10个、县(区、市)审计机关107个。有审计干部职工2978人，其中，大专以上学历1691人，占57%以上；获得审计师或中级以上职称的1152人，占39%。5年来，全省共审计37419个单位，查出各类违纪违规金额165.6亿元，应收缴财政金额9.71亿元。揭露和向纪检、监察部门、司法机关移送经济案件63件。全省各级审计机关提交的审计工作报告和信息，被地方党政机关和上级审计机关采用3634篇，有的被中办、国办或审计署采用。

**【省审计厅概况】**

*厅领导成员*

1994年至1998年2月

厅长

张和林

副厅长

李淑琴

张靖方

冯润田(1997年1月任职)

纪检组长

王积厚

1998年2月至1998年底

厅长

李淑琴

副厅长

张靖方

冯润田

徐宗一(1998年12月任职)

纪检组长

王积厚

省审计厅现设有办公室、人事教育处、综合处、行政事业审计处、财政金融审计处、农林水审计处、固定资产投资审计处、工交审计处、商粮贸审计处、中央企业审计处、外资审计处、审计管理处、监察室等13个行政处室和机关党委；设有审计科研所、老干所、后勤服务中心、培训中心和陕西省审计事务所、陕西白云宾馆等6个下属事业单位。现共有干部、职工246人，其中大专以上学历201人，占82%；获得审计师或注册会计师资格及中级以上职称的170人，占69%。1994年至1998年，共审计1057个单位，查出各类违纪违规金额81.99亿元，增加财政收入2.03亿元。

*法制建设情况* 一是在年末和年初，利用全省各级审计机关进行整训的时间，组织干部系统学习《审计法》和《审计法实施条例》等38个审计规范及新出台的法律法规，为下年度审计工作打下良好的思想基础。二是采用集中学习和自学相结合的方法，以审计组为单位，在实施审计前先培训、后进点。尤其是进行行业审计和专项审计前，先组织培训，有针对性地组织学习有关法律、法规和政策，然后再进点实施审计。三是建立审计处长法规学习日制度。省厅还组织了两次处以上干部法律知识考试，取得了较好的成绩。四是加强宣传。五是省厅将有关政策、法规和规范性文件，每两个月选编一期，印发全省审计机关、内审机构和社会审计组织。六是认真坚持和完善岗位目标责任制。七是坚持推行和完善行政执法责任制。1998年，

根据省委依法治省的总体部署，结合审计机关的实际，制定了《陕西省审计机关依法治省三年规划》。同时，制定了《陕西省审计机关公文处理办法》、《陕西省审计厅机关目标管理责任制考核办法》、《陕西省审计厅会议费管理办法》、《陕西省审计厅保密工作制度》、《陕西省审计厅考勤办法》等30多个规章制度，进一步规范了管理，取得了良好效果。八是加强审计执法检查，制定了审计收缴违纪资金专户管理制度。九是严格审计执法，防范审计风险，提高审计质量，使全省审计工作逐步走上了法制化、制度化轨道。

本级预算执行审计 按照《中央预算执行情况审计监督暂行办法》，于1995年以程安东省长第26号令发布了《陕西省财政预算执行情况审计监督暂行办法》，全省118个省、地区和县（区、市）审计机关开始实施对本级预算执行情况进行审计。1996年，审计厅对1995年省级预算执行情况审计结果报省政府后，程安东省长批示："你们的做法很好，有力地促进了财政改进工作，实现了有效监督。向人大常委会报告之后，有些问题财政改进程度，还可以定期检查、监督"。1998年，李淑琴厅长受省政府委托向省人大常委会所作的《关于1997年省级预算执行和其他财政收支情况审计工作报告》，受到一致好评。

在开展本级预算执行情况审计的同时，各级审计机关积极开展对下一级政府的财政决算审计，每年的审计覆盖面都在30%以上，为强化预算管理和监督，维护财经法纪起到了积极的作用。5年来，全省各级审计机关进行预算执行审计和上审下的财政审计，共审计单位5831个，查出违纪违规资金46.7亿元。

各专业审计 1、金融审计 5年来全省各级审计机关按照审计署的统一部署，对农业银行、建设银行、中国银行、信托投资公司、证券公司等金融机构的1960个单位进行了审计，查出违纪违规资金62.07亿元。2、行政事业审计 全省共审计教育、民政、工商、公安、计划等行政事业单位12659个，查出违纪违规金额16.12亿元。3、企业审计 全省共审计了7717户企业，查出各类违纪违规资金37.5亿元，其中，应上缴财政资金2.25亿元，应核减财政拨款或补贴7.8亿元，已上缴财政资金1.6亿元，追还侵占挪用资金2.35亿元。在审计中，查出虚增利润7.73亿元，虚减利润2.84亿元，国有资产流失和损失浪费7.18亿元。4、固定资产投资审计 全省共完成基本建设审计项目4419个。其中，固定资产投资项目4055个，城市公用企业、事业单位183个，建筑安装企业181个，审计资金总额290.4亿元。查出违规违纪金额10.87亿元，应收缴财政资金3088万元。经审计处理应追还挪用资金1.52亿元，核减工程结算1.17亿元，促进增收节支4720万元。5、农业资金审计 组织对扶贫资金、农业投入资金、水利资金、林业资金、农业综合开发资金、"甘露工程"资金、国有土地出让金等农业专项资金进行了审计或审计调查，审计单位2428个，查出违纪违规资金2.85亿元，收缴财政资金869万元，归还原资金渠道1亿元，促进增收节支872万元。6、外资审计 全省共审计国际贷援款项目23个，审计378个项目执行单位，出具对外公正审计报告36个，下达审计意见书及审计决定331个，查处违纪违规资金1.72亿元，收缴违纪资金554万元，提出审计意见和建议230条，追回被侵占挪用的项目资金5800万元。

审计科研与成果 全省自1994年以来，完成了8项重点审计科研课题，总计12万字，在省部级刊物发表。其中，1995年撰写的《社会主义市场经济审计基本理论研究》、1997年撰写的《论预算执行审计》课题，摘取全国优秀审计论文桂冠，获得一等奖；《现代内部审计基本理论的若干研究》课题，1996年获中国内部审计学会优秀论文二等奖；《关于非国有经济审计几个基本理论问题的初探》课题，获全国优秀审计科研论文三等奖；《市场经济体制下社会审计中介服务的功能与作用》课题，获陕西省政协、陕西省政府要素市场优秀论文奖，编入《要素市场初控》一书出版发行。

教育培训 全省共举办各种类型培训班119期，培训干部职工3745人次；举办审计专业大专班5届，学历教育312人，已取得毕业证书156人；参加自学、函授、夜大的干部职工589人。

**地址** 西安市南四新街101号
**电话** 029—7612180
**邮编** 710002 *（冯卓北）*

**【西安市审计局】** 1998年底，共有干部、职工108人，其中大学生21人，大专生60人；局长1人，副局长2人，总审计师1人。设有办公室、政工处、综合处、工交审计处、商贸审计处、基建审计处、财政金融审计处、行政事业审计处、农业审计处、外资审计处、调研处、审计事务所和审计服务中心等机构。

审计工作成果 共完成省审计厅和领导交办的审计项目（单位）1500个；完成审计调查34项，调查单位561个；共查出违纪违规金额196489万元。配合市纪检、监察等部门查处多起经济案件，为反腐败和社会稳定发挥了积极作用。

完成市委、市政府交办任务 共完成交办的重大审计查证任务19项。1995年,完成了对市粮油进出口公司和融迪公司的审计查证,按市纪委决定,对公费变相出国(境)旅游进行了专项审计。1996年底到1997年6月,抽调业务骨干,对市政开发公司进行审计,清理该公司1993年至1995年修建南二环路和北关正街道路拓宽工程账证,审计金额4.1亿元,查清了问题,为国家挽回了巨额经济损失。1998年,抽调业务骨干协助查处了炭市街副食大楼白条抵库1000多万元和贪污受贿问题,原经理被依法惩处。

内部审计 到1998年底,全市有内部审计机构95个,内审人员525名。

社会审计 共完成委托事项8742个,其中企业验资年检6134项;基建工程预决算765项,核减工程预决算金额14494万元。

受表彰情况 受省审计系统表彰5次,受市政机关工委等部门表彰23次;有23人次受到省审计系统表彰奖励,117人次受市级以下领导机构的表彰奖励,其中1人为市级劳模。

**地址** 西安市青年路79号
**电话** (029)7315467
**邮编** 710003 (贾培材)

**【西安市莲湖区审计局】** 到1998年底,实有人数12人,其中:局长1人,副局长1人;大专学历10人;会计师5人,注册会计师2人,审计师5人,经济师1人。

审计工作成果 完成审计项目279个,审计资金15亿元,查处违规金额9857.46万元,收缴入库393.15万元,促进增收节支680万元。

**【西安市新城区审计局】** 到1998年有干部、职工14人。其中大学生2人,大专生8人;局长1人,副局长1人。

审计工作成果 审计301个单位,查出各类违规违纪资金总额1872万元,应缴财政资金445万元,实交入库364万元,追还侵占挪用资金130万元,查出国有资产流失170万元。提交审计调查报告及信息11篇。

5年来,连续三年对本级财政预算执行情况进行了依法审计。还依照有关法规,对换届、调动离任的区级中层领导近40人进行了任期经济责任审计,依据提供的资料,对被审计对象作出客观、公正、准确的评价,为组织部门调配使用干部提供了可靠的依据。

**【西安市碑林区审计局】** 到1998年底共有干部17人,其中:大学文化程度2人,大专102人;局长1人,副局长2人。

审计工作成效 共完成审计项目268项,审计单位244户,完成审计调查23项,查出违规违纪金额13196万元,同纪委、监察等部门配合共查出各种经济案件15起,上缴区财政287万元,向人大、政府提交审计报告15篇。

完成区委、区政府交办的任务 共完成交办的工作任务45项。先后开展对区属国有企业股份制调查、专项资金的审计调查,发挥了审计监督的作用。加强了对领导干部任期内的经济责任审计,结合碑林区的实际,1996年制定了《碑林区领导干部任期经济责任审计办法》,由区纪委和和区委组织部授权审计局实施。几年来先后对区级中层领导干部的调动、提升、离任前的经济责任进行客观、公正、实事求是的审计30项,得到了区委、区政府领导的充分肯定。

**【西安市雁塔区审计局】** 1998年底,有干部、职工14人,其中:大专文化程度11人,高级审计师1人,审计师3人,具有注册会计师资格2人;局长1人,副局长1人。

审计工作成果 共完成审计项目277项,其中:行政事业审计92项,财政金融审计53项,企业基建审计111项,领导交办审计21项。共查出违纪违规资金13201万元,上缴财政405万元,追还侵占挪用资金980万元,减少财政拨款和补贴14万元,为国家增收节支1530万元,提供信息报告89篇。1994年本区南尧头面粉厂因为亏损,使几万户存粮农民取不到面粉,造成围攻乡政府,抢面粉厂,组织上访团进行上访等,情况十分严竣。区委、区政府领导决定,由审计局对该面粉厂十年账目进行审计。经审计,查出了亏损原因和问题,并提出了解决问题的办法,使矛盾得到了缓解,维护了社会稳定。1998年为配合粮食系统改革,抽调7名业务骨干,对未央区1992年至1998年5月底粮食新增财务挂账进行了审计,查清了该区粮食亏损挂账情况。

**【西安市灞桥区审计局】** 截止1998年底,全局共有干部、职工20人。其中大学文化程度2人,大专8人,具有中级技术职称7人;局长1人,副局长1人。

审计工作成果 全局完成审计单位和项目319项(个),查出违规资金29610万元,应上缴财政963万元,已收缴354万元。

完成政府交办任务 共完成区委、区政府交办工作98项,主要是厂长(经理)任期经济责任审计、企业破产清算工作、清理预算外资金及各级财政部门的预算账户、区人武部各项经费及债权债务审计、群众来信查处、参与区企业改制工作、检查经济洽谈项目资金到位情况、财税物价大检查及区委交办的领导干部任期经济责任审计。特别是1998年领导干部任期经济责任审计，在本区属首次开展。审计实施先后仅用一个月时间，对本区58名领导干部近三年经济责任目标完成情况，个人决定审批的财政收支情况，个人在奖金、福利、住房、公款招待支出及个人在任期发生的债权债务的真实合法性等方面进行了审计。

**【西安市未央区审计局】** 到1998年底共有干部、职工15人。其中：大学1人，大专9人，高级审计师1人，审计师3人；局长1人，副局长1人。

审计工作成果 共完成审计项目192个，审计单位192户，完成审计调查8项，调查单位21个，审计金额123128万元。共查出违纪违规金额1140万元，上缴区财政110万元。共提交审计综合报告22篇。

完成区政府交办任务 共完成交办工作任务18项。尤其是对区领导交办的飞天科贸总公司审计，共抽派9名业务能力较强的审计干部，一名副局长亲自挂帅，组成3个审计小组，历时45天，对该公司及其下属的4个单位，4年的财务收支情况进行了审计，通过内查外调，落实该公司在有关银行的贷款1.2亿元，明确了债权债务，摸清了家底。同时还配合机构改革，对在政府机构改革中撤销合并单位的财务收支情况进行了审计。

完成上级下达的审计任务 共完成省、市审计机关下达的审计任务174项，审计单位174个，审计金额123128万元。

**【西安市闫良区审计局】** 到1998年底，有干部、职工13人。其中：大专生5人；局长1人，副局长2人。

审计工作成果 共完成审计项目194个，审计单位283户；共查出违纪违规金额2067万元。上缴区财政323万元。共提交审计报告194篇。

完成区政府交办任务 共完成交办的工作任务60项，审计单位76个。1996年度，先后对全区33个区级机关和乡街、50名区级中层领导干部进行了离任审计，收回大哥大7部，BP机15部，摩托车5辆，照相机1架，价值22万元。1998年抽调2人，参与区企业改制，对造纸厂进行清理审查，历时305天，查出大案要案一个，挖出经济蛀虫2人，移交区检察院。

**【西安市临潼区审计局】** 到1998年底，人员26人。其中：大学生4人，大专生3人；局长1人，副局长2人。

审计工作成果 共完成审计项目345个，审计单位321户；完成审计调查15项，调查单位112户；审计金额356784万元。共查出违纪违规金额2855万元。同区纪检、监察、信访等部门配合，查出各种经济案件20起，向司法机关移送案件1起，为经济发展和社会稳定发挥了作用。上缴区财政335.3万元；共提交审计报告69篇。

完成区政府交办任务 共完成交办的工作任务75项，审计清理单位643个，为区委、区政府及时做出正确决策打下了良好基础。

完成上级下达审计任务 共完成省、市审计机关下达的审计任务270项，审计单位225个。

**【长安县审计局】** 到1998年底，有干部、职工19人。其中：大学生1人，大专生8人，高级审计师1人，审计师3人，会计师7人；局长1人，副局长3人。

审计工作成果 共完成审计项目474个，审计单位474户；完成审计调查28项，调查单位72个。审计资金总额98500万元，共查出违纪违规资金4770万元。上缴县财政294万元。共提交审计结果报告474篇。

完成县委、县政府交办任务 共完成交办的工作任务12项。其中1998年完成4项：一是县自来水公司财务收支管理和有关资产情况审计；二是县各机关、单位和干部职工为灾区群众捐助的抗洪救灾款物的审计；三是对县“见义勇为专项资金”进行了审计；四是对县13个地区管理所1995年—1998年的财务收支及有关资产情况进行了审计，并对乡、镇政府财政所耕地占用税的征收、上解和土地局安置费的收取情况进行了调查，提出了12条处理意见和4条建议。

**【高陵县审计局】** 1998年末有干部、职工15人，其中：大学1人，大专4人；局长1人，副局长1人。

审计工作成果 共完成审计项目283个，审计单位279户；完成审计调查14项，调查单位38个。审计金额234305万元，共查出违纪违规金额4214万元。同县纪检、监察等部门配合，查出各种经济案件13起，为社会稳定发挥了作用。上缴县财政230万元；共提交审计信息16篇。

完成县政府交办任务 1998年配合经贸委完成县政府交办关于闫良造纸厂承包高陵县造纸厂合同结算及同济造纸厂账务核查工作，配合县财政局完成县政府交办县物资总公司波威公司分立清算工作。完成县政府交办的推行村务公开工作，制定了高陵县农村财务审计制度。

完成上级下达审计任务 共完成省、市审计机关下达的审计任务213项，审计单位213个，审计金额183420万元。

**【蓝田县审计局】** 到1998年底，有干部、职工21人。其中：大学生2人，大专生6人；局长1人，副局长2人。

审计工作成果　共完成审计项目298个,审计单位287户;完成审计调查132项,调查单位96个;查出违规金额1894万元,应归还侵占挪用资金1038万元,应缴财政资金141万元,上缴县财政100万元,提交审计工作报告、信息98篇。同县纪检、监察、财政等部门配合,查处各种经济案件25起,对经济领域内的违纪行为起到了震慑作用。

完成县政府交办的任务　共完成交办的工作任务18项,审计涉及单位69个。1997年3月为配合企业改制,抽调8人对全县12个企业进行清产核资,历时45天,摸清了企业家底,为县委、县政府宏观决策提供了依据,为企业改制打下了良好的基础。1998年11月,配合县中心工作,积极参与扶贫活动,并负责对全县资金进行审计。

**【户县审计局】**　到1998年底有干部、职工50人。其中:大学生2人,大专生28人;局长1人,副局长1人。

审计工作成果　共完成审计项目和单位369个,查出违纪违规金额4280万元,其中:应追还挤占挪用资金499万元,应收缴财政资金328万元,已入库326万元,促进增收节支934万元,向上级党政机关及新闻单位提交报告、信息112篇。

完成县领导交办任务　完成交办的工作任务117项。1996年6月至1998年初,对领导关心、群众关注的全县21个乡镇"普九"集资项目的竣工决算及财务收支情况进行了审计,审计总金额5620万元,挽回损失189万元。1998年,对21名县级部门及乡镇主要领导任期内的经济责任进行了审计,共查出违纪违规金额220万元,应收缴财政及归还原资金渠道41万元,移送纪检部门处理1人。

完成上级下达的审计任务　5年里,共完成上级审计机关下达的审计任务258项,审计总金额17568万元。

**【周至县审计局】**　1998年底,有干部、职工28人。其中:大专生7人;局长1人,副局长1人。

审计工作成果　共完成审计项目501个,审计单位638户;完成审计调查35项,调查单位80个;共查出违纪违规金额4495万元,上缴县财政303万元;共提交审计报告638篇。

完成县政府交办任务　共完成交办的工作任务271项。1997年4月按照县政府要求,对15个乡镇农村合作基金会的财务收支及营运情况进行全面审计调查。1995年设立基建审计科,截止1998年共完成工程决算审计项目54个,审计金额10010万元,核减金额461万元。1997年对县政府办公楼峻工决算和部分装饰工程审计中,工程报审数390.2万元,核减101.2万元。

**【铜川市审计局】**　到1998年底,有干部、职工44人。其中:大学生7人,大专生21人;局长1人,副局长2人。设有办公室、监察室、综合科、财政金融审计科、行政事业审计科、农林水审计科、商贸审计科、工交审计科、基本建设审计科、社审内审指导科、审计事务所等机构。

审计工作成果　共完成审计项目及单位560个,审计调查28项,调查单位106个。共查处违规违纪资金20,299万元,上缴市财政294.24万元,减少财政拨款和补贴11万元,归还原渠道资金金额753.46万元。提交的审计工作报告等被采用28篇。

完成交办任务　共完成市委、市政府交办的各项审计任务16个(项),查处违规资金6,324.92万元,上缴市财政资金50万元。配合纪检、监察部门查处经济案件3起(件),为国家挽回经济损失23万元。

内部审计　截止1998年底,共有内审机构14个,专(兼)职内审人员32人。

社会审计　1998年底从业人员有20人,比1994年增加2.5倍。5年来共完成委托项目952项。通过审计,核减基建决算金额1,200万元,核减虚假注册资金700万元,为委托单位追回损失200万元。

受表彰情况　1994—1996年连续三年被省厅评为审计利物发行工作先进单位,1997年被省厅评为"农业综合开发资金审计"先进单位,1998年被省厅评为"林业生态建设资金审计调查"、"水利专项资金审计"、"行政事业专项资金审计"先进单位。共有18人(次)受到省厅及市委、市政府的表彰。

**地址**　铜川市正阳路9号
**电话**　0919—3183099
**邮编**　727100　*(张子耀)*

**【铜川市城区审计局】**　到1998年底,有人员10人。其中:大专学历6人,具有中级技术职称4人。

审计工作成果　共审计单位152个,完成审计调查12项,调查单位20个;查出各类违纪违规资金778.44万元,上缴财政资金38.49万元,追还被侵占挪用奖金41.26万元,共提交审计报告152篇。

完成区政府交办任务　共完成交办的审计单位75个。完成了对37个领导干部的离任审计,客观公正地对离任干部作出了评价。1995年配合区政府机构改革工作,完成了对14户行政撤并单位的清产核资审计,通过对239.97万元的资金审查,查出违纪违规资金5.93万元，为区机构改革工作顺利进行奠定了良好的基础。1998年为理顺村级财务工作，审计组人员历时两个多月，审查村委会财务24户，查出违规资金50.21万元。

完成上级下达审计任务　共完成省、市审计机关下达的审计任务99项，审计单位131个，查出违纪违规金额598.10万元。

**【铜川市郊区审计局】**　现有13人。其中：局长1人，副局长2人；大专生6人，中级职称6人。

审计成果　共完成审计项目134个，审计单位134户；完成审计调查8项，调查单位45个；审计金额193,401万元，共查出违纪违规金额1526.36万元，上缴财政107.97万元；共提交审计报告134篇。

完成区政府交办任务　共完成交办任务52项。配合组织、人事部门完成离任审计项目45个，审计金额94133.33万元，查出违纪违规金额427.6万元。

完成上级下达的审计任务　共完成省、市审计机关下达任务89项，审计单位123个，审计金额99268.77万元。

**【审计厅铜川审计处】**　到1998年底，人员为8人。其中：大学2人，大专4人。

审计工作成果　共完成审计单位30户；完成审计调查32项，调查单位24个；共查出违纪违规金额5,797万元，上缴财政83万元；提交审计综合报告2篇。

**【耀县审计局】**　1998年底，为19人。其中：大学生3人，大专生11人；具有中级职称6人；局长1人，副局长2人。

审计成果　共完成审计项目及单位278个，审计调查16项，调查单位56个。共查处违规金额4278.30万元，上缴县财政269.32万元，减少财政拨款和补贴124.39万元，归还原渠道资金金额188.37万元。提交的审计工作报告等被采用46篇。

完成党政交办任务　5年来共完成县委、县政府交办的希望工程、扶贫开发、企业改制、村财务公开、领导干部任期经济责任等审计任务73个(项)，查处违规资金286.14万元，上缴县财政资金20.16万元。

**【宜君县审计局】**　到1998年底，人员为13人。其中：大学生3人，大专生3人；局长1人，副局长1人。

审计工作成果　共完成审计项目单位210户。完成审计调查7项，调查单位137个；共查出违纪违规资金748.38万元；应追还侵占挪用资金333.67万元；上缴县财政27.72万元。共提交审计报告210篇。

完成县政府交办任务　共完成交办的工作任务94项。1994年10月，为配合机构改革，集中力量成立3个审计组，审计单位21户，为全县机构改革顺利进行奠定了基础。

完成上级下达审计任务　共完成省、市审计机关下达的审计任务116项。1997年首次开展同级预算执行情况审计，审计单位11个，调查单位18个，审计资金总金额5880万元，查出违纪违规资金128万元。1998年6月，赴耀县进行粮食亏损挂账审计，审计资金总额10198万元，检查出粮油贷款及未付利息8581万元，圆满完成审计任务。

**【宝鸡市审计局】**　到1998年底，在职人员为77人，其中：大学本科17人，大学专科33人，中级以上职称50人；局长1人，副局长3人。内设办公室、政工科、行政事业审计科、财政金融审计科、工交企业审计科、商贸企业审计科、基本建设审计科、农业审计科、外资审计科、审计处一科、审计处二科等机构。

审计工作成果　共完成审计项目和单位4227个；完成审计调查77项，调查单位834个；审计中共查出违纪违规金额88689万元，上缴财政资金1911万元。提交审计报告116篇；撰写审计信息、案例分析等808篇，自办《审计信息》186期，被各级党政机关和新闻单位采纳448篇。

完成党政领导交办任务　共完成交办的工作任务145项。5年间，对工贸城建设项目、经二路改造工程、冯家山引水工程、安居工程等6个重点基建工程项目进行了全面审计，审减投资391万元，节省了投资，维护了国家利益。

完成上级下达审计任务　共完成审计任务56项，审计单位223个。

受表彰情况　受省审计系统表彰8次，市委、市政府表彰10次，1997年被审计署、人事部表彰为全国审计系统先进集体；共有14人次被省审计系统表彰，26人被表彰为市级先进个人。

**地址**　陕西省宝鸡市广元路6号
**电话**　0917—3222412
**邮编**　721000（苏正乐　段宝中）

**【宝鸡市渭滨区审计局】**　到1998年底，共有10人，其中：大专生6人；局长1人，副局长1人。

审计工作成果　共完成审计(调查)项目108个，审计单位304户，查出违纪违规金额2442.21万元，上缴财政106.58万元，提交审计报告108篇。协助纪检、监察等部门处理各种案件15起，收到良好的社会效果。

审计事项　1996年在公路行业审计中，查出金渭公路管理段将收取的路政赔偿收入1.5万元账外私存，胡花乱用等问题，收回个人私分公款5800元，2名直接责任人受到党纪、政纪处分，调离原工作岗位；1998年在领导干部任期责任审计中，对查出的问题，与区委组织部联合下发通报，要求各单位及时纠正、堵塞漏洞，促进了机关廉政建设，完善和加强了干部监察制约机制。

**【宝鸡市金台区审计局】** 到1998年底，有干部、职工14人，其中：大学本科4人，大专5人，审计师5人，注册会计师1人；局长1人，副局长1人。

审计工作成果 共完成审计项目44个，涉及被审计单位171户；完成审计调查项目8个，调查单位382户。共查出各种违纪违规资金2995.84万元，应缴财政1895.7万元，已收缴入库106.91万元；提交综合、专项报告18篇，审计信息15篇，向被审计单位提出意见建议已被采纳91条。

完成领导交办任务 共完成交办的工作任务18项，涉及审计单位23个。1994年根据机构改革的实际情况，对全区25个撤并和领导离任单位进行了全面审计，审计资金总额133万元，查出违纪违规资金32.94万元；1998年根据班子换届的实际情况，安排领导离任审计10个单位，为区委、区政府正确决策提供了可靠依据。

**【宝鸡县审计局】** 到1998年底，共有干部、职工26人（含退休1人）。其中：大学本科3人，大专专科6人；局长1人，副局长2人。

审计工作成果 共完成审计项目49个，审计单位603户；完成审计调查25项，调查单位76个；向上级审计机关和县政府提交审计报告25篇。共查出违纪违规资金3594万元，上缴县财政145万元。提交审计信息、案例、分析等135篇，被各级采用67篇。

完成县政府交办任务 共完成交办的审计任务12件，审计20个单位。每年抽出审计骨干，参与全县财政税收和地方财政收入检查，为财政增收136万元。

**【岐山县审计局】** 到1998年底，共有人员16人。其中：大学生1人，大专生6人；局长1人，副局长1人。

审计工作成果 共完成审计项目（单位）317人，审计总金额147197万元。共查出违纪违规金额2697.2万元，追还侵占挪用资金330.1万元，上缴县财政153.3万元。共提交审计报告信息80篇。

完成县委、县政府交办任务 共完成交办的工作任务30项。

完成上级下达审计任务 共完成省、市审计机关下达的审计任务20723，查出违纪违规金额1600万元。

**【凤翔县审计局】** 到1998年底，人员为30人。其中：大专以上文化程度17人；中级专业技术职称以上16人；局长1人，副局长2人。

审计工作成果 共完成审计项目或单位305个；完成审计调查19项，调查单位138个；审计金额107630万元；审计查出违纪违规金额2690万元。配合纪检、监察、信访部门查处经济案件1起，上缴县财政319.3万元；共提交审计报告、信息、案例181篇，被各级政府部门和新闻单位批示采用84篇。

完成县政府交办任务 共完成交办的工作任务36项，审计单位171个。先后参与完成了县属国有企业改制、全县机构改革清产核资和财务清理工作，部门领导任期财务审计和行业专项审计检查等工作，并取得了好的成绩。

完成上级下达审计任务 共完成省、市审计部门下达审计任务234项，审计调查任务12项。

**【陇县审计局】** 1998年底有干部、职工18人。其中：大专学历8人；局长1人，副局长2人。

审计工作成果 共完成审计项目179项，审计单位314户；完成审计调查11项，调查单位92户；审计金额190041万元，共查出违纪违规金额3005.56万元。同县纪检、监察、信访等部门配合，查处并移交司法机关案件1起，为维护社会稳定发挥了作用。上缴县财政292.99万元；共提交审计报告179篇。

完成县政府交办任务 共完成交办的工作任务32项。1996年11月对全县计划外生育费的收缴、管理、使用情况进行了审计。对几起贪污、挪用计划外生育费的违纪问题进行了处理，对被审计的19个乡镇发出了审计结论。1997年为配合全县机构改革和企业改制，对4户大企业进行了资产核实和财务审计，为企业改制打下了基础。

完成上级下达审计任务 共完成省、市审计机关下达的审计任务147项，审计单位314个，审计金额190,041万元。

**【太白县审计局】** 到1998年底，人员共有12人，其中：大专以上学历3人；局长1人，副局长2人。

审计工作成果 共完成审计项目224个，审计单位245个；完成审计调查3项，调查单位34个；审计金额30368万元，共查出违纪违规金额9058.6万元。同县纪检、监察等部门配合，查处各种经济案件7起，为社会稳定发挥了作用。上缴县财政261.1万元，追还被侵占挪用专项资金93.4万元；共提交审计报告182篇，撰写审计案例、经验材料、信息35篇，其中被省市审计系统刊物和市级报纸采用24篇。

完成审计任务情况 共完成专项和重点审计工作任务33项，

审计单位48个。1994年到1995年,针对“小金库”、“公款私存”等腐败现象,审计人员依法审计,累计查处违纪金额50余万元。

【麟游县审计局】　到1998年底,人员为8人。其中:大专2人;局长1人,副局长1人。

审计工作成果　共完成审计项目(单位)194个。完成审计调查16项,调查单位51个;审计金额7998万元,共查出违纪违规金额774.2万元。同县纪委、监察等部门配合,查处各种经济案件3起,上缴县财政17.7万元;共提交审计综合分析报告38篇。

完成县委、县政府交办任务　共完成交办的工作任务8项,审计或调查单位23个。1998年对8个乡镇党政主要负责人任期经济责任进行了审计。

完成上级下达审计任务　共完成省、市审计机关下达的审计任务63项,审计单位183个,审计金额7897万元。

【扶风县审计局】　1998年底有干部、职工24人。其中:大学生1人,大专生11人;局长1人,副局长2人。

审计工作成果　共完成审计项目412个,审计单位489户;完成审计调查17项,调查单位72个。共查出违纪违规金额6855.6万元。配合纪检、监察等部门,查处各种经济案件6起。上缴县财政182.9万元;共提交审计报告94篇。

完成县政府交办任务　共完成交办的工作任务64项,审计清理单位84个。1998年3月至12月,配合全县企业改制工作,完成了扶风县改制企业的资产负债损益审计和改制前的资产评估工作,全面真实地反映了企业的资产负债及所有者权益。1997年,对15个乡镇和县教育局1994年至1997年“普九”集资款的征收、管理和使用情况进行了全面检查,有力地推进了“普九”达标进程。

完成上级下达审计任务　共完成省、市审计部门下达的审计任务271项,审计单位293个,审计金额39139.4万元。

【千阳县审计局】　1998年底有干部、职工10人,其中:大学生3人,大专生7人;审计师5人;局长1人,副局长1人。

审计工作成果　共完成审计项目182个,审计单位320户;完成审计调查5项,调查单位23个;共提交审计(调查)报告187篇;审计金额15,403.4万元,查出违纪违规金额1,506.1万元,上缴县财政32.7万元。配合纪检、监察部门查处经济案件3起。

完成县政府交办任务　共完成交办的工作任务7项,审计单位86个。1996年到1998年,参与工商企业清产核资6户,企业破产清算3户,配合完成工商企业改制16户。1994年、1998年配合县、乡政府换届,共完成政府部门领导和乡镇长离任审计28人,健全完善了千阳县领导干部任期经济责任审计暂行办法。

完成上级下达审计任务　共完成省、市审计机关下达的审计任务132项,审计单位211个,审计金额13246万元。

【眉县审计局】　到1998年底,有17人。其中,大学生1人,大专生10人;局长1人,副局长3人。

审计工作成果　共完成审计项目258个,审计单位318户;完成审计调查16项,调查单位128个;审计金额182658万元,共查出违纪违规资金额5133.3万元,上缴县财政105.2万元;共提交审计报告258篇。

完成政府交办任务　共完成县委、县政府交办的工作任务43项,审计单位78个。特别是1998年,为配合全县国有企业改制,参与并负责眉县工商企业清产核资小组,对陕西省太白酒厂等19户企业进行了清产核资,摸清了企业的家底。

完成上级下达审计任务　共完成省、市审计机关下达的审计任务199项,审计单位240个,审计金额182658万元。

【凤县审计局】　到1998年底,实有15人,其中:大专生7人;局长1人,副局长2人。

审计工作成果　共完成审计项目94个。审计单位263个;完成审计调查9项,调查单位45个;审计金额17.8亿元。共查出违纪违规金额2172万元,收缴违纪资金251.6万元。同纪检、监察部门配合,查处经济案件12起。向上级审计机关和本级政府提交综合审计报告31篇。

完成县委、县政府交办任务　共完成交办的工作任务19项,审计单位26个,对18名县属国有企业和国有控股企业领导人任期经济责任进行了审计。对7名行政、事业单位领导干部任期经济责任进行了审计。

完成上级下达审计任务　共完成省、市审计机关下达的审计项目55个,审计单位156户,审计总金额13.3亿元。

【咸阳市审计局】　到1998年底,有81人,其中大学生16人,大专生35人;局长1人,副局长2人,纪检组长1人。设有秘书科、综合科、内社审指导科、财政税务审计科、行政事业审计科、金融外资审计科、基本建设审计科、工交企业审计科、商粮贸企业审计科、农林水审计科和咸阳审计处一科、二科。

审计成果　共完成项目(单位)审计4661个,完成审计调查1261项,调查单位898个,共查出各类违规金额57322万元,上缴各级财政5515.8万元,减少财政拨款和补贴3500万元,追还被侵占挪用资金5667万元,提交审计报告963篇。同纪检、监察、信访等部门配合,查处各类经济案件13起,为社会稳定发挥了积极作用。

完成市委、市政府交办任务 共完成交办任务2892项,涉及单位315个。1998年先后完成了对市印染厂1993年以来财务收支和基建技改项目的审计;完成了对市无线电二厂的查账工作,涉及资金3亿多元;完成了对市某集团公司审计,审计金额几十亿元,审计单位40余户,查出违规金额千万元,向市政府提交了审计情况报告。

完成上级下达的审计任务 共完成审计任务22692项,审计单位2879个。

内部审计 到1998年,内部审计机构有4000个,有内审人员1120名。

社会审计 共接受社会委托项目92912项,核减基建决算3728万元,核减虚假注册资金29007万元,为委托单位挽回经济损失1454万元。

受表彰情况 受人事部、审计署表彰1次,受省审计厅表彰19次,受市委、市政府表彰14次,共有24人次受省审计厅表彰奖励。

**地址** 咸阳市渭阳中路6号
**电话** 0910—32010269
**邮编** 712000(魏俊汉 王来会)

**【咸阳市秦都区审计局】** 到1998年底,共有人员11人。其中大学生2人,大专生4人;局长1人,副局长2人。

审计工作成果 共完成审计项目229个,审计单位241个。审计调查17项,调查单位67个。审计金额18174万元,共查出违纪违规金额4123万元。会同区纪委、监察部门查处各种经济案件5起。上缴区财政245.63万元;共提交审计报告241份。

完成区委、区政府交办任务 共完成交办的审计工作任务120项,审计清理单位120个。1996年以来开始尝试并逐步推开了领导干部离任审计,先后对38名县级以下领导进行了任期经济责任审计,涉及金额310万元,收缴区财政57万元。

完成上级下达审计任务 共完成省、市审计机关下达的审计任务109项,审计单位109个,审计金额7936万元。

**【咸阳市渭城区审计局】** 到1998年底,有干部、职工21人。其中:本科生3人,大专生8人;局长1人,副局长1人。

审计工作成果 共完成审计项目152个,审计单位345户;完成审计调查35项,调查单位62个;审计金额26767万元,共查出违纪违规金额1685万元。配合区纪检、监察、信访等部门,查出各种经济案件8起,上缴区财政326万元;共提交审计报告152篇。

完成区委、区政府交办任务 共完成交办的工作任务48项,审计清理单位186个。1997年,为配合全区财政改革,组织抽调18人对全区所有行政事业单位的预算外资金进行了三次拉网式调查,摸清了全区预算外资金分布状况,为政府领导决策提供了依据。1998年,在清理欠税工作中,清理欠税120多万元,涉及单位30多个。工程预决算工作开展后,共完成决算审计项目26个,审计金额2580万元,工程核减金额200多万元,维护了国家利益。

完成上级下达审计任务 共完成上级审计机关下达的审计任务130项,审计单位226个,审计金额25784万元。

**【咸阳市杨陵区审计局】** 到1998年底,人员有11人。其中:大学生1人,大专生4人;局长1人,副局长2人。

审计工作成果 共完成审计项目124项,审计单位124个,完成审计调查15项,调查单位15个,共查出违纪违规金额436万元,上缴区财政27.7万元,共提交审计报告26篇。

完成区委、区政府交办任务 共完成交办的工作任务28项,审计清理单位28个。1998年3月,参与了杨陵面粉厂、区生产资料公司、区合金材料厂、区商业局的资产负债损益情况的审计,共抽调7人,历时70多天,摸清了企业家底,为领导决策和企业改制提供了依据。

完成上级下达审计任务 共完成省、市审计机关下达的审计任务106项,审计单位106个。

**【兴平市审计局】** 到1998年底,有干部、职工34人。其中大学本科2人,大专15人;局长1人,副局长3人。

审计工作成果 共完成审计项目48大项,审计单位284个;完成审计调查21项,调查单位75个。共查出违纪违规资金6286万元,收缴财政364万元,追还被侵占挪用资金579.76万元,促进增收节支206万元;提交审计报告和信息报导92篇,被上级审计机关及新闻机构采纳录用76篇。

完成市委、市政府交办任务 共完成141项。1997年完成交办任务三大项28个,其中查出违规资金1742万元,追回归还挪用资金245万元,收缴财政31万元;1998年接受当地政府交办任务51项,其中科级领导任期经济责任审计28项,基建竣工决算审计4项,财务收支审计19项,共查出违规资金953.88万元,处理违规资金836.5万元,收回上缴财政25.2万元。1998年,开展了粮食企业亏损挂账交叉审计，共查出不合理占贷739万元，核减亏损挂账286万元，圆满完成了审计任务。

**【礼泉县审计局】** 到1998年底，人员为25人。其中：大学生1人，大专生8人；局长1人，副局长1人。取得会计师资格1人，审计师1人。

审计成果 共完成审计项目224项，审计单位267户；完成审计调查14项，调查单位56个，共查出违纪违规资金3153.15万元，罚款42.31万元，上缴县财政226.81万元，为社会稳定发挥了作用。

完成县委、县政府交办任务 共完成交办工作任务12项，审计清理单位22个。1998年在对县医院审计中，查出1990年以来三届领导班子都设“小金库”，累计金额达44.16万元，为查处县级各单位设立“小金库”打开了突破口。1995年在对城关镇敬老院审计中，县法院判决城关镇政府赔偿原民政干事1982年—1988年任职期间为建敬老院借款筹措材料等支出计8万余元，经审计核减赔款7.5万元，减少了国家损失。截止1998年底，共完成工程决算审计单位4个，审计金额491.04万元，核减基建工程金额11.56万元，核增1.8万元。

完成上级下达任务 共完成市审计机关下达任务135项，审计单位156个。

**【永寿县审计局】** 到1998年底，有干部、职工20人。其中：大学毕业1人，大专毕业4人；局长1人，副局长2人。

审计工作成果 共完成审计项目212项，审计单位313个；完成审计调查10项，调查单位50户；审计总金额98915万元，共查出违纪违规资金1498万元。同县纪检、监察等部门配合，参与查处各种经济案件5起，为社会稳定发挥了一定的作用。共上缴县财政87万元；提交审计报告等共计52篇。

完成县政府交办任务 共完成交办工作任务57项，审计单位65个。1996年初成立基建审计组，截止1998年底完成工程决算审计项目32个，审计金额2800余万元，审减金额87万元。

完成上级下达审计任务 共完成省、市审计机关下达的审计任务143项，审计单位211个，审计总金额87256万元。1998年，对三原县粮食行业15个单位的新增财务挂账进行清查审计，审计总金额40671万元，查出违规资金557万元，核实了新增挂账数额，为领导决策提供了依据。

**【三原县审计局】** 到1998年底有25人，其中大专以上学历8人，具有审计师资格的有9人；局长1人，副局长2人。

审计工作成果 共完成审计项目320个，完成审计调查14项，查出违规资金3558.34万元，上缴县财政328.74万元。提交审计信息、调查报告等稿件87篇。查处各类经济案件2起，转交纪检、监察或司法机关2起。

完成上级下达审计任务 完成上级审计机关下达的审计任务167项，审计单位308个。

完成县委、县政府交办任务 完成交办的审计任务153项。

**【彬县审计局】** 到1998年底，有人员27人。其中：大学生2人，大专生14人；局长1人，副局长1人。

审计工作成果 共完成审计项目455个，审计单位496个；完成审计调查20项，调查单位61个；审计金额232270万元，共查出违纪违规金额3124.25万元。同县纪检、监察等部门配合，查处经济案件2起，向纪检、司法部门移交经济案件3例，为社会稳定发挥了应有的作用。上缴县财政369.21万元；提交综合报告24篇。

完成县政府交办任务 共完成交办的工作任务117项。1995年下半年，完成了36个单位领导离任经济责任审计，审计总金额6580.12万元，查出违纪违规资金479.79万元，上缴财政5.3万元，追还挤占挪用专项资金159.35万元；核实固定资产6992件，974.61万元，查出账外固定资产33.1万元。5年间，共完成工程财务决算审计116个项目，审计总金额9061万元，核减工程造价552万元，追还挤占挪用专项资金137万元，收缴违纪资金155万元。

完成上级下达审计任务 共完成省、市审计机关下达的审计任务148项，审计单位289个，审计金额72372万元。

**【旬邑县审计局】** 到1998年有干部、职工22人。其中：大专生5人，审计师2人，注册会计师4人；局长1人，副局长1人。

审计工作成果 共完成审计项目238个，审计单位226户；完成审计调查16项，调查单位48个；共查出违纪违规资金693.89万元；同县纪检、监察等部门配合完成离任审计26户，查处各种经济案件2起；办理政协议案、人大提案等5件；上缴县财政70.2万元；提交审计报告238篇。

完成县政府交办任务 共完成交办的工作任务99项，审计清理单位168个。1996年为配合企业改革，集中力量，积极参与资产评估等项工作。1997年对县交警队进行了离任审计并对审计处理权限内问题依法进行了处理。1997年在建设资金来源审计——农业局家属楼工程审计中，审计人员经过大量的调查，审核查出挪用支农专款65万元及漏税等问题,县政府就此专门发了通报。

完成上级下达审计任务　共完成省、市审计机关下达的审计任务127项,审计单位210户。

**【长武县审计局】**　到1998年底,有干部、职工18人,其中大专以上文化程度6人,获得审计师和注册会计师资格的6人;局长1人,副局长2人。

审计工作成果　省、市下达审计任务134项,实际完成审计项目236个,完成审计调查18项,调查单位60个;共查出违纪资金1350万元,收缴县财政33万元,向上级提交审计报告及调查报告29篇。同县纪检、监察等部门密切配合,查处各种经济案件9起,理清了财务,确保了一方平安。

完成县委、县政府交办任务　共完成交办的工作任务45项。从1994年到1997年,连续4年抽调业务骨干参加财务物价大检查。1998年,为配合全县机构改革、企业改制,参与并负责全县改制企业的资产评估、清产核资,摸清了企业家底。完成了离任审计31户,加强了对县管领导干部的监督与管理,推进了领导班子建设。

**【乾县审计局】**　到1998年底,有干部、职工28人,其中:大学生2人,大专生6人;局长1人,副局长3人。

审计工作成果　共完成审计项目382个,审计单位361户,完成审计调查12项,调查单位87个,审计金额142761万元,共查出违纪违规金额2326万元,同县纪检、监察、信访等部门配合,查出各种经济案件14起,为经济发展和社会稳定发挥了重要作用。上缴县财政201万元,共提交审计报告382篇。

完成县政府交办任务　共完成交办的工作任务73项。1998年完成了县委交办的30名科级干部经济责任离任审计,对每位干部在职期间的经济责任做出了较为客观公正的评价。1998年参与并负责县水泥厂审计工作,成功地完成了审计任务。1998年县政府交办乾陵大酒店基建工程决算审计,在862万元的工程决算中,核减工程造价151万元,得到了县政府的高度评价。在完成县政府交办的乳品厂财务收支审计中,查出了隐瞒收入,偷漏国家税收90多万元的偷税漏税案件。

完成上级下达审计任务　共完成省、市审计机关下达审计任务152项,审计单位187个,审计金额62870万元。

**【武功县审计局】**　到1998年底,有干部、职工23人。其中:大专生7人;局长1人,副局长2人。

审计工作成果　共完成审计项目158个,审计单位216户;完成审计调查20项,调查单位25个;审计金额9302万元,共查出违纪违规金额270万元。同县纪委、监察、信访等部门配合,查处各种经济案件5起,为当地社会稳定发挥了作用。上缴县财政102万元;共提交审计报告238篇。

完成县政府交办任务　共完成交办的工作任务30项。1997年抽调3人参加了粮食企业改制工作及税源普查工作;1998年抽调15人对县食品公司法定代表人李俊祥经济案件进行了专案审计;对西宝高速公路武功段征迁费的征收、管理、使用情况进行了专项审计,为政府宏观决策提供了依据。1997年成立了基建审计股,截止1998年底,共完成工程决算审计项目20个,审计金额15650万元,核减金额540万元,为被审单位挽回经济损失500万元,维护了国家利益。

完成上级下达审计任务　共完成省、市审计机关下达的审计任务158项,审计单位216个,审计金额25125万元。

**【淳化县审计局】**　到1998年底,人员为17人。其中:大专生3人;局长1人,副局长2人。

审计工作成果　共完成审计项目45个,审计单位315户;完成审计调查4项,调查单位4个;审计金额64000万元;共查出违纪违规金额3943万元。同县纪检、监察、信访等部门配合,查处经济案件1起,为社会稳定发挥了作用。上缴县财政67.81万元;共提交审计报告45篇。

完成县政府交办任务　共完成交办的工作任务15项,审计清理单位64个。1998年6月为配合全县企业改制,参与并负责了全县工商企业清产核资工作。截止1998年底共完成工程决算审计项目46个,审计金额2760万元,审减金额52万元,维护了国家利益。

完成上级下达审计任务　共完成省、市审计机关下达的审计任务33项,审计单位251个,审计金额48000万元。

**【渭南市审计局】**　到1998年底,共有人员90人,其中:大学生15人,大专生36人;局长1人,副局长1人;审计高级技术职称5人,中级职称34人。设有办公室、综合科、财政金融审计科、行政事业审计科、商粮贸审计科、工交审计科、农林水审计科、基本建设审计科、内社审指导科。

审计工作成果　共完成审计项目609项,完成审计调查10项,调查单位22个,共查出违纪违规资金29149万元,应上缴3304万元,同纪检、监察等部门配合,查处各种经济案件15件,提交审计工作报告和信息84篇。

财政审计　共审计预算执行单位34个,审计查处违规金额10458万元,增加财政收入2478

万元。

粮食财务挂账清查审计　对各县(市、区)粮食企业1992年4月至1998年5月新增财务挂账和其他不合理占用农业发展银行贷款进行了清查审计,核减财务挂账4913万元,查处粮食企业和其他部门挤占收购资金4350万元,挤占政策性补贴1509万元。

完成党政交办事项　共完成交办事项25项。1998年,根据市政府领导指示对渭南影剧院已完工程决算764万元和未完工程预算115万元进行审计验证,分别较施工方原报予决算核减263万元和33万元,共为财政节约资金296万元。

完成上级下达审计任务　共完成审计署、省审计厅下达的审计任务2200项,审计单位4328个。

内部审计　1994年共设立内部审计机构318个,内审人员907人。到1998年,内部审计机构有385个,内审人员1047人。

社会审计　共开展审计业务9项,接受社会委托审计单位2481个。

受表彰情况　受省审计系统表彰15次,受市政府表彰10次,共有3人受到省审计系统表彰奖励;45人次受市政府表彰奖励。

**地址**　渭南市东风街83号市政府大院

**电话**　0913—2109188

**邮编**　714000

**【渭南市临渭区审计局】**　到1998年底,有人员23人,其中:大学生1人,大专生10人;局长1人,副局长3人。

审计工作成果　共完成审计项目47个,审计单位565户;完成审计调查26项,调查单位148个;审计金额15672.48万元,共查出违纪违规金额5140.40万元。共提交审计报告565篇。

完成区政府交办任务　共完成交办的工作任务23项。1994年至1997年,积极参加市财税大检查,共审计单位201个,检查资金2832.51万元,查处违纪资金579.58万元,收缴入库458.85万元。截止1998年底,共完成对乡镇、部门领导人离任经济责任审计30个,强化了审计监督,增强了对干部的约束力。

完成上级下达审计任务　共完成省、市审计机关下达的审计任务47项,审计单位565个,审计金额15672.40万元。

**【韩城市审计局】**　到1998年底,人员为23人。其中:大专毕业生16人;局长1人,副局长2人。

审计工作成果　共完成审计项目315个,审计单位298户;完成审计调查25项,调查单位180个;审计总额347300万元,共查出违纪违规资金3926万元。同市纪检、监察、信访等部门配合,查处各种经济案件18起,上缴市财政353万元,移送市社控办处理违规购买专控商品资金79.2万元;共提交审计报告315篇。

完成市政府交办任务　共完成交办的审计事项46项,审计清理单位340个。截止1998年底,共完成工程预、决算审计项目45个,审计金额26435万元,核减工程造价1350万元。5年来,先后对108国道南北线改造工程,市人大办公楼,招商区基础设施,市交通局办公楼等重点工程进行了审计。

完成上级下达审计任务　共完成省、市审计机关下达的审计任务165项,审计单位260个,审计金额2674万元。

**【华阴市审计局】**　至1998年底,机关人员有26人。其中:大学生2人,大专生17人;局长1人,副局长1人。

审计工作成果　共完成审计项目476项,审计调查18项,调查单位153个,审计总资金90705万元,累计查出违纪违规资金4503.40万元,上缴市财政243.80万元。共提交审计报告476份。

完成市政府交办的任务　共完成市政府交办任务52项。1994年完成了16个撤并部门的财务收支审计,审计资金总额1086.6万元,查出违纪资金105.3万元。在对市金融宾馆基建决算审计中,核减45万元。1995年,为配合国有企业改革,进行资产评估13户,评估资产净值3654万元,评估资产增值70万元。1996年,对供销工业、商贸系统、信用联社及各劳动服务公司等46个非国有单位进行了审计,为国家挽回损失11.05万元。

完成上级下达审计任务　共完成省、市审计机关下达的审计任务424项,审计单位467户,审计金额8987.5万元。

**【蒲城县审计局】**　到1998年底,机关编制人员20名。其中:大学生2人,大专生8人;局长1人,副局长2人。

审计工作成果　共完成审计单位354个,审计调查24个。共查出违规金额8556万元,应上缴财政资金728万元,已上缴573万元。共提交审计工作报告、信息162篇,被上级审计机关、新闻单位采用118篇。配合纪检、监察部门查处各种经济案件8起,为社会稳定发挥了作用。

完成县政府交办任务　共完成交办的工作任务24项。先后成立审计组12个,共审计乡(镇)长、党政部门领导干部138人(次),给县委、县政府和被审计单位提交综合报告5份,发出审计意见书138份,作出审计决定68份,建议纪检、监察部门立案查处科级干部3人,司法机关立案查处2人。提出建议和意见306条，得到县委、县政府的重视和被审计单位的采纳。1998年12月，组织审计人员9人，对330桥陵变电所征地款进行了专项调查。

完成上级下达审计任务　共完成省、市审计机关下达的审计任务175项，审计单位354个。

**【潼关县审计局】**　到1998年底，有人员25人，其中大学生8人，大专生3人；局长1人，副局长2人。

审计工作成果　共完成审计项目296个，审计单位289户，共查出违纪违规金额5394.5万元，上缴县财政371.29万元，共提交审计报告296篇，提出建议869条。

完成县政府交办任务　共完成交办的工作任务72项。截止1998年底，共对27名部门和乡镇领导进行了离任审计。

**【白水县审计局】**　到1998年底，人员为31人。其中：大专以上学历9人，高级审计师2人，审计师6人；局长1人，副局长2人。

审计工作成果　共完成审计项目453个，查出违规金额5117.73万元，其中应缴财政金额753.37万元，应减少财政拨款或补贴金额870.80万，应归还原资金渠道金额648.42，已缴财政393.60万元（含通过审计调账后增加财政收入239万元），向司法机关移送案件1个，建议给予行政处分3人，提交审计工作报告信息98篇。

完成上级下达的审计任务　共完成省、市审计机关下达的审计项目任务305个，审计涉及单位897户。1997年对县计生局系统计划生育事业费和收费进行了审计，1998年对县公安局系统收费、罚款及财务收支进行了审计。

完成县党政交办审计事项　共完成交办审计事项148项，其中实施领导干部离任审计127项，查出并纠正各类违纪违规金额1079.45万元。

**【澄城县审计局】**　到1998年底，有人员23人。其中：大学生3人，大专生8人；局长1人，副局长2人。

审计工作成果　共完成审计项目504个，审计单位483个；完成审计调查21项，调查单位86个；查出违纪违规资金6900万元，上缴和增加财政收入671.1万元；提交审计报告504篇；与县纪检、监察、检察、信访等部门配合，查处各种经济案件13起，为促进反腐败斗争和社会稳定发挥了作用。

完成县委、县政府交办任务　共完成交办的工作任务126项，其中科级领导干部离任审计58个。1994年8月配合全县机构改革，对改革中涉及的33个部门、单位当年的财务收支进行了审计，查出违纪资金150余万元，保全国有资产145万元。1997年对重点兴澄工程澄城“古徵街”竣工决算的审计，核减投资30万元；对澄城火电厂二期工程的竣工决算审计，核减建设资金823万元。

完成上级下达审计任务　共完成上级下达的审计任务142项，审计单位287个。

**【华县审计局】**　到1998年底，有24人。其中：大学生1人，大专生9人；局长1人，副局长1人。

审计工作成果　共完成审计项目（单位）484个；完成审计调查28项，调查单位62个。共查出违纪违规金额4840万元。同县纪检、监察、检察、法院等部门配合，查处各种经济案件8起，共上缴县财政481万元，提交审计报告15篇。

完成县委、县政府交办任务　共完成交办的工作任务9项。1994年11月，根据县委安排，对25个撤并单位领导进行了离任审计，审计总金额2153万元，查出违纪资金131.5万元，对违纪问题严重的8个单位进行了处理。1996年起，按照县委、县政府安排，对全县19个乡（镇）政府财政收入及上解完成情况进行了专项审计。

完成上级下达的审计任务　共完成省、市审计机关下达的审计任务179项。

**【合阳县审计局】**　至1998年底，人员为32人，其中：大学生2人，大专生17人；局长1人，副局长2人。

审计成果　完成审计项目336个，共查出违纪资金3450.7万元，上缴县财政368.06万元，提交审计报告336篇，完成审计调查项目16个，查出违纪资金1889万元，共提交审计调查报告16篇。

完成县政府交办任务　完成交办任务123项。1997年底，按照县政府要求对申都供水在建工程、财政局服务楼进行了竣工决算审计，查出违纪资金33.8万元，核减工程造价11万元，补缴投资方向调节税22.8万元。

完成上级下达任务　共完成省、市审计机关安排的行业审计和专项资金审计28项，查出违纪资金391.48万元。

**【富平县审计局】**　到1998年底，共有35人。其中：大学2人，大专20人，注册会计师9人，审计师6人，会计师2人；局长1人，副局长2人。

审计工作成果　共完成审计项目609项，审计单位658户，审计资金总额18.4亿元，查出各类违规资金5,993.2万元，经审计处理已上缴县财政353万元，调账增加财政预算收入646万，节省基建投资527万元；同县纪检、监察、政法、组织等部门配合，参与查处经济案件6起，追究刑事责任3人；共完成审计调查38项，提交审计报告34篇；促进被审计单位提高经济效益205万元。

完成党政交办任务　共完成县委、县政府交办审计事项184项，审计单位216户。1994年8月，配合县级机构改革，开展了对撤并单位资产移交和领导离任经济责任审计32户，审计金额463.1万元，查出违规资金53.4万元，为本县机构改革的顺利进行奠定了基础。1997年10月，配合企业改制，进行了5户改制企业领导离任审计，查出违纪资金12.75万元，上缴财政7.4万元，保证了企业改制的顺利进行。1998年6月，按照县人大的提案要求，对觅子乡西上官村进行了村级财务审计清查。1995年成立了基建审计股，截止1998年底共完成工程决算审计项目68项，审计金额2.2亿元，核减工程造价286万元，查出高估冒算204万元，直接为县财政节约资金420余万元。

完成上级下达审计任务　共完成上级审计机关下达的审计任务314项，审计单位328户，审计金额11.4亿元。1998年6月，根据审计署统一安排，对蒲城县粮食系统新增财务挂账和其它不合理占用农发行贷款进行了专项交叉审计清查，共查出违规占用政策性粮油贷款1065万元，调减政策性亏损挂账1927万元。

**【大荔县审计局】**　到1998年底，有干部、职工31人。其中：大专生12人；局长1人，副局长2人。

审计工作成果　共完成审计项目289个，审计单位313户；完成审计调查22项，调查单位22个；审计金额61160万元。共查出违纪违规金额2275万元。同县纪检、监察、信访等部门配合，查出各种经济案件3起，上缴县财政451万元，提供审计专题报告9篇。

完成县委、县政府交办任务　共完成工作任务13项，审计查证单位18个。1998年5—11月，为配合县委、县政府清理查证股金中心等单位的经济问题，涉及到全县10多个单位，查出有问题资金190多万元，彻底澄清了5,860万元股金的沉淀、损失等问题，移交司法部门的经济案件2人(起)。1998年受省厅指派，对富平县粮食财政挂账情况，实施清查审计，清查了14个粮站和一个粮局，核实了1992年3月以前的老挂账1500万元；核减了1992年4月至1998年3月的新增粮食挂账4008万元；查实不合理占用农发行贷款2600多万元。

完成上级下达审计任务　共完成38项。其中：署5项，省13项，市16项。审计单位57个，审计总金额18080万元。

**【汉中市审计局、陕西省审计厅汉中审计处】**　1998年实有干部、职工59人。其中：大学本科5人，大专生40人；局长1人，处长1人(兼副局长)，副处长1人；局设办公室、综合科、财政金融审计科、行政事业审计科、基建审计科、农林水审计科、汉中事务所，审计处设一科、二科，局下属审计事务所。

审计工作成果　共完成审计项目(单位)650个。审计查出违纪违规金额16847万元，罚款1245.19万元，上缴财政9049.1万元，促进增收节支1035.3万元，归还原资金渠道2410万元。查出经济案件移交司法机关3件。共提交审计报告650篇，其中被市政府批转或被新闻单位采用32篇。完成审计调查57项，写出调查报告57篇。为政府提供信息27条。

完成市政府交办任务　共完成市委、市政府交办工作任务48项，参与政府牵头的工作72项，先后共抽调286人次。

完成上级下达审计任务　共完成上级审计机关下达的审计任务320项，审计金额23865万元。1998年市级审计机关派出8人审计工作组对商洛地区粮食财务挂账情况进行了全面审计，共查出违规资金224.43万元，核减粮食政策性挂账503万元。

内部审计　到1998年底，市级及省属企业驻汉内审机构115个，人员264人，从1994年到1998年共完成审计项目757个。

社会审计　市社会审计事务所1个，从业人员65人，共接受社会委托项目1056个。

受表彰情况　受省审计系统表彰3人，受市委市政府表彰3人，受市本级审计系统表彰16人次。

**地址**　汉中市前进东路
**电话**　0916—2214883
**邮编**　723000　　(毛彦卿)

**【汉中市汉台区审计局】**　到1998年底，共有干部、职工18人。其中：大专生12人；局长1人，副局长2人。

审计工作成果　共完成审计项目272个，审计单位547户；完成审计调查项目21项，调查单位58个；审计金额840000万元。共查出违纪违规金额3998万元，上缴区财政93万元。共提交审计报告279篇。

完成区政府交办任务　共完成交办的审计工作任务87项，审计清理单位210个。基本建设审计科在基本建设竣工决算中，审计涉及单位103个，共核减工程决算金额824万元，其中为区财政节约工程专项投资210万元，审计过程中为区政府提供税源资金526万元。

完成上级下达审计任务　共完成省、市审计机关下达的审计任务185项，审计单位337个，审计金额640,840万元。1998年6月，对留坝县8个部门和单位自1992年4月至1998年6月底粮食财务挂账资金进行了审计。

**【留坝县审计局】**　至1998年，共有干部、职工9人，其中大专4人；局长、副局长各1人。

审计工作成果　共完成审计项目164个，审计单位188户。其中：完成审计调查19项，调查单位23户，审计总金额45075万元。共查出违规违纪金额533.10万元，上缴财政资金27.55万，共提交审计报告164篇，向被审单位提合理化建议310条，促进企业提高经济效益38.6万元。

完成县政府交办的审计任务　共完成交办的审计任务12项，审计总金额189万，查出违纪违规资金26.2万元，上缴财政资金3.41万元，为被审单位提合理化建议44条。

完成上级下达的审计任务　共完成审计署、省、市审计机关下达的审计任务152项，审计单位176户，审计金额44886万元。

**【镇巴县审计局】**　到1998年底，人员为21人，其中：大专文凭9人；局长1人，副局长2人。

完成上级审计机关下达任务　共完成各级审计机关下达的审计项目和单位205个，查出各种违纪违规金额1683万元。上缴财政资金59万元，追还侵占挪用资金320万元，促进提高经济效益59万元。移交纪检、监察和司法机关案件4起。共提交审计报告52篇。

完成县委、县政府交办任务　共完成交办的审计事项26项，审计单位158个。1996年4月，对全县8区1镇及所属各站所、47个乡（镇）共77个单位的国有资产、财政财务收支、领导干部任期经济责任等内容进行了审计。

**【城固县审计局】**　到1998年底，有干部、职工23人。其中：大专生11人；局长1人，副局长2人。

审计工作成果　全县共完成审计项目（单位）294个，完成审计调查19项，调查单位306个，审计资金总额38163万元。共查出违纪违规资金1392万元，减少财政拨款和补贴227.4万元。同县纪检、监察等部门配合，查处各种经济案件16起，共提交各类审计工作报告、信息146篇。

完成县委、县政府交办任务　共完成交办的工作任务49项，审计清理单位310个。1995年5月，对县级机构改革中涉及撤并的18个党政机关进行了财务收支审计，审计资金总额1455.39万元，查出违纪违规资金95.26万元。

**【南郑县审计局】**　到1998年底，有人员16人。其中：大专生8人；局长1人，副局长3人。

审计工作成果　共完成审计项目181个，审计单位197户；完成审计调查17项，调查单位89个；审计金额70,564万元。共查出违纪金额1577.34万元，上缴县财政资金142.31万元，共提交审计报告208篇。会同纪检、监察、财政等部门查处各种经济案件4起。

完成县政府交办的审计任务　共完成交办任务18项，审计总金额343.4万元，查出违纪违规资金195.9万元，追还被侵占挪用资金31万元，收缴8.19万元，促进增收节支25万元。

完成上级下达的审计任务　5年中，共完成下达的审计任务150项，审计单位163个，审计金额62,379万元。

**【宁强县审计局】**　到1998年底，人员为13人。其中：大专生8人；局长1人，副局长2人。

审计工作成果　共完成审计项目215个，审计单位215户；共查出违纪违规金额3131.67万元；收缴财政违纪资金及罚款30.48万元；追还侵占挪用资金326.73万元，抵减财政拨款56.86万元；挽回流失国有资产139.07万元；促进增收节支金额40.60万元；移送纪检、监察机关处理案件2起，提供综合、专题报告41篇。

完成县政府交办任务　共完成交办的工作任务69项。其中，1998年为配合国有企业改制，参与了对改制企业资产评估和破产清算，完成了6户企业资产评估工作和3户企业的破产清算工作。同时，对8户国有企业资产、负债和改制费用进行了审计。

完成上级下达审计任务　共完成省、市审计机关下达的审计任务128项，审计单位128个，审计金额28759万元。

**【佛坪县审计局】**　到1998年底，共有干部、职工9人。其中：大专5人；局长、副局长各1人。

审计工作成果　共完成审计项目154项。查出各类违纪违规资金402.28万元，上缴县财政86.75万元；完成审计调查18项，调查单位53个；提交审计报告36篇，各种合理化建议58条。

完成县政府交办任务　共完成交办的工作任务35项。1994年配合财税大检查查出偷、漏、欠税等违纪资金50多万元。1997年工程竣工决算审计金额达810余万元。

完成上级下达审计任务　共完成省、市审计机关下达的审计任务126项，审计单位135个，审计金额52564万元。1998年的城固县粮食系统财务挂账审计，审计金额达42184万元。

**【勉县审计局】** 到1998年底，有人员25人。其中：大学生1人，大专生11人；局长1人，副局长2人。

审计工作成果 共完成审计项目266个，审计单位256户；查处各种违法资金175.52万元。同县纪检、监察、信访等部门配合，查处各种经济案件12起。

完成县委、县政府交办任务 共完成交办的工作任务95项，审计清理单位135个。1998年对30个乡镇、28个县级部门、4个科级事业单位的离任领导先后进行了离任审计，并对县石化总公司、县农机公司、县三氯化磷厂等改制企业的资产评估、资产清算和财务进行了审计。

完成上级下达审计任务 共完成上级下达的审计任务155项，审计单位215个，审计金额25.7万元。

**【西乡县审计局】** 到1998年底，有人员20人。其中：大学生2人，大专生10人；局长1人，副局长1人。

审计工作成果 共完成审计项目及单位276个，完成审计调查7项，调查单位24个。共查出违纪违规金额2598.07万元，应收缴财政108.2万元，应归还原资金渠道366.5万元，查处经济案件3起，移交纪检、监察部门处理11人，提交工作信息、综合报告61篇，被批示采用27篇。

完成县政府交办任务 共完成交办的工作任务141项。1994年完成了政府交办的企业招聘前审计、厂长离任审计；1996年对8区35个乡(镇)机构撤并前国有资产和财务收支情况及84位区、乡(镇)领导进行了审计；1998年对40家国有企业1997年经营情况进行年度审计，审后核实亏损和潜亏4000万元，为企业改制提供了依据；对县委农工部等51个单位69名领导干部任职期间的经济责任进行了审计，查出违纪违规金额达85.9万元。

完成上级下达审计任务 共完成省、市审计机关下达的审计任务125项。1994年在企业审计中，查出百万元违纪案一起，其中：小钱柜16.7万元，审后收缴财政27.1万元。1998年对公安机关收费罚没收入财务收支审计中，审计收费收入376万元、罚没款293万元，共查出违纪违规资金142.4万元。

**【略阳县审计局】** 1998年底共有干部、职工14人。其中：大专生10人；局长1名，副局长2名。

审计工作成果 通过对232个单位和项目的审计，查出各类违纪资金1,896.73万元，收缴财政资金275.12万元，处以罚款16.85万元，追还被侵占挪用专项资金205.46万元，共为国家增收节支731.66万元。提交审计调查报告和综合分析报告28篇，有55篇被刊登采用。

完成政府交办任务 共完成县委、县政府交办的工作任务65项，审计单位228个。5年来接受组织、人事部门委托，对党政部门单位“一把手”28人、县直工商企业厂长(经理)11人实施了任职期间经济责任审计。截止1998年底，共完成基建审计项目178项，查出基建不合规资金146万元，共核减工程支出391.47万元，规范了基建资金管理，维护了国家利益。1997年根据政府安排对县农电资金管理使用情况进行了专项审计，查处和纠正了违纪行为，收缴财政4.8万元。

完成上级下达审计任务 共完成省、市审计部门下达的审计任务167项，查出各类违纪违规资金1,896.73万元，收缴财政资金275.12万元。

**【榆林地区审计局】** 到1998年度，有干部、职工60人。其中：大学生14人，大专生31人，审计师26人；局长1人，副局长3人。设有政秘科、综合科、行政事业审计科、农林水审计科、工交审计科、商贸审计科、财政金融审计科、基建审计科等机构；榆林审计处设企业审计科和事业审计科。

审计工作成果 共审计单位669个，查出各种违规金额3812万元，上缴财政697万元；完成专项审计调查项目38个，建议纠正地方部门不当规定63条；配合纪检、监察机关查处经济案件12起，为社会稳定发挥了作用。

完成地委、行署交办任务 共完成交办的工作任务94项，审计单位157个，提供审计工作报告21篇，为领导宏观决策提供了重要依据。

完成上级下达审计任务 共完成上级审计机关下达的审计单位512个，审计金额3147万元。

内部审计 1994年，共设立内部审计机构24个，内审人员41名。到1998年，内部审计机构有31个，内审人员68名。

社会审计 到1998年，社会审计机构从业人员21名，共接受委托项目724个，其中企业年检426项，资产评估148项，基建项目审计150个，核减基建预决算1430万元，为委托单位挽回损失120万元。

受表彰情况 受省厅表彰1次，受地委、行署表彰2次；共有6人被评为全省审计系统先进工作者，7人被评为优秀公务员。先后有6人被评为优秀共产党员和党务工作者。

**地址** 榆林市南郊肤施路
**电话** 0912—3282511
**邮编** 719000 (常小海)

**【榆林市审计局】** 到1998年底，人员有11人。其中：大学生1人，大专生3人；局长1人，副局长

3人。

审计工作成果　共完成审计项目和单位226个,审计金额81000万元,查出违纪违规金额1021万元;完成审计调查72项,调查单位12个。同市纪检、监察、信访等部门配合,查处群众反映的问题6起,为社会稳定发挥了作用。上缴市财政185.9万元,共提交审计报告26篇。

完成市政府交办任务　共完成交办的工作任务11项,审计清理单位16个。基建工程审计截止1998年底共完成工程决算审计项目32个,审计金额6871万元,工程预算审减金额260.9万元。

完成上级下达审计任务　共完成中央、省、地审计机关下达的审计任务82项,审计单位189个,审计金额53000万元。

**【清涧县审计局】**　到1998年底,人员为10人。其中大专5人,会计师、审计师3人;局长1人,副局长2人。

审计工作成果　共完成审计项目126个,审计单位295户;完成审计调查12项,调查单位37个;审计金额53121万元,共查出违纪违规金额1339万元。配合纪检、监察、司法机关查处各类案件11起。上缴县财政73.9万元,共提交审计报告28篇。

完成县政府交办任务　共完成交办的工作任务58项,审计清理单位158个。1994年圆满完成了县丝厂基建的审计;同时对全县工交商贸企业二轮承包反顺延一年的盈亏情况进行了审计;1995年,计生经费专项审计21户,产改企业审计14户,并对一批违纪违规的政府部门进行了必要处罚;1996年,丝厂破产审计圆满告结,并对部分乡镇、企业负责人试行离任审计;1997年,首次实施同级财政预算执行情况审计,并对县城供水工程已建部分决算和移交工作进行了全面审计和监督;1998年,组织人员赴吴堡开展粮食挂账审计,11户改制企业审计提前完成,乡镇换届领导离任审计、乡镇计生经费专项审计如期完成。

完成上级下达任务　共完成省、地审计机关下达的审计任务61项,审计单位140个,审计金额18400万元。

**【绥德县审计局】**　到1998年底,有人员9人。其中:大学生1人,大专4人,审计师2名;局长1人,副局长2人。

审计工作成果　共完成审计项目303个,审计单位234户;完成审计调查11项,调查单位32个;审计金额4506万元,共查出违纪违规金额3633万元。同县纪检、监察、信访等部门配合,查处各种经济案件15起,上缴县财政77.7万元,共提交审计报告11篇。

完成县政府交办任务　共完成交办的工作任务23项,审计单位124个。1995年起对全县党政、企事业单位主要领导经济责任审计,共审计单位49个,领导人数57人,查出各种违规违规资金72万元,移交司法机关2件,受党纪、政纪处分1人。从1995年12月至1998年对同级财政预算35个一级预算单位进行了审计,同时抽审了这些部门50个基层单位。共查出各种违规、违纪资金1705.7万元,应上缴财政18.1万元,已上缴财政18.1万元。

完成上级下达审计任务　共完成署、省、地下达的审计任务35项,审计单位48个,审计金额1100万元。

**【神木县审计局】**　到1998年底,人员19人。其中:大学生5人,大专生5人;局长1人,副局长3人。

审计工作成果　共完成审计项目548个,审计单位548户;完成审计调查16项,调查单位52个;审计总金额32106.3万元,共查出违纪违规金额9393.24万元。同县纪检、监察、检察、法院等部门配合,查处各种经济案件2起,上缴县财政183.05万元,共提交审计报告53篇。

完成县政府交办任务　共完成交办的工作任务136项,审计清理单位24个。1995年6月为配合全县机构改革,开展了行政事业撤并审计工作。1994年4月以来,为配合全县企业改制工作,开展了企业清算审计和领导离任审计,共调查35人次,到全县企业、行政事业74个单位,摸清了家底。在1997年粮食行业交叉审计中,为财政增收529.45万元,为粮食企业追回被挤占挪用资金1710.2万元。

完成上级下达审计任务　共完成省、地审计机关下达的审计任务210项,审计单位210个,审计金额15000万元。

**【佳县审计局】**　现有干部、职工16人。其中:本科1人,大专6人;局长1人,副局长4人。

审计工作成果　共完成审计单位和项目31个,完成审计调查13次,调查单位47个,审计金额19645.23万元,共查出违纪违规金额2128.57万元。配合县纪检、监察等有关部门查处各种经济案件4起。上缴县财政21.46万元。共提交审计报告24篇。

完成县委、县政府交办任务　共完成交办的审计项目和单位171个。其中:行政事业单位审计63个,企业单位审计29个,财政金融单位审计54个,基建项目审计9个,专项审计16个。企业改制中,参与并负责商业粮食等企业清产核资小组,涉及到全县91个单位。

完成上级下达审计任务　共完成省、地审计机关下达的审计任务52项,审计单位104个,审计金额10942万元。

**【子洲县审计局】**　到1998年底,有人员17人。其中:大学生2人,大专生4人;局长1人,副局长4人。

审计工作成果　共完成审计项目156个,审计单位150户;完成审计调查13项,调查单位20个;审计资金150000万元,共查出违纪违规金额76000万元,上缴财政30.3万元。共提交审计报告156篇。

完成县委、县政府交办任务　共完成20项交办任务。一是配合全县机构改革和企业改制,参与清产核资小组。二是对全县22个乡(镇)1993年以来的财务收支进行了就地审计,为县委、县政府对乡(镇)财务管理起到了的参谋作用。

完成上级下达审计任务　共完成署、省、地审计机关下达审计任务120项,审计单位200个,审计金额达21000万元。

**【靖边县审计局】**　到1998年底有人员22人。其中:大学生4人,大专生9人;局长1人,副局长4人。

审计工作成果　共完成审计项目298个,审计单位262户,查出违纪违规金额3454.91万元。配合纪检、监察、司法等部门查处经济案件2起。上缴县财政52.5万元;共提交审计报告83篇,审计信息5篇。

完成县委、县政府交办工作任务　共完成工作任务97项。配合县机构改革和企业改制,参与清产核资小组,审计11个单位,摸清了企业的家底,为全县的企业改制、机构改革打下了基础。截止1998年底,共完成工程决算审计项目22个,审计金额4500万元,审减资金197万元。

完成上级下达任务　共完成审计任务201项,审计单位155个,审计金额64273.69万元。

**【横山县审计局】**　到1998年底,人员为14人。其中:大专以上文化程度4人;局长1人,副局长3人。

审计工作成果　共完成审计项目单位222户;完成审计调查32项,调查单位68个;审计总金额32824万元,共查出违规违纪资金4352万元。同县纪检、监察、司法等部门配合,查处各种经济案件11起,为社会稳定发挥了作用。上缴财政88万元。共提交审计报告46篇,审计信息23篇。

完成县政府交办任务　共完成交办的审计工作任务24项,审计单位41个。1998年配合全县企业改制和乡镇换届,对全县18个企业和21个乡镇进行了审计,通过审计,摸清了企业和乡镇家底。在1998年乡镇换届审计工作中,审计人员依法审计,查出违规违纪总额333万元,收缴财政21万元。

完成上级下达审计任务　共完成省、地审计机关下达的审计项目单位181个,审计金额11024万元。

**【米脂县审计局】**　到1998年底,有人员17人。其中:大专学历12人,获得审计师资格的5人;局长1人,副局长3人。

审计工作成果　共完成审计项目253个,审计单位354户;完成审计调查16项,调查单位98个;审计金额48500万元,共查出违规违纪资金1350万元;追还挤占挪用专项款120万元;退还乱摊派6万元;作出账务调整103万元;收缴实物价值3.8万元。上缴县财政78.6万元,入库率97%。

完成党政交办任务　共完成县委、人大、政府交办的工作任务101项。其中:配合纪检、监察部门办案12起;对56名部门领导干部和厂长(经理)进行了离任经济责任审计;审计清理撤并并转单位41个;参与了8个国有企业改制的审计。

**【吴堡县审计局】**　到1998年底,有人员10人。其中:大专生6人;局长1人,副局长2人。

审计工作成果　共完成审计项目194个,审计单位247户;审计金额16485万,共查出违纪违规金额1592万元。配合纪检、监察等部门查处各种经济案件18起。上缴县财政18万元;共提交审计报告148篇。

完成县政府交办任务　共完成交办的审计任务53项,审计清理单位85个。1997年至1998年,为配合企业改制和机构改革,对12个企业进行了清产核资。

完成上级下达审计任务　共完成省、地审计部门下达审计任务105项,审计单位151个,审计金额9887万元。

**【定边县审计局】**　1998年底在册干部、职工41人,其中:大专文化程度18人,有审计师资格3人,会计师1人,注册会计师3人;局长1人,副局长3人。

审计工作成果　共完成审计项目(单位)258个;完成审计调查9项,审计总金额7.57亿元,查出违纪违规金额2780万元,应收缴财政144.9万元,已收缴财政135.7万元,入库率达到93.6%,追还原渠道资金720万元,促进增收节支38.9万元,共提交审计报告139篇,向县检察院移交查处经济案件1起,移送纪委查处经济案件1起,为全县经济建设持续、健康、快速发展做出了贡献。

完成县政府交办任务　共完成审计项目17项,审计检查单位

99个。1996年针对群众关心的热点问题,及时组织力量对全县农资市场化肥营销混乱状况进行了调查。1998年,对17个部门、乡镇企业领导的离任进行审计,及时提供了审计结果报告,受到了县领导的表扬。

完成上级下达审计任务　共完成省、地审计部门下达的审计任务139项,审计单位241个,审计金额7.57亿元。

**【商洛地区审计局】**　到1998年,有干部、职工49人(含商洛审计处8人)。其中:大学生6人,大专生19人;局长兼商洛审计处长1人,副局长2人,副处长1人。设有办公室、财政金融审计科、行政事业审计科、商贸工交审计科、基本建设审计科、农林水审计科、内社审指导科、综合科。下属单位有商洛地区审计事务所,1998年12月划归商洛地区财政局管理。

审计工作成果　共完成审计项目(单位)2911户,完成审计调查10项,共查出违纪金额48439万元,上缴财政1055万元,共向政府提交审计报告15篇,被批转采用的15篇。

1994年对企业的经济效益和党政机关办经济实体进行了调查。1995年将洛南县作为全区的试点,洛南县审计局认真研究制订了同级财政审计方案,地区局转发了此方案,对全区同级财政审计起了促进作用。1996年对政府和职工关注的企业职工养老基金和失业保险基金进行了审计,并协助统筹部门完善制度3项。1997年对地区本级和7县(市)扶贫资金的投入管理使用情况进行了审计,共审了153个单位,审计总额13622万,查出违纪资金513万元,上缴财政资金18.1万元,罚款9.7万元。1998年按照审计署的要求,对粮食行业1992年4月至1997年12月新增亏损挂账进行了审计,共审计农发行、财政、粮食部门及粮食企业115个单位,查出新增亏损挂账14965万元,经过审计认定14462万元。

内部审计　到1998年,内部审计机构有38个,内部审计人员73名。

社会审计　共接受社会委托2277项,其中年检1015项,咨询服务39项,审计查证942项,资产评估281项。

受表彰情况　受到省审计厅、省人事厅联合表彰的1人,受到地区审计局、地区人事局联合表彰的2人。

**地址**　商州市西街68号
**电话**　0914—2312796
**邮编**　726000　(刘秉仓)

**【商州市审计局】**　至1998年底,有干部、职工22人,其中:大学文化2人,大专文化11人;局长1人,副局长3人。

审计工作成果　共完成审计项目413个,审计单位646户;完成审计调查162项,调查单位286个;审计金额41014万元,共查出违纪违规资金1294.9万元,上缴市财政86.95万元。提交审计报告429篇。配合纪检部门查出经济案件4起。

完成市政府交办任务　共完成交办的工作任务43项,审计清理单位149个。

从1996年起,配合市委组织部对42名副科级以上领导干部的离任经济责任进行了审计。配合市政府"减负办"对减轻农民负担,实行村务公开工作进行了两次大检查,受到农民群众的好评。接受市政府交办,对原市64个乡(镇)政府的计划生育罚没收入进行检查清理,建立健全账务,促进按级次上解,推动了计划生育工作。

完成上级下达的审计任务　共完成省、地审计机关下达的审计任务396项,审计单位497个,审计金额36843万元。

**【镇安县审计局】**　到1998年底,实有19人。其中:大学生1人,大专生5人;局长1人,副局长3人;审计师3人。

审计工作成果　共完成审计项目367个。审计调查10项,调查单位82个。共查出违纪违规金额5347万元,应上缴财政资金371.9万元,已收缴入库145万元。追还挤占挪用专项资金284万元,查出偷税漏税65.6万元。

完成县政府交办任务　共完成交办的审计事项21项,审计清理单位96个。1997年完成了对全县10区58个乡镇撤区并乡建镇的财务清理审计,理顺了新旧乡镇政府财务移交账务,维护了国有资产完整。

完成上级下达审计任务　共完成省、地审计部门下达的审计任务151项,审计单位185个。全省的生产资料公司行业审计、公安系统审计受到省审计厅的表彰。

**【山阳县审计局】**　到1998年底,人员为21人。其中:大学生1人,大专生6人;局长1人,副局长2人。

审计工作成果　共完成审计项目250个,审计单位303户;完成审计调查11项,调查单位49个;审计金额58944万元,共查出违纪金额1472.81万元。同纪检、监察等部门配合,查处经济案件4起,共提交审计报告4篇。

完成县政府交办的任务　共完成交办的工作任务15项,审计清理单位18个。1997年,与县监察局合作在对馒头山微波站公路工程资金来源及使用情况的审计中,查出3起贪污嫌疑案,3人被移交检察院立案侦察,3人被纪检、监察机关立案查处,为国家挽回损失79729.00元。同年在对乡镇清财工作中，先后调出11人次参与，查出原64个乡镇在撤区(区公所)并乡建镇的机构改革中滥发钱物、浪费财务的问题。

完成上级下达审计任务　共完成省、地审计机关下达的审计任务168项，审计单位187个，审计金额32816万元。

**【洛南县审计局】**　到1998年底，人员为36人。其中：大学生3人，大专生11人，取得审计师资格11人，会计师3人，工程师1人；局长1人，副局长2人。

审计工作成果　共完成审计项目244个，审计单位550户；完成审计调查11项，调查单位78个；审计金额17.74个亿元，共查出违规资金12927.8万元，追还被侵占和挪用资金4736万元，收缴县财政309.3万元。移送司法机关立案查处经济案件8起；同县纪委、监察、信访等部门配合，查处各种经济案件13起。共提交审计报告244篇。

完成县政府交办任务　共完成交办的工作任务131项，审计涉及单位428个。1994年对"兴路十大工程"之一洛南宾馆审计中，核减工程总额预算67.1万元，在建工程核减10.4万元，避免了国家资金的损失；1996年对9个整组乡镇进行了财务审计；1997年按照县政府安排，在对信用联社、乡镇企业等7户审计中，查出漏交税费、基金等问题，收缴财政8.73万元。1998年对全县49个改制企业进行了资产评估，防止了国有资产的流失。

完成上级下达审计任务　共完成省、地审计部门下达的审计任务155项，审计单位312个，审计金额7.32亿元。

**【商南县审计局】**　到1998年底，人员为18人。其中：大专学历8人；局长1人，副局长2人。

审计成果　共完成审计项目354个，审计单位726户；完成审计调查26项，调查单位203个；审计金额43696.51万元。共查出违纪违规金额3362.01万元，收缴财政112.12万元。追还被挤占挪用资金527.04万元，促进增收节支244.15万元。配合县纪检、监察、信访等部门查处各种经济案件12起，移交司法机关案件2起。共提交审计报告信息58篇，其中被各级采用27篇。

完成县政府交办任务　共完成县委、县政府交办的工作任务97项，审计单位209个。1994年，配合企业改制，对县运输公司等9个企业进行厂长(经理)离任审计，对11户工交企业、6户商贸企业、3户党政机关的经济实体开展审计调查。1995年5月至年底，参与了县办企业一罐头厂首例破产企业的清财和审计工作。1997年，配合县委、县政府宏观决策，完成了5项专题审计调查。1998年，县政府安排对县板栗气调库进行全方位审计，查出未入账票据21张，金额达63.51万元。通过银行追回该库挪用专项资金与人合伙做生意而被银行扣贷款抵押的17万元资金，挽回了经济损失。

完成上级下达审计任务　共完成省、地审计机关下达的审计任务257项，审计单位517个，审计金额38943.51万元。

**【丹凤县审计局】**　至1998年底，有干部职工16人，其中：大专生13人；局长1人，副局长2人。

完成审计任务情况　近年来完成了工赈资金、扶贫资金、水利建设资金、农业综合开发资金、募集资金、粮食、保险、金融、企业、行政事业等单位的审计任务。共审计318个单位或项目，查出违纪违规资金1503.45万元，上缴财政资金92.87万元。

**【柞水县审计局】**　至1998年底，有干部职工12人，其中：大专以上文化程度5人，具有高中级技术职称3人；局长1人(兼支部书记)，副局长2人。

审计工作成果　共完成审计单位和项目332个；完成专项审计调查8项，调查单位35个。查出违纪资金9875.72万元，上缴财政资金123.33万元；追还被侵占挪用资金166.03万元，促进增收节支59.98万元。建议部门纠正违反财政和财经纪律规定19项，促进部门完善规章制度50多项(条)。

从1996年起，每年对县级财政预算执行情况和其他财政收支情况进行审计；共对25个基建项目竣工决算和财务收支进行了审计，查出超规模、超投资、高估冒算等方面违纪资金908.1万元，核减工程价89.98万元，节约了国家基本建设资金；共完成县委、县政府交办的县级以下党政领导干部和厂长(经理)责任审计项目8项。

**【安康地区审计局】**　到1998年底，人员为48人。其中：大学生20人，大专生20人；局长1人，副局长3人。设有政办科、基建投资审计科、行政事业审计科、农林水审计科、企业审计科、财经金融审计科、综合科、审计事务所等机构。

审计工作成果　共完成审计项目326个，审计349户；完成审计调查28项，调查单位97个，涉及审计金额4736万元。共查出违纪金额14300万元，已上缴财政668万元。共提交综合性审计报告37篇。与纪检、监察、信访等部门配合，查处各种经济案件7起。

完成地委、行署交办任务　共完成地委、行署交办任务13项，审计清理单位51个。

内部审计　1994年共设内部

审计机构14个,内审人员21名,到1998年,内部审计机构有23个,内审人员61名。

社会审计　共接受社会委托项目711项,其中资产评估190项,注册资金验证292户,财务审计162项,基建审计67项。

受表彰情况　先后荣获“市级文明单位”、“小康村建设先进工作组”、“地级文明单位、优秀党组”、“先进党支部”、“行政事业审计先进集体”等光荣称号,先后有5人受到省级部门表彰,2人受到地级部门表彰。

**地址**　安康市香溪路23号
**电话**　0915—3296203
**邮编**　725000　(陈国进)

**【安康市审计局】**　1998年末,共有干部、职工22人,其中:局长1人,副局长1人;具有大专学历10人,获得中级技术资格10人。

审计工作成果　共完成审计项目167个,完成审计调查10个,调查单位85个。共查出违纪违规金额3822万元,累计应缴财政283万元,实际上缴财政225万元。共提交审计工作报告信息81篇,其中工作报告13篇,共被采用、批示28篇。共承办市委、市政府领导交办的审计事项28项。

**【紫阳县审计局】**　1998年底实有在岗人员10人。其中:大学2人,大专8人;局长1人,副局长1人。

审计工作成果　共完成审计项目168个。其中:完成省、地下达的审计任务133项,县定35项,审计单位168户;完成审计调查3项,调查单位6户。共查出违纪违规金额1406万元。同时配合县纪检、监察等部门查处经济案件3起,上缴财政资金39万元。共提交审计报告6篇。

完成县政府交办任务　共完成交办的工作任务4项。特别是1998年对政府交办的两起信访案件进行了审计,消除了不安定因素。

**【岚皋县审计局】**　1998年底增加到11人。其中:大专生8人;局长1人,副局长1人。

审计工作成果　共完成审计项目161个,审计单位186户;完成审计调查8项,调查单位13个;审计金额28620万元,共查出违纪违规金额910.2万元;同纪检、监察等部门配合,查处各种经济案件3起,查处7人;上缴县财政39.2万元。

完成县委、县政府交办任务　共完成交办的审计任务35项,审计清理单位42个。

完成上级下达任务　共完成省、地审计机关下达的审计任务116项,审计单位144个,审计金额19600万元。

**【旬阳县审计局】**　到1998年底,人员为22人。其中:大学本科学历2人,大专学历9人,注册审计师3人,审计师8人;局长1人,副局长2人。

审计工作成果　共完成审计项目236个,审计单位197户;完成审计调查26项,调查单位63个;审计金额103117万元,共查出违纪违规金额644万元,解缴县财政罚没款42万元。共提交审计报告213篇。开展开工前审计57个,基建竣工决算审计57项,核减基建投资304万元,为国家节约了开支。配合有关部门查处各种经济案件11起。

完成县政府交办任务　共完成交办的工作任务52项,审计清理单位143个。

完成上级下达审计任务　共完成省、地审计机关下达的审计任务168项,审计单位183个,审计金额126134万元。

**【镇坪县审计局】**　到1998年底,有干部、职工8人。其中:大专生3人;局长1人。

审计工作成果　共完成审计项目单位162个,完成审计调查18项,调查单位79个;共查出违纪违规资金348.6万元,应上缴县财政资金17.6万元,已上缴13.53万元,追还各项专款37.86万元。共提交审计报告、审计调查和审计综合报告180篇。

完成审计任务情况　完成县委、县政府交办审计事项15项,领导离任审计8次,审计清查单位共计23个。

**【平利县审计局】**　现有干部、职工13人,其中:大学1人,大专6人;局长1人,副局长1人。

审计工作成果　共审计单位(项目)273个,完成审计调查11项。共查出各类违纪违规资金3486万元,上缴和增加财政收入243万元,追还挤占挪用的各类专项资金735万元,人均为财政增收节资75万元。共提交审计工作报告、信息67篇,被地方党政领导、上级审计机关及新闻单位批示采用36篇。

完成地方政府交办任务　共完成办交的工作任务近200项,审计清理单位250个。到1998年底,共审计离任正科级领导干部151人,交由纪检、司法部门查处的22人,7人被免职,4人被开除党籍,1人被判刑。共查出各类违纪违规资金1958万元,其中:贪污、挪用、私分公款198万元,私设小金库、公款吃喝送礼、铺张浪费等354万元,偷漏税金66万元,挤占挪用专项资金333万元,国有资产流失和损失355万元,其他652万元。

**【石泉县审计局】**　到1998年底,人员为19人。其中:大学生2人,大专生7人,有中级职称的8人;局长1人,副局长2人。

审计工作成果　共完成审计项目168个,审计调查14项,其中完成上级下达审计任务143项。

共查出违纪违规资金1422.56万元,其中收缴入库148.82万元,移交司法,监察、纪检部门案件4起。

完成审计任务情况　1995年以来,根据廉政建设需要,适时开展了对领导干部任期经济责任和离任经济责任的审计。先后审计了5个企业厂长经理的离任经济责任和11个行政事业单位领导的任期经济责任,查出了一批违纪资金,纠正了不合理收费和滥发钱物的违纪行为。

**【宁陕县审计局】**　到1998年有干部、职工12人,其中:大学本科学历1人,大学专科学历7人,有中级(审计、会计)职称2人;局长1人,副局长2人。

审计成果　共完成上级审计机关下达审计项目和县委、县政府交办事项139欠,审计单位191户,揭露违规资金2517万元,上缴县财政234万元。

完成审计任务情况　1997年,首次开展同级财政预算执行审计,查出违规金额572万元。1998年,完成县委交办科级领导任职期间的经济责任审计工作14项。

**【白河县审计局】**　到1998年底,有干部、职工12人。其中:本科生1人,大专生7人;局长1人,副局长1人。

审计工作成果　共完成审计项目207个,审计单位253户;完成审计调查19项,调查单位131个。审计金额183530万元,共查出违纪违规金额15493万元。同司法、纪检等部门配合,查处各种经济案件15起。上缴县财政资金109.4万元,追还被侵占挪用资金93.6万元,查处损失浪费资金147.5万元。

完成县委、县政府交办任务　共完成交办的工作任务41项,查出违纪资金174万元,查处万元贪污案件1起,受到党纪政纪处分的14人。

完成上级下达审计任务　共完成省、地审计机关下达的审计任务136项,审计单位212个,审计金额153312万元。

**【汉阴县审计局】**　到1998年底,人员为14人。其中大学文化1人,大专文化9个,审计师6人,注册会计师1人;局长1人,副局长1人。

审计成果　共完成审计项目169个,审计单位280个,查出违纪违规金额2255万元,上缴财政资金87.79万元,减少财政补贴及拨款16万元,追回被挤占挪用专项资金104万元,审减基建工程投资71万元,查出经济案件2起,移交主管部门处理1起,建议处理责任人1人。在完成的审计项目中,当地党委、政府交办的任务共8项,审计单位26个,查出违纪违规金额50万元,上缴财政9万元。完成审计调查10项,调查72个,共提交审计调查和综合分析报告24篇,被政府批转和批示5篇,提供并被采用的审计信息41篇。

## 甘肃省

**【甘肃省审计工作简述】**　甘肃省共有审计机关102个,共计2074人。其中,大专以上学历占41.6%,获得审计师或注册会计师资格的占40.8%。5年来,共审计22926个单位,查处违纪资金43.38亿元,揭露和向司法机关移送经济案件44宗,移送纪检和司法机关处理的责任人员72人。

法制建设情况　全省按规划落实了“三五”普法工作,开展了对行政执法人员持证上岗的培训、考核。加强了对《审计法》及实施条例、《预算法》、《行政复议条例》等的学习宣传,全面贯彻执行了审计署颁发的38个审计规范。请法制部门的领导来厅举办讲座、派审计骨干去省行政学院等地培训,编写审计实用法规1200套。省领导给全省1686名审计执法人员、386名行政执法监督人员颁发了行政执法证和行政执法监督证。每年进行审计执法检查,按照《甘肃省审计执法量化考核评分表》进行考核。从检查和考核结果看,五年来,各级审计机关领导都能重视审计工作法制建设,普遍建立了学法、用法责任制,审计执法的整体水平大大提高,依法审计已成为全省审计人员的自觉行动。

**【甘肃省审计厅概况】**　审计厅内设办公室、综合处、人教处、审计管理处、法制处、财政审计处、固定资产投资审计处、工业交通审计处、外资运用审计处、农业审计处、商贸审计处、行政事业审计处、金融审计处、机关党委、纪检监察室,服务中心,科研培训中心,两个审计事务所共计216人。有15个派驻审计处,有108个社会审计组织,有内审计机构1169个,配备内审人员2632人。

厅领导成员

厅长

高存弟　1993.3.—

副厅长

王维国　1994.6.调走

孙永廉　1991.3.—

韩汝坤　1991.3.—

任素英　1994.11.—

樊静安　1998.11.—

纪检组长

樊静安　1994.1.—1998.10.

胡秀龙　1998.10.—

成果综述　甘肃省审计机关共审计22629个单位,查处的违纪金额中,应上缴财政3.09亿元,已上缴22926万元,减少财政拨款和补贴2421万元,追还被侵占挪用资金6.91亿元，罚款1467万元。共为国家增收节支9.39亿元，移送纪检、司法机关处理的责任人员72人。

本级预算执行审计　全省94个审计机关全面展开同级财政审计，达到100%审计的目标要求，5年来共审计4644个单位的预算执行和440个单位的其他财政收支情况，查出违纪资金7.37亿元，经审计处理，已增加财政收入0.42亿元。各级审计机关在审计过程中，运用“账户入手，下审一级”的方法，深化审计内容，审计预算单位在金融机构开设的银行账户7085个、查出隐瞒、违规资金0.70亿元，为下一步严格约束开户行为，规范银行账户管理奠定了基础。针对审计揭露出来的预算内、外资金收支中的问题，就强化预算约束力，加强财政资金管理共提出了459条建议和意见，普遍受到了政府和人大的重视和好评。

金融审计　全省对105家农业银行、115家建设银行、20家中国银行、1家信托投资公司、1家证券公司以及11家地方金融机构等进行了审计，共审计804单位，查出负债（权益）不实金额0.034亿元，损益不实金额0.76亿元，违纪金额2.45亿元。对查出的资产负债损益不实、资金质量不高、风险大、效益差、经营亏损等问题，向省政府、审计署分别作了专题汇报。

基建审计　全省共审计9个国家重点基建工程项目和1390个省列和地方重点建设项目。查出超规模、超标准、多列概算、高估冒算等有问题金额共14.82亿元，核减工程预、决算金额1.28亿元。

企业审计　全省共审计各类企业3357个。被审计单位采纳审计部门的意见、建议774条，促进了企业加强管理、提高经济效益。对242家亏损企业和股份公司进行定期审计、开展审计调查，有针对性地提出扭亏增盈，深化改革的措施，从深层次反映和揭示经济生活中热点、难点及普遍性、倾向性问题，为完善宏观调控和领导决策提供服务，为国有企业改革创造良好的外部环境。

农业资金审计　5年来，全省共审计农业资金管理和使用部门1560个，审计资金总额125亿元，查出虚列转移等违纪资金53525万元，追还被挤占挪用资金30157万元。

国外贷款援款审计　外资运用审计本着对外公证和对内监督并重的原则，对我省国际金融组织贷款和国外援助的15个项目进行审计，5年来共审计了796个项目执行单位。查处挪用外资、配套资金不落实等违纪资金2411万元。促进了项目单位严守法规和项目协议，规范财务管理和会计核算，提高外资运用水平。

行政事业审计　全省共审计了7632个行政事业单位、查出侵占挪用专项资金截留应缴财政收入、乱收费、乱罚款、乱摊派等违纪资金46917万元，揭露了一些主管部门占用企业资金、挪用专项资金经商、建房、购车、发补贴、以及为小团体和个人谋私的问题。追还被侵占挪用的专项资金11900万元。

**地址**　兰州市民主东路109号

**电话**　0931—8418672

**邮编**　730000

**【兰州市审计局】**　到1998年底共有人员104人。其中：大学生16人，大专生54人，局长1人，副局长3人，设有办公室、综合处、法制处、人事处、工业交通审计处、行政事业审计处、外资农业审计处、基本建设审计处、财政金融审计处、商业粮食审计处共计10个处、室。

审计工作成果　共完成审计项目428个。审计单位428户；完成审计调查48项，审计金额325452万元。共查处违纪违规金额13103万元。上缴市财政1993万元。为社会稳定发挥了作用。

完成市政府交办任务　共完成交办的工作任务15项，审计清理单位15个。1998年在清查审计农业发展银行和粮食系统新增财务挂账和其他不合理占用贷款的工作中，抽调35名干部，组成8个审计小组，对市属县、区7个农发支行，8个粮食主管局，214个粮库、粮油购销单位进行了清查审计，摸清了全市粮食系统多年未搞清的家底，受到省审计厅和市政府领导的高度赞誉。为配合我市住房制度改革，1998年，对市住房资金管理中心1993年6月成立以来至1997年底的全部住房资金进行了审计按时完成任务。

完成上级下达审计任务　共完成省审计厅下达审计任务70项，审计单位70个。

内部审计　1994年共设立内部审计机构226个，内审人员565名；到1998年，内部审计机构有123个，内审人员343名。

社会审计　1994年到1998年共接受社会委托项目4028项。其中：企业年检2828项，注册资金验证1200户。

受表彰情况　受省审计系统表彰1次，受市委、市政府表彰2次，有1人受到省审计系统表彰奖励。先后被评为兰州市目标管理先进单位、文明单位和机关档案管理省一级单位、全省审计系统先进集体。

**地址**　兰州市鼓楼巷20号

**电话**　0931—8461286

**邮编**　730030

**【兰州市七里河区审计局】**　截止到1998年底共有干部、职工18

人。其中:大学生3人,大专生6人,局长1人,副局长1人。

审计工作成果 共完成审计项目187个。审计单位192户;完成审计调查21项,调查单位28个;审计金额62348.87万元。共查出违纪违规金额3402.66万元。上缴区财政307.41万元,共提交审计报告198篇。

完成区政府交办任务 共完成省、市审计机关下达的审计任务170项,审计单位171个,审计金额49763.42万元。

**【兰州市西固区审计局】** 到1998年底,人员为18人。其中:大学生1人,大专生6人,局长1人。

审计工作成果 共完成审计项目36个。审计单位212户,完成审计调查25项,调查单位55个;审计金额达717873.26万元。共查出违纪违规金额1079.64万元。配合纪检、监察等部门,查处各种经济案件3起,上缴财政40.4万元,共提交审计报告31篇。

完成区政府交办任务 完成领导交办6项,完成工程决算审计项目3个,审计金额118万元,查出违纪金额27.24万元。

完成上级下达审计任务 共完成省、市审计机关下达审计任务40项,审计单位85个,审计金额454693.78万元。

**【兰州市甘肃矿区审计局】** 到1998年底,共有审计人员6名,均为大专毕业,中级职称4名,副局长(副主任)1名。

审计工作成果 共完成审计项目34项。提交审计报告34篇,审计单位66个,完成审计调查6项,调查单位21个;共查出违纪违规金额1458.77万元,纠正违纪违规金额680.42万元。

完成上级下达审计任务 完成省审计厅下达审计任务5项,审计单位5个。

**【榆中县审计局】** 到1998年底,实有干部、职工13人。其中:大专生6人,局长1人,副局长2人。

审计工作成果 共审计单位276户。完成审计调查16项,调查涉及单位87户;审计金额258740万元。共查出违纪违规金额1510万元。其中:应上缴县财政162.8万元。共提交审计报告205份。向司法机关移送涉嫌贪污案件2起;配合纪检、监察等部门查处各种经济案件6起。

完成县政府交办任务 共完成交办的财务收支、专项资金及离任审计等44项。同时,完成了交办的帮乡扶贫、计划生育等中心工作;配合有关部门对破产企业、租赁承包及拍卖企业的资产进行了清查核实。

完成上级下达审计任务 共完成省、市审计机关下达审计任务145项,审计单位145户,审计金额185300万元。

**【皋兰县审计局】** 到1998年底,有干部、职工10人。其中:大专生6人,取得审计师资格3人,设局长1人,副局长1人。

审计工作成果 共完成审计项目52个,审计单位468户;完成审计调查7项,调查单位97个;审计资金22800万元。共查出违纪违规金额563万元,罚款并上缴财政32万元,追还侵占挪用资金251万元。同县纪检、监察、信访等部门配合,查处各种经济案件12起,为社会稳定发挥了作用。向县政府及上级审计部门提交审计报告59篇,提出各类审计建议共115条。

完成县政府交办任务 共完成交办的工作任务12项,审计清理单位86个。

完成上级下达审计任务 共完成省、市审计机关下达审计任务60项,审计单位450个,审计资金21200万元。

**【金昌市审计局】** 到1998年底,有干部职工51人。其中:大学文化程度6人,大专生17人,局长1人,副局长1人,设有办公室、综合科、财政金融审计科、行政事业审计科、企业审计科、基建审计科、市审计事务所及金信审计事务所等机构。

审计工作成果 共完成审计项目(单位)191项,完成审计调查43项,调查单位155个;审计金额462288万元,共查处违纪违规资金6554万元,上缴市财政363万元;共提交审计报告191篇,建议纠正地方、部门不当规定91条。

完成审计任务情况 共完成财政金融审计项目37项,查处违纪违规资金4600万元;共完成行政事业及专项资金审计(调查)任务90项,审计金额37775万元,查出违纪违规资金991万元;共完成基建审计项目15个,审计单位105个,审计金额51642万元,查处违纪资金494万元。完成开工前基建项目审计84项,审计金额23057万元,发现资金缺口9091万元;共完成企业审计(调查)项目24项,查处违纪资金1711万元。

内部审计 到1998年底,金昌市共设立内部审计机构20个,其中:专职机构13个;内审计人员60名,其中:专职人员29名。

社会审计 共接受委托项目1076项,其中:验资年检905项,基建项目审计76项。到1998年底从业人员共有40人,其中:注册审计师23人。

受表彰情况 受省审计系统表彰2次,受市委、市政府表彰5次。共有2人次受到省审计系统表彰奖励,9人次受市委、市政府表彰奖励。

**地址** 甘肃省金昌市新华路

**电话** 0935—8212083
**邮编** 737100

**【金昌市金川区审计局】** 到1998年底，共有干部职工10人。其中：大专生2人，局长1人，副局长1人。

审计工作成果 共完成审计项目104项，审计单位182户；完成审计调查14项，调查单位36个；审计资金总额68392.56万元。共查出违纪违规金额1137.5万元，促进有关部门上缴财政预算外专户储存65.63万元，促进财政增收17万元，核减财政拨款18.31万元，促进财政预算增收17万元，追还侵占挪用资金315.1万元。配合区纪检、监察等部门，共查处各种经济案件4起，上缴区财政10.8万元，共提交审计报告104篇。

完成党政交办任务 共完成区委、区政府交办的工作任务31项，审计清理单位42家。

完成上级下达审计任务 共完成省、市审计机关下达审计任务47项，审计单位156个，审计金额49381.44万元。

**【永昌县审计局】** 到1998年底，有干部职工13人。其中：大学1人，大专4人；局长1人，副局长2人。

审计工作成果 共完成审计项目226项，审计单位226户，完成审计调查32项，调查单位89个；审计金额317445万元。共查出违纪违规金额820.59万元。同纪检、监察等部门配合，查出各类经济案件4起，上缴县财政11.3万元，共提交审计报告226篇。

完成县政府交办任务 共完成交办的工作任务48项，审计清理单位286个。1998年4月对县商业总公司食品厂财务收支进行了审计，核实了账务，摸清了家底，为县委、政府的宏观决策提供了依据。同年5月，完成了领导干部离任审计24项。

完成上级下达审计任务 共完成省、市审计机关下达审计任务45项，审计单位96个，审计金额10367万元。

**【白银市审计局】** 到1998年底，共有干部职工38人。其中：大学文化程度5人，大专文化程度24人，局长1人，副局长2人；设有办公室、纪检(监察室)、综合科、财政金融审计科、行政事业审计科、企业审计科、固定资产投资审计科、基本建设审计中心等机构。1997年以来，在市直有关部门设立派驻机构10个。

审计工作成果 共完成审计项目230个，查出违纪违规金额14217万元，应收缴财政1496万元，核减工程决算，为国家节约建设资金286.7万元，移送司法机关查处案件10件；完成审计调查15项，提交审计报告15篇；配合纪检、监察和其它部门查处经济案件13起。

完成党委、政府交办任务 共完成交办的工作任务57项。其中：干部离任审计31项，其他事项26项，为领导决策和有关部门任免干部提供了依据。1996年对市供销联社主任离任审计，延审下属5个公司，历时3个月。帮助企业理清了账务，健全了内控制度，查处和纠正违纪违规资金390万元，对违纪责任人移送司法机关查处5人。1996年以来，连续3年对市级预算执行情况进行了审计，查处违纪违规资金2369.63万元，1998年组织对全市粮食企业财务挂账进行清查审计，涉及5个主管部门，93户企业，查处不合理占用贷款1968万元，核减亏损20余万元，基本摸清了粮食家底，为粮食经营体制改革提供了决策依据。

完成上级下达审计任务 共完成上级审计机关下达审计任务173项，查处违纪违规资金13712万元，应收缴财政资金1403万元。

内部审计 1994年白银市共设立内部审计机构6个，内审人员28名；到1998年，内部审计机构有23个，内审人员47名。

社会审计 白银市审计事务所共接受社会委托项目1623项。

受表彰情况 受省审计系统表彰8次，表彰个人6人次；先后4次被市直机关工委评为先进党支部。

**地址** 甘肃省白银市审计局
**电话** 0943—8221704
**邮编** 730900

**【白银市平川区审计局】** 到1998年底，共有干部、职工9人。其中：大学本科生1人，大专生2人，局长1人，副局长1人。

审计工作成果 共完成审计项目136个。审计单位151户；完成审计调查21项，调查单位94个；审计金额106585万元，共查出违纪违规金额318.39万元，上缴财政132.13万元，共提交审计报告136篇。

完成区政府交办任务 共完成区委、区政府交办的工作任务13项，审计单位19个。截止1998年底共完成工程决算审计项目6个，审计金额3662万元，审减金额132万元。1998年在平川中心基建预决算审计工作中，审减52万元，维护了国家利益。

完成上级下达审计任务 共完成市审计机关下达审计任务123项，审计单位138个，审计金额87460万元。

**【景泰县审计局】** 到1998年底，有人员23人。其中：大专生12人，局长1人，副局长2人。

审计工作成果 共完成审计项目207个。审计单位279户；完成审计调查11项，调查单位71个；审计金额30571万元。共查出违纪违规金额4900万元。追还被侵占、挪用资金948万元,上缴县财政43万元,共提交审计报告207篇。

完成县政府交办任务　共完成交办的工作任务21项,审计清理单位53个。1998年受县委组织部委托,对14个乡镇的主要领导离任进行了经济责任审计。

**【天水市秦城区审计局】**　到1998年底,共有干部职工18人。其中:本科生1人,大专生8人,局长1人,副局长3人。

审计工作成果　共完成审计项目(单位)243个。审计单位243户;完成审计调查20项,调查单位57个。共查出违纪违规金额1216.59万元,配合区纪检、监察、信访等部门,查处各种经济案件10起,为社会稳定发挥了作用。上缴区财政182.97万元。配合区纪检、监察、信访等部门,查处各种经济案件10起,为社会稳之定发挥了作用。上缴区财政182.97万元,共提交审计报告243份。

完成区政府交办任务　共完成交办任务13项,配合全区机构改革、企业改制,参与并负责区属企业破产清算。

**【天水市北道区审计局】**　到1998年底,有干部职工15人。其中:大专生4人,有中级职称的4人;副局长2人。

审计工作成果　共完成审计项目172项,审计单位340个;完成审计调查16项,调查单位112个。审计资金总额53243.34万元,查出违纪违规金额4147.95万元。上缴区财政金额77.9万元。提交审计信息、报告285条(篇),采用106条(篇)。配合纪检、监察、检察、信访等部门查处各种经济案件7起,为社会稳定发挥了积极作用。

完成区委区政府交办任务　共完成交办的审计事项34项,审计单位39个。1996年,经对乡镇企业——北道区三河口选矿厂财务收支情况的审计,发现该厂原厂长1990年至1992年期间,先后采取账内销毁凭证、账外转移销货款、重报昌领等手段贪污挪用企业资金达363.19万元(贪污贿赂金额8.87万元),并将该案移送司法机关依法处理。1996年8月,通过审计区农机监理站1995年度财务收支情况,查出并没收“小金库”金额15.19万元,罚款0.78万元,对责任人该站站长和财务人员分别处以500元和200元罚款,合计收缴金额16.05万元。

完成上级下达审计任务　共完成上级审计机关交办的审计任务2项,审计单位25个,审计金额3548.05万元。

**【甘谷县审计局】**　到1998年底有干部、职工14人。其中:大专以上文化程度6人,审计师4人,局长1人,副局长1人。

审计工作成果　共完成审计项目312项,共查出各类违纪资金4282.66万元,收缴违纪资金增加财政收31.66万元,追还侵占挪用专项资金714.30万元,查出损失浪费金额11.14万元。

完成县政府交办任务　完成交办的预算外资金专项审计,审计单位18个,收缴违纪资金7.18万元;先后对18个县属工商企业和金融保险机构审计,核实了资产负债损益的真实性和合法性,收缴违纪资金4.49万元;完成了清水县“121”雨水集流工程,武山县扶贫资金、秦城区粮食系统等审计;受县委组织部委托,对6个县直部门和11个乡(镇)领导进行了离任审计;先后完成了专项审计调查25项。

**【清水县审计局】**　到1998年底有干部职工16名,其中:本科1名、大专4名;局长1名,副局长2名。

审计工作成果　共审计项目239个,审计单位395个,其中:完成审计调查10个,单位28个。审计总资金78293.7万元,查出违纪违规资金2381.76万元,配合县纪委、监察、检察、信访等部门查处案件5起。上缴财政122.59万元,提交审计报告239篇。

完成政府交办的审计项目　共完成审计项目35个,单位55个,审计总资金14669万元,查出违规违纪资金627.24万元,提交审计报告35篇。

完成上级下达审计任务　共完成上级下达审计项目204个,单位340个,审计总资金63624.7万元,查出违规违纪资金1754.52万元,上缴财政122.59万元,提交审计报告204篇。

**【秦安县审计局】**　到1998年底,人员为13人。其中:大学生1人,大专生4人,局长1人,副局长1人。

审计工作成果　共完成审计项目168项。审计单位301户;完成审计调查20项,调查单位97户;审计金额27386.6万元。共查出违纪违规金额587.23万元。应追还侵占挪用资金80.71万元;损失浪费资金8.38万元,国营企业资产流失53.82万元;应归还原渠道资金127.87万元。提合理化建议225条,被审单位采纳156条。审计信息及审计报告57篇;理论性文章14篇。

完成县政府交办任务　共完成县政府交办的工作任务18项,查出欠税款及上缴财政15.49万元;损失浪费金额2.32万元。

**【张家川回族自治县审计局】**　到1998年底,人员为14人。其中:大学生1人,大专生2人,局长1人,副局长4人。

审计工作成果　共完成审计项目254个。审计单位368户;完成审计调查24项,调查单位56

个;审计金额13558万元。共查出违纪违规金额1120万元,上缴县财政25.3万元。共提交审计报告238篇。同县纪检、监察、信访等部门配合,查处各种经济案件18起。

完成县政府交办任务　共完成交办的工作任务15项,审计清理单位9个。1997年完成县委交办的6乡镇领导干部离任审计,摸清了乡镇财政管理中存在的问题,客观公正地向县委提交了审计报告,1998年为配合全县机构改革、企业改制,参与并负责了张家川县造纸厂等企业清产核资工作,摸清了家底。

完成上级下达审计任务　共完成省市审计机关下达审计任务241项,审计单位350个,审计金额13014万元。

**【定西地区行署审计处】**　到1998年底实有干部、职工37人。其中:大学本科生5人,大专生9人,处长1人,副处长2人。设有秘书科、财政金融审计科、基本建设审计科、地区审计事务所等机构。

审计工作成果　共完成审计项目302项,查出违规行为金额8054万元,上交财政资金253万元(应缴268万元),追还侵占挪用资金1530万元,减少财政拨款或补贴33万元,共为国家增收节支1783万元。提交审计工作报告、信息86篇,被地方党政部门和上级业务部门采纳27篇。

完成交办任务　共完成地委、行署交办的审计任务12项,审计清理单位财务46个。近三年来,遵照上级党政部门的要求,专门抽调审计人员,积极参与了地直单位预算外资金和"公检法"机关办企业脱钩等财务清算和财务清理工作,历时累计三个多月,进一步摸清了家底,尽快促成了"公检法"机关与所办实体脱钩,为党政领导提供了决策依据。

完成上级下达审计任务　共完成上级审计机关下达的审计任务278项,查出违规行为金额7540.41万元,上缴财政金额244.69万元,减少财政拨款和补贴32.80万元,追还侵占挪用资金1131.98万元,促进提高经济效益144.63万元。

内部审计　地直单位1994年共有内审机构15个,内审人员38名;到1998年,内审机构有36个,内审人员86名。

社会审计　地区审计事务所共完成验资、年检、财务收支审查、基建决算、资产评估等各类社会委托项目801项。1998年底有执业人员10人。

受表彰情况　处机关各科先后涌现出先进集体4个,先进个人和优秀党员18人(次);机关党支部曾被评为"先进基层党组织"。

**地址**　定西县城公园路12号
**电话**　0932—8213795
**邮编**　743000

**【岷县审计局】**　到1998年底,人员为14人。其中:大学生2人,大专生3人。

审计工作成果　共完成审计项目246个。审计单位319户,完成审计调查20项,调查单位65个,审计金额2.5亿元,共查出违纪违规金额1824.38万元。全县纪检、监察、信访等部门配合,查处各种经济案件8起,为社会稳定发挥了作用。上缴县财政125.17万元,共提交审计报告20篇。

完成县政府交办任务　共完成交办的审计任务62项,审计清理单位20个。共完成工程决算审计8个,审计金额1500万元,审减金额63万元。1997年在"茶马公路"砖塔寨——闾井段竣工审计中,审计人员实事求是对工程决算进行了审计,为该工程争取120万资金。

完成上级下达审计任务　共完成省、地审计机关下达任务246项,审计单位319个,审计金额9780万元。

**【渭源县审计局】**　1998年共有干部、职工11人。其中:大专以上学历5人,注册会计师1人,局长1人,副局长2人。

审计工作成果　共完成审计项目226项,审计单位263户,完成审计调查12项。审计资金总额40577.96万元,查出违规违纪金额2297.28万元,应上缴财政资金36.68万元,追还被侵占挪用资金540.48万元,共为国家增收节支601万元。提交审计报告226篇。

完成县政府交办任务　共完成党政领导交办事项62项。

完成上级下达审计任务　共完成省地审计机关下达审计任务45项。特别是1997年配合国家审计署、省审计厅完成了计划生育经费专项审计,并完成了扶贫资金和粮食财务挂账等交叉审计任务。

**【陇西县审计局】**　到1998年底,人员为23人。其中:大学生2人,大专生9人,局长1人,副局长3人。

审计工作成果　共完成审计项目267个。审计单位253户;完成审计调查16项,调查单位215个;审计金额25649.3万元。共查出违纪违规金额830.5万元。同县纪检、监察、信访等部门相配合,查处各种经济案件10起,共向县财政上缴97.48万元,共提交审计报告267篇。

完成上级交办的任务　共完成省、地区及县委、县政府交办的各种审计任务50项,审计清理单位139个。完成离任审计38项,为全县党政各级干部的清政廉明做到了很好的监督作用。

【通渭县审计局】 到1998年底,有人员14人。其中:大学本科1人、大专4人,局长1人,副局长2人。

审计工作成果 共完成审计项目289项,审计金额228832万元。共查出违纪违规金额5315万元,应上缴财政资金96万元,完成审计调查19项,调查单位132个,提交专题审计调查报告19篇。

完成县政府交办任务 共完成交办的工作任务80项。

完成上级下达审计任务 共完成省地审计机关下达审计任务182项,审计单位213个,审计金额183877万元。

【漳县审计局】 到1998年底人员为17人。其中:大专程度6人,局长1人,副局长2人。

审计工作成果 共完成审计项目207项。审计单位215户;完成审计调查12项;调查单位17个;审计资金达20238万元。共查出违纪违规资金1272.5万元,应上缴财政资金58.4万元,已上缴财政资金46.3万元,同县纪检、监察等单位配合查处经济案件2起,移送检察机关案件2起。

完成县委、县政府交办任务 共完成交办的工作任务25项,一是配合全县工商企业改制,积极参与全县改制企业的清产核资工作,二是实行领导干部离任审计工作,通过此项工作,基本摸清了企业事业单位的家底,为企业改制等工作打下了基础。

完成上级下达审计任务 共完成上级审计机关下达审计任务145项,审计单位175个,审计金额10419万元。

【临洮县审计局】 到1998年底,有人员15人,其中:大学生1人,大专生6人,局长1人,副局长2人。

审计工作成果 共完成审计项目210个,审计单位251个;完成审计调查28项,调查单位129个。共查出违纪违规金额3238.22万元,上缴财政资金106.62万元,提交审计报告201篇。

完成县政府交办任务 共完成交办的工作任务17项,审计清理单位33个。完成领导干部离任审计6项,为县委、县政府正确评价干部的工作实绩提供了可靠的依据。完成基建审计3项,审计项目投资总额1075.01万元,核减工程结算3.83万元。完成基建开工前审计9项,审查资金1459万元。

完成上级下达审计任务 共完成省、区下达的审计任务195项,审计单位198个。

【平凉地区审计处】 到1998年底,有人员138人。其中:大学6人,大专50人,处长1人,副处长2人;处内设有人秘科、综合科、财政金融审计科、行政事业审计科、商贸审计科、工交审计科、固定资产投资审计科、干部离任审计科等机构。辖六县一市。

审计工作成果 共完成审计项目1715项。审计单位2685户;完成审计调查165项,调查单位906个。共查出违纪违规金额12809.1万元;上缴财政590.36万元,提交审计报告、信息417篇。同纪检、监察、信访等部门配合,查处各种经济案件4起,为维护经济秩序、促进全区经济建设发挥了一定作用。

审计工作情况 完成财税审计403个,查出违纪违规金额3152.55万元,上缴财政资金337.05万元;完成金融审计67项,查出违纪违规资金421.14万元,上缴财政资金39.03万元;完成政府部门审计524项,查出违纪违规资金1391.61万元,收缴财政资金51.6万元;完成专项资金审计148项,查出侵占挪用、胡花乱支等违纪违规资金2411.15万元,收缴财政资金79.99万元,追还被侵占资金1520.58万元;完成国有重点企业审计241项;完成世界银行贷款和联合国组织援款项目审计40项;完成干部离任审计195项,查出各种违纪违规资金714万元,完成固定资产投资审计117项,查出违规违纪资金641.35万元,上缴财政资金7.28万元。

内部审计 到1998年,内部审计机构为73个,内审人员131名。

社会审计 到1998年,已有从业人员86人,其中,注册会计师35人,接受社会委托完成审计查证、验资项目5023项,查证、年检金额2.1亿元。

受表彰情况 审计处受省审计厅表彰7次,受地委、行署表彰4次;受省厅表彰的县(市)局2个,先进个人2人。先后受到全区审计系统表彰的县(市)局4个,先进个人6人;受到当地党委、政府表彰的县(市)局4个,先进个人12人。

**地址** 平凉市西大街141号
**电话** 0933—8217470
**邮编** 744000

【灵台县审计局】 1998年共有干部、职工10人。其中:大专生2人,设有局长1人,副局长2人。

审计工作成果 共完成审计项目196项。查处各类违纪资金1546.22万元,上缴财政33.34万元,追还挤占挪用的专项资金242.10万元,提交审计工作报告34篇。

完成县委、县政府交办任务 共完成交办的干部离任经济责任审计等项目55项,查处各类违纪资金227.61万元,上缴财政11.90万元,追还挤占挪用专项资金76.19万元。

完成上级审计机关下达的任务　共完成上级业务部门下达审计任务141个，查处各类违纪资金1318.61万元，上缴财政21.44万元，追还挤占挪用专项资金165.91万元。

**【静宁县审计局】**　到1998年底，人员为15人。其中：大学生2人，大专生6人，局长1人，副局长3人。

审计工作成果　共完成审计项目213个。审计单位213户；完成审计调查20项，调查单位231个；审计金额56721万元。共查出违纪违规金额994万元。同县纪检、监察等部门配合，查处各种经济案件13起，为社会稳定发挥了作用，上缴县财政137万元，共提交审计报告80篇。

完成县政府交办任务　共完成交办的工作任务18项，审计清理单位18个。1996年10月对全县26户企业的资产状况进行了全面清理，摸清了企业家底，为县委、县政府的宏观决策提供了依据，为企业改制、机构改革打下了基础。1996年成立固定资产投资审计股，截止到1998年完成工程决算审计项目12个，审计金额达2896万元。

完成上级下达审计任务　共完成省、地审计机关下达审计任务194项，审计单位194个，审计金额51127万元。

**【崇信县审计局】**　到1998年底，有人员7人。其中：大专生5人，有3人取得了审计师职称；局长1人，副局长1人。

审计工作成果　共完成审计项目174个。审计单位203户；完成审计调查22项，调查单位91个；审计金额53818.76万元。共查出违纪违规金额1710.88万元。同县纪检、监察部门配合，查处经济案件1起，提交审计报告28篇。

完成县政府交办任务　共完成交办的工作任务39项，审计单位46个。

完成上级下达审计任务　共完成省、地审计机关下达审计任务135项，审计单位157个，审计金额41755.93万元。

**【华亭县审计局】**　到1998年底，有干部职工9人。其中：大专生4人，局长1人，副局长3人。

审计工作成果　共完成审计项目157项。其中：完成审计调查15项；共查出违纪违规金额850万元。同县纪检、监察、信访等部门配合，查处经济案件1起，维护了社会稳定。上缴县财务资金99万元，共提交审计调查报告15篇，其中：被采用6篇。

完成县政府交办任务　共完成交办的工作任务28项，审计清理单位28个。涉及的内容有改革开放、经济建设中的热点、难点问题，还有干部离任经济责任审计，国家建设项目等。

完成上级下达审计任务　共完成省、地审计机关下达审计任务129项。

**【泾川县审计局】**　到1998年底，人员为12人。其中：大专生6人，局长1人；副局长2人。

审计工作成果　共完成审计项目120项。审计单位202户；完成审计调查28项，调查单位327个；审计金额60532万元。共查出违纪违规金额800.06万元。其中：应上缴县财政91.83万元，已上缴财政33.43万元，入库率36.4%，减少财政拨款或补贴44.06万元，归还原渠道资金131.03万元。共提交审计报告、住处信息127篇，被党政部门、上级审计机关采用110篇，新闻媒体采用5篇。

完成县委、县政府交办任务　共完成交办的工作任务30项，审计单位181个。

完成上级下达审计任务　共完成国家及省地审计机关下达审计任务85项，审计单位178个，审计金额49321万元。

**【庄浪县审计局】**　1998年底有干部职工13人。其中：大学生1人，大专生4人，局长1人，副局长2人。

审计工作成果　共完成审计项目180项。查出违纪违规金额996.81万元；上缴县财政39.66万元，追还被侵占挪用资金62.27万元。同纪检、监察等部门配合，查处各种经济案件11起。

完成县委、县政府交办审计事项　共完成交办任务25项，审计单位101户，审计资金总额4747.7万元。1994年1月通过对19个乡(镇)1990至1993年预算内、外资金和各项提留资金的全面清理，查出截留挪用专款内、外资金和各项提留资金的全面清理，查出截留挪用专款278982元，多摊多收农业税65865元。处以罚款23250元，归还原渠道资金83918元。1996年8月，在对永宁乡陈湾村财务收支及清理农民负担审计中，查出该村1994至1995年多摊公粮2002斤，多摊油籽2211斤，多摊土地承包费等3528元，不合规开支3303元。

完成上级下达审计任务　共完成省、地审计机关下达审计项目30项，审计单位220个，审计资金总额36442.1万元。

**【庆阳地区审计处】**　至1998年底有干部职工44人。其中：本科生3人，大专生13人。设有人事秘书科、综合科、法制科、工交审计科、基建审计科、行政事业审计科、财金审计科、商贸审计科等机构。

审计成果　共完成审计项目347个、完成审计调查31项，调查单位186个，审计资金总额78860万元，共查出违纪违规金额7886

万元。上缴政资金 218 万元,提交专题审计报告 61 篇。

完成上级交办任务　共完成地委、行署交办的工作任务 52 项。

内部审计　共设内部审计机构 13 个,到 1998 年配备专(兼)职内部审计人员 45 名。

社会审计　共接受办理社会审计查证业务 568 项,审计资金总额 32.5 亿元。

受表彰情况　受省委、省政府表彰 1 人,受省审计厅表彰奖励 10 人(次),受地委、行署表彰奖励 18 人(次)。

**地址**　西峰市长庆路 186 号

**电话**　0934－8615432

**邮编**　745000

**【西峰市审计局】**　到 1998 年底,有干部职工 17 人。其中:大专生 5 人,局长 1 人,副局长 3 人。

审计工作成果　共完成审计项目 155 个。审计单位 231 户。共查出违纪违规金额 762 万元。同市纪检、监察、大检办等部门配合,查处各种经济案件 21 起,为社会稳定发挥了作用。上缴市财政 72 万元,共提交审计报告 155 篇。

完成市委、市政府交办任务　共完成交办的工作任务 31 项,审计单位 118 个。尤其是近两年来开展的领导干部离任审计,共审计市直一级部门及乡镇 21 个,审计二级部门 8 个,共查处违纪案件 5 起,涉及违纪金额 72 万元,移交司法机关处理 4 起 6 人,为市委、市政府正确任用领导干部提供了依据。

完成上级下达审计任务　共完成省、地审计机关下达的审计任务 124 项,审计单位 136 个,查处违纪资金 690 万元。

**【庆阳县审计局】**　至 1998 年底共有干部职工 12 人。其中:本科生 1 人,大专生 5 人,局长 1 人,副局长 2 人。

审计工作成果　共完成审计项目 193 个,253 个单位;完成审计调查 10 项,调查单位 63 个;审计金额 55361 万元。共查出违纪金额 2225.54 万元。同县纪检查、监察等部门配合,查处各种经济案件 24 起。上缴县财政 468.26 万元,共提交审计报告 193 篇。

完成县政府交办任务　共完成交办的工作任务 32 项,审计清理单位 145 个。1995 年查处某单位隐瞒、克扣、挪用希望救助金,主要领导挥霍浪费、贪污、占用公款 3.2 万元的问题,并移交县纪委、在全县震动很大。1996 年结合全县企业第三轮承包到期,参与并负责全县工商企业清产核资,共抽调 8 人,涉及 30 个单位,摸清了企业家底,为企业改制打下了基础。1997 年对群众反映较大的民政救灾扶贫周转金全面清理检查,彻底查清了有关债权债务,纠正问题,向县政府提交了一份满意的审计报告。

完成上级下达审计任务　共完成省、地审计机关下达的审计任务 117 项,审计单位 121 个,审计金额 28460 万元。

**【镇原县审计局】**　到 1998 年底,人员为 17 人。其中:大专生 3 人,局长 1 人、副局长 2 人。

审计工作成果　共完成审计项目 501 个,审计单位 788 个,查出各类违纪资金 1305.77 万元,应缴财政资金 189.34 万元(其中:罚款总额 2.48 万元)。与县纪检、检察、信访等部门密切配合,查处各种经济案件 5 起,移送检察机关案查处的经济案件 1 起,已缴财政资金 133.66 万元。撰写审计报告 268 篇;向县政府提供建议 36 条,已被采纳 30 条;撰写审计信息 25 条。

完成县政府交办任务　共完成领导交办的工作任务 48 项,审计单位 136 个。共审计基建项目 51 个,审计资金总额 314.22 万元,核减基建投资 26.64 万元,查出违纪资金 158.2 万元,追缴偷逃税款 23.2 万元;完成验资项目 37 个,验证资金 76 万元。

**【宁县审计局】**　到 1998 年底有干部职工 18 人。其中:大专生 7 人,局长 1 人,副局长 2 人。

审计工作成果　共完成审计项目 211 个,审计单位 219 户;完成审计调查 8 项,调查单位 43 个;审计金额 54539 万元。共查出违纪违规金额 2129 万元;同县纪检、监察等部门配合,查处各种经济案件 5 起,上缴县财政 85.75 万元,共提交审计报告 211 篇。

完成县政府交办任务　共完成办的工作任务 44 项,审计清理单位 45 个。为配合全县机构改革、企业改制,负责对宁县 19 户承包经营企业和 2 户股份制试点企业进行了重点审计,摸清了企业家底,为完善企业承包经营责任制和股份制运行奠定了基础。同时,还积极开展县政府交办的领导干部离任经济责任审计,如实评价了领导干部任期内经营效益状况,为领导决策提供了依据。

完成上级下达审计任务　共完成省、地审计机关下达的审计任务 149 项,审计单位 248 个,审计金额 54539 万元。

**【正宁县审计局】**　至 1998 年底,有干部职工 12 人。其中:大学生 1 名,大中专生 8 名,局长 1 名、副局长 2 名。

审计工作成果　共完成审计项目(单位)246 个。完成审计调查 8 项,调查单位 21 个。共查出违规违纪资金 4786 万元。同县财政、纪检等部门配合,查处各种经济案件 6 项。共上缴县财政 54 万元;提交审计报告 133 篇。

完成县政府交办任务　共完成交办的企业承包终结经营情

况、厂长(经理)离任审计等专题审计项目62项。为配合全县企业改革、根据县政府的安排,对县直14户企业的资金、负债、损益情况进行了审计,查出资金不实的企业9户,金额1077万元;负债不实的企业3户,金额76万元;损益不实的企业11户,其中:虚增利润539万元,虚减利润12万元。

完成上级下达审计任务　共完成省、地审计机关下达的审计任务184项,查出违纪资金3321万元。

**【陇南地区审计处】**　至1998年底,共有干部、职工35人。其中:大学本科6人,大专生17人,处长1人,副处长2人;设有人秘科、工交审计科、固定资产投资审计科、审计事务所等机构。

审计工作成果　共完成审计项目182项。提交审计报告125篇。审计资金255831万元。共查出各类违纪违规金额13846万元;寂缴财政239.63万元。

完成政府交办任务　共完成地委、行署交办的工作任务48项,审计单位96个。1997年,中央电视台"焦点访谈"栏目对我区成县黄渚地区乱采乱挖国家矿山资源的问题暴光后,行署安排开展整顿矿山企业审计,接到任务后,及时抽调6名同志,正副处长亲自带队,历时1个月,对成县矿业公司、成县亚兴集团公司自建立以来的资产、负债及损益情况进行了全面审计,对查出的问题,分别向行署和地区纪委作了汇报并作了处理,维护了国家利益。

内部审计　1994年共设立内部审计机构8个,内审人员15名;到1998年,内部审计有12个,内审人员20名。

社会审计:　共接受社会委托项目203项。注册资金验证211户,验证资金56983万元;清产核资30项,清产核资金额21118万元。

受表彰情况　受省委、省政府表彰1次,受省审计系统表彰5次,受地委、行署表彰3次。有1人次受到省审计系统表彰奖励,3人次受到地委、行署表彰奖励。

**地址**　甘肃省陇南地区审计处
**邮编**　746000
**电话**　0939-8212887

**【武都县审计局】**　到1998年底,有人员18人。其中:大专生10人,局长1人,副局长1人。

审计工作成果　共完成审计项目142个,审计单位181户。审计总金额85564万元。共查出违纪违规资金1591.40万元。同县纪检、监察、信防等部门配合,完成专案调查4项;配合审计处清查审计了粮食系统财务挂账,为社会稳定发挥了积极作用,收缴县财政资金46.60元,共提交审计报告142篇。

完成县政府交办任务　共完成交办的审计事项22项,审计清理单位22个。完成领导干部离任审计事项35次,为领导选拨任用干部提供了依据。

完成上级下达审计任务　共完成省地审计机关下达的审计任务120项,审计单位159个,审计金额7361万元。

**【文县审计局】**　至1998年底,有干部职工16人。其中:大专生7人,局长1人,副局长4人。

审计工作成果　共完成审计项目119个。审计单位136户;完成审计调查202项,调查单位88个;审计金额21856万元,共查出违纪违规金额2726.06万元。移送检察机关经济案件1个。上缴县财政10.5万元,共提交审计报告119篇。

完成县政府交办任务　共完成交办的工作任务9项。

完成上级下达任务　共完成地区下达的审计任务110项,审计单位110个,审计金额19783万元。

**【徽县审计处】**　到1998年底,有人员12人。其中:大专生4人,局长1人,副局长3人。

审计工作成果　共完成审计项目107个。审计单位127户;完成审计调查22项,调查单位34个;审计金额90810.35万元。共查出违纪违规金额3273.07万元。上缴县财政16万元,共提交审计报告30篇。

完成县政府交办任务　共完成交办的工作任务22项。截止1998年底共完成工程决策审计项目7项,审计金额3540.29万元。

完成上级下达审计任务　共完成省、地审计机关下达的审计任务98项,审计单位127个,审计金额90810.35万元。

**【武威地区审计处】**　到1998年底,共有干部、职工30人。其中:本科生3人,大专生16人,处长1人,副处长2人;设有秘书科、财政金融审计科、行政事业审计科、商贸审计科、工交审计科、综合科、基建外资审计科、审计事务所等机构。

审计工作成果　共完成审计项目1026个。完成审计调查30项,调查单位195个。共查出违纪违规金额9375万元。同纪检、监察、信访等部门配合,查处各种经济案件3起,上缴地区财政1033万元。

完成地委、行署交办的任务　共完成交办的工作任务47项。1998年,对武威40万吨纸面石膏板厂,华藏治炼钢坯生产线,武威黄羊糖厂扩建、武威皇台酒厂液态酒精、热电磁场等项目进行审计,支持和推进了企业的改革和发展。

社会审计　共接受社会委托项目146项,年检金额975万元。

内部审计　到1998年,内部

审计机构有27个,内审人员147名。

受表彰情况　自1994年到1998年,我处受甘肃省审计厅表彰11次,受地委、行署表彰6次。共有6人次受到省审计厅表彰奖励;4人次受地委、行署表彰奖励。

**地址**　武威市东大街53号

**电话**　0935—2214088

**邮编**　733000

**【古浪县审计局】**　到1998年底,人员有22人(含审计事务所10人)。其中:大学生4人,大专生7人,局长1人,副局长2人。

审计工作成果　共计完成审计项目272个。审计单位315户;完成审计调查29项,调查单位87个;审计金额217400万元。共查出违纪违规金额1737.39万元。同县纪检、监察、信访等部门配合,查处各类经济案件3起,上缴县财政24.82万元,共提交审计报告24篇,审计意见书272篇,下达审计决定41篇。

完成县政府交办任务　共完成交办的各项任务322项,审计清理单位322个。

完成上级下达审计任务省、地审计机关下达审计任务164项,实际完成272项,完成数占任务的166%,审计金额217400万元。

**【天祝藏族自治县审计局】**　到1998年底,人员为33人。其中:大学生2人,大专生16人,局长1人,副局长1人。

审计工作成果　共完成审计项目339个。审计单位497户;完成审计调查24项,调查单位192个;共查出违纪违规金额398.54万元。其中:上缴财政62万元,对有关责任人罚款1.5万元,查出违纪问题移交纪检、监察部门处理的5件。

完成县政府交办任务　共完成交办的工作任务73项。其中:干部离任审计51个项目(单位)。共完成工程决算审计项目41个,查出违纪资金67.15万元,查出工程造价36.32万元。

完成上级下达审计任务　共完成省、地审计机关下达审计任务59项,审计单位157个。

**【张掖地区行署审计处】**　到1998年底共有干部职工33人。其中:大学本科11人、大专15人,处长1人,副处长3人;设有办公室、综合科、财政金融审计科、行政事业审计科、商粮贸审计科、工交基建审计科、审计事务所等机构。

审计工作成果　共完成审计项目348个。完成审计调查51项,调查单位129个;审计金额279984万元。共查出违纪违规金额8103万元。同地区纪检、监察等部门配合,查处经济案件6起,上缴地区财政257万元。

完成地委、行署交办任务　共完成地委、行署交办的审计任务97项。

完成上级下达审计任务　共完成省审计厅下达的审计任务69项,审计金额99695万元。

内部审计　1994年共设立内部审计机构9个,内审人员28名;到1998年,内部审计机构有19个,内审人员45名。

社会审计　共接受社会委托项目1183项。其中:企业年检验资835项,经济案件鉴定25项,资产评估2项,基建89项,其它232项。为委托单位挽回损失172万元,核减虚假注册资金367万元,核减基建预决算677万元。

受表彰情况　受省审计厅表彰3次,受地委、行署表彰3次。有1人受到审计署表彰;2人受到审计厅表彰奖励。

**地址**　张掖地区行署审计处

**电话**　0936—8213816

**邮编**　734000

**【民乐县审计局】**　到1998年底有干部、职工11人。其中:大专生4人,获得注册会计师或经济师资格的6人;局长1人,副局长2人。

审计工作成果　共完成审计项目298个。审计单位292户;完成审计调查23项,调查单位47个;审计金额1396.32万元,上缴财政213.03万元;查处经济案件4起。

完成上级下达审计任务　共完成省、地审计机关下达审计任务181项,审计单位203个,审计金额19732万元。1997年由省审计厅安排赴山丹的扶贫资金审计中,查出违纪违规资金46.18万元,上缴财政3.3万元;1998年由审计署统一安排的粮食资金审计,通过对23户粮食企业新增财务挂账和不合理占用贷款的审计,核实新增财务挂账金额为7375万元,比原挂账7835万元核减460万元,圆满完成了审计任务。

完成县政府交办任务　共完成交办的任务117项,审计单位126个,审计金额12376万元。基建审计股从1996年到1998年共核减工程预决算金额37.4元,取得了令人瞩目的成绩。

**【山丹县审计局】**　到1998年底,有干部、职工14人。其中:大学生1人,大专生3人,局长1人,副局长2人。

审计工作成果　共完成审计项目173项,审计单位293个;完成审计调查22项,调查单位119个;审计金额100392万元。共查出违纪违规金额5967.75万元。上缴县财政资金84.2万元,共提交审计报告157篇。

完成县委、县政府交办任务　共完成交办的工作任务24项,审计单位44个。1998年为配合县国有企业改制,按照县政府要求,组成5人审计小组,对全县最大的国有企业——油脂厂进行了全面审计，摸清了企业家底，审计落实成品油短库60万公斤，明潜亏651万元，受到了县委、县政府领导的好评和肯定。

完成上级下达审计任务　共完成省、地审计机关下达的审计任务148项，审计单位249个，审计金额87092万元。

**【临泽县审计局】**　到1998年度，有干部、职工10人。其中：大专生1人，中级职称3人，局长1人，副局长1人。

审计工作成果　共完成审计项目212个，审计单位387户；完成审计调查23项，调查单位127户，查出违纪金额2701万元，上缴县财政120万元，共提交审计报告52篇。

完成县政府交办任务　共完成交办的工作任务151项，审计清理单位89个。5年间，共承办领导干部离任审计39项，为正确评价和使用干部，分清干部任期内的经济责任提供了有力依据。先后6次单独组队参加税务财务物价大检查和预算外资金检查，查出违纪资金83万元，上缴财政23万元。

完成上级下达审计任务　共完成国家、省、地审计机关下达的审计任务29项，审计单位73个，审计金额43210万元。

**【高台县审计局】**　到1998年底，有干部职工17人。其中：局长1人，副局长1人。大专学历9人，注册会计师3人，中级以上职称3人。

审计工作成果　共完成审计项目187个，审计单位239户；完成审计调查13项，调查单位55个，提交审计报告187篇，查出违纪违规资金899万元，应上缴财政82万元，上缴财政47万元。

完成县委、政府交办任务　共完成交办的工作任务42项。

**【酒泉地区审计处】**　到1998年有干部职工36人。其中：大学本科6人，大学专科18人，处长1人，副处长2人。

审计工作成果　共完成审计项目1350项。共查出违纪资金19680.54万元，追还侵占挪用资金3895万元，上缴财政1726.32万元。配合纪检、监察等部门查处各类经济案件11件。

完成地方政府交办任务　共完成交办的审计任务233项。其中，完成领导干部离任审计210项，同时紧紧围绕地方党委、政府交办的在企业改革中诸如资产清理、破产清算、资产负债损益的真实性、资产评估、企业帮扶等方面的难点、热点问题进行了审计调查、审计核实，提出了建议，为领导决策提供了依据。

完成上级下达审计任务　共完成上级下达的审计任务1117项。1998年配合全国粮食流通体制改革，抽调精兵强将，对农发行、财政及粮食系统各单位进行了清理审计，经核实，全区粮食系统财务亏损挂账8325万元，其中政策性亏损6136万元，经营性亏损1356万元，其他部门挤占挪用833万元，不合理占用农发行贷款1086万元，查处违纪资金855万元。为粮食企业按国家规定多清理出政策性补贴3915万元，既维护了国家利益，也维护了企业利益。

内部审计　现有内部审计机构84个，专职内部审计人员55名，完成审计项目968项。

社会审计　共接受社会委托审计项目3777项。

受表彰情况　受省审计厅表彰奖励5次，地委表彰1次，市委、市政府表彰3次。先后有5人次受到省厅地区机关工委的表彰。

**地址**　甘肃省酒泉市仓门街6号
**电话**　0937—2614172
**邮编**　735000

**【玉门市审计局】**　截止1998年底，共有干部、职工15人。其中：局长1人，副局长3人；大专6人。

审计工作成果　共完成审计项目155项，审计资金总额41.9亿元，查出各类违规资金3036.1万元。其中：应上缴财政142.6万元，移交纪检、监察部门处理的6人。自1996年以来，共编发专题审计信息、报告64篇，被省、地、市采纳42篇，采纳率为65%。

完成市委、市政府交办任务从　共完成交办的审计项目55项。其中：领导干部离任审计39项，用3个月的时间，对市交通局运管所财务管理问题进行查证审计，共计查出违纪资金48.4万元。其中：涉及到3名人员侵占公款36418元，为单位挽回经济损失29.4万元，对侵占挪用的现金全额收缴财政并将3名责任人移交监察部门处理。共完成基建审计30项，审定竣工建筑面积30978平方米，送审工程造价2460万元，审定工程造价2167.3万元，净核减292.7万元，核减率为11.90%。

**【酒泉市审计局】**　1998年底实有人员为13人。其中：大学生1人，大专生5人，局长1人，副局长1人。

审计工作成果　共完成审计项目126项。审计单位286户；完成审计调查17项，调查单位159户；审计金额178074万元。共查出违纪违规资金3535万元。上缴财政38.4万元，共提交审计报告122篇。

完成市政府交办任务　共完成交办的工作任务14项，审计单位23个。1997至1998年，先后抽调15人次，参加市上的国企改革、资产评估、破产企业清算等工作，为市委市政府宏观决策提供了依据。

完成上级下达审计任务　共完成省、地审计机关下达的审计任务107项，审计单位267个，审计金额173520万元。

【敦煌市审计局】　截止1998年共有干部、职工11人。其中：大学本科学历1人，大专文化程度5人；局长1人，副局长2人。

审计工作成果　共完成审计项目228个；审计单位650户；完成审计调查17项，调查单位870个；审计金额159964.35万元，共查出违纪违规金额2252万元。同市纪检、监察、法院等部门配合，查处各种经济案件8起，为促进廉政建设和社会稳定发挥了积极作用。上缴市乡两级财政298.6万元，共提交审计报告56篇。

完成市政府交办任务　共完成交办的工作任务52项，审计单位90个。自1996年，对涉及全市改制的40多户工商企业进行了资产评估，摸清了改制企业家底，为企业改制顺利进行打下了基础。1998年在企业改制工作中，对原市食品厂国有资产评估结果的审计监督中，查出少评、漏评国有资产98万元，维护了国家的利益。

完成上级下达审计任务　共完成省、地审计机关下达的审计任务126项，审计单位312个，审计金额88326万元。

【安西县审计局】　到1998年底，有人员11人。其中：大专生1人，局长1人，副局长1人。

审计工作成果　共完成审计项目183项。审计单位376户；完成审计调查9项，调查单位250个；审计资金总额337112.5万元，共查出违纪违规金额786.58万元，上缴县财政91.6万元，共提交审计报告145篇。

完成县委、县政府交办任务　共完成交办的审计任务36项。1995年6月根据县政府统一安排，配合纪检监察机关，对某破产企业及有关责任人员问题的审计调查，对查清违纪案件当事人，依据其问题性质和严重程度，建议给予党纪、政纪处理3人，提交主管部门处理5人。

完成上级下达审计任务　共完成省、地审计机关下达审计任务148项，审计单位493个，审计金额236412.26万元。

【金塔县审计局】　到1998年底，共有干部、职工9人。其中：大专生3人，局长1人，副局长1人。

审计工作成果　共完成审计项目212项。审计单位279户；完成审计调查23项，调查单位126个；审计金额117073万元。共查出违纪违规金额1127万元。同县纪检、监察、信访等部门配合，查处各种经济案件6起，为社会稳定发挥了作用。上缴县财政76.19万元，共提交审计报告212篇。

完成县政府交办任务　共完成交办的工作任务73项，审计、调查单位123个。1998年12月为配合全县企业改制，参与并负责金塔县工商企业改制后的审计检查组。涉及到全县改制的40户企业，摸清了企业家底和改制后的运行情况，为县委、政府的宏观决策提供了依据，1996年在金塔县重点工程——金属镁厂的基建竣工审计工作中，基建工程预决算审减金额33万元，维护了国家、集体的利益。

完成上级下达审计任务　共完成省、地审计机关下达审计任务139项，审计单位196个，审计金额117073万元。

【阿克塞哈萨克族自治县审计局】　到1998年底，有人员8人。其中：大专生3人，局长1人，副局长1人。

审计工作成果　共完成审计项目174项。审计单位165户；完成审计调查16项，调查单位63个；审计金额31335万元。同县纪检、监察、信访等部门配合，查处各种经济案件1起，为社会稳定发挥了作用。上缴县财政55万元（已上缴43万元），共提交审计报告2篇。

完成县政府交办任务　共完成交办的审计任务31项。

完成上级下达审计任务　共完成省、地审计机关下达审计任务85项，审计单位138个，审计金额73136万元。

【肃北蒙古族自治县审计局】　到1998年底，人员6人。其中：局长1人。

审计工作成果　共完成审计项目116项。审计单位173户；完成审计调查10项，调查单位105个；审计金额33175万元。共查出违纪违规金额558万元。上缴县财政12.7万元，共提交审计报告116篇。

完成县委、县政府交办任务　共完成交办的审计任务30项。

完成上级下达审计任务　共完成省、地审计机关下达审计任务84项，审计单位145个，审计金额33175万元。

【甘南藏族自治州审计局】　到1998年底，有干部职工29人。其中：大学生2人，大专生9人，局长1人，副局长2人。设有办公室、综合科、财政金融审计科、行政事业审计科、农业审计科、固定资产投资审计科、企业审计科、审计事务所等机构。

审计工作成果　共完成审计项目437个，审计调查26项，调查单位158个，共查出违纪违规金额21526万元，收缴州财政156万元，共提交审计报告151篇，向司法机关移送案件1起。

完成州委、州政府交办任务

共完成交办的审计任务41项；完成工程决算审计项目44个，审计金额30918万元，审计核减金额1342万元。

完成上级下达审计任务　共完成省审计厅下达审计任务245项，审计单位250个。

内部审计　1998年底全州共有内审机构51个，内审人员118人，完成审计项目540个。

社会审计　共接受社会委托项目540个，财务收支审计项目210个，经济责任审计项目20个，注册资金验证391户。

受表彰情况　受省审计系统表彰5次，受州委、州政府表彰4次，共受各级表彰9人(次)。

**地址**　甘南藏族自治州审计局
**电话**　0941—8213320
**邮编**　747000

**【合作市审计局】**　1998年元月成立，核定人员编制10人；1998年底实编5人。其中：大专生1人，局长1人，副局长1人(暂空)；设有综合审计股、财政审计股、金融审计股、企业审计股、农业与资源环保审计股、固定资产投资审计股、行政事业审计股、社会保障审计股等8个审计股。

**【卓尼县审计局】**　到1998年底，有人员10人。其中：大专生1人，局长1人，副局长2人。

审计工作成果　共完成审计项目41项。审计单位177户；完成审计调查14项，调查单位72个；审计资金总额23448.10万元。共查出违纪违规金额622.81万元。同县纪检、监察等部门配合，查处各种经济案件2起，上缴县财政3.48万元，共提交审计报告66篇。

完成县政府交办任务　共完成交办的工作任务7项，审计清理单位29个。

完成上级下达审计任务　共完成省、州审计机关下达审计任务34项，审计单位148个，审计金额18415.2万元。

**【舟曲县审计局】**　到1998年底，有人员15人。其中：大专6人，局长1人，副局长3人。

审计工作成果　共完成审计项目158个。完成审计调查14项，调查单位79个，共查出违纪违规金额1749.03万元，上缴财政53.87万元，共提交审计报告158篇。

完成县政府交办任务　共完成交办的工作任务14项。1994年到1998年，参加每一年度的财务、物价、税收大检查工作，为社会稳定发挥了作用。

完成上级下达审计任务　1994年至1998年，共完成省、州审计机关下达审计任务141项，审计单位141个。

**【迭部县审计局】**　到1998年底，有干部职工11人。其中：大学生1人，大专生3人，局长1人，副局长2人。

审计工作成果　共完成审计项目138项。完成审计调查项目11项；审计金额17949万元。共查出违纪违规金额538万元。上缴县财政72万元，追还被侵占挪用资金279万元，共提交审计报告(信息)40篇。

完成县政府交办任务　共完成交办的承包经营、股份制改革、干部离任和固定资产投资等工作任务85项，配合有关部门对5户企业的资产和财务进行了清查。1998年底在一个月的时间内，对县属12户改制企业进行了审计，查出企业潜亏、挤占挪用、损失浪费等违纪违规问题，查清了企业的资产负债状况，挽回了企业资财损失。

完成上级下达审计任务　共完成省、州审计部门下达的扶贫、水利、粮食、世行援款、金融、社保等各项任务53项，审计单位97个，审计金额9151万元。

**【玛曲县审计局】**　到1998年有干部职工7人。其中：大专生2人，局长1人，副局长1人。

审计工作成果　共完成审计项目107项，审计单位186户，完成审计调查10项，调查单位128个；共查出违纪违规金额542.86万元，上缴县财政62.41万元，共提交审计报告信息57篇。

完成县政府交办任务　共完成交办的任务14项。1998年对5个行政事业单位领导进行离任审计，向纪检部门移交案件1起。5年来对全县固定资产项目开工前审计资金2207.2万元。

完成上级下达审计任务　共完成省、州审计机关下达审计任务97项，审计单位116个。

**【碌曲县审计局】**　到1998年有干部、职工8人。其中：局长1人，副局长1人。

审计工作成果　共完成审计项目(单位)129个；完成审计调查102项，调查单位75个；共查出各类违纪、违规金额871.40万元，已上缴财政16.49万元。

完成县政府交办任务　共完成交办的企业兑现合同审计等43项，领导干部离任审计6项，违纪情况查处3项。

**【夏河县审计局】**　1998年共有干部、职工7人。其中：局长1人，副局长2人。

审计工作成果　共完成审计项目119项。审计单位141个；完成审计调查项目10个，调查单位70个；共查出违纪违规资金385.25万元；上缴县财政18.04万元；追还违规挪用的资金162.3万元。

完成县政府交办任务　共完成46个审计项目，审计清理单位64个；查出违纪违规资金147.04万元；上缴县财政1.14万元。在1998年配合全县企业改制，组织人员完成了对全县16个工商企业经营情况的审计。同时完成了科级干部离任审计14个。

完成上级下达审计任务　共完成省、地下达审计任务73项，审计单位81个；查出违纪违规资金236.24万元，上缴县财政16.9万元，追还违规资金160万元。

**【临夏县审计局】**　到1998年底，有干部、职工17人。其中：设局长1人，副局长2人。

审计工作成果　共完成审计项目132项。审计单位184个。完成审计调查14项。审计总金额34307万元，查出各类违纪资金361万元。向司法机关移送案件3期6人，向纪检监察部门移送2人。会同县纪检、监察、信访等部门查处案件6期。上缴县财政22万元。提交审计工作报告6篇。完成各类审计调查14项。

完成县委、县人大、县政府交办任务　共完成交办任务41项。1997年9月按照县委统一安排，对全县26个乡(镇)历年的计划生育各项收费情况进行了审计。在1994年的审计中，根据县人大的指示，对某乡领导及工作人员严重违纪挤占、挪用、贪污各类资金牵扯人员达11人的问题，审计人员依法审计，为国家挽回了大笔的资金。

完成上级下达审计任务　共完成省、州审计机关下达审计任务91项，审计单位117个。

## 青海省

**【青海省审计工作简述】**　至1998年，共有审计机关56个，人员632人。5年来，共审计9146个单位，纠正违规行为金额153569万元，促进提高经济效益1701万元，揭露和向司法机关移送经济案件14宗，移送纪检和司法机关处理的责任人员26人。

法制建设情况　青海省审计厅根据国家有关法律、法规，结合青海实际，相继出台了一系列规章制度。主要有：《关于设立审计机关行政复议委员会的规定》、《关于青海省审计局机关廉政建设规定》、《关于副处级以上领导干部廉洁自律的规定》、《关于不准接受可能影响公正执行公务的宴请和不准参加用公款支付的娱乐活动的具体规定》、《青海省地方预算执行情况审计监督实施办法》、《青海省审计工作考核试行办法》、《关于建立重大违纪案件报告制度的规定》等。

**【青海省审计厅概况】**　青海省审计厅内设办公室、综合处(与法规处合署办公)、人事教育处(与机关党委合署办公)、固定资产投资审计处、农业审计处、中央企事业审计处、财政审计处、商贸审计处、行政事业审计处、工业交通审计处、外资运用审计处、审计科研培训所等12个职能处、室、所。截至1998年底，共有行政编制128人，机关工勤人员10人，事业编制(科研培训所)未定，现有28人。具有初、中级专业技术职称的87人。

厅领导成员

| 年份 | 厅长 | 副厅长 |
|---|---|---|
| 1994 | 李万柳 | 杨维耀　薛彦亭 |
| 1995 | 李万柳 | 薛彦亭　闫若冰<br>韩鸿博 |
| 1996 | 李万柳 | 薛彦亭　闫若冰<br>韩鸿博 |
| 1997 | 李万柳 | 薛彦亭　闫若冰<br>韩鸿博　姚爱然 |
| 1998 | 李万柳 | 薛彦亭　闫若冰<br>韩鸿博　姚爱然 |

成果综述　青海省审计机关共审计529个单位，查出违纪金额中，应上缴财政9864万元，减少财政拨款或补贴150万元，追还被侵占挪用资金9976万元，罚款239万元。共为国家增收节支1427万元，移送纪检、司法机关处理的责任人员6人。

本级预算执行审计　全省56个审计机关全面展开同级财政审计，达到100％审计的目标要求，标志着《审计法》规定的本级预算执行审计监督制度在青海得到全面贯彻实施。5年来，共审计55个单位的预算执行，查出违规行为金额33609万元，应增加财政收入4937万元，经审计处理，已增加财政收入2882万元。

各级审计机关审计　预算单位在金融机构开设的银行账户66个，为下一步严格约束开户行为，规范执行账户管理奠定了基础。审计结束后，针对审计揭露出来的预算内、外资金收支中的问题，就强化预算约束力，加强财政资金管理共提出了19条建议和意见，普遍受到政府和人大的重视和好评。并依法向省政府、审计署提交了审计结果报告，并受省政府委托，向省人大常委会作了审计工作报告。

各专业审计　1．金融审计　全省对94家农业银行分支机构、100家金融保险机构、2家证券公司以及3家地方金融机构等进行审计，共审计199个单位，查出负债(权益)不实金额16万元，损益不实金额771万元，违规行为金额335万元。审计中揭露的重大金融案件已移送司法等部门立案查处。对查出的资产负债损益不实，资产质量不高、风险大、效益差、经营亏损等问题，向省政府、审计署分别作了专题报告，同时对加强金融监控、防范和化解金融经营风险提出了审计建议和意见。2．基建审计　全省共审计249个基建工程项目。查出超规模、超标准、多列概算、高估冒算等有问题金额共19012万元，核减工程预决算金额889万元。3．企业审计　全省对1711个企业进行了审计，查出违规行为金额62070万元，追还挪用专项基金468万元，查出贪污受贿案件7宗，移交司法机关处理责任人员12人。4.农业资金审计　全省对扶贫专项资金、水利资金和林业生态建设资金进行审计。通过对420个单位的审计，共查出违规行为金额5427万元，归还原资金渠道1576万元。5.国外贷款援款审计　全省对116个接受国外贷款援款项目进行审计，查出违规行为金额1623万元。6.行政事业审计　全省对5347个行政事业单位进行了审计，查出违规行为金额17067万元。

内部审计　全省1994年共设立内部审计机构409个，内审人员1016名，至1998年，内部审计机构359个，内审人员825名。5年共审计2539个单位，纠正违纪金额60172万元，查出损失浪费23753万元，促进增收节支金额8012万元，移送纪检、司法部门处理的责任人员18人。

社会审计　共接受社会委托项目10574项，其中企业年检8575项，财务收支审计650项，承包离任审计348项。为委托单位挽回损失1221万元，核减虚假注册资金26823万元，核减基建预决算2127万元，促进提高经济效益706万元。

受表彰情况　全省审计机关被当地党政部门和上级审计机关评为文明单位、先进集体的有213个(次)，有472名(次)审计人员被评为"优秀党员"、"先进工作者"。其中，1997年省厅党组被青海省委授予"青海省直机关领导班子思想政治建设先进党组"，1998年省厅被省委、省政府授予"文明单位"，4个基层审计局被评为全国审计机关先进集体，4名审计干部被评为全国审计系统先进工作者。

**地址**　西宁市北大街3号
**电话**　0971—8244182
**邮编**　810000　　(李　锐)

**【西宁市审计局】**　到1998年共有干部、职工82人。其中：大学生10生，大专生32人，局长1人，副局长3人；设有办公室、法规科、综合审计科、财政金融审计科、行政文卫审计科、工交审计科、商贸审计科、基本建设审计科、农林水审计科、外资审计科、审计事务所等机构。

审计工作成果　5年来，完成审计516个单位；完成审计调查49项。共查出违规违纪金额11973万元。上缴市财政2703万元，共提交审计报告516篇。

本级预算执行审计　1995年开展了本级预算执行审计。几年来共审计107个单位的预算执行和其他财政收支情况，查出违规违纪金额3093万元。

各专业审计　1.金融审计　共审计24个单位，查出违纪金额502万元。2.基建审计　共审计41个项目。查出违纪金额433万元。3.企业审计　围绕企业改制和建立现代企业制度，共审计了223个单位，查出违规违纪金额5333万元。4.行政事业审计　共审计92个单位，查出违规违纪金额1745万元。5.农业资金审计　共审计了29个单位，查出违纪金额42万元。

内部审计　到1998年，全市共设内部审计机构有42个，专兼职内审人员132人。

社会审计　到1998年，共接受社会委托项目5214项，其中企业年检2000项，核减虚假注册资金3525万元，注册资金验证3591户。

受表彰情况　连续2次被评为全省审计系统先进集体，1997年被人事部审计署授予全国审计系统先进集体称号。共有6人次受省审计厅表彰，65人受市审计系统表彰。1997年至1998年连续2年被评为"文明机关"。

**地址**　西宁市黄河路90号
**电话**　0971－6142339
**邮编**　810001　　(战乃森)

**【西宁市城中区审计局】**　到1998年底，人员为6人。其中：局长1人，副局长1人。大专生3人。

审计工作成果　5年来，共完成审计项目69个。审计单位154户(正审审计85个单位)；完成审计调查4项，调查单位41个；审计金额26604万元。共查出违纪违规金额145万元，上缴区财政9.2万元，共提交审计报告69篇。完成区委、区政府交办的工作任务5项，审计清理单位5个。截止1998年底完成工程预算单位1个，审计资金100万元。

完成上级下达审计任务　共完成市审计机关下达的审计任务8项，审计单位14个，审计金额7289万元。

**【西宁市城东区审计局】**　到1998年末实有8人。其中：大专生5人，有会计师职称的2人，正副局长各1人。

审计工作成果　共完成审计项目142个，完成审计调查7项，调查单位50个；查出违纪违规金额276.36万元，应缴财政金额8.41万元，已缴财政7.86万元。配合纪检、监察等部门查处经济案件2起。并提交审计工作报告4篇、信息22篇(其中被采用7篇)；撰写论文8篇(采用4篇)。

完成区政府交办的任务　为配合区企业改制，共抽调7人次参与区企业清产核资小组，进行了资产清查、评估、破产企业清算以及企业改制工作的联总帮扶工作，保证了企业改制和全区的其他中心工作。同时，在审计工作中实事求是，依法审计，多次解决了群众的上访。

【西宁市城西区审计局】 1998年底,共有干部7人。其中:大学生1人,大专生1人;局长1人,副局长1人。

审计工作成果 5年来,共完成审计项目143项,其中:省、市审计机关下达的审计任务120项,审计单位159个;审计调查4项;查出违纪违规金额314.34万元。上缴财政19.53万元;提交审计报告14篇。

完成区政府交办任务 共完成交办的各项任务61项,其中:离任审计项目25项。1996年底,受区政府委托对群众举报的塔尔山绿化费公款私借问题进行了审计调查。查出原城西区园林绿化管理处负责人擅自批准将1.5万元的绿化费借给花房承包人搞个体经营等问题。对此,审计局做出了对直接责任人给予扣发全月工资直至借款人还完借款为止的处理决定。

【西宁市城北区审计局】 到1998年底,人员共有10人。其中:局长1人,副局长1人。

审计工作成果 5年来,共完成审计项目152个。完成审计调查7项,调查单位90个,审计金额59568.34万元。共查出违纪违规金额590.28万元。同区纪检、监察等部门配合,查出各种经济案件2起,上缴区财政8.97万元,共提交审计报告152篇。

完成区政府交办任务 共完成交办的工作任务14项,审计金额1966.48万元。1996年,为促进企业改革向纵深发展,根据区政府指示,对青海省轻工机械厂1966年以来的资产负债情况进行了审计查证,为青海省海联物资公司成功兼并该厂打下了基础。

审计调查 5年来,向政府呈报审计调查报告7项,向区政府提出审计建议31条。1995年到1996年连续2年对行政事业单位预算外资金调查报告呈报后,引起了区政府高度重视,作出了加强预算外资金管理的21条规定。

完成上级下达审计工作任务 共完成省、市审计机关下达的审计任务138项,审计金额57601.86万元。

【大通回族土族自治县审计局】 到1998年共有干部、职工13人。其中:大学生1人、大专生1人,局长1人、副局长1人。

审计工作成果 共完成审计项目27个,审计单位191户,完成审计调查6项,调查单位6个,共查出违纪违规金额831.27万元,同县纪、监察、法院等部门配合查处各种经济案件5起。上缴县财政30.53万元,共提交审计报告30篇。

完成县政府交办的任务 共完成交办工作任务32项,审计清理单位32个。1998年11月份起对全县21个乡(镇)领导干部任职期间的经济责任进行了审计,审计金额5984.1万元,查出违纪违规金额23.30万元,上缴财政4.3万元,查出借款数据26.5万元,查出私设"小金库"金额11.18万元。

完成上级下达的审计任务 共完成省、市审计机关下达的审计任务3项,审计单位19个,审计金额34156.16万元。

【海东地区审计局】 截止1998年底,实有人员19人。其中:大学本科1人,大专3人,局长1人,副局长1人;设有办公室、财政金融审计科、行政事业审计科、企业审计科、农业资金审计科、综合科、审计事务所等机构。

审计工作成果 5年来,共完成审计项目174个,共查出各类违纪违规金融5035万元,收缴财政1350万元;完成审计调查7项,调查单位22个;配合纪检、监察、信访等部门,查处各类经济案件23起;共提交审计报告174篇,提供审计信息及简报80篇,其中被采纳26篇。

完成当地党政部门交办的任务 共完成地委、行署交办的工作任务15项,审计清查单位34个。1996年为配合机构改革、企业改制,对4个公司的资产、负债及损益情况进行了全面清理,共查出潜亏等问题380余万元,摸清了企业家底,为地委、行署宏观决策提供了依据,同时为企业改制奠定了基础。1997年成立了农业资金审计科,到1998年共审计项目8个,审计单位28个,查处违纪违规金额386万元,为促进我区农业生产发展发挥了作用。

内部审计 1994年共设立内审机构2个,内审人员2名,到1998年,内部审计机构为8个,内审人员18名。

社会审计 5年共接受社会委托项目255项,其中企业年检验资223项,年检验资金额19945万元,财务收支审计5项,其他查证27项。

受表彰情况 受审计署表彰奖励1次,省审计系统表彰3次,地委、行署表彰2次。共有2人受到审计署表彰奖励,2人次受省审计系统表彰,4人次受地委、行署表彰。

**地址** 青海省平安县海东路
**电话** (0972)612951
**邮编** 810600 *(海润玮)*

【平安县审计局】 到1998年底,人员共有14人,其中:局长1人,副局长2人;大专生8人。

审计工作成果 共完成审计项目302个。审计单位352个;完成审计调查7项,审计金额4173669万元。共查出违纪违规金额1071.5万元。上缴财政金额90.9万元,应追还侵占挪用资金114.43万元,罚款19.1万元。同县纪检、监察、检察等部门配合，查处经济案件1起。共提交审计信息34篇，被上级审计机关和政府采用13篇。

完成县委县政府交办的任务 共完成交办的工作任务119项，做到了交办一起，完成一起。1998年8月会同县委组织部制定了《平安县领导干部离任审计办法》，县委向全县各部门进行了转发，海东纪检委、海东审计局向全区推广实施。完成离任审计74项。

完成上级下达审计任务 共完成省、地审计机关下达的审计任务302项，审计单位352个，审计总金额41736.9万元。

**【乐都县审计局】** 到1998年底，实有干部职工15人。其中：大专生2人；局长1人，副局长2人。

审计工作成果 共完成审计项目201个。完成审计调查7项；共查出违纪违规金额641万元，审计发现贪污、贿赂案件3件，移送监察机关处理3人，移送司法机关处理3人，上缴县财政23万元，为严肃财经纪律，维护国家利益，保证经济发展起了重要作用。

完成县政府交办任务 共完成交办的工作任务13项。为了加强对农业服务，审计局先后共抽调5人(次)由局长带队进驻农业综合开发项目工地，进行跟踪审计，审计总金额6000多万元，杜绝违纪和损失浪费10多万元，节约开支150多万元，防止和纠正挪用资金130多万元，得到了当地党政部门和项目负责人的好评。

完成上级下达任务 共完成上级审计机关下达的审计任务201项，查出应上缴财政29万元，已上缴23万元，追还被侵占挪用资金221万元。

**【湟中县审计局】** 1998年，共有干部、职工14人。其中：局长1人，副局长1人；大专生7人。

审计工作成果 共完成审计项目210个。审计单位205户；完成审计调查11项，调查单位125个；审计金额2166308万元。共查出违纪金额1774.38万元。同县纪检、监察、司法等部门配合，查处各种经济案件2起。上缴县财政502.04万元，共提交审计报告210篇。

完成县政府交办任务 共完成交办的工作任务51项，审计清理单位261个。1997年为配合全县企业改制，参与并负责湟中县国有企业清产核资、破产清算工作，抽调1人，涉及到全县28个单位。1998年在对县供销联社主任离任审计工作中，审计人员实事求是、依法审计，查出下属生产资料公司违纪金额172万元，此案已移送司法机关处理。

完成上级下达审计任务 共完成省、地审计机关下达的审计任务150项，审计单位205个，审计金额216308万元。

**【湟源县审计局】** 到1998年底，共有干部职工10人。

审计工作成果 共完成审计项目183个，审计单位258户；完成审计调查7项，调查单位18个，共查出违纪违规金额878.47万元，上缴财政38万元，提交审计报告25篇。

完成县委 县政府交办任务 共完成交办的工作任务95项，配合县委县政府完成工贸企业改制工作中抽调审计骨干人员参与清产核资小组56人(次)，涉及到全县各企业单位，摸清了企业家底，为县委县政府在工贸企业改革中宏观决策提供了依据。

完成上级下达审计任务 1995年完成省审计厅委托我局对湟源工路总段及下属八段一队财务收支进行了审计，共审计单位11个，审计总金额2344.45万元，查出违纪金额36.4万元。

**【民和回族土族自治县审计局】** 到1998底，人员共有23人(含审计事务所7人)。其中：大学学历1人，大专学历7人；局长1人，副局长1人。

审计工作成果 5年来，累计完成审计项目232个，完成审计调查10项，查出各种违纪违规金额833.48万元。同县纪检、监察、信访等部门配合，查处各种经济案件18起，移交司法机关4人，受党纪政纪处分的6人。5年上缴县财政68.69万元，撰写专题审计报告10篇。

完成县政府交办任务 共完成交办的工作任务27项。1995年配合有关部门完成了对“小金库”的清查和乱收费、乱摊派、乱罚款等“三查”工作；1996年配合县民政局完成了全县1994年至1996年救灾救济款发放使用工作，并配合体改办完成了县股份制试点企业的清产核资工作。根据县政府的安排，在对房产局的财务收支审计中查出了该局私设“小金库”1.8万元和给私人借出4万元大额公款的问题。1998年完成了县商业系统9个分公司1996至1997两年亏损问题的财务检查工作，发现了虚盈实亏的事实。另外还抽调人员参加了县砖瓦厂等3个企业的破产清算和县金属冶炼总公司股票上市前的准备工作。

**【互助土族自治县审计局】** 到1998年底，人员为22人。其中：局长1人，副局长1人；大专生2人。

审计工作成果 共完成审计项目211个，审计单位206个；完成审计调查5项，调查单位48个。共查出违纪违规金额722万元，上缴财政93万元。

完成县政府交办任务 共完成县委、县政府交办的工作任务

45项，审计清理单位128个。1996年7月为配合全县机构改革、企业改制，参与并负责全县预算外资金清理检查，中小学乱收费检查。先后抽调9个，涉及到全县120个单位，历时70天，摸清了企业家底，理顺了预算外资金管理、使用渠道。为县委、县政府的宏观决策提供了依据。1998年积极完成了县委组织部委托的领导干部离任审计6项，按期提交了审计结果报告。

完成上级下达审计任务　共完成省、地审计机关下达的审计任务166项，审计单位198个。

**【化隆县审计局】**　到1998年底有干部职工13人。其中局长1人，副局长2人；大专2人。

审计工作成果　共完成审计项目182个，完成审计调查11项。共查出违纪、违规401万元，上缴县财政15.5万元。

**【循化回族自治县审计局】**　到1998年底共有干部、职工15人。其中局长1人，副局长2人；大专生4人。

审计工作成果　共完成审计项目190个，完成审计调查5项。共查出违纪违规金额775万元。并配合纪检、监察等部门搞了大量工作。共上缴财政29.85万元，追还被侵占挪用资金21万元，共提交审计报告190篇。

完成县政府交办的任务　共完成县委、县政府交办的审计及审计调查18项。其中：领导干部离任审计7项，专项清理5项，其他审计6项。1997年循化驻宁办事处主任离任审计和1998年县政府招待所所长离任审计中，抽出得力人员，较好地完成了任务。同时，查出"小金库"资金11.8万元。

完成上级下达的审计任务　共完成省地审计机关下达的审计任务172项，审计调查5项。

**【海北藏族自治州审计局】**　到1998年共有干部、职工16人。其中大专毕业生4人，局长1人，副局长2人。设有综合科、企业审计科、行政事业审计科、财政金融审计科。

审计工作成果　5年来，共完成审计项目210个，为上级下达审计项目计划的153%，完成审计调查6项，审计金额23122万元。共查出违纪违规金额4450万元；查出百万元以上违纪单位4个，查出损失浪费782万元；查出国有资产流失1235万元；应收缴财政270万元，查出经济犯罪案件4起，提交审计工作报告47篇。

从严治理审计队伍　自1994年以来，在原有的规定的基础上，又先后补充制定了《海北州审计局保密工作制度》、《学习制度》、《会议制度》、《审计执法督查制度》、《公示制度》、《行政执法责任制度》、《错案和执法过错责任追究制度》等12个规章制度。

社会审计　青海省海北州信业会计师事务所成立于1995年，几年来共接受社会委托审计项目174项，其中企业年检42项，年检金额31217万元，注册资金验证27户，验证金额1984万元，清产核资7项，清产核资金额16205万元。

受表彰情况　受省审计系统表彰3次，受州委、州政府表彰5次，1996年被省、州两级法制宣传教育领导小组分别命名为"二五"普法教育先进集团，1996年被州委、州政府命名为"县级文明单位"，1998年又被命名为"州级文明单位"先后有5人次受到各级领导机关的表彰奖励。

**地址**　青海省海北州西海镇
**电话**　0970—642460
**邮编**　810200　　(赵继刚)

**【海晏县审计局】**　1998年底共有人员5人。获得注册会计师职称1人，审计师及其他中级职称2人，局长1人。

审计工作成果　5年来，共完成审计项目138项。审计单位126个，完成审计调查1项，调查单位1个。审计金额65605万元。共查出违纪违规金额120.84万元。上缴县财政22.94万元，共提交审计报告10篇。

完成县政府交办任务　共完成县委、县政府交办的工作任务30项。自1996年起为配合全县机构改革和企业改制，对13家工商企业进行了审计。完成了10项企业事业领导干部离任经济责任审计。会同县纪检、监察等部门，查处经济案件2起，为促进社会稳定起到了"经济警察"作用。

**【祁连县审计局】**　共有干部、职工9人。其中：局长1人。

审计工作成果　共完成审计项目41个，审计单位218户，共查出违纪金额651万元，上缴县财政180万元，共提交审计工作报告14篇。

完成县政府交办任务　共完成交办工作任务37项。1997年对矿冶总公司新建的铬铁冶炼厂进行审计，该项目耗资540万元，在试产1年期间，亏损额达600万元；还有石棉公司。投资回报收益差，带来不堪重负的债务，审计局提出专题审计报告，得到县领导的高度重视，并在实际工作中被采纳。

完成上级下达审计任务　共完成省、州审计机关下达的审计项目35项，审计单位162户。为上级业务领导者提供了真实可靠的资料。

**【刚察县审计局】**　到1998年共有干部、职工7人。其中：局长1人，副局长1人；大专生2人。

审计工作成果　共完成审计项目145个，完成审计调查5项，调查单位9个，审计金额31787.7

万元。共查出违纪违规金额210.07万元。上缴县财政46.31万元,共提交审计工作报告14篇。

完成县政府交办任务　共完成交办的工作任务58项。截止1998年底受县委县政府的委托对企业和行政事业单位的主要领导离任和企业的承包终结经济责任审计24个单位,为县委、县政府的宏观决策提供了依据。

完成上级下达审计任务　共完成省、州审计机关下送的审计任务114项,审计单位126个,审计金额23.819万元。

**【门源回族自治县审计局】**　到1998年共有干部、职工7人,其中有中等专业文化程度人员6人,中级职称人员3人;局长1人。

审计工作成果　共完成审计项目190个。审计单位207个。完成审计调查项目10个,调查单位59个。审计金额3165万元。向县政府和上级审计机关提交审计报告48篇。通过审计,共查出违纪违规金额831.3万元,上缴县财政51.5万元。查出经济案件移送有关部门处理4件。

完成县政府交办任务　共完成交办的工作任务16项。

完成上级下达审计任务　共完成上级审计机关下达的审计任务118项,审计单位118个,审计金额28775万元。

**【海南藏族自治州审计局】**　1998年底共有干部职工23人。其中:大学生3人,大专生7人;获中级职称资格6人;局长1人,副局长2人,纪检组长1人;局下设五科一室,即:办公室、财政税务金融审计科、行政事业审计科、企业审计科、外资运用审计科、综合科。

审计工作成果　共完成审计项目154个。审计单位154户;完成审计调查11项,调查单位210个;共查出违纪违规金额3177万元,决定处理处罚312万元,指明要求纠正1368万元,上缴州财政资金566万元。5年间,共提交审计报告154篇,审计调查报告7篇,撰写审计论文20篇,审计信息90篇。

审计任务完成情况　共完成上级审计机关下达的审计任务126项,完成州委、州政府交办的工作任务28项,审计单位(包括审计调查)364个。1997年在人民银行海南州分行和州财政局等有关部门的积极配合下,针对州级行政事业单位多头开户,名目繁杂的情况,抽调业务骨干,历时3个多月,对65个单位进行了深入细致的审计调查,并向州人民政府提交了专题报告,州政府及时批转给各级有关部门,切实遏制了此类问题的漫延。1998年6月在全国范围开展的粮食企业财务账清查审计中,共抽调58人,涉及到全州28个单位,为粮食流通企业改革,提供了可靠的依据。1995年随着海南州利用外资农业发展基金项目正式启动,相应成立了局外资运用审计科,截止1998年底共完成外资运用项目审计11项,审计金额34195万元。

内部审计　到1998年底共27,内审人员82名,覆盖范围包括行政事业、企业、财税、金融等单位。

社会审计　共接受社会委托项目53项,其中:验证注册资本30项、企业年检19项、审计查证4项,审计成果得到普遍认可。

**【共和县审计局】**　1998年底为13人。其中:大专生6人;局长1人,副局长2人。

审计工作成果　共完成审计项目113个。审计单位128户;完成审计调查3项,调查单位35个;审计金融28586万元。共查出违纪违规金额508.73万元。同县纪检、监察等部门配合,查处各种经济案件5起。上缴县财政116.54万元,共提交审计报告113篇。

完成县政府交办任务　共完成交办的工作任务24项,审计清理单位50个,共抽调25人(次),涉及到全县55个单位,历时108天。1998年在经济建设局下属公路养护费的审计工作中,审计人员克服困难,发现违规行为金额45.8万元,其中:决定处理处罚22.5万元。

完成上级下达审计任务　共完成省、州审计机关下达的审计任务93项,审计单位108个,审计金融28178.55万元。

**【龙羊峡行委审计局】**　到1998年全局共有干部、职工5人,局长1人。

审计工作成果　共完成审计项目47项。审计单位53个;完成审计调查1项,调查单位5个,审计资金总额共计10745.06万元。查出违纪违规资金83.93万元,上缴局委财政33.13万元,追还被侵占挪用资金1.73万元。共提高审计报告47篇。

完成工、行委交办任务　完成交办工作任务15项,审计单位15个,其中:领导干部离任审计10项,其他项目5项。

完成上级审计机关下达审计任务　共完成省、州审计机关下达的审计任务32项,审计单位38个,审计金额8129.35万元。

**【同德县审计局】**　到1998年底,人员有8人,其中:局长1人,副局长2人;大专1人。

审计工作成果　共完成审计项目57个。审计单位60户;完成审计调查3项,调查单位3个;审计总金额22943万元。共查出违纪违规金额580万元。上缴县财政129万元,共提交审计报告30篇。

完成县政府交办任务　共完

成交办的工作任务16项。

完成上级下达审计任务　共完成省、州审计机关下达的审计任务41项，审计单位44个，审计金额13558万元。

**【贵德县审计局】**　到1998年底有干部、职工10人，其中：本科1人，大专5人；局长1人，副局长1人。

审计工作成果　共完成审计项目69个，审计单位69个，完成审计调查2项；调查单位4个；共查出违纪违规金额220.57万元，应上缴财政45.72万元，实际入库45.72万元，入库率为100%。配合县纪检、监察等部门，查处各种经济案件2起。共提交审计报告69篇。

完成县政府交办任务　共完成交办的工作任务14项，审计清理单位14个。

完成上级下达审计任务　完成省、州审计相关下达审计任务22项，审计单位30个。

**【兴海县审计局】**　到1998年底，人员为9人。其中：局长1人，副局长1人。大专生3人。

审计工作成果　共完成审计项目40个。审计单位40户；完成审计调查2项，调查单位3个；审计金额16083.68万元。共查出违纪违规金额665.5万元。上缴县财政12.88万元，共提交审计报告40篇。

完成县政府交办任务　共完成交办的工作任务18项，审计清理单位23个。1997年7至10月、1996年到1997年，在对兴海县民贸公司、冷库、畜产公司经理离任审计中，坚持依法审计，实事求是，审计出应缴财政金额6.71万元，应追还原资金渠道资金59.37万元，维护了国家和企业的利益。

完成上级下达审计任务　共完成省、州审计机关下达的审计任务29项，审计单位40个，审计金额16083.68万元。

**【贵南县审计局】**　到1998年底有干部、职工8人。其中：大专生1人。

审计工作成果　共完成审计项目26个。审计单位63户；完成审计调查1项，调查单位2个。审计金额30872.35万元。共查出违纪违规金额983.24万元。同县检察院等部门配合，查处经济案件1起。上缴财政46.51万元，共提交审计报告75篇。

完成县政府交办任务　共完成交办的工作任务17项。审计清理单位65个。1996年到1997年为配合全县机构改革、企业改制，参与县工商企业清产核资小组，涉及到全县22个单位，摸清了企业家底。几年中，配合县财政部门完成了全县“小金库”的清理工作；配合州检查组完成了本县金融部门和财政部门对农副产品收购资金的落实、到位情况的检查工作；配合县建行、城建办等单位完成了对本县防疫站、法院联建办公楼工程的预决算工作；配合县纪检、监察机关完成了对部分乡镇的执法检查和减轻农牧民负担的工作等等。

完成上级下达审计任务　共完成省、州审计机关下达的审计任务25项，审计单位51个。

**【果洛藏族自治州审计工作简述】**

全州共有审计机关7个，其中：州审计局1个，州属六县审计局各1个。到1998年底，全州共有审计干部、职工47人，其中：大专以上学历的5人。5年来，全州各级审计机关共审计858个单位，查出各类违纪违规行为金额5503万元，应上缴财政金额162万元，已上缴财政93万元，罚款63.3万元，应追还被侵占挪用资金180万元，促进增收节支98.7万元，移送纪检司法机关处理的2人，完成审计调查29项，提交审计工作报告137篇。

**【果洛藏族自治州审计局】**　到1998年底共有干部职工15人。局长1人，副局长1人；大专以上学历的3人。设有办公室、行政事业审计科、企业审计科、综合科和审计事务所等机构。

审计工作成果　几年来，共审计153个单位，查出各类违纪违规金额3719万元，应上缴财政金额98万元，已缴财政54万元，罚款36万元，应追还被侵占挪用资金130万元，为国家增收节支62万元；提交审计工作报告信息82篇。到1998年底，全州各级审计机关对所辖工商企业的审计次数在5次以上，商业银行在3次以上，邮政企业在3次以上，州局对6个县的财政决算已完成了第四轮的审计。从1995年开始，全州7个审计机关全面开展同级财政预算执行情况的审计，达到100%审计目标要求。另外，根据省审计厅授权，全州各级审计机关从1997年开始对外资运用及世行贷款进行审计监督，为“卫六”、“贫三”项目顺利实施提供了保障。

内部审计　1994年共设立内部审计机构3个，内审人员10名，到1998底，有内部审计机构4个，内审人员13人。

社会审计　果洛藏族自治州审计事务所于1995年12月下旬成立，当时从业人员仅3名，到1998年，事务所的从业人员有5人，其中注册会计师3人。

受表彰情况　全州各级审计机关受到审计厅表彰的先进集体3个、先进个人9人；受州审计系统表彰的先进集体3个，先进个人6人；受州、县党委、政府表彰的10人，受省委表彰的1人。

**地址**　青海省玛沁县大武镇
**电话**　975—382671
**邮编**　814000　　　(方书民)

# 宁夏回族自治区

【宁夏回族自治区审计工作简述】

至1998年，全区共有审计机关29个，审计人员754人。其中，大专以上学历446人，占总人数的59.15%，中级以上职称341人，占总人数的45.23%。5年来，全区各级审计机关共审计了10317个单位，查出违规行为金额23.41亿元。

法制建设情况 1994年以来，全区各级审计机关认真贯彻《审计法》、《审计法实施条例》和审计署制定的38项规范，并结合宁夏实际，在总结实践经验的基础上，制定和完善了各项规章制度。提请自治区人民政府发布了《宁夏回族自治区地方预算执行情况审计监督试行办法》，和自治区党委组织部共同制定下发了《领导干部离任审计制度》和《县级以上领导干部离任审计实施意见》等地方法规；自治区审计厅先后制定了《审计执法检查办法》、《重大审计事项审定会议制度》、《关于干部教育培训规范化管理有关问题的规定》、《审计听证会实施办法》、《审计统计工作考核办法》、《关于印发统一的审计工作底稿式样的通知》等规章制度；制定了《审计厅机关工作人员在国内交往中收受的礼品实行登记制度的规定》、《审计厅机关处级以上领导干部收入申报的规定》、《关于厅机关领导干部报告个人重大事项的规定》、《自治区审计厅关于厉行节约廉洁从审的规定》、《自治区审计厅审计廉政跟踪监督规定》等廉政建设制度。各地、市、县(区)审计机关还根据自身实际制定了审计质量管理、岗位目标责任制和奖惩办法等制度。

【宁夏回族自治区审计厅概况】

截止1998年底，自治区审计厅共有干部职工168人。其中，具有大专以上学历的117人，中级以上职称的129人。厅内设12个处室和机关党委、纪检组(监察室)。即：办公室、综合处、人事教育处、政策法规处、行政事业审计处、财政审计处、农业审计处、固定资产投资审计处、商粮贸审计处、工业交通审计处、中央企事业审计处、外资运用审计处、机关党委、纪检组(监察室)。下属事业单位4个，即：宁夏审计科研培训中心、审计厅计算机中心、审计厅机关服务中心、宁夏审计事务所。

厅领导成员

厅(局)长

易昌元 1988.10—1996.11

邓炎辉 1996.12—1998.8

马占和 1998.8—

副厅(局)长

杨佐有 1991.5—1995.7

邓炎辉 1996.1—1996.12

卢苏萍 1997.3—

李笃弼 1998.6—

总审计师

王惠敏 1998.6—

纪检组长

李俊贤 1996.12—

成果综述 全区各级审计机关共审计了10317个单位，查出违规行为金额23.41亿元，经审计处理应上缴财政2.43亿元，已上缴财政2亿元，减少财政拨款和补贴641万元，追还被侵占挪用的专项资金2.25亿元，核减工程项目预决算5725万元，罚款1177.64万元。移送纪检监察部门处理责任人19人，向司法机关移送案件16起。共提交各类综合报告、信息2716篇，被当地党委、政府领导和有关部门批示、采用1230篇。

本级预算执行审计 截止1998年底，共审计了1863个预算执行单位，查出违规行为金额77010.57万元，经审计处理，已上缴财政收入14122.81万元，减少财政拨款129.2万元，追还专项资金7646.59万元，罚款183.81万元。每年审计结束后，针对审计揭露出来的预算内、外资金收支中存在的问题，提出改进的意见和建议。4年共提出意见和建议301条，有140条被地方领导批示和有关部门采用，为政府宏观决策和加强部门预算管理提供了依据。1996年本级预算执行审计结束后，自治区审计厅向自治区人民政府和人大常委会作了汇报，引起领导的高度重视。

各专业审计 1.金融审计 5年来，全区各级审计机关共审计了237个金融单位，查出违规行为金额16273.22万元。经审计处理，收缴财政收入287.55万元，减少财政拨款120.63万元，追还专项资金258.4万元，罚款62.29万元。提出改进的意见和建议219条，有155条被政府领导和有关部门批示或采用，对加强金融监控、防范和化解金融风险发挥了积极作用。2.企业审计 全区审计机关共审计各类企业1881户，查出违规行为金额72367.2万元。通过审计，增加财政收入4747.03万元，追还专项资金5012.3万元，罚款252.63万元。对审计中揭露出的个人经济问题，移交纪检监察和司法机关处理。先后有8人受到党政纪处分，6人被司法机关立案查处。3.农业资金审计 先后对“三西”资金、以工代赈资金、支农扶贫资金、农业开发资金等进行了审计监督。5年共审计了1134个单位，查出违规行为金额12510.34万元，追还专项资金3800.94万元，增加财政收入343.8万元。针对农业资金管理中存在的问题，提出改进的意见和建议198条，为提高农业资金使用效益，促进农业政策的落实发挥了积极作用。4. 行政事业审计　全区各级审计机关重点对教育经费、计划生育经费、预算外资金、民政福利彩票、退休养老和失业保险基金等进行了审计。5年共审计单位3671个，查出违规行为金额25227.46万元，经审计处理，上缴财政1665.08万元，减少财政拨款134.9万元，追还专项资金7253.4万元，罚款358.47万元。对有重大违纪线索的16人移送纪检、司法机关处理。5. 固定资产投资审计　全区共审计了580个重点基建工程项目，查出超规模、超标准、多列概预算、偷逃税款等违规行为金额6914.5万元。通过审计，核减工程项目预决算5725万元，增加财政收入260万元。6. 国外贷援款项目审计　先后开展了国际金融组织贷、援款项目审计、政府外债审计、中外合资合作经营企业审计和政府交办项目的审计。共审计207个项目执行单位，查出违规行为金额1521.2万元，追还专项资金560.6万元，提交报告、信息86篇。7. 领导干部离任审计　从1998年开始，全区各级审计机关普遍推行了领导干部离任审计制度。共接受委托，完成了330多名领导干部离任审计事项，其中，审计地厅级干部9名，县级干部11名，科级干部310名。共查出各类违规行为金额3亿多元，经审计处理，应上缴财政1000多万元，归还原资金渠道6000多万元，对9名违纪责任人给予党纪政纪处分，移送司法机关处理2人。

**地址**　银川市解放西街117号

**电话**　0951—5047444

**邮编**　750001　　（王金平）

**【银川市审计局】**　到1998年底，有68人。其中：大学生18人，大专生34人，具有中级职称的39人，局长1人，副局长1人。设有办公室、财政金融科、行政事业审计科、商粮贸审计科、工交企业审计科、城市建设审计科、综合科、法制科、人事教育科、监察室等机构。

审计工作成果　共完成审计项目714个；完成审计调查56项；共查处违纪违规金额35245.3万元。上缴市财政5402.89万元，核减工程项目预决算金额2017.4万元；共提交各种审计报告和信息203篇，被采用103篇。

完成市政府交办任务　共完成交办的工作任务356项。先后进行了298项企业审计，摸清了企业的家底。1995年，对20户国有企业的流动资金管理使用情况进行了调查，发现流动资金流失730万元，流失率达8.3%。1998年对14名企业、行政事业单位的领导干部进行了经济责任离任审计，查处各类违纪违规资金4341.95万元，其中有1人受到行政处分，7人被司法机关传讯审查，为党委、政府考核任用干部提供了依据。

完成上级下达审计任务　共完成自治区审计厅下达的审计任务358项，查处各类违纪违规资金22853.25万元。

内部审计　全市1994年共设立内部审计机构10人，内审人员32名，到1998年，内部审计机构增加到14人，内审人员48名。

社会审计　银川审计事务所现有从业人员42人。共接受社会委托项目1747项，其中注册资金验证1573户；验证资金235893.72万元；建筑工程预决算51项，核减工程投资8673.58万元；资产评估123项，评估总金额58617.69万元；

受表彰情况　受自治区审计厅审计系统表彰2次，有1人受到全国总工会的表彰。11人次受到自治区审计系统的表彰奖励，40多人次荣获优秀党员、先进工作者和优秀公务员等荣誉称号。

**地址**　银川市解放东路57号政府大院

**电话**　0951—6024768

**邮编**　750004　　（王东风）

**【银川市城区审计局】**　到1998年底，人员为8人。其中大专生5人，局长1人，副局长1人。

审计工作成果　共完成审计项目123个，审计单位144户；完成审计调查3项。共查出违纪违规金额205.21万元，同城区纪检、监察等部门配合查处各种经济案件3起。上缴城区财政5.8万元。

完成区政府交办任务　共完成政府交办的工作任务75项。

完成上级下达审计任务　共完成了自治区审计厅下达的审计任务80项，审计单位144个。

**【银川市新城区审计局】**　1998年底，共有干部、职工6人。其中：大专生5人，局长1人，副局长2人。

审计工作成果　共完成审计项目115个，审计单位178户；完成审计调查5项，调查单位28个；共查出违规金额565.42万元，查出经济案件1起，上缴新城区财政17.6万元，提交审计报告5篇。

完成区政府交办任务　共完成交办的工作任务107项，审计单位107个。1995年首次开展对建设项目的设计，核减工程造价7万余元，并对一些不合理开支予以纠正，为企业减少损失7.3万元。从1996年4月开始，受政府委派，陆续对27个行政事业单位的行政负责人的离任进行了审计，促进了新城区廉政建设的步伐。

完成上级下达审计任务　共完成自治区审计厅下达审计任务8项，审计单位71个。

【银川市郊区审计局】 1998年底,共有干部、职工10人,其中大专生2人,局长1人,副局长1人。

审计工作成果 共完成审计项目48个。审计单位241个。完成审计调查2项,调查单位4个。共查出违纪违规金额446.8万元,移交司法部门经济案件3起,上缴郊区财政金额46.8万元。共提交审计报告24篇,其中被新闻单位采纳1篇。

完成区政府交办任务 共完成交办的工作任务30项,审计单位104个。查出违纪、违规金额74.3万元,上缴郊区财政12.6万元。1997年11月至1998年5月,参与了郊区企业改制,摸清了郊区303家企业家底,为企业顺利改制打下了基础。1998年6月完成了全郊区57个行政村的清财工作。1994年至1995年两年中,完成工程预、决算审计项目10个,共核减金额57.4万元,维护了国家利益。

完成上级下达审计任务 共完成自治区审计厅下达的审计任务18项,审计单位137个。查出违纪违规金额372.5万元,上缴郊区财政34.2万元。

【永宁县审计局】 1998年底共有干部、职工17人,其中大专生8人,局长1人,副局长2人。

审计工作成果 共审计单位329个,查出违纪违规金额999.5万元,同县纪检、监察等部门配合,查处各种经济案件3起,上缴县财政126.1万元,提交审计报告8篇,完成审计调查7项。

完成县政府交办任务 共完成交办的工作任务211项。1994年和1995年连续2年对全县各乡镇电管站财务收支进行审计,查处了财务管理混乱、贪污私分公款,挥霍浪费问题,并移送司法机关处理1人。1994年8月玻璃厂离任审计中,查出了骗取百万元贷款的违规大案,平息了合同纠纷。

完成上级下达审计任务 共完成上级审计机关下达的审计任务118项,审计单位124个。

【贺兰县审计局】 到1998年底,人员有21人,其中:局长1人,副局长2人。中级职称7人;大专生13人。

审计工作成果 共完成审计项目317个,审计单位163户;完成审计调查16项,调查单位54个;审计总金额8765万元。共查出违纪违规金额5357.6万元。同纪检、监察、信访等部门配合,查处各种经济案件4起。上缴县财政334.7万元,共提交审计报告317篇。

完成县政府交办任务 共完成交办的工作任务146项。1994年以来,积极有效地配合了县人民政府对企业的第一轮、第二轮承包兑现审计工作,共进行基建决算审计45项,送审总金额6490.5万元,经审计核减基建投资861.2万元。

完成上级下达审计任务 共完成区、市审计机关下达的审计任务171项,审计单位198个,审计总金额33463.8万元。

【石嘴山市审计局】 到1998年底,人员51人。其中:大学生7人,大专生33人;局长1人,副局长3人。设有办公室、财政金融审计科、行政事业审计科、商粮贸审计科、工交审计科、基本建设审计科、综合审计科等机构。

审计工作成果 共完成审计项目589个,查出违纪违规金额2929万元,已上缴财政1083万元,减少财政拨款和追还专项资金421万元,共为国家增收节支1504万元,核减工程项目预决算433万元,提交审计报告信息104篇。

完成市政府交办任务 共完成交办任务452项。1996年底开始,围绕全市中小企业产权制度改革这一中心工作,先后对40多家工交商贸改制企业进行了企业兼并、经营终结、厂长(经理)离任、重奖兑现及其他资产负债损益审计。在全面摸清企业家底,监督防止国有资金流失,确保国有资金保值增值的前提下,重在"两个转变"上下功夫。

完成上级下达审计任务 共完成审计厅下达审计任务137项。

内部审计 石嘴山市1998年共有内部审计机构7人,内审人员13名。

社会审计 共接受委托项目3022项,其中开展财务收支审计246项,承包离任审计37项,企业审计查证145项,经济案件鉴证20项,验资年检2355项,资金评估153项,基建审计66项。

受表彰情况 连续3次被评为全区审计机关先进集体,1997年被评为全国审计机关先进集体,有8次受到市委市政府表彰,143人次受到署、厅、市、局各种表彰奖励。

**地址** 石嘴山市大武口区朝阳西街99号
**电话** 2024341
**邮编** 753000

(苏国礼)

【石嘴山市大武口区审计局】 1998年底审计局干部为5人,其中大学生2人,大专生3人;局长1人,副局长1人。

审计工作成果 共完成审计项目124个,其中:上级下达审计任务33项,区政府交办任务91项,完成审计调查2项,提交审计报告8篇。共查出违纪违规金额98.2万元,上缴区财政53.1万元,向司法机关移交1人1案,已由法院作出判决。

【石嘴山市石嘴山区审计局】 1998年底,共有审计干部9人。

其中:大专生7人,局长1人,副局长1人。

审计工作成果　共完成审计项目153个,审计单位153个;完成审计调查10项,调查单位27个;共查出违规行为资金385万元。上缴财政资金37万元,同区纪检、财政、监察、信访等部门配合,查处各种经济涉嫌案件13起,共撰写、提交各类报告、调研材料等18篇。

完成区委、区政府交办的任务　共完成交办工作任务99项,审计单位99个。1997年至1998年配合区委组织部参与领导干部离任审计21项,涉及全区36个部门,通过审计,对领导干部任期内的经济责任行为给予了实事求是地评价,为区委、区政府任用干部提供了依据。1995年,抽调专门人员组成专案审计小组,历时45天配合区检察院对海达公司出纳员陈淑华贪污案件进行了专项审计。查清了海达公司15年来的银行、现金往来账,陈淑华被市中级人民法院以贪污罪判处无期徒刑。

完成上级下达的审计任务　共完成区、市审计机关下达的审计任务54项,审计单位54个,查出违规行为资金103万元。

**【石嘴山市石炭井区审计局】** 1998年底有5人,其中大学生1人,大专生3人。具有中级职称2人,局长1人,副局长1人。

审计工作成果　共完成审计项目116个,审计单位143个,完成审计调查项目4个,调查单位13个。共查出违纪违规金额443万元,上缴财政30万元,共提交审计报告27篇。

完成区政府交办的任务　共完成交办的工作任务5项,审计单位17个。1994年对区属6个商业企业进行审计,摸清了企业的家底,为企业的改制提供了准确的依据。1998年,区政府交办了对本区企业税收交纳情况的专项审计调查,审计人员查出了企业偷漏税款10万多元的违纪问题,依法做出了审计决定。

完成上级下达审计任务　共完成自治区审计厅下达的审计任务3项,审计单位12个。

**【平罗县审计局】** 到1998年底,人员为23人。其中:大专生13人,审计师10人,政工师3人,局长1人,副局长1人。

审计工作成果　共完成审计项目412个。审计单位374户;完成审计调查25项,调查单位213个;共查出违纪资金5855万元。同县纪检、监察、信访、财政、物价等部门配合,查处各种经济案件26起,上缴县财政694万元,共提交审计报告186篇。

完成县政府交办任务　共完成交办的工作任务172项,审计清理单位156个。1997年对投资1300多万元的平罗县重点工程—贺兰山东麓万亩节水灌溉工程进行了预算审计,核减预算投资246万元。1998年对县重点建设项目申报投资额为3695.26万元的玉皇阁大市场进行了投资份额审计,核减投资份额1538.36万元。对预算投资405万元的镇朔湖扩整工程进行了审计,核减投资160多万元。对全县已改制的20家股份制企业进行了运作情况调查,出台了《平罗县股份制企业审计暂行办法》。同年对34个单位45名领导干部进行了离任审计,查出违纪资金405万元,其中应上交财政63.67万元,得到各级领导机关的高度评价。

完成上级下达任务　共完成上级审计机关下达的审计任务240项,审计单位218个。

**【陶乐县审计局】** 到1998年底,有干部职工12人,其中:大专生6人,局长1人,副局长1人。

审计工作成果　共审计单位170个,完成审计调查6项。共查出违规行为资金2295万元。同纪检、检察等部门配合,查处经济案件3起。上缴县财政资金164万元,共提交审计工作报告、信息37篇。

完成县政府交办任务　共完成交办的工作任务96项。1997—1998年,为配合全县企业改制,对全县8家企业进行资金评估,摸清了企业家底,为企业改制工作打下了基础。1996年在某单位的年度财务收支审计中,查出了财务人员公款私存的问题,建议有关部门给予行政处分3人。

完成上级下达审计任务　共完成自治区审计厅下达的审计任务74项。

**【惠农县审计局】** 1998年底共有干部、职工10人。其中:大学生1人,大专生1人,局长1人,副局长1人。

审计工作成果　共完成审计项目153个。共查出违纪违规金额1379.5万元。上缴县财政35万元,共提交各类审计报告、信息30篇。

完成县政府交办任务　共完成交办的工作任务81项,查出违规行为金额1030万元。1998年开展了固定资产投资项目审计,共审计4个建设项目,查出违规行为金额59万元,共核减投资57.6万元。1998年接受县委组织部的委托对11名领导干部进行了离任审计,查出违规行为金额283万元,为县委组织部门考核提拔任用干部提供依据。

完成署上级下达、区定审计任务　共完成自治区审计厅下达的审计任务72项,查出违规行为金额349.5万元,上缴县财政23万元。

**【吴忠市审计局】** 到1998年底,共有干部职工19人。其中:大学生3人,大专生5人,具有高级职称2人,中级职称7人,局长1人,副局长2人。设有办公室、行政事业审计科、企业审计科等机构。

审计工作成果　共审计276个单位,查出违规行为金额11320万元。完成审计调查10项,上缴财政1432万元,归还原资金渠道1859万元。共提交审计工作报告、信息、动态181篇,被当地政府、上级审计机关采用39篇。

完成市政府交办任务　共完成交办的工作任务108项,查出违规行为金额1060万元,上缴市财政22万元,归还原渠道资金38万元,向市政府提交工作报告、审计信息动态173篇,被采纳38篇,为市委、政府的宏观决策提供了依据。1997年,抽调主审人员2人,配合纪检、检察机关,对工商局出纳马虹携公款出逃案进行调查取证,落实贪污挪用金额36万元,打击了犯罪行为,维护了国家利益。1998年,配合政府"撤地设市"及换届工作,完成离任审计4项。

受表彰情况　被人事部审计署授予全国审计机关先进集体1次,被自治区审计厅授予全区审计系统先进集体2次。有1人受人事部审计署表彰奖励,2人次受到自治区审计厅表彰奖励;6人次被市政府授予吴忠市审计系统先进工作者,16人次被市政府授予优秀公务员嘉奖。

**地址**　吴忠市朝阳东街文卫路
**电话**　0953—2012228
**邮编**　751100　(张晓萍)

**【吴忠市利通区审计局】**　到1998年底,人员为38人,其中:大学生2人,大专生19人,注册会计师6人,审计师(会计师)15人。局长1人,副局长1人。

审计工作成果　共完成审计项目508项,审计单位508个,完成审计调查14项,调查单位127个。查出违纪违规金额11729万元。上缴利通区财政1788万元,归还原资金渠道431万元。共提交审计报告、信息188篇。

完成区政府交办任务　共审计138个单位。1997年初,针对投资巨大的某乳业集团经营状况愈来愈差,区政府领导为尽快帮助企业摆脱困境,指示审计局对总公司及其所属外地7个分公司予以审计,全面清查了企业的情况。1998年,审计局共抽调9人与有关部门组成清产核资小组,涉及各种类型单位50多家,摸清家底,明晰了企业债权、债务。

完成上级下达任务　共完成自治区审计厅下达的审计任务370项,审计单位370个。

**【青铜峡市审计局】**　截止到1998年底,人员有29人。其中:大学生1人,大专生12人,有10人取得了中级职称,局长1人,副局长3人。

审计工作成果　共完成审计项目540个(其中完成自治区审计厅下达的审计任务139项),完成审计调查17项。共查出违纪违规行为资金17422万元,上缴财政3189万元。共提交各类综合审计报告、信息168篇。

完成政府交办任务　共完成市委、市政府交办的工作任务401项(单位)1994年,对全市22户国营企业进行了承包终结审计,共清理出财产损失、呆死账144笔,890.48万元,处理历年形成的呆死账152.24万元,真实反映了企业的承包经营成果,受到了企业的欢迎。1996年,对市利达公司进行了全面彻底的审计。将企业的资产、负债、投资、收益查了个水落石出。1997、1998两年间共对7个企业、18个行政单位及行政首长、12位乡镇领导进行了离任审计,发现个别乡镇领导挪用公款购建私房,涉及8人,金额达45万余元。审计查出后分别向市委、政府领导做了汇报并在全市三级干部会议上公开曝光,限期归还。几年来对市政府投资的重点建设工程和公路工程进行竣工决算审计,审计金额达1.4亿元,核减工程造价1400余万元。

**【灵武市审计局】**　截至到1998年,共有干部职工20人。其中:大学生2人,大专生10人,局长1人、副局长2人。

审计工作成果　共完成审计项目46个,审计单位428户;完成审计调查17项,调查单位78个;审计总金额3.86亿元。共查出违规行为资金3175.9万元。配合市纪检、监察等部门,查出各种经济案件5起。上缴财政资金302.86万元,共提交各类信息、综合报告、审计调查报告77篇。

完成地方政府交办任务　共完成交办的工作任务15项,审计单位296个。1996年为配合全市机构改革、企业改制,参与全市12户企业的清产核资工作,摸清了企业的家底。1994年,受市政府委托,对市水泥厂进行了审计查出了原厂长谭忠伙同他人合伙贪污,侵占国家资金40余万元的问题,并将此案移交司法机关。

完成上级下达审计任务　共完成自治区审计厅下达的审计任务31项,审计单位132个。

**【同心县审计局】**　到1998年底,有55人。其中:大学生1人,大专生24人,局长1人,副局长1人。

审计成果　共完成审计项目385个;审计单位511户;完成审计调查10项;调查单位17个;共查出违纪违规金额4235万元。与纪检、检察等部门配合,查处各种经济案件14起。上缴县财政101万元,共提交审计综合报告、信息、论文77篇。

*完成县政府交办任务* 共完成交办的工作任务270项。1998年对19个行政事业单位的预算外资金进行了审计,审计资金总额228万元,共查出违纪违规金额165万元,决定处理处罚95万元,指明要求纠正69万元,上缴财政17万,规范了各单位的预算外资金管理,为县政府制订全县财政政策提供了依据。共完成工程决算审计项目10个,审计金额1313万元,查出违纪违规金额247万元,上缴营业税30万元,上缴投资方向调节税29万元,追还专项资金247万元,罚款0.46万元。

*完成上级下达审计任务* 共完成区、市审计机关下达的审计任务115项,审计单位181个。

**【盐池县审计局】** 到1998年底,人员为19人。其中:大学生1人,大专生8人,局长1人,副局长2人。

*审计工作成果* 共审计单位412个。完成审计调查9项,调查单位33个。共查出违纪违规金额1474万元,同县纪检、监察、信访等部门配合,查处各种经济案件11起。上缴县财政183万元,共提交审计报告82篇。

*完成县政府交办任务* 共完成交办的工作任务294项。1998年县政府换届后,受县委组织部委托,先后对18个部门(单位)的原任领导进行了任期经济责任审计,共查出违规行为金额529万元,为县委使用干部提供了可靠依据。在县公安局原任局长离任审计中,查出违规行为金额79万元,经审计处理上缴财政14万元,引起了县领导的高度重视。同年在审计县石油开发资金中,查出违规行为资金537万元,其中小金库资金60万元,经审计处理上缴财政66万元,追还被侵占挪用资金12万元。

*完成上级下达审计任务* 共完成自治区审计机关下达的审计任务118项。

**【中卫县审计局】** 截止到1998年底,共有干部职工19人。其中:大学生4人,大专生11人,局长1人,副局长2人。

*审计工作成果* 共完成审计项目427个,完成审计调查5项,调查单位28个。共查出违规行为金额14291万元。向监察、检察机关移交经济案件2起。上缴县财政1032万元,共提交审计报告252篇。

*完成县政府交办任务* 共完成交办的审计任务304项。先后进行了财务收支审计、承包经营审计、经济效益审计、竣工决算审计、资产负债损益审计和群众反映的热点、难点问题审计及离任审计等不同内容的审计。

*完成上级下达审计任务* 共完成区、市审计机关下达的审计任务52项,审计单位123个。

**【中宁县审计局】** 到1998年底,人员为21人。其中:大学本科生3人,大专生11人,局长1人,副局长2人。

*审计工作成果* 共完成审计项目255项,审计单位305个;完成审计调查8项,调查单位46个,审计资金总额4.1亿元。共查出违纪违规金额7202万元。上缴县财政资金366万元,减少财政拨款32万元,追还被侵占挪用的专项资金3985万元,核减工程项目预决算9万元,对单位和个人罚款12万元,受党纪政纪处分的2人。共提交论文、审计信息、报告125篇,采用率为76.8%。

*完成县政府交办的任务* 共完成交办的工作任务58项,审计调查、清理单位266个。1995年和1998年,配合纪检、监察部门开展了清理公费安装住宅电话、移动电话、传呼机和公款吃喝玩乐的检查。1995年抽调业务骨干参加县枸杞制品厂的破产清算。1997年,按照县委规定,对全县24个部门、乡镇、企事业单位开展了离任经济责任审计。1998年,配合有关部门积极参与企业改制,完成了县齿轮厂的清产核资和评估工作,提交了清产核资的专题报告和评估报告,为企业改制做好了准备工作。

*完成上级下达审计任务* 共完成区、地审计机关下达的审计任务85项,审计单位110个,审计金额36850000万元。

**【固原地区审计局】** 1998年底,共有干部、职工17人。其中:大专生10人,局长1人,副局长2人。设有办公室、财经基建审计科、行政事业审计科、工交商审计科、法规科。

*审计工作成果* 共完成审计项目124个。审计单位158户;完成审计调查9项,调查单位13个;共查出违规行为资金9492万元。上缴财政1134万元,减少财政拨款120万元,追还专项资金95万元。共提交综合信息、报告78篇,被批示采用22篇。

*完成党委、政府交办任务* 共完成地委、行署交办的工作任务93项,审计单位84个。1996年针对群众反映强烈的中、小学收费问题进行了有重点的检查,有效的遏止了乱收费现象。1997年首次对2个单位领导干部进行离任审计,查出违规行为资金714万元,为开展领导干部离任审计积累了一定的经验。1998年7月对地直执收、执罚38个单位进行"收支两条线"和"罚没管理"检查,对于规范和强化财政管理,严肃财经纪律,建立健全财政监督制约机制起到了积极的作用。

*完成上级下达审计任务* 共完成自治区审计厅下达的审计任务31项,审计单位74个。

*受表彰情况* 自1994年到

1998年，受自治区审计厅表彰3人次；受固原地委、行署及人事部门表彰15人次。

**地址** 宁夏回族自治区固原县政府街51号

**电话** 0954—2032747

**邮编** 756000

**【固原县审计局】** 到1998年底，人员有20人。其中：大专生12人，局长1人，副局长1人。

审计成果 共完成审计项目47个，审计单位310个；完成审计调查12项，调查单位79个。共查出违纪违规金额3423万元。配合县纪检、监察、法院、检察院等部门，查处各种经济案件9起，为反腐倡廉，维护社会稳定发挥了积极作用。上缴县财政金额95万元，共提交审计工作报告30篇。

完成县政府交办任务 完成交办任务16项，审计清理单位69个，完成本局自定任务14项，审计单位183个，查出违纪违规金额1256万元。1998年对固原县住房资金征集、管理、使用情况进行审计，查出违规行为金额261万元。1998年对固原县公安局及5个基层派出所进行审计，对坐支罚没款、乱收费、乱罚款预算外收入未纳入预算内管理等问题依法进行处理。

完成上级下达审计任务 共完成自治区审计厅下达的审计任务17项，审计单位100个，查出违纪违规金额2066万元。

**【海原县审计局】** 到1998年底，人员为25人。其中：大专生7人，局长1人，副局长2人。

审计工作成果 共完成审计项目304个。查出违纪违规金额2878.3万元，经审计处理，上缴财政24.25万元，追还被侵占挪用资金315万元，处以罚款28.3万元，有3人受到党纪政纪处分。共提交审计报告132篇。

完成县政府交办任务 共完成交办的工作任务196项。根据县委、县人民政府关于《海原县各部门、部乡（镇）行政领导干部离任经济责任审计的规定》和《海原县领导干部经济责任审计办法》，先后对104名行政领导干部离任经济责任进行了审计，查出违纪违规金额275.6万元，先后对10余名干部依据审计结论，进行了处理、处罚。

完成上级下达审计任务 共完成区审计厅下达的审计任务108项，查出违纪违规金额1445.7万元。

**【西吉县审计局】** 1998年底，实有人员16人。其中：大学生1人，大专生3人，局长1人，副局长1人。

审计工作成果 共完成审计项目286个，审计单位316户；完成审计调查项目8项，调查单位30个；共查出违纪资金707万元，上缴财政资金8万元。提交审计报告286篇。

完成县政府交办任务 共完成交办工作任务158项。一是对承包经营企业审计，公正揭示企业经营情况，为政府决策提供依据。二是对“三有一多”单位加强审计监督，促进廉政建设。三是对领导干部离任审计，配合组织部门选贤任能，划分领导干部经济责任。四是1998年在县委、政府的关怀下，通过总结《审计法》实施以来的经验，当年审计查出违纪资金402万元、上缴财政资金6万元。

完成上级下达审计任务 共完成自治区审计厅下达的审计任务128项，审计单位148个。

**【隆德县审计局】** 1998年底共有干部、职工16名。其中：大专生4人，局长1人，副局长1人。

审计工作成果 共完成审计项目243个。审计单位364户；完成审计调查12项，调查单位25个。共查出违纪违规金额6006.99万元，上缴财政139.98万元。共提交审计报告208篇。同财政局、经济局、公、检、法等部门配合，搞资产评估、企业改制、经济案件查处、企业破产清算等工作26项，积极配合了县委、政府每年统一部署的中心工作。

完成县政府交办任务 共完成交办的工作任务62项。审计单位172个。1994年，按照县委、政府的指示，重点抓了实行承包经营制的13户工交商企业的审计，共查处违纪违规金额245.44万元，促进了承包经营制的落实，遏制了一些企业财务管理混乱，资金浪费损失的问题。每年除搞好自筹基建资金来源、招标、工程验收等审计项目外，审计2至5个基建竣工决算项目，共核减工程造价56万多元。1997年第三季度，对县医院的1995年至1996年的财务收支进行了审计。查处药品随意加价获非法所得等违纪资金26.25万元，罚款2.16万元。1998年配合县计生局对全县22个乡（镇）、60多个县直单位的计划外生育费的收缴、管理、使用情况进行了清查审计，历时60多天，收缴欠款20多万元，查处和纠正一些单位核算不规范、挤占挪用计生费收入、超生费长期拖欠等问题。根据县委指示，对全县18个行政事业单位和2户企业的主要领导人实施了离任审计，查处各类违纪违规资金508.39万元，为县委、政府选用部门单位领导提供了参考依据。

完成上级下达的审计任务 共完成自治区审计厅下达的审计任务181项，审计单位192个，审计总金额91000万元。

**【泾源县审计局】** 到1998年底，共有人员15人。其中大专生2人，中级职称2人，局长1人，副局长1人。

审计工作成果　共审计198个单位;完成审计调查11项,调查单位48个;共查出违纪违规金额1088万元,应上缴财政84万元,已上缴财政61万元,提交审计报告47篇。配合检察院对县城建局1993年至1997年会计账目、业务往来进行了清理,为县检察院顺利办案创造了条件。

完成县政府交办任务　共完成交办的工作任务32项。1994年对县审计局对26个行政事业单位购置小汽车和变卖车辆情况进行了审计调查,发现仅1993年至1994年8月共购入各种类型小汽车15辆,购置金额126.8万元,相当于本县1994年县级财政预算收入的1.2倍。其中具备购车条件的只有4个单位,共变卖所属车辆24辆,报经批准的仅2辆,引起县政府领导的高度重视。1997年以来对县直29个机关、企事业单位领导干部及乡镇"一把手"进行了经济责任审计,查出各类违规行为资金339万元,对8个单位进行了处罚,罚款1.81万元,为国家挽回直接经济损失38万元。

完成上级下达审计任务　共完成自治区审计厅下达的审计任务61项,审计单位136个。

**【彭阳县审计局】**　1998年底,共有人员13人。其中:大学生1人,大专生8人,局长1人,副局长1人。

审计工作成果　共完成审计项目191个,审计单位245个;完成审计调查项目5项,调查单位43个;共查出违规行为资金739万元,上缴县财政46万元,共提交审计报告191篇。

完成县政府交办任务　共完成交办工作任务80项,审计清理单位113个,查出违规行为资金318万元。1995年6月为配合全县企业改革,参与并负责彭阳县企业破产清算小组。对县3家资不抵债企业进行破产前清算协调安置下岗职工,解决了县上老大难问题,为企业改革打下了基础。从1997年到1998年接受县委组织部委托,对12个部门离任领导进行任期经济责任审计,查出违规行为资金83万元,客观公正地评价了离任领导任期经济责任,受到县委、政府充分肯定。

完成上级下达审计任务　共完成区审计厅下达审计任务111项,审计单位132个,查出违规行为资金421万元。

## 新疆维吾尔自治区

**【新疆维吾尔自治区审计工作简述】**　1994年至1998年,已有审计机关107个,人员1777人。其中,大专以上学历占51%,获得审计师或注册会计师资格的占17%。5年来,共审计14054个单位,共查处违纪金额113.60亿元,促进增收节支、提高经济效益8.76亿元,建议纠正地方不当规定1775条,揭露和向司法机关移送经济案件27宗,移送纪检、司法机关处理的责任人员68人,共提交审计工作报告和信息6104篇(其中:被审计署和地方党政领导及有关部门新闻单位批示、采用1943篇)。

法制建设情况　主要围绕全面贯彻实施《审计法》,在自治区党委、人民政府的重视和支持下,制发了地方性法规《新疆维吾尔自治区地方预算执行情况审计监督实施办法》(1995年12月1日第54号政府令发布)和《自治区审计厅审计组组长负责制规定》、《自治区审计厅执法检查办法》等8个内部规章,并会同自治区党委组织部制发了审计干部双重管理的规范性文件《关于进一步加强自治区各级审计机关领导干部管理工作的通知》,在规范审计行为、落实《审计法》方面起到了积极作用。

**【新疆维吾尔自治区审计厅概况】**　截至1998年底,新疆维吾尔自治区审计厅共设立内部行政机构15个,即:办公室、人事教育处、综合处、法规处、管理处、财政审计处、中央单位(金融)审计处、固定资产投资审计处、农业审计处、工业交通审计处、商粮贸审计处、文教行政事业审计处、外资运用审计处、纪检监察室、机关党委。共有所属事业单位4个,其中:独立核算的事业单位3个(机关服务中心、审计培训中心、新疆审计师事务所)、非独立核算事业单位1个(审计科研所)。共有行政事业人员编制252人(其中:行政146人、事业106人),实有行政事业人员202人(其中:行政119人、事业106人)。其中,大专以上学历占69%,获得审计师或注册会计师资格的占19%。

厅领导成员

| 姓名 | 职务 | 民族 | 任职年月 |
|---|---|---|---|
| 朱登云 | 厅长 | 汉族 | 1998、4 |
| 哈布勒·吾斯满 | 副厅长 | 哈萨克族 | 1998、3 |
| 周贤荣 | 副厅长 | 汉族 | 1996、8 |
| 亚合甫·白克力 | 副厅长 | 维吾尔族 | 1998、6 |
| 李国华 | 副厅长 | 汉族 | 1998、6 |
| 褚东井 | 纪检组长 | 汉族 | 1996、8 |

成果综述　共审计828个单位,查处违纪金额78.66亿元,促进增收节支、提高经济效益2.47亿元,共提交审计工作报告和信

息276篇(其中:被审计署、地方党政领导、有关部门和新闻单位批示、采用53篇)。

本级预算执行审计　从1995年10月起,截至1998年底,全区107个审计机关中,已有97个开展了同级财政审计,同级财政审计面达到90.6%,在开展财政同级审计的同时,围绕自治区财政管理中的突出问题,开展了支农改水资金、教育事业费、救灾扶贫资金、国有土地使用权出让金、以棉补粮基金、公路养路费、公检法罚没规费收入等行业专项审计,还对自治区本级366个行政事业单位预算外资金、全区104个财政部门预算外资金和财政周转金及股份制企业所得税、自治区级直属轻工化工企业等进行了审计调查。5年来共审计了2239个单位的预算执行和898个单位的其他财政收支情况,总计审计3137个单位,累计查出违纪金额109.21亿元,促进增收节支、提高经济效益2.95亿元(其中:减少财政支出1.45亿元、已缴财政1.50亿元),提交审计工作报告和信息199篇(其中:被审计署和地方党政领导及有关部门、新闻单位批示、采用8篇)。经审计处理,已增加财政收入1.50亿元。各级审计机关在审计过程中,运用"账户入手,下审一级"的方法,深化审计内容,普遍发放和审查《预算单位在金融机构开设银行账户承诺表》,基本上摸清和掌握了预算单位在金融机构开设银行账户情况及有关资金的来源和使用情况。仅1996年就审计出全区财政系统104个财政部门,共开设预算外资金存款账户886个,平均每个财政部门开设8.5个,1996年末共有存款余额9.74亿元,其中,相当部分资金来源和使用不合规,为下一步严格约束开户行为、规范账户管理奠定了基础。审计结束后,针对审计揭露出来的预算内、外资金收支中的问题,就强化预算约束力、加强资金管理共提出了上千条建议和意见,促进财政和有关部门完善了有关预算和财务管理制度,普遍受到政府和人大的好评。

各专业审计　1、金融审计　全区对24家工商银行、36家建设银行、6家农业银行、8家中国银行、30家保险公司自治区分公司、4家信托投资公司等金融保险机构等进行了审计,共审计108个单位,查出负债(权益)不实金额2.98亿元,损益不实金额1.22亿元,违纪金额3.26亿元,促进增收节支、提高经济效益0.52亿元,建议纠正地方不当规定36条,揭露和向司法机关移送经济案件1宗,移送纪检和司法机关处理的责任人员3人,共提交审计工作报告和信息63篇(其中:被地方党政领导和有关部门批示、采用5篇)。2、固定资产投资审计　5年来,全区共审计988个固定资产投资项目(其中:重点基建设工程项目31个),查出超规模、超标准、多列概算、高估冒算等违纪金额共4.87亿元,核减工程预决算金额0.49亿元,提交审计报告和信息107篇(其中:被审计署、地方党政领导、有关部门采用17篇),建议纠正地方不当规定4条。3、企业审计　全区开展了大中型企业(含1户股份制有限公司)资产负债和损益审计以及农资、棉麻、水泥等行业审计,还开展了股份制试点企业、工交企业国有资产流失、商业企业利税完成情况等专项审计调查,共审计工商类企业4193个,共查出截留收入、乱挤乱摊成本费用、偷漏税金、虚报盈亏等违纪金额18.74亿元,促进增收节支、提高经济效益1.73亿元,向司法机关移送案12宗,移送处理责任人员41人,建议纠正地方不当规定441条,提交审计报告和信息671篇(其中:被审计署、地方党政领导、有关部门和新闻单位批示、采纳124篇)。特别是1998年全区开展了粮食企业新增财务挂账清查审计,共审计粮食企业524个,共核查粮食企业使用贷款85.82亿元、新增财务挂账34.97亿元,查明非正常亏损挂账5.55亿元、不合理占用农发行收购贷款10.41亿元 5、农业资金审计　5年来,共审计1059个单位,查出挤占挪用、滞拨积压、地方配套资金不到位等违纪问题4.57亿元,促进增收节支0.79亿元,移送处理责任人员1人,建议纠正地方不当规定98条,提交审计报告和信息169篇(其中:被审计署、地方党政领导、有关部门和新闻单位批示、采纳34篇)。6、国外贷款援款审计　全区共对23个国外援贷款项目计462个项目执行单位进行了审计,已审计终结13个,共查出部分项目土建工程"三超"(超概算、超标准、超计划)、挤占挪用项目资金、区内配套资金不落实等违纪问题1.25亿元,促进增收节支、提高经济效益0.27亿元,建议纠正地方不当规定33条,提交审计报告和信息92篇(其中:被审计署、地方党政领导、有关部门和新闻单位批示、采纳22篇)。同时,还开展了外债审计、中外合资企业审计和审计调查。7、行政事业审计　5年来,全区在坚持行政事业单位定期审计的同时,开展了企业职工养老保险金、乡镇卫生院建设资金、社会公益金、救灾款物、计划生育经费、社会力量办学、党政机关兴办经济实体等专项审计和调查,共审计4662个单位,查出虚列支出、预算内转预算外、应缴未缴财政、行政经费挤占事业费和专项资金等违纪问题9.77亿元,促进增收节支、提高经济效益2.68亿元,向司法机关移送案7宗,移送处理责任人员25人,建议纠正地方不当规定440条,提交审计报告和信息589篇(其中:被审计署、地方党政领导、有关部门和新闻单位批示、采纳150篇)。

**地址** 乌鲁木齐市中山路49号

**电话** (0991)2825764

**邮编** 830002 (雒亚祖)

**【乌鲁木齐市审计局】** 到1998年底,人员已有123人。其中:大学生22人,大专生63人,中专生27人;获得高级审计师资格2人,审计师资格22人,助理审计师资格12人;局长1人,副局长3人,纪检组长1人。设有办公室、综合处、人教处、财政金融审计处、文教行政审计处、固定资产投资审计处、工交审计处、商贸审计处、农牧审计处、外资审计处、纪察监察室等机构。

审计工作成果 共完成审计单位1031户;完成审计调查26项,调查单位261个。共查出违纪违规金额93545万元,应缴财政10188万元,已缴财政8979万元,减少财政拨补64万元,追还原渠道资金8658万元,促进增收节支2004万元,向司法机关移送案宗3起,移送处理责任人员4人,提交审计报告信息555篇,其中被批示采用355篇。

完成市政府交办任务 截止1998年共完成工程决算审计项目83个,审计金额177893万元,核减工程投资2845万元。同时,我局积极开展对企业厂长(经理)离任经济责任审计。共完成离任经济责任审计22项,查出违规行为金额6500万元。

完成上级下达审计任务 先后开展了财政预算执行情况审计、粮食挂账审计,以及各种专项资金审计等,全市共完成自治区审计厅下达的审计任务28项,审计金额16674万元。

内部审计 乌鲁木齐市1994年共设内部审计机构62个,内审人员99名,到1998年,内部审计机构有70个,内审人员134人。

社会审计 接受社会委托项目12200项,核减基建预决算金额8335万元,核减虚假注册资金37014万元。

受表彰情况 乌鲁木齐市审计机关受国家审计署表彰1次,受自治区审计系统表彰3次,受市委、市政府表彰9次。共有2人次受国家审计署表彰奖励,5人次受自治区审计系统表彰奖励,1人次受市委表彰。

**地址** 新疆乌鲁木齐市金银大道

**电话** 830002

**邮编** (0991)2875382

**【乌鲁木齐市天山区审计局】** 到1998年底,人员有19人。其中:大学生1人,大专生15人;局长1人,副局长1人。

审计工作成果 共完成审计项目136项,审计单位145个;完成审计调查11项,调查单位174个。共查出违规金额5835.62万元,应缴财政118.15万元,共提交审计报告23篇。

完成区政府交办任务 共完成交办的工作任务56项,配合区委组织部完成离任审计27项,配合区属企业改制、专项资金调查工作(如:救灾款物、会议经费、行业经费及"及支两条线"清查等),抽调43人(次),摸清了区属企业的家底和各项资金的收支情况。

完成上级下达审计任务 共完成上级下达的审计任务13项,1998年6月为配合全市粮食系统财务挂账清查工作,抽调2人参与审计,历时30多天,圆满完成了交办的任务。

**【乌鲁木齐市沙依巴克区审计局】** 到1998年底,人员有15人。其中:大学本科生1名,大专生13名,高级工1名;局长1人,副局长2人。

审计工作成果 共完成审计项目70个。完成审计调查9项,调查单位15个,共查出违纪违规金额511.8万元。同区纪检、监察等部门配合,查处各种经济案件2起,为社会稳定发挥了积极作用。上缴区财政18.7万元,共提交审计报告、信息52篇。建议纠正地方部门不当规定3条,促进地方部门制定完善规章8条。

完成区政府交办任务 共完成交办的工作任务17项。1994年,受政府委托对沙区劳动服务公司劳务市场管理办公室1990年—1993年的财务收支进行了审计,整理、查点、核对各种票据达565本,发现的问题及时向政府作了汇报。还开展了税务大检查活动,共检查单位109个,查出偷漏税款额120余万元,通过大检查维护了税法的严肃性,挽回了流失的财政收入,也提高了审计人员自身业务水平。共进行经济责任审计和领导干部离任审计6项。

1998年接受政府委托,对区领导关心职工关注的热点问题——财政基建支出情况进行审计,为区领导用好管好基建投资资金提供了资料,为沙区的经济建设保驾护航。

完成上级下达审计任务 共完成自治区、市审计机关下达的审计任务10项。1997年,按时完成普教经费审计和环卫系统财务收支审计。1998年,对世界发展银行贷款项目和救灾捐赠款物进行了专项审计。

**【乌鲁木齐市新市区审计局】** 到1998年底,人员有13人。其中:大学生3人,大专生4人,局长1人,副局长1人。

审计工作成果 共完成审计项目91个。审计单位262户;完成审计调查10项,调查单位181个;共查出违纪违规金额2056.54万元。同新市区纪检、监察等部门配合,查处各种经济案件3起,移交新市区财政44.67万元,共提交审计报告52篇,其中被批示采用3篇。

完成本级政府交办任务　共完成交办的工作任务27项,审计清理单位116个。1996年和1997年协助新市区地税局查税,依法审计,查补税款100余万元。1996年7月,与工商局联合对全区大医院、制约厂进行了审计检查,查出药品回扣51万元。

完成上级下达审计任务　共完成市审计机关下达的审计任务7项,审计单位7个,共查出违纪违规金额53.33万元,罚款5万元。

**【乌鲁木齐水磨沟区审计局】**
到1998年,底有干部、职工7人,其中:大专学历5人;局长1人,副局长1人。

审计工作成果　完成审计项目65个,涉及审计单位362户,完成审计调查9项,审计总金额29527万元,共查出违纪金额254。44万元,上缴财政7.57万元,共提交审计报告65篇。

完成区委、区政府交办任务　完成区委、区政府交办工作任务33项,1998年为配合政府换届工作,区委政府安排水磨沟区审计局对29个单位主管财务领导离任进行了审计,历时完成审计项目29个,审计金额5613万元。

完成上级下达的审计任务　共完成自治区、市审计机关下达的审计任务5项,审计金额2214万元。

**【乌鲁木齐市头屯河区审计局】**
到1998年底,共有干部、职工8人。其中:大学生1人,大专生4人;局长1人,副局长2人。

审计工作成果　共完成审计项目38个。审计单位39个;完成审计调查4项,调查单位12个;审计金额6628万元。共查出违纪违规金额247万元。增收节支90.26万元,共提交审计报告信息10篇。同纪检、监察、信访等部门配合,查处经济案件2起,涉及6个。

完成区政府交办任务　共完成交办任务34项,审计清理单位68个,提出改进财务管理建议97条。配合区财政、纪检、监察等部门抽调13人次对全区企事业单位进行财务大检查、清理预算外资金,共完成220个工作日。1997年10月,查出某单位私设"小金库",资金总额12.46万元,已上缴财政0.47万元。1998年5月,配合区纪检部门查处某行政事业单位主管领导及财务人员集体贪污,后移交司法机关。

完成上级下达的任务　共完成省、市审计机关下达审计任务6项,审计单位25个。

**【乌鲁木齐市东山区审计局】**
到1998年底,人员共有7人。其中:大专生5人,局长1人。

审计工作成果　共完成审计项目43个。审计单位223个(次),完成审计调查4项,调查单位121个,审计金额12535.77万元。共查出违纪违规金额1306.87万元。另外配合区纪检委、监察、财政、物价等部门完成了收支两条线,预算外资金、税收、财务、物价大检查等项工作。

完成区政府交办任务　共完成区政府交办的工作任务9项,审计单位96个。5年间受区政府委托对1992年至1993年我区16个行政事业单位创办(挂靠)的42个经济实体进行了调查。

完成上级下达审计任务　共完成市审计机关下达的审计任务5项,审计单位5个,审计金额1395.18万元。

**【乌鲁木齐县审计局】**　到1998年底人员为13人。其中:大学生1人,大专生8人;局长1人,副局长2人。

审计工作成果　共完成审计项目141项。审计单位236户;完成审计调查14项,调查单位25个;审计金额161700万元。共查出违纪违规金额3234万元。同纪检、监察、信访等部门配合,查处各种经济案件56起,为社会稳定发挥了作用。上缴县财政1963万元,共提交审计报告141篇。

完成县政府交办任务　共完成交办的工作任务98项,审计清理单位236个。

完成上级下达审计任务　共完成省、市审计机关下达的审计任务47项,审计单位160个,审计金额53862万元。

**【克拉玛依市审计局】**　到1998年底,有干部21人。其中,局长1人,副局长1人。内设综合科、财政审计科、文行审计科、企业审计科、基建审计科、审计事务所。

审计成果　共审计159个单位(项目),查出违纪金额5613万元,应缴财政金额306万元,已缴财政金额128万元,应追还原渠道资金81万元,罚款26.74万元。移送处理责任人员1人。提交审计报告、信息共95篇。

主要审计任务完成情况　1994年,配合整顿金融秩序,审计了克拉玛依工商银行财务收支和信贷计划执行情况,共查出违纪金额132万元。1997年,全市对本级预算执行情况和财政决算等情况进行审计,共审计3个财政部门、3个地方税务部门、3个国库、13个预算执行单位,查出应缴未缴预算收入、虚列预算支出等违纪金额共1095万元。1998年,对养老待业保险金、信房资金、提供救灾捐赠财物、民政福利募捐资金等专项资金进行审计。其中，对市城市基础设施重点工程建设项目计划，核减工程造价金额185.5万元。对市公安局、司法局、工商局等8个市直单位领导人进创了任职期间的经济责任审计，为组织部门考核使用干部提供了依据。还派出4位业务骨干，圆满地完成了全国和自治区统一部署、本局承担的粮食清查审计任务。

社会审计 据1994、1995、1997年度统计，共完成验资年检、经济案件鉴定等社会委托审计事项586项。核减基建预决算和虚假注册资金共1041万元。

**【石河子市审计局】** 到1998年底，人员有26人。其中：大学学历4人，大专学历15人；高级职称3人，中级职称11人；局长1人，副局长2人。设有办公室、综合科、财政金融商贸审计科、行政事业审计科、工交审计科、基建审计科、农牧审计科共7个科(室)。

审计工作成果 共完成审计项目132项，审计单位341个。共查出违纪违规金额28210万元，上缴财政1448万元，追还侵占挪用资金2913万元，查出损失浪费3802万元，促进增收节支960万元。移送司法机关4件6人。提交审计报告等217篇。

完成上级下达审计任务 共完成自治区、兵团审计机关下达的审计任务65项，审计单位104个。自1996年以来，根据自治区审计厅工作安排，开展了财政同级审计工作。连续3年对市财政局、国库、地税局及部分预算执行部门进行审计，查出违纪违规金额2680万元，应缴财政940万元，已缴财政852万元。

完成政府领导交办任务 共完成交办的审计任务35项，审计单位186个。1997年，对食品厂、外贸总公司、油脂化工厂、八棉厂、第四机床厂、运输公司和汽车厂7家优化资本结构试点企业1994年－1996年度的资产、负债、损益真实性进行了审计，连续5年对师市46家工、交、商、建、农、牧、水企业经营责任目标完成情况进行了审计考核。

内部审计 1994年，师、市有内部审计机构30个，内审人员80人。至1998年底，师、市共设立内部审计机构35个，内审人员102名。

社会审计 共接受社会委托项目570个，审计金额68.5亿元。其中：验证资金单位745个，验证金额3.5亿元；资产评估单位213个，评估金额6.7亿元；基建工程预决算审计62个，审计金额9.8亿元；审计查证单位550个，审计金额48.5亿元。

**【吐鲁番地区审计处】** 现有人数67人，大专以上学历(包括大专)52名，高级职称3名，中级职称11名。

审计工作成果 共完成审计项目52个，审计单位882个，查出违纪金额17492万元，应缴财政806万元，已缴财政392万元，归还原资金渠道160万元，增收节支552万元，向司法机关移交案件1宗，提交审计信息160篇，被批示采用18篇。

完成审计任务情况 5年来，共完成财政审计单位102个，查出违纪金额7015万元，其中应缴财政32万元，已缴财政57万元，增收节支57万元，提交审计信息5篇，其中被批示采用1篇；5年间共对4家金融机构的资产、负债、损益的真实、合法、效益性及资产质量，支付能力，盈亏真实情况进行了审计调查，共查出违纪金额939万元，应上缴财政6万元，已足额上缴财政，增收节支6万元，向上级审计机关提交审计信息3篇；共审计行政事业单位353个，查出违纪金额1490万元，应缴财政232万元，已缴财政104万元，追还原资金渠道139万元，增收节支243万元，向司法机关移交案件1起，提交审计报告信息31篇，采用5篇；固定资产投资审计35个单位，外资审计4个单位，其他审计12个单位，查出违纪金额78万元，应缴财政3万元，已缴财政1万元，增收节支1万元，提交审计报告信息96篇，采用8篇。对全地区农业专项资金进行审计，共审计47个单位，查出违纪金额425万元，应缴财政2万元，已缴财政1万元，增收节支1万元。

完成党委政府交办的审计任务情况 1995年起，地、县审计机关按照党委政府的安排，认真开展了企业审计、干部离任审计和行政事业单位财务收支审计工作。1995年至1998年，全地区共审计企业325户(次)，查出违纪金融7518万元，应缴财政431万元，已缴财政223万元，追还原资金渠道21万元，增收节支244万元，提交审计信息23篇，其中被采用4篇。

1995年，地委和县(市)委先后出台了干部离任审计制度，1998年地、县两级审计机关接受党委委托，对112名县(处)级、乡(科)级领导干部任期经济责任进行了审计。

**【哈密地区审计局】** 到1998年底，实有28人。其中：大学生4人，大专生19人；高级职称5人，中级职称16人；局长1人，党组书记1人，副局长2人。设有综合科、财政金融审计科、行政事业审计科、商贸审计科、工交审计科、基本建设投资科、审计师事务所等机构。

审计工作成果 共完成审计项目187个，其中审计调查57项，调查单位587个。审计金额101494万元，共查出违纪违规金额10671万元。为社会稳定发挥了作用。上缴地区财政827万元。

完成地区行署交办任务　共完成地委、行署交办的工作任务111项，主要审计项目有：企业承包兑现审计、领导干部离任审计、固定资产投资审计等。

完成上级下达审计任务　共完成自治区审计厅下达的审计任务76项，主要审计项目有：财政决算审计、同级财政预算执行审计、金融保险审计、各项农业资金审计等。

内部审计　1994年，共设内审机构10个，内审人员20名，到1998年，内审机构有10个，内审人员25名。

社会审计　1994年到1998年，共接受社会委托项目912项，其中审计194项，审计金额57.64万元；评估122户，评估资金65.24万元；验资596项，验资金额37.13万元。

受表彰情况　受自治区审计系统表彰1次，受地委、行署表彰3次，受机关党委等部门表彰5次。共有2人次受到自治区审计系统表彰，4人次受地委、行署表彰、5人次受机关党委等部门表彰。

**地址**　新疆哈密市建国南路28号

**电话**　0902—2233106

**邮编**　839000

**【哈密市审计局】**　到1998年底，实有18人。其中：大学生3人，大专生16人；局长1人，副局长2人。设有企业股、行政事业股、农牧基建股、综合股、审计事务所等机构。

审计工作成果　共完成审计项目218个，完成审计调查25项；共查出违纪违规金额11315.21万元，同纪检、监察、检查等部门配合查处各种经济案件7起，为社会稳定发挥了作用。上缴财政收入241.64万元，共提交审计报告243篇。

完成市政府交办的任务　共完成市委、市政交办的工作任务193项。1998年，对14个国有企业进行了审计，查出违纪违规金额1660.37万元，应上缴财政57.24万元。重点对38个行政事业单位进行了审计，查出违纪违规金额3534.05万元，应上缴财政31.54万元。受市委组织部的委托对12个单位的领导进行了干部离任审计，查出违纪违规金额127万元。对市黄腐酸有限公司进行资产、负债、损益真实性的审计，查出违纪违规金额6805.67万元，应上缴财政收入144.7万元，为该公司的改制，为政府解决该公司产权纠纷提供了一手资料。顺利完成同级财政审计工作，查出违纪违规金额1584.55万元，对审计查出的问题提出了审计建议。完成了粮食企业审计调查，查出违纪违规金额1353.44万元。

**【伊吾县审计局】**　到1998年底，共有干部、职工7人。其中：大专生5人；局长1人，副局长1人。

审计工作成果　共完成审计项目33个，审计单位158户；完成审计调查3项，调查单位67个；共查出违纪违规金额102.1万元，共提交审计报告信息57篇，为社会稳定发挥了积极作用。

完成县政府交办任务　共完成交办的工作8项，审计单位67个，1998年底，受组织部委托对4个行政事业单位的领导离任进行经济责任审计。

完成上级下达审计任务　共完成自治区、地区审计机关下达审计任务25项，审计单位91个。

**【巴里坤哈萨克自治县审计局】**

到1998年底，共有人员12人，其中大学生2人，大专生8人，局长1人，副局长1人。

审计工作成果　共完成审计事项68个(含上级下达任务20项)，审计单位85个。其中专项审计14项，审计单位及工程项目31个；企业、行政事业审计48项，审计单位48个；完成审计调查4项，调查单位191个。审计总金额67488.58元，查出违纪金额1325.71万元，应缴财政154.37万元，增收节支22.28万元；共提交审计报告68篇，编写信息25篇。

完成政府交办任务　5年来，共完成县政府交办的审计48项任务。连续3年对本级财政的预算执行情况进行了审计。共查出违纪金额838.20万元，应交财政151.40万元，提交审计和工作报告6篇。

5年来，共完成专项资金审计14项(含外资审计2项)。对中央和自治区投入的农业资金重点是各项扶贫资金进行了审计，共审计单位及项目31个，审出违纪资金378.37万元，应缴财政1.33万元，追还原资金渠道18.8万元，提交审计报告11篇。

**【和田地区审计局】**　到1998年底，人员有28人。其中：大学本科3人，大专生18人；局长1人，副局长2人，(北京市审计局挂职干部)。设有办公室、财政基建科、行政事业审计科、企业审计科、农业审计科、综合科等机构。

审计工作成果　共完成审计项目105项，完成审计单位133户，完成审计调查10项，调查单位16个；共查出违纪违规金额13267万元。同纪检、监察、信访等部门配合，查处各种经济案件8起，为和田地区的社会稳定发挥了作用。累计上缴地区财政166万元，共提交审计工作信息144篇。

完成党政交办任务　共完成

地委、行署交办的工作任务23项。1997年,为配合地委、行署关于国有企业改制的工作,负责地直国有企业厂长、经理离任审计并参与对企业领导班子的考核工作,通过审计查清了企业经营者任职期间存在的问题,并给予了客观公正的评价,为组织、人事部门提供了考核依据。

完成上级下达审计任务　地区审计局共完成自治区审计厅下达的审计任务82项,审计单位110个。

内部审计　1994年地直行政、企、事业单位共设立内部审计机构7个,内审人员7名,到1988年,内部审计机构有13个,内部审计人员23名。

社会审计　1994年到1998年,共接受社会委托项目284项,其中:注册资金验证107户,清产核资金额364万元。

受表彰情况　被自治区审计厅、自治区人事厅评为自治审计机关先进集体,受地委行署表彰4次。共有20人次受地委、行署表彰。

**地址**　和田市北京东路和田地区审计局

**电话**　(传真)　0903—2023026

**邮编**　848000

**【和田市审计局】**　到1998年底,人员有15人。其中:大学生1人,大专11人;局长1人,副局长1人。

审计工作成果　共完成审计项目73个,审计单位65户;完成审计调查7项,调查单位56个;基建工程决算审计项目1个;审计金额25143万元。共查出违纪违规金额1146万元,上缴市财政16万元。为社会稳定发挥了作用。

完成审计工作任务　1996年12月,和田市政府领导交办对我市希望小学工程决算进行审计,工程送审造价146万元,审定后为138万元,核减8万元。

完成上级下达审计任务　共完成地区审计处下达的审计任务39项,审计单位55个,审计金额18865万元。

**【和田县审计局】**　到1998年底,人员有13人,其中:大学生1人,大专生4人;局长1人,副局长2人。

审计工作成果　共完成审计项目32个,审计单位126个。完成审计调查17项,调查单位32个,审计金额28352万元。共查出违纪违规金额795万元,上缴县财政64.913万元。共提交审计报告36篇。

完成县政府交办任务　共完成交办的工作任务38项,审计清理单位11个。清产核资6个,摸清企业家底(领导班子考核)9个,为县委、县政府的客观决策提供了依据。截止1998年底共完成工程决算审计项目2个,审计金额170万元,审减1.5万元。

完成上级下达审计任务　共完成省、地区审计部门下达的审计任务32项,审计单位126个,审计金额28352万元。

**【洛浦县审计局】**　到1998年底,人员有10人。其中:大学生2人,大专生4人;局长1人,副局长2人。

审计工作成果　共完成审计项目43个,完成审计调查6项,审计总金额53228万元。审计查出违规违纪金额1117万元;协助纪检、检察部门查出经济案件2起,移交检察机关立案2人、纪检部门处理1人,为社会稳定、经济发展发挥了作用。共计上缴财政部门541万元,提交审计报告8篇。

完成县委、县政府交办任务　共完成交办的工作任务13项,审计总金额2679万元。1996年,对县4家老企业进行审计摸清了企业家底,为县委、政府宏观决策提供了依据;协助纪检部门调查恰巴格乡供销社财务收支情况,核实恰巴格乡供销社保管员利用克扣农民清油、油渣及销售化肥不入账等手段贪污公款5.3万元,保管账实短欠35.5万元及贿赂主管人员的事实,并提出一系列有效的整改措施。

完成上级下达的任务　共计完成上级审计部门下达任务36项,审计总金额50549万元。

**【民丰县审计局】**　到1998年底有正式干部4人。其中:大学生2人,副局长2人。

审计工作成果　共完成审计项目19个,审计单位19户,完成审计调查2项,调查单位9个,审计金额643万元。共查出违纪违规金额71.4万元。并于1997年从审计部门抽出1人与纪检部门对本县一起重大经济案件进行了审计调查。上缴县财政667万元。共提交审计报告19篇。

完成县政府交办任务　共完成县委、县政府交办的任务4个,1994年,在县委、县政府的安排下,对全县6个单位进行了调查、审计。1997年,根据县国有企业审计兼并领导小组的安排,从审计部门抽调4人与其他部门的有关人员组成审计小组对县上8个企业单位的经营情况进行摸底调查,给县领导决策提供了可靠的依据。

完成上级下达审计任务　共完成省、市审计部门下达的审计任务5项,审计单位5个,审计金额383万元。

**【皮山县审计局】**　到1998年底,共有干部、职工12人,(有4名民族干部)。其中:大学生1人,大专生5人;局长1人,副局长1人。

审计工作成果　共完成审计项目63项。审计单位157个,完成审计9项,调查单位34个;审计金额41383万元,共查出违纪违规金额778.5万元，应上缴财政26.9万元，已上缴财政26.9万元；共提交审计报告63篇，提出有针对性的审计建议123条。

完成县委、县政府交办的任务 共完成交办的工作任务21项，审计清理单位7个。1993年成立皮山县审计师事务所，在1994年，受单位委托，审计查证了5家企业，减少了国有资产的流失。

完成上级下达的审计任务 共完成上级审计部门下达的审计任务33项，审计单位67个，审计金额41383万元。

**【策勒县审计局】** 到1998年底，人员有9人。其中：大学生2人，大专生3人；局长1人，副局长1人。

审计工作成果 共完成审计项目54个，审计单位114户；完成审计调查3项，调查单位85个；审计金额（94年）2170万元。共查出违纪违规金额409万元。同县纪检、监察、信访等部门配合，查出各种经济案件4起，为社会稳定发挥了作用。上缴县财政47万元，共提交审计报告54篇。

完成县政府交办任务 共完成交办的工作任务28项，审计清理单位40个。

完成上级下达审计任务 共完成自治区、地区审计部门下达的审计任务26项，审计单位74个。

**【于田县审计局】** 到1998年底，人员有12人，其中：大专生7人，副局长1人。

审计工作成果 共完成项目92个，审计单位102户，审计调查单位76个，审计金额37680万元。共查出违纪违规金额269.43万元。与纪检监察局配合，查出了原县禽蛋公司法人代表贪污、受贿、转移财产和其它经济案件5件。为社会稳定和维护经济秩序发挥了作用。上缴县财政91.26万元，共提交审计报告102篇。

完成县政府交办任务 共完成交办的工作任务58项。1998年，在粮食清点审计中，根据地区统一安排，审计局抽调部分精兵强将，对民丰县粮食局进行清查审计，历时70天，核减财务挂账204万元，核减率为43%。

完成上级下达审计任务 共完成省、地审计部门下达的审计任务44项，审计单位46个，审计金额27880万元。

**【墨玉县审计局】** 到1998年底，有干部职工16人。其中：大学生3人，大专生10人；局长1人，（县政府专职常委），副局长1人。

审计工作成果 共完成195个单位的审计任务，查出违纪金额300多万元。同县纪检委、监察局等部门配合查处各种经济案件8起，上缴财政48万元，共提交审计报告信息249篇，被批示采用86篇，发表审计论文8篇。

完成县委、政府交办审计任务 1995年，历时近两个月，抽调精兵强将，圆满完成县人民商场进行国有民营过渡的审计任务以及县百货公司、县车队兼并等审计任务；1996年，对全县棉农售棉扣款进行了全面审计调查，1998年，对县希望工程捐款和农民负担进行了审计调查。

**【阿克苏地区审计简述】** 已有审计机关10个，人员137人。有大专以上学历86人，占总人数62.7%；获得审计师资格28人，占总人数20.4%；正、副县级5人。正、副科级28人。

审计工作成果 全地区共完成审计项目1246个，查出违纪违规资金65756万元，应上缴交财政金额4270万元，归还原资金渠道5392万元，建议纠正地方部门不当规定257条，提交审计调查报告和审计信息326篇，揭露和向司法机关移送经济案件5宗，移送纪检和司法机关处理的责任人员5人，协助纪检和司法机关查办经济案件65起。

内部审计 到1998年，内审机构减少为45个，内审人员59人。

社会审计 共有社会审计机构9个，从业人员91人。5年来共完成社会委托审计3927项。其中，验资年检和注册资金验证3334项，财务收支审计114项，资产评估30项，其他委托审计449项。

**【阿克苏地区审计局】** 到1998年底，共有干部、职工43人，其中：大学本科9人，大专22人；中级职称14人；副局长4人。设有办公室、综合科、法规科、财政金融审计科、商业贸易审计科、工业交通审计科、文教行政事业审计科、农林水牧审计科。1998年机构改革和定编时经主管部门批准增设基本建设审计科，人员尚未配备。

审计工作成果 共完成审计项目173项，查出违纪资金34945万元，应缴财政2348万元，归还原资金渠道4547万元，建议纠正地方部门不当规定45条，提交审计调查报告和审计信息40篇。协助司法、纪检机关查处各类经济案件10起。

完成上级审计任务 共完成上级审计机关统一安排下达的审计任务48项。地区97年和98年开展同级财政预算执行情况审计，查出违纪违规资金7981万元，针对揭露出来的预算内、外资金收支中的问题，提出了许多建议和意见，受到了政府和有关部门重视。1998年开展了粮食系统财务挂账和其他不合理占用银行贷款清查审计，一共抽调51人，组成8个组，月计2个多月，核实了全地区粮食系统新增财务挂账

33143万元，其他不合理占用银行贷款7229万元，为粮食流通体制改革做了一项重要的基础工作。

完成地方党政交办的任务 共接受地方党政交办的审计任务125项。1997年对地区物资总公司及下属1993—1995年资产、负债、损益审计，历时5个月，对该公司及下属8个二级公司58个三级公司进行了全面审计，核实全公司累计亏损高达4213万元，濒临破产边缘。针对经营管理，财务核算中存在的严重问题，提出了6条合理化建议。在离任审计中，对地区环保局的审计，查出了较为严重的违纪问题，审计决定作出了恰当处罚，追回了被个人违纪报销和不合理侵占的一部分公款。

内部审计 1998年共有内审机构16个，内审人员36人。

社会审计 共接受社会委托审计519项。其中：企业年检235项，年检金额13200万元，注册资金难证284户，验资18590万元。

**【温宿县审计局】** 到1998年底，共有干部职工15人，其中：大专生6人；局长1人，副局长2人。

审计工作成果 共完成审计项目276个，共完成审计调查15项，查出违纪违规资金504万元，应缴财政157万元，已收缴财政115万元。查出应追还侵占挪用资金11万元，损失浪费金额62万元。

完成县政府交办任务 共完成交办的工作任务140项，审计清理单位275个。1996年配备基本建设工程预、决算人员1名(挂靠地区计委)，截止1998年底共完成工程预、决算审计项目22个，审计金额3000万元，审减金额581万元。

完成上级下达审计任务 共完成自治区、地区审计机关下达的审计任务100项，审计单位140个。

**【沙雅县审计局】** 到1998年底，人员有9人。其中大学生1人，大专生3人(专业2人)；局长1人，副局长2人。

审计成果 共完成审计项目84个，审计单位132户，审计金额83600万元。共查出违纪违规金额4254万元。协同纪检委、检察院等部门查处经济案件2起。共计上缴财政294万元(含财税大检查独立收缴入库104的万元)，提交县委、政府重要审计报告12篇。

完成县政府交办任务 共完成交办的工作36项，其中重大事项7项。

沙雅县为国家重点产棉大县，棉花是沙雅县的支柱产业，在1997年至1998年，分三次，历时3个多月派出15人次，搞清了供销系统虚盈实亏，而且是大额亏损、高负债的状况，并分析了具体原因，为县委、政府的整治工作，提供了翔实资料。

**【阿瓦提县审计局】** 到1998年共有干部职工7人。其中：维吾尔族5人，汉族2人；大专以上学历4人；局长1人，副局长1人。

审计工作成果 共完成审计项目194个。审计单位359户，完成审计调查14项，调查单位98户，审计资金总额167401万元。共查出违纪违规资金总额17445万元。同县纪检、监察、信访等部门配合，查处各种经济案件12起。上缴县财政639万元，共提交审计报告194篇，管理意见书153篇。

完成县政府交办任务 共完成交办的工作任务122项，审计清理单位276个。1997年至1998年配合全县企业承包、机构改革、企业改革领导小组、能与并负责工商企业清产核资工作。共抽调4人涉及到全县26个单位，历经8个月，摸清了企业家底。并连续3年对全县31个乡、镇、场及用水单位水费进行了审计，使1515万元挤占挪用水费限期归还原渠道，保证水费资金安全运行。

完成上级下达审计任务 共完成自治区、地区审计机关下达的审计任务60项，审计单位83个，审计金额93749万元。

**【新和县审计局】** 到1998年底，人员已增加到7人。其中：大学生2人，大专生3人；局长1人，副局长1人。

审计工作成果 其它审计项目173项，审计单位96户；完成审计调查项目4项，调查单位13个；调查单位资金总额3035万元；半地国且纪检监察等部门查处经济案件1起。5年来共向上级业务主营部门及当地政府提交审计报告163篇。

完成县党政交办任务 共完成交办的工作任务250项；审计清理单位42个。

**【乌什县审计局】** 到1998年底，共有干部、职工7人，其中：大学本科1人，大专4人；中级职称1人；局长1人，书记1人。

审计成果 共完成审计项目91项，查出违纪违规资金2921.02万元，应缴财政71.44万元，归还原资金渠道50.5万元。

完成上级交办审计任务 共完成上级交办任务58项，完成地方党改交办的任务33项。1997年和1998年开展同级财政预算执行情况审计，查出违纪违规资金1991万元；针对揭露出来的预算内外资金收支中的问题，提出了9条建议和意见，受到了政府和有关部门重视。

1998年开展了粮食系统财务挂账和其他不合理占用银行贷款清查审计，核实了县粮食系统新坛财务挂账3708万元，其他不合理占用银行贷款198万元。

**【喀什地区审计局】** 1998年底,有干部、职工46人。其中:大学生6人,大专生24人;局长1人,副局长3人。设有办公室、综合科、财政审计科、企业审计科、行政事业审计科、农林水牧审计科、固定资产投资审计科、金融外资审计科、审计事务所等机构。

审计工作成果 共完成审计项目154个,完成审计调查16项;共查出违纪金额14209万元。其中决定处理处罚3022万元,指明要求纠正11187万元;应缴财政2360万元。提交审计工作报告信息212篇。1994年至1998年,每年都对3个县开展财政决算审计,查出违纪金额3277万元。其中:违规减免税203万元,隐瞒转移财政收入573万元,虚列支出495万元。共对37个单位开展企业审计,查出违纪金额3317万元,应缴财政778万元,已缴财政741万元,罚款191.5万元。在对行政事业审计中,共查出违纪金额414万元,处理处罚62万元。共审计农业资金36项目(单位),审计总金额12029万元,查出挤占挪用、虚列、转移等违纪金额1687万元,应缴财政91万元,罚款14.7万元。5、1994年至1998年审计利用外资项目3项,审计单位12个,查出违纪资金428万元。

社会审计和内部审计 1994年到1998年,共接受社会委托项目157项;注册资金验证30户,验证资金1671.55万元;清产核资27项,金额8033.5万元。1994年地直各部门、各单位有内审机构10个,1998年有内审机构2个,有内审人员4名,兼职8个单位12人。

受表彰情况 受地区表彰4次,受自治区审计系统表彰1次,共有14人次受到表彰。

**地址** 喀什市解放北路46号
**邮编** 844000
**电话** 0998—2822894

**【喀什市审计局】** 到1998年底,共有18人,其中:本科1人,大专生7人;局长1人,副局长2人。设有办公室、财政金融基建审计股、行政事业审计股、企业审计股、综合法规股、审计师事务所等机构

审计工作成果 共完成审计项目33项121个单位,完成审计调查4项6个单位,共提交审计报告127篇;审计金额72633万元,查出违纪违规金额885万元,上缴市财政143万元。配合市纪检委、监察、大检办等部门完成检查项目5个82个单位。向市纪检委移送处理书3个单位,为社会稳定发挥了作用。

完成市政府交办任务 共完成交办的9项50个单位的审计任务,特别是离任审计,为党政部门加强对新时期党政领导干部的管理和监督提供依据。1994年,配合治理"三乱"对交警大队进行了专项审计;1996年,配合"大检办"对20个行政事业重点单位预算外资金进行检查,查出应上缴财政308万元违纪款;1997年,配合市企业改制办公室对市属45家国有企业进行了清产核资;1998年,配合大检办独立完成了公安系统14个单位的财政收支检查任务,查出应上缴财政252万元违纪款;1998年,配合市纪检委对妇幼保健站和防疫站进行查处,查出应缴违纪款50万元。

完成上级下达审计任务 共完成自治区、地区审计机关下达23项71个单位的审计任务。

**【巴楚县审计局】** 到1998年底,人员为17人,其中:大专生5人;局长1人,副局长2人。

审计工作成果 共完成审计项目36个。审计单位73户;完成审计调查8项,调查单位8个;共查出违纪违规金额1488万元,为社会稳定发挥了作用。上缴县财政1007万元,共提交审计报告73篇。

完成县政府交办任务 共完成县委政府交办的任务17项,审计清理单位17个。

**【泽普县审计局】** 到1998年底,人员有10人,其中大专生5人;局长1人,副局长1人。

审计工作成果 共完成审计项目42个,审计单位116个,查处违纪违规金额1414万元,应上缴财政151万元,已上缴财政120万元,提交审计报告28篇。

完成县领导交办的任务 共完成政府交办的各种事项13项,审计单位61个;参与物价、财务、税收大检查工作3项,涉及60个单位;配合纪检、监察部门查处案件2项,2个单位。

**【伽师县审计局】** 到1998年底,人员有12人。其中:大专4人;局长1人,副局长1人。

审计工作成果 共完成审计项目62个,审计单位46户;完成审计调查16项,调查单位20个;审计金额85147万元。共查出违纪违规金额1076万元。上缴县财政203.5万元,共提交审计报告62篇。

完成上级下达审计任务 共完成地区审计机关下达的审计任务39项,审计单位46个,审计金定额85147万元。

**【叶城县审计局】** 截止1998年底,人员有14人,其中:大学生(含大专生)7人;局长1人,副局长2人。

审计工作成果 共完成审计项目88个,审计单位104户;完成审计调查9项,调查单位48个;共查出各类违纪违规资金总额2187万元,移交县纪检、监察部门审计项目2项,上缴县财政违纪资金409万元,罚款金额358381万元。

共提交审计报告、信息52篇。

完成县政府交办任务　共完成交办工作任务23项，并积极配合财政、物价等部门做好“三查”及清理“小金库”工作，参与县预算外资金清理及企业改制、清产核等待工作，涉及全县80%以上机关行政及企事业单位，为县委、县政府的宏观决策提供了依据，

完成上级下达审计任务　共完成自治区、地区审计机关下达的审计任务54项，审计单位59个。

**【岳普湖县审计局】**　到1998年底，人员有12人。其中：大学1人；局长1人，副局长1人。

审计成果　5年间审计单位95次，审计总金额34481万元，查出违纪、违规金额792.4万元，上缴财政金额159.56万元。并将审计成果由微观向宏观转化，及时向上级机关和有关部门提交审计报告、专项报告、信息118篇(次)，为维护国家财经法纪，提高经济效益，促进经济的发展发挥了积极的作用。

完成党政交办任务　接受委托共对19人进行了离任审计，特别是会同纪检、监察、物价、司法等部门联合作战的优势，进一步扩大执法力度。

**【疏勒县审计局】**　到1998年底，人员为9人，其中：大专3人；局长1人，副局长1人。

审计成果　共完成审计项目89个，审计单位91户，完成审计调查7项，调查单位6个，共查出违纪违规金额336.39万元，上缴县财政局85.9万元，共提交审计报告248篇。

完成县政府交办任务　共完成交办的工作任务43项，完成离任审计42个，1998年在对单位的原任领导进行离任审计时，发现该局历年应缴未缴财政罚没款收入2.9万元，任期内购进的部分固定资产未报批未办理专控手续；林业局将生产性资金用于非生产性建设8.34万元；县文教局各股室私设“小金库”及公款私存，滥发补贴，随意扩大和扩大补贴标准等问题，均按有关规定进行了处理；县农机局97年度代财险办公室代办农机保险业务费收入漏缴营业税1.34万元和未缴罚没款收入0.81万元，依法进行了处理。

完成上级下达审计任务　共完成上级审计机关下达的审计任务45项，审计单位47个。

**【麦盖提县审计局】**　到1998年有职工9人。其中：大专生4人；局长1人，副局长2人。

审计工作成果　共完成审计单位80个，完成审计违纪违规金额2178万元，上缴财政815万元，罚款金额36938万元，追还侵占挪用资金82万元，促进增收节支125万元，国有资产流失金额2万元。共提交审计报告6篇，提交论文22篇，采用9篇，提交信息20篇，采纳12篇。

完成县政府交办任务　共完成交办的工作任务18个单位，主要是交办党政机关、企事业单位领导离任审计。

完成上级下达审计任务　共完成省、地区审计机关下达的审计任务共计62个单位，审计资金总额22423万元。

**【英吉沙县审计局】**　到1998年底，人员共有9人。其中：大专生4人；局长1人，副局长1人。

审计工作成果　共完成审计项目33个，审计单位261户；完成审计调查8项，调查单位20个及14个乡镇各村；审计金额28495万元。共查出违纪违规金额2795.16万元。派出审计人员配合纪检、监察等部门，查处各种经济案件2起，审计后移交纪检、监察部门处理的6起，为清政廉洁和社会稳定发挥了作用。上缴县财政24939万元，共提交审计报告及信息85篇，采纳53篇。

完成县政府交办任务　共完成交办的工作任务9个项目，审计、清理和检查单位120个及9个乡各村。对24位厂长(经理)进行了离任审计，为县委和县政府使用干部提供了依据。1998年，对9个乡农村义务工强行以资代劳的问题进行了调查。

完成上级下达审计任务　共完成自治区、地区审计机关下达的审计任务28项，审计单位234个，审计金额22128万元。

**【莎车县审计局】**　到1998年底，人员18人。其中：大学生2人，大专生8人；局长1人，副局长2人。

审计工作成果　共完成审计项目100个。审计单位130户；完成审计调查38项，调查单位38个；共查出违纪违规金额2183.09万元。同县纪检、监察、信访等部门配合，查处各种经济案件4起，移交司法部门案件1起，为社会稳定发挥了作用。上缴财政461.12万元，共提交审计报告24篇，共撰写审计信息、论文22篇，在地区级和自治区级刊物上发表了7篇。

完成县政府交办任务　共完成县委、县政府交办工作任务53项。

完成上级下达审计任务　共完成自治区、地区审计机关下达的审计任务78项，审计单位87个，审计金额47552.76万元。

**【疏附县审计局】**　到1998年底，人员为11人。其中：大学生1人，大专生2人；局长1人，副局长2人。

审计工作成果　共完成审计项目57个，完成审计调查4项。同纪检、监察、信访等部门配合，查处经济案件1起，为社会稳定

发挥了作用。在完成的57个审计项目中,共查出违纪违规金额3871.4万元,促进增收节支9万元。其中:应上缴县财政335.90万元,已上缴财政265.70万元。

完成县政府交办任务　共完成县政府交办的工作任务19项,其中大多数为离任审计,为县委、县政府考核干部时提供了离任干部的实际工作成绩。

完成上级下达审计任务　共完成省、地区审计机关下达的审计任务38项,特别是完成了本级财政预算执行情况和其它财政收支情况的审计和专项资金的审计。

**【塔什库尔干塔吉克自治县审计局】**　到1998年底,有干部职工7人。其中大专学历2人;局长1人,副局长1人。

审计工作成果　共完成审计项目50个,审计单位97个,审计调查7项,调查单位7户,审计总金额25,205万元,共查出违纪违规金额680万元,应上缴财政金额86.78万元,已上缴财政金额51.10万元,查处万元以上经济案件1起。

完成县政府交办任务　共完成交办的工作任务16项,审计清理单位24个。在1998年,根据县长交办任务对县麻扎种羊场财务收支进行了审计,经过3个月的认真详细审计,发现种羊场会计短款、挪用公款8.97万元的重大违纪行为。

完成上级下达任务　共完成上级下达审计任务22项,审计单位65个,审计总金额16054万元。

**【克孜勒苏柯尔克孜自治州审计局】**　到1998年,底实有人员31人。其中:大学本科5人,大专18人;获得审计师或注册审计师资格8人;局长1人,副局长2人。设有办公室、综合科、行政事业审计科、农牧审计科、企业审计科、财政金融审计科、固定资产投资审计科。

审计成果　共完成审计项目(单位)466个(含同级财政审计延伸单位190个),其中州本级完成108项。共审计金额37845万元,查出违纪违规金额10948万元。其中:应上缴财政250万元,应追还侵占挪用资金2001万元,已上缴财政124万元,罚款金额29.5万元,共提交审计报告、信息609篇。

1998年6月9日,由州审计局牵头,州财政、农发行等部门配合,分别对州属的阿克陶县、乌恰县、阿合奇县粮食系统新增财务挂账和其他不合理占用贷款进行清理审计,审计落实3县粮食企业占用农发行贷款4437.59万元,其中:库存粮油占用2368.1万元,落实新增财务挂账占用1456.89万元,其它不合理占用576.42万元,结算资金占用36.18万元。

内部审计　1994年共设立内部审计机构11个,内审人员16人,到1998年,内部审计机构增加到16人,内审人员23人。

社会审计　1994年到1998年共完成社会委托项目663项。其中:验资所检372项,资产评估88项,财务收支审计71项。

受表彰情况　受自治区审计厅表彰3次,受州审计系统表彰8次。共有4人受到自治区审计厅表彰奖励,30人次受到审计系统表彰奖励。

**地址**　阿图什市帕米尔路西三院
**电话**　0908—4223904
**邮编**　845350

**【阿图什市审计局】**　1998年,有人员12人,其中:7人,局长1人,副局长2人。设有农财股、企业股、事业行政股、审计事务所等机构。

审计工作成果　共完成审计项目47项,审计单位167户,审计金额46732.93万元,共查出违纪违规金额562.40万元,纠正金额103万元,追还侵占挪用资金212.20万元,上缴市财政18.50万元,共提交审计报告、信息199篇。

完成上级下达任务　完成审计署、自治区下达的审计任务37项,审计单位157户,金额44391.80万元,查出违纪违规金额499.22万元,上缴财政14.97万元。开展了对新开工项目资金来源审计,从1994年—1998年共对30个单位76个基建项目进行了审计。

完成地方党政安排任务　完成地方党政安排任务10项,审计金额1377.48万元,查出违纪违规数39.68万元,上缴财政3.63万元。

**【阿合奇县审计局】**　到1998年底,有干部职工8人。其中:大学生1人,大专生2人,局长1人,副局长3人。

审计工作成果　共完成审计项目55个,审计单位49个。完成审计调查18项,调查单位42个。审计金额6994610万元,共查出违纪违规金额531万元。同县纪检、监察、信访等部门配合,查处各种经济案件11起,为社会稳定发挥了作用。上缴县财政37090.89元,提交审计报告71篇。

完成县政府交办任务　共完成县委、县政府交办的工作任务12项。

完成上级下达审计任务　共完成自治区、自治州审计机关下达的审计任务43项,审计单位43个,审计金额4683.98万元。

**【乌恰县审计局】**　到1998年底,人员减少到7人。其中:大专生1人;局长1人,副局长1人。

审计工作成果　共完成审计项目62个,审计单位62户,审计金额8873万元,。共查出违纪违规金额500.41万元,上缴财政12.51万元,共提交审计信息和审计报告70篇。

完成县政府交办任务　共完成工作任务34项,审计清理单位80个。

完成上级下达审计任务　共完成自治区、自治州审计机关下达的审计任务28项,审计单位28个,审计金额6873万元。

**【阿克陶县审计局】**　到1998年实有审计干部6人,正副局长各1名(汉、维),其中大专以上学历4人。

审计工作成果　共完成审计项目74个,查出违纪金额926.7万元,已上缴财政12.7万元,1994年至1998年,提交审计报告、信息79篇。汇同纪检、监察等部门查出各种经济案件5起,其中移交司法机关2起。

完成县政府交办的任务　共完成交办的审计项目28个,其中1998年根据县政府的安排,对县政府领导比较关注、社会反映强烈的热点问题,通过内查外调等各种审计程序,追回长期占用公款5.9万元,追回私设"小金库"1万元,查出报销不合理单据1.2万元。1994年到1998年,完成新开工基建资金来源审计22个,审计金额354.1万元。

**【巴音郭楞蒙古自治州审计局】**　到1998底,人员为46人。其中:大学生6人,大专生31人;局长、党组书记1人,副局长2人。设有办公室、财政金融审计科、行政事业审计科、商贸审计科、工交审计科、基建外资审计科、农牧审计科、综合科、审计事务所等机构

审计工作成果　共完成审计项目(单位)246个;完成审计调查12项,调查单位72个;共查出违纪金额41696万元,查出经济案件1起,向司法机关移送案件1宗,移送处理责任人员5人。已上缴财政3604万元,增收节支5082万元。共提交审计报告信息130篇,其中85篇被上级审计机关和各级地方党政领导批示采用。

完成州政府交办任务　从1997年起,共审计本级财政及预算执行单位45个,查出违规金额27633万元,促进增收节支4472万元。1998年6月,为配合审计署下达的审计任务,参与并负责组织实施了全州的农业发展银行、粮食企业的清查审计工作。1998年8月下旬,州审计局对库尔勒市城市建设资金进行了审计,涉及独立核算单位10个,审计资金总额13347万元,查出违规行为金额1543万元,归还挪用资金490万元,上缴财政209万元,维护了国家利益。

完成上级下达审计任务

共完成上级审计机关下达的审计任务46项,审计单位173个,审计金额150,663万元。

内部审计　1994年共设内部审计机构7个,内审人员12名,到1998年,内部审计机构有8个,内审人员18名。

社会审计　共接受社会委托项目1772项,其中企业年检(验证资金)987项,年检(验资)金额2.96亿元;工程基建费审计188项,核减金额0.2亿元;资产评估292项,评估值36亿元。

**【库尔勒市审计局】**　到1998年底,人员有20人,其中:大学生1人,大专生10人;局长1人,副局长2人。设有办公室、行政事业审计科、企业审计科、基建审计科、综合科、审计事务所等机构。

审计工作成果　共完成审计单位224个,审计金额178110万元,共查出违纪违规金额3520万元,上缴市财政94万元,共提交审计报告和信息47篇,被采用12篇。

完成市政府交办任务　共完成21项。其中:1996年按市委组织部的要求完成了12个单位领导干部的离任审计。

**【和静县审计局】**　到1998年底,有干部、职工9人。其中:大专生4人,局长1人。

审计工作成果　共完成审计项目26个,审计单位56个,完成审计调查4项,调查单位4个,审计金额57422万元,共查出违纪金额1963万元。上缴县财政11万元,共提交审计报告信息49篇。

完成县政府交办任务　共完成交办的工作任务12项,审计清理单位39个,审计金额23818万元。

完成上级下达审计任务　共完成省、州审计机关下达的审计任务14项,审计单位27个,审计金额33604万元。

**【尉犁县审计局】**　1998年底,审计人员4人,其中:大学生1人,局长1人。

审计工作成果　共完成审计项目(单位)58个,审计总金额3452万元。共查出违纪违规金额114万元。同县纪检监察部门配合,查处经济案件4起,为社会稳定发挥了作用。共上缴县财政22万元,提交审计报告信息17篇,被批示、采用2篇。

完成县政府交办任务　共完成县委、县人民政府交办的工作任务28项,审计单位56个。1998年6月至8月,我局3名同志积极参加了由州审计局牵头实施的对农业发展银行、粮食企业进行的清查审计,为全州粮食体制改革付出了辛勤的劳动。同年7月,配合县组织部、纪检委对全县各乡、镇、场11个单位主要领导任职期间重大经济责任进行了审计,1997年至1998年底,对县上25个单位自筹建设项目资金来源进行了审计,对立项单位的建设

内容、资金来源构成等进行严格审核，同时对218国道扩建工程等6个送审基层项目进行审计，审计资金总额1921万元，核减工程决算330万元，维护了国家的利益。

完成上级下达审计任务　共完成省、自治州审计机关下达的审计任务30项，审计单位42个，审计金额2348万元。

**【和硕县审计局】**　到1998年，有行政编制7个，局长1人，其中：大专学历4人。

审计工作成果　共完成审计单位（项目）143个，查出违纪违规金额154万元，上缴财政45万元，追还原渠道资金9万元，为县财政增收节支54万元，共完成审计报告信息20篇，其中：被党委政府采纳7篇；5年来，共完成上级审计机关安排专项审计17项，其中本级财政预算执行审计2项，农业专项资金7项，其他专项审计8项，共查出违纪违规金额97万元。企业清产核资工作等审计企业84项（次），查出违纪金额63.2万元。从1996年到1998年共完成干部离任审计49项，为县委考核选拔干部提供科学依据。

**【且末县审计局】**　到1998年底人员有8人。其中：大专生5人；局长1人，副局长1人。

审计工作成果　共完成审计单位60个，查出违纪违规金额405万元，已上缴县财政24万元。

完成县政府交办任务　年底完成交办的工作任务17项，配合组织部、纪检委、监察局对副区级以上领导干部及厂长经理进行离任审计106人（次），参与了清产核资、配合预算外资金的清查和财务、税收、物价大检查工作。1997年对县水电局防渗渠工程进行了审计。

完成上级下达审计任务　共完成上级审计机关下达的审计单位50个。

**【博湖县审计局】**　到1998年底实有人员7人。其中大专生4人，副局长各1人。

审计工作成果　共完成审计单位59个。共查出违纪违规金额3403万元，应上缴财政金额26万元，已上缴财政金额19万元，共提交审计工作报告和信息31篇，完成审计调查项目2个，调查单位8个。

完成县政府交办任务　共完成县政府交办的审计工作任务15项，审计单位15个。完成财务大检查单位165个。截止1998年底完成工程决算审计项目7个，审计金额（决算数）3017.2万元，审计核减金额578.2万元，为建设单位节约了资金，受到了建设单位的好评。

完成上级下达审计任务　共完成州审计机关下达的审计计划任务30项，审计单位39个。完成审计调查项目2个，审计调查单位8个。

**【轮台县审计局】**　到1998年底，人员为9人。其中：大专生4人；局长1人，副局长1人。

审计工作成果　共完成审计单位（项目）80个，审计金额16431万元。共查出违规金额1505万元。同纪检、监察等部门配合，查处经济案件1起，为社会稳定发挥了作用。上缴县财政173万元，共提交审计报告13篇。

完成县政府交办任务　从1994年到1998年，共完成交办的工作任务31项，审计清理单位31个。截止1998年共完成工程决算审计项目14个，审计金额1764万元，审减金额354.84万元。1997年，在轮台县、乡、镇财务收支审计中，审计人员依法审计，查出违纪金额130万元，维护了国家利益。

完成上级下达审计任务　共完成上级审计机关下达的审计任务72项，审计单位72个。

**【若羌县审计局】**　到1998年，人员有5人。

审计工作成果　共完成审计单位（项目）80个，审计金额1450万元，共查出违纪违规金额245万元。同县纪检、监察部门查处经济案件2起，参与财政、物价大检查4起，在查出的违纪款中已上缴财政3万元。共提交审计专项报告12篇，被县政府批示、采用2篇。

完成县政府交办任务　共完成交办的工作任务24个。从1996年接手了县工程决算审计，共审计7个项目，审计金额1181.9万元，核减资金总额174万元。

完成上级下达审计任务　共完成省、州审计机关下达的审计任务60项，审计单位60户，审计金额1140万元。

**【焉耆回族自治县审计局】**　到1998年底，人员为10人。其中：大学生1人，大专生6人；局长1人，副局长1人。

审计工作成果　共完成审计单位（项目）142个，完成审计调查8项，调查单位13个；共查出违纪违规金额1465万元，上缴县财政12万元。

完成县政府交办任务　共完成交办的工作任务118个。截止1998底，共完成工程决算审计项目4个，核减金额949467.10万元。

完成上级下达审计任务　共完成自治区、州审计机关下达审计任务8项，审计单位16个，审计金额4947万元。

**【昌吉回族自治州审计局】**　下辖昌吉、米泉、阜康三市和玛纳斯、呼图壁、吉木萨尔、奇台、木垒五县。自治州和各县市均设审计局。到1998年底，全州审计人员达168人，其中大专以上文化程序75人，中级以上技术职称33人。州审计局设局长1人，副局长1人。局内设办公室、综合科、财政金融审计科，企业审计科，基建外资审计科、行政事业审计科等机构。

审计工作成果　全州共审计1271个单位(项日)，完成审计调查132项，提供审计调查报告及信息544篇。审计中共查出违纪资金28467万元，应收缴财政3943万元，已缴财政2417万元。

到1998年，全州审计机关认真贯彻《审计法》，以经济建设为中心，积极履行法定职责，强化审计监督，从1995年开始，到1998年，全州审计机关本级预算执行情况审计共审计63个单位，查出各类违纪违规资金2666万元，应缴财政1238万元。

内部审计　共设立内部审计机构56个，内审工作人员127人，通过内审工作，纠正各类违纪金额125万元。

社会审计　全州共有9个审计事务所，从业人员122人。共接受社会委托项目10492项，其中财务收支审计743项，承包离任审计208项，国有企业审计查证191项；资产评估374项，经济案件鉴定74项，年检验资金8304项，其它项目审计368项，咨询建账清债33项，担任常年财务顾问14项。

内部审计　至1998年底共设立19个内审机构，其中独立的内审机构10个。内审人员55名，其中专职35人，兼职20人。

社会审计　五年来共接受社会委托项目144个，其中完成年检验资60项。审计资产总金额43.703万元。

**【伊犁哈萨克自治州审计局】**　到1998年底，人员有42人。其中：大学生5人，大专生20人，获审计师资格8人；局长1人，副局长2人。设有办公室、综合处、财政金融审计处、农牧审计处、商贸审计处、工交审计处、基本建设投资审计处、审计师事务所等机构。

审计工作成果　共完成审计项目85个(其中完成指令性统一审计任务38项)，审计单位238户；查出违纪违规金额6162万元，追还被侵占挪用资金28万元；配合有关部门查处移交经济案件3起；应上缴财政928万元，已上缴财政450万元；共提交审计报告、信息、论文199篇，其中被批示、采用42篇，为伊犁州的经济健康发展发挥了审计监督作用。

完成政府交办任务　共完成州党委、州政府交办委托的审计工作任务29项。由州局配合政府等有关部门完成20项审计(调查)项目。先后抽调40人(次)，参与了预算外资金调查、财务、物价大检查，会计秩序整顿工作及州信托投资公司的专案调查，综合汇总向州政府提交了财政预算外资金账户的调查工作及其它专项审计项目。

内部审计　到1998年，内部审计机构有16个，内审人员69人。

受表彰情况　自1994年—1998年，被自治区审计厅表彰先进集体1次，共有5人次受到自治区审计系统表彰奖励。

**地址**　新疆伊宁市解放路81号
**电话**　0999—8022342
**邮编**　835000　　*(孙梅　郭敏)*

**【奎屯市审计局】**　到1998年底，人员有16人(其中审计事务所4人)，其中大学生2人，大专生12人；局长1人，副局长1人。设有文行审计科、企业审计科、综合科和审计事务所等机构。审计事务所正在脱钩改制之中。

审计工作成果　共完成审计项目135个，审计单位135户；完成审计调查9项，调查单位26个，共查出各类违纪违规金额7108万元。同市纪检委、监察局、财政局、检察院等部门配合查处经济案件5起，为社会稳定发挥了作用。应缴财政76.4万元，减少财政拨款33万元，返还原资金渠道134万元。提交审计报告135篇。

完成市委、市人民政府交办任务　共完成交办的审计任务15项。1994年，对城市建设资金进行审计，对到海南投资进行跟踪审计调查；1995年，对土地出让金进行审计；1996年，对全市预算外资金情况进行审计调查。对每年的各种社会捐款进行审计，并在当地的报纸、广播和电视中予以公告，增强捐款的透明度。共进行厂长(经理)离任审计16项，为市委、组织部门管理和使用干部提供了参考。

完成上级下达审计任务　共完成上级下达的各类指令性审计任务12项，审计单位16个。

**【伊犁地区审计局】**　1998年底实有人数为42人。其中：本科学历者6人，专科学历者20人；局长1人，副局长2人。设有：办公室、综合科、财政金融审计科、行政事业审计科、工交粮贸审计科、固定资产投资审计科、农林科、稽核科。

审计工作成果　共完成审计单位1796个；查出违纪违规金额19415万元，应缴财政1114万元，已缴财政535万元，追还被侵占挪用资金1791万元，配合纪检、监察等部门查处各种经济案件3起，提交审计报告613篇，其中被批示、采用107篇。

完成政府和上级下达的审计任务　通过对本级预算执行情况的审计，向政府提出了预算执行情况的审计结果报告，并受政府委托向地区人大常委会提出了审计工作报告，为政府加强预算管理和人大监督政府财政收支，提供了可靠的依据；通过对国有金融机构的审计，促进了金融市场的健康发展；通过对国有企业财务收支的审计，揭露和查处了会计资料失真、弄虚作假等违法乱纪行为；通过对各项专项资金使用和管理情况的审计，查处了大量的违纪问题，保证了财政资金的专款专用；通过对全地区粮食系统新增财务挂账的清查审计，向政府报告了自1992年以来6年的粮食亏损挂账；为伊犁地区粮食流通体制的深化改革提供了真实可靠的数据。

**地址** 伊犁地区伊宁市新华西路
**电话** 0999—8023969
**邮编** 835000 （胡军 李戈平）

**【伊宁市审计局】** 到1998年底人员增至21人，其中：研究生1人、大学生3人、大专生11人、局长1人、党支部书记兼副局长1人。设有工交股、商贸股、文行股、基建股、综合股、审计事务所等机构。

审计工作成果 完成审计项目36项，审计单位316个，审计调查项目10项，调查单位46个，共查出违纪违规金额2244万元，应上缴财政192万元，提交专题审计报告18篇。

完成上级下达审计任务 1994年至1998年，共完成上级审计部门下达的审计任务33项，审计单位308个。

完成市政府交办任务 共完成市委、市政府交办的审计工作任务3项，审计8个单位。

**【伊宁县审计局】** 到1998年底实有人员15人。其中：大学生2人，大专生6人；局长1人，副局长1人。

审计工作成果 共完成审计项目126个，审计单位148户；审计金额87663万元。共查出违纪违规金额932万元。上缴县财政42万元，共提交审计报告126篇、审计信息及论文82篇，其中被上级审计部门和新闻单位采用11篇。

**【特克斯县审计局】** 到1998年年底有12人，其中：大专生7人，局长1人，副局长1人。

审计工作成果 共完成审计项目94个，审计单位115户，完成审计调查39个，审计金额32365万元，共查处违纪违规金额820万元，应上缴财政金额55万元。已上缴财政金额38万元。罚款金额12万元，应追还侵占资金11万元，移送经济案件1件，协助有关部门查处案件1件，共提交审计工作报告、信息54篇，审计工作报告、信息被批示采用8篇，提交专项审计调查报告39篇。

完成党政领导交办任务 共完成交办的审计工作任务31项，为配合全县机构改革、企业改制，1998年抽调2名业务骨干，历时1年多，自始至终参与了改革改组工作。

完成上级下达审计任务 年共完成自治区、地区下达的审计任务40项，审计单位58个，圆满完成了任务。

**【尼勒克县审计局】** 1994年共有干部、职工11人。其中：大学生1人，大专生4人，局长1人，副局长2人。

审计工作成果 共完成审计项目124个，审计单位458户；完成审计调查18项，调查单位331个；审计金额66791万元。共查出违纪违规金额893万元。应上缴县财政35万元，已上缴32.3万元，罚款金额76.05万元。共提交审计工作报告信息63篇，其中被当地政府及上级机关批示、采用29篇

完成县政府交办任务 共完成交办的工作任务77项，审计单位144户。1996年，建立了领导干部离任审计制度，当年对五位领导干部进行了离任审计。1997年，针对行政企事业单位财务收支、亏损企业财务管理弊端、预算外资金管理使用、企业税费情况设定了专项调查课题，对13个企业、26个行政事业单位、42个预算外资金收入单位、8个行业、14个企业进行了专项调查。

完成上级下达任务 共完成上级审计机关下达的审计任务47项，审计单位374个，审计金额49451万元。

**【昭苏县审计局】** 到1998年底共有人员9人，其中：本科生2人、大专生1人；局长1人，副局长1人。

审计工作成果 共完成审计项目92项，审计单位146个，共查出违纪金额597.93万元。应上缴财政金额33.53万元， 共完成审计调研信息31篇。

完成县政府交办任务 共完成县交办的工作任务45项，审计单位66户。1996年，完成县委、县政府交办的专项审计3项，完成组织部门委托的离任审计12项。查出违纪违规金额174万元。建议县纪委追究党纪责任1人，建议县监察局追究政纪责任1人，移交纪检委、监察局查处违纪案件3件。1998年，根据有关部门的安排，派出2名同志会同财政部门对县公安局及局属各股、所、队近年来的财务收支情况进行了清查。

完成上级下达审计任务 共完成地区审计处下达的指令性项目47项，审计单位80户。1996年，完成地区审计处指令性项目14项，共查出违纪金额42.9万元。其中：挤占挪用25.5万元；隐瞒转移收支8.7万元；增值收入未记入基金5.9万元；白条付款2.8万元。1997年完成地区指令性项目12项，查出违纪金额77万

元,应追还侵占挪用资金0.58万元,处罚违纪单位和责任人2.2万元,移交纪委、监察局违纪案件2件。1998年,进行预算执行情况审计,除了对财政部门、地方税务部门审计外,还延伸审计了财税部门所属单位和基层预算单位34个。

**【新源县审计局】** 到1998年,底有干部职工15人。其中:大学生1人,大专生7人;局长1人,副局长2人。

审计工作成果 共完成审计项目47项,审计单位194个,完成审计调查11项,调查单位106个,审计金额25831万元,共查出违纪违规金额180万元。同检察院配合,查处经济案件2起,为社会稳定发挥作用,上缴县财政14万元,共提交审计报告信息29篇。

完成县政府交办的工作任务 共完成交办的工作任务6项,审计清理单位36个。

完成上级下达审计任务 共完成自治区及地区审计机关下达的审计任务31项,共审计单位158个,审计总金额10394万元。

**【霍城县审计局】** 到1998年,底实有人员12人,其中:大专2人,注册审计师1人。

审计工作成果 共完成审计项目143个,审计单位150户,共查出违纪违规金额810万元。同县纪检、监察、信访等部门配合,查出各类经济案件7起,处理处罚款34万元,上缴县财政34万元,并提交审计报告102篇。

完成县政府交办任务 共完成县委、县政府交办的工作任务13项,审计清理单位14个。截止1998年底,共完成开工前资金来源审计41个单位,提供国有建设单位建设资金来源审计情况表41份,为全县施工建设管理部门提供服务。

**【巩留县审计局】** 到1998年底,实有人数8人,其中:大专生5人;局长1人,副局长1人。

审计工作成果 共完成审计项目118个,,审计单位226户,完成审计调查8项,调查单位12个,审计金额40597万元,共查处违纪金额750万元。同县财政、监察纪检等部门配合,查处各种经济案件11起,共上缴县财政30万元,共提交审计报告50篇。

完成县委、县政府交办的各项审计工作任务 共完成县委、县政府交办的审计工作任务42项,审计清理单位108个。1996年,为配合全县机构改革、企业改制工作,共抽调7人,全年审计重点国有企业18个,其中:离任审计9个。

1998年5月,由县审计局牵头,县财政局、监察局、开发办四个单位组成联合审计组,历时15天,对我县第一期、第二期农业综合开发资金的使用和土地开发管理情况进行了审计,审计金额594万元,上缴财政11万元。

1998年7月,对51个行政、事业单位1997年到1998年6月的预算外资金进行了清查,查出未纳入专户资金205万元。

完成上级下达审计任务 共完成地区和自治区下达的审计任务28项,审计单位96个,审计金额27689万元。

**【察布查尔锡伯自治县审计局】** 到1998年年底,人员已有11人,其中:大专生4人;局长1人,副局长2人。

审计工作成果 共完成审计67项,审计单位70个,完成审计调查7项,调查单位10个,审计金额753万元,共查处建纪金额5,429.7万元。上缴县财政42.3万元,共提交审计报告20篇。

完成县政府交办任务 共完成县委、县政府交办的工作任务34项,审计单位40个,审计清理单位30个。1996年参与由县计委牵头的联合检查组,对当年新开工的16个工程项目进行了审计;对邮电、粮食、教育系统进行了重点检查。协助县经委制定了骨干企业行使"一厂一策"管理制度,并派专人参加监事会工作,取得了好的效果。

完成上级下达审计任务 1994年到1998年,共完成审计机关下达的审计任务33项,审计单位40个,审计金额964.12万元。

**【塔城地区审计局】** 到1998年底人员为28人,其中:大学生11人,大专生13人;局长1人,副局长2人。设有办公室、财政金融科、工交基建科、商贸农牧科、综合科、审计事务所等机构。

审计成员 共完成自治区及地区行署交办的审计单位188户,完成审计调查11项,查出违纪违规金额8712万元,应上缴财政金额722万元,已上缴财政金额122万元。

内部审计 到1998年底共设立19个内审机构,其中独立的内审机构10个。内审人员55名,其中专职35人,兼职20人。

社会审计 5年来共接受社会委托项目144个,其中完成年检验资60项。审计资产总金额43.703万元。

受表彰情况 1998年王志红、廖军两人被评为自治区审计系统先进个人,96年农业综合开发资金审计被评为自治区审计基础三等奖。

地址 塔城地区行署院内
电话 0901—6222430
邮编· 834700

**【塔城市审计局】** 到1998年底有干部职工11人,其中:大专生7人;局长1人,副局长2人。

审计成果 共完成审计项目9个,审计单位225户,查出违纪金额1483.9万元,上缴市财政

81.9万元,共提交审计报告225篇。

*完成市政府交办任务* 共完成交办的工作任务37个单位,1998年为配合全市机构改革企业改制,参与市企业清产核资小组,共抽调1人,涉及到全市13个单位,历时40天,摸清了企业家底,为市委、市政府的宏观决算提供了依据,为企业改制,机构改革工作打了基础。1997—1998年区完成工程决算审计4个单位,审计金额1747.96万元,审减金额291.3万元。1998年在塔城市重点工程"文化南路两条非机动车道修建和解放改建工程"的审计工作中,审计人员克服困难,排除阻力,实事求是,依法审计,工程审减金额205.3万元。

*完成上级下达审计任务* 共完成省、地区审计机关下达审计任务单位数53个。

**【乌苏市审计局】** 到1998年底,共有干部职工12人。其中:大专以上文化程度6人;局长1人,副局长2人。

*审计工作成果* 共完成审计项目和单位325个;审计调查12项,审计调查单位65个,审计资金总额1342579.35万元,共查出违纪违规金额3616.23万元,其中应收缴财政394.20万元,已收缴财政262.06万元;共提交各类审计报告325篇。

完成县(市)政府交办的任务 共完成交办的工作任务187项,1998年8月,我成立基本建设审计股,截止1998年底共完成工程决算项目16个,审计金额1656.46万元,审减金额163.97万元。

*完成上级下达审计任务* 共完成上级审计机关下达的审计任务61项,审计金额总额368640.42万元。

**【额敏县审计局】** 到1998年底拥有干部、职工10人。其中:大专生6人;局长1人,副局长1人。

*审计工作成果* 共完成审计项目89个,审计单位98户。审计总金额28864万元;共查出违纪违规金额2507.59万元。应上缴财政78.5万元,罚款5万元,追回被侵占挪用资金269.96万元,提出合理化建议92条,完成自筹基建开工审计38个项目,审计总金额4697.6万元。提交审计工作信息及调查报告7篇,提交审计工作报告89篇。

*按时完成上级下达的各项审计任务* 共完成自治共、地区下达审计任务63项。1998年抽调3名业务干部参加了地区组织的清理粮食企业亏损挂账审计。

*完成县委、政府交办的各项任务* 共完成交办的副科级以上干部离任审计22项,通过审计,揭示了我县乡级财务管理中的漏洞,提出了数项改进措施。

**【沙湾县审计局】** 到1998年底实有在编人员10人。其中:大专生6人;局长1人,副局长2人。

*审计成果* 共完成审计单位99个,查出违规行为金额2533.5万元,其中百万元违纪单位3个。应上缴财政金额323.8万元,同司法机关移交经济案件1宗。共提交审计报告99篇。

**【托里县审计局】** 到1998年底,共有干部、职工12人。其中:哈萨克族8人,汉族4人;本科学历的2人,大专学历的4人;局长1人,副局长2人。

*审计工作成果* 共完成审计项目42项,审计单位215户,完成审计调查项目3项,调查单位62个,审计金额14691.54元,共查出违纪金额1660.21万元,上缴县财政9.8万元,共提交审计报告42篇。1998年上报审计信息5条,被地区《审计文摘与信息》采用3条,撰写调研论文2篇,在国家级刊物发表1篇,在地区级刊物发表1篇。

*完成县政府交办的任务* 共完成交办的工作任务18项,审计清理单位18个。

1998年,首次开展了对级预算执行和其他财政收支情况的审计,共审计20个预算单位,查出违规违纪金额116万元。

**【和布克赛尔蒙古自治县审计局】** 到1998年底共有人员11人。其中:大专生4人;局长1人,副局长1人。

*审计工作成果* 共完成审计项目108个,审计单位152户;完成审计调查8项,调查审计78个;审计金额2876324万元,共查出地违纪违规金额1197.67万元,同纪检、监察、三查办等部门配合工作,为社会稳定发挥了作用,上缴县财政50万元,共提交审计报告126篇。

*完成县政府交办任务* 共完成交办的工作任务56项,审计清理单位56个,并配合县机构改革,企业改制和破产清理等工作,共计5个单位,11人次。

*完成上级下达审计任务* 共完成自治区及地区审计机关下达的审计任务52项,审计单位审计金额13806.36万元。

**【阿勒泰地区审计局】** 到1998年底,人员有38人。其中:大学本科6人,大学专科24人;局长1人,副局长2人。设有办公室,财政金融审计科,文教、行政审计科,农业审计科,固定资产投资审计科,企业审计科,综合科、审计师事务所等机构。

*审计工作成果* 地区本级共完成审计项目117个,完成调查项目21项,调查单位165个。共查出违纪违规金额6989万元,应上缴财政117万元,应归还原渠道资金1554万元,已上缴财政26

万元。移送司法机关案件1件，处理3人，移送纪检部门案件2件。建议纠正地方部门不当规定183条。共提交审计专题报告68篇。

完成政府交办任务　共完成地委、行署交办审计任务52项，审计单位80个(含审计调查)。为领导决策提供了可靠的依据。除此之外还参加了行署组织的调查核实哈巴河县塔斯哈拉扶贫项目违纪问题和配合纪检委进行了各县(市)农业专项资金侵占挪用情况的调查，配合有关部门进行了转换企业经营机制和股份制试点企业的调查和考察。配合纪检工作参与企业破产清算工作。连续几年参加了地区组织的财务大检查工作，参加了清理"小金库"和清理预算外资检查工作。

内部审计　地区本级截止1998年，共有9个单位设有内审。共有内审人员17名。

社会审计　地区审计事务所共完成验证资金项目165个，审计查证项目160个，基建项目27个，资产评估项目22个，清产核资项目1个等委托事项，为地区的经济建设作出了一定的贡献。

受表彰情况　受自治区审计厅系统表彰6次，(其中：4次为审计统计先进单位)、受地委、行署表彰4次，共有10人次受到自治区审计系统表彰奖励；1人次受自治区表彰奖励；2人次受地区表彰奖励。

**地址**　阿勒泰市解放路331号
**电话**　0960—2123019
**邮编**　836500

**【阿勒泰市审计局】**　到1998年底，人员有11人。其中：大专生7人；局长1人，副局长2人。

审计工作成果　共完成审计项目58个，审计单位58户；完成审计调查8项，调查单位41个；审计金额16671万元。共查出违纪违规金额610万元。同市纪检、监察、信访等部门配合，查处各种经济案件3起，为社会稳定发挥了作用。累计上缴市财政4.7万元，共计提交审计报告58篇。

完成市政府交办任务　共完成交办的工作任务36项，审计清理单位36个。从1997年起，共完成离任审计8项，为市委、市政府选拔任用领导干部奠定了基础。自1994年起，配合计划城建部门进行基本建设招投标7项，招投标金额1200万元，使全市的基本建设的承建走向制度化、规范化。

完成上级下达的审计任务　共完成省、地区审计机关下达的任务22项，审计单位22个，审计金额9263万元。

**【青河县审计局】**　到1998年年底，共有干部5个，其中大专生2人；局长1人，副局长1人。

审计工作成果　共完成审计项目67个。审计单位78户，完成审计调查12项，调查单位48个，审计金额20593万元。共查出违纪违规金额193万元。同县纪检、监察、经贸委等部门配合，查处各类经济案件4起，上缴县财政6万元，共提交审计报告67篇。

完成政府交办任务　共完成县委、县政府交办的审计工作任务24项。1996年成立了基建审计室，截止1998年底共完成工程决算项目54个，审计金额1763万元，审减金额97万元。

完成上级下达审计任务　共完成自治区、地区审计机关下达的审计任务43项、审计单位51个，审计金额13480万元。

**【吉木乃县审计局】**　至1998年增加到11人。其中：本科文化程度2人，大专文化程度6人；局长1人、副局长2人。

审计工作成果　共完成审计项目94项，审计单位188个，审计资金30,065.88万元，共查出违纪违规金额896.25万元，上缴财政20.81万元，完成审计调查项目5个，33个，共提交审计报告99篇。

完成县委、政府交办任务　共完成交办的审计项目56项，审计单位66个单位，审计资金金额10771.18万元，查出违纪违规金额622.92万元，上缴财政20.81万元。

完成上级下达的审计任务　共完成了审计项目38个，审计单位122个，审计资金金额19,294.70万元，查出违纪违规金额273.33万元。

**【富蕴县审计局】**　到1998年底，人员为13人。其中：大学文化程度1人，大专文化程度5人；局长1人，副局长2人。

审计工作成果　共完成审计项目91个，完成审计调查19项，审计总金额69451.30万元，共查出违纪违规金额4561.27万元。移送司法机关2人，向政府和有关部门发出审计建议书9份，完成信息52篇、科研论文22篇。

完成上级下达审计任务　共完成上级审计机关下达的审计任务25项。

完成县政府交办任务　共完成交办的工作任务66项，其中离任审计44项。

**【布尔津县审计局】**　到1998年底，工作人员为8人。其中：大学本科1人，大学专科6人；局长1人，副局长2人。

审计工作成果　共计完成审计项目77项，审计单位111个，审计调查项目12个，调查单位129个。审计金额25,844.79万元，查出违纪违规金额630.67万元。上缴财政26.74万元，协同纪检、监察部门审查案件6件。共提交审计报告41篇。

完成县政府交办任务　共完成交办任务42项，审计单位188个。其中：离任审计11个，财务审计25个，协同其它部门进行企业改制32个，企业承包兑现测算62个，企业财务清理7个。

**【福海县审计局】** 至1998年底有人员7人，其中：大专4人；局长1人，副局长2人。

审计工作成果 共完成审计项目93个，审计单位124户；完成审计调查9项，调查单位62个；审计金额58305万元。共查出违纪违规金额649万元，上缴县财政2万元。共提交审计报告93篇。同县纪检、监督等部门配合，查处经济案件4起。

完成县政府交办的任务 共完成交办的各项审计任务49项。1995至1998年，根据县委、县政府的安排共完成行政事业领导干部、企业法人的离任审计40人，摸清了企业家底及财务状况，同时对企业违纪问题进行了处理。

完成上级下达审计任务 共完成上级审计机关下达审计任务44项，审计单位74个，审计总金额58305万元。完成审计调查9项，调查单位62个。1998年6月地区审计局统一安排，抽调2人参加6县1市粮食系统1992年4月—1998年5月亏损挂账的清理审计任务，历时2个月，圆满完成了审计任务

**【哈巴河县审计局】** 到1998年底实有6人，其中大学生1人，大专生5人；局长兼党支部书记1人，副局长2人，兼党支部副书记1人。

审计工作成果 共完成审计项目78个，审计单位98户；完成审计调查14项，审计单位21个，审计金额36150.77万元；共查出违规违纪金额8140万元，应上缴财政25.09万元，已上缴财政8.98万元。共提交审计报告47篇，审计调查报告9篇，审计信息36篇，审计论文3篇。

完成党政交办任务 共完成交办的临时性任务33项，审计单位33个，主要为审计调查，离任审计等，在离任审计过程中，查出违规违金额7.91万元，罚没上缴财政1.7万元，移交给监察局案件1起。

完成上级下达审计任务 共完成地区审计局下达的审计任务45项，审计单位65个，审计金额29,456.97万元，自1997年起，逐步加强同级财政决算执行审计。

## 新疆生产建设兵团

**【新疆生产建设兵团审计工作简述】** 到1998年，有审计机关15个，人员125人，其中：大专以上学历占51%，获得审计师或注册会计师资格的占30%。5年来共审计30280个单位，纠正违纪金额42.48亿元，查出损失浪费金额2.60亿元，查出万元以上贪污案件40起，受党纪、政纪处分213人，移送司法机关责任人员77人。

**【新疆生产建设兵团审计局概况】**

行政编制29人，现有人员25人，其中：大学学历11人，大专学历12人，局长1人，副局长2人，设有办公室、法规处、财金审计处、社保审计处、行政事业审计处、农业审计处、经贸审计处、固定资产投资审计处。

法制建设情况 从兵团的实际出发，先后制定出《兵团审计工作实施办法》、《审计程序及文书规范》、《承包经营责任审计实施办法》、《经济合同审计实施办法》、《经济效益审计实施办法》、《基本建设项目审计实施办法》、《关于主要领导干部实施离任经济责任审计工作的规定》、《审计复核工作的规定》等规章，为依法审计、依法监督提供了依据，与此同步，建立健全了审计机构内部工作制度，范围包括廉政建设，岗位责任制，文书管理，精神文明建设等方面。

理论研讨活动情况 成功主办了第四期全国农垦系统审计理论研讨会，如期召开了两届兵团审计理论研讨会，请有关专家学者编辑，由《新疆农垦经济》（全国农经类核心期刊）出版了三本兵团审计论文专集，共收入论文122篇，兵团审计局和农垦审计学会从1995年起组织开展了优秀审计项目和优秀审计论文的评选活动，已有47个优秀审计项目，37篇优秀审计论文受到表彰，兵团审计局周书义、焦平撰写的论文《专项审计调查及在兵团的操作应用》获自治区1995年度优秀审计论文一等奖，宣淼撰写的《改革与改进内部审计为实现两个根本性转变服务》获自治区1996年度优秀审计论文二等奖，周书义、焦平撰写的《正确认识准确把握兵团审计工作中的几个关系》获兵团1997年度哲学社会科学优秀成果奖，《新形势下兵团审计监督的实践与发展》（作者周书义、焦平）荣获自治区1998年度优秀审计论文二等奖。兵团审计局还参与编写了《企业理财从书》中的《会计报表分析》、《中级成本管理》、《企业税务策划》等书。

本级预算执行审计 从兵团的实际出发，农三师、农五师、农七师、农八师审计机关对本级财务（政）预算执行情况进行了同级审，兵团审计机关对10个师（局）的财务收支及决算进行了上审下审计，查出违纪金额3.94亿元，并对四个实施同级审的单位进行了抽审。

各专业审计 1. 农业专项资金审计 (1)全兵团持续对国家扶贫资金、农业开发资金和以工代赈资金进行了审计，审计总金额31.54亿元，审计的重点是检查

资金到位，资金管理、工程项目管理投资效益，有无挤占挪用等，审计查出挤占挪用等违纪金额2.15亿元。(2)按照国家审计署统一部署，兵团审计机关组织对14个师(局)1996、1997两个年度的水利专项资金进行了审计，审计单位55个，共查出违规金额2907.12万元，促进拨付资金5122万元。2.基建审计　全兵团共审计4388个基建工程项目，查出超规模、超标准、概算高估冒算等违纪违规金额6153.6万元。3.行政事业审计　全兵团共对1258个行政事业单位的财务收支进行了审计，查出违纪金额4.38亿元。4.企业审计　全兵团重点对与国计民生有重大关系的国有企业、接受补贴或者亏损数额较大的国有企业的资产、负债、损益进行了审计，总计审计近300家大中企业，查出违纪违规金额26.70亿元。5.社会保险资金审计　全兵团对养老保险基金和失业保险基金进行了审计，查出了挤占挪用虚列转移、未按规定征收与收缴私设小金库等违规违纪问题，保证了资金的安全和增值。6.外资审计　兵团八个师(局)持续对利用世行贷款项目进行了审计，审计总金额6.02亿元，查出违纪金额197.57万元。

业务培训情况　一是根据实际需要，以岗位培训为基础，坚持按需施教，举办了四期审计专业技术职务考前辅导班，近四百名审计人员参加了培训，一期审计师岗位培训班，培训人数50余人，和中央乡镇企业干部管理学院联办了学制两年半的审计大专班，录取学员325人，毕业学员325人。二是着眼于审计工作的发展开展培训，5年中相继举办了资产评估培训班和基建工程预算资格证书班，办公自动化培训班，38个审计规范学习培训班，会计电算培训班等，累计培训人数710人(次)。

**电话**　0991　2890243

（焦　平）

**【新疆生产建设兵团农一师审计局】**　到1998年底，人员为9人。其中：大专生8人；局长1人，副局长2人。

审计工作成果　共完成审计项目337个。审计单位318户；完成审计调查12项，调查单位18个；审计总额2261856万元。共查出违纪违规金额6022.57万元，上缴师财务972.64万元。同师纪检、监察、信访、财务等部门配合，查处各种经济案件16起，为社会稳定经济发展和廉政建设发挥了重要作用。共提交审计报告318篇。

完成师领导交办任务　完成师领导交办的水利部验收三项水利工程审计，对商业总公司库存商品的专项审计调查、大光毛纺厂、立新棉纺厂经济效益审计情况调查、清理整顿公司财务大检查及协办破产兼并企业资产核实及转移工作，领导干部离任经济责任审计19项。共计接受交办审计事项89项。受到师党委的多次称赞。

完成上级下达审计任务　共完成审计任务30项，审计单位38个，审计总金额107823万元。

理论研讨　师每年召开审计理论研讨会，评选优秀论文43篇，其中被省级刊物发表论文24篇。使全师审计人员的理论水平和业务水平有较大的提高。

受表彰情况　受全国审计系统先进集体表彰1次，先进个人表彰1名；师审计局多次被评为兵团审计系统先进单位，受兵团审计系统表彰10次，先进个人表彰8人次；师每年召开审计工作总结及表彰大会，5年来评选出先进审计干部59人次，先进集体54次，审计工作先进团场13个，支持审计工作优秀领导干部13人次。

（常瑞霞）

**【新疆生产建设兵团农二师审计局】**　1998年底，人员为7人，其中干部6人，工人1人，大学2人，大专1人；局长(兼)1人，副局长1人。

审计工作成果　共完成审计项目98个，审计单位125户；完成审计调查8项，调查单位10个；审计金额1094073万元。共查出违纪违规金额16120万元。同师纪检、监察、信访等部门配合，查处各种经济案件3起，为社会稳定发挥了积极作用。

完成师党委交办任务　共完成交办的工作任务6项，审计清理单位2个。自1995年到1997年三年间我局积极开展企业(团场)承包经营责任目标审计，审计金额480000万元，有利地促进了师承包经营工作的开展。1997年在坚持“一审、二帮、三促进”方针的基础上，为配合师对工交建企业开展的“整顿管理，促增效益”的活动，主动出击对直属六个重点工交企业进行了经济效益审计，历时60天，摸清了企业家底，为师领导宏观决策提供了依据。1998年根据师长办公室议精神，实施了棉花经销情况的专项审计调查。同年开展了厂长(经理)任期经济责任审计，强化了对厂长(经理)的监督。

完成上级下达审计任务　共完成兵团审计局下达的各项审计任务12项，审计单位16个，审计金额32000万元。

受表彰情况　先后二次评选为农二师先进单位。

**地址**　新疆巴州库尔勒农二师审计局

**电话**　0996—2022388

**邮编**　841000

**【新疆生产建设兵团农三师审计局】** 1998年底，实有人员8人。其中：大学生2人、大专生3人；党员5人；局长1人、副局长1人。

审计工作成果　共完成审计项目68个，审计单位386个；审计总金额95.26亿元。共查出违纪违规金额16587万元，上缴师财务1553万元。配合师纪检、监察等部门查处各种经济案件9起，移送司法机关处理3人，共提交审计报告294篇。在省以上刊物发表论文等7篇。

完成师交办任务　共完成工作任务32项，审计单位270个，审计总金额74.88亿元。从1997年起，配备基本建设专职审计人员，截至1998年底，共完成工程决算审计项目4个，审计总金额1706万元，审减金额91万元。对师属于18个事业单位实行定期审计。采取"先审计，后拨款，未经审计，不予拨款"的原则，促使事业单位审计逐步走上规范，违纪违规现象逐渐减少，对促进廉政建设发挥了积极作用。

完成上级下达审计任务　共完成审计任务36项，审计单位112个，审计金额20.21亿元。

受表彰情况　自1994年到1998年，受兵团审计系统表彰、奖励3次，受师表彰6次。共有7人次受到兵团审计系统表彰奖励；12人次被评为师先进工作者。

**地址**　新疆喀什市克孜都维路
**邮编**　844000
**电话**　0998—2524555
0998—2525456转3251

**【新疆生产建设兵团农六师审计局】** 到1998年底有10人，其中大学生1人，大专生7人，中级职称8人，初级职称2人；局长1人，副局长1人。

审计工作成果　共审计单位131个，共查出违规违纪金额20195万元，指明要求纠正金额18225万元，归还原渠道资金836万元，交师财务局228.2万元，向司法机关移送案件6起。

受表彰情况　受兵团审计系统表彰43人次。

**电话**　2890243

**【新疆生产建设兵团农七师审计局】** 到1998年，编制7人，实有审计干部6人，其中：大专4人，高级职称2人，中级职称1人，初级职称2人，局长1人，副局长1人。

审计工作成果　共完成审计项目(单位)149个。完成审计调查5项，调查单位48个；审计总金额996500万元。共查出违规金额8500万元，共提交审计报告149篇，审计专项调查报告5篇。

完成本级党政交办的任务和部门委托的事项　为配合资产经营工作，参加了师流通企业的清产核资工作；为配合企业改制参与了师农资、物资二大集团公司的组建，及建筑企业的股份合作制改制工作；为落实中央要求减轻农民负担的批示，对全师农牧团场对承包土地农工的农资供应价格、利费的收取、分配及农业生产成本进行了专项调查、并对调查资料进行了汇总分析，提出了切实可行减轻农工负担的具体措施和建议，为稳定农场职工队伍，调动农工承包土地的积极性起到了积极作用；1998年针对棉花市场巨变，价格下降对全师经济效益产生巨大影响的形势，对全师植棉农场1998年的棉花生产销售因质量、价格、衣分率等因素影响效益的原因进行了分析，进一步确立了审计机关在我师经济运行中处于较高层次的综合经济监督地位。

完成上级下达的审计任务　共完成兵团审计任务22项，审计单位24个，审计金额53237万元。

受表彰情况　连续二次被评为兵团审计系统先进集体。

**地址**　新疆奎屯市军垦广场1号
**电话**　0992—3223843
**邮编**　833200 (张益民)

**【新疆生产建设兵团农九师审计局】** 到1998年底，人员共有已发展42人。其中：大专生25人，高级职称3人，中级职称10人，局长1人，副局长1人。

审计工作成果　共完成审计项目(单位)786个，撰写审计报告786份；完成审计调查29项，调查单位133个；审计总金额335762万元。共查出违纪违规金额7910万元，查出损失浪费金额118万元，追还被侵占挪用资金176万元，促进增收节支230万元，收缴财务490.98万元。同纪检、监察等部门配合，查处各种经济案件34起，移送司法机关处理7人，受党纪政纪处分28人。提交审计工作报告、信息32篇，其中：师、团党政领导指示8篇、被新闻单位采用12篇；撰写审计论文65篇，其中在地州级以上刊物发表24篇。

1995年对全师农牧团场损益的真实性、合法性进行审计、同时抽审了团场所属81个基层单位的73个农牧连队，历时三个半月，摸清了企业家底，为师党委宏观决策提供了依据。1996年到1997年连续两年对7个团场的24个连队租赁承包和两费自理经营情况进行审计调查，提出土地长期固定、完善土地承包形式、加强监督机制等审计建议、被师党委和师、团领导所采纳。1997年、1998年积极开展重点企业(单位)审计，对农牧业、工业、商贸企业盈亏大户进行重点审计，核实了企业资产，确定了企业盈亏，对亏损严重企业进行解剖分析，提出改进建设，为各级党委提供了大量有价值的经济信息和资料。

受表彰情况　受兵团审计系统表彰3次，受师、团党委表彰5次。共有1人次受农业部审计系统表彰奖励；14人次受兵团审计系统表彰奖励；28人次受师、团党委表彰、嘉奖等奖励。

**地址**　新疆额敏农九师

**电话**　0901—3383261

**邮编**　834601　　(岳修放)

**【新疆生产建设兵团农十师审计局】**　到1998年底人员为5人。其中：大专生4人，副局长1人。

审计工作成果　共完成审计项目76个，审计总金额86948万元，共查出违纪违规金额3157万元。与纪检、监察、检察等部门配合、查处各种经济案件6起，建议党纪、行政处分人员4人。上缴师财务89.69万元。共提交审计报告76篇。

完成师行政交办任务　共完成交办的工作任务16项。其间为配合全师企业改制、破产清算、参与清产核资小组、配合全师财务等多种检查6次，抽调多人，涉及全师30多个单位，为摸清企业家底，提供宏观决策依据，促进企业改制发挥了积极的作用。

完成上级下达审计任务　共完成审计任务25项，审计单位48个，审计金额52169万元，查出违纪违规金额1894万元。

受表彰情况　受兵团审计系统表彰3次，受师表彰3次；共有3人次受兵团审计系统表彰奖励；19人次受师审计系统表彰奖励；获兵团审计系统优秀审计项目3个；获师审计系统优秀审计项目12个，优秀审计论文17篇。

**地址**　新疆北屯农十师审计局

**电话**　(0906)3372140

**邮编**　836000

**【新疆生产建设兵团乌鲁木齐农场管理局】**　到1998年底实际配备干部4人，空编1人；其中处长1人，副处长1人。学历全为大专。专业技术职称分别为会计师2人，审计师2人。

审计工作成果　共完成审计项目83个，完成专项审计调查6项。审计总金额124500万元，共查出违纪违规金额139458万元，上缴财政4300万元。并会同纪检、监察部门及司法部门查处各种经济案件6起。提交审计报告83篇，专项审计调查报告6篇。

完成上级交办任务　共完成本局党委、兵团审计局、乌鲁木齐市政府交办的大的审计事项36项。这些带有宏观管理决策性质的审计事项，有些是由审计处独立完成的，有些是由审计处牵头负责其他部门机构配合完成的，也有个别的是由其他部门或机构牵头负责、审计处配合完成的。

在完成上述审计项目和审计任务的工作中，审计人员以高度负责的精神千方百计地克服时间紧、任务重、人员少的矛盾，始终坚持客观公正、实事求是、依法审计、保证质量的原则，其工作成果受到了上级审计机关和本局领导的好评。特别是在审计过程中发现的在经营管理中存在的好的经验，带有共性、典型性的问题，审计意见和建议等，多次被本局领导在会议和讲话中所引用。局领导普遍认为：尽管审计处人员少，工作量大，但经过审计人员的辛勤工作，为强化经济监督、维护财经秩序、保证社会主义市场经济建设的健康发展和发腐倡廉工作，做出了积极地贡献，更为领导进行宏观决策提供了参考依据。

在完成大量审计工作任务的前提下，在兵团审计学会的组织下，还积极地开展了审计理论研究工作。每年都结合自身审计工作的实践认真进行审计理论研究，探索在新形势下搞好审计工作的方法和途径。5年中，共撰写审计论文14篇，其中获农业部优秀审计论文三等奖1篇，获自治区优秀审计论文二等奖2篇，获兵团优秀审计论文二等奖3篇。

受表彰情况　局审计处受兵团审计局表彰的优秀审计项目3个，审计先进个人3人次；有4人次被评为局机关优秀公务员，有1人次被局评为“优化资本结构，减员增效”试点先进个人。内审机构有3个单位曾被评为兵团审计系统先进集体，有5人次被评为内审先进个人，受到表彰和奖励。

**地址**　新疆维吾尔自治区乌鲁木齐市北京南路12号

**邮编**　830011

**电话**　0991—3835418(办)

(吕顺亭)

# 解放军审计工作概况

中国审计报
中共中央办公厅
国务院办公厅
贯彻两个暂行规定
促进党风廉政建设
责任审计出成效
四官违纪受处理
硕鼠现形记
加强审计监督为社会主义现代化建设服务
江泽民
立大会

# 军委首长对军队审计工作的指示和批示

## 中央军委主席江泽民

1995年12月17日，指示："为了克服目前军费上的困难，全军上下都要大力发扬艰苦奋斗、勤俭建军的优良传统，都要加强经费的使用管理，切实做到科学决策，统筹安排，精打细算，保证重点，同时要加强审计监督，提高使用效益，狠刹铺张浪费的不正之风。""要切实加强对各级领导班子的监督，包括上级对下级的监督，班子成员之间的相互监督，纪委、审计部门和群众的监督。"

1997年8月17日，指示："加强对经费的管理和审计，有计划开支，逐渐缩小收支不平衡的现象，认真堵塞漏洞，减少浪费。"

## 中央军委副主席刘华清

1994年4月21日，在解放军审计署《关于军队在海南地区房地产开发经营情况的审计调查报告》上批示："审计署这次对全军房地产开发的情况进行的调查和建议，我认为很好。……所提五项建议要可行，由总后牵头承办，可专门全军开一次会，把各项规定明确，全军统一行动。"

1995年9月30日，在会议上指出："要加强对经费、物资的管理，强化审计、监督。……要教育部队勤俭节约，加强管理，堵塞漏洞。"

## 中央军委副主席张震

1996年8月23日，在解放军审计署《关于1996年全军装备经费预算审计报告》上批示："此件反映很好，如何把有限经费用好安排好，甚为必要。请三总部联席会议讨论一次，进行改进。"

1996年8月26日，在解放军审计署《全军生产经营收益审计情况报告》上批示："这个报告很好，工作有成绩。请总后认真分析如何做好全军生产经营管理工作。"

1997年1月3日，在解放军审计署《关于对654名团以上领导干部实施经济责任审计的情况报告》上批示："工作有成绩，做得好。要一直抓下去，制度化。"

## 中央军委副主席张万年

1996年6月26日，指示："要教育部队从科学管理、严格管理上要效益、要保障力，精打细算，量入为出，不花过头钱。要堵塞漏洞，杜绝浪费，严格财经纪律与审计监督。"

1997年10月30日，在会议上指出："要加大执法力度，强化监督制约机制。这两年审计工作很有成绩，每年的审计成果十多个亿，经济效益、政治效益都很大。要进一步扩大审计范围，特别是加强领导干部经济责任审计，更好地发挥审计部门在维护财经纪律、加强廉政建设方面的作用。"

## 中央军委副主席迟浩田

1997年1月3日,在解放军审计署《关于对654名团以上领导干部实施经济责任审计的情况报告》上批示:“这件事办得好。扎实稳妥,卓有成效。增强了审计意识,教育了广大干部,强化了审计程序,提高了领导干部当家理财的责任感,对勤政廉政建设大有益处。我看应该持之以恒地坚持下去。”

1997年12月16日在报告上批示:“审计署的报告很好,阅后为之一振。开展对领导干部经济责任审计,应该规范化、制度化,作为对干部实施财务监督的一项重要措施,持之以恒地坚持下去。我看审计部门要抓,干部部门、纪检部门也要抓,能够结合起来更好。这对干部‘在其位,谋其政,用其权,负其责’,很有必要。对未经批准,擅自购买小汽车、大哥大、BP机,都应该追究责任,并给予没收,决不能让违犯财经纪律的人沾到便宜。建议军委纪委一议。”

1998年6月24日,在解放军审计署《关于1998年度预算审计情况的报告》上批示:“这个报告很好。通过审计,调整预算10亿多元,成果明显,方向对头。当前和今后一个时期,我军军费投入有限,供需矛盾突出,必须始终坚持勤俭建军。因此,务必要把好审计关,持之以恒地把这项工作抓下去,坚决按军委和总部的有关规定,下决心把不合理的项目压下来,把超过财力的支出减下来,防止造成大的损失和浪费,真正把有限的军费用到部队建设的关键部位上。”

## 中央军委委员、总后勤部部长傅全有

1994年3月2日,到解放军审计署宣布命令时的讲话中指出:

第一,要加强政治学习,用建设有中国特色社会主义理论武装头脑。审计工作是一项综合性的业务工作,政策性很强。要把这项工作做得更好,不仅要精通专业知识,还要有较高的政治理论水平和准确把握政策的能力。邓小平同志关于新时期军队建设的思想,是建设有中国特色社会主义理论的重要组成部分,反映了新时期军队建设的基本规律,是新的历史条件下我军建设和改革的根本依据,我们一定要下功夫学习好,领会好,并用以指导我们的各项工作。同时,还要认真学习好业务知识,不断提高业务素质。只有这样,才能把解放思想和实事求是更好地统一起来,进一步增强贯彻执行党的基本路线的自觉性和坚定性;才能坚持业务工作的正确方向,更好地为军队的改革和建设服务;才能在错综复杂的环境中正确把握形势的发展变化,驾驭矛盾,提高决策水平和领导能力,增强工作的预见性、针对性和有效性。

第二,要坚持工作高标准,切实履行好审计部门的职能。军队审计机关是判定军事经济活动合法性、合理性、效益状况的职能部门,对于保证军队财产的完整统一,贯彻执行国家的政策法令,促进军队财经管理,具有十分重要的作用。近几年来,你们认真贯彻军委有关指示精神,在克服种种困难,高质量完成重点单位、重点项目审计任务的同时,先后抓了全军税收物价检查、全军团以上单位经费收支决算审计、部分军办企业经济效益审计调查、清理整顿生产经营重点单位等几件大的、有影响的工作,取得了十分显著的成绩,为军队现代化建设和党风廉政建设,做出了突出贡献,军委领导、总后党委对审计署的工作是满意的。近两年来,军委首长直接下达的审计任务比较多,不仅要求急,而且标准高。你们要以强烈的革命事业心和高度的政治责任感,高标准地抓好各项工作的落实。

第三,要切实抓好班子自身建设,不断增强号召力、凝聚力和战斗力。总的看,审计署对自身建设一直抓得很紧，核心作用发挥得比较好，“一班人”在群众中的威信比较高。新班子组成后，更要搞好对自身建设。一是要认真坚持民主集中制，加强集体领导。民主集中制是党的建设的一项根本制度，是坚持党对军队绝对领导的重要保证，也是减少失误、做好工作的有效措施。因此，必须认真贯彻党委集体领导下的首长分工负责制，该民主的一定要民主，该集中的就要集中，既不能议而不决，也不能搞一言堂。对一些重大问题，特别是干部的调整使用，一定要在坚持走群众路线的基础上，集体讨论决定。二是要牢固树立大局观念，增强班子内部团结，形成坚强的领导核心。三是要进一步加强思想作风建设。审计署的勤政廉洁一直是做得好的，自身要求的标准是高的，在机关和部队中树立了良好的形象，要继续保持和发扬。

1994年6月2日，到解放军审计署检查工作时指出：“审计要法制化、制度化、规范化。”

1994年8月26日，在全军部队财务管理工作会议上指出：要落实审计监督制度。加强审计监督，是合理使用经费，提高保障效益的重要保证。今年以来，全军审计、财务部门密切配合，对全军团以上单位和部门的年度预算安排进行审计，取得了良好效果。从宏观上优化了经费投向投量，提高了经费分配使用效益。这对缓解军费供需矛盾，具有很重要的作用。加强审计监督，各级财务、审计部门具有重要责任，要充分发挥其职能作用，把经费活动的全过程，都置于严格有效的财务、审计监督之下。在新的形势下，违法违纪的情况越来越复杂，审计监督的难度越来越大，财务、审计人员，要坚持原则，秉公办事。敢于监督，善于监督，坚决同违反财务规章制度的行为作斗争。

1994年11月2日，召集有关部门领导传达贯彻落实军委首长对房地产审计工作重要批示时，指出：“审计署今年对军队房地产开发经营进行审计调查，下了很大功夫，情况搞得比较细，做了件好事，为清理整顿军队房地产开发工作，提供了有用的信息和依据。”

1994年11月21日，听取马盛友审计长汇报审计署机关学习教育工作情况时指示：“审计机关要不断增强抗腐蚀能力，不断增强凝聚力，不断增强战斗力。”

1995年6月29日，在全军后勤工作座谈会上指出：“各级审计部门要切实履行职权，增强审计监督的威慑力，对主要经济活动实施铁面无私的监督检查。”

## 中央军委委员、总后勤部部长王克

1995年10月18日，在解放军审计署听取工作汇报时指出：审计工作具有重要的政治和经济意义。军委首长对审计工作历来十分重视，作过许多重要指示。今年4月，江主席签署命令，颁发了新的《审计条例》。刚才，你们的情况汇报也充分说明，审计工作不仅是管好、用好经费物资，提高军事经济效益的需要，也是加强部队思想政治建设，保持清正廉洁的需要。因此，你们从事审计工作责任重大，任务很艰巨。

审计工作成绩是显著的。开展审计监督9年来，共取得经济成果70多亿元，配合有关部门查处经济案件×××起。通过审计发现处理了这么多问题，是很了不起的。你们今年抓6项审计任务，完成的也很好。取得这些成果，说明你们做了大量工作，付出了辛勤劳动，说明审计署是有战斗力的。

明年，全军后勤工作总的要求是，按照江主席的指示精神，继续过紧日子，处处精打细算。审计署一定要按照这个指导思想，搞好审计监督。这是过紧日子不可缺少的重要环节。希望你们围绕过紧日子，以《审计条例》为依据，全面履行职能，加大执法力度，为加强财经管理，搞好党风廉政建设，促进部队全面建设，做出更大的贡献。

1996年5月6日，在全军审计法规培训班暨审计工作先进单位人个表彰大会上指出："严格审计监督，也必须狠抓基础建设，健全完善法规制度，保证审计工作有法可依。十多年来，我们在预算审计、决算审计、基建审计、企业审计、生产收益审计和领导干部经济责任审计等许多方面，都建立了相应的规章制度，并初步规范了审计工作程序，使审计监督的法制化、制度化、规范化建设，有了一个良好的基础。随着国家改革的不断深入，军队建设的不断发展，审计范围的不断扩大，法规建设的任务更加繁重，必须加快立法步伐，逐步形成门类齐全，层次分明，互相衔接，协调配套的审计法规体系。当前，要突出抓好规范执法这个问题，根据《审计条例》，抓紧制定审计工作质量标准、审计工作管理标准和审计工作行为准则，努力提高审计执法的规范化水平。"

1996年12月12日，在会议上讲："审计监督取得12亿元经济成果。""要加强对大项开支的财务、审计监督。进一步扩大预算、决算审计面，搞好基建计划、工程结算、生产收益和装备及大宗物资采购价格审计。抓好'菜篮子'工程、艰苦地区配套治理等大项投资的效益考核。定期审计资金调剂中心、财务结算中心的业务活动。""自筹资金建房，未经财务、审计部门审核，资金不到位的不能开工。""要加强对领导干部的经济责任审计，增强抓管理的责任心和紧迫感。"

1997年1月7日，在《军队情况摘报》上批示："审计署要再接再厉，遵照军委首长指示，把工作做得更好。"

1997年12月5日指出："监督制约一定要有力。这是加强宏观管理的重要手段。今后，原则上预算不经审计，不得提交党委讨论和报批；决算不经审计，不得批准核销；基建工程决算不经营房、财务、审计三家联审，不得核销；出包工程不经审计，不准进行竣工结算。在这方面，从我们总后做起。明年全军的总预算、总决算，先审计后报批。要把审计监督与财务监督、事业部门自我监督紧密结合起来。""通过自我监督、财务监督和审计监督这三道防线，层层把关，减少决策失误，减少损失浪费。"

## 解放军审计署及各审计局(室)领导变动情况

1994年2月6日，中央军委主席江泽民签发命令，任命马盛友少将为中国人民解放军审计署审计长。

1997年12月23日，中央军委主席江泽民签发命令，任命苏庆玉少将为中国人民解放军审计署审计长。

1994年2月6日，中央军委主席江泽民签发命令，任命王自有大校(1995年7月晋升为少将)为中国人民解放军审计署副审计长。

1997年10月6日，中央军委主席江泽民签发命令，任命李景春少将为中国人民解放军审计署副审计长。

办公室

主　任　张兆群(1994.6—1997.8)
　　　　黄守忠(1997.8—)
副主任　黄守忠(1992.9—1997.8)
　　　　汪　洋(1997.8—)

事业审计局

局　长　江凤鸣(1994.6—1996.11)
　　　　李　全(1996.11—)
副局长　李　全(1994.6—1996.11)
　　　　董亚超(1996.11—)

装备审计局

局　长　罗钟律(1992.9—1996.11)
　　　　李春华(1996.11—)
副局长　胡连海(1992.8—1995.1)
　　　　李春华(1995.1—1996.11)
　　　　王福祥(1997.6—)

工程企业审计局

局　长　傅道直(1993.9—1996.11)
　　　　任明超(1996.11—)
副局长　任明超(1992.9—1996.11)

王永臻(1996.11—)

海军审计局

局　长　赵文儒(1994.4—1997.6)

熊钧皋(1997.6—)

副局长　熊钧皋(1994.3—1997.6)

苏景祥(1997.12—)

空军审计局

局　长　熊相华(1994.5—)

副局长　崔仰凡(1994.7—)

第二炮兵审计局

局　长　李文兴(1996.6—)

副局长　胡富宝(1993.3—1996.4)

吴泽远(1997.9—)

沈阳军区审计局

局　长　刘　才(1992.10—1996.1)

陈再强(1996.1—)

副局长　万太礼(1992.6—)

周兆康(1998.12—)

北京军区审计局

局　长　王师淼(1992.9—1995.8)

徐茂林(1995.8—)

副局长　徐茂林(1993.5—1995.8)

王孝贵(1995.8—)

兰州军区审计局

局　长　陆惠良(1995.2—)

副局长　张云发(1985.9—1995.1)

周世贵(1994.1—)

济南军区审计局

局　长　韩运海(1994.7—)

副局长　赵敬荣(1994.7—)

南京军区审计局

局　长　宋　毅(1993.10—1997.6)

蒋光宇(1997.6—)

副局长　沈方清(1985.9—1997.10)

尹利民(1997.4—)

广州军区审计局

局　长　伍国德(1994.1—1998.5)

赵雪勤(1998.5—)

副局长　牟方本(1994.1—1996.5)

刘善良(1996.5—1998.5)

吴声钦(1998.5—)

成都军区审计局

局　长　任大卫(1993.3—1998.1)

程卫国(1998.1—)

副局长　李　震(1991.9—1998.3)

幸正国(1998.3—)

总装备部审计局

局　长　谭惠林(1989.7—1997.11)

副局长　郭文敏(1995.4—)

保德林(1997.12—)

武警部队审计局

局　长　黄德祥(1995.6—)

副局长　郭金华(1995.5—)

## 中国人民解放军审计理论研究中心第二届理事会

**一、理事长:**王自有

**二、秘书长:**黄守忠

**三、副秘书长:**汪　洋　欧阳程

**四、常务理事(以姓氏笔划为序)**

李　全　李文兴　李春华　任明超
汪　洋　肖文八　陈再强　陆惠良
赵雪勤　欧阳程　保德林　徐茂林
黄守忠　黄德祥　黄毓义　韩运海
蒋光宇　程卫国　熊相华　熊钧皋

**五、理事(以姓氏笔划为序)**

万　胜　万太礼　王　鹏　王学莹
王彦庆　王雷声　田　焰　刘华林
孙吉海　李　全　李　晋　李文兴
李春华　任友祥　任明超　朱宝金
朱又生　朱晓林　汪　洋　肖文八
邱仁荣　陈再强　张国良　余汉国
陆惠良　杨建军　吴　畏　周世贵
罗继林　幸正国　郑永考　姜辅腊
赵雪勤　赵敬荣　欧阳程　柏红川
保德林　高建新　徐茂林　黄守忠
黄德祥　黄毓义　韩运海　韩朋林
蒋光宇　程卫国　熊相华　熊钧皋

## 解放军审计工作简介

**【军队审计主要成果】** 1994年到1998年，中国人民解放军审计，在军委、总部首长和各级党委、首长的领导下，紧紧围绕部队中心任务，深入开展经济监督，为提高部队战斗力和后勤综合保障能力服务，取得了明显成绩。

开展年度预算审计　全军各级审计部门连续5年组织开展了预算审计，共审计团以上单位和部门×万个，审计覆盖率从1994年的40%上升到1998年的70%，审计金额×××亿元。压减不合理预算23.76亿元，调增部队急需项目预算11.4亿元。针对存在问题，各级审计部门提出审计意见和建议4万多条，大部分被采纳。通过审计，强化了宏观调控，提高了预算质量，优化了经费投向投量，从“源头”上控制了经费支出。中央军委刘华清副主席和迟浩田副主席分别对1994、1995和1998年度全军预算报告作了重要批示，肯定了预算审计取得的成绩。

组织开展经费决算审计　决算审计从1997年开始，作为正常审计项目，在全军范围内全面展开。两年来，全军审计部门共审计团以上单位××××个，查出违纪违规金额×亿元，取得经济成果1.58亿元。同时，还对全军公务事业费供应保障情况进行摸底，针对部分经费标准偏低问题，向军委、总部首长提出了调整提高部分项目经费标准的建议，为全军部分经费标准调整提供了决策依据。经中央军委批准，与广州军区审计局组成审计组，对驻香港部队1997年度经费决算和1998年度经费收支进行了审计，对团以上单位、伙食单位经费结余及有关情况进行了解。军委迟浩田副主席对审计报告作了重要批示。

组织开展专项审计　对1997年度总后机动费收支进行了审计。针对问题提出审计建议，引起了总后首长和有关部门的高度重视。对总后机关1997年度、总参机关1998年度会议和培训经费进行了审计。压减会议、培训班83个，节省开支750.3万元，并提出了大力压减会议、严格控制会议标准、人员，减少培训费用支出等审计建议，收到良好效果。对总后财务结算中心及5个分支机构1994年度业务活动情况进行了审计。摸清了资金来源、资金分布和自有资金收支情况，针对存在的问题提出了审计建议，促进了财务结算中心正规化建设。

组织开展审计调查　对总参2个部门和总后12个直属单位进行了预算审计调查，针对存在的问题，提出审计建议，实现审计成果2146万元。对206个服务中心和1472个连队生活费供应保障及管理情况进行了审计调查。摸清了管理现状，发现了存在问题，提出了审计建议，收到了较好效果。组织对11所医院、11个通信部门和6个省军区本级1995年预算外经费收支管理情况的审计调查。对两个集团军和空降兵某部经费供应情况进行调查，为决策部门了解经费供应现状、制定有关政策提供了依据。

开展装备经费审计　装备经费预算共审计××个单位，审计金额××××亿元。其中，调整预算13.2亿元，压减超财力、一般项目经费9.6亿元，调增重点装备、科研项目和部队经费7.1亿元。通过审计，进一步优化了经费投向投量，突出了保障重点，提高了预算编报质量，对加强宏观决策起到了积极的促进作用。

开展装备经费预算执行审计　采取多种形式和方法对武器装备和后勤装备经费预算执行情况进行了审计，审计金额×××亿元，针对存在的问题，提出改进预算管理办法、规范装备经费管理秩序等审计建设125条，有些报告引起军委、总部首长高度重视，对促进规章制度建设，加强装备经费管理，提高使用效益，奠定了良好的基础。

装备价格审计　为进一步拓宽装备审计领域，提高装备经费使用效益，对装备订货、维修价格审计进行了积极的探索，审计金额7.1亿元，取得经济效益近1亿元。通过审计，纠正了价格核算中的问题，节省了经费开支，使装备订货、维修价格趋于规范、科学。

装备资金管理审计　对全军××个装备经费支付中心资金管理情况进行了审计，针对支付中心监督制约力度不够和职能界定不够清晰等问题，提出40条审计建议，有效地规范了装备资金管理秩序。

开展工程结算审计　5年来，全军共审计施工单位竣工结算1.2万项，总金额141.5亿元，审减各种不合理费用17.39亿元。通过审计，不但节省了工程开支，有效地监督了建设单位和施工单位的经济往来，抑制了违纪违规问题，受到部队的普遍欢迎。军委、总部首长几次作出重要批示，主管部门根据首长批示和审计建议，补充完善工程造价管理规定，加强了工程结算管理。

开展房地产开发经营审计调查　1994年，全军共审查房地产开发经营单位和企业×××个，开发建设项目1428个，投资×××亿元，审计压减开发建设规模5.5亿元，收缴、归垫经费1.5亿元，查清擅自开发项目87个，非法收入×亿元。通过审计，揭示军队房地产开发经营存在"摊子大、效益差、管理乱、负债重"等问题，提出了加强房地产开发经营的意见和建议。刘华清副主席两次对这项审计工作作了重要批示。有关部门研究制定了整改措施，规范了军队房地产开发经营管理。

开展工程建设计划审计　自1996年起，组织开展工程建设计划审计，连续3年对总后和各大单位汇总编制的年度工程建设计划实施了就地审计，对1997年总部、军区、军兵种等××个军以上单位，155个工程主管部门计划执行情况进行了审计调查。针对审计发现的问题，各级审计机关认真分析原因，研究提出改进意见和建议。总后首长在审计报告上作了重要批示，有关部门对审计意见和建议很重视，采取措施，不断改进和加强工程计划管理，收到明显效果。

开展生产经营收益分配使用审计　5年来，每年对全军生产管理部门、企业主管部门、后勤财务部门和生产经营企业的生产收益分配使用情况进行了审计。4年共核增企业利润13.76亿元，核减利润3.83亿元，净核增9.93亿元，帮助催缴各项应缴款3亿元，压缩企业主管部门开支预算1.25亿元，查出未纳入预算开支经费4580万元，对利润不实、收益分配使用不当、拖欠应上缴款等问题向军委写了专题报告，军委首长对此非常重视，对这项工作给予了充分肯定。

军队资金调剂中心审计　1997年全军统一组织对XX个资金调剂机构1996年度资金调剂活动和业务经费使用情况进行了审计。审计总金额55亿元，查出逾期贷款14亿元，逾期未收回的资金占用费2.62亿元，违纪金额X亿元。针对存在的问题提出了加强对资调工作领导、严格落实资金管理等5条审计建议和意见。

企业经营管理审计　全军各级审计部门和企业内审机构积极开展了企业经营管理审计。解放军审计署除组织协调全军企业审计工作外、重点组织对大型企业集团和大中型企业进行了审计调查。1996年8月，审计署对三九企业集团及其所属企业经营情况进行了就地审计。1997年，组织对中国新兴(集团)总公司及所属企业生产经营情况进行了就地审计。1998年统一组织对×××家大中型企业的生产经营状况进行了审计调查，同时组织对全军撤销企业的法定代表人进行了经济责任审计，客观评价了企业法人履行经济责任情况，促进了撤销企业工作的顺利进行。

领导干部经济责任审计　这是军队审计部门为适应社会主义市场经济与军事经济发展而新开拓的一项审计业务。1995年至1998年，全军各级审计部门对××××名团以上领导干部进行了经济责任审计，通过审计，提高了领导干部当家理财的积极性，促进了领导干部及所在部队的廉政建设，促进了部队后勤管理，强化了对领导干部的管理和监督机制，收到了审计一个干部，教育一个班子的效果。中央军委首长在解放军审计署呈报的全军年度领导干部经济责任审计情况专题报告上多次作了重要批示：这件事办得好，工作有成绩。要持之以恒地坚持下去。

审计法制建设情况　5年来，解放军审计署组织力量制订修改审计法规、规范共56个。其中：中央军委批转总参谋部、总政治部、总后勤部《关于加强军队审计工作的意见》和《中国人民解放军审计条例》，经中央军委主席江泽民签署命令颁发全军施行。《军队领导干部经济责任审计暂行规定》等14个专项规定分别由总参谋部、总政治部、总后勤部颁发全军施行。《中国人民解放军审计基本准则》等40个审计规范由解放军审计署颁发全军各级审计部门施行。通过加强审计法制建设，初步形成了由审计基本法规、审计专项规定和审计业务管理规范组成的，具有我军特色的审计法规体系，奠定了依法审计的基础。

**【军队审计工作基本经验】**　5年来，各级审计部门和审计人员继承和发扬军队审计工作的优良传统，在继承中创新，在创新中发展，逐步摸索出了一套适应市场经济和军事经济发展要求的审计路子，积累了丰富的、有军队特色的审计工作经验。这些基本经验，对指导今后军队审计事业的发展具有重要意义。

坚持在党委领导下，依法独立行使审计监督权　我军审计工作之所以能够取得明显成绩，最根本的经验，就是坚持党委对审计工作的领导。这是我军性质和审计工作特点决定的，是做好审计工作的前提和保证。我军审计部门是代表军队履行监督职能的部门，必须在党委统一领导下开展工作。近几年来在全军普遍开展的决算审计、房地产开发经营审计调查、领导干部经济责任审计等重大审计工作，都是在军委、总部和各级党委领导下进行的。在市场经济的新形势下，审计监督在军事监督活动中的地位和作用越来越重要。各级审计部门要完成好军委、总部和各级党委赋予的审计任务，就必须紧紧依靠各级党委领导，取得党委的重视和支持，自觉接受党委的检查和监督，依法独立地行使审计监督权，促进军事经济活动的健康发展。必须牢牢记住这条基本经验，在任何时候，任何情况下，都不能有丝毫削弱和动摇。

**坚持围绕提高军事经济效益开展审计工作** 军委江主席强调指出："不仅经济建设要讲效益，国防建设也要讲效益，也就是说适当的投入必须要有相应的产出。"围绕提高军事经济效益来开展审计监督，是贯彻落实江主席关于要过紧日子重要指示的有力措施，也是为部队办好事办实事的实际行动。各级审计部门把提高军事经济效益作为审计工作的出发点和立足点，注重抓好效益审计，取得显著效果。实践证明，审计不仅能节财，而且能聚财。在新形势下，军队审计适应市场经济发展和新时期军事战略方针要求，围绕提高军事经济效益这个中心，运用市场经济的基本规律，强化审计监督职能，在军事经济资源配置中，优化军费的投向投量，充分发挥军费保障的整体效益，为全面加强部队建设服务。

**坚持抓宏观、上效益、重管理、促廉政的工作思路** 这个思路是在总结军队审计实践经验的基础上逐步形成的。各级审计部门按照这个思路开展工作，紧紧围绕军委、总部的重大决策，抓住经济活动中的突出矛盾和"热点"问题，进行审计调查，为领导机关宏观决策提供咨询服务；围绕经费物资保障重点，加强预算审计，优化军费投向投量，保证有限的军费真正用到部队建设急需；围绕提高经济效益，加强经济合同和企业效益审计，改善管理，堵塞漏洞，降低消耗，减少浪费；围绕规范资金管理秩序，加强财务结算、装备经费支付中心审计，把住经费开支的口子，促进各级严格资金管理；围绕落实干部责任制的要求，抓好领导干部经济责任审计，增强了各级领导干部当家理财的责任心，提高决策水平和管理能力。实践证明，这个思路是适合我军审计工作现阶段发展规律的，在当前和今后一段时间内，应当很好地坚持下去。

**坚持依法审计原则和实事求是地处理问题** 坚持原则、依法审计，是审计监督的基本原则；坚持实事求是、具体情况具体分析，是审计工作必须遵循的重要方法。各级审计部门按照军委、总部的要求，依据《审计条例》和有关规定，敢于揭露军事经济活动中的各种矛盾和问题，如实反映情况，提出建议，引起军委、总部和各级领导的重视。对审计中查出的经济案件，及时移交纪检、司法部门处理，维护了财经纪律的严肃性。既坚持依法审计，敢于揭露矛盾，严格查处违法违纪问题，维护国家和军队的财经纪律；又坚持以教育干部、促进部队建设为目的，实事求是地处理问题，充分调动积极因素，克服消极因素，促进审计工作健康发展。

**坚持"一审二帮三促进"，寓服务于监督之中** 军队审计的基本职能是监督。它是通过履行监督职能来为部队建设服务的。各级审计部门坚持"一审二帮三促进"，以监督为手段，以服务为目的，在维护财经纪律，严格财经管理，提高经济效益，促进部队建设上做了大量工作，取得显著的经济成果，不仅在一定程度上缓解了经费供需紧张的矛盾，而且帮助被审计单位健全内控制度，改进管理，堵塞漏洞，发挥了积极的促进作用。各级审计部门坚持为部队服务的宗旨，增强做好审计工作的光荣感、责任感和使命感，认真贯彻落实《审计条例》，严格履行审计职权，在审计监督中搞好服务，在服务中强化审计监督，为增强部队凝聚力，提高部队战斗力服务。

**【军队审计教育培训、科研、宣传】** 5年来，军事经济学院共培养审计专业硕士研究生7名，本科生172名，函授本科生120名。为全军及各大单位审计干部培训班派出教员31人次。

| 年度 | 硕士研究生 | | 本科生 | | 函授本科生 | |
|---|---|---|---|---|---|---|
| | 招生 | 毕业 | 招生 | 毕业 | 招生 | 毕业 |
| 1994 | 3 | | 45 | 20 | | |
| 1995 | 4 | | | 50 | 120 | |
| 1996 | 5 | | 60 | 20 | 131 | |
| 1897 | 5 | 3 | 41 | 37 | | |
| 1998 | 6 | 4 | 60 | 45 | | 120 |

1997年6月24日，军队审计科研所成立。所长由军事经济学院财务二系黄毓义主任担任，副所长由财务二系审计教研室主任欧阳程副教授担任，常务副所长由审计教研室肖文八副教授担任。

1998年2月，由军事经济学院财务二系审计教研室廖希候、董大宏、韩朋林、陈雄智、冉坤等研制开发的《军队财务计算机辅助审计系统》获全军科技进步三等奖。

5年来，《军队审计》杂志共出42期，400万字。1995年被评为"湖北省优秀期刊"。1995年6月在武汉举办了第一期杂志通讯员培训班。1997年10月在黄山举办了第二期杂志通讯员培训班。

1996年《军队审计》编辑部领导班子调整，由财务二系主任黄毓义任主编，财务二系审计教研室郑永考教授任常务副主编。1998年本刊由双月刊改为月刊。首次举行了优秀文章(图片)评比活动。

## 军兵种、军区、总装备部、武警部队审计工作概况

**【海军审计工作概况】** 1994年至1998年，海军审计局编局长1

人，副局长1人，处长2人，审计员若干人；下属海鹰审计事务所。

审计工作成果　自1994年到1998年，海军各级审计部门共完成审计项目466项，审计团以上单位和部门××××个。主要包括：完成审计调查154项，调查单位310个；预算审计单位××××个，审计金额××××亿元；决算审计单位178个，审计金额52.6亿元；企业审计50项，审计金额10.9亿元；领导干部经济责任审计×××名，海军连续3年转发海军审计局关于领导干部经济责任审计情况；装备审计单位23个；基本建设出包工程结算审计金额21.3亿元，核减施工单位不合理收费1.8亿元；审查军事经济合同714份，金额2.5亿元，审减金额122.7万元；共查出违纪违规金额××××万元。与保卫、纪检、检察等部门积极配合，查处一批经济案件，为加强海军资金管理发挥了积极作用。5年来，各级审计部门共提交各种审计报告1559篇，其中：审计局提交各种审计报告149篇。

完成首长交办事项及上级下达任务　5年来共完成首长交办事项和上级下达审计任务79项，审计单位273个。1996年预算审计重点抓"两个100%"的落实，全海军压减会议费预算530万元，压缩行政消耗性开支4454万元。1998年，海军审计工作再上新台阶。审计局首次对舰队机关预算及事业部门分项预算实施报送审计，首次对海军机关二级部长实施离任审计，首次对某基地财务管理实行全面审计，审计情况以海军名义向师以上单位进行了通报，对全面促进海军各级部队加强财务管理起到积极推动作用。

受表彰情况　审计局连续5年被评为海军后勤部机关先进党支部，被海军评为先进二级部1次，被海军后勤部评为保密工作先进单位2次，后勤信息工作先进单位1次，业务处立集体三等功3次，集体嘉奖3次，25人次荣获优秀党员、三等功、先进个人、嘉奖等奖励。

**【空军审计工作概况】**　5年来，空军审计局编局长、副局长各1人，处长2人，审计员若干人。下属兰天审计事务所。

审计工作成果　5年来，共审计团以上单位和部门××××个，审计总金额×××亿元，取得增收节支5.75亿元，其中压减预算2.85亿元，审减出包工程预算1.95亿元，查出损失浪费金额929万元，查出违纪金额×××万元，对×××名团以上领导干部进行了经济责任审计，提出审计意见和建议6222条。

5年来，重点开展了经费预决算、装备经费、基本建设、生产经营收益审计、领导干部经济责任审计以及专案、专项审计等。共完成审计工作任务258项。其中：总部统一部署42项，各级党委、首长交办216项。房地产开发经营审计调查。1994年按照全军统一部署，开展了空军房地产开发经营审计调查。对5个空军直属房管部门的房地产开发经营情况进行了实地调查，审查账目2618笔，审计金额1.3亿元，查明了情况和问题，为党委决策提供了详实的依据。预算审计。共审计了××××个机关部门和团以上单位，审计总金额×××亿元。经审计，调整预算4.3亿元，其中调减2.9亿元，调增1.4亿元。领导干部经济责任审计。1995年来，共审计了×××名团以上领导干部，影响大，效果好，对促进领导干部正确履行经济责任和廉政建设起到了积极作用。基本建设审计。共审计出包工程948项，审计金额18亿元，审减不合理收费1.9亿元，其中，空军本级审减不合理收费4928万元。生产经营收益分配使用审计。对××××个经营实体和主管部门进行了审计，核增利润2835.6万元，核减利润1678.7万元，催缴应缴经费785万元，压缩不合理开支1371.2万元。

受表彰情况　有4个审计处被评为全军先进单位，7人次立三等功，55人次受嘉奖，7人次被评为优秀机关工作者。

**【第二炮兵审计工作概况】**　5年来，第二炮兵审计局编局长1人，副局长1人，审计员若干人，下属金箭审计事务所。

审计工作成果　5年来，二炮各级审计部门共完成审计项目662个，审计单位××××个；完成审计调查51项，调查单位382个；审计金额×××亿元；共查出违纪金额××××万元；促进增收节支5728万元；提交审计调查报告183篇，提出审计建议2443条。与干部、纪检、财务、装备等部门密切协作，对××名团以上领导干部履行经济责任情况进行审计。通过审计，强化了宏观调控，严肃了财经纪律，促进了党风廉政建设，提高了军事经济效益。

完成上级下达及年度计划审计任务　1994年至1998年，共完成解放军审计署下达及本级年度计划审计任务298项，审计金额45.7亿元。对×××个单位进行了预算审计，调整预算4758万元，其中调增预算1859万元，压减预算2899万元；对24个单位进行了决算审计，纠正错领错报231万元，纠正克扣下级经费158万元；审计企业189个。

完成首长交办任务　5年来，共完成首长交办专项审计任务35项，审计单位42个。1995年，审计局与有关部门组成联合审计组，对某公司1998年以来的生产经营情况进行了全面审计，摸清了实有资产及债权债务状况，核实潜亏，查清了问题，对主要责任人提出了处理意见，为首长正确决策提供了可靠依据。1996年，组织完成了31个统管企业的经济效益审计，审查资产总值2.8亿元，查出少记或多记成本367万元，隐瞒收入137万元，查出6个企业潜亏383万元。

**【沈阳军区审计工作概况】** 5年来，沈阳军区审计局编局长、副局长各1人，处长2人，审计员若干人。下属沈阳、大连、长春金城审计事务所。

审计成果 5年来，全区共审计××××个单位(项目)，查出违反财经法规金额×亿元。取得经济成果6.8亿元，其中直接经济成果2.5亿元，间接经济成果4.3亿元。这些经济成果包括：调整年度经费预算安排2.1亿元，调增基层生活保障、战备训练经费4432.9万元，压减计划外工程、会议、接待等消耗性支出1.6亿元。审计出包工程预、结算15.4亿元，核减乙方高估冒算等不合理部分2亿元，为部队建设单位避免和挽回了经济损失。完成×××名团职以上领导干部经济责任审计，履行经济责任好的得到肯定和重用，差的受到批评和相应处理，促进了领导干部尽职尽责和廉政建设，提高了财经管理水平和保障能力，并为党委选人用人提供了依据。

完成专项审计任务 审计部门紧跟中心，服务全局，多次派出专项审计(调查)组和派人参加综合工作组，进行企业资产清查、撤并降改单位财产清理、装备维修经费审计、生活服务中心和连队审计调查等，保证了部队企业移交、撤销，军队体制编制调整精简，抗洪抢险等重大任务的顺利完成。

审计建设 5年来，由军区司令员、政委签发审计法规6项，内容覆盖预算审计、工程审计、企业审计、领导干部经济责任审计和委托审计等方面，其中1994年9月颁发的《沈阳军区领导干部经济责任审计暂行规定》在全军属首创。1998年军区审计局《军队领导干部经济责任评价标准研究》、《对建立军队资金管理审计制度的实践和研究》两项成果获军队科技进步奖三等奖。5年间全区审计人员共发表审计文章200多篇，获全军奖13篇。十多年来一直坚持开展争创“审计工作先进单位、优秀审计人员、优质审计项目和优秀审计论文”活动，5年间经军区表彰的审计工作先进单位46个(次)、优秀审计人员186人(次)、优质审计项目259个、优秀审计论文128篇。

**【北京军区审计工作概况】** 5年北京军区审计局编局长1人，副局长1人，处长2人，审计员若干人。下属长城、太行两个审计事务所。

到1998年底，审计共取得经济成果13亿元；审计团以上领导干部×××名；提出审计建议1321条；审计查处一批违反财经纪律问题；培训审计(财务)人员1408人次；编发《审计要讯》57期。

5年来，全区共审减、调整预算4.3亿元。基本建设出包工程审计571项，审减不合理收费9259万元。共审计3509个企事业单位，取得4.6亿元的增收节支经济效益。法纪审计240项，查出违纪金额××××万元。先后开展了对房地产开发、平津战役纪念馆、部队移交和企业撤销等8项活动的审计调查，取得经济成果2.6亿元。

**【兰州军区审计工作概况】** 5年来，兰州军区审计局编局长1人，副局长1人，处长2人，审计员若干人，下属兰州、西安、新疆等3个审计事务所。

审计成果 5年来，全区共审计单位(项目)×××个，取得经济成果3.5亿元，其中：直接经济成果8176万元，间接经济成果2.7亿元。查出违纪违规金额××××万元。经费预算审计。共审计单位(部门)××××个，审计金额49.3亿元，压减预算1.2亿元，调增预算5920万元。决算审计。共审计团以上单位(部门)×××个，审计金额38.6亿元。装备经费审计。共审计单位(部门)×××个，审计金额7.1亿元，促进增收节支298万元。基本建设审计。共审计出包工程项目641个，审计金额7.5亿元，核减工程经费8176万元。生产经营审计。共对××××个生产经营单位进行了审计，审计金额22亿元，核增利润3806.5万元，催交各种应上交款2729.7万元。企业效益审计。对229个企业经济效益和经营管理情况进行了审计，审计金额28.2亿元，促进增收节支1425.6万元。领导干部经济责任审计。1995年至1998年，共对×××名团以上领导干部实施了经济责任审计，促进了领导干部当家理财的积极性。管理审计。1994年以来，对军区机关事业部门和部分直属单位财务管理情况进行了审计，审计金额8.42亿元，回收垫款4714万元，促进增收节支1016万元。其他审计。1994年对10个房地产开发经营单位进行了审计调查，压减房地产投资规模2.7亿元；1995年对财务结算和装备经费支付等两个“中心”、1997年对财务结算、装备经费支付、资金调剂等3个“中心”进行了审计；1996年对3个单位预算外经费收支情况进行了审计调查；1998年对8个建制团生活服务中心和所属80个连队伙食费管理情况进行了审计调查。

*表彰情况*　1996年新疆军区审计处等4个先进单位和6名先进个人受到总政、总后通报表彰。军区政治部、后勤部联合通报表彰了全区“审计十年”先进单位和先进个人。11个先进单位和29名先进个人受到表彰。1997年军区后勤部通报表彰了全区15个企业审计先进单位和31名先进个人。全区各级审计部门先后有8人立功,40余人受到各级嘉奖。

**【济南军区审计工作概况】**　5年来,济南军区审计局编局长1人,副局长1人,处长2人,审计员若干人。下属济南、山东、河南等3个审计事务所。

5年来,济南军区审计工作把“内强素质,外树形象”当作立足之本,做到了“围绕一个中心(党委的中心工作)、突出一个重点(效益审计)、把握一个方向(为部队服务)、坚持一个原则(实事求是)、树好一个形象(良好的审计形象)”。在审计队伍建设上,按照上级提出的审计部门要“特别讲政治、特别讲原则、特别讲政策、特别讲廉洁”的要求,常抓不懈,使审计队伍的政治素质和业务素质得到明显提高。1994年以来,全区有3个审计处和5名个人被总政治部、总后勤部树为全军审计工作先进单位和先进个人;23人受到军区表彰;有66人次荣立三等功;军区审计局1996年被后勤部表彰为党风廉政建设先进单位,1997年、1998年连续两年评为军区精神文明建设先进单位,军委纪委《党风与党纪》宣传了济南军区审计局的经验与做法。

*审计成果*　1994年以来,全区各级审计部门认真贯彻落实《审计条例》,严格审计执法,积极主动、创造性地开展审计工作,取得了显著成效。每年对团以上单位的年度预算进行审计,压减不合理开支1.38亿元,调增战备、训练和基层建设经费5083万元;对1794个工程项目进行了效益审计,竣工决算9.48亿元,审减不合理收费1.63亿元;1995年到1998年底,对×××名团以上领导干部进行了经济责任审计,《解放军报》分别于1996年、1998年登载了具体做法,中央电视台也做了报道;对×××个企业和生产经营单位进行审计,查出企业隐瞒和虚报利润4858万元,催交应上交利润459万元,追回截留经费475万元;对115个团以上部门和单位的装备(科研)经费进行了审计;每年对军区财务结算中心、装备经费支付中心的资金管理和金融业务活动情况进行审计;对87个团级以上单位的经费决算进行了审计,开展了房地产管理情况审计、军区机关业务部门经费收支审计、旅团生活服务中心和建制连队的生活费管理审计。开展了对59个单位、69个房地产开发经营项目的审计、对人武部归建前的审计和对撤并降改单位的审计。参加清查“小金库”等全军性活动3次,协助司法、纪检部门查处违法违纪案件××多起。在军区以上刊物共发表审计论文299篇。

**【南京军区审计工作概况】**　5年来,南京军区审计局编局长1人,副局长1人,处长2人,审计员若干人。下属南京、江苏、杭州、厦门等4个审计事务所。

*审计成果*　5年来全区共审计单位××××个,审计总金额63亿元。共查出违纪金额××××万元。同纪检、检察等部门配合,查处一批经济案件。共提交审计意见1201条。为提高经费使用效益,促进党风廉政建设,维护财经纪律发挥了积极作用。预算审计。军区对直属单位审计面达到100%,军以下单位审计覆盖率达到97%。共调整预算安排1.7亿元。年度预算和预算执行情况审计已制度化、规范化。决算审计。1997年,对团以上单位1996年度经费决算进行了审计试点。此后,逐步形成制度,审计覆盖面每年坚持在20—30%。企业审计。从1995年开始,根据生产经营整顿改革的需要,对全区团以上单位生产经营收益进行审计,为进一步加强生产经营管理提供了可靠依据。基本建设审计。对1532项出包工程预、决算进行审计,共审减施工企业不合理收费1.7亿元。1997年,相继开展了基本建设计划审计、开工前审计和竣工决算审计,初步摸索出一套对基本建设项目进行全程监控的对策和手段,取得较好成绩。管理审计。对军区机关部门事业经费实施定期报审和抽审,并对部分事业专项经费进行了跟踪审计。1995年对财务结算中心的资金收付结存情况进行了审计,1997年,对军区资金调剂中心进行审计。1997年开始,选择了6个不同类型的单位开展财务收支审计,促进了财经管理。装备经费审计。1995年对军区装备支付中心进行了审计,并在全区范围内开展了装备维修管理费效益审计。从1997年开始,主要抓好对重点建设部队和应急机动作战部队的审计。领导干部经济责任审计。1995年开始试点,至1998年,全区共审计×××名领导干部。专项审计调查。开展了12项专项审计调查。1994年,开展了全区房地产开发经营审计调查。1998年,开展了基层生活费供应保障情况审计调查,共审计调查了20个生活服务中心和105个建制连队,促进了基层建设。还开展了调整精简部队、撤销企

业和企业管理机构、抗洪抢险专项经费审计调查。

审计宣传表彰情况　共发表86篇审计宣传与理论文章。反映我区审计工作成果和广大审计人员精神面貌的电视专题片《铁肩担道义》,先后在中央电视台等播放。全区有4个单位受到总部表彰,63人次立功、受奖。1995年军区政治部、后勤部通报表彰了29名优秀审计干部。

**【广州军区审计工作概况】**　5年来,广州军区审计局编局长1人、副局长1人、处长2人,审计员若干人,下属中南审计事务所。

审计成果　5年来,军区审计工作在人员少、任务重的情况下,集中力量抓重点,较好地完成了各项审计任务。预算审计。全区共审计团以上单位和部门××××个,调整预算2.82亿元,坚持对年度预算执行情况跟踪审计,维护预算的严肃性。决算审计。全区共审计团以上单位和部门×××个,促进了军区部队经费收支平衡。基本建设审计。全区共审计出包工程1233项,审计总金额25.64亿元,核减工程队不合理报价3.96亿元。在军区指挥大楼工程审计中,杨开勇审计员荣立二等功一次。企业审计。对全区378个企业每年进行生产收益分配使用审计,审计总金额115亿元。查出违纪违规金额××万元。领导干部经济责任审计。全区共审计团以上领导干部(含企业领导干部)×××人。配合纪检部门查处一批经济案件,较好地完成了党委、首长交办的审计任务。

**【成都军区审计工作概况】**　1998年底,成都军区审计局编局长1人,副局长1人,处长2人,审计员若干人。下属成都、昆明、重庆等3个审计事务所。

审计工作成果　5年来,全区审计部门积极开展工作,共审计团以上单位及企业××××个,促进增收节支3.17亿元。查出贪污贿赂案件×起。年度预算审计。压减不合理开支及调增重点、急需开支共计2.5亿元,优化了经费投向投量。预算执行审计。共审计团以上单位×××个,审计金额22.7亿元,促进了各级年度预算的落实。装备经费审计。共审计团以上单位×××个,审计金额7亿元,提高了装备经费使用效益。决算审计。共审计团以上单位××个,审计金额13亿元,调整决算123万元。领导干部经济责任审计。共对××名团以上领导干部履行经济责任情况进行了审计。军区审计局直接审计的领导干部中,2人由正师提升为副军职,1人由副师提升为正师职,1人由正团职提升为副师职。基建工程审计。共审计工程项目624个,审计出包工程预算、结算金额12亿元,审减4761万元。企业审计。共审计企业及企业化管理单位×××个,审计金额5.9亿元。通过审计,促进增收节支708万元。

受表彰情况　5年来,审计局党支部被评为机关先进党支部,全区审计系统有3个单位和4名个人受到总部表彰,65人次立功、受奖。

**【总装备部审计工作概况】**　5年来,称国防科工委审计局,1998年底,在原国防科工委审计局基础上组建总装备部审计局。编局长、副局长各1人,审计员若干人。下属新时代审计事务所。

审计工作成果　5年来共审计××××个单位(部门),审计总金额××××亿元,查出违纪金额×亿元,取得直接经济效益8.7亿元,其中:压减年度经费预算9707万元,压减基建工程预算5901万元,压减出包工程竣工结算5958万元,压减国防科研项目决算5.6亿元,还完成了对××××名团以上领导干部和企业负责人的经济责任审计,开展了生产经营收益审计、经费决算审计、预算执行情况审计、财经法纪审计以及多次专项审计调查。通过审计,维护了军事经济秩序,严肃了财经法纪,提高了经济效益,促进了党风廉政建设,对确保科研试验任务的顺利进行和部队武器装备现代化建设发挥了积极作用。

**【武警部队审计工作概况】**　5年来,武警部队审计局编局长1人,副局长1人,审计员若干人。

审计工作成果　5年来,审计总金额210亿元,查处违纪违规金额××××万元,收回应缴款××××万元,核减经费2.51亿元,取得直接经济成果1.57亿元,取得间接经济成果9500万元。预决算审计。共对××××个(次)支队(团)以上单位或部门实施了预算安排和预算执行情况审计,其中审计总队(师)以上单位或部门×××个(次)。同时,有计划、有重点地实施了经费决算审计,通过审计发现和纠正了多领多报、克扣经费等违纪问题。基建工程审计。共对802项基建工程项目实施了预算审计,对1293项基建工程项目实施了竣工决算审计,审计总金额38亿元,核减经费1.97亿元。领导干部经济责任审计。共对×××名支队(团)以上领导干部实施了经济责任审计,其中任期经济责任审计人数占22%,离任经济责任审计人数占72%,专项经济责任审计人数占6%,审计企业厂长(经理)×××名。生产经营收益审计。连续4年在部队中开展了生产经营收益分配使用审计,审计金额32亿元,核减企业利润2610万元,核增企业利润2489万元。审计调查。

采取本级自查与上级抽查相结合的方法，组织实施了地方政府资助经费物资和各级拨给驻监狱部队专项经费物资情况、营建工程建设计划执行情况、部队生活服务中心和建制中队生活费保障及管理情况等方面的审计调查。根据党委、首长的指示精神，各级审计部门会同纪检、检察、保卫等部门，办理经济方面的专项审计和参与一批经济案件调查工作。

审计制度和业务建设 依据上级有关审计法规，制定了8项适合武警部队实际的《审计实施办法》。在督促审计人员搞好在职学习，参加函授辅导，抓好职称评定工作的同时，组织召开了武警部队审计工作会议，采取以会代训和专题培训等方法，先后举办了4期审计业务培训班。为积极稳妥地推动领导干部经济责任审计和经费决算审计工作的开展，采取逐级试点、探索路子、总结经验、全面展开的方法，各级共组织试点145个，为在全武警部队开展这两项审计工作奠定了基础。

全军审计工作先进单位

89750部队审计处

89770部队审计处

37003部队审计处

37501部队审计处

37503部队审计处

37010部队审计处

沈阳军区空军审计处

兰州军区空军审计处

广州军区空军审计处

空军5704工厂审计处

80301部队审计处

80306部队审计处

沈阳军区审计局

81054部队审计处

黑龙江省军区审计处

沈阳军区大连金城审计师事务所

北京军区审计局预算审计处

51361部队审计处

51034部队审计处

内蒙古军区审计处

新疆军区审计处

84810部队审计处

84870部队审计处

兰州军区乌鲁木齐工厂管理局审计处

济南军区审计局工程企业审计处

54685部队审计处

54774部队审计处

南京军区审计局预算审计处

83226部队审计处

32404部队审计处

53010部队审计处

广西军区审计处

广州军区中南审计师事务所

成都军区审计局

56005部队审计处

35201部队审计处

总参兵种部机械士官学校总务处

解放军报社财务科

总后勤部北京新兴审计事务所

武警部队浙江总队审计处

全军审计工作先进个人

保德林 刘保平 周金全
谭庆祥 傅瑞禄 陈义浩
周秀华 漆新华 陈道发
高 峰 董建益 官正明
陈华峰 江玉辉 陈国忠
刘云林 谢廷琨 邱仁荣
李爱国 高定权 王剑萍
吴章林 幸友福 王道兴
刘洪田 万太礼 王雷生
王祥根 沈未忠 班志远
曹光荣 李家如 武明安
张全芳 李昱方 臧忠友
余汉国 范景学 李士新
李家富 周世贵 马丽光
黄文贞 李建津 肖 祥
韦显清 胡友祥 卢志中
孙立国 王 斌 赵长新
杨志高 苏为成 俞定友
钟南华 陈之胜 牟方本
王新旗 文曼良 曾跃宏
万 谦 康禄祥 蔡志国
韩巍岭 邓绍林 刘世清
王朋生 郭彦奇 崔建起
耿曰春 温运兴 汤弘智
孙继荣 翟高潮 候玉林
肖文八 王学莹 薛 亮
赵宏坤 胡亚梅 曹士旭

# 内部审计

中国审计报
中共中央办公厅
国务院办公厅
贯彻两个暂行规定
促进党风廉政建设
责任审计出成效
西官违纪受处理
硕鼠现形记
加强审计监督为社会主义现代化建设服务
立大会

## 内部审计

**【内部审计简述】** 1998年全国内部审计机构和人员比1993年分别增加了17.8%和14.3%，北京、天津、内蒙、上海、江苏、安徽、广东、重庆、新疆等省、自治区、直辖市的内部审计机构和人员都增长了40%以上。北京、河北、辽宁、江苏、山东、河南、湖北、湖南、广东、四川等省市的内部审计人员超过了万人。国有大中型企业比较集中的铁道、邮电、交通、煤炭、冶金、船舶、烟草、金融等系统的内部审计机构已形成了比较完整的网络。石油、石化、电力、航空、核工业等系统，黑龙江省森工局、上海柴油机股份有限公司、吉林化学工业公司、抚顺铝厂等大型国有企业，试行了总审计师制度。内部审计人员的结构日趋合理，由以会计人员为主转变为会计师、审计师、经济师、工程师等组成的复合型结构。内部审计人员素质不断提高，已有30%的内部审计人员具有中级以上技术职称。北京市、浙江省等地区的部分国有大中型企业事业单位和铁道、石化、航天等系统具有中级以上技术职称的内部审计人员已达50%以上。

表一 内部审计机构、人员发展一览表

| 年 限 | 内审机构(个) | | 内审人员(人) | |
|---|---|---|---|---|
| | 合 计 | 其中：专职 机构 | 合 计 | 其中：专职人员 |
| 1994 | 83747 | 46086 | 228544 | 108235 |
| 1995 | 87693 | 47446 | 234646 | 111504 |
| 1996 | 97456 | 51697 | 258709 | 123174 |
| 1997 | 102425 | 53712 | 276846 | 131967 |
| 1998 | 92469 | 45850 | 242978 | 109669 |

*围绕促进提高经济效益，开展审计工作* 5年来，各级内部审计机构努力适应经济体制改革的需要，将内部审计工作由以财务收支审计为主逐步转向以经济效益审计为重点，由事后审计为主逐步转向事后、事中、和事前审计相结合，广泛开展了资产负债损益审计、工程预决算审计、经济效益审计、管理审计、经济合同审计、投资联营审计、经济责任审计和专项审计调查等。内部审计工作已触及生产、技术、经营、管理等各个方面。1997年中国石化总公司审计局为实现总公司提出的总成本降低1%达到经济效益最佳化的奋斗目标，组织开展了成本费用审计、资金使用效益审计、销售收入审计、外委外包工程审计等5万多项，及时纠正和处理了违纪违规问题，促进了企业规范经营，增收节支12亿元。中国石油天然气总公司审计局为促进石油企业扭亏为盈，对影响石油勘探开发成本较大的专用管材的采购、管理、使用情况开展审计调查14项，使全系统使用专用管材国产化率由1994年的23%，提高到1998年的50%，节约材料费2.7亿元。东风汽车公司审计处与工艺、财会等部门，联合开展对用料大户“材料投入产出”和“材料定额管理”的审计，降低了成本，年增加效益400万元，并为科学管理和准确制定材料定额提供了依据。

*加大审计力度，规范企业经营行为* 社会主义市场经济体制的确立，为内部审计提供了机遇和条件，各级内部审计机构藉此不断加大审计力度，在规范企业经营行为上为领导把好关。国家电力公司、黑龙江森工局、中国机械进出口集团公司等单位，每年定期在中层干部会或职工代表大会上报告重大审计事项和审计工作成果，分析典型案例，有效地起到了警示作用。1997年，中国农业银行湖北省分行在对三峡大坝支行等三个单位的审计中，对查出的问题进行了严肃处理，开除公职4人，撤职3人，行政降级2人，对6名责任人处以罚款等，并将其错误事实和处理结果通报全省，增强了内部审计的威慑力。中国兵器工业总公司、江南造船厂等单位的审计机构，根据总经理的授权开展对同级财务核算质量和财务决算同步审计，规范了财务管理，提高了会计核算质量，维护了企业形象。

*为实现“两个根本性转变”，开展审计工作* 各级内部审计机构认真贯彻党的十五大精神，围绕提高经济效益、转变企业经营机制。1994年以来，鞍山钢铁公司审计部完成对外投资、联营联办、转让专利技术等项目456个，纠正违纪金额1.4亿元，提出建议被采纳1373条，实现经济效益1.03亿元。湖北省猴王集团公司审计处，开展对兼并、收购、托管企业的审计，促进集团资本不断扩张、实现规模经营；通过开展资产存量、优化产品结构的审计，促进企业盘活存量资产和资本的合理流动；通过开展资产营运、股权置换、外资嫁接的审计，促进提高资产运作质量和效率，实施名牌产品战略。

*开展内部控制系统评审，促进加强管理* 上海港务局审计处在固定资产内部控制系统评审中，把有关固定资产的管理控制制度分解为管理、增加、减少、核算和使用五个方面84个控制点，采用调查表和流程图相结合的方式，对固定资产内部控制进行健全性和符合性测试，找出了各被审单位在固定资产管理方面存在的一些共性问题，向局领导提出了健全固定资产管理制度和严格执行制度规定的建议，促进了固定资产的有效使用和管理。深圳石化股份公司由1986年濒临破产的企业发展到如今有净资产8.1亿元、利润5000万元的盈利大

户。成功的经验之一是不断完善内部控制系统评审，把内部审计工作同获得 ISO—9000 质量标准认证结合起来，制定内部审计工作程序及其控制程序，提高了审计效率，防范了审计风险。

**表二　内部审计成果一览表**

金额单位：万元

| 时间 | 1994 | 1995 | 1996 | 1997 | 1998 | 合计 |
|---|---|---|---|---|---|---|
| 审计单位(个) | 369976 | 412423 | 504115 | 582179 | 481195 | 2349888 |
| 已纠正违规行为金额 | 1659449 | 1827721 | 3104590 | 2712648 | 2939328 | 12243736 |
| 查出损失浪费金额 | 522602 | 566148 | 868089 | 910907 | 1733882 | 4601628 |
| 促进增收节支金额 | 852804 | 571943 | 935740 | 1313454 | 1031619 | 4705560 |
| 移送司法机关案件(件) | 1442 | 959 | 1039 | 1162 | 1072 | 5674 |
| 建议给予行政处分(人) | 1303 | 1712 | 2207 | 2454 | 2106 | 9782 |
| 移送司法机关处理(人) | 1072 | 878 | 887 | 913 | 636 | 4386 |
| 财务决算审签(个) | 50424 | 41291 | 73719 | 41790 | 28522 | 235746 |

**内部审计法制建设不断加强**　1995 年 1 月 1 日施行的《中华人民共和国审计法》(以下简称《审计法》)和 1995 年 7 月 14 日颁布施行的《审计署关于内部审计工作的规定》(以下简称《规定》)，为内部审计工作沿着法制轨道向前发展，提供了依据。根据《审计法》和《规定》，江苏、浙江、河南、辽宁、安徽、甘肃、上海、天津等省市结合实际，制定了本地区的《内部审计工作规定》；邮电部、煤炭部、化工部、文化部、电力部、民政部、农业部、林业部、国家计委、国家教委、新闻出版署、核工业总公司、石油天然气总公司、国家投资开发公司等部门和单位，修改和制定了本系统和本单位的《内部审计工作规定》。同时，一些审计机关和部门、企事业单位的内部审计机构为了规范各项审计工作的开展，依据《规定》制定了《经理(厂长)任职期间、期中审计和离任审计的规定》、《财务收支审计办法》、《经济效益审计办法》、《基建工程预决算审计办法》、《经济合同审计办法》、《内部审计工作考核办法》、《内部审计作业程序》、《内部审计文件材料立卷归档试行办法》等各种配套规章、制度。

**加强指导监督促进内部审计发展**　截至 1998 年 5 月，全国有 23 个省、自治区、直辖市和 24 个国务院部门办了本地区、本系统的内部审计刊物，定期或不定期地向各级领导和内部审计人员介绍国内外内部审计工作信息和经验。据江西、山西、甘肃、内蒙、四川等 10 个省、区的不完全统计，5 年来，共举办内部审计人员培训班 894 期，培训 53838 人次。1997 年上海市审计局为加强内部审计人员培训的计划性，与市人事局共同制定了内部审计人员 4 年培训计划。1994 年江苏省政府机构改革后，部门(单位)设内部审计机构数比改革前增加了 7 个；1994 年天津市由行政部门改为经济实体的单位基本保留了原有的内部审计机构。据上海、湖北、山东省的不完全统计，地区自定的现代企业制度试点企业分别有 70%、80%、90% 建立了内部审计机构。

审计署驻国务院部门审计局和中央有关部门内部审计机构，对本系统内部审计工作每年有部署、有要求，有力地推动了本系统内部审计工作的发展。

**组织建设**　省级内部审计学(协)会由 1994 年的 10 个发展到 1998 年的 24 个，部门、行业审计学会由 1994 年的 14 个发展到 1998 年的 25 个。截至 1998 年底，中国内部审计学会有团体会员 146 个，开展各项活动的组织网络基本形成。

1997 年 6 月 24 日至 27 日，在四川省峨眉山市进行了中国内部审计学会换届改选，选举产生了由 135 人组成的第三届理事会。在第三届理事会第一次会议上郑力当选为会长，王国盛、孙寿荣、方振慰、汤云为、张发、纪永存当选为副会长。根据郑力会长的提名，刘达朱当选为秘书长，樊廉忠、蔡传炳、王向东、高一鸿、鲍国明、耿建新当选为副秘书长。为更好的开展学会工作，在第三届理事会第一次会议上组成了学术、准则、考试、培训四个专门委员会，分别由王国盛、孙寿荣、方振慰、张发担任主任委员。

**学术研讨**　1994 年 10 月，中国内部审计学会召开了第二届理事会第三次会议。会上重点研讨和交流了在建立社会主义市场经济体制和实行现代企业制度过程中，内部审计理论和业务的新发展。

1995 年 5 月，中国内部审计学会举办了基本理论研讨会。对内部审计理论框架包含的要素、内部审计的特点，包括内部审计的目的、性质、职能、准则等进行了专题研讨。

1995 年 10 月，中国内部审计学会举办 1995 内部审计国际研讨会。邀请美国、英国、澳大利亚、世界银行和我国的内部审计专家、学者，对内部审计的组织形式、主要任务，经营审计的要点和方式，内部控制系统与风险评估，内部审计的发展趋势等问题进行研讨。

1996 年 10 月和 12 月，中国

内部审计学会分别召开部门、地方内部审计学(协)会秘书长研讨会。会上就内部审计是现代企业制度的重要组成部分,是企业实现自我约束、完善内部监督机制的客观要求;内部审计的基本职能、目的等问题进行了研讨。

1996年,中国内部审计学会在全国范围内开展了一次评选内部审计优秀论文的活动。此次活动共收到论文174篇,经评选,获一等奖的有3篇、二等奖24篇、三等奖78篇。这次评选,推动了广大内部审计人员积极参与内部审计的理论研究活动。

1998年,中国内部审计学会分别在呼伦贝尔盟、乌鲁木齐、大连、成都召开了内部审计体制、职能、地位、作用,内部审计在资产重组、组织结构调整中如何发挥作用,内部审计在实现"两个根本性转变"中如何发挥作用,内部审计应如何加强内部控制系统评审、防范经营风险等四个课题的研讨会。

国际交流　1994年、1995年、1996年、1997年、1998年,中国内部审计学会派团参加了国际内部审计师协会在加拿大多伦多、法国巴黎、美国洛杉矶、美国费城、美国达拉斯召开的第53届、54届、55届、56届、57届年会。在1998年国际内部审计师协会第57届年会上,中国内部审计学会与国际内部审计师协会签署了在中国开展国际注册内部审计师考试协议。1996年和1998年,中国内部审计学会分别派出杨树滋和倪卫红同志,参加国际内部审计师协会召开的全球论坛会议,并就会议主题发表意见。1994年和1995年,中国内部审计学会派团参加了国际内部审计师协会澳大利亚分会召开的第二届会议和南太平洋地区研讨会。

1996年4月,美国圣路易市内部审计师协会主席丹尼尔·达尔克先生来华访问,与中国内部审计学会交流两国内部审计情况。10月,国际内部审计师协会注册和职业发展部主任费尔南德斯先生和该协会研究助理张翌轩博士来华访问,与中国内部审计学会讨论培训、国际注册内部审计师考试和把内部审计师培养成经营管理带头人等问题,并在京举行了报告会。同月,中国内部审计学会还接待了瑞士国防部内部审计局局长和英国、德国的两位内部审计专家,就共同关心的问题进行了讨论和交流。

1998年2月,国际内部审计师协会执行主席毕绍普先生来华访问。在京期间,郭振乾审计长会见了毕绍普先生,郑力会长与毕绍普先生讨论了在中国开展国际注册内部审计师考试、中国进入该协会理事会、发展国际内部审计师协会会员、国际内部审计师协会最新研究成果和中国内部审计学会翻译出版国际内部审计师协会出版物等问题,双方签署了翻译出版国际内部审计师协会书刊、资料的协议;毕绍普先生在广州期间,举行了国际内部审计报告会。11月,国际内部审计师协会考试委员会主任汉斯先生和国际内部审计师协会主席亚洲事务特别助理张翌轩先生来华访问,检查指导在广州市举行的国际注册内部审计师考试工作,刘鹤章副审计长和郑力会长在广州会见了汉斯先生和张翌轩先生,就国际注册内部审计师考试的有关问题交换了意见。1998年,国际内部审计师协会主席亚洲事务特别助理张翌轩先生多次来华讲学和访问。

1994年至1998年,中国内部审计学会多次组织地方内部审计学(协)会秘书长和部门、企事业单位内部审计人员赴欧美等国和香港考察和培训,学习和借鉴内部审计先进经验。

中国内部审计学会作为国际内部审计师协会的国家分会,积极发展国际内部审计师协会会员。1994年我国有国际内部审计师协会会员550名,到1998年底会员数增加到1314名。

培训内审人员　1994年在山东潍坊,中国内部审计学会举办了内部审计基础理论培训班,有80名来自企事业单位的内部审计人员参加了培训。

1995年在上海举办了内部审计培训班,有134人参加了培训。培训班邀请参加1995内部审计国际研讨会的美国、英国、澳大利亚、世界银行专家学者讲课。

扩大宣传　《审计研究》是由中国内部审计学会与中国审计学会合办的理论性刊物。5年来,为广大内部审计人员传递了大量有关内部审计的理论与方针、政策、法规、学术资料和国内外内部审计经验材料。从1995年起,中国内部审计学会又编发了《内部审计动态》,及时提供内部审计信息。这两份刊物对引导、推动内部审计理论研究和实践工作,发挥了积极作用。

开展注册内部审计师考试　根据国际内部审计师协会的规定,我国首次国际注册内部审计师试点考试,于1998年11月19和20日在广州中山大学顺利举行。刘鹤章副审计长、郑力会长等亲临考场检查指导。国际内部审计师协会考试委员会主任汉斯先生和亚洲事务特别助理张翌轩先生到考场监督和指导考试。国际注册内部审计师考试科目有四门,即《内部审计程序》、《内部审计技术》、《管理控制与信息技术》、《审计环境》。这次试点考试以中文开考《内部审计技术》和《审计环境》两科,以英文开考全部四科;报考人数为973人,实际到考人数为676人。国际内部审计师协会传回的成绩通知单表明,以中文语种考试的有302人通过了《内部审计技术》,通过率为44.7%;有90人通过了《审计环境》,通过率为58.4%。以英文参加考试的有4人通过了四科考试,取得了国际注册内部审计师资格。

**地址** 北京市西城区北露园1号
**电话** 68301861
**邮编** 100830 (曹志勇)

## 部分内部审计工作简介

**【中国石油化工集团公司内部审计工作简述】** 截止1998年底,中国石油化工集团公司已有直属内部审计机构67个,专职审计人员1449人,其中,大专以上学历1045人,中级以上职称794人。5年来,共审计25630个(次)单位,纠正违规违纪金额21.87亿元,促进企业提高经济效益17.02亿元,揭露和向司法机关移送经济案件23宗,移送纪检和司法机关处理的责任人员19人。

*制度建设情况* 5年来先后建立了《中国石油化工总公司内部审计工作的规定》、《财务收支审计办法》、《经济效益审计办法》、《经理(厂长)任职期间期中审计和离任审计的规定》、《内部控制制度审计评价办法》、《中国石油化工总公司内部审计工作条例》等十几项规章制度。

*中国石油化工集团公司审计局* 目前有7个处室。即,综合管理处、生产企业审计处、商贸企业审计处、科教事业审计处、审计稽察一处、审计稽察二处、审计稽察三处。共有审计人员38人。

审计局领导成员:局长 王显文,副局长 刘兴汉、吕向阳。副局级审计稽察专员 吴日坦、陈庆祥、卢月华。

*成果综述* 5年来,共审计25630个(次)单位,纠正违规违纪金额21.87亿元,促进企业增收节支17.02亿元,移送纪检、司法机关处理的19人。1998年11月,国家审计署授予中国石油化工集团公司"全国内部审计先进单位"称号。

*经济效益审计* 重点开展了成本费用审计、销售收入审计、资金使用效益审计、外委外包工程审计等8324项,累计促进增收节支16.66亿元。

*财务收支审计* 全系统共开展财务收支审计4627项;并促进三产、联营企业建立健全各种规章制度501项,解决了37个会计、出纳一人兼的问题,共撤并公司499个,进一步规范了三产企业、联营单位的经营行为。

*基本建设和技术改造项目审计* 共查出违规违纪金额9.44亿元,提出审计建议106条。与此同时,还加强了大中型建设项目和技术改造项目的在建工程审计、竣工决算审计。5年来共进行大中型项目在建工程审计、竣工决算审计512项,进行了建设项目开工前审计15项,查出违规违纪金额17.51亿元。

*经理(厂长)任期(离任)审计* 全系统共进行经理(厂长)任期、离任审计1495项,而且还帮助企业领导找出产生问题的原因;推动制订扭亏增盈的措施,使经理(厂长)进一步理解和支持审计工作。

*专项审计和审计调查* 自1995年以来,共开展专项审计和审计调查6458项。在全系统开展了"清理整顿公司、房地产、小金库、长期投资、物资采购、奖金发放"等"六个清理整顿"工作。

**地址** 北京市朝阳区惠新东街甲6号
**电话** 010—64998186
64998478
**邮编** 100029 (翟亚林)

**【中国核工业总公司审计局】** 1994年10月起总公司审计室改为审计局,下设综合审计处、项目投资审计处、生产经营审计处,人员编制12人,其中:局长1人,副局长1人。为适应总公司内部审计工作的需要,1995年分别在核工业地质局、铀业公司、宝原公司和上海、深圳、海南设立了6个审计派出处。1996年起,陆续在秦山二期、秦山三期、四〇四厂等7个单位设立了重大建设项目审计派出处。到1998年,核工业系统共设立各级内部审计机构(含专职审计人员)150个,其中:设立独立审计处(室)科的单位90个,与其他机构合署合并或设立独立专职审计人员的单位60个;共有审计人员407人,其中专职人员296人。

*成果综述* 5年来,共完成审计项目6039项,查出违纪金额21971.11万元;查出违规金额52957.12万元;查出损失浪费金额8518.49万元;促进增收节支17901.76万元;提出审计建议12091条,被单位采纳9239条;向司法机关移送案件19件;移送司法机关处理12人;受党纪政纪处分41人。审计战线涌现出一批先进集体和先进个人。1998年,广东核电合营有限公司和五〇四厂张秀英同志分别被审计署授予全国内部审计工作先进单位和先进个人称号。

*制度建设* 为了加强核工业内部审计工作,适应改革和发展的需要,1995年,根据《审计法》和《审计署关于内部审计工作的规定》制定了《核工业内部审计工作规定》、《核工业企业厂(矿)长、经

理任期经济责任审计办法》、《核工业建设项目审计办法》和《核工业企业资产负债和损益审计办法》。在《核工业内部审计工作规定》中明确“核工业总公司及所属各管理局、各中间机构和企业、事业单位,依法实行内部审计制度,以加强内部管理和监督,遵守国家财经法规,促进廉政建设,维护单位合法权益,改善经营管理,提高经济效益”。在《核工业企业厂(矿)长、经理任期经济责任审计办法》中规定“企业的厂(矿)长、经理在任期届满或离任前,一律进行任期经济责任审计。未经审计,不得解除离任厂(矿)长、经理任职期间的经济责任”。“一个规定三个办法”的制定,促进了核工业内部审计工作的开展。

经济效益审计　共完成经济效益审计733项,纠正违纪违规金额8245.03万元,查出损失浪费金额1446.93万元,促进增收节支362.2万元,提出审计建议2040条,被单位采纳1540条。

重点基本建设和转民投资项目审计　分别对秦山一期、二期、三期工程、405—1A工程、四〇四厂钛白粉工程、巴基斯坦恰希玛核电工程等435个项目进行了审计,查出违纪违规金额9409.51万元,查出损失浪费金额59.56万元,促进增收节支16070.92万元。秦山核电一期工程是国家重点建设项目之一,在审计署的指导下,通过审计为国家节约投资2360万元,为国家进行竣工验收奠定了基础。

厂(矿)长、经理任期经济责任审计　共开展任期经济责任审计1709项,其中:离任审计837项,承包经营审计593项,查出违纪违规金额28287.52万元。

财务收支审计和内部控制制度审计　共完成财务收支审计1851项,纠正处理违纪违规金额9176.69万元;完成内部控制制度审计288项。

专项审计调查　5年来,核工业总公司内部审计部门围绕单位经营管理方面的重要问题和带有普遍性、倾向性问题进行审计调查,共完成审计调查467项。

**地址**　北京西城区三里河南三巷一号

**信箱**　北京2102信箱26分箱

**电话**　010—68512211—3535

**邮编**　100822

**【中远集团工作概况】**　到1998年底,共有审计机构51个(其中处级机构11个,科级机构35个,科级以下机构5个;审计人员164人(其中专职人员108人,兼职人员56人),大专以上学历142人,占86.6%,中高级职称人员100人,占61%。

审计工作成果　1994年至1998年,中远集团共完成审计项目3028个,查处违纪违规金额38178.7万元,促进增收节支,直接提高经济效益44821万元。1998年被国家审计署评为全国内审工作先进单位。

常规审计　5年来,共开展财务收支审计、法定代表人经济责任审计等常规审计项目1640个,查出违纪并上缴财政2127.7万元,审计建议被采纳4861条,促进完善规章制度1327项,并查出了一些大案要案。

基本建设审计　5年来,开展基本建设审计项目879个,共核减基建工程成本42556万元,为集团创造了非常可观的经济效益。

修船费用审计　为了响应集团提出的促进增收节支,向管理要效益的号召,自1996年起,中远集团逐步在全系统开展了修船费用的审计工作,到1998年底,共审计修船项目1196项,审计金额45801万元,核减金额4475万元,核减率平均为10%。船舶修费审计有效地降低了企业运输成本,提高了企业的经济效益。

其他效益审计　中远集团在集中力量抓好基建、修船审计的基础上,还组织力量开展了运使费审计、买造船审计和决策项目后评估工作。

**【武汉钢铁(集团)公司】**　到1998年底,审计处设有五个科,即综合科、投资审计科、财务审计科、经营开发审计科和工程审计科。现有人员25人,设处长1人。其中,大学本科生10人,大学专科生14人;24人中,取得中国注册会计师资格的有5人,取得造价工程师资格的有2人,具有高级职称的有2人,具有中级职称的有18人。

1995年,武钢组建了武钢集团审计委员会,1998年,又设立了武汉钢铁(集团)公司审计委员会,两个审计委员会的正副主任委员分别由武钢集团董事长、集团公司总经理与党委书记兼任;两个审计委员会的办公职能,均由审计处兼任,按两块牌子、一套班子模式运作,对武钢集团74家紧密层、半紧密层企业、经营开发实体及联营合资公司和20个全资子公司实施审计监督,进行审计管理并不定期向审计委员会报告工作。

审计工作成果　5年来,共完成审计项目769个(其中,资产经营承包责任审计44项,专项审计89项,离任和现职经济责任审计142项,经营开发审计155项,会计决算审计111项,成本效益审计139项,工程预决算审计38项,三查51项),共查出违规违纪金额(含违反武钢公司内部规定)2115.30万元,促进企业增收节支10234.62万元。1995年以来,武钢公司先后荣获武汉市、湖北省和全国内审先进单位荣誉称号,

1995年至1997年连续3年获得武汉市"三查"工作先进单位荣誉称号。

内审制度建设 1994年以来，武钢审计处不断完善内审制度。1997年以钢政发[1997]105号文件形式制订下发了《武汉钢铁(集团)公司关于违反财政法规和内部财务制度处罚的暂行规定》;1998年，在对以往颁布的武汉钢铁(集团)公司厂(矿)长、经理离任经济责任审计办法、经营开发审计实施细则、厂(矿)长、经理经济责任年度审计实施办法、工程项目预(决)算审计办法、对外投资审计办法、经济合同审计办法等进行修订的基础上，又制定了将上述诸"审计办法"汇集于一体的《武汉钢铁(集团)公司内部审计工作规定》。

审计工作情况 在抓好财务收支、离任经济责任等传统项目审计的同时，拓展审计领域突出效益审计和工程预(决)算审计、存贷动态审计等。例如，武钢内审部门于1996年初增设了工程审计科，配备了4名工程专业技术人员。从1996年下半年开始至1998年底，共抽查了83个单项工程，对这些工程的立项、设计及设计管理、工程计划及施工管理、工程合同及预算管理等各环节展开了系统的审计调查，并以"预算审批"为重点，将已由工程预算审批部门审批的施工图预算(总额为7211.07万元)调出复审，通过对施工工程量、套用的施工定额与取费标准的认真检查与审核，再次削减工程造价共457.55万元，节约了工程投资支出，取得了实实在在的经济效益。例如某油库铁路建筑工程设计概算值为40万元，某施工企业编制的工程预算总价高达131.24万元，经预算审批部门审核，核减了35.68万元，审定价为95.56万元，并签发了预算审批通知单，据以办理工程结算。但在审计小组严格审查核实后，再次扣减了47.25万元，将该项工程预算造价确定为48.31万元。通过对工程预算审批部门的再监督，大大增强了预算审批人员的工作责任心。工程预算平均审计核减率，1996年高达14.6%，1997年下降至8.1%，到1998年已降至3.17%。

**【广东核电合营有限公司】** 公司实行董事会领导下的总经理负责制，总经理部下设7个部，审计部是其中的一个部门。审计部在总经理部的直接领导下，实行双重联系与报告制度，重大问题可直接向董事会汇报，每年要向董事会提交年度审计报告。

审计部现有员工8名，中方6人，港方2人。6名中方员工全部为大专以上学历，其中会计师1名，经济师1名，工程师2名。2名港方员工全部为香港会计师公会资深会员。

审计业务概述 1994年至1998年，正值核电站投产后的第一个审计循环完成，第二个循环接近完成的时候(三年为一个审计循环)。5年中共完成专项审计和专题调研95项;内部控制验证19项;参与采购项目评审986项(涉及金额为1.7亿美元);开展不正常事件调查3项;以及其他咨询服务和培训等活动。

专项审计和专题调研 共完成专项审计60项，发出"改进行动要求"277项(每项中包含若干条审计建议)，审计建议落实率达到99%以上。完成专题调研35项。专项审计和专题调研覆盖了公司生产经营活动的各个方面，涉及了财务审计和经营审计(经济效益审计)。由于建立了比较健全有效的内部控制系统，加强了事前监督，使事后审计时查出的违纪、违规金额较少，5年中共查出因违反公司规定而给公司造成的经济损失约为人民币920010元。

审计工作规范化 1997年，在过去已有的各种审计制度、条例、规定的基础上，经修订、汇总及补充后，正式颁布了《内部审计实施手册》，使审计工作进一步规范化。

**【河南莲花味精集团有限公司审计处】** 到1998年底，共有员工28人。其中大专以上22人，中级职称以上10人。设有发票审计科、基建审计科、物资跟踪审计科、财务审计科、综合办公室等五个职能科室。

完成审计任务 5年来，完成审计单位808个，审计项目1214个，审计金额31.8亿元，，查处违纪金额8086万元，为企业挽回经济损失4617万元。

主要审计成果 始终把发票审计作为内审工作的切入口，严把支出关，共审减不合理费用支出720万元，规范了财务管理，有效地控制了各种违规违纪现象和不合理费用支出。其次，把物资跟踪审计作为内审工作的突破口，从物资购进的渠道、价格、质量、领用等方面入手进行跟踪调查，为企业挽回经济损失560万元，对整顿供应市场秩序，规范经营行为发挥了积极作用。在完善建安工程决算审计方面，几年来，共审计主体及零工决算1260余项，审减不合理支出1380多万元，有效地堵住了建设"黑洞"，保证了工程决算的真实、合法。在以财务收支审计为基础，大力开展经济效益审计和经济责任审计方面，1994年以来，对全集团近100个独立核算单位分别进行了年审、半年审和季审，查出违纪金额3000余万元，并按有关规定进行了处罚。在完善内部管理，加大处理力度方面，加强对审计项目的计划管理，实行主审负责制，对审计结果实行差错追究制，对内审人员业绩实行百分考核制。同时，加大处理力度，认真落实《对审计所查证落实问题的处理办法》等内部规定，对重大审计项目及结果，每季度通报一次。

受表彰情况　两次被国家审计署评为“全国内部审计工作先进单位”，4次被河南省总工会、河南省审计厅评为“河南省内审工作先进单位”，5次被周口地区评为“全区内审工作先进单位”。6人次受到省以上审计系统表彰奖励，18人次受到地区审计系统表彰奖励，28人次被市委、市政府记功、嘉奖。

**地址**　河南省项城市莲花大道18号

**电话**　0394—4298919
4298922

**邮编**　466200

**【中国航空工业总公司】**　1993年6月，航空工业部改为航空工业总公司，审计局并入财务局，设审计办公室，编制5人。审计室基本独立，履行原审计局的职责，统一管理全行业审计工作。到1998年底，全系统共有独立审计机构161个，配备专职审计人员670人，其中，大专以上学历占76%。有10个单位设立了总审计师或副总审计师。

审计业务情况　共完成各类审计项目27920个，纠正违纪金额8亿元，促进提高经济效益1.35亿元，减少损失浪费1.2亿元。揭露和向司法机关移送经济案件43宗，移送纪检和司法机关处理的责任人员27人。提出各类审计建议1万余条，被采纳8千余条。

规章制度建设情况　制定了《内部审计工作规定》、《厂长(经理)任期经济责任审计规定》、《对外投资审计规定》、《基建审计规定》、《科研费审计规定》等制度。行业各单位制定各项规章制度近两千项。

主要收获和体会　1.观念的转变和更新。牢固树立为行业和企业经营目标、为企业经营者、管理者服务的观念，发挥内审的重要作用。2.内部审计机制的变革。逐步形成了以资产为纽带、以国有资产监控为主线的不同形式的内审组织体系和相应的制度、业务体系。3.审计领域不断拓宽和深化。5年来，基本上形成了与建立现代企业制度同步发展，以制度体系为保证，以财务审计为基础，以效益审计为中心，以国有资产保值增值为重点的内审业务体系。4.内审职能不断向管理过程渗透，为内审工作创造了良好的外部环境。5.审计业务指导更注重实效。6.积极开展审计理论与实务研究。

**【天津天铁冶金集团公司】**　到1998年底，审计人员为18人，其中大专以上14人。公司审计处主要开展财务收支审计、内控制度审计、承包经营责任审计、离任审计等，为公司减少了损失，增加了效益。另外，审计处还开展了对全公司经济合同的审查和对外委工程预(决)算的审签等项工作。1994年至1998年，审计处完成财务收支、经济效益、经济责任审计等项目74个，审计经济合同1826份，审签外委工程决算590份，为公司增加效益3246.84万元。

**【天津渤海化工集团公司】**　截至1998年底，全系统共有内审机构34个，其中专职机构18个；内审人员192人，其中专职审计人员82人。5年来，进行各类审计19881项，其中财务收支审计342项，经济责任审计224项，经济效益审计145项，基建审计10673项，其他专项审计866项，工程预决算、合同审计7631项，共查出损失浪费1602.56万元，促进增收节支17974.71万元，已纠正违纪金额368.37万元，提出并采纳意见建议969条。

天津渤海化工集团审计部自建立审计机构至今，连续荣获“全国化工内部审计工作先进集体”和“天津市内部审计工作先进集体”称号。

# 社会审计

中国审计报
中共中央办公厅
国务院办公厅
贯彻两个暂行规定
促进党风廉政建设
离任审计出成效
因官违纪受处理
硕鼠现形记
立大会

## 社会审计

**【中国注册会计师协会简介】** 1995年6月19日，中国注册会计师协会与中国注册审计师协会实现联合，此后，31个省、自治区、直辖市注册会计师协会与注册审计师协会也按照统一要求实行联合，到1998年底，各地的联合工作已经完成，实现了全行业的统一管理。

截止1998年底，中国注册会计师协会拥有注册会计师5.7万人，非执业会员7.2万人，会计师(审计)事务所6045家，其中具有执行证券期货相关业务资格的注册会计师1324人、事务所108家。1998年，全国会计师事务所业务收入突破60亿元人民币。

**【社会审计发展简况】** 1994年1月1日，《中华人民共和国注册会计师法》实施，注册会计师行业在法制化轨道上大踏步地向规范化方向迈进；1995年6月19日，中国注册会计师协会与中国注册审计师协会实现联合，开创了统一法律规范、统一执业标准、统一监督管理的行业发展新局面，为行业的规范发展奠定了良好的基础。"两会"联合后，注册会计师行业的规范化发展主要体现在三个方面：一是1997年拉开了行业清理整顿工作的序幕；二是1998年启动了行业体制改革工作；三是独立审计准则制定工作基本完成，执业规范体系基本形成。

**注册会计师行业在社会主义市场经济中的地位和作用日益重要** 第一、地位的确立。十四届三中全会通过的《中共中央关于建立社会主义市场经济体制若干问题的决定》中提出："当前要着重发展会计师、审计师和律师事务所……中介组织要依法通过资格认定，依据市场规则，建立自律性运行机制，承担相应的法律和经济责任，并接受政府有关部门的管理监督。"

1993年10月31日，《中华人民共和国注册会计师法》的颁布，以法律的形式确定了注册会计师的地位，要在社会经济活动中发挥鉴证和服务作用，以"维护社会公共利益和投资者的合法权益，促进社会主义市场经济的健康发展"。

1996年，第八届全国人民代表大会第四次会议批准的《中华人民共和国国民经济和社会发展"九五"计划和2010年远景目标纲要》在关于经济建设的主要任务和战略布局中明确提出："积极发展旅游、信息、咨询、技术服务、法律服务和会计服务等新兴产业；健全资产评估、业务代理、行业协调等中介服务。要改革管理体制，建立适应市场竞争的运行机制……"。

党的十五大从政治体制改革和民主法制建设的高度提出，要培育和发展社会中介组织。

党和国家领导人对发展我国注册会计师事业一直给予了高度重视和亲切关怀。江泽民提出，我国搞社会主义市场经济要发展30万注册会计师；李鹏指出，市场经济越发展，会计师事业越重要；朱镕基高度评价注册会计师事业是市场经济的奠基，关系国家的前途和命运，是千秋万代的事业，是一项非常重要的"基础设施建设"，如果中国的注册会计师制度和社会监督体系建立不起来，财税体制改革的任务就只完成了一半；李岚清指出，会计、审计制度及相关中介机构的科学、严密和法制化程度，是一个国家经济、金融秩序能否健康运行的重要基础。

第二、主要作用。一是服务于对外开放。改革开放后，外资的涌入、个体经济的出现，以及联营、股份制等企业组织形式的发展，使我国单一的经济利益主体逐步走向多元化。外国投资者以及其他利益主体为保护自身的利益，迫切要求按照国际惯例，采用独立于政府之外的社会经济监督的注册会计师制度。因此，重建注册会计师制度成为改善我国投资环境，发展市场经济的重要前提。二是服务于政府转变职能和企业转换经营机制的需要。转变政府职能必须建立有效的社会监督机制，政府部门对企业从直接管理转变为间接管理，需要有一个中间转换的桥梁和纽带，需要通过加强注册会计师的中介职能来监督企业的经济活动，实现间接控制。同时，注册会计师是促进企业走向市场的中介环节，企业走向市场，需要市场对它的了解，其中重要条件之一，是财务状况必须公开化。企业的财务报告是否真实可靠，能否取信于人，将有赖于注册会计师的鉴证。三是服务于国有企业改革与发展。建立现代企业制度，离不开注册会计师：产权明晰要求企业在进行股份制改造时，首先对产权进行界定、划分、量化，进行清产核资，界定国有资产的范围和价值量，清理企业债权债务，评估资产等等，这些工作必须依赖具备公正性和专业性的注册会计师来进行；权责明确要求注册会计师客观公正地对出资者投入的资金进行验证，对企业的财务报告进行审计，从而明确各方权益，保障各方利益的合理分配，监督企业依法纳税；同时，注册会计师还应参与对国有资产的社会监督，帮助企业建立自身的财务制度、会计制度和内部审计制度等。四是服务于财税改革和维护经济秩序。在进行财税体制改革的同时，建立以注册会计师事业为主体的社会监督体系是建立和完善社会主义市场经济体制的重要保证。国家已经实行的企业年度会计报表注册会计师审计制度。五是服务于证券市场。目前,国家对上市公司监管所依据的信息,主要来自上市公司的会计报表和注册会计师对此出具的审计报告,注册会计师在某种程度上已成为上市公司监管的第一道防线。注册会计师对上市公司进行审计,在很大程度上防止了股票发行与交易的欺诈行为,维护了证券市场的秩序,增强了投资者的信心和安全感。

*注册会计师行业清理整顿工作* 遵照国务院领导关于"做扎实工作,整顿会计师行业"的指示,1997 年 7 月起,全国注册会计师行业开展了清理整顿工作,主要包括三项内容:清师、清所、清业务;分四个阶段进行,即事务所自查、省级注册会计师协会检查、中国注册会计师协会抽查验收和完善行业管理制度。

*第一、清理整顿工作开展的基本情况* 第一阶段到 1997 年底结束,全国 6683 家事务所进行了自查;第二阶段到 1998 年 6 月底结束,各地方协会对 5838 家事务所进行了实地全面检查;第三阶段到 1998 年 10 月底结束,中国注册会计师协会对各地清理整顿工作进行检查验收,并重点对 405 家事务所进行了检查。前三阶段,全国共收到投诉举报 473 件,已经调查完成 463 件,并对查实的问题进行了处理。

1998 年 11 月初,清理整顿进入第四阶段,开始审核验收合格的注册会计师和事务所名单,为换发新证做准备;对尚待处理的注册会计师、事务所按规定程序组织听证、进行处理;对 10 余起重大案件做进一步的核查、处理;以及针对清理整顿发现的问题建章建制。第四阶段工作于 1999 年 1 季度基本完成。

*第二、清理整顿工作取得的初步成效* 通过 1 年多的清理整顿,基本达到摸清家底、整顿队伍、提高质量、规范秩序的目的。主要成效是:1.清理人员,改善队伍结构。第一阶段,有 789 名超过 70 岁的注册会计师退出执业,清理兼职的 2856 名,取消挂名未执业的 1165 名,吊销跨所执业的 61 名,处罚违规、违纪的 352 名;第二阶段,处罚注册会计师 2396 名;第三、第四阶段,对 6146 名注册会计师通过进一步查实分别作出处理。上述几项共占全国注册会计师总数的 24.75%。同时,有 6334 名经过考试合格、专业水平较高、年富力强的专业人员进入事务所工作,使执业队伍的知识结构、年龄结构得到了改善。2.清理机构,净化执业市场。依照《注册会计师法》和清理整顿有关文件的规定,已撤销事务所 360 家,注销事务所 220 家,对 1181 家事务所分别给予了警告、停止执业、吊销有关许可证等处罚,对 735 家事务所限期整改,另有 342 家事务所待进一步查实作出处理,上述几项共占全国事务所总数的 42.46%;撤销滥设的分支机构 1474 家,占全国分支机构总数的 48%。通过对机构的认真清理,事务所"小、散、乱、假"状况有所改善。3.清理业务,提高执业质量。清理整顿过程中,对照独立审计准则的要求,对事务所业务报告进行了标准化检测。绝大部分事务所,针对检查中发现的问题,积极改进内部管理、完善执业规则、强化控制制度、加大培训力度,切实改进工作中的问题和缺陷,强化了质量意识,提高了执业质量。如,1998 年注册会计师在执行 773 家上市公司 1997 年年报审计时,执业质量和职业道德有了较大提高,共对 38 家出具了保留意见,对 55 家出具了附有说明段的审计意见,对 1 家出具了否定意见,还对 1 家拒绝发表意见,共计有 95 家被注册会计师"举牌",占上市公司总数的 12.29%。1998 年 6 月,新闻界的一项调查表明,社会公众对注册会计师的信任度已从过去的 45%上升到 81%。说明通过清理整顿,注册会计师的风险意识和执业质量有了较大提高。4.查处大案要案,遏制"作假"歪风。清理整顿狠抓了大案、要案的查处,特别是对一些社会影响较大的事件,配合有关部门,进行了严肃查处并公开曝光,从反面对事务所和从业人员进行了一次深刻的风险和责任教育。

*第三、清理整顿中暴露出的突出问题* 1.执业队伍起点低,基础差,业务素质不高。我国注册会计师行业发展先天不足,执业队伍总体来讲起点低,基础差,年龄、知识结构老化,业务素质偏低,加上一些事务所为抢占市场,不遵守执业规则,丧失职业道德,恶性压价、迎合客户不正当要求,从而造成业务质量低劣、弄虚作假甚至通同作弊。2.事务所质量、风险意识淡薄。在挂靠体制下,不少事务所通过挂靠单位利用行政手段为其指定业务,或打着挂靠单位的旗号招揽业务,部门垄断现象比较严重。因此,这些事务所的质量意识、风险意识极为淡薄,"靠权力拉业务"而不是"以质量求发展"。3.监管不到位,惩处力度弱。一是没有把注册、培训、检查、处罚有机结合起来,形成各个环节共同把关的行业监管整体;二是协会专业化建设程度不高,没有有效地充实人员和机构,没有建立起一支强有力的行业监管队伍;三是没有赋予行业监管必要的支持手段,致

使协会对日常监管中发现的许多涉嫌虚假问题，由于检查范围受限，无权延伸到企业进行检查，无法定性，难以处理；四是有关处罚条款尚不完备，特别是对强令事务所作假的单位和个人缺乏可操作的处罚规定，加上挂靠体制下的权、情干扰，对事务所造假、护假的处罚力度不够强硬，以致侥幸造假、违心造假日益增多，虚假会计报表、审计报告日益蔓延。4.会计市场干预严重。一些地方政府、企业主管部门和挂靠单位，出于地区、部门利益的需要，干预会计市场现象屡见不鲜，极大地影响到事务所的公正执业。5.行政权力渗透，腐败现象滋长。目前，行政权力渗透会计市场的情况相当严重，多家办，多头管，究其根源是"利益"驱动：一是挂靠单位把事务所当成"小金库"的财源，向事务所收取管理费、赞助费，更有甚者，将行政职能透过所办事务所转化为有偿服务，所以各单位办事务所的"积极性"越来越高，县县开花、处处设点，越办越多、越办越小、越办越乱；二是一些政府部门，不同程度地利用手中权力垄断业务、指定业务，并藉此向事务所收取业务介绍费、协作费、劳务费、回扣、分成等等，否则，就不给业务，就不认报告。

**事务所体制改革工作** 1992年，国务院总理办公会议提出要对事务所人事编制、收费价格、工资福利、业务承接、财务管理实行"五放开"；1993年，中办17号文件要求党政机关与所办经济实体实行"四脱钩"。"五放开"、"四脱钩"，集中到一点，就是会计师事务所要实行体制改革。经过深圳市和海南省的试点，到1998年底，已在103家具有执行证券、期货相关业务资格事务所进行了体制改革工作。在此期间，财政部、中注协先后出台了事务所体制改革的若干政策规定：一是要求事务所在人员、财务、业务、名称方面与挂靠单位脱钩；二是重新制定了《有限责任会计师事务所审批办法》；三是印发了《关于会计师事务所改制中产权界定与资产处置问题的通知》；四是与国家工商行政管理局联合发出《关于会计师事务所和审计事务所体制改革中登记注册有关问题的通知》。

这些文件的主要内容包括：明确了"四脱钩"的具体要求，将原来由单位发起设立事务所改为由注册会计师出资发起设立；明确了事务所脱钩改制中产权界定和资产处置方面的有关问题，要求财政(国有资产管理)部门对事务所的国有资产界定及资产处置进行监督检查，造成国有资产流失的要依法追究责任；确定了体制改革后的事务所工商登记的办法。

朱镕基总理在体改办报告的批示中，要求我们对事务所体制改革政策"作出新的补充规定"，并且指出事务所体制改革是"一项十分重要的基础设施建设"，必须切实抓好。为此，经国务院领导同意，财政部发布了《会计师(审计)事务所脱钩改制实施意见》。这个实施意见，对事务所体制改革的目标、原则、内容、组织形式、期限和实施步骤以及相关问题的处理等再次作出补充规定，主要包括四项内容：一是要求各级党政机关、政法机关和社会团体、事业单位、企业及其下属单位，必须与挂靠本单位的事务所在人员、财务、业务、名称四个方面进行脱钩；二是重申事务所改制的组织形式为合伙制或有限责任制两种，以注册会计师为主体出资发起设立；三是要求脱钩改制过程中，挂靠单位本着"谁投资、谁拥有产权"的原则，确保国有资产不流失；四是明确脱钩改制的最后期限为1999年12月31日。《实施意见》还对事务所的员工安置与补偿、党团和工会关系等问题作出了新的补充规定。

按照总体设想，事务所脱钩改制工作采取"三步走"的方式：第一步，1998年底前基本完成103家具有执行证券、期货相关业务资格事务所的脱钩改制工作；第二步，1999年1季度基本完成117家挂靠中央单位事务所的脱钩改制工作；第三步，1999年底前完成所有事务所的脱钩改制工作。1995年，深圳市在人大和政府的推动下，大胆进行了事务所体制改革的试点，并于1997年在全市完成了会计师事务所、审计事务所的脱钩改制工作。到1998年底，海南全省和全国103家具有执行证券、期货相关业务资格的会计师事务所相继完成了脱钩改制。

**完善专业建设，强化业务质量监督**

首先，从1994年到1997年，中注协先后制定了两批包括独立审计准则、职业道德准则、质量控制准则和后续教育准则在内的27个准则项目。1998年初，中注协组织人员对已经颁布实施的两批准则的执行情况进行了广泛调查，同时启动了第三批独立审计准则的研究制定工作。经过准则组的辛勤工作，以及中、外方专家咨询组的认真研讨，通过2次全国范围的征求意见，现第三批独立审计准则11个项目的拟定工作全部完成，经财政部批准将于1999年7月1日起施行。至此，我国初步建立起了独立审计准则框架。

独立审计准则的颁布实施，对于统一和规范注册会计师和事务所的执业行为，提高行业执业质量起到了积极的作用。但是，由于我国注册会计师行业发展历史较短,注册会计师执业环境有待进一步改善,例如有些部门横加干预注册会计师执业,业务收费偏低,队伍整体素质不高,会计市场竞争无序等等,致使注册会计师职业规范尤其是独立审计准则未得到完全有效的执行,进而影响到注册会计师的执业质量和会计信息的真实、可靠。

其次,为确保事务所及其从业人员认真贯彻执行独立审计准则和恪守职业道德,提高执业质量,1998年配合清理整顿工作的开展,积极加强业务监管工作,拟订发布了《违反注册会计师法处罚暂行办法》,为行业管理中对违法违规事务所和注册会计师的处罚提供了可操作的依据和尺度。在清理整顿中,严肃对待投诉举报,抽调业务骨干组成调查组,直接到有关事务所调查核实情况,审核工作底稿,确定执业责任,对查实问题进行严肃处理,并将调查处理结果向有关部门进行了通报。为进一步搞好投诉举报工作,草拟了《投诉举报工作暂行规定》,正在积极征求意见,争取早日出台。

在日常监管方面,对地方协会从事监管工作的同志就业务检查、处罚、法律责任等开展了系统的培训工作,强化监管队伍建设,并重点加强执行证券、期货相关业务会计师事务所的业务检查。同时,法律责任研究和宣传工作也逐步推开。

通过受理投诉举报、组织专案调查、处理并督促各地注协对违法违纪违规注册会计师和事务所的处理,以及对事务所有关法律责任的研讨和宣传,强化了执业队伍的质量意识、风险意识和职业道德意识。

**关于会计市场开放和对外交往** 第一、1993年3月,关贸总协定重开乌拉圭回合谈判,开放服务贸易市场,我国政府作出了开放包括会计市场在内的服务贸易市场的承诺。1993年10月,中注协派出代表赴日内瓦进行会计市场开放条件的谈判。我们对会计市场作出了逐步的、有条件的开放。

目前,我国会计市场开放有六种形式:举办成员所、举办合作所、成立代表处、申请临时执业许可证、参加考试、申请注册。

截止1998年,已经有17个外国会计师事务所在北京、上海、福州、广州、深圳、沈阳、大连、南京等地设立了31个代表处,批准了7家成员所,成立了8家中外合作会计师事务所。为了使我国会计市场健康发展,1994年,实行了临时执行审计业务许可证制度,1995年,加强了对外国会计师事务所在中国常驻代表处的管理,1996年,财政部先后颁发了《关于境外会计师事务所常设代表机构管理暂行办法》、《关于允许国际会计师事务所可以在中国境内发展多个成员所的通知》、《关于中外合作会计师事务所管理暂行办法》,1998年,颁发了《外籍中国注册会计师注册审批暂行办法》,加强了中外合作会计师事务所的管理,逐步实现涉外工作法制化、规范化。1994年,我国首次对外开放了注册会计师考试,5年来共有16个国家和地区的8618人报名考试,台湾和香港考生取得了较好的成绩,有307人全科合格,其中,台湾、香港、加拿大等225名成绩合格人员已申请加入中国注册会计师协会成为非执业会员,5人注册为中国注册会计师。第二、先后访问了美国注册会计师协会,加拿大3个会计师组织,英国6个会计师组织,新加坡注册会计师协会、韩国公认会计士协会、法国注册会计师协会和注册审计师协会、意大利会计师协会、意大利会计员协会。另外还赴爱尔兰参加了国际会议,考察加拿大考试组织工作,考察澳大利亚会计师协会运作情况,考察德国、法国注册会计师行业管理情况。

近年来,我国注册会计师行业先后接待了来访的美国、英国、法国、日本、韩国、加拿大、澳大利亚、意大利、新加坡等国的会计师组织和会计界朋友;与世界银行、国际货币基金组织、国际会计准则委员会有着友好的关系;与俄罗斯、印度、斯里兰卡的会计界人士也有过接触。中国注册会计师协会与香港地区会计界交流频繁,合作较好,先后在香港举办了多次内地人员培训班、实习班,香港会计师公会也多次派代表团访问内地,1997年4月25-26日,在北京与香港会计师公会联合举办“迈向21世纪中国经济改革与会计市场开放”国际研讨会。从1991年起,中国注册会计师协会开始与台湾省会计师公会、台北市会计师公会、高雄市会计师公会接触。第三、加入国际会计师联合会(IFAC)和亚太会计师联合会(CAPA)。1996年10月4日,中注协正式加入亚太会计师联合会,1997年4月30日成为亚太会计师联合会理事。1997年5月8日,在多美里加,国际会计师联合会正式吸收中注协为成员。1997年10月,中国代表团首次参加在巴黎召开的世界会计师大会。1998年11月在上海承办亚太会计师联合会理事会会议及国际会计与审计专题研讨会。

**注册会计师考试工作** 从1991年开始实行注册会计师全国统一考试制度,1993年起每年举行一次。考试报名条件是高等专科以上学校毕业的学历或会计及相关专业中级以上专业技术职称。至今累计报名考试人数为124万人次、参加考试人数为74

万人，一次性全科合格人数为10735人，累计全科合格人数为4.2万人。

| 年份 | 报考数 | 参考数 | 全科合格 | 单科合格 | 平均合格率 |
|---|---|---|---|---|---|
| 1991 | 23512 | 10375 | 473 | 7089 | |
| 1993 | 57242 | 29426 | 3754 | 43608 | 50.20% |
| 1994 | 116269 | 73207 | 4642 | 82562 | 39.60% |
| 其中境外 | 482 | 370 | 88 | 670 | 49.96% |
| 1995 | 214190 | 135080 | 772 | 55694 | 13.23% |
| 其中境外 | 1821 | 1461 | 41 | 978 | 17.14% |
| 1996 | 198306 | 113027 | 309 | 54189 | 17.68% |
| 其中境外 | 2286 | 1581 | 2 | 426 | 8.89% |
| 1997 | 259300 | 154000 | 597 | 87857 | 24.52% |
| 其中境外 | 2223 | 1346 | 4 | 484 | 15.47% |
| 1998 | 372224 | 228384 | 188 | 61402 | 11.91% |
| 其中境外 | 1806 | 1123 | 3 | 244 | 9.54% |
| 合计 | 1241043 | 743499 | 10735 | 392401 | |

1994—1998年对外开放考试，境外报名共8618人，在国际上产生了很大反响。

考试科目：《会计》、《审计》、《财务管理》、《经济法》、《税法》。

1997年，组织首届证券期货相关业务资格考试，1399名注册会计师报名，1177人参加考试，431人取得合格成绩。1998年，第二届证券期货相关业务资格考试报名人数达4074人，3182人参加考试，571人取得合格成绩。

培训工作　一是在校教育，二是在职教育。在校教育是解决注册会计师人才来源、后继有人的问题；在职教育是解决现时队伍素质的全面提高、能否生存、发展的问题。第一、注册会计师后续教育培训制度　1.后续教育培训制度主要内容。1996年，制定下发了《注册会计师后续教育培训制度》，该制度主要明确以下内容：(1)注册会计师后续教育培训对象分为四个层次：主任会计师、部门经理、项目经理和一般执业人员。(2)注册会计师后续教育培训方式分为脱产后续教育和非脱产后续教育。(3)执业注册会计师接受后续教育的时间3年总计不得少于180学时，其中每年接受后续教育培训时间不得少于40学时；接受脱产后续教育的时间3年总计不得少于120学时，其中每年接受脱产后续教育培训时间不得少于20学时。(4)制发执业注册会计师培训手册，用于监督检查后续教育接受情况。另外，该制度还对培训内容、培训教材、师资等做了较具体的规定。2.后续教育培训实施情况。注册会计师后续教育培训工作，实行统一领导和分级负责，即由全国注册会计师培训工作领导小组统一领导和中国注册会计师协会具体实施，实行以中国注册会计师协会为龙头，地方协会为骨干，事务所为基础的培训组织体系。5年来，中注协直接举办各地方师资培训班、主任会计师培训班及有证券资格从业人员培训班等82期，培训6400多人次，各地组织培训18万人次；与此同时，在会计师事务所和各地协会中选拔了400多名优秀业务骨干送往美、英、澳、新加坡、马来西亚、香港等国家和地区地进行培训，收效显著。

近年来，为提高培训效果，统一和规范培训内容，中注协组织编写了后续教育系列丛书，现已出版使用的有：《独立审计准则导论》、《年度报表审计实务－工作底稿编制》、《审计报告》、《审计案例》。还将出版《验资实务》、《企业改制上市会计与审计》、《银行审计》、《事务所内部管理》、《年度报表审计实务－审计计划》等后续教育系列丛书。第二、在23所院校开办注册会计师专业方向教育　1994年，经注册会计师培训工作领导小组决定，在人民大学等7所具有会计学博士研究生资格的大学开设了注册会计师专业方向教育，1995年又扩展到16所有会计学硕士研究生资格的院校，共计23所试点院校。现已招收学员4855人，毕业生510人，为事务所补充了力量。同时中注协组织编写了9门核心教材《中级财务会计》、《高级财务会计》、《财务管理》、《成本管理会计》、《审计》、《管理咨询》、《税法》、《经济法》、《电算化会计与审计》。第三、筹建培训中心。根据国务院领导的指示，建立注册会计师培训中心，作为面向全国广大注册会计师、财会干部和经济管理高级干部的国家级培训基地。确定在北京、上海、广东建立3个具有国际水平的注册会计师培训中心(即国家会计学院、上海会计学院、广东会计学院)。

目前，国家会计学院、上海会计学院已破土动工，预计2000年10月建成。过去的5年，是我国注册会计师行业发展极为关键的时期。《注册会计师法》的实施，中国注册会计师协会与中国注册审计师协会的联合，以及行业清理整顿、体制改革等中心工作的开展，为行业的未来发展打下了坚实的基础。

**地址**　北京市海淀区广源闸15号

**电话**　(010)68721166—1402

**邮编**　100081*(李　杰　李晓峰)*

# 教育 培训 出版 科研 学术团体

**【审计署干部培训中心】** 干部培训中心以建设有中国特色的社会主义理论为指导，紧密围绕提高审计机关干部素质这一核心，依据《审计法》和人事部、国家教委有关文件规定，按照审计事业长期发展战略目标的要求，有计划、有步骤地开展教育培训工作，对提高审计人员的综合素质，提高审计工作质量和效率，发展审计事业起了积极作用。5年来，教育培训工作在总结以往成功经验的基础上，大力加强高等院校中审计专门人才的培养工作、审计干部的素质教育培训工作、培训基地设施建设及审计专业图书与专业音像资料的出版发行工作，加强领导与管理，先后制定了《审计干部教育培训"九五"规划》、《加强审计干部培训工作的若干规定》等规划、规定，指导教育培训工作的开展，不断提高教育培训工作质量，充分调动地方的积极性，做到统一规划，分级负责，多渠道、多形式、多层次地开展审计教育培训，并逐步建立了符合审计事业发展要求的，署、省、市相结合的，多层次、全方位审计干部教育培训体系。

*机构设置、人员状况及领导变动情况* 干部培训中心是执行部分行政职能同时兼有服务和经营性质的差额预算事业单位。在1998年的机构改革中，本着精简、高效、有序、搞活的原则对内部机构进行了调整。现设6个处：教育处、培训处、考试处、办公室、国际合作处、综合服务处。教育处职责：1、负责制定全国审计系统教育培训长期规划和年度计划；2、负责全国审计系统成人学历教育的管理工作；3、负责境外培训的立项、报批与组织管理，以及中外合作项目的管理；4、负责院校教材的编审、修订和出版工作；5、负责对南京审计学院普通高等教育和成人高等教育进行管理。培训处职责：1、负责制订在职审计干部培训年度计划；2、负责全国审计人员的岗位培训、专业培训、继续教育和基础教育计划的制订、管理与指导；3、负责署机关、各特派办、全国省一级审计机关处以上干部以及署机关全员岗位培训、考试的实施；4、负责署机关各业务司专业培训计划的制订、管理与实施；5、建立培训的信息系统；6负责培训教材的编审、修订和出版工作；7、协调指导各地审计培训基地建设与发展；8、面向社会举办各类专业培训班。考试处职责：1、负责全国审计系统各类考试的组织协调，履行审计署考试中心的职责；2、负责审计专业初、中、高级技术职称资格考试、审计专家资格考试的组织实施；3、负责组织考试大纲和考试辅导教材编写；4、负责考试征题、命题和组卷，建立题库；5、负责考试组织、管理、考试评估；6、负责建立人员考试信息库。国际合作处职责：1、负责制定全国审计系统国际合作培训的总体规划，制定审计系统国际人才培养和智力引进、开发的总体规划，拟订审计署国际合作培训的中期规划和年度计划；2、负责实施审计署各类国际合作培训项目；3、根据委托，为审计系统各类境外培训及考察项目提供全方位服务；4、负责审计系统国际人才培养项目的具体实施；5、负责审计干部外语培训、考试工作，以及外语教材的编审、修订、出版工作；6、负责开发商业性国际合作培训项目。综合服务处职责：1、负责音像教材的录制、发行工作，包括文字教材的发行；2、完成审计署交办的任务，帮助办公厅、机关党委、外事司等部门建立音像档案资料库；3、负责干部培训中心的后勤保障和服务；4、面向市场搞好服务工作。办公室职责：1、负责行政工作；2、负责培训中心的财务核算与财务管理工作；3、配合署人教司，负责中心的人事管理；4、负责文件的收发、分办、登记、传阅、立卷、归档等工作。

**人员状况及领导变动情况**

| 时间 | 人员总数 | 主任 | 副主任 | 主任助理 |
|---|---|---|---|---|
| 1994年 | 36 | 1 | 3 | |
| 1995年 | 37 | 1 | 2 | |
| 1996年 | 35 | 1 | 3 | |
| 1997年 | 31 | 1 | 3 | |
| 1998年 | 33 | | 1 | 1 |

*院校教育工作* 南京审计学院是审计署唯一的一所高等院校，是集普通高等教育、成人高等教育为一体的培养审计和经济人才的多科性高等学府。学院现设有审计、会计、财金、经贸、法律5个系，8个本科专业，2个专科专业。干部培训中心对南京审计学院进行宏观管理，发挥组织协调作用，积极推动了以系统办学、合作办学为主的高等院校管理体制改革，同时协助学院充实完善办学条件，进一步调整和优化学科结构，深化以教学内容为重点的教学改革，调整专业结构，建立经济、管理、法律相互支撑的学科体系，并逐步形成教学、科研、实践一条龙的人才培养机制。1997年国家教委对其进行了本科教学评价工作。

**1994年至1998年南京审计学院在校生人数及毕业人数统计表**

| | 1994 | 1995 | 1996 | 1997 | 1998 |
|---|---|---|---|---|---|
| 招生人数 | 595 | 748 | 700 | 742 | 701 |
| 在校生人数 | 1670 | 1582 | 2076 | 2348 | 2548 |
| 毕业人数 | 390 | 828 | 198 | 469 | 525 |

与南开大学合作举办研究生学历教育班，截止1998年共举办了4期，有41人参加学习。同时为规范、管理在职审计干部学历教育，加强在职审计干部继续教育工作，干部培训中心制定了《署机关干部参加研究生学历教育管理办法(试行)》。

与南开大学、武汉大学、中山大学三所院校合作委托培养审计本科生和研究生,为审计机关输送了一定的审计专业人才。

与中央广播电视大学合作开设审计专业,现招生规模约2000人。

培训工作　培训工作以业务需要、重点突出为原则,密切结合审计规范化和审计职业道德教育,注重调整审计干部的知识结构,增强各级干部的市场经济意识和宏观管理意识,有计划、有步骤地组织干部学习相关知识,积极开展多种形式的业务培训工作。几年来,培训工作在署领导的重视下,不断调整培训的内容和形式以适应经济建设的发展和改革开放的情况,主要办班项目有:审计司(局)长研讨班3期,主要由署机关、驻地方特派办、各省、自治区、直辖市审计厅(局)及驻部委审计局的厅(司、局)级干部参加,内容为政治经济形势、社会主义市场经济理论、行政学、宏观经济管理、当前的政策方针、计算机操作知识等,参加人数200余人;全国处级干部进修班5期,内容为行政学、宏观与微观经济管理、计算机操作知识、处级干部职责等,培训人员300余人;专业审计培训班50期,内容为财政、金融、证券、外资、投资等各类审计业务、审计法规、计算机、外语知识等,共培训干部近2500多人次。

中外合作项目　1.中德审计合作项目。审计署和联邦德国审计院自1991年起签署了为期9年的审计合作项目,1994年至1998年德方援助了143套德文专业书和大量的培训资料,对南京审计学院提供了多媒体专业设备,为现有的演播室提供补充设备,用以制作教学资料,并为计算机教室提供联网所有的硬、软件,以及复印机的装备材料,设备援助款项约68万马克。中德审计合作项目5年来共举办赴德局级干部研讨班4期,共80人参加,在南京举办处级以上干部研讨班4期,共计222人参加,题目分别为"德国国家财政监督及税收审计"、"国有企业和国有银行审计"、"赴德社会保险审计"、"赴德环保开支审计"。在德国举办函授教学法研讨班2期,共计18人次赴德参加研讨学习。中德两国开展合作研究项目4个,分别为:横向审计研究、税收审计研究、审计法律法规研究和国家参股企业审计研究,项目研究小组分别在中国做了成果报告会。审计专业人员4人赴德实习,实习借鉴德国的审计理论、审计技术和方法,翻译人员3人赴德进修实习语言和专业。德国共有28位专家分别在署机关、南京审计学院和江苏省审计厅作了报告。

2.境外培训项目。从1995年起经国家外专局审批,审计署开展赴德国、美国、澳大利亚、荷兰、法国、英国等境外培训项目,内容涉及审计领域的新问题、新方法,如经济效益审计、证券交易审计、环保审计、股份制企业审计、社会保险审计、民间审计等,培训对象为全国审计系统的处以上干部,截止1998年共举办培训班23期,培训人员546人,提交总结及专题报告79篇。

3.与英国公认会计师公会(简称ACCA)合作项目。1994年审计署与ACCA在桂林基地举办了西方审计与会计培训班,共有60人参加;在南京审计学院与ACCA举办管理人员财会资格证书培训班(简称CDAF),共有30人参加。1998起开始举办ACCA国际会计师资格(简称PQP)培训和考试,已在北京、深圳、南京等地设有培训点,系统内外学员共200多人,现南京审计学院已申请成为ACCA授权培训中心和授权考试中心。

教材工作　干部培训中心充分发挥全国审计专业教材编审委员会的作用,截止1998年组织编写了审计高等院校、电大成人教育系列教材。编审出版了《审计学原理》、《经济效益审计》、《经济效益审计学习指导书》、《社会审计》、《社会审计学习指导书》、《企业财务审计》、《企业财务审计学习指导书》、《现代内部审计学》、《现代内部审计学学习指导书》、《中国审计学》、《计算机常用技术》、《预算执行审计》等教材。完成了电大审计专业5门课程42学时的电视辅导片的拍摄组织工作以及电大课程审计专业复习资料、教学大纲的编写。

拍摄《中国审计规范》辅导讲座和两部教育参考片。

培训基地建设　干部培训基地是承担干部教育培训的主要场所,5年来培训中心对基地基础设施建设加大了投入力度,完善了各项功能,同时狠抓内部管理工作,提高服务质量与水平,更充分地发挥了培训基地的各项职能。

**【南京审计学院】**　领导班子变更

1994年,院长:时家骏(兼党委副书记),副院长:宋业成、项俊波、吕文基、施惠兴、郑慰恬。

1995年,党委书记:时家骏,院长:易仁萍(兼党委副书记),副院长:宋业成、项俊波、吕文基、施惠兴、郑慰恬。

1996年,院长:易仁萍(兼党委副书记),副院长:宋业成、李凤鸣、施惠兴、郑慰恬,党委副书记:叶国英

1997年,院领导班子与1996年相同。

1998年,院长:易仁萍(兼党委书记),副院长:庄恩岳、宋业成、李凤鸣、施惠兴,党委副书记:

叶国英

机构设置　1994年，增设党委统战部、体育教学部独立设置为副处级；电教中心独立设置为副处级；原审计室与财务处分开，独立设置为审计处(正处级)。

1995年，增设老干部工作室(副处级)、电教中心与审计系计算机教研室合并，成立教育技术中心。

1998年，党办、院办机构合一；纪委办、监察室、审计室合署办公；体育教学部与教育技术中心升格为正处级机构；学报编辑部并入科研处，归科研处管理。

教学工作

1. 专业调整及系科设置

学院根据社会经济发展对具有创新精神、实践能力的高级管理人才的需要，本着厚基础、宽口径、高素质、强能力的原则，对各专业进行了调整。1993年，学院升格为本科院校时，设置审计、会计、国际金融3个本科专业；1995年经审计署批准，增设税务、国际贸易2个本科专业；1997年增设理财学、工商管理、经济法3个本科专业。1998年学院新组建了法律系，初步形成经济、管理、法律相互支撑的学科体系。

2. 课程建设

1994年，学院拟定《课程建设"九五"规划》及《课程建设实施条例》；1996年，制定《课程建设评估方案》，规范了课程建设项目的申报、立项、评估、验收程序，明确了课程建设的目标、优秀课程标准及建设的具体内容；1997年11月，学院成立了课程指导委员会，同年学院对已立项的20门院级重点课程进行了验收，合格率达100%，审计学原理等6门课程被评为院级优秀课程；1998年，院优秀课程《大学英语》、《会计学原理》获省级优秀课程，同年，10位青年教师在院首届青年教师授课竞赛中获奖。

3. 学士学位授予权

1997年6月，江苏省学位委员会专家组对学院办学整体条件和有关专业条件进行了评估与审核，批准将学院列为学士学位授予权单位，并批准审计学、会计学、国际金融学为学士学位授予专业。同年，学院首届学位评定委员会成立。李凤鸣任委员会主席。首届236名本科生中有213名被授予经济学学士学位。

4. 特色教育——ACCA培训

根据英国特许公认会计师公会(ACCA)总裁与我国审计长商议合作培训计划，在审计署的大力支持下，1998年4月，学院获准面向在校本科生举办ACCA培训班。ACCA是国际著名注册会计师组织之一，对在校大学生进行国际注册会计师教育，培养具有国际水准的会计师，有利于提高学院人才培养规格，更好地为审计系统未来发展培养高素质、高层次的后备人才。

1998年11月，"ACCA培训中心"和"ACCA南京考试中心"在学院成立。ACCA培训中心主要举办ACCA会员资格培训，除学院本科生外，培训中心还公开向社会招收学员，其管理部门为南京审计学院；ACCA考试中心则负责接受世界各地ACCA培训学员在宁的应试工作，其管理部门为江苏省教育委员会。

5. 教学经费投入

为改善办学条件，学院筹措经费，加大了对教学经费的投入。1994年—1996年学院教学经费投入占学院经费总支出的年均比重为18.65%，1997年—1998年主要教学经费占经费总支出的年均比重上升为20.45%。其中：(1)教学仪器设备总值从1994年年初的207.53万元增加到1998年的1049.29万元。学院现拥有369台计算机及两个110座的CAI教室、3个外语发射台，50多个教室配备了电视机、投影仪，80%以上的课程使用了电化教学手段。(2)图书资料的购置费：1994年—1997年为133.56万元，1998年为52万元，较1997年增加了41.34%。1998年藏书总量为25.6万册，生均109册。

师资队伍建设　根据学院"加强发展，增加总量，改善结构，提高素质"的师资队伍建设原则，一方面采取各种措施引进教师，另一方面通过各种途径培养师资。1994年—1998年学院加紧对专业教师特别是高职称、高学历者的引进工作，5年共计引进教师104人。仅1998年1年就引进教师22人，其中教授3人、副教授2人、硕士生以上学历者10人。1997年—1998年学院投入67万元用于教师及在职人员的培训，特别是对青年教师的培养，1996年—1998年，学院先后制定了《关于奖励中、青年教师攻读硕士、博士学位的规定》、《优秀青年骨干教师选拔、培养办法》等文件，青年教师通过攻读在职硕士、博士学位，参加研究生课程进修班，修读研究生主要课程、出国进修等形式，提高了学历层次和专业水平。通过引进和培养工作提高了师资队伍的整体素质。1998年学院教师中有7人享受国家政府特殊津贴，2人被江苏省教委批准为青蓝工程跨世纪学科带头人，3名教师被评为江苏省师资队伍建设"333工程"第三层次培养人选，1人获"全国审计系统先进个人"称号，2人被江苏省教委评为"红杉树园丁"奖，8人被评为江苏省级优秀青年骨干教师，23人被评为院级优秀青年骨干教师。

科研成果　学院坚持科研为教学服务思想，确立了"围绕教学搞科研，搞好科研促教学"的原则，为鼓励教师结合教学搞科研，1996年—1998年学院投入经费27万元用于奖励优秀科研成果、立项补助等。1998年学院召开首次科研工作会议，重新修订科研规划和有关制度。1994年—1998年学院教师参加省、部级立项33项，参与审计署政策、准则研究项目2项；公开发表各类论文713篇；主编、参编各类教材著作93部，其中主编全国及省、部级统编教材5部；获省、部级优秀科研成果奖35项；学院李凤鸣教授专著《内部控制学》及徐少锦教授主编的《科技伦理学》分别获国家教委人文社会科学研究成果二等奖。

对外交流　学院十分重视并广泛开展与国外的科研及学术交流。1994年—1998年举办了6期中德审计研讨班，培训学员334人，还举办了多期中巴、中韩、中英各类审计专题研讨班。德国联邦审计院院长海达·查什、巴基斯坦审计长S.K穆罕默德及美国、澳大利亚等国专家学者应邀来院讲学、访问。5年中学院先后有43人次到德国、美国、英国、印度、澳大利亚、韩国等国进行考察、访问、培训和学术交流，1998年院长易仁萍应邀出访韩国，与韩国监察教育院正式签署了两院合作协议。

毕业生情况　学院1994年—1998年为全国审计系统、金融系统、经济管理部门及企事业单位输送了2410名各类经济管理人才和经济监督人才。学院毕业生以扎实的知识，较强的能力和较高的素质在就业过程中赢得了用人单位的好评。1997届毕业生在参加人事部举办的国家公务员考试的110名同学中，有78人通过面试和口试，占参加考试人数的70%，27名毕业生参加各级各地政府的公务员考试被录用。在1998届毕业生中，65人通过公务员考试，其中44人被录用。

校风建设　校风是学校之魂，立校之本。学院一直把校风建设作为主要工作来抓。1993年，根据江苏省教委建设合格校风的工作部署，经过全院教职工的努力，初步形成了以“团结、勤奋、严谨、求实”为内涵的崭新校风。1995年10月，通过了江苏省教委专家组的验收，成为江苏省校风建设合格单位。同时，学院以检查评估为契机，推动各项工作。1993年，图书馆工作获江苏省教委表彰；1994年教材工作通过江苏省教委评估验收；同年，绿化工作获江苏省级达标铜牌；1995年食堂工作获“高校文明食堂先进单位”称号；1997年，基础课教学部因教学工作成绩突出，被国家人事部、审计署授予“全国审计机关先进集体”称号；1996年—1998年，全院有3个班级获“省级先进班集体”称号；近年来学院共评出20个院级先进班集体，优良学风班54个；1996年，学院学生在参加江苏省非理科高校数学竞赛中有12人获奖；1998年，学院获得该项竞赛全部19个奖项中的10项奖；在江苏省首届大学生语言文字规范知识竞赛中获得分区二等奖；同年在江苏省40所高校116名学生参加的江苏省高校首届“五四”英语演讲竞赛中获三等奖，取得了非英语专业组第6名的好成绩。

成人教育　成立于1991年的管理干部学院承担成人学历教育及培训工作。1994—1998年其间有778人通过函授、夜大的学习，取得了专科文凭，5年间有665名在职审计、财经干部获得了专业证书班、各类培训班的结业证书。

南京审计学院国家级科研成果简介

《内部控制学》　李凤鸣教授主编，由中国商业出版社1992年10月出版。

该专著439千字，共三篇九章。全面论述了内部控制的基本原理、体系结构、制度设计方法；重点阐述了管理控制、会计控制和内部审计控制的方法与实务。《内部控制学》属于现代管理学、会计学和审计学交叉的一门边缘新学科，其中还涉及自然科学研究成果的应用，不仅我国尚无这方面专著，西方国家也尚未见这方面专著，它的出现不仅填补了内部控制系统研究方面的空白，创立了一门新学科；同时也部分满足了广大管理工作者、审计工作者和会计工作者的需要。

该专著1994年曾获江苏省第四次哲学社会科学优秀成果三等奖，1995年又获国家教委人文社会科学研究优秀成果二等奖。

《科技伦理学》　徐少锦教授主编，上海人民出版社1989年7月出版。

该书约41万字，共13章。分别论述了科技伦理学的研究对象、任务和方法；回顾了科技伦理发展的历史轨迹；探讨了科技道德的本质、作用和发展规律性；突出介绍了迅速发展着的生态、环境、生命、医学、宇航、核能、工程技术等科技伦理学的新分支；着重研究了科技道德原则、规范和科技人员的心态素质，以及科技道德行为的评价标准和选择的基本要求；专章研究了技术的咨询、开发和交换过程中的道德准则问题；阐明了在发展社会主义商品经济过程中进行科技道德教育和加强个人道德修养的重要性和紧迫性；介绍了中外科技名人在恋爱、婚姻、家庭生活中的伦理观念。指出了培养一代科技新人、造就科技理想人格的意义与根本途径。

该书1995年获国家级人文

社会科学研究优秀成果二等奖。

**【中国审计出版社】** 1994年至1998年期间，中国审计出版社共有职工50名，共设6个处室，即办公室、总编室、《中国审计》编辑部、图书编辑室、出版发行处、财务处。

社领导成员

1994年—1998年10月

社长 曾银青

1998年10月

社长 宋灵恩

1994年—

副社长 韩笃明

1994年9月—1998年10月

副社长 苗华克

1997年5月

副总编辑 刘京城

中国审计出版社在业务方面的主要工作是，编辑出版《中国审计》月刊、《财经审计法规》月刊、审计及经济、法律类图书。1994年至1998年间，共编辑出版《中国审计》60期、《财经审计法规》60期、各类图书439种。期刊、图书的发行量也稳中有升，《中国审计》每期发行11万册，《财经审计法规》每期发行17万册，图书发行量平均为万余册，最高的达17万册。

《中国审计》杂志 《中国审计》是审计署主管和主办的机关刊物。主要任务是宣传审计工作的方针政策，指导各地、各行业审计工作的实践，交流审计机关和审计人员在实践中总结出的好经验和新方法，研究审计领域中出现的新矛盾和新问题。5年来，《中国审计》紧紧围绕审计工作中心，立足审计工作实际，抓住审计工作重点、热点和难点问题，从多个角度、各个层面反映审计发展进程和审计工作成果，反映审计人员的所思所想和精神风貌。5年共编发各类文章2800多篇。其间《中国审计》常设的栏目有：专稿或专栏、大视野、一线传真、内审风貌、社会审计、审计实务、研究探索、经验交流、异域采撷、新观察和劲草等。

宣传重点 1994年，为了配合《中华人民共和国审计法》的宣传，让广大审计人员全面了解和掌握《审计法》，《中国审计》杂志开辟"《审计法》专栏"，邀请参与《审计法》的制订者和有关专家学者、相关部门领导介绍《审计法》的立法背景、基本特点和主要内容，畅谈《审计法》颁布的重要意义和对经济改革和社会发展的影响。全年共编发相关文章38篇。此外《中国审计》杂志创办的"第一线"和"审计员札记"栏目也各具特色，从不同的侧面反映审计工作风貌和审计人员的心境。

1995年，《审计法》正式实施，财政审计成为审计工作的热点和难点问题。为了推动、促进财政审计工作的开展和深化，《中国审计》开辟"财政审计"专栏，重点宣传审计署对财政审计工作的方针政策，介绍各地财政审计工作的基本经验和一般方法，探索财政审计工作中出现的新问题。全年共编发财政审计文章40多篇。此外，为了配合审计署组织的对审计定义的大讨论，《中国审计》专辟"审计定义讨论"专栏，介绍有关人员对审计定义的看法，共编发了30篇论文。另外，本年创办的"新观察"栏目也有一定特色。

1996年，《中国审计》杂志除继续重点宣传财政审计工作外，还组织对审计工作规范化问题的研究。《审计法》颁布实施后，审计署开始着手组织对审计工作规范的研究，《中国审计》开辟专栏，共组织编发了20多篇文章。另外《中国审计》还组织编发了代表审计工作发展趋势的账户审计和计算机审计的文章，在读者中引起较大反响。

1997年，《中国审计》一方面大力宣传审计工作规范化问题，另一方面组织有关专家及实践工作者重点研究探索账户审计问题，全年共编发账户审计文章25篇。另外，《中国审计》开辟的两个新栏目"局长话题"和"每月谈"也各有特色，共组织采写和编发了近50篇文章。

1998年，《中国审计》杂志紧密配合审计工作中心，设置了"粮食挂账审计"专栏，多次派记者到审计现场采访粮食挂账审计中涌现出的动人事迹，反映审计人员精神风貌，揭露粮食挂账审计中查出的重大问题，全年共编发了50多篇较有力度的文章。此外，"法制经纬"栏目第一次在本年度出现，由于其贴近读者，解决读者实际工作中的难题，受到读者的好评。

重大活动 5年间，《中国审计》杂志还根据自己的特点，多次举办活动：一是与中国注册审计师协会、审计署审计管理司联合举办了全国百强审计(师)事务所评比活动，提高了事务所的社会地位，扩大了知名度。二是在审计机关成立十周年之际，《中国审计》杂志举办了"都宝杯"审计十年历程有奖征文活动，并将获奖文章集结成书——《风雨十年书华章》。三是《中国审计》杂志在1997年组织了读者评刊活动，共评出6个优秀栏目和30篇优秀文章。以上活动均受到社会各界、特别是审计人员的关注，在社会上引起了较大反响。

《财经审计法规》 《财经审计法规》是根据审计工作的实际需要而创办的，主要选编国家及国务院各主管部门颁发的法律、条例、规定、办法，其范围包括综合、审计、财政、金融、税务、计划、工交、基建、商贸、物资、行政事业、农林、科教文卫等。在前些年工作的基础上，1994年至1998年间，在确保质量的前提下，将编辑工作重点放在了抓收录法规针对性和时效性上，即加大对审计实践工作、经济管理工作更具指导意义的法规的容量，及时为读者提供最新的法律、法规。另外，还根据读者要求，于每年年底还将全年各分册《财经审计法规》重新分类编排，以合订本形式出版发行。

图书编辑出版工作　图书编辑出版工作是中国审计出版社全部业务工作中的另一重要方面。中国审计出版社始终本着坚持四项基本原则，为社会主义现代化建设服务，为经济体制改革服务，为审计事业服务的宗旨，以“注重质量，兼顾效益”作为出版工作方针，根据新闻出版署和审计署颁发的有关规定，积极宣传党和国家关于审计工作的方针政策和任务，重点编辑出版审计教材、专著、文献资料及国外审计译著，同时，编辑出版有关经济管理、经济监督、法律法规、财税金融、财务会计、计算机应用等方面的图书。1994年至1998年间，共编辑出版图书439种，其中，审计类图书84种，经济类图书226种，其他类图书129种。另外，重版、重印图书达132种。

在这期间，中国审计出版社主要抓了以下几个方面的工作：1、建立健全各项管理制度，如选题申报制度、三审一读制度、质量考核制度、奖惩制度等。2、优化选题，增加品种。一方面抓重点选题，精心组织、严格要求、细心加工、及时出版。另一方面，适应改革开放的需要，拓展选题范围，积极开拓财政、金融、保险、税收、贸易、企业管理、经济法律等领域的图书选题，为中国审计出版社探索新的发展空间。3、注重产品质量，以质量赢得市场。从编辑、校对、装帧设计、材料、印制等各环节上严把质量关，将合格的产品推向市场。4、加大宣传力度，拓展发行渠道，扩大图书发行量。经过几年的不懈努力，中国审计出版社的图书出版工作已初具规模，社会效益和经济效益也较明显。《中国审计学》、《中国审计规范答疑》、《国际会计》获新闻出版署1998年度经济类全国优秀畅销图书称号。《中国审计规范》、《审计人员职业道德》、《审计师手册》等一批图书也获得了社会的好评，扩大了中国审计出版社的影响。在审计署的领导下，1996年、1998年，中国审计出版社党支部先后被中央国家机关工委和审计署机关委员会评为先进党支部；1997年获工会先进集体称号。

**地址**　北京市海淀区白石桥路甲4号

**电话**　010—62170321
62170001

**邮编**　100086（王永平　王松宝）

**【中国审计报】**　为加大审计宣传工作的力度，进一步推动审计事业的发展，审计署党组于1998年5月初决定创办《中国审计报》，由署办公厅具体负责筹备工作。5月22日，审计署向中央机构编制委员会办公室报送了《关于申请设立中国审计报社的函》。5月25日，又向国家新闻出版署报送了《关于申请创办〈中国审计报〉的函》。8月18日，新闻出版署发出新出报（1998）948号文，同意《中国审计报》自批准之日起编入国内统一刊号；对开4版，周一刊；由审计署主管、主办。12月29日，中编委办公室发出《关于调整审计署部分事业单位的批复》（中编办字[1998]54号），同意成立中国审计报社，核批事业编制30名。

基本概况　中国审计报社成立之初，没有内设机构。工作人员共有10名，其中6名属于借调、试用。社长兼总编辑：谭绳喜；副社长：姜金和；社长助理：姚汝杰。

办报宗旨　以邓小平理论为指导，围绕经济建设和审计工作中心，宣传国家财政经济法律、法规和制度，宣传党中央、国务院关于审计工作的指示精神，宣传审计署有关审计工作的具体方针、政策和工作部署，报道审计工作动态，传播、交流审计工作经验、表彰审计战线的先进集体和模范人物，研讨、普及审计业务新知识，反映广大审计干部、职工的意见和要求，介绍国外先进的审计理论与方法。认真贯彻江泽民总书记提出的新闻工作要为社会主义服务、为人民服务的方针，严格遵守国家新闻出版的有关规定，不断改进和完善报社工作，努力办好报纸，为推动审计事业和我国经济发展作出积极贡献。

审计署于1998年10月12日至14日在京召开了创办《中国审计报》工作会议。李金华审计长和署党组成员、纪检组长吴定富到会作了重要讲话。会议通报了《中国审计报》的筹备情况，布置了组稿、发行等任务，并决定在署驻地方16个特派员办事处设立中国审计报社记者站，在各省、自治区、直辖市和计划单列市审计厅（局）配备通讯员。

《中国审计报》国内统一刊号为GN11—0260，邮发代号为1—256。该报于1998年11月27日、12月18日相继试刊两期，于1999年元月正式出版发行。

**【计算机技术中心】**　1995年审计署机构改革时，根据审计署1995年9月18日的决定，由原综合司计算机室改建成独立的、正司级事业单位计算机技术中心，编制40人。

中心领导：

副主任

胡文博 1995.5.——1998.9.

思 途 1995.9.18——

张德山 1998.4.——

主任

张德山 1998.9.——

**主要职能** 负责审计系统计算机技术应用的总体规划和技术规范,组织、开发相应的应用软件,负责常用的计算机知识技术的培训和辅助审计软件的推广应用,承办署领导交办的有关计算机技术的管理工作。1994年至1998年,计算机技术中心为审计工作信息化建设做了一定的基础性工作,收到较好的效果。

**实现局部网络化** 为适应我国经济信息化建设蓬勃发展的形势,1995年审计署决定建设全国审计机关办公决策服务系统。据此,计算机技术中心(包括前综合司计算机室)与署办公厅,认真总结多年来审计机关应用计算机技术的实践,吸取有关部委信息化建设的经验与教训,草拟了总体设想和相关的技术方案,并印发了《关于建设全国审计机关办公决策服务系统的通知》(审办办发[1995]88号)和《关于开通全国审计机关计算机远程通信网络的通知》(审办办发[1995]90号),1996年又印发了《关于印发全国审计机关办公决策服务系统总体规划纲要的通知》(审办办发[1996]35号),1996年和1997年还连续下发《全国审计机关办公决策服务系统年度技术方案指导书》。

自1995年起,计算机技术中心和署办公厅密切配合,抓紧建设审计署机关局部网络,至1996年,已与全国各省、自治区、直辖市、各特派员办事处和驻国务院部门审计局开通了140个通讯网点。随着加密网和管理制度的逐步完善,全国审计机关计算机远程加密通信网络即告开通,于1996年7月份正式投入运行,至1998年年底,采用电子邮件的形式,通过网络传递公文和审计信息、简报、统计报表等,已超过5万份,约20 GB信息量。除绝密数据外,网上可以传递任何格式的电子数据,大大提高了审计信息传递的效率。

为规范审计机关公文的收发、登记、管理,减轻文书管理人员的劳动强度,提高文书资料的利用价值,从1996年起,审计署办公厅、计算机技术中心与四川省审计厅合作开发《审计机关公文管理及辅助办公系统》(软件)。至1998年底,这个软件已在四个单位进行试用,收到较好的效果。

在这5年间,计算机技术中心(包括前综合司计算机室)还积极做好利用第三批日元贷款建设审计信息系统。在前期准备工作中,按照国家信息中心的要求,完成了可行性报告和总体方案设计并获好评。此后,按照设计方案,克服种种困难,按期完成全部建设工程。至1998年还可以利用Internet实现了部委间的信息交换。

**计算机辅助审计** 在1996年审计署制定审计规范时,计算机技术中心一方面认真总结原综合司计算机室对1993年审计署发布的《审计署关于计算机审计的暂行规定》在实施过程中所积累的经验和存在的问题,另一方面又吸取了国际惯例做法,草拟了《审计机关计算机辅助审计办法》,并建议在《审计法实施条例》中,明确规定了计算机审计的对象和内容。这些规范和审计法实施条例的实施,为开展计算机审计提供了法律和规范依据。

在这些法律的规范下,计算机技术中心大力抓计算机辅助审计软件的开发工作。1994至1995年,原计算机室与有关单位合作开发《审计档案信息管理系统》、《商品流通企业计算机辅助审计系统》、《工业企业财务收支计算机辅助审计系统》。这些软件在推广应用中,都收到较好的效果。中心成立后,不仅自己组织力量与署有关业务司合作开发《计算机辅助财政审计系统》、《计算机辅助金融审计系统》,还大力推进署业务司与地方审计机关开发《建筑工程项目概预算编审系统》、《投资项目效益评价系统》等。这5年中,计算机技术中心不仅较好地推广《财经审计法规系统》,还不断更新法规,并推出网络版本。所有这些探索实践,有力推进全国审计机关对计算机辅助审计步伐。

1996年计算机技术中心受署的委托,组织召开了第四次全国计算机审计研讨和计算机技术应用工作会,全面总结近几年来审计手段现代化的探索经验,共同研究制定今后的发展目标和实施计划。在此基础上计算机技术中心于1997年4月草拟并下发了《全国审计系统计算机辅助审计发展规划(1997年至2000年)》。此规划的实施,将从整体上提高全国审计系统的计算机技术应用水平,并尽快由探索阶段走向全面应用提高阶段。

这5年间,计算机技术中心还较好地完成与英国、巴基斯坦等国家的审计署关于计算机审计的学术交流合作项目,从中学习、借鉴了先进经验和技术方法。

**技术培训工作** 为改变过去各地审计机关对计算机技术培训采取自行制定培训标准,自定教材,自请教员的不规范状态,1997年计算机技术中心和署审计干部培训中心共同制定培训标准、培训大纲、培训规划,并下发了《审计机关计算机应用培训规划》(审办发[1997]78号)和《关于对落实审办发[1997]78号文有关问题的通知》(审办办发[1997]98号),使计算机技术培训工作基本走上正轨,从而加快审计手段现代化建设进程。

与此同时,计算机技术中心还组织力量编写了审计系统《常用计算机应用技术》培训教材及其配套的习题,作为审计系统统一的计算机技术培训用书。这本培训教材紧紧结合审计工作的特点,注重培训审计人员学习计算机技术的思维和方法,突出在审计实际工作中的应用技能。各地使用的效果都是好的,达到了预期目的。

根据培训规划、培训标准、培训大纲和培训教材的要求,计算机技术中心于是1998年共组织三次"达标"考试,各级审计机关有6821名审计人员应考,达标通过4483人。通过这些培训和考试,大大促进了审计系统的计算机应用水平。

**【审计署审计科研所】** 设有财政审计、金融审计、企业审计和外国审计四个研究室。至1998年底,科研所共有29人,其中15人具有高级专业技术职务,7人具有中级专业技术职务。

| 年份 | 所长 | 副所长 |
| --- | --- | --- |
| 1994 | 李大年 | 董大胜　钟胜复　王永庆 |
| 1995 | 董大胜 | 钟胜复　王永庆 |
| 1996 | | 孙宝厚(主持工作)　钟胜复<br>王永庆 |
| 1997 | | 孙宝厚(主持工作)　钟胜复<br>庄恩岳 |
| 1998 | 王大成 | 孙宝厚(98.4月调外资司)<br>庄恩岳(98.7月调南审) |

5年中,审计署审计科研所研究的主要理论课题包括:简明审计定义,在社会主义市场经济条件下应建立什么样的审计监督机制,如何发挥审计部门的职能作用,如何科学划分审计监督的范围,怎样处理各级政府划分事权与审计监督的关系,对非国有经济组织的审计监督等;研究的主要应用课题包括:财政审计,企业审计,预算单位银行账户审计,内部控制审计测评,审计抽样等。此外,还主持编写了高等院校审计专业主干教材——《政府审计》,为审计干部知识更新需要主持编写了《审计师手册》,参与了审计工作规范的研究与制定工作,参与了《中国审计学》、《中国审计体系研究》、《走向二十一世纪的中国(审计卷)》等重要著作的编写工作。

这几年审计科研工作能取得较好的成绩,一是领导重视,具体工作者提高了对审计科研工作的认识。1996年1月,郭振乾审计长在全国审计工作会议的讲话中指出,加强审计理论研究工作,是搞好审计工作的重要前提之一。他希望科研部门密切联系实际,集中力量研究和解决关系审计工作全局的重大问题,并提出了"在社会主义市场经济条件下,应建立什么样的审计监督机制"等课题,要求深入研讨,并亲自撰写论文参加研讨会。二是改进科研管理方法。从1994年开始,审计署审计科研所每年召开一次有各省、自治区、直辖市审计科研所负责人参加的科研协作会,组织、协调全国的审计科研力量,重点围绕审计署确定的课题展开研究。几年来,组织全国审计科研人员共同研究的重点课题包括:简明审计定义、社会主义市场经济体制下的审计监督机制、企业审计、预算单位银行账户审计等,都取得了较好的成效。三是改进了审计科研方法。理论来源于实践并指导实践。这几年,审计科研所都是根据审计实践发展的需要、根据建立和完善社会主义市场经济体制对审计提出的更高的要求确定研究课题,在研究中,科研人员积极参与审计实践,或邀请审计实际工作者共同进行研究,使理论研究密切联系实际,使研究成果能切实发挥指导作用。

财政审计研究　1994年《审计法》的颁布,标志着我国审计监督工作进入了一个新的历史发展阶段,同时,也给审计科研提出了很多新的课题。其中对本级预算执行情况进行审计监督,是《审计法》的重大突破。审计署审计科研所围绕审计机关对本级预算执行情况进行审计监督这一专题,组织力量开展课题研究,于1994年底提交了《财政审计研究》的课题报告(发表于《审计研究》1995年第一期)。

课题报告强调,财政审计是政府审计的主要内容,是完善国家财政管理的必要环节,审计中应建立"同级审"与"上审下"有机结合的混合性财政审计体制。研究报告还指出,"同级审"应抓住"一个中心环节,两个基础环节"。中心环节是指预算年度已经结束,财政部门或本级政府已经提出预算执行情况报告之后,审计机关对本级预算执行情况进行审计。两个基础环节一是指对同级税务等部门财政收入征收的审计,二是指对各部门、各单位有关财政拨付资金使用情况的审计。"同级审"的对象主要应是本级政府提请本级人民代表大会常务委员会审查批准的具体的预算执行情况报告,即决算草案。"同级审"的主要内容应包括预算收支的真实性、合规性和效益性。研究报告还强调了开展同级财政审计之后上级审计机关坚持对下级政府预算执行和决算进行审计监督的必要性,指出:实行分税制财政审计体制以后,仍然存在着地方或下级财政挤挤中央或上级财政收入的问题,对同级财政审计的质量应建立监督机制等原因,仍应坚持实行"上审下"体制。

"上审下"应主要对财政决算进行审计。上述观点为当时各级审计机关开展以本级预算执行情况审计为主要内容的财政审计提供了有益的理论参考。

**简明审计定义研究** 审计是一项专业性较强的工作。能否做好审计工作,一方面取决于审计人员的努力,但更取决于社会对审计工作的认识和支持。深刻揭示审计的本质特征及其发展规律是审计理论研究的长期任务,而能用简明通俗的语言来介绍审计工作,以使社会各方面了解、认识并支持审计工作,使审计人员牢记自己的职责并自觉做好本职工作,从而改善审计的外部和内部环境,推动审计事业的更快发展,同样是审计理论研究的一项不可忽视的任务。1995年初,郭振乾审计长向各级审计机关、审计学会、审计科研和教育部门的同志发出《关于研究审计定义的一封信》,号召大家研讨、确定一个简明、通俗,能够基本反映审计特征、并与国际惯例接轨的审计定义。全国审计战线的理论和实务工作者以极大的热情投入了这项研究工作。1995年10月,中国审计学会、审计署科研所等4家单位在青岛市联合召开了审计定义研讨会。

通过深入的研讨,将简明审计定义的表述定为:"审计是独立检查会计账目,监督财政、财务收支真实、合法、效益的行为。"这一表述包含六个方面的含义:第一,审计的独立性,这是审计监督的本质特征;第二,审计的主体,独立于被审计一方;第三,审计的对象或客体,即财政、财务收支;第四,审计的基本工作方式是检查会计账目;第五,审计的职能是监督;第六,审计作为一种有目的的行为,其目标是保证财政、财务收支的真实性、合法性和效益性。研究和确定简明审计定义,对于活跃审计理论研究气氛,推动审计理论研究工作的进一步开展起到了积极的作用。

**预算单位银行账户审计研究** 1996年10月,审计署办公厅与科研所联合组织在江苏省苏州市召开了全国审计理论研讨会,郭振乾审计长在会上作了《加强对预算单位银行开户的审计监督》的专题发言。此后,审计署各位领导先后发表了一系列重要讲话和文章,阐述了加强预算单位银行账户审计的重要性和必要性,从而掀起了一个学习、研究和开展预算单位银行账户审计的热潮。

1997年7月,审计署办公厅与科研所联合组织在湖南省张家界市召开预算单位银行账户审计理论研讨会。审计署科研所以课题组名义向研讨会提交了题为《预算单位银行账户审计问题研究》的研究报告,内容包括:预算单位银行账户审计的意义,预算单位多头开户的原因,预算单位银行账户审计的内容、方法,规范预算单位银行账户的建议。编辑《审计理论文集》。与审计署办公厅、审计署财政审计司联合编辑《预算单位银行账户审计理论与实践》论文集。

审计署科研所研究人员还以个人名义发表了多篇关于预算单位银行账户审计方面的论文,如:《审计账户 区分责任》(《预算单位银行账户审计学习材料汇编》),《账户入手 全面揭示 促进管理》(《审计理论文集》),《加强预算单位银行账户审计 促进经济、社会的健康发展》(《审计理论文集》),《试论预算单位银行账户审计的技术方法》(《审计理论文集》),《审计预算单位银行账户应做的几项工作》(《审计理论文集》),《怎样从账户入手进行审计》(《审计研究简报》1997年第3期),《关于预算单位银行账户开户审计的三点想法》(《审计研究简报》1997年第12期)。

**企业审计研究** 中国共产党第十四次全国代表大会确定我国经济体制改革的目标是建立社会主义市场经济体制。为此,中央制定了一系列方针政策,尤其就国有企业改革和发展问题,采取了多项重大举措,加大了国有企业改革的力度。这对审计工作来说,既是机遇又是挑战,有许多新的现实问题需要探讨研究。审计署科研所一直将国有企业及国有控股企业的审计作为重点、难点问题,进行了持续的研究,同时也探讨了作为社会主义市场经济重要组成部分的非国有经济的审计问题。1、1994年,进行了《现代企业制度与审计监督》课题的研究,对现代企业审计的国际惯例进行了收集,对我国审计机关审计国有企业的必要性、企业内部审计及社会审计的发展方向等进行了论证,对当时企业审计工作提出了建议。2、1995、1996年,以审计署科研所为主,并组织了外部有关人员,编写、出版了《企业财务审计操作指南》一书,该书有助于规范企业财务审计业务的操作。3、1997年,审计署科研所安排了国有企业审计和非国有经济审计的专题研究。前者主要是研究国有企业审计如何与预算执行审计相结合、国家审计如何与社会审计相结合,后者主要研究非国有经济审计的基本理论问题、城市非国有经济的审计监督以及乡镇(农村)经济的审计监督。有关论文收集在1998年出版的《审计理论文集》之中。4、1998年3月,审计署科研所组织在江苏省南京市召开全国审计科研协作会议,通过协商确定了各地科研部门的研究课题,其中包括企业审计的课题。1998年11月，审计署科研所组织在福建省厦门市召开全国企业审计研讨会，与会代表就企业审计课题进行了研讨，收到了较好的效果，推动了地方审计科研工作。5、审计署科研所以《审计研究简报》形式向审计署领导及有关单位提供了年度科研计划外研究成果，其中属于企业审计研究方向的有：《当前企业财务审计应注意解决的几个问题》(1995年第11期)，《国家审计机关有权对非国有经济进行审计》(1997年第5期)，《改进国有企业财务审计工作的几点思考》(1997年第8期)，《论建立以审计机关为主导的国有企业及国家控股企业审计制度》(1997年第12期)，《国有企业真实性审计的几点思考》(1998年第2期)，《突出重点着力打假》(1998年第3期)，《论会计报表公允性及其对企业审计的影响》(1998年第4期)，《论审计风险要素及其对深化企业审计的意义》(1998年第5期)。

内部控制审计测评与审计抽样研究　根据审计的不同目标和在审计发展的不同阶段，审计取证的基本模式是在不断发展的，主要包括账目基础审计、制度基础审计和风险基础审计三种模式。账目基础审计是以全部经济业务或会计事项、账目为基础，从直接依据会计资料进行普遍审查入手收集有关审计证据，并主要依靠此类证据形成审计意见和结论的审计方法；制度基础审计是在对被审计单位内部控制系统进行调查，并在评估内部控制系统的基础上决定审查的范围和重点，进而进行实质性测试的一种审计方法；风险基础审计是在分析审计风险的基础上，统筹使用各种审计测试方法，综合各种审计证据，以形成具有合理审计意见的一种审计方法。

鉴于我国审计实际工作中审计取证基本模式正处于从账目基础审计向制度基础审计的转化过程中，审计署审计科研所重点研究了内部控制审计测评和审计抽样两个技术性较强的专题。1. 内部控制审计测评。1996年—1997年，审计署审计科研所组成课题组，系统研究了内部控制的概念，内部控制调查、测试和评价。报告指出，内部控制审计测评是指为了实现审计目标、控制审计风险和减少审计工作量，对被审计单位相关内部控制的设置与执行状况进行的调查、测试和评价。测评内部控制的目的在于决定审计性质、选择审计方法、确定审计规模、修改审计计划和促进被审计单位改进内部控制。内部控制测评主要分为调查、测试和评价三个步骤。调查是指对被审计单位与财务审计相关的内部控制的状况进行考察了解，摸清其内部控制的基本情况，为测试和评价其内部控制的可靠性提供依据；测试是指对内部控制程序和措施执行情况进行测试，为评价内部控制的可靠性提供依据；评价是根据内部控制调查和测试的结果，对被审计单位内部控制风险作出评价，确定内部控制的利用程度。2. 审计抽样。1996年—1997年，审计署审计科研所组成课题组，系统研究了审计抽样的概念、审计抽样的基本程序、符合性测试中的审计抽样和实质性测试中的审计抽样。报告指出，审计抽样是指在审计过程中，从审计总体中选取样本进行审查，并以样本的审查结果推断审计总体特征的一种审计方法。研究审计抽样方法以指导和规范审计抽样实践，在保证审计工作质量的前提下，提高审计工作效率，同时，采用规范的审计抽样方法也是跟上国际审计发展的步伐，与国际审计接轨的需要。

报告强调，审计抽样方法不适用于下列情况：法纪审计、审计总体规模过小的审计事项、被审计单位内部控制较差的审计事项，此外，偶然审计或间隔时间过长的定期审计，也会影响审计抽样方法的使用。采用审计抽样方法，要客观正视审计抽样风险，审计人员要根据审计目标，谨慎确定抽样结果的可靠性和精确度并计算样本量，采用适当的方法选取并审查样本，根据样本审查结果科学计量审计风险并将其控制在审计目标所要求的限度之内。

**【地方审计科研简介】**

上海市审计科研所　上海市审计科研所下设科研室、资料室、《上海审计》编辑室，上海市审计学会秘书处挂靠科研所。1995年，科研所开展了《国家审计在宏观经济调控中的作用》和《现代企业审计理论与实践研究》两个重点课题的研究，该两个课题被上海市科协批准为1995年度重大软科学研究项目。其中，《现代企业审计理论与实践研究》在首届全国优秀审计科研论文评选中获得一等奖；1996年—1998年，科研所完成的《审计规范研究》、《国有控股公司审计研究》和《经济责任审计研究》等课题，分获1995—1997年度、1997—1999年度上海市审计学会优秀论文奖。此外，科研所与市审计学会共同研究的《注册会计师独立审计执业环境研究》获1997年第二届全国优秀审计科研论文一等奖。

天津市审计科研培训中心　天津市审计科研培训中心下设办公室、研究室(学会秘书处)、培训部、编辑部、发行部。1994年—1998年，天津市审计科研培训中心与天津市审计学会合作研究的课题有：怎样在企业转机建制中发挥内审作用，社会审计向规模化发展问题，审计执法与审计准则问题，社会主义市场经济体制下的审计基本理论问题，财政审计，审计定义，科学划分审计监督范围，非国有经济审计问题探讨，关于财政预算执行情况审计，内部控制制度测评与审计抽样，现代企业审计，审计在转变经济增长方式中的地位和作用，经济效益审计，企业集团审计，环境审计等17项。其中，“社会主义市场经济体制下的审计基本理论问题”和“经济效益审计”课题是受中国审计学会委托而承担的重点科研课题，专题研究报告先后在《审计研究》上发表：“企业集团审计”在研讨的基础上，形成了《审计机关企业集团审计财务审计实施办法》。

辽宁省审计科研机构　辽宁省审计科研所下设研究室、编辑部、发行部和办公室。1994年—1998年，完成的科研课题包括：宏观经济审计论，预算单位银行账户审计的理论思考，试论企业审计的创新与发展，关于现代企业制度的探讨，预算资金使用效益审计研究等。其中，1994年8月锦州审计局课题组的《宏观经济审计论》获首届全国优秀审计科研论文评选一等奖，1997年辽宁省审计厅课题组的《预算单位银行账户审计的理论思考》获第二届全国优秀审计科研论文评选二等奖，1998年辽宁省审计厅课题组的《试论企业审计的创新与发展》被中国审计学会评为审计优秀学术论文二等奖。

辽宁省在审计科研中，坚持紧密联系审计实践，指导审计实践。沈阳市率先推出了全国第一部离任审计地方法规，辽宁省审计学会根据离任审计研究的成果起草了《辽宁省国有企业厂长(经理)离任审计条例》，1995年，辽宁省八届人大常委会第二十三次会议讨论通过了这个条例，从而使辽宁省离任审计工作走上了法制化、规范化的轨道。

山东省审计科研所　山东省审计科研所下设科研室、山东审计编辑部、情报室(《审计文摘》编辑部)、办公室。5年间共确定下达省级重点审计课题研究29项，完成科研成果175项，并组织5次审计成果奖评选，评出获奖成果92项，其中一等奖15项、二等奖29项、三等奖48项，另对43项成果给予了鼓励奖。省审计科研所承担并完成的课题共15项，分别获得山东省审计科研成果奖、山东省社科优秀成果奖、中国审计学会审计优秀论文评选(共20项)一等奖6项、二等奖8项、三等奖6项。5年间获得山东省审计科研成果奖一等奖，或获得山东省社科优秀成果、全国审计优秀论文评选三等奖以上的研究成果共20项。《关于深化内部经济效益审计几个问题的探讨》获首届全国优秀审计科研论文评选二等奖；《审计在经济增长方式中的地位和作用》获1998年度中国审计学会优秀论文评选二等奖；《企业审计风险研究》获1998年度中国审计学会优秀审计论文评选二等奖。

浙江省审计科研所　5年来，浙江省审计科研所共承担并完成全国和省社联、省哲学社会科学领导小组及省厅的审计科研课题约20个，组织召开学术研讨会9次，交流论文200余篇，为繁荣审计学术研究、促进审计事业发展作出了贡献。1994年，撰写的“论企业资产保值增值审计”论文，在首届全国优秀审计科研论文评选中获三等奖；1995年，组织了“我省企业审计监督研究”等学术论文；1996年，参加了审计署科研所组织的“论社会主义市场经济条件下审计监督机制”协作课题研究，论文在第二届全国优秀审计科研论文评选中获三等奖；1997年，完成了审计署科研所组织的“对当前过多银行账户的思考”和中国审计学会组织的“开展符合中国情况的环境审计”协作课题研究，论文分别在第二届全国优秀审计科研论文评选中获优秀奖和二等奖；1998年，完成了审计署科研所组织的“市场经济体制下企业审计研究”、“论财政同级审和上审下相结合”协作课题研究；完成了中国内部审计协会组织的“试论社会主义市场经济条件下内部审计的体制和职能”课题，获得了中国内部审计协会优秀论文评选一等奖。

安徽省审计科研所　安徽省审计科研所下设科研室、编辑室、办公室。1994年，针对《审计法》颁布后审计工作面临的新情况、新问题开展对策研究，内容主要涉及财政审计、企业审计、宏观经济审计等。1995年，撰写的《从社会主义市场经济的基本特征看强化审计监督》获首届全国优秀审计科研论文评选三等奖。1996年，完成全国审计科研协作课题研究论文《试论审计监督范围的科学划分》；1997年，撰写的《审计监督范围划分的基本原则》获第二届全国优秀审计科研论文评选二等奖。1998年，完成了全国审计协作课题研究论文《对股份制企业审计若干问题的探讨》；此外，还开展了“大农业审计”研究，研究成果被《中国审计报》刊用。

福建省审计科研所　福建省审计科研所主要承担审计理论研究，《福建审计》、《审计资料》的编辑出版发行，福建省审计志的编纂及省审计学会秘书处的日常工作等。所内设科研出版科和综合科。1994年—1998年，科研所共承担并完成了省、部级研究项目10项，自定研究项目20项，其中有7项研究成果在省级以上刊物发表，有4项获得省、部级以上奖励。主要研究成果有："环境审计"的研究，研究论文在《审计研究》1997年第3、4两期上全文发表，在全国、全省优秀审计论文评选中均获得一等奖；"预算单位银行开户审计"研究，获得全省审计优秀论文二等奖；"社会审计质量控制"研究、"建立科学的审计监督体系，更好地为推进两个转变服务"研究、"现代企业审计"研究，"预算执行情况审计"研究，"审计风险"研究等，都取得了较好成效，为繁荣发展福建省的审计事业起到了积极的作用。

江西省审计科研所　江西省审计科研所设有科研管理部、学会工作部、咨询服务部、编辑部和办公室。1994年—1998年科研所重要科研成果共21项，主要有："在社会主义市场经济体制下如何改进企业审计，社会审计的地位与作用，贯彻企业经营机制转换条件如何发挥内部审计作用，如何提高审计质量加大审计执法力度，财政同级审的研究，如何提高审计质量的研究，深化企业审计，重点抓好国有资产运营效益审计的研究，社会主义市场经济下审计监督制度的研究，江西省乡镇村级财务管理状况调查和审计监督的思考，论审计质量及控制，财政同级审有关问题的探讨，加强审计监督服务宏观调控等。

广东省审计科研所　5年来广东省审计科研所与省审计学会共同组织全省各级审计机关及审计学会，先后对股份制企业审计、现代企业制度与审计工作改革、企业资产负债损益审计、乡镇企业审计、农业资金审计、审计监督机制问题、财政审计与账户入手审计、国有企业审计等问题，开展了理论研究和探讨。其中主要包括：《建立现代企业制度与企业审计改革》、《国际内部审计师协会》、《论现代企业制度与内部审计》、《影响审计执法的因素分析及对策》、《对预算单位银行账户审计的探讨》、《准则管理与制度管理》、《关于现代企业审计基本特征的探讨》、《论重点建设项目的跟踪审计》。

湖北省审计科研所　湖北省审计科研所设有科研部、编辑部、学会部和办公室。1994年—1998年间共完成审计署有关部门、省社科联及省厅、学会布置安排的重要审计科研课题20多项，主要有：财政审计理论与实践的研究（专著）；经济责任审计研究，负责起草并正式出台了《湖北省领导干部、企业领导人员经济责任审计操作指南》；审计在"两个转变"中的地位、作用、任务，审计风险研究，乡镇审计的调查与研究等。近年来科研所共有18项科研成果分别获得中国审计学会、审计署科研所、省社会科学联合会和省审计学会奖励，其中：《审计在"两个转变"中的地位、作用、任务》，《谈综合财政审计的思路》，《论监督财政》等文章分别获得中国审计学会、审计署科研所和湖北省社科联二等奖、三等奖。

湖南省审计科研培训所　湖南省审计科研培训所设有科研室、培训室、编辑部、办公室，承担全省审计科研、培训和《湖南审计》杂志的编辑发行工作。近年来，围绕审计署科研工作计划结合湖南特点开展了以下几项课题的研究：审计真实性问题的研究；经济责任审计研究；财政审计研究等。其中，《关于现代审计监督范围科学划分的思考》的课题论文获第二届全国优秀审计科研论文二等奖，《从账户审计入手深化本级财政预算执行审计》、《论真实性审计中的审计报告》获中国审计学会1998年审计优秀论文三等奖。

河南省审计科研所　河南省审计科研所设有科研一、二、三室、情报室、办公室、咨询室。1994年—1998年，审计科研工作遵循应用理论研究与基础理论研究相结合，重点突出应用理论研究，坚持为经济体制改革服务、为领导决策服务、为审计实践服务的宗旨，共完成了财政审计若干问题的研究、财政审计与专业审计的结合点、现代企业建设与审计、预算单位银行账户审计、环境审计应用、国有控股企业审计、企业真实性审计等33个审计科研课题及调研报告。其中：在省级以上刊物发表18篇；获全国审计科研一等奖2个、二等奖3个、三等奖2个；获省级审计科研一等奖3个、二等奖4个、3等奖1个，草拟的三项省级法规已正式颁布执行；出版1部专著。

陕西省审计科研所　1994年以来，陕西省审计科研所共完成8项重点审计科研课题，先后完成了《陕西审计史简论》、《现代内部审计基础理论的若干研究》、《社会审计理论探微》、《改制企业审计研究》、《浅论效益审计》、《环境审计初探》等课题。其中，《社会主义市场经济审计基本理论探讨》获首届全国优秀审计科研论文一等奖；《现代内部审计理论的基础研究》获1996年中国内部审计优秀论文二等奖；《论预算执行审计》获第二届全国审计科研优秀论文一等奖；《关于非国有经济审计几个基本理论问题的初探》获全国审计科研优秀论文三等奖；《市场经济体制下社会审计中介服务的功能与作用》获1998年陕西省政协、陕西省政府优秀论文奖。

宁夏回族自治区审计科研培训中心　宁夏回族自治区审计科

研培训中心设有科研科、培训科、信息科、《宁夏审计》编辑部及宁夏审计学会秘书处。几年来，科培中心主要就“审计在宏观调控中的地位和作用”、“社会主义市场经济体制下的审计监督”、“严格审计执法”、“财政预算执行情况审计”、“预算单位的审计技术与方法”、“深化企业审计”和“领导干部离任审计”等专题，先后组织召开研讨会9个，完成全国和自治区重点审计科研课题26个，广泛动员审计人员撰写审计论文、调查报告、工作研究等500余篇。科研成果在中国审计学会组织的审计优秀论文评比中，有4篇论文获三等奖；在宁夏第六次和第七次社会科学优秀成果评比中，有3篇论文和《审计案例》一书获三等奖。

**【中国审计学会】** 是中国研究审计科学的群众性学术团体，1984年12月17日成立于北京。中国审计学会的基本任务是：坚持四项基本原则，贯彻“百花齐放，百家争鸣”的方针，理论联系实际，开展学术研究活动，建设具有中国特色的审计理论和方法体系，为我国的社会主义现代化建设事业服务。中国审计学会的主要工作包括：第一，组织和推动审计科学的理论研究与学术交流活动；第二，联系审计工作实践，探讨审计发展规律；第三，宣传党和国家有关审计和财经方面的方针、政策和法规；第四，出版审计刊物和丛书，普及审计知识，提高审计理论水平；第五，进行智力开发，培养审计人才；第六，开展国际学术交流活动，研究和介绍国外先进的审计理论、方法和制度。中国审计学会的最高领导机构为理事会。理事会的理事由各团体会员和其他有关组织推荐，经协商、选举产生。常务理事会设秘书处，处理学会的日常工作。中国审计学会成立15年来，根据经济发展的形势和审计事业的发展情况，安排了一系列的审计理论研究课题，多次主持召开全国性学术大会和专题研讨会，组织撰写了多部审计学研究方面的论文集和专著，并出版了《审计研究》和《审计研究资料》理论刊物，对我国审计事业的发展起了极大的推动作用。中国审计学会会址设在北京。第一、二、三届会长均为于明涛。

*《审计研究》杂志简介* 《审计研究》杂志是唯一的由国内最高学术组织——中国审计协会主办，面向全国审计工作者的审计学术性刊物，其理论研究与实务研究并重，内容涉及国家审计、民间审计和内部审计领域，因而被国内众多科研机构、大专院校指定为评定职称的唯一认可期刊。《审计研究》杂志设立了“理论研究”、“实务研究”、“国外审计”、“来稿摘编”、“学术动态”五个固定栏目，此外还根据情况开辟一些论坛性栏目，是审计理论工作者和实务工作者的重要参考。

《审计研究》杂志为双月刊，16开本，每期64页。国内外公开发行。主编杨树滋，副主编阎金锷、张以宽、刘力云。

*1994年—1998年《审计研究》刊登的部分论文目录*

1. 王光远：《论管理审计的概念》1994年第3期 P10—15

2. 张杰明：《现代审计与内部控制》1994年第3期 P19—21

3. 张立民：《变化中的内部审计》1994年第3期 P48—49

4. 审计署科研所课题组：《财政审计研究》1995年第1期 P29—34

5. [美]苏伦斯·B·索耶：《内部审计的理论与方法》1995年第5期 P42—49

6. 张玉编译：《亚洲各国公共工程项目审计概述》1996年第4、5期连载

7. [美]安东尼里德利：《内部审计—21世纪的展望》1997年第1期 P45—49

8. 孙坤：《论审计职业风险》1997年第4期 P40—44

9. 汤云为 储一昀：《当代审计的发展趋势》1997年第5、6期连载

10. 尤家荣：《论审计测试风险》1998年第5期 P35—38

*关于境外企业审计的研究* 适应我国经济改革和发展经济建设的需要，许多部门和企业在境外有不少投资，需要对其资产完整、盈亏真实、效益优劣进行审计，加强监督管理。1995年，学会在广州市举办了专题研讨会，一些主管部门、审计机关、大型企业和学术单位的代表参加了会议，提出了20多篇具有针对性的学术论文，取得许多可操作性的成果。

*关于经济特区审计的研究* 在我国经济体制改革中兴起的经济特区，对推进社会主义经济的发展起了很重要的作用，其经济政策与管理方法使特区审计具有许多明显的特点。学会于1995年在福建省武夷山举办了专题研讨会，组织各个经济特区审计部门的代表和一些财经院校的教授研究了特区审计的特点、内容、重点和模式。这个课题的研究成果已由中国审计学会汇编成《经济特区审计》一书出版。

*关于社会主义审计基本理论问题的研究* 从1994年成立中国审计学会以来，对审计的理论问题进行了多方面的探索。例如审计的性质、职能、作用、定义、程序、方式、方法等，经过广泛的研讨，产生了若干适合中国经济发展情况的论述，对促进我国社会主义审计理论的建设和发展起了

重要作用。但经济体制改革的深化与市场经济体制的建立，对审计发展提出许多新的问题，需要在过去审计理论研究成果的基础上，根据新形势的要求，借鉴国外近年审计理论的新发展，对社会主义审计的理论作全面、系统、综合的研究，探索审计理论的框架，用以建设我国社会主义审计理论体系。1995年，中国审计学会把这个课题列为重点研究项目，由四川、陕西、天津三省、市审计学会牵头，组织许多地区的审计学会和财经院校广泛进行探讨。当年5月，在成都市举办了审计基本理论研讨会，参加会议的30多位教授、专家提交了学术论文，针对审计的本质、目的、假设、原则、概念、规范等要素，概括几种理论结构模式，展开了热烈的讨论。此项新成果，对促进我国审计理论和实务的发展具有重大作用。该项学术研究成果已在1995年和1996年出版的《审计研究》刊物上陆续刊登。

关于现代企业审计制度的研究　随着我国经济体制改革的深入发展，企业改变经营机制，国家改变财务会计模式，企业审计面临新的形势和要求。1994年，学会确定以《现代企业审计制度》为重点课题，由辽宁、广东、北京三个省、市学会牵头，组织各地审计学会广泛进行研究。北京和辽宁、广东、湖北、上海等地都举办了中、小型学术研讨会，对社会主义企业审计在新形势下的重要性和地位，在政府审计、社会审计、内部审计领域中企业审计的不同重点和要求，及其在审计内容、审计要求、审计方式、审计方法等方面所需改进和变革的问题等，都进行了深入的探讨。这个课题的综合研究成果，由辽宁省审计学会在1996年5月中国审计学会三届二次理事会上作了专题学术报告并在当年6月《审计研究》第3期上发表。

关于审计在宏观经济调控中作用问题的研究　在建立社会主义市场经济体制的过程中，既需加强企业审计，又应发挥审计在宏观经济调控中的重要作用。为此，学会把它列为1994年重点研究课题，由湖北、吉林、上海三个省、市学会牵头研讨，对审计在宏观经济调控中的必要性及其理论、实践和法律依据，审计在宏观经济调控中的地位和作用及其内容、重点、方式和方法，以及审计对此应当注意和解决的问题等，进行了深入、系统的探讨，取得许多新的论点和意见。这个课题的综合研究成果，由湖北省审计学会在学会三届二次理事会上作了专题学术报告，并刊登在1996年《审计研究》第3期。

关于组织《审计法》的学习活动　1995年1月1日开始施行的《审计法》，是我国实施审计、开展审计业务、研究审计理论的依据。中国审计学会在1995年把学习和宣传《审计法》作为学会的工作重点，组织了多次学习讨论会；同时在学会的《审计研究》、《审计研究资料》两个刊物上发表多篇文章对《审计法》进行宣传。

关于参加审计定义的研讨活动　1995年1月，郭振乾审计长向各级审计机关、审计学会、审计科研和教育部门发出关于研究审计定义的公开信，中国审计学会组织各地区审计学会对此广泛讨论，通过《审计研究》刊物向全国审计工作者提供国内外主要论著中关于审计定义的资料，并于当年10月与审计署科研所、办公厅、出版社在青岛共同举办了审计定义的专题研究讨论会，其成果已在《审计研究》刊物上发表。

关于组织国际审计学术研讨会　在建立我国社会主义市场经济体制的过程中，审计理论和实务需要结合新的形势加以改进、充实和提高，而国外90年代的审计理论和方法有重要的发展，值得借鉴和研究。1995年10月，中国审计学会与中国内部审计学会共同在上海举办了国际审计研讨会，邀请英国、美国、澳大利亚等国家和世界银行的7位著名审计学者、专家来华，与我国20余位审计教授、专家聚集一堂，就国际审计理论和实务的最新发展，相互进行交流研讨。在召开学术研讨会的同时，组织我国审计机关、财经院校、重点企业的100多位代表参加讲习班，由外国专家系统介绍国外近期审计理论和实务的发展趋向，包括深化效益审计、开拓环境审计、实行质量审计(与lSO9000质量论证体系结合)、采用风险评估等内容。这次研讨会和讲习班的内容很丰富，既有超前性，又有现实性，对我国在世纪之交拓宽审计理论与方法的研究领域具有很重要的作用。其研讨成果已在1996年《审计研究》、《审计研究资料》刊物上分期陆续刊登。

关于审计在两个根本转变中的地位和作用的研讨　党的十五大要求积极推进经济体制和经济增长方式的根本转变，努力实现“九五”计划和21世纪前十年的宏伟发展目标。审计事业必须围绕这个目标开拓前进。学会把这个重要课题作为1996年与1997年两年研讨的项目，由广西、山东、云南三省审计学会牵头，组织各省、直辖市、自治区审计学会进行研讨。这个课题引起政府审计、内部审计和社会审计等各方面的重视，许多学者、专家、审计人员热情参加研讨并撰写学术论文。1997年11月，学会在桂林市举办了专题研讨会，与会同志认为研究这个课题十分必要，它对贯彻党的十五大精神，适应两个根本性转变的要求，开拓新的审计领域指明了方向。会上，许多同志就改进审计业务的内容和方法等，提出了许多新的论点。这些成果已在《审计研究》刊物上发表。

关于环境审计的研讨　这是我国审计学术研究的一个新领域。中国审计学会在1997年将其定为重点研究课题之一，由福建、浙江、江西三省审计学会牵头研讨。1997年6月，学会在厦门市举办了专题研讨会，与会同志提交了20多篇论文，对环境审计问题进行了深入探讨。研讨会上，与会代表一致认为环境保护是可持续发展的重要战略，研究环境审计刻不容缓。这次会议对环境审计的范围、对象、内容、重点、标准和方法，以及开展此项审计需要解决的主要问题，进行了充分的讨论和阐述。这些内容，已在1997年《审计研究》第3期上刊登。

关于经济效益审计研讨　效益审计是现代审计的一个主要内容，它在国际上是为了促进社会经济的持续、快速、健康发展而兴起的，在内部审计、政府审计、社会审计的业务中都已居于日益重要的地位。中国审计学会1984年成立后，首次在长春举行学术研讨会的课题就是效益审计；此后陆续进行了多次研讨，获得了不少成果，促进了我国效益审计理论和实务的发展。学会根据许多学者的意见，在过去研究的基础上，结合新的发展，1998年把它作为重点研究课题，由上海、天津、北京三市和四川省的审计学会牵头对经济效益审计问题进行综合、系统的研讨。当年11月，在南京市举办了专题研讨会，回顾了我国效益审计理论和方法的发展概况和初步成效，研究了效益审计的涵义及其与相邻学科和其它审计种类的异同，深入论证了效益审计的基本程序，包括证实数据真实、证实效益优劣、证实差距大小、证实潜力所在等四个层次，讨论了在财务、经营、生产、技术领域中挖潜增效的方式和方法，对经济效益审计的未来发展以及应当注意研究的主要问题进行了研究。此次会议的成果，已在1998年12月出版的《审计研究》第6期刊登。

**地址**　北京市海淀区白石桥路甲4号

**邮编**　100086

（杨树滋）

## 审计论文选（摘）编

**编者注：**本年鉴因时间跨度大，资料浩繁，限于篇幅和编辑人员紧张，有许多优秀审计论文尚不能准确入选。即使入选也只能摘编。在摘编过程中，力图反映出文章的主要观点和方法，但不足之处肯定很多。为帮助读者进一步了解全文，在每篇摘编的文章后均附有论文的出处，以便读者查阅。本栏目的设置，更大的愿望是在新的《中国审计年鉴》中，能够对审计论文更加准确地摘编，推动审计学术研究的发展。

**【加强对预算单位银行开户的审计监督】**　预算单位在银行开设的账户，是财政性资金收支活动的载体和出入口，对其进行检查监督，是加强财政性资金管理，做好审计工作的重要内容和方法。

一、预算单位在银行开户过多过滥是当前财政性资金管理中的突出问题

预算单位在银行多头开户，是当前预算内资金和预算外资金管理中的一个突出问题。今年上半年，审计机关在对1995年本级预算执行审计中发现，一些地方的财政部门和行政事业单位在银行多头开户，少则十几个，多则几十个，有的甚至近百个。这些部门和单位采取多设账户的办法，逃避有关部门的管理和监督，违法违纪办理收支事项。有的隐瞒财政收入，将大量预算资金转移到预算外；有的不按规定将行政事业性收费和罚没收入纳入预算管理，缴存财政专户；有的擅自开设收费和基金项目，违反规定乱集资、乱收费；有的甚至搞账外账和“小金库”，乱支滥用资金。预算单位在银行开户过多过滥，已成为国家财政性资金分散、流失的一个严重漏洞，成为一些部门和单位违反财经法纪的主要手段。

预算单位在银行多头开户的危害性很大。首先，多头开户使预算管理和预算外资金管理的整体格局被打乱，作为政府主要经济行为的财政收支活动被分割，削弱了财政管理的统一功能。其次，大量应上缴财政统一管理的财政性资金，被部门和单位截留，导致国家财政资金分散和流失。第三，多头开户使部门和单位自主安排的财力增大，部分财政性资金成为一些部门和单位扩大基本建设规模、扩大消费基金的源头，加剧了固定资产投资和消费基金的膨胀，干扰了国家宏观调控措施的落实。第四，有些商业银行为了局部利益，利用多头开户有意将应划缴中央银行的财政性存款转移、截留、占用，影响了中央银行资金的完整性，削弱了中央银行宏观调控的能力。第五，一些部门和单位正是利用多头开户谋取小团体利益，少数人也借此搞违法犯罪活动，助长了滥发钱物、挥霍浪费、贪污公款等不正之风和腐败现象的发生。因此，应当对预算单位在银行的开

户情况进行清理，以利于集中国家财力，整顿分配秩序，促进廉政建设，同时为有关部门加强管理和监督创造有利条件。

## 二、加强对预算单位银行开户的审计监督是审计机关的重要职责

根据《预算法》和《审计法》的规定，审计机关对财政资金的收支负有监督职责，应将审查预算单位在银行开户情况作为本级预算执行和其他财政收支审计工作的一项重要内容和方法。在实施审计时，预算单位应当提供包括银行账户在内的各种会计资料。

审计机关要通过审计预算单位银行账户，查证财政性资金的真实性、完整性。预算单位银行账户是形成科学的审计结论和审计机关作出正确审计决定的基础。不真实、不完整的账户资料，不能全面反映财政性资金的运作情况。只有通过对预算单位银行账户进行审计，才能弄清财政性资金，掌握预算执行和其他财政收支的整体情况。因此，从审计账户入手，弄清预算单位在银行开设账户的基本情况，是对预算内、外财政资金收支实行全面有效监督的重要环节。审计机关在审计中，首先应要求被审计单位自报银行账户资料；然后运用审计的手段进行审查和核实。

审计机关要通过审计预算单位银行账户，提出完善和加强财政性资金管理的意见，促进预算单位银行账户管理规范化。对预算单位账户进行审计，是审计机关加强预算监督，促进健全预算约束机制的有效手段。审计账户既是对账户开设是否符合国家规定的监督，又是对账户内资金收支是否真实、合规的监督。不仅可以准确地实施预算执行和其他财政收支审计，而且可以促进预算单位按照规定在银行开户，还可以发现账户管理中存在的弊端，促进有关部门采取措施，完善制度，进一步对预算单位银行账户实行规范化管理。账户管理的规范化又可以给财政性资金的管理和监督奠定良好基础。因此，审计账户的目的和意义不仅仅局限于账户本身，更重要的在于完善财政审计监督，促进加强财政管理。各级审计机关要充分认识审计预算单位银行账户的重要意义，认真做好这项工作。要通过审计账户，督促预算单位严格按规定在银行开设账户、办理收支事项，严格由财务部门统一管理账户和资金收支，不允许多头开设账户和下属部门自行开设账户。要深入调查预算单位在银行开设账户的现状、问题、原因和后果，提出规范管理的意见和建议，积极向政府、人大和有关部门反映，促进有关部门加强管理。

还应该看到，审计预算单位银行账户这件事情做好了，对于审计工作规范化也会有很大的促进作用。审计账户是审计监督的一项基础性工作。通过审计，制止和纠正乱开户现象，促进有关部门对账户开设加以限制、约束和规范，可以使审计机关逐步做到按账户进行审计，审计的内容、方法以及作出审计决定等将会得到进一步规范。国外一些国家的审计机关就是按账户进行审计，其中一些有益的作法可资借鉴。

## 三、依靠有关部门共同搞好预算单位银行账户管理工作

国务院《关于加强预算外资金管理的决定》对预算单位预算外资金银行账户设置作了明确规定，要求“财政部门要在银行开设统一的专户，用于预算外资金收入和支出管理”，“有预算外收支活动的部门和单位经财政部门批准可在指定银行开设预算外资金支出账户”，“未经财政部门审核同意，银行不得为部门和单位开设预算外资金账户”。关于预算资金的账户管理，《财政机关总预算会计制度》和《银行开户管理办法》中都有具体规定。这些规定，既有对预算单位的要求，也有对财政、银行等部门的要求。加强账户管理应是各有关部门的共同任务。

预算单位银行开户过多过滥，主要是由于一些地区、部门和单位受自身利益驱动所致。部门和单位多头开户，是为了自己花钱方便，逃避监督，掩盖不合法的资金收支活动，为小团体和个人谋取不正当利益；一些银行给多头开户开绿灯，是为了多吸收存款。双方都有好处，故而此风愈演愈烈。因此，解决账户过多过滥问题，最根本的是各部门和单位要把国家和人民的利益摆在首位，相互支持，紧密配合，共同维护中央政令统一和国家经济秩序。

财政部门是具体组织执行预算的部门，掌有对预算单位设立账户的审批权，应带头遵守账户管理的各项规定，不能违反规定设账户；要会同人民银行共同做好财政资金账户的开设和管理工作。各级预算单位要严格执行账户设立审批制度，未经批准，不能擅自设立账户；要自觉接受监督，如实向监督机关提供银行账户的完整资料。银行要配合财政、审计部门，及时制止和纠正违反规定设立账户问题，不能为非法开设账户及办理违规收支业务开方便之门。鉴于目前预算单位账户过多过滥，有关部门应当共同行动，先对现有账户进行清理，把违反规定设立的账户压减下来。今年，一些地方审计机关在有关部门的配合下，通过审计，压掉了部门和单位在银行开设的大量账户。有的从一百多个减到几十

个,有的减掉了一半还多。这说明,只要各有关部门认真对待,通力合作,过多过滥的账户一定能够压下来。在清理整顿的基础上,各有关部门要共同协商,进一步制定和完善账户管理的法规和制度,对账户设置的原则、范围、数量、审批程序、法律责任,以及对账户管理的监督等作出具体规定。(选自《中国审计》1996年第11期,作者 郭振乾)

**【论从账户入手审计是我国审计的基础方法】** 随着审计监督在维护国家财经秩序,促进廉政建设,保障国民经济健康的发展方面的作用日益明显,努力改进审计工作,提高审计的质量和效率则越来越重要。为此,我们在认真总结我国审计工作实践经验,并借鉴西方发达国家的有益做法后,明确提出从账户入手审计是我国审计的基础方法。

银行账户作为各项资金活动的载体,决定了从账户入手审计是基础审计方法

所谓从账户入手审计,就是审计机关以作为资金活动载体的银行账户为起点,查证相应的会计账目,监督财政、财务收支的真实、合法、效益情况。银行账户是指国家机关、团体、企业和事业单位经批准在有关银行和非银行金融机构开立的各种存款账户。预算单位在银行开立的账户以及相应的各种会计账目,是各项财政性资金活动的载体和出入口,它全面、系统、连续地记录和反映了财政、财务收支的过程和结果。在正常情况下,如果各预算单位的财政、财务收支都能严格按照国家规定进行核算和管理,并按国家规定开设银行账户,则所有银行账户的资金增减变化在财政决算和财务会计报表中都应当有所记录和反映。当审计机关对各预算单位的财政、财务收支实施审计时,被审计单位应当按照《审计法》的规定,提供完整的包括银行账户在内的所有会计资料。但在实际工作中,由于这些年各预算单位的资金来源渠道增多,资金管理比较混乱,一些预算单位在国家规定的范围以外多头开设银行账户的现象较为普遍,从而导致一些财政性资金的收支在其财务会计账表中得不到反映。而且有些被审计单位不能向审计机关全面完整地提供其所有银行账户及相应的会计资料。特别是不如实提供一些隐性的预算外收支账目。在这种情况下,审计机关所审计的账册、凭证、报表等会计资料是不齐全的,所监督的资金是不完整的,有相当一部分资金游离于审计监督之外。如果不从预算单位银行账户入手进行审计,就不能揭露出各种隐性问题和深层次问题。因此,只有审计预算单位银行账户及其相应的会计账目,才能抓住问题的核心和要害,保证审计工作的质量和效果,才可以从源头和归宿全面掌握各项财政性资金的总量,弄清资金的来龙去脉,查清被审计单位财政、财务收支的真实性、合法性和效益情况。这也是揭露和防治腐败的一种有效手段和治本方法。

从账户入手审计是审计取证的主要方法,是决定审计质量的关键

审计证据是决定审计工作质量的关键。审计人员在实施审计过程中,应当通过各种必要的取证方法,获取充分、适当的审计证据,用以证实或者否定被审计单位的财务会计报表所反映的财政、财务收支活动情况,为形成客观公正的审计结论和审计意见提供依据。审计人员能否作出客观公正的审计结论,不断提高审计质量,在很大程度上取决于审计证据的相关性、可靠性与充分性。因此,从哪个方面入手以及如何入手进行审计取证,就成为控制审计风险,提高审计质量和效率的关键。为了充分、准确和高效率地取得这些审计证据,审计人员首先应考虑从何入手,即审计取证的入手方法问题。

一般来讲,审计取证入手的方法主要有三种,即账户审计入手法、内部控制审计入手法和审计风险评估入手法。这三种审计取证入手方法的具体选择和运用,主要取决于审计的目标和审计环境等因素。我国目前处于社会主义初级阶段,社会主义市场经济体制正在逐步建立。在经济体制转换过程中,一方面,各项法律、法规和制度还不够健全,经济生活中有法不依、执法不严的现象在短期内难以消除,反映在财政、财务收支方面的违纪违规问题还比较普遍,多头开户现象比较严重。另一方面,在审计环境方面存在着不少问题,主要是我国的会计基础工作还比较薄弱,内部控制制度不够健全,审计人员的素质难以适应工作要求。因此,在这种情况下,审计人员必须立足于现实,主要运用账户入手审计取证的方法,在掌握被审计单位银行开设账户基本情况的基础上,揭露其财政、财务收支方面的违纪违规问题,促进加强财政财务管理。

从账户入手审计的方法为其他审计方法的有效实施提供了前提

在审计实践中,审计方法的运用是否得当,直接影响到审计工作质量和效率。审计人员根据审计的目标和要求,正确、合理地选用审计方法,可以取得事半功倍的效果。审计方法是审计人员在长期审计实践中总结和积累起来的,并随着审计对象的日益增

多、审计种类和领域的不断扩展而不断改进、发展和完善。现代审计已经超出了传统的事后查账技术，逐步发展到广泛运用审计调查、审计分析、统计抽样审计、电算化审计及现代管理审计等技术方法，从而日趋多样化和现代化，并已逐步形成了一个比较完整的审计方法体系。这个审计方法体系主要是由基础方法、常用方法和专门技术方法等三个层次构成。银行账户作为各项资金活动的载体和出入口，起着结算中心与总体控制的作用，从而决定了从账户入手审计方法在整个审计方法体系中的基础地位，它对常用方法和专门技术方法起支配性作用。从账户入手审计，是从源头上提出解决问题的方法，这就为其他审计方法的运用提供了一个起点，奠定了基础，保证了基础审计方法的有效实施。只有从账户这个源头入手，弄清全部事实和数据，才能真正具有全面性、准确性和可靠性，才能使我们审计工作的基础更加扎实，质量得到提高。如果作为资金运作源头的银行账户资料是不全面、不准确的，其他审计方法无论运用得多么精细，得到的也只能是部分的、不完整的资金收支情况。从这个意义上来说，在整个审计方法体系中，从账户入手的审计方法是我国审计的基础方法，是审计监督的起点，它主导和影响着审计常用方法和专门技术方法等其他审计方法的运用，并为其他审计方法的正确运用提供了前提和基础。

### 从账户入手审计是促进提高财政性资金使用效益的有效途径

从账户入手审计，不是单纯为了审查预算单位的银行开户情况，其目的是为了在全面摸清资金状况的基础上，揭露和反映财政性资金分配、管理和使用中存在的问题，为政府加强预算管理和人大加强财政监督提供依据，从而促进提高财政性资金的使用效益。当前，我国财政经济领域中资金使用效益低的问题还没有从根本上解决，一些地区、部门和单位花钱不注意效益，损失浪费的现象还十分普遍。党的十四届五中全会提出实现"九五"和2010年的奋斗目标，关键是要实行两个根本性转变，要积极推进经济增长方式从粗放型向集约型转变，切实把提高经济效益作为经济工作的中心。为了适应这两个根本性转变，促进改善管理，制止浪费，使有限的资金得到合理有效的使用，不断提高资金的使用效益，必须进一步加强和改进审计监督工作。由于从账户入手审计的方法，掌握了财政性资金活动的轨迹，抓住了利弊得失的要害和根本，从而为促进提高财政性资金的使用效益提供了一条有效的途径。从账户入手进行审计，不仅可以全面了解各预算单位的资金总量和总体的财政、财务收支状况，检查财政性资金的真实性和合法性，而且可以通过对财政性资金收支账户所反映的内容进行观察和分析，系统地掌握财政性资金的收支渠道、内部资金分布与管理状况及其使用效益等情况，为评价财政性资金的使用效益提供可靠的依据；不仅可以对预算单位财政、财务收支的结果进行静态的审查，而且可以对其账户存款的结转、增减变动情况及趋势进行动态的分析，并对可疑资金的活动情况进行追踪审查，进而检查和分析各项财政性资金的使用效益情况，促进财政性资金使用效益的不断提高。

### 开展预算单位银行账户审计是实现本级预算执行审计工作规范化的基础

开展本级预算执行审计是《审计法》赋予我们的最重要的任务。实践证明，做好本级预算执行审计工作，要紧紧抓住政府财政部门、本级各部门、各单位在银行开立的预算内、外资金账户这个环节。国外一些国家的审计机关就是用一年审计多少账户来规范政府财政审计工作的。比如，英国审计署每年对国家行政和立法机构等单位共审计400多个账户。由于这些账户全面记录和反映了上述单位财政财务收支活动的内容，英国审计署只要完成了400多个账户的审计，也就完成了全年的审计任务。这样做，有利于明确审计责任，减少审计风险，促进审计工作的规范化，值得我们借鉴。据这两年我国本级预算执行审计的情况反映，一些财政部门和行政事业单位存在违反国家财政制度的有关规定和银行开户管理办法，多头开户或不在指定银行开户，未经批准自行开设账户，出借银行账户，收取管理费，擅自将预算内资金转到预算外，将财政性资金转作定期存款，甚至账外设账，形成"小金库"等问题。这不仅造成了国家财力分散和分配秩序混乱，助长了不正之风和腐败现象的发生，同时也对规范预算执行审计工作带来很大困难。因此，国务院决定将对预算单位银行开户中存在的问题进行一次清理整顿。各级审计机关要帮助有关部门清理整顿银行账户，严格约束各预算单位的开户，压减银行账户数量，促进有关部门建立和完善银行账户管理制度，堵塞随意开户的漏洞，规范银行账户管理。随着银行账户管理逐步规范化，审计机关即可逐步按规范的银行账户开展预算执行审计工作，从而不断提高审计工作水平。(选自《中国审计》1997年第9期。作者 郭振乾)

**【审计工作法制化、制度化、规范化的内涵界定】** 我们在制定“九五”时期审计工作的主要奋斗目标时提出，要在本世纪末初步建立起与社会主义市场经济体制相适应的审计监督制度，基本实现审计工作的法制化、制度化和规范化。近几年在国务院的领导和有关部门的配合下，经过全国审计系统广大干部的共同努力，目标实施进展顺利。

法制化目标已经实现。1982年《宪法》中关于在中国实行审计监督制度的规定、1994年8月31日颁布的《审计法》和1997年10月21日起施行的《审计法实施条例》，构成了我国审计的法律体系。它使我们可以做到依法审计，这说明我国审计工作法制化目标已经实现。

规范化目标基本达到。1996年全国审计工作的一项重要任务，是研究和制定与《审计法》相配套的中国审计规范。经过近1年的努力，审计署发布了38个审计工作规范，从1997年1月1日起贯彻执行。中国审计规范立足于我国审计工作实践，借鉴了外国审计工作中的有益内容，解决了我国审计工作中的许多实际问题。全国审计系统都按这一套审计规范开展工作，基本达到了规范化目标的要求。

制度化问题我们以前提过，但内容和目标并不明确。我考虑，是否可以将各级审计机关每年向本级政府行政首长提交审计结果报告和受政府委托向本级人大常委会提交审计工作报告，作为审计工作制度化的主要标志。如果这个说法成立，那么制度化的内容就明确了。

从1996年开始，各级审计机关每年都向本级政府行政首长和本级人大常委会提交审计结果报告和审计工作报告，已经形成制度。从两年来的实践看，这一制度执行得比较好，在社会上的影响也比较大，我认为它能够代表审计工作制度化的主要内容。当然，审计工作的制度很多，但两个报告制度是最主要的制度。（选自《中国审计》1998年第3期。作者 郭振乾）

**【关于国有企业审计的几点思考】** 国有企业是我国国民经济的支柱。搞好国有企业的改革，提高国有企业的经济效益，对建立社会主义市场经济体制和巩固社会主义制度，对于整个国家的发展和社会稳定，都具有极为重要的意义。随着我国改革开放的深化发展，国有企业长期以来在计划经济体制下所形成的问题和弱点已逐步暴露出来，突出表现是相当一部分企业尚未摆脱生产经营的困难局面，亏损严重。因此，十五大报告明确提出：深化国有企业改革，是全党重要而艰巨的任务。要坚定信心，勇于探索，大胆实践，力争到本世纪末大多数国有大中型骨干企业初步建立现代企业制度，经营状况明显改善，开创国有企业改革和发展的新局面。刚刚结束的中央经济工作会议进一步明确了我国国有企业改革的两大目标，即用3年左右时间，使大多数国有大中型亏损企业走出困境；力争到本世纪末，使大多数国有大中型骨干企业初步建立起现代企业制度，这两项任务是十分艰巨的。

当前相当一部分国有企业出现亏损，原因是多方面的。既有历史的原因，也有外部的原因，还有国有企业自身的问题，主要是忽视管理，缺乏监督，因而造成资源浪费，成本升高，效益下降，亏损增加。有些企业做假账，虚盈实亏，甚至资不抵债，造成国有资产流失。因此，要使国有企业提高效益，迅速扭转亏损局面，加强监督，促进企业加强内部管理，是一项十分紧迫而又重要的任务。

企业要提高自身的竞争能力，就必须努力提高自己的经营效益。提高经营效益的途径主要有两条，一是开拓适应国际国内市场需要的优质产品，二是采用新技术，加强内部管理，节省单位产品物化和活劳动的消耗，降低成本，使产品价格具有很强的竞争能力。因此，从一定意义上说，管理也是生产力，严格的管理可以产生效益。

我国宪法和审计法都明确规定，对国有企业财务收支的真实、合法和效益进行审计监督是国家审计机关的重要职能。审计机关成立10多年来，努力加强对国有企业的审计监督，对促进国有企业依法经营，加强内部管理，提高经济效益发挥了积极的作用。面对十五大和中央经济工作会议提出的今后3年关于加强国有企业改革的奋斗目标，我对审计机关近几年如何进一步加强国有企业审计监督有如下思考。概括起来是：抓大，打假，扭亏，提高。

一、把审计的注意力放在重点国有企业上

我国目前共有30多万家国有企业，国家审计机关的审计人员才8万多人。如果每年都对这些企业实行审计，是不可能的，也是不必要的。《审计法》第21条规定：审计机关对与国计民生有重大关系的国有企业，接受财政补贴较多或者亏损数额较大的国有企业，以及国务院和本级地方人民政府指定的其他国有企业，应当有计划地定期进行审计。因此，审计工作要按照抓大的原则，把主要精力放在中央确定的1千多户骨干企业上。因为这些企业不论从占有国有资产的份额、生产总值，还是从利税总额上看，都占了国有企业的大头，它们才是真正控制国民经济命脉，对经济发展起主导作用的。把这些企业搞好了，就可以带动其他国有企业乃至整个国民经济的发展。所以，审计机关不可对国有企业平均使用力量，而应该根据各自的管辖范围，确定重点企业，实行定期审计，形成一种制度。要下大力气加强这些企业审计的基础工作，逐年摸清企业家底，积累资料，全面了解和掌握企业的经营和财务动态，逐步建立起每个企业的审计档案，经过若干年的努力，真正做到对审计对象了如指掌。要改变那种“瞎子摸象”的审计方式以及打一枪换一个地方的审计办法。要知道，把握不住重点是不可能了解和把握全局的。

二、把审计的重点放在财务收支是否真实上

对企业财务收支的真实、合法、效益实行审计监督，其中真实是基础；合法是起码要求，也是企业进入市场参与平等竞争的前提；效益是目的，是衡量企业优劣的主要标准。三者既有区别，又是相辅相成的，是统一的。本来，作为国有企业，应该严格按照我国的会计和财务制度记账、算账、报账，客观地反映企业的经营状况和成果。但是，这些年来，由于企业自身利益的驱动，加之经济秩序不很正常，有些法规不尽完善，企业内部和外部的监督不够严格，不少企业的原始凭证、会计资料失真，有的甚至有意制造假账，资产、负债和损益不实，形成虚亏实盈或虚盈实亏；还有的企业隐瞒收入，偷漏税款，搞账外账和小金库，导致国有资产流失。

我们说，财务收支合法与否，首先必须建立在真实的基础上，弄虚作假本身就是违法违规行为，反过来说，凡是违法行为往往总是采取弄虚作假的手法企图蒙混过关。不言而喻，虚假的会计资料根本谈不上反映企业的真实效益。所以，我认为在今后几年内，对国有企业的审计首先把重点放在检查它们的资产、负债和损益是否真实上，这既是审计的起点，也是提高审计工作质量，降低审计风险的前提，离开真实性，其它一切都无从谈起。审计机关应该和其它有关部门共同努力，经过几年审计查处，首先把国有大中型企业的财务会计资料失真的问题纠正过来，对有意造假账、报假账的违法行为必须加大处理力度。简言之，首先要打假。

三、把审计的落脚点放在提高效益，减亏扭亏上

审计和其它经济监督一样，监督本身不是目的，而仅仅是一种手段。其目的是促进被审计单位强化管理，提高资金使用效益。对国有企业实行审计监督的目的是帮助和促进企业加强内部管理和内部控制，合法经营，降低消耗，节省成本，提高效益，就是我们常说的“一审二帮”。对企业的违法违规行为，当然必须按有关规定进行处罚，但处罚不是目的，而是为了促进国有企业增强依法经营、廉洁治厂的自觉性。我前边强调审计的重点要放在财务收支的真实性上，并不排斥对企业经济效益进行分析。近几年，这方面的工作重点必须放在亏损企业上，应该通过审计找出其经营管理和经营核算方面的薄弱环节，针对企业亏损的主要原因，有针对性的提出扭亏增盈的建议。除此而外，通过审计，还要维护企业的合法权益，检查并努力纠正一些部门和单位向企业乱摊派集资等损害国有企业利益的行为。

按照中央的部署和要求，国有企业的扭亏增盈，深化改革工作，必须由各级政府和有关部门主要领导亲自抓。作为地区和部门的领导，必须从全局去认识和把握国有企业的现状、问题和应该采取的政策和措施。全局来源于局部，共性总是寓于个性之中，审计人员虽然面对的是一个个国有企业，但是，作为审计机关，尤其是中央和省两级，要从大量的企业审计中积累和分析审计的结果，总结出国有企业管理中带有共性的问题，提出对策和建议，为政府加强领导和宏观调控提供情况和依据。只有这样，才能使国有企业的审计工作提高到一个新的水平。

四、把审计干部的精力引导到苦练内功，提高业务水平上

过去的企业审计，一般以查处问题为重点，查出问题多，收缴资金多，成绩就大。但据我所知，不少审计机关对同一个企业虽然审计过许多遍，可对这个企业的经营和核算状况却心中无数，家底不清。我把这种审计称为“瞎子摸象”式的审计。它说明我们对国有企业审计工作的基础十分薄弱。必须清醒地看到，目前这种审计方式包含着很大的风险。试问，企业年年审，年年有问题；有些经过多次审计的企业，突然暴露出经营和财务管理上的重大问题，原因何在？审计机关应该从中总结一些什么经验教训呢？

新形势下的国有企业审计要求更高了，难度更大了。简言之，对审计人员来说，他对审计的企业必须逐步做到“全、清、真、明”四个字，即对企业的资金运动及其结果有全面、清晰、真实的掌握和了解，不仅如此，还要明了企业内部管理的薄弱环节，明了加强企业管理，提高经济效益的关键所在。试想，一个拥有几亿，几十亿甚至上百亿资产的大企业，审计人员真正达到以上要求谈何容易！但是，企业再大，总有其自身的特点和规律。尽管企业的资金每天都处于运动和变化之中，从

总体上看，它又具有相对的稳定性。因此，审计人员要针对不同的审计对象，了解其资本构成、运动及分布情况，掌握资金运动的基本特征，了解企业的生产流程，产品设计、工艺以及生产管理方面的基本常识，下大力气积累资料，熟悉企业的主要经济考核指标，了解国际国内同类企业的先进水平，还要学习和掌握运用计算机，规范审计工作程序，提高工作效率。总之，审计人员必须在实践中学习和提高，以适应时代的要求，为加快推进国有企业改革，为用三年左右时间，使大多数国有大中型亏损企业走出困境，做出积极的贡献。

（选自《中国审计》1997 年第 4 期。作者 李金华）

**【审计理论研究的新起点——审计理论结构探讨】** 10 多年来，我国审计理论研究的轨迹是沿着审计实践中出现的急需解决的问题展开的。其研究成果，对指导当时审计实践具有较强的针对性、实用性和及时性。但也还有其不足之处，即还没有构建起一个科学的审计理论框架（或结构体系），把审计理论作为一个整体进行研究。审计作为一门独立学科，应有其可运用的一系列概念以及由此构成的完整理论体系，用以指导实践。研究审计理论结构是完善和发展审计学科的需要，也是审计学科趋向成熟的表现。

审计理论作为一个完整的体系，应有其组成部分（要素）及各组成部分（要素）的组合方式。也就是说，审计理论结构，是由构成的诸要素组合而成，而且诸要素之间有着合乎逻辑的内在联系并形成一个有机整体。研究审计理论结构需要解决的问题有二：一是构成审计理论结构的要素有哪些？二是按诸要素的内在联系确定诸要素各居于哪一层次？

自 60 年代初莫茨、夏拉夫合著的《审计理论结构》一书问世后的，30 多年来，国内外审计专家、学者提出了多种由诸要素组成，并以某一特定要素为建基点的审计理论结构模式。借鉴各家学说，我们认为，审计理论结构由审计本质、审计目标、审计假设、审计原则、审计准则五要素组成，并以审计本质为建基点。即：审计本质→审计目标→审计假设→审计原则→审计准则

研究审计本质，是要揭示审计这一概念的内涵和外延。以审计本质为审计理论结构的建基点，明确了什么是审计，才能演绎推论出审计的目标，设立审计假设前提，确定审计应遵循的原则，并进而确定审计人员应遵守的职业道德准则和审计实务准则。

审计从本质上说是一项具有独立性的经济监督活动，独立性是审计有别于其他相邻概念的特有属性。审计目标是审计活动的出发点和落足点，审计的总目标是评价受托经济责任，在总目标下可以根据不同的审计形式、不同的审计项目、不同时期的要求，规定不同的具体目标。审计假设的设定，为实现审计目标确定了前提条件，包括受托经济责任关系存在假设、正当怀疑假设、被审资料具有可验证性假设、审计的有效性以独立性为前提假设、审计职能发挥以科学方法和合理程序为前提假设，以及审计结果可以促进被审计单位提高效益为前提的假设。审计原则是在审计假设的前提下，为了实现审计目标，为审计行为确立的原则规定，包括独立性原则、依法审计原则、证实原则、重要性原则、职业谨慎原则、成本效益原则等。审计准则是审计人员执行审计业务时应遵循的执业规范，也是保证审计质量、明确审计责任、实现审计目标所应遵循的原则性规定，至少包括职业道德规范和审计程序、方法等审计业务规范等两大部分。从构成审计理论结构诸要素中。可以引伸出与实务有关的诸概念。

研究审计理论应当把历史的和逻辑的方法、演绎的和归纳的方法结合起来运用。本文对第一层次的审计本质的研究结论，就是按照历史逻辑，从审计的产生、发展规律中归纳出来的。这样就为结构的建基点奠定了基石，进而按照演绎法推论出其他层次的诸要素，并使审计理论形成体系。

（选自《审计研究》1996 年第 3 期。作者 阎金锷、林炳发）

**【关于环境审计的思考】** 中国是发展中国家，在经济发展与环境问题上与其他国家一样面临着经济发展与环境保护的矛盾。如何在以最少的环境代价的条件下实现经济起飞，是我国经济发展的一个现实问题。在研究环境审计这一国际难题时，我们不应照搬发达国家的环境审计模式，而应吸收和借鉴发达国家有益的经验。根据中国的实际、中国的审计体制和国家法律赋予审计的职责和权限，讨论中国的环境审计。

1. 由于经济发展的不平衡性，世界各国面临的经济与环境问题各不相同，因而环境审计的目标亦有不同。根据中国的实际情况，我们认为，环境审计的目标应分为二个层次，即直接目标和最终目标。环境审计作为环境管理的现代方法之一，其直接目标是，对政府及有关部门和企事业单位履行环境管理责任的情况发表意见，以促进其履行环境管理责任；最终目标则是促进社会和经济的可持续发展。

2. 为了改善人类的生存环境，必须形成一种社会机制，评价

对环境造成影响的各种主体——政府和企事业单位——对环境的影响，并根据政府和企事业单位对环境的影响程度(改善环境或破坏环境)，作出奖励和惩罚。也就是说，政府和企事业单位承担了保护和改善环境的责任和义务，鉴定这种责任的履行情况及相应的信息披露，则是环境审计的职责所在。易言之，环境审计的对象是政府部门及企事业单位的环境管理责任。

3. 环境审计的依据，我们认为，可以分两个层次，一是进行环境审计的依据，二是环境审计评价的依据。前者包括经济可持续发展的客观要求及审计机关的法定职责；后者包括国家和地方政府制定的有关环境保护法律法规、环境标准、国家环境经济政策、我国签署的国际环保公约、相关的经济法律法规等。

4. 环境审计的内容是环境审计对象的具体化。具体内容有：环境政策，包括环境政策的制订、与现行法规政策的符合程度、可行性等；环境保护资金财政、财务收支的真实性、合法性和效益性；环境管理系统，包括环境记录(货币记录和非货币记录)与环境报告(对内报告的对外报告)。

5. 审计的主体包括政府审计、民间审计和内部审计。环境审计组织形式与一般审计组织形式没有什么不同，但环境审计的人员结构却有很大的区别，需要多方面的人才和专家支持。对内部审计而言，须评价企业环境管理体系的效率，并借助于许多技术数据来评价企业在环境活动领域取得的进展；其环境审计的内容与职责为明确企业外部对企业环境活动的要求及评价企业的环境政策。对于民间审计部门而言，其环境审计的职责在于确保有关环境方面的信息能被完整地揭示，对被审单位信息披露的真实性和公允性发表意见，具体包括对被审计单位环境支出的会计处理及披露的恰当性发表意见，同时评价企业在环境方面承担的风险并对企业是否计提，计提的环境负债的恰当性表示意见。对政府审计而言，环境审计不仅负有直接的责任，而且对内部审计和民间审计的环境审计工作负有监督、管理和指导的职责；在环境审计中，政府审计的客体与被审计单位的经济性质无关，而与环境保护或治理项目的重要程度有关；其环境审计的具体内容包括政府环保投入的效率效果、环保政策的执行情况、环保机构的绩效，重点污染企业的治理项目效果等。

6. 环境审计的程序与一般审计程序基本相似。

(选自《审计研究》1997 年第 3、4 期。作者　陈丽群、池晓勃、陈汉文)

**【信息新技术对审计的影响及其对策】**

一、审计师面临着多样化的会计电算化系统。

目前会计软件数以百计，千姿百态，其数据结构缺乏标准。而会计软件的设计从核算型向管理型方向发展，新具许多为管理服务的数据库、知识库、模型库、方法库和用户接口等。同时，许多软件将会把核算融入企业集成管理信息系统之中。

二、信息传递新技术给审计师带来的困扰。

1. 未来社会对会计信息需求的多样化。不仅关注历史信息，而且更关注未来信息。不仅要求披露财务信息，还要求披露非财务信息。对分部信息的也格外关注，并且更加强调会计信息的相关性、可靠性、可比性、一贯性和时效性。未来社会的适时生产管理、零存货管理、金融衍生工具的出现与发展以及由于公司的结构和功能具有极强的变动性，并由此出现许多"无实体公司"，势必引起会计报告的变化，会计信息划分为综合信息和明细信息，进而确定了进入网络系统的首先应当是明细信息、记账凭证，采用会计特有的方式——运用账户进行复式记账——来表述其中含有的财务信息，它才是会计信息的数据源。

2. 信息新技术对审计师提出了挑战。人们在对来自内部的对网络的攻击处处设防的同时，又不免要对来自外界的愈演愈烈的攻击深表关注。会计信息安全性、可靠性方面面临着极大的威胁。如果审计师对这一安全控制评价有偏差，便可能影响其对综合信息和明细信息审计的恰当和公允。

三、明细信息是未来审计的重点。

1. 企业内部形成的明细信息的审计。不管信息新技术发展到什么样的地步，内部控制的审计仍然至关重要。另外，未来审计又同时是数据库的审计。审计软件使审计师可望在转瞬间生成自己所需的信息。因此，首先，他们要验证记账凭证库文件是否真实可靠，而后，随着科技的进步和原始凭证数据全部进入电算化系统，记账凭证由系统软件自动形成可望实现，他们又应当侧重于验证机内原始凭证数据的真实可靠性，会计凭证数据库的存取是否得当，以及这些凭证数据被不留痕迹修改的风险有多大等问题。

2. 进入外部网络系统的明细信息的审计。在未来审计中，只要是采用实时报告，就必须对会计信息进行连续审计，这个连续审计应当延伸到进入外部网络系统的明细信息。利用系统已有的内置审计器,以便在数据被改动或更新之际,该审计器能对其自动进行审核,审计师在作出审计评价时,应对数据通信网进行全面预查,检查每个信息来源的安全控制,进行必要的数据处理测试,但这种测试必须在不改变数据库或记录的条件下设计业务事项的测试,否则,就可能影响给整个系统。

3. 综合信息的审计。企业送入网络上的综合信息,是在其明细信息的基础上形成的。因此对综合信息的审计,往往采用重生成的方式,即审计师根据已经被证实是可靠的明细信息,运行审计软件的综合信息生成模块,再由该核对模块将其与原已存放在网络上的综合信息进行核对。随着企业报告需求的多样化,综合信息审计也将日趋复杂。

(选自《审计研究》1997年第4期。作者 庄明来)

**【环境审计——全球的发展前景】**

环境审计现在在发达国家是最时髦的字眼之一,它是环境影响评估的延伸,也是绩效审计的一种,它是现代企业管理和环境管理的重要工具之一。环境审计(始称环境健康和安全审计)的产生可追溯到本世纪70年代初期,当时,一些企业自发地制定了一些环境审计计划,作为检查和评价本企业的管理工具。这些计划的独立性很强,还没有形成统一的方法。但是,正是从那时起,环境审计作为一门新兴学科,在实践中得到飞速发展。今天,美国、加拿大和欧洲的大多数企业都已建立了正式的审计计划,为高层次的管理部门提供管理是否遵循了政府和企业内部制定的政策、法规和标准作保证。随着环境审计的发展,越来越多的企业开始制定审计计划。到目前为止,世界上开展环境审计的国家已有数十个,开展的项目已有一千多项,这些审计项目在帮助企业加强自身内部管理方面起了很大的作用。最初的环境审计只是某些公司的内部管理方法,以至造成不同观点企业间的环境审计理论和方法的重大差异。现在,环境审计发展十分迅速,综观其发展,我们初步概括出影响环境审计有效性的质量特性,并讨论了未来环境审计发展的各个方面。

(选自《审计研究》1996年第2期。作者 祝圣训、黄惠琴、沈征)

**【企业集团审计探讨】** 随着改革的深入发展,企业实施资产重组,使得我国国有企业组织机构发生了根本性的变化,一批批符合现代化业制度的大型企业集团如雨后春笋般地涌现。与此同时,也给审计工作带来了新的挑战。如何积极开展有效的企业集团审计,防止国有资产流失,促进国有资产保值增值,也就凸现在审计理论工作者和实务工作者面前。本文结合近几年审计工作实际,对企业集团审计进行了一定探索和研究,分四个方面进行了阐述。

第一部分对企业集团概念和特点进行了理论分析与概括,并指出了我国企业集团的特点和组织结构形式。

第二部分是企业集团审计范围,这是开展企业集团审计首先要明确的问题。企业集团审计主要是按照企业集团内组织结构、成员之间关系,根据《企业合并会计报表》中的有关原理和《审计法》及国家对国有资产管理原则全面界定审计范围。它包括企业集团核心企业(即母公司)与其全资子公司和能够由母公司控制的所有被投资企业(即所有的子公司)。

第三部分是企业集团审计的主要内容。企业集团审计是在对企业集团的资产、负债、损益进行全面审计的基础上,着重对资产重组时产权变动、内控制度、关联交易、对外投资、合并会计报表进行重点审计,审计实务中要给予特别的关注。

第四部分是目前国家审计机关开展企业集团审计所必须注意的问题。一是要充分做好审前准备工作;二是抓住重点进行审计;三是充分利用内部审计和社会审计成果;四是树立一盘棋的思想。

(选自《审计研究》1998年第2期。作者 刘永庆)

**【试论内部审计与企业管理的关系】**

一、内部控制是管理职能

控制是现代管理的重要职能之一。那么,“控制”职能与现代审计业务中经常提到的“内部控制”又是什么关系呢?通过对内部控制定义的研究,可以看出内部控制与“控制”没有本质的区别,内部控制就是企业的管理职能。

二、内部控制是管理的精髓

实践表明,控制对一个企业来讲,包括高层次的管理控制与低层次的自我检查。两种形式的控制缺一不可,互为补充,构成一个完整的控制体系。具体方法包括:(1)组织;(2)制定政策;(3)设计程序;(4)配备人员;(5)会计;(6)计划与预算;(7)报告;(8)内部审计。在实际工作中,控制渗透到管理活动的各个方面,贯穿于各项管理职能之中,可以说,控制是管理的精髓,是企业最高管理部门采用的一切措施的总称。由此可见,现代审计业务中所强调的内部审计人员对内部控制的评价也可以理解为是对管理的评价。

三、内部审计与管理职能的

关系

内部审计与企业管理职能的关系是紧密的，并具有如下特点：

(一)内部审计不承担企业的经营责任。

(二)内部审计不负有日常业务控制的责任。

(三)内部审计是对内部控制的独立评价。

内部审计进行独立评价的重要作用体现为：

1. 促进企业健全内部控制，加强现代化管理。

2. 促进企业加强风险管理意识，获取更大的经济效益。

3. 促进内部审计不断提高工作质量。

(选自《审计研究》1997年第5期。作者　鲍国明)

**【金融危机对审计工作的启示】**

1997年7月爆发的亚洲金融危机，为我国金融业和宏观经济管理提供了不少值得总结和借鉴的地方，对我国审计监督工作也是如此。通过对金融危机相关问题的分析，为今后开展金融和其他行业的审计工作可以提供很多有益的启示。

启示之一：正确处理微观经济审计与宏观经济审计的关系。

金融危机的产生，既有内因，也有外因，既有微观经济方面的原因，也有宏观经济方面的原因。所以，对我国经济监督来说，为了更好地发挥金融审计在防范和化解金融风险中的作用，一方面要加大对微观金融单位审计的力度，另一方面应对与金融相关的经济政策进行综合性的宏观经济分析。只有很好地把两者结合起来，才能有针对性地提出加强金融管理的建议，为深化我国金融体制改革，发挥审计机关应有的监督职能。

启示之二：审计工作要正确处理监督与服务的关系。

审计监督的服务职能应体现在三个层次上：第一个层次是为微观经济单位加强和改善管理、提高效益服务，第二个层次是为国家宏观调控和经济建设服务，第三个层次是为社会稳定和政治安定服务。在监督与服务的辩证关系中，监督是根本出发点，是前提和基础，服务是最终落脚点，是目的和归宿，不能把两者截然对立或割裂开来。

启示之三：正确处理财务审计与效益审计的关系。

财政、财务收支审计的真实性、合法性、效益性三者是统一的，其中，真实性是一切审计工作的基础和前提，促进提高效益是审计工作的直接目的。只有在保证被审计单位财务状况和经营成果等会计资料真实的基础上，才有条件和可能判定其经济行为是否合规，效益是优是劣。

我国目前尚处在社会主义初级阶段，市场经济不发达，企事业单位财务会计资料失真的现象还非常严重，这样的经济和社会环境，决定了我国现阶段的审计工作仍然必须把财务收支的真实性、合法性审计放在第一位，首先要确保国有资产的安全完整，防止国有资产流失，在此基础上进一步研究、探索和推广效益审计。

启示之四：正确处理静态审计与动态审计的关系。

在搞好每一次静态审计的同时，重视对相关审计资料的积累和对比分析工作，那么，既可以降低审计风险，促进提高审计工作质量，又可以使审计机关对国家经济政策和被审计单位的生产经营方针、财务状况、经营成果等在长时期内的动态变化有清楚的认识和全面的了解，就能够提高审计机关在国家宏观调控中的权威和发言权，真正发挥高层次、综合性的经济监督作用。

(选自《审计研究》1998年第3期。作者　陈达时)

**【风险导向审计理论结构中的一个缺陷】**　在审计发展的历史长河中，审计模式的发展大致分为三个阶段：账项基础审计阶段，制度基础审计阶段，风险导向审计阶段。随着高风险社会的到来，人们开始逐渐将风险概念引入到审计领域之中。内部控制的概念也发生了重大变化，内部控制制度的概念也被内部控制结构所取代。

为适应“控制结构”理论的发展，审计风险要素理论已被重新表述，原先固有风险要素中所使用的会计控制观念已被控制结构(或内部控制制度)所取代。然而，已被修正的审计风险要素理论并不能有效地与控制结构理论相配合，内部控制结构理论中的控制环境要素在审计风险要素中难以定位。这样，就使风险导向审计的理论结构中出现了缺陷。

内部控制结构要素理论认为，一个组织的内部控制制度是由控制环境、会计制度、控制程序三个要素组成。

控制环境主要指的是管理哲学、经营风格以及企业经营的内外部环境，所有这些实则为控制制度的运行环境。

“控制风险是指某一账户或交易类别单独或连同其他账户、交易类别产生错报或漏报，而未能被内部控制防止、发现或纠正的可能性。”这里的“可能性”显然与会计制度要素、控制程序要素比较相关，而与控制环境中的管理哲学、经营风格、外部影响等方面相关不大，或只能说间接相关。与此相反，在对固有风险的表述中，人们却会发现控制环境要素与固有风险的相关度甚大。

控制环境的优劣不同，隐含的审计风险也会不同。如果将审计风险归为控制风险范畴，易使人困惑，因其外延大部分落入固有风险范畴之中；如果将其归为固有风险范畴，却又与理论界认定的固有风险的内涵不符。这个问题不解决，无疑直接影响着风险导向审计理论结构的系统性、内在逻辑一致性。

内部控制结构理论出来以后，人们简单地将固有风险要素与内部控制结构要素（内部控制制度）对立起来，理论上陷入逻辑不一致的困境。解决的办法只能重新界定固有风险概念，将其从和控制环境相对立的境遇中解脱出来。对此探讨，似可表述为：固有风险是假定不考虑会计制度、控制程序的情况下，某一账户或交易类别单独或连同其他账户、交易类别产生重大错报或漏报的可能性。

（选自《审计研究》1998 年第 5 期。作者 陈志强）

**【论现代审计特征与受托经济责任关系】**

一、现代会计和现代审计与现代企业制度的内在联系

（一）建立基础的一致性——财产（资源）的委托受托经营。

现代企业会计与现代企业审计是建立在财产（资源）委托受托经营关系上的。此种关系即会计、审计理论上所谓的受托经济责任关系，即委托人与受托人之间的权利与义务关系。

基于委托人的愿望和保证受托人会计反映的真实公允性或可信性，产生了对审计的需要，即委托人借助于审计来控制受托人受托经济责任的履行过程和状况，以及受托人提供的会计报告的质量（即真实公允性或可信性）。

（二）基本会计原则与现代企业制度的相关性。

首先表现为会计主体假设与法人财产制度基本要求的一致性。

其次还表现为资本保全原则与有限责任制度的内在一致性。

二、重新认识审计的本质与目标

（一）关于现代审计的本质。

1. 放眼世界，会惊奇地发现，审计权威人士、机构和著作在描述审计时，通常都使用“控制”这一术语。最高审计机关国际组织（INTOSAI）1977 年发布的《利马宣言》开宗明义指出：审计本身不是目的，而是控制系统不可分割的组成部分。

2. 审计与控制有着天然联系。“控制”一词产生时，也就含有“账簿审计”之意。

3. 通过分析发现，审计过程是一种控制过程，审计行为是一种控制行为，而且审计对象也具有作为控制对象的基本特征。审计乃特殊的经济控制，其特殊主要表现为三个方面：

（1）审计控制是一种独立、间接的控制。

（2）审计控制对象是受托经济责任的履行过程（或状况），目标是保证受托经济责任得到全面有效的履行。

（3）审计控制主体的双重性。亦即是由审计人和审计委托人（或授权人）共同构成，此乃审计控制区别于一般经济控制的最主要特征之一。

（二）关于现代审计目标。

现代审计作为一种特殊的经济控制，其本质目标是确保受托经济责任的全面有效履行。

三、受托经济责任的现有格局

受托经济责任是按照特定要求或原则经管受托经济资源和报告其经营状况的义务。我们分别赋予其特定的名称，即促使责任、守法遵纪责任、节约责任、效率责任、效果责任和社会责任以及控制责任。

审计的本质目标就是通过审计反馈进行直接或间接地纠偏，以促使受托经济责任得到全面有效的履行。

四、公司报告体系的改革

目前在世界范围内，要求改革传统的公司报告体系以丰满报告责任并使之与行为责任相一致、相协调的呼声与压力很大。现研究提出的新的公司报告体系就基本反映了现行已扩展已受托经济责任之内容，且具有较高的权威性。

新的报告体系由 6 种报告组成，它们是：

1. 年度财务报表；
2. 控制结构报告；
3. 法纪遵守情况报告；
4. 经营活动报告；
5. 经营目标报告；
6. 舞弊防范报告。

（选自《审计研究》1998 年第 5 期。作者 蔡春）

# 精神文明建设

中国审计报
中共中央办公厅
国务院办公厅
贯彻两个暂行规定
促进党风廉政建设
离任审计出成效
四官违纪受处理
硕鼠现形记
立大会

# 全国审计机关先进集体和先进工作者表彰工作

全国审计机关先进集体和先进个人表彰大会于1997年12月21日在北京召开,全国70个先进集体和39个先进个人受到表彰,李鹏总理等国务院领导同志接见先进集体代表和先进个人,并与他们合影留念。

## 人事部、审计署关于表彰全国审计机关先进集体和先进工作者的决定

(一九九七年十一月二十七日)

在党中央、国务院和地方党委、政府的领导下,各级审计机关广大职工以邓小平理论为指导,围绕经济建设中心,认真履行《审计法》赋予的法定职责,解放思想,实事求是,艰苦奋斗,开拓进取,在严肃财经法纪、维护经济秩序、促进"两个转变"、加强廉政建设等方面发挥了重要作用,取得了显著成绩,并涌现出一批先进集体和先进工作者。

为表彰先进,激励广大职工以更高的热情做好审计工作,进一步推动审计机关两个文明建设,人事部、审计署决定:授予北京市朝阳区审计局等70个单位"全国审计机关先进集体"荣誉称号,授予顾红雁等39名同志"全国审计机关先进工作者"荣誉称号。被授予"全国审计机关先进工作者"称号的人员享受省部级劳动模范和先进工作者待遇。

希望受表彰的集体和个人谦虚谨慎,戒骄戒躁,继续发扬廉洁、公正、奉献精神,不断开拓进取,在审计工作中做出更大贡献。各级审计机关和全体审计工作者要以先进模范为榜样,高举邓小平理论伟大旗帜,认真学习贯彻党的十五大精神,进一步加强和完善审计工作,充分发挥审计监督在维护国家财经法纪和经济秩序,促进宏观调控,促进廉政建设等方面的作用。大力加强社会主义精神文明建设,在审计机关继续开展争先创优活动,努力造就一支政治强、业务精、作风正的高素质的审计公务员队伍,紧紧围绕党的十五大提出的目标,在建设有中国特色社会主义伟大事业中做出新的贡献。

### 全国审计机关先进集体名单

北京市朝阳区审计局
北京市审计局行政事业分局
天津市红桥区审计局
天津市和平区审计局
天津市宝坻县审计局
河北省唐山市审计局
河北省高阳县审计局
河北省秦皇岛市海港区审计局
山西省长治市审计局
山西省泽州县审计局
内蒙古自治区包头市审计局
内蒙古自治区哲里木盟审计局
辽宁省鞍山市审计局
辽宁省盖州市审计局
吉林省四平市审计局
吉林省舒兰市审计局
黑龙江省牡丹江市审计局
黑龙江省齐齐哈尔市审计局
黑龙江省鸡西市审计局
上海市审计局外资审计处
上海市南汇县审计局
江苏省徐州市审计局
江苏省昆山市审计局
浙江省温州市审计局
浙江省义乌市审计局
安徽省合肥市审计局
安徽省无为县审计局
福建省南平市审计局
福建省龙海市审计局
江西省南昌市审计局
江西省吉水县审计局
山东省淄博市审计局
山东省烟台市审计局
山东省滕州市审计局
河南省南阳市审计局
河南省许昌市审计局
河南省巩义市审计局
湖北省襄樊市审计局
湖北省武汉市武昌区审计局
湖南省湘潭市审计局
湖南省汉寿县审计局
湖南省衡东县审计局

广东省汕头市审计局
广东省深圳市宝安区审计局
广西壮族自治区南宁市审计局
广西壮族自治区钦州市审计局
海南省三亚市审计局
四川省成都市审计局
四川省渠县审计局
重庆市南岸区审计局
贵州省黔南布依族苗族自治州审计局
贵州省仁怀市审计局
云南省曲靖地区审计局
云南省镇雄县审计局
西藏自治区昌都地区审计局
陕西省宝鸡市审计局
陕西省澄城县审计局
甘肃省武威市审计局
甘肃省武都县审计局
青海省西宁市审计局
宁夏回族自治区石嘴山市审计局
新疆维吾尔自治区乌苏市审计局
新疆维吾尔自治区温宿县审计局
审计署驻交通部审计局基建事业审计处
审计署驻外经贸部审计局二处
审计署京津冀特派办行政事业审计处
审计署驻济南特派办金融审计处
南京审计学院基础课部
审计署财政审计司三处
审计署农业审计司地方农业审计处

## 全国审计机关先进工作者名单

北京市石景山区审计局 顾红雁(女)
天津市审计局 孙国栋
河北省武安市审计局 连世荣
山西省忻州行署审计局 樊章盛
内蒙古自治区巴彦淖尔盟审计局 王立英(女)
辽宁省审计厅财政审计处 徐　皓(女)
吉林省白山市审计局 张广增
黑龙江省巴彦县审计局 张汉晨
上海市浦东新区审计局 唐世名
江苏省阜宁县审计局 张启斌
浙江省宁波市审计局 周家础
安徽省泾县审计局 汪　玲(女)
福建省龙岩市审计局 吴雪华(女)
江西省上饶地区审计局 华炳朝
江西省赣州地区审计局 温龙光
山东省文登市审计局 杨相文
河南省洛阳市郊区审计局 雷风涛
湖北省谷城县审计局 刘富华(女)
湖北省枝江市审计局 周代荣
湖南省郴州市苏仙区审计局 刘德芳(女)
广东省审计厅监察室 邓光全
广西壮族自治区灵川县审计局 秦明社
海南省琼海市审计局 苏秀新
四川省什邡市审计局 肖伦菊(女)
四川省广安县审计局 王安毅
重庆市秀山县审计局 王正伦
贵州省六盘水市审计局 邓彦焘
云南省昆明市审计局 储强明
西藏自治区日喀则地区审计局 边巴次仁
陕西省商南县审计局 阎秀芹(女)
甘肃省玉门市审计局 赵玉英(女)
青海省海西自治州审计局 黄玉顺
宁夏回族自治区银南地区审计局 张序述
新疆维吾尔自治区英吉沙县审计局 古伟贤
新疆维吾尔自治区轮台县审计局 阿不都西库尔
审计署驻纺织总会审计局 刘连东
审计署驻郑州特派员办事处 胡家俊
南京审计学院 时　现(女)
审计署工业交通审计司 孔金华

## 内部审计先进单位和先进个人

为了鼓励先进,发扬成绩,推动内部审计工作发展,审计署于1998年11月3日决定,对北内集团总公司等220个内部审计工作先进单位和叶维海等249名内部审计先进个人予以表彰。

### 内部审计先进单位名单(共220个)

北内集团总公司
北京市公安局
北京市朝阳区教育局
北京市东城区人民政府安定门街道办事处
天津师范大学
渤海化工(集团)股份有限公司天津大沽化工厂
天津津美集团公司
唐山市贸易局
邯郸市粮食局
河北轮胎有限责任公司
河北省公安厅
唐山陶瓷集团有限公司
山西省石油总公司
霍州矿务局
中外合资双喜轮胎工业股份有限公司
晋城市财金贸易委员会
山西省交通厅
山西化肥厂
山西省科学技术委员会
包头钢铁公司
内蒙古伊克昭盟化学工业(集团)总公司
内蒙古大兴安岭林业管理局
内蒙古自治区石油总公司
内蒙古自治区电力总公司
沈阳飞机工业(集团)有限公司
抚顺市第一建筑工程公司
本溪钢铁(集团)有限责任公司
东北制药总厂
大连丰荣企业集团
鞍山市煤气总公司
丹东市粮食局
延边朝鲜族自治州林业管理局
长春市房地产管理局
吉林省监狱管理局
吉化集团公司
黑龙江省粮食厅

中国第一重型机械集团公司
五常市交通局
中国石化大庆石油化工总厂
黑龙江省森林工业总局
佳木斯市供销合作社联合社
黑龙江省电力工业局
牡丹江水泥集团有限责任公司
上海市教育委员会
上海轻工控股(集团)公司
上海汽车工业(集团)总公司
上海柴油机股份有限公司
常州长江客车集团有限公司
南京市机械工业局
南京中医药大学
江苏省国营新洋农场
南京化学工业集团有限公司
江苏省建设委员会
江苏省邮电管理局
江苏省交通厅
浙江省教育委员会
百大集团股份有限公司
温州市公安局
安徽省交通厅
安徽省粮食局
安徽省白湖监狱管理分局
安徽省白马山水泥厂
马鞍山钢铁股份有限公司
合肥市教育委员会
福建兴业银行
江西省农业厅
江西省抚州棉纺织厂
万载县黄茅镇人民政府
上饶地区粮食局
江铃汽车集团公司
山东省菏泽地区公安局
山东省聊城地区水利局
山东兰陵企业(集团)总公司
日照市粮食局
莱芜市商业集团总公司
山东省泰安市供销合作社联合社
济宁中银电化有限公司
山东海洋化工集团有限公司
烟台汽运集团有限责任公司
山东鲁南化肥厂
山东农药工业股份有限公司
青岛港务局
中国轻骑摩托车集团总公司
山东省交通厅
三联集团公司
河南省虞城县粮食局
平顶山煤业(集团)有限责任公司
河南安阳彩色显像管玻壳
有限公司
河南省邮电管理局
河南省司法厅
河南省莲花味精企业集团
郑州铁路局
河南石油勘探局
中国洛阳浮法玻璃集团
有限责任公司
湖北省粮食局
湖北省交通厅
浠水县教育委员会
湖北省咸宁地区行政公署林业局
湖北省华阳企业集团公司
荆州市公路管理局
猴王集团
湖北省襄樊市百货批发公司
武汉葛化集团有限公司
武汉钢铁(集团)公司
衡阳市教育委员会
怀化地区粮食局
湖南省浦沅集团有限公司
湖南省人民政府机关事务管理局
湖南省国际经济开发(集团)公司
涟源钢铁集团有限公司
广东省水利厅
广东省纺织品进出口(集团)公司
东莞市虎门镇人民政府
广东省对外经济贸易委员会
广东省电力工业局
广州钢铁集团有限公司
深圳石化集团股份有限公司
广西壮族自治区电力工业局
广西柳州钢铁(集团)公司
广西壮族自治区农垦局
中国人民武装警察部队广西总队
南宁市公安局
海南新大州摩托车股份有限公司
涪陵卷烟厂
重庆钢铁(集团)有限责任公司
四川省公安厅
四川齿轮厂
四川长虹电子集团公司
东新电碳股份有限公司
德阳市粮食局
川化集团有限责任公司
四川沱牌集团有限公司
中国贵州茅台酒厂(集团)有限
责任公司
遵义医学院
水城矿务局
云南省第三监狱
云南冶金集团总公司
昆明市粮食局
云南省农业厅
西安民生集团股份有限公司
长岭(集团)股份有限公司
陕西省机械工业局
陕西省交通厅
酒泉钢铁公司
甘肃省盐锅峡化工总厂
青海省贸易厅
宁夏石嘴山钢铁厂
新疆维吾尔族自治区石油管理局
新疆生产建设兵团农业建设
第 8 师 148 团
华中理工大学
四川省电力工业局
电力工业部西北电业管理局
中国葛洲坝水利水电工程
集团公司
焦作矿务局
淮北矿务局
东风汽车公司
中国第一汽车集团公司
电子工业部第五十四研究所
宝山钢铁(集团)公司
鞍山钢铁集团公司
中国化学工程第 11 建设公司
中国铁路机车车辆工业总公司
中国铁道建筑总公司
哈尔滨铁路局
广州铁路(集团)公司
交通部长江航务管理局
中国远洋运输(集团)总公司
辽宁省邮电管理局
扬州邮电局

水利部黄河水利委员会
黑龙江省农垦总局
大兴安岭林业集团公司
中国机械进出口总公司
西安医科大学
中国人民银行
中国人民银行湖南省分行
中保财产保险有限公司东营分公司
中国农业发展银行山东省分行
交通银行烟台分行
中国建设银行达川地区分行
中国建设银行江苏省分行
中国建设银行唐山分行
中国银行溏沽分行
中国银行绍兴市分行
中国农业银行淄博市临淄区支行
中国农业银行湖北省分行
中国农业银行苍溪县支行
中国农业银行邯郸分行
中国工商银行抚顺市分行
中国工商银行西宁分行
中国工商银行楚雄彝族自治州中心支行
中国工商银行南京市玄武支行
中国工商银行哈尔滨市和平支行
中国工商银行青岛市分行市南支行
中国工商银行宜宾地区分行
中国工商银行齐齐哈尔市分行
中国工商银行天津市分行
中国人民银行江西省分行
中国人民银行宜宾地区分行
中国人民银行山西省分行
中国民用航空乌鲁木齐管理局
武汉工业大学
湖南省烟草专卖局
上海烟草(集团)公司
广东省地震局
中国人民武装警察部队安徽省总队
广东核电合营有限公司
江西铜业公司
中国石油天然气总公司
中原石油勘探局
大庆石油管理局
中国石油化工总公司
上海石油化工股份有限公司
中国石化天津石油化工公司
中国船舶工业总公司
江南造船(集团)有限责任公司
西安飞机工业(集团)有限责任公司
中国海洋石油南海西部公司
中国建筑第五工程局
中共中央宣传部

## 内部审计先进个人名单(共249人)

北京市粮食局　叶维海
北京住宅开发建设集团总公司　郝聪敏
北京市顺义县供销合作联合社　张尚云
天津长芦汉沽盐场有限责任公司　陈德欣
天津三建建筑工程有限公司　齐锡龙
天津市奶品总公司　赵乃萍
河北省廊坊运输公司　崔月华
石家庄市粮食局　徐建芳
承德市供销合作社联合社　鲍文章
保定市交通局　牛尚福
河北省国营中捷友谊农场　刘宝山
故城县经济贸易局　田和桥
宣化钢铁集团有限责任公司　洪金生
运城地区邮电局　赵重义
山西杏花村汾酒(集团)公司　苏生荣
山西省化学工业厅　员　正
山西省建设委员会　宋兰花
山西省汾河水利管理局　李志英
山西省林业厅　宋　成
山西省电力公司　任荣禄
铁道部第三工程局　宋志西
山西省物资产业集团公司　王广收
内蒙古大兴安岭林业管理局　林长安
内蒙古自治区石油总公司　赵伟明
神华集团有限责任公司　鲁　慧
包头钢铁公司　周家骞
内蒙古巴彦淖尔盟行政公署交通局　霍天霞
内蒙古自治区哲里木盟农牧场管理局　鲍毅光
盘锦辽河化工(集团)有限责任公司　穆　岩
凌源钢铁公司　徐晓光
大重集团公司　黄钟熙
沈阳市市政建设工程公司　吴光东
锦州港务(集团)股份有限公司　孔丽艳
中国第一汽车集团辽阳汽车弹簧厂　李雅姿
铁岭市邮电局　张庆贞
营口市规划建设委员会　周晓寒
通化市教育委员会　仇莲梅
辽源市贸易局　王恒珍
四平市供销合作社联合社　李淑琴
白城市水利局　李来成
抚松县供销合作社联合社　刘世坤
黑河市林业局　包惠荣
双鸭山矿务局　于广弟
哈尔滨师范大学　李洪英
黑龙江省乡镇企业管理局　谈群玉
黑龙江省农牧渔业厅　纪玉珠
哈尔滨汽轮机有限责任公司　胡长付
黑龙江省轻工业厅　肖　丽
黑龙江航运管理局　肖建敏
黑龙江省交通厅　孟繁轲
黑龙江省农垦总局　张秀兰
上海市广播电影电视局　毕更新
上海大众汽车有限公司　赵荣英
镇江市粮食局　许理富
江苏悦达实业集团　齐　勇
徐州市卫生局　杨惠珍
江苏省盐业公司　刘长珍
熊猫电子集团公司　韩志源
江苏省监狱管理局　公方平
江苏省物资集团总公司　朱国尧
连云港供电局　殷　梅
无锡市公安局　朱维平
横店集团公司　潘宝其
杭州前进齿轮箱集团有限公司　沈渭川

| | |
|---|---|
| 浙江省乡镇企业局 | 吴桂英 |
| 宁波市建筑安装总公司 | 闻绍宏 |
| 黄山市风景区管理委员会 | 吕水珍 |
| 合肥汽车制造厂 | 陈耀华 |
| 安徽省蚌埠航运管理局 | 张彩云 |
| 淮南市商务局 | 温巧英 |
| 皖北矿务局 | 刘家宇 |
| 阜阳市水利局 | 孙敬斌 |
| 厦门特贸有限公司 | 黄赞发 |
| 吉安市经济委员会 | 胡应培 |
| 江西省彭泽县农业畜牧局 | 胡　建 |
| 江西省地质矿产厅 | 刘功滨 |
| 江西省教育委员会 | 高建桐 |
| 江西省监狱管理局赣江监狱 | 黄秀芳 |
| 宜丰县芳溪镇人民政府 | 李　暄 |
| 山东省广播电视厅 | 宋宝礼 |
| 山东省公安厅 | 侯玉新 |
| 山东省国家安全厅 | 王勇鸣 |
| 山东省菏泽地区粮食局 | 李宝林 |
| 山东省莘县对外贸易公司 | 耿培芹 |
| 山东省博兴县物资总公司 | 相　军 |
| 山东省苍山县供电局 | 周绪连 |
| 山东省陵县卫生局 | 窦林谦 |
| 山东省梁山县商业集团总公司 | 武文东 |
| 山东威海汽车运输总公司 | 王甫娟 |
| 山东省潍坊市公路管理局 | 高荣治 |
| 山东省莱州市粮食局 | 张开乐 |
| 山东省东营市商业大厦股份有限公司 | 王志华 |
| 山东省枣庄市粮食局 | 蒋则芬 |
| 淄博牵引电机集团股份有限公司 | 徐淑珍 |
| 青岛市教育委员会 | 孙绪兴 |
| 济南市旅游局 | 龚永志 |
| 河南省公安厅 | 吴素珍 |
| 河南省平顶山市烟草专卖局 | 王瑞玲 |
| 河南省虞城县公安局 | 徐凤英 |
| 中国一拖集团有限公司 | 朱鸾娜 |
| 许继电气股份有限公司 | 项士学 |
| 河南省焦作市公路管理总段 | 李志宪 |
| 洛阳轴承(集团)公司 | 田　玉 |
| 中信重型机械公司 | 方　群 |
| 安阳钢铁集团有限责任公司 | 杨法文 |
| 河南省夏邑县交通局 | 班响亮 |
| 洛阳耐火材料厂 | 漫金涛 |
| 郑州大学 | 张书瑾 |
| 河南省邓州市教育委员会 | 丁声保 |
| 中共鄂州市供销合作社联合社委员会 | 江　舟 |
| 湖北三峡玻璃股份有限公司 | 张烈学 |
| 恩施土家族苗族自治州教育委员会 | 毕家涛 |
| 湖北省国营农场农工商联合总公司 | 段嗣荣 |
| 湖北阳新李家湾铜矿 | 郑自棚 |
| 襄樊市公安局 | 王荣麟 |
| 鄂城钢铁集团有限责任公司 | 黄鹏程 |
| 武汉市对外经济贸易委员会 | 吴双双 |
| 黄冈市卫生局 | 鲍理全 |
| 荆州市水利局 | 吴綦生 |
| 荆门市粮食局 | 魏太栋 |
| 广水市教育委员会 | 黎家贵 |
| 国营大通湖农场 | 李贯中 |
| 浏阳市教育局 | 孔矩高 |
| 湖南省水利水电勘测设计研究总院 | 唐志忠 |
| 湖南省公路管理局 | 刘锡英 |
| 湖南韶峰水泥集团有限公司 | 皮文湘 |
| 中共湖南省委办公厅 | 罗金芳 |
| 湖南物资产业集团有限公司 | 文仕秋 |
| 广州市南方大厦集团有限公司 | 曾慰慈 |
| 广东省水利厅 | 陈日春 |
| 汕头港务局 | 林清源 |
| 广东省轻工业品进出口(集团)公司 | 徐锦雄 |
| 深圳市物业发展(集团)股份有限公司 | 赵永德 |
| 广州市公安局 | 苏季慧 |
| 广东省湛江农垦局 | 苏锡海 |
| 广东省司法厅 | 黄汉新 |
| 广州铁路(集团)公司 | 沈　钧 |
| 中国农业银行广西壮族自治区分行 | 吴顶辉 |
| 广西壮族自治区邮电管理局 | 蔡梓贤 |
| 广西壮族自治区石油总公司 | 陆秀基 |
| 柳州铁路局南宁铁路分公司 | 黄强华 |
| 重庆市公安局 | 樊友龄 |
| 万县市建设委员会 | 王殿美 |
| 长江起重机厂 | 苟基贵 |
| 攀枝花市第一建筑工程公司 | 牟国锦 |
| 峨眉山盐化工业(集团)股份有限公司 | 胡国庆 |
| 宜宾纸业股份有限公司 | 计林星 |
| 内江市贸易局 | 张小燕 |
| 四川省南充市茧丝绸公司 | 蒲冬梅 |
| 武胜县教育委员会 | 王昌禄 |
| 贵州省林业厅 | 王　虹 |
| 道真仡佬族苗族自治县粮食局 | 张　能 |
| 贵州省电力工业局 | 夏小茜 |
| 罗平县粮食局 | 尹绍臣 |
| 楚雄市供销合作社联合社 | 安顺国 |
| 云南省畜牧局 | 黄本源 |
| 中保人寿保险有限公司陕西省分公司 | 李秦山 |
| 陕西压延设备厂 | 唐有坤 |
| 西北第四棉纺织厂 | 徐海玲 |
| 陕西省焦化厂 | 朱保荣 |
| 陕西省教育委员会 | 尹向东 |
| 甘肃省糖酒副食公司 | 孙婉华 |
| 武威纺织厂 | 马凤英 |
| 青海省机械电子工业厅 | 吴继华 |
| 宁夏回族自治区农垦事业管理局 | 朱　容 |
| 新疆维吾尔族自治区交通厅 | 李　健 |
| 新疆维吾尔族自治区建筑工程总公司 | 徐春林 |
| 新疆生产建设兵团农1师13团 | 王宗荣 |
| 公安部上海消防科学研究所 | 林　玲 |
| 广西壮族自治区国家 | |

安全厅 韦景伯
峰峰矿务局 李卫鸽
阜新矿务局 姚世文
开滦矿务局 刘凤梅
大同矿务局 宋必胜
湖南大学 周纯珍
中国华北电力集团公司
天津市电力公司 郭宝田
中国东北电力集团公司 张学林
浙江省电力工业局 谢伯康
电力工业部华中电业
管理局 程明时
冶金工业部钢铁研究总院 薛恩臣
铁道部第十五工程局 孙在升
大连铁道有限责任公司 吕长顺
交通部第三航务工程局 张守康
邮电部武汉邮电科学
研究院 何奠坤
南充市邮电局 明嘉丽
河南省邮电管理局 王廷献
济南市电信局 刘 怡
沧州市邮电局 王银星
海南省农垦总局 许琼书
长春市文化局 孙 鹤
国家奥林匹克体育中心 孙继德
中国人民银行辽宁省分行 张升九
中国人民银行保定分行 马 毅
中国人民银行甘肃省分行 臧正香
中国人民银行河南省分行 葛淑坤
中国人民银行济南市分行 王珏琰
中国人民银行呼伦贝尔
盟分行 陈广福
中国人民银行吉林省分行 徐乃新
中国人民银行阜阳分行 侯玉君
中国人民银行湖北省分行 徐臣炎
中国人民银行广东省分行 陈 军
中国人民银行云南省分行 杨小平
中国工商银行山西省分行 卢双祺
中国工商银行吉林省分行 孔颖心
中国工商银行大连市分行 郑晓娜
中国工商银行邵阳市分行 杨国选
中国工商银行鹤壁分行 张春姣
中国工商银行宝鸡分行 张彩萍
中国工商银行张家口分行 王振利
中国工商银行北京市分行 吕厚萍
中国工商银行浙江省温州
市分行 沈元芳
中国农业银行定西地区
分行 王君雷
中国农业银行内蒙古自治
区分行 杨二过
中国农业银行天津市分行 刘铁臣
中国农业银行江苏省分行 陈余俊
中国农业银行桂林分行 汪舒昌
中国农业银行丹东市分行 毕庶良
中国农业银行上海市分行 陈亦曼
中国农业银行郴州市分行 雷晓剑
中国银行延安支行 张瑞宜
中国银行广东省分行 卢定铮
中国银行青海省分行 郭建光
中国建设银行银南地区
分行 吴永寿
中国建设银行黑龙江省
分行 陈鹤儒
中国建设银行山东省分行 卫京玉
中国建设银行海南分行
直属秀英支行 杜晓鹤
中国建设银行深圳市分行 胡翠竹
中国建设银行黄石市分行 阮 玲
交通银行太原分行 薛书平
中国农业发展银行河南
省分行 王永飞
中保人寿保险有限公司
河南省分公司 张冬贞
晋州市信用合作社联合社 石柱良
中华人民共和国满洲里
海关 迟学英
上海旅游高等专科学校 李瑞莲
中国民用航空西南管理局 蒋文学
仪化集团公司 宋同怀
黑龙江省气象局 黄永亮
四川省烟草专卖局 石 磊
福建省烟草专卖局 何剑飞
中国核工业总公司 504 厂 张秀英
中国有色金属工业西安
公司 杨秋霞
大庆石油管理局 陈国璋
华北石油管理局 马振范
辽河石油勘探局 佟维礼
中国石化乌鲁木齐石油
化工总厂 郭锡华
中国航天工业总公司第
701 研究所 王 勇
中国船舶工业总公司第 7
研究院第 711 研究所 徐忆望
西安华山机械制造厂 李改琴
西安航空发动机公司 杨俊哲

# 审计工作大事记

中国审计报
中共中央办公厅
国务院办公厅
贯彻两个暂行规定
促进党风廉政建设
离任审计出成效
四官违纪受处理
硕鼠现形记
立大会

# 审计署 1994 年大事记

## 一 月

**15 日** 国务委员李贵鲜主持会议，听取了吕培俭审计长关于召开全国审计工作会议的汇报。李贵鲜同志同意召开全国审计工作会议，同时指出：要重视和加强内部审计工作。

**18 日至 21 日** 审计署在北京召开全国审计工作会议暨全国审计机关表彰先进大会。会议期间，国务委员李贵鲜作了重要讲话。吕培俭审计长作了题为《积极履行审计监督职能为深化改革和发展经济服务》的工作报告，郭振乾副审计长作了总结报告。审计署、人事部授予北京市审计局外资外贸审计分局等 51 个单位“全国审计机关先进集体”的称号，授予王满贵等 31 名同志“全国审计机关先进工作者”的称号，并予以表彰。

**18 日** 审计署向党中央、国务院报送《关于近期反腐败工作总结的报告》(审监发〔1994〕5 号)。

**21 日** 李鹏总理听取了李贵鲜国务委员、吕培俭审计长关于全国审计工作会议情况的汇报，总理作了重要指示。当晚，在全国审计工作会议闭幕式上吕培俭审计长传达了李鹏总理的指示。

**22 日** 署党组书记吕培俭主持召开党组会，郭振乾、崔建民、金基鹏、李金华、郑力同志出席，罗进新同志列席，会议决定：审计署不再设特邀顾问、巡视组。

**27 日** 审计署向李贵鲜、罗干国务委员报送《关于陕西省政府对挖挤中央财政收入问题处理情况的报告》(审财发〔1994〕20 号)。

## 二 月

**2 日** 经署办公会议讨论，决定成立中国华建审计事务所。(4 月 13 日，中央编委办公室批复同意。5 月 5 日，经国家工商行政管理局核准颁发了营业执照)。

**7 日** 审计署向国务院报送《不少县级财政对农业投入下降——关于对县财政农业投入的审计报告》(审农发〔1994〕36 号)。

**15 日** 吕培俭审计长参加国务院第五次全体会议。会议布置对八届人大二次会议《政府工作报告(征求意见稿)》征求意见的工作。

**16 日** 署机关党委召开全体党员职工大会，总结 1993 年度的工作，表彰立足本职建功立业先进个人及先进兼职党务干部。吕培俭审计长，郭振乾、崔建民、金基鹏、李金华副审计长出席。机关党委书记罗进新做了署机关党委 1993 年工作总结及 1994 年工作安排意见的报告。

**28 日** 吕培俭审计长参加中纪委第三次全体会议，听取江泽民同志在会上作的重要讲话。

## 三 月

**7 日** 吕培俭审计长参加国务院召开的反腐败工作会议，李鹏总理作了重要讲话。

**9 日至 22 日** 刘鹤章副审计长作为全国人大代表，参加了八届全国人大二次会议。

**10 日至 22 日** 吕培俭审计长列席八届全国人大第二次会议。

**12 日至 19 日** 应德国联邦审计院院长的邀请，以李金华副审计长为团长的中国审计代表团一行 6 人访问了德国联邦审计院。访德期间李金华副审计长代表审计署与德国技术合作公司签署了执行期为三年的中德第二期审计合作项目实施方案的备忘录，双方还对第三期合作项目的意向交换了意见。

## 四 月

**11 日** 中共中央委员会《关于郭振乾、吕培俭同志职务变动的通知》(中委〔1994〕97 号)：郭振乾同志任审计署党组书记；同意吕培俭同志辞去审计署党组书记职务。

**20 日** 国务委员李贵鲜召开会议，研究《中华人民共和国注册会计师法》第四十三条的具体实施问题。崔建民副审计长和法规司、审计管理司的负责同志，财政部张佑才副部长和会计管理司的负责同志参加了会议。会议对中国注册会计师协会及其考试委员会的组成，在审计事务所工作的注册审计师的注册会计师资格的认定及执业，对在审计事务所工作的注册会计师的监督、指导、管理办法的制定等问题，提出了原则意见。会议形成“关于研究《中华人民共和国注册会计师法》第四十三条具体实施问题的会议纪要”(国阅〔1994〕94号)。

**22日** 署党组书记郭振乾主持召开党组会，会议决定：一、吕培俭同志从今天起正式向郭振乾同志移交党组工作。二、全力以赴围绕《审计法》尽快出台开展工作。组成以崔建民副审计长为组长，办公厅、法规司有关同志参加的工作小组，各司局要全力支持，共同努力把这件大事办好。崔建民、金基鹏、李金华同志出席，吕培俭、罗进新同志，办公厅、人教司、机关党委的负责同志列席。

## 五　月

**5日** 署党组召开党组民主生活会。郭振乾、崔建民、金基鹏、李金华、郑力同志出席，吕培俭、罗进新、刘鹤章同志及机关党委、监察局负责同志列席。中组部、国家机关党工委、中纪委派了同志参加会议。民主生活会的中心议题是：对照中纪委廉政建设五条标准进行检查。

**7日** 根据罗干同志的指示，审计署同民政部组成联合调查组，对群众反映全国老龄委所属的《中华英才》画报社总编及副总编的经济问题进行了调查并写出报告。(5月7日罗干同志在调查报告上批示：“同意下一步工作的建议，老龄委要认真查处”)。

**12日** 江泽民主席发布主席令，根据第八届全国人大常委会第七次会议决定，任命郭振乾为中华人民共和国审计署审计长。

**19日** 由中国注册审计师协会、审计管理司、中国审计出版社三家联合召开了1993年度全国百强审计(师)事务所评选结果发布会，于明涛、吕培俭和郭振乾三位新老审计长出席了发布会，崔建民副审计长代表审计署讲话。发布会由中国注册审计师协会会长罗进新主持。《人民日报》、《经济日报》、《中国商报》刊登了公告，中央电视台、北京电视台也做了报道。

**26日** 审计署机关于1994年5月26日全部迁入新落成的位于北京展览路的办公大楼，结束了十一年租房办公的历史。

## 六　月

**1日上午** 朱镕基副总理主持会议，协调修改审计法、银行法草案中的有关问题，国务委员李贵鲜同志，国务院副秘书长何椿霖、席德华同志，国务院法制局局长杨景宇同志，财政部副部长金人庆以及国务院其他有关部门的负责同志参加了会议。郭振乾审计长、崔建民副审计长和法规司负责同志参加了会议。会上杨景宇同志汇报了审计法草案的修改情况和需要协调的几个问题。会议对《审计法(草案)》中财政审计、企业审计、审计机关权限和经费、内部审计、社会审计等问题进行了研究，统一了认识，并确定了修改方案。会议决定将草案修改后提交国务院常务会议审议。

**下午** 根据上午会议精神，国务院法制局局长杨景宇同志主持会议，研究修改《审计法(草案)》。崔建民副审计长以及法规司负责同志参加。

**3日** 李鹏总理主持召开国务院第20次常务会议，讨论《审计法(草案)》和《银行法(草案)》，郭振乾审计长、崔建民副审计长列席会议。郭振乾审计长向会议作了对《审计法(草案)》的草拟修改情况的说明。会议一致通过两个草案，决定提请全国人大常委会审议。

**9日上午** 中共中央政治局召开常委会，研究《审计法(草案)》和《银行法(草案)》，郭振乾审计长列席会议，并就有关问题做了汇报和说明。

**18日** 接国函〔1994〕51号，李鹏总理签署的国务院提请审议《中华人民共和国审计法(草案)》的议案已报全国人大常委会。

**23日** 审计署向国务院报送《关于审计省级财政情况的报告》(审财发〔1994〕148号)。8月14日，国务院副总理朱镕基在报告上批示：“椿霖同志：请印送各有关省(市)长一阅。乱收‘基金’应该刹一刹了”。8月23日，国务院副秘书长李世忠给李金华副审计长的信中说，国务院拟向11个省(市)转发《报告》的第二部分，请审计署代拟转发稿。8月底审计署将代拟稿报送国务院。

**28日** 郭振乾审计长，崔建民、刘鹤章副审计长列席八届全国人大常委会第八次会议。会议审议了《中国人民银行法(草案)》和《中华人民共和国审计法(草案)》。郭振乾审计长受李鹏总理的委托向会议作了《关于〈中华人民共和国审计法(草案)〉的说明》。

## 七　月

**1日** 机关党委召开署机关全体党员和入党积极分子大会，纪念中国共产党成立73周年。会上署党组书记郭振乾同志向被评为中央国家机关先进基层党组织、优秀党员、优秀兼职党务工作者颁了奖。林治先、高福林、王恒堤等三名来自基层审计机关的先进集体代表和先进工作者介绍了经验。

**2日** 审计署向国务院报送《中农集团所属一些公司违反政策和规定高价倒卖统配平价化肥》(审计要情第一号)。7月8日,邹家华副总理批示:请陈俊生同志阅示,建议彻底清查,严肃处理。7月16日,国务委员陈俊生同志批示:同意家华同志意见,定严肃查处。

**22日** 全国人大财经委召集山东、四川、上海等省市人大财经委同志座谈会,就《审计法(草案)》征求意见。崔建民副审计长,法规司负责同志参加了会议。

## 八 月

**1日至6日** 审计署在兰州召开驻地方特派员工作会议,总结了几年来地方特派办的工作,研究讨论了《驻地方特派员请示报告制度的几项规定》,李金华副审计长主持会议并做了总结讲话(审办发〔1994〕213号)。

**2日** 郭振乾审计长主持召开署办公会议,听取审计管理司对内蒙古自治区审计厅,1993年完成的审计项目进行质量检查情况的汇报。审计管理司是按照"三定方案"确定的职责第一次对省级审计机关进行质量检查。崔建民、金基鹏副审计长参加了会议。

**4日上午** 郭振乾审计长出席全国财政工作会议,听取朱镕基副总理的重要讲话。8日上午,郭振乾审计长主持召开署务会议,传达朱镕基副总理在全国财政工作会议上的重要讲话。

**8月24日至9月4日** 全国人大代表刘鹤章副审计长列席八届全国人大常委会第九次会议。会议议程之一是审议《中华人民共和国审计法(草案)》。郭振乾审计长、崔建民副审计长列席了24日的大会,郭审计长代表国务院向全国人大常委会作了《关于〈中华人民共和国审计法(草案)〉的说明》。

**26日上午** 郭振乾审计长参加国务院第七次全体扩大会议。

**27日** 审计署向朱镕基副总理上报了《关于审计中国人民银行部分分支机构情况的报告》。9月19日,朱副总理在听取中国人民银行稽核监督工作汇报时指出:"审计署给我一个报告,审计了人民银行部分分支机构,他们查出的问题比人民银行查出的问题严重。比如去年7月7日以后新发生的乱拆借,人民银行查出4.3亿元,审计署查出10多亿元,可见问题相当严重。……因此,我建议人民银行由周正庆同志负责,……把审计署的例子也列进来,会同审计署,共同来查"(国办《内情通报》第102期)。人民银行根据朱副总理的指示,派出5个工作组,对系统内乱拆借进行检查清理。

新华社国内动态清样附页(第18期)刊载了"四川人民银行系统约法三章专项审计发现一些问题"。朱副总理8月14日指示要求四川人行认真整顿金融秩序,自办经济实体彻底脱钩,审计发现去年7月以后的乱拆借一律要严肃处理。

**29日** 党组书记郭振乾同志主持召开党组会,传达国务院第七次全体扩大会议精神。崔建民同志通报了全国人大法律委员会修改《审计法(草案)》的情况。郭振乾同志对即将出台的《审计法》评价:总结了自己的经验;借鉴了外国的经验;具有中国特色;与国际惯例接轨的一部好的审计法律。出台后要很好组织学习、宣传、贯彻。党组成员全部参加了会议。刘鹤章、罗进新同志以及法规司负责同志列席了会议。

**31日上午** 第八届全国人大常委会第九次会议通过了《中华人民共和国审计法》。同日,国家主席江泽民发布第32号主席令,公布《中华人民共和国审计法》,自1995年1月1日起施行。

## 九 月

**1日** 中国审计学会会长于明涛,副会长祁田在厦门市接受了福建电视台和厦门市电视台的采访,就审计法的主要内容,重要意义等问题回答了记者的提问。

**2日** 审计署将《关于认真学习宣传贯彻〈中华人民共和国审计法〉的通知》明电发至各省、自治区、直辖市审计厅(局),驻地方特派员办事处,驻国务院部门审计局,南京审计学院。

**3日** 人民日报、经济日报、法制日报发表了特约评论员文章《认真学习贯彻〈审计法〉》。

**5日至7日** 全国审计厅(局)长座谈会在署西直门招待所召开。郭振乾审计长主持会议,崔建民、金基鹏、李金华、郑力、刘鹤章副审计长和30个省、市、自治区审计厅(局)长及署机关部分司局负责同志参加会议。解放军审计署副审计长王自有同志也应邀参加了会议。会议交流了审计工作为深化改革和发展经济服务的情况和经验,讨论当前审计工作中的一些问题,研究学习、宣传、贯彻《审计法》的措施。会上郭振乾审计长作了《关于当前审计工作的几个问题》的重要讲话。

**25日至28日** 中共中央委员郭振乾同志参加中共中央第十四届四中全会。25日至28日，中纪委委员李金华同志列席了中共中央第十四届四中全会。29日，出席中纪委第四次全体会议。

**28日** 《人民日报》刊登郭振乾审计长署名文章：《贯彻〈审计法〉强化审计监督》。

## 十 月

**9日** 国务院办公厅发出《印发审计署关于一些地方违反规定征收各种基金情况报告的通知》（国办函〔1994〕95号），财政部拟会同审计署和监察部对预算外专项基金情况进行清理。

**10日** 审计署向国务院报送《中黑深圳公司内部个人承包存在诸多问题》（重要信息要目第21号），国务委员罗干同志11月3日在报告上批示："请秘书局问一下审计署查出来的问题有谁负责处理，是否已处理了"。署领导指示商贸司按照罗干同志批示办理此事。

**14日** 《经济日报》刊登了吕培俭同志关于学习宣传《审计法》署名文章：《加强审计监督的法律武器》。

**23、24日晚** 审计署在中国剧院主办"明亮的眼睛——审计专题文艺晚会"。全国人大常委会副委员长王丙乾、国务委员李贵鲜和解放军审计署、中央和国务院共25个部门的领导同志出席了文艺晚会。审计署全体职工及北京市审计局部分同志参加了晚会。

**10月28日至11月1日** 审计署在福建省厦门市召开全国财政审计工作座谈会。郭振乾审计长出席会议并作了重要讲话。会议讨论通过了《国家财政收支审计监督实施办法（征求意见稿）》和《审计署1995年财政审计监督工作要点（草案）》。

## 十一月

**7日** 《经济日报》刊登于明涛同志署名文章：《审计事业的里程碑》。

**8日至28日** 以郭振乾审计长为团长的中国审计代表团，出席了在印度举行的最高审计机关亚洲组织第6届大会和第5次国际研讨会。返程途经泰国对泰国审计署进行顺访。郭审计长于25日回国；郑力副审计长在泰继续访问，于28日经昆明回京。

**25日** 为庆祝《中华人民共和国审计法》于1995年1月1日起施行，审计署和中国集邮总公司商定联合印制《审计法》纪念封一枚。1995年1月1日，《中华人民共和国审计法》施行纪念封正式发行。

**28日至12月1日** 郭振乾审计长参加了中央经济工作会议。2日下午至3日上午，署党组书记郭振乾同志主持署党组会，传达中央经济工作会议精神。党组成员崔建民、金基鹏、李金华、郑力同志参加，刘鹤章、于明涛、周光春、王宸生、祁田、任景德同志列席。

**29日** 经李鹏总理，朱镕基、邹家华、李岚清副总理审阅，国务院以国发〔1994〕62号文批转了审计署与有关部门于9月21日上报的《关于粮食政策性财务持账停息的报告》。

## 十二月

**3日下午** 郭振乾审计长参加全国组织工作会议，听取江泽民总书记的重要讲话。

**7日** 审计署向李鹏总理，李贵鲜国务委员上报关于召开全国审计工作会议有关问题的请示。国务委员李贵鲜批示："建议李鹏同志听一次汇报，审计署请示的两个问题，需要定下来，我个人倾向同意审计署的意见"。李鹏总理批示："所提两点意见，我原则上都同意。请秘书长报告人大，协调一下。对中外合资企业审计，明年可先试点进行"。

**17日** 郭振乾审计长参加全国财政工作会议和全国税务局长工作会议闭幕会，听取朱镕基副总理重要讲话。

**22日** 审计署向国务院领导上报《审计70户外贸企业查出少交财政收入少计国有资产等逾12亿元》（审计要情第4号）。引起了李鹏总理的重视，朱镕基、李岚清副总理分别批示给财政部、外经贸部纠正落实。

**23日上午** 国务委员李贵鲜主持会议，听取了郭振乾审计长关于召开全国审计工作会议的汇报。讨论审计署提出的1995年审计工作任务，重点对审计中央财政预算执行情况及审计国有资产占控股地位或主导地位企业的问题进行讨论。崔建民、金基鹏、李金华副审计长，办公厅负责同志参加了会议。

**12月23日** 审计署向国务院领导报送《中国人民保险公司经营管理中存在的几个突出问题》（审计要情第3号）。1995年1月2日，朱镕基副总理批示："正庆同志：党组要听取保险公司汇报，并提出改进意见，报国务院审批。审计署查出的问题要严肃处理。”

**27日至30日** 全国审计工作会议在京举行。会议讨论了全面正确贯彻执行《审计法》的问题，根据四中全会和中央经济工作会议精神，部署了1995年的审计工作任务。国务委员李贵鲜到会并作重要讲话。郭振乾审计长作了题为《认真贯彻执行〈审计法〉推动审计工作进一步发展》的工作报告。崔建民副审计长作了总结报告。李金华副审计长作了题为《统一思想认识认真做好1995年财政审计工作》的报告。上述领导讲话审计署以审办发〔1995〕1号文下发。

**29日** 中共中央政治局常委、国务院总理李鹏在中南海紫光阁接见了全国审计工作会议全体代表并合影，李鹏总理作了重要讲话。参加接见的有国务院副总理邹家华，国务委员李贵鲜、罗干，国务院副秘书长李世忠、张左己及有关部门负责同志。李鹏总理的讲话以审办发〔1995〕9号文发至全国审计机关。

# 审计署1995年大事记

## 一 月

**4日** 郭振乾审计长主持署办公会议，研究1995年署统一安排的审计项目计划，听取关于对中国华能集团审计情况的汇报。崔建民、金基鹏、郑力、刘鹤章副审计长，机关党委书记罗进新，办公厅、综合司、法规司、管理司和各业务司的负责同志参加会议。会议决定：一、原则同意1995年署统一安排的审计项目计划；二、将审计查出的中国华能集团“煤代油”资金使用方面存在的问题，单独形成一个报告，报国务院。29日，审计署向党中央、国务院、中纪委报送了“煤代油专用资金的使用管理有待加强”（审计简报第一期）的简报。

**14日上午** 郑力副审计长参加全国金融工作会议，听取朱镕基副总理的重要讲话。

**16日下午** 署党组书记郭振乾主持署党组会议，传达《中央政治局常委会1995年工作要点》和国务院《关于听取审计署召开全国审计工作会议汇报的会议纪要》；讨论对中央部分部门1994年度预算执行情况进行审计的安排意见。署党组成员崔建民、金基鹏、李金华、郑力同志出席会议，机关党委书记罗进新，办公厅、机关党委的负责同志列席会议。

**17日上午** 郭振乾审计长主持署办公会议，研究对中央部分部门1994年度预算执行情况进行审计的安排意见。综合司和财政司负责同志分别作了汇报和说明。会议决定：

一、对中央部分部门1994年度预算执行情况进行审计，是贯彻《审计法》，为今后审计财政预算执行和其他财政收支摸索经验。各单位要把这次审计作为实践演练，精心组织务必搞好。要体现贯彻中央经济工作会议精神，注意反映当前经济工作方面的重要情况和问题；

二、这次审计要按规定程序进行。如与原定的今年审计项目计划有矛盾，综合司和各业务司，要对原计划作适当调整；

三、这次审计涉及到署内各业务司，总的工作由李金华副审计长负责，日常工作和具体工作的协调由财政司负责；

四、组织一个起草审计报告的班子，由李副审计长负责；

五、这次审计从2月18日开始，3月8日前结束。

金基鹏、李金华、郑力副审计长，机关党委书记罗进新，办公厅、综合司、法规司和各业务司的负责同志参加会议。

**17日上午** 中国审计学会召开在京常务理事会会议，总结1994年学会工作，讨论通过了1995年工作计划。会长于明涛，副会长崔建民、祁田、王宸生、阎金锷，顾问周光春、任景德等同志参加了会议。

**17日** 国务院办公厅《内部情况通报》（第123期）印发李鹏总理、李贵鲜国务委员在全国审计工作会议上的讲话。1月13日，审计署以审办发（1995）9号文印发至全国各级审计机关。

**20日至23日** 中纪委委员李金华参加中共中央纪律检查委员会第五次全体会议。江泽民总书记在会议上发表重要讲话，强调加强思想政治建设是拒腐防变根本措施。这次全会作出了领导干部廉洁自律补充规定。

## 二　月

**10日**　李金华副审计长参加全国人大财经委召开的听取财政部《关于1994年国家预算执行情况和1995年中央及地方预算草案的报告》的汇报会。11日和15日,李副审计长分别召集财政审计协调小组和有关司局长会议,通报了全国人大财经委听取财政部汇报会的情况。

**12日至19日**　刘鹤章副审计长出席署工交司在湖北宜昌召开的工交企业审计工作会议并讲话。刘副审计长分别就加强国有资产保值增值的监督;增强宏观意识,开展宏观政策、措施落实情况的跟踪审计;加强对资产负债损益的效益性监督;对现代企业制度试点企业的审计和审计调查;正确处理好企业审计和财政审计的关系等做了部署,要求进一步围绕企业改革,不断深化企业审计。

**13日**　机关党委书记罗进新主持召开党委会,审议并通过了机关党委1994年工作总结和1995年工作要点;审定署机关立足本职建功立业先进个人和审批预备党员转正。

**15日下午**　郭振乾审计长参加国务院第三次反腐败工作会议。20日,郭审计长主持召开署办公会议,传达了第三次反腐败工作会议精神。崔建民、金基鹏、李金华、郑力副审计长,机关党委书记罗进新,办公厅、监察局、机关党委的负责同志参加会议。

**18日至3月8日**　审计署对中央46个部门1994年度预算执行情况进行审计,查出违反财政制度金额138亿元。审计结果上报后,李鹏总理批示:"看来问题不少,有的相当严重,应有一个切实可行的改革改进措施"。

## 三　月

**3日至18日**　郭振乾审计长分别列席八届全国人大三次会议第一、二、三、四、五次大会。8日上午,郭审计长代表国务院听取湖北省代表团审议李鹏总理作的《政府工作报告》、陈锦华作的《关于1994年国民经济和社会发展计划执行情况与今年计划草案的报告》和刘仲黎作的《关于1994年国家预算执行情况和1995年中央及地方预算草案的报告》。

**8日下午**　郭振乾审计长、崔建民副审计长在京会见了日本会计检查院考察团一行。日本考察团福田常司团长一行3人是从3月8日至14日来华进行工作访问的。考察团先后访问了北京、上海市审计局。

**21日上午**　郭振乾审计长主持召开署办公会议,研究中国注册审计师协会与中国注册会计师协会联合问题。崔建民副审计长、罗进新会长分别就有关情况作了说明。会议议定:同意由中国注册会计师协会、中国注册审计师协会合并组成新的中国注册会计师协会,接受审计署、财政部的指导、监督。现任两会的理事和常务理事共同组成新协会的理事会和常务理事会。对新协会首任会长人选,注册审计师转为注册会计师资格认定,两所并存的体制等问题,提出了意见。会议确定,由崔副审计长负责修改关于两会联合意见稿,商财政部后,报国务院审批。崔建民、金基鹏、李金华、郑力、刘鹤章副审计长,中国注册审计师协会会长罗进新,办公厅、综合司、法规司、管理司负责同志参加会议。

**30日**　中国共产党中央委员会通知,中委(1995)92、93号文,批准免去崔建民同志的审计署副审计长职务和审计署党组副书记职务。

## 四　月

**13日**　署党组书记郭振乾主持召开党组会,研究署领导分工等问题。确定:郭振乾审计长负责全面工作,并分管人事教育司;金基鹏副审计长协助分管综合司、行政事业司、商贸司、农业司、审计管理司、机关党委、监察局、计算机中心、驻国务院部门派出机构、中国内部审计学会、中国注册审计师协会;李金华副审计长协助分管办公厅、法规司、财政司、老干部局、机关服务局、培训中心、驻地方特派办、南京审计学院;郑力副审计长协助分管金融司、投资司、外资司、外事司;刘鹤章副审计长协助分管工交司、科研所、出版社、中国审计事务所、中国华建审计事务所、中国审计学会。党组成员金基鹏、李金华、郑力同志出席会议,刘鹤章副审计长,机关党委书记罗进新同志,办公厅、人教司负责同志列席会议。14日,李金华副审计长召开署务会议,向署机关各单位负责同志通报了署领导分工等情况。

**20日**　审计署会同监察部、高检院,对王宝森违法犯罪活动进行审计查证。审计署从财政司、金融司、工交司抽调25位同志参加专案组,对北京市1988年至1995年的财政收支及有关部门、单位进行了审计,历时4个多月,完成了对王宝森案件的审计查证。王宝森专案结束后,审计署又派人配合中纪委和高检院，对陈希同的问题进行了审计查证，查证结果对认定王宝森的犯罪事实、陈希同的问题起了重要作用。

**29日** 郭振乾审计长出席在北京人民大会堂召开的庆祝“五一”国际劳动节暨全国劳动模范和先进工作者表彰大会。湖南省岳阳县审计局党组书记何忠民(女)、河北省隆化县审计局局长林治先、山东省冠县审计局局长高福林三位同志被国务院授予全国先进工作者荣誉称号。30日，郭审计长，金基鹏、李金华、郑力副审计长，机关党委书记罗进新在署机关接见了3位来自审计系统的全国先进工作者。

## 六 月

**2日** 李金华副审计长就清理检查“小金库”问题，接受中央电视台“东方时空”栏目记者的采访。6日，中央电视台播出了采访情况。

**6日至12日** 以金基鹏副审计长为团长的中国审计代表团对匈牙利进行了友好访问。

**7日** 郭振乾审计长在署机关会见来访的捷克共和国最高审计院院长鲁·沃列尼克一行4人，宾主进行了友好会谈。郑力副审计长及外事司负责同志参加会见。

**8日** 郭振乾审计长主持召开审计长会议，研究审计署聘请第二批特约审计员和召开聘任大会的有关事宜。李金华、郑力、刘鹤章副审计长，崔建民同志，办公厅、人教司、机关党委、服务中心的负责同志参加会议。6月22日，审计署第二批特约审计员聘请大会在署机关举行。郭振乾审计长向13位来自民主党派、无党派人士的特约审计员顾永福、王颖、郭国庆、陈嗣成、仇铣、陈锦福、李秀云、胡冰心、罗玉洁、侯玉霞、谢朝华、张仲民、谢伯阳颁发了聘书并作讲话。全国政协副主席、中央统战部部长王兆国出席会议并作重要讲话。李金华、郑力、刘鹤章副审计长，崔建民同志，署机关各单位的负责同志出席大会。离任的第一批特约审计员也应邀参加大会。

**9日** 李贵鲜国务委员主持会议，讨论审计署报送的《中央预算执行情况审计监督试行办法》。国务院副秘书长何椿霖、张左己，财政部有关领导，审计署郭振乾审计长、李金华副审计长及办公厅、财政司的负责同志参加会议。

**13日** 审计署向国务院报送《中农公司违反规定倒卖化肥赚取高额收入》(审计要情第3号)。17日朱镕基副总理批示：“请罗干同志批示监察部组织查处。中农公司兼职下属公司负责人要一律退出”。19日，罗干国务委员批示：“请监察部按镕基同志批示认真查处，并对有关人员做出处理，国务院多次规定不准倒卖化肥，而中农公司仍我行我素，是党纪政纪所不容(必要时请审计署协助)。”

**15日** 审计署向国务院报送《审计署关于报送〈中华人民共和国审计法实施条例(草案)〉及其说明的报告》(审法发〔1995〕166号)。

**16日上午** 国务院总理李鹏主持召开第72次总理办公会议，会议原则通过了审计署报送的《中央预算执行情况审计监督试行办法》。郭振乾审计长及财政司负责同志出席会议。

**19日** 审计署郭振乾审计长、财政部刘仲黎部长共同签署了《关于中国注册会计师协会、中国注册审计师协会实行联合的有关问题的通知》(财办字〔1995〕26号)，从此两会实现了联合。

**27日至29日** 审计署在大连召开全国审计工作座谈会，研究和部署本级预算执行情况审计工作。国务委员李贵鲜出席会议并作重要讲话，郭振乾审计长作《认真做好本级财政预算执行情况的审计工作》的报告。出席这次会议的有，国务院副秘书长张左己，辽宁省副省长丛正龙，大连市委、市政府的有关领导，李金华、郑力、刘鹤章副审计长，各省、自治区、直辖市和计划单列市审计厅(局)负责人，解放军审计署有关负责同志，署驻地方特派员、南京审计学院及署机关各单位的负责同志。

## 七 月

**17日至21日** 以郭振乾审计长为团长的中国审计代表团，出席在泰国首都曼谷举行的最高审计机关亚洲组织第二十二次理事会会议。出席本次理事会会议的有澳大利亚、中国、日本、韩国、印度、印度尼西亚、泰国、马来西亚和斯里兰卡等国的审计长或代表。会议本着友好协商的精神完成了预定的各项议程，取得圆满成功。会后，郭审计长一行还访问了泰国审计长公署的地方派驻机构。

**19日** 李鹏总理签署中华人民共和国国务院令第181号，发布施行《中央预算执行情况审计监督暂行办法》。

## 十 月

**8日至14日** 应审计署邀请，法国审计法院首席院长皮埃尔·柔克斯先生率五人代表团对我国进行访问。郭振乾审计长主持了与法国审计代表团的工作会谈，郭振乾审计长和郑力副审计长向来宾介绍了中国审计情况，并回答了客人感兴趣的问题。会谈后郭振乾审计长代表审计署，皮埃尔·柔克斯代表法国审计法院，分别在中法第二期审计合作项目协议书上签字。法国代表团还访问了哈尔滨和上海市。

**13日** 中国共产党中央委员会通知，中委〔1995〕238号文，批准吴定富同志任中央纪律检查委员会驻审计署纪律检查组组长。

## 十一月

**30日** 审计署向国务院报送《粮食经营管理中的问题应引起重视》(审计简报增刊(7))。12月25日，李鹏总理批示："请镕基、岚清同志阅，请考虑如何彻底除此流弊。是否下决心国库和地库彻底分开"。李贵鲜国务委员批示："审计署这份简报值得重视，粮食库存出现虚数，给宏观决策带来困难，建议审计署96年再扩大一点审计范围，把情况搞准，心中有数。"李岚清副总理批示："请国内贸易部按总理批示精神认真研究并提出可行方案。"

## 十二月

**5日** 李贵鲜国务委员率中国监察审计代表团出访新加坡和韩国。审计署金基鹏副审计长随团出访。郭审计长到机场送行。

**5日至7日** 郭振乾审计长出席在北京召开的中央经济工作会议。8日，郭振乾审计长主持会议，传达中央经济工作会议精神。李金华、郑力副审计长，党组成员吴定富同志，机关党委书记罗进新同志，于明涛、周光春、崔建民同志及署机关各单位正副司(局)长出席会议。

**11日** 全国档案工作暨表彰先进会议在北京人民大会堂举行，内蒙古自治区审计厅档案科、山东省审计厅邹凤仙同志、甘肃省审计局庞慧征同志和审计署驻沈阳特派员办事处赵梅同志分别被评选为"八五"期间全国档案工作先进集体和模范档案工作者，受到国家档案局、中央档案馆的表彰。

# 审计署1996年大事记

## 一 月

**4日至7日** 全国审计工作会议在京举行。4日晚，会议在北京京西宾馆开幕，金基鹏副审计长主持会议，郭振乾审计长作了题为"振奋精神，扎实工作，努力开创审计事业的新局面"的工作报告。李金华、郑力、刘鹤章副审计长，纪检组长吴定富，吕培俭、于明涛、周光春、崔建民、罗进新、王宸生、任景德同志及各省、自治区、直辖市和计划单列市审计厅(局)，署各派出机构，部门内审机构，署机关各单位的代表，特约审计员等300多人出席会议。开幕式上还举行了全国审计系统"二五"普法工作先进单位表彰仪式，对北京市审计局、上海特派员办事处、署财政司等18个先进单位进行了表彰，商贸司还被中宣部、司法部评为全国"二五"普法工作先进单位。郭审计长和司法部党组成员、纪检组长韩灵同志讲了话。5日上午，国务院总理李鹏、国务委员李贵鲜在国务院第一会议室，接见参加全国审计工作会议的代表，李鹏总理作了1小时的重要讲话。下午，代表们对李鹏总理的讲话进行了热烈的讨论。7日下午，全国审计工作会议举行闭幕大会。金基鹏副审计长主持会议，国务委员李贵鲜作重要讲话，李金华副审计长作总结讲话，国务院副秘书长张左已出席会议。

**12日** 为认真贯彻党的十四届五中全会和中央经济工作会议精神，落实全国审计工作会议提出的各项任务，署党组决定，1996年1月29日至2月2日组织署机关全体干部职工，集中学习邓小平建设有中国特色社会主义理论。12日上午，署党组成员、机关党委书记吴定富主持召开机关党委委员、支部书记会议，对集中学习进行了部署。23日，机关党委再次召开党委委员、支部书记会议，听取各单位对集中学习前准备工作情况的汇报，吴定富同志对加强领导，切实组织好学习提出了要求。29日，署机关召开了深入学习建设有中国特色社会主义理论动员大会。机关党委书记吴定富主持会议，署党组书记、审计长郭振乾作动员报告。金基鹏副审计长，于明涛、周光春、王宸生、罗进新同志，署机关全体干部职工、部分离退休老干部共653人参加大会。30日，署党组成员、机关党委书记吴定富向参加学习的全体人员传达了中纪委六中全会精神。31日，国务院研究室宏观司司长苏宁应邀到署作学习中央经济工作会议精神的辅导报告。2月1日，1995年全国十大杰出青年中国科学院计算所陈肇雄博士应邀来审计署作报告。2日，署机关召开理论学习交流总结大会。办公厅、综合司、投资司、出版社4个单位的代表，介绍了学习体会、收获和今后的打算。吴定富同志作了学习总结，并对今后政治理论学习提出了要求。

**24日至27日** 中纪委委员、副审计长李金华出席中共中央纪律检查委员会第六次全体会议。署党组成员、纪检组长吴定富和监察局局长胡玉华列席会议。26日，江泽民总书记在会上作了重要讲话，郭振乾审计长出席了26日的大会。

## 二 月

**5日** 郭振乾审计长出席李鹏总理主持召开的国务院第九次全体会议。会议布置讨论即将提请八届全国人大第四次会议审议的《政府工作报告》(征求意见稿)。

**6日** 郭振乾审计长出席国务院召开的第四次反腐败工作会议。李鹏总理在会上发表重要讲话。

**13日上午** 中国审计学会召开在京常务理事座谈会，总结1995年工作，布置1996年工作和重点科研课题。会长于明涛，副会长崔建民、王宸生、田一农、阎金锷，顾问周光春、任景德等同志出席会议。

**13日** 经国务院领导同意，审计署设立举报中心，受理公民、法人和其他组织对违反财经法纪问题的举报。

**18日** 郭振乾审计长，金基鹏、郑力副审计长，于明涛、周光春、崔建民、罗进新、王宸生、任景德同志出席中共中央、国务院在人民大会堂举行的春节团拜会。

## 三 月

**3日至13日** 全国政协委员崔建民出席政协八届全国委员会四次会议。李金华副审计长列席了13日下午的闭幕会议。

**7日** 署机关召开1995年度党建工作总结表彰大会。机关党委书记吴定富代表机关党委向大会作了1995年度党建工作报告。郭振乾审计长、郑力副审计长参加大会并向受表彰的行政事业司、商贸司、出版社3个先进党支部和8名先进兼职党务干部、16名优秀党员颁发了奖状、荣誉证书和奖金。署机关全体党员和干部职工参加大会。

**14日上午** 审计署保密委员会召开今年第一次会议，传达中央保密委员会第四次会议和中央国家机关保密工作会议精神，听取署1995年保密工作情况汇报，研究并通过了《全国审计机关1996年保密工作要点》。审计署保密委员会主任、副审计长李金华对做好1996年保密工作提出了要求。

**25日上午** 李金华副审计长到全国人大财经委员会，汇报中央预算执行审计工作的计划和安排。审计署财政司负责同志参加汇报。

## 四 月

**3日** 署党组书记郭振乾主持召开党组会议，听取纪检组、监察局关于纪检、监察工作的汇报。党组成员金基鹏、李金华、郑力、吴定富出席会议，办公厅、人教司、机关党委、监察局的负责同志列席会议。

**5日** 郭振乾审计长主持召开审计业务会议，听取金融司、行政事业司关于预算执行审计工作的情况汇报。金基鹏、李金华、郑力副审计长，纪检组长吴定富出席会议。办公厅、综合司、财政司、金融司、行政事业司的负责同志参加会议。

**8日** 郭振乾审计长主持召开审计长会议，听取工交司、农业司关于预算执行审计工作情况汇报。金基鹏、李金华、郑力副审计长，纪检组长吴定富出席会议。办公厅、综合司、工交司、农业司负责同志和财政司有关同志参加会议。

**9日上午** 全国审计系统纪检监察工作会议在京召开。大会由金基鹏副审计长主持，郭振乾审计长作重要讲话。吴定富同志作了题为“加强领导，狠抓落实，把审计机关反腐倡廉工作引向深入”的工作报告。中纪委副书记、监察部部长曹庆泽到会并讲话。李金华、郑力、刘鹤章副审计长出席开幕会。各省、自治区、直辖市审计厅(局)，各特派员办事处，驻国务院部门审计局的代表及署机关各单位的负责同志共126人参加大会。大会于11日上午闭幕，李金华副审计长、纪检组长吴定富出席闭幕式并讲话。

**10日上午** 郭振乾审计长主持召开审计长会议，听取商贸司、投资司关于预算执行审计工作情况汇报。金基鹏、李金华、郑力、刘鹤章副审计长，纪检组长吴定富同志出席会议。办公厅、综合司、商贸司、投资司负责同志和财政司有关同志参加会议。

**10日下午** 郭振乾审计长主持召开审计长会议，听取财政司关于国税、关税、国库审计和43个部门财政预算执行审计汇总情况汇报。金基鹏、郑力、刘鹤章副审计长，纪检组长吴定富出席会议。办公厅、综合司、财政司负责同志参加会议。

**26日上午** 李金华副审计长出席中央国家机关纪工委召开的报告会，并为参加会议的中央国家机关各部门机关纪委及在京直属单位专职纪检干部作《审计在查办违法违纪经济案件中的重要作用》的专题报告。

## 五 月

**7日上午** 中国审计学会召开第三届理事会第二次会议，会议由祁田副会长主持，会长于明涛作理事会工作报告。郭振乾审计长出席会议并讲话，副审计长刘鹤章、纪检组长吴定富出席会议。

**7日下午和8日上午** 署党组书记郭振乾主持召开党组会议，讨论关于1995年中央预算执行情况的审计结果报告和审计工作报告。党组成员金基鹏、李金华、郑力、吴定富、王道成出席会议，刘鹤章副审计长，办公厅、综合司负责同志列席会议。

**9日上午** 郭振乾审计长和李金华副审计长就1995年度中央预算执行情况和其他财政收支的审计工作报告问题，向全国人大常委会秘书长曹志、国务院副秘书长杨景宇作专题汇报。

**15日** 按国务院国任字〔1996〕45号文，任命翟熙贵同志为审计署副审计长。

**15日至23日** 审计署在北京怀柔培训基地召开最高审计机关亚洲组织公共工程项目审计研讨会，最高审计机关亚洲组织21个成员国的27名代表参加了这次研讨会。郭振乾审计长在开幕式上致辞欢迎各国代表。郑力副审计长在闭幕式上作了总结发言，她对各国在研讨会期间所给予的支持与合作表示感谢。通过8天的研讨和参观，各国代表不仅在许多专业方面达成共识，也增进了相互之间的了解和友谊。

**20日** 国务委员李贵鲜主持会议，就1995年度中央预算执行情况审计结果报告中涉及的问题，听取审计署、财政部有关负责同志的汇报。李金华副审计长和王道成司长参加会议。

**29日** 受郭振乾审计长委托，李金华副审计长向李鹏总理汇报了1995年度中央预算执行情况的审计工作。李鹏总理作了重要指示，并说“你们的工作搞得不错，这是件大事，一定要搞好。”国务委员李贵鲜、国务院副秘书长何椿霖等领导一起听取汇报。当日，李鹏总理在《审计署关于1995年度中央预算执行情况的审计结果报告》上批示：“我已听取李金华同志的汇报，请将此件主要内容写成审计工作报告，准备经我审批后向人大常委报告。在措施中要特别强调财政预算建立硬约束的机制，克服支出不规范的行为。”

**30日** 署党组书记郭振乾同志主持召开党组会议，李金华副审计长传达了李鹏总理听取审计工作汇报时作的重要指示。党组成员金基鹏、郑力、吴定富、王道成出席会议。刘鹤章副审计长列席会议。

## 六 月

**14日** 李鹏总理主持召开总理办公会议，听取郭振乾审计长关于1995年中央预算执行情况的审计工作报告的汇报。朱镕基、钱其琛、李岚清、吴邦国、姜春云副总理，李贵鲜、罗干国务委员出席会议。李金华副审计长参加汇报。

**26日上午** 署党组书记郭振乾主持召开党组会议，学习江泽民总书记在纪念中国共产党成立七十五周年座谈会上的讲话。党组成员金基鹏、李金华、郑力、吴定富出席会议。刘鹤章副审计长，办公厅和机关党委负责同志列席会议。

## 七 月

**1日** 审计署召开纪念中国共产党建党75周年大会。党组书记郭振乾为署机关被评为中央国家机关先进党支部、优秀党员、优秀党务工作者的单位和个人颁发奖状，机关党委书记吴定富在会上讲话。李金华、王道成等同志与干部职工一起参加“党的颂歌”歌咏比赛。周光春、王宸生等同志也出席大会并观看歌咏比赛。

**3日** 在八届全国人大常委会第二十次会议今天上午举行的全体会议上，审计署审计长郭振乾受国务院委托，作了1995年中央预算执行情况的审计工作报告。

**8日至13日** 郭振乾审计长率中国审计代表团赴印度尼西亚参加最高审计机关亚洲组织理事会第23次会议，并于会后应日本会计检查院院长的邀请访问日本。

**24日至26日** 全国审计工作座谈会在乌鲁木

齐市召开。会议主要总结交流财政预算执行审计工作情况，郭振乾审计长作重要讲话，李金华副审计长介绍中央预算执行审计工作有关情况，有15个审计厅(局)作大会发言。郑力、刘鹤章、翟熙贵副审计长，纪检组长吴定富，各省、自治区、直辖市审计厅(局)、署机关各单位和署驻地方特派员办事处负责同志等150多人参加会议。

## 九　月

**5日**　接中共中央委员会通知(中委〔1996〕137号)，刘家义同志任审计署副审计长。

## 十　月

**7日至11日**　中共中央委员、署党组书记、审计长郭振乾出席中国共产党第十四届六中全会。中纪委委员、副审计长李金华列席会议。

**11日**　中共中央纪律检查委员会召开第七次全体会议。中纪委委员、副审计长李金华，纪检组组长吴定富出席会议。

**11日下午**　署党组书记郭振乾主持召开党组扩大会议，传达党的十四届六中全会精神。党组成员翟熙贵、吴定富、刘家义、王道成出席。署机关各司、局长列席会议。

**15日**　署机关召开"纪念红军长征胜利六十周年"大会，署党组成员、机关党委书记吴定富作了把学习贯彻六中全会精神与发扬长征精神结合起来的讲话。翟熙贵、刘家义副审计长，于明涛、罗进新同志和400多名职工参加大会。随后，职工表演了文艺节目。

**22日**　郭振乾审计长、刘家义副审计长出席中共中央、中央军委在人民大会堂举行的纪念红军长征胜利60周年大会。

**25日**　1996年第四季度女部长联谊会在审计署举行，全国人大常委会副委员长陈幕华，国务委员彭佩云以及20位女部长出席会议。郑力同志主持大会，郭振乾审计长致欢迎词，陈幕华副委员长讲话，署党组成员财政司司长王道成介绍财政审计情况，署机关部分职工为女部长们表演了精彩的文艺节目。副审计长刘鹤章、翟熙贵、刘家义，纪检组组长吴定富以及崔建民同志出席会议。

## 十一月

**11日**　郭振乾审计长主持召开审计长会议，研究1997年审计工作计划。会议确定：全国审计工作会议于1997年1月下旬召开。副审计长金基鹏、刘鹤章、翟熙贵，党组成员吴定富、王道成出席。办公厅负责同志列席会议。

**15日上午**　署党组书记郭振乾主持召开党组会议，研究确定署领导分工；同时，对规范化项目草案的审定工作做出具体安排。党组成员金基鹏、李金华、翟熙贵、刘家义、吴定富出席会议，刘鹤章副审计长，办公厅、人教司负责同志列席会议。署领导分工情况如下：

郭振乾审计长：负责全面工作，分管人事教育司；

金基鹏副审计长：综合司、农业审计司、审计管理司、驻国务院部门审计局、中国内部审计学会；

李金华副审计长：办公厅、财政审计司、法规司、外事司、审计干部培训中心、各特派员办事处、南京审计学院；

刘鹤章副审计长：工业交通审计司、审计科研所、中国审计出版社、中国审计事务所、中国华建审计事务所、中国审计学会；

翟熙贵副审计长：金融审计司、固定资产投资审计司、外资运用审计司、老干部局；

刘家义副审计长：商贸审计司、行政事业审计司、机关服务局、计算机技术中心；

吴定富同志：机关党委、监察局；

王道成同志：协助李金华副审计长管财政审计司。

**21日至24日**　郭振乾审计长出席在京召开的中央经济工作会议。

# 审计署1997年大事记

## 一 月

**21日至23日** 全国审计工作会议在京举行。21日上午,会议在北京京西宾馆开幕,金基鹏副审计长主持会议,郭振乾审计长作了题为《认真履行审计监督职责,在两个文明建设中发挥更大作用》的工作报告。副审计长李金华、刘鹤章、翟熙贵、刘家义,党组成员吴定富、王道成出席会议,吕培俭、崔建民、罗进新、郑力同志,于明涛、周光春、祁田、王宸生、任景德同志及各省、自治区、直辖市和计划单列市审计厅(局),署各派出机构,部门内审机构,署机关各单位的代表,特约审计员等300多人出席会议。21日下午,国务院总理李鹏,国务委员李贵鲜、罗干等领导同志,在人民大会堂西大厅接见了出席全国审计工作会议的全体代表并合影留念。李鹏总理对审计工作作了重要指示。23日下午,郭振乾审计长主持全国审计工作会议闭幕大会。国务委员李贵鲜到会并作重要讲话。金基鹏副审计长作会议总结。财政部副部长刘积斌应邀出席会议。副审计长李金华、刘鹤章、刘家义,署党组成员吴定富、王道成出席会议,吕培俭、崔建民、罗进新、郑力同志,于明涛、周光春、祁田、王宸生、任景德同志,全体会议代表和署机关司局级干部参加大会。

**24日** 署党组书记郭振乾主持召开党组会议,听取机关党委关于审计署选举出席中国共产党第十五次全国代表大会候选人工作的汇报。党组成员金基鹏、李金华、刘家义、吴定富、王道成出席会议。

**27日至29日** 中纪委在京召开第八次全体会议。29日上午,江泽民总书记在会上发表重要讲话,郭振乾审计长和中纪委委员、副审计长李金华出席会议。中纪委驻署纪检组组长吴定富、监察部驻署监察局局长胡玉华列席会议。

**31日下午** 郭振乾审计长出席国务院第五次反腐败会议。

## 二 月

**4日下午** 郭振乾审计长出席国务院第12次全体会议。

**6日** 李鹏总理应四川省审计厅要求,为审计机关题词:"加强审计监督,维护经济秩序"。

**18日** 署党组书记郭振乾主持召开党组会议,研究署机关廉政建设工作。会上,纪检组长、机关党委书记吴定富传达了中纪委8次全会精神,监察局局长胡玉华作了关于纪检监察工作的汇报。署党组就压缩各种不必要会议和署机关工作人员在北京市审计不得在被审计单位报销交通费等问题作了规定。署党组成员金基鹏、翟熙贵、刘家义、吴定富出席会议。办公厅、综合司、人教司、机关党委、监察局负责同志列席会议。

**19日上午** 署机关党委召开1996年度党建工作总结表彰大会。郭振乾审计长,金基鹏副审计长出席会议,并为15位先进个人颁发了荣誉证书,为在署机关献计献策活动中获得综合奖的4个单位和获得"好建议"奖的5位同志颁发了奖状。党组成员、机关党委书记吴定富作总结报告,并对1997年机关党的工作进行了部署,对纪检、监察工作提出了要求。会上还传达了中纪委8次全会和国务院第5次反腐败工作会议精神,署机关300多名干部职工参加大会。

**20日上午** 党组书记、审计长郭振乾主持召开司局级以上领导干部会议,深切悼念邓小平同志。

**25日上午** 邓小平同志追悼大会在北京人民大会堂隆重举行。中共中央委员、审计长郭振乾,中共中央委员吕培俭同志,副审计长金基鹏、翟熙贵,党组成员王道成同志,老同志于明涛、祁田、崔建民、罗进新、郑力,人教司、机关党委、行政事业司、老干部局、审计出版社的负责同志参加追悼大会。刘家义副审计长在署机关组织全体干部职工收看追悼大会实况。

**27日下午** 郭振乾审计长出席中国人民政治协商会议第八届全国委员会第五次会议开幕式。

**27日** 《人民日报》发表了郭振乾审计长题为《建立有中国特色的审计规范》的文章。

## 三 月

**1日** 郭振乾审计长出席第八届全国人民代表

大会第五次会议开幕大会。

**1日至14日** 全国人大代表、副审计长刘鹤章出席第八届全国人民代表大会第五次会议。

**12日** 审计署保密委员会主任、副审计长李金华出席署机关保密工作会议，传达了江泽民总书记在全国保密工作会议上的讲话，听取了与会同志的讨论发言，并在会议结束时讲话。署机关各单位负责同志，审计署保密委员会成员参加了会议。

**31日** 经过审计署全体党员民主选举，郭振乾同志、李金华同志被推选为出席中国共产党第十五次全国代表大会代表候选人。

## 四 月

**9日** 李鹏总理在《审计署关于审计中国福利彩票发行和资金使用情况的报告》(审行发[1997]53号)上批示：“民政部将处理意见报告国务院”。罗干国务委员批示：“建议民政部要加强对彩票发行的管理，彩票发行中的一些问题，如发行失控等，究竟应由谁来负责，对中募委不认真执行国务院的规定，又应由谁来负责，今后要加强监督和管理，防止彩票发行中出现的问题”。

**13日至19日** 郭振乾审计长率中国审计代表团访问希腊。访问期间，郭审计长会见了希腊审计法院院长、希腊政府司法部长和外交部副部长。

## 五 月

**16日上午** 审计署向李鹏总理报送《关于1996年中央预算执行情况的审计结果报告》，同时抄报李贵鲜国务委员。

**23日** 在中央国家机关党代会上，经过来自中央国家机关103个部门的500名代表的民主选举，审计署郭振乾、李金华同志当选为出席中国共产党第十五次全国代表大会代表。

**27日上午** 国务委员李贵鲜、国务院副秘书长何椿霖听取郭振乾审计长、李金华副审计长关于1996年中央预算执行情况审计结果报告的汇报。

**30日下午** 国务委员李贵鲜，国务院副秘书长何椿霖，听取李金华副审计长关于1996年中央预算执行情况审计结果的汇报。

## 六 月

**2日下午** 李鹏总理听取了郭振乾审计长、李金华副审计长关于1996年中央预算执行情况审计结果的汇报。李鹏总理原则同意审计结果报告，并要求审计署据此代国务院起草向全国人大常委会作的审计长作报告。参加听取汇报的还有国务委员李贵鲜、国务院副秘书长何椿霖、总理办公室主任姜云宝。

**3日** 李鹏总理在审计署《关于1996年中央预算执行情况的审计结果报告》上批示：“已听过郭振乾、李金华同志的汇报，请按此件起草一份给人大的报告，先提交国务院讨论。”

**5日上午** 李鹏总理主持召开第153次总理办公会议，听取郭振乾审计长关于中央预算单位银行开户审计情况的汇报。李鹏总理作了四点重要指示：(一)目前预算单位银行开户混乱，要进行一次整顿；(二)清理整顿的标准是严格控制开户，尽量减少账户；(三)银行开户要实行首长负责制；(四)今后审计部门要以规范的银行账户为依据，开展预算执行审计工作。

**10日上午** 李鹏总理主持召开第154次总理办公会议，听取郭振乾审计长《关于1996年中央预算执行和其他财政收支情况的审计工作报告》(代拟稿)的汇报。

**11日上午** 郭振乾审计长、李金华副审计长会见来审计署拜访的伊朗最高审计法院阿里瑞扎·拉山德路院长一行。双方介绍了各自审计机构的情况，并就互相关心的问题交换了意见。会见时在座的有伊朗驻华大使、商务参赞和审计署外事司负责同志。

**16日至18日** 全国审计系统桥牌协会成立大会暨首届锦标赛在京举行。李金华副审计长，罗进新同志及中国桥牌协会有关同志出席活动。

**17日至19日** 应审计署邀请，印度尼西亚最高审计委员会主席J·B苏马林博士一行来华访问，李金华副审计长到机场迎送。访问期间，18日上午国家副主席荣毅仁在人民大会堂会见了苏马林博士一行，郭振乾审计长陪同会见。19日上午，苏马林博士一行结束在京的访问活动前往上海。署党组成员王道成陪同外宾继续访问。

**27日上午** 署机关召开“庆七一迎回归”大会，署党组成员兼机关党委书记吴定富在会上讲话，副审计长刘鹤章、刘家义、党组成员王道成以及于明涛、周光春、罗进新同志与署机关和事业单位全体干部职工一起参加大会。庆祝大会上表演了精彩的文艺节目。署机关工会举办了“喜迎香港回归书法展”。

## 七 月

**1日下午** 郭振乾审计长，吕培俭同志，副审计长金基鹏、刘家义，纪检组长吴定富和于明涛、周光春同志出席国务院为庆祝中华人民共和国政府恢复对香港行使主权，在人民大会堂举行的招待会。晚上，郭振乾审计长，吕培俭同志，副审计长金基鹏、刘鹤章、翟熙贵、刘家义，纪检组长吴定富和丁明涛、周光春、崔建民、罗进新、郑力同志出席在首都工人体育场举行的“首都各界庆祝香港回归祖国大会”。

**2日上午** 受国务院委托，郭振乾审计长在第八届全国人民代表大会常务委员会第二十六次会议上作《关于1996年中央预算执行和其他财政收支的审计工作报告》。

**7日上午** 署机关党委召开账户审计专题研讨会。综合司、法规司、财政司党支部和农业司王华、科研所孙宝厚的5篇论文被评为优秀论文，并在大会上进行宣读。郭振乾审计长为获奖单位和个人颁发了奖状和荣誉证书，机关党委书记吴定富在会上讲话。副审计长金基鹏、翟熙贵、刘家义和署机关全体干部职工参加了大会。

**14日至16日** 全国审计工作座谈会在吉林省长春市举行。郭振乾审计长作了题为《从账户入手审计是我国审计的基础方法》的讲话，李金华副审计长作总结讲话。各省、自治区、直辖市、计划单列市审计厅(局)长和驻地方特派员在会上交流了从账户入手，做好预算执行审计的经验。副审计长刘鹤章、翟熙贵、刘家义，纪检组长吴定富、署党组成员王道成出席会议。吉林省省长王云坤、常务副省长王国发到会表示祝贺。

## 八 月

**4日下午** 郭振乾审计长会见了来访的日本会计检查院院长疋田周朗一行。双方就共同关心的问题进行了工作会谈。李金华副审计长，办公厅、外事司负责同志参加会谈。

**11日** 接中共中央1997年8月11日通知(中委[1997]134号)，中央批准：李金华同志任审计署党组副书记。

**12日下午** 李金华副审计长会见来审计署拜会的美国国务院监察长威廉姆斯·布雷吉斯女士及其率领的美国国务院监察代表团一行五人，并主持了工作会谈。双方介绍了本国的审计工作情况，对今后的合作前景表示乐观。会谈期间，署外事司、综合司、法规司、监察局、科研所负责同志在座。

**17日至30日** 印度审计代表团一行5人于1997年8月17日至30日来我国进行考察和访问。代表团分两批来华。副主计审计长萨米尔·古普塔先生一行3人先期抵京，对我国的农业审计工作进行了考察；主计审计长宋如先生一行2人于8月27日抵京。来访期间，郭振乾审计长，李金华副审计长于8月28日上午，在署机关进行了工作会谈。宾主双方介绍了各自国家审计工作情况，并对两国审计机关之间业已存在的友好合作关系表示十分满意。当天下午国务委员李贵鲜在中南海会见了宋如先生一行并进行了友好谈话。郭振乾审计长，李金华副审计长等参加会见。代表团在北京期间访问了北京市审计局，参观了审计署怀柔培训基地并到黑龙江省、大连市和天津市等地进行了考察。代表团结束对审计署访问回国，李金华副审计长到机场送行。

## 九 月

**6日至9日** 中共中央委员、署党组书记郭振乾出席中国共产党第十四届七中全会。

**6日至9日** 中纪委委员、署党组副书记李金华出席中共中央纪律检查委员会第七届九次全会并列席中国共产党第十四届七中全会。

**12日至18日** 十五大代表郭振乾、李金华同志出席中国共产党第十五次全国代表大会，于明涛、吕培俭、吴定富同志列席会议。李金华同志当选为中共第十五届中央委员会委员，吴定富同志当选为中共中央纪律检查委员会委员。

**19日上午** 中共中央委员李金华同志出席中共十五届一中全会。

**22日至27日** 署党组成员王道成率中国审计代表团，出席在匈牙利首都布达佩斯召开的最高审计机关国际组织内部控制大会。会后，应匈牙利审计署邀请，对匈审计署进行为期两天的财政审计考察。

## 十 月

**4日至11日** 郭振乾审计长率领中国审计代表团出席在印度尼西亚首都雅加达召开的亚审组织第七届大会和第六次国际研讨会。会上，中国再次当选为亚审组织理事会成员国。会议决定1998年9月将在中国召开第26次亚审理事会。13日至20日，中国审计代表团应邀访问俄罗斯，并与俄罗斯联邦审计院签定了交流协议。21日,郭审计长一行回到北京。代表团离抵北京时,李金华副审计长到机场送迎。

**8日上午** 李金华、翟熙贵副审计长到国务院,向朱镕基副总理汇报了审计署对110家信托投资公司审计的情况。金融司负责同志参加会议。

**8日上午** 纪检组长吴定富到中纪委出席由尉健行同志主持召开的党风廉政建设工作座谈会。

**27日** 人事部、财政部、审计署联合发出《关于调整审计机关审计人员工作补贴范围和标准的通知》(人发[1997]119号)。从1997年10月起,全国审计机关将执行新的工作补贴标准。

### 十一月

**1日至7日** 刘鹤章副审计长出席全国工商联七届九次执委会,第八届会员代表大会和八届一次执委会并被选为全国工商联副主席。

**7日至10日** 国务院召开三峡工程移民暨对口支援工作会议,审计署农业司被国务院三峡建设委员会授予"三峡工程一期移民工作先进集体"称号。

### 十二月

**4日至29日** 李金华副审计长参加中央党校第一期新当选中央委员和候补中央委员学习邓小平理论和十五大精神研讨班。中共中央政治局常委、中央党校校长胡锦涛作学习动员。江泽民总书记在学习结束时发表重要讲话。江总书记在接见学员时对李金华副审计长说:"审计是一个重要的部门。"

**9日至11日** 郭振乾审计长出席中央经济工作会议。

**21日至23日** 全国审计工作会议在京召开。郭振乾审计长在会上作了题为《认真贯彻十五大精神,把审计事业推向新的发展阶段》的报告,金基鹏副审计长作了总结讲话,会议由李金华副审计长主持。会议期间,李鹏总理于22日下午接见了出席全国审计工作会议暨全国审计机关先进集体和先进工作者表彰大会的全体代表,并作重要指示。国务委员李贵鲜、罗干陪同接见。23日下午,李贵鲜国务委员出席全国审计工作会议,就当前经济形势和加强审计工作等问题作了重要讲话。副审计长刘鹤章、翟熙贵、刘家义,党组成员吴定富、王道成和崔建民、罗进新、郑力同志,于明涛、周光春、祁田、王宸生、任景德同志出席会议。

21日下午,全国审计机关先进集体和先进工作者表彰大会在京召开。大会由李金华副审计长主持,人事部戴光前副部长宣读了《人事部、审计署关于对全国审计机关70个先进集体和39名先进工作者进行表彰的决定》,金基鹏副审计长宣读了先进集体和先进工作者名单,郭振乾审计长发表了讲话。署领导郭振乾、金基鹏、李金华、刘鹤章、翟熙贵、刘家义、吴定富、王道成和戴光前副部长为获表彰的先进集体和先进工作者颁发奖牌、证书,并同大家合影留念。参加全国审计工作会议的代表及署机关司局级干部参加了大会。

## 审计署1998年大事记

### 一 月

**11日至22日** 郭振乾审计长率中国审计代表团访问美国。访问期间,双方就共同感兴趣的问题进行了深入研讨。应美国会计总署主计长的邀请,郭审计长以《中国审计监督制度》为题作了长篇演讲,美会计总署所有高级官员到会。访问获得圆满成功。代表团离抵北京时,李金华副审计长到机场送迎。

### 二 月

**9日上午** 郭振乾审计长主持召开座谈会,研究审计工作法制化、制度化、规范化的内涵界定问题。郭审计长指出,审计工作制度化的主要标志,是审计机关每年向政府行政首长提交审计结果报告和受政府委托向本级人大常委会提交审计工作报告。副审计长金基鹏、翟熙贵,党组成员王道成,以及办公厅、综合司、法规司、人教司、机关党委、科研所负责同志出席座谈会。

**9日下午** 党组书记郭振乾主持召开署党组会议，传达中纪委第二次全体会议和国务院第六次反腐败工作会议精神，布置1998年署机关廉政建设工作。党组副书记李金华，党组成员金基鹏、翟熙贵、刘家义、吴定富、王道成出席会议。办公厅、人教司、机关党委、监察局和机关服务中心负责同志列席会议。

**18日上午** 刘家义副审计长出席朱镕基副总理主持召开的会议，讨论粮食流通体制改革问题。

**20日下午** 郭振乾审计长在署会见来访的国际内部审计师协会执行主席威廉·毕绍普先生。中国内部审计学会会长郑力参加会见，随后，郑力会长与毕绍普主席进行了工作会谈。管理司、外事司、内审学会负责同志参加会见和会谈。

**25日至26日** 中国共产党第十五届中央委员会第二次全体会议在北京举行。中共中央委员、署党组副书记李金华出席会议，署党组书记郭振乾列席会议。

## 三 月

**3日** 中国人民政治协商会议第九届全国委员会第一次会议在北京开幕。吕培俭、金基鹏、郑力同志作为全国政协委员出席会议。

**5日** 第九届全国人民代表大会第一次会议在北京开幕。郭振乾、刘鹤章同志作为全国人大代表出席会议。

**13日下午**全国政协九届一次会议今天下午在人民大会堂举行第五次全体会议，吕培俭、金基鹏同志当选为政协第九届全国委员会常务委员会委员。

**14日** 中国人民政治协商会议第九届全国委员会第一次会议在圆满完成各项议程后，今天上午在人民大会堂闭幕。我署吕培俭、金基鹏、郑力同志出席闭幕大会，翟熙贵副审计长列席闭幕大会。

**15日至16日** 吕培俭、金基鹏同志出席政协第九届全国委员会常务委员会第一次会议。3月16日上午，九届全国人大一次会议今天上午在人民大会堂举行第四次全体会议。郭振乾同志当选为第九届全国人民代表大会常务委员会委员。

**18日** 中共中央发出通知：李金华同志任审计署党组书记，免去郭振乾同志的审计署党组书记职务(中委〔1998〕42号)。江泽民主席颁布第二号主席令，根据第九届全国人民代表大会第一次会议的决定，任命李金华为审计署审计长。

**19日** 第九届全国人民代表大会第一次会议在顺利通过各项议案，选举产生了新一届国家机构领导人后，今天上午在人民大会堂闭幕。全国人大常委、全国人大财经委副主任委员郭振乾、全国人大代表刘鹤章同志出席闭幕大会，李金华审计长列席闭幕大会。

**24日** 李金华审计长出席朱镕基总理主持召开的国务院第一次全体会议。

**27日** 李金华审计长接受中央电视台记者采访。31日晚中央电视台新闻联播节目部长访谈录以“誓做国家财产的忠诚卫士—访国家审计署审计长李金华”为题播出了访谈情况。

**3月27日至4月3日** 应审计署邀请，巴西审计法院院长奥美罗·桑托斯率领巴西审计代表团对我国进行访问。3月29日，署党组成员、纪检组长吴定富到机场迎接桑托斯院长；3月30日上午，李金华审计长与桑托斯院长、维拉萨大法官等进行工作会谈，下午署党组成员王道成主持会议，中巴双方进行业务研讨。4月1日上午，巴西代表团离京前往上海进行访问。

## 四 月

**2日上午** 李金华审计长接受中央电视台记者采访。3日晚，中央电视台在中国新闻《走马上任新部长》栏目播出了访谈情况。

**9日下午** 国务委员兼国务院秘书长王忠禹、国务院副秘书长马凯来审计署视察工作。在听取了李金华审计长的工作汇报后，王忠禹同志作了重要指示。金基鹏、刘鹤章、翟熙贵副审计长和王道成同志参加了工作汇报。

**13日下午** 党组书记李金华主持召开第3次署党组会议，听取刘家义副审计长传达朱镕基总理在省部级干部“推进政府机构改革研究班”上的讲话。会议决定成立以刘家义、王道成、魏礼江、人教司负责同志为成员的署“三定”方案起草工作小组。党组成员金基鹏、翟熙贵、刘家义、王道成出席，刘鹤章副审计长列席会议。

**17日下午** 李金华审计长会见了来访的澳大利亚审计署审计长巴雷特先生。会见后，刘鹤章副审计长与巴雷特审计长进行了工作会谈。署综合司、工交司、外事司负责同志参加会谈。

**4月25日至5月2日** 应审计署邀请，塞浦路斯共和国审计署审计长史皮罗斯·克里斯托夫妇于4月25日至5月2日访华。4月27日上午，李金华审计长会见了史皮罗斯·克里斯托审计长和塞浦路斯驻华大使迈克尔·斯帕诺斯先生，双方进行了友好会谈。随后，翟熙贵副审计长主持会谈，中塞双方围绕财务审计、绩效审计等专题内容进行了业务交流。

**26日下午** 李金华审计长出席朱镕基总理主持召开的会议，研究粮食企业第一季度挂帐问题。

**29日上午** 李金华审计长出席全国粮食流通体制改革工作会议闭幕大会，听取朱镕基总理的报告。

**30日下午** 党组书记李金华主持召开署党组会议，传达全国粮食流通体制改革工作会议精神；研究对粮食企业财务挂帐和其它不合理占用银行贷款情况的审计实施方案和对拟划转中央直属粮食储备库(站)审计的实施方案。党组成员金基鹏、翟熙贵、刘家义、吴定富、王道成出席，办公厅、综合司、法规司、财政司、金融司、商贸司负责同志列席会议。

## 五　月

**2日晚** 党组书记李金华在怀柔审计培训基地主持召开署党组会议，研究对粮食企业财务挂账审计工作的组织领导和具体安排实施意见。会议决定：刘家义副审计长任粮食财务挂账审计协调领导小组组长；5月中旬在北京举办一期全国粮食企业财务挂账审计培训班。党组成员翟熙贵、刘家义、吴定富出席，办公厅、综合司、法规司、商贸司负责同志列席会议。

**4日** 在共青团中央国家机关代表会议上，经差额选举，审计署机关团委书记胡大华当选为共青团第十四次全国代表大会代表。

**11日上午** 纪检组长吴定富出席中央对台工作会议，听取江泽民同志重要讲话。署办公厅负责同志参加会议。

**13日至28日** 金基鹏审计长率领中国审计代表团应邀访问意大利审计法院和土耳其审计法院，就审计计划、国有企业审计、内部审计和环境审计进行了考察。

**14日至16日** 全国粮食企业财务挂账审计培训班在怀柔审计培训基地举行，李金华审计长、刘家义副审计长到培训班讲话。各省、自治区、直辖市审计厅(局)主管领导及审计厅(局)、特派办业务处有关同志180多人参加培训。

## 六　月

**1日下午** 李金华审计长列席朱镕基总理主持召开的国务院第四次常务会议，汇报1997年中央预算执行情况和其他财政收支审计工作。

**26日** 九届全国人大常委会第三次会议审议批准了李金华审计长受国务院委托向大会所作的关于1997年中央预算执行和其他财政收支的审计工作报告。

## 七　月

**2日至3日** 十省区粮食财务挂帐审计工作汇报会在北京召开。李金华审计长、刘家义副审计长到会并讲话。十省区审计厅负责同志、国务院赴各地检查组同志、署商贸司负责同志及有关人员参加会议。

**5日至12日** 荷兰审计院院长汗克·康宁应邀率团访华。7月6日上午李金华审计长主持与康宁院长的工作会谈；7月12日早，李审计长和办公厅王道成主任在长城饭店与康宁院长等一行共进早餐并话别。

**12日至17日** 葡萄牙审计长奥弗雷多·何塞·索萨一行三人对我国进行友好访问。13日上午李金华审计长、办公厅王道成主任与葡萄牙客人进行了工作会谈，17日早在香格里拉饭店与客人共进早餐并话别。

**28日下午** 李金华同志、吴定富同志出席中纪委、中央政法委召开的贯彻中央关于军队武警部队政法机关不再从事经商活动决定电视电话会议。

## 八　月

**15日至18日** 巴基斯坦审计长曼佐尔·侯塞因一行两人应邀来我国访问。15日晚，为欢迎巴审计长来访，李金华审计长和金基鹏副审计长宴请侯塞因先生一行；17日上午，金副审计长主持同客人进行了工作会谈。期间，署法规司、行政事业司及外事司负责同志参加了有关活动。

**17日** 李金华审计长，党组成员吴定富、王道成出席派出审计局组建工作会议。会议宣布了26个派出审计局组建工作负责人和协助组建工作的处长名单，对下一步派出审计局组建工作作出部署。

**25日下午** 李金华审计长、刘家义副审计长出席朱镕基总理主持召开的国务院第16次总理办公会议，汇报全国审计机关开展粮食财务挂帐清查审计工作情况。

## 九 月

**8日至10日** 最高审计机关亚洲组织(简称亚审组织)第26次理事会会议在北京香格里拉饭店举行。亚审组织现任9个理事国中国、日本、印度、印尼、韩国、沙特、科威特、菲律宾、马来西亚和该组织审计委员会2个成员国，共44名正式代表出席会议。9月9日下午，李岚清副总理在中南海紫光阁接见参加最高审计机关亚洲组织第26次理事会会议的各国审计代表团团长，并作重要讲话。李金华审计长，金基鹏、翟熙贵、刘家义副审计长，党组成员吴定富、王道成和署办公厅、外事司负责同志参加接见。

**10日晚** 为庆祝中华人民共和国审计署成立15周年和最高审计机关亚洲组织第26次理事会会议召开，审计署在中国剧院举行专场文艺晚会，李金华审计长发表讲话，金基鹏、翟熙贵、刘家义副审计长和办公厅王道成主任，原审计长于明涛、吕培俭、郭振乾，原副审计长郑力出席，财政部项怀诚部长，中宣部刘鹏副部长应邀出席晚会。

**10日至24日** 署党组成员、纪检组长吴定富同志率中国审计代表团赴摩洛哥出席国际审计论坛并代表中华人民共和国审计署作题为“中国国家审计概况”、“权力下放过程中的最高审计监督工作”的演讲。论坛结束后，顺访了西班牙审计法院。

**16日晚和17日、18日** 署党组分别听取办公厅、法制司、财政司、行政事业司、经贸司、农业环保司、社会保障司、投资司、外资司、金融司、人教司、机关党委、外事司、监察局等单位关于“三定”工作情况和当前存在的主要问题、今后三年工作的发展目标以及采取的主要措施等工作的汇报。党组书记李金华，党组成员金基鹏、翟熙贵、刘家义、王道成同志出席，机关党委、监察局、人教司负责同志列席会议。

**22日中午** 李金华审计长设午宴招待应监察部邀请来访的秘鲁总审计长维克托·恩里克·卡索·赖及其夫人一行。双方在午宴前进行了友好交谈，并就今后中秘最高审计机关间的合作前景交换了意见。会见时秘鲁驻华大使和刘家义副审计长、署外事司负责同志在座。

## 十 月

**7日至11日** 审计署派出审计局工作座谈会在怀柔审计培训基地召开。李金华审计长在会议开幕时作了重要讲话，金基鹏、翟熙贵副审计长，纪检组长吴定富，办公厅主任王道成出席了开幕式。会议邀请国务院研究室副主任魏礼群同志作了关于当前国家经济形势的报告，署办公厅、法制司、财政司、人教司、机关党委负责同志分别介绍了有关情况。会议结束时金基鹏副审计长作了总结。

**8日至17日** 翟熙贵副审计长率中国审计代表团应邀对伊朗最高审计法院和科威特国家审计局进行访问，并分别考察了两国的审计工作。出国前，科威特驻华大使和伊朗驻华使馆有关官员到机场送行。

**11日至18日** 丹麦审计代表团应邀访问我国。12日上午刘家义副审计长与丹麦审计长奥特博进行工作会谈。晚上，李金华审计长设宴招待丹麦审计长夫妇和代表团成员。18日，刘家义副审计长前往首都机场为丹麦审计代表团送行。署法制司、财政司、外事司负责同志分别参加会谈和送行。

**12日至14日** 李金华审计长出席在京召开的中国共产党第十五届三中全会。

## 十一月

**2日至19日** 李金华审计长率中国审计代表团赴乌拉圭出席最高审计机关国际组织第16届大会。这届大会以“最高审计机关在防止和检查腐败与舞弊中的作用”为主题，李审计长率领的中国审计代表团同与会各国同行围绕这个主题进行了深入探讨与交流，中华人民共和国审计署向大会提交了题为《最高审计机关在防止和发现舞弊与腐败中的作用》的论文。中国审计代表团还应邀顺访了巴基斯坦和巴西，受到隆重、热情、友好的接待。署党组成员、办公厅主任王道成，署外事司、署驻南京特派员办事处负责同志作为代表团成员陪同出访。

**12日** 中共中央组织部发出通知同意董大胜同志任审计署党组成员的通知(组任字〔1998〕264号)。

**17日** 国务院决定，任命吴定富(副部长级)为中国保险监督管理委员会副主席(国人字〔1998〕204号)。

## 十二月

**3日上午** 审计署在北京长富宫饭店举行建署十五年来的第一次中外记者招待会，李金华审计长，翟熙贵、刘家义副审计长就今年审计工作取得的主要成果以及审计机关如何贯彻执行中共十五大提出的依法治国的方略、中国审计机关在反腐倡廉工作中应发挥的作用、中国现代审计监督制度与国外先进审计制度的异同之处，以及今年开展的粮食审计、证券审计、企业审计等回答了中外记者提出的问题。这次记者招待会是由国务院新闻办公室主持召开的，共有57个新闻单位，其中外国和香港的22个新闻单位的一百多名记者参加了招待会。会后，中央电视台海外新闻中心记者又对李审计长进行了专访。中外新闻记者对中国审计机关及审计工作表现出极大的关注。晚上，中央电视台《新闻联播》、《晚间新闻》、《中国财经报道》、《中国新闻》，12月4日，中央人民广播电台的《早间新闻》等节目及《人民日报》、《新华社》、美国《华尔街日报》等中外新闻媒体分别对审计署举行记者招待会的有关情况进行了报道。

**7日至9日** 李金华审计长出席中央经济工作会议。

**15日上午** 李金华审计长到国务院汇报审计工作，朱镕基总理、王忠禹国务委员、马凯副秘书长听取汇报并对审计工作做了重要指示。金基鹏、刘家义副审计长，办公厅王道成主任参加汇报。

**17日下午** 党组书记李金华主持召开第27次署党组会议，传达中央国家机关工委第13次工作会议精神；研究《署党组关于贯彻落实中共中央关于在县级以上党政领导班子、领导干部中深入开展以“讲学习、讲政治、讲正气”为主要内容党性党风教育的意见》的意见；讨论李金华审计长在全国审计工作会议上的报告。党组成员金基鹏、翟熙贵、刘家义、王道成、董大胜同志出席，刘鹤章副审计长，机关党委、法制司、财政司、社保司、人教司、监察局、老干部局主要负责同志列席会议。

**20日至23日** 全国审计工作会议在北京召开。李金华审计长作了题为“统一思想，明确方向，为实现审计工作跨世纪发展目标努力奋斗”的审计工作报告；与会同志对李审计长报告和《1999至2003年审计工作发展纲要》进行了热烈的讨论；刘家义副审计长宣读了《审计署关于表彰粮食审计先进工作者的决定》，会议对马连生等119名全国粮食清查审计先进工作者进行了表彰；交流了思想政治工作和内部审计工作的经验和体会。12月23日下午，王忠禹国务委员到会传达朱镕基总理对审计工作的重要指示并作重要讲话，金基鹏副审计长作会议总结。会议开得圆满成功。刘鹤章、翟熙贵、王道成、董大胜同志，各省、自治区、直辖市和计划单列市审计厅（局）长，署机关各单位、各特派员办事处、各派出审计局、南京审计学院主要负责同志及部分内审机构负责人出席会议。署老领导郭振乾、吕培俭、于明涛、周光春、崔建民、罗进新、郑力、祁田、王宸生、任景德同志和审计署特约审计员出席开幕和闭幕大会。

**24日下午** 署机关召开以讲学习、讲政治、讲正气为主要内容的党性党风教育动员大会。署党组书记、审计长李金华作了动员报告，对搞好“三讲”教育工作提出了要求。副审计长、机关党委书记翟熙贵同志主持会议，党组成员金基鹏、王道成、董大胜同志出席，署机关和派出审计局全体职工参加大会。

企业之光
中国审计报
中共中央办公厅
国务院办公厅
贯彻两个暂行规定
促进党风廉政建设
立大会

## 纪念《审计法》颁布实施五周年　　争当维护经济秩序模范

——来自广东各界的联名同贺（排名不分先后）

中国农业银行广东省分行　　普宁市地方税务局

湛江市财政局　　兴宁市财政局

中国银行东莞分行　　遂溪县国家税务局

普宁市财政局　　英德市地方税务局

信宜市地方税务局　　电白县财政局

汕尾市交通局　　罗定市国家税

广东省农垦集团有限公司　　鹤山市财政局

东莞市商业银行石碣支行　　和平县地方税务局

新会市国家税务局　　斗门县国家税务局

广东省福利彩票发行中心　　东莞市水利局

湛江市国家税务局　　清新县国家税务局

中国工商银行清远分行　　新兴县国家税务局

广东省梅雁企业（集团）股份有限公司　　四会市国家税务局

# 纪念《审计法》颁布实施五周年，争当维护经济秩序模范

——来自广东各界的联名祝贺（排名不分先后）

海南市电信局　　海南市地方税务局

中山市国家税务局　　中山市地方税务局

新兴县电信局　　从化市交通局

东莞市民政局　　中国农业银行东莞市分行

信宜市国家税务局　　顺德市社会保险事业局

廉江市电信局　　河源公路局

湛江市国有资产管理局　　云浮市交通委员会

梅州市规划城建局　　惠东电力工业局

# 南海市农村信用社

## 昂首阔步迈向二十一世纪的南海市农村信用社

南海市农村信用社是我国农村信用社系统一颗璀灿的明珠，至1999年6月底全社存贷款总额超400亿元，在竞争激烈的南海市市场占有率超40%，业务总量名列全国县级市第一。

从1952年第一家信用社成立至今，经过48年的艰苦创业，南海市农村信用社走过了一条由小变大、由弱变强的辉煌发展道路，为南海市的社会经济发展作出了巨大的贡献。长期以来，南海市农村信用合作社扎根农村，坚持为农村经济发展服务的办社宗旨。五六十年代致力帮助解决生产、生活困难；七十年代大力筹集资金支持发展社队企业，支持农村基本建设和实现农业机械化；改革开放以后，在大规模发展农村商品经济中，农村信用社充分发挥了自身职能作用和优势，积极解决地方商品经济中日益增长的资金需求，促进南海形成了“三大产业齐发展，六个层次一起上”的经济格局。近几年，南海市农村信用合作社在第二次创业的大潮中，注重扶持多元化经济尤其是非公有制经济、“三高”农业以及各类专业市场的发展，增育新的经济增长点，促进了南海经济增长质量与效益的全面提高。

中国人民银行副行长史纪良（右二）视察南海市农村信用社

在加快南海经济市场化现代化进程中，南海市农村信用社坚持稳健经营、科学管理、规范发展，沿着构建一个资本扩张力强、人员素质高、经营机制灵活、管理机制科学、约束机制有效的区域性大金融架构方向发展。经过改革开放二十多年以来的不断努力，特别是经过九六年底行社脱钩和九七年的规范信用社工作，农村信用社各项管理走上制度化、规范化的轨道，集约化、效益化模式取代了传统的重规模、轻效益的管理模式，企业效益持续稳步提高。

展望二十一世纪，随着金融体制改革的进一步深化和南海新一轮经济发展浪潮的到来，南海农村信用社将迎来更辉煌的美好明天。

# 中国农业银行南海市支行

## 首家隆重推出——金达理财服务

### 农行金达理财 全新的服务理念

农行金达理财，为您度身定造适合心意和要求的现代金融理财服务：

- 理财咨询、分析
- 制订理财方案
- 办理存取款转账业务
- 办理代理收付业务
- 办理银行卡（金穗卡、万事顺卡、通达卡）业务
- 办理楼宇按揭业务
- 办理汽车消费贷款业务
- 办理家居装修贷款业务
- 办理高档消费品贷款业务
- 办理供书助学贷款业务
- 办理旅游消费贷款业务
- 办理个人定期存单
- 小额抵押贷款业务
- 办理国际结算综合服务
- 办理电话银行业务
- 办理证券保证金自助转账申请
- 办理个人支票业务

金达理财中心地址:桂城南海大道金汇大厦一楼大堂　联系电话: (0757) 6221888转1808、1809

## 深化改革　稳健经营

————中国银行清远分行

中国银行清远分行自成立以来，积极筹措资金,支援地方经济建设，为清远市的发展作出了积极的贡献。图为中国银行广东省分行、清远分行与清连一级公路发展有限公司4亿元贷款签字仪式。

中国银行清远分行成立于1998年，下辖7个支行，5个科级办事处（分理处），员工848人。

在开展业务的过程中，该行坚决执行中央的金融方针政策，严格执行会计制度和审计法规，稳健经营。近年来，该行不断深化金融体制改革、干部聘任制和竞聘上岗，员工的经营观念不断转变，忧患意识和服务意识不断增强，以客户为中心的服务体系正逐步建立，得到社会各界的支持，业务蒸蒸日上。截止1999年9月,人民币存款达到25亿元，外币存款3619万美元；进出口业务市场占有率75.3%，居当地同业榜首；信用卡业务也取得前所未有的发展。同时，该行加强资金风险控制，讲求效益，用好用活资金，积极支持当地能源、交通、基础设施建设项目和一些重点企业，如清连一级公路、龙狮公路建设项目等，有效地支持了地方经济建设，提高了自身的经营效益。

该行不断加强服务设施建设，提高服务质量。图为该行整洁明亮的营业大厅。

## 中国银行韶关分行

中国银行韶关分行成立于1978年8月，原是国家外汇外贸专业银行。该行座落在繁华的韶关市解放路158号。

中国银行韶关分行一贯秉承"爱行敬业、勤政俭朴、信誉至上、服务为本"的经营宗旨，以"提供优质服务、创造最佳效益"为企业目标，不断拓展业务，积极筹措人民币和外汇资金，成为粤北地区对外开放的金融窗口。

该行辖属的8个支行、7个办事处和71个储蓄网点遍布全市三区八县（市）,为广大客户提供快捷、准确的理财服务。主要业务有：人民币、外汇存款和贷款（包括新推出的住房低押贷款、教育助学贷款、家居装修贷款等系列消费信贷）;国际和国内结算；外币兑换；侨汇解付和私人出境售汇；信用卡；代理股票资金划拨、代理股票分红派息；代收电费、电话费、代发工资、电话银行等。

二十多年来,该行认真执行党和国家的方针路线，依法合规经营，大力支持韶关市的经济建设，为促进韶关经济发展作出了积极的贡献。

不断进取的韶关中行人向商业银行转轨的进程中不遗余力地深化改革，内抓管理，外树形象，改善服务，大力开展文明优质服务，急顾客所急，想顾客所想；根据市场需求，不断开拓业务新品种，为韶关市和国内外客户提供更全面、更快捷、更方便的金融服务。

中国银行韶关分行正朝着经营集约化、功能多样化、城市化、全球化的商业银行奋力迈进。

# 湛江电力工业局

湛江电力工业局大楼

湛江电力工业局是广东省电力工业局直属中Ⅰ型企业之一，本着“人民电业为人民”的宗旨，担负着湛江市五县（市）四区的供用电管理和电网规划建设任务，履行着“光明使者”的神圣职责。

湛江电力事业经过五十年的历程，特别是在改革开放政策的沐浴下，取得了辉煌的成就。目前，全市拥有110千伏及以上变电站30座；主变容量171万千伏安；110千伏及以上输电线路1012公里，年供电量18亿千瓦时，供电负荷38万千瓦,为湛江市经济建设和人民生活用电提供了电力的有效保证。

面对成绩，企业领导班子及全体职工干部保持清醒，居安思危，主动适应电力体制改革的需要。在力保安全生产的基础上，积极开展农电“两改一同价”工作，减轻农民负担，有效改善农村经济发展环境；精心营造优质文明供电服务窗口，兑现服务承诺，赢得了社会和客户的肯定。继1998年被国家电力部授予“安全文明生产达标”称号、被湛江市政府评为“职业道德建设先进单位”和“行风评议满意单位”,今年9月又喜获广东省委、省政府授予的“文明窗口”和广东电力系统“双文明单位”称号。取得了物质和精神文明建设双丰收。在世纪之交的今年，湛江电力工业局将坚持“安全第一，稳中求进，有效增长”的方针，积极有效地开拓电力市场，创造更好的经济效益，为早日进入“一流企业”行列而奋斗。

运筹帷幄　决胜千里

——湛江电力局领导班子规划电网改造

电话：（0759）2110099转　传真：（0759）2110215　地址：湛江市霞山海滨二路２２号　邮编：524005

## 珠海电力工业局简介

珠海电力工业局是广东省电力工业局属下的中（一）型供电企业，主营电能供应服务，兼营电源、电网的建设和维修，担负着珠海市各区、斗门县电能的送、变、配、营业务及向澳门部分供电业务。至９８年底，拥有２２０千伏变电站３座，１１０千伏变电站２２座，３５千伏变电４座，主变总容量２１４５.４５兆伏安，送电线路总长６３７.932公里，逐步形成了以２２０千伏和１１０千伏为骨干的网架。９８年完成供电量２２.３４亿千瓦时，售电量完成２１.４４亿千瓦时；线损率完成４.０５％，供电可靠率完成９９.８８９％，电压合格率为９６.9２％，全年最高负荷４４.２万千瓦；最高日供电量为８８５.２９万千瓦时。

珠海市自创办经济特区以来，电力工业得到长足的发展。“八五”以来电源建设超前，电网建设基本满足供电需要，摆脱了过去缺电、拉闸限电的局面。几年来，珠海电力工业局在双文明建设中成绩斐然，九一年荣获国家二级企业档案管理单位称号，九一年、九二年连续两年荣获全国电力系统电力营业工作先进集体称号，九四年局辖的斗门县电力局荣获全国农电“三为”服务达标单位称号，九五年、九六年、九七年、九八年局连续四年保持电力部“安全文明生产达标单位”称号，九七年荣获珠海市文明单位、安全生产单位称号，九七年荣获广东省扶贫工作先进单位、广东省电力系统双文明单位称号。我局正根据国家电力公司和省电力局要求和企业自身发展的需要，团结一致、扎扎实实开展创一流供电企业活动，致力于提高企业素质，致力于提高供电质量和服务质量，致力于提高企业经济效益和社会效益。

# 每天前进一步 永远真诚服务

——阳江市电信局

阳江市电信局于98年10月29日正式挂牌成立。新一届领导班子带领全体员工，适应市场需求，积极转换经营机制，按照建立现代企业制度的要求，加大企业内部改革力度，大力发展电信业务，努力提高服务水平，通信能力不断增强。

截止1999年11月，阳江市电信局市农话交换机总容量达29.18万门，全市电话普及率为10.8部/百人，城市电话普及率为31.5部/百人，通信服务网点遍布城乡各个角落。

图为：阳江市电信局优美、雅致的企业内部环境

在抓好传统业务发展的同时，阳江市电信局积极发展电信新业务，建成了阳江电信新业务演示厅，不断开办声讯服务、分组交换、电子信箱、200、300号电话卡、800号、主叫显示、ISDN、CENTREX、INTERNET、视聆通、帧中继业务以及智能网业务、商业网业务、宽带通信业务等。开办了“今日阳江”、“阳江电信”等网页，并搞好“政府上网”和“企业上网”工程。

图为：阳江市电信局宽敞、整洁的营业大厅

阳江市电信局把抓好通信服务工作做为企业精神文明建设的重要内容，努力营造用户满意的服务环境，先后获得“省邮电文明服务示范单位”、服务质量信得过单位、阳江市“三民”活动先进单位等称号。今年9月份，阳江市电信局还光荣地获得“广东省文明单位”称号。

成绩面前不停步，阳江电信人将以锲而不舍的精神再创阳江电信的美好未来！

图为：阳江市电信局长途传输机房

黄佛茂局长（右一）
经常深入基层指导工作

# 迈向新世纪的河源地税

河源市地方税务局于1994年9月28日成立，五年来，在省地方税务局和河源市委、市政府的正确领导下，我们以组织收入为中心、强化税收征管，大力推进税收各项改革，税收收入实现较大幅度的增长，年均增长率为25.6%，为平衡财政预算，促进河源经济发展作出了应有的贡献。

河源市地方税务局确立了"高起点、快节奏、多协调、稳运作"的指导思想，把"建一流班子，带一流队伍，创一流业绩，争一流水平"作为工作目标，强化干部职工的思想作风建设和廉政建设,全市地税干部职工思想解放，锐意进取，求真务实，精神振奋，该局先后被省、市授予各种荣誉称号，结出了精神文明丰硕之果。

河源市地方税务局将按照新时期的治税思想，带好队，收好税，积极探索和推行新征管模式，服务地方经济建设，以崭新的姿态迈入二十一世纪。

电话：0762—3343005　　邮编：517000
地址：广东省河源市兴源路54号

## 珠海经济特区房地产开发总公司

珠海经济特区房地产开发总公司成立于1989年，是珠海市人民政府的直属企业。公司成立九年来，在市委、市府及上级部门的关心支持下，九年来，共开发土地2500多万平方米，建成住宅区12个，工业区4个，小学4间，建设面积达到150多万平方米，成绩显著，特别是94年以来，在市场清淡、资金紧缺、困难重重的情况下，采取积极措施，困境中求得发展。94～98年，五年共实现利润1.95亿多元，上缴税利1.2亿多元，国有资产增加7264万元，获得良好的经济效益、社会效益和环境效益。同时也获得一系列的荣誉：94年公司被评为"首届中国房地产综合效益百强企业"；95、97年公司连续两次被评为珠海市"文明单位"，96、97年公司党总支连续两年被评为"珠海市先进基层党组织部"。97年公司被评为"珠海市先进集体"。98年被省工商局评为连续十年重合同守、信誉企业。公司开发的安居园、银桦新村、园林花园被评为全国城市物业管理优秀示范住宅小区；侨星花园被评为全国城市物业管理优秀住宅小区。

地址：珠海市吉大景山路金景花园
电话：(0756) 3335243　　3353028
传真：(0756) 3336272

进一步加强审计监督
为经济建设保驾护航

热烈祝贺：

《中国审计年鉴》出版成功！认真贯彻落实《审计法》，为电信事业的发展做出新的贡献。

——广东省从化市电信局贺

## 中国民生银行广州分行

中国民生银行是经国务院、中国人民银行批准的全国性股份制商业银行，总部设在北京。她的诞生是我国坚持改革开放、民营经济迅速发展的产物，是我国金融体制改革的又一新举措。

中国民生银行广州分行属总行首家异地区域分行，成立于1996年12月18日。她座落在享誉全国的高层建筑以及金融中心地区——天河北路中国市长大厦。作为总行设在华南地区的省级管辖行，民生银行分行揽地势之优，得人和之势，以“新”为特点，金融服务种类齐全，服务方式新颖，使您感触到中国金融改革不断推进的时代脉搏，以“快”为特点，在华南广设分支行机构，已先后在广州市、汕头地区设立了多家分支机构，珠江三角洲的分支机构也已在筹划之中；同时与境外多家银行建立了代理行关系，使您领略到她的蓬勃生机。

中国民生银行广州分行肩负着民生银行“立足广州、拓展华南、接轨国际”的业务拓展重任，发挥新银行、新体制的优势，秉承“开拓、团结、敬业、优质”的经营宗旨，在遵守国家各项金融法规的前提下，依托高素质的人才群体和先进的计算机技术，运用有特色的经营方法，提供不断创新的业务品种，积极扩大信贷资金来源，增加信贷投入，支持符合国家产业政策、产品适销对路、经济效益好、信誉度高的各类经济成分企业发展，特别是高科技中小型的企业，同时也为个人提供完善的金融服务。

## 发展中的湛江市农业银行

中国农业银行湛江市分行辖下有徐闻、雷州、遂溪、廉江、吴川、赤坎、霞山、城效等八个支行以及市分行营业部，营业网点260多个。多年来秉承“信誉至上、竭诚服务、高效廉洁、文明办行”的宗旨，锐意创新，开拓进取，各项业务蓬勃发展，为地方经济发展作出了一定的贡献。

湛江农行不断开拓创新，大胆改革，全面实施CIS战略，坚持稳健经营，科学管理，遍布城乡，功能齐全的营业网点，竭诚为广大客户提供优质、高效、完善的金融服务，包括:本外币存款、贷款、结算、汇兑，票据承兑贴现；代理发行各类债券，银行卡及各种代理收付等业务。

该行服务手段电子化、现代化，通过加大科技投入，大力推进电脑网络化建设，形成了多功能、全方位、多层次的电子化服务网络体系，使客户时刻享受现代高素质的金融服务。储蓄网络成功实现全省通存通兑，更如虎添翼。

跨入新纪元，处于祖国大陆最南端的中国农业银行湛江市分行，将一如既往地朝着标准化、现代化、国际化的商业银行的目标发展，竭诚服务社会，与时代携手前进，共创美好未来。

# 高州市国家税务局推进征管改革创佳绩

广东省高州市国家税务局座落在“全国水果第一（县）市”的高州市，该市物华天宝、人杰地灵，是镶嵌在粤西大地上一颗绿色的明珠。高州市国家税务局有8个分局，管辖29个基层税收稽查稽核股，现有干部职工283人，担负着组织中央和地方税收，主要是“两税”（增值税、消费税）税收收入和促进地方经济发展的重担。近年来，该局在上级局和当地党政的正确领导下，在社会各界的大力支持和广大纳税人的积极配合下，坚持“法治、公平、文明、高效”的新时期治税方针，切实抓好两个文明建设，推进税收征管改革，加强税收征管，加强队伍建设，大力组织税收收入，取得了显著的成绩，年年出色完成税收收入任务，受到了上级和当地党政的好评，曾多次被省、市国家税务局评为“先进单位”和“文明单位”。1998年实现工商税收收入12092万元，1999年1-10月，完成税收收入10743万元，比去年同期增长11.7%，为高州经济发展和社会稳定作出了贡献。

电话：0668—6664583　　传真：0668—6680675
地址：高州市中山路145号

## 南雄市国家税务局

南雄市国家税务局成立于1994年10月，目前，该局共有在职干部职工123人，其中本科学历3人，大专学历46人，中专学历81人，党员干部89人，具有中级经济技术职称的10人，注册会计师1人，是一支高素质，战斗力强的税务队伍，市局机关设征管、税政、人教、计财、监察、办公室六个职能科室、下设一个稽查局，基层按经济区域设立7个征收分局，负责全市24个乡镇和城区1881户国有、集体、股份制，三资企业和个体纳税户的税收征收、管理、检查工作。

南雄市国家税务局办公大楼

南雄市国家税务局自94年成立以来，在上级国税部门和地方党政的正确领导和大力支持下，以刘运财局长为首的局领导班子带领全局一百二十多名干部职工，努力拼搏，艰苦创业，认真贯彻“法治、公平、文明、效率”的新时期治税思想，服从服务于经济建设和改革开放的大局，紧紧围绕以组织收入这个中心，把工作重心转移到基层，转移到征管，坚持“两手抓，两手都要硬”的方针，带好队，治好税，圆满完成了各项税收任务，实现了新税制的平衡运作。税收收入稳步增长，从95年起，每年以上千万元的幅度递增，5年来，累计组织工商税收收入6.3亿元，为国家经济建设和南雄的财政收支平衡作出了积极的贡献。税收征管改革取得了显著成效，建立起了“以申报纳税和优化服务为基础，以计算机网络为依托，集中征收，重点稽查”的新征管模式，基层设立了7个征收分局，兴建起了现代化多功能的办税服务厅，应用统一的电脑征管软件系统，实行持卡纳税、纳税申报分色管理和蓄税划缴纳税管理和蓄税管理办法，强化了税务稽查工作，依法治税进一步加强，社会协税护税风气明显好转，偷、逃、骗、抗税等违法分子受到了严厉打击。精神文明建设取得了丰硕成果，广泛开展“廉洁为民”教育活动，“三爱一树两争创”活动，行风评议活动，队伍建设全面加强，干部队伍素质显著提高，廉政勤政蔚然成风，涌现出了一大批行进集体和个人。该局曾多次被上级部门评为纪检监察、党风廉政、行风评议等方面的先进单位，最近又被国家税务总局评为全国税务系统文明单位，被广东省省委省政府评为文明单位，局党总支多次被评为先进党总支，有5个下属单位分别被省、市评为“文明岗”、“文明窗口”、“青年文明号”单位和“最佳办税服务厅”，若干名干部被省局评为“先进工作者”、“纪检监察先进个人”、“税收管能手”。

## 南雄市地税局

开拓进取的南雄市地税局领导班子

**热烈祝贺中华人民共和国《审计法》颁布实施五周年！**

南雄市地方税务局
致意

## 为了地方经济的发展与繁荣
## ——仁化县地方税务局

仁化县地方税务局，于一九九四年十月组建成立，隶属于韶关市地方税务局和仁化县人民政府双重领导，设有八个股室，一个稽查分局和十二个基层税务所，现有干部职工八十九人。

几年来，该局全体干部职工在仁化县委、县政府和上级局的领导下，坚持以组织收入为中心，积极贯彻“法治、公平、文明、效率”的新时期治税思想，为发展仁化经济作出了积极贡献。

一九九五年以来，该局积极向着“一年打基础,两年出成果，三年上台阶”的宏伟目标，实现年年超额完成地方税收任务，有力地支持了地方经济建设。一九九七年，被评为全国群众体育运动先进集体，局长欧根田作为广东税务系统唯一的全国群众运动先进单位代表，在上海受到了江泽民总书记的亲切接见。一九九八年，还被评为仁化县“讲廉洁、守规范、树形象”行风建设优胜杯竞赛活动优胜单位。

二十一世纪即将到来，仁化县地税局将以新的姿态、优异的成绩，迎接新世纪、创造美好未来。



## 在改革中前进的吴川市地方税务局

吴川市地方税务局于1994年10月28日正式挂牌成立,管辖全市8000多户纳税户。内设机构有办公室、人事监察科、计划财务科、信息管理科、征收管理科、税收政策科等6个科室和1个稽查局，下辖4个检查分局、1个机动车辆征管所和16个税务所（分局）。现有干部职工168人。

该局在上级局和吴川市委、市政府的正确领导及有关部门的支持配合下，以邓小平理论和党的十五大精神为指针,全面推进税收征管改革，率先在湛江市地税系统建立一个征管与检查体外分离的新的征管模式，切实加强队伍建设、廉政建设和基层建设，有力地促进了物质文明和精神文明建设，大力组织税收收入，1995年至1998年共组织地方税收收入近2亿元，年均增长9.32%，连年超额完成上级下达年度税收任务，为平衡吴川财政预算，促进地方经济发展作出了积极贡献。几年来，该局先后42次被上级党政部门授予各种荣誉称号，其中连续四年被评为湛江市文明单位，是湛江市职工职业道德建设十佳单位，是吴川市职业道德建设先进单位、行风评议满意单位、纪检监察工作先进单位、机关先进党支部等，属下有8个分局、所被评为市（县）级以上文明单位，有6个分局、所被评为市（县）级以上青年文明号，有3个分局、所被评为湛江市地税系统第一批基层建设达标单位，梅录分局被评为全国税务系统文明单位，广东省先进集体，省地税局先进集体、文明单位、青年文明号、文明服务示范窗口单位和湛江市文明单位、职业道德建设先进单位。

近年来，该局认真贯彻落实《审计法》和《审计法实施条例》，加强了内部审计工作力度，不断建立健全审计监督机制，完善各项制度，严格执法，使全系统的经费核算和管理逐步走上正轨，有效地维护了税收秩序，促进了地方经济健康发展。

# CHINA AUDIT PRESS

本社通信地址：北京市海淀区白石桥路甲4号　开户银行：北京市工商银行紫竹院分理处　户名：中国审计出版社北京图书发行部

邮政编码：100086　联系电话：(010)62170276　税号：110108801890146　账号：046070-69　传真:(010)62170276